ENCYCLOPÉDIE THÉOLOGIQUE,

OU

RIE DE DICTIONNAIRES SUR TOUTES LES PARTIES DE LA SCIENCE RELIGIEUSE,

OFFRANT EN FRANÇAIS, ET PAR ORDRE ALPHABÉTIQUE,

LA PLUS CLAIRE, LA PLUS FACILE, LA PLUS COMMODE, LA PLUS VARIÉE
ET LA PLUS COMPLÈTE DES THÉOLOGIES.

CES DICTIONNAIRES SONT CEUX

D'ÉCRITURE SAINTE, — DE PHILOLOGIE SACRÉE, — DE LITURGIE, — DE DROIT CANON, —
DES HÉRÉSIES, DES SCHISMES, DES LIVRES JANSÉNISTES, DES PROPOSITIONS ET DES LIVRES CONDAMNÉS,
— DES CONCILES, — DES CÉRÉMONIES ET DES RITES, —
DE CAS DE CONSCIENCE, — DES ORDRES RELIGIEUX (HOMMES ET FEMMES), — DES DIVERSES RELIGIONS, —
DE GÉOGRAPHIE SACRÉE ET ECCLÉSIASTIQUE, — DE THÉOLOGIE MORALE, ASCÉTIQUE ET MYSTIQUE,
— DE THÉOLOGIE DOGMATIQUE, CANONIQUE, LITURGIQUE, DISCIPLINAIRE ET POLÉMIQUE,
— DE JURISPRUDENCE CIVILE-ECCLÉSIASTIQUE,
— DES PASSIONS, DES VERTUS ET DES VICES, — D'HAGIOGRAPHIE, — DES PÈLERINAGES RELIGIEUX, —
D'ASTRONOMIE, DE PHYSIQUE ET DE MÉTÉOROLOGIE RELIGIEUSES, —
D'ICONOGRAPHIE CHRÉTIENNE, — DE CHIMIE ET DE MINÉRALOGIE RELIGIEUSES, — DE DIPLOMATIQUE CHRÉTIENNE,—
DES SCIENCES OCCULTES, — DE GÉOLOGIE ET DE CHRONOLOGIE CHRÉTIENNES.

PUBLIÉE

PAR M. L'ABBÉ MIGNE,

ÉDITEUR DE LA BIBLIOTHÈQUE UNIVERSELLE DU CLERGÉ,

OU

DES COURS COMPLETS SUR CHAQUE BRANCHE DE LA SCIENCE ECCLÉSIASTIQUE.

PRIX : 6 FR. LE VOL. POUR LE SOUSCRIPTEUR A LA COLLECTION ENTIÈRE, 7 FR., 8 FR., ET MÊME 10 FR. POUR LE
SOUSCRIPTEUR A TEL OU TEL DICTIONNAIRE PARTICULIER.

52 VOLUMES, PRIX : 312 FRANCS.

TOME TRENTE-CINQUIÈME.

DEUXIÈME PARTIE.

DICTIONNAIRE DE THÉOLOGIE DOGMATIQUE.

TOME QUATRIÈME.

4 VOL. PRIX : 26 FRANCS.

S'IMPRIME ET SE VEND CHEZ J.-P. MIGNE, ÉDITEUR,
AUX ATELIERS CATHOLIQUES, RUE D'AMBOISE, AU PETIT-MONTROUGE,
BARRIÈRE D'ENFER DE PARIS.

1851

DICTIONNAIRE
DE
THÉOLOGIE
DOGMATIQUE,
LITURGIQUE, CANONIQUE ET DISCIPLINAIRE,

PAR BERGIER.

NOUVELLE ÉDITION

MISE EN RAPPORT AVEC LES PROGRÈS DES SCIENCES ACTUELLES;

RENFERMANT TOUT CE QUI SE TROUVE DANS LES ÉDITIONS PRÉCÉDENTES,
TANT ANCIENNES QUE MODERNES, NOTAMMENT CELLES DE D'ALEMBERT ET DE LIÉGE SANS CONTRED
LES PLUS COMPLÈTES,
MAIS DE PLUS ENRICHIE D'ANNOTATIONS CONSIDÉRABLES ET D'UN GRAND NOMBRE D'ARTICLES NOUVEAUX SUR LES
DOCTRINES OU LES ERREURS QUI SE SONT PRODUITES DEPUIS QUATRE-VINGTS ANS;

ANNOTATIONS ET ARTICLES

QUI RENDENT LA PRÉSENTE ÉDITION D'UN TIERS PLUS ÉTENDUE QUE TOUTES CELLES DU CÉLÈBRE
APOLOGISTE, CONNUES JUSQU'A CE JOUR, SANS AUCUNE EXCEPTION;

PAR M. PIERRROT,

ANCIEN PROFESSEUR DE PHILOSOPHIE ET DE THÉOLOGIE AU GRAND SÉMINAIRE DE VERDUN,
AUTEUR DU *Dictionnaire de Théologie morale;*

PUBLIÉ

PAR M. L'ABBÉ MIGNE,

ÉDITEUR DE LA BIBLIOTHÈQUE UNIVERSELLE DU CLERGÉ,

OU,

DES COURS COMPLETS SUR CHAQUE BRANCHE DE LA SCIENCE ECCLÉSIASTIQUE.

4 VOLUMES. PRIX : 26 FRANCS.

TOME QUATRIÈME.
Q-Z

S'IMPRIME ET SE VEND CHEZ M. J.-P. MIGNE, EDITEUR,
AUX ATELIERS CATHOLIQUES, RUE D'AMBOISE, AU PETIT-MONTROUGE,
BARRIÈRE D'ENFER DE PARIS.

1851

Imprimerie MIGNE, au Petit-Montrouge.

DICTIONNAIRE
DE
THÉOLOGIE DOGMATIQUE.

Q

QUAKER, terme anglais qui signifie *trembleur* : c'est le nom que l'on donne en Angleterre à une secte de visionnaires enthousiastes, à cause du tremblement et des contorsions qu'ils font dans leurs assemblées, lorsqu'ils se croient inspirés par le Saint-Esprit.

En 1647, sous le règne de Charles Ier, au milieu des troubles et des guerres civiles qui agitaient ce royaume, Georges Fox, homme sans étude, cordonnier de profession, d'un caractère sombre et mélancolique, se mit à prêcher contre le clergé anglican, contre la guerre, contre les impôts, contre le luxe, contre l'usage de faire des serments, etc. Il trouva aisément des partisans dans un temps auquel les Anglais, n'ayant rien de fixe sur la religion, étaient livrés à une espèce de délire et de fanatisme universel. En prenant dans le sens le plus rigoureux tous les préceptes et les conseils de morale de l'Evangile, Fox posa pour première maxime que tous les hommes sont égaux par leur nature; il en conclut qu'il faut tutoyer tout le monde, les rois aussi bien que les charbonniers; qu'il faut supprimer toutes les marques extérieures de respect, comme d'ôter son chapeau, de faire des révérences, etc. 2° Il enseigna que Dieu donne à tous les hommes une lumière intérieure, suffisante pour les conduire au salut éternel; que par conséquent il n'est besoin ni de prêtres, ni de pasteurs, ni de ministres de religion; que tout particulier, homme ou femme, est en état et en droit d'enseigner et de prêcher, dès qu'il est inspiré de Dieu. 3° Que pour parvenir au salut éternel il suffit d'éviter le péché et de faire de bonnes œuvres; qu'il n'est besoin ni de sacrements, ni de cérémonies, ni de culte extérieur. 4° Que la principale vertu du chrétien est la tempérance et la modestie; qu'il faut donc retrancher toute superfluité dans l'extérieur, les boutons sur les habits, les rubans et les dentelles pour les femmes, etc. 5° Qu'il n'est pas permis de faire aucun serment, de plaider en justice, de faire la guerre, de porter les armes, etc.

Une doctrine qui affranchissait les hommes de tout devoir extérieur de religion, qui autorisait les ignorants et les femmes à prendre la place des docteurs, ne pouvait manquer de trouver des partisans; Fox, quoique ignorant et visionnaire, eut des prosélytes. Quelques traits de modération, qu'il sut affecter lorsqu'il fut puni de ses extravagances, achevèrent de lui gagner la populace.

Un des premiers apôtres du *quakérisme* fut Guillaume Penn, fils unique du vice-amiral d'Angleterre, jeune homme qui joignait à une figure agréable beaucoup d'esprit et d'éloquence naturelle; il se joignit à Georges Fox, et prêcha comme lui; ils firent ensemble une mission en Hollande et en Allemagne; mais ils ne purent former en Hollande que quelques disciples qui ont été connus sous le nom de *prophètes* ou *prophétants*; ils eurent encore moins de succès en Allemagne. Après la mort de son père, Guillaume Penn, héritier de tous ses biens, obtint pour indemnité de ce qui lui était dû par le gouvernement d'Angleterre, la propriété d'une province entière en Amérique, qui de son nom a été nommée *Pensylvanie*. Il y conduisit une colonie de ses disciples, il y fonda la ville de *Philadelphie*, et lui donna des lois.

Quelque aversion que les *quakers* eussent pour la guerre, ils ont été cependant obligés plus d'une fois de prendre les armes contre les sauvages qui dévastaient leurs possessions, et de les poursuivre comme des bêtes féroces. On ne les accuse point d'avoir refusé de porter les armes dans la dernière guerre pour la liberté de l'Amérique, preuve que ceux d'aujourd'hui ne portent plus le fanatisme aussi loin que leurs prédécesseurs, et qu'ils ont été forcés de se prêter aux circonstances. On convient en Angleterre qu'en général les *quakers* font profession d'une exacte probité, et qu'ils ont les mœurs plus pures que le commun des Anglais. Leur nombre diminue cependant tous les jours; parce qu'en qualité de *non-conformistes* ils sont exclus des charges et des dignités, et parce que le fanatisme s'éteint peu à peu, lorsqu'il n'est pas entretenu par la contradiction. Les *quakers*, moins ignorants que leurs prédécesseurs, et moins entêtés, comprennent à la fin que la vertu se rend ridicule par le mépris des bienséances.

L'éloge de cette secte que l'on a placé

dans l'ancienne *Encyclopédie*, a été copié des *Lettres philosophiques sur les Anglais*, dont l'auteur est très-connu. On sait que dans ses ouvrages il ne s'est jamais piqué de sincérité, qu'il s'est proposé plutôt d'amuser ses lecteurs que de les instruire. L'auteur de l'*Histoire des établissements des Européens dans les Indes* n'a fait que répéter et amplifier les mêmes fables. Mosheim, mieux informé et plus en état que ces écrivains frivoles de juger du *quakérisme*, en a fait l'histoire. *Histoire ecclés.*, XVII° siècle, sect. 2, II° part., c. 3. Son traducteur anglais y a joint plusieurs notes importantes. Pour appuyer ce qu'ils disent, ces deux écrivains citent les livres mêmes des *quakers* et ceux des témoins oculaires; ils sont certainement plus croyables que nos philosophes aventuriers. Or, ils font voir :

1° Que, malgré les éloges pompeux de Georges Fox et de Guillaume Penn, faits par leurs partisans, ces deux hommes n'étaient rien moins que des modèles de sagesse et de vertu. Le premier était un fanatique séditieux, qui ne respectait rien, n'était soumis à aucune loi, qui troublait l'ordre et la tranquillité publique; il était donc punissable. On a voulu persuader qu'il avait souffert les châtiments avec une patience héroïque; c'est une fausseté : il est constant que souvent il a chargé d'outrages et d'injures les magistrats qui voulaient le réprimer. Des témoins qui ont connu personnellement Guillaume Penn disent qu'il était vain, hâbleur, infatué du pouvoir de son éloquence, très-mal instruit en fait de religion. Nous ajoutons qu'il n'est pas sûr qu'il soit l'unique auteur des lois de la Pensylvanie, puisqu'il avait avec lui des hommes instruits et capables de l'éclairer.

2° Que ces *quakers*, que l'on peint comme des hommes si doux et si pacifiques, à qui l'on donne la gloire d'avoir posé pour premier principe de religion la tolérance universelle, ont été cependant, dès leur origine, les fanatiques les plus intolérants et les plus mutins qu'il y eut jamais. « Ils parcouraient, dit Mosheim, comme des furieux et des bacchantes, les villes et les villages, déclamant contre l'épiscopat, contre le presbytérianisme, contre toutes les religions établies. Ils tournaient en dérision le culte public, ils insultaient les prêtres dans le temps qu'ils officiaient; ils foulaient aux pieds les lois et les magistrats, sous prétexte qu'ils étaient inspirés : ils excitèrent ainsi des troubles affreux dans l'Eglise et dans l'Etat. On ne doit donc pas être surpris que le bras séculier ait enfin sévi contre ces fanatiques turbulents, et que plusieurs aient été sévèrement punis. Cromwel, qui tolérait toutes les sectes, aurait exterminé celle-ci, s'il avait cru pouvoir en venir à bout. »

Le traducteur anglais confirme ce récit par des faits incontestables; il cite des traits d'impudence et de fureur des femmes *quakéresses* qui excitent l'indignation. Aujourd'hui ces sectaires et leurs panégyristes passent ces faits sous silence, ou cherchent à les pallier; mais ils ne parviendront pas à en effacer le souvenir.

Le citoyen de Virginie qui vient de publier ses *Recherches sur les Etats-Unis de l'Amérique*, vient à l'appui de Mosheim et de son traducteur. Il prouve, par des mémoires authentiques, que Guillaume Penn ne s'occupa jamais que de ses intérêts personnels ; qu'il s'exempta des taxes, lui et toute sa postérité, qu'il employa toutes les ressources de son esprit à tromper ses *frères* avant et après l'émigration; qu'il leur défendit d'acheter des terres des Indiens, afin d'en faire le monopole; que, pendant son séjour en Angleterre, il entretint la discorde dans la Pensylvanie par les instructions qu'il envoyait à ses lieutenants; que, rempli d'idées folles et capricieuses qui le mettaient dans un besoin continuel d'argent, et abîmé de dettes, il allait vendre à Georges I°ʳ la propriété de l'établissement, lorsqu'il mourut à Londres d'une attaque d'apoplexie; qu'enfin il se rendit coupable toute sa vie d'une multitude d'injustices et d'extorsions. Il fait des *quakers* en général un portrait qui n'est pas flatteur. Selon lui, leur mérite principal consiste dans l'économie et dans l'application aux affaires, et, en fait d'hypocrisie, personne ne les égale. Mais quant au commerce, la délicatesse et l'équité ne sont pas leurs vertus favorites. A la vérité, dit-il, on trouve quelquefois parmi eux des hommes de la probité la plus scrupuleuse, qui méprisent l'astuce et l'hypocrisie : mais ils sont plus rares que parmi les autres sectes. Il est facile d'être la dupe de leur extérieur. Plusieurs fois il est arrivé que leur manière réservée de contracter, fondée sur leur religion, les a dispensés de tenir leur parole.

3° Dans cette secte, comme dans toutes les autres, il y a eu des disputes et des divisions touchant la doctrine. Ceux de la Pensylvanie, absolument maîtres chez eux, ont poussé la licence des opinions plus loin que ceux d'Angleterre, parce que ceux-ci ont toujours été contenus par la religion dominante et par la crainte du gouvernement. Or, parmi ces opinions, il y en a de très-impies, et la religion de plusieurs de ces sectaires a dégénéré en pur déisme. Mosheim, qui a soigneusement examiné leur système, l'expose ainsi : La doctrine fondamentale des *quakers*, dit-il, est qu'il y a dans l'âme de tous les hommes une portion de la raison et de la sagesse divine; qu'il suffit de la consulter et de la suivre pour parvenir au salut éternel. Ils nomment cette prétendue sagesse céleste, *la parole interne, le Christ intérieur, l'opération du Saint-Esprit*.

De là il résulte, 1° que toute la religion consiste à écouter et à suivre les leçons de cette parole intérieure, qui, dans le fond, n'est autre chose que le fanatisme de chaque particulier. 2° Que l'Ecriture sainte, qui n'est que la parole extérieure, ne nous indique point la véritable voie du salut; qu'elle ne nous est utile qu'autant qu'elle nous excite à écouter la voix intérieure, à prêter l'oreille aux leçons immédiates de

Jésus-Christ lorsqu'il parle au dedans de nous. 3° Que ceux mêmes qui ne connaissent pas l'Évangile, tels que les juifs, les mahométans, les Indiens, les sauvages, ne sont pas pour cela hors de la voie du salut, parce qu'il leur suffit d'écouter le Maître ou le Christ intérieur qui parle à leur âme. 4° Que le royaume de Jésus-Christ s'étend à tous les hommes, puisque tous sont à portée de recevoir intérieurement ses leçons et de connaître sa volonté; qu'il n'est donc pas besoin d'être extérieurement chrétien pour être sauvé. 5° Qu'il faut détourner notre attention de tous les objets extérieurs qui peuvent affecter nos sens, afin de nous appliquer uniquement à écouter la parole intérieure; qu'il faut donc diminuer l'empire que le corps a sur l'âme, afin de nous unir plus étroitement à Dieu. 6° Il s'ensuit que, quand nos âmes seront une fois délivrées de la prison de nos corps, il n'est pas croyable que Dieu veuille les y renfermer une seconde fois; qu'ainsi l'on doit entendre dans un sens figuré tout ce que l'Ecriture dit de la résurrection future; que si Dieu nous rend jamais un corps, ce ne sera plus un corps de chair, mais un corps céleste et spirituel. Conséquemment, 7° les *quakers* ne se croient point absolument obligés à prendre dans un sens réel et historique tout ce qui est dit dans l'Evangile touchant la naissance, les actions, les souffrances, la résurrection du Christ, ou l'incarnation du Fils de Dieu; la plupart, surtout en Amérique, entendent tout cela dans un sens mystique et figuré; suivant eux, c'est seulement une image de ce que le Christ intérieur fait pour nous sauver; il naît, il vit, il agit, il souffre, il meurt, il ressuscite spirituellement en nous, etc. En Europe même, plusieurs, quoique avec plus de réserve, tiennent encore le même langage, qui est celui des anciens gnostiques. 8° Il s'ensuit qu'il n'est besoin d'aucun culte extérieur de religion, qu'il suffit de rendre au *Christ intérieur* un culte purement spirituel. Les cérémonies qui affectent nos sens, telles que le baptême, l'eucharistie, le chant des psaumes, les fêtes, etc., ne servent qu'à détourner notre attention et à nous empêcher d'écouter les leçons intimes de la sagesse divine. Puisqu'elle parle à toutes les âmes, on ne doit empêcher ni les hommes, ni les femmes de prêcher dans les assemblées publiques, lorsque l'Esprit de Dieu les inspire. 9° La morale sévère des *quakers* découle encore du même principe. Puisqu'il est nécessaire d'affaiblir l'empire du corps sur l'âme, il faut se priver de tout ce qui ne sert qu'à flatter les goûts sensuels, se réduire au pur nécessaire, modérer le goût pour les plaisirs par la raison et par la méditation, ne donner dans aucune espèce de luxe ni d'excès. De là vient parmi ces sectaires la gravité de leur extérieur, la simplicité rustique de leurs habits, le ton affecté de leur voix, la rudesse de leur conversation, la frugalité de leur table. Persuadés que la plupart des usages de la vie civile sont une espèce de luxe, que les démonstrations de politesse sont des signes imposteurs, les *quakers* ne témoignent du respect à personne, ni par les formules de civilité ni par les gestes du corps; ils ne donnent à personne aucun titre d'honneur, ils tutoient tout le monde sans exception. Ils refusent de porter les armes, de faire serment en justice, de comparaître à aucun tribunal; ils aiment mieux renoncer à la défense d'eux-mêmes, de leur réputation, de leurs biens, que d'accuser ou d'attaquer personne.

Mais en Angleterre, les *quakers* enrichis par le commerce, et qui veulent jouir de leur fortune, se réconcilient aisément avec les mœurs de la société et avec les plaisirs mondains. Ils ont modifié, dit-on, et réformé une partie des opinions théologiques de leurs ancêtres, et ils ont tâché de les rendre plus raisonnables. Mosheim nous avertit enfin que pour juger de cette théologie, il ne faut pas s'en fier à l'exposé qu'en a fait Robert Barclay, dans son *Catéchisme* et dans l'*Apologie du quakérisme* qu'il publia en 1676. Cet auteur a passé sous silence une bonne partie des erreurs de la secte, il en a pallié et déguisé d'autres, il a employé toutes les ruses par lesquelles un habile avocat peut défendre une mauvaise cause.

Cette histoire des *quakers* nous paraît donner lieu à des réflexions importantes. 1° La morale austère de laquelle ces sectaires font profession ne doit en imposer à personne. Il en a été à peu près de même de toutes les sectes naissantes, encore faibles, qui avaient un vif intérêt à racheter l'absurdité de leurs dogmes par la rigueur de leur morale et par la régularité de leur conduite; sans cette ressource politique, elles n'auraient pas subsisté longtemps. Leur tolérance a eu la même origine; ils n'y sont venus qu'après avoir mis tout en usage pour détruire toutes les autres sectes; par conséquent ils changeraient une seconde fois de principes et de conduite si leur intérêt venait à changer. 2° La naissance du *quakérisme* ne fera jamais honneur aux protestants, puisqu'il est venu du fanatisme dont la prétendue réforme avait enivré tous les esprits. Les apologistes de cette secte ont fondé leurs opinions sur une explication arbitraire de l'Ecriture sainte, tout comme les protestants; il n'est pas une seule de leurs erreurs qui ne puisse être étayée sur quelques passages des livres saints; en se tenant à cette seule méthode, les protestants ne peuvent pas mieux venir à bout de réfuter les *quakers*, que de confondre les sociniens. Où est la différence entre la *parole intérieure* des *quakers* et l'*esprit particulier* des protestants? Les seconds, aussi bien que les premiers, ont beaucoup mieux réussi à faire des prosélytes par la violence de leurs déclamations que par la solidité de leurs explications de l'Ecriture sainte. 3° Il est évident que les incrédules de nos jours n'ont pris la défense de cette secte ridicule, que parce qu'ils ont voulu la donner pour une société de déistes. Leur ambition était de prouver, par cet exemple, que le déisme est très-compatible avec une excellente morale; ils voulaient d'ailleurs rendre le christianisme méprisable, en faisant voir que ce qu'il y a d'excessif dans la morale des *quakers* n'est autre chose que la lettre même de l'Évangile; mais la lettre et le sens ne sont pas la même chose. 4° Le parallèle que l'auteur des *Questions sur l'Encyclopédie* a voulu faire entre les *quakers* ou prétendus *primitifs*, et les premiers chrétiens, est absurde et ne porte que sur des faussetés. Il dit que Jésus-Christ ne baptisa personne, et que les associés de Penn ne voulurent pas être baptisés. Mais Jésus-Christ a ordonné à ses disciples de baptiser toutes les nations; s'il n'a pas baptisé ses apôtres, il a violé sa propre ordonnance : il a dit que quiconque ne sera pas *baptisé par l'eau* et par le Saint-Esprit n'entrera point dans le royaume des cieux. Il dit que les premiers fidèles étaient égaux, comme les *quakers* ont voulu l'être. Cela est faux; les apôtres avaient autorité sur les simples fidèles, ils ont établi des pasteurs auxquels ils ont transmis cette autorité, et ils ont ordonné aux laïques de leur être soumis. Ils ont ordonné aussi d'être soumis et d'obéir aux princes, aux magistrats, aux hommes constitués en dignité; les *quakers* leur ont refusé toute démonstration de respect, et leur ont souvent insulté sur leur tribunal.

Les premiers disciples, continue l'auteur, reçurent l'Esprit et parlaient dans l'assemblée; ils n'avaient ni temples, ni autels, ni ornements, ni encens, ni cierges, ni cérémonies : Penn et les siens ont fait de même. Mais l'inspiration des premiers chrétiens était prouvée par les dons miraculeux et sensibles dont elle était accompagnée; comment les prétendus *primitifs* ont-ils prouvé la leur? Saint Paul eut soin de régler l'usage de ces dons dans les assemblées chrétiennes; il défendit aux femmes d'y enseigner et d'y parler. Il est prouvé par l'Apocalypse que du temps des apôtres les chrétiens avaient des autels, des ornements, de l'encens, des cierges et des cérémonies. *Voy.* LITURGIE. Nous prouvons encore, contre les protestants et contre les incrédules, que dès l'origine de l'Église chrétienne on a reconnu sept sacrements.

C'est peu de nous dire que les *quakers* ont toujours eu une bourse commune pour les pauvres, et qu'en cela ils ont imité les disciples du Sauveur; il y a un autre article non moins essentiel que les premiers ont très-mal observé, savoir la soumission à l'ordre public. Jamais les premiers chrétiens n'ont insulté en face les magistrats; ils ne sont point allés troubler les cérémonies des païens; ils n'ont point déclamé contre les prêtres ni foulé aux pieds les idoles : Fox et ses sectateurs ont commis tous ces désordres à l'égard de la religion anglicane. Quelle ressemblance y a-t-il donc entre les uns et les autres? Mais, un auteur qui a si peu respecté la vérité en peignant les *quakers*, était incapable d'y avoir plus d'é-

gard en parlant des premiers chrétiens (1).

* QUALIFICATIONS DE PROPOSITIONS CONDAMNÉES. Chargée de diriger le troupeau de Jésus-Christ dans de bons pâturages, l'Église a dû lui faire connaître ceux qui sont dangereux; et, comme c'est principalement dans les écrits que les peuples vont puiser les erreurs, elle a été revêtue du pouvoir de condamner les livres dangereux, comme il a été démontré au mot CENSURE DES LIVRES. Le danger d'un livre n'est pas toujours de même nature; il est nécessaire de faire connaître l'espèce de venin qu'il renferme; l'Église le fait en qualifiant les propositions qu'il contient. Il y a des notes en usage pour cela, qu'un théologien ne peut ignorer. Bergier les a fait connaître en partie dans son art. Censure des livres. Son exposé ne nous paraissant pas assez complet, nous empruntons à Mgr Gousset une exposition qui nous paraît satisfaire entièrement.

« Parmi les propositions qui méritent d'être condamnées, les unes peuvent être censurées comme hérétiques, voisines de l'hérésie, sentant l'hérésie, suspectes d'hérésie; les autres, comme erronées, voisines de l'erreur, sentant l'erreur, suspectes d'erreurs; celles-ci, comme fausses, blasphématoires, impies, dangereuses, pernicieuses, scandaleuses; celles-là, comme captieuses, malsonnantes, offensives des oreilles pieuses; d'autres, comme téméraires, schismatiques, séditieuses. Voilà les principales censures ou qualifications que l'Église imprime aux différentes propositions qu'elle condamne, suivant qu'elles s'éloignent plus ou moins de l'enseignement et du langage catholique.

« On condamne comme hérétique toute proposition qui est directement, immédiatement contraire à la foi; c'est-à-dire à une vérité que l'Église enseigne ou propose comme révélée de Dieu. Il est de foi, par exemple, qu'il y a trois personnes en Dieu, le Père, le Fils et le Saint-Esprit. Il est de foi qu'il y a deux natures en Jésus-Christ, la nature divine et la nature humaine; et que Jésus-Christ n'a cependant qu'une seule personne, la personne divine. Il est de foi que le Sauveur du monde est mort pour d'autres que les élus. Il est de foi que l'Église est infaillible dans son enseignement et ses décisions dogmatiques. Il est de foi que le pape est le chef de l'Église universelle, qu'il a une primauté non-seulement d'honneur, mais de juridiction dans toute l'Église. Ainsi, toutes les propositions contradictoires à ces différents articles et autres points définis par l'Église sont hérétiques. Une proposition est voisine de l'hérésie quand elle est regardée comme hérétique par le plus grand nombre des docteurs catholiques; les autres, qui passent pour être également orthodoxes, ne pensant pas que cette proposition, quoique erronée, mérite la qualification d'hérétique. On peut encore dire qu'une proposition est voisine de l'hérésie, qu'elle touche à l'hérésie, *hæresi proxima*, lorsque les conséquences qui en découlent naturellement conduisent à l'hérésie. Une proposition qui sent et favorise l'hérésie est celle qui, sans être formellement hérétique, donne lieu de juger, eu égard aux circonstances, que celui qui en est l'auteur ne reconnaît point tel ou tel article de foi, et qu'il pense comme les hérétiques. Elle est suspecte d'hérésie si, sans être hérétique dans les termes dont elle est conçue, elle donne lieu, par certaines réticences, de soupçonner d'hérésie celui qui l'a avancée. Ainsi, du temps des ariens, ceux qui, tout en professant la divinité du Fils de Dieu, refusaient de l'appeler consubstantiel au Père, étaient suspects d'arianisme.

(1) Nous avons en France une société de quakers qui habite les environs de Nîmes. Ils sont moins rigoureux que les Quakers anglais. Cette secte ne présente d'ailleurs rien de particulier.

« Une proposition erronée est celle qui est directement contraire à une conclusion théologique immédiatement déduite par le raisonnement de deux propositions dont l'une au moins est révélée ; lorsque d'ailleurs l'Église s'abstient de nous donner cette conclusion comme un article de foi, encore que celle-ci soit fondée sur la pratique générale des fidèles, ou sur l'enseignement de tous les docteurs orthodoxes. On peut voir dans la bulle *Auctorem fidei* du pape Pie VI plusieurs propositions du synode de Pistoie qui ont été condamnées comme erronées. Les propositions qui touchent à l'erreur *errori proximæ*, qui sentent l'erreur, qui favorisent l'erreur, qui sont suspectes d'erreur, sont ainsi appelées, parce qu'elles ont plus ou moins d'affinité avec l'erreur, ou qu'elles sont telles que, eu égard aux circonstances, on a plus ou moins de raison de juger ou de soupçonner celui qui en est l'auteur imbu de telle ou telle erreur.

« On entend par une proposition fausse celle qui nie un fait qu'on ne peut révoquer en doute ; telle serait, par exemple, la proposition qui nierait que notre saint-père le pape Pie IX fût le successeur de saint Pierre. Elle sentirait d'ailleurs l'hérésie ou serait suspecte d'hérésie, parce qu'elle tendrait à faire croire qu'un pape légitime ne serait point le vicaire de Jésus-Christ. Elle serait de plus schismatique, ou au moins suspecte de schisme, car elle nous représenterait le saint-père comme n'étant pas légitimement élu. Nous voyons dans la bulle d'Innocent X, de l'an 1653, que l'Église a condamné comme fausses la quatrième et la cinquième proposition de Jansénius : la quatrième, en tant qu'elle énonçait que les semi-pélagiens admettaient la nécessité de la grâce intérieure et prévenante pour chaque acte en particulier, même pour le commencement de la foi ; la cinquième, en ce qu'elle affirmait que c'est être semi-pélagien de dire que Jésus-Christ est mort absolument pour tous les hommes. Ainsi l'on conçoit facilement la différence qu'il y a entre une proposition fausse et une proposition erronée. La première est contraire à un fait ; la seconde, à une vérité dogmatique. Cependant il n'est pas rare de rencontrer certaines propositions erronées condamnées comme fausses.

« On dit qu'une proposition est blasphématoire lorsqu'elle renferme quelque parole injurieuse à Dieu. Pour qu'il y ait blasphème, il n'est pas nécessaire que cette parole soit directement contre Dieu ; il suffit qu'elle soit contre l'Église, contre les choses sacrées, ou contre les créatures considérées comme œuvres de Dieu. On qualifie comme impie toute proposition qui tend à diminuer le culte que l'on doit à Dieu, ou à affaiblir en nous le sentiment de la piété chrétienne, de la confiance en la bonté de Dieu. Ainsi, le pape Innocent X a condamné comme impies les deux propositions de Jansénius, portant, la première, que quelques commandements de Dieu sont impossibles aux justes, faute de la grâce nécessaire pour les accomplir ; la seconde, prise en ce sens que Jésus-Christ n'est mort que pour le salut des prédestinés. Ces deux propositions, ne pouvant que jeter les fidèles dans le découragement, sont par là même évidemment contraires à la piété.

« Une proposition dangereuse est celle dont les hérétiques peuvent abuser pour soutenir leurs erreurs ; mais ce qui est dangereux dans un temps peut ne l'être pas dans un autre ; ainsi, par exemple, le mot *consubstantiel* fut rejeté par un concile d'Antioche, parce que les partisans de Sabellius en abusaient pour confondre les trois personnes divines, et les réduire à une seule ; mais lorsque ce danger n'exista plus, le concile de Nicée consacra ce même terme pour exprimer la divinité du Verbe, en le faisant tomber non sur les personnes qui sont réellement distinctes, mais sur la substance qui est numériquement une et même substance dans le Père, le Fils et le Saint-Esprit.

« On qualifie encore de dangereuse ou de pernicieuse toute proposition qui tend à diminuer dans les fidèles le sentiment de la foi, l'horreur du péché, le respect pour les choses saintes, la soumission pour l'Église. Ainsi, par exemple, on doit regarder comme dangereuse la proposition par laquelle on affirme que l'Église a tort de ne pas permettre à tous les fidèles indistinctement de lire l'Écriture sainte en langue vulgaire, ou de défendre l'usage du gras en certains jours, ou d'obliger les fidèles à se confesser et à communier au moins une fois l'an. Toute proposition dangereuse ou pernicieuse est nécessairement scandaleuse, puisqu'une proposition scandaleuse est ainsi appelée, parce qu'elle est de nature à porter les fidèles au péché, ou à les détourner de l'accomplissement de leurs devoirs, de la pratique de la piété ou de la vertu.

« On note comme captieuse toute proposition où, sous des termes que l'on peut prendre en bonne part, on cache le venin de l'erreur. Les ouvrages des Jansénistes, tant sur le dogme que sur la morale, sont pleins d'expressions équivoques, de propositions captieuses. Aussi la lecture en est-elle dangereuse, même pour les ecclésiastiques qui n'ont pas une connaissance exacte des décrets du saint-siège sur les matières de la grâce, et des écrits de saint Augustin, dont les partisans de Jansénius et de Quesnel ont tant abusé. Une proposition mal sonnante a beaucoup d'affinité avec une proposition captieuse : on l'appelle ainsi, parce qu'elle est conçue en termes à double sens, de manière à ce que le sens hérétique ou erroné frappe plus que le sens orthodoxe dont elle est susceptible. Nous la distinguons de la proposition offensive des oreilles pieuses, qui, sans être impie ou contraire à la piété, renferme dans son énoncé quelque chose d'inconvenant, qui blesse les oreilles des âmes pieuses. Telles seraient, par exemple, les propositions suivantes : Saint Pierre, qui avez renié Jésus-Christ, priez pour nous ; saint Paul, qui avez persécuté l'Église, priez pour nous ; saint Augustin, qui avez vécu plusieurs années dans le libertinage, priez pour nous. On censure comme téméraire toute proposition qui, hérétique ou non, est dénuée de fondement. Ainsi on qualifie de téméraire une opinion qui, s'écartant tout à la fois et de la doctrine généralement adoptée par les Pères et les théologiens, et de la croyance ou de la pratique commune de l'Église, n'a pour elle aucune autorité grave, ni aucune raison capable de faire impression ou de contre-balancer les autorités et les raisons qui sont en faveur du sentiment contraire. Cette qualification s'encourrait par un écrivain qui attaquerait l'immaculée conception de la sainte Vierge.

« Une proposition schismatique est celle qui tend à détourner les fidèles de l'obéissance ou de la soumission que l'on doit au pape, à l'évêque et autres supérieurs ecclésiastiques ; mais il ne faudrait pas mettre au nombre des schismatiques celui qui dirait que l'on doit obéir à l'évêque de préférence au curé, et au pape de préférence à l'évêque ; car si les fidèles doivent être soumis à leur curé, le curé doit être soumis à l'évêque, comme l'évêque doit l'être au pape. Une proposition peut être favorable au schisme, sans être schismatique ; alors on la censure comme favorisant le schisme.

« On donne le nom de séditieuse à une proposition qui porte à la révolte, soit contre l'autorité ecclésiastique, soit contre l'autorité civile.

« Outre ces qualifications, nous en trouvons plusieurs autres dans la bulle *Auctorem fidei*, par lesquelles certaines propositions ont été condamnées comme injurieuses aux papes, au saint-siège, à l'Église et à ses ministres, à la piété des fidèles ; dérogeantes aux constitutions apostoliques ; contraires à la pratique, aux lois, à l'autorité, à la puissance de l'Eglise; perturbatrices du repos des âmes, subversives de l'ordre hiérarchique. Ces différentes notes des censures n'ont pas besoin d'explication, il suffit de les énoncer pour en faire connaître le sens. »

QUARANTE-HEURES. Les prières de *quarante-heures* sont une dévotion commune dans l'Eglise romaine; elle consiste à exposer le saint-sacrement à l'adoration des fidèles pendant trois jours de suite, et pendant treize à quatorze heures par jour. Ces prières sont ordinairement accompagnées de sermons, de saluts, etc. On les fait pendant le jubilé, dans les calamités publiques, le dimanche de la Quinquagésime et les deux jours suivants, etc.

QUARTO-DÉCIMANS. *Voy.* Pâques.

QUASIMODO. Le dimanche de l'octave de Pâques est ainsi nommé, parce que l'introït de la messe de ce jour commence par ces mots : *Quasi modo geniti infantes*. Il est aussi appelé *dominica in albis*, parce que ceux qui avaient reçu le baptême à Pâques, allaient le jour de l'octave déposer en cérémonie dans la sacristie de l'église les robes blanches dont ils avaient été revêtus dans leur baptême. Les Grecs l'ont encore nommé *dominica nova*, à cause de la vie nouvelle que les baptisés devaient commencer à mener dès ce moment.

On sait que, dans les premiers siècles, tous les jours de la quinzaine de Pâques étaient censés jours de fêtes; ainsi l'avaient réglé les pasteurs de l'Eglise dans plusieurs conciles, et les empereurs avaient confirmé cette discipline. Nous voyons par les sermons de saint Jean Chrysostome et de saint Augustin, que tous ces jours étaient employés par les fidèles à célébrer l'office divin, à écouter la parole de Dieu, à recevoir la sainte eucharistie, à faire de bonnes œuvres. Bingham, *Orig. ecclés.*, l. xx, c. 5, § 12, tom. IX, p. 118.

QUATRE-TEMPS, jeûne qui s'observe dans l'Eglise au commencement de chacune des quatre saisons de l'année; il a lieu pour trois jours d'une semaine, savoir, le mercredi, le vendredi et le samedi.

Il est certain que ce jeûne était déjà établi du temps de saint Léon, puisque, dans ses sermons, il distingue nettement les jeûnes des quatre saisons de l'année, et qui s'observaient pendant trois jours; savoir, celui du printemps au commencement du carême, celui de l'été à la Pentecôte, celui d'automne au septième mois ou en septembre, et celui d'hiver au dixième ou en décembre. Mais ce saint pape ne parle pas de ces jeûnes comme d'un usage nouveau; au contraire, il les regarde comme une tradition apostolique. Il était persuadé que c'était une imitation des jeûnes de la synagogue, mais il n'y a point de preuve que les Juifs aient fait trois jours de jeûne au commencement de chaque saison; aussi saint Thomas n'est-il pas de cet avis : on pourrait peut-être conjecturer avec plus de raison que les *quatre-temps* ont été institués par opposition aux folies et aux désordres des bacchanales, que les païens célébraient quatre fois l'année.

Quoi qu'il en soit, on ne peut pas douter que ce jeûne n'ait eu pour objet de consacrer à Dieu par la pénitence et la mortification les quatre saisons de l'année, comme le dit saint Léon, et pour obtenir de Dieu sa bénédiction sur les fruits de la terre. Il s'y est joint un nouveau motif, lorsqu'il a été d'usage de faire dans ce temps-là l'ordination des ministres de l'Eglise, et c'est un règlement qui date au moins du cinquième siècle, puisqu'il en est parlé dans la neuvième lettre du pape Gélase. On a jugé qu'il convenait que tous les fidèles demandassent, par la prière et par le jeûne, les lumières du Saint-Esprit pour cette importante action, afin d'imiter ainsi la conduite des apôtres. *Act.*, c. xiii, v. 3.

On ne doit pas être étonné de ce que les *quatre-temps* n'ont pas été observés dans l'Eglise grecque, puisque les Grecs jeûnaient tous les mercredis et les vendredis de l'année, et fêtaient le samedi. Dans l'Occident même ce jeûne n'a pas été pratiqué universellement dans toutes les Eglises; il ne l'était pas encore dans celles d'Espagne du temps de saint Isidore de Séville, au vi° siècle, et l'on ne peut pas prouver qu'il l'ait été en France avant le règne de Charlemagne. Mais ce prince en ordonna l'observation par un capitulaire de l'an 769, et le fit confirmer par un concile de Mayence l'an 813. Enfin, dans le xi° siècle, le pape Grégoire VII fixa distinctement les quatre semaines dans lesquelles les *quatre-temps* devaient être observés, et peu à peu cette discipline s'établit uniformément, telle qu'elle est encore aujourd'hui. Thomassin, *Traité des Jeûnes*, 1re part., c. 21; ii° part., c. 18.

QUESNELLISME. *Voy.* Unigenitus.

QUIÉTISME, doctrine de quelques théologiens mystiques, dont le principe fondamental est qu'il faut s'anéantir soi-même pour s'unir à Dieu; que la perfection de l'amour pour Dieu consiste à se tenir dans un état de contemplation passive, sans faire aucune réflexion ni aucun usage des facultés de notre âme, et à regarder comme indifférent tout ce qui peut nous arriver dans cet état. Ils nomment *quiétude* ce repos absolu ; de là leur est venu le nom de *quiétistes*.

On peut trouver le berceau du *quiétisme* dans l'origénisme spirituel qui se répandit au iv° siècle, et dont les sectateurs, selon le témoignage de saint Epiphane, étaient irrépréhensibles du côté des mœurs. Evagre, diacre de Constantinople, confiné dans un désert et livré à la contemplation, publia, au rapport de saint Jérôme, un livre de *maximes* dans lequel il prétendait ôter à l'homme tout sentiment des passions ; cela ressemble beaucoup à la prétention des *quiétistes*. Dans le xi° et le xiv° siècle, les *hésychastes*, autre espèce de *quiétistes* chez les Grecs, renouvelèrent la même illusion et donnèrent dans les visions les plus folles; on ne les accuse point d'y avoir mêlé du libertinage. *Voy.* Hésychastes. Sur la fin du xiii° et au commencement du xiv°, les beggards enseignèrent que les prétendus parf ils n'avaient plus besoin de prier, de faire de bonnes œuvres, d'accomplir aucune loi, et qu'ils pouvaient, sans offenser Dieu, accorder à leurs corps tout ce qu'il demandait. *Voy.* BEGGARDS. Voilà donc deux espèces de *quiétisme*, l'un spirituel et l'autre très-grossier. Le premier fut renouvelé, il y a un siècle, par Michel Molinos, prêtre espagnol, né dans le diocèse de Saragosse en 1627, et qui s'acquit à Rome beaucoup de considération par la pureté de ses mœurs, par sa piété, par son talent de diriger les consciences. L'an 1675, il publia un livre intitulé le *Guide spirituel*, qui eut d'abord l'approbation de plusieurs personnages distingués, et qui a été traduit en plusieurs langues. La doctrine que Molinos y établissait peut se réduire à trois chefs : 1° la contemplation parfaite est un état dans lequel l'âme ne raisonne point ; elle ne réfléchit ni sur Dieu ni sur elle-même, mais elle reçoit passivement l'impression de la lumière céleste, sans exercer aucun acte, et dans une inaction entière ; 2° dans cet état l'âme ne désire rien, pas même son propre salut ; elle ne craint rien, pas même l'enfer ; 3° alors l'usage des sacrements et la pratique des bonnes œuvres deviennent indifférents ; les représentations et les impressions les plus criminelles qui arrivent dans la partie sensitive de l'âme ne sont point des péchés.

Il est aisé de voir combien cette doctrine est absurde et pernicieuse. Puisque Dieu nous ordonne de faire des actes de foi, d'espérance, d'adoration, d'humilité, de reconnaissance, etc., c'est une absurdité et une impiété de faire consister la perfection de la contemplation dans l'abstinence de ces actes. Dieu nous a créés pour être actifs et non passifs, pour pratiquer le bien et non pour le contempler ; un état purement passif est un état d'imbécillité ou de syncope ; c'est une maladie et non une perfection. Dieu peut-il nous dispenser de désirer notre salut et de craindre l'enfer ? Il a promis le ciel à ceux qui font de saintes actions, et non à ceux qui ont des rêves sublimes. Il nous ordonne à tous de lui demander l'avènement de son royaume et d'être délivrés du mal, il n'est donc jamais permis de renoncer à ces deux sentiments, sous prétexte de soumission à la volonté de Dieu. Puisque les sacrements sont le canal des grâces et un don de la bonté de Jésus-Christ, c'est manquer de reconnaissance envers ce divin Sauveur de les regarder comme indifférents. Il dit : *Si vous ne mangez la chair du Fils de l'homme et ne buvez son sang, vous n'aurez point la vie en vous.* De quel droit un prétendu contemplatif peut-il regarder la participation à l'eucharistie comme indifférente ?

Lorsque Molinos ajoute que, dans l'état de contemplation et de quiétude, les représentations, les impressions, les mouvements des passions les plus criminelles qui arrivent dans la partie sensitive de l'âme ne sont pas des péchés, il ouvre la porte aux plus affreux dérèglements, et il n'a eu que trop de disciples qui ont suivi les conséquences de cette doctrine perverse. Une âme qui se laisse dominer par les affections de la partie sensitive est certainement coupable ; il lui est toujours libre d'y résister, et saint Paul l'ordonne expressément. Aussi, après un sérieux examen, la doctrine de Molinos fut condamnée par le pape Innocent XI en 1687 : ses livres, intitulés *la Conduite spirituelle* ou *le Guide spirituel*, et *l'Oraison de quiétude*, furent brûlés publiquement ; Molinos fut obligé d'abjurer ses erreurs en présence d'une assemblée de cardinaux, ensuite condamné à une prison perpétuelle, où il mourut en 1689. Mais, en censurant sa doctrine, le pape rendit témoignage de l'innocence de ses mœurs et de sa conduite.

L'événement a prouvé que l'on n'a pas eu tort de craindre les conséquences du *molinosisme*, puisque plusieurs de ses partisans en ont abusé pour se livrer au libertinage, et ont été punis par l'inquisition. Mais il ne faut pas confondre ce *quiétisme* grossier et libertin avec celui des faux mystiques ou faux spirituels, qui ont adopté les erreurs de Molinos sans en suivre les pernicieuses conséquences. Il s'est trouvé en France des *quiétistes* de cette seconde espèce ; et parmi ceux-ci une femme nommée *Bouvière de la Motte*, née à Montargis en 1648, veuve du sieur Guyon, fils d'un entrepreneur du canal de Briare, s'est rendue célèbre. Elle avait pour directeur un Père *Lacombe*, barnabite, du pays de Genève. Elle se retira d'abord avec lui dans le diocèse d'Annecy, et elle s'y acquit beaucoup de réputation par sa piété et par ses aumônes. Mais, comme elle voulut faire des conférences et répandre les sentiments qu'elle avait puisés dans les livres de Molinos ou de quelqu'un de ses disciples, elle fut chassée de ce diocèse par l'évêque, avec son directeur. Ils eurent le même sort à Grenoble, où madame Guyon répandit deux petits livres de sa façon, l'un intitulé *le Moyen court*, l'autre *les Torrents*. Ils vinrent à Paris en 1687, ils y firent du bruit et y trouvèrent des partisans. M. de Harlay, pour lors archevêque, obtint un ordre du roi pour faire enfermer le Père Lacombe et mettre madame Guyon dans un couvent. Celle-ci, ayant été élargie par la protection de madame de Maintenon, s'introduisit à Saint-Cyr ; elle y suivit les conférences de piété que faisait dans cette maison son célèbre abbé de Fénelon, précepteur des enfants de France, et elle lui inspira de l'estime et de l'amitié par sa dévotion. Dans la crainte de se tromper sur les principes de cette femme, il lui conseilla de se mettre sous la conduite de M. Bossuet et de lui donner ses écrits à examiner ; elle obéit. Bossuet jugea ses écrits répréhensibles : Fénelon ne pensait pas de même. Celui-ci, nommé à l'archevêché de Cambrai en 1695, eut à Issy, près de Paris, plusieurs conférences à ce sujet avec Bossuet, le cardinal de Noailles et l'abbé Tronson, supérieur du séminaire de Saint-Sulpice. Après de fréquentes disputes, Fénelon publia, en 1697, son livre des *Maximes des saints* touchant la vie spirituelle ou contemplative, dans lequel il crut rectifier tout ce que l'on reprochait à madame Guyon, et distinguer nettement la doctrine orthodoxe des mystiques d'avec les erreurs. Ce livre augmenta le bruit au lieu de le calmer.

Enfin les deux prélats soumirent leurs écrits à l'examen et à la décision du pape Innocent XII, et Louis XIV écrivit lui-même à ce pontife pour le presser de prononcer. La congrégation du saint office nomma sept consulteurs ou théologiens pour examiner ces divers ouvrages. Après trente-sept conférences, le pape censura, le 12 mars 1699, vingt-trois propositions tirées du livre des *Maximes des saints*, comme respectivement téméraires, pernicieuses dans la pratique, et erronées, aucune ne fut qualifiée comme hérétique. L'archevêque de Cambrai tira de sa condamnation même un triomphe plus beau que celui de son adversaire ; il se soumit à la censure sans restriction et sans réserve. Il monta en chaire, à Cambrai, pour condamner son propre livre ; il empêcha ses amis de le défendre, et il publia une instruction pastorale pour attester ses sentiments à tous ses diocésains. Il assembla les évêques de sa province, et il souscrivit avec eux à l'acceptation pure et simple du bref d'Innocent XII et à la condamnation des propositions. Il fit faire pour la cathédrale un soleil magnifique pour les expositions et les processions du saint sacrement ; des rayons de ce soleil partent des foudres qui frappent des livres posés sur le pied, l'un desquels est intitulé *Maximes des saints*. Ainsi finit la dispute. Madame Guyon, qui avait été enfermée à la Bastille, en sortit cette même année 1699 ; elle se retira à Blois, où elle mourut, en 1717, dans les sentiments d'une tendre dévotion.

Pendant que toutes les personnes sensées ont admiré la grandeur d'âme de Fénelon, qui préférait le mérite de l'obéissance et la paix de l'Eglise aux fumées de la vaine gloire et aux délicatesses de l'amour-propre, des esprits mal faits ont tâché de persuader que ce grand homme avait agi par pure politique et par la crainte de s'attirer des affaires ; que sa soumission n'avait pas été sincère. Mosheim a osé dire : « On convient généralement que Fénelon persista jusqu'à la mort dans les sentiments qu'il avait abjurés et condamnés publiquement par respect pour l'ordre du pape. » *Hist. ecclésiast.*, XVII° siècle, sect. 2, 1'° part., c. 1, § 51.

N'en soyons pas surpris, un hérétique infatué de ses propres lumières, et opiniâtrement révolté contre l'autorité de l'Eglise, ne se persuadera jamais qu'un esprit droit peut reconnaître sincèrement qu'il s'est trompé ; que s'il n'a pas mal pensé, il s'est du moins mal exprimé. Mais dans toute la vie de l'archevêque de Cambrai trouve-t-on quelques signes d'un caractère hypocrite et dissimulé ? Connaît-on quelqu'un qui ait montré plus de candeur ? Pendant les seize années qui se sont écoulées depuis la condamnation de Fénelon jusqu'à sa mort, a-t-il donné quelques marques d'attachement aux opinions que le pape avait censurées dans son livre ? Personne n'a soutenu avec plus de force l'autorité de l'Eglise et la nécessité d'y être soumis ; il n'a donc fait que confirmer ses principes par sa propre conduite. D'ailleurs la question agitée entre Fénelon et Bossuet était assez délicate et assez subtile, pour que tous deux pussent s'y tromper. Il s'agissait de savoir s'il peut y avoir un amour de Dieu pur, désintéressé, dégagé de tout retour sur soi-même : or, il paraît certain que, au moins pendant quelques moments, une âme qui médite sur les perfections de Dieu peut les aimer sans faire attention à sa qualité de bienfaiteur et de rémunérateur ; qu'elle peut aimer la bonté de Dieu envers toutes les créatures sans penser actuellement qu'elle-même est l'objet de cette bonté souveraine. Si Bossuet a nié que cet acte soit possible, comme on l'en accuse, il avait tort. Mais ce n'est là qu'une abstraction passagère ; soutenir que ce peut être l'état habituel d'un âme, et que c'est un état de perfection ; qu'elle peut, sans être coupable, pousser le désintéressement jusqu'à ne plus désirer son salut, et ne plus craindre la damnation, voilà l'excès condamné dans les *quiétistes*, excès duquel s'ensuivent les autres erreurs que nous avons notées ci-devant. *Voy.* AMOUR DE DIEU.

QUINISEXTE (concile). On a ainsi appelé le concile tenu à Constantinople l'an 692, douze ans après le sixième général ; il est aussi nommé souvent le concile *in Trullo*, parce qu'il fut tenu dans une salle du palais des empereurs nommée *Trullum*, ou *le Dôme*. Il est regardé comme le supplément des deux conciles qui l'avaient précédé : comme l'on n'y avait point fait de canons touchant les mœurs ni la discipline, les Orientaux y suppléèrent dans celui-ci ; ainsi les cent deux canons attribués au cinquième et au sixième concile général sont l'ouvrage du concile *quinisexte*.

Mosheim en a pris occasion de déclamer contre les papes, qui ne cessèrent, dit-il, d'inventer de nouveaux rites superstitieux et de nouvelles pratiques, comme si leur principal devoir avait été d'amuser la multitude par des cérémonies dévotes ; et qui eurent l'ambition d'introduire le Rituel romain dans toutes les Eglises de l'Occident. Il met au nombre de ces nouveautés la fête de l'Invention de la sainte croix et celle de l'Ascension, la *loi infâme* de Boniface V, qui donnait à tous les scélérats le droit d'asile et d'impunité dans les églises, les profusions d'Honorius I" pour embellir les lieux saints, les ornements sacerdotaux pour célébrer l'eucharistie. *Hist. ecclés.*, XVII° siècle, II° part., c. 4, § 2. Mais Mosheim n'a pu ignorer que la plupart des rites qu'il taxe de nouveautés et d'inventions des papes sont suivis par les Grecs aussi bien que par les Latins ; sont-ce les papes qui les ont portés en Orient ? Aux mots CÉRÉMONIE, LITURGIE, HABITS SACERDOTAUX, etc., nous avons prouvé que ces rites prétendus superstitieux datent du temps des apôtres. Il a dû savoir que le 73ᵉ canon du concile *quinisexte* ordonne le culte de la croix ; que près de quatre cents ans auparavant l'on célébrait déjà, dans l'Eglise de Jérusalem, l'Invention de la sainte croix sous le titre d'*Exaltation*. *Voy.* CROIX. Au mot ASILE nous avons fait voir que la loi de Boniface V était nécessaire dans ce temps-là, et qu'elle n'a rien d'*infâme*. Il en est de même de l'empressement qu'ont eu les papes de faire recevoir partout le Rituel romain ; leur motif a été que l'uniformité dans le culte et dans la discipline est une sauvegarde pour maintenir l'unité de la foi. Cette ambition prétendue avait aussi saisi les Pères du concile *quinisexte*, puisque, par leurs canons 55ᵉ et 89ᵉ, ils exigeaient que l'Eglise romaine changeât son usage de jeûner les samedis de carême, parce que les Grecs ne jeûnaient point ces jours-là.

Au mot ASCENSION nous avons prouvé que cette fête est des temps apostoliques ; elle est célébrée par les Orientaux aussi bien que par les Latins ; il faut que Mosheim ait été étrangement distrait lorsqu'il en a rapporté l'institution au vııᵉ siècle.

QUINQUAGÉSIME ; c'est le dimanche avant le mercredi des cendres, et avant le commencement du carême. Comme le dimanche suivant est le premier de la quarantaine, *Quadragesimæ*, l'on a nommé celui dont nous parlons le dimanche de la cinquantaine, *Quinquagesimæ*, et ainsi, en rétrogradant toujours, on a dit la *Sexagésime* et la *Septuagésime*, quoique le nombre des jours ne s'y trouve pas exactement. On appelait aussi autrefois *Quinquagésime* le dimanche de la Pentecôte, parce que c'est le cinquantième jour après Pâques ; mais pour le distinguer du précédent, on le nommait *Quinquagésime pascale*.

QUINTILIENS. *Voy.* MONTANISTES.

R

RABAN-MAUR, moine de l'abbaye de Fulde, et ensuite archevêque de Mayence, mourut l'an 856. Il a laissé un grand nombre d'ouvrages qui ont été recueillis et imprimés à Cologne en 6 vol. in-fol. Les principaux sont des *commentaires sur l'Ecriture sainte*, des *homélies* ou *sermons*, un *martyrologe* et des *écrits contre Gotescalc* ; mais ils se sentent de la rudesse du ıxᵉ siècle.

RABBIN. *Rab*, en hébreu, est un docteur ; *rabbi* et *rabboni* signifient *mon maître*. Les disciples de Jésus-Christ lui donnaient ce nom. Comme les docteurs juifs tiraient beaucoup de vanité de ce titre, le Sauveur défend à ses disciples de se l'attribuer. *Ne prenez point*, leur dit-il, *le nom de maître ; vous n'en avez qu'un seul qui est le Christ* (*Matth.* xxııı, 10).

On désigne encore aujourd'hui sous le nom de *rabbins* les docteurs juifs, soit anciens, soit modernes. Les divers degrés de respect que les juifs ont pour eux les ont partagés en deux sectes, l'une de *rabbanistes*, qui suivent en aveugles les traditions que leurs docteurs ont rassemblées dans le *Talmud* et dans leurs commentaires sur l'Ecriture sainte, l'autre de *caraïtes*, qui s'en tiennent au texte seul des livres sacrés. Ceux-ci passent pour les plus sensés, mais ils sont en petit nombre. *Voy.* CARAÏTES.

A la réserve des paraphrases chaldaïques, dont quelques parties passent pour avoir été faites avant la venue de Jésus-Christ ou immédiatement après, les juifs n'ont aucun livre de leurs docteurs qui ne soit postérieur de plusieurs siècles à cette époque. Quand ce divin Maître ne nous aurait pas prévenus sur leur attachement opiniâtre à leurs traditions, quand il n'aurait pas prédit l'aveuglement auquel ils allaient être livrés (*Joan.* ıx, 39), on reconnaîtrait encore ce caractère dans leurs ouvrages. Les fables, les puérilités, les erreurs grossières dont ils sont remplis, dégoûtent et révoltent les lecteurs les plus courageux. Mais comme les juifs y croient aussi fermement qu'à l'Ecriture sainte, on tire de ces livres même des arguments personnels, et des preuves contre eux auxquelles ils n'ont rien à répliquer. Quand on leur fait voir que leurs docteurs les plus anciens ont entendu les prophéties dans le même sens que nous, que peuvent-ils nous opposer ? C'est ce qu'ont fait plusieurs auteurs chrétiens, en particulier Raimond Martin, dominicain, dans un ouvrage intitulé *Pugio fidei*, et Galatin, qui l'a copié, dans celui qui a pour titre : *de Arcanis catholicæ veritatis*.

RACA, mot syriaque usité dans la Judée du temps de Jésus-Christ ; c'était une injure, une expression du plus grand mépris. Nous lisons dans *saint Matthieu*, chap. v, 22 : « Celui qui dira à son frère *raca*, sera punissable par le conseil ou en justice. » L'interprète grec de saint Matthieu, et la plupart des traducteurs ont conservé le terme syriaque ; le Père Bouhours l'a traduit par *homme de peu de sens*, mais il signifiait plutôt en style populaire *un vaurien*.

* RACES HUMAINES. C'est une vérité incontestable dans l'Ecriture, que tous les hommes descendent d'un même père. Cependant le fait semble contredire cette assertion. Il y a encore plusieurs savants qui admettent la pluralité des races humaines primitives. « Voltaire, dit Mgr Wiseman, est un des premiers à remarquer qu'un aveugle seul peut douter si les blancs, les nègres, les albinos, les Hottentots, les Lapons, les Chinois et les Américains, sont des races entièrement distinctes (*a*). Desmoulins, dans un essai qui, pour l'honneur de l'Académie des Sciences, fut rejeté par ce corps savant, affirme l'existence de onze familles indépendantes dans la race humaine (*b*). Bory de Saint-Vincent va encore plus loin, et augmente le nombre des familles jusqu'à quinze, qui se subdivisent encore considérablement. Ainsi la fa-

(*a*) *Histoire de Russie sous Pierre le Grand*, chap. ıᵉʳ.
(*b*) *Histoire naturelle des races humaines*.

mille adamique, ou les descendants d'Adam, constitue seulement la seconde division de l'espèce arabique, de l'*homo arabicus*, tandis que, nous autres Anglais, nous appartenons à la variété teutonique de la race germanique, qui n'est encore que la quatrième fraction de la *gens braccata*, ou famille portant culottes, dans l'espèce japhétique, le *homo japheticus*, qui se divise en deux classes, celle que je viens de citer, et une autre plus élégamment nommée la *gens togata*, ou famille portant manteau (*a*).

Virey appartient à la même école, quoique ses ouvrages soient encore plus révoltants par la légèreté et la frivolité avec laquelle il traite les points les plus délicats de la morale et de la religion. Non content d'attribuer aux Nègres une origine différente de celle des Européens, il va presque jusqu'à soupçonner une certaine fraternité entre les Hottentots et les Babouins. Mais sur ce sujet il a encore été surpassé par Lamarck. Cet écrivain prétend indiquer les pas par lesquels la nature procède ou a procédé dans les temps anciens, en faisant sortir graduellement une classe d'êtres d'une autre classe antérieure ; de façon que, d'après lui, la nature aurait suivi une chaîne graduée de transformations successives, qui aboutit enfin à l'espèce humaine par des métamorphoses inverses, il est vrai, mais non moins merveilleuses que celles que nous lisons dans l'ancienne fable. » Pour donner une solution du problème, nous avons besoin, 1° de faire connaître les différentes espèces de races ; 2° d'établir qu'elles peuvent toutes procéder d'un même homme. Mgr Wiseman est copié plus ou moins fidèlement par les théologiens qui traitent de cette matière. Nous le citerons textuellement, afin de donner une idée plus complète des questions que nous essayons de résoudre.

I. *Des différentes espèces de races humaines.* Aristote, Hyppocrate, Hérodote avaient fait plusieurs remarques sur les différentes espèces de races humaines. Ce serait nous éloigner de notre sujet que de nous arrêter à les examiner. Jusqu'à ces derniers temps « la classification naturelle de l'espèce humaine, dit Mgr Wiseman, basée sur la couleur prédominante dans différentes parties du monde, fut suivie sans beaucoup d'examen, en sorte que l'espèce humaine paraissait divisée comme la terre qu'elle habitait, en trois classes ou zones : les hommes très-blancs occupant les régions les plus froides, les noirs possédant la zone torride, et les blonds habitant la région tempérée. Telle est, par exemple, la division adoptée par l'historien arabe Aboulpharaj (*b*). Dans le dernier siècle, cet ordre si simple fut modifié et prit la forme d'un système compliqué, en conséquence de la découverte de plusieurs nuances intermédiaires dans la couleur des nations, qu'on ne pouvait pas facilement introduire dans cette division ternaire. Leibnitz, Linnée, Buffon, Kant, Hunter, Zimmermann, Meiners, Klügel et d'autres ont proposé différentes classifications qui, étant basées sur ce même principe aujourd'hui universellement rejeté, n'ont que peu d'intérêt et ne seraient pas faciles à retenir.

Le premier qui proposa une nouvelle base pour cette importante étude fut le gouverneur Pownall ; quoiqu'il adoptât la couleur comme le fondement de sa classification, il remarqua pourtant qu'il fallait prendre en considération la forme du crâne dans les diverses familles humaines (*c*). Mais Camper a le mérite d'avoir le premier imaginé une règle pour comparer les têtes des différentes nations de manière à obtenir des résultats précis et caractéristiques. Camper a été favorisé d'avantages particuliers pour cette entreprise ; car il réunissait deux sciences rarement cultivées par le même individu, une connaissance parfaite et pratique de l'art, et des études étendues en physiologie et en anatomie comparée. Il voyait avec quelle imperfection les meilleurs artistes qu'il copiait avaient saisi les traits et la forme du nègre ; ainsi il s'engagea à examiner quelles étaient les particularités essentielles de sa configuration (*a*). Il étendit ensuite ses recherches aux têtes des autres nations, et il découvrit ou crut découvrir un canon ou une règle par laquelle ces têtes pouvaient être mesurées avec des résultats réguliers et certains. Cette règle consiste dans ce qu'il appelle la ligne faciale, et s'applique comme il suit : le crâne est vu de profil, et l'on tire d'abord une ligne, depuis le trou de l'oreille (*meatus auditorius*) jusqu'à la base des narines ; puis une seconde, du point le plus proéminent du front, à l'extrémité de la mâchoire supérieure, au point où les dents prennent racine (la saillie alvéolaire de l'os maxillaire supérieur). Il est évident qu'un angle se formera par l'intersection de ces deux lignes, et la mesure de cet angle, ou, en d'autres termes, l'inclinaison de la ligne tirée du sourcil à la mâchoire donne ce qu'on appelle la ligne faciale, et forme, dans le système de Camper, le caractère spécifique de chaque famille humaine (*b*). Par l'inspection des planches, vous concevriez facilement l'application de cette règle. Vous y verriez que l'angle facial, dans le singe qui approche le plus de la forme humaine, est d'environ 58°, que, dans le nègre et le Kalmouk, il est de 70° (fig. 2), et dans l'Européen de 80°. Les anciens, qui sans doute s'aperçurent que l'ouverture de l'angle était en proportion avec l'avancement dans l'échelle intellectuelle, dépassèrent la ligne naturelle, et allèrent même, dans leurs œuvres les plus sublimes, jusqu'à donner au front une saillie proéminente en surplomb, qui donne à l'angle facial 95 ou même 100° (*c*). Blumenbach a nié ce fait très-positivement, en disant que toutes les représentations de l'art ancien, qui offrent un angle aussi ouvert, sont des copies incorrectes (*d*). Mais je pense que quiconque examinera les têtes de Jupiter dans le muséum du Vatican, particulièrement le buste de la grande salle circulaire, ou les têtes plus mutilées des marbres d'Elgin, sera convaincu que Camper est exact sur ce point.

Blumenbach a fait des objections plus sérieuses contre ce système de mesure : il observe que Camper lui-même admet beaucoup de vague en fixant l'origine de ses lignes ; mais il objecte surtout que cette manière de mesurer est complétement inapplicable à ces races ou familles dont le trait le plus caractéristique consiste dans la largeur du crâne, bien plutôt que dans la projection de sa partie supérieure (*e*).

C'est à ce physiologiste si pénétrant et si laborieux que nous devons le système de classification suivi presque universellement aujourd'hui, et les principes qui le dirigent ; son muséum contient la collection la plus complète qui existe de crânes appartenant aux membres de presque tous les peuples

---

(*a*) *Dictionnaire classique d'histoire naturelle*, tom. VIII, Paris, 1825, pp. 287 et 293. — « L'homme japhétique n'est lui-même qu'une division de la teiotérique ou race aux cheveux roux, et l'unité d'origine des quinze races est niée. » P. 551.
(*b*) *Historia dynastiarum*, Oxf. 1663, p. 3.
(*c*) *New collection* (*de voyages*). Lond., 1767, vol. II, p. 275.

(*a*) Dissertation physique de M. Pierre Camper sur les différences réelles que présentent les traits du visage chez les hommes de différents pays, etc. Utrecht, 1791, p. 3.
(*b*) Ibid., p. 55.
(*c*) Voyez la 2ᵉ planche de Camper, pp. 42 et 55. C'est dans l'art grec que l'on trouve le plus grand de ces deux angles.
(*d*) *Specimen historiæ naturalis* antiquæ artis operibus illustratæ. Gotting., 1808, p. 15.
(*e*) *De generis humani varietate nativa*. Gott., 1795, p. 200.

du globe. Non content des résultats que lui a fournis leur étude, il a recueilli dans chaque branche de l'histoire naturelle et dans chaque partie de la littérature, tout ce qui peut jeter quelque lumière sur l'histoire de la race humaine, et rendre compte de ses variétés. Ses ouvrages sont par le fait un magasin où tous doivent puiser, et les plus volumineux ouvrages qui ont paru depuis, sur cette science, n'ont guère fait et ne pouvaient faire plus que de confirmer par des preuves nouvelles ce qu'il avait déjà prouvé.

La classification de Blumenbach est déterminée en premier lieu par la forme du crâne, et secondement par la couleur des cheveux, de la peau et de l'iris.

Il peut vous sembler d'abord qu'il est nécessaire de connaître l'anatomie ou la construction du crâne pour bien comprendre son système; il n'en est pourtant pas ainsi; car un petit nombre d'observations, avec une planche devant vous, vous donnera toute la science dont vous avez besoin pour cela. Vous n'avez qu'à remarquer les particularités suivantes. La tête ou le crâne, quand on regarde d'en haut, présente une forme plus ou moins ovale, doucement arrondie en arrière, mais rugueuse et moins régulière en avant, à cause des os de la face. Si nous les examinons, nous verrons qu'ils se projettent à différents degrés et peuvent être divisés en trois portions : premièrement, le front qui peut être plus ou moins déprimé; secondement, les os du nez, et au-dessous ceux des mâchoires avec leurs dents. Il faut remarquer aussi la manière dont l'os molaire ou de la pommette s'adapte avec le temporal ou l'os des oreilles, par le moyen d'une arcade appelée zygomatique, formée de manière à ce que de forts muscles puissent passer par-dessous et se fixer à la mâchoire inférieure.

Or, la règle de Blumenbach consiste précisément à voir le crâne comme je l'ai décrit, et à remarquer les particularités sur lesquelles j'ai insisté. Il le place dans sa position naturelle sur une table, puis il regarde d'en haut et d'aplomb. Les formes relatives et les proportions des parties ainsi visibles lui donnent ce qu'il appelle la règle verticale ou *norma verticalis*. En suivant cette règle, il divise la race humaine tout entière en trois familles principales, avec deux autres familles intermédiaires. Des trois grandes divisions il appelle la première *Caucasienne*, ou centrale; la seconde *Ethiopienne*, et la troisième *Mongole*; ces deux dernières sont les deux variétés extrêmes. En examinant les planches faites d'après ses ouvrages, vous reconnaîtrez à l'instant leurs différences caractéristiques. Dans la famille caucasienne, ou, comme d'autres l'ont appelée, la variété *circassienne*, la forme générale du crâne est plus symétrique, et les arcades zygomatiques rentrent dans la ligne générale du contour, et les os des joues et des mâchoires sont entièrement cachés par la plus grande proéminence du front. Les deux autres familles s'écartent de ce type dans des directions opposées : le crâne du nègre est plus long et plus étroit; celui du Mongol est d'une excessive largeur. Dans le crâne du nègre, vous remarquerez la compression latérale très-prononcée de la partie antérieure du crâne, compression telle que les arcades zygomatiques, quoique très-aplaties elles-mêmes, font cependant une forte saillie au delà; et vous observerez que la partie inférieure du visage se projette tellement au delà de la partie supérieure, que non-seulement les os des joues, mais la totalité des mâchoires et même les dents, sont visibles d'en haut. La surface générale du crâne est aussi remarquablement allongée et comprimée.

Le crâne mongol se distingue par la largeur extraordinaire de la face, dans laquelle l'arcade zygomatique est complètement détachée de la circonférence générale; non pas tant, comme dans le nègre, à cause de la dépression du front, que par l'énorme proéminence latérale de l'os des joues, qui étant en même temps aplaties, donnent une expression particulière à la face mongole. Le front est aussi très-déprimé et la mâchoire supérieure protubérante, de manière à être visible quand on la regarde verticalement.

Entre la variété caucasienne et chacune des deux autres, il y a une classe intermédiaire possédant à un certain degré les caractères distinctifs des deux classes extrêmes, et formant une transition entre elles et leur centre. La variété intermédiaire entre les familles caucasienne et nègre est la race malaise, et le chaînon entre les races caucasienne et mongole, c'est la variété américaine.

Outre ces grands et primitifs caractères, il y en a d'autres d'une nature secondaire, mais non moins faciles à distinguer : ils consistent dans le teint, la chevelure et les yeux des différentes races. Les trois familles principales sont distinguées par autant de couleurs différentes. La famille caucasienne a le teint blanc; le nègre, noir; et le mongole, olive ou jaune : les races intermédiaires ont aussi des nuances intermédiaires; les Américains sont cuivrés et les Malais basanés. La couleur des cheveux et de l'iris suit celle de la peau d'une manière assez évidente. Même dans la race blonde ou caucasienne à laquelle nous appartenons, les personnes d'un teint très-blond ou très-animé ont toujours les cheveux roux ou de couleur claire, et les yeux bleus ou d'une nuance légère; on a appelé cette classe la variété *xanthique* (ξανθός) de la race blanche. Dans les personnes dont la peau est brune, les cheveux sont invariablement noirs et les yeux plus foncés. Cette classe de personnes est appelée la variété *mélanique*. Cette conformité de couleur dans les différentes parties était bien connue des anciens, qui l'observaient exactement dans leurs descriptions des personnes. Ainsi Ausone, dans son idylle sur Bissula, qui appartenait à la première classe, dit en parlant d'elle :

Germana maneret
Ut facies, oculos cærula, flava comis;

et dans un autre passage il lui donne le teint correspondant :

Puniceas confunde rosas, et lilia misce,
Quique erit ex illis color aeris, ipse sit oris *(a)*.

Horace décrit de même un jeune homme de la seconde variété :

Et Lycum nigris oculis, nigroque
Crine decorum *(b)*.

D'après ces remarques, vous comprendrez facilement que dans les deux races nègre et mongole, chez lesquelles la peau est foncée, les cheveux doivent être noirs et les yeux foncés. La chevelure aussi, outre sa couleur, a un caractère particulier dans chaque race : dans la race blanche elle est flexible, flottante, modérément épaisse et douce au toucher; chez le nègre elle est très-épaisse, forte, courte et crépue; chez le Mongol elle est raide, droite et rare. Dans chacune de ces races il s'élève accidentellement une variété qui doit être mentionnée et qui paraît tenir, au moins dans l'espèce humaine, à un état morbide. Je veux parler des *Albinos*, ou des personnes chez lesquelles la peau est d'une blancheur éblouissante, les cheveux très-fins et presque sans couleur, et les yeux rouges. Les yeux ont aussi une extrême sensibilité, et ne peuvent supporter que très-peu de lumière, ce qui a fait supposer au vulgaire que les Albinos voient dans les ténèbres; leur santé et leur intelligence sont aussi très-faibles en général. On en trouve dans tous les pays. Dans un village peu éloigné de cette ville

(a) Idyll. vii, 9, *et Fragm. annex.*
(b) Od. lib. i, 27.

(de Rome) il y a une famille très-respectable dont plusieurs enfants appartiennent à cette classe. Abdollatiphe, médecin arabe plein de sagacité, parle d'un Albinos qu'il a vu chez les Coptes comme d'une curiosité naturelle (a). M. Crawfurd jette du discrédit sur la description que Sonnerat avait faite des Papous de la Nouvelle-Guinée, parce qu'il avait dit que leurs cheveux sont d'un noir brillant ou d'un rouge ardent (b) ; cependant Sonnerat paraît avoir eu en vue quelques Albinos, dont les cheveux, parmi les nègres, prennent une couleur rougeâtre. Même en Afrique, parmi les races les plus foncées, cette variété est loin d'être rare, et forme naturellement un contraste beaucoup plus frappant par sa blancheur de neige avec le noir d'ébène de ses voisins (c).

Je passe par-dessus plusieurs autres marques distinctives de ces races humaines, parce qu'elles sont moins importantes : telles sont la direction des dents, la stature et la forme du corps. Je vais maintenant tracer les limites géographiques de chaque grande famille.

La caucasienne comprend toutes les nations de l'Europe (excepté les Lapons, les Finlandais et les Hongrois); les habitants de l'Asie occidentale, en y comprenant l'Arabie, la Perse, et en remontant aussi haut que l'Oby, la mer Caspienne et le Gange ; enfin, les peuples du nord de l'Afrique.

La race nègre comprend tout le reste des habitants de cette partie du monde que je viens de nommer.

La race mongole embrasse toutes les nations de l'Asie non comprises dans les variétés caucasienne ou malaise, ainsi que les tribus européennes exclues de la première, et les Esquimaux de l'Amérique septentrionale.

La race malaise comprend les naturels de la péninsule de Malaca, de l'Australie et de la Polynésie, désignés en ethnographie par le nom de tribus des Papous.

Enfin, la famille américaine renferme tous les aborigènes du nouveau monde, excepté les Esquimaux.

II. *Les différentes espèces de race humaine peuvent-elles descendre d'une seule?* Voici, dit Mgr Wiseman, le grand problème à résoudre : Comment les variétés que nous venons de décrire ont-elles surgi dans l'espèce humaine? Est-ce par un changement soudain qui a modifié quelque portion d'une grande famille, de manière à en former une autre? ou bien devons-nous supposer une *dégradation* graduelle, comme disent les naturalistes, dégradation en vertu de laquelle quelques nations ou familles ont passé graduellement, par des nuances successives, d'un extrême à l'autre ? Et dans l'un et l'autre cas, quelle doit être la souche originaire ? Il faut avouer que l'état présent de la science ne nous autorise pas à décider expressément en faveur de l'une ou de l'autre hypothèse, ni à en discuter les dernières conséquences. Mais indépendamment de cela, nous en savons assez pour ne pouvoir plus douter raisonnablement de la commune origine de toutes les races.

En effet, après avoir promené nos regards sur tout ce qui a été fait par cette science encore dans l'enfance, nous pouvons dire, je crois, que les points suivants, qui embrassent tous les éléments du problème, ont été résolus d'une manière satisfaisante. Premièrement, il peut s'élever dans une race des variétés accidentelles ou *sporadiques*, comme on dit, tendant à y produire les caractères d'une autre race; secondement, ces variétés peuvent se perpétuer ; troisièmement, le climat, la nourriture, la civilisation, etc., peuvent influer puissamment sur la production de semblables variétés, ou du moins les rendre fixes, caractéristiques et perpétuelles. Je dis que ces points, s'ils sont prouvés, embrassent tous les éléments du problème, qui est celui-ci : Des variétés telles que nous les voyons maintenant dans la race humaine peuvent-elles être sorties d'une souche unique ? En effet, si nous démontrons ces trois points, nous renverserons la base sur laquelle s'appuient les adversaires de la révélation pour nier l'unité d'origine qu'elle enseigne. Et d'ailleurs, tout vrai philosophe préférera, si elle est inattaquable, l'hypothèse la plus simple à la plus complexe. En traitant ces différents points, il sera presque impossible de les tenir complétement isolés, surtout les deux premiers; mais il n'y aura, j'espère, aucun inconvénient à les réunir ensemble.

Avant d'aborder directement cette recherche, disons que les écrivains qui ont traité de cette science, ont en général préparé le terrain, en examinant les lois que la nature a suivies dans les rangs inférieurs de la création. Pour commencer, par exemple, par les plantes, toutes les observations nous conduisent de plus en plus à cette conclusion : que chaque espèce prend son origine de quelque centre commun, d'où elle a été graduellement propagée. Les observations faites par Humboldt et Bonpland dans l'Amérique méridionale, par Pursh aux États-Unis, et par Brown à la Nouvelle-Hollande, ont fourni à De Candolle des matériaux suffisants pour tenter avec succès une distribution géographique des plantes, en montrant le centre d'où chacune est probablement partie. Il a énuméré une vingtaine de provinces botaniques, comme il dit, habitées par des plantes indigènes ou aborigènes. Il n'est donc pas étonnant que, quand l'Amérique a été découverte, on n'y ait pas trouvé une seule plante comme dans l'ancien monde, excepté celles dont les semences avaient pu être transportées à travers les eaux de l'Océan. Aux États-Unis, sur 2,891 espèces de plantes, 385 seulement se retrouvent dans le nord de l'Europe, et sur 4,100 espèces découvertes à la Nouvelle-Hollande, 166 seulement sont communes à nos contrées ; et de celles-ci, plusieurs ont été plantées par les colons (a). Ceci fait voir d'un coup d'œil combien la nature tend à la simplicité, et à l'unité dans l'origine des choses; tandis que les variétés qui surgissent dans le monde végétal, sous l'influence des circonstances extérieures, démontrent l'existence d'une influence modifiante, dont l'action est continuelle. Mais l'analogie entre les animaux et l'homme est plus étroite et plus applicable. L'organisation physique de ces deux classes d'êtres animés est tellement semblable, les lois par lesquelles leurs individus et leurs races se conservent sont tellement identiques, leurs sujétions aux influences morbides, à l'action des causes naturelles, et, sous les différents noms de domesticité et de civilisation, à l'influence des combinaisons artificielles, sont tellement analogues, que nous avons presque le droit de conclure des modifications actuelles de l'une, aux modifications possibles de l'autre.

Or il est certain, il est évident que les animaux reconnus pour être d'une seule espèce se divisent dans des circonstances particulières en variétés aussi distinctes que celles de l'espèce humaine. Par exemple, quant à la forme du crâne, ceux du mâtin et de

---

(a) Parmi les merveilles de la nature de ce temps, on doit compter un enfant né avec une chevelure blanche qui, loin de ressembler à celle des vieillards, approchait plutôt de la couleur rouge. *De Mirabil. Ægypti.* Oxon., 1800, p. 278.
(b) *Ubi sup.*, p. 27.
(c) Voir une description détaillée d'un nègre blanc du Sénégal, dans la *Description de la Nigritie*, par M. P. D. P. Ainst., 1789, p. 60.

(a) Voir l'excellent chapitre de Lyell sur ce sujet, vol. II, p. 66, et Prichard, vol. I, c. 2, sect. 2, p. 23. Pour les points de ressemblance dans l'organisation des plantes et des animaux, voir la dissertation de Camper sur ce sujet, *Oratio de Analogia inter animalia et stirpes.* Gotting., 1764.

la levrette italienne diffèrent beaucoup plus entre eux que ceux de l'Européen et du nègre : et cependant tout critérium de l'espèce devra comprendre les deux extrêmes entre lesquels une chaîne de gradations intermédiaires peut être clairement établie. Le crâne du sanglier, selon l'observation de Blumenbach, ne diffère pas moins de celui du cochon domestique, son descendant indubitable, que ceux de deux races humaines ne diffèrent l'un de l'autre (a). Dans chaque espèce d'animaux domestiques, on trouvera des variétés aussi frappantes.

Les changements dans la couleur et dans la forme des poils ne sont ni moins ordinaires ni moins remarquables. Selon Beckman, dans la Guinée, toutes les volailles et tous les chiens sont aussi noirs que les habitants (b). Le bœuf de la campagne de Rome est invariablement gris, tandis que dans quelques autres parties de l'Italie, il est généralement roux : les cochons et les moutons sont presque tous noirs ici, tandis qu'en Angleterre le blanc est leur couleur prédominante. En Corse, les chevaux, les chiens et les autres animaux deviennent agréablement tachetés; et le chien de trait, comme on l'appelle, appartient à ce pays. Plusieurs écrivains ont attribué à certaines rivières la propriété de donner une couleur au bétail qui vit sur leurs bords. Ainsi Vitruve observe que les rivières de Béotie et le Xanthe, près de Troie, donnaient une couleur jaune aux troupeaux, d'où le Xanthe a pris son nom (c). M. Stewart Ross, dans ses *Lettres sur le nord de l'Italie*, dit que l'on attribue encore aujourd'hui au Pô une semblable propriété (d). Et plusieurs de vous se rappelleront probablement ici les blancs troupeaux du beau Clitumnus décrits par le poëte :

Hinc albi, Clitumne, greges, et maxima taurus
Victima, sæpe tuo perfusi flumine sacro
Romanos ad templa deum duxere triumphos (e)

La forme du poil subit des changements analogues. Toutes les tentatives pour obtenir de la laine dans les Indes occidentales ont échoué, je crois, parce que les troupeaux que l'on y transporte perdent entièrement leur laine et se couvrent de poils (f). Il en arrive de même dans d'autres climats chauds. *En Guinée les moutons*, dit Smith, *ont si peu de ressemblance avec ceux d'Europe, qu'un étranger, à moins de les entendre bêler, pourrait à peine dire à quelle espèce ils appartiennent; car ils sont couverts seulement d'un poil brun-clair ou noir comme des chiens*. Aussi un écrivain d'imagination observait-il que, là le monde semble renversé, car *les moutons ont du poil et les hommes ont de la laine* (g). Un semblable phénomène a lieu autour d'Angora, où presque tous les animaux, moutons, chèvres, la-

pins et chats sont couverts d'un long poil soyeux fort célèbre dans les manufactures de l'Orient. D'autres animaux sont sujets à ces changements, car l'évêque Héber nous apprend que *les chiens et les chevaux conduits de l'Inde dans les montagnes, sont bientôt couverts de laine comme la chèvre à duvet de châle de ces climats* (a).

Si nous examinons la forme générale et la structure des animaux, nous verrons ces deux choses sujettes aux plus grandes variations. Aucun animal ne montre cela plus clairement que le bœuf, parce que sur aucun autre l'art et la domesticité n'ont été essayés en tant de lieux divers. Quel contraste n'y a-t-il pas entre cet animal lourd, massif, à longues cornes, qui traverse les rues de Rome, et ce bœuf à petite tête et aux membres agiles que les fermiers anglais prisent si fort! Selon Bosman, « les chiens européens dégénèrent à la Côte-d'Or en peu de temps d'une manière étrange ; leurs oreilles deviennent longues et droites comme celles du renard, vers la couleur duquel ils inclinent pareillement ; en sorte qu'en trois ou quatre ans, ils deviennent très-laids, et au bout d'autant de générations, leur aboiement se change en une sorte de hurlement ou de glapissement. » Barbot dit de même que « les chiens du pays sont très-laids et ressemblent beaucoup à nos renards. Ils ont les oreilles longues et droites, la queue longue, grêle et pointue par le bout, sans aucun poil ; leur peau est seulement nue et lisse, tachetée ou unie ; ils n'aboient jamais, seulement ils hurlent. Les noirs les appellent *cabre de matto*, ce qui en portugais signifie une chèvre sauvage, et cela parce qu'ils les mangent et estiment plus leur chair que celle du mouton » (b). Ainsi il paraît que le climat ou d'autres circonstances locales ont, dans ce cas, le pouvoir de réduire en peu de générations une espèce d'animaux amenée d'un autre pays, à la même condition que la race native ; au point qu'on pourrait à peine reconnaître leur souche primitive, tant ils ont presque perdu les caractères. Le chameau présente également un exemple de modifications extraordinaires. « Dans quelques caravanes que nous avons rencontrées, dit un voyageur moderne, il y avait des chameaux d'une espèce beaucoup plus grande que tous ceux que j'avais vus auparavant ; ils différaient autant du chameau d'Arabie dans leurs formes et leurs proportions qu'un matin diffère d'une levrette. Ces chameaux avaient la tête grosse ; de leurs cous épais pendait un poil brun-foncé, long et rude ; leurs jambes étaient courtes et les jointures épaisses, le corps et les hanches étaient arrondis et charnus ; néanmoins ils étaient d'un pied plus hauts que les chameaux ordinaires des déserts d'Arabie (c). » Et en parlant de cet animal, je ferai observer que son caractère le plus saillant, la bosse de son dos, qui est double dans la variété bactrienne, est considéré par quelques naturalistes comme une déviation accidentelle du type original, provenant d'une matière sébacée ou grasse, déposée dans le tissu cellulaire du dos, par l'action continue de la chaleur, exactement comme la bosse du zébu ou bœuf indien ; ou la queue des moutons de Barbarie et de Syrie ; ou la formation analogue observée sur les reins des Hottentots Bosjmans (d).

En vous citant ces exemples, j'ai moins cherché à reproduire les faits recueillis par les autres qu'à ajouter à leurs recherches quelques nouvelles preuves. Mais cela suffit pour démontrer que des variétés sporadiques ou accidentelles peuvent non-seulement se reproduire, mais, ce qui va mieux à notre sujet, peu-

---

(a) *Op. cit.* p. 80.
(b) *Voyage to and from Borneo*, London, 1718, p. 14.
(c) Sunt enim Beotiæ flumina Cephysus et Melas, Leucaniæ Erathis, Trojæ Xanthus, etc..... Cum pecora suis temporibus unni parantur ad conceptionem partus, per id tempus adiguntur eo quo idie potum, ex eoque, quamvis sint alba, procreant aliis locis leucophæa, aliis pulla, aliis coracino colore. Igitur quoniam in Trojanis proxime flumen armenta rufa, et pecora leucophæa nascuntur ; ideo id flumen Ilienses Xanthum appellavisse dicuntur. Architect. l. m, c. 111, p. 162, edit. De Lact. Amst., 1649. Aux notes sur ce passage est ajoutée en confirmation l'autorité de Pline, Théophraste, Strabon et autres; quelques-unes sont évidemment des fables. Aristote, *de Historia animal.*, l. m, donne la même étymologie de la rivière Xanthe.
(d) *Lettres du nord de l'Italie*. Lond., 1819, vol. I, p. 23. L'idée des indigènes est que « non-seulement les bêtes du pays sont blanches (ou pour parler plus exactement, couleur de crème), mais que même les bœufs étrangers revêtent la même livrée en buvant les eaux du Pô. »
(e) Virgil. *Géorgiques*, ii, 146.
(f) Prichard, *ib.* p. 226.
(g) Smith. *New voyage to Guinea*. Lond., 1745, p. 147 *New general collection of voyages and travels*, vol. II, Lond., 1745, p. 711.

(a) *Narrative of a Journey through the Upper provinces of India*, 2ᵉ édit. Lond., 1828, vol. II, p. 219.
(b) *New collection of voyages*, etc., p. 712.
(c) *Voyages en Assyrie, Médie et Perse*, par J. S. Buckingham, 2ᵉ édit. Lond., 1830, vol. I, p. 211.
(d) Levaillant, *Deuxième voyage*, tom. II, p. 307. Virey, tom. I, p. 218.

vent même se propager parmi les animaux. Il ne serait pas difficile de multiplier les exemples de ce dernier fait; car la grande dissémination des animaux albinos, comme les lapins blancs, ou les chevaux couleur de crème, qui probablement sont venus d'abord de maladie, prouve avec quelle facilité ces variétés accidentelles peuvent se reproduire. Mais le docteur Prichard donne un autre exemple tout à fait remarquable ; c'est celui d'une race de moutons élevée depuis peu d'années en Angleterre, et connue sous le nom de Ancon, ou race de loutre. Elle naquit d'une variété accidentelle ou, pour mieux dire, d'une difformité dans un animal qui communiqua si complétement ses singularités à sa progéniture, que la race est complétement établie et promet d'être perpétuelle; on l'estime beaucoup à cause du peu de longueur de ses jambes, qui ne lui permet pas de franchir aisément les barrières des champs (a). Il est bien reconnu aussi que la race qui a fourni l'énorme bœuf de Durham a été produite artificiellement en croisant les individus qui semblaient réunir le plus de points de perfection de toute espèce; la base était le Kiloé ou petite race des Highlands, et le bétail qui arrive à des dimensions extraordinaires est allié à cette race. Les raisonnements sanctionnés par ces faits ont une large base d'analogie applicable à l'espèce humaine, et il n'est pas aisé de voir pourquoi des variétés aussi grandes n'auraient pas pu se produire et se transmettre par descendance parmi les hommes comme parmi les animaux inférieurs. Il paraît certain, en effet, que des diversités affectant également la forme du crâne, la couleur et la texture des poils, et la forme générale du corps, proviennent parmi les animaux d'une souche unique; de plus, il semble démontré que des différences de cette nature peuvent originairement surgir de quelque variété accidentelle qui, sous des circonstances particulières, devient fixe, caractéristique et transmissible par descendance. Ne pouvons-nous pas alors considérer comme très-probable, que, dans l'espèce humaine, les mêmes causes peuvent opérer d'une manière analogue et produire des effets non moins durables? Et les variations de ce genre qui paraissent dans notre espèce n'étant pas plus éloignées l'une de l'autre que celles qui ont été remarquées parmi les brutes, il n'est pas besoin pour les expliquer de recourir à une cause plus violente et plus extraordinaire. Mais abordons de plus près la difficulté, et serrons-la plus étroitement.

Il me paraît clair que, dans chaque famille ou race de l'espèce humaine, il s'est produit accidentellement des variétés tendant à y établir les caractères d'une autre race. Par exemple, les cheveux rouges paraissent appartenir presque exclusivement à la famille caucasienne ; cependant il existe dans presque toutes les variétés connues des individus avec cette particularité. Charlevoix l'a observée parmi les Esquimaux, Sonnerat parmi les Papous, Wallis parmi les Tahitiens, et Lopes parmi les nègres (b). Cela n'est pas plus surprenant que de trouver parmi nous des individus avec les cheveux frisés, et je crois que ceux qui y ont fait attention auront souvent observé dans ces personnes une tendance vers quelque autre trait caractéristique de la famille éthiopienne, comme un teint foncé et des lèvres épaisses. Dans les spécimens de crâne publiés par Blumenbach et provenant de son muséum, il y a celui d'un Lithuanien qui, vu de profil, pourrait être pris pour un crâne de nègre (c). Mais l'exemple le plus curieux que j'aie rencontré de cette tendance sporadique à produire dans une race humaine les caractères d'une autre race, se trouve dans un voyageur récent, qui a presque le premier exploré le Hauran, ou district au delà du Jourdain.

« La famille qui réside ici (à Abu-el-Beady), dit-il, ayant charge du sanctuaire, est remarquable en ceci : à l'exception du père, tous ont les traits nègres; une couleur noir-foncé et des cheveux crépus. J'ai pensé que cela résultait sans doute de ce que leur mère était négresse, car on trouve quelquefois parmi les Arabes des femmes de cette couleur, soit comme épouses légitimes, soit comme concubines; mais en même temps je ne pouvais douter, d'après mon observation personnelle, que le chef actuel de la famille ne fût un Arabe de pure race, de sang non mélangé. On m'assura aussi que les hommes et les femmes de la génération présente et des générations antérieures étaient tous Arabes purs, par mariage et par descendance, et que dans l'histoire de la famille on n'avait jamais connu de négresse, ni comme épouse, ni comme esclave. C'est une particularité très-prononcée des Arabes qui habitent la vallée du Jourdain, d'avoir les traits plus aplatis, la peau plus noire et les cheveux plus rudes qu'aucune autre tribu; particularité qu'il faut, je pense, attribuer à la chaleur continuelle et intense de cette région, plutôt qu'à aucune autre cause (a). » Si tous ces faits et toutes ces circonstances sont regardés comme suffisamment établis, nous avons certainement ici un exemple bien frappant d'individus d'une famille qui approche des caractères distinctifs d'une autre famille, et de la transmission de ces caractères par descendance.

Il y a même des exemples de variétés beaucoup plus tranchées et beaucoup plus étranges que celles qui constituent les caractères spécifiques d'aucune race, et, qui plus est, ces variétés ont passé du père au fils ; assurément elles auraient rendu notre problème beaucoup plus difficile à résoudre qu'il n'est à présent, si elles avaient surgi dans quelque partie éloignée du globe et s'étaient étendues sur une population considérable. La plus remarquable est sans doute celle dont on a suivi la trace pendant trois générations, dans la famille de Lambert, connue généralement sous le nom de *l'homme porc-épic*. L'auteur de cette race extraordinaire fut d'abord, étant jeune garçon, montré par son père en 1731, et venait du voisinage d'Euston-Hall dans le Suffolk. M. Machin, cette même année, le décrivit dans les *Transactions philosophiques*, comme ayant le corps couvert de verrues de la grosseur d'une ficelle et d'un demi-pouce de long ; toutefois il ne le nomme pas (b). En 1755, on le fit voir de nouveau sous le même nom, et il fut décrit par M. Baker, dans une notice présentée comme supplément de la première : mais ce qui est plus important, c'est qu'ayant alors quarante ans, il avait eu six enfants qui tous, à la même époque, neuf semaines après la naissance, avaient présenté la même singularité ; et le seul qui survécut, garçon de huit ans, se faisait voir avec son père. M. Baker donne une planche représentant la main du fils, comme M. Machin avait fait pour celle du père (c). En 1802, les enfants de ce garçon étaient montrés en Allemagne par un M. Joanny, lequel prétendait qu'ils appartenaient à une race trouvée dans la Nouvelle-Hollande ou dans quelque autre pays très-éloigné. Le docteur Tilésius, cependant, les examina très-scrupuleusement, et publia la description la plus exacte que nous ayons de cette singulière famille, avec les figures en pied des deux frères, John, qui avait 21 ans, et Richard qui en avait 15 (d) Leur père, jeune garçon de la notice de M. Baker, vivait encore et était garde-chasse de lord Huntingfield, à

(a) Vol. II, p. 550.
(b) Blumenbach, p. 169.
(c) *Decades craniorum*, p anen. xxii, p. 6.

(a) Buckingham, *Travels among the Arab. Tribes*. London, 1825, p. 14.
(b) John Machin, *Philosophical Trans*. vol. XXXVII, p. 299.
(c) Ibid., vol. xlix, p. 21.
(d) *Ausführliche Beschreibung und Abbildung der beiden so genannten Stach. lschwein-Menschen aus der bekannten englischen Fam l c. Lembert*. Altenburg. 1802, fol.

lea Cunningham-Hall dans le Suffolk. Quand on leur fit voir le dessin qui représentait sa main, dans les *Transactions philosophiques*, ils la reconnurent à l'instant tous les deux, à cause d'un bouton d'une forme particulière qui fermait le poignet de la chemise (a). La description de Tilésius, de la page 50 jusqu'à la fin de ce livre, est très-détaillée et correspond exactement avec celle qu'on avait donnée de leurs pères. Tout le corps, excepté la paume des mains, la plante des pieds et le visage, était couvert d'une quantité d'excroissances cornées d'un rouge brun, dures, élastiques, d'environ un demi-pouce de long et bruissant l'un contre l'autre quand on les froissait avec la main. Je ne sais à quoi je pourrais mieux comparer l'apparence de ce bizarre tégument, tel que nous le voyons dans les planches de Tilésius, qu'à une multitude de prismes basaltiques, les uns plus longs, les autres plus courts, comme ils sont généralement groupés dans la nature. Tous les ans, ces excroissances cornées tombaient, et leur chute était toujours accompagnée d'un certain malaise; elles cédaient aussi à l'action du mercure qui fut essayé dans ce but; mais dans l'un et l'autre cas, tout revenait graduellement en très-peu de temps (b). Les conséquences que M. Baker tire de ce phénomène extraordinaire sont très-justes, et ont encore un plus grand poids maintenant qu'il s'est reproduit dans une autre génération et dans deux cas distincts. « Il paraît donc indubitable, dit-il, que cet homme pourrait propager une race particulière, ayant la peau hérissée d'un tégument semblable. Si cela arrivait, et qu'on oubliât l'origine accidentelle de cette variété, on pourrait fort bien la prendre pour une espèce différente de la nôtre. Cette considération nous conduirait presque à imaginer que si l'humanité est sortie d'une seule et même souche, la peau noire des nègres et plusieurs autres différences de même nature, peuvent bien être dues originairement à quelque cause accidentelle (c). »

Une autre variété plus commune et qui prévaut dans des familles entières, consiste en doigts surnuméraires. Dans l'ancienne Rome, elle fut désignée par un nom particulier, et les *sedigiti* sont mentionnés par Pline et d'autres auteurs graves. Sir A. Carlisle a tracé avec soin l'histoire d'une semblable famille pendant quatre générations. Son nom était *Coburn*, et cette singularité fut introduite dans la famille par la bisaïeule du plus jeune enfant que l'on examina : cela n'était pas régulier et se remarquait seulement chez quelques enfants dans chaque génération. Maupertuis en a cité d'autres exemples en Allemagne ; et un célèbre chirurgien à Berlin, Jacob Ruhe, appartenait à une famille qui avait cette particularité par le côté maternel (d). Nous avons donc prouvé déjà, tant par l'analogie que par des exemples divers : 1° qu'il y a une tendance perpétuelle, je pourrais dire un effort dans la nature, pour produire dans notre espèce des variétés souvent d'un caractère très-extraordinaire, quelquefois approchant d'une manière prononcée des caractères spécifiques d'une race différente de celle dans laquelle naissent ces variétés ; 2° que ces particularités se communiquent du père au fils dans des générations successives. Nous avons donc obtenu ainsi un puissant motif de présumer que les différentes familles ou races humaines peuvent devoir leur origine à quelque occurrence semblable à l'apparition accidentelle d'une variété qui, sous l'influence de circonstances favorables, par exemple, l'isolement de la famille dans laquelle elle a commencé, et les intermariages qui ont été la conséquence de cet isolement, est devenue fixe et indélébile dans les générations suivantes.

(a) Pag. 4.
(b) *Philos. Transact.*, vol. XLIX, p. 23.
(c) Ibid.
(d) *Philosophical Transactions*, vol. CIV, 1814, part. 1 p. 94. Prichard, vol. II, p. 557.

Mais vous me demanderez si nous avons quelque exemple de nations entières ainsi changées, ou, en d'autres termes, si nous avons des exemples que ces phénomènes se développent sur une grande échelle ? Répondre à cette question serait, vous l'avouerez, en finir d'un seul coup avec toutes les difficultés du sujet, et je ne sais où je pourrais mieux interrompre nos recherches sur cette matière qu'au point où nous sommes arrivés.

En traitant de cette science, nous sommes malheureusement privés de l'usage d'un ensemble d'arguments qui ont une grande influence sur ses résultats ; je veux parler de ces ressemblances morales entre les hommes de toutes les races, qui pourraient difficilement se rencontrer chez des créatures d'origine indépendante. J'ai entièrement omis, comme peu nécessaires, les discussions habituelles des zoologistes et des physiologistes sur ce qui est suffisant ou nécessaire pour constituer les distinctions des races ; car je pense que, laissant de côté la partie technique d'une pareille recherche, comme inutile pour notre but, nous sommes suffisamment fondés à considérer, comme d'espèces différentes, les animaux dans lesquels nous découvrons des habitudes et des caractères, si je puis ainsi parler, d'une nature complétement différente. Le loup et l'agneau ne sont pas mieux distingués l'un de l'autre par leur enveloppe extérieure et par leur physionomie différente, que par le contraste entre leurs dispositions. Et si cela vous paraissait une comparaison d'extrêmes opposés, je dirais que la sauvage férocité du loup, et les ruses et les stratagèmes du renard, l'agression par bandes tumultueuses de l'un, et les larcins solitaires de l'autre, servent plus clairement à les classer dans notre esprit que la différence de leurs formes. Maintenant, si nous considérons l'homme dans les états les plus dissemblables de la vie sociale, quelque abruti ou quelque cultivé qu'il soit, nous trouverons certainement des rapports de sentiments, une similitude d'affections et une facilité de rapprochement et d'union, qui démontrent clairement que la faculté correspondante à l'instinct des animaux, est identique dans la race entière. Les Mohawks et les Osages, les habitants des îles Sandwich ou des îles Pellew, par un commerce très-court avec les Européens, ont appris, surtout quand ils sont venus dans nos contrées, à se conformer à tous les usages de la vie, comme nous les entendons, ont formé des unions, contracté des amitiés intimes et profondes avec les hommes d'une autre race. La différence d'organisation dans les animaux est toujours liée avec une différence de caractère ; le sillon qu'un muscle quelconque imprime sur les os du lion, révèle ses habitudes et sa nature ; le plus petit os de l'antilope montre des rapports avec la disposition timide de cet animal et sa promptitude à fuir. Mais dans l'homme, soit qu'il ait pendant plusieurs générations coulé ses jours à moitié endormi sur un divan comme l'indolent Asiatique, ou qu'il ait, comme le chasseur américain, dans ses courses infatigables, poursuivi sans relâche le daim sauvage dans ses forêts vierges, il n'y a rien dans son organisation qui montre que par l'habitude ou l'éducation il n'ait pas pu échanger une occupation contre l'autre ; rien ne prouve que la nature l'a destiné à l'un ou à l'autre de ces états.

Au contraire, la similitude des attributs moraux, la faculté permanente des affections domestiques, la disposition à fonder et à maintenir des intérêts mutuels, le sentiment général sur ce qui touche à la propriété et sur les manières de la protéger, l'accord sur les points fondamentaux du code moral nonobstant les déviations accidentelles, et, plus que tout le reste, le don sacré de la parole joint à l'assurance de la perpétuité de tous les autres signes caractéristiques de l'humanité, prouvent que les hommes, sur quelque partie du globe qu'ils soient établis, quelque dégradés qu'ils puissent paraître maintenant, étaient certainement destinés pour le même état, et par conséquent ont dû y être placés originairement. Et cette considération doit assurément être d'un grand poids pour établir l'identité d'origine de tous les hommes, comme une considération parallèle l'a fait pour les autres animaux. Ce raisonnement se trouve en opposition avec la théorie vulgaire de la plupart des philosophes, savoir que la marche naturelle de l'humanité est de la barbarie à la civilisation, et que le sauvage doit être considéré comme le type original de la nature humaine, dont nous nous sommes éloignés par des efforts graduels. Mais mon raisonnement garde sa force, et, pour repousser l'idée que l'état sauvage serait autre chose qu'une dégradation, un éloignement de la destinée originaire de l'homme, une déchéance de sa position primitive, il suffit de cette réflexion bien simple : que la nature ou plutôt son auteur place ses créatures dans l'état pour lequel il les a destinées ; que si l'homme a été formé avec un corps et doué d'un esprit pour une vie sociale et domestique, il ne peut pas plus avoir été jeté originairement dans un désert ou dans une forêt, voué à un état sauvage et à une ignorance absolue, que le coquillage marin ne peut avoir d'abord été produit sur le sommet des montagnes, ou l'éléphant créé parmi les glaçons du pôle. Tel est le point de vue adopté par le savant F. Schlégel, dans un ouvrage précieux qu'un de mes amis a enfin traduit dans notre langue, à ma grande satisfaction, et j'espère qu'il recevra assez d'encouragements pour se décider à compléter sa tâche en traduisant les derniers ouvrages de ce philosophe.

« Lorsque l'homme, dit-il, fut une fois déchu de sa vertu première, il ne fut plus possible d'assigner une limite à sa dégradation et de déterminer jusqu'où il pourrait successivement descendre, en s'approchant par degrés du niveau de la brute; car comme il était essentiellement libre par son origine, il était capable de changement et avait même dans ses facultés organiques une très-grande flexibilité. Nous devons adopter ce principe comme le seul fil qui puisse nous guider dans nos recherches, à partir du nègre qui, par sa force et son agilité comme par son caractère docile et en général des plus bien au-dessus des plus bas degrés de l'échelle humanitaire, jusqu'au monstrueux Patagon, au Peshwerais presque imbécile et à l'horrible cannibale de la Nouvelle-Zélande, dont le portrait seul excite l'horreur de celui qui le regarde. Ainsi, loin de chercher avec Rousseau et ses disciples la véritable origine de l'humanité et les vraies bases du contact social dans la condition des peuplades sauvages même les plus avancées, nous y verrons au contraire qu'un état de dégénérescence et de dégradation (a.) »

Ceci est assurément plus consolant pour l'humanité que les théories dégradantes de Virey ou de Lamark, et pourtant il s'y mêle encore quelque légère amertume d'humiliation. Car s'il était révoltant de penser que notre belle nature n'est rien de plus que le perfectionnement de la malice du singe, ce n'est pas non plus sans quelque honte et quelque douleur que nous voyons cette nature, quelque part que ce soit, tombée et dégradée de sa beauté originelle, et cela au point que des hommes aient pu soutenir avec quelque apparence cette odieuse affinité. Toutefois ceci peut nous servir à modérer l'orgueil que nous inspire trop souvent la supériorité de notre civilisation. Rappelons-nous le bien, si nous et le plus abruti des sauvages, nous sommes frères et membres d'une seule famille, nous sommes comme eux d'une humble origine ; ils sont aussi bien que nous appelés à la plus sublime destinée, et, selon les

(a) *Philosophie de l'histoire.*

paroles du divin poëte, nous sommes tous également

......Vermi
Nati a formar l' angelica farfalla ;
Che vola alla giustizia senza schermi (a).

Et dans l'être complexe de l'homme, il doit, ce semble, y avoir naturellement, nécessairement, quelque mélange de cette sorte, quelque combinaison pareille d'existence, pour manifester la double alliance de l'homme avec un monde supérieur et un monde inférieur. Il faut une variété de condition telle qu'elle puisse prouver l'existence de deux forces en lutte, d'une force qui le fait tendre en haut par l'expansion de ses facultés, et d'une autre force qui pèse sur lui et l'attire en bas, vers les jouissances de la vie purement animale. Car ainsi, pour conclure avec les éloquentes paroles d'un vrai philosophe chrétien, « l'homme se pose comme une individualité vivante composée de matière et d'esprit, d'un être extérieur et d'un être intérieur, de nécessité et de liberté ; pour lui-même un mystère, pour le monde des esprits un objet de profonde pensée ; la preuve la plus parfaite de la toute-puissance, de la sagesse et de l'amour de Dieu. Voilé de tous côtés par sa nature corporelle, il voit Dieu comme à distance, et est aussi certain de son existence que les esprits célestes ; le fils de la Révélation et le héros de la foi ; faible, et cependant fort ; pauvre, et pourtant possesseur du plus haut empire de l'amour divin ! (b) »

RACHAT des premiers-nés. *Voy.* AÎNÉ
RACHAT du genre humain. *V.* RÉDEMPTION.
RACHAT DE L'AUTEL (1), c'est un droit que les évêques se faisaient payer par les moines ou les laïques qui s'étaient emparés des dîmes, à tous les changements de vicaires établis pour la desserte des églises.

Lorsque, vers le XII° siècle, on contraignit les religieux de rentrer dans leurs cloîtres et d'abandonner les paroisses aux prêtres séculiers, on distinguait l'église d'avec l'*autel*. Par église, on entendait les dîmes, les terres et les revenus ; par *autel*, le titre de l'église exercé par un vicaire, ou bien le service même de ce vicaire.

Les évêques, ne pouvant pas s'emparer des dîmes et autres biens, obligeaient les moines de leur racheter l'*autel* toutes les fois qu'il fallait nommer un nouveau titulaire, sous le prétexte que le droit de pourvoir à l'*autel* leur appartenait : ce droit se nommait *Rachat de l'autel*, *Altarium redemptio*. C'était un abus que condamna le concile de Clermont. Il considéra cette vente des *autels* comme une simonie de la part des évêques, et il ordonna, en conséquence, que ceux qui jouissaient de ces *autels* depuis trente ans, ne pourraient plus être inquiétés à l'avenir, et que l'évêque n'exigerait pas d'eux le droit de rachat. Cette décision fut confirmée par un décret du pape Paschal : et, à ce moyen, les monastères et les chapitres ont retenu plusieurs *autels* qui peut-être ne leur appartenaient pas ; et ils ont été exempts de payer les droits que les évêques exigeaient après la mort des vicaires, pour accorder la liberté d'en mettre d'autres à leur place. (Extrait du *Dictionnaire de Jurisprudence.*)

RAILLERIE (dérision). Saint Paul, *Ephes.*,

(a) *Purgat.* x.
(b) Pabst, *Der Mensch und seine Geschichte*, Wien, 1830, p. 50.
(1) Reproduit d'après l'édition de Liége.

c. v, v. 4, la défend aux chrétiens. « Qu'el'on n'entende parmi vous, dit-il, ni paroles obscènes, ni discours insensés, ni *railleries* qui ne conviennent point, mais plutôt des discours obligeants et gracieux. » Nous n'aimons point voir les autres rire à nos dépens ; nous ne devons donc jeter sur personne un ridicule que nous ne voulons pas souffrir nous-mêmes. Saint Ambroise interdit cette licence surtout aux ecclésiastiques, *Offic.*, l. 1, c. 23. « Quoique les *railleries* honnêtes, dit-il, plaisent souvent et soient agréables, elles sont cependant contraires aux devoirs des ecclésiastiques ; comment pouvons-nous nous permettre ce que nous ne voyons point dans l'Ecriture sainte ? Cette pensée de saint Ambroise n'a pas trouvé grâce devant la critique de la morale des Pères ; elle lui a paru ridicule, « comme si rien n'était permis, dit-il, que ce qui est formellement autorisé par l'Ecriture sainte, ou comme si le silence de l'Ecriture était équivalent à une défense formelle. » *Traité de la Morale des Pères*, c. XIII, § 19 et suiv.

Observons d'abord qu'un protestant qui soutient que l'Ecriture sainte est la seule règle de croyance et de conduite, a mauvaise grâce de blâmer un passage qui semble le favoriser. En second lieu, il y a du ridicule à prendre dans les écrits des Pères tous les mots à la rigueur, comme si c'étaient des paroles sacramentelles. Saint Ambroise prétend qu'un ecclésiastique cherche principalement dans l'Ecriture sainte les leçons et les exemples auxquels il doit conformer sa conduite ; nous soutenons qu'il n'a pas tort, et nous ne voyons dans l'Ecriture l'exemple d'aucun personnage consacré à Dieu qui se soit permis des *railleries pour se rendre* agréable.

C'est Barbeyrac lui-même qui est répréhensible, lorsqu'il ajoute que la *raillerie* n'est condamnée nulle part dans l'Ecriture sainte comme mauvaise de sa nature ; le passage de saint Paul que nous venons de citer nous paraît une condamnation assez formelle. Il allègue des exemples d'ironie et de *raillerie* employés par les prophètes et les apôtres ; il aurait pu en citer même un de Jésus-Christ ; il observe que les Pères s'en sont servis plusieurs fois contre les païens : l'un d'entre eux a fait un ouvrage intitulé : *Irrisio Philosophorum gentilium*. Nous avouons tous ces faits, mais comment et à quel dessein ces vénérables personnes ont-elles employé les *railleries* ? Pour corriger les hommes de leurs défauts et de leurs erreurs, dans des occasions où ils espéraient que cette arme serait plus efficace que les raisonnements pour les toucher et les convaincre. Ce motif, sans doute, peut rendre la *raillerie* permise ; mais lorsque saint Paul et saint Ambroise la défendent, ils parlent de celle qui n'a d'autre but que de montrer de l'esprit, d'amuser les auditeurs, et d'humilier ceux qui en sont l'objet. Si Bayle avait considéré cette différence, il n'aurait pas censuré avec tant d'affectation les Pères de l'Eglise qui ont tourné en ridicule le paganisme.

Il est des *railleries* d'une espèce tout opposée, ce sont les *railleries* contre la religion ; elles n'ont pour but que de rendre les hommes irréligieux et impies. Les païens mêmes ont condamné cette licence : « Dans des matières si graves, dit Cicéron, ce n'est pas le lieu de railler. » *De Divin.* l. II. C'est principalement par des sarcasmes que les philosophes païens ont attaqué le christianisme, parce qu'ils manquaient de raisonnements solides pour le combattre ; les incrédules modernes les ont surpassés dans ce genre de guerre, par la même raison.

Le sage Leibnitz condamne hautement ce procédé ; il réfute directement l'anglais Shaftesbury qui voulait que le ridicule servît de pierre de touche pour éprouver ce qui est vrai ou faux. Leibnitz observe que les ignorants saisissent mieux une plaisanterie qu'une bonne raison ; et qu'en général les hommes aiment mieux rire que raisonner. *Esprit de Leibnitz*, t. I, p. 147.

Celui de tous les incrédules modernes qui a lancé le plus de sarcasmes contre la religion, et qui n'a pas dédaigné les *railleries* les plus basses, s'est condamné lui-même. « La plaisanterie, dit-il, n'est jamais bonne dans le genre sérieux, parce qu'elle ne porte jamais que sur un côté des objets qui n'est pas celui que l'on considère, elle roule presque toujours sur des rapports faux et sur des équivoques. De là vient que les plaisants de profession ont presque tous l'esprit faux autant que superficiel. » Il ne pouvait pas mieux peindre le sien. *Mélanges de littér. et de philos.*, c. 53.

RAISON (faculté de raisonner). Si nous étions obligés d'apprendre des philosophes quel est le degré de force ou de faiblesse de la raison humaine en fait de religion, nous serions fort embarrassés. D'un côté, les déistes ont élevé jusqu'aux nues la pénétration et l'infaillibilité de cette faculté, afin de prouver qu'il n'est pas besoin de révélation pour connaître Dieu, et pour juger quelle est la vraie manière de l'adorer. De l'autre, les athées modernes ont répété tous les reproches que les épicuriens ont faits autrefois à la *raison* ; ils l'ont rabaissée au-dessous de l'instinct des brutes. Bayle a tantôt exalté les forces et les droits de la *raison*, tantôt il les a réduits à rien, sous prétexte de soumettre la raison à la foi. Ces dissertateurs auraient peut-être évité ce chaos de contradictions, s'ils avaient commencé par considérer les divers états dans lesquels la *raison* humaine peut se trouver.

En effet, il s'en faut de beaucoup que tous les hommes soient doués du même degré de *raison* et d'intelligence. Cette faculté serait presque nulle dans un homme qui n'aurait reçu aucune éducation, qui dès sa naissance aurait été abandonné dans les forêts, parmi les animaux. Toutes nos connaissances spéculatives viennent des leçons que nous avons reçues de nos semblables ; c'est par la société que nous devenons tout ce que nous pouvons être. Il n'y a donc aucune comparaison à faire entre la *raison* d'un philoso-

DICT. DE THÉOL. DOGMATIQUE. IV.

phe, cultivée et perfectionnée par de longues études, et celle d'un sauvage à peu près stupide et presque réduit au seul instinct; entre l'intelligence d'un homme élevé dans le sein de la vraie religion, et celle d'un infidèle imbu dès l'enfance des plus grossières erreurs; entre la manière de penser d'un personnage naturellement vicieux, et celle d'une âme née pour la vertu. Argumenter sur la force ou sur la faiblesse de la *raison* en général, en faisant abstraction des causes qui peuvent l'augmenter ou la diminuer, c'est faire une spéculation en l'air ; c'est broncher dès le premier pas. A proprement parler, la *raison* n'est rien autre chose que la faculté d'être instruit et de sentir la vérité lorsqu'elle nous est proposée (1); mais ce n'est pas le pouvoir de découvrir toute vérité par nous-mêmes et par nos propres réflexions sans aucun secours étranger. Malheureusement nous pouvons être aussi aisément égarés par de fausses leçons qu'éclairés par des instructions vraies. Nous ne voyons aucun homme élevé dans de faux principes qui ne prenne ses erreurs pour des vérités évidentes (2), chez les nations ignorantes et barbares, les usages les plus absurdes passent pour des lois naturelles et dictées par le sens commun.

Quand, pour connaître Dieu et son vrai culte, la révélation divine n'aurait pas été nécessaire à un esprit sublime tel que celui de Platon, de Socrate ou de Cicéron, il ne s'ensuivrait pas encore qu'elle a été superflue pour éclairer le commun des ignorants aveuglés en naissant par les fausses leçons d'une éducation païenne. Tel est cependant le sophisme ordinaire des déistes. Ils disent : La plupart des anciens philosophes, après avoir rassemblé les connaissances acquises pendant cinq cents ans, après avoir voyagé et consulté les sages de toutes les nations,

(1) Le premier sophisme des déistes est d'envisager la raison humaine telle qu'ils la possèdent; de partir du point de connaissances auquel ils sont parvenus, pour estimer ce que peut faire la raison ou la faculté de raisonner dans tous les hommes. Mais la raison d'un philosophe né dans le sein du christianisme, d'une nation civilisée, éclairée par la révélation, cultivée par quarante ans d'étude ; et la raison d'un ignorant né chez les Tartares, dans les terres Australes ou dans les forêts de l'Amérique, ont-elles la même faculté, ont-elles la même force, la même étendue, la même sagacité? Quand il serait vrai que le premier peut se faire un système de religion vrai, sensé, raisonnable, s'ensuit-il que le second puisse en faire autant? Quand on pourrait dire que la révélation n'est pas nécessaire au premier, s'ensuivrait-il qu'elle n'est pas plus nécessaire à l'autre. C'est déjà une absurdité d'affirmer que le philosophe pouvait s'en passer; il est redevable à la révélation même du degré de connaissance dont il est doué. (*Traité de la vraie Religion*, t. III, p. 143.)

(1) L'édition de Mgr Gousset rappelle en note l'impuissance de la raison pour parvenir à la connaissance de la vérité. Cette assertion, condamnée par Mgr Gousset lui-même, est beaucoup trop absolue. Quoique affaiblie, notre raison peut encore, à l'aide de ses seules forces, parvenir à la connaissance de certaines vérités de l'ordre naturel. *Voy.* Certitude.

sont parvenus à se former un plan de religion pure et irrépréhensible ; donc il n'a jamais été besoin de révélation pour aucun peuple. Quand le fait qu'ils avancent serait aussi vrai qu'il est faux, la conséquence serait encore très-mal déduite. Le gros des nations n'est pas en état de faire les mêmes études que les savants de la Grèce et de Rome ; que lui importent les lumières des philosophes, si elles ne pénètrent pas jusqu'à lui, s'il ne comprend rien à leur doctrine, ou si ces maîtres orgueilleux la gardent pour eux seuls?

Mais les anciens philosophes étaient plus modestes et de meilleure foi que les modernes ; ils reconnaissaient la nécessité d'une révélation surnaturelle pour connaître la Divinité et pour savoir quel culte il faut lui rendre ; nous pourrions rassembler aisément un grand nombre de témoignages qu'ils ont rendus à cette vérité. Si ce sentiment n'avait pas été celui de tous les peuples, ils n'auraient pas ajouté foi si aisément à ceux qui se sont donnés pour inspirés. Il est d'ailleurs démontré par le fait que, faute de ce secours surnaturel, les philosophes se sont égarés en fait de religion aussi grossièrement que le vulgaire, et qu'ils ont consacré par leur suffrage toutes les erreurs et toutes les superstitions qu'ils ont trouvées établies.

Nous avons beau consulter l'histoire et parcourir l'univers d'un bout à l'autre, pour découvrir ce que la *raison* a enfanté de mieux en fait de religion, nous ne trouvons partout qu'un polythéisme insensé et une idolâtrie grossière. En raisonnant très-mal, tous les peuples ont jugé qu'il fallait adorer les astres, les éléments, toutes les parties de la nature, les âmes des morts, même les animaux. *Voy.* Idolâtrie. Les philosophes, raisonneurs par excellence, ont décidé qu'il fallait s'en tenir à cette religion, dès qu'elle était établie par les lois, et qu'il y aurait de la folie à vouloir la changer. Tous ceux qui ont eu connaissance de la religion des Juifs l'ont condamnée, parce que les Juifs ne voulaient adorer qu'un seul Dieu. En raisonnant toujours de même, ils ont réprouvé le christianisme lorsqu'il a été prêché, et ils ont fait des livres entiers pour prouver que cette religion nouvelle n'était pas raisonnable. Tels ont été les grands exploits de la *raison* humaine dans les siècles et chez les peuples où elle paraissait avoir acquis le plus de force et de lumière.

Aussi, lorsque les déistes viennent nous vanter la suffisance de la *raison*, nous avons beau leur demander sur quelle expérience ils en jugent, ils ne nous répondent rien. Pour savoir ce que nous devons en penser, nous avons un meilleur garant que leurs spéculations, c'est la conduite qu'a suivie la divine Providence depuis la création. Dieu n'a pas attendu que l'homme raisonnât, avant de lui enseigner une religion ; il l'a révélée à notre premier père, pour lui et pour ses descendants. Dans l'univers entier nous ne trouvons qu'une seule religion vraie, savoir : celle que Dieu a révélée aux patriarchés par Adam, aux Juifs par Moïse, à tous les peuples par Jésus-Christ. Jusqu'à ce jour, après six mille ans écoulés, toutes les nations qui n'ont pas été éclairées par ce flambeau sont encore plongées dans les mêmes ténèbres que les peuples anciens. Il nous paraît qu'une expérience de six mille ans est assez longue pour nous démontrer ce dont la *raison* humaine est capable. Lorsque les déistes nous présentent la prétendue religion naturelle qu'ils ont forgée comme l'ouvrage de la *raison* seule, ils nous en imposent grossièrement; l'auraient-ils inventée, s'ils n'avaient été élevés dans le sein du christianisme? pas plus que les philosophes de Rome, de la Grèce, de la Chine et des Indes; car ils voudront bien nous dispenser de croire qu'ils ont plus d'esprit et de sagacité que n'en avaient tous ces raisonneurs. Leur prétendue religion naturelle est donc dans le fond très-surnaturelle, puisque quiconque n'a eu aucune connaissance de la révélation n'a jamais pensé au système des déistes.

Autre chose est de dire que la *raison* humaine, une fois éclairée par la révélation, est capable de sentir et de prouver la vérité des dogmes primitifs professés par les patriarches, et autre chose de soutenir que la raison toute seule, sans aucun secours étranger, peut les découvrir. Les déistes confondent ces deux choses et fondent tous leurs sophismes sur cette équivoque; est-ce inattention de leur part ou mauvaise foi? Un homme avec un certain degré d'intelligence est capable de comprendre le système de Newton, d'en saisir les preuves, d'en suivre les conséquences, lorsque le tout est mis sous ses yeux; s'ensuit-il de là qu'il eût été en état de l'inventer, quand même on ne lui en aurait jamais parlé?

On dispute vivement pour savoir si les mystères ou dogmes incompréhensibles que la révélation nous enseigne sont *contraires* à la raison, ou si l'on doit seulement dire qu'ils sont *supérieurs* aux lumières de la *raison*. Il nous paraît qu'il y a encore ici une équivoque. Si la *raison* était la capacité de tout connaître, les mystères seraient contraires à la *raison*, puisqu'elle n'y conçoit rien. Mais si notre *raison* n'est que le fond que la connaissance d'un très-petit nombre d'objets, si nous sommes forcés d'ailleurs de croire une infinité de faits aussi incompréhensibles pour nous que les mystères de la religion, en quel sens ceux-ci sont-ils contraires à la *raison*? Quand on parle à un aveugle-né des couleurs, d'un tableau, d'un miroir, d'une perspective, il n'y comprend pas plus qu'au mystère de la sainte Trinité; cependant s'il ne croyait pas au témoignage de ceux qui ont des yeux, il serait insensé. Si cet aveugle s'avisait de soutenir qu'il est contraire à la *raison* qu'une superficie plate produise une sensation de profondeur, que l'œil aperçoive aussi promptement une étoile que le faîte d'une maison, que la tête d'un homme soit représentée dans la boîte d'une montre, etc., que

répondrions-nous? Nous lui dirions : Cela est contraire sans doute à la faible mesure de vos connaissances; mais cette mesure et la *raison* ne sont pas la même chose. Or, quand Dieu nous révèle sa nature, ses attributs, ses desseins, ce qu'il a fait, ce qu'il veut faire, ne sommes-nous pas à cet égard des aveugles-nés?

Les déistes font contre les miracles le même sophisme que contre les mystères; ceux-ci, disent-ils, sont contraires à la *raison*, et les miracles sont contraires à l'expérience. Par *expérience*, ils entendent sans doute le témoignage constant et uniforme de nos sens. Si nos sens nous attestaient tout ce qui a été, tout ce qui est, tout ce qui peut être, un miracle serait évidemment contraire à l'expérience; mais leur témoignage s'étend-il jusque-là? Vous dites à un ignorant qu'un limaçon auquel on a coupé la tête en reprend une nouvelle : C'est une fable, répond-il d'abord; une expérience aussi ancienne que le monde prouve qu'un animal à qui l'on a coupé la tête meurt, et ne peut pas en refaire une autre. Vous affirmez à un habitant de la Guinée, que par le froid l'eau peut devenir aussi solide et aussi dure qu'une pierre : Je n'en crois rien, vous dit-il; je sais, par une expérience constante, que l'eau est toujours liquide, etc. Mais que prouve l'expérience prétendue de ces gens-là? qu'ils n'ont jamais vu ce qu'on leur certifie; il en est de même de celui qui n'a jamais vu de miracles. Or, appeler *expérience* le défaut même d'expérience, c'est abuser des termes aussi grossièrement que d'appeler *raison* le défaut de connaissance et de lumière. En confondant ainsi toutes les notions, les incrédules argumentent à perte de vue, déclament contre la religion et contre ceux qui la professent. Ils disent que par la croyance des mystères on détruit la *raison*, et que l'on en interdit l'usage; que les théologiens la décrient; qu'ils veulent enlever à l'homme le plus beau de ses privilèges, qui est de se conduire par ses propres lumières; qu'ils insultent à la sagesse divine en supposant qu'elle a donné à l'homme dans sa *raison* un guide faux et trompeur; que sous prétexte de captiver l'homme sous le joug de la parole divine, ils ne cherchent qu'à le soumettre à leurs propres idées, etc. Clameurs insensées. C'est comme s'ils disaient qu'en affirmant aux ignorants des faits qu'ils n'ont pas vus, qu'ils ne verront peut-être jamais, nous détruisons l'expérience, nous leur interdisons l'usage de leurs yeux et le témoignage de leurs sens; que nous insultons à la sagesse divine en supposant qu'elle a donné à l'homme dans ses sensations un guide faux et trompeur.

Lorsque Dieu nous enseigne par révélation des vérités que nous n'aurions jamais aperçues autrement, et que nous ne concevons pas, loin de détruire nos connaissances, il en étend la sphère, comme celui qui apprend aux aveugles-nés les phénomènes de la lumière et des couleurs. Il ne nous interdit pas l'usage de notre *raison*, mais il nous en montre les bornes et l'usage légitime que nous en devons faire. C'est d'examiner avec soin s'il est vrai que Dieu a parlé ; dès que ce fait est solidement prouvé, la *raison* elle-même nous dit qu'il faut croire, qu'il faut imiter la docilité de l'aveugle-né et des ignorants, à l'égard d'un homme qui leur apprend des choses qu'ils ne voient, ne sentent ni ne comprennent.

Dès que l'on veut appliquer les arguments des incrédules à tout autre objet qu'à la religion, ils sont d'une absurdité révoltante : vouloir démontrer les forces et les droits sacrés de la *raison* en déraisonnant, ce n'est pas le moyen de persuader les esprits sensés ; mais ils trouvent malheureusement des esprits superficiels et peu attentifs qui se laissent étourdir par leurs sophismes.

1° La *raison*, disent les déistes, est le *seul guide* que Dieu a donné à l'homme pour se conduire, pour diriger ses actions, pour connaître Dieu lui-même ; il se contredirait s'il nous ordonnait d'y renoncer.

Réponse. La fausseté de cette maxime est déjà démontrée ; il est faux que la *raison* soit notre *seul guide*. Pour la plupart de nos actions naturelles, Dieu nous a donné pour guide l'instinct et le sentiment, parce que la *raison* ne nous servirait de rien à cet égard. Est-ce la *raison* qui nous apprend qu'un tel fruit, qu'un tel aliment, nous est salutaire ou pernicieux, que l'eau peut étancher la soif, que des habits peuvent nous défendre des injures de l'air ? Cent fois les philosophes ont avoué que si l'homme n'avait point d'autres guides que la *raison*, le genre humain périrait bientôt. Dans les questions de fait et d'expérience, le raisonnement ne sert à rien ; nous sommes forcés de prendre pour guide le témoignage, ou de nos propres sens ou de ceux d'autrui, de nous fier à la certitude morale ; et celui qui, dans ces circonstances, ne voudrait consulter que sa *raison*, serait un insensé.

A l'égard de la religion, Dieu, dès le commencement du monde, s'est fait connaître à l'homme par les sens, en l'instruisant de vive voix, et par conséquent par la révélation. Quel secours l'homme pouvait-il tirer alors de sa *raison* ? Il n'aurait pas seulement eu un langage formé, si Dieu ne le lui avait donné en même temps que la faculté de parler. Or, cette religion primitive révélée à notre premier père a dû servir pour lui et pour ses descendants ; et tous ceux qui s'en sont écartés, ou par malheur ou volontairement, et n'ont plus eu d'autre guide que la *raison*, sont tombés dans le polythéisme et dans l'idolâtrie. Il est donc absolument faux que la *raison* soit le *seul guide* que Dieu nous a donné pour le connaître, pour nous convaincre de son existence, et pour savoir quel culte nous devons lui rendre (1).

(1) Quelques philosophes, et parmi eux M. l'abbé Bautain, ont enseigné qu'on ne peut prouver l'existence de Dieu par la raison. Nous empruntons

Seconde objection. Du moins, disent les incrédules, c'est par la *raison* seule que nous pouvons savoir si une religion prétendue aux conférences de Bayeux une réponse péremptoire à cette dangereuse erreur :

« Vers la fin du dernier siècle, Emmanuel Kant entreprit de remonter jusqu'à la source de toutes les connaissances humaines, et de réformer l'enseignement philosophique des écoles. Ne voyant dans les corps que de simples phénomènes, n'admettant d'autre principe de certitude que l'expérience, il prétendit qu'il n'y a aucune relation nécessaire entre nos idées et la réalité des choses extérieures qui en sont l'objet. De là il conclut que l'existence de Dieu n'appartient point à la science, et que la raison ne peut nous fournir aucune preuve démonstrative de cette vérité fondamentale. « Je suis, dit-il, pleinement convaincu que la raison est impuissante à établir des assertions affirmatives, et qu'elle est plus incapable encore d'affirmer quelque chose de négatif sur cette question. » *Critique de la raison pure*, t. II, p. 560. Cette étrange doctrine eut bientôt un grand nombre d'admirateurs aveugles et de partisans enthousiastes. En Allemagne, Fichte, Schelling, Hegel, en ont fait la base de leurs systèmes absurdes et impies. Hermès a essayé de la reproduire sous une forme nouvelle ; il a épuisé toutes les subtilités de la métaphysique pour apprendre aux hommes que leurs études philosophiques et religieuses doivent nécessairement commencer par le doute positif, universel et absolu ; que la conscience immédiate est le principe primitif de toute certitude, quoique cependant nous ne puissions admettre sûrement comme réelle l'existence de notre conscience immédiate, ni la connaissance de la pensée nécessaire que nous en avons. *Introduction philosophique*, p. 127.

« En France, des écrivains catholiques ont voulu aussi se frayer des routes nouvelles ; s'ils ont repoussé l'idéalisme des philosophes allemands, ils n'ont pas craint de soutenir que la raison seule ne saurait conduire l'homme à la connaissance certaine d'aucune vérité. L'auteur malheureusement trop célèbre de l'*Essai sur l'indifférence en matière de religion* n'avait pas encore rompu le lien sacré de l'unité, quand il employa toutes les ressources de son talent à la défense de ce dangereux principe. S'il faut l'en croire, « l'homme ne peut, par ses seules forces, s'assurer pleinement d'aucune vérité... » *Essai*, t. II, p. 2. Le consentement commun est pour nous le sceau de la vérité, et il n'y en a point d'autre... » *Ibid.*, p. 20.

« Les preuves qu'emploient les apologistes de la religion chrétienne pour établir l'existence de Dieu sont incomplètes, faute d'un premier principe sur lequel elles s'appuient. *Défense de l'Essai*, p. 159. D'autres enfin, substituant la révélation au témoignage universel du genre humain, ont affirmé que, sans la lumière de la foi, nous ne pouvons avoir aucune certitude de l'existence de Dieu.

« Ces différents systèmes, qu'on adopte quelquefois avec tant de confiance, méritent-ils en effet le suffrage et l'approbation des hommes sages et éclairés ? Quelles que soient la faiblesse de l'esprit humain et l'incertitude de la plupart de nos opinions, il y a cependant des vérités que nous ne pouvons refuser d'admettre ; nous ne sommes pas même obligés d'examiner si elles émanent d'un principe antérieur ; nous les croyons malgré nous. Un philosophe peut entasser dans ses livres les paradoxes et les sophismes pour les combattre, chacun des actes de sa vie sera la condamnation de ses conceptions bizarres et de ses théories insensées. Ainsi il n'est pas un seul homme qui puisse douter sérieusement de son existence. « J'ai beau vouloir douter de toutes choses, disait Fénelon, il m'est impossible de douter si je suis. Le

révélée est prouvée ou non prouvée, par conséquent vraie ou fausse ; donc si nous sommes obligés de nous défier de celte lumière, nous n'avons point d'autre parti à prendre que le pyrrhonisme ou le scepticisme en fait de religion.

Réponse. C'est à la vérité par la *raison* seule que nous devons juger si les preuves d'une révélation sont réelles ou supposées, solides ou seulement apparentes ; mais ces preuves sont des faits. Or, les faits se prouvent par des attestations par des monuments, et non par des raisonnements ou par un examen spéculatif de la doctrine révélée. L'examen des faits est à la portée des hommes les plus ignorants, puisque c'est sur des faits que porte toute la conduite de la vie : il n'en est pas de même de l'examen de la doctrine ; il faut discuter pour savoir si elle

néant ne saurait douter, et quand même je me tromperais, il s'ensuivrait par mon erreur même que je suis quelque chose, puisque le néant ne peut se tromper. » *Traité de l'Existence de Dieu,* part. II, chap. 1, § G. M. de Lamennais avoue lui-même qu'il nous est également impossible de révoquer en doute l'existence des corps qui nous environnent. *Essai,* t. II, p. 19. On dira peut-être que l'assentiment que nous donnons à ces vérités n'est pas rationnel ; mais cette lumière intérieure par laquelle nous jugeons et qui nous entraîne par une évidence irrésistible, n'est-elle donc pas la lumière de la raison? Qu'est-ce que la certitude, sinon l'impuissance de douter, fondée sur la perception claire et distincte de la vérité?

« Voyons maintenant si notre esprit ne peut pas, par un enchaînement facile de principes incontestables et de conséquences nécessaires, s'élever de ces vérités primitives et fondamentales jusqu'à la connaissance de Dieu.

« Tout être existe par lui-même et en vertu de sa propre nature, ou doit son existence à une cause étrangère. Qui oserait soutenir que tous les éléments matériels qui composent cet univers existent nécessairement, qu'il n'y a pas un insecte, une feuille d'arbre, un grain de sable, un atome dont on puisse concevoir l'anéantissement ou la non-existence? Un être nécessaire ne saurait avoir des propriétés accidentelles ; de qui les aurait-il reçues? Pourquoi aurait-il les unes plutôt que les autres? La matière qui, sous la main de l'homme, prend des formes si différentes ; ces corps que nous voyons naître, se développer, décroître et périr ; le monde, en un mot, doit donc son existence à une cause étrangère. A qui la doit-il? Au hasard? Le hasard n'est rien, et s'il n'est rien, si c'est un défaut et une privation de cause, plutôt qu'une cause véritable et effective, il s'ensuit qu'on nous trompe quand on nous dit que c'est le hasard qui a fait le monde. » Abbadie, *de la Vérité de la Relig. chrét.,* sect. 1, chap. 5.

« On a supposé une succession infinie d'êtres contingents qui se reproduisent perpétuellement ; mais on a oublié de nous dire qui a donné à ces êtres la faculté de se reproduire, qui a déterminé l'ordre, les conditions, le temps de cette reproduction perpétuelle. D'ailleurs, « admettre une succession infinie d'êtres muables et dépendants sans aucune cause première, c'est supposer qu'il n'y a rien dans l'univers qui existe par lui-même et nécessairement. Or, si rien n'existe nécessairement, par qui et comment cette succession d'êtres a-t-elle été de toute éternité plutôt déterminée à être qu'à n'être pas? » Clarke. *De l'Existence de Dieu,* chap. 3.

« Enfin, la matière fût-elle éternelle, nous demanderions encore d'où viennent les lois qui la régissent, si, inerte et passive de sa nature, elle s'est donné à elle-même le mouvement. « Concevoir, dit J.-J. Rousseau, la matière productrice du mouvement, c'est concevoir un effet sans cause, c'est ne concevoir absolument rien.... Dites-moi si, quand on vous parle d'une force aveugle répandue dans toute la nature, on porte quelque véritable idée dans votre esprit. On croit dire quelque chose par ces mots vagues de *force universelle,* de *mouvement nécessaire,* et l'on ne dit rien du tout. » *Emile,* t. III, p. 43.

« La raison de l'homme n'est donc pas dans l'impuissance absolue de s'élever jusqu'à Dieu. Il faut nécessairement admettre l'existence d'un être infini, éternel, qui a créé le monde par sa toute-puissance, qui le gouverne par sa sagesse, ou bien il faut s'engager dans un vaste labyrinthe d'égarements et d'erreurs. Quelles sont en effet les conséquences de tous ces systèmes qu'a enfantés la philosophie moderne? Il n'en est pas un seul qui ne doive naturellement conduire au scepticisme ceux qui auraient l'imprudence de l'adopter.

« 1° Réduire toute la science de l'homme à savoir, non ce que les choses sont en elles-mêmes, mais seulement ce qu'elles paraissent être ; rejeter *hors des bornes de toute connaissance certaine* l'existence des corps, notre libre arbitre, la vie future, et même ces axiomes consacrés par l'assentiment universel, c'est évidemment détruire toute vérité et anéantir l'intelligence humaine.

« 2° M. de Lamennais, qui accuse les philosophes allemands d'extravagance et de folie, a-t-il été lui-même plus sage? Pour soustraire les hommes au scepticisme, il ne suffit pas de leur offrir un principe de certitude, de leur présenter l'autorité comme le fondement inébranlable de nos croyances, il faut encore leur donner les moyens de connaître cette autorité. Mais s'il est vrai que *souvent les sens nous trompent, que le sentiment intérieur nous trompe, que la raison nous trompe, et que nous n'ayons en nous aucun moyen de reconnaître quand nous sommes trompés ; si nous ne pouvons rigoureusement affirmer quoi que ce soit,* (Essai sur l'indifférence, t. II, p. 28), comment connaîtrons-nous ce consentement commun hors duquel il n'y a, dit-on, que doute et incertitude? Une vérité appuyée sur des témoignages humains ne saurait être plus certaine que l'existence des témoins qui déposent en sa faveur ; mais si la raison *ne sait ce qu'elle est, ni si elle est, si son existence est un problème qu'elle ne peut résoudre qu'à l'aide de l'autorité du genre humain, Ibid.,* p. 32, quelle certitude pouvons-nous avoir de l'existence des hommes dont le témoignage est, dit-on, la seule règle infaillible de nos jugements?

« 3° La foi, que quelques-uns ont voulu substituer à l'autorité générale du genre humain, n'est point une simple persuasion morale, elle n'est point une croyance aveugle, elle doit nécessairement reposer sur des principes certains. Mais quelle sera pour chacun de nous la certitude de ces principes? comment pourrions-nous d'ailleurs constater, avec crainte aucune d'erreur, le fait de la révélation divine, peser la valeur des témoignages qui attestent ce fait, si notre raison individuelle est faillible en tout? Donner la foi *comme la condition première de toute connaissance, de toute science, de toute philosophie* (La Morale de l'Évangile comparée à celle des philosophes, p. 53), c'est mériter le reproche que M. de Lamennais a fait injustement à Descartes, c'est *poser au milieu des airs la première pierre de l'édifice qu'on entreprend d'élever.* Aussi M. de Lamennais a réfuté toutes ces opinions, et il s'est réfuté lui-même quand il a dit : « Si la raison nous ordonne de douter de tout, la nature nous le défend.... Il n'existe point, il n'existera jamais de véritable pyrrhonien ; le doute universel, absolu, auquel nous condamne une sévère logique, est impossible aux hommes. *Essai,* t. II, p. 30.

est en elle-même vraie ou fausse, et cette discussion ne peut être faite que par des hommes très-instruits, encore sont-ils exposés à s'y tromper lourdement.

S'il y eut jamais une question qui parût être du ressort de la *raison*, c'était d'examiner s'il n'y a qu'un Dieu ou s'il y en a plusieurs ; si toutes les parties de la nature sont animées ou non par des intelligences, par des esprits, par des génies puissants et arbitres de nos destinées, si c'est à eux qu'il faut adresser notre culte, et non à un seul Etre, créateur et gouverneur du monde : cependant tous les peuples s'y sont trompés, et les philosophes aussi bien que les peuples. Les Juifs seuls et les chrétiens instruits par la révélation se sont préservés de cette erreur. Ce n'est point donner dans le pyrrhonisme que de refuser à la *raison* l'examen des questions qui ne sont pas à sa portée, lorsqu'on lui soumet la discussion des faits dont elle peut être juge compétent ; toute la différence qu'il y a entre nous et les incrédules, c'est qu'en fait de religion ils renversent l'ordre de l'examen que la *raison* doit faire. Ils veulent que l'on commence par voir si telle doctrine est vraie ou fausse en elle-même, et qu'au cas qu'elle paraisse fausse, l'on conclue qu'elle n'est pas révélée. Nous soutenons au contraire que l'on doit examiner d'abord si elle est révélée ou non, parce que c'est un fait ; et que si elle l'est, on doit en inférer qu'elle est vraie, quand même elle nous paraîtrait spéculativement fausse. Nous n'en demeurons pas là, nous prouvons que tel est l'ordre naturel et légitime, 1° parce que le commun des hommes est plus en état de vérifier un fait que de discuter un dogme ; 2° parce que l'on se trompe moins souvent dans le premier de ces examens que dans le second ; 3° parce que les preuves de fait font sur nous beaucoup plus d'impression que les arguments spéculatifs, etc. *Voy.* Fait.

Troisième objection. Si le commun des hommes n'est pas en état de discerner par la *raison* seule la religion d'avec la superstition, le culte vrai d'avec le culte faux, tous ceux qui sont nés dans le paganisme ont été excusables ; ils n'ont pas pu être justement punis pour s'être trompés sur la question de savoir s'il n'y a qu'un Dieu ou s'il y en a plusieurs.

Réponse. Pour juger jusqu'à quel point les païens ont été excusables ou punissables, il faudrait connaître les causes de l'erreur de chaque particulier ; jusqu'à quel point les passions, la négligence de s'instruire et de réfléchir, l'orgueil et l'opiniâtreté, etc., ont influé sur son égarement : Dieu seul peut le connaître. Saint Paul a décidé que du moins les philosophes ont été inexcusables (*Rom.* i, 20) ; que les autres se sont laissé conduire comme des animaux stupides (*I Cor.* xii, 2) : il y aurait de la témérité à s'élever contre cette décision, et il ne nous importe en rien d'entrer là-dessus dans aucun examen. En second lieu, cette objection suppose que les païens n'ont point eu d'autre secours pour connaître Dieu et la vraie religion que la *raison* toute nue ; c'est une erreur. Dieu leur a donné à tous des grâces surnaturelles et intérieures ; s'ils avaient été fidèles à y correspondre, ils auraient reçu des secours plus abondants et plus prochains pour parvenir à la connaissance de la vérité. Ils sont donc inexcusables, comme saint Paul l'a décidé. *Voy.* Grâce, § 3, Infidèles, etc.

Quatrième objection. C'est à la *raison* seule de juger en quel sens il faut prendre les paroles de l'Ecriture sainte, de voir s'il faut les entendre dans le sens littéral ou dans le sens figuré, de choisir entre deux passages qui semblent se contredire ; celui qui doit expliquer l'autre ; pourquoi ne serait-elle pas aussi en état de décider la question en elle-même et indépendamment de l'Ecriture ?

Réponse. Nous nions absolument ce principe des déistes, qui est celui des protestants, et qui est une des premières sources du déisme ; c'est donc aux protestants seuls qu'il importe de résoudre cette objection, et nous n'en connaissons aucun qui s'en soit donné la peine. Pour nous, nous soutenons que personne ne peut être absolument certain du vrai sens de l'Ecriture que par l'enseignement de l'Eglise catholique, et nous l'avons prouvé ailleurs. *Voy.* Ecriture sainte.

S'il était nécessaire, nous n'aurions pas beaucoup de peine à démontrer la faiblesse de la *raison* humaine, l'incertitude de ses jugements et la multitude de ses erreurs en fait de morale, de droit naturel, de lois, d'usages et de coutumes. Hérodote disait déjà autrefois que si l'on demandait à des hommes de différentes nations quelles sont les meilleures lois et les coutumes les plus raisonnables, chacun d'eux ne manquerait pas de répondre que ce sont celles de son pays. Lorsqu'il s'agit de décider si une action est bonne ou mauvaise, conforme ou contraire au droit naturel, un homme désintéressé en juge ordinairement assez bien : s'il a le moindre intérêt à la chose, il trouvera vingt sophismes pour justifier l'opinion qui lui est la plus favorable. Qui s'avisa jamais de consulter un juge qu'il sait être prévenu ou passionné ? Cependant tous font profession de suivre et croient suivre en effet les plus pures lumières de la *raison*, parce que tous confondent le *dictamen* de la *raison* avec celui de leurs préjugés, de leurs habitudes, de leur intérêt et de leurs passions. Au reste, ce n'est pas d'aujourd'hui que les mécréants accusent les orthodoxes de dégrader et de mépriser la *raison* humaine. « Pour vous, disait le manichéen Fauste à saint Augustin, l. xviii, c. 3, vous croyez tout aveuglément et sans examen, vous condamnez dans les hommes la *raison*, le plus précieux des dons de la nature, vous vous faites scrupule de distinguer le vrai d'avec le faux, et vous redoutez autant le discernement du bien et du mal, que les enfants craignent les esprits et les lutins. » Mais Tertullien a très-bien remarqué que quand les sectaires promettent à quelqu'un de remettre toutes choses au jugement de sa *raison*, ils ne cherchent qu'à le séduire par une tentation d'orgueil. Dès qu'une fois ils vous tiennent, dit-il, ils exigent que vous les croyiez sur parole. Leibnitz a fait à ce sujet des réflexions très-judicieuses ; il démêle fort bien l'équivoque du mot *raison*, et il fait voir que, dans une infinité de choses, la *raison* même nous ordonne de recourir à un autre guide, *Esprit de Leibnitz*, tom. I, p. 253 et suiv.

Quand la *raison* de l'homme serait une lumière cent fois plus pénétrante et plus infaillible qu'elle n'est, il y aurait encore de l'ingratitude à dédaigner et à rejeter le secours précieux que Dieu veut bien y ajouter par la révélation. Il n'y a certainement pas de lumière plus brillante que celle du soleil ni plus capable de nous éclairer ; cependant lorsqu'il faut descendre dans un souterrain, nous sommes forcés de recourir à un flambeau. C'est la comparaison dont se sert saint Pierre ; il exhorte les fidèles à se rendre attentifs aux leçons des prophètes, comme à une lumière qui brille dans un lieu obscur en attendant que le jour vienne (*I Petr.* I, 19). *Voy.* RATIONALISME, RÉVÉLATION.

* RAISON (Culte de la). *Voy.* FÊTE DE LA RAISON.

RAMEAUX. Le dimanche qui commence la semaine sainte, et qui est le dernier du carême, est appelé le dimanche des *Rameaux*, *dominica Palmarum*, à cause de l'usage établi dès les premiers siècles parmi les fidèles, de porter ce jour-là en procession et pendant l'office divin des palmes ou des *rameaux* d'arbres, en mémoire de l'entrée triomphante de Jésus-Christ à Jérusalem huit jours avant la pâque. Il est dit dans les évangélistes, que le peuple, averti de l'arrivée de Jésus à Jérusalem, alla au-devant de lui ; que les uns étendirent leurs vêtements sous ses pas, que les autres couvrirent le chemin de branches de palmier ; qu'ils l'accompagnèrent ainsi jusque dans le temple en criant : *Prospérité au Fils de David! béni soit celui qui vient au nom du Seigneur!* Matth., c. XXI ; Marc., c. XI; Luc., c. XIX. C'est ainsi qu'ils le reconnurent pour le Messie. A raison de cette cérémonie, le peuple, dans plusieurs provinces, appelle le dimanche des *Rameaux*, *Pâques fleuries*.

L'usage de l'Église est de bénir ces *rameaux* en priant notre Sauveur d'agréer l'hommage que les fidèles lui rendent comme à leur roi et à leur Seigneur. Le P. Leslée, dans ses *Notes sur le Missel mozarabique*, observe que cette bénédiction a été en usage dans les Gaules et en Espagne avant la fin du VII° siècle ; mais elle peut être beaucoup plus ancienne, quoique l'on n'en ait pas des preuves positives. Alcuin, dans son livre des *Offices divins*, nous apprend que, dans quelques églises, l'usage était de placer le livre de l'Évangile sur une espèce de fauteuil, qui était porté à la procession par deux diacres, afin de représenter ainsi le triomphe de Jésus-Christ. Ce même dimanche a été appelé autrefois *dominica competentium*, parce que ce jour les catéchumènes venaient tous ensemble demander à l'évêque la grâce du baptême, qui devait être administré le dimanche suivant. Et comme, pour les y préparer, on leur lavait la tête ce même jour, il fut encore nommé *capitilavium*. Enfin, la coutume des empereurs et des patriarches, d'accorder des grâces ce jour-là, le fit nommer le *dimanche d'Indulgence*. Notes de Ménard sur le *Sacram. de S. Grégoire* ; Thomassin, *Traité des Fêtes*, etc.

RATIONAL, ou PECTORAL. *Voy.* ORACLE.

* RATIONALISME. Depuis le jour où, avide de connaissances, l'homme a mangé du fruit de l'arbre de la science du bien et du mal, il a voulu juger tout par la raison. Il a voulu mesurer à son intelligence les choses divines. De là le désordre des idées religieuses de certains peuples, tant dans l'ancien temps qu'à notre époque. L'histoire de toutes les erreurs humaines est l'histoire de la raison qui a voulu s'insurger contre la vérité révélée. Cependant le nom de rationalisme a été réservé à ces écoles qui ont systématiquement et exclusivement mis la raison pour base de toutes les croyances. Nous pourrions distinguer trois époques principales où le rationalisme ainsi compris a dominé. 1° Pendant le règne de la philosophie grecque, Pythagore pourrait servir de point de départ. L'étude des divers systèmes de philosophie de cette époque appartient au Dictionnaire de philosophie qui devra exposer ce que ces philosophes tenaient de la tradition et de leur prétendue raison.

La deuxième époque comprend l'école d'Alexandrie, qui mêlait le platonicisme au christianisme. C'est cette école qui a donné naissance à la multitude des sectes gnostiques que nous avons fait connaître dans le cours de ce dictionnaire. *Voy.* GNOSTIQUES, ALEXANDRIE, VALENTINIENS, etc. — (*Voy.* aussi Dict. de Théol. mor., t. II, *Histoire de la Théologie*.)

La troisième époque, celle qui peut prendre le nom de rationalisme proprement dit, est celle de notre temps. Au siècle dernier il se manifesta sous le nom de philosophisme ; il avait pour but d'attaquer directement le christianisme et de le détruire. Nous avons fait connaître cette espèce de rationalisme dans un grand nombre d'articles de ce dictionnaire. Bergier semble n'avoir eu d'autre tâche que de le combattre. Aussi il y a fort peu d'articles de son dictionnaire où le rationalisme philosophique du XVIII° siècle ne soit en cause. Le rationalisme de notre temps s'est fait chrétien pour mieux absorber le christianisme. C'est surtout en Allemagne qu'il a pris naissance et a débordé sur tous les autres pays. Nous lui avons consacré un grand nombre d'articles. *Voy.* KANTISME, CRITICISME, EXÉGÈSE NOUVELLE, EXÉGÈTES ALLEMANDS, HEGEL, SCHELLING, ECLECTISME, ÉCOLE ÉCOSSAISE, PROGRÈS (Doctrine du), etc.

La cause du rationalisme vient de cette maxime orgueilleuse, que *l'homme ne doit admettre que ce qu'il comprend* ; maxime démentie par la pratique quotidienne, car l'homme a le sentiment de son existence, de sa vie, sans pouvoir le comprendre. M. de Ravignan a donné une conférence qui combat le principe fondamental du rationalisme ; nous allons en rapporter les principaux passages.

« On se demande avec étonnement, dit cet auteur, comment il a pu se faire que, dans tout le cours des siècles, tant d'incertitude et tant d'incohérence soient venues entraver et obscurcir les recherches laborieuses dans lesquelles l'âme s'étudiait elle-même : L'histoire de la philosophie est en grande partie l'histoire des travaux entrepris par l'esprit humain pour parvenir à se connaître. Ce sont aussi les archives non-seulement les plus curieuses à étudier, mais aussi les plus instructives, si l'on sait en profiter. Quand on veut mûrement y lire, et résumer attentivement les données philosophiques sur la nature de l'âme, sur la puissance et les droits de la raison, on trouve alors que deux systèmes principaux sont en présence.

« Les uns, frappés des impressions extérieures et sensibles qui accueillent l'homme au berceau, qui l'environnent et l'accompagnent dans toutes les phases de son existence mortelle, frappés de ces relations entretenues sans cesse au dehors par l'action des organes et des sens, les uns, dis-je, ont cru que le fondement de nos connaissances, la puissance réelle de l'âme et les droits de la raison devaient être surtout placés dans l'expérience. C'est ce qu'on a nommé l'empirisme; et par ce mot, je ne veux pas seulement exprimer ici l'abus, mais encore l'usage de l'observation et de la sensibilité considérées, selon quelques-uns, comme le principe même de nos connaissances.

« L'autre système, d'un spiritualisme plus noble et plus élevé, place la nature de l'âme, ses droits, son pouvoir premier dans l'idée même purement intellectuelle. Ainsi, au moyen de l'idée pure, l'âme conçoit et développe la vérité par son énergie propre et intime. C'est l'idéalisme. Et ici encore, je ne veux pas non plus nommer seulement un excès. L'expérience donc, l'expérience sensible et l'idée pure, voilà, je crois, les deux bannières distinctes sous lesquelles on peut ranger la plupart des théories laborieusement enfantées pour exprimer le principe de nos connaissances, la nature même de l'âme et les droits de la raison. Les uns ont semblé tout rapporter à l'expérience, les autres à l'idée. Il faut s'arrêter avec l'œil d'une considération attentive sur ces dispositions exclusives et contraires des hommes qui furent nommés sages au sein de l'humanité.

« Des esprits exclusifs et trop défiants peut-être à l'égard des pures et hautes spéculations de la pensée s'emparèrent de la matière et des sens, et s'y établirent comme au siège même de la réalité, ils crurent pouvoir y recueillir tous les principes, toutes les connaissances et les idées de toutes choses. Ils adoptèrent l'empirisme ; d'immenses abus s'ensuivirent.

M. de Ravignan trace l'histoire de l'empirisme ou de la philosophie expérimentale en Orient, en Grèce, en Angleterre et en France. Il expose également l'histoire de l'idéalisme, et rappelle que les plus illustres représentants de cette philosophie furent, avec les contemplatifs de l'Inde, Pythagore, les métaphysiciens d'Elbe, Platon, et depuis le christianisme, saint Augustin, saint Anselme, Descartes, Mallebranche, Bossuet, Fénelon, Leibnitz. L'école allemande vint ensuite, et l'orateur montre qu'elle se précipita dans tous les abus de l'idéalisme le plus outré.

« Des hommes, dit-il, qui ne manquaient assurément ni de force ni d'étendue dans l'intelligence, se sont un jour séparés de tous les enseignements de la tradition. Ils ont méprisé les travaux si vrais sages et toutes les données du sens commun : ils se sont enivrés de leurs propres pensées. L'orgueil de l'esprit et ses illusions, qu'ils se dissimulaient peut-être à eux-mêmes, les ont entraînés bien loin, bien loin du but. Alors tout a vacillé à leurs regards, tout a paru mouvant devant leurs yeux ; leur vue s'est obscurcie. Ils n'ont plus rien aperçu de stable ni de fixe. Ils n'ont plus reconnu de bases et n'ont plus retrouvé d'appuis. La foi était la terre de refuge et de salut. Ces hommes n'avaient plus la foi. La pierre angulaire, le Christ permanent dans l'Église, s'était transformée pour eux en vague phénomène, en vaine évolution de l'idée, pas autre chose. Mais alors la vie véritable a fui de ces âmes, et elles n'ont eu pour dernière consolation et pour dernière espérance qu'un affreux désespoir dans une négation universelle et absolue. Il faut donc courageusement rester dans son bon sens, il faut éviter courageusement les extrêmes, il faut respecter les bases posées et réfléchir longtemps avant de prononcer. Il faut reconnaître les bornes avec les droits et l'action véritable de la raison humaine. »

Il y a, selon le grand orateur, trois sources de connaissances ; l'idée, l'expérience et la foi.

« Si l'on veut n'accepter que les droits de l'idée pure, on risque de s'abîmer dans le gouffre des abstractions ; si l'on veut n'accepter que l'expérience des sens tout seuls, on courbe la dignité de l'intelligence et de l'esprit sous le joug des sens et des organes, si l'on ne veut en toutes choses que l'autorité et la foi, je le dirai avec franchise, on rend l'autorité et la foi impossibles à la raison. Trop généralement, les philosophes scindent l'homme et le divisent violemment. Si l'on acceptait l'homme tout entier, tel qu'il est, avec ses facultés diverses ; si l'on acceptait l'homme avec sa vue intellectuelle et pure; avec sa force expérimentale et sensible, avec son intime et invincible besoin des vérités divines et révélées, alors, on aurait l'homme tout entier, on aurait la vraie nature de l'âme, les conditions et les droits véritables de la raison. Mais ce n'est pas là ce qu'on fait : on prend une faculté, une partie, une force de l'homme, et l'on y place toute la raison et toute la philosophie.

« Un exemple illustre va éclaircir ce que je viens d'énoncer. Quand Descartes parut, il voulut pénétrer toutes les profondeurs de l'âme, sonder la nature intime de la raison, et recommencer méthodiquement toute la chaîne de nos connaissances. Ce fut alors qu'il prononça le mot devenu si célèbre : Je pense, donc je suis. Quant à moi, il me semble que Descartes aurait pu tout aussi bien dire : Je pense et je suis, ou j'existe et je pense, nous avons également la conscience et de notre pensée et de notre existence. Vous en conviendrez, je crois : ces deux vérités sont simultanées, elles sont également au même degré pour la raison. C'est par une seule et même perception de l'âme que nous connaissons notre existence aussi bien que notre pensée.

« Par où, et c'est là que je veux en venir, par où vous pouvez bien comprendre que, pour avoir la notion vraie de l'âme, les conditions constitutives de la raison, il faut unir sainement l'un avec l'autre l'élément empirique et l'élément idéaliste, c'est-à-dire en d'autres termes et en termes bien simples, l'idée et l'expérience ; et pourquoi ? parce qu'il y a simultanément dans l'homme ces deux choses, ces deux facultés, ces deux principes : l'idée et l'expérience. Et c'est ce que j'ai voulu signifier en associant aussi ces deux mots : je pense et j'existe : expression, l'une du monde logique ou de la pensée, l'autre du monde expérimental et sensible. Voilà donc, si nous voulons en convenir, le double élément qui constitue d'abord, à nos regards, la nature intellectuelle de l'homme et la force première de la raison : l'idée, la vue intellectuelle et pure du vrai ; et l'expérience, ou la connaissance que les sens nous donnent des objets extérieurs et sensibles. A la première des facultés, à l'idée, correspondent toutes ces notions générales, spirituelles, qui ne peuvent nous venir par les sens, telles que les notions de l'être, du vrai, du bon, du juste, auxquelles il faut joindre l'amour nécessaire de la béatitude, le besoin d'agir pour une fin, pour un but, pour une fin qui soit complète et dernière. Et là, vous avez le fond naturel de notre intelligence, et ce qu'on peut nommer les premiers droits constitués de la raison.....

« Qu'arrive-t-il donc et qu'ai-je à dire encore ? Ah ! la raison impatiente s'agite, elle cherche, elle cherche, elle avance et avance toujours. Tout à coup sa vue s'obscurcit, sa vigueur s'arrête. Elle chancelle comme un homme ivre. Elle se débat en vain au milieu d'épaisses ténèbres. Que s'est-il donc passé? C'est que, loin de la portée, loin de l'œil intelligent de l'homme, par delà les limites naturelles de l'expérience et de l'idée, au delà de toutes les lois de l'évidence, au delà, bien au delà s'étendent encore les immenses régions de la vérité. Oui, par delà il y a encore l'invisible, l'incompréhensible, l'infini! et vous n'en pouvez douter; car vous savez que Dieu habite la lumière inaccessible. Et même dans l'ordre humain il y a encore loin de nous, hors de la portée de notre vue, de notre intelligence, il y a les temps, les lieux, il y a tous les faits du passé. Mais pour nous en tenir à la connaissance de Dieu seul, pour en venir à ce caractère dernier que je vous signalais en commençant, après les premières notions traditionnelles sur la Divinité, avouons-le, ni l'idée, ni l'expérience, ni l'intuition, ni le raisonnement, ne peuvent plus ici nous servir davantage, car il s'agit de sonder les profondeurs de l'infini, il s'agit de mesurer l'éternité. Quel homme alors ne doit trembler? Seigneur! qui viendra donc à notre aide!

« Nous avons la foi. La foi, elle avance toujours, elle ne craint rien, elle ne craint pas de s'élancer dans les régions de l'infini et de l'incompréhensible. Entendez-le donc, je vous en prie. La foi, glorieuse extension de la raison, lui apporte ce qu'elle n'a pas, lui donne ce qu'elle ne peut ni saisir ni atteindre. C'est un don du Seigneur, un bienfait de la grâce divine.

« Oh! oui, vous ne l'avez pas comprise la dignité de cette foi, vous qui prétendez qu'elle veut asservir, étouffer, restreindre la raison. Vous ne croyez pas, peut-être, vous qui m'écoutez en ce moment; peut-être, dans une de vos heures railleuses, vous avez eu pitié ceux qui croient. Mais, prenez garde; nous n'acceptons pas votre compassion et votre pitié. Croyants, et croyants sincères, nous avons la raison comme vous; comme vous, et avec elle, nous avançons; et plus que vous peut-être, nous allons jusqu'à ses limites; nous admettons tout ce qu'elle admet, tout ce que vous admettez, et plus encore, permettez-moi de le dire. Mais là où vous vous arrêtez, nous avançons encore : là où vous vous épuisez en vain, nous possédons, vainqueurs paisibles; là où vous balbutiez, nous affirmons, là où vous doutez, nous croyons; là où vous languissez incertains et malheureux, nous triomphons et nous régnons heureux. Telle est, et voilà comment e le vient relever la dignité de l'homme par les mystères divins qu'elle révèle. Il est vrai, la foi vous soumet à une autorité, à l'autorité de la parole divine qui daigna un jour se démontrer à la raison de l'homme, parce que la raison avait, en vertu des dons du Seigneur, le droit de demander cette démonstration et cette preuve. Un jour, sur cette terre bénie de la Judée par les miracles et les leçons de l'Homme-Dieu, cette manifestation de l'autorité divine s'accomplit. La raison l'entendit, elle la conçut, elle la reconnut, et la foi s'établit : foi éminemment raisonnable, puisque nous l'enseignons, et nous le répétons sans cesse, la raison, pour croire, ne peut, ne doit se soumettre qu'à une autorité raisonnablement acceptable et certaine....

« Non, la foi ne vient pas, l'autorité divine ne vient pas non plus arrêter l'essor de la raison. Au contraire, la foi vient arracher l'esprit vacillant de l'homme à l'empire des ténèbres et d'incertitudes infranchissables pour tous ses efforts. Et quand la foi a ainsi établi son paisible empire, quand elle règne au fond de nos cœurs, alors la raison peut en sûreté parcourir, mesurer, pénétrer, sonder cet univers immense, si généreusement laissé à ses libres investigations. Soit donc que recueillie en elle-même, elle descende profondément dans l'âme pour étudier sa nature intime, et remonter aux principes premiers, à l'essence même des choses; soit que, reportant ses regards sur ces mondes visibles, elle en

découvre les phénomènes, elle en saisisse les lois, elle marque, au milieu du torrent des faits, la haute économie du gouvernement du monde, alors toujours à l'abri intérieur de la foi, l'homme intelligent est libre et vraiment grand, il mesure toute l'étendue de la terre et des cieux, il ne connaît plus d'obstacles ni de barrières, assuré qu'il est de marcher à la suite de la parole et de l'autorité divine elle-même. C'est ainsi, et c'est ainsi seulement que la raison s'élève et grandit, garantie contre ses propres écarts; c'est ainsi qu'elle s'élève jusqu'au plus haut degré de la science véritable; oui, elle a conquis toute sa dignité par l'obéissance même qu'elle rend à cette loi, et elle devient le plus noble et le dernier effort du génie de l'homme, lorsque, en donnant à ses forces tout leur développement, elle a respecté aussi les limites de sa nature, et qu'elle a mérité de s'unir à la lumière et à la gloire divines.

« J'ai dit tout ce que je voulais dire. Il me semble que nous avons, quoique bien en abrégé, fixé certaines notions suffisantes sur notre nature intelligente et sur les droits de la raison. Je les résume en peu de mots. Trois états, ou trois espèces de connaissance et d'affirmation : l'évidence ou intuition, le raisonnement ou déduction, la foi. Ce sont là trois actes ou fonctions de l'âme, qui correspondent à autant de voies ou moyens d'arriver à une affirmation certaine : l'idée, l'expérience, l'autorité. Hors de là, je ne crains pas de le dire, il n'y a pas de vraie philosophie, il n'y a pas de notion vraie de l'homme, il n'y a pas de justice rendue à la nature intelligente. Pour achever, s'il est possible, d'écarter d'injustes répulsions, nous placerons directement en présence la philosophie et l'autorité catholique ou l'Eglise. Nous demanderons franchement à la philosophie et à la raison tout ce qu'elles réclament et exigent de l'autorité et de la foi catholique; et nous reconnaitrons que la philosophie obtient avec le catholicisme tout ce qu'elle a le droit de réclamer, et que ce qu'elle n'obtient pas, elle n'a aucun droit de le réclamer....

« La raison réclame avec justice pour l'homme quatre choses : *le droit des idées et des vérités premières; le droit de l'expérience et des faits; des solutions fixes sur les grandes questions religieuses; enfin un principe fécond de science, de civilisation et de prospérité.* Par la foi, et par la foi catholique seule, la raison obtient ici tout ce qu'elle est en droit d'exiger.

« 1° La saine philosophie, d'accord en ce point avec la théologie la plus communément approuvée, a de tout temps demandé que, dans l'analyse de la certitude, on vînt se reposer en dernier lieu sur les premiers principes, sur les premières vérités qui nous sont évidemment connues et qui constituent en quelque sorte le fond même de l'âme. A ces premiers anneaux doit nécessairement se rattacher la chaîne des vérités admises, quelles qu'elles soient, sans quoi elles seraient comme des étrangers qui demeurent en dehors, n'ont point de place au foyer domestique, et ne sont unis par aucun lien à la famille même. Aussi l'Eglise catholique a-t-elle toujours entendu être acceptée raisonnablement, avoir toujours un lien dans l'intime raison de l'homme. L'Eglise n'a jamais prétendu faire admettre son autorité, même infaillible et divine; sans doute s'y rattachait avec la grâce, à un principe intérieur de conviction personnelle. Voilà ce qu'il faut savoir.

« Eh bien! au fond de l'âme vit et demeure un intime besoin d'autorité : il est impossible d'en disconvenir; il forme comme la conscience universelle du genre humain; besoin d'autorité pour les masses, même en des choses accessibles à l'intelligence, mais qui exigeraient des efforts hors de proportion avec l'état de la multitude; besoin d'autorité pour les esprits plus cultivés et pour le génie lui-même, en présence de l'invisible, de l'incompréhensible, de l'infini, qui se rencontre sans cesse au-devant des pensées de tous les hommes. Aussi voyez de toute part cette étonnante propension à croire le merveilleux et l'inconnu, propension qui existe dans la nature et qui n'est pas en soi un instinct de crédulité aveugle, mais bien plutôt la conscience d'un grand devoir et d'un grand besoin, du besoin de l'infini, qui manque à l'homme, que l'homme cherche et qu'il doit trouver. L'autorité de l'Église, enseignant et définissant les choses divines et inconnues, est donc, sous ce rapport, en parfaite harmonie avec ce besoin immense et universel de la raison humaine, avec le besoin d'autorité, avec le besoin du merveilleux et du mystère. Et n'est-ce pas déjà se rattacher à un principe intérieur ?

« 2° De plus, les fondements de la certitude morale ou historique appartiennent aux premiers principes et aux premières vérités de l'intelligence. Quant à l'acceptation certaine des faits, il n'y a rien dans l'âme qui soit exigé, si ce n'est un témoignage qu'on ne puisse soupçonner ni d'illusion, ni d'imposture. Mais, en vérité, nous prend-on pour des insensés ? et comment donc croyons-nous ? les apôtres, les martyrs, les Pères, les premiers chrétiens sont des témoins de faits contemporains ou peu éloignés. Leurs vertus, leur éminente sainteté, leur constance, leurs sacrifices, leur nombre, leur caractère et la haute science de plusieurs écartent à jamais du témoignage rendu par eux aux faits divins la possibilité même de l'erreur et du mensonge.

« Et que voulez-vous donc ? qu'exigez-vous pour des faits ? Sincèrement, une tradition historique peut-elle être plus grave, plus imposante, plus suivie, plus sacrée que cette tradition catholique sur les faits mêmes qui ont fondé l'Église et son indestructible autorité ? Qu'y a-t-il ici de vraiment raisonnable et philosophique, devant des faits immobiles et certains comme un roc ? Après tout, nous croyons sur un témoignage positif et irrécusable. Que peut demander de plus une philosophie saine et éclairée ? Elle cesse de l'être, quand elle cesse de croire. Donc, si nous croyons, c'est autant pour servir les droits de la raison que pour en remplir les devoirs. La foi toute seule peut conserver ici la vérité des idées et la force de l'expérience, en consacrant et les premiers principes de l'intelligence et la certitude des faits. Or, tous les faits du christianisme sont liés à l'institution de l'Église et de son autorité : un même apostolat, un même témoignage, une même origine, une même foi reproduisent les uns, établissent l'autre. Nous possédons ainsi une logique invincible ; nous vivons par la force d'un syllogisme tout divin, type suprême de philosophie véritable. Entendez-le ! Ce que Dieu même garantit et affirme est incontestable et certain. Or, Dieu, par les faits avérés de sa toute-puissance, garantit et prouve l'institution de l'autorité catholique annoncée, établie, exercée en son nom. Donc cette autorité est divinement certaine.

« Vous le voyez : la philosophie pouvait légitimement réclamer les droits des idées ou vérités premières, les droits de l'expérience ou des faits ; l'autorité catholique les sauve tous et les consacre par sa démonstration même.

« Dieu se féconde lui-même, et trouve dans son essence intime les termes réels et distincts de son activité infinie, sans que jamais une création lui ait été nécessaire : le dogme de la Trinité nous le montre. La sagesse incréée s'incarne pour nous servir de modèle et nous instruire, mais surtout pour le rachat du genre humain par le sang d'un sacrifice tout divin : le besoin de réparation et de rachat est le cri de l'humanité... Allez dire à saint Augustin, allez dire à saint Thomas et à Bossuet que les mystères de la foi chrétienne entravent et arrêtent l'élan de la raison ainsi que du génie. Ils vous répondront qu'ils n'ont de lumières que par les mystères, qu'ils n'ont connu que par eux le monde, l'homme et Dieu ; et dans leurs étonnantes élévations sur la foi, ils vous raviront d'admiration et vous inonderont de clartés divines. Ainsi, la raison veut et doit vouloir des solutions sur les plus grandes questions, sur les plus grands intérêts : elle ne les trouve que dans l'autorité catholique seule.

« 3° Enfin, la philosophie et la raison réclament avec justice un principe fécond de *science*, de *civilisation*, mais d'ordre également. Pour la *science*, que faut-il ? Des points de départ et des données fixes. Sans ce secours, nul moyen d'avancer, puisque les découvertes sont rares et que l'intuition puissante du génie n'apparaît qu'à des intervalles éloignés dans un bien petit nombre. Ces points de départ, ces données fixes, c'est l'autorité catholique qui les fournit en définissant, d'une manière certaine, Dieu, la création, l'âme humaine, son immortalité, sa liberté, sa fin dernière, le désordre moral et le besoin de réparation. Il en va de même du principe de *civilisation*.

« L'autorité catholique est un principe civilisateur, précisément parce qu'elle fixe et définit. Elle pose des dogmes, des barrières ; elle établit seule dans la société humaine des doctrines arrêtées et fondamentales. Et quand il n'y a plus rien de défini dans les intelligences, quand il n'y a plus d'autorité qui enseigne souverainement les esprits sur les vérités religieuses, alors la raison et la pensée retournent à l'état sauvage. Je ne voudrais rien dire assurément d'offensant pour personne. J'exprime un fait, la logique du libre examen et de l'indépendance absolue de l'idée humaine s'est pleinement produite et développée de nos jours dans la philosophie de Hégel et dans les philosophies analogues. Mais que sont ces philosophies ? La subversion entière de toute réalité et, par suite, de toute morale, de toute religion, de tout ordre social. Et les peuples remués jusque dans leurs fondements, toutes les bases intellectuelles et politiques ébranlées, ne signalent que trop, dans un grand nombre, les effets de l'abandon funeste où l'on a prétendu laisser le pouvoir régulateur des croyances et des doctrines religieuses...

« Il faut hardiment prononcer que l'autorité catholique est le palladium vrai et le gardien sauveur de la liberté même de penser ; car elle lui évite *la folie*, ce qui est bien un grand service à lui rendre. C'est donc la raison elle-même qui accepte l'autorité catholique, qui l'accepte et l'embrasse étroitement, parce qu'elle la voit évidemment acceptable et certaine... L'Église seule au monde lui apparaît remplissant réellement les conditions de cette autorité nécessaire. Antique, pure, sainte, le front ceint des gloires des martyrs et du génie, l'Église poursuit jusqu'à nous sa marche majestueuse et calme, au milieu des oscillations et des tempêtes. Elle tient déroulées dans sa main les traditions sacrées de l'Évangile et de l'histoire, qui ont marqué du sceau de l'institution divine son origine et sa durée. L'Église parle aux yeux, à la conscience, au bon sens, au cœur, à l'expérience ; elle parle le langage des faits et des vérités définies qui rencontrent toujours dans les âmes sincères, avec le secours divin, un assentiment généreux et paisible. La raison, soutenue de la grâce, attache alors sûrement à la colonne de l'autorité les premiers anneaux de la chaîne ; ses convictions les plus intimes s'unissent en Dieu même à la foi enseignée. L'homme, éclairé d'en haut, habite alors une grande lumière, loin du doute, loin des recherches et des anxiétés pénibles... Et c'est ainsi qu'à l'ombre de l'autorité catholique et de la doctrine, la société s'avance dans les voies régulières de la science et de la civilisation, de la force et de la prospérité véritable. »

* **RAYMOND LULLE**. Raymond, surnommé le Docteur Illuminé, était né à Palma, dans l'île de Majorque, en 1236. Il s'appliqua, avec une ardeur infatigable, à l'étude de la philosophie des Arabes, de la

chimie, de la médecine et de la théologie. Sa vie fut d'abord dissipée et même libertine ; il se montra ensuite frère très-fervent du tiers ordre de Saint-François, amateur de la solitude et solliciteur assidu des princes qu'il vit tous et pressa jusqu'à l'importunité, pour les faire entrer dans le plan de son zèle ; négociateur d'une activité unique, auteur de plus de volumes qu'un homme n'en pourrait transcrire, ou même lire dans le cours d'une vie ordinaire ; accusé d'hérésie et martyrisé chez les Musulmans. Si tout ce qu'on dit de lui était vrai, aucun roman ne pourrait être comparé à sa vie. Son grand ouvrage fut *l'Art général* ou le *grand Art* ; c'était une méthode tellement subtile, qu'il prétendait, par l'aveu d'une proposition, quelle qu'elle fût, amener son adversaire à confesser la foi catholique. Il formula aussi la croyance catholique en propositions générales, qui devinrent le texte des études et des disputes dans les différentes écoles.

* RÉALISTES. Ils prétendaient juger des choses par elles-mêmes ; ils étaient les adversaires décidés des Nominaux. *Voy.* ce mot. Ces écoles appartiennent plus à la philosophie qu'à la théologie. Nous renvoyons au Dict. de Philosophie.

REBAPTISANTS. L'on entend sous ce nom ceux qui ont voulu réitérer le baptême à des personnes déjà validement baptisées.

Au III° siècle, Firmilien, évêque de Césarée en Cappadoce, et quelques évêques d'Asie, saint Cyprien, à la tête d'un assez grand nombre d'évêques d'Afrique, décidèrent qu'il fallait rebaptiser tous ceux qui avaient reçu le baptême de la main des hérétiques. Ils se fondaient sur ce principe, que celui qui n'a pas en lui le Saint-Esprit ne peut pas le donner. Maxime fausse, de laquelle il s'ensuivrait qu'un homme en état de péché ne peut administrer validement aucun sacrement, et que l'efficacité de ce rite sacré dépend du mérite personnel du ministre. En second lieu, ils alléguaient en leur faveur la tradition de leurs églises : or, il est constant qu'en Afrique cette tradition ne remontait pas plus haut qu'à la fin du II° siècle, et à l'évêque Agrippin, qui n'avait précédé saint Cyprien que de cinquante ans tout au plus. Saint Cyprien, *Epist.* 73, *ad Jubaian.*

Aussi le pape saint Étienne résista d'abord aux Asiatiques, et ensuite aux Africains, avec la fermeté qui convenait au chef de l'Église ; il leur opposa une tradition plus authentique et plus constante que la leur, en leur disant : *N'innovons rien, tenons-nous en à la tradition.* Il menaça même les uns et les autres de les séparer de sa communion ; mais c'est une question de savoir s'il prononça en effet contre eux l'excommunication. Jusqu'alors l'usage de l'Église avait été de regarder comme valide le baptême donné par les hérétiques, à moins qu'ils n'eussent altéré la forme prescrite par Jésus-Christ ; et cela fut ainsi décidé au IV° siècle dans le concile d'Arles et dans celui de Nicée. Il est donc clair que Firmilien et saint Cyprien avaient tort dans le fond, puisque l'Église universelle réprouva leur sentiment. Il est probable qu'ils auraient eu plus d'égard pour la décision du pape Étienne, s'il n'y avait pas eu du malentendu de leur part. Comme plusieurs sectes d'hérétiques de ce temps-là étaient dans l'erreur touchant le mystère de la sainte Trinité, et ne baptisaient pas au nom des trois personnes divines, il y avait lieu de penser que la plupart altéraient la forme du sacrement ; saint Cyprien allègue en effet les marcionites qui baptisaient *au nom de Jésus-Christ* ; *Epist.* 73. D'autre côté le pape, dans son rescrit à saint Cyprien, ne paraît pas avoir distingué entre le baptême des hérétiques qui en altéraient la forme, d'avec celui des sectaires qui la suivaient exactement. De là saint Cyprien concluait mal à propos que ce pape approuvait le baptême de tous indistinctement, *ibid.* Supposition fausse. *Voy.* Béveridge sur le 50° canon des apôtres, § 4.

Plusieurs critiques protestants, Blondel, Basnage, Mosheim et son traducteur, ont parlé de cette dispute avec la passion et l'infidélité qui leur sont ordinaires. Ils disent que le pape saint Étienne agit dans cette circonstance avec beaucoup d'orgueil, de hauteur et d'opiniâtreté. C'est une calomnie ; les Pères des siècles suivants, surtout saint Augustin et Vincent de Lérins, n'ont rien vu de répréhensible dans sa conduite. Mais quand on commence, comme les protestants, par préjuger que les papes n'ont aucune autorité légitime sur toute l'Église, que tout autre évêque leur est absolument égal, n'est tenu envers eux à aucune subordination, il n'est pas étonnant que l'on regarde leur zèle pour le maintien de la foi comme un attentat. Mais nous verrons ci-après que les Asiatiques ni les Africains n'en avaient pas cette idée. Comment des protestants, qui blâment avec tant d'aigreur l'aversion des Pères de l'Église pour les hérétiques, peuvent-ils excuser celle que Firmilien et saint Cyprien témoignent dans cette occasion contre tous les sectaires ? Nous n'y concevons rien. Mais ces deux évêques résistaient au pape ; c'en est assez pour être absous de tout péché au tribunal des protestants.

Suivant leur avis, il s'agissait d'un point de simple discipline, d'un usage indifférent, suivi par le grand nombre des évêques ; tous étaient en droit de s'en tenir à ce qu'ils trouvaient établi ; ainsi pensaient les deux évêques de Césarée et de Carthage. Mais cet usage entraînait une erreur dans le dogme ; il faisait dépendre l'effet des sacrements de la sainteté du ministre, au lieu qu'il dépend de l'institution de Jésus-Christ et des dispositions de celui qui les reçoit ; il augmentait l'aversion des hérétiques pour l'Église catholique, et rendait leur conversion plus difficile. D'autre part, saint Augustin fait remarquer le petit nombre des évêques qui tenaient pour cet usage, soit en Asie, soit en Afrique. « Devons-nous croire, dit-il, cinquante Orientaux, et tout au plus soixante-dix Africains, préférablement à tant de milliers ? » L. III, *contra Crescon.*, cap. 3. Nos adversaires soutiennent enfin que le pape Étienne excommunia de fait les Asiatiques et les Africains ; c'est ce qui nous reste à examiner.

Mosheim a traité fort au long cette question, *Hist. Christ.*, sæc. II, § 18, not. 2; il prétend que les écrivains de l'Eglise romaine l'ont embrouillée tant qu'ils ont pu, parce qu'elle prouve que, dans ce temps-là, l'autorité de l'évêque de Rome était très-bornée. N'est-ce pas plutôt lui-même qui l'embrouille assez maladroitement ? « Ceux qui pensent, dit-il, qu'Etienne, en séparant les Asiatiques et les Africains de sa communion et de celle de l'Eglise de Rome, les retrancha de la communion de l'Eglise universelle, se trompent fort. Dans ce temps-là, l'évêque de Rome ne s'attribuait point ce droit, et personne ne se croyait généralement excommunié, parce que cet évêque ne voulait pas l'admettre à sa communion particulière ; ces opinions ne sont nées que longtemps après. Tout évêque se croyait en droit de séparer de son Eglise quiconque lui semblait atteint de quelque erreur grave ou de quelque faute considérable. » Que le pape ait en effet privé de sa communion les Asiatiques et les Africains, il prétend le prouver par la lettre que Firmilien, chef des premiers, écrivit à saint Cyprien qui était à la tête des seconds, et dans laquelle il s'emporte violemment contre le pape ; *Epist.* 75, *inter Cyprian.* C'est par cette lettre même que nous voulons réfuter les imaginations de Mosheim.

Voici les paroles de Firmilien, page 148 : « Quiconque pense que l'on peut recevoir la rémission des péchés dans l'assemblée des hérétiques, ne demeure plus sur le fondement de l'Eglise *une* que Jésus-Christ a établie sur la pierre, puisque c'est à saint Pierre seul que Jésus-Christ a dit : *Ce que vous lierez sur la terre sera lié dans le ciel*, etc.... Je suis indigné de la démence d'Etienne, qui se glorifie du rang de son épiscopat, et prétend avoir la succession de saint Pierre, sur lequel l'Eglise est fondée, en introduisant de nouvelles pierres et de nouvelles Églises... Il ne lui reste plus qu'à s'assembler et prier avec les hérétiques, à établir un autel et un sacrifice commun avec eux. » Adressant ensuite la parole à ce pontife, il lui dit, p. 150 : « Combien de disputes et de divisions vous avez préparées dans les Églises du monde entier ! Quel crime vous avez commis en vous séparant de tant de troupeaux....! Vous avez cru les séparer tous de vous, et c'est vous seul qui vous êtes séparé de tous.... Où sont l'humilité et la douceur ordonnées par saint Paul à celui qui occupe la première place (*primo in loco*) ! Quelle humilité ! quelle douceur, de penser autrement que tant d'évêques répandus par tout le monde, et de rompre la paix avec eux ! etc. »

Remarquons d'abord que Firmilien ne conteste point au pape Etienne la succession à la primauté de saint Pierre, il juge seulement qu'il la soutient mal ; il ne lui dispute point la première place dans l'Eglise, mais les vertus qu'elle exige ; il ne l'accuse point d'usurper une autorité qui ne lui appartient pas, mais il lui reproche l'usage qu'il en fait ; il juge que ce pape renonce à la qualité de pierre fondamentale de l'Eglise et de centre de l'*unité*, en voulant que les assem-

blées des hérétiques soient de véritables Eglises, dans lesquelles on peut recevoir la rémission des péchés. Saint Cyprien ; dans sa lettre à Pompée sur le même sujet, *Epist.* 74, ne pousse point les prétentions ni les accusations plus loin. Ces deux évêques pensaient donc bien différemment de Mosheim et des autres protestants. 2° Si la sentence du pape ne séparait ses collègues que de sa communion particulière, dans quel sens Firmilien peut-il dire qu'elle préparait des disputes et des divisions dans les Eglises du monde entier ? Elle ne pouvait tomber que sur les évêques censurés. 3° Puisqu'Etienne avait cru séparer de lui tant de troupeaux, il est donc faux que les papes ne s'attribuassent pas alors ce droit. 4° Si chaque évêque se croyait en droit de séparer de sa communion particulière quiconque lui paraissait coupable, et si le pape n'avait rien fait de plus, comme le soutient Mosheim, Firmilien avait grand tort de le faire tant de bruit. 5° Dès que Mosheim convient que cet évêque était irrité contre le pape et poussait la vivacité trop loin, ce qu'il dit n'est pas une forte preuve de la réalité de l'excommunication lancée par le pape Etienne, et il est faux que ce témoignage soit *au-dessus de toute exception*.

Il est donc de la prudence de nous en tenir à celui de Denis d'Alexandrie, auteur contemporain, qui dit qu'Etienne avait écrit aux Asiatiques *qu'il se séparerait* de leur communion, et non qu'il s'en séparait ; aux expressions de saint Cyprien, qui dit de lui *abstinendos putat*, et non *abstinet*, *Epist.* 74 ; à celles de saint Jérôme, qui atteste que la communion ne fut pas rompue, *Dial. contra Lucifer ;* enfin à l'événement, puisque les Asiatiques et les Africains conservèrent leur usage pendant assez longtemps, sans que les successeurs d'Etienne les aient regardés comme des excommuniés. Notes de Valois sur Eusèbe. *Hist. Eccles.*, l. VII, c. 5.

Nous n'insisterons point sur ce que disent Firmilien et saint Cyprien sur l'unité de l'Eglise, sur l'autel et le sacrifice, sur la nécessité de suivre les traditions apostoliques, etc., autant de points rejetés par les protestants ; ce n'est pas ici le lieu d'en parler.

Dans la note précédente, Mosheim dit qu'avant Constantin, le petit nombre des dogmes fondamentaux du christianisme n'avaient pas encore été traités par une main savante, déterminés par des lois, ni conçus dans certaines formules, et que chaque docteur les expliquait à son gré. Si cela était vrai, Firmilien et saint Cyprien avaient grand tort de témoigner tant d'horreur des hérétiques, de ne vouloir rien avoir de commun avec eux, ni assemblées, ni prières, ni autel, ni sacrifice, ni baptême ; le pape Etienne aurait eu raison de les traiter comme des schismatiques ; en s'obstinant à le blâmer, Mosheim réussit parfaitement à le justifier. D'ailleurs, avant Constantin, l'on avait solennellement condamné dans des conciles les cérinthiens, les gnostiques, les encratites, les marcionites, les théodotiens, les artémonites, les manichéens, les noétiens, les sabelliens, Paul de Samosate, etc., qui tous erraient sur les articles fondamentaux du christianisme. Enfin, quoi qu'en dise Mosheim, saint Justin, saint Irénée, saint Théophile d'Antioche, Clément d'Alexandrie, Origène, Tertullien, saint Cyprien, etc. étaient assez instruits pour savoir ce qui était ou n'était pas article fondamental de notre foi. Dans toute cette discussion, ce critique semble n'avoir travaillé qu'à se réfuter lui-même; mais l'entêtement systématique lui a ôté sa présence d'esprit ordinaire.

RÉCHABITES, juifs qui menaient un genre de vie différent de celui des autres Israélites, et formaient une espèce de secte à part. Ils étaient ainsi nommés de *Réchab*, père de Jonadab, leur instituteur. Celui-ci leur avait ordonné trois choses : 1° de ne jamais boire de vin ni d'aucune liqueur capable d'enivrer; 2° de ne point bâtir de maisons, mais de vivre à la campagne sous des tentes; 3° de ne semer ni blé ni d'autres grains, et de ne point planter de vignes. Les *réchabites* observaient ce règlement à la lettre; Jérémie leur rend ce témoignage, c. LIII, v. 6. Ce genre de vie n'avait rien d'extraordinaire dans la Palestine et dans le voisinage; c'avait été celui des patriarches, c'était en général celui des Madianites, desquels les *réchabites* descendaient; c'est encore celui des Arabes scénites, ou errants et pasteurs, qui habitent les bords de la mer Morte, ancienne demeure des Madianites.

Comme les *réchabites* étaient parmi les juifs en qualité d'anciens alliés, et presque dénaturalisés, on croit qu'ils servaient dans le temple, qu'ils en étaient les ministres inférieurs sous les ordres des prêtres. Nous lisons dans les *Paralip.*, l. II, c. XI, v. 5, qu'ils faisaient l'office de chantres dans la maison du Seigneur, qu'ils étaient Cinéens d'origine, descendants de Jéthro, beau-père de Moïse, par Jonadab leur chef, et selon quelques-uns, celui-ci vivait sous Joas, roi de Juda, contemporain de Jéhu, roi d'Israël.

Saint Jérôme, dans sa *lettre à Pauline*, appelle les *réchabites des moines*: nous ne voyons pas en quel sens, puisqu'ils étaient mariés. Quelques auteurs les ont confondus avec les asidéens et les esséniens, mais ces derniers cultivaient la terre, habitaient des maisons et gardaient le célibat, trois choses opposées à la conduite des *réchabites*. Ceux-ci subsistèrent dans la Judée jusqu'à la prise de Jérusalem par Nabuchodonosor; mais il n'en est plus fait aucune mention dans l'histoire pendant la captivité de Babylone ni depuis le retour. *Diss. de dom Calmet sur les réchabites, Bible d'Avign.*, t. X, pag. 46.

RÉCOGNITIONS. *Voy.* S. CLÉMENT, pape.

RÉCOLLETS, ou frères mineurs de l'étroite observance de saint François. C'est une réforme de franciscains postérieure à celle des capucins et à celle des religieux du tiers ordre ou de Picpus. Elle commença en Espagne l'an 1484; elle fut admise en Italie en 1525, et en France l'an 1592. Elle s'établit d'abord à Tulle en Limousin et à Murat en Auvergne, ensuite à Paris en 1603. Ces religieux ont près de cent cinquante couvents dans le royaume, où ils sont partagés en sept provinces, et ils n'ont point d'autre général que celui des cordeliers. Ils ont toujours rendu de grands services, soit dans les missions des îles, soit dans la fonction d'aumôniers des armées. On les appelle en Italie *franciscains réformés*, en Espagne *franciscains déchaussés* : ce fut l'an 1532 que Clément VII les érigea en congrégation particulière.

Il y a aussi des religieuses *récollettes* qui furent établies à Tolède en 1584, par Béatrix de Sylva, et approuvées par le saint-siège en 1589, sous la règle de sainte Claire; elles ont un couvent à Paris et plusieurs dans les provinces.

RÉCONCILIATION. *Voy.* RÉDEMPTION.

RECONNAISSANCE des bienfaits de Dieu. C'est une des vertus qu'il est le plus nécessaire de prêcher aux hommes, et c'est malheureusement une de celles dont nos moralistes parlent le moins. Elle est le germe de l'amour de Dieu, elle y conduit bien plus efficacement que la crainte. Si nous étions plus attentifs aux bienfaits de Dieu, nous serions moins mécontents du passé, plus satisfaits du présent, moins inquiets de l'avenir; notre sort nous paraîtrait meilleur, nous serions plus soumis à la Providence. Mais environnés, comblés, pénétrés des soins, des attentions, des faveurs de cette tendre mère; nous en jouissons sans les sentir, et plus elle nous accorde, plus nous croyons qu'elle nous en doit. Le riche engraissé de ses dons y est moins sensible que le pauvre qui mange avec actions de grâces le pain grossier qu'il en reçoit; tous en général nous sommes plus portés à murmurer contre elle qu'à la remercier. Les païens mêmes ont senti l'excès de cette ingratitude. Le genre humain, dit l'un d'entre eux, a tort de se plaindre de son sort, *falso queritur de natura sua genus humanum*. Un autre dit que la nature nous a traités en enfants gâtés, *usque ad delicias amati sumus*. Les épicuriens seuls blasphémaient contre la nature, ils en exagéraient les rigueurs, ils en concluaient qu'il n'y a point de Dieu; ainsi l'athéisme est tout à la fois la maladie et la punition d'un cœur ingrat. C'est pour nous en préserver que les livres de l'Ancien Testament remettent sans cesse sous nos yeux les bienfaits de Dieu dans l'ordre de la nature : une partie des psaumes de David sont des cantiques d'actions de grâces destinés à célébrer la bonté et la libéralité du Créateur; Moïse et les prophètes sont transportés d'admiration et de *reconnaissance* quand ils considèrent les bienfaits dont Dieu avait comblé son peuple; ils ne cessent de reprocher aux Juifs infidèles leur ingratitude, lorsque ceux-ci portent à de fausses divinités l'encens qu'ils ne doivent offrir qu'au Seigneur. Mais l'Évangile nous apprend à fonder notre *reconnaissance* sur des motifs bien plus sublimes, en nous faisant connaître les bienfaits de Dieu dans l'ordre de la grâce. Il nous représente que Dieu a aimé le monde jusqu'à donner son Fils unique, afin que celui qui croit en lui ne périsse point, mais obtienne la vie éternelle; il nous montre la charité infinie de ce divin Sauveur, qui s'est livré lui-même pour la rédemption et le salut de tous; il relève le prix de cette immense bonté par la multitude des secours, des bienfaits, des moyens de salut qu'elle nous accorde; il fait, pour ainsi dire, retentir sans cesse à nos oreilles le nom de *grâce*, afin de nous rendre reconnaissants et de nous attacher à Dieu par amour.

En fait d'avantages personnels, nous aimons à nous persuader que la nature nous a mieux traités que les autres; mais cette opinion nous inspire plus souvent de l'orgueil que de la *reconnaissance* envers l'auteur de notre être. Si nous méditions plus souvent sur les grâces du salut, que Dieu a daigné nous accorder en particulier, nous verrions que nous lui sommes plus redevables que beaucoup d'autres personnes, et cette persuasion nous rendrait humbles et reconnaissants.

Ces réflexions, et beaucoup d'autres que l'on pourrait y ajouter, nous semblent prouver qu'en fait de systèmes théologiques, nous devons nous défier de ceux qui tendent à nous inspirer la crainte plutôt que la reconnaissance envers Dieu; qui, sous prétexte d'exalter sa puissance et sa justice, nous font méconnaître sa bonté, et qui réduisent à peu près à rien le bienfait de la rédemption duquel nous allons parler.

RÉDEMPTEUR, RÉDEMPTION (1). Dans l'Écriture sainte, comme dans le style ordinaire, *rédemption* et *rachat* sont synonymes; *rédempteur* est celui qui rachète. Or, l'hébreu, *goël*, rédempteur, se dit de celui qui rachète ou qui a droit de racheter l'héritage vendu par un de ses parents, ou de le racheter lui-même de l'esclavage lorsqu'il y est tombé; de celui qui rachète une victime dévouée au sacrifice, ou un criminel condamné à mort. Les Juifs appelaient Dieu leur *rédempteur*, parce qu'il les avait tirés de l'esclavage de l'Égypte, et ensuite de la captivité de Babylone; ils rachetaient leurs premiers-nés, en mémoire de ce que Dieu les avait délivrés de l'ange exterminateur. L'Écriture nomme aussi *rédempteur du sang* celui qui avait droit de venger le meurtre d'un de ses parents, en mettant à mort le meurtrier.

Nous lisons de même dans le Nouveau Testament que Jésus-Christ est le *Rédempteur* du monde, qu'il a donné sa vie pour la rédemption de plusieurs, ou plutôt pour la rédemption de la multitude des hommes (*Matth.* xx, v. 28); qu'il s'est livré pour la rédemption de tous (*I Tim.* ii, v. 6); que nous avons été rachetés pour un grand prix (*I Cor.* vi, 20); que notre rachat n'a point été fait à prix d'argent, mais par le sang de l'agneau sans tache qui est Jésus-Christ (*I Petr.* i,

(1) *Voy.* RÉPARATEUR.

v. 18). Les bienheureux lui disent dans l'Apocalypse, chap. v, v. 9 : « Vous nous avez rachetés à Dieu par votre sang. » Saint Paul explique en quoi consiste cette *rédemption*, en disant que c'est la rémission des péchés, *Ephes.*, c. i, v. 7.

Or, payer un prix pour ceux que l'on sauve de la mort ou de l'esclavage, et obtenir leur liberté par des prières, ce n'est pas la même chose; les sociniens ont très-grand tort de ne vouloir admettre la *rédemption* que dans ce dernier sens.

Déjà le prophète Isaïe avait dit en parlant du Messie, c. LIII, v. 5 : « Il a été froissé pour nos crimes; le châtiment qui doit nous donner la paix est tombé sur lui, et nous avons été guéris par ses blessures... v. 6 : Dieu a mis sur lui l'iniquité de nous tous... v. 8 : Je l'ai frappé pour les péchés de mon peuple... v. 10 : S'il donne sa vie pour le péché, il verra une postérité nombreuse..... v. 12 : Je lui donnerai un riche partage, il aura les dépouilles des ravisseurs, parce qu'il s'est livré à la mort, et qu'il a porté les péchés de la multitude. »

Il est étonnant que, malgré des passages si clairs, nous soyons encore obligés de rechercher en quel sens Jésus-Christ est le *Rédempteur du monde*, en quoi consiste cette *rédemption*. Les pélagiens qui niaient la propagation du péché originel dans tous les hommes, étaient réduits par nécessité de système à prendre cette *rédemption* dans un sens métaphorique; suivant leur opinion, Jésus-Christ est le *Rédempteur* des hommes, parce qu'il les a tirés des ténèbres de l'ignorance par ses leçons, et de la corruption des mœurs par ses exemples, parce qu'il leur pardonne leurs péchés actuels, parce qu'il les excite à la vertu, à la sainteté, à gagner le ciel par ses promesses, par ses menaces, etc.

Les sociniens et les déistes, qui renouvellent l'erreur des pélagiens, entendent aussi comme eux la *rédemption*; ils disent que Jésus-Christ a racheté les hommes de leurs péchés en les leur pardonnant par le pouvoir qu'il en avait reçu de Dieu, qu'il est mort pour nous, et qu'il a été notre victime, parce qu'il a confirmé par sa mort la doctrine qu'il avait enseignée, parce qu'il nous a donné en mourant l'exemple de la parfaite obéissance par laquelle nous pouvons mériter le ciel, et parce qu'il a demandé à Dieu pour nous le courage de l'imiter. Quelques-uns sont allés jusqu'à dire qu'il s'est offert à Dieu comme une victime d'expiation, que, par cette oblation, il a prié son Père de pardonner et d'accorder la vie éternelle à tous les pécheurs qui se repentiraient, qui croiraient en lui, et qui conformeraient leur vie à ses préceptes. Le Clerc, *Hist. ecclés.*, proleg., sect. 3, c. 3, § 8. Suivant cette doctrine, Jésus-Christ est notre *Rédempteur par intercession* et non par *satisfaction*; et le bienfait de la *rédemption* se trouve borné à ceux qui croient en Jésus-Christ.

Il suffit de comparer ce langage avec celui de l'Écriture sainte, pour voir que ces sectaires font violence à tous les termes. Nous soutenons, au contraire, que Jésus-Christ est le *Rédempteur* du monde, dans tous les sens et dans toute l'énergie que les écrivains sacrés attachent à cette qualité; qu'au prix de son sang il a racheté pour nous l'héritage éternel perdu par le péché d'Adam; que devenu homme par l'incarnation, il a racheté ses frères de l'esclavage du démon dans lequel ils étaient tombés par ce même péché; qu'il les a sauvés de la mort éternelle qu'ils avaient méritée et à laquelle ils étaient dévoués comme autant de victimes; qu'enfin il a été le vengeur de la nature humaine, qu'il a mis à mort le meurtrier de cette même nature en détruisant l'empire du démon, et en nous rendant l'espérance de l'immortalité. Ce n'est point ici une interprétation arbitraire, comme celle des hétérodoxes; nous en donnons les preuves.

1° Il n'est pas croyable qu'en enseignant un dogme, qui est l'article fondamental du christianisme, Jésus-Christ et ses apôtres aient parlé aux Juifs en style énigmatique, aient pris les termes de *rédempteur* et de *rédemption* dans un sens tout différent de celui que leur ont donné les écrivains de l'Ancien Testament; par cet abus du langage, ils auraient tendu aux fidèles, pour tous les siècles, un piège d'erreur inévitable. Dans l'ancienne loi, la *rédemption* ou rachat des premiers-nés consistait en ce que l'on payait un prix pour les ravoir; donc la *rédemption* du genre humain consiste en ce que Jésus-Christ a payé un prix pour sauver les hommes coupables et dignes de la mort éternelle.

2° Jésus-Christ et les apôtres se sont clairement expliqués d'ailleurs. En instituant l'eucharistie, le Sauveur dit à ses disciples : *Ceci est mon sang, le sang d'une nouvelle alliance qui sera répandu par la multitude* EN RÉMISSION DES PÉCHÉS. Or, lorsqu'il s'agissait de sceller une alliance par le sang d'une victime, il n'était question ni de confirmation d'une doctrine, ni d'exemple, ni d'intercession; il s'en agissait encore moins, lorsque c'était un sacrifice pour le péché : donc ce n'est point en ce sens que Jésus-Christ a donné son sang pour nous. Saint Paul nous fait observer que si le « sang des boucs et des taureaux, et l'aspersion de la cendre d'une victime, purifient les coupables des transgressions légales, à plus forte raison le sang de Jésus-Christ purifiera notre âme des œuvres mortes; » *Hebr.*, c. IX, v. 13 et 14. Donc Jésus-Christ est une vraie victime dans le même sens que les animaux immolés pour le péché dans l'ancienne loi. L'Apôtre le nomme souverain prêtre et médiateur d'une nouvelle alliance, parce qu'il a offert en sacrifice son propre sang pour la *rédemption éternelle* du genre humain, *ibid.*, v. 11. Saint Pierre, dans le passage que nous avons cité plus haut, nous fait entendre que le sang de Jésus-Christ est le prix de notre *rédemption*, dans le même sens que l'or et l'argent sont le prix du rachat d'un esclave. Saint Paul, *Rom.*, c. III, v. 25, dit que Dieu a établi Jésus-Christ victime de propitiation..... afin de pardonner les péchés; saint Jean, *Epist.* I, c. II, v. 2, qu'il est la propitiation pour nos péchés. Si l'on veut savoir en quel sens, il n'y a qu'à comparer ces deux passages à celui d'Isaïe, c. XLIII, v. 3 et 4, où Dieu dit aux Juifs : *J'ai livré, pour votre propitiation, les Egyptiens, les Ethiopiens et les Sabéens... je donnerai les hommes à votre place, et les peuples pour votre vie.* C'est ici une victime substituée à une autre, pour le rachat de la première. Ce n'est donc pas le lieu de recourir à des métaphores ni à des sens figurés, desquels il n'y a aucun exemple dans l'Ecriture sainte. *Voy.* SATISFACTION.

3° Nos adversaires ont beau rejeter la preuve que nous tirons de la tradition; un homme sensé ne se persuadera jamais que des dissertateurs du XVI° ou du XVIII° siècle entendent mieux l'Ecriture sainte que les Pères de l'Eglise, instruits, ou par les apôtres, ou par leurs disciples immédiats. Saint Barnabé, dans sa lettre, § 7 et suiv., compare Jésus-Christ aux victimes de l'ancienne loi, et son sacrifice sur la croix à celui du bouc immolé sur l'autel pour les péchés du peuple. Saint Clément, dans sa première épître, § 16, lui applique le 53° chapitre d'Isaïe que nous avons cité. Saint Ignace écrit aux Smyrniens, n. 7, que l'eucharistie est la chair de notre Sauveur Jésus-Christ qui a souffert *pour nos péchés*. Saint Justin, dans sa 1re Apologie, n. 50 et suiv., lui applique le 53° chapitre d'Isaïe, d'un bout à l'autre; dans son *Dial. avec Tryphon*, il dit que l'agneau pascal, dont le sang préservait les maisons des Hébreux de l'ange exterminateur, et que les deux boucs offerts pour les péchés du peuple, étaient des figures de Jésus Christ, qu'il a été lui-même l'oblation ou la victime pour tous les pécheurs qui veulent faire pénitence, n. 40. Nous citerons ci-après les Pères des siècles suivants.

4° Une des raisons par lesquelles les anciens Pères ont prouvé aux hérétiques la divinité de Jésus-Christ, est qu'il fallait un *rédempteur* dont les mérites fussent infinis, pour satisfaire à la justice divine, et racheter le genre humain. Ainsi le dogme de la divinité du Sauveur et celui de la *rédemption*, pris dans le sens rigoureux, sont intimement liés ensemble, l'un ne peut pas subsister sans l'autre. Voilà pourquoi les sociniens, qui rejettent le premier, ne veulent pas admettre le second : mais aussi, à proprement parler, ils ont cessé d'être chrétiens.

La faiblesse de leurs objections les rend inexcusables. Ils soutiennent, en premier lieu, que la *rédemption*, telle que nous la concevons, serait contraire à la justice divine, puisqu'il n'est pas juste qu'un innocent souffre et meure pour des coupables. Un roi passerait pour cruel s'il livrait son fils à la mort pour expier le crime de ses sujets rebelles. Nous répliquons qu'il n'y aurait ni injustice ni cruauté, si ce fils s'offrait lui-même pour victime, s'il était sûr de ressusciter trois jours après sa mort, d'être élevé au plus haut degré de gloire pour l'éternité, de recevoir les hommages de tous les hommes, de leur inspirer par son exemple des vertus héroïques et un profond respect pour l'autorité de son père. Voilà ce qu'a fait Jésus-Christ, et ce qui s'est ensuivi de son sacrifice. En second lieu, nos adversaires prétendent qu'il aurait été plus digne de la bonté infinie de pardonner simplement au repentir des coupables, que d'exiger une satisfaction rigoureuse: C'est d'abord un trait de témérité de leur part, de vouloir savoir mieux que Dieu lui-même ce qui était convenable à une bonté infinie. Or, Jésus-Christ nous fait remarquer que la *rédemption* a été de la part de Dieu l'effet d'une bonté infinie à l'égard des hommes : *Dieu*, dit-il, *a aimé le monde jusqu'à donner son Fils unique*, etc. Si les sociniens croient véritablement à Jésus-Christ, comment osent-ils le contredire? Quant aux déistes et aux athées qui raisonnent de même, on leur a répondu, il y a plus de quinze cents ans, qu'il est absurde de trouver à dire à un mystère qui a éclairé, converti et sanctifié le monde ; que le chef-d'œuvre de la sagesse divine a été de concilier dans ce mystère l'excès de sa bonté avec les intérêts de sa justice, de pardonner aux hommes d'une manière qui n'autorise point la licence de pécher, e.c.

Si Jésus-Christ, disent-ils encore, avait fait un rachat proprement dit, c'est au démon qu'il aurait dû payer le prix de cette *rédemption*, puisque c'est sous son empire que le genre humain était retenu captif ; cette idée seule fait horreur. Aussi sentons-nous qu'elle est fausse. Quand il s'agit de racheter la vie d'un criminel condamné à mort, ce n'est ni au geôlier ni à l'exécuteur de la justice qu'il faut payer la rançon, mais à celui qui a droit de punir ou de faire grâce ; donc c'est à Dieu seul qu'a dû être payé le prix de la *rédemption* du genre humain ; et il n'a reçu pour rançon que ce qu'il avait donné lui-même. Enfin nos adversaires objectent que la prétendue *rédemption* de laquelle nous faisons tant de bruit se réduit à peu près à rien, puisque, malgré la valeur infinie du prix payé par le *rédempteur*, le très-grand nombre des hommes vivent dans le péché, meurent dans l'impénitence, sont réprouvés et damnés pour jamais.

A cette assertion téméraire nous répondons qu'il n'appartient ni à nos adversaires ni à nous d'étendre ou de borner à notre gré le bienfait de la *rédemption* ; nous ne pouvons en juger que par la manière dont l'Ecriture sainte et les Pères de l'Eglise en ont parlé; or, ils conspirent à nous en donner la plus haute idée.

1° Suivant le langage des auteurs sacrés et des Pères, la *rédemption* est aussi ancienne que le péché d'Adam; elle a commencé à produire son effet au moment même de la condamnation du coupable. Dans la malédiction lancée contre le tentateur, Dieu lui dit : *La race de la femme t'écrasera la tête* ; c'était une promesse de la *rédemption* ; en effet, Dieu condamne nos premiers parents, non à une peine éternelle, mais à la mort et aux souffrances dans cette vie. Dans l'*Apocalypse*, c. XIII, v. 8. Jésus-Christ est appelé *l'Agneau immolé dès l'origine du monde*, parce que son sacrifice a commencé dès lors à produire son effet ; dès ce moment, dit saint Augustin, le sang de Jésus-Christ nous a été accordé, l. III, *de lib. Arbit.*, c. 25, n° 76. De là les Pères ont conclu que la sentence prononcée contre Adam a été un trait de miséricorde de la part de Dieu, plutôt qu'un acte de justice rigoureuse ; et c'est ainsi qu'ils ont réfuté les marcionites, les manichéens, Celse et Julien, qui prétendaient que Dieu avait puni d'une manière trop rigoureuse le péché de notre premier père. Nous pourrions citer à ce sujet saint Irénée, saint Théophile d'Antioche, Tertullien, Origène, saint Méthode de Tyr, saint Hilaire de Poitiers, saint Cyrille de Jérusalem, saint Ephrem, saint Basile, saint Epiphane, saint Grégoire de Nysse, saint Ambroise, saint Grégoire de Nazianze, saint Jean Chrysostome, saint Augustin, saint Cyrille d'Alexandrie, saint Léon, etc. Le P. Pétau a rassemblé un grand nombre de leurs passages.

2° Ces mêmes docteurs de l'Eglise, toujours appuyés sur l'Ecriture sainte, soutiennent que la *rédemption* a été non-seulement entière et complète, mais surabondante ; qu'elle a pleinement réparé les effets du péché, qu'elle nous a rendu de plus grands avantages que ceux que nous avions perdus. En effet, Jésus-Christ nous fait entendre dans l'Evangile, qu'il a vaincu le fort armé, et qu'il lui a enlevé ses dépouilles, conformément à la prophétie d'Isaïe (*Luc.* XI, 12). Il dit que le prince de ce monde va en être chassé (*Joan.* XII, 31). Saint Paul nous assure que Jésus-Christ a effacé et mis au néant l'arrêt prononcé contre nous (*Coloss.* II, 14) ; que Dieu a tout réconcilié par Jésus-Christ, et rétabli la paix entre le ciel et la terre (*Ibid.*, I, 20) ; qu'il a rétabli toutes choses dans le ciel et sur la terre en Jésus-Christ (*Ephes.* I, 10). Dieu, dit-il, était en Jésus-Christ se réconciliant le monde et pardonnant les péchés des hommes (*II Cor.* IX, 10). Où le péché était abondant, la grâce a été *surabondante* (*Rom.* IX, 20, etc.).

Armés de ces saintes vérités, les Pères ont confondu les mêmes hérétiques, et les incrédules dont nous avons parlé, qui prétendaient que Dieu n'avait pu, sans déroger à sa bonté et à sa justice, permettre le péché d'Adam; ces saints docteurs ont répondu que Dieu ne l'aurait pas permis, en effet, s'il ne s'était pas proposé de rendre la condition de l'homme meilleure par la *rédemption* : c'est ce que disent formellement saint Jean Chrysostome, *ad Stagir.*, l. II, n. 2 et suiv.; saint Cyrille, *Glaphyr. in Genes.*, l. I; *adv. Julian.*, p. 92 et 94 ; saint Augustin, *de Genesi ad lit.*, l. XI, c. 11, n. 15. Ils se sont servis de la même considération pour prouver la divinité de Jésus-Christ contre les ariens et les nestoriens ; il fallait, disent-ils, un Dieu égal à son Père, pour opérer une *rédemption* aussi avantageuse à l'homme et aussi complète ; pour le réformer, il était besoin d'un pouvoir égal à celui de la première création. C'est un des principaux arguments de saint Athanase, aussi bien que de saint Cyrille et de saint Augustin. Ce dernier l'a encore opposé aux pélagiens, qui lui objectaient que, suivant son système, Jésus-Christ n'a pas réparé le mal que nous a fait Adam. Le saint docteur leur prouve le contraire. Il cite un passage dans lequel saint Jean Chrysostome soutient que Jésus-Christ, par sa croix, a rendu aux hommes plus qu'ils n'avaient perdu par le péché de leur père, l. I, *contra Jul.*, cap. VI, n. 27. « Par le péché d'Adam, dit-il, nous avons encouru la mort temporelle ; en vertu de la *rédemption*, nous ressuscitons, non pour une vie passagère, mais pour une vie éternelle, l. II, *de Pecc. meritis et remiss.*, c. XXX, n. 49. Nous avions encouru dans Adam la mort, le péché, l'esclavage, la damnation ; nous recevons en Jésus-Christ la vie, le pardon, la liberté, la grâce, *serm.* 233, cap. II, n. 3. Le Fils de Dieu, en partageant avec nous la peine du péché, a détruit le péché et la peine, non la peine temporelle, mais la peine éternelle, *serm.* 25, n. 7 ; *serm.* 231, n. 2 ; *Op. imperf.*, l. II, n. 97 ; l. VI, n. 36, etc.

Saint Léon a répété dix fois que, par la grâce de Jésus-Christ, nous avons récupéré plus que nous n'avions perdu par la jalousie du démon, *serm.* 2, *de Nat. Domini*, c. I ; *serm.* 13, *de Pass.*, cap. I ; *serm.* 1, *de Ascens.*, c. IV, etc. Les Pères postérieurs ont pensé et parlé de même, et leur langage s'est conservé dans les prières de l'Eglise.

3° Les écrivains sacrés témoignent que la grâce de la *rédemption* est générale, s'étend à tous les hommes sans exception, de même que le péché, et c'est aussi le sentiment unanime des Pères. Conséquemment ils enseignent, 1° que Dieu veut sincèrement le salut de tous les hommes, que par ce motif il a donné son Fils pour victime de leur *rédemption* ; 2° que ce divin Sauveur s'est offert lui-même à la mort dans ce dessein, et qu'il a répandu son sang pour tous sans exception ; 3° que par ses mérites, tous les hommes ont reçu et reçoivent des grâces de salut, plus ou moins, et que personne n'en est absolument privé. *Voy.* SALUT, SAUVEUR, GRACE, § 3, etc.

Déjà nous avons cité plusieurs passages de l'Ecriture sainte, dans lesquels il est dit que Jésus-Christ est le *Sauveur du monde*, le *Rédempteur du monde*, l'Agneau de Dieu qui efface les péchés du *monde* : le *monde*, sans doute, désigne tous les hommes. L'Eglise nous fait répéter cette consolante vérité dans la plupart des prières publiques. Dans *Isaïe*, c. LIII, il est dit que Dieu a mis sur lui l'iniquité de nous tous. Lui-même déclare, *Joan.*, c. III, v. 6, que « Dieu n'a pas envoyé son Fils dans le monde pour le juger, mais pour le sauver. *Luc.*, c. XIX, v. 10, le Fils de l'homme est venu chercher et sauver ce qui avait péri. » De là saint Augustin conclut : « Donc tout le genre humain avait péri par le péché d'Adam. » *Epist.* 186, *ad Paulin.*, cap. VIII, n. 27. C'est aussi le raisonnement de saint Paul, *II Cor.*,

DICT. DE THÉOL. DOGMATIQUE. IV.

c. V. v. 14 : « La charité de Jésus-Christ nous presse, parce que si un seul est mort pour tous, il s'ensuit que tous sont morts : or Jésus-Christ est mort pour tous, etc. » *I Cor.*, c. XV, v. 22 : « De même que tous meurent en Adam, ainsi tous recevront la vie par Jésus-Christ. » On sait combien de fois saint Augustin s'est servi de ces passages pour prouver l'universalité du péché originel par l'universalité de la *rédemption*. Le même apôtre veut que l'on prie pour tous les hommes, « parce que cela est agréable à Dieu notre Sauveur, qui veut que tous les hommes soient sauvés et parviennent à la connaissance de la vérité. Car il n'y a, dit-il, qu'un seul Dieu et un seul médiateur entre Dieu et les hommes, savoir, Jésus-Christ homme, qui s'est livré lui-même pour la *rédemption* de tous, comme il l'a témoigné dans le temps (*I Tim.* II, 1). Il est le Sauveur de tous les hommes, surtout des fidèles (*Ibid.* IV, 10). Saint Jean dit « qu'il est la victime de propitiation pour nos péchés, non-seulement pour les nôtres, mais pour ceux du monde entier (*I Joan.* II, 2). Nous ne savons par quelle subtilité l'on peut obscurcir des passages aussi clairs. Il serait inutile de prouver que tous les Pères les ont pris à la lettre et dans toute la rigueur des termes. Les théologiens mêmes qui sont les plus obstinés à restreindre l'étendue de la grâce de la *rédemption*, conviennent communément que les docteurs de l'Eglise des quatre premiers siècles ont été *universalistes*, c'est-à-dire qu'ils ont cru que tous les hommes sans exception participaient plus ou moins au bienfait de la *rédemption*. Mais ils prétendent que saint Augustin n'a pas été de même avis, qu'il a donné aux passages de saint Paul différentes explications qui prouvent qu'il ne regardait comme véritablement rachetés que les prédestinés.

Nous pourrions leur demander d'abord si le sentiment particulier de saint Augustin devait prévaloir sur une tradition constante des quatre premiers siècles, pendant que ce saint docteur fait profession de s'y tenir, et prouve par là aux pélagiens la propagation générale du péché originel ; mais l'essentiel est de savoir ce que saint Augustin a véritablement pensé.

1° Au mot GRACE, § 2, nous avons fait voir que, suivant sa doctrine, il n'y a pas un seul homme qui soit absolument privé de grâce ; or, la grâce n'est accordée aux hommes qu'en vertu de la *rédemption* ; donc saint Augustin a pensé que tous y participent plus ou moins.

2° Jamais il n'a mis aucune restriction à ces paroles de saint Paul : *Jésus-Christ est le Sauveur de tous les hommes, surtout des fidèles* ; ni à celles de saint Jean : *Il est la victime de propitiation non-seulement pour nos péchés, mais pour ceux du monde entier* ; et il est évident que ces deux passages ne peuvent en admettre aucune.

3° Il a répété au moins dix fois contre les pélagiens l'argument de saint Paul : *Jésus-Christ est mort pour tous, donc tous sont morts;* il a ainsi prouvé l'universalité du péché originel par l'universalité de la *rédemption*. Il en est de même du passage de l'Evangile : *Le Fils de l'homme est venu chercher et sauver ce qui avait péri;* cela nous démontre, dit-il, que toute la nature humaine avait péri par le péché d'Adam, *Epist.* 186, *ad Paulin.,* c. viii, n. 27; donc il a pensé que Jésus-Christ est venu sauver toute la nature humaine. Il cite ces autres paroles de saint Paul : *Dieu était en Jésus-Christ se réconciliant le monde.* « Le monde entier, dit-il, était donc coupable par Adam, il est réconcilié par Jésus-Christ; l. vi, *contra Julian.,* c. ii, n. 15. Lorsque vous prétendez, ajoute-t-il à Julien, que *plusieurs* et non pas *tous* sont condamnés par Adam et *délivrés par Jésus-Christ,* vous vous déclarez par ce trait horrible ennemi de la religion chrétienne. » *Ibid.,* cap. xxiv, n. 81. Nous persuadera-t-on que saint Augustin lui-même s'est rendu coupable de ce trait horrible et a renversé tous ses arguments ? « Selon le psalmiste, dit-il enfin, *Dieu jugera avec équité le monde entier,* non une partie, parce qu'il n'en a pas acheté seulement une partie; il doit juger le tout, parce qu'il *a donné* le prix pour le tout. » *Enarr. in Ps.* xcv, n. 15, *in* v. 13. Juda alla rejeter le prix de l'argent pour lequel il avait vendu le Seigneur, et il ne reconnut point le prix pour lequel le Seigneur l'avait racheté ; *in Ps.* lxxviii, *Serm.* 2, n. 11.

4° Saint Augustin a pris plus d'une fois dans la rigueur des termes ces paroles de saint Jean : *Le Verbe divin est la vraie lumière qui éclaire tout homme qui vient en ce monde*; *contra Faust.,* l. xxii, c. xiii; *Epist.* 140, *ad honorat.,* c. iii, n. 8 ; *Serm.* 4, n. 6 et 7 ; *Serm.* 182, n. 5 ; *Serm.* 78, *de Transfig. Domini*; *Enarr. in Ps.* xciii, n. 4; *Retract.,* l. i, c. 18, etc. Il lui applique ce que le psalmiste dit du soleil ; que personne ne se dérobe à sa chaleur : *Serm.* 22, n. 4 et 7. Mais comme les pélagiens abusaient de ces paroles pour prouver que Dieu donne la grâce de la foi et de la justification à tous également et indifféremment, *æqualiter, indiscrete, indifferenter,* à moins qu'ils ne s'en rendent positivement indignes, saint Augustin soutint avec raison que ce n'est point là le sens de ce passage, et qu'il faut l'entendre autrement. Il fit la même chose à l'égard de ces mots, *Jésus-Christ est mort pour tous,* parce que les pélagiens en faisaient le même abus. En effet, ces deux passages ne prouvent point que Dieu donne également à tous la grâce de la foi et de la justification, comme le voulaient les pélagiens, mais ils prouvent que Dieu donne à tous des grâces actuelles intérieures et passagères, pour les exciter à faire le bien et à éviter le mal, grâces que les pélagiens ne voulaient pas admettre ; il s'ensuit donc que tous les hommes participent plus ou moins dans ce sens au bienfait de la *rédemption*; et saint Augustin, loin de nier cette vérité, la soutient de toutes ses forces. Aussi un protestant, quoique très-porté par intérêt de système à méconnaître le vrai sentiment de ce saint docteur, est forcé de convenir qu'il est très-difficile de répondre aux théologiens qui soutiennent que saint Augustin a cru l'universalité du bienfait de la *rédemption*. Basnage, *Hist. de l'Eglise,* l. xi, c. ix, n. 7. Il aurait mieux fait de dire que cela est impossible.

RÉDEMPTION DES CAPTIFS. *Voy.* Merci.

RÉFORMATEUR, RÉFORMATION, RÉFORME. Au commencement du xvi° siècle, il s'éleva un nombre de prédicants qui publièrent que l'Eglise catholique avait dégénéré et ne professait plus le christianisme dans sa pureté, que sa doctrine était erronée, son culte superstitieux, sa discipline abusive ; qu'il fallait la réformer. Sans autre examen, cette prétention était déjà une injure faite à Jésus-Christ : ce divin Sauveur a promis à son Eglise d'être avec elle jusqu'à la consommation des siècles ; de la fonder sur la pierre ferme, de manière que les portes de l'enfer ne puissent pas prévaloir contre elle ; de lui donner l'esprit de vérité pour qu'il demeure toujours avec elle, etc. : peut-il manquer à sa promesse ? Cependant ces nouveaux docteurs trouvèrent des partisans, formèrent des sociétés séparées, et établirent un nouveau plan de religion ; le schisme qu'ils ont opéré dure depuis plus de deux siècles. Que doit-on penser de leur prétendue *réforme* ? Si on veut les en croire, c'est une des plus étonnantes et des plus heureuses révolutions qui aient pu arriver dans le monde. Nous en pensons différemment, nous soutenons que leur prétendue *réformation* a été illégitime dans son principe, criminelle dans ses moyens, funeste dans ses effets. Ç'a donc été l'ouvrage des passions humaines, et non celui de la grâce divine : nous allons en donner les preuves.

I. *Quels personnages ont été les prétendus réformateurs ?* Des hommes sans mission et qui ont eu tous les caractères de faux prophètes. Depuis que l'on a démontré que ces prédicants n'ont eu ni mission ordinaire ni mission extraordinaire, leurs sectateurs ont dit qu'il n'en était pas besoin, qu'en pareil cas tout particulier avait le droit d'élever la voix, de prêcher, de corriger l'Eglise, de former une religion nouvelle, sous prétexte de rétablir l'ancienne. Mais cette prétention est absolument contraire à la conduite constante de la divine Providence. En effet, lorsque la religion que Dieu avait révélée aux patriarches fut oubliée et méconnue chez toutes les nations, il voulut la rétablir chez les Hébreux et la cimenter par des lois positives ; il donna cette mission à Moïse, mais il lui communiqua aussi le don des miracles pour la prouver ; sans cela les Hébreux n'auraient pas pu lui ajouter foi sans imprudence ; *Exod.,* c. iv, v. 1. Cependant Moïse n'était pas chargé de révéler aux Hébreux de nouveaux dogmes, mais seulement de leur imposer de nouvelles lois : Dieu ne laissa pas de lui conserver jusqu'à la mort le don des miracles et de prophétie.

De même, lorsque le judaïsme se trouva beaucoup altéré par de fausses traditions, et peu convenable au nouvel état de la société civile, Dieu envoya Jésus-Christ pour établir une religion nouvelle, et Jésus-Christ communiqua sa propre mission à ses apôtres : *Comme mon Père m'a envoyé*, dit-il, *je vous envoie* (*Joan.* xx, 21). Mais il leur en donna aussi les mêmes signes surnaturels, le don des miracles, les vertus, les lumières du Saint Esprit, pour leur enseigner toute vérité. Il reconnaît la nécessité de ces signes, en disant des juifs incrédules : *Si je n'avais pas fait parmi eux des œuvres qu'aucun autre n'a faites, ils ne seraient pas coupables* (*Joan.* xv, 24). *Ce sont mes œuvres qui rendent témoignage de moi* (v, 36). Saint Paul dit aux Corinthiens, *I Cor.*, cap. II, v. 4 : « Mes discours et ma prédication n'ont point été prouvés par les raisonnements de la sagesse humaine, mais par les démonstrations de l'esprit et de la puissance de Dieu, afin que votre foi fût fondée, non sur la sagesse des hommes, mais sur la puissance divine. » Il dit des autres docteurs : « Comment prêcheront-ils, s'ils n'ont point de mission ? » *Rom.*, c. x, v. 15.

Si donc Dieu a véritablement suscité Luther, Calvin, et leurs adhérents, pour réformer la religion catholique, il a dû leur donner les mêmes preuves de mission surnaturelle qu'à Moïse, à Jésus-Christ et aux apôtres. Nous soutenons que ces signes ne leur étaient pas moins nécessaires ; que sans cela la foi de leurs disciples a été uniquement fondée sur les raisonnements de la sagesse humaine, et non sur la puissance de Dieu. — 1° Il s'agissait de changer la religion professée dans toute l'étendue de l'Église catholique, d'en corriger la croyance, le culte extérieur, la discipline. Il y a pour le moins autant de différence entre la religion catholique et la religion prétendue réformée, qu'entre le christianisme et le judaïsme, et il y en a beaucoup plus qu'entre le judaïsme et la religion des patriarches ; donc une mission extraordinaire n'était pas moins nécessaire aux prétendus *réformateurs* qu'à Moïse, à Jésus-Christ et aux apôtres. Vainement on dira que Luther et les autres avaient pour lettres de créance l'Ecriture sainte ; c'était aussi par l'Ecriture que les apôtres argumentaient contre les Juifs (*Act.* xvii, 2 ; xviii, 28) ; et Moïse citait aux Hébreux les leçons de leurs pères ; cependant il fallut aux uns et aux autres une mission divine. — 2° A l'arrivée de Luther et de Calvin, il y avait dans l'Église un ministère public établi pour enseigner, un corps de pasteurs revêtus d'une mission ordinaire, qui, par succession, venait des apôtres et de Jésus-Christ. Les nouveaux venus soutinrent que ce corps avait perdu toute mission et toute autorité par ses erreurs et par ses vices, qu'ils avaient droit de se mettre à sa place. Mais ce corps enseignait-il des erreurs plus grossières, avait-il des vices plus odieux que les pharisiens, les saducéens, les scribes, les docteurs de la loi ? Jésus-Christ, néanmoins, renvoie encore le peuple à leurs leçons (*Matth.* xxiii, 2), parce que la mission de ses apôtres n'était pas encore suffisamment établie. Mais à quel titre Luther prit-il la qualité d'*ecclésiaste de Wittemberg*, et Calvin celle *de pasteur de Genève*, après avoir fait chasser les pasteurs catholiques ? Suivant saint Paul, c'est Dieu qui donne des pasteurs et des docteurs, aussi bien que des apôtres et des évangélistes (*Ephes.* iv, 11) ; pour les prédicants, ils se sont donnés eux-mêmes ; le seul titre de leur mission a été la crédulité de leurs disciples. — 3° Entre eux et les théologiens catholiques il s'agissait de questions très-obscures auxquelles le peuple n'entendait rien, du principe de la justification, du mérite des bonnes œuvres, du nombre et de l'effet des sacrements, de la présence de Jésus-Christ dans l'eucharistie, de la prédestination, de la grâce, etc. Chaque parti alléguait l'Ecriture sainte. Qui était en état de décider lequel des deux en prenait mieux le sens ? Entre les docteurs juifs et les apôtres il s'agissait aussi de décider quel était le vrai sens des prophéties et de plusieurs préceptes de la loi de Moïse ; c'est par des miracles que les apôtres terminèrent la contestation et persuadèrent le peuple. Il est fâcheux que les *réformateurs* n'aient pas fait de même. — 4° Lorsque les sacramentaires et les anabaptistes s'avisèrent de prêcher une doctrine contraire à celle de Luther, il leur demanda fièrement des preuves surnaturelles de leur mission, comme si la sienne avait été authentiquement prouvée. Lorsque Servet, Gentilis, Blandatra et d'autres voulurent dogmatiser à Genève contre le sentiment de Calvin, il les fit chasser ou punir par l'autorité du bras séculier. Ce n'est point ainsi qu'en ont agi les apôtres lorsqu'ils eurent pour contradicteurs Simon le Magicien, Cérinthe, Ebyon, Elymas, etc. ; ils n'employèrent contre eux que les dons du Saint-Esprit et l'ascendant de leurs vertus. Les *réformateurs* s'attribuaient le droit de prêcher contre l'univers entier, et ils ne laissaient à personne la liberté de prêcher contre eux. — 5° A mesure que la *réformation* fit des progrès, la confusion y augmenta ; en peu d'années l'on vit les luthériens, les anabaptistes, les calvinistes, les anglicans, les sociniens, former cinq sectes principales, sans compter les autres sectes qui n'avaient entre elles rien de commun que leur haine contre l'Eglise romaine. Celle-ci, de son côté, malgré leur fureur, est demeurée en possession de sa croyance. Nous voudrions savoir quel motif a pu déterminer des peuplades d'ignorants à embrasser l'un de ces partis plutôt que l'autre. Il est évident que le hasard seul, les intérêts politiques et les passions en ont décidé. — 6° Le succès à peu près égal de ces docteurs ne prouve donc absolument rien ; Mahomet a fait des conquêtes plus étendues que les leurs. Jésus-Christ et les apôtres ont prédit que dans tous les temps les imposteurs trouveraient des partisans ; bientôt nous prouverons que tous ont employé les mêmes moyens pour séduire. Ainsi les uns n'ont pas eu plus de mission divine que les autres.

Quant aux qualités personnelles des prétendus *réformateurs*, nous n'oserions en tracer de nous-mêmes le portrait, on nous accuserait de prévention et d'infidélité ; mais il nous est permis de copier celui qu'en ont fait les protestants eux-mêmes, et en dernier lieu le célèbre Mosheim et son traducteur, *Hist. ecclés.*, xvi° siècle, sect. 3, ii° part. c. 1 et 2.

Mosheim convient que, pour opérer le grand ouvrage de la *réforme*, ces grands hommes ne furent pas inspirés, mais conduits par leur sagacité naturelle; que leurs progrès furent lents dans la théologie et leurs vues très-imparfaites; qu'ils se sont instruits par leurs disputes, soit entre eux, soit avec les catholiques, *ibid.*, § 12 et 14. Une preuve qu'ils étaient mauvais théologiens, c'est que l'on ne suit plus aujourd'hui une bonne partie de leurs sentiments. Il avoue que, parmi les commentateurs, plusieurs furent attaqués de l'ancienne maladie d'une imagination irrégulière et d'un jugement borné; que leurs notions, dans la morale, n'étaient ni aussi exactes ni aussi étendues qu'elles auraient dû l'être; que les controversistes mirent trop d'amertume et d'animosité dans leurs actions et dans leurs écrits, § 16, 18. Voilà cependant les hommes que les protestants soutiennent avoir été suscités de Dieu pour renouveler la face de l'Eglise, pour rétablir le christianisme dans sa pureté primitive, et pour faire la leçon à tous les docteurs de l'Eglise catholique. Le tableau de leurs vertus est encore plus original. On sait d'abord que la plupart furent des moines apostats, sortis du cloître par incontinence et par aversion de toute règle. Si les monastères d'alors étaient la sentine de tous les vices, comme le prétendent les protestants, il faut que l'apostasie ait eu une vertu miraculeuse, pour changer tout à coup en apôtres des hommes aussi corrompus. Mais voyons si cela est arrivé.

Au jugement de notre historien, Luther était un disputeur fougueux ; il traita ses adversaires avec une rudesse brutale, il ne respecta ni rang ni dignité. Muncer, Storckius, Stubner, chefs des anabaptistes, étaient des fanatiques séditieux. Carlostadt, auteur de la secte des sacramentaires, était un esprit imprudent, impétueux, violent, disposé au fanatisme. Schwenckfeldt avait le même caractère, il manquait de prudence et de jugement, § 19, 24. Jean Agricola fut un homme rempli d'orgueil, de présomption et de mauvaise foi. Mélanchton manquait de courage et de fermeté, il craignait toujours de déplaire aux personnes en place ; il portait trop loin l'indifférence pour les dogmes et pour les rites, il fut rarement d'accord avec Luther. Strigélius, disciple de Mélanchton, avait la foi peu ferme dans ses sentiments, que l'on ne sait pas si on doit le mettre au nombre des sectateurs de Luther ou de Calvin, § 25, 32. Matthieu Flacius, adversaire de Strigélius, était un docteur turbulent, fougueux, téméraire et opiniâtre. Osiander, théologien visionnaire, orgueilleux, insolent, continuellement en contradiction avec lui-même, se distingua par son arrogance, par sa singularité et par son amour pour les nouvelles opinions. Stancarus, son adversaire, disputeur turbulent et impétueux, donna dans l'excès opposé; il excita quantité de troubles en Pologne, où il se retira, § 31, 36. Calvin fut d'un caractère hautain, emporté, violent, incapable de souffrir aucune contradiction, ambitieux de dominer sans rivaux. Bèze, son disciple, et lui, vomirent toutes les injures possibles contre Castalion, et le firent passer pour un scélérat, parce qu'il ne pensait point comme eux sur la prédestination. Bèze en agit de même contre Bernardin Ochin, c. 2, § 40 et 42; Bayle, *Dict. Crit.*, art. CASTALION, G.

Encore une fois, sont-ce donc là les hommes que Dieu avait destinés à réformer l'Eglise? Quand Mosheim et son traducteur auraient conspiré pour couvrir d'opprobre la prétendue *réformation* dans son berceau, ils n'auraient pas pu y mieux réussir. Ils conviennent qu'entre les divers partis les controverses furent traitées d'une manière contraire à la justice, à la charité et à la modération. Mais ils excusent les combattants, parce qu'ils venaient seulement de sortir des ténèbres de la superstition et de la tyrannie papale, § 45. Cette excuse est très-fausse. Il y avait près d'un siècle que Luther avait commencé à prêcher, lorsque ses sectateurs se livrèrent aux plus grands excès de haine et de fureur contre leurs adversaires. Il est prouvé par là que le nouvel Evangile n'avait pas une grande vertu, puisque dans un espace de quatre-vingts ans il n'était pas venu à bout de guérir l'emportement de ses sectateurs.

Les mêmes critiques nous feront connaître une bonne partie des moyens dont on s'est servi pour l'établir, et cette seconde considération ne contribuera pas à nous en donner une idée favorable.

II. *De quel moyen s'est-on servi pour établir la prétendue réformation ou le protestantisme?* Nous les réduisons à trois : savoir, la contradiction entre les principes et la conduite, les calomnies contre la doctrine catholique et contre le clergé, les séditions et la violence.

En premier lieu, les *réformateurs* ont posé pour maxime fondamentale que l'Ecriture sainte est la seule règle de croyance et de morale, et que, dans toutes les choses nécessaires au salut, ces livres divins sont si clairs et si intelligibles, que tout homme qui a le sens commun, et qui possède la langue dans laquelle ils sont écrits, peut les entendre sans le secours d'aucun interprète. Mosheim, *ibid.*, c. 1, § 22. Il y a déjà ici de la fausseté et de la supercherie. Notre auteur peut lui-même dire que les premiers *réformateurs* ont fait des progrès très-lents dans la théologie, qu'ils se sont instruits, non par la clarté de l'Ecriture sainte, mais par leurs disputes, soit avec les autres sectaires, soit avec les catholiques. Si le texte de l'Ecriture était si clair que tout homme de bon sens pût l'entendre, aurait-il fallu tant de disputes pour savoir à quoi s'en tenir, ce qu'il faut croire ou rejeter?

La vérité est que les premiers *réformateurs* ne commencèrent pas par étudier et consulter l'Ecriture sainte, sans préoccupation et sans préjugé, pour voir ce qui y était véritablement enseigné; ils commencèrent par contredire la doctrine catholique à tort et à travers, et ils cherchèrent ensuite dans l'Ecriture des passages qu'ils pussent accommoder de gré ou de force avec les nouveaux dogmes qu'ils avaient forgés. Depuis deux cents ans leurs disciples ont continué de faire de même; il n'est pas étonnant que tous aient également réussi à étayer bien ou mal sur l'Ecriture sainte la croyance particulière de leur secte.

Mosheim dit que les confessions de foi, telles que celle d'Augsbourg, *donnent le sens et l'explication* de l'Écriture sainte. Mais si tout homme qui a le sens commun peut entendre les livres saints sans le secours d'aucun interprète, à quoi sert une confession de foi pour en donner le sens et l'explication, par conséquent pour l'interpréter? A la vérité, il dit que ces livres sont clairs *dans les choses nécessaires au salut*. Mais de deux choses l'une : ou les questions sur lesquelles les *réformateurs* ont disputé entre eux et contre les catholiques étaient nécessaires au salut, ou elles ne l'étaient pas; si elles l'étaient, il est donc faux que l'Ecriture soit claire sur toutes ces questions, puisqu'il a fallu en donner le sens et l'explication par des confessions de foi, et que depuis deux cents ans et plus elle est un sujet de dispute. Si elles ne l'étaient pas, il y avait de l'entêtement et de la frénésie de la part des *réformateurs* d'attaquer l'Eglise catholique, de faire schisme avec elle, d'allumer encore le feu de la guerre entre les différentes sectes pour des questions qui n'étaient pas nécessaires au salut. Il ajoute que les livres saints sont intelligibles pour tout homme qui *possède la langue* dans laquelle ils sont écrits; veut-il parler du texte ou des versions? Le texte est écrit en hébreu ou en grec; faut-il que tout chrétien possède ces deux langues? S'il s'agit de versions, qui lui garantira que celle qu'on lui met en main rend parfaitement le sens du texte? Les frères de Wallembourg ont prouvé qu'il n'y en a pas eu une seule sortie de la main des protestants, dans laquelle on ne puisse trouver au moins trente falsifications ; *de Controv. tract.*, t. I; p. 713.

Enfin, Mosheim assure que les confessions de foi, telles que celle d'Augsbourg, n'ont point d'autre autorité que celle qu'elles tirent de l'Ecriture sainte. C'est une fausseté qu'il réfute lui-même. Il convient, § 5, que les ministres luthériens sont obligés de se conformer au catéchisme de Luther; que l'an 1568 on dressa un formulaire de doctrine *pour avoir force de loi ecclésiastique*, § 27 ; que l'an 1570 l'on employa la prison, l'exil, les peines afflictives contre ceux qui penchaient au calvinisme, § 38 ; qu'en 1576 l'on dressa encore un formulaire d'union contre les calvinistes ; que l'on excommunia ceux qui refuseraient d'y souscrire, et que l'on employa contre eux la terreur du glaive, § 39, etc. Voilà donc des catéchismes, des confessions de foi, des formulaires d'union, qui ont eu non-seulement force de loi ecclésiastique, mais force de loi civile ; est-ce de l'Ecriture sainte que toutes ces pièces tirent cette autorité ?

C'est ainsi que, pour établir la *réforme*, l'on a dupé les ignorants. On commençait par protester que l'on ne voulait point d'autre règle de croyance que l'Ecriture sainte, que la pure parole de Dieu ; on promettait au peuple, en lui mettant une Bible à la main, qu'il serait lui-même le juge et l'arbitre du sens de l'Ecriture sainte, qu'il serait affranchi sur ce point de toute autorité humaine. Mais indépendamment des infidélités de la version dont on voulait qu'il se servît, s'il s'avisait de l'entendre dans un sens différent de celui des catéchismes et des confessions de foi, on lui faisait redouter le glaive de la puissance séculière. Ainsi, en voulant s'affranchir de l'autorité de l'Eglise, il se trouva réduit sous un joug cent fois plus dur.

Le même prestige a eu lieu chez les calvinistes et chez les anglicans ; Bayle, Locke, D. Hume, Baxter, Mandeville, Rousseau et d'autres le leur ont reproché. En 1593, la reine Elisabeth donna le fameux *acte d'uniformité*, et voulut que l'on employât toute la sévérité des lois et des châtiments contre les non-conformistes. La cour de la *haute commission* qu'elle établit fut une véritable inquisition. Mosheim, *ibid.*, c. 2, § 18 et 19. « Les catholiques, dit Richard Steele, doivent s'apercevoir aujourd'hui que ce n'était pas une nécessité pour eux de décider contre nous que l'Ecriture sainte n'est pas la seule règle de foi, et qu'il faut y ajouter l'autorité de l'Eglise ; il est évident que l'on peut parvenir au même but avec plus de bienséance. Car en même temps que nous soutenons contre eux avec chaleur que les peuples ont droit de lire, d'examiner et d'interpréter eux-mêmes les Ecritures, nous avons soin de leur inculquer dans nos instructions particulières qu'ils ne doivent pas abuser de ce droit, qu'ils ne doivent pas prétendre être plus sages que leurs supérieurs, qu'il faut qu'ils s'étudient à entendre les textes particuliers dans le même sens que l'Eglise les entend, et que leurs guides, qui ont l'*autorité interprétative*, les expliquent. » Ce même auteur fait voir ensuite que chez les anglicans les décisions du clergé, chez les calvinistes les synodes nationaux, et en particulier celui de Dordrecht, ont la même autorité que le concile de Trente chez les catholiques, et que les formulaires d'union ou les confessions de foi chez les luthériens.

Un seul exemple suffit pour démontrer que, dans toutes ces sociétés, les motifs et la règle de croyance sont absolument les mêmes, que c'est l'esprit particulier de chaque secte, l'espèce de tradition qui s'est formée chez elle, et non le texte de l'Ecriture sainte. Dès le commencement de la *réformation* il fut question de savoir comment l'on doit entendre ces paroles de Jésus-Christ touchant l'eucharistie : *Ceci est mon corps*. L'Eglise catholique croyait comme elle croit encore que Jésus-Christ est réellement présent dans l'eucharistie par transsubstantiation; Luther et ses partisans décidèrent qu'il y est présent par impanation, d'autres dirent par ubiquité : Carlostadt, Zwingle, Calvin, soutinrent qu'il n'y est pas présent réellement, mais seulement en figure et par efficacité. Aujourd'hui les luthériens et les anglicans prétendent qu'il y est réellement présent par la foi, mais seulement dans l'action de le recevoir, ou dans la communion. Nous demandons comment et pourquoi ces paroles, *Ceci est mon corps*, sont plutôt la règle et le motif de la foi dans une de ces sociétés que dans l'autre, comment une même règle peut dicter des croyances si différentes. Un protestant répondra sans doute que ces paroles sont la seule règle et le seul motif de sa foi, puisqu'il leur donne tel sens, non parce que Luther ou Calvin le leur ont aussi donné, mais parce qu'il lui est évident qu'ils ont eu raison de les entendre ainsi ; au lieu qu'un catholique les entend de telle manière, précisément parce que l'Eglise le veut et les explique de même.

Mais par quelle loi est-il défendu à un catholique de juger que l'Eglise a eu raison d'expliquer ainsi les paroles du Sauveur? Si c'est l'évidence qui détermine un protestant, pourquoi un luthérien entend-il toujours ces paroles comme Luther, et un calviniste comme Calvin ? On se moque de nous, lorsqu'on veut nous persuader qu'un luthérien qui ne sait pas lire juge *évidemment* que le vrai sens de ces paroles est celui de Luther et non celui de Calvin ni celui des catholiques. Il est incontestable que le seul motif de son jugement est l'habitude qu'il a contractée dès l'enfance d'entendre les paroles de l'Ecriture comme on les entend dans la société dans laquelle il est né ; qu'ainsi sa véritable règle est la tradition de sa secte, et non la lettre du texte. Enfin, c'est une absurdité de dire que le texte d'un livre est ma règle, lorsque c'est à moi seul de juger par mes propres lumières du sens qu'il faut lui donner, dans les cas où il peut avoir plusieurs sens.

Un second moyen duquel les prétendus *réformateurs* se sont servis pour séduire les peuples, a été de déguiser et de travestir la doctrine catholique. On peut prendre pour exemple la question même dont nous venons de parler, la manière d'envisager la règle de foi. De tout temps l'Eglise catholique a enseigné que la règle de foi est la parole de Dieu, ou écrite ou non écrite; qu'ainsi l'Ecriture sainte n'est pas *la seule règle* de foi, mais que c'est l'Ecriture expliquée et entendue par la tradition et la croyance de l'Eglise; que quand un dogme ne serait pas formellement et évidemment enseigné dans l'Ecriture sainte, nous sommes cependant obligés de le croire dès qu'il est enseigné par la tradition constante et uniforme de l'Eglise.

Par ce simple exposé il est clair que l'Ecriture sainte est toujours la règle de foi principale, et que la tradition n'en est que le supplément. Mais qu'ont fait les protestants ? Ils ont dit, et ils le répètent encore, que nous prenons pour règle de foi, *non l'Ecriture sainte*, mais la tradition ; que nous mettons ainsi la parole des hommes à la place et même au-dessus de la parole de Dieu; que nous laissons de côté l'Ecriture pour ne consulter que la tradition ; que nous suivons des traditions contraires à l'Ecriture, etc., etc. Au mot ÉCRITURE SAINTE, §.5, nous avons démontré la fausseté de tous ces reproches. Un autre exemple récent de cette mauvaise foi est l'accusation formée par Mosheim contre les catholiques, *ibid.*, § 25. Pour excuser les excès de Luther touchant la justification et le mérite des bonnes œuvres, il dit que les théologiens papistes confondaient la loi avec l'Evangile, et représentaient le bonheur éternel comme la récompense de l'obéissance légale. Imposture grossière. La loi prise par opposition avec l'Evangile est la loi cérémonielle des Juifs; l'obéissance légale ne peut s'entendre que de l'obéissance à cette même loi : or, quel est le docteur catholique qui s'est jamais avisé de confondre la loi cérémonielle des Juifs avec l'Evangile, ou de représenter le bonheur éternel comme la récompense des cérémonies judaïques. Au mot OEUVRES, nous avons fait voir la clarté et la sainteté de la doctrine catholique décidée par le concile de Trente.

Il n'est pas un seul article de doctrine sur lequel les prétendus *réformateurs* n'aient commis la même infidélité, de laquelle leurs sectateurs ne se sont pas encore corrigés. Ceux-ci ont cependant rougi de plusieurs erreurs grossières de leurs maîtres, ils en sont revenus aux opinions catholiques et modérées touchant la prédestination, le libre arbitre, le pouvoir de résister à la grâce, la nécessité des bonnes œuvres, etc.; opinions contre lesquelles Luther, Calvin et les autres avaient lancé des anathèmes, qu'ils avaient représentées comme des erreurs monstrueuses, et comme un sujet légitime de rompre absolument avec l'Eglise catholique.

Calvin lui-même et Bèze exhortèrent les puritains d'Angleterre à tolérer, dans le clergé anglican, les mêmes prétentions et les mêmes rites qu'ils avaient censurés dans le clergé catholique comme des opinions et des usages damnables, Mosheim, c. 2, § 43. Bingham, dans son *Apologie de l'Eglise anglicane*, prouve que Bucer, Capiton, Pierre Martyr, Scultet et plusieurs autres *réformateurs*, étaient de même avis ; ils disaient que l'on ne doit pas se séparer d'une église à cause de quelques rites et quelques abus qui s'y trouvent, à moins que ces usages ne soient formellement contraires à l'Ecriture sainte et notoirement mauvais. Ainsi ils représentaient une opinion ou un usage comme damnable ou comme tolérable, suivant que l'intérêt de leur système dictait leur jugement. On conçoit que des docteurs si obstinés à calomnier la doctrine catholique ne pouvaient pas manquer de peindre sous les plus noires couleurs le clergé chargé de l'enseigner et de la défendre. Au mot CLERGÉ, nous avons vu la manière dont les protestants nous le représentent dans tous les siècles, principalement dans ceux qui ont immédiatement précédé la *réformation*. Mais ces satires ne sont encore rien en comparaison des libelles diffamatoires et des invectives sanglantes répandues dans les écrits des premiers écrivains protestants. Bayle et d'autres auteurs les leur ont reprochés plus d'une fois. Il n'est point d'histoires scandaleuses, point de fausses anecdotes, point de fables malicieuses, qu'ils n'aient forgées contre les prêtres et contre les moines ; c'était là le sujet le plus ordinaire des sermons de leurs prédicateurs. Cela était bien plus efficace pour émouvoir les peuples que des dissertations sur la doctrine, auxquelles le peuple n'entendait rien. Si on veut les en croire, le clergé n'était alors composé que d'hommes ignorants et vicieux. Mais ils auraient dû nous apprendre dans quelles écoles leurs prédicants, dont la plupart avaient été des ecclésiastiques ou des moines, avaient puisé les connaissances sublimes dont ils ont fait usage pour réformer l'Eglise. La profession de l'hérésie a-t-elle donc eu la vertu de transformer tout à coup des ignorants en docteurs et des hommes corrompus en modèles de sainteté ? Voilà ce dont nous ne convenons pas.

Si l'on veut savoir au vrai ce qu'était le clergé catholique, surtout en France, au commencement du xviᵉ siècle, il faut lire le discours fait sur ce sujet, qui se trouve à la fin du 17ᵉ volume de l'*Histoire de l'Eglise gallicane*; on y verra qu'il y avait pour lors des théologiens instruits, et en assez grand nombre, et que les erreurs des protestants furent victorieusement réfutées dès qu'elles parurent, surtout par la faculté de théologie de Paris, l'an 1521 : Mosheim lui-même a compté plus de vingt théologiens de marque qui parurent dans ce siècle, dont plusieurs disputèrent ou écrivirent contre Luther pendant sa vie; ce n'était certainement pas lui qui leur avait enseigné la théologie. On se convaincra dans cette même histoire, que le relâchement dans les mœurs publiques et dans celles du clergé n'était ni aussi général ni aussi étendu que ses ennemis le prétendent ; qu'il y avait alors une multitude d'évêques et d'ecclésiastiques très-respectables ; et si nous avions un tableau aussi fidèle des autres parties de l'Eglise catholique, nous serions convaincus que les *réformateurs* n'ont fait des prosélytes ni par la supériorité de leurs lumières, ni par la force de leurs raisons, ni par l'ascendant de leurs vertus, mais par l'attrait du libertinage d'esprit et de cœur qu'ils ont introduit; nous en verrons ci-après les preuves.

Un troisième moyen qui leur a très-bien réussi a été la révolte contre toute autorité, les séditions, la guerre, les massacres, surtout le pillage des églises et des monastères. Aujourd'hui les ennemis de notre religion publient que c'est le clergé qui est la cause de ces désordres, qui a suggéré aux souverains les édits sanglants qu'ils ont portés contre les protestants, qu'il a ainsi réduit ceux-ci au désespoir et les a rendus furieux. C'est une calomnie que nous avons réfutée au mot CALVINISME. Nous y avons fait voir, par des faits et par des témoignages irrécusables, que le dessein des prétendus *réformateurs*, dès l'origine, fut d'abolir entièrement la religion catholique, et d'employer, pour en venir à bout, tous les moyens possibles. Ce fanatisme fut le même chez les luthériens en Allemagne, chez les calvinistes en Suisse, en France, en Angleterre et en Écosse, et chez les anglicans. Ainsi les divers gouvernements de l'Europe se sont trouvés dans la cruelle alternative ou de recevoir la loi de la part des sectaires, ou de la leur faire par la terreur des supplices, d'extirper l'hérésie ou de changer la religion dominante, de répandre du sang ou de voir bouleverser la constitution de l'État; d'autre part, le clergé et le peuple ont été réduits d'apostasier, de fuir ou d'être égorgés.

III. Cela suffit déjà pour nous faire comprendre quelles ont été les suites de cette révolution fatale que les protestants osent appeler *la sainte et bienheureuse réformation*. Nous les avons déjà exposées au mot LUTHÉRANISME, § 4. Le premier de ses effets, a été de produire des disputes furieuses et interminables, des haines nationales et intestines, des schismes sans cesse renaissants. Dans les cinquante premières années, on a déjà compté parmi ces enfants révoltés de l'Église douze sectes différentes ; Mosheim lui-même en a fait l'énumération ; ce nombre s'est augmenté de jour en jour, et la plupart de ces sectaires, de l'aveu du même auteur, ont été des fanatiques. Vainement les luthériens et les calvinistes ont eu ensemble des conférences et ont cherché à se rapprocher, vainement des théologiens plus modérés que les autres ont travaillé à les concilier, jamais ils n'ont pu en venir à bout. *Voy.* LUTHÉRIENS.

Pour pallier ce scandale, les protestants nous disent que les athées font cette objection contre le christianisme en général, qu'il y a eu des disputes et des schismes dans l'Eglise primitive, qu'il y en aura tant que les hommes ne seront ni infaillibles ni impeccables, que l'union et l'unanimité ne sont point un signe de vérité, que c'est un mal duquel Dieu tire un bien, comme Tertullien et saint Augustin l'ont remarqué. Mais nos adversaires sont-ils donc assez insensés pour s'applaudir d'avoir fourni aux athées une objection de plus contre la religion, et d'avoir imité les hérétiques qui s'élevèrent contre la doctrine des apôtres? En vérité, ce sentiment serait digne d'eux : parce que Dieu sait tirer le bien du mal, cela ne justifie pas ceux qui font le mal, puisque leur intention n'est pas de produire le bien que Dieu tirera de leurs désordres : et quand ils auraient cette intention, ils seraient encore coupables en faisant le mal : c'est la leçon de saint Paul. Jésus-Christ a dit qu'il faut qu'il arrive des scandales; mais il ajoute : *Malheur à celui par qui le scandale vient* (*Matth.* XVIII, 7) ! Si, en fait de religion, l'union et l'unanimité ne sont pas un caractère de la véritable Eglise, Jésus-Christ a eu tort de vouloir en faire un seul bercail sous un seul et même pasteur, de demander à son Père l'unité ou l'unanimité entre tous ceux qui devaient croire en lui (*Joan.* x, 16; XVII, 20); de recommander à ses disciples l'union et la paix, etc. Dieu a tiré un bien de la révolte des protestants, non pour eux, mais pour l'Eglise catholique, et c'est ainsi que l'ont entendu Tertullien et saint Augustin à l'égard des hérétiques en général.

Les protestants sont forcés d'avouer que le socinianisme n'est qu'une extension de leurs principes, mais ils disent que les sociniens les ont poussés trop loin. Qui peut donc prescrire la limite et planter la borne au delà de laquelle ces principes ne doivent pas être poussés? Dans toutes les disputes qu'ils ont eues entre eux, les sociniens leur ont fait voir qu'ils sont mauvais raisonneurs et qu'ils contredisent le principe fondamental de la *réforme*: avant de le poser, il aurait fallu en prévoir les conséquences.

Du socinianisme au déisme il n'y a qu'un pas, et il a été franchi par la plupart des protestants qui se sont piqués de raisonner conséquemment. Au mot ERREUR nous avons montré la chaîne qu'il a fallu suivre, et la route par laquelle on passe insensiblement du protestantisme au déisme et à l'incrédulité. C'est donc à la prétendue *réforme* que nous sommes redevables de l'incrédulité et de l'irréligion répandues aujourd'hui dans l'Europe entière.

En effet, la très-grande partie des objections que les déistes et les athées font contre le christianisme en général, sont les mêmes que les prédicants ont faites contre le catholicisme en particulier, et il n'en a rien coûté pour les généraliser. Quand on considère le tableau hideux que les protestants ont tracé de l'Eglise depuis sa naissance jusqu'à nous, comment pourrait-on y reconnaître une religion divine, formée, établie, cimentée par la puissance et la sagesse de Dieu? C'est dans ces histoires scandaleuses que les incrédules s'abreuvent encore tous les jours du fiel qu'ils vomissent contre le christianisme. Les protestants ont beau s'en défendre, ce sont eux qui ont été les précepteurs des incrédules. Comment leur conduite n'aurait-elle pas produit l'indifférence de religion, ou l'irréligion absolue? A force de changer de principes, on ne tient plus à aucun, et, à force de passer d'un dogme ou d'une opinion à une autre, on devient indifférent pour toute croyance. C'est cette indifférence même que l'on a honorée du beau nom de *tolérance*. Après s'être battues pendant près de deux siècles, après avoir changé dix fois d'opinion et de doctrine, les différentes sectes ont vu qu'elles n'avaient aucune arme solide pour attaquer, ni pour se défendre; elles se sont donc reposées par lassitude; elles ont consenti à se tolérer, à se laisser mutuellement en paix. Mais cette tolérance, que l'on nous vante comme un chef-d'œuvre de sagesse et de modération, n'est dans le fond qu'un effet d'intérêt politique et d'indifférence de toute religion.

Si l'on imaginait que la prétendue *réforme* a contribué à rétablir la pureté des mœurs, on se tromperait beaucoup; à la vérité les novateurs se sont vantés souvent d'avoir introduit parmi eux des mœurs plus pures que celles des catholiques; par leurs invectives continuelles contre la conduite du clergé et contre celle des papes, ils ont réussi à séduire les ignorants. Mais ce masque d'hypocrisie n'a pas pu se soutenir longtemps; l'auteur de l'*Apologie pour les catholiques*, t. II, c. 18, a cité les témoignages de Luther lui-même, de Calvin, d'Erasme, de Musculus, de Jacques André, de Capiton, de Thomas Edoard, tous protestants, qui attestent que les prétendus réformés, en général, étaient beaucoup plus déréglés que les catholiques; qu'ils se persuadaient que la haine et les déclamations contre le papisme leur tenaient lieu de toutes les vertus; qu'enfin la *réformation* se terminait à une horrible difformation. Dans un autre ouvrage intitulé *le Renversement de la morale de Jésus-Christ, par les erreurs des calvinistes*, il ajoute encore les aveux de Grotius et de Rivet, l. I, c. 5. Depuis ce temps-là les voyageurs les plus récents nous ont appris que les choses n'ont pas changé en mieux dans aucun des lieux où le protestantisme est la religion dominante.

De tout cela nous concluons qu'en examinant cette religion, soit dans les auteurs qui l'ont forgée, soit dans les moyens dont ils se sont servis pour l'établir, soit dans les effets qui en ont résulté, elle porte sur son front toutes les marques possibles d'une religion fausse et réprouvée de Dieu. *Voy.* ANGLICAN, CALVINISME, LUTHÉRANISME, LUTHÉRIEN.

RÉFORME DE RELIGIEUX; c'est le rétablissement d'un ordre ou d'une congrégation religieuse dans toute la sévérité de son ancienne règle, de laquelle elle s'est insensiblement relâchée; ou c'est la démarche de quitter cette première règle pour en embrasser et en suivre une plus sévère. Ainsi la congrégation de saint Maur est une *réforme* de l'ordre de saint Benoît, parce qu'elle s'est rapprochée de la règle primitive établie par ce saint fondateur. Les feuillants et les religieux de la Trappe sont deux *réformes* de l'ordre de Cîteaux, etc. La nécessité de faire des *réformes* dans les ordres religieux lorsqu'ils sont déchus de leur première ferveur, ne prouve rien contre cet état en général,

Les religieux ne se relâchent ordinairement qu'à proportion et par l'influence de la corruption des mœurs publiques; il n'est pas étonnant que les vices qui infectent la société pénètrent insensiblement dans les cloîtres. Mais c'est justement lorsque les mœurs publiques sont les plus mauvaises, qu'il est nécessaire d'avoir des asiles où puissent se réfugier ceux qui craignent de ne pouvoir échapper au danger de se corrompre.

On dit que les *réformes* sont inutiles; que la faiblesse humaine, qui tend toujours au relâchement, est cause qu'elles ne sont jamais durables; mais elles sont du moins utiles pendant un temps, et c'est autant de gagné pour la vertu et pour l'édification publique. C'est mal raisonner que de ne vouloir pas faire du bien, parce qu'il ne pourra pas subsister toujours. Un moine qui refuserait de se réformer lorsque son ordre en a besoin, serait certainement coupable et digne de châtiment. Vainement il dirait qu'il n'a fait vœu d'observer la règle que selon l'usage du monastère dans lequel il fait son noviciat et sa profession. La règle a dû lui être communiquée; en la lisant, il a dû comprendre que tout usage qui y donne quelque atteinte est un relâchement et un abus, à moins qu'il n'ait été permis et approuvé par autorité ecclésiastique; l'abus ne prescrit jamais contre la règle, et la règle réclame toujours contre l'abus. Si donc un religieux avait mis dans ses vœux une restriction contraire à la règle, ce serait un prévaricateur qui se serait joué de la sainteté du serment, et cette fraude, loin de le justifier, le rendrait plus coupable.

Il est bon de considérer que les *réformes* les plus sages ont presque toujours été faites par un seul homme zélé et courageux: preuve que la vertu conserve toujours de l'empire sur les esprits et sur les cœurs, lorsqu'elle est solide et constante. Il n'est donc aucun désordre auquel on ne puisse remédier, quand on veut s'en donner la peine. Mais, dans notre siècle philosophe, on juge qu'il est mieux de détruire que de réformer. C'est que, pour détruire, il ne faut ni lumières, ni sagesse, ni vertu; il suffit d'être dur et opiniâtre: l'homme le plus borné, lorsqu'il est armé de la force, peut tout anéantir pour montrer son pouvoir; pour réformer, il faut de la prudence, de la patience, le talent de la persuasion, un courage à l'épreuve, etc.; et ces vertus ne sont pas communes.

REFUGE (villes de refuge). Moïse, dans ses lois, désigna six villes de la Palestine, dans lesquelles pouvaient se retirer ceux qui, par hasard et sans le vouloir, avaient tué un homme, afin qu'ils pussent prouver leur innocence devant les juges, sans avoir à craindre la vengeance des parents du mort. Si le meurtrier ne prouvait pas que l'homicide qu'il avait commis était involontaire, il était puni dans la rigueur des lois; s'il était reconnu innocent, il devait encore demeurer captif dans la *ville de refuge* jusqu'à la mort du grand prêtre; alors il récupérait sa liberté. Si, avant ce temps-là, il sortait de la ville de *refuge*, il pouvait être mis à mort impunément par le rédempteur du sang, ou par le plus proche parent du défunt, qui avait le droit de venger sa mort. Pour inspirer aux Juifs une plus grande horreur de l'homicide, Moïse crut devoir le punir par une espèce d'exil, lors même qu'il était involontaire.

REFUGE, religieuses de Notre-Dame du *Refuge*, ordre ou congrégation de religieuses qui se sont dévouées à la conversion des femmes et des filles débauchées, et à préserver du désordre celles qui sont en danger d'y tomber. Ce pieux institut a commencé à Nancy, en Lorraine, par le zèle d'une vertueuse veuve nommée Mad. de Ranfaig, qui, avec ses trois filles, eut le courage de se consacrer à cette bonne œuvre. Il fut approuvé par le cardinal de Lorraine, évêque de Toul, l'an 1629, par le pape Urbain VIII en 1634, et par Alexandre VII en 1662, sous la règle de saint Augustin. Les filles pénitentes y sont admises à prendre l'habit et à faire profession, lorsque l'on voit en elles des marques solides de conversion et de vocation; mais elles ne peuvent remplir les premières places de la maison. On y reçoit à pénitence, non-seulement les personnes qui entrent dans le monastère de leur plein gré, mais encore celles que l'on y renferme par autorité des magistrats ou du gouvernement.

Cet ordre n'a que douze maisons en France, parce que, dans la plupart des grandes villes, on a suppléé par d'autres établissements qui ont le même objet. A Paris, les filles du Sauveur, rue de Vendôme, au Marais; celles de Sainte-Pélagie, au faubourg Saint-Marceau; celles du Bon-Pasteur, rue du Cherche-Midi; celles de Sainte-Valère, rue de Grenelle; les religieuses de Notre-Dame de Charité, ou filles de Saint-Michel; les pénitentes de Saint-Magloire font la même chose que les religieuses du *Refuge*. Hélyot, *Hist. des Ordres relig.* [Edit. Migne].

* RÉGALE. C'était un droit en vertu duquel les rois de France jouissaient du revenu des évêchés et des archevêchés pendant la vacance du siège, jusqu'à ce que les nouveaux pourvus eussent prêté serment de fidélité. En vertu de ce droit, le roi nommait aux bénéfices qui dépendaient de l'évêque. La régale pouvait être une source de très-grands abus : pour jouir plus longtemps des revenus des évêchés, les rois retardaient la nomination aux sièges vacants et conféraient les bénéfices plutôt à des courtisans qu'à des hommes sincèrement attachés à l'Eglise. Aussi Fleury remarque que « le roi, quoiqu'il n'exerce que le droit de l'évêque, l'exerce bien plus librement que ne le ferait l'évêque lui-même ; tout cela, dit-on, parce que le roi n'a point de supérieur dans son royaume, comme si le droit de conférer les bénéfices était purement temporel. » Le droit de régale ne s'étendait pas sur toute la France. Nos rois tentèrent de l'y étendre; ce qui donna lieu aux graves démêlés qui s'élevèrent entre la cour de France et la cour de Rome, et amenèrent la fameuse assemblée de 1682.

RÉGÉNÉRATION, renaissance, changement par lequel on reçoit une nouvelle vie;

c'est ce que les Grecs ont nommé *palingénésie*. Ce terme ne se trouve que trois fois dans l'Ecriture sainte. *Matth.*, c. xix, v. 28, Jésus-Christ dit à ses apôtres: *Au temps de la régénération, lorsque le Fils de l'homme sera assis sur le trône de sa majesté, vous serez aussi assis sur douze sièges, pour juger les douze tribus d'Israël*. Saint Paul écrit à Tite, c. iii, v. 5, que Dieu nous a sauvés par le bain de la *régénération* et du renouvellement du Saint-Esprit. » *I Petr.*, c. i, v. 3, nous lisons que Dieu nous a *régénérés* pour nous donner une ferme espérance par la résurrection de Jésus-Christ.

Les interprètes conviennent que dans ces deux derniers passages il est question du baptême, et qu'il est appelé *régénération*, parce que le baptisé doit mener une vie nouvelle; mais dans celui de saint Matthieu plusieurs pensent que Jésus-Christ a voulu parler de la résurrection générale et du rang que tiendront les apôtres au jugement dernier ; parce que la plupart des auteurs ecclésiastiques ont appelé *régénération* la vie nouvelle des corps ressuscités. D'autres sont d'avis que, dans saint Matthieu, comme dans les deux autres passages, la *régénération* est la nouvelle naissance que Jésus-Christ a donnée à son Eglise par le baptême, et la vie que doivent mener les chrétiens, très-différente de celle des juifs ; que Jésus-Christ fait allusion à ce qu'il avait dit ailleurs, *Joan.*, c. iii, v. 5: *Si quelqu'un n'est pas régénéré* (renatus) *par l'eau et par le Saint-Esprit, il ne peut pas entrer dans le royaume de Dieu*. D'ailleurs le Sauveur distingue dans cet endroit la récompense destinée aux apôtres dans cette vie d'avec celle qui leur est réservée en l'autre : or, la première est évidemment l'autorité qu'il leur a donnée sur son Eglise et sur tous les fidèles, et non la fonction de les juger au jugement dernier. C'est le sens que donnent à ce passage saint Hilaire, dans son *Commentaire sur saint Matthieu*, c. xx, et l'auteur de l'ouvrage imparfait sur cet évangéliste, attribué autrefois à saint Jean Chrysostome : c'est aussi l'opinion de la plupart des commentateurs cités dans la *Synopse des critiques*, sur cet endroit.

Ainsi, au mot Lois ecclésiastiques, nous n'avons pas eu tort de citer ce passage pour prouver que les apôtres et leurs successeurs ont reçu de Jésus-Christ le pouvoir de faire des lois auxquelles les fidèles sont obligés d'obéir, pouvoir communément exprimé dans l'Ecriture sainte par le mot *juge* et *juger*; nous y sommes autorisés par des commentateurs même protestants.

REGIONNAIRE, titre que l'on a donné dans l'*Hist. ecclés.*, depuis le ve siècle, à ceux auxquels on confiait le soin de quelque quartier ou région, et l'administration de quelques affaires dans un certain district. Pour observer plus d'ordre dans la police ecclésiastique, on avait partagé la ville de Rome en divers quartiers ; on appelait *diacres régionnaires* ceux qui étaient chargés du soin des pauvres et de la distribution des aumônes dans un de ces quartiers. Il y avait aussi des sous-diacres et des notaires *régionnaires*. On appelait encore *évêques régionnaires* des missionnaires revêtus du caractère épiscopal, et qui n'avaient point de siège particulier, mais qui allaient prêcher en divers lieux, et exercer les fonctions de leur ministère où il en était besoin.

REGLE DE FOI. *Voy*. Foi, § 1 ; Ecriture sainte, § 4.

REGLE MONASTIQUE, recueil de lois et de constitutions, suivant lesquelles les religieux d'une maison ou d'un ordre sont obligés de vivre, et qu'ils ont fait vœu d'observer. Toutes les *règles monastiques* ont besoin d'être approuvées par les supérieurs ecclésiastiques, et même par le saint-siège, pour imposer une obligation de conscience à des religieux : le vœu que l'on aurait fait d'observer une *règle* non approuvée, serait censé nul. La *règle* de saint Benoît est appelée par quelques auteurs *la sainte règle;* celle de saint Bruno, de saint François et de la Trappe, qui est l'étroite observance de celle de Cîteaux, sont les plus austères. Lorsqu'un religieux ne peut pas supporter l'austérité de sa *règle*, il est obligé d'en demander dispense à ses supérieurs, ou au saint-siège la permission d'entrer dans un ordre plus mitigé.

Quand on a médité sur le caractère des hommes en général, on reconnaît la nécessité d'une *règle* pour rendre leur conduite constante et leurs travaux utiles. C'est une erreur de croire qu'il est avantageux à l'homme de jouir d'une liberté absolue ; il a besoin d'un joug qui le captive, et la religion seule a le pouvoir de lui faire aimer le joug qu'il s'est imposé lui-même. Ce n'est pas un petit avantage de savoir ce que l'on doit faire à chaque heure du jour, et d'être encouragé à le faire par l'exemple de ceux avec lesquels on vit. Il n'est aucun état de vie dans lequel les moments soient mieux employés que dans les communautés où la règle est observée et fait marcher tout le monde. Dans la société civile, la moitié du temps est perdue à remplir de frivoles bienséances, à s'ennuyer les uns les autres, à rêver à ce que l'on doit faire, à chercher des amusements puérils. Un protestant même a fait cette réflexion ; nous avons cité ses paroles au mot Communauté religieuse. Aussi les monastères dans lesquels la *règle* est le mieux observée, sont toujours ceux où règne une paix profonde, une société douce et charitable, et où l'on vit e plus heureux. *Voy*. Moine.

REINE DU CIEL. C'est le nom que les juifs prévaricateurs et idolâtres donnaient à la lune, à laquelle ils rendaient un culte superstitieux. Jérémie, c. vii, v. 18, le leur reproche : « Les enfants, dit-il, amassent le bois, les pères allument le feu, et les femmes mêlent de la graisse avec la farine pour faire des gâteaux à la *reine du ciel*. » Lorsqu'il fit la même réprimande à ceux qui s'étaient enfuis en Egypte, ils lui répondirent insolemment, c. xliv, 6 : « Nous ne vous écouterons pas, et nous ferons ce qu'il nous plaira ; nous offrirons à la *reine du ciel* des sacrifices et des libations, comme nous avons fait autrefois avec nos pères, nos rois et nos princes ; alors nous ne manquions de rien, nous étions heureux, et nous n'éprouvions point de mal ; depuis que nous avons cessé de le faire, nous manquons de tout, nous périssons par le glaive et par la faim. »

Il paraît que c'est la même divinité qui est nommée *Méni* dans le texte hébreu d'Isaïe, c. LXV, v. 11, nom sous lequel l'auteur de la *Vulgate* a entendu *la Fortune*. Elle était aussi appelée *Isis*, *Astarté*, *Mylitta*, *Hécate*, *Diane*, *Trivia*, *Vénus* la céleste, *Phœbé*, *Astérie*, etc., suivant la langue des différents peuples. On n'est pas étonné du culte pompeux que tous lui ont rendu, quand on considère le pouvoir singulier qu'ils attribuaient à ses influences. Ils lui faisaient honneur de la plupart des phénomènes de la nature et des événements de la vie. La fertilité des campagnes, la fécondité des troupeaux, la naissance et l'heureuse destinée des enfants, le succès des voyageurs sur terre ou sur mer, etc., dépendaient de la lune ; son cours était distingué en jours heureux et en jours malheureux. Hésiode, *Théogon.*, v. 412 et suiv. *Les travaux et les jours*, v. 765. Souvent les juifs adoptèrent ce préjugé des païens, qui règne encore jusqu'à un certain point parmi le peuple des campagnes.

Bayle, *Dict. Crit. Junon*, Rem. M., prétend que les catholiques, en donnant à la sainte Vierge le titre de *reine du ciel*, et en lui rendant un culte excessif, ont imité la superstition des païens et des juifs ; c'est le reproche que nous font communément les protestants. S'ils étaient moins prévenus, ils verraient deux différences essentielles entre nos idées et celles des païens. 1° La sainte Vierge est une personne réellement existante, et que Dieu a placée dans le bonheur éternel ; la lune est un corps inanimé, auquel les païens n'adressaient un culte que parce qu'ils lui supposaient faussement une âme et qu'ils la croyaient intelligente. 2° Les catholiques n'ont jamais attribué à la sainte Vierge d'autre pouvoir que d'intercéder pour nous auprès de Dieu et d'en obtenir des grâces par ses prières ; les païens, au contraire, envisageaient la lune comme une divinité souveraine et indépendante, douée d'un pouvoir qui lui était propre et personnel : le culte qu'ils lui rendaient était donc absolu ; et se terminait à cet astre ; celui que nous rendons à Marie se rapporte à Dieu dont elle est la créature, duquel elle a reçu toutes les grâces et tous les avantages qu'elle possède. Si quelques écrivains mal instruits ont attaché un autre sens au titre de *reine du ciel* donné à cette sainte Mère de Dieu, s'ils ont outré les expressions, en parlant de son pouvoir auprès de Dieu, s'il leur est échappé plusieurs qui ne sont pas conformes aux notions exactes de la théologie, il ne faut pas en rendre responsable l'Église catholique ; elle a déclaré et expliqué sa croyance au concile de Trente et ailleurs, d'une manière qui ne donne lieu à aucun reproche raisonable. *Voy.* MARIE.

REINE DE SABA. *Voy.* SABA.

RELAPS, hérétique qui retombe dans une erreur qu'il avait abjurée. L'Église accorde plus difficilement l'absolution aux hérétiques *relaps* qu'à ceux qui ne sont tombés qu'une fois dans l'hérésie ; elle exige des premiers de plus longues et de plus fortes épreuves que des seconds, parce qu'elle craint avec raison de profaner les sacrements en les leur accordant. Dans les pays d'inquisition les hérétiques *relaps* sont condamnés au feu, et dans les premiers siècles les idolâtres *relaps* étaient exclus pour toujours de la société chrétienne.

RELATION entre les trois personnes de la sainte Trinité. *Voy.* TRINITÉ.

RELIGIEUX. *Voy.* MOINE.

RELIGIEUSE, fille ou veuve qui s'est consacrée à Dieu par les trois vœux de chasteté, de pauvreté et d'obéissance, et qui s'est obligée à vivre dans un monastère sous une certaine règle.

Lorsque le désir de servir Dieu plus parfaitement eut engagé des hommes à se retirer dans la solitude pour y vaquer uniquement à la prière et au travail, ils furent bientôt imités par des personnes de l'autre sexe qui embrassèrent le même genre de vie. La vie monastique des hommes avait commencé en Égypte au milieu du IIIe siècle ; dès le IVe, saint Basile parle de *couvents de religieuses* dans lesquels il y avait une supérieure à laquelle toutes les autres devaient obéir ; il leur recommande les mêmes devoirs et les pratiques qu'il avait prescrits aux moines, *Serm. Ascet.*, 2, n. 2, *op.*, tom. II, p. 326 ; et saint Jean Chrysostome, *Homil. 8 in Matth.*, n. 5, *op.*, tom. VIII, p. 126, témoigne qu'en Égypte les assemblées des vierges étaient presque aussi nombreuses que les maisons de cénobites ; *Homil. 30 in I Cor.*, n. 4, *op.*, tom. X, p. 274, il loue les veuves qui célébraient les louanges de Dieu le jour et la nuit. Outre ces vierges et ces veuves qui vivaient en commun, il y en avait d'autres sans doute qui demeuraient chez leurs parents, qui ne se distinguaient des autres personnes de leur sexe que par une vie plus retirée, des habits plus modestes, une piété plus exemplaire ; mais il paraît que dans l'Orient, partout où elles se trouvèrent en grand nombre, on jugea qu'il était avantageux qu'elles vécussent en commun dans un même monastère, sous une règle uniforme.

Il ne serait pas aisé de fixer l'époque précise à laquelle ces *religieuses* ont commencé à faire profession solennelle de virginité, en recevant de leur évêque le voile et l'habit monastique ; nous savons seulement que sainte Marcelline, sœur de saint Ambroise, reçut cet habit de la main du pape Libère, dans l'église de Saint-Pierre de Rome, le jour de Noël de l'an 352, en présence d'une multitude de peuple. Mais nous ne voyons pas qu'il y eût déjà pour lors des monastères de filles dans l'Occident. On prétend qu'en France les premiers n'ont été bâtis qu'au VIIe siècle : cependant il y a un canon du concile d'Épaone, tenu l'an 517, qui défend d'entrer dans les couvents de *religieuses* ; il y en avait donc déjà pour lors.

M. Languet a prouvé contre dom de Vert, que dès l'origine les *religieuses* ont eu un voile et un habit qui les distinguaient des autres personnes de leur sexe ; saint Jérôme, saint Ambroise, Optat de Milève en parlent. Ce dernier dit qu'en Afrique elles portaient une mitre ou une couverture de tête qui était de laine et de couleur de pourpre ; saint Jérôme, *ad Demetriad.*, l'appelle *flammeum virginale*. Au III° siècle, Tertullien, dans son traité *de Virginibus velandis*, ne parlait pas seulement des vierges consacrées à Dieu, mais de toutes les jeunes filles, lorsqu'il voulait qu'elles eussent toujours le visage couvert. Dans les derniers siècles, les différentes congrégations de *religieuses* qui se sont établies ont pris l'habit de deuil des veuves du pays où elles se sont formées, et cet extérieur les a toujours suffisamment distinguées des filles ou femmes séculières.

Au V° siècle, il arriva que des pères et des mères eurent la cruauté de contraindre leurs filles à se faire *religieuses* ; pour obvier à ce désordre, saint Léon Iᵉʳ, l'an 458, défendit de donner le voile aux filles avant l'âge de quarante ans ; l'empereur Majorien confirma cette défense par une loi, et le concile d'Agde, tenu l'an 506, l'adopta, *can.* 19. On cite encore en faveur de cette discipline un concile de Saragosse de l'an 592 ; mais il faut se souvenir que ces conciles ont été tenus sous la domination des rois visigoths qui étaient ariens ; d'où nous pouvons conclure que le désordre auquel ils voulaient remédier était une suite de la grossièreté des mœurs et de l'irréligion que les Barbares avaient introduites dans l'Occident. La même discipline n'a plus été nécessaire lorsque les mœurs sont devenues plus douces, et que l'abus a cessé ; conséquemment on a permis dans la suite la profession religieuse pour les filles à vingt-cinq ans. Le concile de Trente l'avait fixée pour le plus tôt à seize ans ; un édit du roi, du mois de mars 1768, l'a remise à l'âge de dix-huit ans.

Les lois ecclésiastiques les plus anciennes, concernant la clôture des *religieuses*, ont été très-sévères ; il y a des canons du IV° siècle qui défendent, même aux évêques, d'entrer dans les monastères des vierges sans nécessité, et sans être accompagnés d'ecclésiastiques vénérables par leur âge et par la gravité de leurs mœurs. Cette sévérité était nécessaire surtout en Afrique et dans l'Orient, où les femmes ont toujours été plus renfermées que dans les contrées du Nord, et où la moindre familiarité avec les hommes suffisait pour rendre leur conduite suspecte. Dans nos climats septentrionaux, où les mœurs sont plus douces et la société plus libre entre les deux sexes, on s'est relâché de cette austérité, sans qu'il en soit arrivé de grands inconvénients. Il y a des maisons de filles non cloîtrées, où les mœurs sont aussi pures que dans celles qui gardent la clôture la plus sévère. Mais ce n'est point une raison de donner atteinte à l'ancienne discipline, ni de blâmer les précautions que l'Église a toujours prises pour entretenir une parfaite régularité dans les cloîtres. Les communautés les plus renfermées, et qui ont le moins de communication avec les personnes séculières, sont ordinairement les mieux réglées, les plus paisibles et les plus heureuses. On sait qu'il est défendu, sous peine d'excommunication, aux personnes séculières d'entrer dans les maisons des *religieuses*, sans nécessité et sans la permission des supérieurs ecclésiastiques.

Dans l'origine, les personnes du sexe qui ont embrassé la vie religieuse, n'ont point eu d'autre dessein que de servir Dieu plus parfaitement que dans le monde, et de se sanctifier par la prière, par le silence, par le travail, par les services de charité mutuelle ; c'est encore aujourd'hui toute l'occupation des *religieuses* dans l'Orient. Mais après les divers malheurs survenus en Europe, il s'est formé différentes congrégations des deux sexes qui se sont consacrées au service du public. De pieuses vierges se sont chargées de soigner les pauvres et les malades, soit dans les hôpitaux, soit chez eux ; d'élever et d'instruire les enfants abandonnés ou orphelins, de tenir les écoles de charité, de retirer du désordre les personnes de leur sexe, etc.

Un philosophe de notre siècle, quoique obstiné à déclamer contre les cloîtres, n'a pu s'empêcher d'admirer la charité et le courage des *hospitalières*. *Voy.* ce mot. Mais cela n'empêche pas ses pareils de renouveler sans cesse les mêmes clameurs.

Ils demandent : 1° pourquoi des couvents ? Parce qu'il faut des asiles pour la vertu et de bons exemples habituels pour soutenir la piété. 2° Pourquoi des verrous et des grilles ? Pour mettre les *religieuses* à couvert des insultes des libertins et leur réputation à l'abri des calomnies des méchants. 3° Pourquoi des vœux ? Pour fixer l'inconstance naturelle de l'humanité et pour donner plus de mérite aux bonnes œuvres. 4° Pourquoi un célibat perpétuel ? Parce que les filles qui pensent à s'établir dans le monde ont d'autres soins que celui de se dévouer à des devoirs de charité et d'utilité publique ; l'un de ces desseins ne peut pas s'accorder avec l'autre.

On dit cependant et l'on écrit que les *religieuses* sont des sujets dérobés à la société civile et des filles mortes pour la patrie. Tout au contraire, la plupart se dévouent au service de la société civile ; elles sont donc plus utiles à la patrie que les filles qui vieillissent dans le monde et dans un célibat volontaire ou forcé. Ces dernières, si elles sont riches, passent pour l'ordinaire leur vie dans un cercle d'amusements puérils, et meurent sans avoir rendu de services à la société ; si elles sont pauvres, elles n'ont aucune ressource et sont exposées à périr de misère. On ajoute que leur trop grand nombre dépeuple un État. La question est de savoir quel en doit être le nombre ; il est moindre aujourd'hui en France, toute proportion gardée, qu'il ne fut jamais. Pendant que la multitude des filles non mariées excède celle des *religieuses*, que le nombre excessif des filles débauchées corrompt les mariages et pervertit les mœurs, que le luxe absorbe la meilleure partie de la population, il est bien absurde d'attribuer cette diminution à la multitude des couvents.

Au jugement de nos politiques réformateurs, la plupart des *religieuses* ont une vocation forcée ; ce sont elles victimes de la vanité, de l'ambition, de la cruauté de leurs parents. Imposture grossière. L'Eglise a pris toutes les précautions possibles pour que la profession religieuse ne puisse jamais être forcée. Une novice, avant de la faire, est toujours examinée ou par l'évêque, ou par un ecclésiastique député de sa part, qui enjoint à cette fille, sous la foi du serment, de déclarer si elle a été forcée, ou séduite, ou engagée par des motifs suspects, à se faire *religieuse*, si elle connaît les devoirs et les obligations auxquels elle doit s'engager par les vœux, etc. Pour que cet examinateur soit trompé, il faut que ce soit la novice elle-même qui le trompe, aussi bien la communauté et les parents. Si dans la suite il était reconnu qu'une novice a manqué de liberté, ses vœux seraient déclarés nuls. D'ailleurs des parents assez barbares et assez impies pour forcer leur fille à prendre le voile, ne seraient-ils pas assez impérieux pour la retenir chez eux dans un célibat prolongé jusqu'à leur mort ? L'inconvénient serait donc à peu près le même, quand il n'y aurait point de couvents. Une preuve évidente de la liberté avec laquelle les filles entrent en religion, c'est que, dans les communautés même où l'on ne fait que des vœux simples et passagers, l'on voit rarement sortir des sujets pour rentrer dans le monde. Un souverain de l'Europe a évacué depuis peu un grand nombre de couvents ; il a fait des pensions aux *religieuses* en leur laissant la liberté de vivre dans le monde ; en a-t-on vu beaucoup qui aient profité de cette permission ? Les unes se sont retirées dans les couvents que l'on a conservés ; les autres ont cherché un asile ailleurs ; plusieurs en ont trouvé un en France sous la protection d'une auguste princesse qui fut elle-même l'ornement de l'état religieux.

Nos philosophes disent enfin que l'éducation des filles dans les couvents ne vaut rien. Nous soutenons qu'elle est préférable à presque toutes les éducations domestiques. La perversité des mœurs publiques, le luxe, la mollesse, la vie dissipée des mères, les dangers de la part des domestiques, l'ineptie des parents qui ont manqué eux-mêmes d'éducation, leur folle tendresse, etc., seront toujours des obstacles invincibles à une bonne éducation. En général il est utile que les enfants aient une nourriture simple et frugale, beaucoup de mouvement, d'ébats, de gaîté ; qu'ils soient dans une égalité parfaite avec ceux de leur âge ; qu'ils se reprennent et se corrigent les uns les autres, etc. ; et cela est peut-être encore plus nécessaire pour les filles que pour les garçons. Nous ajoutons que si l'éducation des couvents n'est pas plus parfaite, c'est moins la faute des *religieuses* que celle des parents, qui leur font la loi par leurs goûts dépravés et par leurs idées gauches.

RELIGION, connaissance de la Divinité et du culte qu'il faut lui rendre, jointe à la volonté de remplir ce devoir. Suivant la force du terme, c'est le lien qui attache l'homme à Dieu et à l'observation de ses lois par les sentiments de respect, de reconnaissance, de soumission, de crainte, de confiance et d'amour, que nous inspirent ses divines perfections et les bienfaits que nous avons reçus de lui. Pour décider si l'homme doit avoir une *religion*, il suffit de savoir qu'il y a un Dieu, et que c'est lui qui a créé l'homme ; il n'a pas pu le faire tel qu'il est, capable de réflexion et de sentiment, sans lui ordonner d'adorer son Créateur. D'ailleurs l'expérience démontre que l'homme sans *religion* serait très-peu différent d'un animal ; tels sont les Sauvages isolés que l'on a trouvés errants dans les forêts (*Voy.* LANGAGE), et deux castes d'Indiens qui vivent, dit-on, comme les brutes, qui se mêlent sans distinction de père ni de mère, de frère ni de sœur. *Voyages des Indes*, par M. Sounerat, t. I, l. I, c. 5.

Il est bien étonnant qu'il se trouve des hommes qui se piquent de philosophie, et qui tâchent de se rapprocher de cet état de stupidité ; qui, peu contents d'abjurer tout sentiment de *religion*, voudraient encore l'étouffer dans leurs semblables. Pour y parvenir, les uns disent que la *religion* est née de l'ignorance des causes naturelles et de la crainte ; les autres, qu'elle est l'ouvrage des politiques ou des prêtres ; la plupart soutiennent que la *religion* est fort inutile ; plusieurs vont plus loin, ils prétendent qu'elle est pernicieuse au genre humain, et la principale cause de tous ses maux. Il est triste pour nous d'avoir à réfuter de pareilles absurdités.

Au mot RELIGION NATURELLE ci-après, nous démontrerons un fait important qui renverse d'abord toutes ces suppositions : c'est que la première *religion* qu'il y ait eu dans le monde a été l'effet des leçons que Dieu avait données au premier homme en le créant, et qu'il lui avait ordonné de transmettre à sa postérité ; donc ce sentiment n'est venu ni de l'ignorance, ni de la crainte des phénomènes de la nature, ni de l'intérêt des politiques, ni de l'imposture des prêtres : puisque la *religion* est un don de Dieu, elle n'est ni pernicieuse ni inutile au genre humain.

Rien de si frivole que des conjectures qui se détruisent : or, tels sont les arguments de nos adversaires. L'un dit : La *religion* a pu venir de l'ignorance ou de la crainte, donc elle en vient effectivement ; un autre répond : Elle a pu aussi venir de l'institution des politiques ou de la fourberie des imposteurs, donc c'est en effet leur ouvrage. Quand cela pourrait être, il ne s'ensuit pas que cela soit. L'une de ces suppositions détruit l'autre : à laquelle nous tiendrons-nous? On n'a jamais connu aucune nation réunie en corps de société qui n'eût une *religion;* est-ce la même cause qui l'a fait naître partout, ou l'ignorance l'a-t-elle produite dans un pays, la crainte dans un autre, l'intérêt des politiques chez tel peuple, celui des prêtres chez tel autre, ou toutes ces causes différentes se sont-elles réunies partout pour rendre tous les hommes plus ou moins religieux ? Les athées n'en peuvent rien affirmer, puisqu'ils n'en ont point de preuve. Ils commencent par supposer ce qui est en question, savoir, qu'il n'y a point de Dieu, que toute *religion* est une chimère; ensuite ils argumentent à perte de vue pour deviner d'où est venue cette imagination. Voilà une logique bien singulière. Nous ne raisonnons point ainsi, nous ne supposons rien, et nous prouvons ce que nous avançons.

I. Il est faux que la *religion* vienne de l'ignorance des causes naturelles. Nous convenons que la vue des phénomènes de la nature et l'ignorance des vraies causes qui les produisent peuvent faire naître une *religion* fausse. C'est en effet ce qui a produit le polythéisme et l'idolâtrie; nous l'avons fait voir ailleurs, et nous le prouverons encore. Mais il ne faut pas confondre l'idée d'un Dieu et d'une *religion* en général, avec la fausse application que l'on fait de cette idée, le sentiment d'une cause intelligente qui régit la nature, avec l'erreur de ceux qui supposent plusieurs causes et plusieurs moteurs. Une erreur née de l'ignorance n'a rien de commun avec une vérité dictée par la raison et par la nature. Or nous soutenons que la notion d'un Dieu en général et de la nécessité d'une *religion* ne vient point de l'ignorance.

En premier lieu, si cela était, plus les peuples sont ignorants, plus ils auraient de *religion;* tout au contraire, chez les nations sauvages, ignorantes et stupides à l'excès, l'on a eu peine à découvrir des vestiges de *religion;* mais à mesure qu'elles se sont instruites et policées, leur *religion* a pris de la force, de la consistance, de l'éclat extérieur. Soutiendra-t-on que les Pélages, premiers habitants de la Grèce, très-sauvages et très-grossiers, ont connu la foule de divinités chantées par Hésiode et par Homère? qu'avant Numa l'on pratiquait à Rome tout le fatras d'idolâtrie qui s'y est introduit depuis?

En second lieu, les athées voudraient nous faire croire que leurs prédécesseurs ont été les plus savants physiciens et les meilleures têtes qu'il y eût dans les écoles de Rome et d'Athènes, et qu'ils sont eux-mêmes fort habiles dans la connaissance de la nature. Fausse vanité. Epicure était le plus ignorant des philosophes en fait de physique; ce qu'il en a écrit fait pitié, et on le lui a souvent reproché; ses disciples n'étaient pas plus habiles que lui. Parmi les modernes, nos philosophes les plus célèbres, tels que Descartes, Newton, Leibnitz, ont été religieux de bonne foi; lorsque ceux qui ont professé l'athéisme ont voulu parler de physique, et tout expliquer par le mécanisme des causes naturelles, ils ont pleinement dévoilé leur ignorance et leur ineptie, ils ont débité un verbiage inintelligible et qu'ils n'entendaient pas eux-mêmes.

En troisième lieu, si l'on imaginait que l'athéisme et l'irréligion sont une preuve et un effet des progrès que notre siècle a faits dans la connaissance de la nature, on se tromperait beaucoup ; c'est plutôt un témoignage de l'inertie des esprits énervés par le luxe, et du dégoût que l'on a pris pour les connaissances solides. Dès le moment auquel l'épicuréisme s'introduisit dans la Grèce et à Rome, quel grand philosophe y a-t-on vu paraître? Ce n'est point dans un âge avancé, après avoir acquis beaucoup d'érudition et de lumière, qu'un homme devient athée et incrédule; c'est dans la fougue des passions de la jeunesse, avant d'avoir eu le temps de réfléchir et de s'instruire ; aveuglé par l'orgueil et par le libertinage, il se croit plus habile que tous les savants de l'univers, il ose traiter d'*ignorants* tous ceux qui croient en Dieu. Heureux, s'il acquiert des connaissances en avançant en âge! il y a lieu d'espérer qu'en sortant de l'ignorance il abjurera l'athéisme.

II. La *religion* ne vient point de la crainte qu'inspirent les phénomènes souvent effrayants de la nature; nous convenons que les ignorants s'épouvantent plus aisément de ces phénomènes que les savants, mais cette crainte n'est point la première cause des sentiments religieux; il y a des preuves positives du contraire,

1° Les athées supposent que la première *religion* des hommes a été le polythéisme et l'idolâtrie; elle l'aurait été sans doute si Dieu n'y avait pas pourvu en les instruisant lui-même. Mais oublions pour un moment le fait de la révélation primitive, et partons de la supposition de nos adversaires. Selon l'histoire sacrée et profane, la plus ancienne idolâtrie a été le culte des astres, du soleil, de la lune, de l'armée du ciel et des éléments, parce que l'on supposait que tous ces êtres étaient animés, et les philosophes le croyaient comme le peuple. *Voy.* ASTRES, IDOLATRIE. Or, quels fléaux, quels malheurs les hommes ont-ils éprouvés de la part des astres? Aucun : mais ils en ont admiré l'éclat et la marche, ils en ont reconnu les services. Les poëtes les ont célébrés dans leurs hymnes, et ne leur ont jamais attribué la colère ou la méchanceté. C'est donc l'admiration et la reconnaissance plutôt que la crainte qui leur ont inspiré ce culte, et l'Écriture sainte le témoigne ainsi (*Deut.,* IV, 19; *Job* XXXI, 26 et 27 ; *Sap.* XIII). Il en est de même des éléments: ils sont ordinairement bienfaisants, rarement dans un état de convulsion ; ils servent à la conservation et au bien-être de l'homme bien plus souvent qu'à sa destruction. Les hommages que l'on adressait à Jupiter et à Junon, maîtres du beau temps et de la pluie; à Vesta et à Vulcain, conservateurs du feu ; à Neptune, aux fleuves, aux nymphes des eaux, ou aux fontaines, à la terre *nourricière* et à Cérès, avaient communément pour objet de leur demander des bienfaits ou de les en remercier, et non d'apaiser leur colère et de déplorer des malheurs.

2° Parmi la multitude énorme de divinités chantées parmi les poëtes, il n'y en a pas la dixième partie que l'on puisse envisager comme des êtres malfaisants par leur nature ; l'épithète ordinaire qu'ils donnent aux dieux est celle de *bienfaisants*, *dii datores bonorum* : ils donnent à chacun en particulier le nom de *pater*, et aux déesses celui de *mater* ; ce ne sont pas là des signes de frayeur ni de défiance. « Nous offrirons, disaient les Juifs idolâtres à Jérémie, nous offrirons des sacrifices et des libations à la reine du ciel, comme nous avons fait autrefois, parce qu'alors nous ne manquions de rien, nous étions dans l'abondance ; depuis que nous avons cessé de le faire, nous sommes misérables, nous périssons par le fer des ennemis et par la faim (*Jérem.* XLIV, 6). C'est donc l'intérêt solide, l'espérance d'obtenir des biens temporels, et non la frayeur, qui ont présidé au culte des païens. Parmi les héros a-t-on plus honoré ceux qui se sont fait redouter par leur méchanceté, que ceux qui ont rendu des services à leurs semblables ? « Si tu es un dieu, disaient les Scythes à Alexandre, tu dois leur faire du bien, et non pas leur ôter ce qu'ils possèdent. » Ce peuple, quoique grossier, comprenait que le propre de la Divinité est de répandre des bienfaits, d'inspirer l'amour et non la crainte. Tous les peuples ont pensé de même. Les Egyptiens ont honoré les animaux utiles beaucoup plus que les animaux nuisibles, et les plantes salutaires plutôt que les poisons. Les premiers Phéniciens adoraient les éléments et les productions de la terre dont ils se nourrissaient. Les parsis rendent un culte au bon principe et non au mauvais. La divinité principale des Indiens est *brahma*, qu'ils prennent pour le Créateur. Les Péruviens adoraient le soleil et la lune, les Nègres maudissent le soleil parce qu'il les brûle par sa chaleur ; mais ils rendent de grands honneurs au dieu des eaux. D'un bout de l'univers à l'autre, nous voyons l'espérance et la reconnaissance éclater dans le culte des différents peuples.

3° Les fêtes et les assemblées religieuses dans les premiers temps et chez toutes les nations, loin d'avoir rien de lugubre, annonçaient le contentement, la confiance et la joie ; un repas commun, la musique, la danse, ont toujours fait partie du culte rendu à la divinité. Ces fêtes étaient relatives aux travaux de l'agriculture ; on les célébrait après les semailles, après la moisson, après les vendanges ; elles avaient donc pour but de reconnaître les bienfaits des dieux. Vit-on jamais la tristesse régner dans les fêtes de Pomone, de Cérès, de Bacchus et de Vénus ? Nous ne connaissons aucune pratique du paganisme qui ait été destinée à rappeler la mémoire d'un événement malheureux ; ceux de cette espèce étaient marqués dans le calendrier par un jour de jeûne ou de deuil ; mais les fêtes avaient un tout autre objet. Chez les Romains, *festus* et *festivus* signifiaient heureux et agréable, *infestus*, triste et malheureux. Si l'idolâtrie avait inspiré la tristesse, les regrets, la frayeur, il n'aurait pas été si difficile d'en retirer les peuples et de les amener à la vraie *religion*.

Nous convenons que la prospérité constante et le bien-être habituel pervertissent souvent les hommes, les rendent ingrats, leur font méconnaître le souverain bienfaiteur ; c'est le cas de la plupart des athées et des incrédules : pour les rendre religieux il faut un revers de fortune, une maladie, une affliction ; ils en concluent que la *religion* est un effet de la tristesse, de la mélancolie, de l'abattement d'esprit causé par le malheur. Mais ils connaissent mal le cœur d'autrui, quand ils en jugent par le leur. Parce que la prospérité excessive rend aussi l'homme dur, injuste, insensible aux maux d'autrui, il ne s'ensuit pas que ces vices sont conformes à la raison, non plus que l'incrédulité, et que les vertus contraires viennent de faiblesse d'esprit. Enfin quand il serait vrai que la *religion* ne vient aux hommes que quand ils souffrent, il s'ensuivrait encore qu'elle leur est nécessaire pour les consoler dans leurs peines ; et puisque tous sont exposés à souffrir, que le très-grand nombre souffre en effet, il est évident que croire un Dieu est l'apanage nécessaire de l'humanité, que les athées sont des insensés lorsqu'ils se flattent de détruire cette croyance.

III. La *religion* n'est point l'ouvrage de la politique des législateurs ni de la fourberie des prêtres.

On comprend d'abord que l'hypothèse que nous attaquons est absolument contraire aux deux précédentes. S'il est vrai que la *religion* est venue de l'ignorance des peuples grossiers et barbares, ou de la crainte et du souvenir des malheurs auxquels ils ont été tous exposés, il n'a pas été besoin que des politiques vinssent leur suggérer des sentiments religieux pour les asservir par là, et il y a certainement eu partout de la *religion* avant qu'il y eût des prêtres. Si au contraire il a fallu que des hommes ambitieux et rusés inventassent la chimère d'un Dieu pour assujettir leurs semblables, il n'est donc pas vrai que ceux-ci l'aient puisée dans l'ignorance des causes naturelles ni dans le sentiment de leurs malheurs. Ceux d'entre les athées qui ont voulu réunir ces différentes suppositions sont tombés en contradiction. Mais il y a d'autres preuves de la fausseté de leur théorie.

En premier lieu, nos adversaires sont hors d'état de nommer un seul d'entre les législateurs connus qui ait introduit pour la première fois la notion d'un Dieu chez un peuple encore athée ; les philosophes indiens ont fait profession d'avoir reçu la religion de Brahma; que ce soit un dieu ou un homme, n'importe; aucun d'eux n'a dit qu'avant cette époque les Indiens étaient athées. Si Brahma est le créateur, il a donné aux hommes la *religion* en les créant. Confusius a protesté qu'il ne faisait que répéter les leçons des anciens sages de la Chine; il ne s'est donc pas donné pour auteur de la *religion* des Chinois. Zoroastre a forgé son système pour tirer les Perses et les Chaldéens de l'idolâtrie, et non pour les guérir de l'athéisme. Moïse a enseigné aux Juifs à adorer le *Dieu de leurs Pères*, le Dieu d'A-Jam et de Noé, et non un Dieu inconnu. Mahomet prétendit renouveler la religion d'Abraham et d'Ismaël parmi les Arabes, ou idolâtres, ou juifs, ou chrétiens. Pythagore ne s'est pas donné la peine de combattre l'athéisme, parce qu'il ne l'a trouvé établi nulle part. Où est donc le premier législateur qui a été obligé de commencer par là, avant de donner des lois?

En second lieu, l'on a trouvé la notion de la Divinité et des pratiques de culte établies chez des peuples qui n'ont jamais eu de législateurs, chez des insulaires encore sauvages; l'on n'a même découvert jusqu'ici aucune peuplade absolument privée de ces notions. Donc elles ne sont point l'ouvrage des sages, des législateurs, des politiques ni des prêtres; elles sont plus anciennes qu'eux. Tous à la vérité ont recommandé la *religion*, lui ont donné une forme fixe, ont fondé les lois sur cette base, mais ils n'en sont pas les créateurs. Ils ont aussi appuyé les lois sur les sentiments de bienveillance mutuelle, sur l'amour de la patrie, sur le désir de la louange, sur la crainte des peines; sont-ils pour cela les premiers auteurs de ces sentiments naturels? La société civile qu'ils ont établie a développé et fortifié ces principes; mais elle n'en a pas créé le germe, il en est de même de la *religion*.

En troisième lieu, ou ces législateurs croyaient eux-mêmes un Dieu, une *religion*, une autre vie, comme ils l'ont témoigné, ou ils n'y croyaient pas. S'ils y croyaient, comment la même persuasion est-elle venue à l'esprit de tous, dans des temps, dans des lieux, dans des climats si différents, à la Chine et aux Indes, en Europe et en Afrique, au Nord et au Midi? Comment ont-ils jugé tous que cette croyance serait utile aux hommes pendant que, suivant les athées, elle leur est pernicieuse? Qu'une même vérité ait subjugué tous les sages, cela se conçoit; qu'une même erreur les ait tous aveuglés, cela ne se comprend plus. S'ils n'y croyaient pas, tous ont donc été des athées fourbes, imposteurs, hypocrites; pas un seul n'a eu le courage d'être de bonne foi; ce sont eux qui, en donnant pour leur seul intérêt une *religion* aux hommes, ont ouvert la boîte de Pandore, source de tous les malheurs. En vérité les athées font beaucoup d'honneur à leurs prédécesseurs. Mais de quelles raisons ces fourbes se sont-ils servis pour subjuguer des hommes encore sauvages, tous jaloux de la liberté et de l'indépendance, et pour leur mettre dans l'esprit les idées d'un Dieu et d'une *religion* qui n'y étaient jamais venues? Quelle cause a pu déterminer tous ces sauvages à embrasser la même erreur, si ce n'est la nature et la raison?

Disons mieux; aucun législateur ne fut athée, et aucun athée ne fut jamais capable d'être législateur. Celui qui aurait établi la *religion* par pure politique et pour son seul intérêt particulier aurait enseigné, comme Hobbes, qu'elle doit dépendre absolument de la volonté du législateur, que le souverain doit en être le maître absolu; au contraire, tous ont supposé que c'est à Dieu seul de prescrire le culte qui lui est dû, et c'est pour cela que les imposteurs mêmes, tels que Zoroastre et Mahomet, se sont donnés pour inspirés et envoyés de Dieu. Mais l'imposture en fait de *religion* n'est pas une preuve d'athéisme. La conduite uniforme et unanime de tous les législateurs démontre qu'il a été impossible de fonder les lois et la société civile sur une autre base que sur la *religion*. Vous bâtiriez plutôt une ville en l'air, dit Plutarque, que d'établir une république sans Dieu et sans *religion*. Et puisque l'homme n'a point été destiné par la nature à vivre sauvage et isolé, il est évidemment né pour être religieux; à moins de changer absolument la nature humaine, les athées ne viendront pas à bout de faire goûter leur système insensé. Il est prouvé par les mêmes raisons que la *religion* ne fut jamais un effet de l'imposture des prêtres, puisqu'il est absurde de supposer qu'il y a eu des prêtres ou des ministres de la *religion*, avant qu'il y eût une *religion*. Avant de former des peuplades, les hommes ont eu du moins une famille, de laquelle ils étaient maîtres absolus. Un père, avant de donner une *religion* à ses enfants, a dû la recevoir lui-même d'ailleurs, ou il a été obligé de la forger. Quel motif a pu l'y engager, si ce n'est sa propre persuasion? Au mot PAGANISME, nous avons fait voir que, par une impulsion générale de la nature, tous les hommes ont été portés à croire que tout ce qui se meut est vivant et animé; par conséquent à imaginer un esprit dans tous les corps où ils voient du mouvement. De là ils ont peuplé l'univers entier d'esprits, d'intelligences, de génies ou de démons qui produisent tous les phénomènes de la nature, bons ou mauvais. Comme ces phénomènes sont supérieurs aux forces de l'homme, et que son bien-être ou son mal-être en dépendent, il a conclu que, par des respects et des offrandes, il fallait gagner l'affection et prévenir la colère de ces esprits plus puissants que lui, et qu'il a nommés des *dieux*. Il n'a donc pas été nécessaire qu'un imposteur forgeât des dieux et un culte pour en infatuer les autres, puisque ces notions viennent à l'esprit de l'ignorant le plus grossier. Un père prévenu de ces idées les a transmises naturellement à ses enfants, sans aucune envie de les tromper; quand il ne les leur aurait pas enseignées positivement, ses enfants, en lui voyant pratiquer un culte, faire des offrandes, des libations, des génuflexions devant le soleil ou la lune, devant une pierre ou un tronc de bois, ont été portés à l'imiter : voilà une *religion* et un sacerdoce domestique institués, sans que l'intérêt, la politique, l'imposture, y soient entrés pour rien.

Lorsque les familles se sont rassemblées en une seule peuplade, elles étaient déjà imbues de ces notions et habituées à un culte quelconque. Au lieu d'être simplement domestique, il est devenu public, parce que tous les usages sont communs dans une même société. L'on a jugé que le culte de la divinité devait être confié à l'homme le plus ancien, le plus respectable, et qui était réputé le plus sage; et par la même raison l'on s'en est rapporté à lui pour les affaires du gouvernement; de là l'union du sacerdoce et de la royauté chez tous les anciens peuples. Où est ici l'artifice, la fourberie, l'imposture ? elle ne se trouve pas où il n'en est pas besoin. Que, pour maintenir ou augmenter son autorité, un prêtre-roi ait dans la suite forgé quelque fable ou quelque superstition particulière, cela est très-possible ; mais que dans la première origine la *religion* soit née de l'intérêt du sacerdoce, et non le sacerdoce du besoin de *religion*, c'est une absurdité complète.

IV. Les ennemis de la *religion* n'ont pas rougi d'assurer qu'elle est très-inutile aux hommes, et que l'on pourrait très-bien s'en passer; nous soutenons au contraire qu'elle est absolument nécessaire, soit à l'homme considéré seul et relativement à son bonheur particulier, soit à la société à laquelle l'homme est destiné.

Déjà, au mot ATHÉISME, nous avons fait voir que ce système affreux, loin de procurer le bonheur et le repos à ses partisans, les remplit de trouble, d'inquiétude, de doutes et d'idées noires; qu'il ne leur laisse aucun motif solide d'être vertueux. C'est plus qu'il n'en faut pour prouver ce que nous avançons. *Voy.* ATHÉISME.

Une autre preuve est la persuasion dans laquelle sont la plupart des athées, que la *religion* est venue à l'homme du sentiment de ses peines, qu'il a cherché une consolation en imaginant un Dieu qui peut le secourir, et qui tôt ou tard le dédommagera de ses souffrances. D'où il s'ensuit que toute consolation, toute espérance est morte pour les athées, et quelques-uns ont été forcés d'en convenir. Puisque tous les hommes sont exposés à souffrir sur la terre plus ou moins, c'est un trait de démence de renoncer de sang-froid aux ressources que la raison nous offre. Que l'on compare un athée souffrant, avec un personnage tel que Job, rempli de soumission, de résignation, de confiance en Dieu, et que l'on nous dise lequel des deux est le plus à craindre.

Dès que je suis convaincu que Dieu a créé le monde, je conçois que son pouvoir est infini ; avec ce pouvoir il n'a besoin de rien ; il n'a donc pas produit les êtres sensibles pour son bonheur, mais pour le leur. S'il ne leur accorde pas un plus haut degré de bien-être, ce n'est ni par impuissance ni par malice, mais pour des raisons sages, desquelles il n'est pas obligé de me rendre compte. Dès lors je comprends que toutes les objections et les plaintes des athées contre le mal physique et moral qu'il y a dans le monde sont absurdes, elles ne m'inquiètent plus. Si je suis malheureux moi-même, c'est-à-dire moins heureux que je ne voudrais l'être, je me persuade que Dieu, qui n'est ni injuste, ni cruel, ni insensé, le veut ainsi pour le mieux ; qu'il faut réprimer mes désirs, supporter mes peines, espérer un meilleur avenir, du moins après cette vie. Un athée ne sait pas si dans quelques moments l'univers ne retombera pas dans le chaos, si les hommes ne deviendront pas tout à coup des monstres de méchanceté, si lui-même ne se trouvera pas au comble du malheur. Pour moi qui crois une Providence, je compte sur la perpétuité de l'ordre physique qu'elle a établi; encore plus sur la constance de l'ordre moral dont Dieu est l'auteur. La loi et les principes de justice, les sentiments de bienveillance générale que je sens gravés dans mon cœur, sont les mêmes dans tous les hommes ; c'est le gage d'une sûreté et d'une confiance mutuelle. Dès que je connais des hommes qui croient aussi bien que moi un Dieu juste, une loi naturelle, une autre vie, je ne cours aucun risque de m'associer avec eux : au milieu d'une société d'athées, sur quoi pourrais-je fonder ma confiance ? Nous persistons à soutenir contre eux qu'il est impossible de fonder la société humaine sur une autre base solide que la *religion*; et déjà ils l'ont suffisamment avoué, en supposant que la *religion* a été une invention de la politique des législateurs, parce qu'ils en ont senti le besoin pour réunir par des lois les hommes en société. En effet, si l'on en excepte Confucius, philosophe moraliste plutôt que législateur, on ne trouvera pas un seul des anciens sages qui n'ait regardé la volonté de Dieu, législateur suprême, comme le seul et unique fondement de toutes les lois et de tous les devoirs de l'homme. Aux mots LOI et MORALE, nous avons fait voir que l'on ne peut pas les concevoir autrement.

Pour le démontrer de nouveau, nous n'avons besoin que d'exposer le système des athées sur le fondement de la société. Considérant l'homme comme sorti fortuitement du sein de la terre, ils disent que par sa nature il n'a aucun droit ni aucun devoir à l'égard de son semblable, que chacun a droit à tout ce dont il peut s'emparer par force; mais comme cet état n'est pas avantageux aux hommes, ils ont senti qu'il était mieux pour eux de vivre en société, et ils y ont consenti ; ils sont convenus d'établir des règles de justice et d'équité, des lois de propriété et de subordination, auxquelles ils se sont librement soumis. Ainsi la société est fondée sur cette convention, et c'est ce que l'on appelle le *pacte* ou *contrat social*. Rien de plus frivole que cette théorie. — 1° Comme il est absurde d'imaginer que l'homme est né par hasard, il est évidemment la production d'une cause intelligente, puissante et sage, puisque sa constitution est un chef-d'œuvre d'industrie. C'est donc cette même cause que nous appelons *Dieu*, qui a fait l'homme de manière qu'il lui est plus avantageux de vivre en société, que de vivre seul et sans relation avec ses semblables; donc Dieu, en créant l'homme, l'a destiné à vivre en société. Or, il n'a pas pu le destiner à cet état, sans lui imposer les devoirs et les obligations sans lesquels la société ne pourrait pas subsister, puisqu'il n'a pas pu vouloir la fin sans vouloir les moyens. Donc c'est cette même volonté du créateur qui est la loi primitive et fondamentale, la loi naturelle, à laquelle l'homme est soumis en naissant, qui prévient toute convention libre de sa part, qui lui assure des droits, pourvoit à sa sûreté et à son bien-être, avant qu'il soit capable de les connaître, qui oblige ses semblables à l'aimer, à le conserver, à ne point lui nuire, parce qu'il est homme. — 2° Quelle force pourrait avoir une convention faite entre plusieurs hommes mutuellement indépendants, s'il n'y avait pas une loi antérieure qui oblige chaque particulier à garder sa parole, à exécuter fidèlement ses conventions? Il est absurde qu'un homme s'oblige ou se force lui-même, que sa volonté s'impose une loi; la même cause qui aurait créé la loi et l'obligation, pourrait la rompre quand il lui plairait. Le mot *loi*, ou *lien de volonté*, exprime un maître, un pouvoir supérieur à celui qui est lié, contraint ou *obligé*. Ainsi, malgré le *pacte social*, tout particulier demeurerait maître de son obligation, il ne pourrait donc être contraint que par la force; or, la force des autres ne nous impose aucun devoir de conscience; si nous pouvons nous y soustraire ou y résister, cela nous est permis, à moins qu'une loi suprême ne nous ordonne d'y obéir. Donc, sans la loi divine, le pacte social ne peut rien opérer. — 3° Quand il pourrait obliger celui qui l'a fait, il n'obligerait pas ceux qui n'y ont point eu de part, ceux qui n'étaient pas encore nés. Dès que l'homme est supposé indépendant par nature, qui a droit de contracter pour lui? personne. Un père n'a pas plus d'autorité d'obliger ses enfants, que les enfants n'en ont de contraindre leur père. Un enfant naissant ne doit rien à la société, puisqu'il n'a pas contracté avec elle, et la société ne lui doit rien, elle peut le laisser périr ou l'étouffer sans violer aucun devoir. Exécrable conséquence, qui devrait faire rougir les athées. — 4° Dans cet état de choses, il n'y a point de vertus, sinon ce que les lois civiles commandent, point de vices que ce qu'elles défendent; les coutumes, les usages, les habitudes des peuples les plus barbares sont légitimes, dès que leur société les approuve. Il est aussi beau de tuer ses enfants pour s'en débarrasser que de les nourrir, aussi louable de manger de la chair humaine que de vivre de fruits ou de légumes, aussi conforme à la raison d'imiter les brutes que de suivre les mœurs des peuples policés. Dès qu'il n'y a point d'autres lois que celles de la société, rien ne l'oblige à faire telle loi plutôt que la loi contraire. — 5° Dans cette même hypothèse l'homme ne peut être engagé à observer les lois que par son intérêt présent; si son intérêt s'y oppose, il peut violer une loi sans courir aucun danger, s'il est assez rusé pour s'y soustraire, ou assez fort pour y résister, il en est le maître, sa conscience ne peut pas le condamner. Puisque c'est l'intérêt seul qui a dicté le contrat social, l'intérêt seul peut autoriser aussi un homme à le violer. — 6° Supposons même qu'un membre de la société, en violant une loi, ait agi contre son intérêt, on pourra dire qu'il est insensé, mais non qu'il est criminel. Dans l'hypothèse d'une loi divine et naturelle, il y a des circonstances où c'est un acte de vertu héroïque de sacrifier notre intérêt, de renoncer à ce qui nous flatte le plus, de nous faire violence à nous-mêmes, de résister à la sensibilité physique, de renoncer même à la vie. Suivant les principes des athées, ce seraient là autant d'actes de démence contraires à l'humanité. On peut pousser à l'infini les conséquences révoltantes de leur système.

Pour prouver que la *religion* est inutile, ils n'ont qu'une seule objection, c'est que la *religion* n'empêche et ne prévient pas tous les crimes, et que l'on peut en reprocher à ceux mêmes qui ont ou qui paraissent avoir le plus de *religion*. Conséquemment ils font l'étalage de tous les désordres qui règnent chez les nations chrétiennes, aussi bien que chez les nations infidèles; les mœurs, disent-ils, ne pourraient pas être plus mauvaises, quand tous les peuples seraient incrédules et athées. Mais il y a bien peu de réflexion dans cette manière de raisonner. En premier lieu, lorsqu'un homme religieux pèche grièvement, il résiste non-seulement à tous les motifs par lesquels la *religion* l'en détourne, mais encore à tous ceux que la raison peut suggérer, tels que l'intérêt bien entendu, l'amour bien réglé de soi-même, le désir de l'estime d'autrui, la crainte du blâme, etc. Les athées soutiennent que ces derniers motifs suffisent sans la *religion*, pour rendre les hommes vertueux; cependant ils ne suffisent pas plus que les motifs de *religion* pour détourner un chrétien du crime, puisqu'il les surmonte tous à la fois. Si donc il s'ensuit que la *religion* est inutile, il faut en conclure aussi l'inutilité de la raison, de la conscience, de l'éducation, des lois, des récompenses et des peines, etc. L'argument des athées retombe de tout son poids sur leur propre système. Par une supercherie grossière ils supposent que la *religion* étouffe dans un croyant les motifs naturels par lesquels la raison nous porte à la vertu et nous détourne du crime; c'est une fausseté: la *religion* ne réprouve aucun de ces motifs lorsqu'ils sont bien réglés; ils sont donc tout aussi puissants sur le cœur d'un croyant que sur celui d'un athée ; nous l'avons prouvé ailleurs. *Voy.* MORALE. Ils doivent même agir plus puissamment sur le premier, puisqu'ils sont renforcés par les motifs de la *religion*; c'est une absurdité de soutenir l'inutilité des uns plutôt que celle des autres.

En second lieu, l'homme doué de réflexion et de liberté, mais sujet à mille passions différentes, n'est pas fait pour agir par force, pour être contraint comme les animaux, pour tenir comme eux une conduite uniforme; il est inconstant par nature, par conséquent capable de passer souvent de la vertu au vice, et du vice à la vertu. Plus il a de tentations et d'occasions de chute, plus il a besoin de motifs divers pour s'en préserver; loin de lui ôter ceux de la *religion* ou ceux de la raison, il faudrait en imaginer encore d'autres s'il était possible. Autrefois, en raisonnant comme les athées d'aujourd'hui, les épicuriens s'efforçaient de prouver l'inutilité de la raison dans l'homme, puisqu'elle ne le guérit ni de ses passions ni de ses vices, ils soutenaient qu'il serait mieux pour lui d'être né semblable aux animaux.

V. La haine aveugle des incrédules contre toute *religion* les a portés à faire tous leurs efforts pour prouver que c'est un préjugé pernicieux à l'humanité, qu'il a été, qu'il est et qu'il sera toujours la principale cause des maux et des crimes du genre humain. Les invectives sanglantes qu'ils se sont permises à ce sujet dévoilent toute la malignité de leur cœur.

1° Ils disent que la *religion* tourmente l'homme par les frayeurs continuelles d'un supplice éternel et de la justice inexorable d'un Dieu toujours irrité; que cette perspective le rend peureux et lâche, l'occupe tout entier des choses de l'autre vie et lui fait négliger les intérêts de celle-ci. Nous leur répondons que si les hommes n'avaient rien à craindre, ni dans ce monde ni dans l'autre, un grand nombre seraient des malfaiteurs très-redoutables, avec lesquels il serait impossible de vivre en société; que si la vertu n'avait rien à espérer dans l'autre vie, à peine se trouverait-il quelques âmes assez courageuses pour la pratiquer; suivant l'expression de saint Paul, les saints seraient les plus malheureux de tous les hommes. Nous ne doutons pas que les incrédules ne soient souvent effrayés et ne tremblent en pensant à la justice de Dieu et aux supplices éternels, puisqu'ils n'ont aucune certitude que ce soient là des fables; cela prouve que leur conscience n'est pas nette : mais ils ont tort d'attribuer la même inquiétude aux hommes sincèrement religieux; ceux-ci savent que Dieu est miséricordieux aussi bien que juste, et que l'enfer n'est destiné qu'aux méchants. En effet, la vraie *religion*, loin de nous peindre Dieu comme toujours irrité, le représente comme toujours apaisé par le repentir des pécheurs, qu'il les recherche, qu'il les invite, qu'il ne les punit que pour les amener à la pénitence. *Voy.* MISÉRICORDE DE DIEU. Nous voudrions que nos adversaires citassent, parmi ceux qui n'ont aucune *religion*, des hommes aussi courageux, aussi intrépides, aussi zélés pour le bien public, et qui aient rendu autant de services au genre humain que l'ont fait les saints par pur motif de *religion*. Suivant le témoignage de toute l'antiquité, les épicuriens, les sceptiques, les pyrrhoniens furent les plus inutiles et les plus ineptes de tous les hommes. Parfaits modèles de ceux d'aujourd'hui, ils n'étaient bons qu'à déprimer la vertu et à tourner en ridicule le zèle du bien public. La *religion* nous apprend que le moyen le plus sûr d'assurer notre bonheur éternel est de nous consacrer en ce monde au service de nos frères.

2° Ils prétendent que la *religion* divise les hommes, cause des haines nationales, arme les peuples l'un contre l'autre, etc. Nous soutenons que cela est faux. Les peuples sauvages, qui ont à peine quelques notions religieuses, sont plus divisés entre eux et plus acharnés à s'entre-détruire que les nations policées et adoucies par la *religion*. Pendant que toutes étaient prévenues des mêmes erreurs, toutes polythéistes et idolâtres, elles se sont fait la guerre avec plus d'obstination et de cruauté qu'aujourd'hui. La vraie cause des haines nationales est dans les passions des hommes, l'orgueil, la jalousie, une ambition insatiable, la manie des conquêtes, l'intérêt du commerce, etc.; c'est ce qui les mettait aux prises, lorsque Jésus-Christ est venu prêcher la paix et la charité fraternelle, les réunir dans son Église, comme *des brebis dans un seul bercail sous un même pasteur*. De quel front peut-on soutenir que cette *religion* sainte tend à les diviser? Si malgré sa morale douce et pacifique, les nations, même chrétiennes, se font encore la guerre, cela prouve que leurs passions sont incurables; et ce n'est certainement pas l'athéisme qui les guérirait. Nous convenons que la *religion* des Juifs tendait à les séparer des autres nations, parce que celles-ci étaient parvenues au plus haut degré d'aveuglement et de corruption. Mais les peuples contre lesquels ils ont eu des guerres à soutenir n'étaient pas mieux d'accord entre eux qu'avec les Juifs. Depuis l'expulsion des Chananéens, la loi de Moïse n'a jamais ordonné aux Juifs d'aller troubler le repos de leurs voisins. La haine que les nations païennes avaient conçue contre eux venait d'une aveugle prévention, et non d'aucun sujet de plainte que les Juifs leur eussent donné.

3° L'on objecte que la *religion* favorise le despotisme des princes et commande l'esclavage aux peuples. A l'article DESPOTISME, nous avons fait voir la fausseté de cette calomnie. Elle ne prouve rien, sinon la haine des incrédules contre toute espèce d'autorité aussi bien que contre la *religion*.

4° Nos censeurs atrabilaires ont fouillé dans toutes les histoires pour rassembler les crimes que le zèle de *religion* a fait commettre. Au mot ZÈLE DE RELIGION, nous ferons voir que plusieurs de ces crimes préendus étaient des actions légitimes, que les autres ont été suggérés par des passions impérieuses et non par amour de la *religion*.

RELIGION NATURELLE. De nos jours on a fait un étrange abus de ce terme. Les déistes soutiennent que l'on ne doit admettre aucune *religion* révélée ; que toutes les révélations sont fausses ; qu'il faut s'en tenir à la *religion naturelle*. Pour expliquer ce qu'ils entendent par là, ils disent que la *religion naturelle* est le culte que la raison, laissée à elle-même et à ses propres lumières, nous apprend qu'il faut rendre à Dieu. Déjà aux mots DÉISME et RAISON, nous avons fait voir que cette définition est captieuse et fausse (1).

(1) Nous en avons vu d'autres qui rejettent toute idée de religion naturelle. Nous croyons qu'il n'y a qu'une seule religion qui est tout à la fois naturelle et révélée. « Elle est naturelle, dit Bergier, en ce qu'elle est conforme aux besoins de l'humanité, à la nature de Dieu et à la nature de l'homme ; et que, lorsque nous en sommes instruits, nous pouvons, par les lumières de la raison, en sentir et démontrer la vérité. Mais elle n'est point naturelle dans ce sens, qu'aucun homme soit parvenu par ses propres recherches à en découvrir tous les dogmes et tous les préceptes, et à les professer dans leur pureté. Personne ne l'a connue que ceux qui l'ont reçue par tradition. Le seul moyen d'estimer ce que l'homme peut faire, est d'examiner ce qu'il a fait dans tous les lieux, dans toutes les circonstances où il s'est trouvé.

« Autre chose est de découvrir une vérité par la seule réflexion, autre chose de se la démontrer lorsqu'elle est connue. Les déistes affectent de confondre ces deux manières, c'est un paralogisme ; les philosophes anciens et modernes ont su en faire la distinction. »

« Dès qu'une chose nous est connue, dit Locke, elle ne nous paraît plus difficile à comprendre, et nous croyons que nous l'aurions découverte par nous-mêmes sans le secours de personne ; nous la mettons en possession comme d'un bien qui nous est propre, quoique nous ne l'ayons pas acquis par notre propre industrie.... Il y a quantité de choses dont la croyance nous a été inculquée dès le berceau, de sorte que les idées nous en étant devenues familières et pour ainsi dire naturelles sous l'Evangile, nous les regardons comme des vérités qu'il est aisé de voir et de prouver jusqu'à la dernière évidence, sans considérer que nous aurions pu en douter ou les ignorer pendant long-temps, si la révélation n'en eût rien dit. Ainsi, plusieurs sont redevables à la révélation sans s'en apercevoir. » (*Christ. rais.*, t. I, c. 14, pag. 294.)

Cicéron a eu la même pensée sur un autre objet. « Il n'y a point, dit-il, d'esprit assez pénétrant pour découvrir par lui-même des vérités aussi sublimes, si on ne les lui montre pas ; et cependant elles ne sont pas assez obscures pour qu'un bon esprit ne les comprenne parfaitement lorsqu'on les lui montre. » (*De Orat.*, l. III, c. 34.)

« Les livres d'Euclide et les principes de Newton, dit un déiste anglais, contiennent sans doute des vérités naturelles et évidentes ; cependant il n'y a qu'un insensé qui ose prétendre que, sans ces livres, il aurait tout aussi bien découvert les vérités qu'ils renferment, et que nous n'avons aucune obligation à leurs auteurs. Ainsi les leçons de Jésus-Christ nous paraissent des vérités très-naturelles et très-raisonnables, depuis qu'il les a placées sous nos yeux dans le plus grand jour, et lorsque nous voulons les examiner avec une raison dégagée de préjugés. Cepen-

En effet, par *la raison laissée à elle-même*, où l'on entend la raison d'un sauvage élevé dans les forêts parmi les animaux, qui n'a reçu ni leçons ni éducation de personne ; dans ce sens, nous demandons quelle espèce de religion peut forger cette brute à figure humaine : ou l'on veut parler de la raison d'un ignorant né dans le sein du paganisme ; alors nous soutenons qu'il jugera que la religion païenne est la plus naturelle et la plus raisonnable. Ainsi en ont jugé les philosophes mêmes dont la raison était d'ailleurs la plus cultivée et la plus éclairée. Lorsqu'on leur a prêché le culte d'un seul Dieu, pur esprit et créateur, ils ont décidé que cette religion était fausse et contraire à la raison.

Si l'on entend la raison d'un philosophe élevé et instruit dans le christianisme, c'est une absurdité de dire que sa raison a été *laissée à elle-même et à ses propres lumières*, puisque dès l'enfance elle a été éclairée par les leçons de la révélation : il n'est pas moins ridicule de nommer *religion naturelle* les dogmes et le culte qu'un philosophe ainsi instruit trouvera bon d'adopter. Il est donc évident que la prétendue *religion naturelle* des déistes est une chimère qui n'a jamais existé que dans leur cerveau.

Appellera-t-on *religion naturelle* celle dont tous les dogmes et les préceptes sont démontrables. Nous n'en serons pas plus avancés. Ce qui est démontrable à un philosophe ne l'est pas à un ignorant ; le dogme de la création que nous démontrons très-bien, grâce à la révélation, a paru faux et impossible à tous les anciens philosophes. Faut-il donc bannir du langage théologique le nom de *religion naturelle* ? Non sans doute, mais il faut en fixer le sens et en écarter l'abus. On peut très-bien appeler ainsi la *religion* primitive que Dieu a prescrite à notre premier père et aux patriarches, ses descendants, puisqu'elle était très-conforme à la nature de Dieu et à la nature de l'homme, dans les circonstances où l'humanité se trouvait pour lors. Mais elle était

dant le peuple n'en avait jamais ouï parler auparavant, et il n'en aurait jamais rien su sans le secours de ce Maître divin. »(Morgan, *Moral philosopher*, tom I, p. 144.)

L'auteur des *Pensées sur l'interprétation de la nature*, a fait à peu près la même observation. (N. 58, p. 92.) Bayle la confirme. (*Contin. des pensées div.*, §. 21, pag. 216.)

« Vainement les déistes disent que les devoirs de la religion naturelle sont fondés sur des relations essentielles entre Dieu et nous, entre nous et nos semblables, et qu'ils sont gravés dans le cœur de tous les hommes. Si l'éducation, les leçons de nos maîtres, l'exemple de nos concitoyens ne nous accoutument point à en lire les caractères, c'est un livre fermé pour nous. Une expérience générale, et qui date de six mille ans, doit nous convaincre que la raison humaine, privée du secours de la révélation, n'est qu'un aveugle qui marche à tâtons dans le plus grand jour. » (*Traité de la Religion*, tom. I, pag. 78, édit. de Besançon, an 1820.) *Voyez* aussi les articles CERTITUDE, ÉVIDENCE, FOI, LANGAGE, LOI NATURELLE, MÉTAPHYSIQUE. PHILOSOPHIE, etc.

surnaturelle dans un autre sens, puisqu'elle était révélée, et sans cette révélation, les hommes n'auraient pas été capables de l'inventer; nous le prouverons dans un moment.

L'Ecriture sainte nous a conservé le symbole, les pratiques, la morale de cette religion; Job les enseigne formellement dans son livre, et Moïse suppose ce catéchisme dans les siens. Les patriarches ont cru que Dieu est pur esprit, seul créateur, seul gouverneur du monde, et souverain législateur; que l'homme créé à l'image de Dieu a une âme spirituelle, libre et immortelle; qu'après cette vie il y aura un bonheur éternel destiné à récompenser les justes, et des supplices éternels pour punir les méchants; mais ils ont cru aussi la chute de l'homme et la venue future d'un médiateur. Moïse n'a fait que répéter aux Juifs la croyance de leurs pères, et Jésus-Christ en a confirmé tous les articles dans son Evangile. Au mot CULTE nous avons fait voir en quoi consistait celui des premiers hommes, et indépendamment de la morale prescrite dans le décalogue et dans les écrits de Job, les patriarches l'ont enseigné par leurs exemples autant que par les leçons qu'ils ont faites à leurs enfants. On ne voit parmi eux ni le polythéisme absurde, ni l'idolâtrie grossière, ni les usages barbares, ni les désordres honteux qui ont régné chez tous les peuples du monde. Si donc ces anciens justes ont suivi le *dictamen* de la raison, c'est qu'ils étaient éclairés par une lumière supérieure et conduits par les leçons de Dieu même. Le fait de la révélation primitive est prouvé d'ailleurs : 1° Par l'histoire sainte, qui nous représente Dieu conversant avec Adam, avec Abel et Caïn, avec Noé et sa famille, et les instruisant comme un père instruit ses enfants. Il accorde la même faveur au patriarche Abraham, à Isaac et à Jacob. Les incrédules n'ont aucune raison solide de nier, ou de révoquer en doute ce fait important. La tradition s'en est conservée chez la plupart des peuples ; ils ont été persuadés que dès l'enfance du monde les dieux avaient conversé avec les hommes. — 2° les monuments de l'histoire profane s'accordent avec les écrivains sacrés pour nous apprendre que la première religion de tous les peuples anciens a été le culte d'un seul Dieu, mais qu'insensiblement ils sont tombés tous dans le polythéisme et l'idolâtrie. Voy. PAGANISME, § 2 et 3. Si la *religion* primitive avait été l'ouvrage de la raison, comment aurait-elle pu se corrompre par le raisonnement ? Elle aurait suivi sans doute la marche naturelle des connaissances humaines ; elle serait devenue plus pure, plus ferme, plus uniforme, à mesure que la raison aurait fait des progrès : tout au contraire, les peuples qui se sont le plus avancés dans les autres sciences ont paru les plus aveugles et les plus stupides en fait de religion. Les Chaldéens, les Egyptiens, les Grecs, les Romains, n'ont pas mieux pensé sur ce point que les nations les plus barbares. 3° Les incrédules, frappés de ce phénomène, ont imaginé que le paganisme, avec ses *superstitions*, était l'ouvrage de quelques imposteurs qui ont séduit les peuples : c'est une erreur. Nous avons prouvé plus d'une fois qu'il est venu d'une suite de faux raisonnements Voy. PAGANISME, § 3 ; RELIGION, § 3. Nous le voyons par les livres de Cicéron sur la *Nature des dieux*, qui sont le résumé de ceux de Platon ; par les écrits de Celse, de Julien, de Porphyre, qui ont raisonné sur ce sujet comme le peuple. Donc, si la *religion* des premiers hommes avait été fondée sur le raisonnement, elle aurait été la même que celle des raisonneurs dont nous parlons.— 4° Dès que le polythéisme et l'idolâtrie ont été une fois établis, aucun philosophe ne s'est trouvé assez habile pour en démontrer l'absurdité, et pour ramener les hommes au culte primitif d'un seul Dieu ; au contraire, ils ont tous regardé les juifs et les chrétiens comme des insensés, des athées, des impies, parce qu'ils ne voulaient pas être polythéistes. Donc, à plus forte raison, dans l'enfance du monde et avant la naissance de la philosophie, les hommes étaient incapables de se former une vraie notion de la Divinité et une religion raisonnable, s'ils n'avaient pas été éclairés par la révélation. Les déistes s'abusent eux-mêmes et en imposent aux ignorants, lorsqu'ils se flattent d'avoir inventé, par leurs propres lumières, le système de *religion* qu'ils appellent la *religion naturelle*.— 5° Enfin, les dogmes de la création, de la chute de l'homme, de la venue future d'un médiateur, ne sont pas des vérités que la raison humaine puisse découvrir lorsqu'elle est *laissée à elle-même*.

Il est donc prouvé jusqu'à la démonstration que la *religion* primitive, que l'on appelle communément *la loi de nature*, a été une *religion* révélée, et que, sans cette révélation, les hommes ne seraient jamais parvenus à s'en faire une aussi vraie, aussi pure, aussi conforme à la droite raison.

Mais à quoi nous exposons-nous ? Plus vous exagérez l'impuissance de la raison, nous disent les déistes, mieux vous prouvez que les païens sont excusables d'avoir suivi une religion fausse et corrompue, et que Dieu serait injuste de les en punir. Comment accorder cette doctrine avec saint Paul, qui a décidé que du moins les philosophes ont été inexcusables ? Voy. LOI NATURELLE.

Nous avons déjà répondu ailleurs à cette objection. 1° Pour savoir jusqu'à quel point les païens sont excusables ou punissables, il faudrait connaître jusqu'à quel degré les passions volontaires, telles que la négligence, l'orgueil, l'opiniâtreté, la corruption du cœur ont contribué à offusquer dans chaque particulier les lumières de la raison. Dieu seul peut en juger, et nous n'avons pas besoin de le savoir. 2° Outre ces lumières naturelles, Dieu a donné à tous des grâces intérieures et surnaturelles pour le connaître ; si les païens avaient été fidèles à y correspondre, ils en auraient reçu de plus abondantes. C'est une vérité clairement enseignée dans l'Ecriture sainte. Il est dit (*Joan.* i, 9) que le Verbe divin est la vraie lumière qui éclaire tout homme venant en ce monde ; et le reste de ce passage témoigne assez qu'il est question là d'une lumière surnaturelle. Ainsi l'ont entendu les Pères de l'Eglise ; ils ont appliqué au Verbe divin ce qui est dit du soleil, *ps.* xviii, v. 7, que *personne ne se dérobe à sa chaleur.* Saint Paul invite les fidèles à prier pour tous les hommes, parce que Dieu veut que tous soient sauvés et *parviennent à la connaissance de la vérité* ; il le veut, parce que Jésus-Christ est médiateur pour tous, et qu'il s'est livré pour la rédemption de tous (*I Tim.* ii). Cette volonté ne serait pas sincère, si Dieu ne donnait pas à tous les grâces nécessaires pour parvenir à la connaissance de la vérité. *Voy.* Grace, § 2 ; Infidèle, etc. Les païens sont donc punissables pour avoir résisté à ces grâces.

Religion judaïque *Voy.* Judaïsme.

Religion chrétienne. *Voy.* Christianisme.

Religion fausse. C'est à Dieu seul de prescrire la manière dont il veut être honoré ; dès qu'il a daigné une fois en instruire les hommes, ils sont tous obligés de s'y conformer ; tout autre culte qu'ils veulent lui rendre doit lui déplaire ; il est faux, superstitieux et abusif. Or, nous avons prouvé que, dès la création, Dieu a prescrit au premier homme ce qu'il devait croire et pratiquer ; il lui a ordonné de transmettre à ses enfants cette *religion*, et nous la voyons fidèlement observée par les patriarches. Mais, après la dispersion des familles, plusieurs ont oublié les leçons qu'elles avaient reçues et le culte qu'elles avaient vu pratiquer à leurs pères ; elles se sont forgé à elles-mêmes une *fausse religion*, et l'ont transmise à leurs descendants. Nous avons observé déjà plus d'une fois la facilité avec laquelle les hommes les plus grossiers ont passé de la croyance d'un seul Dieu au polythéisme, par le penchant qu'ils ont tous à supposer des esprits, des génies, des démons intelligents et puissants dans toutes les parties de la nature ; dès que l'on a cru qu'ils étaient distributeurs des biens et des maux de ce monde, on ne pouvait pas manquer de leur rendre un culte : toutes les passions d'ailleurs ont contribué à introduire cet abus, l'intérêt surtout ; l'homme s'est persuadé qu'un seul Dieu chargé du gouvernement de tout l'univers ne serait pas assez attentif à ses besoins et à ses désirs, ni assez prompt à y pourvoir ; il a voulu préposer un Dieu particulier à chaque objet de ses vœux ; il en a fallu un pour soigner les moissons, un autre pour la vendange, un troisième pour le fruit des vergers, un autre pour les troupeaux, etc.

La vanité : chaque particulier a dit : Mon voisin a son dieu : pourquoi n'aurais-je pas le mien? Il a voulu avoir chez soi un dieu, un temple, un autel, un appareil de culte ; il s'est flatté d'en obtenir des bienfaits, à proportion des honneurs qu'il lui rendrait et de la dépense qu'il ferai pour lui ; nous en voyons un exemple dans l'histoire de Michas, rapportée au livre des *Juges*, c. xvii. Lorsqu'un Chinois est mécontent de son dieu, il frappe son idole, la foule aux pieds, la traîne dans la boue, et lui reproche les honneurs qu'il lui a rendus sans aucun fruit. — La jalousie : un homme envieux de la prospérité de son voisin a imaginé que cet heureux mortel avait un dieu à ses gages, il s'est promis le même bonheur au même prix. Il se trouve encore aujourd'hui des âmes viles, rongées par la jalousie, qui attribuent à la magie et aux sortilèges la prospérité de leurs rivaux. La haine a persuadé d'ailleurs à un mauvais cœur que le Dieu de son ennemi ne pouvait pas être le sien. Cette manière de penser des particuliers s'est communiquée aux nations ; lorsque les Romains attaquaient une ville, ils en invoquaient les dieux, ils leur promettaient des temples, des autels, des honneurs, le droit de bourgeoisie à Rome, mais sous condition qu'ils cesseraient de protéger le peuple qu'il s'agissait de vaincre. Ainsi les Philistins, qui s'étaient rendus maîtres de l'arche d'alliance, imaginèrent que le Dieu des Israélites les avait abandonnés pour s'attacher aux Philistins (*I Reg.* iv). Les incrédules reprochent à la *religion* d'avoir produit les haines nationales ; tout au contraire, ce sont les guerres fréquentes entre les nations encore sauvages, qui ont produit la différence des dieux et la variété des *religions*. — La mollesse et l'indépendance : un culte public, déterminé, assujetti à des formules inviolables, est gênant : une *religion* domestique est plus commode, elle s'arrange comme on veut, et combien d'absurdités les esprits bizarres ne sont-ils pas capables de mêler dans le culte divin? C'est pour cela que Dieu avait défendu aux Israélites de faire des offrandes ou des sacrifices, et d'immoler des victimes ailleurs que devant le tabernacle ou dans le temple, de peur que le moindre changement dans le cérémonial ne donnât lieu à quelque erreur. — Ajoutons le libertinage d'esprit et de cœur : l'homme a porté la corruption jusqu'à prêter à ses dieux les mêmes passions desquelles il était animé, et à créer des divinités pour présider à ses vices ; la fureur et la vengeance, le vol et les rapines, les plaisirs de la table et l'ivrognerie, les plus sales voluptés ont eu leurs dieux tutélaires. Pouvait-on pousser plus loin le mépris de la Divinité, et le délire en fait de *religion*? Ce n'est pas sans raison que l'auteur du livre de la *Sagesse* a dit, c. xiv, 27, que le polythéisme et l'idolâtrie ont été la source et le comble de tous les crimes.

Quitter une vérité qui gêne les passions, pour embrasser une erreur qui les flatte, est un changement très-aisé ; renoncer à cette erreur pour revenir à la vérité, c'est une conversion pour laquelle il faut toute la puissance de la grâce divine, et souvent tout l'appareil des miracles. Aussi les mêmes monuments qui nous apprennent que les peuples ont passé du culte d'un seul Dieu au polythéisme, ne nous font connaître aucune nation qui soit revenue d'elle-même du polythéisme au culte d'un seul Dieu. Ce fait incontestable démontre, 1° qu'il a fallu nécessairement une révélation primitive pour prévenir les égarements de l'homme en fait de *religion*; 2° que quand ce malheur est une fois arrivé, et que l'erreur a eu pris racine, il en a fallu une autre pour ramener un nouvel ordre de choses et tirer les hommes de leur aveuglement; 3° qu'excepté l'unique *religion* établie de Dieu, toutes les autres sont fausses, et que Dieu ne pourrait les approuver sans autoriser tous les crimes. C'est donc très-mal à propos que les incrédules nous accusent de témérité, d'orgueil, de cruauté, lorsque nous affirmons que tous ceux qui suivent une *religion fausse*, à moins qu'ils ne soient dans une ignorance invincible, sont exclus du salut.

On a mis en question de savoir si c'est un moindre mal d'avoir une *religion fausse* que de n'en point avoir du tout : les athées seuls sont intéressés à soutenir que les *religions fausses* ont fait plus de mal que l'athéisme, et Bayle a employé toute sa subtilité pour établir ce paradoxe; mais il n'en est pas venu à bout, le contraire est trop évident. En effet il n'est aucune *religion* qui ne conçoive Dieu comme législateur suprême, déterminé à récompenser la vertu et à punir le vice, ou en ce monde ou en l'autre. Or, cette croyance est non-seulement très-utile, mais absolument nécessaire pour fonder la société et maintenir l'ordre moral parmi les hommes. Nous avons prouvé ailleurs que sans cela les passions humaines n'auraient aucun frein, et qu'à proprement parler, il n'y aurait ni obligation morale, ni vice, ni vertu.

Outre le paganisme, qui est encore aujourd'hui la seule *religion* des peuples ignorants, l'on doit mettre au rang des *religions fausses* celle de Zoroastre ou des parsis, celle des lettrés chinois, celle des Indiens, le mahométisme et le judaïsme. Celui-ci a été autrefois une *religion* vraie, mais Dieu ne l'avait établie que pour un temps; elle ne peut plus lui être agréable depuis qu'il lui a substitué le christianisme. Nous avons parlé de toutes ces *religions* sous leur titre particulier, et nous avons fait voir les preuves de leur fausseté. Nous ne plaçons point dans le même rang les différentes sectes protestantes ni celles des schismatiques orientaux; ce sont des hérésies, et non des *religions* absolument contraires au christianisme.

Un habile académicien a fait récemment le parallèle des trois plus célèbres fondateurs de *fausses religions*, savoir, de Zoroastre, de Confucius et de Mahomet. En rendant toute la justice qui est due aux talents de l'auteur, nous croyons avoir vu des défauts essentiels dans son ouvrage : 1° Il nous paraît avoir supprimé mal à propos des reproches très-importants que l'on peut faire, soit contre la conduite de ces trois hommes, soit contre leur doctrine; cependant pour l'exactitude du parallèle, il n'en fallait omettre aucun; et il semble avoir loué ou excusé des traits qui sont très-blâmables. 2° Il prodigue un peu trop légèrement à ces personnages fameux le titre de *grands hommes*; nous ne voyons pas sur quoi fondé l'on peut le donner à des ambitieux qui n'ont cherché à séduire leurs semblables que pour dominer sur eux, et qui ont infecté l'univers d'une multitude d'erreurs très-pernicieuses : tel a été du moins le caractère de Zoroastre et de Mahomet. 3° Lorsqu'il est question de Moïse, de ses dogmes, de ses lois, de sa morale, l'auteur semble le mettre, sinon plus bas, du moins à côté des trois autres fondateurs de *religions*. Dans un temps où l'incrédulité prend toute sorte de formes, et se déguise de toutes les manières possibles, un auteur ne peut prendre trop de précautions, pour ne donner lieu à aucune espèce de soupçon.

* Religiosité. *Voy.* Romantisme.

RELIQUES. Ce mot, tiré du latin *reliquiæ*, signifie tout ce qui reste d'un saint après sa mort, ses os, ses cendres, ses vêtements, etc., et que l'on garde respectueusement pour honorer sa mémoire (1).

Les protestants ont fait un crime à l'Eglise catholique du culte qu'elle rend aux *reliques* des saints; ils ont dit, et ils répètent encore, que c'est un culte superstitieux emprunté des païens, et qui ne s'est introduit parmi les chrétiens qu'au IV° siècle. Le concile de Trente a décidé contre eux, *sess.* 25, que les corps des martyrs et des autres saints qui ont été les membres vivants de Jésus-Christ et les temples du Saint-Esprit, doivent être honorés par les fidèles, *veneranda esse*; que par eux Dieu accorde un grand nombre de bienfaits aux hommes. Il fonde sa décision sur l'usage établi depuis les premiers temps du christianisme, sur le sentiment des saints Pères et sur les décrets des conciles. Il ordonne que dans ce culte tout abus, tout gain sordide, toute indécence, soient absolument retranchés. Il défend d'exposer de nouvelles *reliques* sans qu'elles aient été reconnues et approuvées par les évêques; il leur recommande d'instruire soigneusement les peuples de la doctrine de l'Eglise sur ce sujet. Comme les protestants ne veulent point admettre d'au-

(1) Les fidèles doivent porter respect aux corps saints des martyrs et des autres saints, qui vivent avec Jésus-Christ, ces corps ayant été autrefois les membres vivants de Jésus-Christ et le temple du Saint-Esprit, devant être un jour ressuscités pour la vie éternelle, et Dieu même faisant beaucoup de bien aux hommes par leur moyen. Ainsi ceux qui soutiennent qu'on ne doit point d'honneur ni de vénération aux reliques des saints, ou que c'est inutilement que les fidèles leur portent respect, ainsi qu'aux autres monuments sacrés, et que c'est en vain qu'on fréquente les lieux consacrés à leur mémoire pour en obtenir secours, doivent être aussi tous absolument condamnés, comme l'Eglise les a autrefois condamnés, et comme elle les condamne encore maintenant. (C. de Trente, xxv, sess. de l'*Inv. des saints.*)

torité que celle de l'Ecriture sainte, nous devons commencer par la leur opposer. *IV Reg.*, c. xiii, 21, il est rapporté qu'un mort fut ressuscité par l'attouchement des os du prophète Elisée. *Act.*, c. xix, 12, nous lisons que les suaires ou les mouchoirs de saint Paul guérissaient les malades qui les touchaient. Nous demandons pourquoi il n'est pas permis de respecter et d'honorer des *reliques* par lesquelles Dieu a daigné faire des miracles. Certains commentateurs protestants disent qu'il ne s'ensuit pas de là qu'il y ait eu dans les os d'Elisée une vertu divine et miraculeuse, mais que Dieu voulut opérer un miracle dans cette occasion pour confirmer la mission de ce prophète, pour donner plus de poids à ses prédictions, pour affermir parmi les Juifs la foi à la résurrection future. Soit. Les miracles opérés dans l'Eglise chrétienne par les *reliques* des saints n'ont-ils pas dû produire le même effet? Ils ont prouvé la vertu des saints à laquelle le monde n'a pas toujours rendu justice; ils ont donné un nouveau poids à leurs leçons et à leurs exemples; ils ont confirmé les promesses de Jésus-Christ touchant la résurrection future et l'immortalité bienheureuse; ils ont servi souvent à convertir des hérétiques et des mécréants. Ces miracles ne sont donc ni ridicules ni incroyables, quoi qu'en disent les protestants, et c'est une preuve contre eux.

L'*Ecclésiastique*, c. xlvi, v. 12, parlant des juges qui ont été fidèles à Dieu, dit : « Que leur mémoire soit en bénédiction, et que leurs os germent dans leur tombeau. » Il le répète en parlant des douze petits prophètes, c. xlix, v. 12. C'était un témoignage rendu à la résurrection future, et c'est pour cela même que les chrétiens ont honoré les *reliques* des martyrs. — *Apoc.*, c. vi, v. 9, saint Jean dit : « Je vis sous l'autel les âmes de ceux qui ont été mis à mort pour la parole de Dieu et pour lui rendre témoignage. » Il est certain que de là est venu l'usage de placer les *reliques* des saints sous les autels, et d'offrir les saints mystères sur leur tombeau. Beausobre, dans ses remarques sur ce passage, dit qu'on ne se serait pas attendu que cet endroit de saint Jean dût servir à autoriser la pratique d'avoir des *reliques* des martyrs sous les autels dans toutes les églises; que cette coutume superstitieuse commença dans le iv° siècle. En même temps il avoue qu'elle est venue de ce que les chrétiens s'assemblaient dans les lieux où étaient les corps des martyrs, le jour anniversaire de leur mort; que l'on y faisait le service divin et que l'on y célébrait l'eucharistie. Or, nous allons voir que cela s'est fait dès le commencement du ii° siècle. Ce n'était donc pas assez de témoigner ici de l'étonnement, il fallait prouver que cette coutume des premiers chrétiens était superstitieuse et abusive. D'autres ont dit que ce discours de saint Jean est figuré, que c'est une vision qui ne prouve rien; que l'usage de mettre des *reliques* sous l'autel n'a commencé qu'au iv° siècle, que l'on n'en voit aucun vestige auparavant. Quand ce fait serait vrai, il faudrait encore faire voir que les chrétiens ont eu tort d'argumenter sur cette prétendue vision ; mais la date de l'usage en question est fausse : voici les preuves du contraire.

Dans les actes du martyre de saint Ignace, arrivé l'an 107, nous lisons, c. vi : « Il n'est resté que les plus durs de *ses saints os*, qui ont été reportés à Antioche et renfermés dans une châsse comme un trésor inestimable laissé à la sainte Eglise, en considération de ce martyr. Ch. vii, nous vous avons marqué le temps et le jour, afin que, nous assemblant au temps de son martyre, nous attestions notre communion avec ce généreux athlète et martyr de Jésus-Christ. » Dans ceux du martyre de saint Polycarpe, dressés l'an 169, il est dit, chap. xvii : « Le démon a fait tous ses efforts pour que nous ne puissions pas emporter ses *reliques*, quoique plusieurs désirassent de le faire et de *communiquer à son saint corps*. Il a donc suggéré à Nicétas d'empêcher le proconsul de nous donner son corps pour l'ensevelir, de peur, dit-il, que les chrétiens n'abandonnent le Crucifié pour honorer celui-ci... Ils ne savaient pas que jamais nous ne pourrons quitter Jésus-Christ, ni en honorer aucun autre. En effet, nous l'adorons comme fils de Dieu, et nous chérissons avec raison les martyrs comme ses disciples et ses imitateurs... Ch. xviii, cependant nous avons enlevé ses os, plus précieux que l'or et les pierreries, et nous les avons déposés où il convient. En nous assemblant dans le même lieu, lorsque nous le pourrons, Dieu nous fera la grâce de célébrer le jour natal de son martyre, soit pour conserver la mémoire de ceux qui ont souffert, soit pour exciter le zèle et le courage des autres. » Lorsque nous alléguons aux protestants ces témoignages du second siècle, ils nous disent froidement qu'il n'y a là aucun vestige de culte, surtout de culte religieux; au contraire, les chrétiens désiraient les corps des martyrs uniquement pour les enterrer, ils les plaçaient dans un lieu convenable, c'est-à-dire dans un cimetière ; ils déclarent qu'ils ne peuvent honorer aucun autre personnage que Jésus-Christ.

Nous répliquons, 1° que nos adversaires devraient commencer par expliquer une fois pour toutes ce qu'ils entendent par *culte* et *culte religieux*. Nous avons observé plus d'une fois que culte, honneur, respect, vénération, sont exactement synonymes; qu'un culte est religieux lorsqu'il est destiné à reconnaître dans un objet quelconque une excellence, un mérite, une qualité surnaturelle qui vient de Dieu, qui se rapporte à la gloire de Dieu et au salut. Or, nous soutenons que les premiers fidèles reconnaissaient dans les *reliques* des martyrs une excellence et un mérite de cette espèce, puisqu'ils les appellent de *saints corps*, de *saints os*, un *trésor plus précieux que l'or et les pierreries*, etc., et qu'en les chérissant ainsi, ils croient *communiquer avec les martyrs mêmes*. — 2°

Honorer les martyrs comme les disciples et les imitateurs de Jésus-Christ, tenir les assemblées chrétiennes dans le lieu de leur sépulture; célébrer la fête de leur martyre, afin de s'exciter à imiter leur zèle et leur courage, est-ce là un culte purement civil, qui n'ait aucune relation à Dieu ni au salut éternel? Si les chrétiens n'avaient pas rendu aux martyrs un *culte religieux*, les païens ni les Juifs ne se seraient pas avisés de les croire capables d'*abandonner le Crucifié*, pour honorer à sa place saint Polycarpe. Lorsque les protestants nous objectent que pendant les trois premiers siècles les Juifs ni les païens n'ont jamais reproché aux chrétiens le culte des martyrs, ils en imposent, puisque voilà au II° siècle une comparaison entre le culte des martyrs et celui du Crucifié. Les chrétiens s'en défendent avec raison, et font sentir la différence entre l'adoration rendue à Jésus-Christ, et l'honneur rendu aux martyrs. — 3° Beausobre, plus sincère sur ce point que les autres protestants, a blâmé les premiers chrétiens : On remarque en eux, dit-il, une affection pour les corps des martyrs un peu trop humaine. C'est une petite faiblesse qui a sa source dans une affection louable ; il faut l'excuser. Du reste, le culte conservait sa pureté; les corps des martyrs n'étaient point dans les églises, moins encore dans les châsses, exposés à la vénération publique, et placés sur les autels. *Hist. du manich.*, l. IX, c. 3, § 10, tom. II, p. 646. Il en impose. Les actes de saint Ignace disent formellement que ses os les plus durs ont été *renfermés dans une châsse*. Il n'était pas besoin de les placer dans une église, puisque le lieu de la sépulture des martyrs devenait une église ou un lieu d'assemblée pour les chrétiens. On ne les plaçait pas sur l'autel, mais dessous, comme il est dit dans l'Apocalypse. Pouvait-on leur rendre un culte plus profond et plus religieux, que d'offrir sur ces *reliques* le sacrifice du corps et du sang de Jésus-Christ?

Ce critique ne veut pas en croire saint Jean Chrysostome, qui dit que les os de saint Ignace, mis dans une châsse, furent portés par les fidèles sur leurs épaules depuis Rome jusqu'à Antioche; que les chrétiens des villes par où ils passaient sortaient au-devant d'eux, conduisaient en procession et comme en triomphe les *reliques* du martyr, *Hom. in S. Ignat.*, n. 5, *Op.* t. II, p. 600. C'est, dit Beausobre, un orateur qui parle, et qui prête aux siècles précédents les mœurs et les coutumes du sien. Mais il oublie que saint Jean Chrysostome était d'Antioche même, qu'il parle à ses concitoyens d'un fait duquel ils étaient instruits aussi bien que lui, puisqu'il était arrivé chez eux moins de trois cents ans auparavant. Pourquoi cette tradition ne se serait-elle pas conservée dans l'Eglise d'Antioche pendant trois siècles?

Tertullien, qui a vécu sur la fin du II° et au commencement du III°, applique aux martyrs les paroles d'Isaïe, c. X, v. 11, *Son tombeau sera glorieux*; voilà, dit-il, l'éloge et la récompense du martyre, *Scorpiace*, c. 8. Quelle est donc la gloire que Dieu a promise au tombeau des martyrs, sinon le culte que l'on rend à leurs *reliques*? Julien, dans ses livres contre les chrétiens, avoue qu'avant la mort de saint Jean, les tombeaux de saint Pierre et de saint Paul étaient déjà honorés, quoique en secret, *saint Cyrille*, l. X, p. 327. Ce culte datait par conséquent de la fin du I° siècle. Julien aurait-il fait cet aveu, s'il n'avait pas été certain du fait, lui qui reproche aux chrétiens d'avoir rempli l'univers de tombeaux et de monuments, d'y invoquer Dieu et de s'y prosterner? *Ibid.*, p. 335 et 339.

C'est donc contre toute vérité que les protestants affirment qu'avant le IV° siècle on ne trouve dans les monuments du christianisme aucun vestige d'un culte rendu aux *reliques* des saints. Ils ont blâmé plus d'une fois saint Grégoire Thaumaturge d'avoir souffert des usages païens dans les fêtes des martyrs ; or, ce saint est mort l'an 270, le culte des martyrs et de leurs *reliques* était donc établi au III° siècle, et même au II°, immédiatement après la mort de saint Jean. D'ailleurs, quand il n'y en aurait effectivement aucune preuve positive, nous serions encore en droit de supposer que ce culte a été pratiqué de tout temps. Au IV° siècle on a fait profession de ne rien inventer, de ne rien introduire dans le culte, que ce qui avait été établi depuis le temps des apôtres. Peut-on s'imaginer que tous les chrétiens dispersés pour lors dans tout l'Orient et l'Occident, quoique prévenus d'aversion depuis trois cents ans contre toute pratique et tout usage qui sentaient le paganisme, ont néanmoins emprunté tout à coup des païens l'usage d'honorer les *reliques*, comme les protestants veulent le persuader? Croirons-nous encore que tous les évêques du monde chrétien, également complaisants pour le peuple, ou plutôt également lâches et prévaricateurs partout, ont laissé introduire ce nouveau culte, sans qu'aucun ait réclamé contre cet abus? Croirons-nous enfin que, parmi vingt sectes d'hérétiques ou de schismatiques, qui se sont élevées durant le IV° siècle, donatistes, novatiens, quartodécimans, photiniens, macédoniens, etc., il ne s'est pas trouvé un seul sectaire, excepté Arien Eunomius, qui ait osé réclamer contre la superstition nouvelle que les Pères de l'Eglise laissaient introduire, et à laquelle ils applaudissaient? L'an 406, Vigilance renouvela les clameurs d'Eunomius; pour le réfuter, saint Jérôme et les autres docteurs de l'Eglise alléguèrent non-seulement les passages de l'Ecriture sainte que nous avons cités, mais la pratique constante et universelle des différentes Eglises chrétiennes. Ce n'était donc pas un usage nouveau introduit seulement dans quelques-unes, mais généralement établi partout. Lorsque Nestorius et Eutychès se séparèrent de l'Eglise au V° siècle, ils ne censurèrent point cet usage ; aussi a-t-il subsisté parmi leurs sectateurs; *Perpét. de la foi*, tom. V, liv. VII, c. 4; Assémani, *Bibliot. orient.*, t. IV, c. 7, § 18. Dans ce même siècle, Fauste le manichéen reprochait à saint Augustin que les catholiques avaient substitué le culte des martyrs à celui des idoles du paganisme; mais il ne prétendait pas que cet usage était récent et n'avait commencé que dans le siècle précédent. Vigilance lui-même ne le disait pas.

Lorsque les protestants nous font cet argument négatif : Pendant les trois premiers siècles de l'Église, il n'a pas été question du culte des *reliques*, donc il ne subsistait pas; outre la fausseté du fait bien prouvée, nous leur en opposons un autre plus fort, savoir : Les sectaires qui, au iv° et au v° siècle ont attaqué le culte des *reliques*, n'ont pas objecté qu'il était nouveau, introduit depuis peu; donc il était ancien.

Pour prouver que Fauste le manichéen avait raison, et que le culte des *reliques* était emprunté du paganisme, Beausobre a fait un long parallèle entre les honneurs que les païens rendaient aux idoles et ceux que les catholiques rendent aux *reliques*; ces honneurs, dit-il, sont parfaitement les mêmes. Les catholiques portent en pompe les *reliques* de leurs saints, ils les couronnent de fleurs, ils les environnent de cierges allumés, ils les baisent avec respect, ce qui est un signe d'adoration, ils les placent dans un lieu éminent, et sur une espèce de trône, ils célèbrent en leur honneur des fêtes et des festins précédés de veilles nocturnes, ils leur font des offrandes, ils leur adressent des prières : voilà précisément ce que faisaient les païens pour les simulacres de leurs dieux, *Hist. du manich.*, l. ix, c. 4, § 7. Mais qu'aurait répondu Beausobre, si on lui avait dit : Malgré tous les retranchements que les protestants ont faits dans le culte religieux, ils conservent encore des pratiques du paganisme; ils chantent des psaumes, ils reçoivent le baptême, ils célèbrent la cène; or, il est constant que les païens chantaient des hymnes à l'honneur des dieux; ils faisaient des ablutions pour se purifier; ils célébraient des repas religieux que les Romains appelaient *charistia;* voilà donc le paganisme encore subsistant parmi toutes les sectes protestantes? Beausobre aurait dit sans doute que les païens eux-mêmes ont emprunté ces rites des adorateurs du vrai Dieu et de la religion primitive qui a précédé le paganisme; qu'il est impossible d'avoir une religion sans pratiquer un culte extérieur; que toute la différence qu'il y a entre le vrai culte et le faux consiste en ce que le premier est adressé au vrai Dieu et à des êtres véritablement dignes de respect, au lieu que le second est transporté à des êtres imaginaires et indignes de vénération. C'est ce que nous avons fait voir au mot PAGANISME, § 8.

Vigilance objectait, comme les protestants, que nous *adorons* les *reliques* des martyrs. Saint Jérôme lui répond : « Nous ne servons point, nous n'adorons point les *reliques* des martyrs, mais nous les honorons, afin d'adorer celui dont ils sont les martyrs, » *Epist.* 37, *ad Ripar*. Cette réponse, dit Beausobre, est celle des philosophes païens, elle ne peut servir qu'à justifier tout le paganisme : il cite à ce sujet un passage d'Hiéroclès, qui dit que le culte rendu aux dieux doit se rapporter à leur unique Créateur, qui est proprement *le Dieu des dieux; Biblioth. des anciens philos.*, t. II, p. 6. Mais Beausobre savait bien que c'était là une imposture de la part d'Hiéroclès, platonicien du iv° siècle; que jamais les anciens philosophes païens n'ont fait la distinction entre les dieux inférieurs et le Dieu suprême; que loin de penser qu'il fallût lui rapporter le culte extérieur, ils pensaient qu'il ne faut lui en adresser aucun, et Porphyre le soutient encore ainsi, l. II, *de Abstin.*, c. 34. Mosheim a très-bien fait voir que ce que dit Hiéroclès est une tournure artificieuse inventée par les nouveaux platoniciens pour justifier le paganisme et pour nuire ainsi à la religion chrétienne, *Dissert. de turbata per recent. platonicos Ecclesia*, § 20 et suiv. Au mot IDOLATRIE, § 3 et 4, et PAGANISME, § 4, nous avons prouvé que jamais les païens n'ont adoré un Dieu suprême, et que le culte adressé aux dieux inférieurs ne pouvait en aucune manière se rapporter à lui. Ainsi la réponse de saint Jérôme à Vigilance est solide, et l'érudition que Beausobre emploie pour prouver la ressemblance entre le culte des catholiques et celui des païens est prodiguée à pure perte. Au mot PAGANISME, nous avons fait voir les contradictions dans lesquelles il est tombé.

Saint Cyrille, disent nos adversaires, est convenu que le culte des *reliques* est d'origine païenne; Barbeyrac, *Traité de la morale des Pères*, c. 15, § 24, n. 1. Fausseté. Pour répondre à Julien qui blâmait le culte rendu aux martyrs et à leurs reliques, saint Cyrille lui fait un argument personnel; il lui demande si l'on doit blâmer les honneurs que les Grecs rendaient à ceux qui étaient morts pour leur patrie, et les éloges que l'on prononçait sur leur tombeau ou sur leurs *reliques*. Comme Julien n'aurait pas osé censurer cette pratique, saint Cyrille en conclut que les chrétiens n'ont pas tort de faire de même à l'égard des martyrs. Mais avant les abus et les excès dans lesquels les païens sont tombés à l'égard de leurs héros, les Juifs avaient respecté les tombeaux de leurs pères. Josias, en faisant exhumer et brûler les os des idolâtres, ne voulut pas toucher à ceux d'un prophète (*IV Reg.* XXIII, 18). Jésus-Christ (*Matth.* XXIII, 29) ne blâme pas les Juifs de ce qu'ils ornaient les tombeaux des prophètes et des justes, mais de ce qu'ils le faisaient par hypocrisie, afin de paraître meilleurs que leurs aïeux. Saint Paul, aussi bien que l'auteur de l'*Ecclésiastique*, fait l'éloge des saints de l'Ancien Testament : est-ce un crime, parce que les païens ont aussi loué leurs héros? C'est sur les leçons et sur les faits de l'Écriture sainte que les premiers chrétiens ont réglé leur conduite, et non sur l'exemple des païens. S'il faut retrancher tous les usages dont les païens ont abuse; il n'est pas permis de respecter les rois, parce que les païens ont déifié les leurs. Après avoir bien déclamé contre les pompes funèbres, les protestants y sont revenus par un instinct naturel, et plusieurs ont l'usage de faire l'éloge funèbre des morts en leur donnant la sépulture. C'est encore du paganisme, suivant leurs principes. Ils nous objectent que le culte des *reliques* a donné lieu à des fourberies sans nombre, à un trafic honteux, à une fausse confiance et une fausse piété de la part des peuples, à une superstition grossière. Saint Augustin lui-même dit dans ses livres *de la Cité de Dieu* qu'il n'ose rapporter toutes les impostures et les abus commis en ce genre.

Réponse. Sans entrer dans aucune discussion touchant ces abus, nous soutenons que la haine des protestants contre le culte religieux de l'Eglise romaine leur a fait inventer plus de mensonges, d'histoires malicieuses et de calomnies, que les catholiques de tous les siècles n'ont commis de fraudes pieuses en ce genre. La différence qu'il y a, c'est que les pasteurs de l'Eglise ont toujours veillé et veillent encore avec le plus grand soin pour prévenir et pour empêcher toute espèce d'abus dans le culte, au lieu que chez les protestants personne ne se croit obligé d'empêcher les impostures, les fourberies, les reproches calomnieux et les vieilles fables que l'on renouvelle tous les jours parmi eux contre les prétendues superstitions de l'Eglise romaine. Dans le fond, les superstitions, quoique condamnables, ne nuisaient qu'à ceux qui avaient la faiblesse d'y tomber; mais le zèle furieux dont les protestants ont été animés pour les détruire, a produit les profanations, le pillage, les incendies, les violences, les massacres, et a fait couler des ruisseaux de sang, surtout en France, pendant près de deux siècles; et si les calvinistes avaient encore assez de forces, ils recommenceraient ces scènes sanglantes dont le souvenir nous fait frémir.

Nous applaudissons volontiers aux sages réflexions de l'abbé Fleury ; qu'il faut user de prudence et de discernement dans le choix des *reliques*, ne pas donner trop de confiance à celles mêmes qui sont les plus authentiques ; ne pas les regarder comme des moyens infaillibles d'attirer sur les particuliers et sur les villes toutes sortes de bénédictions spirituelles et temporelles. Nous disons avec lui : « Quand nous aurions les saints mêmes vivants et conversant avec nous, leur présence ne nous serait pas plus avantageuse que celle de Jésus-Christ; elle ne suffirait pas pour nous sanctifier; il le déclare lui-même : *Vous direz au père de famille : Nous avons bu et mangé avec vous, et vous avez enseigné dans nos places; il vous répondra : Je ne vous connais pas.* » Luc., c. XIII, v. 26. C'est aussi l'esprit des décrets du concile de Trente touchant le culte des saints, de leurs images et de leurs *reliques*. Thiers, *Traité des superstitions*, 1re part., l. IV, c. 4, montre les abus que l'on peut commettre dans l'usage des *reliques*. Voy. SAINT, MARTYR, etc.

REMISSION. Ce terme à divers sens dans l'Ecriture sainte. 1° Il signifie la remise des dettes et l'abolition de la servitude, *Levit.*, c. XXV, v. 10, il est dit en parlant du jubilé : « Vous publierez la *rémission* générale à tous les habitants du pays. » En effet, dans l'année sabbatique ou du jubilé, les Israélites, par la loi, étaient affranchis de leurs dettes ; ils rentraient dans la possession de leurs biens, et la liberté était rendue à ceux qui étaient tombés dans l'esclavage. Dans *saint Luc*, c. IV, v. 18, Jésus-Christ s'est appliqué ces paroles d'Isaïe, c. LXI, v. 1 : *L'esprit de Dieu est sur moi... il m'a envoyé annoncer l'affranchissement aux captifs.... et l'année favorable du Seigneur.* Dans le style ordinaire c'était l'année jubilaire ; mais dans la bouche du Sauveur, ces paroles annonçaient au genre humain tout entier une *rémission* ou un affranchissement bien plus important que celui qui était accordé aux Juifs dans l'année du jubilé. Plusieurs auteurs ont remarqué que l'année de la mort de Jésus-Christ fut une année jubilaire, et que ce fut la dernière, parce que Jérusalem fut détruite, et la Judée dévastée par les Romains avant la cinquantième année suivante. — 2° *Rémission, I Machab.*, c. XIII, v. 34, signifie remise ou exemption des impôts. — 3° Ce mot désigne encore l'abolition de la faute ou de l'impureté légale qu'une personne avait contractée, et qui s'effaçait par des purifications, par des offrandes, par des sacrifices. Dans ce sens saint Paul dit, *Hebr.*, c. IX, v. 22, que dans l'ancienne loi, il n'y avait point de *rémission* sans effusion de sang. — 4° Mais dans l'Evangile, *rémission* se prend ordinairement pour le pardon que Dieu nous accorde du péché. C'est une question entre les protestants et les catholiques de savoir en quoi consiste cette *rémission* : les premiers disent que c'est en ce que Dieu ne nous impute pas le péché, et nous impute au contraire la justice de Jésus-Christ. L'Eglise catholique a décidé contre eux qu'elle consiste dans la grâce sanctifiante que Dieu veut bien rétablir en nous, grâce qui est inséparable de l'amour de Dieu ; ainsi l'a enseigné saint Paul, lorsqu'il a dit : « L'amour de Dieu a été répandu dans nos cœurs par le Saint-Esprit qui nous a été donné.(*Rom.* v, 5). *Voy.* JUSTIFICATION.

REMMON ou REMNON, nom de la divinité qu'adoraient les peuples de Damas. Quelques interprètes ont cru que c'était Saturne, dieu révéré chez plusieurs peuples orientaux ; il est plus probable que c'était le soleil, que ce nom est formé de *rem*, élevé, et *on*, soleil, en égyptien.

REMONTRANTS. *Voy.* ARMINIENS.

REMPHAN, nom d'un faux dieu. Pour reprocher aux Juifs leur idolâtrie, le Seigneur leur dit par le prophète Amos, chap. V, v. 25 : « Maison d'Israël, ne m'avez-vous pas offert des dons et des sacrifices dans le désert pendant quarante ans ? Mais vous avez porté les tentes de votre *Moloch* et les images de votre *Kijun*, et l'étoile des dieux que vous vous êtes faits. » Les Septante, au lieu de

Kijun, ont mis *Ræphan*. Dans les *Actes des apôtres*, c. vii, v. 42, saint Etienne répète le texte d'Amos suivant la version des Septante; il dit aux Juifs : « Vous avez porté la tente de *Moloch* et l'astre de votre dieu *Remphan*, figures que vous avez faites pour les adorer. » Spencer et d'autres pensent que *Kijun* en hébreu, *Ræphan* en égyptien, désignent Saturne, astre et divinité, il y a plus d'apparence que *Moloch*, *Kijun*, *Kion*, *Chevan*, *Ræphan* ou *Remphan*, sont différents noms du soleil. Il est incontestable que cet astre a été la principale divinité des différents peuples orientaux, comme Job nous le fait assez entendre; et l'on ne voit pas pourquoi ces peuples se seraient avisés d'adorer Saturne, planète qui n'est guère connue que des astronomes. *Voy.* la dissert. de dom Calmet *sur l'idolâtrie des Israélites dans le désert*; Bible d'Avignon, t. XI, p. 447.

RENÉGAT. *Voy.* APOSTAT.

RENONCEMENT. Jésus-Christ dit dans l'Evangile (*Matth.* xvi, 24) : *Si quelqu'un veut venir après moi, qu'il renonce à lui-même, qu'il porte sa croix et qu'il me suive.* Est-il donc possible de renoncer à soi-même, disent quelques incrédules ? Sans l'amour de soi, l'homme serait stupide, ou serait tenté de se détruire. Mais il y a un amour propre bien réglé et bien entendu auquel Jésus-Christ ne nous ordonne pas de renoncer; il y a aussi un amour de soi excessif et mal réglé, qui tourne à notre propre dommage, et c'est celui dont il faut nous dépouiller. Le Sauveur s'explique assez en ajoutant : *Celui qui voudra sauver sa vie la perdra, et celui qui la perdra pour moi la retrouvera.* Pour suivre Jésus-Christ en qualité de son disciple, il fallait être prêt à tout quitter pour se livrer à la prédication de l'Evangile, même à souffrir la mort pour en attester la vérité, comme ont fait les apôtres. Renoncer ainsi aux choses de ce monde et à l'amour de la vie, ce n'était pas renoncer à l'amour bien réglé de soi-même : au contraire, c'était consentir à perdre une vie fragile et passagère pour en acquérir une éternelle (*Joan.* xii, 25).

Dès la naissance de l'Eglise l'usage s'est établi que les catéchumènes, prêts à recevoir le baptême, étaient obligés de renoncer solennellement au démon, à ses pompes et à ses œuvres, avant de faire leurs professions de foi. Par là ils renonçaient non-seulement à l'idolâtrie, que l'on regardait comme le culte du démon, mais aux jeux, aux spectacles, aux plaisirs scandaleux que se permettaient les païens, à toute espèce de péché, que Jésus-Christ appelle les *œuvres du démon*. Tertullien, saint Cyrille de Jérusalem et d'autres Pères de l'Eglise, parlent de ce *renoncement*, et font souvenir les fidèles des obligations qu'il leur impose. Saint Jérôme nous apprend que, pour renoncer au démon, le catéchumène se tournait du côté de l'occident, qui est le côté de la nuit et des ténèbres; que pour faire la profession de foi, il se tournait du côté de l'orient, pour adorer ainsi Jésus-Christ, lumière du monde et soleil de justice. C'est ainsi que l'Eglise multipliait les cérémonies pour instruire les nouveaux enfants qu'elle recevait dans son sein. Sage conduite, qui ne méritait pas la censure de ses enfants rebelles. Ménard, *Notes sur le Sacrament. de S. Grég.*, p. 140.

Il y eut dans les premiers siècles divers hérétiques nommés *apostoliques*, *apostactites*, *enstathiens*, *saccophores*, qui enseignèrent que tout chrétien, pour faire son salut, était obligé de renoncer à tout ce qu'il possédait et de vivre avec ses frères en communauté de biens. Ils furent condamnés par le concile de Gangres, l'an 325 ou 341, et leur erreur fut taxée d'hérésie. En effet, cette doctrine ne pouvait servir qu'à rendre la religion chrétienne odieuse, et à en détourner les païens. Ces hérétiques furent aussi proscrits par les lois des empereurs, *Cod. Théod.*, l. xvi, t. V; *de Hæret.*, leg. 7 et 11. Ils abusaient évidemment de ces paroles de Jésus-Christ (*Luc.* xiv, 33) : *Si quelqu'un d'entre vous ne renonce pas à tout ce qu'il possède, il ne peut pas être mon disciple.* On peut être chrétien et très-attaché à la doctrine du Sauveur, sans être son disciple dans le même sens que les apôtres, sans être destiné comme eux à prêcher l'Evangile à toutes les nations. Pour remplir cette vocation, les apôtres étaient obligés sans doute de renoncer à tout, à leur fortune, à leur patrie (*Matth.* xix, 27); mais c'était une absurdité de vouloir obliger tout chrétien à faire de même. Dans la suite plusieurs chrétiens fervents, dans le dessein d'imiter les apôtres, de servir Dieu plus parfaitement, de se consacrer à l'utilité spirituelle de leurs frères, ont renoncé à toutes choses, ont vécu dans la solitude, se sont exercés à la prière, à la méditation, au travail; mais ils n'en ont pas fait une loi aux autres. Il est constant qu'un très-grand nombre de moines, soit anachorètes, soit cénobites de l'Orient et de l'Occident, ont été missionnaires et ont contribué beaucoup à la conversion des païens. Il faut donc louer le courage avec lequel ils ont renoncé à tout comme les apôtres, afin de se rendre utiles à tous.

RÉORDINATION, action de conférer les ordres à un homme qui les a déjà reçus, mais dont l'ordination a été jugée nulle. Selon la croyance de l'Eglise catholique, le sacrement de l'ordre imprime à ceux qui le reçoivent un caractère ineffaçable, par conséquent il ne peut pas être réitéré; mais il y a dans l'histoire ecclésiastique plusieurs exemples d'ordinations dont la validité pouvait seulement paraître douteuse, et qui ont été réitérées. Ainsi au viiie siècle, le pape Etienne III réordonna les évêques qui avaient été sacrés par Constantin, son prédécesseur, et réduisit à l'état des laïques les prêtres et les diacres que celui-ci avait ordonnés; il prétendit que cette ordination était nulle. Quelques théologiens ont cependant cru que le pape Etienne n'avait fait autre chose que réhabiliter les évêques dans leurs fonctions. Quant aux ordinations faites par le pape Formose, par Photius, par des évêques schismatiques, intrus, excommuniés, simoniaques, comme il y en eut beaucoup dans le XIe siècle, il est de principe parmi les théologiens qu'on ne les a jamais regardées comme nulles, mais seulement comme illégitimes et irrégulières ; de manière que l'on ne pouvait légitimement en faire les fonctions. Conséquemment l'Eglise d'Afrique condamna la conduite des donatistes qui réordonnaient les ecclésiastiques en les admettant dans leur société ; mais elle n'en fit point de même à leur égard, les évêques donatistes qui se réunirent à l'Eglise furent conservés dans leurs fonctions et dans leurs siéges.

L'usage de l'Eglise romaine est de réordonner les anglicans, parce qu'elle prétend que leur ordination est nulle, et que la forme en est insuffisante. Les anglicans eux-mêmes sont dans l'usage de réordonner les ministres luthériens et calvinistes qui passent dans leur communion, parce que ceux-ci n'ayant reçu leur vocation que du peuple, l'imposition des mains qui leur a été faite ne peut être censée une ordination. C'est un des obstacles qui détournent le plus les luthériens et les calvinistes de se réunir à l'Eglise anglicane ; ils ont de la répugnance à se soumettre à une *réordination* qui suppose la nullité de leur première ordination et de toutes les fonctions ecclésiastiques qu'ils ont remplies. Les anglicans en usent de même à l'égard des prêtres catholiques qui apostasient, du moins c'est ce qu'assure le père le Quien ; mais cette conduite n'a aucun fondement. Car enfin, de quelque erreur que les anglicans accusent l'Eglise romaine, ils ne peuvent nier la validité des ordres qu'elle administre, sans tomber dans l'erreur des donatistes et sans se condamner eux-mêmes, puisque, si leurs premiers évêques ont été ordonnés, ils ne l'ont pas été ailleurs que dans l'Eglise romaine. On prétend qu'il y a lieu de douter si la succession n'a pas été conservée parmi les évêques luthériens de Suède et de Danemark.

* RÉPARATEUR. Adam avait entraîné le genre humain dans sa chute. Il fallait, pour relever les ruines amoncelées, un réparateur puissant ; il nous a été donné dans la personne de Jésus-Christ. Nous avons exposé dans divers articles de ce dictionnaire la nature et l'excellence de la rédemption. Il y a un point que nous devons toucher ici, c'est la croyance générale à un libérateur. Il se trouve dans les *Démonstrations évangéliques*, un ouvrage bien précieux sur ce sujet, la *Rédemption annoncée par les traditions*. L'ouvrage est trop long pour être analysé ici. Nous nous contentons de citer un extrait de l'*Essai sur l'indifférence*, qui présente parfaitement la question. Nous supposons ici ce que nous avons constaté au mot ORIGINEL (péché), la croyance du genre humain à la déchéance de l'homme.

« Notre premier père ayant introduit le péché dans le monde, Dieu lui promit un libérateur qui devait venir dans les temps pour sauver tous les hommes ; cette promesse, l'espérance du genre humain, s'est transmise par tradition, et tous les peuples ont attendu ce médiateur, ce personnage mystérieux et divin, qui devait leur apporter le salut et les réconcilier avec le Créateur.

« Malgré l'ignorance et la dépravation introduites par l'idolâtrie, dit un savant, la tradition de cette promesse s'est encore assez conservée, pour que l'on en aperçoive des traces chez les anciens. L'opinion *qui a régné parmi tous les peuples, et qui a eu cours chez eux dès le commencement*, de la nécessité d'un médiateur, me paraît en être la suite. Tous les hommes, convaincus de leur ignorance et de leur misère, se sont jugés trop vils et trop impurs pour oser se flatter de pouvoir communiquer par eux-mêmes avec Dieu ; ils ont été universellement persuadés qu'il leur fallait un médiateur, par lequel ils pussent lui présenter leurs vœux, en être favorablement écoutés, et recevoir les secours dont ils avaient besoin. Mais la révélation s'étant obscurcie chez eux, et les hommes ayant perdu de vue le seul médiateur qui leur avait été promis, ils lui ont substitué des médiateurs de leur propre choix ; de là est venu le culte des planètes et des étoiles, qu'ils ont regardées comme les tabernacles et la demeure des intelligences qui en réglaient les mouvements : prenant ces intelligences pour des êtres mitoyens entre Dieu et eux, ils ont cru qu'elles pouvaient leur servir de médiateurs ; en conséquence, ils se sont adressés à elles pour entretenir le commerce toujours nécessaire entre Dieu et sa créature ; ils leur ont offert leurs vœux et leurs prières, dans l'espérance que, par leur canal, ils obtiendraient de Dieu des biens qu'ils lui demandaient. Telles ont été les idées généralement reçues parmi les peuples de tout pays et de tout temps. Mais ceux qui étaient plus instruits des premières traditions du genre humain ont parfaitement senti l'insuffisance de tels médiateurs ; ils ont non-seulement désiré d'être instruits de Dieu, mais même espéré que l'Être suprême viendrait un jour à leur secours, qu'il leur enverrait un docteur qui dissiperait les ténèbres de leur ignorance, qui les éclairerait sur la nature du culte qu'il exige, et qui leur fournirait les moyens de réparer la nature corrompue. » (L'abbé Mignot, *Mém. de l'Acad. des Inscrip.*, t. LXV, p. 4 et 5.)

« Le savant Prideaux reconnaît aussi que « la nécessité d'un médiateur entre Dieu et les hommes était, depuis le commencement, une opinion régnant parmi tous les peuples. » (*Hist. des Juifs*, Ire part., liv. III, tom. I, pag. 593. Paris, 1726.)

« Job, plus ancien que Moïse, et Iduméen de nation, mettait toute son espérance dans ce médiateur *nécessaire*, qui était en même temps le libérateur promis. « Je sais que mon Rédempteur est vivant, et que je ressusciterai de la terre au dernier jour, et que je serai de nouveau revêtu de ma chair, et dans ma chair je verrai mon Dieu ; je le verrai moi-même et non pas un autre, et mes yeux le contempleront : cette espérance repose dans mon sein. » (*Job.* XIX, 25 et 27.) La tradition du Rédempteur répandue, comme on le voit, en Orient, dès les premiers âges, remontait par Noé et les patriarches, jusqu'à l'origine du monde, et pour prévenir l'oubli où elle aurait pu tomber peut-être, Dieu la rappelait aux hommes, dans les temps anciens, par des prophéties successives. C'est ainsi que le fils de Béor prêtre du vrai Dieu, comme il paraît, révélant aux nations *sa parole, la doctrine du Très-Haut, et les visions du Tout-Puissant*, s'écriait quinze siècles avant Jésus-Christ : « Je le verrai, mais non à présent ; je le contemplerai, mais non de près. *L'étoile s'élèvera de Jacob, et le sceptre d'Israël. De Jacob sortira celui qui doit régner.* » (*Numer.* XXIV, 15, 16, 17, 19. Les termes mêmes de la prophétie marquent clairement qu'elle se rapporte à une croyance antérieure et à un personnage connu, mais enveloppé d'une obscurité mystérieuse ; car, avant l'accomplissement des promesses, le homme ne pouvaient ni ne devaient avoir du Messie que connaissance aussi parfaite qu'après sa venue. Cependant Job l'appelle Dieu très expressément, et il indique que ce Dieu sera revêtu d'un corps, puisqu'il le verra *dans sa chair*, et que *ses yeux* le contempleront.

« En annonçant l'apparition d'un Sauveur victorieux, le Très-Haut, dit Faber, voulait empêcher que les nations tombassent dans le désespoir ou dans l'ignorance. Nous trouvons, en effet, qu'une vive attente d'un puissant libérateur et réparateur, vainqueur du serpent, et Fils du Dieu suprême, attente dérivée en partie de la prophétie de Balaam, et en partie de la tradition plus ancienne d'Abraham et de Noé, ne cessa jamais de prévaloir d'une manière plus ou moins précise et distincte, dans toute l'étendue du monde païen, jusqu'à ce que les mages, guidés par un météore surnaturel, vinrent d'Orient chercher l'*étoile* destinée à relever Israël, et à renverser l'idolâtrie. » (*Horæ Mosaicæ; or a dissertation on the credibility and theology of the Pentateuch*; by George Stanley Faber, vol. II, sec. I, chap. II, p. 98, seconde édit., London, 1818).

L'idolâtrie n'était presque tout entière qu'une corruption, un abus du dogme même de la médiation, et elle prouve invinciblement la *vérité* de ce dogme, lié d'une manière inséparable à celui de la dégradation de notre nature, comme la multitude des remèdes ridicules et impuissants prouvé la *réalité* des maladies qui nous affligent, et le *besoin senti* d'un remède efficace. Les dieux des païens, dit Beausobre, n'étaient autre chose que des médiateurs auprès du Dieu suprême, ou tout au plus des ministres plénipotentiaires, chargés de dispenser ses grâces à ceux qui en étaient dignes. (Beausobre, *Hist. du Manich.*, liv. IX, ch. 5, tom. II, pag. 669.) Les Zabiens ou Sabéens étaient divisés en plusieurs sectes; mais elles reconnaissaient toutes la nécessité de quelque médiateur entre l'homme et la Divinité. (Brucker, *Hist. crit. philos.*, liv. II, cap. 5, tom. I, p. 224.) Les Egyptiens enseignaient aussi, suivant Hermès, cité par Jamblique, que le Dieu suprême avait proposé un autre Dieu comme chef de tous les esprits célestes; que ce second Dieu, qu'il appelle *conducteur*, est une *sagesse* qui transforme et convertit en elle toutes les intelligences. » (Jambliq., *de Myst. Ægypt.*, p. 154, Lugd., 1552.)

« Il est manifeste, observe Ramsay, que les Egyptiens admettaient un seul principe et un Dieu mitoyen semblable au Mithras des Perses. L'idée d'un esprit préposé par la Divinité suprême pour être le chef et le conducteur de tous les esprits, est très-ancienne. Les docteurs hébreux croyaient que l'âme du Messie avait été créée dès le commencement du monde, et proposée à tous les ordres des intelligences. » (*Disc. sur la Mythologie*, p. 23.)

« Parmi les différents Hermès révérés en Egypte, il y en avait un que les Chaldéens appelaient *Dhouvanai*, c'est-à-dire *le Sauveur des hommes*. « Ce surnom, observe d'Herbelot, pourrait fort bien convenir au patriarche Joseph, que les Egyptiens qualifièrent *Psonthom Phanees*, ce qui signifie dans leur langage, *Sauveur du monde*; d'où il résulte que ces peuples attendaient un Sauveur, et qu'ils donnaient ce titre d'avance à ceux desquels ils recevaient de grands bienfaits, ignorant celui qui devait porter ce nom par excellence. » (*Biblioth. orient.*, art. *Hermès*, tom. III, p. 197.)

« Il y a, dit Plutarque, une opinion de la plus haute antiquité, et qui a passé des théologiens et des législateurs aux poètes et aux philosophes; l'auteur en est inconnu, mais elle repose sur une foi constante et inébranlable, et elle est consacrée non seulement dans les discours et dans les traditions du genre humain, mais encore dans les mystères et dans les sacrifices, chez les Grecs et chez les barbares universellement. » (*De Isid. et Osirid.*, Oper., p. 399.)

« Cette opinion, c'est que l'univers n'est point abandonné au hasard, et qu'il n'est pas non plus sous l'empire d'une *raison* unique; mais qu'il existe deux principes vivants, l'un du bien et l'autre du mal; le premier qu'on appelle *Dieu*, et le second que l'on appelle *démon*. (*Ibid.*) Plutarque ajoute que Zoroastre donne au bon principe le nom d'Oromaze, et au mauvais le nom d'Arimane; et qu'entre ces deux principes est Mithra, que les Perses appellent *le médiateur*, et à qui Zoroastre ordonne d'offrir des sacrifices d'impétration et d'action de grâces. Les livres Zends confirment le témoignage de Plutarque.
« J'adresse, y est-il dit, ma prière à Mithra, que le grand Ormuzd a créé *médiateur* sur la montagne élevée en faveur des nombreuses âmes de la terre. » (*Bound-Dehesch, Jescht de Mithra*, 12e Cardé.)

« Mithra, observe Anquetil, est *mitoyen*, c'est-à-dire placé entre Ormuzd et Ahriman, parce qu'il combat pour le premier contre le second; il est *médiateur* entre Ormuzd, dont il reçoit les ordres, et les hommes qui sont confiés à ses soins. (*Syst. théologique des Mages*, etc., *Mém. de l'Acad. des Inscript.*, tom. LXI, p. 298.) Le génie de la droiture accompagne Mithra. (*Ibid.*, t. LXIX.) Il est appelé dans plusieurs inscriptions *Dieu invincible* (Spanheim, ad. *Jul. Cæs.*, p. 144). *Dieu tout-puissant* (Gruter, p. 34, n. 6). Les *Oracles chaldaïques*, qui contiennent la doctrine de l'école d'Alexandrie, et où il est fait une allusion continuelle aux principes de Zoroastre, distinguent deux intelligences, l'une principe de toutes choses, et l'autre engendrée de la première. Cette seconde intelligence, *à qui le Père a donné le gouvernement de l'univers* (Stanley, *Hist. Philosoph.*, c. 2), est le *Démiurge* des Grecs (S. Irénée, lib. II *contra hæres.*, c. 25 et 28), et suivant Pléthon, le Mithra des Perses (Pleth. *Comment. in orac. chald.*). Mithra est en effet établi par Ormuzd sur le monde pour le gouverner (Anquetil du Perron, *Mém. de l'Acad. des Inscript.*, tom. LXI, p. 299): il vient de lui; et l'on voit dans les livres Zends une *parole* qui vient du premier principe « qui était avant le ciel, avant l'eau, avant la terre, avant les troupeaux, avant les arbres, avant le feu, fils d'Ormuzd; avant les dews, les kharfesters (productions) des dews, avant tout le monde existant, avant tous les biens, tous les purs germes donnés par Ormuzd. » (Idem, *ibid.*, t. LXIX, p. 177.) Son nom est *Je suis*. « Je le prononce cent nouellement et dans toute son étendue, dit Ormuzd, et l'abondance se multiplie. » (*Ibid.*, p. 176 et 177.)

« Ahrimad, balançant un moment entre le bien et le mal : « Quel est, dit-il à Ormuzd, cette parole qui doit donner la vie à mon peuple, qui doit l'augmenter, si je la regarde avec respect, ou si je fais des vœux avec cette parole? » Ormuzd lui répond : « C'est moi qui par cette parole, augmente le behescht (le ciel). C'est en regardant cette parole avec respect, en faisant des vœux avec cette parole, que tu auras la vie et le bonheur, Ahriman, maître de la mauvaise loi. » (*Ibid.*, p. 192 et 193.) Cette parole *médiatrice* qui, selon la doctrine des Perses, aurait pu sauver Ahriman lui-même, et son peuple, s'ils avaient voulu l'invoquer ou lui obéir; cette parole engendrée de Dieu avant tous les temps, et dont le nom est *Je suis*, ressemble beaucoup au *Logos* ou au Verbe de Platon, qui a eu évidemment quelque notion obscure de la pluralité des Personnes divines, et qui attendait, avec tous les peuples, un Dieu libérateur qui devait sauver les hommes et leur enseigner le véritable culte. Ce Dieu que, dans le *Banquet*, il appelle *l'amour*, et qui, suivant Parménide et les anciens poètes, avait été *engendré avant tous les dieux* (Plat., in *Conviv.*, Op. tom. X, p. 177, ed. Bipon.), participe à la nature de Dieu et à la nature de l'homme, de sorte qu'il est comme le centre d'union et le lien universel de toutes choses. C'est de lui que procèdent l'esprit prophétique, le sacerdoce, les sacrifices et les expiations (Brucker, *Hist. crit. philos.*, tom. II, p. 454). Plein de bienveillance pour les hommes, il vient à leur secours, il est leur *médecin* ; et quand il les aura guéris, le genre humain jouira du plus haut degré de bonheur. (Plat., *Conviv.*, oper. tom. X, p. 206.)

« C'est ce Dieu qui, comme il est dit *dans certains vers, donne la paix au genre humain.* Il inspire la douceur et chasse l'inimitié. Miséricordieux, bon, révéré des sages, admiré des dieux, ceux qui ne le possèdent pas doivent désirer de le posséder, et ceux qui le possèdent, le conserver précieusement. Les gens de bien lui sont chers, et il s'éloigne des méchants. Il nous soutient dans nos travaux, il nous rassure dans nos craintes, *il gouverne nos désirs et notre raison* ; il est le *Sauveur* par excellence. Gloire des dieux et des hommes, et leur chef très beau et très bon, nous devons le suivre toujours, et le célébrer dans nos hymnes. » (*Ibid.*, p. 218 et 219.) Parlant ailleurs des sacrifices, des purifications, du culte divin, *Nul*, dit-il, *ne nous enseignera quel est le véritable, si Dieu lui-même n'est son guide* (Epinom., Oper. tom. IX, p. 269). Il croyait qu'un envoyé de Dieu pourrait seul réformer les mœurs des hommes. (*Apol. Socrat.*)

« Dans le second *Alcibiade*, Socrate, après avoir montré que Dieu n'a point d'égard à la multiplicité et à la magnificence des sacrifices, mais qu'il regarde uniquement la disposition du cœur de celui qui les offre, n'ose pas entreprendre d'expliquer quelles sont ces dispositions et ce qu'il faut demander à Dieu. « Il serait à craindre, dit-il, qu'on se trompât en demandant à Dieu de véritables maux, que l'on prendrait pour des biens. Il faut donc attendre jusqu'à ce que quelqu'un nous enseigne quels doivent être nos sentiments envers Dieu et envers les hommes. — *Alcibiade.* Quel sera ce maître, et quand viendra-t-il ? Je verrai avec une grande joie cet homme, quel qu'il soit. — *Socrate.* C'est celui *à qui dès à présent vous êtes cher* ; mais pour le connaître il faut que les ténèbres qui offusquent votre esprit, et qui vous empêchent de discerner clairement le bien du mal, soient dissipées ; de même que Minerve, dans Homère, ouvre les yeux de Diomède, pour lui faire distinguer le dieu caché sous la figure d'un homme. — *Alcibiade.* Qu'il dissipe donc cette nuée épaisse ; car je suis prêt à faire tout ce qu'il m'ordonnera pour devenir meilleur. — *Socrate.* Je vous le dis encore, celui dont nous parlons, désire infiniment votre bien. — *Alcibiade.* Alors il me semble que je ferai mieux de remettre mon sacrifice jusqu'au temps de sa venue. — *Socrate.* Certainement, cela est plus sûr que de vous exposer à déplaire à Dieu. — *Alcibiade.* Eh bien ! nous offrirons des couronnes et les dons que la loi prescrira, lorsque je verrai ce jour désiré ; et j'espère de la bonté des dieux qu'il ne tardera pas à venir. » (Plat., *Alcibiad.* 2, oper. tom. V, p. 100, 101, 102.)

« On voit, dit l'abbé Foucher, par ce dialogue, que l'attente certaine d'un docteur universel du genre humain était regardée comme un don souffrait point de contradiction. » (*Mém. de l'Acad. des Inscript.*, tom. LXXI, p. 147, note.) Alcibiade parle de cet envoyé céleste comme d'un homme ; Socrate insinue clairement qu'un Dieu sera caché sous la figure de cet homme ; et dans le *Timée*, Platon l'appelle *Dieu* très expressément : « Au commencement de ce discours, dit-il, invoquons le Dieu Sauveur, afin que, par un enseignement extraordinaire et merveilleux, il nous sauve en nous instruisant de la doctrine véritable. » (Plat., *Tim.*, oper. tom. XXI, pag. 341.) Brucker se demande où Platon avait puisé ces idées, et il en voit la source dans l'antique tradition d'un Médiateur qui devait réunir en lui les deux natures divine et humaine. (*Hist. crit. philos.*, t. II.) Il observe au même lieu, que toute la philosophie éclectique était fondée sur une fausse théorie de la médiation.

« Parmi les noms que les anciens donnaient à la Divinité, et qu'Aristote a recueillis, se trouvent ceux de *Sauveur* et de *Libérateur*. (*De Mundo*, c. 8, oper. t. I.) Porphyre reconnaissait la nécessité d'une purification générale, il ne pouvait croire que Dieu eût laissé le genre humain privé d'un tel remède, et il était forcé de convenir qu'aucune secte de philosophes, parmi les barbares ou chez les Grecs, ne le lui offrait (S. August., *De Civit. Dei*, l. x, c. 32, n. 1, oper. tom. VII, col 268.) Jamblique, se conformant à l'ancienne tradition, avoue que nous ne pouvons connaître ce que Dieu demande de nous, à moins que nous ne soyons instruits, soit par lui, soit par quelque personne avec laquelle il ait conversé. (*De Vita Pythagoræ*, cap. 28.)

« On croyait universellement, comme l'a prouvé l'abbé Foucher dans une suite de mémoires fort curieux, aux *théophanies permanentes*, qui ne sont autre chose que la manifestation d'un Dieu dans un corps réel et tellement propre à lui, qu'il naît comme les autres hommes, croit, vieillit et meurt comme eux, soit de mort naturelle, soit de mort violente. « Par quelle analogie, dit l'auteur que nous venons de citer, les peuples ont-ils donc été conduits à l'idée d'un Dieu qui s'incarne, qui naît comme nous ; qui, malgré sa puissance, est en butte à la misère, aux mauvais traitements, sujet aux mêmes besoins que les autres hommes, et qui comme eux devient enfin victime de la mort ?... L'accord de tant de nations, dont plusieurs ne se connaissaient pas même de nom, prouve invinciblement que toutes avaient puisé dans une source commune, c'est-à-dire dans la religion primitive, dont la mémoire a pu s'altérer, mais non se perdre tout à fait. » (*Mém. de l'Acad. des Inscriptions*, tom. LXVI, pag. 135, 138.)

« Les païens savaient que ce *Dieu-Homme*, qui devait naître d'une *Vierge-Mère*, selon la tradition universelle (*Alphab. tibetan.*, tom. I, pag. 56, 57 ; — *Alnetan. Quæst.*, lib. II, cap. 15, p. 237 et seq.), n'était aucune des divinités qu'ils adoraient, puisque ces dieux, et même les plus grands, Vichnou, Baal, Osiris, Jupiter, Odin, devaient être enveloppés dans la proscription générale, quand le Dieu souverain viendra juger l'univers, et punir ceux qui n'auront pas profité des enseignements du véritable médiateur. *Mém. de l'Acad. des Inscript.*, tom. LXXI, p. 407, note.) Dans l'attente perpétuelle où ils étaient de cet envoyé céleste, les peuples croyaient le voir dans tous les personnages extraordinaires qui paraissaient dans le monde. De là cette multitude de dieux *sauveurs et libérateurs*, que créait partout la foi dans la Scripture promis : « mais ces faux libérateurs ne répondent point aux espérances et aux besoins des hommes, ils en attendaient sans cesse de nouveaux. » (*Mém. de l'Acad. des Inscript.*, tom. XXIV, p. 500). Le vrai Messie était toujours, sans qu'elles le sussent elles-mêmes, *le désiré des nations*. » (*Ibid.*, tom. LXVI, p. 242 ; Vid. et *Alnet. Quæst.*, l. II, c. 13.) A mesure qu'approchait son avènement, une lumière extraordinaire se répandait dans le monde : c'était comme les premiers rayons de l'*Etoile* de Jacob. Elle va paraître, et Cicéron annonce une loi éternelle, universelle, la loi de toutes les nations et de tous les temps ; un seul maître commun, qui serait Dieu même, dont le règne allait commencer. (Cicer., *de Republ.*, lib. III, ap. Lact., *Div. Inst.*, lib. VI, c. 8.)

« Virgile, rappelant les anciens oracles, célèbre *le retour de la Vierge*, la naissance du *grand ordre*, que va bientôt établir « le Fils de Dieu descendu du ciel. « La grande époque s'avance ; tous les vestiges de « notre crime étant effacés, la terre sera pour jamais « délivrée de la crainte. L'Enfant divin qui doit « régner sur le monde pacifié, recevra pour premiers « présents les simples fruits de la terre, et le serpent « expirera près de son berceau. » (Virgile, *Eclog. IV*.) Un demi-siècle après, Suétone et Tacite nous montrent tous les peuples les yeux fixés sur la Judée, d'où, disent-ils, une antique et constante tradition annonçait que devait sortir en ce temps-là le Dominateur du monde. « Percrebuerat Oriente toto vetus et constans opinio, esse in fatis, ut eo tempore Judæa profecti rerum potirentur. » (Sueton., *in Vespas.*) « Plu*ribus* persuasio inerat, antiquis sacerdotum litteris contineri, eo ipso tempore fore ut valesceret Oriens, profectique Judæa rerum potirentur. » (Tacit., *Hist.*, lib. v, n. 13.) Cette attente était si vive, que, suivant une tradition des Juifs consignée dans le Talmud et dans plusieurs autres ouvrages anciens, un grand nombre de gentils se rendirent à Jérusalem vers l'époque de la naissance de Jésus-Christ, afin de voir le Sauveur du monde, quand il viendrait racheter la maison de Jacob. (*Talmud. Babylon., Sanhedrin*, cap. 11, vid. *Defensa de la Religion cristiana*, par don Juan Joseph Heydeck, t. II, p. 79, Madrid, 1798.) Il est parlé dans la mythologie des Goths, d'un premier-né du dieu suprême, et il y est représenté comme *une divinité moyenne, comme un médiateur entre Dieu et l'homme*. (*Edda*, fab. 11, note.) Il combattit avec la mort (*Ibid.*, fab. 25), et il écrasa la tête du grand serpent (*Ibid.*, fab. 27); mais il n'obtint la victoire qu'aux dépens de sa vie. (*Ibid.*, fab. 32.)

« Le savant Maurice a trouvé jusqu'au dernier degré d'évidence, que « des traditions immémoriales, dérivées des patriarches et répandues dans tout l'Orient, touchant la chute de l'homme et la promesse d'un futur médiateur, avaient appris à tout le monde païen à attendre l'apparition d'un personnage illustre et sacré, vers le temps de la venue de Jésus-Christ. » (Maurice's *Hist. of Hindostan*, vol II, Book 4.) Fondés sur une tradition antique, les Arabes attendaient également un libérateur qui devait venir pour sauver les peuples. (Boulainvilliers, *Vie de Mahomet*, liv. II, pag. 194.) C'était à la Chine une ancienne croyance, qu'à la religion des idoles (*Siam kiao*), qui avait corrompu la religion primitive (*Tchim kiao*), succéderait la dernière religion (*Mo kiao*), celle qui devait durer jusqu'à la destruction du monde. (De Guignes, *Mém. de l'Acad. des Inscript.*, tom. LXV, p. 543.) Les habitants de l'île de Ceylan attendaient aussi une loi nouvelle qui devait un jour leur être apportée des régions de l'Occident, et qui deviendrait la loi de tous les hommes.

« Les livres *Likiyki* parlent d'un temps où tout doit être rétabli dans la première splendeur, par l'arrivée d'un héros nommé *Kiuntsé*, qui signifie *pasteur* et *prince*, à qui ils donnent aussi les noms de *très-saint*, de *docteur universel*, et de *Vérité souveraine*. C'est le Mithra des Perses, l'Orus des Égyptiens, et le Brama des Indiens. » — « Les livres chinois parlent même des souffrances et des combats de *Kiuntsé*.... Il paraît que la source de toutes ces allégories (les travaux d'Hercule, etc.) est une très-ancienne tradition *commune à toutes les nations*, que le Dieu mitoyen, à qui elles donnent toutes le nom de *Soter* ou *Sauveur*, ne détruirait les crimes qu'en souffrant lui-même beaucoup de maux. » (Ramsay, *Discours sur la Mythologie*, pag. 150 et 151.)

« Confucius disait que *le Saint envoyé du ciel saurait toutes choses, et qu'il aurait tout pouvoir au ciel et sur la terre.* (*Morale de Confucius*, p. 196.) Qu'elle est grande, s'écrie-t-il, la voie du Saint! Elle est comme l'Océan; elle produit et conserve toutes choses, sa sublimité touche au ciel. Qu'elle est grande et riche!... attendons un homme qui soit tel qu'il puisse suivre cette voie; car il est dit que, si l'on n'est doué de la suprême vertu, on ne peut parvenir au sommet de la voie du Saint. » (*L'Invariable Milieu*, etc., chap. 27, § 1, 5, p. 94.) Après avoir plusieurs fois rappelé ce *saint homme qui doit venir* (*Ibid.*, ch. 29, § 3 et 4); il ajoute : « Il n'y a dans l'univers qu'un saint qui puisse comprendre, éclairer, pénétrer, savoir et suffire pour gouverner; dont la magnanimité, l'affabilité et la bonté contiennent tous les hommes; dont l'énergie, le courage, la force et la constance, puissent suffire pour commander; dont la pureté, la gravité, l'équité, la droiture, suffisent pour attirer le respect; dont l'éloquence, la régularité, l'attention, l'exactitude, suffisent pour tout discerner. Son esprit vaste et

étendu est une source profonde de choses qui paraissent chacune en son temps. Vaste et étendu comme le ciel, profond comme l'abîme, le peuple, quand il se montre, ne peut manquer de le respecter : s'il parle, il n'est personne qui ne le croie; s'il agit, il n'est personne qui ne l'applaudisse. Aussi son nom et sa gloire inonderont bientôt l'empire, et se répandront jusque chez les barbares du Midi et du Nord, partout où les vaisseaux et les chars peuvent aborder, où les forces de l'homme peuvent pénétrer, dans tous les lieux que le ciel couvre et que la terre supporte, éclairés par le soleil et la lune, fertilisés par la rosée et le brouillard. Tous les êtres qui ont du sang et qui respirent, l'honoreront et l'aimeront, et l'on pourra le comparer au ciel (à Dieu). » (*Ibid.*, ch. 31, p. 106, 109.)

« M. Rémusat cite un traité fort curieux de *Religion musulmane*, écrit en chinois par un auteur musulman, et où on lit ces paroles : « Le ministre *Phi* consulta Confucius, et lui dit : Ô maître, n'êtes-vous pas un saint homme? il répondit : Quelque effort que je fasse, ma mémoire ne me rappelle personne qui soit digne de ce nom. Mais, reprit le ministre, les trois rois (fondateurs de dynasties) n'ont-ils pas été saints? Les trois rois, répondit Confucius, doués d'une excellente bonté, ont été remplis d'une prudence éclairée et d'une force invincible. Mais moi, *Khiéou*, je ne sais pas s'ils ont été des saints. Le ministre reprit : Les cinq seigneurs n'ont-ils pas été des saints? Les cinq seigneurs, dit Confucius, doués d'une excellente bonté, ont fait usage d'une charité divine et d'une justice inaltérable. Mais moi, *Khiéou*, je ne sais pas s'ils ont été des saints. Le ministre lui demanda encore : Les trois Augustes n'ont-ils pas été des saints? Les trois Augustes, répondit Confucius, ont pu *faire usage de leur temps*; mais moi, *Khiéou*, j'ignore s'ils ont été des saints. Le ministre, saisi de surprise, lui dit enfin : S'il en est ainsi, quel est donc celui que l'on peut appeler Saint? Confucius, ému, répondit pourtant avec douceur à cette question : Moi, *Khiéou*, j'ai entendu dire que, dans les contrées occidentales, *il y avait* (ou il y aurait) *un saint homme*; qui, sans exercer aucun acte de gouvernement, préviendrait les troubles; qui, sans parler, inspirerait une foi spontanée; qui, sans exécuter de changement, produirait naturellement un Océan d'actions (méritoires). Aucun homme ne saurait être son nom: mais moi, *Khiéou*, j'ai entendu dire que c'était là le véritable Saint. » (*L'Invariable Milieu*, etc., note, p. 144, 145.)

« Le P. Intorcetta rapporte aussi, dans sa *Vie de Confucius*, que ce philosophe parlait d'un *Saint qui existait ou qui devait exister dans l'Occident*. « Cette particularité, dit M. Rémusat, ne se trouve ni dans les *King* ni dans les *Tsé chou*; et le missionnaire ne s'appuyant d'aucune autorité, on aurait pu le soupçonner de prêter à Confucius un langage convenable à ses vues. Mais cette parole du philosophe chinois se trouve consignée dans le *Ssé wên loui thsiū* (*Mélanges d'affaires et de littérature*), au chap. 35; dans le *Chân thâng ssé kab tching tsi*, au chap. 1er, et dans le *Lièi-tseū thsiouân chou*. » (*L'Invariable Milieu*, etc., not., p. 143.) L'auteur chinois de la glose sur le *Tchoung yoûng*, dit que « le saint homme des cent générations (*Pé chi*) est très-éloigné, et qu'il est difficile de se former à son sujet une idée nette. Dans l'attente où il est du saint homme des cent générations, le sage se propose à lui-même une doctrine qu'il a sérieusement examinée; et s'il parvient à ne commettre aucun péché contre cette doctrine qui est celle des saints; il ne peut plus avoir de doute sur lui-même. » (*Ibid.*, p. 158, 159.) Selon M. Rémusat, *pé chi*, cent générations, est ici une expression indéfinie qui marque *un long espace de temps*. « Mais, ajoute-t-il, un *chi* est l'espace de 30 ans. Cent *chi* font donc 3000 ans, et à l'époque où vivait Confucius, il serait bien extraordinaire qu'il eût dit que le saint homme était attendu depuis 3000 ans. J'abandonne au reste aux réflexions du lecteur ce passage, qui, à ne le prendre même que dans le sens ordinaire, prouve du moins que l'idée de la venue d'un Saint était répandue à la Chine dès le vi° siècle avant l'ère vulgaire. » (*L'Invariable Milieu*, note, p. 100.)

« La doctrine de Confucius et des lettrés s'accordait, à cet égard, avec celle de Foe ou Xaca, adoptée par le peuple, non-seulement à la Chine, mais au Thibet, son siége principal, à la Cochinchine, au Tonquin, dans le royaume de Siam, à Ceylan, et jusqu'au Japon. En ces pays idolâtres on croyait universellement qu'un Dieu devait sauver le genre humain en satisfaisant au Dieu suprême pour les péchés des hommes. (Alnet. quæst., lib. II, c. 14.) La même tradition existait dans le Nouveau-Monde. Les Salives de l'Amérique disaient que le Puru envoya son fils du ciel pour tuer un serpent horrible qui dévorait les peuples de l'Orénoque; que le fils de Puru vainquit ce serpent et le tua; qu'alors Puru dit au démon : Va t'en à l'enfer, maudit ; tu ne rentreras jamais dans ma maison. (*Gumilla*, tom. I, p. 171.)

« Ainsi l'attente d'un libérateur du genre humain, d'un Homme-Dieu, est aussi ancienne que le monde, soit que l'on considère les croyances des peuples, les témoignages des poëtes et des philosophes, les institutions religieuses, les rites expiatoires, il est manifeste qu'il n'y eut jamais de tradition plus universelle. Malgré sa haine pour le christianisme, Boulanger lui-même n'a pu s'empêcher de le reconnaître. Il avoue que les anciens attendaient des dieux libérateurs qui devaient régner sous une forme humaine, et que des imposteurs ont souvent profité de cette disposition pour se faire honorer comme des dieux descendus du ciel. Il trouve cette opinion profondément enracinée dans l'esprit de tous les peuples, et il en cite des exemples frappants. (*L'Antiquité dévoilée par ses usages*, tom. II, liv. IV, ch. 3.) « Les Romains, dit-il, tout républicains qu'ils étaient, attendaient, du temps de Cicéron, un roi prédit par les sibylles, comme on le voit dans le livre *de la Divination* de cet orateur philosophe; les misères de leur république en devaient être les annonces, et la monarchie universelle la suite. C'est une anecdote de l'histoire romaine à laquelle on n'a pas fait toute l'attention qu'elle mérite.... Les Hébreux attendaient tantôt un conquérant et tantôt un être indéfinissable, heureux et malheureux ; ils l'attendent encore....

« L'Oracle de Delphes, comme on le voit dans Plutarque, était dépositaire d'une ancienne et véritable prophétie sur la future naissance d'un fils d'Apollon, qui amènerait le règne de la justice; et tout le paganisme grec et égyptien avait une multitude d'oracles qu'il ne comprenait pas, mais qui tous décelaient de même cette attente universelle. C'était elle qui donnait lieu à la folle vanité de tant de rois et de princes, qui prétendaient se faire passer pour fils de Jupiter. Les autres parties de la terre n'ont pas moins donné dans ces étranges visions.... Les Chinois attendent un *Phelo*; les Japonais, un *Peyram* et un *Combadoxi*; les Siamois un *Sommona-Codum*... Tous les Américains attendaient du côté de l'Orient, *qu'on pourrait appeler le pôle de l'espérance de toutes les nations*, des enfants du soleil ; et les Mexicains en particulier attendaient de leurs anciens rois qui devait les revenir voir par le côté de l'aurore, après avoir fait le tour du monde. Enfin il n'y a eu aucun peuple qui n'ait eu son expectative de cette espèce. » (*Recherches sur l'orig. du despotism. orient.*, sect. 10, p. 116 et 117.) Voltaire confirme cette remarque, et ses paroles méritent une sérieuse attention. « C'était, de temps immémorial, une maxime chez les Indiens et chez les Chinois, que le Sage viendrait de l'Occident. L'Europe, au contraire, disait que le Sage viendrait de l'Orient. Toutes les nations ont toujours eu besoin d'un Sage. » (*Addit. à l'h st. génér.*, p. 15, édit. de 1763.)

DICT. DE THÉOL. DOGMATIQUE. IV.

« Et sur quoi reposait cette attente générale? La philosophie nous l'apprendra-t-elle? écoutez Volney :
« Les traditions sacrées et mythologiques des temps antérieurs avaient répandu dans toute l'Asie la croyance d'un *grand Médiateur* qui devait venir : d'un *Juge final*, d'un *Sauveur futur, roi, Dieu, conquérant et législateur*, qui ramènerait l'âge d'or sur la terre, et délivrerait les hommes de l'empire du mal. » (*Les Ruines, ou Méditations sur les révolutions des empires*, p. 226.)

« Certes, on ne trouvera pas ces témoignages suspects. Ainsi la vérité se suscite partout des témoins pour confondre ceux qui refusent de la reconnaître, quels que soient leur privation et leur aveuglement. Elle force les *lèvres menteuses* à lui rendre hommage, et l'erreur à s'accuser et à se condamner elle-même. *Mentita est iniquitas sibi*. (Psal. xxvi, v. 12.)»—Extrait de l'*Essai sur l'indifférence*, tom. III, ch. 28. *Voy.* SURNATUREL.

RÉPARATION. *Voy.* RESTITUTION.

REPAS. La manière dont les patriarches, les Juifs et les autres peuples, prenaient leurs *repas* ordinaires, ne nous regarde pas; c'est un sujet qui appartient à l'histoire ancienne. Nous nous bornons à observer qu'il ne faut pas s'étonner de ce que les Juifs avaient de la répugnance à prendre leurs *repas* chez les païens. Non-seulement ceux-ci usaient de plusieurs viandes desquelles il n'était pas permis aux Juifs de manger, mais ils pratiquaient dans leurs *repas* plusieurs actes superstitieux et qui tenaient à l'idolâtrie ; ils invoquaient les dieux, ils leur rendaient grâces, ils leur faisaient des libations, souvent ils plaçaient sur la table les idoles des dieux lares, ou des dieux *pataïques*, etc. Il y a bien de l'apparence que les cérémonies religieuses, toujours mêlées aux *repas* des anciens, ont été la cause pour laquelle différents peuples admettaient difficilement des étrangers à leurs *repas*.

A la vérité lorsque les juifs eurent essuyé des guerres sanglantes et des vexations de toute espèce de la part des rois de Syrie, ils poussèrent à l'excès leur aversion pour les païens. Du temps de Jésus-Christ ils ne voulaient pas manger avec des Samaritains (Joan. iv, 9). Ils lui faisaient un crime de manger avec des publicains et avec des pécheurs (Matth. ix, 11). Ils furent scandalisés de ce que saint Pierre avait mangé avec des incirconcis (Act. xi, 3). Mais ce n'est pas leur loi qui leur avait inspiré cette aversion, elle leur ordonnait le contraire ; elle leur disait : « Si un étranger se trouve au milieu de vous, vous ne le rebuterez pas, vous ne le maltraiterez point, vous l'aimerez et vous en agirez avec lui comme avec un concitoyen : vous avez été vous-mêmes étrangers en Egypte. »

Quant aux *repas* des chrétiens, dit l'abbé Fleury, ils étaient toujours accompagnés de frugalité et de modestie. Suivant la remarque de saint Clément d'Alexandrie, il leur était recommandé de ne pas vivre pour manger, mais de manger pour vivre ; de ne prendre de nourriture qu'autant qu'il en faut pour la santé et pour avoir la force nécessaire au travail ; de renoncer à toutes les viandes exquises, à l'appareil des grands

5

repas, et à tout ce qui a besoin de l'art des cuisiniers. Ils prenaient à la lettre cette règle de saint Paul : *Il est bon de ne point manger de chair et de ne point boire de vin.* Ils mangeaient plutôt du poisson et de la volaille que de la grosse viande, qui leur paraissait trop succulente; mais toujours ils s'abstenaient de sang et de viandes suffoquées, suivant la décision du concile des apôtres, qui a été observée pendant plusieurs siècles. Plusieurs ne vivaient que de laitage, de fruits et de légumes : quelques-uns se réduisaient aux simples herbes avec du pain et de l'eau. Comme l'abstinence des pythagoriciens et de quelques autres philosophes était fort estimée, les chrétiens se croyaient obligés de vivre au moins comme les plus sages d'entre les païens. Leur *repas*, quelque simple et léger qu'il fût, était précédé et suivi de longues prières, dont il nous reste encore une formule; et le poëte Prudence a fait deux hymnes sur ce sujet, où l'esprit de ces premiers siècles est très-bien conservé. Il était aussi accompagné de la lecture de l'Ecriture sainte, de cantiques spirituels et d'actions de grâces, au lieu de chansons profanes dont les païens accompagnaient leurs festins. *Mœurs des chrét.*, § 10. Quel serait l'étonnement de ces premiers fidèles, s'ils étaient témoins du luxe et de la profusion qui règnent dans les *repas* des chrétiens d'aujourd'hui ?

REPAS DE CHARITÉ. *Voy.* AGAPE.

REPAS DU MORT, cérémonie funéraire en usage chez les anciens Hébreux et chez d'autres peuples ; c'était la coutume de faire un repas sur le tombeau de celui que l'on venait d'inhumer, ou dans sa maison après ses funérailles. Le prophète Baruch dit des païens, c. VI, v. 31 : « Ils hurlent en présence de leurs dieux comme dans le *repas* d'un mort. » L'usage de mettre de la nourriture pour les pauvres sur la sépulture des morts était aussi commun chez les Hébreux. Tobie exhorte son fils à mettre son pain sur la sépulture du juste, et à n'en point manger avec les pécheurs. Saint Augustin, *Epist.* 22, observe que de son temps, en Afrique, on portait à manger sur les tombeaux des martyrs et dans les cimetières. Cela se faisait fort innocemment dans les commencements, mais dans la suite il s'y glissa des abus que les évêques les plus saints et les plus zélés, tels que saint Ambroise et saint Augustin, eurent assez de peine à déraciner. Il se faisait chez les Juifs deux sortes de *repas du mort* : le premier se faisait immédiatement après les funérailles ; ceux qui y assistaient étaient censés souillés et obligés de se purifier comme s'ils avaient touché un cadavre. Le second se donnait à la fin du deuil ; Josèphe, *Guerre des Juifs*, l. II, c. 1. La même coutume règne encore aujourd'hui parmi les gens de la campagne, dans quelques provinces où les anciennes mœurs se sont conservées. Toutes les personnes de la famille d'un mort, qui ont assisté à ses obsèques, prennent ensemble un repas frugal dans la maison du défunt, et la même chose se renouvelle au bout de l'an après son anniversaire.

RÉPONS. *Voy.* HEURES CANONIALES.

RÉPROBATION, jugement par lequel Dieu exclut du bonheur éternel un pécheur et le condamne au feu de l'enfer; c'est le contraire de la prédestination. On distingue ordinairement deux espèces de *réprobation*, l'une négative et l'autre positive : la première est la non-élection d'une créature à la gloire éternelle, la seconde est la destination ou condamnation formelle de cette même créature aux supplices de l'enfer. Il est évident que cette différence est purement métaphysique, puisque la *réprobation* positive est une suite infaillible et nécessaire de la *réprobation* négative; c'est dans le fond le même décret de Dieu envisagé sous deux aspects différents.

Sur cette matière, comme sur celle de la prédestination, il est important de distinguer ce qui est de foi d'avec les spéculations et les opinions des théologiens. Or, il est décidé dans l'Église catholique, 1° qu'il y a une *réprobation*, c'est-à-dire un décret de Dieu par lequel il veut non-seulement exclure du bonheur éternel un certain nombre d'hommes, mais encore les condamner au feu de l'enfer. Cela est prouvé par le tableau que Jésus-Christ a fait du jugement dernier (*Matth.* xxv, 34 et 41). De même que Dieu dit aux prédestinés : *Venez posséder le royaume qui vous est préparé depuis la création du monde*... Il dit aussi aux réprouvés : *Allez, maudits, au feu éternel qui est préparé au démon et à ses anges.* 2° Le nombre des réprouvés, aussi bien que celui des prédestinés, est fixe et immuable ; il ne peut augmenter ni diminuer. Cette vérité est une conséquence de la certitude de la prescience de Dieu. Saint Augustin, *L. de Corrept. et Grat.*, cap. XIII. 3° Le décret de la *réprobation* n'impose à ceux qui en sont l'objet aucune nécessité de pécher, puisqu'il n'empêche pas que Dieu ne donne à tous des grâces qui suffiraient pour les conduire au salut, s'ils n'y résistaient pas ; personne n'est donc *réprouvé* que par sa faute libre et volontaire ; *deuxième concile d'Orange*, can. 25. 4° Il est donc faux que le décret de Dieu exclue les réprouvés de toute grâce actuelle intérieure, même du don de la foi et de la justification, puisqu'il y a parmi les chrétiens des réprouvés qui ont reçu tous ces dons ; *Concil. Trid.*, sess. 6, can. 17. 5° La *réprobation* positive, ou le décret de condamner une âme au feu de l'enfer, suppose nécessairement la prescience par laquelle Dieu voit que cette âme péchera, persévérera dans son péché et y mourra ; parce que Dieu ne peut damner une âme sans qu'elle l'ait mérité ; saint Augustin, *Op. imperf.*, l. III, c. 18 ; l. IV, c. 25. 6° Conséquemment la *réprobation* positive des mauvais anges a eu pour fondement ou pour motif la science que Dieu a eue des péchés qu'ils commettraient, et desquels ils ne se repentiraient jamais. Celle des païens suppose la prévision du péché originel non effacé en eux, et celle des péchés actuels qu'ils commettront, et dans l'impénitence desquels ils mourront. Celle des fidèles baptisés ne suppose que la prévision de leurs péchés actuels et de leur impénitence finale.

Mais on dispute dans les écoles pour savoir si la *réprobation* négative est un acte réel, positif et absolu de Dieu, ou si c'est seulement une négation de tout acte, une espèce d'oubli de sa part à l'égard des réprouvés. Question qui n'est pas fort importante en elle-même, et sur laquelle il est difficile d'avoir une opinion qui n'entraîne aucune fâcheuse conséquence. Calvin a soutenu que la *réprobation*, tant négative que positive, dépend uniquement du bon plaisir de Dieu; qu'antécédemment à toute prévision de démérite, il a destiné un certain nombre de ses créatures aux supplices éternels. Doctrine cruelle et impie, qui fut néanmoins solennellement confirmée dans le synode de Dordrecth et 1619, mais de laquelle les calvinistes ont tellement rougi depuis ce temps-là, qu'il n'est presque plus aucun théologien parmi eux qui ose la soutenir. Elle était à peu près la même dans la confession de foi anglicane, mais elle a été généralement abandonnée comme injurieuse à Dieu. *Voy.* ARMINIANISME.

Ceux qui se nomment *augustiniens* disent que dans l'état d'innocence, Dieu n'a exclu personne de la gloire éternelle, si ce n'est conséquemment à la prévision de ses péchés actuels; mais que depuis la chute d'Adam, le péché originel est une cause éloignée, mais suffisante, de *réprobation négative*, même à l'égard des fidèles dans lesquels il a été effacé par le baptême. Doctrine qui paraît formellement contraire à celle du concile de Trente, *sess.* 5, *can.* 6, qui décide, après saint Paul, qu'il ne reste aucun sujet de condamnation dans ceux qui sont régénérés en Jésus-Christ par le baptême, et que Dieu n'y voit plus aucun sujet de haine.

Les Thomistes enseignent que, quoique la *réprobation* positive suppose nécessairement la prévision des péchés actuels non effacés, cependant cette prévision n'est pas nécessaire pour la *réprobation* négative, soit à l'égard des anges, soit à l'égard des hommes, parce que, antécédemment à toute prévision, le bonheur éternel n'est dû ni aux uns ni aux autres; qu'ainsi cette *réprobation* négative n'a point d'autre motif que le bon plaisir de Dieu.

Pour nous, il nous paraît que, dès que l'on suppose en Dieu un décret positif de la rédemption générale de tout le genre humain, une volonté de Dieu sincère de sauver tous les hommes, et de leur donner à tous des grâces en vertu de cette rédemption, il n'est pas possible d'admettre une *réprobation*, soit positive, soit négative, antécédente à la prévision du démérite d'un pécheur; car enfin, cette *réprobation*, même purement négative, serait une exception ou une restriction mise à un décret que l'on suppose général et absolu, par conséquent une contradiction dans les termes. Comment concevoir un décret général ou une volonté sincère de sauver tous les hommes par Jésus-Christ, si ce n'est pas un décret de leur donner à tous la gloire éternelle, à moins qu'ils ne s'en excluent eux-mêmes par leurs démérites? Il n'est donc pas possible d'y supposer aucune exception ni aucun oubli de la part de Dieu, sans se contredire, et sans affirmer que cette volonté ou ce décret n'est pas général. Or, saint Paul nous assure qu'il l'est. *Voy.* SALUT.

Encore une fois, à quoi servent les spéculations métaphysiques et les abstractions arbitraires sur ce sujet? Elles ne peuvent ni changer l'ordre des décrets de Dieu touchant le salut des hommes, ni influer en rien sur notre sort éternel. Il nous semble que la meilleure manière de concevoir et d'arranger les décrets divins dans notre esprit, est celle qui est la plus propre à nous inspirer une reconnaissance infinie envers Jésus-Christ pour le bienfait de la rédemption, une ferme confiance en la bonté de Dieu, et un courage constant à faire notre salut. *Voy.* RÉDEMPTION.

* RÉPROUVÉS. *Voy.* DAMNATION, RÉPROBATION, ÉLUS, ENFER.

RÉPUDIATION. *Voy.* DIVORCE.

RÉSIDENCE. Un des premiers décrets du concile de Trente sur la discipline est celui qui ordonne la *résidence* à tous les ecclésiastiques pourvus d'un bénéfice ayant charge d'âmes, de quelque qualité et condition qu'ils soient. « Qu'ils sachent, dit le saint concile, qu'ils sont obligés de travailler et de remplir leur ministère *par eux-mêmes*; qu'ils ne satisfont point à leur devoir, si, comme des mercenaires, ils abandonnent le troupeau qui leur est confié, et ne gardent point leurs ouailles, du sang desquelles le souverain Juge leur demandera compte, » *sess.* 6, *de Reform.*, c. 1. Déjà il les avait avertis qu'ils sont obligés de prêcher l'Evangile par eux-mêmes, à moins qu'ils ne soient légitimement empêchés, *sess.* 5, *can.* 2. Le concile déplore la licence avec laquelle les anciens canons sont violés sur ce point; il les renouvelle et statue des peines contre tous ceux qui s'absenteront sans cause légitime. Il répète encore ce même décret en termes plus forts, *sess.* 23, *can.* 1; il réfute les interprétations fausses et les limitations que certains ecclésiastiques y apportaient. Il déclare que l'obligation de la *résidence* les regarde tous, sans exception, même les cardinaux.

L'an 347, le concile de Sardique, *can.* 14, avait déjà défendu aux évêques de s'absenter de leur diocèse pendant plus de trois semaines, à moins qu'ils n'y fussent obligés par une nécessité grave. Plusieurs conciles célébrés dans les divers royaumes de l'Europe, avant ou après celui de Trente, ont renouvelé la même loi, et elle a été confirmée par les édits et les ordonnances de nos rois. Ce serait s'aveugler volontairement de prétendre que cette loi est de pure discipline ecclésiastique, qu'elle peut changer, être limitée ou abrégée par l'usage, être interprétée au gré de ceux qu'elle incommode. Il est évident que la *résidence* des pasteurs est de droit divin, puisque cette obligation est assez clairement contenue dans le tableau que Jésus-Christ a fait du bon pasteur et du mercenaire, dans la leçon que saint Pierre fait aux pasteurs en général (*I Petr.* v, 1), et dans celles que saint Paul adresse à Tite et à Timothée. Elle est même de droit naturel, puisqu'il est de la justice que celui qui reçoit un salaire pour remplir une fonction personnelle y satisfasse exactement.

Une autre erreur serait de penser que quand un pasteur a des affaires qui peuvent être faites par un autre, il lui est permis de s'absenter de son bénéfice pour aller les suivre, et de faire remplir ses fonctions pastorales par des vicaires ou des délégués. Il n'est point d'affaires plus importantes que le soin des âmes et les fonctions d'un ministère sacré; c'est le devoir personnel du bénéficier; il doit y satisfaire par lui-même, et confier à d'autres les affaires ou les négociations dans lesquelles un autre peut réussir aussi bien que lui. On ne dispense point un militaire ni un magistrat de remplir les devoirs de sa charge, ni de s'absenter sans une nécessité grave : les fonctions du pasteur sont pour le moins aussi importantes que les leurs. Ici l'exemple, la coutume, les prétextes ne peuvent prescrire contre la loi : elle réclame toujours contre les prévaricateurs.

Quoique cet article doive être traité dans le *Dictionnaire de Jurisprudence*, il tient aussi de très-près à la théologie, puisqu'il concerne un devoir de morale le plus important, auquel la religion et le bien de l'Église sont essentiellement intéressés.

RÉSIGNATION à la volonté de Dieu. C'est la disposition d'un chrétien qui envisage tous les événements de la vie comme dirigés par une providence paternelle et bienfaisante, qui reçoit d'elle les biens avec action de grâces, et se croit d'autant plus obligé à la servir par reconnaissance; qui accepte les afflictions sans murmure, comme un moyen de satisfaire à la justice divine, d'expier le péché et de mériter un bonheur éternel. C'est la leçon que saint Paul donne aux fidèles, *Hebr.*, cap. xii. Il établit l'obligation de la patience sur l'exemple de Jésus-Christ, et sur celui des anciens justes. Cette vertu est plus commune parmi le peuple, exposé à souffrir beaucoup et souvent, que parmi les heureux du siècle; après quelques plaintes que la sensibilité arrache d'abord aux hommes du commun, ils se consolent en disant : *Dieu l'a voulu.* Il y a dans le fond plus de philosophie dans ces courtes paroles que dans les réflexions sublimes de Sénèque et d'Épictète. Toutes celles-ci se réduisent à dire : *C'est une nécessité de souffrir; il n'y a point de remède contre les arrêts du sort; il est inutile de vouloir y résister ou de s'en plaindre.* Un chrétien se console avec plus de raison : il sait qu'il n'est aucun malheur auquel Dieu ne puisse remédier; que quand il nous afflige, il nous donne aussi la force de souffrir, et que s'il ne nous délivre de nos maux en ce monde, il nous en dédommagera dans une autre vie. Quand la religion chrétienne n'aurait produit aucun autre bien dans le monde que de consoler l'homme dans ses souffrances, elle serait encore le plus grand bienfait que Dieu ait pu accorder à l'humanité. *Voy.* PATIENCE.

RESTITUTION, réparation du dommage que l'on a porté au prochain dans ses biens. Le même principe d'équité naturelle qui fait sentir qu'il n'est pas permis de dépouiller un homme de ce qu'il possède, fait aussi comprendre que quiconque est coupable de ce crime, est étroitement obligé de le réparer; de rendre à cet homme ce qu'il lui a enlevé, ou l'équivalent, et que l'injustice dure tant que la *restitution* n'est pas faite. Le principe, *Non remittitur delictum, nisi restituatur ablatum*, est sacré parmi les théologiens moralistes; l'impossibilité seule de restituer peut en dispenser celui qui a fait une injustice.

Les incrédules ont calomnié les prêtres en leur reprochant d'absoudre les pécheurs coupables de vol, de rapine, de concussion, surtout au lit de la mort, sans exiger d'eux la *restitution* des injustices qu'ils ont commises, pourvu qu'ils fissent quelques aumônes ou quelques legs pieux. Il n'est point de casuiste assez ignorant pour méconnaître un devoir aussi évident que celui de la *restitution*, et il n'en est point d'assez pervers pour vouloir se damner en coopérant à l'injustice d'autrui sans en retirer aucun avantage personnel. Qu'importent à un confesseur des legs pieux ou des aumônes qui ne sont pas pour lui? Mais puisque l'on voit tant d'injustices, pourquoi ne voit-on point de *restitution*? Parce que ceux qui ont eu la conscience assez pervertie pour se permettre des injustices, ne l'ont pas assez droite pour se les reprocher, pour s'en accuser et vouloir les réparer. Jamais l'art de pallier et de justifier les gains illicites n'a été poussé aussi loin qu'aujourd'hui; l'exemple et la coutume semblent les autoriser; l'on n'a plus besoin des prêtres pour se tranquilliser à la mort. Plusieurs incrédules ont poussé l'audace jusqu'à inculper Jésus-Christ lui-même, parce qu'après avoir reproché aux pharisiens leurs extorsions et leurs rapines, il leur dit : *Cependant faites l'aumône de ce qui vous reste, et tout est pur pour vous* (*Luc.* xi, 41). Jésus-Christ dispensait donc les pharisiens de restituer, pourvu qu'ils fissent l'aumône.

Remarquons, 1° qu'il ne s'agissait pas, dans cet endroit, de prouver à ces hommes injustes la nécessité de la *restitution*, mais de leur montrer que la pureté de l'âme est plus nécessaire que les purifications et les ablutions, qui ne peuvent procurer que la pureté du corps; 2° que les injustices des pharisiens étaient des extorsions à l'égard du peuple, légères, chacune en particulier, mais multipliées à l'infini; comme il est impossible de restituer de semblables bagatelles à mille personnes différentes, la seule *restitution* possible est de donner aux pauvres.

Pour faire l'énumération de tous les cas

dans lesquels la *restitution* est de nécessité absolue, il faudrait un gros volume. De toutes les questions de morale, il n'en est point de plus embarrassantes, pour les casuistes, que les matières de justice et de *restitution*. Il en est de même des réparations dues au prochain, quand on lui a fait tort dans sa réputation par des médisances ou par des calomnies ; elles ne sont pas moins indispensables que les *restitutions ;* la réputation est le plus précieux de tous les biens, la perte qu'on en peut faire afflige davantage une âme sensible que la perte de sa fortune. A la vérité, dans une infinité de circonstances cette réparation est à peu près impossible, et souvent elle produirait plus de mal que de bien, en renouvelant le souvenir d'un discours injurieux ou d'un injuste soupçon qui peut être effacé par oubli. Mais, lorsqu'une médisance ou une calomnie a porté au prochain un préjudice réel dans sa fortune, lui a fait perdre un bien qu'il possédait, ou l'a empêché d'acquérir un avantage auquel il avait droit de prétendre, la justice exige qu'il soit dédommagé par celui qui en est la cause. Sur ce point la morale chrétienne est fondée sur les idées les plus pures et les plus exactes de la justice naturelle ; en ajoutant à la défense de toute injustice le précepte de la charité ou de l'amour du prochain, Jésus-Christ a mieux développé nos devoirs que toutes les spéculations des philosophes.

RESTRICTIONS MENTALES. *Voy.* Mensonge.

RÉSUMPTE, terme usité dans la faculté de théologie de Paris ; c'est un acte que doit soutenir un docteur avant d'avoir droit de suffrage dans les assemblées de la faculté et de jouir des autres droits du doctorat, comme de présider aux thèses, d'assister aux examens, etc. Ils ne peuvent y prétendre que six ans après qu'ils ont pris le bonnet de docteur. L'acte ou la thèse qu'ils doivent soutenir pour lors dure depuis une heure jusqu'à six ; elle a pour objet tout ce qui appartient à l'Ecriture sainte, ou ce que l'on appelle la Critique sacrée. *Voy.* ce mot.

RÉSURRECTION, retour d'un mort à une nouvelle vie. On peut ressusciter seulement pour un temps et pour mourir une seconde fois : alors cette *résurrection* est passagère, c'est ce qui est arrivé à ceux auxquels Jésus-Christ, les apôtres et les prophètes ont rendu la vie par miracle. La *résurrection* perpétuelle est celle par laquelle on passe de la mort à l'immortalité : telle a été la *résurrection* de Jésus-Christ ; et telle sera celle que nous espérons à la fin des siècles pour nous et pour tous les justes sans exception. Pour la *résurrection* des réprouvés, ce sera plutôt une seconde mort qu'une nouvelle vie. Après avoir parlé de la *résurrection* passagère, nous traiterons de la *résurrection* générale et perpétuelle.

Dans l'Ancien Testament il est fait mention de trois *résurrections ;* Elie ressuscita le fils de la veuve de Sarepta (*III Reg.* xvii, 22) ; Elisée rendit la vie au fils de la Sunamite (*IV Reg.* iv, 35) ; un cadavre qui toucha les os de ce prophète fut ressuscité (xiii, 21). La *résurrection* de Samuel ne fut que momentanée, ce fut plutôt une apparition qu'une *résurrection*. Celles qu'a opérées Jésus-Christ pendant sa vie sont au nombre de trois, celle de la fille d'un chef de synagogue (*Matth.* ix, 25) ; celle du fils de la veuve de Naïm (*Luc.* vii, 15) ; celle de Lazare (*Joan.* xi, 44). Comme cette dernière est la plus éclatante, on en verra la preuve au mot Lazare. Il n'est pas dit que les morts qui sortirent de leurs tombeaux lorsque Jésus-Christ expira sur la croix, et se montrèrent à plusieurs personnes, aient continué de vivre (*Matth.* xxvii, 52 et 53). On ne peut pas appeler *résurrection* l'apparition de Moïse et d'Elie à la transfiguration de Jésus-Christ. Quadratus, disciple des apôtres, qui vivait sous Adrien, vers l'an 120, attestait que des malades guéris et des morts ressuscités par Jésus-Christ avaient vécu jusqu'à son temps. Dans *Eusèbe,* l. iv, c. 3. Saint Pierre ressuscita la veuve Tabithe (*Act.* ix, 40). Saint Paul rendit la vie à un jeune homme tombé du haut d'une maison et tué par sa chute (*Act.* xx, 9).

La plupart des déistes et des autres incrédules de notre siècle ont soutenu que quand même un mort serait ressuscité, ce miracle ne pourrait pas être constaté ni rendu croyable par aucune espèce de preuves. Mais, puisque la mort d'un homme est un fait très-sensible qui peut être invinciblement prouvé, la vie rendue à cet homme est aussi un fait non moins sensible, et qui peut être prouvé de même par le témoignage des sens ; pourquoi le même nombre de témoins qui a suffi pour constater la mort d'un homme, ne suffit-il plus pour constater sa *résurrection* ou sa vie postérieure ? C'est, disent-ils, parce que le premier de ces faits est naturel, au lieu que le second ne l'est point. Pour rendre croyable ce dernier, il faudrait un témoignage dont la fausseté fût impossible et plus miraculeuse que la *résurrection* même ; quel que soit le nombre des témoins, ils peuvent se tromper, et ils sont capables de nous en imposer. Mais quand il s'agit de constater le fait naturel de la mort d'un homme, l'on ne s'avise point de le contester, parce que les témoins peuvent se tromper et en imposer ; pourquoi donc alléguer ce prétexte pour douter de sa *résurrection ?* Le surnaturel d'un fait n'influe en rien sur les sens pour les rendre infidèles, ni sur le caractère des hommes pour les rendre imbéciles ou menteurs. Donc un fait surnaturel est tout aussi capable d'être prouvé par des témoignages qu'un fait naturel ; nous l'avons démontré au mot Certitude.

Nous soutenons que les deux suppositions ou les deux prétextes des incrédules sont plus impossibles et plus contraires à l'ordre de la nature que la résurrection d'un mort. — 1° Il n'est pas naturel qu'une multitude de témoins, sensés d'ailleurs, croient voir, entendre, toucher un homme vivant, pendant qu'ils ne voient et ne touchent qu'un homme mort, ou au contraire. Il n'est point dans l'ordre de la nature que les sens de toute cette multitude soient fascinés, et qu'un fantôme leur fasse illusion. Il n'est point selon le cours ordinaire des choses que deux hommes soient tellement semblables par les traits du visage, par la taille, par l'âge, par le son de la voix, par l'humeur, par les habitudes, etc., que le vivant puisse être substitué à la place du mort, de manière qu'après trois ou quatre jours tout le monde y soit trompé, même sa famille et ses meilleurs amis : il n'y a point d'exemple d'une erreur semblable. Ce phénomène est donc contraire à une expérience constante, uniforme, certaine et invariable. Donc c'est un miracle, suivant la notion même qu'en donnent les incrédules; mais miracle plus impossible qu'une *résurrection*. Dieu sans doute peut ressusciter un mort pour prouver la mission d'un de ses envoyés, pour exciter l'attention des peuples et les rendre plus dociles à sa parole; mais il ne peut pas faire illusion aux sens de tout un peuple pour l'induire en erreur, ni permettre que cela se fasse par tout autre agent quelconque : cette conduite répugnerait à sa sagesse et à sa bonté. 2° Il est naturellement impossible qu'un grand nombre de témoins aient le même intérêt et la même passion de tromper en pareille circonstance, et il est impossible qu'ils y réussissent au point de rendre la supercherie *indémontrable*; depuis la création il n'est rien arrivé de semblable, et il n'arrivera jamais, à moins que Dieu ne change le cours de la nature pour établir une imposture, et ne viole tout à la fois l'ordre physique et l'ordre moral. Dans l'un et l'autre de ces deux cas, nous avons donc ce qu'exigent les incrédules pour admettre un miracle, c'est-à-dire un témoignage de telle nature que sa fausseté serait plus miraculeuse que n'est le fait même qu'il s'agit de constater.

Cet argument ne conclut point, répliquent les déistes; dans une résurrection il y a deux faits successifs, la mort d'un homme, ensuite sa vie; je puis m'assurer du second, mais cette assurance même me fait défier du témoignage que mes sens m'ont rendu sur la réalité de la mort précédente que je ne puis plus constater. Lorsqu'un malade tombé en syncope, et qui paraissait mort, revient de lui-même à la vie, le second fait démontre que la mort était seulement apparente et non réelle; donc il en est de même de la vie récupérée par une prétendue *résurrection*; il faut raisonner dans l'un de ces cas comme dans l'autre.

Réponse. Nous soutenons que dans le second cas, lorsque la mort a été constatée par les signes ordinaires, il est absurde d'en douter et de se défier du témoignage des sens. Autrement, dans le cas que cet homme ressuscité viendrait à mourir quelques jours après, il faudrait douter de même de la vie dont il a joui pendant plusieurs jours, et de laquelle nos sens ont rendu témoignage. Pour comprendre tout le ridicule de ces doutes, il suffit de les appliquer à un phénomène naturel. La renaissance des têtes de limaçons paraissait incroyable et contraire au cours de la nature, avant que l'expérience en eût démontré la possibilité; le philosophe qui les a vues renaître pour la première fois a-t-il été en droit de douter s'il avait réellement coupé la tête à plusieurs de ces animaux, lorsqu'il en a vu paraître une nouvelle, sous prétexte qu'il ne pouvait plus constater la réalité de l'amputation ? aucun homme sensé n'oserait le soutenir. Donc, de même, dans le cas d'une *résurrection*, lorsque la mort a été constatée par le témoignage des sens, il est absurde d'en douter, sous prétexte que l'on ne peut plus vérifier le fait de nouveau. La seule raison qui inspire de la défiance aux incrédules, c'est que la vie rendue au ressuscité est un fait surnaturel : or, nous avons déjà observé que le surnaturel d'un fait n'influe en rien sur nos sens ni sur la fidélité de leur témoignage : donc la défiance à cet égard n'est fondée sur aucune raison, mais seulement sur la répugnance d'un incrédule à croire un miracle.

Dans le cas d'une syncope, la vie recouvrée est une preuve certaine de la fausseté des apparences précédentes de la mort, pour deux raisons : 1° parce qu'il est évident pour lors qu'aucune cause surnaturelle n'est intervenue; Dieu ne ressuscite pas les morts sans qu'ils le sachent et sans que personne s'en aperçoive. C'est autre chose lorsqu'un homme qui se dit envoyé de Dieu opère une *résurrection* pour prouver son caractère. 2° Parce qu'il n'y a aucun exemple d'une syncope qui ait réuni absolument tous les signes et les symptômes d'une mort réelle; si cela était jamais arrivé, l'on n'oserait plus enterrer aucun mort avant la corruption du cadavre. Donc, lorsqu'une mort a été constatée par tous les signes qui peuvent la caractériser, il est absurde de douter encore si ce n'a pas été une syncope. Il faut donc distinguer avec soin la défiance sage et raisonnable du témoignage des sens, d'avec une défiance excessive et affectée qui vient de quelque passion d'orgueil, d'entêtement, d'opiniâtreté, de malignité, etc. Celle-ci n'a point de bornes, elle augmente à proportion de la force des preuves qu'on lui oppose. Mais ceux qui se font gloire de leurs doutes en fait de religion, rougiraient de se conduire de même en tout autre cas. Lorsqu'un incrédule s'est trouvé dans le cas de voir porter au tombeau son père, son épouse ou son ami, malgré la vivacité de ses regrets, il ne s'est pas avisé de douter si leur mort était bien certaine, ni d'argumenter pour prouver que c'était peut-être seulement une syncope.

Suivant l'avis d'un de nos plus célèbres incrédules, c'est un paradoxe de dire que l'on devrait croire aussi bien tout Paris qui assurerait avoir vu ressusciter un mort, qu'on le croit quand il publie que telle bataille a été gagnée; ce témoignage, dit-il, rendu sur une chose improbable, ne peut jamais être égal à celui qui est rendu sur une chose probable. Si par *improbable* cet auteur entendait *impossible*, il devait commencer par faire voir que tout miracle est impossible; c'est ce qu'il n'a pas fait. S'il appelle *chose improbable* une chose que l'on ne peut pas prouver, il fallait démontrer que nos sens ne servent plus de rien lorsqu'il s'agit de constater un fait surnaturel, quelque sensible qu'il nous paraisse. Nous voudrions savoir pourquoi il est plus difficile de s'assurer de la mort d'un homme qui ressuscitera que de celle d'un homme qui ne ressuscitera pas; ou moins aisé de constater la vie d'un homme ressuscité que celle d'un homme qui n'est pas encore mort. Il est évident qu'un fait surnaturel est susceptible du même degré de certitude qu'un fait naturel; ainsi un miracle est métaphysiquement certain pour celui qui l'a éprouvé sur soi-même, il l'est physiquement pour ceux qui l'ont vérifié par leurs sens, il l'est moralement pour ceux qui en sont assurés par des témoignages irrécusables. *Voy.* MIRACLE.

RÉSURRECTION DE JÉSUS-CHRIST (1). « Si Jé-

(1) La résurrection de Jésus-Christ, dit Duvoisin, est un fait principal sur lequel repose particulièrement la divinité de l'Evangile : il est à propos d'en parler d'une manière particulière.

On peut réduire à trois chefs les preuves de la résurrection de Jésus-Christ : la tradition constante et la foi publique de l'Eglise chrétienne, l'autorité des témoins cités dans l'histoire évangélique, la liaison nécessaire de plusieurs faits incontestables avec le fait de la résurrection.

I. Il n'en est pas du christianisme comme de certaines institutions que l'on trouve établies dans le monde, sans que l'on puisse dire où, comment, et par qui elles ont commencé. Nous en avons une histoire suivie qui remonte sans interruption jusqu'à l'époque de sa naissance; et nous apprenons de cette histoire, que la résurrection de Jésus-Christ a toujours été l'objet et le fondement de la foi des chrétiens.

Une fête solennelle, aussi ancienne que le christianisme, est encore aujourd'hui un monument authentique de la résurrection. Vers le milieu du second siècle, il s'éleva dans l'Eglise une contestation sur le jour où cette fête devait se célébrer. Les Eglises d'Orient prétendaient que l'apôtre saint Jean les avait instruites à célébrer la Pâque le même jour que les Juifs, c'est-à-dire le quatorze de la lune de mars. L'Eglise de Rome et les Eglises d'Occident se fondaient sur l'autorité de saint Pierre, pour renvoyer la Pâque chrétienne au dimanche qui suivait le jour de la Pâque judaïque. La pratique de l'Eglise de Rome a prévalu : le concile de Nicée, en 325, en a fait une loi pour tous les chrétiens. Cette dispute, qui dura longtemps, et qui fut soutenue de part et d'autre avec beaucoup de vivacité, nous prouve évidemment que l'Eglise chrétienne a toujours fait profession de croire la résurrection de Jésus-Christ, et qu'elle a toujours regardé la commémoraison de ce grand miracle comme une partie essentielle de son culte. Or il est incontestable que la foi publique de la résurrection remonte jusqu'au temps de l'événement. L'on ne peut assigner un seul instant où les chrétiens n'en aient pas fait profession. Il est même évident que cette croyance a toujours été le motif principal et le fondement du christianisme, et que jamais on n'aurait vu se former une seule Eglise chrétienne, si la résurrection de Jésus-Christ n'eût pas été annoncée et reconnue immédiatement après sa mort.

J'aperçois donc dans la tradition chrétienne un

sus-Christ n'est pas ressuscité, disait saint Paul aux Corinthiens, notre prédication est vaine, votre foi ne porte sur rien ; nous

premier caractère qui ne me permet pas de la confondre avec ces opinions populaires qui s'évanouissent dès qu'on entreprend de remonter à la source. Cette foi publique et constante d'une société immense composée de peuples inconnus les uns aux autres, me paraît plus imposante et plus authentique, à mesure que je me rapproche de son origine. Si l'on peut dire de chaque génération qu'elle a recueilli la foi de la génération précédente, je demanderai où la première génération a puisé sa foi, si ce n'est dans la vérité reconnue du fait de la résurrection? Je ne puis pas supposer que ce soit par l'impulsion des préjugés et des opinions dominantes, que les premiers chrétiens aient été conduits à la foi de la résurrection. Ces premiers chrétiens étaient ou des juifs, ou des idolâtres, ou des philosophes, tous imbus de principes bien contraires à la nouvelle religion. Le christianisme, combattu par tous les préjugés de l'éducation et de l'habitude, méprisé et persécuté dans sa naissance, n'avait aucun de ces moyens de séduction qui agissent sur l'esprit et sur le cœur humain. Par quel autre motif que celui de la vérité connue, la foi de la résurrection a-t-elle donc pu s'établir? Enfin, la résurrection de Jésus-Christ n'était pas un fait obscur, indifférent, étranger aux intérêts et aux passions qui ont coutume de remuer les hommes. Il ne s'agissait pas, entre ceux qui la croyaient et ceux qui ne la croyaient pas, d'une simple diversité d'opinion sur un point d'histoire. La religion, l'ordre public en dépendaient. D'une part, les pharisiens, les prêtres, les chefs de la nation juive ne pouvaient voir sans effroi que l'on entreprît de persuader la résurrection et la divinité d'un homme qu'ils avaient crucifié. De leur côté, les disciples de Jésus ne pouvaient se dissimuler le danger auquel ils s'exposaient, en accusant du plus grand des crimes, les magistrats de leur nation. Toute la ville de Jérusalem avait les yeux ouverts sur une cause si importante. Je ne puis donc pas supposer que la foi de la résurrection se soit établie d'une manière imperceptible, sans discussion, sans que les hommes éclairés y prissent intérêt. La nature du fait ne le permettait pas, et d'ailleurs, toute l'histoire de ces temps-là me prouve incontestablement que la foi des chrétiens n'a pris le dessus qu'après avoir triomphé des contradictions les plus violentes et les plus opiniâtres.

La tradition constante et la foi publique de l'Eglise nous conduit de siècle en siècle, par une succession ininterrompue, jusqu'aux témoins de la résurrection. Quels sont les témoins de la résurrection? Jésus, qui l'a prédite ; les apôtres, qui l'ont publiée ; les Juifs, qui l'ont combattue.

II. Je place Jésus-Christ à la tête des témoins de la résurrection, parce qu'il l'a prédite, et qu'une telle prédiction suppose et prouve qu'il avait le pouvoir de la vérifier. Jésus a prédit sa résurrection publiquement, et de la manière la plus formelle. *Cette race perverse et adultère demande un signe* (il parlait aux prêtres et aux pharisiens), *et il ne lui en sera pas donné d'autre que le signe du prophète Jonas. Car, de même que Jonas demeura trois jours et trois nuits dans le ventre de la baleine, ainsi le Fils de l'homme sera trois jours et trois nuits dans le sein de la terre* (Matth. XII). Cette prédiction n'était pas obscure; elle fut entendue des Juifs, et ils nous l'apprennent eux-mêmes, lorsque après le crucifiement ils disent à Pilate : « Nous nous souvenons que ce séducteur a dit : Dans trois jours je ressusciterai. » On ne peut pas soupçonner l'évangéliste de l'avoir imaginée après coup. Les chefs de la Synagogue en attestent l'authenticité par les mesures qu'ils prennent pour la démentir.

sommes de faux témoins qui outrageons Dieu, en attestant contre la vérité qu'il a ressuscité Jésus-Christ (*I Cor.* xv, 14). » Les

Raisonnons maintenant dans la double hypothèse de la vérité et de la fausseté du fait de la résurrection, et voyons à laquelle de ces deux hypothèses peut s'adapter la prédiction de Jésus-Christ.

Si Jésus est ressuscité, il est indubitablement l'envoyé de Dieu, et s'il était l'envoyé de Dieu, il pouvait se tenir assuré de sa résurrection ; et il convenait qu'il l'annonçât, et à ses disciples, et à ses ennemis : à ses disciples, pour soutenir leur foi contre le scandale de la croix ; à ses ennemis, pour défier tous leurs efforts, pour donner plus d'éclat au miracle qui devait mettre le sceau à la divinité de sa mission. Si, au contraire, Jésus n'était pas un envoyé céleste, cette prédiction ne pouvait servir qu'à faire échouer ses projets, soit en désabusant les disciples qu'il avait séduits, soit en fournissant à ses ennemis un moyen sûr et facile de le convaincre d'imposture à la face de l'univers.

Qu'un homme de génie, par cet ascendant que les grandes âmes savent prendre sur le vulgaire, par le charme de l'éloquence, par des dehors imposants de vertu, par des prestiges même, si l'on veut, parvienne à subjuguer quelques hommes simples et crédules, on le conçoit, et l'histoire nous en offre mille exemples. Mais ce qu'on n'a point encore vu, c'est que l'auteur d'une imposture, jusque-là si heureuse, aille de lui-même, sans nécessité, sans motif, ouvrir les yeux à tous ceux qu'il a séduits. Or, tout autre que l'arbitre souverain de la vie et de la mort, en prédisant à ses disciples qu'il sortirait du tombeau, détruisait par cela seul toute la confiance qu'il avait su leur inspirer.

En effet, j'interroge l'incrédule, et je lui demande si les disciples de Jésus, sur l'autorité de sa prédiction, croyaient fermement qu'il dût ressusciter, ou si leur foi, encore faible et vacillante, attendait l'événement pour se fixer. Qu'il choisisse entre ces deux suppositions, et qu'ensuite il m'explique comment, après avoir attendu vainement l'exécution de la promesse de leur maître, après s'être convaincus de la fausseté de sa prédiction, les disciples ont pu se persuader encore qu'il était le Fils de Dieu. A la vue d'une preuve si palpable d'imposture, la foi des disciples, quelles que soient leurs préventions, s'éteint nécessairement pour faire place à l'indignation et à la honte de s'être laissé tromper. Loin de songer à perpétuer une fable dont l'auteur s'est trahi si visiblement, il ne leur reste qu'à retourner à leurs barques et à leurs filets. Trop heureux si un prompt repentir les dérobe à la vengeance des lois, ou si leur obscurité fait oublier qu'ils ont été les complices du faux prophète ! Une semblable prédiction, dans la bouche d'un imposteur, ne pouvait donc avoir d'autre effet que de forcer ses disciples à l'abandonner. J'ajoute qu'elle eût encore préparé à ses ennemis un moyen sûr et facile de le convaincre, à la face de tout l'univers, de mensonge et d'impiété.

S'il se rencontrait un chef de secte assez téméraire pour prédire hautement qu'il se montrera plein de vie trois jours après sa mort, quel serait l'effet naturel et nécessaire d'une si extravagante prédiction ? Tout ce que peut s'en promettre le prétendu prophète, c'est que la fable de sa résurrection s'accrédite et se répande dans le monde. Mais tous ces moyens de séduction sont ensevelis avec lui, et l'imposture meurt avec l'imposteur, à moins qu'il ne laisse un parti assez hardi pour venir à bout de persuader que la prédiction s'est vérifiée.

Tout l'espoir de Jésus, dans le système de l'incrédulité, reposait donc sur le courage et sur l'habileté de ses disciples. Vous venez de voir si c'était en les flattant de la fausse idée de sa résurrection, qu'il pouvait les intéresser à sa mémoire et au succès de son entreprise. Je le suppose toutefois, et je me représente ces hommes si timides, si lâches quelques jours auparavant, transformés tout à coup en conspirateurs intrépides, et déterminés à soutenir la résurrection d'un homme qui les a trompés pendant sa vie, et qui, en expirant sur une croix, ne leur a légué que l'attente d'une mort semblable à la sienne. Ils s'assemblent, ils délibèrent, et prennent la résolution désespérée d'enlever le corps de leur maître. Mais dès le premier pas, un obstacle insurmontable les arrête. C'est la prédiction publique que Jésus a faite de sa résurrection. Instruits, par cette imprudente déclaration, du cours qu'allait prendre l'imposture, les prêtres et les pharisiens ont rompu d'avance toutes les mesures des conjurés. Ils ont placé des gardes au sépulcre ; ils y ont apposé le sceau public : ils sauront bien empêcher qu'on n'enlève le cadavre ; il ne leur sera pas difficile de le produire après les trois jours révolus. Ce terme expiré, la fable de la résurrection est étouffée, avant même qu'elle ait vu le jour.

En deux mots : Jésus a prédit qu'il ressusciterait. Donc il est ressuscité.

III. Le fait de la résurrection est attesté, non-seulement par tous les écrivains du Nouveau Testament, mais encore par tous les apôtres et les disciples de Jésus-Christ ; et leur témoignage unanime et persévérant ne peut être suspect ni d'illusion ni d'imposture. D'abord la nature du fait, sa continuité, la multiplicité et la variété des apparitions qui le constataient, ne permettaient pas de croire que les témoins aient été trompés. Ce n'est pas en songe, ou d'une manière fugitive, ce n'est pas une seule fois que Jésus après sa mort se montre à ses disciples : c'est pendant quarante jours consécutifs, et dans toute l'intimité du commerce le plus familier. *Præbuit seipsum vivum in multis argumentis, per dies quadraginta, apparens eis, et loquens* (Act. I).

Direz-vous que les apôtres étaient préparés par leurs préventions et leur crédulité, à prendre pour réels des faits et des discours qui n'existaient que dans leur imagination ?

Mais, en premier lieu, une pareille illusion supposerait la démence portée à son comble ; et la démence n'admet pas cette uniformité dans les récits, cette liaison dans les faits, cette profonde sagesse dans les discours que nous offre l'histoire de Jésus ressuscité. En second lieu, rien ne paraît plus éloigné de l'esprit des disciples, que la prévention et la crédulité à l'égard de la résurrection de leur maître. Ils traitent d'extravagance le premier rapport qu'on leur en fait : *et visa sunt ante illos quasi deliramenta verba ista, et non crediderunt illis* (Luc, xxiv, 11). Ils se sont assurés que le corps n'est plus dans le sépulcre, et ils ne sont pas encore persuadés. Jésus se montre à Madeleine ; il lui adresse la parole ; il l'appelle par son nom : Madeleine le reconnaît enfin, et court annoncer aux disciples ce qu'elle a vu. Mais son témoignage ne leur suffit pas ; il faut que Jésus leur apparaisse, qu'il leur montre les cicatrices de ses plaies. Thomas, qui n'était pas présent lors de cette première apparition, refuse de croire ses collègues ; il ne se rend qu'après avoir vu et touché les traces récentes des clous et de la lance.

Dans ce récit, que je suis forcé d'abréger, mais dont tous les détails sont précieux, reconnaissez-vous la marche de la prévention, de la crédulité ou de l'enthousiasme ? Ne vous semble-t-il pas, au contraire, que les apôtres portent la défiance jusqu'à l'excès ? Et n'êtes-vous pas tenté de leur adresser le reproche que Jésus faisait aux disciples d'Emmaüs, qui s'entretenaient avec lui sans le reconnaître : *O*

ché, il vivra, il aura une postérité nombreuse, il accomplira les desseins du Seigneur. Parce qu'il a souffert, il reverra la lumière et il sera rassasié de bonheur. » Jésus lui-même avait répété plus d'une fois à ses apôtres que trois jours après sa mort il

insensés, qui vous roidissez contre la foi ! *O insensati et tardi corde ad credendum !*

Mais c'est trop nous arrêter sur une supposition qui ne soutient pas le plus léger examen. Les témoins de la résurrection n'ont pu s'en laisser imposer : voyons s'il est permis de croire qu'ils aient formé le dessein d'en imposer eux-mêmes. Ou les apôtres s'attendaient à voir leur maître ressusciter, comme il l'avait annoncé si expressément, ou ils ne s'y attendaient pas. Dans la première supposition, ils ont dû se reposer sur lui-même du soin de vérifier sa prédiction. Ils n'avaient nul besoin de s'engager dans une manœuvre aussi dangereuse que criminelle ; et si leur attente était trompée, il ne leur restait, comme je l'ai déjà dit, que d'abandonner la cause et la mémoire d'un homme qui les avait si grossièrement abusés. Dans la seconde supposition, nul motif, nul intérêt, nul espoir ne pouvait les engager à concerter la fable de la résurrection. Du côté du monde, ils avaient tout à craindre : du côté du ciel, ils ne pouvaient attendre que les châtiments réservés au blasphème et à l'impiété. Le fanatisme ne les aveuglait pas sur ce qu'il y avait de criminel dans leur projet, et le faux zèle ne justifiait pas l'imposture à leurs yeux. « Si le Christ n'est pas ressuscité, disait saint Paul, nous portons un faux témoignage contre Dieu : *Invenimur et falsi testes Dei*. »

Admettons néanmoins que les apôtres eussent quelque intérêt à supposer et à divulguer la fable de la résurrection, comment n'ont-ils pas été découragés à la vue des obstacles innombrables qui s'opposaient à l'exécution d'une pareille entreprise ? obstacles pris de la nature même du projet, qui demandait que l'on fît disparaître le cadavre dont les Juifs s'étaient assurés par une garde militaire ; obstacles de la part des complices qui se trouvaient en grand nombre, et parmi lesquels il ne fallait qu'un traître, un second Judas pour dévoiler la fraude, et en immoler les auteurs à la risée publique et à la vengeance des lois ; obstacles de la part des prêtres, des magistrats, de la nation tout entière, que la fable de la résurrection couvrait d'une infamie éternelle, et qui avaient en main tous les moyens de droit et de force, propres à confondre et à punir les imposteurs ; obstacles de tous les genres, qui donnent à ce projet un caractère d'extravagance, tel que l'imagination épouvantée ne peut se figurer qu'il y ait eu, d'une part, des hommes assez fous pour en concevoir l'idée, et, de l'autre, des hommes assez stupides pour en permettre l'exécution.

IV. Nous pouvons compter, parmi les témoins de la résurrection, jusqu'aux Juifs qui ont refusé de la croire. Leur incrédulité porte avec elle des caractères si manifestes de mauvaise foi, qu'elle équivaut à un aveu formel. Pour vous en convaincre, je n'ai besoin de mettre sous vos yeux ce que firent les chefs de la Synagogue avant la résurrection, pour empêcher, s'il eût été possible, que la prédiction de Jésus ne s'accomplît, et ce qu'ils firent après la résurrection, pour arrêter l'effet de la prédication des apôtres.

Avant la résurrection, les princes des prêtres et les pharisiens scellent de leur sceau l'entrée du sépulcre : ils y placent des satellites pour en défendre l'accès. Par ces mesures, ils se constituent dépositaires et gardiens du corps de Jésus, ils en répondent contre tous les efforts des disciples, et ils s'engagent tacitement à le représenter, après les trois jours fixés pour la résurrection. Qu'arrive-t-il, cependant ? Dès le matin du troisième jour, les sceaux du sépulcre sont brisés, la pierre énorme qui le fermait est renversée, les satellites sont dissipés, le cadavre a disparu ; il ne reste que les linges qui l'enveloppaient.

D'après ces faits publiés par les apôtres, et non contestés par les Juifs, il faut admettre, ou que Jésus est ressuscité, ou que ses disciples ont enlevé le cadavre à force ouverte. Mais, outre que c'eût été de leur part un projet insensé, soit qu'ils crussent, soit qu'ils ne crussent pas à la divinité de leur maître ; outre qu'on ne peut leur supposer ni le courage ni les forces nécessaires pour l'exécution, les chefs de la Synagogue en avaient rendu le succès impossible ; et ils ne sont plus en droit d'alléguer cet enlèvement, après qu'ils l'ont prévu, et qu'ils ont pris pour l'empêcher toutes les mesures que pouvait suggérer la prudence éveillée par la haine, et soutenue de l'autorité et de la force publique. A plus forte raison ne méritent-ils pas d'être écoutés, lorsqu'ils viennent nous dire que les disciples ont forcé le sépulcre, pendant que les gardes dormaient tous à la fois, sans que leur sommeil eût été troublé par le tumulte inséparable des efforts et des mouvements que suppose une pareille expédition. Un fait aussi destitué de vraisemblance demanderait, comme l'observe saint Augustin, d'autres garants que des témoins endormis. Tout ce que l'on peut conclure du bruit de l'enlèvement si semé dans le peuple par les chefs de la Synagogue, c'est que, de leur aveu, le cadavre n'était plus dans le sépulcre avant la fin du troisième jour ; et cet aveu, dans leur bouche, est un témoignage forcé en faveur de la résurrection.

Tandis que, par une fable si mal concertée, les prêtres et les pharisiens s'efforçaient de démentir la prédiction de Jésus-Christ, les apôtres, au milieu de Jérusalem, se portaient hautement pour témoins de son accomplissement. Le contraste de leur assurance et de leur intrépidité, avec la mollesse et la timidité de la Synagogue, fait assez voir de quel côté se trouvent la bonne foi et la vérité.

Pierre et Jean venaient de guérir, à la porte du temple, et en présence d'une foule innombrable, un homme boiteux de naissance, connu de toute la ville. Ils avaient pris occasion de ce prodige pour annoncer au peuple la résurrection de Jésus. Ils parlaient encore, lorsqu'il survient des prêtres, des magistrats du temple et des sadducéens, qui les font saisir et jeter dans une prison. Le lendemain, les prêtres, les anciens, les scribes assemblés, se font amener les deux apôtres. Nieront-ils, ou du moins contesteront-ils le miracle de la veille ? Non : ils le reconnaissent expressément, et se bornent à demander aux apôtres en quel nom et par la puissance de qui ils l'ont opéré : *In qua virtute, aut in quo nomine fecistis hoc vos?* (Act. IV.) Pierre prend la parole et leur dit : « Princes du peuple, apprenez, et que tout Israël sache que cet homme, que vous voyez sain devant vous, a été guéri par la puissance et au nom de Notre-Seigneur Jésus-Christ de Nazareth, que vous avez crucifié, et que Dieu a ressuscité d'entre les morts : *Quem vos crucifixistis, quem Deus suscitavit a mortuis*...... » Les magistrats, voyant la fermeté de Pierre et de Jean, sachant que c'étaient des hommes du peuple, et sans lettres, étaient dans l'étonnement, et connaissaient qu'ils avaient été avec Jésus. Ils voyaient aussi devant eux l'homme guéri, et ils ne pouvaient nier la chose. Ils firent sortir les apôtres de la salle du conseil, et délibérant entre eux, ils se disaient : « Que ferons-nous de ces hommes ? Le miracle qu'ils ont fait est connu de tous les habitants de Jérusalem. La chose est manifeste, et nous ne pouvons la nier. Mais afin que leur doctrine ne se répande pas davantage, défendons-leur avec menace d'en parler à qui que ce

sortirait du tombeau. Les Juifs sont encore persuadés que le Messie qu'ils attendent doit mourir et ressusciter. *Voy.* Galatin, l. VIII,

soit. » Pierre et Jean sont rappelés, on leur intime l'ordre du conseil : ils sortent en déclarant qu'ils n'obéiront pas : « Jugez vous-mêmes, disent-ils, s'il est juste de vous obéir plutôt qu'à Dieu. Pour nous, nous ne pouvons taire ce que nous avons vu et entendu : *Non enim possumus quæ vidimus et audivimus non loqui.* » Cités une seconde fois au même tribunal, tous les apôtres réunis parlent avec la même intrépidité. Les prêtres, les pharisiens frémissaient de rage et voulaient les faire mourir. « Laissez ces hommes, leur dit Gamaliel ; car si l'œuvre qu'ils entreprennent vient des hommes, elle tombera d'elle-même : mais si c'est l'œuvre de Dieu, vous ne viendrez pas à bout de la détruire, et votre résistance vous rendrait coupables d'impiété. »

Avec tant de haine et de puissance, pourquoi tant d'incertitude et de faiblesse ? Pourquoi ces ménagements pour des hommes de néant, qui accusent en face les princes des prêtres d'avoir crucifié le Messie des Juifs, *quem vos crucifixistis* ? Comment le plus sage et le plus accrédité des pharisiens ose-t-il avancer en plein conseil, que combattre la prédication des apôtres, c'est s'exposer à combattre l'œuvre de Dieu ? Est-ce là la conduite, est-ce là le langage convenable aux chefs d'une nation, à l'égard d'une poignée de novateurs et de séditieux, qui, par la plus grossière imposture, déshonorent la nation tout entière, et mettent en péril l'état et la religion ?

N'allez pas objecter que ce récit est suspect, puisque c'est des apôtres seuls que nous le tenons. Les faits qui ont précédé ou suivi immédiatement la résurrection, étaient des faits publics et notoires qui appartenaient à la Synagogue, et qu'il y aurait eu de la démence à lui attribuer, s'ils n'eussent pas été vrais et généralement reconnus. Les apôtres auraient-ils inventé que les prêtres allèrent trouver Pilate, pour lui demander de placer une garde près du sépulcre ; qu'il se répandit parmi les Juifs que le corps de Jésus avait été enlevé de nuit par ses disciples, qu'eux-mêmes furent cités devant le conseil, interrogés, emprisonnés, réprimandés, et battus de verges ? Non, ces faits ne sont pas de l'invention des apôtres : ils avaient pour garant la notoriété publique. Vous ne pouvez raisonnablement les contester, et de leur réunion il sort une nouvelle preuve du fait de la résurrection.

D'abord la précaution de placer une force militaire près du sépulcre ne permet pas de douter que Jésus n'eût annoncé publiquement qu'il ressusciterait. J'y trouve même une sorte d'aveu de ses autres miracles ; car on eût méprisé une semblable prédiction, si des œuvres surnaturelles ne lui eussent pas donné de la vraisemblance et du poids dans l'opinion publique. En second lieu, le bruit qui se répand de l'enlèvement du cadavre, prouve démonstrativement que le tombeau s'était trouvé vide après le troisième jour. Or ce fait seul décide contre les Juifs, puisqu'il est certain qu'ils ont dû, qu'ils ont pu, qu'ils ont voulu prévenir toute tentative de la part des disciples. De plus, ce bruit suppose une imposture avérée, ou de la part des disciples, s'il est véritable, ou de la part de la Synagogue, s'il est faux. Or, si l'on pèse attentivement l'intérêt, les moyens, le caractère des uns et des autres, on avouera que le reproche ne peut tomber que sur les chefs de la Synagogue.

Les apôtres n'avaient nul intérêt à dérober le corps de leur maître, à moins qu'on ne les suppose assez insensés pour vouloir, au péril de leur vie, justifier l'extravagante prédiction d'un imposteur. Mais la Synagogue demeurait convaincue du crime le plus horrible, si l'on croyait à la résurrection d'un homme qu'elle avait fait périr du dernier supplice. A s'en tenir à la présomption de droit, celui-là a commis le crime, à qui le crime est utile, *Is fecit scelus, cui prodest :* il ne se trouve ici de coupables que les Juifs.

Les apôtres manquaient de tous les moyens nécessaires au succès d'une entreprise si hasardeuse. Mais les chefs de la Synagogue avaient en main tout ce qui pouvait empêcher l'effraction du sépulcre, tout ce qui pouvait la constater après l'exécution. Or, de leur aveu, ils ne l'ont pas empêchée, et d'après toute leur conduite, il est évident qu'ils ne l'ont pas constatée. Ils n'ont pas même puni les soldats qui, par un oubli sans exemple de la discipline militaire, avaient favorisé le vol du dépôt confié à leur garde. Ils ont souffert qu'on les accusât publiquement d'avoir acheté à prix d'argent le silence de ces témoins oculaires de la résurrection.

Les apôtres, dans toute la suite de leur vie, ont donné l'exemple de toutes les vertus : ils ont scellé de leur sang le témoignage qu'ils avaient constamment rendu de la résurrection de leur maître. En est il de même de leurs adversaires ? Interrogez, je ne dis pas les évangélistes, mais l'historien Josèphe : il vous dira que telle était la corruption des pharisiens, des prêtres, des magistrats, qu'elle eût suffi, sans les armes des Romains, pour consommer la ruine entière de la nation.

Troisièmement, les chefs de la Synagogue ont nié le fait de la résurrection ; mais quelles preuves ont-ils opposées au témoignage des apôtres ? Le bruit vague de l'enlèvement du cadavre n'est qu'une fable maladroite, s'il n'est pas soutenu par des informations juridiques. Or, il ne paraît nulle trace d'informations juridiques dans toute l'histoire de ce temps-là ; et ce qui démontre qu'il n'y en a jamais eu, ou que l'on s'est cru obligé de les supprimer, c'est que les apôtres continuent d'enseigner en public, sans que les magistrats osent les condamner à la mort ; c'est que, dans le procès instruit tumultuairement contre le diacre Étienne, on l'accuse, non d'avoir enseigné la résurrection de Jésus, mais d'avoir blasphémé contre le temple et contre la loi : c'est enfin, que la foi en Jésus ressuscité, que des informations juridiques auraient dû étouffer dans sa naissance, s'établit au milieu de Jérusalem, sous les yeux des prêtres et des magistrats, qui ne savent combattre la nouvelle religion qu'en la persécutant

V. Le fait de la résurrection est tellement lié avec d'autres faits incontestables, qu'on ne peut l'en détacher sans tomber dans un abîme d'invraisemblances, de contradictions et d'absurdités historiques.

Un premier fait incontestable, c'est que l'établissement du christianisme est moins l'ouvrage de Jésus-Christ que celui de ses apôtres. Or, si Jésus n'est pas ressuscité, il est impossible de concevoir comment ses apôtres ont pu suivre et consommer l'entreprise qu'il avait commencée. Que l'incrédule se décide une fois sur le caractère qu'il veut donner aux apôtres. En fera-t-il des enthousiastes stupides qui prêchent de bonne foi les visions dont leur maître les a bercés ? Cette supposition est détruite par le fait de la résurrection, dont ils se disent les témoins. Jusque-là, qu'ils aient été séduits, à la bonne heure ; mais, dès ce moment, ils deviennent eux-mêmes des imposteurs ; il ne faut plus nous parler de leur enthousiasme et de leur bonne foi. Essayera-t-on de nous les montrer comme des fourbes habiles qui s'emparent du plan ébauché par leur maître, et se chargent de l'exécuter, au péril manifeste de leur vie ? Des fourbes n'auraient en garde de coudre à leur plan la fable de la résurrection,

listes, est à couvert de tout reproche et de tout soupçon de fausseté.

Toute la question se réduit à trois articles, à savoir : si Jésus-Christ est véritablement mort sur la croix, s'il est ensuite sorti du tombeau lui-même ou si ses disciples ont fait disparaître son corps, et si les attestations de sa *résurrection* sont suffisantes ; nous ne pouvons qu'indiquer sommairement les preuves de la vérité de ces trois faits essentiels.

qui ramenait tout à l'examen d'un fait unique, où le mensonge devait percer de toutes parts.

Un second fait non moins incontestable, c'est que l'Eglise a pris naissance à Jérusalem, deux mois après la mort de Jésus-Christ. La première prédication de Pierre enfante trois mille chrétiens : peu de jours après, on en compte huit mille. La persécution qui oblige les apôtres de se séparer, porte le germe de la foi dans tous les pays voisins. Qui m'expliquera ce mouvement subit qui arrache des milliers de Juifs à leurs préjugés, à leurs habitudes, à tous leurs intérêts, pour leur faire adorer un homme qu'ils ont vu expirer entre deux brigands ? Les apôtres ont publié que cet homme était ressuscité. Mais les apôtres ont rencontré des contradicteurs, ils n'en ont pas été crus sur un fait aussi extraordinaire, ils ne l'ont pas avancé sans alléguer quelques preuves ; et si le fait était controuvé, sur quelles preuves ont-ils pu l'établir lorsque tout s'élevait contre leur témoignage, l'autorité, la religion, l'intérêt et les passions ?

Que l'on exagère tant que l'on voudra la crédulité du peuple, on ne trouvera pas un seul exemple d'une pareille imposture et d'un pareil succès. Les erreurs populaires prennent leur origine et trouvent leur appui dans les opinions reçues, dans les passions, dans l'influence des gouvernements. Romulus disparaît tout à coup ; les sénateurs publient que les dieux l'ont enlevé au milieu d'un orage : un peuple imbécile et superstitieux croit sans peine une fable qui s'accorde avec toutes ses idées. Mais ce même peuple aurait-il cru, sur la parole de quelques inconnus, à l'apothéose d'un homme obscur, ennemi de ses lois et de sa religion ?

Aussi, et c'est un troisième fait non moins certain que les deux précédents, les apôtres n'ont pas dit au peuple de Jérusalem : Croyez que Jésus est ressuscité, parce que nous vous l'assurons ; ils ont dit : Croyez-en les prodiges que nous opérons sous vos yeux, au nom de Jésus ressuscité. La foi des premiers juifs convertis a donc eu pour motif des faits éclatants, dont la vérité était nécessairement liée à la vérité du fait de la résurrection. Tout se réduisait pour eux à l'examen facile de ces faits dont ils étaient les témoins oculaires. Tout se réduit pour nous à rechercher s'ils ont reconnu la vérité des faits allégués par les apôtres, et si le jugement qu'ils en ont porté nous oblige nous-mêmes à les admettre. Mais avant d'entamer cette discussion, je veux vous faire observer qu'elle répondra pleinement à une question que vous entendrez souvent faire aux incrédules : Pourquoi Jésus ressuscité ne s'est-il pas montré aux prêtres, aux pharisiens, à toute la ville de Jérusalem qui l'avait vu expirer ? Pourquoi sa mort ayant été publique, sa résurrection n'a-t-elle pas eu d'autres témoins que ses disciples ?

Je pourrais répondre que la nation entière, représentée par ses prêtres, ses docteurs, ses magistrats, avait une preuve convaincante de la résurrection, dans l'état où l'on trouva le sépulcre trois jours après la mort de Jésus-Christ. Je pourrais ajouter que le témoignage des apôtres, soutenu par des œuvres surnaturelles, en fournissait une autre preuve certaine, et dès lors suffisante. Mais je vais plus loin, et je dis que, par leurs propres miracles, les apôtres ressuscitaient ce fait capital, le rendaient public, et le mettaient en quelque sorte sous les yeux de la nation. Jésus-Christ en effet ne se montrait-il pas au milieu des Juifs toutes les fois que ses apôtres opéraient en son nom, et par le pouvoir qu'ils avaient reçu de lui, quelqu'un de ces prodiges que nous lisons dans leur histoire ? La Synagogue et le peuple de Jérusalem ne l'ont pas vu après sa résur-

1. La vérité de la mort de Jésus-Christ est prouvée par la narration uniforme des quatre évangélistes ; on peut comparer leurs récits dans une concordance : par la longueur et la variété des tourments qu'on lui avait fait souffrir : il avait essuyé le matin une flagellation cruelle, la violence et les coups des soldats ; il avait succombé sous le poids de sa croix ; le crucifiement mit le comble à ses douleurs : on est étonné de ce qu'il put vivre encore pendant trois heures sur la croix.

— Une troisième preuve est le coup de lance qui lui fut donné par un soldat, et qui fit sortir de son côté le sang qui lui restait dans le cœur avec l'eau du péricarde ; il lui était impossible de survivre à cette blessure. C'est parce qu'il était mort que les soldats ne lui rompirent point les jambes, comme aux deux larrons crucifiés avec lui. Ajoutons la précaution que Pilate prit avant de permettre que le corps de Jésus fût détaché de la croix ; il interrogea le centurion témoin du supplice de Jésus, pour savoir s'il était véritablement mort ; cet officier le lui assura.— La cinquième preuve est l'embaumement que firent de ce corps Nicodème et Joseph d'Arimathie, opération qui aurait suffoqué Jésus s'il n'avait pas été véritablement mort. *Voy.* FUNÉRAILLES. — La sixième est l'attention qu'eurent les juifs de visiter le tombeau de Jésus lorsqu'il y fut renfermé, de sceller la pierre qui en fermait l'entrée, d'y mettre des gardes, de peur que son corps ne fût enlevé par ses disciples et qu'ils ne publiassent qu'il était ressuscité. Enfin, la persuasion dans laquelle les juifs ont toujours été que Jésus avait été déposé dans le tombeau, et le bruit qu'ils ont répandu de l'enlèvement de son corps pendant que les gardes dormaient. Les juifs ont toujours contesté sa *résurrection*, mais ils n'ont jamais nié sa mort. Elle est donc prouvée par tous les faits et par toutes les circonstances qui peuvent la rendre indubitable.

surrection ; mais n'ont-ils pas eu, dans les miracles des apôtres, une preuve de la résurrection, équivalente au témoignage immédiat de leurs sens ? Et ceux qui ont refusé de se rendre à cette preuve si authentique et si éclatante, se seraient-ils montrés plus dociles à la vue de Jésus ressuscité ? Pensez-vous d'ailleurs que le témoignage unanime de toute la nation juive fût capable de fermer la bouche à nos incrédules modernes ? Ne demanderaient-ils pas encore que Jésus, après sa résurrection, eût parcouru toute la terre ? Ne voudraient-ils pas le voir de leurs propres yeux ? Où trouver des preuves assez convaincantes pour des hommes bien résolus à ne pas croire ? L'histoire évangélique renferme les motifs de crédibilité qui suffisent à la bonne foi, et l'autorité n'en est point ébranlée, parce que la mauvaise foi imagine et demande d'autres preuves qu'elle saurait bien éluder.—*Démonst. Evang.*, édit. Migne.

II. Les disciples de Jésus n'ont pas tiré son corps du tombeau ; second fait à prouver. 1° Ils n'ont pas osé l'entreprendre ; leur timidité est connue, ils en font eux-mêmes l'aveu. Ils s'enfuirent lorsque Jésus fut saisi par les juifs ; saint Pierre, qui le suivit de loin, n'osa se déclarer son disciple ; saint Jean seul osa se montrer sur le Calvaire et se tenir près de sa croix. Pendant les jours suivants ils s'enfermaient, de peur d'être recherchés et poursuivis par les juifs. Lorsque Jésus ressuscité se fit voir à eux, ils le prirent pour un fantôme et furent saisis de frayeur. Ce ne sont pas là des hommes capables de vouloir forcer un corps de garde et de tirer par violence un cadavre du tombeau. — 2° Quand ils l'auraient osé, ils ne l'ont pas voulu. Pour former ce dessein, il fallait un motif : or, les apôtres n'en avaient aucun. Une fois convaincus de la mort de leur maître, ils ont dû le regarder ou comme un imposteur qui les avait trompés par de fausses promesses, ou comme un esprit faible qui s'était abusé lui-même par de folles espérances. Quel intérêt pouvait donc les engager à braver la haine des juifs et le danger du supplice pour soutenir l'honneur de Jésus, pour persuader sa *résurrection*, pour le faire reconnaître comme Messie ? Ils ne pouvaient espérer ni de tromper les juifs, ni d'éviter le châtiment, ni de séduire le monde entier. C'eût été de leur part un crime aussi absurde qu'inutile. Ils ne pouvaient pas compter assez les uns sur les autres pour se persuader qu'aucun ne dévoilerait la conspiration et ne découvrirait la vérité. A moins qu'ils n'aient été tous saisis par un accès de démence, le dessein d'enlever le corps de Jésus n'a pas dû leur venir dans l'esprit. — 3° Quand ils auraient entrepris de commettre ce crime, ils ne l'auraient pas pu. Le tombeau était gardé par des soldats ; avant d'y placer cette garde, les juifs avaient eu soin de visiter, de fermer et de cacheter le tombeau (*Matth.* XXVII, 66). Cette opération ne s'était pas faite la nuit ni secrètement, mais au grand jour. On ne pouvait lever une grosse pierre, ni emporter un corps enduit d'aromates sans faire du bruit. Le tombeau était creusé dans le roc ; on le voit encore aujourd'hui ; mille voyageurs l'ont visité. — 4° Enfin, quand les apôtres auraient pu et auraient voulu enlever le corps mort de leur maître, ils ne l'ont pas fait. Ils ont été justifiés de ce vol par les gardes, lorsque ceux-ci sont allés déclarer aux juifs ce qui était arrivé. Si ces gardes avaient favorisé les apôtres pour commettre ce crime, ils auraient été punis, puisque ceux qui gardaient saint Pierre dans la prison furent envoyés au supplice, quoique cet apôtre eût été délivré par miracle (*Act.* XII, 29). Au contraire, les juifs donnèrent de l'argent aux soldats afin qu'ils publiassent que le corps de Jésus avait été enlevé pendant qu'ils dormaient. Mais ces mêmes juifs ont encore justifié les apôtres de ce crime prétendu. Lorsqu'ils firent mettre en prison et battre de verges saint Pierre, saint Jean et les autres, lorsqu'ils mirent à mort saint Étienne, les deux saint Jacques et saint Siméon, ils ne les accusèrent point d'avoir volé le corps de Jésus-Christ ni d'avoir publié faussement sa *résurrection*, mais seulement de l'avoir prêchée malgré la défense qu'on leur en avait faite. Donc, les apôtres sont pleinement absous du crime que les juifs et les incrédules veulent aujourd'hui leur imputer. Si donc Jésus-Christ, après avoir été déposé mort dans un tombeau, a reparu vivant et conversant avec ses apôtres, nous sommes forcés de croire qu'il est ressuscité.

III. La *résurrection de Jésus Christ* est attestée par des témoignages irrécusables. Elle l'est, en premier lieu, par tous les apôtres qui affirment que pendant quarante jours ils ont vu et touché Jésus-Christ vivant, qu'ils ont conversé, bu et mangé avec lui comme avant sa mort. Ils ont donné leur vie en témoignage de ce fait, et leur conduite jusqu'à la mort a été telle qu'il fallait pour mériter une entière confiance. *Voy.* APÔTRES. Cette *résurrection* est confirmée, en second lieu, par la persuasion de huit mille hommes convertis cinquante jours après par deux prédications de saint Pierre. Ils étaient sur le lieu ; ils ont pu interroger les juifs et les gardes, visiter le tombeau, consulter la notoriété publique, confronter les témoignages des apôtres avec ceux des ennemis de Jésus, prendre toutes les précautions possibles pour n'être pas trompés. Personne n'a pu se faire chrétien sans croire cette *résurrection* : ç'a toujours été le point fondamental de la prédication des apôtres et de la doctrine chrétienne. Il est incontestable qu'immédiatement après la descente du Saint-Esprit il y a eu une Église nombreuse à Jérusalem, et qu'elle y a subsisté pendant plusieurs siècles sans aucune interruption : or, elle a été composée d'abord par des témoins oculaires de tous les faits qui concouraient à prouver la *résurrection de Jésus-Christ*. Ce fait est confirmé, en troisième lieu, non-seulement par le silence des juifs qui n'ont jamais accusé les apôtres de mensonge ni d'imposture sur ce point, mais par leur aveu formel. Dans les *Sepher Tholdoth Jeschu*, ou *Vies de Jésus*, qui ont été composées par les rabbins, ils disent que le corps de Jésus mort fut montré au peuple par un certain Tan-Cuma : or, *tancuma* signifie à la lettre *miracle de la résurrection*. Voyez l'*Histoire de l'établissement du christianisme*, tirée des juifs et des païens, p. 82. Un quatrième témoignage positif est celui de Josèphe l'historien, dans le célèbre passage que nous avons rapporté à son article, et dont nous avons prouvé l'authenticité.

La manière dont Celse, de concert avec les juifs, a contesté la *résurrection de Jésus-Christ*, est équivalente à un aveu formel. Il dit que les apôtres ont été trompés par un fantôme, ou qu'ils en ont imposé. Mais un fantôme ne fait pas illusion pendant quarante jours consécutifs à des hommes éveillés ; on ne l'entend point converser. On ne le voit point boire et manger ; il ne se laisse point toucher, comme a fait Jésus après sa *résurrection*. Les apôtres n'ont pas pu en imposer aux juifs, de manière à leur fermer la bouche et à déconcerter leur conduite ; ils n'ont pas pu fasciner les yeux ni les oreilles à la multitude de témoins oculaires et placés sur les lieux, qui ont cru à leur prédication.

Nous demandons aux incrédules quelle espèce de preuves plus convaincantes ils exigent pour croire la *résurrection de Jésus-Christ*. Dans l'impuissance d'attaquer directement celles que nous alléguons, ils se jettent sur les accessoires ; ils objectent :

1° Que personne n'a vu Jésus-Christ sortir du tombeau. D'abord on ne sait pas si les gardes ne l'ont pas vu ; l'Évangile n'en dit rien. En second lieu, tous les témoins qui se seraient trouvés là, fussent-ils au nombre de mille, auraient été aussi effrayés que les gardes. Un tremblement de terre, la pierre du tombeau renversée, un ange assis dessus avec un regard terrible, un mort qui sort du tombeau, ne sont pas des objets que l'on puisse envisager de sang-froid : or, Jésus-Christ ne voulait point épouvanter les témoins de sa *résurrection*, il voulait au contraire les rassurer, et il eut beaucoup de peine à dissiper leur frayeur les premières fois qu'il leur apparut. Enfin, qu'importe qu'on ne l'ait pas vu sortir du tombeau, pourvu qu'on l'ait vu, entendu et touché après qu'il en a été sorti ? Il n'en résulte pas moins qu'il a été vivant après avoir été mort. — 2° Les incrédules disent que la narration des évangélistes est chargée de circonstances difficiles à concilier. C'est justement ce qui prouve qu'elle est vraie ; si ces quatre écrivains l'avaient forgée et l'avaient arrangée de concert, ils l'auraient rendue plus claire. Ils auraient fait sortir du tombeau Jésus resplendissant de gloire, comme les peintres ont coutume de le représenter ; au lieu de placer un ange sur la pierre, ils y auraient supposé Jésus-Christ lui-même assis avec un regard menaçant fixé sur les gardes. Ils auraient dit : *Nous y étions, nous l'avons vu* ; ce mensonge ne leur aurait pas plus coûté que le reste, et il aurait été plus imposant. Si au contraire les quatre évangélistes avaient forgé chacun en particulier, et sans s'être concertés, une histoire fausse, il serait impossible qu'il ne se fût pas trouvé dans leur récit des circonstances contradictoires et inconciliables ; or, il n'y en a point, et elles sont très-bien conciliées dans les concordances. — 3° Jésus-Christ ressuscité, disent nos adversaires, devait se montrer aux juifs, à ses juges, à ses bourreaux, pour les convaincre et confondre leur incrédulité ; Celse le soutenait déjà ainsi, et cette objection a été cent fois répétée de nos jours. Si elle est sensée et raisonnable, Jésus ressuscité devait se montrer aussi à toutes les nations auxquelles il voulait envoyer ses apôtres, afin de les convertir ; il devait se faire voir aux persécuteurs de ses disciples et à tous les ennemis de sa religion, afin d'amortir leur fureur. Il devrait même ressusciter aujourd'hui de nouveau sous les yeux des incrédules, afin de les rendre dociles : ils ont mérité cette grâce par leur impiété, tout comme les juifs s'en étaient rendus dignes en crucifiant celui qui venait les sauver. Ne rougira-t-on jamais de cette absurdité ? Dieu ne multiplie point les preuves, les motifs de foi, les grâces de salut, au gré des incrédules et des opiniâtres ; il en donne suffisamment pour les âmes droites et dociles ; les autres méritent d'être abandonnées à leur entêtement. Lorsque le mauvais riche, tourmenté dans l'autre vie, conjurait Abraham d'envoyer un mort ressuscité prêcher la pénitence à ses frères, ce patriarche lui répondit : « S'ils ne croient pas Moïse ni les prophètes, ils ne croiront pas plus un mort ressuscité (*Luc.* XVI, 31). » De même, dès que le témoignage des gardes joint à celui des apôtres n'a pas suffi pour convaincre les juifs, ils n'auraient pas été plus touchés du témoignage de Jésus-Christ lui-même. Ils avaient dit pendant sa vie : *C'est le prince des démons qui opère les miracles de Jésus* ; ils auraient dit de sa *résurrection* : *C'est ce même prince des ténèbres qui a pris la figure de Jésus pour venir nous séduire*. N'avons-nous pas entendu dire aux incrédules modernes : *Quand je verrais ressusciter un mort, je n'en croirais rien, je suis plus sûr de mon jugement que de mes yeux*. — 4° Ils prétendent que le récit des apparitions qui ont suivi la *résurrection* du Sauveur est rempli de difficultés et de contradictions ; c'est une fausseté. Il n'y en a point lorsque l'on ne cherche pas à y en mettre, lorsque l'on n'ajoute rien à la narration et lorsque l'on rapproche les évangélistes l'un de l'autre ; c'est ce que l'on a fait dans les concordances. Mais les incrédules ne veulent aucune conciliation ; ils ne veulent que disputer et s'aveugler. Lorsqu'un des évangélistes rapporte un fait ou une circonstance dont un autre ne parle pas, ils appellent cette différence *une contradiction*, comme si le silence était une dénégation positive. *Voy.* APPARITION. — 5° Ils soutiennent que les apôtres et les évangélistes sont des témoins suspects, qui étaient intéressés à forger une fausse histoire pour leur propre honneur et pour celui de leur maître. Déjà nous avons démontré l'absurdité de cette calomnie. Les apôtres n'auraient pu avoir aucun intérêt à soutenir l'honneur de Jésus-Christ, s'il avait été fourbe et imposteur et s'il n'était pas ressuscité ; leur propre honneur les aurait engagés à reconnaître qu'ils avaient été trompés, et à retourner à leur premier état. Jésus-Christ, loin de leur promettre des honneurs, de la célébrité et une gloire temporelle, leur avait prédit qu'ils seraient haïs, persécutés, couverts d'ignominie et mis à mort pour son nom ; ce sont eux-mêmes qui le déclarent : cette sincérité est-elle compatible avec un motif d'intérêt temporel ?

Mais dès que Jésus-Christ est véritablement ressuscité comme il l'avait promis, les apôtres ont été conduits par le seul intérêt qui agit sur les âmes vertueuses, par le désir de faire connaître la vérité, d'éclairer et de sanctifier les hommes. C'est justement cet intérêt noble et généreux qui rend ces témoins plus dignes de foi.

Au mot APÔTRE, nous avons fait voir l'embarras dans lequel se trouvent les incrédules, et les contradictions dans lesquelles ils tombent, lorsqu'il s'agit de peindre le caractère personnel, les motifs, la conduite des apôtres; ils leur attribuent les qualités les plus incompatibles et les vices les plus opposés à la marche qu'ils ont constamment suivie.

Si l'on veut voir les preuves de la *résurrection de Jésus-Christ* plus développées, et toutes les objections résolues, il faut lire l'ouvrage intitulé : *La religion chrétienne démontrée par la résurrection de Jésus-Christ*, et composée par Ditton; *Les témoins de la résurrection de Jésus-Christ examinés et jugés selon les règles du barreau*, par Sherlok; les *Observations de Gilbert West, sur l'histoire et sur les preuves de la résurrection de Jésus-Christ*, etc.

RÉSURRECTION GÉNÉRALE. Le dogme de la *résurrection* future de tous les hommes à la fin du monde a été la croyance des Juifs aussi bien que des chrétiens; les patriarches mêmes n'en ont pas douté : « Je sais, dit le saint homme Job, que mon Rédempteur est vivant, qu'au dernier jour je me relèverai de la terre, que je serai de nouveau revêtu de ma dépouille mortelle, que je verrai mon Dieu dans ma chair;..... cette espérance repose dans mon cœur (*Job.* xix, 25).» Daniel dit que ceux qui dorment dans la poussière se réveilleront les uns pour la vie éternelle, les autres pour un opprobre qui ne finira point, c. xii, v. 2. Les sept frères, qui souffrirent le martyre sous Antiochus, firent profession d'espérer une *résurrection* glorieuse et une vie éternelle (*II Machab.* vii, 9 et 14).

Dans la suite, les sadducéens chez les Juifs attaquèrent le dogme de la vie future et de de la *résurrection;* Jésus-Christ le leur prouva, parce que Dieu s'est nommé le Dieu d'Abraham, d'Isaac et de Jacob : or, il n'est pas le Dieu des morts, mais des vivants (*Matth.* xxii, 21). Pour les pharisiens, ils ne se départirent jamais de cette croyance (*Act.* xx.ii, 8). Saint Paul s'en servit avec avantage pour soutenir devant Agrippa la vérité de la *résurrection* de Jésus-Christ, c. xxvi, v. 8 et 23, comme au contraire il allégua celle-ci pour prouver aux Corinthiens la *résurrection générale future* (*I Cor.* xv); il emploie ce motif pour exciter les fidèles aux bonnes œuvres, pour les consoler de la mort de leurs proches et des souffrances de cette vie (*I Thess.* iv, 12). Il appelle destructeurs de la foi chrétienne ceux qui disaient que la *résurrection* était déjà faite (*II Tim.* ii, 18).

Lorsque le christianisme vint à la connaissance des philosophes, ils ne purent souffrir le dogme de la *résurrection future;* Celse l'attaqua de toutes ses forces. Quelle est l'âme humaine, dit-il, qui voudrait retourner dans un corps pourri? Dieu, quoique tout-puissant, ne peut remettre dans son premier état un corps dissous, parce que cela est indécent et contraire à la nature. Origène lui répondit que les corps ressuscités ne seront plus dans un état de pourriture, mais de gloire et d'incorruptibilité. Au lieu de *résurrection*, les philosophes avaient imaginé une *palingénésie*, ou une renaissance universelle du monde, prodige plus contraire à la nature et plus inconcevable que la *résurrection* des corps. Il n'est certainement pas plus difficile à Dieu de rendre la vie à un corps humain que de le faire naître du sang d'un homme. Origène, *contra Cels.*, l. v, n. 4 et suiv.

Après Origène, Tertullien fit un traité de la *Résurrection de la chair*, contre les païens et contre quelques hérétiques; il soutint la certitude de cette *résurrection* future, parce que la dignité de l'homme l'exige, que Dieu peut l'opérer, que sa justice y est intéressée, et qu'il l'a ainsi promis.

En effet, 1° c'est Dieu lui-même, dit Tertullien, qui a formé de ses propres mains le corps de l'homme, qui l'a animé du souffle de sa bouche, qui y a renfermé une âme faite à son image. La chair du chrétien est en quelque manière associée à toutes les fonctions de son âme, elle sert d'instrument à toutes les grâces que Dieu lui fait. C'est le corps qui est lavé par le baptême pour purifier l'âme; c'est lui qui, pour la nourrir, reçoit le corps et le sang de Jésus-Christ, c'est lui qui est immolé à Dieu par les mortifications, par les jeûnes, par les veilles, par la virginité, par le martyre. Aussi saint Paul nous fait souvenir que nos corps sont les membres de Jésus-Christ et les temples du Saint-Esprit. Dieu laissera-t-il périr pour toujours l'ouvrage de ses mains, le chef-d'œuvre de sa puissance, le dépositaire de son souffle, le roi des autres corps, le canal de ses grâces, la victime de son culte? S'il l'a condamné à la mort en punition du péché, Jésus-Christ est venu pour sauver tout ce qui avait péri. Sans cette réparation complète, nous ne saurions pas jusqu'où s'étendent la bonté, la miséricorde, la tendresse paternelle de notre Dieu. La chair de l'homme, rendue par l'incarnation à sa première dignité, doit ressusciter comme celle de Jésus-Christ. — 2° Celui qui a créé la chair, continue Tertullien, n'est-il pas assez puissant pour la ressusciter? Rien ne périt entièrement dans la nature : les formes changent, mais tout se renouvelle et semble rajeunir ; Dieu a imprimé le sceau de l'immortalité à ses ouvrages. Le jour succède à la nuit, les astres éclipsés reparaissent, le printemps répare les ravages de l'hiver, les plantes renaissent, reprennent leur parure et leur éclat; plusieurs animaux semblent mourir et recevoir ensuite une vie nouvelle. Ainsi, par les leçons de la nature, Dieu a préparé celles de la révélation, et nous a montré l'image de la *résurrection*, avant de nous en faire la promesse. — 3° Sa justice et sa fidélité sont intéressées à l'accomplir.

Dieu doit juger, récompenser ou punir l'homme tout entier; dans celui-ci, le corps sert d'instrument à l'âme, soit pour le vice, soit pour la vertu; les pensées mêmes de l'âme se peignent souvent sur le visage; l'âme ne peut éprouver du plaisir ou de la douleur, sans que le corps s'en ressente; le principal exercice de la vertu consiste à réprimer les convoitises de la chair. Il est donc juste que l'âme des méchants soit tourmentée par sa réunion avec un corps qui a servi à ses crimes, et que celle des saints soit récompensée par sa société éternelle avec une chair qui a été l'instrument de ses mérites. — 4° Dans l'Ancien et dans le Nouveau Testament, Dieu a formellement annoncé et promis la *résurrection* future des corps. Tertullien le prouve par plusieurs des passages que nous avons cités, et il réfute les fausses interprétations que les hérétiques y donnaient. Il fait voir que les expressions des prophètes ne sont pas des figures, et que celles de Jésus-Christ ne doivent point être prises pour des paraboles.

Ce Père répond ensuite aux passages de l'Ecriture sainte, dont les hérétiques abusaient. Jésus-Christ dit que la *chair ne sert de rien*; mais par la *chair* il entend le sens grossier que les Juifs donnaient à ses paroles. Saint Paul nous ordonne de nous dépouiller de *l'homme extérieur*, ou du *vieil homme*; mais par là il entend les inclinations vicieuses de la nature et les mauvaises habitudes contractées dans le paganisme. Dans le même sens, il dit que *la chair et le sang ne posséderont pas le royaume de Dieu*; mais soutiendra-t-on que la chair de Jésus-Christ n'est pas réunie à son âme dans le ciel? Dans le même endroit, l'Apôtre enseigne et prouve la *résurrection* future. Tertullien emploie la seconde partie de son ouvrage à exposer l'état des corps ressuscités. Par les paroles de saint Paul et par d'autres raisons, il fait voir que ces corps seront en substance les mêmes qu'ils étaient ici-bas, mais exempts des défauts et des infirmités auxquels ils sont sujets dans cette vie; qu'ils ne seront privés d'aucun de leurs membres, mais que ceux-ci ne serviront à aucun des usages incommodes, douloureux, honteux, auxquels les besoins de la vie mortelle nous assujettissent. Jésus-Christ nous le fait entendre ainsi, lorsqu'il dit que les ressuscités seront semblables aux anges de Dieu (*Matth.* XXII, 30).

Dans toute cette doctrine de Tertullien, il n'y a rien que de très-orthodoxe. Saint Augustin en a répété une bonne partie contre les païens et contre les manichéens.

Quelques incrédules ont prétendu qu'en enseignant la *résurrection* future, Jésus-Christ n'a fait que renouveler un dogme des Perses ou des Chaldéens; d'autre part quelques Pères de l'Eglise, pour prouver ce dogme aux païens, ont dit qu'il n'était pas tout à fait inconnu aux philosophes. Mosheim, dans ses *Dissert. sur l'Hist. ecclésiast.*, t. II, p. 586, s'est proposé de réfuter les uns et les autres; il en a fait une pour prouver ce qu'a dit saint Paul, que Jésus-Christ a *mis en lumière la vie et l'immortalité par l'Evangile* (*II Tim.* I, 10); que les juifs, ni les païens, ni leurs philosophes, ni les peuples barbares, n'ont eu sur ce point une croyance orthodoxe. Sans doute Mosheim a voulu parler des juifs modernes; à l'égard des anciens et des patriarches, comment prouverait-il qu'ils n'ont pas cru la *résurrection* future dans un sens orthodoxe? Nous présumons que Job, Daniel, les sept frères Machabées, n'étaient pas dans l'erreur au sujet de ce dogme essentiel; Jésus-Christ a donc pu l'enseigner aussi clairement qu'il l'a fait, sans être obligé de l'emprunter des Perses ou des Chaldéens. Aussi saint Paul ne dit pas que Jésus-Christ *seul* a mis en lumière la vie et l'immortalité, mais il est vrai que ce divin Sauveur a enseigné l'immortalité de l'âme, la *résurrection* des corps et la vie future avec plus de clarté, plus d'énergie, plus d'autorité qu'on ne l'avait jamais fait, qu'il en a développé les conséquences, qu'il les a rendues indubitables à tous ceux qui ont cru en lui, et qu'il en a écarté toutes les idées fausses que les juifs modernes et les philosophes en avaient conçues: c'est évidemment ce que saint Paul a voulu dire.

En soutenant que ce dogme n'était pas *tout à fait inconnu* aux païens, les Pères n'ont pas prétendu que ces derniers en avaient une idée claire et véritable, ou une croyance bien ferme, mais seulement que quelques-uns d'entre eux en ont eu du moins une faible notion. Dans les *Mém. de l'Acad. des Inscript.*, tom. LXIX, in-12, pag. 270, un savant s'est attaché à prouver que la *résurrection* future des corps est un article de la croyance de Zoroastre et des Perses. Peu nous importe de savoir s'ils l'entendent bien ou mal; puisque c'est un des anciens dogmes de foi des Orientaux que Job nous a transmis, Zoroastre a pu en avoir connaissance.

Pour excuser les manichéens qui niaient la *résurrection* future de la chair, Beausobre prétend que les anciens Pères de l'Eglise n'ont pas été unanimes dans la croyance de ce dogme, que les uns l'ont nié et les autres en ont eu une fausse idée. Il cite à ce sujet Origène, qui admettait la *résurrection* des corps et non celle de la chair, saint Grégoire de Nysse, qui ne voulait pas croire qu'il y ait à présent dans Jésus-Christ rien de corporel, et Synésius, évêque de Ptolémaïde, qui dit que la *résurrection* est un mystère sacré et secret, sur lequel il est bien éloigné de penser comme la multitude, *Histoire du Manich.*, t. II, l. VIII, c. 5, n. 3 et suiv. Ce critique impute évidemment aux Pères de l'Eglise des erreurs qu'ils n'ont jamais eues. Il est clair qu'Origène niait seulement que le corps ressuscité doive être une chair grossière et corruptible, comme il l'est aujourd'hui, et saint Paul enseigne la même chose. Quand saint Grégoire de Nysse aurait cru qu'il n'y a plus rien de corporel dans Jésus-Christ depuis son ascension au ciel, s'ensuivrait-il qu'il a cru de même qu'il n'y aura plus rien de corporel dans les hommes ressuscités? Il ne l'a pas dit, et il y a de l'injustice à lui attribuer cette conséquence. Synésius n'a pas dit non plus ce qu'il croyait touchant la *résurrection*, et Beausobre lui-même est forcé d'avouer qu'il n'en sait rien. En quoi tout cela peut-il excuser les manichéens?

Les incrédules de tous les temps ont fait contre la *résurrection* future des corps deux objections principales: 1° Les mêmes atomes de matière, disent-ils, peuvent appartenir à plusieurs corps différents. Les cannibales qui vivent de chair humaine, convertissent en leur propre substance celle des corps qu'ils ont mangés; au moment de la *résurrection*, à qui écherront les parties qui ont été ainsi communes à deux ou à plusieurs corps? 2° Par les observations que l'on a faites sur l'économie animale, on a découvert que le corps humain change continuellement, qu'il perd un grand nombre des parties de matière qui le composent, et qu'il en acquiert d'autres; après sept ans il est totalement renouvelé. Ainsi, à proprement parler, un corps n'est pas aujourd'hui entièrement le même qu'il était hier. De tous ces corps différents qu'un homme a eus pendant sa vie, quel est celui qui ressuscitera?

Réponse. Il résulte déjà de cette objection qu'un cannibale qui mange un homme ne mange point les parties de matière dont cet homme était composé sept ans auparavant; et lorsque ce cannibale meurt, il ne conserve plus aucune des parties du corps qu'il a mangé sept ans avant sa mort. Il n'est donc pas vrai que les mêmes parties aient appartenu à deux divers individus considérés dans la totalité de leur vie. Or, il est fort indifférent qu'un homme ressuscite avec les parties dont il était composé lorsqu'il a été dévoré, ou avec celles qu'il avait sept ans avant cette époque.

Les plus habiles philosophes, tels que Leibnitz, Clarke, Niewentyt, etc., ont observé qu'il n'est pas nécessaire, pour qu'un corps ressuscité soit *le même*, qu'il récupère exactement toutes les parties de matière dont il a été autrefois composé. La chaine, disent-ils, le tissu, le moule original (*stamen originale*), qui reçoit par la nutrition les matières étrangères auxquelles il donne la forme, est, à proprement parler, le fond et l'essentiel du corps humain; il ne change point en acquérant ou en perdant ces parties de matière accessoire. De là vient, 1° que la figure et la physionomie d'un homme ne changent point essentiellement en se développant et en croissant; 2° que le corps humain ne peut jamais passer une certaine grandeur, quelque nourriture qu'on lui donne; 3° qu'il est impossible de réparer par la nutrition un membre mutilé. Ainsi à l'âge de trente ans un homme est censé avoir le même corps qu'à quinze, parce que le moule intérieur et la conformation organique n'ont pas essentiellement changé; chaque corps a son moule propre qui ne peut appartenir à un autre. D'ailleurs, l'identité personnelle d'un homme consiste principalement dans le sentiment intérieur qui lui atteste qu'il est toujours le même individu. Son corps a beau se renouveler vingt fois, il sent à soixante ans qu'il est la même personne qu'il était à quinze. Or, c'est précisément la personne qui est le sujet des récompenses et des punitions; il lui suffit donc de ressusciter avec un corps tel qu'elle puisse conserver avec lui le souvenir et la conscience de ses actions, pour sentir si elle est digne d'être récompensée ou punie.

Quelques dissertateurs ont mis en question si les enfants ressusciteront avec le corps de leur âge ou avec un corps adulte, si les femmes reprendront le corps de leur sexe; comme si ce corps n'était pas aussi parfait dans son espèce que celui d'un homme. Ces questions frivoles ne font rien au fond du dogme, qui consiste à croire que, pour rendre la félicité des saints plus parfaite, et le supplice des réprouvés plus rigoureux, Dieu réunira un jour leur âme à un corps qui sera véritablement le leur, avec lequel ils sentiront qu'ils sont les mêmes individus qui étaient dans ce monde, et se rendront témoignage des vertus qu'ils ont pratiquées et des crimes qu'ils ont commis. La *résurrection* des morts n'est point une question philosophique proposée pour amuser notre curiosité, mais un dogme de foi, révélé pour nous détourner du crime et nous porter à la vertu.

Chez plusieurs nations barbares ou mal instruites, la croyance de la *résurrection* des corps a fait naître des usages absurdes et cruels, tel que celui de brûler des femmes vivantes avec le cadavre de leur mari, et des esclaves avec celui de leur maître, pour aller le servir dans l'autre monde. Mais Jésus-Christ, en enseignant ce dogme, en a sagement écarté tout ce qui pouvait le rendre pernicieux ou dangereux (1).

(1) Il nous est impossible de nous faire une idée complète de l'état du corps de l'homme après la résurrection, et la science, qui a pour objet la connaissance de l'homme dans son état actuel, ne saurait nous apprendre avec certitude quel sera cet état futur. C'est la parole divine qui nous apprend le dogme de la résurrection; et, comme il s'agit ici d'un fait contingent, qui n'a pas de relation nécessaire avec les vérités primordiales de la raison, et qui ne peut d'ailleurs être soumis par lui-même à nos observations, il s'ensuit que ni le raisonnement ni l'expérience ne sauraient seuls nous instruire à cet égard. Cependant les observations scientifiques nous fournissent des inductions qui confirment pleinement les divins enseignements de la foi, et qui nous aident à concevoir la possibilité de la résurrection ainsi que l'harmonie de ce mystère avec les vérités acquises par la science sur la nature de l'homme. Ces observations fournissent en même temps à l'apologiste des armes puissantes contre les incrédules qui s'attaquent aux vérités révélées, et procurent aux fidèles de nouveaux motifs de s'attacher à des doctrines déjà certaines pour lui, puisqu'elles sont appuyées sur le fondement irréfragable de la révélation. D'ailleurs, la parole divine, en nous révélant le mystère de la résurrection, ne nous enseigne pas le mode d'accomplissement de ce mystère; et nous pouvons, en marchant sur les traces des saints Pères et des grands docteurs de l'Église, chercher à éclair-

RÉTRACTATION. Ce terme, tiré du latin *retractare*, traiter de nouveau, signifie le travail d'un écrivain occupé à revoir une question ou un ouvrage, afin d'examiner s'il s'est trompé ou mal expliqué. Mais, dans le discours ordinaire, il exprime le désaveu

cir, par les données de la raison et de l'expérience, ce que la foi nous propose d'une manière générale.

Il est fort bien établi par de nombreux rapprochements que certains faits physiologiques, en nous révélant ce dont l'organisme humain est susceptible même dans son état actuel, nous amènent irrésistiblement à conclure que cet organisme possède une somme d'activité et de force dont nous ne pouvons apprécier la portée et qui demeurent silencieuses dans la vie présente. Quelques exemples prouvent que, dans certains cas, les sens sont susceptibles d'une pénétration extraordinaire. Nous rappellerons ici un fait semblable cité par M. Brachet, ainsi que le témoignage de ce savant physiologiste sur la même question :

« Les sens, dit-il, peuvent acquérir un degré de finesse tel, que la chose paraîtrait incroyable si l'on n'en avait pas des preuves multipliées. Nous avons cité, dans notre mémoire sur l'asthénie, l'observation d'une dame hypocondriaque, dont l'ouïe était arrivée au point d'entendre la conversation la plus basse qui se tenait dans une salle bien éloignée de sa chambre, à un étage différent, et à travers quatre portes ou murs. Elle reconnaissait même chaque personne au son de sa voix. Quelque bruit qu'il se fît autour d'elle, tout léger fût-il, elle l'entendait avec une inconcevable précision. Nous avons vu, en 1811, à l'infirmier de Bicêtre nous montrer l'étendue que sa vue venait d'acquérir, en lui permettant de distinguer à une demi-lieue les objets les plus minutieux. Le soir même une attaque d'apoplexie foudroyante l'avait enlevé. Ce que nous avons vu chez ces deux personnes et chez beaucoup d'autres, n'est que la répétition de ce que les médecins ont l'occasion de voir tous les jours. Mais cela n'appartient pas seulement aux organes de la vue et de l'ouïe, cela se remarque également dans les autres sens du goût, de l'odorat et du toucher. » (Brachet, *Traité de Physiologie*. Paris, 1836, p. 147.)

Il y a plus de quatorze cents ans, Tertullien et saint Augustin, pour prouver aux incrédules la vérité de la résurrection, rappelaient ce raisonnement. Il y a quelques systèmes que nous devons apprécier. D'après M. Devay, ce que le christianisme nous ordonne de croire, c'est la survivance de notre conscience personnelle, *revêtue d'un corps*. Mais il y a quelque chose de plus. La foi nous enseigne que nous ressusciterons avec *le même corps* que nous avons pendant cette vie, que ce corps subira des changements notables, et que les corps des justes en particulier seront doués de perfections nouvelles. Ainsi, identité du corps ressuscité et changements que subira ce corps, voilà les deux points à l'égard desquels nous allons chercher quelques éclaircissements.

« Scio quod Redemptor meus vivit, et in novissimo die de terra surrecturus sum; et rursum circumdabor pelle mea, et in carne mea videbo Deum meum, quem visurus sum ego ipse, et oculi mei conspecturi sunt, et non alius (*Job*. xix, 25-27). » S. Thomas, *Summa theol.* iii p., *Suppl.* q. 79, a. 1, établit formellement l'identité numérique du corps dans la résurrection. Voyez aussi *Catechismus Concilii Tridentini*, p. 1, a. 11, 7.

Des savants distingués avaient déjà avancé des opinions diverses pour expliquer l'identité des corps après la résurrection. Suivant les idées de l'auteur de la *Palingénésie philosophique*, l'homme est essentiellement formé de corps et d'âme, et ces deux substances sont unies d'une manière indissoluble. Cependant, ce qui est essentiel à l'homme, ce n'est pas le corps humain tout entier, mais seulement une partie déterminée du cerveau que Bonnet considérait comme le siége de l'âme. Lorsqu'à la mort le corps

se dissout, l'âme abandonne le corps ; mais elle demeure toujours unie à la partie matérielle du cerveau dans laquelle elle résidait pendant la vie. La résurrection n'était ainsi pour ce savant que le développement du *germe matériel* que l'âme avait toujours conservé. Leibnitz supposait qu'il y a dans chaque corps une certaine *fleur de substance*, que cette substance se conserve au milieu de tous les changements qui arrivent dans le corps et subsiste dans l'état où chacun l'a obtenue en naissant, et que c'est cette substance qui doit être rendue à chaque homme à la résurrection (Leibnitz, *Système de Théologie*, Louvain 1845, p. 202).

Mais la première de ces deux opinions nous paraît tout à fait inadmissible et contraire au dogme de la résurrection, parce que de cette manière ce ne serait pas proprement le corps mort qui ressuscite, mais seulement le germe du corps qui se développe et qui revêt une nouvelle forme. (Nous ne voulons pas comparer l'hypothèse défectueuse du savant naturaliste à l'opinion ridicule des rabbins qui enseignent que Dieu ressuscitera les morts par le moyen d'un petit os placé dans l'épine du dos, et qui est, disent-ils, incorruptible et inaltérable. Cet os sera comme le centre de réunion de tous les autres os du corps, ou comme un levain qui ranimera toutes les parties du corps réduites en poussière, ou enfin comme le grain de froment jeté en terre qui produit le froment. (Voyez *Bible de Vence*, tom. XXII, p. 273, Paris, 1829.)

Quant à l'opinion de Leibnitz, il serait difficile de se prononcer à cet égard, parce que nous ignorons s'il attache à sa fleur de substance la même notion que Bonnet, dont il paraît avoir partagé les opinions dans ses premiers ouvrages, ou bien s'il considère la substance comme quelque chose de dynamique, opinion qu'il a proposée à un âge plus avancé, et qu'il a suivie dans son *Système de théologie* pour expliquer le mystère de la sainte Eucharistie. Nous aurons occasion de revenir tout à l'heure sur cette dernière interprétation.

Voyons maintenant quelles sont les conclusions que les connaissances que nous avons de la nature des corps vivants nous autorisent à faire par rapport à l'identité du corps de l'homme ressuscité. Une chose d'abord qui est hors de toute contestation, c'est qu'on ne peut pas exiger que cette identité soit plus grande que celle de nos corps pendant la vie. Or, la science nous montre que les parties matérielles qui composent notre organisation éprouvent à chaque instant des changements très-profonds, que sans cesse quelques-unes de ces parties se dissipent au dehors, pendant que des parties nouvelles sont assimilées, et qu'ainsi notre organisme présente une espèce de flux et de reflux continuel, et cependant nous sommes intimement persuadés que nous avons constamment le même corps. Il importe donc de savoir ce qui constitue, même dans la vie présente, l'identité du corps, ou ce qui fait qu'aux différentes époques de son existence terrestre, malgré les changements qu'il subit incessamment, il reste le même corps. Il y a, par rapport au renouvellement du corps dans cette vie, deux opinions différentes. Quelques physiologistes supposent qu'une très-grande partie des molécules matérielles se renouvellent constamment ; mais qu'il y a dans l'organisme certaines parties essentielles qui constituent en quelque sorte la trame organique du corps, et qui depuis leur première formation ne subissent plus de changement fondamental. Les autres, au contraire, admettent que le renouvellement est complet et universel, que tous les organes sans exception perdent successivement les molécules matérielles dont ils étaient formés, et

DICT. DE THÉOL. DOGMATIQUE. IV

que fait un auteur de la doctrine qu'il a enseignée, en reconnaissant qu'il s'est trompé. Il ne faut pas confondre ces deux sens.

qui sont remplacées par des molécules nouvelles, de sorte qu'au bout d'un certain temps, qu'il est impossible de déterminer exactement, toutes les parties qui composaient le corps à une époque antérieure ont complétement disparu.

Saint Thomas se sert d'une comparaison qui expliquerait parfaitement comment les partisans de cette opinion conçoivent l'identité du corps, si, dans sa comparaison aussi bien que dans cette opinion, l'on trouvait, au milieu des éléments qui se remplacent sans cesse, un être réel qui demeure toujours physiquement et numériquement le même. Le saint docteur compare l'identité du corps, telle qu'elle serait suivant une hypothèse qu'il rapporte, à l'identité qui a lieu dans un état formé de citoyens de différents rangs et remplissant chacun des fonctions diverses. Là aussi les individus peuvent changer pour être remplacés par d'autres ; mais les divers ordres de citoyens sont toujours représentés, les diverses fonctions sont constamment remplies, l'état est et demeure toujours le même. Saint Thomas fait cette comparaison, *Summa theol.* III p., *Suppl.* q. 80, a. 4, à propos de la question : « Utrum totum quod fuit in « homine de veritate humanæ naturæ resurget? » Il répond à cette question affirmativement, et rapporte trois opinions diverses, basées sur les notions physiologiques de ses contemporains et devanciers, « ut « videatur quid sit illud quod est de veritate humanæ « naturæ. » D'après la première opinion, « quidquid « ad veritatem humanæ naturæ pertinet, totum fuit « in ipsa institutione humanæ naturæ de veritate ejus ; « et hoc per seipsum multiplicatur, ut ex eo possit « semen decidi a generante, ex quo filius generetur, « in quo etiam illa pars decisa multiplicatur, ut ad « perfectam quantitatem perveniat per augmentum, « et sic deinceps ; et ita multiplicatum est genus hu- « manum. Unde quidquid ex alimento generatur, « quamvis videatur speciem carnis aut sanguinis ha- « bere, non tamen pertinet ad veritatem humanæ « naturæ. » D'après la seconde opinion, « veritas hu- « manæ naturæ primo et principaliter consistit in « humido radicali, ex quo est prima constitutio hu- « mani generis; quod autem convertitur de alimento « in veram carnem et sanguinem, non est principa- « liter de veritate humanæ naturæ hujus individui, « sed solum secundario ; sed potest esse principaliter « de veritate humanæ naturæ alterius individui, quod « ex semine illius generatur. » Enfin, suivant les partisans de la troisième opinion, « non est distinctio « talis in corpore humano, ut aliqua pars materialis « signata de necessitate per totam vitam remaneat. « Omnes partes fluunt et refluunt materialiter, sed « manent secundum speciem, ou manent formaliter. » Pour expliquer cette opinion, le saint docteur présente la comparaison que nous avons rappelée. Appliquant ensuite ces trois opinions à la thèse proposée, dans la première opinion, dit-il, « nulla neces- « sitas erit quod resurgat aliquid in homine quod ex « alimento sit generatum, sed resurget tantum illud « quod fuit de veritate humanæ naturæ individui, et « per decisionem et multiplicationem ad prædictam « perfectionem perveniet in numero et quantitate. » Dans la seconde, « resurget totum illud quod fuit in « substantia seminis ; de eo autem quod postea ad- « venit, quantum est necessarium ad perfectionem « quantitatis, et non totum. » Dans la troisième hypothèse, « resurget etiam totum illud quod ex semine « generatum est, non quia alia ratione pertinent ad « veritatem humanæ naturæ quam hoc quod postea « advenit, sed quia perfectius veritatem speciei par- « ticipat. » En rapportant ces trois hypothèses, sans en combattre aucune comme contraire au dogme, saint Thomas montre évidemment que, selon lui, il

Avant de réconcilier un hérétique à l'Eglise, on exige de lui une *rétractation*, c'est-à-dire un désaveu, une abjuration de ses serait permis, sans blesser la foi, d'exiger beaucoup moins que nous ne demandons pour l'identité des corps ressuscités.

Ainsi, dans la première de ces deux opinions, les parties toujours matériellement identiques du corps ne constituent en tout cas qu'une portion et même une faible portion de toutes celles qui le composent, et dans la seconde, l'identité matérielle n'existe en aucune manière ; le corps à diverses époques est composé de parties toutes matériellement différentes, et cependant le corps demeure toujours et constamment le même. En deux mots, le corps est différent matériellement, et substantiellement le même.

Mais en quoi consiste donc, dans cette dernière hypothèse, l'identité du corps? N'y a-t-il pas de contradiction à admettre qu'un corps composé de parties matérielles demeure le même alors que toutes ces parties ont disparu et sont remplacées par d'autres? Cette difficulté, qui est réelle et insoluble, si l'on envisage avec les atomistes la substance des corps comme étant essentiellement formée d'un agrégat de molécules douées de qualités diverses, disparaît complétement dans le système du dynamisme. Dans ce système, ce qui est essentiel à tous les corps inorganiques et organisés, ce qui forme la substance de chaque corps, c'est un principe particulier immatériel et actif, une force qui constitue et conserve le corps et qui se manifeste à nous par des molécules sensibles et par les qualités et les propriétés que nous pouvons observer dans ces molécules ; mais ces molécules ne sont pas la substance même du corps, elles sont seulement les organes de la substance, ses propriétés naturelles, les conditions nécessaires de sa manifestation. (Nous raisonnons ici dans la supposition qu'on considère les corps dans leur état ordinaire et naturel. La substance, qui dans cet état se manifeste par des molécules sensibles, pourrait, dans un état extraordinaire, par un acte de la toute-puissance divine, exister aussi indépendamment de ces molécules, comme Leibnitz, l'un des plus illustres défenseurs du dynamisme, l'a formellement établi. « Etsi Deus per potentiam absolutam possit substantiam privare materia secunda (*de la matière en tant qu'étendue*), non potest tamen eam privare materia prima (*de la passivité ou réceptivité*) ; nam faceret inde totum purum actum, qualis est ipse solus. » (*Leibnitius ad patrem Des Bosses, Epist.* 7.) On peut consulter encore son *Système de Théologie*, p. 135, etc., et sur le dynamisme en général, P. C. Ubaghs, *Ontologiæ seu metaphysicæ generalis elementa*, 1845, p. 55 ; H. B. Waterkeyn, *La science et la foi sur l'œuvre de la création*, pag. 7 ; *Revue catholique*. 1re série, tome I, pag. 279.)

Dans les corps inertes, les changements et les modifications qu'éprouvent les molécules sensibles ne détruisent pas l'identité matérielle de ces molécules. Ainsi l'eau, à l'état liquide, à l'état de glace ou de vapeur, est toujours la même eau, et chacune de ses molécules conserve sous ces trois états différents la composition chimique et les autres propriétés fondamentales de ce corps. L'identité de substance des corps inertes est accompagnée de l'identité matérielle des molécules.

Mais dans les êtres organisés, l'homme, les animaux et les végétaux, la nature de ces êtres exige, à la vérité, qu'ils soient formés d'organes, c'est-à-dire de parties matérielles, ayant des propriétés physiques et chimiques particulières, et formant un ensemble, un tout déterminé ; et ce qui forme la substance de chacun de ces êtres, c'est la force, le principe actif qui relie les diverses parties, qui les unit et qui demeure un et toujours le même, quoique les parties primitives disparaissent successivement pour

erreurs. Comme il peut arriver à un écrivain très-catholique de se tromper ou de s'expliquer mal, lorsqu'il se rétracte et reconnaît son erreur, ce n'est plus le cas de le censurer comme hérétique : puisque aucun homme n'est infaillible, nous ne voyons pas pourquoi l'on attacherait une espèce d'ignominie à cette marque de bonne foi. Si ceux qui enseignent les autres avaient moins d'amour-propre, il ne leur coûterait rien de se rétracter quand on leur fait voir qu'ils se sont mal énoncés, et que l'on peut prendre dans un mauvais sens ce qu'ils ont écrit. L'opiniâtreté à soutenir une erreur réelle ou apparente est ordinairement la marque ou d'un esprit borné, ou d'un cœur dominé par quelque passion.

Comme les pélagiens abusaient de plusieurs choses que saint Augustin avait écrites contre les manichéens, il prit, sur la fin de sa vie, le parti de revoir ses ouvrages, et il fit deux livres de *rétractations*, non pour désavouer sa doctrine ou pour changer de principes, mais pour expliquer mieux ce qui pouvait être pris dans un mauvais sens; pour justifier même par de nouvelles réflexions plusieurs choses que des lecteurs mal instruits s'avisaient de blâmer. Ainsi, l'on se trompe quand on prend en général les *rétractations* de saint Augustin pour une palinodie ou pour un désaveu.

Le Clerc, qui cherchait à empoisonner toutes les intentions de ce saint docteur, prétend qu'il fit cet ouvrage par un motif d'amour-propre raffiné, afin de persuader qu'il avait réfuté les pélagiens même avant leur naissance. Il lui reproche d'avoir rétracté des minuties et des principes vrais, pendant qu'il a passé sous silence ou pallié de véritables erreurs; d'avoir laissé subsister dans ses premiers écrits des choses qui ne s'accordaient pas avec ce qu'il enseignait pour lors, etc. Tous ces reproches sont des calomnies. Saint Augustin fit ses *rétractations*, non pour prouver qu'il avait d'avance réfuté les pélagiens, mais pour répondre à leurs objections, pour faire voir qu'il n'avait jamais enseigné leur doctrine, comme ces hérétiques le prétendaient, et pour montrer qu'il ne tenait point opiniâtrément à ce qu'il avait écrit : il le déclare formellement. Il expliqua les principaux endroits que les pélagiens lui objectaient, et laissa subsister les autres, parce que la même explication servait pour tous. Il poussa la bonne foi jusqu'à convenir que, dans ses *Commentaires sur l'Epître aux Romains*, il avait enseigné, non l'erreur des pélagiens, mais celle des semi-pélagiens, et qu'il avait reconnu sa méprise en examinant la chose de plus près. Il a répété vingt fois qu'il ne voulait point être cru sur parole, que ses lecteurs ne devaient adopter ses sentiments que quand ils les trouveraient bien fondés; il a même blâmé ses amis de ce qu'ils montraient trop de zèle à soutenir sa doctrine. Que peut faire de plus l'âme la plus sincère et la plus modeste? Mais Le Clerc, pélagien lui-même, et

être remplacées par d'autres. On conçoit d'après cela que l'identité substantielle de ces êtres persiste toujours, lors même que leur corps à diverses époques serait formé de molécules toutes différentes et dont aucune n'aurait fait antérieurement partie de ce corps. Nous faisons ici abstraction des opinions qui admettent dans les êtres vivants plusieurs principes réellement distincts, dont un présiderait à la vie végétative, un autre à la vie sensitive et un troisième à la vie raisonnable, ou bien plusieurs principes divers qui auraient chacun des fonctions spéciales, mais qui seraient comme les attributs, les facultés d'un seul principe. Car, pour la solution de la question qui nous occupe ici, il est indifférent qu'on admette un ou plusieurs principes actifs au fond de chaque être vivant. (Voyez le résumé de ces différentes opinions, G. C. Ubaghs, *Anthropologiæ philosophicæ elementa*, p. 501.)

Pour appliquer les observations qui précèdent à ce qui concerne la résurrection, on peut d'abord conclure que le corps ressuscité ne reprendra pas toutes les parties matérielles qui sont entrées successivement dans sa composition pendant la vie, mais qu'il suffit qu'il reprenne tout au plus celles qui formaient, par leur réunion, le corps à une même époque. Il y a plus, dans la première opinion, il suffit pour l'identité du corps ressuscité qu'il reprenne seulement une certaine portion, une portion minime des molécules qui ont concouru à le former à une même époque; et dans la seconde opinion, le corps ressuscité pourrait être encore substantiellement le même sans avoir une seule des molécules qui lui ont déjà appartenu. Cependant, si l'on voulait ne tenir aucun compte des opinions que nous venons d'exposer, on peut encore concevoir que le corps ressuscité pourra être formé de parties même matériellement identiques à celles qui l'ont déjà composé. En effet, lorsque le corps se dissout, ses parties se désunissent, les éléments dont chacune d'elles était formée se séparent, ils forment des composés nouveaux, mais aucun de ces éléments n'est anéanti. Suivant l'expression d'un savant célèbre (Boerhaave), « la terre est un chaos de tous les corps passés, présents et futurs, duquel tous tirent leur origine et dans lequel tous retombent successivement. » Ainsi la main divine, qui forma du limon de la terre le corps du premier homme, pourra-t-elle à plus forte raison réunir et rétablir les divers éléments qui ont déjà constitué ce corps et qui n'ont pas cessé un seul instant d'être présents à sa divine sagesse. Voici un extrait remarquable de saint Augustin : « Non autem perit Deo terrena materies de qua mortalium creatur caro : sed in quem-libet pulverem cineremve solvatur, in quoslibet halitus aurasque diffugiat, in quamcumque aliorum corporum substantiam vel in ipsa elementa vertatur, in quorumcumque animalium etiam hominum cibum cedat carnemque mutetur, illi animæ humanæ puncto temporis redit, quæ illam primitus, ut homo fieret, viveret, cresceret, animavit. (*Enchiridion*, c. 88.) »

Quoique ces explications détruisent complètement la difficulté de concevoir la possibilité de la résurrection, elles ne suffisent pas pour prouver le fait même de la résurrection; elles ne prouvent pas que la résurrection soit un fait naturel. La résurrection des corps est un acte libre de la bonté et de la toute-puissance divine, qui, malgré toutes les raisons de convenance que nous pouvons y découvrir, nous serait tout à fait inconnu, si Dieu lui-même n'avait pas daigné nous le faire connaître par le moyen de la révélation positive. Mais une fois cette vérité connue, nous pouvons prouver qu'elle est en parfaite harmonie avec les données de la raison et des sciences naturelles, et qu'elle présente des analogies frappantes dans la nature.

plus que demi-socinien, n'a jamais pu pardonner à saint Augustin d'avoir écrasé le pélagianisme.

Malheureusement, ses accusations se trouvent en quelque manière confirmées par l'imprudence de quelques théologiens, qui ont voulu persuader que, pour perdre la vraie doctrine de saint Augustin sur la grâce il ne faut consulter que ses ouvrages écrits contre les pélagiens ; qu'il a *rétracté*, c'est-à-dire désavoué et abjuré ce qu'il avait écrit contre les manichéens. C'est une imposture. Au contraire, l'an 420 ou 421, après avoir déjà disputé pendant dix ans contre les pélagiens, saint Augustin, écrivant de nouveau contre un manichéen, renvoya ses lecteurs aux ouvrages qu'il avait faits contre le manichéisme : il était donc bien éloigné de désavouer les principes et la doctrine qu'il y avait enseignés, *contra advers. Legis et Prophet.*, lib. II, à la fin. Dans son deuxième des *Rétract.*, c. 10, saint Augustin parle de son écrit contre le manichéen Secundinus ; il lui donne la préférence sur tous les ouvrages qu'il avait faits contre le manichéisme : or, dans cet écrit, chapitre 9 et suivants, il enseigne précisément la même doctrine que dans ses livres sur le *Libre arbitre*, et il y renvoie, chapitre 11. Est-ce là rétracter ou désavouer ses sentiments? *Voy.* SAINT AUGUSTIN.

RÊVE. *Voy.* SONGE.

RÉVÉLATION. Révéler une chose à quelqu'un, c'est la lui faire connaître. Dans ce sens général, Dieu nous révèle ce que nous découvrons par les lumières naturelles de la raison, puisque c'est lui qui nous a donné cette faculté et qui la conserve en nous. Mais il est établi par l'usage que *révéler* signifie faire connaître aux hommes des vérités par d'autres moyens que par l'exercice qu'ils peuvent faire de leur intelligence. Demander s'il y a une *révélation*, c'est mettre en question si Dieu a enseigné aux hommes une religion de vive voix, par des leçons positives, ou par lui-même, ou par ses envoyés.

Le sentiment des déistes, en général, est qu'il n'y eut jamais de véritable *révélation* divine, que Dieu n'exige des hommes point d'autre religion que celle qu'ils peuvent inventer eux-mêmes : conséquemment, les déistes regardent comme des imposteurs tous ceux qui se sont dits envoyés de Dieu pour instruire leurs semblables. Une *révélation*, disent-ils, serait superflue, puisque l'homme ne peut être coupable en suivant les leçons de la lumière naturelle et les mouvements de sa conscience ; elle serait injuste, à moins qu'elle ne fût donnée à tous les hommes ; elle serait pernicieuse, puisque ce serait un sujet de damnation pour tous ceux qui ne seraient pas à portée de la connaître. Si cela était vrai, il faudrait en conclure qu'il est défendu de donner aux hommes aucune instruction, aucune éducation quelconque ; que tout philosophe qui a voulu enseigner ses semblables a été un insolent. Tous devaient lui dire : Nous n'avons pas besoin de vos leçons, puisque Dieu n'exige de nous que ce que nous pouvons connaître par nous-mêmes ; vous êtes injuste si vous n'allez pas endoctriner l'univers entier ; votre morale est pernicieuse, puisqu'elle n'aboutit qu'à rendre plus coupables ceux qui pécheront après l'avoir écoutée.

L'absurdité de cette prétention suffit déjà pour confondre les déistes. Aussi soutenons-nous contre eux que, puisqu'il y a un Dieu et qu'il faut une religion, la *révélation* a été absolument nécessaire pour l'enseigner aux hommes. Nous le démontrons par la faiblesse et la corruption de la lumière naturelle, telle qu'elle est dans la plupart des individus de notre espèce ; par les erreurs et les désordres dans lesquels sont tombés tous les peuples qui ont été privés du secours de la *révélation*; par l'aveu des philosophes les plus célèbres, qui ont senti et reconnu le besoin de ce bienfait ; par le sentiment de tous les peuples qui ont ajouté foi aux moindres apparences de *révélation*; enfin par le fait. Dès que Dieu a daigné se révéler en effet de la manière la plus convenable aux circonstances dans lesquelles se trouvait le genre humain, il s'ensuit que cette *révélation* était nécessaire, qu'elle est avantageuse à l'homme, et non injuste ou pernicieuse.

1° Il suffit de jeter un coup d'œil sur l'humanité en général, pour voir combien il est peu d'hommes qui aient reçu de la nature beaucoup d'intelligence et d'aptitude à cultiver leur raison et à étendre la sphère de leurs connaissances. Quand il y en aurait un plus grand nombre, ils en sont détournés par la nécessité de vaquer aux travaux du corps, pour subvenir aux besoins de la vie. Sans parler des Sauvages, combien de particuliers, chez les nations même civilisées, sont à peu près dans le même état d'ignorance et de stupidité ! Autrefois les pyrrhoniens, les acataleptiques, les académiciens, les sceptiques et les épicuriens, de nos jours les athées et les matérialistes, ont exagéré à l'envi la faiblesse et l'aveuglement de la raison dans le très-grand nombre des hommes ; ils ont eu tort sans doute, mais les déistes n'ont pas entrepris de les réfuter, et ils y auraient mal réussi. Que penser en effet des lumières de la raison, quand on voit l'absurdité des lois, des coutumes, des opinions, des mœurs qui ont régné de tout temps, qui règnent encore chez les autres nations barbares? Ces peuples, à la vérité, n'ont point suivi les lumières de la droite raison, mais ils croyaient et prétendaient les suivre. Osera-t-on soutenir qu'ils n'auraient pas eu grand besoin d'une lumière surnaturelle pour corriger les égarements de leur raison?

Lorsque les déistes nous vantent les forces et la suffisance de la raison en général, ils nous en imposent évidemment. A proprement parler, la raison n'est autre chose que la faculté de recevoir des instructions : si elles sont bonnes et vraies, elles contribueront à perfectionner la raison ; si elles sont fausses, elles la dépraveront. Or, malheureusement nous saisissons avec la même facilité les unes que les autres ; et lorsque la raison est une fois dépravée, il faut absolument une lumière surnaturelle pour la redresser. *Voy.* RAISON.

2° Quatre mille ans après la création, après cinq cents ans de leçons données par les philosophes, la raison humaine semblait devoir être parvenue à une maturité parfaite : on sait quel était l'état de la religion et de la morale chez les nations même qui passaient pour les plus éclairées et les plus sages, chez les Grecs et les Romains : point d'autre religion qu'un polythéisme insensé et une idolâtrie grossière. [*Voy.* IDOLATRIE.] Cette religion, loin de donner aucune leçon de morale et de fournir aucun motif de vertu, enseignait tous les vices par l'exemple des dieux : Platon, Sénèque et d'autres en sont convenus. Elle ne proposait aucun dogme de croyance ; on pouvait nier impunément l'immortalité de l'âme et la fable des enfers ; quoique l'on sentît l'utilité d'admettre une autre vie, cela n'était commandé par aucune loi. Les philosophes eux-mêmes étaient presque aussi ignorants que le peuple : ils ne connaissaient ni la nature de Dieu ni celle de l'homme ; ils n'avaient aucune idée de la création, ni de la conduite de la Providence, ni de l'origine du mal, ni de la manière dont Dieu voulait être adoré ; ils voulaient que la religion populaire fût conservée, parce qu'ils ne se sentaient pas la capacité d'en forger une meilleure. Aussi, quelle dépravation dans les mœurs publiques ! Les combats de gladiateurs, les amours impudiques et contre nature, l'exposition et le meurtre des enfants, les avortements, les divorces réitérés, la cruauté envers les esclaves, ne paraissaient point des désordres contraires à la loi naturelle. Juvénal, Perse, Lucien, en ont fait une satire sanglante ; mais les philosophes n'osaient censurer ces usages abominables, plusieurs même les ont autorisés par leur exemple. Les fausses religions des Égyptiens, des Perses, des Indiens, des Chinois, n'étaient ni plus raisonnables ni plus pures que celle des Grecs et des Romains. Celle des Gaulois et des peuples septentrionaux ne leur inspirait que la fureur guerrière et l'habitude du meurtre. Chez la plupart des nations, l'intempérance, l'impudicité, les sacrifices de sang humain, ont été en usage comme des cérémonies religieuses. Ce qu'il y a de plus déplorable, c'est que quand la vraie religion a été prêchée, tous ces aveugles, loin d'en bénir Dieu et d'écouter sa parole, se sont révoltés, ont traité d'athées, d'impies, de perturbateurs du repos public, ceux qui voulaient leur ouvrir les yeux ; ils les ont tourmentés et mis à mort. Est-ce sur ces faits incontestables que les déistes prétendent élever un trophée à la raison humaine, et disconvenir de la nécessité de la *révélation?*

3° Les anciens philosophes ont été plus modestes et de meilleure foi que ceux d'aujourd'hui ; les plus célèbres ont avoué la nécessité d'une lumière surnaturelle pour connaître la nature de Dieu, la manière dont il veut être honoré, la destinée et les devoirs de l'homme. Il est bon de les entendre parler eux-mêmes sur ce sujet.

Platon, dans l'*Epinomis*, donne pour avis à un législateur de ne jamais toucher à la religion, « de peur, dit-il, de lui en substituer une moins certaine ; car il doit savoir qu'il n'est pas possible à une nature mortelle d'avoir rien de certain sur cette matière. » Dans le second *Alcibiade*, il fait dire à Socrate : « Il faut attendre que quelqu'un vienne nous instruire de la manière dont nous devons nous comporter envers les dieux et envers les hommes...... Jusqu'alors il vaut mieux différer l'offrande des sacrifices, que de ne pas savoir, en les offrant, si on plaira à Dieu ou si on ne lui plaira pas. » Dans le quatrième livre *des Lois*, il conclut qu'il faut recourir à quelque Dieu, ou attendre du ciel un guide, un maître qui nous instruise sur ce sujet. Dans le cinquième, il veut que l'on consulte l'oracle touchant le culte des dieux : « Car, dit-il, nous ne savons rien de nous-mêmes sur tout cela. » Dans le *Phédon*, Socrate, parlant de l'immortalité de l'âme, dit que « la connaissance claire de ces choses dans cette vie est impossible, ou du moins très-difficile..... Le sage doit donc s'en tenir à ce qui paraît plus probable, à moins qu'il n'ait des lumières plus sûres, ou la parole de Dieu lui-même qui lui serve de guide. »

Cicéron, dans ses *Tusculanes*, après avoir rapporté ce que les anciens ont dit pour et contre ce même dogme, ajoute : « C'est l'affaire d'un Dieu de voir laquelle de ces opinions est la plus vraie ; pour nous, nous ne sommes pas même en état de déterminer laquelle est la plus probable. »

Plutarque, dans son *Traité d'Isis et d'Osiris*, pense, comme Platon et Aristote, que les dogmes d'un Dieu auteur du monde, d'une Providence, de l'immortalité de l'âme, sont d'anciennes traditions, et non des vérités découvertes par le raisonnement. Il commence son Traité en disant « qu'il convient à un homme sage de demander aux dieux toutes les bonnes choses, mais surtout l'avantage de les connaître autant que les hommes en sont capables, parce que c'est le plus grand don que Dieu puisse faire à l'homme. » Les stoïciens pensaient de même. Simplicius, dans le *Manuel d'Épictète*, t. I, p. 211 et 212, est d'avis que c'est de Dieu lui-même qu'il faut apprendre la manière de nous le rendre favorable. Marc-Aurèle Antonin, dans ses *Réflexions morales*, t. I, à la fin, attribue à une grâce particulière des dieux l'application qu'il avait mise à connaître les véritables règles de la morale ; et il se flatte d'avoir reçu d'eux, non-seulement des avertissements, mais des ordres et des préceptes. Mélisse de Samos, disciple de Parménide, disait que nous ne devons rien assurer touchant les dieux, parce que nous ne les connaissons pas, *Diog. Laerce*, l. IX, § 24. Celse rapporte le passage de Platon dans lequel il dit qu'il est difficile de découvrir le créateur ou le père de ce monde, et qu'il est impossible ou dangereux de le faire connaître à tous, dans *Orig.*, l. VII, n. 42. Ce fut aussi l'opinion des nouveaux platoniciens. Jamblique, dans *la Vie de Pythagore*, ch. 28, avoue que « l'homme doit faire ce qui est agréable à Dieu; mais il n'est pas facile de le connaître, dit-il, à moins qu'on ne l'ait appris de Dieu lui-même ou des génies, ou que l'on n'ait été éclairé d'une lumière divine. » Dans son livre *des Mystères*, sect. 3, cap. 18, il dit qu'il n'est pas possible de bien parler des dieux, s'ils ne nous instruisent eux-mêmes. Porphyre est de même avis, *de Abstin.*, l. ii, n. 53. Selon Proclus, nous ne connaîtrons jamais ce qui regarde la Divinité, à moins que nous n'ayons été éclairés d'une manière céleste, in *Platon. Théol.*, c. 1. L'empereur Julien, ennemi déclaré de la *révélation* chrétienne, convient néanmoins qu'il en faut une. « On pourrait peut-être, dit-il, regarder comme une pure intelligence, et plutôt comme un Dieu que comme un homme, celui qui connaîtrait la nature de Dieu. » *Lettre à Thémistius*. « Si nous croyons l'âme immortelle, ce n'est point sur la parole des hommes, mais sur celle des dieux même, qui seuls peuvent connaître ces vérités. » *Lettre à Théodore, pontife*.

C'est dans cette persuasion que tous ces nouveaux platoniciens eurent recours à la théurgie, à la magie, à un prétendu commerce avec les dieux ou génies, pour en apprendre ce qu'ils ne pouvaient pas découvrir eux-mêmes; mais, par une inconséquence palpable, ils rejetèrent le christianisme, qui leur offrait la connaissance de ce qu'il leur importait le plus de savoir. Le simple peuple sentait le même besoin de *révélation* que les philosophes, et c'est pour cela qu'il ajoutait foi si aisément à tous ceux qui se disaient inspirés, et à tous les moyens par lesquels il espérait de connaître les volontés du ciel. Mal à propos les incrédules argumentent sur cette crédulité des peuples pour conclure que la confiance à de prétendues *révélations* a été la source de toutes les erreurs et de toutes les superstitions possibles, qu'il ne faut donc en admettre aucune. Puisque le besoin en est démontré, il s'ensuit seulement qu'il faut rejeter les fausses *révélations* et s'attacher à la seule vraie.

4° Quoi qu'ils en disent, il y en a une; elle a commencé avec le monde, elle a été renouvelée à deux époques célèbres, et Dieu a toujours proportionné les leçons qu'il donnait aux hommes à leur capacité présente et à leurs besoins actuels. Une *révélation* dirigée sur un plan aussi sage porte déjà avec elle la preuve de son origine; on sent d'abord qu'elle n'a pu partir de la main des hommes, qu'elle est venue de Dieu seul.

En effet, en donnant l'être à nos premiers parents, Dieu leur enseigna par lui-même ce qu'ils avaient besoin de savoir pour lors; il leur révéla qu'il est le seul créateur du monde, et en particulier de l'homme; que seul il gouverne toutes choses par sa providence, qu'ainsi il est le seul bienfaiteur et le seul législateur suprême; qu'il est le vengeur du crime et le rémunérateur de la vertu. Il leur apprit qu'il les avait créés à son image et à sa ressemblance, qu'ils étaient par conséquent d'une nature très-supérieure à celle des brutes, puisqu'il soumit à leur empire tous les animaux sans exception. Il leur prescrivit la manière dont il voulait être honoré, en consacrant le septième jour à son culte; il leur accorda la fécondité par une bénédiction particulière, bien entendu qu'ils devaient transmettre à leurs enfants les mêmes leçons que Dieu daignait leur donner. Voilà ce que nous apprenons dans l'histoire même de la création, ce qui nous est confirmé par l'auteur de l'*Ecclésiastique*, qui dit que nos premiers parents ont reçu de Dieu non-seulement l'intelligence et le sentiment du bien et du mal, mais encore des instructions, des leçons, une règle de vie; qu'il leur a enseigné sa loi, qu'ils ont vu la majesté de son visage, et qu'ils ont entendu sa voix (*Eccli.* xvii, 4, 9, 11); et nous voyons cette religion sainte et divine se perpétuer dans la race des patriarches.

Pouvait-elle mieux convenir aux hommes placés dans cet état primitif? Alors il n'y avait encore point d'autre société que celle de la famille; le bien particulier des peuplades naissantes était censé le bien général; Dieu y pourvut en consacrant l'union des époux, l'autorité paternelle, l'état des femmes, les liens du sang, et en inspirant l'horreur du meurtre. En commandant de l'adorer lui-même comme seul auteur et seul gouverneur de la nature, il prévenait l'erreur dans laquelle les hommes, infidèles à ses leçons, ne tardèrent point de tomber lorsqu'ils imaginèrent que tous les êtres étaient animés par des génies, par de prétendus dieux particuliers, et qu'ils leur adressèrent le culte religieux, source fatale du polythéisme et de toutes ses conséquences. *Voy.* PAGANISME, § 1. Il aurait été pour lors inutile de faire des lois pour défendre des abus qui ne pouvaient pas encore produire les mêmes effets que dans la société civile, ou pour prescrire des devoirs qui ne pouvaient pas encore avoir lieu. C'est donc assez mal à propos que l'on a nommé cet état primitif des hommes l'*état de nature*, et la loi qui leur fut imposée, *la loi de nature*, puisque c'était évidemment une loi révélée de Dieu. Les déistes ont abusé de ce terme, mais l'équivoque d'un mot ne prouve rien; il est aisé de leur démontrer que, si Dieu ne l'avait pas dictée lui-même, les premiers hommes auraient été incapables de l'inventer.

En effet, de quelles connaissances, de quels raisonnements pouvait être capable l'homme naissant, avant d'avoir acquis aucune expérience du cours de la nature? On dira que Dieu avait donné à notre premier père, en le créant, toute la capacité d'un homme fait, et toute l'habileté d'un philosophe consommé; soit : cette manière d'instruire l'homme est certainement surnaturelle, elle équivaut à une *révélation* faite de vive voix. On dira que Adam, qui a vécu neuf cents ans, a eu tout le temps de s'instruire, de méditer sur la nature et de raisonner. D'accord : mais alors sa postérité était très-nombreuse ; comment aurait-elle connu Dieu et son culte, s'il avait fallu attendre jusque-là pour lui donner les premières leçons ? Les premiers enfants d'Adam ont adoré Dieu, donc ou c'est leur père qui le leur a fait connaître, ou c'est Dieu qui les a instruits, aussi bien que lui, comme l'Ecriture nous l'apprend. En second lieu, si la religion primitive n'a pas été révélée de Dieu depuis la création, sous quelle époque, sous quelle génération des patriarches en placera-t-on la naissance ? Quelque supposition que l'on fasse, l'embarras sera le même. Après quatre mille ans de réflexions, d'expérience, de méditations philosophiques, il ne s'est trouvé aucun peuple capable de rétablir la religion primitive une fois oubliée ; tous se sont plongés dans le polythéisme et dans l'idolâtrie, plusieurs nations y persévèrent encore depuis leur première formation. Donc il est absurde de supposer que, dans le premier âge du monde, les hommes se sont trouvés capables de se former une religion aussi sage et aussi pure que celle qui leur est attribuée par les livres saints. En troisième lieu, les incrédules ont si bien senti l'impossibilité de cette supposition, qu'ils ont dit que le polythéisme et l'idolâtrie furent la première religion du genre humain. Ce fait est certainement faux ; mais les incrédules ne l'ont imaginé qu'après avoir réfléchi sur les idées qui sont venues naturellement à l'esprit de tous les peuples, et sur le penchant général de tous à croire la pluralité des dieux plutôt que l'unité, et nous convenons avec eux que si Dieu n'avait pas instruit les premiers hommes par *révélation*, il y a tout lieu de penser qu'ils auraient été polythéistes et idolâtres. Mais puisqu'il est constant qu'ils ont professé l'unité de Dieu, sa providence, sa bonté et sa justice, il s'ensuit que cette croyance ne vient pas de leur lumière naturelle, mais de la *révélation* de Dieu.

Après deux mille cinq cents ans depuis la création, le genre humain s'était multiplié, les peuplades s'étaient réunies en corps de nation ; il leur fallait des lois et une religion qui rendît ces lois sacrées ; déjà la plupart avaient oublié les dogmes essentiels de la religion primitive ; elles avaient embrassé le polythéisme, pratiquaient l'idolâtrie, se livraient à tous les désordres dont cette erreur fatale est la source. Toutes voulaient avoir des dieux indigènes et nationaux des protecteurs particuliers ennemis des autres peuples ; elles divinisaient leurs rois et leurs fondateurs. Dieu se fit connaître aux Hébreux sous de nouveaux rapports analogues aux circonstances. Non-seulement il renouvela par Moïse et confirma les leçons qu'il avait données à leurs pères, mais il y en ajouta de nouvelles. Il leur apprit qu'il est le fondateur de la société civile, l'auteur et le vengeur des lois, l'arbitre du sort des nations, leur seul protecteur et leur roi suprême. Continuellement il répète aux Hébreux : *C'est moi qui suis votre seul maître et votre Dieu : Ego Dominus Deus vester.* Conséquemment, dans le code mosaïque, Dieu incorpora ensemble les lois religieuses, civiles, politiques et militaires ; il imprima aux unes et aux autres le sceau de son autorité, et leur donna la même sanction, il statua les mêmes peines contre les infracteurs, les mêmes récompenses pour ceux qui seraient fidèles à les observer. De là les lois sévères contre l'idolâtrie, la défense de sacrifier aux dieux des autres nations, la peine de mort prononcée contre les prévaricateurs. Un Israélite coupable en ce genre était non-seulement criminel de lèse-majesté, mais traître envers sa patrie ; il était censé rendre hommage à un roi étranger. Ceux qui ont déclamé contre cette théocratie, contre cette religion locale, nationale, exclusive, sévère et jalouse, n'étaient ni de profonds raisonneurs ni d'habiles politiques. Les peuples étaient alors dans l'effervescence des passions de la jeunesse, ils ne respiraient que la guerre, les conquêtes, le meurtre, le brigandage ; ils ne goûtaient que les voluptés grossières, ils ne connaissaient d'autre bien que la satisfaction des sens. Il fallait donc un frein rigoureux, une législation sévère et menaçante pour les réprimer. Iduméens, Egyptiens, Phéniciens, Assyriens, tous étaient possédés de la même fureur. Dieu plaça au milieu d'eux la république juive pour leur servir de modèle et pour leur montrer ce qu'ils auraient dû faire (1). Ils ont mieux aimé se dépouiller les uns les autres et s'entre-détruire, nourrir entre eux des jalousies, des inimitiés, des guerres continuelles, qui ont été la source de tous leurs malheurs.

Aux mots JUDAÏSME, LOIS CÉRÉMONIELLES, MOÏSE, etc., nous avons fait voir la sagesse,

---

(1) « La loi mosaïque, dit M. Gerbet, n'était obligatoire ni pour la plus grande partie du genre humain, qui ne pouvait la connaître, ni même pour ceux des gentils qui l'auraient pu. Saint Thomas, en enseignant cette doctrine, ajoute : « Qu'on n'admettait des gentils à la profession du judaïsme que comme à un état plus sûr et plus parfait, de même qu'on admet les séculiers à la profession de la vie religieuse, quoiqu'ils puissent se sauver hors d'elle. » (*Prim. secund.*, quæst. 98.) « Si la loi mosaïque, dit un autre théologien, n'a pas été donnée à tout le genre humain, mais à un seul peuple, c'est qu'elle n'était pas elle-même nécessaire au salut ; car, avant elle, les hommes pouvaient se sauver, et, pendant qu'elle a subsisté, les gentils pouvaient se sauver sans elle. » (Suarez, *de Legibus*, lib. IX, c. 5, art. 6.) Dépositaire d'une loi locale, la Synagogue n'était donc qu'une partie de l'Église, dépositaire de la loi nécessaire universellement ; mais elle avait cela de particulier, qu'existant sous la forme de société publique, elle était le type de la constitution future de l'Église ; et c'est pour cette raison que, lorsque les Pères et les théologiens, en traitant de l'Église depuis Jésus-Christ, cherchent des comparaisons dans l'Église ancienne, ils les prennent particulièrement dans la Synagogue. » — M. Gerbet, dans son excellent ouvrage *des Doctrines philosophiques sur la Certitude, dans leurs rapports avec les fondements de la théologie*, chap. 3.

l'utilité, la divinité de ce nouveau plan de la Providence, qui est la seconde époque de la *révélation*, et nous avons répondu aux objections des déistes.

Dieu avait annoncé son dessein quatre cents ans auparavant, et il l'avait fait connaître au patriarche Abraham, en disant : *Venez dans le pays que je vous montrerai, je vous y rendrai père d'une grande nation* (*Gen.* xii, 2). Mais en lui ajoutant, *toutes les nations seront bénies en vous*, il lui faisait entrevoir de loin une troisième époque et un nouvel ordre de choses qui ne devait avoir lieu que quinze cents ans après. Pour y amener le genre humain, Dieu s'est servi de la démence générale des peuples, de la manie des conquêtes. Vers l'an 4000 du monde, l'empire romain avait englouti tous les autres; la plupart des habitants du monde connu étaient devenus sujets du même souverain. Par les transmigrations, par les voyages, par les exploits des guerriers, par le commerce, par les arts, par la philosophie, le genre humain semblait être parvenu à l'âge mûr. Les peuples étaient devenus capables de fraterniser, de former ensemble une société religieuse universelle; Dieu a daigné l'établir. Il avait parlé aux premiers hommes par leur père, aux nations naissantes par un législateur; il a parlé à l'univers entier par son Fils, Jésus-Christ, fidèle interprète des volontés de son Père, n'est point venu fonder un royaume ni une société temporelle, mais le royaume des cieux, le royaume de Dieu, la communion des saints; tout s'y rapporte au salut et à la sanctification de l'homme; la rédemption générale est l'*Evangile*, ou l'heureuse nouvelle qu'il a daigné nous apporter. Cette troisième époque de la *révélation* est appelée par les apôtres les *derniers jours*, la *plénitude des temps*, la *consommation des siècles*, parce que c'est le dernier état de choses qui doit durer jusqu'à la fin du monde. Notre divin Maître n'a contredit aucun des dogmes révélés dès le commencement; au contraire il les a étendus, expliqués, confirmés; il n'a révoqué aucune des lois morales prescrites à Adam, à Noé, et renfermées dans le décalogue de Moïse; mais il les a développées, il en a montré le vrai sens et les conséquences, il en a rendu la pratique plus sûre par des conseils de perfection. Au culte matériel et grossier qui convenait aux premiers âges du monde, il a substitué l'adoration en esprit et en vérité, un culte simple, mais majestueux, praticable et utile dans toutes les contrées de l'univers.

Le christianisme est donc le dernier complément d'un ouvrage commencé à la création, d'un plan constamment suivi par la Providence divine, d'un dessein à l'exécution duquel Dieu a fait servir toutes les révolutions de l'univers. Mais ce plan divin n'a été connu que quand il a été porté à sa perfection; c'est Jésus-Christ qui nous l'a révélé. Il embrasse toute la durée des siècles; un homme n'a pu le concevoir ni le tracer, encore moins l'exécuter. Les incrédules ne l'ont jamais aperçu : qu'ils le considèrent enfin, qu'ils en comparent les époques, qu'ils en examinent l'unité, les moyens, la correspondance avec l'ordre de la nature, et qu'ils nous disent si c'est le hasard qui a disposé ainsi les événements.

Quand on dit que le christianisme suppose le judaïsme, on ne saisit que deux anneaux de la chaîne; on laisse de côté le premier, auquel les deux autres sont attachés. La *révélation* faite aux Juifs supposait aussi nécessairement celle qui avait été accordée aux patriarches, que l'Evangile suppose la loi de Moïse. Si ce législateur n'avait pas commencé son ouvrage par l'histoire de la *révélation primitive*, il aurait bâti sur le sable. Qui aurait pu se persuader que Dieu, après deux mille ans d'un silence profond, s'était enfin déterminé à parler aux hommes ? Mais non, lorsque Moïse alla faire part de sa mission aux Israélites en Egypte, il le fit au nom du Dieu de leurs pères, du Dieu d'Abraham, d'Isaac et de Jacob, qui avait donné des instructions à ces patriarches et leur avait fait des promesses (*Exod.* iii, 6, 15, 16). Le souvenir des anciennes espérances de leurs pères, autant que les miracles de Moïse, persuada les Israélites; ils crurent à la parole de cet envoyé, et se prosternèrent pour adorer Dieu (c. iv, 30 et 31). Dès le commencement du monde, Dieu a prédit plus ou moins clairement ce qu'il voulait faire dans la suite des siècles; au moment même de la chute d'Adam, il en fit espérer le réparateur, il ranima la confiance par les promesses des bénédictions que devait répandre un descendant d'Abraham, et par la prédiction que fit Jacob d'un envoyé qui serait l'*attente des nations*, Ainsi la conformité des événements avec les promesses a servi dans tous les siècles à prouver la vérité de la *révélation*. Tel a été, depuis l'origine du christianisme, le sentiment de tous les Pères de l'Eglise; ils ont allégué l'antiquité de notre religion pour en démontrer la divinité, et ce fait mérite attention.

Saint Justin, *Apol. I*, n. 7, ne craint point d'appeler *chrétiens* les sages qui ont vécu chez les barbares, n. 46, tous ceux qui ont vécu suivant la droite raison, parce que Jésus-Christ, Verbe divin, est la raison universelle qui éclaire tous les hommes. *Apol. II*, n. 10, il dit que Socrate a connu en partie Jésus-Christ, parce que celui-ci est le Verbe qui pénètre partout, qui a prédit les choses futures par les prophètes et par lui-même ; n. 13, il prétend que tout ce qui a été dit sagement chez toutes les nations appartient aux chrétiens. Il ne faut pas croire que saint Justin ne parle ici que de la lumière naturelle, puisqu'il compare l'action du Verbe sur tous les hommes à l'inspiration qu'il a donnée aux prophètes. On sait d'ailleurs que ce Père enseigne l'universalité de la grâce, qui est une espèce de *révélation* intérieure.

Saint Irénée, *contra Hær.*, lib. iv, c. 6, n. 7, dit : « Le Verbe n'a pas commencé à révéler son Père, lorsqu'il est né de Marie; mais il l'a fait connaître à tous, dans tous les temps. Dès le commencement le Fils de Dieu, présent à sa créature, découvre à tous son Père, quand et comme celui-ci le veut. Ainsi le même salut est pour tous ceux qui croient en lui. » C. 14, n. 2 : « Il arrange donc le salut du genre humain de plusieurs manières... et il prescrit à tous la loi qui convient à leur état et à leur condition. » Saint Clément d'Alexandrie, *Stromat.*, lib. 1, cap. 7, p. 337, représente Dieu comme un cultivateur qui ne cesse de confier à la terre, qui est le genre humain, des semences nourrissantes, et qui dans tous les temps y fait tomber la rosée du Verbe souverain, suivant la différence des temps et des lieux.

« Comme il convient, dit Tertullien, à la bonté et à la justice de Dieu, créateur du genre humain, il a donné à tous les peuples la même loi, et il l'a fait renouveler et publier dans certains temps, au moment, de la manière et par qui il a voulu. En effet, dès le commencement du monde, il a donné une loi à nos premiers parents......, et dans cette loi était le germe de toutes celles qui ont été portées dans la suite par Moïse.....: faut-il s'étonner si un sage instituteur étend peu à peu ses leçons, et si, après de faibles commencements, il conduit enfin les choses à la perfection?... Nous voyons donc que la loi de Dieu a précédé Moïse; elle n'a point commencé au mont Horeb, ni à Sina, ni dans le désert; la première a été portée dans le paradis terrestre, elle a été prescrite ensuite aux patriarches, et de nouveau imposée aux Juifs, » *Adv. Jud.*, cap. 2.

Lorsque Celse et Julien ont demandé, comme les incrédules d'aujourd'hui, pourquoi Dieu a tardé si longtemps d'envoyer son Fils et son Esprit aux hommes, Origène et saint Cyrille ont répondu que Dieu n'a pas cessé de parler aux hommes par son Verbe dans tous les temps. *Orig.*, lib. IV, *contra Cels.*, n. 7, 9, 28, 30; lib. VI, n. 78; *saint Cyrille, contra Jul.*, lib. III, p. 75, 94, 108. De même, dit Origène, qu'un sage laboureur donne à la terre une culture différente, selon la variété des sols et des saisons, ainsi Dieu a donné aux hommes les leçons qui, dans les différents siècles, convenaient le mieux au bien général de l'univers. *Contra Cels.*, l. IV, n. 69.

Eusèbe, *Hist. Ecclés.*, l. I, c. 2, représente à ceux qui regardent la religion chrétienne comme étrangère et récente, que l'histoire peut les convaincre de son antiquité et de sa majesté..... « Tous ceux, dit-il, qui se sont distingués par leur justice et leur piété, depuis le commencement du monde, ont vu le Christ des yeux de l'esprit, et lui ont rendu le culte qui lui était dû même comme au Fils de Dieu. Lui-même, en qualité de maître de tous les hommes, n'a cessé de donner à tous la connaissance et le culte de son Père. » Eusèbe fait voir ensuite que c'est le Fils de Dieu qui a parlé à Moïse et aux prophètes, et qui s'est incarné pour parler aux hommes.

Mais aucun des Pères n'a mieux développé cette vérité que saint Augustin, l. X, *de Civit.* *Dei*, c. 14 : « De même, dit-il, que l'instruction d'un homme doit faire des progrès à mesure qu'il avance en âge, ainsi celle du genre humain tout entier s'est perfectionnée par la succession des siècles, » L. I, *de Serm. Domini in monte :* « Lorsque Dieu a donné peu de préceptes aux premiers hommes, et qu'il en a augmenté le nombre pour leurs descendants, il a fait voir que lui seul sait donner au genre humain les remèdes qui conviennent aux différents temps. » L. *de vera Relig.*, cap. 16. n. 34; c. 26, n. 48; c. 27, n. 50 : « La durée du genre humain tout entier ressemble par proportion à la vie d'un seul homme, et Dieu la gouverne de même par les lois de sa providence, depuis Adam jusqu'à la fin du monde. » Lib. I, *Retract.*, c. 13, n. 3 : « La religion chrétienne était dans le fond celle des anciens, elle n'a point cessé depuis le commencement du monde jusqu'à la venue de Jésus-Christ, etc. » C'est le plan que le saint docteur a développé dans son ouvrage de *la Cité de Dieu*, depuis le livre XIe jusqu'à la fin.

Théodoret, dans son Xe *Discours sur la Providence*, et saint Grégoire, pape, *Homil.* 31 *in Evang.*, ont tenu le même langage. M. Bossuet l'a répété, *Disc. sur l'Hist. univ.*, IIe part., art. 1 : « Voilà donc, dit-il, la religion toujours uniforme, ou plutôt toujours la même, depuis l'origine du monde : on y a toujours reconnu le même Dieu comme auteur, et le même Christ comme Sauveur du genre humain, etc. »

Si les incrédules avaient été instruits de ces vérités, ils ne se seraient pas avisés de demander pourquoi Dieu a différé pendant quatre mille ans de se révéler aux hommes, pourquoi il n'a fait éclore la *révélation* que dans un coin de la Palestine, pourquoi il n'a pas fait pour tous les autres peuples ce qu'il a fait pour les Juifs, etc. Il y a plus de quinze cents ans que ces questions ont été faites par des philosophes incrédules, et qu'elles ont été résolues par les Pères de l'Eglise.

Lorsqu'un imposteur arabe a voulu publier une quatrième *révélation*, se placer sur la même ligne que Moïse et Jésus-Christ, quelle liaison a-t-il mise entre cette prétendue *révélation* et les trois précédentes? A peine les connaissait-il, et il était trop ignorant pour en saisir l'ensemble. Le mahométisme ne tient à rien, il est même positivement opposé à plusieurs des vérités que Dieu a révélées : or, Dieu ne s'est jamais contredit. C'est une religion purement nationale, analogue au climat, aux mœurs et au génie des Arabes; l'auteur était, comme ses compatriotes, ignorant, mais rusé, fourbe, voluptueux, violent, avide de brigandage et de rapines; il a donné à sa doctrine l'empreinte de son caractère. Si nous remontons plus haut, nous trouverons le même défaut dans celle de Zoroastre. Il ignorait ou il a méconnu que Dieu avait révélé aux patriarches et aux Israëlites, et il l'a contredit dans les points les plus essentiels, tels que l'unité de Dieu et sa providence, l'origine de l'âme; la source du mal, etc. *Voy.* PARSIS.

La comparaison n'est donc pas difficile à faire entre la vraie *révélation* et les fausses. A proprement parler, il n'y en a qu'une; elle a commencé avec le monde, et elle durera jusqu'à la fin, parce que l'homme en a essentiellement besoin; mais à deux époques différentes Dieu a trouvé bon d'ajouter aux premières vérités qu'il avait révélées d'abord, les nouvelles leçons qui étaient devenues nécessaires au genre humain relativement aux nouvelles circonstances dans lesquelles il se trouvait, sans contredire néanmoins aucun des dogmes ni des lois morales qu'il avait enseignées auparavant.

Par cette observation nous réfutons aisément les Juifs, qui prétendent que Dieu n'a pu rien ajouter ni rien changer par Jésus-Christ à ce qu'il avait révélé et prescrit à leurs pères. Par la même raison l'on serait en droit de soutenir qu'il n'a pu rien ajouter ni rien changer par l'organe de Moïse à ce qu'il avait révélé et prescrit à Adam et à Noé. Il ne leur avait pas ordonné la circoncision, et il voulut qu'elle fût pratiquée par Abraham; il ne leur avait commandé ni l'offrande des premiers-nés, ni la pâque, ni les expiations, etc., et tout cela fut prescrit par Moïse. Mais on s'exprime très-mal quand on dit que la *révélation* chrétienne a renversé et détruit plusieurs branches de la *révélation* juive; Jésus-Christ a déclaré, au contraire, qu'il n'était pas venu détruire la loi ni les prophètes, mais les accomplir (*Matth.* v, 17). On ne peut citer aucun des dogmes révélés aux Juifs qui soit contredit dans l'Evangile, ni aucune des lois morales qui y soit abrogée. Jésus-Christ a condamné le divorce, v. 32, mais c'était un désordre toléré plutôt que permis par la loi de Moïse: il a réprouvé la peine du talion, v. 38, mais c'était une loi de pure police chez les Juifs, qui ne concernait que les magistrats; il eût été trop dangereux de permettre aux particuliers de se faire justice par eux-mêmes. Quant à la permission prétendue de haïr ses ennemis, v. 43, elle n'existe point dans la loi; c'était une fausse interprétation des Juifs. Pour ce qui regarde les lois cérémonielles, civiles et politiques, sans qu'il ait été nécessaire de les abroger, Dieu les a rendues impraticables pour la plupart, par la dispersion des Juifs et par la destruction de leur république.

Une religion révélée, disent les déistes, ne peut pas être destinée de Dieu à tous les hommes, puisqu'il n'en est aucun qui soit revêtue de preuves mises à portée de tous les hommes; autrement Dieu exigerait l'impossible. Faux principe et fausse conséquence. On prouverait de même que la raison n'est pas destinée de Dieu à guider tous les hommes, puisqu'il y en a beaucoup en qui elle est à peu près nulle, comme dans les imbéciles et les enfants, et une infinité d'autres qui, par leur stupidité, par leur perversité naturelle, par leur mauvaise éducation et leurs mauvaises habitudes, ressemblent plus à des brutes plus qu'à des hommes. La religion chrétienne a été révélée de Dieu et destinée à tous les hommes dans ce sens que tous ceux qui peuvent la connaître et en comprendre la vérité, sont obligés de l'embrasser, et sont punissables s'ils se refusent de le faire. Il ne s'ensuit pas de là que Dieu punira de même ceux qui ne l'ont pas connue parce qu'ils n'étaient pas à portée de la connaître; l'Evangile, aussi bien que le bon sens, nous enseigne que l'ignorance invincible excuse du péché. Mais nous soutenons que le christianisme est revêtu de preuves qui sont proportionnées à cette capacité de tous les hommes auxquels elles sont proposées. *Voy.* CRÉDIBILITÉ. Conséquemment tous ceux qui, nés dans le sein de la religion, y ferment volontairement les yeux, et se font une prétendue religion naturelle, pour secouer le joug de la religion révélée, sont très-coupables et très-dignes de punition.

A l'article MYSTÈRE, nous avons prouvé que Dieu peut révéler des choses incompréhensibles, et quand le fait est prouvé, nous devons les croire. A quoi sert donc la *révélation*, disent les déistes, si elle ne nous fait pas comprendre ce qu'elle nous enseigne? Autant vaudrait demander à quoi sert de révéler aux aveugles-nés qu'il y a des couleurs, des tableaux, des miroirs, des perspectives, si on ne les leur fait pas comprendre. La *révélation* des mystères sert à exercer la docilité et la soumission que nous devons à Dieu, à confirmer les vérités démontrables, à réprimer la témérité des philosophes, à fonder la morale la plus sainte et la plus sublime. *Voy.* DOGME.

* RÉVÉLATION PRIMITIVE. Sous le nom de *Révélation primitive* nous entendons celle qui a été faite au premier homme après sa naissance. Les philosophes ont fait de longs écrits pour établir quel dut être l'état de l'esprit du premier homme en sortant des mains de la *nature*, comment il est parvenu à s'instruire, quelle fut sa première religion. Les théologiens et les philosophes chrétiens leur ont répondu par de longues dissertations pour prouver que si l'homme n'avait pas reçu une révélation primitive, il n'aurait pu parvenir à créer le LANGAGE (*Voy.* ce mot), ni à acquérir la connaissance d'aucune vérité. On n'attend pas de nous que nous entrions dans leurs longues discussions; nous nous contentons de citer sur ce point quelques lignes de M. de Valroger:

« Quoi! Dieu, créant l'humanité, a-t-il pu la condamner à croupir pendant une longue suite de siècles dans une ignorance invincible des vérités les plus essentielles? Seul ici-bas l'homme a reçu les facultés nécessaires pour connaître et servir son Créateur; et son œil n'eût pas été fait dès l'origine pour voir, et son cœur pour aimer Celui qui est la vérité et la vie! Est-ce donc pour rester dans l'ombre qu'il avait reçu les larges ailes qui peuvent le soulever au-dessus de toutes les choses qui passent, et ce regard d'aigle qui cherche au fond des cieux le soleil divin?... L'homme encore innocent, l'homme sortant des mains de cette même Providence (qui étend ses soins maternels sur toutes les créatures), eût été délaissé par elle! Il n'a pas, lui, reçu en partage des instincts qui se développent spontanément comme ceux du castor ou de l'abeille, pour le conduire d'une manière infaillible à l'accomplissement parfait de sa destinée: il est perfectible, mais à la condition d'être enseigné. Sans le secours d'une forte éducation religieuse, ses facultés les plus sublimes demeurent stériles, et s'atrophient par les déviations les plus monstrueuses : et ce secours lui eût manqué au moment même où il en avait le plus pressant besoin! et le genre humain eût été condamné en masse, durant des milliers d'années, à des erreurs profondément corruptrices et aux superstitions les plus dégradantes! Cela est-il bien vraisemblable? Peut-on le supposer *a priori*, quand on croit en Dieu bon et sage? Évidemment non! Cela ne saurait paraître possible qu'au point de vue des athées et des panthéistes. Quand on regarde le genre humain comme le produit du hasard, ou comme l'enfant d'une loi aveugle de progrès nécessaire ; quand on ne voit en lui qu'une excroissance du chimpanzé, oh! alors je comprends qu'on refuse de croire à la révélation. Mais qu'on préfère des hypothèses comme celles de l'état de nature et du fétichisme primitif, quand on croit sincèrement à la sagesse et à la bonté de la Providence, c'est ce que je ne comprends plus (a). »

Nos livres saints lèvent toute difficulté: ils constatent l'existence de la révélation primitive. Dieu s'entretient avec Adam et parle à Abel. Nous le voyons avoir de fréquents entretiens avec les patriarches. Pour suivre cette révélation, il faudrait faire l'histoire de nos premiers parents et de leurs descendants jusqu'à Moïse. Elle est entre les mains de tout le monde.

La révélation primitive avait donné à nos premiers parents une notion exacte de Dieu et du culte qui lui est dû, de sa providence divine, de l'existence des bons et des mauvais anges, de la chute de l'homme, de la promesse d'un Libérateur, de la vie future. Ces grandes vérités se sont obscurcies peu à peu. Cependant il en est resté des vestiges chez tous les peuples qui peuvent servir de témoin et de preuve à la révélation primitive. *Voy.* DIEU, PROVIDENCE, ANGE, ORIGINEL (Péché), RÉPARATEUR, IMMORTALITÉ DE L'AME.

* RÉVÉLATION MOSAÏQUE. *Voy.* LOI MOSAÏQUE et JUDAÏSME.

* RÉVÉLATION CHRÉTIENNE. *Voy.* CHRISTIANISME.

* RÉVOLUTIONS (les) ET L'ÉGLISE. L'idée du pouvoir, dit M. Beugnot, étant partout ou affaiblie ou méconnue, nous voyons renverser, ici successivement et avec méthode, là tout à coup et avec colère, de sages traditions, de bonnes et utiles lois, des institutions anciennes, mais qu'il eût été facile de réformer, et envelopper dans une même réprobation tout ce qui ne date pas d'hier. L'Europe présente aujourd'hui l'image d'une grande cité qu'un tremblement de terre aurait arrachée soudainement de ses fondements et jetée sur le sol, où sont couchées pêle-mêle les ruines des plus beaux édifices et des modestes habitations, des plus antiques palais et des plus récentes constructions. La force qui a causé ce désastre était évidemment une force aveugle. Cependant du milieu de ces décombres s'élève une institution que rien n'a pu ébranler, car ce ne sont pas les hommes qui l'ont fondée. Cette institution divine conserve dans son sein le principe dont l'abandon cause les désordres et les révolutions au bruit desquels nous nous éveillons chaque jour, et c'est à elle que nous irons le redemander, quand nous serons las de poursuivre la solution du problème insoluble de fonder des sociétés sans pouvoir, c'est-à-dire sans base.

Le monde nouveau repousse l'unité du pouvoir, comme l'équivalent de la tyrannie ; l'Église proclame cette unité et ne lui est jamais plus dévouée que quand celui en qui elle se personnifie est méconnu, trahi et malheureux. Lorsque la raison sera rentrée dans nos esprits, son exemple seul suffira pour nous faire comprendre les véritables conditions d'existence

---

(a) Études critiques sur le Rationalisme contemporain, liv. II, c. 4, etc.

---

de la souveraineté. Elle nous enseignera, ce que nous sommes fiers d'ignorer, à respecter et à obéir ; parce que le respect et l'obéissance, sans lesquels il ne peut pas plus exister de république que de monarchie, sont chez elles des habitudes innées. Elle nous dira qu'aucune constitution politique, qu'aucune loi fondamentale ne peut prendre racine et vivre, si les citoyens ne lui vouent pas une sorte de foi qui calme leurs désirs, modère leurs critiques et les oblige de croire à la durée de ce qu'ils ont fondé. Enfin, le spectacle de cette grande institution, qui trouve dans une organisation hiérarchique pleine de force les moyens de maintenir la paix et l'ordre au milieu de ses nombreux enfants, sans qu'aucun d'eux ne ressente la sévérité du commandement ou la pesanteur du joug, ce spectacle, dis-je, réconciliera bien des esprits égarés avec le principe d'une autorité à la fois bienveillante et inflexible. Les idées véritablement sociales, celles qui peuvent seules conduire les hommes vers la portion de bonheur dont il leur est permis de jouir dans ce monde, sont mises en pratique sous nos yeux par l'Église, dans un but différent, il est vrai, et plus élevé, mais qui ne change point leur nature ni leur mode d'action. Malgré tout ce que nous voyons s'accomplir et tout ce qui est annoncé, il ne faut donc pas désespérer de la vérité, de la justice, du droit. L'Église sauvera encore une fois la civilisation.

Il existe en effet une analogie singulièrement triste entre les devoirs de l'Église en ce moment et la tâche immense que Dieu lui imposa le jour où il décida la ruine de l'Empire romain, nécessaire à l'accomplissement de ses desseins.

Lorsque les peuples de la Germanie eurent couvert de leurs flots ce grand empire, l'ancienne société, minée par une longue corruption, impuissante à se défendre, et encore plus à réagir sur les mœurs des vainqueurs, disparut ; et l'Église, gardienne de la foi catholique, se trouva en même temps l'unique dépositaire de tout ce qu'il y avait de bon et de grand dans l'ancienne civilisation romaine. A quoi servirait d'insister sur ce point? Qui ne sait ce que fut l'Église seule qui, dans ces temps de conquête et d'épouvante, sauva les sciences, les lettres et les arts, et ouvrit les larges voies où un monde nouveau marcha pendant tant de siècles avec gloire? S'il était possible de ne considérer l'Église catholique comme une institution civilisatrice, à ce seul titre elle mériterait l'éternelle reconnaissance du genre humain. Aujourd'hui nous subissons l'invasion non plus de peuples barbares, mais de doctrines véritablement barbares. Ce n'est pas ici une frivole opposition de mots : les doctrines qui se prêchent en France, en Allemagne, en Italie et ailleurs, si elles venaient à triompher, précipiteraient les peuples de ces contrées dans un état de société près duquel celui des Francs, des Huns et des Vandales, serait de la haute civilisation. Contre cette invasion qui a pris, dans notre pays, de redoutables proportions, le clergé a, dès le premier jour de péril, compris, avec une admirable sagacité, quels étaient ses devoirs. Qu'il me soit permis de dire comment il les remplit.

Les barbares de nos jours ressemblent fort peu à leurs prédécesseurs du Xe siècle : ce ne sont pas des guerriers, ce sont des sophistes que l'envie et l'orgueil poussent à réchauffer de vieilles erreurs, moitié politiques, moitié économiques, qui, à toutes les époques, ont trouvé, pour les préconiser, des esprits malades ou pervertis. L'antiquité païenne symbolisa dans le supplice de Prométhée la punition réservée à ces rêveurs présomptueux qui croient avoir découvert dans certaines combinaisons philosophico-politiques le moyen assuré de refaire l'homme et le monde, et de supprimer l'injustice, la misère, l'inégalité et le vice. Par leur nature même, ces systèmes semblent se dérober à l'action du clergé, dont la mission n'est pas de combattre les fausses théories sur la réorganisation de la société extérieure : mais comme ils blessent de plus d'un côté la religion et la morale, comme ils tendent à détruire la famille, œuvre de Dieu, à semer parmi les hommes d'inexorables discordes, et que leurs adeptes prétendent les rattacher par une odieuse profanation aux doctrines que le Christ a révélées, le clergé intervient, selon son droit et son devoir, dans ces brûlantes discussions, avec l'autorité de son caractère et la douceur de ses paroles. S'il ne réussit pas à triompher, si quelquefois il se trouve combattre seul pour la cause de la vérité, c'est que la société, affaiblie par l'oubli du droit et du devoir, par son antipathie contre le principe d'autorité, impuissante à se défendre elle-même, semble destinée à devenir la proie de ceux qui oseront le plus contre elle.

Il est dans la société, telle que ce scepticisme politique l'a faite, un nombre infini de bons citoyens, d'hommes que les intentions les plus droites animent, qui aiment sincèrement leur patrie et remplissent avec conscience tous leurs devoirs. Ils gémissent de tant de mensonges, de tant de désordres et de révolutions, sans s'apercevoir qu'ils les autorisent ou les provoquent par leur facilité à contracter des préjugés qui rendent toute autorité incertaine, toute loi fragile, tout gouvernement impossible. Les passions populaires sont sans doute le levier principal dont se servent les artisans de troubles; mais combien de gens réputés sages les aident, sans le savoir, à s'en servir! La foi dans l'autorité, la tradition du commandement et de l'obéissance n'existent plus nulle part ailleurs que dans les rangs du clergé catholique, et, on ne saurait trop le redire, il est appelé, par l'unique effet du grand et instructif exemple qu'il donne aux nations et qu'il ne cessera de leur donner, à les arrêter quand elles seront arrivées sur les bords de l'abîme. La garde du dépôt des doctrines véritablement sociales exige de sa part beaucoup plus que de bonnes intentions; elle exige un grand courage, car l'ennemi est puissant et audacieux; une vigilance de tous les moments, car il ne sommeille jamais; une pénétration vive, car il sait se déguiser sous les formes les plus perfidement choisies; une entière abnégation, car il est habile à séduire par ses dons et ses promesses, et les victimes de ses artifices sont nombreuses, non pas en France, grâce à Dieu! mais ailleurs.

Demandez à l'Italie quelle est la main qui agite sur elle une torche incendiaire, quelle est la voix qui flatte au sein de Rome déchue et néantie les bienfaits de la licence! Et pour parler de notre pays, qui a accepté parmi nous la mission d'enseigner à une populace ignorante la philosophie de la haine et de l'anarchie? Était-il donc si difficile à ces grands coupables et à d'autres moins fameux, de résister aux tentations de l'erreur? Hélas! non. Depuis que l'esprit révolutionnaire agite les sociétés européennes, deux causes ont amené dans les rangs du clergé catholique des chutes à jamais regrettables. La première est une illusion, la seconde une erreur. Des ecclésiastiques dont le cœur était pur et l'esprit élevé, voyant surgir des événements qui pouvaient compromettre les intérêts temporels de l'Église, crurent devoir entrer dans le tourbillon des affaires publiques, se flattant d'y exercer une influence salutaire. D'autres se laissèrent entraîner à cette pensée que, tout se transformant dans la société civile, la discipline de l'Église devait participer à ce mouvement général de réformation. L'expérience a montré ce qu'il y avait de dangereux dans l'une et l'autre de ces deux idées, qui ne doivent pas être cependant condamnées avec la même sévérité.

Les institutions de l'Église, telles qu'elles ont été fondées par Jésus-Christ et développées par les apôtres et par leurs successeurs, se prêtent d'elles-mêmes et avec la plus merveilleuse souplesse à toutes les modifications que la société civile peut éprouver. Ne repoussant aucune forme particulière de gouvernement ni de civilisation, constituée pour faire fructifier la parole de Dieu dans des jours d'orage et de désordres comme au milieu du calme et de la paix, au sein d'une tribu sauvage comme dans les plus florissants empires, on ose proposer à l'Église de profiter du trouble passager des esprits, d'un accident dont le cours des ans effacera les traces, pour changer les sages lois en vertu desquelles elle n'a cessé de grandir, et qui serviront à la société civile de type pour réédifier ses institutions, quand celle-ci sera lasse de se nourrir de déceptions. Ceux qui travaillent à entraîner l'Église vers le domaine des nouveautés ignorent qu'en lui annonçant qu'elle serait éternelle, Dieu lui a ordonné de rester sereine et confiante au milieu de toutes les agitations du monde.

RHÉTORIENS, secte d'hérétiques dont parle Philastre, mais qu'il nous fait mal connaître. Ils s'élevèrent, dit-il, en Égypte au IVe siècle, et ils prirent leur nom de Rhétorius leur chef; ils admettaient toutes les hérésies qui avaient paru jusqu'alors, et ils prétendaient que toutes étaient également soutenables. Ils étaient donc dans une indifférence parfaite au sujet de la croyance. Ce système ressemblait beaucoup à celui des libertins, des latitudinaires, des indépendants, etc., qui ont dogmatisé dans le dernier siècle, et il nous paraît que tous ces sectaires n'ont guère mérité le nom de *chrétien*.

RICHARD de Saint-Victor, chanoine régulier et prieur de cette abbaye, fut disciple et successeur de Hugues, dont il égala le mérite et la réputation; il mourut l'an 1173. La meilleure édition de ses ouvrages est celle de Rouen, de l'an 1650, en 2 vol. in-fol. Il y a des commentaires sur l'Écriture sainte, des traités théologiques et des ouvrages de piété. On y voit qu'au XIIe siècle les sciences ecclésiastiques n'étaient pas aussi négligées que certains critiques le prétendent.

RICHE, RICHESSES. Quelques censeurs de la morale évangélique se sont plaints de ce que Jésus-Christ semble condamner absolument et sans restriction la possession des *richesses*, puisqu'il dit: *Malheur à vous, riches* (Luc. VI 24) ! *Il est moins difficile à un chameau de passer par le trou d'une aiguille, qu'à un riche d'entrer dans le royaume des cieux* (Matth. XIX, 23 et 24).

Mais de quels *riches* parle le Sauveur? de ceux qu'il avait sous les yeux et qu'il a peints dans tout son évangile, de *riches* orgueilleux, avares, usuriers, voluptueux, durs envers les pauvres, tels que le mauvais riche (Luc. XVI, 1). De tels hommes n'étaient pas disposés à entrer dans le royaume des cieux, dans la société des justes qui prenaient Jésus-Christ pour leur roi, et se rangeaient sous ses lois. Il s'explique assez lui-même, en appelant heureux les *pauvres d'esprit*, c'est-à-dire ceux qui ont l'esprit et le cœur détachés des *richesses* (Matth., v, 3). Il dit que l'on ne peut pas servir Dieu et le démon des *richesses* (c. VI, 24), parce qu'un homme ne peut pas avoir le cœur partagé entre deux maîtres. Mais un homme peut être *riche*, sans être attaché servilement à ce qu'il possède, sans en abuser pour satisfaire des passions criminelles, sans faire injustice à personne, toujours prêt à perdre ses biens lorsque Dieu voudra l'en priver, et à les partager avec les pauvres. Jésus-Christ aurait-il condamné un *riche* tel que Job, duquel Dieu lui-même a daigné faire l'éloge? Non, sans doute. Aussi, lorsque saint Paul prescrit à Timothée les leçons qu'il doit donner aux *riches*, il ne dit pas qu'il faut leur ordonner de renoncer à leurs *richesses*, mais de ne pas s'en enorgueillir, de ne pas mettre leur confiance dans des biens périssables, mais en Dieu, qui pourvoit abondamment aux besoins de tous (*I Tim.* VI, 17). Jésus-Christ lui-même disait aux pharisiens, auxquels il reprochait des injustices et des rapines : *Faites l'aumône, et tout sera pur pour vous* (*Luc.* XI, 41).

Nous lisons encore, *Matth.*, c. XIX, v. 21, que Jésus-Christ, après avoir dit à un jeune homme que pour être sauvé il fallait garder les commandements, ajouta : *Si vous voulez être parfait, allez vendre ce que vous avez, donnez-le aux pauvres, vous aurez un trésor dans le ciel; venez alors et suivez-moi.* Les Pères de l'Eglise et les commentateurs catholiques disent, à ce sujet, que Jésus-Christ ne faisait point un commandement rigoureux à ce jeune homme, mais qu'il lui donnait un conseil de perfection. Barbeyrac, qui n'admet point de conseils dans l'Evangile, soutient le contraire; il prétend que Jésus-Christ était en droit d'imposer à ce jeune homme une obligation rigoureuse de tout quitter pour se mettre à sa suite comme les autres apôtres, et qu'il le lui commandait, parce qu'il voyait que son attachement excessif à son bien serait pour lui un sujet de damnation; aussi est-il dit, v. 22, qu'il se retira fort triste, parce qu'il était *très-riche*. *Traité de la morale des Pères*, c. XII, § 64.

De notre part, nous soutenons que c'est Barbeyrac et non les Pères qui ont tort. Il ne s'agit pas de savoir si Jésus-Christ était en droit de faire un commandement rigoureux à ce jeune homme, mais s'il le lui faisait en effet; or, rien ne prouve que quand le Sauveur appelait un homme pour en faire un apôtre, il lui donnait un ordre rigoureux, et lui commandait sous peine de damnation. Il lui faisait une invitation; il lui promettait une récompense spéciale; nous le voyons dans cet endroit même de l'Evangile, v. 28. Une conduite plus sévère et plus absolue ne se serait pas accordée avec la bonté, la condescendance, la miséricorde de notre divin Maître. En second lieu, ces paroles: *Si vous voulez être parfait*, peuvent-elles signifier *si vous ne voulez pas être damné?* Barbeyrac n'aurait pas osé le dire, et cependant il le suppose, puisqu'il argumente sur l'attachement excessif de ce jeune homme à ses *richesses*. Il nous paraît qu'il pouvait avoir quelque répugnance à se dépouiller tout à coup d'une fortune considérable, sans être pour cela taxé d'un attachement damnable. Barbeyrac, qui déclame si souvent contre le rigorisme de la morale des Pères, le pousse ici beaucoup plus loin qu'eux. Par la même raison, il ne veut pas que les premiers chrétiens de Jérusalem aient agi par le motif d'une plus grande perfection en vendant leurs biens, et en en mettant le prix aux pieds des apôtres, pour qu'il fût distribué aux pauvres (*Act.* II, 44). Il dit que c'était un effet de leur charité mutuelle, vertu absolument nécessaire dans le commencement de l'Evangile. Mais ce critique peut-il prouver qu'il y avait une obligation rigoureuse pour chaque fidèle riche de pousser la charité jusque-là, et que, sans ce dépouillement volontaire, l'Evangile n'aurait pas pu s'établir? Le contraire est évidemment prouvé, puisque cette communauté de bien n'existait que dans l'Eglise de Jérusalem; Barbeyrac lui-même est forcé de convenir que les apôtres ne l'exigeaient pas, et saint Pierre le dit formellement (*Ibid.* v, 4); s'ils ne l'exigeaient pas, il n'y avait donc point d'obligation de la faire; c'était une œuvre de surérogation qui se faisait par le motif d'une plus grande perfection. *Voy.* CONSEILS ÉVANGÉLIQUES.

RIGORISME, affectation d'embrasser les opinions les plus rigoureuses, soit en fait de dogme, soit en fait de morale. Il est à remarquer que le *rigorisme* est ordinairement le travers des hommes sans expérience, des théologiens qui ont passé leur vie dans leur cabinet; il se trouve rarement parmi les ouvriers évangéliques, chez les pasteurs et chez les missionnaires blanchis dans les travaux du saint ministère. Le zèle de ceux-ci, réglé sur l'expérience, est doux, charitable, indulgent; ils sentent la nécessité d'exciter, d'encourager, de soutenir les faibles, ils craignent toujours de jeter les pécheurs dans l'abattement et le désespoir.

Jésus-Christ, modèle des docteurs, n'affecta jamais le *rigorisme*; au contraire, il le reprocha souvent aux pharisiens : ils l'accusèrent de relâchement, ils le peignirent comme l'ami des publicains et des pécheurs. Il répondit avec sa douceur ordinaire: *Ce ne sont point les personnes saines, mais les malades, qui ont besoin de médecin; je ne suis point venu appeler à la pénitence les justes, mais les pécheurs.* De même les anciens Pères, qui étaient non-seulement théologiens et docteurs de l'Eglise, mais pasteurs et directeurs des âmes, évitèrent les opinions et les règles de morale trop rigides.

C'est par un *rigorisme* hypocrite que les hérétiques ont toujours commencé: les gnostiques, les montanistes, les manichéens, les albigeois, les vaudois, Wiclef, Jean Hus, Luther et Calvin, ont tendu le même piège aux simples et aux ignorants. Le *rigorisme* insensé des novatiens fut l'avant-coureur de l'arianisme, celui des Africains semble avoir présagé l'extinction du christianisme dans cette contrée; le prédestinatianisme dans les Gaules fut immédiatement suivi de la barbarie; les clameurs des vaudois contre le relâchement de l'Eglise romaine ont appelé de loin le protestantisme. Tant il est vrai qu'un caractere trop rigide est peu compatible avec la docilité de la foi.

RITE. *Voy.* CÉRÉMONIE.

RITUEL, livre qui contient l'ordre des cérémonies, les prières, les instructions que l'on doit faire dans l'administration des sacrements. Il y a lieu de penser qu'autrefois ce livre n'était pas différent de celui que l'on nommait *Sacramentaire*, puisque nous trouvons dans celui de saint Grégoire non-seulement la liturgie ou les prières et les cérémonies de la messe, mais encore celles par lesquelles on administre plusieurs sacrements. Aujourd'hui les premières sont renfermées dans le *missel*, les secondes sont le principal objet du *rituel*. Celui-ci renferme aussi les bénédictions et les exorcismes qui sont en usage dans l'Église catholique. Outre le *rituel* romain, qui est le fond de tous les autres, il y en a de propres à divers diocèses. Celui qui vient d'être publié pour le diocèse de Paris est un des plus instructifs et des plus propres à donner aux prêtres une grande idée de la sainteté de leurs fonctions.

* ROBOAM. Le premier livre des Rois, xiv, 24, et le second des Paralipomènes, xii, 2, nous apprennent que Shishak, roi d'Égypte, marcha contre Juda, dans la cinquième année du règne de Roboam, avec douze cents chariots, soixante mille hommes de cavalerie et une armée innombrable ; qu'après s'être rendu maître des places fortes du pays, il s'approcha de Jérusalem pour l'assiéger ; que le roi et le peuple s'humilièrent devant le Seigneur ; et que Dieu prenant pitié d'eux leur promit qu'il ne les détruirait pas, qu'il les livrerait seulement entre les mains de ce conquérant pour être ses esclaves; *néanmoins ils seront ses serviteurs, afin qu'ils sachent ce que c'est que de me servir ou de servir les rois des nations.* Shishak vint donc, emporta les dépouilles du temple, et entre autres les boucliers d'or faits par Salomon (II *Paral.* xii, 8). Les exploits de ce fameux conquérant et restaurateur de la puissance égyptienne sont représentés en détail dans la grande cour de Karnak. Nous devons nous attendre à y trouver comprise cette conquête de Juda, d'autant plus que ce royaume peut être regardé comme étant alors au zénith de sa grandeur, immédiatement après que Salomon avait ébloui par l'éclat de sa magnificence toutes les nations voisines. Voyons s'il en est ainsi. Dans les peintures de Karnak, Shishak est représenté, suivant une image très-familière aux monuments égyptiens, tenant par les cheveux une foule de personnes agenouillées et entassées les unes sur les autres ; sa main droite est levée et prête à les immoler toutes d'un seul coup de sa hache d'armes. Près de là, le dieu Ammon-Ra conduit vers lui une foule de captifs qui ont les mains liées derrière le dos. Si le premier groupe représente ceux qu'il fit périr, on peut très-bien supposer que le second contient ceux qu'il fit seulement ses esclaves ou qu'il vainquit simplement et assujettit à un tribut. Suivant la promesse qui lui avait été faite, le roi de Juda devait être de ce nombre, et c'est là qu'il nous faut le chercher. Effectivement, parmi les figures des rois captifs, nous en trouvons une dont la physionomie est parfaitement juive, ainsi que l'observe Rosellini. Ce savant n'a pas encore donné la copie de ce monument, quoiqu'il en ait publié la légende (1) ; mais afin de nous convaincre que les traits de ce personnage ne sont nullement égyptiens, qu'ils sont au contraire tout à fait hébraïques, Mgr Viseman, à qui nous empruntons cet article (Disc. V, *Archéologie*, dans les *Démonst. Évang.*, édit. Migne, t. XV) l'a fait copier d'après la gravure qui en a été publiée à Paris, par Champollion (2). Le profil avec la barbe est entièrement juif ; et pour rendre ceci plus apparent encore, l'auteur a placé à côté une tête égyptienne qui exprime très-exactement le type naturel de ce peuple. Chacun de ces monarques captifs porte un bouclier denteté, comme pour représenter les fortifications d'une ville ; sur ce bouclier est inscrite une légende hiéroglyphique, qui, comme il est permis de le supposer, indique quel est ce personnage. La plupart de ces inscriptions, pour ne pas dire toutes, sont tellement effacées qu'elles ne sont plus lisibles ; il faut en excepter cependant le bouclier porté par la figure juive, où les caractères se sont conservés, comme on le voit dans la copie dont il s'agit ici. Les deux plumes représentent les lettres J E ; l'oiseau, O U ; la main ouverte, D ou T ; ce qui nous donne JEOUD, le mot hébreu qui signifie *Juda*. Les cinq autres caractères suivants représentent les lettres H A M L K ; et, en ajoutant les voyelles qui sont ordinairement omises dans les hiéroglyphes, nous avons le mot hébreu HAMELEK, *le roi*, accompagné de son article. Le dernier caractère est toujours employé pour le mot *kah* (pays). Ainsi il est clairement démontré que le personnage en question était le roi de Juda, traité absolument comme l'Écriture nous dit qu'il le fut, réduit en servitude par Shishak ou Shishonk, roi d'Égypte. Nous pouvons dire, en toute vérité, qu'aucun des monuments jusqu'alors découverts ne fournit une nouvelle preuve aussi convaincante de l'authenticité de l'histoire sacrée de l'Écriture.

ROGATIONS, prières publiques qui se font dans l'Église romaine pendant les trois jours qui précèdent immédiatement la fête de l'Ascension, pour demander à Dieu la conservation des biens de la terre, et la grâce d'être préservés de fléaux et de malheurs.

On attribue l'institution des *Rogations* à saint Mamert, évêque de Vienne en Dauphiné, qui, en 474 selon quelques-uns, ou en 468 selon d'autres, exhorta les fidèles de son diocèse à faire des prières, des processions, des œuvres de pénitence pendant trois jours, afin de fléchir la justice divine, d'obtenir la cessation des tremblements de terre, des incendies, du ravage des bêtes féroces dont ce peuple était affligé. Le succès de ces prières les fit continuer dans la suite comme un préservatif contre de pareilles calamités ; et bientôt cette pieuse coutume s'introduisit dans les autres églises des Gaules. L'an 511, le concile d'Orléans ordonna que les *rogations* seraient observées dans toute la France : cet usage passa en Espagne vers le commencement du VIIe siècle : mais dans ce pays-là l'on y destina le jeudi, le vendredi et le samedi après la Pentecôte. Les *rogations* ont été adoptées plus tard en Italie. Charlemagne et Charles le Chauve défendirent au peuple de travailler ces jours-là, et leurs lois ont été observées pendant longtemps dans l'Église gallicane. On observait aussi le jeûne ; à présent on se borne à garder l'abstinence, parce que ce n'est pas la coutume de jeûner dans le temps pascal.

Les processions des *rogations* furent nommées *petites litanies*, ou *litanies gallicanes*, parce qu'elles avaient été instituées par un évêque des Gaules, et pour les distinguer

(a) *I Monumenti dell' Egitto*, parte I, *Monum. stor.* t. II, p. 79.

(a) Dans ses Lettres écrites d'Égypte.

de la *grande litanie* ou *litanie romaine*, qui est la procession que l'on fait le 25 avril, jour de saint Marc, et dont on attribue l'institution à saint Grégoire le Grand. Les Grecs et les Orientaux ne connaissaient point les *rogations*. Elles étaient observées en Angleterre avant le schisme, et l'on dit qu'il y en reste encore des vestiges ; que, dans la plupart des paroisses, c'est la coutume d'en aller faire le tour en se promenant pendant les trois jours qui précèdent l'Ascension : mais si on ne le fait plus par un motif de dévotion ni de religion, il faut donc que cela se fasse par un motif de superstition, et ce n'est pas la seule que l'on trouve dans ce pays-là. *Voy.* Litanie, Bingham, t. IX, liv. xxi ; c. 2 ; *Notes de Ménard sur le Sacramentaire de saint Grégoire*, p. 153, Thomassin, *Traité du jeûne*, p. 174 et 473.

ROGATISTES. *Voy.* Donatistes.

ROI, souverain. Ce titre, dans l'Ecriture sainte, signifie en général le chef d'une nation, quel que soit le degré de son autorité : il est donné à Moïse (*Deut.* xxxiii, 5). Lorsque les Israélites étaient sans chef, sans un premier magistrat, il est dit qu'il n'y avait point de *roi* dans Israël (*Jud.* i, 31). Il désigne quelquefois un guide, un conducteur, soit parmi les hommes, soit parmi les animaux ; conséquemment on nomme ainsi les grands d'une nation. David dit (*Ps.* cxviii, 16) : « Je parlais de votre loi en présence des *rois*. » Le *roi* d'un festin est celui qui y préside, qui y tient la première place (*Eccli.* xxxii, 1). Le *roi* des enfants de l'orgueil (*Job*, xli, 25) est celui qui l'emporte sur tous les autres par son orgueil. Les fidèles sont appelés *rois*, mais dans un sens spirituel, de même qu'ils sont nommés *prêtres* ; leur royauté consiste à régner sur eux-mêmes et sur leurs passions, à se soumettre les cœurs de leurs semblables par l'ascendant de leurs vertus, à prétendre dans l'autre vie à un royaume éternel.

C'est une grande question entre les incrédules et les théologiens de savoir de qui les *rois* tiennent leur pouvoir, quel est le principe et le fondement de leur autorité. Les premiers prétendent que les *rois* ne sont que les mandataires du peuple, qu'originairement l'autorité souveraine appartient au peuple, que c'est lui qui la confère à ses chefs, qu'il peut l'étendre ou la restreindre comme il lui plaît, et que si le dépositaire de l'autorité en abuse, le peuple a droit de la reprendre et de l'en dépouiller. Et nous, au contraire, nous soutenons que ce sentiment est faux, absurde, séditieux, punissable ; et nous le démontrons dans plusieurs articles de ce dictionnaire. Au mot Société, nous prouvons qu'elle est fondée, non sur un prétendu pacte ou contrat social que les hommes aient fait entre eux librement et par leur propre choix, mais sur la volonté de Dieu, auteur de la nature, qui a créé l'homme pour la société et non pour la vie sauvage, et qui le lui fait sentir par le besoin dans lequel il l'a mis du secours de ses semblables, par l'inclination qu'il lui a donnée de vivre avec eux, par les avantages qu'il éprouve dans l'état social. Ce n'est point l'homme qui s'est destiné lui-même à l'état de société, c'est Dieu.

Or, il est démontré, par le fait aussi bien que par les principes, qu'une société quelconque ne peut subsister sans lois ni sans autorité pour les faire observer. Donc Dieu, qui ne peut pas se contredire, en destinant l'homme à l'état social, lui a imposé l'obligation d'être soumis aux lois et à l'autorité par lesquelles est gouvernée la société dans laquelle il naîtra. De même que, par la loi naturelle, Dieu ordonne à toute société de conserver et de protéger tous les individus qui naissent dans son sein parce qu'ils sont hommes et créatures de Dieu, ainsi il ordonne à tout membre de la société d'en observer les lois et de la servir, parce qu'il serait injuste et absurde que les obligations ne fussent pas réciproques. Donc le prétendu contrat social est inutile, puisque la loi naturelle l'a prévenu, il n'aurait aucune force, si la loi naturelle ne commandait pas à l'homme de tenir sa parole, d'être équitable et juste ; il serait absurde et nul, si Dieu avait donné à l'homme naissant une liberté entière de disposer de lui-même ; l'homme ne pourrait se dépouiller de cette liberté sans contrarier sa propre nature. Donc c'est Dieu, fondateur de la société, qui a donné la sanction à l'autorité qui est nécessaire pour la gouverner ; c'est lui qui ordonne à tout membre de la société d'obéir au dépositaire de cette autorité. Par là il est déjà prouvé que *toute autorité vient de Dieu*, comme l'enseigne saint Paul, puisqu'elle est fondée sur la loi naturelle, de laquelle Dieu est l'auteur ; nous le faisons voir plus au long sous le mot Autorité ; et au mot Lois civiles, nous en concluons évidemment que la force ou l'obligation morale imposée par celle-ci est dérivée de la religion. Nous en concluons encore que le droit divin des *rois* n'est autre que le droit naturel, et nous développons cette conséquence au mot Despotisme.

A la vérité, Dieu a consacré l'autorité des *rois*, il l'a rendue inviolable par des lois positives couchées dans l'Ecriture sainte ; mais il est faux qu'il leur ait attribué une autorité illimitée, despotique, arbitraire, contraire au bien général de la société et à la liberté légitime des sujets. Nous rapportons ces lois au mot Liberté politique, nous en démontrons la sagesse, et nous faisons voir qu'elles rendent le droit des peuples aussi sacré que celui des *rois*. Dieu cependant n'a donné par ses lois la préférence à aucune espèce de gouvernement : qu'il soit républicain ou démocratique, entre les mains des grands d'une nation ou aristocratique, confié à un seul ou monarchique, son autorité est la même ; elle vient de la même source, elle est sujette aux mêmes lois, de même qu'elle est aussi exposée à peu près aux mêmes inconvénients. La convenance de l'un ou de l'autre de ces gouvernements est relative à l'étendue, au nombre, au caractère, aux mœurs d'une nation, aux circonstances dans lesquelles elle se trouve, etc., etc. Par ces réflexions nous réfutons d'une manière invincible les principes, les objections, les déclamations des incrédules; ils les ont poussées sur ce sujet jusqu'à la fureur et à la démence : si un peuple voulait les croire, il secouerait le joug, il établirait chez lui l'anarchie, état le plus funeste de tous, et qui opérerait sa ruine entière en peu de temps. Heureusement l'excès de leur délire n'a excité que du mépris.

Ils ont voulu persuader, 1° que la religion chrétienne est de toutes les religions la plus favorable au despotisme des souverains; nous avons fait voir au contraire que le christianisme a opéré la plus heureuse révolution dans tous les gouvernements qui s'y sont soumis; que le despotisme n'est établi chez aucune nation chrétienne, qu'au contraire il règne chez toutes les nations infidèles réunies en société. Sans sortir de chez nous, il est prouvé par l'histoire que nos premiers *rois*, nés et élevés dans les préjugés du paganisme, qui n'avaient encore du christianisme que la profession extérieure, ont été des tyrans et des monstres; leurs successeurs ne sont devenus doux, sages, équitables, pacifiques, qu'à mesure qu'ils ont appris à observer les préceptes de l'Evangile; *Hist. de l'Acad. des Inscript.*, tom. XVII, in-12, pag. 189. Ils ont dit, en second lieu, que c'est le clergé qui, pour son intérêt particulier, a fait entendre aux *rois* qu'ils tiennent leur autorité de Dieu et non du peuple, et qu'ils ne doivent en rendre compte qu'à Dieu. Suivant nos adversaires, il y a eu de tout temps une collusion sacrilège entre les *rois* et le clergé : celui-ci a sacrifié au despotisme des *rois* les droits essentiels des sujets, afin d'en obtenir le privilège de dominer plus absolument sur les esprits et les consciences des peuples.

A cette tirade fougueuse nous répondons, 1° que ce n'est pas le clergé chrétien qui avait dicté à Hésiode que les *rois* sont les lieutenants de Jupiter, et que c'est lui qui les a placés sur le trône. Ce n'est pas le clergé qui a instruit les empereurs de la Chine et ceux du Japon, les *rois* païens, ou mahométans des Indes et de l'intérieur de l'Afrique, les sultans de la Turquie et de la Perse, pour leur persuader qu'ils ont droit de gouverner despotiquement leurs États, de disposer à leur gré de la fortune et de la vie de leurs sujets. 2° Que l'on pourrait intenter la même accusation, avec plus de probabilité, contre le corps de la noblesse, qui a autant d'intérêt que le clergé à profiter des largesses du souverain, à en obtenir des charges et des dignités; contre le corps des militaires, toujours chargés d'exécuter les volontés les plus absolues des *rois*; contre le corps des magistrats, qui ne s'attribuent que le droit de représentation contre les ordres émanés du trône, et non le droit de résistance. 3° Que cette calomnie sera toujours absurde, quel que soit le corps contre lequel on la dirige. Il est impossible qu'un corps très-nombreux, dont les membres épars ont nécessairement des intérêts et des prétentions souvent opposés, conspire à écraser les peuples sous le joug de l'autorité suprême, sans prévoir que le contre-coup peut retomber sur chaque particulier, sur sa famille, sur ses proches, sur les générations futures. 4° Ce n'est pas lorsque le gouvernement a été entre les mains de quelque membre du clergé qu'il a été le plus mauvais, et que les peuples ont eu le plus lieu de s'en plaindre; nous pouvons nous en rapporter sur ce fait à notre propre histoire. Enfin, le clergé n'a jamais tenu aux *rois* un autre langage que celui qu'il a enseigné au peuple dans ses écrits et dans les chaires chrétiennes; c'est celui de Jésus-Christ et des apôtres, que l'on ne peut pas accuser d'avoir flatté les souverains par intérêt.

En troisième lieu, les incrédules, autant ennemis de l'autorité des souverains que de l'empire de la religion, n'ont cessé de répéter que celle-ci est une barrière trop faible pour réprimer les passions et la tyrannie des *rois*; que la crainte est le seul frein capable de leur en imposer; que des princes athées ne feraient pas plus de mal que ceux qui se disent chrétiens; que les plus religieux et les plus dévots ont été ordinairement les plus mauvais.

Nouveau trait de fanatisme antichrétien. 1° Les *rois* infidèles, débarrassés du joug de la morale évangélique, sont-ils plus sensibles aux motifs de crainte que les souverains soumis au christianisme? Sous l'empire romain il y eut dans moins d'un siècle plus de trente empereurs massacrés, cela ne servit à réprimer le despotisme d'aucun : c'est Constantin, premier empereur chrétien, qui mit le premier des bornes à l'autorité impériale. La Chine a éprouvé vingt-deux révolutions générales, sans compter les particulières, cela n'y a pas fait cesser le despotisme. Il serait difficile de compter combien il y a eu de sultans étranglés ou détrônés : si cela fait trembler leurs successeurs, cela ne les corrige pas. Où est donc l'efficacité de la crainte pour contenir les souverains? Chez les nations chrétiennes, les *rois* n'ont pas le même sort à craindre, et cependant leur gouvernement est plus modéré, plus sage, plus équitable que ceux dont nous venons de parler; donc la religion est plus puissante que la crainte pour prévenir l'abus de l'autorité souveraine. — 2° Nous savons de quels excès sont capables les princes athées, tels que Tibère, Néron, Caligula, les deux Maximins, et autres semblables monstres qui faisaient profession de ne craindre et de ne respecter aucune divinité; jamais on ne pourra citer parmi les souverains qui ont professé le christianisme d'aussi cruels tyrans. — 3° Les incrédules auront-ils l'audace d'appeler *mauvais rois* ceux que le vœu des peuples et le jugement de l'Église ont placés au rang des saints? S'il y a quelqu'un que l'on doive consulter pour savoir s'ils ont bien ou mal gouverné, ce sont sans doute les sujets qui ont vécu sous leurs lois : or, c'est au témoignage de ceux-ci que nous en appelons contre le sentiment dépravé des incrédules. Ils ne reprochent aux *rois* pieux et véritablement chrétiens que l'esprit persécuteur, c'est-à-dire la juste sévérité avec laquelle ils ont fait punir les blasphémateurs, les impies, les hérétiques turbulents et séditieux : or, nous soutenons que cette conduite, loin de mériter aucune censure, est juste, sage et louable. Nos adversaires, au lieu de déclamer avec fureur contre les gouvernements guidés par le christianisme, devraient se féliciter d'être nés sous des souverains aussi modérés, aussi patients, aussi indulgents que les nôtres : s'ils avaient vécu sous des *rois* païens ou athées, leurs déclamations fougueuses ne seraient pas demeurées impunies, ou plutôt ils n'auraient pas osé élever la voix ; la crainte leur eût imposé silence.

On leur a reproché plus d'une fois leurs contradictions touchant les droits et l'autorité des *rois*. D'un côté ils accusent le clergé d'attribuer aux *rois* un pouvoir despotique et illimité ; de l'autre, ils lui reprochent d'être toujours prêt à résister à l'autorité des princes, sous prétexte qu'il vaut mieux obéir à Dieu qu'aux hommes ; d'avoir souvent usurpé une partie de cette autorité. Pour prouver qu'il faut tolérer dans la société civile toutes sortes de mécréants, ils posent pour principe que le souverain n'a rien à voir à la croyance, à la religion, à la conscience de ses sujets ; qu'ils ne sont tenus d'en rendre compte qu'à Dieu. S'agit-il de fixer les droits et les fonctions du clergé, ils décident qu'un *roi* est maître absolu d'admettre dans ses États ou d'en exclure telle religion qu'il lui plaît, de juger de la doctrine qui doit ou ne doit pas y être enseignée, de permettre ou de défendre telle fonction ou telle pratique du culte qu'il juge à propos. Ainsi, suivant leur doctrine, le souverain a une autorité absolue et illimitée à l'égard de la vraie religion ; mais il a les mains liées, et son pouvoir est nul à l'égard des fausses. Nous leur avons encore représenté qu'en déclamant à tout propos contre le despotisme, ils travaillent à le faire éclore. Un *roi*, justement irrité de leurs libelles séditieux, a lieu d'en craindre les effets ; il doit être tenté de renforcer son autorité, d'appesantir le joug pour se faire redouter, de redoubler la sévérité de ses lois afin de prévenir les révoltes. L'insolence des écrits publiés en différents temps par les calvinistes de France, fit sentir à Louis XIV la nécessité de leur imposer par la crainte, et de révoquer la liberté qu'ils avaient obtenue de professer publiquement leur religion : or, ces écrits renfermaient précisément les mêmes principes et la même doctrine que les incrédules veulent établir aujourd'hui touchant l'autorité des *rois*. Bossuet les a réfutés dans son *cinquième Avertissement aux protestants*, n. 31, 36, 49, etc.

Barbeyrac, *Traité de la morale des Pères*, c. XVI, § 27, accuse saint Augustin d'avoir enseigné que tout droit humain vient des *rois*, *Tract*. 6 in Joan., n. 25. C'est une ca-

DICT. DE THÉOL. DOGMATIQUE. IV.

lomnie. Saint Augustin parlait non du droit que chaque particulier a sur ses biens, mais du droit de propriété que les évêques donatistes réclamaient sur des biens donnés à l'Église. Il soutient avec raison que ces évêques ne pouvaient les posséder qu'en vertu des lois des empereurs ; or, ces lois ordonnaient que les hérétiques et les schismatiques en fussent dépouillés ; elles leur défendaient de rien posséder *au nom de l'Église*, parce qu'ils s'étaient séparés de l'Église. Quelle conséquence peut-on tirer de là contre le droit de propriété de chaque particulier sur son patrimoine ? il est fâcheux que nous soyons si souvent obligés de reprocher aux écrivains protestants des impostures, des falsifications et des calomnies contre les Pères de l'Église.

Comme il n'en coûte rien aux incrédules pour changer de personnage et se contredire, après avoir voulu anéantir l'autorité des *rois*, malgré les réclamations du clergé, ils ont affecté de se déclarer les vengeurs de cette autorité contre les entreprises des papes. C'est une grande question entre les théologiens d'Italie, que nous nommons les *ultramontains*, et ceux de France, de savoir si le souverain pontife et même le corps de l'Église, ont un pouvoir soit direct, soit indirect, sur le temporel des *rois*. Les premiers prétendent que la puissance ecclésiastique a pour objet, non-seulement le bien spirituel des nations, mais encore leur intérêt temporel ; conséquemment ils attribuent au pape, qu'ils regardent comme le seul principe et l'unique source de la juridiction spirituelle, le pouvoir de disposer de tous les biens de ce monde, des royaumes même et des couronnes. Mais ils sont partagés sur la nature et l'étendue de cette autorité : les uns prétendent qu'elle est directe, les autres, en plus grand nombre, se contentent d'enseigner qu'elle est indirecte.

Dire que l'Église et le pape ont un pouvoir direct sur le temporel des *rois*, c'est soutenir qu'en vertu de la puissance dont Jésus-Christ les a revêtus, ils peuvent légitimement dépouiller les *rois* de leur dignité et de toute autorité sur leurs sujets lorsqu'ils en abusent ou qu'ils manquent à leur devoir ; les partisans de cette opinion jugent que cette sévérité est nécessaire pour la tranquillité des royaumes. Mais Bellarmin lui-même, quoique très zélé pour les droits des souverains pontifes, rejette cette doctrine et la combat avec force, *Tract. de Rom. Pontif.*, l. v, c. 1. Il se borne à prétendre que l'Église et le pape n'ont dans cette matière qu'un pouvoir indirect, c'est-à-dire que, quand le bien de l'Église et le salut des âmes paraissent l'exiger, ils peuvent par l'excommunication déclarer un *roi* déchu de sa dignité, et délier ses sujets du serment de fidélité, *ibid.* c. 6, et c'est le sentiment commun des théologiens qui ont quelque intérêt d'exagérer les droits du saint-siège.

Avant d'examiner les raisons sur lesquelles ils fondent cette opinion, il est à propos de remarquer qu'on en attribue ordinairement l'origine à Grégoire VII, qui vivait sur la fin du xi° siècle ; mais l'abbé Fleury observe que déjà, depuis environ deux cents ans, ses prédécesseurs avaient suivi les mêmes principes ; Grégoire ne fit que les pousser plus loin. « Ce pape, dit cet historien, né avec un grand courage, et élevé dans la discipline monastique la plus régulière, avait un zèle ardent de purger l'Eglise des scandales dont il la voyait infectée : mais dans un siècle si peu éclairé il n'avait pas toutes les lumières nécessaires pour régler son zèle ; et prenant quelquefois de fausses lueurs pour des vérités solides, il en tirait sans hésiter les plus dangereuses conséquences. Le plus grand mal, c'est qu'il voulait soutenir les peines spirituelles par les temporelles, qui n'étaient pas de sa compétence... Les papes avaient commencé, plus de deux cents ans auparavant, à vouloir régler par autorité les droits des couronnes ; Grégoire VII suivit ces nouvelles maximes, et les poussa encore plus loin, prétendant que, comme pape, il était en droit de déposer les souverains rebelles à l'Eglise. Il fonda cette prétention principalement sur l'excommunication. L'on doit, disait-il, éviter les excommuniés, n'avoir aucun commerce avec eux, ne pas même les saluer, suivant l'apôtre saint Jean ; donc un prince excommunié doit être abandonné de tout le monde ; il n'est plus permis de lui obéir ; il est exclu de toute société avec les chrétiens. Il est vrai que Grégoire VII n'a jamais fait aucune décision sur ce point, Dieu ne l'a pas permis. Il n'a prononcé formellement dans aucun concile ni dans aucune décrétale que le pape a droit de déposer les *rois* ; mais il l'a supposé comme une vérité constante, et il a suivi plusieurs autres maximes aussi mal fondées qu'il croyait certaines ; par exemple, que l'Eglise ayant droit de juger des choses spirituelles, elle a droit, à plus forte raison, de juger des choses temporelles ; que la royauté est l'ouvrage du démon fondé sur l'orgueil humain, au lieu que le sacerdoce est l'ouvrage de Dieu ; que le moindre chrétien vertueux est plus véritablement *roi* qu'un *roi* criminel, parce que ce prince n'est plus un *roi*, mais un tyran : maxime que Nicolas Ier avait avancée avant Grégoire VII, et qui semble avoir été tirée du livre apocryphe des *Constitutions apostoliques*, où elle se trouve expressément... C'est sur ces fondements que Grégoire VII prétendait que, suivant le bon ordre, c'était à l'Eglise de distribuer les couronnes et de juger les souverains ; qu'ainsi tous les princes chrétiens doivent prêter au chef de l'Eglise serment de fidélité, et lui payer tribut ; » 3° *Disc. sur l'Hist. Ecclés.*, n. 17 et 18, à la tête du livre 6 de cette histoire.

Bellarmin n'a pas adopté toutes ces maximes de Grégoire VII ; mais, par les raisons que lui ont opposées les théologiens les mieux instruits, on verra que les principes sur lesquels il a raisonné ne sont pas fondés. — 1° De ce que l'Eglise exerce une juridiction spirituelle sur les *rois*, en tant que chrétiens et fidèles, il ne s'ensuit pas qu'elle a aussi de l'autorité sur eux en tant qu'ils sont souverains ; ce n'est point en cette qualité qu'ils lui sont inférieurs et soumis ; ils tiennent de Dieu leur puissance, aussi bien que l'Eglise, suivant la doctrine de saint Paul (*Rom.* xiii, 1). De même qu'ils doivent obéir aux lois de l'Eglise qui concernent généralement tous les fidèles, les ministres de l'Eglise, quels que soient leur rang et leur dignité, doivent obéir aux lois civiles des souverains ; saint Paul ne les excepte point : *Omnis anima potestatibus sublimioribus subdita sit.*—2° L'objet et la fin de chacune de ces deux puissances sont différents : la première a pour objet le bien spirituel des âmes et leur salut éternel ; la seconde le bien temporel, la prospérité et le bien-être des nations et des particuliers ; de même que ces deux objets sont indépendants l'un de l'autre, chacune des deux puissances chargée d'y pourvoir est aussi indépendante dans son département. De même que le souverain ne doit point gêner l'Eglise dans l'exercice de ses pouvoirs spirituels, l'Eglise ne doit point troubler les souverains dans l'usage de leur autorité temporelle. Si elle avait droit de les en priver, elle aurait, à plus forte raison, celui de dépouiller les particuliers de leurs propriétés ; c'est ce que personne n'a jamais osé soutenir. — 3° Les pasteurs de l'Eglise ont droit d'employer les conseils, les exhortations, les prières, même les peines spirituelles, s'il est nécessaire, pour engager les princes à protéger, à soutenir, à faire respecter et pratiquer la religion ; mais leur pouvoir ne va pas plus loin ; jamais ils n'ont employé d'autres armes à l'égard des empereurs soit païens, soit hérétiques, lorsque ceux-ci ont persécuté l'Eglise. — 4° Tout le monde convient qu'il n'est pas permis de servir un prince impie ou hérétique, ni de lui obéir dans des choses contraires au droit naturel, aux lois divines ou ecclésiastiques, et c'est dans ce sens que les apôtres ont dit qu'il faut obéir à Dieu plutôt qu'aux hommes. Mais aucune de ces lois ne commande de leur résister dans les choses temporelles, qui n'ont rapport qu'à l'ordre civil. Les premiers chrétiens ont souffert le martyre plutôt que d'obéir à des souverains qui voulaient les contraindre à l'apostasie, à blasphémer contre Dieu, à honorer de fausses divinités ; mais ils ont été en même temps les sujets les plus soumis aux lois civiles de ces mêmes princes, jamais ils n'ont trempé dans aucune des conspirations formées pour leur ôter l'empire ou la vie. — 5° L'excommunication peut priver un prince, comme un simple fidèle, des biens spirituels attachés à la profession du christianisme et à la communion des saints ; mais elle ne peut les dépouiller des droits de l'autorité, de la puissance temporelle qui leur appartient en qualité de souverains, parce que ces droits ne leur sont point donnés par la religion ni par l'Eglise, mais par la loi naturelle et par la constitution des Etats qu'ils ont à gouverner. Ils pourraient être souverains légitimes sans être chrétiens, et les princes infidèles qui ont embrassé le christianisme n'ont acquis ni perdu aucun de leurs droits temporels. L'Eglise n'a jamais prétendu qu'il était permis à ses enfants d'aller détrôner les souverains infidèles. — 6° Jésus-Christ n'a donné à saint Pierre et à ses successeurs, en qualité de chefs de l'Église, que les pouvoirs nécessaires pour paître le troupeau qu'il a daigné confier à leurs soins, pour lui enseigner la vérité, le préserver de l'erreur et des vices. Quand il serait vrai qu'un droit sur le temporel des rois pourrait, en certaines circonstances, leur faciliter l'exercice de leur pouvoir spirituel et le rendre plus efficace, il ne s'ensuivrait pas que ce droit leur appartient. Jamais l'Église de Jésus-Christ n'a été mieux gouvernée que quand le pouvoir temporel de ses pontifes était le plus borné.

Pour étayer son opinion, Bellarmin a rassemblé des faits, tels que la conduite de saint Ambroise à l'égard de Théodose, le privilège accordé par saint Grégoire le Grand au monastère de Saint-Médard de Soissons ; l'exemple de Grégoire II, qui excommunia l'empereur Léon l'Iconoclaste, et défendit aux peuples d'Italie de lui payer les tributs accoutumés, la déposition de Childéric, de Wamba, roi des Goths, des empereurs Louis le Débonnaire, Henri IV, Frédéric II, Louis de Bavière. *Ibid.*, l. v, c. 8. Plusieurs de ces faits ne prouvent point la prétention de Bellarmin ; les autres sont évidemment des entreprises illégitimes des papes sur la puissance temporelle, et les effets n'en ont pas été assez heureux, pour que l'on puisse les regarder comme des modèles à suivre. Bossuet a solidement répondu à tous ces faits dans sa *Défense de la déclaration du clergé de France*, faite en 1682, ouvrage qui a été imprimé en 1728. *Voy.* DÉCLARATION DU CLERGÉ DE FRANCE DE 1682.

Aussi l'Église gallicane qui, dans tous les siècles, ne s'est pas moins distinguée par sa vénération et son attachement pour le saint-siége, que par sa fidélité envers ses souverains, s'est constamment opposée à la doctrine de Bellarmin et des ultramontains. Autant les théologiens français ont été zélés à soutenir les priviléges réels des souverains pontifes, leur primauté, leur autorité, leur juridiction spirituelle sur toute l'Eglise, autant ils ont été attentifs à combattre les droits imaginaires que l'on a voulu leur attribuer, et les arguments dont ils se sont servis nous paraissent sans réplique (1).

(1) Tous les théologiens français sont loin d'être de l'opinion de Bergier ; nous l'avons montré au mot *Déclaration du clergé français*. Nous nous contentons de rapporter ici les expressions du cardinal du Perron. « Toutes les autres parties de l'Eglise catholique, dit le cardinal du Perron, voire mesme toute l'église gallicane, depuis que les écholes de théologie y ont esté instituées jusques à la venuë de Calvin, tiennent l'affirmative, à sçavoir, que quand un prince vient à violer le serment qu'il a faict à Dieu et à ses subjets, de vivre et mourir en la religion catholique, et non-

En premier lieu, Jésus-Christ ne peut avoir donné à ses apôtres et à leurs successeurs un pouvoir qu'il ne s'est jamais attribué, et qu'il n'a pas voulu exercer lui-même ; il leur a dit : *Comme mon Père m'a envoyé, je vous envoie* (Joan. xx, 21) ; leur mission a donc eu le même objet que la sienne. Or, il a témoigné qu'il n'avait aucun pouvoir temporel sur les princes ni sur les particuliers. Interrogé par Pilate s'il est véritablement *roi des Juifs*, il répond : *Mon royaume n'est pas de ce monde ; s'il en était, mes sujets combattraient sans doute pour que je ne fusse pas livré aux Juifs ; mais mon royaume n'est point d'ici* (Joan. xx, 36). Vous êtes donc *roi*, reprend Pilate ; *oui*, continue Jésus-Christ, *vous le dites, et cela est vrai ; c'est pour cela que je suis né, et que je suis venu dans le monde, afin de rendre témoignage à la vérité. Quiconque tient à la vérité écoute ma voix*. Il ne pouvait expliquer plus clairement en quoi consistait sa royauté. Pendant sa vie mortelle, pour prouver que l'on doit payer le tribut, il en donne lui-même l'exemple ; il dit aux Juifs qu'il faut rendre à César ce qui est à César, et à Dieu ce qui est à Dieu. Un homme le prie d'être arbitre

seulement se rend arien ou mahométan, mais passe jusques à déclarer la guerre à Jésus-Christ, c'est-à-dire, jusqu'à forcer ses subjets en leurs consciences, et les contraindre d'embrasser l'arianisme ou le mahométisme, ou autre semblable infidélité, ce prince-là peut estre déclaré décheu de ses droicts, comme coupable de félonnie envers celuy à qui il a faict le serment de son royaume, c'est-à-dire envers Jésus-Christ, et ses subjets estre absous en conscience et au tribunal spirituel et ecclésiastique, du serment de fidélité qu'ils lui ont presté. Et que ce cas-là arrivant, c'est à l'authorité de l'Eglise, résidente ou en son chef qui est le pape, ou en son corps qui est le concile, de faire ceste déclaration. Et non-seulement toutes les autres parties de l'Eglise catholique, mais mesme tous les docteurs de théologie y ont esté instituées, ont tenu l'affirmative, à sçavoir qu'en cas de princes hérétiques ou infidèles, et persécutans le christianisme ou la religion catholique, les subjets pouvoient estre absous du serment de fidélité. Au moyen de quoy, quand la doctrine contraire seroit la plus vraye du monde, ce que toutes les autres parties de l'Eglise vous disputent, vous ne la pourriez tenir au plus que pour problématique en matière de foy. J'appelle doctrine problématique en matière de foy, toute doctrine qui n'est point nécessaire de nécessité de foy, et de laquelle la contradictoire n'oblige point ceux qui la croyent à anathème et à perte de communion. Autrement il faudroit que vous recognussiez que la communion que vous exercez avec les autres parties de l'Eglise imbuës de la doctrine opposite, voire que celle que vous conservez avec la mémoire de vos propres prédécesseurs, fust illicite et polluë d'hérésie et d'anathème. Et de faict, ceux qui ont entrepris de défendre la doctrine du serment d'Angleterre, qui est le patron de la vostre, ne la défendent que comme problématique. *Nostre intention*, disent-ils, *n'est pas d'asseurer que l'autre doctrine soit répugnante à la foy, ou au salut, puis qu'elle a esté propugnée par tant et de si grands théologiens, lesquels, jà Dieu ne plaise, que nous prétendions condamner d'un si grand crime.* » Harangue du cardinal du Perron, sur l'article du Serment, prononcée devant le tiers des Etats-généraux de 1614.

entre son frère et lui touchant le partage d'une succession; il répond : *O homme, qui m'a établi pour vous juger et pour faire vos partages* (*Luc.*, xii, 14). Toute la puissance qu'il a donnée à ses apôtres est d'annoncer l'Evangile, d'opérer des miracles, de baptiser, de remettre les péchés, d'administrer les sacrements, de punir par l'excommunication les pécheurs scandaleux et rebelles ; il n'en ont point exercé d'autre. Il leur déclare que leur ministère n'a rien de commun avec l'autorité que les princes de la terre, exercent sur leurs sujets : *Les rois des nations*, dit-il, *dominent sur elles ; il n'en sera pas de même entre vous* (*Luc.* xxii, 25).

En second lieu, l'Eglise ne peut détruire ni changer ce qui est de droit divin ; or, c'est Dieu lui-même qui a donné aux souverains l'autorité sur les peuples, et qui commande à ceux-ci l'obéissance. Nous avons déjà cité les paroles de saint Paul : « Que toute personne soit soumise aux puissances souveraines; car il n'y a point de puissance qui ne vienne de Dieu, et celles qui existent sont ordonnées de Dieu ; ainsi quiconque résiste à la puissance, résiste à l'ordre de Dieu (*Rom.* xiii, 1). Soyez soumis, dit saint Pierre, à toute créature humaine à cause de Dieu, au roi comme au plus élevé en dignité, aux chefs comme envoyés par ses ordres, et dépositaires de son autorité (*Epist.* 1, ii, 13).» C'était de Néron et des empereurs païens que les apôtres parlaient de la sorte. Si la révolte eût jamais pu être permise, c'aurait été sans doute contre les persécuteurs de la religion ; mais les premiers chrétiens ne surent jamais qu'obéir et mourir.

En troisième lieu, la tradition n'est pas moins formelle sur ce point que l'Ecriture sainte ; c'est la doctrine constante des Pères de l'Eglise. Ils enseignent, 1° que la puissance séculière vient de Dieu et dépend de lui seul. « Un chrétien, dit Tertullien, n'est ennemi de personne, à plus forte raison ne l'est-il pas de l'empereur ; convaincu que celui-ci est établi de Dieu, il se croit obligé de l'aimer, de le respecter, de l'honorer, de désirer sa conservation. Nous honorons donc l'empereur autant que cela nous est permis et qu'il convient, comme le premier personnage après Dieu, qui a tout reçu de Dieu, et qui n'a que Dieu au-dessus de lui. *Ad Scapul.*, c. 2. Nous invoquons pour la conservation des empereurs le vrai Dieu, le Dieu vivant et éternel, dont les empereurs eux-mêmes doivent préférer la protection à celle de tous les autres dieux. Ils doivent savoir qu'il leur a donné l'empire, et même la vie, puisqu'ils sont hommes. Ils doivent comprendre qu'il est le seul Dieu sous la puissance duquel ils sont, qu'il est plus grand qu'eux, après lequel ils sont les premiers, et supérieurs à tous les dieux qui ne sont que des morts. » *Apolog.*, c. 30, etc. Optat de Milève le répète en deux mots : « Au-dessus de l'empereur il n'y a que Dieu qui l'a fait empereur, » *contra Parmenian.*, l. iii. Saint Augustin, l. v, *de Civit. Dei*, c. 26 : « N'attribuons qu'au Dieu vivant le pouvoir de donner la royauté et l'empire. »
— 2° Que l'on doit obéir aux princes, lors même qu'ils abusent visiblement de leur puissance, et qu'il n'est jamais permis de prendre les armes contre eux. Saint Augustin le décide ainsi en parlant de la persécution des empereurs païens. « Dans cette circonstance même, dit-il, la société chrétienne n'a point combattu pour sa conservation contre des persécuteurs impies. On enchaînait, on maltraitait, on tourmentait, on brûlait les chrétiens..... loin de combattre pour leur vie, ils l'ont méprisée pour l'amour du Sauveur. » *De Civit. Dei*, l. ii, c. 4. « Julien fut un empereur infidèle... Les soldats chrétiens l'ont servi, malgré son infidélité. Mais lorsqu'il s'agissait de la cause de Jésus-Christ, ils n'ont reconnu pour maître que celui qui est dans le ciel. Lorsque Julien voulait qu'ils adorassent des idoles, et qu'ils leur offrissent de l'encens, ils n'obéissaient qu'à Dieu ; lorsqu'il leur disait, rangez-vous en bataille, marchez à l'ennemi, ils marchaient. Ils savaient distinguer le maître éternel d'avec le souverain temporel, et ils étaient soumis à celui-ci pour obéir au premier. ». *In Psal.* cxxiv, n. 7. Saint Jérôme, saint Ambroise, saint Athanase, saint Grégoire de Nazianze, et plusieurs autres Pères de l'Eglise tiennent le même langage.
— 3° Que comme les princes ont reçu de Dieu le glaive matériel pour punir et réprimer les méchants, l'Eglise n'a reçu qu'un glaive spirituel pour gouverner les âmes. « Jésus-Christ, dit Origène, veut des disciples pacifiques ; il leur ordonne de quitter l'épée guerrière pour ne prendre que le glaive de paix, que l'Ecriture appelle *le glaive spirituel.* » *Comment. in Matth., Series*, n. 102; *Op.* t. III, p. 907. Saint Jean Chrysostome, comparant le sacerdoce à la royauté, dit : « Le roi est chargé des choses de ce monde, et le prêtre des choses du ciel.... Le premier a soin des corps, le second des âmes ; l'un peut remettre les tributs, l'autre les péchés; l'un peut contraindre, l'autre exhorte et conseille; l'un a des armes sensibles, l'autre des armes spirituelles. » *Homil.* 4. *in Osiam*, n. 4 et 5, *Op.* t. VI, p. 127. Lactance ne veut point que l'on ait recours à la violence, lors même que la religion est en péril. « Il faut la défendre, dit-il, non en donnant la mort, mais en la recevant ; non par la cruauté, mais par la patience ; non par le crime, mais par la foi... Si on la soutient par le sang, par les tourments, par le crime, on ne la défend point, on la viole et on la déshonore. » *Divin Instit.*, l. v, c. 20.

En quatrième lieu, les souverains pontifes eux-mêmes ont reconnu plus d'une fois ces vérités. « Il y a, dit le pape Gélase I", écrivant à l'empereur Anastase, deux puissances qui gouvernent le monde : l'autorité des pontifes et la puissance royale... Quoique vous commandiez au genre humain dans les choses temporelles, vous devez cependant être soumis aux ministres de Dieu dans tout ce qui concerne la religion. Puisque les évêques se soumettent aux lois que vous faites touchant le temporel, parce qu'ils reconnaissent que vous avez reçu de Dieu le gouvernement de l'empire, avec quelle affection ne devez-vous pas obéir à ceux qui sont préposés à l'administration des saints mystères?» Innocent III, cap. *Venerabilem*, dit expressément que le roi de France ne reconnaît point de supérieur pour le temporel. Clément V déclare que la bulle *Unam Sanctam* de Boniface VIII ne donne à l'Eglise romaine aucun nouveau droit sur le roi, ni sur le royaume de France. On ne peut accuser ces pontifes d'avoir méconnu ou trahi les droits de leur dignité. Il y a plusieurs autres passages des Pères de l'Eglise et des papes. *Libertés de l'Egl. Gallic.*, t. IV, p. 348 et suiv.

En cinquième lieu, le sentiment des ultramontains entraîne les conséquences les plus funestes. En suivant leurs principes, dit l'abbé Fleury, « un *roi* déposé par le pape n'est plus un *roi*, c'est un tyran, un ennemi public, à qui tout homme doit courir sus. Qu'il se trouve un fanatique qui, ayant lu dans Plutarque la vie de Timoléon ou de Brutus, se persuade que rien n'est plus glorieux que de délivrer sa patrie, ou qui, prenant de travers les exemples de l'Ecriture, se croie suscité comme Aod, ou comme Judith, pour affranchir le peuple de Dieu, voilà la vie de ce prétendu tyran exposée au caprice de ce visionnaire, qui croira faire une action héroïque et gagner la couronne du martyre. Il n'y en a eu par malheur que trop d'exemples dans l'histoire des derniers siècles. » *Troisième Discours sur l'Hist. Ecclés.*, n. 18.

C'est donc avec raison que les plus fameuses écoles de théologie, celle de Paris, celles d'Allemagne, d'Angleterre et d'Espagne, ont proscrit comme dangereuse la doctrine que nous réfutons. Elle n'est pas même universellement suivie en Italie. M. Lupoli, savant jurisconsulte de Naples, dans ses leçons de droit canonique, imprimées en 1777, soutient que la puissance ecclésiastique est purement spirituelle, et n'a pour objet que les choses qui concernent le salut, t. I, c. v, § 9. De tout temps l'Eglise gallicane a été dans ce sentiment; la déclaration du clergé de 1682 n'a fait que développer et confirmer cette ancienne croyance. Enfin l'opinion des ultramontains n'a pris naissance que dans des siècles dans lesquels les révolutions funestes arrivées en Europe avaient fait perdre de vue les principes et les maximes enseignés dans les premiers temps par les papes et par l'Eglise. Les princes chrétiens, encore à demi barbares, voulaient asservir le clergé et exercer un despotisme absolu dans toutes les affaires ecclésiastiques; ils disposaient des évêchés, ils les vendaient au plus offrant; ils y plaçaient des sujets ineptes et indignes. Les empereurs d'Allemagne prétendaient disposer de même du saint-siège. Au milieu de cette confusion, ou plutôt de ce brigandage, il n'est pas étonnant que les papes aient travaillé à étendre leur autorité, afin de pouvoir remédier au désordre qui régnait dans l'Eglise, et que plusieurs aient poussé trop loin leurs prétentions. C'est une injustice de leur prêter des motifs criminels, lorsque d'ailleurs leurs mœurs étaient pures.

On ne peut pas excuser la violence avec laquelle les protestants se sont emportés contre Grégoire VII; ils lui ont prodigué des épithètes injurieuses, ils n'ont vu en lui qu'une ambition déréglée de parvenir à la monarchie universelle; ils ont attribué à ce motif tous les efforts qu'il fit pour réformer les désordres du clergé. Ils suivent une conduite contraire lorsqu'on leur objecte les emportements, les fureurs, les séditions auxquelles se sont livrés les prétendus réformateurs; ils excusent tout dans ceux-ci, parce que c'était, disent-ils, le zèle pour la vérité et le bon ordre qui les faisait agir. Mais lorsque des papes ont suivi les mouvements d'un zèle mal réglé, ils leur prêtent des passions et des motifs odieux. Inutilement nous les rappelons aux principes de l'équité naturelle, l'intérêt de système les rend sourds et aveugles.

ROIS (livres des). Il y a quatre livres de l'Ancien Testament qui portent ce nom, parce qu'ils comprennent les actions de plusieurs *rois* des juifs, et les détails de leur règne. Dans le texte hébreu, ces quatre livres n'en faisaient autrefois que deux, dont le premier portait le nom de *Samuel*, le second celui des *Rois* ou des *Règnes* : ce sont les Septante qui ont donné à tous les quatre le titre de *livres des Règnes*; ils ont été suivis par l'auteur de la Vulgate; mais les protestants ont affecté d'appeler les deux premiers, comme les Juifs, les *livres de Samuel*, et les deux derniers les *livres des Rois*.

On ne peut cependant pas attribuer à Samuel les deux premiers en entier, puisque sa mort est rapportée dans le vingt-cinquième chapitre du premier livre. Il ne peut donc avoir écrit que les vingt-quatre premiers chapitres ; on croit assez communément que la suite, jusqu'à la fin du second, est l'ouvrage des prophètes Gad et Nathan, parce qu'on lit, *I Paral.* c. XXIX, v. 29 : « Quant aux premières et aux dernières actions du roi David, elles sont écrites au livre de Samuel le Voyant, et aux livres de Nathan le prophète, et de Gad le Voyant. » Or, les dernières actions de David et sa mort sont rapportées dans le premier et le second chapitre du troisième livre des *Rois*. De même il est dit, *II Paral.* c. IX, v. 29, que les actions de Salomon ont été écrites par Nathan, par Abias le Silonite, et dans la prophétie d'Addo; c. XII, v. 15, celles de Roboam par Séméïas le prophète et par Addo; c. XIII, v. 22, que ce dernier a fait l'histoire du roi Abias; c. XX, v. 34, Jéhu celle de Josaphat ; c. XXVI, v. 22, Isaïe celle d'Ozias ; c. XXXII, v. 32, et celle d'Ezéchias; qu'il y avait un livre des *Rois* de Juda et d'Israël, où se trouvaient les actions de Josias, c. XXXV, v. 27.

Il est donc certain que, sous les *rois* des Juifs, il y avait des annales écrites par des auteurs contemporains, et sur lesquelles ont été faits les quatre livres des *Rois*; qu'ils aient été rédigés par un seul auteur ou par plusieurs successivement, pendant la captivité de Babylone ou peu auparavant, peu importe; certains critiques les ont attribués à Jérémie, d'autres à Ezéchiel, d'autres à Esdras, mais aucune de ces conjectures n'est prouvée. Il nous suffit de savoir que les quatre livres des *Rois* ont toujours été regardés comme authentiques par les juifs, et qu'ils sont cités comme Écriture sainte dans le Nouveau Testament. On ne peut pas nier que ces livres ne renferment des difficultés de chronologie, des faits transposés et qui ne sont pas placés suivant l'ordre des temps, des usages et des coutumes fort éloignées de nos mœurs. Les incrédules ont eu soin de les recueillir, de les commenter, d'altérer souvent le texte, d'en pervertir le sens, afin de persuader que toute l'histoire juive n'est qu'un roman. Il faudrait un volume entier pour répondre à toutes leurs objections en particulier; la plupart sont frivoles ou absurdes, et l'auteur qui a réfuté *la Bible expliquée* par un philosophe incrédule y a solidement satisfait.

ROMAINS (Épître de saint Paul aux). Il passe pour constant que l'Apôtre a écrit cette lettre de Corinthe, où il était l'an cinquante-huit de notre ère, la vingt-quatrième année de son apostolat, deux ans avant son arrivée à Rome. Le dessein général de saint Paul dans cette Épître est de prouver que la grâce de la foi en Jésus-Christ n'a pas été accordée aux juifs convertis à cause de leur fidélité à la loi de Moïse, ni aux gentils devenus chrétiens en considération de leur obéissance à la loi naturelle, mais que cette grâce a été donnée aux uns et aux autres très-gratuitement, par une pure miséricorde de Dieu, sans aucun mérite précédent de leur part. Pour le démontrer, l'Apôtre, dans le premier chapitre, expose les crimes dont les païens en général étaient coupables, et surtout les philosophes, qui passaient pour les plus sages. Dans le second il reproche aux juifs leurs transgressions. Il conclut, dans le troisième, que les uns et les autres ayant été criminels, leur justification est absolument gratuite, l'ouvrage de la grâce et non de la nature ni de la loi, et qu'elle ne doit être attribuée qu'à la foi qui est un don de Dieu; c. IV, il prouve cette vérité par l'exemple de la justification d'Abraham; c. V, il nous montre l'excellence de cette grâce; c. VI, il exhorte ceux qui l'ont reçue à la conserver et à l'augmenter; c. VII, il enseigne qu'après la justification, la concupiscence subsiste encore, qu'elle est irritée plutôt que domptée par la loi, mais qu'elle est vaincue par la grâce; c. VIII, il fait l'énumération des fruits de la foi; il déclare, c. IX, X et XI, que la justification a été accordée aux gentils préférablement aux juifs, parce que les premiers ont cru en Jésus-Christ, que les seconds n'ont pas voulu y croire; que comme la grâce de la foi n'était due ni aux uns, ni aux autres, il ne s'ensuit rien de là contre les promesses que Dieu avait faites à la postérité d'Abraham, ni contre la justice divine. Les chapitres suivants, jusqu'au seizième, renferment des leçons de morale. Ainsi saint Paul, dans toute sa lettre, ne s'écarte point de son objet, qui est de prouver que la justification vient de la foi et non de la loi ni de la nature; que la foi elle-même est une grâce, un don de Dieu purement gratuit. Dans la multitude des commentateurs modernes qui ont expliqué l'*Épître aux Romains*; le P. Picquigni, capucin, est celui qui nous paraît avoir le mieux saisi le dessein de l'Apôtre; il a fait grand usage du commentaire de Tolet sur cette même Épître, et celui-ci avait suivi saint Jean Chrysostome.

Ceux qui ont voulu fonder sur la doctrine de saint Paul un système de prédestination gratuite des élus à la gloire éternelle, nous paraissent avoir méconnu le dessein de l'Apôtre, et forcé le sens de toutes les expressions: ils prétendent y voir ce que les anciens Pères de l'Église n'y ont jamais aperçu. Origène et saint Jean Chrysostome, qui ont expliqué l'*Épître aux Romains* d'un bout à l'autre, n'y ont pas trouvé ce système. Cependant les *homélies* de saint Jean Chrysostome sur cette Épître sont un de ses ouvrages les plus travaillés, comme l'ont observé ses éditeurs. En expliquant dans sa seizième *homélie* le chapitre IX, sur lequel les prédestinateurs insistent le plus, il l'entend tout autrement qu'eux. Il enseigne, comme l'Église l'a décidé depuis contre les pélagiens, que la prédestination à la grâce et à la foi, est purement gratuite, parce que cette grâce n'est la récompense d'aucun mérite. Mais il dit aussi positivement que la prédestination des justes au bonheur éternel, et des méchants au supplice éternel, est une suite de la prescience de Dieu, qui a prévu de toute éternité l'obéissance des uns et la résistance des autres. Origène l'avait entendu de même, *Commentar. in Epist. ad Rom.*, l. VII, n. 14 et suiv. Il est à présumer que ces deux Pères grecs, très-accoutumés au langage de saint Paul, et familiarisés avec tous ses écrits, ont été pour le moins aussi capables d'en prendre le vrai sens que les interprètes latins postérieurs. Or, suivant leur sentiment, lorsque saint Paul, *Rom.*, c. IX, v. 13, observe qu'avant même la naissance de Jacob et d'Ésaü, Dieu avait dit: *L'aîné sera le serviteur du cadet; j'ai aimé Jacob et j'ai haï Ésaü*; l'Apôtre n'a pas voulu nous faire entendre que Dieu, sans égard au mérite des hommes, et avant toute prescience de ce qu'ils feront, prédestine les uns à être les objets de son amour, et les autres les objets de sa haine; qu'au contraire, cette différence vient de ce que Dieu avait prévu d'avance ce qu'ils feraient dans la suite. De même lorsque Dieu dit: *Je ferai miséricorde à qui je voudrai*, et que saint Paul en conclut: *Donc cela ne dépend point de celui qui le veut et qui y court, mais de Dieu qui a pitié*, v. 15 et 16; *faire miséricorde* n'est point élire quelqu'un à la vie éternelle, mais lui accorder le don de la foi et de la justification. Cela est prouvé par l'autre conclusion de saint Paul: *Donc Dieu fait miséricorde à qui il lui plait, et endurcit*, ou plutôt *laisse endurcir qui il veut*, v. 18; ici le contraire de *faire miséricorde* n'est pas destiner à la damnation, mais laisser dans l'endurcissement. C'est le sens suivi par saint Augustin, l. de *Prædest. Sanct.*, c. III, n. 7; c. VI, n. 11.

Conséquemment Origène et saint Jean Chrysostome ont très-bien vu que *les vases d'honneur, les vases de miséricorde, que Dieu a préparés pour sa gloire*, v. 21, 22 et 23, ne sont point les prédestinés à la gloire éternelle, mais les prédestinés à la foi, qui glorifieront Dieu par leurs vertus, et que *les vases d'ignominie, les vases de colère*, ne désignent point les réprouvés, mais les incrédules, qui provoqueront la colère de Dieu, mais *que Dieu supportera néanmoins avec patience*, ibid. La preuve est encore la dernière conclusion que tire saint Paul, v. 30 et 31, de tout ce qui a précédé : « Que dirons-nous donc? Que les gentils, qui ne couraient pas après la justice, l'ont cependant acquise par la foi, au lieu qu'Israël, en suivant la loi de la justice, n'y est pas parvenu, parce qu'il s'est heurté contre la pierre de scandale. » Voilà l'explication des *vases d'honneur* et des *vases d'ignominie;* ainsi l'entend saint Augustin. *Épist.* 186, *ad Paulin.*, c. IV, n. 12; l. de *Præd. Sanct.*, c. VIII, n. 13, etc. On lit, il est vrai, c. VIII, v. 30: « Ceux que Dieu a prédestinés, il les a appelés; ceux qu'il a appelés, il les a justifiés, et ceux qu'il a justifiés, il les a *glorifiés*. » Mais cette glorification ne doit pas s'entendre de la gloire éternelle, autrement l'Apôtre aurait dit, *il les glorifiera.* Dieu a *glorifié* sans doute ceux qu'il a justifiés, puisque, dans le style de saint Paul, on a fait des vases d'honneur pour sa gloire; ainsi l'ont entendu Origène, *ibid.*, l. VII, n. 8, et saint Jean Chrysostome, *Homil.* 15, n. 2.

On nous objectera peut-être que saint Augustin, dans ses livres de *la Prédestination des Saints* et du *Don de la Persévérance*, dans sa lettre 186 à saint Paulin, etc., a entendu saint Paul dans le sens que nous ne voulons pas admettre; nous ne le croyons pas. 1° Il n'est pas probable que saint Augustin qui, pour prouver le péché originel, a cité souvent *les homélies* de saint Jean Chrysostome sur l'*Epître aux Romains*, ait embrassé un sentiment différent de celui de ce Père sur la prédestination. 2° Il l'est encore moins que saint Augustin ait méconnu le dessein de saint Paul, et se soit obstiné à donner à ses expressions un sens qui est absolument étranger. 3° Dans cette fausse hypothèse, les arguments de saint Augustin n'auraient aucun rapport à la question qui était agitée entre lui et les pélagiens, il s'agissait uniquement de leur prouver, comme dans saint Paul, que la grâce est accordée gratuitement; par conséquent que la prédestination à la grâce est aussi purement gratuite; jamais il n'a été question de savoir s'il en était de même de la prédestination au bonheur éternel. 4° En lisant attentivement, sans préjugé, les divers écrits de saint Augustin, on voit qu'il a pensé dans le fond comme saint Jean Chrysostome, mais qu'il s'est exprimé avec moins de précision. On peut s'en convaincre par les endroits que nous venons de citer. *Voy.* PRÉDESTINATION.

ROMAN, histoire fabuleuse, dont le sujet le plus ordinaire est le tableau de l'amour profane. On a quelquefois taxé de rigorisme les casuistes qui interdisaient absolument la lecture des *romans;* mais ils ne sont que trop bien fondés dans le jugement qu'ils en portent. Le moindre mal que ces écrits produisent est de dégoûter les jeunes gens de toute lecture sérieuse, de leur donner un esprit faux, de leur peindre les hommes et les passions tout autres qu'ils ne sont en effet. Comme le fond de toutes ces narrations frivoles est toujours la passion de l'amour, plus les peintures en sont vives, plus elles sont capables d'égarer l'imagination des jeunes gens de l'un et de l'autre sexe dont le sang n'est déjà que trop allumé. Bientôt il leur tarde de réaliser en eux-mêmes le fantôme de bonheur dont ils ont l'esprit préoccupé. Lorsqu'ils ne le trouvent point dans l'état de mariage, ils le cherchent dans des amours illégitimes et dans un libertinage consommé. On ne peut donc pas douter que ces sortes de lectures ne contribuent beaucoup à la dépravation des mœurs. Quelques tirades de morale guindée que l'on mêle dans les aventures romanesques ne sont pas capables de réparer le mal que ces livres produisent.

Sainte Thérèse, instruite par l'expérience qu'elle en avait faite dans sa jeunesse, exhortait les pères et mères à préserver soigneusement les enfants de la lecture des *romans*, et leur en représentait les funestes conséquences. Mais nous n'avons pas besoin d'exemples étrangers, lorsque nos mœurs publiques nous attestent les ravages de ce poison. Le goût effréné pour les *romans* est porté parmi nous à un tel excès, que l'on a vu des personnes qui ne pouvaient plus supporter d'autre lecture; et de prétendus beaux esprits ont voulu persuader que c'est là le seul moyen efficace de donner des leçons de morale à la jeunesse; c'est plutôt le vrai moyen de la dégoûter de toute morale sensée et solide.

* ROMANTISME RELIGIEUX ou RELIGIOSITÉ. Il y a des âges où l'incrédulité est de mode; il y en a d'autres où la religion paraît en faveur. Il ne faut pas toujours juger de la religion par les paroles; il faut examiner le fond des croyances et les pratiques. Le démon n'est guère moins intéressé à voir certaine forme religieuse dominer qu'à voir l'incrédulité en vigueur. Il y a en effet des hommes qui ont sans cesse le mot de religion à la bouche, qui prennent l'Évangile pour leur livre de prédilection, qui ne jurent que par le Christ, qui se présentent comme les défenseurs du christianisme. Ils prétendent le soutenir beaucoup mieux que ses ministres; les traitent d'inintelligents, les accusent de compromettre la foi par leur zèle exagéré; et cependant ces zélateurs ne sont pas de véritables chrétiens. Mettons de côté la pratique pour ne nous occuper que de la croyance : jugeons leur foi. Ils ne croient pas tout ce que l'Eglise croit et enseigne, et même parmi les vérités catholiques qu'ils admettent, ils ne les admettent pas comme l'Eglise.

Lisez la *Démocratie pacifique*, il n'y a pas une page où il ne soit parlé avec un profond respect du Christ et de l'Evangile; interrogez-la sur le mystère de la présence réelle, sur l'existence de l'enfer, elle sourira de pitié à votre question. Pour cet autre, le christianisme n'est que la fraternité, l'égalité, la liberté; tous les passages de l'Ecriture, qui lui rappellent ces maximes sont admirables; ne lui parlez pas d'autre chose; à ses yeux il n'y a que cela dans l'Evangile. On me dira peut-être que je ne cite que ceux qui ne sont pas chrétiens en réalité, qu'il y a des romantiques religieux qui admettent tous les dogmes, voire même que la religion est la démocratie; oui, mais ces hommes admettent-ils nos dogmes, comme nous les croyons? L'édition Lefort présente sur ce sujet quelques considérations tirées de l'*Arsenal du catholique* qui nous paraissent profondément senties.

« Montrons, dit elle avec M. l'abbé Regnault, *Arsenal du catholique*, comment l'homme à religiosité comprend les trois vertus théologales.

« I. Le respect et l'admiration qu'il professe pour l'Evangile ne supposent pas une foi véritable en Jésus-Christ. — 1° On pourrait professer les mêmes sentiments, sans voir dans la religion plus qu'un système philosophique, une œuvre tout humaine. Avoir la foi, c'est autre chose qu'admirer le moyen âge et les monuments gothiques; autre chose que reconnaître l'influence vivifiante du catholicisme sur la société et sur les arts; autre chose qu'entrevoir combien il est approprié aux besoins de l'homme, comme il élève l'intelligence et même le génie, comme il touche les fibres les plus délicates du cœur et inspire la vertu; autre chose que s'extasier sur l'inimitable poésie et la simplicité sublime de la Bible; autre chose enfin que deviner de magnifiques rapports de convenance et d'harmonie dans les dogmes catholiques. — 2° La foi perfectionne l'entendement, parce qu'elle détermine et précise tout ce qu'il faut croire, parce qu'elle y fait donner un assentiment ferme et sans crainte d'erreur, parce qu'elle appuie cet assentiment sur le motif infaillible de la véracité et de l'autorité divine. La religiosité, au contraire, n'a que des opinions vagues et incohérentes, simples aperçus métaphysiques qui ne forment point un corps de doctrine complet où tout soit coordonné. Ses croyances, brillantes rêveries de l'imagination, sont variables et sans la moindre consistance; elles s'affaiblissent avec l'exaltation du moment, ou se modifient suivant des impressions nouvelles. Enfin, elles reposent, non sur l'autorité divine, mais sur des conceptions humaines ou sur l'engouement de la mode. — 3° La foi captive la raison et la fait plier sous l'autorité de la parole de Dieu; par elle, l'esprit adore la vérité infaillible et souveraine. La religiosité laisse errer l'esprit au hasard, sans règle et sans frein: c'est un simple amusement intellectuel, une véritable parodie de la foi.

« II. L'homme à religiosité ne comprend pas mieux l'espérance chrétienne. 1° Le vrai chrétien aspire à la possession de Dieu; c'est le but de sa vie. La grâce est sa ressource, et il l'attend de la bonté divine, avec une confiance sans bornes, à cause des mérites de Jésus-Christ. Il va puiser la force et la vertu dans la prière et les sacrements, usant, en un mot, de tous les moyens de sanctification que l'amour de Dieu lui a ménagés. L'homme à religiosité envisage la religion, moins par rapport au ciel, que par rapport à la terre; il ne voit guère en elle que la plus puissante et la plus magnifique des institutions sociales, le flambeau de la civilisation, le génie des arts, l'âme et la vie de tout ce qui est grand. Vivant dans l'oubli de ses sublimes destinées, il ne sent pas le besoin de la grâce, parce qu'il n'aime point à méditer sur la faiblesse et la corruption de son cœur; il ne pense pas à la valeur infinie du sang d'un Dieu, à la nécessité et à l'efficacité de la rédemption; il a la présomption d'un homme content de lui-même, mais non la confiance d'un enfant qui se jette avec amour et repentir entre les bras de son père, toujours assuré d'y trouver son pardon. Il exalte avec emphase la sublimité du *Pater*, du *Credo*, et il n'en est pas plus exact à prier Dieu, à lui exposer sa misère, à lui offrir ses adorations et ses hommages journaliers; il néglige, ou plutôt il abandonne tout à fait les sacrements, ne sanctifie ni les dimanches ni les fêtes, se met au-dessus des lois du jeûne et de l'abstinence; et, s'il assiste à la prédication de la parole divine, c'est plutôt par mode ou pour juger du talent de l'orateur, que pour en recevoir humblement et docilement les instructions. — 2° L'espérance chrétienne nous fait allier la conscience intime de notre misère avec une ferme confiance en la bonté divine et en la rédemption de Jésus-Christ: nous tremblons, parce que le salut dépend encore de notre coopération; mais nous espérons, parce que nous attendons de Dieu et de la grâce, et la fidélité, et la récompense. Ainsi cette vertu attache tous nos désirs sur Dieu, comme principe de toute vraie félicité; par elle, l'âme adore le souverain Bien, en exaltant sa miséricorde inépuisable et toutes les richesses de sa grâce.

« D'après ce que nous avons dit de la manière dont l'homme à religiosité envisage la religion, on ne peut s'étonner que ce romantisme ne l'empêche pas de perdre constamment de vue le but de son existence, le bonheur infini auquel il peut et doit aspirer; on ne peut s'étonner que l'homme à religiosité méconnaisse la vertu toute-puissante de la croix, qu'il ne comprenne point cette parole du Sauveur: *Sans moi, vous ne pouvez rien* (Joan. xv, 5); on ne peut s'étonner qu'il ne puise dans sa phraséologie et sa sentimentalité religieuse ni consolation pour l'adversité, ni force contre les tentations, ni remèdes contre les chutes, ni motif efficace pour pratiquer la vertu.

« III. La religiosité, au lieu de s'élever jusqu'au véritable amour de Dieu, en demeure infiniment éloignée. La charité envers Dieu est à la fois 1° un amour de complaisance, par lequel nous mettons toute notre joie et notre bonheur dans ses infinies perfections; 2° un amour de bienveillance, qui nous inspire un zèle ardent de procurer sa gloire, et nous pénètre de douleur quand nous le voyons offenser; 3° un amour effectif, qui, unissant notre volonté à la sienne, nous rend dociles à ses commandements, à ses conseils, à toutes les inspirations de sa grâce. La charité est la règle à laquelle nous sommes nécessairement obligés de subordonner toutes nos autres affections; elle nous dévoue tout entiers à la gloire du Très-Haut, en lui consacrant notre âme et ses facultés, notre corps et ses sens; elle nous fait incessamment tendre vers lui, comme à notre fin dernière; elle place en lui seul notre béatitude; en un mot, par elle, la volonté adore la perfection ineffable, l'amabilité souveraine, l'excellence incréée de l'Etre infini.

« A la différence de la charité, 1 la religiosité réserve ses louanges pour certaine perfection de Dieu, la bonté et la miséricorde, par exemple; jamais elle ne met ses complaisances ni dans la sainteté qui hait nécessairement le péché, ni dans la justice qui ne peut le laisser impuni; elle conteste ceux des divins attributs qui contrarient ou ses idées étroites ou ses passions. 2° L'homme à religiosité ne s'occupe de la gloire de Dieu qu'en paroles et d'une manière toute superficielle, il oublie que, sans le bon exemple, les efforts du zèle demeurent infructueux, et font dire tout bas: Médecin, guérissez-vous vous-même (*Luc.* IV, 23). 3° La religiosité se contente d'une illusion de sentimentalité, et ne se met pas en peine de douner à Dieu la seule preuve d'amour qui ne trompe point, celle des œuvres ; ou plutôt, elle veut servir deux maîtres, allier deux choses incompatibles, l'amour de Dieu et la volonté de ne pas se gêner pour obéir à ses lois. L'amour qu'a pour Dieu l'homme à religiosité est un hors-d'œuvre qui n'exerce point d'influence sur son cœur, qui ne rapporte à la gloire divine ni les actes de la volonté ni ceux des autres puissances de l'âme ; qui laisse sans règle toutes ses affections, et même toutes ses passions ; qui n'élève point ses pensées, n'anime point ses vertus, ne sanctifie point ses intentions, ne lui inspire aucun sacrifice, ne donne aucun prix à ses actions. Ce qui perfectionne la volonté, ce n'est donc pas la religiosité, mais une charité sincère, efficace et pleine de dévouement.

«Aux considérations qui précèdent, nous ajouterons que la religiosité est une inconséquence manifeste. Celui qui s'y borne « fait profession de connaître Dieu ; et cependant il le renie par ses œuvres. » *Tit.*, I, xvi. Or, s'il exalte le catholicisme, pourquoi dédaigne-t-il de s'astreindre à en observer les lois ? et, s'il refuse d'y conformer sa vie, que signifient ces louanges que la conduite désavoue ? Jésus-Christ peut lui dire, comme autrefois à ses disciples : *Si je vous dis la vérité, pourquoi ne me croyez vous pas* (Joan. viii, 46) ? Car, *la foi sans les œuvres est une foi morte* (Jac. ii, 26). La religion n'est pas une simple théorie : c'est une loi essentiellement obligatoire, une loi émanée de Dieu, et qui a pour sanction le paradis et l'enfer. Notre Dieu n'est pas insouciant ni oisif comme le dieu d'Épicure : il exige l'obéissance des êtres qu'il a créés, et il rendra à chacun selon ses œuvres. »

Cette religion n'est pas la religion qui sauve. Pour que la foi soit suffisante, elle doit croire tout ce que l'Église croit et comme elle croit. Ce n'est que par en dehors du domaine de la foi, qu'il ne puisse y avoir des systèmes. Dès lors que la foi est sauve, que le dogme est admis totalement, que l'imagination s'exerce sur le mode, qu'elle soit ingénieuse pour nous représenter le mystère, il n'y a rien là que de permis et même de très-louable, quand on se renferme dans de justes bornes, mais qu'on veuille fausser la croyance sous le prétexte de l'embellir ou de la sauver, c'est ruiner l'édifice tout entier, loin de le soutenir.

ROME (Eglise de). Il ne faut pas confondre cette expression avec le titre d'*Église romaine* ; l'*Église de Rome* est un siége particulier ou une Église bornée à un seul diocèse ; l'*Église romaine*, dans le langage ordinaire des théologiens, est l'Église catholique ou universelle, qui regarde le siége de Rome comme le centre d'unité dans la foi, et le pontife qui y est assis comme le successeur de saint Pierre, le vicaire de Jésus-Christ, le chef et le pasteur de toute l'Église chrétienne.

A l'article SAINT PIERRE, nous avons prouvé sommairement que cet apôtre a été à *Rome*, qu'il a fondé l'Église de cette ville ; qu'il y a souffert le martyre avec saint Paul, l'an 67 de Jésus-Christ ; que, dès le iie siècle, l'usage était établi d'appeler l'*Église de Rome*, la *chaire ou le siége de saint Pierre*. Les preuves de ces faits n'ont pas empêché les protestants de contester aux évêques de *Rome* le titre de *successeurs de saint Pierre* : les papes, disent-ils, n'ont pas plus de droit à cette succession que les évêques d'Antioche, dont saint Pierre avait fondé et occupé le siége avant de venir à *Rome*.

Cependant au iie siècle nous voyons saint Irénée citer aux hérétiques la tradition de l'*Église de Rome*, la succession de ses évêques qui remonte à saint Pierre et à saint Paul ; la prééminence de cette Église sur les autres, « à laquelle, dit-il, toute l'Église, c'est-à-dire les fidèles qui sont de toute part, doivent déférer. » *Adv. Hær.*, l. iii. c. 3. Il lui aurait été aussi aisé de citer l'Église d'Antioche ou celle de Jérusalem, que saint Pierre avait aussi fondées, si elles avaient joui du même privilège. Dans un temps si voisin des apôtres, on devait mieux savoir qu'au xvie siècle quelle avait été leur intention, par conséquent celle de Jésus-Christ. On ne peut pas accuser saint Irénée d'avoir été adulateur des papes ; les protestants ont grand soin de faire remarquer la fermeté avec laquelle ce saint martyr résista au pape Victor au sujet de la célébration de la Pâque. Ils disent que l'*Église de Rome* est devenue la plus considérable de toutes, parce que cette ville était la capitale de l'Empire. Mais les Pères n'ont point allégué cette raison pour lui attribuer la prééminence ; ils l'ont regardée comme le centre de la foi catholique, parce qu'elle était la chaire ou le siége de saint Pierre, parce que Jésus-Christ avait donné à cet apôtre une supériorité sur ses collègues, et parce qu'il l'avait établi pasteur de tout son troupeau. *Voy.* PAPE. Si cette Église n'avait joui d'aucune prééminence sur les autres, il serait difficile de comprendre pourquoi la p'upart des auteurs ecclésiastiques du iie siècle ont voulu y faire un séjour, et pourquoi les hérétiques, tels que Simon, Valentin, Marcion, Cerdon, les disciples de Carpocrate, Tatien, Praxéas, etc., étaient si empressés d'y accourir.

Pour en imposer aux ignorants, les protestants affectent quelquefois de dire qu'ils sont membres de l'Église catholique ou universelle, mais non de l'*Église romaine*, et par l'*Église catholique* ils entendent l'assemblée de toutes les sectes chrétiennes, ou qui font profession de croire en Jésus-Christ. Au mot ÉGLISE, § 2, et au mot CATHOLIQUE, nous avons fait voir que cette prétention des protestants est abusive et fausse ; l'unité est un des caractères essentiels de la véritable Église ; or, cette unité emporte nécessairement la profession d'une même foi, la participation aux mêmes sacrements, la soumission à un même pasteur universel. Elle se trouve en effet entre les différentes Églises ou sociétés particulières qui composent l'Église catholique *romaine* ; mais il est absurde de supposer l'unité entre différentes sectes qui s'anathémisent et s'excommunient les unes les autres, qui se regardent mutuellement comme hérétiques, errantes, et hors de la voie du salut. Cette chimère, forgée par Jurieu, a été solidement réfutée par Bossuet, par Nicole, etc.

Non contents d'abuser des termes, les protestants, par une contradiction grossière, contestent à l'*Église romaine* l'unité dans la foi. 1° Quoiqu'elle fasse profession, disent-ils, d'admettre pour règle de foi la parole de Dieu écrite ou non écrite, c'est-à-dire l'Ecriture sainte et la tradition, il est impossible au vrai de connaître sa doctrine, parce que ses théologiens ne conviennent point entre eux quel est le juge auquel il appartient de fixer le sens de l'Ecriture, et de déterminer ce qui est ou n'est pas de tradition. Les uns disent que c'est le pape, les autres que c'est le concile général. 2° Quoique ces théologiens protestent tous d'adhérer au concile de Trente, cependant les décrets de cette assemblée ne sont pas également respectés ni suivis partout, et il y a des Etats dans lesquels ils n'ont jamais été solennellement reçus. D'ailleurs des rédacteurs de ces décrets ont affecté d'en rédiger la plupart en termes ambigus, et qui laissent indécises un très-grand nombre de questions : c'est pour cela que les papes ont établi une congrégation pour interpréter la doctrine du concile de Trente. 3° De là il arrive que les différentes écoles agitent entre elles à peu près les mêmes disputes qu'elles avaient auparavant, et les papes ont été souvent obligés de donner de nouvelles constitutions pour décider ce qui était demeuré douteux, en particulier sur les matières de la grâce et de la prédestination. Mosheim, *Hist eccl.*, XVI° siècle, sect. 3, 1re partie, c. 1, § 22. Mais cette objection est réfutée par la conduite même des protestants. Ils connaissent si bien notre doctrine, qu'ils ne cessent de l'attaquer, sans craindre un désaveu de notre part; lorsqu'ils la déguisent, ils le font malicieusement, et ils nous allèguent le concile de Trente avec une entière confiance qu'il a pleine autorité chez nous. Ce serait plutôt à nous de nous plaindre de la difficulté qu'il y a de connaître quelle est la doctrine de chaque secte protestante ; quoique toutes fassent profession de recevoir l'Ecriture sainte comme seule règle de foi, chacun de leurs théologiens l'entend à sa manière, et il y a chez elles presque autant d'opinions que de têtes. Il serait fort singulier que la doctrine fût plus indécise et plus difficile à connaître dans une société qui reconnaît un tribunal pour en décider, que dans une qui n'en admet point. — 1° Il est faux que nos théologiens disputent pour savoir quel est ce tribunal ; tous conviennent qu'un concile général confirmé par le pape a pleine autorité de fixer le vrai sens de l'Ecriture et de la tradition ; que, quand il a prononcé, tout homme qui ne s'y soumet point est hérétique. Tous conviennent encore que le souverain pontife a droit de porter des jugements en matière de foi ; que quand ils sont confirmés par l'acceptation formelle ou tacite du très-grand nombre des évêques, ils ont la même autorité que les décrets du concile général. S'il y a des théologiens qui en disconviennent, ce sont de faux catholiques, ou plutôt des hérétiques déguisés. La seule question qui reste entre les théologiens est de savoir si avant l'acceptation même, les jugements du pape en matière de doctrine sont irréformables ; mais qu'importe cette question pour savoir au vrai quelle est la doctrine de l'*Eglise romaine* ? [*Voy.* GALLICAN; DÉCLARATION DU CLERGÉ DE FRANCE DE 1682.] — 2° Il est encore faux que le concile de Trente ne soit pas également respecté et suivi partout en ce qui concerne le dogme ; il n'a pas été besoin d'une acceptation solennelle pour donner force à ses décrets ; quiconque y résiste est hérétique. Quant aux règlements de discipline, il y a des états catholiques qui ne l'ont pas reçu ; mais c'est un trait de mauvaise foi de confondre le dogme ou la foi, avec la discipline : la première peut être une, quoique la seconde varie. — 3° Parce que ce concile n'a pas voulu prononcer sur des questions de pure curiosité, sur lesquelles l'Ecriture sainte et la tradition gardent le silence ou ne s'expliquent pas clairement, il ne s'ensuit pas que ses décrets sont conçus en termes ambigus, mais que le concile n'a point voulu porter de jugement sans motif et sans fondement. Ici le reproche des protestants est encore une contradiction. D'un côté, ils accusent l'Eglise catholique de témérité et d'impiété parce qu'elle prétend fixer le sens de l'Ecriture et de la tradition, et faire ainsi des décisions en matière de foi ; de l'autre, ils la blâment de ne vouloir pas décider, lorsqu'elle ne peut appuyer son jugement ni sur l'Ecriture sainte ni sur la tradition. — 4° Quelles que soient la clarté et la sagesse de ses décisions, elles ne satisferont jamais les esprits curieux, pointilleux, inquiets et téméraires ; sans cesse ils élèveront de nouveaux doutes, ils forgeront de nouveaux systèmes, ils trouveront de nouvelles manières de tordre le sens de l'Ecriture sainte, et d'obscurcir la tradition ; les protestants en ont donné l'exemple, et ils auront toujours des imitateurs. Il sera donc toujours nécessaire de faire de nouvelles décisions pour éclaircir et confirmer celles qui sont déjà faites. C'est ce qui a forcé les souverains pontifes à publier des bulles, et à établir une congrégation pour interpréter les décrets du concile de Trente. Mais ces décisions nouvelles sont dans le fond si conformes aux anciennes, que les protestants ont fait précisément les mêmes reproches contre les unes et les autres. *Voy.* CATHOLIQUE, etc.

ROSAIRE, pratique de dévotion qui consiste à réciter quinze fois l'oraison dominicale, et cent cinquante fois la salutation angélique ; ainsi le *rosaire* est composé de quinze dizaines d'*Ave Maria*, au lieu que le chapelet ordinaire n'en a que cinq. Son institution a pour objet d'honorer les quinze principaux mystères de la vie de Notre-Seigneur et de sa sainte mère. C'est donc un abrégé de l'Evangile, une espèce d'histoire de la vie, des souffrances, des triomphes de Jésus-Christ, mise à portée des ignorants, et propre à graver dans leur mémoire les vérités du christianisme. On attribue ordinairement l'institution du *rosaire* à saint Dominique. Dom Luc d'Achery et dom Mabillon, *Præf. ad Acta SS. Ord. Bened*, sec

5, p. 58, se sont attachés à prouver que cette pratique est plus ancienne, et qu'elle était en usage l'an 1100 ; Mosheim est dans la même opinion, *Hist. ecclés.*, x° siècle, 11° part., c. IV, § 2. D'autres l'ont attribué à Paul, abbé du mont Phermé en Libye, contemporain de saint Antoine ; d'autres à saint Benoît, quelques-uns au vénérable Bède ; Polydore-Virgile prétend que Pierre l'ermite, pour exciter les peuples à la croisade, sous Urbain II, en 1096, leur enseignait le psautier laïque composé de 150 *Ave Maria*, comme le psautier ecclésiastique est composé de 150 psaumes, et que c'était l'usage des solitaires de la Palestine. On a trouvé dans le tombeau de sainte Gertude de Nivelles, décédée en 667, et dans celui de saint Norbert mort en 1134, des grains enfilés qui paraissaient être des grains de chapelet.

Il n'est pas douteux que les solitaires des premiers siècles de l'Eglise ne se soient servis de petites pierres ou d'autres marques semblables pour compter le nombre de leurs prières ; nous l'apprenons de Pallade, dans son *Histoire Lausiaque* ; de Sozomène, etc., comme l'a remarqué Benoît XIV, *de Coronis SS.*, p. 2, c. 10, n. 11. Ceux qui ne savaient pas lire, ou qui ne pouvaient pas réciter le psautier par cœur, y suppléaient, en récitant souvent, pendant leur travail, l'oraison dominicale, surtout à chacune des heures que les ministres de l'Eglise employaient au chant des psaumes. Les personnes du peuple désignaient le nombre de ces prières par des espèces de clous attachés à leur ceinture, tome VII *Concil.*, p. 1489. L'usage de réciter la salutation angélique de la même manière n'est pas aussi ancien. Quoi qu'il en soit de ces faits et des opinions des divers écrivains, il paraît prouvé que saint Dominique est le véritable auteur de l'usage de réciter quinze *Pater* avec quinze dizaines d'*Ave Maria*, à l'honneur des principaux mystères de Jésus-Christ, auxquels la sainte Vierge a eu part ; il l'introduisit vers l'an 1208, ou peu-auparavant, pour prévenir les fidèles contre l'erreur des albigeois et de quelques autres hérétiques qui blasphémaient contre le mystère de l'incarnation. Le père Echard, dominicain a prouvé ce fait historique par des monuments incontestables. *Biblioth. Scriptor. ordin. Prædicat.*, t. I, p. 352; t. II, p. 271.

La fête du *Rosaire* est d'une institution plus récente. En actions de grâces de la victoire remportée à Lépante par les chrétiens sur les infidèles, le premier dimanche d'octobre de l'an 1571, le pape Pie V institua une fête annuelle pour ce jour-là sous le titre de *Sainte Marie de la Victoire*. Deux ans après, Grégoire XIII changea ce titre en celui du *Rosaire*, et approuva un office propre pour cette fête. Clément X la fit adopter par les Eglises d'Espagne. En 1716, les Turcs ayant été battus par l'armée de l'empereur Charles VI, près de Témeswar, le jour de la fête de Notre-Dame des Neiges, et ayant été obligés de lever le siège de Corfou le jour de l'octave de l'Assomption de la même année, Clément XII rendit universel l'office de la fête du *Rosaire*. *Vies des Pères et des Martyrs*, t. IX, p. 278.

Il était aisé de présumer que ces nouvelles institutions déplairaient aux protestants. Ils disent que le culte de la vierge Marie, qui, dans le IX° siècle, avait déjà été porté *au plus haut degré d'idolâtrie*, reçut encore de nouveaux degrés d'accroissement dans les siècles suivants ; que l'on institua des messes, des offices, des fêtes, des jeûnes, des prières en l'honneur de cette *nouvelle divinité*. Mosheim, *Hist. ecclés.*, x° siècle, 11° part., c. IV, § 2.

Au mot PAGANISME, où nous avons examiné la nature de l'idolâtrie, nous avons démontré, § 11, que le reproche de ce crime, sans cesse renouvelé par les protestants contre l'Eglise catholique, est absurde, et l'effet d'une pure méchanceté. Par les prières mêmes que nous adressons à la sainte Vierge et aux saints, il est prouvé que nous les envisageons, non comme des divinités, mais comme de pures créatures, puisque nous disons : *Sainte Vierge Marie, Mère de Dieu, priez pour nous ; saints et saintes de Dieu, intercédez pour nous* : prier, intercéder, obtenir des grâces de Dieu, est la fonction d'une créature et non d'une divinité. Ces prières faites à *l'honneur des saints* sont donc, à proprement parler, faites plutôt à l'honneur de Dieu, puisque c'est à lui que l'on attribue toutes les grâces et les bienfaits que les saints peuvent obtenir. Il en est de même des messes, des offices et de toutes les autres prières ; elles sont encore aujourd'hui telles que nous les trouve dans le *Sacramentaire* de saint Grégoire, dressé sur la fin du VI° ou au commencement du VII° siècle, et dont le fond était le même que celui du pape Gélase, composé au v°. S'il y avait dans ces prières de la superstition ou de l'idolâtrie, il faudrait en placer la naissance pour le plus tard au IV° siècle, époque à laquelle il y a eu le plus de lumières, de talents et de vertus dans le corps des évêques. C'est un entêtement fanatique de la part des protestants de placer dans ce siècle éclairé le berceau du paganisme de l'Eglise romaine. *Mosheim*, ibid., IV° siècle, 11° part., cap. III, § 2. *Voy.* SAINTS.

* ROSKOLNIKS OU RASKOLNIKS. C'est une secte russe, qui prétend conserver la doctrine primitive des Russes dans toute sa pureté. Ils sont au nombre de plus de trois cent mille et possèdent quelques couvents.

ROYAUME DES CIEUX, ROYAUME DE DIEU. Dans le Nouveau Testament cette expression signifie très-souvent le *royaume du Messie*, par conséquent l'Eglise chrétienne composée de tous ceux qui reconnaissent le Fils de Dieu pour roi, qui sont soumis à ses lois et à sa doctrine. Comme les prophètes ont souvent annoncé le Messie sous le titre de roi, il est naturel que l'assemblée de ceux qui lui obéissent soit appelée un *royaume* ; mais ce n'est point un *royaume* temporel, comme le commun des

Juifs l'entendait, c'est un *royaume spirituel* destiné à conduire les hommes au bonheur éternel. Ainsi l'explique Jésus-Christ lui-même. (*Joan.* xviii, 36.) La même expression désigne aussi quelquefois l'état des bienheureux dans le ciel, et il est dit qu'ils y régneront éternellement. (*Apoc.* xxii, 5.) C'est par les circonstances, par ce qui précède ou ce qui suit dans l'Evangile, que l'on doit juger lequel de ces deux sens convient le mieux aux divers passages.

RUBRIQUE. Dans le sens grammatical ce terme signifie une observation ou une règle écrite en caractères rouges, et c'est ainsi qu'étaient écrites les maximes principales et les titres du droit romain. Parmi nous on appelle *rubriques* les règles selon lesquelles on doit célébrer la liturgie et l'office divin, parce que dans les missels, les rituels, les bréviaires et les autres livres d'église, on les a communément écrites en lettres rouges, pour les distinguer du texte des prières. Anciennement ces règles ne s'écrivaient que dans des livres particuliers appelés *directoires*, *rituels*, *cérémoniaux*, *ordinaires*. Les anciens sacramentaires, les missels manuscrits, et même les premiers imprimés, contiennent peu de *rubriques*. Burcard, maître des cérémonies sous les papes Innocent VIII et Alexandre VI, sur la fin du xv° siècle, est le premier qui ait mis au long l'ordre et les cérémonies de la messe dans le *pontifical* imprimé à Rome en 1485, et dans le *sacerdotal* publié quelques années après. On joignit ces *rubriques* à l'ordinaire de la messe dans quelques missels; le pape Pie V les fit mettre dans l'ordre et sous les titres qu'elles portent encore aujourd'hui. Dès lors on a placé dans les missels les *rubriques* que l'on doit observer en célébrant la messe, dans les rituels, celles qu'il faut suivre en administrant les sacrements, en faisant les bénédictions, etc., et dans les bréviaires celles qu'il faut garder dans la récitation ou dans le chant de l'office divin. Lebrun, *Explic. des cérém. de la Messe*, traité prélim., art. 3. Ces règles sont nécessaires pour établir l'uniformité dans le culte extérieur, pour prévenir les manquements et les indécences dans lesquels les ministres de l'Eglise pourraient tomber par ignorance ou par négligence, pour donner au service divin la dignité et la majesté convenable, et pour exciter ainsi le respect et la piété du peuple. Il est scandalisé avec raison, lorsqu'il voit faire les cérémonies d'une manière gauche, avec précipitation, avec négligence, avec un air distrait et indévot. Ceux qui regardent les *rubriques* comme des règles minutieuses, puériles ou superstitieuses, sont fort mal instruits. Dieu avait prescrit dans le plus grand détail les moindres cérémonies que l'on devait observer dans le culte mosaïque; il a souvent puni de mort des fautes en ce genre qui nous paraissent légères; le culte institué par Jésus-Christ et par les apôtres est-il donc moins respectable et moins digne d'être observé jusqu'au scrupule?

RUNCAIRES, nom que l'on donna aux Vaudois appelés aussi *patarins* ou *paterins*, mais abusivement, puisque dans l'origine ce dernier était un surnom des albigeois ou manichéens. *Voy.* PATARINS. On prétend que les Vaudois furent appelés *runcaires*, parce qu'ils s'assemblaient dans les broussailles, dans les lieux incultes et écartés, nommés dans les bas siècles *runcaria*. Du Cange, *Runcarii*. *Voy.* VAUDOIS.

RUSSIE (Eglise de). Jusqu'à nos jours l'histoire de la conversion des Russes ou Moscovites au christianisme était fort embrouillée et peu connue, il n'y a pas longtemps que l'on est parvenu à en éclaircir les principaux faits. On sait à présent que le christianisme n'a été porté dans ce vaste empire que sur la fin du x° siècle, par le moyen des guerres et des relations qu'il y eut en ce temps-là entre les rois ou grands-ducs de Russie et les empereurs de Constantinople.

Vers l'an 945, Olha, Olga ou Elga, veuve d'un de ces souverains, alla à Constantinople, y fut instruite de la religion chrétienne, y reçut le baptême et prit le nom d'Hélène. De retour en Russie, elle fit des tentatives pour y établir notre religion; elle ne put persuader son fils Suatoslas qui régnait pour lors; ainsi son zèle ne produisit pas de grands effets. Mais Wolodimir ou Uladomir, fils et successeur de Suatoslas, s'étant rendu redoutable par ses conquêtes, les empereurs grecs, Basile II et Constantin, son frère, lui envoyèrent des ambassadeurs et recherchèrent son alliance. Il y consentit, et il épousa leur sœur Anne; il se laissa instruire et reçut le baptême l'an 988. Une fille de cette princesse, nommée Anne, comme sa mère, fut mariée à Henri Ier, roi de France, et fonda l'église de Saint-Vincent de Senlis. Ceux qui ont placé la conversion des Russes au ix° siècle ont confondu le règne de Basile le Macédonien avec celui de Basile II.

Nicolas II, dit Chrysoberge, patriarche de Constantinople, profita des circonstances. Il envoya en Russie des prêtres et un archevêque qui baptisa les douze fils de Wolodimir, et on prétend que dans un seul jour vingt mille Russes embrassèrent le christianisme. Les successeurs de Chrysoberge continuèrent à cultiver cette mission; conséquemment l'Eglise naissante de Russie se trouva sous la juridiction de celle de Constantinople. Alors les Grecs étaient encore unis de communion avec le siège de Rome; ainsi les Russes furent d'abord catholiques. Ils ne cessèrent pas entièrement de l'être en 1053, lorsque le schisme des Grecs fut consommé par le patriarche Michel Cérularius. Il est prouvé que l'an 1439, époque du concile de Florence, il y avait encore en Russie autant de catholiques que de schismatiques, *Acta Sanctor.*, t. XLI, 2° vol. de Sept. Ce ne fut qu'au milieu du xv° siècle qu'un certain Photius, archevêque de Kiow, étendit le schisme dans toute la Russie. L'union de l'Eglise russe à celle de Constantinople a duré jusqu'en 1588.

Aux mots Missions et Allemagne, nous avons remarqué l'affectation avec laquelle les protestants ont décrié en général toutes les missions faites dans le Nord par les Latins; ils ont ménagé un peu davantage les missionnaires grecs, parce que ceux-ci, en rendant chrétiens les peuples de la Russie, les soumirent, non à la juridiction du pape, mais à celle du patriarche de Constantinople. Mosheim, *Hist. ecclés.*, ix° siècle, 1re part., c. 1, § 5, prétend néanmoins que l'on employa les présents et les promesses pour engager ces barbares à embrasser l'Évangile. Conjecture téméraire, hasardée, sans preuve. Les Grecs étaient-ils assez opulents pour gagner toute une nation par un motif d'intérêt? D'ailleurs l'histoire nous apprend qu'avant la conversion de Wolodimir, il avait armé une flotte formidable, et qu'il se proposait de faire chez les Grecs une expédition semblable à celle que les Normands faisaient chez nous. Il était naturel que Basile II et Constantin cherchassent à conjurer cet orage par des présents et par des promesses; qu'ils désirassent de convertir au christianisme un conquérant redoutable. On a fait de même à l'égard des Normands et avec le même succès; il ne s'ensuit pas qu'on leur a planté la foi par des présents et par des promesses.

Mosheim ajoute que les missionnaires grecs n'employèrent point, comme les émissaires du pape, la terreur des lois pénales pour convertir les Barbares, mais uniquement la persuasion et la puissance victorieuse d'une vie exemplaire; qu'ils se proposèrent uniquement le bonheur de ces peuples, et non la propagation de l'empire papal. Autre trait de partialité. Nous avons fait voir ailleurs que les prétendues violences employées par les missionnaires du pape sont une calomnie; qu'ils n'ont pas plus travaillé pour le pape que les Grecs pour le patriarche de Constantinople; que la conduite des uns et des autres a été parfaitement semblable. Suivant les préjugés de sa secte, il dit que la doctrine des Grecs n'était point conforme à celle de Jésus-Christ et des apôtres, qu'ils y mêlaient quantité de rites superstitieux et d'inventions absurdes, que leurs prosélytes conservèrent beaucoup de restes de leur ancienne idolâtrie; qu'ils ne firent d'abord qu'une profession apparente de la vraie religion. Mais il excuse les missionnaires, parce que, pour attirer dans le sein de l'Église des peuples encore barbares et sauvages, on était obligé de se prêter à leur infirmité et à leurs préjugés. Pourquoi donc a-t-il censuré avec tant d'aigreur les missionnaires latins qui ont agi de même dans les mêmes circonstances et par le même motif? C'est ainsi que la passion et l'entêtement de système se trahissent. Nous voudrions savoir si les missionnaires luthériens qui se sont vantés d'avoir converti des Indiens en ont fait dans un moment des chrétiens parfaits. Des plaintes même de Mosheim il s'ensuit que les Grecs n'ont pas plus connu ni prêché le prétendu christianisme pur des protestants, que les Latins et que les Russes, non plus que les autres barbares convertis n'en ont jamais eu la moindre idée.

En 1588 ou en 1589, Jérémie, patriarche de Constantinople, étant en Russie, assembla les évêques de ce pays-là, et d'un consentement unanime l'évêque de Moscou fut déclaré patriarche de toute la Russie Ce décret fut confirmé l'an 1593 dans un concile de Constantinople, auquel assistèrent les patriarches d'Alexandrie, de Jérusalem et d'Antioche; ils fondèrent leur avis sur le 28° canon du concile de Chalcédoine. Sous le règne du czar Alexis Michaëlowitz, père de Pierre le Grand, un patriarche de Moscou, nommé Nicon, déclara à celui de Constantinople qu'il ne reconnaissait plus sa juridiction. Il se rendit ainsi indépendant, il augmenta le nombre des archevêques et des évêques, et il s'attribua un pouvoir despotique sur le clergé. Comme il voulut se mêler aussi du gouvernement et troubler l'État, le czar fit assembler en 1667, à Moscou, un concile nombreux composé des principaux prélats de l'Église grecque et de celle de Russie, dans lequel Nicon fut déposé. Ses successeurs ayant encore donné de l'ombrage au czar, Pierre le Grand abolit entièrement la dignité de patriarche, et se déclara seul chef de l'Église russe. En 1720, il établit pour la gouverner un conseil composé d'archevêques et d'évêques et d'archimandrites ou abbés de monastères, duquel il se réserva la présidence et le droit d'en nommer tous les membres. Par un édit du 25 janvier 1721, il ordonna que l'autorité de ce conseil fût reconnue dans tous ses États; il y fit dresser un règlement qui fixe la croyance et la discipline de l'Église russe, il le fit signer par tous les membres du haut clergé, même par tous les princes et les grands de l'empire: il n'est point de monument plus authentique pour s'informer de la religion des Russes. Cette pièce, peu connue jusqu'ici, a été traduite en latin sous le titre de *Statutum canonicum seu ecclesiasticum Petri Magni*, et publié par les soins du prince Potemkin à Pétersbourg, de l'imprimerie de l'Académie des Sciences, 1785, in-4° de 137 pages.

Quant au dogme, l'on y fait profession de regarder l'Écriture sainte comme règle de foi; mais l'on ajoute que, pour en prendre le vrai sens, il faut consulter les décisions des saints conciles et les écrits des Pères de l'Église, par conséquent la tradition. Touchant les mystères de la sainte Trinité et de l'Incarnation, l'on renvoie les théologiens aux ouvrages de saint Grégoire de Nazianze, de saint Athanase, de saint Basile, de saint Augustin, de saint Cyrille d'Alexandrie, et à la lettre de saint Léon à Flavien touchant les deux natures en Jésus-Christ; il n'y est point parlé de l'erreur des Grecs touchant la procession du Saint-Esprit. Sur ce qui regarde le péché originel et la grâce, on s'en tient à la doctrine de saint Augustin contre les pélagiens. Il est parlé d'une manière très-orthodoxe de la confession auriculaire, de la pénitence et de l'absolution, de l'eucharistie, de la sainte messe, du viatique porté aux malades, de la bénédiction nuptiale, du culte des saints, des images, des reliques, de la prière pour les morts. Il est recommandé aux évêques de veiller à la pureté du culte, d'en bannir les fables et toute espèce de superstition. Ce règlement reconnaît la hiérarchie composée des évêques, des prêtres et des diacres, il y ajoute les archimandrites et les hégumènes. Il établit l'autorité des évêques, le pouvoir qu'ils ont d'excommunier et de réconcilier les pécheurs à l'Eglise : il leur recommande néanmoins d'en user avec beaucoup de précaution et de consulter le synode ou conseil ecclésiastique dans toutes les affaires majeures ou douteuses. Il statue des peines contre les hérétiques et les schismatiques. Il fait mention des moines et des religieuses, des vœux de la profession monastique, de la clôture, etc. Il ordonne aux uns et aux autres d'exécuter leur règle, de satisfaire aux jeûnes, à la prière, à la communion; il leur défend de sortir de chez eux. Il y a des règlements particuliers pour les confesseurs, pour les prédicateurs, pour les professeurs des colléges ; il y en a pour les séminaires, pour les étudiants, pour la distribution des aumônes, pour réprimer la mendicité ; l'abus des chapelles domestiques chez les grands y est expressément condamné. A tous ces statuts l'on reconnaît la sagacité, l'expérience, la vigilance et l'activité de Pierre le Grand.

Le seul article dans lequel ce règlement s'écarte de la foi catholique, est le refus de reconnaître la juridiction du pape sur toute l'Eglise; mais il ne reconnaît pas non plus celle du patriarche de Constantinople ; il blâme également l'une et l'autre. A la réserve de cet article, la croyance et la discipline des Russes n'ont aucune ressemblance avec celle des protestants. Cependant ce peuple, converti au christianisme depuis huit cents ans, n'a jamais fait profession de recevoir sa doctrine de l'Eglise romaine, mais de l'Eglise grecque. Plus d'une fois les luthériens ont cherché à introduire leurs erreurs chez les Russes; ils ont toujours trouvé une résistance invincible de la part du clergé. Cet exposé de la croyance de l'*Eglise de Russie* est confirmé par le catéchisme composé en 1642 par Moghilas, archevêque de Kiovie, pour prévenir son troupeau contre les erreurs des protestants, et qui fut aidé dans ce travail par Porphyre, métropolitain de Nicée, et par Syrigus, docteur de l'Eglise de Constantinople. Ce livre, imprimé d'abord en langue esclavone, fut traduit en grec et en latin, et approuvé solennellement par les quatre patriarches grecs. Il fut nommé d'abord *Confession orthodoxe des Russes*, et ensuite par les Grecs, *Confession orthodoxe de l'Eglise orientale*. Le P. Lebrun en a donné une notice et des extraits, *Explic. des cérémon. de la messe*, t. IV, art. 5, p. 427. Il est constant d'ailleurs que les Russes se servent de la même liturgie que l'Eglise grecque de Constantinople, et qu'ils n'en ont jamais eu d'autre. Ils célèbrent la messe en langue esclavone, quoique ce ne soit pas la langue vulgaire de *Russie*.

Au VI° siècle il s'est détaché de cette Eglise une secte de mécréants qui se nomment *sterawersi*, ou anciens fidèles, et qui donnent aux autres Russes le nom de *roscolchiki*, c'est-à-dire hérétiques. Ces sectaires, tous très-ignorants, enseignent que c'est une grande faute de dire trois fois *Alleluia*, qu'il ne faut le dire que deux fois ; qu'il faut offrir sept pains à la messe au lieu de cinq ; que, pour faire le signe de la croix, il faut joindre le quatrième et le cinquième doigt au pouce, en tenant le troisième et l'index étendus; qu'il faut rejeter tous les livres imprimés depuis le patriarche Nicon ; que les prêtres russes qui boivent de l'eau-de-vie sont incapables de baptiser, de confesser et de communier ; que l'Evangile réprouve l'autorité du gouvernement et commande la fraternité; qu'il est permis de s'ôter la vie pour l'amour de Jésus-Christ ; que tous ceux qui ne pensent pas comme eux sont des hommes impurs et des païens avec lesquels il ne faut avoir aucune communication. Lorsque l'on a voulu les contraindre à professer la religion russe, ils se sont assemblés par centaines dans une maison ou dans une grange, ils y ont mis le feu, et se sont brûlés eux-mêmes.

Pierre le Grand établit dans ses Etats la tolérance de toutes les religions ; ainsi on y trouve non-seulement des chrétiens de toutes les sectes, mais des juifs, des mahométans, des païens ou idolâtres. On a tenté plus d'une fois de réunir les Russes à l'Eglise romaine; eux-mêmes ont donné des ouvertures et fait des avances, mais sans succès. Ce projet fut renouvelé en 1717, lorsque le czar Pierre était en France; il y eut à ce sujet des mémoires dressés et des réponses, cela ne produisit aucun effet; le principal obstacle fut sans doute la crainte qu'eut le czar de perdre quelque degré de son autorité, de laquelle il était très-jaloux. Ce fut au retour de son voyage en France, en 1719, qu'il se déclara chef souverain de l'*Eglise de Russie*. L'année précédente 1718, parut à Moscou le livre d'Etienne Javoshi, archevêque de Rezane et de Muromie, intitulé *Kamen Weri*, *le Rocher de la foi*, composé contre les hérétiques, et qui eut le plus grand succès en Russie, mais qui déplut beaucoup aux protestants. Mosheim prétend que l'auteur a moins eu pour but de confirmer les Russes dans leur foi, que de favoriser l'Eglise romaine. Il s'est attaché à le réfuter, *Syntagma Dissert.*, etc., p. 412. Nous n'examinerons point s'il y a réussi ou non ; mais il en résulte du moins que l'*Eglise de Russie*, dont la croyance fut toujours conforme à celle de l'Eglise grecque, regarde aussi bien que nous les protestants comme des hérétiques ; que ces derniers en ont imposé grossièrement lorsqu'ils ont affirmé que les Grecs pensaient comme eux, que les preuves du contraire fournies par les catholiques étaient fausses, que les confessions de foi des Grecs avaient été extorquées par argent, etc. Le statut ou règlement de Pierre le Grand est contre eux une preuve à laquelle ils ne pourront jamais rien opposer de raisonnable. Il est étonnant que Mosheim, qui en avait connaissance, ait encore osé parler comme il l'a fait de la croyance des Grecs et de celle des Russes. *Hist. ecclés.*, xvii° siècle, sect. 2, 1re partie, chap. ii, § 3 et 4. *Voy.* GRECS (1).

(1) L'Église catholique de Russie vient d'être constituée sur de nouvelles bases. On nous saura gré de rapporter ici le concordat passé, le 3 août 1847, entre notre Saint-Père le pape Pie IX et l'empereur Nicolas.

ARTICLES CONVENUS.

Les soussignés, plénipotentiaires du saint-siége et de S. M. l'empereur de Russie, roi de Pologne, après avoir échangé leurs pleins pouvoirs, ont, en plusieurs séances, examiné et pesé divers chefs de la négociation confiée à leurs soins. Et comme, sur plusieurs points, ils sont arrivés à une conclusion, tandis que d'autres demeurent en suspens, sur lesquels les mêmes plénipotentiaires de S. M. l'empereur promettent d'appeler toute l'attention de leur gouvernement, tout en posant la condition expresse qu'on arrêtera plus tard, en acte séparé, les points qui doivent donner matière à de nouvelles conférences à tenir dans cette ville de Rome, entre les ministres du saint-siége et l'ambassadeur de S. M. impériale, il a été convenu, des deux côtés, qu'on fixera dans le présent protocole les points sur lesquels on est arrivé à un résultat, réservant ceux qui, après d'ultérieures conférences, doivent terminer la négociation. C'est pourquoi, dans les séances des 19, 22 et 25 juin et 1er juillet, les articles suivants ont été arrêtés :

I. Sept diocèses catholiques romains sont établis dans l'empire des Russies : un archevêché et six évêchés, savoir : 1. L'archidiocèse de Mohilew, embrassant toutes les parties de l'empire qui ne sont point contenues dans les diocèses ci-dessous nommés. Le grand-duché de Finlande est également compris dans cet archidiocèse. 2. Le diocèse de Wilna, embrassant les gouvernements de Wilna et de Grodno dans leurs limites actuelles. 3. Le diocèse de Telsca ou de Samogitie, embrassant les gouvernements de Courlande et de Kowno dans les limites qui leur sont actuellement assignées. 4. Le diocèse de Minsk, embrassant le gouvernement de Minsk dans ses limites d'aujourd'hui. 5. Le diocèse de Luccerin et Zytoméric, composé des gouvernements de Kiovie et de Volhynie dans leurs limites actuelles. 6. Le diocèse de Kaminich, embrassant le gouvernement de Podolie dans ses limites actuelles. 7. Le nouveau diocèse de Chersonèse, qui se compose de la province de Bessarabie, des gouvernements de Chersonèse, d'Ekatherinoslaw, de Tauride, de Saratow et d'Astracan, et des régions placées dans le gouvernement général du Caucase.

II. Des lettres apostoliques, sous le sceau de plomb, établiront l'étendue et les limites des diocèses comme il est indiqué dans l'article précédent.— Les décrets d'exécution comprendront le nombre, le nom des paroisses de chaque diocèse, et seront soumis à la sanction du saint-siége.

III. Le nombre des suffragances qui ont été établies par Lettres apostoliques de Pie VI, en 1789, revêtues du sceau de plomb, est conservé dans les six diocèses anciens.

IV. La suffragance du diocèse nouveau de Chersonèse sera dans la ville de Saratow.

V. L'évêque de Chersonèse aura un traitement annuel de quatre mille quatre cent quatre-vingts roubles d'argent. Son suffragant jouira du même traitement que les autres évêques suffragants de l'empire, c'est-à-dire de deux mille roubles d'argent.

VI. Le chapitre de l'église cathédrale de Chersonèse se composera de neuf membres, savoir : deux prélats ou dignités, le président et l'archidiacre, quatre chanoines, dont trois rempliront les fonctions de théologal, de pénitencier et de curé, et trois mansionnaires ou bénéficiers.

VII. Dans le nouvel évêché de Chersonèse il y aura un séminaire diocésain ; des élèves, au nombre de quinze à vingt-cinq, y seront entretenus aux frais du gouvernement, comme ceux qui jouissent de la pension dans les autres séminaires.

VIII. Jusqu'à ce qu'un évêque catholique du rite arménien soit nommé, il sera pourvu aux besoins spirituels des Arméniens catholiques vivant dans les diocèses de Chersonèse et Kaminich, en leur appliquant les règles du chap. ix du concile de Latran, en 1215.

IX. Les évêques de Kaminich et de Chersonèse fixeront le nombre des clercs arméniens catholiques qui devront être élevés dans leurs séminaires aux frais du gouvernement. Dans chacun desdits séminaires il y aura un prêtre arménien catholique pour instruire les élèves arméniens des cérémonies de leur propre rit.

X. Toutes les fois que les besoins spirituels des catholiques romains et arméniens du nouvel évêché de Chersonèse le demanderont, l'évêque pourra, outre les moyens employés jusqu'ici pour subvenir à de tels besoins, envoyer des prêtres comme missionnaires, et le gouvernement fournira les fonds qui seront nécessaires à leur voyage et à leur nourriture.

XI. Le nombre des diocèses dans le royaume de Pologne reste tel qu'il a été fixé dans les Lettres apostoliques de Pie VII, en date du 30 juin 1818. Rien n'est changé quant au nombre et à la dénomination des suffragances de ces diocèses.

XII. La désignation des évêques pour les diocèses et pour les suffragants de l'empire de Russie et du royaume de Pologne n'aura lieu qu'à la suite d'un concert préalable entre l'empereur et le saint-siége pour chaque nomination. L'institution canonique leur sera donnée par le Pontife romain selon la forme accoutumée.

XIII. L'évêque est seul juge et administrateur des affaires ecclésiastiques de son diocèse, sauf la soumission canonique due au saint-siége apostolique.

XIV. Les affaires qui doivent être soumises préalablement aux délibérations du consistoire diocésain, sont : — 1. Quant aux personnes ecclésiastiques du diocèse : 1° Les affaires qui regardent la discipline en général. (Celles toutefois d'importance moindre, qui n'entraînent que des peines inférieures à la destitution, à la détention plus ou moins longue, sont jugées par l'évêque, sans qu'il ait besoin de consulter le consistoire, mais avec pleine liberté de le consulter, s'il le juge à propos, sur les affaires de cette nature comme sur les autres.) 2° Les affaires contentieuses entre ecclésiastiques, qui regardent les propriétés mobilières ou immobilières des églises. 3° Les plaintes, les réclamations contre ecclésiastiques portées ou par des ecclésiastiques ou par des laïques, pour injures, dommages ou pour obligations non tenues et non douteuses, en droit comme en fait, pourvu toutefois que le demandeur préfère cette voie pour défendre ses droits. 4° Les causes de nullité des vœux monastiques : ces causes seront examinées et jugées selon les règles établies dans les Lettres apostoliques de Benoît XIV. *Si datam.* — II. Quant

RUTH (livre de), l'un des livres de l'Ancien Testament, qui contient l'histoire d'une femme moabite, recommandable par son attachement à sa belle-mère et au culte du vrai Dieu. En récompense de sa vertu, elle devint l'épouse d'un riche Israélite de Bethléem, nommé *Booz*, qui fut le bisaïeul du roi David. Ce livre est placé entre le livre des Juges, dont il est une suite, et le premier livre des Rois, auquel il sert d'introduction, et l'on présume qu'il a été écrit par le même auteur. Autrefois les Juifs le joignaient au livre des Juges comme un seul et même ouvrage, et plusieurs anciens Pères ont fait de même; aujourd'hui les Juifs modernes, dans leurs bibles, placent immédiatement après le Pentateuque les cinq livres qu'ils appellent *Megilloth*, savoir le Cantique des

aux laïques : Les causes des mariages, les preuves de la légitimité des mariages, les actes de naissance, les actes de baptême et de décès, etc. — III. Mixtes : Les cas où il est nécessaire d'infliger une pénitence canonique pour crime, contravention ou délit quelconque jugés par les tribunaux laïques. — IV. Economiques : Le budget ou la note préalable des sommes qui sont destinées à l'entretien du clergé, l'examen des dépenses, le compte rendu de ces sommes, les affaires qui regardent la réparation ou la construction d'églises ou de chapelles. Il appartiendra en outre au consistoire de former les listes des ecclésiastiques et des paroissiens du diocèse, d'envoyer les encycliques et les autres écrits qui ne regardent pas les affaires d'administration du diocèse.

XV. Les affaires sus-indiquées sont décidées par l'évêque, après qu'elles ont été examinées par le consistoire, qui n'a cependant que voix consultative. L'évêque n'est nullement tenu d'apporter les raisons de sa décision, même dans les cas où son opinion différerait de celle du consistoire.

XVI. Les autres affaires du diocèse, qualifiées d'administratives, et parmi lesquelles sont compris les cas de conscience, de for intérieur et, comme il a été dit plus haut, les cas de discipline soumis à des peines légères et à des avertissements pastoraux, dépendent uniquement de l'autorité et de la décision spontanée de l'évêque.

XVII. Toutes les personnes du consistoire sont ecclésiastiques; leur nomination et leur révocation appartiennent à l'évêque; les nominations sont faites de manière à ne pas déplaire au gouvernement. Si l'évêque, averti par sa conscience, juge opportun de révoquer un membre du consistoire, il le remplacera immédiatement par un autre, qui pareillement ne soit point désagréable au gouvernement.

XVIII. Le personnel de la chancellerie du consistoire sera confirmé par l'évêque, sur la présentation du secrétaire du consistoire.

XIX. Le secrétaire de l'évêque, chargé de la correspondance officielle et de la correspondance privée, est nommé directement et immédiatement par l'évêque; il peut être pris, selon le plaisir du même évêque, parmi les ecclésiastiques.

XX. Les fonctions des membres du consistoire cessent dès que l'évêque meurt ou se démet de l'épiscopat, et aussi dès que l'administration du siège vacant finit. Si l'évêque meurt ou se démet de l'épiscopat, son successeur ou celui qui, temporairement, tient sa place (soit qu'il ait un coadjuteur avec future succession, soit que le chapitre élise un vicaire capitulaire suivant la règle des sacrés canons), reconstituera aussitôt un consistoire qui, comme il a déjà été dit, soit agréé du gouvernement.

XXI. L'évêque a la direction suprême de l'enseignement, de la doctrine et de la discipline de tous les séminaires de son diocèse, suivant les prescriptions du concile de Trente, chap. XVIII, sess. XXIII.

XXII. Le choix des recteurs, inspecteurs, professeurs pour les séminaires diocésains, est réservé à l'évêque. Avant de les nommer, il doit s'assurer que, sous le rapport de la conduite civile, ses élus ne donneront lieu à aucune objection de la part du gouvernement. Lorsque l'évêque jugera nécessaire de renvoyer un recteur, un inspecteur ou quelqu'un des professeurs ou des maîtres, il leur donnera aussitôt un successeur de la même manière qui vient d'être indiquée. Il a pleine liberté d'interrompre, pour un temps, un ou plusieurs cours d'études dans son séminaire. Lorsqu'il jugera nécessaire d'interrompre tous les cours d'études en même temps et de renvoyer les élèves à leurs parents, il en avertira aussitôt le gouvernement.

XXIII. L'archevêque métropolitain de Mohilew exercera dans l'Académie ecclésiastique de Saint-Pétersbourg la même autorité que chaque évêque dans son séminaire diocésain. Il est l'unique chef de cette Académie; il en est le suprême directeur. Le conseil ou la direction de cette Académie n'a que voix consultative.

XXIV. Le choix du recteur, de l'inspecteur et des professeurs de l'Académie sera fait par l'archevêque, sur le rapport du conseil académique. Ce qui a été dit dans l'article XXII est applicable à ces élections.

XXV. Les professeurs et professeurs-adjoints des sciences théologiques sont toujours choisis parmi les ecclésiastiques. Les autres maîtres pourront être choisis parmi les laïques professant la religion catholique romaine, et ceux-là devront être préférés qui auront achevé le cours de leurs études dans un athénée supérieur de l'empire et qui auront conquis les grades académiques.

XXVI. Les confesseurs des élèves de chaque séminaire et de l'Académie ne prendront aucune part dans la direction disciplinaire de l'établissement. Ils seront choisis et nommés par l'évêque ou archevêque.

XXVII. Après la nouvelle circonscription des diocèses, l'archevêque, assisté du conseil des Ordinaires, arrêtera, une fois pour toutes, le nombre d'élèves que chaque diocèse pourra envoyer à l'Académie.

XXVIII. Le programme des études pour les séminaires sera rédigé par les évêques. L'archevêque rédigera celui de l'Académie, après en avoir conféré avec son conseil académique.

XXIX. Lorsque le règlement de l'Académie ecclésiastique de Saint-Pétersbourg aura subi les modifications conformes aux principes dont il a été convenu dans les précédents articles, l'archevêque de Mohilew enverra au saint-siége un rapport sur l'Académie comme celui qu'a fait l'archevêque de Varsovie Koromansky, lorsque l'Académie ecclésiastique de cette ville fut rétablie.

XXX. Partout où le droit de patronat n'existe pas, ou a été interrompu pendant un certain temps, les curés de paroisse sont nommés par l'évêque; ils ne doivent point déplaire au gouvernement, et doivent avoir subi un examen et un concours selon les règles prescrites par le concile de Trente.

XXXI. Les églises catholiques romaines sont librement réparées aux frais des communautés ou des particuliers qui veulent bien se charger de ce soin. Toutes les fois que leurs propres ressources ne suffiront pas, ils pourront s'adresser au gouvernement impérial pour en obtenir des secours. Il sera procédé à la construction de nouvelles églises, à l'augmentation du nombre de paroisses, lorsque l'exigeront l'accroissement de la population, l'étendue trop vaste des paroisses existantes ou la difficulté des communications.

A Rome, le 3 août 1847.

A. card. LAMBRUSCHINI. L. comte de BLOUDOFF.
A. BOUTENIEFF.

cantiques, *Ruth*, les Lamentations de Jérémie, l'Ecclésiaste, Esther. C'est un arrangement de pur caprice, et qui est contraire à l'ordre chronologique. La canonicité de ce livre n'a jamais été contestée ni par les Juifs ni par les Pères de l'Église. Le but de l'auteur a été non-seulement de nous faire connaître la généalogie de David, par conséquent celle du Messie qui devait descendre de ce roi, l'accomplissement de la prophétie de Jacob qui avait promis la royauté à la tribu de Juda, mais encore de nous faire admirer les soins paternels de la Providence envers les gens de bien. On y voit les suites heureuses d'un attachement inviolable à la vraie religion, les ressources de la piété dans le malheur, les avantages de la modestie et d'une bonne réputation. La prudence et la sagesse de Noémi, l'affection, la docilité, la douceur de *Ruth*, sa belle-fille, la probité et la générosité de Booz, plaisent, touchent et instruisent.

Cette histoire a donné lieu à quelques difficultés de chronologie. La plus forte n'est fondée que sur une supposition très-douteuse, savoir que Rahab, qui fut mère de Booz, suivant *saint Matthieu*, c. I, v. 5, est la même personne que Rahab de Jéricho, qui reçut chez elle les espions des Israélites. *Josué*, c. II, v. 1. Il n'y a aucune apparence, et rien n'oblige d'admettre cette supposition. Les objections que quelques incrédules ont voulu faire contre cette même histoire, ne portent que sur la différence infinie qu'il y a entre nos mœurs, nos lois, nos usages et ceux des anciens peuples orientaux; ce sont des traits d'ignorance plutôt que de sagacité.

S

SABAÏSME, culte des astres : c'est la première idolâtrie qui a régné dans le monde, *voy.* ASTRES, mais ce n'est point la première religion comme l'ont prétendu plusieurs écrivains mal instruits; Dieu avait enseigné une religion plus pure à Adam, à ses enfants et aux anciens patriarches. *Voy.* RELIGION NATURELLE.

Le *Sabaïsme*, aussi appelé *sabéisme*, *sabisme* et *zabisme*, est encore la religion d'un des peuples orientaux que l'on a nommés *sabiens*, *zabiens*, *mandaïtes*, *chrétiens de saint Jean*, dont on prétend qu'il y a des restes dans la Perse, à Bassora et ailleurs. Il ne faut pas les confondre avec les Sabéens, ou les habitants du royaume de *Saba* en Arabie. Nous en avons déjà parlé au mot MANDAÏTES ; mais il est à propos de voir plus en détail l'incertitude de ce qu'en ont dit les savants modernes, et de répondre à quelques objections que les protestants ont faites contre le culte des catholiques, en le comparant à celui des *sabiens*.

Maimonides, qui a souvent parlé du *sabisme* dans son *More Nevochim*, en fait remonter l'origine jusqu'à Seth, fils d'Adam; il dit que cette idolâtrie était généralement répandue du temps de Moïse, que Abraham même l'avait professée avant de sortir de la Chaldée. Il dit que les *sabiens* croyaient que Dieu est l'âme du monde, qu'ils regardaient les astres comme des dieux inférieurs ou médiateurs, qu'ils avaient du respect pour les bêtes à cornes, qu'ils adoraient le démon sous la figure d'un bouc, qu'ils mangeaient le sang des animaux, parce qu'ils pensaient que les démons eux-mêmes s'en nourrissaient. Conséquemment il prétend que la plupart des lois cérémonielles de Moïse étaient relatives aux usages de ces idolâtres, et avaient pour but d'en préserver les Juifs. Spencer a suivi cette idée et s'est attaché à la prouver dans un grand détail; *De Legib. Hebræor. ritual.*, l. II. Mais d'autres ont observé que les faits supposés par Maimonides ne sont rien moins que prouvés; il n'a consulté que des livres arabes qui sont très-récents, et dont l'autorité est fort suspecte, et plusieurs de ces faits paraissent contraires à l'Ecriture sainte. Le culte des astres est sans doute une des premières espèces de polythéisme et d'idolâtrie; mais nous voyons (*Sap.* XIII, v. 2), que le culte des éléments et des autres parties de la nature n'est pas moins ancien. D'ailleurs la première idolâtrie de laquelle l'Ecriture sainte fait mention est celle de Laban (*Gen.* XXXI, 19). A la vérité, Josué, c. XXIV, v. 2, dit aux Israélites : « Vos Pères ont habité autrefois au delà du fleuve, Tharé, Père d'Abraham, et Nachor, et ils ont servi des dieux étrangers. » Mais ce reproche ne paraît pas tomber sur Abraham lui-même. Envisager Dieu comme l'âme du monde est une erreur trop philosophique pour qu'elle ait pu être populaire du temps de Moïse. Nous sommes persuadés, comme Spencer, que la plupart des lois cérémonielles des Hébreux avaient pour but de les détourner des superstitions pratiquées par les idolâtres; mais il ne faut pas pousser trop loin ce principe, ni supposer que chacune de ces lois en particulier est opposée à tel ou tel usage des *sabiens*, puisque nous retrouvons un grand nombre de ces usages superstitieux chez les Grecs, chez les Romains, et même chez les idolâtres modernes. Moïse connaissait les différentes superstitions des Egyptiens, des Iduméens, des Madianites, des Chananéens ; il a voulu les bannir toutes sans exception, et nous ne savons pas si telle pratique absurde appartenait à l'un de ces peuples plutôt qu'à l'autre.

Hyde, dans son *Histoire de la Religion des anciens Perses*, a tâché de prouver que le *sabisme* était fort différent du polythéisme et de l'idolâtrie; il prétend que Sem et Elam ont été les propagateurs de cette religion ; que si dans la suite elle déchut de sa pureté primitive, Abraham la réforma et la soutint contre Nemrod qui l'attaquait; que Zoroastre vint ensuite et rétablit le culte du vrai Dieu que Abraham avait enseigné ; que le feu des anciens Persans était le même et destiné au même usage que celui qui était conservé dans le temple de Jérusalem, et qu'enfin ces peuples ne rendaient au soleil qu'un culte subalterne et subordonné au culte du vrai Dieu. *Relig. vet. Pers. Historia*, c. 1. Malheureusement tous ces faits sont des visions desquelles Hyde n'a pu avoir aucun garant. L'on est à présent convaincu, par les livres mêmes de Zoroastre, que loin d'être le restaurateur de la vraie religion, il en a été le corrupteur, qu'il n'est point question chez lui d'un culte subalterne ni subordonné au culte du vrai Dieu ; nous avons fait voir ailleurs les défauts de sa doctrine. *Voy.* Parsis. On ne peut pas savoir précisément en quel temps le *sabisme* a commencé.

Prideaux a entrepris de nous en donner une idée encore plus avantageuse que Hyde. Il soutient que l'unité de Dieu et la nécessité d'un médiateur ont été dans l'origine une croyance générale et répandue chez tous les hommes (*voy.* Réparateur) ; que l'unité de Dieu se découvre par la lumière naturelle, et que le besoin d'un médiateur en est une suite. Mais les hommes, dit-il, n'ayant pas eu la connaissance, ou ayant oublié ce que la révélation avait appris à Adam des qualités du médiateur, ils en choisirent eux-mêmes, ils supposèrent des intelligences résidantes dans les corps célestes, ils les prirent pour médiatrices entre Dieu et eux ; conséquemment ils leur rendirent un culte. *Hist. des Juifs*, 1re part., l. III, pag. 110. Aucune de ces conjectures ne nous paraît juste. Nous convenons que le dogme de l'unité de Dieu, et celui de la nécessité d'un médiateur, ou plutôt d'un rédempteur, ont été dans l'origine du monde la croyance générale ; mais elle venait de la révélation primitive, et non de la lumière naturelle ou de la philosophie. Dès qu'une fois le souvenir de cette révélation a été effacé (*Voy.* Médiateur et Réparateur) chez un peuple quelconque, il ne s'est plus trouvé aucun homme à qui l'ancienne croyance soit revenue à l'esprit, le polythéisme a pris sa place.

Cette erreur n'est point venue de ce que les hommes ont senti le besoin d'un médiateur, mais de ce qu'ils ont supposé des esprits ou des intelligences partout où ils ont vu du mouvement, et qu'ils leur ont attribué la distribution des biens et des maux de ce monde. Aucune nation polythéiste n'a envisagé ces êtres imaginaires comme des médiateurs entre un Dieu suprême et les hommes, mais comme des *dieux*, comme des êtres indépendants et maîtres absolus de certaines parties de la nature. Le culte qu'on leur a rendu n'a donc pu avoir aucun rapport au Dieu suprême : ou celui-ci a été un Dieu inconnu, ou l'on a supposé qu'il ne se mêlait en aucune manière des affaires de ce monde. *Voy.* Paganisme, § 1, 2, 4, 5, etc. Enfin, quand toutes les suppositions de Prideaux seraient plus probables, il faudrait encore prouver que quelques-uns des peuples qui ont été appelés *sabiens*, ont eu dans l'esprit les idées et la croyance que ce critique leur prête, et il est impossible d'en donner aucune preuve positive. Les auteurs que l'on cite en témoignage sont trop modernes pour que l'on puisse s'en rapporter à eux.

Assémani, dans sa *Bibliot. orient.*, t. IV, c. 10, § 5, dit qu'il y a encore des *sabéens* ou chrétiens de saint Jean dans la Perse et dans l'Arabie, mais que ces prétendus chrétiens sont plutôt des païens : ainsi en juge Maracci, qui les appelle *sabaites*. Ils ont pris quelques opinions des manichéens, et ils ont emprunté des chrétiens le culte de la croix.

Beausobre, *Hist. du Manich.*, t. II, l. IX, c. 1, § 14, a mieux aimé s'en rapporter à Abulpharage, auteur syrien du XIIIe siècle, qui avait lu l'ouvrage d'un auteur *sabéen* du IXe et du Xe, en faveur de cette religion. Voici ce qu'il en rapporte : La religion des *sabéens*, dit-il, est la même que celle des Chaldéens. Ils prient trois fois le jour, en se tournant toujours du côté du pôle arctique. Ils ont aussi trois jeûnes solennels : le premier commence au mois de mars et dure trente jours, le second en décembre et dure neuf jours, le troisième en février n'en dure que sept. Ils invoquent les étoiles, ou plutôt les intelligences qui les animent, et ils leur offrent des sacrifices ; mais ils ne mangent point des victimes, tout est consumé par le feu ; ils s'abstiennent de lait et de plusieurs légumes. Leurs maximes approchent fort de celles des philosophes. Ils croient que les âmes des méchants seront tourmentées pendant neuf mille ans, après quoi Dieu leur fera grâce. Ils ne reconnaissent qu'un seul Dieu, et ils en démontrent l'unité par des arguments très-forts ; mais ils ne font aucune difficulté de donner le titre de *dieux* aux intelligences des étoiles et des planètes, parce que ce nom n'exprime point l'essence divine. A l'égard du vrai Dieu, ils le distinguent par le glorieux titre de *Seigneur des seigneurs*. Par conséquent Maimonides leur a fait tort, quand il leur a reproché de n'avoir point d'autre Dieu que les étoiles, et de tenir le soleil pour le plus grand des dieux. Ils n'honorent les intelligences célestes que comme des dieux dépendants et subalternes, comme des médiateurs sans lesquels on ne peut point avoir d'accès à l'Etre suprême. Ils sont les ministres par lesquels Dieu distribue ses bienfaits aux hommes et leur déclare ses volontés. Leur principe est qu'il y a une si grande distance entre le Dieu suprême et des hommes mortels, qu'ils ne peuvent approcher de lui que par la médiation des substances spirituelles et invisibles. Conséquemment les uns consacrent à celles-ci des chapelles, les autres des simulacres, dans lesquels ils supposent que réside la vertu de ces intelligences, attirée par la consécration que l'on en a faite. De là Beausobre conclut, à son ordinaire, que si le culte des *sabéens* ou *sabiens* est une véritable idolâtrie, on ne peut pas en disculper certaines communions chrétiennes, c'est-à-dire les catholiques.

Déjà nous avons pleinement réfuté cette absurde conséquence au mot PAGANISME, § 2; mais il faut encore démontrer la fausseté des faits sur lesquels on veut l'étayer. Rien de plus suspect que les témoins que l'on nous allègue. Assémani, *Bibl. orient.*, tom. II, c. 42, nous apprend qu'Abulpharage, quoique patriarche des jacobites, était tolérant, très-porté par conséquent à excuser toutes les religions; il peut très-bien avoir interprété dans le sens le plus favorable l'auteur *sabéen* ou *sabien*, duquel il prétend avoir lu l'ouvrage; il n'en rapporte pas les propres termes. En second lieu, cet auteur qui n'a vécu qu'au IX⁰ ou au X⁰ siècle, ne peut pas nous répondre de ce que pensait le commun des *sabiens* cinq ou six cents ans auparavant. Cet écrivain, qui vivait au milieu du christianisme, et qui voulait faire l'apologie de sa religion, a pu avoir l'idée d'un Dieu suprême et de dieux secondaires ou médiateurs, d'un culte absolu et souverain, et d'un culte relatif et subordonné; il a cherché à se rapprocher des notions et de la croyance des chrétiens par un système philosophique. Mais si l'on veut persuader que le commun des *sabiens*, secte obscure et très-ignorante, vivant la plupart parmi les païens dans le fond de l'Arabie, ont pensé comme un philosophe syrien, on nous suppose aussi stupides qu'eux. Pendant que les philosophes grecs, romains, indiens, chinois, les plus habiles, n'ont point eu cette idée d'un Dieu suprême et de dieux médiateurs, de culte absolu et de culte relatif, nous fera-t-on croire que des ignorants perses ou arabes ont eu cette idée claire et distincte, et qu'ils l'ont fidèlement suivie dans la pratique? Nous soutenons qu'elle ne s'est jamais trouvée ailleurs que dans le christianisme, et nous l'avons prouvé au mot PAGANISME, § 4 et 5. Beausobre lui-même ose prétendre que, parmi les chrétiens, le peuple n'est pas capable de cette précision, que ce sont là des idées métaphysiques et trop abstraites pour lui; et il veut que les *sabiens* les plus grossiers en aient été capables.

L'essentiel était de prouver que, suivant la croyance des *sabiens*, les esprits médiateurs qui résident dans les astres sont des créatures du Dieu souverain, et sont absolument dépendants de lui, qu'ils n'ont d'autre pouvoir que celui d'intercession auprès de lui, qu'il ne leur a point abandonné le gouvernement de ce monde, mais qu'il dispose de tous les événements par sa providence. Voilà les dogmes caractéristiques qui distinguent la vraie religion d'avec le polythéisme; Beausobre n'en a pas dit un seul mot. Il pousse l'entêtement jusqu'à dire que, s'il faut choisir entre le culte religieux rendu aux saints, à leurs images, à leurs reliques, à celui que les *sabiens* et les manichéens ont rendu au soleil et à la lune, ce dernier mérite à tous égards la préférence; *Ibid.*, l. IX, cap. I, § 15.

Au mot IDOLATRIE, nous avons réfuté ce parallèle injurieux; nous avons fait voir que Beausobre ne l'a soutenu qu'en donnant un sens faux à tous les termes, et se contredisant lui-même. Par sa méthode, il justifie tous les idolâtres de l'univers. Il commence par faire dire à Abulpharage que la religion des *sabéens* est la même que celle des Chaldéens : or, les Chaldéens étaient certainement polythéistes et idolâtres; nous ne connaissons aucun auteur qui ait cherché à les décharger de ce crime : comment donc les *sabéens* ou *sabiens* ne l'étaient-ils pas? Mais Beausobre avait entrepris de justifier toutes les fausses religions aux dépens de la vraie, et tous les hérétiques au détriment des catholiques.

Bruker, plus raisonnable, a pensé tout différemment au sujet des *sabiens* ou *zabiens*, *Hist. crit. Philos.*, t. I, l. II, c. 5, § 5. Il ne voit dans leur religion qu'une idolâtrie et une superstition grossière, et dans leur histoire qu'incertitude et ténèbres. On ignore d'abord si leur nom est venu de l'hébreu *Tseba*, qui signifie l'armée des cieux ou les astres, dont les *sabiens* étaient adorateurs; ou de l'arabe *Tsabin*, l'Orient; chacune de ces étymologies a des partisans et des difficultés. D'un côté, les *sabiens* n'étaient pas plus orientaux que les mages de la Perse; d'autre part, le titre d'*adorateurs des astres* est applicable à tous les anciens idolâtres. Conséquemment Brucker, après avoir consulté tous ceux qui ont parlé de cette secte, juge qu'elle se forma quelque temps avant la naissance du mahométisme, par un mélange informe de christianisme, de judaïsme et de magisme; que tout ce que ces sectaires et d'autres ont dit de leur origine et de leur antiquité est absolument fabuleux; que la prétendue relation que l'on a cru voir entre leurs rites et les lois de Moïse est imaginaire. Il ajoute que les divers articles de leur doctrine n'ont ensemble ni liaison ni apparence de raisonnement; et que les livres sur lesquels ils prétendaient les fonder sont absolument faux et supposés. Il rapporte leurs dogmes d'après Sharestani, auteur arabe, qui s'accorde en plusieurs choses avec Maïmonides. Il dit qu'il y a deux sectes de *zabiens*, dont les uns honorent les temples ou chapelles, les autres les simulacres, que leur croyance commune est que les hommes ont besoin d'intelligences qui servent de médiatrices entre eux et Dieu, et que ces intelligences résident dans les astres, comme l'âme dans les corps, qu'ainsi ces médiateurs peuvent être appelés *dieux* et *seigneurs*, mais que le Dieu suprême est le *Seigneur des seigneurs*. Conséquemment les *zabiens* observent avec grand soin le cours des astres; ils supposent que ces corps célestes président à tous les phénomènes de la nature et à tous les événements de la vie, ils ont grande confiance aux enchantements, aux caractères magiques, aux talismans. Ceux qui honorent les idoles ou simulacres des esprits médiateurs, supposent que ceux-ci viennent y résider, et que c'est là que l'on peut s'approcher d'eux. Brucker y ajoute ce que nous avons rapporté d'après Abulpharage, copié par Beausobre.

Encore une fois, pour savoir si les *sabiens* et les autres sectaires qui honoraient les astres étaient ou n'étaient pas polythéistes et idolâtres, le point décisif est de savoir s'ils regardaient les esprits qu'ils supposaient logés dans les corps célestes comme des êtres créés, absolument dépendants d'un seul Dieu, qui n'avaient point d'autre pouvoir que celui que Dieu daignait leur accorder, ni d'autre privilége que d'intercéder auprès de lui ; si par conséquent Dieu régit l'univers par sa providence, dispose du sort des hommes et de tous les événements de ce monde par lui-même, sans en abandonner le soin à de prétendus lieutenants ou médiateurs. *Voy.* ANGES, PROVIDENCE. Or, il est constant que chez les Orientaux aucune secte ni aucune école de philosophes n'a jamais admis la création ; toutes ont supposé que les esprits inférieurs à Dieu sont sortis de lui, non par un acte libre de sa volonté, mais par une émanation nécessaire et coéternelle à Dieu. D'où il suit que Dieu n'a pas été le maître d'étendre ou de borner leur pouvoir comme il lui a plu, qu'ils le possèdent par la nécessité de leur nature, qu'ils sont par conséquent indépendants de Dieu. *Voy.* EMANATION. Toutes ont cru que Dieu est l'âme du monde, mais que ce n'est pas lui qui le gouverne ; que, plongé dans un éternel repos, il n'a ni prévoyance, ni providence ; que tout est à la discrétion des esprits émanés de lui. De là il suit qu'il serait absurde de lui adresser aucun culte, que les hommages, les offrandes, l'encens, les sacrifices, doivent être réservés pour les esprits ou dieux populaires. Voilà les principes sur lesquels ont été bâties toutes les fausses religions anciennes, aussi bien que toute l'idolâtrie moderne. Tant que l'on ne daignera pas les saisir, ni entrer dans cette question, et que l'on voudra défendre le polythéisme et d'idolâtrie, on ne fera que battre l'air et déraisonner.

SABBAT, mot hébreu qui signifie cessation ou repos ; c'était chez les Juifs le septième jour de la semaine, pendant lequel ils s'abstenaient de toute espèce de travail, en mémoire de ce que Dieu, après avoir créé le monde en six jours, se reposa le septième.

Comme il est dit dans la Genèse, c. II, v. 2, que *Dieu bénit ce jour et le sanctifia*, quelques auteurs juifs et quelques Pères de l'Église ont pensé que, dès le moment de la création, Dieu avait institué le repos du septième jour ; mais comme il n'y a point de preuve dans l'Écriture que ce jour ait été chômé ou fêté par les patriarches avant Moïse, il paraît que les paroles de la Genèse signifient seulement que Dieu, dès la création, désigna ce jour, pour que dans la suite il fût célébré et sanctifié par son peuple. En effet, dans le *Décalogue*, Dieu en fit aux Israélites un précepte formel, et ordonna le repos dans ce jour sous peine de mort (*Exod.* XX, 8 ; XXXI, 13, etc.). Pendant qu'ils étaient dans le désert, un homme, qui avait publiquement violé cette loi, fut effectivement condamné à mort et lapidé par le peuple (*Num.* XV, 32). Cette sévérité ne doit point nous étonner, parce que la célébration du *sabbat* en mémoire de la création était une profession de foi très-énergique du dogme d'un seul Dieu créateur, et un préservatif contre le polythéisme. Un autre motif de cette institution était d'accorder du repos non-seulement aux ouvriers et aux esclaves, mais encore aux animaux ; Dieu s'en est expliqué formellement dans la loi (*Deut.* v, 14 et 15) ; c'était donc une leçon d'humanité aussi bien qu'une pratique de religion. C'était enfin un moyen de rappeler à la mémoire des Israélites la manière dure dont ils avaient été traités en Égypte, et le bienfait que Dieu leur avait accordé en les tirant de cet esclavage (*Ibid.*).

Un des principaux reproches que Dieu fait aux Juifs par ses prophètes est d'avoir violé la loi du *sabbat*, et il déclare que c'est un des désordres pour lesquels il les a punis par la captivité de Babylone (*Jerem.* XVII, 21 et 23 ; *Ezech.*, XX, 13 et suiv.). Aussi, après le retour de cette captivité, cette loi fut observée par les Juifs avec la plus grande rigueur (*II Esdr.* XI, 31, et XIII, 15). Nous voyons même, dans les livres des Machabées, un exemple de respect pour le *sabbat* poussé à l'excès. Des Juifs qui fuyaient la persécution d'Antiochus, retirés dans le désert, se laissèrent égorger par les troupes de ce roi sans vouloir se défendre, parce qu'on les attaquait un jour de *sabbat* (*I Machab.* II, 34) ; d'autres, plus sages, reconnurent que cette loi n'interdisait pas la défense de soi-même (*Ibid.*, 41).

Du temps de Jésus-Christ, les docteurs juifs poussaient aussi jusqu'au scrupule et à une rigidité excessive l'observation du *sabbat* ; plus d'une fois ils lui reprochèrent de guérir les malades et d'opérer des miracles ces jours-là. Le Sauveur n'eut pas de peine à confondre leur hypocrisie ; il leur représenta que Dieu n'interrompt pas, les jours de *sabbat*, le gouvernement du monde, et que son Fils devait l'imiter (*Joan.* v, 16 et suiv.) ; que les prêtres exerçaient ces jours-là leur ministère dans le temple comme les autres jours, sans être pour cela coupables ; que les Juifs mêmes ne se faisaient aucun scrupule pendant le *sabbat* de soigner leur bétail, ni de le retirer d'un fossé dans lequel il serait tombé ; que le *sabbat* était fait pour l'homme, et non l'homme pour le *sabbat* ; qu'il était donc permis pendant ce repos de faire du bien aux hommes, et qu'enfin, en qualité de Fils de Dieu, il était seigneur et maître du *sabbat* (*Matth.* XII, 1 et suiv.).

Les auteurs profanes, qui ont voulu parler de l'origine et des motifs du *sabbat* des Juifs, n'ont fait que montrer combien ils étaient peu instruits de ce qui concernait cette nation. Tacite a cru qu'ils chômaient le *sabbat* en l'honneur de Saturne, à qui le samedi était consacré par les païens, ou par un motif d'oisiveté, *Hist.*, l. v. Plutarque, *Sympos.* l. IV, prétend qu'ils le célébraient à l'honneur de Bacchus, parce que ce dieu est surnommé *Sabios*, et que dans ses fêtes on criait *Saboï*; Appion le grammairien soutenait que les Juifs observaient ce jour en mémoire de ce qu'en Egypte ils avaient été guéris d'une maladie honteuse, nommée en égyptien *sabboni*; enfin Perse et Pétrone reprochent aux Juifs de jeûner le jour du *sabbat*; or, il est certain qu'ils ne l'ont jamais fait, et que cela leur était défendu.

Au lieu du samedi les chrétiens fêtent le dimanche, en mémoire de la résurrection de Jésus-Christ, parce que ce grand miracle est une des preuves les plus éclatantes de la vérité et de la divinité de la religion chrétienne. Cette raison n'est pas moins importante que celles qui avaient donné lieu à l'institution du *sabbat* pour les Juifs. *Voy.* DIMANCHE. Peu nous importe de savoir comment ceux-ci observent aujourd'hui la loi du repos; on sait qu'ils le font pour le moins aussi rigoureusement que du temps de Jésus-Christ, et qu'ils ont conservé l'usage de le commencer au coucher du soleil pour le finir le lendemain à pareille heure.

Le mot *sabbat* se prend encore en d'autres sens dans l'Ecriture sainte; il désigne, 1° le repos éternel ou la félicité du ciel (*Hebr.* IV, 9); 2° pour toutes espèces de fêtes (*Levit.* XIX, 3 et 30). « Gardez mes *sabbats*, » c'est-à-dire les fêtes de Pâques, de la Pentecôte, des Tabernacles, etc. Il signifie aussi la semaine : *Jejuno bis in sabbato*, Luc., c. x, 12, Je jeûne deux fois la semaine. *Una sabbati*, Joan., c. xx, v. 1, est le premier jour de la semaine. Dans saint *Luc*, c. VI, v. 1, il est parlé d'un *sabbat second premier*, *in sabbato secundo primo*; cette expression paraît d'abord fort extraordinaire. Mais on doit observer que δευτεροπρότερον est mis dans le grec de saint *Luc* pour δευτερόπρωτον; il signifie un *sabbat* qui en précéda un autre ; en effet, dans le v. 6, saint *Luc* parle du second *sabbat* dans lequel Jésus-Christ opéra un miracle.

SABBATAIRES, SABBATARIENS, ou SABBATHIENS. L'on a désigné sous ces noms différents sectaires. 1° Des juifs mal convertis, qui, dans le 1ᵉʳ siècle de l'Eglise, étaient opiniâtrément attachés à la célébration du *sabbat* et autres observances de la loi judaïque. Ils furent aussi nommés *masbothéens*. *Voy.* ce mot. 2° Une secte du IVᵉ siècle, formée par un certain *Sabbathius*, qui voulut introduire la même erreur parmi les novatiens, et qui soutenait que l'on devait célébrer la pâque avec les juifs le quatorzième de la lune de mars. On prétend que ces visionnaires avaient la manie de ne vouloir point se servir de leur main droite; ce qui leur fit donner le nom d'ἀριστεροί, *sinistres* ou *gauchers*. 3° Une branche d'anabaptistes, qui observent le *sabbat* comme les juifs, et qui prétendent qu'il n'a été aboli par aucune loi dans le Nouveau Testament. Ils blâment la guerre, les lois politiques, les fonctions de juge et de magistrat; ils disent qu'il ne faut adresser des prières qu'à Dieu le Père, et non au Fils et au Saint-Esprit.

SABBATIQUE. L'observation de l'année *sabbatique*, ou de l'année du repos des terres, est un des usages les plus remarquables des Juifs. Dieu leur avait ordonné de laisser à chaque septième année leurs terres sans culture, et, pour les dédommager, il leur avait promis qu'à chaque sixième année la terre leur produirait une triple récolte. (*Exod.* XXIII, 10; *Levit.*, XXV, 3 et 20); s'ils y manquaient, il les avait menacés de les transporter dans une terre étrangère, de ruiner et de désoler leur pays, de faire ainsi reposer leurs terres malgré eux (XXVI, 34). Cette promesse fut fidèlement exécutée, du moins sous le gouvernement des juges et jusqu'au règne de Saül, et depuis le retour de la captivité de Babylone jusqu'à l'avènement de Jésus-Christ.

En effet, Josèphe, *Antiq. Jud.*, l. XI, c. 8, rapporte qu'Alexandre étant à Jérusalem, le grand prêtre Jaddus lui demanda pour toute grâce de laisser les Juifs vivre suivant leur loi, et de les exempter de tribut à la septième année, ce qui leur fut accordé. Les Samaritains firent de même, parce qu'ils observaient aussi l'année *sabbatique*. Il est dit dans le premier livre des *Machabées*, c. VI, v. 49, que Antiochus Eupator ayant tenu assiégée pendant longtemps la ville de Bethsara dans la Judée, les habitants furent forcés de se rendre à lui par la disette des vivres, à cause que c'était l'année du repos de la terre. Josèphe nous apprend encore, l. XIV, c. 17, que Jules César imposa aux habitants de Jérusalem un tribut qui devait être payé tous les ans, excepté l'année *sabbatique*, parce que l'on ne semait et l'on ne recueillait rien pendant cette année. Il ajoute, c. XXVIII, que, pendant le siège de Jérusalem fait par Hérode et par Sosius, les habitants furent réduits à la plus grande disette de vivres, parce que l'on était dans l'année *sabbatique*. Tacite, *Hist.*, l. v, c. 1, atteste aussi le repos de la septième année observé par les Juifs; mais comme il ignorait la raison de cet usage, il l'attribue à leur amour pour l'oisiveté. Le fait est donc incontestable. Or, il aurait été impossible aux Juifs d'observer les années *sabbatiques*, si Dieu n'avait pas exécuté la promesse de leur accorder une triple récolte à la sixième année. On objectera sans doute que Dieu n'était pas fidèle à sa parole, puisqu'il y avait disette de vivres pendant l'année *sabbatique*, et que les Juifs étaient hors d'état de payer des tributs pour lors. Mais il faut faire attention qu'en promettant pour chaque sixième année une récolte suffisante pour faire subsister les Juifs pendant trois ans, Dieu n'avait pas promis de la rendre assez abondante pour supporter encore des tributs pendant ce temps-là. Ce peuple ne commença par porter le joug d'un tribut que sous Alexandre, sous ses successeurs et sous les Romains. D'ailleurs, dans les temps desquels Josèphe a parlé, la Judée était remplie d'étrangers, surtout de militaires, et l'on sait à quel point le pillage des armées répandait la disette dans les provinces exposées à ce fléau.

Quant à la menace de punir l'inobservation de l'année *sabbatique*, l'auteur des *Paralipomènes*, l. II, c. 36, v. 21, nous fait observer que les soixante-dix ans de la captivité des Juifs à Babylone furent un châtiment de leur négligence sur ce point, et que pendant tout ce temps-là les terres de la Judée jouirent du *sabbat* ou du repos que ses habitants ne lui avaient pas accordé. Aussi, au retour de cette captivité, les Juifs, en promettant solennellement d'observer tous les préceptes de la loi du Seigneur, y comprirent formellement celui qui regardait l'année *sabbatique*, Nehem., c. x, v. 31. En 1762, le savant Michaëlis a fait une dissertation sur ce sujet. Il observe, 1° que Dieu n'avait promis une récolte double ou triple à la sixième année, que sous condition que les Juifs seraient fidèles à ses lois (*Levit.*, xxv; 18 et 19); qu'ainsi on ne pouvait pas compter absolument sur cette abondance extraordinaire; 2° que depuis le règne de Saül, les Juifs négligèrent l'observation de cette loi, et qu'ils en furent punis, comme nous venons de le remarquer; 3° que cette loi était très-sage. En premier lieu elle forçait chaque laboureur de réserver toutes les années une partie de sa récolte sans la vendre, afin d'avoir de quoi subsister la septième année : précaution plus efficace pour prévenir la famine que des greniers publics les mieux fournis. En second lieu, cette précaution nécessaire empêchait les usuriers de profiter de la cherté des grains pendant l'année *sabbatique*. En troisième lieu, pendant cette année les peuples voisins de la Judée avaient la liberté d'y amener paître leurs troupeaux, et il en résultait un engrais pour les terres en jachères. En quatrième lieu, c'était une année de chasse et de gibier pour les Juifs. Indépendamment de ces observations judicieuses, la punition des Juifs à Babylone, pendant soixante-dix ans, par proportion au nombre des années *sabbatiques* qu'ils avaient violées, est une preuve incontestable de l'esprit prophétique de Moïse et de la divinité de sa mission.

Ainsi les soixante-dix ans de la captivité de Babylone avaient un double rapport, le premier aux soixante-dix semaines d'années, ou aux quatre cent quatre-vingt-dix ans pendant lesquels les années *sabbatiques* n'avaient pas été observées; le second, aux quatre cent quatre-vingt-dix ans qui devaient s'écouler depuis le rétablissement de Jérusalem jusqu'à l'arrivée du Messie : double calcul très-remarquable. *Voy.* DANIEL.

SABELLIENS, hérétiques du III° siècle, sectateurs de Sabellius. Celui-ci était né à Ptolémaïde ou Barcé, ville de la Libye cyrénaïque; il y répandit ses erreurs vers l'an 260. Il enseignait qu'il n'y a en Dieu qu'une seule personne qui est le Père, duquel le Fils et le Saint-Esprit sont des attributs, des émanations ou des opérations, et non des personnes subsistantes. Dieu le Père, disaient les *sabelliens*, est comme la substance du soleil; le Fils en est la lumière, et le Saint-Esprit la chaleur. De cette substance est émané le Verbe comme un rayon divin, et il s'est uni à Jésus-Christ pour opérer l'ouvrage de notre rédemption; il est ensuite remonté au Père, comme un rayon à sa source, et la chaleur divine du Père, sous le nom du Saint-Esprit, a été communiquée aux apôtres. Ils usaient encore d'une autre comparaison non moins grossière, en disant que la première personne est dans la Divinité comme le corps est dans l'homme, que la seconde en est l'âme, que la troisième en est l'esprit. De là il s'ensuivrait évidemment que Jésus-Christ n'est point une personne divine, mais une personne humaine; qu'il n'est ni Dieu, ni Fils de Dieu dans le vrai sens des termes, mais seulement dans un sens abusif, parce que la lumière du Père lui a été communiquée et a demeuré en lui. Si donc Sabellius voulait admettre une *incarnation*, il était obligé de dire que c'était Dieu le Père qui s'était incarné, qui avait souffert et qui était mort pour nous sauver. Conséquemment les Pères de l'Eglise qui ont écrit contre Sabellius, l'ont mis au rang des patripassiens avec Praxéas et les néotiens.

Pour soutenir son erreur, Sabellius abusait des passages de l'Ecriture sainte, qui enseignent l'unité de Dieu, surtout de ces paroles de Jésus-Christ, *mon Père et moi sommes une même chose*. Il fut réfuté avec beaucoup de force par saint Denis, patriarche d'Alexandrie, et ensuite par d'autres Pères de l'Eglise. Cette hérésie fit néanmoins des progrès non-seulement dans la Cyrénaïque où elle était née, mais encore dans l'Asie Mineure, dans la Mésopotamie et même à Rome; saint Epiphane, *hær.* 42 ou 62. Au IV° siècle elle fut renouvelée par Photin, et c'est encore aujourd'hui la doctrine des sociniens.

Beausobre, apologiste décidé de tous les hérétiques et de toutes les erreurs, a excusé les *sabelliens* : Quoique leur doctrine, dit-il, soit évidemment contraire à l'Ecriture sainte, et qu'elle ait été justement condamnée, il faut pourtant convenir que l'origine en fut innocente, puisqu'elle venait de la crainte de multiplier la divinité et de ramener le polythéisme, il le prouve par divers témoignages. Ainsi ce critique charitable n'a pas pu manquer d'excuser aussi les sociniens, qui protestent qu'ils agissent par le même motif que les *sabelliens*, et qui se servent à peu près des mêmes arguments pour attaquer les mystères de la Trinité et de l'Incarnation. Toute hérésie, selon lui, est pardonnable, quoique évidemment contraire à l'Ecriture sainte, dès que l'on peut l'attribuer à un motif innocent et même religieux. Mais il ne juge pas de même des erreurs prétendues qu'il attribue aux Pères de l'Eglise et aux catholiques; celles-ci ne méritent point de grâce, sans doute parce qu'on ne peut les attribuer à aucun motif innocent ni religieux. Voilà ce que Beausobre appelle une *impartialité* que l'équité demande; elle est plus propre, dit-il, à ramener les hérétiques, que des jugements téméraires hasardés contre eux sans preuve, et dont l'injustice les révolte. *Hist. du Manich.*, l. III, c. VI,

§ 8. On sait si l'impartialité de Beausobre a déjà opéré des conversions parmi les sociniens, les quakers, les anabaptistes, etc. Il soutient que les Pères ont eu tort de mettre les *sabelliens* au nombre des patripassiens. L'erreur *sabellienne*, dit-il, consistait à anéantir la personnalité du Verbe et du Saint-Esprit; dans ce système, la Trinité n'est autre chose que la nature divine considérée sous les trois idées de *substance*, de *pensée* et de *volonté* ou d'action. C'est le pur judaïsme, comme le dit fort bien saint Basile. Suivant cette même doctrine, Jésus-Christ est *Fils de Dieu*, parce qu'il a été conçu du Saint-Esprit; que le Verbe ou la sagesse de Dieu, attribut inséparable du Père, a déployé sa vertu dans Jésus, lui a révélé les vérités qu'il devait enseigner aux hommes, et lui a donné le pouvoir de faire des miracles. Ainsi l'union du Verbe divin avec la personne de Jésus n'est point une union substantielle, mais de vertu seulement. L'incarnation n'a été qu'une opération de la Divinité, une effusion de la sagesse et de la vertu divine dans l'âme de Jésus-Christ. Dans ce système, il est impossible de dire que Dieu le Père, une personne divine, ou la Divinité, a souffert en Jésus-Christ. En quel sens peut-on appeler les *sabelliens*, *patripassiens*, eux qui soutenaient que la Divinité est impassible?

Ce reproche fait par Beausobre aux Pères de l'Eglise porte sur trois suppositions fausses: la première, que les hérétiques ont été sincères dans leur langage; la seconde, qu'ils ont raisonné conséquemment et qu'ils ne sont pas contredits; la troisième, que leurs disciples ont été fidèles à conserver les mêmes sentiments et les mêmes expressions: voilà ce qui n'est jamais arrivé à aucune secte, pas plus aux *sabelliens* qu'aux autres.

— 1° Si le Verbe divin n'est pas une personne, mais seulement un attribut ou une opération du Père, peut-on, sans abuser frauduleusement de tous les termes, dire du Verbe ce qu'en dit saint Jean: que le Verbe était en Dieu, qu'il était Dieu, qu'il a fait toutes choses, qu'il est la vraie lumière qui éclaire tout homme venant en ce monde, qu'il était dans le monde, qu'il est venu parmi les siens, qu'il a été fait chair, qu'il a habité en nous, etc.; ou ce que dit saint Paul, que *Dieu était en Jésus-Christ* se réconciliant le monde, etc.? Il fallait cependant que Sabellius dît tout cela, ou qu'il renonçât au nom de chrétien: s'il le disait, on ne pouvait entendre que du Père tout ce qui est attribué au Verbe, puisque le Père est la seule personne divine ou le seul principe d'action, suivant son système. On était donc forcé de dire que le Père s'est incarné, qu'il a souffert, qu'il est mort, etc., comme on le dit du Verbe. — 2° Théodoret, *Hæret. fab.*, lib. II, c. 9, nous apprend que Sabellius considérant Dieu comme faisant le décret éternel de sauver les hommes, le regardait comme Père; lorsque ce même Dieu s'incarnait, naissait, souffrait, mourait, il l'appelait *Fils*; lorsqu'il l'envisageait comme sanctifiant les hommes, il le nommait *Saint-Esprit*. Il est à présumer que Théodoret avait lu les ouvrages de Sabellius ou ceux de ses disciples: de quel droit récusera-t-on son témoignage? Voilà toujours le Père qui est censé faire et souffrir tout ce que Jésus-Christ a fait et souffert. — 3° Supposons que Sabellius ni ses partisans ne l'ont pas dit, la question est de savoir ce que les Pères ont entendu par le nom de *patripassiens*; s'ils ont voulu désigner par là des hérétiques qui ont enseigné formellement et en propres termes que *Dieu le Père a souffert*, ces saints docteurs pourraient avoir tort; peut-être aucun hérétique n'a-t-il affirmé distinctement cette proposition; mais s'ils ont seulement entendu par ce mot, des hérétiques, de la doctrine desquels il s'ensuit clairement et nécessairement que Dieu le Père a souffert, qui a droit de les blâmer?.

Beausobre reprend encore Origène d'avoir dit que les *sabelliens* confondent la notion de Père et de Fils, qu'ils regardent le Père et le Fils comme une seule hypostase, *Comment. in Matth.*, tom. XVII, n. 14. Il fallait dire continue ce critique, qu'ils regardent *le Père et le Verbe*, et non *le Fils*, comme une seule hypostase; les *sabelliens* n'ont jamais donné au Verbe le nom de Fils, puisqu'ils le regardaient comme un attribut ou une propriété de la nature divine. Mais ils ont donné à Jésus-Christ le titre de *Fils de Dieu*, dans ce sens que la sagesse de Dieu résidait en lui. Dans ce cas les *sabelliens* doivent encore réformer le langage de saint Jean, qui dit: « Le Verbe s'est fait chair et il a demeuré parmi nous, et nous avons vu sa gloire comme celle de *Fils unique du Père*. » Voilà le *Verbe* nommé très-clairement *Fils de Dieu*. Est-il bien sûr que les *sabelliens* n'ont jamais affecté de parler de même? A la vérité ils se seraient contredits; mais, encore une fois, il n'y a aucun hérétique à qui cela ne soit arrivé. Rien d'ailleurs n'empêche d'entendre ainsi la phrase d'Origène. Ces hérétiques confondent la notion de Père et de Fils, puisqu'ils font une seule et même personne du Père et du *Verbe* que nous nommons *Fils de Dieu* d'après l'Ecriture sainte. Quant à ceux que Beausobre accuse d'avoir dit que les *sabelliens* se figuraient un Dieu *Père de lui-même*, et *Fils de lui-même*, Υἱοπάτωρ, ils se réduisent au seul Arius, hérésiarque aussi entêté que Sabellius. Déjà nous avons eu lieu de faire plus d'une fois de prouver à Beausobre que ses apologies des hérétiques sont aussi absurdes, que ses calomnies contre les Pères sont injustes. Aussi a-t-il été réfuté par Mosheim, *Histor. christian.*, sæculo III, n. 33. Celui-ci a prouvé que Sabellius envisageait le Verbe et le Saint-Esprit comme deux émanations ou deux portions de la divinité du Père; qu'ainsi la portion qui a été unie à Jésus-Christ a véritablement souffert avec lui, d'où il conclut que l'on a tort de reprendre les Pères qui ont mis cet hérétique au nombre des patripassiens, et que saint Epiphane a très-bien exposé son erreur. *Voy.* NOÉTIENS, PRAXÉENS, PATRIPASSIENS.

SAC. Ce mot, qui est le même en hébreu que dans les autres langues, signifie la même chose. Outre l'acception ordinaire, il exprime un habit simple et grossier, un cilice; c'est un signe et un instrument de pénitence. Ce n'était point l'usage des anciens de s'en couvrir tout le corps, mais de les mettre autour des reins (*Isaï.* xx, 2; *Judith*, iv, 8). On le prenait dans les moments de deuil, d'affliction, de calamité publique, de pénitence (*II Reg.* iii, 31; *III Reg.* xx, 32; *Esth.* iv, 1). On y ajoutait l'action de se couvrir la tête de cendre ou de poussière. Lorsque l'affliction était passée, on témoignait sa joie en déchirant le sac que l'on avait autour des reins, on se lavait, et on se frottait d'huile parfumée. *Voy.* CENDRES.

SACCOPHORES ou PORTEURS DE SAC. Plusieurs hérétiques ont été appelés de ce nom, comme les *apostoliques* ou *apotactiques*, les *encratites*, les *manichéens*. *Voy.* ces mots. Ils se revêtaient de sacs pour avoir un air pénitent et mortifié, et souvent sous cet habit ils cachaient une conduite très-déréglée. L'Eglise, qui connaissait leur hypocrisie, n'hésita jamais de condamner ce vain appareil de mortification auquel le peuple ne se laisse prendre que trop aisément.

SACHETS. Les frères *sachets*, nommés aussi *frères de la pénitence* et *frères aux sacs*, à cause de la forme de leur habit grossier, de leur vie pauvre et mortifiée, étaient une congrégation de religieux augustins, différente de celle des ermites. On ignore l'origine de cet ordre qui ne remonte pas au delà du xiiie siècle. Ils avaient un monastère à Saragosse en Espagne, du temps d'Innocent III, et la direction des béguines de Valenciennes; ce qui les fit nommer *frères béguins*. Ils étaient fort austères, ils s'abstenaient de viande et de vin. A la recommandation de la reine Blanche, saint Louis en fit venir d'Italie; il les établit à Paris, à Poitiers, à Caen et ailleurs. Mais leur extrême pauvreté, le petit nombre de ceux qui se vouaient à ce genre de vie, le décret du concile de Lyon qui supprima les ordres mendiants, à la réserve de quatre, firent tomber insensiblement l'ordre des *frères sachets*. Il y a eu aussi des religieuses *sachettes* qui imitaient la vie des frères de la pénitence : elles avaient une maison à Paris, près de Saint-André-des-Arts, et elles ont laissé leur nom à la rue des *Sachettes*. *Hist. de l'Égl. Gallic.*, l. xxxiv, t. XII, an. 1272.

SACERDOCE. *Voy.* PRÊTRE et PRÊTRISE.

SACIENS, nom donné aux anthropomorphites. *Voy.* ce mot.

SACRAMENTAIRE, ancien livre d'Eglise dans lequel sont renfermées les prières et les cérémonies de la liturgie ou de la messe et de l'administration des sacrements. C'est tout à la fois un pontifical, un rituel, un missel, dans lequel néanmoins on ne trouve ni les introïts, ni les graduels, ni les épîtres, ni les évangiles, ni les offertoires, ni les communions, mais seulement les collectes ou oraisons, les préfaces, le canon, les secrètes et les postcommunions, les prières et les cérémonies des ordinations, et un nombre de bénédictions; ce que les Grecs nomment un *Eucologe*.

Le premier qui ait rédigé un *Sacramentaire* est le pape Gélase, mort l'an 496; c'est du moins le plus ancien qui soit parvenu jusqu'à nous. Saint Grégoire, postérieur d'un siècle à Gélase, retoucha ce *Sacramentaire*, en retrancha plusieurs choses, en changea quelques-unes; il y ajouta peu de paroles. Mais ni l'un ni l'autre n'ont été les auteurs du fond de la liturgie; avant eux elle se conservait par tradition, et on a toujours cru qu'elle venait des apôtres. Le Père Lebrun, *Explic. des Cérém. de la Messe*, t. III, p.137 et suiv., a prouvé ce fait essentiel; au mot GRÉGORIEN, nous avons extrait sommairement ce qu'il en a dit.

Si les critiques protestants qui ont tant déclamé contre la messe et contre les autres prières de l'Eglise, qui les ont regardées comme des superstitions et des momeries de nouvelle invention, avaient été mieux instruits, ils auraient vu que l'Eglise catholique ne fait rien aujourd'hui que ce qu'elle a fait dès les premiers siècles; que, dans tous les temps, elle a fait profession de suivre et d'imiter ce qu'ont fait Jésus-Christ et les apôtres. *Voy.* LITURGIE.

SACRAMENTAIRES. Les théologiens catholiques ont donné quelquefois ce nom à tous les hérétiques qui ont enseigné des erreurs touchant la sainte eucharistie, qui ont nié ou la présence réelle de Jésus-Christ dans ce sacrement, ou la transsubstantiation, par conséquent aux disciples de Luther aussi bien qu'à ceux de Calvin. Mais les luthériens eux-mêmes, qui admettent la présence réelle, ont nommé *sacramentaires* les sectateurs de Carlostadt, de Zwingle et de Calvin, qui rejettent la présence réelle, et qui soutiennent que l'eucharistie n'est que la figure, le signe, le symbole du corps et du sang de Jésus-Christ; que dans la communion on reçoit ce corps et ce sang non réellement, mais spirituellement et par la foi. *Voy.* EUCHARISTIE.

Cinq ans seulement après que Luther eut commencé à prêcher, Carlostadt répandit cette doctrine à Wirtemberg, et il y trouva des partisans. Luther ne serait pas venu à bout d'arrêter les progrès de cette erreur, s'il n'avait fait chasser Carlostadt, par l'électeur de Saxe; telle fut la principale cause de leur rupture. Peu d'années après, d'autres novateurs prêchèrent la même chose dans d'autres villes, en particulier à Goslard: après plusieurs disputes et plusieurs conférences, la contestation finit de même par l'exil de ceux qui s'écartaient des opinions de Luther. Mosheim, dans ses dissertations sur l'*Histoire ecclésiastique*, tom. I, p. 627, en a placé une touchant cet événement, où l'on voit qu'il était uniquement question de savoir quel sens on doit donner à ces paroles de Jésus-Christ : *Ceci est mon corps*.

Mais puisque, selon le sentiment des protestants, l'Ecriture sainte est la seule règle de notre foi, nous voudrions savoir pourquoi les adversaires de Luther avaient moins de droit d'entendre les paroles de Jésus-Christ, dans un sens figuré, qu'il n'en avait lui-même de les prendre dans le sens littéral et grammatical? pourquoi il n'était pas permis aux catholiques de les entendre comme on les a toujours entendues depuis les apôtres. Il est évident que la doctrine de Luther ne s'est conservée parmi ses sectateurs que par les lois que plusieurs souverains ont portées contre les *sacramentaires*, et même par les peines afflictives qu'on leur a fait subir; ce sont les lois et non l'Ecriture sainte qui ont décidé chez eux de la croyance des peuples. On ne peut assez admirer la stupidité du commun des luthériens qui se sont ainsi laissé conduire par l'autorité civile en fait de religion, après qu'on avait commencé par leur promettre la liberté entière de conscience, et la faculté de se décider eux-mêmes touchant le vrai sens de l'Ecriture sainte. On voudrait savoir encore en quoi les articles de foi, réglés par des prédicants et appuyés par l'autorité des souverains, ont été plus dignes de respect et de soumission que les décrets des pasteurs de l'Eglise catholique, assemblés au concile de Trente. Enfin, l'on ne conçoit pas comment les erreurs des *sacramentaires*, des anabaptistes, des sociniens, sorties des principes de la prétendue réforme, sous les yeux mêmes de ses fondateurs, ne leur ont pas fait sentir la fausseté de ces principes, et comment ils ont pu s'y obstiner jusqu'à la mort.

SACRÉ, SACRÉ. Il paraît que, dans l'origine, on a nommé *sacré* ce qui était tiré de l'usage commun, mis à part ou en réserve, pour être offert à Dieu et destiné à son culte; que telle est l'étymologie du latin *sacer*, et du grec ἱερός; ainsi *Deo sacrum* est la même chose que *sanctum Domino*, destiné ou réservé pour Dieu. De là est venu le double sens du mot *sacer*, qui signifie aussi exécrable, dévoué, destiné, réservé à la mort. On profane une chose *sacrée*, quand on la fait rentrer dans l'usage commun, ou qu'on la traite avec aussi peu de respect que les choses communes. On a *sacré* les rois, les prêtres, les prophètes: dès ce moment ils ont été censés tirés de l'ordre des simples particuliers, et en quelque façon mis à part pour remplir des fonctions qui leur étaient propres. Dans le même sens on a consacré des lieux, des instruments, des choses d'usage, pour les faire servir au culte du Seigneur. On distingue le *sacre* ou la *consécration* d'avec une *bénédiction*, en ce que celle-ci ne tire pas absolument la chose bénite du rang ou de l'usage des choses communes.

La coutume de *sacrer* les rois, en les oignant d'huile sainte, a commencé chez les Hébreux; Saül et David furent *sacrés* par le prophète Samuel, Salomon par le grand prêtre. Quelques auteurs ont cru qu'aucun prince chrétien n'avait été *sacré* avant Justin II, empereur de Constantinople, parvenu au trône l'an 565; mais d'autres nous apprennent que Théodose le Jeune fut couronné; par conséquent *sacré*, l'an 408, par le patriarche Proclus. *Notes du P. Ménard sur le Sacram. de saint Grégoire*, p. 307. Cet usage fut imité par les rois des Goths et de France. Clovis fut *sacré* par saint Remi. *Voy.* ONCTION. Plusieurs incrédules ont blâmé cette cérémonie, comme si elle était établie pour persuader aux rois qu'ils sont des hommes divins, d'une nature supérieure à celle des autres hommes, qu'ils ne tiennent rien de leurs sujets, et qu'ils ne leur doivent rien. Si l'on veut se donner la peine de lire les prières et les exhortations que fait à un roi l'évêque qui le *sacre*, on verra si cette cérémonie n'est pas la leçon la plus énergique pour lui faire connaître tous ses devoirs, et si, lorsqu'il lui arrive de les oublier, c'est la faute de l'Eglise. *Ménard, ibid.*

Quelques écrivains ont été scandalisés de ce que l'on appelle les empereurs d'Allemagne et les rois d'Angleterre *sacrée majesté*; ils ont regardé ce titre comme un blasphème. Ils ont oublié sans doute que, dans l'Ecriture sainte, les rois en général sont nommés les *oints du Seigneur*, et que Dieu n'a pas dédaigné d'appeler Cyrus, prince infidèle, son *oint*, son *christ*, son *messie*, c'est-à-dire un personnage qu'il avait destiné à être célèbre et à délivrer le peuple juif de sa captivité.

Les anciens regardaient comme *sacrés* non-seulement les temples des dieux; mais les tombeaux des morts, et les lieux sur lesquels le tonnerre était tombé. Lorsque les protestants ont décidé en général qu'il est absurde de regarder un lieu comme plus saint et plus *sacré* qu'un autre, c'est comme s'ils avaient dit qu'il est absurde de respecter un lieu plus qu'un autre, et d'avoir plus d'égards pour l'appartement d'un roi que pour une étable d'animaux. Ils ne soutiennent cette maxime, quoique contraire au sens commun, que pour pallier les profanations horribles dont leurs pères se sont rendus coupables, en voulant abolir le culte catholique; au mot CONSÉCRATION, nous avons répondu aux reproches insensés que les incrédules ont empruntés d'eux.

SACREMENT (1). Par l'étymologie que

(1) *Canons et doctrines sur les sacrements.* — Si quelqu'un dit que les sacrements de la nouvelle loi n'ont pas été tous institués par Notre-Seigneur Jésus-Christ, ou qu'il y en a plus ou moins de sept, savoir le baptême, la confirmation, l'eucharistie, la pénitence, l'extrême-onction, l'ordre et le mariage; ou que quelqu'un de ces sept n'est pas proprement et véritablement un sacrement, qu'il soit anathème. Conc. de Trente, 7ᵉ sess. des sac., c. 1. — Si quelqu'un dit que les sacrements de la nouvelle loi ne sont différents de ceux de la loi ancienne, qu'en ce que les cérémonies et les pratiques extérieures sont diverses, qu'il soit anathème. C. 2. — Si quelqu'un dit que les sept sacrements sont tellement égaux entre eux, qu'il n'y en a aucun plus digne que l'autre en quelque manière que ce soit, qu'il soit anathème. C. 3. — Si quelqu'un dit que les sacrements de la nouvelle loi ne sont pas nécessaires au salut, mais qu'ils sont superflus, et que sans eux ou sans le désir de les recevoir, les hommes peuvent obtenir de Dieu, par la seule foi, la grâce de la justification, bien qu'il soit

nous venons de donner du mot *sacré*, il est évident que *sacrement* signifie non-seulement le signe d'une chose sacrée, mais l'action par laquelle une chose est rendue sacrée. Aussi les Romains appelaient *sacramentum* le serment par lequel un citoyen s'engageait et se dévouait à la milice, la profession même de soldat, l'argent consigné par un plaideur, et qui était acquis au fisc s'il perdait son procès, etc. Mais ce mot a changé de signification chez les traducteurs latins de l'Écriture sainte : ils ont rendu par *sacramentum* les termes hébreux et grecs qui signifient secret, mystère, chose cachée ; conséquemment l'on entend par *sacrement* le signe sensible d'un effet intérieur et spirituel que Dieu opère dans nos âmes. Nous avons à en examiner : 1° l'usage, 2° le nombre, 3° l'essence, 4° l'effet, 5° l'instituteur, 6° le ministre, 7° les conséquences.

§ I. Saint Augustin, lib. xix, *contra Faust.*, c. iv, observe très-bien que les hommes ne peuvent être réunis dans la profession d'une religion vraie ou fausse que par le secours de signes visibles ou de symboles mystérieux qui font impression sur nous, et que l'on ne peut mépriser sans être sacrilège. En effet ;

vrai que tous ne sont pas nécessaires à chaque particulier, qu'il soit anathème. C. 4. — Si quelqu'un dit que les sacrements n'ont été institués que pour entretenir seulement la foi, qu'il soit anathème. C. 5. — Si quelqu'un dit que les sacrements ne contiennent pas la grâce qu'ils signifient, ou qu'ils ne confèrent pas cette grâce à ceux qui n'y mettent point obstacle, comme s'ils étaient seulement des signes extérieurs de la justice ou de la grâce qui a été reçue par la foi, ou de simples marques de distinction de la religion chrétienne, par lesquelles on reconnaît dans le monde les fidèles d'avec les infidèles, qu'il soit anathème. C. 6. — Si quelqu'un dit que la grâce, quant à ce qui est de la part de Dieu, n'est pas donnée toujours et à tous par les sacrements, encore qu'ils soient reçus avec toutes les conditions requises, mais que cette grâce n'est donnée que quelquefois à quelques-uns, qu'il soit anathème. C. 7. — Si quelqu'un dit que par les mêmes sacrements la grâce n'est pas conférée par la vertu et la force qu'ils contiennent, mais que la seule foi aux promesses de Dieu suffit pour obtenir la grâce, qu'il soit anathème. C. 8. — Si quelqu'un dit que par les trois sacrements du baptême, de la confirmation et de l'ordre, il ne s'imprime point dans l'âme un caractère, c'est-à-dire, une certaine marque spirituelle et ineffaçable, d'où vient que ces sacrements ne peuvent être réitérés, qu'il soit anathème. C. 9. — Si quelqu'un dit que tous les chrétiens ont l'autorité et le pouvoir d'annoncer la parole de Dieu et d'administrer les sacrements, qu'il soit anathème. C. 10. — Si quelqu'un dit que l'intention, au moins celle de faire ce que l'Eglise fait, n'est pas requise dans les ministres des sacrements, lorsqu'ils les font et les confèrent, qu'il soit anathème. C. 11. — Si quelqu'un dit que le ministre des sacrements, qui se trouve en péché mortel, quoique d'ailleurs il observe toutes les choses essentielles qui regardent la confection ou la collation des sacrements, qu'il soit anathème. C. 12. — Si quelqu'un dit que les cérémonies reçues et approuvées dans l'Église catholique, et qui sont en usage dans l'administration solennelle des sacrements, peuvent être sans péché ou méprisées, ou omises, selon qu'il plait aux ministres, ou être changées en d'autres nouvelles par tout pasteur, quel qu'il soit, qu'il soit anathème. C. 13.

comment exprimer les sentiments intérieurs de notre âme dans lesquels consiste la religion, sinon par des gestes et des cérémonies extérieures ? et de quelle autre manière pourrait-on donner une idée de ce que Dieu daigne opérer en nous pour notre sanctification ? « La chair, dit Tertullien, est lavée par le baptême, afin que l'âme soit purifiée ; elle reçoit une onction, pour que l'âme soit consacrée à Dieu ; on lui imprime le sceau de la croix, afin que l'âme ait une défense contre ses ennemis ; on lui impose les mains pour que l'âme reçoive les lumières du Saint-Esprit. C'est le corps qui participe au corps et au sang de Jésus-Christ, afin que l'âme soit divinement nourrie. » Ainsi s'expriment par des signes sensibles les choses mêmes qui ne tombent point sous nos sens. Mais cette nouvelle signification du mot *sacrement* n'a pas fait disparaître l'ancienne, puisqu'il n'est aucun des signes sensibles par lesquels Dieu répand ses dons et ses grâces dans nos âmes, qui ne soit un nouveau lien par lequel Dieu nous attache à lui et nous consacre à son service.

Il y a donc eu des *sacrements* dans les différentes époques de la vraie religion : l'on peut placer dans ce rang les sacrifices et les offrandes des patriarches, l'imposition que Jacob fit de ses mains sur la tête des deux fils de Joseph, par laquelle il les adopta et leur annonça leur destinée future (*Gen.* xlviii, 14) ; les bénédictions que donnaient ces anciens justes à leurs enfants, lorsqu'ils les unissaient par le mariage. Cette cérémonie, dont nous voyons un exemple dans le livre de *Tobie*, c. vii, v. 15, n'était point une nouvelle institution, puisqu'il n'en est pas parlé dans la loi de Moïse. Ajoutons les purifications dont on usait avant d'offrir un sacrifice (*Gen.* xxxv, 2, etc.). Tous ces symboles, aussi anciens que le monde, furent profanés par les idolâtres, qui les employèrent au culte de leurs faux dieux. Le Seigneur institua de nouveaux *sacrements* pour les Juifs, comme la circoncision, la consécration des pontifes, le repas de l'agneau pascal, les purifications, les expiations, etc. Il fallait donc qu'il y en eût aussi dans la loi nouvelle, et Jésus-Christ n'a pas manqué d'y pourvoir. Dans cette troisième époque de la vraie religion, les théologiens définissent un *sacrement*, le signe sensible d'une grâce spirituelle, institué par Jésus-Christ pour la sanctification de nos âmes. Cette définition, quoique très-juste, n'exprime cependant pas tous les effets ni toutes les fins des *sacrements* ; nous le verrons ci-après.

§ II. Les protestants n'admettent que deux *sacrements* de la loi nouvelle ; savoir, le baptême et la cène. Les catholiques soutiennent qu'il y en a sept ; savoir, le baptême, la confirmation, l'eucharistie, la pénitence, l'extrême-onction, l'ordre et le mariage. Ainsi l'a déclaré le concile de Trente, *sess.* 7, 1ᵉʳ can. Nous parlons de chacun en particulier, et nous prouvons qu'il n'en est aucun qui n'ait tout ce qui constitue un *sacrement*. Les protestants avaient avancé que les

Grecs et les autres sectes de chrétiens orientaux n'admettent comme eux que deux *sacrements*; mais le contraire a été prouvé jusqu'à la démonstration dans le cinquième tome de la *Perpétuité de la foi*; on y a fait voir que toutes ces sectes sans exception admettent sept *sacrements* aussi bien que l'Eglise romaine. Au lieu du terme de *sacrement* qui est latin, elles se servent du mot de *mystère*, qui est équivalent; elles nomment le baptême le *bain sacré* ou la *régénération*; la confirmation, le *myron* ou le *chrême*; l'eucharistie, l'*oblation*; la pénitence, le *canon*; l'extrême-onction, l'*onction des malades*; l'ordre, la *consécration des évêques ou des prêtres*; le mariage, le *couronnement des épouses*; et elles attribuent à toutes ces cérémonies les mêmes effets que nous.

§ III. Depuis longtemps les scolastiques se sont accoutumés à envisager le *sacrement* comme une espèce de composé moral, qui renferme une action sensible et des paroles : *Accedit verbum ad elementum*, dit saint Augustin, *et fit sacramentum*, Tract. 80, *in Joan*., n. 3 : le concile de Florence a répété cette maxime. L'action sensible est envisagée comme la matière du *sacrement*, et les paroles comme la forme, parce qu'elles déterminent le sens de l'action. A la vérité cette distinction ne remonte pas plus haut parmi nous qu'au XII° siècle; c'est Guillaume d'Auxerre qui la proposa le premier ; elle est cependant utile pour une plus grande précision dans la théologie. Elle n'est pas connue des chrétiens orientaux, quoiqu'elle ait été adoptée par quelques théologiens grecs. Ils pensent tous qu'il n'importe pas que la forme des *sacrements* soit conçue en termes indicatifs, déclaratifs ou déprécatifs; que les prières qui accompagnent l'action sacramentelle en sont une partie essentielle, qu'ainsi on peut les appeler la forme du *sacrement*; l'Eglise latine n'a pas condamné ce sentiment; elle ne rejette point comme nuls les *sacrements* ainsi administrés par les Orientaux.

Il y a un savant traité *sur les paroles des sept Sacrements*, fait par le P. Merlin, jésuite, dans lequel il prouve que dès l'origine les formes en ont été fixes, invariables, courtes, aisées à retenir, gardées sous le secret, communiquées seulement aux prêtres de vive voix et par tradition. Elles ont toujours indiqué l'effet du *sacrement*, et à la réserve de l'extrême-onction, il n'y a point de preuve certaine qu'elles aient été quelquefois conçues en termes déprécatifs ou par manière de prière. On les nommait cependant quelquefois *invocationes perfectivas*, parce que le ministre du *sacrement* n'agit point en son nom, mais au nom de Jésus-Christ. Mais aucun des Pères de l'Eglise n'a exprimé distinctement ces formules, et on ne les trouve dans aucun sacramentaire, à cause de la loi ou de l'usage qui les a fait garder sous le secret jusqu'au XII° siècle. Alors seulement l'on a distingué expressément et formellement les sept *sacrements*, et l'on en a clairement désigné la matière et la forme; les protestants en ont conclu très mal à propos qu'on ne les connaissait pas auparavant. Les formes usitées dans l'Eglise grecque ne sont pas conçues précisément en mêmes termes que celles dont se sert l'Eglise latine, mais le sens en est le même; on les a confrontées à l'égard des sept *sacrements*.

§ IV. Il y a une dispute non moins sérieuse entre les hétérodoxes et nous, touchant l'effet des *sacrements*. Les sociniens enseignent que ce sont de simples cérémonies qui ne servent tout au plus qu'à unir extérieurement les fidèles, à les distinguer des juifs et des païens. Les protestants n'en ont pas une idée beaucoup plus avantageuse, en disant que ce sont des cérémonies instituées par Jésus-Christ pour sceller et confirmer les promesses de la grâce, pour soutenir notre foi, et pour nous exciter à la piété. Nous soutenons contre eux que les *sacrements* produisent en nous la grâce sanctifiante et la rémission des péchés, lorsque nous les recevons avec les dispositions nécessaires, et que c'est pour opérer cet effet que Jésus-Christ les a institués. C'est encore la décision du concile de Trente, *sess.* 7, can. 6, où il dit anathème à ceux qui enseignent « que les *sacrements* de la loi nouvelle ne contiennent point la grâce qu'ils signifient, et qu'ils ne la donnent point à ceux qui les reçoivent, lors même que ceux-ci n'y mettent point obstacle; que ce sont seulement des signes extérieurs de la grâce ou de la justice que l'on reçoit par la foi, ou une simple profession de la foi chrétienne par laquelle les fidèles sont distingués d'avec les infidèles. « Suivant les protestants, c'est la foi du fidèle, et non le *sacrement*, qui est la vraie cause de la grâce et de la sanctification; le *sacrement* n'est qu'une condition et un signe extérieur de ce qui se fait par la foi ; c'est ce que les théologiens scolastiques appellent produire la grâce *ex opere operantis*; suivant les catholiques, au contraire, c'est le *sacrement* qui, en vertu de l'institution de Jésus-Christ, et en nous appliquant ses mérites, produit la grâce, et en est la cause immédiate; la foi, la confiance, la piété du fidèle, sont seulement une condition nécessaire sans laquelle le *sacrement* ne produirait pas son effet; c'est ce que les théologiens appellent produire la grâce *ex opere operato*. Nous verrons de quelle manière les protestants ont travesti cette doctrine, afin de la rendre ridicule et odieuse; mais il faut commencer par la prouver.

Jésus-Christ déclare (*Joan*. III, 5), que si quelqu'un n'est pas régénéré par l'eau et le Saint-Esprit, il ne peut pas entrer dans le royaume de Dieu ; suivant ces paroles, l'effet du baptême est une régénération et non simplement un moyen d'exciter la foi, de confirmer les promesses de Dieu, de réveiller en nous la piété. Saint Paul en parle de même ; il appelle le baptême *le bain de la régénération et du renouvellement du Saint-Esprit* (*I Tim*. III, 5). Lorsque cet apôtre fut converti, Ananie lui dit : « Recevez le baptême, et lavez vos péchés » (*Act*. XXII, 16).

Il est dit, c. VIII, v. 17, que l'imposition

des mains des apôtres donnait le Saint-Esprit ; c'est l'effet de la confirmation. Jésus-Christ nous montre celui de l'eucharistie en disant (*Joan*. vi, 56) : *Ma chair est véritablement une nourriture, et mon sang un breuvage; celui qui les reçoit demeure en moi et moi en lui..... Celui qui se nourrit de moi, vivra pour moi..... Celui qui mange ce pain vivra éternellement.* Le Sauveur ne parle ni de la foi ni de la confirmation de ses promesses.

Il a donné à ses apôtres le pouvoir de remettre les péchés par la pénitence et par l'absolution (*Joan*. xx, 23). Saint Jacques, c. v, v. 14, dit que le fidèle malade qui recevra l'onction des prêtres, recevra la rémission de ses péchés. Saint Paul (*II Tim*. i, 6) fait souvenir son disciple Timothée de la grâce qu'il a reçue par l'imposition des mains dans l'ordination. En comparant l'état du célibat avec celui du mariage, il dit que chacun a reçu de Dieu le don qui lui est propre (*I Cor*. vii, 7) ; il y a donc une grâce particulière attachée au mariage. Telle est l'idée que nous donne l'Ecriture sainte de l'effet des sept *sacrements* : c'est la régénération, la purification de l'âme, la rémission des péchés, le don de la grâce et du Saint-Esprit. De quel droit les protestants veulent-ils pervertir toutes ces idées, réformer toutes ces expressions, attribuer à la foi du fidèle ce que l'Ecriture sainte attribue aux *sacrements* ? Qu'ils nous produisent un seul passage dans lequel il soit dit que le dessein de l'institution des *sacrements* est d'exciter la foi, ou qu'ils opèrent par la foi.

Nous n'alléguerons point pour preuve de notre croyance les passages dans lesquels les Pères de l'Eglise tiennent le même langage que les livres saints, et s'expriment d'une manière encore plus positive ; il suffit d'observer qu'en parlant des formes sacramentales, ils les appellent *sermo Dei opifex, operatorius, vivus et efficax, verba Christi efficientia plena, omnipotentia Verbi,* etc. Aucun d'eux ne s'est avisé de dire que c'est la foi du fidèle qui opère l'effet du *sacrement*; ils disent, au contraire, que c'est la parole de Jésus-Christ prononcée par le prêtre, et que cette parole produit son effet en vertu de l'institution de Jésus-Christ. Il est constant d'ailleurs que, dès les premiers siècles de l'Eglise, on a donné le baptême aux enfants, à des catéchumènes tombés dans la démence ou dans l'imbécillité, à des malades en syncope ou en délire ; dans tous ces cas le baptisé était incapable d'avoir actuellement la foi ; on était néanmoins persuadé qu'il recevait l'effet du *sacrement*. On supposait à la vérité qu'il avait eu la foi ; mais on a toujours pensé qu'avec la foi il fallait le *sacrement* pour produire la grâce dans l'âme du fidèle. Nous avons fait voir ailleurs l'absurdité de la foi justifiante des protestants, telle qu'ils la conçoivent. *Voy*. Foi, § 5, Justification, Imputation. La fausseté de leur système est encore prouvée par la différence que saint Paul a mise entre les *sacrements* de l'ancienne loi et ceux de la loi nouvelle.

Il appelle les premiers des éléments *vides et impuissants* (*Gal*. iv, 9), qui ne pouvaient purifier que la chair (*Hebr*. ix, 10) ; qui ne pouvaient effacer les péchés (x, 11) ; au lieu qu'il attribue aux *sacrements* de la loi nouvelle le pouvoir de donner la grâce et le Saint-Esprit, de renouveler l'homme, de le purifier, de le sanctifier, de le faire participer au corps et au sang de Jésus-Christ, etc. Cependant les *sacrements* figuratifs de l'ancienne loi pouvaient exciter dans l'âme des Juifs la foi au Messie futur et la confiance à ses mérites ; les ablutions ne doivent pas avoir moins de vertu que le baptême, et le repas de l'agneau pascal moins d'efficacité que la cène eucharistique : où serait donc la différence ?

Enfin, de l'opinion des protestants il s'ensuit qu'un *sacrement* administré par un insensé et par dérision, peut produire autant d'effet que s'il l'était par motif de religion ; il peut également exciter la foi de celui qui le demande, et cette foi supplée à tous les défauts qui peuvent se trouver dans la forme ou dans l'administration du *sacrement*. Les protestants n'ont point trouvé de meilleur expédient pour pallier la fausseté de leur système, que de travestir celui des catholiques ; ils ont poussé, sur ce point, la mauvaise foi et la malignité au dernier excès : on peut le reprocher non-seulement à leurs anciens docteurs, mais à leurs théologiens les plus modernes. Mosheim assure dans son *Hist. ecclésiastique* du xvi° siècle, sect. 3, 1re part., c. 1, § 36, que ceux d'entre les docteurs catholiques qui soutiennent que les *sacrements* produisent la grâce *ex opere operato*, pensent qu'il n'est pas besoin de beaucoup de préparation pour recevoir la pénitence et l'eucharistie ; que Dieu n'exige ni une pureté parfaite ni un parfait amour de Dieu ; qu'ainsi les prêtres peuvent absoudre et admettre à la communion sans aucun délai ceux qui se confessent, quels que soient les crimes qu'ils ont commis. D'autres, plus sévères, dit-il, exigent de longues épreuves, une exacte pureté d'âme, un amour de Dieu exempt de tout sentiment de crainte ; de là est venue la célèbre dispute entre les approbateurs et les censeurs de la fréquente communion, dont les uns admettent et les autres rejettent le célèbre *opus operatum* des scolastiques.

Comme nous ne pouvons pas accuser Mosheim d'ignorance, nous sommes forcé de le taxer de mauvaise foi. 1° Il est constant que les théologiens les plus rigoristes conviennent, tout comme les plus relâchés, que les *sacrements* produisent la grâce *ex opere operato*, ou par leur vertu propre et intrinsèque, et non *ex opere operantis*, par l'efficacité seule de la foi de ceux qui les reçoivent, comme veulent les protestants. Le concile de Trente l'a ainsi décidé contre ces derniers, sess. 7, can. 8. Ainsi, il est absolument faux que parmi nous il y ait des théologiens qui rejettent le célèbre *opus operatum*. — 2° Tous conviennent qu'il faut des dispositions, quoique ces dispositions ne soient pas la cause productive ou efficiente de la grâce, mais une condition sans laquelle la grâce ne serait pas donnée. Ainsi le plus ou moins de perfection qu'ils exigent dans ces dispositions n'a aucun rapport à la question de savoir si le *sacrement* agit *ex opere operato* ou autrement, et ce plus ou moins de perfection ne peut être estimé que par comparaison ; il n'y a point de balance pour peser jusqu'à quel point l'âme d'un fidèle est pénétrée de contrition, d'amour de Dieu, de piété, etc. — 3° Nous ne connaissons aucun théologien catholique qui ait enseigné qu'il n'est pas besoin de beaucoup de préparation pour recevoir les *sacrements* de pénitence et d'eucharistie ; que l'on peut absoudre sans délai un pécheur qui se confesse, quelque crime qu'il ait commis : si quelqu'un avait avancé cette doctrine scandaleuse, il aurait été certainement condamné. Tous enseignent que, pour être digne d'absolution, il faut avoir une contrition sincère et un ferme propos de ne plus pécher ; qu'avant d'absoudre un pécheur d'habitude ou exposé à l'occasion prochaine du péché, on doit l'éprouver pour savoir s'il est véritablement changé. Tous conviennent que pour participer dignement à la communion, il faut être exempt de péché mortel et de toute affection au péché véniel ; qu'ainsi la pureté de l'âme est absolument nécessaire. De savoir s'il faut que la contrition soit inspirée par le motif seul de l'amour de Dieu pur et parfait, si tel pécheur a besoin d'être éprouvé plus ou moins longtemps, s'il ne doit point être censé converti quoiqu'il soit retombé, etc., ce sont des questions qu'il n'est pas possible de résoudre par une règle générale et applicable à tous les cas, et il n'est pas possible que tous les confesseurs aient le même degré de lumières, de prudence, d'expérience pour en juger. — 4° Il est faux que la dispute entre ceux qui approuvent et ceux qui blâment la fréquente communion ait aucun rapport à l'effet du sacrement *ex opere operato*; jamais aucun d'eux ne s'est avisé d'argumenter pour ou contre la décision du concile de Trente. Tous sont d'accord que plus les dispositions d'un homme qui approche des *sacrements* sont parfaites, plus il reçoit de grâces et de secours pour le salut.

Mais il ne convient guère à un sectateur de Luther, qui pardonne à ce réformateur d'avoir enseigné que non-seulement la contrition, la douleur et le regret du péché ne sont pas nécessaires pour en obtenir la rémission, mais qu'ils ne servent qu'à rendre l'homme hypocrite et plus grand pécheur ; qu'il lui suffit de croire fermement que la justice de Jésus-Christ lui est imputée ; il ne lui convient guère de reprocher aux docteurs catholiques une doctrine relâchée touchant la réception des *sacrements*.

Le traducteur de Mosheim ajoute une nouvelle imposture, en accusant les jésuites et les dominicains de supposer dans les *sacrements* une vertu énergique et efficiente qui produit dans l'âme une disposition à recevoir la grâce, *indépendamment de toute préparation et de toute disposition du cœur antérieure*; c'est là, dit-il, ce qu'on appelle l'*opus operatum* des *sacrements* : d'où il suit que la science, la sagesse, l'humilité, la foi et la dévotion ne *contribuent en rien* à l'efficacité des *sacrements*, t. IV, note, p. 234. Voilà comme les protestants ont calomnié de tout temps les catholiques, et c'est ainsi que leur secte s'est établie.

Encore une fois, lorsque le concile de Trente a décidé que les *sacrements* produisent la grâce dans nos âmes *ex opere operato*, il a entendu qu'ils la produisent par une vertu que Jésus-Christ a bien voulu y attacher ; qu'ainsi c'est le *sacrement*, et non notre foi ou notre dévotion qui est la cause productive de la grâce, quoique cette foi et cette dévotion soient des dispositions absolument nécessaires. En effet, quelque puissante que soit une cause, elle n'agit point lorsqu'elle rencontre dans un sujet des dispositions opposées à son action. Le concile s'explique assez lui-même, en disant que les *sacrements* produisent la grâce dans ceux *qui n'y mettent pas obstacle* ; or, ceux qui n'ont ni foi, ni dévotion, ni regret d'avoir péché, etc., mettent certainement obstacle à l'efficacité des *sacrements*. Il est d'ailleurs évident que le dessein du concile a été uniquement de condamner le système protestant suivant lequel c'est la foi du fidèle, et non le *sacrement*, qui produit la grâce : de manière que nous ne pouvons être justifiés par notre foi, sans avoir besoin des *sacrements*, et sans avoir aucun désir de les recevoir, puisque ce sont de simples signes de la grâce acquise par la foi, qui servent tout au plus à nourrir cette foi et à faire profession de ce que nous croyons. *Ibid.*, can. 4, 5, 6. Quand il y aurait eu, avant le concile de Trente, des théologiens assez mal instruits pour enseigner la doctrine que les protestants nous prêtent, ce qui n'est point, du moins depuis ce concile, ils n'ont pas pu ignorer quelle est la doctrine catholique ; aucun théologien n'a osé s'en écarter : donc, lorsque les protestants la méconnaissent et s'obstinent à la travestir, ils sont inexcusables.

Outre la grâce sanctifiante que produisent les *sacrements* en général, il y en a trois, savoir le baptême, la confirmation et l'ordination, qui impriment à l'âme de celui qui les reçoit un caractère ineffaçable : c'est pour cela même que ces trois *sacrements* ne peuvent pas être réitérés. *Voy.* CARACTÈRES. De savoir si les *sacrements* produisent leur effet comme cause physique ou comme cause morale, il nous paraît que c'est une question interminable, parce que l'on ne peut pas faire une comparaison exacte entre une cause naturelle, soit physique, soit morale, et les *sacrements*.

§ V. Qui est l'instituteur des *sacrements* ? Jésus-Christ sans doute ; lui seul a pu, comme Dieu, attacher à un rite extérieur la vertu de remettre les péchés, de donner la grâce, de sanctifier les âmes. Ainsi, en instituant le baptême, il dit (*Matth.* xxviii, 18) : *Toute puissance m'a été donnée dans le ciel et sur la terre ; allez donc enseigner toutes les nations, et baptisez-les au nom du Père, du Fils et du Saint-Esprit.* En donnant à ses apôtres le pouvoir de remettre les péchés, il leur dit (*Joan.* xx, 21) : *Comme mon Père m'a envoyé, je vous envoie........ Recevez le Saint-Esprit ; les péchés seront remis à ceux à qui vous les remettrez.* Nous voyons dans l'Évangile l'institution qu'il a faite de l'eucharistie la veille de sa mort. Quoique nous n'y trouvions pas expressément la même chose à l'égard des quatre autres sacrements, nous sommes très-bien fondés à croire qu'il en est aussi l'auteur, et qu'après l'ascension les apôtres n'ont rien fait que ce qu'il leur avait ordonné de faire. En effet, saint Jean nous avertit qu'il n'a pas écrit tout ce que Jésus a fait (*Joan.* xx, 30). Il est dit dans les *Actes des Apôtres*, c. 1, v. 3, qu'après sa résurrection Jésus-Christ demeura parmi ses apôtres pendant quarante jours, leur parlant du royaume de Dieu, c'est-à-dire de son Église ; c'est donc alors qu'il leur donna ses dernières instructions et ses ordres. Mais quoique les apôtres les aient ponctuellement exécutés, ils ne les ont pas mis par écrit. C'est par ce qu'ils ont fait que nous devons juger de ce qui leur était ordonné. Aussi saint Paul dit aux fidèles (*I Cor.* iv, 1) : « Que l'homme nous considère comme les ministres de Jésus-Christ et les *dispensateurs* des mystères de Dieu. » Il ne dit point comme les *auteurs.* Un fidèle ministre ou serviteur ne fait que ce que son maître lui a commandé. Conséquemment le concile de Trente n'attribue point à l'Église d'autre pouvoir touchant les *sacrements* que celui d'en régler les rites accidentels sans toucher à la substance, *salva illorum substantia*, sess. 21, c. 2.

C'est donc mal à propos que les protestants argumentent sur le silence que garde l'Écriture sainte à l'égard de l'institution de cinq de nos *sacrements.* Dès que nous les voyons en usage du temps des apôtres, nous sommes certains que Jésus-Christ en est l'auteur. Pour eux, qui prétendent que ces cérémonies ne produisent aucun effet surnaturel, ils n'ont pas besoin de savoir qui les a institués ; ils pourraient en établir eux-mêmes de nouveaux s'ils le jugeaient à propos : tout rite extérieur, capable d'exciter et de réveiller la foi, peut être regardé comme sacrement, à aussi juste titre que le baptême et l'eucharistie. De là est venu le peu d'estime qu'ont les sociniens pour l'un et pour l'autre : les protestants, en général, sont assez persuadés que l'on pourrait s'en passer ; ils ont réduit à peu près l'essence du christianisme à la prédication de la parole de Dieu.

§ VI. Ce que nous venons de dire suffit déjà pour nous apprendre qui sont les ministres des *sacrements.* C'est à ses apôtres, par conséquent à leurs successeurs, que Jésus-Christ a dit : *Baptisez les nations ; les péchés seront remis à ceux à qui vous les remettrez ; faites ceci en mémoire de moi*, etc. Comme le baptême est absolument nécessaire au salut, l'Église, instruite sans doute par les apôtres, a jugé que toute personne raisonnable est capable de l'administrer validement : et tel a toujours été son usage. Mais nous voudrions savoir comment les protestants, qui veulent tout voir dans l'Écriture sainte, y ont vu que telle doit être en effet la pratique de l'Église chrétienne, et pourquoi ils étendent à tout le monde un ordre que Jésus-Christ semble n'avoir adressé qu'à ses apôtres seuls. Si ce n'est pas la tradition et la pratique de l'Église qui les détermine à juger que le baptême administré par un laïque ou par une femme est valide, ils le pensent ainsi sans raison et sans motifs. Ils ont encore poussé la témérité plus loin, en enseignant que tout laïque a autant de pouvoir qu'un prêtre ou un évêque pour administrer les *sacrements ;* erreur que le concile de Trente a condamnée, sess. 7, can. 10. En parlant de chaque *sacrement* en particulier, nous avons examiné qui en est le ministre.

Le même concile, can. 11, a décidé que pour la validité d'un *sacrement,* il faut que celui qui l'administre ait au moins l'intention de faire ce que fait l'Église : ainsi le *sacrement* serait nul s'il était administré par dérision, par un imbécile, ou par un enfant incapable d'avoir l'intention de faire ce que fait l'Église. Mais il déclare en même temps qu'il n'est pas nécessaire pour la validité que le ministre soit en état de grâce. C'était une erreur des vaudois aussi bien que des protestants, de soutenir qu'un prêtre en état de péché était incapable d'administrer validement les *sacrements* de baptême, de pénitence, d'eucharistie, etc. Le salut des fidèles serait trop hasardé, et ils seraient exposés à des inquiétudes continuelles, si la validité des *sacrements* dépendait de la sainteté des ministres de l'Église. Enfin ce même concile a proscrit, can. 13, la doctrine des protestants qui ont prétendu que dans l'administration des *sacrements,* l'on n'est pas obligé d'observer les rites et les cérémonies qui sont approuvés et qui sont en usage dans l'Église catholique, que chaque société chrétienne a l'autorité de les supprimer ou de les changer comme elle le juge à propos. On sait que les prétendus réformateurs ont poussé l'entêtement jusqu'à dire que ces cérémonies sont des abus et des superstitions, des usages absurdes empruntés des Juifs et des païens. Mais en supprimant ces rites anciens, ils sont parvenus à dépouiller le culte de tout ce qui le rendait respectable, et à mettre les *sacrements* à peu près au niveau des usages profanes. *Voy.* Cérémonies.

§ VII. Les prétendus réformateurs se seraient conduits plus sagement sans doute, s'ils avaient été mieux instruits, ou s'ils avaient réfléchi sur les conséquences qui résultent des *sacrements* à l'égard de la société. Pour le faire comprendre, nous sommes obligé de réunir en peu de mots les réflexions que nous avons faites sur chacun de ces rites en particulier.

Par le baptême administré aux enfants dès leur naissance, l'Eglise professe le dogme du péché originel, de la nécessité et de l'efficacité de la rédemption ; la forme du *sacrement* ou les paroles expriment le mystère de la sainte Trinité; les trois signes de croix faits au nom des trois personnes attestent leur égalité parfaite ; et l'on s'en est servi pour prouver aux ariens la consubstantialité du Verbe. La manière dont il étoit administré autrefois, par immersion, représentait, selon saint Paul, la sépulture et la résurrection de Jésus-Christ. Par ce *sacrement*, un enfant devient fils adoptif de Dieu, frère de Jésus-Christ, racheté par son sang, membre de son Eglise, doublement précieux à ses parents. C'est un dépôt duquel ils doivent rendre compte à Dieu et à la société, et qui leur impose des devoirs. Voilà ce qui a banni du christianisme l'usage barbare d'étouffer les enfants avant ou après leur naissance, de les exposer, de les vendre, de destiner les uns à l'esclavage, les autres à la prostitution. Voilà ce qui sauve encore la vie à une infinité de fruits de l'incontinence; ce qui a fait élever des asiles pour les recevoir et les élever; ce qui inspire à des vierges chrétiennes le courage de leur servir de mères. Les registres de baptême sont les titres publics qui constatent la naissance, les droits, l'état d'un enfant et les devoirs de ses parents.

La confirmation administrée par l'imposition des mains des apôtres, donnait aux fidèles le Saint-Esprit ou la grâce nécessaire pour confesser leur foi, souvent les dons miraculeux des langues, de prophétie, de guérir les maladies, etc. Ces derniers ne nous sont pas nécessaires; mais nous avons toujours besoin d'un courage surnaturel pour confesser Jésus-Christ, pour défendre notre religion contre ses ennemis, pour ne jamais rougir du nom de *chrétien* devenu odieux aux incrédules, pour supporter avec patience leur mépris et leurs insultes. Ils n'ont que trop bien réussi à inspirer à un grand nombre d'hommes une indifférence pour la religion, qui équivaut à une irréligion déclarée. Funeste disposition, qui a énervé les principes de morale, de sociabilité et de patriotisme. Jésus-Christ prévoyait ce malheur, il l'a prédit, il voulait le prévenir par l'institution d'un *sacrement* destiné à fortifier la foi.

Dans l'article suivant, nous ferons voir l'utilité des sacrifices et les leçons morales qu'ils nous donnent; c'est pour les perpétuer que notre divin Sauveur a voulu que le sacrifice qu'il a fait de lui-même sur la croix fût renouvelé sur les autels. Pour participer à cette cérémonie, on mangeait la chair des victimes, et ce repas commun était un symbole de fraternité et d'humanité. Jésus-Christ, en nous donnant dans l'eucharistie son corps et son sang pour nourrir notre âme, établit entre les fidèles une fraternité bien plus étroite et des motifs de charité mutuelle bien plus puissants. A la vue d'un Dieu victime qui a prié pour ses ennemis, qui s'est livré à la mort pour des pécheurs, qui se donne encore à des cœurs ingrats, les inimitiés, la jalousie, le ressentiment, la vengeance, n'ont plus d'excuse. Sur l'autel comme sur la croix sont proscrites la loi barbare du plus fort, la loi insensée de la servitude, la loi d'inégalité fondée sur des titres chimériques; tous admis à la même table, nous sommes nourris du même pain, nous sommes tous un seul corps en Jésus-Christ (*I Cor.* x, 1). Sénèque a déploré la barbarie des combats de gladiateurs : L'homme, dit-il, prend plaisir à voir la mort de son semblable, qui devrait être une tête sacrée pour lui. Jésus-Christ a fait mieux, il a dit : *Baptisez toutes les nations, mangez ma chair et buvez mon sang*. Sénèque, avec toute sa philosophie, n'a pas fait fermer l'amphithéâtre : Jésus-Christ avec deux mots l'a fait démolir.

Dans toutes les religions du monde, on a compris la nécessité des expiations, ou d'un moyen qui pût réconcilier le pécheur avec la justice divine. L'homme, naturellement faible et inconstant, sujet à passer fréquemment du vice à la vertu, et de la vertu au vice, a besoin d'un moyen pour calmer ses remords et se relever de ses chutes. Que deviendrait-il s'il ne lui restait point de ressource, et s'il se livrait à un sombre désespoir ? On a sans doute abusé souvent de la pénitence, mais l'abus n'en prouve point l'inutilité. Pour que les péchés soient remis par ce sacrement, il faut en avoir un repentir sincère, les confesser humblement, être fermement résolu de n'y plus retomber et d'en réparer les suites autant qu'il est possible. C'est un pur entêtement de la part des incrédules, de soutenir que cette pratique peut produire du mal. *Voy.* CONFESSION.

Il était digne de la charité infinie de Jésus-Christ de fournir des consolations et des grâces particulières aux fidèles près de sortir de ce monde; c'est dans ce dessein qu'il a établi l'extrême-onction, et c'est aussi pour les prêtres chargés de l'administrer, l'occasion la plus précieuse pour exercer la charité, pour ranimer le courage d'un malade, pour lui suggérer des motifs de patience, pour l'engager à réparer ses fautes, pour procurer des secours temporels aux pauvres, etc. Que les incrédules qui ont l'ambition de mourir comme les brutes aient déclamé contre ce *sacrement*, comme s'il était fait pour tuer les malades; qu'ils aient formé à ce sujet contre les prêtres des accusations contradictoires, en leur reprochant tantôt la cruauté, et tantôt une molle indulgence, cela ne doit point nous émouvoir : un jour ils se trouveront à ce dernier moment, et peut-être que Dieu leur fera la grâce de reconnaître leur démence.

Au mot CLERGÉ, nous avons fait voir que les ministres de la religion doivent former une classe particulière d'hommes, que cette vérité a été reconnue chez tous les peuples policés. Puisqu'ils sont tenus à des devoirs multipliés, fréquents, difficiles, qui exigent des lumières, de l'étude, de la constance, il fallait donc un sacrement pour les y consacrer et pour leur donner les grâces nécessaires ; c'est l'effet de l'ordination. Leurs ennemis n'ont pas manqué de dire que les prêtres ont forgé ce *sacrement* pour se rendre plus respectables au peuple et pour s'arroger une autorité divine. Jésus-Christ n'a consulté personne pour établir une hiérarchie ; si c'était un édifice élevé par l'ambition, il faudrait en accuser ce divin Maître et ses apôtres : la consécration des prêtres de l'ancienne loi a précédé de quinze cents ans l'ordination de ceux du christianisme. Dans les fausses religions même, il y avait une inauguration pour ceux qui étaient agrégés au collège des pontifes, et chez les Romains le sacerdoce était une magistrature. *Voy.* le *Dictionnaire d'Antiquités.* Qui prouvera que dans l'origine ce sont les prêtres qui ont voulu être ordonnés ou consacrés, et que ce n'est pas le peuple qui a voulu qu'ils le fussent ? Le fait incontestable est que tous les peuples sans exception ont eu des prêtres ; donc ils ont voulu en avoir : tous ont regardé le sacerdoce comme une dignité, tous y ont attaché de la considération et de l'autorité, tous ont pris pour les fonctions du culte les hommes qui leur paraissaient les plus respectables ; donc tous ont compris que cela était convenable et nécessaire. Il en sera de même jusqu'à la fin des siècles, en dépit des clameurs des incrédules.

De tous les engagements que les hommes peuvent contracter, l'un des plus importants est le mariage ; puisque la société conjugale est le principe de la société civile, ce lien doit être aussi sacré et aussi indissoluble que le lien social. Aussi tous les peuples policés ont senti la nécessité de donner à ce contrat la plus grande solennité ; tous ont pensé qu'il devait être formé au pied des autels, sous les yeux de la Divinité, béni par les ministres de la religion ; le sens commun a dicté cet usage. Par un trait de sagesse supérieure, Jésus-Christ en a rétabli l'indissolubilité primitive, et il l'a élevé à la dignité de *sacrement*. Ceux qui n'ont pas voulu y reconnaître ce caractère, ont bientôt poussé plus loin la témérité ; ils ont décidé que le mariage est dissoluble pour cause d'adultère, et ils ont permis au landgrave de Hesse d'avoir deux femmes à la fois.

Comme les *sacrements* sont la partie principale du culte divin établi par Jésus-Christ, c'est là que l'on aperçoit le plus distinctement l'utilité du culte religieux en général, qui est de professer et de perpétuer le dogme, de multiplier les leçons de morale, d'établir entre les hommes une société plus étroite que celle qui vient de l'instinct de la nature. Il y a donc une témérité inexcusable à méconnaître dans tous ces rites le caractère sacré que Jésus-Christ leur a imprimé. On dira peut-être que, malgré le retranchement de cinq de nos *sacrements*, la société et les mœurs ne laissent pas de se soutenir chez les protestants aussi bien que chez les catholiques. Sans vouloir convenir de l'égalité, nous soutenons que cette stabilité vient de l'exemple des catholiques dont les protestants sont environnés, de la rivalité qui règne entre ces derniers et nous, et du ton général des mœurs que le catholicisme avait introduit dans l'Europe entière avant la naissance du protestantisme : une preuve de ce fait, c'est que, dans leurs catéchismes même, ils ont soin d'inspirer aux jeunes gens dès l'enfance cet esprit de jalousie et d'inimitié contre l'Église romaine.

SAINT-SACREMENT. *Voy.* Eucharistie.

FÊTE DU St. SACREMENT. *Voy.* Fête-Dieu.

SACRIFICATEUR. *Voy.* Prêtrise.

SACRIFICE, offrande faite à Dieu d'une chose que l'on détruit en son honneur, pour reconnaître son souverain domaine sur toutes choses. Par cette définition même il est clair que le *sacrifice* est l'acte essentiel de la religion, l'expression du culte suprême, l'adoration proprement dite. Il ne peut donc être offert qu'à Dieu ; l'adresser à une créature, ce serait lui rendre les honneurs divins. Aussi n'y eut-il jamais de religion sans quelque espèce de *sacrifice*, sans un acte solennel destiné à attester le souverain domaine de Dieu ; tous les peuples, par un instinct naturel semblable et principalement par l'effet de la révélation primitive [*Voy.* Dict. de Théol. mor., art. Sacrifice], ont témoigné à la divinité leur soumission, leur reconnaissance, leur confiance, de la même manière. Tous ont-ils eu tort, comme le soutiennent les ennemis de toute religion ? Pour le savoir, il faut examiner les *sacrifices*, 1° en eux-mêmes, 2° chez les patriarches, 3° chez les juifs, 4° chez les chrétiens, 5° chez les païens.

§ I. S'il fallait écouter les leçons des incrédules, rien ne nous paraîtrait plus ridicule que les *sacrifices* en eux-mêmes. Les hommes, disent-ils, ont été bien aveugles et bien insensés de croire qu'ils honoraient Dieu en tuant, en déchirant, en brûlant ses créatures. Ont-ils donc pensé que la divinité était avide de présents, qu'elle se repaissait des offrandes, de l'odeur des parfums, de la fumée des victimes ? De cette folle idée sont nées les superstitions les plus grossières et les plus cruelles. Les prêtres sans doute en sont les auteurs, parce que c'étaient eux qui profitaient des victimes offertes à Dieu.

Nous soutenons au contraire que Dieu lui-même est l'auteur des *sacrifices*, puisque nous les voyons pratiqués par les enfants d'Adam et par les patriarches, avant la naissance du polythéisme et de ses abus. Nous ajoutons qu'indépendamment même des lumières de la révélation, l'idée de faire des offrandes à la Divinité a dû venir naturellement à l'esprit de tous les peuples, qu'elle n'a rien de déraisonnable ni de dangereux en elle-même. Déjà nous l'avons prouvé au mot Offrande, mais il faut le répéter en peu de mots.

Dès que les hommes ont cru un Dieu, ils l'ont envisagé comme l'auteur et le distributeur des biens de ce monde ; c'est l'idée qu'en ont eue les païens les plus grossiers : *Dii datores bonorum*, c'est par ce motif même qu'ils lui ont rendu un culte (et par le besoin d'expiations). Il n'est donc pas possible qu'ils aient imaginé que Dieu avait besoin de leurs dons. Celui qui fait croître les fruits de la terre ne peut-il pas les produire pour lui aussi bien que pour les autres, s'il en a le même besoin qu'eux? « J'ai dit au Seigneur : Vous êtes mon Dieu, vous n'avez pas besoin de mes biens, nous ne pouvons vous offrir que ce que nous avons reçu de votre main. » (*Ps.* xv, 2; *I Paral.* xxix, 14; *II Paral.* vi, 18, 19.) Ces sentiments de David et de Salomon sont inspirés par le bon sens. Des voyageurs ont cité l'exemple d'un Sauvage qui, en recueillant son maïs ou son manioc, disait à Dieu : « Si tu en avais besoin, je t'en donnerais ; mais puisque tu n'en as pas besoin, j'en donnerai à ceux qui n'en ont pas. » Ce n'est point une absurdité de la part d'un pauvre de faire de légers présents à un riche qui lui a fait du bien ; il imagine que, sans en avoir besoin, ce bienfaiteur lui saura gré d'un témoignage de reconnaissance. Conséquemment les hommes dans tous les temps ont offert à la Divinité les aliments dont ils se nourrissaient, et la nature des *sacrifices* a toujours été analogue à leur manière de vivre. Les peuples agriculteurs ont présenté à Dieu les fruits de la terre ; les peuples nomades, le lait de leurs troupeaux ; les peuples chasseurs et pêcheurs, la chair des animaux ; les habitants de l'Arabie, la fumée de leur encens ; les Romains, la bouillie de riz et les gâteaux qui étaient leur ancienne nourriture, *adorea dona*, *adorea liba*, etc. Il n'est donc pas nécessaire de chercher plus loin l'origine des *sacrifices* de la chair des animaux ou des victimes sanglantes, ils n'ont été offerts que par les peuples qui s'en nourrissaient ; Porphyre l'a très-bien vu en examinant cette question, *Traité de l'abstinence*, l. ii, n. 9, 25, 34, 58.

Le premier exemple incontestable d'un *sacrifice* sanglant que l'on trouve dans l'Ecriture est celui que Noé offrit à Dieu en sortant de l'arche après le déluge, et c'est à ce moment même que Dieu lui permit, et à ses enfants, de se nourrir de la chair des animaux (*Genes.* viii, 20; ix, 3) : sans cette permission, l'on ne conçoit pas comment Noé aurait pu imaginer qu'un tel sacrifice serait agréable à Dieu, comment il aurait pu croire qu'il avait le droit de tuer des animaux innocents et qui ne font point de mal aux hommes.

Soit que l'on ait consumé par le feu ce que l'on sacrifiait à Dieu, soit qu'on l'ait abandonné aux prêtres, soit qu'on l'ait donné aux pauvres, le motif était le même : les premiers habitants du monde ont offert des *sacrifices*, et ils n'avaient point de prêtres ; un père de famille n'avait point de pauvres à côté de lui, il ne pouvait donc témoigner qu'il faisait une offrande à Dieu, qu'en la brûlant ou la détruisant à son honneur. Où est dans ces cas l'absurdité ou la folie? Par cette cérémonie singulière l'homme a fait profession d'avoir tout reçu de Dieu,

DICT. DE THÉOL. DOGMATIQUE. IV.

c'est un signe de reconnaissance ; d'attendre tout de lui, c'est une marque de confiance ; d'être prêt à tout perdre pour lui, c'est un hommage de soumission ; de se punir par une privation, c'est un sentiment de pénitence après avoir péché. De là est née la distinction des divers *sacrifices* : les uns ont été appelés *hosties pacifiques*, pour remercier Dieu et lui demander des bienfaits ; les autres, *sacrifices expiatoires*, pour effacer les péchés ; les autres, *holocaustes*, ou brûlés tout entiers, pour reconnaître le souverain domaine de Dieu. Il n'est aucun de ces motifs qui ne soit religieux et louable, et souvent peut-être ils ont été tous réunis dans un même *sacrifice*. Ce rite extérieur attestait, outre la présence de la divinité partout, sa providence et son attention à l'égard de tous les hommes ; il était toujours suivi d'un repas commun, dans lequel le père et sa famille, le maître et l'esclave, le proche et l'étranger, le riche et le pauvre étaient réunis ; c'était un signe de fraternité. Avoir participé ensemble au même *sacrifice* était un gage d'hospitalité pour la suite, et une sauvegarde contre les défiances et les inimitiés nationales. Ainsi la religion a toujours servi à rapprocher les hommes, à corriger leur caractère brutal et sauvage.

Quelques savants très-estimables, qui examinaient la question que nous traitons avec des yeux philosophes, ont été persuadés que l'idée des *sacrifices* sanglants ne serait jamais venue à l'esprit de tous les peuples, si Dieu lui-même n'en avait pas fait un précepte aux premiers hommes, dès le commencement du monde. Nous n'avons garde de révoquer le fait en doute, puisque nous voyons par l'Ecriture sainte que c'est Dieu qui a été le premier précepteur du genre humain, et il est incertain si les *sacrifices* qu'Abel offrait au Seigneur n'étaient pas des *sacrifices* sanglants. Mais il nous paraît que, sans avoir conservé aucune notion de cette révélation primitive, les hommes, portés par un instinct naturel à présenter à Dieu leur nourriture, n'ont pu manquer de lui offrir la chair des animaux dès qu'ils ont été accoutumés à s'en nourrir. Ils ont pensé que cette espèce de *sacrifice* était la meilleure et la plus agréable à Dieu, parce qu'ils éprouvaient, comme nous l'éprouvons encore, que cet aliment est le plus succulent de tous, celui qui nourrit davantage, qui est le plus au goût du commun des hommes. On ne citera jamais aucun peuple réduit à vivre de végétaux, qui ait offert à Dieu des victimes sanglantes ; c'est encore une observation de Porphyre. Les savants dont nous parlons disent : « Est-il bien conforme aux sentiments de la nature de se plonger dans le sang d'un animal innocent ? Quoi de plus dégoûtant que de manier des entrailles fumantes ? Comment se persuader qu'une odeur infecte soit un parfum délicieux pour la divinité ? Comment des temples transformés en boucheries pouvaient-ils paraître augustes et vénérables, etc. » Nous nous contentons de répondre que quelques philosophes ont fait à peu près les mêmes

9

réflexions sur l'horrible aspect de nos boucheries, sur l'odeur infecte de nos cuisines, sur le service de nos tables, qui semblerait très-dégoûtant à un homme habitué à vivre de fruits. Il est inutile de demander comment un fait a pu arriver, lorsque nous voyons sous nos yeux un phénomène à peu près semblable. Pour en rendre raison, il n'est pas nécessaire de recourir aux idées absurdes que les peuples polythéistes se sont formées de leurs dieux, auxquels ils ont attribué les besoins, les goûts, les passions de l'humanité. Ces notions fausses sont postérieures de longtemps à la naissance de la véritable religion et des *sacrifices* offerts au vrai Dieu. Nous en découvrirons l'origine et les conséquences dans le § V, ci-après. On se trompe encore plus évidemment, lorsque l'on attribue aux prêtres l'invention des *sacrifices* et de tous les abus que l'on en a faits. Dans les premiers âges du monde et avant la formation de la société civile, tout père de famille était le sacrificateur de sa maison, et l'on a trouvé des *sacrifices* sanglants chez des sauvages qui n'avaient aucune notion de sacerdoce (1).

(1) Pour compléter cette idée générale du sacrifice, nous empruntons à Schmidt la notion qu'il nous donne des sacrifices.

« On justifie ordinairement l'origine des sacrifices, en avançant que les hommes se croyaient obligés et rigoureusement astreints à offrir à la Divinité leurs hommages ou quelques présents. Les dieux nous comblent de bienfaits ; il est donc naturel de leur consacrer les premiers des biens que nous tenons de leurs bontés : de là les libations de l'antiquité et l'offrande des prémices, qui avaient lieu au commencement des repas. Cette sorte de sacrifices, usitée chez tous les peuples anciens, consistait dans l'hommage qu'on faisait aux dieux des fruits et des produits de la terre. Elle était le résultat d'un mouvement spontané, d'une volonté libre; elle manifestait la piété, secondait la reconnaissance.

« Quelque satisfaisante que paraisse cette explication des sacrifices, quelque plausible que soit l'opinion qui les fait dériver du devoir imposé à l'homme d'offrir à la Divinité des présents, des dons, des prémices ; selon nous cependant, cet hommage, d'ailleurs si naturel, n'est point le motif de l'institution universellement répandue des sacrifices. Je crois, au contraire, comme l'atteste clairement l'histoire, que les hommes furent dans tous les temps pénétrés de cette vérité : *qu'ils vivaient sous l'empire d'une puissance irritée, et que les sacrifices seuls pouvaient fléchir sa colère.* Les dieux sont bienfaisants, c'est d'eux que nous avons reçu tous les biens dont nous jouissons ; dès lors, notre devoir est de les exalter par nos louanges, de leur témoigner notre reconnaissance... Mais les dieux sont justes, nous sommes coupables; dès lors, il devient nécessaire de les adoucir, d'expier nos crimes, et le moyen le plus efficace pour y parvenir, c'est le sacrifice. — Telle fut la croyance de l'antiquité, telle est encore, sous des formes diverses, la croyance du monde entier. Les premiers hommes, dont les idées servirent de type à celle du genre humain, se croyaient coupables. Sur cette doctrine fondamentale s'élèvent les institutions religieuses, en sorte que les hommes de tous les temps ne cessèrent jamais d'avouer une déchéance originelle et générale, de répéter comme nous, quoique dans un sens moins rigoureux : *Nos mères nous ont conçus dans le crime.* — L'idée d'un crime et de la punition qu'il mérite est généralement la source des sacrifices.

« *Sacrifices sanglants.* Les anciens avaient coutume d'offrir non-seulement des présents, des dons, des prémices, mais encore la chair des animaux. S'ils n'avaient voulu par là que rendre hommage à la Divinité et reconnaître sa suprématie sur toutes les créatures, ils se seraient bornés à lui offrir cette chair et à la placer sur ses autels. Toutefois les peuples ne se contentèrent point d'une offrande si simple ; ils immolaient les animaux, ils répandaient leur sang en l'honneur des dieux et pour sceller la réconciliation. Le culte exigeait donc une victime choisie et l'effusion du sang. On croyait que c'était moins l'offrande de la chair que cette effusion qui possédait la vertu expiatoire, indispensable aux hommes.

« Les anciens regardaient le sang comme un vivant fluide, où résidait l'âme ; la vie et le sang se trouvaient, pour ainsi dire, les deux termes identiques d'une équation. De là vient aussi qu'ils pensaient que le ciel, irrité contre la chair et le sang, ne pouvait être apaisé que par son effusion, et aucun peuple n'a douté qu'elle n'eût la propriété d'expier le crime. Or ni la raison ni la folie ne donnèrent naissance à cette idée, et bien moins encore ne la firent adopter si généralement. L'histoire ne nous montre pas dans l'univers une seule contrée qui lui soit restée inaccessible. C'était une opinion commune, dont le règne embrassait tous les pays, qu'on ne pouvait obtenir que par le sang la rémission du crime et le retour des faveurs célestes. Ce point une fois admis, la nature des sacrifices païens se dévoile à notre vue, autant, du moins, que la faiblesse de nos sens nous permet de l'apprécier.

« *Universalité de la doctrine de la rédemption par l'effusion du sang.* Rien ne frappe plus, dans les lois de Moïse, que ses constants efforts pour garantir les Juifs des pratiques du paganisme, pour séparer le peuple israélite du reste des peuples, en lui imposant des rites particuliers ; mais, relativement aux sacrifices, il abandonne son système général : il se règle d'après les rites fondamentaux des autres nations, et même, ne se contentant pas de s'y conformer, il ajoute à leur rigueur, exposant ainsi le caractère national à acquérir une dureté dont, à coup sûr, il n'avait pas besoin. De toutes les cérémonies prescrites par ce célèbre législateur, il n'en est pas une, il n'est surtout aucune purification, même physique, pour laquelle le sang ne soit nécessaire. Je signale principalement les purifications et les sacrifices expiatoires, fixés par les lois, et dont le but était de sanctifier et de réconcilier. Remarquons surtout la fête de l'expiation solennelle, à laquelle tout le peuple se purifiait et rentrait en grâce avec le Seigneur. La purification s'opérait par l'immolation de certaines victimes, du sang desquelles on arrosait la terre et l'on faisait des aspersions ; voici quelques circonstances de la fête solennelle : purifié déjà par le sacrifice d'une victime, le grand prêtre apporta le sang du bouc, tué pour le péché du peuple, au dedans du voile ; il en arrose la terre devant l'oracle et purifie le sanctuaire des impuretés des enfants d'Israël, de leurs prévarications, de tous leurs péchés... Offrant alors le bouc vivant, il met ses deux mains sur sa tête, confesse toutes les iniquités des enfants d'Israël, en charge avec imprécation la tête du bouc, et l'envoie au désert par un homme destiné à cette mission (*Lév.* xvi, 15, 16, 21). A la suite se trouve le commandement fait aux enfants d'Israël : « Au dixième jour du septième mois, vous affligerez vos âmes ; c'est en ce jour que se fera votre expiation et la purification de tous vos péchés ; vous serez pu-

§ II. *Sacrifices des patriarches.* Nous voyons, dans l'histoire de la création, les enfants d'Adam offrir à Dieu des *sacrifices*;

il est dit (*Gen.* iv, 3) que Caïn, laboureur, offrait à Dieu les fruits de la terre, qu'Abel, pasteur de troupeaux, en offrait les prémices rifiés devant le Seigneur. Car c'est le sabbat et le grand jour du repos. » (*Lev.* xvi, 29, 31.) Cette expiation ordonnée par Moïse, inséparable de l'effusion du sang des victimes, était l'image de l'expiation générale des crimes du genre humain par le sacrifice de la croix et par le sang de Jésus-Christ.

« De même que chez les Juifs d'après les lois mosaïques, l'immolation des victimes et l'effusion de leur sang, dans le but d'apaiser les dieux, étaient universellement en usage chez les païens. Une maladie contagieuse exerçait ses ravages dans le camp des Grecs; Achille veut connaître « la cause de ce grand courroux d'Apollon, qui punit la transgression d'un vœu ou le refus de quelque hécatombe, et si daignant agréer un sacrifice de victimes choisies, il veut écarter loin des Grecs la contagion et la mort. » D'après la réponse de l'oracle, « Agamemnon ordonne aussitôt aux peuples de se purifier : ils se purifient, et jettent l'eau lustrale dans la mer. Ils immolent au dieu du jour des hécatombes choisies de taureaux et de chèvres, près la rive de l'indomptable Océan : la graisse des victimes s'élève jusqu'au ciel, en tourbillons de fumée. »

« Et lorsque Chrysès eut reçu sa fille chérie, « ils rangent aussitôt l'hécatombe autour du superbe autel ; ils versent sur leurs mains une eau pure et prennent l'orge sacrée. » (*Iliade d'Homère*, chant 1, traduction de P. J. Bitaubé.)

« Horace nous dit :

Et thure et fidibus juvat
Placare, et vituli sanguine debito
Custodes Numidæ deos. (*Lib.* I.)

« Que mon encens, que les sons de ma lyre, que le sang de la victime promise acquittent ma reconnaissance envers les dieux qui ont veillé sur les jours de Numidie! » Quiconque a étudié l'antiquité connaît les *tauroboles* et les *crioboles*, auxquels donna lieu en Orient le culte de Mithra. L'effet de ces sacrifices consistait dans une parfaite purification, dans la disparition de tous les crimes, dans une régénération morale et complète. Afin de renaître ainsi pour l'éternité (résultat qu'attribuaient les prêtres à ce genre de sacrifices, quoiqu'ils recommandassent de les renouveler après un laps de vingt ans), on descendait un dans une fosse profonde, recouverte avec une planche percée d'une foule d'ouvertures. Sur cette planche on égorgeait un taureau ou un bélier, de manière à ce que leur sang, encore tiède, jaillît sur toutes les parties du corps du *pénitent*. Quand on immolait un taureau, le sacrifice s'appelait taurobole ; il se nommait, au contraire, criobole, lorsqu'on employait un bélier. Au témoignage de Grégoire de Nazianze, Julien l'Apostat se soumit lui-même à cette bizarre superstition. Ce fut donc la croyance constante de tous les hommes et de tous les temps, que l'effusion du sang avait la vertu de sanctifier et de racheter. Dans sa forme extérieure, cette croyance se modifia suivant le caractère et le culte des différents peuples ; mais partout le principe est visible. Comment, dès lors, prétendre avec quelque droit que le paganisme s'est fait illusion sur cette idée fondamentale et universelle, c'est-à-dire la rédemption au moyen du sang ? S'appuierait-on sur l'impossibilité où était le genre humain de deviner la vertu de ce sang, nécessaire à sa régénération ? sur ce que l'homme abandonné à lui-même, ne pouvait connaître, ni la grandeur de sa chute, ni l'immensité de l'amour dont il redevenait l'objet ? Nonobstant ces objections, toujours est-il que chaque peuple, quelques notions qu'il possédât sur la déchéance originelle, connaissait et le besoin et la nature du moyen de salut. Assurément les racines

et la graisse ; que Dieu agréa les offrandes d'Abel et non celles de Caïn. On ne peut pas douter que cette conduite n'ait été le fruit des leçons que Dieu avait données à leur père. « C'est par la foi, dit saint Paul (*Hebr.*, xi, 4), qu'Abel offrit à Dieu de meilleures victimes que Caïn. » Quelques savants ont cru que la faute de Caïn consistait en ce qu'il ne voulait offrir à Dieu que les fruits de la terre, qui étaient l'offrande propre à l'état d'innocence, au lieu que Dieu avait ordonné qu'on lui immolât des animaux, qui étaient la victime convenable pour expier le péché dans l'état de nature tombée. Cette conjecture est ingénieuse, mais on ne peut pas la prouver. Il n'est pas absolument certain qu'Abel ait immolé des animaux. Plusieurs interprètes ont observé que le mot hébreu qui signifie *prémices* ou *premiers-nés*, exprime aussi ce qu'il y a de meilleur, et que la *graisse des troupeaux* peut signifier le beurre ou la crème du laitage. Ils traduisent ainsi les paroles de la *Genèse : Abel offrait à Dieu le meilleur qu'il tirait de ses troupeaux, le lait et la crème*, parce qu'alors Dieu n'avait pas encore accordé à l'homme pour nourriture la chair des animaux. Il est dit simplement que *Caïn offrit des fruits de la terre*; mais il n'est pas dit, comme d'Abel, qu'il *offrit le meilleur* : c'est peut-être en cela seulement que consista la différence entre les *sacrifices* des deux frères.

Après le déluge, Noé, au sortir de l'arche, choisit des animaux purs et les offrit à Dieu en holocauste ; l'Ecriture ajoute que *l'odeur de ce sacrifice fut agréable à Dieu*. Ce fut à cette occasion que Dieu permit à Noé et à ses enfants de manger la chair des animaux, mais il leur en interdit le sang, afin de leur inspirer l'horreur du meurtre (*Gen.* viii, 20 ; ix, 3). L'expression de l'auteur sacré a donné lieu à quelques incrédules de conclure que Noé pensait comme les païens, que Dieu se repaissait de la fumée des victimes. Les Juifs, disent-ils, furent dans la même erreur, puisque Moïse répète souvent les mêmes paroles en parlant des *sacrifices*.

Au mot ODEUR, nous avons fait voir que ce terme se prend souvent chez les auteurs sacrés dans un sens métaphorique, et cette métaphore a lieu dans toutes les langues : la *bonne odeur* est ce qui nous plaît ; la *mauvaise odeur*, ce qui nous déplaît ; nous en avons cité plusieurs exemples, et l'on peut en ajouter d'autres. I *Reg.* xxvi, 19, David dit à Saül : « Si c'est le Seigneur qui vous excite contre moi, qu'il accepte ma mort ; *adoretur*

d'une croyance si extraordinaire, si générale, doivent être profondes. Si elle n'avait pas eu un fondement réel et mystérieux, pourquoi Dieu même l'aurait-il consignée dans les lois mosaïques ? Où les anciens auraient-ils puisé l'idée d'une régénération morale ? Pourquoi, dans tous les lieux et à toutes les époques, afin d'honorer la Divinité, de se concilier ses faveurs, de détourner sa colère, aurait-on choisi une cérémonie dont l'esprit, isolé de tout secours étranger, ne saurait donner l'idée ? La nécessité nous force de reconnaître l'existence de quelque cause cachée, et cette cause était bien puissante. » (*Dém. Ev.*, éd. Migne.)

sacrificium. » Saint Paul écrit aux Philippiens, IV, 18, qu'il a reçu leur présent comme une victime de bonne odeur et agréable à Dieu. Flairer de loin, avoir l'odeur de quelque chose, c'est la prévoir et la pressentir. il est dit dans le livre de *Job*, XXXIX, 25, qu'au son de la trompette le cheval a l'odeur de la guerre, qu'il sent les harangues des généraux et les cris des armées. Ainsi, recevoir un *sacrifice* en bonne odeur, c'est l'agréer ou l'accepter, être touché de cet hommage. Nous ferons voir les vrais sentiments des Juifs dans le paragraphe suivant.

Lorsque Abraham eut remporté une victoire sur quatre rois, Melchisédech, roi de Salem, offrit du pain et du vin, en qualité de prêtre du Dieu très-haut, et il bénit Abraham (*Genes.* XIV, 18). Saint Paul nous apprend que cette offrande fut un *sacrifice*, et que le sacerdoce de Melchisédech était la figure de celui de Jésus-Christ (*Hebr.* VII, et VIII). Pour confirmer l'alliance que Dieu contracte avec Abraham et la certitude des promesses qu'il lui fait, il lui ordonne d'immoler une victime, d'en faire deux parts, et il fait passer au milieu de ces deux portions une lumière éclatante, comme s'il y passait lui-même (*Gen.* XV, 9). C'était l'usage des Orientaux qui faisaient alliance de passer ainsi au travers des chairs de la victime ; de là leur expression, *diviser* ou *partager une alliance,* pour dire la contracter. De même Jacob et Laban, pour faire ensemble un traité de paix, immolent une victime et font un repas commun (*Gen.* XXXI, 54). Ainsi toutes les fois qu'il est dit qu'Abraham ou Jacob éleva un autel, on entend qu'il offrit à Dieu un *sacrifice.* Job offrait tous les jours un holocauste pour les péchés de ses enfants (*Job*, I, 5). On se disposait à cette cérémonie par des préparations. Avant d'offrir un *sacrifice* pour sa famille, Jacob assemble toute sa maison, il ordonne à ses gens de se purifier, de changer d'habits, de se défaire de leurs idoles, et il enfouit sous un arbre ces objets de superstition (*Gen.* XXXV, 2). Il nomme *Béthel,* maison de Dieu, le lieu où Dieu a daigné lui parler ; il y consacre une pierre par une effusion d'huile, et Dieu approuve sa piété (XXXI, 13).

§ III. *Sacrifice des Juifs.* Par ce que nous venons de dire touchant le culte religieux des patriarches, on voit que le cérémonial prescrit aux Israélites par Moïse n'était pas absolument nouveau pour eux, puisqu'une bonne partie avait été déjà pratiquée par leurs pères. A la vérité rien n'était encore déterminé par une loi positive couchée par écrit ; mais plusieurs choses étaient déjà réglées par l'usage et par la tradition reçue des anciens : la loi de Moïse fixa le tout dans le plus grand détail.

Il y avait deux sortes de *sacrifices,* les sanglants et les non sanglants, et l'on en distingue trois de la première espèce. 1° L'holocauste : la victime y était brûlée en entier, sans que personne en pût rien réserver. (*Levit.* I, 13), parce que ce *sacrifice* était institué pour reconnaître la souveraine majesté de Dieu, devant qui tout s'anéantit, et pour apprendre à l'homme qu'il doit se consacrer tout entier et sans réserve à celui de qui il tient tout ce qu'il est. 2° L'hostie pacifique était offerte pour rendre grâces à Dieu de quelque bienfait, pour en obtenir de nouveaux, ou pour acquitter un vœu. On n'y brûlait que la graisse et les reins de la victime ; la poitrine et l'épaule droite étaient données au prêtre, le reste appartenait à celui qui avait fourni la victime. Il n'y avait point de temps marqué pour ce *sacrifice,* on l'offrait quand on voulait ; la loi n'avait point déterminé le choix de l'animal, il fallait seulement qu'il fût sans défaut (*Levit.* III, 1). 3° Le *sacrifice,* pour le péché, appelé aussi *sacrifice* expiatoire ou *propitiatoire.* Avant de répandre le sang de la victime au pied de l'autel, le prêtre y trempait son doigt, en touchait les quatre coins de l'autel ; celui pour qui le *sacrifice* était offert n'en emportait rien, il était censé se punir lui-même par une privation. On brûlait la graisse de la victime sur l'autel, la chair tout entière était pour les prêtres, elle devait être mangée dans le lieu saint, c'est-à-dire dans le parvis du tabernacle (*Deut.* XXVII, 7). Lorsque le prêtre offrait pour ses propres péchés et pour ceux du peuple, il faisait sept fois l'aspersion du sang de la victime devant le voile du sanctuaire, et il répandait le reste au pied de l'autel des holocaustes (*Levit.* IV, 6).

On employait cinq sortes de victimes dans ces *sacrifices,* savoir, des vaches, des taureaux ou des veaux, des brebis ou des béliers, des chèvres ou des boucs, des pigeons et des tourterelles. On ajoutait aux chairs qui étaient brûlées sur l'autel une offrande de gâteaux cuits au four ou sur le gril, ou frits dans la poêle, ou une certaine quantité de fleur de farine, avec de l'huile, de l'encens et du sel. Cette oblation, presque toujours jointe au *sacrifice* sanglant, pouvait aussi se faire seule sans être précédée par une effusion de sang ; alors c'était un *sacrifice* non sanglant, offert à Dieu comme auteur de tous les biens. On y ajoutait de l'encens, dont l'odeur agréable était le symbole de la prière et des saints désirs de l'âme. Mais Moïse avait défendu que l'on y mêlât du vin et du miel, figures de ce qui peut corrompre l'âme par le péché ou l'amollir par les délices. Le prêtre prenait une poignée de cette farine arrosée d'huile, avec de l'encens, les répandait sur le feu de l'autel, et tout le reste était à lui. Il devait manger le pain de cette farine sans levain dans le tabernacle, et nul autre que les prêtres n'avait droit d'y toucher. Il y avait encore des *sacrifices* où la victime n'était point mise à mort : tel était le *sacrifice* du bouc émissaire au jour de l'expiation solennelle, et celui du passereau pour la purification d'un lépreux. Le *sacrifice perpétuel* est celui dans lequel on immolait chaque jour sur l'autel des holocaustes deux agneaux, l'un le matin, lorsque le soleil commençait à luire, l'autre le soir après le coucher du soleil.

Mais il ne faut pas oublier ce qu'enseigne saint Paul au sujet de ces *sacrifices* (*Hebr.* x), savoir que le sang des boucs, des taureaux et des autres victimes ne pouvait pas effacer les péchés; que les cérémonies juives étaient des éléments vides et impuissants; que la loi ne pouvait donner aux hommes la vraie justice, etc. Dieu s'en était clairement expliqué par les prophètes (*Ps.* XLIX, 10; *Isa.* I, 11; LXIII, 2; *Jerem.* VII, 21; *Ezech.* XX, 5; *Joel.*, II, 12; *Amos*, v, 21; *Mich.*, VI, 6, etc.). Cent fois il avait déclaré aux Juifs que le culte grossier et purement extérieur ne pouvait lui plaire, qu'il ne le leur avait prescrit qu'à cause de leur cœur, qu'il voulait l'obéissance et la piété intérieure, la justice envers le prochain, la charité, les bonnes œuvres, la conversion du cœur après le péché, etc. Il ne s'ensuit pas de là néanmoins que le culte était vain, superflu, superstitieux ou absurde en lui-même : s'il avait été tel, jamais Dieu ne l'aurait ordonné. Nous avons vu que rien n'était plus naturel ni plus légitime que d'offrir à Dieu les aliments dont nous sommes redevables à sa bonté ; qu'un *sacrifice* offert par un vrai sentiment de reconnaissance avec une piété sincère, renferme des leçons de morale très-utiles ; que si les hommes en ont abusé par stupidité, par légèreté, par hypocrisie, il ne s'ensuit rien. Si Dieu n'avait pas prescrit lui-même un cérémonial, les Juifs ne pouvaient pas manquer de s'en faire un, soit par le penchant naturel qui y a porté tous les hommes, soit par l'envie d'imiter les autres peuples dont ils étaient environnés : mais celui-ci, ouvrage de l'erreur et du caprice des hommes, était absurde et souvent criminel; celui que Dieu a institué était pur, innocent, capable de rendre solidement religieux un peuple plus traitable que les Juifs.

Les passages de l'Ecriture sainte que nous avons indiqués, ont servi aux Pères de l'Eglise pour réfuter deux sortes d'adversaires : 1° les Juifs, qui prétendaient, comme ils le croient encore aujourd'hui, que le culte extérieur prescrit par la loi était le plus saint, le plus parfait, le plus capable de sanctifier l'homme ; que dès qu'une fois Dieu l'avait établi, il ne pouvait plus l'abolir. Saint Justin, dans son *Dialogue avec Triphon*, lui cita tous ces passages pour lui prouver le contraire ; il lui fit voir que Dieu lui-même avait promis d'en établir un plus parfait, savoir l'adoration en esprit et en vérité que Jésus-Christ a prescrite. 2° Les gnostiques, les marcionites, les manichéens, qui soutenaient qu'un culte aussi grossier que le judaïsme ne pouvait pas être l'ouvrage du même Dieu qui nous a donné l'Evangile. Tertullien, l. II contra *Marcion*, c. 18 ; S. Aug., l. XXII contra *Faust.*, c. 4; l. II contra *Advers. Legis*, c. 12, n. 37, etc., ont fait usage des mêmes paroles pour montrer que Dieu n'agréait ce culte qu'autant qu'il était sanctifié par la piété intérieure. Nous nous en servons encore pour répondre aux incrédules lorsqu'ils renouvellent les mêmes reproches. *Voy.* LOI CÉRÉMONIELLE. Ces derniers disent que des *sacrifices* et des cérémonies pour effacer le péché sont un abus ; cela persuade à l'homme que le péché peut être réparé par un rite extérieur ou racheté par une offrande ; c'est un attrait pour en faire commettre de nouveaux : les païens ont déploré cet aveuglement et ont censuré cette pratique.

Réponse. Nous avons déjà observé que ce serait le plus grand des malheurs, si, après un premier crime, l'homme se persuadait que Dieu est inexorable, qu'il n'y a plus ni pardon ni grâce à espérer, qu'il est perdu pour jamais. Un malfaiteur prévenu de ces idées noires ne pourrait plus être retenu par aucun frein, ce serait un tigre lâché dans la société. Mais jamais la vraie religion n'a donné à l'homme coupable un sujet de penser qu'il pourrait effacer son péché par les cérémonies extérieures, sans aucun sentiment de regret, de confusion, de résipiscence, sans avoir la volonté de changer de vie. Dans la loi de Moïse il n'y avait point de *sacrifice* ordonné pour les grands crimes ; ils devaient être expiés par la mort du coupable. Dieu avait dit aux Juifs en leur donnant sa loi (*Exod.* XX, 6 ; *Deut.*, v, 10) : *Je fais miséricorde à ceux qui m'aiment*. Un des principaux commandements de cette loi était d'aimer Dieu (*Deut.* IX, 5 ; x, 12 ; XI, 13, 22, etc.). David pénitent disait : « Dieu, si vous aviez voulu des *sacrifices*, je vous en aurais offert ; mais les holocaustes ne peuvent vous plaire : le seul *sacrifice* digne de vous être présenté est un cœur brisé de douleur (*Ps.* L, 18). Dieu faisait dire aux Juifs prévaricateurs : *Brisez vos cœurs et non vos vêtements* (*Joel*, II, 12, etc.). Le *sacrifice* pour le péché était donc destiné à faire souvenir l'homme coupable des sentiments qu'il devait avoir dans le cœur pour être pardonné. C'était pour lui une espèce d'amende et une privation, puisqu'il ne lui était pas permis de se rien réserver de la victime.

Les incrédules sont encore plus injustes, lorsqu'ils prétendent que, dans le christianisme, un pécheur peut obtenir le pardon par la confession seule, par des actes extérieurs de piété, par des dons faits à l'Eglise ou aux prêtres, par des messes, sans repentir, sans résolution de se corriger, sans faire aucune satisfaction au prochain pour réparer le dommage qu'il lui a causé. Jamais cette morale absurde n'a été soufferte dans l'Eglise chrétienne. *Voy.* EXPIATION, PÉNITENCE.

Mais les ennemis de la religion n'ont pas borné là leur malignité ; ils soutiennent que les Juifs pensaient, tout comme les païens, que Dieu était nourri ou du moins récréé par l'odeur et la fumée des victimes. Ils prétendent le prouver par *Isaïe*, qui dit, c. XXXI, v. 9, que Dieu a son feu dans Sion et son foyer dans Jérusalem ; par *Malachie*, c. I, v. 12, qui reproche aux Juifs de mépriser la *table* et la *nourriture* du Seigneur ; par la loi même de Moïse, dans laquelle les *sacrifices* sont appelés un *pain* ou un *aliment* ; enfin par le *psaume* XLIX, v. 13, dans lequel

Dieu demande aux Juifs : *La chair des taureaux sera-t-elle donc ma nourriture, et le sang des boucs mon breuvage ?* Ce reproche suppose évidemment que les Juifs étaient dans cette fausse idée.

Réponse. Cette objection a été faite autrefois par les manichéens : saint Augustin ; l. XIX *contra Faust.*, c. 4, y a répondu. Il est fâcheux que de savants protestants, tels que Spencer, Cudworth, Mosheim, l'aient renouvelée, comme s'ils avaient eu dessein de fournir une arme de plus aux incrédules ; Cudworth, *Dissert. de S. Cœna*, c. VI; § 6; note de Mosheim. Nous n'avons aucun dessein de justifier les idées grossières et absurdes que peuvent avoir eues les Juifs pervertis par l'idolâtrie de leurs voisins et entraînés dans les mêmes erreurs ; ils ont dû se former du Dieu d'Israël la même notion que les païens avaient des leurs, il ne s'ensuit pas de là que les adorateurs constants du vrai Dieu, à plus forte raison Moïse, les prophètes, les hommes instruits, aient pensé de même. Il est évident que nos adversaires abusent des passages qu'ils allèguent, qu'ils donnent un sens faux à des expressions susceptibles d'un sens très-orthodoxe : qui leur a révélé que ce n'était pas celui des écrivains sacrés ?

Le feu allumé dans le temple de Jérusalem a pu être nommé le *foyer de Dieu* ; non parce que Dieu venait s'y chauffer et y cuire ses viandes, mais parce qu'il était allumé par l'ordre de Dieu, et pour consumer les *sacrifices* que Dieu avait prescrits. L'autel était *la table du Seigneur*, non parce qu'il venait y manger, mais parce que l'on y brûlait ce qui lui était offert : la chair des victimes était la nourriture que Dieu avait donnée aux prêtres, elle venait de Dieu, mais Dieu n'en usait pas. Saint Paul appelle aussi l'autel sur lequel se consacre l'eucharistie, *la table du Seigneur* ; sans doute, il n'a pas cru que Dieu y venait manger avec les hommes. David a nommé la manne du désert, *le pain des anges* : s'ensuit-il qu'il a pensé que les anges en ont mangé ?

Le reproche que Dieu a fait aux Juifs, *Ps.* XLIX, signifie seulement : « Par l'importance que vous attachez aux *sacrifices* sanglants, il semble que vous ayez dans l'esprit que je me nourris de la chair des taureaux et du sang des boucs. » Ce sarcasme ne suppose point que les Juifs le croyaient véritablement. Un enfant auquel on ne voulut pas permettre d'assister au *sacrifice* d'un taureau que voulaient offrir de graves sénateurs, leur demanda brusquement : *Avez-vous peur que je n'avale votre taureau ?* Il ne faut pas supposer le commun des Juifs plus stupides qu'ils n'étaient en effet. Dieu leur dit en même temps : *Immolez-moi un sacrifice de louanges. Le sacrifice de louanges m'honorera* (*Ps.* XLIX, 14 et 23). Il ne s'ensuit pas que Dieu est avide de louanges, ou qu'elles peuvent contribuer à son bonheur. Il dit au pécheur : *Tu as cru que je suis semblable à toi* (v. 21) ; cela ne prouve pas que le pécheur a eu véritablement cette idée, mais qu'il se conduit comme s'il l'avait eue. Pour renforcer leur objection, nos adversaires disent que les Juifs avaient rendu leur temple, les meubles et les instruments du culte, le service divin, semblables à ce qui se fait dans la maison d'un riche particulier, ou dans le palais d'un roi. Soit ; il s'ensuit que les Juifs, comme tous les peuples du monde, ont senti que l'on ne pouvait témoigner à Dieu du respect, de la vénération, de la reconnaissance, de la soumission, du désir de lui plaire, autrement que l'on ne fait pour les hommes : nous défions les philosophes les plus spirituels de forger une religion sur un autre modèle. Qu'on la spiritualise tant que l'on voudra, l'on sera toujours forcé de se servir d'expressions propres à désigner des corps pour signifier les idées spirituelles, d'employer des gestes et les actions sensibles pour témoigner les sentiments de l'âme, en un mot, d'honorer Dieu comme on honore les hommes. Les protestants ont cru retrancher absolument tout appareil ; ils ont cependant conservé le chant des psaumes, le jeu des orgues, l'usage de s'habiller proprement pour aller au prêche, la cène, les prières à haute voix ; nous voilà donc fondés à leur dire qu'ils ont cru que Dieu est réjoui par les concerts de leur musique, qu'il vient manger avec eux, qu'il n'a pas l'oreille assez fine pour entendre des prières faites à voix basse, etc. *Voy.* CÉRÉMONIE. Enfin, quelques incrédules modernes ont poussé l'audace jusqu'à soutenir que les Juifs ont offert à Dieu des *sacrifices* de sang humain ; ils ont apporté en preuve l'exemple d'Abraham et celui de Jephté, et une loi du Lévitique, de laquelle ils ont détourné le sens. Au mot ANATHÈME, nous avons démontré l'injustice et la fausseté de cette calomnie ; aux mots ABRAHAM et JEPHTÉ, nous avons prouvé que l'on a cité ces deux personnages très-mal à propos ; dans le § 5, nous ferons voir que ce désordre exécrable a une origine très-différente de celle que lui donnent ordinairement les incrédules, et que Dieu avait pris toutes les précautions possibles pour le prévenir.

§ IV. *Sacrifice des chrétiens.* Puisque le *sacrifice* est l'acte le plus essentiel de la religion, et le témoignage le plus énergique du culte suprême, il n'était pas possible que Jésus-Christ, qui est venu nous apprendre à adorer Dieu en esprit et en vérité, laissât son Église sans aucun *sacrifice*. Vainement ses enfants rebelles soutiennent que cette adoration en esprit et en vérité exclut la notion du *sacrifice*, qui est un acte extérieur et sensible ; si cela était vrai, il faudrait bannir du culte divin dans la loi nouvelle tout signe extérieur de respect et d'adoration : la prière publique, le chant des psaumes, la célébration de la cène, le baptême, l'action de se mettre à genoux, etc., seraient aussi contraires au culte spirituel que l'oblation d'un *sacrifice*.

Si nous en croyons les protestants, le seul *sacrifice* de l'Église chrétienne est celui que Jésus-Christ a fait de lui-même sur la croix, pour la rédemption du monde ; mais ce *sacrifice* une fois accompli ne peut se renouveler, parce qu'il est d'un mérite infini, et qu'il a été offert pour l'éternité. Dès ce moment les fidèles ne peuvent célébrer que des *sacrifices* improprement dits, qui consistent à offrir à Dieu les sentiments de leur cœur, les prières, les louanges, les vœux, les actions de grâces ; et c'est dans ce sens qu'il faut entendre tout ce qui est dit dans le Nouveau Testament, des *sacrifices*, des autels, des victimes, du sacerdoce de la loi nouvelle.

Il est étonnant que les protestants aient réussi à séduire de bons esprits par un système aussi mal conçu. 1° Nous pouvons leur opposer d'abord le tableau de la liturgie chrétienne tracé par saint Jean (*Apoc.* v), où l'on voit un autel, un agneau en état de victime, des prêtres qui l'environnent, et tout l'appareil d'un *sacrifice* réel, auquel il ne manque rien. — 2° Les victimes spirituelles, les louanges, les prières, les actions de grâces ont été aussi nécessaires dans la religion des patriarches et dans celle des Juifs, que dans la religion chrétienne ; elles sont la base de tout vrai culte. Croirons-nous qu'Abel, Noé, Abraham, Job, Jacob, et les Juifs véritablement vertueux se sont bornés à l'extérieur pour faire à Dieu des offrandes et des *sacrifices*, sans y apporter les mêmes sentiments de piété dont nous devons accompagner les nôtres ? Dieu a déclaré dans cent endroits de l'Ecriture, que sans ces dispositions du cœur, aucun culte ne pouvait lui plaire. Déjà sous l'Ancien Testament les prières, les adorations, les louanges, sont appelées des *sacrifices* et des victimes (*Psal.* XLIX, 14). Immolez à Dieu un *sacrifice* de louanges (v. 23) ; ce *sacrifice* m'honorera (*Ps.* CVI. v. 22) ; qu'ils m'offrent des *sacrifices* de louange, etc., *vitulos labiorum* (*Ose.*, c. XIV, v. 3). Cependant Dieu voulut que les patriarches et les Juifs lui offrissent des victimes réelles et des *sacrifices* sensibles, et il est dit qu'ils furent agréables à Dieu. A la vérité dans ce temps-là le *sacrifice* de Jésus-Christ n'avait pas encore été réellement offert ; mais il l'était déjà dans les desseins de Dieu, puisqu'il est appelé dans l'*Apocalypse*, c. XIII, v. 8, l'*Agneau immolé depuis le commencement du monde ;* ainsi Dieu a voulu que le *sacrifice* fût représenté d'avance depuis la création, et ces cérémonies en ont emprunté toute leur valeur ; en quel endroit Dieu a-t-il défendu de le représenter encore aujourd'hui, pour en conserver et en perpétuer la mémoire ? Les protestants diront qu'elle est suffisamment conservée par l'Ecriture sainte ; nous verrons dans un moment que cela est faux, que les sociniens ont perverti le sens de tous les passages de l'Ecriture qui concernent le *sacrifice* de Jésus-Christ sur la croix. — 3° Suivant la doctrine de saint Paul, les *sacrifices* de l'ancienne loi, les victimes offertes sur les autels, le sacerdoce des lévites, la dignité de pontife, le sanctuaire du temple, etc., étaient ainsi nommés dans toute la propriété des termes, sans aucune métaphore, simplement, parce qu'ils représen-

taient le *sacrifice*, le sacerdoce, le pontificat et les augustes fonctions de Jésus-Christ. Or, il est absurde d'imaginer qu'un tableau prophétique est plus agréable à Dieu et a plus d'efficacité qu'un tableau commémoratif ; qu'une cérémonie destinée à retracer le souvenir du *sacrifice* de la croix, et à nous en appliquer les fruits, ne doit plus être appelée *sacrifice*, *oblation*, *victime*, *sacerdoce*, etc. ; que cette commémoration déroge à la dignité du *sacrifice* de la croix, pendant que les figures qui l'annonçaient n'y dérogeaient pas. — 4° Saint Paul (*Hebr.* XIII, 10), dit : « Nous avons un autel auquel n'ont point droit de participer ceux qui servent aux tabernacles, » c'est-à-dire les prêtres et les lévites de l'ancienne loi. Or, ils avaient certainement le droit de participer aux *sacrifices* spirituels, aux victimes improprement dites, communes à toutes les religions ; aucun mortel n'en fut jamais exclu. Il faut donc que saint Paul ait admis quelque chose de plus dans le christianisme (*Hebr.* VII et suiv.). — 5° La source de l'erreur des protestants est le refus de reconnaître la présence réelle de Jésus-Christ dans l'*eucharistie* ; mais à cet article nous avons prouvé que c'est un des dogmes de la foi chrétienne les mieux fondés sur l'Ecriture sainte et sur la tradition, et qui tient essentiellement à tous les autres. — 6° En se donnant la liberté d'expliquer dans un sens impropre et figuré toutes les expressions des livres saints concernant le *sacrifice* des autels, les protestants ont appris aux sociniens à interpréter de même toutes celles qui regardent le *sacrifice* de la croix et le sacerdoce éternel de Jésus-Christ.

Mais en expliquant ainsi dans un sens impropre et figuré les expressions des auteurs sacrés, les protestants ont appris aux sociniens à interpréter de même ce qui est dit du *sacrifice* de la croix et du sacerdoce éternel de Jésus-Christ. Celui-ci, disent les unitaires, consiste en ce que Jésus-Christ continue dans le ciel d'intercéder pour nous auprès de son Père ; sa mort sur la croix n'a été qu'un *sacrifice* improprement dit, en ce que Jésus-Christ mourant a prié pour les pécheurs, et en ce que, par sa mort, il a confirmé toute sa doctrine. Ainsi s'accroît la témérité des hérétiques, dès qu'une fois ils se sont attribué le privilège de donner à l'Ecriture sainte le sens qu'il leur plaît.

La fausseté de l'opinion socinienne saute aux yeux. Saint Paul (*Hebr.*, VII, 17), applique à Jésus-Christ ces paroles du *psaume* CIX, v. 4 : *Vous êtes prêtre pour l'éternité selon l'ordre de Melchisédech.* Il compare, v. 23, ce sacerdoce éternel de Jésus-Christ au sacerdoce passager des enfants de Lévi ; il l'appelle le *pontife* saint, innocent, et sans tache, qui n'a pas besoin d'offrir tous les jours des victimes pour ses propres péchés et pour ceux du peuple, mais qui l'a fait une fois en s'offrant lui-même, v. 26 et 27. Il dit, c. VIII, v. 6, que le ministère de Jésus-Christ est plus auguste que celui des prêtres anciens, en ce qu'il est médiateur d'une meilleure alliance : il ajoute, c. IX, v. 7, que le pontife des Juifs, qui entrait chaque année dans le sanctuaire, où il offrait le sang d'une victime pour ses fautes et pour celles du peuple, était la figure de Jésus-Christ, pontife des biens futurs, qui est entré dans le sanctuaire du ciel, non avec le sang des animaux, mais avec son propre sang, pour opérer une rédemption éternelle, pour racheter par sa mort les prévarications commises sous l'ancienne alliance, etc., v. 15, et s'est montré une fois pour absorber les péchés par sa propre victime, v. 28. — Or, si le sacerdoce, les victimes, les *sacrifices* de l'ancienne loi, simples figures de ceux de Jésus-Christ, étaient cependant un sacerdoce, des victimes, des *sacrifices* proprement dits, et dans toute la rigueur des termes, pourquoi ceux de Jésus-Christ ne le sont-ils pas à plus forte raison? Il est absurde de supposer que le nom et la notion d'une chose conviennent plus proprement à la figure qu'à la réalité; donc, c'est dans le sens le plus propre et le plus rigoureux que Jésus-Christ est prêtre et pontife, que sa chair et son sang sont une victime, et que sa mort sur la croix est un *sacrifice*.

En cela saint Paul n'enseignait rien de nouveau; déjà le prophète Isaïe, c. LIII, v. 6 et suiv., avait dit du Messie : « Dieu a mis sur lui l'iniquité de nous tous, il sera conduit à la mort comme un agneau...; s'il donne sa vie pour le péché, il verra une longue postérité..., et il portera leur iniquité, etc. » Ainsi le prophète peint le Messie, non-seulement comme une victime offerte pour le péché, mais comme un prêtre qui s'offrira lui-même; par conséquent sa mort est comme un *sacrifice* expiatoire. Ces divers passages de l'Ecriture sainte ne nous paraissent pas moins forts pour réfuter les protestants. Aussi au mot EUCHARISTIE, § 5, nous avons fait voir que Jésus-Christ, véritablement présent sur les autels, en vertu des paroles de la consécration, continue de s'offrir comme victime à son Père pour les péchés des hommes, par les mains des prêtres; qu'ainsi cette oblation est un *sacrifice* aussi réel que celui qu'il a offert sur la croix. En effet, les protestants conviennent que l'offrande des anciennes victimes était une figure du *sacrifice* sanglant de Jésus-Christ, qu'elle en tirait toute sa vertu et toute son efficacité, que cette oblation néanmoins était un *sacrifice* proprement dit. Donc l'Eucharistie, qu'ils appellent la *cène du Seigneur*, qui est aussi une commémoration de la mort du Sauveur, est de même un *sacrifice* proprement dit. C'est une absurdité de vouloir que la figure anticipée ou prophétique de la mort de Jésus-Christ soit un *sacrifice*, et que la figure commémorative, qui n'est pas une simple figure, puisque Jésus-Christ s'y trouve, n'en soit pas un.

Mais qu'ont fait les protestants? Pour pervertir toutes les notions, pour détourner l'attention des fidèles du point de la question, ils ont changé les anciens noms d'*eucharistie*, d'*oblation*, de *sacrifice*, d'*hostie*, en celui de *cène* pour donner à entendre que cette cérémonie n'est point la commémoration ni le renouvellement de la mort du Sauveur, mais la représentation de la *cène* ou du *souper* qu'il fit avec ses apôtres la veille de sa mort. Au mot CÈNE et au mot EUCHARISTIE, § 3, nous avons fait voir que c'est un abus malicieux. « Toutes les fois, dit saint Paul, que vous mangerez ce pain et que vous boirez ce calice, vous annoncerez la mort du Seigneur (*I Cor.* XI, 26). Il ne dit pas, Vous annoncerez le dernier souper du Seigneur. En effet, le souper était fini, l'agneau pascal était mangé, lorsque Jésus-Christ prit du pain et du vin, les bénit ou les consacra, les donna à ses apôtres en leur disant · *Ceci est mon corps livré ou froissé pour vous, ceci est mon sang versé pour vous*. Donc, cette action représentative de la mort qu'il devait souffrir le lendemain était déjà un vrai *sacrifice;* donc, cette même action répétée ensuite par les apôtres, suivant le commandement de leur divin Maître, a été aussi un *sacrifice*. Enfin, les protestants qui avouent que les prières, les louanges, les actions de grâces, les aumônes, sont des sacrifices improprement dits, ont poussé l'entêtement jusqu'à ne vouloir pas convenir que l'eucharistie, rite commémoratif ou représentatif de la mort de Jésus-Christ, est du moins un *sacrifice* improprement dit; parce qu'ils ont senti que s'ils le disaient, ils seraient bientôt forcés d'avouer que c'est un *sacrifice* dans le sens le plus propre et le plus rigoureux. Mais que prouve cette affectation ridicule? qu'ils voient la vérité et qu'ils la fuient !

Beausobre, l'un des plus artificieux, prétend que, dans les premiers siècles, l'on a nommé *sacrifice*, non pas seulement le pain et le vin offerts et consacrés, mais toute l'offrande de pain et de vin qui était faite par les fidèles, de laquelle on prenait une portion pour la communion, et dont le reste servait au clergé et aux pauvres. Il cite, pour le prouver, la liturgie rapportée dans les *Constitutions apostoliques*, liv. VIII, c. 13, où l'évêque prie Dieu pour les dons qui ont été offerts au Seigneur, afin qu'il les reçoive comme un *sacrifice d'agréable odeur;* paroles semblables à celles de saint Paul (*Philipp.* IV, 18), qui appelle ainsi les aumônes des fidèles. *Hist. du Manich.*, tom. II, l. IX, c. 5, § 4. Mais ce critique confond déjà mal à propos la liturgie des *Constitutions apostoliques* avec celle de saint Jacques, et il commet une falsification : la prière qu'il cite est prononcée par l'évêque sur la seule portion des offrandes sur laquelle il vient proférer les paroles de la consécration; donc c'est cette portion seule ainsi consacrée qui est nommée *sacrifice;* on peut s'en convaincre en vérifiant le passage. S'il avait consulté et comparé la liturgie de saint Jacques ou de Jérusalem avec toutes les autres liturgies, soit des Eglises d'Orient, soit de celles d'Occident, il y aurait trouvé les noms d'*oblation*, de *sacrifice*, d'*autel*, d'*hostie*, ou de *victime*, employés de même dans le sens propre et rigoureux. Le Père Lebrun l'a fait voir d'une manière incontestable, *Expl.*

des cérém. de la Messe, t. VI, 12ᵉ *dissert.,* art. 1, p. 576 et suiv.

Mosheim, plus sincère que Beausobre, convient que dès le IIᵉ siècle, l'on s'accoutuma à regarder l'oblation ou la consécration de l'eucharistie comme un *sacrifice*; mais on y était accoutumé depuis les apôtres. Qu'y manque-t-il, en effet, pour mériter ce nom? Il y a un prêtre principal, qui est Jésus-Christ, et qui s'offre lui-même à son Père par les mains d'un homme qui tient sa place et qui offre en son nom. Il y a une victime, qui est encore Jésus-Christ. Il y a une immolation, puisque Jésus-Christ y est en état de mort, et que son corps est représenté comme séparé de son sang; la cérémonie est suivie de la communion ou du repas commun dans lequel les assistants se nourrissaient des chairs de la victime. Quelle différence entre ces idées, pour exciter la piété des fidèles et la frivole représentation d'un souper!

§ V. *Sacrifices des païens.* Dès qu'une fois les peuples ont perdu de vue les leçons de la révélation primitive (*Voy.* IDOLÂTRIE) et sont tombés dans le polythéisme, il leur a été impossible de conserver un culte raisonnable. Comme ils ont supposé des esprits ou des intelligences logés dans toutes les parties de la nature, et qu'ils les ont nommés *démons* et *des dieux,* la multitude de ces nouveaux êtres a dégradé l'idée de la Divinité. Les païens les ont conçus comme des personnages doués d'une connaissance et d'un pouvoir fort supérieurs à ceux des hommes, mais comme sujets d'ailleurs à tous les goûts, à toutes les passions, aux besoins et aux vices de l'humanité. Comment auraient-ils pu faire autrement? Nous-mêmes, malgré les notions pures et spirituelles que la révélation nous donne du vrai Dieu, sommes encore forcés, en parlant de ses attributs, de les exprimer par les mêmes termes qui signifient des qualités humaines. *Voy.* ANTHROPOMORPHISME. Les peuples stupides ont donc supposé des dieux mâles et femelles, qui se mariaient et avaient des enfants; des dieux avides de nourriture, de parfums, d'offrandes, d'honneurs et de respects; des dieux capricieux, jaloux, colères, souvent malicieux et malfaisants, parce qu'ils voyaient tous ces vices dans les hommes.

Les prêtres babyloniens avaient persuadé à leur roi, aussi bien qu'au peuple, que leur dieu Bel buvait et mangeait, *Dan.,* c. XIV. Ceux qui n'étaient pas ainsi trompés se persuadaient que les dieux se nourrissaient de l'odeur des parfums et de la fumée des victimes, qu'ils venaient en jouir dans les temples et sur les autels où on leur offrait des *sacrifices.* Aussi, lorsque les païens mangeaient la chair des victimes, ils croyaient manger avec les dieux, et ils ne prenaient presque point de repas dont les viandes n'eussent été offertes aux dieux. De là vient le scrupule des premiers chrétiens qui n'osaient manger la chair des animaux dans la crainte de participer à la superstition des païens. *Voy.* IDOLOTHYTES, et le mot de saint Paul : « Vous ne pouvez participer à la table du Seigneur et à celle des démons. » (*I. Cor.* x, 21.) Les philosophes même avaient adopté cette opinion; Porphyre, dans son *Traité de l'abstinence,* a enseigné que du moins les démons de la plus mauvaise espèce aimaient à se repaître de l'odeur des victimes; il suivait le sentiment commun. Plusieurs Pères de l'Église n'ont pas hésité de le supposer vrai, parce qu'il leur fournissait un argument pour démontrer la folie des païens, qui, au lieu d'adorer le vrai Dieu, rendaient leur culte aux mauvais démons. Mais les critiques qui ont osé attribuer la même façon de penser aux juifs à l'égard du vrai Dieu, ont poussé trop loin la témérité; ils ont oublié que les juifs avaient de Dieu une idée toute différente de celle que les païens avaient, conçue de leurs dieux prétendus, Cudworth, *Syst. intell.,* t. II, c. 5, sect. 2, § 35, dissert. *de Cœna Domini,* c. VI, § 6. Il n'y a d'ailleurs dans toute l'Ecriture sainte aucun fait ni aucun reproche qui donne lieu à cette accusation. *Voy.* ci-dessus, § III.

Il n'est que trop vrai, à la honte de l'humanité, que tous les peuples polythéistes ont eu la barbare coutume d'offrir à leurs dieux des victimes humaines. Les Phéniciens, les Syriens, les Arabes, les anciens Égyptiens, les Carthaginois, et les autres peuples de l'Afrique; les Thraces, les anciens Scythes, les Gaulois, les Germains, les Bretons, étaient coupables de ce crime; les Grecs et les Romains, malgré leur politesse, ne s'en sont pas abstenus. Chez les anciens peuples du Nord, tels que les Sarmates, les Norvégiens, les Islandais, les Suèves, les Scandinaves, cette abomination était fréquente; on l'a retrouvée dans ces derniers siècles parmi certains Nègres et parmi les peuples de l'Amérique, même chez les Mexicains et les Péruviens, qui étaient cependant les deux peuples les moins sauvages de cette partie du monde. La nouvelle *Démonstration évangélique* de Jean Leland, les *Recherches philosophiques sur les Américains,* l'*Esprit des usages et des coutumes des différents peuples,* les *Recherches historiques sur le Nouveau-Monde,* l'*Hist. de l'Acad. des Inscrip.* t. I, in-12, p. 57, etc., nous mettent sous les yeux les preuves de ce fait odieux. Un habile académicien avait voulu le révoquer en doute, il s'est trouvé accablé par la multitude et l'évidence des preuves, *ibid.,* p. 61 (1).

(1) *Sacrifices humains.* « Dès les temps les plus éloignés, dit Schmidt, où l'histoire nous permette de porter nos recherches, nous voyons tous les peuples, barbares ou civilisés, malgré la tranchante différence de leurs opinions religieuses, se réunir et se confondre en un point, convaincus de l'utilité d'un médiateur, persuadés qu'on adoucit la colère divine par les sacrifices, c'est-à-dire par la substitution des souffrances des autres créatures à celles du vrai coupable. Cette croyance, raisonnable dans son principe, mais soumise à l'action de la puissance qui s'est partout manifestée par de déplorables résultats, produisit, outre les sacrifices d'animaux, la superstition horrible et trop généralement répandue des sacrifices humains. Vainement la raison disait-elle a

Quelle peut être l'origine de cette barbarie ? Les savants sont encore partagés sur cette question. Un de ceux que nous venons l'homme qu'il n'avait aucun droit sur son semblable, que tous les jours il convenait lui-même solennellement de cette vérité en réparant le sang des animaux pour racheter celui de l'homme ; vainement la douce humanité, le sentiment si naturel de la compassion prêtaient-ils de nouvelles forces à l'autorité de la raison, l'esprit et le cœur se trouvaient impuissants contre les progrès de cette abominable superstition. On serait tenté de récuser le témoignage de l'histoire, lorsqu'elle nous montre le triomphe de cette coutume révoltante dans tous les pays de la terre : malheureusement, et à la honte éternelle du genre humain, aucun fait n'est mieux établi ; jusqu'aux monuments de la poésie, tout dépose contre ce préjugé général :

A peine son sang coule et fait rougir la terre,
Les dieux font sur l'autel entendre le tonnerre ;
Les vents agitent l'air d'heureux frémissements,
Et la mer lui répond par des mugissements,
La rive au loin gémit blanchissante d'écume,
La flamme du bûcher d'elle-même s'allume ;
Le ciel brille d'éclairs, s'entr'ouvre, et parmi nous
Jette une sainte horreur qui nous rassure tous.

« Ce n'était point une seule nation, ce n'étaient point des hordes barbares et grossières qui trempaient dans l'abomination des sacrifices humains, étouffant ainsi les sentiments naturels, mais bien presque tous les peuples de l'antiquité ; plusieurs encore se rendent aujourd'hui coupables de ce crime monstrueux. Je ne sais si de toutes les grandes nations on en pourrait citer une seule qui se fût entièrement abstenue de sacrifices humains, excepté cependant les Indiens, dont les bramines se consacraient spécialement à Wichnou, et les Péruviens, dont la religion remonte à Manco-Capac et à Mama-Ocollo (Coya-Ocella), sa sœur et son épouse, qui appartenaient probablement tous deux à cette caste des bramines de l'Inde.

« C'est à la religion chrétienne que les sectateurs de l'islamisme sont redevables d'être demeurés étrangers à cette pratique : car le Coran même démontre que Mahomet, sans adorer Jésus-Christ comme le Fils de Dieu, voyait pourtant en lui le plus grand des prophètes ; qu'il emprunta à nos livres sacrés sa religion et sa morale, laissant de côté ce qui ne cadrait point avec ses plans, y ajoutant d'ailleurs des détails de son invention. Toutefois, au XIIe siècle, du temps du grand Saladin, on rencontre chez les mahométans l'exemple d'un sacrifice humain ; des chrétiens, sous la conduite de Raymond de Châtillon, ayant tenté de renverser le tombeau de Mahomet, furent eux-mêmes immolés à la fête du Beiram, au lieu des brebis qui composent le sacrifice annuel (*Histoire de Saladin*, par M. Marin, tom. I, p. 428).

« *Inde. — Chine. — Perse*. Dans l'Inde, les sacrifices humains datent de l'époque la plus reculée : cependant, on ne peut accuser de cette abomination que celle des deux sectes principales dont les bramines se vouaient spécialement à Siwa ; toute la partie de cette immense contrée possédée par les Européens en est affranchie, elle ne subsiste que chez quelques peuplades indépendantes. — Un des livres que les Indiens nomment sacrés, contient un chapitre, particulier que l'on appelle le *chapitre sanglant*, où l'auteur fait intervenir Siwa expliquant à ses fils les détails des sacrifices. Kali, déesse du temps, épouse de Siwa, en était le principal objet, quoiqu'ils s'adressassent aussi à Siwa et à d'autres divinités. Siwa détermine les sacrifices, les pratiques et les invocations indispensables ; il fixe l'époque des expiations, l'emploi des hommes ou des de cités, a cru que l'usage d'immoler des hommes pouvait venir d'une connaissance imparfaite du *sacrifice* d'Abraham ; mais les animaux qui les rend efficaces. Telle divinité préfère un genre d'offrande, telle autre en préfère un différent ; toutefois les sacrifices humains sont regardés comme les plus importants. Un seul paralyse pendant mille ans le courroux de la terrible déesse, trois l'enchaînent pour une époque cent fois plus longue. Les formules usitées dans ces meurtres religieux font frémir d'horreur ; on s'écrie, par exemple : « Salut, Kali ! salut, Devi, déesse du tonnerre ! Salut, déesse au sceptre de fer ! » Ou bien : « Kali ! Kali ! Kali ! déesse aux dents terribles ! rassasie-toi, déchire, broie tous ces lambeaux ! Mets-les en pièces avec cette hache ! Prends ! prends ! saisis ! arrache ! Bois le sang à longs traits ! »

« Les Chinois également immolèrent autrefois des hommes, à ce qu'assure William Jones (*Asiat. research.*, II, 578). Si cet écrivain d'un si grand mérite eût vécu plus longtemps, il aurait sans doute confirmé par des exemples cette assertion faite dans une lecture devant les membres de la société asiatique.

« Les Perses, dont le culte, comparé à celui des autres païens, était beaucoup plus pur et plus raisonnable, ne s'abstinrent pas néanmoins des sacrifices humains. Dans leurs cavernes consacrées à Mithra, c'est-à-dire au dieu du soleil, ils suivaient cette barbare coutume, et prophétisaient en considérant les entrailles de la victime.

« Quoique la religion de Zerdacht défendit les sacrifices humains, l'histoire rapporte que Xercès, dans son expédition contre les Grecs, et dans un lieu nommé *les Neuf-Voies*, non loin du fleuve Strymon, fit enterrer vivants neuf jeunes gens et neuf jeunes filles de la contrée : « Car, remarque Hérodote, ce genre de supplice est une coutume de la Perse. Je sais qu'Amestris, épouse de Xercès, pour témoigner sa reconnaissance du maintien de sa santé, quoiqu'elle fût avancée en âge, fit enterrer vivants, en l'honneur du dieu qui habite sous terre, quatorze fils des plus illustres familles de son royaume. » C'était sans doute en l'honneur de Mithra, dieu du soleil, qu'Hérodote place sous terre, parce qu'on lui sacrifiait la nuit dans des grottes souterraines.

« Porphyre nous apprend, dans son ouvrage sur l'*Antre des Nymphes*, que celles de Mithra avaient sept entrées qui répondaient aux sept planètes (d'après lesquelles presque tous les peuples ont nommé les jours de la semaine), ainsi qu'aux voyages des âmes à travers ces planètes. Les pratiques en usage dans les grottes de Mithra se propagèrent hors de la Perse. Adrien les proscrivit. L'Égypte même connut les mystères de Mithra.

« *Chaldée. — Égypte*. Les Assyriens et les Chaldéens, dont le culte n'était qu'un informe mélange de superstitions et d'immoralité, sacrifiaient des victimes humaines : l'Écriture sainte lève tous les doutes à cet égard : elle nous dit que, pour repeupler le pays que rendait désert l'exil des Israélites du royaume des dix tribus, un roi d'Assyrie y envoya des colonies des diverses provinces de son empire. Au nombre de ces nouveaux habitants se trouvaient des peuples de Sépharvaïm, d'où l'on conjecture, avec raison, que le roi était Assarhaddon, qui réunit l'empire de Babylone à celui d'Assyrie, héritage de ses pères, parce que Sépharvaïm (la Sippara de Ptolémée) relevait de Babylone. Or, l'Écriture rapporte que les habitants transplantés dans la terre promise : « Ceux de Sépharvaïm faisaient passer leurs enfants par le feu, et les brûlaient pour honorer *Adramélech* et *Anamélech*, dieux de Sépharvaïm. » (*Rois*, IV, XVII, 31.) Adramélech se confond sans doute avec le dieu *Moloch* ou Molech des Ammo-

Islandais, les Américains, les Nègres, ont-il's pu avoir une connaissance de l'histoire d'Abraham? Il faut donc recourir à d'autres causes, et il en est plusieurs qui ont pu y contribuer. — 1° L'abrutissement des peuples anthropophages. Comme un instinct naturel, dieu du soleil. — Moloch, Molech, Melchom, et il probablement la même divinité que Bel ou Baal. Tous ces noms signifient roi ou seigneur; il est aussi à présumer qu'ils indiquaient tous le dieu du soleil. — L'Écriture sainte blâme en divers endroits la pratique d'après laquelle les parents faisaient passer leurs enfants dans le feu en l'honneur de Moloch, et même on fait au roi Manassès le reproche exprès d'avoir exposé son fils aux chances de cette superstition. Probablement cet abus remplaça une coutume plus barbare : monument de la crainte, il survécut aux sacrifices contre lesquels se soulevait la nature. Hérodote prétend, il est vrai, que l'Egypte demeura étrangère à ces abominations, et un témoignage d'un si grand poids ferait à coup sûr pencher la balance s'il était fondé sur de meilleures raisons, et si un si grand nombre d'écrivains plus récents, Manéthon, Diodore, Plutarque, Porphyre, n'attestaient le contraire. « Comment, dit Hérodote, comment les Egyptiens auraient-ils sacrifié des victimes humaines, puisqu'ils n'immolaient même aucune espèce d'animaux, excepté des porcs, des taureaux, des veaux et des oies? » Mais que prouve l'exclusion de plusieurs sortes d'animaux : contre l'existence des sacrifices humains? Tout ce que me paraît établir un semblable témoignage, c'est qu'on n'immolait plus aucun homme du temps d'Hérodote, et que les prêtres, rougissant de l'horrible pratique à laquelle ils avaient renoncé, préférèrent ne point l'en instruire. En haine de Typhon, principe du mal dans leur théogonie, qu'ils se figuraient avec des cheveux roux, les Egyptiens choisissaient, pour leurs sacrifices, des hommes dont la chevelure avait cette couleur ; et comme il s'en rencontrait rarement dans leur patrie, ils immolaient des étrangers. Peut-être cette circonstance fit-elle naître l'antique opinion que le roi Busiris, ayant sacrifié les voyageurs qui venaient de débarquer sur ses terres, fut tué par Hercule à qui il destinait le même sort. On trouve des traces de cette coutume sur le sceau avec lequel les prêtres égyptiens marquaient les taureaux à poils roux qu'ils voulaient sacrifier à Typhon ; il représente un homme agenouillé, les mains liées derrière le dos, un couteau enfoncé dans la gorge.

« *Grèce*. L'existence des sacrifices humains dans l'ancienne Grèce nous est attestée par l'histoire, peut-être fabuleuse, de Lycaon, roi de Parrhasia en Arcadie ; par le récit d'Homère, relatif aux douze jeunes nobles Troyens qu'Achille immola aux mânes de son ami Patrocle. Cette pratique se reproduit encore à une époque postérieure. Devant un autel de Bacchus, en Arcadie, plusieurs jeunes filles furent frappées de verges jusqu'à ce qu'elles succombassent à ce supplice. Une disette régnant parmi les Messéniens, et l'oracle de Delphes ayant ordonné qu'on immolât une princesse du sang royal, Aristodème, membre de cette famille, dévoua sa fille. Parvenu à la royauté, il sacrifia à Jupiter trois cents Lacédémoniens avec leur roi Théopompe, et termina sa vie en s'immolant, pour obéir au décret d'un oracle, sur la tombe de sa fille (Eusèbe, *Præp. Evang.*, IV, 16). Avant la bataille de Salamine, Thémistocle sacrifia, sur son vaisseau amiral, trois jeunes prisonniers perses, neveux du roi. Cette action lui répugnait ; mais le devin insista d'autant plus sur sa nécessité que la direction élevée et l'éclat des flammes de l'autel, puis l'éternuement d'un Grec placé à la droite de Thémistocle (présages tous deux favorables), le confirmaient dans son avis. L'équipage du vaisseau se pressa alors autour du général, qui, cédant à ce cruel désir, immola les jeunes Perses à Bacchus Omestes (Bacchus qui dévore la chair palpitante). Comme les habitants des îles conservent leurs anciennes mœurs plus longtemps que les autres peuples, cette révoltante coutume se perpétua en Crète, en Chypre, à Rhodes, à Lesbos, à Chios, à Ténédos, etc., pendant un plus long espace de temps que dans la Grèce continentale. Les Phocéens brûlaient des victimes humaines en l'honneur de Diane de Tauride. Les habitants de Massilie (Marseille), leurs descendants, avaient une forêt dont Lucain donne, dans sa *Pharsale* (III), une sombre description : elle était consacrée aux sacrifices humains, et fut détruite par César lorsqu'il assiégea la ville.

« *Rome*. Dès la plus haute antiquité, les Romains immolaient des enfants mâles à Monia, mère des dieux domestiques. Cette pratique fut abandonnée : Tarquin, dernier roi de Rome, la remit en usage sur la réponse d'Apollon de Delphes. Brutus, le premier des consuls, abolit ces sacrifices. Mais Apollon ayant encore demandé des têtes, on lui envoya des têtes de pavots au lieu d'enfants, et pour cette fois la lettre sauva la vie que son esprit aurait fait perdre. Les livres sibyllins apprirent aux Romains que les Grecs et les Gaulois se rendraient maîtres de leur cité. Menacés d'une guerre avec les Gaulois, l'an de Rome 526, guerre qu'avait provoquée leur injustice envers les Sénonais (peuple voisin de la Seine), la terreur devint générale au souvenir de la prise de Rome par cette nation. Les pontifes imaginèrent un moyen d'apaiser les dieux et, qui, pensaient-ils, remplirait l'oracle de la sibylle, sans exposer leur patrie à aucun danger : ce fut d'enterrer vivants à Rome, dans le *forum boarium* (marché aux bœufs), deux personnes de chaque sexe, grecques et gauloises. Tite-Live remarque que cette place avait déjà été souillée autrefois par des sacrifices humains, quoique suivant une pratique étrangère aux Romains. Huit ans plus tard, on renouvela ce sacrifice, lorsqu'éclata la seconde guerre punique. Les Romains regardaient comme un moyen assuré d'obtenir la victoire, que, durant le combat, le général vouât les ennemis à la terre et aux dieux mânes, et qu'en même temps lui-même, ou du moins l'un des guerriers de l'armée romaine, se consacrât à la mort en se précipitant dans les rangs opposés.

« Ce n'est que l'an de Rome 657 qu'un sénatus-consulte défendit les sacrifices humains. Mais comme l'an 708, dernière année de la vie de César (quarante-quatre ans avant Jésus-Christ), deux victimes humaines furent sacrifiées par le pontife et par le prêtre de Mars, on croit que le sénatus-consulte n'interdisait ce genre de sacrifices qu'aux particuliers. Si les sacrifices humains étaient rares à Rome, l'usage plus répandu des gladiateurs n'est pas moins digne de blâme ; probablement les Romains l'empruntèrent aux Etrusques. Il ne date point d'une époque encore grossière, mais de l'an de Rome 490, deux cent soixante-quatre ans avant Jésus-Christ, où deux frères, du nom de Brutus, l'introduisirent aux funérailles de leur père. Ces jeux n'eurent lieu d'abord que dans les cérémonies funèbres de personnages remarquables, et les gladiateurs combattaient sur la tombe pour apaiser les dieux inférieurs par l'effusion de leur sang. Ils remplacèrent les sacrifices humains que commandait la même circonstance. Suivant l'apparence, le sort de la victime fut adouci en ce que le gladiateur défendait ses jours ; il en devint réellement plus déplorable, parce que la rage du désespoir enflamma ces malheureux destinés à être assassins ou à périr eux-mêmes, et qui, désignés pour ce spectacle, délices des Romains, y étaient longtemps préparés par une nourriture choisie et par de fréquents exercices.

« *Carthage*. Les fondateurs de Carthage y transpor-

turel a porté tous les hommes à offrir à Dieu les aliments dont ils se nourrissaient, parce qu'ils reconnaissaient les avoir reçus de sa main, ceux qui ne vivaient que de fruits et de légumes, n'ont point connu les *sacrifices* sanglants; ceux qui subsistaient de

tèrent de Phénicie la coutume des sacrifices humains, qui s'y perpétua tant que subsista cette cité, excitant, par la cruauté du supplice, l'horreur des autres peuples auxquels on pouvait adresser un semblable reproche. Les Grecs et les Romains s'élèvent avec force contre le nombre de leurs malheureuses victimes. Evidemment les Carthaginois suivirent dans l'origine le culte de Moloch, l'honorant de cette manière, que nous transmet Diodore

« Une statue de bronze était élevée à Saturne : sur ses bras étendus on plaçait les enfants qui de là roulaient précipités, dans un énorme et ardent brasier. Diodore pense qu'Euripide avait cette coutume en vue, lorsqu'à la question d'Oreste :

Quel tombeau me recevra une fois privée de la vie?

ce poëte fait répondre à sa sœur Iphigénie, prêtresse de Diane en Tauride :

La terre dans ses cavités profondes, et les flammes du feu sacré.

« Comme tout était vénal à Carthage, les parents vendaient leurs enfants pour cet usage barbare. Toutefois le marché se concluait secrètement, parce que la politique avait posé en maxime que les enfants des familles illustres étaient seuls agréables aux dieux.

« Quand Gélon, tyran de Syracuse, et Théron, souverain d'Agrigente, remportèrent en Sicile une victoire signalée sur les Carthaginois, pendant le combat, le général carthaginois, Hamilcar, fit précipiter dans le feu une foule innombrable de victimes humaines, depuis le lever de l'aurore jusqu'à la nuit; car telle fut la durée de cette bataille qui décidait la question de l'indépendance de la Sicile. Lorsqu'elle fut terminée, Hamilcar ne se trouva ni parmi les prisonniers ni parmi les morts. Les Carthaginois prétendirent qu'à la fin il s'était jeté lui-même dans le feu, comme victime expiatoire (*Hérod.* VII, 166-67). Pour condition de la paix qu'accorda Gélon, ce héros généreux exigea qu'ils ne sacrifiassent désormais aucun enfant à Saturne. Agathoclès, tyran de Syracuse, après les avoir complétement défaits en Afrique, s'avançant sous les murs de Carthage, ils résolurent d'apaiser les dieux, et sacrifièrent à Saturne deux cents des enfants les plus distingués de la ville (*Diod.*, XX).

« Ils avaient coutume, dit un auteur romain, d'immoler des hommes en temps de peste, d'apporter aux autels des enfants dont l'âge aurait ému de compassion même des ennemis, croyant se concilier la faveur des dieux par le sang des êtres pour la conservation desquels on leur adresse ordinairement les plus ferventes prières (*a*).

« *Scythes*. — *Gaulois*. — *Germains*. Les Scythes sacrifiaient toujours la centième partie de leurs prisonniers de guerre au dieu des batailles. Tous les ans, avec du bois desséché et en quantité suffisante pour remplir cent cinquante chariots, ils élevaient une sorte de pile, au sommet de laquelle était dressé un antique cimeterre, emblème du dieu. Ils l'arrosaient du sang des malheureux qui gisaient au-dessous, et qu'on avait égorgés au-dessus d'un vase, de manière à ce qu'il reçût leur sang. Ils détachaient de leur corps l'épaule droite et les deux mains, et les lançaient en l'air. Partout où tombaient ces membres ils restaient étendus; et en était de même du cadavre, qui demeurait à la place où il était tombé (*Hérod.*, IV, 62).

« Les Celtes qui, à l'exception de la Grèce et de l'Italie, habitaient toute l'Europe, immolaient des victimes humaines. « Ceux qui se trouvent dangereusement malades, » dit César en parlant des Gaulois (*Cæsar, de Bello gall.*, IV, 16), « offrent ou promettent des sacrifices humains, et les druides leur prêtent leur ministère. » Ils croyaient en effet qu'on ne pouvait adoucir les dieux, qu'on ne pouvait racheter la vie d'un homme, qu'en offrant celle d'un autre en échange. Ces sacrifices, consommés par l'entremise des druides, étaient réglés d'une manière publique et légale: lorsque les coupables manquaient, on allait jusqu'à faire périr des innocents. Quelquefois on enfermait des hommes dans des espèces de statues colossales, tissues d'osier, auxquelles on mettait le feu, et les malheureux périssaient dans les flammes. Ces sacrifices se maintinrent dans les Gaules, comme partout ailleurs, jusqu'à l'époque où le christianisme prit une assiette solide. Car nulle part ils ne disparurent tout à fait sans l'intervention de la religion chrétienne; nulle part, non plus, ils ne subsistèrent en sa présence.

« Au nord de l'Europe, après le laps de neuf mois, on apaisait les dieux en leur offrant, durant neuf jours, neuf sacrifices d'hommes et d'animaux par jour; si, pourtant, des circonstances extraordinaires ne commandaient pas plus tôt l'immolation de victimes humaines.

« En Suède et en Norwège, ces victimes se reproduisaient également. D'ordinaire, on les étendait sur une pierre énorme; on les étouffait ou on les mettait en pièces. Quelquefois encore on laissait couler leur sang : plus il jaillissait avec impétuosité, plus le présage était favorable (*Mallet, Introduction à l'Histoire de Danemark*).

« Tacite rapporte des Germains (*a*) : « Ils se réunissent pour honorer la déesse Herth, c'est-à-dire la terre, mère commune. Ils s'imaginent que cette divinité vient, de temps en temps, prendre part aux affaires des hommes, et se promener de contrée en contrée. Dans une île de l'Océan est un bois qui lui sert de temple. On y garde son char : c'est une voiture couverte, que le prêtre seul a droit de toucher. Dès qu'il reconnaît que la déesse est entrée dans ce sanctuaire mobile, il y attèle des génisses et le suit en grande cérémonie. L'allégresse publique éclate de toutes parts. Ce ne sont que fêtes et réjouissances dans les lieux où la déesse daigne passer ou séjourner. Les guerres sont suspendues ; on cesse les hostilités : chacun resserre ses armes ; partout règne une paix profonde, que l'on ne connaît, que l'on n'aime que dans ces jours privilégiés. Enfin lorsque la déesse a suffisamment demeuré parmi les mortels, le prêtre la reconduit au bois sacré. On lave ensuite, dans un lac écarté, le char, les étoffes qui le couvraient, et la déesse elle-même, à ce qu'on prétend. Aussitôt le lac engloutit les esclaves employés à cette fonction ; ce qui pénètre les esprits d'une frayeur religieuse et réprime toute profane curiosité sur un mystère que l'on ne peut connaître, sans qu'il en coûte la vie à l'instant (*b*). » Le même historien rapporte encore des Germains : « Mercure (Odin, Wodan) est le dieu le plus honoré. A certains jours on lui sacrifie des hommes. » Les Normands en France offraient également, au dieu Thor, des victimes humaines. » (*Démonst. Evang.*, édit. Migne.)

(*a*) Cum inter cætera mala etiam peste laborarent, cruenta sacrorum religione et scelere, pro remedio usi sunt. Quippe homines, ut victimas immolabant, et impuberes (quæ ætas etiam hostium misericordiam provocat) aris admovebant, pacem deorum sanguine eorum exposcentes, pro quorum vita dii rogari maxime solent (Justin. XVIII, 6).

(*a*) Tac., *de Mor. Germ.*, 40, trad. de l'abbé de la Bletterie, édit. de Froullé.

(*b*) Tacit., *de More Germ.*, 10, trad. de l'abbé de la Bletterie, édit. de Froullé.

la chasse, de la pêche, de la garde des troupeaux, ont fait l'offrande de la chair des animaux ; ceux qui ont poussé la brutalité jusqu'à manger de la chair humaine, ont cru que ce serait un présent agréable à leurs dieux, parce que c'était un mets recherché.
— 2° Les fureurs de la vengeance. Parmi les nations sauvages les guerres sont cruelles, la vengeance est toujours atroce, et toutes sont habituellement ennemies les unes des autres. Un ennemi fait prisonnier est tourmenté avec une barbarie qui fait horreur, mangé ensuite en cérémonie; les relations des voyageurs sont remplies de ces scènes horribles. Ces peuples sanguinaires se sont persuadés que les ennemis de leur nation étaient aussi les ennemis de leurs dieux, que ceux-ci en verraient le sang couler sur les autels avec autant de plaisir qu'ils en avaient eux-mêmes à le répandre. Un jour de massacre est une fête pour eux; il faut donc que la Divinité y préside. Les mots latins *hostia* et *victima* ont signifié dans l'origine un ennemi vaincu, par conséquent dévoué à la mort; l'hébreu *zebach* et le grec θυσία, désignent seulement *ce qui est tué*. — 3° L'abus d'un principe vrai duquel on a tiré une fausse conséquence. On a pensé que celui qui a offensé la Divinité mérite la mort, aussi bien que celui qui trouble la société par ses crimes. Comme on ôtait la vie aux criminels pour venger la société, on s'est persuadé que leur supplice pouvait aussi apaiser les dieux lorsqu'ils sont irrités. Puisque les calamités publiques étaient censées un effet de la colère des dieux, on a imaginé qu'en mettant à mort un coupable et en le chargeant, par des prières et par des imprécations, des iniquités du peuple, on apaiserait le ciel irrité. Le mot *supplicium*, qui signifie tout à la fois la punition d'un criminel et une prière publique, semble témoigner que l'on ne se faisait pas sans l'autre; qu'ainsi dans l'origine l'on ne sacrifiait que des coupables. Mais de cet usage une fois établi, il a été aisé d'en venir à celui d'immoler aussi des innocents, du moins des étrangers, dès qu'on les regardait tous comme des ennemis et des objets d'aversion. — 4° Le dogme de l'immortalité de l'âme mal conçu et mal envisagé. Ceux qui ont pensé que les hommes après la mort avaient encore les mêmes besoins, les mêmes inclinations, les mêmes passions que pendant la vie, ont imaginé qu'il fallait immoler à leurs mânes les ennemis qui les avaient tués, les épouses qu'ils avaient aimées, les esclaves qui les avaient servis, afin qu'ils pussent jouir dans l'autre monde des mêmes plaisirs et des mêmes avantages qu'ils avaient eus sur la terre. Par la même raison l'on enterrait souvent avec eux les armes, les instruments des arts, les mêmes ornements dont ils avaient usé pendant leur vie. On conçoit toutes les conséquences qui ont dû résulter de toutes ces causes différentes suivant les divers génies des peuples, et quelle quantité de meurtres elles ont dû produire dans l'univers.

Par les leçons de la révélation primitive, Dieu avait voulu prévenir toutes les erreurs et tous les abus. Il y a lieu de penser qu'avant le déluge les hommes ne vivaient que des fruits de la terre et du lait des troupeaux (*Gen.* I, 29; V, 3 et 4). Lorsque, après le déluge, Dieu permet à Noé et à ses enfants de se nourrir de la chair des animaux, il leur défend encore d'en manger le sang, mais surtout de répandre le sang humain (IX, 3 et 6). Aussi Abraham, après avoir vaincu les rois de la Mésopotamie, après leur avoir repris les dépouilles et les prisonniers qu'ils avaient faits, n'use d'aucune vengeance; il montre au contraire un désintéressement parfait (XIV, 22). Lorsque Dieu commande à ce patriarche de lui offrir son fils unique, ce n'est ni par colère ni par vengeance, mais pour mettre son obéissance à l'épreuve, et tout se termine par le sacrifice d'un bélier (XXII, 12 et 13). Moïse ne propose point expressément le dogme de l'immortalité de l'âme, parce que c'était une croyance générale. Dans tous les livres saints, Dieu est représenté comme un père tendre et miséricordieux, qui ne veut point la mort du pécheur, mais sa conversion, qui pardonne au repentir, et qui préfère la pénitence du cœur à toutes les victimes. Dans sa loi (*Deut.* XII, 30 et suiv.), il défend sévèrement aux Juifs d'imiter les nations de la Palestine, qui immolaient leurs enfants à leurs dieux. *Vous ne ferez point de même*, leur dit-il, *à l'égard de votre Dieu; vous n'ajouterez ni ne retrancherez rien à ce que je vous ordonne*. Ainsi, en parlant de cette abomination dont les Juifs s'étaient rendus coupables malgré la défense, et leur reprochant les crimes des idolâtres, le psalmiste dit que ce sont leurs propres inventions: *psaume* LXXX, v. 13; *psaume* XCVIII, v. 8; *psaume* CV, v. 29 et 39. Il n'y avait donc rien dans la loi qui pût donner lieu à des *sacrifices* de sang humain. Un poëte païen a très-bien remarqué que la première source des crimes en fait de religion a été l'ignorance de la nature divine :

Heu primæ scelerum causæ mortalibus ægris,
Naturam non nosse Deum! (*Sil. Ital.*, I, 4.)

Or, les Juifs avaient du vrai Dieu une idée toute différente de celle que les païens s'étaient formée de leurs dieux imaginaires.

Les incrédules, qui ont voulu voir des victimes humaines dans l'anathème dont il est parlé (*Levit.* XXVII, 28 et 29) dans le sac des Madianites, dans le vœu de Jephté, dans le meurtre d'Agag, dans le supplice des rois de la Palestine, ordonné par Josué, etc., ont perverti le sens de tous les termes et se sont joués du langage. Ils ont fait de même lorsqu'ils ont représenté le supplice des apostats ordonné par l'inquisition, celui des hérétiques turbulents et séditieux, les meurtres commis dans les guerres de religion, etc., comme des *sacrifices* de victimes humaines. Ils voulaient révolter tous les esprits contre la religion, ils n'ont fait que les indisposer contre eux-mêmes. *Voy.* ANATHÈME (1).

(1) « Il est donc désormais incontestable, dit

SACRIFIÉS (*Sacrificati*). *Voy.* LAPSES.

SACRILÉGE, mot formé de *sacra* et de *legere*; il signifie à la lettre, amasser, prendre, dérober les choses sacrées; celui qui commet ce crime est aussi nommé sacrilége, *sacrilegus*. Dans le deuxième livre des *Machabées*, c. IV, v. 39, il est dit que Lysimaque commit plusieurs *sacriléges* dans le temple, dont il emporta beaucoup de vases d'or. Ce terme se prend encore dans l'Ecriture sainte pour la profanation d'une chose ou d'un lieu sacré, même pour l'idolâtrie; ainsi est nommé le crime des Israélites qui, pour plaire aux filles des Madianites, se laissèrent entraîner à l'adoration de Béelphégor, *Num.*, c. XXV, v. 18.

Le *sacrilége* n'attaque pas seulement la religion, mais la société, dont l'ordre, la sûreté, le repos, sont fondés sur la religion, puisque celle-ci est la sauvegarde des lois. Y eût-il jamais de société policée sans religion? Profaner ce que tout le monde fait profession de respecter, c'est insulter au Schmidt, que le sentiment de la déchéance de l'homme et de sa culpabilité, què la conviction de la nécessité d'une satisfaction, que l'idée de la substitution de souffrances expiatoires à celles du vrai criminel, ont conduit les peuples à doner le honteux et épouvantable scandale des sacrifices humains. Lorsque l'auguste victime, sur laquelle se concentra l'iniquité de l'univers, se fut écriée :

« Tout est consommé! »

le voile du temple se déchira, et le grand mystère du lieu saint se révéla, autant du moins que les bornes de sa sphère intellectuelle permirent à l'homme de le connaître. On comprend maintenant pourquoi il se persuada à toutes les époques qu'une âme pouvait être sauvée par une autre, pourquoi il voulut toujours se régénérer dans le sang. Sans le christianisme, l'homme ignore ce qu'il est, parce qu'il se trouve isolé dans le monde, et qu'il n'a point de termes de comparaison; le premier service que lui rend la religion est de lui apprendre quelle est sa valeur, en lui montrant combien il a coûté.

« Vide quanta patior a Deo Deus. »
(ÆSCHYL., in *Prom.*, v, 92.)

« Vois quelles souffrances, Dieu moi-même, je supporte de la part d'un Dieu. »

« Que l'on songe à présent que, d'une part, toute la doctrine de l'antiquité n'était qu'un cri prophétique du genre humain qui désignait le sang comme moyen de salut; que, de l'autre, le christianisme vint accomplir cette prophétie, remplaçant l'emblème par la réalité, en sorte que la doctrine primitive ne cessa jamais de désigner l'auguste victime, objet de la révélation nouvelle; et que, réciproquement, cette révélation, rayonnante de tout l'éclat de la vérité, découvre la source divine de la doctrine qui, pendant la durée des siècles, nous apparaît comme un point lumineux au milieu des ténèbres du paganisme, à coup sûr, une pareille concordance est la preuve la plus irréfragable que l'esprit humain puisse se créer.

« Dès lors encore il demeure évident que la doctrine des sacrifices païens a un rapport intime avec la doctrine de la réconciliation du monde, par l'entremise d'un divin Rédempteur; et cette proposition, paradoxale au premier abord, savoir; que l'idée d'une rédemption opérée par un Dieu sauveur est le fondement de la fable, se trouve démontrée d'une manière complète, assise désormais sur une base inébranlable. » (*Démonst. Evang.*, édit. Migne.)

corps même de la société, et tout le monde a droit de ressentir cette injure. Il n'est donc pas vrai, quoi qu'en disent pour leur intérêt les philosophes incrédules, que le *sacrilége* ne doive être puni que par la privation des avantages que la religion procure. Un impie qui méprise ces avantages insulterait impunément l'univers entier. Lorsque l'on punit le *sacrilége* plus sévèrement que les autres crimes, on ne prétend pas venger la Divinité, mais venger la société du préjudice que lui porte un homme qui ne respecte ni la Divinité, ni la religion publique, ni les lois. Dès qu'un homme est capable de braver les menaces et les terreurs de la religion, il ne peut plus être retenu par aucune loi. Aussi tous les peuples policés, quoique persuadés que la Divinité punit tôt ou tard les *sacriléges*, ont cru cependant devoir y attacher des peines très-sévères, et l'expérience prouve que si ces sortes de crimes demeuraient impunis, il n'y aurait plus de sûreté publique. Les protestants, qui, pour établir leur religion, se sont rendus coupables de *sacriléges* de toute espèce, ont donc mérité à juste titre l'exécration de tous les hommes sensés. Jamais les apôtres ni les premiers chrétiens ne se sont permis de pareils excès contre le paganisme; lorsqu'il y a eu des temples détruits, des idoles renversées, de prétendus mystères mis au grand jour, ç'a été par ordre des empereurs, par autorité publique, et non par voies de fait de la part des particuliers. *Voy.* ZÈLE DE RELIGION.

SADUCÉENS, nom d'une des quatre sectes principales qui subsistaient chez les Juifs du temps de Notre-Seigneur; il en est souvent parlé dans le Nouveau Testament. L'origine n'en est pas absolument certaine, les savants les plus habiles n'ont pu former là-dessus que des conjectures. On prétend qu'elle est née environ 260 ans avant Jésus-Christ, du temps qu'Antigone de Socho était président du grand sanhédrin de Jérusalem, et que ce fut lui-même qui y donna occasion. Comme il répétait souvent à ses disciples qu'il ne faut pas servir Dieu par un esprit mercenaire à cause de la récompense que l'on en attend, mais purement et simplement par l'amour et par la crainte filiale qu'on lui doit, Sadoc et Baïthus ou Boëthus, ses élèves, conclurent de là qu'il n'y a point de récompense à espérer dans une autre vie, que la durée de l'homme se borne à la vie présente, que si Dieu récompense ceux qui le servent, c'est dans ce monde et non ailleurs. Ils trouvèrent des partisans qui embrassèrent leur doctrine, et qui formèrent ainsi une secte à part; on les nomma *saducéens*, du nom de Sadoc leur fondateur. Ils différaient des épicuriens, en ce qu'ils admettaient une puissance qui a créé l'univers et une providence qui le gouverne, au lieu que les épicuriens niaient l'une et l'autre.

Il ne faut pas beaucoup de réflexion pour sentir l'absurdité de ce système. Si Dieu ne nous avait créés que pour cette vie, en quoi nous aurait-il témoigné sa bonté, et sur quoi seraient fondés l'amour et la crainte filiale qu'on lui doit? Il est évident que la vertu n'est pas toujours récompensée, ni le vice toujours puni en ce monde; il n'y aurait donc, à proprement parler, aucun motif solide d'être vertueux. — On nous dit que les *saducéens* se bornèrent à faire comme les caraïtes, à rejeter les traditions des anciens, à ne consulter que la parole écrite; et comme les pharisiens étaient fort attachés aux traditions, ces deux sectes se trouvèrent diamétralement opposées. Mais les premiers embrassèrent bientôt des sentiments impies et pernicieux : ils nièrent la résurrection future, l'existence des anges et des esprits, et celle des âmes humaines après la mort; *Matth.*, c. xxii, v. 23; *Marc.*, c. xii, v. 18; *Act.*, c. xxiii, v. 8. Cette conduite des *saducéens* n'est pas fort propre à confirmer l'opinion des protestants, qui leur applaudissent, parce qu'ils rejetaient toute espèce de tradition, pour ne s'attacher qu'au texte de l'Ecriture sainte.

Origène, l. i *contra Cels.*, n. 49, et saint Jérôme, *Comment. in Matth.*, l. iii, c. 22, t. IV *Op.*, col. 106, nous apprennent que les hérétiques, à l'exemple des Samaritains, n'admettaient pour Ecriture sainte que les cinq livres de Moïse. C'est pour cela, dit saint Jérôme, que Jésus-Christ voulant réfuter leur erreur touchant la résurrection future, ne leur oppose qu'un passage tiré des livres de Moïse, qui ne semble prouver ce dogme qu'indirectement, au lieu qu'il aurait pu en alléguer d'autres plus exprès tirés des prophètes, auxquels ces sectaires n'auraient eu aucun égard. Scaliger et quelques autres, qui ont prétendu que les *saducéens* ne rejetaient pas absolument les prophètes ni les hagiographes, mais qu'ils leur attribuaient moins d'autorité qu'aux livres de Moïse, n'ont rien répondu de solide à la réflexion de saint Jérôme. On sait d'ailleurs que la coutume de tous les hérétiques a été de rejeter tous les livres qui ne leur étaient pas favorables. Brucker, *Hist crit. philos.*, t. II, pag. 721, dit que si les *saducéens* avaient rejeté quelques-uns des livres du canon reçu chez les Juifs, on les aurait anathématisés et chassés de la synagogue; il se trompe. Josèphe, *Antiq. Jud.*, l. xviii, cap. 2, a remarqué que les *saducéens* constitués en autorité ne résistaient point aux pharisiens; ils ne dogmatisaient donc pas en public, ils évitaient les éclats et les disputes, c'est pour cela qu'ils étaient tolérés. D'ailleurs pouvait-on leur prouver l'autorité du canon des Ecritures autrement que par la tradition? Or, les *saducéens* n'y avaient aucun égard. — Ils étaient encore opposés aux esséniens et aux pharisiens touchant le dogme du libre arbitre et de la prédestination. Les esséniens croyaient que tout est prédéterminé par un enchaînement de causes infaillibles; les pharisiens étaient d'avis que la prédestination a lieu sans nuire à la liberté de l'homme, et en laissant le bien et le mal à son choix. Les *saducéens* niaient toute prédestination; ils soutenaient que Dieu a fait l'homme maître de ses actions, avec une entière liberté de faire à son gré le bien et le mal. Josèphe, *de Bello Jud.*, l. ii, c. 7, al. c. 12; *Antiq. Jud.*, l. xviii, cap. 2. — Comme ils étaient persuadés que Dieu récompense les bons et punit les méchants dans cette vie, ils devaient regarder les heureux du siècle comme les amis de Dieu, et les pauvres, les infirmes, les affligés, comme autant d'objets de la colère du ciel. Cette persuasion devait les rendre durs et inhumains à l'égard des malheureux, et Josèphe leur reproche en effet ce défaut. De là quelques auteurs ont conclu avec assez de probabilité, que dans la parabole du mauvais riche, *Luc.*, c. xvi, v. 19, Jésus-Christ a peint les mœurs d'un *saducéen*.

L'ambiguïté d'un terme de Josèphe a donné lieu à plusieurs critiques de penser que les *saducéens* n'admettaient pas la providence de Dieu, parce qu'il dit, l. ii de *Bello Jud.*, cap. 7: *Ils rejettent absolument le destin; ils placent Dieu hors de toute influence ou inspection,* ἐφορίαν*, sur tout mal.* Mais Brucker fait remarquer que ce mot grec signifie non-seulement *inspection* ou *attention*, mais *direction* et *gouvernement*, qu'ainsi les *saducéens* ont seulement nié que les décrets et l'action de Dieu eussent aucune part aux actions des hommes : sentiment qui approche moins de celui des épicuriens que de l'opinion soutenue dans la suite par les pélagiens.

La secte des *saducéens* était la moins nombreuse; mais elle avait pour partisans les plus riches d'entre les Juifs, les gens de la première qualité, ceux qui possédaient les premiers emplois de la nation. De tout temps en effet ceux qui étaient dans la plus grande abondance des biens de ce monde, ont été les plus sujets à négliger et à révoquer en doute la félicité de l'autre vie. *Voyez Dissertation sur les sectes des Juifs*, Bible d'Avignon, t. XIII, p. 218; Prideaux, *Hist. des Juifs*, tom. II, l. xiii, p. 160; Brucker, *Hist. critiq. philos.*, t. II, p. 715.

SAGARELLIENS. *Voy.* APOSTOLIQUES.

SAGESSE. Ce mot, qui, chez les Grecs et chez les Latins, se prend pour la philosophie ou pour la capacité dans les sciences, a encore d'autres significations dans l'Ecriture sainte. Il désigne, 1° les œuvres divines du Créateur, *Psal.* l, v. 8, etc; 2° l'habileté dans un art quelconque, *Exod.*, c. xxxi, v. 3; 3° la prudence dans la conduite de la vie, *III Reg.*, c. ii, v. 6; 4° l'expérience dans les affaires, *Job*, c. xii, v. 12; 5° l'assemblage de toutes les vertus; il est dit, *Luc.*, c. ii, v. 52, que Jésus enfant croissait en âge et en *sagesse* devant Dieu et devant les hommes; 6° la prudence présomptueuse des hommes du monde et surtout des philosophes; dans ce sens Dieu a dit: *Je confondrai leur sagesse*, I *Cor.*, c. i, v. 19; 7° la *sagesse éternelle* est le fils de Dieu, ou Dieu lui-même, *Luc.*, c. xi, v. 49; 8° en général la vraie *sagesse* de l'homme consiste à connaître la fin à laquelle Dieu l'a destiné, et à prendre les moyens propres pour y arriver.

Sagesse de Dieu. Comme nous ne pouvons concevoir les attributs de Dieu que par analogie à ceux de l'homme, nous appelons *sagesse divine* l'intelligence infinie par laquelle Dieu connaît ses propres desseins, voit le plan de conduite qui convient le mieux à la nature des êtres qu'il a créés, et prend les moyens les plus propres pour exécuter ce qu'il a résolu.

Quelques incrédules ont soutenu que l'on ne peut pas attribuer à Dieu la *sagesse*, parce que Dieu, qui n'a besoin de rien, ne peut pas se proposer une fin, ni choisir des moyens pour y arriver, puisque sa puissance peut suppléer à tous les moyens. Au mot Cause finale, nous avons prouvé le contraire; nous avons fait voir que Dieu ne se propose pas une fin par besoin, mais en vertu de la perfection de son être, parce qu'il est souverainement intelligent, et que s'il n'agissait pas comme cause intelligente, il agirait en cause aveugle. Lorsque Dieu agit, il sait donc ce qu'il fait, et pourquoi il le fait, quels seront les effets et les conséquences de son action; la raison pour laquelle il agit est la fin qu'il se propose; il emploie des moyens, non par impuissance de faire autrement, mais parce qu'il est de l'essence d'un être intelligent d'agir ainsi.

Nous ne pouvons connaître que très-imparfaitement les desseins de Dieu et les moyens par lesquels il les exécute dans l'ordre de la nature, en comparant les effets à leurs causes; et souvent les conséquences que nous tirons de cette comparaison ne sont que des conjectures : combien de fois les philosophes ne sont-ils pas trompés sur la cause des phénomènes les plus connus? Dans l'ordre de la grâce, nous ne connaissons les raisons de la conduite de Dieu qu'autant qu'il a daigné nous les révéler; mais malgré la faiblesse de notre intelligence, il nous en a fait connaître assez pour exciter notre admiration, notre reconnaissance et notre confiance en lui. Il sait mieux que nous de quelle manière nous avons besoin d'être conduits; quoi qu'il nous arrive, nous ne pouvons mieux faire que de nous reposer sur sa *sagesse* et sur sa bonté pour notre sort en ce monde et en l'autre.

Sagesse (livre de la). C'est un des livres canoniques de l'Ancien Testament. Les Grecs l'appellent *la Sagesse de Salomon*; il ne s'ensuit pas néanmoins qu'ils ont cru que ce livre avait été composé par Salomon; probablement ils ont seulement entendu par là que l'auteur avait puisé ses connaissances dans les livres de Salomon, et qu'il avait tâché de les imiter. Quelques anciens l'ont nommé πανάρετος, *trésor de toute vertu*; le but de l'auteur est d'instruire les rois, les grands, les juges de la terre. On pense communément que ce livre n'a pas été écrit en hébreu, qu'ainsi le grec est le texte original. On n'y voit point, disent les critiques, les hébraïsmes et les barbarismes presque inévitables à ceux qui traduisent un livre hébreu; l'auteur écrivait assez bien en grec, et il avait lu les bons écrivains en cette langue; et il en emprunte des expressions inconnues aux Hébreux, telles que *l'ambroisie*, le *fleuve d'oubli*, le *royaume de Pluton* ou *d'Adès*, etc. Il cite toujours l'Ecriture d'après les Septante; et lorsque les auteurs juifs l'ont cité, ce qu'ils en rapportent a toujours été pris sur le grec.

Cependant le savant qui a publié à Rome, en 1772, *Daniel traduit par les Septante*, 4ᵉ dissert., n. 10, prétend que dans l'original le *livre de la Sagesse* était écrit en vers; il faut donc qu'il ait été écrit en hébreu. Puisque le traducteur parlait bien le grec, il n'est pas étonnant qu'il ait su éviter les hébraïsmes, et les barbarismes, qu'il ait employé les termes familiers aux écrivains grecs, et qu'il ait suivi la version des Septante. Quoique l'on ne connaisse pas l'auteur de cet ouvrage, qu'aucun ancien ne dise qu'il a vu le texte hébreu, et que le traducteur n'en dise rien, ce ne sont là que des preuves négatives, il ne s'ensuit pas certainement que ce texte n'a jamais existé; d'autres livres hébreux ont disparu de même : l'auteur prétendu grec n'est pas mieux connu que l'auteur hébreu; les critiques protestants qui ont soutenu qu'il est l'ouvrage de Philon, n'ont fait qu'une vaine conjecture. Quoi qu'il en soit, la traduction latine que nous en avons n'est pas de saint Jérôme; c'est l'ancienne Vulgate faite sur le grec, longtemps avant saint Jérôme, et usitée dans l'Eglise dès le commencement; elle est exacte et fidèle, mais le latin n'en est pas toujours pur.

Les Juifs n'ont point mis ce livre dans leur canon, parce qu'ils n'y ont placé que ceux dont ils avaient le texte hébreu; il n'a pas même été toujours reçu comme canonique dans l'Eglise chrétienne: plusieurs Pères et plusieurs églises ont douté si c'était l'ouvrage d'un auteur inspiré. Cependant les auteurs sacrés du Nouveau Testament semblent quelquefois y faire allusion : saint Clément de Rome en a copié quelques paroles, *Epist.* 1 *ad Cor.*, n. 3 et 27. Il a été cité dans le IIᵉ siècle par saint Clément d'Alexandrie, par Hégésippe et par saint Irénée, suivant le témoignage d'Eusèbe; au IIIᵉ par Origène, par Tertullien et par saint Cyprien. Des conciles, de Carthage en 337, de Sardique en 347, de Constantinople *in Trullo* en 692, le XIᵉ de Tolède en 675, de Florence en 1438, enfin celui de Trente, sess. 4, l'ont expressément admis au nombre des livres canoniques.

Comme les protestants ne veulent recevoir comme tels que ceux qui sont avoués par les Juifs, ils ont déprimé tant qu'ils ont pu le *livre de la Sagesse*. Mosheim, sur Cudworth, *Syst. intell.*, c. 4, § 16, n. 5, le cite comme un exemple des fraudes que les Juifs d'Alexandrie ont commises longtemps avant la naissance du Sauveur. Mais ici la fraude n'est pas prouvée. Un écrivain quelconque a pu faire ce livre, soit en hébreu, soit en grec, sans avoir envie de passer pour un auteur inspiré; à la verité c. IX, v. 7 et 8, il parle comme aurait pu faire Salomon; mais c'est une prière que l'auteur fait à Dieu, et qu'il a pu copier dans un livre de Salomon sans en avertir. Si donc il y a eu de l'erreur sur ce point, ce que nous n'avouons pas, elle est venue de l'admiration que les lecteurs ont eue pour cet écrit, dont la doctrine leur a paru digne de Dieu. En effet, les critiques protestants les plus prévenus contre la canonicité de ce livre n'ont pu y découvrir aucune erreur, et il y a des pensées et des vérités dont un auteur ordinaire n'a pas pu être capable.

Brucker, en traitant de la philosophie des Juifs, *Hist. critiq. philos.*, tom. II, p. 693, a prétendu que l'auteur du *livre de la Sagesse* est un juif d'Alexandrie, imbu des opinions de la philosophie grecque, et qu'il y a dans son ouvrage des marques évidentes de platonisme. Il apporte en preuve, 1° ce que dit cet auteur, *Sap.*, c. I, v. 7 : *L'esprit du Seigneur a rempli toute la terre, et il contient toutes choses.* C'est, dit Brucker, l'âme du monde des pythagoriciens et des platoniciens. 2° En effet, c. VII, v. 22, il est dit que cet esprit est intelligent, unique et cependant multiplié, subtil et mobile.... qu'il renferme tous les autres esprits, etc. Ces façons de parler ne conviennent point au Saint-Esprit, mais à l'âme du monde, telle que les philosophes la concevaient. 3° *Ibid.*, v. 17, l'auteur dit que c'est cet esprit qui lui a enseigné la philosophie, et il représente le précis des connaissances philosophiques à la manière des Grecs. 4° Il ajoute, v. 25, que c'est *un souffle de la puissance divine, une* ÉMANATION *de la loi du Tout-Puissant, un rayon brillant de la lumière.* Voilà le dogme de l'émanation des esprits suivant le système de Platon. 5° C. I, v. 13 et 14, il réfute les philosophes orientaux qui pensaient que le mal qui est dans le monde venait de la nature même des choses; il soutient, au contraire, que *Dieu n'a point créé la mort, qu'il ne se plaît point à exterminer les vivants,...... qu'ils n'ont point en eux-mêmes la cause de leur perte, et que le royaume de l'enfer ou de la mort n'est point sur la terre.* C'est le langage de Platon et de Plotin.

Il n'est pas possible de pousser plus loin l'abus de la critique ni l'entêtement de système : avec un peu de réflexion, Brucker aurait vu qu'il prête à l'auteur du *livre de la Sagesse* des idées qu'il n'eut jamais, c. I, v. 4. Cet auteur dit que la *sagesse*, qu'il nomme indifféremment l'*Esprit de Dieu* et le *Saint-Esprit*, n'entrera point dans une âme malfaisante, et qu'elle n'habitera point dans un corps asservi au péché, etc. Les philosophes ne parlaient pas ainsi de l'âme du monde; ils pensaient que cette âme était répandue dans tous les corps vivants. L'auteur sacré dit, c. VII, v. 7., qu'il a invoqué Dieu, et que l'Esprit de sagesse est venu en lui ; v. 15, que c'est Dieu qui lui a donné les connaissances qu'il possède; v. 22, que l'Esprit de *sagesse* est saint et ami du bien; v. 27, qu'il se répand dans les âmes saintes, dans les amis de Dieu, et qu'il fait les prophètes; c. IX, v. 4, il le demande instamment à Dieu ; v. 17, il lui dit : *Qui connaîtra vos desseins, si vous ne lui donnez la sagesse, et si vous ne lui envoyez du ciel votre Saint-Esprit ?* Il faut être étrangement prévenu pour entendre par là l'esprit universel, principe de la vie des corps animés, et pour y voir le système des *émanations*. *Voyez* ce mot. — Ce même auteur réfute ceux qui attribuaient l'origine du mal à la nature des choses ; cependant, c. II, v. 11, 17 et suiv.; cap. XII, v. 2, 6, 8, etc., il représente Dieu comme un juge sévère, mais juste et miséricordieux, qui punit les pécheurs en ce monde, afin de les amener à pénitence, et qui les extermine enfin, lorsqu'ils s'endurcissent dans le crime. Voilà des vérités qui ne sont jamais venues à l'esprit de Platon, de Plotin, ni des philosophes orientaux, et des expressions desquelles ils ne se sont jamais servis; l'auteur du *livre de la Sagesse* les avait donc puisées ailleurs.

SAINT, SAINTETÉ. Les divers sens dont ces deux termes sont susceptibles, et l'abus que l'on en a fait, nous obligent d'en rechercher la signification primitive et grammaticale. L'hébreu *kodesch* ou *kadosch*, le grec ἅγιος, le latin *sanctus*, dérivé de *sango*, nous paraissent tous formés de racines qui signifient un *lien*, ce qui attache ; de manière que *saint*, dans l'origine, signifie simplement lié, attaché, destiné, dévoué à quelqu'un ou à quelque chose. De là les expressions des écrivains sacrés, *Jerem.*, c. LI, v. 28 : *Sanctificate contra eam gentes*, faites conjurer les nations contre elle; *sanctificate super eam bellum*, vouez de lui faire la guerre, c. VI. v. 4; *sanctifica eos in die occisionis*, dévouez-les à la mort, cap. XI, v. 3 ; *Joel*, cap. II, v. 14: *Sanctificate jejunium*, *congregate populum, sanctificate Ecclesiam*, célébrez un jeûne, convoquez le peuple, formez une assemblée, etc. *Sancta David*, *Act.*, c. XIII, v. 34, sont les promesses faites à David.

Conséquemment *sanctifier* une chose ou une personne, c'est l'attacher à Dieu et à son culte. *Levit.*, c. XI, v. 44 et 45, le Seigneur dit aux Israélites: *Je vous ai séparés des autres peuples.... vous me serez attachés et dévoués*, ERIT*S* MIHI SANCTI. *Sanctifica mihi omne primogenitum*, destinez-moi tout premier-né ; *sanctum Domino*, consacré au Seigneur. Dans ce sens, tout homme qui fait profession d'adorer le seul vrai Dieu est un *saint*. Comme c'est parmi ces vrais adorateurs que se trouvent ordinairement les hommes les plus vertueux, qui ont les mœurs les plus pures, et qui sont les plus fidèles à remplir tous les devoirs, on a nommé *saints* tous ceux qui pratiquaient des vertus héroïques, et qui paraissaient exempts des vices de l'humanité; mais la profession du vrai culte n'est pas toujours accompagnée de cette *sainteté* de mœurs et de conduite.

Souvent Dieu dit aux Israélites : *Soyez* SAINTS, *parce que je suis* SAINT; la *sainteté* ne peut convenir à Dieu et à l'homme dans le même sens. La *sainteté* de Dieu est l'aversion qu'il a pour le crime et pour tout ce qui peut blesser la pureté de son culte, et la sévérité avec laquelle il le punit ; la *sainteté* de l'homme est son exactitude à éviter tout ce que Dieu défend, et à faire ce qu'il commande : sans cela, il n'est pas véritablement dévoué au culte de Dieu. Ainsi, lorsqu'en parlant d'une loi morale, Dieu dit : *Soyez saints, parce que je suis saint*, cela signifie : évitez tel crime et pratiquez telle vertu, parce que j'approuve et je récompense cette conduite. Lorsqu'il est question d'une loi purement cérémonielle qui regarde la décence du culte, la propreté et la santé des particuliers, ces mêmes paroles signifient : faites telle cérémonie, évitez telle indécence ou telle négligence, parce que cela me plaît ainsi, et qu'autrement vous serez punis. Il ne s'ensuit pas de là que Dieu approuve autant les cérémonies que les vertus, et qu'il punit les indécences aussi rigoureusement que les crimes.

La *sainteté* est donc attribuée à Dieu par opposition aux faux dieux du paganisme ; ceux-ci n'étaient rien moins que des dieux *saints*, puisqu'on les supposait sujets aux mêmes vices que les hommes, et qu'on croyait les honorer par des crimes. Elle est attribuée aux juifs par opposition aux idolâtres, qui commettaient des actions infâmes pour plaire à leurs dieux. Les Juifs étaient ainsi la *nation sainte*, c'est-à-dire attachée au culte du vrai Dieu, et non à celui des idoles.

En confondant mal à propos toutes ces choses, les juifs sont tombés dans plusieurs erreurs. 1° Ils ont conclu que la loi cérémonielle était plus *sainte* que la loi morale, parce qu'elle prescrit toutes les observances dans le plus grand détail ; ils ont cru qu'ils étaient eux-mêmes plus *saints*, plus fidèles et plus agréables à Dieu en observant des cérémonies qu'en faisant ce que la loi morale ordonne, parce que celle-ci est portée pour les païens aussi bien que pour les juifs. 2° Que le Messie n'a pas pu établir une loi plus *sainte* que la loi de Moïse. 3° Que les patriarches n'étaient point tachés du péché originel, puisqu'ils sont appelés *saints* dans l'Écriture. 4° Que Dieu ne tenait aucun compte du culte que pouvaient lui rendre les nations étrangères, qu'il n'avait pas plus de soin d'elles que des animaux, quoique les livres saints enseignent formellement le contraire. *Voy.* INFIDÈLES.

Les jours, les lieux, les personnes, les cérémonies, sont appelés *saints*, c'est-à-dire destinés à honorer Dieu ; dans le psaume XLIX, v. 5, les *saints* sont les prêtres et les lévites, parce qu'ils étaient spécialement occupés au service du Seigneur. L'inscription *Sanctum Domino*, gravée sur la lame d'or qui couvrait le front du grand prêtre, le faisait souvenir qu'il était *consacré* au service du Seigneur, et elle apprenait au peuple à respecter sa dignité. La Judée était nommée *la Terre sainte*, et Jérusalem *la Ville sainte*, parce que l'idolâtrie en était bannie, et que Dieu seul y était adoré ; mais cette même contrée est encore appelée à plus juste titre *la Terre sainte*, depuis qu'elle a été consa-

crée par la naissance, par les travaux, par les miracles, par le sang de Jésus-Christ. Dieu apparaissant à Moïse dans le buisson ardent, lui dit : La terre où tu es est *sainte* c'est-à-dire respectable à cause de ma présence. Saint Pierre appelle *la montagne sainte*, celle sur laquelle était arrivée la transfiguration de Jésus-Christ. *Voy.* CONSÉCRATION.

Si les hérétiques anciens et modernes, si les incrédules leurs copistes, avaient voulu faire toutes ces réflexions, s'ils avaient daigné se souvenir que, dans le Nouveau Testament, les mots *saint* et *sainteté* ont les mêmes sens qu'ils avaient dans l'Ancien, ils auraient fait moins de sophismes et de reproches absurdes. Les manichéens argumentaient déjà sur les vices et les mauvaises actions des personnages qui sont appelés *saints* dans l'Ancien Testament. *S. Aug.*, l. XXII, *contra Faust.*, c. 5. Les incrédules enchérissent encore aujourd'hui, comme si, pour être *saint*, il fallait être absolument exempt de tous les vices de l'humanité. Ils devraient sentir qu'au milieu du torrent général qui entraînait tous les hommes dans l'idolâtrie, il y avait beaucoup de mérite à s'en préserver, et que Dieu a dû attacher un grand prix à la constance de ceux qui persévéraient dans son service ; lorsqu'il a daigné les nommer ses *saints*, il n'a pas voulu donner à entendre par là qu'ils possédaient toutes les vertus, et étaient exempts de tous les vices. De même saint Paul appelle *saints* tous les fidèles, parce qu'ils sont consacrés à Dieu par le baptême, et qu'ils sont appelés à la *sainteté* parfaite, quoique tous n'y parviennent pas. La communion des *saints* est la participation mutuelle des chrétiens à leurs prières et à leurs bonnes œuvres. Les Pères de l'Église se sont exprimés de même. Parce que saint Augustin a fait un livre *de la Prédestination des saints*, quelques théologiens ont cru qu'il s'y agissait de la prédestination des élus à la gloire éternelle ; mais on voit évidemment, par la lecture de ce livre, qu'il y est question de la prédestination des fidèles à la grâce de la foi et du baptême. C'était l'unique sujet de la dispute entre saint Augustin et les pélagiens.

Dans le sens rigoureux, Jésus-Christ est le seul *Saint* ou le *Saint des saints*, parce que lui seul a possédé toutes les vertus dans un degré héroïque, et a été exempt de tout défaut. On a donné néanmoins le titre de *saint* et de *sainteté*, non-seulement au souverain pontife, mais aux évêques et aux prêtres, non pour leur attribuer toutes les vertus, mais pour les faire souvenir qu'ils sont consacrés à Dieu, et les protestants en ont été scandalisés. On dit la *sainte* Bible, le *saint* Évangile, des lois *saintes*, les *saints* jours, l'année *sainte*, les lieux *saints*, *saintes* huiles, *sainte* ampoule, *saint* siège, *saint* Office, etc., parce que tous ces objets ont un rapport plus ou moins direct au culte de Dieu et au but de la religion chrétienne. On a de même nommé guerre *sainte* la guerre destinée à chasser les infidèles de la terre sainte. Nous avons expliqué ailleurs en quoi consiste la *sainteté* de l'Eglise. *Voy.* EGLISE, § 2.

A la vérité, dans un sens plus restreint, l'on appelle *saint* un homme qui est non-seulement très-attaché au culte du vrai Dieu, mais qui est exempt de tout vice considérable, et qui pratique les vertus chrétiennes dans un degré héroïque; et, comme le bonheur du ciel est la récompense certaine d'une telle vie, nous entendons souvent par les *saints* ceux qui jouissent du bonheur éternel. Lorsque l'Eglise est convaincue qu'un homme a mené cette vie *sainte* et pure, lorsque Dieu a daigné l'attester ainsi par des miracles, elle le place au nombre des *saints* par un décret de canonisation, elle autorise les fidèles à lui rendre un culte public. *Voyez* CANONISATION. Elle ne prétend pas néanmoins attester par là que ç'a été un homme exempt des moindres défauts de l'humanité, et qu'il n'a jamais péché : la faiblesse humaine ne comporte point cette perfection.

On ne doit pas être étonné de ce que les compilateurs des actes des *saints* les ont comptés par milliers; depuis dix-sept cents ans que le christianisme est fondé, la *sainte* Eglise n'a jamais cessé de conduire un grand nombre de ses enfants à la vraie *sainteté*, et sans cela nous ne pourrions pas concevoir en quel sens saint Paul a dit, *Ephes.*, c. v, v. 25 : *Jésus-Christ a aimé son Eglise, et il s'est livré pour elle, afin de la sanctifier, de la rendre glorieuse, sans tache et sans ride.* Nous pensons cependant que les *saints* connus et honorés comme tels ne sont pas le plus grand nombre des bienheureux, que leur multitude immense est principalement formée des fidèles qui se sont sanctifiés dans une vie obscure, dont les vertus ont été ignorées ou méconnues, ou qui, après avoir été sujets à des faiblesses pendant leur vie, ont eu le bonheur de se purifier par la pénitence avant la mort.

Mais l'Eglise ne peut reconnaître pour *saints* des hommes qui ont eu peut-être de grandes vertus, mais qui sont morts dans le schisme, dans l'hérésie, dans une révolte opiniâtre contre l'autorité de cette *sainte* mère. Ce crime seul suffit pour faire perdre à un homme le mérite de toutes ses vertus. Nous avons appris de Jésus-Christ lui-même que si quelqu'un n'écoute pas l'Eglise, il doit être regardé comme un païen et un publicain. *Matth.*, c. XVIII, v. 17.

Les incrédules ont vomi des torrents de bile non-seulement contre les *saints* de l'Ancien Testament, mais contre ceux du Nouveau; ils en ont contesté toutes les vertus, et lors même que les actions de ces personnages respectables ont paru irrépréhensibles, leurs censures en ont noirci les motifs et les intentions. Si on veut les écouter, les prophètes de l'Ancien Testament ont été des fourbes ambitieux qui ont conduit leur nation à sa ruine; les prétendus *saints* du christianisme ont été des fourbes ignorants; les martyrs, des hommes séduits; les anachorètes et les moines, des atrabilaires cruels à eux-mêmes; les docteurs de l'Eglise, des querelleurs séditieux et perturbateurs de la société. Dès que ces derniers se sont sentis appuyés par les empereurs, ils n'ont plus montré qu'orgueil, opiniâtreté, vengeance, intrigue, ambition, rapacité. Les papes et les évêques n'ont travaillé qu'à se donner un pouvoir temporel et à l'augmenter sans cesse; les missionnaires étaient des esprits inquiets, poussés par le désir de dominer sur des peuples ignorants et séduits. Malheureusement, en invectivant ainsi contre les *saints* du christianisme, les incrédules n'ont fait que copier les protestants; ce n'est pas sans raison que Bayle a reproché à ces derniers de n'avoir respecté dans leurs libelles diffamatoires ni les vivants ni les morts; et cette malignité subsiste encore parmi eux. Mosheim, dans son *Histoire ecclésiast.*, v° siècle, II° part., c. 2, § 2, dit que la multitude des *saints* ne dut ce titre qu'à l'ignorance du temps; que, dans ce siècle de ténèbres et de corruption, on regardait comme des hommes extraordinaires ceux qui se distinguaient par leurs talents, par leur douceur, leur modération, l'ascendant qu'ils avaient sur leurs passions. Il donne encore une plus mauvaise opinion de ceux qui ont vécu dans les siècles suivants.

Aux mots ÉVÊQUE, MARTYR, MISSIONS, MOINES, PAPE, PASTEURS, PÈRES DE L'ÉGLISE, nous avons fait voir l'injustice de ces accusations générales, et sous le nom de chacun des principaux personnages, nous avons répondu aux reproches particuliers qu'on leur a faits. Nous nous bornons ici à remarquer que c'est la licence effrénée des protestants à calomnier les *saints*, qui a servi de modèle aux incrédules pour noircir de même Jésus-Christ et les apôtres; qu'en suivant leur méthode, il n'y a dans l'histoire aucun homme si vertueux que l'on ne puisse le peindre comme un scélérat; qu'après avoir ainsi traité ceux auxquels les peuples ont cru devoir rendre un culte, il a fallu n'avoir plus de honte pour nous représenter les fondateurs de la réforme comme de grands hommes.

Mosheim en particulier démontre sa propre injustice. Les *saints* qui ont fini leur carrière dans le v° siècle, l'avaient commencée dans le IV°, siècle de lumière et de vertu, s'il en fût jamais. Dans l'âge suivant, après l'arrivée des barbares, temps d'ignorance, de brigandage, de désordres et de maux de toute espèce, n'était-ce pas un très-grand mérite de se distinguer par les talents, par la douceur des mœurs, par la modération, par l'ascendant sur les passions? Si cela ne suffit pas pour mériter le nom de *saint*, que faut-il de plus? On nous dit qu'un homme ne peut être *saint* qu'autant qu'il est utile, soit : il n'est rien de plus utile et de plus nécessaire dans tous les temps que de montrer aux hommes des modèles de vertu, sans cela ils la croiraient impossible. On ajoute que l'Eglise a canonisé, malgré leurs vices, des princes qui lui ont fait du bien, comme Charlemagne, Lewigilde, etc., et même des moines qui l'ont enrichie par des usurpations : tout cela est faux; les deux princes dont on parle n'ont été canonisés par aucun décret de l'Eglise ; mais si elle avait voulu le faire, elle se serait assurée par de bonnes preuves qu'ils avaient expié leurs vices par la pénitence. Ce sont les peuples qui, par reconnaissance envers ces princes dans lesquels ils avaient vu briller de grandes vertus, se sont déterminés à leur rendre un culte : comment en aurait-on empêchés ? C'est une injustice d'appeler *usurpations* les bienfaits dont on a comblé les moines dans un temps auquel ils rendaient les plus grands services. *Voy.* MOINE.

Les païens ont divinisé leurs héros, les inventeurs des arts, les législateurs, les fondateurs de secte, les devins ou les magiciens célèbres, les guerriers, etc. Quelle utilité pouvait-il en revenir à la société ? Tous les hommes ne sont pas faits pour être héros, et la plupart de ceux de l'antiquité ont été très-vicieux. L'Eglise chrétienne canonise les vertus communes, qui conviennent à tous les hommes, et que tous sont obligés de pratiquer, parce que ce culte est capable de les y encourager.

Mais c'est justement par haine contre ce culte que les protestants se sont attachés à en déprimer les objets. Un des principaux moyens qu'ils ont fait valoir pour autoriser leur séparation d'avec l'Eglise romaine, a été le culte religieux qu'elle rend aux *saints*; ils ont soutenu que tout culte religieux rendu à d'autres êtres qu'à Dieu est une injure faite à l'Etre suprême, une superstition, une idolâtrie; ils ont forgé des faits, des calomnies, de fausses interprétations de l'Ecriture, des sophismes de toute espèce pour le prouver, et ils les répètent encore. Au mot CULTE, § 1, nous avons réfuté directement leur principe et ses conséquences, par l'Ecriture sainte même ; nous avons fait voir la différence essentielle qu'il y a entre le culte suprême rendu à Dieu, et le culte inférieur ou subordonné que nous rendons aux *saints*; nous avons répondu aux reproches et aux fausses allégations de nos adversaires. Au mot ANGE et au mot MARTYR, § 6, on trouvera encore à peu près les mêmes réflexions, il serait inutile de les répéter. Pour achever d'éclaircir cette question, il faut encore prouver, 1° que les *saints* intercèdent ou prient pour nous dans le ciel : 2° qu'il est très-permis de les invoquer, par conséquent de leur rendre un culte religieux (1).

1. *De l'intercession des saints.* Cette croyance est fondée sur l'Ecriture sainte, sur le témoignage des Pères, sur l'usage de l'Eglise : les juifs l'ont eue aussi bien que l'Eglise, assistée du Saint-Esprit, après une diligente recherche de leur vie et des miracles faits durant et après elle, nous les propose tels, néanmoins la règle par nous proposée des articles de foi catholique, de laquelle nous parlons, démontre que ce n'est pas un article de foi que les saints canonisés, saint François, ou autres, saint Basile, Chrysostome, etc., soient saints, ni même que les apôtres André, Thomas, Philippe, ou autres, le soient. Car il n'est de foi que ce que Dieu a révélé aux prophètes et aux apôtres, proposé par toute l'Eglise. Or, Dieu n'a pas révélé ses prophètes ou apôtres, par exemple, que saint François ait vécu saintement, ni ait fait des miracles, ni qu'il soit au ciel, et ni même qu'il ait été jamais au monde. Ce n'est donc pas article de foi catholique. J'ajoute que ce sont questions de fait, et dépendant des informations qui se font avant la canonisation, ce qui est bien éloigné d'être révélation faite aux prophètes et apôtres, et sur ces informations même l'Eglise peut avoir de faux rapports, et errer comme j'ai dit ci-dessus, en nos règles générales, nombre 15, page 32, après Bellarmin même et tous nos docteurs. J'ajoute que ces canonisations ne se font que par le pape, et que l'Eglise universelle assemblée au concile de Trente, ou en quelque autre général, n'a jamais proposé à tous ses fidèles que saint François ait vécu saintement et soit saint au ciel. La chose donc est très-certaine, comme appuyée sur de très-solides fondements, et serait justement reprise qui dirait le contraire ; mais aussi nos principes démontrent que ce n'est point article de foi.

« II. C'est chose très-considérable que le concile de Trente, l'un des plus doctes qui se soient jamais tenus en l'Eglise, et où se sont trouvés en très-grand nombre de très-excellents théologiens, même en scolastique, nous proposant si clairement qu'il est bon et utile d'invoquer humblement les saints, et d'avoir notre recours à leurs prières, ne nous propose point à croire qu'ils entendent nos prières. Si le concile eût entendu que ce fût article de foi, pourquoi ne l'eût-il pas enseigné, comme il a défini qu'il est bon et utile de les invoquer ? Il se tait là-dessus, se contentant de définir l'invocation (a). Nous pouvons donc nous en taire quand nous sollicitons nos frères séparés à leur retour à l'Eglise. Mais de plus, celui qui d'après cela et d'après nos règles de la foi dira : Ni la révélation divine ne l'enseigne en termes exprès, ni l'Eglise ou le concile de Trente, ou notre profession de foi ne le propose à croire, ce n'est donc pas jusqu'à ce jour un article de foi; celui-là tirera de ces prémisses une induction puissante et très-forte, et la réticence d'un tel concile, et en telle occasion, est un suffisant appui pour dire que l'audition de nos prières par les saints n'est pas un article de croyance. Elle suit fort bien de l'invocation que l'Eglise a crue de tout temps, et spécialement à la façon que le concile nous la propose des saints régnants avec Jésus-Christ, et qui voient Dieu face à face, comme j'expliquerai ci-après. Mais comme plusieurs de nos docteurs tiennent, ainsi que j'ai rapporté ci-dessus, page 19, n. 3, que ce qui suit de l'Ecriture n'est pas article de foi, pour n'être pas révélé de Dieu expressément, et partant n'est pas article de foi catholique, c'est-à-dire à laquelle tous soient obligés de souscrire sous peine d'hérésie ; aussi ce qui suit de ce que l'Eglise propose à croire n'est pas proposé expressément par l'Eglise à croire, et partant n'est pas article de foi catholi-

1) Voici l'exposition de la foi catholique sur ces deux points, telle qu'elle nous a été fournie par Véron : « Notre profession de foi porte : Je tiens constamment que les saints qui règnent ensemble avec Jésus-Christ sont à invoquer. Paroles extraites du concile de Trente, sess. 25, qui enseigne de même, et s'explique en ces termes : Il est bon et utile d'invoquer les saints et avoir recours à leurs oraisons, aides et secours, pour obtenir de Dieu divers bienfaits par son Fils Jésus-Christ, qui seul est notre Rédempteur et Sauveur. Voilà ce qui est article de foi, car l'Eglise universelle nous le propose à croire.

« 1. Mais, bien qu'il soit très-certain que les saints canonisés que nous invoquons soient saints puisque

(a) Dans sa mission de Saintonge, Fénelon suspendit l'usage de l'*Ave, Maria*, à la fin de ses sermons, et même celui de l'invocation des saints dans les prières publiques.

les chrétiens. *Jerem.*, c. xv, 1 et 5, Dieu dit à ce prophète : *Quand Moïse et Samuel se présenteraient devant moi, je ne puis souffrir que.* Bellarmin même, tom. I, controverse 7, liv. I, chap. 20 : Cette conséquence est bonne, dit-il ; les saints sont à bon droit invoqués ; donc ils savent ce que nous demandons, et ne sont pas invoqués en vain, encore qu'on accordât qu'ils n'entendent pas et ne connaissent pas nos prières, car quelque autre tient en cela leur place. Comme non en vain ne présente pas sa requête au roi, qui sait certainement que le roi ne la lira pas (comme on le sait maintenant durant la minorité du roi, et toutefois toutes les requêtes lui sont adressées : qui oserait blâmer cette pratique ou s'en moquer ?), mais quelque autre du conseil, et qu'il obtiendra toutefois ce qu'il demande, tout de même comme si le roi eût lu sa requête. Certainement saint Augustin, en son livre du Soin pour les morts, ch. 16, dit en doutant : Cette question passe les forces de mon esprit, comment les martyrs secourent ceux qu'ils aident très-certainement ; s'ils sont présents par eux-mêmes au même temps, en tant de divers lieux où on les ressent présents, ou si étant retirés de toute conversation des hommes en quelque lieu proportionné à leurs mérites, et toutefois priant généralement pour les besoins de ceux qui les supplient, comme nous prions pour les morts, auxquels nous ne sommes pas présents en effet, et ne savons pas où ils sont ni ce qu'ils font ; Dieu tout-puissant, qui est partout présent, exauçant les prières des martyrs, donne, par le ministère des anges, aux hommes des soulagements, et rend recommandables les mérites des martyrs, où il veut, et quand il veut, comme il veut ; cela est trop haut et trop caché, je n'ose le définir.

« Mais, ajoute fort bien le même Bellarmin, encore qu'on puisse douter par quelle façon les saints connaissent les choses absentes et nos prières, toutefois il est certain qu'ils les connaissent ; attendu qu'ils veillent sur nous et ont soin de nos affaires. Il appartient aussi à leur béatitude parfaite de savoir les choses qui les regardent, et principalement qui sont à leur honneur et gloire.

« Il faudra donc dénier à l'humanité de Jésus-Christ au ciel, et demander si elle entend jusqu'à nos paroles, si elle a les yeux si perçants qu'ils puissent considérer nos nécessités, comme Calvin le demande des saints, Inst., liv. 3, ch. 20, § 24. Comme cette sainte âme de Jésus-Christ entend nos prières au ciel, aussi les entendent les saints ; savoir, voyant la Divinité face à face, en laquelle sont toutes choses : puisqu'en cet héritage éternel, dit saint Grégoire pape, Dial., liv. 4, ch. 33, tous d'une commune clarté voyant Dieu, qui est-ce qu'ils ignorent là où ils savent celui qui sait toutes choses ? Moyen facile pour concevoir comment l'âme de Jésus-Christ et celles des saints voient et connaissent en Dieu nos prières. Pour ce que saint Augustin et plusieurs autres ont douté, ou peut-être estimé, au rapport de Vasquez, 1, 2, disp. 19, ch. 3, que les âmes suffisamment purifiées, et des saints, n'étaient pas aussitôt reçues en la béatitude, mais qu'elles étaient jusqu'au jour du jugement renfermées en quelque lieu, tellement que cependant elles ne vissent Dieu, ni ne fussent bienheureuses, et il n'est pas étonnant s'il a douté que les saints trépassés entendissent nos prières. Mais l'Église, au concile de Florence, ayant enseigné en sa définition que les âmes des défunts purifiées de tout péché sont aussitôt reçues au ciel, et voient clairement Dieu comme il est en soi ; cela posé, qui est qui qu'il se vérifie d'elles dès maintenant ce qui est dit en saint Matthieu, xxii, 30, ils sont comme les anges de Dieu au ciel, cette audition de nos prières est claire en l'Écriture sainte, car il est dit en saint Matthieu, xviii, 10 : Ne méprisez pas un de ces petits ; car je vous dis qu'aux cieux leurs anges voient toujours la face de mon Père qui est dans les cieux ; et Luc, xv, 7 : Il y aura joie au ciel pour un seul pécheur faisant pénitence. Les saints entendent donc nos prières, comme les anges voient le mépris d'un de ces petits, et comme on voit au ciel le repentir d'un pécheur. Qu'y a-t-il de plus clair ? Mais aussi cesse toute difficulté que l'esprit humain connaît, comme ils entendent et connaissent. Car en la face de Dieu tout se connaît aisément, comme j'ai rapporté de saint Grégoire. Ainsi que l'âme de Jésus-Christ y contemple, tout ce qui le regarde, c'est-à-dire toutes choses : pareillement les saints ce qui les regarde, comme donc les prières qui leur sont adressées. Quelle difficulté en cela, supposant que les âmes des justes soient au ciel et y voient Dieu face à face ? Ajoutez, en confirmation de cette vérité que les saints entendent nos prières, plusieurs témoignages des saints Pères, que nous rapporterons en ce lieu, et le consentement commun des catholiques, spécialement depuis ladite définition. Je n'ajoute pas que cette conséquence, il les faut invoquer, donc ils entendent nos prières, soit forte ; car saint Augustin et tous les Pères ont tenu l'invocation ; et toutefois le même saint docteur a douté de cette audition, comme j'ai dit. Mais elle est bonne, supposant qu'ils voient Dieu, n'y ayant point de difficulté en cette entente, voyant Dieu. C'est donc maintenant une bonne suite de l'invocation, c'est en ce sens que je l'ai marquée ci-dessus.

croyance. Saint Ignace, près de souffrir le martyre, écrit aux Ephésiens, n° 8 : Je serai une victime de purification pour vous, et d'expiation pour l'Eglise d'Ephèse, célèbre dans tous les siècles. » Daillé avait cherché à obscurcir le sens de ce passage, il a été réfuté par Pearson, *Vindic. Ignat.* II° part, c. 15. Un martyr peut-il être victime de purification et d'expiation pour les fidèles, autrement que par l'intercession ? — Hégésippe, mort sur la fin du II° siècle, parlant des parents de Jésus-Christ qui avaient souffert le martyre, dit, suivant le témoignage d'Eusèbe, l. III, c. 32 : « Ils sont présents et président à l'Eglise universelle, comme martyrs et parents du Sauveur. » Hégésippe les compare donc à l'évêque qui préside à l'assemblée des fidèles, qui prie pour eux, et offre leurs prières à Dieu. — Saint Irénée, qui a écrit vers le même temps, cite un prêtre plus ancien que lui, qui par conséquent avait pu voir et entendre l'apôtre saint Jean, et qui disait que les patriarches et les prophètes de l'Ancien Testament, pardonnés et sauvés par Jésus-Christ, se font gloire et rendent grâces à Dieu de notre salut, *Adv. hær.*, l. IV, c. 31. S'ils en rendent grâces, ils prient donc aussi pour cet objet. Saint Irénée lui-même, l. v, c. 19, dit que Marie a été l'avocate d'Eve. Les protestants ont chicané beaucoup sur ce terme d'*avocate*; l'éditeur de saint Irénée a réfuté leurs fausses subtilités. — Origène, l. *de Orat.*, num. 11, s'exprime ainsi : « Le pontife n'est pas le seul qui se joint à ceux qui prient, mais les anges et les âmes des *saints* morts prient aussi avec eux. » Il le prouve par le passage du livre des Machabées que nous avons cité ; il le répète, *in Cant.*, l. III, p. 75, et t. XIII, *in Joan.*, n° 54. Dans son *Exhortation au Martyre*, n. 30, il dit : « Les âmes de ceux qui ont été mis à mort pour rendre témoignage à Jésus-Christ ne se présentent pas inutilement à l'autel céleste, mais elles obtiennent la rémission des péchés à ceux qui prient, n. 37 et 30. En haïssant votre épouse, vos enfants et vos frères, dans le sens que Jésus-Christ l'ordonne, vous recevrez le pouvoir de leur faire du bien, en devenant l'ami de Dieu..... Ainsi, après votre départ de ce monde, ils recevront de vous plus de secours que si vous aviez demeuré avec eux. Vous saurez mieux alors comment il faut les aimer, et vous prierez pour eux plus sagement, lorsque vous saurez qu'ils sont non-seulement vos enfants, mais encore vos imitateurs, » n. 50. Le sang des martyrs, comme celui d'Abel, élève la voix de la terre au ciel ; peut-être que, comme nous avons été achetés par le sang de Jésus-Christ,.... quelques-uns seront aussi achetés par le sang des martyrs. Mais *Hom.* 24, *in Num.*, n. 1, il avertit que le sang des martyrs emprunte tout son mérite du sang de Jésus-Christ, et il pense comme saint Paul, *Hebr.*, c. XII, v. 24, que le sang de Jésus-Christ a une voix plus puissante que celui d'Abel. Il n'y a donc aucun reproche à faire à ce Père. Dans son ouvrage *contre Celse*, l. VIII, n. 64, il dit : « Dès que nous sommes agréables à Dieu, nous sommes assurés de la bienveillance des anges ses amis, des âmes et des esprits bienheureux ; ils connaissent ceux qui sont dignes de l'amitié de Dieu, ils aident ceux qui veulent l'honorer, ils le leur rendent propice ; ils joignent leurs prières aux nôtres, et ils prient avec nous. »—Saint Cyprien écrit à un confesseur de Jésus-Christ, *Epist.* 57, *ad Cornel.* : « Si l'un de nous, par la grâce de Dieu, sort le premier de ce monde, que notre charité dure toujours auprès du Seigneur, et que nos prières ne cessent point auprès de sa miséricorde pour nos frères et sœurs.» Dans son livre *de Mortalitate*, à la fin, il dit qu'un grand nombre de nos parents et de nos amis nous désirent dans le ciel, déjà sûrs de leur bonheur, et qu'ils s'intéressent à notre salut.

Aussi les mieux instruits d'entre les protestants conviennent que les Pères du IV° siècle ont cru l'intercession des *saints*, et nos controversistes l'ont prouvé ; mais nous venons de faire voir aussi que les Pères des II° et III° avaient frayé le chemin et commencé la chaîne de la tradition, qu'ainsi elle remonte jusqu'aux apôtres. Saint Jérôme, en soutenant contre Vigilance la même vérité au V°, ne fit que suivre ses maîtres. Les fondateurs mêmes du protestantisme, Jean Hus, Luther et Calvin, ont avoué que les *saints* prient pour l'Eglise en général ; or, les mêmes autorités qui prouvent cette intercession générale établissent aussi l'*intercession* particulière, on ne peut pas faire plus d'objections contre l'une que contre l'autre. Il ne faut pas oublier que les sectes de chrétiens orientaux, les grecs schismatiques, les jacobites, les nestoriens, admettent aussi bien que les catholiques l'intercession des *saints*; vainement les protestants ont voulu contester ce fait, il est actuellement prouvé jusqu'à la démonstration ; mais ils ne s'obstinent pas moins à soutenir que l'intercession des *saints* est un dogme nouveau, inconnu aux premiers chrétiens.

II. *De l'invocation des saints*. Quelques protestants ont avancé que, quand il serait vrai que les *saints* intercèdent pour nous auprès de Dieu, il ne s'ensuivrait pas encore que l'on doit les invoquer ; mais le sens commun suffit pour nous faire comprendre que si les *saints* prennent intérêt à notre salut, et nous accordent auprès de Dieu le secours de leurs prières, nous devons les respecter comme des protecteurs et des bienfaiteurs, avoir pour eux de la reconnaissance et de la confiance. Ainsi ont raisonné tous les esprits sensés, et c'est là-dessus qu'est fondé le culte que nous rendons aux *saints*, culte autorisé par l'Ecriture sainte.

Gen., c. XXVIII, v. 16, Jacob dit, en bénissant ses petits-fils : *Que Dieu qui m'a nourri depuis ma jeunesse, que l'ange du Seigneur qui m'a délivré de tous mes maux, bénisse ces enfants ; que l'on invoque sur eux mon nom et les noms de mes pères, Abraham et Isaac!* Remarquons d'abord que Jacob réunit la bénédiction de l'ange à celle de Dieu. Suivant le texte hébreu, disent les protestants, les paroles suivantes signifient seulement : *Que ces enfants soient appelés de mon nom et de celui de mes pères*. Explication fausse, contraire à l'histoire : jamais Ephraïm et Manassé n'ont porté le nom d'*Abraham* ni d'*Isaac*; on appelait ces deux tribus *la maison de Joseph*. Mais dans la suite des siècles, lorsque les prophètes et les justes de l'ancienne loi demandaient à Dieu ses grâces, ils lui disaient : *Souvenez-vous, Seigneur, d'Abraham, d'Isaac et de Jacob*, etc. Voilà évidemment l'invocation de laquelle ce dernier a parlé. Or, invoquer ces noms en parlant à Dieu, ou invoquer ces patriarches afin qu'ils demandent à Dieu ses grâces, c'est la même chose, puisque, suivant le style de l'Ecriture sainte, *invoquer le nom de Dieu*, c'est invoquer Dieu lui-même. — *Joan.*, c. XII, v. 26, le Sauveur dit : *Si quelqu'un me sert, mon Père l'honorera, honorificabit eum Pater meus*. Ordinairement cette promesse ne s'accomplit point sur la terre, donc elle s'accomplit dans le ciel. Or, en quoi consiste cet honneur réservé aux *saints*, sinon dans le crédit que Dieu leur accorde auprès de lui et dans le culte que nous leur rendons? Cent fois il est dit que les *saints* régneront dans le ciel avec Dieu et avec Jésus-Christ : qu'est-ce que régner, sinon accorder des grâces et recevoir des hommages? — *Joan.*, c. XVII, v. 20. Jésus-Christ, priant pour ses disciples dit à son Père : *Je ne prie pas seulement pour eux, mais pour ceux qui croiront en moi par leur parole; afin qu'ils soient tous unis comme vous et moi sommes un*. Il s'agit de savoir en quoi consiste cette *union* que nous appelons la *communion des saints*, et combien elle doit durer : or, nous soutenons qu'elle doit être éternelle, comme celle qui règne entre Jésus-Christ et son Père : donc elle subsiste entre les *saints* et nous, aussi bien qu'entre les fidèles vivants. Donc nous devons honorer et invoquer les *saints*, de même qu'ils s'intéressent auprès de Dieu et le prient pour nous. De quel droit les protestants veulent-ils rompre ce lien sacré, en rejetant toute communication entre les *saints* et nous? Non contents d'avoir fait schisme avec l'Eglise de la terre, ils se séparent encore de celle du ciel.

L'invocation des *saints* est aussi ancienne que l'Eglise. Au III° siècle, Origène enseignait déjà que l'on doit invoquer les anges, parce que Dieu les a chargés de nous garder et de veiller à notre salut, et il invoquait lui-même son ange gardien avec confiance, *Homil*. 1, *in Ezech.*, n. 7; or, il enseignait aussi que les *saints* prennent soin de notre salut et nous aident par leurs prières, *in Cant.*, l. III, n. 75, *contra Cels.*, l. VII, n. 64, etc. ; donc il était d'avis que l'on pouvait et que l'on devait invoquer les *saints*, puisqu'il compare la charité des uns à celle des autres, *ibid.* On peut voir les témoignages des autres Pères de l'Eglise dans les *Notes de Feuardent sur saint Irénée*. l. v. c. 19. Dans les plus anciennes liturgies grecques, syriaques, cophtes, éthiopiennes, dans les sacramentaires romain, gallican et mozarabique, l'invocation de la sainte Vierge et des *saints* fait partie des prières du *saint* sacrifice; jamais l'Eglise chrétienne n'a célébré autrement le service divin. Enfin, le reproche que nous font les protestants de rendre aux *saints* le même culte qu'à Dieu n'est pas plus nouveau; Celse l'a fait au second siècle; Eunape, Julien, Libanius, Maxime de Madaure, l'ont répété; les manichéens, les ariens, Vigilance, l'ont renouvelé : il n'est pas fort honorable aux protestants de copier les calomnies des païens et des hérétiques.

III. *Objections des protestants*. La manière dont Basnage commence l'histoire du culte des *saints*, *Hist. de l'Eglise*, l. XVIII, c. 1, est un chef-d'œuvre de mauvaise foi. « Puisque Dieu, dit-il, est un être infiniment parfait, il devrait seul attirer nos hommages et notre culte. Si sa puissance était bornée, il faudrait recourir à d'autres dieux pour en obtenir l'accomplissement de nos désirs; mais, puisqu'il est la source de tous les biens, et que toutes les créatures lui sont soumises, pourquoi porter nos vœux à d'autres qu'à lui? S'il éloignait de lui les pécheurs et les misérables, il faudrait tourner les yeux d'un autre côté; mais il leur crie : *Venez à moi, vous tous qui êtes chargés*, etc. Son trône est un trône de grâces, accessible à tous. L'homme, qui n'aime ni la servitude ni la peine, ne devrait pas s'imposer un nouveau joug, en cherchant d'autres objets d'adoration que Dieu; content de la nécessité qui lui est imposée d'adorer et de servir Dieu, il a intérêt de ne dépendre que de la Divinité seule, et à ne point fléchir le genou devant des hommes qui lui sont semblables. Cependant on a presque toujours aimé à servir la créature préférablement à Dieu. L'élévation et la puissance de cet Etre infini a servi de prétexte pour autoriser l'idolâtrie, on s'est fait une difficulté d'élever son âme si haut et d'approcher d'un Dieu infini. On a imaginé que des hommes semblables à nous seraient plus sensibles à nos maux que Dieu; on a cru qu'un *saint* occupé des besoins d'une seule province, d'un royaume, d'une seule famille ou d'un seul homme, y serait plus attentif que Dieu chargé du soin de l'univers; chacun a choisi son patron et son dieu domestique. »

« On ne croit point à Rome, dit-il, que Dieu seul soit adorable: suivant Maldonat, *in Matth.*, c. v, p. 118, c'est une erreur et une impiété de croire que Dieu seul mérite le culte religieux. Les inquisiteurs ont fait effacer dans quelques ouvrages cette maxime, que l'adoration ne doit être rendue qu'à Dieu seul, et que les anges ne sont pas adorables; les premiers chrétiens soutenaient précisément le contraire, etc. »

Dans ce long passage, il n'y a pas une phrase qui ne soit répréhensible: 1° Il semble supposer que le culte est dû à Dieu, parce qu'il est souverainement parfait; s'il veut parler des perfections qui n'ont aucun rapport aux créatures, il est déjà dans l'erreur; les hommes n'ont jamais rendu des hommages à la Divinité qu'à cause des bienfaits qu'ils en avaient reçus et qu'ils en attendaient. Dieu seul est digne du culte suprême, cela est incontestable; mais les protestants supposent faussement qu'il n'y a pas d'autre culte que celui-là, ou que Dieu nous défend de rendre aucun honneur à de *saints* personnages auxquels il a promis cet honneur pour récompense. Nous avons prouvé le contraire de ces deux suppositions. 2° Il donne à entendre qu'en recourant aux *saints* nous recourons à *d'autres dieux;* c'est une double fausseté. Jamais nous n'avons regardé les *saints* comme des dieux, ni comme égaux à Dieu, ni comme indépendants de Dieu; donc en les invoquant nous invoquons Dieu lui-même par leur organe, puisque nous savons qu'ils ne peuvent rien sans lui; nous agissons ainsi, non parce que sa puissance est bornée, non parce que nous le croyons moins bon que les *saints,* mais parce qu'il a voulu être ainsi invoqué, pour entretenir entre les *saints* et nous l'union sainte que Jésus-Christ a établie entre les membres de son Eglise. — 3° C'est une impiété d'appeler une *servitude*, une *peine*, un *joug*, l'adoration que nous devons à Dieu seul, et l'honneur très-différent que nous rendons aux *saints;* ce devoir, loin de nous être à charge, nous console et nous encourage; Dieu ne pouvait mieux nous convaincre de sa bonté qu'en nous donnant pour intercesseurs des hommes qui ont été semblables à nous, qui ont éprouvé les mêmes besoins et les mêmes faiblesses que nous. Ils ne le sont plus aujourd'hui, mais ils conservent pour nous la charité, qui, suivant l'expression de saint Paul, *ne meurt jamais.* En quel sens cherchons-nous à dépendre d'autres êtres que de la Divinité? L'Eglise, en nous excitant à prier les *saints,* ne nous défend pas de nous adresser à Dieu lui-même; la prière la plus commune d'un catholique est l'oraison dominicale, qui s'adresse directement à Dieu.— 4° Basnage nous calomnie grossièrement en nous accusant de servir la créature préférablement à Dieu. Nous servons Dieu et nous lui obéissons, lorsque nous prions les *saints* de lui présenter nos hommages et nos vœux. Nous croyons qu'ils lui seront ainsi plus agréables; c'est donc à lui seul que nous cherchons à plaire. C'est une étrange manie de supposer que, quand nous employons un intercesseur auprès de Dieu, nous lui témoignons par là moins de respect et de confiance que si nous nous adressions directement à lui. Les protestants oublient qu'ils ont à réfuter d'abord les sociniens leurs disciples : ceux-ci soutiennent que, quoique Jésus-Christ ne soit pas Dieu, nous devons cependant honorer et prier Dieu par Jésus-Christ. —5° Lorsque Basnage ajoute que l'élévation et la puissance de l'Etre infini a servi de prétexte pour autoriser l'idolâtrie, il se montre très-mal instruit de la nature de ce culte et de son origine. Les païens, même les philosophes, n'ont pas admis plusieurs dieux, parce qu'ils supposaient un Dieu suprême trop grand et trop puissant pour s'occuper des créatures, mais parce qu'ils ne concevaient pas qu'un seul être fût assez puissant pour gouverner tout l'univers sans troubler son repos et son bonheur. N'ayant aucune idée du pouvoir créateur, ils ne pouvaient avoir celle d'une providence infinie, compatible avec la félicité suprême. Ils n'ont pas invoqué d'abord des hommes semblables à eux, mais de prétendus génies ou esprits qu'ils plaçaient dans toutes les parties de la nature, et auxquels ils en attribuaient tous les phénomènes, et ils ne les supposaient dépendants en aucune manière d'un Dieu souverain plus puissant qu'eux. *Voy.* Idolâtrie et Paganisme. Ainsi lorsque Basnage appelle les *saints* patrons *des dieux domestiques,* il montre ou une ignorance ou une malignité qui ne lui fait pas honneur. *Un intercesseur* et *un Dieu* sont des noms et des idées dont l'une exclut l'autre. — 6° Il pèche plus grièvement encore quand il dit : « On ne croit point à Rome que *Dieu seul est adorable,* que *l'adoration ne doit être rendue qu'à Dieu seul*, que *les anges ne sont point adorables;* les inquisiteurs font effacer ces maximes dans les livres, Maldonat enseigne que Dieu n'est pas le seul objet du *culte religieux.* »

Mais confondre *l'adoration*, qui signifie ordinairement le *culte suprême, avec toute espèce de culte religieux*, est-ce un sophisme fait de bonne foi? Il est dit, *Ps.*xcviii, v. 5 : *Louez le Seigneur notre Dieu*, adorez *l'escabeau de ses pieds, parce que c'est une chose sainte.* Si nous voulions conclure de là que *l'adoration* n'est pas due à Dieu seul, que répondrait Basnage? Il dirait qu'*adorer* est un terme équivoque, que souvent il signifie simplement se *prosterner* pour témoigner du respect. Nous insistons et nous demandons si se prosterner devant l'arche d'alliance, qui est appelée l'*escabeau des pieds de Dieu,* n'est pas un témoignage de culte, si ce culte est purement profane, et non un culte religieux. Nous attendrons longtemps, avant que les protestants aient satisfait à cette question

Dire que Dieu seul est adorable, que les *saints* ni les anges ne le sont point, que l'adoration n'est due qu'à Dieu, ce sont des vérités que tout chrétien doit admettre, parce que, dans ces expressions, le mot *adoration* signifie évidemment le culte suprême; jamais ces maximes n'ont été censurées ni à Rome ni ailleurs. Mais soutenir que Dieu seul est l'objet du culte religieux, que ce culte ne peut être adressé qu'à lui, que tout culte religieux rendu à une créature est une idolâtrie, une superstition, une injure faite à Dieu, etc., ce sont là autant d'erreurs. Nous avons prouvé qu'il y a un culte religieux inférieur et subordonné qui est dû aux personnes et aux choses auxquelles Dieu a communiqué une excellence et une dignité surnaturelles, et qui n'est point l'adoration proprement dite. *Voy.* Culte.

Basnage, *ibid.*, l. xix, c. 4, n. 6, prétend que le culte des *saints* est venu des ariens. Comme ils soutenaient, dit-il, que l'on devait adorer Jésus-Christ, quoiqu'il ne fût pas Dieu, il était de leur intérêt de prétendre que l'on pouvait sans crime adorer des créatures ; c'est pour cela que l'empereur Constance, arien déclaré, se montra si zélé à rassembler des reliques et à les placer dans les églises.

Pour que cela fût vrai, il faudrait que les Pères du ii° et du iii° siècle eussent été ariens cent ou deux cents ans avant la naissance de l'arianisme ; nous avons fait voir qu'ils ont approuvé le culte des *saints*. Nous défions tous les critiques protestants de prouver par aucun monument que les ariens aient jamais dit qu'il est permis d'*adorer* des créatures ; quand ces hérétiques auraient abusé comme eux du terme d'*adoration*, cet abus n'en serait pas pour cela plus pardonnable. Comme les premiers rejetaient aussi bien que les derniers la tradition et le sentiment des anciens Pères, ils étaient plus intéressés à désapprouver qu'à autoriser le culte rendu à ces *saints* personnages, puisqu'il augmentait le respect que l'on avait pour leur doctrine. La plupart des évêques qui condamnèrent Arius en Égypte l'an 424, et à Nicée l'an 425, avaient vécu et avaient été instruits au iii° siècle ; est-il croyable qu'en opposant à ces hérétiques la tradition, ils l'aient violée eux-mêmes, quant au culte des saints, et que personne ne le leur ait reproché ? Si les ariens avaient été les auteurs de cette pratique, c'aurait été pour les catholiques une raison de plus de la rejeter. Basnage a eu la maladresse de citer George, intrus sur le siège d'Alexandrie, qui, passant devant un temple de païens, s'écria : *Combien ce sépulcre subsistera-t-il encore ?* Il a feint d'ignorer que ce George était un arien forcené ; il a ainsi parlé, s'il avait cru que, pour l'intérêt de l'arianisme, il était bon que les églises fussent remplies de tombeaux et d'ossements de morts ? Suivant le raisonnement de ce critique, les sociniens, qui pensent comme les ariens, devraient être fort zélés pour le culte des *saints*, et ils en sont tout aussi ennemis que les protestants.

Mosheim faisant à son tour l'histoire du culte des *saints*, en place la naissance au iv° siècle ; il prétend que ce culte est venu de la philosophie platonique et des idées populaires que les Pères de l'Église avaient adoptées. *Hist. ecclés.*, iv° siècle, ii° part., c. 3, § 1. Mais dans son *Histoire chrétienne*, i° siècle, § 32, note 3, il convient que le culte des martyrs a commencé dès le i° siècle. D'ailleurs, par les monuments que nous venons de citer, il est prouvé que le culte des *saints* date du berceau de l'Église et remonte jusqu'aux apôtres. Comment serait-il né des idées platoniciennes ? C'est un mystère que Mosheim n'a pas expliqué, et duquel il n'a pas parlé dans la dissertation *de turbata per Platonicos Ecclesia*. Si, par *idées populaires*, il entend la vénération que tous les hommes conçoivent naturellement pour les grandes vertus, pour le mérite éminent, pour les dons surnaturels de la grâce et pour les personnages dans lesquels ils les aperçoivent, nous convenons que telle est la première origine du culte des *saints* ; mais blâmer cette espèce d'instincts, c'est blesser le sens commun. Il ajoute que personne n'osa censurer ce culte ridicule. Comment oser le censurer, pendant que les fondateurs du protestantisme ont été forcés de l'approuver, en se contredisant eux-mêmes ? Ils disent dans leurs livres : *Nous estimons, nous respectons, nous aimons, nous admirons les saints, non pour les adorer, mais pour les imiter*. Or, l'estime, le respect, l'amour, joints à l'admiration et au désir de l'imitation, ne sont-ils pas un vrai culte ? Si cela n'est pas, nous prions nos adversaires de nous apprendre enfin ce qu'ils entendent par le mot *culte*. Quant à l'équivoque de celui d'*adorer*, nous en avons assez relevé cet abus.

On invoqua, dit Mosheim, les âmes bienheureuses des chrétiens décédés ; on crut, sans doute, que ces âmes pouvaient quitter le ciel, visiter les hommes, voyager dans les différents pays, surtout où leurs corps étaient enterrés ; on crut qu'en honorant leurs images on les y rendait présentes, comme les païens l'avaient pensé à l'égard des statues de Jupiter et de Minerve, *ibid.*, v° siècle, ii° partie, chap. 3, § 2.

Probablement ce sont là les idées platoniciennes et populaires que Mosheim a trouvé bon de prêter aux Pères de l'Église. Mais admirons la justesse de cette supposition. Pendant les trois premiers siècles de l'Église, temps de persécutions de la part des païens, lorsque les docteurs chrétiens avaient le plus grand intérêt à ménager leurs ennemis et à calmer leur haine, ils ont combattu de front toutes leurs idées, ils ont censuré sans ménagement toutes les pratiques de l'idolâtrie, ils ont réprouvé tout culte religieux qui n'était pas adressé à Dieu seul. Au iv° siècle, lorsque la paix a été donnée à l'Église, que les païens ont cessé d'être redoutables, que l'absurdité du paganisme a été pleinement démontrée, la face du christianisme a tout à coup changé, les Pères ont repris les idées et les erreurs païennes, ils ont adopté les visions des platoniciens, même en écrivant contre eux ; ils ont abandonné la doctrine des fondateurs du christianisme, en faisant profession d'y être inviolablement attachés ; en approuvant le culte des *saints*, ils ont substitué de nouvelles idoles à la place de celles qu'ils avaient fait renverser. Voilà le phénomène absurde que les protestants ont été obligés de forger pour soutenir leur doctrine contre le culte des *saints* ; au mot MARTYR, § 6, et au mot PLATONISME, nous l'avons réfutée en détail.

Nous pouvions nous en dispenser, puisque les accusations des protestants contre les Pères sont de vaines conjectures, dénuées de preuves, et suggérées par la malignité. Mosheim ni ses pareils n'ont jamais pu citer un seul passage des Pères où il soit dit que les âmes des bienheureux peuvent quitter le ciel, visiter les hommes, voyager dans divers pays, se rendre présentes dans leurs images. Plusieurs Pères l'ont pensé à l'égard des démons que les païens prenaient pour des dieux, mais ils n'ont jamais eu ... même idée à l'égard des âmes des bienheureux. Note sur Origène, *Exhort. ad martyr.*, n. 45.

SAINT DES SAINTS. *Voy.* SANCTUAIRE.

* SAINTETÉ DE L'EGLISE. I. *L'Eglise de Jésus-Christ doit-elle être sainte?* Attiré par une sorte d'instinct, l'homme veut s'élever vers les régions supérieures; mais la chair, le courbant vers les choses d'ici-bas, s'oppose à ses nobles efforts. C'est à la grâce de Jésus-Christ à rétablir l'ordre détruit par le péché. C'est son Eglise qu'il a rendue dépositaire de sa sainteté. Franchissant les fleuves et les montagnes, les déserts et les mers, elle embrasse, elle unit, elle civilise et sanctifie les peuples les plus divergents de langage, de mœurs et de préjugés; si souvent divisés d'intérêts et de passions. Elle détruit le péché, nourrit la vertu, édifie la maison de Dieu: telle est la noble fonction de l'Eglise, qui la fait nommer sainte. Ce titre glorieux ne lui est point contesté. Hérétiques et orthodoxes, schismatiques et liés au centre de l'unité, tous confessent que Jésus-Christ a aimé son Eglise, qu'il s'est livré pour la sanctifier, pour la rendre sans tache, *Eph.* v, 27. Tous répètent cet article du symbole: *Je crois la sainte Eglise.* Observons qu'on peut considérer la sainteté de l'Eglise sous un double rapport: 1° dans les moyens qu'elle emploie pour opérer le salut de ses enfants; 2° dans ses membres. Il est incontestable que Jésus-Christ a établi son Eglise pour la sanctification des hommes. Il faut donc que sa doctrine, sa morale, ses sacrements, son ministère, tendent à détruire l'homme de péché pour lui substituer l'homme de la grâce. Il faut que sa doctrine fasse connaître au chrétien la vérité sans mélange d'erreur, que sa morale dirige ses pas dans les sentiers de la justice et l'éloignent des chemins de l'iniquité. Il faut que ses sacrements lui donnent la vie, la soutiennent et la fortifient. Il faut que le ministère ecclésiastique soit constitué de manière à maintenir le dogme dans toute sa pureté, la morale dans toute sa sainteté, les sacrements dans toute leur vertu. S'il n'en était ainsi, Jésus-Christ aurait voulu la fin sans les moyens, ce qu'il serait absurde et impie de supposer. — Tous les moyens que l'Eglise emploie pour la sanctification de ses enfants sont des moyens moraux; ils sont libres d'en profiter ou de les rejeter. Mais il peut arriver que dans la réalité tous soient hors de la sainteté, de sorte que tous les membres de l'Eglise soient des membres morts. Nous disons que l'Eglise est sainte non seulement dans sa doctrine, mais encore dans plusieurs de ses membres. — Qu'est-ce que l'Eglise suivant l'Ecriture et les Pères? C'est une société sainte, c'est l'épouse de Jésus-Christ; son union avec le divin Sauveur doit être le modèle de l'union qui doit exister entre l'homme et la femme: c'est le corps de Jésus-Christ. Nous le demanderons: Serait-elle sainte une société dont tous les membres seraient ensevelis dans le péché? Jésus-Christ aimerait-il comme son épouse une société composée uniquement d'hypocrites? Une Eglise entièrement en révolte contre Jésus-Christ serait elle un beau modèle d'union à proposer aux époux? Y a-t il un seul corps dont tous les membres soient morts et corrompus? Non, ce serait un cadavre. — Et c'est surtout ce dernier caractère de sainteté qui doit être regardé comme une note de l'Eglise, puisque la doctrine n'en est pas une. Mais comment connaître les saints? Dieu seul peut juger les consciences. Souvent ce qui brille au dehors n'est qu'infection au dedans. Ce qui est grand aux yeux des hommes, qui ne jugent que de l'extérieur, est quelquefois abominable aux yeux de Dieu. Nous l'avouons, mais il est une preuve de sainteté qu'on ne peut contester, c'est le miracle opéré pour la confirmer; contester sa force probante dans cette circonstance, c'est ébranler le fondement de la religion chrétienne. Et pourquoi vouloir distinguer entre les miracles de Jésus-Christ et des apôtres, et les miracles des âges suivants? Si ceux-ci ont les mêmes caractères que ceux-là, ils ont Dieu pour auteur, la source de vérité. On ne peut donc contester la sainteté prouvée par des miracles. *Voy.* CANONISATION.

II. *L'Eglise romaine est-elle sainte?* Pour connaître complètement l'influence d'une communauté religieuse sur ses membres, il faut considérer les règles qu'elle leur prescrit, et voir ces règles en action. Pour juger de la sainteté de l'Eglise romaine, nous allons donc voir: 1° les principes et les moyens qui concourent à la sanctification de ses membres; 2° les fruits de salut qu'elle a opérés.

Nous confessons que par le péché d'Adam les forces de l'homme ont été affaiblies. Sa liberté n'a cependant pas été détruite. Bien plus, quoiqu'il puisse éviter plusieurs fautes par ses propres forces, nous avouons que l'homme ne peut rien pour le ciel sans un secours céleste. Deux forces concourent donc à la sanctification, l'une divine, et l'autre humaine. Deux activités se pénètrent, l'une de Dieu, et l'autre de l'homme. Trop faible par lui-même, l'homme pourrait se décourager. La force divine vient lui rendre toute son énergie et lui apprendre qu'il n'est aucun vice qu'il ne puisse éviter, aucune vertu qu'il ne puisse acquérir. — Appartenant au monde par notre corps, nous avons besoin d'un signe sensible pour savoir ce qui se passe dans notre partie spirituelle. La foi catholique nous présente donc des symboles extérieurs ou des sacrements, le gage des volontés divines, le sceau des promesses évangéliques. Les sacrements conduisent jusqu'à nous la vertu qui découle des souffrances du Christ. Ils portent d'autant plus la piété dans les cœurs qu'ils sont bien propres à humilier l'orgueil de l'homme. Ils nous font vivement sentir qu'ensevelis dans les choses inférieures, nous ne pouvons que par leurs moyens nous élever au-dessus des choses sensibles. — C'est ainsi que, tout en lui découvrant sa faiblesse, son néant, notre doctrine montre à l'homme qu'il peut arriver à la sainteté la plus élevée. Est-il une doctrine plus propre à nous sanctifier? Voyons-la en action.

L'Eglise est destinée à former des sujets au royaume de Dieu sur la terre. Pour cela elle s'adresse à des hommes pécheurs, vivant dans un monde corrompu. Elle ne peut donc agir hors du cercle du mal, il faut au contraire qu'elle descende dans la vie pour le combattre incessamment. Il est impossible que, dans un tel état de choses, il n'existe du mal dans l'Eglise; il ne faut pas même s'étonner si à certaines époques il a paru surpasser le bien. Nous le savons, dans sa longue existence, l'Eglise n'a pas toujours brillé du même éclat; des prêtres, des évêques, des papes, ont foulé aux pieds les devoirs les plus sacrés, ils n'ont que trop souvent laissé éteindre le feu céleste. Mais nous dirons que, comme institution divine, l'Eglise n'a jamais défailli, jamais elle n'a perdu sa première vigueur.

Nous ne ferons aucune considération sur les premiers siècles de l'Eglise, elle brillait alors d'un trop vif éclat, pour que révoquer en doute sa sainteté. Dans les âges suivants, elle traversa des siècles où le monde moral, ébranlé jusque dans ses fondements, semblait menacé d'une ruine prochaine. Des hordes sauvages détruisent l'ancienne civilisation. Ses prêtres et ses évêques ne descendent pas du ciel, il faut qu'elle les choisisse au milieu des hommes tels que la société les lui présente. On ne vit pas sans doute alors les Clément d'Alexandrie, les Cyprien, les Basile, les Grégoire, les Hilaire, les Jérôme, les Augustin; hélas! ces hommes puissants en paroles et en vertus n'avaient point laissé de successeurs. Cependant, fécondité admirable! dans ses jours mauvais elle fit encore des prodiges et des miracles. Inépuisable foyer de chaleur et de vie, sa doctrine exerça toujours une influence salutaire sur l'éducation des peuples, sur la réforme des mœurs ; elle se développa alors, mais d'une manière différente. Elle serait trop longue la liste des sages institutions qu'elle établit dans tous les temps pour la sanctification des peuples ; nous ne finirions point si nous voulions raconter les actions héroïques des saints qui dans tous les âges honorèrent l'Eglise romaine, qui furent marqués du sceau de la divinité. Des prodiges évidemment divins en confirmant leur sainteté l'assurèrent aussi à l'Eglise qui les enfanta.

* SAINT-SIMONISME. Secte éphémère qui s'était présentée comme devant renouveler le monde. Quelques jours d'une vie agitée, quelques succès partiels, voilà toute l'histoire du saint-simonisme. On n'attend pas de nous que nous entrions dans l'histoire des aventures de Saint-Simon, Enfantin, Rodrigue, etc., ce serait trop nous éloigner de notre but. Nous nous contenterons d'exposer les doctrines religieuses et morales du saint-simonisme. Le panthéisme était le principe fondamental de leurs croyances : « Dieu est tout ce qui est, disait Enfantin, tout est en lui, tout est par lui ; nul de nous n'est hors de lui, mais aucun de nous n'est lui. Chacun de nous vit de sa vie, et tous nous communions en lui, car il est tout ce qui est. « Les saint-simoniens niaient la déchéance primitive de l'homme ; ils enseignaient que l'humanité a son enfance, puis son âge viril, enfin son âge mûr, qui doit constamment progresser. « Nous faisons précisément ce qu'a fait Moïse, disaient-ils, ce qu'a fait le Christ. Moïse est venu donner au monde une religion nouvelle ; le Christ à son tour est venu détruire l'ancienne religion par une religion nouvelle, et remplacer Moïse. Ce sont là des phases qui arrivent parfois dans l'humanité. Nous commençons une de ces phases : nous faisons comme Moïse et comme le Christ ; nous agissons comme agirent les apôtres. » C'était une audace prodigieuse de se mettre au niveau de Moïse et du Christ, ou plutôt supérieurs, car ils voulaient perfectionner leur œuvre. Leur chute, aussi prompte que terrible, dessilla les yeux de plusieurs d'entre eux, et les ramena au giron de l'Eglise catholique.

Selon les saint-simoniens, la femme avait été amnistiée et non réhabilitée par le christianisme ; elle n'est pas encore l'égale de l'homme, mais sa suivante ; leur grande mission était de la rendre *libre* et indépendante. L'accusation portée contre le christianisme n'a rien ici de fondé. Nous voyons la religion donner à la femme une part égale dans les destinées de l'humanité. Aussi les Etats chrétiens lui accordent une liberté civile aussi complète que celle de l'homme, tandis qu'elle n'a pas pris d'engagement contraire ; mais, lorsqu'elle s'est soumise au mari, elle en a accepté un état qui, par sa nature, lui commande la soumission, qu'elle sait, quand elle veut, changer en un pouvoir souverain. Quant aux droits politiques, c'est une question dans laquelle nous ne voulons pas nous engager.

Une autre grande maxime du saint-simonisme, c'était la réhabilitation de la chair. Selon lui, le christianisme, se trouvant dans la nécessité de combattre le sensualisme païen, avait tout sacrifié à l'esprit ; aussi les maximes de l'Evangile et la pratique de l'Eglise n'ont eu d'autre but que de mortifier la chair. Ce n'est pas la loi de la nature qui, ayant composé l'homme d'un corps et d'une âme, a voulu qu'il travaillât à la satisfaction et au développement de ces deux parties de lui-même. C'était là complétement ignorer la nature de l'homme : car il est d'une constante expérience que si la chair n'est domptée et soumise à l'esprit, elle finit par dominer et par établir le règne des passions. Vainement un saint-simonien disait « Tantôt le couple sacerdotal calmera l'ardeur immodérée de l'intelligence, ou modérera les appétits déréglés des sens ; tantôt, au contraire,

il réveillera l'intelligence apathique, ou réchauffera les sens engourdis ; car il connaît tout le charme de la décence et de la pudeur, mais aussi toute la grâce de l'abandon et de la volupté. » C'était complétement ignorer la force de l'appétit sensuel.

Comme suite de leurs doctrines panthéistiques, les saint-simoniens rejetaient toutes les peines de l'autre vie ; et, pour couronner leur œuvre, ils mettaient Henri Saint-Simon et Enfantin au nombre des premiers-nés de Dieu, ou plutôt ils en faisaient des dieux.

Si les saint-simoniens eurent quelques succès, ils le durent aux maximes du christianisme qu'ils mêlèrent à leur système. On ne peut nier qu'ils ne les aient souvent développées avec beaucoup de talent. Une fois qu'ils sortaient du domaine de la vérité révélée, ils tombaient dans des erreurs si grossières qu'ils faisaient sourire de pitié. Il en sera ainsi de quiconque voudra édifier en dehors de l'Evangile.

SALOMON, fils de David, et troisième roi des Juifs. Nous ne toucherons point aux actions de ce roi, dont il est parlé dans le *Dictionnaire historique* ; nous nous bornons à satisfaire à plusieurs faux reproches que les incrédules de notre siècle ont faits contre lui dans les livres qu'ils ont écrits pour déprimer l'histoire de l'Ancien Testament.

1° Ils ont dit que *Salomon* était né de l'adultère de David et de Bethsabée. C'est une imposture ; le fruit de cet adultère mourut dans l'enfance, *II Reg.*, c. XIII, 18. Salomon naquit du mariage de David avec cette femme. C'était une alliance condamnable, parce qu'elle avait été procurée par un double crime, mais elle n'était pas nulle ; la polygamie des rois étant passée en usage. 2° Ils ajoutent que *Salomon* avait usurpé le trône sur Adonias, son frère aîné, par les intrigues du prophète Nathan avec Bethsabée ; qu'ensuite il fit mourir ce frère contre la foi d'un serment. Nouvelles faussetés. Chez la nation juive il n'y avait aucune loi qui déférât le trône au fils aîné du roi ; Saül et David y étaient montés par le choix de Dieu, confirmé par le suffrage du peuple. Adonias s'était fait proclamer roi avant la mort de son père et sans attendre son aveu ; il avait donc mérité par cet attentat de perdre la couronne. *Salomon*, au contraire, avait été désigné par David pour succéder au trône, et il réunit à ce choix le suffrage du peuple. Le prophète Nathan n'y eut d'autre part que d'avertir David de la promesse qu'il avait faite, et de l'entreprise d'Adonias, *III Reg.*, c. 1 et 11. *Salomon* jura que si son frère se conduisait en bon et fidèle sujet, il ne perdrait pas un cheveu de sa tête ; mais cet ambitieux demanda en mariage Abisag, concubine de David, et il ajouta *que le trône lui appartenait, III Reg.*, c. 11, 15. *Salomon*, indigné de cette prétention, et de ce que Adonias entretenait dans son parti le grand prêtre Abiathar et Joab, général de l'armée, le fit mettre à mort, *ibid.* 22. Il ne pouvait pas lui laisser la vie sans s'exposer à un nouvel attentat. 3° On lui reproche encore la mort de Joab, ancien serviteur de David. La vérité est que ce général n'était rien moins qu'un serviteur fidèle ; c'était un séditieux et un meurtrier. Il avait tué par trahison Abner et Amasa, deux officiers distingués ; il avait appuyé les prétentions d'Adonias contre le gré de David ; celui-ci en mourant avait averti Salomon de s'en défier, et sa conduite continuait à le rendre suspect ; sa mort fut donc un acte de justice. 4° Les mêmes censeurs disent que les prêtres ont exalté d'abord la sagesse de Salomon, parce qu'il fit bâtir le temple de Jérusalem, et qu'il favorisa le clergé ; mais qu'ensuite ils l'ont décrié parce qu'il toléra l'idolâtrie : et c'est à cette tolérance que les incrédules attribuent la prospérité et la splendeur du règne de Salomon. Cependant le témoignage que les prêtres ont rendu à la sagesse de ce roi pendant sa jeunesse est confirmé par l'exactitude avec laquelle il rendit la justice, par la paix qu'il entretint avec ses voisins, par l'abondance qu'il fit régner, par le commerce qu'il établit, par les arts qu'il fit cultiver, par les livres qu'il a laissés. Dans sa vieillesse il se laissa corrompre par les femmes ; non seulement il toléra l'idolâtrie, mais il la pratiqua pour leur plaire. Les prophètes le menacèrent de la colère divine ; en effet, elle ne tarda pas d'éclater ; la haine d'Adab, prince de l'Idumée ; le ressentiment de Razon, roi de Syrie ; la révolte de Jéroboam, en furent les tristes effets, *III Reg.*, c. xi. Ainsi la prétendue tolérance de *Salomon*, loin d'avoir contribué à la prospérité de son règne, fut la cause des malheurs qui arrivèrent sous celui de Roboam son fils. 5° L'on prétend que le récit des richesses laissées par David à *Salomon* est incroyable, que, suivant les calculs les plus modérés, elles se monteraient à vingt-cinq milliards six cent quarante-huit millions de notre monnaie. Mais ces calculs ne portent que sur une estimation arbitraire du *talent* d'or et d'argent ; or, chez les anciens il y a eu le *talent* de poids, et le *talent* de compte, comme il y a chez nous la livre de poids et la livre de compte, qui n'est que la centième partie de la première. Un savant, très-exercé dans ces matières, a fait voir que les richesses laissées par David à *Salomon* se montaient tout au plus à douze millions et demi de notre monnaie, somme qui n'est point exorbitante pour le temps duquel nous parlons. *Recherches sur la valeur des monnaies*, par M. Dupré de Saint-Maur.

Salomon est reconnu pour l'auteur du livre des *Proverbes*, du *Cantique des cantiques* et de l'*Ecclésiaste*, qui font partie des livres de l'Ancien Testament que l'on appelle *sapientiaux* ; quant à celui de la *Sagesse*, qui porte son nom dans la version grecque, on ne peut pas prouver qu'il soit véritablement de lui, et plusieurs critiques ont rejeté cette opinion ; nous avons parlé de chacun de ces livres en particulier.

L'on a souvent agité la question de savoir si ce roi célèbre est mort pénitent et converti, ou s'il a persévéré dans l'idolâtrie et l'incontinence jusqu'à la fin de sa vie. Comme l'histoire sainte n'en a rien dit, les Pères, les auteurs ecclésiastiques, les commentateurs anciens et modernes se sont livrés à des conjectures directement opposées ; l'on peut citer pour et contre des autorités respectables. Dans la *Bible d'Avignon*, tome IV, p. 472, il y a une dissertation de dom Calmet, où l'on voit les preuves de l'un et de l'autre sentiment ; les commentateurs anglais de la *Bible de Chais* en ont aussi donné un précis, t. VI, pag. 161. Nous ferons de même, sans cependant les copier.

Ceux qui pensent que *Salomon* est mort impénitent allèguent, 1° le silence de l'Ecriture sainte : il n'est pas probable, disent-ils, que l'historien sacré, après avoir exalté la sagesse et les vertus de ce prince pendant les belles années de sa vie, après avoir ensuite rapporté les égarements de sa vieillesse, eût supprimé un fait aussi essentiel et aussi édifiant que celui de sa conversion, si elle était véritablement arrivée. 2° L'on ne voit nulle part, qu'il ait congédié les femmes idolâtres, qu'il ait détruit les hauts lieux et les temples qu'il avait bâtis par complaisance pour elles ; ces édifices scandaleux subsistaient encore sous Josias, qui les fit raser. 3° S'il avait fait pénitence, Dieu aurait sans doute adouci la sentence qu'il avait portée contre lui : au contraire, elle fut exécutée à la rigueur immédiatement après sa mort, par la révolte de dix tribus contre Roboam son fils. 4° Quoique dans le livre des Proverbes et dans l'Ecclésiaste il y ait des réflexions et des maximes qui semblent caractériser un prince détrompé de toutes les vanités du monde, il n'est pas certain que ces livres aient été l'ouvrage des dernières années de *Salomon*. 5° La multitude des Pères de l'Eglise et des auteurs qui ont cru qu'il est mort impénitent surpasse de beaucoup le nombre de ceux qui ont présumé sa conversion.

Ces raisons n'ont pas paru fort solides aux partisans du sentiment opposé ; ils en allèguent de leur côté. 1° Dieu avait dit à David en parlant de Salomon, *II Reg.*, c. vii, v. 14 et 15: *Je serai son père et il sera mon fils; s'il pèche en quelque chose, je le punirai comme un homme par des châtiments humains, mais je ne lui ôterai point ma miséricorde, comme je l'ai fait à Saül.* David a répété cette promesse; *Ps.* LXXXVIII, v. 31 et suiv. Si *Salomon* avait été finalement réprouvé, ce ne serait plus un châtiment humain, mais un des plus terribles arrêts de la justice divine. 2° Il est dit de lui comme de David, *qu'il dormit avec ses pères ;* cette expression semble désigner plutôt la mort d'un juste ou d'un pénitent, que celle d'un réprouvé. 3° L'auteur de l'Ecclésiastique, après avoir reproché à Salomon son incontinence, ajoute, c. xxxvii, v. 24 : *Mais Dieu n'ôtera pas sa miséricorde, il ne détruira pas ses ouvrages, il ne perdra point la race de son élu, ni la postérité de celui qui aime le Seigneur.* Cela semble tomber également sur David et sur *Salomon*. Le prétendu silence de l'Ecriture sur les derniers moments de ce roi n'est donc pas absolu ; quand il le serait, cela ne prouverait encore rien. Dans les Paralipomènes, l. II, c. ix, v. 29, ni dans l'Ecclésiaste, *ibid.*, il n'est rien dit de l'idolâtrie de *Salomon* ; cependant il en était coupable. 4° L'on ne peut pas douter que l'Ecclésiaste ne soit un des derniers ouvrages de *Salomon* ; dans sa jeunesse il n'aurait pas pu parler de lui-même comme il le fait dans ce livre, cap. II et ailleurs : *J'ai possédé d'immenses richesses.... Je ne me suis refusé aucun de mes désirs ni aucune espèce de plaisirs.... Lorsque j'y ai réfléchi dans la suite, j'ai vu que tout n'était que vanité et affliction d'esprit, et que rien n'est durable sous le soleil.... J'ai compris combien la sagesse est préférable à la folie*, etc. Ce n'est plus là le langage d'un prince corrompu par la volupté et par l'idolâtrie, mais d'un sage détrompé, confus et repentant de ses désordres. 5° Il n'est point ici question de compter les suffrages, mais d'en peser les raisons ; or, il n'y en a point d'autres que celles que nous avons vues. Plusieurs Pères de l'Église n'ont parlé ni pour ni contre, quelques-uns ont été de divers avis, suivant l'occasion.

Nous embrasserions volontiers le sentiment le plus doux ; mais il nous paraît mieux de nous en tenir à la sage maxime de saint Augustin, l. II, *de Peccat. meritis et remiss.*, c. 36, n. 59. « Lorsque l'on dispute sur une chose très-obscure, sans être guidé par des passages clairs et formels de l'Écriture sainte, la présomption humaine doit s'arrêter et ne pencher ni d'un côté ni d'un autre. Quoique je ne sache pas comment on peut décider telle question, je crois cependant que Dieu se serait expliqué très-clairement par l'Écriture, si cela avait été nécessaire à notre salut. » C'est aussi le parti qu'ont pris plusieurs auteurs, tant anciens que modernes, touchant la dernière fin de *Salomon*.

SALVIEN, prêtre gaulois, né à Trèves ou à Cologne, et qui a passé la plus grande partie de sa vie à Marseille, pendant presque tout le V° siècle. Il a été célèbre par ses talents, par la sainteté de ses mœurs, par les leçons qu'il a données aux autres. Une partie de ses ouvrages se sont perdus, mais il nous reste de lui un *Traité de la Providence*, quelques lettres, et un *Traité contre l'Avarice*. Il composa le premier pour réprimer les murmures des chrétiens désolés par les irruptions des Barbares, et qui, au lieu de considérer leurs souffrances comme un juste châtiment de leurs crimes, s'en prenaient à la divine Providence et blasphémaient contre elle; *Salvien* leur soutient qu'ils sont plus vicieux que les Barbares mêmes dont ils se plaignent ; le tableau qu'il trace des mœurs de son siècle est affligeant.

Les critiques protestants, forcés de rendre justice à l'éloquence de *Salvien*, mais mécontents de ce qu'il a professé une doctrine très-opposée à la leur, ont blâmé la sévérité de sa morale. *Salvien*, dit Mosheim, fut un écrivain éloquent, mais mélancolique et mordant, qui, dans ses déclamations outrées contre les vices de son siècle, découvre, sans y penser, les défauts de son propre caractère : Mosheim cite pour preuve l'*Hist. littér. de la France*, tome II, p. 517 ; mais son traducteur s'élève contre ce jugement. Les auteurs de cette histoire, dit-il, nous font un tout autre portrait du caractère de *Salvien*. Ils conviennent que ses déclamations contre les vices de son siècle sont violentes et emportées, mais ils nous le représentent cependant comme un des hommes les plus humains et les plus charitables de son temps. Il faut avouer qu'il poussa l'austérité à l'excès dans les règles qu'il donna pour la conduite de la vie. Y a-t-il rien de plus insensé que d'ordonner aux chrétiens, comme une condition nécessaire au salut, de donner tous leurs biens aux pauvres, et de réduire à la mendicité leurs enfants et leurs parents? Cette sévérité néanmoins de *Salvien* était accompagnée d'une modération charmante envers ceux qui avaient d'autres sentiments que lui sur la religion. *Hist. ecclés.*, V° siècle, II° part., c. 2, § 11.

Mais il est encore faux que *Salvien* ait enseigné la morale qu'on lui prête. Quand on veut se donner la peine de le lire attentivement, l'on voit qu'il a prescrit, non à tous les chrétiens en général, de donner leurs biens aux pauvres, mais seulement à tous ceux qui ont fait profession de vouloir mener une vie plus parfaite, comme ont fait les évêques, les autres ecclésiastiques, les religieux, les vierges, les veuves et les gens mariés qui gardent la continence. Loin de vouloir que les riches réduisent leurs enfants et leurs parents à la mendicité, il se défend expressément de ce reproche ; mais il ne veut pas que les pères transmettent à leurs enfants des biens mal acquis, qu'ils aient plus d'empressement de les enrichir que de leur donner une éducation chrétienne, qu'ils oublient les pauvres pour laisser une succession plus opulente à des parents déjà riches ou vicieux. *Adversus Avarit.*, l. I, n. 3 et suivants ; l. II, n. 4 et suiv., etc. Nous ne voyons pas ce que cette morale peut avoir de répréhensible. *Hist. de l'Église Gallic.*, tome II, l. IV, an. 456.

SALUT, SAUVER, SAUVEUR. Dans l'Écriture sainte, comme dans les auteurs profanes, le *salut* signifie, 1° la santé, la conservation, la prospérité, l'exemption de tout mal. 2° La victoire sur les ennemis ; *IV Reg.*, c. XIII, v. 17, *sagitta salutis*, est une flèche qui sera un gage de la victoire. *Luc.*, c. I, v. 71, *salutem ex inimicis nostris*, l'avantage d'être délivrés de nos ennemis. 3° La louange rendue à Dieu, *Apoc.*, c. XIX, v. 1, *Salus et gloria Deo nostro*, louange et gloire à notre Dieu. 4° Le *salut* est l'action de saluer, c'est-à-dire de souhaiter à quelqu'un la santé et la prospérité ; saint Paul exhorte les fidèles à se saluer les uns les autres par un saint baiser, *salutate invicem in osculo sancto*. L'abondance des grâces du Seigneur ; *Luc.*, c. IX, v. 9, le salut est venu aujourd'hui dans cette maison ; et c. I, v. 69, *cornu salutis* est la source des grâces qui conduisent au *salut éternel*. 6° Enfin le *salut éternel* est le bonheur du ciel. C'est un dogme de la foi chrétienne que nous ne pouvons obtenir ce salut que par Jésus-Christ, *Act.*, c. IV,

v. 11, et que c'est pour nous le procurer qu'il est venu sur la terre.

Mais une grande question parmi les théologiens est de savoir en quel sens Dieu veut sauver tous les hommes ; en quel sens Jésus-Christ en est le *Sauveur* pendant que tous ne sont pas sauvés. On demande si cette volonté de Dieu, si souvent attestée dans les saintes Ecritures, est sincère, produit quelque effet, ou si c'est une simple velléité de laquelle il ne résulte rien. Conséquemment il s'agit de savoir si Jésus-Christ a voulu réellement le *salut* de tous les hommes, s'il est mort pour tous, de manière que tous, sans exception, aient quelque part au prix de sa mort ; enfin, si, en vertu de son sacrifice, tous les hommes reçoivent des grâces et des secours par lesquels ils seraient conduits au *salut*, s'ils étaient fidèles à y correspondre. Déjà, au mot RÉDEMPTION, nous avons fait voir que, suivant nos livres saints, ce bienfait s'étend à tous les enfants d'Adam sans exception, quoique tous n'en ressentent pas également les effets. Au mot GRACE, § 3, nous avons cité un grand nombre de passages qui prouvent qu'en vertu des mérites de Jésus-Christ, ce don de Dieu est accordé à tous, quoique tous ne le reçoivent pas en même abondance. Mais comme c'est ici la plus consolante vérité qu'il y ait dans le christianisme, que cependant il y a encore un bon nombre de théologiens qui s'obstinent à la méconnaître, on ne doit pas nous savoir mauvais gré de ce que nous aimons à en répéter les preuves. Nous apporterons, 1° celles qui concernent la volonté de Dieu ; 2° celles qui regardent le dessein de Jésus-Christ dans la rédemption ; 3° la distribution de la grâce ; 4° nous examinerons le sentiment des Pères de l'Eglise, particulièrement de saint Augustin ; 5° nous répondrons aux objections.

I. Dieu a déclaré formellement sa volonté dans l'Ancien Testament : il est dit dans le psaume CXXXXIV, v. 8, que *le Seigneur est miséricordieux, indulgent, patient, rempli de bonté, bienfaisant à l'égard de tous ; ses miséricordes sont répandues sur tous ses ouvrages*. Or, s'il y a un seul homme que Dieu n'ait pas sincèrement voulu *sauver*, en quoi consiste la bonté et la miséricorde de Dieu à son égard ? — *Sap.*, c. XI, v. 23 : *Vous avez pitié de tous, Seigneur, parce que vous pouvez tout ;.... vous aimez tout ce qui est, vous n'avez d'aversion pour aucun de ceux que vous avez créés ;.... vous pardonnez à tous, parce que tous sont à vous qui aimez les âmes*. Cap. XII, v. 1 : *Que vous êtes bon, Seigneur, et indulgent à l'égard de tous !* V. 13 : *Vous avez soin de tous, afin de faire voir que vous jugez avec justice*. V. 16 : *C'est votre puissance qui est la source de votre justice, et parce que vous êtes le souverain Seigneur de tous, vous pardonnez à tous*. V. 19 : *Par cette conduite vous avez appris à votre peuple à être juste et humain*. Voilà un langage bien différent de celui de certains théologiens ; ils disent que Dieu, en vertu de sa puissance et de son souverain domaine, pourrait sans injustice damner le monde entier ; l'auteur sacré, au contraire, soutient que c'est en vertu de cette puissance absolue et de ce domaine souverain que Dieu est bon, patient, miséricordieux à l'égard de tous. Les premiers nous peignent Dieu comme un sultan, un despote, un maître redoutable ; le second nous le représente comme un père tendre, aimable : il n'est pas difficile de juger de quel côté est ici l'esprit de Dieu. — *Gen.*, cap. VI, v. 6, nous lisons que Dieu ressentit de la douleur dans son cœur, lorsqu'il résolut de faire périr le genre humain par le déluge. *Sap.*, c. I, v. 13, que Dieu ne se plaît point à perdre les vivants. Il punit donc à regret, même dans ce monde, à plus forte raison dans l'autre : sa première volonté est de *sauver*. *Isaï.*, c. I, v. 24, Dieu semble gémir de ce qu'il est forcé de punir les Juifs : *Hélas !* dit-il, *je serai vengé de mes ennemis, mais je te tendrai la main, ô Israël ! et je te purifierai*. *Ezech.*, c. XVIII, v. 23 : *Ma volonté, dit le Seigneur, est-elle donc que l'impie meure, et non qu'il se convertisse et qu'il vive ?* V. 32 : *Non, je ne veux point la mort de celui qui périt ; revenez à moi et vivez*. C. XXXIII, v. 11 : *Par ma vie, dit le Seigneur, je ne veux point la mort de l'impie, mais qu'il renonce à sa conduite et qu'il vive*. — Saint Paul enseigne avec encore plus de force cette même vérité, *I Tim.*, c. II, v. 1 : *Je demande que l'on fasse des prières, des oraisons, des instances auprès de Dieu pour tous les hommes..... C'est une pratique sainte et agréable à Dieu notre* SAUVEUR, *qui veut que tous les hommes soient sauvés et viennent à la connaissance de la vérité ; car il n'y a qu'un Dieu, et un médiateur entre Dieu et les hommes ; savoir Jésus-Christ homme, qui s'est livré lui-même pour la rédemption de tous, comme il l'a témoigné dans le temps*. C. IV, v. 10. *Nous espérons en Dieu vivant, qui est* SAUVEUR *de tous les hommes, principalement des fidèles*. Il n'est pas ici besoin d'explication ni de commentaire ; l'Apôtre s'explique lui-même : Dieu veut sincèrement le salut de tous, puisqu'il veut que l'on prie pour tous, qu'il nous a donné Jésus-Christ pour médiateur, et que ce divin *Sauveur* s'est livré pour la rédemption de tous. Une volonté démontrée par de si grands effets n'est certainement pas une volonté apparente, une simple velléité. Saint Pierre, dans sa seconde lettre, c. III, v. 9, dit aux fidèles : *Dieu agit avec patience à cause de vous, ne voulant pas que quelques-uns périssent, mais que tous reviennent à pénitence*.

II. Mais, puisque Jésus-Christ lui même a témoigné dans le temps ses desseins et sa volonté, il faut voir ce qu'il en a dit, *Luc.*, cap. IX, v. 56 : *Le fils de l'homme n'est pas venu perdre les âmes, mais les sauver ; c. XIX, v. 10 : Le Fils de l'homme est venu chercher et sauver ce qui avait péri ;* or tous les hommes avaient péri par le péché d'Adam. *Joan.*, v. 29, saint Jean-Baptiste dit de Jésus-Christ : *Voilà l'Agneau de Dieu qui efface le péché du monde ;* c. IV, v. 24 : *Il est véritablement le Sauveur du monde :* c. III, v. 17, *Le fils de l'homme n'est* pas venu au monde pour le juger, mais pour le sauver; c. xii, v. 47; *I Joan.*, c. ii, v. 2 : *Il est la victime de propitiation pour nos péchés, non pas seulement pour les nôtres, mais pour ceux du monde entier;* c. iv, v. 14, *Le Père a envoyé son Fils comme* SAUVEUR *du monde.* Osera-t-on dire que dans ces passages le *monde* est le petit nombre des prédestinés, ou le nombre de ceux qui croient en Jésus-Christ? Lui-même réfute ce subterfuge, en disant qu'il est venu pour sauver ce qui avait péri; or, la totalité du genre humain avait péri. Saint Jean le prévient encore en disant que c'est le *monde entier.* S'il fallait l'entendre autrement, le langage du *Sauveur* et des apôtres serait un piège continuel d'erreur. — Saint Paul confirme le vrai sens de ces passages; il dit, *I Cor.*, c. xv, v. 22 : *De même que tous meurent en Adam, ainsi tous seront vivifiés en Jésus-Christ.* C'est donc la postérité d'Adam tout entière. *II Cor.*, c. v, v. 14 : *La charité de Jésus-Christ nous presse en considérant que si un seul est mort pour tous, donc tous sont morts; or, Jésus-Christ est mort pour tous.* L'Apôtre prouve l'universalité de la mort encourue par Adam, ou du péché originel, par l'universalité de ceux pour lesquels Jésus-Christ est mort; saint Augustin a répété au moins dix fois ce passage et cet argument contre les pélagiens. — Le prophète Isaïe avait annoncé d'avance cette grande vérité, en disant du Messie, c. liii, v. 6 : *Le Seigneur a mis sur lui l'iniquité de nous tous.*

On répliquera sans doute qu'il est dit dans ce chapitre même, v. 12 : *Il a porté les péchés de* PLUSIEURS. *Matth.*, c. xx, v. 28, il a dit lui-même qu'il est venu donner sa vie pour la rédemption de *plusieurs;* c. xxvi, v. 28 : *Mon sang sera versé pour* PLUSIEURS. Idem, *Marc.*, c. xiv, v. 24. Ceux qui connaissent l'énergie du texte hébreu ne feront pas cette objection. Nous soutenons que dans Isaïe le mot *rabbim* est mal traduit par *multi, plusieurs;* qu'il signifie *la multitude* ou les *multitudes.* Or c'est autre chose d'affirmer que Jésus-Christ est mort pour la *multitude des hommes,* autre chose de dire qu'il est mort pour *plusieurs;* la première de ces expressions peut signifier la totalité, la seconde ne désigne qu'un certain nombre. Les écrivains du Nouveau Testament ont évidemment pris ce terme dans le même sens qu'Isaïe. En voici la preuve. Saint Paul, *Rom.*, c. v, v. 15, dit que par le péché d'un seul *plusieurs* sont morts; il est clair que par *plusieurs* on doit entendre la totalité; saint Augustin le soutient ainsi contre les pélagiens, lorsqu'ils voulurent abuser de ce passage pour prouver que le péché originel n'était pas commun à tous les hommes, l. vi, *contra Jul.*, cap. 23, n. 80; l. ii, *Op. imperf.*, cap. 109. La totalité, dit-il, est une multitude, et non un petit nombre. Si Jésus-Christ n'était le *Sauveur* que du petit nombre des prédestinés, il serait faux de dire qu'il est le *Sauveur de tous;* si, au contraire, il est *Sauveur de tous,* il est très-vrai qu'il l'est de la multitude des hommes.

III. Enfin, c'est par les effets que nous pouvons juger de la volonté de Dieu et de celle de Jésus-Christ; or, au mot GRACE, § 3, nous avons prouvé que ce don de Dieu est accordé à tous les hommes sans exception, mais plus abondamment aux uns qu'aux autres; de manière cependant qu'aucun homme ne pèche pour avoir manqué de grâce. En effet, l'auteur de l'Ecclésiastique, c. xv, v. 11, ne veut point que les pécheurs disent : *Dieu me manque, per Deum abest;* c'est comme s'ils disaient : Dieu me laisse manquer de grâce et de force. Le Seigneur, leur répond-il, ne donne lieu de pécher à personne, v. 21, *nemini dedit spatium peccandi.* Or, Dieu y donnerait lieu s'il laissait à l'homme du secours qui lui est absolument nécessaire pour s'abstenir de pécher. De même, *Sap.*, c. xii, v. 13, l'auteur dit à Dieu : *Vous avez soin de tout, afin de démontrer que vous jugez avec justice;* v. 19 : *Par votre conduite, vous avez appris à votre peuple qu'il faut être juste et humain, et vous avez donné la plus grande espérance à vos enfants,* etc. Or, si Dieu punissait des péchés commis pour avoir manqué de grâce, il ne démontrerait pas sa justice, il ne nous apprendrait pas à être justes, et il ne nous donnerait aucun lieu d'espérer en sa miséricorde.

Pour ébranler notre confiance, quelques théologiens nous répètent sans cesse que Dieu ne nous doit rien. Qu'importe, dès qu'il consent à nous donner ce qu'il ne nous doit pas? Il nous doit ce qu'il nous a promis. « Dieu, dit saint Augustin, *Serm.* 158, n. 2, est devenu notre débiteur, non en recevant quelque chose de nous, mais en nous promettant ce qu'il lui a plu. » *Dieu,* dit saint Paul, *I Cor.*, c. x, v. 13, *est fidèle à ses promesses; il ne permettra pas que vous soyez éprouvés au-dessus de vos forces, mais il vous fera tirer avantage de la tentation ou de l'épreuve même, afin que vous puissiez persévérer.*

Dans toute l'Ecriture sainte, Dieu prend le nom de *Père* à l'égard de ses créatures, et veut qu'on le lui donne; Jésus-Christ nous apprend à le nommer ainsi, afin d'exciter notre confiance; pour témoigner encore plus de bonté aux Juifs, il leur faisait dire par le prophète Isaïe, c. xlix, v. 14 : *Cette nation dit : Le Seigneur m'a délaissée, il ne se souvient plus de moi : une mère peut-elle oublier son enfant et n'avoir plus de tendresse pour le fruit de ses entrailles? Quand elle pourrait le faire, je ne l'imiterais pas.* Depuis que Dieu a daigné nous donner son Fils unique pour médiateur et pour Sauveur, sans doute les entrailles de sa miséricorde ne se sont pas endurcies à l'égard des hommes. Or, un père paraîtrait-il fort tendre, si, après avoir donné des lois à son fils, il lui refusait les secours et les moyens nécessaires pour les accomplir? Il est bien étrange que l'on ose prêter à Dieu une conduite que l'on n'oserait pas attribuer à un homme, en supposant que Dieu nous commande le bien, et que souvent il ne nous donne pas la grâce sans laquelle nous ne pouvons pas le faire

Vainement on répliquera qu'il n'y a poin'

de comparaison à faire entre les droits de Dieu et ceux de l'homme; nous répondons qu'il n'est pas ici question des droits de Dieu, mais de sa conduite, de laquelle il daigne nous rendre témoignage : c'est lui-même qui se compare à l'homme, et qui veut que sa providence nous apprenne à être justes et humains. Il n'y a plus lieu d'argumenter sur la grandeur infinie de Dieu, lorsqu'il veut bien se rabaisser jusqu'à nous et nous servir de modèle; le respect n'est plus qu'une hypocrisie, lorsqu'il est poussé plus loin que Dieu ne le veut. Or, il atteste qu'il est plus tendre, plus libéral, plus miséricordieux que le meilleur des pères et que la mère la plus sensible : donc c'est ainsi qu'il agit. Les écrits du Nouveau Testament nous en donnent une idée non moins consolante. Nous n'y lisons pas que Dieu, *notre Sauveur*, est le Dieu de la justice rigoureuse et des vengeances, mais le père des miséricordes et le Dieu de toute consolation; non qu'il a fait éclater sa sévérité et ses droits souverains, mais qu'il a fait paraître sa bonté et son humanité, *Tit.*, c. III, v. 4; qu'en nous donnant son Fils unique, il nous a donné tout avec lui, *Rom.*, c. VIII, v. 42; que nous devons être miséricordieux, patients, indulgents pour nos frères, leur tout accorder et tout pardonner comme Dieu a fait à notre égard, *Coloss.*, c. III, v. 3. Ce langage est bien différent de celui des théologiens qui nous enseignent que Dieu, toujours irrité du péché originel, non-seulement est en droit de nous refuser la grâce, mais que souvent il nous la refuse en effet.

Saint Jean, c. II, v. 9, appelle le Verbe divin *la vraie lumière qui éclaire tout homme venant en ce monde*. Il n'est point question là de la lumière naturelle, de l'intelligence que Dieu a donnée à tous les hommes; jamais celle-ci n'est appelée dans l'Ecriture *la vraie lumière*, et ce n'est point ce qu'entendait Jésus-Christ, lorsqu'il a dit : *Je suis la lumière du monde*, Joan., c. VIII, v. 12; c. IX, v. 5, etc. Il s'agit de la lumière à laquelle saint Jean-Baptiste rendait témoignage, pour faire naître la foi, cap. I, v. 8; donc c'est de la lumière surnaturelle de la grâce. Ainsi l'ont entendu tous les Pères, en particulier saint Augustin; non-seulement en expliquant cet endroit de saint Jean, *Tract.* 1, in *Joan.*, n. 18; *tract.* 2, n. 7, mais dans dix ou douze autres de ses ouvrages, *Retract.*, l. 1, c. 10, etc. *Voy.* GRACE, § 3. — Le prophète Malachie, c. IV, v. 2, appelle le Messie *le Soleil de justice;* saint Luc., c. I, v. 78, dit que ce soleil s'est levé sur nous du haut du ciel, pour éclairer ceux qui sont dans les ténèbres et dans les ombres de la mort. Conséquemment les Pères appliquent au Verbe divin ce que le Psalmiste a dit du soleil, *que personne n'est privé de sa chaleur;* saint Augustin a fait de même; or la chaleur du soleil de justice est évidemment la grâce. — Saint Paul, *Rom.*, c. V, v. 15, compare la distribution de la grâce à la communication du péché d'Adam : *Si par le péché d'un seul, dit-il, la multitude des hommes sont morts, à plus forte raison la grâce de Dieu, et le don qu'un seul homme, qui est Jésus-Christ, nous fait de cette grâce, sont-ils abondants sur cette multitude?* Ou cette comparaison n'est pas juste, ou il faut croire qu'aucun des enfants d'Adam n'est privé de la grâce. Ici la *grâce* en général n'est point la justification; celle-ci n'est accordée qu'à ceux qui reçoivent l'abondance de la grâce, des dons de Dieu et de la justice, » *ibid.*, v. 17; donc saint Paul parle de la grâce actuelle accordée à tous pour faire le bien. Suivant l'Apôtre, *la grâce a été surabondante où le péché était abondant,* v. 21; or, celui-ci était abondant chez tous les hommes et dans l'univers entier, donc il en est de même de la grâce.

Aux mots ABANDON, ENDURCISSEMENT, INFIDÈLES, JUDAÏSME, § 54, nous avons prouvé que Dieu n'a refusé jamais et ne refuse encore la grâce ni aux Juifs, ni aux païens, ni aux grands pécheurs, ni aux pécheurs endurcis; donc elle n'est refusée à personne; et puisqu'elle n'est pas accordée autrement que par les mérites de Jésus-Christ, c'est à bon droit qu'il est nommé le *Rédempteur* et le *Sauveur* du monde ou du genre humain sans exception (1).

IV. Pour montrer quel a été le sentiment des Pères de l'Eglise, surtout des plus anciens et des plus respectables, nous ne répéterons pas les passages que nous avons déjà cités au mot RÉDEMPTION, pour faire voir ce qu'ils ont pensé au sujet de la plénitude et de l'universalité de ce bienfait, ce qu'ils ont répondu aux Juifs, aux païens, aux gnostiques, aux marcionites, aux manichéens, qui en méconnaissaient l'étendue, le prix, les effets. Il en résulte que ceux qui mettent des restrictions, des modifications, des exceptions aux passages de l'Ecriture sainte que nous avons allégués, contredisent formellement les Pères de l'Eglise, forgent un système inconnu à l'antiquité, et renouvellent les blasphèmes des anciens hérétiques.

Aussi ceux qui contestent la volonté générale et sincère de Dieu de sauver tous les hommes, l'application des mérites de la mort de Jésus-Christ faite à tous, la distribution générale de la grâce en vertu de la rédemption, ne se sont jamais avisés d'alléguer le sentiment des Pères des quatre premiers siècles; ils se bornent à celui de saint Augustin. Suivant leur opinion, ce Père est le premier qui ait examiné avec soin les questions du péché originel, de la prédestination et de la grâce, c'est à lui seul que l'on doit s'en rapporter, puisque l'Eglise a solennellement adopté et confirmé sa doctrine. Nous voilà donc réduits à supposer, pour leur plaire, qu'au v° siècle l'on a vu éclore une tradition nouvelle, une doctrine inconnue à toute l'antiquité, et de nouveaux articles de foi. Si cela est, de quel front pourrons-nous encore opposer la tradition de l'Eglise à

(1) *Voy.* au mot EGLISE l'article où est expliquée cette maxime : *Hors de l'Eglise point de salut*. Nous avons dit quand et comment les Juifs, les infidèles, les hérétiques appartiennent à l'âme de l'Eglise sans appartenir à son corps, et peuvent être sauvés.

ceux d'entre les protestants qui en appellent sans cesse à la doctrine des quatre premiers siècles?

Mais nos adversaires s'embarrassent peu des conséquences; le point capital est de savoir ce que saint Augustin a véritablement enseigné. Déjà nous l'avons fait voir aux mots Grâce, § 3, et Rédemption; mais il faut nous répéter en peu de mots. 1° N'oublions pas que les pélagiens n'admettaient point d'autre grâce que la connaissance de Jésus-Christ et de sa doctrine, la rémission des péchés et la justification; nous avons prouvé ce fait essentiel, au mot Pélagianisme. Conséquemment ils disaient, selon saint Paul, Dieu veut sauver tous les hommes, et Jésus-Christ est mort pour tous: donc Dieu accorde la grâce, c'est-à-dire la connaissance de Jésus-Christ et la justification à tous les hommes qui s'y disposent ou qui n'y mettent point d'obstacle. Il est clair par ce raisonnement qu'il s'agissait d'une volonté absolue de Dieu, de l'application effective des mérites et de la mort de Jésus-Christ, et de la lumière de la foi. Saint Augustin soutient avec raison que la grâce ainsi entendue n'est pas donnée à tous, mais seulement à tous ceux qui ont été prédestinés à la recevoir; que si saint Paul dit *tous les hommes*, c'est qu'il y en a de toutes les nations, de tous les temps, de tous les sexes, de tous les âges; que l'on doit entendre de même, ce qui est dit ailleurs, que Dieu les éclaire tous, et que Jésus-Christ est mort pour tous; ou que quand nous lisons que *Dieu veut sauver tous les hommes*, cela signifie que Dieu nous le fait vouloir. *Enchir. ad Laur.*, c. 103, n. 27; *contra Julian.*, l. iv, c. 8, n. 44; l. *de Correp. et Grat.*, c. 14, n. 44; c. 15, n. 47, etc. — 2° Les pélagiens disaient que Dieu veut sauver tous les hommes, également, indifféremment, sans aucune prédilection pour personne, *œqualiter, indiscrete, indifferenter*. S. Prosper, *Epist. ad August.*, n. 4; *Carm. de Ingratis*, cap. 8; S. Fulgent., l. *de Incarn. et Grat.* c. 29; Faustus Reiensis, l. 1, *de Lib. Arb.*, c. 17. C'est de là même qu'ils concluaient que Dieu accorde la foi et la justification à tous ceux qui s'y disposent par leurs propres forces, ou au moins qui n'y mettent point d'obstacle. Saint Augustin réfute cette prétention, tout comme la précédente, par l'exemple des enfants : Dieu accorde aux uns la grâce du baptême et de la justification sans qu'ils s'y disposent, puisqu'ils en sont incapables; et il la refuse aux autres sans qu'ils y aient apporté aucun obstacle. Il est donc faux que cette grâce soit donnée à tous ceux qui n'y mettent point d'obstacle, et que la volonté de Dieu de l'accorder soit générale. Cela est sans réplique. Mais s'ensuit-il de là que Dieu ne veut point donner, et ne donne pas en effet à tous les adultes, des *grâces actuelles* et passagères, qui les conduiraient tôt ou tard à la foi et au salut, s'ils étaient fidèles à y correspondre; qu'à cet égard, la volonté de les sauver tous n'est ni générale, ni sincère, ni efficace, et que tel a été le sentiment de saint Augustin?

Dans ce cas il aurait très-mal raisonné, puisque l'exemple des enfants ne prouve rien à ce sujet. Il serait sorti de la question agitée entre lui et les pélagiens, puisque ceux-ci ne voulaient admettre aucune grâce actuelle intérieure, sous prétexte que l'homme n'en a pas besoin, et qu'elle détruirait le libre arbitre. *Voy.* Pélagianisme.

Il est étonnant que les partisans du sentiment contraire ne voient pas les absurdités de leur hypothèse. 1° Ils supposent que, pour réfuter plus aisément les pélagiens, saint Augustin a rétracté et contredit tous les principes qu'il avait posés contre les manichéens; qu'il a énervé toutes les réponses qu'il avait données à leurs objections, et qu'il leur a donné lieu de triompher. Était-il donc moins nécessaire de réfuter les manichéens que les pélagiens? 2° Ils supposent qu'en refusant d'avouer que Jésus-Christ est mort pour tous les hommes sans exception, le saint docteur a renoncé à la preuve de l'universalité du péché originel qu'il avait tirée de ces passages de saint Paul, *II Cor.*, c. v, v. 14 : *Si un seul est mort pour tous, donc tous sont morts; or, Jésus-Christ est mort pour tous. I Cor.*, c. xv, v. 22 : *De même que tous meurent en Adam, ainsi tous seront vivifiés en Jésus-Christ*. Qu'ainsi saint Augustin a donné droit aux pélagiens de lui reprocher une contradiction. 3° Ils veulent nous faire croire qu'en donnant un sens détourné à trois passages du Nouveau Testament, le saint docteur a détruit la force des autres, auxquels cette explication n'est pas applicable. *Le Fils de l'homme est venu chercher et sauver ce qui avait péri.... Il est le* Sauveur *de tous les hommes, principalement des fidèles ... Il est la victime de propitiation, non-seulement pour nos péchés, mais pour ceux du monde entier... Dieu use de patience, ne voulant qu'aucun périsse, mais que tous fassent pénitence... Je ne veux point la mort de l'impie, mais sa conversion*; etc. Quelle entorse donnera-t-on à ces passages pour en obscurcir le sens? 4° Ils supposent que saint Augustin, en parlant de la volonté de Dieu, s'est contredit au moins vingt fois. En effet, l. *de Spirit. et Litt.*, c. 33, n. 58, il dit : « Dieu veut que tous les hommes soient sauvés et parviennent à la connaissance de la vérité, sans leur ôter le libre arbitre, selon le bon ou le mauvais usage duquel ils seront jugés avec justice. Ainsi les infidèles, en refusant de croire à l'Évangile, *résistent à la volonté de Dieu*; mais ils ne la surmontent point, puisqu'ils se privent du souverain bien, et qu'ils éprouveront dans les supplices la puissance de celui dont ils ont méprisé la miséricorde. » *Enchir. ad Laur.*, cap. 100; il ajoute : « Quant à ce qui regarde les pécheurs, *ils ont fait ce que Dieu ne voulait pas*; quant à la toute-puissance de Dieu, ils n'en sont pas venus à bout : par cela même qu'ils ont agi contre sa volonté, elle a été accomplie à leur égard... Ainsi ce qui se fait contre sa volonté, ne se fait pas sans elle. » L. *de Cor. et Grat.*, c. 14, n. 43, il dit : « Lorsque Dieu veut sauver, aucune volonté humaine ne lui résiste ; car le vouloir et le non-vouloir sont de telle manière au pouvoir de l'homme, qu'il n'empêche pas la volonté de Dieu, et qu'il ne surmonte point sa puissance. Ainsi Dieu fait ce qu'il veut de ceux mêmes qui font ce qu'il ne veut pas. » Enfin il conclut, *Enchir.*, cap. 95 et 96, « que rien ne se fait à moins que Dieu ne le veuille, ou *en le permettant*, ou en le faisant lui-même, et l'un lui est aussi facile que l'autre. »

Si, pour concilier ces divers passages, on ne distingue pas en Dieu différentes volontés, ou plutôt différentes manières d'envisager la volonté de Dieu, il n'y restera qu'un tissu de contradictions. Mais il faut en distinguer au moins quatre. 1° La volonté législative et absolue par laquelle Dieu veut que l'homme soit libre de faire le bien ou le mal à son choix, mais que, quand il fait le bien, il soit récompensé ; que, quand il fait le mal, il soit puni. Rien ne peut résister à cette volonté : saint Augustin le soutient avec raison. 2° La volonté d'affection générale par laquelle Dieu, en considération des mérites du Rédempteur, veut donner à tous les hommes, sans exception, des moyens de salut plus ou moins puissants et abondants, et leur en donne en effet, mais avec beaucoup d'inégalité ; or, qui peut l'en empêcher ? 3° La volonté de choix, de prédilection, de préférence, par laquelle Dieu veut sauver quelques personnes plus efficacement que les autres, et conséquemment leur donne des grâces plus puissantes, plus abondantes, plus efficaces qu'aux autres ; c'est ce que saint Paul et saint Augustin nomment *prédestination*, et ce que les pélagiens ne voulaient pas admettre. Or, personne ne peut résister à ce choix de Dieu ni à la distribution de ses grâces. 4° La simple permission par laquelle Dieu laisse l'homme user de son libre arbitre, et résister aux grâces qu'il lui donne, quoiqu'il pourrait absolument l'en empêcher. Cette volonté n'est contraire à aucune des précédentes, et l'on ne peut pas dire que l'homme y résiste lorsqu'il use de sa liberté. *Voy.* Volonté de Dieu.

S'ensuit-il de là que quand Dieu donne la grâce, il ne veut pas que l'homme y consente ; que quand l'homme y résiste, c'est que Dieu n'a pas voulu qu'il y consentît ? Le dire serait un blasphème ; il s'ensuivrait que Dieu n'agit pas de bonne foi ; jamais saint Augustin n'a enseigné cette absurdité. Il s'ensuit seulement que quand Dieu donne à l'homme la grâce pour faire le bien, il ne veut employer ni la violence, ni la nécessité, ni tous les moyens dont il pourrait se servir pour obtenir de l'homme la fidélité à la grâce. — Ces mêmes distinctions ne sont pas moins nécessaires pour entendre plusieurs passages de saint Paul dans leur vrai sens ; d'un côté l'Apôtre dit que Dieu veut sauver tous les hommes, de l'autre il enseigne que Dieu fait miséricorde à qui il veut, et qu'il endurcit celui qui lui plaît : comment Dieu veut-il sincèrement sauver ceux qu'il laisse endurcir ? Saint Paul demande : *Qui résiste à la volonté de Dieu ?* Et plus d'une fois il accuse les juifs incrédules d'y résister : tout cela peut-il s'accorder ? Fort aisément, en envisageant, comme nous avons fait, la volonté de Dieu sous ses divers aspects. Dieu veut sauver tous les hommes, puisqu'il donne à tous, non toutes les grâces et les moyens de salut qu'il pourrait leur donner, mais des grâces et des moyens qui suffisent pour que tous puissent parvenir au salut, s'ils veulent en user ; ces moyens ne peuvent partir que d'une volonté réelle et sincère de la part de Dieu ; par conséquent ceux qui résistent à ces moyens et qui s'endurcissent contre la grâce, résistent à la volonté de Dieu. Mais personne ne résiste à la volonté de prédilection par laquelle Dieu veut donner et donne en effet aux uns des grâces et des moyens plus puissants et plus abondants qu'aux autres ; cette prédilection, ce choix, cette prédestination, dépendent de Dieu seul ; l'homme n'en peut connaître et n'a aucun droit d'en demander la raison : *Homme, qui êtes-vous, pour contester avec Dieu (Rom.* ix, 20) ?

V. Pourquoi la volonté de Dieu de sauver tous les hommes paraît-elle sujette à des difficultés et à de grandes objections ? Pourquoi un certain nombre de théologiens ont-ils de la répugnance à l'admettre ? C'est qu'ils la comparent à la volonté de l'homme ; et à combien de sophismes cette comparaison n'a-t-elle pas donné lieu ? L'homme n'est censé vouloir sincèrement une chose, que quand il fait *tout ce qu'il peut* pour en venir à bout, qu'il emploie tous les moyens qui dépendent de lui ; sinon l'on regarde sa volonté comme un désir vague, comme une simple velléité. A l'égard de Dieu, cette manière de juger est absurde ; il est impossible que Dieu fasse *tout ce qu'il peut* pour sauver tous les hommes, puisque sa puissance est inépuisable et infinie. L'homme peut user de tout son pouvoir, parce qu'il est borné ; Dieu ne peut pas aller au dernier terme du sien, parce que celui-ci n'a point de terme. C'est donc assez qu'il donne à tous des moyens suffisants et qui produiraient leur effet, si tous étaient fidèles à y correspondre. Or, Dieu donne effectivement ces moyens à tous, puisqu'il commande le bien à tous, qu'il réprimande tous ceux qui pèchent, et qu'il punit tous les impénitents ; ces commandements, ces reproches, ces châtiments seraient injustes, si Dieu refusait à quelques-uns le pouvoir et la force de faire ce qu'il ordonne.

Dieu sans doute veut plus absolument et plus efficacement le salut de ceux auxquels il donne des moyens plus puissants, plus abondants, plus efficaces ; mais il ne s'ensuit pas que sa volonté soit peu sincère ou une simple velléité à l'égard de ceux auxquels il en donne moins.

Mais aucune réflexion ne peut émouvoir les raisonneurs qui ont une fois épousé un système quelconque ; ceux que nous attaquons ne cessent de répéter les mêmes objections, sans vouloir se contenter d'aucune réponse. Ils allèguent, 1° les divers passages de l'Ecriture sainte dans lesquels il est dit que Dieu a fait tout ce qu'il a voulu, et qu'il fait tout ce qu'il veut dans le ciel et sur la terre; que quand Dieu veut, rien ne résiste à sa toute-puissance; qu'il est le maître de tourner comme il veut les cœurs et les volontés des hommes, etc. Nous répondons que, dans la plupart de ces passages, il est question de la volonté de Dieu absolue, par laquelle il a créé le monde, réglé le sort des créatures, opéré des miracles, fixé la destinée des nations, etc.; que ce sont là des événements dans lesquels la volonté des hommes n'est entrée et n'entre pour rien. Mais, lorsqu'il est question du salut, auquel la volonté de l'homme doit nécessairement coopérer, il ne s'agit plus d'une volonté de Dieu absolue; alors il faut admettre en Dieu au moins deux volontés, l'une par laquelle Dieu veut sincèrement accorder le bonheur éternel, l'autre par laquelle il veut que l'homme le mérite, en correspondant librement à la grâce qu'il lui donne. Par conséquent la première de ces volontés n'est point absolue, elle renferme nécessairement pour condition la correspondance libre de l'homme.

On dira peut-être que si Dieu voulait sincèrement le salut de l'homme, il ne le ferait pas dépendre de la volonté de celui-ci, qu'il l'opérerait lui-même indépendamment de toute condition, que du moins il disposerait la volonté humaine par des grâces efficaces, dont l'effet, quoique libre, est néanmoins infaillible. Ceux qui voudront soutenir ce plan de providence ont deux choses à prouver : la première, qu'il serait mieux à tous égards que le salut éternel ne fût pas pour l'homme une récompense, mais un don purement gratuit, et qu'il ne fallût point de mérites pour l'obtenir; la seconde, que plus l'homme est disposé à résister à la grâce, plus Dieu doit la rendre abondante et puissante pour vaincre sa volonté. Nous voudrions savoir sur quel principe on pourrait appuyer ces deux suppositions. En supposant même que ce serait le mieux, il faudrait encore prouver que Dieu doit toujours faire ce qui nous paraît le mieux.

2° Nos adversaires disent que la grâce est l'opération toute-puissante de Dieu, la même qui a tiré le monde du néant, etc.; qu'il est donc absurde de prétendre que l'homme peut y résister. Ils ne voient pas qu'ils sont eux-mêmes forcés de répondre à cette objection. La grâce que Dieu avait donnée aux anges avant leur chute, et celle qu'il avait donnée à l'homme pour persévérer dans l'innocence, était sans doute l'opération toute-puissante de Dieu, puisqu'il n'y a pas en Dieu deux puissances différentes; les anges rebelles et l'homme y ont résisté. Il ne s'ensuit pas de là que Dieu ne voulait pas que les anges et l'homme persévérassent, que cette volonté n'était qu'une velléité, que la volonté de Dieu a été vaincue, que l'homme a été plus puissant que Dieu, etc. Ces deux exemples démontrent l'absurdité des reproches que font sans cesse les partisans de la prédestination absolue et de la grâce irrésistible.

Ils répliqueront sans doute que Dieu n'a pas voulu faire usage de sa toute-puissance à l'égard des anges et de l'homme innocent. Qu'ils prouvent donc une fois pour toutes que Dieu en usa à l'égard de l'homme tombé, malgré les assurances positives qu'il nous donne dans l'Ecriture sainte qu'il laisse à l'homme le pouvoir de résister.

Troisième objection. Nous avons tort de supposer que la volonté de Dieu de sauver tous les hommes est une volonté conditionnelle, que Dieu veut les sauver, *s'ils le veulent.* Saint Augustin a rejeté cette volonté conditionnelle, admise par les pélagiens et les semi-pélagiens, comme une erreur injurieuse à Dieu. —*Réponse.* Nous avons déjà remarqué ailleurs que cette proposition, *Dieu veut sauver tous les hommes, s'ils le veulent,* peut avoir un sens hérétique et un sens orthodoxe. Dans la bouche des pélagiens et des semi-pélagiens, elle signifiait : *Dieu veut sauver tous les hommes, s'ils veulent se disposer à la grâce et au salut par leurs propres forces, par de pieux désirs, par des vœux qui préviennent la grâce et qui la méritent.* Voilà le sens hérétique, que saint Augustin a rejeté avec raison. Dans le sens orthodoxe, la même proposition signifie : *Dieu veut sauver tous les hommes, s'ils obéissent aux mouvements de la grâce qui prévient leur volonté, qui excite en eux les bons désirs et les porte aux bonnes actions.* Sens très-différent du premier, sens que saint Augustin n'a jamais rejeté, qu'il a soutenu au contraire de toutes ses forces. Il y a, de la part de nos adversaires, une affectation malicieuse à confondre ces deux choses et à jouer sur une équivoque.

Encore une fois, il est constant que les pélagiens n'ont jamais voulu avouer la nécessité d'une grâce intérieure et prévenante pour exciter la volonté de l'homme aux pieux désirs et aux bonnes œuvres; ils ont toujours soutenu que cette grâce détruirait le libre arbitre de l'homme, parce qu'ils entendaient par *libre arbitre* une espèce d'équilibre de la volonté de l'homme entre le bien et le mal, une égale facilité de se porter à l'un ou à l'autre. Encore aujourd'hui les sociniens et les arminiens l'entendent de même, et ils nient, comme les pélagiens, toute action intérieure de la grâce sur la volonté de l'homme. Donc, lorsqu'ils disent que Dieu veut sauver les hommes, *s'ils le veulent,* ils donnent à cette condition le premier sens que nous avons indiqué, et non le second.

Il est fort étonnant que, malgré la multitude et l'énergie des passages de l'Ecriture sainte que nous avons cités, malgré la tradition constante des quatre premiers siècles de l'Église que nos adversaires n'oseraient contester, malgré l'évidence des raisons théologiques sur lesquelles sont établies les vérités que nous soutenons, l'on ose enseigner publiquement, dans des *Institutions théologiques,* toutes les erreurs contraires. C'est ce qu'a fait impunément l'auteur de ce que l'on appelle la *Théologie de Lyon.* Il dit, tom. II, p. 107 et 108, que la volonté de Dieu de sauver tous les hommes n'est pas formellement en Dieu; pag. 396, 397, que Jésus-Christ est mort pour tous, dans ce sens que le prix de sa mort était suffisant pour les sauver tous, qu'il est mort pour une cause commune à tout le genre humain; et qu'il s'est revêtu d'une nature commune à tous; que la grâce actuelle nécessaire pour faire le bien n'est pas donnée à tous, t. III, pag. 186, 201, 202. Il ne laisse pas de soutenir que quand l'homme privé de la grâce viole les commandements de Dieu, il est coupable et digne de châtiment, parce que ces commandements sont possibles en eux-mêmes, et qu'il a reçu de la nature le libre arbitre, qui est un pouvoir réel de faire le bien, pag. 73. Il ne connaît point d'autre grâce suffisante que la grâce efficace; il la compare à l'action par laquelle Dieu a créé le monde, et a ressuscité Jésus-Christ, p. 132 et 188. Mais il ne s'est pas donné la peine de répondre aux preuves que nous avons alléguées, et il n'apporte, pour étayer ses opinions, que quelques lambeaux de saint Augustin, auxquels il donne le sens faux que nous avons réfuté. Aucun écrivain ne fut jamais plus habile à forger des sophismes, à jouer sur des équivoques, à tordre le sens des passages de l'Écriture sainte, à esquiver les conséquences d'un argument. Dans des temps plus heureux, cet ouvrage aurait été flétri par les mêmes censures que ceux de Jansénius et de Quesnel, qu'il a copiés.

SALUT, bénédiction donnée au peuple avec le saint sacrement, à l'occasion de quelque solennité ou de quelque dévotion particulière; cela se fait ordinairement le soir après Complies. La Bruyère a fait une censure sanglante de la manière dont ces saluts se faisaient de son temps dans quelques églises de Paris; mais cela n'a pas lieu dans les paroisses où les pasteurs ont soin de faire régner la décence, le respect, la piété convenables.

SALUTATION ANGÉLIQUE, prière adressée à la sainte Vierge, qui commence par ces mots : *Ave, Maria.* Elle est composée des paroles que l'ange Gabriel adressa à Marie lorsqu'il vint lui annoncer le mystère de l'Incarnation; de celles que proféra Elisabeth, femme du prêtre Zacharie, lorsqu'elle reçut la visite de cette sainte mère de Dieu; enfin de celles qu'emploie l'Église pour implorer son intercession. On récite fréquemment cette prière dans l'Église catholique, et presque toujours après l'oraison dominicale, parce qu'après avoir fait notre prière à Dieu, il nous paraît convenable d'implorer l'intercession de la sainte Vierge, afin qu'elle appuie nos demandes auprès de Dieu. Il en est à peu près de même de l'antienne qui commence par *Salve, Regina,* par laquelle on termine l'office divin pendant un certain temps de l'année. On prétend qu'elle a été composée par Pierre, évêque de Compostelle, que les dominicains l'adoptèrent vers l'an 1237, et que saint Bernard en a vu la fin.

SAMARITAIN, habitant de Samarie, ville de la Judée. On sait par l'histoire sainte, *III Reg.*, c. XII, que sous Roboam, fils et successeur de Salomon, dix tribus se retirèrent de son obéissance, se donnèrent un roi particulier qui fixa sa demeure à Samarie. Ce nouveau royaume fut appelé le *royaume d'Israël*; les deux tribus de Juda et de Benjamin, qui demeurèrent fidèles à Roboam, portèrent le nom de *royaume de Juda.* Par une coupable politique, les rois d'Israël entraînèrent leurs sujets dans l'idolâtrie, afin de leur ôter toute tentation d'aller rendre leur culte au vrai Dieu dans le temple de Jérusalem, et afin d'entretenir entre les deux royaumes une inimitié irréconciliable. Ils n'y réussirent que trop bien; ces deux peuples, quoique sortis d'une même origine, furent continuellement en guerre, et préparèrent mutuellement leur ruine. Deux cent cinquante-neuf ans après ce schisme, Salmanazar et Assaraddon, rois d'Assyrie, vinrent dans la Judée, prirent et ruinèrent Samarie, emmenèrent les habitants de cette contrée, et détruisirent ainsi pour toujours le royaume d'Israël. Pour repeupler ce pays dévasté, on y envoya des Cuthéens, tirés d'au-delà de l'Euphrate. Ces nouveaux colons, idolâtres d'origine, portèrent dans la Samarie leurs idoles et leurs superstitions. L'historien sacré nomme leurs dieux *Nergel, Asima, Nebahaz, Tharthac, Adramelech* et *Anamélech;* vainement les critiques se sont épuisés en conjectures pour deviner quels étaient ces personnages; on n'en sait rien de certain. Comme Dieu punit les Cuthéens de leur idolâtrie par une irruption de bêtes féroces, le roi d'Assyrie leur envoya un prêtre israélite, pour leur enseigner le culte et les lois du Dieu des Juifs; dès ce moment, ils mêlèrent ce culte avec celui de leurs faux dieux, *IV. Reg.*, c. XVII, v. 32 et 41. Ce n'était pas le moyen de gagner l'affection des habitants du royaume de Juda; cependant l'histoire sainte ne fait mention d'aucune hostilité exercée entre eux. Ceux-ci, à leur tour, non moins infidèles à Dieu que les anciens sujets des rois d'Israël, furent punis de même cent vingt-trois ans après. Nabuchodonosor, roi d'Assyrie, irrité contre eux, assiégea et prit Jérusalem, brûla le temple du Seigneur, emmena le roi de Juda et ses sujets captifs à Babylone, et ne laissa dans la Judée qu'un petit nombre d'habitants pauvres et misérables. Mais, après soixante et dix ans, Dieu les rétablit dans leur patrie; les Juifs obtinrent de Cyrus, roi de Perse, devenu maître de Babylone, un édit qui leur permettait de rebâtir Jérusalem et le temple, de remettre en vigueur leur religion et leurs lois. Les *Samaritains* offrirent de s'unir à eux pour cette reconstruction; mais comme ils étaient étrangers d'origine, et que leur religion était fort corrompue, les Juifs refusèrent cette association; les *Samaritains* irrités employèrent tout leur crédit à la cour de Perse, pour traverser l'entreprise et faire cesser les travaux des Juifs, et ils en vinrent à bout pendant quelque temps.

Lorsque Esdras et Néhémie vinrent en Judée pour achever de faire rebâtir Jérusalem, et pour faire observer la loi de Moïse dans la rigueur, les Juifs qui ne voulurent pas subir la réforme de leurs mœurs se retirèrent chez les *Samaritains*, et augmentèrent la haine qui régnait déjà entre les deux peuples. Enfin, elle fut poussée à son comble lorsque les *Samaritains* bâtirent sur la montagne de Garizim, voisine de Samarie, un temple semblable à celui de Jérusalem, et élevèrent ainsi autel contre autel. Mais il paraît que, dès ce moment, ils renoncèrent absolument à l'idolâtrie, c'est du moins l'opinion commune.

L'aversion mutuelle était excessive lorsque Jésus-Christ parut dans la Judée, il n'y avait aucune relation ni aucune société entre Jérusalem et Samarie; la plus grande injure que les Juifs pouvaient dire à un homme était de l'appeler *Samaritain*; plus d'une fois, dans un accès de colère, ils donnèrent ce titre à Jésus-Christ; *Joan.*, c. VIII, v. 48 : *N'avons-nous pas raison de dire que tu es un* SAMARITAIN *et que tu es possédé du démon?* Ces deux injures leur paraissaient à peu près égales. De son côté, le Sauveur, pour les humilier, a souvent supposé dans ses paraboles un *Samaritain* qui faisait de bonnes œuvres. *Luc.*, c. X, v. 53; c. XVII, v. 16.

La croyance et la pratique des *Samaritains* étaient différentes de celles des Juifs en trois articles principaux : 1° ils ne recevaient pour l'Ecriture sainte que les cinq livres de Moïse; 2° ils rejetaient les traditions des docteurs juifs, et ils s'en tenaient à la seule parole écrite; 3° ils soutenaient qu'il fallait rendre le culte à Dieu sur le mont Garizim, où les patriarches l'avaient adoré, au lieu que les Juifs voulaient qu'on ne lui offrît des sacrifices que dans le temple de Jérusalem. Ces derniers ont encore accusé les *Samaritains* d'adorer des idoles sur le mont Garizim, et de ne pas admettre la résurrection future; mais il paraît que ce sont deux calomnies dictées par la haine, et dont il n'y a aucune preuve.

Mosheim, qui savait bon gré aux *Samaritains* d'avoir rejeté la tradition, comme font les protestants, pour s'en tenir à la seule parole écrite, dit qu'il paraît que les idées qu'ils avaient des fonctions et du ministère du Messie étaient plus saines et plus conformes à la vérité que celles que l'on en avait à Jérusalem, parce que la *Samaritaine* dit à Jésus-Christ : *Je sais que le Messie viendra et qu'il nous apprendra toutes choses* (*Joan.* IV, 25). Cependant il est obligé de convenir que la religion des *Samaritains* était beaucoup plus corrompue que celle des Juifs. *Hist. christ.*, c. 2, § 9, p. 59; et Jésus-Christ lui-même le témoigne, lorsqu'il dit à cette femme, *ibid.*, v. 22 : *Vous adorez ce que vous ne connaissez pas..... Dieu est esprit, et il faut l'adorer en esprit et en vérité*. Ce reproche semble supposer que les *Samaritains* avaient de Dieu une idée fausse et lui rendaient un culte purement extérieur; mais il ne prouve pas que ce peuple mêlait encore ce culte avec celui des faux dieux, comme quelques auteurs l'ont pensé. Au commencement de sa prédication, Jésus-Christ avait défendu à ses disciples d'aller chez les gentils et d'entrer dans les villes des *Samaritains*, *Matth.*, c. X, v. 5; mais dans la suite il ne dédaigna pas de les instruire lui-même. C'est dans ce dessein qu'il lia conversation avec la *Samaritaine*, *Joan.*, c. IV. Il voulut se servir de cette femme pour apprendre aux habitants de Samarie qu'il était le Messie; l'évangéliste rapporte qu'il demeura deux jours chez eux, et qu'un grand nombre crurent en lui, *ibid.*, v. 30 et 41.

Un incrédule moderne a prétendu que cette narration de l'Evangile n'est pas probable. Suivant lui, il est faux, 1° que les *Samaritains* aient connu le Dieu des Juifs; 2° qu'ils aient attendu le Messie; 3° que la loi de Moïse ait défendu d'adorer Dieu hors du temple de Jérusalem; 4° il n'est pas vraisemblable que les *Samaritains*, qui détestaient les Juifs, aient voulu garder chez eux un Juif pendant deux jours, et qu'ils aient cru en lui sur la parole d'une courtisane; 5° il ne l'est pas que Jésus, qui jusqu'alors n'avait pas encore déclaré clairement aux Juifs qu'il était le Messie, le dise positivement à une *Samaritaine*; 6° il est étonnant qu'il montre plus de charité pour des hérétiques que pour ses compatriotes.

Ces raisons ne suffisent pas pour convaincre de faux un évangéliste aussi bien instruit que saint Jean, et qui rapporte les faits comme témoin oculaire. 1° Jésus-Christ ne dit point aux *Samaritains* qu'ils n'ont aucune connaissance du vrai Dieu, mais qu'ils le connaissent mal, qu'ils en ont une fausse idée, qu'ils ne l'adorent point en esprit et en vérité. 2° Jésus-Christ ne les blâme point d'adorer Dieu hors du temple de Jérusalem, mais il prédit que bientôt Dieu sera adoré en tout lieu. La défense de faire des offrandes et des sacrifices hors du lieu que Dieu avait choisi est formelle, *Deut.*, c. XII, v. 5 et 26. 3° Ce peuple, qui recevait le Pentateuque, a pu avoir une idée du Messie par la promesse faite à Abraham, par la prophétie de Jacob, par celle de Moïse, par celle de Balaam, par la persuasion générale qui, suivant Tacite et Suétone, s'était répandue dans tout l'Orient, touchant la venue d'un dominateur du monde entier. 4° Il n'est pas étonnant que l'admiration causée aux *Samaritains* par les discours du Sauveur ait étouffé en eux pour quelques moments leur aversion pour les Juifs : ils ont dû être flattés de l'affection qu'un prophète leur témoignait. Ils n'ont pas cru en lui sur la parole d'une femme, mais par leur propre conviction, *Joan.*, c. IV, v. 42. 5° Jésus-Christ leur a parlé plus clairement qu'aux Juifs, parce qu'il a vu en eux plus de docilité. 6° Il est faux qu'il ait eu moins de charité pour ses compatriotes; à cette époque, Jésus avait déjà fait plusieurs miracles dans la Judée; Nathanaël, Nicodème et plusieurs autres l'avaient déjà reconnu pour le Fils de Dieu. Enfin, c'est mal à propos que les incrédules prennent la *Samaritaine* pour une courtisane : ce que Jésus lui dit prouve seulement qu'elle avait usé cinq fois du divorce, et que son mariage avec un sixième mari était illégitime.

La foi des *Samaritains* en Jésus-Christ fut sincère et constante. Après la descente du Saint-Esprit, saint Philippe alla prêcher l'Evangile dans la Samarie ; saint Pierre et saint Jean y furent encore envoyés, et un grand nombre des habitants de cette contrée reçurent le baptême, *Act.*, c. VIII, v. 5, etc. Quelques-uns, dans la suite, devinrent ennemis de l'Eglise par leurs erreurs, comme Simon le Magicien, Dosithée et Ménandre, qui formèrent des sectes hérétiques. D'autres persévérèrent dans le judaïsme, et c'est chez eux que s'est conservé le Pentateuque samaritain, duquel nous allons parler.

SAMARITAIN (texte) de l'Ecriture sainte. C'est le Pentateuque ou les cinq livres de Moïse, écrits en caractères phéniciens, desquels les Hébreux se servaient avant la captivité de Babylone, et avec lesquels ont été écrits tous les livres de l'Ancien Testament antérieurs à ceux d'Esdras. Comme les Juifs transportés à Babylone prirent insensiblement l'usage de la langue chaldéenne, et trouvèrent les lettres chaldaïques plus simples et plus commodes que les leurs, on pense que ce fut Esdras qui, au retour de cette captivité, écrivit les livres saints en caractères chaldaïques, que nous nommons aujourd'hui *hébreux*, pendant que les anciens ont pris le nom de caractères *samaritains*, parce que les peuples de la Samarie n'ont point changé leur première manière d'écrire. Mais il peut se faire qu'Esdras n'ait eu aucune part à ce changement, et qu'il soit arrivé plus tard. *Voy.* TEXTE.

C'est une grande question de savoir de qui les *Samaritains*, toujours ennemis jurés des Juifs, ont reçu ce Pentateuque. A-t-il été conservé par les habitants du royaume de Samarie qui ont pu rester dans leur pays lorsque Salmanazar enleva les principaux et les transporta en Assyrie ? Est-il venu des sujets du royaume de Juda, à côté desquels les *Samaritains* ont vécu pendant plus de cent quinze ans avant que Nabuchodonosor détruisît Jérusalem ? A-t-il été apporté par le prêtre israélite qui fut envoyé à Samarie par Assaraddon, quarante-six ans après l'expédition de Salmanazar ? ou enfin n'a-t-il été connu des *Samaritains* que trois cent douze ans plus tard, lorsque Manassé, prêtre juif, gendre de Sanaballat, gouverneur de Samarie, s'y retira pour ne pas se soumettre à la réforme que Néhémie faisait dans la république juive ? L'histoire ne nous dit rien de positif sur tout cela ; les savants n'ont pu en raisonner que par conjecture.

Prideaux a donné une notice de ce Pentateuque dans son *Histoire des Juifs*, liv. VI, an 409 avant Jésus-Christ. Il soutient que ce n'est qu'une copie de celui qu'Esdras avait écrit en caractères chaldaïques, copie, dit-il, où l'on a varié, ajouté et transposé. Il prétend le prouver, 1° parce que cet exemplaire contient tous les changements qui ont été faits dans le texte hébreu par Esdras ; 2° parce qu'il porte des variantes qui viennent évidemment de ce que l'on a pris une lettre hébraïque ou chaldaïque pour une autre qui lui ressemble, au lieu que, dans l'alphabet *samaritain*, elles n'ont aucune ressemblance ; 3° si les Cuthéens, envoyés dans la Samarie, avaient eu le texte de la loi de Moïse, il n'est pas probable qu'ils eussent pratiqué une idolâtrie grossière défendue par cette loi. Walton, dans ses *Prolégomènes sur la Polyglotte de Londres*, Prolég. 11, n. 12, a judicieusement remarqué que ces raisons sont bien faibles. La première suppose qu'Esdras a fait des changements dans le texte hébreu, et l'on n'en a point de preuve. La seconde est nulle, parce que les prétendues variantes causées par la ressemblance des lettres sont en très-petit nombre, qu'elles ont pu arriver par hasard, ou être faites à dessein pour conserver chez les *Samaritains* une prononciation différente de celle des Juifs. La troisième est démontrée fausse par l'exemple des Juifs : ceux-ci n'ont jamais été privés du texte de leur loi, et ils sont tombés vingt fois dans une idolâtrie aussi grossière que celle des *Samaritains*. D'ailleurs, Prideaux suppose plusieurs choses qui n'ont aucune vraisemblance : 1° que Salmanasar dépeupla tellement la Samarie, qu'il n'y laissa pas un seul Israélite, ou que, parmi ceux qui restèrent, il n'y en eut aucun qui eût lu ou qui voulût lire la loi de Moïse. Il est cependant certain que cette loi, impunément violée dans le royaume d'Israël, en ce qui regardait le culte de Dieu, y avait toujours force de loi civile ; nous le verrons ci-après. 2° Que pendant plus d'un siècle, que le royaume de Juda subsista après celui d'Israël, les prophètes Isaïe, Jérémie, Osée, Joël, etc., qui parurent, ne prirent pas la peine de visiter, d'instruire ni de consoler les restes malheureux d'Israël, pendant que sous les rois ils n'avaient cessé de tonner contre les désordres des grands et du souverain. Si la loi de Moïse avait été perdue, leur premier soin n'aurait-il pas été d'en reproduire des exemplaires et de les répandre ? 3° Prideaux semble penser, comme les déistes, que, dans l'un et dans l'autre de ces royaumes, les copies de cette loi furent toujours très-rares et presque inconnues ; que si Esdras n'en avait pas rétabli une après la captivité, le texte de Moïse aurait été perdu. Nous avons prouvé ailleurs la fausseté de cette supposition, qui n'est qu'une rêverie de rabbins. *Voy.* ESDRAS, TEXTE, PENTATEUQUE. 4° Il suppose enfin que le prêtre Manassé, révolté contre les règlements d'Esdras et de Néhémie, et réfugié à Samarie, eut assez de crédit pour faire adopter par les *Samaritains* un code de religion, de lois, d'usages onéreux et gênants, desquels ce peuple n'avait pas porté le joug jusqu'alors, de l'authenticité duquel il n'avait point d'autre garant qu'Esdras, son ennemi mortel ? Vit-on jamais un pareil phénomène dans aucun lieu du monde ?

Il est cent fois plus probable que le texte

du Pentateuque n'a jamais cessé d'exister et d'être connu dans le royaume d'Israël, non plus que dans celui de Juda, et qu'il n'a pas été nécessaire que le prêtre israélite envoyé à Samarie par Assaraddon y reportât un exemplaire de ce livre. En effet, dès l'origine du schisme des dix tribus, Jéroboam, en établissant parmi elles l'idolâtrie, fit observer pour les faux dieux le même cérémonial que Moïse avait prescrit pour le vrai Dieu, *III Reg.*, c. xii, v. 32 : les prêtres idolâtres eurent donc toujours besoin du rituel de Moïse. Sous les rois d'Israël les plus impies, la loi de Moïse fut toujours loi civile : par cette raison, Achab n'osa pas forcer Naboth ; son sujet, à lui vendre sa vigne ; la loi des successions, fondée sur les généalogies, fut toujours observée. Elie, Elisée, et les autres prophètes qui ont reproché à ces rois tous leurs crimes, ne les ont point accusés d'avoir laissé perdre le livre de la loi de Dieu. Sans doute les sept mille hommes qui n'avaient pas fléchi le genou devant Baal lisaient cette loi, puisqu'ils l'observaient, *III Reg.*, c. xix, v. 18. Tobie et Raguel faisaient de même lorsqu'ils furent transportés par Salmanasar en Assyrie. Un peuple entier ne fut jamais disposé à recevoir un code de lois de la main de ses ennemis, à moins que ceux-ci ne l'aient subjugué, et ne soient devenus ses maîtres. Concluons donc que les *Samaritains* n'ont rien emprunté des Juifs, et que les Juifs n'ont rien pris des *Samaritains*.

Une nouvelle conjecture est que les *Samaritains* n'ont cessé d'être idolâtres qu'à l'époque de l'arrivée du prêtre Manassé, de la réception de son Pentateuque, et de la construction d'un temple sur la montagne de Garizim; mais cela n'est pas mieux prouvé que le reste. Il est tout aussi probable que ce peuple abandonna l'idolâtrie par la terreur que lui inspira la destruction du royaume de Juda, par les leçons de Jérémie ou de quelque autre prophète, ou par d'autres causes que nous ignorons. Plus de quatre-vingt-dix ans avant qu'Esdras publiât son exemplaire des *livres saints*, les *Samaritains* disaient à Zorobabel et aux principaux Juifs : *Laissez-nous bâtir avec vous le temple du Seigneur, Dieu d'Israël, puisqu'il est notre Dieu aussi bien que le vôtre; nous lui avons offert des victimes depuis le règne d'Assaraddon, roi d'Assyrie, qui nous a fait venir ici* (*I Esdr.* iv, 1). Josèphe, qui a rapporté la retraite de Manassé et la construction du temple de Garizim, *Antiq. jud.*, l. xi, c. 8, et qui ne flatte point les *Samaritains*, ne dit rien qui puisse appuyer la conjecture que nous réfutons.

Le Pentateuque *samaritain* a été connu de plusieurs Pères de l'Eglise. Origène, Jules Africain, Eusèbe, saint Jérôme, Diodore de Tarse, saint Cyrille d'Alexandrie, Procope de Gaze et d'autres, l'ont cité. Comme la plupart de ces auteurs n'entendaient pas l'hébreu, on présume qu'il y en a eu une version grecque à l'usage des *Samaritains* hellénistes, surtout de ceux d'Alexandrie, mais qui s'est perdue dans la suite; il n'en reste que des fragments. Depuis la fin du vi° siècle, ce Pentateuque était demeuré entièrement inconnu; mais au commencement du xvii°, le savant Ussérius en fit venir des copies de l'Orient. Presque en même temps, Sancy de Harlay, ambassadeur de France à la Porte, en rapporta un exemplaire avec d'autres livres orientaux. Etant entré dans la congrégation de l'Oratoire, il en fit présent à sa maison, et il devint ensuite évêque de Saint-Malo.

Outre le Pentateuque hébreu écrit en lettres *samaritaines*, il y en a une version en *samaritain* moderne, parce que ce peuple a oublié, dans la suite des siècles, aussi bien que les Juifs, son ancienne langue. De même que les Juifs ont été obligés de faire les paraphrases chaldaïques, les *Samaritains* ont eu besoin d'une version dans leur nouveau langage : c'est ce que l'on appelle la version *samaritaine*, qui est plus littérale que les paraphrases. Le texte et la version furent placés par le P. Morin, de l'Oratoire, dans la Polyglotte de Paris; mais ils sont plus corrects dans la Polyglotte d'Angleterre. Il y a enfin de ce même Pentateuque *samaritain* une version arabe, qui passe pour être fort exacte. — Entre le texte hébreu des Juifs et celui des *Samaritains*, il y a des différences ; la plupart ne sont pas fort considérables : il est même étonnant qu'il s'en trouve si peu entre deux textes qui, depuis plus de deux mille ans, sont entre les mains de deux partis ennemis mortels l'un de l'autre, et qui n'ont eu ensemble aucune liaison. Prideaux en a cité quelques exemples, et toutes ces variantes sont rassemblées dans le dernier volume de la Polyglotte d'Angleterre. Il y en a quelques-unes qui ont été faites à dessein et frauduleusement par les *Samaritains*, pour autoriser leurs prétentions. Au lieu que Dieu ordonne aux Juifs, *Deut.*, c. xxvii, v. 4, d'élever un autel sur le *mont Hébal*, ils ont mis sur le mont Garizim, et ils ont inséré cette falsification, *Exod.*, c. xx, entre les v. 17 et 18. Mais cette altération ne touche en rien au fond de l'histoire.

Les *Samaritains*, chassés de Samarie par Alexandre, se retirèrent à Sichem, aujourd'hui Naplouse dans la Palestine : c'est là qu'ils se sont conservés en plus grand nombre, mais on prétend que cette secte est aujourd'hui réduite à peu près à rien. Nous avons déjà dit deux mots du Pentateuque *samaritain*, à l'article BIBLES ORIENTALES. Voyez *Nouveaux éclaircissements sur l'origine et le Pentateuque des Samaritains*, in-8°, Paris, 1760. L'auteur de cet ouvrage préfère la chronologie du texte *samaritain* à celle du texte hébreu, qui est aussi celle de la Vulgate, et à celle des Septante, c. 11. *Voy.* CHRONOLOGIE.

SAMOSATIENS, disciples et partisans de Paul de Samosate, évêque d'Antioche vers l'an 262. Cet hérétique était né à Samosate, ville située sur l'Euphrate, dans la province que l'on nommait la *Syrie euphratésienne*; et qui confinait à la Mésopotamie. Il avait de l'esprit et de l'éloquence, mais trop d'orgueil, de présomption, et une conduite fort déréglée. Pour amener plus aisément à la foi chrétienne Zénobie, reine de Palmyre, dont il avait gagné les bonnes grâces, il lui déguisa les mystères de la Trinité et de l'Incarnation. Il enseigna qu'il n'y a en Dieu qu'une seule personne, qui est le Père ; que le Fils et le Saint-Esprit sont seulement deux attributs de la Divinité, sous lesquels elle s'est fait connaître aux hommes ; que Jésus-Christ n'est pas un Dieu, mais un homme auquel Dieu a communiqué sa sagesse d'une manière extraordinaire, et qui n'est appelé Dieu que dans un sens impropre. Peut-être Paul espérait-il d'abord que cette fausse doctrine demeurerait cachée, et ne se proposait pas de la publier ; mais quand il vit qu'elle était connue, et que l'on en était scandalisé, il entreprit de la défendre et de la soutenir. Accusé dans un concile qui se tint à Antioche l'an 264, il déguisa ses sentiments, et protesta qu'il n'avait jamais enseigné les erreurs qu'on lui imputait ; il trompa si bien les évêques, qu'ils se contentèrent de condamner la doctrine, sans prononcer contre lui aucune censure. Mais comme il continua de dogmatiser, il fut condamné et dégradé de l'épiscopat dans un concile postérieur d'Antioche, l'an 270.

Dans la lettre synodale que les évêques écrivirent aux autres Eglises, ils accusent Paul d'avoir fait supprimer dans l'église d'Antioche les anciens cantiques dans lesquels on confessait la divinité de Jésus-Christ, et d'en avoir fait chanter d'autres qui étaient composés à son honneur. Pour attaquer ce mystère, il faisait ce sophisme : Si Jésus-Christ n'est pas devenu Dieu, d'homme qu'il était, il n'est donc pas consubstantiel au Père, et il faut qu'il y ait trois substances, une principale et deux autres qui viennent de celle-là. Fleury, *Hist. ecclés.*, l. VIII, n. 1. Si Paul de Samosate avait pris le mot de *consubstantiel* dans le même sens que nous lui donnons aujourd'hui, son argument aurait été absurde ; c'est précisément parce que le Fils est *consubstantiel* au Père, qu'il n'y a pas trois substances en Dieu ou trois essences, mais une seule. Il faut donc qu'il ait entendu autre chose. Saint Athanase a pensé que Paul entendait trois substances formées d'une même matière préexistante, et que c'est dans ce sens que les Pères du concile d'Antioche ont décidé que le Fils n'est pas consubstantiel au Père. Dans ce cas l'argument de Paul est encore plus inintelligible et plus absurde. Toujours est-il certain que ces Pères ont enseigné formellement que le Fils de Dieu est coéternel et égal au Père, et qu'ils ont fait profession de suivre en ce point la doctrine des apôtres et de l'Eglise universelle. *Voyez* Bullus, *Def. fidei Nicæn.*, sect. 3, c. 4, § 5, et sect. 4, c. 2, § 7.

Les sectateurs de Paul de Samosate furent aussi appelés *pauliniens*, *paulianistes* ou *paulianisants*. Comme ils ne baptisaient pas les catéchumènes *au nom du Père, du Fils, et du Saint-Esprit*, le concile de Nicée ordonna que ceux de cette secte qui se réuniraient à l'Eglise catholique seraient rebaptisés. Théodoret nous apprend qu'au milieu du v° siècle elle ne subsistait plus.

De tous ces faits il résulte qu'au III° siècles, plus de cinquante ans avant le concile de Nicée, la divinité de Jésus-Christ était la foi universelle de l'Eglise. *Voy.* CONSUBSTANTIEL. Tillemont, t. IV, p. 289.

Mosheim, suivant le génie et la coutume de tous les protestants, aurait bien voulu pouvoir justifier cet hérétique contre la censure de ses collègues ; dans l'impossibilité de le faire, il s'est rabattu à élever des soupçons contre les intentions et les motifs de ces évêques. Il suppose qu'ils agirent plutôt par passion, par haine, par jalousie, que par un véritable zèle. Peut-être, dit-il, n'aurait-on fait à ce personnage aucun reproche sur sa doctrine, s'il avait été moins riche, moins honoré et moins puissant. Quelle raison ce critique peut-il avoir eu d'en juger ainsi ? Point d'autre que sa malignité. Dans la longue discussion dans laquelle il est entré touchant les erreurs de Paul, il ne nous semble avoir réussi qu'à y répandre encore plus d'obscurité qu'il n'y en avait dans ce que les anciens en ont dit. *Hist. christ.*, sæc. III, § 35.

SAMPSÉENS, ou SCHAMSÉENS, sectaires orientaux, desquels il n'est pas aisé de connaître les sentiments. Saint Epiphane, *Hær.* 53, dit qu'on ne peut les mettre au rang des juifs, ni des chrétiens, ni des païens ; que leurs dogmes paraissent avoir été un mélange des uns et des autres. Leur nom vient de l'hébreu *schemesch*, le soleil, parce que l'on prétend qu'ils ont adoré cet astre ; ils sont appelés par les Syriens *chamsi*, et par les Arabes *shemsi*, ou *shamsi*, *les solaires*. D'autre côté, on prétend qu'ils admettaient l'unité de Dieu, qu'ils faisaient des ablutions, et suivaient plusieurs autres pratiques de la religion judaïque. Saint Epiphane a cru que c'étaient les mêmes que les esséniens et les elcésaïtes.

Beausobre, *Hist. du Manich.*, t. II, l. IX, c. 1, § 19, prétend que cette accusation d'adorer le soleil, que l'on intente à plusieurs sectes orientales, est injuste ; qu'elle est uniquement venue de l'innocente et louable coutume qui règne parmi elles d'adorer Dieu au commencement du jour, en se tournant vers le soleil levant. Il dit que les *sampséens* croient un Dieu, un paradis, un enfer, un dernier jugement ; qu'ils honorent Jésus-Christ, qui a été crucifié pour nous, et qu'ils se sont réunis aux jacobites de Syrie ; qu'ils sont humains, hospitaliers, et qu'ils vivent entre eux dans une grande concorde. Tout cela peut être ; mais pour l'affirmer il faudrait avoir des preuves. Il nous paraîtra toujours étonnant que Beausobre, qui ne veut pas que chez les catholiques le peuple puisse se défendre de l'idolâtrie en honorant des objets sensibles, soit obstiné à disculper toutes les sectes d'hérétiques chez lesquelles le peuple est beaucoup plus ignorant que chez les catholiques. Ce qu'il y a de certain, c'est que l'adoration du soleil a été en usage de tout temps chez les orientaux, que les Juifs en ont été coupables plus d'une fois, et qu'elle est condamnée dans l'Ecriture sainte comme un crime, *Deut.*, c. IV, v. 19; *Job*, c. XXXI, v. 26; *Ezech.*, c. VIII, v. 16.

SAMSON, personnage d'une force prodigieuse, né chez les Israélites, de la tribu de Dan, et qui vengea sa nation subjuguée par les Philistins; son histoire, rapportée dans le livre des *Juges*, c. XIII et suiv., a fourni une ample matière à la critique et aux sarcasmes des incrédules. La force, disent-ils, que lui attribue l'historien, est plus qu'humaine, et passe toute croyance. Cet homme, fort déréglé dans ses mœurs, ne méritait pas que sa naissance fût annoncée par un ange; il exerce des cruautés inouïes contre les Philistins, il finit par un suicide et par le carnage d'un peuple entier; cependant il est dit que *Samson était saisi de l'esprit de Dieu*; saint Paul, *Hebr.*, c. XI, v. 33, le met au nombre de ceux qui ont vaincu par la foi, qui ont pratiqué la justice, et qui ont reçu l'effet des promesses : tout cela est inconcevable.

Nous répondons à ces censeurs qu'il y a eu d'autres hommes dont la force excédait de beaucoup la mesure ordinaire, sans qu'il y eût pour cela du surnaturel; que quand celle de *Samson* aurait été un miracle, Dieu aurait voulu la lui accorder, non pour lui-même, et comme une récompense de sa vertu, mais pour la défense de son peuple; Dieu n'était pas obligé pour cela de faire de lui un modèle de sainteté. Quand on lit qu'il fut saisi de *l'esprit de Dieu*, il ne faut entendre par là ni une inspiration surnaturelle, ni une ardeur d'amour pour la vertu. Dans le texte hébreu, *l'esprit* désigne souvent la colère, l'impétuosité du courage, une passion violente bonne ou mauvaise; et le nom de *Dieu* se met pour exprimer le superlatif. *Glassii Philolog. sacra*, p. 592, 1432. Ainsi les Hébreux disaient une *frayeur de Dieu* pour une grande frayeur, *un sommeil de Dieu* pour un sommeil profond; des montagnes ou des cèdres de *Dieu* pour exprimer leur hauteur. *I Reg.*, c. XI, v. 6, il est dit que Saül fut saisi de *l'esprit de Dieu*, et qu'il entra dans une grande colère.

Dans le style de saint Paul, *la foi est la confiance en Dieu*: on ne peut pas nier que *Samson* ne l'ait eue; *la justice* est le culte du vrai Dieu: *Samson* n'est point accusé d'idolâtrie; il a éprouvé l'effet des promesses que Dieu a faites de protéger ses adorateurs, rien de plus. Nous ne voyons là rien d'inconcevable.

Quand on lit qu'il enleva les portes de Gaza, et qu'il les porta à une distance considérable, il ne faut pas se figurer des portes semblables à celles que l'on voit aujourd'hui dans nos villes murées; c'étaient probablement des barrières telles qu'on les fait pour fermer un parc de bétail; le poids en était considérable, mais non aussi énorme qu'on se le représente d'abord.

La même histoire rapporte que *Samson* prit trois cents renards, qu'il les attacha deux à deux par la queue, qu'il y mit le feu, et qu'il les lâcha dans les moissons des Philistins. Quelques critiques, pour rendre ce fait plus croyable, ont dit que le même terme hébreu qui signifie *renard*, exprime aussi une poignée, une javelle; qu'il est plus naturel d'entendre que *Samson* lia ensemble des javelles, qu'il y mit le feu, et qu'il les jeta dans les moissons des Philistins. Mais il n'est pas nécessaire de recourir à cette explication; Morison et d'autres voyageurs nous apprennent que la contrée de la Palestine habitée autrefois par les Philistins est encore aujourd'hui remplie de renards; que souvent les habitants sont forcés de se rassembler pour les détruire, sans quoi ils ravageraient les campagnes. « Le tschakkal, dit Niébuhr, dans sa *Description de l'Arabie*, est une espèce de renard ou de chien sauvage, dont il y a un grand nombre dans les Indes, en Perse, dans l'Arack, en Syrie, près de Constantinople et ailleurs..... Ils sont souvent assez hardis pour entrer dans les maisons ; et à Bombay, mon valet, qui demeurait hors de la ville, les chassait même de sa cuisine. On ne se donne aucune peine pour prendre cet animal, parce que sa peau n'est pas recherchée. » Le renard nommé *schohhal* dans le livre des *Juges* peut très-bien être le *tschakkal* des Arabes. Ce livre ne dit point que *Samson* ait été seul pour en prendre trois cents, ni qu'il les ait pris dans un seul jour, ni qu'il les ait lâchés tous à la fois dans les moissons des Philistins.

On demande de quel droit il a ruiné et taillé en pièces les hommes de cette nation. Par le droit de la guerre, dont celui de représailles fait partie. Dans une république telle qu'était celle des Juifs sous les juges, tout particulier avait droit de commencer les hostilités, lorsqu'il se sentait assez fort pour venger sa nation et pour l'affranchir d'un joug étranger. Ainsi en usaient tous les peuples de la Palestine, et en particulier les Philistins.

La mort de *Samson* n'est point un suicide; son intention directe n'était point de se détruire, mais de se venger de ses ennemis en les faisant périr avec lui. On n'a jamais regardé comme suicides les guerriers qui se sont livrés à une mort certaine dans le dessein de faire payer leur vie par le sang d'un grand nombre d'ennemis. Le temple de Dagon renversé par *Samson* n'est pas non plus un événement incroyable. Les Philistins étaient vraisemblablement placés sur une galerie portée par deux piliers; Samson les ébranla et fit tomber la galerie; Schaw, voyageur très-instruit, en a vu de semblables dans l'Orient. Eusèbe, *Prép. évang.*, L. V, c. 34, et Pausanias, *Voyages d'Elide*, l. II, c. 9, citent un fait à peu près semblable (1).

(1) Nos critiques allemands nous présentent l'histoire de Samson comme une simple allégorie sans réalité. Nous leur répondons, avec les Conférences de Bayeux : « Il y a des règles d'interprétation qu'il faut suivre, au risque d'être emporté à tout vent de doctrine, de devenir le jouet de son imagination ou

SAMUEL, juge du peuple de Dieu et prophète, dont l'histoire se trouve dans le premier livre des *Rois*. Les incrédules n'ont épargné aucune espèce de calomnie pour noircir sa mémoire et pour donner un aspect odieux à toutes les actions de sa vie; nous devons nous borner à répondre aux principaux reproches qu'ils lui ont faits.

1° Ils l'accusent d'avoir forgé des songes et des visions afin de passer pour prophète, et de pouvoir s'emparer du sacerdoce et du gouvernement. Faussetés contraires au texte de l'histoire. *Samuel* était trop jeune, lorsque Dieu daigna se révéler à lui, pour qu'il ait pu forger cette révélation par ambition. Il fut regardé comme prophète, non parce qu'il eut des songes et des visions, mais parce que tout Israël reconnut que tout ce qu'il annonçait ne manquait jamais d'arriver; c'est donc par les événements que l'on jugea que Dieu se révélait à lui, *I Reg.*, c. III, v. 19 et suiv. Il ne déclara point à Héli que Dieu voulait ôter le sacerdoce de sa maison; au contraire, il lui dit de la part de Dieu : *Je n'ôterai pas entièrement votre race du service de mon autel*, chap. II, v. 27 et 33. Samuel était de la tribu de Lévi et de la famille de Caath, *I Paral.*, c. VI, v. 23; mais il ne pouvait pas aspirer à la dignité de grand prêtre, et le peuple n'aurait pas souffert qu'il s'en emparât; s'il a offert des sacrifices, il l'a fait en qualité de prophète et non de pontife; Elie fit de même dans la suite. Après la mort d'Héli et de ses deux fils, l'arche fut déposée à Gabaa chez Abinadab, et son fils Éléazar *fut consacré pour la garder*, *I Reg.*, c. VII, v. 1; sous Saül, Achias, petit-fils d'Héli, *portait l'éphod*, qui était l'habit du grand prêtre, c. XIV, v. 3; dans la suite ce fut Achimélech, c. XXI, v. 1 :

il est donc faux que *Samuel* ait usurpé le sacerdoce. Il a encore moins usurpé le gouvernement. La nation, de son plein gré, lui donna une entière confiance; elle respecta ses décisions, parce qu'elle reconnut que l'esprit de Dieu était en lui, c. III, v. 19. Elle n'eut pas lieu de s'en repentir. Sous l'administration de ce prophète, le culte de Dieu fut rétabli, l'idolâtrie proscrite, les Philistins furent vaincus et obligés de restituer les villes qu'ils avaient prises, Israël jouit d'une paix profonde, c. VII, v. 3 et 13. Y a-t-il un titre plus légitime d'autorité que le choix et le consentement unanime d'une nation libre? Les chefs ou juges précédents n'en avaient pas eu d'autres. Après que Saül eut été élu roi, le peuple assemblé rendit un témoignage solennel de la justice, du désintéressement, de la sagesse, de la douceur du gouvernement de *Samuel*, c. XII, v. 3. Ce n'est donc pas là l'exemple que les incrédules devaient choisir pour prouver que le gouvernement des prêtres est mauvais.

2° Ils disent que la demande du peuple qui désira d'avoir un roi déplut au prophète, parce qu'il ne voulait pas que le pouvoir sortît de ses mains ni de celles de ses enfants; qu'il fit ce qu'il put pour dégoûter les Israélites de l'idée d'avoir un roi, mais qu'il fut obligé de se rendre à leurs instances. Cependant c'est *Samuel* lui-même qui nous apprend que Dieu lui ordonna d'acquiescer à la volonté du peuple, c. VIII, 7; un ambitieux mécontent n'aurait pas mis cet aveu dans son livre. Il annonça d'avance aux Israélites la manière dont leur roi les traiterait; c'est par la suite de l'histoire que nous devons juger si sa prédiction fut fausse. Ce peuple fut-il plus heureux sous ses rois que sous ses juges? *Samuel* fait plus : lorsque le peuple se repent d'avoir demandé un roi et craint d'en être puni, il le rassure : *Ne craignez rien*, dit-il, *servez fidèlement le Seigneur, n'abandonnez point son culte, et Dieu accomplira la promesse qu'il a faite de vous protéger*, c. XII, v. 20. Cela ne montre pas dans ce prophète un grand regret de ne plus avoir le pouvoir entre ses mains.

3° Il y a lieu de croire, continuent nos critiques, que *Samuel* jeta les yeux sur Saül, parce qu'il espéra de trouver en lui un homme entièrement dévoué à ses ordres. Après l'avoir sacré pour contenter la multitude, il le renvoya chez lui et le laissa vivre en simple particulier, pendant que lui-même continuait de gouverner. Mais l'histoire atteste que l'élection de Saül fut décidée par le sort, c. X, v. 20. Si ce choix avait été l'ouvrage de *Samuel*, il aurait préféré sans doute sa propre tribu, et le sort tomba sur celle de Benjamin. Une partie du peuple fut mécontente, c. IX, v. 27; c. X, v. 16; c. XII, v. 27; et *Samuel* n'approuva point ces murmures. Saül vécut en simple particulier pendant un mois tout au plus, et non pendant plusieurs années, c. XI, v. 1; et dans ce court intervalle il n'est question d'aucun acte d'autorité de la part de *Samuel*.

4° Les impostures ne coûtent rien à nos

---

la dupe des rêveries étrangères. C'est une loi de bon sens, et généralement admise, d'entendre les mots dans leur acception naturelle, de prendre les récits à la lettre, quand l'autorité, ni la nature des choses, ni leurs circonstances, ne forcent à recourir au sens métaphorique. Or, rien n'autorise à ne voir qu'une allégorie dans l'histoire de Samson : c'est une relation fidèle, authentique, reçue par les contemporains, transmise jusqu'à nous par une tradition constante de faits merveilleux à la vérité, mais nullement incroyables. Si la fable présente quelques traits analogues, c'est un plagiat imputable aux poètes qui vécurent si longtemps après les événements, et qui recueillirent dans leurs voyages toutes les traditions merveilleuses des peuples pour en composer la vie fabuleuse de leurs dieux et de leurs héros. Les Juifs, au contraire, qui n'avaient aucun contact avec les gentils, ne connurent les emprunts faits à leur histoire que bien des siècles après. *Voyez* Guérin-Durocher, *Hist. vérit. des temps fabuleux.*

« Contrairement à l'auteur de l'*Herméneutique sacrée*, nous ne reconnaissons d'autre principe à la force surhumaine de *Samson* qu'un miracle habituel; c'était un don particulier fait à ce juge auquel l'intérêt d'Israël et de la gloire divine, indépendant des vertus et des mérites de *Samson*. La conservation de ses cheveux était la condition de ce privilège comme la marque de son nazaréat, mais nullement la cause de sa force surnaturelle. *Samson* est une noble figure du chrétien, qui peut tout en celui qui le fortifie, qui est faible comme le reste des hommes quand il perd la grâce et vit séparé de Dieu.

adversaires, mais toutes sont réfutées par l'histoire. Il est faux que, pour déclarer la guerre aux Ammonites, Saül n'ait pas osé agir en son propre nom, et qu'il ait donné des ordres au nom de *Samuel*. Celui-ci était absent, et l'ordre de Saül était absolu : *Si quelqu'un refuse de suivre Saül et Samuel, ses bœufs seront mis en pièces*. Ce n'est pas sur ce ton que le prophète avait eu coutume de donner des ordres, c. XI, v. 7. Il est encore faux qu'il ait été fâché de la victoire que Saül remporta; il en profita au contraire pour engager le peuple à confirmer l'élection de ce roi, et pour fermer la bouche aux mécontents. Dans l'assemblée qui se tint à ce sujet, *Samuel* rend compte de sa conduite, il prend le roi même pour juge, il rassure le peuple sur les suites de son choix, il promet au roi et à ses sujets les bénédictions de Dieu, s'ils continuent à le servir; il borne son propre ministère à prier pour le peuple et à lui enseigner la loi du Seigneur, *I Reg.* c. XI et XII. Encore une fois, ce n'est là ni le langage ni la conduite d'un vieillard ambitieux. Enfin, il est faux qu'il ait traversé les desseins de son roi, l'histoire atteste le contraire.

5° Le roi, continuent les déistes, voulant marcher contre les Philistins, ne put le faire, parce que le prophète le fit attendre sept jours à Galgala, où il avait promis de se rendre pour un sacrifice. Les Philistins profitèrent de l'absence de Saül pour remporter une victoire complète. Sans doute *Samuel* espérait que cet échec rendrait Saül odieux, fournirait un prétexte de le déposer et de donner son royaume à un autre. Cependant le roi, lassé d'attendre, voyant que l'armée se mutinait et désertait, ordonna que l'on offrît le sacrifice sans attendre le prophète. Celui-ci arriva lorsque tout était fini ; il fit au roi des reproches sanglants pour avoir osé empiéter sur les fonctions sacerdotales, crime pour lequel il le déclara déchu de la couronne. Saül ne put jamais apaiser le saint homme, qui lui-même, violait la loi de Moïse, usurpait le sacerdoce. — Tissu de faussetés. C'est Jonathas, fils de Saül, qui fit le premier acte d'hostilité, et *Samuel* ne le désapprouva point. Il ne fit point attendre Saül au delà du temps convenu, puisqu'il arriva le septième jour. S'il y avait des raisons de prévenir ce moment, il ne tenait qu'au roi d'envoyer chercher le prophète. Les Philistins ne remportèrent aucun avantage; au contraire, il est dit seulement qu'il sortit trois détachements de leur camp pour faire du dégât, mais à ce moment même Jonathas, suivi de son écuyer, pénétra dans leur camp et y répandit la terreur; ils s'entretuèrent et furent entièrement défaits, c. 13 et 14. Autant de circonstances que *Samuel* ne pouvait pas prévoir. Saül n'ordonna point le sacrifice, mais il l'offrit lui-même. Pourquoi ne pas le faire offrir par Achias et les prêtres? Il n'est pas vrai que *Samuel* ait déclaré Saül déchu de la couronne; il lui dit : *Si vous aviez été fidèle à l'ordre du Seigneur, il vous aurait assuré la royauté* A PERPÉTUITÉ, *mais elle ne passera point à vos descendants*, c. XIII, v. 13. En effet, Saül conserva la royauté jusqu'à sa mort.

6° Saül vainquit les Amalécites et fit prisonnier Agag, leur roi ; il osa l'épargner contre les ordres de *Samuel*; celui-ci lui en fit des reproches amers, il lui déclara que le Seigneur le rejetait à cause de ce trait d'humanité, et il finit par hacher en pièces le monarque captif. A ce sujet l'on déclame contre la cruauté de *Samuel*. Mais consultons toujours l'histoire. C'est *Samuel* lui-même qui avertit Saül de l'anathème que Dieu avait prononcé contre les Amalécites, *Exod.*, c. XVII, v. 14, et qui lui ordonna de la part de Dieu de l'exécuter, *I Reg.*, c. XV, v. 3; il n'était donc pas jaloux des succès de ce roi. Il lui reprocha, non son humanité, mais son avidité pour le butin ; probablement Saül n'avait épargné Agag que pour le conduire en triomphe, et peut-être pour en faire un esclave. Il avait donc désobéi à la loi qui défendait de faire grâce aux ennemis dévoués à l'anathème. Aussi reconnaît-il qu'il a péché, non par motif d'humanité, mais par complaisance pour le peuple : faible prétexte. Il pria *Samuel* de l'accompagner et de lui rendre en public les honneurs accoutumés; circonstance qui dévoile ses vrais motifs. Avant de mettre à mort Agag, *Samuel* lui reproche ses cruautés, et lui déclare qu'il va l'en punir. Les déclamations des incrédules à ce sujet ne peuvent émouvoir que ceux qui ignorent quelles étaient les mœurs des peuples dans ces temps-là, et comment l'on se faisait la guerre.

7° *Samuel*, disent-ils, en possession de faire et de défaire les rois, suscita un concurrent à Saül; il sacra secrètement David, il introduisit à la cour ce traître, auquel Saül donna sa fille en mariage. Mais bientôt les menées et les projets de David, appuyés par le prophète, donnèrent à Saül un chagrin mortel et le plongèrent dans la plus noire mélancolie. *Samuel*, de son côté, prêcha la révolte et le désordre au nom du Seigneur, et telle fut la source de la guerre presque continuelle qui régna dans la suite entre les rois hébreux et leurs prophètes.

Nous ne pouvons répondre qu'en niant les faits, parce qu'ils sont tous faux. *Samuel* n'a ni fait ni défait les rois, puisque Saül fut élu par le sort et conserva sa royauté jusqu'à la mort. *Samuel* ne lui suscita point un concurrent, mais il lui désigna un successeur par l'ordre de Dieu, et après la mort de Saül ce choix fut ratifié d'abord par la tribu de Juda, et ensuite par les autres tribus, *II Reg.*, c. II, v. 4 ; c. v, v. 3. David n'a jamais tenté de s'emparer de la couronne de Saül, il a épargné au contraire les jours de ce roi, devenu son persécuteur ; il a laissé régner tranquillement Isboseth, fils de Saül, sur dix tribus. *Voy.* DAVID. Ce n'est point *Samuel* qui introduisit David à la cour; ce dernier y fut appelé à cause de son talent pour la musique, et ensuite à cause de sa victoire sur Goliath. La haine de Saül contre lui vint de jalousie, et non du ressentiment de ses menées; il avait été attaqué de mélancolie avant de connaître David, puisqu'il le fit venir pour être soulagé par le son des instruments, *I Reg.*, c. xvi, v. 23. Enfin ce roi était si peu mécontent de *Samuel*, qu'il voulut encore le consulter après sa mort, et fit évoquer son ombre par la pythonisse d'Endor, c. xxviii, v. 11. Jamais *Samuel* n'a prêché ni le désordre ni la révolte; une preuve de son attachement pour Saül, c'est qu'il ne cessa de pleurer sa perte, dès le moment qu'il sut que Dieu était résolu de punir ce roi malheureux, c. xv, v. 23; c. xvi, v. 1.

C'est donc sur un tissu d'impostures grossières, et formellement contredites par l'histoire sainte, que les incrédules ont osé peindre *Samuel* comme un fourbe et un séditieux qui a tout sacrifié à son ambition et au désir de se maintenir dans un poste usurpé; qui, dans le regret d'être déchu de son autorité, a fait des efforts continuels pour arracher le sceptre des mains d'un prince qu'il n'avait mis sur le trône que pour en faire son propre sujet. C'est ainsi qu'ils ont entrepris de prouver aux ignorants que tous les prophètes ont été des fourbes, que tous les ministres des autels sont des méchants, que tout homme zélé pour la religion est un homme odieux. Mais, comment peut-on les regarder eux-mêmes, quand on connaît l'excès de leur malignité?

SANCTIFICATION, SANCTIFIER. *Voy.* Saint.

SANCTIFICATION des FÊTES. *Voy.* Fêtes, § 5.

SANCTION DES LOIS. On appelle ainsi la raison qui nous engage à observer les lois. C'est en premier lieu l'autorité légitime de celui qui les impose, en second lieu les peines et les récompenses qu'il y attache. Une loi serait nulle si elle était portée sans autorité; et si elle ne proposait ni peine, ni récompense, ce serait plutôt une leçon, un conseil, une exhortation qu'une loi. Dieu, en qualité de souverain législateur de l'homme, attacha une peine à la loi qu'il lui imposa : *Ne touche point à ce fruit; si tu en manges, tu mourras.*

Comme l'expérience nous convainc que Dieu n'a pas attaché une peine temporelle à la violation de ses lois, ni une récompense temporelle à leur observation, nous avons droit de conclure que cette récompense et cette peine sont réservées pour l'autre vie, puisque enfin Dieu ne peut pas commander en vain. Tel est le sentiment intérieur qui tourmente le pécheur après son crime, lors même qu'il l'a commis sans témoins et dans le plus profond secret. L'idée d'une justice divine, vengeresse du crime et rémunératrice de la vertu, a été de tout temps répandue chez toutes les nations, et vainement les scélérats font tous leurs efforts pour l'étouffer, *Quand ils se cacheraient au fond de la mer, dit le Seigneur, j'enverrai le serpent les blesser par sa morsure* (*Amos*, ix, 3). Personne n'a peint les inquiétudes et remords des méchants avec plus d'énergie que David dans le psaume cxxxviii.

SANCTUAIRE. C'était chez les Juifs la partie la plus intérieure et la plus secrète du tabernacle et ensuite du temple de Jérusalem, qui renfermait l'arche d'alliance et les tables de la loi, dans laquelle par conséquent Dieu daignait habiter plus particulièrement qu'ailleurs. Pour cette raison elle était encore appelée le *lieu saint, sancta*, ou le lieu très-saint, *sancta sanctorum*. Tout autre que le grand prêtre n'osait y entrer, encore ne le faisait-il qu'une seule fois l'année, au jour de l'expiation solennelle. Ce sanctuaire, selon saint Paul, était la figure du ciel, et le grand prêtre qui y entrait était l'image de Jésus-Christ; ce divin Sauveur est le véritable pontife qui est entré dans les cieux pour être notre médiateur auprès de son Père, *Hebr.*, c. ix, v. 24. Quelquefois cependant le mot de *sanctuaire* signifie seulement le temple, ou en général le lieu où le Seigneur est adoré; Moïse dit dans son *cantique*, *Exod.*, c. xv, v. 17, que Dieu introduira son peuple dans le *sanctuaire* qu'il s'est préparé, c'est-à-dire dans le lieu où il veut établir son culte. *Peser quelque chose au poids du sanctuaire* signifie l'examiner avec beaucoup d'exactitude et d'équité, parce que, chez les Juifs, les prêtres avaient des poids, et des mesures de pierre qui servaient à régler toutes les autres.

Chez les catholiques on appelle *sanctuaire* d'une église la partie du chœur la plus voisine de l'autel, dans laquelle se tiennent le célébrant et les ministres pendant le saint sacrifice; dans plusieurs églises elle est séparée du chœur par une balustrade, et les laïques ne devraient jamais s'y placer. Cette manière de disposer les églises est ancienne, puisqu'elle est calquée sur le plan que saint Jean a donné des assemblées chrétiennes dans l'*Apocalypse*. On ne s'en serait jamais avisé, et le lieu de l'autel n'aurait jamais été appelé *sanctuaire*, si l'on n'avait pas été persuadé que Jésus-Christ y réside d'une manière encore plus réelle que Dieu n'habitait dans l'intérieur du temple de Jérusalem; or, les auteurs sacrés disent que Dieu y était assis sur les chérubins. C'en est assez pour prouver que, suivant la croyance chrétienne de tous les temps, Jésus-Christ par l'eucharistie est présent en corps et en âme sur nos autels. Nous ne devons donc pas être surpris de la fureur avec laquelle les protestants ont brûlé, démoli, rasé les églises des catholiques; la forme même de ces édifices déposait contre eux, et celles qu'ils ont conservées pour en faire leurs *prêches* ou lieux d'assemblée réclament encore l'ancienne foi qu'ils ont voulu étouffer. *Voy.* Église, Édifice.

Le nom de *sanctuaire* a été employé dans un sens particulier chez les Anglais, pour signifier les églises qui servaient d'asile aux malfaiteurs ou à ceux qui étaient réputés tels. Jusqu'au schisme de l'Angleterre, arrivé sous Henri VIII, les coupables retirés dans ces asiles y étaient à l'abri des poursuites de la justice, si dans l'espace de quarante jours ils reconnaissaient leurs fautes et se soumettaient au bannissement. Un laïque qui les aurait arrachés de l'asile pendant ces quarante jours aurait été excommunié, et un ecclésiastique aurait encouru, pour ce même fait, la peine de l'irrégularité. Mais Bingham a très-bien observé que, dans l'origine, ce privilége n'avait pas été accordé aux églises pour protéger le crime, ni pour ôter aux magistrats le pouvoir de punir les coupables, ni pour affaiblir les lois en aucune manière, mais pour donner un refuge aux innocents accusés et opprimés injustement; pour donner le temps d'examiner leur cause dans les cas douteux et difficiles à juger ; pour empêcher que l'on ne sévit contre eux par des voies de fait, ou pour donner lieu aux évêques d'intercéder pour les criminels, comme cela se faisait souvent. Nous ne devons donc pas être surpris si le droit d'asile a commencé depuis Constantin, et s'il a été confirmé avec de sages modifications par les empereurs suivants. *Orig. ecclés.*, liv. VIII, chap. 11, § 3 et suiv. *Voy.* ASILE.

SANCTUS. *Voy.* TRISAGION.

SANG. Ce mot, dans l'Ecriture sainte, signifie souvent le meurtre : laver son pied, ses mains ou ses habits dans le *sang*, c'est faire un grand carnage de ses ennemis. Un *homme de sang* est un homme sanguinaire. Un *époux de sang*, Exod., c. IV, v. 25, est un époux cruel. Porter sur quelqu'un le *sang* d'un autre, c'est le charger ou le rendre responsable d'un meurtre. *Leur sang sera sur eux* signifie que personne ne sera responsable de leur mort. *Sang* se prend aussi, comme en français, pour parenté ou alliance ; dans ce sens il est dit par *Ezéchiel*, c. XXXVI, v. 5 : *Je vous livrerai à ceux de votre sang qui vous poursuivront.* La chair et le sang signifient les inclinations naturelles et les passions de l'humanité, *Matth.*, c. XVI, v. 17. Nous lisons, *Gen.*, c. XLIX, v. 11, que Juda lavera sa robe dans le vin, et son manteau dans le *sang* du raisin, pour exprimer la fertilité du territoire de la tribu de Juda. Le prophète Habacuc, c. II, v. 12, dit : Malheur à celui qui bâtit une ville dans le *sang*, c'est-à-dire en opprimant les malheureux. David, psaume L, v. 16, dit à Dieu : *Délivrez-moi des sangs*, c'est-à-dire des peines que je mérite pour le *sang* que j'ai répandu. Saint Paul dit des juifs incrédules, *Act.*, c. XX, v. 26 : *Je suis pur du sang de tous*, pour dire je ne suis responsable de la perte d'aucun. *Genes.*, c. IX, v. 4, Dieu dit à Noé et à ses enfants : *Vous ne mangerez point la chair des animaux avec leur* SANG ; *je demanderai compte de votre* SANG *et de votre vie à tous les animaux, à tous les hommes, à quiconque ôtera la vie à un autre. Celui qui aura répandu le sang humain sera puni par l'effusion de son propre* SANG, *parce que l'homme est fait à l'image de Dieu.* Levit., c. XVII, v. 10 : *Si un Israélite ou un étranger mange du* SANG, *je serai irrité contre lui, et je le ferai périr, parce que l'âme de toute chair est dans le* SANG *et que je vous l'ai donné pour l'offrir sur mon autel, comme devant servir d'expiation pour vous.* Ces deux lois donnent lieu à plusieurs réflexions.

On demande, 1° pourquoi défendre aux hommes de manger du *sang* ? Afin de leur inspirer de l'horreur du meurtre. Il est prouvé que les peuples barbares qui se sont accoutumés à boire du *sang* tout chaud sont tous très-cruels, et qu'ils ne font aucune distinction entre le meurtre d'un homme et celui d'un animal. Il n'est pas moins certain que l'habitude d'égorger les animaux inspire naturellement un degré de cruauté. La défense de manger du *sang* fut renouvelée par les apôtres, *Act.*, c. XV, v. 20. De là quelques théologiens protestants ont conclu que ce n'est pas une simple loi de discipline et de police, mais une loi morale portée pour tous les temps, et que l'on doit encore l'observer aujourd'hui. En effet, si l'on s'en tenait à la lettre seule de l'Ecriture sainte, comme le veulent les protestants, nous ne voyons pas comment on pourrait prouver le contraire. Pour nous, qui pensons que l'Ecriture doit être interprétée par la tradition et la pratique de l'Eglise, nous savons que cette loi n'était établie que pour ménager les juifs, et pour diminuer l'horreur qu'ils avaient de fraterniser avec les païens convertis. — 2° L'on demande à quoi bon rendre responsable d'un homicide un animal privé de raison, sur lequel cette menace ne peut faire aucune impression ? Afin de faire concevoir aux hommes qu'ils seraient punis sévèrement s'ils attentaient à la vie de leurs semblables, puisque, dans ce cas, Dieu n'épargnerait pas même les animaux. En effet, il fut ordonné dans la suite aux Israélites d'ôter la vie à tout animal dangereux, capable de tuer ou de blesser les hommes ; *Exod.*, c. XXI, v. 28. — 3° La loi du Lévitique ne signifie point que les bêtes ont une âme, et que cette âme réside dans leur *sang*, comme quelques incrédules l'ont prétendu, afin de rendre le législateur ridicule. Le mot *âme* en hébreu signifie simplement la vie, dans une infinité de passages : or, il n'y a aucune erreur à dire que la vie des animaux est dans leur *sang*, puisqu'en effet aucun ne peut vivre lorsque son *sang* est répandu ; et il n'y a point de ridicule à défendre aux hommes de manger ce qui fait vivre les animaux, parce que Dieu seul est l'auteur et le principe de la vie de tous les êtres animés. — 4° C'est pour cela même que Dieu voulait que le *sang* lui fût offert, comme tenant lieu en quelque façon de la victime entière, comme un hommage dû au souverain auteur de la vie, pour faire souvenir le pécheur qu'il avait mérité de la perdre en offensant son Créateur. Plusieurs commentateurs ont ajouté que Dieu l'exigeait ainsi, afin de figurer d'avance l'effet que produirait le sang de Jésus-Christ, victime de notre rédemption. — 5° Dieu semble encore avoir voulu prévenir par là chez les Juifs une erreur très-grossière dans laquelle étaient tombés les païens, et qui a été pour eux une source de cruautés et d'abominations. En effet, il est certain que les païens, et même les philosophes, étaient persuadés que les génies ou démons que l'on adorait comme des dieux, et auxquels on attribuait une âme spirituelle et un corps subtil, aimaient à boire le *sang* des victimes, et qu'il en était de même des mânes ou des âmes des morts quand on les évoquait, *Syst. intell. de Cudworth*, chap. 5, sect. 3, § 21, notes de Mosheim, n. 4. L'on sait que ç'a été là une des causes qui ont donné lieu aux sacrifices de *sang* humain. Un très-bon préservatif contre cette absurdité meurtrière était de persuader aux juifs que le sang était dû à Dieu seul.

SANG DE JÉSUS-CHRIST. Comme il y avait dans l'ancienne loi des sacrifices pour le péché, et qu'au jour de l'expiation solennelle la rémission des péchés du peuple était censée faite par l'aspersion du *sang* d'une victime, saint Paul fait une comparaison entre ces sacrifices et celui de Jésus-Christ; *Hebr.*, c. IX et X. Il observe que les péchés ne pouvaient pas être effacés par le *sang* des animaux, que cette aspersion de *sang* ne pouvait purifier que le corps; mais que le *sang de Jésus-Christ* efface véritablement les péchés, purifie nos âmes, et nous rend dignes d'entrer dans le ciel, duquel l'ancien sanctuaire n'était que la figure.

Si la rédemption faite par Jésus-Christ consistait seulement, comme le veulent les sociniens, en ce que ce divin Sauveur nous a donné d'excellentes leçons, des exemples héroïques de patience, de courage, de soumission à Dieu, en ce qu'il nous a promis la rémission de nos péchés, et qu'il est mort pour confirmer cette promesse, quelle ressemblance y aurait-il entre le *sang de Jésus-Christ* et celui des anciennes victimes, entre la manière dont les impuretés légales étaient effacées, et la manière dont les péchés nous sont remis? Chez les Juifs la rédemption ou le rachat des premiers-nés consistait en ce que l'on payait un prix pour les sauver de la mort; donc il en a été de même de la rédemption du genre humain.

Suivant la pensée de saint Paul, de même que le pontife de l'ancienne loi entrait dans le sanctuaire, en présentant à Dieu le *sang* d'une victime pour prix de la rédemption générale du peuple, ainsi Jésus-Christ, pontife de la loi nouvelle, est entré dans le ciel en présentant son propre *sang* à son Père, pour prix de la réconciliation des hommes; ce n'est donc pas dans un sens métaphorique, mais dans un sens propre et littéral que le *sang de Jésus-Christ* efface les péchés, cimente une nouvelle alliance, établit la paix entre le ciel et la terre, est le prix de notre rédemption, etc. De même qu'aucun Israélite n'était exclu de la rémission qui se faisait au jour de l'expiation solennelle, ainsi aucun homme n'est excepté de la rédemption ou du rachat fait par Jésus-Christ, quoique tous n'en ressentent pas également les effets. Si cette rédemption n'était pas aussi réelle et aussi générale que celle de l'ancienne loi, la ressemblance ne serait pas complète et la comparaison que fait saint Paul ne serait pas juste. En effet, selon les idées sociniennes, on ne peut donner qu'un sens très-abusif aux titres généraux de *Sauveur du monde*, de *Rédempteur du monde*, de *Sauveur de tous les hommes*, de *Victime de propitiation pour les péchés du monde entier*, que l'Ecriture donne à Jésus-Christ; sa doctrine, ses exemples, le gage de la sûreté de ses promesses, ne regardent que ceux qui les connaissent, et tout cela n'est pas connu du monde entier. Si l'on entend seulement que ce qu'il a fait est suffisant pour sauver tous les hommes, s'il était connu de tous, on pourra dire aussi qu'il est le Sauveur et le Rédempteur des démons, puisque ses souffrances et ses mérites suffiraient pour les sauver, s'ils étaient capables d'en profiter. *Voy.* RÉDEMPTION, SALUT.

SANGUINAIRES. *Voy.* ANABAPTISTES.

SAPIENTIAUX (livres.) C'est ainsi que l'on appelle certains livres de l'Ecriture sainte qui sont destinés spécialement à donner aux hommes des leçons de morale et de sagesse, et par là on les distingue des livres historiques et des livres prophétiques. Les livres *sapientiaux* sont les *Proverbes*, l'*Ecclésiaste*, le *Cantique des cantiques*, le livre de la *Sagesse* et l'*Ecclésiastique*. Quelques-uns y ajoutent les *Psaumes* et le livre de *Job*; mais plus communément ce dernier est regardé comme un livre historique. *Voy.* HAGIOGRAPHIE.

SARA. *Voy.* ABRAHAM.

SARABAITES, nom donné à certains moines errants ou vagabonds, qui, dégoûtés de la vie cénobitique, ne suivaient plus aucune règle, et allaient de ville en ville, vivant à leur discrétion. Ce nom vient de l'hébreu *sarab*, se révolter. Cassien, dans sa quatorzième conférence, les appelle *rénuités, quia jugum regularis disciplinæ renuunt*. Saint Jérôme n'en parle pas plus favorablement. *Epist.* 18, *ad Eustochium*, il les appelle *remoboth*, terme égyptien, à peu près équivalent à celui de *sarabaïtes*; saint Benoît, dans le premier chapitre de sa règle, les nomme *girovagues*, et en fait un portrait fort désavantageux.

Les protestants, ennemis déclarés de la vie monastique, ont encore enchéri sur ce tableau; ils disent que les *sarabaïtes* vivaient en faisant de faux miracles, en vendant des reliques, et en commettant mille autres fourberies semblables; Mosheim, *Hist. ecclésiast.*, IV° siècle, II° partie, c. 3, § 15. Mais il y avait assez de mal à dire de ces mauvais moines, sans forger contre eux des accusations fausses. Saint Jérôme dit qu'ils vivaient de leur travail, mais qu'ils vendaient leurs ouvrages plus cher que les autres, comme si leur métier avait été plus saint que leur vie; qu'il y avait souvent entre eux des disputes, parce qu'ils ne voulaient être soumis à personne, qu'ils jeûnaient à l'envi les uns des autres, et regardaient le silence ou le secret comme une victoire, etc. Quand on pourrait leur reprocher d'autres vices, il ne s'ensuivrait rien contre l'état monastique en général: ce serait la vérification de la maxime commune, que la corruption de ce qu'il y a de meilleur est la pire de toutes : *Optimi corruptio pessima.*

SATAN, mot hébreu qui signifie ennemi adversaire, celui qui s'élève contre nous et nous persécute. *II Reg.*, c. XIX, v. 22 : *Pourquoi devenez-vous aujourd'hui* SATAN *contre moi? III Reg.*, c. v, v. 4 : *Il ne se trouve plus de* SATAN *pour me résister. Matth.*, c. XVI, v. 23, Jésus-Christ dit à saint Pierre : *Retirez-vous de moi,* SATAN, *vous vous opposez à moi.* Mais souvent ce terme signifie l'ennemi du salut, le démon ; il est rendu en grec par διάβολος, celui qui nous croise et nous traverse.

Il est dit dans l'Ecriture que ceux qui sont dans les ténèbres de l'idolâtrie sont sous la puissance de *Satan. Apoc.*, c. II, v. 14, les profondeurs de *Satan* sont les erreurs des nicolaïtes, qu'ils cachaient sous une mystérieuse profondeur. Saint Paul, *I Cor.*, c. v, v. 5, livre l'incestueux de Corinthe à *Satan,* c'est-à-dire à la haine des fidèles, parce qu'il le retranche de leur société et ne veut plus que l'on ait de commerce avec lui. Enfin les opérations de *Satan, II Thess.*, c. II, v. 9, sont de faux prodiges employés par des imposteurs pour séduire les simples et les entraîner dans l'idolâtrie. *Voy.* DÉMON.

SATISFACTION, est l'action de payer une dette ou de réparer une injure : un débiteur satisfait son créancier lorsqu'il lui rend ce qu'il lui devait : celui qui en a offensé un autre le satisfait en réparant l'injure qu'il lui a faite. Lorsque le payement est égal à la dette, et la réparation proportionnée à l'injure, la *satisfaction* est rigoureuse et proprement dite ; elle ne le serait pas dans le cas où le créancier voudrait par pure bonté se contenter d'une somme moindre que celle qui lui est due, et où l'homme offensé consentirait, par un motif de compassion, à pardonner l'injure qu'il a reçue par une légère réparation.

Il y a une dispute importante entre les catholiques et les sociniens, pour savoir si Jésus-Christ a satisfait à la justice divine pour la rédemption du genre humain, et en quel sens. Les sociniens conviennent en apparence que Jésus-Christ a satisfait à Dieu pour nous ; mais ils abusent du terme de *satisfaction,* en le prenant dans un sens impropre et métaphorique. Ils entendent par là que Jésus-Christ a rempli toutes les conditions qu'il s'était imposées lui-même pour opérer notre salut, qu'il a obtenu pour nous une rémission gratuite de la dette que nous avions contractée envers Dieu par nos péchés ; qu'il s'est imposé à lui-même des peines pour montrer ce que nous devons souffrir pour obtenir le pardon de nos crimes ; qu'il nous a fait voir, par son exemple et par ses leçons, le chemin qu'il faut tenir pour arriver au ciel ; enfin qu'en mourant avec résignation à la volonté de Dieu, il nous a fait comprendre que nous devons accepter la mort de même pour expier nos péchés. — Il est évident que ce verbiage est un tissu de contradictions qui se réfute par lui-même. 1° Si l'une des conditions que Jésus-Christ s'est imposées pour opérer notre salut a été de mourir pour nous, il s'ensuit qu'en subissant la mort il a porté la peine que nous méritions : or, voilà précisément ce que c'est que *satisfaire.* 2° Comment peut-on appeler *gratuite* la rémission de nos dettes, dès qu'il a fallu que Jésus-Christ mourût pour l'obtenir, et qu'il faut encore que nous souffrions et nous mourions nous-mêmes, pour obtenir le pardon? 3° Si Jésus-Christ n'est pas mort en qualité de notre répondant, de notre caution, de victime chargée de nos péchés, il est mort injustement ; alors son exemple ne peut nous servir de rien, sinon à nous faire murmurer contre la Providence, qui a permis qu'un innocent fût mis à mort sans l'avoir mérité. 4° Dans ce cas, quel sujet avons-nous d'espérer qu'après que nous aurons accepté avec résignation les souffrances et la mort, Dieu daignera encore nous pardonner? 5° Pour prouver que Jésus-Christ n'a pas pu être notre victime, les sociniens objectent qu'il y aurait de l'injustice à punir un innocent pour des coupables, et ils supposent que Dieu a permis la mort de Jésus-Christ, quoiqu'il ne fût ni coupable ni victime, pour des coupables.

Ces sophistes subtils avouent encore que Jésus-Christ est le Sauveur du monde, mais par ses leçons, par ses conseils, par ses exemples, et non par le mérite ou par l'efficacité de sa mort. En confessant que Jésus-Christ est mort pour nous, ils entendent qu'il est mort pour notre avantage, pour notre utilité, et non pas qu'il est mort à notre place, en supportant la peine que nous devions porter pour nos péchés. Ils oublient que Jésus-Christ est non-seulement le Sauveur, mais encore le *Rédempteur* du monde; or, sous ce mot nous avons fait voir qu'appeler la mort de Jésus-Christ, ainsi envisagée, *une rédemption,* un rachat, c'est abuser grossièrement des termes et prêter aux écrivains sacrés un langage insidieux qui serait un piège d'erreur.

Pour réfuter tous ces subterfuges, nous disons, conformément à la croyance catholique, que Jésus-Christ a satisfait à Dieu son Père proprement et rigoureusement pour les péchés des hommes, en lui payant pour leur rachat un prix non-seulement équivalent, mais encore surabondant, savoir, le prix infini de son sang ; 2° qu'il est leur Sauveur, non-seulement par ses leçons, ses conseils, ses promesses, ses exemples, mais par ses mérites et par l'efficacité de sa mort; 3° qu'il est mort non-seulement pour notre avantage, mais au lieu de nous, à notre place, en supportant une mort cruelle, au lieu du supplice éternel que nous méritions. En effet, le péché étant tout à la fois une dette que nous avons contractée envers la justice divine, une inimitié entre Dieu et l'homme, une désobéissance qui nous rend dignes de la mort éternelle, Dieu est, à tous ces égards et par rapport à nous, un créancier à qui nous devons, une partie offensée qu'il faut apaiser, un juge redoutable qu'il est question de fléchir. La *satisfaction* rigoureuse doit donc être tout à la fois le payement de la dette, l'expiation du crime, le moyen de fléchir la justice divine. Comme nous étions par nous-mêmes incapables d'une pareille *satisfaction*, nous avions besoin, 1° d'une caution qui se chargeât de notre dette et qui l'acquittât pour nous; 2° d'un médiateur qui obtînt grâce pour nous; 3° d'un prêtre et d'une victime qui se substituât à notre place et expiât nos péchés par ses souffrances. Or, c'est ce que Jésus-Christ a complétement fait : ainsi l'enseignent les livres saints.

Nous l'avons déjà prouvé au mot RÉDEMPTEUR, et nous avons fait voir le vrai sens de ce terme; nous devons encore démontrer que la *rédemption* du monde a été opérée par voie de *satisfaction*, et non autrement, et que les interprétations des sociniens sont toutes fausses. 1° Le prophète Isaïe, c. LIII, dit du Messie : *Il a été froissé pour nos crimes; le châtiment qui doit nous donner la paix est tombé sur lui, et nous avons été guéris par ses blessures...... Dieu a mis sur lui l'iniquité de nous tous....... Il a été frappé pour les crimes du peuple..... Il donne sa vie pour le péché..... Il s'est livré à la mort, et il a porté les péchés de la multitude.* Il n'est pas ici question d'un maître ou d'un docteur qui instruit les hommes, qui leur donne des conseils et des exemples, qui leur fait des promesses ou qui intercède pour eux, mais d'une caution, d'une victime qui porte la peine due aux coupables, par conséquent qui tient leur place et qui satisfait pour eux. — 2° Le langage est le même dans le Nouveau Testament. Partout où saint Paul parle de rédemption, il a grand soin de nous apprendre en quoi consiste celle que Jésus-Christ a faite : *Nous avons en lui*, dit-il, PAR SON SANG, *une rédemption qui est la rémission des péchés* (Ephes. I, 7; Coloss. I, 14). *Nous sommes justifiés par la rédemption qui est en Jésus-Christ, que Dieu a établi notre propitiateur par la foi,* DANS SON SANG, *pour montrer la justice par la rémission des péchés* (Rom. III, 24). C'est donc en répandant son sang, et non autrement, que Jésus-Christ nous a rachetés, qu'il a été notre rédempteur et notre propitiateur; et Dieu, en nous pardonnant, a montré sa justice : or, il ne l'aurait pas montrée si elle n'avait pas été *satisfaite*. 3° C'est pour cela même qu'il est dit, *Matth.*, c. XX, v. 28, que Jésus-Christ a donné sa vie pour la rédemption de la multitude; et, *I Tim.*, c. II, v. 6, qu'il s'est livré pour la rédemption de tous; *I Cor.*, c. VI, v. 20, que nous avons été rachetés par un grand prix. *Ce rachat*, dit saint Pierre, *n'a point été fait à prix d'argent, mais par le sang de l'Agneau sans tache, qui est Jésus-Christ* (*I Petr.* I, 18). Les bienheureux lui disent, dans l'*Apoc.*, c. V : *Vous nous avez rachetés à Dieu par votre sang.* Or, celui qui rachète un esclave ou un criminel, en payant pour lui non-seulement un prix équivalent, mais surabondant, ne *satisfait*-il pas en toute rigueur? 4° L'Apôtre ne s'exprime pas autrement en parlant de la réconciliation ou du traité de paix conclu par Jésus-Christ entre Dieu et les hommes. Il dit, *Rom.*, c. V, v. 10 : *Lorsque nous étions ennemis de Dieu, nous avons été réconciliés avec lui* PAR LA MORT *de son Fils. Dieu*, dit-il ailleurs, *était en Jésus-Christ, se réconciliant le monde et pardonnant les péchés...... il a fait pour nous victime du péché celui qui ne connaissait pas le péché* (*II Cor.* V, 19 et 21). Il écrit aux Ephésiens, c. II, v. 13 : *Vous avez été rapprochés de Dieu* PAR LE SANG *de Jésus-Christ ; c'est lui qui est notre paix...... Il l'a conclue en réconciliant à Dieu par* SA CROIX *les deux peuples en un seul corps.* Coloss., c. I, v. 19 : *Il a plu à Dieu...... de se réconcilier toutes choses par Jésus-Christ, et de pacifier* PAR LE SANG DE SA CROIX *tout ce qui est dans le ciel et sur la terre*; c. II, v. 14 : *Jésus-Christ a effacé la cédule du décret qui nous condamnait, et l'a fait disparaître en l'attachant à la croix.* Il n'était pas possible d'exprimer en termes plus énergiques la manière dont Jésus-Christ nous a réconciliés avec Dieu : n'a-t-il pas été seulement en nous rendant meilleurs par sa doctrine, par ses exhortations, par ses exemples, ni en obtenant grâce pour nous par ses prières, mais ç'a été par sa mort, par son sang, par sa croix ; donc ç'a été en portant la peine que nous avions méritée et que nous devions subir. 5° Jésus-Christ est appelé l'Agneau de Dieu qui ôte le péché du monde, *Joan.*, c. I, v. 29 ; *I Petr.*, c. I, v. 19 ; *Apoc.*, c. V, v. 7, etc. Il est dit qu'il a été fait victime du péché, *II Cor.*, c. V, v. 21 ; qu'il est entré dans le sanctuaire par son propre sang, et a fait ainsi un rachat éternel ; que c'est une victime meilleure que les anciennes ; qu'il s'est montré comme victime pour détruire le péché, etc., *Hébr.*, c. IX, v. 12, 23, 26. Or, les victimes et les sacrifices offerts pour le péché n'étaient-ils pas une amende et une *satisfaction* payées à la justice divine? 6° Si le ministère de Jésus-Christ s'était borné à nous donner des leçons et des exemples, à nous montrer le chemin que nous devons suivre, à nous faire des promesses, à intercéder pour nous, ce serait très-mal à propos qu'il serait appelé *prêtre et pontife* de la loi nouvelle, que sa mort serait un *sacrifice*, et que ses fonctions seraient nommées un *sacerdoce*, *Hebr.*, c. VII, v. 17, 24, 26. Tout pontife, dit saint Paul, est établi pour offrir des dons, des victimes et des sacrifices pour le péché, c. V, v. 1; c. VII, v. 3. Or, Jésus-Christ l'a fait une fois en s'offrant lui-même, c. VII, v. 27. Il n'est pas permis de prendre les termes de saint Paul dans un sens métaphorique et abusif, lorsque l'Apôtre en fait voir la justesse dans le sens propre : il ne dit point que Jésus-Christ est mort pour attester la vérité de sa doctrine et de ses promesses, mais *pour détruire le péché*, pour absorber les péchés de la multitude, pour purifier nos consciences, pour nous sanctifier par l'oblation de son corps, *ibid.*, c. IX et X, etc. Comment, sinon par voie de mérite et de *satisfaction*? Mais les protestants, en s'obstinant à soutenir que tout le sacerdoce de la loi nouvelle consiste à présenter à Dieu des victimes spirituelles, des vœux, des prières, des louanges, des actions de grâces, ont appris aux sociniens à prétendre que le sacerdoce de Jésus-Christ ne s'est pas étendu plus loin.

Il serait inutile de prouver que, dès la naissance du christianisme, les Pères de l'Eglise ont entendu comme nous les passages de l'Ecriture que nous venons de citer ; Socin lui-même est convenu que, s'il faut consulter la tradition, l'on est forcé de laisser la victoire aux catholiques ; Petau, *de Incarn.*, l. 12, c. 9. Grotius a fait un recueil des passages des Pères, Basnage y a joint ceux des Pères apostoliques et des docteurs du second et du troisième siècle, *Histoire de l'Eglise*, l. xi, c. 1, § 5.

Une preuve non moins frappante de la vérité de notre croyance, ce sont les conséquences impies qui s'ensuivent de la doctrine des sociniens. 1° Si Jésus-Christ n'était mort que pour confirmer sa doctrine, il n'aurait rien fait de plus que ce qu'ont fait les martyrs qui ont versé leur sang pour attester la vérité de la foi chrétienne : or, personne ne s'est avisé de dire qu'ils ont souffert et qu'ils sont morts pour nous, ni qu'ils ont satisfait pour nos péchés, ni que ce sont des victimes de notre rédemption, etc. Ils ont cependant souffert pour notre avantage, pour notre utilité, pour confirmer notre foi, pour nous donner l'exemple, pour nous montrer la voie qu'il faut suivre si nous voulons arriver au ciel. 2° En adoptant le sens des sociniens, on ne peut pas plus attribuer notre rédemption à la mort de Jésus-Christ qu'à ses prédications, à ses miracles, à toutes les actions de sa vie, puisque toutes ont eu pour but notre intérêt, notre utilité, notre instruction, notre salut ; cependant les auteurs sacrés n'ont jamais dit que nous avons été rachetés par les différentes actions de Jésus-Christ, mais par ses souffrances, par son sacrifice, par son sang, par sa croix. 3° Ils attribuent constamment notre réconciliation avec Dieu à cette mort comme cause efficiente et méritoire, et non comme cause exemplaire de la mort que nous devons souffrir pour l'expiation du péché. Il est écrit que la mort est la peine et le salaire du péché ; mais il n'est dit nulle part qu'elle l'efface, qu'elle l'expie, qu'elle nous réconcilie avec Dieu : notre mort ne peut donc opérer cet effet que par une vertu qui lui vient d'ailleurs, et qu'elle emprunte de la mort de Jésus-Christ. 4° La doctrine des sociniens attaque directement le dogme du péché originel et de ses effets à l'égard de tous les enfants d'Adam. Car enfin, si tous les hommes naissent coupables de ce péché, exclus par conséquent de la béatitude éternelle, il a fallu une rédemption, une réparation, une satisfaction présentée à la justice divine pour les rétablir dans le droit et leur rendre l'espérance d'y parvenir. S'il n'en fallait point, Jésus-Christ est mort en vain ; ses souffrances, son sacrifice,

n'étaient aucunement nécessaires ; tous ceux qui ne le connaissent point, qui ne peuvent profiter de ses exemples, sont sauvés sans lui, et sans qu'il ait aucune part à leur salut. Dans cette hypothèse, que signifient tous les passages dans lesquels il est dit qu'il a plu à Dieu de tout réparer, de tout réconcilier, de tout sauver par Jésus-Christ ; qu'il est le Sauveur de tous les hommes, surtout des fidèles ; qu'il est la victime de propitiation non-seulement pour nos péchés, mais pour ceux du monde entier, etc. ? Il s'ensuit encore que Jésus-Christ n'a rien mérité en rigueur de justice, que le nom de *mérite* est aussi abusif et aussi faux en parlant de lui qu'en parlant des autres hommes. Ainsi encore les protestants, en soutenant que les justes ne peuvent rien mériter, ont fourni des armes aux sociniens, pour enseigner qu'en Jésus-Christ même il n'y a aucun mérite proprement dit. 5° Enfin, comme une des principales preuves de la divinité de Jésus-Christ employées par les Pères de l'Eglise, a été de montrer que, pour racheter le genre humain, il fallait une *satisfaction* d'un prix et d'un mérite infinis, par conséquent les mérites et les *satisfactions* d'un Dieu ; en niant cette vérité, les sociniens se sont frayé le chemin à nier la divinité de Jésus-Christ. Ainsi s'enchaînent les erreurs, et tels sont les progrès ordinaires de l'impiété. Nous ne connaissons point d'objections des sociniens contre les *satisfactions* de Jésus-Christ, qui n'aient été faites par les protestants contre les *satisfactions* des pécheurs pénitents : nous y répondrons par l'article suivant.

Les théologiens mettent en question si Jésus-Christ, étant un seul Dieu avec son Père, s'est satisfait à soi-même en satisfaisant à son Père ; pourquoi non ? il suffit pour cela que Jésus-Christ puisse être envisagé sous différents rapports : puisqu'il y a en lui deux natures, deux volontés, deux sortes d'opérations, rien n'empêche de dire que, sous un certain rapport, il a été *satisfaisant*, et que sous un autre il a été *satisfait*. En lui ce n'est point Dieu qui a satisfait à l'homme, mais c'est l'homme qui a satisfait à Dieu. Witasse, *de Incarn.*, part. II, quæst. 10, art. 1, section 1, etc.

SATISFACTION SACRAMENTELLE. Au mot PÉNITENCE, nous avons fait voir que, pour pardonner le péché, Dieu exige des coupables un repentir sincère : or, le regret d'avoir offensé Dieu ne serait pas sincère, s'il ne renfermait une ferme résolution d'éviter à l'avenir les péchés, et de réparer autant qu'il est possible les suites et les effets de ceux que l'on a commis, par conséquent de satisfaire à Dieu pour l'injure qu'on lui a faite, et au prochain pour le tort qu'on lui a causé. Conséquemment les théologiens entendent sous le nom de *satisfaction*, un châtiment ou une punition volontaire que l'on exerce contre soi-même, afin de réparer l'injure que l'on a faite à Dieu et le tort que l'on a causé au prochain ; et, selon la foi catholique, cette disposition fait partie essentielle du sacrement de pénitence. Les œuvres satisfactoires sont la prière, le jeûne, les aumônes, la mortification des sens, toutes les pratiques de piété et de religion faites avec le secours de la grâce et par un motif de contrition.

Sur ce point, le concile de Trente a exposé la doctrine catholique de la manière la plus exacte. Il enseigne que Dieu, en pardonnant le pécheur et en lui remettant la peine éternelle due au péché, ne le dispense pas toujours de subir une peine temporelle. « La justice divine semble exiger, dit-il, que Dieu reçoive plus aisément en grâce ceux qui ont péché par ignorance avant le baptême, que ceux qui, après avoir été délivrés de la servitude du démon et du péché, ont osé violer en eux le temple de Dieu et contrister le Saint-Esprit avec une pleine connaissance. Il est de la bonté divine de nous pardonner les péchés, de manière que ce ne soit pas pour nous une occasion de les regarder comme des fautes légères, d'en commettre bientôt de plus grièves, et de nous amasser ainsi un trésor de colère. Il est hors de doute que les peines satisfactoires nous détournent fortement du péché, mettent un frein à nos passions, nous rendent plus vigilants et plus attentifs pour l'avenir ; elles détruisent les restes du péché et les habitudes vicieuses, par les actes des vertus contraires.... Lorsque nous souffrons en satisfaisant pour nos péchés, nous devenons conformes à Jésus-Christ qui a satisfait lui-même, et duquel vient toute la valeur de ce que nous faisons... Les prêtres du Seigneur doivent donc faire en sorte que la *satisfaction* qu'ils imposent ne soit pas seulement un préservatif pour l'avenir et un remède contre la faiblesse du pécheur, mais encore une punition et un châtiment pour le passé.... La miséricorde divine est si grande, que nous pouvons par Jésus-Christ satisfaire à Dieu le Père, non-seulement par les peines que nous nous imposons pour venger le péché, et par celles que le prêtre nous enjoint, mais encore par les fléaux temporels qui nous sont envoyés de Dieu, et que nous supportons avec patience. » *Sess.* 14, *de Pœnit.*, c. 8 et 9, et can. 12, 13 et 14.

Comme toute cette doctrine est directement contraire à celle des protestants, ils l'ont attaquée de toutes leurs forces ; Daillé a fait sur cette question un traité fort étendu, *de Pœnis et satisfactionibus humanis*, qui nous a paru un chef-d'œuvre de l'art sophistique et de l'entêtement de système. Il attaque d'abord le principe sur lequel se fonde le concile de Trente, savoir, qu'en remettant au pécheur la peine éternelle qu'il avait encourue par ses crimes, Dieu ne le dispense pas ordinairement de subir une peine temporelle. Pour prouver le contraire, il soutient, l. 1, c. 1, que les souffrances des justes en cette vie ne sont ni des peines proprement dites, ni des punitions, mais des épreuves de notre foi, des remèdes à notre faiblesse, des exercices de notre piété. Selon lui, les peines proprement dites sont celles qui sont infligées pour satisfaire la justice vengeresse ;

celui qui punit ainsi un coupable n'a aucun égard à son repentir. Dieu, au contraire, est toujours touché et désarmé par le repentir de l'homme ; les souffrances dont il l'afflige sont des peines paternelles et médicinales, et non une vengeance du péché. Cependant, continue Daillé, on les nomme *peines* dans un sens impropre, 1° parce qu'elles étaient infligées autrefois comme une vengeance à ceux qui avaient violé la loi de Dieu ; 2° parce que ce sont encore des peines vengeresses pour les impies ; 3° parce qu'elles sont amères aux justes aussi bien qu'aux réprouvés ; 4° parce que c'est Dieu qui les envoie aux uns et aux autres ; 5° parce que souvent le péché en a été l'occasion, *même pour les justes* ; ainsi Dieu les châtie *de ce qu'ils ont péché*, et il les instruit pour qu'ils ne pèchent plus. Cette dernière raison nous paraît une contradiction formelle avec tout ce qui a précédé.

D'autre part, les théologiens catholiques prouvent la doctrine du concile de Trente, en premier lieu, par l'exemple du premier pécheur, d'Adam lui-même. Avant de le punir, Dieu prononça la malédiction contre le serpent, et lui déclara que la race de la femme lui écraserait la tête, *Gen.*, cap. III, v. 15. Les plus habiles interprètes, même protestants, ne font aucune difficulté de reconnaître dans ces paroles une promesse de la rédemption, par conséquent le pardon de la peine éternelle accordé à l'homme pécheur ; l'auteur du livre de la *Sagesse* le suppose ainsi, c. X, v. 2. Cependant Dieu condamne Adam à une peine temporelle, au travail, aux souffrances, à la mort ; il lui en dit la cause : *Parce que tu as mangé du fruit que je t'avais défendu*. N'importe : Daillé soutient, l. I, c. 4. que la mort n'est point une *peine* du péché originel dans ceux en qui ce péché a été effacé par le baptême ; c'est, dit-il, 1° un acte de vertu et de courage comme dans les martyrs ; 2° dans ce cas et dans plusieurs autres, c'est un exemple très-utile à l'Eglise ; 3° c'est quelquefois un bienfait, témoin le juste duquel l'Ecriture dit qu'il a été enlevé de ce monde, de peur que la malice et la séduction ne corrompissent son esprit et son cœur ; 4° c'est aussi quelquefois un *châtiment*, comme dans ceux desquels saint Paul déclare qu'ils étaient frappés de maladie et de mort, *pour avoir communié indignement*. I Cor., c. II, v. 30. Voici encore une observation contradictoire au principe de Daillé.

Nous lui demandons, 1° quelle différence il peut mettre entre un *châtiment* et une *peine* proprement dite ; les auteurs sacrés usent indifféremment de ces deux termes ; Job parle des *peines* des innocents, et nomme ainsi ses propres souffrances, c. IX, v. 23 ; c. X, v. 17 ; c. XVI, v. 11. Saint Jean dit que la crainte est une *peine*, ou est accompagnée de *peines*, I Joan., c. IV, v. 18, etc. Dans une infinité d'endroits les *châtiments* des pécheurs sont appelés les *vengeances* de Dieu, quoiqu'ils servent souvent à les corriger ; donc la distinction que fait Daillé entre les *peine*-

vengeresses et les *peines médicinales* est illusoire : corrigera-t-il le langage des écrivains sacrés ? Il s'ensuit seulement que Dieu, par miséricorde, change ses vengeances en remèdes, et que l'un n'empêche pas l'autre. 2° Nous lui demandons : Supposé que Adam n'eût pas péché, Dieu nous ferait-il mourir pour nous faire exercer un acte de courage, pour donner un exemple utile, pour empêcher que nous ne devinssions méchants, etc. ? Daillé sans doute n'osera pas le soutenir contre le texte formel de l'Ecriture : *Parce que tu as mangé du fruit que je t'avais défendu, tu seras réduit en poussière.* Donc la mort est une *peine* proprement dite et une *vengeance* du péché, quoique Dieu l'ait changée en une correction paternelle, en remède et en exercice de vertu, comme l'ont remarqué les Pères de l'Eglise. 3° Dieu a eu égard au repentir d'Adam, quant à la peine éternelle qu'il avait méritée, mais il n'y a point eu d'égard quant à la peine temporelle et à la mort à laquelle il l'a condamné ; donc celle-ci est tout à la fois une peine vengeresse, aussi bien que correctionnelle et médicinale. Ainsi, sous cet aspect, la différence que Daillé veut mettre entre l'une et l'autre se trouve encore fausse. 4° Si un châtiment quelconque n'est plus une peine vengeresse ni une peine proprement dite, dès qu'il peut servir à l'utilité d'autrui, il s'ensuit que la mort dont Dieu punit quelquefois les impies, ne doit point être regardée comme une vengeance ni comme une punition proprement dite, puisqu'elle peut servir et qu'elle sert souvent à effrayer d'autres pécheurs et à les retirer du désordre, que les justes y trouvent un motif de plus de persévérer dans le bien. La damnation même des réprouvés peut produire ces deux derniers effets ; il n'y aurait donc plus aucune espèce de peines purement vengeresses ni en ce monde ni en l'autre. 5° Supposons pour un moment la justesse et la solidité de la distinction sur laquelle Daillé croit se mettre à l'abri ; accordons-lui que les afflictions par lesquelles Dieu éprouve, exerce, corrige les pécheurs pardonnés, ne sont pas des peines proprement dites ; en sera-t-il moins vrai que ce sont des *satisfactions*, qu'il est utile au pécheur pardonné de s'éprouver, de s'exercer, de se corriger soi-même par des souffrances volontaires, lorsque Dieu ne le fait pas d'ailleurs ? Dans cette hypothèse même il n'y aurait encore rien à réformer dans la pratique de l'Eglise ; il ne faudrait changer tout au plus que quelques expressions dans son langage, qui est cependant celui des auteurs sacrés ; au lieu de dire *satisfactions, pénitences, peines satisfactoires*, il faudra dire *épreuves, corrections, peines médicinales* ; mais l'Eglise ne sera pas moins en droit de retenir la chose, en épurant son langage. Cette grande réforme valait-elle la peine de faire autant de bruit qu'en ont fait les protestants, et de donner un scandale aussi éclatant que l'a été leur schisme ? 6° Ils n'oseraient nier que les souffrances et la mort de Jésus-Christ n'aient été des peines proprement dites ; en effet, elles ont eu pour objet de venger les droits de la justice divine et de réparer l'injure faite à Dieu par le péché, aussi bien que de corriger les hommes, de leur donner un grand exemple, de les encourager à souffrir, etc. Ce sont des *satisfactions* ou des *peines satisfactoires* dans toute la rigueur du terme : les protestants en conviennent. Pourquoi n'en serait-il pas de même des souffrances des justes, formées sur le modèle de celles de Jésus-Christ, et qui en empruntent toute leur valeur comme le concile de Trente l'a enseigné ?

Un second exemple tiré de l'Ecriture, et allégué par nos théologiens contre les protestants, est celui de David. Lorsqu'il se fut rendu coupable d'adultère et d'homicide, le prophète Nathan vint lui dire de la part du Seigneur : *Parce que vous avez fait le mal en ma présence,...... le glaive demeurera suspendu sur votre maison.... Je vous punirai par votre famille*, etc. David répond : *J'ai péché contre le Seigneur.* Nathan lui réplique : *Le Seigneur a transporté votre péché ; vous ne mourrez point : mais, parce que vous avez donné lieu aux ennemis du Seigneur de blasphémer contre lui, l'enfant qui vous est né mourra*, II *Reg.*, c. XII, v. 9. En effet cet enfant mourut, et bientôt après le Seigneur exécuta ses menaces par la révolte d'Absalon, c. XVI, v. 12. Voilà, dirons-nous, un cas dans lequel Dieu pardonne à un pécheur et lui remet la peine de mort, se réservant de le punir par des peines temporelles.

Mais Daillé soutient, après Calvin son maître, que les peines dont le Seigneur menaça David regardaient le futur plutôt que le passé ; qu'ainsi c'étaient des peines paternelles, médicinales, correctionnelles, et non des peines vengeresses et proprement dites, liv. 1, c. 3. Il reste à savoir à qui nous devons plutôt croire, à Daillé et à Calvin, ou à l'auteur sacré qui ne parle que du passé : *Parce que vous avez fait le mal en ma présence, que vous avez fait blasphémer les ennemis du Seigneur*, etc. Il ne tenait qu'à lui de dire : *Afin de vous rendre plus sage dans la suite, afin de faire un exemple frappant pour vos sujets, afin de mettre votre foi à l'épreuve*, etc. ; il n'en est pas question. Mais en appelant toujours à l'Ecriture sainte, nos adversaires ne sont réservé le droit de ne point écouter ce qu'elle dit, et de lui faire dire ce qu'elle ne dit point.

Il en est de même d'une autre faute que commit David en faisant faire le dénombrement de ses sujets : pénétré de repentir, il en demanda pardon à Dieu ; cependant il en fut puni par une contagion de trois jours qui enleva soixante et dix mille âmes, II *Reg.*, c. XXIV, v. 10 et suiv. Daillé raisonne de ce fait comme du précédent, sans donner aucune nouvelle raison ; son verbiage n'a pour but que de distraire le lecteur du fond de la question. Il ne s'agit pas de savoir si la contagion de laquelle ces milliers d'Israélites ont été frappés, a été utile à plusieurs, par conséquent si elle a été correctionnelle ; mais si elle a cessé pour cela d'être une punition ou une vengeance du péché. Or, nous soutenons qu'elle a été l'une et l'autre, et qu'il en est de même de la plupart des fléaux que Dieu fait tomber sur les pécheurs.

Un troisième exemple, duquel Daillé a cherché à esquiver les conséquences, ch. v, est la punition des Israélites pour avoir adoré le veau d'or. Dieu voulait d'abord les exterminer, *Exod.*, c. XXII, v. 10, Moïse demanda grâce pour eux et l'obtint : *Le Seigneur fut apaisé, et ne fit point à son peuple le mal dont il l'avait menacé*, v. 14. Cependant trois mille personnes, ou, selon notre version, vingt-trois mille personnes furent mises à mort pour ce crime, v. 28. Et quoique Moïse demandât grâce une seconde fois, Dieu déclara qu'au jour de la vengeance il punirait encore ce forfait de son peuple, v. 34. Daillé soutient que ce fut une punition proprement dite, une peine vengeresse; qu'il est faux que Dieu ait pardonné à ces coupables leur faute ni la peine éternelle qu'ils avaient méritée. On a beau lui demander comment il sait que ces mots, *le Seigneur fut apaisé*, ne signifient pas que Dieu remit à ces idolâtres la peine principale ; qui lui a dit que tous ceux que l'on égorgea furent damnés ? Il le suppose, parce que cela est utile à son système. Cependant il y aurait encore plus de témérité à soutenir que cette exécution sanglante ne servit pas à intimider le reste du peuple, à lui inspirer du repentir, puisque, sur une nouvelle réprimande du Seigneur, toute cette multitude fondit en larmes, se dépouilla de ses habits, et attendit en tremblant ce que Dieu lui réservait, c. III, v. 4. La punition de ceux qui avaient été tués fut donc utile aux autres. Or, Daillé ne veut pas que l'on nomme *peine vengeresse*, peine proprement dite, celle qui peut être salutaire à quelqu'un ; donc il est ici en contradiction avec lui-même. Ainsi il soutient que la punition des murmurateurs qui voulaient retourner en Égypte plutôt que de faire la conquête de la terre promise, *Num.*, c. XIV, v. 1, ne fut point une peine vengeresse, parce qu'elle servit d'exemple à leurs enfants et à leur postérité, l. 1, c. 5. Peut-on raisonner si différemment dans un même chapitre, sur deux faits si parfaitement semblables? Il pense de même au sujet de la mort d'Aaron, rapportée *Num.*, c. XX, v. 24 ; de celle de Moïse, *Deut.*, c. XXXII, v. 50 ; de celle du prophète qui fut dévoré par un lion pour avoir transgressé l'ordre de Dieu, *III Reg.*, c. XIII, v. 24. Ce furent, dit-il, des châtiments paternels, et non des punitions des fautes que ces divers personnages avaient commises.

Il pousse encore l'aveuglement plus loin sur un quatrième exemple tiré de saint Paul, *I Cor.*, c. II, v. 30, où il est dit : *Celui qui reçoit l'eucharistie indignement, mange et boit son jugement, ne discernant point le corps du Seigneur.* C'EST POUR CELA *que plusieurs parmi vous sont malades, languissants et meurent. Si nous nous jugions nous-mêmes, nous ne serions pas ainsi jugés ; mais lorsque nous sommes jugés, nous sommes châtiés par le Seigneur, afin de ne pas être damnés avec ce monde.* L'Apôtre n'écrit point, dit Daillé, c. 6, que ces gens-là ont été frappés de mort en punition de leur péché ; il assure au contraire qu'ils ont été châtiés, afin de ne pas être damnés avec ce monde. Que signifie donc ce mot, *c'est pour cela* (ideo) ? le texte est formel, διὰ τοῦτο, *propter hoc.* Il est absurde de soutenir que la peine de mort infligée à cause du péché, n'est pas une punition du péché, que ce n'est pas une peine vengeresse, parce que c'est une expiation, et de ne vouloir donner qu'à la première le nom de *satisfaction*.

Il est évident, par les exemples mêmes que nous venons de citer, qu'à la réserve de la mort en état de péché et de la damnation qui s'ensuit, tout autre châtiment, toute autre peine que Dieu envoie à celui qui a péché, est tout à la fois une punition ou une vengeance du péché, une *satisfaction* ou une expiation, et une correction paternelle, une épreuve pour la vertu, une occasion de mérite pour le coupable. La distinction forgée par les protestants entre ces deux caractères, comme si l'un était opposé à l'autre, est absolument chimérique ; ils ne l'ont imaginée que pour tordre le sens des passages de l'Écriture qu'on leur oppose, et pour en esquiver les conséquences. Or, cette distinction une fois détruite, leur doctrine, touchant les *satisfactions* humaines n'a aucun fondement, et le gros livre de Daillé ne prouve plus rien. Ils ont encore plus de tort de convenir d'un côté que les peines que Dieu envoie aux pécheurs pardonnés servent à éprouver leur foi, à exercer leur patience, à détruire leurs mauvaises habitudes, à perfectionner leur vertu, et de soutenir de l'autre, que ce n'est pas pour eux un sujet de *mérite*; que l'homme ne peut rien *mériter* ; qu'il n'y a point de *mérites* que ceux de Jésus-Christ. N'est-ce pas mériter que de se mettre dans le cas de recevoir une récompense pour avoir fait ce que Dieu commande ? Mais ici comme ailleurs, les protestants ont voulu réformer le langage humain pour autoriser leurs visions. *Voy.* MÉRITE.

En cinquième lieu, on leur cite vainement le mot de Daniel à Nabuchodonosor, c. IV, v. 24 : *Rachetez vos péchés par des aumônes ; peut-être que Dieu vous pardonnera vos fautes*; et celui de Jésus-Christ aux pharisiens, *Luc.*, c. XI, v. 41 : *Faites l'aumône, et tout sera pur pour vous.* Daillé dit que ces paroles sont seulement une exhortation faite à des hommes coupables d'injustice et de rapines, de changer de conduite, afin que Dieu ne les punisse pas. Mais si l'aumône a la vertu d'empêcher que Dieu ne punisse le péché, elle est donc *satisfactoire*; elle expie le péché. C'est tout ce que nous prétendons contre les protestants. Ces disputeurs infatigables nous opposent une foule d'objections ; mais ce sont toujours des passages de l'Écriture sainte dont ils forcent le sens, ou des termes équivoques dont ils abusent.

1° Suivant l'Ecriture, les péchés nous sont remis : or, ils ne le seraient pas si Dieu exigeait encore une peine ; il nous ordonne de remettre les dettes de nos frères, comme il nous remet les nôtres : oserions-nous dire que nous les remettons, que nous pardonnons, si nous exigeons une *satisfaction ?*— *Réponse.* Le péché est véritablement remis, lorsque Dieu nous fait grâce de la peine éternelle; c'est par miséricorde même et par bonté qu'il ne nous remet pas toute la peine temporelle, parce qu'il nous est utile de la subir. Pour nous, simples particuliers, sans autorité, il ne nous convient en aucun sens de nous faire justice à nous-mêmes ; mais lorsqu'un roi dit à un coupable : Tu as mérité la mort, je te fais grâce de la vie; cependant pour te corriger, je te condamne à six mois de prison, nous soutenons que c'est un véritable pardon, une grâce, une remise dans toute la propriété du terme. Puisque Daillé reconnaît que les châtiments de Dieu sont des bienfaits, l. II, c. 8 et 9, il est fort singulier qu'il les juge incompatibles avec un véritable pardon : pour que le péché nous soit censé remis, faut-il que Dieu nous prive d'une correction qui est un bienfait ?

2° Nous lisons dans l'Ecriture que Dieu ne nous impute point nos péchés, qu'il ne s'en souvient plus, que l'iniquité de l'impie ne lui nuira point dès qu'il se convertira, que nos péchés deviendront blancs comme la neige, qu'il ne reste aucune condamnation dans ceux qui sont en Jésus-Christ, que celui qui est justifié a la paix avec Dieu, etc. Comment accorder toutes ces expressions avec la nécessité de subir une peine temporelle après le péché pardonné?—*Réponse.* Très-aisément. Dieu ne nous impute point nos péchés quant à la peine éternelle que nous avons méritée; il change cette peine en une correction paternelle et méritoire : pouvons-nous nous plaindre? Encore une fois, il est absurde de soutenir que ce n'est plus une peine dès que c'est une correction, tout au contraire, ce n'est une correction que parce que c'est une peine. Dieu ne se souvient donc plus du péché pardonné, puisqu'il n'exige plus la grande peine, la peine éternelle qui était due au péché. Tobie le concevait ainsi, c. III, v. 2 : *Ne vous souvenez plus, Seigneur, de mes péchés, et ne tirez pas vengeance de mes fautes; toutes vos voies sont miséricorde, équité et jugement ou justice.* C'est donc une autre absurdité de prétendre qu'une peine exigée de Dieu n'est plus un acte de justice dès que c'est un trait de miséricorde. Dans tous les châtiments que Dieu exerce en ce monde, il est vrai de dire avec David, *Ps.* LXXXIV, v. 11 : *La miséricorde et l'équité se sont rencontrées, la justice et la paix se sont embrassées.* Dieu dit aux Juifs dans *Isaïe,* c. I, v. 16 : *Lavez-vous et purifiez-vous, cessez de faire le mal, apprenez à faire le bien, soyez équitables, soutenez l'opprimé, faites rendre justice au pupille, prenez la défense de la veuve; alors venez disputer contre moi : quand vos péchés seraient rouges comme l'écarlate, ils deviendront blancs comme de la neige.* Dieu n'attend pas toujours que tout cela soit fait pour pardonner, il tient compte et se contente de la volonté où l'on est de le faire. Mais lorsque le pardon a ainsi devancé les œuvres, est-on dispensé pour cela de les accomplir? Il en est de même des afflictions et des souffrances; avant le pardon, c'auraient été des peines : le pardon les rend méritoires, mais il ne leur fait point changer de nature. Quelle raison peut-on avoir d'envisager l'obligation de satisfaire ainsi à Dieu, comme un reste de condamnation qui peut troubler la paix que nous avons recouvrée avec Dieu? Ce n'est pas sans doute un malheur pour nous d'être condamnés à devenir des saints, à ressembler à Jésus-Christ souffrant, à mériter ainsi une augmentation de gloire et de bonheur dans le ciel ; c'est ce que saint Jean voulait, en faisant dire à Dieu, *Apoc.*, c. XXII, v. 11 : *Que le juste devienne encore plus juste, que celui qui est saint se rende encore plus saint; je vais venir bientôt, ma récompense est avec moi pour rendre à chacun selon ses œuvres.*

3° Depuis que Jésus-Christ a satisfait pour nos péchés, disent les protestants, c'est lui faire injure d'exiger que nous ajoutions encore des *satisfactions* aux siennes, comme si les siennes étaient insuffisantes, et que les nôtres pussent y ajouter un degré de valeur. —*Réponse.* Les protestants devraient objecter de plus avec les incrédules : Puisque Jésus-Christ a pratiqué tant de vertus et de bonnes œuvres, et qu'il a souffert tant de tourments pour nous mériter le ciel, il est fort étonnant que Dieu exige encore que nous achetions cette récompense par des vertus, par de bonnes œuvres, par des souffrances; cela suppose en Dieu une justice inexorable qui n'est jamais satisfaite et qui ressemble beaucoup à la cruauté. Notre prétendue sainteté peut-elle ajouter un nouveau degré de valeur à celle de Jésus-Christ? Après qu'il a tant prié, qu'est-il besoin de prier encore? Il est dit que Dieu, en nous livrant son propre Fils, nous a donné tout avec lui, *Rom.*, c. VIII, v. 2. Nous n'avons donc plus besoin de lui rien demander. Cependant saint Paul dit, dans le même chapitre, que Dieu a prédestiné ses élus à être conformes à l'image de son Fils ; que ce sont ceux-là qu'il a justifiés et qu'il a glorifiés, v. 29 et 30. Il dit aux fidèles : « Soyez mes imitateurs comme je le suis de Jésus-Christ, » *I Cor.*, c. IV, v. 16 ; c. XI, v. 1. C'est donc parce que Jésus-Christ a souffert que nous devons souffrir, parce qu'il a eu des vertus et des mérites que nous devons en avoir, et parce qu'il a satisfait pour les péchés que nous devons satisfaire pour les nôtres; il ne s'ensuit pas de là que nos prières, nos bonnes œuvres, nos mérites, nos *satisfactions,* peuvent ajouter un nouveau degré de valeur à ceux de Jésus-Christ. Il s'ensuit seulement que malgré les mérites infinis de ce divin Sauveur, le ciel doit toujours être une récompense, et non un don purement gratuit; que Dieu veut le donner à des saints, et non à des hommes vicieux, à des pécheurs repentants, et non à des criminels obstinés.

4°. Dieu, qui veut être adoré en esprit et en vérité, se contente de la pureté du cœur, il ne demande pas absolument des mortifications ; l'amendement de vie est la seule pénitence nécessaire. Les plus grands hypocrites sont ceux qui consentent le plus aisément à faire des austérités, parce que cela est plus aisé que de renoncer aux passions ; l'on croit expier tous les péchés sans avoir le cœur changé. Barbeyrac, *Traité de la morale des Pères de l'Eglise*, c. VIII, § 53.

—*Réponse.* A ce trait de satire nous pouvons en opposer d'autres. Les plus grands hypocrites sont ceux qui, sous prétexte d'adorer Dieu en esprit et en vérité, ne l'adorent ni intérieurement, ni extérieurement ; qui dépriment toutes les marques sensibles de culte, et qui voudraient les abolir parce qu'ils sentent que ce serait le plus sûr moyen de détruire toute religion. Tel est le masque sous lequel les incrédules ont toujours caché leur impiété ; il n'est pas honorable aux protestants de faire cause commune avec eux. Il est faux que Dieu ne demande pas absolument des mortifications et des marques sensibles de pénitence ; il ordonne aux Juifs par Isaïe, non-seulement le changement du cœur et de la conduite, mais de bonnes œuvres, des actes de justice, de charité, de compassion envers ceux qui souffrent, des secours et des services rendus à ceux qui ont besoin ; *Isaï.*, c. I, v. 16. Job faisait pénitence sous la cendre et la poussière, c. XLII, v. 6 ; David couvrait de cendre son pain et mêlait ses larmes à sa boisson, ps. CI, v. 10 ; Daniel ajoutait à ses prières le jeûne, le cilice et la cendre, c. IX, v. 3. Jésus-Christ, *Matth.*, c. XII, v. 41, loue la pénitence des Ninivites, qui fut accompagnée des mêmes signes extérieurs ; c, XI, v. 21, il dit que les Tyriens et les Sidoniens l'auraient imitée, s'il avait fait chez eux les mêmes miracles que dans la Judée. Saint Paul, *Galat.*, c. v, v. 24, déclare que ceux qui sont à Jésus-Christ ont crucifié leur chair avec ses vices et ses convoitises ; il n'est donc pas vrai que l'amendement de la vie soit la seule pénitence nécessaire. Pratiquer des austérités sans avoir la componction dans le cœur, et sans renoncer au crime, est un abus sans doute ; ne vouloir s'assujettir à aucune mortification, sous prétexte que l'on est repentant dans son cœur, c'en est un non moins répréhensible. Ne sait-on pas que les réformateurs ont blâmé même la contrition, le regret et le repentir du péché ? Ils ont ainsi proscrit toute espèce de pénitence, soit intérieure, soit extérieure. *Voy.* MORTIFICATION.

SATURNIENS, hérétiques du II° siècle, disciples de *Saturnin* ou *Saturnil*, philosophe d'Antioche. Quelques auteurs ont cru que celui-ci était disciple de Ménandre ; mais ce fait est incertain, puisque Ménandre a vécu sur la fin du premier siècle, au lieu que *Saturnin* n'a paru que vers l'an 120 ou 130, sous le règne d'Adrien, suivant le récit d'Eusèbe et de Théodoret. D'ailleurs le système de ces deux hérésiarques est différent à plusieurs égards. Aucun écrivain moderne n'a examiné de plus près que Mosheim celui de *Saturnin* ; voici comme il l'a conçu, *Hist. christ.*, sæc. II, § 44 et 45 ; et *Histoire ecclés.*, I° siècle, II° partie, c. 5, § 6. Ce philosophe, comme la plupart des Orientaux, admettait un Dieu suprême, intelligent, puissant et bon, mais inconnu aux hommes ; et une matière éternelle à laquelle présidait un esprit aussi éternel, méchant et malfaisant de sa nature. Du Dieu suprême étaient sortis, par émanation, sept esprits inférieurs qui, à l'insu du Dieu suprême, avaient formé le monde et les hommes, et qui s'étaient logés dans les sept planètes ; mais ces ouvriers impuissants n'avaient pu donner aux hommes qu'ils avaient formés qu'une vie purement animale, Dieu, touché de compassion, donna à ces nouveaux êtres une âme raisonnable, et laissa le monde sous le gouvernement des sept esprits qui en étaient les artisans. Un de ces esprits avait sous ses ordres la nation juive ; c'est lui qui en réglait la destinée, qui l'avait tirée de l'Egypte, et qui lui avait donné des lois ; c'est lui que les Juifs adoraient comme leur Dieu, parce que le vrai Dieu leur était inconnu. Mais l'esprit méchant et malfaisant qui dominait sur la matière, jaloux de ce que d'autres que lui avaient fait des corps animés, et de ce que Dieu y avait mis une âme bonne et sage, forma une autre espèce d'hommes auxquels il donna une âme méchante et semblable à lui ; sans doute il la tira de son propre sein, puisqu'il n'avait pas, non plus que le Dieu suprême, le pouvoir de créer. De là est venue la différence entre les hommes, dont les uns sont bons, les autres mauvais. D'autre part, le Dieu suprême, fâché de ce mélange, et de ce que les esprits gouverneurs du monde se faisaient adorer par les hommes, avait envoyé son Fils, sous l'apparence d'un homme, qui est Jésus-Christ, et revêtu d'un corps apparent pour faire connaître le vrai Dieu aux hommes doués d'une bonne âme, pour les ramener à son culte, pour détruire l'empire du dominateur de la matière et celui des sept esprits gouverneurs du monde, pour faire enfin remonter les bonnes âmes à la source dont elles étaient descendues.

Conséquemment à ces principes, *Saturnin* recommandait à ses disciples une vie austère. Persuadé que la matière est mauvaise par elle-même et que le corps est le principe de tous les vices, il voulait que l'on s'abstînt de manger de la chair et de boire du vin, nourritures trop substantielles, afin que l'esprit fût plus léger et plus libre de s'appliquer à la connaissance et au culte de Dieu ; il détournait du mariage par lequel se fait la procréation des corps. Nous ne savons pas sur quels livres ou sur quels monuments il fondait sa doctrine ; mais comme tous les autres gnostiques, il rejetait absolument l'Ancien Testament, qu'il regardait comme l'ouvrage d'un des esprits infidèles à

Dieu, ou comme celui de l'esprit pervers, dominateur de la matière.

Comme saint Irénée, Tertullien, Eusèbe, saint Epiphane, Théodoret, ne nous ont donné qu'une notice très-succincte des opinions de *Saturnin*, il y manque beaucoup de choses nécessaires pour les mieux concevoir ; et malgré les efforts que Mosheim a faits pour y mettre de la liaison, ce système ressemble plutôt à un rêve qu'à des raisonnements philosophiques. On voit qu'il avait été forgé pour rendre raison de l'origine du mal, question qui embarrassait tous les raisonneurs ; mais au lieu d'y satisfaire, il augmentait les difficultés à l'infini.

1° A l'article MANICHÉISME, § IV, nous avons fait voir qu'il est absurde de supposer deux êtres éternels, incréés, existants d'eux-mêmes, un seul est nécessaire ; la nécessité d'être ne peut être attribuée à plusieurs ; il n'y a pas plus de raison d'en supposer deux que d'en supposer mille. Une seconde absurdité est d'admettre un être nécessaire, incréé, existant de soi-même, et dont la nature est bornée ; rien ne peut être borné sans cause, et un être incréé n'a point de cause ; sa nature, ses attributs, son intelligence, son pouvoir, sont donc essentiellement infinis : il ne peut donc y en avoir deux dont l'un soit gêné par l'autre. Une troisième est de supposer la matière éternelle, incréée, nécessaire, de laquelle cependant la forme n'est pas nécessaire, et peut être changée par un autre être quelconque ; un être éternel et nécessaire est essentiellement immuable. — 2° Quand ces vérités ne seraient pas démontrées, il y aurait encore du ridicule à forger des suppositions arbitraires, sans en avoir aucune preuve positive. On pouvait demander à *Saturnin* et à ses pareils : Qui vous a dit qu'il y a deux êtres co-éternels, ni plus ni moins, dont l'un est ennemi de l'autre, dont l'un domine sur la matière et l'autre sur les esprits, desquels vous réglez le département, les fonctions, le pouvoir, les opérations à votre gré ? Qui vous a révélé qu'il y a sept esprits formateurs et gouverneurs du monde, et qu'il n'y en a pas mille ; qu'ils sont plutôt logés dans les planètes que dans les autres parties de la nature ; qu'ils se sont accordés pour faire le monde, et qu'ils s'entendent assez mal pour le gouverner ; qu'ils ont pu former des corps, et non faire des âmes, etc. Vous dites que vous ne pouvez concevoir autrement la naissance et l'ordre des choses ; mais votre conception est-elle la règle de toute vérité ? Nous ne concevons pas non plus votre système, donc il n'est pas vrai. — 3° Au lieu d'entasser ainsi les suppositions, il aurait été plus simple de dire qu'il n'y a qu'un seul être suprême intelligent et bon ; que c'est lui qui a fait le monde, mais qu'il n'a pas pu le mieux faire, parce que l'imperfection de la matière s'opposait à sa volonté et à son pouvoir. Y avait-il plus d'inconvénient à supposer que le pouvoir de Dieu était borné par la matière, qu'à dire qu'il l'était par un autre être malfaisant, par des esprits subalternes, etc. ? Puisque *Saturnin*, non plus que les autres philosophes orientaux, n'admettaient point en Dieu le pouvoir créateur, il était forcé de penser que les esprits étaient sortis de Dieu par émanation ; cependant il disait que Dieu avait mis des âmes sages et bonnes dans les hommes qui n'avaient encore que la vie animale. Ces âmes étaient-elles aussi sorties de Dieu par émanation, ou Dieu les avait-il créées librement et volontairement ? Voilà ce qu'on ne nous apprend pas. *Saturnin* suppose que les sept esprits subalternes avaient formé le monde à l'insu de Dieu, qu'ensuite ils s'étaient révoltés contre lui, et lui dérobaient le culte qui lui était dû ; voilà un Dieu ignorant et impuissant ; comment peut-il être le Dieu suprême ? — 4° Pendant que Dieu a mis des âmes sages et bonnes, et les a logées dans des corps, l'esprit méchant y a placé des âmes semblables à lui ; ce sont deux espèces d'hommes, les uns bons, les autres mauvais. Mais ces espèces se mêlent par le mariage ; parmi les enfants nés d'un même couple, les uns ont une bonne âme, les autres une mauvaise, est-ce Dieu, ou le mauvais esprit, qui crée ces nouvelles âmes ? Si le Fils de Dieu, qui est venu pour réformer les âmes et les conduire à Dieu, ne peut pas empêcher le mauvais esprit de produire toujours des âmes essentiellement mauvaises, sa mission ne peut jamais avoir beaucoup de succès. — 5° L'on ne nous dit pas ce que c'est que le Fils de Dieu ; si c'est un esprit, comment il est né de Dieu, en quoi sa nature est différente de celle de nos âmes. Il ne convenait guère à Dieu et à son Fils de nous faire illusion par les apparences d'un corps, de nous conduire à la vérité par le mensonge ; n'y avait-il point d'autre moyen de nous instruire et de nous sanctifier, etc.? On ne finirait jamais si l'on voulait relever toutes les absurdités de ce monstrueux système. — 6° Nous avons fait voir ailleurs qu'il ne sert à rien pour éclaircir la grande question de l'origine du mal, que les Pères de l'Eglise l'ont résolue par des principes évidents, simples et solides, et qu'ils ont beaucoup mieux raisonné que cette foule de philosophes orientaux qui ont voulu concilier le christianisme avec leur système imaginaire. *Voy.* MANICHÉISME, § 4 et 6. Celui de *Saturnin* nous fournit cependant plusieurs sujets de réflexions.

Puisque ce philosophe entêté ne voulait pas être disciple des apôtres, il faut que les faits publiés par ces envoyés de Jésus-Christ aient été d'une certitude incontestable, pour que cet hérésiarque ait été forcé d'en admettre du moins les apparences. Déterminé à nier que Jésus-Christ eût un corps réel, qu'il fût né, qu'il eût souffert, qu'il fût mort et ressuscité réellement, il n'a pas laissé d'avouer, comme les autres gnostiques, que Jésus-Christ a paru faire tout cela, qu'il a extérieurement ressemblé aux autres hommes, qu'ainsi les apôtres n'en ont publié que des faits desquels ils étaient convaincus par le témoignage de leurs sens. *Saturnin* cependant, au II° siècle, immédiatement après la mort du dernier des apôtres, et dans le voisinage de la Judée, était plus à portée que personne de vérifier les faits qui prouvaient la mission divine de Jésus-Christ et sa qualité de Fils de Dieu. Il n'est donc pas vrai, comme le prétendent les incrédules, qu'il n'y ait point d'autres témoins de ces faits que les apôtres, puisque leur témoignage est confirmé par l'aveu des hérésiarques contemporains ou très-voisins de la date des événements. *Voy.* GNOSTIQUES.

SAUL, premier roi des Israélites, dont l'histoire est renfermée dans le premier livre de *Rois*, depuis le chapitre IX jusqu'à la fin. Les incrédules sont scandalisés de ce que ce prince, placé sur le trône par le choix exprès de Dieu, duquel il est dit que Dieu avait changé son cœur et en avait fait un autre homme, cap. x, v. 9 et 10, a eu néanmoins une conduite si peu sage et une fin si malheureuse. Dieu l'a permis ainsi, afin d'apprendre aux hommes que ses grâces les plus signalées ne sont point inamissibles, qu'il les retire lorsque ceux qui les avaient reçues y sont infidèles, et qu'une grande dignité est toujours un poste dangereux pour la vertu. Mais les censeurs de l'histoire sainte savent y trouver des sujets de reproche, lors même qu'il n'y en a point ; ils ont entrepris de faire tomber sur Samuel et sur David le blâme de toutes les fautes de *Saül*, et de faire paraître ces deux personnages plus coupables que lui. Nous les avons justifiés, chacun dans son article, et nous avons fait voir que leur conduite envers *Saül* fut irrépréhensible. Il nous reste à démontrer que celle de la Providence à l'égard de ce roi a été très-conforme aux règles de la sagesse et de la justice, et à résoudre quelques difficultés qui se rencontrent dans cette histoire.

Saül n'aurait jamais dû oublier que Dieu s'était servi de Samuel pour lui déclarer son choix et ses volontés : les vertus de ce prophète auxquelles toute la nation rendait témoignage, la paix et la prospérité dont elle avait joui sous son gouvernement, auraient dû inspirer à un jeune roi une déférence constante aux conseils et aux leçons de ce vénérable vieillard : *Saül* fit tout le contraire ; ce fut la source de ses fautes et de ses malheurs. Il fait le premier exercice de son autorité, en ordonnant à tout Israël de s'assembler pour marcher contre les Ammonites, et il déclare que si quelqu'un ne s'y trouve pas, ses bœufs seront mis en pièces, *I Reg.* c. xi, v. 7. Samuel ni David n'ont jamais donné des ordres sur un ton aussi menaçant ; cette imprudence n'était pas propre à concilier à un nouveau monarque l'affection de ses sujets.

Le chap. xiii, v. 1, présente une difficulté de grammaire. Au lieu de dire que *Saül* n'avait encore régné que pendant un an, le texte semble signifier que *Saül* était *fils* ou *enfant* d'un an, lorsqu'il commença à régner ; plusieurs versions l'ont ainsi rendu, et les critiques disent que c'est un hébraïsme. Ils n'ont pas fait attention qu'en hébreu, le mot *fils* ou *enfant* ne signifie pas seulement ce qui est né, mais ce qui est sorti. Au mot FILS, nous l'avons prouvé par plusieurs exemples, et nous avons fait voir qu'en français *enfant* n'est pas moins équivoque. Or, il n'y a aucun inconvénient à dire que *Saül* était *sortant* de la première année de son règne, et qu'en tout il régna deux ans. Ce n'est donc pas là un hébraïsme ou une expression singulière. *Voy.* HÉBRAÏSME.

Dans une expédition contre les Philistins, *Saül* défend sous peine de la vie à toute l'armée de ne rien manger jusqu'au soir, c. xiv, v. 24 ; défense inutile et imprudente. Il veut mettre à mort son fils Jonathas, principal auteur de la victoire, parce qu'il avait goûté un rayon de miel pour réparer ses forces, ne sachant pas l'ordre donné par son père, v. 44. Le peuple fut obligé d'empêcher cet acte de cruauté. Il est difficile de ne pas soupçonner là un trait de basse jalousie.

Après avoir reçu de Dieu un ordre exprès d'exterminer les Amalécites, de ne rien épargner ni réserver, *Saül*, avide de butin, fait mettre à part ce qu'il trouve de meilleur parmi les troupeaux et les dépouilles, sous prétexte de l'offrir au Seigneur, et il amène captif Agag, roi de cette nation. Fier de sa victoire, il se fait ériger un arc de triomphe, il veut que Samuel lui rende des honneurs en présence des chefs du peuple. Probablement il n'avait épargné Agag que pour relever l'éclat de sa conquête, ou pour en faire son esclave, selon l'usage des princes orientaux. Il soutient néanmoins qu'il a fidèlement exécuté les ordres du Seigneur, c. xv, v. 20. Pour confondre tout cet orgueil, Samuel lui répond, v. 22 : *Dieu veut-il donc des holocaustes et des victimes, et non que l'on obéisse à ses volontés ? L'obéissance vaut mieux que les sacrifices, et il préfère la soumission à la graisse des animaux. La résistance au commandement du Seigneur n'est pas moins criminelle que l'idolâtrie et que la superstition des présages. Vous avez méprisé ses ordres, et il vous rejette du rang auquel il vous a élevé.*

Y avait-il de la cruauté dans ce commandement d'exterminer un peuple entier ? Non ; les Amalécites avaient attaqué très-injustement les Israélites sortant de l'Egypte, *Exod.*, c. xvii, v. 8 ; une seconde fois dans le désert, *Num.*, c. xiv, v. 45 ; une troisième fois sous les Juges, *Jud.*, c. iii, v. 16 ; ils ne cessèrent de renouveler contre eux les hostilités, c. vi, v. 3 et 35 ; c'étaient donc des ennemis irréconciliables. Dieu avait prédit qu'il les détruirait, *Exod.*, c. xvii, v. 14 ; *Num.*, c. xxiv, v. 20 ; *Deut.*, c. xxv, v. 19. *Saül* en épargne un grand nombre, puisque peu de temps après ils recommencèrent leurs ravages, qu'ils brûlèrent deux villes, et que David les tailla en pièces, *I Reg.*, c. xxx, v. 1 et 14. *Saül* fut donc coupable à tous égards. Il savait que Dieu avait prononcé l'anathème contre tous les Chananéens à cause de leurs crimes, et les Amalécites y étaient compris ; *voy.* CHANANÉENS. Mais Dieu avait donné d'ailleurs aux Israélites des lois touchant la guerre, beaucoup plus justes et plus modérées que celles de tous les autres peuples, *Deut.*, c. xx, et Diodore de Sicile a reconnu qu'elles étaient très-sages. *Frag. de Diod.*, l. xi, trad. de Terrasson, t. VII, p. 149. Ce n'était pas faute de volonté si les Amalécites et les autres n'avaient pas entièrement exterminé les Israélites : cela serait arrivé, si Dieu n'avait pas mis de bornes à leur fureur. Il avait averti son peuple qu'il laisserait autour de lui des ennemis dont il se servirait pour le châtier lorsqu'il serait infidèle. *Judic.* c. ii, v. 3 et 21 ; lorsque ces menaces eurent été pleinement accomplies, il voulut que la verge dont il s'était servi fût jetée au feu.

Les incrédules n'ont pas manqué de déclamer contre Samuel, qui eut la cruauté de hacher Agag en morceaux ; ils disent que ce fut un sacrifice de sang humain, puisque l'histoire ajoute que cela se fit *devant le Seigneur*, *I Reg.*, c. xv, v. 33. Cela ne se fit point devant l'arche qui était pour lors à Gabaa, ni devant le tabernacle qui était à Silo, ni sur un autel dressé à Galgala ; ces mots *devant le Seigneur* signifient donc seulement que Dieu fut témoin de l'exécution de l'ordre qu'il avait donné. Une preuve que le suppplice d'Agag était juste, c'est que Samuel lui déclara qu'il allait le traiter comme il avait traité lui-même ceux qui étaient tombés entre ses mains, *ibid.*

Saül, attaqué d'une mélancolie noire qui le mettait hors de sens, fait venir David encore jeune, mais excellent musicien, afin que, par le son des instruments, il pût calmer les accès de sa maladie : le succès de ce remède inspira au roi beaucoup d'affection pour David ; il le fit son écuyer. Cependant peu de temps après, David ayant coupé la tête à Goliath, principal brave des Philistins, et procuré la victoire à *Saül*, ce roi étonné demande à son général qui est ce jeune homme, et interroge David sur sa naissance, comme s'il ne l'avait jamais vu, c. xvii, v. 55 et 58 ; cela ne prouve autre chose que les absences d'esprit auxquelles *Saül* était devenu sujet. Malheureusement, en célébrant l'exploit de David, les femmes israélites s'avisèrent de chanter : *Saül a tué mille ennemis, et David dix mille*. Ce mot fatal inspire au roi une basse jalousie, son amitié pour David se change en fureur, il essaie deux fois de le tuer. Après lui avoir promis sa fille Mérob en mariage, il la donne à un autre ; il lui tend des pièges pour le faire périr, en lui faisant espérer Michol son autre fille. Après la lui avoir donnée, il veut engager Jonathas son fils et ses serviteurs à se défaire de David, il poursuit ce dernier à main armée, il passe au fil de l'épée le grand prêtre Achimélech, quatre-vingt-cinq prêtres ou lévites, et tous les habitants de la ville de Nobé, parce qu'ils avaient donné retraite à David, ne sachant pas qu'il y avait une rupture entre le gendre et le beau-père. Deux fois David fut le maître d'ôter la vie à *Saül*, et l'épargna : deux fois confus de poursuivre à mort un innocent, *Saül* pleure sa faute et jure de le laisser désormais en repos ; autant de fois il viola son serment, cap. xviii, xix et suiv.

On ne sait sous quel prétexte il fit mettre à mort les Gabaonites, reste des Amorrhéens, auxquels les Israélites avaient juré de conserver la vie, *II Reg.*, cap. xxxi, v. 1 et 2. Prêt à combattre les Philistins, et se sentant inférieur en forces, il alla consulter une pythonisse ou magicienne, pour faire évoquer l'âme de Samuel, et apprendre quel serait l'événement de la bataille ; crime expressément défendu par la loi de Dieu, *I Reg.*, c. xxviii. Au mot PYTHONISSE, nous avons examiné ce fait ; nous avons prouvé que l'âme de Samuel apparut véritablement à *Saül*, non par la force des conjurations de la magicienne, mais parce que Dieu voulut punir ce roi par le crime même dont il se rendait coupable, en voulant, pour ainsi dire, forcer le Seigneur à lui révéler l'avenir. Enfin, par un excès de désespoir, ce roi se tue lui-même, pour ne pas tomber entre les mains des Philistins, c. xxxi, v. 4.

C'est avec raison que saint Jean Chrysostome, méditant sur cette histoire, conclut que *Saül*, loin de répondre au choix que le Seigneur avait fait de lui, fut presque toujours rebelle à sa volonté. Il aurait été heureux et couvert de gloire, s'il avait su profiter des leçons de Samuel, des talents et des services de David ; il fut malheureux, et se précipita de crime en crime, dès qu'il fut aveuglé par l'orgueil et par la jalousie, *Hom.* 62, *in Matth.*, num. 5, *Op.* tom. VII, p. 626.

L'histoire de Samuel, de *Saül* et de David est très-bien discutée par les commentateurs anglais dans la *Bible de Chais*, tom. V.

SAUVAGE. On n'entend pas seulement par là un homme qui, abandonné dans son enfance, a vécu seul, livré à une vie semblable à celle des animaux, mais on appelle *Sauvages* ceux qui vivent par familles ou par petites peuplades isolées, sans société civile, et qui ne connaissent encore ni les arts, ni les lois, ni les usages des peuples policés. Quelques-uns de nos philosophes modernes ont entrepris de prouver que ceux qui vivent ainsi sont moins malheureux et moins vicieux que nous. Le sage Leibnitz même, tout judicieux qu'il était, a donné dans ce préjugé. Il dit que les *Sauvages* du Canada vivent en paix, que l'on ne voit presque jamais de querelles, des haines, des guerres, sinon entre des hommes de différentes nations et de différentes langues ; que les enfants mêmes, en jouant ensemble, en viennent rarement aux altercations. Il ajoute que ces peuples ont une horreur naturelle de l'inceste, que la chasteté dans les familles est admirable, que le sentiment d'honneur est chez eux au dernier degré de vivacité, ainsi que le témoignent l'ardeur qu'ils montrent pour la vengeance, et la constance avec laquelle ils meurent dans les tourments. Il dit enfin qu'à certains égards leur morale pratique est meilleure que la nôtre, parce qu'ils n'ont point l'avarice d'amasser, ni l'ambition de dominer. Il conclut qu'il y a chez nous plus de bien et plus de mal que chez eux; *Esprit de Leibnitz*, tom. I, pag. 453.

Mais ce philosophe n'avait pas assez comparé les *sauvages* des différentes parties de l'Amérique et des divers climats ; depuis que l'on en a examiné un plus grand nombre, il résulte des différentes relations qu'en général les *sauvages* sont beaucoup moins heureux et ont moins de vertu que les peuples policés ; plusieurs de nos écrivains, qui avaient soutenu le contraire, ont été forcés de se dédire ; nous sommes donc en droit de conclure avec l'Ecriture sainte : *Il n'est pas bon que l'homme soit seul;* Gen., c. ii, v. 18.

D'abord, quant au bien-être physique, il est certain que les *sauvages* ne cultivant rien, réduits à vivre de leur chasse et de leur pêche, sont souvent exposés à mourir de faim, et que leur vie est très-peu différente de celle des animaux carnassiers ; cet état de disette est un obstacle invincible à la population, et c'est ce qui rend désertes les plus vastes contrées de l'Amérique. En général, ces peuples sont tristes et mélancoliques, naturellement timides, effrayés de tout objet auquel ils ne sont pas accoutumés ; c'est ce qui les rend farouches et ennemis des étrangers. Il est prouvé qu'un grand nombre de jeunes *sauvages* périssent dans leurs courses par la faim, par la soif, par le froid, par les fatigues, et que peu parviennent à la vieillesse. La condition des femmes surtout est la plus humiliante et la plus cruelle ; elles sont traitées comme des animaux d'une espèce inférieure à l'humanité. A moins que les hommes ne soient réunis et laborieux, ils ne peuvent jouir des dons de la nature, déployer leurs facultés ni leur industrie ; quel bonheur peuvent-ils donc goûter? On nous dit qu'un *sauvage* est plus content de sa crasse, de sa vie dure et de sa nudité, qu'un voluptueux européen ne l'est de son luxe et de sa mollesse ; cela n'est pas sûr : quand cela serait, nous dirions qu'il en est de même d'un singe ou d'un pourceau, et cela prouve que le bonheur d'un animal n'est pas celui d'un homme raisonnable. La terre rendue féconde par la culture fournit le nécessaire et souvent le superflu à un peuple immense, l'homme n'est plus réduit à disputer sa pâture aux lions et aux tigres ; six lieues carrées de terrain cultivé peuvent nourrir plus de monde que cent lieues de terre en friche. Comparons aux fertiles contrées de l'Europe les vastes solitudes de l'Amérique couvertes de forêts, de marais, de vapeurs pestilentielles, d'herbes empoisonnées, de reptiles dangereux, nous verrons ce que produisent parmi les hommes le travail et l'état de société.

On nous en impose encore, quand on dit que les *sauvages* sont plus vertueux ou moins vicieux que nous. Il est difficile de comprendre comment il peut y avoir beaucoup de vertu dans un état où la vertu manque d'exercice, et où l'on ne trouve presque point d'objets capables d'exciter les passions. La vertu sans doute est *la force de l'âme*, en faut-il beaucoup pour suivre machinalement les penchants de la nature animale? Pour faire un parallèle exact entre les mœurs des *sauvages* et les nôtres, il faudrait comparer mille familles réunies par la vie civile, avec un nombre égal de familles *sauvages*, et un égal nombre d'hommes de part et d'autre ; calculer ensuite combien, dans un espace de vingt ans ou davantage, il s'est fait d'actes de vertu ou de crimes de chaque côté : nous pouvons affirmer que l'avantage serait pour le moins quadruple pour les familles policées. Un auteur moderne n'a pas hésité d'écrire que, proportionnellement au nombre des hommes, il se commet au nord de l'Amérique plus de cruautés et de crimes que dans l'Europe entière. Il est incontestable que les *sauvages* poussent la perfidie et la cruauté à des excès horribles dans la guerre et dans la vengeance ; on ne peut lire sans frémir les traits qu'en rapportent les voyageurs ; nous ne comprenons pas comment on peut appeler *pacifiques* des troupeaux d'hommes qui vivent dans un état de jalousie, de défiance, de guerre et d'inimitié continuelle avec leurs voisins, et qui sont toujours prêts à s'entre-détruire afin d'avoir à leur discrétion pour la chasse un terrain plus vaste et plus peuplé de gibier. Les quakers de la Pensylvanie, quoique les plus paisibles des hommes, ont été souvent obligés de mettre à prix la tête des *sauvages*, et de les poursuivre comme des bêtes féroces, parce qu'ils ne pouvaient avoir avec eux ni paix ni trêve. Ils n'ont pas besoin d'être fort irrités pour être cruels ; souvent un père écrase ou étrangle son enfant dans un excès de colère, et la mère n'oserait s'y opposer ni s'en plaindre. Si elle meurt en allaitant son enfant, on l'enterre avec elle, pour n'avoir pas la peine de le nourrir ; un fils abandonne son père ; toute une horde laisse périr les vieillards, lorsque ceux-ci manquent de force et ne peuvent plus suivre les chasseurs dans leurs courses. Tous ont une sorte de fureur pour les jeux de hasard ; ils y deviennent forcenés, avides, turbulents ; ils y perdent le repos, la raison et tout ce qu'ils possèdent ; ce sont alternativement des enfants imbéciles et des hommes terribles, tout dépend du moment. Qu'ils soient chastes par froideur de tempérament, ce n'est pas une merveille ni un grand mérite ; c'est l'effet naturel de la vie dure et de la fatigue ; il n'est pas nécessaire d'aller chez les *sauvages* pour en trouver des exemples. Vindicatifs à l'excès, non par le motif du point d'honneur, mais par la brutalité, ils supportent les tourments par une espèce de rage ; et en respirant la vengeance, ils insultent à leurs ennemis, parce qu'ils ne peuvent ni échapper à la mort ni se venger autrement. Ce n'est point là une vraie constance ni une vertu. Nous ne leur ferons pas non plus un grand mérite de n'avoir ni l'avarice d'amasser, ni l'ambition de dominer, ces deux passions ne peuvent avoir lieu dans un état où l'on n'a pas même l'idée de l'une ni de l'autre.

Quelques déistes ont prétendu que l'homme dans l'état *sauvage* est incapable par lui-même de s'élever jusqu'à la connaissance de Dieu; qu'ainsi, à cet égard, il peut être dans une ignorance invincible. S'ils avaient dit que, dans cet état, l'homme est incapable de s'élever par lui-même à une connaissance de Dieu exempte de toute erreur, nous serions de leur avis, puisqu'il est prouvé par l'expérience que cela n'est jamais arrivé. Mais qu'il y ait des *sauvages* qui n'aient absolument aucune idée claire ou obscure, parfaite ou imparfaite de la Divinité, c'est un autre fait contraire à l'expérience, puisque l'on n'en a jamais trouvé de tels; ceux qui ont cru en avoir vu étaient mal informés. *Voy.* LANGAGE.

Comme le penchant naturel des *sauvages*, aussi bien que celui des enfants, est d'imaginer qu'il y a un esprit partout où ils voient du mouvement, il leur est impossible de ne pas juger qu'il y a un ou plusieurs esprits intelligents et très-puissants, qui donnent le branle à toute la nature; de là est né le polythéisme chez tous les peuples privés de la révélation. *Voy.* PAGANISME. Mais l'on a rencontré, même parmi les *sauvages*, des hommes qui avaient de Dieu (qu'ils appelaient le *grand esprit*) des notions capables d'étonner les philosophes.

SAUVEUR. *Voy.* SALUT.

SAUVEUR (Congrégation de NOTRE-). C'est une association ou un institut de chanoines réguliers de saint Augustin, réformée par le bienheureux Pierre Fourier, prêtre de cette congrégation et curé de Matincourt en Lorraine, mort en 1640. Cette réforme fut approuvée par Paul V, en 1615, et par Grégoire XV, en 1621. L'objet de ces chanoines est de travailler à l'instruction des jeunes gens et des habitants de la campagne. Plusieurs possèdent des cures, et ils sont actuellement chargés de l'enseignement de la jeunesse dans les collèges de la Lorraine, autrefois possédés par les jésuites.

SAUVEUR (SAINT-), autre congrégation de chanoines réguliers d'Italie, appelée *Scopetini*, qui furent institués en 1408, par le bienheureux Etienne, religieux de l'ordre de saint Augustin. Leur premier établissement se fit dans l'église de *Saint-Sauveur* près de Sienne, et c'est de là qu'ils ont tiré leur nom. Celui de *Scopetini* vient de l'église de Saint-Donat de Scopète, qu'ils obtinrent à Florence sous le pontificat de Martin V.

SAUVEUR (ordre de SAINT-), ordre de religieux et de religieuses fondé par sainte Brigitte, environ l'an 1344. L'opinion commune dans ce temps-là fut que, dans les révélations faites à cette sainte, Jésus-Christ lui-même en avait donné la règle et les constitutions. Les religieuses de cet ordre, que l'on nomme aussi *Brigittines* ou *Bridgétines*, du nom de leur fondatrice, ont pour principal objet d'honorer les souffrances de Jésus-Christ et de sa sainte Mère; les religieux, de procurer les secours spirituels, non-seulement à ces filles, mais encore à tous ceux qui en ont besoin. Cette fondation fut exécutée par la sainte au retour d'un pèlerinage qu'elle avait fait à saint Jacques de Compostelle, avec Ulpho ou Guelphe, son époux, prince de Néricie en Suède. Le premier monastère fut bâti à Wessern ou Wastein, dans ce même royaume; elle y plaça soixante religieuses, et dans un bâtiment séparé treize prêtres, quatre diacres et huit frères convers. Elle donna aux uns et aux autres la règle de saint Augustin et des constitutions particulières; Urbain V, Martin V et d'autres papes qui les ont approuvées, ne disent rien de la prétendue révélation qui avait été faite à la sainte fondatrice. Clément VIII y fit quelques changements en 1603, en faveur de deux monastères que l'on établissait en Flandre. Il y a encore actuellement en Flandre et en Allemagne plusieurs de ces monastères de *brigittins* ou de *l'ordre du Sauveur*, dans lesquels les religieux et les religieuses, séparés par des cloîtres, se servent de la même église. *Vies des Pères et des martyrs*, t. IX, p. 491.

SCANDALE. Ce terme, qui est le même en grec et en latin, a signifié dans l'origine un obstacle qui s'oppose à notre passage, et par-dessus lequel il faut passer, tout ce qui peut nous faire trébucher et tomber. Par analogie, il a exprimé un piége tendu à un animal ou à un homme; et au sens figuré, ce qui peut être une occasion d'erreur ou de péché. Il est pris dans ces divers sens par les écrivains sacrés. *Levit.*, c. XIX, v. 14, Moïse défend de mettre un *scandale* devant l'aveugle, c'est-à-dire un obstacle qui puisse le faire trébucher. *Matth.*, c. XVI, v. 23, Jésus-Christ a dit à saint Pierre: *Vous m'êtes un scandale*, c'est-à-dire, vous vous opposez à mes desseins et à mes désirs. Lui-même a été à l'égard des Juifs une pierre d'achoppement et de *scandale*, contre laquelle ils se sont brisés par leur faute, parce qu'ils ont pris de travers les caractères qui désignaient sa qualité de Messie. Ainsi une chose innocente en elle-même peut devenir un *scandale*, ou une occasion de chute, à ceux qui ont la malice d'en abuser et d'en tirer de fausses conséquences. Lorsque Jésus-Christ promit de donner sa chair à manger et son sang à boire, les Juifs s'en offensèrent; il demanda à ses disciples: *Cela vous scandalise-t-il?* c'est-à-dire, prenez-vous mes paroles dans un sens aussi grossier et aussi faux que les Juifs? En matière de doctrine, une proposition *scandaleuse* est celle qui induit en erreur, par des conséquences qui s'ensuivent. La montagne du *Scandale*, IV *Reg.*, c. XXIII, v. 13, était la montagne des Oliviers, sur laquelle Salomon, par complaisance pour ses femmes, avait élevé des autels aux faux dieux, ce qui était pour ses sujets une occasion d'idolâtrie. — Conséquemment les théologiens définissent le *scandale*, une parole, une action ou une omission capable de porter au péché ceux qui en sont témoins ou qui en ont la connaissance. Ils appellent *scandale* actif, ou donné, l'action de celui qui scandalise, et *scandale* passif ou reçu, le mauvais effet qu'en ressentent ceux qui se trouvent par là excités au péché.

Lorsque quelqu'un, par malice, tire de fausses inductions d'une conduite innocente ou louable en elle-même, c'est un *scandale pharisaïque*, une imitation de ce que faisaient les pharisiens à l'égard de Jésus-Christ; ce n'est pas à ce sujet que le Sauveur a dit : *Malheur à celui par qui vient le scandale* (*Matth.*, XVIII, 27), puisque alors celui qui le donne est innocent et fait ce qu'il doit. Si c'est par ignorance ou par faiblesse que quelqu'un tire de fausses conséquences d'une conduite qui n'a rien de blâmable, saint Paul veut que l'on évite de donner ce *scandale*, autant qu'il est possible : *Si la chair que je mange*, dit-il, *scandalise mon frère, je n'en mangerai de ma vie* (*I Cor.* VIII, 13). La veille de sa passion, Jésus-Christ dit à ses disciples : *Vous serez tous scandalisés de moi pendant cette nuit* (*Marc.* XIV, 27) ; c'est-à-dire, en me voyant souffrir, vous serez tous tentés de croire que je vous ai trompés, et que je ne suis pas le Fils de Dieu. Mais ce *scandale* ainsi prévenu, ne devait pas empêcher notre divin Sauveur d'accomplir la volonté de son Père. La circonstance du *scandale*, donné par une mauvaise action, augmente certainement la grièveté du péché; par conséquent cette circonstance doit être accusée dans la confession ; plus une personne est obligée par son rang, par sa dignité, par la sainteté de son état, à donner bon exemple, plus le *scandale* est criminel de sa part. Lorsqu'un homme vicieux cache ses désordres autant qu'il le peut, on ne doit pas l'accuser d'hypocrisie s'il le fait afin d'éviter le *scandale* ; il est moins coupable que ceux qui violent toutes les bienséances et bravent la censure publique sous prétexte qu'ils ne veulent pas être hypocrites.

SCAPULAIRE, partie de l'habillement de différents ordres religieux. Il consiste en deux bandes d'étoffes, dont l'une passe sur l'estomac, et l'autre sur le dos ou sur les épaules, de là lui est venu son nom ; les religieux profès le laissent pendre jusqu'à terre; les frères lais jusqu'aux genoux seulement. L'abbé Fleury en a indiqué l'origine, *Mœurs des chrét.*, n. 54.« Saint Benoît, dit-il, donna à ses religieux un *scapulaire* pour le travail. Il était beaucoup plus large et plus lourd qu'il n'est aujourd'hui ; il servait, comme le porte son nom, à garnir les épaules pour les fardeaux et à conserver la tunique. Il avait son capuce comme la cuculle, et ces deux vêtements se portaient séparés ; le *scapulaire* pendant le travail, la cuculle à l'église et hors de la maison. Depuis, les moines ont regardé le *scapulaire* comme la partie la plus essentielle de leur habit. Ainsi ils ne le quittent point et mettent le froc ou la coule par-dessus.

Le *scapulaire* est aussi un signe de dévotion envers la sainte Vierge, qui fut introduit parmi les fidèles, vers le milieu du XIIIᵉ siècle, par Simon Stock, carme anglais, et général de son ordre. Ce signe, chez les religieux, est de porter leur *scapulaire;* chez les laïques, c'est de porter deux petits morceaux d'étoffe sur lesquels est brodé le nom de la sainte Vierge, et d'en réciter l'office avec quelques autres pratiques de dévotion. Simon Stock assura que, dans une vision, la sainte Vierge lui avait donné le *scapulaire* comme une marque de sa protection spéciale envers tous ceux qui le porteraient, qui garderaient la virginité, la continence ou la chasteté conjugale, selon leur état, et qui réciteraient le petit office de Notre-Dame. — Le docteur de Launoy a fait un ouvrage dans lequel il a regardé cette vision comme une imposture, et a traité de pièces supposées les bulles des papes que l'on cite en sa faveur. Il prétend que les Carmes n'ont commencé à porter le *scapulaire* que longtemps après la date de la vision prétendue. Le pape Paul V, en retranchant quelques abus qui s'étaient glissés dans cette dévotion, l'a cependant approuvée, de même que Pie V, Clément VIII et Clément X ; Benoît XIV a réfuté l'ouvrage de de Launoy, *de Canonis sanct.*, tome IV, IIᵉ part., c. 9; *de Festis B. M. Virginis*, l. II, c. 6. — Mosheim , en zélé protestant, très-prévenu contre le culte de la sainte Vierge, a traité la prétendue vision de Simon Stock, de fable ridicule et impie, de fraude notoire, de sottise superstitieuse. « Les Carmes, dit-il, ont publié que la Vierge avait promis à ce religieux que tous ceux qui mourraient avec l'habit des Carmes ou avec le *scapulaire*, seraient à couvert de la damnation éternelle.» Il témoigne son étonnement de ce que plusieurs papes, et en particulier Benoît XIV, ont fait l'apologie de cette superstition. *Histoire ecclés.* du XIIIᵉ siècle , IIᵉ part., c. 2, § 29.

Pour avoir droit d'accuser Simon Stock de fraude et d'imposture, il faut être en état de prouver qu'il n'a eu ni révélation, ni vision, ni rêve; qu'il a forgé malicieusement cette histoire pour tromper les fidèles ; où en sont les preuves? Ce religieux austère, mortifié, dévot, fortement occupé du dessein d'augmenter la piété envers la sainte Vierge, a pu rêver qu'elle lui apparaissait ; et il n'est pas le premier qui ait pris de bonne foi un rêve pour une réalité. Il n'a point publié que tous ceux qui mourraient avec le *scapulaire* seraient sauvés ; si quelque Carme ignorant a écrit cette erreur dans la suite, Stock n'en est pas responsable. Aucun des papes qui ont approuvé la dévotion du *scapulaire* n'a affirmé la vision de ce religieux et n'a ordonné de la croire : aucun n'a donné aucune espèce d'approbation à l'erreur que Mosheim met sur le compte des Carmes. Autre chose est d'approuver une dévotion qui paraît utile et salutaire, sans en rechercher l'origine, et autre chose de confirmer les faits sur lesquels des visionnaires voudraient l'appuyer. Benoît XIV a pu réfuter les preuves et les suppositions sur lesquelles de Launoy avait raisonné, sans juger vrai le fait que ce docteur attaquait. Toute la question se réduit donc à savoir si la dévotion de porter le *scapulaire* est bonne ou mauvaise, pieuse ou abusive et superstitieuse : or, nous soutenons qu'elle est utile et salutaire, puisqu'elle porte les fidèles à honorer la Mère de Dieu, à imiter ses vertus, à réciter des prières, à fréquenter les sacrements, à fraterniser ensemble pour faire de bonnes œuvres. Donc les papes ont bien fait de l'approuver, surtout dans un temps où il était nécessaire de prévenir les fidèles contre les clameurs des hérétiques, et de les affermir dans la piété; mais il est faux que, par cette approbation, ils aient donné aucune sanction à la vision vraie ou fausse de Simon Stock, ni aux erreurs que les Carmes ont pu débiter sur l'efficacité du *scapulaire*. Au contraire, Paul V a donné une bulle exprès pour proscrire toute conséquence erronée que l'on peut tirer de là, et tout abus que l'on peut en faire.

SCÉNOPÉGIE. *Voy.* TABERNACLES.

SCEPTICISME en fait de religion. C'est la disposition d'un philosophe qui prétend avoir examiné les preuves de la religion, qui soutient qu'elles sont insuffisantes ou balancées par des objections d'un poids égal, et qu'il a droit de demeurer dans le doute jusqu'à ce qu'il ait trouvé des arguments invincibles auxquels il n'y ait rien à opposer. Il est évident que ce doute réfléchi est une irréligion formelle; un incrédule ne s'y tient que pour être dispensé de rendre à Dieu aucun culte, et de ne remplir aucun devoir de religion. Nous soutenons que c'est non-seulement une impiété, mais encore une absurdité. 1° C'en est une de regarder la religion comme un procès entre Dieu et l'homme; comme un combat dans lequel celui-ci a droit de résister tant qu'il le peut, d'envisager la loi divine comme un joug contre lequel nous sommes bien fondés à défendre notre liberté, puisque cette liberté prétendue n'est autre chose que le privilège de suivre sans remords l'instinct des passions. Quiconque ne pense pas que la religion est un bienfait de Dieu, la craint et la déteste déjà; il est bien sûr de ne la trouver jamais suffisamment prouvée, et d'être toujours plus affecté par les objections que par les preuves. 2° Il n'est pas moins contraire au bon sens de demander pour la religion des preuves de même genre que celles qui démontrent les vérités de géométrie; l'existence même de Dieu, quoique démontrée, ne porte pas sur ce genre de preuves. Les démonstrations métaphysiques que l'on en donne, quoique très-solides, ne peuvent guère faire impression que sur les esprits exercés et instruits; elles ne sont point à portée des ignorants. 3° La vérité de la religion chrétienne est appuyée sur des faits, il en doit être ainsi de toute religion révélée. Puisque la révélation est un fait, il doit être prouvé comme les autres faits par des témoignages, par l'histoire, par les monuments; il ne peut et ne doit pas l'être autrement. N'est-il pas aussi démontré en son genre que César a existé, qu'il y a eu un peuple romain, que la ville de Rome subsiste encore, qu'il l'est que les trois angles d'un triangle sont égaux à deux angles droits?

Un esprit sensé ne peut pas plus douter d'une de ces vérités que de l'autre. Il y a plus: on peut être indifférent sur la dernière, ne pas se donner la peine d'en examiner et d'en suivre la démonstration, parce qu'on n'a pas l'esprit accoutumé à ces sortes de spéculations; l'on passera tout au plus pour un ignorant; mais si l'on montrait la même indifférence sur la vérité des faits, si on refusait d'avouer que César a existé et que Rome subsiste encore, on serait certainement regardé comme un insensé. Ces faits sont donc rigoureusement démontrés, pour tout homme sensé, par le genre de preuves qui leur conviennent, et il n'est point d'ignorant assez stupide pour ne pouvoir pas les saisir. 4° La preuve de la religion la plus convaincante pour le commun des hommes est la conscience ou le sentiment intérieur. Il n'en est aucun qui ne sente qu'il a besoin d'une religion qui l'instruise, qui le réprime, qui le console. Sans avoir examiné les autres religions, il sent par expérience que le christianisme produit en lui ces trois effets si essentiels à son bonheur; il en trouve donc la vérité au fond de son cœur. Ira-t-il chercher des doutes, des disputes, des objections, comme font les *sceptiques*? Si on lui en oppose, elles feront peu d'impression sur lui; le sentiment intérieur lui tient lieu de toute autre démonstration (1). 5° Y a-t-il du bon sens à mettre en question pendant toute la vie un devoir qui naît avec nous, qui fait le bonheur des âmes vertueuses, et qui doit décider de notre sort éternel? Si nous venons à mourir sans avoir vidé la dispute, aurons-nous lieu de nous féliciter de notre habileté à trouver des objections? Il n'est que trop prouvé qu'un sophisme est souvent plus séduisant qu'un raisonnement solide, et qu'il est inutile de vouloir persuader ceux qui ont bien résolu de n'être jamais convaincus. 6° Les *sceptiques* prétendent qu'ils ont cherché des preuves, qu'ils les ont examinées, que ce n'est pas leur faute si elles ne leur ont pas paru assez solides. N'en croyons rien; ils n'ont cherché et pesé que des objections. Ils ont lu avec avidité tous les livres écrits contre la religion; ils n'en ont peut-être pas lu un seul composé pour la défendre; s'ils ont jeté un coup d'œil rapide sur quelqu'un de ces derniers, ce n'a été que pour y trouver à reprendre et pour pouvoir se vanter d'avoir tout lu. Dès qu'il est question d'un fait qui favorise l'incrédulité, ils

(1) L'état du sceptique a été parfaitement caractérisé dans les lignes suivantes: « Les motifs qui retiennent les sceptiques sont précisément les mêmes que ceux qui déterminent les athées, l'orgueil, l'indépendance, la répugnance de se soumettre à des lois incommodes. Dans les doutes qu'ils proposent on voit de quel côté penche leur cœur; l'équilibre apparent dans lequel ils se tiennent cesserait bientôt, si les passions ne soutenaient l'un des bassins de la balance. Ils insistent sur les objections, jamais sur les preuves; loin d'avoir aucun regret de leur incertitude ils se félicitent d'être *convaincus*. Un malade qui montrerait la même tranquillité lorsque les médecins consultent sur son état, ne paraîtrait pas faire grand cas de la vie. »

le croient sur parole et sans examen; ils le copient, ils le répètent sur le ton le plus affirmatif. Vainement on le réfutera vingt fois, ils ne laisseront pas d'y revenir toujours. On les a vus se fâcher contre des critiques qui ont démontré la fausseté de certains faits souvent avancés par les incrédules; ces écrivains sincères ont été forcés de faire leur apologie, pour avoir osé enfin découvrir la vérité et confondre le mensonge, et c'est ainsi que nos *sceptiques* ont cherché de bonne foi à s'instruire; les plus incrédules en fait de preuves sont toujours les plus crédules en fait d'objections.

Vous ne croyez à la religion, nous disent-ils, que par préjugé; soit pour un moment. Il nous paraît que le préjugé de la religion est moins blâmable que le préjugé d'incrédulité; le premier vient d'un amour sincère pour la vertu, le second d'un penchant décidé pour le vice. La religion a été le préjugé de tous les grands hommes qui ont vécu depuis le commencement du monde jusqu'à nous; l'incrédulité, qui n'est qu'un libertinage d'esprit, a été le travers d'un petit nombre de raisonneurs très-inutiles et souvent très-pernicieux, qui ne se sont fait un nom que chez les peuples corrompus.

Dieu, disent encore les *sceptiques*, ne punira pas l'ignorance ni le doute involontaires. Nous en sommes persuadés; mais la disposition des *sceptiques* n'est point une ignorance involontaire ni un doute innocent, il est réfléchi et délibéré; ils l'ont recherché avec tout le soin possible, et souvent il ne leur en a pas peu coûté pour se le procurer. S'il y a eu un cas dans la vie où la prudence nous dicte de prendre le parti le plus sûr malgré nos doutes, c'est certainement celui-ci; or, le parti de la religion est évidemment le plus sûr.

David Hume, zélé partisan du *scepticisme* philosophique, après avoir étalé tous les sophismes qu'il a pu forger pour l'établir, est forcé d'avouer qu'il n'en peut résulter aucun bien, qu'il est ridicule de vouloir détruire la raison par le raisonnement; que la nature, plus forte que l'orgueil philosophique, maintiendra toujours ses droits contre toutes les spéculations abstraites. Disons hardiment qu'il en sera de même de la religion, puisqu'elle est entée sur la nature; que si nos mœurs publiques devenaient meilleures, tous les incrédules, *sceptiques* ou autres, seraient méprisés et détestés.

Dans les disputes qui ont régné entre les théologiens catholiques et les protestants, ils se sont accusés mutuellement de favoriser le *scepticisme* en fait de religion. Les premiers ont dit qu'en voulant décider toutes les questions par l'Ecriture sainte, sans un autre secours, les protestants exposaient les simples fidèles à un doute universel, 1° parce que le très-grand nombre sont incapables de s'assurer par eux-mêmes si tel livre de l'Ecriture est authentique, canonique, inspiré, ou s'il ne l'est pas; s'il est fidèlement traduit, s'ils en prennent le vrai sens, si celui qu'ils y donnent n'est pas contredit par quelque autre passage de l'Ecriture; 2° parce qu'il n'y a aucune question controversée entre les différentes sectes sur laquelle chacune n'allègue des passages de l'Ecriture pour étayer son opinion; que le sens de l'Ecriture étant ainsi l'objet de toutes les disputes, il est absurde de le regarder comme le moyen de les décider.

Sans prendre la peine de répondre à ces raisons, les protestants ont répliqué qu'en appelant à l'autorité de l'Eglise, les catholiques retombent dans le même inconvénient; qu'il est aussi difficile de savoir quelle est la véritable Eglise, que de discerner quel est le vrai sens de l'Ecriture; qu'il n'est pas plus aisé de se convaincre de l'infaillibilité de l'Eglise, que du vrai ou du faux de toute autre opinion. Les incrédules n'ont pas manqué de juger que les deux partis ont raison, que l'un n'a pas un meilleur fondement de sa foi que l'autre. Mais nous en avons démontré la différence. 1° Nous avons fait voir que la véritable Eglise se fait discerner par un caractère évident et sensible à tout homme capable de réflexion; savoir, par la catholicité, caractère qu'aucune secte ne lui conteste, et que toutes lui reprochent même comme un opprobre. Il n'est dans le sein de l'Eglise aucun ignorant qui ne sente que l'enseignement universel de cette Eglise est un moyen d'instruction plus à sa portée que l'Ecriture sainte, puisque souvent il ne sait pas lire. *Voy.* CATHOLIQUE, CATHOLICITÉ, CATHOLICISME. 2° Nous avons prouvé que l'infaillibilité de l'Eglise est une conséquence directe et immédiate de la mission divine des pasteurs, mission qui se démontre par deux faits publics, par leur succession et par leur ordination. Les protestants ont supposé faussement que cette infaillibilité ne pouvait être prouvée autrement que par l'Ecriture sainte; encore une fois, nous leur avons démontré le contraire. *Voy.* EGLISE, § 5.

C'est par l'événement qu'il faut juger lequel des deux systèmes conduit au *scepticisme* et à l'incrédulité. Ce n'est pas en suivant le principe du catholicisme, mais celui de la prétendue réforme, que les raisonneurs sont devenus sociniens, déistes, sceptiques, incrédules. Dans vingt articles de ce Dictionnaire, nous avons fait voir que tous sont partis de là, et n'ont fait que pousser les conséquences de ce principe jusqu'où elles pouvaient aller. Les incrédules de toutes les sectes n'ont presque fait autre chose que tourner contre le christianisme en général les objections que les protestants ont faites contre le catholicisme. Ce n'est donc pas à ces derniers qu'il convient de nous reprocher que notre système ou notre méthode conduisent au doute universel en fait de religion. *Voy.* ERREUR.

* SCHELLING. Schelling est l'un des grands maîtres de la philosophie allemande. L'exposition de ses systèmes appartient au dictionnaire de philosophie. Nous nous contenterons donc de parler ici des doctrines de Schelling dans leur rapport avec la théologie. On peut diviser son enseignement en deux parties distinctes.

M. de Valroger les qualifie d'ancien et de nouveau système. L'ancien système de Schelling renfermait un panthéisme pur, exprimé sous le nom d'Absolu (voy. ce mot). L'absolu qui est souvent décoré du nom de Dieu, d'Être suprême à qui l'on donne une providence, est la substance universelle soumise à des lois intérieures et nécessitantes. Si Dieu est quelque chose, il n'est que l'âme du monde, il se développe fatalement par sa nature et dans sa nature ; l'humanité, l'un de ses développements, a révélé son existence personnelle, que l'on doit distinguer de ses modifications. C'est de là qu'on doit partir pour avoir une notion exacte de nos mystères. « Sur ce fonds de doctrines impies, dit l'édition Lefort, d'après M. de Valroger, Schelling étendait prudemment un voile de formules chrétiennes. Il n'y a pas dans notre symbole un seul mystère qu'il ne prétendit éclairer et traduire scientifiquement : la trinité, le péché originel, l'incarnation, la rédemption, devenaient des métaphores ou des allégories panthéistiques ; et tous les faits de l'histoire religieuse subissaient les transformations les plus inattendues sous la baguette puissante de ce magicien. Essayons rapidement d'en donner quelque idée.

« *Déchéance*. Notre activité, suivant *Schelling*, ne peut dériver de Dieu tout entière ; elle doit avoir une racine indépendante, *au moins en ce qui concerne la liberté de faire le mal*. Mais d'où peut venir cette mauvaise moitié de l'homme, si elle ne vient pas de Dieu ? A cette question, voici la réponse du philosophe : Le monde primitif et absolu était tout en Dieu ; mais le monde actuel et relatif, n'est pas tel qu'il était, et s'il ne l'est plus, c'est précisément parce qu'il est devenu quelque chose en soi (*a*). La réalité du mal apparut avec le premier acte de la volonté humaine, posée indépendante ou différente de la volonté divine, et ce premier acte a été l'origine de tout le mal qui désole le monde. Ici on entrevoit confusément deux systèmes bien différents : suivant l'un, la chute originelle, source de tout mal, c'est l'individualité, la personnalité ; suivant l'autre, le péché primitif a été un acte de la volonté humaine opposé à la volonté divine. Le premier de ces systèmes est inspiré par le panthéisme, bien qu'au fond il ne puisse s'accorder avec lui. Quant au second, il est bien clairement encore en contradiction avec le principe de l'identité absolue. Comme les gnostiques et Jacob Boehme, dont il emprunte souvent les idées et même le langage, *Schelling* prétend rattacher ses théories les plus bizarres aux textes de nos livres saints ; mais il donne, bien entendu, à ces textes une signification dont personne ne s'était jamais avisé. — Poursuivons notre exposition.

« *Réhabilitation*. La chute de l'homme ne brisa pas seulement le lien qui rattachait ses facultés à leur centre ; elle eut dans le monde des résultats immenses. Le monde fut en effet en dehors de Dieu, de Dieu primitif, de Dieu le Père. Il agit désormais comme être à part, à peu près comme dans les théories gnostiques, σοφία, l'âme du monde, et les génies émanés de son sein. Mais un *Sauveur* devait ramener au père ce qui était émané du père ; second Adam, il assembla les puissances disséminées, il rendit à leur primitive harmonie la conscience du monde, et la sienne, celle de l'identité ; il redevint *le Fils de Dieu*, se soumit au Père, et rétablit ainsi dans l'unité primitive et divine tout ce qui est. C'est ainsi que Dieu, est rentré dans le fini, le monde. Aussi Dieu, devenu homme, le Christ, a été nécessairement la fin des dieux du paganisme. » Matter, p. 34. « L'unité rétablie, l'homme ne peut néanmoins se sauver que par la mort de l'égoïsme, et en participant au sacrifice du Christ. Or, il faut la puissance divine, le Saint-Esprit, pour faire cesser la division de la volonté et de la pensée humaine. » *Ibid*.

« *Histoire de la Religion*. — Telle est en substance la théorie de la chute et de la réhabilitation imaginée par Schelling. M. Ballanche, M. Cousin, et surtout M. Leroux ont imité ce nouveau gnosticisme d'une façon plus ou moins timide, plus ou moins hétérodoxe. Mais les vues du philosophe allemand sur le paganisme ont exercé parmi nous une influence beaucoup plus profonde. Longuement développée dans la compilation de MM. Creuser et Guigniaut, elles apparaissent souvent dans MM. Cousin, E. Quinet, Leroux, et une multitude d'autres écrivains moins importants. Nous allons donc les résumer. Dans l'intervalle entre la chute et la réhabilitation, « les facultés de l'homme agissaient instinctivement dans le sens des puissances de la nature, et lisaient pour ainsi dire dans leurs secrets. » C'est là ce qui explique la divination et le *prophétisme*, les oracles et les mythologies. Matter, *ibid*.

« Toute la substance de la religion chrétienne était cachée dans le symbolisme des mystères païens ; elle se faisait graduellement en vertu de la loi du progrès, et, dans les derniers siècles qui ont précédé notre ère, elle était à peine enveloppée de quelques voiles transparents. Ainsi ce n'est pas seulement chez les Juifs et les patriarches que l'on doit chercher les origines de nos croyances. Chaque peuple de l'antiquité a contribué pour sa part à la formation de notre symbole et de notre culte. Toutes les religions païennes étaient comme les divers chapitres d'une vaste et nécessaire introduction au christianisme. Dupuis est l'un des hommes qui ont le mieux entendu l'histoire des religions. »

M. Schelling avait fait sa théorie *a priori* sans tenir aucun compte des faits antérieurs. Lorsqu'il eut étudié les faits, comparé ses théories aux données que nous fournissent la croyance et les traditions de tous les peuples, il déclara que, jugeant des choses extérieures et réelles, on n'employait qu'un moyen de connaître la vérité ; que, négligeant les autres, on en avait une idée fort incomplète. « Nous sentons, en contemplant les choses de ce monde, qu'elles pourraient ne pas être, qu'elles pourraient être autrement, qu'elles sont accidentelles. L'humanité témoigne en notre faveur : le Dieu qu'elle adore est un Dieu personnel et libre. Nous avons encore, pour préférer la méthode historique, tous les instincts qui protestent en nous contre le panthéisme. Nous avons les souveraines certitudes de la morale qui suppose la liberté de l'homme et la personnalité de Dieu. »

Cette idée était vraie et féconde ; on espéra enfin que le philosophe embrasserait toute la vérité chrétienne. Les protestants le jugèrent catholique décidé : il lui suffisait en effet de suivre la route dans laquelle il venait d'entrer pour le devenir. Il tenta de donner une apologie transcendante du christianisme ; il oublia le principe de vérité qu'il avait reconnu et donna à l'imagination et à l'esprit de système beaucoup plus qu'il ne fallait.

« L'analyse, dit l'édition Lefort, d'après M. de Valroger, s'avoue impuissante à donner une idée un peu complète des spéculations inaccessibles dans lesquelles s'enfonce l'audacieux penseur. En voici seulement les principales conclusions : Il y a trois

---

(*a*) M. Matter ajoute que, suivant Schelling, l'absolu a conduit le monde de telle sorte qu'il *devint quelque chose par soi* ; mais alors c'est donc l'absolu qui est coupable du péché originel. *Voir* Matter, p. 32, 33. Schelling avait dit dans son *Bruno* : « S'il arrive que les êtres que nous nommons individuels parviennent à une conscience individuelle, c'est lorsqu'ils se séparent de Dieu, et qu'ils vivent ainsi dans le péché. Mais la vertu consiste à faire abnégation de son individualité, et à retourner ainsi à Dieu, source éternelle des individualités. » *Bruno*, p. 58 à 68.

principes ou facteurs de l'existence (a). D'abord un principe de l'existence absolue, indéterminée, en quelque sorte aveugle et chaotique; puis une énergie rivale qui lui résiste et la restreint. La lutte de ces deux puissances et le triomphe progressif de la seconde ont produit la variété des êtres et le développement toujours plus parfait de la création. Ce dualisme est dominé par un troisième principe, qui apparaît dans le monde avec l'homme, lorsque l'existence aveugle a été vaincue. L'homme, l'esprit, possède tous les principes de l'existence ; mais la matière aveugle est entièrement transfigurée en lui. Tout en lui est lumière et harmonie, il est l'image fidèle de Dieu. A l'exemple de Dieu, il est libre aussi, il est maître de rester uni à Dieu, ou de s'en détacher, de demeurer ou non dans l'harmonie.

« *Chute primitive.* — « L'expérience seule nous apprend ce qui s'est passé. L'état de l'homme atteste la chute. Encore ici le décret est libre, mais il se réalise d'après des lois *nécessaires*. L'homme tomba en s'asservissant au principe de la matière. Un conflit pareil à celui qui produisit la matière dut alors se renouveler. Seulement cette guerre, au lieu de remplir de son trouble les espaces de l'univers, n'agita plus que les profondeurs de la conscience humaine. Pendant de longs siècles l'homme fut, pour ainsi dire, dépossédé de lui-même ; il n'était plus l'hôte de la raison divine, mais celui des puissances *Titaniques*, désordonnées, qui renouvelaient en lui leurs anciennes discordes. » — Alors il dut lui apparaître des dieux étranges que nous ne pouvons plus concevoir ; et il ne pouvait s'affranchir de cette tumultueuse vision. La lutte qui avait une première fois produit le monde, produisit les mythologies. La marche de cette lutte fut la même qu'autrefois, et le principe de la matière fut à la fin entièrement dompté. Après ces vastes préliminaires, le christianisme parut, créa l'homme, pour ainsi dire une seconde fois, et le rendit à lui-même et au vrai Dieu.

« *Du paganisme.* — Ainsi, suivant Schelling, les mythologies étaient pour l'homme déchu une nécessité. Notre nature était alors dans un état très-différent de son état actuel ; il ne faut donc point condamner le paganisme ; il était une conséquence fatale de la chute, et en même temps une réhabilitation progressive. Les cultes idolâtriques forment une série ascendante d'initiations de plus en plus lumineuses et pures

« *De la révélation.* — Ici Schelling arrive à sa théorie de la révélation, application assez bizarre et presque inintelligible des hypothèses ontologiques qui servent de point de départ à son système. En voici le résumé. — La suite naturelle de la chute était la ruine de l'homme. Mais la volonté divine intervint pour nous sauver, et réduisit de nouveau le principe de la matière. La force rivale, qui avait déjà triomphé de ce principe dans la création, pouvait seule le soumettre de nouveau. Cette force, qui est le Demiurge, apparut donc soumise à Dieu, et en même temps unie à une race coupable ; elle devint le Verbe médiateur. Dans sa lutte contre la matière aveugle, cette puissance divine avait *produit d'abord les mythologies* ; mais c'était pour elle un chemin et non le but. Les dieux des mythologies n'existaient que dans l'imagination de l'homme. Le Verbe du christianisme, au contraire, apparut dans une chair réelle, et se mêla aux hommes, comme une personnalité distincte. Le christianisme n'est point la plus parfaite des mythologies ; il les abolit, au contraire, en réunissant l'homme à Dieu, en le faisant, comme autrefois, souverain, non plus esclave de la nature. Il paraît que Schelling admet l'incarnation, la résurrection, l'ascension ; seulement il les

(a) Nous soupçonnons que Schelling ne prétend pas trouver ces trois principes seulement dans le monde, mais aussi dans l'essence divine. Cela fait une singulière trinité.

explique à la façon des gnostiques. L'Evangile est à ses yeux une histoire réelle. La religion, dit-il, ne sera point dépossédée par la philosophie ; mais le dogme, au lieu *d'être imposé par une autorité extérieure*, sera librement compris et accepté par l'intelligence. De nouveaux temps s'annoncent. Le catholicisme relevait de saint Pierre ; la réforme, de saint Paul ; l'avenir relèvera du disciple préféré, de saint Jean, l'apôtre de l'amour ; nous verrons enfin l'homme affranchi de toutes les servitudes, et, d'un bout de la terre à l'autre, les peuples prosternés dans une même adoration, unis par une même charité.

« Schelling paraît considérer ces rêveries comme une apologie transcendante du christianisme. Mais assurément, si cette religion ne pouvait être sauvée que par de semblables transformations, il y aurait fort à craindre pour son avenir ; car Schelling ne formera pas même une secte aussi nombreuse que celle de Valentin ou de Swedenborg. Comment en effet le vent du doute, qui ébranle tout en Allemagne, n'emporterait-il pas ce fragile édifice d'abstractions fantastiques? Tout cela ne pose sur rien, ni sur la raison, ni sur la révélation. Si le christianisme, ce firmament du monde moral, menaçait jamais de s'écrouler, ce n'est pas avec de pareils échafaudages d'hypothèses arbitraires qu'on pourrait le soutenir, et empêcher sa ruine ! Si Schelling renonce au panthéisme, il s'efforce encore de maintenir quelques-unes des erreurs qui en étaient la conséquence dans ses anciennes théories.

« *Fatalisme.* — L'idée de la liberté est le point capital qui distingue les nouvelles opinions de Schelling de ses opinions anciennes. Mais ne semble-t-elle pas expliquée et même détruite dans les détails, et ne peut-on pas encore trouver à côté d'elle le fatalisme? L'homme, en effet, est après sa chute soumis au mouvement mythologique, et ne peut pas s'y soustraire ; il n'est plus libre. Le redevient-il avec le christianisme ? Nullement. L'esprit humain se développe dès lors dans la philosophie, comme autrefois dans la mythologie, sous l'empire d'une loi inflexible. Les systèmes se succèdent pour une raison nécessaire, et chacun apporte avec lui une morale différente. Le bien et le mal varient sans cesse ; ou mieux, il n'y a ni bien, ni mal ; tout a raison d'être en son temps. Plus de règle éternelle du juste, et par conséquent plus de conscience, plus de responsabilité. La liberté n'a donc pu se trouver que dans l'acte de la chute.... Le fatalisme pèse sur tout le reste de l'histoire ; et sommes-nous bien loin avec lui des conséquences morales du panthéisme?

« Le christianisme, d'après Schelling, se distingue des mythologies, mais il ne les contredit pas ; sans elles, il n'aurait pu s'accomplir. Elles ont été comme lui inspirées par le Demiurge, ou le Verbe rédempteur ; elles le préparent, elles en sont, pour ainsi dire, les propylées. Evidemment ce n'est pas là ce que pense le christianisme ; l'idolâtrie et le péché sont pour lui même chose ; il n'excuse d'aucune manière la mythologie. — Schelling n'est pas plus orthodoxe dans ses vues sur le judaïsme. A vrai dire, on ne sait guère à quoi demeure bon un peuple élu, une fois que les mythologies annoncent et préparent le christianisme. Schelling se montre fort embarrassé de ce qu'il en doit faire.

« *Conclusion.* — Ce n'est là qu'une philosophie apocryphe du christianisme : elle ne peut satisfaire ni les philosophes rationalistes, ni les théologiens orthodoxes. Aussi Schelling ne fait pas école à Berlin. Le roi lui témoigne toujours une haute faveur ; mais son succès ne va pas plus loin. »

SCHISMATIQUE, SCHISME. Ce dernier terme, qui est grec d'origine, signifie division, séparation, rupture, et l'on appelle ainsi le crime de ceux qui, étant membres de l'Eglise catholique, s'en séparent pour faire bande à part, sous prétexte qu'elle est dans l'erreur, qu'elle autorise des désordres et des abus, etc. Ces rebelles ainsi séparés sont des *schismatiques*; leur parti n'est plus l'Eglise, mais une *secte* particulière. Il y a eu de tout temps dans le christianisme des esprits légers, orgueilleux, ambitieux de dominer et de devenir chefs de parti, qui se sont crus plus éclairés que l'Eglise entière, qui lui ont reproché des erreurs et des abus, qui ont séduit une partie de ses enfants, et qui ont formé entre eux une société nouvelle; les apôtres mêmes ont vu naître ce désordre, ils l'ont condamné et l'ont déploré. Les *schismes* principaux dont parle l'histoire ecclésiastique, sont celui des novatiens, celui des donatistes, celui des lucifériens, celui des Grecs qui dure encore, enfin celui des protestants; nous avons parlé de chacun sous son nom particulier. Il nous reste à donner une notion du grand *schisme d'Occident*, mais il convient d'examiner auparavant si le *schisme* en lui-même est toujours un crime, ou s'il y a quelque motif capable de le rendre légitime. Nous soutenons qu'il n'y en a aucun, et qu'il ne peut y en avoir jamais; qu'ainsi tous les *schismatiques* sont hors de la voie du salut. Tel a toujours été le sentiment de l'Eglise catholique; voici les preuves qu'elle en donne.

1° L'intention de Jésus-Christ a été d'établir l'union entre les membres de son Eglise; il dit, Joan., c. x, v. 15 : *Je donne ma vie pour mes brebis; j'en ai d'autres qui ne sont pas encore dans le bercail : il faut que je les y amène, et j'en ferai un seul troupeau sous un même pasteur.* Donc ceux qui sortent du bercail pour former un troupeau à part vont directement contre l'intention de Jésus-Christ. Il est évident que ce divin Sauveur, sous le nom de brebis qui n'étaient pas encore dans le bercail, entendait les gentils : malgré l'opposition qu'il y avait entre les deux opinions, leurs mœurs, leurs habitudes et celles des Juifs, il voulait en former, non deux troupeaux différents, mais un seul. Aussi, lorsque les Juifs convertis à la foi refusèrent de fraterniser avec les gentils, à moins que ceux-ci n'embrassassent les lois et les mœurs juives, ils furent censurés et condamnés par les apôtres. Saint Paul nous fait remarquer qu'un des grands motifs de la venue de Jésus-Christ sur la terre a été de détruire le mur de séparation qui était entre la nation juive et les autres, de faire cesser par son sacrifice l'inimitié déclarée qui les divisait, et d'établir entre elles une paix éternelle, *Ephes.*, c. II, v. 14. De quoi aurait servi ce traité de paix, s'il devait être permis de nouveaux docteurs de former de nouvelles divisions, et d'exciter bientôt entre les membres de l'Eglise des haines aussi déclarées que celle qui avait régné entre les juifs et les gentils?

2° Saint Paul, conformément aux leçons de Jésus-Christ, représente l'Eglise, non-seulement comme un seul troupeau, mais comme une seule famille et un seul corps, dont tous les membres unis aussi étroitement entre eux que ceux du corps humain, doivent concourir mutuellement à leur bien spirituel et temporel; il leur recommande d'être attentifs à conserver par leur humilité, leur douceur, leur patience, leur charité, l'*unité d'esprit dans le lien de la paix*, Ephes., c. IV, v. 2; à ne point se laisser entraîner comme des enfants à tout vent de doctrine, par la malice des hommes habiles à insinuer l'erreur, *ibid.*, v. 14. De même qu'il n'y a qu'un Dieu, il veut qu'il n'y ait qu'une seule foi et un seul baptême : C'est, dit-il, pour établir cette unité de foi que Dieu a donné des apôtres et des évangélistes, des pasteurs et des docteurs, v. 4 et 11. C'est donc s'élever contre l'ordre de Dieu que de fermer l'oreille aux leçons des pasteurs et des docteurs qu'il a établis, pour en écouter de nouveaux qui s'ingèrent d'eux-mêmes à enseigner leur propre doctrine. Il recommande aux Corinthiens de ne point fomenter entre eux de *schismes* ni de disputes au sujet de leurs apôtres ou de leurs docteurs; il les reprend de ce que les uns disent : *Je suis à Paul*; les autres : *Je suis du parti d'Apollo ou de Céphas*; I Cor., c. I, v. 10, 11, 12. Il blâme toute espèce de divisions. *Si quelqu'un*, dit-il, *semble aimer la dispute, ce n'est point notre coutume ni celle de l'Eglise de Dieu...: à la vérité il faut qu'il y ait des hérésies, afin que l'on connaisse parmi vous ceux qui sont à l'épreuve*; c. XI, v. 16. On sait que l'hérésie est le choix d'une doctrine particulière. Il met la dispute, les dissensions, les sectes, les inimitiés, les jalousies au nombre des *œuvres de la chair*, Galat., c. V, v. 19. — Saint Pierre avertit les fidèles qu'*il y aura parmi eux de faux prophètes, des docteurs du mensonge, qui introduiront des sectes pernicieuses, qui auront l'audace de mépriser l'autorité légitime, qui, pour leur propre intérêt, se feront un parti par leurs blasphèmes..., qui entraîneront les esprits inconstants et légers... en leur promettant la liberté, pendant qu'eux-mêmes sont les esclaves de la corruption.* (II Petri, II, 1, 10, 14, 19.) Il ne pouvait pas mieux peindre les *schismatiques*, qui veulent, disent-ils, réformer l'Eglise. — Saint Jean parlant d'eux les nomme des *antechrists. Ils sont sortis d'entre nous*, dit-il, *mais ils n'étaient pas des nôtres; s'ils en avaient été, ils seraient demeurés avec nous* (I Joan., II, 18). Saint Paul en a fait un tableau non moins odieux, *II Tim.*, c. III et IV.

3° Nous ne devons donc pas être étonnés de ce que les Pères de l'Eglise, tous remplis des leçons et de la doctrine des apôtres, se sont élevés contre tous les *schismatiques*, et ont condamné leur témérité; saint Irénée en attaquant tous ceux de son temps qui avaient formé des sectes, Tertullien dans ses *Prescriptions contre les hérétiques*, saint Cyprien contre les novatiens, saint Augustin contre les donatistes, saint Jérôme contre les luciférions, etc., ont tous posé pour principe qu'il ne peut point y avoir de cause légitime de rompre l'unité de l'Eglise : *Præscindendæ unitatis nulla potest esse justa necessitas*; tous

4° Pour peindre la grièveté du crime des *schismatiques*, nous ne ferons que copier ce que Bayle en a dit, *Suppl. du Comment. philos.*, Préf., *OEuv.*, tom. II, pag. 480, col. 2.

(1) Nous avons besoin de fortifier cette preuve d'autorités imposantes. Saint Clément, évêque de Rome, dans sa première lettre aux Corinthiens, leur témoigne qu'il gémit sur la *division impie et détestable* (ce sont ses mots) *qui vient d'éclater parmi eux.* Il les rappelle à leur ancienne piété, au temps où, pleins d'humilité, de soumission, ils étaient aussi incapables de faire une injure que de la ressentir. « Alors, ajoute-t-il, toute espèce de schisme était une abomination à vos yeux. » Il termine en leur disant qu'il se presse de faire repartir Fortunatus, « auquel, dit-il, nous joignons quatre députés. Renvoyez-les-nous au plus vite dans la paix, afin que nous puissions bientôt apprendre que l'union et la concorde sont revenues parmi vous, ainsi que nous ne cessons de le demander par nos vœux et nos prières, et afin qu'il nous soit donné de nous réjouir du rétablissement du bon ordre parmi nos frères de Corinthe. » Qu'aurait dit ce pontife apostolique des grandes défections de l'Orient, de l'Allemagne, de l'Angleterre, lui qui, au premier bruit d'une contestation survenue dans une petite partie du troupeau, dans une seule ville, prend aussitôt l'alarme, traite ce mouvement de division impie, détestable; tout schisme, d'abomination, et emploie l'autorité de son siége et ses instances paternelles pour ramener les Corinthiens à la paix et à la concorde.—Saint Ignace, disciple de saint Pierre et de saint Jean, parle dans le même sens. Dans son épître aux Smyrniens, il leur dit : « Evitez les schismes et les désordres, source de tous les maux. Suivez votre évêque comme Jésus-Christ, son Père, et le collége des prêtres comme les apôtres. Que personne n'ose rien entreprendre dans l'Église, sans évêque. » Dans sa lettre à Polycarpe, « Veillez, dit-il, avec le plus grand soin, à l'unité, à la concorde, qui sont les premiers de tous les biens. » Donc les premiers de tous les maux sont le schisme et la division. Puis dans la même lettre, s'adressant aux fidèles : « Ecoutez votre évêque, afin que Dieu vous écoute aussi. Avec quelle joie ne donnerais-je pas ma vie pour ceux qui sont soumis à l'évêque, aux prêtres, aux diacres ! Puissé-je un jour être réuni à eux dans le Seigneur ! » Et dans son épître à ceux de Philadelphie : « Ce n'est pas, dit-il, que j'aie trouvé de schisme parmi vous, mais je veux vous prémunir comme des enfants de Dieu. » Il n'attend pas qu'il ait éclaté de schisme; il en prévient la naissance, pour en étouffer jusqu'au germe. « Tous ceux qui sont au Christ, tiennent au parti de leur évêque, mais ceux qui s'en séparent pour embrasser la communion de gens maudits, seront retranchés et condamnés avec eux. » Et aux Éphésiens : « Quiconque, dit-il, se sépare de l'évêque et ne s'accorde point avec les premiers-nés de l'Église, est un loup sous la peau de brebis. Efforcez-vous, mes bien-aimés, de rester attachés à l'évêque, aux prêtres et aux diacres. Qui leur obéit, obéit au Christ, par lequel ils ont été établis ; qui se révolte contre eux, se révolte contre Jésus. » Qu'aurait-il donc dit de ceux qui se sont révoltés depuis contre le jugement des conciles œcuméniques, et qui, au mépris de tous les évêques du monde entier, se sont attachés à quelques moines ou prêtres réfractaires, ou à un assemblage de laïques ? — Saint Polycarpe, disciple de saint Jean, dans sa lettre aux Philippiens, témoigne toute son horreur contre ceux qui enseignent des opinions hérétiques. Or l'hérésie attaque à la fois et l'unité de doctrine, qu'elle corrompt par ses erreurs, et l'unité de gouvernement auquel elle se soustrait par opiniâtreté. « Suivez l'exemple de notre Sauveur, ajoute Polycarpe ; restez fermes dans la foi, immuables dans l'unanimité, vous aimant les uns les autres. » A l'âge de quatre-vingts ans et plus, on le vit partir pour aller à Rome conférer avec le pape Anicet sur des articles de pure discipline : il s'agissait surtout de la célébration de la Pâque, que les asiatiques solennisaient, ainsi que les Juifs, le quatorzième jour de la lune équinoxiale, et les Occidentaux, le dimanche qui suivait le quatorzième. Sa négociation eut le succès désiré. On convint que les Églises d'Orient et d'Occident suivraient leurs coutumes sans rompre les liens de communion et de charité. Ce fut durant son séjour à Rome, qu'ayant rencontré Marcion dans la rue, et voulant l'éviter : « Ne me reconnais-tu pas, Polycarpe, lui dit cet hérétique ? — Oui, sans doute, pour le fils aîné de Satan. » Il ne pouvait contenir sa sainte indignation contre ceux qui, par leurs opinions erronées, s'attachaient à pervertir et diviser les chrétiens. — Saint Justin, qui de la philosophie platonicienne passa au christianisme, le défendit par ses apologies, et le scella de son sang, nous apprend que l'Église est renfermée dans une seule et unique communion, dont les hérétiques sont exclus. « Il y a eu, dit-il, et il y a encore des gens qui, se couvrant du nom de chrétiens, ont enseigné au monde des dogmes contraires à Dieu, des impiétés, des blasphèmes. Nous n'avons aucune communion avec eux, les regardant comme des ennemis de Dieu, des impies et des méchants. » (*Dialogue avec Tryphon.*) — Le grand évêque de Lyon, saint Irénée, disciple de Polycarpe, et martyr ainsi que son maître, écrivait à Florinus, qui lui-même avait souvent vu Polycarpe, et qui commençait à répandre certaines hérésies : « Ce n'est pas ainsi que vous avez été instruit par les évêques qui vous ont précédé. Je pourrais encore vous montrer la place où le bienheureux Polycarpe s'asseyait pour prêcher la parole de Dieu. Je le vois encore avec cet air grave qui ne le quittait jamais. Je me souviens, et de la sainteté de sa conduite, et de la majesté de son port, et de tout son extérieur. Je crois l'entendre encore nous raconter comme il avait conversé avec Jean et plusieurs autres qui avaient vu Jésus-Christ, et quelles paroles il avait entendues de leurs bouches. Je puis vous protester devant Dieu, que si ce saint évêque avait entendu des erreurs pareilles aux vôtres, aussitôt il se serait bouché les oreilles en s'écriant, suivant sa coutume : Bon Dieu ! à quel siècle m'avez-vous réservé pour entendre de telles choses ? et à l'instant il se serait enfui de l'endroit. » (Euseb., *Hist. ecclés.*, liv v.) Dans son savant ouvrage *sur les Hérésies* (liv. IV), il dit en parlant des schismatiques : « Dieu jugera ceux qui ont occasionné des schismes, hommes cruels, qui n'ont aucun amour pour lui, et qui, préférant leurs avantages propres à l'unité de l'Église, ne balancent point, sur les raisons les plus frivoles, de diviser et déchirer le grand et glorieux corps de Jésus-Christ, et lui donneraient volontiers la mort, s'il était en leur pouvoir... Mais ceux qui séparent et divisent l'unité de l'Église, recevront le châtiment de Jéroboam. » — Saint Denis, évêque d'Alexandrie, dans sa lettre à Novat qui venait d'opérer un schisme à Rome, où il avait fait consacrer Novatien en opposition au légitime pape Corneille, lui dit : « S'il est vrai, comme tu l'assures, que tu sois fâché d'avoir donné dans cet écart, montre-le-nous par un retour prompt et volontaire. Car il aurait fallu souffrir tout plutôt que de séparer l'Église de Dieu. Il serait aussi glorieux d'être martyr, pour sauver l'Église d'un schisme et d'une séparation, que pour ne pas adorer les dieux, et beaucoup plus glorieux encore dans mon opinion. Car, dans le dernier cas, on est martyr pour son âme seule ; dans le premier, pour l'Église entière. Si donc tu peux,

« Je ne sais, dit-il, où l'on trouverait un crime plus grief que celui de déchirer le corps mystique de Jésus-Christ, de son épouse qu'il a rachetée de son propre sang, de cette mère qui nous engendre à Dieu, qui nous nourrit du lait d'intelligence, qui est sans fraude, qui nous conduit à la béatitude éternelle. Quel crime plus grand que de se soulever contre une telle mère, de la diffamer par tout le monde; de faire rebeller tous ses enfants contre elle; si on le peut, de les lui arracher du sein par milliers pour les entraîner dans les flammes éternelles, eux et leur postérité pour toujours ? Où sera le crime de lèse-majesté divine au premier chef, s'il ne se trouve là? Un époux qui aime son épouse et qui connaît sa vertu, se tient plus mortellement offensé par des libelles qui la font passer pour une prostituée que par

par d'amicales persuasions ou par une conduite mâle, ramener tes frères à l'unité, cette bonne action sera plus importante que ne l'a été ta faute; celle-ci ne sera plus à ta charge, mais l'autre à ta louange. Que s'ils refusent de te suivre et d'imiter ton retour, sauve, sauve du moins ton âme. Je désire que tu prospères toujours et que la paix du Seigneur puisse rentrer dans ton cœur. » (Euseb., *Hist. ecclés.*, liv. VI.) — Saint Cyprien : « Celui-là n'aura point Dieu pour père, qui n'aura pas eu l'Eglise pour mère. S'imaginent-ils donc (les schismatiques) que Jésus-Christ soit avec eux quand ils s'assemblent, eux qui s'assemblent hors de l'Eglise? Qu'ils sachent que, même en donnant leur vie pour confesser le nom de Christ, ils n'effaceraient point dans leur sang la tache du schisme, attendu que le crime de discorde est au dessus de toute expiation. Qui n'est point dans l'Eglise ne saurait être martyr. » (Livre de *l'Unité*.) Il montre ensuite l'énormité de ce crime par l'effrayant supplice des premiers schismatiques, Coré, Dathan, Abiron, et de leurs deux cent cinquante complices : « La terre s'ouvrit sous leurs pieds, les engloutit vifs et debout, et les absorba dans ses entrailles brûlantes. » — Saint Hilaire, évêque de Poitiers, s'exprime ainsi sur l'unité : « Encore qu'il n'y ait qu'une Eglise dans le monde, chaque ville a néanmoins son église, quoiqu'elles soient en grand nombre, parce qu'elle est toujours *une* dans le grand nombre. » (*Sur le Psaume* XIV.) — Saint Optat de Milève cite le même exemple pour montrer que le crime du schisme est au-dessus même du parricide et de l'idolâtrie. Il observe que Caïn ne fut point puni de mort, que les Ninivites obtinrent le temps de mériter grâce par la pénitence. Mais dès que Coré, Dathan, Abiron, se portèrent à diviser le peuple, « Dieu, dit-il, envoie une faim dévorante à la terre : aussitôt elle ouvre une gueule énorme, les engloutit avec avidité, et se referme sur sa proie. Ces misérables, plutôt ensevelis que morts, tombent dans les abîmes de l'enfer. Que direz-vous à cet exemple, vous qui nourrissez le schisme et le défendez impunément? » — Saint Chrysostôme : « Rien ne provoque autant le courroux de Dieu, que de diviser son Eglise. Quand nous aurions fait un bien innombrable, nous n'en payerions pas moins pour avoir rompu la communion de l'Eglise, et déchiré le corps de Jésus-Christ. » (*Homél. sur l'Epît. aux Ephés.*) — Saint Augustin : « Le sacrilége du schisme; le crime, le sacrilége plein de cruauté; le crime souverainement atroce du schisme; le sacrilége du schisme qui outre-passe tous les forfaits. Quiconque, dans cet univers, sépare un homme et l'attire à un parti quelconque, est convaincu par là d'être fils des démons et homicide. » (*Passim.*) Les donatistes, dit-il encore, guérissent bien ceux qu'ils baptisent de la plaie d'idolâtrie, mais en les frappant de la plaie plus fatale du schisme. Les idolâtres ont été quelquefois moissonnés par le glaive du Seigneur; mais les schismatiques, la terre les a engloutis vifs dans son sein. » (Liv. I *contre les donat.*) « Le schismatique peut bien verser son sang, mais jamais obtenir la couronne. Hors de l'Eglise, et après avoir brisé les liens de charité et d'unité, vous n'avez plus à attendre qu'un châtiment éternel, lors même que, pour le nom de Jésus-Christ, vous auriez livré votre corps aux flammes. » (*Ep. à Donat.*)

Nous pourrions multiplier les citations, donner des extraits de Tertullien, Origène, Clément d'Alexandrie, Firmilien de Césarée, Théophile d'Antioche, Lactance, Eusèbe, Ambroise, etc., et après tant d'illustres témoins, citer les décisions des évêques réunis en corps dans les conciles particuliers d'Elvire, en 305; d'Arles, en 314; de Gangres, vers 340; de Saragosse, 381; de Carthage, 398; de Turin, 399; de Tolède, 400; dans les conciles généraux de Nicée, 325; de Constantinople, 381; d'Ephèse, 411; de Chalcédoine, 451; nous aimons mieux recueillir les aveux de nos adversaires. La confession d'Augsbourg (*art.* 7) : « Nous enseignons que l'Eglise une, sainte, subsistera toujours. Pour la vraie unité de l'Eglise, il suffit de s'accorder dans la doctrine de l'Evangile et l'administration des sacrements, comme dit saint Paul, une foi, un baptême, un Dieu, père de tous. » — La confession helvétique (*art.* 12), parlant des assemblées que les fidèles ont tenues de tout temps depuis les apôtres, ajoute : « Tous ceux qui les méprisent et s'en séparent, méprisent la vraie religion, et doivent être pressés par les pasteurs et les pieux magistrats, de ne point persister opiniâtrement dans leur séparation. » — La confession gallicane (*art.* 16) : « Nous croyons qu'il n'est permis à personne de se soustraire aux assemblées du culte, mais que tous doivent garder l'unité de l'Eglise..., et que quiconque s'en écarte, résiste à l'ordre de Dieu. » — La confession écossaise (*art.* 27) : « Nous croyons constamment que l'Eglise est une... Nous détestons entièrement les blasphèmes de ceux qui prétendent que tout homme, en suivant l'équité, la justice, quelque religion qu'il professe d'ailleurs, sera sauvé. Car sans le Christ, il n'est ni vie, ni salut, et nul n'y peut participer s'il n'a été donné à Jésus-Christ par son Père. » — La confession belgique : « Nous croyons et confessons une seule Eglise catholique..... Quiconque s'éloigne de cette véritable Eglise, se révolte manifestement contre l'ordre de Dieu. » — La confession saxonne (*art.* 12) : « Ce nous est une grande consolation de savoir qu'il n'y a d'héritiers de la vie éternelle que dans l'assemblée des élus, suivant cette parole : *Ceux qu'il a choisis, il les a appelés.* » — La confession bohémienne (*art.* 8) : « Nous avons appris que tous doivent garder l'unité de l'Eglise..., que nul ne doit y introduire de sectes, exciter de séditions, mais se montrer un vrai membre de l'Eglise dans le lien de la paix et l'unanimité de sentiment. » Etrange et déplorable aveuglement dans ces hommes, de n'avoir su faire l'application de ces principes au jour qui précéda la prédication de Luther! Ce qui était vrai, lorsqu'ils dressaient leurs confessions de foi et leurs catéchismes, l'était bien sans doute autant alors.

Calvin lui-même enseigne « que s'éloigner de l'Eglise, c'est renier Jésus-Christ; qu'il faut bien se garder d'une séparation si criminelle...; qu'on ne saurait imaginer attentat plus atroce, que de violer, par une perfidie sacrilége, l'alliance que le Fils unique de Dieu a daigné contracter avec nous. » (*Instit.*, lib. IV.) Malheureux! quel arrêt est sorti de sa bouche! Il sera éternellement sa propre condamnation. — *Discussion amicale*, etc, t. I.

toutes les injures qu'on lui dirait à lui-même. De tous les crimes où un sujet puisse tomber, il n'y en a point de plus horrible que celui de se révolter contre son prince légitime, et de faire soulever tout autant de provinces que l'on peut pour tâcher de le détrôner, fallût-il désoler toutes les provinces qui voudraient demeurer fidèles. Or, autant l'intérêt surnaturel surpasse tout avantage temporel, autant l'Eglise de Jésus-Christ l'emporte sur toutes les sociétés civiles, donc autant le *schisme* avec l'Eglise surpasse l'énormité de toutes les séditions. »

Daillé, au commencement de son *Apologie pour les réformés*, c. 2, fait le même aveu touchant la grièveté du crime de ceux qui se séparent de l'Eglise sans aucune raison grave; mais il soutient que les protestants en ont eu d'assez fortes pour qu'on ne puisse plus les accuser d'avoir été *schismatiques*. Nous examinerons ces raisons ci-après. Calvin lui-même et ses principaux disciples n'ont pas tenu un langage différent.

5° Mais, avant de discuter leurs raisons, il est bon de voir d'abord si leur conduite est conforme aux lois de l'équité et du bon sens. Ils disent qu'ils ont été en droit de rompre avec l'Eglise romaine, parce qu'elle professait des erreurs, qu'elle autorisait des superstitions et des abus auxquels ils ne pouvaient prendre part sans renoncer au salut éternel. Mais qui a porté ce jugement, et qui en garantit la certitude? eux-mêmes, et eux seuls. De quel droit ont-ils fait tout à la fois la fonction d'accusateurs et de juges? Pendant que l'Eglise catholique, répandue par toute la terre, suivait les mêmes dogmes et la même morale, le même culte, les mêmes lois qu'elle garde encore; une poignée de prédicants, dans deux ou trois contrées de l'Europe, ont décidé qu'elle était coupable d'erreur, de superstition, d'idolâtrie; ils l'ont ainsi publié; une foule d'ignorants et d'hommes vicieux les ont crus et se sont joints à eux; devenus assez nombreux et assez forts, ils lui ont déclaré la guerre et se sont maintenus malgré elle. Nous demandons encore une fois qui leur a donné l'autorité de décider la question, pendant que l'Eglise entière soutenait le contraire ; qui les a rendus juges et supérieurs de l'Eglise dans laquelle ils avaient été élevés et instruits, et qui a ordonné à l'Eglise de se soumettre à leur décision, pendant qu'ils ne voulaient pas se soumettre à la sienne ?

Lorsque les pasteurs de l'Eglise assemblés au concile de Trente ou dispersés dans les divers diocèses, ont condamné les dogmes des protestants, et ont jugé que c'étaient des erreurs, ceux-ci ont objecté que les évêques catholiques se rendaient juges et partie. Mais, lorsque Luther et Calvin et leurs adhérents ont prononcé du haut de leur tribunal que l'Eglise romaine était un cloaque de vices et d'erreurs, était la Babylone et la prostituée de l'Apocalypse, etc., n'étaient-ils pas juges et parties dans cette contestation ? Pourquoi cela leur a-t-il été plus permis qu'aux pasteurs catholiques? Ils ont fait de gros livres pour justifier leur *schisme*; jamais ils ne se sont proposé cette question, jamais ils n'ont daigné y répondre.

L'évidence, disent-ils, la raison, le bon sens, voilà nos juges et nos titres contre l'Eglise romaine. Mais cette évidence prétendue n'a été et n'est encore que pour eux, personne ne l'a vue qu'eux ; la raison est la leur et non celle des autres; le bon sens qu'ils réclament n'a jamais été que dans leur cerveau. C'est de leur part un orgueil bien révoltant de prétendre qu'au XVI° siècle il n'y avait personne qu'eux dans toute l'Eglise chrétienne qui eût des lumières, de la raison, du bon sens. Dans toutes les disputes qui, depuis la naissance de l'Eglise, se sont élevées entre elle et les novateurs, ces derniers n'ont jamais manqué d'alléguer pour eux l'évidence, la raison, le bon sens, et de défendre leur cause comme les protestants défendent la leur. Ont-ils eu raison tous, et l'Eglise a-t-elle toujours eu tort? Dans ce cas, il faut soutenir que Jésus-Christ, loin d'avoir établi dans son Eglise un principe d'unité, y a placé un principe de division pour tous les siècles, en laissant à tous les sectaires entêtés la liberté de faire bande à part, dès qu'ils accuseront l'Eglise d'être dans le désordre et dans l'erreur.

Au reste, il s'en faut beaucoup que tous les protestants aient osé affirmer qu'ils ont l'évidence pour eux ; plusieurs ont été assez modestes pour avouer qu'ils n'ont que des raisons probables. Grotius et Vossius avaient écrit que les docteurs de l'Eglise romaine donnent à l'Ecriture sainte un sens *évidemment* forcé, différent de celui qu'ont suivi les anciens Pères, et qu'ils forcent les fidèles d'adopter leurs interprétations, qu'il a donc fallu se séparer d'eux. Bayle, *Dict. Crit.*, art. *Nihusius*, Rem. H, observe qu'ils se sont trop avancés. « Les protestants, dit-il, n'allèguent que des raisons disputables, rien de convaincant, nulle démonstration ; ils prouvent et ils objectent, mais on répond à leurs preuves et à leurs objections ; ils répliquent et on leur réplique ; cela ne finit jamais : était-ce la peine de faire un *schisme?*» Demandons plutôt : En pareille circonstance, était-il permis de faire un *schisme*, et de s'exposer aux suites affreuses qui en ont résulté ?

Les controverses de religion, continue Bayle, ne peuvent pas être conduites au dernier degré d'évidence; tous les théologiens en tombent d'accord. Jurieu soutient que c'est une erreur très-dangereuse d'enseigner que le Saint-Esprit nous fait connaître évidemment les vérités de la religion ; selon lui, l'âme fidèle embrasse ces vérités sans qu'elles soient évidentes à sa raison, et même *sans qu'elle connaisse évidemment que Dieu les a révélées*. On prétend que Luther, à l'article de la mort, a fait un aveu à peu près semblable ; voilà donc où aboutit la prétendue clarté de l'Ecriture sainte sur les questions disputées entre les protestants et nous.

6° Il y a plus : en suivant le principe sur lequel les protestants avaient fondé leu-

schisme ou leur séparation d'avec l'Eglise romaine, d'autres docteurs leur ont résisté, leur ont soutenu qu'ils étaient dans l'erreur, et ont prouvé qu'il fallait se séparer d'eux. Ainsi Luther vit éclore parmi ses prosélytes la secte des anabaptistes et celle des sacramentaires, et Calvin fit sortir de son école les sociniens. En Angleterre, les puritains ou calvinistes rigides n'ont jamais voulu fraterniser avec les épiscopaux ou anglicans, et vingt autres sectes sont successivement sorties de ce foyer de division. Vainement les chefs de la prétendue réforme ont fait à ces nouveaux *schismatiques* les mêmes reproches que leur avaient faits les docteurs catholiques, on s'est moqué d'eux; on leur a demandé de quel droit ils refusaient aux autres une liberté de laquelle ils avaient trouvé bon d'user eux-mêmes, et s'ils ne rougissaient pas de répéter des arguments auxquels ils prétendaient avoir solidement répondu.

Bayle n'a pas manqué de leur faire encore cette objection. Un catholique, dit-il, a devant lui tous ses ennemis, les mêmes armes lui servent à les réfuter tous; mais les protestants ont des ennemis devant et derrière, ils sont entre deux feux, le papisme les attaque d'un côté et le socinianisme de l'autre; ce dernier emploie contre eux les mêmes arguments desquels ils se sont servis contre l'Eglise romaine, *Dict. Crit.*, Nihusius, H. Nous démontrerons la vérité de ce reproche en répondant aux objections des protestants.

1re *Objection*. Quoique les apôtres aient souvent recommandé aux fidèles l'union et la paix, ils leur ont aussi ordonné de se séparer de ceux qui enseignent une fausse doctrine. Saint Paul écrit à Tite, c. III, v. 10 : *Evitez un hérétique, après l'avoir repris une ou deux fois.* Saint Jean ne veut pas même qu'on le salue, *II Joan.*, v. 10. Saint Paul dit anathème à quiconque prêchera un Evangile différent du sien, fût-ce un ange du ciel, *Galat.*, c. I, v. 8 et 9. Nous lisons dans l'Apocalypse, c. XVIII, v. 4 : *Sortez de Babylone, mon peuple, de peur d'avoir part à ses crimes et à son châtiment.* » Dans ce même livre, c. II, v. 6, le Seigneur loue l'évêque d'Ephèse de ce qu'il hait la conduite des nicolaïtes; et v. 15, il blâme celui de Pergame de ce qu'il souffre leur doctrine. De tout temps l'Eglise a retranché de sa société les hérétiques et les mécréants; donc les protestants ont dû en conscience se séparer de l'Eglise romaine. Ainsi raisonne Daillé, *Apolog.*, c. III, et la foule des protestants. — *Réponse*. En premier lieu, nous prions ces raisonneurs de nous dire ce qu'ils ont répondu aux anabaptistes, aux sociniens, aux quakers, aux latitudinaires, aux indépendants, etc., lorsqu'ils ont allégué ces mêmes passages pour prouver qu'ils étaient obligés en conscience de se séparer des protestants et de faire bande à part. — En second lieu, saint Paul ne s'est pas borné à défendre aux fidèles de demeurer en société avec des hérétiques et des mécréants mais il leur ordonne de fuir la compagnie des pécheurs scandaleux, *I Cor.*, c. v, v. 11; *II Thess.*, c. III, v. 6 et 14. S'ensuit-il de là que tous ces pécheurs doivent sortir de l'Eglise pour former une secte particulière, ou que l'Eglise doit les chasser de son sein? Les apôtres ont en général ordonné aux fidèles d'écouter et de suivre les séducteurs, les faux docteurs, les prédicants d'une nouvelle doctrine; donc tous ceux qui ont prêté l'oreille à Luther, à Calvin et à leurs semblables, ont fait tout le contraire de ce que les apôtres ont ordonné. — En troisième lieu, peut-on faire de l'Ecriture sainte un abus plus énorme que celui qu'en font nos adversaires? Saint Paul commande à un pasteur de l'Eglise de reprendre un hérétique, de l'éviter ensuite, et de ne plus le voir s'il est rebelle et opiniâtre; donc cet hérétique fait bien de se révolter contre le pasteur, de lui débaucher ses ouailles, de former un troupeau à part; voilà ce qu'ont fait Luther et Calvin, et, suivant l'avis de leurs disciples, ils ont bien fait; saint Paul les y a autorisés. Mais ces deux prétendus réformateurs étaient-ils apôtres ou pasteurs de l'Eglise universelle, revêtus d'autorité pour la déclarer hérétique, et pour lui débaucher ses enfants? Parce qu'il leur a plu de juger que l'Eglise catholique était une Babylone, ils ont décidé qu'il fallait en sortir; mais ce jugement même, prononcé sans autorité, était un blasphème; il supposait que Jésus-Christ, après avoir versé son sang pour se former une église pure et sans tache, a permis, malgré ses promesses, qu'elle devînt une Babylone, un cloaque d'erreurs et de désordres. Toute société, sans doute, est en droit de juger ses membres; mais les protestants qui voient tout dans l'Ecriture n'y ont pas trouvé qu'une poignée de membres révoltés a droit de juger et de condamner la société entière. Ils peuvent y apprendre qu'un pasteur, un évêque, tels que ceux d'Ephèse et de Pergame, est autorisé à bannir de son troupeau des nicolaïtes condamnés comme hérétiques par les apôtres; mais elle n'a jamais enseigné que les nicolaïtes ni les partisans de toute autre secte, pouvaient légitimement tenir tête aux évêques, et former une église ou une société *schismatique*. De ce que l'Eglise catholique a toujours retranché de son sein les hérétiques, les mécréants, les rebelles, il s'ensuit qu'elle a eu raison de traiter ainsi les protestants, et de leur dire anathème; mais il ne s'ensuit pas qu'ils ont bien fait de le lui dire à leur tour, d'usurper ses titres, et d'élever autel contre autel. Il est étonnant que des raisonnements aussi gauches aient pu faire impression sur un seul esprit sensé.

Seconde objection. Les pasteurs et les docteurs catholiques ne se contentaient pas d'enseigner des erreurs, d'autoriser des superstitions, de maintenir des abus; ils forçaient les fidèles à embrasser toutes leurs opinions, et punissaient par des supplices quiconque voulait leur résister; il n'était donc pas possible d'entretenir société avec eux; il a fallu nécessairement s'en séparer. — *Réponse*. Il est faux que l'Eglise catholique ait enseigné des erreurs, etc., et qu'elle ait forcé par des supplices les fidèles à les professer. Encore une fois, qui a convaincu l'Eglise d'être dans aucune erreur? Parce que Luther et Calvin l'en ont accusée, s'ensuit-il que cela est vrai? Ce sont eux-mêmes qui enseignaient des erreurs et qui les ont fait embrasser à d'autres. De même qu'ils alléguaient des passages de l'Ecriture sainte, les docteurs catholiques en citaient aussi pour prouver leur doctrine ; les premiers disaient : Vous entendez mal l'Ecriture ; les seconds répliquaient : C'est vous-mêmes qui en pervertissez le sens. Notre explication est la même que celle qu'ont donnée de tout temps les Pères de l'Eglise, et qui a toujours été suivie par tous les fidèles; la vôtre n'est fondée que sur vos prétendues lumières, elle est nouvelle et inouïe; donc elle est fausse. Une preuve que les réformateurs l'entendaient mal, c'est qu'ils ne s'accordaient pas, au lieu que le sentiment des catholiques était unanime. Une autre preuve que les premiers enseignaient des erreurs, c'est qu'aujourd'hui leurs disciples et leurs successeurs ne suivent pas leur doctrine. *Voy.* Protestant. D'ailleurs autre chose est de ne pas croire et de ne pas professer la doctrine de l'Eglise, et autre chose de l'attaquer publiquement et de prêcher le contraire. Jamais les protestants ne pourront citer l'exemple d'un seul hérétique ou d'un seul incrédule supplicié pour des erreurs qu'il n'avait ni publiées ni voulu faire embrasser aux autres. C'est une équivoque frauduleuse de confondre les mécréants paisibles avec les prédicants séditieux, fougueux et calomniateurs, tels qu'ont été les fondateurs de la prétendue réforme. Qui a forcé Luther , Calvin et leurs semblables de s'ériger en apôtres, de renverser la religion et la croyance établies, d'accabler d'invectives les pasteurs de l'Eglise romaine? Voilà leur crime, et jamais leurs sectateurs ne parviendront à le justifier.

Troisième objection. Les protestants ne pouvaient vivre dans le sein de l'Eglise romaine, sans pratiquer les usages superstitieux qui y étaient observés, sans adorer l'eucharistie, sans rendre un culte religieux aux saints, à leurs images et à leurs reliques ; or, ils regardaient tous ces cultes comme autant d'actes d'idolâtrie. Quand ils se seraient trompés dans le fond, toujours ne pouvaient-ils observer ces pratiques sans aller contre leur conscience ; donc ils ont été forcés de faire bande à part, afin de pouvoir servir Dieu selon les lumières de leur conscience.
— *Réponse.* Avant les clameurs de Luther, de Calvin et de quelques autres prédicants, personne dans toute l'étendue de l'Eglise catholique ne regardait son culte comme une idolâtrie ; ces docteurs même l'avaient pratiqué pendant longtemps sans scrupule ; ce sont eux qui, à force de déclamations et de sophismes, sont parvenus à le persuader à une foule d'ignorants ; ce sont donc eux qui sont la cause de la fausse conscience de leurs prosélytes. Quand ceux-ci seraient innocents d'avoir fait un *schisme*, ce qui n'est pas, les auteurs de l'erreur n'en sont que plus coupables ; mais saint Paul ordonne aux fidèles d'obéir à leurs pasteurs et de fermer l'oreille à la séduction des faux docteurs : donc ceux-ci et leurs disciples ont été complices du même crime.

Quand on veut nous persuader que la prétendue réforme a eu pour premiers partisans des âmes timorées, des chrétiens scrupuleux et pieux , qui ne demandaient qu'à servir Dieu selon leur conscience , on se joue de notre crédulité. Il est assez prouvé que les prédicants étaient ou des moines dégoûtés du cloître, du célibat et du joug de la règle, ou des ecclésiastiques vicieux, déréglés, entêtés de leur prétendue science , que la foule de leurs partisans ont été des hommes de mauvaise mœurs et dominés par des passions fougueuses. *Voy.* Réformation. Il n'est pas moins certain que le principal motif de leur apostasie fut le désir de vivre avec plus de liberté, de piller les églises et les monastères, d'humilier et d'écraser le clergé, de se venger de leurs ennemis personnels, etc. : tout était permis contre les papistes à ceux qui suivaient le nouvel Evangile.

On nous en impose encore plus grossièrement, quand on prétend qu'il fallait du courage pour renoncer au catholicisme, qu'il y avait de grands dangers à courir; que les apostats risquaient leur fortune et leur vie, qu'ils n'ont donc pu agir que par motif de conscience. Il est constant que dès l'origine les prétendus réformés ont travaillé à se rendre redoutables. Leurs docteurs ne leur prêchaient point la patience, la douceur, la résignation au martyre , comme faisaient les apôtres à leurs disciples, mais la sédition , la révolte , la violence, le brigandage et le meurtre. Ces leçons se trouvent encore dans les écrits des réformateurs , et l'histoire atteste qu'elles furent fidèlement suivies. Etrange délicatesse de conscience d'aimer mieux bouleverser l'Europe entière que de souffrir dans le silence les prétendus abus de l'Eglise catholique ?

Quatrième objection. A la vérité les Pères de l'Eglise ont condamné le *schisme* des novatiens , des donatistes et des lucifériens, parce que ces sectaires ne reprochaient aucune erreur à l'Eglise catholique de laquelle ils se séparaient ; il n'en était pas de même des protestants, à qui la doctrine de l'Eglise romaine paraissait erronée en plusieurs points.
— *Réponse.* Il est faux que les *schismatiques* dont nous parlons n'aient reproché aucune erreur à l'Eglise catholique. Les donatistes regardaient comme une erreur de penser que les pécheurs scandaleux étaient membres de l'Eglise ; ils soutenaient l'invalidité du baptême reçu hors de leur société. Les novatiens soutenaient que l'Eglise n'avait pas le pouvoir d'absoudre les pécheurs coupables de rechute. Les lucifériens enseignaient que l'on ne devait pas recevoir à la communion ecclésiastique les évêques ariens, quoique pénitents et convertis, et que le baptême administré par eux était absolument nul. Si, pour avoir droit de se séparer de l'Eglise,

il suffisait de lui imputer des erreurs, il n'y aurait aucune secte ancienne ni moderne que l'on pût justement accuser de *schisme*, les protestants eux-mêmes n'oseraient blâmer aucune des sectes qui se sont séparées d'eux, puisque toutes sans exception leur ont reproché des erreurs, et souvent des erreurs très-grossières. En effet, les sociniens les accusent d'introduire le polythéisme et d'adorer trois dieux, en soutenant la divinité des trois personnes divines; les anabaptistes, de profaner le baptême, en l'administrant à des enfants qui sont encore incapables de croire; les quakers, de résister au Saint-Esprit, en empêchant les simples fidèles et les femmes de parler dans les assemblées de religion, lorsque les uns ou les autres sont inspirés; les anglicans, de méconnaître l'institution de Jésus-Christ, en refusant de reconnaître le caractère divin des évêques : tous de concert reprochent aux calvinistes rigides de faire Dieu auteur du péché en admettant la prédestination absolue, etc.; donc ou toutes ces sectes ont raison de vivre séparées les unes des autres et de s'anathématiser mutuellement, ou toutes ont eu tort de faire *schisme* d'avec l'Eglise catholique; il n'en est pas une seule qui n'allègue les mêmes raisons de se séparer de toute autre communion quelconque.

Un de leurs controversistes a cité un passage de Vincent de Lérins, qui dit, *Commonit.*, chap. 4 et 29, que si une erreur est prête à infecter toute l'Eglise, il faut s'en tenir à l'antiquité; que si l'erreur est ancienne et étendue, il faut la combattre par l'Ecriture. Cette citation est fausse; voici les paroles de cet auteur : « Ç'a toujours été, et c'est encore aujourd'hui la coutume des catholiques de prouver la vraie foi de deux manières, 1° par l'autorité de l'Ecriture sainte, 2° par la tradition de l'Eglise universelle; non que l'Ecriture soit insuffisante en elle-même, mais parce que la plupart interprètent à leur gré la parole divine, et forgent ainsi des opinions et des erreurs. Il faut donc entendre l'Ecriture sainte dans le sens de l'Eglise, surtout dans les questions qui servent de fondement à tout le dogme catholique. Nous avons dit encore que dans l'Eglise même il faut avoir égard à l'universalité et à l'antiquité: à l'universalité, afin de ne pas rompre l'unité par un *schisme*; à l'antiquité, afin de ne pas préférer une nouvelle hérésie à l'ancienne religion. Enfin nous avons dit que dans l'antiquité de l'Eglise il faut observer deux choses, 1° ce qui a été décidé autrefois par un concile universel; 2° si c'est une question nouvelle sur laquelle il n'y ait point eu de décision, il faut consulter le sentiment des Pères qui ont toujours vécu et enseigné dans la communion de l'Eglise, et tenir pour vrai et catholique, ce qu'ils ont professé d'un consentement unanime. » Cette règle, constamment suivie dans l'Eglise depuis plus de dix-sept siècles, est la condamnation formelle du *schisme* et de toute la conduite des protestants, aussi bien que des autres sectaires.

Quelques théologiens ont distingué le *schisme actif* d'avec le *schisme passif* : par le premier ils entendent la séparation volontaire d'une partie des membres de l'Eglise d'avec le corps, et la résolution qu'ils prennent d'eux-mêmes de ne plus faire de société avec lui; ils appellent *schisme passif* la séparation involontaire de ceux que l'Eglise a rejetés de son sein par l'excommunication. Quelquefois les controversistes protestants ont voulu abuser de cette distinction; ils ont dit : Ce n'est pas nous qui nous sommes séparés de l'Eglise romaine, c'est elle qui nous a rejetés et condamnés; c'est donc elle qui est coupable de *schisme*, et non pas nous. Mais il est prouvé par tous les monuments historiques du temps, et par tous les écrits des calvinistes, qu'avant l'anathème prononcé contre eux par le concile de Trente, ils avaient publié et répété cent fois que l'Eglise romaine était la Babylone de l'Apocalypse, la synagogue de Satan, la société de l'Antechrist; qu'il fallait absolument en sortir pour faire son salut; en conséquence ils tinrent d'abord des assemblées particulières, ils évitèrent de se trouver à celles des catholiques et de prendre aucune part à leur culte. Le *schisme* a donc été actif et très-volontaire de leur part.

Nous ne prétendons pas insinuer par là que l'Eglise ne doit point exclure promptement de sa communion les novateurs cachés, hypocrites et perfides, qui, en enseignant une doctrine contraire à la sienne, s'obstinent à se dire catholiques, enfants de l'Eglise, défenseurs de sa véritable croyance, malgré les décrets solennels qui les flétrissent. Une triste expérience nous convainc que ces hérétiques cachés et fourbes ne sont pas moins dangereux et ne font pas moins de mal que des ennemis déclarés.

On appelle en théologie *proposition schismatique* celle qui tend à inspirer aux fidèles la révolte contre l'Église, à introduire la division entre les églises particulières et celle de Rome, qui est le centre de l'unité catholique.

Schisme d'Angleterre. *Voy.* Angleterre.
Schisme des Grecs. *Voy.* Grec.
Schisme d'Occident. C'est la division qui arriva dans l'Eglise romaine au XIVe siècle, lorsqu'il y eut deux papes placés en même temps sur le saint siège, de manière qu'il n'était pas aisé de distinguer lequel des deux avait été le plus canoniquement élu.

Après la mort de Benoît XI en 1304, il y eut successivement sept papes français d'origine; savoir, Clément V, Jean XXII, Benoît XII, Clément VI, Innocent VI, Urbain V et Grégoire XI, qui tinrent leur siége à Avignon. Ce dernier ayant fait un voyage à Rome y tomba malade et y mourut le 13 mars 1378. Le peuple romain, très-séditieux pour lors, et jaloux d'avoir chez lui le souverain pontife, s'assembla tumultueusement, et d'un ton menaçant déclara aux cardinaux réunis au conclave, qu'il voulait un pape romain ou du moins italien de naissance. Conséquemment les cardinaux, après avoir protesté contre la violence qu'on leur faisait et contre l'élection qui allait se faire, élurent, e 9 avril, Barthélemi Prignago, archevêque de Bari, qui prit le nom d'Urbain VI. Mais, cinq mois après, ces mêmes cardinaux, retirés à Anagni et ensuite à Fondi, dans le royaume de Naples, déclarèrent nulle l'élection d'Urbain VI, comme faite par violence, et ils élurent à sa place Robert, cardinal de Genève, qui prit le nom de Clément VII. Celui-ci fut reconnu pour pape légitime par la France, l'Espagne, l'Ecosse, la Sicile, l'île de Chypre, et il établit son séjour à Avignon; Urbain VI, qui faisait le sien à Rome, eut dans son obédience les autres états de la chrétienté. Cette division, que l'on a nommée *le grand schisme d'Occident*, dura pendant quarante ans. Mais aucun des deux partis n'était coupable de désobéissance envers l'Eglise ni envers son chef; l'un et l'autre désiraient également de connaître le véritable pape, tout prêts à lui rendre obéissance dès qu'il serait certainement connu.

Pendant cet intervalle, Urbain VI eut pour successeurs à Rome Boniface IX, Innocent VII, Grégoire XII, Alexandre V et Jean XXIII. Le siége d'Avignon fut tenu par Clément VII pendant seize ans, et durant vingt-trois par Benoît XIII son successeur. En 1409, le concile de Pise, assemblé pour éteindre le *schisme*, ne put en venir à bout; vainement il déposa Grégoire XII, pontife de Rome, et Benoît XIII, pape d'Avignon; vainement il élut à leur place Alexandre V; tous les trois eurent des partisans, et au lieu de deux compétiteurs il s'en trouva trois. Enfin ce scandale cessa l'an 1417; au concile général de Constance, assemblé pour ce sujet, Grégoire XII renonça au pontificat, Jean XXIII, qui avait remplacé Alexandre V, fut forcé de même, et Benoît XIII fut solennellement déposé. On élut Martin V, qui peu à peu fut universellement reconnu, quoique Benoît XIII ait encore vécu cinq ans, et se soit obstiné à garder le nom de pape jusqu'à la mort.

Les protestants, très-attentifs à relever tous les scandales de l'Eglise romaine, ont exagéré les malheurs que produisit celui-ci; ils disent que pendant le *schisme* tout sentiment de religion s'éteignit en plusieurs endroits, et fit place aux excès les plus scandaleux; que le clergé perdit jusqu'aux apparences de la religion et de la décence; que les personnes vertueuses furent tourmentées de doutes et d'inquiétudes. Ils ajoutent que cette division des esprits produisit cependant un bon effet, puisqu'elle porta un coup mortel à la puissance des papes. Mosheim, *Hist. ecclés.*, XIVᵉ siècle, IIᵉ part., c. 2, § 15. Ce tableau pourrait paraître ressemblant, si l'on s'en rapportait à plusieurs écrits composés pendant le *schisme* par des auteurs passionnés et satiriques, tels que Nicolas de Clémengis et d'autres. Mais, en lisant l'histoire de ces temps-là, on voit que ce sont des déclamations dictées par l'humeur, dans lesquelles on trouve souvent le blanc et le noir suivant les circonstances.

Il est certain que le *schisme* causa des scandales, fit naître des abus, diminua beaucoup les sentiments de religion; mais le mal ne fut ni aussi excessif ni aussi étendu que le prétendent les ennemis de l'Eglise. A cette même époque il y eut chez toutes les nations catholiques, dans les diverses obédiences des papes et dans les différents états de la vie, un grand nombre de personnages distingués par leur savoir et par leur vertus; Mosheim lui-même en a cité un bon nombre qui ont vécu, tant sur la fin du XIVᵉ siècle qu'au commencement du XVᵉ, et il convient qu'il aurait pu en ajouter d'autres. Les prétendants à la papauté furent blâmables de ne vouloir pas sacrifier leur intérêt particulier et celui de leurs créatures au bien général de l'Eglise; on ne peut cependant pas les accuser d'avoir été sans religion et sans mœurs. Ceux d'Avignon, réduits à un revenu très-mince, firent, pour soutenir leur dignité, un trafic honteux des bénéfices; et se mirent au-dessus de toutes les règles; c'est donc dans l'Eglise de France que le désordre dut être le plus sensible : cependant, par l'*Histoire de l'Eglise gallicane*, nous voyons que le clergé n'y était généralement ni dans l'ignorance ni dans une corruption incurable, puisque l'on se sert des clameurs même du clergé pour prouver la grandeur du mal. D'ailleurs, en l'exagérant à l'excès, les protestants nous semblent aller directement contre l'intérêt de leur système; ils prouvent, sans le vouloir, de quelle importance est dans l'Eglise le gouvernement d'un chef sage, éclairé, vertueux, puisque quand ce secours vient à manquer, tout tombe dans le désordre et la confusion. Les hommes de bon sens, dit Mosheim, apprirent que l'on pouvait se passer d'un chef visible, revêtu d'une suprématie spirituelle; on peut s'en passer sans doute, lorsqu'on veut renverser le dogme, la morale, le culte, la discipline, comme ont fait les protestants; mais quand on veut les conserver tels que les apôtres les ont établis, on sent le besoin d'un chef; une expérience de dix-sept siècles a dû suffire pour nous l'apprendre.

* **SCHOLTÉNIENS.** Au milieu de la décomposition générale du protestantisme, on voit de temps en temps des chrétiens essayer de lutter contre le torrent qui les entraîne. Quoiqu'en Hollande la profession de foi du synode de Dordrecht de 1618 soit la base de l'Eglise nationale, le synode de 1816 permit à chaque ministre d'en retrancher ou d'y ajouter ce qu'il voudrait. Quelques ministres, à la tête desquels figura Scholten, s'insurgèrent contre le synode de 1816 et voulurent faire revivre intégralement la doctrine du synode de Dordrecht. Bientôt les dissidents formèrent secte, eurent des églises, reçurent le nom de *Vrais Réformés*. En 1834 le gouvernement hollandais leur enleva leurs églises par force, ils se réunirent dans des maisons particulières; on fit valoir les dispositions de l'art. 291 du code pénal français, encore en vigueur dans ce pays : toute réunion de plus de vingt personnes fut sévèrement punie. Les persécutés trouvèrent appui auprès des protestants des autres pays. On ne parle plus aujourd'hui de persécution. Nous ignorons où en est la secte.

SCIENCE DE DIEU, c'est l'attribut par

lequel Dieu connaît toutes choses. Nous ne pouvons concevoir Dieu autrement que comme une intelligence infinie, par conséquent qui connaît tout ce qui est et tout ce qui peut être; telle est l'idée que nous en donnent les livres saints. Nous y lisons, Job, c. XXVIII, v. 24 : *Dieu voit les extrémités du monde, et considère tout ce qui est sous le ciel;* cap. XLII, v. 2 : *Je sais, Seigneur, que vous pouvez tout, et qu'aucune pensée ne vous est cachée;* Baruch, c. III, v. 32 : *Celui qui sait tout est l'auteur de la sagesse;* Ps. CXXXVIII, v. 5 : *Vous connaissez, Seigneur, ce qui a précédé et ce qui doit suivre... Votre* SCIENCE *est admirable pour moi, elle est immense, et je ne puis y atteindre,* etc.; I Reg., c. II, v. 3 : *Le Seigneur est le Dieu de la* SCIENCE, *et les pensées des hommes lui sont connues d'avance;* Rom., c. XI, v. 33 : *O profondeur des trésors de la sagesse et de la* SCIENCE *de Dieu,* etc.

Saint Augustin, l. II ad *Simplic.*, q. 2, observe fort bien que la *science de Dieu* est très-différente de la nôtre, mais que nous sommes forcés de nous servir des mêmes termes pour exprimer l'une et l'autre; nos connaissances sont des accidents ou des modifications qui nous arrivent successivement et qui produisent un changement en nous; Dieu de toute éternité a tout vu et tout connu pour toute la durée des siècles ; aucune pensée, aucune connaissance ne peut lui arriver de nouveau; il ne peut rien perdre ni rien acquérir, puisqu'il est immuable.

Dieu, disent les Pères de l'Eglise, a prévu tous les événements, puisque c'est lui qui les a dirigés comme il lui a plu; il n'a pas fait les créatures sans savoir ce qu'il faisait, ce qu'il voulait et ce qu'il pouvait faire; s'il ne connaissait pas toutes choses, il ne pourrait pas les gouverner, nous aurions tort de lui attribuer une providence : *Il appelle,* dit saint Paul, *les choses qui ne sont point comme celles qui sont (Rom.,* c. IV, v. 17).

Dans les objets de nos connaissances nous distinguons le passé, le présent et le futur; à l'égard de Dieu tout est présent, rien n'est passé ni futur, parce que son éternité correspond à tous les instants de la durée des créatures. Mais, pour soulager notre faible entendement, nous distinguons en Dieu autant de sciences différentes que nous en éprouvons en nous-mêmes. Conséquemment les théologiens distinguent en Dieu : 1° la *science* de simple intelligence, par laquelle Dieu voit les choses purement possibles qui n'ont jamais existé et qui n'existeront jamais. Comme rien n'est possible que par la puissance de Dieu, il suffit que Dieu connaisse toute l'étendue de sa puissance pour connaître tout ce qui peut être. 2° La *science* de vision, par laquelle Dieu voit tout ce qui a existé, tout ce qui existe ou existera dans le temps, par conséquent toutes les pensées et toutes les actions des hommes, présentes, passées ou à venir, et le cours entier de la nature, tel qu'il a été et tel qu'il sera dans toute sa durée; et c'est cette connaissance claire et distincte qui dirige la providence de Dieu tant dans l'ordre de la nature que dans l'ordre de la grâce. Cette *science*, en tant qu'elle regarde les choses futures, est appelée *prévision* ou *prescience.* Nous en avons parlé en son lieu. *Voy.* PRESCIENCE. 3° Quelques théologiens admettent encore en Dieu une troisième *science* qu'ils appellent *science moyenne*, parce qu'elle semble tenir un milieu entre la *science* de vision et la *science* de simple intelligence. Il y a, disent-ils, des choses qui ne seront futures que sous certaines conditions ; si les conditions doivent avoir lieu, l'événement qui en dépend deviendra futur absolument, et, comme tel, il est l'objet de la *science* de vision ou de la prescience. Si la condition de laquelle cet événement dépend ne doit point avoir lieu, il n'existera jamais ; alors c'est un futur purement conditionnel; il ne peut donc pas être de la *science* de vision qui regarde les futurs absolus, ni de la *science* du simple intelligence qui a pour objet les possibles. Cependant Dieu le connaît, puisque souvent il l'a révélé : il faut donc distinguer cette *science* divine d'avec les deux précédentes.

Que Dieu ait révélé plus d'une fois des futurs purement conditionnels, c'est un fait prouvé par l'Ecriture sainte. *I Reg.,* c. XXIII, v. 12, David demande au Seigneur : *Si je demeure à Ceila, les habitants me livreront-ils à Saül?* Dieu répondit : *Ils vous livreront.* Conséquemment David se retira, et il ne fut point livré. *Sap.,* c. IV, v. 11, il est dit du juste que Dieu l'a tiré de ce monde, de peur qu'il ne fût perverti par la contagion des mœurs du siècle; Dieu prévoyait donc que si ce juste eût vécu plus longtemps, il aurait succombé à la tentation du mauvais exemple. *Matth.,* c. XI, v. 21, Jésus-Christ dit aux Juifs incrédules : *Si j'avais fait à Tyr et à Sidon les mêmes miracles que j'ai faits parmi vous, ces peuples auraient fait pénitence sous le cilice et sous la cendre. Luc.,* c. XVI, v. 31, il est dit des frères du mauvais riche : *Quand un mort ressusciterait pour les instruire, ils ne le croiraient pas.* Voilà des prédictions de futurs conditionnels qui ne sont pas arrivés, parce que la condition n'a pas eu lieu.

Les Pères de l'Eglise ont raisonné sur ces passages, pour prouver que Dieu voit ce que feraient toutes ses créatures dans toutes les circonstances où il lui plairait de les placer; saint Augustin surtout en a fait usage pour prouver contre les pélagiens et les semi-pélagiens que Dieu n'est point déterminé à donner la grâce de la foi par les bonnes dispositions qu'il prévoit dans ceux à qui l'Evangile serait prêché; ni déterminé à priver de la grâce du baptême certains enfants, parce qu'il prévoit leur mauvaise conduite future s'ils parvenaient à l'âge mûr. *Voy.* Petau, *Dogm. théol.,* t. I, l. IV, c. 7. Ainsi raisonnent les théologiens que l'on appelle *molinistes* et *congruistes. Voy.* CONGRUISTES.

Mais les thomistes et les augustiniens soutiennent que cette *science moyenne* inventée par Molina, est non-seulement inutile, mais d'un usage dangereux dans les questions de la grâce et de la prédestination-

Ou la condition, disent-ils, de laquelle dépend un événement aura lieu, ou elle n'arrivera pas : dans le premier cas, le futur est absolu, et pour lors il est l'objet de la *science de vision* ou de la *prescience*; dans le second cas, ce futur prétendu conditionnel est simplement possible, et Dieu le voit par la *science* de simple intelligence. Ces mêmes théologiens accusent leurs adversaires de donner lieu aux mêmes conséquences que saint Augustin a combattues, et que l'Eglise a condamnées dans les pélagiens et les semi-pélagiens.

On conçoit bien que les congruistes ne demeurent pas sans réplique. Cette question a été débattue de part et d'autre avec plus de chaleur qu'elle ne méritait ; il y a eu une immensité d'écrits pour et contre, sans que l'un ou l'autre des deux partis ait avancé ou reculé d'un seul pas. Il aurait été mieux sans doute de renoncer à tout système, de s'en tenir uniquement à ce qui est révélé, et de consentir à ignorer ce que Dieu n'a pas voulu nous apprendre.

SCIENCES HUMAINES. De nos jours les incrédules ont poussé la prévention contre le christianisme, jusqu'à soutenir que son établissement a nui au progrès des *sciences*; déjà nous avons réfuté ce paradoxe au mot LETTRES ; il est bon d'ajouter encore quelques réflexions. Il est incontestable que depuis dix-sept siècles les *sciences* n'ont presque été cultivées ni connues que chez les nations chrétiennes, que les autres peuples sont plongés dans l'ignorance et dans la barbarie. Peut-on comparer la faible mesure de connaissances que possèdent les Indiens et les Chinois, avec ce qu'en ont acquis les peuples de l'Europe? Lorsqu'au x° et au xii° siècle les mahométans ont eu quelque teinture des *sciences*, ils l'avaient reçue des nations chrétiennes, et ils ne l'ont pas conservée longtemps : ils ont fait régner l'ignorance partout où ils se sont rendus les maîtres; sans les efforts qu'on leur a opposés par principe de religion, les *sciences* auraient eu en Europe le même sort qu'en Asie ; quelques incrédules moins entêtés que les autres ont eu la bonne foi d'en convenir. A la vérité, depuis le iv° siècle de l'Eglise, les *sciences* n'ont plus été cultivées chez les Grecs et chez les Romains avec autant d'éclat et de succès qu'au siècle d'Auguste; mais ceux qui en ont cherché la cause dans l'établissement du christianisme, ont affecté d'ignorer les événements qui ont précédé et qui ont suivi cette grande époque de l'histoire. En effet, depuis le règne de Néron jusqu'à celui de Théodose, pendant un espace de trois cents ans, les pays soumis à la domination romaine furent désolés par les guerres civiles entre les divers prétendants à l'empire. Déjà les Barbares avaient commencé à y faire des irruptions de toutes parts ; les Germains, les Sarmates, les Quades, les Marcomans, les Scythes, les Parthes, les Perses en avaient démembré ou dépeuplé des parties ; les victoires de quelques empereurs n'opposèrent à ce torrent qu'un obstacle passager. Dès l'an 275 l'on vit fondre sur les Gaules un essaim de peuples d'Allemagne, les Lyges, les Francs, les Bourguignons, les Vandales; ils s'emparèrent de soixante-dix villes, et en demeurèrent les maîtres pendant deux ans. Probus ne vint à bout de les en chasser, l'an 277, qu'après leur avoir tué quatre cent mille hommes. Ils ne tardèrent pas d'y revenir avec d'autres Barbares en plus grand nombre. Tillemont, *Vie des emp.*, t. III, pag. 425 et suiv. Au v° siècle, les Goths, les Francs, les Bourguignons, les Huns, les Lombards, les Vandales, vinrent à bout de s'y établir, et s'emparèrent peu à peu de tout l'Occident ; au vii° siècle, les Arabes ravagèrent l'Orient pour établir le mahométisme. Les invasions n'ont cessé dans nos climats que par la conversion des peuples du Nord. Est-ce au milieu de cette désolation continuelle, dont l'histoire fait frémir, que les sciences pouvaient fleurir et faire des progrès ? Les pestes, les famines, les tremblements de terre joignirent leurs ravages à ceux de la guerre ; ceux qui ont calculé les pertes que la population a faites par ces divers fléaux, prétendent que, sous le règne de Justinien, le nombre des hommes était réduit à moins de moitié de ce qu'il était au siècle d'Auguste. Des temps aussi malheureux n'étaient pas propres aux spéculations des savants, ni aux recherches curieuses; mais le christianisme n'a pu influer en rien dans les causes de ces révolutions. Loin de mettre obstacle aux études, cette religion engageait ses sectateurs à s'instruire, par le désir de réfuter, de convaincre, de convertir les philosophes qui l'attaquaient ; les persécutions mêmes enflammèrent le zèle des Pères de l'Eglise. Connaît-on, dans les trois premiers siècles, des auteurs profanes qui aient mieux possédé la philosophie de leur temps que les apologistes de notre religion ! Au iv°, lorsque la paix eut été donnée à l'Eglise par Constantin, il fut aisé de voir si les savants du paganisme avaient des connaissances supérieures à celles des docteurs chrétiens. Julien, ennemi déclaré de ces derniers, ne sentait que trop bien leur ascendant, lorsqu'il souhaitait que les livres des Galiléens fussent détruits, *Lettre* 9 à *Ecdicius*, et qu'il défendait aux chrétiens d'étudier et d'enseigner les lettres. Aucun philosophe de ce temps-là n'a montré autant de connaissances en matière de physique et d'histoire naturelle, que saint Basile dans son *Hexaméron*, Lactance dans son livre *de Opificio Dei*, Théodoret dans ses *Discours sur la Providence*, etc.

Le meilleur moyen de perfectionner les *sciences* naturelles était d'établir la communication entre les différentes parties du globe, d'apprendre à connaître le sol, les richesses, les mœurs, les lois, le génie, le langage des divers peuples du monde ; nous jouissons actuellement de cet avantage, mais à qui en sommes-nous redevables ? Est-ce aux philosophes zélés pour le bien de l'humanité, ou aux missionnaires enflammés du zèle de la religion ? Le christianisme qu'ils ont porté dans le Nord y a fait naître l'agriculture, la civilisation, les lois, les sciences; il a rendu florissantes des régions qui n'étaient autrefois couvertes que de forêts, de marécages, et de quelques troupeaux de sauvages. Ce sont les missionnaires, et non les philosophes, qui ont apprivoisé les barbares, qui nous ont fait connaître les contrées et les nations des extrémités de l'Asie, qui ont décrit le caractère, les mœurs, le genre de vie des sauvages de l'Amérique. Si leur zèle intrépide n'avait pas commencé par frayer le chemin, aucun philosophe n'aurait osé entreprendre d'y pénétrer. C'est donc à eux que la géographie et les différentes parties de l'histoire naturelle sont redevables des progrès immenses qu'elles ont faits dans ces derniers siècles. S'ils avaient travaillé dans le dessein d'inspirer de la reconnaissance aux philosophes, ils auraient aujourd'hui lieu de s'en repentir.

Pour bien connaître les peuples modernes, il fallait les comparer aux peuples anciens; or, il ne nous reste aucun monument profane qui nous donne une idée aussi exacte des anciens peuples et des premiers âges du monde que nos livres saints. Les savants qui ont voulu remonter à l'origine des lois, des *sciences* et des arts, ont été forcés de prendre l'histoire sainte pour base de leurs recherches. Ceux qui ont suivi une route opposée ne nous ont débité, sous le nom d'*histoire philosophique* et de *Philosophie de l'histoire*, que les rêves d'une imagination déréglée, et un chaos d'erreurs et d'absurdités.

Partout où le christianisme s'est établi, au milieu des glaces du Nord, aussi bien que sous les feux du Midi, il a porté les *sciences*, les mœurs, la civilisation; partout où il a été détruit, la barbarie a pris sa place. Les peuples des côtes de l'Afrique et ceux de l'Egypte ont vu la lumière, pendant que l'Evangile a lui parmi eux; dès que ce flambeau a cessé de les éclairer, une nuit profonde y a succédé. La Grèce, autrefois si féconde en savants, en artistes, en philosophes, est devenue stérile pour les *sciences*; la nature et le climat sont-ils changés? Non, le génie des Grecs est toujours le même, mais il est étouffé sous la tyrannie d'un gouvernement aussi ennemi des *sciences* que du christianisme. Il a donc fallu perdre toute pudeur pour oser écrire que cette religion a retardé les progrès de l'esprit humain, et a mis obstacle à la perfection des *sciences*; sans elle au contraire l'Europe entière serait encore plongée dans l'ignorance qu'y avaient apportée les barbares du Nord. Nous sommes bien mieux fondés à reprocher aux philosophes incrédules que leur entêtement et leur méthode ne tendent à rien moins qu'à l'extinction de toutes les *sciences*. En effet, si l'on veut y donner une base solide, il faut partir des lumières acquises par ceux qui nous ont précédés, il faut connaître leurs erreurs, afin de nous en préserver; mais ce procédé exige des recherches pénibles; pour s'en dispenser, nos écrivains modernes ont décrié tous les genres d'érudition, sous prétexte que ceux qui les ont cultivés n'étaient pas philosophes : l'étude des langues, de la critique, de la littérature ancienne et moderne, leur paraît superflue; tous se flattent de tirer toute vérité de leur cerveau; ils veulent être créateurs, et ils répètent, sans le savoir, les absurdités philosophiques des siècles passés.

A quoi sert le raisonnement, lorsque l'on ignore les premiers principes de l'art de raisonner? Vainement on chercherait chez nos littérateurs incrédules quelque teinture de logique et de métaphysique; ces deux *sciences* leur déplaisent, elles mettraient des entraves à l'impétuosité de leur génie; à l'exemple des anciens épicuriens, ils en ont secoué le joug. Au lieu de raisonner ils déclament, ils se contredisent, ils ne savent ni de quel principe ils sont partis, ni à quel terme ils doivent aboutir.

Notre siècle sans doute a fait de grandes découvertes dans la physique et dans l'histoire naturelle; mais combien d'expériences douteuses ne nous a-t-on pas données pour des vérités incontestables? Le goût des systèmes ne règne pas moins qu'autrefois, et les plus hardis sont toujours les mieux accueillis; l'hypothèse des atomes et celle de la divisibilité de la matière à l'infini se succèdent et subjuguent les esprits tour à tour; les termes inintelligibles d'attraction, de gravitation, d'électricité, de magnétisme, ont remplacé les qualités occultes des anciens : une imagination nouvelle paraît sublime dès qu'elle peut servir à combattre les vérités révélées; et si l'on pouvait parvenir à substituer l'idée de la matière à celle de Dieu, nos philosophes croiraient avoir tout gagné. Entre leurs mains, l'histoire n'est plus qu'un tissu de conjectures, un système de pyrrhonisme, un suite de libelles diffamatoires. De tous les faits, ils n'admettent que ceux qui s'accordent avec leur opinion, ils ne font cas que des auteurs qui paraissent avoir pensé comme eux, ils noircissent tous les personnages dont la vertu leur déplaît; ils appellent *grands hommes* des insensés chargés du mépris de tous les siècles. Leur grande ambition est d'être législateurs, politiques, arbitres du sort des nations; mais en attaquant l'idée d'un Dieu législateur, ils ont sapé la base de toutes les lois; au lieu de la morale des hommes, ils nous prescrivent celle des brutes, et ils fondent la politique sur les principes de l'anarchie. Dans un état bien policé, le citoyen qui déclamerait contre les lois serait puni comme séditieux; parmi nous, c'est un titre pour prétendre à la célébrité. Si cette philosophie meurtrière durait encore longtemps, que deviendraient donc enfin les *sciences*? On sait déjà où en est l'éducation de la jeunesse depuis que les philosophes ont voulu la réformer, et si, dans l'état où ils l'ont mise, elle est fort propre à créer des hommes laborieux, savants, utiles à leur patrie.

Un des principaux faits qu'ils allèguent pour prouver que le christianisme est ennemi des *sciences*, est la prétendue persécution qu'essuya Galilée à cause de ses découvertes astronomiques, et sa condamnation au tribunal de l'inquisition romaine. Heureusement, il est actuellement prouvé par les lettres de Guichardin et du marquis Nicolini, ambassadeurs de Florence, amis, disciples et protecteurs de Galilée, par les lettres manuscrites et par les ouvrages de Galilée lui-même, que depuis un siècle on en impose au public sur ce fait. Ce philosophe ne fut point persécuté comme bon astronome, mais comme mauvais théologien, pour avoir voulu se mêler d'expliquer la Bible. Ses découvertes lui suscitèrent sans doute des ennemis jaloux ; mais c'est son entêtement à vouloir concilier la Bible avec Copernic qui lui donna ses juges, et sa pétulance seule fut la cause de ses chagrins. En ce temps-là vivaient le Tasse, l'Arioste, Machiavel, Bembo, Toricelli, Guichardin, Frapaolo, etc. ; ce n'était donc pas pour l'Italie un siècle barbare.

En 1611, pendant son premier voyage à Rome, Galilée fut admiré et comblé d'honneurs par les cardinaux et par les grands seigneurs auxquels il montra ses découvertes ; il y retourna en 1615 ; sa seule présence déconcerta les accusations formées contre lui. Le cardinal del Monte et divers membres du Saint-Office lui tracèrent le cercle de prudence dans lequel il devait se renfermer ; mais son ardeur et sa vanité l'emportèrent. « Il exigea, dit Guichardin dans ses dépêches du 4 mars 1616, que le pape et le Saint-Office déclarassent le système de Copernic fondé sur la Bible. » Il écrivit mémoires sur mémoires; Paul V, fatigué par ses instances, arrêta que cette controverse serait jugée dans une congrégation. « Galilée, ajoute Guichardin, met un extrême emportement dans tout ceci; il fait plus de cas de son opinion que de celle de ses amis, etc. » Il fut rappelé à Florence au mois de juin 1616. Il dit lui-même dans ses lettres : « La congrégation a seulement décidé que l'opinion du mouvement de la terre ne s'accorde pas avec la Bible. Je ne suis point intéressé personnellement dans le décret. » Avant son départ il eut une audience très-gracieuse du pape ; Bellarmin lui fit seulement défense, au nom du saint-siège, de parler davantage de l'accord prétendu entre la Bible et Copernic, sans lui interdire aucune hypothèse astronomique. Quinze ans après, en 1632, sous le pontificat d'Urbain VIII, Galilée imprima ses célèbres dialogues, *Delle due massime systeme del mondo*, avec une permission et approbation supposée, et contre laquelle personne n'osa réclamer, et il fit reparaître ses mémoires écrits en 1616, où il s'efforçait d'ériger en question de dogme la rotation du globe sur son axe. On prétend que les jésuites excitèrent contre lui la colère du pape. « Il faut traiter cette affaire doucement, écrivait le marquis Nicolini, dans ses dépêches du 5 septembre 1632 : si le pape se pique, tout est perdu; il ne faut ni disputer, ni menacer, ni braver. » C'est ce que faisait Galilée. Il fut cité à Rome, et y arriva le 3 février 1633. Il ne fut point logé à l'inquisition, mais au palais de l'envoyé de Toscane. Un mois après, il fut mis, non dans les prisons de l'inquisition, comme vingt auteurs l'ont écrit, mais dans l'appartement du fiscal, avec la liberté de correspondre avec l'ambassadeur, de se promener, et d'envoyer son domestique au dehors. Après dix-huit jours de détention à la Minerve, il fut renvoyé au palais de Toscane. Dans ses défenses, il ne fut point question du fond de son système, mais toujours de sa prétendue conciliation avec la Bible. Après la sentence rendue et la rétractation de Galilée sur le point contesté, il fut le maître de retourner dans sa patrie. L'année suivante 1633, il écrivit au père Receneri, son disciple : « Le pape me croyait digne de son estime.... Je fus logé dans le délicieux palais de la Trinité-du-Mont.... Quand j'arrivai au Saint-Office, deux jacobins m'invitèrent très-honnêtement de faire mon apologie.... J'ai été obligé de rétracter mon opinion en bon catholique. (On a vu ci-dessus de quelle opinion il était question.) Pour me punir, on m'a défendu les dialogues, et congédié après cinq mois de séjour à Rome. Comme la peste régnait à Florence, on m'a assigné pour demeure le palais de mon meilleur ami, monseigneur Piccolomini, archevêque de Sienne, où j'ai joui d'une pleine tranquillité. Aujourd'hui je suis à ma campagne d'Arcêtre, où je respire un air pur auprès de ma chère patrie. » Voyez le *Mercure de France* du 16 juillet 1784, n° 29. Mais vingt auteurs, surtout parmi les protestants, ont écrit que Galilée fut persécuté et emprisonné pour avoir soutenu que la terre tournait autour du soleil; que ce système a été condamné par l'inquisition comme faux, erroné, et contraire à la Bible, etc. Cela est répété ou supposé dans plusieurs dictionnaires historiques; nos incrédules modernes l'ont affirmé les uns après les autres, et malgré les preuves irrécusables du contraire, ils le répéteront jusqu'à la fin des siècles. C'est ainsi que les philosophes travaillent à l'avancement des sciences.

* SCIENCE DE JÉSUS-CHRIST. Jésus-Christ, Dieu et homme tout ensemble, avait une intelligence divine et une intelligence humaine. Son intelligence divine, n'étant autre que celle de Dieu, possédait une science infinie. Son intelligence humaine possédait toutes les connaissances que peut comporter une créature raisonnable, car saint Paul nous apprend que tous *les trésors de la sagesse et de la science ont été renfermés en lui* (Col. II, 3). Dès le premier instant de sa création l'âme humaine de Jésus-Christ possédait donc toute science. Toutefois, pour mieux se conformer au monde qu'il était venu instruire, elle paraissait grandir avec les années, et ne se montrait au dehors que dans une certaine mesure.

Jésus-Christ, selon l'opinion commune des théologiens, comme homme, jouit dès sa création de la vision béatifique; cependant sa science, la connaissance qu'il avait de Dieu, était nécessairement limitée, parce qu'il n'y a qu'une intelligence infinie qui puisse connaître l'infini.

SCIENCE SECRÈTE, ou DOCTRINE SECRÈTE. Certains critiques protestants, prévenus contre les Pères de l'Eglise, ont accusé saint Clément d'Alexandrie d'avoir voulu introduire parmi les chrétiens la méthode d'enseigner des philosophes païens, qui ne révélaient pas à tous leurs disciples le fond de leur doctrine, mais seulement à ceux dont ils connaissaient l'intelligence et la discrétion, et qui n'instruisaient les autres que par des emblèmes, par des figures énigmatiques, par des sentences obscures. Cette méthode, continuent les censeurs de ce Père, n'est point celle de Jésus-Christ, ni des apôtres, ni des docteurs chrétiens les plus sages; Jésus-Christ ordonne à ses apôtres de publier au grand jour les choses qu'il leur a enseignées dans le secret, et de prêcher sur les toits ce qu'il leur a dit à l'oreille, *Matth.*, c. x, v. 27. Saint Paul fait profession de n'avoir rien dissimulé dans ses instructions, d'avoir enseigné la même chose en public et en particulier, *Act.*, c. xx, v. 20 et 27. Saint Justin et les autres apologistes du christianisme protestent qu'ils ne cachent rien de ce qui se fait et de ce qui est enseigné chez les chrétiens.

Cette censure nous paraît injuste et téméraire. Si l'on veut se donner la peine de lire le v° livre des *Stromates* de Clément d'Alexandrie, c. 4, 9 et 10, on verra que ce Père entend seulement qu'il y a dans la doctrine chrétienne des choses qui sont au-dessus de la portée des commençants, que l'on ne doit pas enseigner par conséquent indifféremment à tous, mais seulement à ceux qui sont en état de les comprendre, et qui ont déjà fait des progrès dans la connaissance des mystères de la foi : or, nous soutenons que telle a été la méthode de Jésus-Christ, des apôtres et des docteurs chrétiens. *J'ai encore beaucoup de choses à vous dire, mais vous ne pouvez les comprendre à ce moment.* Ainsi parlait Jésus-Christ à ses disciples, *Joan.*, c. xvi, v. 12. Saint Paul disait de même aux Corinthiens, *I. Cor.*, c. iii, v. 1 : *Je n'ai encore pu vous parler comme à des hommes spirituels, mais comme à des hommes charnels; je vous ai donné du lait, comme à des enfants en Jésus-Christ, et non une nourriture solide, parce que vous ne pouviez pas la supporter; vous en êtes même encore incapables à ce moment.* Il est constant que l'on n'aurait pas permis à un païen d'être témoin de la célébration de nos saints mystères, on ne le permettait pas même aux catéchumènes avant leur baptême; on ne les instruisait d'abord qu'avec beaucoup de réserve. *Voy.* SECRET DES MYSTÈRES. D'ailleurs, en quoi consistait, selon Clément d'Alexandrie, la *doctrine* prétendue *secrète* des chrétiens? C'était l'explication mystique et allégorique des faits, des lois, des cérémonies de l'ancien Testament et des endroits obscurs des prophètes. Cette connaissance était-elle fort nécessaire au commun des fidèles? L'imprudence des protestants, qui veulent que l'on mette une Bible entière entre les mains des ignorants et jeunes gens, qu'on les expose à lire en langue vulgaire le *Cantique des cantiques* et certains chapitres du prophète Ezéchiel, n'est pas un exemple à suivre. Cela n'est propre qu'à engendrer le fanatisme; l'expérience ne l'a que trop prouvé, et plusieurs protestants ont eu la bonne foi d'en convenir.

Au mot SECRET DES MYSTÈRES, nous verrons que le reproche fait par les protestants à Clément d'Alexandrie, est directement contraire à l'intérêt de leur système.

SCOLASTIQUE. *Voy.* THÉOLOGIE.

SCOTISTES. On appelle ainsi ceux d'entre les théologiens scolastiques qui se sont attachés au sentiment de Jean Duns, religieux franciscain, surnommé *Scot*, parce qu'on le croyait Ecossais ou Irlandais, mais qui était né à Dunstone en Angleterre; ce n'est qu'au xvi° siècle qu'on l'a supposé originaire d'Ecosse et d'Irlande. Au commencement du x:v° siècle, ce docteur se distingua dans l'université de Paris par la pénétration et la subtilité de son génie, ce qui lui fit donner le nom de *docteur subtil*; d'autres l'ont appelé le *docteur résolutif*, parce qu'il avança plusieurs opinions nouvelles, et qu'il ne s'assujettit point à suivre les principes des théologiens qui l'avaient précédé. Il se piqua surtout d'embrasser les sentiments opposés à ceux de saint Thomas : c'est ce qui a fait naître la rivalité entre les deux écoles, l'une des *thomistes*, l'autre des *scotistes*; la première est celle des Dominicains, la seconde des Franciscains. Dans les questions de philosophie, l'une et l'autre ont ordinairement suivi les opinions des péripatéticiens; quant à la théologie, *Scot* se fit beaucoup d'honneur en soutenant l'immaculée conception de la sainte Vierge contre les dominicains qui la niaient. Excepté cet article, sur lequel aucun catholique ne conteste plus aujourd'hui, ces deux écoles ne sont plus divisées que sur des questions problématiques très-peu importantes et fort obscures, telles que la manière dont les sacrements produisent leur effet, la manière dont Dieu coopère par sa grâce avec la volonté de l'homme, en quoi consiste l'identité personnelle, etc. : aucune de leurs disputes ne peut intéresser la foi. C'est donc fort mal à propos que les protestants nous objectent ces divisions scolastiques, lorsque nous leur reprochons les combats des différentes sectes nées parmi eux; celles-ci ne conviennent point entre elles de la même profession de foi, elles se reprochent mutuellement des erreurs considérables, elles ne fraternisent point entre elles dans un même culte. Il n'en est pas de même des thomistes et des *scotistes*; les uns et les autres se reconnaissent pour bons catholiques, ils souscrivent à toutes les décisions de l'Eglise, il ne leur est jamais arrivé de se dire anathème.

Il ne faut pas confondre Jean Duns Scot, dont nous venons de parler, avec Jean Scot Erigène ou Irlandais, qui a vécu et qui a fait du bruit au ix° siècle, sous le règne de Charles le Chauve. Les protestants ont affecté de peindre celui-ci comme un philosophe éminent et un savant théologien, qui joignit à une érudition profonde beaucoup de sagacité et de génie, qui acquit une réputation brillante et solide par différents ouvrages. C'est ainsi qu'en parle Mosheim, *Hist. ecclés.*, IXᵉ siècle, IIᵉ part., c. 1, § 7 ; c. 2, § 14, à la fin ; c. 3, § 10 et 20 ; il n'est aucun Père de l'Eglise, duquel il ait fait un pareil éloge. La raison est que Jean Scot Erigène attaqua la foi catholique touchant l'eucharistie, et soutint que le pain et le vin sont de simples signes du corps et du sang de Jésus-Christ. C'est dans ses écrits que Bérenger, deux cents ans après, puisa la même erreur, et fut condamné pour l'avoir soutenue. — Mais, suivant le témoignage des auteurs contemporains, Erigène ne fut qu'un sophiste subtil et hardi, un vain discoureur qui ne connaissait ni l'Ecriture sainte ni la tradition, qui n'avait qu'une érudition profane, qui donna dans les erreurs de Pélage, dans les visions d'Origène, dans les impiétés des collyridiens ; la plupart de ses ouvrages ont été censurés et condamnés au feu. Il ne reste rien de celui qu'il avait composé sur l'eucharistie ; ainsi l'on ne peut en juger que par l'opinion que l'on en eut dans le temps ; or il fut réfuté sur-le-champ par Adrevald, moine de Fleury ; il excita les plaintes du pape Nicolas, qui en écrivit à Charles le Chauve ; il fut proscrit par le concile de Verceil en 1050, et par celui de Rome en 1059. *Hist. litt. de la France*, t. V, p. 416 et suiv. Voilà où se réduit *la réputation brillante et solide* que les protestants ont voulu faire à cet écrivain.

SCRIBE, nom commun dans l'Ecriture sainte, et qui a différentes significations. 1° Il se prend pour un écrivain ou un secrétaire ; cet emploi était considérable dans la cour des rois de Juda ; Saraïa sous David, Elioreph et Ahia sous Salomon, Sobna sous Ezéchias, et Saphan sous Josias, en faisaient les fonctions, *II Reg.*, c. VIII, v. 17 ; c. XX, 25 ; *IV Reg.*, c. XXIX, v. 2 ; c. XXXII, v. 8 et 9. 2° Il désigne quelquefois un commissaire d'armée, chargé de faire la revue et le dénombrement des troupes et d'en tenir registre ; *Jérémie*, c. LI, v. 25, parle d'un officier de cette espèce qui fut emmené en captivité par les Chaldéens ; il en est encore fait mention, *I Mach.*, c. v, v. 42, et c. VII, v. 12. 3° Le plus souvent il signifie un homme habile, un docteur de la loi, dont le ministère était de copier et d'expliquer les livres saints. Quelques-uns placent l'origine de ces *scribes* sous Moïse, d'autres sous David, d'autres sous Esdras après la captivité. Ces docteurs étaient fort estimés chez les Juifs ; ils tenaient le même rang que les prêtres et les sacrificateurs, quoique leurs fonctions fussent différentes. Les Juifs en distinguaient de trois espèces, savoir, *les scribes de la loi*, dont les décisions étaient reçues avec le plus grand respect ; les *scribes du peuple*, qui étaient des magistrats ; enfin les *scribes* communs, qui étaient des notaires publics ou des secrétaires du sanhédrin.

Saint Epiphane et l'auteur *des Récognitions* attribuées à Saint Clément, comptent les *scribes* parmi les sectes des Juifs ; mais il est certain que ces docteurs ne formaient pas une secte particulière. Il paraît néanmoins probable que, comme du temps de Jésus-Christ toute la science des Juifs consistait principalement dans les traditions pharisiennes et dans l'usage de s'en servir pour expliquer l'Ecriture, le plus grand nombre des *scribes* étaient pharisiens ; on les voit presque toujours joints ensemble dans l'Evangile ; Jésus-Christ reprochait aux uns et aux autres les mêmes vices et les mêmes erreurs.

SCRUPULES. Peines d'esprit, anxiété d'une âme qui croit offenser Dieu dans toutes ses actions, et ne s'acquitter jamais de ses devoirs assez parfaitement. Cette disposition fâcheuse, à laquelle il est souvent très-difficile de remédier, peut venir de trois causes : 1° d'une fausse idée que l'on se forme de Dieu, de sa justice, de sa conduite envers ses créatures. Il se trouve quelquefois des moralistes atrabilaires qui, loin de nous porter à espérer en Dieu et à l'aimer, semblent n'avoir d'autre dessein que de nous le faire craindre. S'ils avaient plus d'expérience, ils sauraient que la crainte excessive décourage, dégoûte du service de Dieu, jette souvent une âme dans le désespoir ; 2° d'une timidité naturelle, de la faiblesse d'un esprit qui se frappe des vérités de la religion capables d'intimider les pécheurs, et qui ne fait aucune attention aux vérités consolantes destinées à encourager et à consoler les justes ; 3° d'un fonds de mélancolie qui offusque la raison et lui fait voir les objets autrement qu'ils ne sont. C'est une vraie maladie, à laquelle les femmes sont plus sujettes que les hommes. Pour la guérir, il faudrait y apporter les secours de la médecine en même temps que ceux de la religion, procurer à ceux qui en sont atteints, du mouvement, de l'exercice, de la dissipation, de la gaîté. Mais la plupart des personnes qui sont dans ce cas, se trouvent engagées dans un état de vie qui ne leur permet pas ce soulagement.

C'est un inconvénient, sans doute, qui rend la piété pénible et en quelque manière dangereuse à certaines personnes ; mais ce n'est pas un juste sujet de la décrier et de la proscrire, de prêcher l'impiété et l'irréligion. Dans tous les genres, il y a des tempéraments sujets à donner dans l'excès ; tel qui porte la dévotion jusqu'au *scrupule*, pousserait le libertinage jusqu'à l'athéisme, s'il avait le malheur de s'y livrer. C'est l'affaire de ceux qui sont chargés de la conduite des âmes, d'examiner la cause des *scrupules* dans les différentes personnes, et d'y opposer des réflexions propres à les calmer. On doit leur représenter en général que Dieu n'est point un maître dur, sévère, impitoyable, mais un père, un bienfaiteur, qui nous a mis au monde, non pour nous tourmenter, mais pour nous sauver. S'il avait eu besoin de notre fidélité, de notre amour, de nos services, il nous aurait créés sans doute avec plus de perfections et moins de défauts, il n'aurait pas permis le péché qui nous a fait perdre la justice originelle, et qui est la cause de nos passions et de nos faiblesses. Mais quelque inutiles que nous soyons à son bonheur, il a daigné donner son Fils unique pour notre rédemption, et pour qu'il fût l'auteur de notre salut. Notre sort éternel n'est donc plus une affaire de justice rigoureuse, mais de grâce et de miséricorde. Nous devons espérer d'être sauvés, non parce que nous le méritons, mais parce que Jésus-Christ l'a mérité pour nous. C'est ce divin Sauveur qui doit être notre juge, et il s'est fait homme, afin d'être plus enclin à nous faire grâce. *Il a fallu*, dit saint Paul, *qu'il fût semblable en toutes choses à ses frères, afin qu'il fût miséricordieux et qu'il fût le propitiateur des péchés du peuple* (Hebr. II, 17). Il dit lui-même que Dieu son Père ne l'a pas envoyé dans le monde pour condamner le monde, mais pour le sauver, Joan., c. III, v. 17. *Voy.* MISÉRICORDE DE DIEU.

De quoi sert donc aux scrupuleux d'argumenter toujours sur la justice de Dieu? Elle serait terrible sans doute, si elle n'était pas tempérée par une miséricorde infinie, et si elle n'était déjà pas satisfaite par les mérites et par le sacrifice de Jésus-Christ; *mais il est la victime de propitiation pour nos péchés, non-seulement pour les nôtres, mais pour ceux du monde entier* (Joan. II, 2). Ce Sauveur charitable ne peut se résoudre qu'avec peine à perdre une âme qu'il a rachetée au prix de son sang. *Voy.* JUSTICE DE DIEU.

Il peut se faire que les *scrupules* de certaines âmes viennent quelquefois d'un fonds d'amour-propre et d'un secret orgueil; elles voudraient être plus parfaites, afin d'être plus contentes d'elles-mêmes, de pouvoir s'applaudir de leurs vertus, de leurs bonnes œuvres, de leur ferveur, de goûter plus de douceur, de consolation dans le service de Dieu. Voilà justement ce que Dieu ne veut pas, parce que cette disposition habituelle serait plus propre à les perdre qu'à les sauver. Il veut que la vertu soit humble, et que la persévérance soit courageuse; quelques efforts qu'il puisse nous en coûter, il n'y aura jamais de proportion entre les souffrances de cette vie, et la gloire éternelle qui nous est promise, Rom., c. VIII, v. 18.

SCRUTIN, examen des catéchumènes qui se faisait quelque temps avant le baptême; on appelait aussi *scrutin* l'assemblée du clergé dans laquelle on procédait à cet examen. C'étaient ordinairement les évêques qui se chargeaient d'achever d'instruire les *compétents* ou *élus* quelques jours avant leur baptême. On leur donnait alors par écrit le symbole et l'oraison dominicale, afin qu'ils les apprissent par cœur; on les leur faisait réciter dans le *scrutin* suivant, et quand ils les savaient parfaitement, on retirait l'écrit de leurs mains, de peur qu'il ne tombât entre celles des infidèles. Enfin l'on comprenait sous le nom de *scrutin* les cérémonies qui précédaient le baptême, les exorcismes, les onctions sur la poitrine et sur les épaules, l'action de toucher les oreilles et les narines avec de la salive, en disant : *Ouvrez-vous*, etc.

Le P. Ménard, dans ses notes sur le *Sacramentaire de saint Grégoire*, p. 133 et suiv., a rapporté un traité *de Ritibus baptismi*, écrit au IXᵉ siècle par Théodulphe, évêque d'Orléans, où les cérémonies du scrutin sont exposées et expliquées en détail. *Voy.* CATÉCHUMÉNAT. On prétend qu'il y a encore quelques restes de cet ancien ouvrage à Vienne en Dauphiné et à Liége.

SÉBUÉENS ou SÉBUSÉENS, secte de Samaritains dont parle saint Épiphane; il les accuse d'avoir changé le temps prescrit par la loi pour la célébration des grandes fêtes des Juifs, telles que Pâques, la Pentecôte, la fête des Tabernacles. On prétend que, pour se distinguer des Juifs, ils célébraient la première au commencement de l'automne, la seconde à la fin de la même saison, et la dernière au mois de mars. Parmi les critiques, les uns disent qu'ils étaient appelés *sébuséens*, parce qu'ils faisaient la pâque au septième mois appelé *séba*; les autres, qu'ils tiraient ce nom du mot *sébua*, la semaine, parce qu'ils fêtaient le second jour de chaque semaine, depuis Pâques jusqu'à la Pentecôte; d'autres enfin, que leur nom était celui de leur chef appelé Sébaïa. Tout cela n'est que des conjectures touchant une secte obscure dont l'existence n'est pas trop certaine.

SECRET DE LA CONFESSION. *Voy.* CONFESSION.

SECRET DES MYSTÈRES, ou discipline du secret. C'est une question entre les catholiques et les protestants de savoir si, dans les premiers siècles de l'Eglise, l'usage a été de cacher une partie de la doctrine et du culte des chrétiens, non-seulement aux païens, mais encore aux catéchumènes ; en quel temps cette discipline a commencé; jusqu'où elle s'est étendue, lorsqu'elle a été établie. Les protestants prétendent qu'elle n'a eu lieu qu'au IIIᵉ ou au IVᵉ siècle, nous soutenons qu'elle date du temps des apôtres.

Si, par *doctrine secrète*, dit Mosheim, l'on entend que les docteurs chrétiens ne révélaient pas tout à la fois et indistinctement à tous les néophytes les mystères sublimes de la religion, il n'y a rien en cela que l'on ne puisse justifier. Il n'aurait pas convenu d'enseigner à ceux qui n'étaient pas encore convertis au christianisme, ou qui commençaient seulement à s'instruire, les doctrines les plus difficiles de l'Évangile, qui sont au-dessus de l'intelligence humaine. On ne leur apprenait d'abord que les articles les plus simples et les plus évidents, en attendant qu'ils fussent en état de comprendre les autres. Ceux qui donnent plus d'étendue à la *doctrine secrète* confondent les pratiques superstitieuses des siècles suivants, avec la simplicité de la discipline établie dans le Iᵉʳ siècle. *Hist. ecclés.*, Iʳᵉ siècle, IIᵉ part., c. 3, § 8. Il répète la même chose. *Inst. hist. christ. maj.*, I sæc., IIᵉ part., § 12. Jamais, dit-il, on n'a caché aux fidèles les dogmes nécessaires au salut, ni les livres saints; jamais on n'a célébré les rites prescrits par Jésus-Christ, de la manière dont les païens célébraient leurs mystères. Il y a bien de la différence entre le silence philosophique des pythagoriciens et des autres écoles de la Grèce, entre l'affectation des valentiniens et des autres gnostiques à cacher leurs dogmes, et la *discipline du secret*, telle qu'elle était observée, même au iii° et au iv° siècle de l'Eglise. Il y a eu chez les philosophes une double doctrine : l'une qu'ils communiquaient seulement à leurs disciples affidés, et qu'ils regardaient comme la seule vraie ; l'autre qu'ils divulguaient en public, et qu'ils croyaient utile, quoique fausse et fabuleuse. On a conservé dans le paganisme, sous le nom de *mystères*, des rites impies et déshonnêtes qui avaient été autrefois pratiqués en public. A Dieu ne plaise que l'on attribue aux chrétiens une pareille discipline du *secret*.

Il y a quelques réflexions à faire sur cet exposé de Mosheim; nous les ferons ci-après.

Bingham, quoique intéressé à soutenir le même système, a poussé plus loin la bonne foi, et a fait des aveux importants, *Origin. ecclés.*, l. x, c. 5. Il prétend que, dans les premiers temps, la discipline du secret ne fut pas rigoureusement observée, et il se fonde sur ce que saint Justin expose aux empereurs païens, dans le plus grand détail, la manière dont on consacrait l'eucharistie dans les assemblées chrétiennes, *Apol.* 1, n. 65 et 66. Suivant Bingham, le *secret* des mystères n'a commencé que du temps de Tertullien ; il est le premier qui en ait parlé, *Apologet.*, c. vii, et *de Præscript.*, c. lxi. Le Clerc le soutient de même, *Hist. ecclés.*, an. 142, § 4, et prétend que cette discipline a été introduite à l'imitation des mystères des païens.

Or, on cachait aux païens et aux catéchumènes, 1° la manière d'administrer le baptême ; 2° l'onction du saint chrême ou la confirmation ; 3° l'ordination des prêtres ; 4° la liturgie, ou les prières publiques ; 5° la manière dont on consacrait l'eucharistie ; 6° on ne leur révélait pas d'abord le mystère de la sainte Trinité, on ne leur enseignait qu'après un certain temps le symbole et l'oraison dominicale. On en agissait ainsi, continue Bingham, afin de ne pas exposer nos dogmes au mépris et à la dérision de ceux qui les entendraient mal ; en second lieu, afin d'en donner une haute idée, et de les rendre respectables ; en troisième lieu, afin d'inspirer aux catéchumènes plus d'empressement de les apprendre. Ce même critique cite des preuves positives de ce qu'il avance, le fait est donc incontestable. On peut le voir encore dans Fleury, *Mœurs des chrét.*, § 15 ; dans un traité de l'abbé de Valmont, *sur le secret des Mystères*, et dans un autre du P. Merlin, jésuite, *sur les Paroles ou les Formes des sacrements* ; il fait voir que l'on s'est abstenu pendant très-longtemps de mettre ces formules sacramentelles par écrit, et que le *secret* des mystères a été observé à certains égards jusqu'au xii° siècle.

Sur tous ces faits nous observons, 1° que Bingham et Mosheim, quoique protestants et instruits, l'un et l'autre, s'accordent assez mal. Le premier dit que l'on ne révélait pas d'abord aux catéchumènes le mystère de la sainte Trinité, qu'on ne leur enseignait qu'après un certain temps le symbole et l'oraison dominicale ; l'autre soutient que l'on n'a jamais caché aux fidèles les dogmes nécessaires au salut, ni les livres saints. Certainement les dogmes renfermés dans le symbole, et en particulier celui de la Trinité, sont nécessaires au salut, et si l'on avait mis d'abord l'Evangile à la main des catéchumènes, ils y auraient appris l'oraison dominicale. Cette différence d'opinions entre nos deux savants, montre que les protestants ne voient les faits de l'histoire ecclésiastique que conformément à leurs préjugés. Mosheim, dans un autre ouvrage, convient du même fait et le prouve, *Hist. ecclés.*, ii° siècle, § 34, p. 304 et 305. Mais il trouve mauvais que l'on ait tenu cette conduite à l'égard des catéchumènes. Elle est en effet directement contraire à celle des protestants, qui veulent que l'on mette d'abord une bible à la main d'un prosélyte, que la liturgie soit célébrée en langue vulgaire, que les simples fidèles y aient autant de part que les ministres de l'Eglise, etc.— 2° Comme on ne peut plus contester la pratique des premiers siècles, nous concluons que le *secret* des mystères est une des raisons pour lesquelles les anciens Pères ne se sont pas expliqués clairement sur l'eucharistie, sur les autres sacrements, sur le culte des saints, et sur les autres dogmes contestés par les protestants. De même qu'il y aurait eu du danger à exposer aux yeux des païens nos mystères, il y en avait aussi à les rendre témoins de notre culte ; ils n'auraient pas manqué de juger qu'il était à peu près le même que le leur. Si les premiers chrétiens avaient eu de l'eucharistie la même notion que les protestants, il n'y aurait eu aucune raison d'en faire un mystère aux païens. Nous ne savons pas ce qu'a entendu Mosheim, lorsqu'il a dit que les chrétiens n'ont jamais célébré leurs mystères comme les païens faisaient les leurs ; s'il a voulu dire que l'on n'y a jamais gardé le même *secret*, il a certainement tort.— 3° Il n'en impose pas moins, lorsqu'il prétend que cette observation du *secret* a dégénéré en pratique superstitieuse dans la suite, et a produit du mal dans l'Eglise ; c'est une imagination de sa part qu'il est important de réfuter. Dans son *Histoire chrétienne*, ii° siècle, § 34, note, p. 303 et suiv., il dit que comme les chrétiens cherchaient à confirmer par l'Ecriture sainte les opinions des philosophes qui leur paraissaient vraies, ils avaient aussi l'ambition d'expliquer par les opinions des philosophes la doctrine simple des livres saints, afin d'attirer plus aisément les philosophes au christianisme, mais qu'il y eut plus de prudence et de précaution chez les uns que chez les autres. Quelques-uns, dit-il, eurent la témérité de publier leurs explications et de vouloir les introduire dans l'Eglise, c'est ce que firent Praxéas, Théodote, Hermogène, Artémon ; les autres, plus réservés, se bornèrent à enseigner au peuple les dogmes du christianisme simplement tels qu'ils sont dans l'Ecriture, et jugèrent qu'il ne fallait en confier l'explication subtile et philosophique qu'à ceux qui étaient plus intelligents et d'une fidélité à l'épreuve. De là on née, continue Mosheim, cette théologie mystérieuse et sublime des anciens chrétiens, que nous appelons la *discipline du secret*, que Clément d'Alexandrie nomme *gnose* ou *connaissance*, et qui n'est différente que par le nom de la *théologie mystique*.

Selon lui, Clément d'Alexandrie est le premier qui mit en vogue cette prétendue *science* ; il l'avait reçue du juif Philon, et il la transmit à Origène son disciple. Elle consistait en explications philosophiques des dogmes du christianisme, touchant la Trinité, l'âme humaine, le monde, la résurrection future des corps, la nature de Jésus-Christ, la vie éternelle, etc., et en interprétations allégoriques et mystiques de l'Ecriture sainte, qui pouvaient servir à ces mêmes explications. Ce que prétend Clément d'Alexandrie, savoir, que Jésus-Christ lui-même avait communiqué cette *science secrète* à saint Jacques, à saint Pierre, à saint Jean et à saint Paul, et qu'elle venait d'eux par tradition, est une fable ; mais les docteurs chrétiens, imbus de la philosophie égyptienne et platonicienne, ne se faisaient point de scrupule de forger ces sortes de contes pour faire valoir leurs opinions.

N'est-ce point Mosheim lui-même qui forge un roman pour décrier les Pères de l'Eglise ? Nous allons le voir.

1° Voici dans le fond à quoi se réduit tout le système de Clément d'Alexandrie : à prétendre que toute vérité n'est pas bonne à dire à tout le monde ; que les docteurs de l'Eglise doivent en savoir davantage que les simples fidèles ; qu'une manière d'enseigner mystérieuse et allégorique excite davantage la curiosité et l'attention des auditeurs, et leur inspire plus d'attention pour la vérité. Il le soutient ainsi, *Strom.*, l. v, c. 4 et 10, parce que telle a été la méthode, non seulement des philosophes Grecs et des barbares ou des Orientaux, mais encore des prophètes, de Jésus-Christ et des apôtres. Il le prouve par plusieurs passages de l'Ancien Testament, des Evangiles et des Epîtres de saint Paul ; avant de lui faire un crime de cette opinion, il faut en montrer la fausseté ; faire voir qu'il n'y a point d'allégories dans les prophètes, point de paraboles dans les Evangiles, point d'explication mystique dans saint Paul ; il faut prendre à partie Jésus-Christ lui-même, qui dit à ses apôtres : *Il vous est donné de connaître les mystères du royaume de Dieu, et aux autres de les concevoir en paraboles* (*Luc.* VIII, 10 ; *Matth.* XIV). *J'ai encore beaucoup de choses à vous dire, mais vous ne pouvez pas les supporter à présent* (*Joan.* XVI, 12). Il faut blâ-

mer saint Paul, qui dit aux Corinthiens qu'il leur a donné d'abord du lait et non une nourriture solide, qui veut qu'un évêque soit le docteur des fidèles, par conséquent plus instruit qu'eux, etc.

2° Il est absurde de comparer en quelque chose les opinions et la conduite des hérésiarques avec celle des Pères de l'Eglise ; les premiers ont puisé des erreurs chez les philosophes, et ils les ont enseignées comme des vérités ; les Pères se sont élevés contre eux et les ont réfutés. De quel front peut-on supposer que ces derniers ont pensé intérieurement comme les hérétiques, mais qu'ils ont été plus dissimulés ; qu'ils ont réservé pour eux et pour un petit nombre de disciples affidés la doctrine erronée qu'ils ont prise chez les philosophes ? Une accusation aussi grave demanderait des preuves démonstratives ; Mosheim n'en donne aucune qui ne se tourne contre lui. En effet, il prétend que Clément d'Alexandrie, *Strom.*, l. v, c. 14, p. 710, explique le mystère de la sainte Trinité de manière à le concilier avec les trois natures ou hypostases que Platon, Parménides et d'autres ont admises en Dieu ; qu'il en agit de même touchant la destruction future du monde par le feu, et la résurrection future des corps. Ce sont là trois impostures. Dans tout ce chapitre, Clément d'Alexandrie se propose de montrer que les philosophes ont dérobé dans nos livres saints les différentes vérités qui se trouvent éparses dans leurs ouvrages ; entre une infinité d'exemples qu'il en apporte, il cite ce que Platon a dit de trois êtres en Dieu, qu'il appelle *le premier*, *le second* et *le troisième* ; ce qu'il a dit de la résurrection de quelques personnages et de la destruction future de toutes choses par le feu. Mais loin de prendre dans Platon ou ailleurs l'explication de ces dogmes, il soutient en général que les philosophes qui ont pris des vérités dans nos livres saints, les ont mal entendues, et n'en ont vu, pour ainsi dire, que l'écorce, parce que l'on ne peut en avoir la véritable intelligence que par la foi.

Déjà il l'avait ainsi soutenu dans son *Exhortation aux Gentils*, c. 6 et 8, et il le répète, *Strom.*, l. vi, c. 5, que les plus sages des Grecs n'ont eu de Dieu qu'une connaissance très-imparfaite, parce qu'ils n'ont pas reçu la doctrine de son Fils ; c. 7, que c'est par lui et par les prophètes que Dieu nous a donné la sagesse, la *gnose* ou la connaissance solide des choses divines et humaines ; c. 8, que la philosophie est à la vérité une connaissance qui vient de Dieu, mais qu'en comparaison de la lumière de l'Evangile, saint Paul en a fait peu de cas ; qu'il ne veut point que celui qui a reçu la vraie *gnose* par les leçons et la tradition de Jésus-Christ données aux apôtres, ait encore recours à la philosophie, qui n'est qu'une connaissance élémentaire ; c. 18, il dit qu'un vrai *gnostique* ne touche qu'en passant à la philosophie, et qu'il cherche à s'élever plus haut, c'est-à-dire à la doctrine chrétienne qui est la source de toute sagesse, etc. Comment donc ce Père aurait-il voulu prendre dans les philosophes l'intelligence et l'explication des dogmes du christianisme? Dans ce qu'il a cité de Platon, *Strom.*, l. v, ch. 14, p. 710, il n'y a pas un mot d'explication. « Lorsque ce philosophe, dit-il, parle ainsi : *Toutes choses sont près du Maître de l'univers ; tout est pour lui, il est le principe de tous les biens*; mais les choses qui sont du second ordre sont, auprès du second, et celles qui sont du troisième ordre sont *près du troisième*; je ne puis entendre ce discours que de la sainte Trinité. J'entends donc par ce qu'il appelle *le troisième*, le Saint-Esprit, et par ce qu'il nomme *le second*, le Fils par lequel toutes choses ont été faites selon la volonté du Père. » Clément d'Alexandrie, sans autre explication, passe à ce que Platon a dit de la résurrection de Zoroastre, et ensuite de l'embrasement futur du monde. Est-ce là expliquer la sainte Trinité selon les idées de Platon ? C'est simplement appliquer à un objet connu par la foi, le discours très-obscur d'un philosophe.

3° Une autre imagination ridicule de Mosheim est de penser que les interprétations allégoriques de l'Ecriture sainte sont une partie de la *doctrine secrète* des Pères. Rien de moins secret que cette méthode de l'entendre. Non-seulement Clément d'Alexandrie a rempli ses livres des *Stromates* de ces sortes d'interprétations, mais Origène les a prodiguées dans ses *Homélies*, qui étaient des discours faits pour le peuple ; tous nos critiques le lui ont reproché cent fois. Ce n'était donc pas là un mystère ou une *doctrine secrète*.

4° Mosheim a encore rêvé, quand il a jugé que Clément d'Alexandrie avait reçu cette doctrine de Philon : Clément n'allègue ni l'exemple ni l'autorité de ce juif. Certainement il n'en avait pas reçu l'intelligence des dogmes du christianisme auxquels les Juifs ne croient pas, ni le sens des prophéties qui prouvent contre eux la venue du Messie. Il nous apprend qu'il avait eu d'abord deux maîtres, l'un dans la Grèce, l'autre en Sicile ; qu'en Orient il en avait eu deux autres, l'un Assyrien, l'autre Hébreu, né dans la Palestine ; que tous deux gardaient fidèlement la tradition et la doctrine que les apôtres Pierre, Jacques, Jean et Paul avaient reçue de Jésus-Christ, *Strom.*, l. 1, c. 1, p. 322. Rien de tout cela ne peut être appliqué à Philon.

5° Clément d'Alexandrie a nommé par préférence les quatre apôtres desquels nous avons les écrits , mais il n'a pas rêvé que Jésus-Christ avait donné à ces quatre une *doctrine secrète* qu'il n'avait pas enseignée aux autres apôtres, ni aux soixante et douze disciples. Jésus-Christ avait dit à tous : *Il vous est donné de connaître les mystères du royaume de Dieu; je vous ai fait connaître tout ce que j'ai appris de mon Père; l'Esprit consolateur vous enseignera toute vérité*, etc. Clément n'a pas pu l'ignorer, et il n'a pas coutume de contredire l'Ecriture sainte. Il n'y a donc ni fable ni imposture dans ce qu'il dit. Mais les protestants ne lui pardonneront jamais d'avoir enseigné que la véritable intelligence des mystères du christianisme était donnée aux fidèles, non-seulement par l'Ecriture sainte, mais *par la tradition ;* il a fallu défigurer sa doctrine, afin de décréditer son témoignage.

6° Quant à la *théologie mystique* , nous ferons voir en son lieu qu'elle ne consiste ni en explications philosophiques de nos mystères, ni en interprétations allégoriques de l'Ecriture sainte; qu'elle est par conséquent fort différente de la *science secrète* dont Mosheim attribue l'usage à Clément d'Alexandrie.

Une autre question est de savoir si l'usage des oraisons *secrètes*, ou la coutume de réciter à basse voix le canon de la messe et quelques autres prières, comme on le fait aujourd'hui , est une pratique ancienne, ou si autrefois l'on récitait tout à haute voix, de manière que les assistants pussent entendre et répondre au prêtre. Dom de Vert avait avancé cette dernière opinion ; mais M. Languet a soutenu contre lui l'antiquité de l'usage actuel, par divers monuments du IV° siècle , l'*Esprit de l'Eglise dans l'usage des cérém.*, § 41. Le P. Lebrun, dans son *Explic. des cérém. de la messe*, tom. VIII, a fait une dissertation pour prouver la même chose, et il répond en détail à toutes les objections que l'on a faites contre la discipline actuelle. Ceux qui ne veulent pas s'y conformer, semblent se rapprocher des protestants, et s'ils étaient les maîtres, peut-être décideraient-ils comme eux qu'il faut célébrer la messe en langue vulgaire, et que les simples fidèles consacrent l'eucharistie avec le prêtre. Le concile de Trente a proscrit ce fanatisme ; il a dit anathème à ceux qui osent blâmer la coutume établie dans l'Eglise romaine, de prononcer à basse voix une partie du canon et les paroles de la consécration. *Sess.* 22, can. 9.

SECTE. *Voy.* Schisme , Hérésie.
SÉCUNDIENS. *Voy.* Valentiniens.
SÉDUCTEUR. *Voy.* Imposteur.
SÉGARÉLIENS. *Voy.* Apostoliques.
SEIGNEUR. Ce mot qui, dans l'origine, signifie celui qui est élevé au-dessus des autres, est rendu en hébreu par *Adon*, en grec par Κύριος, en latin par *Dominus ;* il convient à Dieu par excellence; mais, dans l'Ecriture sainte, il est aussi donné aux anges, aux rois, aux grands, au souverain sacrificateur, aux maîtres par leurs serviteurs, aux maris par leurs épouses, et en général à tous ceux à qui l'on veut témoigner du respect. Nous ne voyons point que les Grecs ni les Latins aient donné à aucun de leurs dieux le titre de *seigneur*, parce qu'ils n'accordaient à aucun le souverain domaine sur toutes choses ; les Hébreux, mieux instruits, qui n'admettaient qu'un seul Dieu créateur et souverain maître de l'univers, lui ont donné ce titre auguste avec raison. Mais ils en avaient un autre plus sacré, qui n'est jamais donné à aucune créa-

ture, c'est le nom *Jéhovah*, celui qui est l'Etre par excellence, ou qui existe de soi-même. *Voy*. JÉHOVAH.

SEIN. Ce mot dans l'Ecriture a plusieurs significations. Il se prend pour la partie du corps renfermée dans l'enceinte des bras; de là sont venues différentes expressions: *tenir la main dans son sein*, c'est ne point agir, et c'est l'attitude ordinaire des gens oisifs; *porter dans son sein*, c'est aimer tendrement, comme font les mères et les nourrices; *l'épouse du sein* est l'épouse légitime; *dormir dans le sein de quelqu'un*, c'est dormir auprès de lui. Il est dit, *Luc.*, cap. XVI, v. 22, que Lazare fut porté dans le *sein* d'Abraham, et *Joan*., c. XIII, v. 23, que l'apôtre bien-aimé reposait sur le *sein* de Jésus pendant la cène. Pour entendre ces façons de parler, il faut savoir que les anciens prenaient leurs repas, couchés sur des lits, la tête tournée vers la table, et appuyés sur le coude gauche; ainsi, pendant la dernière cène, saint Jean, qui était au-dessous de Jésus, avait la tête près de lui et comme dans son *sein*. D'ailleurs la béatitude éternelle est souvent représentée dans l'Evangile comme un festin dont les anciens patriarches sont les convives; ainsi, dire que Lazare fut porté dans le *sein* d'Abraham, c'est exprimer qu'il fut admis au festin des bienheureux, et placé à côté d'Abraham.

Sinus en latin signifie aussi le repli du pan d'une robe. Comme les anciens portaient de longues robes, pour tirer au sort, ils mettaient les billets dans un des pans qu'ils repliaient; de là il est dit, *Prov*., c. XVI, v. 33, que l'on met les sorts dans le pan de la robe, *in sinum*, mais que c'est Dieu qui les arrange. *Excutere sinum suum*, secouer le pan de sa robe est une marque d'horreur pour quelque chose; *abscondere ignem in sinu*, cacher du feu dans le pan de sa robe, c'est nourrir secrètement des sentiments de vengeance.

SÉLEUCIENS. *Voy*. HERMOGÉNIENS.

SEMAINE, espace de sept jours qui recommencent successivement; ce mot est la traduction du latin *septimana*, du grec ἑβδομάς, de l'hébreu *schabah*. Ainsi cette manière de compter par sept jours, et de chômer le septième, a été commune à presque tous les peuples, elle est de la plus haute antiquité, et c'est un monument de la création. Dans l'histoire que Moïse en a faite, il est dit que Dieu fit le monde en six jours, qu'il bénit le septième et le sanctifia, parce qu'il cessa ce jour-là de faire de nouveaux ouvrages, *Gen.*, c. II, v. 3. Après le déluge, Noé attendit sept jours avant de sortir de l'arche, les noces de Jacob durèrent sept jours et ses funérailles de même, *Gen.*, c. VIII, v. 10 et 12; c. XXIX, v. 27; c. L, v. 10. Avant la sortie d'Egypte, Dieu commanda aux Israélites de célébrer la fête de Pâques pendant sept jours, *Exod.*, c. XXII, v. 15. La même chose se faisait dans la plupart des solennités des Juifs; c'est ce qui rendit sacré parmi eux le nombre septénaire. *Voy*. SEPT, SABBAT. L'usage de compter par *semaines* a régné chez les anciens Chinois, chez les Indiens, les Perses, les Chaldéens, les Egyptiens, même chez les peuples du Nord, et on l'a retrouvé chez les Péruviens, *Histoire du Calendrier*, par M. de Gébelin, page 81; *Histoire de l'ancienne astronomie*, *Eclaircis.*, § 17, p. 408.

Plusieurs savants ont voulu rapporter cet usage aux phases de la lune et au nombre des planètes; mais, puisqu'il a eu lieu chez des peuples qui n'avaient aucune connaissance de l'astronomie ni des sept planètes, il doit avoir eu une autre origine, et l'on ne peut en imaginer une plus vraie que celle qui nous est indiquée par l'histoire de la création. Malheureusement elle a été oubliée chez les nations qui ont perdu de vue la tradition primitive; elles en ont conservé l'usage, sans connaître le dogme essentiel auquel il fait allusion; mais Dieu a eu soin de le conserver chez les patriarches et chez les Juifs leurs descendants, parce que le dogme d'un seul Dieu créateur a toujours été la base de la vraie religion.

SEMAINES DE DANIEL. *Voy*. DANIEL et SABBATIQUE.

SEMAINE SAINTE. On appelle ainsi la *semaine* qui commence au dimanche des Rameaux, et qui précède immédiatement la fête de Pâques; on l'appelle aussi *la grande semaine*, à cause des grands mystères que l'on y célèbre. Il est incontestable que, dès le temps des apôtres, cette semaine a été consacrée à honorer les mystères de la passion, de la mort et de la sépulture de Jésus-Christ, à les retracer aux yeux et à l'esprit des fidèles par les offices que l'on y chante et par les cérémonies que l'on y observe. Dans l'Eglise primitive on y pratiquait un jeûne plus rigoureux que pendant le reste du carême; on s'y imposait la xérophagie, c'est-à-dire que l'on ne mangeait que des fruits secs; on s'abstenait des plaisirs les plus innocents, même du baiser de paix que les fidèles se donnaient à l'église; tout travail était défendu, les tribunaux étaient fermés, on délivrait les prisonniers, on pratiquait des mortifications et d'autres bonnes œuvres; les princes mêmes et les empereurs en donnaient l'exemple.

Saint Jean Chrysostome nous fait ce détail dans une *homélie* qu'il a composée sur ce sujet. *Op.*, t. V, pag. 525. « Nous appelons, dit-il, ces jours *la grande semaine*, à cause des grandes choses que Notre-Seigneur y a faites. Il a fait cesser la longue tyrannie du démon, il a détruit la mort, lié le fort armé, enlevé ses dépouilles, effacé le péché, aboli la malédiction; il a ouvert le paradis et l'entrée du ciel, réuni les hommes aux anges, démoli le mur de séparation, déchiré le voile du sanctuaire; le Dieu de paix l'a rétabli entre le ciel et la terre...... C'est pour cela que les fidèles redoublent leur attention; les uns augmentent leur jeûne, les autres prolongent leurs veilles, multiplient leurs aumônes, s'occupent de bonnes œuvres et de pratiques de piété, pour témoigner à Dieu leur reconnaissance du grand bienfait qu'il a daigné nous accorder,..... Ce n'est pas une seule ville qui va au-devant de Jésus-Christ, comme après la résurrection de Lazare, mais, dans le monde entier, de nombreuses Eglises se présentent à lui, non avec des palmes, mais avec des œuvres de charité, d'humanité, de courage, avec des jeûnes, des larmes, des prières, des veilles et des pratiques de piété. Nos empereurs mêmes honorent exactement ces saints jours; ils font cesser les affaires publiques, afin que leurs sujets, libres de tout autre soin, ne pensent qu'au culte du Seigneur. Que l'on cesse, disent-ils, les occupations du barreau, les procès, les disputes, la vengeance publique, les supplices. Les souffrances et les grâces du Sauveur sont pour tous; que ses serviteurs fassent aussi du bien à leurs frères. On délivre les prisonniers. De même que notre Sauveur descendant aux enfers a mis en liberté tous ceux que la mort retenait captifs, ainsi ses serviteurs, selon la mesure de leur pouvoir, et pour imiter sa miséricorde, brisent les chaînes corporelles des coupables, ne pouvant les délivrer de leurs liens spirituels. » Bingham, *Orig. eccles.*, l. II, c. 1, § 24; Thomassin, *Traité des Fêtes*, l. II, c. 14.

SEMI-ARIENS. *Voy.* ARIENS.

SEMIDULITES. *Voy.* BARSANIENS.

SEMI-PÉLAGIANISME, système sur la grâce et la prédestination, peu différent de celui de Pélage, et qui fut embrassé par plusieurs théologiens gaulois au commencement du v° siècle; ils furent réfutés par saint Augustin aussi bien que les pélagiens, et condamnés dans le siècle suivant par le II° concile d'Orange, l'an 529.

On attribue les premières semences du *semi-pélagianisme* à Cassien, moine célèbre qui avait passé une partie de sa vie parmi les solitaires de la Thébaïde, qui avait ensuite été fait diacre de l'église de Constantinople par saint Jean Chrysostome, et élevé à la prêtrise dans celle de Rome. Il était venu demeurer à Marseille, où il bâtit deux monastères, l'un pour les hommes, l'autre pour les femmes. Devenu abbé de celui de Saint-Victor, il se fit une grande réputation par sa vertu. En écrivant ses *Conférences spirituelles* pour l'instruction de ses moines, vers l'an 426, il enseigna dans la treizième que l'homme peut avoir *de soi-même* un commencement de foi et un désir de se convertir; que le bien que nous faisons ne dépend pas moins de notre libre arbitre que de la grâce de Jésus-Christ; qu'à la vérité cette grâce est gratuite en ce que nous ne la méritons pas en rigueur; que cependant Dieu la donne, non arbitrairement par sa puissance souveraine, mais selon la mesure de foi qu'il trouve dans l'homme, ou qu'il y a mise lui-même; qu'il y a dans plusieurs une foi que Dieu n'y a pas mise, comme il paraît, dit-il, par celle que Jésus-Christ a louée dans le centurion de l'Evangile.

Cassien ne niait pas, comme Pélage, l'existence du péché originel dans tous les hommes, ni ses effets qui sont la concupiscence, la condamnation à la mort, la privation du droit à la béatitude éternelle; il n'enseignait pas, comme cet hérétique, que la nature humaine est encore aussi saine qu'elle l'était dans Adam innocent; que l'homme peut, sans le secours d'une grâce intérieure, faire toutes sortes de bonnes œuvres, s'élever au plus haut degré de perfection, et consommer ainsi par ses forces naturelles l'ouvrage de son salut. Mais il soutenait que le péché d'origine n'a point tellement affaibli l'homme, qu'il ne puisse désirer naturellement d'avoir la foi, de sortir du péché, de recouvrer la justice; que, quand il est dans ces bonnes dispositions, Dieu les récompense par le don de la grâce; ainsi, selon lui, le commencement du salut vient de l'homme et non de Dieu. Il ne prétendait pas, comme Pélage, qu'une grâce intérieure prévenante détruirait le libre arbitre.

Sa doctrine fut reçue avec empressement par plusieurs membres du clergé de Marseille, qui ne pouvaient pas goûter la rigueur des sentiments de saint Augustin touchant la grâce et la prédestination; aussi les semi-pélagiens sont souvent appelés *Massilienses*, les Marseillais. Saint Prosper et un autre laïque nommé Hilaire, alarmés des progrès que faisaient ces restes de pélagianisme, en écrivirent à saint Augustin, et le prièrent de les réfuter. C'est ce que fit le saint docteur dans ses deux livres *de la Prédestination des saints* et *du Don de la persévérance*. Ainsi, pour savoir au juste en quoi consistaient les erreurs de Cassien et de ses partisans, il faut comparer les lettres de Prosper et d'Hilaire à saint Augustin, avec les réponses qu'il y a faites dans ces deux livres. Cela est d'autant plus nécessaire, que certains théologiens, prétendus disciples de saint Augustin, ne manquent jamais d'accuser de *semi-pélagianisme* quiconque ne pense pas comme eux.

1° Les semi-pélagiens soutenaient que, malgré le péché originel, l'homme a autant de pouvoir de faire le bien que de faire le mal; qu'il se détermine avec autant de facilité à l'un qu'à l'autre. *Lettre de saint Prosper*, 125°, entre celles de saint Augustin, n° 4. C'est en cela même que les pélagiens faisaient consister le libre arbitre. Saint Augustin, *Opus imperfectum*, lib. III, n. 109 et 117. Dans ces deux livres, le saint docteur ne s'attache point directement à combattre cette notion de la liberté humaine, mais il l'avait réfutée dans ses ouvrages précédents; il y avait fait voir que, par le péché d'Adam, nous avons perdu *cette grande et heureuse liberté*, cet équilibre prétendu de notre volonté entre le bien et le mal; que, par la concupiscence, nous sommes entraînés au mal et non au bien; que, pour rétablir en nous une égalité de pouvoir entre l'un et l'autre, il faut l'impulsion de la grâce. Il réfute de nouveau cette notion pélagienne de la liberté, *Op. imperf.*, ibid. Elle était détruite d'ailleurs par le dogme capital que saint Augustin avait établi dans tous ses ouvrages; savoir, que, pour tout bon désir, comme pour toute bonne action, nous avons besoin d'une grâce intérieure prévenante; or, il ne serait pas nécessaire que la grace prévint notre volonté, si nous avions naturellement autant de pouvoir pour faire le bien que pour faire le mal. *Voy.* LIBERTÉ.

2° Selon les semi-pélagiens, l'homme, par ses forces naturelles, par ses pieux désirs, par ses prières, peut mériter la grâce de la foi et de la justification; quiconque s'y dispose ainsi, l'obtient pour récompense de sa bonne volonté : d'où il s'ensuit que le commencement du salut vient de l'homme, et non de Dieu; *S. Prosp.*, n. 4 et 9 ; *Lettre d'Hilaire*, 126°, n. 2 et 3. Saint Augustin réfute cette doctrine, *de Prædest. Sanct.*, c. 2, n. 3 et suiv. Il prouve par l'Ecriture et par les Pères que le commencement de la foi vient de Dieu, et que la grâce de la foi est gratuite comme toute autre grâce, vérité capitale qui détruit tout le système de Cassien et de ses adhérents.

On ne conçoit pas de quel front Jansénius a osé dire dans sa 4° proposition condamnée: *Les semi-pélagiens admettaient la nécessité de la grâce intérieure prévenante pour toute bonne action, même pour le commencement de la foi; mais ils étaient hérétiques, en ce qu'ils disaient que cette grâce était telle que l'homme pouvait y résister ou y consentir.*

3° Ils disaient que Dieu veut sauver tous les hommes *indifféremment*, que Jésus-Christ est mort pour tous *également* ; qu'ainsi le salut et la vie éternelle sont offerts à tous, accordés à ceux qui s'y disposent, refusés seulement à ceux qui n'en veulent pas. *S. Prosp.*, n. 4, 6, 7 ; *Hilaire*, n. 7. Saint Augustin ne s'arrête point à ce chef; il avait suffisamment expliqué dans ses autres ouvrages en quel sens Dieu veut sauver tous les hommes. Il ne le veut pas *indifféremment*, puisqu'il y a des hommes auxquels il fait plus de grâces, auxquels il accorde des moyens de salut plus puissants, plus prochains, plus abondants qu'aux autres. L. IV, *contra Julian.*, c. 8, n. 42 et 44. Jésus-Christ n'est pas mort pour tous *également*, puisque les uns reçoivent plus de fruits de sa mort que les autres. On voit encore ici la mauvaise foi de Jansénius, qui a taxé de *semi-pélagianisme* ceux qui disent que Jésus-Christ est mort pour tous les hommes; il fallait ajouter *également et indifféremment*. *Voy.* RÉDEMPTION, SAUVEUR.

Il est faux que le salut ne soit offert et accordé qu'à ceux qui s'y disposent, puisque c'est Dieu même qui donne ces dispositions. Souvent sa miséricorde convertit des âmes qui, loin de s'y disposer, se révoltent contre lui; témoin saint Paul, changé de persécuteur en apôtre, *lib. de Grat.*, et *lib. Arb.*, cap. 5, n. 12.

4° Les semi-pélagiens prétendaient que toute la différence entre les élus et les réprouvés vient de leurs dispositions naturelles; que Dieu prédestine à la foi et au salut ceux dont il prévoit les bons désirs, la bonne volonté, l'obéissance; qu'il réprouve ceux dont il prévoit la résistance; *S. Prosp.*, n. 3; *Hilaire*, n. 2. Saint Augustin prouve au contraire que la différence vient de ce que Dieu appelle les uns par miséricorde, et laisse les autres par justice, sans les appeler; *de Prædest. sanct.*, c. 6, n. 11 ; c. 8, n. 14. Mais il ne faut pas oublier ce que le saint docteur a enseigné ailleurs, savoir, que ceux qui ne croient point et ne viennent point, résistent à la vocation de Dieu et à sa volonté, et méprisent la miséricorde de Dieu dans ses dons, *de Spir. et Litt.*, c. 33, n. 58; c. 34, n. 60. Ils sont donc appelés, mais non de la manière la plus propre à vaincre leur résistance, lib. I, *ad Simplic.*, q. 2, n. 13; vocation que saint Augustin nomme ailleurs *secundum propositum*. Mais si la vocation, telle qu'ils la reçoivent, ne leur donnait pas un vrai pouvoir d'obéir, elle ne serait pas sincère; or, soupçonner Dieu de manquer de sincérité, ce serait un blasphème.

5° Ces mêmes raisonneurs concluaient que Dieu fait annoncer l'Evangile aux peuples dont il prévoit la docilité, et non à ceux dont il prévoit l'incrédulité: *S. Prosp.*, n. 5; *Hilaire*, n. 3; ils prétendaient que saint Augustin l'avait ainsi enseigné lui-même, *Expos. quarumd. q. Ep. ad. Romanos*, prop. 60; *Epist.* 102, *ad Deogratias*, q. 2, n. 4. C'est une erreur, répond le saint docteur; Jésus-Christ assure dans l'Evangile que si les Tyriens et les Sidoniens avaient été témoins des miracles qu'il opérait dans la Judée, ils auraient fait pénitence. *Matth.*, c. XI, v. 21; *Luc.*, c. I, v. 13. Dieu prévoyait donc que ces peuples auraient été plus dociles que les Juifs; cependant l'Evangile était annoncé à ceux-ci, et ne l'était pas à ceux-là; *de Prædest. sanct.*, c. 9, n. 12 et 18; *de Dono persev.*, c. 14, n. 35. Aussi saint Augustin avait corrigé dans ses *Rétractations*, liv. I, c. 23, n. 2, les passages desquels les semi-pélagiens voulaient se prévaloir.

6° Quand on leur citait l'exemple des enfants dont l'un reçoit avant de mourir la grâce du baptême, l'autre meurt privé de ce bienfait, sans qu'il y ait eu aucun mérite ni démérite de part ni d'autre, ils disaient que Dieu accorde au premier la grâce de la justification et du salut, parce qu'il prévoit que cet enfant, s'il parvenait à l'âge mur, serait fidèle; qu'il refuse cette faveur à l'autre, parce qu'il prévoit que si celui-ci grandissait, il serait indocile et rebelle. *S. Prosper.* n. 5; *Hilaire*, n. 8. Saint Augustin répond que c'est une absurdité; Dieu serait injuste, s'il jugeait des créatures, non sur ce qu'elles ont fait, mais sur ce qu'elles auraient fait dans d'autres circonstances, et s'il avait égard à des mérites et à des démérites qui n'existeront jamais, *de Prædest. sanct.*, c. 12, n. 24; c. 14, n. 29; *de Dono persev.*, c. 9, n. 22. Le saint docteur soutient que toute la différence de la conduite de Dieu à l'égard de ces enfants est l'effet d'un décret ou d'une prédestination gratuite de Dieu, et il le prouve par plusieurs passages de saint Paul. On voit assez de quelle prédestination il est ici question.

7° Les semi-pélagiens raisonnaient de même sur le don de la persévérance; ils rejetaient la différence que saint Augustin avait mise entre la grâce de persévérance donnée à Adam, et celle que Dieu donne aux saints, entre ce qu'il avait appelé *adjutorium quo*, et *adjutorium sine quo*, lib. *de Corrept. et Grat.*, c. 11 et 12, n. 29 — 38. Cette doctrine, disaient-ils, n'est propre qu'à jeter tout le monde dans le désespoir; si les saints sont tellement aidés par la grâce qu'ils ne puissent déchoir, et si les autres sont abandonnés de manière qu'ils ne puissent vouloir le bien, c'en est fait de l'espérance chrétienne, les exhortations et les menaces sont inutiles et absurdes. Quelle que soit la grâce finale accordée aux prédestinés, il dépend toujours d'eux d'y obéir ou d'y résister, *S. Prosp.* n. 2 et 3; *Hilaire*, n. 2, 4, 6. Ces gens-là, répond saint Augustin, ne s'entendent pas eux-mêmes, lorsqu'ils prétendent que l'homme peut résister à la grâce de la persévérance finale. « On ne peut pas dire que la persévérance jusqu'à la fin ait été donnée à un homme avant que la fin soit venue : or, quand cette vie est finie, il n'est plus à craindre que l'homme perde la grâce qu'il a reçue, ou qu'il y résiste; » *de Dono persev.*, c. 6, n. 10; c. 17. n. 41. Si telle est la seule différence qu'il y a entre la grâce d'Adam et la grâce finale des saints, les semi-pélagiens avaient tort de la rejeter; Dieu en effet n'a pas tiré Adam de ce monde pendant qu'il était encore innocent, au lieu qu'il fait mourir les saints en état de grâce. Il est donc vrai dans ce sens que l'homme ne peut pas résister à la grâce de la persévérance finale, puisqu'il ne dépend pas de lui de sortir de ce monde quand il le veut, ni d'être rebelle après sa mort, et puisque c'est dans ce sens seulement que la grâce finale meut la volonté d'un saint d'une manière invincible, insurmontable, irrésistible, *de Corrept. et Grat.*, c. 12, § 38, il y a de la mauvaise foi à vouloir appliquer à toute grâce intérieure actuelle ce que saint Augustin dit de la grâce finale seulement, et c'est une absurdité de vouloir tirer de là une prétendue clef de tout le système de saint Augustin sur la grâce, comme font certains théologiens.

8° Les semi-pélagiens disaient que la manière dont saint Augustin expliquait la prédestination *secundum propositum*, était inouïe dans l'Eglise, contraire au sentiment des anciens Pères, inutile pour réfuter les pélagiens; que, quand elle serait vraie, il ne faudrait pas la prêcher, *S. Prosper*, n. 2 et 3; *Hilaire*, n. 8. Ils ajoutaient : Si un homme ne peut croire qu'autant que Dieu lui en donne la volonté, celui qui ne l'a pas ne peut être blâmé; tout le blâme doit retomber sur Adam, seule cause de notre condamnation, *Hilaire*, n. 5. La réponse de saint Augustin est que les anciens Pères n'ont pas eu besoin d'examiner la question de la prédestination, au lieu qu'il s'est trouvé forcé d'y rentrer pour réfuter les pélagiens, et démontrer que la grâce est absolument gratuite, *De Prædest. sanct.*, c. 14, n. 27. Mais dans le livre *de Dono persev.*, c. 19 et 20, n. 48, 51, il fait voir que les anciens Pères ont suffisamment soutenu la prédestination gratuite, en enseignant que toute grâce de Dieu est gratuite. Cela est exactement vrai, puisque dans les anciens, non plus que dans saint Augustin, il ne fut jamais question d'une prétendue prédestination gratuite à la gloire éternelle. Bossuet, *Défense de la Tradition et des saints Pères*, l. xii, c. 34; Maffei, *Hist. Theol.*, l. xi, p. 173 et seq.

A ce que l'on ajoutait qu'il faudrait blâmer Adam seul, et non ses descendants, le saint docteur ne répond rien; mais il avait dit, l. *de Corrept. et Grat.*, c. 14, n. 43, qu'il faut toujours réprimander les pécheurs, afin que cette correction soit un remède pour ceux qui sont prédestinés, *une punition* et un tourment pour ceux qui ne le sont pas. Mais, si ces derniers ne recevaient point de grâce, et s'ils se trouvaient dans une impuissance absolue de sortir du péché, de quoi mériteraient-ils d'être punis? Nous verrons ci-après que ce n'est point là le sentiment du saint docteur.

9° Saint Prosper le prie d'expliquer comment la grâce prévenante et coopérante ne détruit point le libre arbitre, n. 8. Saint Augustin n'y satisfait point; il jugea sans doute que tout l'embarras venait de la fausse idée que les pélagiens et les semi-pélagiens se faisaient du libre arbitre, et que nous avons vue ci-dessus, n. 1. Il avait dit, l. i *Retract.*, c. 22, n. 4; l. ii, c. 1, n. 2, que rien n'est autant en notre pouvoir que notre propre volonté; que cependant elle est encore plus au pouvoir de Dieu qu'au nôtre. Si nous n'avions pas un vrai pouvoir de résister lorsque Dieu meut notre volonté par la grâce, ces deux maximes de saint Augustin seraient contradictoires.

10° Saint Prosper le prie encore de décider si, dans la prédestination *secundum propositum*, le décret de Dieu n'est rien autre chose que la prescience, ou si au contraire la prescience est fondée sur un décret, n. 8. Il observe que, selon le sentiment unanime des anciens, le décret de Dieu et la prédestination sont dirigés par la prescience; qu'ainsi Dieu choisit les uns et réprouve les autres, parce qu'il a prévu quelle serait *la fin de chacun*, et quelle volonté il aurait *sous le secours de la grâce*. Il paraît qu'ici saint Prosper voulait parler de la prédestination à la gloire éternelle. Saint Augustin l'a compris, sans doute; cependant il se contente de penser et de parler comme les anciens. « Dieu, dit-il, donne la persévérance finale; il a su, sans doute, qu'il la donnerait; telle est la prédestination des saints que Dieu a élus en Jésus-Christ avant la création du monde, *de Dono persev.*, c. 7, n. 15. Osera-t-on dire que Dieu n'a pas prévu à quels hommes il donnerait la foi et la persévérance? S'il l'a prévu, il a donc prévu aussi les bienfaits par lesquels il daigne les sauver. Telle est la prédestination des saints, rien autre chose: savoir, la prescience et la préparation des bienfaits par lesquels Dieu délivre avec une certitude entière ceux qui sont délivrés, » c. 14, n. 35. Si saint Augustin a supposé un décret de prédestination à la gloire, antérieur à la prescience, c'était là le cas d'en parler, puisque c'était le sujet de la demande de saint Prosper; cependant il n'en dit rien, il borne la prédestination à la préparation des grâces ou des moyens, sans faire aucune attention à la fin dernière pour laquelle ils sont donnés.

11° Enfin, saint Prosper le prie de montrer comment le décret de Dieu ne nuit ni aux exhortations ni à la nécessité du travail de ceux qui désespèrent de leur prédestination, n. 8. C'est ici le point capital sur lequel saint Augustin s'étend le plus. Il répond que saint Paul, en enseignant la prédestination, n'a pas laissé d'exhorter ses auditeurs à la foi; que Jésus-Christ, en apprenant aux hommes que la foi est un don de Dieu, n'a pas moins ordonné de croire en lui, *de Dono persev.*, c. 14, n. 34; donc Jésus-Christ et saint Paul ont supposé que Dieu donne la grâce pour croire, et ils ordonnent à l'homme de correspondre à cette grâce. Ainsi l'a entendu saint Augustin, puisqu'en expliquant ces paroles de l'Evangile, *les Juifs ne pouvaient pas croire en Jésus-Christ, parce que Dieu avait aveuglé leurs yeux et endurci leur cœur*, Joan., c. xii, v. 39, le saint docteur dit qu'ils ne le pouvaient pas, parce qu'ils ne le voulaient pas, Tract. 58, *in Joan.*, n. 4 et seq. Nous disons de même, cet homme *ne peut* se résoudre à faire telle chose; et nous entendons qu'il manque de volonté et non de pouvoir. Ainsi, lorsqu'il est dit que Dieu avait aveuglé les yeux et endurci le cœur des Juifs, cela signifie que Dieu les avait laissés s'aveugler et s'endurcir, qu'il ne les en avait pas empêchés. *Voy.* ENDURCISSEMENT. Donc, lorsque saint Augustin ajoute que, quand ceux qui écoutent la prédication n'y obéissent pas, c'est que l'obéissance ne leur a pas été donnée, *de Dono persev.*, c. 14, n. 37, il faut entendre qu'ils n'ont pas voulu correspondre à la grâce qui leur donnait le pouvoir de croire.

Ou il faut, dit le saint docteur, prêcher la prédestination comme l'enseigne l'Ecriture, ou il faut soutenir avec les pélagiens que la grâce de Dieu est donnée selon nos mérites, *de Dono persev.*, c. 16, n. 41 ; cela est exactement vrai de la prédestination *à la grâce*, qui seule est enseignée dans l'Ecriture; mais cela ne touche point à la prédestination *à la gloire*. Il faut encore se souvenir que, suivant la doctrine très-vraie de saint Augustin, la gloire éternelle, quoique récompense de nos mérites, est cependant une grâce, parce que nos mérites sont un effet de la grâce, *Op. imperf.*, l. I, n. 133, etc. On peut donc dans un sens dire la même chose à l'égard de la persévérance finale, puisque saint Augustin convient qu'on peut la mériter ou du moins l'obtenir par des prières, *de Dono persev.*, c. 6. n. 10.

Quand on lui objecte que la prédestination est plus propre à désespérer qu'à encourager les fidèles, il répond: « C'est comme si l'on disait que notre salut serait plus sûr entre nos mains qu'entre les mains de Dieu, » *ibid.* c. 6, n. 12; c. 17, n. 48 ; c. 22. n. 62. Cette réflexion est juste, si Dieu donne à tous les grâces et le pouvoir de persévérer jusqu'à la fin; mais il y aurait lieu de désespérer, si ces grâces étaient refusées au plus grand nombre des hommes à cause du péché originel, ou à cause d'un décret que Dieu a fait de les laisser dans la masse de perdition. Aussi le saint docteur ne veut pas qu'un prédicateur apostrophe ainsi ses auditeurs : « Pour vous qui croyez, c'est en vertu de la prédestination divine que vous avez reçu la grâce de la foi; quant à vous, à qui le péché plaît encore, vous n'avez pas reçu la même grâce. Si vous tous qui obéissez à présent n'êtes pas prédestinés, *les forces vous seront ôtées*, afin que vous cessiez d'obéir. » Parler ainsi, dit saint Augustin, c'est prédire aux auditeurs un malheur, et leur insulter en face. Il veut que l'on parle à la troisième personne, et que l'on dise: « Si ceux qui obéissent ne sont pas prédestinés à *la gloire*, ils ne sont que pour un temps, ils ne persévéreront pas dans l'obéissance jusqu'à la fin; » c. 22, n. 58 et suiv.

Cette tournure ne changerait pas le sens, et ne serait pas plus consolante, si le mot fatal n'était pas retranché : *les forces vous seront ôtées*. Donc saint Augustin a senti la nécessité de les supprimer, et de là saint Prosper conclut avec raison que le saint docteur n'a point pensé ce qu'elles expriment. *Resp. ad excepta Genuens.*, n. 9. Autrement il aurait manqué de sincérité et se serait contredit exprès, chose dont nous ne le soupçonnerons jamais. Il a donc eu raison de soutenir, contre les semi-pélagiens, que la prédestination, telle qu'il l'entend, ne peut désespérer ni décourager personne, puisque ceux mêmes qui ne sont pas prédestinés, ne sont pas pour cela privés de grâces à la mort, non plus que du pouvoir de se convertir. Au reste, voici le seul endroit où saint Augustin a employé le terme de *prédestination à la gloire*, et cela n'est pas étonnant, puisqu'il traitait de la persévérance finale : or, on ne peut pas douter que quiconque est prédestiné à cette persévérance, ne soit aussi prédestiné à la gloire éternelle.

Mais lorsque de prétendus augustiniens osent affirmer que ceux qui n'admettent pas la prédestination gratuite à la gloire éternelle, sont semi-pélagiens, et contredisent la doctrine de saint Augustin, ils en imposent grossièrement aux hommes peu instruits; par les pièces originales de la dispute entre lui et ces prêtres gaulois, il est évident que toute la question roulait sur la prédestination à la grâce, et non sur la prédestination à la gloire éternelle, et qu'entre l'une et l'autre il y a une différence infinie. *Voy.* Prédestination.

L'on est encore bien plus étonné lorsque l'on voit ces mêmes théologiens accuser de *semi-pélagianisme* ceux qui soutiennent que, sous l'impulsion de la grâce, la volonté humaine n'est pas purement passive, mais qu'elle agit avec la grâce, et qu'elle y coopère. Il est certain, 1° qu'entre saint Augustin et les semi-pélagiens, il ne s'est jamais agi de cette question ; 2° que le saint docteur a répété plus d'une fois que, consentir ou résister à la vocation divine, est le fait de notre volonté, l. *de Spir. et Litt.*, c. 34, n. 60, etc. 3° Pour étayer cette imputation, ils donnent malicieusement au sentiment catholique un sens absurde ; ils disent que, suivant ce sentiment, les forces naturelles de la volonté humaine ou du libre arbitre concourent avec la grâce à la conversion du pécheur. Comment peut-on nommer *force naturelle* celle qui est donnée à la volonté par la grâce ? Ils ont emprunté cette interprétation ridicule des luthériens et des calvinistes ; en effet, ceux-ci accusèrent de *semi-pélagianisme* les *synergistes* ou les disciples de Mélanchthon, parce qu'ils soutenaient contre Luther et Calvin que la volonté humaine mue par la grâce n'est pas purement passive, mais qu'elle agit et coopère à la grâce. *Voy.* Synergistes. Ces mêmes hérétiques n'ont pas cessé depuis ce temps-là de renouveler le même reproche contre l'Eglise catholique tout entière. Il est cependant certain que le concile de Trente, sess. 6, *de Justif.*, c. 5 et 6, can. 3, a professé solennellement le dogme opposé au *semi pélagianisme*.

On voit par là de quelle importance il est de connaître exactement les opinions des pélagiens et des semi-pélagiens, si l'on veut distinguer la vraie doctrine de saint Augustin d'avec celle qui lui est faussement imputée ; et la doctrine catholique d'avec les erreurs des hérétiques : il y a d'autant plus de danger d'y être trompé, que les protestants n'ont jamais fait un tableau fidèle de l'une ni de l'autre. Basnage, dans son *Histoire de l'Eglise*, l. xii, c. 1 et suivants, a fait tous ses efforts pour persuader que la doctrine de saint Augustin est la même que celle des calvinistes, et que celle des catholiques ne diffère en rien de celle des semi-pélagiens. Mosheim et son traducteur n'ont pas été de meilleure foi. *Hist. ecclés.*, v° siècle, 11° partie, c. 5, § 26 et 27 ; Jurieu et d'autres leur avaient frayé le chemin.

SENS DE L'ECRITURE SAINTE. *Voy.* Ecriture sainte, § 3.

* SENS COMMUN. Le sens commun a toujours joui, dans les écoles de théologie, d'une très-haute autorité : il est, en effet, l'expression de la raison du commun des hommes. Prétendre qu'en dehors du sens commun il n'y a pas de certitude, c'est tomber dans une grave erreur qui a été adoptée par M. de Lamennais et ses disciples. Grégoire XVI a ainsi condamné cette doctrine : « Il est bien déplorable de voir dans quel excès de délire se précipite la raison humaine, lorsqu'un homme se laisse prendre à l'amour de la nouveauté, et que, malgré l'avertissement de l'Apôtre, s'efforçant d'être *plus sage qu'il ne faut*, trop confiant aussi en lui-même, il pense que l'on doit chercher la vérité hors de l'Eglise catholique, où elle se trouve sans le mélange impur de l'erreur, même la plus légère, et qui est par là même appelée et est en effet la colonne et l'inébranlable soutien de la vérité. Vous comprenez très-bien, vénérables frères, qu'ici nous parlons aussi de ce fallacieux système de philosophie récemment inventé, et que nous devons tout à fait improuver ; système dans lequel, entraîné par un amour sans frein des nouveautés, on ne cherche plus la vérité où elle est certainement, mais dans lequel, laissant de côté les traditions saintes et apostoliques, on introduit d'autres doctrines vaines, futiles, incertaines, qui ne sont point approuvées par l'Eglise, et sur lesquelles les hommes les plus vains pensent faussement qu'on puisse établir et appuyer la vérité. »

M. l'abbé Bautain, dans sa *Psychologie expérimentale*, a parfaitement développé les vices de la doctrine du sens commun.

« Et d'abord, dit M. Bautain, qu'est-ce que le sens commun dans le langage de cette école ? Le sens commun, dit-on, *Catéchisme du sens commun*, p. 11, est le sens ou le sentiment commun à tous les hommes, ou du moins au plus grand nombre ; ce qui revient à dire que le sens commun est le sens commun. Qu'est-ce qui prouve que le sentiment du plus grand nombre soit toujours le bon sens ; ou autrement, que la manière de voir et de juger de la multitude soit dans tous les cas la meilleure ? L'expérience montre-t-elle que la vérité et la sagesse aient toujours été le partage du grand nombre ? Les minorités auraient-elles toujours et nécessairement tort, par cela qu'elles ne sont pas la majorité ? Dans ce cas, et dans tout conflit de l'opinion du plus grand nombre et de l'opinion du nombre moindre, ne serait-ce pas la majorité qui, à la fois juge et partie, se décernerait à elle-même, et de plein droit, le triomphe ? Ne serait-ce pas, en définitive, le sens commun qui s'adjugerait la gloire du sens commun ?

« On appelle aussi sens commun, *Essai sur l'indifférence*, etc.; *Catéchisme du sens commun*, p. 11, la raison générale ou universelle qu'on oppose à la raison privée, laquelle, dit-on, parce qu'elle est faillible, est incapable d'avoir pour elle seule la certitude d'aucune vérité ; tandis que, la raison générale étant nécessairement (*Essai sur l'indifférence*, etc., vol. II, p. 81) infaillible, c'est par elle seulement que nous pouvons obtenir science et certitude. Mais tout en reconnaissant que la raison individuelle est faillible, qu'elle se trompe souvent, s'ensuit-il qu'elle se trompe toujours, nécessairement et sur toutes choses ? De ce qu'elle peut errer, faut-il qu'elle erre sans cesse ? De ce que l'homme a par sa liberté le pouvoir de faire le mal, faut-il de nécessité qu'il ne fasse que le mal ? La raison humaine pourrait-elle dévier, si elle n'était capable de rectitude ? Mais à quel signe l'homme reconnaîtra-t-il qu'il est dans le vrai ? Qui lui dira que ce qui lui paraît vrai n'est pas une illusion ; que ses sens, son esprit propre, son sentiment intime, ne l'abusent pas ? Qui le lui dira ? La lumière naturelle qui le met en rapport avec les objets naturels, les lois de la raison qui président à sa pensée, la conscience qu'il a de son sentiment intime : qui vous assure qu'il fait jour en plein midi, si ce n'est votre œil et la lumière ? Attendez-vous, pour l'affirmer, que vous ayez consulté le grand nombre ? Tout cela, dit-on, ne donne pas de certitude absolue ; j'en conviens. Mais vous-même qui croyez avoir certitude, qui vous tenez assuré du moins de n'être point dans l'erreur, quel est votre garant, quel est votre critérium de vérité ? Le témoignage de la raison générale, qui, dites-vous, ne peut tromper. Qu'est-ce donc que cette raison générale à laquelle vous accordez si libéralement le privilège de l'infaillibilité? Est-ce la raison de tout le monde, ou au moins du plus grand nombre? Elle se compose donc de la totalité ou de la majorité des raisons particulières. Mais celles-ci, vous les reconnaissez faillibles, et de plus vous les déclarez incapables de science, de vérité, de certitude. Est-ce donc que des raisons faillibles, en se réunissant, constitueraient une raison infaillible? Est-ce en rassemblant toutes les incertitudes des raisons privées que vous obtiendrez une certitude générale; et la collection des erreurs de tous les hommes finirait-elle par former la vérité? Encore une fois, qu'est-ce que la raison générale infaillible? N'est-ce qu'une abstraction, un être de raison? Alors elle n'a qu'une valeur individuelle; elle est le produit de l'esprit propre, le fruit d'une pensée humaine. Est-ce une réalité, une entité, un être *sui generis*, une idée à la Platon, un prototype de la raison humaine, qui plane au dessus de toutes les raisons privées, les éclaire, les anime, les dirige, etc.? Alors on demandera comment vous êtes arrivé à la connaissance de cet être mystérieux, par quel moyen extraordinaire vous recevez ses illuminations, et surtout comment vous pouvez être assuré que cette raison idéale vous parle et vous instruit?

« La raison générale, *Essai sur l'indifférence*, vol. II, p. 81, 96, 129, dit-on, se manifeste par le témoignage du genre humain. C'est par la parole de tous les hommes qu'elle déclare ses oracles. Le consentement commun ou le sens commun est pour nous, *Ibid.*, p. 20, le sceau de la vérité. Ce qui a été cru par tous, partout et toujours, est nécessairement vrai. Soit! Il ne s'agit plus que de constater ce témoignage du genre humain sur les vérités les plus importantes pour l'homme, sur les vérités qui sont au-dessus des faits naturels et humains; il ne s'agit plus que de bien établir ce que tous les hommes ont cru toujours et partout. Qui fera ce relevé? Quel sera l'individu qui, se portant devant ses semblables comme l'organe du sens commun, comme le témoin et l'interprète des croyances générales de l'humanité, osera leur dire : Voilà ce que tous les hommes ont cru et ce que vous êtes obligés de croire? S'il parle en son propre nom, c'est une raison privée qui infirme par le vice de sa faillibilité la manifestation de la raison générale; s'il parle au nom d'une puissance surhumaine, il n'a que faire d'aller quêter des voix à travers les siècles : il n'a besoin ni de la majorité, ni de la généralité du genre humain. Qu'il prouve sa mission extraordinaire par des moyens, par des faits extraordinaires, et alors qu'il annonce à la terre avec autorité ce qu'il a vu et entendu.

«Eh oui! dit-on, c'est justement ce que nous voulons, *Essai sur l'indifférence*, vol. II, p. 89 : une autorité universelle à laquelle tous les hommes obéissent, en qui tous doivent avoir foi, et qui soit tout ensemble l'unique fondement de vérité et l'unique moyen d'ordre et de bonheur. Entendons-nous ici sur les mots sacrés d'*autorité* et de *foi*. Voulez-vous dire que c'est la Vérité elle-même qui parle par ce que vous appelez le sens commun? S'il en est ainsi, il n'y a pas à hésiter; il faut croire. Mais jusqu'à présent ceux qui se font gloire d'être chrétiens étaient persuadés qu'anciennement Dieu avait parlé aux hommes par ses prophètes, et, dans les derniers temps, par son Fils unique; ils ont cru qu'ils ne devaient recevoir comme parole authentiquement divine que celle qui leur était proposée par l'autorité instituée divinement à cet effet; ils ont réservé leur foi pour la parole de la vie éternelle, ainsi proclamée depuis dix-huit siècles. La Providence aurait-elle changé de voies et de moyens? L'Eglise ne serait-elle plus dépositaire des oracles divins, et seule infaillible? Le genre humain tout entier serait-il investi de la même puissance, aurait-

il les mêmes droits à notre foi? C'est donc une nouvelle autorité que vous proposez, un nouveau genre de foi que vous nous demandez; et, comme votre critérium de la vérité vous paraît plus général et plus sûr, vous affirmez aussi que le témoignage de l'Eglise tire sa force de son accord avec le témoignage humain, ou autrement, que la foi catholique n'est que le sens commun dans les choses de Dieu. *Catéchisme du sens commun*, p. 66.

« L'autorité de la raison générale n'est-elle qu'une autorité humaine, constatant des faits naturels et humains? Alors nous sommes pleinement d'accord. Toutes les raisons sont de la même nature, soumises aux mêmes lois; toutes reçoivent les éléments de leurs pensées d'un même monde, par des sens et des organes semblables : il est donc clair que chaque raison doit, dans son état normal, s'accorder avec la pluralité des raisons, juger en général des mêmes choses de la même manière. L'avis du grand nombre a donc une autorité respectable dans tous les cas où il ne s'agit que de faits naturels, d'intérêts sociaux. Mais qu'on ne donne point cette autorité comme infaillible, pas même dans sa sphère. Qu'on se contente de ma croyance, mais qu'on ne réclame pas ma foi pour une opinion humaine. La croyance est un acquiescement de ma raison à la parole de mon semblable, et elle peut se former de toutes sortes de manières. Le témoignage d'un grand nombre d'hommes, de tous les hommes, si vous voulez le supposer, peut me porter à admettre telle proposition, dont encore, par ce moyen seul, je n'aurai pas la science. Mais la conviction ou la certitude qui peut en résulter n'est point de la foi, car la foi vient de Dieu et ne se rapporte qu'à Dieu; elle est divine dans son principe comme dans son objet. Si donc vous voulez que j'aie foi, présentez-moi une autorité qui ne soit celle ni d'un homme, ni d'un grand nombre d'hommes, ni de tous les hommes, car ce ne serait jamais que de l'humain; mais une autorité surhumaine qui porte en elle-même le caractère authentique de sa supériorité, et qui, à ce titre, s'impose légitimement à l'homme comme manifestation de Dieu même. C'est, au reste, ce qu'on a senti quand, pour étayer la raison générale, on a tenté de la rattacher à Dieu et de la confondre avec ce qu'on appelle la *Raison suprême*. Par là, on a voulu lui communiquer l'autorité infaillible qu'elle ne peut puiser en elle-même, si générale qu'elle soit. Il ne restait donc qu'à *diviniser* la raison de l'homme pour pouvoir légitimement imposer la foi en la parole de l'homme; et, entraîné par l'esprit de système, on n'a point reculé devant cette apothéose! Voilà donc encore une fois la raison placée sur l'autel! Ses dictées sont proclamées comme des oracles; et tous, sous peine de folie ou d'impiété, nous devons lui apporter l'hommage de notre foi! C'est encore une prostituée qu'on présente à notre adoration; mais cette fois c'est la prostituée des siècles, celle qui a enfanté, dans son commerce adultère avec l'esprit d'erreur, toutes les doctrines bâtardes, tous les systèmes monstrueux, toutes les opinions désordonnées qui ont troublé le monde; hideuse progéniture de mensonge qui a infecté l'esprit humain au moment funeste de sa séduction et de sa dégradation. Et c'est cette raison séduite et dégradée que nous confondrions avec ce qu'on appelle la raison de Dieu! Car on lit quelque part, *Essai sur l'indifférence*, vol. II, p. 93, cette phrase inconcevable :
« Noble émanation de la substance de Dieu, notre raison n'est que sa raison, notre parole n'est que sa parole. » Si c'est là le dernier mot du système, certainement son auteur ne l'a pas compris : il aurait reculé devant l'abomination du panthéisme *Voy.* ce mot. C'est à cet abîme que sa doctrine aboutit, ainsi que l'éclectisme. *Voy.* ECLECTIQUES Comme lui, elle fait peu de cas de l'homme indivi-

duel, elle déprime la raison particulière pour exalter la raison générale ; comme lui, elle déclare absolue, nécessaire; infaillible cette idole de l'esprit propre ; comme lui aussi, elle prétend l'imposer aux hommes comme l'unique fondement, le *sceau de la vérité*. *Essai sur l'indifférence*, vol. II, p. 19 et 20, comme le principe de la science et de la certitude. C'est la voix de Dieu se révélant infailliblement par la raison générale ! C'est Dieu lui-même incarné, pour ainsi dire, dans le sens commun de tous les hommes ! Alors, je le demande, qu'est-ce que Dieu, qu'est-ce que l'homme, que sont-ils l'un pour l'autre ? Oublions-nous donc que l'homme d'aujourd'hui n'est plus l'homme primitif, que son âme et son esprit ont été pervertis, qu'il naît dégradé par un vice originel ? Et c'est cette intelligence tombée, c'est cette raison esclave du temps et de l'espace, jouet de toutes les vicissitudes du monde, qu'on identifie avec la Sagesse éternelle !... c'est la parole d'une telle raison qu'on met au niveau de la parole de Dieu ! Et qu'on ne nous accuse pas d'abuser des expressions de l'auteur, pour lui imputer ce qui ne lui appartient pas ! Non ; car on lit textuellement dans son livre les propositions suivantes : « Notre raison est la raison de Dieu, notre parole n'est que sa parole. » *Essai sur l'indifférence*, vol. II, p. 93. On y lit : « Qu'est-ce que la raison, si ce n'est la vérité connue. » *Ib.*, p. 92. On y lit : « Dieu est, parce que tous les hommes attestent qu'il est. » *Ib.*, p. 77. Donc, c'est la raison qui fait Dieu par son attestation ! On y lit : « Une science est un ensemble d'idées et de faits dont on convient. » *Ibid.*, p. 21. Donc, ce sont les conventions de la raison qui font la science et la vérité ! On y lit : « La raison privée ne peut avoir que des opinions : les dogmes appartiennent à la société. » *Ibid.*, p. 129. Donc, c'est la raison générale qui fait les dogmes, comme la raison privée fait les opinions ! Or, je le demande, n'est-ce pas là faire l'apothéose de la raison humaine ? N'est-ce pas la déclarer la source du bien, du vrai, du juste, de tout ce qui est sacré, infini, éternel ? N'est-ce pas la mettre à la place de Dieu même ? Non, encore une fois, il n'est pas possible que l'auteur ait vu toute la portée de son système. Il a voulu donner aux hommes du siècle une philosophie universelle ou catholique ; et, faute d'une science profonde de Dieu et de l'homme, à laquelle l'imagination la plus brillante et le talent le plus admirable ne peuvent suppléer, il leur a présenté une doctrine vaine et dangereuse, qui n'est en vérité ni philosophique, ni catholique.

« Elle n'est point philosophique, car il n'y a point en elle de principe de science, et elle ôte tout moyen d'en acquérir, puisque, interposant sans cesse un témoignage humain entre l'homme et la vérité, elle lui en ferme l'accès. Elle détruit la possibilité de l'évidence, puisque le témoignage général, qui est déclaré le moyen nécessaire, *Essai sur l'indifférence*, vol. II, p. 81, pour parvenir à la connaissance de la vérité, peut nous porter à *croire*, mais ne peut en aucun cas nous faire *voir*. Or, qu'est-ce que la science sans l'évidence ? Elle dégrade l'intelligence humaine, faite pour contempler la vérité; elle l'aveugle, pour ainsi dire, en la réduisant au témoignage, comme principe unique de la certitude. Imposant ce témoignage comme infaillible, comme une autorité suprême et sans appel, à laquelle chacun est tenu de se soumettre sans réserve et dans tous les cas, sous peine d'être déclaré, *Essai sur l'indifférence*, vol. II, p. 20, fou, ignorant, inepte, elle attente à la plus noble prérogative de l'homme, à sa liberté, par laquelle il a le pouvoir d'accorder ou de refuser son assentiment à ce qu'on lui propose. Ainsi, la doctrine du sens commun détruit le moyen de la science, rend l'évidence impossible, dégrade l'intelligence, fait violence à la liberté morale... E-t-ce là une doctrine philosophique ?

« Elle n'est non plus catholique ; car d'abord, comme doctrine spéculative, elle tend à substituer à la seule autorité vraiment infaillible, qui est celle de Dieu, une autorité humaine ; celle du sens commun ou de la raison générale. Elle réclame, pour cette autorité purement humaine, la foi qui n'est due qu'à la parole divine : et ainsi elle tend à isoler l'homme du ciel, en substituant à la première de toutes les vertus surnaturelles, la foi en Dieu fondée sur la parole de Dieu, une croyance humaine en la parole humaine. Elle tend à confondre les révélations spéciales et les traditions sacrées avec une prétendue révélation générale, que Dieu aurait faite de lui-même dans tous les temps, dans tous les lieux, à tous les hommes ; en sorte que cette révélation générale, qui se fait constamment par le *sens commun*, par la raison de tous, serait le *critérium* pour juger de la révélation spéciale, laquelle serait estimée en raison de sa conformité avec le *sens commun*, dont elle tirerait sa valeur et sa sanction. *La foi catholique*, a-t-on dit, *n'est que le sens commun dans les choses de Dieu*. Catéchisme du sens commun, p. 66.

« Comme doctrine pratique, elle ne s'accorde pas mieux avec la morale chrétienne; car, bien loin que l'enseignement évangélique donne l'assentiment commun pour règle de conduite, il recommande au contraire d'éviter la voie large où marche le plus grand nombre. Il affirme que la sagesse du siècle (et c'est bien là le sens commun ou la raison générale), il affirme que cette sagesse est folie devant la Sagesse éternelle, comme aussi la Sagesse d'en haut est folie aux yeux du monde. Il parle de la croix, scandale aux juifs, folie aux gentils ! La doctrine de la croix était donc contraire au *sens commun*, puisqu'elle lui paraissait une folie ; elle révoltait la raison du grand nombre, puisqu'elle lui était un scandale ! Et ceux qui ont professé la foi chrétienne en face des nations et l'ont scellée de leur sang, les martyrs, les martyrs qui, si nombreux qu'ils soient, étaient encore en minorité au milieu de la foule des païens, ils n'auraient donc été que des insensés ! Enfin, le divin Maître demande à ses disciples si, dans les derniers temps, il trouvera encore de la foi sur la terre. Est-ce que tant qu'il existera des hommes sur cette terre, le sens commun peut manquer, la raison générale défaillir ? Son autorité ne doit-elle pas plutôt augmenter avec les générations et les siècles ? N'aura-t-elle pas atteint son plus haut point à la fin des temps ? Et cependant, suivant la parole évangélique, la foi alors sera au plus bas degré ! La foi catholique n'est donc pas le sens commun ; ou, si elle l'est, il viendra un temps où la presque totalité des hommes ayant perdu la foi, il n'y aura plus de sens commun ; son autorité, du moins, ne sera plus infaillible ; il ne sera plus le *sceau de la vérité*.

« Il est à regretter que le célèbre auteur de l'*Essai sur l'indifférence en matière de religion*, en nous montrant avec tant de force que cette indifférence est devenue aujourd'hui presque universelle dans le monde, se soit ôté à lui-même le moyen de la blâmer et de la combattre. De quel droit la raison privée s'oppose-t-elle à la raison générale du siècle ? Prétend-t-il que son sens particulier prévale contre le sentiment du grand nombre ? S'il le prétend, que devient son système ? Et, s'il ne le prétend pas, pourquoi a-t-il fait son livre ? Du reste, cette doctrine, malgré le talent remarquable avec lequel elle a été présentée, malgré le luxe d'érudition dont elle est chargée, et tous les charmes du style dont on l'a ornée, a excité peu d'intérêt, a trouvé peu de sympathie dans les hommes du siècle, qui veulent de l'évidence et non de l'autorité, qui veulent voir la vérité par eux-mêmes et non la recevoir sur le témoignage d'autrui. Ils n'ont point cru qu'on pût faire de la philosophie par commission, que le sens commun dispensât de savoir, et que la raison de tout le monde fût chargée de penser pour la raison de chacun. C'est dans les écoles ecclésiastiques qu'elle a produit le plus d'effet. Elle annonçait une philosophie fondée sur le *principe d'autorité*, sur la *foi*, une **philosophie catholique**; et cette philosophie de foi devait être en même temps l'expression de la raison universelle; et on pouvait l'acquérir par un moyen simple, facile, à la portée de tous, le sens commun. Et ce sens commun, qui appartient à tous, et qui est donné sans travail à chacun, était proclamé la source unique de la science, de la certitude, le critérium infaillible, le sceau de la vérité ! Ces magnifiques promesses étaient faites avec assurance par un homme d'un grand talent, d'une raison forte, d'une imagination ardente, dont la parole est énergique, éclatante, souvent passionnée !... Est-il étonnant qu'elles aient entraîné une jeunesse simple, peu expérimentée, sans connaissance des hommes et du monde ? »

SEPT, nombre septénaire. Ce nombre était en quelque manière sacré chez les Juifs, à cause du sabbat qui revenait le septième jour; la septième année était consacrée au repos de la terre, et les *sept* semaines de *sept* années, qui faisaient quarante-neuf ans, précédaient le jubilé que l'on célébrait la cinquantième; il y avait *sept* semaines à compter entre la fête de Pâques et celle de la Pentecôte, etc. De là le nombre *sept* se trouve continuellement dans l'Écriture; il y est parlé de *sept* Eglises, de *sept* chandeliers, de *sept* branches au chandelier d'or, de *sept* lampes, de *sept* étoiles, de *sept* sceaux, de *sept* anges, de *sept* trompettes, etc. Ainsi ce nombre *sept* se met pour tout nombre indéterminé. On lit, *Ruth*. c. IV, v. 15 : *Cela vous est plus avantageux que d'avoir* SEPT *fils*, c'est-à-dire un grand nombre de fils. *Prov*., c. XXVI, v. 16 : *Le paresseux croit être plus habile que* SEPT *hommes qui parleront par sentences*, c'est-à-dire que plusieurs personnes éclairées. Saint Pierre demande à Jésus-Christ : *Seigneur, lorsque mon frère aura péché contre moi, combien de fois faut-il que je lui pardonne ? jusqu'à* SEPT *fois ?* Le Sauveur lui répond : *je ne vous dis pas jusqu'à* SEPT *fois, mais jusqu'à septante fois* SEPT *fois, c'est-à-dire sans fin et toujours* (*Matth*. XVIII, 12). Il n'est donc pas étonnant que ce nombre ait été affecté dans les cérémonies de religion ; les amis de Job offrirent en sacrifice *sept* veaux et *sept* béliers; David, dans la translation de l'arche d'alliance, fit immoler ce même nombre de victimes; Abraham en avait donné l'exemple en faisant à Abimélech un présent de *sept* brebis pour être immolées en holocauste sur l'autel à la face duquel il avait fait alliance avec ce prince.

Le nombre *sept* était aussi observé chez les païens, tant à l'égard des autels que des victimes ; ce rite paraît avoir été affecté par allusion aux *sept* planètes, et les magiciens prétendaient que ce nombre avait la vertu d'évoquer les génies planétaires, et de les faire descendre sur la terre pour opérer des prodiges. Chez les païens c'était une superstition, puisque ce rite était fondé sur la même erreur que le polythéisme ; il n'en était pas de même chez les Juifs ; il n'y avait ni erreur, ni abus, ni indécence à rappeler le souvenir de ce qui est dit dans l'histoire de la création, que Dieu bénit le septième jour et le sanctifia : c'était un préservatif contre le polythéisme et contre l'idolâtrie, de même que la célébration du sabbat. On ne nous accusera pas sans doute de superstition, parce qu'au lieu de compter par *sept* nous comptons par dizaines, en nous servant des dix doigts de nos mains. Au mot SEMAINE, nous avons vu qu'il n'est pas certain que cette manière de compter les jours par *sept*, observée chez les païens, ait fait allusion aux *sept* planètes puisqu'elle a eu lieu chez les peuples qui n'avaient aucune connaissance de l'astronomie. Peut-être que chez tous ç'a été un reste de la tradition primitive que les nations tombées dans l'ignorance ont conservé, après en avoir oublié l'origine.

SEPTANTE. La version des *Septante* est une traduction grecque des livres de l'Ancien Testament, à l'usage des Juifs de l'Egypte qui n'entendaient plus l'hébreu ; c'est la plus ancienne et la plus célèbre de toutes. Il est à propos d'en connaître, 1° l'origine, 2° l'estime que l'on en a faite, 3° les autres versions grecques auxquelles elle a donné lieu, 4° les principales éditions qui en ont été faites.

I. Le plus ancien auteur qui ait fait l'histoire de cette version se nomme *Aristée*, et se qualifie officier aux gardes de Ptolémée-Philadelphe, roi d'Egypte; on prétend qu'il était de l'île de Chypre, et juif prosélyte. Il raconte en substance que Ptolémée-Philadelphe, voulant enrichir la bibliothèque qu'il formait à Alexandrie des livres les plus curieux, chargea Démétrius de Phalère, son bibliothécaire, de se procurer la loi des Juifs. Démétrius écrivit de la part de son maître à Eléazar, souverain sacrificateur de Jérusalem, lui envoya trois députés avec des présents magnifiques; il lui demanda un exemplaire de la loi de Moïse, et des interprètes pour la traduire en grec. Aristée prétend avoir été lui-même un des trois députés. Il ajoute que la demande leur fut accordée, qu'ils rapportèrent un exemplaire de la loi de Moïse écrit en lettres d'or, et qu'ils ramenèrent avec eux soixante-douze anciens pour le traduire en grec ; Ptolémée les plaça dans l'île de Pharos près d'Alexandrie, avec Démétrius de Phalère, et l'ouvrage fut achevé en 72 jours. Cela se fit, suivant plusieurs chronologistes, 277 ans avant Jésus-Christ, suivant d'autres 290 ans. Aristobule, autre juif d'Alexandrie, philosophe péripatéticien, qui vivait cent vingt-cinq ans avant notre ère, et dont il est parlé dans le second livre des Machabées, c. I, v. 10, rapportait la même chose dans un commentaire qu'il avait fait sur les cinq livres de Moïse. Cet ouvrage est perdu, il n'en reste que des fragments cités par Clément d'Alexandrie et par Eusèbe. Origène parle de cet Aristobule, fait cas de ses écrits et de ceux de Philon, l. IV, *contre Celse*, n. 51. Philon, autre juif d'Alexandrie, qui vivait du temps de Jésus-Christ, dit les mêmes choses qu'Aristée, l. II, *de Vita Mosis*; il paraît persuadé que les soixante-douze interprètes étaient inspirés de Dieu; il cite ordinairement l'Ecriture selon leur version, et non selon le texte hébreu. Josèphe, qui a écrit vers la fin du 1er siècle, ne change presque rien à la narration d'Aristée, *Préamb. des Antiquités judaïques*, l. xii, c. 2. Vers le milieu du IIe siècle, saint Justin était allé à Alexandrie, où les Juifs lui racontèrent la même chose; ils ajoutèrent que les soixante-douze interprètes avaient été logés dans soixante-douze cellules différentes, et avaient écrit séparément; mais qu'après le travail fini, leurs versions, par un prodige singulier, se trouvèrent parfaitement conformes. On lui fit voir, dit-il, dans l'île de Pharos, les ruines ou les vestiges de ces soixante-douze cellules. Saint Irénée, Clément d'Alexandrie, saint Cyrille de Jérusalem, saint Épiphane et d'autres Pères de l'Église ont adopté cette tradition, et quelques-uns y ont ajouté de nouvelles circonstances; mais aucun n'a cité d'autres monuments que ceux dont nous venons de parler. Saint Jérôme, convaincu par lui-même des défauts de la version des *Septante*, n'ajouta aucune foi à la narration d'Aristée ni à la tradition des Juifs.

Que cette narration ait renfermé des circonstances fabuleuses, c'est un point dont on ne peut pas disconvenir. La dépense que cet auteur suppose faite à ce sujet, et qui se monterait à près de cinquante millions de notre monnaie; l'exemplaire de la loi écrit en lettres d'or, le nombre précis de soixante-douze interprètes, les cellules dans lesquelles on les renferma, la conformité miraculeuse de leurs versions, etc., sont évidemment des fables inventées après coup par les Juifs d'Egypte, pour donner du crédit à leur version grecque des livres saints.

Plusieurs critiques, surtout parmi les protestants, sont partis de là pour révoquer en doute le fond même de la narration. Ils ont regardé Aristée et Aristobule comme deux auteurs supposés; ils ont conclu que l'on ne sait ni par qui, ni comment, ni en quel temps la version grecque de l'Ancien Testament a été faite en Égypte; que les Pères de l'Église se sont laissé tromper par le roman que les Juifs ont forgé; que Philon et Josèphe ne méritent aucune croyance, que ni l'un ni l'autre ne se sont pas fait scrupule d'en imposer pour donner du relief à leur nation. C'est le sentiment de Hody, professeur en langue grecque dans l'université d'Oxford; de Dupin, qui a fait un extrait du livre de Hody; du docteur Prideaux, *Hist. des Juifs*, l. ix, t. 1, p. 372 et suivantes; il a été suivi par la plupart des autres écrivains, mais ils ont trouvé des contradicteurs.

En 1772, on a donné à Rome la version grecque de Daniel faite par les *Septante*, copiée autrefois sur les *Tétraples* d'Origène, et tirée d'un manuscrit du cardinal Chigi, qui a plus de huit cents ans d'antiquité; l'éditeur, dans de savantes dissertations placées à la tête de l'ouvrage, s'est attaché à prouver : 1° Que la loi de Moïse a été certainement traduite en grec la septième année du règne de Ptolémée Philadelphe, 290 ans avant Jésus-Christ, et par les soins de Démétrius de Phalère; qu'ainsi la narration d'Aristée est vraie quant au fond : que cet auteur n'est point un personnage supposé, non plus qu'Aristobule. 2° Que par *la loi* on ne doit pas seulement entendre les cinq livres de Moïse, mais la plus grande partie de l'Ancien Testament; que le passage tiré du prologue des Antiquités judaïques de Josèphe, où il semble dire le contraire, a été mal entendu et mal traduit. 3° Que les autographes de cette version des *Septante* furent véritablement déposés dans la bibliothèque d'Alexandrie; qu'ils y étaient encore non-seulement du temps de saint Justin et de saint Irénée qui en parlent; savoir, le premier, *Apol.* 1, n. 31; le second, *adv. Hær.*, l. III, c. 25; mais encore du temps de saint Jean Chrysostome, qui en fait mention, *adv. Jud.*, orat. 1, n. 6, que l'incendie de cette bibliothèque, arrivé sous Jules-César, n'en consuma qu'une partie. 4° Que l'on se trompe quand on assure que cette traduction est écrite dans le dialecte d'Alexandrie, qu'elle peut très-bien avoir été faite par les Juifs de Jérusalem; qu'ainsi Aristée a pu dire qu'elle est l'ouvrage de soixante-douze interprètes, c'est-à-dire du *sanhédrin* composé de soixante-douze juifs. 5° Il fait voir que les historiens grecs ont eu, beaucoup plus tôt qu'on ne le croit communément, une connaissance suffisante de l'histoire juive, non-seulement de la partie renfermée dans les livres de Moïse, mais des événements rapportés par les écrivains suivants, soit avant, soit après la captivité, et il le prouve par des témoignages irrécusables. 6° Que si les Pères ont été trop crédules en ajoutant foi aux circonstances dont les Juifs ont embelli l'histoire de la traduction des *Septante*, leur témoignage n'en est pas moins fort sur la réalité du fait et sur l'authenticité de cette version. On voit par le *Talmud* que, dans la suite, les Juifs ont institué un jour de jeûne pour déplorer cet événement, comme si la traduction de leurs livres dans une autre langue avait été une profanation. Mais c'est qu'ils ont compris que cette version mettait à la main des chrétiens des armes contre eux. Les hérétiques, qui, dans les temps postérieurs, ont fait en grec d'autres traductions du texte hébreu, n'ont jamais révoqué en doute l'authenticité de la version des *Septante*.

Mais soit qu'elle ait été faite en Égypte ou en Judée, qu'elle ait été placée ou non dans la bibliothèque des Ptolémées, toujours est-il certain qu'elle existait avant la venue de Jésus-Christ; que les Juifs hellénistes s'en servaient communément; que les apôtres mêmes en ont fait usage, et lui ont ainsi imprimé un caractère d'authenticité, sans avoir dérogé pour cela à l'autorité du texte original; les autres questions, touchant l'origine de cette version, ne sont pas fort importantes.

II. A mesure que la religion chrétienne fit des progrès, la version des *Septante* fut aussi plus recherchée et plus estimée. Les évangélistes et les apôtres qui ont écrit en grec, à la réserve de saint Matthieu, ont fait usage de cette version, de même que les Pères de la primitive Eglise. Il est cependant à remarquer que, dans une citation que saint Paul a faite du psaume xxxi, *Hebr.*, c. xxxii, v. 1 et 2, il a conservé le tour de la phrase hébraïque, et non la lettre de la version grecque; *Rom.*, c. iv, v. 6. *David.*, dit-il, *a nommé* LA BÉATITUDE DE L'HOMME, *à qui Dieu tient compte de la justice sans les œuvres*, etc., au lieu de lire comme dans le grec : *Heureux l'homme à qui Dieu*, etc. Toutes les Eglises grecques se servaient de cette version, et jusqu'à saint Jérôme les Eglises latines n'ont eu qu'une traduction faite sur celle des *Septante*. Tous les commentateurs s'attachaient à cette version sans consulter le texte, et ils y ajustaient leurs explications. Lorsque d'autres nations se sont converties au christianisme, on a fait pour elles des versions sur celle des *Septante*, comme l'illyrienne, la gothique, l'arabique, l'éthiopique, l'arménienne, et l'une des deux versions syriaques. On regardait même cette traduction comme inspirée, soit parce que l'on croyait au prétendu prodige arrivé aux soixante-douze interprètes, en vertu duquel toutes leurs versions s'étaient trouvées semblables; soit parce que les écrivains sacrés, en la citant dans leurs ouvrages, semblaient lui avoir imprimé le sceau de leur approbation. Ce préjugé a duré jusqu'à saint Jérôme; et, lorsque ce Père voulut faire une nouvelle traduction sur le texte hébreu, plusieurs regardèrent cette entreprise comme une espèce d'attentat; le saint docteur s'est plaint plus d'une fois de la persécution qu'il eut à essuyer à ce sujet. *Proleg. 1, in Biblioth. divin. S. Hieron.*, § 4, Op. t. I.

Les protestants ont reproché avec amertume cette préoccupation aux Pères de l'Eglise, et l'opinion qu'ils ont eue de l'inspiration des *Septante*. Cette version, disent-ils, est, de l'aveu de tout le monde, très-imparfaite et très-fautive; pour y avoir eu trop de confiance, les Pères, d'un consentement unanime, ont donné dans plusieurs erreurs. Cela suffit pour renverser de fond en comble toute l'autorité des Pères et de la tradition, que les catholiques osent égaler à celle de l'Ecriture. Barbeyrac, *Traité de la Morale des Pères*, c. 2, § 3. Disons plutôt que ces censeurs eux-mêmes, aveuglés par leurs préjugés, ne voient presque jamais les conséquences fâcheuses de leurs objections. Si Dieu n'a donné à son Eglise point d'autre règle de foi ni point d'autre guide que l'Ecriture sainte, comment, pendant l'espace de quatre siècles, ne lui a-t-il pas procuré une version de l'Ancien Testament plus correcte que celle des *Septante*? Dans un temps auquel Dieu faisait tant de miracles en faveur du christianisme, était-il si difficile de susciter dans l'Eglise un homme capable d'en faire une meilleure? Dieu aurait prévenu ce déluge d'erreurs dans lesquelles les protestants prétendent que les pasteurs de l'Eglise sont tombés, et dans lesquelles ils n'ont pas manqué d'entraîner tous les fidèles, puisque aucun de ces derniers n'a réclamé. Il est encore plus étonnant que, parmi les apôtres et parmi les disciples immédiats de Jésus-Christ, tous doués du don des langues, aucun n'ait eu le courage d'entreprendre une version grecque du texte hébreu, dans laquelle il aurait corrigé les fautes des *Septante*, et qui aurait servi de canevas pour toutes les versions à faire dans d'autres langues. Tous ont été certainement coupables de n'avoir pas du moins averti les fidèles du danger qu'il y avait pour eux d'être induits en erreur par cette version perfide, et de la nécessité d'apprendre l'hébreu pour s'en préserver; plus coupables encore de confirmer la confiance générale à cette même version, par l'usage qu'ils en faisaient eux-mêmes. De deux choses l'une, ou la version des *Septante* n'est pas aussi fautive que les protestants le prétendent, ou Dieu a donné un préservatif contre le mal qu'elle aurait pu produire si l'on n'avait point eu d'autre guide. C'est en effet ce que Dieu a fait, en ordonnant aux fidèles d'écouter l'enseignement de l'Eglise, et de suivre la tradition contre laquelle les protestants sont si prévenus. Aussi est-il faux que les Pères de l'Eglise, trompés par la version des *Septante*, soient tombés, d'un consentement unanime, dans des erreurs grossières, et qui pouvaient avoir de dangereuses conséquences; nous les avons justifiés ailleurs de la plupart de celles que les protestants ont voulu leur imputer. *Voy.* PÈRES DE L'ÉGLISE.

Le Clerc a porté l'entêtement encore plus loin que Barbeyrac. Supposé, dit-il, qu'il y eût des fautes dans la version des *Septante*, et que l'on ne pût pas s'y fier entièrement, c'en était fait de la réputation de tant d'écrivains ecclésiastiques qui avaient disserté sans fin sur des passages mal entendus et qu'eux-mêmes étaient incapables d'entendre, faute de savoir l'hébreu. Saint Augustin le sentait, voilà pourquoi il voulait détourner saint Jérôme de faire une nouvelle version sur l'hébreu. *Animadv. in ep. 71 sancti Aug.*, § 4. Fausse réflexion : 1° nous soutenons qu'il n'y a et jamais dans les *Septante* aucune erreur touchant le dogme ni les mœurs; on pouvait donc disserter sur les passages bien ou mal traduits, sans courir aucun risque dans la foi. 2° Les Pères avaient sous les yeux cinq ou six versions grecques différentes; ils pouvaient les comparer, et en faisant attention au sujet, au temps, au lieu, aux circonstances, découvrir quel était le traducteur qui avait le mieux pris le vrai sens. 3° Il ne servait à rien de savoir l'hébreu, pour entendre les livres dont le texte hébreu ne subsistait plus. Est-il ridicule de faire des commentaires sur saint Matthieu, parce que nous n'avons plus son texte original? 4° Les plus habiles hébraïsants ne sont pas encore venus à bout de faire disparaître toutes les obscurités du texte hébreu ; il s'en est trouvé plusieurs parmi eux qui semblent avoir travaillé à augmenter les doutes plutôt qu'à les diminuer. Le Clerc lui-même, dans ses *Commentaires*, n'a pas toujours réussi au mieux ; on lui reproche des corrections téméraires, des interprétations fausses, des explications sociniennes, etc. 5° Saint Jérôme a jugé que les fautes qu'il apercevait dans les *Septante* ne pouvaient porter aucun préjudice à la réputation des anciens Pères, et l'événement a prouvé que les inquiétudes de saint Augustin sur ce sujet étaient mal fondées ; lui-même l'a reconnu, puisqu'il a fini par approuver le travail de saint Jérôme. *Voy.* VULGATE, § 3. Le Clerc, qui blâme souvent saint Augustin très-mal à propos, lui applaudit dans le seul cas où il avait évidemment tort.

Une autre raison qui nous fait juger qu'une version grecque plus parfaite que celle des *Septante* n'était pas fort nécessaire à l'Eglise, c'est que celles qui sont venues après ne sont pas exemptes de défauts, et que les motifs par lesquels elles ont été faites n'étaient ni purs ni respectables ; nous le verrons ci-après.

Parmi les modernes, il n'est aucune question de critique sur laquelle on ait disputé davantage que sur l'autorité et le mérite de la version des *Septante*. Quelques auteurs ont poussé la prévention jusqu'à la préférer au texte hébreu, et à vouloir qu'elle servît à le corriger ; d'autres n'en ont fait aucun cas et en ont exagéré les défauts. N'y a-t-il donc pas un milieu à garder entre ces excès ?

Des rabbins, fâchés de l'avantage que les chrétiens tiraient de cette version contre les Juifs, ont avancé qu'elle a été faite, non sur un texte hébreu, mais sur une traduction ou paraphrase chaldaïque ou syriaque ; d'autres critiques, même chrétiens, ont pensé que les *Septante* ont traduit le Pentateuque sur un texte samaritain. Aucune de ces suppositions n'est prouvée ni probable ; la version des *Septante* est plus ancienne que toutes les paraphrases chaldaïques et que la version syriaque ; et il y a toujours eu une antipathie trop forte entre les Juifs et les Samaritains, pour que les premiers aient voulu se servir des livres des seconds. Il y a d'ailleurs presque autant de différence entre les *Septante* et le samaritain qu'entre les *Septante* et le pur hébreu. Plusieurs ont imaginé que cette version a été corrompue malicieusement par les Juifs ; autre soupçon sans fondement. Quand les Juifs auraient voulu le faire, ils ne l'auraient pas pu ; il leur aurait été impossible d'en altérer tous les exemplaires qui ont été répandus de bonne heure partout où il y avait des Juifs. En second lieu, quel aurait été leur motif ? d'ôter aux chrétiens les textes dont ceux-ci se servaient contre eux ? mais ils les y ont laissés. Ils se seraient attachés principalement sans doute à corrompre les prophéties qui caractérisent le Messie : or, nous les y trouvons encore en leur entier, et il n'est pas moins aisé de réfuter les Juifs par les *Septante* que par le texte hébreu. Les deux principaux passages dans lesquels on accuse les *Septante* de s'être beaucoup écartés du sens de l'hébreu, est le premier verset de la Genèse, où ils ont dit que Dieu *fit* et non qu'il *créa* le ciel et la terre, et le v. 22 du chapitre VIII des *Proverbes*, où l'hébreu dit de la Sagesse éternelle : *Dieu m'a* POSSÉDÉE *au commencement de ses voies ;* et les *Septante, Dieu m'a créée ;* traduction qui attaque la divinité du Verbe. Mais nous ne voyons pas que les Juifs aient jamais nié la création proprement dite, ni qu'ils aient disputé contre la divinité du Verbe, et l'on ne peut pas dire qu'ils ont absolument forcé le sens littéral des mots hébreux. Un parti plus sage est donc de convenir, comme a fait saint Jérôme, que la version des *Septante* est d'une très-grande autorité, tant à cause de son antiquité que de l'usage que les écrivains sacrés en ont fait ; que cependant elle ne doit pas prévaloir au texte original.

III. A mesure que cette ancienne version acquérait du crédit parmi les chrétiens, elle en perdait parmi les juifs. Ces derniers, souvent incommodés par les passages des *Septante* qu'on leur opposait, pensèrent à se procurer une version grecque qui leur fût plus favorable. Aquila, juif prosélyte, né à Sinope, ville du Pont, se chargea d'en faire une. Il avait été élevé dans le paganisme, dans les chimères de l'astrologie et de la magie. Frappé des miracles que faisaient des chrétiens, il embrassa le christianisme, dans l'espérance d'en opérer à son tour : comme il n'y réussissait pas, il revint à la pratique de la magie. Après avoir été inutilement exhorté par les pasteurs de l'Eglise à renoncer à cette abomination, il fut excommunié : par dépit il se fit juif ; il étudia sous le rabbin Akiba, fameux docteur de ce temps-là, et il se rendit très-habile dans la langue hébraïque et dans la connaissance des livres sacrés. Il entreprit donc une traduction grecque de l'Ecriture, et il en donna deux éditions, la première en l'an 12 de l'empire d'Adrien, 128 de Jésus-Christ ; la seconde, plus correcte, quelque temps après. Les juifs hellénistes l'adoptèrent au lieu de celle des *Septante ;* aussi, dans le *Talmud*, il est souvent fait mention de la première, et jamais de la seconde.

Au VI° siècle de l'Eglise, quelques juifs se mirent dans l'esprit qu'il ne fallait plus lire l'Ecriture sainte dans les synagogues que suivant l'ancien usage, c'est-à-dire en hébreu, avec l'explication en chaldéen ; d'autres voulaient que l'on conservât l'usage actuel de la lire en grec, et cette diversité de sentiments causa des disputes qui dégénérèrent en guerre ouverte. L'empereur Justinien fit vainement une ordonnance qui laissait à l'un et à l'autre parti la liberté de faire ce qu'il voudrait : le premier l'emporta, et depuis ce temps-là l'usage a prévalu parmi les juifs de ne lire l'Ecriture sainte dans les synagogues qu'en hébreu et en chaldéen.

Environ cent ans après cette version d'Aquila, il en parut deux autres, l'une faite par Théodotion sous l'empereur Commode, l'autre par Symmaque, sous Sévère et Caracalla. Le premier, suivant quelques-uns, était né dans le Pont, et dans la même ville qu'Aquila ; le second était Samaritain, et avait été élevé dans cette secte ; tous deux se firent chrétiens ébionites ; de là on a cru qu'ils étaient juifs prosélytes, parce que les ébionites observaient les cérémonies judaïques aussi scrupuleusement que les Juifs. Ils entreprirent leurs versions par le même motif qu'Aquila, pour favoriser leur secte ; mais ils ne suivirent pas la même méthode. Aquila s'attachait servilement à la lettre et rendait mot pour mot le texte, autant qu'il le pouvait : de là sa version était plutôt un dictionnaire propre à indiquer la signification des termes hébreux, qu'une explication capable de donner le sens des phrases. Symmaque donna dans l'excès opposé ; il fit une paraphrase plutôt qu'une version exacte. Théodotion prit le milieu, il tâcha de donner le sens du texte hébreu par des mots grecs correspondants, autant que le génie des deux langues pouvait le permettre. Aussi sa version a-t-elle été beaucoup plus estimée par les chrétiens que les deux autres. Comme la version de Daniel par les *Septante* parut trop fautive pour être lue dans l'Eglise, on y substitua celle de Théodotion, et on la conserve encore. Quand Origène, dans ses *Hexaples*, est obligé de suppléer ce qui manque chez les *Septante*, et qui se trouve dans le texte hébreu, il le prend ordinairement dans la version de Théodotion.

Outre ces quatre versions grecques, on en découvrit encore trois autres au commencement du III° siècle, mais qui n'étaient pas complètes, et desquelles on n'a jamais connu les auteurs : l'une fut trouvée à Nicopolis, près d'Actium en Epire, sous le règne de Caracalla, l'autre à Jéricho en Judée, sous celui d'Alexandre Sévère ; on ne sait d'où venait la troisième. Origène les avait toutes rassemblées et mises en parallèle avec le texte dans ses *Hexaples* ; mais ce précieux travail a péri, il n'en reste que des fragments. *Voy.* HEXAPLES.

IV. Il nous reste à parler des principales éditions anciennes et modernes de la version des *Septante*. Sur la fin du III° siècle, le martyr Pamphile en fit une copie sur l'exemplaire des *Hexaples* d'Origène, déposé à la bibliothèque de Césarée dans la Palestine ; il ne pouvait la prendre dans une meilleure source. Origène avait apporté le plus grand soin à en corriger toutes les fautes, en comparant les différentes copies qu'il put rassembler. Aussi cette édition de Pamphile fut adoptée par toutes les Eglises de la Palestine depuis Antioche jusqu'à l'Egypte. Lucien, prêtre d'Antioche, en fit une autre qui devint commune aux Eglises de l'Asie mineure et du Pont, depuis Constantinople jusqu'à Antioche. La troisième eut pour auteur Hésychius, évêque d'Egypte, qui la mit en usage dans tout le patriarcat d'Alexandrie. C'est ce qui a fait dire à saint Jérôme que ces différentes éditions partageaient le monde en trois, parce que de son temps on n'en connaissait point d'autres dans les Eglises d'Orient. Si l'on excepte les fautes des copistes, il n'y avait entre ces trois éditions aucune différence considérable, puisque saint Jérôme n'a donné la préférence à aucune, et les copies qui en restent encore attestent leur ressemblance entière.

Par une singularité assez remarquable, depuis l'invention de l'imprimerie, il y a eu aussi trois principales éditions de la version des *Septante*, dont toutes les autres ne sont que des copies. On place au premier rang celle du cardinal Ximénès, imprimée en 1515, à Complute ou Alcala de Hénarès en Espagne, dans sa polyglotte appelée vulgairement *Bible de Complute*. Cette édition a servi de modèle à celles des polyglottes d'Anvers et de Paris, et à celle de Commelin, imprimée à Heidelberg en 1599, avec le commentaire de Vatable. *Voy.* POLYGLOTTE. La seconde édition est celle d'Aldus, faite à Venise en 1578 ; André Ausculanus, beau-père de l'imprimeur, en prépara la copie en confrontant plusieurs anciens manuscrits. De celle-ci ont été tirées toutes les éditions d'Allemagne, excepté celle de Heidelberg, dont nous venons de parler. La troisième, que la plupart des savants préfèrent aux deux autres, et que l'on appelle l'*édition sixtine*, est celle que le pape Sixte V fit imprimer à Rome, l'an 1587. Il avait fait commencer cette impression étant encore cardinal de Montalte ; il en avait chargé Antoine Caraffa, savant italien, qui fut ensuite bibliothécaire du Vatican et cardinal. Vossius, qui regardait cette édition des *Septante* comme la plus mauvaise de toutes, a été seul de cet avis. Elle fut faite sur un ancien manuscrit qui était en lettres capitales, sans accents, sans points et sans distinction de chapitres ni de versets. On croit qu'il est du temps de saint Jérôme. L'année suivante, il parut à Rome une version latine de cette édition avec les notes de Flaminius Nobilius. Morin imprima toutes deux ensemble à Paris, l'an 1628. L'on s'en est servi dans toutes celles que l'on a imprimées en Angleterre, soit à Londres, in-8°, en 1653, soit dans la polyglotte de Walton en 1657, soit à Cambridge en 1665, où se trouve la savante préface de l'évêque Pearson.

Si l'on voulait en croire les critiques anglais, le plus ancien et le meilleur de tous les manuscrits des *Septante* est celui d'Alexandrie, qui fut envoyé en présent à Charles I° par Cyrille Lucar, patriarche de Constantinople, qui avait été auparavant placé sur le siège d'Alexandrie. Il est écrit en lettres capitales, sans distinction de mots, de versets ni de chapitres, comme celui du Vatican. L'on y voit une apostille en latin de la main de Cyrille, qui porte que cet exemplaire du Vieux et du Nouveau Testament a été écrit par Thécla, femme de qualité d'Egypte, qui vivait peu de temps après le concile de Nicée, par conséquent plus de 1460 ans avant nous. Cela est un peu difficile à croire. Le docteur Grabe en avait publié la moitié en deux volumes en 1707 et 1709; le reste l'a été en 1719 et 1720. Breitinger fit réimprimer le tout à Zurich en 1730, avec des variantes tirées de l'édition de Rome, et de savantes préfaces. Mais d'habiles journalistes se sont élevés contre l'enthousiasme avec lequel il a vanté l'excellence du manuscrit alexandrin; ils prétendent que le texte des *Septante* n'y est pas pur, mais souvent interpolé, et ils en donnent des preuves. De là nous devons conclure que l'édition la plus parfaite de la version des *Septante* serait celle dans laquelle on comparerait les quatre dont nous venons de parler, et où l'on en noterait toutes les variantes qui peuvent mériter attention. Si l'on veut voir la multitude d'ouvrages qui ont été faits au sujet de cette version célèbre, on peut consulter le P. Fabricy, *Titres primitifs de la révélation*, t. I, pag. 192 et suiv., où il en fait une très-longue énumération. *Voy.* BIBLES GRECQUES.

SEPTUAGÉSIME, septième dimanche avant la quinzaine de Pâques. Comme le premier dimanche du carême est appelé *Quadragésime*, parce qu'il est le premier de la *quarantaine*, ceux qui commençaient à jeûner huit jours plus tôt appelèrent *Quinquagésime* ou *cinquantaine* le dimanche auquel le jeûne commençait; par la même raison, ceux qui commençaient à l'un des deux dimanches précédents, nommèrent l'un *Sexagésime* et l'autre *Septuagésime*, en rétrogradant toujours; et ce dernier est en effet le *septième* avant le dimanche de la Passion. L'origine de cette variété dans la manière de commencer le jeûne du carême est aisée à découvrir. L'on s'est toujours proposé de jeûner quarante jours avant Pâques; comme on ne jeûne point le dimanche, afin de parfaire la quarantaine on commença de jeûner à la Quinquagésime; c'est depuis le IX° siècle seulement que l'on ne commence plus qu'au mercredi des Cendres. Ceux qui ne jeûnaient pas les jeudis, commencèrent à la Sexagésime, et ceux qui s'abstenaient encore du jeûne le samedi de chaque semaine, commencèrent à la *Septuagésime*.

Ce dimanche est appelé par les Grecs *Azote*, parce qu'à la messe de ce jour ils lisent l'Evangile de l'enfant prodigue. Ἄζωτος en grec, *discinctus* en latin, homme sans ceinture, ou *dissolu*, signifie un débauché. Ils appellent encore ce dimanche *Prosphonésime*, parce qu'ils annoncent au peuple ce jour-là le jeûne du carême et la fête de Pâques. Ils nomment la Sexagésime, Ἀπόκρεως, parce que dès le lendemain ils s'abstiennent de la viande; ils donnent à la Quinquagésime le nom de Τυρόφαγος, parce qu'ils usent encore de laitage et d'œufs pendant cette semaine, au lieu qu'ils s'en abstiennent pendant tout le carême. Thomassin, *Traité des Fêtes*, l. II, c. 13; *Traité des Jeûnes*, II° part., c. 1.

SÉPULCRAUX, hérétiques qui niaient la descente de Jésus-Christ aux enfers. *Voy.* ENFER, § 4.

SÉPULCRE. *Voy.* TOMBEAU.

SÉPULCRE (SAINT), tombeau creusé dans le roc, dans lequel Jésus-Christ a été enseveli. On sait que l'an 70 de Jésus-Christ, trente-trois ans après sa mort et sa résurrection, la ville de Jérusalem fut prise par l'empereur Titus, et réduite en un monceau de ruines; cependant les Juifs y rétablirent quelques édifices, et continuèrent d'y habiter avec les chrétiens jusques à l'an 134. A cette époque, les Juifs, qui s'étaient révoltés deux fois contre les Romains, furent exterminés de la Judée par l'empereur Adrien; Jérusalem fut prise, ruinée de nouveau, et rendue inhabitable. Trois ans après, ce prince la fit rebâtir sous le nom d'*Ælia Capitolina*; pour en écarter les chrétiens aussi bien que les juifs, il fit bâtir un temple de Jupiter à la place de l'ancien temple du Seigneur, il fit placer une idole de Vénus sur le Calvaire, et une de Jupiter sur le tombeau du Sauveur. Les choses demeurèrent en cet état jusqu'en l'an 327; alors Constantin avait embrassé le christianisme. L'impératrice Hélène sa mère voulut par piété visiter les saints lieux sur lesquels s'étaient opérés les mystères du Sauveur; elle fit déterrer la vraie croix des ruines sous lesquelles elle était ensevelie, et construire une église sur le tombeau dans lequel il avait été déposé après sa mort. Dès ce moment ce lieu commença d'être fréquenté par les chrétiens; l'on y vint en pèlerinage de toutes les parties de l'empire. Saint Jérôme, dans l'*épitaphe* de sainte Paule, dit que cette pieuse veuve étant entrée dans le *sépulcre* du Sauveur, en baisait la pierre par respect. Saint Augustin, l. XXII, *de Civit. Dei*, c. 8, nous apprend que les fidèles en ramassaient la poussière, la conservaient précieusement, et qu'elle opéra souvent des miracles.

Basnage, *Hist. de l'Eglise*, l. XVIII, c. 13, § 9, désapprouve ce culte; pour en donner une idée désavantageuse, il observe qu'il n'a commencé qu'au IV° siècle; que saint Jérôme lui-même, *Epist*, 49, *alias* 13, *ad Paulinum* et saint Grégoire de Nysse, dans un discours fait exprès contre ceux qui vont à Jérusalem, condamnent ceux qui croient que ce pèlerinage les rend plus saints. Mais autre chose est de blâmer une dévotion en elle-même, et autre chose de désapprouver la confiance excessive que l'on y met; les Pères ont censuré ce défaut, mais non le culte rendu aux lieux saints, puisque au contraire saint Jérôme approuve celui que leur rendait sainte Paule. Il dit que ce n'est pas le lieu que nous visitons ou dans lequel nous demeurons qui nous sanctifie, et cela est vrai; mais ce lieu peut exciter en nous la piété par les souvenirs et les sentiments religieux qu'il nous suggère.

Il n'est pas étonnant que le *saint sépulcre* n'ait commencé à être honoré qu'au IV° siècle, puisque jusqu'alors il avait été inaccessible; mais dans ce siècle éclairé, où la tradition apostolique était encore toute récente, on ne s'est pas avisé de forger tout à coup une nouvelle foi, un nouveau culte, un nouveau christianisme; on y a fait au contraire profession de s'en tenir à ce qui avait été cru, enseigné et professé auparavant. C'est donc raisonner très-mal que de dire, comme font les protestants : 'Nous ne voyons qu'au iv° siècle les preuves positives de telle croyance ou tel usage, donc il n'a pas commencé plus tôt. Il serait impossible qu'une doctrine qui aurait été inouïe jusqu'à cette époque, fût devenue tout à coup l'opinion générale des fidèles répandus dans toutes les parties du monde chrétien. Les hommes ne changent pas si aisément d'opinions, de mœurs, d'habitudes, à moins qu'il n'y ait une cause puissante qui les y détermine.

Le respect pour le *saint sépulcre* et pour les autres lieux consacrés par nos mystères, est le même chez les catholiques et chez les Grecs schismatiques, les Syriens, les Arméniens, les Cophtes et les Abyssins. Il serait fort étonnant qu'un usage superstitieux, inconnu dans les trois premiers siècles, se fût communiqué sans raison à tant de nations différentes, divisées d'ailleurs par la croyance, par le langage et par les mœurs.

Dans la suite des siècles, il s'est répandu par toute la chrétienté un bruit constant que le samedi saint de chaque année, il se faisait un miracle sensible dans l'église du *saint sépulcre*; qu'avant le service divin toutes les lampes qui étaient éteintes se rallumaient tout à coup par un feu descendu du ciel; c'est la croyance des différentes sectes de chrétiens orientaux, que ce prodige s'y opère encore aujourd'hui.

Mosheim a fait une dissertation exprès pour prouver que ce prétendu miracle est faux et imaginaire, qu'il a été d'abord inventé par les Latins, et ensuite imité grossièrement par les Grecs. Il observe que l'on n'en aperçoit point de vestiges avant le ix° siècle; que Guibert, abbé de Nogent, mort l'an 1124, est le premier qui en ait parlé d'une manière positive dans son histoire intitulée *Gesta Dei per Francos*. Conséquemment il conjecture que cette fraude pieuse a commencé sous le règne de Charlemagne ou immédiatement après. On sait que ce prince acquit beaucoup de considération à Jérusalem; quelques auteurs ont écrit que les clefs du *saint sépulcre* lui avaient été envoyées par le calife Aaron Al-Raschild, ou plutôt par Zacharie, patriarche de Jérusalem; les Latins y jouirent d'une pleine liberté pendant sa vie; mais, après sa mort, les Sarrasins recommencèrent à vexer cruellement les chrétiens de la Terre sainte. C'est alors, dit Mosheim, que, pour soutenir la piété, le courage et la liberté des pèlerins, les préposés du *saint sépulcre* trouvèrent bon de contrefaire un miracle qui fut bientôt divulgué et cru dans toute la chrétienté. Il acquit un nouveau crédit, l'an 1099, lorsque les Français se furent rendus maîtres de Jérusalem et de la Palestine. Lorsqu'ils en furent chassés à la fin du xii° siècle, les Grecs trouvèrent bon de continuer la même fraude, et en ont souvent voulu tirer avantage contre les Latins. *Dissert. ad Hist. eccl. pertin.*, t. II, p. 214. Volney, dans son *Voyage de Syrie*, dit que les Français ont découvert que les prêtres, retirés dans la sacristie, rallument le feu par des moyens très-naturels.

Comme cette opinion n'est qu'une conjecture, et qu'elle n'est fondée sur aucune preuve positive, ce serait perdre le temps que de s'occuper à la réfuter. Pour en juger sainement il faudrait avoir des narrations du fait mieux circonstanciées que celles que nous en donnent les écrivains des bas siècles. D'ailleurs, que ce miracle ait été toujours faux, ou vrai dans l'origine, et contrefait dans la suite, c'est une question qui ne touche pas d'assez près à la religion, pour nous en mettre en peine. Que les chrétiens des différentes sectes qui vont à Jérusalem soient trop crédules, il ne s'ensuit rien contre le respect dû aux lieux saints consacrés par les mystères du Sauveur.

SÉPULTURE. *Voy.* FUNÉRAILLES.

* SÉPULTURE ECCLÉSIASTIQUE. Nous avons traité de la sépulture ecclésiastique dans notre Dictionnaire de Théologie morale. Nous nous contentons d'observer ici que, considérées sous le rapport religieux, les sépultures sont *exclusivement* du ressort de l'autorité ecclésiastique, qui a le droit de régler tout ce qui les concerne.

SÉRAPHIN. *Voy.* ANGE.
SERMENT. *Voy.* JUREMENT.
SERMON. *Voy.* PRÉDICATEUR.
SERMON DE JÉSUS-CHRIST SUR LA MONTAGNE. *Voy.* MORALE CHRÉTIENNE.
SERPENT. *Voy.* ADAM (1).

(1) Le fait le plus important de l'histoire de l'humanité est sans aucun doute la chute du premier des mortels. La lèpre du péché remplaça la justice et la sainteté; un fatal entraînement vers le mal affaiblit la pleine et entière liberté. A la félicité la plus parfaite succédèrent les maux les plus effroyables, et par-dessus tout la terrible mort qui nous fait frémir d'horreur, contre laquelle toute nature se révolte. Elle est bien naturelle la curiosité de l'homme qui veut savoir comment arriva ce triste événement qui entraîna la ruine de l'humanité. L'Écriture nous apprend que la félicité des anges rebelles fut changée en la triste consolation de se faire des compagnons de leur misère, et leur bienheureux exercice au misérable emploi de tenter les hommes. L'homme, que Dieu avait mis un peu au-dessous des anges, devint au plus parfait de tous un objet de jalousie. Il voulut l'entraîner dans la rébellion, pour ensuite l'envelopper dans sa perte. Dieu, pour faire sentir à Adam qu'il avait un maître, lui avait défendu de manger du fruit de l'arbre de la science du bien et du mal. L'esprit de ténèbres résolut de le faire violer ce précepte. Il anime un serpent, l'adresse à Eve comme à la plus faible, et lui dit : Pourquoi Dieu vous a-t-il fait défense de manger du fruit de l'arbre de la science? S'il vous a faits raisonnables, vous devez savoir la raison de tout. Ce fruit n'est pas un poison; vous n'en mourrez pas; vous serez comme des dieux, libres et indépendants; vous saurez le bien et le mal. Eve, à demi gagnée, regarde le fruit, dont la beauté promettait un goût excellent. Après avoir mangé de ce beau fruit, elle en présente elle-même à son mari. Le voilà dangereusement attaqué. L'exemple, la complaisance fortifient la tentation : il succombe. En même temps tout change pour lui. La malédiction de Dieu tombe d'abord sur le serpent, qu'il condamne à ramper, à se nourrir de terre, à être un objet d'exécration pour les mortels; ensuite il frappe l'homme et toute sa postérité. — Telle est en

DICT. DE THÉOL. DOGMATIQUE. IV.   15

SERPENT D'AIRAIN. Nous lisons dans le livre des *Nombres*, c. xxi, v. 6, que, pour punir les murmures des Israélites dans le peu de mots la tentation de nos premiers parents, comme elle nous est racontée dans nos livres saints. Il faut avouer qu'elle renferme quelque chose d'énigmatique. Faut-il la prendre à la lettre, ou bien sous le voile de l'allégorie? Moïse aurait-il voulu nous indiquer la vérité plutôt que nous la montrer tout entière? Les interprètes ne sont point d'accord sur ce point. Quelques-uns ont soutenu le sens allégorique; la presque totalité a embrassé le sens littéral. Nous allons exposer les deux opinions.

Ire OPINION. — *Système allégorique.* Lorsqu'on sort de la simple vérité pour embrasser d'ingénieuses fictions, on abandonne cette conformité de sentiments qui caractérise le vrai. Chacun crée son système, le développe, l'appuie sur des motifs qui, ordinairement, n'ont de réalité que dans la folle imagination qui les invente. Cette observation peut s'appliquer à ceux qui ont entendu dans un sens allégorique le passage de l'Ecriture qui nous occupe. — Le juif Philon ne vit dans la prétendue intervention du serpent que le langage de la concupiscence. Des écrivains du xviiie siècle développèrent ce système : Adam et Eve se regardèrent avec complaisance ; les désirs suivirent de près, ils les satisfirent. Voilà ce qui explique la honte dont ils furent saisis, et qui s'est perpétuée d'âge en âge. Cette interprétation repose sur un fondement ruineux ; elle suppose la concupiscence existant avant la chute de nos premiers parents; ce qui est contraire à l'Ecriture, qui nous dit que la connaissance du mal ne fut que la suite du péché d'Adam. Tel est aussi la croyance de tous les docteurs. — Le juif Aberdame a modifié le sentiment de Philon. Il dit qu'un serpent, poussé par le démon, monta sur l'arbre de la science du bien et du mal. Il mangea du fruit défendu. Eve le vit. S'étant aperçue qu'il ne lui arrivait aucun mal, elle fut tentée de l'imiter; ce qu'elle fit en effet. Dans cette opinion, le colloque rapporté dans l'Ecriture serait une pure fiction de Moïse. — Cajétan admet toute la narration; mais, selon lui, le drame se passe en songe. A son réveil, poursuivie par les illusions de son sommeil, Eve s'y abandonna et prit du fruit défendu. Dans cette supposition, il n'y a donc dans la tentation aucune cause morale et agissante, comme l'admet l'écrivain sacré. Rosen Muller, suivi des rationalistes allemands, entend d'une tentation ordinaire la tentation de notre mère Eve. Pour rendre compte du texte sacré, il croit que Moïse écrivit ce passage en hiéroglyphe. Le traducteur prit pour une réalité ce qui n'était que symbolique. Mais, où Rosen Muller a-t-il vu que le Pentateuque fut écrit primitivement en hiéroglyphes? Il l'eût été; si le traducteur fût tombé dans une erreur aussi grossière, quelle confiance pourrait-on avoir aux faits contenus dans le Pentateuque? Cette assertion, poussée jusque dans ses dernières conséquences, ne tendrait à rien moins qu'à détruire le fondement de la foi. — Pour recourir à des interprétations aussi arbitraires, y a-t-il impossibilité absolue d'entendre dans le sens littéral le passage de l'Ecriture qui nous occupe? Le sens littéral est-il évidemment contraire à quelque vérité dogmatique ou morale? A-t-il été rejeté par les Pères et par les interprètes? Nous allons voir qu'il n'en est rien.

IIe OPINION. — *Sens littéral.* Les Pères ont été unanimes pour entendre dans le sens littéral le passage qui nous fait connaître les circonstances qui accompagnèrent la chute de nos premiers parents. Ceux mêmes qui se sont attiré le blâme pour leur amour excessif des allégories, virent un véritable serpent qui fut l'instrument du démon. Le célèbre Origène s'exprime ainsi : *Verus serpens a dæmone inspiratus.* L'Eglise, dans sa liturgie, ne pense pas autrement. Voici comment elle s'exprime dans la préface pour le temps de la passion : *Qui salutem humani generis in ligno crucis constituisti, ut unde mors oriebatur, inde vita resurgeret, et qui in ligno vincebat in ligno quoque vinceretur.* Certes, pour abandonner une interprétation appuyée sur de pareils motifs, il faudrait des raisons bien puissantes. Que sont donc celles qu'on nous oppose? On nous demande, 1° comment Eve a osé converser avec le serpent? La réponse est facile : les animaux étant alors soumis à l'homme, Eve savait qu'elle n'avait rien à craindre. 2° Comment put-elle se laisser prendre à un piège aussi grossier? Saint Augustin répond que, sans la concupiscence, la femme put être étonnée de voir que Dieu permettait à un animal de l'outrager. La complaisance avec laquelle elle écouta le discours qu'il lui tint, lui fit commettre un péché véniel qui l'entraîna à la terrible chute que nous déplorons. 3° Mais est-il croyable qu'un serpent ait pu parler? Le démon put agiter sa langue de manière à produire des sons qui fussent entendus d'Eve. 4° Puisque le serpent ne fut que l'instrument dont se servit le démon, la punition que Dieu lui infligea doit paraître injuste. Saint Jean Chrysostome s'était proposé cette difficulté. De même, dit ce saint docteur, qu'un père tendre punit celui qui a frappé son fils, et brise en même temps l'épée qui a fait la blessure, ainsi le Seigneur, en faisant tomber une nouvelle malédiction sur le démon, l'étendit au serpent lui-même. Cette punition a-t-elle changé quelque chose à la nature du serpent? Quelques auteurs ont pensé qu'avant la chute d'Adam le serpent marchait droit, que depuis il fut condamné à ramper sur la terre. La plupart des commentateurs croient qu'il n'y a rien de changé dans la nature du serpent, qu'il rampait sur la terre et s'en nourrissait. Dieu a choisi cette particularité dans la nature du serpent pour nous rappeler la part qu'il a eue à notre malheur. Ainsi il désigna l'arc-en-ciel comme un signe de confiance.

désert, Dieu leur envoya des serpents dont les morsures en firent mourir un grand nombre; que, pour guérir ceux qui étaient blessés, Moïse, par l'ordre de Dieu, fit faire un *serpent d'airain*, et que tous ceux qui le regardaient étaient guéris. Les incrédules qui ne veulent point reconnaître de miracles dans l'histoire sainte, ont contesté celui-ci ; ils ont dit, 1° que cette guérison a pu se faire par la force de l'imagination des malades ; 2° que l'espérance d'être guéri en regardant ce serpent était un culte superstitieux, un acte d'idolâtrie et de magie ; 3° que le roi Ezéchias le jugea ainsi, puisque en faisant détruire tous les objets d'idolâtrie, il fit briser cette figure que l'on avait conservée jusqu'alors ; 4° que ce culte dure encore aujourd'hui dans l'Eglise romaine.

Ces réflexions sont trop absurdes pour exiger de longues discussions. Il est certain, en premier lieu, qu'il y a dans l'intérieur de l'Afrique des serpents ailés dont la morsure est très-venimeuse, surtout pendant les grandes chaleurs ; que non-seulement il est impossible d'en guérir par la force de l'imagination, mais que l'on ne connaît encore point de remède naturel capable de soulager ceux qui en sont atteints : la guérison des Israélites opérée par des regards jetés sur le *serpent d'airain*, était donc évidemment surnaturelle et miraculeuse. En second lieu, il est faux que l'action de le regarder avec confiance fût un culte ; les Israélites avaient été instruits par Moïse que cette figure d'airain n'avait la vertu de guérir la morsure des serpents que par une volonté particulière de Dieu : or, il n'y a ni superstition, ni magie, ni idolâtrie à faire ce qu'il est certain que Dieu a ordonné. 3° Il n'en était plus de même sous le règne d'Ezéchias, près de 800 ans après Moïse ; le *serpent d'airain* ne pouvait plus servir que de monument au miracle opéré dans le désert. Alors les Israélites qui étaient tombés plus d'une fois dans l'idolâtrie, étaient accoutumés à honorer comme des dieux des idoles de toute espèce ; ils ne pouvaient attribuer au *serpent d'airain* aucune vertu, à moins de supposer qu'il était le séjour ou l'instrument d'un dieu prétendu, d'un génie, d'un esprit invisible et puissant qui voulait y recevoir des hommages : idée fausse, mais qui a été celle de tous les idolâtres. 4° Nous ne savons pas sur quel fondement Prideaux a osé dire : « Malgré le témoignage formel de l'Ecriture sainte, les catholiques romains ont l'impudence de soutenir que le *serpent d'airain*, gardé à Milan dans l'église de Saint-Ambroise, et *exposé à la vénération du peuple*, est le même que celui qui fut fabriqué par Moïse dans le désert ; et on lui rend encore aujourd'hui *un culte* aussi grossièrement superstitieux que celui que les Israélites lui rendirent sous le règne d'Ezéchias. » *Hist. des Juifs*, lib. I, t. I, p. 10. Aucun auteur connu ne s'est avisé d'assurer cette identité, et n'a imaginé qu'on rendait un culte à cette figure. Quand on conserve un ancien objet par curiosité, ce n'est pas pour lui rendre un culte ; l'origine du *serpent d'airain* de Milan n'est pas difficile à deviner.

Jésus-Christ a dit dans l'Evangile, *Joan.*, c. III, v. 4 : *De même que Moïse a élevé le* SERPENT D'AIRAIN *dans le désert, ainsi il faut que le Fils de l'homme soit élevé, afin que quiconque croit en lui ne périsse pas, mais obtienne la vie éternelle*. Dès ce moment la figure du *serpent d'airain* a été le symbole de Jésus-Christ crucifié. Conséquemment dans les bas siècles, lorsque l'on représentait les mystères, surtout celui de la passion, l'on mit sous les yeux des spectateurs un *serpent d'airain*, par allusion aux paroles de l'Evangile. Cette figure a été conservée dans l'église de Milan, comme le monument d'un ancien usage, et non comme un objet de vénération ou de culte. Il faut être aussi malicieusement prévenu que le sont les protestants pour imaginer que l'on rend un culte au *serpent d'airain* fabriqué par Moïse, par imitation des juifs idolâtres.

— SERVÉTISTES, quelques auteurs ont ainsi nommé ceux qui ont soutenu les mêmes erreurs que Michel Servet, médecin espagnol, chef des anti-trinitaires, des nouveaux ariens ou des sociniens. On ne peut pas dire exactement que Servet ait eu des disciples de son vivant ; il fut brûlé à Genève avec ses livres l'an 1553, à la sollicitation de Calvin, avant que ses erreurs sur la Trinité eussent pu prendre racine. Mais l'on a nommé *servétistes* ceux qui dans la suite ont soutenu les mêmes sentiments. Sixte de Sienne a même donné ce nom à d'anciens anabaptistes de Suisse, dont la doctrine était conforme à celle de Servet.

Cet homme, qui a fait tant de bruit dans le monde, naquit à Villanova, dans le royaume d'Aragon, l'an 1509 : il montra d'abord beaucoup d'esprit et d'aptitude pour les sciences ; il vint étudier à Paris, et se rendit habile dans la médecine. Dès l'an 1531, il donna la première édition de son livre contre la Trinité, sous ce titre : *De Trinitatis erroribus libri septem, per Michaelem Servetum, alias Reves, ab Aragonia Hispanum.* L'année suivante, il publia ses Dialogues avec d'autres traités, qu'il intitula : *Dialogorum de Trinitate libri duo ; de Justitia regni Christi capitula quatuor, per Michaelem Servetum,* etc., anno 1532. Dans la préface de ce second ouvrage, il déclare qu'il n'est pas content du premier, et il promet de le retoucher. Il voyagea dans une partie de l'Europe, et ensuite en France, où après avoir essuyé diverses aventures, il se fixa à Vienne en Dauphiné, et il y exerça la médecine avec beaucoup de succès. C'est là qu'il forgea une espèce de système théologique, auquel il donna pour titre : *Le rétablissement du christianisme, Christianismi restitutio*, et il le fit imprimer furtivement l'an 1553. Cet ouvrage est divisé en six parties : la première contient sept livres sur la Trinité ; la seconde, trois livres *de Fide et Justitia regni Christi, legis justitiam superantis, et de Charitate* ; la troisième est divisée en quatre livres, et traite *de Regeneratione ac Manducatione superna, et de Regno Antichristi* ; la quatrième renferme trente lettres écrites à Calvin ; la cinquième donne soixante marques du règne de l'Antechrist, et parle de sa manifestation comme déjà présente ; enfin la sixième a pour titre : *De mysteriis Trinitatis ex veterum disciplina, ad Philippum Melanchthonem et ejus collegas Apologia*. On lui attribue encore d'autres ouvrages. *Voy.* Sandius, *Bibliot. Antitrinitar.*, p. 12. Pendant qu'il faisait imprimer son *Christianismi restitutio*, Calvin trouva le moyen d'en avoir des feuilles par trahison, et il les envoya à Lyon avec les lettres qu'il avait reçues de Servet ; celui-ci fut arrêté et mis en prison. Comme il trouva moyen de s'échapper, il se sauva à Genève, pour passer de là en Italie. Calvin le fit saisir, et le déféra au consistoire comme un blasphémateur ; après avoir pris les avis des magistrats de Bâle, de Berne, de Zurich, de Schaffhouse, il le fit condamner au supplice du feu par ceux de Genève, et la sentence fut exécutée avec des circonstances dont la cruauté fait frémir.

Cette conduite de Calvin l'a couvert d'opprobre, lui et sa prétendue réforme, malgré les palliatifs dont ses partisans se sont servis pour l'excuser. Ils ont dit que c'était dans Calvin un reste de papisme dont il n'avait encore pu se défaire ; que les lois portées contre les hérétiques par l'empereur Frédéric II étaient encore observées à Genève. Ces deux raisons sont nulles et absurdes. 1° Servet n'était justiciable ni de Calvin ni du magistrat de Genève; c'était un étranger qui ne se proposait point de se fixer dans cette ville, ni d'y enseigner sa doctrine; c'était violer le droit des gens que de le juger suivant les lois de Frédéric II. 2° Calvin avait certainement déguisé à *Servet* la haine qu'il avait conçue contre lui, et les poursuites qu'il lui avait suscitées ; autrement celui-ci n'aurait pas été assez insensé pour aller se livrer entre ses mains : Calvin fut donc coupable de trahison, de perfidie, d'abus de confiance et de violation du secret naturel. Si un homme constitué en autorité parmi les catholiques en avait ainsi agi contre un protestant, Calvin et ses sectaires auraient rempli de leurs clameurs l'Europe entière, ils auraient fait des livres de plaintes et d'invectives. 3° Il est fort singulier que des hommes suscités de Dieu, si nous en croyons les protestants, pour réformer l'Eglise et pour en détruire les erreurs, se soient obstinés à conserver la plus pernicieuse de toutes, savoir, le dogme de l'intolérance à l'égard des hérétiques : c'est la première qu'il aurait fallu abjurer d'abord. Cela est d'autant plus impardonnable, que c'était une contradiction grossière avec le principe fondamental de la réforme. Ce principe est que la seule règle de notre foi est l'Ecriture sainte, que chaque particulier est l'interprète et le juge du sens qu'il faut y donner, qu'il n'y a sur la terre aucun tribunal infaillible qui ait droit de déterminer ce sens. A quel titre donc Calvin et ses partisans ont-ils eu celui de condamner Servet, parce qu'il entendait l'Ecriture sainte autrement qu'eux ? En France, ils demandaient la tolérance ; en Suisse, ils exerçaient la tyrannie. 4° Quand les catholiques auraient condamné à mort les hérétiques précisément pour leurs erreurs, ils auraient du moins suivi leur principe, qui est que l'Eglise ayant reçu de Jésus-Christ l'autorité d'enseigner, d'expliquer l'Ecriture sainte, de condamner les erreurs, ceux qui résistent opiniâtrement à son enseignement sont punissables. Mais nous avons prouvé vingt fois dans le cours de cet ouvrage, que les catholiques n'ont jamais puni de mort des hérétiques, précisément pour leurs erreurs, mais pour les séditions, les violences, les attentats contre l'ordre public dont ils étaient coupables, et que telle est la vraie raison pour laquelle on a sévi contre les protestants en particulier. *Voy.* HÉRÉTIQUE, § 1, CALVINISME, TOLÉRANCE, etc. Or, *Servet* n'avait rien fait de semblable à Genève.

Mais, en condamnant sans ménagement la conduite de Calvin, le traducteur de l'*Histoire ecclésiastique* de Mosheim a très-mauvaise grâce de nommer *Servet un savant et spirituel martyr:* Mosheim n'a pas eu la témérité de lui donner un titre si respectable ; tous deux conviennent que cet hérétique joignait à beaucoup d'orgueil un esprit malin et contentieux, une opiniâtreté invincible et une dose considérable de fanatisme, *Hist. ecclés.*; xvi° siècle, sect. 3, ii° part., c. 4,

§ 4 ; c'est donc profaner l'auguste nom de *martyr*, que de le donner à un pareil insensé.

Quelques sociniens ont écrit qu'il mourut avec beaucoup de constance, et qu'il prononça un discours très-sensé au peuple qui assistait à son supplice ; d'autres écrivains soutiennent que cette harangue est supposée. Calvin rapporte que, quand on lui eut lu la sentence qui le condamnait à être brûlé vif, tantôt il parut interdit et sans mouvement, tantôt il poussa de grands soupirs, tantôt il fit des lamentations comme un insensé, en criant *miséricorde*. Le seul fait certain est qu'il ne rétracta point ses erreurs.

Il n'est pas aisé d'en donner une notice exacte ; la plupart de ses expressions sont inintelligibles : il n'y a aucune apparence qu'il ait eu un système de croyance fixe et constant ; il ne se faisait aucun scrupule de se contredire. Quoiqu'il emploie contre la sainte Trinité plusieurs des mêmes arguments par lesquels les ariens attaquaient ce mystère, il proteste néanmoins qu'il est fort éloigné de suivre leurs opinions, qu'il ne donne point non plus dans celles de Paul de Samosate. Sandius a prétendu le contraire, mais Mosheim n'est pas de même avis. Suivant ce dernier, qui a fait en allemand une histoire assez ample de *Servet*, cet insensé se persuada que la véritable doctrine de Jésus-Christ n'avait jamais été bien connue ni enseignée dans l'Eglise, même avant le concile de Nicée, et il se crut suscité de Dieu pour la révéler et la prêcher aux hommes ; conséquemment il enseigna « que Dieu, avant la création du monde, avait produit en lui-même deux représentations personnelles, ou manières d'être, qu'il nommait *économies, dispensations, dispositions,* etc., pour servir de médiateurs entre lui et les hommes, pour leur révéler sa volonté, pour leur faire part de sa miséricorde et de ses bienfaits ; que ces deux représentations étaient le Verbe et le Saint-Esprit ; que le premier s'était uni à l'homme Jésus, qui était né de la vierge Marie par un acte de la volonté toute-puissante de Dieu ; qu'à cet égard on pouvait donner à Jésus-Christ le nom de *Dieu ;* que le Saint-Esprit dirige et anime toute la nature, produit dans l'esprit des hommes les sages conseils, les penchants vertueux et les bons sentiments ; mais que ces deux représentations n'auront plus lieu après la destruction du globe que nous habitons, qu'elles seront absorbées dans la Divinité d'où elles ont été tirées. » Son système de morale était à peu près le même que celui des anabaptistes, et il blâmait comme eux l'usage de baptiser les enfants.

Par ce simple exposé, il est déjà clair que l'erreur de *Servet* touchant la Trinité était la même que celle de Photin, de Paul de Samosate et de Sabellius, et qu'il n'y avait rien de différent que l'expression. Suivant tous ces sectaires, il n'y a réellement en Dieu qu'une seule personne ; le Fils ou le Verbe et le Saint-Esprit ne sont que deux différentes manières d'envisager et de concevoir les opérations de Dieu. Or, il est absurde d'en parler comme si c'étaient des substances ou des personnes distinctes, et de leur attribuer des opérations, puisque les prétendues personnes ne sont que des opérations. Dans ce même système, il est absurde de dire que le Verbe s'est uni à l'humanité de Jésus-Christ, puisque ce Verbe n'est autre chose que l'opération même par laquelle Dieu a produit le corps et l'âme de Jésus-Christ dans le sein de la sainte Vierge. Enfin, il est faux que dans cette hypothèse Jésus-Christ puisse être appelé *Dieu*, sinon dans un sens très-abusif; cette manière de parler est plutôt un blasphème qu'une vérité.

Il n'est pas étonnant que cet hérétique ait répété contre les orthodoxes les mêmes reproches que leur faisaient déjà les ariens; il disait comme eux que l'on doit mettre au rang des athées ceux qui adorent comme Dieu un assemblage de divinités, ou qui font consister l'essence divine dans trois personnes réellement distinctes et subsistantes; il soutenait que Jésus-Christ est Fils de Dieu, dans ce sens seulement qu'il a été engendré dans le sein de la sainte Vierge par l'opération du Saint-Esprit, par conséquent par Dieu même. Mais il poussait l'absurdité plus loin que tous les anciens hérésiarques, en disant que Dieu a engendré de sa propre substance le corps de Jésus-Christ, et que ce corps est celui de la Divinité. Il disait aussi que l'âme humaine est de la substance de Dieu, qu'elle se rend mortelle par le péché, mais que l'on ne commet point de péché avant l'âge de vingt ans, etc. Sur les autres articles de doctrine, il joignit les erreurs des luthériens et des sacramentaires à celles des anabaptistes, *Hist. du Socin.*, 11º part., p. 221.

Il est donc évident que les erreurs de *Servet* ne sont qu'une extension ou une suite nécessaire des principes de la réforme ou du protestantisme; il argumentait contre les mystères de la sainte Trinité et de l'Incarnation, de la même manière que Calvin et ses adhérents raisonnaient contre le mystère de la présence réelle de Jésus-Christ dans l'eucharistie, et contre les autres dogmes de la croyance catholique qui leur déplaisaient: il se servait, pour entendre l'Ecriture sainte, de la même méthode que suivent encore aujourd'hui tous les protestants. S'ils disent qu'il la poussait trop loin et qu'il en abusait, nous les prierons de nous tracer par l'Ecriture sainte la ligne à laquelle *Servet* aurait dû s'arrêter. Quoi qu'ils disent, il est démontré que le protestantisme est le père du *servétisme* et du socinianisme, et que les réformateurs, en voulant le détruire, ont vainement tâché d'étouffer le monstre qu'ils avaient eux-mêmes nourri et enfanté. *Voy.* SOCINIANISME.

SERVICE DIVIN. Ce sont les prières, le saint sacrifice, les offices et les cérémonies qui se célèbrent dans l'Eglise chrétienne, et dans lesquels consiste le culte extérieur du christianisme, que l'on appelle aussi la LITURGIE. *Voy.* ce mot. Dès lo temps de Tertullien, *le service divin* se nommait *le sacrifice*, *de Cultu femin.*, l. II, c. 11, parce que la consécration de l'eucharistie en fut toujours la partie principale. Nous en avons suffisamment parlé aux mots HEURES CANONIALES, LITURGIE. MESSE, OFFICE DIVIN, etc.

SERVITES, ordre de religieux ainsi nommés parce qu'ils font profession d'être serviteurs de la sainte Vierge; ils observent la règle de saint Augustin et plusieurs pratiques différentes de celles des autres ordres. Celui-ci fut institué par sept marchands florentins qui renoncèrent au négoce, l'an 1223, et se retirèrent à *Monte-Senario*, à dix lieues de Florence, pour vaquer aux exercices de piété et de mortification: l'an 1239, ils reçurent de leur évêque la règle de saint Augustin; ils prirent un habit noir, afin d'honorer particulièrement le veuvage de la sainte Vierge; ils élurent pour leur général Bonfilio-Monaldi, l'un d'entre eux. Cet ordre fut redevable de ses principaux accroissements dans la suite à saint Philippe Bénizi, leur général, dont les vertus et le zèle édifièrent l'Europe entière pendant une bonne partie du XIIIᵉ siècle. Il fut approuvé par Alexandre IV, confirmé au concile général de Lyon par Grégoire V et par Benoît XI; dans le XVᵉ siècle, Martin V et Innocent VIII le mirent au nombre des ordres mendiants. L'an 1593, le relâchement s'y étant introduit, une partie des religieux se réformèrent et rétablirent l'observance rigoureuse de leur institut dans les ermitages de Monte-Senario; ces réformés prirent le nom de *servites-ermites*. Le frère Paul Sarpi, trop connu par l'histoire qu'il a donnée du concile de Trente, était religieux *servite* avant la réforme. Cet ordre n'est point établi en France, mais il est très-connu en Italie et ailleurs; il est aujourd'hui divisé en vingt-sept provinces. Il y a aussi en Italie des religieuses servites qui observent la même règle que les religieux.

SERVITEURS DES MALADES. *Voy.* CLERCS RÉGULIERS.

SERVITUDE. Ce terme dans l'Ecriture sainte ne doit pas toujours être pris à la rigueur pour l'esclavage proprement dit; souvent il signifie seulement l'état d'un peuple tributaire et assujetti à un autre. L'état des Israélites en Egypte est communément appelé *servitude;* Dieu leur ordonne de traiter leurs esclaves avec humanité, en se souvenant qu'ils ont été eux-mêmes esclaves (*servi*) en Egypte. De même ils ont nommé *servitudes* les temps où ils furent assujettis par quelques-uns des peuples de la Palestine, après la mort de Josué. Néanmoins dans ces différentes circonstances ils n'étaient pas réduits à l'esclavage domestique, dépouillés de toute propriété, exposés à être vendus à des étrangers, etc. Pendant qu'ils étaient le plus maltraités en Egypte, ils possédaient la contrée de Gessen, où ils étaient exempts des fléaux que Moïse faisait tomber sur les Egyptiens, *Exod.*, c. IX, v. 26, etc.

Lorsque par une victoire ils avaient secoué le joug des Philistins, des Moabites, ou des Chananéens, toute *servitude* cessait. Les incrédules qui ont abusé de ce terme pour en conclure que les Hébreux ont toujours été *esclaves*, ont cherché à en imposer aux ignorants. Quant à la *servitude* domestique ou à l'esclavage proprement dit, nous avons prouvé ailleurs que Moïse n'a point prêché contre le droit naturel, lorsqu'il l'a toléré parmi les Israélites. *Voy.* ESCLAVAGE. On ne doit pas prendre non plus à la rigueur les passages de l'Ecriture sainte, dans lesquels il est dit que par la concupiscence l'homme est *esclave* du péché, captif ou réduit en *servitude* sous la loi du péché, etc. Saint Paul, qui se sert de ces expressions, nous déclare que par *esclavage* et *servitude* il entend une obéissance volontaire. *Ne savez-vous pas,* dit-il, *Rom.*, c. VI, v. 16, *que vous vous rendez* ESCLAVES *de celui à qui vous vous présentez pour obéir, ou du péché pour en recevoir la mort, ou de la justice pour en suivre les mouvements?....A présent, délivrés du péché, vous êtes devenus* ESCLAVES *de la justice.* C. VII, v. 23 : *Je vois dans mes membres une loi qui combat contre celle de mon esprit, et qui me* CAPTIVE *sous la loi du péché....J'obéis donc (servio) par l'esprit à la loi de Dieu, et par la chair à la loi du péché,* etc. Ceux qui ont conclu de là que l'homme n'est pas libre, qu'il est assujetti à la nécessité de pécher, que Dieu lui impute des péchés dont il n'est pas le maître de s'abstenir, etc., ont étrangement abusé des termes. On doit donc entendre dans le même sens que saint Paul ce que disent communément les théologiens, que par le péché originel l'homme naît *esclave du démon.* Cette expression ne se trouve point dans l'Ecriture sainte, et le concile de Trente a seulement décidé qu'Adam par son péché a encouru la mort, et avec lui la mort *la captivité sous la puissance de celui qui a eu l'empire de la mort, c'est-à-dire du démon*; sess. 5, *de Pec. orig.*, can. 1. Or, ces mêmes paroles dans saint Paul, *Hebr.*, c. II, v. 14, ne signifient rien autre chose que la nécessité de mourir. Il est absurde de les entendre dans ce sens, qu'un enfant qui vient de naître est possédé du démon tant qu'il n'est pas baptisé, et d'oublier que Jésus-Christ *par sa mort a détruit l'empire et le pouvoir du démon.* Ibid.

SÉTHIENS ou SÉTHITES, hérétiques du II° siècle, qui honoraient particulièrement le patriarche Seth, fils d'Adam; c'était une branche des valentiniens. Ils enseignaient que deux anges avaient créé, l'un Caïn, et l'autre Abel; qu'après la mort de celui-ci la grande vertu avait fait naître Seth d'une pure semence. Sans doute ils entendaient par *la grande vertu* la puissance de Dieu; mais on ne nous dit pas si c'est elle qui avait produit les anges, dont les uns étaient bons et les autres mauvais. Ces sectaires ajoutaient que du mélange de ces deux espèces d'anges était née la race d'hommes vicieux que la grande vertu fit périr par le déluge, qu'une partie de leur méchanceté pénétra dans l'arche, et de là se répandit dans le monde. Cette hypothèse absurde n'avait donc été imaginée que pour rendre raison du bien et du mal qui se trouvent dans l'univers; il en était de même du système des différentes sectes de gnostiques.

Théodoret a confondu les *séthiens* avec les ophites, et peut-être n'y avait-il entre eux d'autre différence que la vénération superstitieuse des premiers pour le patriarche Seth; ils disaient que son âme avait passé à Jésus-Christ, et que c'était le même personnage; ils avaient forgé plusieurs livres sous le nom de Seth et des autres patriarches. Saint Irénée, *advers. Hæres.*, l. I, c. 7 et seq.; Tertullien, *de Præscrip.*, c. 47; saint Epiphane, *Hær.* 31.

SÉVÉRIENS, branche des encratites, hérétiques du II° siècle, qui avaient eu Tatien pour premier auteur; un certain *Sévère* lui succéda et se fit un nom dans la secte. On ne sait s'il suivit exactement la doctrine de son maître; il est probable qu'il y ajouta du sien. Pour rendre raison du bien et du mal qu'il y a dans le monde, il imagina qu'il était gouverné par une troupe d'esprits dont les uns sont bons, les autres mauvais : les premiers, disait-il, ont mis dans l'homme ce qu'il y a de bien soit dans le corps soit dans l'âme, comme la raison, les penchants louables, les parties supérieures du corps; les seconds y ont fait ce qu'il y a de mauvais, la sensibilité physique, les passions, source de toutes nos peines, les parties inférieures du corps, etc. On doit de même attribuer aux premiers les aliments utiles à la santé et à la conservation de l'homme, l'eau et toutes les nourritures saines; aux seconds, tout ce qui nuit à la bonne constitution du corps, comme le vin et les femmes.

Quelques-uns des auteurs qui ont parlé des *sévériens* disent que, selon ces hérétiques, les bons et les mauvais anges qu'ils admettaient étaient *subordonnés* à l'Etre suprême; mais il serait bon de savoir en quoi consistait cette subordination. S'ils en dépendaient pour agir, si l'Etre suprême pouvait les en empêcher, il était responsable de tout le mal produit par ces agents secondaires, et leur action prétendue ne servait de rien pour expliquer l'origine du mal. S'ils étaient indépendants, ils bornaient donc la puissance de l'Etre suprême; ils y mettaient obstacle, ils étaient plus puissants que lui, et l'on ne voit plus en quel sens on peut l'appeler l'*Etre suprême.* Tout ce système était inutile et absurde. — Eusèbe et Théodoret nous apprennent que les *sévériens* admettaient la loi, les prophètes et les Evangiles; qu'ils rejetaient les Actes des apôtres et les Lettres de saint Paul. Saint Augustin dit qu'ils rejetaient l'Ancien Testament, et qu'ils niaient la résurrection de *la chair,* quoique la plupart des encratites pensassent autrement. Cela prouve qu'il n'y avait rien de fixe, de constant, d'uniforme parmi ces sectaires, non plus que parmi les autres hérétiques; chacun d'eux dogmatisait à son gré.

Il ne faut pas confondre ces *sévériens*

du 11ᵉ siècle avec les partisans de *Sévérus*, patriarche d'Antioche, qui, au vıᵉ siècle, forma un parti considérable parmi les eutychiens ou monophysites. *Voy.* ENCRATITES, EUTYCHIENS.

SEXAGÉSIME. *Voy.* SEPTUAGÉSIME.

SEXTE. *Voy.* HEURES CANONIALES.

SIBYLLES, prophétesses que l'on suppose avoir vécu dans le paganisme, et avoir cependant prédit la venue de Jésus-Christ et l'établissement du christianisme, leurs prétendus oracles, composés en vers grecs, sont appelés *oracles sibyllins*. Ce que nous allons en dire est tiré, pour la plus grande partie, d'un *Mémoire de l'Académie des Inscriptions*, tom. XXIII, *in-4°*; t. XXXVIII, *in-12*, composé par M. Fréret, sur les recueils de prédictions, etc. Cette collection est divisée en huit livres; elle a été imprimée pour la première fois en 1545 sur des manuscrits, et publiée plusieurs fois depuis avec d'amples commentaires. Les ouvrages composés pour et contre l'authenticité de ces livres sont en très-grand nombre; quelques-uns sont très-savants, mais écrits avec peu d'ordre et de critique. Fabricius, dans le premier livre de sa *Bibliothèque grecque*, en a donné une espèce d'analyse, à laquelle il a joint une notice assez détaillée des huit livres *sibyllins*. Après de longues discussions il est demeuré certain que ces prétendus oracles sont supposés, et qu'ils ont été forgés vers le milieu du IIᵉ siècle du christianisme par un ou par plusieurs auteurs qui faisaient profession de notre religion; mais il est probable que d'autres y ont fait des interpolations, et qu'il y en a eu plusieurs recueils qui n'étaient pas entièrement conformes.

On sait qu'avant le christianisme il y avait eu à Rome un recueil d'oracles *sibyllins*, ou de prophéties concernant l'empire romain : il y en avait eu même dans la Grèce du temps d'Aristote et de Platon; mais les uns ni les autres n'avaient rien de commun avec ceux qui ont paru sous le christianisme : celui qui a composé ces derniers s'est proposé d'imiter les anciens, et de faire croire que tous étaient de la même date, pour leur donner ainsi du crédit; mais la différence est aisée à démontrer. 1° Les oracles *sibyllins* modernes sont une compilation informe de morceaux détachés, les uns dogmatiques, et les autres prophétiques, mais toujours écrits après les événements, et chargés de détails fabuleux ou très-incertains. 2° Ils sont écrits dans un dessein diamétralement opposé à celui qui a dicté les vers *sibyllins*, que l'on gardait à Rome. Ceux-ci prescrivaient les sacrifices, les cérémonies, les fêtes qu'il fallait observer pour apaiser le courroux des dieux lorsqu'il arrivait quelque événement sinistre. Le recueil moderne, au contraire, est rempli de déclamations contre le polythéisme et contre l'idolâtrie, et partout on y établit ou l'on y suppose l'unité de Dieu. Il n'y a presque aucun de ces morceaux qui ait pu sortir de la plume d'un païen; quelques-uns peuvent avoir été faits par des juifs, mais le plus grand nombre respirent le christianisme, et sont l'ouvrage des hérétiques. 3° Selon le témoignage de Cicéron, les vers des *sibylles* conservés à Rome, et ceux qui avaient cours dans la Grèce, étaient des prédictions vagues, conçues dans le style des oracles, applicables à tous les temps et à tous les lieux, et qui pouvaient s'ajuster aux événements les plus opposés. Au contraire, dans la nouvelle collection, tout est si bien circonstancié, que l'on ne peut se méprendre aux faits que l'auteur voulait indiquer. 4° Les anciens étaient écrits de telle sorte, qu'en réunissant les lettres initiales des vers de chaque article, on y retrouvait le premier vers de ce même article; rien de semblable n'est dans le nouveau recueil. L'acrostiche inséré dans le huitième livre, et qui est tiré du discours de Constantin au concile de Nicée, est d'une espèce différente; il consiste en trente-quatre vers, dont les lettres initiales forment le Ἰησοῦς Κριστός, Θεοῦ Υἱὸς, Σωτήρ, σταυρός, mais ces mots ne se trouvent point dans le premier vers. 5° La plupart des choses que contiennent les nouveaux vers *sibyllins* n'ont pu être écrites que par un chrétien ou par un homme qui avait lu l'histoire de Jésus-Christ dans les Évangiles. Dans un endroit l'auteur se dit *enfant du Christ*; il assure ailleurs que le Christ est le Fils du Très-Haut; il désigne son nom par le nombre 888, valeur numérale des lettres du mot Ἰησοῦς dans l'alphabet grec. 6° Dans le cinquième livre, les empereurs Antonin, Marc-Aurèle, et Lucius Vérus sont clairement indiqués; d'où l'on conclut que cette compilation a été faite ou achevée entre les années 138 et 167; d'autres disent entre 169 et 177. Elle renferme encore d'autres remarques chronologiques qui nous indiquent cette même époque.

Josèphe, dans ses *Antiquités judaïques*, l. xx, c. 16, ouvrage composé vers la treizième année de Domitien, l'an 93 de notre ère, cite des vers de la *sibylle*, où elle parlait de la tour de Babel et de la confusion des langues, à peu près comme dans la Genèse; il faut donc qu'à cette époque ces vers aient déjà passé pour anciens, puisque l'historien juif les cite en confirmation du récit de Moïse. De là il résulte déjà que les chrétiens ne sont pas les premiers auteurs de la supposition des oracles *sibyllins*. Ceux qui sont cités par saint Justin, par saint Théophile d'Antioche, par Clément d'Alexandrie et par d'autres Pères, ne se trouvent point dans notre recueil moderne, et ne portent point le caractère du christianisme; ils peuvent donc être l'ouvrage d'un juif platonicien. Lorsque l'on fit sous Marc-Aurèle la compilation de ceux que nous avons à présent, il y avait déjà du temps que ces prétendus oracles avaient acquis un certain crédit parmi les chrétiens. Celse, qui écrivait quarante ans auparavant sous Adrien et ses successeurs, parlant des différentes sectes qui partageaient les chrétiens, supposait une secte de *sibyllistes*. Sur quoi Origène observe, l. v, n. 61, qu'à la vérité ceux d'entre les chrétiens qui ne voulaient pas regarder la *sibylle* comme une prophétesse, désignaient par ce nom les partisans de l'opinion contraire, mais qu'il n'y eut jamais une secte particulière de *sibyllistes*. Celse reproche encore aux chrétiens, l. vii, n. 55, d'avoir corrompu le texte des vers *sibyllins*, et d'y avoir mis des blasphèmes. Il entendait par là sans doute les invectives contre le polythéisme et contre l'idolâtrie; mais il ne les accuse pas d'avoir forgé ces vers. Origène répond en défiant Celse de produire d'anciens exemplaires non altérés. Ces passages de Celse et d'Origène semblent prouver, 1° que l'authenticité de ces prédictions n'était point alors mise en question, et qu'elle était également supposée par les païens et par les chrétiens; 2° que parmi ces derniers il y en avait seulement quelques-uns qui regardaient les *sibylles* comme des prophétesses, et que les autres, blâmant cette simplicité, les nommaient les *sibyllistes*. Ceux qui ont avancé que les païens donnaient ce nom à tous les chrétiens, n'ont pris le vrai sens ni du reproche de Celse ni de la réponse d'Origène. C'est l'erreur dans laquelle est tombé l'auteur d'un autre mémoire, dont l'extrait se trouve dans l'*Hist. de l'Acad. des Inscrip.*, tom. XIII, in-12, p. 150; il dit que les païens s'aperçurent de la supposition des vers *sibyllins*; qu'ils la reprochèrent aux premiers apologistes, et qu'ils leur donnèrent le nom de *sibyllistes*. Ces trois faits sont également faux. On ne pouvait leur reprocher rien autre chose que de citer une collection de ces oracles différente de celle qui était gardée à Rome par les pontifes; mais il n'est jamais venu à l'esprit de personne de les comparer pour voir en quoi consistait la différence.

Peu à peu l'opinion favorable aux *sibylles* devint plus commune parmi les chrétiens. On employa ces vers dans les ouvrages de controverse avec d'autant plus de confiance, que les païens eux-mêmes qui reconnaissaient les *sibylles* pour des femmes inspirées, se retranchaient à dire que les chrétiens avaient falsifié leurs écrits : question de fait qui ne pouvait être décidée que par la comparaison des différents manuscrits. Constantin était le seul qui eût pu faire cette confrontation, puisque, pour avoir permission de lire le recueil conservé à Rome, il fallait un ordre exprès du sénat. Il n'est donc pas étonnant que saint Justin, saint Théophile d'Antioche, Athénagore, Clément d'Alexandrie, Lactance, Constantin dans son discours au concile de Nicée, Sozomène, etc., aient cité les *oracles sibyllins* aux païens, sans craindre d'être convaincus d'imposture; il y en avait un recueil qui était plus ancien qu'eux. Comme les auteurs de ces oracles supposaient la spiritualité, l'infinité, la toute-puissance du Dieu suprême, que plusieurs blâmaient le culte des intelligences inférieures et les sacrifices, et semblaient faire allusion à la trinité platonicienne, les auteurs chrétiens crurent qu'il leur était permis d'alléguer aux païens cette autorité qu'ils ne contestaient pas, et de les battre ainsi par leurs propres armes. Nous convenons que, pour en prouver l'authenticité, les Pères alléguaient le témoignage de Cicéron, de Varron et d'autres anciens auteurs païens, sans s'informer si le recueil cité par les anciens était le même que celui que les Pères avaient entre les mains, sans examiner si celui-ci était fidèle ou interpolé; mais, puisque cet examen ne leur était pas possible, nous ne voyons pas en quoi les Pères sont répréhensibles. Les règles de la critique étaient alors peu connues; à cet égard les plus célèbres philosophes du paganisme n'avaient aucun avantage sur le commun des auteurs chrétiens. Plutarque, malgré le grand sens qu'on lui attribue, ne paraît jamais occupé que de la crainte d'omettre quelque chose de tout ce que l'on peut dire de vrai ou de faux sur le sujet qu'il traite. Celse, Pausanias, Philostrate, Porphyre, l'empereur Julien, etc., n'ont ni plus de critique ni plus de méthode que Plutarque. Il y a de l'injustice à vouloir que les Pères aient été plus défiants et plus circonspects.

Comme la nouveauté de la religion chrétienne est un des reproches sur lesquels les païens insistaient le plus, parce que cette espèce d'argument est à portée du peuple, c'est aussi celui que nos apologistes ont le plus d'ambition de détruire. Pour cela ils ont allégué non-seulement des morceaux du faux Orphée, du faux Musée, et des *oracles sibyllins*, mais encore des endroits d'Homère, d'Hésiode et des autres poëtes, lorsqu'ils ont paru contenir quelque chose de semblable à ce qu'enseignaient les chrétiens. L'usage que les philosophes faisaient alors de ces mêmes autorités rendait cette façon de raisonner tout à fait populaire, et par conséquent très-utile dans la dispute. Aujourd'hui de fâcheux censeurs en blâment les Pères; mais eux-mêmes ne se font pas scrupule d'observer la même méthode, puisqu'ils nous objectent souvent des lambeaux tirés des auteurs pour lesquels nous avons le moins de respect. — Lorsque le christianisme fut devenu la religion dominante, on fit beaucoup moins d'usage de ces sortes de preuves; Origène, Tertullien, saint Cyprien. Minutius Félix, n'ont point allégué le témoignage des *sibylles*; Eusèbe, dans sa *Préparation évangélique*, où il montre beaucoup d'érudition, ne le cite que d'après Josèphe; lorsqu'il rapporte quelques oracles favorables aux dogmes du christianisme, il les emprunte toujours de Porphyre, ennemi déclaré de notre religion. La manière dont saint Augustin parle de ces sortes d'arguments, montre assez ce qu'il en pensait. « Les témoignages, dit-il, que l'on prétend avoir été rendus à la vérité par la *sibylle*, par Orphée et par les autres sages du paganisme que l'on veut avoir parlé du Fils de Dieu et de Dieu le Père, peuvent avoir quelque force pour confondre l'orgueil des païens; mais ils n'en ont pas assez pour donner quelque autorité à ceux dont ils portent le nom. » *Contra Faust.*, l. xv, c. 15. Dans la *Cité de*

Dieu, l. XVIII, c. 47, il convient que toutes ces prédictions attribuées aux païens peuvent à la rigueur être regardées comme l'ouvrage des chrétiens, et il conclut que ceux qui veulent raisonner juste doivent s'en tenir aux prophéties tirées des livres conservés par les juifs nos ennemis.

Les controverses agitées dans les deux derniers siècles sur l'autorité de la tradition, ont jeté les critiques dans deux extrémités opposées. Les protestants, dans la vue de détruire la force du témoignage que portent les Pères touchant la croyance de leur siècle, ont exagéré les défauts de leur manière de raisonner, la faiblesse et même la fausseté de quelques-unes des preuves qu'ils employent; plusieurs catholiques au contraire se sont persuadés que c'en serait fait de l'autorité des Pères lorsqu'ils déposent de ce que l'on croyait de leur temps, si on ne soutenait pas la manière dont ils ont traité des questions indifférentes au fond de la religion. Conséquemment ils ont défendu avec chaleur des opinions dont les Pères eux-mêmes n'étaient peut-être pas trop persuadés, mais desquelles ils ont cru pouvoir se servir contre les païens, comme d'un argument personnel; telle paraît avoir été celle du surnaturel des oracles. Cela n'est certainement pas nécessaire pour conserver à l'enseignement dogmatique des Pères tout le poids qu'il doit avoir.

Mais comment excuser la témérité des protestants, qui, pour rendre raison de la multitude des livres supposés dans le II° et le III° siècle de l'Eglise, ont dit que, suivant le sentiment commun des anciens Pères, il était permis de se servir de mensonges, d'impostures, de fraudes pieuses, pour établir la vérité, qu'ils ont suivi ce principe dans les disputes qu'ils ont eues avec les païens; qu'ils l'avaient puisé chez les Egyptiens et dans les leçons des philosophes de l'école d'Alexandrie? Déjà nous avons réfuté cette calomnie dans les articles Economie et Fraude pieuse, avec toutes les preuves dont les protestants veulent l'étayer; mais ils la répètent si souvent et avec tant de confiance, que l'on ne peut trop la détruire. 1° Nous ne concevons pas comment des maîtres qui auraient fait profession de tromper leurs disciples et leurs auditeurs, auraient trouvé quelqu'un qui voulût les écouter : à tout ce qu'ils auraient pu dire pour persuader, on aurait été en droit de répondre : Vous ne vous faites point de scrupule de mentir, de forger des faits, des dogmes, des livres : on ne peut et on ne doit pas vous croire. Si les Pères avaient été dans ce principe, il serait étonnant qu'aucun des hérétiques contre lesquels ils ont disputé ne leur eût fait cette réponse. Nous n'en voyons cependant aucune trace dans les anciens monuments. — 2° Il serait tout aussi étonnant que les Pères de l'Eglise, en disputant contre les philosophes, eussent eu le front de leur reprocher un caractère fourbe et imposteur, s'ils avaient été eux-mêmes infectés de ce vice, et si on avait pu les convaincre de quelque supercherie. Nous défions leurs accusateurs de citer aucun fait duquel il résulte qu'un des Pères ou un de nos apologistes a pu être convaincu d'une imposture. — 3° La confiance avec laquelle plusieurs ont cité les *sibylles* ne prouve rien ; un argument personnel ou *ad hominem* fait aux païens, ne sera jamais regardé par les hommes sensés comme un trait de mauvaise foi. Les païens se vantaient d'avoir des oracles pour le moins aussi respectables que les prophéties des Hébreux ; Celse, dans *Origène*, l. VII, n. 3; Julien, dans *saint Cyrille*, l. VI, p. 194, 198, citent nommément ceux de la *sibylle* ; le recueil de ces derniers était connu partout. Les Pères profitent de ce préjugé, sans examiner s'il est vrai ou faux ; ils font voir aux païens que ces oracles sont favorables au christianisme : où sont ici la dissimulation, l'imposture, la mauvaise foi, les fraudes pieuses ? — 4° Ce sont des chrétiens, nous réplique-t-on, qui ont forgé ces oracles : voilà la fourberie. D'abord Celse, qui pouvait mieux le savoir que nos critiques modernes, accuse seulement les chrétiens de les avoir interpolés et d'y avoir mis des blasphèmes ; il ne les soupçonne pas d'en être les premiers auteurs. En second lieu, qui sont ces chrétiens ? Sont-ce les Pères eux-mêmes, ou leurs disciples, ou les hérétiques? Nous soutenons que ce sont les gnostiques, et nous le prouvons, 1° parce que c'étaient des philosophes sortis de l'école d'Alexandrie, et qui conservaient sous l'écorce du christianisme le caractère fourbe et menteur des philosophes ; 2° parce que les Pères, surtout Origène, leur ont reproché la hardiesse avec laquelle ils forgeaient de faux ouvrages ; Mosheim lui-même est convenu de leurs impostures en ce genre, et Beausobre en a cité plusieurs exemples ; 3° parce qu'il est incroyable que les Pères aient poussé l'audace jusqu'à produire en preuve du christianisme de fausses pièces dont ils auraient été eux-mêmes les fabricateurs, ou dont ils auraient connu l'origine. Ce sont donc nos adversaires eux-mêmes qui se rendent coupables de fraude, lorsqu'ils mettent la supposition des oracles *sibyllins* sur le compte des *chrétiens* en général, sans distinction, afin de donner à entendre que les Pères en ont été ou les partisans ou les complices. 5° Une autre affectation qui ressemble beaucoup à la mauvaise foi, est de confondre les différents recueils de vers *sibyllins*, au lieu qu'il faut en distinguer au moins trois. Le premier est celui que l'on gardait à Rome dans la base de la statue d'Apollon Palatin ; les Pères n'ont pas pu le voir, puisqu'il fallait pour cela un décret du sénat, et qu'il était défendu de le lire sous peine de mort : saint Justin, *Apol.* 1, n. 44. Aurélien fit consulter les vers *sibyllins* l'an 270, Julien l'an 363, sur son expédition contre les Perses ; on les consulta encore l'an 363, sous le règne d'Honorius ; nous ne savons pas si ces vers étaient les mêmes que ceux qui avaient eu cours dans la Grèce du temps d'Aristote et de Platon. Ils n'étaient cependant pas absolument inconnus au public, puisque Cicéron en a expliqué la structure, et Virgile paraît en avoir tiré ce qu'il a dit dans sa quatrième églogue touchant l'arrivée d'un nouveau règne de Saturne, ou d'un nouveau siècle d'or. Ce recueil, fait par des païens, renfermait-il d'autres choses favorables à la religion chrétienne que ce tableau d'un nouveau siècle, qui a été pris pour une prédiction du règne du Messie? Nous n'en savons rien; on ne peut former sur ce sujet que des conjectures.— La seconde collection des oracles *sibyllins* est celle qui a été citée par Josèphe, par saint Justin et par les Pères du II° siècle. Il n'est pas probable que ce fut la même que celle de Rome, puisqu'elle contenait des choses qui paraissent avoir été tirées de l'Ecriture sainte, et des prédictions favorables au christianisme. Celle-ci était très connue, puisque saint Justin dit qu'elle se trouvait partout. Il reste à savoir si le fond de ce recueil était le même que la collection de Rome, à laquelle les Juifs et les chrétiens avaient fait des interpolations. Encore une fois, cela ne pouvait être constaté que par une exacte confrontation des exemplaires, et personne ne s'est avisé de faire cet examen. — Enfin, la troisième édition des oracles *sibyllins* était celle qui fut faite ou achevée sous le règne de Marc-Aurèle, vers l'an 170 ou 180; on n'y retrouve pas les endroits cités par nos anciens Pères; mais nous ne savons pas jusqu'à quel point elle était conforme ou dissemblable aux deux collections précédentes, en quel temps ni par quelles mains avaient été faites les additions ou les retranchements que l'on aurait pu y remarquer.

Cela posé, nous demandons, avant d'alléguer aux païens le témoignage des livres *sibyllins*, les Pères ont-ils été obligés de s'informer s'il y en avait divers exemplaires, si quelques-uns avaient été falsifiés, qui étaient les auteurs de la fraude, etc.? et doit-on les taxer de mauvaise foi pour ne l'avoir pas fait? Peut-être qu'entre dix copies de ces prétendus oracles, il n'y en avait pas deux qui fussent conformes. Mais Blondel et les autres critiques protestants ont tout confondu afin de calomnier les Pères plus commodément. Voyez *Codex Can. Eccles. primit. illustratus a Beveregio*, c. 14, n. 4 et seq.; *PP. Apost.*, t. II, part. II, p. 58; Mosheim, *Hist. christ.*, sæc. II, § 7, etc.
— 6° Nous avons déjà remarqué ailleurs que les apôtres du protestantisme ont été beaucoup moins scrupuleux que les Pères de l'Eglise: pour exciter la haine des peuples contre l'Eglise romaine, il n'est pas de fables, de calomnies, de faits scandaleux, d'erreurs grossières, qu'ils ne soient allés chercher dans les écrivains les plus suspects ou les plus ignorants, et qu'ils n'aient débités avec confiance comme des choses incontestables. Tous les jours encore nous prenons leurs successeurs en flagrant délit; c'est une contagion qui subsiste toujours parmi eux, et ils se flattent de la cacher en protestant toujours une exacte impartialité, lors même qu'ils calomnient les Pères.

SIDOINE APOLLINAIRE, évêque de Clermont en Auvergne, mort l'an 482, fut célèbre dans le v° siècle, par sa naissance qui était très-illustre, par ses talents pour la poésie et pour l'éloquence, et plus encore par ses vertus. Il reste de lui un recueil de poëmes sur divers sujets, dont le plus grand nombre a été composé avant son épiscopat, et neuf livres de lettres. On lui reproche de l'affectation, de l'enflure et de l'obscurité dans son style; mais il nous a conservé plusieurs faits de l'histoire civile et ecclésiastique que l'on ne trouve point ailleurs; et on peut le regarder comme un évêque très-instruit de la tradition. La meilleure édition de ses *OEuvres* est celle qu'a donnée le P. Sirmond l'an 1652, in-4°. Il a été placé à juste titre au rang des saints, et l'Eglise gallicane l'a toujours regardé comme un de ses principaux ornements.

SIÉGE, ÉVÊCHÉ. *Voy.* ÉVÊQUE.
SIÉGE (saint). *Voy.* ÉGLISE ROMAINE.
SIGNE DE LA CROIX. *Voy.* CROIX.
SIGNIFICATIFS. Quelques auteurs ont ainsi nommé les sacramentaires, parce qu'ils enseignent que l'eucharistie est un simple signe du corps de Jésus-Christ. *Voy.* SACRAMENTAIRES.

SILVESTRERI ou SILVESTRINS, religieux institués l'an 1231, par saint Silvestre Gozzolini, dans la Marche d'Ancône, sous l'étroite observance de la règle de saint Benoît. Cet ordre fut approuvé, l'an 1248, par le pape Innocent IV.

SIMON (saint), apôtre, surnommé le Chananéen ou le Zélé, pour le distinguer de Simon fils de Jean, qui est saint Pierre. Nous ne savons rien de certain sur les travaux ni sur la mort de ce saint apôtre, et il n'a rien laissé par écrit.

SIMONIE, crime qui se commet lorsqu'on donne ou que l'on promet une chose temporelle, comme prix ou récompense d'une chose spirituelle, telle que les sacrements, les prières de l'Eglise, les bénéfices, la profession religieuse, etc. Dans ce cas celui qui donne et celui qui reçoit sont également coupables. En effet, Jésus-Christ parlant à ses apôtres des dons surnaturels qu'il leur accordait, leur dit: *Vous les avez reçus gratuitement, donnez-les de même* (*Matth.* I, 8). Simon le Magicien, témoin de ces mêmes dons que répandaient les apôtres, leur offrit de l'argent pour qu'ils lui conférassent aussi le pouvoir de donner le Saint-Esprit. *Que ton argent périsse avec toi*, lui répondit saint Pierre, *puisque tu as cru que le don de Dieu s'acquérait pour de l'argent* (*Act.* VIII, 18). C'est l'aveuglement de cet impie qui a fait donner au crime dont nous parlons, le nom de *simonie*. Saint Paul fait remarquer aux fidèles qu'il leur a prêché l'Evangile gratuitement, sans en espérer aucun avantage temporel, *II Cor.*, c. XI, v. 7. Le crime de la *simonie* consiste en ce que l'on met, pour ainsi dire, une chose temporelle sur la balance avec une chose spirituelle, qui est un don de Dieu ; l'on regarde l'une comme l'équivalent de l'autre, puisque l'on se sert de l'une pour obtenir ou pour compenser l'autre ; c'est une profanation. — Comme dans un bénéfice, le droit de percevoir un revenu est essentiellement attaché à une fonction sainte, ne fût-ce que de prier Dieu, le droit au revenu ne peut être détaché de la fonction ; l'on ne peut acheter ou vendre l'un sans acheter ou vendre l'autre ; toute convention ou promesse, toute espérance donnée expressément ou tacitement d'obtenir un bénéfice par le moyen d'un avantage temporel, ou au contraire, sont censés *simoniaques*.

C'est aux canonistes plutôt qu'aux théologiens de traiter des différentes espèces de *simonie*, des diverses manières dont on peut la commettre, des peines attachées à ce crime, etc. Il nous suffit d'observer que ce désordre étant proscrit par la loi naturelle qui nous oblige à respecter tout ce qui a rapport au culte divin, par la loi divine positive sortie de la bouche de Jésus-Christ, et par les lois de l'Eglise sous les peines les plus sévères, l'usage, la coutume, les prétextes, les tournures, les sophismes par lesquels on vient à bout de le pallier, ne peuvent en diminuer la turpitude. N'oublions pas néanmoins que Jésus-Christ, qui a commandé à ses apôtres d'accorder gratuitement les choses saintes, leur a dit que tout ouvrier est digne de sa nourriture, *Matth.*, c. x, v. 10. Saint Paul a répété la même chose, *I Cor.*, c. ix, v. 4 ; *I Tim.*, c. v, v. 18. Ainsi l'honoraire que l'on donne à un ministre de l'Eglise pour les fonctions qu'il remplit, n'est point censé un achat, un prix ou une récompense de ces fonctions saintes, ni une compensation de leur valeur, ni le motif pour lequel il s'en acquitte ; mais c'est un moyen de subsistance légitimement dû de droit naturel à celui qui est occupé pour un autre, quelle que soit la nature de son occupation. Ainsi un homme riche qui fonde un bénéfice ou un monastère, qui se dépouille d'une partie de ses biens pour alimenter ceux ou celles qui prieront pour lui, n'est point *simoniaque*, non plus que ces derniers, parce que la subsistance, la solde, l'honoraire ne leur est point accordé, et ils ne le reçoivent point comme prix ou compensation des prières qu'ils disent ou des fonctions qu'ils remplissent, mais comme une pension alimentaire ou une rétribution qui leur est due par justice à cause de l'occupation qui leur est enjointe ; tel est le sens de la maxime du Sauveur : *L'ouvrier est digne de sa nourriture*. De même, un bénéficier auquel on accorde une pension alimentaire sur le bénéfice dont il se démet, n'est point censé pour cela vendre son bénéfice ni tirer un paiement du droit qu'il cède à un autre. Enfin, un monastère pauvre qui reçoit la dot d'une religieuse pour subvenir à sa subsistance, ne peut être accusé de vendre la profession religieuse. Mais cette faculté de recevoir une dot n'est accordée aux monastères qu'à titre de pauvreté ; si tel couvent est suffisamment fondé et doté d'ailleurs pour fournir la subsistance à toutes les personnes qui y font profession, il n'a plus le droit d'exiger une dot comme moyen nécessaire de subsistance.

Si ces principes avaient été connus d l'auteur qui a donné, en 1749 et 1757, une longue dissertation sur l'honoraire des messes, il aurait mieux raisonné ; il n'aurait pas décidé, comme il l'a fait, que tout honoraire reçu pour des messes autrement qu'à titre d'offrande, que tous les droits curiaux perçus pour des fonctions ecclésiastiques, sont *simoniaques* et illégitimes. On voit qu'il a confondu ensemble les notions de prix ou de paiement, d'honoraire, de solde, de subsistance, d'offrande et d'aumône ; nous en avons fait voir la différence au mot CASUEL. Il ne veut pas qu'un ecclésiastique dont toute la fonction est de dire la messe et de réciter son bréviaire, soit mis au nombre des ouvriers auxquels l'Evangile veut que l'on accorde la nourriture. Suivant cette grave décision, tous les simples chapelains et aumôniers sont condamnés à servir gratuitement et sans aucune rétribution ; tous ceux qui tirent les rétributions d'un bénéfice simple, sont coupables de *simonie* ; tous les religieux des deux sexes doivent être réduits à mourir de faim. Sûrement ils appelleront de cette sentence au tribunal du bon sens ; avant de s'exposer à de pareilles conséquences, il faudrait y penser plus d'une fois. *Voy.* CASUEL.

Pendant le xe et le xie siècle, l'Eglise fut déshonorée par l'audace avec laquelle régnait la simonie dans l'Europe entière ; on ne rougissait pas de vendre et d'acheter publiquement, par des actes solennels, les évêchés, les abbayes et les autres bénéfices ecclésiastiques. Ce désordre fut toujours accompagné d'un autre non moins odieux, du concubinage et de l'incontinence des clercs. Mais il faut se souvenir que l'un et l'autre furent une suite des ravages qu'avaient faits les Normands pendant le siècle précédent. Les prêtres et les moines, chassés de leurs demeures, obligés de fuir sans état fixe et sans subsistance, oublièrent leur état, tombèrent dans l'ignorance et dans le déréglement des mœurs. Les seigneurs toujours armés, ne connaissant d'autre loi que celle du plus fort, s'emparèrent des bénéfices, les vendirent au plus offrant, y placèrent leurs enfants ou leurs domestiques, et les traitèrent comme leurs fermiers. Dans cette confusion, comment la discipline ecclésiastique aurait-elle pu se conserver ?

Il est incontestable que pendant plus d'un siècle les papes ne cessèrent de faire leurs efforts pour empêcher ce scandale ; enfin, vers l'an 1074, Grégoire VII, plus ferme que ses prédécesseurs, assembla un concile à Rome, y fit porter une condamnation rigoureuse contre les coupables, et la fit exécuter. Les protestants mêmes conviennent qu'il réussit ; mais ils ont blâmé les moyens qu'il employa. Il se comporta, disent-ils, avec trop de hauteur, il traita avec une rigueur égale les prêtres et les moines concubinaires, et ceux qui avaient contracté un mariage légitime ; il ordonna aux magistrats de sévir également contre eux. Cette conduite imprudente fut la cause de la résistance qu'il éprouva et des troubles qui s'ensuivirent. Mosheim, *Hist. ecclés.*, x° siècle, II° part., c. 2, § 10 ; XI° siècle, II° part., c. 2, § 12. Une seule réflexion suffit pour justifier Grégoire VII. Ses détracteurs conviennent que les remèdes employés jusqu'alors par les pontifes précédents n'avaient rien opéré ; donc ce pape fut forcé de recourir à des moyens plus violents ; une preuve qu'il n'eut pas tort, c'est qu'il eut plus de succès qu'eux. C'est une dérision de prétendre que des prêtres et des moines avaient contracté un *mariage légitime*, en dépit de la discipline ecclésiastique qui leur interdisait le mariage. Jamais la nécessité de la loi du célibat ne fut mieux démontrée que dans ces temps malheureux, où l'infraction de cette loi entraîna la vente et l'achat des bénéfices pour avoir de quoi nourrir une femme et des enfants, le déréglement et l'avilissement du clergé, le choix du concubinage par préférence à une apparence de mariage, la négligence des fonctions ecclésiastiques, etc. Il fallut instituer des chanoines réguliers, pour rétablir la discipline et la décence parmi le clergé. Traiter avec ménagement les prévaricateurs, c'eût été un moyen sûr de perpétuer le scandale, la résistance qu'ils firent, les clameurs et les troubles qu'ils excitèrent, par préférence à la grandeur du mal, et non l'imprudence du remède. *Voy.* CÉLIBAT.

SIMONIENS, sectaires du Ier siècle de l'Eglise, attachés au parti de Simon le Magicien, duquel il est parlé dans les Actes des apôtres, c. VIII, v. 9 et suiv. Ce personnage était de Samarie et juif de naissance ; après avoir étudié la philosophie à Alexandrie, il professa la magie, folie assez ordinaire aux philosophes orientaux, et il persuada aux Samaritains, par de faux miracles, qu'il avait reçu de Dieu un pouvoir supérieur pour réprimer et pour dompter les esprits malins qui tourmentent les hommes. Lorsqu'il vit les prodiges que l'apôtre saint Philippe opérait par la puissance divine, il se joignit à lui dans l'espérance d'en faire aussi de semblables, il embrassa la doctrine de Jésus-Christ et reçut le baptême. Ayant vu ensuite que saint Pierre et saint Jean donnaient le Saint-Esprit par l'imposition de leurs mains, il leur offrit de l'argent pour obtenir d'eux le même pouvoir, afin d'augmenter ainsi ses richesses, son crédit et sa réputation. Mais saint Pierre lui reprocha sévèrement la méchanceté de ses intentions et la vanité de ses espérances, et le menaça d'un châtiment rigoureux. *Simon*, piqué de cette réprimande, abandonna entièrement le parti des chrétiens, reprit la pratique de la magie, et, loin de prêcher la foi en Jésus-Christ, il s'opposa tant qu'il put aux progrès de l'Evangile, et il parcourut plusieurs pays dans ce dessein. Ainsi on doit moins le regarder comme un hérésiarque que comme un des imposteurs ou des faux messies qui parurent en Judée après l'ascension de Jésus-Christ.

Presque tous les anciens qui en ont parlé, ont cependant présenté *Simon* comme le chef ou le premier auteur de la secte des gnostiques ; mais ceux-ci peuvent avoir suivi le même système et les mêmes erreurs, sans les avoir reçus de lui et sans avoir été ses disciples ; ils peuvent les avoir pris dans la même source que lui, à savoir dans l'école d'Alexandrie. Il eut cependant des partisans en assez grand nombre ; Eusèbe et d'autres auteurs nous apprennent que la secte des *simoniens* dura jusqu'au commencement du v° siècle. Comme ces sectaires ne se faisaient point de scrupule de l'idolâtrie, et ne s'exposaient point au martyre, les païens ne les regardèrent point comme chrétiens, et les laissèrent en repos.

Il y a beaucoup de variété et même d'opposition entre ce que les anciens ont dit des actions de cet imposteur et de ses opinions ; c'est ce qui a porté quelques savants modernes à imaginer qu'il y a eu deux personnages nommés *Simon*, l'un magicien et apostat, duquel les *Actes des Apôtres* font mention, l'autre hérétique gnostique. C'est le sentiment que Beausobre s'est efforcé d'établir, *Hist. du manich.*, tom. II, l. VI, c. 3, § 9, surtout dans sa *Dissertation sur les adamites*. Mosheim qui, dans ses divers ouvrages, a examiné dans le plus grand détail ce qui concerne *Simon*, ses sentiments et sa secte, juge que cette conjecture de Beausobre n'est ni prouvée ni probable ; *Dissert. ad Hist. eccles.*, t. II, p. 60 ; *Instit. Hist. christ.*, sæc. I, II° part., cap. 5, § 12. — Saint Epiphane rapporte que *Simon* conduisait avec lui une femme perdue nommée *Hélène*, de laquelle il racontait des choses prodigieuses, à laquelle il attribuait la même vertu qu'à lui, et lui faisait rendre par ses partisans les mêmes honneurs. Beausobre, toujours porté à faire l'apologie de tous les hérétiques, prétend que saint Epiphane s'est trompé grossièrement par prévention ; que sous le nom de la prétendue *Hélène*, *Simon* entendait l'âme humaine, de laquelle il le peignait allégoriquement l'origine, l'état, la destinée, sous l'emblème d'une femme qu'il était venu sauver, *Hist. du manich.*, t. I, l. 1, c. 3, § 2 ; t. II, l. VI, c. 3, § 9. Mosheim soutient encore que cette imagination, toute ingénieuse qu'elle est, n'a aucun fondement ; qu'il n'est pas possible de rejeter le témoignage formel de saint Irénée et des autres Pères plus anciens que saint Epiphane, qui ont parlé aussi bien que lui d'*Hélène*, comme d'une femme véritablement vivante. — D'autres anciens auteurs ont dit que *Simon*, étant venu exercer la magie à Rome, sous le règne de Néron, y rencontra saint Pierre avec lequel il eut de vives disputes, qu'ayant promis aux Romains de voler, il s'éleva effectivement par magie dans les airs, mais qu'il fut précipité en bas par les prières de saint Pierre. Comme cette histoire n'a point d'autres garants que des auteurs très-suspects et des monuments apocryphes, il n'est guère possible d'y ajouter foi. — Saint Justin, *Apol.* 1, n. 26 et 56, parlant aux empereurs, dit que *Simon* est honoré par les Romains comme un dieu; qu'il a vu dans une île du Tibre sa statue avec cette inscription : *Simoni sancto.* Aucun des anciens n'avait révoqué en doute cette narration de saint Justin ; mais sous le pontificat de Grégoire XIII, l'on déterra dans une île du Tibre le piédestal d'une statue avec l'inscription *Simoni Sanco deo Fidio sacrum;* l'on a conclu que saint Justin, trompé par la ressemblance du nom, et faute d'entendre la langue latine, avait pris la statue de *Semo Sancus*, dieu de la bonne foi, pour l'image de *Simon* le Magicien. Le savant éditeur des œuvres de saint Justin soutient que cette erreur n'est pas possible ; que saint Justin a demeuré assez longtemps à Rome pour corriger sa méprise s'il avait été trompé, et qu'après tout la conjecture des modernes peut n'être qu'une imagination.

Quoi qu'il en soit, voici, selon Mosheim, à quoi se réduisaient les opinions de *Simon.* Il admettait un Être suprême, éternel, bon et bienfaisant de sa nature ; mais, comme tous les philosophes orientaux, il supposait aussi l'éternité de la matière. Il pensait comme eux que la matière, mue de toute éternité par une activité intrinsèque et nécessaire, avait produit par sa force ignée, dans un certain temps et de sa propre substance, un mauvais principe, un être intelligent et malfaisant qui exerce toujours son empire sur elle. Est-ce celui-ci qui a produit une infinité d'*éons*, de génies ou d'esprits inférieurs qui ont arrangé la matière pour former le monde, qui le gouvernent et disposent ici-bas du sort des hommes ? ou est-ce le Dieu bon qui a tiré de sa substance des anges et des âmes dans le dessein de les rendre heureuses et parfaites, mais desquelles le mauvais principe et ses *éons* sont venus à bout de se rendre maîtres, de les enfermer dans des corps matériels, de les y asservir aux misères et aux faiblesses inséparables de la matière ? Cela n'est pas aisé à décider, parce que les anciens qui ont parlé des rêveries de *Simon* et des *simoniens*, ne se sont pas expliqués assez clairement là-dessus ; mais l'une et l'autre de ces suppositions sont également absurdes. Nous savons seulement par leur témoignage que, suivant ce que prétendait *Simon*, le plus parfait des divins *éons* résidait dans sa personne, qu'un autre *éon*, de sexe féminin, habitait dans sa maîtresse Hélène; que *Simon* était envoyé de Dieu sur la terre pour détruire l'empire des esprits qui ont créé ce monde matériel, et pour délivrer *Hélène* de leur puissance et de leur domination.

Il n'est pas nécessaire de nous arrêter à remarquer toutes les absurdités de cette hypothèse, nous les avons déjà fait apercevoir en parlant des différentes sectes de gnostiques ; nous avons montré que tous les systèmes de philosophie orientale ne servent à rien pour expliquer l'origine du mal ; qu'en voulant éviter une difficulté, les philosophes en ont fait naître de plus grandes ; que le seul dogme vrai, démontrable et qui satisfait à tout, est celui de la création. *Voy.* MARCIONITES, MANICHÉENS, MÉNANDRIENS, CÉRINTHIENS, etc.; nous y reviendrons encore au mot VALENTINIENS. Il nous suffit d'observer que, suivant l'opinion de tous ces anciens hérétiques, aucune de nos actions n'est libre, puisque nous sommes sous l'empire tyrannique de prétendus *éons* auxquels nous ne sommes pas maîtres de résister ; qu'ainsi, à proprement parler, aucune n'est moralement ni bonne ni mauvaise ; que la chair et toutes ses opérations sont nécessairement impures, mais qu'en cédant au mouvement des passions nous ne péchons point. On voit d'abord combien est détestable cette morale ; elle ne pouvait pas manquer d'être suivie dans la pratique par la plupart de ceux qui l'enseignaient : ainsi nous ne devons pas douter des désordres que les Pères de l'Église ont imputés aux anciens hérétiques, et en particulier aux *simoniens*.

SIMPLICITÉ, attribut de Dieu par lequel nous le concevons comme parfaitement *un*, comme un Être qui non-seulement n'est point composé de parties, mais auquel il ne survient aucune modification nouvelle qui change son état; ainsi la *simplicité* parfaite renferme nécessairement l'immutabilité aussi bien que la spiritualité ou la notion de pur esprit. Un esprit créé est aussi un être *simple*, exempt de composition et de parties ; mais il lui survient des modifications, des pensées, des connaissances, des désirs, des volontés qu'il n'avait pas; dans ce sens il change, il n'est pas toujours le même. En Dieu tout est éternel : il a connu et il a voulu de toute éternité ce qu'il connaît et ce qu'il veut aujourd'hui, et tout ce qu'il connaîtra et voudra jusqu'à la fin des siècles ; il ne peut rien perdre ni rien acquérir : *Je suis, dit-il*, CELUI QUI EST ; *je ne change point (Malach.* III, 6).

Les philosophes qui n'ont point été éclairés par la révélation n'ont jamais eu cette idée sublime de la Divinité, mais les juifs l'avaient puisée dans les leçons que Dieu avait données à leurs ancêtres ; un historien latin leur a rendu ce témoignage : « Les juifs, dit-il, conçoivent Dieu par la pensée seule, comme un Être unique, souverain, éternel, immuable et immortel. » *Judæi mente sola unumque Numen intelligunt....... summum illud et æternum, neque mutabile, neque interiturum,* Tacite, *Hist.*, l. v, cap. 5. Mais il n'est pas possible d'avoir cette notion pure de Dieu, que l'on n'ait aussi celle de la *création. Voy.* ce mot et SPIRITUALITÉ.

SIMPLICITÉ, vertu chrétienne, que l'on appelle aussi *candeur, ingénuité* ; c'est l'opposé de la duplicité, de la ruse, du caractère soupçonneux et défiant. Une âme simple dit naïvement ce qu'elle pense, croit aisément ce qu'on lui dit, ne se défie de personne, présume toujours le bien plutôt que le mal ; c'est le propre de l'innocence. Un homme vicieux et fourbe ne s'ouvre jamais, il se défie de tout le monde, il croit que les autres sont encore plus pervers que lui. *Ayez*, dit Jésus-Christ, *la prudence du serpent et la* SIMPLICITÉ *de la colombe* (*Matth.* x, 16). La *simplicité* n'exclut donc pas la prudence ni les précautions, mais elle bannit la finesse, la défiance excessive et mal fondée. Aucun des anciens philosophes n'a recommandé cette vertu ; tous l'auraient regardée comme un défaut plutôt que comme une bonne qualité ; elle n'entrait point dans leur caractère, elle ne se trouve point non plus dans leurs livres ; chez les nations devenues philosophes, la *simplicité* est presque une injure, elle passe pour imbécillité.

SIMULACRE. *Voy.* PAGANISME.

SINAI, montagne voisine de l'Arabie et de la mer Rouge, sur laquelle Dieu donna sa loi aux Israélites après leur sortie de l'Égypte. Il est dit dans l'*Exode*, cap. XIX et XX, que dans cette circonstance toute la montagne de *Sinaï* était couverte d'une épaisse nuée, qu'il en sortait des éclairs accompagnés du bruit du tonnerre et d'un son de trompettes qui inspirait la terreur ; que tout le peuple se tint au bas et autour de la montagne, sans oser en approcher ; que Dieu lui-même prononça les commandements du Décalogue, et que tout le peuple l'entendit. Nous ne connaissons aucun incrédule qui ait entrepris de prouver que tout cet appareil fût une illusion et un effet de l'art. Les Israélites étaient au nombre de deux millions ; puisqu'il y en avait six cent mille en état de porter les armes. Aucun art humain ne peut rendre fumante une montagne aussi étendue que le mont *Sinaï*, en faire sortir le tonnerre et des éclairs capables d'effrayer une aussi grande multitude ; Moïse seul et Aaron son frère osèrent entrer dans la nuée et s'approcher du lieu où Dieu parlait. D'ailleurs on n'a jamais vu sur cette montagne aucun vestige de volcan. — Dira-t-on que c'est une fable ? Moïse prend à témoin de ce prodige les Israélites eux-mêmes quarante ans après, *Deut.*, c. V, v. 5, 22 et seq. Le visage de ce législateur orné de rayons de lumière depuis ce moment, était un autre prodige habituel qui faisait souvenir du premier. *Exod.*, c. XXXIV, v. 29. Enfin, il établit pour monument la fête des Semaines ou de la Pentecôte, et cette fête fut célébrée par ceux mêmes qui avaient été spectateurs de ces divers évènements, *ibid.*, v. 22. Deux millions d'hommes n'ont pas pu consentir à célébrer contre leur conscience une fête de laquelle ils auraient connu l'imposture. Le miracle seul de *Sinaï* suffit pour attester la divinité de la loi de Moïse.

On peut faire une objection contre son histoire. *Exod.*, cap XIX, il répète plus d'une fois que cela s'est passé sur le mont *Sinaï*, et *Deut.*, c. V, v. 2, il dit que ç'a été sur le mont Horeb. Mais les voyageurs et les géographes anciens et modernes nous apprennent que *Horeb* et *Sinaï* sont deux sommets de la même montagne, dont l'un regarde l'Idumée et l'autre l'Arabie, et que celui-ci est le plus élevé. Il y a aujourd'hui, et depuis plusieurs siècles, un monastère et une église de Sainte Catherine sur le mont *Sinaï*, dans le lieu où l'on croit que Dieu lui-même a dicté ses lois.

SINDON. *Voy.* SUAIRE.

SINISTRES ou GAUCHERS. *Voy.* SABBATIENS.

* SOCIALISME. « Le grand problème social, dit M. Maupied, est en ce moment l'objet du travail de l'univers ; c'est principalement l'objet de toute l'activité française. Chacun le médite, chacun cherche à le résoudre, et tous ces efforts sont louables. Bien plus, il y a obligation pour chacun de faire part à ses frères des éléments de solution que Dieu lui a inspirés, c'est un devoir de charité sociale. L'individu peut se tromper, et nul doute que beaucoup s'égareront en croyant avoir donné une solution, qui ne sera au fond que la négation ou l'absurde. Leurs efforts n'en seront pas moins louables, pourvu qu'ils ne prétendent point exercer le despotisme sur la liberté de leurs frères, en cherchant par des moyens coupables à faire prévaloir leur pensée contre le vœu général, et contre les principes éternels. Il n'en est pas d'un problème social comme d'un problème de mathématique. Dans celui-ci, les données sont simples, elles sont des nécessités de logique, et la solution s'applique qu'à des êtres brutes ou à des idées absolues. Dans le problème social au contraire, les données sont extrêmement complexes, la liberté de l'homme en exclut les nécessités, la solution s'applique à des êtres vivants, libres et moraux, et à des idées sociales toujours relatives à l'état de l'humanité des peuples et des nations. Cette immense différence repousse donc de prime-abord toute solution du problème social qui se prétendrait mathématique, quel que soit d'ailleurs le nom sous lequel elle se déguise. Or toute solution sera au fond géométrique ou mathématique, toutes les fois qu'elle exclura une partie des données sociales, ou qu'elle scindera la nature de l'homme pour ne le considérer que sous une seule face, parce qu'alors elle considérera l'homme comme une chose brute, comme un être sans vie, sans liberté. »

Si les socialistes prenaient la nature humaine dans toute son étendue, qu'ils considérassent l'homme comme un être composé d'un corps et d'une âme immortelle, destiné à vivre en société sur cette terre pour parvenir, par l'accomplissement des devoirs de la véritable religion, au bonheur éternel, nous n'aurions pas tant à redouter de tous les systèmes qui se produisent, qui veulent mettre l'homme à la place de Dieu pour régénérer le monde. L'Anglais Owen fut le premier champion du socialisme. Après avoir été repoussé de l'Angleterre, il passa en Amérique vers 1825. Il y fit une profonde sensation. Revenu dans sa patrie, il fut cette fois mieux écouté, il forma une école qui s'est répandue sur tout le continent. Voici comment Mgr Bouvier résume ses doctrines : « 1° L'homme, en paraissant dans le monde, n'est ni bon ni mauvais : les circonstances où il se trouve le font ce qu'il devient par la suite. 2° Comme il ne peut modifier son organisation ni changer les circonstances qui l'entourent, les sentiments qu'il éprouve, les idées et les convictions qui naissent en lui, les actes qui en résultent sont des faits nécessaires contre lesquels il reste désarmé : il ne peut donc en être responsable. 3° Le vrai bonheur, produit de l'éducation et de la santé, consiste principalement dans l'association avec ses semblables, dans la bienveillance mutuelle et dans l'absence de toute superstition. 4° La religion rationnelle est la religion de la charité : elle admet un Dieu créateur, éternel, infini, mais ne reconnaît d'autre culte que la loi naturelle, qui ordonne à l'homme de suivre les impulsions de la nature et de tendre au but de son existence. Mais Owen ne dit pas quel est ce but. 5° Quant à la société, le gouvernement doit proclamer une liberté absolue de conscience, l'abolition complète de peines et de récompenses, et l'*irresponsabilité* de l'individu, puisqu'il n'est pas libre dans ses actes 6° Un homme vicieux ou coupable n'est qu'un malade, puisqu'il ne peut être responsable de ses actes : en conséquence, on ne doit pas le punir, mais l'enfermer comme un fou, s'il est dangereux. 7° Toutes choses doivent être réglées de telle sorte que chaque membre de la communauté soit pourvu des meilleurs objets de consommation, en travaillant selon ses moyens et son industrie. 8° L'éducation doit être la même pour tous, et dirigée de telle sorte qu'elle ne fasse éclore en nous que des sentiments conformes aux lois évidentes de notre nature. 9° L'égalité parfaite et la communauté absolue sont les seules règles possibles de la société. 10° Chaque communauté sera de deux à trois mille âmes, et les diverses communautés, se liant ensemble, se formeront en congrès. 11° Dans la communauté, il n'y aura qu'une seule hiérarchie, celle des fonctions, laquelle sera déterminée par l'âge. 12° Dans le système actuel de société, chacun est en lutte avec tous et contre tous : dans le système proposé, l'assistance de tous sera acquise à chacun, et l'assistance de chacun sera acquise à tous. »

Cette formule du socialisme n'est pas celle de toutes les écoles. Il y a bien des degrés dans le socialisme. Quoique l'inflexible logique fasse aboutir assez aisément les divers systèmes à une même absurdité, tous cependant au premier aspect ne révoltent pas également le bon sens et la morale. Disons-le même, quelques-uns de nos modernes réformateurs, amis sincères de l'humanité, et croyant de bonne foi aux rêves de félicité qu'ils enfantent pour elle, ont dans leur langage quelque chose de singulièrement séduisant pour les âmes simples et généreuses. Comme les anciens sophistes d'Alexandrie, qui mêlaient dans leur enseignement la langue de Platon et celle de l'Évangile, ils empruntent au christianisme quelques-uns de ses dogmes et de ses préceptes, n'aspirant, disent-ils, qu'à les compléter pour en mieux assurer le règne sur la terre. Dépositaires de la plénitude de la vérité sociale, ce sont eux qui doivent ôter à l'homme le dernier anneau de sa chaîne, et faire fructifier ici-bas cette grande doctrine de l'égalité et de la fraternité humaine donnée au monde par Jésus-Christ, mais dont le germe mal fécondé a besoin de recevoir son parfait épanouissement.

Le mal n'est point consommé; il est seulement à sa naissance, et grâce à Dieu, il est encore temps de le conjurer. Soit qu'il s'agisse de rétablir quelques points de dogme obscurcis par l'erreur; soit qu'il faille s'expliquer la vérité sociale telle que le christianisme l'a promulguée à travers les siècles, interpréter le sens légitime des préceptes évangéliques dans leur application à l'organisation des sociétés humaines, nous avons nos évêques, gardiens incorruptibles de la vérité dogmatique et morale ; c'est à eux qu'il appartient de prendre en main le flambeau de la vérité et d'éclairer les consciences.

SOCIÉTÉ. L'on convient assez que l'homme est destiné par la nature à vivre en société avec ses semblables ; que, réduit à une solitude absolue, il serait le plus malheureux de tous les animaux. Ceux d'entre nos philosophes modernes qui se sont avisés de soutenir le contraire, n'ont persuadé personne ; le sentiment intérieur, plus fort que tous les sophismes, suffit pour faire oublier leurs paradoxes.

L'homme, dit très-bien un auteur moderne, l'homme ne connaîtrait rien s'il n'avait pas besoin d'apprendre ; nous ne savons bien que ce que nous avons eu de la peine à rechercher, et le plus stupide des peuples serait celui dont tous les besoins seraient satisfaits sans aucun travail. Celui à qui la subsistance serait donnée sans peine, la recevrait sans plaisir. Nulle volupté sans désir, et nul désir sans besoin. Tant que les peuples ichtyophages pourront vivre de la pêche, et tant que les peuples chasseurs trouveront du gibier, ils demeureront dans le même état, la sphère de leurs connaissances sera toujours également bornée. Quand le soleil roulerait encore pendant vingt mille ans son orbe enflammé sur la zone torride, le noir habitant de ces contrées resterait toujours dans le même état d'ignorance ; il n'a besoin ni de se loger ni de se vêtir. C'est le peuple agriculteur qui éprouve ces besoins, et qui doit par conséquent chercher et découvrir les moyens de les satisfaire. Les champs qu'il a défrichés le fixent auprès d'eux ; le taureau qu'il a subjugué, le cheval qu'il a dompté, demandent un asile contre les injures de l'air : de là naît la première architecture. Il retire sous son toit les brebis qu'il a rassemblées, leur lait le désaltère, et leur toison lui fournit des habits.

C'est donc chez les peuples agricoles qu'il faut chercher l'origine de la civilisation ; c'est chez eux que nous trouverons le berceau des sciences. Mais tout climat n'est pas propre à rendre l'agriculture nécessaire aux peuples qui l'habitent, ni à la favoriser : tant que les Arabes du désert habiteront cette contrée, ils seront bergers ; les habitants de la Pouille et de la Calabre seront toujours agriculteurs. Mais la civilisation et la *société* ne sont pas la même chose ; quelque grossier et sauvage que soit l'homme, il recherche du moins la *société* d'une épouse ; sa constitution, ses besoins, ses inclinations, prouvent la vérité de cette parole du Créateur : *Il n'est pas bon que l'homme soit seul*. Malgré la fertilité du paradis, l'Écriture nous dit que Dieu y avait placé l'homme pour qu'il en fût le cultivateur et le gardien, *Gen.*, c. II, v. 15. Cependant le sentiment du besoin que nous avons de la *société* ne suffirait pas pour nous en rendre les devoirs respectables et sacrés, si nous ne savions d'ailleurs que tel est l'ordre établi par la sagesse et la bonté du Créateur ; qu'en donnant à l'homme le droit de jouir des avantages de la *société*, il lui a imposé l'obligation d'être utile à ses semblables, et de leur rendre les mêmes services qu'il a droit d'exiger d'eux.

Les philosophes modernes, qui ont révé que la *société* humaine est fondée sur un contrat libre que les hommes ont formé entre eux pour leur utilité mutuelle, n'ont pas seulement compris le sens des termes dont ils se sont servis. 1° Ils ont supposé qu'avant toute convention un homme ne doit rien à un autre homme ; c'est une erreur : il lui doit l'humanité, et l'humanité consiste en devoirs réciproques. Pour penser le contraire, il faut penser que le genre humain est né fortuitement, sans qu'aucun être intelligent et sage ait présidé à sa naissance ; c'est l'athéisme pur. Mais il est démontré que l'homme a un Créateur. Or Dieu, en créant l'homme, n'a pas pu, sans se contredire, lui donner le besoin de vivre en *société* sans lui imposer les obligations de la vie sociale. C'est donc l'intention et la volonté du Créateur qui est le principe des lois de la *société*; le besoin en est le signe, mais il n'en est pas le fondement. 2° S'il n'y a pas une loi antérieure qui oblige l'homme à tenir sa parole, à exécuter ce qu'il a promis, un contrat libre, une convention réciproque ne peut imposer une obligation à ceux qui l'ont formée ; la convention ne durera qu'autant que la même volonté subsistera ; l'homme demeurera le maître de maintenir la convention ou de la rompre quand il le voudra ; la même cause qui a formé le lien ou l'engagement sera toujours en droit de l'anéantir; ainsi le prétendu *pacte social* est une absurdité. 3° Les premiers auteurs de la convention n'ont pas pu contracter pour leurs descendants ; ceux-ci naissent avec la même liberté naturelle que leurs pères. S'ils se trouvent blessés ou gênés par la *société* établie sans eux, qui les empêchera de la dissoudre, d'y renoncer et d'en violer les lois? La force, sans doute ; mais la *force* et le *devoir* ne sont pas la même chose ; la loi du plus fort est l'anéantissement de toute *société*. 4° Indépendamment de toute convention, un père est obligé de conserver et d'élever les enfants qu'il a mis au monde ; autrement le genre humain serait bientôt détruit : les enfants à leur tour sont obligés de respecter et d'aimer ceux qui leur ont donné la vie et l'éducation ; autrement les pères et mères seraient tentés de les détruire, pour se décharger du soin très-pénible de les nourrir et de les élever. Puisque les enfants naissent avec le droit d'être conservés, ils naissent aussi avec le devoir d'être reconnaissants et soumis. En toutes choses *droit* et *devoir* sont *corrélatifs*, voyez ces deux mots ; l'un ne peut subsister sans l'autre.

Cette théorie, déjà évidente par elle-même, est authentiquement confirmée par la révélation ou par l'histoire de la création. Dieu dit au premier homme et à son épouse: *Croissez, multipliez, peuplez la terre* (Gen., i, 28); ils ne pouvaient la peupler qu'en conservant les fruits de leur union. Aussi, en mettant au monde son premier-né, Eve s'écrie par un sentiment de reconnaissance: *Je possède un homme par la grâce de Dieu*, c. iv, v. 1. Ainsi, sans consulter les hommes, Dieu, auteur de leur être, de leurs inclinations, de leurs besoins, a établi entre eux la *société naturelle et domestique* en sanctifiant le mariage, en le rendant indissoluble, en les faisant naître tous d'un seul couple. Tous sont donc frères et unis par les liens du sang, Dieu leur a prescrit leurs devoirs à l'égard de leurs parents, ou directs ou collatéraux ; l'Ecriture nous le fait sentir en donnant les noms de *père* et de *frère* à tous les degrés de parenté, et le nom de *prochain* à tout homme quel qu'il soit. Toute la religion des patriarches avait pour objet de leur inculquer cette grande vérité, que Dieu est le père des familles, le vengeur des droits du sang, qu'il a fait prospérer les peuplades qui lui ont été fidèles, qu'il a puni celles qui, en violant ses lois, ont résisté à la voix de la raison et de la nature.

Lorsque les familles ont été assez multipliées pour se réunir en corps de nation, Dieu a fondé *la société nationale et civile*, il a exercé d'une manière encore plus éclatante l'auguste fonction de législateur. Il n'était pas possible de les réunir toutes dans une seule *société* ; la distance des lieux, la différence du langage, les variétés de leur manière de vivre, s'y opposaient. Mais, en choisissant un seul peuple, Dieu a montré à tous les autres ce qu'ils auraient dû faire ; c'est une des raisons pour lesquelles il a établi la législation des Hébreux par des prodiges dont le bruit a dû retentir chez toutes les nations voisines. Les leçons et les lois qu'il a données par Moïse aux descendants d'Abraham, tendaient à leur apprendre que Dieu est le fondateur, le protecteur, le chef et le roi de *la société civile* ; tous les devoirs de justice, d'humanité et de police leur étaient prescrits comme des devoirs de religion, parce qu'il n'y avait point de motif plus capable de les y rendre fidèles. Conséquemment le législateur ne cesse de leur répéter que c'est Dieu qui place les nations et les déplace, qui les élève où les humilie, qui les récompense de leurs vertus par la prospérité, ou qui les punit de leurs vices par des malheurs, qui leur donne la paix ou la guerre, qui met à leur tête des sages, ou des hommes insensés et vicieux. Le patriotisme est donc un sentiment que Dieu approuve, lorsqu'il n'est pas poussé à l'excès et qu'il n'est pas opposé au droit des gens. Dieu n'a pas fondé la *société civile* pour détruire la *société naturelle*, mais pour la renforcer ; les droits de l'une bien entendus ne nuisent point aux droits de l'autre, puisque tous sont également fondés sur la volonté et la loi de Dieu. Ceux qui ont prétendu que les ordres donnés aux Israélites de détruire les Chananéens étaient contraires au droit des gens et à l'humanité, ont très-mal raisonné ; nous avons prouvé le contraire au mot CHANANÉENS.

Lorsque des temps plus heureux sont arrivés et que les peuples ont été capables de fraterniser, Dieu a envoyé son Fils unique pour fonder entre eux une *société religieuse universelle*. En Jésus-Christ, dit saint Paul, il n'y a plus ni juif, ni gentil, ni grec, ni barbare, nous sommes tous par lui un seul corps et une même famille ; il a ordonné à ses Apôtres de prêcher l'Evangile à toutes les nations, il s'est proposé d'en faire un seul troupeau, de les rassembler dans un même bercail, sous un seul pasteur. Cette *société* sans doute ne déroge ni au droit naturel et civil, ni au droit des gens, elle les confirme au contraire et les fait mieux connaître ; jamais ils n'ont été mieux aperçus qu'à la lumière de l'Evangile. Il suffit de comparer l'état des nations chrétiennes avec celui des infidèles, pour sentir les obligations qu'ils ont tous à Jésus-Christ, sauveur du monde et législateur universel. La sagesse divine a pu seule dicter des leçons aussi conformes aux besoins et aux circonstances dans lesquelles se trouvait le genre humain, lorsque Jésus-Christ a paru sur la terre. De faux politiques, des moralistes corrompus ne pouvaient manquer de censurer ses leçons divines, mais ils n'ont connu ni la véritable origine du droit naturel, ni celle du droit national et civil, ni le vrai fondement de toute *société*; comment en auraient-ils aperçu, distingué et concilié les devoirs? La religion, disent-ils, rend les hommes insociables, elle inspire un zèle inquiet, injuste et souvent cruel. Mais la *société* nationale et civile inspire aussi souvent un patriotisme ambitieux, conquérant, dévastateur et oppresseur; témoin celui des Romains : s'ensuit-il que toutes les familles doivent demeurer isolées et sauvages, que c'est le mieux pour l'intérêt général du genre humain? *Voy.* RELIGION, ZÈLE, etc.

Un auteur anglais a très-bien observé que la *société* humaine et les devoirs de la morale sont fondés sur quatre penchants naturels à l'homme ; savoir, le désir de la vérité, l'amour de la *société*, le sentiment de l'honneur, l'estime de l'ordre. Or, la religion, beaucoup mieux que la raison, nous fait sentir le prix de la vérité et le vice du mensonge; elle nous rend plus chers les hommes avec lesquels nous sommes obligés de vivre; elle met entre eux et nous de nouveaux liens; elle nous montre en quoi consiste le véritable honneur; elle nous fait respecter l'ordre comme l'ouvrage de Dieu même : en quel sens peut-elle nuire à l'esprit social ? — La *société* civile, parvenue au plus haut degré de perfection, est voisine de sa dégradation et de sa dissolution : triste vérité confirmée par l'expérience de tous les siècles. La religion seule peut arrêter, ou du moins retarder le cours du torrent de la corruption ; elle doit donc rendre la *société* civile plus stable, et l'on doit certainement attribuer à cette cause la durée plus longue des *sociétés* modernes que celles des anciennes

* SOCIÉTÉS SECRÈTES. Il y a une vieille maxime qui nous dit que celui qui fait le mal hait la lumière. Les sociétés secrètes voulant se soustraire à la connaissance et à l'action du public, on peut sans témérité présumer qu'elles ont de mauvais desseins. Elles n'ont pas sans doute toutes le même but : les unes veulent renverser les pouvoirs temporels, les autres détruire la religion, toutes poussent à quelque désordre. Nous ne pouvons entrer ici dans le détail des sociétés secrètes. Nous avons parlé des *francs-maçons* et des *carbonari* aux articles qui les concernent. L'Église ne pouvait demeurer indifférente à la vue des maux causés par les sociétés secrètes : Pie VII, dans sa bulle *Ecclesiam a Jesu Christo*, les a frappées d'anathème ; Léon XII a renouvelé la condamnation des sociétés secrètes en général, et en particulier de celle qui était connue sous le nom d'*universitaire*.

SOCINIENS, secte d'hérétiques qui rejettent tous les mystères du christianisme ; on les nomme aussi *unitaires*, parce qu'ils n'admettent en Dieu qu'une seule personne. Ses chefs sont des théologiens, ou plutôt des philosophes qui, en raisonnant sur les dogmes du christianisme, se sont attachés à les détruire l'un après l'autre, et sont ainsi tombés dans une espèce de déisme ; plusieurs ont poussé les conséquences jusqu'au matérialisme et au pyrrhonisme. Un écrivain moderne, après avoir suivi le fil de leurs erreurs, a très-bien dit que leur méthode est l'*art de décroire*. Il est constant que le *socinianisme* est né de la prétendue réforme de Luther et des principes sur lesquels ce novateur se fonda. Cette secte n'a pas eu pour premier auteur Fauste Socin dont elle porte aujourd'hui le nom ; elle avait commencé à éclore plusieurs années avant lui. Luther commença de dogmatiser en 1517 ; dès l'année 1521 il se trouva aux prises avec Thomas Muntzer ou Muncer, Menno, et d'autres chefs des anabaptistes ; plusieurs de ces derniers donnèrent dans l'arianisme, nièrent la divinité de Jésus-Christ, rejetèrent conséquemment les mystères de la sainte Trinité et de l'incarnation. On cite en particulier Louis Hetzer, Jean Campanus, un certain Claudius, etc.

Ceux d'entre les *sociniens* qui ont écrit l'histoire de leur secte et en ont recherché l'origine, disent que l'an 1546 un nombre de gentilshommes italiens, qui avaient goûté la doctrine de Luther et de Calvin, eurent ensemble des conférences à Vicence dans les états de Venise, et qu'ils formèrent le projet de bannir du christianisme tous les mystères ; que Bernardin Ockin, Lélio Sozzini ou Socin, Valentin, Gentilis, Jean-Paul Alciat et d'autres, furent formés à cette école. Mais Mosheim, qui a examiné avec soin cette histoire, dit qu'en supposant le fait de ces conférences, Ockin ni Lélio Socin n'ont pu y assister, que d'ailleurs on ne put y former aucun point fixe de doctrine, *Hist. ecclés.*, XVIe siècle, 3, IIe part., c. 4, § 7, notes. On sait aussi que ce n'est point Lélio Socin, mais Fauste son neveu, qui a donné à toute la secte son nom et le système auquel elle s'est principalement attachée. En 1531, quinze ans avant l'époque des conférences, Michel Servet publia ses premiers ouvrages contre le mystère de la sainte Trinité ; en 1553 il vint disputer à Genève contre Calvin sur ce même dogme, et il lui en coûta la vie. *Voy.* SERVÉTISTES. Mais Mosheim prétend qu'à proprement parler il ne forma point de disciples, et que son système particulier mourut avec lui. Quoi qu'il en soit, Gentilis, Alciat, et d'autres qui pensaient comme eux, se retirèrent en Pologne où les erreurs de Luther et de Calvin avaient fait de grands progrès. Ils y furent joints par George Blandrat, disciple de Luther, et ils y trouvèrent deux puissants protecteurs. Ils firent des prosélytes, ils formèrent des églises, ils tinrent des synodes, ils eurent des collèges et des imprimeries à leur usage, jusqu'à 1558, qu'ils furent bannis par un décret de la diète de Pologne. En 1563, Blandrat trouva le moyen d'introduire le *socinianisme* en Transylvanie, où il subsiste encore aujourd'hui. Ainsi, Luther et Calvin ont vu, avant de mourir, les conséquences auxquelles leurs principes devaient infailliblement aboutir.

Pendant un siècle, cette secte a produit dans la Pologne une multitude de savants. Outre ceux dont nous venons de parler, Crellius, Smalicus, Volkælius, Slichtingius, Woltzogen, Wissowats, Lubiénietzki, etc., ont été célèbres. Indépendamment du recueil de leurs ouvrages, intitulé : *Bibliotheca fratrum Polonorum*, en dix volumes in-folio, ils ont tant écrit que, si tout était rassemblé et imprimé, il y aurait de quoi faire une bibliothèque très-nombreuse. Sandius, un de leurs écrivains, en a donné la liste sous le titre de *Bibliotheca Anti-Trinitariorum*; mais tout n'y est pas compris.

On conçoit qu'il n'a jamais pu y avoir beaucoup d'uniformité dans les sentiments d'une multitude de raisonneurs qui s'attribuaient tous le droit d'être les seuls arbitres de leur croyance, et d'entendre la doctrine de Jésus-Christ comme il leur plaisait. Pour s'établir dans la Pologne, ils commencèrent par s'unir à l'extérieur aux luthériens et aux calvinistes, qui avaient de nombreuses églises ; mais la différence de sentiments et la rivalité ne tardèrent pas de les désunir : ils eurent ensemble de fréquentes disputes dans lesquelles les protestants n'eurent pas l'avantage, parce qu'on les battait par leurs propres armes. Enfin, les unitaires ayant trouvé des protecteurs dans plusieurs des grands seigneurs polonais, qui leur donnèrent asile dans leurs terres, ils rompirent toute société avec les protestants l'an 1565, et firent bande à part. Le principal siége de leur secte fut Racow ou Racovie, dans le district de Sandomir.

Ce fut vers l'an 1579 que Fauste Socin, neveu et héritier des sentiments de Lélio Socin, arriva en Pologne. Il y trouva les esprits divisés en autant de sectes qu'il y avait de docteurs : toutes ces prétendues églises n'étaient réunies qu'en un seul point, savoir, l'aversion contre le dogme de la divinité de Jésus-Christ. A force de disputes, d'écrits, de ménagements, de souplesse, Socin vint à bout de les rapprocher et de les amener à la même opinion, du moins à l'extérieur; il devint ainsi le principal chef de ce troupeau qui a retenu son nom. Il mourut en 1604. Mais il ne faut pas croire que tous aient jamais pu convenir d'une même profession de foi : jamais il n'y eut entre eux d'autre union que celle de l'intérêt et de la politique. En 1574, ils avaient publié à Cracovie une espèce de formulaire de croyance, sous le titre de *Catéchisme* ou de *Confession des Unitaires*, dans lequel, en parlant de la nature et des perfections de Dieu, ils gardaient un profond silence sur tous les attributs divins qui sont incompréhensibles. Ils y enseignaient que Jésus-Christ, notre médiateur auprès de Dieu, est un homme promis anciennement à nos pères par les prophètes, et par lequel Dieu a *créé le nouveau monde*, c'est-à-dire le rétablissement du genre humain. Ils y représentaient le Saint-Esprit, non comme une personne divine, mais comme une qualité et une opération divine ; ils parlaient du baptême et de la cène à peu près comme les calvinistes, etc. Lorsque Fauste Socin eut acquis du crédit parmi eux, il en composa un nouveau plus étendu et arrangé avec plus d'art ; il le fit revoir et corriger par les docteurs les plus habiles de son parti ; il le publia sous le titre de *Catéchisme de Racow*; et les *sociniens* supprimèrent, tant qu'ils purent, tous les exemplaires du catéchisme précédent. Au reste, cette confession de foi, la plus authentique qu'il y ait eu parmi eux, n'était faite que pour le peuple; aucun des savants ne prétendait s'y assujettir. Par le principe même de leur secte, ils étaient forcés de tolérer entre eux la diversité de croyance; nous verrons que sur le seul article de la nature de Jésus-Christ, ils étaient de trois ou quatre sentiments différents. Pourvu qu'un docteur n'affectât pas de dogmatiser publiquement et de censurer le sentiment des autres, on consentait de fraterniser avec lui; et l'on nous vante aujourd'hui cette tolérance forcée comme un chef-d'œuvre de sagesse. Mais il est prouvé par des faits incontestables, que partout où les unitaires se trouvaient les maîtres, ils ne furent pas plus tolérants que les autres sectes. Une fois établis en Pologne, ils envoyèrent des émissaires prêcher sourdement leur doctrine en Allemagne, en Hollande, en Angleterre. Ils n'eurent pas beaucoup de succès en Allemagne; les protestants et les catholiques se réunirent pour les démasquer. En Hollande, ils se mêlèrent parmi les anabaptistes ; en Angleterre, ils trouvèrent des partisans parmi les différentes sectes qui partageaient les esprits dans ce royaume. Ainsi dispersés, ils furent désignés sous différents noms ; en Pologne, on les appela d'abord pinczowiens, racoviens, sandomiriens, cujaviens, frères polonais, ensuite nouveaux ariens, unitaires, anti-trinitaires, monarchiques, etc.; en Allemagne, anabaptistes et mennonites ; en Hollande, latitudinaires et tolérants; en Angleterre, arminiens, coccéiens, quakers ou trembleurs, parce qu'on les confondait avec ces derniers; enfin, on les a nommés partout unitaires et *sociniens*, et ce nom est devenu commun à tous les sectaires qui nient la divinité de Jésus-Christ.

Il est constant que la plupart des arminiens sont devenus *sociniens*, sans faire ouvertement profession de cette hérésie; ils ont favorisé tant qu'ils ont pu les opinions et les explications de l'Écriture sainte, imaginées par les unitaires. Comme l'arminianisme s'est beaucoup répandu parmi les calvinistes, malgré la rigueur des décrets du synode de Dordrecht, le *socinianisme* a fait parmi eux les mêmes progrès. Au commencement de ce siècle, il a été soutenu assez ouvertement en Angleterre par le docteur Whiston, déguisé et mitigé par le docteur Charke, embrassé par une infinité de membres du clergé anglican ; la liberté de penser qui règne dans ce pays lui est favorable ; déjà, dans plusieurs églises, on a retranché de l'office le symbole de saint Athanase. De nos jours le semi-arianisme a été soutenu à Genève dans des thèses publiques. *Voy.* ARIANISME, § 4 ; ANABAPTISTES, etc.

Mosheim convient dans son *Histoire ecclé.*, que le *socinianisme* a commencé en même temps que la réformation ; s'il avait voulu être de bonne foi, il aurait avoué que les opinions des unitaires ne sont qu'une extension de celles de Luther et de Calvin, ou plutôt des conséquences très-directes du principe fondamental duquel ces deux réformateurs sont partis. Les *sociniens* eux-mêmes en conviennent ; l'auteur de l'*Histoire du socinianisme* imprimée à Paris en 1723, in-4, le fait voir clairement ; il rapporte, 1re part., chap. 3, plusieurs expressions de Luther et de Calvin très-peu orthodoxes, et conformes à celles des semi-ariens touchant le mystère de la sainte Trinité. A la vérité, Mosheim ne fait aucun cas de cette histoire ; ce n'est, dit-il, qu'une misérable compilation des historiens les plus triviaux ; elle est d'ailleurs remplie d'erreurs, et chargée d'une foule de choses qui n'ont aucun rapport ni avec l'histoire de Socin ni avec la doctrine qu'il a enseignée. Mais ces historiens triviaux sont les *sociniens* mêmes, et ces choses prétendues étrangères au sujet sont la généalogie des erreurs *sociniennes*, qui démontre que les réformateurs en sont les premiers pères ; il est aisé de s'en convaincre par le détail. En effet, si l'on consulte le *Catéchisme de Racow*, dressé par Socin, et les écrits des principaux chefs de la secte, on voit qu'ils ont enseigné : 1° Que l'Ecriture sainte est la seule et unique règle de notre croyance ; que, pour en prendre le vrai sens, il faut consulter les lumières de la raison ; or, la première de ces deux propositions est la maxime fondamentale du protestantisme. Quant à la seconde, elle ne se trouve point, à la vérité, dans les confessions de foi des protestants, la plupart ont gardé le silence sur le guide que nous devons consulter pour prendre le vrai sens de l'Ecriture sainte ; mais c'est justement ce qu'il aurait fallu d'abord établir. Plusieurs disent que la véritable interprétation de l'Ecriture doit être tirée de l'Ecriture même, mais c'est un verbiage absurde. Lorsqu'après avoir rassemblé tous les passages de l'Ecriture qui concernent une question, et après les avoir comparés, il reste encore du doute sur le sens dans lequel il faut les prendre, et que deux partis contestent encore sur ce point, nous demandons à quelle lumière il faut avoir recours, selon l'opinion des protestants. Quelques-uns ont avoué qu'alors c'est l'esprit particulier de chaque fidèle qui le guide ; or, cet esprit est-il autre chose que la *droite raison*, comme le veulent les *sociniens*? D'autres ont dit qu'alors Dieu leur accorde la lumière du Saint-Esprit ; mais on leur a représenté cent fois que cette confiance est un enthousiasme et un fanatisme pur ; qu'un protestant n'a pas plus raison de se croire inspiré du Saint-Esprit qu'un *socinien* ou que tout autre sectaire.

Mosheim fait très-bien sentir les conséquences funestes du principe des *sociniens*. Par *la droite raison*, dit-il, ils entendent la portion d'intelligence et de discernement que la nature a donnée à chaque particulier ; d'où il s'ensuit qu'une doctrine ne doit être reçue comme vraie et divine, qu'autant qu'elle est à portée de cette mesure d'intelligence toujours très-bornée. Et, comme le degré de cette lumière n'est point le même dans tous les hommes, il doit y avoir à peu près autant de religions que de têtes ; l'un adoptera comme divine une doctrine que l'autre regardera comme un jargon inintelligible. Nous en convenons, et c'est ce que nous ne cessons d'objecter aux protestants. De même que chez les *sociniens* c'est le degré d'intelligence naturelle de chaque particulier qui décide du sens de l'Ecriture, parmi les protestants c'est le degré d'inspiration prétendue que chaque particulier se flatte d'avoir reçue. Aussi l'on sait comment ces derniers se sont tirés de toutes les disputes qu'ils ont eues avec les *sociniens* ; lorsqu'ils se sont bornés à leur alléguer des passages de l'Ecriture sainte, leurs adversaires leur en ont opposé de leur côté. Lorsque les protestants, pour en prouver le vrai sens, ont eu recours à l'ancienne tradition, à la manière dont les Pères de l'Eglise l'ont entendue, les *sociniens* leur ont demandé par dérision s'ils étaient redevenus papistes. *Voy.* ECRITURE SAINTE, § 4. — 2° Conséquemment à leur principe, les *sociniens* ont rejeté de leur profession de foi tous les mystères, tous les dogmes qui leur ont paru incompréhensibles, non-seulement la sainte Trinité, la divinité de Jésus-Christ, l'incarnation, les satisfactions de ce divin Sauveur, la communication du péché originel, les effets des sacrements, l'opération de la grâce, la justification, etc., mais tous les attributs de la Divinité que notre faible raison ne peut concevoir, comme l'éternité, l'infinité, la toute-puissance, et tous ceux qu'il est difficile de concilier ensemble, comme l'immensité avec la spiritualité, la liberté avec l'immutabilité, la justice avec la miséricorde, etc. Pour justifier cette témérité, ils n'ont pas manqué de répéter, contre les mystères en général, les objections que les protestants ont faites contre celui de la présence réelle de Jésus-Christ dans l'eucharistie et de la transsubstantiation ; c'est un fait qu'il ne faut pas oublier. — 3° Ils n'admettent point la création prise en rigueur, parce qu'ils ne conçoivent pas, disent-ils, que Dieu puisse donner l'existence à des substances par le seul vouloir ; et ils assurent gravement que ce dogme n'est pas clairement révélé dans l'Ecriture sainte. Ils refusent à Dieu la prescience des futurs contingents, et ils prétendent qu'elle ne peut pas se concilier avec la liberté de l'homme. Quelques-uns ont poussé l'impiété jusqu'à nier la Providence, et rejeter la notion de pur esprit. On ne sait pas trop quelle idée ils se sont formée de la nature divine ; si Dieu est corporel, il est nécessairement borné. — 4° Ils ne sont pas mieux d'accord sur la nature de Jésus-Christ ; quoiqu'ils consentent à l'appeler le Verbe divin, le Fils de Dieu, Dieu manifesté en chair, comme s'expriment les écrivains sacrés, ils ne prennent point ces titres dans le même sens que les autres chrétiens, et ils se réunissent tous à nier que le Verbe ou le Fils soit coéternel, égal et consubstantiel au Père. Les uns pensent que Dieu a formé l'âme de Jésus-Christ avant la création, qu'il lui a donné une sagesse et une puissance supérieures à celles de toutes les créatures, et qu'il s'est servi de lui pour fabriquer le monde. D'autres entendent par le *monde*, non l'univers matériel, mais le monde spirituel, et, comme ils disent, le *nouveau monde*, c'est-à-dire la réparation du genre humain. Plusieurs disent que Jésus-Christ est appelé *le Verbe*, parce que Dieu a parlé aux hommes par la bouche de ce divin Maître ; *Fils de Dieu*, parce qu'il a été formé miraculeusement dans le sein de Marie, *par le Saint-Esprit*, c'est-à-dire par l'opération de Dieu. Quelques-uns sont allés jusqu'à dire qu'il est né comme les autres hommes, qu'il est fils de Joseph et de Marie, mais que c'est un grand prophète ; d'autres ont enseigné qu'il ne faut ni adorer ni invoquer ce divin Sauveur, et on prétend que Socin lui-même ne blâmait pas ce sentiment. Comme ils n'admettent pas le péché originel, ils pensent que la rédemption consiste en ce que Jésus-Christ nous a donné des leçons et des exemples de sainteté, et en ce qu'il est mort pour confirmer sa doctrine ; ainsi l'entendaient les pélagiens. — 5° Comme les protestants, ils n'admettent que deux sacrements, le baptême et la cène, et ils ne leur attribuent point d'autre vertu que d'exciter la foi ; conséquemment ils ne baptisent les enfants que quand ils sont parvenus à l'âge de raison et qu'ils sont instruits des vérités chrétiennes ; souvent ils ont réitéré le baptême à ceux qui entraient dans leur société. — 6° Les *sociniens* nient la possibilité d'une résurrection générale et l'éternité des peines de l'enfer ; ils croient que les âmes des méchants seront anéanties, mais que celles des justes jouiront d'un bonheur éternel. — 7° Socin prétend qu'il n'est pas permis de faire la guerre, de poursuivre en justice la réparation d'une injure, de jurer devant les magistrats, d'exercer la fonction de juge, surtout dans les procès criminels ; de tuer un assassin ou un voleur, même en se défendant ; il a emprunté cette morale rigide des anabaptistes. — 8° Ces sectaires ont renouvelé toutes les accusations, les invectives, les calomnies que les prétendus réformateurs avaient forgées contre les Pères de l'Église, contre les papes, les conciles, le clergé catholique, l'Église romaine en général ; ils lui ont reproché l'idolâtrie, l'intolérance, la tyrannie en fait de religion, etc. Mais ils n'ont pas ménagé davantage les protestants, lorsque ceux-ci les ont censurés, excommuniés, persécutés, et les ont fait proscrire par la puissance séculière.

Il nous paraît inutile de pousser plus loin le détail des erreurs *sociniennes* ; un auteur allemand les a portées au nombre de 229 articles, et nous en avons déjà parlé au mot FILS DE DIEU. Comme il n'y a parmi ces sectaires aucune règle de foi qui les gêne, on ne trouverait peut-être pas deux *sociniens* parfaitement d'accord dans leur croyance. A force d'employer des règles de critique, des observations de grammaire, des ponctuations arbitraires, des variantes ou des fautes de copistes, des confrontations de passages, des subtilités de dialectique, ils font dire aux écrivains sacrés tout ce qu'il leur plaît ; l'Écriture pour laquelle ils affectent de témoigner le plus grand respect, ne les incommode jamais. C'en est assez pour démontrer que le *socinianisme* n'est dans le fond qu'un déisme mitigé ou pallié. En effet, il y a des déistes de plusieurs espèces : les uns rejettent absolument toute révélation ; ils soutiennent qu'en fait de religion, comme en toute autre chose, l'homme ne doit suivre aucun autre guide que les lumières de sa raison. Les autres ne font aucune difficulté d'avouer que Jésus-Christ a été suscité de Dieu pour donner aux hommes de meilleures leçons que celles qu'avaient données les sages qui l'avaient précédé. Quelques-uns ont dit qu'il ne rejettent ni n'avouent positivement la révélation ; que s'il y a des preuves de ce fait, il y a aussi des objections qui le combattent ; qu'il faut donc se tenir dans le doute à ce sujet, et en revenir toujours à consulter la raison pour savoir si un dogme est révélé ou non ; que si, dans les livres que nous regardons comme les titres de la révélation, il y a des choses que l'on peut croire révélées, il y en a aussi d'autres que l'on ne peut admettre sans blesser la raison. Dès lors ces livres n'ont pas plus d'autorité que tout autre livre ; nous devenons les maîtres d'en retenir ou d'en rejeter ce que nous jugeons à propos. Telle est évidemment la manière de penser des *sociniens*. Aussi voyons-nous par les écrits des déistes modernes, qu'ils ont pris chez les *sociniens* la plus grande partie de leurs objections contre les dogmes que nous soutenons révélés ; de même que les *sociniens* ont emprunté leurs principes et la plupart de leurs dogmes des protestants. Puisque les premiers ne refusent point de reconnaître ceux-ci pour leurs maîtres, les protestants ont mauvaise grâce de ne vouloir point avouer les *sociniens* pour leurs disciples. Mais nous avons fait voir ailleurs que le déisme lui-même est un système inconséquent dans lequel un raisonneur ne peut pas demeurer ferme ; que de conséquence en conséquence, il se trouve bientôt entraîné à l'athéisme, au matérialisme, enfin au pyrrhonisme absolu, dernier terme de l'incrédulité ; nous en sommes convaincus, non-seulement par les arguments que les matérialistes ont opposés aux déistes, mais encore par le fait, puisque nos plus célèbres incrédules, après avoir prêché pendant quelque temps le déisme, en sont venus à enseigner hautement le matérialisme. Rien ne prouve mieux la liaison des vérités qui composent le système de la religion chrétienne et catholique, que l'enchaînement des erreurs dans lesquelles tombent nécessairement tous ceux qui s'écartent du principe sur lequel cette religion divine est fondée, *Voy.* ERREUR.

Il n'est pas nécessaire non plus de rapporter et de réfuter tous les sophismes par lesquels ils ont attaqué les dogmes de notre foi ; nous l'avons fait dans différents articles de notre ouvrage. Nous nous bornerons à résoudre une objection qu'ils ont faite aussi bien que les déistes, touchant leur manière d'user de l'Ecriture sainte.

Malgré les reproches de nos adversaires, disent-ils, eux-mêmes sont forcés de recourir aux lumières de la raison pour expliquer l'Ecriture sainte, et pour concilier les passages qui semblent se contredire. Si d'un côté il est dit dans ce livre que Dieu est esprit, nous y lisons aussi qu'il a un corps, des yeux, des mains, des pieds, qu'il a toutes les passions de l'humanité ; la haine, la colère, la vengeance, la jalousie. Si les auteurs sacrés nous enseignent que Dieu défend le péché, qu'il le déteste, qu'il le punit, ils ne nous disent pas moins clairement qu'il le commande, qu'il trompe, qu'il aveugle, qu'il endurcit les pécheurs, qu'il leur tend des pièges, qu'il met le mensonge dans la bouche des faux prophètes, etc. Pour savoir, entre ces divers passages, quels sont ceux auxquels il faut s'en tenir et dont nous devons nous servir pour expliquer les autres, n'est-ce pas aux lumières de la raison et du bon sens que nos censeurs ont recours ? Pourquoi ne vouloir pas que nous en usions de même toutes les fois que nous trouvons des passages qui nous paraissent exprimer des choses fausses, absurdes, indignes de la majesté divine? L'Ecriture répète cent fois que Dieu est unique, et cette vérité est démontrée d'ailleurs ; donc, lorsqu'elle semble enseigner qu'il y a trois personnes divines, le Père, le Fils et le Saint-Esprit, la droite raison nous dicte qu'il faut expliquer ces derniers passages par les premiers, et non au contraire, puisqu'il est évident que trois personnes, dont chacune est Dieu, seraient trois Dieux ; ainsi du reste. — *Réponse.* Aucune secte chrétienne n'a jamais soutenu que, pour expliquer l'Ecriture sainte, il faut renoncer aux lumières de la raison, même à l'égard des vérités démontrables. Or, il est démontré que Dieu, être éternel et nécessaire, existant de soi-même, est un esprit, et non un corps ; qu'il est intelligent et sage, par conséquent incapable de se contredire, de défendre le crime et de le faire commettre, de le punir et d'en être la cause, etc. Il est donc très-permis de consulter alors les lumières de la raison, pour prendre le sens des passages de l'Ecriture qui doivent fixer notre croyance sur ces divers articles.

Mais il n'est pas prouvé que Dieu ne peut nous révéler que ce que la raison peut comprendre, et dont elle peut démontrer la vérité. Au contraire, il est évident que Dieu existant de soi-même est infini ; et, puisque nous ne pouvons comprendre l'infini, c'est une absurdité de ne vouloir admettre dans la nature de Dieu que ce que nous pouvons comprendre, par conséquent de rejeter la trinité des personnes, qui tient à l'essence même de Dieu. Elle ne nous paraît opposée à l'unité de Dieu que parce que nous comparons la nature et les personnes divines à la nature et aux personnes humaines ; comparaison évidemment fausse. Ce n'est donc pas ici le cas de consulter la raison ou la lumière naturelle, puisqu'elle n'y peut rien voir : nous sommes forcés de nous en tenir à ce que nous en dit la révélation.

La vérité de cette théorie est démontrée par l'exemple des aveugles-nés ; incapables de comprendre par eux-mêmes si ce qu'on leur dit des couleurs, d'un miroir, d'une perspective, est vrai ou faux, ils sont forcés de s'en tenir au témoignage de ceux qui ont des yeux ; et c'est la raison même ou le bon sens qui leur prescrit cette conduite. Les *sociniens* ni les déistes n'ont jamais eu rien à répondre à cette comparaison. — En second lieu, il est faux qu'à l'égard même des vérités démontrables que l'Ecriture sainte semble quelquefois contredire, la raison soit notre seul guide pour prendre le vrai sens des passages, puisque nous ne manquons jamais de consulter la tradition. Ainsi, pour entendre, comme nous faisons, les textes qui concernent la spiritualité de Dieu, sa sainteté, sa justice, nous sommes guidés non-seulement par la raison, mais par l'enseignement constant, universel, uniforme de l'Eglise chrétienne, depuis les apôtres jusqu'à nous ; et cette même règle nous apprend que la trinité des personnes divines n'est point opposée à l'unité de nature. Quant à ceux qui rejettent l'autorité de la tradition, comme font les protestants, c'est à eux de voir ce qu'ils ont à répondre à l'objection des *sociniens.* Jamais la nécessité de ce guide, pour interpréter l'Ecriture sainte, n'a été mieux démontrée que par l'excès des égarements de ces derniers.

Le célèbre Leibnitz parlant d'eux, dit qu'il semble que les auteurs de cette secte aient eu envie de raffiner, en matière de réformation, sur les Allemands et sur les Français, mais qu'ils ont presque anéanti la religion, au lieu de la purifier. Il sentait que ces sectaires n'ont fait que pousser plus loin les conséquences du principe des protestants. Mosheim a donc eu beau vanter le zèle de ceux-ci à s'opposer aux progrès du *socinianisme*, eux-mêmes avaient frayé le chemin que les unitaires ont suivi, et il ne leur a pas été possible d'arrêter le cours du mal dont ils ont été les premiers auteurs. Leibnitz nous apprend qu'un ministre du Palatinat voulait établir une intelligence entre les anti-trinitaires et les mahométans; qu'un Turc ayant entendu ce que lui disait un *socinien* polonais, s'étonna de ce qu'il ne se faisait point circoncire. En effet, Abadie a très-bien prouvé que si Jésus-Christ n'est pas Dieu, c'est le mahométisme qui est la véritable religion. Il semble même, continue Leibnitz, que les Turcs, en refusant de rendre un culte à Jésus-Christ, agissent plus conséquemment que les *sociniens*, puisque enfin il n'est pas permis d'adorer une créature. Ces derniers poussent encore l'audace plus loin que les mahométans dans les points de doctrine; car, non contents de combattre le mystère de la Trinité, ils affaiblissent jusqu'à la théologie naturelle, lorsqu'ils refusent à Dieu la prescience des choses contingentes, lorsqu'ils combattent l'immortalité de l'homme, et qu'ils s'oublient jusqu'à rendre Dieu borné; au lieu qu'il y a des docteurs mahométans qui ont de Dieu des idées dignes de sa grandeur. *Esprit de Leibnitz*, tom. I, p. 324.

La réfutation la plus ingénieuse que l'on ait faite du *socinianisme*, est une dissertation dans laquelle on a fait voir qu'en suivant la méthode selon laquelle les *sociniens* pervertissent le sens des passages qui prouvent la divinité de Jésus-Christ, l'on peut prouver aussi que les femmes ne participent point à la nature humaine: *Dissertatio in qua probatur mulieres homines non esse*. Nouv. de la Républ. des Lettres, *juillet* 1685, art. 9.

La naissance, les progrès, les divisions, l'inconstance de la secte socinienne, démontrent plusieurs vérités très-importantes: 1° Qu'en fait de philosophie, il faut consulter principalement le sentiment intérieur qui est le souverain degré de l'évidence, plutôt que les notions abstraites de la métaphysique, puisque la plupart des prétendues démonstrations fondées sur ces idées abstraites sont de pures illusions, et conduisent presque toujours un raisonneur au pyrrhonisme ou au doute universel. 2° Qu'en fait de religion, il faut nécessairement une révélation; que sans ce guide il est impossible de ne pas retomber dans les mêmes ténèbres et les mêmes erreurs dans lesquelles les philosophes païens ont été plongés. 3° Qu'en admettant une révélation, il faut qu'elle nous soit transmise par une autorité visible toujours subsistante, pour prendre le vrai sens de la doctrine révélée et des livres dans lesquels elle est renfermée; que si on laisse aux hommes la liberté de les interpréter comme il leur plaît, il y aura toujours autant de religions particulières que de têtes; qu'ainsi la révélation ne servira plus à rien qu'à fournir matière à de nouvelles disputes. 4° Que le système de l'Eglise catholique est par conséquent le seul vrai, le seul solide, le seul qui soit lié et conséquent dans toutes ses parties; que hors de là il n'y a plus de vrai christianisme.

SOCCOLANS, congrégation de religieux franciscains, d'une réforme particulière établie par saint Paulet de Foligny, en 1368. Celui-ci était un ermite qui, voyant que les habitants des montagnes voisines de son ermitage portaient des socques ou des sandales de bois, prit pour lui-même cette chaussure, et elle fut adoptée par ceux qui voulurent imiter sa manière de vivre; de là ils furent appelés *soccolanti*. Les récollets et les carmélites ont été chaussés de même. *Histoire des Ordres religieux*, par le P. Hélyot, t. VII, c. 9.

SODOME, SODOMIE. L'histoire sainte, *Gen.*, c. XIX, représente les habitants de *Sodome*, ville de la Palestine, comme un peuple abominable, adonné aux désordres contre nature, et que Dieu extermina en faisant tomber le feu du ciel sur eux et sur leurs voisins. Quant aux circonstances dont cet événement terrible fut précédé, accompagné et suivi, *voy.* les art. LOT, MER MORTE, et la dissert. de dom Calmet *sur la ruine de Sodome*, *Bible d'Avignon*, t. I, p. 593.

Les philosophes qui ont réfléchi sur les progrès des passions humaines, ont observé que l'habitude de l'impudicité avec les femmes conduit souvent aux crimes contre nature, et cela n'est que trop prouvé par l'expérience. Saint Paul accuse de ce désordre les païens en général, et surtout les philosophes du paganisme, *Rom.* c. I, v. 26 et 27. La vérité de ce reproche est confirmée par Lucien, par d'autres auteurs profanes et par les Pères de l'Eglise. Plusieurs incrédules modernes en ont parlé d'une manière qui prouve qu'ils n'avaient pas de ce crime toute l'horreur qu'il mérite. Nos lois, aussi bien que celles des Juifs, le condamnent au supplice du feu; mais, à moins que le scandale ne soit public, on juge qu'il vaut mieux le laisser ignorer que de le punir.

SOLEIL. Il n'est pas nécessaire d'avertir que, dans les livres saints, la lumière du *soleil*, ou le *soleil* levant est quelquefois le symbole de la prospérité, et que le soleil obscurci désigne l'adversité; cette métaphore est si naturelle qu'elle ne peut surprendre personne. Ainsi, quand Isaïe prédit que la lumière du *soleil* sera sept fois plus grande, et que celle de la lune égalera celle du *soleil*, que le *soleil* ne se couchera plus sur Jérusalem, etc., on comprend qu'il annonçait aux Juifs que leur prospérité serait parfaite et constante. Le Messie est appelé le *Soleil de justice*, parce qu'il a montré par ses leçons et par ses exemples en quoi consiste la véritable justice ou la parfaite sainteté.

Il y a dans l'histoire sainte un fait qu'il est important d'examiner, c'est le miracle du *soleil*, ou plutôt de la lumière de cet astre arrêté par Josué pendant l'espace d'un jour entier, *Jos.*, c. X, v. 11; *Eccli.*, c. XLVI, v. 5. Cela est impossible, disent les incrédules; suivant les découvertes de Newton, les mouvements des corps célestes sont tellement liés les uns aux autres, qu'un seul globe ne peut être arrêté sans que le reste de la machine s'en ressente, et que le tout soit détraqué. Etait-il nécessaire de faire autant de miracles qu'il y a de corps célestes pour donner au chef de la horde juive le temps d'exterminer de malheureux fuyards? etc. A entendre ce langage, il semble que les spéculations de Newton soient des arrêts prononcés contre la puissance divine; que

Dieu, qui a fait le monde tel qu'il est, ne soit pas assez puissant pour le faire aller autrement qu'il ne va, que vingt miracles lui coûtent plus qu'un seul. Celui qui a fait toutes choses par le seul vouloir, est-il embarrassé ou fatigué pour faire ce que nous ne comprenons pas? C'est aux philosophes incrédules de démontrer que Dieu n'a pu arrêter ni ralentir le mouvement de la terre, sans que celui de tous les autres globes célestes fût dérangé.

Le repos de la terre pendant douze heures a dû arrêter le cours de la lune, l'Ecriture le remarque expressément; voilà tout l'inconvénient, si cependant c'en est un. Il est dit que le *soleil* s'est arrêté, comme nous disons qu'il se couche, qu'il se lève, qu'il se montre sur l'horizon, etc. Ce langage populaire, conforme aux apparences, n'est ni faux ni abusif. Par le moyen de la réfraction des rayons de la lumière, nous voyons le *soleil* levant plusieurs minutes avant qu'il soit sur l'horizon, et à son coucher nous le voyons encore plusieurs minutes après qu'il est au-dessous. Dieu, sans bouleverser la nature entière, n'a-t-il pas pu prolonger ce phénomène pendant douze heures? Au lieu de faire décrire aux rayons de cet astre une ligne droite, il a suffi de leur faire décrire une ligne courbe. Il n'est pas dit dans l'Ecriture sainte que la nuit suivante fut aussi longue que les autres nuits.

Quelques philosophes obligeants, pour éviter le dérangement de la nature, ont imaginé que la prolongation du jour fut l'effet d'un parélie; comme si un parélie de douze heures et subsistant après le *soleil* couché n'eût pas été un miracle. Celui dont nous parlons ne fut point opéré pour achever d'exterminer les Chananéens, mais pour convaincre les Hébreux que Dieu les protégeait, et pour faire comprendre à tous les peuples de la Palestine qu'ils étaient insensés de vouloir lutter contre la puissance divine. C'est à Dieu et non aux incrédules, de juger en quelle occasion il est ou n'est pas à propos de faire des miracles, et si tel prodige convient mieux que tel autre au dessein que Dieu se propose. *Voy.* la *Dissert. de dom Calmet* sur ce sujet, *Bible d'Avignon*, tome III, pag. 308. Quant au miracle de l'ombre du *soleil* qui retarda de dix degrés sur le cadran d'Achaz, à la parole d'Isaïe, nous en avons parlé au mot HORLOGE.

SOLENNEL, se dit des fêtes ou des cérémonies qui se font avec plus d'appareil que les autres, et qui attirent un plus grand nombre de peuple; ainsi, nous disons office, messe, procession *solennelle.* Pâques, la Pentecôte, Noël, la fête du patron d'une paroisse, de la dédicace d'une église, sont des fêtes *solennelles.* Dans les divers diocèses, les degrés de *solennités* ne se distinguent pas de la même manière; dans celui de Paris, par exemple, les plus grands jours sont les *annuels*; viennent ensuite les *solennels majeurs*, les *solennels mineurs*, les *doubles*, etc. Dans d'autres, on distingue des *annuels* et des *semi-annuels*; dans quelques-uns on les distribue en *doubles* de première, de seconde, de troisième classe, etc., et l'office de chacune de ces fêtes a quelque chose de particulier.

SOLITAIRE. *Voy.* ANACHORÈTE.

SOLITAIRES. Nom de quelques religieuses, en particulier de celles du monastère de Faiza en Italie, fondé par le cardinal Barberin; cet institut fut approuvé par un bref de Clément X, l'an 1676. Les filles qui l'ont embrassé observent une clôture, un silence, une retraite plus sévères que toutes les autres religieuses. Elles ne portent point de linge, vont pieds nus, sans sandales, comme les clarisses; elles ont pour habit une robe de bure ceinte d'une grosse corde, mènent à tous égards une vie très-dure et très-austère. Il n'est pas nécessaire sans doute qu'il y ait un très-grand nombre de ces religieuses, mais il est bon qu'il y en ait quelques-unes, afin que cet exemple nous apprenne ce que peut faire la nature la plus faible avec le secours de la grâce, et qu'il démontre aux incrédules que ce que l'on raconte des anciens *solitaires* n'est pas fabuleux. Souvent il a fait rentrer en eux-mêmes des pécheurs très-endurcis, et a fait sentir à des âmes mondaines le ridicule et le crime de leur luxe et de leur mollesse.

SOMASQUES, clercs réguliers ou religieux de la congrégation de saint Mayeul, qui suivent la règle de saint Augustin. Ils ont tiré leur nom de la ville de *Somasque*, située entre Milan et Bergame, qui est leur chef-lieu. Cet institut, qui n'est guère connu qu'en Italie, eut pour fondateur Jérôme Amiliani, noble vénitien; il fut confirmé l'an 1540 et 1563, par les papes Paul III et Pie IV. Leur principale occupation est d'instruire les ignorants, et surtout les enfants, des principes et des préceptes de la religion chrétienne, et de pourvoir aux besoins des orphelins. Il est probable qu'ils ont pris pour patron saint Mayeul, abbé de Cluni, mort l'an 994, à cause du zèle qu'avait ce saint religieux pour l'avancement des sciences, dans un siècle où elles n'étaient guère cultivées. Les clercs réguliers de la doctrine chrétienne, ou doctrinaires, font en France ce que les *somasques* font en Italie.

SONGE. Il est parlé, dans l'Ecriture sainte, de plusieurs *songes* prophétiques qui venaient certainement de Dieu; ceux d'Abimélech, de Jacob, de Laban, de Joseph, de Pharaon, de Salomon, de Nabuchodonosor, de Daniel, de Judas Machabée, de saint Joseph, époux de la sainte Vierge, étaient de véritables inspirations par lesquelles Dieu faisait connaître ses volontés à ces divers personnages, ou les instruisait d'événements futurs que lui seul pouvait prévoir. L'exactitude avec laquelle les événements ont répondu à toutes les circonstances des *songes*, ne nous laisse aucun motif de juger que c'étaient des effets naturels ou des illusions. Dieu sans doute, est le maître d'instruire les hommes de quelle manière il lui plaît, ou par lui-même, ou par ses anges, ou par des causes naturelles dont il dirige le cours; et quand il le fait, il a soin d'y joindre des circonstances et des motifs de persuasion en vertu desquels on ne peut pas douter que ce ne soit lui qui agit. Cette vérité ne peut être révoquée en doute que par ceux qui ne croient ni Dieu ni providence. Mais, par cette conduite, Dieu n'a point autorisé la confiance aux *songes* en général. Dans le *Lévitique*, c. xix, v. 26, et dans le *Deutéronome*, c. xviii, v. 10, il défendit aux Israélites d'observer les *songes*. L'impie Manassès donnait dans cette superstition, et cela lui est reproché comme un crime, *II Paralip.*, c. xxxiii, v. 6. L'*Ecclésiaste* dit que les songes peuvent causer de grands chagrins, c. v, v. 2, et l'auteur de l'*Ecclésiastique* observe que ça été pour plusieurs une source d'erreurs, c. xxxiv, v. 7. Isaïe accuse les faux prophètes de désirer des *songes*, c. lvi, v. 10; Jérémie les tourne en ridicule, c. xxiii, v. 25 et 27, et il défend aux Juifs d'y ajouter foi, c. xxix, v. 8, etc.

Les Pères de l'Église, comme saint Cyrille de Jérusalem, saint Grégoire de Nysse, saint Grégoire le Grand, le pape Grégoire II, ont répété ces leçons aux chrétiens; un concile de Paris, en 826, dit que la confiance aux *songes* est un reste du paganisme; dans les bas siècles, Jean de Salisbéry, évêque de Chartres, Pierre de Blois et d'autres, ont travaillé à dissiper cette erreur, Thiers, *Traité des Superst.*, t. I, l. ii, ch. 5. Ce n'est donc pas faute d'instruction, si, dans tous les siècles, il s'est trouvé des esprits faibles qui ont ajouté foi aux *songes*.

Un savant académicien, *Hist. de l'Académie des Inscript.*, t. XVIII, p. 124, *in-12*, a fait un mémoire dans lequel il prouve que ce préjugé a été commun à tous les peuples : les Égyptiens, les Perses, les Mèdes, les Grecs, les Romains, n'en ont pas été plus exempts que les Chinois, les Indiens et les sauvages de l'Amérique. Plusieurs philosophes les plus célèbres, tels que Pythagore, Socrate, Platon, Chrysippe, la plupart des stoïciens et des péripatéticiens, Hippocrate, Galien, Porphyre, Isidore, Damascius, l'empereur Julien, etc., étaient sur ce point aussi crédules que les femmes, et plusieurs ont cherché à étayer leur opinion sur des raisons philosophiques. D'autres, à la vérité, ont eu assez de bon sens pour se préserver de cette erreur : on met de ce nombre Aristote, Théophraste et Plutarque. Cicéron l'a combattue de toutes ses forces dans son iie livre de la *Divination*, mais il ne l'a pas détruite.

En parlant des sauvages, qui sont souvent tourmentés par les *songes*, un de nos incrédules modernes dit que rien n'est si naturel à l'ignorance que d'y attacher du mystère et de les regarder comme un avertissement de la Divinité, qui nous instruit de l'avenir; que de là sont nés, chez les peuples policés, les révélations, les apparitions, les prophéties, le sacerdoce et les plus grands maux; que rêver est le premier pas pour devenir prophète, etc. Il aurait dû faire attention que les philosophes qui ont raisonné sur les *songes* n'étaient pas des ignorants, et que tous ceux qui en ont eu, auxquels ils ont ajouté foi, ne se sont pas pour cela érigés en prophètes. L'homme le plus sensé et le moins crédule peut être fort ému par un songe bien circonstancié et vérifié ensuite par l'événement; il peut sans faiblesse l'envisager comme un *pressentiment*, et l'article des pressentiments n'a pas encore été éclairci par les plus savants philosophes. S'il arrivait quelque chose de semblable à un incrédule, toute sa prétendue force d'esprit pourrait bien en être déconcertée. Les prophéties pour lesquelles nous avons du respect ne ressemblent point à des *songes*, et elles ont souvent été faites dans des circonstances qui ne laissaient pas le temps de rêver.

Bayle, que l'on n'accusera pas de crédulité ni de faiblesse d'esprit, a fait à ce sujet des réflexions très-sensées. « Je crois, dit-il, que l'on peut dire des *songes* la même chose à peu près que des sortilèges : ils contiennent infiniment moins de mystères que le peuple ne le croit, et un peu plus que ne le croient les esprits forts. Les historiens de tous les temps et de tous les lieux rapportent, à l'égard des *songes* et à l'égard de la magie, tant de faits surprenants, que ceux qui s'obstinent à tout nier se rendent suspects, ou de peu de sincérité, ou d'un défaut de lumière qui ne leur permet pas de bien discerner la force des preuves. Si vous établissez une fois que Dieu a trouvé à propos d'établir certains esprits, cause occasionnelle de la conduite de l'homme à l'égard de quelques événements, toutes les difficultés que l'on fait contre les *songes* s'évanouiront. » Bayle s'attache ensuite à développer les conséquences de cette hypothèse, et il fait voir qu'en la suivant, les raisons par lesquelles Cicéron a combattu contre les *songes* n'ont plus aucune force. « Or, continue-t-il, il suffit à ceux qui croient aux *songes* de pouvoir répondre aux objections : c'est à celui qui nie les faits de prouver qu'ils sont impossibles; sans cela il ne gagne point sa cause. » *Dict. Crit. Majus*, Rem. D. Nous n'avons aucune intention d'adopter la théorie de Bayle : nous ne la citons que pour faire voir aux incrédules qu'en décidant de tout avec tant de hauteur, ils ne connaissent ni les réponses que l'on peut donner à leurs objections, ni les difficultés que l'on peut leur opposer. Vainement, pour se tirer d'embarras, ils se retranchent dans le système du matérialisme : Bayle a fait voir, dans l'article *Spinosa*, que, même en suivant ce système, ils ne peuvent nier ni les esprits, ni leur action, ni la magie, ni les démons, ni les enfers. Il ne leur reste donc que la ressource du pyrrhonisme, et ce philosophe en a encore démontré l'inconséquence et l'absurdité à l'article *Pyrrhon*.

Quoiqu'il y ait dans les livres saints une défense générale d'ajouter foi aux *songes*, et que les Pères de l'Église aient répété aux chrétiens la même défense, il ne s'ensuit pas que les personnages dont nous avons parlé aient eu tort de prendre les leurs pour des avertissements du ciel; Dieu, qui les leur envoyait, les accompagnait de signes intérieurs ou extérieurs desquels on pouvait conclure avec certitude que ce n'étaient point de simples illusions de l'imagination.

Ceux qui ont raisonné sensément sur la facilité avec laquelle on se laisse émouvoir par les *songes*, ont avoué qu'elle a souvent été très-pardonnable.

Il est arrivé à une infinité de personnes d'avoir des *songes* suivis, circonstanciés, qui semblaient réfléchis et raisonnés, qui regardaient l'avenir, et qui ont été exactement vérifiés par l'événement. Comme cette correspondance ne pouvait pas être prise pour l'effet du hasard, on en a conclu qu'il y avait quelque chose de divin et de surnaturel. Ce phénomène, devenu assez commun, a fait croire qu'il en était de même de tous les *songes*, et que c'était un moyen par lequel la Divinité voulait faire pressentir l'avenir : il n'y a là ni imposture ni fourberie. Le commun des hommes n'est pas obligé d'être philosophe, ni de faire à tout moment des réflexions profondes, pour savoir si tel événement est naturel ou surnaturel. Comme les païens étaient persuadés que le monde était peuplé d'esprits, d'intelligences, de génies, qui opéraient tous les phénomènes de la nature, qui étaient la cause de tous les événements, de tout le bien et de tout le mal qui arrive aux hommes, ils ne pouvaient manquer de leur attribuer tous les *songes* bons ou mauvais. C'est donc encore ici un fait qui prouve, contre les incrédules, qu'il n'est pas vrai que toutes les erreurs, les superstitions, les abus et les absurdités en fait de religion, sont venues de la fourberie des imposteurs et de l'astuce de ceux qui voulaient en profiter. Presque tous ont trouvé plus de la moitié de la besogne faite. Plusieurs, sans doute, ont su en tirer parti pour leur intérêt, puisque plusieurs s'attribuèrent le talent d'interpréter les *songes* ; ils en firent une science ou un art sous le nom d'*onéirocritie* ou *onirocritie*, terme grec composé d'ὄνειρος, *songe*, et κριτής, *juge* : c'était une des espèces de divination. Nous voyons même, par le témoignage des Pères de l'Église, qu'il y avait chez les païens des hommes qui se vantaient de pouvoir envoyer aux autres des *songes* tels qu'il leur plaisait. Saint Justin, *Apol.* 1, n. 18 ; Tertull., *Apologet.*, c. 20.

L'art dont nous parlons commença, dit-on, chez les Egyptiens ; du moins, il fut en honneur parmi eux. Warburthon prétend que les premiers interprètes des *songes* ne furent ni des fourbes ni des imposteurs : il leur est seulement arrivé, dit-il, de même qu'aux premiers astrologues, d'être plus superstitieux que les autres hommes, et de donner les premiers dans l'illusion ; la confiance aux *songes* était généralement établie, ils n'en sont pas les auteurs. Quand nous supposerions qu'ils ont été aussi fourbes que leurs successeurs, du moins leur a-t-il fallu des matériaux pour servir de base à leur prétendue science ; et ils les ont trouvés tout formés dans le langage hiéroglyphique des Egyptiens. Dans ce langage, un dragon signifiait la royauté, un serpent indiquait les maladies, une vipère désignait de l'argent,

des grenouilles marquaient des imposteurs, le chat était le symbole de l'adultère, etc. Ces divers objets conservèrent la même signification dans l'interprétation des *songes*. Ce fondement, continue Warburthon, donnait beaucoup de crédit à l'art, et satisfaisait également celui qui consultait et celui qui répondait, puisque dans ce temps-là les Egyptiens regardaient leurs dieux comme auteurs de la science hiéroglyphique : rien n'était donc plus naturel que de supposer que ces mêmes dieux, qu'ils croyaient auteurs des *songes*, y employaient le même langage que dans les hiéroglyphes. Il est vrai que l'*onéirocritie* une fois en honneur, chaque siècle introduisit, pour la décorer, de nouvelles superstitions qui la surchargèrent à la fin si fort, que l'ancien fondement sur lequel elle était appuyée ne fut plus connu du tout.

Ces conjectures peuvent être aussi vraies qu'elles sont ingénieuses ; mais nous n'avouerons pas que Joseph se servit de l'*onéirocritie*, et en suivit les règles pour interpréter les deux *songes* de Pharaon. Lorsque ce patriarche eut dans la Palestine, et dans sa première jeunesse, deux *songes* qui présageaient sa grandeur future, il ne connaissait pas les Egyptiens, et Jacob son père, qui pénétra très-bien le sens de ces deux rêves, n'avait jamais vu l'Egypte, *Gen.*, c. XXXVII, v. 6. Lorsqu'il expliqua le songe de l'échanson de Pharaon et celui du panetier, *Gen.*, c. XL, il ne fut pas question d'hiéroglyphes, et il leur déclara que Dieu seul peut interpréter les *songes*, v. 8. Quand il serait vrai que, dans le langage hiéroglyphique, les épis de blé étaient le symbole de l'abondance, et que les vaches étaient celui d'Isis, divinité de l'Egypte, cela n'aurait pas beaucoup servi à Joseph pour prédire sept années d'abondance, suivies de sept années de stérilité ; les interprètes Egyptiens n'y avaient rien compris, *Gen.*, c. XLI, v. 8. Il fit voir, dans la suite, que Dieu lui révélait l'avenir autrement que par des *songes*, c. L, v. 23.

Les mages chaldéens faisaient aussi profession d'expliquer les *songes*, et il n'est pas probable qu'ils fussent allés étudier cet art en Egypte. Nous ne connaissons ni leur méthode ni les règles qu'ils avaient imaginées ; mais, par la manière dont le prophète Daniel expliqua les *songes* de Nabuchodonosor, on voit évidemment que ces *songes* étaient surnaturels, aussi bien que la science de l'interprète : aussi, pour les connaître et les expliquer, Daniel eut recours à Dieu, et non à la science des Chaldéens, *Dan.*, c. II, v. 18.

Quelques dissertateurs ont prétendu qu'il y avait de l'erreur dans la manière dont ces *songes* sont rapportés dans les ch. II et IV de ces prophètes ; nous avons fait voir qu'ils se sont trompés. *Voy.* DANIEL.

SOPHONIE, est le neuvième des petits prophètes ; il nous apprend lui-même qu'il était fils de Chusi, de la tribu de Siméon. Il commença de prophétiser sous le règne de Josias, environ six cent vingt-quatre ans avant Jésus-Christ, et probablement avant que ce pieux roi eût réformé les désordres de sa nation. Les prédictions de ce prophète sont renfermées dans trois chapitres. Il y exhorte les Juifs à la pénitence ; il prédit la ruine de Ninive, et, après avoir fait des menaces terribles à Jérusalem, il finit par des promesses consolantes sur le retour de la captivité de Babylone, sur l'établissement de la loi nouvelle, sur la vocation des gentils et sur les progrès de l'Eglise chrétienne. Sophonie a écrit d'un style véhément et assez semblable à celui de Jérémie, dont il paraît n'être que l'abréviateur.

Il est fort étonnant qu'après avoir entendu tant de prophètes prédire la captivité de Babylone, annoncer les mêmes malheurs, tenir tous le même langage, les Juifs en aient été si peu touchés et se soient obstinés à persévérer dans l'idolâtrie ; il ne l'est pas moins qu'ils s'opiniâtrent encore aujourd'hui à méconnaître le sens de ces prophéties, touchant l'avènement du Messie, la nature de son règne, l'établissement de sa doctrine. Dix-sept siècles de malheurs n'ont pas suffi pour les changer ; mais leur endurcissement même leur a été prédit. Ce phénomène suffit pour nous faire comprendre combien il a été difficile d'en convertir un certain nombre, et quelle a été la puissance de la grâce qui les a changés.

SORBONNE, célèbre école de théologie de Paris. Cette maison, qui devait être pendant plusieurs siècles ce qu'elle est encore aujourd'hui, l'un des plus fermes soutiens de la religion, a eu, comme la plupart des établissements utiles et durables, de faibles commencements. Ce ne fut, dans l'origine, qu'un collège destiné à nourrir de jeunes et pauvres ecclésiastiques, et à leur procurer les moyens de faire leurs études de théologie. Il eut pour premier fondateur un prêtre nommé Robert, né dans le village de Sorbonne, près de Rhétel en Champagne, dont il porta le nom. Issu de parents pauvres, il eut beaucoup de peine à faire ses études et à parvenir au degré de docteur ; mais sa constance, son assiduité au travail et ses succès, le firent bientôt connaître. Il se distingua par ses sermons et par ses conférences de piété. Saint Louis, qui se faisait un devoir de rechercher et de récompenser le mérite, voulut l'entendre ; charmé de ses talents, il le fit son chapelain ou son aumônier, et dans la suite il le prit pour son confesseur. Robert, nommé à un canonicat de Cambrai, vers l'an 1250, conçut dès ce moment le projet de fonder un collège pour y réunir de jeunes clercs peu favorisés par la fortune, et pour leur procurer gratuitement des leçons de théologie. Il commença à l'exécuter dès l'an 1253. Saint Louis voulut y concourir par ses bienfaits, et partager ainsi avec son chapelain la gloire de cette fondation. Par divers échanges faits avec le roi, Robert acquit le terrain sur lequel sont actuellement bâties l'église, la maison et les écoles de Sorbonne. Il y plaça d'abord seize pauvres clercs, et il leur donna pour maîtres trois célèbres docteurs de l'université, Guillaume de Saint-Amour, Eudes de Douai et Laurent Langlois ; pour lui, il ne retint que le titre de proviseur. Ainsi l'on transporta dans ce collège les leçons de théologie, qui auparavant se faisaient à l'évêché. Le pape Clément IV, Français de nation, et qui avait été secrétaire de saint Louis, confirma cette fondation, sauf les droits de l'évêque, par une bulle datée de la quatrième année de son pontificat, par conséquent de l'an 1268. Elle est adressée *au proviseur des pauvres maîtres et étudiants en théologie, vivant en commun.* Ce collège a servi de modèle à tous ceux que l'on a formés depuis. Avant ce temps-là, il n'y avait en Europe aucune communauté où les ecclésiastiques séculiers vécussent et enseignassent en commun. Le fondateur était devenu chanoine de l'Eglise de Paris en 1258. Dans son testament, daté de l'an 1270, il légua à son collège tout ce qu'il lui avait donné jusqu'alors, et le reste de sa succession, qui était considérable, à Geoffroy de Bar, autre chanoine et son ami. Celui-ci, élu doyen en 1274, et fidèle aux intentions du testateur qui venait de mourir, transporta cet héritage au collège de Sorbonne.

Robert a laissé plusieurs ouvrages, dont quelques-uns ont été imprimés dans la *Bibliothèque des Pères* ou ailleurs ; les autres sont en manuscrit dans la bibliothèque de *Sorbonne*. Les statuts qu'il dressa pour son collège en 38 articles, subsistent encore, et sont en quelque manière l'âme de la société qu'il a fondée. Une égalité fraternelle entre les membres qui la composent, un respect constant pour les anciens usages, un esprit vraiment ecclésiastique, semblent en assurer la perpétuité. De là sont sortis depuis plus de quatre siècles une multitude de savants théologiens, aussi distingués par leur piété que par leurs talents, qui ont contribué et qui contribuent encore à la défense de la foi, au maintien de la saine morale, à l'édification des fidèles, à l'instruction de la jeunesse, à l'honneur du clergé de France, et à la consolation des prisonniers. Cette société s'est chargée du triste et pénible, mais charitable ministère d'assister les criminels condamnés à la mort.

Le cardinal de Richelieu s'est immortalisé, en faisant rebâtir l'an 1629, l'église, la maison, les écoles de *Sorbonne*, avec une magnificence digne de la place qu'il occupait, et en y plaçant une riche bibliothèque ; il en est ainsi devenu le second fondateur. Son tombeau, qui est dans l'église, est un chef-d'œuvre de la sculpture française. On peut dire de cette société, sans adulation, que c'est une des plus belles institutions qu'il y ait dans l'Eglise, *Hist. de l'Eglise gallic.*, t. XII, l. xxxiv, sous l'an 1272 ; *Vies des Pères et des Martyrs*, t. VII, p. 625 ; *Dict. hist. de l'Avocat*, etc.

SORBONIQUE. *Voy.* DEGRÉ, DOCTEUR.

SORCELLERIE, SORCIER, SORTILÉGE. Ces termes signifient ordinairement la même chose que MAGIE, MAGICIEN (*Voyez ces* deux mots), mais le nom de *sorcier* se prend dans trois sens différents. L'on entend par là,

1° ceux qui devinent les choses cachées, qui découvrent les auteurs d'un vol ou les trésors enfouis, qui se vantent de connaître l'avenir, etc., et alors ce terme est synonyme à celui de *devin*. *Voy.* DIVINATION. 2° Ceux qui opèrent des choses surprenantes et qui paraissent surnaturelles dans le dessein de faire du mal, comme d'exciter des orages, de causer des maladies aux hommes ou aux animaux, par des paroles, par des cérémonies, par des pratiques superstitieuses. Dans ce sens, la sorcellerie est la même chose que la *magie* noire et malfaisante ; un *sort*, un *sortilége* signifient un maléfice. 3° Le peuple entend par *sorciers* ceux qui ont le pouvoir de se transporter dans les airs pendant la nuit, pour aller dans des lieux écartés adorer le diable, et se livrer aux excès de l'intempérance et de l'impudicité. On sait que cette erreur n'a aucun fondement, que le prétendu *sabbat des sorciers* est l'effet d'un délire et d'un déréglement de l'imagination, causé par certaines drogues desquelles se servent les malheureux qui veulent se procurer ce délire. Ce fait est prouvé par des expériences irrécusables. Malebranche, *Recherches de la Vérité*, t. I, l. II, c. 6. Parmi tous les faits rassemblés par les divers auteurs qui ont écrit sur ce sujet, il n'y en a aucun de bien avéré, et qui prouve qu'il y a eu un pacte réel et effectif entre le démon et les prétendus sorciers.

Ce qui entretient la crédulité populaire, ce sont les récits de quelques particuliers peureux, qui, se trouvant égarés la nuit dans les forêts, ont pris pour le sabbat des feux allumés par des bûcherons et des charbonniers, et les cris qu'ils leur ont entendu faire, ou qui, s'étant endormis dans la peur, ont cru entendre et voir le sabbat dont ils avaient l'imagination frappée.

« Quelques philosophes incrédules, conduits par leur seule prévention, se sont persuadé que ces sortes d'erreurs sont venues des idées que la religion nous donne du démon, de ses opérations, de son pouvoir sur les hommes, des possessions et obsessions, de l'efficacité des exorcismes, etc. Aux mots MAGICIEN et MAGIE, nous avons fait voir que cela est faux, qu'il n'y a rien dans l'Ecriture sainte, dans les Pères de l'Eglise, dans les lois des conciles ni dans les rites ecclésiastiques, qui ait pu servir à autoriser ce préjugé ; qu'au contraire les pasteurs et les docteurs chrétiens n'ont rien négligé pour le détruire. Les faits que l'on tire de l'Ecriture sainte, comme les prestiges des magiciens de Pharaon, la pythonisse d'Endor, les maris de Sara, fille de Raguel, tués par le démon, les fléaux envoyés au saint homme Job par cet esprit infernal, les possessions dont il est parlé dans l'Evangile, etc., ne prouvent point qu'il y ait jamais eu de convention réelle entre l'esprit de ténèbres et ceux qui avaient recours à lui, et qu'il ait pu agir au gré de ces derniers. Au contraire l'Écriture sainte suppose et enseigne formellement que le démon ne peut agir que par une permission expresse de Dieu ;

il n'est donc au pouvoir d'aucun homme d'avoir commerce quand il lui plaît avec l'ennemi du genre humain. Elle nous apprend d'ailleurs que son empire a été détruit par Jésus-Christ.

Les anciens Pères de l'Eglise en particulier, les apologistes du christianisme, ont écrit dans un temps où le paganisme et l'idolâtrie subsistaient encore, où la magie était en usage, où les philosophes même, surtout les nouveaux platoniciens, la pratiquaient sous le nom de théurgie. Ce n'était pas là un moment favorable pour discuter tous les faits, pour en rechercher les causes, pour en démontrer l'illusion. La philosophie régnante, loin de donner quelques lumières sur ce sujet, n'était propre qu'à entretenir l'erreur et à la rendre incurable. Les Pères, sans contester les faits, se sont bornés à soutenir que, s'il y avait quelque chose de réel dans les opérations des magiciens ou des *sorciers*, cela ne pouvait venir que du démon : peut-on faire voir qu'ils raisonnaient mal ?

Cette matière est traitée avec exactitude dans le corps du droit canon. *Decreti*, II° part., caus. 26, q. 2. L'on y a distingué les différentes pratiques superstitieuses désignées sous le nom général de *sortilége* ou de *sorcellerie*; l'on y a rapporté les passages des Pères et les décrets des conciles qui ont condamné toutes ces impiétés absurdes, et qui les ont défendues sous peine d'excommunication ; sans attendre les recherches des philosophes modernes, plusieurs auteurs ecclésiastiques ont très-bien compris que le sabbat des *sorciers* n'est qu'un délire de l'imagination ; ils n'ont cependant pas eu tort d'ajouter que cette illusion même est un artifice du démon ; lui seul a pu suggérer à des chrétiens une malice assez noire pour vouloir entrer en commerce avec lui, se dévouer à son service et lui rendre un culte. A la vérité il n'y a aucune notion du *sabbat* chez les anciens Pères de l'Eglise ; il est probable que c'est une imagination qui a pris naissance chez les barbares du Nord, que ce sont eux qui l'ont apportée dans nos climats, et qu'elle s'y est accréditée au milieu de l'ignorance dont leur irruption fut suivie. Dans les décrets des conciles qui ont défendu sous peine d'anathème la divination par les sorts, les sortiléges ou maléfices, etc., il n'y en a point qui regarde les prétendus *sorciers* qui vont ou qui croient aller au sabbat ; preuve évidente que l'on a toujours méprisé cette imagination populaire. Ces décrets condamnent *tout pacte* avec le démon ; mais il est évident qu'il faut entendre tout pacte réel ou imaginaire, puisque la volonté seule de le former est un crime. Bingham, *Orig. eccles.*, l. XVI, c. 5, § 4 et suiv.; Thiers, *Traité des Superst.*, 1re partie, l. II, c. 6.

Leibnitz nous apprend que le P. Spée, jésuite allemand, est l'auteur du livre intitulé : *Cautio criminalis circa processus contra sagas*; que ce Père, qui avait accompagné au supplice un grand nombre de criminels condamnés comme *sorciers*, avouait qu'il n'en avait pas trouvé un seul duquel il eût lieu de croire qu'il était véritablement *sorcier* ; mais ce Père n'en concluait pas que ces malheureux avaient été injustement punis. S'ils n'avaient point fait de pacte avec le démon, ils avaient eu du moins la volonté de le faire ; ils avaient commis dans ce dessein des profanations et des sacriléges ; leur dessein n'avait pas été de faire du bien, mais de faire du mal ; il est de l'intérêt public de purger la société de pareils monstres. Voilà ce que n'ont jamais considéré ceux qui tournent en ridicule les lois portées et les arrêts prononcés contre les *sorciers*. Bayle, qui n'était ni ignorant ni mauvais philosophe, a très-bien prouvé ce que nous soutenons ici, *Réponse aux Quest. d'un Prov.*, 1ʳᵉ part., c. 35. Au mot MAGIE, § 3, nous avons fait voir que les exorcismes, les bénédictions, les prières de l'Église, loin d'entretenir les erreurs populaires touchant le sujet dont nous parlons, sont au contraire le remède le plus convenable et le plus sûr pour les détruire et pour calmer les esprits faibles.

SORT, manière de décider par le hasard les choses incertaines et pour lesquelles on ne voit aucune raison de préférence. Les théologiens distinguent trois espèces de *sort*, celui de partage, celui de consultation et celui de divination. Le premier se fait lorsque plusieurs copartageants tirent au *sort* le lot qui leur écherra, lorsque entre plusieurs personnes qui méritent la même récompense, on l'adjuge à celle qui l'obtient par le *sort*, ou lorsque l'on fait tirer au *sort* plusieurs criminels pour savoir lequel d'entre eux subira la peine. Cette manière d'agir n'a rien de répréhensible, lorsque l'on y observe une égalité parfaite, et qu'il n'en peut résulter aucun préjudice au bien public. Les exemples en sont fréquents dans l'Écriture sainte ; la terre promise fut partagée au *sort* ; les lévites reçurent de même leur lot par le *sort*. David distribua par ce moyen les rangs aux vingt-quatre bandes de prêtres qui devaient servir dans le tabernacle et dans le temple. Au jour de l'expiation, l'on jetait le sort sur les deux boucs qui étaient offerts, pour savoir lequel des deux serait immolé, et lequel serait conduit dans le désert, etc. De là le *sort* de quelqu'un signifie quelquefois dans l'Écriture la portion qui lui est arrivée par le *sort*, ou le bien qu'il possède. Salomon dit dans les *Proverbes*, c. XVIII, v. 18, que le sort prévient ou termine les contestations. Celui qui faisait tirer au *sort* mettait les noms ou les billets dans le pan de sa robe, et on les en tirait au hasard : *Les sorts*, dit le même auteur, *sont jetés dans le pan de la robe (in sinum), mais c'est Dieu qui les arrange ou les distribue*, c. XVI, v. 33 ; il était persuadé que la providence de Dieu y intervenait. On les mettait aussi quelquefois dans un vase ou un calice, et de là est venue l'expression de David, *Ps.* XV, v. 5 : *Le Seigneur est la part de mon héritage et de mon* CALICE. Il ne paraît nulle part que l'on y ait employé d'autres cérémonies. — La seconde espèce de *sort* est celui de consultation ; l'on y avait recours lorsque la prudence humaine ne fournissait aucun moyen de découvrir la vérité, lorsqu'il s'agissait, par exemple, de découvrir un coupable ou de connaître le sujet qu'il fallait élever à une dignité ; par le *sort*, on croyait consulter Dieu. Ainsi Saül fut choisi pour être le premier roi du peuple de Dieu, mais il avait déjà été désigné à Samuel par une révélation divine ; ce prophète ne recourut au *sort* que pour convaincre le peuple du choix que Dieu avait fait. Saül lui-même, convaincu que l'on avait violé une défense qu'il avait faite, fit jeter le *sort* pour connaître le coupable, et le *sort* tomba sur son fils Jonathas. Josué avait découvert par la même voie le larcin qui avait été commis par Achan, dans le sac de Jéricho. Il n'y a pas lieu de juger que dans ces occasions l'on a tenté Dieu contre la défense de la loi ; puisque Dieu permettait aux chefs de la nation d'attendre de lui des oracles en pareilles circonstances, à plus forte raison trouvait-il bon qu'ils lui demandassent de faire connaître sa volonté par le *sort*. Et Dieu en agissait ainsi pour empêcher les Israélites d'employer les pratiques superstitieuses et les différentes espèces de divination par lesquelles les idolâtres prétendaient consulter leurs dieux. *Voy.* DIVINATION.

Dans le Nouveau Testament nous ne voyons qu'un seul exemple du *sort* de consultation, *Act.*, I, v. 33. Lorsqu'il fallut donner un successeur à Judas dans l'apostolat, on en proposa deux, Barsabas et Matthias. Saint Pierre, pour ne point montrer de prédilection, pria Dieu de désigner par le *sort* celui des deux qu'il fallait choisir, et le sort tomba sur saint Matthias. — Quelques auteurs, à qui cette manière de choisir un apôtre paraissait être d'un exemple dangereux, ont cherché des raisons pour l'excuser ; mais nous ne voyons pas en quoi saint Pierre et ses collègues ont besoin d'excuse. Les apôtres, à qui Jésus-Christ avait promis d'envoyer le Saint-Esprit, et qui le reçurent en effet quelques jours après, étaient bien fondés sans doute à espérer que Dieu se déclarerait dans cette occasion, et l'événement a prouvé qu'ils ne se trompaient pas. Il était à propos que le choix d'un apôtre parût venir immédiatement de Dieu et non des hommes. Ce qui était autrefois en usage parmi les Juifs n'est pas nécessaire pour justifier la conduite du collège apostolique.

Pourquoi ne jugerions-nous pas de même de l'élection de quelques saints personnages qui ont été élevés à l'épiscopat de la même manière, dans les premiers siècles de christianisme ? Dans un temps auquel Dieu accordait à son Église les dons miraculeux, ce n'était pas tenter sa puissance que d'en attendre un signe surnaturel en pareille circonstance ; lorsqu'il se trouvait plusieurs sujets également dignes de l'épiscopat, et également capables d'en remplir les devoirs, le *sort* était un moyen de prévenir les brigues, les murmures, les prédilections parmi les fidèles pour leurs pasteurs, et d'éviter l'inconvénient qui était arrivé du temps de saint Paul, dans l'Eglise de Corinthe, *I Cor.*, c. I, v. 11. Mais, dans les siècles suivants, lorsque l'effusion des dons miraculeux eut cessé, c'était un abus de vouloir encore que le *sort* décidât du choix des évêques ; il pouvait tomber sur des sujets très-peu propres à remplir cette dignité. Dieu n'avait pas promis de déclarer toujours ainsi sa volonté, et il n'y avait plus aucun motif raisonnable de l'espérer. Nous ne devons donc pas être surpris de ce que cette manière d'élire, qui avait été formellement approuvée par un concile de Barcelone, en 599, pour des raisons que nous ignorons, fût expressément défendue dans la suite. Il ne s'ensuit pas cependant que l'on doive condamner de même toutes les élections qui, dans quelques républiques, se font par le *sort*, pour les magistratures et pour d'autres charges civiles. On n'y suppose rien de surnaturel, et l'on en use ainsi à l'égard d'un ordre de citoyens qui sont censés tous également capables de remplir les devoirs que l'on veut leur imposer.

Enfin, l'on appelle *sort de divination* celui qui a été souvent mis en usage pour connaître l'avenir. Comme Dieu s'est réservé cette connaissance pour des raisons très-sages, *Isai.*, c. XLI, v. 22 et 23, qu'il ne l'a promise à personne, et qu'il ne serait pas utile aux hommes de l'avoir, c'est attenter à ses droits que de la chercher par des moyens qu'il n'a pas établis pour cela, et qui n'ont par eux-mêmes aucune vertu. Le crime est beaucoup plus grand quand on emploie pour ce sujet des moyens absurdes ou impies, et qui ne peuvent avoir aucun effet que par l'entremise du démon. C'est surtout contre cette dernière espèce de divination que plusieurs conciles ont lancé des anathèmes. On peut les voir dans Ducange, au mot *Sorts*, et dans Thiers, *Traité des Superstitions*, t. I, 1re part., l. III, c. 6, etc.

C'est sur ces principes, admis par tous les théologiens, que l'on doit juger de l'épreuve que l'on a nommée *les sorts des saints*, dont nous allons parler.

SORTS DES SAINTS. On sait que l'usage était établi chez les païens d'ouvrir au hasard l'Illiade d'Homère ou les poésies de Virgile, et de regarder comme un pronostic certain de l'avenir les premières paroles qui s'offraient aux yeux du lecteur ; c'est ce que l'on appela les *sorts d'Homère* ou *de Virgile*. Après la destruction du paganisme, des chrétiens mal instruits crurent sanctifier cette pratique superstitieuse en consultant de la même manière les livres sacrés, et en nommant cette espèce de divination *les sorts des saints*. On en peut voir un long détail dans les *Mémoires de l'Acad. des Inscriptions*, t. XXXI, in-12, p. 98, et dans Ducange, au mot *Sortes sanctorum*. Cela se faisait de deux manières. La première consistait à ouvrir au hasard l'un des livres de l'Ecriture sainte, mais après avoir imploré auparavant le secours du ciel par des jeûnes, des prières et d'autres pratiques de religion, et à prendre pour règle de ce que l'on devait faire le premier passage que l'on rencontrait. La seconde était de recevoir comme un oracle les premières paroles que l'on entendait lire ou chanter en entrant dans l'église, après avoir fait les mêmes préparations. Les auteurs que nous venons de citer rapportent plusieurs exemples de l'une et de l'autre.

On se servit quelquefois de la première pour le choix d'un évêque ; c'est ainsi que saint Aignan fut désigné pour succéder à saint Euverte sur le siége d'Orléans, vers l'an 391, et que l'élection de saint Martin à l'évêché de Tours fut confirmée, l'an 374, malgré l'opposition d'un parti considérable formé contre lui. Ce sont là les deux seuls exemples anciens que l'on connaisse; saint Grégoire de Tours, mort l'an 595, en a cité plusieurs autres, mais ils concernaient des affaires purement temporelles, et il y en a eu dans l'Eglise grecque aussi bien que dans l'Eglise latine. — Saint Augustin a blâmé cette pratique, *Epist.* 55, *ad Januar.*, cap. 20, n. 37 : « A l'égard, dit-il, de ceux qui tirent des *sorts* des livres des Evangiles, quoiqu'il soit à désirer qu'ils en usent ainsi plutôt que de consulter les démons, cependant cette pratique me déplaît ; je n'aime point que, tandis que les oracles divins ne parlent que des choses de l'autre vie, on les applique au néant de celle-ci, ni aux affaires de ce siècle. » Le saint docteur comprenait que cet usage sentait encore le paganisme.

Il est reconnu que, depuis environ le VIIIe siècle, les exemples de cet usage ont été très-rares ; la raison est qu'il avait été condamné et sévèrement défendu par les canons de plusieurs conciles. Celui de Vannes, tenu sous le pontifical de saint Léon, l'an 465, défend aux clercs, sous peine d'excommunication, d'exercer la divination que l'on appelle *le sort des saints*, et de prétendre découvrir l'avenir par aucune Ecriture que ce soit. Ce concile ne l'autorise pour aucune espèce d'affaires. Ceux d'Agde l'an 506, d'Orléans l'an 511, d'Auxerre en 595, un capitulaire de Charlemagne en 789, font la même défense, et elle a été insérée dans le Pénitentiel romain.

Nous convenons que ces lois ne firent point cesser l'abus dont nous parlons, puisqu'il fallut encore les renouveler dans la suite ; le désordre même fut poussé plus loin. On s'avisa, lorsqu'un évêque était sacré, et après qu'on lui avait mis l'Evangile sur les épaules, d'ouvrir le livre et de prendre le premier passage qui s'offrait pour une prédiction de la conduite future du nouvel évêque ; bientôt on fit la même chose à l'élection des abbés et à la réception des chanoines. Cette coutume, à laquelle la malignité eut ordinairement beaucoup plus de part que la superstition, produisit souvent de très-mauvais effets ; plus d'une fois le fâcheux présage tiré des paroles de l'Evangile indisposa d'avance les peuples contre leur nouveau pasteur, et servit à rendre odieuse la conduite de quelques-uns qui ne méritaient pas cette espèce d'opprobre; souvent aussi les espérances favorables que l'on avait conçues de quelques personnages, sur le même préjugé, furent trompées par l'événement. Il est évident que le *sort de divination* était proscrit par les canons, qui défendaient en général le *sort des saints*. Nous ne pensons pas néanmoins que cet abus ait duré aussi longtemps que nos littérateurs le prétendent. Quoiqu'il soit encore condamné par des décrets du xiii° ou du xiv° siècle, cela ne prouve pas qu'il ait encore été commun pour lors. Il y a encore de vieux Rituels dans lesquels on excommunie au prône des paroisses les magiciens, les sorciers et les devins ; il ne s'ensuit pas pour cela qu'il y ait parmi nous un grand nombre de ces insensés.

L'autre manière de pratiquer le *sort des saints*, qui consistait à prendre pour une prédiction de l'avenir les premières paroles que l'on entendait lire ou chanter en entrant dans l'église, n'était pas moins digne de censure. Mais on attribue cette superstition à de saints personnages qu'il n'est pas difficile de justifier. Autre chose est de faire attention à une rencontre fortuite analogue aux objets dont on a l'esprit occupé, et d'en être ému; autre chose de la regarder comme un présage certain de ce qui arrivera : le premier de ces sentiments n'est qu'une faiblesse, le second serait une superstition.

Sur la seule autorité de Métaphraste, auteur très-suspect, on dit que saint Cyprien faisait beaucoup d'attention aux premières paroles qu'il entendait en entrant dans l'église, et qu'il les prenait pour un présage lorsqu'elles se trouvaient analogues aux pensées ou aux desseins qu'il avait dans l'esprit. Ce fait aurait besoin d'être mieux prouvé; on sait que saint Cyprien n'était rien moins qu'un esprit faible.

On a tort de citer pour exemple saint Antoine, qui, entendant ces paroles de l'Evangile : *Si vous voulez être parfait, allez vendre ce que vous possédez, et donnez-le aux pauvres*, etc., se fit l'application de ce conseil et alla l'exécuter; saint Augustin, qui, pour fixer ses irrésolutions, ouvrit les Epîtres de saint Paul, et y trouva des paroles qui le déterminèrent enfin à se convertir; saint Louis, qui, après avoir accordé la grâce d'un criminel, la révoqua, parce qu'il lut dans le *Psautier* ces mots : *Heureux ceux qui exercent la justice en tout temps*. Ces saints n'avaient pas cherché exprès ces rencontres fortuites pour en tirer un présage ou une leçon. Il n'y a pas plus de superstition dans leur conduite que dans celle d'un pécheur qui entre par hasard dans une église, et qui entend un prédicateur dont les exhortations le touchent et le font rentrer en lui-même.

Sur tous ces faits et autres semblables, il y a des réflexions à faire. En premier lieu, on ne peut pas citer beaucoup d'exemples d'évêques élus par le *sort des saints;* ce qui se fit à l'égard de saint Martin et de saint Aignan avait moins pour objet de désigner le sujet qu'il fallait élire que de confirmer un choix déjà fait, et de vaincre l'obstination du peuple ou celle de quelques chefs de parti, et ce moyen n'est pas louable. En second lieu, le *sort des saints* mis en usage pour savoir quel serait l'événement d'une affaire quelconque, ou quelle serait la conduite d'un nouvel évêque, était évidemment une divination superstitieuse; aussi la voyons-nous condamnée par les canons dès sa naissance; elle ne prit faveur qu'à l'abri de l'ignorance que les barbares amenèrent à leur suite, en se répandant d'un bout de l'Europe à l'autre; elle faisait partie des épreuves superstitieuses, et ces absurdités n'auraient pas duré si longtemps, si les passions humaines, qui ne respectent aucune loi, n'y avaient pas trouvé un moyen de se satisfaire. En troisième lieu, l'attention que l'on fait aux rencontres fortuites n'est point une superstition, quand on ne les a pas cherchées exprès pour en tirer des présages, quand on n'y suppose rien de surnaturel, quand on n'y donne pas une entière confiance. En quatrième lieu, les auteurs qui nous ont représenté le *sort des saints* pratiqué au sacre des évêques comme une partie de cette cérémonie, comme un rite de l'*office sacré*, comme une circonstance prescrite par le Rituel, se sont joués de la crédulité des ignorants, puisque toute espèce de *sort des saints* était expressément défendue par les canons. C'est une absurdité de citer ce qui s'est fait en Angleterre sous le règne d'un tyran, tel que Guillaume le Roux, et sous les autres rois normands qui lui ressemblaient; il vendit tous les bénéfices, il chassa les évêques les plus respectables pour mettre des brigands à leur place, etc. Le docteur Prideaux a trouvé bon d'argumenter sur ces désordres pour montrer quelle était la corruption de l'Eglise romaine dans le xi° et le xii° siècle, et pour faire voir comment se sont introduits les autres abus que les protestants nous reprochent; *Histoire des Juifs*, l. xiii, sous l'an 29 de Jésus-Christ. Mais l'état de l'Eglise d'Angleterre sous le joug de conquérants impies et brutaux, n'a rien de commun avec l'état de l'Eglise romaine dans les autres parties du monde; ce temps de désordre n'a pas duré longtemps, et il n'en était plus question lorsque les prétendus réformateurs sont venus au monde. Le concile d'Enham en Angleterre, tenu l'an 1009, avait proscrit ceux qui exerçaient le *sort des saints*, tout comme les sorciers et les magiciens ; de quel front peut-on dire que, dans ce temps-là, ce sort faisait partie de l'office divin? Mais les protestants ne se sont jamais fait scrupule de calomnier l'Eglise romaine.

FÊTE DES SORTS CHEZ LES JUIFS. *Voy.* ESTHER.

SORTILÉGE. *Voy.* SORCELLERIE.

SOUFFRANCE. Ce n'est point à nous d'examiner la valeur des arguments, ou plutôt des sophismes par lesquels les stoïciens prétendaient prouver que la douleur ou les *souffrances* ne sont pas un mal; plusieurs moralistes en ont démontré le peu de solidité. Les pompeuses maximes du stoïcisme ont pu faire impression sur quelques âmes fortes, leur inspirer un nouveau degré de constance, les empêcher de se livrer aux gémissements et au désespoir lorsqu'elles souffraient; quelques philosophes, dans les mêmes circonstances, ont pu affecter par orgueil un air d'insensibilité : mais une preuve que ces hommes vains ne regardaient pas les *souffrances* comme un bien, c'est que plusieurs ont cherché à s'en délivrer en se donnant la mort. Il n'appartenait qu'à un Dieu revêtu des faiblesses de l'humanité, de faire envisager, même au commun des hommes, les *souffrances* comme une expiation du péché, comme un moyen de purifier la vertu et de mériter une récompense éternelle, par conséquent comme un bienfait de la Providence : *Heureux ceux qui pleurent, parce qu'ils seront consolés; heureux ceux qui souffrent persécution pour la justice, parce que le royaume des cieux est à eux*. Ces maximes de Jésus-Christ, soutenues par ses exemples, ont rendu des milliers d'hommes capables, non-seulement de souffrir sans faiblesse et sans ostentation, mais de désirer les *souffrances*, de les rechercher, d'y goûter de la joie, et d'en remercier Dieu. Que des épicuriens, qui ne connaissent point d'autre bien que le plaisir des sens, soient scandalisés de cette conduite, qu'ils la regardent comme un fanatisme et une folie, cela n'est pas étonnant. *L'homme animal*, dit saint Paul, *ne comprend rien à ce qui vient de l'esprit de Dieu, il le regarde comme une folie (I Cor.* II, 14). De prétendus philosophes, qui ne savent goûter d'autre félicité que celle des animaux, ne doivent envisager les *souffrances* qu'avec horreur. — Lorsque Jésus-Christ parut sur la terre, l'épicuréisme pratique avait infecté toutes les nations; les afflictions leur paraissaient un effet de la colère du ciel et un caractère de réprobation; c'était l'opinion générale. Un des arguments que les philosophes ont employé le plus communément contre le christianisme, fut de soutenir que si cette religion était agréable à Dieu, il ne permettrait pas que l'on tourmentât et que l'on mît à mort ceux qui l'embrassaient. Celse et Julien ont répété dix fois cette objection. La question était donc alors, comme elle est encore aujourd'hui, de savoir si un Dieu sage et bon doit attacher le bonheur à la patience plutôt qu'à la faiblesse, à la vertu plutôt qu'au vice. Car enfin, puisque la vertu est la force de l'âme, s'il n'y avait rien à souffrir dans ce monde, la vertu ne nous serait pas nécessaire; les philosophes moralistes auraient eu tort de mettre la force au nombre des vertus. La question est encore de savoir si celui qui envisage les *souffrances* comme l'effet d'une aveugle fatalité, est mieux disposé à les supporter avec courage, que celui qui croit qu'elles

viennent de Dieu, et qu'en souffrant patiemment il peut mériter une éternité de bonheur. Ici l'on peut s'en rapporter à l'expérience. Comme l'entêtement des épicuriens ne les met pas à couvert de souffrir, lorsqu'ils se trouvent aux prises avec la douleur, ils conviennent que la religion est une ressource plus puissante que la philosophie. Mais en bonne santé ils argumentent. Les *souffrances*, disent-ils, ne peuvent être une punition du péché, puisqu'elles tombent sur tous les hommes, et que les plus coupables ne sont pas toujours ceux qui souffrent le plus. Il est indigne d'un Dieu bon d'affliger ses créatures; un père ne peut pas se plaire à voir souffrir ses enfants; les *souffrances* ne peuvent être un bienfait dans aucun sens.

Toutes ces maximes épicuriennes sont évidemment fausses. Puisque tous les hommes sont pécheurs, il n'est pas étonnant que tous soient condamnés à souffrir plus ou moins; mais comme les *souffrances* servent encore à purifier la vertu et à la rendre digne d'une récompense, les hommes vertueux qui souffrent plus que les autres, ont une espérance bien fondée d'être récompensés plus abondamment dans l'autre vie; il est donc faux qu'à leur égard les afflictions ne soient pas un bienfait. Un père n'aimerait pas sans doute à voir souffrir ses enfants sans aucune utilité, mais il se féliciterait certainement, s'il savait que par leur constance ils parviendront au plus haut degré de gloire et de bonheur; s'il était chrétien, il imiterait à ce moment l'exemple de la mère des Machabées.

Puisqu'il est prouvé par une expérience constante que la prospérité et le plaisir sont une source infaillible de corruption et un écueil certain pour la vertu, les *souffrances*, par la raison contraire, sont un préservatif et un remède contre le vice; les philosophes anciens l'ont compris et ont établi cette vérité par leurs maximes. *Voy*. AFFLICTION. Mais elle est infiniment mieux démontrée par l'exemple des saints formés et instruits à l'école de Jésus-Christ. — Soit, disent encore nos raisonneurs; quand cela serait vrai à l'égard des afflictions qui nous arrivent malgré nous, où est la nécessité d'y ajouter des *souffrances* volontaires, des macérations insensées, des austérités excessives qui ne peuvent aboutir qu'à nous détruire? Ici les incrédules ne sont que les échos des protestants; nous avons réfuté les uns et les autres à l'article MORTIFICATION. Nous ajoutons seulement que l'excès n'est louable dans aucun genre, et que s'il y en eut jamais dans celui dont nous parlons, l'Église ne l'a point approuvé. *Voy*. FLAGELLANTS.

SOUFFRANCES DE JESUS-CHRIST. *Voy*. PASSION.

SOUILLURE. *Voy*. IMPURETÉ LÉGALE

SOUS-DIACONAT, SOUS-DIACRE. Le sous-diaconat est un ordre ecclésiastique inférieur à celui de diacre, comme son nom l'exprime, mais qui est regardé dans l'Église latine comme un ordre sacré, et comme l'un des trois ordres majeurs. Saint Cyprien et le pape saint Corneille en ont fait mention au III° siècle. Dans l'Eglise grecque, le sous-diacre, nommé ὑποδιάκονος, est ordonné par l'imposition des mains, avec une prière que l'évêque récite, et qui exprime la sainteté des fonctions de cet ordre. Dans l'Eglise latine, l'évêque, après avoir invoqué pour l'ordinand prosterné l'intercession des saints, et lui avoir représenté les devoirs auxquels il va être assujetti, lui fait toucher le calice et la patène vides, l'avertit des vertus qu'il doit avoir, et fait une prière par laquelle il demande à Dieu pour lui les dons du Saint-Esprit ; il le revêt ensuite de la dalmatique, et lui met en main le livre des Epîtres que l'on chante à la messe; cette dernière cérémonie n'est pas ancienne. Cette différence d'ordination a fait penser à plusieurs scolastiques que le *sous-diaconat*, non plus que les ordres mineurs, ne sont pas des sacrements ; mais la plupart des théologiens pensent le contraire, et nous en avons dit les raisons au mot ORDRE.—Chez les Grecs, les fonctions du *sous-diacre* sont de préparer les vases sacrés nécessaires pour la célébration du saint sacrifice, et qui doivent être portés sur l'autel par le diacre, de garder les portes du sanctuaire pendant cette célébration, d'en écarter les catéchumènes et tous ceux qui ne doivent pas y assister. Chez les Latins, c'est à lui de préparer non-seulement les vases sacrés, mais encore le pain et le vin pour le saint sacrifice, de les présenter au diacre, de recevoir les oblations des fidèles, de chanter l'épître à la messe, de purifier les vases et les linges après le sacrifice, et dans plusieurs églises, de porter la croix à la procession. — Dans l'Eglise grecque les *sous-diacres* ne sont point astreints à la loi du célibat ; dans l'Eglise latine ils y ont été obligés, au moins depuis le VI° siècle, et à la récitation du bréviaire ou de l'office divin.

Quelques auteurs prétendent qu'autrefois les *sous-diacres* étaient les secrétaires, les messagers et les commissionnaires des évêques ; qu'ils étaient chargés des aumônes et de l'administration du temporel de l'église, conjointement avec les diacres.

Au mot ORDRE, nous avons fait voir que le motif de l'institution du *sous-diaconat* et des ordres mineurs n'a pas été la négligence, la mollesse, le faste ni l'ambition des évêques, comme les protestants l'ont imaginé, mais le respect pour le saint sacrifice des autels, et la haute idée que l'on voulait en donner aux fidèles. Pour cela il fallait des cérémonies, un extérieur pompeux, un nombre de ministres subordonnés les uns aux autres, et chargés de différentes fonctions. Si on avait eu de la consécration de l'eucharistie une idée aussi basse que celle qu'en ont les protestants, on ne se serait jamais avisé d'y mettre tant d'appareil ; si l'on avait cru comme eux que c'est la simple représentation de la dernière cène de Jésus-Christ, on l'aurait célébrée d'une manière aussi simple qu'eux ; le retranchement qu'ils ont fait de tout le cérémonial atteste la nouveauté de leur doctrine.

SOUS-INTRODUITE. *Voy.* AGAPÈTE.

SPECTACLE. De savoir s'il est permis ou non de fréquenter les *spectacles* du théâtre, c'est une question qui tient à la morale chrétienne ; nous ne pouvons donc nous dispenser d'en dire notre avis, ou plutôt de rapporter ce qu'en ont pensé les sages de tout temps. L'influence du théâtre sur les mœurs publiques est attestée par des témoignages irrécusables. Tite-Live, Tacite, Sénèque, Lucien, Pétrone, Zozime, nous apprennent que les *spectacles* de l'amphithéâtre et les combats des gladiateurs accoutumèrent les Romains à l'effusion du sang ; c'est là que les empereurs apprirent à se faire un jeu de le répandre : ainsi le peuple romain porta pendant longtemps la peine de sa fureur pour ce cruel amusement. Or, si des *spectacles* sanglants ont été capables de familiariser les hommes avec le meurtre, pour lequel ils ont naturellement de l'horreur, des scènes licencieuses et lascives auront-elles moins de pouvoir pour leur inspirer le goût de l'impudicité ? Nous nous en rapportons encore au jugement des auteurs païens, même des poëtes. Ovide, que l'on ne prendra pas pour un casuiste fort sévère, nous montre ce qu'il pensait de la comédie. « Qu'y voit-on, dit-il, sinon le crime paré des plus belles couleurs ? c'est une femme qui trompe son mari et se livre à un amour adultère. Le père et les enfants, la mère et la fille, de graves sénateurs, se plaisent à ce *spectacle*, repaissent leurs yeux d'une scène impudique, ont les oreilles frappées de vers obscènes. Lorsque la pièce est conduite avec art, le théâtre retentit d'acclamations ; plus elle est capable de corrompre les mœurs, mie le poëte est recompensé : les magistrats payent au poids de l'or le crime de l'auteur.» *Trist.* l. II, Juvénal ne s'exprime pas avec moins d'énergie. — On sait que, chez les Romains, les lois déclaraient infâmes les acteurs du théâtre. Cicéron, chargé de défendre dans un procès Roscius, acteur célèbre, fut obligé d'employer toute son éloquence pour écarter le préjugé qu'inspirait contre cet homme la turpitude de sa profession. Il dit, *Tuscul.*, l. IV : Si nous n'approuvions pas des crimes, la comédie ne pourrait subsister. L'empereur Julien en parle avec le dernier mépris ; il défendit aux prêtres du paganisme d'assister à aucun *spectacle*. Devons-nous être surpris de la censure sévère que les Pères de l'Eglise en ont faite ? *Tatien, contra Græcos*, n. 22 ; Clément d'Alexandrie, *Pædag.*, l. III, c. 1 ; Tertul., *Apolog.*, c. 6 et 34, *de Spectaculis, passim*; saint Cyprien, *Epist.* 1, *ad Donatum*, et l'auteur d'un *Traité des Spectacles* publié sous son nom ; Lactance, l. VI, c. 20 ; saint Jean Chrysostome dans plusieurs de ses homélies ; saint Augustin *in ps.* LXXX, etc., décident qu'un chrétien ne peut assister aux *spectacles* sans abjurer sa religion, sans violer la promesse qu'il a faite dans son baptême de renoncer au démon, à ses pompes et à ses œuvres. On refusait ce sacrement aux acteurs dramatiques qui ne voulaient pas quitter leur profession, et on les excommuniait, si, après l'avoir quittée, ils y retournaient. A mesure que le christianisme s'est établi, les théâtres sont tombés, et il n'y a pas encore trois siècles que l'on a commencé parmi nous à les relever.

On nous répond que chez les païens les *spectacles* étaient beaucoup plus licencieux qu'ils ne sont aujourd'hui; que les Pères ont parlé principalement des jeux du cirque et des combats de gladiateurs, dont il ne reste aucune trace. C'est une fausseté. Tertullien ne condamne pas avec moins de rigueur la comédie et les pantomimes que les autres *spectacles*; il demande aux chrétiens par dérision, si c'est en respirant par tous leurs sens les attraits de la volupté, qu'ils font l'apprentissage du martyre. Du temps de saint Jean Chrysostome et de saint Augustin, sous le règne de Théodose et de ses enfants, les *spectacles* sanglants ne subsistaient plus; Constantin, premier empereur chrétien, les avait défendus, et sa loi fut exécutée.

Bayle, dans ses *Nouvelles de la République des Lettres*, avait fait beaucoup valoir cette prétendue correction du théâtre moderne; mais, outre qu'il est prouvé que les pièces de Plaute et de Térence ne sont pas plus licencieuses que plusieurs drames que l'on joue aujourd'hui, l'on a répondu que les obscénités déguisées sous un voile transparent n'en sont que plus dangereuses; Bayle lui-même en est convenu ailleurs. Le P. Porée, jésuite, dans un discours latin; l'auteur d'une lettre sur l'article *Genève* de l'Encyclopédie; l'*Espion chinois*, dans ses lettres, etc., ont fait voir que la comédie, en corrigeant des ridicules, a fait naître des vices, et qu'elle est une des principales causes de la corruption des mœurs actuelles. De même que la peinture des mœurs devient plus pernicieuse, à mesure que celles-ci se dépravent, ainsi à leur tour les mœurs se corrompent à l'imitation des modèles que l'on présente sur le théâtre. Un drame de nos jours a été justement censuré par tous les sages, précisément parce qu'il a peint les hommes tels qu'ils sont. Pour se dédommager d'un reste de décence que nos auteurs dramatiques sont encore forcés d'observer, ils se sont permis de lancer des sarcasmes contre la religion, et c'est le plus célèbre de nos incrédules qui en a donné le premier l'exemple.

Si l'on nous demande en quel endroit de l'Evangile les *spectacles* sont expressément défendus, nous citerons hardiment ces paroles de Jésus-Christ, *Matth.*, c. v, v. 28: *Quiconque regardera une femme pour exciter en lui un désir impur, a déjà commis l'adultère dans son cœur.* C. xv.11, v. 7: *Malheur au monde, par les scandales qui y règnent;* et par celles de saint Paul, *Ephes.*, c. v, v. 3 et 4: *Que l'on n'entende jamais parmi vous de railleries, de paroles bouffonnes ou ob-*

scènes; *elles ne conviennent point à des hommes destinés à être saints.* Le goût, la coutume, les prétextes, l'exemple, quelque général qu'il soit, ne prescriront jamais contre ces lois.

Le P. Lebrun avait écrit d'une manière très-sensée contre les *spectacles*, et en avait fait connaître tout le danger; c'était un prêtre, on n'avait point de raisons solides à lui opposer; on ne lui a répondu qu'en affectant de le mépriser. Mais M. de Boissy n'était ni prêtre, ni théologien, ni casuiste, et ses lettres contre les *spectacles* en sont à la sixième édition. Boileau a peint l'opéra comme une école de libertinage; on ne s'en est pas dégoûté pour cela. Un déiste célèbre a démontré que la comédie ne vaut pas mieux, il n'a eu pour contradicteurs que des auteurs dramatiques engagés par intérêt à soutenir l'innocence de leurs ouvrages; on lui a répondu par des personnalités, par des sarcasmes, et non par des raisons.

Pour braver tous ces écrivains, on a doublé et triplé le nombre des *spectacles*; les plus grossiers ont été protégés; on a travaillé les jours de fêtes et de dimanches à construire et à décorer ces temples du vice; aucune ville ne peut plus s'en passer: ainsi la victoire est demeurée du côté des poëtes et des acteurs. A en juger par le degré de considération dont ils jouissent déjà, nous devons nous attendre à leur voir accorder bientôt des lettres de noblesse, pour les consoler de l'infamie qui leur était imprimée par les lois romaines et par les canons de l'Eglise. Dès à présent, parmi ceux que l'on appelle *honnêtes gens*, la fréquentation des théâtres est censée faire partie essentielle de l'éducation de la jeunesse.

Mais on a de grandes objections à nous faire, il faut les écouter. 1° Nous avons besoin de délassement; un homme de cabinet, fatigué par le travail et par les affaires, ne peut pas se procurer un amusement quand il le voudrait; il en trouve un tout prêt à une heure marquée; lui fera-t-on un crime de s'y livrer? Non, si c'est un amusement honnête, et dans lequel il n'y ait aucun danger pour la vertu; mais il faut commencer par prouver que les *spectacles* sont de ce genre. Siècle malheureux, dans lequel de grands enfants ne savent plus se distraire innocemment! Comment faisaient nos pères lorsqu'ils n'avaient pas des troupes d'histrions à leurs ordres? Nous voudrions savoir de quel délassement ont besoin des hommes oisifs toute leur vie; ce sont là les principaux piliers des *spectacles*. Tertullien répondait, il y a quinze cents ans, que le spectacle de l'univers fournit à un homme sensé des objets plus dignes de l'occuper et de le distraire, que tout ce qu'il peut voir et entendre au théâtre. Toute cette objection dans le fond se réduit à dire: Nous sommes ignorants, désœuvrés, dépravés; donc il nous faut des *spectacles*. Corrigez-vous, et vous n'en aurez plus besoin. Tel qui s'en est fait un besoin par l'habitude, laisse de côté les affaires les plus essentielles, ses devoirs les plus sacrés de son emploi, les intérêts du prochain les plus précieux, pour ne pas manquer à l'heure du *spectacle*. — 2° Un homme, dit-on, paraît singulier et bizarre, lorsqu'il n'y assiste pas. Heureuse singularité que celle qui nous distingue d'une génération corrompue! Un homme de bien, un bon chrétien fut toujours remarquable dans un siècle pervers. Mais viendra le jour auquel les esclaves de la mode et de la coutume diront en parlant des justes : *Voilà ceux dont nous nous sommes autrefois moqués, et que nous avons couverts de ridicule. Insensés que nous étions! nous regardions leur conduite comme une folie et comme un travers méprisable : les voilà aujourd'hui placés parmi les enfants de Dieu, et leur sort est avec les saints. C'est donc nous qui nous sommes égarés, qui n'avons connu ni la vérité, ni la justice*, etc., etc. (*Sap.* v, 3). — 3° Je ne reçois, nous dit-on encore, aucune impression fâcheuse de ce que je vois ni de ce que j'entends au *spectacle*. Cela peut être ; l'habitude du poison peut en diminuer insensiblement les effets : la question est de savoir s'il est jamais louable de s'y accoutumer. Mais une conscience délicate s'y trouverait souvent blessée. Comme la plupart des spectateurs ont contracté d'avance les mœurs dont ils voient le tableau, ils n'en sont pas fort émus. Ils se trouvent là comme chez eux ; le langage de la scène est à peu près celui de leurs conversations, et ils ne reconnaissent dans les acteurs que les hommes de leur société. Si le vice, devenu presque général, perd enfin toute sa noirceur, nous serons forcés d'avouer qu'il est désormais inutile de vouloir en détourner les hommes. Mais nous voyons en eux le *monde* tel que Jésus-Christ l'a représenté, le monde qui n'a pas voulu le reconnaître, *Joan.*, c. I, v. 10 ; qui a fermé les yeux à la lumière, c. III, v. 19 ; qui ne peut pas recevoir son esprit, c. XIV, v. 17, duquel il a séparé ses disciples, et duquel il a encouru la haine, c. XV, v. 18 et 19 ; qui a regardé son Evangile comme une folie, *I Cor.*, c. I, v. 18, etc. — 4° Plusieurs drames renferment une très-bonne morale païenne sans doute ; pour la morale chrétienne, elle y serait très-déplacée. Quelques tirades de morale sont le palliatif nécessaire pour faire passer les maximes fausses et pernicieuses, les obscénités et les images du vice qui viennent à la suite. Dans le siècle dernier, pour rendre le théâtre moins odieux, l'on mit sur la scène des tragédies tirées de l'Ecriture sainte ; aujourd'hui que l'on ne veut plus entendre parler de Dieu ni de ses saints, on n'aura plus recours à cet expédient, les *spectacles* universellement accrédités n'en ont plus besoin, et ce sera une profanation de moins. Il reste toujours à savoir si des chrétiens seront jugés de Dieu selon la morale du théâtre, ou selon les règles de l'Evangile. Quant à ceux qui ne croient plus de Dieu ni d'autre vie, nous n'avons rien à leur dire ; nous ne parlons ici qu'à ceux auxquels il reste encore quelques principes de religion et de crainte de Dieu. — 5° Il y a cependant des casuistes et des confesseurs qui permettent la fréquentation des *spectacles ;* on est en droit de les écouter plutôt que ceux qui la défendent. Si cela était vrai, nous nous contenterions de répondre avec l'Evangile, que ce sont des aveugles qui conduisent d'autres aveugles, et que tous doivent tomber dans le précipice, *Matth.*, c. XV, v. 14. Mais c'est une calomnie ; on ne peut citer aucun casuiste qui ait décidé sans restriction que la fréquentation des *spectacles* est permise et innocente. On a peut-être tiré cette fausse conséquence des principes posés par quelques-uns ; mais ils l'auraient désavouée s'ils avaient prévu l'abus que l'on en fait. Il n'est point de règle plus fausse que de juger de la morale des confesseurs par la conduite des pénitents. Sait-on ce que les premiers ont fait pour ouvrir les yeux à des aveugles volontaires, et pour ramener au bien des mondains obstinés, les prétextes qu'on leur oppose, les difficultés qu'on leur allègue, les fausses promesses qu'on leur fait, etc. ? Au milieu d'une dépravation générale et incurable, ils voient que plusieurs mondains renonceront plutôt aux sacrements et à toute profession du christianisme qu'à l'habitude des *spectacles ;* est-il aisé de choisir entre ces deux extrémités ? Ils gémissent, ils exhortent, ils tolèrent, ils espèrent une résipiscence future, etc. On conclut de là très-mal à propos qu'ils approuvent ou qu'ils permettent la fréquentation des *spectacles ;* ils sont forcés de tolérer bien d'autres désordres auxquels personne ne veut renoncer. Ce qu'il y a de certain, c'est que tous les pénitents qui veulent sincèrement revenir à Dieu, commencent par s'interdire pour toujours ce pernicieux amusement ; donc il n'est pas vrai que les confesseurs le permettent.

Nous objectera-t-on enfin qu'au mépris des canons, des lois, des censures, il y a des ecclésiastiques qui ne se font pas scrupule de fréquenter les théâtres ? Nous disons hardiment que ces prévaricateurs n'ont rien d'ecclésiastique que l'habit, et qu'ils ne le portent que pour le déshonorer ; que si les premiers pasteurs jouissaient encore de leur ancienne autorité, ils les puniraient et les forceraient d'observer les bienséances de leur état. Mais dans un temps de vertige auquel les incrédules ont répandu de toutes parts une morale pestilentielle, où l'on ne connaît point de plus grande satisfaction que de braver les lois, où les mondains ne font accueil qu'à ceux qui se conforment à leurs mœurs, il n'est pas étonnant que le poison ait infecté plusieurs de ceux qui étaient destinés par leur état à en arrêter les funestes influences. *Voy.* Discipline et Lois ecclésiastiques (1).

SPINOSISME, système d'athéisme imaginé par Benoît Spinosa, juif portugais, mort en Hollande l'an 1677, à 44 ans. Ce système est aussi nommé *panthéisme*, parce qu'il consiste à soutenir que l'univers, τὸ πᾶν, est Dieu, ou

(1) *Voy.* le Dictionnaire de Théologie morale

qu'il n'y a point d'autre Dieu que l'universalité des êtres. D'où il s'ensuit que tout ce qui arrive est l'effet nécessaire des lois éternelles et immuables de la *nature*, c'est-à-dire d'un être infini et universel, qui existe et qui agit nécessairement. Il est aisé d'apercevoir les conséquences absurdes et impies qui naissent de ce système. On voit d'abord qu'il consiste à réaliser des abstractions, et à prendre tous les termes dans un sens faux et abusif. *L'être* en général, *la substance* en général, n'existent point; il n'y a dans la réalité que des individus et des *natures* individuelles. Tout *être*, toute *substance*, toute *nature*, est ou corps ou esprit, et l'un ne peut être l'autre. Mais Spinosa pervertit toutes ces notions, il prétend qu'il n'y a qu'une seule *substance*, de laquelle la pensée et l'étendue, l'esprit et le corps sont des *modifications*; que tous les êtres particuliers sont des modifications de l'être en général. Il suffit de consulter le sentiment intérieur, qui est le souverain degré de l'évidence, pour être convaincu de l'absurdité de ce langage. Je sens que je suis moi et non un autre, une substance séparée de toute autre, un individu réel, et non une modification; que mes pensées, mes volontés, mes sensations, mes affections, sont à moi, et non à un autre, et que celles d'un autre ne sont pas les miennes. Qu'un autre soit un être, une substance, une nature aussi bien que moi, cette ressemblance n'est qu'une idée abstraite, une manière de nous considérer l'un l'autre, mais qui n'établit point l'*identité* ou une unité réelle entre nous. Pour prouver le contraire, Spinosa ne fait qu'un sophisme grossier. « Il ne peut y avoir, dit-il, plusieurs substances de même attribut ou de différents attributs ; dans le premier cas, elles ne seraient point différentes, et c'est ce que je prétends ; dans le second, ce seraient ou des attributs essentiels ou des attributs accidentels : si elles avaient des attributs essentiellement différents, ce ne seraient plus des substances ; si ces attributs n'étaient qu'accidentellement différents, ils n'empêcheraient point que la substance ne fût une et indivisible. » On aperçoit d'abord que ce raisonneur joue sur l'équivoque du mot *même* et du mot *différent*, et que son système n'a point d'autre fondement. Nous soutenons qu'il y a plusieurs substances de même attribut, ou plusieurs substances dont les unes diffèrent essentiellement, les autres accidentellement. Deux hommes sont deux substances de même attribut, ils ont même nature et même essence, ce sont deux individus de même espèce, mais il ne sont pas le *même*; quant au nombre, ils sont différents, c'est-à-dire distingués. Spinosa confond l'identité de nature ou d'espèce, qui n'est qu'une ressemblance, avec l'identité individuelle, qui est l'unité ; ensuite il confond la distinction des individus avec la différence des espèces : pitoyable logique ! au contraire, un homme et une pierre sont deux substances de différents attributs, dont la nature, l'essence, l'espèce, ne sont point les mêmes ou ne se ressemblent point. Cela n'empêche pas qu'un homme et une pierre n'aient l'attribut commun de substance; tous deux subsistent à part et séparés de tout autre être; ils n'ont besoin ni l'un ni l'autre d'un suppôt, ce ne sont ni des accidents ni des modes ; s'ils ne sont pas des substances, ils ne sont rien. Spinosa et ses partisans n'ont pas vu que l'on prouverait qu'il n'y a qu'un seul mode, une seule modification dans l'univers, par le même argument dont ils se servent pour prouver qu'il n'y a qu'une seule substance ; leur système n'est qu'un tissu d'équivoques et de contradictions. Ils n'ont pas une seule réponse solide à donner aux objections dont on les accable.

Le comte de Boulainvilliers, après avoir fait tous ses efforts pour expliquer ce système ténébreux et inintelligible, a été forcé de convenir que le système ordinaire qui représente Dieu comme un Etre infini, distingué, première cause de tous les êtres, a de grands avantages et sauve de grands inconvénients. Il tranche les difficultés de l'infini qui paraît divisible et divisé dans le *spinosisme*; il rend raison de la nature des êtres ; ceux-ci sont tels que Dieu les a faits, non par nécessité, mais par une volonté libre ; il donne un objet intéressant à la religion, en nous persuadant que Dieu nous tient compte de nos hommages ; il explique l'ordre du monde, en l'attribuant à une cause intelligente qui sait ce qu'elle fait ; il fournit une règle de morale qui est la loi divine, appuyée sur des peines et des récompenses ; il nous fait concevoir qu'il peut y avoir des miracles, puisque Dieu est supérieur à toutes les lois et à toutes les forces de la nature, qu'il a librement établies. Le *spinosisme* au contraire ne peut nous satisfaire sur aucun de ces chefs, et ce sont autant de preuves qui l'anéantissent.

Ceux qui l'ont réfuté ont suivi différentes méthodes. Les uns se sont attachés principalement à en développer les conséquences absurdes. Bayle en particulier a très-bien prouvé que, selon Spinosa, Dieu et l'étendue sont la même chose ; que l'étendue étant composée de parties dont chacune est une substance particulière, l'unité prétendue de la substance universelle est chimérique et purement idéale. Il a fait voir que les modalités qui s'excluent l'une l'autre, telles que l'étendue et la pensée, ne peuvent subsister dans le même sujet ; que l'immutabilité de Dieu est incompatible avec la division des parties de la matière et avec la succession des idées de la substance pensante ; que les pensées de l'homme étant souvent contraires les unes aux autres, il est impossible que Dieu en soit le sujet ou le suppôt. Il a montré qu'il est encore plus absurde de prétendre que Dieu soit le suppôt des pensées criminelles, des vices et des passions de l'humanité ; que, dans ce système, le *vice* et la *vertu* sont des mots vides de sens ; que, contre la possibilité des miracles, Spinosa n'a pu alléguer que sa propre thèse, savoir la nécessité de toutes choses, thèse non prouvée et dont on ne peut pas seulement donner la notion; qu'en suivant ses propres principes, il ne pouvait nier ni les esprits, ni les miracles, ni les enfers; *Dict. crit. Spinosa.*

Dans l'impuissance de rien répliquer de solide, les spinosistes se sont retranchés à dire que Bayle n'a pas compris la doctrine de leur maître, et qu'il l'a mal exposée. Mais ce critique, aguerri à la dispute, n'a pas été dupe de cette défaite, qui est celle de tous les matérialistes; il a repris en détail toutes les propositions fondamentales du système, il a défié ses adversaires de lui en montrer une seule dont il n'eût pas exposé le vrai sens. En particulier, sur l'article de l'immutabilité et du changement de la substance, il a démontré que ce sont les spinosistes qui ne s'entendent pas eux-mêmes; que, dans leur système, Dieu est sujet à toutes les révolutions et les transformations auxquelles la matière première est assujettie selon l'opinion des préripatéticiens; *Ibid.* rem. CC. DD.

D'autres auteurs, comme le célèbre Fénelon, et le P. Lami, bénédictin, ont formé une chaîne de propositions évidentes et incontestables, qui établissent les vérités contraires aux paradoxes de Spinosa; ils ont ainsi construit un édifice aussi solide qu'un tissu de démonstrations géométriques, et devant lequel le *spinosisme* s'écroule de lui-même. Quelques-uns enfin ont attaqué ce sophiste dans le fort même où il s'était retranché, et sous la forme géométrique, sous laquelle il a présenté ses erreurs; ils ont examiné ses définitions, ses propositions, ses axiomes, ses conséquences; ils en ont dévoilé les équivoques et l'abus continuel qu'il a fait des termes; ils ont démontré que de matériaux si faibles, si confus et si mal assortis, il n'est résulté qu'une hypothèse absurde et révoltante; Hook, *Relig. natur. et revel. Principia,* I part., etc. On peut consulter encore Jacquelot, *Traité de l'existence de Dieu;* Le Vassor, *Traité de la véritable religion,* etc.—Plusieurs écrivains ont cru que Spinosa avait été entraîné dans son système par les principes de la philosophie de Descartes; nous ne pensons pas de même. Descartes enseigne à la vérité qu'il n'y a que deux êtres existants réellement dans la nature, la pensée et l'étendue; que la pensée est l'essence ou la substance même de l'esprit; que l'étendue est l'essence ou la substance même de la matière. Mais il n'a jamais rêvé que ces deux êtres pouvaient être deux attributs d'une seule et même substance; il a démontré au contraire que l'une de ces deux choses exclut nécessairement l'autre, que ce sont deux natures essentiellement différentes, qu'il est impossible que la même substance soit tout à la fois esprit et matière.—D'autres ont douté si la plupart des philosophes grecs et latins, qui semblent avoir enseigné l'unité de *Dieu,* n'ont pas entendu sous ce nom l'univers ou la nature entière; plusieurs matérialistes n'ont pas hésité de l'affirmer ainsi, de soutenir que tous ces philosophes étaient *panthéistes* ou spinosistes, et que les Pères de l'Eglise se sont trompés grossièrement, ou en ont imposé, lorsqu'ils ont cité les passages des anciens philosophes en faveur du dogme de l'unité de Dieu, professé par les juifs et par les chrétiens.

Dans le fond, nous n'avons aucun intérêt de prendre un parti dans cette question; vu l'obscurité, l'incohérence, les contradictions qui se rencontrent dans les écrits des philosophes, il n'est pas fort aisé de savoir quel a été leur véritable sentiment. Ainsi l'on ne pourrait accuser les Pères de l'Eglise ni de dissimulation, ni d'un défaut de pénétration, quand même ils n'auraient pas compris parfaitement le système de ces raisonneurs. Ceux que l'on peut accuser de panthéisme avec le plus de probabilité sont les pythagoriciens et les stoïciens, qui envisageaient Dieu comme l'âme du monde, et qui le supposaient soumis aux lois immuables du destin. Mais quoique ces philosophes n'aient pas établi d'une manière nette et précise la distinction essentielle qu'il y a entre l'esprit et la matière, il paraît qu'ils n'ont jamais confondu l'un avec l'autre; jamais ils n'ont imaginé, comme Spinosa, qu'une seule et même substance fût tout à la fois esprit et matière. Leur système ne valait peut-être pas mieux que le sien, mais enfin il n'était pas absolument le même. *Voy.* Ame du monde.

Toland, qui était spinosiste, a poussé plus loin l'absurdité; il a osé soutenir que Moïse était *panthéiste,* que le Dieu de Moïse n'était rien autre chose que l'univers. Un médecin, qui a traduit en latin et a publié les ouvrages posthumes de Spinosa, a fait mieux encore; il a prétendu que la doctrine de ce rêveur n'a rien de contraire aux dogmes du christianisme, et que tous ceux qui ont écrit contre lui l'ont calomnié, Mosheim, *Hist. eccl.,* XVIIe siècle, sect. 1, § 24, notes *t* et *w*. La seule preuve que donne Toland est un passage de Strabon, *Georg.,* l. XVI, dans lequel il dit que Moïse enseigna aux Juifs que Dieu est tout ce qui nous environne; la terre, la mer, le ciel, le monde, et tout ce que nous appelons *la nature.* Il s'ensuit seulement que Strabon n'avait pas lu Moïse, ou qu'il avait fort mal compris le sens de sa doctrine. Tacite l'a beaucoup mieux entendu. Les Juifs, dit-il, conçoivent par la pensée un seul Dieu, souverain, éternel, immuable, immortel, *Judæi, mente sola, unumque Numen intelligunt, summum illud et æternum, neque mutabile, neque interiturum.* Hist., l. v, c. 1 et seq. En effet, Moïse enseigna que Dieu a créé le monde, que le monde a commencé, que Dieu l'a fait très-librement, puisqu'il l'a fait par sa parole ou par le seul vouloir; qu'il a tout arrangé comme il lui a plu, etc. Les panthéistes ne peuvent admettre une seule de ces expressions; ils sont forcés de dire que le monde est éternel, ou qu'il s'est fait par hasard; que le tout a fait les parties, ou que les parties ont fait le tout, etc. Moïse a sapé toutes ces absurdités par le fondement. Il n'est pas nécessaire d'ajouter que les Juifs n'ont point eu d'autre croyance que celle de Moïse, et que les chrétiens la suivent encore.

Il ne sert à rien de dire que le *spinosisme* n'est point un athéisme formel ; que si son auteur a mal conçu la Divinité, il n'en a pas pour cela nié l'existence, qu'il n'en parlait même qu'avec respect, qu'il n'a point cherché à faire des prosélytes, etc. Dès que le *spinosisme* entraîne absolument les mêmes conséquences que l'athéisme pur, qu'importe ce qu'a pensé d'ailleurs Spinosa ? Les contradictions de ce rêveur ne remédient point aux fatales influences de sa doctrine ; s'il ne les a pas vues, c'était un insensé stupide, il ne lui convenait pas d'écrire. Mais l'empressement de tous les incrédules à le visiter pendant sa vie, à converser avec lui, à recueillir ses écrits après sa mort, à développer sa doctrine, à en faire l'apologie, font sa condamnation. Un incendiaire ne mérite pas d'être absous, parce qu'il n'a pas prévu tous les dégâts qu'allait causer le feu qu'il allumait.

SPIRATION. *Voy.* TRINITÉ.
SPIRITUALITÉ. *Voy.* ESPRIT.
SPIRITUEL. On nomme *substance spirituelle* tout être distingué de la matière, qui a la faculté de se sentir et de se connaître, faculté dont la matière est incapable : dans ce sens, l'âme de l'homme est une substance *spirituelle* ou un *esprit*. *Voyez* ce mot. On appelle encore *spirituel* ce qui appartient à l'esprit ; ainsi l'intelligence et la volonté sont des facultés *spirituelles*, qui ne peuvent appartenir à des corps. Penser, réfléchir, vouloir, choisir, sont des opérations *spirituelles*, desquelles la matière ne peut pas être le principe, etc.—Le désir de recevoir Jésus-Christ dans la sainte Eucharistie est appelé *communion spirituelle*, par opposition à l'action de le recevoir réellement et corporellement. Les protestants, qui ne croient point la présence réelle de Jésus-Christ dans ce sacrement, n'admettent qu'une manducation ou une communion spirituelle. *Voy.* COMMUNION. — On appelle lecture *spirituelle*, cantiques, exercices *spirituels*, ceux qui excitent la piété ou la dévotion, et qui servent à l'entretenir. La vie *spirituelle* est l'habitude de la méditation ou de la contemplation, l'exactitude à réfléchir sur soi-même, à pratiquer tous les moyens qui peuvent conduire une âme à la vertu et à la perfection chrétienne : c'est ce que l'on nomme encore *la vie intérieure*. Un bouquet *spirituel* est une sentence, une maxime, une réflexion sainte, un passage de l'Ecriture, etc., que l'on a retenu dans la méditation, et que l'on se rappelle de temps en temps pendant la journée.

En parlant de la simonie, on distingue dans un bénéfice le *spirituel* d'avec le temporel. Par le premier, l'on entend les fonctions saintes qu'un bénéficier est obligé de remplir, comme prier, célébrer l'office divin, administrer les sacrements, etc., non-seulement parce que l'esprit doit avoir plus de part à ces fonctions que le corps, mais encore parce qu'elles ont pour objet l'avantage des âmes et leur salut éternel. *Voy.* BÉNÉFICE.

STANCARIENS. *Voy.* LUTHÉRANISME.
STATION est l'action de se tenir debout. C'est dans cette attitude que les chrétiens avaient coutume de prier le dimanche, et depuis Pâques jusqu'à la Pentecôte inclusivement, en mémoire de la résurrection de Jésus-Christ. Cet usage est attesté par les Pères de l'Eglise les plus anciens, tels que saint Irénée, Tertullien, Clément d'Alexandrie, saint Cyprien, Pierre, évêque d'Alexandrie, etc., et par les autres auteurs des siècles suivants ; ils en parlent comme d'une tradition apostolique. Du temps du concile de Nicée, tenu l'an 325, cette pratique était négligée dans plusieurs endroits ; les chrétiens priaient à genoux pendant le temps pascal comme pendant le reste de l'année ; le concile ordonna dans son 20e canon d'observer l'uniformité et de prier debout, suivant l'ancien usage. Il jugea sans doute qu'un rite destiné à rappeler le souvenir d'un des plus importants mystères de notre rédemption ne pouvait paraître indifférent ; ainsi, après avoir fixé le jour auquel la Pâque devait être célébrée dans toutes les Eglises sans exception, il détermina encore la manière dont on y devait prier. Il ne paraît pas néanmoins que le 20e canon du concile de Nicée ait été observé dans l'Occident avec autant d'exactitude que dans les Eglises d'Orient. Pendant le reste de l'année, surtout les jours de jeûne et de pénitence, on priait à genoux, ou prosterné, ou profondément incliné. Bingham, *Orig. ecclés.*, t. V, l. XIII, c. 8, § 3. C'était encore la coutume de se tenir debout pendant la lecture de l'Evangile, pendant les sermons, et durant le chant des psaumes. On ne se donnait point alors dans les églises les commodités que la tiédeur, la mollesse, la vanité, y ont introduites dans la suite des siècles. Tom. VI, pag. 22, 80, 183. Probablement c'est pour la même raison que, dès le IIIe siècle, l'on a nommé *station* ou *jours stationnaires*, le mercredi et le vendredi de chaque semaine, parce que, dans ces deux jours, les fidèles s'assemblaient aussi bien que le dimanche, pour célébrer l'office divin et pour participer à la communion. L'on y observait aussi un demi-jeûne, c'est-à-dire que l'on s'abstenait de manger jusqu'après l'office qui finissait ordinairement à trois heures après midi. Tom. IX, pag. 254. Ces demi-jeûnes, qui étaient de précepte en Orient, et qui y sont encore observés aujourd'hui, du moins parmi les moines, n'étaient que de dévotion en Occident, et dans la suite la station du mercredi fut transportée au samedi dans l'Eglise romaine. Mais les montanistes, qui affectaient en toutes choses une rigueur outrée, faisaient un crime à tous ceux qui ne gardaient pas le jeûne ces jours-là, ou qui se bornaient à un demi-jeûne. Thomassin, *Traité des jeûnes*, 1re partie, c. 19.

Comme l'intention de l'Eglise ne fut jamais de faire interrompre par des pratiques de piété les travaux des arts et de l'agriculture dont le peuple a besoin pour subsister, l'on présume avec raison que la discipline dont nous parlons regardait principalement le clergé et les habitants aisés des villes épiscopales ; et il en est de même de plusieurs autres anciens usages.

Par analogie, l'on a nommé *station*, dans l'Eglise de Rome, l'office que le pape, à la tête de son clergé, allait célébrer dans différentes basiliques de cette ville ; et comme il les visitait ainsi successivement, l'on a marqué dans le Missel romain les jours auxquels il devait y avoir *station* dans telle église. A la fin de chaque office l'archidiacre annonçait à l'assemblée le lieu où il y aurait *station* le lendemain. On croit que ce fut saint Grégoire qui fixa et distribua ainsi es *stations* à Rome ; aussi sont-elles marquées dans son *Sacramentaire*. On appelait *diacre stationnaire* celui qui était chargé de lire l'Evangile à la messe que le pape devait célébrer. A présent il n'est presque aucun jour de l'année auquel le saint sacrement ne soit exposé dans une des églises de Rome, avec une indulgence accordée à ceux qui iront prier dans cette église où il y a *station* ; et à moins qu'il n'y ait quelque obstacle, le pape ne manque jamais d'aller la visiter et y faire sa prière.

Pendant le jubilé, lorsque l'indulgence est étendue à toutes les Eglises de la chrétienté, on désigne les églises particulières dans lesquelles les fidèles seront obligés d'aller faire leurs prières ou leurs *stations*, pour gagner l'indulgence.

On appelle encore *station* les prières que les chanoines ou les prêtres d'une église vont faire en procession dans la nef, devant l'autel de la sainte Vierge, avant la messe et après les vêpres. Enfin, l'on nomme quelquefois *station* la commission donnée à un prédicateur de faire des sermons pendant le carême dans une église particulière.

Quand on remonte à l'origine des usages ecclésiastiques et religieux, on voit qu'ils ont été tous établis sur des raisons solides et analogues aux circonstances ; ceux qui les trouvent ridicules ne montrent que de l'ignorance. On demande si les prières sont meilleures dans une église que dans une autre et si Dieu n'est pas disposé à nous écouter partout. Il l'est, sans doute ; mais Jésus-Christ, qui nous a recommandé de prier toujours, nous a dit aussi que, quand plusieurs sont rassemblés en son nom, il est au milieu d'eux. Il a donc voulu que les fidèles priassent en commun, afin qu'ils se souvinssent qu'ils sont tous frères, tous enfants d'un même père, tous destinés au même héritage éternel, et qu'ils prissent intérêt au salut les uns des autres. *Voy.* Prière, Communion des saints. Lorsque, dans une grande ville, il y avait des églises éloignées les unes des autres, il était de la charité des évêques d'y aller faire les *stations* ou les offices divins, afin de donner aux divers membres de leur troupeau la commodité de se rassembler, pour ainsi dire, sous la houlette du pasteur. A présent, si cela est moins nécessaire qu'autrefois, il est encore utile de conserver les anciens usages, parce qu'ils nous rappellent toujours les mêmes vérités, et parce que les dévotions particulières, qui n'ont point d'autre règle que le goût et le caprice, ne manquent jamais d'entraîner des abus et des erreurs.

STAUROLATRES. *Voy.* Chazinzariens.

STERCORANISTES. On a donné ce nom à ceux qui soutenaient que le corps de Jésus-Christ dans la sainte eucharistie, reçu par la communion, était sujet à la digestion et à ses suites, comme tous les autres aliments. La question est de savoir s'il y a eu réellement des théologiens assez insensés pour admettre cette absurdité.

Mosheim, plus modéré sur ce point que d'autres protestants, convient qu'à proprement parler le *stercoranisme* est une hérésie imaginaire. Dans le xi° siècle, les théologiens qui soutenaient que la substance du pain et du vin est changée dans l'eucharistie au corps et au sang de Jésus-Christ, imputèrent à ceux qui tenaient le contraire cette odieuse conséquence, que ce corps et ce sang adorables sont sujets dans l'estomac à la digestion et à ses suites. Ils argumentaient sur ces paroles du Sauveur : *Tout ce qui entre dans la bouche descend dans le ventre, et va au retrait.* Ceux qui niaient la transsubstantiation ne manquèrent pas de rétorquer l'objection contre leurs adversaires et de prétendre que, puisque le corps et le sang de Jésus-Christ avaient pris la place de la substance du pain et du vin, ils devaient subir les mêmes accidents qui seraient arrivés à cette substance, si elle avait été reçue par le communiant ; *Hist. ecclés.*, ix° siècle, ii° part., c. 3, § 21.

Nous ne ferons point de recherches pour savoir si ce ne sont pas les ennemis du dogme de la présence réelle qui ont été les premiers auteurs de cette odieuse objection, plutôt que les défenseurs de la transsubstantiation ; cela est d'autant plus probable que les successeurs des premiers la répètent encore : nous nous contentons de l'aveu de Mosheim ; il convient que, dans le fait, cette imputation n'était applicable ni aux uns ni aux autres, que les reproches venaient plutôt d'un fond de malignité que d'un véritable zèle pour la vérité. On ne peut sans impudence, dit-il, l'employer contre ceux qui nient la transsubstantiation, mais bien contre ceux qui la soutiennent, quoique peut-être ni les uns ni les autres n'aient jamais été assez insensés pour l'admettre ; *ibid.*

Il ne fallait pas affecter là un *peut être*, il fallait avouer franchement que ce reproche était absurde dans l'un et l'autre parti. Plus équitable que lui, nous allons faire voir qu'il ne peut avoir lieu contre aucun des sentiments vrais ou faux qui sont suivis dans les différentes sectes chrétiennes touchant l'eucharistie ; nous ne refusons jamais de rendre justice, même à nos ennemis. 1° Le reproche de *stercoranisme* ne peut être fait aux calvinistes qui nient la présence réelle de Jésus-Christ dans ce sacrement, ni contre les luthériens qui prétendent aujourd'hui que l'on y reçoit à la vérité son corps et son sang, non en vertu d'une présence réelle et corporelle du Sauveur dans le pain et le vin, mais en vertu de la communion ou de l'action de recevoir ces symboles. *Voy.* EUCHARISTIE, § 2. 2° Luther et ses disciples, qui admettaient l'impanation ou l'union du corps et du sang de Jésus-Christ avec la substance du pain et du vin, ne donnaient pas moins lieu à l'accusation de *stercoranisme* que les défenseurs de la transsubstantiation ; Mosheim ni Basnage n'en ont rien dit, parce qu'ils n'en voulaient qu'aux catholiques. Mais il n'est pas difficile de justifier ces impanateurs ; ils enseignaient sans doute que le corps de Jésus-Christ ne demeure sous le pain ou avec le pain, qu'autant que cet aliment conserve sa forme et ses qualités sensibles ; que le pain, devenu du chyle dans l'estomac, n'est plus du pain, qu'ainsi le corps de Jésus-Christ cesse d'y être uni. 3° Il faut être entêté à l'excès pour soutenir que cette accusation est mieux fondée à l'égard des catholiques qui admettent la transsubstantiation. Jamais ils n'ont pensé que le corps de Jésus-Christ est encore sous les espèces ou sous les qualités sensibles du pain, lorsque ces qualités ne subsistent plus. Au moment que les espèces sacramentelles sont descendues dans l'estomac, elles sont mêlées ou avec les restes d'aliments, ou avec les humeurs qui doivent concourir à la digestion. Dès lors ces espèces ou qualités sensibles sont altérées ; elles ne subsistent plus du tout lorsqu'elles sont changées en chyle ; le corps de Jésus-Christ n'y est donc plus. Comment prétendre que ce corps adorable est sujet *aux suites de la digestion*, dès qu'il cesse d'exister par la digestion même des espèces sacramentelles.

Basnage, qui a fait une longue dissertation sur le *stercoranisme*, *Hist. de l'Église*, l. XVI, c. 6, a manqué de jugement, lorsqu'il a dit que les accidents qui peuvent arriver au corps de Jésus-Christ dans l'eucharistie embarrassent fort les théologiens qui admettent la présence réelle ; ils ne sont embarrassants que pour ceux qui ne réfléchissent pas. Ils incommodent peut-être ceux qui commencent par argumenter sur la substance des corps ; mais nous demandons ce que c'est que cette *substance* séparée ou abstraite de toute qualité sensible, et si on peut en donner une notion claire ; si on ne le peut pas, de quoi servent les arguments ?

Voici le plus fort : Les Pères de l'Église ont dit que l'eucharistie nourrit nos corps aussi bien que nos âmes ; or, c'est la substance d'un aliment et non ses qualités sensibles qui peut produire cet effet : puisque la substance du pain, selon nous, n'est plus dans l'eucharistie, il faut que ce soit la substance du corps de Jésus-Christ qui y supplée. — Cette objection est-elle donc insoluble ?

Nous demandons ce que c'est que nourrir notre corps ; c'est sans doute en augmenter le volume. Que l'on nous dise comment une substance corporelle, dépouillée de toutes ses qualités sensibles, par conséquent de *volume*, peut augmenter celui de notre corps. Les Pères ont dit que l'eucharistie, le pain eucharistique, l'aliment consacré, etc., nourrit notre corps ; mais ils n'ont pas dit que c'est le corps de Jésus-Christ, ou la substance de ce corps adorable, ou la substance du pain, qui opère cet effet. Tous croyaient, comme nous, que la substance du pain n'y est plus, et tous comprenaient que la substance du corps de Jésus-Christ, dépouillée de toute qualité sensible, ne produit point un effet physique et sensible. Peu nous importe ce qui a été dit dans le IX° et le XI° siècle, et ensuite par les scolastiques, touchant cette dispute. Quand nous serions forcés d'avouer que tous ont mal raisonné et se sont mal exprimés, il n'en résulterait aucun préjudice contre la croyance catholique. On a eu très-grand tort d'attribuer le *stercoranisme* à Nicétas, à Amalaire, à Raban-Maur, à Héribalde, à Ratramne, etc., et quand il serait vrai que tous se sont mal défendus, il ne s'ensuivrait encore rien. Il aurait été mieux de ne point appliquer à la sainte eucharistie des notions de physique ou de métaphysique très-obscures, très-incertaines, et qui ne pouvaient servir qu'à embrouiller la question ; il aurait été mieux de ne pas entreprendre d'expliquer par ces notions fautives un mystère essentiellement inexplicable. Mais l'affectation des protestants de ramener ces disputes sur la scène ne prouve que leur malignité. Il a fallu que Basnage s'aveuglât au grand jour pour affirmer, dans le titre du chap. 6, que *l'Église grecque ancienne et moderne était stercoraniste*, puisque les Grecs soutenaient que la réception de l'eucharistie rompt le jeûne. Il avait perdu toute pudeur quand il a osé attribuer l'origine du *stercoranisme* à saint Justin, parce que ce Père a dit, *Apol.* 1, n. 66, que l'eucharistie est un aliment duquel notre chair et notre sang sont nourris, et à saint Irénée, parce qu'il enseigne, *adv. Hær.*, l. V, c. 2, n. 2 et 3, que notre chair et notre sang sont nourris et augmentés par ce pain et par cette nourriture qui est le corps de Jésus-Christ. Basnage a falsifié ce passage, en mettant *qui est appelé le corps de Jésus-Christ*. Il a poussé plus loin la turpitude, en ajoutant que Origène *a été stercoraniste public*, puisqu'il a dit que l'aliment consacré par la parole de Dieu et par la prière, *dans ce qu'il a de matériel*, passe dans le ventre et va au retrait, *in Matth.*, t. II, n. 14 ; qu'il faut mettre au même rang saint Augustin et l'Église d'Afrique, puisque nous lisons ces paroles, *Serm.* 57, c. 7, n. 7 : « Nous prenons le pain de l'eucharistie, non-seulement afin que notre estomac en soit rempli, mais afin que notre âme en soit nourrie ; » enfin l'Église d'Espagne, parce qu'un concile de Tolède, au VII° siècle, a décidé qu'il ne faut consacrer que de petites hosties pour la communion, de peur que l'estomac du prêtre qui en consommera les restes n'en soit trop chargé. Nous rougissons de rapporter ces odieuses accusations, mais il est bon de montrer jusqu'où l'entêtement et l'esprit de vertige peuvent pousser un protestant. Basnage a fait tout son possible pour prouver que les anciens Pères de l'Eglise n'ont cru ni la présence réelle ni la transsubstantiation ; et le voilà qui leur attribue la conséquence la plus fausse et la plus révoltante que l'on puisse tirer de ces deux dogmes.

Origène est le seul que nous prendrons la peine de justifier. Lorsque ce Père parle d'aliment consacré *dans ce qu'il y a de matériel*, de la substance du pain, ou il n'a pas cru la présence réelle, ou il a supposé l'impanation ; et nous avons fait voir que, dans l'un et dans l'autre système, le *stercoranisme* ne peut pas lui être imputé. Si Origène a seulement entendu les qualités matérielles et sensibles du pain, comme nous le pensons, l'accusation est encore plus absurde, et nous l'avons prouvé. *Voy.* les notes des éditeurs d'Origène sur cet endroit.

Les protestants se fâchent, lorsque nous attribuons des erreurs aux hérétiques anciens et modernes, par voie de conséquence, et ils ne cessent de recourir à cette méthode pour imputer aux Pères de l'Eglise entière non-seulement des erreurs, mais des infamies. Basnage avait avoué qu'aucun transsubstantiateur n'a jamais été assez insensé pour admettre le *stercoranisme*, non-seulement à cause que le respect qu'il a pour le corps du Fils de Dieu s'oppose à cette pensée, mais encore parce que ce corps adorable étant dans l'eucharistie invisible, indivisible, impalpable, insensible, il est impossible de croire qu'il est sujet à la digestion et à ses suites, *ibid.*, c. 6, § 3. S'est-il repenti de ce trait de bonne foi ? non ; mais il a voulu prouver que les Pères n'admettaient point la transsubstantiation, puisqu'ils admettaient le *stercoranisme*. Encore une fois, ceci ressemble à un délire. Si les Pères n'ont pas cru la transsubstantiation, il faut du moins qu'ils aient cru la présence réelle, autrement l'accusation de *stercoranisme* est absurde. S'ils ont supposé la présence réelle, que l'on nous dise comment ils l'ont conçue, et alors nous prouverons que cette odieuse imputation est toujours également opposée au bon sens.

Si c'est à Basnage que Mosheim en voulait, lorsqu'il a dit que le *stercoranisme* n'est qu'une imputation maligne, il n'avait pas tort. Les incrédules en ont profité pour vomir des blasphèmes grossiers et dégoûtants contre le mystère de l'eucharistie.

* STEVENISTES. Stevens, vicaire général du diocèse de Namur au moment du Concordat, perdit ses pouvoirs lorsque les siéges de Liége et de Namur furent remplis. Il s'était acquis une grande estime parmi tous les prêtres belges. Il continua, comme docteur particulier, à éclairer et à diriger beaucoup d'entre eux. La petite Eglise faisait alors du bruit. Elle eut de l'écho dans la Belgique. Plusieurs prêtres, se couvrant du nom de Stevens, firent une vive opposition au Concordat. Stevens les condamna et leur donna l'exemple d'une entière soumission aux volontés du souverain pontife. Il sut toujours distinguer les actes qui émanaient de l'autorité ecclésiastique de ceux qui procédaient uniquement de l'autorité civile. Il attaqua les articles organiques ; il blâma le serment prescrit aux membres de la Légion d'honneur ; il déclara en 1809, lorsque le pape l'eut excommunié, qu'aucun prêtre ne devait plus prier pour Napoléon. Tous ces actes firent regarder Stevens comme sectateur par les partisans de l'empereur ; il était cependant dans le vrai. Il se montra toujours soumis au saint-siége, et mourut plein de vertu en 1828.

STIGMATES, marques ou incisions que les païens se faisaient sur la chair, en l'honneur de quelque fausse divinité. Cette superstition était défendue aux Juifs, *Levit.*, c. XIX, v. 28 ; l'hébreu porte : *Vous ne vous ferez aucune écriture de pointe*, c'est-à-dire aucun caractère ou aucun *stigmate* imprimé sur la chair avec des pointes ; c'était un symbole d'idolâtrie.

Ptolémée Philopator ordonna d'imprimer une feuille de lierre, plante consacrée à Bacchus, sur les juifs qui avaient quitté leur religion pour embrasser celle des païens. Saint Jean, *Apoc.*, c. XIII, v. 16 et 17, fait allusion à cette coutume, quand il dit que la bête a imprimé son caractère dans la main droite et sur le front de ceux qui sont à elle ; qu'elle ne permet de vendre ou d'acheter qu'à ceux qui portent le caractère de la bête ou son nom. Philon le juif, *de Monarch.*, l. I, observe qu'il y a des hommes qui, pour s'attacher au culte des idoles d'une manière solennelle, se font sur la chair, avec des fers chauds, des caractères qui marquent leur engagement. Saint Paul, *Galat.*, c. VI, v. 17, dit, dans un sens fort différent, qu'il porte les *stigmates* de Jésus-Christ sur son corps, en parlant des coups de fouet qu'il avait reçus pour la prédication de l'Evangile. Procope de Gaze, *in Isaï.*, c. XLIV, v. 20, remarque qu'un ancien usage des chrétiens était de se faire sur le poignet et sur les bras des *stigmates* qui représentaient la croix ou le monogramme de Jésus-Christ, pour se distinguer des païens. On dit que cet usage subsiste encore parmi les chrétiens d'Orient, surtout parmi ceux qui ont fait le voyage de Jérusalem. Les cophtes d'Egypte impriment avec un fer chaud le signe de la croix sur le front de leurs enfants, afin d'empêcher les mahométans de les dérober pour en faire des esclaves. On a cru mal à propos qu'ils employaient cette précaution pour tenir lieu de baptême.

Les historiens de la vie de saint François d'Assise ont rapporté que, dans une vision, ce saint reçut les *stigmates* des cinq plaies de Jésus-Christ crucifié, et qu'il les porta sur son corps le reste de sa vie. On peut voir ce qu'en a dit Fleury, *Histoire ecclésiastique*, t. XVI, l. LXXIX, n. 5, et les preuves que l'on en donne, *Vies des Pères et des Martyrs*, tom. IX, p. 392.

* STONITES. C'est l'une des mille sectes qui pullulent en Amérique. Stone, son fondateur, se donna comme l'ami des lumières. Il renouvela l'hérésie des ariens.

*STRAUSS. Strauss est l'un des plus dangereux ennemis du christianisme des temps modernes. Après avoir été un ardent illuminé, il tomba dans une incrédulité complète. Ce fut la nouvelle exégèse allemande qui l'y conduisit. Il ne put entendre sans pitié l'interprétation donnée à l'Écriture par les nouveaux exégètes : il faut avouer, en effet, qu'il n'y a rien de plus ridicule que les explications qu'ils daignent nous donner. Selon ces savants interprètes, « l'arbre du bien et du mal n'est rien qu'une plante vénéneuse, probablement un mancenilier sous lequel se sont endormis les premiers hommes ; que la figure rayonnante de Moïse descendant du mont Sinaï était un produit naturel de l'électricité ; la vision de Zacharie, l'effet de la fumée des candélabres du temple ; les rois mages, avec leurs offrandes de myrrhe, d'or et d'encens, trois marchands forains qui apportaient quelque quincaillerie à l'enfant de Bethléem ; l'étoile qui marchait devant eux, un domestique porteur d'un flambeau : les anges dans la scène de la tentation, une caravane qui passait dans les déserts chargée de vivres. Dans le fait, il faut être possédé de la manie du système pour débiter sérieusement que, si Jésus-Christ a marché sur les flots de la mer, c'est qu'il nageait ou marchait sur ses bords ; qu'il ne conjurait la tempête que parce qu'il gouvernait d'une main habile ; qu'il ne rassasiait miraculeusement plusieurs milliers d'hommes que parce qu'il avait des magasins secrets, ou que ceux-ci consommèrent leur propre pain qu'ils tenaient en réserve dans leurs poches ; enfin, qu'au lieu de monter au ciel, il s'était dérobé à ses disciples à la faveur d'un brouillard, et qu'il avait passé de l'autre côté de la montagne : explications étranges, qui n'exigent pas une foi moins robuste que celle qui admet les miracles (a). » Un esprit tant soit peu logique devait sortir de cette voie misérable, ou pour embrasser franchement la vérité, ou pour donner complétement dans l'incrédulité. Strauss se laissa entraîner dans ce dernier parti. L'Évangile l'embarrassait avec les miracles et la vie prodigieuse de Jésus-Christ. Il résolut d'en faire un mythe, ou une histoire naturelle, ordinaire, embellie de prodiges.

« Parce que, dit M. Guillon, notre foi chrétienne repose sur les Évangiles où sont consignées la vie et les doctrines du divin Législateur, M. Strauss a cru que, cette base renversée, notre foi restait vaine et sans appui, et il a conçu le dessein de la réduire à une ombre fantastique. Dans cette vue, il commence par saper l'authenticité des Évangiles, en la combattant par l'absence ou le vide des témoignages soit externes, soit internes, qui déposent en sa faveur. Selon lui, la reconnaissance qui en aurait été faite ne remonte pas au delà de la fin du II° siècle. Jésus s'était donné pour le Messie promis à la nation juive : quelques disciples crédules accréditèrent cette opinion. Il fallut l'étayer de faits miraculeux qu'on lui supposa. Sur ce type général se forma insensiblement une histoire de la vie de Jésus, qui, par des modifications successives, a passé dans les livres que, depuis, on a appelés du nom d'Évangile. Mais point de monuments contemporains. La tradition orale est le seul canal qui les ait pu transmettre à une époque déjà trop loin de son origine pour mériter quelque créance sur les faits dont elle se compose. Ils ne sont arrivés jusqu'à elle que chargés d'un limon étranger. Le souvenir du fondateur n'a plus été que le fruit pieux de l'imagination, l'œuvre d'une école appliquée à revêtir sa doctrine d'un symbole vivant. Toute cette histoire est donc sans réalité ; tout le Nouveau Testament n'est plus qu'une longue fiction mythologique, substituée à celle de l'ancienne idolâtrie. Toutefois, ce n'est encore là que la moitié du système. Dans l'ensemble de l'histoire évangélique, M. Strauss découvre un grand mythe, un mythe philosophique, dont le fond est, dit-il, l'idée de l'humanité. À ce nouveau type se rapporte tout ce que les auteurs sacrés nous racontent du premier âge de l'Église chrétienne, à savoir : l'humanité, ou l'union du principe humain et du principe divin. Si cette idée apparaît dans les Évangiles sous l'enveloppe de l'histoire, et de l'histoire de Jésus, c'est que, pour être rendue intelligible et populaire, elle devait être présentée, non d'une manière abstraite, mais sous la forme concrète de la vie d'un individu. C'est pour cela Jésus, cet être noble, pur, respecté comme un dieu, ayant le premier fait comprendre ce qu'était l'homme et le but où il doit tendre ici-bas, l'idée de l'humanité demeura pour ainsi dire attachée à sa personne. Elle était sans cesse devant les yeux des premiers chrétiens, lorsqu'ils écrivaient la vie de leur chef. Aussi reportèrent-ils, sans le savoir, tous les attributs de cette idée sur celui qui l'avait fait naître. En croyant rédiger l'histoire du fondateur de leur religion, ils firent celle du genre humain envisagé dans ses rapports avec Dieu. Il est clair que la vérité évangélique disparaît sous cette interprétation ; que les œuvres surnaturelles dont elle s'appuie restent problématiques et imaginaires ; que, même dans l'hypothèse d'une existence physique, Jésus-Christ ne fut qu'un simple homme, étranger à son propre ouvrage et dépouillé de tous les caractères de mission divine qui lui assurent nos adorations. »

C'était montrer une audace extrême, heurter de front toutes les croyances, briser la certitude historique ; car, comme nous l'avons démontré au mot ÉVANGILE, contester la vérité de ce livre, c'est anéantir l'autorité de toute espèce d'histoire ancienne. Strauss apporte-t-il de nouvelles raisons ? a-t-il découvert de nouvelles objections ? produit-il des écrits inconnus jusqu'alors, qui montrent la fausseté de nos saints livres ? Point du tout. Il réunit toutes les objections qui ont été faites contre la véracité des récits des faits merveilleux qui se lisent dans les premières histoires profanes ; il présente sous un nouveau jour les objections qui ont été vingt fois réfutées par les apologistes de la religion, et il en conclut qu'on doit juger de la vie de Jésus-Christ comme de la vie des premiers fondateurs des fausses religions : il y a des faits naturels, mais qui ont été embellis par la renommée et admis par la crédulité. Nous ne pouvons rentrer ici dans une longue discussion qui a été épuisée dans le cours de ce Dictionnaire. Nous nous contenterons de présenter quelques considérations de M. Tholuck, qui a réfuté l'ouvrage de Strauss.

« Où commence, d'après le critique de la *Vie de Jésus*, l'histoire de celui que le monde chrétien adore comme son sauveur et son Dieu ? — Au tombeau taillé dans le roc par Joseph d'Arimathie. Debout sur ses bords, les disciples tremblants, éperdus, ont vu leur espérance s'engloutir dans son sein avec le cadavre de leur maître. Mais quel événement vint se placer entre cette scène du sépulcre et le cri de saint Pierre et de saint Jean : « Nous ne pouvons pas laisser sans témoignage les choses que nous avons vues et entendues. *Act. apost.*, IV, 20. » — « Quand on embrasse d'un coup d'œil, dit le docteur Paulus, l'histoire de l'origine du christianisme, pendant cinquante jours, à partir de la dernière cène, on est forcé de reconnaître que quelque chose d'extraordinaire a ranimé le courage de ces hommes. Dans cette nuit, qui fut la dernière de Jésus sur la terre, ils étaient pusillanimes, empressés de fuir ; et, alors qu'ils sont abandonnés, ils se trouvent élevés au-dessus de la crainte de la mort, et répètent aux juges irrités qui ont condamné Jésus à mort : « On doit plutôt obéir à Dieu qu'aux hommes. » Docteur Paulus *Kommentar*, etc., th, 5, 867. Ainsi, le critique d'Heidelberg le reconnaît, il doit s'être passé quelque chose d'extraordinaire ;

(a) Édition Lefort, art. STRAUSS.

le docteur Strauss en convient lui-même. « Maintenant encore, dit-il, ce n'est pas sans fondement que les apologistes soutiennent que la transition subite du désespoir qui saisit les disciples à la mort de Jésus et de leur abattement, à la foi vive et à l'ardeur avec laquelle, cinquante jours après, ils proclamèrent qu'il était le Messie, ne peut s'expliquer, à moins de reconnaître que *quelque chose* vraiment extraordinaire a, pendant cet intervalle, ranimé leur courage. » Oui, il s'est passé quelque chose ; mais quoi ? n'allez pas croire que ce fut un miracle. On sait comment les rationalistes, précurseurs de Strauss, posant en principe que les léthargies étaient très-fréquentes dans la Palestine, à l'époque où vivait Jésus, ont fait intervenir la syncope et l'évanouissement, afin d'expliquer sa mort apparente, et par suite sa résurrection. Depuis 1780, le rationalisme n'a pas suivi d'autre tactique, et, s'il enlevait au monde chrétien le vendredi saint, il lui donnait cependant encore un joyeux jour de Pâques. — Strauss se présente : il admet aussi, comme nous l'avons vu, *quelque chose*, mais peu de chose. — La résurrection était trop ! Contrairement à ses précurseurs, il arrache donc par fragments aux chrétiens le jour de Pâques, et leur laisse le vendredi saint. Voici comment : Les apôtres, des femmes, les cinq cents Galiléens dont parle saint Paul, *I Corinth.*, xv, 6, s'imaginèrent avoir vu Jésus ressuscité, et ce sont ces *visions* qui, dans la vie des apôtres, déterminèrent la transition soudaine du désespoir à la joie du triomphe. Pour rendre raison de ces visions, on a encore recours aux explications naturelles données déjà des miracles ; on veut bien même, par condescendance, *Das Leben Jesu*, th. 2, p. 657, faire intervenir les éclairs et le tonnerre; mais le mieux serait de s'en débarrasser. Saint Paul, il est vrai, dont le témoignage présente un certain poids, parle de la résurrection comme d'un fait ; *mais ce fait n'existe que dans son imagination et celle de ses compagnons*. Il faut bien cependant admettre aussi dans sa vie *quelque chose*, si l'on veut comprendre l'impulsion qui lui est imprimée ; on admet alors ces visions, au moins comme *quelque chose de provisoire*, qui fera l'effet d'un pont volant pour passer de l'*Evangile* aux *Actes des apôtres*, jusqu'à ce que la critique, se plaçant dans une région plus élevée, puisse, sans intermédiaire, franchir cet abîme. Passons donc sur ce pont volant, bâti on ne sait si c'est par l'imagination de l'orientaliste novice, ou par celle du critique allemand ; passons de l'histoire évangélique aux *Actes des apôtres*. Suivant alors, dans l'examen de l'hypothèse de Strauss, la loi proposée par Gieseler, *Versuch uber die Entstehung der Evangelien*, s. 142, afin de juger l'hypothèse sur l'origine des Evangiles, nous demandons : *Quelle conclusion l'histoire qui nous reste du corps de Jésus-Christ, c'est à-dire de son Eglise, nous fait-elle porter sur celle de son chef?* — Deux voies différentes, dit-il, se présentent à quiconque regarde l'histoire des miracles évangéliques comme le produit de l'imagination de l'Eglise primitive, produit qui fut déterminé par le caractère de cette Eglise elle-même. Peut-être jugera-t-il que, frappés par ces visions récentes et par la croyance que ce ressuscité était le Messie d'Israël, les chrétiens se mirent à l'œuvre, recueillirent ce qui avait paru extraordinaire dans sa vie et parvinrent ainsi à fabriquer une histoire merveilleuse. Toutefois si, comme le prétend Strauss, la vie de Jésus ne présenta rien d'extraordinaire, on ne conçoit pas trop comment les disciples purent s'imaginer avoir remarqué dans leur maître ce qu'ils n'avaient jamais vu. Mais voici une autre opinion qui lève cette difficulté. L'Eglise primitive alla chercher dans l'Ancien Testament toutes les prophéties relatives au Messie, les réunit afin d'orner avec elles quatre canevas de la vie de Jésus ;

elle se mit ensuite à les broder à l'aide d'arabesques miraculeux. Contente de son œuvre, elle termina là son travail, auquel elle ajouta cependant peut-être encore quelques volutes isolées. Cette prétendue conduite de l'Eglise chrétienne sert de point de départ à Strauss. Le grand argument sur lequel il s'appuie pour justifier son interprétation mythique de la vie de Jésus, c'est qu'on ne pourra jamais démontrer « qu'un de nos Evangiles ait été attribué à l'un des apôtres et reconnu par lui. » Il pense que, pour cette composition mythique, ils ont dû réunir leurs forces. Quant aux détails qu'ils ne réussirent pas à faire entrer dans la vie de leur maître, ils les réservèrent pour la leur. De là ces aventures dans des îles enchantées, ces tempêtes qui les jetèrent enfin sains et saufs sur un rivage fortuné ; en un mot, toutes les réminiscences prosaïques des anciens temps, la vie des compagnons du Sauveur nous les présente. Heureusement nous avons l'histoire des apôtres écrite par un compagnon de saint Paul, et plusieurs lettres apostoliques que les critiques, même protestants, regardent, en général, comme authentiques. Le caractère de ces écrits nous permet de porter un jugement sur ces deux opinions, et partant sur l'hypothèse relative au caractère mythique de l'*Evangile*. Si la première opinion est vraie, les *Actes des apôtres*, ainsi que leurs *Epîtres*, nous les représenteront comme des hommes aveuglés, guidés par le fanatisme, et qui transforment en miracles des faits naturels. Si la seconde est fondée, ces documents nous montreront dans les apôtres des hommes qui sortent si peu de l'ordre ordinaire que le miracle n'occupe aucune place dans leur vie. Or, le caractère de leurs *Actes* et de leurs *Epîtres* renverse ces deux hypothèses. Nous y trouvons, il est vrai, des miracles ; mais la conduite de leurs auteurs est si prudente et si sage, qu'il nous est impossible de concevoir le moindre doute sur la modération et la véracité de leur témoignage. D'un autre côté, toute leur vie se passe au milieu d'un monde que nous connaissons déjà ; nous voyons des personnages, des événements qui ne nous sont pas étrangers ; mais, de plus, ils opèrent des miracles qui semblent jaillir comme des éclairs du sein d'un monde plus élevé.

« Nous avons à démontrer d'abord *le caractère historique des Actes des apôtres*. On est forcé de reconnaître, et l'auteur lui-même le déclare formellement, qu'ils ont été composés par un ami et un compagnon de l'apôtre saint Paul : pour prétendre le contraire, il faudrait soutenir que l'ouvrage tout entier est supposé, ce à quoi on n'a pas encore songé. D'ailleurs, l'impression qu'il laisse dans l'esprit du lecteur est assez décisive, et, si elle s'était effacée de sa mémoire, il lui suffirait de lire le c. xvi depuis le verset 11 jusqu'à la fin, pour ne conserver aucun doute sur ce point, et se convaincre que le narrateur a dû vivre sur les lieux où les faits se sont accomplis. Souvent même, notamment quand il fait la relation du trajet vers l'Italie, on éprouve une impression semblable à celle que fait naître la lecture d'un journal de voyage. On suit les stations, on mesure la profondeur de la mer, on sait combien d'ancres ont été jetées ; en un mot, tous les événements sont rapportés avec tant d'ordre que l'on peut demander à tout historien : Est-il vraisemblable qu'après plusieurs années une description aussi détaillée eût pu être composée d'après des documents transmis oralement ? Ou saint Luc, favorisé par une heureuse mémoire, doit avoir écrit la relation de ce voyage aussitôt après l'avoir achevé ; ou il doit avoir eu entre ses mains un journal de voyage (a). Il n'a pas été témoin des événements consignés

---

(a) Meyer, dans son *Commentaire sur les Actes des apôtres*, p. 335, fait aussi la remarque suivante : « La clarté qui règne dans tout le récit de cette navigation, son étendue, portent à croire que saint Luc écrivit cette rela-

dans la première partie des *Actes des apôtres*. Quoi que prétendent Schleiermacher et Riehm (dans *de Fontibus Actorum apost.*); le style, toujours le même, que l'on remarque dans tout cet ouvrage; rend inadmissible, ainsi que pour l'*Evangile*, une collection de documents inaltérés. Mais Wohl ne parle pas seulement du caractère historique de la première partie, il examine aussi le caractère du style, et il soutient que saint Luc a employé des notes écrites, où s'est attaché à reproduire assez exactement les relations des Juifs; car, dit-il, il est inégal, moins classique que dans les autres morceaux, depuis le chapitre XX, où l'auteur paraît avoir été abandonné à lui-même. Bleek, dans l'examen de l'ouvrage de Mayerhoff, a embrassé la même opinion, et il cherche à prouver que saint Luc doit s'être servi d'une relation écrite, *Studien und kritiken*, 1836. II. 4. C'est aussi le sentiment d'Ulrich, *Ibid.*, 1837, II. 2.

« Examinons maintenant le caractère historique des *Actes des apôtres*. Plusieurs points difficiles à accorder, et notamment des différences chronologiques se présentent à nous, il est vrai, quand nous les comparons avec les *Lettres* de saint Paul; mais aussi nous y trouvons une concordance si frappante, que ces deux monuments de l'antiquité chrétienne fournissent des preuves de l'authenticité l'un de l'autre. Que l'on considère surtout les *Actes des apôtres* dans leurs nombreux points de contact avec l'histoire, la géographie et l'antiquité classiques, on ne tardera pas à voir ressortir les qualités de saint Luc comme historien. La scène se passe tour à tour dans la Palestine, la Grèce et l'Italie. Les erreurs commises par un mythographe grec, sur les usages et la géographie des Juifs, et, à plus forte raison, par un mythographe juif sur les coutumes des païens, n'eussent pas manqué de trahir leur ignorance. — Ici la vie est pleine d'incidents divers dans les Eglises de la Palestine, dans la capitale de la Grèce, au milieu des sectes philosophiques, devant le tribunal des proconsuls romains, en présence des rois juifs, des gouverneurs des provinces païennes, au milieu des flots bouleversés par la tempête; partout cependant nous trouvons des indications exactes, dans l'histoire et la géographie, des noms et des événements que nous connaissons d'ailleurs; ce serait là surtout que l'on pourrait découvrir le mythographe fanatique. Nous avons déjà eu l'occasion (*Glaubwürdigkeit der ev Gesch.*, s. 160) de soumettre à un examen approfondi les détails donnés par saint Luc sur les gouverneurs juifs et romains qui vivaient de son temps; il a résisté victorieusement à cette épreuve. Elle a fait ressortir la vérité historique de son Evangile, il nous reste à parler encore de quelques antiquités. Il nous suffira de parcourir trois chapitres de l'ouvrage de saint Luc, les capitres XVI à XVIII, où il se présente à nous comme le compagnon de voyage de l'Apôtre. Nous trouvons dans ces chapitres, comme dans tous les autres, des indications géographiques exactes, conformes aux connaissances que nous possédons d'ailleurs sur la topographie et sur l'histoire de cette époque. Ainsi la ville de Philippes nous est représentée comme la première ville d'une partie de la Macédoine, et comme une colonie, πρώτη τῆς μερίδος τῆς Μακεδονίας πόλις, κολωνία. Nous pouvons laisser les exégètes disputer quant à la manière d'enchaîner πρώτη dans le corps du discours. Il suit de là, 1° que la Macédoine était divisée en plusieurs parties: or, Tite-Live nous apprend qu'Æmilius Paulus avait divisé la Macédoine en quatre parties. *Livius*, XLV, 29. — 2° que Philippes était une colonie. Cette ville fut, en effet, colonisée

tion intéressante aussitôt après son débarquement, pendant l'hiver qu'il passa à Malte. Il n'eut qu'à consulter ses impressions récentes encore, consignées peut-être dans son journal de voyage, d'où elles passèrent dans son histoire. » Rappelons-nous maintenant que l'écrivain qui montre tant d'exactitude est aussi l'auteur de l'*Evangile*.

par Octave, et les partisans d'Antoine y furent transportés. *Dio Cass.* lib. LI, pag. 445; *Pline, Histoire naturelle*, IV, 11; *Diges. leg.*, 36, 50. D'après le verset 13, dans cette ville se trouvait, près d'une rivière, un oratoire, προσευχή. Le nom de la rivière n'est pas indiqué, mais nous savons que le Strymon coulait près de Philippes. L'oratoire était placé sur le bord de la rivière; nous savons que les Juifs avaient coutume de laver leurs mains avant la prière, et, pour cette raison, ils élevaient leurs oratoires sur le bord des eaux (a). — Au verset 14, il parle d'une femme païenne dont les Juifs avaient fait une prosélyte. Josèphe nous apprend que les femmes païennes, mécontentes de leur religion, cherchaient un aliment pour leur intelligence dans le judaïsme, et qu'à Damas, par exemple, plusieurs l'avaient embrassé. Cette femme s'appelait Lydia; ce nom, d'après Horace, était usité. C'était une vendeuse de pourpre de la ville de Thyatire. Thyatire se trouve dans la Lydie; or, la coloration de la pourpre rendait la Lydie célèbre. *Val. Flaccus*, IV, 368; *Claudien, Rap. Proserp.*, I, 274; *Pline, Histoire naturelle*, VII, 57; *Elien, Histoire animal.*, IV, 46. Une inscription trouvée à Thyatire atteste qu'il y avait des corps de teinturiers. *Sponius, Miscell. erud. antiq.*, III, 93. — Le verset 16 fait mention d'une fille possédée d'un esprit de Python, πνεῦμα Πύθωνος. Πύθων est le nom d'Apollon, le dieu des prophéties, appelés pour cette raison πυθωνικοί, et πυθοληπτοί; les ventriloques recevaient aussi le même nom lorsqu'ils s'occupaient de la divination, *Plutarch., De oracul. defectu*, c. 2. — On lit, verset 27, que le geôlier de la prison dans laquelle se trouvait saint Paul voulut se tuer, croyant que les prisonniers s'étaient enfuis. Le droit romain condamnait à ce châtiment le geôlier qui laissait les détenus s'échapper. *Spanheim, De usu et præst. numismat.*, t. I, diss. 9; t. II, dissert. 13; *Casaubon, sur Athénée*, V, 14. — ÿ. 35. Les magistrats de la ville sont appelés στρατηγοί. C'est, en effet, le nom qu'on leur donnait à cette époque, surtout dans les villes colonisées. Ces magistrats n'envoyèrent pas des serviteurs ordinaires, les ὑπηρέται, par exemple, que le sanhédrin de Jérusalem (*Act. apost.*; c. V, ÿ. 22) envoya dans la prison de saint Pierre; mais, d'après la coutume des Romains, ils envoyèrent des licteurs ῥαβδούχους, ÿ. 38. Les magistrats furent saisis de crainte en apprenant que les prisonniers étaient citoyens romains. On se rappelle ces mots de Cicéron: « Cette parole, ce cri touchant, *je suis citoyen romain*, qui secourut tant de fois nos concitoyens

(a) Carpzov, *Apparat. antiq*, p. 320. — Philon, décrivant la conduite des Juifs d'Alexandrie dans certains jours solennels, raconte que, « de grand matin, ils sortaient en foule hors des portes de la ville pour aller aux rivages voisins (car les *proseuques* étaient détruits), et là, se plaçant dans le lieu le plus convenable, ils élevaient leur voix d'un commun accord vers le ciel. » Philo, *in Flacc*, p. 582. Idem, *De vita Mos.*, I, III, et *De legat. ad Caium*, passim. — Ces sortes d'oratoires se nommaient en grec προσευχή, προσευκτήριον, et eu latin *proseucha* :

Ede, ubi con.istas, in qua te quæro Proseucha.
Juven. Sat. 3, 296.

Au rapport de Josèphe, *Antiq.*, l. XIV, c. 10, § 24 la ville d'Halicarnasse permit aux Juifs de bâtir des oratoires : « Nous ordonnons que les Juifs, hommes ou femmes, qui voudront observer le sabbat et s'acquitter des rites sacrés prescrits par la loi, puissent *bâtir des oratoires sur le bord de la mer*. » Tertullien *ad Nat.*, l. I, c. 13, parlant de leurs rites et de leurs usages, 1. sa que les fêtes, sabbats, jeûnes, pains à sa levain, etc., mentionne les prières faites sur le bord de l'eau, *orationes littorales*. Nous ajouterons que les Samaritains eux-mêmes avaient, d'après saint Epiphane, *Hæres*. 80, cela de commun avec les Juifs. On peut voir dans la *Synagogue judaïque* de Jean Buxtorf, les prescriptions des rabbins, qui défendaient aux Juifs de vaquer à la prière avant de s'être purifiés par l'eau. Voir M. l'abbé Glaire, *Introduction à l'Écriture sainte*, t. V, p. 378.

chez des peuples barbares et aux extrémités du monde. *Cicero, in Verrem, orat.* 5, n. 57. » La loi *Valeria* défendait d'infliger à un citoyen romain le supplice du fouet et de la verge.

« Nous arrivons au chapitre xvii. Au commencement de ce chapitre nous voyons placées près l'une de l'autre les villes d'Amphipolis et d'Apollonie, puis Thessalonique. — Le verset 5 rappelle cette foule des ἀγοραῖοι, *subrostrani, subbasilicani*, si communs chez les Grecs et les Romains; dans l'Orient, les gens de cette sorte se rassemblent aux portes de la ville. V. 7. Nous trouvons un exemple des accusations de démagogie portées si fréquemment alors devant les empereurs soupçonneux. V. 12. Nous voyons de nouveau un certain nombre de femmes grecques qui embrassent la croyance des apôtres. Mais ce qui surtout est remarquable et caractéristique, c'est la description du séjour du grand apôtre dans Athènes. Comme tout se réunit alors pour nous persuader que nous sommes au sein même de cette ville ! Il parcourt les rues, il les trouve pleines de monuments de l'idolâtrie, et remarque une multitude innombrable de statues et d'autels (au temps des empereurs, ils encombraient Rome, au point qu'on pouvait à peine traverser les rues de cette ville). Isocrate, Himérius, Pausanias, Aristide, Strabon, parlent de la superstition, δεισιδαιμονία, des Athéniens, et des offrandes sans nombre, ἀναθήματα, suspendues à la voûte des temples de leurs dieux. *Welstein*. Sur la place publique, où se rassemblaient les philosophes, il rencontre des épicuriens et des stoïciens; des paroles de dédain sortent de leur bouche. Mais le nombre des curieux est encore plus grand que celui de ces hommes hautains. On se rappelle le reproche adressé autrefois aux Athéniens par Démosthène et Thucydide, et renouvelé par saint Luc : *Vous demandez toujours quelque chose de nouveau*. Il parait devant l'aréopage ; mais quel fut le discours de saint Paul ? Quel mythographe juif eût pu mettre dans la bouche du grand apôtre des paroles si propres à peindre son caractère ? Il a vu un autel élevé à *un dieu inconnu*. Pausanias et Philostrate parlent de ces autels (a); son discours nous présente le commencement de l'hexamètre d'un distique grec, *et nous trouvons jusqu'au γάρ lui-même dans un poëme composé par un compatriote de l'Apôtre, Aratus de Cilicie*, Phœnomena, v, 5. Un grand nombre d'hommes ne se convertirent pas à ce discours, comme des mythographes n'eussent pas manqué de l'imaginer, afin de relever davantage la première prédication de saint Paul dans la capitale de la Grèce; quelques-uns seulement s'attachèrent à lui. Quant aux philosophes, les uns se retirèrent avec le dédain des épicuriens sur les lèvres ; les autres, véritables stoïciens, contents d'eux-mêmes, dirent : « Nous vous entendrons une autre fois. » Sommes-nous sur le terrain du mythe ou sur celui de l'histoire ? Chap. xviii. Le 2ᵉ verset rapporte un fait historique : l'expulsion des juifs de Rome, par l'empereur Claude, et Suétone dit : *Judæos impulsore Chresto assiduè tumultantes Româ expulit Claudius* (*Suet., in Claud.*, ch. 25). Le 3ᵉ nous rappelle une coutume des Juifs, chez lesquels les savants s'occupaient à faire des tentes. Cette profession n'eût pu s'allier dans un philosophe grec avec l'enseignement ; parmi les Juifs, les savants avaient coutume de l'exercer ; les rabbins se livraient alors aux ouvrages manuels, *Nergl.*, Winer, Realworterbuch, u. d. W. Handwerke. L'apôtre saint Paul avait même un motif particulier pour choisir cette profession. Dans la Cilicie, sa patrie, on l'exerçait généralement, parce qu'on y trouvait une espèce de chèvres dont on employait le poil dans la fabrication des toiles appelées pour cette raison κιλίκια. *Plinius, Hist. nat.* 23. Servius, rem. sur *Virgile*, Georgicà, 3, 313. Les versets 12 et 13 présentent aussi avec l'histoire un rapport frappant ... Nous avons examiné quelques passages seulement de l'ouvrage de saint Luc ; sur tous les points les résultats seraient les mêmes..... Si nous passons aux derniers chapitres des *Actes des apôtres*, il est impossible de ne pas admettre que Théophile connaissait l'Italie, quand on voit l'auteur, lorsqu'il parle, *ch.* xxvii, des rivages de l'Asie et de la Grèce, indiquer avec soin la situation et la distance relative des lieux qu'il mentionne, tandis qu'à mesure qu'il s'approche de l'Italie, il les suppose tous connus'; il se contente de nommer Syracuse, Rhégium, Pouzzoles, et même le *petit marché d'Appius* dont parle Horace, *Horat., Sat.* 1, 5, 5, et les Trois Hôtelleries (*tres tabernæ*) que Cicéron nous fait connaître, *Ad Atticum*, 1, 13. Lorsque Josèphe et Philon nomment la ville de Pouzzoles, ils n'emploient pas, il est vrai, la dénomination romaine Ποτιόλοι. Josèphe, racontant dans sa Vie, ch. 3, son premier voyage à Rome, cite cette ville et lui donne le nom grec Δικαιαρχία, mais il ajoute : ἣν Ποτιόλους Ἰταλοὶ καλοῦσιν. Le même nom se présente encore deux fois dans ses Antiquités, *Antiq.*, l. xvii, ch. 12, § 1, et xviii, 7. Il en est de même de Philon, *Philo in Flaccum*, 1, 2, p. 521, v. 12.

« Et remarquons comme tout rappelle exactement les usages de cette époque. Saint Paul, transporté par un vaisseau d'Alexandrie, débarqua à Pouzzoles. Or, nous savons que les vaisseaux d'Alexandrie avaient coutume d'aborder dans ce port, *Strab.*, l. xvii, p. 793, édit. de Casaubon. — *Seneca, Epistola*, 77, in principio, d'où, au rapport de Strabon, ils distribuaient leurs marchandises dans toute l'Italie. Il dut aussi se diriger de là vers Rome. « Ses amis, remarque Hug, l'attendaient, les uns au marché d'Appius (*forum Appii*), les autres aux Trois-Hôtelleries. Il s'embarqua apparemment sur un canal que César avait creusé, au travers des marais Pontins, afin de rendre le trajet plus facile ; il dut par cela même passer au Marché d'Appius ; qui, à

(a) Pausanias, qui écrivait avant la fin du iiᵉ siècle, parlant dans la description d'Athènes d'un autel élevé à Jupiter Olympien, ajoute : *Et près de là se trouve un autel de dieux inconnus*. Πρὸς αὐτῷ δ᾽ ἐστὶν ἀγνώστων Θεῶν βωμός : l. v, c. 14, n. 6. Le même écrivain parle dans un autre endroit d'autels de dieux appelés inconnus. Βωμοὶ δὲ Θεῶν τε ὀνομαζομένων ἀγνώστων. L. 1, c. 1, n. 4. Philostrate, qui florissait au commencement du iiiᵉ siècle, fait dire à Apollonius de Thyane, « qu'il était sage de parier avec respect de tous les dieux, surtout à *Athènes, où l'on évevait des autels aux génies inconnus.* » *Vita Apoll. Thyan.*, l. vi, c. 3. — L'auteur du dialogue *Philopatris*, ouvrage attribué par les uns à Lucien, qui écrivait vers l'an 170, et par d'autres à un païen anonyme du ivᵉ siècle, fait jurer Critias *par les dieux inconnus d'Athènes*, et sur la fin du dialogue il s'exprime ainsi : « Mais tâchons de découvrir le dieu inconnu à Athènes, et alors levant nos mains au ciel, offrons-lui nos louanges et nos actions de grâces. » Quant à l'introduction de ces dieux inconnus dans Athènes, voici comment Diogène Laërce raconte le fait. Au temps d'Epiménide (c'est-à-dire, comme on le croit communément, vers l'an 600 avant Jésus-Christ), une peste ravageant cette ville, et l'oracle ayant déclaré que, pour la faire cesser, il fallait la purifier ou l'expier (καθῆραι), on envoya en Crète pour faire venir de chez Epiménide. Arrivé à Athènes, Epiménide prit des brebis blanches et des brebis noires, et les conduisit au haut de la ville où était l'Aréopage; de là il les laissa aller, ayant eu soin toutefois de les faire suivre, partout où elles voudraient aller. Il ordonna ensuite de les immoler lorsqu'elles se seraient arrêtées d'elles-mêmes, *au dieu le plus voisin ou au dieu qui conviendrait*; il parvint ainsi à faire cesser la peste. Diogène ajoute : « De là vient qu'encore aujourd'hui on voit dans les faubourgs d'Athènes des autels, sans nom de *dieu* (ἀνωνύμους), érigés en mémoire de l'expiation qui fut faite alors. » Diogen. Laert. in Epimen., l. 1, § 10. D'après ces témoignages divers, est-il permis de douter qu'à l'époque où saint Paul se trouvait à Athènes, il y eût des autels portant cette inscription ? Comme, d'un autre côté, aucun monument historique ne montre ailleurs l'existence d'un autel semblable, peut-on concevoir qu'un faussaire eût saisi une circonstance aussi extraordinaire ? *Voy.* M. Glaire, *ibid.*, p. 379-400.

l'extrémité de ce canal, en était le port (*a*). » Une partie de ses amis l'attendait aux Trois-Hôtelleries. Elles étaient situées à dix milles romains plus près de Rome, *Antonini, Itinerar.* édit. *Wesseling,* p. 107, *apud. Hug,* ibid. à peu près à l'endroit où la route de Velletri aboutissait aux marais Pontins. La foule y était moins nombreuse et moins remuante ; les embarras y étaient moins grands qu'au Marché d'Appius, *Horat., Sat.* I, sat. 5, 3; aussi paraît-il que là se trouvait une hôtellerie pour les classes élevées, *Cicer., ad Attic.* I, 13. Voilà pourquoi cette partie des amis de saint Paul l'attendait à cette station plus convenable à son rang. Ainsi, tout se trouve exactement conforme aux circonstances topographiques, telles qu'elles étaient alors, *Hug, Einleit. th.* 1, seit. 24. D'après ces documents, il est impossible de douter encore si, en parcourant les *Actes des apôtres,* nous sommes sur le terrain de l'histoire ; et nous devons reconnaître que saint Luc se trouvait placé, pour écrire l'histoire, dans des circonstances aussi favorables qu'un Josèphe. Si ce rapport frappant qui existe entre sa narration et les connaissances que nous possédons sur l'histoire et la géographie des juifs et des païens, paraissait à quelqu'un d'un faible poids, qu'il se représente la vive impression qui nous saisirait si, entre les mille points que nous pouvons comparer à d'autres documents, et où nous croyons découvrir des contradictions, nous allions découvrir la même harmonie.

Or, cette histoire qui se trouve, sur tous les points, conforme aux faits et aux usages que nous connaissons d'ailleurs, nous présente des miracles sans nombre. Plusieurs fois des critiques de la trempe et du génie du docteur Paulus ont désiré que deux classes de personnes (un assesseur de la justice désigné *ad hoc* et un *doctor medicinæ*) eussent pu faire l'instruction des miracles du Nouveau Testament. Il satisfait à cette double exigence. L'histoire de l'aveugle-né, rapportée par saint Jean, ch. IX, *fut examinée par les assesseurs du sanhédrin de Jérusalem ;* et quel fut le résultat de l'enquête ? *Cet homme est né aveugle, et Jésus l'a guéri.* Quant au *doctor medicinæ*, chargé d'instruire les miracles, les *Actes des apôtres* nous le présentent. Saint Luc fut le témoin oculaire de tous les miracles opérés par saint Paul, et personne assurément ne l'accusera d'une trop grande propension pour les miracles. Un jeune homme appelé Eutyque, accablé par le sommeil, étant tombé du troisième étage, fut emporté comme mort ; on s'attend peut-être à le voir ressusciter avec pompe ; mais saint Paul se contente de prononcer ces paroles consolantes : *Ne vous troublez point, car la vie est en lui (Act.* xx, 10). Plus de quarante juifs réunis à Jérusalem firent le vœu de ne boire ni manger qu'ils n'eussent tué saint Paul ! On s'attend peut-être qu'une apparition va descendre du ciel pour avertir l'Apôtre et le défendre ; loin de là : le fils de sa sœur se présente pour lui révéler la conspiration, et Paul trouve un protecteur dans le tribun de la ville, *Act. ap.*, c. xx, v. 12 et suiv. Poussé par la tempête sur les bords de l'île de Malte, il y débarqua et une vipère s'élança sur sa main ; on s'attend peut-être à le voir prononcer des paroles magiques : « Mais Paul, dit saint Luc, ayant secoué la vipère dans le feu, n'en reçut aucun mal, *ibid.*, ch. XXVIII, v. 5. » Toutefois nous savons, par le témoignage de cet historien et de ce médecin prudent, que « Dieu faisait de grands miracles par les mains de Paul, et qu'il lui suffisait de placer sur les malades les mouchoirs et le linge qui avaient touché son corps,

(*a*) Acron, ad Horat., *Serm.* l. I, sat. 5, v. 11. « Quia ab Appii foro per paludes navigatur, quas paludes Cæsar derivavit. » Porphyrion, *ad vers.* 14. « Pervenisse ad forum Appii indicat, ubi turba esset nautarum, item cauponum ibi moratium. » Acron, ad vers. 11. « Per paludes navigarunt, quia via interjacens durior. » Apud Hug. *Einleit.* th. I, seit. 23.

aussitôt ils étaient guéris de leurs maladies, et les esprits impurs s'éloignaient, *ibid.*, ch. XIX, v. 12. » A Malte, il guérit par ses prières et par l'imposition des mains, le père de l'homme le plus influent sur cette île, et beaucoup d'autres s'approchèrent de lui et recouvrèrent la santé. *Ibid.* 28-9.

« Saint Pierre et saint Jean furent traduits devant le Sanhédrin pour avoir guéri un malade. Saint Pierre eut le courage de reprocher aux puissants du peuple le meurtre du Messie ; l'homme qu'ils avaient guéri était debout au milieu d'eux, et les membres du Sanhédrin s'étonnèrent ; ils furent saisis de crainte, voyant que ses disciples possédaient encore la puissance qu'ils croyaient avoir anéantie en tuant Jésus, et qu'ils pouvaient rendre la vie aux morts. Ils s'essayèrent de réfuter l'accusation portée contre eux par saint Pierre ; ils ne purent nier le prodige qu'ils avaient vu, et condamner à mort ceux qui l'avaient opéré. L'impression de la multitude avait été si grande, qu'à la suite de ce miracle *cinq mille* hommes embrassèrent la foi nouvelle, et il ne resta d'autre moyen aux membres du Sanhédrin que de faire saisir les deux disciples de Jésus et de leur commander le silence, *Actes des apôt.*, c. IV. Et tous les miracles qu'ils opéraient, ils les faisaient au nom d'un seul. « Je n'ai ni or, ni argent, disait saint Pierre, mais ce que j'ai je vous le donne ; *au nom de Jésus-Christ de Nazareth, levez-vous et marchez. Ibid.*, c. III, v. 6. » Nous le voyons, celui qui avait promis à son Église de rester avec elle jusqu'à la fin du monde a tenu sa promesse. D'après les croyants, l'action créatrice et conservatrice de Dieu dans le gouvernement de l'univers est absolument une, il en est de même dans son Église. Jésus-Christ ne fut pas comme le soleil des tropiques, qui paraît à l'horizon sans être précédé de l'aurore aux regards sans laisser aucune trace après lui. L'aurore des prophéties l'avait annoncé au monde *mille* ans avant sa naissance, les miracles opérés dans son Église longtemps après sa disparition furent comme le crépuscule qui constata son passage. Cette puissance de produire des miracles sans cesse agissante dans l'Église de Jésus-Christ, peut-elle avoir manqué à son fondateur ?

« Dans les *Actes des apôtres*, saint Paul nous est apparu comme un homme qui ravit l'admiration aux esprits les plus froids. Qui peut la refuser à son courage en présence de Festus, alors qu'il est devenu si imposant au gouvernement romain lui-même que le roi Agrippa veut connaître cet homme extraordinaire, *Actes des apôt.*, c. XXV, v. 22. Qui s'empêcher d'admirer le courage et l'adresse qui éclatent dans son discours au roi Agrippa, *Ibid.*, 26, Vgl. Tholuck's *Abhand lung in den studien und kritiken,* 1835, h. 2.; le courage, la prudence, la modération qu'il fit paraître alors que le vaisseau sur lequel il se trouvait était si violemment battu par la tempête, *Actes des apôt.*, c. XXVII. Quand une fois l'histoire de saint Paul, les paroles qui nous ont été transmises par une main étrangère, nous l'ont fait connaître, comme on éprouve un désir pressant de l'entendre lui-même ! Ce caractère plein de courage n'est pas celui d'un fourbe ; cette modération, cette prudence, n'indiquent pas un fanatique ; les faits du christianisme, le fondateur de cette Église, doivent être réellement tels qu'il nous les présente. Nous avons de saint Paul *treize* Épîtres (*a*) qui nous révèlent suffisamment ses pensées. La nouvelle critique a reconnu l'authenticité des principales d'entre elles. Or, quel rapport présentent-elles avec les *Actes des apôtres ?* Confirment-elles le jugement que nous portons d'après les Actes, sur le caractère de l'histoire évangélique ? Elles nous montrent saint Paul toujours

(*a*) Tout le monde sait que les Épîtres que nous avons dans nos Bibles, sous le nom de saint Paul, sont au nombre de quatorze ; nous ne prétendons nullement adopter l'opinion de Tholuck qui semble ici les réduire à treize.

et même dans toutes les circonstances : inébranlable, plein de courage et de joie au milieu des chaînes; que l'on parcoure en particulier la lettre aux *Philippiens*, et que l'on se rappelle que l'homme qui écrivait : « *Réjouissez-vous, mes bien-aimés frères ; réjouissez-vous* sans cesse dans le Seigneur; je le dis encore une fois ; *réjouissez-vous, Epître aux Philipp.*, c. IV, v. 4 ; » que cet homme *avait alors les mains chargées de chaînes, Actes des apôt.*, c. XXVIII, v. 20. Sa modération, sa prudence, son activité, paraissent dans toutes ses Lettres et surtout dans celles aux Corinthiens, tandis que, dans son Epître aux *Colossiens, Epître aux Coloss.*, c. II, v. 16 et 23, on voit éclater son indignation contre une piété extérieure et des observances superstitieuses. Et ce même homme, plein de modération, nous représente les prodiges, les miracles et les prophéties comme des événements qui ont marqué presque tous les instants de sa vie. Les *Actes des apôtres* avaient parlé des visions pendant lesquelles Jésus-Christ était apparu à cet apôtre ravi en extase, *Actes des apôt.*, c. XXII, v. 17 ; c. XXIII, v. 11. Il rapporte lui-même ces apparitions miraculeuses et ces extases, 2e *Epit. aux Corinth.*, c. XII, v. 12, et nous voyons encore ici une preuve de sa modération, puisqu'il n'en parle que dans ce passage. Les *Actes des apôtres* ont attribué le pouvoir de faire des miracles ; il parle lui-même « des œuvres, de la vertu des miracles et des prodiges qu'il a opérés afin de propager l'Evangile (a). — Les *Actes des apôtres* rapportent le don miraculeux des langues accordé aux premiers disciples du Sauveur, et saint Paul rend grâces à Dieu de ce qu'il possède ce don dans un degré plus élevé que les autres, 1re *Epit. aux Corinth.*, c. XXIV, v. 18. D'après ses discours rapportés dans les Actes des apôtres, l'apparition de Jésus-Christ détermine toute sa conduite, *Act. des apôt.*, c. XXII, v. 10 ; c. XXVI, v. 15 ; dans ses lettres il parle de cet événement comme du plus important de sa vie, — tantôt avec un noble orgueil, car il fonde sur lui son droit à l'apostolat, 1re *Epître aux Corinth.*, c. IX, v. 1, — tantôt avec l'expression de la douleur que lui inspire le souvenir de ses persécutions contre le Fils de Dieu lui-même, *Ibid.*, c. XV, v. 1, 9. Il commence presque toutes ses Epîtres en déclarant qu'il a été appelé à l'apostolat non par la volonté des hommes, mais par un décret miraculeux de Dieu. Les *Actes des apôtres* nous les montrent toujours le même au milieu des afflictions, toujours sous la protection miraculeuse de Dieu ; tel il nous apparaît dans ses Epî-

---

(a) *Epit. aux Rom.*, c. XV, v. 19; II *Epit. aux Corint.*, c. XXIV, v. 12. « Que l'antipathie pour les miracles fasse rejeter en masse, comme non historiques, tous les passages de l'Evangile et des Actes des apôtres dans lesquels ils nous apparaissent, plutôt que de céder à l'évidence de la vérité, devons-nous en être surpris, quand nous voyons les exégètes attaquer avec leur lime tous les points de cette œuvre miraculeuse que les armes tranchantes de la critique ont été impuissantes à renverser? Ainsi, d'après Reiche, les prodiges (σημεῖα), et les miracles (τέρατα) dont saint Paul affirme être l'auteur, n'étaient que des rêves des nouveaux convertis. Le docteur *de Wette* n'a pas cru pouvoir approuver cette prétention des exégètes ; il reconnaît que saint Paul, dans ces deux passages, parle de ses miracles ; toutefois il se hâte d'ajouter : « Mais pour déterminer la valeur de son témoignage dans un fait personnel, et même la signification exacte des σημεῖα, τέρατα, les moyens nous manquent, vu que les données sont trop peu considérables. » Mais quoi ! le même apôtre ne fait-il pas une longue énumération des prodiges et des miracles opérés dans l'Eglise ? Cette indication précise ne répand-elle aucune lumière sur ce point? n'est-on pas forcé d'avouer que les miracles retranchés par la critique du corps des Evangiles reparaissent dans les Actes des apôtres, et, quand on les en a arrachés avec beaucoup de peine, ne faut-il pas reconnaître encore que les Epîtres de saint Paul nous les présentent en si grand nombre qu'ils défient la lime des exégètes et les armes tranchantes de la critique? »

---

tres aux Corinthiens, 2e *Epit. aux Corinth.*, c. VI, v. 4 ; c. IX, v. 11 ; c. XIII, v. 28. Plusieurs fois les *Actes des apôtres* parlent du pouvoir de faire des miracles accordé à l'Eglise, et saint Paul présente comme un fait bien connu cette puissance dont jouissaient les premiers chrétiens, 1re *Epit. aux Corinth.*, c. XII, v. 8, 10, 14. Et ce qui est le plus grand des miracles, c'est qu'alors même qu'il les montre s'opérant ainsi continuellement, il ne compte sur la production d'aucun. Il sait qu'une apparition céleste a fait tomber les chaînes des mains de saint Pierre ; il n'a pas oublié qu'à Philippes, pendant un tremblement de terre, les portes de sa prison s'ouvrirent, et les fers de tous les prisonniers furent brisés, *Act. des apôt.*, XVI ; et cependant, à Rome, il porte les chaînes sans songer à l'intervention d'aucun événement extraordinaire, — il ne sait pas s'il sera mis à mort ou rendu à la liberté, *Epit. aux Philipp.*, c. I, v. 20. Dans tous ses discours, depuis Césarée jusqu'à Rome, dans les lettres qu'il écrivit pendant sa captivité, on ne trouve pas un seul mot qui indique qu'une apparition miraculeuse le délivrera peut-être... Cet homme ne pouvait-il pas, aussi bien que les juifs, constater l'existence d'un miracle? Tholuck, *Glaubw. der ev. Gesch.* 2te *aufl.*, p. 370, 394.

« Nous avions donc raison de dire, en commençant, que l'on peut, indépendamment des Evangiles, reconstruire l'histoire de Jésus. Voyez, en effet : Strauss les rejette, et, avec lui, nous les retranchons pour un instant du canon des livres saints ; puis nous plaçons les Actes en tête du Nouveau Testament. Leur caractère historique une fois prouvé, nous les ouvrons, et une nouvelle série de miracles opérés par les apôtres se présente à nous ; et, si nous leur demandons qui leur a donné le pouvoir de semer ainsi les prodiges sur leurs pas, ils nous répondent : Jésus de Nazareth. Leur demandons-nous alors quel est ce Jésus de Nazareth, ils proclament que « c'est un homme à qui Dieu a rendu témoignage par les merveilles, les miracles et les prodiges qu'il lui a donné de faire (*Actes*, XI, 22) ; puis ils nous racontent sa naissance merveilleuse, sa vie, sa mort sur une croix, sa résurrection, son ascension dans les cieux. »

STYLITE, nom que l'on a donné à certains solitaires qui ont passé une partie de leur vie sur le sommet d'une colonne dans l'exercice de la pénitence et de la contemplation : ce mot vient du grec, στύλος, *colonne* ; les Latins les ont appelés *sancti columnares*. L'histoire ecclésiastique fait mention de plusieurs *stylites* : on dit qu'il y en a eu dès le second siècle, mais ils n'ont jamais été en grand nombre. Le plus célèbre de tous est saint Siméon *Stylite*, moine syrien qui vivait dans le cinquième siècle et près de la ville d'Antioche ; il demeura pendant un grand nombre d'années sur le sommet d'une colonne haute de quarante coudées, dont la plate-forme n'avait que trois pieds de diamètre, de manière qu'il lui était impossible de se coucher. Elle était seulement environnée d'une espèce d'appui ou de balustrade sur laquelle le saint se reposait, lorsqu'il était accablé de lassitude et de sommeil. Ce genre de vie extraordinaire le rendit fameux, non-seulement dans tout l'Orient, mais dans les autres parties du monde. Il mourut l'an 459, âgé de soixante-neuf ans.

Les protestants ne pouvaient pas manquer de se donner carrière sur ce sujet, et de tourner les *stylites* en ridicule ; leurs sarcasmes ont été fidèlement répétés par les incrédules. Bingham, *Orig. ecclés.*, l. vii, c. 2, § 3, en a cependant parlé avec modération ; il s'est contenté de rapporter brièvement ce qu'en ont dit les anciens, sans approuver et sans blâmer cette manière de vivre. Mosheim avait d'abord fait de même, *Hist. ecclés.*, v° siècle, 1re part., c. 1, § 3. Il était convenu, sur la foi des historiens, que les Libaniotes, voisins d'Antioche, avaient été délivrés d'une troupe de bêtes féroces en embrassant le christianisme, suivant l'exhortation et la promesse que Siméon leur en avait faites ; qu'il convertit aussi à la foi chrétienne les habitants d'un canton de l'Arabie : conséquemment il n'avait pas hésité d'appeler ce *stylite* un *saint homme.* Mais, IIe part., c. 3, § 12, il a changé de langage; il a nommé le genre de vie de Siméon et de ses semblables une *superstition*, une *sainte folie*, une *forme insensée de religion.* Son traducteur anglais a beaucoup enchéri sur ces expressions, il s'est servi des termes les plus injurieux que la passion puisse suggérer. Barbeyrac, *Traité de la Morale des Pères*, c. 17, § 12, n'a pas été plus retenu ; il a nommé Siméon un *moine fanatique*, et il l'a comparé à Diogène. Il lui reproche d'avoir engagé l'empereur Théodose le Jeune à révoquer la loi par laquelle il avait condamné les chrétiens à rétablir les synagogues des juifs. Basnage, dans son *Histoire de l'Église*, s'est borné à tourner en ridicule les miracles de Siméon *Stylite* le Jeune, qui a vécu près de Constantinople au sixième siècle.

Examinons de sang-froid le jugement de tous ces critiques : 1° le genre de vie de Siméon était extraordinaire, singulier, ridicule même si l'on veut ; mais il a produit de grands effets qu'une conduite ordinaire et commune n'aurait certainement pas opérés. Était-il indigne de la sagesse divine de se servir d'un grand spectacle pour convertir les païens, refuserons-nous à Dieu la liberté d'attacher des grâces de conversion à tel moyen qu'il lui plaît, d'amener des peuples à la foi par l'admiration plutôt que par le raisonnement ? Outre les Libaniotes et les Arabes convertis par Siméon, il amena encore au christianisme un grand nombre de Perses, d'Arméniens, d'Ibériens, de Lazes, habitants de la Colchide, qui étaient venus par curiosité pour le voir et pour l'entendre. Les princes et les grands de l'Arabie accouraient pour recevoir sa bénédiction. Varane V, roi de Perse, quoique ennemi déclaré du nom chrétien, ne put s'empêcher de le respecter. Les empereurs Théodose II, Léon, Marcien, eurent lieu plus d'une fois de s'applaudir d'avoir écouté ses conseils. L'impératrice Eudoxie, qui avait embrassé l'eutychianisme, y renonça lorsqu'elle eut prêté l'oreille à ses exhortations. Tous ces faits sont rapportés et attestés par des contemporains dont plusieurs étaient témoins oculaires. Quand on serait venu à bout de nous persuader qu'au ve siècle toute l'Asie n'était peuplée que d'esprits faibles et d'imbéciles, nous en conclurions encore qu'il fallait un exemple tel que celui de Siméon pour faire impression sur eux ; nous dirions avec saint Paul, que Dieu a choisi des insensés et des hommes méprisables selon le monde, pour confondre les sages et les philosophes ; *I Cor.*, c. 1, v. 27. Les protestants devraient faire attention que les sarcasmes qu'ils ont lancés contre Siméon *Stylite* ont été tournés par les incrédules contre les anciens prophètes ; Isaïe marchant nu au milieu de Jérusalem, à la manière des esclaves ; Jérémie, portant des chaînes à son cou, et qui les envoie ensuite aux rois voisins de la Judée ; Ézéchiel, qui se tient couché pendant quarante jours sur le côté droit, et qui brûle la fiente des animaux pour faire cuire son pain ; Osée, qui, par ordre de Dieu, épouse une prostituée, etc., n'ont pas paru plus sages à nos beaux esprits que Siméon perché sur sa colonne.

Mosheim observe qu'un certain Vulsilaicus ayant voulu faire auprès de Trèves le personnage de *stylite*, les évêques l'obligèrent de descendre de sa colonne. Ils firent très-bien ; cet imposteur n'avait ni les mœurs, ni les vertus, ni la foi pure de Siméon ; le climat de Trèves n'est point celui de la Syrie, le plus beau de l'univers, où l'on couche sur les toits et sur le pavé des rues ; le *stylite* du Nord aurait peut-être vécu pendant l'été ; il aurait péri pendant l'hiver. Nous nous croyons sages, parce que nous ne vivons et ne pensons pas comme les Orientaux ; ceux-ci nous méprisent et nous détestent, parce que nous ne leur ressemblons pas.

2° Quel motif a fait agir Siméon ? était-ce l'humeur sauvage, la singularité de caractère, l'ambition de faire parler de lui, la vanité de voir arriver au pied de sa colonne les plus grands personnages de son siècle, etc. Ces vices ne sont pas compatibles avec la douceur, la docilité, la patience, l'humilité du *stylite* d'Antioche. Les moines d'Égypte, indignés de sa manière de vivre, lui envoyèrent signifier une excommunication, il la souffrit sans murmure ; mieux informés de ses vertus dans la suite, ils lui demandèrent sa communion. Il s'était d'abord attaché à sa colonne par une chaîne ; l'évêque d'Antioche lui représenta que quand l'esprit est constant, le corps n'a pas besoin d'être enchaîné ; Siméon ne répliqua point : il fit venir un serrurier et fit rompre la chaîne. Les évêques et les abbés de Syrie lui firent commander de descendre de sa colonne, il se mit en devoir d'obéir ; on se contenta de sa docilité. Informé par des voyageurs des vertus de sainte Geneviève, il se recommanda humblement à ses prières. Ce ne sont point là les symptômes du fanatisme ni de l'orgueil. — On nous demande quelle différence il y a entre ce *stylite* et Diogène. La même qu'entre la charité chrétienne et la malignité d'un cynique. Diogène dans son tonneau méprisait l'univers entier, il insultait aux passants, il ne voulait corriger les vices que par des sarcasmes, il violait les bienséances, il ne rougissait d'aucune impudicité.

peut-on reprocher aucun de ces défauts à Siméon? Puisque c'est un protestant qui fait ce parallèle, nous lui disons hardiment que Luther et les autres prédicants fougueux de la réforme ressemblaient beaucoup plus au cynique d'Athènes que le *stylite* de Syrie.

3° Les conversions et les miracles opérés par ce personnage célèbre sont-ils imaginaires et fabuleux, comme les protestants le supposent? Ils sont rapportés non-seulement par des contemporains, mais par des témoins oculaires. Théodoret, évêque de Cyr, ville voisine d'Antioche, avait vu Siméon plus d'une fois, il avait conversé avec lui; il est un des plus savants et des plus judicieux écrivains ecclésiastiques, ses ouvrages en font foi; il n'attendit pas la mort du saint *stylite* pour dresser la relation de ses actions, de ses vertus et de ses miracles; il la publia quinze ou seize ans auparavant pour en instruire les contemporains et la postérité. Le moine Antoine, disciple de Siméon, fit la sienne immédiatement après la mort de son maître. Un prêtre chaldéen, nommé Cosmas, l'écrivit en chaldaïque, à peu près dans le même temps. Évagre, habitant d'Antioche, magistrat et officier de l'empereur, fit son histoire dans le siècle suivant, après avoir interrogé les témoins oculaires. Ces quatre auteurs, qui ont vécu en différents lieux, et qui n'ont pas écrit dans la même langue, ne se sont pas copiés. D'autres contemporains ont confirmé leur témoignage, en traitant d'autres sujets. Sur quoi donc peut être fondé le pyrrhonisme historique affecté par les protestants? L'ignorant le plus stupide peut être incrédule, un vrai savant ne l'est jamais.

4° L'on a fait contre la vie des ascètes, des moines, des solitaires, des pénitents, de tous les siècles, la même objection que contre celle des *stylites*. Jésus-Christ, dit-on, n'a point ordonné ce genre de vie, il ne l'a point autorisé par son exemple, ses apôtres n'y ont exhorté personne. Si c'était une pratique louable en elle-même, tout chrétien serait obligé de l'embrasser, la vertu sans doute est un devoir pour tout le monde: que deviendraient la société et le genre humain tout entier? etc., etc.

Est-il bien vrai que la vie de Jésus-Christ et celle de ses apôtres a été une vie ordinaire et commune? Saint Paul aurait eu tort de dire, *I Cor.*, c. IV, v. 9. *Nous sommes devenus un spectacle aux yeux du monde, des anges et des hommes; nous paraissons insensés à cause de Jésus-Christ.* Il est faux que toute vertu soit faite pour tout le monde; Jésus-Christ a décidé le contraire, lorsqu'il a dit, *Matth.*, c. XIX, v. 11: *Tous ne comprennent pas ce que je dis, mais ceux à qui ce don a été accordé.* Et saint Paul l'a répété, *I Cor.*, c. VII, v. 7: *Chacun a reçu de Dieu un don qui lui est* PROPRE, *l'un d'une manière, l'autre d'une autre.* C'est pour cela même que le Sauveur n'a commandé à personne la vie des anachorètes, mais il l'a louée dans Jean-Baptiste, et saint Paul dans les anciens prophètes. C'est donc un acte de vertu de l'embrasser lorsque Dieu y appelle, et qu'aucun devoir de justice ou de charité ne s'y oppose. Ne craignons rien pour la société ni pour le genre humain, Dieu y a pourvu par la variété de ses dons. Mais comme les protestants ne veulent point entendre parler des conseils évangéliques, ils soutiendront plutôt des absurdités que de les admettre. *Voy.* CONSEILS ÉVANGÉLIQUES.

SUAIRE. Ce terme, tiré du latin *sudarium*, signifie dans l'origine un linge ou un mouchoir dont on se sert pour essuyer le visage; le grec σουδάριον qui exprime la même chose, ne se trouve que dans les évangélistes. Il ne faut donc pas le confondre avec σινδών; celui-ci était un linceul, et il désignait quelquefois un vêtement, il tenait lieu de chemise. Dans les pays chauds l'on voit encore pendant l'été les jeunes gens pauvres couverts d'un simple linceul ou morceau de toile carrée; ils le passent sur leurs épaules, ramènent les deux coins sur la poitrine, croisent le reste sur leur corps et l'attachent par une corde; ils n'ont point d'autre vêtement. Dans la saison du froid et des pluies l'on met un manteau par-dessus. Il est dit dans l'Évangile, *Marc.*, c. XIV, v. 51, qu'un jeune homme qui suivait Jésus-Christ, lorsqu'il fut pris au jardin des Olives, n'avait qu'un *sindon* sur sa nudité, que les soldats voulurent l'arrêter, qu'il laissa son *sindon* et s'enfuit. *Judic.*, c. XIV, v. 12 et 13, Samson promit trente *sindons*, hebr. *sidinim*, et autant de tuniques aux jeunes gens de sa noce, s'ils pouvaient expliquer l'énigme qu'il leur proposa. *Prov.*, c. XXII, v. 24, il est dit que la femme forte fait des *sindons* et des ceintures, et les vend aux Chananéens ou Phéniciens. *Isaï.*, c. III, v. 23, parle des *sindons* des filles de Jérusalem.

Nous lisons dans l'Évangile que Joseph d'Arimathie, pour ensevelir Jésus-Christ, acheta un linceul, *sindonem*, et en enveloppa le corps du Sauveur. Il paraît que ce linceul fut coupé en bandelettes, pour serrer autour du corps et des membres les aromates dont on se servait pour embaumer les morts; Joseph y ajouta un *suaire* ou mouchoir, pour envelopper la tête et le visage; saint Jean, c. XX, v. 6, dit qu'après la résurrection de Jésus-Christ, saint Pierre entra dans le tombeau, qu'il n'y trouva que les linges ou bandelettes, οἱ ὀθόναι placés d'un côté, et de l'autre le *suaire* qui avait été mis sur la tête de Jésus. Il dit de même, c. XI, v. 44, que Lazare ressuscité sortit du tombeau ayant les pieds et les mains liés de bandelettes, et le visage couvert d'un *suaire*. De là on conclut que le corps de Jésus-Christ ne fut point enveloppé d'un linceul entier, mais seulement avec des bandelettes comme Lazare. Ainsi les linceuls ou *suaires* que l'on montre dans plusieurs églises ne peuvent avoir servi à la sépulture du Sauveur, d'autant plus que le tissu de ces *suaires* est d'un ouvrage assez moderne.

Il est probable que, dans le XII° et le XIII° siècle, lorsque la coutume s'introduisit de représenter les mystères dans les églises, on représenta, le jour de Pâques, la résurrection de Jésus-Christ. On y chantait la prose *Victimæ paschali*, etc., dans laquelle on fait dire à Magdeleine : *Sepulcrum Christi viventis et gloriam vidi resurgentis, angelicos testes, sudarium et vestes*. Au mot *sudarium* on montrait au peuple un linceul empreint de la figure de Jésus-Christ enseveli. Ces linceuls ou *suaires*, conservés dans les trésors des églises, pour qu'ils servissent toujours au même usage, ont été pris dans la suite pour des linges qui avaient servi à la sépulture de notre Sauveur ; voilà pourquoi il s'en trouve dans plusieurs églises différentes, à Cologne, à Besançon, à Turin, à Brioude, etc. ; et l'on s'est persuadé qu'ils avaient été apportés de la Palestine dans le temps des croisades.

Il ne s'ensuit point de là que ces *suaires* ne méritent aucun respect, ou que le culte qu'on leur rend est superstitieux. Ce sont d'anciennes images de Jésus-Christ enseveli, et il parait certain que plus d'une fois Dieu a récompensé par des bienfaits la foi et la piété des fidèles qui honorent ces signes commémoratifs du mystère de notre rédemption.

SUBLAPSAIRES. *Voy.* INFRALAPSAIRES.

SUBSTANCE. Ce terme philosophique a donné lieu à plusieurs disputes entre les catholiques et les hétérodoxes. Il y eut, dans les premiers siècles de l'Eglise, de la difficulté à savoir si l'on pouvait dire, en parlant de la sainte Trinité, qu'il y a dans la nature divine trois *substances* ou trois hypostases, parce que l'on doutait si par le mot de *substance* on devait entendre trois essences ou seulement trois personnes. *Voy.* HYPOSTASE.

Depuis la naissance de la prétendue réforme, il y a dispute entre les protestants et les catholiques pour savoir si la *substance* du pain et du vin est encore dans l'eucharistie après la consécration. Suivant la foi catholique, en vertu des paroles de Jésus-Christ, *Ceci est mon corps, ceci est mon sang*, la *substance* du pain et du vin est changée au corps et au sang de ce divin Sauveur, de manière qu'il ne reste plus que les apparences ou les qualités sensibles de ces deux aliments ; cette action de la puissance divine est nommée *transsubstantiation*. *Voyez* ce mot. Les protestants soutiennent que ce miracle est impossible, que Dieu ne peut pas changer une *substance* en une autre, sans que les qualités changent ; qu'ainsi les qualités sensibles du pain et du vin ne peuvent demeurer dans l'eucharistie, sans que la *substance* de ces deux corps n'y demeure. Mais avant de mettre des bornes à la puissance divine, dans un sujet aussi obscur, il faut y penser plus d'une fois. En effet, lorsqu'il est question des corps ou de la matière, le mot *substance* ne

présente aucune idée claire ; nous ignorons absolument en quoi consiste l'essence ou la *substance* de la matière abstraite de toute qualité sensible : comment donc pouvons-nous en raisonner ?

Par *substance* en général, on entend un être individuel qui persévère et demeure essentiellement le même, malgré le changement des modifications ou des qualités qui lui surviennent successivement, et c'est dans le sentiment intérieur que nous puisons cette notion. Je sens que, malgré le changement des idées, des volontés, des affections, des sensations qui m'arrivent, je suis toujours *moi* ; ces modifications ne peuvent subsister sans *moi*, mais je puis être sans elles, elles ne sont pas *moi*. Je sens que je suis *moi*, et non un autre, et qu'un autre n'est pas *moi*. Je suis donc une *substance*, un être individuel et permanent, qui continue d'être essentiellement le même sous une succession et une variété continuelle de modifications différentes. Ainsi le mot *substance* attribué à l'esprit me donne une idée claire, excitée par un sentiment intérieur qui est invincible. — Mais dans chaque masse ou portion de matière, dans un corps, y a-t-il de même un ou plusieurs êtres individuels et permanents, qui demeurent foncièrement les mêmes, lorsque son étendue et ses qualités changent ? Grande question. Dans le système de la divisibilité de la matière à l'infini, nous ne trouverons jamais un être individuel ; or, peut-on concevoir une *substance* où il n'y a point d'individu ? Il n'est pas étonnant qu'en suivant cette opinion, Lock ni ses partisans n'aient jamais pu comprendre ce que c'est qu'une *substance*, mais il ne fallait pas la chercher dans la matière, pendant qu'ils pouvaient la trouver en eux-mêmes. — Si nous revenons au système des atomes, des monades, des points physiques, nous ne serons pas plus avancés. En supposant qu'un atome indivisible de matière est une *substance*, nous n'y voyons rien d'essentiel que l'inertie ; c'est, à proprement parler, un être sans attributs. Un atome ne peut pas seulement être supposé étendu par lui-même, puisque l'étendue et toutes les qualités dont elle est la base résultent de l'union de plusieurs atomes. Que faut-il pour que ces atomes soient censés essentiellement changés ? Nous n'en savons rien. Nous ne savons pas seulement si les atomes qui composent les corps sont homogènes ou hétérogènes, si un corps est différent d'un autre corps autrement que par ses qualités sensibles ; ainsi, en parlant des corps, nous ignorons absolument en quoi consiste l'identité de *substance* et le changement de *substance*. Il nous est donc impossible de savoir ce qu'il faut pour que des atomes qui étaient *pain* deviennent le corps de Jésus-Christ ; nous ignorons si Dieu anéantit ou transporte ailleurs les atomes du pain pour y substituer d'autres atomes, sans toucher aux qualités sensibles, ou si le miracle s'opère autrement. Que peuvent donc prouver toutes ces argumentations? — Les voyageurs disent que la pulpe du fruit de l'*arbre à pain* ressemble à la mie d'un pain blanc et tendre, qu'elle en a la figure, la couleur, la saveur et l'odeur. Supposons que la ressemblance soit assez parfaite pour tromper tous nos sens, faudrait-il affirmer que ce fruit est une même *substance* que le pain, ou que c'est une *substance* différente? Un philosophe ne peut sans témérité soutenir le pour ni le contre. Que faudrait-il pour que du pain commun devînt le fruit de cet arbre, ou pour que ce fruit fût de vrai pain? Autre question insoluble. Et l'on ne cesse d'argumenter pour prouver que du pain ne peut pas être changé au corps de Jésus-Christ, sans que ces qualités sensibles ne changent! c'est opiniâtreté pure.

On dira : Pourquoi donc l'Eglise s'est-elle servie des mots *substance* et *transsubstantiation*, qui ne présentent aucune idée claire? Parce que les hérétiques, aussi mauvais philosophes que mauvais théologiens, s'en servaient pour soutenir leur erreur et pour pervertir le sens des paroles de l'Ecriture sainte touchant l'eucharistie ; on ne pouvait les réfuter et les condamner qu'en usant de leur propre langage. — Les luthériens, qui admirent d'abord l'*impanation* ou la *consubstantiation*, n'étaient pas mieux fondés. Il est aussi impossible de concevoir comment deux *substances* distinctes peuvent se trouver unies sous les mêmes qualités sensibles, que comment l'une peut y prendre la place de l'autre. En niant la possibilité de ce second miracle, les calvinistes ont préparé des armes aux incrédules pour attaquer tous les mystères et tous les miracles. Quelques-uns ont soutenu que les apôtres n'ont pas pu croire celui-ci, quand même Jésus-Christ l'aurait opéré et le leur aurait affirmé. Les apôtres, disent-ils, étaient certains par les yeux, par le goût, par l'odorat, par le tact, que ce qu'ils mangeaient était du pain; ils étaient sûrs seulement par l'ouïe que Jésus-Christ leur donnait son corps; voilà quatre témoignages contre un : pouvaient-ils se fier à un seul plutôt qu'à tous les autres?

Nous demandons à ceux qui font cette objection, s'ils croient ou non la divinité de Jésus-Christ. S'ils ne la croient pas, nous n'avons rien à leur dire. S'ils la croient, nous répondons que, quand un Dieu parle à nos oreilles et à notre esprit, ce témoignage est préférable à celui de nos sens; car enfin qu'attestaient les sens aux apôtres? Que ce qu'ils mangeaient avait toutes les qualités sensibles du pain; mais ces sens ne pouvaient leur attester que c'était la *substance* du pain et non la *substance* du corps de Jésus-Christ, puisque cette *substance* abstraite des qualités sensibles ne tombe point sous les sens. C'est encore la réponse que nous donnons au fameux argument de La Placette, qui parait aux calvinistes un raisonnement invincible. Nous avons, disent-ils, une certitude physique par nos sens que l'eucharistie est du pain, et nous n'avons qu'une certitude morale, fondée sur les motifs de crédibilité, que c'est le corps de Jésus-Christ; or, une certitude morale ne peut pas prévaloir à une certitude physique. — Faux principe. Si par ces mots *c'est du pain*, l'on entend que c'est la *substance* du pain, il est faux que nos sens nous donnent sur ce point aucune certitude quelconque. Encore une fois, les sens nous attestent les qualités sensibles des corps, rien de plus; cela est démontré par la comparaison que nous avons faite entre le pain usuel et le fruit de l'arbre à pain. Par ce même argument l'on prouverait que les apôtres n'ont pas pu croire que Jésus-Christ fût vrai Dieu et vrai homme, car enfin ils étaient sûrs, par le témoignage de leurs sens, que Jésus-Christ était homme, par conséquent une personne humaine, et ils n'étaient assurés que par sa parole que c'était une personne divine. On prouverait encore que les aveugles-nés sont physiquement certains par le tact qu'une perspective et un miroir ne peuvent produire une sensation de profondeur; que la tête d'un homme ne peut être représentée dans la boîte d'une montre; que l'on ne peut pas apercevoir une étoile aussi promptement que le faîte d'une maison, etc. ; qu'ils doivent par conséquent récuser le témoignage de tous ceux qui ont des yeux et qui leur attestent le contraire. *Voy.* MIRACLE, § 2.

SUBSTANTIAIRES, secte de luthériens qui prétendait que Adam, par sa chute, avait perdu tous les avantages de sa nature; qu'ainsi le péché originel avait corrompu en lui la substance même de l'humanité, et que ce péché était la *substance* même de l'homme. Nous ne concevons pas comment des sectaires, qui ont prétendu fonder toute leur doctrine sur l'Ecriture sainte, ont pu y trouver de pareilles absurdités. *Voy.* SYNERGISTES.

SUCCESSION des pasteurs de l'Eglise. Les théologiens catholiques soutiennent contre les protestants que l'ordination établit entre les pasteurs de l'Eglise une *succession* constante, de manière que le caractère, les pouvoirs, la juridiction du prédécesseur passent et sont communiqués sans aucune diminution au successeur; que sans cette *succession* l'Eglise ne pourrait subsister. Cette vérité est fondée sur les mêmes raisons qui prouvent la nécessité de la *mission*. *Voy.* ce mot. Ainsi les apôtres ont transmis aux évêques et aux pasteurs qu'ils ont ordonnés leur caractère, leur pouvoirs, leur juridiction sur les troupeaux qu'ils avaient rassemblés, ou sur les églises qu'ils avaient fondées, et dont ils confiaient le gouvernement à ces mêmes pasteurs ; conséquemment saint Pierre a transmis à ses successeurs la juridiction et l'autorité qu'il avait reçue de Jésus-Christ sur l'Eglise universelle.

Suivant la doctrine de Jésus-Christ et des apôtres, il n'est point d'Eglise sans pasteur, point de pasteur sans mission, point de mission que par voie de *succession*, et la *succession* se fait par l'ordination : sur cette chaîne indissoluble est établie la perpétuité de l'Eglise.

Ainsi l'enseigne saint Paul, *Ephæs.*, c. iv, v. 11. Il dit que Jésus-Christ *a donné les uns pour apôtres, les autres pour prophètes : ceux-ci pour évangélistes, ceux-là pour pasteurs et docteurs ; que leur ministère et leur travail est pour la perfection des saints et pour l'édification du corps de Jésus-Christ, jusqu'à ce que nous soyons tous arrivés à l'unité de la foi et à la connaissance du Fils de Dieu, et afin que nous ne soyons pas emportés à tout vent de doctrine.* L'Apôtre met les fonctions et le ministère des pasteurs et des docteurs au même rang que celui des apôtres et des prophètes. Il dit de même, *I Cor.*, c. xii, v. 28 : *Dieu a établi dans l'Eglise, d'abord des apôtres, ensuite des prophètes, en troisième lieu des docteurs, enfin les dons des miracles*, et il met au nombre de ceux-ci la fonction de gouverner, *gubernationes* ; il suppose que tous ces dons viennent également de Dieu ; ce n'est point aux hommes qu'il appartient de se donner des pasteurs et des docteurs. Cette doctrine est expliquée et confirmée par la conduite des apôtres. Après la mort tragique de Judas, saint Pierre dit à l'assemblée des disciples qu'il faut que l'un d'entre eux soit subrogé à la place de cet apôtre infidèle. Conséquemment tous prient Dieu de faire connaître par le sort celui qu'il choisit pour succéder *à la place, au ministère et à l'apostolat duquel Judas est déchu par sa prévarication, Act.*, c. i, v. 25. Le sort tombe sur saint Matthias, et il est mis au nombre des apôtres, sans aucune différence entre eux et lui. Ils n'en mettent aucune entre eux et les évêques qu'ils établissent comme pasteurs. Saint Paul dit à ceux d'Ephèse, *Act.*, c. xx, v. 20 : *Veillez sur vous et sur tout le troupeau sur lequel le Saint-Esprit vous a établis* ÉVÊQUES *ou surveillants pour gouverner l'Eglise de Dieu*, v. 32 : *Je vous recommande à Dieu et à sa grâce ; lui seul peut édifier et donner l'héritage* (ou la *succession*) *à tous ceux qui sont sanctifiés.* La mission, l'apostolat, le gouvernement de l'Eglise, telle est la *succession* qui a passé des uns aux autres. Saint Pierre dit aux fidèles, *I Petr.*, c. v, v. 1 : *Je prie les anciens ou les prêtres qui sont parmi vous, en qualité de leur collègue* (consenior) *et de témoin des souffrances de Jésus-Christ ; paissez le troupeau de Dieu qui vous est confié, et pourvoyez à ses besoins*, etc. Le caractère et la charge des apôtres ont donc été transmis aux pasteurs. Saint Paul dit aux Hébreux, c. i, v. 7 : *Souvenez-vous de vos* PRÉPOSÉS *qui vous ont annoncé la parole de Dieu, et en considérant la fin de leur vie imitez leur foi* : il parlait des apôtres. Ensuite, il ajoute, v. 17 et 24 : *Obéissez à vos* PRÉPOSÉS, *et soyez-leur soumis, parce qu'ils veillent sur vous comme devant rendre compte de vos âmes.... Saluez tous vos* PRÉPOSÉS *et tous les saints.* Ces préposés sont évidemment les pasteurs, ou les successeurs des apôtres. Par quel moyen s'est établie cette *succession?* Saint Paul nous l'apprend encore. Il dit à Timothée, *Epist.* I, c. i, v. 14 : *Ne négligez point la grâce qui est en vous, et qui vous a été donnée par révélation, avec l'imposition des mains des prêtres. II Tim.*, c. i, v. 6 : *Je vous avertis de réveiller la grâce de Dieu qui est en vous par l'imposition de mes mains* Personne ne disconvient que cette imposition des mains ne soit l'ordination. Conséquemment il charge Timothée de faire tout ce que pouvait faire un apôtre. Il écrit à Tite, c. i, v. 5 : *Je vous ai laissé en Crète afin que vous corrigiez ce qui manque encore, et que vous établissiez des prêtres dans les villes, comme je l'ai fait pour vous-même.* Et il lui expose les qualités que doit avoir un évêque.

Ce sont donc les apôtres eux-mêmes qui se sont donné des successeurs, qui les ont regardés comme leurs collègues et leurs coopérateurs, et qui les ont chargés de transmettre cette *succession* à ceux qui viendront après eux. C'est ce qu'ils ont fait ; cette chaîne successive dure depuis dix-sept siècles, et elle continuera jusqu'à la fin des temps. Ainsi l'a promis Jésus-Christ, lorsqu'il a dit à ses apôtres : *Je suis avec vous tous les jours jusqu'à la consommation des siècles* (*Matth.* xxviii, 20). *Je prierai mon Père, et il vous donnera un autre Consolateur, afin qu'il demeure avec vous* POUR TOUJOURS. *C'est l'Esprit de vérité, que le monde ne peut pas recevoir* (*Joan.* xiv, 16). Cette vérité est confirmée par le témoignage de saint Clément de Rome, disciple immédiat des apôtres, et qui a été témoin de leur conduite. Il dit que Jésus-Christ a reçu sa mission de Dieu, et « que les apôtres ont reçu la leur de Jésus-Christ ; qu'après avoir reçu le Saint-Esprit, et après avoir prêché l'Evangile, ils ont établi évêques ou diacres les plus éprouvés d'entre les fidèles, et qu'ils leur ont donné la même charge qu'ils avaient de Dieu ; qu'ils ont établi une règle de succession pour l'avenir, afin qu'après la mort des premiers, leur charge et leur ministère fussent donnés à d'autres hommes éprouvés. » *Epist.* 1, n. 42, 43, 44.

Nous ne cessons de répéter aux protestants : Vous qui voyez tout dans l'Ecriture sainte, comment n'y voyez-vous pas la perpétuité de la *succession* et du ministère apostolique? L'intérêt de secte et de système leur bouche les yeux. Les prétendus réformateurs voulaient établir une nouvelle doctrine, une nouvelle Eglise, une nouvelle religion : comment le faire sans mission? et s'il en faut une, de qui pouvaient-ils la recevoir? Il a donc fallu soutenir ou que la mission n'était pas nécessaire, ou que leur mission était extraordinaire et miraculeuse, ou que la mission ordinaire qu'ils avaient reçue dans l'Eglise catholique était suffisante. Nous avons réfuté ces trois prétentions au mot MISSION.—Il est évident que ces nouveaux docteurs, en faisant schisme avec l'Eglise catholique, en niant la mission et le caractère de ses pasteurs, et en rejetant l'ordination, ont rompu la chaîne de la *succession* et du ministère apostolique, et ont voulu en établir une nouvelle qui a commencé par eux, et qui ne remonte pas plus

naut. Lorsqu'ils ont soutenu qu'il n'est pas certain que le pontife romain soit le successeur de saint Pierre, ils auraient dû citer au moins un pape qui ait renoncé comme eux à la *succession* du prince des apôtres, qui ait excommunié ses prédécesseurs, comme Luther excommunia Léon X, parce que ce pontife l'avait condamné. Non-seulement tous les évêques de l'Eglise catholique font profession par leur ordination de tenir tous leurs pouvoirs par droit de *succession*, mais ils sont reconnus par toute l'Eglise pour successeurs légitimes de ceux qui les ont précédés ; et c'est par ce fait éclatant que nous sommes assurés du caractère, de l'autorité et de la juridiction du pontife romain. Lorsqu'il y a eu des schismes pour la papauté, il s'agissait seulement de savoir quel était le vrai successeur du pontife précédent ; dès qu'une fois ce fait a été éclairci, toute l'Eglise s'est réunie à l'obédience de celui dont la *succession* a été reconnue légitime. Loin d'accuser les papes d'avoir jamais renoncé à la *succession* de saint Pierre, les protestants leur reprochent d'en avoir toujours voulu porter les droits trop loin.

Un incrédule anglais s'est attaché à prouver que les pasteurs de l'Eglise n'ont point succédé aux apôtres ; il en voulait principalement aux évêques anglicans, qui s'attribuent cet honneur aussi bien que les évêques catholiques ; mais comme ces objections attaquent également les uns et les autres, nous devons y répondre. Si la religion, dit-il, avait eu besoin d'une *succession* non interrompue, de pasteurs elle aurait eu pareillement besoin d'une *succession* de talents, de connaissances, de miracles et de grâces d'en haut, supérieurs à ceux que Dieu donne aux laïques, et semblables à ceux qu'il avait communiqués aux apôtres ; or, c'est ce que nous ne voyons pas dans le clergé. Les apôtres étaient inspirés, ils avaient le don des miracles et le discernement des esprits : ils pouvaient donner le Saint-Esprit ; il leur était ordonné de convertir toutes les nations, et c'est pour les en rendre capables que les dons miraculeux avaient été départis. Or ce grand ouvrage est exécuté, l'Eglise de Jésus-Christ est établie ; donc il n'est plus besoin d'apôtres ni de successeurs de ces hommes extraordinaires ; et l'événement prouve qu'en effet il n'y en a point.

Nous répondons que pour être véritablement successeur des apôtres, il n'est pas nécessaire d'avoir reçu de Dieu tous les dons surnaturels qu'il leur avait communiqués, qu'il suffit d'être destiné à continuer l'ouvrage qu'ils ont commencé, d'avoir reçu la même mission et la mesure de grâces nécessaires pour exercer le même ministère ; autrement il faut soutenir que tous ceux qui ont prêché l'Evangile aux infidèles depuis la mort des apôtres ont été des téméraires, que l'on n'a pas dû les écouter, que les apôtres ont eu tort de charger leurs disciples de cette fonction, puisqu'ils n'ont pas pu leur donner la plénitude des dons du Saint-Esprit, telle qu'ils l'avaient eux-mêmes reçue. Ces dons étaient nécessaires pour prouver la mission divine des apôtres ; mais cette mission une fois prouvée, il n'est plus besoin de miracles pour la communiquer à leurs successeurs ; elle s'étend à tous les siècles, puisque Jésus-Christ ne l'a limitée ni au temps, ni aux lieux, ni aux personnes : *Prêchez l'Evangile à toute créature, enseignez toutes les nations ; je suis avec vous tous les jours jusqu'à la consommation des siècles*, etc. Jésus-Christ savait bien que ses apôtres ne vivraient pas longtemps ; donc il a donné la mission non-seulement pour eux, mais pour leurs successeurs jusqu'à la fin des siècles. Nous ne prétendons pas néanmoins avouer à l'auteur de l'objection, qu'il ne se fait plus de miracles dans l'Eglise, et que les successeurs des apôtres ne reçoivent plus de grâces ni de dons surnaturels par l'ordination ; c'est très-mal à propos qu'il le suppose.

Il est encore faux que le grand ouvrage de la conversion des peuples soit exécuté ; il n'était pas fort avancé lorsque les apôtres ont cessé de vivre ; ce sont leurs successeurs qui l'ont continué ; il reste encore un très-grand nombre de nations qui ne croient pas en Jésus-Christ, auxquelles il veut cependant que l'Evangile soit prêché ; donc, suivant sa promesse, il leur donne la mission, l'apostolat, les grâces et l'assistance dont ils ont besoin pour s'en acquitter avec succès. Mais les protestants ne veulent ni ordination, ni caractère, ni mission surnaturelle, ni grâces qui y soient attachées ; c'est à eux de répondre aux incrédules qui argumentent sur leurs propres principes.

* SUCCESSION INDÉFINIE DES ÊTRES. Plusieurs savants ont établi en principe *qu'il y a un développement progressif de la vie organique, depuis les formes les plus simples jusqu'aux plus compliquées*. Les incrédules ont tiré de cette formule des conséquences effrayantes pour la foi. 1° Que la science contredit la narration de Moïse, qui nous présente la création simultanée ou dans l'espace de six jours ; 2° que la nature a en *elle-même* la puissance de produire graduellement de nouveaux êtres sans être obligée de recourir à une puissance créatrice. Comme conséquence de cette dernière affirmation on conclut au panthéisme.

Cuvier a remarqué le premier que dans les animaux fossiles du monde primitif il y a un développement graduel d'organisation : ainsi les couches les plus intérieures contiennent les animaux les plus imparfaits, mollusques et testacés ; viennent ensuite les reptiles et ces monstrueux animaux rampants qui se rattachent aux habitants de l'air par le lézard volant, et qui sont avec raison classés par l'historien inspiré entre les productions marines. Puis la terre nous fournit des êtres à son tour, et on trouve des quadrupèdes, mais d'espèces qui pour la plupart n'existent plus. Puis viennent ensuite les terrains meubles dans lesquels on trouve les dépôts du déluge raconté par Moïse. *Voy.* DÉLUGE.

Voilà les faits qui ont engagé les incrédules à tirer les conséquences que nous avons exposées. Sont-elles légitimement déduites ? D'abord ces faits n'ont rien de contraire à l'Ecriture. Le géologue moderne, dit Mgr Wiseman, doit reconnaître et reconnaît volontiers l'exactitude de cette assertion : qu'après que toutes choses eurent été faites, la terre dut avoir été dans un état de confusion et de chaos ; en d'autres termes, que les éléments, dont la combinaison devait plus tard former l'arrangement actuel du globe, doivent avoir été totalement bouleversés et probablement dans un état de lutte et de conflit. Quelle a été la durée de cette anarchie? quels traits particuliers offrait-elle? Était-ce un désordre continuel et sans modifications, ou bien ce désordre é ait-il interrompu par des intervalles de paix et de repos, d'existence végétale et animale? L'Écriture l'a caché à notre connaissance; mais en même temps elle n'a rien dit pour décourager l'investigation qui pourrait nous conduire à quelque hypothèse spéciale sur ces questions. Et même il semblerait que cette période indéfinie a été mentionnée à dessein, pour laisser carrière à la méditation et à l'imagination de l'homme. Les paroles du texte n'expriment pas simplement une pause momentanée entre le premier *fiat* de la création et la production de la lumière; car la forme grammaticale du verbe, le participe, par lequel l'esprit de Dieu, l'énergie créatrice, est représenté couvant l'abîme, et lui communiquant la vertu productrice, exprime naturellement une action continue, nullement une action passagère. L'ordre même observé dans la création des six jours, qui se rapporte à la disposition présente des choses, semble indiquer que la puissance divine aimait à se manifester par des développements graduels, s'élevant, pour ainsi dire, par une échelle mesurée de l'inanimé à l'organisé, de l'insensible à l'instinctif, et de l'irrationnel à l'homme. Et quelle répugnance y a-t-il à supposer que, depuis la première création de l'embryon grossier de ce monde si beau, jusqu'au moment où il fut revêtu de tous ses ornements et proportionné aux besoins et aux habitudes de l'homme, la Providence ait aussi voulu conserver une marche et une gradation semblables, de manière à ce que la vie avançât progressivement vers la perfection, et dans sa puissance intérieure, et dans ses instruments extérieurs? Si les apparences découvertes par la géologie venaient à manifester l'existence de quelque plan semblable, qui oserait dire qu'il ne s'accorde pas, par la plus étroite analogie, avec les voies de Dieu dans l'ordre physique et moral de ce monde? Ou qui osera affirmer que ce plan contredit la parole sacrée, lorsqu'elle nous laisse dans une complète obscurité sur cette période indéfinie dans laquelle l'œuvre du développement est placée? J'ai dit que l'Écriture nous laisse sur ce point dans l'obscurité, à moins toutefois que nous ne supposions, avec un personnage qui occupe maintenant une haute position dans l'Église, qu'il est fait allusion à ces révolutions primitives, à ces destructions et à ces reproductions, dans le premier chapitre de l'Ecclésiaste (*a*), ou qu'avec d'autres, nous ne prenions dans leur sens le plus littéral les passages où il est dit que des *mondes* ont été créés (*b*).

Il est vraiment singulier que toutes les anciennes cosmogonies conspirent à nous suggérer la même idée, et conservent la tradition d'une série primitive de révélations successives par lesquelles le monde fut détruit et renouvelé. Les Instituts de Menou, l'ouvrage indien qui s'accorde le plus étroitement avec le récit de l'Écriture touchant la création, nous disent : *Il y a des créations et des destructions de mondes innombrables; l'Être suprême fait tout cela avec autant de facilité que si c'était un jeu; il crée et il crée encore indéfiniment pour répandre le bonheur* (*c*). Les Birmans ont des traditions semblables ; et l'on peut voir dans l'intéressant ouvrage de Sang-rmano, traduit par mon ami le docteur Tandy, une esquisse de leurs diverses destructions du monde par le feu

(*a*) *Ricerche sulla geologia*. Rovereto, 1824, p. 63.
(*b*) Hébr. 1, 2. — De même, un des titres de Dieu dans e Koran est : *le Seigneur des mondes*, sura 1.
(*c*) *Institutes of hindu law*. Lond. 1825, ch. 1, n. 80 p. 13, comp. n. 57, 74, etc.

et l'eau (*a*). Les Égyptiens aussi avaient consacré une pareille opinion par leur grand cycle ou période sothique.

Mais il est beaucoup plus important, je pense, et plus intéressant d'observer que les premiers Pères de l'Église chrétienne paraissent avoir eu des vues exactement semblables ; car saint Grégoire de Nazianze, après saint Justin, martyr, suppose une période indéfinie entre la création et le premier arrangement régulier de toutes choses (*b*). Saint Basile, saint Césaire et Origène sont encore plus explicites ; car ils expliquent la création de la lumière antérieure à celle du soleil, en supposant que ce luminaire avait déjà existé auparavant, mais que ses rayons ne pouvaient pénétrer jusqu'à la terre, à cause de la densité de l'atmosphère pendant le chaos, et que cette atmosphère fut assez raréfiée le premier jour pour laisser passer des rayons du soleil sans qu'on pût néanmoins distinguer encore son disque, qui ne fut complètement dévoilé que le troisième jour (*c*). Boubée adopte cette hypothèse comme parfaitement conforme à la théorie du feu central, et par conséquent à la dissolution dans l'atmosphère de substances qui se sont précipitées graduellement, à mesure que le milieu dissolvant se refroidissait (*d*). Certes si le docteur Croly s'indigne si fort contre quelques géologues parce qu'ils considèrent les jours de la création comme des périodes indéfinies, bien que le mot employé signifie, selon son étymologie, *le temps qui s'écoule entre deux couchers de soleil*, que dirait-il donc d'Origène qui, dans le passage dont j'ai parlé, s'écrie : *Quel homme de sens peut penser qu'il y eut un premier, un second et un trois ième jour sans soleil, ni lune, ni étoiles* ? Assurément le temps entre deux couchers de soleil serait une grande anomalie s'il n'y avait pas de soleil.

Les faits venant si exactement confirmer la Bible ont obtenu les aveux des plus célèbres géologues. « Nous ne pouvons trop remarquer, dit Demerson, cet ordre admirable si parfaitement d'accord avec les plus saines notions qui forment la base de la géologie positive. Quel hommage ne devons-nous pas rendre à l'historien inspiré (*e*) ! » — Ici, s'écrie Boubée, se présente une considération dont il serait difficile de ne pas être frappé. Puisqu'un livre écrit à une époque où les sciences naturelles étaient si peu avancées renferme cependant en quelques lignes le sommaire de conséquences les plus remarquables, auxquelles il n'était possible d'arriver qu'après les immenses progrès amenés dans la science par le XVIII° et le XIX° siècle, puisque ces conclusions se trouvent en rapport avec des faits qui n'étaient ni connus ni même soupçonnés à cette époque, qui ne l'avaient jamais été jusqu'à nos jours, et que les philosophes de tous les temps ont toujours considérés contradictoirement et sous des points de vue erronés ; puisqu'enfin ce livre, si supérieur à son siècle sous le rapport de la science, lui est également supérieur sous le rapport de la morale et de la philosophie naturelle, nous sommes obligés d'admettre qu'il y a dans ce livre quelque chose de supérieur à l'homme, quelque chose qu'il ne voit pas, qu'il ne comprend pas, mais qui le presse irrésistiblement (*f*). »

La première conséquence de nos adversaires est entièrement détruite ; la seconde tombe d'elle-même,

(*a*) *A description of the Burmese empire*, imprimé pour la fondation des traducteurs orientaux, à Rome, 1833, p. 29.
(*b*) *Orat.* 2, t. I, p. 51, édit. Bened.
(*c*) S. Basil. *Hexamer*. Hom. 2. Paris, 1618, p. 23 ; S. Cæsarius, *Dial.* I, Biblioth. Patr. Gallandi. Ven. 1770, t. VI, p. 37 ; Origen. *Periurch*. lib. IV, c. 16, t. I ; p. 174, edit. Bened.
(*d*) *Géologie élémentaire à la portée de tout le monde*, Paris, 1833, p. 37.
(*e*) *La Géologie enseignée en 22 leçons*, etc. Paris 1829
(*f*) *Géologie élémentaire*.

par suite de la destruction de la première. Nous l'avons combattue directement au mot GÉNÉRATIONS SPONTANÉES. Nous nous contentons de présenter ici une réflexion de M. Cuvier, qui prouve qu'il n'y a pas eu générations graduées, mais création proprement dite pour chaque espèce. « Si les espèces ont changé par degrés, dit-il, on devrait trouver des traces de ces modifications graduelles; on devrait découvrir quelques formes intermédiaires entre le palœotherium et les espèces d'aujourd'hui, et jusqu'à présent cela n'est point arrivé. Pourquoi les entrailles de la terre n'ont-elles point conservé les monuments d'une généalogie si curieuse, si ce n'est parce que les espèces d'autrefois étaient aussi constantes que les nôtres. » Cuvier, *Discours sur les révolutions du globe*, 5ᵉ édit. p. 121. 122.

SUFFISANTE (grâce). *Voy.* GRACE.

SUICIDE, action de se tuer soi-même pour se délivrer d'un mal que l'on n'a pas le courage de supporter (1). De nos jours l'abus de la philosophie a été porté jusqu'à vouloir faire l'apologie de ce crime. En partant des principes de l'athéisme, plusieurs incrédules ont avancé que le *suicide* n'est défendu ni par la loi naturelle ni par la loi divine positive, qu'il semble même approuvé par plusieurs exemples cités dans les livres saints, par le courage de plusieurs martyrs, et par les éloges qu'en ont faits les Pères de l'Eglise. Nous sommes obligés de démontrer la fausseté de toutes ces allégations.

I. Le *suicide* est contraire à la loi naturelle. 1° Dieu seul est l'auteur de la vie, lui seul a droit d'en disposer; et quoi qu'en disent les raisonneurs atrabilaires, c'est un bienfait. Nous le sentons par l'horreur naturelle que nous avons de notre destruction, et par l'instinct naturel qui nous porte à nous conserver. C'est là-dessus qu'est fondé le droit que nous avons de défendre notre vie contre un agresseur injuste, et de lui ôter la sienne si nous ne pouvons sauver autrement la nôtre. Nous défions les apologistes du *suicide* de concilier le droit de la juste défense avec le prétendu droit de nous ôter la vie quand il nous plaît. 2° Dieu ne nous a pas donné la vie pour nous seuls, mais pour la société de laquelle nous faisons partie. La même loi naturelle qui commande à la société de veiller à la conservation de tous les membres qui naissent dans son sein ordonne à chacun de ces membres de lui rendre ses services, et de contribuer autant et aussi longtemps qu'il le peut au bien général de la société. Dans cette obligation mutuelle consiste le prétendu *pacte social* imaginé par nos philosophes, mais ce ne sont point les hommes qui l'ont formé par une volonté libre; c'est Dieu, auteur de la nature, qui a stipulé pour eux au moment de leur naissance, ou plutôt au moment de la création. *Voy.* SOCIÉTÉ. Vainement on dit qu'un malheureux est un membre inutile et à charge à la société; il n'en est rien : quand il n'y servirait qu'à donner un exemple de patience, ce serait beaucoup, et rien ne peut l'en dispenser. 3° Qu'est-ce que la *vertu*? Suivant l'énergie du terme, c'est la force de l'âme. Si un homme ne veut ou ne peut rien souffrir, de quelle force, de quelle vertu est-il capable? Dirons-nous que par la loi naturelle un homme est dispensé d'avoir de la vertu? Ce n'était pas l'avis des stoïciens; ils pensaient qu'un homme sans vertu n'était pas un homme, et il n'est que trop prouvé que de toutes les vertus la patience est la plus nécessaire. A la vérité, ces philosophes se contredisaient en exaltant d'un côté la dignité de l'homme aux prises avec la douleur,

---

(1) «Ecoutons sur ce sujet le célèbre Rousseau : «Tu veux cesser de vivre; mais je voudrais bien savoir si tu as commencé. Quoi! fus-tu placé sur la terre pour n'y rien faire? Le ciel ne t'impose-t-il point avec la vie une tâche pour la remplir? Si tu as fait ta journée avant le soir, repose-toi le reste du jour, tu le peux ; mais voyons ton ouvrage. Quelle réponse tiens-tu prête au Juge suprême qui demandera compte de ton temps? Malheureux! trouve-moi ce juste qui se vante d'avoir assez vécu ; que j'apprenne de lui comment il faut avoir porté la vie pour être en droit de la quitter. Tu comptes les maux de l'humanité, et tu dis : La vie est un mal. Mais regarde : cherche dans l'ordre des choses si tu y trouves quelques biens qui ne soient point mêlés de maux. Est-ce donc à dire qu'il n'y ait aucun bien dans l'univers, et peux-tu confondre ce qui est mal par sa nature avec ce qui ne souffre le mal que par accident? La vie passive de l'homme n'est rien, et ne regarde qu'un corps dont il sera bientôt délivré ; mais sa vie active et morale qui doit influer sur tout son être consiste dans l'exercice de sa volonté. La vie est un mal pour le méchant qui prospère, et un bien pour l'honnête homme infortuné : car ce n'est pas une modification passagère, mais son rapport avec son objet, qui la rend bonne ou mauvaise. Tu t'ennuies de vivre, et tu dis : La vie est un mal. Tôt ou tard tu seras consolé, et tu diras : La vie est un bien. Tu diras plus vrai, sans mieux raisonner : car rien n'aura changé que toi. Change donc dès aujourd'hui, et puisque c'est dans la mauvaise disposition de ton âme qu'est tout le mal, corrige tes affections déréglées, et ne brûle pas ta maison pour n'avoir pas la peine de la ranger. Que font dix, vingt, trente ans, pour un être immortel? La peine et le plaisir passent comme une ombre; la vie s'écoule en un instant; elle n'est rien par elle-même, son prix dépend de son emploi. Le bien seul qu'on a fait demeure, et c'est par lui qu'elle est quelque chose. Ne dis donc plus que c'est un mal pour toi de vivre, puisqu'il dépend de toi seul que ce soit un bien, et que si c'est un mal d'avoir vécu, c'est une raison de plus pour vivre encore. Ne dis pas non plus qu'il t'est permis de mourir ; car autant vaudrait dire qu'il t'est permis de te révolter contre l'Auteur de ton être, et de tromper ta destination. Le suicide est une mort furtive et honteuse. C'est un vol fait au genre humain. Avant de le quitter, rends-lui ce qu'il a fait pour toi. — Mais je ne tiens à rien. Je suis inutile au monde. — Philosophe d'un jour! ignores-tu que tu ne saurais faire un pas sur la terre sans trouver quelque devoir à remplir, et que tout homme est utile à l'humanité, par cela seul qu'il existe? Jeune insensé! s'il te reste au fond du cœur le moindre sentiment de vertu, viens, que je t'apprenne à aimer la vie. Chaque fois que tu seras tenté d'en sortir, dis en toi-même : *Que je fasse encore une bonne action avant que de mourir*; puis va chercher quelque indigent à secourir, quelque infortuné à consoler, quelque opprimé à défendre. Si cette considération te retient aujourd'hui, elle te retiendra encore demain, après demain, toute la vie. Si elle ne te retient pas, meurs, tu n'es qu'un méchant.» (*Esprit, Maximes et Principes de J.-J. Rousseau.*)

et qui se montrait supérieur dans cette espèce de combat, en louant de l'autre le courage de ceux qui se donnaient la mort pour se soustraire à la douleur ou au regret de n'avoir pas réussi dans une entreprise. Cette contradiction même aurait dû ouvrir les yeux à nos raisonneurs modernes. 4° Ils déclament contre toutes les institutions qui semblent nuire à la population; c'est pour cela qu'ils ont fait tant de dissertations contre le célibat; or, celui-ci est certainement moins contraire à la population que le *suicide*. Il y a plus de dommage pour la société à perdre un homme fait qui est actuellement en état de la servir, qu'à être privé de quelques enfants qui n'existent pas encore, et dont la plupart auraient péri avant de parvenir à l'âge viril. Suivant la remarque d'un déiste, dès qu'un homme est assez forcené pour s'ôter la vie, il est le maître de celle d'un autre, quelque bien gardé qu'il puisse être. 5° Un incrédule même a tourné en ridicule les motifs pour lesquels les insensés de nos jours ont coutume de renoncer à la vie. « Les Grecs et les Romains, dit-il, se tuaient après la perte d'une bataille, ou dans un désastre de leur patrie, auquel ils ne voyaient point de remède. Nous nous tuons aussi, mais c'est lorsque nous avons perdu notre argent, ou dans l'excès d'une folle passion pour un objet qui n'en vaut pas la peine, ou dans un accès de mélancolie. » *Question sur l'Encyclopédie; De Caton et du Suicide.* En effet, nos papiers publics ont rendu compte de la multitude de *suicides* qui sont arrivés dans notre siècle; à peine en trouvera-t-on un seul qui ne soit venu de près ou de loin du libertinage. Ils ont montré les tristes effets qu'ont produits les diatribes absurdes et les principes meurtriers de nos philosophes; ce n'est pas là un trophée fort honorable à la philosophie moderne. 6° Les plus sages des anciens philosophes, Pythagore, Socrate, Cicéron, condamnent le *suicide*, comme un crime, comme une révolte contre la Providence, *Théologie païenne*, t. II, p. 316. Si les épicuriens et le commun des stoïciens ont pensé différemment, c'est qu'ils n'admettaient pas la Providence. Mais il est faux que Epictète ait été dans le sentiment de ces derniers, comme on l'a dit en nous donnant la morale de Sénèque. Epictète pose des principes directement contraires, *Manuel*, § 25, 42, etc.; nouveau *Manuel* fait par Arrien, l. I, § 8 et 38; l. III, § 42; l. IV, § 38, etc. — Toutes ces preuves demanderaient à être développées, mais nous ne pouvons faire que les indiquer.

II. Le *suicide* est défendu par la loi divine positive. Dès le commencement du monde Dieu a interdit l'homicide, et il l'a puni sévèrement dans la personne de Caïn, *Genes.*, c. IV, v. 10. Il en a renouvelé la défense après le déluge. *Si quelqu'un répand le sang humain, il en sera puni par l'effusion de son propre sang, parce que l'homme est fait à l'image de Dieu*, c. IX, v. 6. La loi du décalogue, *Vous ne tuerez point*, n'est que la répétition de la loi primitive. Or, il n'est pas plus permis à l'homme de détruire l'image de Dieu dans sa personne que dans celle d'un autre.

On dit que cette loi souffre des exceptions elle n'en admet aucune que quand le bien général de la société l'exige. Or, c'est à la société même de juger dans quel cas son intérêt exige que l'on condamne à mort un malfaiteur. Ce n'est point à tout particulier qu'il appartient d'en décider, aucun n'a le droit de se condamner lui-même à la mort; la société même n'aurait pas ce pouvoir, si Dieu ne le lui avait pas donné. Il faut donc prouver que le *suicide* est conforme aux intérêts de la société. *Sap.*, cap. XVI, v. 13 : *C'est vous, Seigneur, qui avez la puissance de la vie et de la mort... Un homme peut ôter la vie à un autre par méchanceté: mais il ne peut la lui rendre, et il lui est impossible de se soustraire à votre main.* » *Isai.*, cap. XLV, v. 9 : *Malheur à celui qui résiste à son Créateur! Un vase de terre dira-t-il au potier : Qu'avez-vous fait? suis-je donc l'ouvrage de vos mains?* etc. Or, c'est résister à Dieu que de s'ôter la vie avant qu'il l'ait ordonné.

Cependant, répliquent nos dissertateurs, il y a dans l'histoire sainte plusieurs exemples de *suicides* qui ne sont ni blâmés ni condamnés; ils citent Abimélech, Samson, Saül, Achitophel, Zambri, Eléazar et Razias. Il faut les examiner en détail. 1° Il est faux qu'aucun de ces personnages ne soit blâmé. Il est dit d'Abimélech, que Dieu lui rendit le mal qu'il avait fait à sa famille en égorgeant ses frères au nombre de soixante et dix, *Judic.*, c. IX, v. 56. Saül est représenté comme un roi réprouvé de Dieu, que la vengeance divine poursuivait, et à qui l'ombre de Samuel avait prédit une mort prochaine, *II Reg.*, c. I, v. 15. Achitophel est peint comme un traître, infidèle à David, son roi, appliqué à confirmer Absalon dans sa révolte, et à lui suggérer des crimes, *II Reg.*, c. XVI et XVIII. Zambri était un usurpateur de la royauté; l'écrivain sacré dit qu'il mourut dans son péché, *IV Reg.*, c. XVI, v. 18 et 19. Ce ne sont là ni des éloges ni des approbations. 2° Samson et Eléazar ne furent point *suicides*; en se livrant à une mort certaine, leur principal dessein n'était point de se détruire, mais de venger leur nation de ses ennemis. Samson pria Dieu de lui rendre la force, pour tirer vengeance des outrages des Philistins, *Judic.*, c. XVI, v. 23. Il est dit d'Eléazar qu'il se livre à la mort afin de délivrer son peuple, *Machab.*, c. VI, v. 44. L'on n'a jamais traité de *suicides* les dévouements si célèbres dans l'histoire, ni le courage de ceux qui se sont livrés à un vainqueur irrité afin de sauver leurs concitoyens, ni l'intrépidité des guerriers qui se sont jetés au milieu des bataillons ennemis, dans le dessein d'inspirer la même valeur à leurs soldats. 3° Les éloges qui sont donnés à Razias dans le second livre des *Machabées*, c. XIV, v. 40 et seq., font une plus grande difficulté. Ce Juif se tua pour éviter de tomber entre les mains des satellites qui le poursuivaient, et pour se soustraire aux tourments qu'on lui préparait dans le dessein de lui faire changer de religion. On peut l'excuser par l'intention et par le défaut de réflexion dans une détresse aussi cruelle. Sa conduite est louée comme un trait de courage, et non comme l'effet d'un zèle éclairé. Ainsi en a jugé saint Augustin, l. II, *contra epist. Gaudent.*, c. 23. Ce n'est point ici un hypocondre qui se tue de sang-froid pour se délivrer du fardeau de la vie; c'est un homme troublé à la vue du péril, et qui de deux maux inévitables choisit celui qui lui paraît le moindre. Il en a été de même de plusieurs martyrs dont on nous objectera bientôt l'exemple.

III. Les apologistes du *suicide* ont poussé plus loin la témérité, en affirmant que ce crime n'est point défendu dans l'Évangile. Nous pourrions nous borner à répondre qu'aucune loi positive n'a jamais défendu ni la démence ni la frénésie; mais nous soutenons que celle dont nous parlons est défendue par tous les passages de l'Evangile qui commandent la patience dans les afflictions, et qui promettent à cette vertu une récompense éternelle. Saint Paul, après avoir rappelé aux fidèles tout ce qu'ont souffert les anciens justes, leur dit : *A la vue de cette nuée de témoins, courons par la patience au combat qui nous attend, en fixant nos regards sur Jésus, auteur et consommateur de notre foi, qui a souffert la mort de la croix, et a bravé les ignominies en considération de la gloire qu'il attendait, et qui est assis à la droite de Dieu* (Hebr. x:i, 1). Il leur représente que Dieu les aime, puisqu'il les châtie comme un père corrige ses enfants. Si un furieux, déterminé à trancher le fil de ses jours, était capable de faire attention à cette morale, il sentirait le crime qu'il commet en voulant se soustraire aux châtiments que Dieu lui envoie, et qu'il n'a que trop mérités ou par son imprudence ou par son libertinage.

Un chrétien qui s'est livré à des passions déréglées, et qui y trouve son malheur, rentré en lui-même, s'écrie avec un roi pénitent : *Vous êtes juste, Seigneur, et vos jugements sont l'équité même.* Un incrédule se sent puni par où il a péché, brave la justice divine, et prétend lui échapper en s'ôtant la vie ; elle saura s'en venger.

Que dire à un insensé qui a osé écrire que s'il est vrai que le Messie des chrétiens est mort de son plein gré, il a évidemment été *suicidé?* Jésus-Christ n'a point excité les Juifs à le faire mourir, il leur a reproché d'avance le crime qu'ils allaient commettre. Il s'est livré à la mort non par dégoût de la vie ni par impatience dans la douleur, mais pour racheter le genre humain de la mort éternelle, pour le salut de ceux mêmes qui l'ont crucifié. Il s'est offert pour victime de notre rédemption, avec plein *pouvoir de donner sa vie et de la reprendre* (Joan. x, v. 18), et avec une certitude entière de ressusciter trois jours après. Il a ainsi confirmé sa doctrine par son exemple, il a inspiré le même courage à des milliers de martyrs, et par sa croix il a converti le monde. Encore une fois, s'exposer à une mort certaine pour sauver la vie à un nombre de citoyens, ce n'est point un *suicide*, mais un trait de courage héroïque; faire ce sacrifice pour sauver le monde entier d'un supplice éternel, c'est la charité d'un Dieu.

Mais, au jugement de nos dissertateurs, la plupart des martyrs ont été des fanatiques; les uns sont allés en foule se présenter au fer des persécuteurs; c'est ce que fit une troupe de chrétiens d'Asie, à l'arrivée du proconsul Arrius Antoninus; d'autres ont sauté eux-mêmes dans le bûcher allumé pour les intimider, comme fit sainte Apollonie, l'an 249; d'autres se sont précipitées pour ne pas tomber entre les mains des soldats et de peur de perdre leur chasteté; on cite à ce sujet l'exemple de sainte Pélagie, jeune vierge de quinze ans, qui en agit ainsi l'an 311. Les Pères de l'Église, saint Jérôme, saint Ambroise, saint Jean Chrysostome, ont donné à cette dernière les plus grands éloges; ils ont décidé qu'il n'est pas permis de se faire mourir soi-même, *excepté quand on court risque de perdre sa chasteté.* Saint Augustin n'excuse ces martyrs qu'en supposant gratuitement, aussi bien que saint Jean Chrysostôme, qu'ils ont agi par une inspiration divine; mais Dieu n'inspire point une action mauvaise par elle-même et contraire à la loi naturelle. De là Barbeyrac est parti pour faire une éloquente déclamation contre les Pères de l'Église, et pour prouver qu'ils ont enseigné une fausse morale, *Traité de la morale des Pères de l'Église*, c. 15, § 7, pag. 243. Un déiste, prenant le ton d'oracle, a prononcé cette maxime : *Le vrai martyr attend la mort, l'enthousiaste y court.*

Examinons tous ces faits. 1° Nous soutenons que, dans ces différents cas, les martyrs n'ont point péché. Les chrétiens d'Asie, sainte Apollonie et autres semblables, n'avaient point pour but de se détruire; mais de convaincre les persécuteurs de l'inutilité des menaces et de l'appareil des supplices pour intimider les chrétiens et pour détruire le christianisme; leur dessein était donc d'arrêter les fureurs de la persécution, et de sauver la vie de leurs frères en exposant la leur ; nous répétons pour la troisième fois que ce n'est point là un effet de la frénésie des *suicides*, mais un trait de charité héroïque. Ainsi pensait saint Paul, lorsqu'il disait, *II Cor.*, c. XII, v. 15 : « Je donnerai volontiers tout, et je me donnerai encore moi-même pour le salut de vos âmes. » Ces chrétiens ne se trompaient pas; Tertullien nous fait entendre que Arrius Antoninus sentit à quels hommes il avait affaire; il répond avec étonnement et avec indignation : *Malheureux, n'avez-vous donc pas des cordes et des précipices pour vous détruire?* Tertullien cite cet exemple à Scapula, gouverneur de Carthage, pour le détourner de poursuivre les chrétiens par des supplices. *L. ad Scapul.* On sait que Dioclétien alléguait le même motif pour ne pas recommencer la persécution, l'an 303; Lactant., *de Mort. persec.*, §

11. Libanius, dans l'*Oraison funèbre de l'empereur Julien*, n. 58, nous apprend que ce fut encore la raison qui empêcha ce prince de publier des édits sanglants contre les chrétiens. Avons-nous à rougir de ce que leur courage intrépide a enfin désarmé les tyrans? — 2° Nous soutenons encore que sainte Pélagie et ses semblables n'ont point été *suicides*, et que les Pères n'ont pas eu tort d'en faire l'éloge. Il n'est pas question de savoir si une brutale violence, endurée malgré soi, fait périr ou non la chasteté, mais de savoir si, dans cette épreuve terrible, il n'y a aucun danger de consentir au péché et de succomber à la faiblesse de la nature. Qui est la personne vertueuse qui oserait répondre d'elle-même en pareil cas? Or, préférer la mort à une tentation violente et à un danger imminent d'offenser Dieu, ce n'est point un crime, mais un trait d'amour pour Dieu porté au plus haut degré. C'est ainsi que saint Paul a conçu la chasteté parfaite, *Rom.*, c. 8, v. 35. Nous ne craignons pas de défier Barbeyrac et ses copistes de prouver le contraire. Nous n'avons donc pas besoin, pour justifier sainte Pélagie et ses imitatrices, de leur supposer ou un excès de crainte qui leur a ôté la réflexion, ou une espérance mal fondée d'échapper à la mort en se précipitant, ou une inspiration de Dieu qui les a fait agir; les Pères savaient sans doute que Dieu n'inspire point une action criminelle; ils n'ont supposé cette inspiration que parce qu'ils étaient persuadés que le motif de ces saints martyrs était non-seulement innocent, mais louable et héroïque, et nous le pensons comme eux. Il n'est donc pas vrai que les Pères ont été séduits par une estime excessive et aveugle de la chasteté, comme Barbeyrac le prétend; c'est lui qui est aveuglé par le préjugé des protestants, qui affectent de déprimer cette vertu; elle a été admirée par les païens mêmes dans les femmes et les vierges chrétiennes. Les protestants ont mis au nombre de leurs prétendus martyrs, et ont loué à l'excès des forcenés dont le fanatisme était mieux caractérisé que celui qu'ils attribuent aux martyrs du christianisme. Saint Justin, *Apol.* II, n. 4, répond aux païens qui demandaient : *Pourquoi ne vous tuez-vous pas tous, afin de nous débarrasser de vous?* « Dieu nous ordonne de nous conserver pour l'honorer, le servir, et le faire connaître à tous ceux qui ne le connaissent pas. » — 3° Nous répondons aux déistes que les martyrs dont nous parlons n'ont point *couru à la mort*, mais qu'ils ont été forcés de s'y livrer par la fureur impie des tyrans : que d'ailleurs toute espèce d'enthousiasme n'est pas un vice; c'est une vertu, lorsqu'il porte à des actions louables et héroïques, et c'est l'enthousiasme prétendu des martyrs qui a converti les païens. *Voy.* MARTYRS.

Il serait inutile de réfuter en détail les sophismes sur lesquels les apologistes du *suicide* ont fondé leur doctrine; tous portent ou sur l'hypothèse absurde de l'athéisme et de la fatalité, ou sur ce faux principe, que la vie nous a été donnée pour nous seuls, que nous ne devons rien à nos semblables, et que nous ne sommes obligés de rendre compte de nos actions à personne (1).

SULPICE-SÉVÈRE, ou SÉVÈRE-SULPICE, auteur ecclésiastique, né dans l'Aquitaine, et qui est mort au commencement du v° siècle. Il est certain qu'il était prêtre, qu'il a vécu et qu'il est mort en odeur de sainteté. Il a écrit dans un latin très-pur un abrégé de l'histoire sainte, la Vie de saint Martin, auquel il fut attaché pendant plusieurs années; des dialogues et des lettres. L'édition la plus récente de ses ouvrages a été faite à Vérone en 1742, en 2 vol. in-folio. On prétend qu'il donna dans l'erreur des millénaires, et qu'il se laissa surprendre par les dehors de la vertu que montraient les pélagiens : mais on assure qu'il se détrompa dans la suite. Il ne faut pas confondre cet écrivain avec saint Sulpice, archevêque de Bourges, qui a vécu au vi° ou au vii° siècle. *Voy. Histoire littér. de la France*, t. II, p. 95; *Vies des Pères et des Martyrs*, t. 1, p. 680; *Histoire de l'Eglise gallicane*, l. III, an 394.

*SUPERNATURALISME. Le rationalisme avait anéanti tous les dogmes et tous les mystères (*Voy.* RATIONALISME, KANTISME, CRÉTINISME, EXÉGÈTE, etc.). Il se présenta des champions pour soutenir fortement la doctrine du surnaturel. Au milieu de la mêlée des combattants se présenta un pacificateur. Schleiermacher prétendit satisfaire les deux partis. Il dit aux rationalistes : Admettez les dogmes et les miracles chrétiens, non comme divinement manifestés, mais comme historiquement constatés, et votre raison sera pleinement satisfaite; il montra aux seconds le surnaturel découlant de la vérité historique. Ce système, tantôt rationaliste, tantôt dogmatique, fut nommé avec mépris le *Supernaturalisme*. Vivement attaqué par les deux partis, il succomba bientôt sous leurs coups.

SUPERSTITIEUX, SUPERSTITION. Ces deux termes sont dérivés du latin *superstare*, synonyme de *superesse*, être surabondant; par conséquent la *superstition* est un culte excessif et superflu. Les Grecs l'appelaient δεισιδαιμονία, *la crainte des démons* ou génies, qu'ils prenaient pour des dieux; conséquemment quelques philosophes du jour disent que la *superstition* est un trouble de l'âme causé par une crainte excessive de la Divinité. La crainte est, sans doute, une des principales causes de la *superstition*, mais ce n'est pas la seule, il n'est aucune passion de l'homme qui ne puisse le rendre *superstitieux*; d'autres écrivains mieux instruits en sont convenus.

Est-ce la crainte seule qui a fait imaginer aux premiers polythéistes la multitude d'esprits, de génies, de démons, par lesquels ils ont cru que toute la nature était animée, et auxquels ils ont attribué tous les phénomènes bons ou mauvais qui y arrivent? Non, puisque les philosophes mêmes ont généralement suivi cette opinion. C'était la difficulté de concevoir le mécanisme de la nature, la

(1) *Voy.* Dictionnaire de Théologie morale, art. SUICIDE.

liaison des causes physiques avec leurs effets, la contrariété des phénomènes qui y arrivent, et de comprendre qu'un seul esprit pût être assez puissant pour tout faire et pour tout conduire par un seul acte de sa volonté. La révélation seule pouvait apprendre aux hommes cette vérité sublime, qui était la conséquence naturelle de la création : Dieu l'avait en effet révélée aux premiers hommes; mais leurs descendants ne tardèrent pas de l'oublier, et ils se trouvèrent plongés dans la même ignorance que si Dieu n'avait jamais parlé. Si la crainte seule avait été la cause de leur erreur, ils n'auraient imaginé que des divinités terribles et malfaisantes ; or, il est constant que l'on en avait forgé pour le moins autant de bonnes que de mauvaises, et qu'en général on croyait les dieux plus enclins à faire du bien que du mal : *dii datores bonorum*, c'est ainsi qu'on les nommait ordinairement. *Voy*. RELIGION, § 2.

Lorsque le laboureur inventa vingt divinités pour présider à ses travaux et pour veiller sur ses moissons, lorsqu'il leur prodigua les respects et les offrandes, il était moins conduit par la crainte que par l'intérêt et par la cupidité. Les mères et les nourrices, qui en forgèrent un plus grand nombre pour protéger la naissance et l'éducation des enfants, agissaient par une folle tendresse et par vanité, c'était pour donner plus d'importance à leurs occupations. Ceux qui étaient dominés par la frénésie de l'amour mettaient en usage les philtres, les enchantements, les conjurations, pour engager une divinité à toucher le cœur de la personne qu'ils idolâtraient. Les vindicatifs en faisaient autant par le désir de nuire à leurs ennemis. Les voleurs mêmes se flattaient de réussir en adressant des vœux à Mercure et à Laverne; la crainte n'était pas le principal ressort qui les faisait agir.

Attribuons-nous à ce motif la confiance que les stoïciens avaient à la divination, aux augures, aux pronostics? C'étaient de mauvais raisonneurs qui tiraient de fausses conséquences de quelques phénomènes naturels. Les épicuriens *superstitieux* étaient des hypocrites qui voulaient tromper le peuple, et se justifier du reproche d'irréligion. Les théurgistes des III° et IV° siècles furent des philosophes orgueilleux qui se croyaient dignes d'avoir un commerce immédiat avec les dieux. Nous pourrions pousser ce détail beaucoup plus loin; mais c'en est assez pour démontrer que toute passion quelconque portée à un certain degré est capable d'altérer dans l'homme les idées et les sentiments de religion, de lui inspirer de fausses notions de la divinité, et de le rendre *superstitieux*; et nous pourrions confirmer ce fait par l'aveu formel de plusieurs incrédules. Nous convenons cependant que l'excès en fait d'austérités, de pénitences, de mortifications, vient souvent d'une crainte excessive de la Divinité, d'une mélancolie naturelle, ou des remords d'une conscience alarmée. Mais lorsque les pythagoriciens, les orphiques, les stoïciens, les platoniciens, les épicuriens même ont exhorté leurs disciples à dompter les appétits du corps, ils n'ont point donné pour motif la crainte de la Divinité; ils ont dit que la dignité de l'homme exige qu'il se rende maître de lui-même et qu'il ne ressemble point aux animaux. Dans cette matière, l'excès seul peut être taxé de *superstition*, parce Dieu commande à l'homme, non de se détruire lentement, mais de se conserver; ainsi où la *superstition* commence, la religion finit. *Voy*. MORTIFICATION.

Lorsque nos incrédules ont décidé que le culte divin doit être réglé par la raison, ils ont supposé sans doute que la raison n'est jamais obscurcie ni égarée par les passions; malheureusement l'expérience prouve qu'elle l'a été dans tous les temps. Jamais il n'y eut de peuple plus *superstitieux* que les Grecs et les Romains, c'étaient cependant ceux de tous les hommes qui paraissaient les plus raisonnables, les mieux policés et les mieux instruits ; et les philosophes, malgré la supériorité de leur raison, avaient augmenté le mal, au lieu d'y remédier. De là même nous concluons qu'il était absolument nécessaire que Dieu prescrivît lui-même dès le commencement du monde toutes les pratiques du culte qui devait lui être rendu, et qu'il défendit toutes celles qui pouvaient être une source d'erreurs et de crimes. Sans cela l'homme, toujours dominé par les passions, aurait été *superstitieux* et non religieux. Aussi Dieu y avait pourvu. Il enseigna lui-même aux patriarches la manière dont il voulait être honoré, et les pratiques qu'il leur prescrivit étaient analogues à l'état dans lequel le genre humain se trouvait pour lors. Cet état avait beaucoup changé lorsqu'il donna aux Juifs par Moïse une loi cérémonielle, et celle-ci fut de même relative aux circonstances du temps, des lieux et du caractère particulier de ce peuple. Enfin, il a établi par Jésus-Christ et par ses apôtres le culte *en esprit et en vérité*; et comme celui-ci convient à toutes les nations et à tous les temps, il doit durer jusqu'à la consommation des siècles. *Voy*. CULTE, RÉVÉLATION.

C'est donc abuser des termes que de prétendre qu'il y avait de la *superstition* dans le culte des patriarches, ou dans celui des Juifs; il ne peut y avoir rien d'excessif, rien d'inutile ni de superflu dans ce que Dieu a prescrit; on ne doit appeler *superstitieuses* que les pratiques que Dieu n'a ni commandées ni approuvées, ni par lui-même ni par ceux qu'il a chargés de déclarer ses volontés aux hommes. Ces mêmes réflexions suffisent pour démontrer la fausseté d'une autre imagination des incrédules : ils disent que toutes les *superstitions* et les erreurs en fait de religion sont venues de la fourberie des imposteurs ou des prétendus inspirés, et de l'intérêt des prêtres. Il n'y avait point de prêtres, lorsque le polythéisme et l'idolâtrie ont commencé, le père de famille était pour lors le seul ministre de la religion, et il est difficile de croire qu'aucun père ait pu avoir intérêt de tromper ses enfants, à moins qu'il n'ait commencé par s'abuser lui-même. Or, le polythéisme et l'idolâtrie ont été la première source de toutes les *superstitions* possibles. Quand l'Ecriture sainte ne nous en assurerait pas, *Sap.*, c. XIV, v, 27, nous en serions encore convaincus par la nature des choses et par l'expérience. Lorsque les imposteurs sont arrivés, le mal était déjà fait, ils n'ont eu besoin que de suivre le chemin qui avait égaré les hommes ; plusieurs incrédules ont encore fait cet aveu.

La plus odieuse de toutes les *superstitions*, les sacrifices des victimes humaines, est venue de la vengeance des guerriers et de la cruauté des anthropophages ; la sorcellerie et la magie sont nées du désir de se guérir d'une maladie, de se procurer un bien, ou de faire du mal aux autres ; la confiance aux songes, aux présages, aux aruspices, fut l'effet d'une curiosité effrénée de connaître l'avenir ; en parlant de toutes ces pratiques nous en avons montré l'origine. Quand nous parcourrions tout le rituel du paganisme ancien et moderne, nous verrions partout les mêmes causes produire les mêmes effets. Les imposteurs qui sont survenus ont su profiter des passions, de la faiblesse et de la crédulité des hommes, pour se donner de la réputation, du crédit, des richesses ; les uns se sont vantés de guérir les maladies, les autres de connaître l'avenir, ceux-ci de pouvoir changer le cours de la nature et d'envoyer des fléaux, ceux-là d'avoir les esprits ou les démons à leurs ordres : ils savaient que des ignorants, avides de merveilleux, étaient très-disposés à les croire ; mais ils n'ont pas été les auteurs de la crédulité populaire.

Est-il vrai, comme on l'a écrit cent fois, que les souverains ont plus à redouter les effets de la *superstition* et du fanatisme que ceux de l'incrédulité ? C'est comme si l'on disait que les passions des hommes qui ont une religion capable de les réprimer sont plus redoutables que les passions de ceux qui n'ont point de frein. Nous fera-t-on comprendre ce paradoxe ? Des courtisans sans religion pourront peut-être le persuader à un souverain qui ne réfléchit pas ; mais ceux qui ont lu l'histoire n'en conviendront jamais. A la vérité, ceux qui croient en Dieu peuvent couvrir leurs passions du manteau de la religion ; mais ceux qui n'y croient pas ne manqueront jamais de prétexte pour pallier les leurs : l'intérêt général de l'humanité, le zèle du bien public, le patriotisme, le maintien des lois, etc., ont été plus souvent allégués par les factieux que le zèle de religion. Que l'on nous dise en quel temps les grands de Rome ont fait le plus de mal, si ç'a été lorqu'ils étaient *superstitieux*, ou lorsqu'ils ne croyaient plus ni Dieu, ni enfer, ni autre vie.

Pour avoir un prétexte de faire schisme avec l'Eglise, les prétendus réformateurs ont soutenu que son culte était *superstitieux*, leurs descendants le répètent encore. Suivant la notion même que vous donnez de la *superstition*, nous disent-ils, un rite, un usage, sont censés tels lorsque Dieu ne les a ni commandés ni approuvés ; or, montrez-nous dans l'Ecriture sainte que Dieu a commandé ou formellement approuvé tout ce que pratique l'Eglise romaine.—*Réponse*. Nous avons déjà satisfait à cette demande aux articles BÉNÉDICTION, CÉRÉMONIE, EXORCISME, LITURGIE, ONCTION, SACREMENT, etc., et nous avons prouvé que ces rites, taxés de *superstitions* par les protestants, sont expressément fondés sur l'Ecriture sainte. 2° Nous avons fait voir que les cérémonies qu'ils prétendent avoir été empruntées des païens, ont été consacrées au culte du vrai Dieu, avant que les païens les eussent profanées par le culte des fausses divinités ; il n'a donc pas été nécessaire de les emprunter d'eux. Jésus-Christ a-t-il fait cet emprunt en instituant le baptême et l'eucharistie, en faisant des exorcismes, en imposant ses mains sur des enfants, en soufflant sur ses apôtres pour leur donner le Saint-Esprit ? Ceux-ci ont-ils copié le paganisme, en ordonnant des évêques et des prêtres, en donnant le Saint-Esprit par l'imposition des mains, en faisant des onctions sur les malades, en recommandant les cantiques et les offrandes ? Les protestants n'ont pas vu que leur reproche retombait sur Jésus-Christ et sur les apôtres. Mosheim, qui accuse les pasteurs de l'Eglise d'avoir adopté plusieurs rites des païens, n'a cité pour garants que des sectaires aussi entêtés que lui, et il est forcé d'avouer que la plupart ont poussé trop loin le parallèle qu'ils en ont fait ; il s'attache à prouver au contraire que les défenseurs du paganisme, les éclectiques du quatrième siècle, ont copié plusieurs pratiques et plusieurs dogmes des chrétiens. *Dissert. sur l'hist. ecclés.*, t. I, p. 230. Rien de plus ridicule que de le voir répéter à chaque siècle dans son *Hist. ecclés.* que les *superstitions* furent augmentées, poussées à l'excès, substituées partout à la vraie piété, etc., sans qu'il ait jamais daigné dire quelles sont ces *superstitions* nouvelles dont on n'avait pas ouï parler dans les siècles précédents. 3° Les protestants nous en imposent quand ils disent qu'un rite est *superstitieux* lorsque Dieu ne l'a *ni commandé ni approuvé*, il fallait ajouter, *ni par lui-même, ni par ceux qu'il a chargés de prescrire ses volontés aux hommes*. Ils supposent que Dieu n'a jamais parlé que par l'Ecriture, que tout ce qui n'est pas écrit dans le Nouveau Testament ne vient ni de Jésus-Christ ni des apôtres. Nous avons réfuté dix fois ce faux principe. S'il était vrai, il n'aurait pas été besoin que Jésus-Christ promît d'être avec les prédicateurs de son Evangile *jusqu'à la consommation des siècles*, et d'envoyer à ses apôtres l'Esprit de vérité pour toujours, *in æternum*. *Voy.* ECRITURE SAINTE, EGLISE, TRADITION, etc. Nous avons fait voir ailleurs qu'il était impossible qu'un rit *superstitieux*, inconnu du temps des apôtres, pût être universellement adopté dans toute l'Eglise et dans toutes les parties du monde chrétien, pendant que toute l'Eglise faisait profession de s'en tenir à la doctrine et à la pratique des apôtres

Lorsque l'esprit de vertige et le goût de la nouveauté a saisi une partie de l'Europe, au xvi° siècle, sous le nom de *réformation*, il n'a pas pénétré dans toutes les parties du monde, et il n'a été rien moins qu'uniforme parmi ceux qui s'y sont livrés. 4° Supposons que les pasteurs et les docteurs de l'Eglise aient établi en effet dans les premiers siècles quelques rites que les apôtres n'avaient ni pratiqués, ni commandés, ni approuvés formellement. Nous soutenons que l'Eglise en avait le droit dès qu'elle les a jugés nécessaires. Elle y a été autorisée par l'exemple de Dieu même : pouvait-elle suivre un meilleur modèle? De même que Dieu avait augmenté le rituel des Juifs, à cause des *superstitions* dont ils étaient environnés, et pour lesquels ils n'avaient que trop de penchant, *Ezech.*, c. xx, v. 7, 26 : ainsi l'Eglise fut obligée, au iv° siècle, de rendre son culte plus pompeux, afin d'empêcher l'idolâtrie de renaître de ses cendres. Mosheim l'a bien aperçu, et il se sert de ce motif pour excuser les Pères de l'Eglise; mais il n'est pas besoin d'excuse pour ceux qui n'ont fait que ce qu'ils devaient faire. *Dissert. sur l'hist. ecclés.*, t. I, p. 231, et c'est une absurdité de prétendre qu'une conduite aussi sage a été la source de toutes les erreurs et de tous les abus qu'il plaît aux protestants de trouver dans l'Eglise catholique. En effet, au iv° siècle, les philosophes défenseurs du paganisme, Julien, Jamblique, Plotin, Porphyre, etc., firent tous leurs efforts pour étayer les restes chancelants de l'idolâtrie, pour en pallier les erreurs et les usages impies, pour les rapprocher des dogmes et des pratiques du christianisme, dont les progrès les alarmaient; c'est l'opinion de Mosheim. Il fallut donc multiplier les leçons, les précautions, les rites, pour prémunir les fidèles récemment convertis contre le piége qui leur était tendu; mais il ne s'ensuit pas que ce qui fut pratiqué pour lors fût absolument inouï dans les siècles précédents, ou était contraire à ce que les apôtres avaient prescrit. Au v° siècle les barbares du nord, qui se répandirent dans tout l'Occident, y rapportèrent toutes les erreurs et les *superstitions* d'un paganisme grossier ; on comprit que l'on avait besoin des mêmes préservatifs desquels on avait usé contre l'idolâtrie des Grecs et des Romains; il fallut accoutumer les barbares convertis à des usages pieux et innocents, pour leur faire quitter absolument leurs coutumes absurdes et impies. A la fin du vi°, les missionnaires envoyés dans le Nord se trouvèrent encore dans le même cas, et leurs travaux apostoliques furent continués dans les siècles suivants. Au xii° et au xiii°, on fut obligé de défendre les cérémonies de l'Eglise contre les attaques des albigeois, des vaudois, des henriciens, etc. ; il n'est pas fort honorable aux protestants de répéter les clameurs de tous ces sectaires ignorants et fanatiques. Au commencement du xv.°, immédiatement avant la naissance de la prétendue réforme, les missionnaires allèrent en Amérique et dans les Indes orientales prêcher l'Evangile à d'autres idolâtres. Aurait-il été possible de leur faire embrasser un christianisme purement spéculatif, sans culte et sans cérémonie ? On sait comment les protestants y ont réussi, lorsqu'ils ont voulu établir des missions par rivalité contre l'Eglise romaine? mais ils ont trouvé plus aisé de pervertir des catholiques que de convertir des infidèles. Jusqu'à présent ils ne nous ont pas fait concevoir en quel sens on peut appeler *superstitions* des usages pieux destinés à faire oublier les *superstitions* du paganisme. Des comparaisons fausses, des interprétations malignes, des conséquences tirées sans fondement, ne suffisent pas pour changer la nature des choses. Nous verrons ci-après si les protestants, en retranchant les prétendues *superstitions* de l'Eglise catholique, ont su préserver leurs prosélytes des *superstitions* du paganisme.

Une autre raison de l'établissement de plusieurs rites, sur laquelle les protestants ferment les yeux, a été la nécessité de prémunir les fidèles contre les erreurs des hérétiques. Au mot CÉRÉMONIES, nous avons fait voir que telle fut évidemment la destination d'un grand nombre de ces signes extérieurs. Les apôtres auraient-ils blâmé cette conduite ? Par un travers inconcevable, les protestants prennent pour les sources d'erreurs les leçons destinées à préserver les chrétiens de l'erreur. Aussi en les supprimant ils ont laissé à tous les sectaires la liberté de faire éclore tous les jours de nouvelles absurdités.

5° Comment pourrions-nous contenter les divers ennemis de notre religion ? Suivant l'opinion des athées, toute religion quelconque est *superstitieuse* et absurde, il n'en faut aucune ; si nous écoutons les déistes, croire aux révélations est une *superstition*; toute autre religion que la religion naturelle est fabuleuse; les sociniens et les protestants qui admettent une religion révélée, sont des raisonneurs pusillanimes qui n'ont pas osé pousser les conséquences de leurs principes jusqu'où elles devaient aller. Les sociniens et les calvinistes soutiennent que les luthériens et les anglicans ont retenu une *partie des superstitions* de l'Eglise romaine. Tous se réunissent à enseigner que le culte des saints, des images, des reliques, de l'eucharistie, est *superstitieux*, et un reste de paganisme. Nous avons prouvé le contraire en son lieu ; mais nous sommes fondés à leur dire que c'est leur propre culte qui est *superstitieux*, puisqu'ils en ont été les seuls arbitres, et que chaque secte protestante l'a réglé, augmenté ou diminué suivant son caprice.

Ils nous reprochent qu'il y a cependant parmi nous, du moins parmi le peuple, un très grand nombre de *superstitions* païennes; ils le prouvent par les traités mêmes qui ont été composés contre ces absurdités par des théologiens catholiques, par J.-B. Thiers, par le P. Lebrun et par d'autres ; ce désordre, disent-ils, ne peut venir que du défaut d'instruction de la part des pasteurs, et les philosophes incrédules en concluent que la philosophie, ou la connaissance de la nature, est le seul remède capable de guérir cette maladie populaire.

Nous répondons d'abord que les mêmes traités qui nous instruisent des différentes espèces de *superstitions* qui ont régné parmi le peuple, nous rapportent aussi les lois, les décrets des conciles et les statuts synodaux des évêques qui ont condamné tous ces abus, le très-grand nombre de ces absurdités ne sont plus connues aujourd'hui que par les lois qui les ont proscrites. Comment donc peut-on les attribuer à la négligence des pasteurs? En second lieu, ce reproche prouve que les censeurs des prêtres manquent absolument d'expérience et raisonnent au hasard. En général, les ignorants sont opiniâtres; ils n'écoutent ni les raisonnements ni les faits qui contredisent leurs erreurs, ils tiennent aveuglément aux préjugés de l'enfance. Les fables populaires, les contes de vieilles, font plus d'impression sur eux que les leçons des pasteurs, parce qu'ils sont plus analogues à leurs idées, parce que ceux qui les débitent le font d'un air imposant et persuadé, et jurent quelquefois qu'ils ont vu ce qu'ils ont rêvé, et parce que la crédulité vient ordinairement de la peur : or la peur ne raisonne point, et les arguments ne la guérissent pas. Plusieurs pasteurs ont essuyé des avanies et une espèce de persécution, parce qu'ils ne voulaient pas se prêter aux folles idées de leurs ouailles. Ils n'en sont pas moins obligés *d'instruire*, *d'exhorter*, *de reprendre à temps et à contre temps*, avec toute la patience et l'assiduité possibles : saint Paul le leur ordonne. En troisième lieu, les ministres protestants, qui se flattent d'instruire leurs prosélytes avec tant d'exactitude et d'érudition, sont-ils venus à bout d'extirper parmi eux toutes les *superstitions* païennes? Au lieu de croire aux prières, aux bénédictions, aux cérémonies de l'Eglise romaine, ils croient comme autrefois aux devins, aux sorciers, à la magie, aux prophéties qui les bercent de folles espérances. Il y a des *superstitions* populaires en Angleterre, il y en a chez les protestants d'Allemagne; Bayle prouve par plusieurs exemples que les calvinistes, aussi bien que les luthériens, ont retenu la *superstition* des présages, *Pensées diverses sur la comète*, § 93, OEuvres, t. III, p. 62. Un déiste, témoin oculaire, a écrit que les habitants du pays de Vaud, tous calvinistes, sont très-*superstitieux;* les montagnards le sont encore davantage: ceux du canton de Berne, voisins de Grindelwald, emploient un sortilège pour faire reculer les glaces. Ne sait-on pas que les athées anciens et modernes, qui ne croyaient point en Dieu, croyaient à la magie? En quatrième lieu, les conversions opérées parmi nous par la philosophie ne nous paraissent pas indubitables; à la vérité, on ne croit plus guère aux revenants ni aux sorciers, mais on croit fermement aux prodiges de physique, au magnétisme animal, au somnambulisme, etc.

Le peuple a droit de rire à son tour des folies philosophiques du *siècle des lumières*. D'ailleurs, le peuple n'est point fait pour être physicien ni naturaliste; malgré les progrès immenses de la physique dans nos académies, il ne paraît pas que les habitants des Pyrénées, des Cévennes, des bruyères du Berry, des Alpes, des Vosges et du Jura, soient plus habiles en fait de naturalisme qu'ils ne l'étaient il y a un siècle.

Enfin, un incrédule même est convenu qu'il y a des *superstitions* ou des croyances populaires qu'il serait dangereux de vouloir détruire; il est d'avis qu'il faut les tolérer lorsqu'elles sont innocentes, qu'elles ne nuisent ni à la pureté des mœurs ni à la tranquillité publique, ajoutons *ni à l'intégrité de la foi;* à plus forte raison si elles contribuent à ces divers avantages, et nous sou-tenons qu'alors ce ne sont plus des *superstitions*. Il dit que la *superstition* est à la religion ce que l'astrologie est à l'astronomie, une fille très-folle d'une mère très-sage; mais il se trompe encore dans cette généalogie; nous avons fait voir, et d'autres l'ont observé avant nous, que la *superstition* est venue beaucoup plus de la crainte des maux de la vie présente que de ceux de la vie à venir, et de la médecine plutôt que de la religion. L'on peut prédire que tant qu'il y aura sur la terre des malheureux impatients de voir finir leurs peines, il y aura des esprits faibles, crédules et *superstitieux*. La religion, qui nous inspire la patience et soutient notre courage par l'espérance, est le seul remède efficace contre cette maladie.

SUPPLICES DES MARTYRS. *Voy.* MARTYRS.

SUPRALAPSAIRES. *Voy.* INFRALAPSAIRES.

SURÉROGATION. *Voy.* OEUVRES.

SURNATUREL, selon la force du terme, signifie ce qui est au-dessus de la nature; mais le mot *nature* se prend en plusieurs sens différents, comme nous l'avons observé dans son lieu. Il paraît que *surnaturel* se dit relativement à trois objets : 1° à nos connaissances; 2° à nos forces physiques et morales; 3° à notre dernière fin. Conséquemment nous disons que la révélation est une lumière *surnaturelle*, parce qu'elle nous donne des connaissances et nous enseigne des vérités auxquelles les hommes ne seraient jamais parvenus par leurs réflexions. Nous le voyons par l'exemple des peuples qui n'ont pas eu le secours de cette lumière, ou qui, après l'avoir reçue, l'ont laissé éteindre; par l'exemple même des philosophes ou des hommes qui avaient cultivé leur raison avec le plus de soin. Un miracle est une opération *surnaturelle*, parce qu'il est au-dessus des forces humaines. La béatitude que nous espérons est *surnaturelle*, soit parce que Dieu aurait pu d'abord destiner l'homme à un bonheur moins parfait, soit parce que nous en étions déchus par le péché d'Adam, et que le pouvoir, les moyens et l'espérance d'y parvenir nous ont été rendus par la rédemption.

Le secours de la grâce actuelle que Dieu

nous donne pour faire de bonnes œuvres est *surnaturel* dans ces trois sens : c'est une lumière dans l'entendement, que nous n'aurions pas de nous-mêmes, qui nous montre des motifs que la raison seule ne suggère point ; c'est un mouvement dans la volonté qui nous rend les forces perdues par le péché, et supérieures à celles du libre arbitre ; ce secours ne nous est donné qu'en vertu de la création : il est le prix des mérites de Jésus-Christ, enfin il nous fait agir pour gagner un bonheur éternel. Les actions faites par ce secours sont par conséquent des œuvres *surnaturelles*. Il en est de même de la grâce sanctifiante, des vertus infuses, des dons du Saint-Esprit, etc. La foi est donc une vertu *surnaturelle*, puisqu'elle suppose non-seulement la révélation, mais une grâce actuelle intérieure qui nous dispose à croire ; elle nous fait envisager une béatitude *surnaturelle* à laquelle nous devons aspirer. L'espérance, la charité et les autres vertus chrétiennes sont de même espèce ; il en est plusieurs dont les païens n'ont pas seulement eu l'idée, et qui leur semblaient des défauts.

Tout ce qui est miraculeux est *surnaturel*, mais tout ce qui est *surnaturel* n'est pas miraculeux ; la justification du pécheur est un effet *surnaturel* de la grâce, mais ce n'est pas un miracle, parce qu'elle se fait suivant l'ordre commun et journalier de la providence. Dans la conduite de cette Providence divine nous distinguons l'ordre naturel établi par la création, et qui n'a aucun rapport direct à notre dernière fin, et l'ordre *surnaturel*, c'est-à-dire les desseins de Dieu et les moyens par lesquels il conduit les hommes au salut éternel ; celui-ci est une suite de la rédemption. Le mot *surnaturel* ne se trouve point dans l'Ecriture sainte, mais nous y en voyons le sens ; ce qui ne vient point de la chair et du sang, ce qui n'est point de l'homme ni selon l'homme, ce qui est grâce, ce qui vient de Dieu et de Jésus-Christ, etc., est la même chose que *surnaturel*. *Voy.* NATURE et ETAT DE NATURE (1)

(1) Il y a peu de questions qui aient été l'objet d'attaques plus vives que le surnaturel. Dans ses savantes conférences faites dans la chaire de Notre-Dame, M. de Ravignan en a fait l'objet d'un de ses entretiens. Aux mots GRACE, ORIGINEL (péché), nous en avons cité ce qui concerne ces points, nous allons rappeler ici ce qui a rapport au surnaturel proprement dit. « On sent inévitablement que l'homme a besoin de solutions supérieures à sa nature et à sa raison. La philosophie, la science, ont cherché, cherchent encore à cette heure, et n'ont trouvé, après six mille ans, que le désespoir ou le doute sur les faits intérieurs de la conscience, sur les rapports de l'âme avec Dieu, sur la fin dernière ; on ne veut pas à la faiblesse impuissante de la raison joindre la foi nécessaire et révélée, qui seule a tout résolu et tout complété. Le désordre étrange du monde moral et du cœur de l'homme, les faits étranges aussi qui se sont passés à la naissance du christianisme pour régénérer l'humanité, montrent évidemment le besoin et la présence au-dedans de nous d'une action divine surnaturelle ; on ne veut que la nature, et avec elle on s'enfonce dans d'épaisses ténèbres et

URPLIS. *Voy.* HABITS SACRÉS OU SACERDOTAUX.

SUSPENSE, censure ou sentence par la

dans un effroyable chaos. La religion catholique seule éclaire, coordonne, complète paisiblement l'homme, insoluble et incomplet sans elle ; or ce résultat n'est dû qu'à la foi même du surnaturel. Voilà pourquoi nous en parlons. »

Le grand orateur s'attache à donner une notion du surnaturel, à détruire les préjugés contre le surnaturel ; à faire connaître la destinée surnaturelle de l'homme et à développer l'économie de l'ordre surnaturel. Nous allons suivre M. de Ravignan dans les positions de chacun de ces points. « I. *Notion du surnaturel*. Le naturel, c'est la propriété essentielle et nécessaire d'une nature créée ou possible, ou bien ce qui en découle immédiatement ; ce qui, par conséquent, lui appartient, lui est dû pour constituer son être vrai, primitif et entier. Ce que nous appelons ainsi naturel, est opposé au surnaturel dont nous allons nous occuper.

« Le surnaturel, c'est ce qui dépasse les forces et les conditions de toutes les natures créées ou même possibles ; car une nature surnaturelle, on le conçoit, répugnerait dans les termes ; et Dieu, non pas en lui-même sans doute, mais par rapport à toutes les créatures, peut seul être nommé l'Être substantiellement surnaturel, comme l'école le nomma quelquefois, parce que seul il dépasse infiniment toutes les natures créées ou possibles. Telle est donc la notion première du surnaturel qu'une saine philosophie doit admettre. Elle doit voir, en effet, que nulle puissance ne saurait enchaîner la libéralité divine, ou défendre de verser sur sa créature des dons surabondants que la nature n'avait nul droit de réclamer. Mais cette notion philosophique seule est incomplète et négative ; elle s'arrête à la surface des natures créées ou possibles ; l'existence intime du surnaturel lui demeure inconnue. La science de la foi, la théologie, peut seule nous dévoiler son existence. Qu'est-ce donc que le surnaturel, d'après la notion théologique ? C'est 1°, comme la philosophie elle-même l'enseigne, cette valeur suréminente qui dépasse les forces et les exigences quelconques de toutes les natures créées ou possibles ; c'est de plus une relation spéciale avec Dieu comme auteur de la grâce et de la gloire ; relation qui consiste dans une certaine union intime et merveilleuse avec Dieu tel qu'il est en lui-même, et non pas tel seulement que nous pouvons le connaître par la raison naturelle. Cette union avec Dieu a pour effet dernier, suivant la foi, d'élever et de perfectionner excellemment, au-dessus de sa nature, les facultés de la nature raisonnable dans la béatifiant ; union consommée et parfaite dans la vision intuitive après la vie ; union commencée, quoique vraie et réelle, dans les dons de la grâce départis à l'homme ici-bas. »

Ces notions précises du surnaturel répondent déjà aux principales objections élevées contre cet ordre de connaissances.

« Déjà ne suis-je pas en droit de demander si l'on a toujours eu soin de bien connaître ce qu'on voulait combattre ; si, en repoussant le surnaturel, on s'adressait à sa notion précise, à cette relation intime de l'âme avec l'être même divin ? Que de fois encore parmi nous on outrage ce qu'on ignore, et combien de préjugés et d'erreurs accrédités contre la foi par l'ignorance et les plus fausses préoccupations ! Il y a aussi je ne sais quel dédain et quel dégoût injurieux qui s'attache à la science positive et théologique du christianisme. Et pourquoi donc ? Craindrait-on, en étudiant la foi dans ses sources augustes et vénérables, de poser des bornes trop étroites à l'élan de l'investigation et du génie ? Et c'est la foi toute seule qui ouvre les champs du surnaturel et du possible au delà de toutes les limites

quelle un clerc est privé ou pour un temps ou pour toujours, de l'exercice des ordres, des fruits de son bénéfice et des fonctions de son office ou de sa dignité. Il est du bon ordre qu'un clerc réfractaire aux lois de l'Eglise et de ses supérieurs, puisse être puni

de la nature. C'est avec la lumière seule de la foi que nous parcourons d'un pas ferme et sûr les mondes invisibles, que nous scrutons tout, même les profondeurs de Dieu. C'est la foi seule qui nous fait aspirer à la vision de Dieu tel qu'il est en lui-même. Je l'avouerai avec franchise : la philosophie sans la foi, fût-elle jointe aux dons les plus précieux de la science et du génie, n'est pour moi qu'une terre basse, obscure, froide et stérile; la foi m'élève et me porte parmi les splendeurs des cieux. Tout alors est ouvert devant moi, et si je ne puis mesurer et comprendre l'infini, je puis du moins en approcher sans crainte, en mieux contempler les ineffables beautés, et m'élancer, appuyé sur un guide infaillible, vers les régions de la vérité, de la gloire et de la perfection divines. »

II. *Préjugés contre le surnaturel.* — Premier préjugé, le NATURALISME ou LES DROITS DE LA RAISON. « Réduisant la question à ses termes les plus simples, et fidèles à l'enseignement traditionnel et commun des Pères et des théologiens catholiques, nous disons encore ce qu'ils ont dit toujours, bien avant Descartes comme depuis : Une chose, quoique surnaturelle, peut, avec l'aide du raisonnement et des lumières naturelles, devenir évidemment croyable, par les miracles, ou par d'autres moyens sensibles; parce que la crédulité (qui n'est pas la foi) provient d'un moyen ou signe extérieur qui peut être évidemment et naturellement connu. » Ce sont les propres paroles de Suarez, dans son Traité de la Foi : elles reproduisent à peu près celles de saint Thomas sur la même matière. »

Deuxième préjugé, PROGRÈS DE L'HUMANITÉ. « Le progrès adresse à l'humanité son culte et ses hommages. L'humanité serait donc le terme magique qui tiendrait lieu désormais de toute vérité de fait, de raison et de foi. On dit : L'humanité est l'être collectif, la véritable immortalité. Elle se renouvelle, avance toujours, et réalise ainsi progressivement le perfectionnement sans cesse poursuivi. Il y a perpétuité, identité en même temps que progrès. On ne veut point qu'il y ait là une expression de panthéisme: soit; mais que sera-ce donc? Est-ce religion, histoire, philosophie? Au bas de chaque page élaborée par ces penseurs malencontreux, écrivez : Assertion gratuite, allégation sans preuve. A chaque parole, répondez hardiment : Non. Vous avez tout renversé par des raisons au moins égales, je vous assure; car vous n'avez devant vous aucune doctrine tant soit peu logique, aucun fait appuyé. Qu'est-il besoin de répondre alors? Nous répondons cependant : Les faits et la logique sont diamétralement opposés à la théorie du progrès continu, produit bizarre de cerveaux en souffrance et de cœurs malades auxquels je compatis sincèrement. Dans la langue de l'histoire y eut-il progrès durant 4000 ans au sein de l'humanité, par les extravagances honteuses du polythéisme succédant au monothéisme primitif? Y eut-il progrès quand il fallut rénover, sur quelques rares points du globe, un reste de croyance à l'unité divine, dans l'ombre de ces mystères interdits au commun des hommes et dans l'enseignement des philosophes, sans compter encore les contradictions amères et les aberrations innombrables de cette infirme philosophie? Était-ce donc progrès? ou plutôt n'était-ce pas la dégradation subie jusqu'au fond de l'abîme? Comment donc venir de sang-froid nous donner le progrès indéfini comme la loi universelle et absolue? Les mots signifient-ils le contraire des choses? Oui, souvent dans ce siècle. Le christianisme fut un progrès: eh! oui : mais lequel? Ce fut le renversement le plus étrange de toutes les idées, de toutes les opinions reçues; ce fut le combat le plus acharné contre toutes les influences philosophiques non moins que contre tous les préjugés populaires, contre toutes les traditions chéries de gloire, de patrie, de famille et de plaisir; ce fut la folie de la croix, victorieuse dans les mains des bateliers galiléens. Voilà le progrès du christianisme. »

III. *La destinée de l'homme est surnaturelle.* « L'homme se sent entraîné de toute l'énergie de son être vers une béatitude entière que sans cesse il poursuit, sans jamais l'atteindre ici-bas. Dira-t-on qu'il est entraîné vers l'impossible, nécessairement et toujours? que c'est une inclination sans objet, un besoin sans réalisation possible? Mais alors aucune raison suffisante du phénomène moral le plus constant, le plus inévitable, qui est la tendance vers la béatitude. Appelé au bonheur souverain et parfait, l'homme doit pouvoir le posséder; et cependant il en est privé dès le premier instant et pour toute la durée de son existence. Cette destination si forte et si puissante, avec le bien souverain pour terme nécessaire, ne saurait être évidemment que l'œuvre de l'Être même supérieur à tout, pouvant et voulant communiquer à l'homme ce bien qui le béatifie. Fixer la destinée humaine est certainement l'acte tout-puissant du maître ; la réaliser dans son accomplissement dernier ne peut non plus être que l'effet de la toute-puissance. Nous devons attendre, combattre, vaincre, conquérir, il est vrai; mais que pourrions-nous donc conquérir, si Dieu enfin n'avait décrété de nous donner le bien suprême et parfait au terme de la carrière; et qu'est-ce que le bien suprême et parfait, sinon Dieu lui-même qui peut seul, en se donnant à l'homme, le béatifier? En sorte qu'il ne faudrait guère logiquement d'autre preuve et de l'existence de Dieu et de l'union divine destinée à l'homme, que le besoin nécessaire de la béatitude, tel que notre état présent le porte avec soi. Donc Dieu existe, et l'homme est fait pour Dieu, pour être heureux par la communication même du bien divin. En vain l'homme s'épuiserait-il à chercher ailleurs qu'en Dieu seul cette béatitude parfaite ; il lui faut un bien au delà duquel il n'y en ait plus d'autre, un bien sans mélange de négation et de néant, un bien qui ne laisse pas éternellement la carrière ouverte à nos vastes désirs. Ce besoin perpétuel, ce vide immense de bonheur, décèle en l'homme un être encore incomplet, qui réclame son perfectionnement; mais Dieu seul est en lui-même la plénitude et la perfection de l'être; donc l'homme ne peut recevoir la plénitude, perfection et plénitude de l'être, que de Dieu seul. Ainsi, une philosophie toute humaine, qui prétend isoler l'homme de Dieu, scinde et mutile la vérité, tronque et divise la nature, présente un fait, un membre séparé, oublie l'auguste ensemble du chef-d'œuvre de la création et des desseins de son auteur.

« Le bonheur parfait de l'homme, sa destinée véritable, est de voir Dieu lui-même face à face ; d'être égal aux anges, qui voient toujours la face de Dieu dans le ciel, *æquales angelis sunt*, Luc. c. xv, v. 36; *angeli semper vident faciem Patris mei qui in cœlis est*, Matth. c. xviii, v. 10; de connaître Dieu comme nous en sommes connus, *tunc autem cognoscam sicut et cognitus sum*, I Cor. c. xiii, v. 12 ; de lui devenir si intimement unis, que nous lui serons semblables, que nous serons identifiés en quelque sorte avec lui, en le voyant tel qu'il est; *similes ei erimus, quoniam videbimus eum sicuti est*, I Joan. c. iii, v. 2. Telle est la doctrine de l'Eglise; telles sont les expressions des apôtres et du Sauveur lui-même ; voilà ce que tout le christianisme croit et enseigne ; voilà qu'atteste la tradition de dix-huit siècles. Fait immense, concert unanime des

par la privation des avantages et des priviléges qu'il a reçus de l'Eglise elle-même ; cela est nécessaire pour le contenir dans héros, des pontifes et des docteurs chrétiens. — Saint Irénée, au IIᵉ siècle, disait entre autres : « Voir la lumière, c'est être dans la lumière et se sentir tout pénétré de sa clarté ; ainsi ceux qui voient Dieu sont en dedans de Dieu même et tout pénétrés de ses clartés infinies : cet éclat divin est la vie même d'vine dont on se remplit en voyant Dieu. » Saint Augustin, dans sa lettre 148ᵉ, n° 7, cite les paroles mêmes de saint Jérôme et se les approprie comme celles d'un ami en ces termes : « L'homme ne peut voir maintenant Dieu lui-même. Les anges les plus petits dans l'Eglise voient toujours la face de Dieu : maintenant nous voyons dans l'image et dans l'énigme ; mais pour lors nous verrons face à face, quand d'hommes que nous étions, nous serons devenus des anges. » Je ne cite plus que le génie si ardemment uni sous le soleil de la Grèce à toutes les pensées de la foi et à toutes les espérances du ciel ; saint Jean-Chrysostome, s'adressant à Théodore tombé, lui disait. « Que sera-ce quand la vérité même des choses sera présente? quand, au milieu de son palais ouvert, il sera permis de contempler le roi lui-même, non plus dans l'ombre et dans l'énigme, mais face à face; non plus par la foi, mais par la vision et dans la réalité même? Ainsi les Pères distinguaient-ils pleinement la vision des cieux de la lumière de la foi; la réalité manifestée au ciel, des ombres de la terre. Nous croyons ici-bas, nous verrons un jour ; et tous ces mots sacrés de la langue révélée, passés fidèlement dans la tradition, ont constamment maintenu les esprits et les cœurs dans la foi et l'espoir d'une intuition future et parfaite de l'essence même divine. Aussi l'Eglise, au concile œcuménique de Florence, session 26, dans le décret d'union avec les Grecs, a-t-elle formellement défini qu'après la vie, les âmes entièrement purifiées sont à l'instant reçues au ciel et voient clairement Dieu même, la Trinité et l'unité. Benoît XII, au XIVᵉ siècle, l'avait également défini. On l'avait cru toujours.

« Telle est donc la loi invariable de l'Eglise ; l'homme a pour destinée et pour fin dernière la vision intuitive de Dieu après la vie. Cette destination de l'homme, cette vision de Dieu réservée au juste, est surnaturelle ; Dieu ne la devait point telle, il l'a donnée. La nature ne saurait y parvenir par ses propres forces ; il faut les secours surnaturels, il faut la grâce ; mais Dieu la promet et l'offre à tous. « La vie éternelle, grâce de Dieu, dit saint Paul ; *Gratia Dei, vita æterna*, Rom., c. VI, v. 23. » Parole répétée par l'Eglise, dans les conciles et dans les condamnations des hérésies. Mais ce qui est convenable à la raison et si positivement enseigné par la foi, devient aussi une vérité historique quand on étudie attentivement l'homme historique et réel.

« Qu'est-ce donc que l'homme? Une grande chose, répond un Père, *magna res est homo*, être matériel et spirituel, être du temps et de l'éternité, cherchant partout le bonheur, ne le cherchant plus cependant sur la terre dans les moments de force et de dignité véritable ; le demandant alors au ciel. Job patient dans l'adversité s'écriait : « Je sais que mon Rédempteur vit ; au dernier jour je me lèverai du sein de la terre... et dans ma chair je verrai mon Dieu ; *Scio quod Redemptor meus vivit, et in novissimo die de terra surrecturus sum,.. et in carne mea videbo Deum meum* (*Job*, XIX, v. 25, 26). David et Salomon, aux jours de gloire comme aux jours d'infortune, appelaient de tous leurs vœux le repos de la patrie ; saint Paul, au milieu des triomphes accumulés de la parole évangélique, implorait l'heure de sa délivrance et de sa réunion avec Jésus-Christ ; *Desiderium habens dissolvi et esse cum Christo* (*Philip.* son devoir, pour réparer le scandale qu'il peut avoir donné, et pour l'empêcher de le continuer ; telle a été la discipline de l'E-

I, 23). Saint Etienne, le premier des martyrs, voyait en mourant les cieux ouverts, et le Fils de Dieu debout pour le recevoir à la droite de son Père ; *Video cœlos apertos et Filium hominis stantem a dextris Dei* (Act. VII, v. 55). Jésus-Christ en quittant la terre disait à ses apôtres : « Je vais vous préparer votre place ; *Vado parare vobis locum* (*Joan*, XIV, 2). » Puis se succèdent d'innombrables et fidèles générations que la pensée du ciel enflammait de l'amour des plus héroïques vertus et des plus brûlants désirs d'atteindre à l'éternelle gloire ; le martyr la chantait sur le bûcher comme le prix réservé à ses souffrances : les ténèbres sacrées des catacombes préparaient les premiers chrétiens à soutenir l'éclat du dernier jour en les pénétrant, loin du monde, des impressions du céleste amour. Toujours les saints vécurent d'espérances éternelles, et ils disaient : Que la terre est vile quand je regarde le ciel ! Les plus sages, les plus vertueux, les plus calmes, les plus instruits parmi les hommes aspirèrent au ciel et à la possession de Dieu. Fait immense, universel, aussi ancien que le monde, et dont les patriarches furent les témoins, ils ne parlaient que de leur pèlerinage, *dies peregrinationis meæ*; fait que les traditions des poètes ont elles-mêmes conservé ; fait que nous retrouvons partout où apparaît la vertu, fait qui est le fond même de notre âme, car nous soutenons que notre âme a reçu avec la connaissance de Dieu le désir et le besoin de Dieu, et cette faculté dans nous s'étend et s'élève par la grâce jusqu'à la vue de l'infini.

« Qu'exprime donc ce fait, qui tient une si grande place dans l'histoire de l'homme, sinon en ce sa destination unique et dernière, divine et surnaturelle, la gloire et la vision des cieux ? »

IV. *Economie de l'ordre surnaturel*. « Une douleur sincère et profonde se renouvelle au fond de l'âme du chrétien, lorsque, recueilli dans sa pensée, il considère la position que se font elles-mêmes de nobles intelligences à l'égard de l'état surnaturel et révélé de l'homme. Dans cette classe d'esprits à plaindre, on s'est dépouillé peu à peu des inclinations de la foi première, et on est arrivé à ne plus guère regarder comme existant que ce qui frappe les sens, ou paraît du moins rentrer dans les appréciations naturelles et arbitraires d'une raison prétendue. Trop souvent on commence par s'abandonner aux désirs et aux jouissances de la vie présente ; on accepte et on suit les impulsions de la nature ; de là un *naturalisme pratique* : on ne sait plus lever les yeux en haut. Le naturalisme spéculatif vient ensuite. Il est admis d'avance qu'il ne peut se passer rien que de naturel et de compris dans l'homme. Fort légèrement pour l'ordinaire et avec un dédain facile, on éloigne de soi toute croyance à un ordre surnaturel ; on rejette toute pensée d'une dispensation et d'une bonté divine, qui dès l'origine aurait destiné l'homme à la participation surhumaine de l'intuition béatifique, et qui l'aurait relevé déchu.

« Cependant des études consciencieuses, entreprises de nos jours, dans l'amour de la vérité, et souvent sans aucun dessein de justifier la foi, nous ont montré dans les traditions antiques de l'un et de l'autre hémisphère des traces évidentes de croyances primitives sur l'état heureux d'innocence originelle, et sur la chute qui commença la chaîne funeste des maux de l'humanité, et même sur la réparation qui devait suivre. Ces explorations diverses, poussées avec un courage persévérant, ont mis en quelque sorte à la portée et dans les mains de tout le monde les monuments religieux des anciens

glise dès les premiers siècles. Dans les décrets que l'on appelle *canons des apôtres*, qui ont été faits par les conciles du II° et du III° siècle, la *suspense* est exprimée par le mot *segregare*, qui signifie *séparer* ou *écarter*, et un clerc pouvait l'encourir par une faute peuples. Chacun peut les lire; il serait fastidieux de les énumérer ici. A moins de fermer les yeux à la lumière du jour, on ne peut nier les traits frappants de ressemblance, ou plutôt d'identité, entre certains dogmes catholiques et les points saillants de ces traditions primitives et universelles des peuples : c'est que la source en fut la même.

« Or, pour tout esprit sérieux, il y a ici un grave objet de réflexions. Parmi les hommes, suivant toutes les lois morales, et dans cette infinie variété de mœurs, de coutumes, d'institutions, de temps, de lieux, de croyances, de religions et de préjugés qui distinguent les nations, il n'y a que deux causes possibles d'un consentement commun du genre humain : la vérité des faits sur lesquels on s'accorde, s'il s'agit de faits; ou l'irréfragable existence des premiers principes et de leurs conséquences essentielles, vivantes comme eux dans la nature même de l'intelligence humaine. Des faits certains, ou des vérités essentielles, voilà les seules sources de l'unité dans les jugements communs de tous les hommes. C'est un édifice qui ne peut avoir d'autre base.

« Toutes les fois que l'unité se rencontre dans les traditions, dans les jugements de l'humanité tout entière, on ne peut y voir le fruit de l'erreur : l'erreur n'engendra jamais que la variété. « *Quod est apud omnes unum*, disait Tertullien, *non est inventum, sed traditum*. Or, quels peuples, quelles générations, au milieu de ces fables si diverses qu'ils se plaisaient à créer sans cesse pour embellir le berceau de leur religion et de leur histoire, n'ont mêlé leurs voix au concert unanime du genre humain pour célébrer l'innocence et le bonheur des premiers jours du monde naissant, et déplorer la faute du père des hommes qui ouvrit la carrière à tous les crimes et à toutes les douleurs? Les traditions religieuses des peuples antiques, mieux connues de nos jours, grâce aux infatigables travaux de la science, ont achevé de dissiper tous les doutes. Déjà, de leur temps, Platon et Diodore de Sicile l'attestaient comme reconnu chez les Egyptiens; Plutarque, chez les Perses; Strabon, dans l'Inde. Quant aux Grecs et aux Romains, leurs philosophes, leurs annalistes et leurs poètes nous l'ont redit mille fois; et les voyageurs les plus accrédités des temps modernes sont venus joindre aux témoignages anciens les traditions des races récemment connues. Sont-ce là des symboles et des mythes? Un symbole universel exprime nécessairement la vérité. Le sacrifice universellement admis est de ce genre, si on le considère comme un simple signe; car le sacrifice est bien un culte réel aussi de dépendance et d'immolation entière à l'égard de Dieu. Sont-ce des fictions poétiques enfantées par l'amour du merveilleux? Un merveilleux partout et constamment le même ne peut être que vérité. Et puis cette première idée d'un état surnaturel, comment serait-elle entrée dans le domaine de nos connaissances? Placée au-dessus de l'homme qui de lui-même ne pouvait l'atteindre, elle a dû nous être donnée par Dieu, et cette origine seule possible de l'état surnaturel en prouve la réalité primitive.

« Mais c'est surtout au sein des traditions catholiques elles-mêmes et sous l'égide tutélaire de l'Eglise qu'il faut chercher la vérité. Là se manifeste dans toute sa majesté l'admirable économie des desseins de Dieu sur l'homme; là retrouvent les phases diverses de l'état surnaturel, le dogme précis sur l'intégrité, la chute et la réparation, dont nous allons enfin esquisser le tableau fidèlement catholique.

« *L'homme primitif.* Par la grâce sanctifiante, dignité première surnaturelle de son âme, l'homme était l'ami, l'enfant de Dieu, établi dans la justice et la sainteté, comme s'exprime le concile de Trente après saint Paul. Pour ses œuvres, ses pensées et ses désirs, la coopération divine la plus douce et la plus puissante lui était préparée; et, dans tout son être, privilège à jamais regrettable, le bienfait divin maintenait une parfaite soumission de la chair et des sens à l'esprit, de la raison et du cœur à la grâce. Ni l'ignorance, ni la concupiscence ne venaient jamais altérer cet ordre intérieur et admirable. Tel était, quant à l'âme, autant que nous le savons par la révélation, l'état surnaturel de justice originelle. Alors donc l'intelligence, éclairée des plus vives lumières et unie pleinement à l'intelligence divine, était pour l'homme le guide sûr et la science toujours acquise. Alors les passions du cœur ne lui apportaient ni trouble, ni obscurité. Ce cœur entièrement droit et pur était établi, fixé en Dieu, pour se complaire en Dieu seul, et pour l'aimer lui seul. Au dehors sur toute la nature, comme au dedans sur lui-même, par le glorieux privilège de l'état d'innocence, l'homme exerçait un souverain empire. Dieu l'avait établi roi de l'univers : tous les animaux obéissaient à sa parole, et reconnaissaient en lui le maître qui les avait vus amenés à ses pieds pour leur imposer des noms. Prodiguant à la nature les prérogatives et les grâces qui ne lui étaient dues à aucun titre, le Créateur avait encore affranchi l'homme du pouvoir naturel de la mort et de la loi d'une dissolution à venir. Le corps était pour jamais, si l'homme l'avait voulu, associé à la vie, à l'immortalité de l'âme, et leur union ne devait être ni l'occasion ni la cause de déplaisirs ou de douleurs. Alors aussi tous nos maux étaient inconnus : nulle souffrance, nulle maladie, nulle crainte; mais seulement commençait une vie de paix, d'espérance, de bonheur et d'amour, qui devait bientôt se consommer dans l'éternelle et intime participation de la béatitude même divine. Voilà, du moins en partie, ce que nos saintes Ecritures et les traditions catholiques nous apprennent sur le premier âge de l'homme, sur cet heureux état de justice originelle dans lequel Dieu l'avait établi en le créant, et dont les traces les plus incontestables se retrouvent parmi les religions antiques de l'un et de l'autre hémisphère.

« *L'homme déchu.* Quelle dégradation l'homme a subie! et qu'il en va bien autrement pour nous! Mais il faut concevoir que toute l'essence de la nature demeurait avec ses propriétés constitutives sous cette transformation surnaturelle primitive. La destination finale, la grâce sanctifiante, la parfaite soumission des sens, en un mot, tout cet état admirable de justice originelle, avec le don d'immortalité et d'impassibilité pour le corps même, étaient autant de richesses ajoutées librement à la nature humaine par la munificence divine, richesses qui pouvaient être par conséquent retranchées sans que l'homme naturel, quoique puni et dégradé, souffrît d'atteinte ni d'altération proprement essentielle. Or, c'est précisément là l'idée exacte à se former des effets de la chute originelle en l'homme : il fut dépouillé, suivant l'arrêt divin, de tous les dons surnaturels, privé par sa faute de l'éminence et du bonheur de sa dignité première, marqué d'un signe héréditaire de déchéance. La nature lui resta seule, pauvre, dénuée, laborieuse, mais entière, à proprement parler, dans ses facultés et dans sa constitution essentielle, ce qu'il ne ne faut point oublier, quand on veut sainement apprécier l'état de l'homme déchu par le péché originel.

« Quelle différence existe donc entre l'état de simple nature et celui de l'homme déchu par le péché originel? La même qui distingue celui qui était nu de celui qu'on a dépouillé, répond le cardinal Bel-

très-légère, par exemple, pour s'être moqué d'un estropié, d'un sourd ou d'un aveugle, Can. 49, al. 58, etc. La *suspense* perpétuelle était nommée *déposition* ou *dégradation*, et alors un clerc était censé réduit à l'état de simple laïque. Cette peine avait aussi différents degrés ; quelquefois on privait seulement un clerc pour quelque temps des distributions manuelles qui se faisaient pour fournir aux ecclésiastiques leur subsistance, et que l'on appelait *divisio mensurna* ; d'autres fois on lui interdisait seulement l'exercice d'une fonction particulière, sans lui ôter les autres ; si le cas était plus grave, on le privait de toute fonction. Enfin, lorsqu'il était coupable d'un crime, on le déposait ; on l'obligeait à la pénitence publique, et s'il n'y avait point d'espérance de correction, l'on prononçait contre lui l'excommunication. Cette discipline sévère conserva pendant longtemps une régularité exemplaire dans le clergé ; mais les révolutions qui arrivèrent au v° siècle et dans les suivants la rendirent bientôt impraticable. Bingham, *Orig. ecclesiast.*, l. xvii, c. 1, t. VIII, p. 1 et suiv.

SUSPENSE (1) (*Droit canonique*) est une

larmin ; et c'est de la perte seule des dons surnaturels départis au père du genre humain que dérive la triste corruption de notre nature ; *ex sola doni supernaturalis ob Adœ peccatum amissione profluxit*. Telle est la doctrine des Pères, l'enseignement des théologiens, le dogme de l'Eglise universelle. La voilà donc cette redoutable doctrine sur les effets du péché originel: quand on l'attaque, quand on la maudit avec tant de violence et de mépris quelquefois, la connaît-on ? Dieu n'a fait que retirer à l'homme des dons qu'il lui avait prodigués dans l'origine, mais qu'il ne lui devait pas. Ces dons, l'enfant qui meurt privé de la grâce du baptême ne les possédera jamais ; mais rien dans le dogme catholique ne dit qu'il doive subir d'autre peine éternelle que le manque négatif de la vision intuitive surnaturelle, sans douleur sentie. Telle est, en propres termes, l'enseignement de saint Thomas et de saint Augustin. Le dogme demeure assurément tout entier, et avec lui un grand mystère, j'en conviens. Oui, nous naissons pécheurs ; oui, dans notre premier père, nous avons tous péché.

« *L'homme réparé.* A cette connaissance du bonheur primitif et de la déchéance du genre humain transmise d'âge en âge par les traditions antiques, la foi catholique ajoute le dogme de la réparation divine de l'homme par le sang de Jésus-Christ.

« *Coupables par la désobéissance d'un seul*, dit saint Paul, *nous sommes justifiés et sauvés par l'obéissance d'un seul. Le sacrifice de la croix*, ajoute le même apôtre, *a payé notre dette, et des fleuves de grâce surabondent où le c ime avait abondé* (Rom. v, v. 19, 20). La grâce sanctifiante a été rendue à l'homme, et il peut, en Jésus-Christ, tendre à la fin surnaturelle, à la vision intuitive de l'Être divin. Au roi déchu un trône fut rétabli, trône conquis par l'effusion du sang divin ; mais des ennemis utiles furent laissés pour combattre et pour vaincre. L'homme relevé, puissant et libre, dut unir ses efforts à ceux d'un chef généreux, pour partager avec lui les fruits de la victoire. Maître encore, s'il le veut, de lui même et du monde, esclave s'il consent à l'être encore, l'enfant régénéré d'Adam apparaît sur la terre, comme le guerrier tout armé pour le combat et est sûr de son triomphe en celui qui l'assiste et le fortifie. »

(1) Cet article, reproduit d'après l'édition de Liége,

censure ecclésiastique par laquelle un clerc qui a commis quelque faute considérable est puni par la privation de l'exercice de son ordre ou de son office, ou de l'administration de son bénéfice, c'est-à-dire de ce qui regarde la jouissance ou la perception des fruits qui y sont attachés, soit en tout ou en partie, soit pour un temps, soit pour toujours. Cependant lorsque la *suspense* doit être pour toujours, il est plus à propos de procéder par la déposition. Avant que les revenus de l'Eglise fussent séparés, et que les bénéfices fussent érigés en titre, la *suspense ab ordine* emportait la suspension de percevoir les fruits qui dépendaient de l'exercice de l'ordre : ainsi on ignorait cette distinction de *suspense a beneficio*.

On distingue aujourd'hui trois sortes de *suspenses* : celle de l'ordre, celle de l'office, et celle du bénéfice. La première prive des fonctions actuelles des ordres que l'on a reçus ; la seconde, de l'exercice de la juridiction et de toutes les autres fonctions qui appartiennent à un clerc, à raison de quelque bénéfice ou de quelque charge ecclésiastique ; la troisième le prive des fruits, tant de ceux que l'on appelle *gros* et *dîmes*, que de ceux qui consistent en distribution et en offrandes, comme aussi des autres avantages qui sont attachés à ce bénéfice ou à cette charge. — La *suspense* est ou totale, ou partielle. Si elle est totale, elle le prive tout à la fois de l'exercice de son ordre, et de son office, et de son bénéfice. La partielle, au contraire, ne prive que de l'exercice de l'ordre, ou seulement du bénéfice, ou de l'ordre clérical. Ces deux sortes de *suspenses* sont l'une et l'autre une pure peine, parce qu'elles n'ont pour objet principal que la punition du crime de celui sur qui elles tombent. Elle doit être exprimée par le droit, ou prononcée par le supérieur légitime. Dans le premier cas, on l'appelle *canonis ou a jure* ; dans le second, *judicis* ou *ab homine*. Lorsque la *suspense* est sans addition ou, comme on dit, sans queue, elle est censée totale.

Une *suspense* d'un ordre supérieur, *ab ordine superiore tantum*, n'a pas d'effet à l'égard des ordres inférieurs. Aussi un prêtre suspens de la célébration de la messe peut licitement exercer les fonctions de diacre et de sous-diacre. Tel est l'ancien usage de l'Eglise, qui, dans plusieurs conciles, réduisait les prêtres, en punition de leurs fautes, aux simples exercices des ordres inférieurs. La *suspense* d'un ordre inférieur a, au contraire, son effet à l'égard des fonctions de l'ordre supérieur ; de sorte qu'un ecclésiastique suspens du diaconat ne peut exercer aucun ordre supérieur ; autrement il encourt l'irrégularité ; ce qui est fondé sur cette règle de droit : *cui non licet quod minus est, nec ei licere debet quod est majus*,

renferme plusieurs décisions qui sont plus en rapport avec notre ancienne jurisprudence qu'avec la saine théologie. *Voy.* notre Dictionnaire de Théologie morale, art. SUSPENSE.

surtout lorsqu'il ne peut exercer l'ordre supérieur sans faire quelque acte de l'ordre inférieur, comme de lire l'Epître ou l'Evangile à la messe, qui sont des fonctions propres au sous-diaconat et au diaconat.

Polman pense qu'un prêtre suspens du diaconat seulement peut exercer les fonctions de la prêtrise qui n'y ont point de rapport; qu'ainsi il peut prêcher, administrer le baptême solennel, la pénitence, la communion et l'extrême-onction.

La *suspense* étant attachée à la personne, elle suit celui qui l'a encourue, en quelque diocèse qu'il se retire. Le concile d'Antioche menace de peines très-sévères l'évêque qui permet au suspens d'exercer dans son diocèse les fonctions des ordres sur lesquels porte la *suspense* prononcée par son évêque. Celui qui a été déclaré suspens *a beneficio* l'est, par cette raison, à l'égard des bénéfices qu'il possède dans un autre diocèse, parce que ce bénéficier étant sujet, à raison de son domicile, de l'évêque qui l'a déclaré suspens, et cette *suspense* étant attachée à la personne, suivant la remarque ci-dessus, il n'a pas plus de droit d'administrer les bénéfices qu'il a en d'autres diocèses que ceux qu'il a dans le diocèse où il réside.

Il faut observer, comme une conséquence de ces principes, que, comme la résignation suppose nécessairement un droit au bénéfice, le bénéficier suspens ne peut, selon les canons, résigner ni permuter, vu qu'il ne le peut sans exercer un droit de l'usage duquel il est privé par la *suspense*; mais il faut pour cela qu'il y ait un jugement définitif. Jusqu'à ce jugement, il peut résigner et même disposer des fruits, s'il n'y a contre lui qu'une sentence dont il soit appelant.

Un ecclésiastique devient suspens *ipso jure*, principalement dans neuf circonstances: la première, lorsqu'il se fait ordonner sous le titre d'un faux bénéfice, ou sous un titre patrimonial feint. Il faut cependant observer que ceci ne s'entend que des diocèses où les évêques ont statué cette peine, et non pas à l'égard des autres, la bulle *Romani pontificis* n'étant pas reçue dans le royaume. La seconde, lorsque l'on reçoit les ordres avant l'âge requis, ou hors le temps prescrit par les canons, ou sans le démissoire de l'évêque. La troisième, en recevant un ordre sacré avant d'avoir reçu l'autre ordre sacré qui lui est inférieur, comme le diaconat avant le sous-diaconat, ou la prêtrise avant le diaconat. De même ceux qui, étant frappés de l'excommunication ou coupables de simonie, reçoivent quelque ordre. La quatrième; en recevant dans un même jour plusieurs ordres sacrés. La cinquième, lorsqu'un clerc substitue à sa place à l'examen une autre personne et se fait ensuite ordonner. La sixième, en se faisant ordonner par un évêque que l'on sait être excommunié, suspens ou interdit dénoncé. La septième, en recevant les ordres d'un évêque qui s'est démis de son évêché. La huitième, en recevant un ordre après avoir contracté mariage, sans distinguer si le mariage a été consommé. La neuvième, lorsqu'un prêtre séculier célèbre un mariage ou donne la bénédiction nuptiale à des personnes d'une autre paroisse, sans la permission du curé ou de l'évêque des contractants.

Au surplus, les cas où la *suspense* est encourue par le droit sont presque infinis. Il n'y a point d'abus ou de mépris des fonctions ecclésiastiques qui ne soit puni par une *suspense* proportionnée à la nature de la faute. Mais le cas ne peut être arbitraire; il faut qu'il soit spécifié par les canons ou par les statuts du diocèse. Sur quoi il faut examiner ce qui a été dit au mot CENSURE.

Outre la peine qu'encourent ceux qui violent *la suspense de l'exercice des ordres*, outre ce qui regarde purement le for intérieur, ils encourent encore l'irrégularité. Il n'en est pas de même de la *suspense de la juridiction contentieuse*, elle n'est pas punie de l'irrégularité, parce qu'un clerc qui n'a reçu aucun ordre peut l'exercer. Il en est de même de ceux qui, étant suspens *a beneficio*, ne laissent pas d'en percevoir les fruits et d'en passer des baux.

On voit qu'il y a une distinction à faire entre la *suspense* de l'ordre et la *suspense* de la juridiction. Cette distinction naît de la différence qu'il y a, suivant le droit, entre l'ordre et la juridiction. Celui qui est suspens de l'un n'est pas censé l'être de l'autre, parce qu'en matière canonique les peines sont odieuses, et par conséquent ne peuvent souffrir d'extension; et l'on doit tenir pour principe que celui qui est suspens *ab ordine*, n'est jamais censé l'être *a jurisdictione*, et *vice versa*. Il faut cependant excepter le cas où la juridiction est nécessairement attachée à la fonction de l'ordre, comme elle l'est dans le sacrement de pénitence, laquelle par conséquent un prêtre suspens *ab ordine* ne peut pas exercer : ainsi un évêque suspens *ab ordine* ne peut célébrer pontificalement, ni conférer les ordres, ni consacrer les églises ni les autels, parce que ces fonctions appartiennent à la puissance de l'ordre; mais il peut exercer les actes de juridiction épiscopale, c'est-à-dire présenter aux bénéfices, conférer ceux qui sont à sa collation, approuver les confesseurs, prononcer la *suspense*, l'interdit, l'excommunication, et en absoudre au for extérieur seulement, ces fonctions étant des actes de juridiction, et non pas de l'ordre. Si, au contraire, il a été déclaré suspens *a jurisdictione* seulement, il peut exercer toutes les fonctions qui sont de la puissance de l'ordre, sans pouvoir en exercer aucune de celles qui ne lui appartiennent qu'à raison de sa juridiction; sur quoi on observe, 1° qu'un évêque suspens *a pontificalibus*, ne peut célébrer *cum apparatu pontificali*, quoiqu'il le puisse autrement; c'est-à-dire, sans aucune cérémonie pontificale et de la même manière que les prêtres ont coutume de célébrer, sans mitre, sans *pallium*, ni aucun autre ornement propre aux évêques. On cite pour exemple celui de l'évêque de Nantes, déposé comme simoniaque au concile de Reims, sous le pontificat de Léon IX, et à qui les Pères permirent d'exercer seulement l'office de prêtre; 2° qu'il ne peut conférer la confirmation ni aucun ordre, ni consacrer les églises, les autels, pas même les calices. On voit par cet exemple célèbre que les premières puissances de l'Eglise sont soumises à cette censure; mais il faut observer qu'aucune *suspense* ne peut tomber sur un évêque, à moins qu'il ne soit expressément nommé.

L'ignorance qui n'est ni affectée ni coupable excuse de toute censure, et par conséquent exempte de la *suspense*. On ne distingue pas si cette ignorance est de fait ou de droit. Ainsi, un ecclésiastique étranger à un diocèse, en violant les statuts qui ne sont pas d'usage dans le sien, n'est pas exposé à subir cette peine. Les canonistes en donnent pour raison, que l'on n'encourt jamais cette censure sans en avoir été au moins averti auparavant, l'Eglise n'ayant eu en vue que de punir les contumaces; et plusieurs papes, entre autres Innocent III et Innocent IV, ont établi pour maxime que la monition doit précéder la censure.

Quant à ceux qui ont droit de la prononcer, tous ceux qui ont droit d'excommunier ont celui de suspendre. Sur quoi l'on observe qu'il est bien des prélats qui peuvent suspendre et ne peuvent excommunier. On tient en général, que les chapitres, les supérieurs réguliers, les abbesses, les archidiacres, les archiprêtres, et même les doyens ruraux, peuvent ordonner des *suspenses* momentanées, au lieu qu'il n'y a que l'évêque qui ait droit de prononcer l'excommunication. On conteste aux curés le droit de prononcer la *suspense* contre les clercs de leurs paroisses. La forme de la sentence démontre que le délit qui donne lieu à la *suspense* doit être prouvé; il faut que cette sentence énonce en avoir une entière conviction. *Quia constat te commisisse..... a..... te suspendimus*. Tout ecclésiastique à qui le bruit public attribue un crime qui mérite la déposition, doit être suspendu jusqu'à ce qu'il se soit justifié : ainsi le décret de prise de corps et le décret d'ajournement personnel font encourir cette peine; mais elle cesse par la conversion de ces décrets en celui d'assigné pour être ouï.

Nous avons observé plus haut que le mépris de la *suspense*, marqué par la continuation à faire, pendant la *suspense*, les fonctions dont elle prononce la privation, doit être puni par l'excommunication majeure; elle l'est quelquefois *ipo jure*, et entraîne toujours l'*irrégularité*. Mais on verra par les principes qui ont été posés à ce mot, qu'elle doit être prononcée par un jugement. La *suspense* finit par l'absolution qui s'accorde sur la satisfaction de la part de celui qui l'a encourue, par le laps du temps pour lequel la *suspense* a été portée; par la cessation et par la révocation, et même par la dispense. Toutes les fois que la durée de la *suspense* qui s'encourt par le seul fait est laissée à la volonté du supérieur, la *suspense* finit quand il permet les fonctions défendues par la *suspense*.

Il y a plusieurs *suspenses* réservées au pape, dont on trouve les espèces dans les corps de droit canonique, *cap.* 35, *X, de tempor. ordin.* 10 *de apost.* 2, *ne clerici vel monac.*, etc.

SUZANNE. *Voy.* DANIEL.

SYMBOLE. Ce terme grec a signifié dans l'origine, assemblage ou contribution, enseigne à laquelle plusieurs se rassemblent et se réunissent, marque par laquelle ils se reconnaissent et se distinguent des autres, tout ce que les Latins appelaient *signa* et *insignia*. Par analogie, il a exprimé tout signe extérieur qui indique une chose qu'on ne voit pas. Dans ce dernier sens, les théologiens et les auteurs ecclésiastiques ont nommé *symbole* la matière ou l'action extérieure des sacrements : ainsi, dans le baptême, l'action de laver est le *symbole* de la purification de l'âme; dans l'eucharistie le pain et le vin sont les *symboles* du corps et du sang de Jésus-Christ, réellement présents, mais qu'on ne voit pas ; dans la confirmation, l'onction du front désigne la grâce fortifiante nécessaire au chrétien, etc. Ainsi toutes les cérémonies du culte divin sont des *symboles*, puisqu'elles indiquent les sentiments intérieurs du respect que nous voulons rendre à Dieu. Dans le sens le plus littéral, on a nommé *symbole* la profession de foi du chrétien, soit parce que c'est l'assemblage des principales vérités qu'il faut croire, soit parce qu'elle sert à distinguer les croyants d'avec les infidèles et les hérétiques. Il y a dans l'Eglise chrétienne quatre *symboles* principaux, celui des apôtres, celui du concile de Nicée tenu l'an 325, celui du concile de Constantinople tenu l'an 431, et celui de saint Athanase.

Le *symbole des apôtres* est la plus ancienne profession de foi qui ait été en usage dans l'Eglise. Quelques auteurs ont cru que les apôtres, encore assemblés à Jérusalem, avaient dressé d'un commun accord cet abrégé de la foi chrétienne, pour qu'il fût appris et professé par tous ceux qui voulaient recevoir le baptême; mais ce fait n'a été écrit que par des auteurs du IV° siècle, qui n'ont cité aucun témoin plus ancien qu'eux, et il y a d'autres faits qui rendent celui-là très-douteux. Il est seulement constant que, dès la naissance de l'Eglise, on a exigé de ceux qui embrassaient le christianisme une profession de foi, avant de leur administrer le baptême ; mais il ne paraît pas que dès lors on les ait assujettis tous à réciter précisément la même formule ni à s'exprimer dans les mêmes termes. Il ne s'ensuit pas de là que l'on a eu tort d'appeler *symbole des apôtres* la formule que nous connaissons aujourd'hui sous ce nom, puisqu'elle renferme exactement les principaux articles de la doctrine enseignée par les apôtres. Quoique le fait de la composition de cette profession de foi par les apôtres eux-mêmes ne soit pas prouvé, il ne fallait pas l'attaquer par de mauvaises raisons, comme ont fait quelques protestants. Ils disent que si les apôtres l'avaient dressée, elle aurait été mise au rang des Ecritures canoniques, que l'on n'aurait pas osé y ajouter certains articles qui n'y ont été mis que dans la suite, lorsqu'il s'est élevé de nouvelles erreurs; que comme nous ne connaissons pas les circonstances dans lesquelles les additions ont été faites, nous ne pouvons pas en prendre exactement le sens. Mosheim, *Hist. christ.*, sæc. I, § 19; sæc. II, § 36. — Ces réflexions nous paraissent fausses. 1° C'est la manie des protestants de vouloir que tout ce qui vient des apôtres soit écrit dans le Nouveau Testament, et que tout ce qui n'est pas formellement écrit dans ce livre ne mérite aucune croyance; nous prouverons le contraire au mot TRADITION. 2° Puisque l'on a supposé que les apôtres avaient fait un *symbole* pour fixer la croyance chrétienne, on a dû présumer aussi que s'ils avaient encore vécu lorsqu'il s'est élevé de nouvelles erreurs, ils auraient ajouté au *symbole* la doctrine contraire; on a donc fait ce que l'on a jugé qu'ils auraient fait eux-mêmes. Quoique les protestants aient toujours fait profession de ne vouloir point d'autres règles de foi que l'Ecriture sainte, cela ne les a pas empêchés de dresser des confessions de foi, d'y employer d'autres termes que ceux de l'Ecriture, d'y ajouter ou d'y retrancher ce qu'ils ont jugé à propos. 3° Quoiqu'ils ne sachent pas, non plus que nous, quelles sont les différentes circonstances dans lesquelles les apôtres ont écrit, qui sont les mécréants qu'ils ont voulu réfuter, quelles étaient les erreurs qu'ils ont attaquées, ils n'en soutiennent pas moins que nous pouvons prendre exactement le sens de ce qui est écrit; donc il en est de même des additions faites au *symbole des apôtres*. D'ailleurs, quelles sont ces additions? Les critiques protestants n'en conviennent point. Bingham et Grabe les réduisent à trois, savoir, la descente de Jésus-Christ aux enfers, la communion des saints, la vie éternelle, *Orig. ecclés.*, l. x, c. 3, § 5. Or, le premier de ces articles est enseigné par saint Pierre, *Act.*, c. II, v. 24 et seq.; *Epist. I*, c. III, v. 19; et par saint Paul, *Ephes.*, c. IV, v. 9; le second par saint Paul, *Rom.*, c. XII, v. 5; *I Cor.*, c. x, v. 17; *II Cor.*, c. IX, v. 13, 14, etc. On conviendra sans doute que tous ont parlé de la vie éternelle. Episcopius, trop ami du socinianisme, a osé dire que la divinité de Jésus-Christ n'était pas professée dans les anciens *symboles*; on n'a pas eu de peine à le réfuter. Est-il bien certain d'ailleurs que les auteurs des premiers siècles qui ont parlé du *symbole des apôtres*, l'ont rapporté en entier? Saint Jérôme, *Epist.* 38 *ad Pammach.*, dit qu'on l'apprenait de cœur et qu'on ne l'écrivait pas; il n'est donc pas étonnant qu'on ne l'ait pas toujours cité de même.

Nous ne nous arrêterons pas à réfuter l'imagination d'un Anglais copié par Mosheim, qui a prétendu que le nom de *symbole* était tiré des mystères du paganisme; nous avons fait voir l'absurdité de cette vision au mot MYSTÈRE, à la fin. On croit que saint Cyprien est le premier qui se soit servi du mot de *symbole* pour exprimer l'abrégé de la doctrine chrétienne; il ne pensait guère aux mystères du paganisme. Mais ce nom n'est pas le seul qui ait été donné à la profession de foi, on l'appelait encore *canon* ou *règle* de foi, *définition* ou *exposition* de foi, *sainte leçon*, *écriture*, etc.

Bingham, *ibid.*, c. 4, a recueilli avec le plus grand soin les divers *symboles* qui ont été en usage dans l'Eglise avant le concile de Nicée. Il y en a un de saint Irénée, *adv. Hær.*, l. 1, c. 2; un d'Origène, dans la préface de son *Traité des Principes*; un de Tertullien, *de velandis Virgin.*, c. 1; un de saint Cyprien, tiré de deux de ses lettres; un de saint Grégoire Thaumaturge, qui est encore dans les ouvrages de ce Père; un du martyr Lucien, prêtre d'Antioche, rapporté par saint Athanase, par l'historien Socrate et par saint Hilaire de Poitiers. Il y en a un dans les *Constitutions apostoliques*, l. VII, c. 41, qui est cité comme la profession de foi d'un catéchumène. Celui de l'Eglise de Jérusalem est expliqué par saint Cyrille, évêque de cette ville, *Catéch.* 6. Celui de l'Eglise de Césarée dans la Palestine fut récité par Eusèbe au concile de Nicée, et il se trouve dans Socrate, *Hist. ecclés.*, l. I. chap. 8. Cet historien rapporte celui de l'Eglise d'Alexandrie, *ibid.*, c. 26; Cassien, *de Incarn.*, l. VI, expose celui de l'Eglise d'Antioche. On prétend que, dans celui de l'Eglise de Rome, qui était appelé communément le *symbole des apôtres*, il n'était point fait mention de la descente de Jésus-Christ aux enfers, ni de la communion des saints, ni de la vie éternelle; mais le premier de ces articles se trouvait dans le *symbole* de l'Eglise d'Aquilée, et Rufin, qui l'a expliqué, pensait que la vie éternelle était comprise dans ces mots *la résurrection de la chair*. *Expos. in symb. apost.*, n. 41.

En comparant ces divers *symboles*, on voit que tous expriment la même croyance, quoique l'ordre des articles et les termes par lesquels ils sont exprimés ne soient pas exactement les mêmes. Aucun ne renferme un seul dogme duquel l'Eglise se soit écartée dans la suite, et si tous ne contiennent pas le même nombre d'articles, il ne s'ensuit pas que l'on ne croyait point encore ceux qui ne sont pas formellement exprimés. L'on croyait sans doute tout ce qui est enseigné dans l'Ecriture sainte, mais il n'était pas nécessaire de mettre dans un abrégé de la doctrine chrétienne les articles qui n'avaient pas encore été contestés par des hérétiques. Lorsque ceux-ci ont attaqué un dogme que l'on croyait déjà, on l'a inséré dans le *symbole*, ou l'y a exprimé plus clairement, afin de distinguer la vérité d'avec l'erreur, et les orthodoxes d'avec les mécréants. — Vainement les protestants ont affecté de remarquer la variété qui se trouve dans les divers *symboles*, et en ont conclu que l'on a tort de leur reprocher les changements qu'ils ont faits dans leurs différentes confessions de foi; Basnage, *Hist. de l'Egl.*, l. xxv, c. 1. Ces changements altéraient la croyance et le fond même de la doctrine. Les luthériens n'oseraient soutenir qu'ils tiennent encore aujourd'hui dans le sens littéral ce qui est enseigné touchant l'eucharistie dans la confession d'Augsbourg, *art*. 10, et dans celle de Wirtemberg, et qu'ils croient la présence réelle, telle que Luther la défendait. Les calvinistes se sont dégoûtés des décrets absolus de prédestination établis dans leurs premières confessions de foi, dans les livres de Calvin et dans les décrets du synode de Dordrecht. Tout catholique reconnaît que les anciens *symboles* ne contiennent que des vérités; si ses protestants étaient sincères, ils avoueraient que leurs premières confessions de foi renferment des faussetés. Il ne sert à rien de dire, comme Basnage, que ces confessions de foi expriment la même doctrine, *quant à l'essentiel*. Qui déterminera ce qui est essentiel et ce qui ne l'est pas? Toutes les vérités que Dieu a révélées sont essentielles, et il n'est pas plus permis de nier l'une que l'autre. Les protestants ont toujours soutenu que les articles sur lesquels ils disputaient contre l'Eglise romaine étaient essentiels, puisqu'ils les ont allégués comme un juste motif de faire schisme avec elle; c'est cependant sur ces articles que leurs confessions de foi ont varié.

En 325, lorsqu'Arius eut nié la divinité du Verbe, et eut enseigné que le Fils de Dieu est une créature, les évêques assemblés à Nicée, au nombre de 318, dressèrent un *symbole* pour déterminer quelle était la foi de l'Eglise. Il s'agissait d'expliquer le sens du second article du *symbole* des apôtres : *Je crois... en Jésus-Christ, Fils unique de Dieu et Notre-Seigneur*. Il était donc question de savoir en quoi consistait cette filiation, si c'était une création, une filiation adoptive, comme le voulait Arius, ou si c'était une génération proprement dite, si le Fils de Dieu avait été engendré dans le temps ou de toute éternité. Le concile exprima nettement sa croyance par ces paroles : « Nous croyons en un seul Seigneur Jésus-Christ, Fils unique de Dieu, engendré du Père, c'est-à-dire de la substance du Père, Dieu de Dieu, lumière de lumière, vrai Dieu de vrai Dieu, engendré et non fait, consubstantiel au Père; par lequel tout a été fait dans le ciel et sur la terre. » Etait-ce là une nouvelle doctrine? Les sociniens, plusieurs protestants, et les incrédules leurs copistes, le prétendent. Mais le titre de *Fils unique* de Dieu, donné à Jésus-Christ dans l'Ecriture et dans le *symbole* des apôtres, atteste le contraire. Dieu est le Père de toute créature, tout chrétien est son fils adoptif; donc *Fils unique* ne peut signifier ni une création ni une adoption. Les sociniens ont imaginé vingt subtilités pour tordre le sens de ce mot; mais les premiers chrétiens n'étaient pas aussi habiles sophistes qu'eux, ils prenaient ce titre auguste dans le sens propre et littéral; le concile de Nicée n'a fait qu'en développer l'énergie. Il y a plus. Les expressions dont il se sert sont toutes tirées des anciens *symboles*. Le Verbe est appelé dans celui de saint Grégoire Thaumaturge, *Fils unique, Dieu de Dieu, Eternel de l'Eternel*; dans celui du martyr Lucien, *Fils unique engendré du Père, Dieu de Dieu, qui a toujours été en Dieu, et Dieu Verbe;* dans les Constitutions apostoliques, *Fils unique engendré du Père avant les siècles, et non créé;* dans le symbole de Jérusalem, *Fils de Dieu unique, engendré du Père avant tous les siècles, vrai Dieu par lequel tout a été fait;* dans celui de Césarée, *Verbe de Dieu, Dieu de Dieu, lumière de lumière, Fils unique, engendré de Dieu le Père avant tous les siècles*; dans celui d'Antioche, *Fils unique du Père, né de lui avant tous les siècles, et non fait; vrai Dieu de vrai Dieu, consubstantiel au Père*: ce dernier mot peut y avoir été ajouté depuis le concile de Nicée, le reste est ancien. Mais c'est contre le terme *consubstantiel* que les ariens se révoltèrent, et que leurs descendants s'élèvent encore. Ce n'est cependant qu'une conséquence de la génération éternelle du Verbe, professée dans les *symboles*. Sans doute il n'y a pas eu en Dieu de toute éternité deux substances différentes; si donc le Fils a été engendré du Père, *vrai Dieu de vrai Dieu, Eternel de l'Eternel*, comme s'expriment les *symboles*, peut-il être d'une autre substance que de celle du Père? Donc la génération divine emporte la coéternité, la coégalité et la consubstantialité. Les ariens mêmes n'ont jamais osé soutenir que ce terme exprimait une erreur; ils ont dit seulement que c'était un mot équivoque, duquel on pouvait abuser pour établir le sabellianisme, etc. *Voy.* CONSUBSTANTIEL.

De quel front les sociniens et leurs amis viennent-ils nous dire qu'avant le concile de Nicée la divinité du Verbe ou du Fils n'était pas un article de foi, que sur ce point la croyance de l'Eglise n'était pas fixée, que les Pères de ce concile ont eu tort d'employer des termes qui ne sont pas dans l'Ecriture, etc.? Il s'agissait de déterminer le vrai sens du mot *Fils unique* donné à Jésus-Christ dans l'Ecriture, *Joan.*, c. 1, v. 14 et 18; c. III, v. 16 et 18; *I Joan.*, c. IV, v. 9; les ariens y donnaient un sens faux, il fallait fixer le vrai : on l'établit, non par des arguments métaphysiques ni par des subtilités de grammaire, mais par le langage uniforme des anciens *symboles*; les évêques arrivèrent au concile munis de cette seule arme, ils n'en eurent pas besoin d'autre. Il en fut de même au concile de Constantinople, l'an 381; Macédonius, évêque de cette ville, s'avisa de nier la divinité du Saint-Esprit; il fut condamné comme Arius par la teneur des anciens *symboles*. Le concile de Nicée s'était borné à dire : *Nous croyons aussi au Saint-Esprit,* parce que cet article n'était point attaqué pour lors. On n'ygnorait pas qu'il est dit dans la profession de foi de saint Grégoire Thaumaturge, qui fut toujours celle de l'Eglise de Néocésarée, que « le Saint-Esprit existe de Dieu, qu'en lui sont manifestés Dieu le Père et Dieu le Fils; que, dans cette Trinité parfaite, il n'y a point de division ni de différence en gloire, en éternité, en souveraineté; qu'il n'y a rien de créé, rien d'inférieur, rien de survenu et qui n'ait pas existé auparavant; que le Père n'a jamais été sans le Fils, ni le Fils sans le Saint-Esprit; que cette Trinité demeure toujours la même, immuable et invariable. » Les sociniens ont fait inutilement des efforts pour faire douter de l'authenticité de ce *symbole*; Bullus l'a prouvée sans réplique, *Defens. fidei Nicænæ*, sect. II, c. 12.

On savait que, dans la profession de foi du martyr Lucien, qui était celle de l'Eglise d'Antioche, il est dit que « les noms de Père, de Fils et de Saint-Esprit ne sont pas seulement trois simples dénominations, mais qu'ils signifient la substance propre des trois personnes, leur ordre et leur gloire, de manière qu'ils sont trois par substance, et un par ressemblance. » Le *symbole* de l'Eglise de Césarée, cité par Eusèbe, porte. « Nous croyons au Père... au Fils... et au Saint-Esprit, et que chacun des trois subsiste véritablement. » En écrivant à son troupeau, cet évêque proteste que telle est la foi qu'il a reçue de ses prédécesseurs et dès son enfance, qu'il y persévère et y tiendra toujours. Socrate, *Hist. eccles*., l. I, chap. 8. D'ailleurs, saint Epiphane qui écrivait l'an 373, huit ans avant le concile de Constantinople, nous apprend que, depuis le concile de Nicée jusqu'alors, il s'était élevé de nouvelles erreurs; que pour en préserver les fidèles on faisait apprendre et réciter aux catéchumènes un *symbole* plus ample que celui de Nicée, dans lequel il est dit que *le Saint-Esprit est incréé, qu'il procède du Père et qu'il reçoit du Fils*. Le *symbole* même que ce Père nous donne pour *symbole de Nicée* est augmenté dans ce qui regarde le Saint-Esprit; il est entièrement conforme à celui que l'on récite encore actuellement à la messe; ainsi le concile de Constantinople ne fit que l'adopter. C'est pour cela même qu'il porte toujours le nom de *symbole de Nicée*. La conduite des conciles a donc toujours été uniforme; on y a décidé, non ce qu'il fallait commencer à croire, mais ce qui avait toujours été cru; les évêques ne se sont point arrogé l'autorité d'introduire une nouvelle doctrine, mais de rendre témoignage de celle qu'ils ont trouvée établie dans leur église; s'il ne s'était jamais trouvé d'hérétiques déterminés à faire changer de croyance aux fidèles, l'Eglise n'aurait jamais eu besoin de faire de nouvelles décisions. *Voy*. DÉPÔT, ÉVÊQUE, etc.

Il est constant, et Bingham l'a prouvé, que depuis le concile de Nicée la plupart des Eglises d'Orient ont fait réciter aux catéchumènes avant le baptême le *symbole* de ce concile avec les additions adoptées par celui de Constantinople. Celui d'Ephèse, tenu l'an 431, défendit sévèrement d'en introduire un autre, *act.* 6. Mais les savants conviennent communément que l'on n'a commencé à le réciter dans la liturgie que vers le milieu du v° siècle dans les Eglises d'Orient, et un peu plus tard dans celles de l'Occident. On croit que Pierre le Foulon introduisit le premier cet usage dans l'Eglise d'Antioche, l'an 471, et qu'il fut imité dans celle de Constantinople l'an 511. Le premier vestige de cette coutume en Espagne se voit dans le III° concile de Tolède vers l'an 589; elle ne fut suivie dans les Gaules que sous Charlemagne, et on ne la trouve solidement établie dans l'Eglise romaine que sous le pontificat de Benoît VIII, l'an 1014. Bingham, *ibid*., c. 4, § 17.

On convient encore à présent que le *symbole* qui porte le nom de saint Athanase n'a pas été composé par lui, mais par un auteur latin beaucoup plus récent, qui l'a tiré des écrits de ce saint docteur. La première fois qu'il en est fait mention est dans un concile d'Autun, tenu l'an 670; Ayton, évêque de Bâle vers l'an 800, prescrivit aux clercs de le dire à prime. Rathérius, évêque de Vérone vers l'an 930, voulait que les prêtres de son diocèse sussent par cœur le *symbole* des apôtres, celui que l'on dit à la messe, et celui qui est attribué à saint Athanase. Les anglicans le disaient autrefois dans l'office du dimanche aussi bien que les catholiques; mais depuis que les sociniens se sont multipliés en Angleterre, ils sont venus à bout d'en faire cesser la récitation dans quelques églises. Bingham, *ibid*.: Lebrun, *Explicat. des Cérémon. de la Messe*, II° part., art. 8.

SYMMAQUE. *Voy*. SEPTANTE et VERSION.

SYNAGOGUE, mot grec qui signifie *assemblée*; il est pris dans ce sens général dans plusieurs passages de l'Ancien Testament, il se dit indifféremment de l'assemblée des justes et de celle des méchants. Dans les livres du Nouveau, il a un sens plus étroit; il signifie une assemblée religieuse, ou le lieu destiné chez les juifs au service divin; or, ce service, depuis la destruction du temple, ne consiste plus que dans la prière, dans la lecture des livres saints et dans la prédication; c'est à quoi se réduit aussi celui de plusieurs sectes protestantes.

Ce que nous allons dire des *synagogues* est tiré de Reland, *Antiq. Sacr. veterum Hebræor.*, I° part., c. 10, et de Prideaux, *Hist. des juifs*, t. VI, t. II, p. 230, et peut servir à l'intelligence de plusieurs passages du Nouveau Testament; mais, comme ces deux auteurs ont tiré des rabbins une partie de ce qu'ils disent, on ne peut pas y ajouter la même foi qu'à ce qui nous est indiqué dans nos livres saints. On ne trouve dans ceux de l'Ancien Testament aucun vestige des *synagogues*, d'où l'on conclut qu'il n'y en avait point avant la captivité de Babylone. Comme une des parties principales du service religieux des Juifs est la lecture de la loi, ils ont établi pour maxime qu'il ne peut point y avoir de *synagogue* où il n'y a pas un livre de la loi. Or, pendant un grand nombre des années qui précédèrent la captivité, les Juifs, livrés à l'idolâtrie, négligèrent sans doute beaucoup la lecture de leurs livres saints, et les exemplaires durent en être assez rares. C'est pour cela que Josaphat envoya des prêtres dans tout le pays pour instruire le peuple dans la loi de Dieu, *II Paral.*, c. XVII, v. 9, et que Josias fut si étonné lorsqu'il entendit lire cette même loi trouvée dans le temple, *II Reg.*, c. XXVII. Il ne s'ensuit pas de là qu'il n'en restait que ce seul exemplaire; les livres qu'on ne lit point sont comme s'il n'existaient pas. — Suivant les notions actuelles des Juifs, on ne peut et on ne doit point établir une *synagogue* dans un lieu, à moins qu'il ne s'y trouve dix personnes d'un âge mûr, libres d'assister constamment au service qui doit s'y faire. Il n'y eut d'abord qu'un petit nombre de ces lieux d'assemblée, mais dans la suite ils se multiplièrent; il paraît que du temps de Jésus-Christ il n'y avait point de ville de Judée où il ne se trouvât une *synagogue*. Suivant l'opinion des Juifs, on en comptait 480 dans la seule ville de Jérusalem; c'est évidemment une exagération. Le service de la *synagogue* consistait, comme nous l'avons déjà remarqué, dans la prière, la lecture de l'Ecriture sainte avec l'interprétation qui s'en faisait, et la prédication. La prière des Juifs est contenue dans les formulaires de leur culte; la plus solennelle est celle qu'ils appellent les *dix-neuf prières*; il est ordonné à toute personne parvenue à l'âge de discrétion, de la faire trois fois le jour, le matin, vers le midi et le soir: elle se dit dans la *synagogue* tous les jours d'assemblée. Il n'est pas certain que cet usage ait toujours été observé. La seconde partie du service est la lecture de l'Ancien Testament. Les Juifs la commencent par trois morceaux détachés du Pentateuque; savoir, le v. 4 du sixième chapitre du *Deutéronome*, jusqu'au v. 9; le v. 13 du chap. XI de ce même livre, jusqu'au v. 21; le quinzième chap. du livre des *Nombres*, depuis le v. 37, jusqu'à la fin. Ils lisent ensuite une des sections de la loi et des prophètes qu'ils ont marquées pour chaque semaine de l'année et pour chaque jour d'assemblée. La troisième partie du service est l'explication de l'Ecriture et la prédication; la première se faisait à mesure qu'on lisait, la seconde après la lecture finie. Jésus-Christ enseignait les Juifs de l'une et de l'autre de ces manières. Un jour qu'il vint à Nazareth où il demeurait ordinairement, on lui fit lire la section des prophètes marquée pour ce jour-là; quand il se fut levé et qu'il l'eut lue, il se rassit et l'expliqua, *Luc.*, c. XVI, v. 17. Dans les autres endroits, il allait toujours à la *synagogue* le jour du sabbat, et il prêchait l'assemblée après la lecture de la loi et des prophètes, *Luc.*, c. IV, v. 16. C'est ce que fit aussi saint Paul dans la *synagogue* d'Antioche de Pisidie, *Act.*, c. XIII, v. 15. On s'assemblait trois jours de la semaine, le lundi, le jeudi et le samedi, jour du sabbat, et chacun de ces jours il y avait assemblée le matin, après midi et le soir. Les prêtres n'étaient pas les seuls ministres de la *synagogue*; les plus distingués étaient les anciens, nommés dans l'Evangile *principes synagogæ*; on ne sait pas quel était leur nombre; à Cérinthe on en voit deux, Crispe et Sosthène. Le ministre de la *synagogue* était celui qui prononçait les prières au nom de l'assemblée, on prétend qu'il était nommé *l'ange* ou *le messager de l'Eglise*, que c'est à l'imitation des Juifs que saint Jean dans l'Apocalypse a donné le nom *d'ange* aux évêques des sept Eglises d'Asie, auxquels il adresse la parole, mais ce n'est là qu'une conjecture. Après le ministre étaient les diacres ou serviteurs de la *synagogue*; ils étaient chargés de garder les livres sacrés, ceux de la liturgie et les autres meubles; ainsi il est dit que quand Notre-Seigneur eut fini la lecture dans la *synagogue* de Nazareth, il rendit le livre au ministre inférieur ou au diacre. Il est évident que les fonctions de celui-ci n'avaient aucune ressemblance avec celles des sept diacres qui furent établis par les apôtres dans l'Eglise de Jérusalem, *Act.*, c. VI, v. 5. Enfin, il y avait l'interprète, dont l'office consistait à traduire en chaldéen, ou plutôt en syrochaldaïque, ce qui avait été lu au peuple en hébreu, il fallait par conséquent que cet homme sût parfaitement les deux langues. Cependant il n'est point fait mention de ces interprètes dans l'Evangile, et il est difficile de croire qu'il y ait eu chez les Juifs un assez grand nombre de ces hommes instruits pour en pourvoir toutes les *synagogues*. Comme il n'est pas certain que du temps de notre Sauveur la paraphrase chaldaïque d'Onkélos, qui est la plus ancienne, donnât déjà été faite, nous ne savons pas si ce divin Maître lut à Nazareth le texte du prophète Isaïe en hébreu, ou s'il le traduisit en le lisant dans le dialecte de Jérusalem, qui était un mélange d'hébreu, de syriaque et de chaldéen. *Voy.* PARAPHRASE. On croit encore qu'avant la fin de l'assemblée, le prêtre qui s'y trouvait, ou à son défaut le ministre, donnait la bénédiction au peuple, et qu'il y avait pour cela un formulaire particulier. Etait-ce celui que composa Moïse, lorsqu'il bénit les Israélites avant sa mort, *Deut.*, cap. XXVIII, ou en était-ce un autre? Personne n'en sait rien. La seule chose certaine, c'est que les Juifs, dans leur service actuel, s'écartent en plusieurs points du plan que nous venons de tracer; mais, encore une fois, celui-ci n'est qu'un assemblage de conjectures qui ne portent sur aucune preuve positive. Quand on voit la confiance que les hébraïsants protestants donnent aux traditions des rabbins, et le ton de certitude sur lequel ils en parlent, on est étonné de l'incrédulité et du mépris qu'ils témoignent pour toutes les traditions de l'Eglise chrétienne; les juifs sont-ils donc des savants mieux instruits, plus judicieux, plus dignes de foi que les Pères de l'Eglise.

SYNAXARION. C'est un livre ecclésiastique des Grecs, dans lequel ils ont recueilli en abrégé les Vies des saints, et où l'on voit en peu de mots le sujet de chaque fête. Ce livre est imprimé, non-seulement en grec pur, mais aussi en grec vulgaire, afin que le peuple puisse le lire. Dans les dissertations que Léon Allatius a composées sur les livres ecclésiastiques des Grecs, il dit que Xanthopule a inséré beaucoup de faussetés dans le *Synaxarion*; aussi, l'auteur des *cinq chapitres du concile de Florence*, attribués au patriarche Gennade, rejette ces additions, et assure qu'elles ne se lisent point dans l'Eglise de Constantinople.

On trouve au commencement ou à la fin de quelques exemplaires grecs manuscrits du *Nouveau Testament*, des tables qui indiquent les évangiles qu'on lit dans les églises grecques chaque jour de l'année; ces tables se nomment encore *Synaxaria*.

SYNAXE, assemblée; les auteurs grecs ont ainsi nommé en particulier les assemblées chrétiennes dans lesquelles on célébrait le service divin, où l'on consacrait l'eucharistie, où l'on chantait les psaumes, ou l'on priait en commun. *Voy.* LITURGIE, OFFICE DIVIN.

SYNCELLE, compagnon, celui qui demeure dans le même appartement ou dans la même chambre. Dans les premiers siècles, les évêques, pour prévenir tout soupçon désavantageux sur leur conduite, prirent avec eux un ecclésiastique qui les accompagnait partout, qui était témoin de toutes leurs actions, qui couchait dans la même chambre; c'est pour cette raison qu'il était appelé *syncelle* de l'évêque. Le patriarche de Constantinople en avait plusieurs qui se succédaient, et le premier de tous était nommé *protosyncelle*. La confiance que le patriarche avait en eux, la part qu'il leur donnait dans le gouvernement, le crédit qu'ils acquirent à la cour, rendirent bientôt la place de *protosyncelle* très-considérable; c'était un titre pour parvenir au patriarcat, de même qu'à Rome la dignité d'archidiacre. Par cette raison, l'on a vu quelquefois des fils et des frères des empereurs occuper cette place, surtout depuis le IXe siècle, les évêques mêmes et les métropolitains se firent un honneur d'en être revêtus. Peu à peu les *protosyncelles* se regardèrent comme le premier personnage après les patriarches; ils se crurent supérieurs aux évêques et aux métropolitains, et se placèrent au-dessus d'eux dans les cérémonies ecclésiastiques. Leurs prérogatives, quoique fort restreintes, sont encore aujourd'hui très-grandes. Dans le synode tenu à Constantinople contre le patriarche Cyrille Lucar, qui voulait répandre dans l'Église grecque les erreurs de Calvin, le *protosyncelle* paraît comme la seconde dignité de l'Eglise de Constantinople. Quant aux *syncelles*, il y a longtemps qu'ils n'existent plus en Occident, et que ce n'est plus qu'un vain titre en Orient. Zonaras, *Annal.*, t. III; Thomassin, *Discipl. eccl.*, Ire part., l. I, c. 46; IIIe part., l. I, c. 51; IVe part., l. I, c. 76.

SYNCRÉTISTES, conciliateurs. On a donné ce nom aux philosophes qui ont travaillé à concilier les différentes écoles et les divers systèmes de philosophie, et aux théologiens qui se sont appliqués à rapprocher la croyance des différentes communions chrétiennes. Peu nous importe de savoir si les premiers ont bien ou mal réussi : mais il n'est pas inutile d'avoir une notion des diverses tentatives que l'on a faites, soit pour accorder ensemble les luthériens et les calvinistes, soit pour réunir les uns et les autres à l'Eglise romaine; le mauvais succès de tous ces projets peut donner lieu à des réflexions.

Basnage, *Hist. de l'Eglise*, l. XXVI, c. 8 et 9, et Mosheim, *Hist. ecclés. du* XVIIe *siècle*, IIe section, IIe part., en ont fait un détail assez exact; nous ne ferons qu'abréger ce qu'ils en ont dit. Luther avait commencé à dogmatiser en 1517; dès l'an 1529, il y eut à Marpourg une conférence entre ce réformateur et son disciple Mélanchthon d'un côté, OEcolampade et Zwingle, chefs des sacramentaires, de l'autre, au sujet de l'eucharistie, qui était alors le principal sujet de leur dispute; après avoir disputé la question assez longtemps, il n'y eut rien de conclu, chacun des deux partis demeura dans son opinion. L'un et l'autre cependant prenaient pour juge l'Ecriture sainte, et soutenaient que le sens en était clair. En 1536, Bucer, avec neuf autres députés, se rendit à Wirtemberg, et parvint à faire signer aux luthériens une espèce d'accord; Basnage convient qu'il ne fut pas de longue durée, que l'an 1544 Luther commença d'écrire avec beaucoup d'aigreur contre les sacramentaires, et qu'après sa mort la dispute s'échauffa au lieu de s'éteindre. En 1550, il y eut une nouvelle négociation entamée entre Mélanchthon et Calvin pour parvenir à s'entendre; elle ne réussit pas mieux. En 1558, Bèze et Farel, députés des calvinistes français, de concert avec Mélanchthon, firent adopter par quelques princes d'Allemagne qui avaient embrassé le calvinisme, et par les électeurs luthériens, une explication de *la confession d'Augsbourg*, qui semblait rapprocher les deux sectes; mais Flaccius Illyricus écrivit avec chaleur contre ce traité de paix; son parti grossit après la mort de Mélanchthon; celui-ci ne remporta, pour fruit de son esprit conciliateur, que la haine, les reproches, les invectives des théologiens de sa secte. L'an 1570 et les années suivantes, les luthériens et les calvinistes ou réformés conférèrent encore en Pologne dans divers synodes tenus à cet effet, et ils convinrent de quelques articles; malheureusement il se trouva toujours des théologiens entêtés et fougueux qui s'élevèrent contre ces tentatives de réconciliation; l'article de l'eucharistie fut toujours le principal sujet des disputes et des dissensions, quoique l'on eût cherché toutes les tournures possibles pour contenter les deux partis. — En 1577, l'électeur de Saxe fit dresser par ses théologiens luthériens le fameux livre *de la Concorde*, dans lequel le sentiment des réformés était condamné; il usa de violence et de peines afflictives pour faire adopter cet écrit dans tous ses Etats. Les calvinistes s'en plaignirent amèrement; ceux de Suisse écrivirent contre ce livre, et il ne servit qu'à aigrir davantage les esprits. L'an 1578, les calvinistes de France, dans un synode de Sainte-Foi, renouvelèrent leurs instances pour obtenir l'amitié et la fraternité des luthériens; ils envoyèrent des députés en Allemagne, ils ne réussirent pas. En 1631, le synode de Charenton fit le décret d'admettre les luthériens à la participation de la cène, sans les obliger à faire abjuration de leur croyance. Mosheim avoue que les luthériens n'y furent pas fort sensibles, non plus qu'à la condescendance que les réformés eurent pour eux dans une conférence tenue à Leipsick pendant cette même année. Les luthériens, dit-il, naturellement timides et soupçonneux, craignant toujours qu'on ne leur tendît des pièges pour les surprendre, ne furent satisfaits d'aucune offre ni d'aucune explication. *Hist. ecclés.*, ibid., c. 1, § 4. — Vers l'an 1640, Georges Calixte, docteur luthérien, forma le projet non-seulement de réunir les deux principales sectes protestantes, mais de les réconcilier avec l'Eglise romaine. Il trouva des adversaires implacables dans ses confrères, les théologiens saxons. Mosheim, *ibid.*, § 20 et suiv., convient que l'on mit dans cette controverse de la fureur, de la malignité, des calomnies, des insultes; que ces théologiens, loin d'être animés par l'amour de la vérité et par le zèle de la religion, agirent par esprit de parti, par orgueil, par animosité. On ne pardonna point à Calixte d'avoir enseigné, 1° que si l'Eglise romaine était remise dans le même état où elle était durant les cinq premiers siècles, on ne serait plus en droit de rejeter sa communion; 2° que les catholiques qui croient de bonne foi les dogmes de leur Eglise par ignorance, par habitude, par préjugé de naissance et d'éducation, ne sont point exclus du salut, pourvu qu'ils croient toutes les vérités contenues dans le symbole des apôtres, et qu'ils tâchent de vivre conformément aux préceptes de l'Evangile. Mosheim, qui craignait encore le zèle fougueux des théologiens de sa secte, a eu grand soin de déclarer qu'il ne prétendait point justifier ces maximes.

Nous sommes moins rigoureux à l'égard des hérétiques en général; nous n'hésitons point de dire, 1° que si tous voulaient admettre la croyance, le culte, la discipline qui étaient en usage dans l'Eglise catholique pendant les cinq premiers siècles, nous les regarderions volontiers comme nos frères; 2° que tout hérétique qui croit de bonne foi les dogmes de sa secte, par préjugé de naissance et d'éducation, par ignorance invincible, n'est pas exclu du salut, pourvu qu'il croie toutes les vérités contenues dans le symbole des apôtres, et qu'il tâche de vivre selon les préceptes de l'Evangile, parce qu'un des articles du symbole des apôtres est de croire *à la sainte Eglise catholique. Voy.* EGLISE, § 3 et 4, IGNORANCE, etc. Pour nous récompenser de cette condescendance, on nous reproche d'être intolérants.

En 1645, Uladislas IV, roi de Pologne, fit tenir à Thorn une conférence entre les théologiens catholiques, les luthériens et les réformés; après beaucoup de disputes, Mosheim dit qu'ils se séparèrent tous plus possédés de l'esprit de parti, et avec moins de charité chrétienne qu'ils n'en avaient auparavant. En 1661, nouvelle conférence à Cassel, entre les luthériens et les réformés : après plusieurs contestations, ils finirent par s'embrasser et se promettre une amitié fraternelle. Mais cette complaisance de quelques luthériens leur attira la haine et les reproches de leurs confrères. Frédéric-Guillaume, électeur de Brandebourg, et son fils Frédéric Ier, roi de Prusse, ont fait inutilement de nouveaux efforts pour allier les deux sectes dans leurs Etats. Mosheim ajoute que les *syncrétistes* ont toujours été en plus grand nombre chez les réformés que parmi les luthériens; que tous ceux d'entre ces derniers qui ont voulu jouer le rôle de conciliateurs, ont toujours été victimes de leur amour pour la paix. Son traducteur a eu grand soin de faire remarquer cet aveu. Il n'est donc pas étonnant que les luthériens aient porté le même esprit d'entêtement, de défiance, d'animosité, dans les conférences qu'ils ont eues avec des théologiens catholiques. Il y en eut une à Ratisbonne en 1601, par ordre du duc de Bavière et de l'électeur palatin; une autre à Neubourg en 1615, à la sollicitation du prince palatin; la troisième fut celle de Thorn en Pologne, de laquelle nous avons parlé; toutes furent inutiles. On sait qu'après la conférence que le ministre Claude eut à Paris avec Bossuet en 1683, ce ministre calviniste, dans la relation qu'il en fit se vanta d'avoir vaincu son adversaire, et les protestants en sont encore aujourd'hui persuadés.

Cependant, en 1684, un ministre luthérien nommé Pratorius fit un livre pour prouver que la réunion entre les catholiques et les protestants n'est pas impossible, et il proposait plusieurs moyens pour y parvenir; ses confrères lui en ont su très-mauvais gré, ils l'ont regardé comme un papiste déguisé. Dans le même temps un autre écrivain, qui paraît avoir été calviniste, fit un ouvrage pour soutenir que ce projet ne réussira jamais, et il en donnait différentes raisons. Bayle a fait un extrait de ces deux productions. *Nouv. de la Républ. des Lettres,* décembre 1685, art. 3 et 4.

Le savant et célèbre Leibnitz, luthérien très-modéré, ne croyait point à l'impossibilité d'une réunion des protestants aux catholiques; il a donné de grands éloges à l'esprit conciliateur de Mélanchthon et de Georges Calixte. Il pensait que l'on peut admettre dans l'Eglise un gouvernement monarchique tempéré par l'aristocratie, tel que l'on conçoit en France celui du souverain poplife; il ajoutait que l'on peut tolérer les messes privées et le culte des images, en retranchant les abus. Il y eut une relation indirecte entre ce grand homme et Bossuet ; mais comme Leibnitz prétendait faussement que le concile de Trente n'était pas reçu en France, *quant à la doctrine* ou aux définitions de foi, Bossuet le réfuta par une réponse ferme et décisive. *Esprit de Leibnitz*, tom. II, pag. 6 et suiv., p. 97, etc. On conçoit aisément que le gros des luthériens n'a pas applaudi aux idées de Leibnitz. — En 1717 et 1718, lorsque les esprits étaient en fermentation, surtout à Paris, au sujet de la bulle *Unigenitus*, et que les appelants formaient un parti très-nombreux, il y eut une correspondance entre deux docteurs de Sorbonne et Guillaume Wake, archevêque de Cantorbéry, touchant le projet de réunir l'Eglise anglicane à l'Eglise de France. Suivant la relation qu'a faite de cette négociation le traducteur anglais de Mosheim, tom. VI, p 64 de la version française, le docteur Dupin, principal agent dans cette affaire, se rapprochait beaucoup des opinions anglicanes, au lieu que l'archevêque ne voulait céder sur rien, et demandait pour préliminaire de conciliation que l'Eglise gallicane rompît absolument avec le pape et avec le saint-siège, devînt par conséquent schismatique et hérétique, aussi bien que l'Eglise anglicane. Comme, dans cette négociation, Dupin ni son confrère n'étaient revêtus d'aucun pouvoir, et n'agissaient pas par des motifs assez purs, ce qu'ils ont écrit a été regardé comme non avenu. Enfin, en 1723, Christophe-Matthieu Pfaff, théologien luthérien et chancelier de l'université de Tubinge, avec quelques autres, renouvela le projet de réunir les deux principales sectes protestantes ; il fit à ce sujet un livre intitulé : *Collectio scriptorum Irenicorum ad unionem inter protestantes faciendum*, imprimé à Hall en Saxe, in-4°. Mosheim avertit que ses confrères s'opposèrent vivement à ce projet pacifique, et qu'il n'eut aucun effet. Il avait écrit en 1755 que les luthériens ni les arminiens n'ont plus aujourd'hui aucun sujet de controverses avec l'Eglise réformée. *Hist. ecclés.*, XVIII° siècle, § 22. Son traducteur soutient que cela est faux, que la doctrine des luthériens touchant l'eucharistie est rejetée par toutes les Eglises réformées sans exception ; que dans l'Eglise anglicane, les trente-neuf articles de sa *confession de foi* conservent toute leur autorité ; que dans les Eglises réformées de Hollande, d'Allemagne et de la Suisse, on regarde encore certaines doctrines des arminiens et des luthériens comme un juste sujet de les exclure de la communion, quoique dans ces différentes contrées il y ait une infinité de particuliers qui jugent qu'il faut user envers les uns et les autres d'un esprit de tolérance et de charité. Ainsi le foyer de la division subsiste toujours prêt à se rallumer, quoique couvert d'une cendre légère de tolérance et de charité.

Sur tous ces faits il y a matière à réflexion: 1° Comme la doctrine chrétienne est révélée de Dieu, et que l'on ne peut pas être chrétien sans la foi, il n'est permis à aucun particulier ni à aucune société de modifier cette doctrine, de l'exprimer en termes vagues susceptibles d'un sens orthodoxe, mais qui peuvent aussi favoriser l'erreur, d'y ajouter ou d'en retrancher quelque chose par complaisance pour des sectaires, sous prétexte de modération et de charité. C'est un dépôt confié à la garde de l'Eglise, elle doit le conserver et le transmettre à tous les siècles tel qu'elle l'a reçu et sans aucune altération, *I Tim.*, c. VI, v. 20 ; *II Tim.*, c. I, v. 14. *Nous n'agissons point*, dit saint Paul, *avec dissimulation, ni en altérant la parole de Dieu, mais en déclarant la vérité ; c'est par là que nous nous rendons recommandables devant Dieu à la conscience des hommes.* Nos adversaires ne cessent de déclamer contre les fraudes pieuses ; y en a-t-il donc une plus criminelle que d'envelopper la vérité sous des expressions captieuses, capables de tromper les simples et de les induire en erreur ? çà été cependant le manège employé par les sectaires toutes les fois qu'ils ont fait des tentatives pour se rapprocher. Il est évident que ce que l'on appelle aujourd'hui tolérance et charité, n'est qu'un fond d'indifférence pour les dogmes, c'est-à-dire pour la doctrine de Jésus-Christ.—2° Jamais la fausseté du principe fondamental de la réforme n'a mieux éclaté que dans les disputes et les conférences que les protestants ont eues ensemble ; ils ne cessent de répéter que c'est par l'Ecriture sainte seule qu'il faut décider toutes les controverses en matière de foi : et depuis plus de deux cent cinquante ans qu'ils contestent entre eux, ils n'ont pas encore pu convenir du sens qu'il faut donner à ces paroles de Jésus-Christ : *Ceci est mon corps, ceci est mon sang.* Ils soutiennent que chaque particulier est en droit de donner à l'Ecriture le sens qui lui paraît vrai, et ils se refusent mutuellement la communion, parce que chaque parti veut user de ce privilége.—3° Lorsque les hérétiques proposent des moyens de réunion, ils sous-entendent toujours qu'ils ne rabattront rien de leurs sentiments, et qu'il est permis à eux seuls d'être opiniâtres. Nous le voyons par les prétentions de l'archevêque de Cantorbéry ; il exigeait avant toutes choses que l'Eglise gallicane commençât par se condamner elle-même, qu'elle reconnût que jusqu'à présent elle a été dans l'erreur, en attribuant au souverain pontife une primauté de droit divin et une autorité de juridiction sur toute l'Eglise. Cette proposition seule était une véritable insulte, et ceux à qui elle a été faite n'auraient pas dû l'envisager autrement. Il est aisé de former un schisme, il ne faut pour cela qu'un moment de fougue et d'humeur ; pour en revenir, c'est autre chose :

Facilis descensus Averni,
Sed revocare gradum....

4° Le caractère soupçonneux, défiant, obstiné des hérétiques, est démontré, non-seulement par les aveux forcés que plusieurs d'entre eux en ont faits, mais par toute leur conduite. Mosheim lui-même, en convenant de ce caractère de ses confrères, n'a pas su s'en préserver. Il soutient que toutes les méthodes employées par les théologiens catholiques pour détromper les protestants, pour leur exposer la doctrine de l'Eglise telle qu'elle est, pour leur montrer qu'ils en ont une fausse idée et qu'ils la déguisent pour la rendre odieuse, sont des pièges et des impostures; mais des hommes qui accusent tous les autres de mauvaise foi, pourraient bien en être coupables eux-mêmes. Comment traiter avec des opiniâtres qui ne veulent pas encore convenir que l'*Exposition de la foi catholique* par Bossuet présente la véritable croyance de l'Eglise romaine, qui ne savent pas encore si nous recevons les définitions de foi du concile de Trente, qui semblent même douter si nous croyons tous les articles contenus dans le symbole des apôtres? S'ils prenaient au moins la peine de lire nos catéchismes et de les comparer, ils verraient que l'on croit et que l'on enseigne de même partout; mais ils trouvent plus aisé de nous calomnier que de s'instruire. — 5° Comme chez les protestants il n'y a point de surveillant général, point d'autorité en fait d'enseignement, point de centre d'unité, non-seulement chaque nation, chaque société, mais chaque docteur particulier croit et enseigne ce qu'il lui plaît. Quand on parviendrait à s'entendre avec les théologiens d'une telle université ou d'une telle école, on n'en serait pas plus avancé à l'égard des autres; la convention faite avec les uns ne lie pas les autres. L'esprit de contradiction, la rivalité, la jalousie, les préventions nationales, les petits intérêts de politique, etc., suffisent pour exciter tous ceux qui n'ont point eu de part à cette convention, à la traverser de tout leur pouvoir. C'est ce qui est arrivé toutes les fois qu'il y a eu quelque espèce d'accord conclu entre les luthériens et les calvinistes; la même chose arriverait encore plus sûrement, si les uns ou les autres avaient traité avec des catholiques. La confession d'Augsbourg présentée pompeusement à la diète de l'empire ne plut pas à tous les luthériens; elle a été retouchée et changée plusieurs fois, et ceux d'aujourd'hui ne la reçoivent pas dans tous les points de doctrine. Il en a été de même des confessions de foi des calvinistes : aucune ne fait loi pour tous, chaque Eglise réformée est un corps indépendant qui n'a pas même le droit de fixer la croyance de ses membres. — 6° Bossuet, dans l'écrit qu'il a fait contre Leibnitz, a très-bien démontré que le principe fondamental des protestants est inconciliable avec celui des catholiques. Les premiers soutiennent qu'il n'y a point d'autre règle de foi que l'Ecriture sainte, que l'autorité de l'Eglise est absolument nulle, que personne ne peut être obligé en conscience de se sou

mettre à ses décisions. Les catholiques au contraire sont persuadés que l'Eglise est l'interprète de l'Ecriture sainte, que c'est à elle d'en fixer le véritable sens, que quiconque résiste à ses décisions en matière de doctrine, pèche essentiellement dans la foi, et s'exclut par là même du salut. Quel milieu, quel tempérament trouver entre ces deux principes diamétralement opposés ? Par conséquent les *syncrétistes*, de quelque secte qu'ils aient été, ont dû sentir qu'ils travaillaient en vain, et que leurs efforts devaient nécessairement être infructueux. Les éloges que les protestants leur prodiguent aujourd'hui ne signifient rien ; le résultat de la tolérance que l'on vante comme l'héroïsme de la charité, est qu'en fait de religion chaque particulier, chaque docteur, doit ne penser qu'à soi, et ne pas s'embarrasser des autres. Ce n'est certainement pas là l'esprit de Jésus-Christ ni celui du christianisme. *Voy.* Tolérance.

SYNDÉRÈSE. Ce terme grec signifie quelquefois chez les théologiens la sagacité de l'esprit qui voit l'ensemble des divers préceptes de morale, qui les compare, qui explique l'un par l'autre, et qui en conclut ce que l'on doit faire dans telle ou telle circonstance ; ainsi ce mot paraît dérivé de συνδέρω, *je dévoile ensemble.* A proprement parler, c'est la conscience droite, dirigée par un entendement éclairé. D'autres fois il signifie les remords de conscience, ou le jugement par lequel nous rassemblons et comparons nos actions, duquel nous concluons que nous sommes coupables. Il est évident que ces remords sont une grâce que Dieu nous fait, puisqu'un des effets du péché est de nous aveugler. Un scélérat qui n'aurait plus de remords serait redoutable dans la société, il n'y aurait aucun crime duquel il ne fût capable. Cette *syndérèse* est représentée dans l'Ecriture sainte comme un ver rongeur attaché au cœur du pécheur, et qui ne lui laisse point de repos.

SYNERGISTES, théologiens luthériens, qui ont enseigné que Dieu n'opère pas seul la conversion du pécheur, et que celui-ci coopère à la grâce en suivant son impulsion. Le mot de *synergistes* vient du grec συνεργέω, *je contribue, je coopère.*

Luther et Calvin avaient soutenu que par le péché originel l'homme a perdu toute activité pour les bonnes œuvres ; que quand Dieu nous fait agir par la grâce, c'est lui qui fait tout en nous et sans nous ; que, sous l'impulsion de la grâce, la volonté de l'homme est purement passive. Ils ne s'étaient pas bornés là : ils prétendaient que toutes les actions de l'homme étaient la suite nécessaire d'un décret par lequel Dieu les avait prédestinées et résolues. Luther n'hésitait pas de dire que Dieu produit le péché dans l'homme aussi réellement et aussi positivement qu'une bonne œuvre, qu'il n'est pas moins la cause de l'un que de l'autre. Calvin n'avouait pas cette conséquence, mais il n'en posait pas moins le principe. — Telle est la doctrine impie que le concile de Trente a proscrite, *Sess.* vi, *de Justif.*, can. 4, 5, 6, en ces termes : « Si quelqu'un dit que le libre arbitre de l'homme excité et mû de Dieu ne coopère point, en suivant cette impulsion et cette vocation de Dieu, pour se disposer à se préparer à la justification ; qu'il ne peut y résister, s'il le veut ; qu'il n'agit point et demeure purement passif ; qu'il soit anathème. Si quelqu'un enseigne que par le péché d'Adam le libre arbitre de l'homme a été perdu et anéanti, que ce n'est plus qu'un nom sans réalité ou une imagination suggérée par Satan ; qu'il soit anathème. Si quelqu'un soutient qu'il n'est pas au pouvoir de l'homme de rendre mauvaises ses actions, mais que c'est Dieu qui fait le mal autant que le bien, en le permettant non-seulement, mais réellement et directement, de manière que la trahison de Judas n'est pas moins son ouvrage que la conversion de saint Paul ; qu'il soit anathème. » Dans ces décrets, le concile se sert des propres termes des hérétiques. Il paraît presque incroyable que de prétendus réformateurs de la foi de l'Église aient poussé la démence jusque-là, et qu'ils aient trouvé des sectateurs ; mais lorsque les esprits sont une fois échauffés, aucun blasphème ne leur fait peur.

Mélanchthon et Strigélius, quoique disciples de Luther, ne purent digérer sa doctrine ; ils enseignèrent que Dieu attire à lui et convertit les adultes, de manière que l'impulsion de la grâce est accompagnée d'une certaine action ou coopération de la volonté. C'est précisément ce qu'a décidé le concile de Trente. Cette doctrine, dit Mosheim, déplut aux luthériens rigides, surtout à Flaccius Illyricus et d'autres ; elle leur parut destructive de celle de Luther touchant la servitude absolue de la volonté humaine et l'impuissance dans laquelle est l'homme de se convertir et de faire le bien ; ils attaquèrent de toutes leurs forces les *synergistes*. Ce sont, dit-il, à peu près les mêmes que les semi-pélagiens. *Hist. Ecclés.*, xvi° siècle, sect. 3, ii° part., c. 1, § 30. Mosheim n'est pas le seul qui ait taxé de semi-pélagianisme le sentiment catholique décidé par le concile de Trente ; c'est le reproche que nous font tous les protestants, et que Jansénius a copié ; est-il bien fondé ?

Déjà nous en avons prouvé la fausseté au mot Semi-pélagianisme. En effet, les semi-pélagiens prétendaient qu'avant de recevoir la grâce, l'homme peut la prévenir, s'y disposer et la mériter par de bonnes affections naturelles, par des désirs de conversion, par des prières, et que Dieu donne la grâce à ceux qui s'y disposent ainsi ; d'où il s'ensuivait que le commencement de la conversion et du salut vient de l'homme et non de Dieu. C'est la doctrine condamnée par les huit premiers canons du second concile d'Orange, tenu l'an 529. Or, soutenir, comme les semi-pélagiens, que la volonté de l'homme prévient la grâce par ses bonnes dispositions naturelles, et enseigner, comme le concile de Trente, que la volonté prévenue, *excitée et mue par la grâce*, coopère à cette motion ou à cette impulsion, est-ce la même chose ?

Le concile d'Orange, en condamnant les erreurs dont nous venons de parler, ajoute, can. 9 : « Toutes les fois que nous faisons quelque chose de bon, c'est Dieu qui agit en nous *et avec nous*, afin que nous le fassions. » Si Dieu agit avec nous, nous agissons donc aussi avec Dieu, et nous ne sommes pas purement passifs. Il est évident que le concile de Trente avait sous les yeux les décrets du concile d'Orange, lorsqu'il a dressé les siens. C'est ce qu'enseigne aussi saint Augustin dans un discours contre les pélagiens, serm. 156, *de Verbis Apostoli*, cap. 11, n. 11. Sur ces paroles de saint Paul : *Tous ceux qui sont mus par l'esprit de Dieu*, Rom., c. viii, v. 14, les pélagiens disaient : « Si nous sommes mus ou poussés, nous n'agissons pas. Tout au contraire, répond le saint docteur, vous agissez et vous êtes mus ; vous agissez bien, lorsqu'un principe vous meut. L'esprit de Dieu qui vous pousse, aide à votre action ; il prend le nom d'*aide*, parce que vous faites vous-mêmes quelque chose..... Si vous n'étiez pas agissants, il n'agirait pas avec vous, *si non esses operator, ille non esset cooperator.* » Il le répète, cap. 12, n. 13 : « Croyez donc que vous agissez ainsi par une bonne volonté. Puisque vous vivez, vous agissez sans doute ; Dieu n'est pas votre *aide* si vous ne faites rien, il n'est pas coopérateur où il n'y a point d'opération. Dira-t-on encore que saint Augustin suppose la volonté de l'homme purement passive sous l'impulsion de la grâce ? Nous pourrions citer vingt autres passages semblables.

Il nous importe peu de savoir si Mélanchthon et les autres *synergistes* ont mieux mérité le reproche de *semi-pélagianisme* ; mais nous aimons à connaître la vérité. Dans une lettre écrite à Calvin, et citée par Bayle, *Diction. crit. Synergistes*, A, Mélanchthon dit : « Lorsque nous nous relevons d'une chute, nous savons que Dieu veut nous aider, et qu'il nous secourt en effet dans le combat. *Veillons seulement*, dit saint Basile, *et Dieu surtout*. Ainsi notre vigilance est excitée, et Dieu exerce en nous sa bonté infinie ; il a promis le secours et il le donne, *mais à ceux qui le demandent.* » Si Mélanchthon a entendu que la demande de la grâce ou la prière se fait par les forces naturelles de l'homme, et n'est pas l'effet d'une première grâce qui excite l'homme à prier, il a véritablement été semi-pélagien, il a été condamné par le deuxième concile d'Orange, *can.* 3, et par celui de Trente, *can.* 4. Voilà ce que Mosheim aurait dû remarquer ; mais les théologiens hétérodoxes n'ont ni des notions claires, ni des expressions exactes sur aucune question.

Le fondement sur lequel les protestants et leurs copistes nous accusent de semi-pélagianisme, est des plus ridicules. Ils supposent qu'en disant que l'homme *coopère à la grâce*, nous entendons qu'il le fait par ses forces naturelles. Mais comment peut-on appeler *forces naturelles* celles que la volonté reçoit par un secours surnaturel? C'est une contradiction palpable. Si les *synergistes* luthériens y sont tombés, nous n'en sommes pas responsables. Supposons un malade réduit à une extrême faiblesse, qui ne peut plus se lever ni marcher; si on lui donne un remède qui ranime le mouvement du sang, qui remet en jeu les nerfs et les muscles, il pourra peut-être se lever et marcher pendant quelques moments. Dira-t-on qu'il le fait par ses forces naturelles, et non en vertu du remède? Dès que cette vertu aura cessé, il retombera dans son premier état. *Voy.* Semi-Pélagianisme, à la fin.

Bayle, dans le même article, a voulu très-inutilement justifier ou excuser Calvin, en disant que, quoiqu'il s'ensuive de la doctrine de ce novateur que Dieu est la cause du péché, cependant Calvin n'admettait pas cette conséquence. Tout ce que l'on en peut conclure, c'est qu'il était moins sincère que Luther qui ne la niait pas. Qu'il l'ait avouée ou non, il n'en était pas moins coupable. Son sentiment ne pouvait aboutir qu'à inspirer aux hommes une terreur stupide, une tentation continuelle de blasphémer contre Dieu et de le maudire au lieu de l'aimer. Il est singulier qu'un hérétique obstiné ait eu le privilège de travestir la doctrine de l'Eglise, d'en tirer les conséquences les plus fausses, malgré la réclamation des catholiques, et qu'il en ait été quitte pour nier celles qui découlaient évidemment de la sienne. S'il avait trouvé quelque chose de semblable dans ses adversaires, de quel opprobre ne les aurait-il pas couverts?

Le traducteur de Mosheim avertit dans une note, t. IV, p. 333, que de nos jours il n'y a presque plus aucun luthérien qui soutienne, touchant la grâce, la doctrine rigide de Luther; nous le savons: nous n'ignorons pas non plus que presque tous les réformés ont abandonné aussi sur ce sujet la doctrine rigide de Calvin. Ils reconnaissent donc enfin, après deux cents ans, que les deux patriarches de la réforme ont été dans une erreur grossière, et y ont persévéré jusqu'à la mort. Il est difficile de croire que Dieu a voulu se servir de deux mécréants pour réformer la foi de son Eglise: pas un seul protestant n'a encore daigné répondre à cette réflexion. Mais ces mêmes réformés sont tombés d'un excès dans un autre. Quoique le synode de Dordrecht ait donné en 1618 la sanction la plus authentique à la doctrine rigide de Gomar, qui est celle de Calvin, quoiqu'il ait proscrit celle d'Arminius, qui est le pélagianisme, celle-ci a été embrassée par la plupart des théologiens réformés, même par les anglicans. *Trad. de Mosheim*, t. VI, p. 32. Conséquemment ils ne reconnaissent plus la nécessité de la grâce intérieure; au lieu que Calvin ne cessait de citer saint Augustin, les réformés d'à présent regardent ce Père comme un novateur. *Voy.* Arminiens, Pélagianisme, etc.

SYNODE, assemblée ecclésiastique; c'est le mot grec qui désigne un concile. Mais, parmi nous, *concile* se dit principalement de l'assemblée des évêques d'une province, d'un royaume ou de l'Eglise universelle; *synode* est l'assemblée des ecclésiastiques du second ordre, sous la présidence de l'évêque, ou de ceux d'un district particulier, sous les yeux d'un official ou d'un archidiacre. Le but de ces assemblées est de faire des statuts ou règlements pour réformer ou prévenir les fautes contre la discipline, soit parmi les ecclésiastiques, soit parmi les simples fidèles.

Dans cet article de l'ancienne *Encyclopédie* on a décidé que c'est au souverain seul d'ordonner ou de permettre les assemblées ecclésiastiques, de fixer les matières desquelles on y doit traiter, d'en examiner, d'en approuver ou d'en casser les décisions et les règlements; l'on appuie cette doctrine sur l'autorité irréfragable de quelques protestants. Cette jurisprudence est bonne en Angleterre, où le roi se donne le titre de *chef souverain de l'Eglise anglicane*. Heureusement les souverains catholiques connaissent mieux l'étendue et les bornes de leur autorité que les protestants; ils ne sont pas dupes du zèle hypocrite qu'affectent certains auteurs pour agrandir le pouvoir monarchique; dès que ces derniers y ont le moindre intérêt, ils remettent les rois sous la tutelle du peuple. — Avant la conversion des empereurs au christianisme, il y avait eu pour le moins trente-six conciles ou *synodes*, dont plusieurs avaient été assez nombreux, et formés par les évêques de plusieurs provinces de l'empire. Nous ne voyons pas que ces assemblées aient été tenues en vertu des édits des empereurs païens, ni que ceux-ci aient donné des lettres patentes pour en confirmer ou pour en casser les décisions. Ce sont cependant ces anciens décrets qui ont toujours été les plus respectés dans l'Eglise. On voit dans le *Dictionnaire de Jurisprudence*, art. *Conciles provinciaux*, que par les lois du royaume les métropolitains sont autorisés à tenir tous les trois ans le concile de leur province, à plus forte raison les évêques à tenir des *synodes* dans leurs diocèses. Nous voudrions du moins que ceux qui ont soutenu le contraire fussent mieux d'accord avec eux-mêmes. Lorsque les protestants de France eurent obtenu par l'édit de Nantes la liberté de tenir des *synodes*, nos rois ne prirent jamais le soin de leur prescrire les matières qui devaient y être traitées, d'en examiner les décisions, de les confirmer ou de les casser, cela aurait été cependant plus nécessaire qu'à l'égard des *synodes* diocésains; et nos adversaires n'ont point accusé le gouvernement d'avoir péché en cela contre la politique. Une autre inconséquence est de déclamer contre les désordres du clergé, et de lui ôter en même temps la liberté de tenir des assemblées destinées à rétablir et à maintenir la discipline. Par là on fait retomber sur le gouvernement tout l'odieux des dérèglements réels ou supposés du clergé.

SYNODE (1) (*Droit canon*) signifie en général une *assemblée de l'Eglise*. Quelquefois le terme de *synode* est pris pour une assemblée de l'Eglise universelle ou concile œcuménique, quelquefois pour un concile national ou provincial.

Il y a plusieurs sortes de *synodes*.

Synode de l'archidiacre, est la convocation de l'archidiacre faite devant lui de tous les curés de la campagne dans le diocèse de Paris; il se tient le mercredi d'après le second dimanche de Pâques.

Synode de l'archevêque, est celui que tient l'archevêque dans son diocèse propre, comme chaque évêque dans le sien.

Synode du grand chantre, est celui que le chantre de la cathédrale tient pour les maîtres et maîtresses d'école.

Synode diocésain, est celui auquel sont convoqués tous les curés et autres ecclésiastiques d'un même diocèse.

Synode épiscopal ou *de l'évêque*, est la même chose que *synode diocésain*; l'objet de ces assemblées est de faire quelques règlements et quelques réformations pour conserver la pureté des mœurs.

Les conciles d'Orléans et de Vernon ordonnent la convocation des *synodes* tous les ans, et que tous les prêtres, même les abbés, seront tenus d'y assister. Le concile de Trente ordonne aussi la tenue du *synode* diocésain tous les ans, auquel doivent assister les exempts qui ne sont point sous chapitres généraux, et tous ceux qui sont chargés du gouvernement des églises paroissiales, ou autres séculières, même auxnexes. Ces assemblées se faisaient anciennement deux fois l'année, au mois de mai et aux calendes de novembre. La manière de les tenir n'est pas uniforme : chaque diocèse a ses usages à cet égard, et il faut s'y conformer, ainsi que le prescrit le concile de Bordeaux de 1584. Les curés des paroisses qui dépendent des abbayes et ordres exempts ne sont pas dispensés d'assister au *synode* de l'évêque, n'étant pas exempts de sa juridiction. Le règlement de l'assemblée de Melun, en 1579, ordonne aux curés qui viennent au *synode*, de déférer à l'évêque le nom de leurs paroissiens coupables de crimes publics, afin que le *synode* y pourvoie. *Voy.* les Mémoires du clergé. On traite dans les *synodes* ce qui concerne le gouvernement du diocèse, la réformation des mœurs et la discipline. Quand les statuts synodaux contiennent des règlements qui peuvent intéresser l'ordre public, ils ne font loi en France que quand ils ont été enregistrés dans les cours, ou qu'ils ont été revêtus de lettres patentes dûment enregistrées. S'ils renfermaient quelque chose de contraire aux lois de l'Eglise ou de l'Etat, le ministère public peut les faire réformer par la voie de l'appel comme d'abus.

Synode national, est celui qui comprend le clergé de toute une nation.

Synode de l'official, est celui que tient l'official, où il convoque tous les curés de la ville, faubourgs et banlieue à Paris : ce *synode* se tient le lundi de Quasimodo.

Synode des religionnaires. Les Eglises prétendues réformées avaient leurs *synodes* pour entretenir leur discipline : il y en avait de nationaux et de provinciaux. Le *synode* de Dordrecht, pour la condamnation des arminiens, est un des plus fameux. Les assemblées de l'Eglise anglicane s'appelaient aussi du nom de *synode*.

SYNOUSIASTES. *Voy.* APOLLINARISTES.

SYRIAQUE, SYRIENS. L'Eglise syrienne renfermait dans son sein, pendant les quatre premiers siècles, tous les peuples dont la langue vulgaire était le syriaque ou le syrochaldaïque : or, cette langue était parlée non-seulement dans la Palestine et dans la Syrie proprement dite, mais encore dans une partie de l'Arménie et dans la Mésopotamie. Nous ne pouvons pas oublier que cette Eglise a été le berceau du christianisme, puisque c'est dans la Palestine qu'ont été opérés les mystères de notre rédemption, et dans la ville d'Antioche, capitale de la Syrie, que les premiers fidèles ont reçu le nom de *chrétiens*, Act., c. xi, v. 26.

Pendant ces quatre siècles, la foi s'y est conservée assez pure, les premières hérésies n'y jetèrent pas de profondes racines, et l'arianisme n'y causa pas plus de troubles qu'ailleurs. Mais au ve, lorsque Nestorius eut été condamné par le concile d'Ephèse, les nestoriens bannis du patriarcat de Constantinople se retirèrent dans la Mésopotamie et dans la Chaldée, y établirent leurs erreurs, et enlevèrent ainsi à l'Eglise *syrienne* une partie des peuples qui lui étaient soumis. *Voy.* NESTORIENS. Sur la fin de ce même siècle et au commencement du vi^e, les eutychiens proscrits par le concile de Chalcédoine et par les lois des empereurs, eurent un très-grand nombre de partisans dans la Syrie ou dans le patriarcat d'Antioche, que l'on appelait *le diocèse d'Orient*, parce que les Grecs de Constantinople étaient plus à l'occident. Mais d'autre part, les Nestoriens de la Chaldée et de la Mésopotamie se nommèrent *les Orientaux*, et appelèrent les Syriens d'Antioche *les Occidentaux*. Ainsi l'Eglise *syrienne* se trouva divisée en trois parts. Les orthodoxes catholiques furent nommés par leurs adversaires *melchites* ou *royalistes*, parce qu'ils retinrent la même croyance que les empereurs, et dans la suite ils prirent le nom de *maronites*, qu'ils portent encore aujourd'hui. Les eutychiens prirent celui de *jacobites*, à cause que leur chef principal était un moine nommé Jacques Baradée ou Zanzale, et qu'ils faisaient profession de rejeter l'opinion d'Eutychès. Les partisans de Nestorius aimèrent mieux se nommer *Chaldéens* et *Orientaux*, que *nestoriens*. *Voy.* tous ces noms. Au viie siècle, les mahométans s'emparèrent de la Syrie et des pays voisins, et ils furent toujours favorisés dans leurs conquêtes, tant par les nestoriens que par les jacobites. Ces hérétiques aimèrent mieux subir le joug des barbares que d'être soumis aux empereurs

---

(1) Article reproduit d'après l'édition de Liége

de Constantinople, dans l'espérance d'acquérir la supériorité sur les orthodoxes, et ils ne négligèrent rien pour rendre ces derniers suspects à leurs nouveaux maîtres, afin d'en être mieux traités. Bonne leçon pour les gouvernements qui fomentent dans leur sein une secte révoltée contre la religion dominante; ils ne voient pas que ce sont des ennemis domestiques, qui seront toujours les premiers à secouer le joug dans le cas d'une révolution, et tout prêts à seconder les desseins d'un conquérant, surtout s'il est de leur religion. — Quoique les mahométans aient toujours traîné à leur suite l'ignorance, la barbarie et l'oppression, ils ne vinrent pas à bout d'étouffer d'abord parmi les chrétiens *syriens* l'étude des lettres et des sciences. On peut voir dans la *Bibliothèque orientale* d'Assémani, que dans tous les temps il y a eu des écrivains qui ont fait des ouvrages dans leur langue, soit parmi les orthodoxes, soit parmi les hérétiques. Dans un catalogue des auteurs *syriens*, fait par Abdjésu ou Ebedjésu, patriarche des nestoriens, mort l'an 1318, on trouve le nom de 180 écrivains au moins, dont les deux tiers étaient nestoriens, et Assémani en ajoute encore 71 omis dans ce catalogue. Il y a parmi eux des théologiens, des commentateurs de l'Ecriture, des historiens, des écrivains ascétiques, des controversistes, etc. *Biblioth. orientale*, tom. III, p. 5 et suiv. Les écoles d'Edesse, de Nisibe et d'Amide, tenues par les nestoriens, ont subsisté jusqu'au XII° siècle; mais il y a longtemps qu'il n'en est resté aucune dans la Syrie proprement dite; le gouvernement oppresseur des Turcs a tout détruit. Les moines sont les seuls qui aient quelque littérature; c'est la religion qui a conservé ce faible reste de lumière; il se ranimerait, sans doute, s'il y avait plus de liberté, et si les dévastations n'étaient pas toujours à craindre.

Au mot BIBLE, nous avons donné une courte notice des versions de l'Ecriture sainte en langue *syriaque*; et au mot LITURGIE, nous avons parlé de celles qui ont été et qui sont encore en usage parmi les *Syriens*, soit orthodoxes, soit hérétiques. Par ces divers monuments et par les savantes recherches d'Assémani, il est prouvé que ni les uns ni les autres n'ont jamais eu la même croyance que les protestants sur les différentes questions controversées entre ces derniers et l'Eglise romaine. — Par les travaux des missionnaires de cette Eglise, le nombre des catholiques a beaucoup augmenté dans ces contrées, et celui des hérétiques a diminué en même proportion; la secte des jacobites est réduite à peu de chose, et celle des nestoriens paraît près de s'anéantir. Un voyageur moderne dit que les peuples des montagnes de Syrie, devenus catholiques, sont de bonne foi, de bonnes mœurs, et très-soumis à l'Eglise romaine, quoiqu'ils n'aient pour toutes études que l'Ecriture sainte et leur catéchisme. *Voyages autour du monde*, par M. de Pagès, en 1767-1776, t. I, p. 352.

T

TABERNACLE, tente ou temple portatif dans lequel les Israélites, pendant leur séjour dans le désert, faisaient leurs actes de religion, offraient leurs sacrifices et adoraient le Seigneur. Cet édifice pouvait se monter, se démonter et se transporter où l'on voulait. Il était composé d'ais, de peaux et de voiles; il avait trente coudées de long, sur dix de haut et autant de large, et il était divisé en deux parties. Celle dans laquelle on entrait d'abord s'appelait *le Saint*; c'est là qu'étaient le chandelier d'or, la table avec les pains de proposition ou d'offrande, et l'autel sur lequel on brûlait les parfums. Cette première partie était séparée par un voile de la seconde nommée le *sanctuaire* ou le *Saint des saints*, dans laquelle était l'arche d'alliance. L'espace qui était autour de celui-ci s'appelait le *parvis*; dans celui-ci, et vis-à-vis l'entrée du *tabernacle*, étaient l'autel des holocaustes sur lequel on brûlait la chair des victimes, et un grand bassin plein d'eau, nommé *la mer d'airain*, où les prêtres se lavaient avant de faire les fonctions de leur ministère. Cet espace, qui avait cent coudées de long sur cinquante de large, était fermé par une enceinte de rideaux soutenus par des colonnes de bois revêtues de plaques d'argent, dont le chapiteau était de même métal, et la base d'airain. Tout ce *tabernacle* était couvert d'étoffes précieuses, par-dessus lesquelles il y en avait d'autres de poils de chèvres pour les garantir de la pluie et des injures de l'air. Reland, *Antiq. sacræ vet. Hebr.*, I part., c. 3 et seq.; Lami, *Introd. à l'étude de l'Ecriture sainte*, c. 10; Walton, *Prolég.*, c. 5, etc. Les Juifs regardaient le *tabernacle* comme la demeure du Dieu d'Israël, parce qu'il y donnait des marques sensibles de sa présence; c'était là qu'on devait lui offrir les prières, les vœux, les offrandes du peuple et les sacrifices; Dieu avait défendu de le faire ailleurs. Pour cette raison le *tabernacle* fut placé au milieu du camp, environné des tentes des lévites, et plus loin de celles des différentes tribus, selon le rang qui leur était marqué. Ce *tabernacle* fut dressé d'abord au pied du mont Sinaï, le premier jour du premier mois de la seconde année après la sortie d'Egypte, l'an du monde 2514. Il tint lieu de temple aux Israélites, jusqu'à ce que Salomon en eût bâti un qui devint le centre du culte divin, et ce temple fut bâti suivant le même plan que le *tabernacle*. *Voy.* TEMPLE. Dans la *Vulgate* celui-ci est appelé *tabernaculum testimonii*, la tente du témoignage; mais le mot hébreu désigne plutôt la *tente de l'assemblée*, et ce sens convient mieux à la destination de cet édifice

Après la conquête de la Palestine, l'arche d'alliance ne fut pas toujours renfermée dans le *tabernacle*; elle en fut ôtée plus d'une fois et déposée ailleurs; on ne voit pas dans l'histoire sainte que Dieu en ait fait un reproche aux Juifs; Reland, *ibid*.

Spencer, *de Legib. hebr. ritual.*, l. III, 2ᵉ part., c. 3, a imaginé que Moïse avait construit le *tabernacle* à l'imitation des peuples dont il était environné; c'est une conjecture sans fondement. Il n'y a aucune preuve positive qu'à l'époque dont nous parlons, les Egyptiens, les Chananéens ni les nations qui étaient à l'orient de la Palestine, aient eu des temples portatifs pour y adorer leurs dieux; ces nations étaient déjà pour lors sédentaires; elles avaient des villes et des habitations fixes : une des principales attentions de Moïse fut d'éviter toute ressemblance entre le culte du vrai Dieu et celui des fausses divinités.

Un incrédule de nos jours, qui s'est attaché à rassembler des objections contre l'histoire sainte, prétend qu'il est impossible que, dans un désert où les Israélites manquaient d'habits et de choses nécessaires à la vie, ils aient été assez riches pour fournir à la construction d'une tente si magnifique, et à faire des meubles aussi précieux que ceux qui sont décrits par Moïse; il en conclut que le *tabernacle* fut seulement commandé et projeté dans le désert, mais qu'il ne fut exécuté qu'après la conquête de la Palestine.

Ce critique imprudent n'a pas voulu se souvenir que les Israélites étaient sortis de l'Egypte chargés des dépouilles de leurs hôtes, et que les Egyptiens leur avaient donné ce qu'ils avaient de plus précieux, *Exod.*, c. XII, v. 36. D'ailleurs l'évaluation qu'il fait des métaux est purement arbitraire et fautive; on ne sait pas au juste ce que pesait ni ce que valait le *talent* ou le lingot d'or de ces temps-là; le poids et la valeur en ont varié chez les différents peuples.

Ce même écrivain soutient que les Israélites n'ont rendu aucun culte au vrai Dieu dans le désert; si donc ils ont construit un *tabernacle*, ce n'a pas été pour lui, mais pour quelque fausse divinité. Il prétend le prouver par ces paroles du prophète Amos, c. v, v. 25 : *Enfants d'Israël, m'avez-vous offert des dons et des sacrifices dans le désert pendant quarante ans? Vous avez porté les tentes de votre Moloch* et les images de *votre Kium*, et les étoiles des dieux que vous *vous êtes faits*. Les Septante, au lieu de *Kium*, ont mis *Ræphan*. Saint Etienne, dans les *Actes des apôtres*, c. VII, v. 42, suit les Septante, et dit : *Vous avez porté la tente de Moloch et l'étoile de votre Dieu* REMPHAM, *figures que vous avez faites pour les adorer*. — Nous répondons que l'interrogation qui est dans le texte hébreu emporte souvent une négation, et qu'il faut traduire : *Ne m'avez-vous pas offert des dons et des sacrifices*, etc.? on peut en citer plusieurs exemples. Il en est de même de l'interrogation, μὴ, dans les Septante et dans les écrivains grecs. Ce qui précède et ce qui suit exige

absolument ce sens. Dieu dit aux Juifs qu'il connaissait leurs crimes, qu'ainsi il n'acceptera point leurs sacrifices; il compare leur conduite à celle de leurs pères, qui dans le désert ont mêlé son culte à celui des faux dieux, mélange abominable que Dieu déteste. En traduisant autrement, l'on fait déraisonner le prophète. Moïse n'a pas passé sous silence cette idolâtrie des Israélites dans le désert, puisqu'il leur reproche d'avoir sacrifié aux démons, à des dieux nouveaux que leurs pères n'avaient pas connus, *Deut.*, c. XXXII, v. 16 et seq. — Il n'est pas certain que Moloch, Kium et Ræphan ou Rempham, aient été trois dieux différents : plusieurs savants ont pensé que c'était Saturne, astre et divinité, appelé *Moloch* par les Ammonites, *Kium* par les Chananéens, *Ræphan* par les Egyptiens. Mais comme la planète de Saturne ne peut pas avoir été fort connue des peuples qui n'étaient pas astronomes, il nous est permis de croire que c'était plutôt le soleil, qui a été constamment adoré sous différents noms par les Orientaux. *Voy.* ASTRES.

TABERNACLES (fête des). C'était une des trois grandes fêtes des Juifs; Dieu leur avait ordonné de la célébrer en mémoire de ce que leurs pères avaient demeuré pendant quarante ans sous des tentes dans le désert, *Levit.*, c. XXIII, v. 34, 43. L'objet des fêtes juives, en général, était de rappeler à ce peuple les principaux événements de son histoire, et de le faire souvenir de la protection et des bienfaits que Dieu lui avait accordés dans tous les temps. La fête des *Tabernacles* commençait le quinzième jour du septième mois, nommé *tisri*, jour qui répond au dernier de septembre, après la récolte de tous les fruits de la terre; elle durait sept jours. Pendant cette solennité, les Juifs demeuraient sous des cabanes faites de branches d'arbres. Comme il leur était ordonné de la passer dans la joie, ils faisaient pendant ces sept jours, avec leur famille, des festins de réjouissance auxquels ils admettaient les lévites, les étrangers, les veuves et les orphelins, suivant l'ordonnance de la loi.

Dans l'Évangile, cette fête est nommée *scenopegia*, du grec σκηνή, *tente*, et πήγνυμι, *je construis, je bâtis*. Le premier jour et le dernier étaient les plus solennels; il n'était permis de s'occuper d'aucun travail; les Juifs devaient se présenter au temple, y faire des offrandes, remercier Dieu de ses bienfaits. Comme cela se faisait immédiatement après les vendanges, les païens, témoins de ces cérémonies, et qui n'en connaissaient pas l'objet, en prirent occasion de dire que les Juifs rendaient un culte à Bacchus. Dans la suite les Juifs ajoutèrent à ce qui était prescrit par la loi d'autres cérémonies, comme de porter des palmes à la main en criant *hosanna*, d'aller le dernier jour de la fête puiser de l'eau à la fontaine de Siloé, pour en faire des libations, etc. Il paraît que ce dernier usage était déjà établi du temps de Jésus-Christ, et qu'il y fit allusion lorsque se trouvant à Jérusalem dans ce même jour, il cria aux Juifs : *Si quelqu'un a soif, qu'il vienne à moi: lorsque quelqu'un croira en moi, comme l'Écriture l'ordonne, il sortira de son sein des eaux vives* (*Joan.*, VII, 37). *Voy.* HOSANNA; Reland, *Antiq. sacræ veter. Hebr.*, IV° part., c. 5; Lami, *Introduction à l'étude de l'Écriture sainte*, c. 12.

TABERNACLE. On appelle ainsi dans nos églises une petite armoire dans laquelle on renferme la sainte eucharistie, et d'où on la tire pour l'exposer à l'adoration du peuple ou pour la porter aux malades. *Voy.* CIBOIRE.

TABLE DE LA LOI. *Voy.* LOI.

TABLE des pains de proposition ou d'offrande. *Voy.* PAIN.

TABLE DU SEIGNEUR. *Voy.* AUTEL.

TABLEAU. *Voy.* IMAGE.

TABORITES. *Voy.* HUSSITES.

TACODRUGITES ou TASCODRUGITES. *Voy.* MONTANISTES.

TALMUD, mot hébreu qui signifie *doctrine*. Les Juifs modernes appellent ainsi une compilation énorme des traditions de leurs docteurs, qui est contenue en 12 vol. in-fol. Cet ouvrage est de la plus grande autorité parmi eux ; ils croient que c'est la loi orale que Dieu donna à Moïse et qui est l'explication du texte de la loi écrite ; que Moïse la fit apprendre par cœur aux anciens, et qu'elle est venue d'eux par tradition, d'âge en âge, pendant un espace d'environ seize cents ans, jusqu'au rabbin *Juda Haccadosch* ou *le saint*, qui la mit enfin par écrit sous le règne d'Adrien, environ l'an 150 de Jésus-Christ. *Voy.* LOI ORALE. Le *Talmud* contient deux parties, savoir, la *Mischna* ou *seconde loi*, qui est le texte, et la *Gémare* ou *complément*, qui est le commentaire. Mais il y a deux *Talmud* : l'un est celui de Jérusalem, duquel nous venons de parler, dans lequel la *Mischna* ou le texte est du rabbin Juda Haccadosch ; la *Gémare* ou le commentaire est l'ouvrage de divers rabbins qui ont vécu après lui. Il ne fut achevé que vers l'an 300 de Notre-Seigneur : il est renfermé dans un vol. in-folio. Comme il est fort obscur, les Juifs en font très-peu d'usage ; cependant, comme il a été fait dans les siècles voisins du temps de Jésus-Christ, et qu'il est écrit dans le langage qui était encore usité pour lors dans la Judée, Lightfoot, savant Anglais, très-exercé dans la langue hébraïque, en a tiré un grand nombre de remarques qui peuvent servir à l'intelligence du Nouveau Testament. Le second *Talmud* est celui de Babylone ; il n'a été composé qu'environ deux cents ans après le premier, vers la fin du cinquième siècle ou au commencement du sixième ; ç'a été l'ouvrage de plusieurs rabbins qui, après la dispersion des Juifs, sous le règne d'Adrien, se retirèrent dans la Babylonie, et y tinrent des écoles pendant quelques siècles, probablement jusqu'aux incursions et aux conquêtes des mahométans. C'est ce dernier *Talmud* dont les Juifs font le plus de cas, qu'ils étudient avec le plus de soin, pour lequel ils ont pour le moins autant de respect que pour les livres saints; toutes les fois qu'ils parlent du *Talmud*, de la *Mischna*, ou de la *Gémare*, ils entendent l'ouvrage fait, comme nous l'avons dit à Babylone, et en 12 vol. in-folio. Ce n'est cependant qu'un amas de fables, de rêveries et de puérilités, sous lequel les Juifs ont étouffé la loi et les prophètes, et pour lequel les Juifs caraïtes ont beaucoup de mépris. C'est, comme s'exprime le docteur Prideaux, l'Alcoran des Juifs; c'est là qu'ils puisent toute leur science, leur croyance et leur religion. De même que l'un est rempli d'impostures que Mahomet a donuées comme apportées du ciel, l'autre contient aussi mille absurdités auxquelles les Juifs donnent une origine céleste.

Maïmonide, savant juif espagnol du XII° siècle, a fait un extrait de ce *Talmud*, où, laissant de côté les disputes et les choses ridicules, il ne donne que les décisions des cas dont il y est parlé. Il a donné à cet ouvrage le titre de *Iad Hachazacha*, main forte. C'est, dit-on, un digeste de lois des plus complets, estimable, non pour le fond, mais pour la clarté du style, la méthode et l'ordre des matières ; Prideaux, *Histoire des Juifs*, l. v, an 446 avant Jésus-Christ.

TANCHELIN, TANKELIN, ou TANQUELME, hérétique qui fit grand bruit dans le Brabant, dans la Flandre, et surtout à Anvers, au commencement du XII° siècle. Il enseignait que les sacrements de l'Eglise catholique étaient des abominations ; que les prêtres, les évêques et le pape n'avaient rien de plus que les laïques ; que la dîme ne leur était pas due; que l'Eglise n'était composée que de ses disciples. Il séduisait les femmes, il en abusait pour satisfaire sa lubricité; il extorqua beaucoup d'argent de ceux dont il avait fasciné l'esprit. Fier de se voir à la tête d'un parti nombreux et d'avoir communiqué son fanatisme à une multitude ignorante, il affecta l'extérieur et la magnificence d'un souverain ; il ne parut plus en public qu'environné de gardes et de soldats armés; il poussa l'impiété jusqu'à prétendre que, puisque Jésus-Christ est adoré comme Dieu parce qu'il a eu le Saint-Esprit, on devait lui rendre le même culte puisqu'il avait aussi reçu la plénitude de l'Esprit saint. C'est ce que le clergé d'Utrecht écrivit à l'archevêque de Cologne, qui avait fait arrêter cet imposteur insensé. Mais *Tanquelme*, échappé de sa prison, recommença ses prédications impies et séditieuses; enfin, dans un de ces tumultes qu'il avait coutume d'exciter, il fut tué par un prêtre, l'an 1115. Sa secte, qui lui survécut, fut dissipée par les instructions et par les exemples de saint Norbert et de ses chanoines réguliers. *Hist. de l'Eglise gallic.*, tom. VIII, l. XXII, sous l'an 1105.

Comme un hérétique qui déclame contre le clergé ne peut jamais avoir tort au jugement des protestants, Mosheim dit que si les crimes imputés à *Tanquelme* étaient vrais c'aurait été un monstre d'imposture ou un fou à lier, mais qu'ils sont incroyables, par conséquent faux, qu'il y a tout lieu de croire que le clergé lui imputa des blasphèmes pour se venger de lui. *Hist. eccl.*, xii° siècle, 2° part., c. 5, § 9. — Il nous paraît qu'il y a tout lieu de penser le contraire. 1° Il est plus naturel de croire qu'un sectaire ignorant et fanatique, enivré de ses succès, est devenu impie et insensé, que de juger sans preuve que tout le clergé de la ville d'Utrecht était composé de calomniateurs. 2° Les historiens de la vie de saint Norbert, témoins contemporains, ont attesté la même chose que le clergé d'Utrecht. 3° La multitude d'imposteurs de même espèce qui parurent au xii° siècle, tels que les cathares, nommés aussi patarins et albanais, espèce de manichéens, Pierre de Bruys et Henri, Arnaud de Bresse, Pierre Valdo et les vaudois ses disciples, les pasaginiens ou circoncis, les *capuciati*, les apostoliques, Eon, etc., desquels Mosheim a rapporté les erreurs et les impiétés, quoiqu'il en ait dissimulé plusieurs, ne prouve que trop que, dans ce siècle de vertiges, rien n'est incroyable de la part des faux illuminés. 4° Si l'on ramassait toutes les grossièretés, les propos de taverne, les traits de folie répandus dans les livres de Luther écrits en allemand, on serait tenté de dire qu'il méritait pour le moins autant d'être mis aux petites maisons que d'être condamné comme hérétique. Mais on les ignore ; personne ne les lit plus, pas même les luthériens ; cela sauve l'honneur du patriarche de la réforme. S'ensuit-il qu'il n'en est pas l'auteur, que c'est le clergé catholique, irrité de ses déclamations, qui les a forgés ?

TARGUM. *Voy.* Paraphrases chaldaïques.

TARTARES. Nous ne parlons de ces peuples que pour exposer les différentes tentatives que l'on a faites pour les convertir et les amener à la connaissance du christianisme. Toujours vagabonds, adonnés au pillage et à la rapine, les *Tartares* étaient connus des anciens sous le nom général de *Scythes*, et ils ont été représentés, il y a deux mille ans, tels à peu près qu'ils sont encore aujourd'hui. Il n'est point de nation qui occupe une aussi grande étendue de terrain sur le globe : la grande Tartarie a pour bornes au septentrion la Sibérie, au midi les Indes et la Perse, à l'orient la mer du Kamtschacka et la Chine, à l'occident le grand fleuve du Volga et la mer Caspienne: c'est pour le moins le double de l'Europe. Ses habitants sont aussi les hommes de l'univers dont les mœurs sont le plus opposées au christianisme ; l'aversion pour la vie sédentaire, pour le travail, pour l'agriculture; l'amour du pillage, la cruauté, les débauches contre nature, sont des vices aussi anciens qu'eux. Mais enfin Jésus-Christ, en ordonnant de prêcher l'Evangile à toutes les nations, n'a pas excepté celle-là, et s'il est très-difficile de leur faire embrasser cette doctrine, l'événement a prouvé plus d'une fois que cela n'est pas impossible.

En faisant l'histoire du nestorianisme, nous avons observé que les partisans de cette hérésie, proscrits par les empereurs de Constantinople au v° siècle, se retirèrent dans la Mésopotamie et dans la Perse, et s'étendirent du côté de l'Orient ; que, pendant le vi°, ils portèrent leur doctrine aux Indes, sur la côte de Malabar, sur les bords de la mer Caspienne et dans une partie de la grande Tartarie ; qu'au vii°, ils pénétrèrent dans la Chine et y firent des progrès. Quoique l'on ne sache pas précisément jusqu'à quel point ils allèrent au nord de la Tartarie, il est prouvé par des catalogues que les nestoriens ont dressé des évêchés soumis à leur patriarche, qu'il y en avait plusieurs situés dans la Tartarie. Il est certain qu'avant cette époque il y avait eu déjà des chrétiens dans cette partie du monde, puisque des écrivains du iv° siècle ont parlé du christianisme établi chez les *Sères*, qui sont ou les Chinois ou les Tartares orientaux ; mais on ne sait pas positivement par qui ni comment ils avaient été convertis. Au vii° siècle, les Arabes mahométans s'emparèrent de la Perse et s'y établirent ; depuis cette révolution, les nestoriens furent souvent troublés dans l'exercice de leur religion, dans leurs missions, et maltraités par ces ennemis du nom chrétien.

Dans une *Histoire ecclésiastique des Tartares*, composée sous les yeux du savant Mosheim par un de ses élèves, et imprimée à Helmstadt en 1741, l'auteur nous apprend que, sur la fin du viii° siècle et au commencement du ix°, Timothée, patriarche des nestoriens, qui demeurait au monastère de Beth-Aba dans l'Assyrie, envoya successivement plusieurs de ses moines prêcher l'Evangile chez les *Tartares* voisins de la mer Caspienne, qu'ils furent écoutés, et qu'ils fondèrent plusieurs églises, non-seulement dans cette contrée, mais au Cathay, dans la Chine et dans les Indes. Il le prouve par des monuments tirés de la *Bibliothèque orientale* d'Assémani, t. III et IV. — Au commencement du xi° siècle, toute l'Europe retentit du bruit de la conversion au christianisme d'un personnage célèbre nommé le *Prêtre-Jean*, sans que l'on sût positivement dans quelle partie du monde il était. Il est prouvé que c'était un prince *tartare* qui dominait sur la partie orientale de la Tartarie la plus proche de la Chine, et que l'on appelle aujourd'hui le royaume de Tanguth. Il paraît encore que ce nom de *Prêtre-Jean* a été donné à plusieurs autres kans ou princes tartares qui avaient embrassé le christianisme, puisqu'il en est encore fait mention au milieu du xii° siècle. Le dernier de ces princes, nommé Ung-Kan, fut vaincu et détrôné par Gengis ou Zengis-Kan, l'an 1203. On prétend que le pape Alexandre III lui avait écrit l'an 1177, pour l'engager à se réunir à l'Eglise romaine, et que la postérité de ce dernier *Prêtre-Jean* subsista encore longtemps après lui, et continua de conserver la foi chrétienne. — Gengis-Kan, dévastateur de l'Asie, mort l'an 1226, ne fut jamais chrétien ; on ne sait pas même s'il avait une religion : mais il passe pour constant que Zagataï, l'un de ses fils, qui eut le royaume de Samarcande, fit profession du christianisme. L'an 1241 et les suivants, un essaim de *Tartares* vint ravager la Hongrie, la Pologne, la Russie, et pénétra jusque dans la Silésie. C'est ce qui engagea le pape Innocent IV à envoyer, l'an 1245, des missionnaires en Tartarie, pour tâcher d'adoucir la férocité de ces peuples ; il choisit pour cela des dominicains et des franciscains. L'historien que nous copions prétend que les premiers manquèrent de prudence et réussirent mal, que les seconds furent mieux reçus, mais qu'ils ne firent pas grand fruit. Il y a cependant lieu de penser le contraire, puisqu'en 1246, Gajuch-Kan et d'autres chefs des *Tartares* avaient embrassé le christianisme et avaient épousé des femmes chrétiennes. Assémani, *Bibliothèque orientale*, t. IV, p. 101, etc. En effet, André de Lonjumel, l'un de ces dominicains, revenant de son voyage cette même année, trouva dans l'île de Chypre le roi saint Louis, qui était en marche pour la terre sainte. Sur le récit de ce religieux et d'un ambassadeur *tartare* qui arriva en même temps, le saint roi les renvoya en Tartarie avec des présents pour le grand kan. Si les dominicains avaient été mal accueillis dans ce pays-là, il n'est pas probable qu'André de Lonjumel eût voulu y retourner sitôt ; et s'il n'y avait eu aucun succès à espérer pour la religion, saint Louis n'aurait pas hasardé cette ambassade. Mais les *Tartares*, ennemis déclarés pour lors des Sarrasins ou mahométans, étaient instruits et charmés de l'expédition des princes croisés, et ils savaient que le meilleur moyen d'être en bonne intelligence avec eux, était de permettre en Tartarie la prédication de l'Evangile. Aussi, l'an 1249, Mangu-Kan, souverain puissant parmi les *Tartares*, et un autre prince nommé Sartack, se firent chrétiens à la sollicitation d'un roi d'Arménie. Saint Louis, informé de ce fait dans la Palestine, exhorta de nouveau Innocent IV à envoyer des missionnaires en Tartarie ; il fit partir avec eux Guillaume de Rubruquis, religieux franciscain, qui écrivit la relation de son voyage. Cette mission ne fut pas infructueuse, puisque Sartack-Kan écrivit des lettres respectueuses au pape et à saint Louis, par lesquelles il faisait profession d'être chrétien.—L'an 1256, le même Mangu-Kan envoya Halack, l'un de ses généraux, avec une grande armée, pour délivrer la Perse du joug des mahométans. Halack les battit, prit Bagdad et se rendit maître de la Perse. Il traita les chrétiens avec douceur et leur rendit la liberté de professer et de prêcher leur religion. En 1259, les *Tartares*, sous un autre chef, firent encore une irruption dans la Hongrie, la Pologne et la Russie, pendant que Halack continuait de poursuivre les Sarrasins dans la Mésopotamie et la Syrie. C'est ce dernier qui, en 1262, extermina la nation des Assassins et leur chef, que l'on nommait *le vieux de la montagne*. Cette horde de brigands s'était emparée de plusieurs châteaux dans la Phénicie, d'où elle faisait trembler les environs par les rapines et les meurtres qu'elle exerçait. Il est donc constant que l'expédition de saint Louis dans la Palestine était concertée avec les *Tartares*, et qu'il était assuré d'en être soutenu, circonstance que les historiens n'ont pas assez remarquée.—En 1274, Abaka, successeur d'Halack dans le gouvernement de la Perse, envoya un ambassadeur avec ceux du roi d'Arménie à Grégoire X et au concile de Lyon, pour demander du secours contre les Sarrasins. Il en renvoya encore d'autres, deux ans après, au pape Jean XXI, aux rois de France et d'Angleterre, pour réitérer la même demande, en assurant que Coplaï, grand kan de Tartarie, avait embrassé le christianisme et demandait des missionnaires : ce fait ne s'est pas vérifié. Depuis cette époque, jusqu'en 1304, les chrétiens dans la Perse furent tantôt en paix et tantôt maltraités, suivant que les mahométans y eurent plus ou moins de pouvoir. Mais les papes ne cessèrent point d'y envoyer successivement des missionnaires, et ceux-ci vinrent souvent à bout de réconcilier des nestoriens à l'Eglise romaine.

Mosheim, *Hist. ecclés.*, XIIIe et XIVe siècles, 1re part., c. 1, § 2, convient que ceux qui allèrent en Tartarie à la fin du XIIIe et au commencement du XIVe siècle, y firent les plus grands progrès, qu'ils convertirent au christianisme une infinité de *Tartares*, et ramenèrent à l'Eglise un grand nombre de nestoriens ; qu'ils érigèrent des églises dans différentes parties de la Tartarie et de la Chine, de laquelle les *Tartares* Mongols s'étaient rendus les maîtres. L'un de ces missionnaires franciscains, nommé Jean de Mont-Corvin, exerça dans ce pays-là pendant quarante-deux ans les fonctions d'un apôtre. Il parcourut non-seulement la plus grande partie de la Tartarie, mais il alla dans les Indes ; il traduisit en langue *tartare* le Nouveau Testament et les psaumes de David. L'an 1307, Clément V érigea en sa faveur un archevêché dans la ville de Cambalu, que l'on croit être la même que Pékin. Tant que les *Tartares* Mongols demeurèrent maîtres de la Chine, la religion chrétienne y fut florissante. Mais l'an 1369, les Chinois vinrent à bout de chasser les *Tartares* et de remettre sur le trône un prince de leur nation ; la religion chrétienne fut bannie de la Chine avec ceux qui l'y avaient portée. A cette même époque la Tartarie fut troublée par des guerres intestines ; les divers kans travaillèrent à se dépouiller les uns les autres, et ces divisions donnèrent à Timurbec ou Tamerlan la facilité de les subjuguer tous. Sur la fin du XIVe siècle, ce conquérant farouche porta le fer et le feu dans presque toute l'Asie ; il dévasta la Perse, l'Arménie, la Georgie et l'Asie mineure ; il prit Bagdad l'an 1392 ; par lui a commencé le règne des Turcomans ou des Turcs ; partout il établit le mahométisme sur les ruines de la religion chrétienne. Depuis cette fatale époque, il n'a pas été possible de la rétablir dans la grande Tartarie; cependant le zèle des missionnaires, surtout des capucins, ne s'est pas ralenti; ils n'ont presque pas cessé de faire des tentatives pour rentrer dans cette vaste région; en 1708, deux de ces religieux essayèrent encore d'y pénétrer par la Chine, d'autres y sont allés par la Perse; on ne voit pas que leurs efforts aient eu du succès. D'ailleurs, la découverte de l'Amérique faite à la fin du xv° siècle, et la navigation des Européens aux Indes, ont fait tourner d'un autre côté les courses apostoliques. A présent la Tartarie est divisée entre deux fausses religions; les *Tartares* occidentaux, voisins de la mer Caspienne et de la Perse, sont mahométans; ceux qui touchent à la Chine et qui s'étendent vers le nord, sont idolâtres; leurs prêtres, nommés *lamas*, ont à leur tête un chef souverain appelé le *dalaï-lama*, que tous les *Tartares* honorent comme une espèce de divinité.

Quand on considère la persévérance des missionnaires catholiques pendant plus d'un siècle à travailler à la conversion des *Tartares*, les fatigues qu'ils ont supportées, les cruautés auxquelles ils ont été exposés, la multitude de ceux qui y sont morts, on ne peut refuser des éloges à leur courage. Mais les protestants en parlent froidement; on ne sait s'ils l'approuvent ou s'il leur déplaît; ils en dépriment le succès pour vanter ceux des nestoriens. Cependant on ne peut faire aux missionnaires catholiques, surtout aux capucins, aucun des reproches que les protestants et leurs copistes ont faits contre la p'upart des autres missionnaires. La vie pauvre et dure de ces religieux ressemblait à celle des apôtres; elle imprimait le respect aux *Tartares*. Ils n'ont travaillé ni à se procurer des richesses, ni à fonder une souveraineté, ni à étendre le pouvoir du pontife romain; l'épiscopat dont plusieurs ont été revêtus, n'a rien changé à leur manière de vivre. On ne voit pas qu'ils aient croisé les travaux des nestoriens, qu'ils aient disputé contre eux; et ceux-ci étaient moines aussi bien que les catholiques. Cependant, à la réserve du seul Jean de Mont-Corvin, auquel les protestants n'ont pu refuser des éloges, parce qu'il traduisit le Nouveau Testament en *tartare*, ils n'ont pas dit un mot des autres. Mais le travail de ce franciscain est une censure sanglante de la négligence des nestoriens; pendant sept cents ans que ceux-ci ont prêché dans la Tartarie, aucun n'a pensé à traduire la Bible; il a fallu que ce fût un catholique et un religieux qui prît cette peine. Cela nous paraît démontrer que les nestoriens ne croyaient pas, comme les protestants, que l'Ecriture sainte est la seule règle de notre foi, et que l'on n'est pas vrai chrétien quand on ne lit pas la *Bible*. Lorsque les nestoriens se sont réunis à l'Eglise romaine, on n'a pas exigé d'eux une abjuration de leur croyance sur aucun des points de doctrine contestés entre les protestants et nous; ce fait nous paraît prouver encore que les nestoriens n'ont jamais eu la même croyance que les protestants.

Quand on n'envisagerait les choses que du côté politique et à l'égard du bien temporel de l'humanité, l'extinction du christianisme dans la Tartarie est un très-grand malheur. C'est de cette région funeste que sont sorties la plupart des hordes de barbares qui ont ravagé l'Europe et l'Asie, les Huns, les Alains, les Vandales, les armées de Gengis-Kan, de Mangu-Kan, de Tamerlan, etc. Si notre religion s'était établie dans cette partie du monde, elle y aurait produit sans doute les mêmes effets que chez les autres barbares du Nord; elle les a civilisés, rendus sédentaires, laborieux, raisonnables. Quand les papes n'auraient point eu d'autre dessein en envoyant des missionnaires chez les *Tartares*, il faudrait encore bénir leur zèle, et reconnaître du moins à cet égard l'utilité de leur juridiction: mais dès qu'il est question des papes et de l'Eglise romaine, les protestants n'entendent plus raison. *Voy.* Missions.

TATIEN, écrivain ecclésiastique du II° siècle, était Assyrien d'origine et né dans la Mésopotamie. Il fut disciple de saint Justin, sous lequel il apprit à Rome pendant plusieurs années la doctrine chrétienne. Après la mort de ce saint martyr, il retourna dans sa patrie, et, privé de son guide, il adopta une partie des erreurs des valentiniens, des autres gnostiques et des marcionites. Il est accusé par les Pères de l'Eglise d'avoir enseigné, comme Marcion, qu'il y a deux principes de toutes choses, dont l'un est souverainement bon; l'autre, qui est le créateur du monde, est la cause de tous les maux. Il disait que celui-ci a été l'auteur de l'Ancien Testament, et que le Nouveau est l'ouvrage du Dieu bon. Il condamnait l'usage du mariage, de la chair et du vin, parce qu'il les regardait comme des productions du mauvais principe. Il soutenait, comme les docètes, que le Fils de Dieu n'a pris que les apparences de la chair; il niait la résurrection future et le salut d'Adam. Il voulait que l'on traitât durement le corps, et que l'on vécût dans une parfaite continence. Cette morale rigide séduisit plusieurs personnes; ses disciples furent nommés *encratites* ou continents, *hydroparastes* ou aquariens, parce qu'ils n'offraient que de l'eau dans les saints mystères : *tatianistes*, à cause de leur chef; *apostoliques, apotactiques*, etc. *Voy.* ces mots. Tous les anciens s'accordent à dire que Tatien avait beaucoup d'esprit, d'éloquence et d'érudition; il connaissait parfaitement l'antiquité païenne. Il avait composé beaucoup d'ouvrages; presque tous ont péri. Il reste seulement de lui un *Discours contre les païens*, qui manque d'ordre et de méthode : le style en est diffus et souvent obscur, mais il y a beaucoup d'érudition profane. *Tatien* y prouve que les Grecs n'ont été les inventeurs des sciences, qu'ils ont emprunté beaucoup de choses des Hébreux, et qu'ils en ont abusé. Il l'a parsemé de réflexions satiriques sur la théologie ridicule des païens, sur la contradiction de leurs dogmes, sur les actions infâmes des dieux, sur les mœurs corrompues des philosophes. On trouve cet ouvrage à la suite de ceux de saint Justin, dans l'édition des Bénédictins. Il y en a eu aussi une très-belle édition à Oxford en 1700, in-8°, avec des notes, et qui a été donnée par Worth, archidiacre de Worcester. — *Tatien* avait aussi composé une concorde ou harmonie des quatre Évangiles, intitulée *Diatessaron*, *par les Quatre* : cet ouvrage a souvent été nommé l'*Evangile de Tatien* ou *des encratites*, et il a encore eu d'autres noms ; il est mis au nombre des évangiles apocryphes. On n'accuse point l'auteur d'y avoir cité ou copié de faux évangiles ; aussi cet ouvrage fut goûté par les orthodoxes aussi bien que par les hérétiques. Théodoret qui en avait trouvé plus de deux cents exemplaires dans son diocèse, les ôta des mains des fidèles, et leur donna en échange les quatre Évangiles, parce que l'auteur y avait supprimé tous les passages qui prouvent que le Fils de Dieu est né de David, selon la chair. On a été longtemps persuadé que cet ouvrage n'existait plus ; celui qui a été mis sous le nom de *Tatien* dans la *Bibliothèque des Pères*, a été fait par un auteur latin bien postérieur au 11° siècle : mais le savant Assémani découvrit dans l'Orient une traduction arabe du *Diatessaron*, et la rapporta à Rome, *Bibliothèque orientale*, t. I, à la fin. On pourrait vérifier si ce livre est conforme à ce que les anciens ont dit de celui de *Tatien*.

Jusqu'à présent les plus habiles critiques avaient pensé que son *Discours contre les païens* avait été écrit vers l'an 168, et avant que l'auteur fût tombé dans l'hérésie ; ils n'y voyaient aucun vestige des erreurs des encratites ni des gnostiques, mais plutôt de la doctrine contraire. Le Clerc, qui l'a examiné avec des yeux critiques, *Hist. ecclés.*, an. 172, § 1, p. 735 ; l'éditeur d'Oxford, qui en a pesé toutes les expressions ; les Bénédictins, qui en ont fait l'analyse ; Bullus, Bossuet, le père Le Nourry, etc., en ont ainsi jugé. Mais Brucker, dans son *Hist. crit. de la philos.*, t. III, p. 378, soutient que tous se sont trompés, que ce discours renferme déjà tout le venin de la philosophie orientale, égyptienne et cabalistique, de laquelle *Tatien* était imbu ; qu'il y enseigne évidemment le système des émanations, qui est la base et la clef de toute cette philosophie ; que les apologistes de cet auteur ont perdu leur peine, en voulant donner un sens orthodoxe à ses expressions.

Pour contredire ainsi des hommes auxquels on ne peut refuser le titre de savants, il faut de fortes preuves ; voyons s'il y en a : 1° *Tatien*, dit Brucker, avertit qu'il a renoncé à la philosophie des Grecs, pour embrasser celles des barbares ; or celle-ci était évidemment la philosophie des Orientaux. — Si Brucker n'avait pas commencé par supposer ce qui est en question, il aurait vu que, par la philosophie des barbares, *Tatien* a entendu la philosophie de Moïse et des chrétiens, parce que les Grecs nommaient *barbares* tout ce qui n'était pas grec. Il s'en est clairement expliqué *Edit. Paris.*, n. 29 ; *edit. Oxon.* n. 46, il dit : « Dégoûté des fables et des absurdités du paganisme, incertain de savoir comment je pourrais trouver la vérité, je suis tombé par hasard sur des livres barbares, trop anciens pour être comparés aux sciences des Grecs, trop divins pour être mis en parallèle avec leurs erreurs ; *j'y ai ajouté foi*, à cause de la simplicité du style, de la candeur modeste des écrivains, de la clarté avec laquelle ils expliquent la création (ποίησις) de l'univers, de la connaissance qu'ils ont eue de l'avenir, de l'excellence de leur morale, du gouvernement universel qu'ils attribuent à un seul Dieu, n. 31 (48) ; il est à propos de faire voir que notre philosophie est plus ancienne que les sciences des Grecs. » Il prend pour termes de comparaison Moïse et Homère ; il prouve par l'histoire profane que le premier a devancé de longtemps le second. Peut-on reconnaître à ces traits la philosophie des Orientaux et des gnotisques ?

2° *Tatien*, continue Brucker, a enseigné le système des émanations, c'est-à-dire que la matière et les esprits sont sortis de Dieu par émanation, et non par création ; c'était le dogme favori des Orientaux. Le contraire est déjà prouvé par la profession de foi que cet auteur vient de faire, en disant qu'il a cru aux livres barbares, à cause de la clarté avec laquelle ils expliquent la naissance de l'univers : or les écrivains sacrés n'enseignent point les émanations, mais la création ; *voyez* ce mot. Il y a plus ; au mot GNOSTIQUES, nous avons fait voir que ces hérétiques admettaient non l'émanation, mais l'éternité de la matière. Ils pensaient sans doute que les deux premiers *éons* ou esprits étaient sortis de la nature divine par émanation ; mais l'un était mâle et l'autre femelle, et c'est de leur mariage que la famille des *éons* était descendue. Il est donc faux que l'hypothèse des émanations soit la clef de tout le système théologique des gnostiques et des Orientaux.

Mais il faut entendre parler *Tatien* lui-même, et voir les passages dont Brucker et tant d'autres ont abusé. N. 4 (6), il dit : « Notre Dieu n'est pas depuis un temps ; il est seul sans principe ou sans commencement, puisqu'il est le principe de tout ce qui a commencé d'être. Il est esprit, non mêlé avec la matière, mais le créateur (κατασκευαστής) des esprits matériels et des formes de la matière. Il est invisible et insensible, père de tous les êtres visibles ou invisibles. » N. 5 (7) : « Je vais exposer plus clairement notre croyance. Dieu était au commencement, et nous avons appris que le commencement ou le principe de toutes choses est la puissance du Verbe. Lorsque le monde n'était pas encore, le Seigneur de toutes choses était seul ; mais comme il est la toute-puissance et la subsistance des êtres visibles et invisibles, tous étaient avec lui. Le Verbe, qui était en lui, était aussi avec lui par sa propre puissance. Par un acte de volonté de cette nature simple, le Verbe est sorti ou s'est montré ; il n'est pas sorti du vide, c'est le premier acte de l'Esprit. Nous savons que c'est lui qui a fait le monde. Or, il est né par participation et non par retranchement. Ce qui est retranché est séparé de son principe, ce qui en vient par participation et pour une fonction ne diminue en rien le principe duquel il procède. De même qu'un flambeau en allume d'autres, sans rien perdre de sa substance, ainsi le Verbe naissant de la puissance du Père ne le prive pas de sa raison ou de son intelligence. Quand je vous parle et que vous m'entendez, je ne suis pas privé pour cela de ma parole ; mais, en vous parlant, je me propose de produire un changement en vous. Et de même que le Verbe engendré au commencement a produit notre monde, *après en avoir fait la matière*, de même moi, régénéré à l'imitation du Verbe, et éclairé par la connaissance de la vérité, je donne une meilleure forme à un homme de même nature que moi. La matière n'est pas sans commencement comme Dieu, et n'étant point sans principe, elle n'a pas le même pouvoir que Dieu, mais elle a été faite ; elle est venue non d'un autre, mais du seul ouvrier de toutes choses. » N. 7 (10) : « Le Verbe céleste, esprit engendré du Père, intelligence née d'une puissance intelligente, a fait l'homme à la ressemblance de son Créateur, et image de son immortalité, afin qu'ayant reçu de Dieu une portion de la Divinité, il pût participer aussi à l'immortalité qui est propre à Dieu. Avant de faire l'homme, le Verbe a produit les anges. »

Remarquons d'abord que *Tatien* ne donne point ce qu'il dit du Verbe et de ses opérations, comme une opinion philosophique, mais comme une doctrine apprise par révélation : *Nous avons appris, nous savons que c'est lui qui a fait le monde.* Il est évident qu'il avait dans l'esprit les premiers versets de l'Évangile de saint Jean, et qu'il se sert des mêmes expressions.

3° L'on dira sans doute que dans tout ce long passage il n'y a point de terme qui signifie proprement et en rigueur la *création;* mais il n'y en a point non plus dans saint Jean, parce que le grec, non plus que les autres langues, n'avait point de terme sacramentel pour rendre cette idée. *Voy.* CRÉATION. Personne cependant ne s'est avisé de penser que saint Jean admettait les émanations. Ceux qui les ont admises n'ont jamais dit que la matière a eu un commencement, qu'elle a été faite ou produite, qu'elle est l'ouvrage de celui qui a fait toutes choses, comme s'exprime *Tatien.* Encore une fois les gnostiques ont supposé, comme Platon, la matière éternelle. Pour qu'elle fût sortie de Dieu par émanation, il aurait fallu qu'elle fût en Dieu de toute éternité : or *Tatien* nous avertit que Dieu ne fut jamais mêlé avec la matière. Selon sa doctrine, la production de la matière a été un acte de la puissance du Verbe : suivant le sentiment des philosophes, les émanations se faisaient par nécessité de nature ; ils étaient persuadés que Dieu n'a jamais existé sans rien produire. *Tatien* enseigne le contraire. *Voy.* ÉMANATION. Il dit que c'est le Verbe qui a fait ou produit les anges et les âmes humaines, et ç'a été encore un acte de puissance : ces êtres ne sont donc pas sortis de lui par émanation. Brucker lui reproche d'avoir appelé ces esprits *matériels ;* en quel sens *Tatien* et d'autres Pères ont cru que Dieu seul est esprit pur, toujours séparé de toute matière, au lieu que les esprits créés ne subsistent jamais sans être revêtus d'une espèce de corps subtil. Cette erreur n'est ni grossière ni dangereuse. Mais l'hypothèse des émanations est-elle compatible avec la notion d'esprit pur, de *nature simple*, que *Tatien* attribue à Dieu? *Voy.* ANGE, ESPRIT, etc.

4° S'il est question dans son texte d'une *émanation*, c'est de celle du Verbe, avant la création, ou plutôt par la création du monde. Il dit en effet que le Verbe est *émané, sorti, né, provenu* du Père. Mais on a prouvé cent fois contre les ariens et les sociniens, que dans le style des anciens docteurs de l'Église, lorsqu'ils parlent du Verbe divin, *émaner, sortir, naître, procéder*, etc., signifient seulement se produire au dehors, se montrer, se rendre sensible par les œuvres de la création.

Quoi qu'en dise Brucker, ceux qui ont soutenu que *Tatien* a enseigné l'éternité et la divinité du Verbe, n'ont pas eu tort. En effet, *Tatien* dit que Dieu est sans commencement, qu'avant d'émaner de lui pour créer le monde, le Verbe était en lui et avec lui, non *en puissance* comme le monde qui n'existait pas encore, mais *avec une puissance propre*, par conséquent subsistant en personne. Il dit que le Verbe est émané de Dieu *par participation ;* à quoi a-t-il participé, sinon à la puissance et aux attributs de Dieu? Il dit qu'en sortant du Père, il ne s'en est pas séparé, parce que Dieu n'a jamais pu être sans son Verbe, sans sa raison ou son intelligence éternelle. Si ce langage n'exprime point la divinité du Verbe, aucune profession de foi ne peut suffire ; mais il est bien différent de celui des philosophes orientaux, des gnostiques, des cabalistes, de celui des ariens.

5° Le Clerc, *Hist. Ecclés.*, an. 172, p. 378, § 3, dit que toute cette doctrine de *Tatien* est fort obscure, que les païens n'en pouvaient rien conclure, sinon que les chrétiens admettaient deux dieux, l'un supérieur et par excellence, l'autre engendré de lui et nommé le *Verbe*, créateur de toutes choses ; qu'il aurait été mieux de s'en tenir aux paroles des apôtres, et de ne point entreprendre d'expliquer des choses inexplicables. Cela eût été bon, si les païens eussent voulu s'en contenter, mais ils répétaient sans cesse que la doctrine des chrétiens n'était qu'un amas de fables et de contes de vieilles, bons tout au plus pour amuser des enfants. *Tatien* voulait leur faire voir que c'était une doctrine profonde et raisonnée, une philosophie plus vraie et plus solide que toutes les visions des prétendus sages du paganisme. La manière dont il expose l'émanation du Verbe au moment de la création, ne ressemble en rien aux généalogies ridicules des dieux, admises par les païens, ni aux émanations des éons, forgées par les gnostiques.

6° Origène et Clément d'Alexandrie reprochent à *Tatien* d'avoir dit que ces paroles de la Genèse, *Que la lumière soit*, expriment plutôt un désir qu'un commandement et qu'il a parlé comme un athée en supposant que Dieu était dans les ténèbres. Or, dit Brucker, c'était un dogme de la philosophie orientale, égyptienne et cabalistique. Mais ce n'est point dans le *Discours contre les gentils* que *Tatien* a ainsi parlé ; peu nous importe de savoir ce qu'il a rêvé lorsqu'il est devenu hérétique, et qu'il a embrassé la plupart des visions des gnostiques.

7° Nous ne nous arrêtons point à prouver que, dans ce discours, il n'a enseigné ni la matérialité ni la mortalité de l'âme; les éditeurs de saint Justin l'ont justifié à cet égard, *Préf.*, 3e part., c. 12, n. 3. Il a du moins déclaré positivement que l'âme humaine est immortelle *par grâce;* cela nous suffit.

8° L'éditeur d'Oxford prétend que *Tatien* y a réprouvé le mariage ; il dit, n. 34 (55) : « Qu'ai-je besoin de cette femme peinte par Périclymène, qui mit au monde trente enfants dans une seule couche, et que l'on prend pour une merveille ? Cela doit être regardé plutôt comme l'effet d'une intempérance excessive et d'une lubricité abominable. » Mais autre chose est de condamner l'usage modéré du mariage, et autre chose de blâmer l'intempérance dans cet usage.

9° Enfin, Brucker prétend que *Tatien* a emprunté de Zoroastre et des Orientaux le système des émanations et l'opinion que la chair est mauvaise en soi. Cependant nous voyons par le Zend-Avesta que Zoroastre n'a enseigné ni l'un ni l'autre; on ne connaît aucun autre philosophe oriental dont on puisse prouver les sentiments par ses ouvrages.

Il serait inutile de pousser plus loin l'apologie du discours de *Tatien;* nous ne prétendons point soutenir qu'il est absolument irréprochable, mais il y a de l'injustice à y chercher des erreurs qui n'y sont point. Brucker a commencé par supposer sans preuve, ou plutôt malgré toute preuve, que cet auteur était déjà pour lors imbu des opinions de la philosophie orientale ; ensuite il part de cette supposition fausse pour en expliquer toutes les phrases dans le sens des gnostiques. Dès que son principe est faux, toutes les conséquences qu'il en tire, toutes les interprétations qu'il donne, sont illusoires. Au mot GNOSTIQUES, nous avons fait voir que le plan de philosophie orientale, forgé par les critiques protestants, n'est qu'un système conjectural imaginé pour travestir la doctrine des Pères de l'Eglise. *Voy.* PHILOSOPHIE, PLATONISME, etc.

TÉMOIGNAGE. Ce mot, dans le sens propre, signifie l'attestation que fait un homme en justice de ce qu'il a vu et entendu ; ainsi le *témoignage* ne peut avoir lieu qu'à l'égard des faits. Mais ce terme, dans l'Ecriture sainte, a d'autres significations. 1° Il désigne un monument; ainsi, *Gen.*, c. XXI, v. 45, Laban et Jacob, après s'être juré une amitié mutuelle, érigent pour monument de cette alliance un monceau de pierres, comme un témoin muet de leur serment : Laban le nomme *galaad, le monceau témoin*, et Jacob, *le monceau du témoignage*. Après le partage de la terre promise, les tribus d'Israël placées à l'orient du Jourdain, élèvent de même un grand tas de pierres en forme d'autel, pour attester qu'elles veulent conserver l'unité de religion et de culte avec les tribus placées à l'occident. *Josué*, c. XXII, v. 10. 2° Il désigne la loi du Seigneur, parce que Dieu témoigne ou atteste aux hommes ses volontés par sa loi. 3° Dans l'origine, *testament* et *témoignage* sont synonymes, parce que le testament d'un mourant est le *témoignage* de ses dernières volontés ; il en est de même en hébreu; et comme une alliance se conclut toujours par des *témoignages* extérieurs de fidélité mutuelle, l'arche qui renfermait les tables de la loi, est appelée indifféremment l'*arche du testament*, l'*arche du témoignage*, l'*arche de l'alliance*. Le tabernacle est aussi nommé la *tente du témoignage*, parce que c'est là que Dieu annonçait ordinairement ses volontés à Moïse et au peuple. 4° Il signifie quelquefois une prophétie, par la même raison ; Dieu dit à Isaïe, c. VIII, v. 16 : « Tenez secrète cette « prophétie, cachetez ma loi pour mes dis-« ciples : » *Liga testimonium, signa legem in discipulis meis.*

TÉMOIGNAGE (FAUX). Ce crime est proscrit non seulement par le second précepte du décalogue, qui défend de prendre le saint nom de Dieu en vain, mais encore par le neuvième en ces termes : « Tu ne porteras point « *faux témoignage* contre ton prochain. » Suivant la loi, un faux témoin était condamné à la peine du talion, ou à subir la même peine qui aurait été décernée contre l'accusé, si celui-ci avait été jugé coupable. *Deut.*, c. XIX, v. 19. Il est très-évident que ce crime est contraire à la loi naturelle. Les lois civiles ont toujours condamné les faux témoins ; les lois ecclésiastiques n'ont pas été moins sévères ; par le 74e canon du concile d'Elvire, un homme convaincu de *faux témoignage* est privé de la communion pour cinq ans, dans le cas ou il ne s'est pas agi d'une cause de mort; dans le cas contraire, le témoin était censé homicide, et comme tel privé de la communion jusqu'à l'article de la mort. Les conciles d'Agde, en 506, et de Vannes, en 465, le soumettent à la même peine, jusqu'à ce qu'il ait satisfait au prochain par la pénitence ; le premier et le deuxième concile d'Arles confirment cette discipline, le dernier néanmoins laisse la longueur de cette pénitence au jugement de l'évêque. Bingham, *Orig. ecclés.*, l. XVI, c 13, § 1, t. VII, p. 510. Les docteurs de l'Eglise pensent à peu près de même de la calomnie réfléchie et préméditée, quoiqu'elle ne soit pas appuyée par un faux serment.

TÉMOIN. L'on sait assez ce que ce terme signifie. La loi de Moïse défendait de condamner personne à mort sur la déposition d'un seul homme, mais le crime était censé prouvé par l'attestation de deux ou trois *témoins*; *Deut.*, c. xvii, v. 6. Lorsqu'un homme était condamné à mort, les *témoins* devaient frapper les premiers, lui jeter la première pierre, s'il était lapidé. Jésus-Christ fit allusion à cet usage, lorsqu'il dit aux pharisiens qui lui présentaient une femme surprise en adultère : *Que celui de vous qui est sans péché lui jette la première pierre* (*Joan.*, viii, 7). *Voy.* ADULTÈRE.

L'Ecriture appelle aussi *témoin* celui qui publie une vérité; dans ce sens Jésus-Christ dit à ses apôtres : *Vous serez mes* TÉMOINS (*Act.* i, 8); parce que leur prédication consistait à rendre témoignage de ce qu'ils avaient vu et entendu, *I Joan.*, c. i, v. 1. Ils se donnent eux-mêmes pour *témoins* de la résurrection de Jésus-Christ, *Act.*, c. ii, v. 32. Il est dit que saint Jean-Baptiste avait aussi rendu témoignage au Sauveur, parce qu'il avait vu le Saint-Esprit descendre sur lui au moment de son baptême, *Joan.*, c. i, v. 15, 19, 32. Dans le même sens l'on a nommé *martyrs* ou *témoins*, ceux qui ont donné leur vie pour attester la vérité de notre religion; saint Etienne est le premier qui ait été ainsi appelé, *Act.*, c. xxii, v. 20. *Voy.* MARTYR.

Puisque la doctrine de Jésus-Christ a été d'abord annoncée par des *témoins*, nous concluons qu'elle a dû se transmettre de même aux générations suivantes; une doctrine révélée de Dieu ne peut ni ne doit se perpétuer autrement. C'est ce que nos controversistes ont appelé *probatio fidei per testes*; Wallembourg, *tract.* 5. En effet, de même que les apôtres ont été capables de rendre un témoignage certain et irrécusable de ce qu'ils ont entendu de la bouche de Jésus-Christ et de ce qu'ils lui ont vu faire, les disciples immédiats des apôtres, qui en ont reçu la mission ou la charge d'enseigner les fidèles, ont été capables aussi d'attester avec certitude ce qu'ils ont ouï dire aux apôtres, et ce qu'ils leur ont vu faire. Si les apôtres ne les en avaient pas jugés capables, ils ne leur auraient pas confié une fonction aussi importante. Ces seconds *témoins* doivent donc être crus, lorsqu'ils attestent qu'ils ont reçu des apôtres la doctrine qu'ils enseignent eux-mêmes aux fidèles. Comme plusieurs de ceux-ci avaient entendu prêcher les apôtres, il n'a pas été possible à leurs pasteurs d'en imposer sur ce fait éclatant et public.

Il ne servirait à rien de dire que les apôtres avaient reçu la plénitude des dons du Saint-Esprit, et que leurs disciples n'ont pas été favorisés de la même grâce. Nous sommes convaincus, par les écrits mêmes des apôtres, qu'ils donnaient le Saint-Esprit par l'imposition de leurs mains, cérémonie que nous appelons l'*ordination*; ils nous disent que les pasteurs qu'ils ont préposés au gouvernement des églises ont été établis par le Saint-Esprit; que c'est Jésus-Christ lui-même qui a donné à son Eglise des pasteurs et des docteurs, aussi bien que des apôtres et des évangélistes, pour maintenir l'unité de la foi; que Jésus-Christ a envoyé le Saint-Esprit *pour toujours*, etc. Donc les pasteurs choisis par les apôtres ont aussi reçu le Saint-Esprit pour remplir avec succès le ministère dont ils étaient chargés. Nous ajoutons que, s'il avait été nécessaire pour maintenir l'unité de la foi, que les pasteurs reçussent le Saint-Esprit avec la même plénitude que les apôtres, Jésus-Christ le leur aurait certainement donné : car enfin ce divin Sauveur n'a pas établi son église pour la laisser bientôt défigurer par l'erreur; il n'a pas apporté la vérité sur la terre pour la laisser bientôt étouffer par des intentions humaines; il lui a promis au contraire son assistance jusqu'à la fin des siècles. On ne gagnera pas davantage en disant que les apôtres ont mis par écrit la doctrine de Jésus-Christ, que c'est dans leurs livres qu'il faut la chercher. 1° Les livres ne sont d'aucun usage pour les ignorants, et les vérités de la foi sont faites pour tout le monde. 2° Il est faux que les apôtres aient écrit toute la doctrine de Jésus-Christ, sans en rien omettre; du moins on l'affirme sans preuve, et nous ferons voir le contraire au mot TRADITION. 3° Le plus grand nombre des apôtres n'ont rien écrit, du moins on n'a jamais connu aucun de leurs ouvrages; tous cependant ont fondé des églises, et ont laissé après eux des pasteurs pour enseigner les fidèles. 4° Les apôtres ont écrit dans une seule langue qui n'était en usage que dans l'empire romain, et ils ont fondé le christianisme chez des peuples qui ne l'entendaient pas ; nous ne voyons point qu'ils leur aient ordonné de l'apprendre, ni qu'ils aient fait traduire leurs écrits dans toutes les langues : donc ils ont jugé que leur doctrine pouvait être connue, professée et conservée autrement. 5° Plusieurs peuples ont été chrétiens pendant fort longtemps, sans avoir dans leur langue une traduction des livres saints ; et quand ils l'auraient eue, ils n'auraient pas dû s'y fier, à moins qu'ils n'eussent été certains de la fidélité de cette version. 6° C'est sur le sens de ces mêmes livres que sont survenues toutes les disputes, et qu'ont été fondées toutes les erreurs en matière de foi ; vingt sectes différentes n'ont pas manqué d'y trouver à point nommé toutes les opinions fausses qu'il leur a plu d'adopter. Il a donc toujours fallu un guide, un garant, une règle, pour saisir avec certitude le vrai sens de ces livres, et il n'y en a jamais ou d'autre que le témoignage, l'enseignement, la tradition des pasteurs. De même que les apôtres ont donné aux pasteurs du Ier siècle leurs écrits, et le sens dans lequel il faut les entendre, ces pasteurs ont transmis l'un et l'autre à ceux du IIe siècle, ceux-ci à ceux du IIIe, et ainsi de suite jusqu'à nous. Il est absurde de consentir par nécessité à recevoir par ce témoignage la connaissance des écrits authentiques des apôtres, et de ne vouloir pas recevoir par la même voie le sens qu'il faut leur donner. Si les pasteurs de l'Église sont croyables lorsqu'ils attestent que tels et tels écrits sont véritablement des apôtres, pourquoi ne le sont-ils plus lorsqu'ils attestent que les apôtres leur ont appris à y donner tel ou tel sens? Nous cherchons vainement dans les livres de nos adversaires une réponse solide à ce raisonnement. *Voy.* ECRITURE SAINTE, EGLISE, TRADITION, etc.

TÉMOINS (trois). *Voy.* SAINT JEAN L'EVANGÉLISTE.

TEMPÉRANCE, vertu morale et chrétienne qui consiste à éviter les plaisirs excessifs, défendus ou dangereux. Elle a été louée et recommandée par les philosophes païens les plus sages, aussi bien que par les auteurs sacrés. Mais c'est à tort que les censeurs de la morale chrétienne prétendent qu'elle nous défend tous les plaisirs sans exception. Il y a nécessairement du plaisir à satisfaire les besoins du corps et à exercer les facultés de l'âme ; Dieu a voulu par cet attrait engager l'homme à se conserver et à regarder la vie comme un bienfait ; il ne lui en fait donc pas un crime. Mais l'expérience prouve que l'usage immodéré des plaisirs opère notre destruction, nous les rend bientôt insipides, et que l'abus des plaisirs innocents nous conduit à rechercher les plaisirs criminels. Il est d'ailleurs si ordinaire à l'homme de rechercher le plaisir pour lui-même et d'en abuser, l'épicuréisme était si généralement répandu dans le monde du temps de Jésus-Christ, plusieurs philosophes avaient enseigné des maximes si scandaleuses et avaient donné de si mauvais exemples, que ce divin Maître ne pouvait pousser trop loin la sévérité pour réformer les idées des hommes et le relâchement des mœurs. De là ces maximes austères de l'Evangile : *Heureux les pauvres d'esprit...; heureux ceux qui pleurent; heureux ceux qui souffrent persécution pour la justice*, etc. (*Matth.* v). *Si quelqu'un veut me suivre, qu'il porte sa croix tous les jours de sa vie.* (*Luc.* IX, 23]. *Ceux qui sont à Jésus-Christ crucifient leur chair avec ses vices et ses convoitises.* (*Galat.* v, 4), etc. Telle est la destinée à laquelle devaient s'attendre les disciples d'un Dieu crucifié, au milieu d'un monde livré à l'amour effréné des plaisirs. Mais comment ne pas écouter un maître qui a confirmé ses leçons par ses exemples, qui a promis à ses disciples dociles le secours de sa grâce, et qui leur assure une récompense éternelle ? Avec de pareils encouragements, un Dieu a droit d'exiger de l'homme des vertus qui paraissent au-dessus des forces de l'humanité. Une preuve qu'il n'y a rien dans tout cela d'excessif, c'est que les saints l'ont pratiqué et le font encore ; loin de se croire malheureux, ils disent comme saint Paul : *Je suis content et je suis transporté de joie au milieu des afflictions et des souffrances.* (*II Cor.* VII, 4.)

Si cette morale avait besoin d'apologie, elle se trouverait justifiée par le spectacle de nos mœurs ; il suffit de regarder ce qui se passe parmi nous, pour voir les désordres que produit l'amour excessif des plaisirs dans tous les ordres de la société. Les profusions insensées des grands qui renversent leur fortune, une ambition que rien ne peut assouvir, les productions des deux mondes rassemblées pour satisfaire leur sensualité, la négligence des devoirs les plus essentiels de la part de ceux qui occupent les premières places, la rapacité des hommes opulents, la fureur d'accumuler par les moyens les plus bas et les plus malhonnêtes, pour finir ensuite par une banqueroute frauduleuse, les talents frivoles honorés et enrichis aux dépens des arts utiles, la paresse et le faste introduits dans toutes les conditions, la bonne foi bannie de tous les états, l'impudence du libertinage érigée en vertu, la jeunesse pervertie dès l'enfance, etc., etc., voilà les tristes effets d'un goût effréné pour les plaisirs. Il n'est pas étonnant qu'avec un esprit et un cœur gâtés on ne puisse plus souffrir la morale de l'Evangile, et que les anciens philosophes partisans du stoïcisme soient regardés comme des rêveurs atrabilaires. *Voy.* MORALE CHRÉTIENNE, MORTIFICATION, PLAISIRS, etc.

* TEMPÉRANCE (SOCIÉTÉ DE). L'intempérance avait été poussée à des excès horribles aux Etats-Unis, en Angleterre, en Irlande. Les méthodistes avaient plusieurs fois tenté d'établir des sociétés de Tempérance; leurs tentatives avaient échoué. Il se trouva un religieux carme qui devait avoir plus de succès. L. P. Théobald Mathew eut d'abord beaucoup d'adhérents dans la ville de Cork ; il y établit une société de Tempérance dont les membres prenaient l'engagement suivant : Je promets de m'abstenir de toute liqueur enivrante, à moins qu'elle ne me soit commandée par ordonnance du médecin, et de contribuer par tous les moyens qui seront en mon pouvoir à empêcher l'intempérance chez les autres. L'association fit bientôt de grands progrès ; la foule accourut des pays lointains pour contracter un engagement entre les mains du P. Mathew. Il parcourut lui-même les différentes parties des Iles-Britanniques pour prêcher l'association et recevoir les associés. La société de Tempérance s'est étendue aux Etats-Unis, au Canada, à la Nouvelle-Hollande, à la Nouvelle-Ecosse et dans les Indes orientales. On dit qu'il y a très-peu d'exemples de violation de l'engagement contracté. M. O'Sullivan écrivait au P. Mathew en 1843 que sur mille associés qu'il comptait dans sa paroisse, six seulement avaient été parjures dans l'espace d'un an. Commencée en 1838, l'association de Tempérance comptait, en 1842, 5,348,435 personnes.

TEMPLE, édifice dans lequel les hommes se rassemblent pour rendre leurs hommages à la Divinité. La censure que les incrédules et d'autres critiques téméraires ont faite de cet usage, nous donne lieu d'examiner plusieurs questions : 1° s'il y a eu des *temples* chez les païens avant qu'il y en eût aucun destiné au culte du vrai Dieu ; 2° si l'usage en est répréhensible ou dangereux ; 3° si Dieu n'a permis aux Juifs de lui en élever un que par condescendance pour leur grossièreté ; 4° si la magnificence de ces édifices est un abus.

§ I. *Les païens ont-ils construit des temples avant les adorateurs du vrai Dieu?* Nous convenons d'abord qu'avant l'érection du tabernacle fait par Moïse, l'histoire sainte ne fait mention d'aucun édifice destiné au culte du Seigneur. On conçoit aisément que les premières peuplades n'ont pas pensé à bâtir des *temples*, tant qu'elles ont été errantes et bornées à la vie pastorale; mais il ne s'ensuit pas qu'elles en ont eu dès qu'elles sont devenues sédentaires. Les critiques qui se sont livrés aux conjectures, ont imaginé que les peuples ont voulu avoir cette commodité pour le culte religieux aussitôt qu'ils ont habité des maisons solides et qu'ils ont bâti des villes ; mais quelque vraisemblable que soit cette opinion, elle nous paraît détruite par la narration des livres saints. Il est dit, *Gen.*, cap. IV, v. 17, que Caïn, fils aîné d'Adam, bâtit une ville ; peu de temps après le déluge il est parlé de Babylone et d'Arach, d'Achad, de Chalane, de Ninive, comme de villes déjà existantes, ou qui ne tardèrent pas d'être bâties, c. X, v. 10 et 11. Il y avait des villes dans la Palestine, lorsqu'Abraham y arriva vers l'an 2100 du monde; mais il n'était pas encore question de lieux fermés et couverts destinés au culte de Dieu. On voit, c. XII, v. 7 et 8, qu'Abraham éleva des autels au Seigneur; Noé avait fait de même au sortir de l'arche après le déluge, c. VIII, v. 20 ; cela ne prouve point qu'ils construisirent des édifices pour continuer d'y exercer le culte religieux. Il est dit, c. XXV, v. 22, que Rébecca, épouse d'Isaac, alla consulter le Seigneur; nous ne savons ni en quel lieu ni de quelle manière. Jacob son fils appela *Béthel, maison de Dieu*, l'endroit dans lequel il eut un songe prophétique, et dans lequel il consacra une pierre par une onction; c. XXVIII, v. 17 et 22. A son retour de la Mésopotamie, il y éleva un autel et y offrit un sacrifice avec toute sa maison, et nomma de nouveau ce lieu *la maison de Dieu*, ou plutôt *le séjour de Dieu*; c. XXXV, v. 3 et 7. Or, un autel n'est pas un *temple*. Il en agit de même dans tous les lieux où il s'arrêta, et il continua de mener une vie errante et pastorale, jusqu'à ce qu'il allât rejoindre Joseph en Egypte.

Il paraît donc certain qu'avant l'entrée de Jacob et de sa famille dans ce royaume, il n'y avait encore eu aucun *temple* consacré au Seigneur par les patriarches. Mais on ne peut pas prouver que les Egyptiens en avaient déjà pour lors, ni que les Israélites y en aient vu aucun pendant tout leur séjour. Il y a donc lieu de croire que le tabernacle construit par Moïse dans le désert fut non-seulement le premier *temple* consacré au vrai Dieu, mais le premier édifice de cette espèce dont on eût jamais ouï parler. Dans les premiers temps le mot *temple* ne signifiait qu'un enclos, un terrain consacré.

Ce n'est point l'opinion de Spencer; il a fait tous ses efforts pour persuader qu'avant l'érection de ce tabernacle, les Egyptiens, les Chananéens et les autres peuples voisins de la Palestine, avaient déjà des *temples* destinés au culte de leurs fausses divinités, et que Moïse les a pris pour modèle : *de Legibus Hebr. ritual.*, lib. III, dissert. 6, c. 1. Pour établir un fait aussi essentiel, malgré le silence profond et constant des écrivains sacrés, il faudrait des preuves positives et solides; Spencer n'en apporte que de très-faibles, et nous espérons de lui en opposer de meilleures ; déjà des savants l'ont fait avant nous ; *Mém. de l'Acad. des Inscript.*, t. LXX, in-12, p. 59 et suiv. La première qu'il allègue est un passage du *Lévitique*, chap. XXVI, v. 27 et suiv., dans lequel Dieu dit aux Israélites : *Si vous vous révoltez contre moi, je détruirai vos lieux élevés et vos lieux consacrés au soleil*. La question est de savoir si ces lieux où l'on adorait le soleil étaient des *temples*. D'ailleurs ceci est une menace contre ce qui devait arriver dans la suite, et non un reproche de ce qui se faisait déjà pour lors. Dieu ajoute : *Je réduirai vos villes en solitude* ; il ne s'ensuit pas que les Israélites dans le désert habitaient déjà des villes. — La seconde est que, dans le *Deutéronome*, c. XXXIV, v. 6, il est parlé de Beth-Péor, ou Beth-Phogor, la maison ou le *temple* de Phogor. Mais lorsque Jacob nomma *Béthel*, la maison de Dieu, le lieu dans lequel il avait consacré une pierre, était-il question d'un *temple* ? Nous avouons que, dans le premier livre des *Rois*, c. V, v. 2, il est parlé du *temple* de Dagon, mais il y avait pour lors plus de quatre cents ans que le tabernacle était construit. Dans ce même livre, c. I, v. 7 et 9, le tabernacle n'était qu'une tente, est aussi appelé la *maison* ou le *temple* du Seigneur. — La troisième est que les auteurs profanes ont dit que les Egyptiens sont les premiers qui aient bâti des *temples*. Malheureusement ces écrivains sont trop modernes, et ils connaissaient trop peu les Juifs pour avoir pu savoir ce que l'on faisait dans les temps dont nous parlons ; le plus ancien de tous est Hérodote qui n'a vécu que mille ans après Moïse. Il ne savait sur les antiquités de l'Egypte que ce que lui en avaient dit les prêtres, et leur témoignage n'était pas fort digne de foi, puisqu'ils prétendaient que les Egyptiens étaient les premiers qui avaient élevé aux dieux *des autels, des statues et des temples*, Hérodote, l. II, § 4 : fait contredit par l'Ecriture sainte, qui nous apprend que Noé, au sortir de l'arche, après le déluge, érigea un autel au Seigneur.

Quand il serait prouvé que les idolâtres ont eu des tabernacles ou des *temples* à peu près en même temps que les Israélites, il serait encore question de savoir lesquels ont servi de modèle aux autres. Il y a pour le moins autant de probabilité à soutenir que les Chananéens et les autres peuples voisins ont imité les Juifs, qu'à supposer que Moïse a copié les usages de ces nations idolâtres. En tout genre la vraie religion a précédé les fausses. Les écrivains qui ont imaginé que les *temples* sont aussi anciens que l'idolâtrie n'ont fait qu'une fausse conjecture. En effet, il est constant que la plus ancienne idolâtrie a été le culte des astres ; *voyez* ce mot.

Or, il n'est pas aisément venu à l'esprit des hommes que le soleil et la lune qu'ils voyaient dans le ciel pouvaient en descendre pour venir habiter dans un *temple*. Il est très-probable que les païens n'ont commencé à en bâtir que quand ils se sont avisés d'adorer comme des dieux les âmes des héros, culte qui n'est pas de la plus haute antiquité, et de les représenter par des statues qu'il fallut mettre à l'abri des injures de l'air; *Mém. de l'Acad. des Inscript.*, ibid., pag. 59.

Au mot TABERNACLE, nous avons vu que le prophète Amos a reproché aux Juifs d'avoir fait dans le désert un tabernacle ou une tente à Moloch, dieu des Ammonites et des Moabites ; mais le tabernacle consacré au culte du vrai Dieu était déjà construit. Il n'est pas prouvé que ces deux peuples avaient aussi pour lors des tentes semblables, ou des *temples* pour y exercer l'idolâtrie. Le crime des Israélites a donc pu consister en ce qu'ils firent pour Moloch une tente semblable au tabernacle que Moïse avait élevé au vrai Dieu. Ce n'est point ici une conjecture hasardée comme les imaginations de Spencer ; nous avons pour nous des preuves positives. 1° *Deut.*, c. IV, v. 7, Moïse dit aux Israélites : *Il n'y a aucune nation assez previlégiée pour avoir ses dieux près d'elle, comme le Seigneur se rend présent à toutes nos prières. Quel est le peuple qui puisse se glorifier d'avoir des cérémonies, des lois, une religion, semblables à celles que je vous prescris aujourd'hui ?* Si les Egyptiens, les Chananéens, les Madianites, les Moabites, etc., avaient eu pour lors des tentes ou des *temples* qu'ils eussent regardés comme le séjour de leurs divinités, s'ils avaient pratiqué pour elles les mêmes cérémonies que Moïse prescrivait aux Israélites, il n'aurait pas été assez imprudent pour faire cette comparaison. L'on aurait pu lui répondre que Moloch, Chamos, Béelphégor, etc., habitaient dans des *temples* construits pour les adorer, tout comme le Dieu d'Israël habitait dans le tabernacle; que l'on pratiquait dans leur culte les mêmes cérémonies qui étaient prescrites pour honorer le Seigneur. 2° *Deut.*, c. XII, v. 30, il dit aux Israélites : *Gardez-vous d'imiter les nations que vous devez détruire dans la terre qui vous est promise, de pratiquer leurs cérémonies, et de dire : Comme ces nations ont adoré leurs dieux, ainsi j'adorerai le mien ; vous ne ferez rien de semblable pour le Seigneur votre Dieu.* Si Moïse n'avait fait qu'imiter dans ses lois cérémonielles ce qui était en usage chez les nations idolâtres, de quel front aurait-il osé faire cette défense ? On aurait été en droit de lui reprocher qu'il faisait le premier ce qu'il défendait aux autres de faire, et les Israélites toujours mutins et réfractaires n'y auraient pas manqué. — 3° *Ibid.*, v. 13 et 14, il leur défend d'offrir leurs sacrifices, leur encens, leurs prémices, dans tous les lieux indifféremment, mais seulement dans le lieu que le Seigneur aura choisi, par conséquent dans le tabernacle. Donc un des usages des idolâtres était de faire leurs sacrifices, leurs offrandes, leurs cérémonies partout où il leur plaisait, et non dans un *temple* destiné au culte de leurs divinités. Spencer lui-même a été forcé de reconnaître qu'un très-grand nombre des lois cérémonielles de Moïse avaient pour objet de leur interdire les pratiques qui étaient en usage chez les nations idolâtres. En recherchant avec tant de soin dans les livres saints les passages qui semblent favoriser son système, il ne devait pas omettre ceux qui le détruisent. Nous savons que plusieurs auteurs respectables semblent l'avoir adopté ; mais, dans une question de fait, il faut s'en tenir non à des conjectures, mais à des témoignages. Aucune autorité ne peut prévaloir à celle d'un historien aussi bien instruit que l'était Moïse. On aura beau fouiller dans toute l'antiquité, on n'y trouvera rien qui prouve qu'il y a eu des tabernacles plus anciens que celui qu'il a construit, ou des *temples* solides qui aient précédé celui de Salomon.

§ II. *L'usage des temples est-il dangereux et répréhensible en lui-même ?* Spencer le prétend ; c'est une des raisons dont il se sert pour prouver que Dieu n'avait permis qu'on lui en construisît un, que par condescendance pour la grossièreté des Juifs. Il a été suivi par la foule des incrédules modernes ; ils soutiennent comme lui, que la coutume de bâtir des *temples* est l'effet d'une erreur grossière et qui contribue à l'entretenir. « Les hommes, dit un déiste, ont banni la Divinité d'entre eux, ils l'ont reléguée dans un sanctuaire ; les murs d'un *temple* bornent sa vue, elle n'existe point au-delà. Insensés que vous êtes, détruisez ces enceintes qui rétrécissent vos idées, élargissez Dieu, voyez-le partout où il est, ou dites qu'il n'est pas. » Un autre prétend qu'un culte simple rendu à Dieu à la face du ciel, sur la hauteur d'une colline, serait plus majestueux que dans un *temple* où sa puissance et sa grandeur paraissent resserrées entre quatre colonnes. Ces réflexions sublimes sont-elles solides ? 1° Il serait fort étonnant que les peuples barbares qui pratiquaient le culte divin sur les montagnes ou dans les plaines, à la face du ciel, eussent été plus sages que les nations policées, et que le genre humain dans son enfance eût eu plus de lumières et de philosophie que dans son âge mûr. Nous voudrions que ceux qui admettent ce phénomène eussent pris la peine de l'expliquer. Nous savons très-bien que les patriarches ont ainsi rendu leur culte au vrai Dieu dans les premiers âges ; nous l'avons prouvé par l'Ecriture sainte. Dieu a bien voulu agréer cette manière de l'honorer, parce qu'elle était analogue à la vie errante et pastorale que menaient ces saints personnages. Mais si cette manière était la meilleure et la plus conforme aux notions du vrai culte, nous soutenons que jamais Dieu n'aurait permis à ses adorateurs de le changer, que jamais il n'aurait ordonné aux Israélites de lui bâtir un tabernacle et ensuite un *temple*. Dieu, qui est la sagesse infinie et la vérité par essence, n'a jamais tendu aux hommes un piège d'erreur. — 2° Il est incontestable, et plusieurs savants l'ont prouvé, que la plus ancienne idolâtrie a été le culte des astres ; Moïse l'a défendue aux Israélites, *Deut.*, c. IV, v. 19 ; et c'est la seule dont il soit parlé dans le livre de *Job*, c. XXXI, v. 26. Par cette raison, l'une des plus anciennes superstitions a été de pratiquer le culte religieux sur les montagnes, que l'Ecriture sainte appelle *les hauts lieux ;* les païens croyaient par là se rapprocher du ciel ou du séjour des dieux ; *Num.*, c. XXII, v. 41 ; c. XXIII, v. 1, etc. ; *Mém. de l'Académie*, ibid., p. 63. Croirons-nous que Dieu voulait autoriser cette superstition, lorsqu'il ordonna à Abraham de lui immoler son fils Isaac sur une montagne, et lorsqu'il parla aux Israélites sur le mont Sinaï ? Non, sans doute ; Dieu choisit ces lieux de préférence, parce que l'on ne pouvait pas voir, comme en rase campagne, ce qui s'y passait. Mais Moïse défendit expressément cette pratique aux Israélites ; *Levit.*, c. XXVI, v. 30. Il leur ordonna de détruire tous ces hauts lieux des idolâtres ; *Num.*, c. XXIII, v. 52 ; *Deut.*, c. XII, v. 2, etc. Lorsque, dans la suite, les Juifs retombèrent dans cet abus, ils en furent blâmés par les écrivains sacrés ; *III Reg.*, c. III, v. 2 et 3 ; c. XII, v. 31, etc. Il est donc très-probable qu'une des raisons pour lesquelles Dieu voulut que l'on construisît le tabernacle, fut de convaincre ce peuple qu'il n'était pas nécessaire d'aller sur les montagnes pour s'approcher de Dieu, et qu'il daignait lui-même s'approcher de son peuple en rendant sa présence sensible dans le *temple* portatif érigé en son honneur. Ainsi ce que l'on prend pour une source d'erreur en était justement le préservatif. Il n'est donc pas vrai qu'en bâtissant des *temples,* les hommes aient banni la Divinité d'entre eux, puisqu'ils ont cru au contraire que, par ce moyen, ils se rapprochaient d'elle. — 3° Quel est, en effet, le dessein qui a présidé à la construction des *temples ?* Ç'a été, en premier lieu, de s'acquitter plus commodément du culte divin ; cela convenait aux Israélites rassemblés dans un seul camp ; le tabernacle fut placé au milieu. Ç'a été, en second lieu, de rassembler dans une seule enceinte les symboles de la présence de Dieu, afin de frapper davantage l'imagination des hommes. Aucune de ces deux intentions n'est blâmable : c'est pour cela même que Dieu a daigné s'y prêter ; l'une et l'autre furent remplies par la construction du tabernacle et du *temple* de Salomon. Ils renfermaient l'arche d'alliance dans laquelle étaient les tables de la loi, le couvercle de cette arche ou le propitiatoire était surmonté de deux chérubins dont les ailes étendues formaient une espèce de trône, symbole de la majesté divine. On y voyait un vase rempli de la manne dont Dieu avait miraculeusement nourri les Israélites pendant quarante ans ; la verge d'Aaron, l'autel des parfums, la table des pains d'offrande, l'autel sur lequel on brûlait la chair des victimes, le chandelier d'or. Tous ces objets rappelaient aux Juifs les miracles et les bienfaits dont le Seigneur avait favorisé leurs pères, et les cérémonies du culte concouraient au même but : le peuple ne pouvait avoir trop souvent sous les yeux ces signes commémoratifs, et ils ne pouvaient être rassemblés que dans un *temple.* — 4° Il est faux que cette conduite ait donné lieu aux hommes de penser que la Divinité est renfermée dans les murs d'un édifice, et qu'elle n'existe point au-delà. Si les païens l'ont pensé lorsqu'ils se sont fait des dieux semblables à eux, il ne s'ensuit rien contre les adorateurs du vrai Dieu. Moïse, après avoir construit le tabernacle, continue de dire aux Israélites : *Sachez donc et n'oubliez jamais que le Seigneur est Dieu dans le ciel et sur la terre, et qu'il n'y en a point d'autre que lui (Deut.,* IV, v. 19). Salomon, après avoir achevé le *temple,* dit à Dieu : *Peut-on croire, Seigneur, que vous habitiez sur la terre ? si toute l'étendue des cieux ne peut vous contenir, combien moins serez-vous renfermé dans ce* TEMPLE *que je vous ai bâti !* (*III Reg.* VIII, v. 27). Nous savons très-bien que, malgré ces leçons, les Juifs devenus idolâtres ont souvent pensé comme les païens, et qu'ils en ont été repris par *Isaïe,* c. LXVI, v. 1 ; mais il ne s'ensuit point que c'était l'usage du *temple* qui leur inspirait ces idées fausses. Puisque les Juifs grossiers, aussi bien que les païens, abusaient également du culte rendu à Dieu sur les montagnes et de celui qu'on lui rendait dans le *temple,* nous demandons lequel de ces deux cultes il valait le mieux choisir. — 5° Dieu, *Ezech.*, c. XX, et ailleurs, reproche aux Juifs captifs à Babylone, toutes les prévarications de leurs pères, surtout leur fureur à imiter les superstitions de l'Egypte, mais il leur promet de les purifier et de les en préserver, lorsqu'il les aura rétablis dans la terre promise. Il les y fait revenir en effet, et à leur retour il les exhorte par ses prophètes à rebâtir le *temple.* Si cet édifice avait été par lui-même une pierre de scandale et un piège d'erreur, Dieu l'aurait-il fait reconstruire après la captivité ? Il prédit que toutes les nations viendront y adorer Dieu, *Isaï.* , c. LVI, v. 7 ; *Jerem.*, c. XXXII, v. 12. Sans doute, il n'a pas voulu tendre un piège à toutes les nations. Il y a plus : saint Paul, *II Cor.,* c. VI, v. 16, dit aux fidèles qu'ils sont le *temple de Dieu,* et leur applique ce qui a été dit du tabernacle et du temple. Il ne s'ensuit pas de là que Dieu est renfermé dans l'âme d'un fidèle, qu'il n'habite point ailleurs, et qu'il n'est pas présent partout. — 6° Un culte rendu à Dieu, à la face du ciel, sur la hauteur d'une colline, pourrait peut-être sembler plus majestueux aux yeux d'un philosophe très-instruit, habitué à contempler les beautés de la nature ; mais il ne paraîtrait pas tel aux yeux du *peuple* accoutumé au spectacle de l'univers ; il le voit sans émotion, au lieu qu'il est frappé d'admiration à la vue d'un *temple* richement et décemmen[t] orné. Or, ce n'est point au goût des philosophes qu'il faut régler le culte divin. Ces censeurs bizarres ne doivent point être écoutés, lorsqu'ils s'élèvent contre ce que le sens commun dicte à tous les hommes. Qui les empêche d'adorer Dieu à la face du ciel, après l'avoir adoré dans les *temples*? Mais ils ne l'adorent d'aucune manière ; ils voudraient retrancher tout exercice public de religion, parce qu'ils savent que, sans le culte extérieur, bientôt elle ne subsisterait plus.

§ III. *Dieu n'a-t-il permis de bâtir des temples que par condescendance pour la grossièreté de son peuple?* C'est encore l'opinion de Spencer. S'il s'était borné à dire que Dieu a voulu qu'on lui érigeât des *temples* afin de pourvoir au besoin des hommes en général, de réveiller et de conserver en eux des sentiments de religion, et même de leur rendre son culte plus aisé, nous serions de son avis. Mais supposer que les *temples* ne leur sont nécessaires qu'à cause de leur grossièreté, de leur ignorance en fait du vrai culte, et que c'est un goût emprunté des idolâtres, voilà ce que nous n'avouerons jamais, parce que cela est évidemment faux. Nous n'ignorons pas que Dieu n'a pas besoin de nos hommages extérieurs ; mais nous avons besoin de les lui rendre, non-seulement au fond de notre cœur, mais en public et en commun, parce que la religion est un lien de société, et que sans cela les peuples seraient bientôt abrutis. Puisque c'est Dieu qui a créé les hommes avec ce besoin, il était de sa sagesse et de sa bonté d'y pourvoir d'une manière analogue aux différentes situations dans lesquelles le genre humain s'est trouvé. Voilà pourquoi il a daigné prescrire pour les patriarches un culte domestique, et qui n'était fixé à aucun lieu; pour les Israélites, un culte national et uniforme ; pour les chrétiens, mieux instruits, un culte universel et commun à toutes les nations. C'est sans doute une condescendance de la part de Dieu ; mais ce n'est, de la part des hommes, ni grossièreté, ni preuve d'ignorance, ni penchant à l'idolâtrie. Aussi le paradoxe de Spencer est-il très-mal prouvé. Il suppose, 1° que les peuples ont commencé à bâtir des *temples* dans le temps qu'ils étaient encore grossiers et stupides. Nous avons fait voir le contraire dans le § 1. Il y aurait de la démence à soutenir que les *temples* ont été plus communs chez les nations barbares et chez les sauvages que chez les nations policées, et que les premiers en ont bâti pour leur commodité, avant d'avoir connu par expérience les commodités de la vie. Pour étayer un rêve aussi incroyable, il faudrait des preuves démonstratives, et il n'y en a pas seulement d'apparentes. — 2° L'idée de bâtir des *temples*, dit-il, est venue de ce que les hommes ont cru par là se rapprocher de la Divinité, et avoir un accès plus facile auprès de leurs dieux : erreur grossière, s'il en fut jamais. Nous soutenons, en premier lieu, que cette idée bien entendue n'est point une erreur, et que Dieu lui-même l'a donnée aux hommes : nous le verrons dans un moment; en second lieu, qu'ils ont voulu multiplier autour d'eux les symboles de la présence divine, et s'acquitter du culte religieux plus commodément : deux motifs qui n'ont rien de répréhensible, comme nous l'avons déjà observé. Encore une fois, il ne faut pas confondre les idées absurdes des païens avec celles des adorateurs du vrai Dieu.— 3° Dieu, continue Spencer, n'avait pas commandé, mais seulement permis aux Israélites de lui construire un *temple*. S'il est dit assez souvent que c'est la maison de Dieu et que Dieu y habite, il est dit aussi ailleurs que Dieu n'habite point sur la terre, *III Reg.*, c. VIII, v. 27; *Isaï.*, c. LXVI, v. 1. Il faut que ce critique n'ait pas pris la peine de lire l'Écriture sainte. *Exod.*, c. XXV, v. 8, Dieu dit à Moïse : *Les Israélites me feront un sanctuaire, et j'habiterai au milieu d'eux.* Il prescrit à Moïse le plan de cet édifice et le détail de tout ce qu'il doit renfermer ; il lui en montre le modèle sur la montagne, et lui ordonne de s'y conformer, *ibid.*, v. 9 et 40. Est-ce là une simple permission ? A moins d'accuser Moïse d'avoir forgé toute cette narration, l'on est forcé d'y reconnaître un ordre formel. Salomon, dans sa prière à la dédicace du *temple*, s'exprime ainsi, *III Reg.*, c. VIII, v. 18 : *Le Seigneur a dit à David mon père : Vous avez bien fait de vouloir me bâtir un* TEMPLE ; *mais ce ne sera pas vous, ce sera votre fils qui exécutera ce projet. Le Seigneur a vérifié sa parole.* Dieu, en effet, lui apparaît et lui dit : *J'ai exaucé votre prière... J'ai sanctifié cette maison... J'y ai placé la gloire de mon nom pour toujours; mes yeux et mon cœur y seront ouverts à jamais*; c. IX, v. 3. Ce n'est point ici une permission, mais une approbation très-expresse. Dieu enseignait-il à Salomon, par ces paroles, une erreur grossière ? Lorsque ce roi dit au Seigneur, c. VIII, v. 27 : *Est-il donc croyable que vous habitiez sur la terre!* il est évident que c'est un sentiment d'admiration, et non un désaveu de cette vérité. — 4° Spencer s'obstine à soutenir que le tabernacle et le *temple* ont été faits à l'imitation de ceux des Égyptiens. Il oublie deux choses essentielles : la première, que Dieu lui-même avait tracé le plan et fait le modèle du tabernacle. Avait-il eu besoin de copier les Égyptiens ? La seconde était de prouver que les Israélites avaient vu des *temples* en Égypte. Le silence absolu des écrivains sacrés sur ce sujet est du moins une preuve négative et très-forte du contraire, et il y en a des preuves positives, même dans les auteurs profanes. *Mém. de l'Acad. des Inscript.*, ibid., p. 55. Il est absurde d'y opposer le témoignage de Diodore de Sicile, qui n'a vécu que sous Auguste, 1500 ans après l'érection du tabernacle. — 5° Zénon, Sénèque, Lucien et d'autres, ont désapprouvé la coutume de bâtir des *temples* aux dieux ; Hérodote nous apprend que les Perses et les Scythes n'en avaient point ; saint Paul et les apologistes du christianisme ont tourné en ridicule les païens, qui prétendaient renfermer la majesté divine dans l'enceinte d'un édifice comme s'ils avaient voulu la mettre à couvert des injures de l'air, ou persuader qu'elle n'est pas partout. Déjà nous avons répondu que les folles idées des païens n'ont rien de commun avec la croyance des Juifs; qu'ainsi la censure lancée contre les premiers ne doit point retomber sur les seconds. Si l'erreur des païens avait été une conséquence nécessaire de l'érection des *temples*, Dieu n'aurait jamais ordonné ni permis de lui en faire un. D'autre part, si cet usage avait été un effet de l'ignorance et de la grossièreté des hommes, les Scythes, qui sont aujourd'hui les Tartares, auraient dû avoir plus de *temples* qu'aucune autre nation. Il en faut dire autant des Germains et des autres peuples errants. — 6° Spencer cite un passage de saint Jean Chrysostome, dans lequel ce Père de l'Eglise dit que Dieu accorda un *temple* aux Israélites, parce qu'ils avaient été accoutumés à en avoir en Egypte. Nous répondons qu'une simple conjecture de ce respectable auteur ne peut pas prévaloir aux preuves que nous avons données du contraire : il a pu être trompé par les témoignages d'Hérodote et de Diodore de Sicile, comme Spencer l'a été lui-même. David n'était certainement pas un Juif grossier; l'on sait avec quel enthousiasme il parle, dans ses *psaumes*, du tabernacle, du sanctuaire, de la maison du Seigneur, de la montagne sainte sur laquelle elle est placée, etc.; combien de fois il se félicite de pouvoir y rendre à Dieu ses hommages, et y invite toutes les nations ! Nous ne voyons pas comment l'on peut accorder cette piété d'un roi-prophète avec les idées de Spencer et de ses copistes. Par entêtement de système, ce critique veut tourner en preuve de son opinion la magnificence du tabernacle et du *temple*. C'était un abus, selon lui; et l'on ne peut, dit-il, en imaginer aucune raison, sinon que l'usage des autres peuples, la grossièreté des Juifs l'exigeaient ainsi. Ce sentiment est celui de tous les protestants, et ils sont en cela d'accord avec les philosophes incrédules. C'est ce qu'il nous reste à examiner.

IV. *La magnificence des temples est-elle un abus?* L'irréligion seule peut faire adopter cette manière de penser. Au mot CULTE, § 3, nous avons observé que l'homme, en général, veut être pris par les sens; cette disposition est commune aux savants et aux ignorants, aux peuples policés et aux sauvages. Jamais on n'inspirera au peuple une haute idée de la majesté divine, à moins qu'il ne voie employer au culte du Seigneur les objets pour lesquels il a naturellement de l'estime, et qu'il ne voie rendre à Dieu des hommages aussi pompeux que ceux que l'on rend aux rois et aux grands de la terre. C'est donc le sens commun qui a inspiré à toutes les nations le goût pour la magnificence dans le culte religieux. Que l'on nomme, si l'on veut, ce goût une faiblesse et une grossièreté, elle vient de ce que nous sommes composés d'un corps et d'une âme, et de ce que celle-ci, dans ses opérations, dépend beaucoup des organes du corps. En affectant de déprimer nos penchants naturels, fera-t-on de nous de purs esprits? Vainement quelques philosophes, par vanité, se croient exempts de ce faible : souvent ils sont plus hommes que les autres. Tel qui ne veut point d'ornement dans les *temples* ni de pompe dans les cérémonies religieuses, trouve très-bon que l'on en mette beaucoup dans les spectacles profanes, dans les fêtes publiques, dans les assemblées formées pour le plaisir : il juge donc qu'il est mieux de prodiguer les richesses pour corrompre les hommes que pour les porter à la vertu, pour en faire des épicuriens que pour les rendre religieux. C'est pousser trop loin le philosophisme, que de joindre l'hypocrisie à l'irréligion. Mais à un protestant tel que Spencer, nous avons d'autres arguments à opposer. 1° Dieu lui-même ordonna les ornements et la magnificence du tabernacle. *Exod.*, c. xxv, v. 3 : *Voici*, dit le Seigneur, *ce que les Israélites doivent m'offrir : l'or, l'argent, le bronze, les étoffes en couleur d'hyacinthe et de pourpre, l'écarlate teinte deux fois, le fin lin*, etc. Voilà ce que l'on connaissait alors de plus précieux. Dirons-nous que par cette conduite Dieu fomentait dans son peuple la grossièreté, le goût du luxe, l'amour des richesses? — 2° Jésus-Christ, descendu sur la terre pour nous enseigner à adorer Dieu en esprit et en vérité, n'a blâmé nulle part la magnificence du *temple* ni l'appareil des cérémonies. Il a nommé le *temple*, comme les Juifs, la *maison de Dieu*, le *lieu saint*; il dit que l'or et les autres dons sont sanctifiés par le *temple* dans lequel ils sont offerts, *Matth.*, c. xxiii, v. 17 : il ne désapprouvait donc pas les richesses de cet édifice. — 3° Ce divin Maître a trouvé bon de recevoir les mêmes honneurs que l'on rendait aux personnes de la première distinction. Lorsque Marie, sœur de Lazare, répandit sur sa tête un parfum précieux, quelques-uns de ses disciples blâmèrent cette profusion, sous prétexte qu'il aurait mieux valu donner aux pauvres le prix de ce parfum. Jésus-Christ les réprimanda; il loua la conduite de Marie, et il soutint qu'elle avait fait une bonne œuvre, *Matth.*, c. xxvi, v. 7; *Joan.*, c. xii, v. 3, Il y a bien de l'imprudence à répéter aujourd'hui la censure peu réfléchie des disciples du Sauveur, à blâmer ceux qui emploient leurs richesses à orner les *temples* dans lesquels il daigne habiter en personne. Y est-il donc moins digne d'être honoré qu'il ne l'était pendant sa vie mortelle? Que les protestants, qui ne croient pas à la présence réelle de Jésus-Christ dans l'eucharistie, argumentent sur leur erreur, cela ne nous surprend pas; mais la magnificence des églises chrétiennes, aussi ancienne que le christianisme, dépose contre eux. — 4° En effet, dans l'*Apocalypse*, où la liturgie chrétienne est représentée sous l'image de la gloire éternelle, il est parlé de chandeliers d'or, de ceintures d'or, de couronnes d'or, d'encensoirs d'or, etc., c. ii et seq. Voilà le modèle tracé par un apôtre, auquel les premiers fidèles se sont conformés dans le culte religieux. —

5° Lorsque Constantin, devenu chrétien, fit bâtir des églises, aurait-il convenu qu'il y épargnât la dépense, qu'il en fit des chaumières, pendant qu'il habitait un palais? Il dit sans doute, comme David, *II Reg.*, c. VII, v. 2 : *Je suis logé dans une maison de cèdre; faut-il que l'arche de Dieu soit sous des tentes?* et il raisonna bien. — 6° Spencer a dévoilé lui-même le motif de son opinion : il n'affecte d'exagérer la grossièreté des Juifs et de comparer leur culte à celui des païens que pour déprimer d'autant celui des catholiques. Voici la conclusion de sa *Dissertation sur l'origine des temples* : « Ce que j'ai dit démontre évidemment l'imprudence, pour ne pas dire le paganisme, de la piété des papistes, qui, pour orner les *temples*, surtout ceux des saints, prodiguent l'or, l'argent, les pierres précieuses, les dons de toute espèce, afin d'éblouir le peuple. » Quand on lui objecte la magnificence du tabernacle et du *temple* de Salomon, il répond, avec Hospinien, que Dieu l'avait ainsi ordonné à cause du penchant que les Juifs avaient à l'idolâtrie, et afin de prévenir les effets de l'admiration qu'ils avaient conçue pour le culte pompeux des idoles, dont ils avaient été frappés en Egypte ; que cette cause ayant cessé, l'effet ne doit plus avoir lieu.

Mais si son système est faux, que devient la conclusion qu'il en tire? Il y a d'abord de la mauvaise foi à supposer que nous consacrons des *temples* aux saints ; il doit savoir que nous les dédions à Dieu, sous l'invocation des saints. En second lieu, copier pour les Juifs le culte des païens aurait été le moyen le plus sûr d'autoriser et de nourrir leur penchant à l'idolâtrie; il aurait fallu plutôt leur prescrire un culte tout opposé, tel que celui qu'il a plu aux protestants d'imaginer. En troisième lieu, il est singulier que ces réformateurs se croient plus sages que Dieu ; suivant leur avis, pour guérir les Juifs de leur goût pour l'idolâtrie, Dieu a trouvé bon de faire imiter par Moïse le culte des idolâtres ; mais quand il a fallu amener au christianisme les Juifs et les païens, accoutumés à un culte pompeux, l'Eglise chrétienne a fait une imprudence de mettre de la magnificence dans son culte. Pour détruire ce nouveau paganisme, les réformateurs ont cru devoir faire main-basse sur tout cet appareil, profaner les églises et les autels, les brûler, en faire des étables d'animaux, etc. En quatrième lieu, nous les défions de prouver que les Juifs avaient vu en Egypte les mêmes choses que Moïse institua. Pour établir ce fait, il a fallu contredire l'histoire sainte, brouiller les époques, hasarder des conjectures, et c'est sur ces visions que Spencer argumente contre nous. Il a néanmoins été forcer d'avouer que dans ce genre, il y a un milieu à garder, qu'il ne conviendrait pas que les églises des chrétiens ressemblassent à l'étable dans laquelle Jésus-Christ est né. Les protestants ont-ils trouvé ce milieu? L'un d'entre eux convient que cela n'est pas aisé. Les anglicans se flattent d'y être parvenus ; ils blâment également la somptuosité des églises catholiques et la nudité des *temples* des calvinistes. Ceux-ci répliquent que les églises des anglicans se rapprochent trop de celles des catholiques, que les Anglais sont encore à moitié papistes, que Saint-Paul de Londres a été bâti par rivalité contre Saint-Pierre de Rome. Qu'ils commencent par s'accorder avant de nous attaquer. Ils peuvent se féliciter tant qu'il leur plaira d'avoir inventé la religion des anges ; nous nous contentons d'avoir reçu de Jésus-Christ et des apôtres la religion des hommes.

Il était d'autant plus nécessaire de réfuter Spencer, que son ouvrage est regardé comme un livre classique par les protestants, et les incrédules ont employé la plupart de ses arguments pour déprimer le culte extérieur en général. Le P. Alexandre l'a réfuté dans ses *Dissert. sur l'Hist. ecclés.*, tom. I, p. 404.

TEMPLE de Salomon ou de Jérusalem. Nous avons vu dans l'article précédent que Dieu approuva la construction de cet édifice comme il avait ordonné celle du tabernacle. David en rassembla les matériaux, et Salomon son fils le fit construire sur le mont de Sion, lieu le plus élevé de la ville de Jérusalem, afin que l'on pût l'apercevoir de loin, et il l'acheva en deux ans avec des dépenses prodigieuses. Cette masse de bâtiment, en y comprenant seulement le *temple* proprement dit, que l'on appelait *le Saint*, et le sanctuaire nommé *le Saint des saints*, ou le lieu saint par excellence, avec cent cinquante pieds de long et autant de large, ce qui est au-dessous de plusieurs de nos églises modernes. On ne concevrait pas qu'un édifice d'une grandeur aussi médiocre eût occupé cent soixante mille ouvriers pendant deux ans comme quelques auteurs le rapportent ; mais il faut se souvenir que les deux cours ou parvis qui environnaient le *temple* était censées en faire partie, que la cour extérieure qui renfermait le tout, était un carré de 1750 pieds de chaque côté, qu'elle était entourée en dedans d'une galerie soutenue de trois rangs de colonnes dans trois de ses côtés, et de quatre rangs au quatrième ; que c'était là qu'étaient les appartements destinés à loger les prêtres et les lévites pendant le temps qu'ils exerçaient leurs fonctions, et à renfermer les vases, les meubles et les provisions nécessaires au culte religieux. L'auteur des *Paralipomènes*, l. I, c. III, dit que la seule dépense des décorations du Saint des saints, qui était un édifice de trente pieds en carré et de trente pieds de haut, montait à six cents talents d'or. Mais il faut faire attention qu'il est ici question du talent de compte, et non du talent de poids. Ainsi toutes les supputations que l'on a faites pour évaluer les énormes richesses amassées par David et employées par Salomon pour la construction du *temple*, peuvent être bien fautives. Les incrédules, qui en ont conclu que cette quantité de richesses est incroyable et impossible, ont raisonné sur une fausse supposition. Nous voyons seulement par l'Ecriture que l'or était prodigué dans ce *temple*. Le sanctuaire ou Saint des saints occupait la partie orientale du *temple* proprement dit ; au milieu était l'arche d'alliance. Elle était surmontée de deux chérubins de quinze pieds de haut, leurs ailes étendues remplissaient toute la largeur du sanctuaire. Comme il est souvent dit dans l'Ecriture que Dieu est assis sur les chérubins, on présume qu'ils formaient une espèce de trône ; mais l'hébreu *cherubim* ne signifie pas toujours les chérubins de l'arche. *Voy.* CHÉRUBIN. Nous avons dit dans l'article précédent, § 2, ce que renfermait le Saint, ou le reste de l'espace du *temple* intérieur. L'auteur des *Paralipomènes*, l. II, c. VII, v. 1, pour exprimer l'éclat et la magnificence de cet édifice, dit que *la majesté du Seigneur remplissait son temple*, et qu'au moment de sa dédicace les prêtres mêmes, frappés d'étonnement, n'osaient pas y entrer. L'ambition de Salomon avait été que ce *temple* n'eût rien de semblable dans l'univers ; plusieurs auteurs profanes sont convenus qu'il était très-beau : ils n'avaient cependant vu que le second *temple*, rebâti après la captivité de Babylone, dont la magnificence n'approchait pas de celui de Salomon, quoiqu'il fût reconstruit sur les mêmes fondements.

Plusieurs auteurs se sont appliqués à donner la description de cet édifice célèbre ; Reland, *Antiq. sacræ vet. Hebr.*, 1re part., c. 6 et 7 ; Prideaux, *Hist. des Juifs*, sous l'an 535 avant Jésus-Christ, t. I, p. 88 ; le P. Lami, *Introd. à l'étude de l'Ecriture sainte* ; dom Calmet, *Dissert. sur les temples des anciens*, n. 18 ; *Bible d'Avignon*, t. IV p. 422, mais surtout Villalpand, dans son *Comment. sur Ezéchiel*, dont l'ouvrage est extrait dans les *Prolégomènes de la Polyglotte de Walton* : c'est ce dernier qui a servi de guide aux autres. Comme ce que les rabbins en ont dit est tiré du *Talmud*, qui a été composé longtemps après la ruine du *temple*, on ne peut pas y donner confiance. Il n'est pas étonnant que ces divers écrivains ne s'accordent pas dans tous les détails ; il y a beaucoup de choses qu'ils n'ont pu deviner que par conjecture.

Mais ce bâtiment superbe essuya depuis sa construction plusieurs malheurs ; il fut pillé sous le règne de Roboam, fils de Salomon, par Sésac, roi d'Egypte. L'impie Achaz, roi de Juda, le fit fermer ; Manassès son fils en fit un lieu d'idolâtrie ; enfin, l'an 598 avant Jésus-Christ, sous le règne de Sédécias, Nabuchodonosor, roi de Babylone, s'étant rendu maître de Jérusalem, ruina entièrement le *temple* de Salomon, en enleva toutes les richesses, et les transporta à Babylone. Cette destruction avait été prédite aux Juifs par Jérémie ; mais ces insensés se persuadaient que Dieu ne consentirait jamais à la ruine d'un édifice consacré à son culte ; et à toutes les menaces du prophète ils ne répondaient autre chose que *le temple de Dieu, le temple du Seigneur*, Jerem., c. VII, v. 4, comme si ce *temple* avait dû les mettre à

DICT. DE THÉOL. DOGMATIQUE. IV.

couvert de tous les châtiments. Cependant il demeura enseveli sous ses ruines pendant 52 ans, jusqu'à la première année du règne de Cyrus à Babylone. Ce prince, l'an 536, avant Jésus-Christ, permit aux Juifs captifs dans ses Etats de retourner à Jérusalem, de rebâtir le *temple*, et leur fit rendre les richesses qui en avaient été enlevées ; cette reconstruction fut entreprise par Zorobabel, et ensuite interrompue ; cependant le *temple* fut achevé et la dédicace s'en fit l'an 516 avant Notre-Seigneur, la septième année du règne de Darius, fils d'Hystaspe. Ce second *temple* fut pillé et profané par Antiochus, roi de Syrie, l'an 171 avant notre ère ; il en enleva la valeur de dix-huit cents talents d'or ; trois ans après, Judas Machabée le purifia et y rétablit le culte divin. Pompée s'étant rendu maître de Jérusalem, 63 ans avant la naissance de Jésus-Christ, entra dans le *temple*, en vit toutes les richesses, et se fit un scrupule d'y toucher. Neuf ans après, Crassus, moins religieux, en fit un pillage qui fut estimé à près de cinquante millions de notre monnaie. Hérode, devenu roi de la Judée, répara cet édifice qui depuis cinq cents ans avait beaucoup souffert, soit par les ravages des ennemis des Juifs, soit par les injures du temps. Enfin il fut réduit en cendres et rasé à la prise de Jérusalem par Titus. Ainsi fut accomplie la prédiction de Jésus-Christ, qui avait assuré qu'il n'en resterait pas pierre sur pierre, *Matth.*, c. XXIII, v. 38, etc., et celle de Daniel, c. IX, v. 27. Les Juifs entreprirent de le rebâtir sous le règne d'Adrien, l'an 134 de Jésus-Christ ; cet empereur les en empêcha, et leur défendit d'approcher de Jérusalem et de la Judée. Ils recommencèrent vers l'an 320 sous Constantin ; ce prince leur fit couper les oreilles et imprimer une marque de rébellion, et renouvela contre eux la loi d'Adrien. Enfin ils y furent excités par l'empereur Julien, l'an 363, et ils furent forcés d'y renoncer par des tourbillons de feu qui sortirent de terre et renversèrent leurs travaux. Ce miracle est rapporté en ces termes par Ammien Marcellin, officier dans les troupes de Julien, contemporain de l'événement, et qui n'était pas chrétien : « Julien, pour éterniser la gloire de son règne par quelque action d'éclat, entreprit de rétablir à grands frais le fameux *temple* de Jérusalem, qui, après plusieurs guerres sanglantes, n'avait été pris qu'avec peine par Vespasien et par Titus. Il chargea du soin de cet ouvrage Alypius d'Antioche, qui avait gouverné autrefois la Bretagne à la place des préfets. Pendant qu'Alypius et le gouverneur de la province employaient tous leurs efforts à le faire réussir, d'effroyables tourbillons de flammes, qui sortaient par élancements des endroits contigus aux fondements, brûlèrent les ouvriers et rendirent la place inaccessible. Enfin, ce feu persistant avec une espèce d'opiniâtreté à repousser les ouvriers, on fut forcé d'abandonner l'entreprise. » *Hist.* l. XXIII, chap. 1. Cette narration ne peut être suspecte à aucun égard. Julien lui-même convient de ce fait dans le fragment d'un de ses discours, qui a été recueilli par Spanheim, *Juliani Op.*, p. 295, où cet empereur parlant des Juifs s'exprime ainsi : « Que diront-ils de leur *temple*, qui, après avoir été renversé trois fois, n'a pas encore été rétabli? Je ne prétends point par là leur faire un reproche, puisque j'ai voulu moi-même rebâtir ce *temple*, ruiné depuis si longtemps, à l'honneur du Dieu qui a été invoqué. » Il n'est pas étonnant que Julien garde le silence sur l'événement qui l'a empêché d'exécuter son dessein. Les Juifs l'ont avoué plus clairement. Wagenseil, *Tela ignea Satanæ*, p. 231, rapporte le témoignage de deux rabbins célèbres. L'un est R. David Ganz-Zemach, II° part., p. 36, qui dit : « L'empereur Julien ordonna de rétablir le saint *temple* avec magnificence, et en fournit les frais. Mais il survint du ciel un empêchement qui fit cesser ce travail, parce que cet empereur périt dans la guerre des Perses. » Ce juif dissimule le miracle, mais un autre a été de meilleure foi ; R. Gedaliah Schalschelet-Hakkabala, p. 109, dit : « Sous rabbi Chanan et ses collègues, vers l'an 4337 du monde, nos annales rapportent qu'il y eut un grand tremblement de terre dans l'univers, qui fit tomber le *temple* que les Juifs avaient bâti à Jérusalem par ordre de l'empereur Julien l'Apostat, avec une grande dépense. Le lendemain il tomba beaucoup de feu du ciel, qui fondit les ferrements de cet édifice, et qui brûla un très-grand nombre de juifs. » Ce récit est conforme à celui d'Ammien Marcellin. Le célèbre P. Morin de l'Oratoire, *Exercit. Bibl.*, p. 353, rapporte un troisième passage des juifs, tiré du *Beresith rabba*, ou du *grand Commentaire sur la Genèse*. Libanius, sophiste et orateur païen, prétend que la mort de Julien fut présagée par des tremblements de terre arrivés dans la Palestine, *de Vita sua*. Trois Pères de l'Église, contemporains de l'empereur Julien, rapportent le miracle arrivé à Jérusalem, comme un fait public, connu de tout le monde et indubitable. Saint Jean Chrysostome, dans ses *Homélies contre les Juifs*, qu'il prononça à Antioche l'an 287, 24 ans après l'événement, prend les auditeurs à témoin de la vérité ; il invite ceux qui voudraient en douter, à en aller voir les vestiges sur le lieu même. On n'avait pas pu ignorer à Antioche ce qui s'était passé à Jérusalem vingt-quatre ans auparavant. Saint Ambroise, l'an 388, en rappelle le souvenir à l'empereur Théodose, pour l'empêcher d'obliger les chrétiens à rebâtir un *temple* des païens, *Epist.* 40. Saint Grégoire de Nazianze, *Orat.* 4, raconte ce miracle avec toutes ses circonstances ; il vivait dans l'Orient, et il avait pu les apprendre des témoins oculaires ; son discours sur ce sujet peut avoir été écrit avant ceux de saint Jean Chrysostome. Rufin, Socrate, Sozomène, Théodoret, qui ont vécu dans le siècle suivant, en parlent comme d'un fait duquel personne n'avait jamais douté ; une infinité d'autres historiens plus récents n'ont fait que copier les anciens. Parmi les écrivains modernes, plusieurs se sont attachés à prouver ce miracle et à faire voir que le témoignage des contemporains que nous avons cités est à l'abri des objections de la critique ; mais aucun ne l'a fait avec autant d'exactitude et de succès que Warburthon, dont l'ouvrage a été traduit en français sous ce titre : *Dissertation sur les tremblements de terre et les éruptions de feu qui firent échouer le projet formé par l'empereur Julien, de rebâtir le temple de Jérusalem*, Paris, 1764, 2 vol. in-12. Cet auteur examine en particulier chacun des témoignages que nous avons cités, et répond aux objections de Basnage, qui a voulu rendre douteux ce fait important. Il aurait résolu avec autant de facilité celles que le docteur Lardner a faites en dernier lieu contre ce même événement. Il n'est pas étonnant que quelques incrédules de nos jours l'aient attaqué ; ils n'y ont opposé que des conjectures et des *peut-être*. Si l'on est surpris de ce que deux protestants leur ont fourni ces faibles armes, il faut faire attention que le miracle arrivé sous Julien est presque aussi incommode aux uns qu'aux autres. En effet, s'il était vrai qu'au IV° siècle le christianisme avait beaucoup dégénéré, que les successeurs des apôtres en avaient altéré la doctrine et le culte, qu'il était déjà infecté d'idolâtrie par les honneurs rendus aux saints, aux images et aux reliques, comme le prétendent les protestants, Dieu aurait-il fait un miracle éclatant en faveur de cette religion ainsi corrompue, miracle qui confirmait les chrétiens dans la croyance que l'Église professait pour lors? Nous ne concevons pas comment les écrivains protestants qui ont soutenu la réalité de ce prodige, n'ont fait aucune réflexion sur ses conséquences.

Nous ne nous arrêterons pas longtemps à réfuter les objections des incrédules et des critiques pointilleux ; la plupart ne méritent aucune attention. Ils objectent, 1° que l'Écriture n'a pas dit que le *temple* ne serait jamais rebâti ; Jésus-Christ ne l'a pas défendu : qu'importait à Dieu qu'il le fût ou non ? — *Réponse*. Jésus-Christ avait prédit qu'il n'en resterait pas pierre sur pierre, et Daniel avait prophétisé que la désolation ou la ruine de ce sanctuaire durerait jusqu'à la fin ; il ne faut pas séparer ces deux prédictions. Il importait à Dieu de les vérifier pleinement, de confondre les efforts d'un empereur apostat qui voulait les rendre fausses, de confirmer ainsi la foi des fidèles, et de renverser les folles espérances des Juifs. Socrate, *Hist. ecclés.*, l. III, c. 20, rapporte que saint Cyrille, évêque de Jérusalem, voyant commencer cette entreprise, assura les chrétiens, sur la foi de la prophétie de Daniel, que ce projet ne réussirait pas, et sa prédiction fut accomplie la nuit suivante.

2° Ammien Marcellin était un militaire peu instruit et crédule à l'excès : il a rapporté plusieurs autres faits évidemment fabuleux; d'ailleurs ce qu'il a dit du miracle de Jérusalem est peut-être une interpolation des chrétiens. — *Réponse.* Il n'était pas nécessaire d'être fort instruit pour rapporter un événement éclatant, public, sensible, frappant, tel que celui-ci, les fables que cet historien raconte ne sont pas de cette espèce; ce ne sont pas des faits aussi aisés à constater. Si les chrétiens ont interpolé son histoire, il faut qu'ils aient altéré aussi le fragment de Julien, le récit de Libanius et celui de deux auteurs Juifs; que saint Jean Chrysostome ait perdu toute pudeur en prenant ses auditeurs à témoin du fait, et en invitant ceux qui en douteraient à en aller voir les vestiges.

3° Saint Jérôme, Prudence, l'historien Orose, n'en parlent pas; il y eut dans ce temps-là des tremblements de terre ailleurs que dans la Palestine, et ce n'étaient pas des miracles. — *Réponse.* Le silence de trois auteurs ne prouve rien contre le témoignage positif de dix ou douze autres qui étaient bien informés, et dont plusieurs avaient intérêt à n'en rien dire, tels que Julien et les Juifs que nous avons cités. Suivant le récit d'Ammien Marcellin, les autres tremblements de terre n'arrivèrent que quinze ou dix-huit mois après celui de Jérusalem, ils ne furent point accompagnés d'éruptions de flammes sorties du sein de la terre, ni d'autres circonstances que l'on remarque dans celui-ci, et qui prouvent que ce prodige ne fut ni un événement naturel ni un cas fortuit.

4° Il est vraisemblable que Julien, qui avait besoin d'argent pour faire la guerre aux Perses, en reçut des Juifs pour qu'il leur permît de rebâtir leur temple, qu'il leur promit seulement d'y faire travailler après son retour; ce projet devait naturellement périr avec lui; un miracle ne fut donc pas nécessaire. Celui-ci ne servit à rien, puisqu'il ne convertit ni les Juifs ni les païens. — *Réponse.* Un fait n'est plus vraisemblable dès qu'il est contredit par le témoignage de plusieurs écrivains bien informés, et entre lesquels il n'a point pu y avoir de collusion. Les Juifs n'attendirent pas l'événement de la guerre des Perses pour commencer les travaux, et Julien ne leur avait pas fait une simple promesse, puisqu'il avait chargé Alypius du soin de cette entreprise, et que le miracle précéda la nouvelle que l'on reçut de la mort de Julien, comme Libanius l'a remarqué. Ce n'est point à nous de juger dans quelles circonstances Dieu doit ou ne doit pas faire des miracles, et il n'est pas vrai qu'ils soient inutiles, dès qu'ils ne servent pas à convertir des incrédules opiniâtres. Il est constant que celui-ci servit à augmenter les progrès du christianisme après la mort de Julien. Vainement l'on ajoute que les chrétiens l'ont surchargé de circonstances fabuleuses; Warburthon a fait voir que les circonstances rapportées par les écrivains ecclésiastiques étaient des effets assez ordinaires de la chute de la foudre et des éruptions de feux souterrains.

Les soupçons, les conjectures, les accusations hasardées des incrédules ne sont donc fondées que sur leur entêtement et sur leur prévention contre les miracles en général.

TEMPLE DES CHRÉTIENS. *Voy.* ÉGLISE, BASILIQUE.

TEMPLE DES PAÏENS. Au mot TEMPLE en général, nous avons fait voir que les païens n'ont commencé à en bâtir de solides et de couverts, que quand ils ont pris la coutume de représenter leurs dieux par des statues ou des idoles. La plupart de ces simulacres n'étant faits que de terre, de plâtre ou de bois, il fallut, pour les conserver, les mettre à l'abri des injures de l'air. Comme les païens étaient persuadés que ces statues étaient animées par le dieu qu'elles représentaient, et qu'il venait y habiter dès qu'elles étaient consacrées, les apologistes chrétiens et les Pères de l'Église n'ont pas eu tort de dire aux païens que leurs dieux avaient besoin de maison et de couverture, pour ne pas être exposés aux intempéries des saisons. *Voy.* IDOLÂTRIE. Ces *temples*, loin d'être propres à inspirer la vertu, la piété, le respect envers la Divinité, semblaient uniquement destinés à porter les hommes au crime. La plupart des idoles étaient des nudités scandaleuses, les dieux étaient représentés avec les symboles des aventures et des vices que les fables des poëtes leur attribuaient; Jupiter avec l'aigle qui avait enlevé Ganymède, Junon avec le paon qui caractérisait l'orgueil, Vénus avec tout l'appareil de la lubricité, Mercure avec la bourse qui tentait les voleurs, etc. Athénée nous apprend que les artistes grecs, pour peindre les déesses, avaient emprunté les traits des plus célèbres courtisanes. Dans plusieurs *temples*, la prostitution et le crime contre nature étaient pratiqués pour honorer les dieux; on y exerçait les différentes espèces de divination, l'on y offrait souvent des sacrifices cruels et abominables. Ce sont des faits attestés non-seulement par les écrivains sacrés et par les Pères de l'Église, mais encore par les auteurs profanes. *Mém. de l'Acad. des Inscript.*, tome LXX, in-12, pag. 99 et suiv. *Voy.* MYSTÈRES DES PAÏENS, PAGANISME, SACRIFICES, § 5, etc.

Constantin, converti au christianisme, fit détruire les principaux *temples* dans lesquels se commettaient ces désordres, il laissa subsister les autres. Théodose le Jeune, parvenu à l'empire l'an 408, les fit démolir tous dans l'Orient; Honorius, son oncle, se contenta de les faire fermer dans l'Occident; il crut qu'il fallait les conserver comme des monuments de la magnificence romaine. Dans plusieurs endroits ces édifices furent purifiés et changés en églises; le culte du vrai Dieu y fut substitué au culte impur des idoles. Ainsi en agirent Théodose le Grand à l'égard du *temple* d'Héliopolis, l'an 379; Valens, vers ce même temps, au sujet du *temple* d'une île dont tous les habitants s'étaient convertis. L'an 399, sous le règne d'Honorius, l'évêque de Carthage, Aurélius, fit un pareil usage du *temple* d'Uranie, et en 408, ce même empereur défendit de détruire les *temples* dans les villes, parce qu'ils pouvaient servir à des usages publics. Bingham, *Orig. ecclés.*, l. VIII, c. 2, § 4. Lorsque les Saxons Anglais se convertirent, saint Grégoire le Grand écrivant au roi Ethelbert, l'exhorta à détruire les *temples* des idoles, l. II, *Epist.* 66. Mais dans une lettre postérieure qu'il écrivit à saint Mellit, il permit de les changer en églises, *Epist.* 76. Déjà l'an 607 le pape Boniface IV avait fait purifier à Rome le Panthéon, et l'avait dédié à l'invocation de la sainte Vierge et de tous les martyrs; c'est encore aujourd'hui l'un des plus somptueux édifices de Rome. Il en a été de même du *temple* de Minerve, de celui de la Fortune virile et de quelques autres.

Pendant les trois premiers siècles, les païens objectèrent souvent aux chrétiens qu'ils n'avaient ni *temples*, ni autels, ni sacrifices, ni fêtes; nos apologistes répondaient que toutes ces choses matérielles n'étaient pas dignes de la majesté divine; que le vrai *temple* de la Divinité était l'âme d'un homme de bien, que les chrétiens offraient en tout temps et en tout lieu des sacrifices de louange sur les autels de leurs cœurs allumés par le feu de la charité; que les vrais chrétiens étaient toujours en fête par le repos de la bonne conscience, et par la joie que leur donnait l'espérance du ciel. *Clem. Alex. Stromat.*, liv. VII, cap. 5, 6, 7. Il ne s'ensuit pas de là que les chrétiens n'avaient pas encore des églises ou des lieux d'assemblées, mais ces églises ne ressemblaient en rien aux temples du paganisme; ils avaient des autels, puisque saint Paul le dit, et qu'il les nomme aussi *la table du Seigneur*; ils offraient un sacrifice qui est l'eucharistie; ils célébraient des fêtes, surtout celle de Pâques, tous les dimanches et le jour de la mort des martyrs. Mais il aurait été inutile, et ç'aurait été une imprudence d'entrer dans ce détail avec les païens, ils n'y auraient rien compris; tout cela ne fut mis au grand jour qu'au IV° siècle, lorsque Constantin eut donné la paix à l'Église et autorisé la profession publique du christianisme. *Voy.* AUTEL, ÉGLISES, EUCHARISTIE, FÊTES, etc.

TEMPLIERS, chevaliers de la milice du temple. L'ordre des *templiers* est le premier de tous les ordres militaires et religieux, il commença vers l'an 1118 à Jérusalem. Hugues de Paganès ou des Païens, et Geoffroi de Saint-Adémar ou de Saint-Omer, en furent les fondateurs; ils se réunirent avec six ou sept autres militaires pour la défense du saint sépulcre contre les infidèles, et pour protéger les pèlerins qui y abordaient de toutes parts. Baudouin II, roi de Jérusalem, leur prêta une maison située auprès de l'église que l'on croyait être bâtie au même lieu que le temple de Salomon; c'est de là qu'ils prirent le nom de *templiers*: de là vint aussi que l'on donna dans la suite le nom de *temple* à toutes leurs maisons. Ils furent encore nommés d'abord, à cause de leur indigence, *les pauvres de la sainte cité;* comme ils ne vivaient que d'aumônes, le roi de Jérusalem, les prélats et les grands leur donnèrent à l'envi des biens considérables. Les huit ou neuf premiers chevaliers firent entre les mains du patriarche de Jérusalem les trois vœux solennels de religion, auxquels ils en ajoutèrent un quatrième, par lequel ils s'obligeaient à défendre les pèlerins, et à tenir les chemins libres pour ceux qui entreprendraient le voyage de la terre sainte. Mais ils n'agrégèrent personne à leur société qu'en 1128. Il se tint alors un concile à Troyes en Champagne, présidé par le cardinal Matthieu, évêque d'Albe et légat du pape Honorius II. Hugues des Païens, qui était venu en France avec six chevaliers pour solliciter des secours en faveur de la terre sainte, se présenta à ce concile avec ses frères, ils demandèrent une règle; saint Bernard fut chargé de la dresser: il fut ordonné qu'ils porteraient un habit blanc; et l'an 1146 Eugène III y ajouta une croix sur leurs manteaux. Les principaux articles de leur règle portaient qu'ils entendraient tous les jours l'office divin; que quand leur service militaire les en empêcherait, ils y suppléeraient par un certain nombre de *Pater*; qu'ils feraient maigre quatre jours de la semaine, que le vendredi ils n'useraient ni d'œufs ni de laitage, que chaque chevalier pourrait avoir trois chevaux et un écuyer, et qu'ils ne chasseraient ni à l'oiseau ni autrement.

Cet ordre se multiplia beaucoup en peu de temps; il servit la religion et la terre sainte par des prodiges de valeur. Après la ruine du royaume de Jérusalem, arrivée l'an 1186, la milice des *templiers* se répandit dans tous les États de l'Europe, elle s'accrut extraordinairement, et s'enrichit par les libéralités des souverains et des grands. Matthieu Paris assure que dans le temps de l'extinction de cet ordre en 1312, par conséquent en moins de deux cents ans, les *templiers* avaient dans l'Europe neuf mille couvents ou seigneuries. De si grands biens ne pouvaient manquer de les corrompre; ils commencèrent à vivre avec tout l'orgueil qu'inspire l'opulence, et à se livrer à tous les plaisirs que se permettent les militaires lorsqu'ils ne sont pas retenus par le frein de la religion. Dans la Palestine ils refusèrent de se soumettre aux patriarches de Jérusalem qui avaient été leurs premiers Pères; ils envahirent les biens des églises, ils se lièrent avec les infidèles contre les princes chrétiens, ils exerçèrent le brigandage contre ceux mêmes qu'ils étaient chargés de défendre. En France, ils se rendirent odieux au roi Philippe le Bel, par leurs procédés insolents et séditieux; ils furent accusés d'exciter la mutinerie du peuple et d'avoir fourni des secours d'argent à Boniface VIII dans le temps de ses démêlés avec le roi. Conséquemment ce prince résolut de les détruire, et il en vint à bout, de concert avec le pape Clément V qui résidait en France. Ceux qui voudront voir le détail et la suite des procédures faites contre les *templiers*, peuvent consulter l'*Histoire de l'Église gallicane*,

t. XII, l. xxxvi, sous l'an 1311; elles y sont rapportées avec fidélité et avec l'extrait des actes originaux; l'auteur paraît avoir observé la plus exacte impartialité.

Le plus célèbre des incrédules de notre siècle, qui a voulu justifier les *templiers*, n'a pas agi avec autant de circonspection; il s'est contenté de copier Villani, auteur florentin, ennemi déclaré de Clément V et de tous les papes français, et non moins irrité contre Philippe le Bel, à cause de ses démêlés avec Boniface VIII. Aussi a-t-il commencé par faire le portrait le plus désavantageux de ce roi. *Essai sur l'Hist.*, c. 62. C'était, dit-il, un prince vindicatif, fier, avide, prodigue, qui extorquait de l'argent par toutes sortes de moyens; il fut donc animé par la vengeance et par le désir de mettre dans ses coffres une partie des richesses des *templiers*. La vérité est que Philippe le Bel ne profita point de leurs dépouilles; nous le prouverons par des témoignages irrécusables; la lenteur et les précautions que l'on mit dans les poursuites faites contre les chevaliers prouvent que ce roi ne se conduisit point par passion. L'apologiste des *templiers* donne à entendre que leurs accusateurs étaient préparés d'avance; c'est une imposture: ils se trouvèrent par hasard.

On convient que ce furent deux criminels détenus dans les prisons, dont au moins l'un était un *templier* apostat, qui furent les premiers délateurs, et qui espérèrent par là d'obtenir leur grâce; mais il est faux que, sur cette accusation seule, le roi ait donné l'ordre secret d'arrêter les *templiers* dans tout son royaume: un auteur du temps rapporte qu'auparavant Philippe le Bel fit arrêter et interroger plusieurs *templiers*, qui confirmèrent la déposition des deux accusateurs dont on vient de parler, et qu'il consulta des théologiens. Son dessein n'était plus secret, puisqu'avant le 24 août 1307, le grand maître et plusieurs des principaux chevaliers en avaient porté des plaintes au pape, et avaient demandé que le procès leur fût fait en règle. L'ordre d'arrêter tous les *templiers* ne fut exécuté que le 13 octobre suivant. En supprimant des circonstances essentielles et en falsifiant les dates, il est aisé de dénaturer tous les faits.

Le roi ne pouvait se dispenser de prendre cette précaution; sans cela les *templiers* auraient pu exciter une sédition, les plus coupables se seraient évadés, et l'on n'aurait pas connu les vrais motifs qui déterminaient le roi à détruire cet ordre qui n'était plus ni soumis au souverain ni religieux. Le lendemain de l'emprisonnement des *templiers*, le roi fit assembler le clergé de Paris, et le 15 il fit convoquer le peuple, et l'on rendit compte en public des accusations portées contre ces chevaliers; la passion n'a pas coutume de procéder si régulièrement. Ils étaient accusés, 1° De renier Jésus-Christ à leur réception dans l'ordre, et de cracher sur la croix. 2° De commettre entre eux des impudicités abominables. 3° D'adorer dans leurs chapitres généraux une idole à tête dorée et qui avait quatre pieds. 4° De pratiquer la magie. 5° De s'obliger à un secret impénétrable par les serments les plus affreux. Il est certain, disent les historiens, que les deux premiers articles furent avoués par cent quarante des accusés, à la réserve de trois qui nièrent tout.

Comme Clément V agit dans toute cette affaire de concert avec le roi, l'apologiste des *templiers* fait observer que ce pape était créature de Philippe le Bel, et cela est vrai; cependant il s'opposa d'abord aux poursuites commencées contre ces religieux militaires, et il écrivit au roi des lettres très-fortes à ce sujet; il ne consentit à la continuation des procédures qu'après avoir interrogé lui-même à Poitiers soixante-douze chevaliers accusés, et ce n'est qu'après leur confession qu'il fut convaincu de la vérité des faits. Mais il est faux qu'il ait disputé au roi, comme le dit l'apologiste, le droit de punir ses sujets. Il abandonna le jugement et la punition des particuliers à des commissaires, et il se réserva de statuer sur le sort de l'ordre entier, parce que c'était le droit du saint-siège. Jusque-là nous ne voyons rien d'irrégulier. En conséquence il y eut des commissaires nommés et des informations faites, non-seulement à Paris, mais à Troyes, à Bayeux, à Caen, à Rouen, au Pont-de-l'Arche, à Carcassonne, à Cahors, etc., et l'on entendit plus de deux cents témoins de divers états. Les bulles du pape furent envoyées aux divers souverains de l'Europe, pour les exhorter à faire chez eux ce qui se faisait en France.

Avant d'examiner les raisons alléguées par l'apologiste des *templiers*, il y a quelques réflexions à faire. 1° il est impossible que la multitude des personnages qui ont eu part à cette affaire, cardinaux, évêques, inquisiteurs, officiers du roi, magistrats, docteurs, témoins, etc., aient tous été des scélérats et de vils instruments des passions de Philippe le Bel; quand cela aurait été possible en France, cet esprit de vertige n'a pu être le même en Angleterre, en Espagne, en Sicile et ailleurs. 2° Il paraît que le plus grand nombre des *templiers* coupables des abominations qu'on leur reprochait, était en France, et surtout à Paris, ville qui a toujours été le centre et le foyer de la corruption du royaume; il n'est donc pas étonnant que ce soit là que le plus grand nombre ait été livré au supplice. 3° Le grand maître et les principaux chevaliers ont pu n'avoir aucune part au désordre, ignorer même jusqu'à quel excès il était porté; ce pouvait être une raison de les épargner, mais ce n'en était pas une de conserver un ordre essentiellement gâté, et qui ne servait plus à rien, puisqu'il n'était d'aucune utilité hors de la terre sainte. 4° Les *templiers* tenaient à ce qu'il y avait de plus grand dans le royaume; si l'on procédait injustement contre eux, comment le corps de la noblesse, très-intéressé à la conservation de cet ordre, n'a-t-il fait aucune réclamation? cela est inconcevable.

L'apologiste convient que ces supplices dans lesquels on fait mourir tant de citoyens, d'ailleurs respectables, cette foule de témoins contre eux, ces aveux de plusieurs accusés même, (il fallait ajouter cette suite de procédures continuées pendant six ans tout entiers, en divers endroits et par-devant différents commissaires) semblent des preuves de leurs crimes et de la justice de leur perte. Mais aussi, dit-il, que de raisons en leur faveur! Voyons ces raisons.

« Premièrement, de tous ces témoins qui déposent contre les *templiers*, la plupart n'articulent que de vagues accusations. » Cela peut être vrai à l'égard de plusieurs qui n'avaient jamais été à portée de savoir certainement ce qui se passait dans cet ordre. Mais le fondement de la procédure n'était point ces accusations vagues; c'était la confession formelle de cent quarante chevaliers interrogés d'abord à Paris par l'inquisiteur, en présence de plusieurs gentils-hommes, et répétée par soixante-douze d'entre-eux à Poitiers par-devant le pape. Les dépositions des autres témoins, quoique vagues, pouvaient servir à confirmer la preuve.

« Secondement, très-peu disent que les *templiers* reniaient Jésus-Christ. Qu'auraient-ils en effet gagné en maudissant une religion qui les nourrissait et pour laquelle ils combattaient? » On pourrait demander de même ce que gagnent les impies à blasphémer contre Jésus-Christ et contre la religion dans laquelle ils ont été élevés. Ils le font cependant; l'apologiste devait mieux le savoir qu'un autre. Alors les *templiers* ne combattaient plus pour la religion, du moins en France: Il est faux qu'il y ait eu très-peu de témoins qui aient déposé de ce fait odieux ; les insultes faites à Jésus-Christ et les impudicités furent les deux faits les plus généralement avoués et prouvés.

« Troisièmement, que plusieurs d'entre eux, témoins et complices des débauches des princes et des ecclésiastiques de ce temps-là, eussent marqué quelquefois du mépris pour les abus d'une religion tant déshonorée en Asie et en Europe, qu'ils en eussent parlé avec trop de liberté, c'est un emportement de jeunes gens dont certainement l'ordre n'est point comptable. » Nous soutenons que l'ordre en était comptable, puisque les chefs avaient l'autorité de punir les chevaliers; l'apologiste aurait raisonné tout différemment à l'égard de tout autre ordre religieux. D'ailleurs les *templiers* n'ont point été condamnés pour des discours contre la religion, mais pour des actions abominables. Enfin ce n'était point à des complices du désordre qu'il convenait de le blâmer ; on pouvait leur dire *castigat turpia turpis*. Mais on comprend que l'apologiste était intéressé à excuser toute espèce d'emportement contre la religion.

« Quatrièmement, cette tête dorée qu'on prétend qu'ils adoraient et qu'on gardait à Marseille, devait leur être représentée ; on ne se mit pas seulement en peine de la chercher. » Il s'ensuit seulement de là que cette accusation ne parut pas suffisamment prouvée, et que l'on ne cherchait pas à multiplier les crimes imputés aux *templiers*.

« Cinquièmement, la manière infâme dont on leur reprochait d'être reçus dans l'ordre, ne peut avoir passé en loi parmi eux..... Je ne doute nullement que plusieurs jeunes *templiers* ne s'abandonnassent à des excès qui de tout temps ont été le partage de la jeunesse, et ce sont des vices passagers qu'il vaut mieux ignorer que punir. » Ici l'auteur confond très-mal à propos deux espèces de réception. Il est à présumer que celle qui se faisait en public par le grand maître, ou par d'autres, était décente ; mais il y en avait une autre secrète imaginée par les libertins de l'ordre, qu'ils faisaient subir aux nouveaux chevaliers, et dans laquelle se commettaient les abominations et les profanations dont on a parlé ; cela est d'autant plus probable, que plusieurs dirent qu'on les y avait forcés par la prison et les tourments. L'on sait assez que l'ambition des scélérats est d'avoir des complices de leurs crimes. Il en était de même de ces statuts secrets, dressés pour forcer les coupables au silence. La plupart de ceux qui furent exécutés n'étaient pas des jeunes gens ; leurs désordres n'étaient donc plus des vices passagers. Il n'est que trop vrai que les vieux libertins sont encore plus adonnés aux excès de la lubricité que les jeunes gens. C'est une grande question de savoir s'il vaut mieux ignorer que punir un crime détestable, lorsque le nombre des coupables est très-grand.

« Sixièmement, si tant de témoins ont déposé contre les *templiers*, il y eut aussi beaucoup de témoignages étrangers en faveur de l'ordre. » Nous avons déjà remarqué que probablement l'ordre n'était pas également corrompu partout ; mais les témoignages rendus en faveur des chevaliers étrangers ne pouvaient servir à justifier ceux de France.

« Septièmement, si les accusés, vaincus par les tourments qui font dire le mensonge comme la vérité, ont confessé tant de crimes, peut-être ces aveux sont-ils autant à la honte des juges qu'à celle des chevaliers. On leur promettait leur grâce pour extorquer leur confession. » C'est une pure calomnie d'avancer que ceux qui ont confessé des crimes y ont été forcés par des tourments. Les cent quarante chevaliers interrogés à Paris par l'inquisiteur, en présence de quelques gentilshommes, ne furent point mis à la question, non plus que ceux qui furent interrogés à Poitiers par Clément V, au nombre de soixante-douze ; leurs aveux se trouvèrent conformes. Il n'est pas prouvé qu'on leur ait promis à tous leur grâce pour les engager à faire cette confession ; il ne l'est pas non plus que l'on ait envoyé au supplice aucun de ceux à qui l'on avait promis sa grâce.

« Huitièmement, les cinquante-neuf que l'on brûla vifs prirent Dieu à témoin de leur innocence, et ne voulurent point de la vie qu'on leur offrait à condition de s'avouer coupables. Quelle plus grande preuve, nouseulement d'innocence, mais d'honneur ? » Ce n'est point là une preuve ; on a vu plus d'une fois des criminels convaincus par les preuves les plus évidentes, persister jusqu'à la mort à nier leurs crimes ; cette opiniâtreté ne doit point étonner dans des impies et des incrédules décidés.

« Neuvièmement, soixante-quatorze *templiers* non accusés entreprirent de défendre l'ordre, et ne furent point écoutés. » Cela est absolument faux. L'apologiste a cité ailleurs l'*Histoire des templiers* par Pierre Dupuis ; or, cet historien rapporte que les soixante-quatorze défenseurs de leur ordre furent entendus par des commissaires, pour la première fois le samedi 14 mars 1310, qu'ils nommèrent quatre d'entre eux pour parler au nom de tous. Non-seulement ils furent écoutés, mais ils présentèrent des requêtes et des mémoires par écrit, les procès-verbaux de leur dire furent exactement rédigés, l'auteur de *Histoire de l'Égl. gallicans* les a copiés. Ils s'inscrivirent en faux contre les confessions faites par les accusés, ils dirent, comme l'apologiste, ou que ces aveux avaient été extorqués par promesses, par menaces, ou que ceux qui les avaient faits étaient des scélérats ; ils dirent qu'ils demandaient à être jugés par le pape et par le concile de Vienne qui devait bientôt se tenir. Que résulte-t-il de cette défense ? Il s'ensuit que ces soixante-quatorze *templiers* étaient innocents, puisqu'ils n'étaient pas accusés, qu'ils avaient ignoré jusqu'alors les crimes qui se commettaient par leurs confrères, et qu'ils avaient de la peine à les croire. Mais ce n'était là qu'une preuve négative ; l'ignorance ne prouve rien, ils n'alléguèrent aucun fait positif qui fût capable de détruire la confession des accusés.

« Dixièmement, lorsqu'on lut au grand maître sa confession rédigée devant trois cardinaux, ce vieux guerrier, qui ne savait ni lire ni écrire, s'écria qu'on l'avait trompé, que l'on avait écrit une autre déposition que la sienne ; que les cardinaux, ministres de cette perfidie, méritaient qu'on les punît comme les Turcs punissent les faussaires, en leur fendant le corps et la tête en deux. » Que s'ensuit-il encore ? que ce grand maître, nommé Jacques de Molay, était fort mal instruit de ce qui se passait dans son ordre; que quand il fut interrogé à Chinon en Touraine, le 18 et le 20 août 1308, par les trois cardinaux commissaires nommés par le pape, il fut étonné et étourdi par la déposition de la multitude de ses chevaliers qui avaient avoué leurs crimes à Paris et à Poitiers, et qu'il n'osa pas s'inscrire en faux contre cette preuve. Le procès-verbal porte qu'il avoua formellement le premier article des accusations, savoir, le renoncement à Jésus-Christ. Interrogé de nouveau à Paris le 26 décembre 1309 et quelques jours après, il désavoua cette confession, et accusa les commissaires de falsification ; pour la défense de son ordre, il ne dit que des choses vagues et qui n'allaient point au fait ; il demanda d'être jugé par le pape. Lesquels devons-nous plutôt soupçonner de fausseté, les trois cardinaux commissaires, ou Jacques de Molay ? Les premiers ne pouvaient avoir aucun motif ; l'intention du pape n'était point que l'on usât de supercherie ; dans ses bulles de commission, il recommande l'équité et l'observation des formes. Ce n'était pas non plus celle du roi, puisqu'il consultait le clergé de Paris, les universités, les parlements, et se conduisait avec toutes les précautions possibles : nous verrons qu'il n'avait pas besoin de falsification ni de supplices pour obtenir l'extinction de l'ordre des *templiers*. Deux des cardinaux lui écrivirent pour lui rendre compte de leur commission ; ils lui mandèrent qu'ils avaient accordé l'absolution des censures à Jacques de Molay et à cinq autres chevaliers repentants ; ils supplièrent le roi de les traiter favorablement. Ce ne sont pas là des marques de perfidie. Quant au grand maître, il n'est pas le seul criminel qui ait varié dans les interrogatoires, et qui ait rétracté les aveux qu'il avait faits d'abord.

« Onzièmement, on eût accordé la vie à ce grand maître et à Gui, frère du dauphin d'Auvergne, s'ils avaient voulu se reconnaître coupables publiquement, et on ne les brûla que parce qu'appelés en présence du peuple sur un échafaud pour avouer les crimes de l'ordre, ils jurèrent que l'ordre était innocent. Cette déclaration, qui indigna le roi, leur attira leur supplice, et ils moururent en invoquant en vain la vengeance céleste contre leurs persécuteurs. » Nous avons déjà fait remarquer que cette déclaration ne prouve rien, sinon que ces deux chefs de l'ordre avaient ignoré jusqu'alors les crimes qui s'y commettaient, et qu'ils ne pouvaient se persuader ; leurs serments étaient donc téméraires, ils juraient de ce qu'ils ne savaient pas. Encore une fois, ces protestations ne pouvaient pas détruire les preuves positives tirées de l'aveu des coupables et de la déposition des témoins. Il y a plus : le pape s'était réservé le jugement de ces deux personnages et de deux autres chefs de l'ordre ; ce ne fut qu'après le concile de Vienne, et après la publication de la bulle qui supprimait les *templiers*, qu'il nomma de nouveaux commissaires pour achever leur procès. Ces commissaires furent trois cardinaux, l'archevêque de Sens, plusieurs évêques et plusieurs docteurs. Par-devant eux le grand maître, le frère du dauphin d'Auvergne et les deux autres confessèrent de nouveau les crimes dont ils étaient accusés ; en conséquence, le 18 mars 1314, ils furent condamnés à une prison perpétuelle. L'on dressa un échafaud au parvis de Notre-Dame, pour qu'ils fissent leur confession publique, et c'est là que les deux premiers la rétractèrent. Le roi, informé sur-le-champ de cet événement, assembla son conseil qui les condamna à être brûlés vifs, et cet arrêt fut exécuté le soir même. Dans cette circonstance, Philippe le Bel ne pouvait plus agir par vengeance ni par une autre passion ; l'ordre des *templiers* avait été supprimé et détruit au concile général de Vienne, deux ans auparavant : ce roi était donc satisfait ; le supplice du grand maître ni celui de Gui d'Auvergne ne pouvait lui procurer aucun nouvel avantage ; il fut indigné de leur conduite, et voilà pourquoi il les fit condamner et punir.

Leur apologiste ajoute que le pape abolit l'ordre de sa seule autorité, dans un consistoire secret pendant le concile de Vienne. Nouvelle imposture. La bulle fut dressée le 22 mars 1312, dans un consistoire secret, mais elle fut publiée en plein concile le 3 avril, en présence de Philippe le Bel et de ses trois fils ; le pape y déclara, de l'agrément du concile, *sacro approbante concilio*, l'institut des *templiers* proscrit et aboli ; il réserva au saint-siège la destination des personnes et des biens. En second lieu, il y a eu depuis ce temps-là plusieurs instituts religieux supprimés par un simple bref du souverain pontife ; personne ne s'y est opposé et n'a prétendu qu'il fallait pour cela le décret d'un concile. Ce même critique en impose encore, en disant que Philippe le Bel se fit donner deux cent mille livres, et que Louis le Hutin, son fils, prit encore soixante mille livres sur les biens des *templiers*; il ne cite aucune autorité ni aucun monument de ce fait, et il y a des preuves du contraire. Dès l'an 1307, le roi avait déclaré au pape, dans une lettre du 24 décembre, qu'il s'était saisi des biens des *templiers*, et qu'il les faisait garder pour être employés totalement au secours de la terre sainte ; c'était leur première destination. Il renouvela cette déclaration dans une autre lettre du mois de mai 1311, où il priait le pape de faire en sorte que ces biens fussent employés à un autre ordre militaire destiné pour la terre sainte, promettant de faire exécuter tout ce qui serait réglé sur cet article ; il ne s'opposa point à la bulle par laquelle le pape s'en réservait la disposition. De là Dupuy et Baluze concluent avec raison que les historiens qui ont accusé ce roi d'avoir voulu s'approprier les biens des *templiers*, sont des calomniateurs. Enfin notre auteur lui-même est forcé d'avouer que ces biens furent donnés aux chevaliers de Rhodes, aujourd'hui chevaliers de Malte, dont la destination était la même que celle des *templiers*. « J'ignore, continue-t-il, ce qui en revint au pape... Je n'ai jamais pu découvrir ce qu'il recueillit de cette dépouille. » La vérité est qu'il n'en recueillit rien, et qu'il n'en a été accusé par aucun écrivain digne de foi. Nous ne doutons pas que les frais des procédures, qui furent faites pendant cinq ou six ans contre les *templiers* dans différents endroits du royaume, n'aient été immenses ; cela ne pouvait se faire autrement.

Qu'un protestant tel que Mosheim ait peint Clément V comme un pontife avare, vindicatif et turbulent ; qu'il ait dit que Philippe le Bel joua cette sanglante tragédie pour satisfaire son avarice et assouvir son ressentiment, *Hist. ecclés.*, XIV° siècle, II° partie, c. 5, § 10, cela n'est pas étonnant ; mais il l'est qu'un philosophe, qui aurait dû se mettre au-dessus des préjugés vulgaires, n'ait fait que copier des auteurs prévenus et se rendre écolier des protestants. Il est convenu lui-même que les *templiers* vivaient avec tout l'orgueil que donne l'opulence, et dans les plaisirs effrénés que prennent les gens de guerre ; que Philippe le Bel eut lieu de penser qu'ils lui étaient infidèles, et qu'ils fomentaient des séditions parmi le peuple ; n'en était-ce pas assez pour autoriser ce prince à demander et à poursuivre l'extinction de cet ordre, sans agir par vengeance ni par avarice.

TEMPOREL DES BÉNÉFICES. *Voy.* BÉNÉFICE.

TEMPOREL DES ROIS. *Voy.* ROI.

TEMPS. Ce mot dans l'Écriture signifie ordinairement la durée qui s'écoule depuis un terme jusqu'à un autre ; mais il se prend aussi dans d'autres sens. 1° Pour les saisons ; *Gen.*, c. I, v. 14, il est dit que Dieu a fait les astres pour marquer *les temps*, les jours et les années. 2° Pour une année ; *Daniel*, c. VII, v. 25, prédit que les saints seront persécutés *pour un temps, deux temps et la moitié d'un temps* ; ce sont les trois ans et demi de la persécution d'Antiochus. 3° Pour l'arrivée de quelqu'un ; *Isaïe*, c. XIV, v. 1 : *Prope est ut veniat tempus ejus*, son arrivée est prochaine. 4° Pour le moment favorable de faire quelque chose. *Pendant que nous en avons le* TEMPS, *faisons du bien à tous* (*Galat.*, c. VI, v. 10). 5° *Dan.*, c. II, v. 8, *racheter le temps*, c'est demander du délai ; mais dans saint Paul, *Ephes.*, c. V, v. 16, c'est prendre patience en attendant un *temps* plus heureux. 6° *Ezech.*, c. XXII, v. 3, *son temps viendra*, c'est-à-dire le moment de sa punition. 7° Saint Paul appelle *les temps des siècles passés*, ceux qui ont précédé la venue de Jésus-Christ, *Tit.*, c. I, v. 2. Il les nomme aussi *les temps d'ignorance*, *Act.*, c. XVII, v. 30. *Voy.* JOUR.

TÉNÈBRES. La signification de ce terme varie beaucoup chez les écrivains sacrés. 1° De même que la *lumière* exprime souvent la prospérité, les *ténèbres* désignent l'affliction et l'adversité, *Esth.*, c. VIII, v. 16 ; c. XI, v. 8. 2° Il signifie la mort et le tombeau, *Ps.* LXXXVII, v. 3 : *Connaîtra-t-on les merveilles de Dieu dans les* TÉNÈBRES ? 3° L'ignorance ; *Joan.*, c. III, v. 19 : *Les hommes ont mieux aimé les* TÉNÈBRES *que la lumière*. 4° Saint Paul appelle les péchés *les œuvres des ténèbres*, soit parce qu'ils sont souvent commis par ignorance, soit parce que l'on se cache pour les commettre. De là ce même apôtre appelle souvent l'idolâtrie *les ténèbres*, par opposition à la lumière du christianisme et de l'Évangile, *Ephes.*, c. V, v. 8 : *Vous étiez autrefois* TÉNÈBRES, *à présent vous êtes lumières dans le Seigneur.* 5° Il signifie le secret, *Matth.*, c. X, v. 27 : *Ce que je vous dis dans les* TÉNÈBRES, *dites-le au grand jour.* 6° Saint Jean, *Epist. I*, c. I, v. 5, dit que Dieu est la lumière, et qu'il n'y a point en lui de *ténèbres*, parce que c'est de lui que viennent toutes nos connaissances ; et qu'il n'est jamais la cause de l'ignorance, des erreurs et de l'aveuglement des hommes ; Jésus-Christ a dit de lui-même, *Joan.*, c. VIII, v. 12 : *Je suis la lumière du monde; celui qui me suit ne marche pas dans les* TÉNÈBRES, *mais il aura la lumière de la vie.* 7° De même qu'il représente le bonheur éternel sous l'image d'un festin qui se fait dans un salon bien éclairé, il appelle la damnation *les ténèbres extérieures* où il y a des pleurs et des grincements de dents, signes de regrets et de désespoir. Ces métaphores, qui nous semblent extraordinaires au premier aspect, ne sont point inconnues aux auteurs profanes, surtout aux poëtes. Dans la *Théogonie* d'Hésiode, les parques, le destin, la mort, les malheurs, le chagrin, les douleurs et les crimes, sont enfants de la nuit ou des *ténèbres*. Pendant la nuit, les chagrins sont plus cruels, les passions plus violentes, les douleurs plus aiguës, les idées plus noires ; la nuit ne pouvait donc manquer d'être regardée de mauvais œil, et de désigner tout ce qu'il y a de plus fâcheux. Dans le langage des peuples de quelques provinces, quand on veut dire qu'un homme n'est bon à rien, que c'est un mauvais sujet, l'on dit *c'est la nuit*. Les manichéens qui admettaient deux principes de toutes choses, l'un bon, l'autre mauvais, plaçaient le premier dans la région de la lumière le second dans le séjour des *ténèbres*.

TÉNÈBRES ARRIVÉES A LA MORT DE JÉSUS-CHRIST. *Voy.* ECLIPSE.

TÉNÈBRES de la semaine sainte. C'est ainsi que l'on nomme vulgairement les matines du jeudi, du vendredi et du samedi de la semaine sainte, qui se chantent la veille de ces trois jours sur le soir. Ces offices sont trop connus parmi les catholiques, pour qu'il soit nécessaire d'en parler plus au long.

TENTATION, épreuve. Lorsqu'il est dit dans l'Ecriture que Dieu *tente* les hommes, cela ne signifie point qu'il les séduit ou qu'il leur tend des pièges pour les faire tomber dans le péché, le mot *tenter* n'a point ce sens dans les livres de l'Ancien Testament; mais cela veut dire qu'il met leur vertu à l'épreuve, soit par des commandements difficiles, soit par de grandes afflictions. *Tenter Dieu*, ce n'est pas vouloir l'exciter au mal, mais c'est vouloir mettre sa toute-puissance et sa bonté à l'épreuve, en attendant de lui un miracle sans nécessité, ou en s'exposant témérairement à un danger duquel on ne peut pas sortir sans un secours miraculeux que Dieu ne doit et n'a promis à personne. Il a défendu sévèrement cette folle présomption, *Deut.*, c. VI, v. 18 : *Vous ne tenterez point le Seigneur votre Dieu*. Ainsi, lorsqu'il est dit, *Gen.*, c. XXII, v. 1, que Dieu *tenta* Abraham, cela signifie qu'il mit son obéissance à l'épreuve, en lui ordonnant d'immoler son fils. Saint Paul dit, *Hebr.*, c. XI, v. 19, qu'Abraham obéit, parce qu'il crut que Dieu peut ressusciter un mort; ce n'était plus là *tenter Dieu*, puisque Dieu lui avait formellement promis qu'Isaac serait la tige de sa postérité, *Gen.*, c. XXI, v. 12,

comme l'Apôtre l'observe au même endroit. *Parce que vous étiez agréable à Dieu*, dit l'ange à Tobie, *il a fallu que la* TENTATION *vous éprouvât.....Dieu permit*, ajoute l'écrivain sacré, *que cette* TENTATION *survînt à Tobie, afin de donner à la postérité un exemple de patience, aussi bien que de celle du saint homme Job* (*Tob.*, c. II, v. 12 ; c. XII, v. 13). A la vérité Dieu n'a pas besoin de nous éprouver pour savoir ce que nous ferons, il le sait d'avance ; mais nous avons besoin nous-mêmes d'être mis à l'épreuve, 1° afin d'apprendre par expérience ce dont nous sommes capables ; 2° afin que nous donnions des exemples héroïques de vertu ; exemples très-nécessaires au monde ; 3° afin que nous soyons ou encouragés par notre fidélité à Dieu, ou humiliés par nos chutes, et que nous sentions le besoin de la grâce. Aussi Dieu a-t-il récompensé d'une manière éclatante la foi d'Abraham, la soumission de Tobie et la patience de Job ; ce sont là les grands traits qui frappent les hommes et leur font sentir qu'il y a une Providence. — Dans le Nouveau Testament, *tenter* signifie quelquefois exciter ou solliciter au mal; mais *tentation* signifie aussi *épreuve*, comme dans l'Ancien, parce que toutes les fois que nous sommes excités ou sollicités à pécher, c'est une épreuve pour notre vertu. Lorsque nous disons à Dieu dans l'oraison dominicale : *Ne nous induisez point en tentation*, cela ne signifie pas : Ne nous tendez point de piége pour nous faire pécher, puisque nous ajoutons : *Délivrez nous du mal*; mais cela veut dire : Ne mettez point notre faiblesse à de trop fortes épreuves, et donnez-nous la grâce nécessaire pour nous préserver du mal. Lorsque quelqu'un est TENTÉ, dit saint Jacques, cap. I, v. 13, *qu'il ne dise point que c'est Dieu qui le* TENTE; *Dieu ne porte point au mal, il ne* TENTE *personne ; mais tout homme est* TENTÉ *par sa propre concupiscence qui le séduit et le porte au péché.*

Une des questions qui furent agitées entre les Pères de l'Eglise et les pélagiens était de savoir si l'homme peut résister aux *tentations* sans le secours de la grâce divine ; ces hérétiques le soutenaient, et leur erreur fut unanimement condamnée par l'Eglise. Elle a été proscrite de nouveau par le concile de Trente, *Sess.* 6, *de Justif.*, en ces termes, can. 2 : « Si quelqu'un dit que la grâce divine est donnée par Jésus-Christ, seulement afin que l'homme puisse plus facilement vivre dans la justice et mériter la vie éternelle, comme s'il pouvait faire l'un et l'autre, mais difficilement et avec peine, par le libre arbitre, sans la grâce, qu'il soit anathème. » *Can.* 3 : « Si quelqu'un enseigne qu'il peut pendant toute sa vie éviter tous les péchés, même véniels, sans un privilége spécial de Dieu, tel que l'Eglise le soutient à l'égard de la sainte Vierge, qu'il soit anathème. »

Cela n'a pas empêché Basnage de calomnier à ce sujet les théologiens catholiques, *Hist. de l'Eglise*, l. XI, cap. 2, § 3; il prétend qu'ils sont partagés en cinq opinions différentes. 1° « Les uns ont dit qu'on pouvait sans *la grâce* éviter toutes les tentations contraires au droit naturel, et observer toute la loi de nature, non-seulement pendant quelque temps, mais durant le cours entier de la vie. » Comme c'est là le pur pélagianisme formellement condamné par le concile de Trente, Basnage, pour son honneur, aurait dû citer au moins un théologien catholique qui ait enseigné cette doctrine, et nous soutenons hardiment qu'il n'y en a aucun. 2° « Les autres, continue Basnage, ont cru que l'on pouvait vaincre *quelque tentation particulière*, et éviter quelques péchés, mais qu'on ne pouvait les vaincre toutes, ni observer tous les préceptes, sans le secours de la grâce. 3° Les autres n'ont accordé à l'homme que la force de surmonter quelques légères *tentations*, et non celle de résister à des *tentations* violentes et d'observer les préceptes difficiles. » Il est ridicule d'abord de distinguer ces deux opinions, puisque l'une rentre dans l'autre; les partisans de la première n'ont jamais soutenu que, sans la grâce, l'homme pouvait vaincre *quelque tentation particulière violente*, ou observer quelque précepte difficile. Il fallait encore observer que les uns ni les autres n'ont jamais enseigné que la résistance à une *tentation* quelconque, et l'observation d'aucun précepte fa te sans la grâce, pussent contribuer au salut ni mériter la grâce; et c'est en cela qu'ils se sont éloignés du pélagianisme. 4° « On pourrait former une longue liste des scolastiques qui ont cru que l'on pouvait faire une œuvre moralement bonne, sans la grâce, par un simple concours de Dieu qui donne le mouvement et l'action aux créatures. » Nous ne voyons point encore en quoi ce sentiment est différent des deux précédents, puisque les scolastiques n'ont jamais cru qu'une œuvre moralement bonne, ainsi faite, pouvait contribuer au salut. 5° « Il y en a d'autres qui ont soutenu la nécessité de la grâce, soit pour vaincre toutes les tentations, soit pour éviter le péché, soit pour faire le bien. » Il était encore de la bonne foi d'ajouter que ce sentiment est le plus commun et presque universel parmi les théologiens catholiques.

Il est donc clair que toutes ces opinions se réduisent à deux, savoir : à la dernière qui est presque générale; l'autre est celle de quelques scolastiques qui ont cru que l'homme, par ses seules forces naturelles et avec un secours de Dieu qu'ils regardent comme naturel, peut éviter quelques légères *tentations*, observer quelques préceptes faciles de la loi naturelle, faire quelques œuvres moralement bonnes, mais qui ne peuvent contribuer au salut, ni mériter la grâce, et que Dieu peut cependant récompenser par quelque bienfait temporel. Opinion très-indifférente à la doctrine du concile de Trente, et qui n'est point un pélagianisme, quoi qu'en disent Basnage et d'autres; mais opinion très-superflue, puisque Dieu donne aux infidèles et à tous les hommes des grâces pour faire le bien; nous l'avons prouvé au mot INFIDÈLES. On voit par cet exemple, et par mille autres, combien peu l'on doit se fier aux assertions des protestants. — Basnage n'a pas été plus équitable à l'égard des Pères de l'Église; il prétend qu'ils ont varié sur cette question tout comme les théologiens; l'on peut se convaincre du contraire en consultant le père Petau, *de Incarn.*, l. IX, c. 2 et 3 : l'uniformité de leur langage prouve qu'ils ont eu tous les mêmes notions du libre arbitre, de ses forces, ou plutôt de sa faiblesse.

TENTATION de Jésus-Christ au désert. Les incrédules, qui ne lisent l'Évangile qu'avec des yeux critiques, sont scandalisés de ce que le Sauveur a permis au démon de le tenter : C'était, disent-ils, accorder à l'ennemi du salut un pouvoir injurieux à la dignité de Fils de Dieu. Les Pères de l'Église ont répondu qu'il n'était pas plus indécent au Sauveur du monde d'être tenté, que d'être revêtu des faiblesses de l'humanité, d'être injurié, outragé et crucifié par les Juifs. Il voulait nous apprendre que la *tentation* par elle-même n'est pas un crime; que, quand on y résiste, la vertu en reçoit un nouveau prix et un plus grand mérite. Il voulait rassurer les âmes timides et scrupuleuses, qui se croient coupables parce qu'elles sont tentées, et qui se découragent dans le chemin de la vertu; il voulait leur montrer par quelles armes l'on résiste au tentateur. C'est par la prière, par le jeûne, par les leçons de la parole de Dieu. *Il a fallu*, dit saint Paul, *que le Fils de Dieu fût semblable en toutes choses à ses frères, afin qu'il fut miséricordieux et fidèle pontife auprès de Dieu, pour obtenir la rémission des péchés de son peuple : parce qu'il a éprouvé des* TENTATIONS *et des souffrances, il a acquis le pouvoir de secourir ceux qui sont* TENTÉS... *Nous n'avons donc pas un pontife incapable de compatir à nos infirmités, puisqu'il les a éprouvées toutes, à l'exception du péché; approchons donc avec confiance du trône de sa grâce, pour y recevoir miséricorde et tous les secours dont nous avons besoin* (*Hebr.*, c. II, v. 17; c. IV, v. 15).

Les censeurs de l'Évangile ont imaginé que le démon *transporta* Jésus-Christ sur le sommet du temple, et ensuite sur une haute montagne, *Math.*, c. IV, v. 5 et 8; mais le grec παραλαμβάνει et le latin *assumpsit* ne signifient pas toujours *transporter*; ils veulent dire souvent *prendre avec soi*, *conduire*; nous lisons, c. XVII, v. 1, que Jésus-Christ prit avec lui, *assumpsit*, trois de ses disciples, et qu'il les conduisit sur une montagne; c. XX, v. 17, il prit avec lui ses douze apôtres, *assumpsit*, pour aller à Jérusalem. Quand nous disons qu'un homme s'est *transporté* dans tel endroit, cela ne signifie pas qu'il y est allé en l'air. L'évangéliste ajoute que du sommet d'une haute montagne le démon montra à Jésus-Christ tous les royaumes du monde et leur gloire, c. IV, v. 8; mais les *montrer*, ce n'est pas les faire voir à l'œil; c'est en indiquer la situation, l'étendue, les richesses, etc.; il n'est pas besoin pour cela de voir toute la surface du globe. Ceux qui ont pensé que la *tentation* de Jésus-Christ au désert ne s'est point passée en réalité, mais seulement en songe ou en vision, se sont embarrassés mal à propos; la narration de l'Evangile n'admet point cette explication.

TENTATIVE, thèse de théologie. *Voy.* Degré.

TERMINISTES. On a ainsi nommé certains calvinistes qui mettent un terme à la miséricorde de Dieu. Ils enseignent, 1° qu'il y a beaucoup de personnes dans l'Eglise, et hors de l'Eglise, à qui Dieu a fixé un certain terme avant leur mort, après lequel il ne veut plus les sauver, quelque long que soit le temps pendant lequel elles vivront encore sur la terre; 2° qu'il l'a ainsi résolu par un décret impénétrable et irrévocable; 3° que ce terme une fois expiré, Dieu ne leur donne plus les moyens de se repentir et de se sauver, qu'il ôte même à sa parole tout pouvoir de les convertir; 4° que Pharaon, Saül, Judas, la plupart des Juifs, beaucoup de gentils, ont été de ce nombre; 5° que Dieu souffre encore aujourd'hui beaucoup de réprouvés de cette espèce; que s'il leur accorde encore des grâces après le terme qu'il a marqué, ce n'est pas dans l'intention de les convertir. Les autres protestants, surtout les luthériens, rejettent avec raison ces sentiments, qui sont autant de conséquences des décrets absolus de prédestination soutenus par Calvin et par les gomaristes; à proprement parler, ce sont autant de blasphèmes injurieux à la bonté infinie de Dieu et à la grâce de la rédemption, destructifs de l'espérance chrétienne, formellement contraires à l'Ecriture sainte. *Voy.* Endurcissement, Réprobation, Salut, etc.

TERRE. Ce mot dans l'Ecriture sainte a différentes significations. Il signifie, 1° le globe encore informe et mêlé avec les eaux, tel qu'il fut créé d'abord, *Gen.*, c. i, v. 1; 2° ce même globe, tel qu'il fut arrangé ensuite, avec tout ce qui s'y trouve, les plantes, les animaux et les hommes, *Ps.* xxiii, v. 1; 3° les habitants de la *terre*, *Gen.*, c. vi, v. 11; 4° un pays ou une contrée particulière, comme quand il est dit: Bethléem *terre* de Juda; 5° nous lisons dans l'Exode qu'en Egypte les sauterelles dévorèrent la *terre*, c'est-à-dire ses fruits et ses productions; 6° le tombeau, *Job*, c. x, v. 22; 7° *la terre des vivants* signifie quelquefois la Judée, d'autres fois le séjour des bienheureux; 8° *toute la terre* ne désigne quelquefois que la Judée, comme *Luc.*, c. ii, v. 1, ou l'empire romain seulement. *Act.*, c. xi, v. 28. Faute de faire attention à ces divers sens, les censeurs de l'Ecriture sainte ont souvent fait des objections ridicules contre plusieurs passages.

Terre promise ou Terre sainte. C'est aujourd'hui la Palestine. Cette partie a souvent changé de nom, et son étendue a varié en différents temps, suivant les révolutions qui y sont arrivées. Elle fut d'abord appelée *la terre* ou *le pays de Chanaan*, parce que les descendants de ce petit-fils de Noé s'y établirent; *terre promise* ou *terre de promission*, parce que Dieu promit à Abraham de la donner à ses descendants; *terre d'Israël*, lorsque les Israélites, enfants de Jacob, en furent en possession; *terre sainte*, parce que Dieu seul y était adoré. Lorsque les Israélites furent nommés *Juifs*, après leur retour de la captivité de Babylone, on appela leur pays *Judée*. Il paraît que ce sont les Romains qui lui ont donné le nom de *Palestine*, parce que cette contrée est moins montueuse que la Syrie dont elle était censée faire partie. Mais c'est à juste titre que les chrétiens l'ont appelée la *terre sainte*, depuis qu'elle a été sanctifiée par la naissance de Jésus-Christ et par les mystères de notre rédemption. — Moïse, parlant de ce pays aux Israélites dans le désert, en fait une description pompeuse, *Deut.*, c. viii, 7; il dit que c'est une terre excellente, où les ruisseaux, les fontaines et les eaux coulent en abondance; où naissent le froment, l'orge, les fruits de la vigne, les figues, les grenades, les olives, le miel; où ils ne manqueront de rien; où l'on trouve le fer parmi les pierres, et le cuivre dans les montagnes. Il répète sans cesse que c'est une contrée dans laquelle *coulent le lait et le miel*; les autres écrivains sacrés s'expriment de même.

Plusieurs incrédules se sont inscrits en faux contre cet éloge: Il n'y avait pas lieu, disent-ils, de tant vanter ce pays, ni de le promettre avec tant d'emphase à la postérité d'Abraham; il a tout au plus vingt-cinq lieues d'étendue; il est sec, pierreux, stérile, surtout dans les environs de Jérusalem; on y chercherait vainement les ruisseaux de lait et de miel promis aux Juifs. D'ailleurs ils ne l'ont jamais possédé tout entier selon les limites qui lui sont assignées dans les livres de Moïse. Un célèbre incrédule anglais oppose au récit des auteurs sacrés celui de Strabon, qui dit, *Geogr.*, l. xvi, que ce pays n'a pas de quoi exciter l'ambition ni la jalousie, qu'il est rempli de pierres et de rochers, sec et désagréable dans toute son étendue. Ce témoignage, selon lui, doit prévaloir à tout ce que disent les auteurs juifs. On y ajoute celui de saint Jérôme qui y demeurait et qui l'avait parcouru; dans une lettre à Dardanus il parle très-désavantageusement de la Palestine, et il en resserre beaucoup les limites. Enfin l'Ecriture sainte même atteste que ce pays était souvent affligé par la disette des vivres et par la famine.

Tout cela mérite un examen. 1° Selon la topographie de Moïse la *terre promise* devait avoir pour bornes à l'orient l'Euphrate, à l'occident la Méditerranée, au septentrion le mont Liban, au midi le torrent de l'Egypte ou de Rhinocorure; cela fait une étendue de quatre-vingts lieues de long sur trente-cinq de large, les cartes en font foi. Or, par le second livre des *Rois*, ch. viii; par le troisième, c. iv; par le second des *Paralipomènes*, c. viii et ix, il est prouvé que David et Salomon l'ont possédée dans toute cette étendue sans exception. Il n'était pas nécessaire que les Israélites en fussent les maîtres plus tôt, ils n'étaient pas encore assez multipliés pour l'occuper.

2° Au sentiment de Strabon, nous pourrions opposer celui des auteurs grecs et romains, tels qu'Hécatée, Diodore de Sicile, Pline, Solin, Tacite, Ammien-Marcellin; mais cela n'est pas nécessaire. Ce géographe n'avait pas vu le pays dont il parle, et il se contredit, puisqu'il ajoute que cette contrée est bien arrosée, ἔνυδρον. Il dit que la *Trachonite*, qui était la partie la plus pierreuse et la plus remplie de rochers, puisqu'elle en avait tiré son nom, avait cependant des montagnes grasses et fertiles. On sait d'ailleurs que les vins de Gaza et de Sarept ont été célèbres chez les anciens. Que la Judée fût arrosée par la nature ou par l'art, cela est égal; Moïse n'avait pas laissé ignorer aux Israélites que ce pays demandait une culture assidue, *Deut.*, c. XI, v. 10. *La terre que vous allez posséder*, leur dit-il, *n'est point comme celle de l'Egypte, d'où vous êtes sortis, que l'on sème comme un jardin, et qui est arrosée par elle-même, mais elle est coupée de montagnes et de plaines, elle attend les pluies du ciel; le Seigneur votre Dieu la visite continuellement, et ses yeux y sont ouverts d'un bout de l'année à l'autre. Si vous lui êtes fidèles, il vous donnera des pluies à propos, et vous accordera des récoltes abondantes..... Si vous adorez des dieux étrangers, le ciel sera fermé, vous éprouverez la sécheresse et la stérilité.* La suite de l'histoire atteste que ces promesses et ces menaces ont été fidèlement accomplies.

3° Pour prendre le vrai sens du passage de saint Jérôme, il faut le rapporter tout entier. Dans sa lettre à Dardanus, *Op.* t. II, col. 609 et 610, il voulait prouver que les éloges pompeux donnés à la *terre promise* n'étaient que l'emblème du bonheur éternel promis aux chrétiens; voici comme il s'exprime : « Que l'on me dise combien les Juifs sortis de l'Egypte ont possédé de la *terre promise;* ils l'ont tenue depuis Dan jusqu'à Bersabée; c'est tout au plus cent soixante milles en longueur..... J'ai honte d'en fixer la largeur, de peur de donner lieu aux païens de blasphémer. Depuis Joppé jusqu'à notre petite ville de Bethléem, il y a quarante-six milles, après lesquels est un vaste désert rempli de barbares féroces (c'étaient les Sarrasins, aujourd'hui les Arabes Bédouins)..... Si vous envisagez, ô Juifs, la *terre promise* telle qu'elle est décrite dans le livre des *Nombres*, ch. XXXIII..... j'avouerai qu'elle vous a été promise, mais non livrée, à cause de vos infidélités et de votre idolâtrie..... Lisez le livre de *Josué* et celui des *Juges*, vous verrez combien vous avez été resserrés dans vos possessions..... Je ne dis point ces choses pour déprimer la Judée, comme un hérétique imposteur m'en accuse, ou pour attaquer la vérité de l'histoire qui est le fondement du sens spirituel, mais pour rabattre l'orgueil des Juifs. » Remarquons d'abord que saint Jérôme parle de la possession des Juifs, telle qu'elle était sous Josué et sous les Juges, et il est vrai qu'elle ne s'étendait alors que depuis Dan jusqu'à Bersabée; mais il y avait au delà du Jourdain les tribus de Ruben et de Gad, et la moitié de la tribu de Manassé, et elles n'étaient point resserrées pour lors par les Arabes ou Sarrasins. Puisque saint Jérôme ne veut point attaquer la vérité de l'histoire, il ne prétend pas nier que David et Salomon n'aient poussé leurs conquêtes jusqu'à l'Euphrate, au delà de la mer Morte et au torrent de l'Egypte. La ville de Palmyre, bâtie par Salomon à peu de distance de l'Euphrate, en était un monument subsistant. Ainsi lorsqu'il dit que cette étendue ne leur a pas été livrée, il entend qu'elle ne leur a pas été accordée d'abord, et qu'ils ne l'ont pas tenue pendant long-temps, puisque cette possession n'a duré que pendant soixante ans; et il est vrai que c'est en punition de leur idolâtrie et de celle de leurs rois qu'ils en ont été dépossédés.

4° Le point capital est de savoir si la Judée était un bon ou mauvais pays. Voici comme saint Jérôme en parle dans son *Commentaire sur Isaïe*, l. II, c. 5, *Op.* t. III, col. 45 et 46 : « Aucun lieu n'est plus fertile que la *terre promise*, si, sans avoir égard aux montagnes et aux déserts, l'on considère son étendue depuis le torrent de l'Egypte jusqu'au fleuve de l'Euphrate, et au nord jusqu'au mont Taurus et au cap Zéphyrion en Cilicie. » C. XXXVI, v. 17, l. XI, col. 287 : « Le roi d'Assyrie fait dire aux Juifs qu'il les transportera dans un pays semblable au leur, qui abonde en blé et en vin; il ne nomme point ce pays, parce qu'il n'en pouvait point trouver de semblable à la *terre promise*. » Sur *Ezéchiel*, l. VI, chap. 20, col 832 : « On ne peut plus douter que la Judée ne soit la plus fertile de tous les pays, si on la considère depuis Rhinocorure jusqu'au mont Taurus et à l'Euphrate. » Or ce n'était pas la partie la plus voisine du mont Taurus et de l'Euphrate qui était la plus fertile, puisque c'est là que se trouvent les plus hautes montagnes du Liban. Il faut observer encore que saint Jérôme écrivait au commencement du V° siècle; or, avant cette époque, la Judée avait été ravagée successivement par les Assyriens, par les rois de Syrie, par les Romains sous Pompée, par les tétrarques qu'ils y avaient établis, par les armées de Titus et d'Adrien. Un pays moins bon n'aurait jamais pu subsister après tant de ruines; et s'il avait été mauvais, tant de conquérants n'auraient pas eu l'ambition de s'en saisir. Strabon, qui écrivait sous Auguste, dit que la Judée était pour lors opprimée par des tyrans; c'était sans doute les tétrarques; il n'est pas étonnant qu'il l'ait jugée peu digne d'exciter l'ambition dans ces circonstances.

5° Les famines dont l'Ecriture sainte fait mention n'ont été rien moins que fréquentes; on en connaît cinq; la première arriva sous Abraham; la seconde, cent seize ans après, du temps d'Isaac; la troisième, au bout de quatre-vingt seize ans, pendant la vieillesse de Jacob; la quatrième, plus de vingt-cinq ans après, sous les juges, et dont il est parlé dans le livre de *Ruth* ; enfin, la cinquième sous David, après un intervalle d'environ cent ans. Ce sont cinq années de disette pendant un espace de plus de huit cents ans. Quel est le pays de l'univers dans lequel il n'en soit pas arrivé davantage dans un intervalle aussi long ?

6° Pour satisfaire à l'objection des incrédules, on leur a représenté qu'il ne faut pas juger de l'ancienne fertilité de la Palestine par l'état de stérilité et de dévastation dans lequel elle est aujourd'hui. Un pays ne peut être bien cultivé qu'autant que les habitants jouissent de la liberté, sont protégés par un gouvernement doux et sage, et sont sûrs de ne pas être privés du fruit de leurs travaux ; malheureusement les peuples de la Palestine n'ont plus aucun de ces avantages. Ce n'est pas dans cette terre seule que le gouvernement dur, oppressif et stupide des Turcs, a porté la stérilité, la misère et la dépopulation, il produit le même effet dans tous les lieux de sa domination.

7° Indépendamment de cette observation qui est évidente, les voyageurs modernes attestent que la Palestine montre encore aujourd'hui les preuves de son ancienne fertilité. Nous ne citerons point ceux qui ont écrit avant notre siècle, comme Villamont, Pietro della Valle, Eugène Roger, le moine Brocard, Sandis, Maundrell, Thévenot, Schaw, Morison, Gemelli-Careri, Pocok, Hasselquist, etc.; nous nous bornons au témoignage de ceux qui ont écrit plus récemment. Niébuhr, qui a voyagé en Egypte et en Arabie en 1762 et 1763, met au rang des plus fertiles contrées de l'Orient les environs d'Alexandrie en Egypte, une partie du Yémen en Arabie, plusieurs cantons de la Palestine, les terres voisines du mont Liban et celles de la Mésopotamie. « Cependant, dit-il, en Egypte, à Babylone, en Mésopotamie, en Syrie et dans la Palestine, l'on ne s'applique pas beaucoup à l'agriculture ; il y a si peu de monde dans ces provinces, que plusieurs bonnes terres sont en friche. Les instruments du labourage y sont très-mauvais, aussi bien qu'en Arabie et dans les Indes. » Il ajoute que, dans ces contrées, le *durra*, espèce de millet dont on fait du pain, rend au moins cent pour un ; qu'ainsi, lorsqu'il est dit, *Gen.*, c. XXVI, v. 12, Isaac moissonna le centuple, il est probable qu'il avait semé du *durra*. *Descript. de l'Arabie*, chap. 24, art. 4.

M. de Pagès, qui a fini ses voyages en 1776, dit qu'après avoir vu presque tous les climats de l'univers, il n'a point trouvé de position plus favorable que celle du sud de la Syrie, c'est précisément celle de la Palestine. La Syrie, selon lui, réunit les productions des climats chauds et celles des pays froids ; le blé, l'orge, le coton, la vigne, le figuier, le mûrier, le pommier et les autres arbres d'Europe y sont aussi communs que le jujubier, les figuiers-bananiers, les orangers, les limoniers doux et aigres et les cannes à sucre. Les productions communes aux deux climats pour les jardins s'y trouvent de même. L'industrie des habitants a fertilisé le sol des montagnes et en a fait un jardin très-agréable. *Voyages autour du monde*, etc., t. I, p. 373-375. Ces habitants sont principalement les Druses et les Maronites, qui se sont rendus indépendants des Turcs ; il n'est donc pas étonnant que les Juifs aient fait autrefois de même, puisque chez les Druses on reconnaît encore les anciennes mœurs et les usages dont parle l'Ecriture sainte. *Ibid.*, p. 386. — Le baron de Tott, qui a côtoyé la Palestine à peu près dans le même temps, dit que l'espace entre la mer et Jérusalem est un pays plat d'environ six lieues de large, de la plus grande fertilité. *Mém.*, t. IV, p. 10. — M. Volney, qui a examiné ce pays avec un soin particulier en 1783-85, confirme le témoignage de M. de Pagès ; il est persuadé que, sous un gouvernement moins oppressif et moins insensé que celui des Turcs, la Syrie serait le séjour le plus délicieux de l'univers. *Voyage en Syrie et en Egypte*, tom. I, p. 288 et suiv.

Si, malgré tant d'obstacles qui s'opposent à la culture de la *terre promise*, elle conserve encore des restes de son ancienne fécondité, que devait-elle être lorsque la Judée était habitée par un peuple immense, libre et laborieux ? Le lait et le miel devaient y couler, selon l'expression de l'Ecriture sainte, vu le nombre des troupeaux, la quantité des abeilles et des plantes odoriférantes dont elle était couverte (1).

(1) La Palestine n'était au temps des Croisades, disent les incrédules (a), que ce qu'elle est aujourd'hui, le plus mauvais pays de tous ceux qui sont habités dans l'Asie. Cette petite province est dans sa longueur d'environ quarante-cinq lieues, et de trente-cinq en largeur ; elle est couverte presque partout de rochers arides, sur lesquels il n'y a pas une ligne de terre : si cette petite province était cultivée, on pourrait la comparer à la Suisse. La rivière du Jourdain, large d'environ cinquante pieds dans le milieu de son cours, ressemble à la rivière d'Aar chez les Suisses, qui coule dans une vallée moins stérile que le reste. La mer de Tibériade peut être comparée au lac de Genève. Cependant les voyageurs qui ont bien examiné la Suisse et la Palestine, donnent tous la préférence à la Suisse. Il est vraisemblable que la Judée fut plus cultivée autrefois, quand elle était possédée par les Juifs. Ils avaient été forcés de porter un peu de terre sur les rochers pour y planter des vignes ; ce peu de terre lié avec les éclats des rochers, était soutenu par de petits murs dont on voit encore des restes de distance en distance. La Palestine, malgré tous ses efforts, n'eut jamais de quoi nourrir ses habitants ; et de même que les treize cantons envoient le superflu de leurs peuples servir dans les armées des princes qui peuvent les payer, les Juifs allaient faire le métier de courtiers en Asie et en Afrique.

Tel est le tableau que Voltaire, marchant sur les traces de l'impie Servet, nous fait de la Judée, pour insulter à l'Ecriture sainte qui en relève si souvent la fertilité : portrait infidèle, s'il en fut jamais, ainsi que nous allons le faire voir par les témoignages les plus certains.

Hécatée, auteur grec, qui eut l'honneur d'être élevé avec Alexandre le Grand, parle ainsi de la fer

(a) *Histoire universelle*, t. I, p 337.

Les incrédules, qui ne raisonnent qu'au hasard et sans avoir rien examiné, demandent pourquoi Dieu ne donna pas à son peuple le riche et le fertile pays de l'Egypte, plutôt que la Palestine. Il n'y a qu'à comparer ces deux climats, pour en voir la tilité de la Judée, dans son *Histoire des Juifs*: « Les Juifs possèdent environ trois millions d'arpents, d'une terre excellente et abondante en toutes sortes de fruits. » (*Réponse de Josèphe à Appion*, l. 1, c. 8.)

Pline dit que la Judée, qui est renommée par plusieurs de ses productions, l'est principalement dans ses palmiers: *Judæa vero inclyta est vel magis palmis.* (L. xiii, c. 4.) Il ajoute un peu plus bas que la Judée, non partout, mais principalement dans le territoire de Jéricho, l'emporte sur toutes les contrées de la terre pour la bonté de ses palmiers.

Selon Solin, la Judée est célèbre par ses eaux... Le Jourdain, dont l'eau est excellente, arrose des contrées très-charmantes..... Cette terre est la seule où se trouve le baume. *Judæa illustris est aquis... Jordanis amnis eximiæ suavitatis regiones præterfluit amœnissimas... In hac terra tantum balsamum nascitur.* (C. 48.)

Tacite dit que la Judée est un pays abondant, quoiqu'il pleuve peu; qu'il produit les mêmes fruits que l'Italie, et outre cela le baume et les dattes. *Rari imbres, uber solum, exuberant fruges nostrum ad morem, præterque eas balsamum et palma.* (*Hist.*, lib. v, n. 1.)

Ammien Marcellin écrit que la Palestine est ort étendue, qu'elle a une grande quantité de terres cultivées et fertiles, qu'elle contient des villes considérables, qui, ne se cédant point les unes aux autres, gardent entre elles une parfaite égalité. *Palæstina per intervalla magna protenta, cultis abundans terris et nitidis, civitates habens quasdam egregias, nullum nulli cedentem, sed sibi vicissim velut ad perpendiculum æmulas.* (Lib. xiv, c. 8.)

Saint Jérôme connaissait bien la Judée, puisqu'il y a passé une grande partie de sa vie, et qu'il a traduit et augmenté la description géographique de ce pays, composée par Eusèbe; ainsi son témoignage doit être du plus grand poids. Voici comme il parle: « Rien n'est plus fertile que la terre promise, si, sans faire attention aux lieux montueux et déserts, on considère toute sa largeur, depuis le ruisseau de l'Egypte jusqu'à l'Euphrate du côté de l'orient, et son étendue au nord jusqu'au mont Taurus et au promontoire Zéphirium, qui est sur la mer de Cicilie. » *Nihil terra promissionis pinguius, si non montana quæque atque deserta, sed omnem illius latitudinem consideres, a rivo Ægypti usque ad flumen magnum Euphratem contra orientem: et ad septentrionalem plagam usque ad Taurum montem et Zephirium, Ciliciæ quod mari imminet.* (Com. in Isai., c. 5.) Le même saint docteur, après avoir rapporté que Rabsacès, général de Sennachérib, disait aux habitants de Jérusalem, pour les engager à se soumettre au roi d'Assyrie : Je vous transporterai dans une terre semblable à la vôtre, et aussi féconde en blé, vin, huile, ajoute que cet officier ne nomme pas cette terre, parce qu'il n'en pouvait trouver aucune qui fût égale à la terre promise. *Transferam vos in terram quæ similis est terræ vestræ frumenti, vini et olearum; nec dicit nomen regionis, quia æqualem terræ repromissionis invenire non poterat.* (Ibid., c. 36.)

Voilà de quelle manière les anciens auteurs ont célébré les avantages de la Judée: les modernes sont parfaitement d'accord avec eux sur ce point.

Villamont, dans ses voyages faits sur la fin du XVIe siècle, rend témoignage à la fertilité de la Palestine. « La ville de Jaffa était sur une petite montagnette, environnée d'un côté de la mer, et de l'autre, vers Rama, d'une belle plaine que les Maures et Arabes n'ont industrie de cultiver, pour n'avoir la connaissance de la vertu d'une terre si grasse et fertile. (Page 234.) Après avoir monté la petite colline de Jaffa, nous considérâmes encore davantage le pays, qui est presque désert, principalement du côté de Jaffa où la terre est si bonne qu'elle produit l'herbe de trois pieds de haut, le thym, fenouil et autres herbes odorantes, au lieu de la bruyère et de la fougère qui croissent ordinairement dans les landes désertes, tellement que cela démontre assez que c'était autrefois une terre, laquelle cultivée rapportait abondamment toutes sortes de fruits pour la nourriture de ses habitants. (P. 239.) Continuant toujours notre chemin, nous continuâmes toujours de plus en plus à voir la plaine mieux labourée et cultivée que devant, savoir en grande quantité de concombres, d'angouries, de melons, blés, ognons et autres biens, tous lesquels ils sèment à l'aide de deux bœufs, sans qu'ils cultivent la terre d'engrais, fumier, marne ou autre chose, ainsi que nous faisons : ainsi ils jettent la semence en la campagne, et la laissent venir. (P. 240.) J'allai voir la montagne ou les lieux montueux de la Judée, que l'Evangile appelle *montana Judææ*. Nous sortîmes donc de Jérusalem et passâmes par des chemins âpres et rudes, étant au demeurant la terre assez fertile, semée en blé et plantée de vignes, oliviers et figuiers. (P. 529.) Le territoire d'alentour le château des Pèlerins est très-beau et fertile; comme aussi est tout celui de Jaffa jusqu'en Tripoli, ne me souvenant avoir jamais vu côte de marine plus belle et plaisante. (P. 333.) La situation de Baruth est sur le bord de la mer, comme les autres, en un pays plaisant et fertile, lequel pour son aménité ne cède à nul autre, comme (sans mentir) toute la côte de mer que l'on voit depuis Jaffa jusqu'à Tripoli, est d'une des plus agréables et fertiles, voire les plus belles et riches du monde. » (P. 376.)

Pietro della Valle décrit ainsi la route qu'il fit de Bethléem à Hébron : « Le pays que nous traversâmes était parfaitement beau. Ce ne sont que collines, que vallées et petites montagnes très-fertiles, mais désertes, parce que les habitants des villages, ne pouvant plus se soutenir ni se défendre des courses continuelles des Arabes qui descendent des montagnes voisines lorsqu'on y pense le moins, ont entièrement abandonné cette contrée. Enfin, c'est une chose digne de compassion, de voir tant de villages dispersés de côté et d'autre, qui étaient autrefois très-peuplés, sans habitants aujourd'hui, et ensevelis dans leurs ruines. Nous vîmes auprès la plaine de Mambré, tant de fois citée dans l'Ecriture sainte, et qui est comme tous les autres pays de là autour, d'autant plus fertiles qu'ils sont montueux et pierreux : entr'autres ils produisent encore aujourd'hui de très-beaux raisins, dont les grappes sont de la grosseur de celles que les espions de Josué rapportèrent autrefois de la Terre promise : les habitants d'aujourd'hui qui y vivent, sans maisons cependant, dans les trous et les ruines de ces bâtiments anciens, ne se servent pas du raisin pour faire du vin, parce que, comme Arabes scrupuleux et qui sont grands observateurs de la loi de Mahomet, ils n'en boivent point; mais ils les font sécher, et entre tous les autres ils sont excellentissimes, et particulièrement en ce pays. (T. ii, p. 95.) Pour aller à Nazareth nous trouvâmes toujours de petites montagnes, mais fertiles, et tellement chargées d'arbres, qu'il y a du plaisir à les voir. La ville est sur la cime d'une belle colline, située fort agréablement et fort commodément à cause de l'eau qui y est, et qui contribuait à sa beauté; mais elle est toute ruinée, et il n'y reste que quelques cabanes pour les habitants. » (P. 176.)

Le père Eugène Roger, dans son *Voyage de la terre sainte*, imprimé à Paris chez Berthier, en 1646, s'explique ainsi : « Il y a certains arpents de terre dans la Palestine, qu'on cultive encore aujourd'hui, et l'on

raison. La fertilité de l'Egypte est excessive lorsque la crue du Nil se fait au point nécessaire; alors la culture se réduit à remuer un peu le limon formé par le fleuve, pour y jeter les semences, et le peuple demeure dans l'indolence et dans l'inaction; mais à

est étonné de la prodigieuse quantité de blés et de vins qu'ils rapportent. En 1634, le setier de froment, mesure de Paris, ne valait en la terre sainte que quarante-cinq sous de notre monnaie, et l'abondance en fut si grande, que les Vénitiens en chargèrent plusieurs vaisseaux. Les vignes d'Hébron, de Bethléem, de Sorec et de Jérusalem portent pour l'ordinaire des raisins du poids de sept livres ; et en l'année que nous avons indiquée, il s'en trouva un du poids de vingt-cinq livres et demie dans la vallée de Sorec. » Le même auteur dit que le miel et le lait sont si communs encore aujourd'hui dans la Palestine, que les habitants en mangent à tous leurs repas, et en assaisonnent toutes leurs nourritures.

Maundrell, Anglais, fit le voyage d'Alep à Jérusalem en 1697 ; il dit que Samarie est située sur une éminence, et qu'il y a une vallée fertile tout autour. (P. 97.) Il ajoute que lorsqu'ils furent à six ou sept lieues de Jérusalem, le pays leur parut entièrement différent de celui qu'ils avaient vu jusque-là. (P. 167.) « Nous ne vîmes, continue-t-il, que rochers nus, que montagnes et que précipices dans la plupart des lieux. Cela surprend d'abord les pèlerins qui s'en étaient formé une si belle idée, par la description que la parole de Dieu en donne. Cette vue est capable d'ébranler leur foi; ils ne sauraient s'imaginer qu'un pays comme celui-là ait pu subvenir aux nécessités d'un si grand nombre d'habitants que celui qui y fut nombré dans les douze tribus en même temps, et que Joab fait monter, au II° l. de Sam., c. xxiv, à treize cent mille combattants, outre les femmes et les enfants : cependant il est certain que ceux qui n'ont point de préjugés en faveur de l'infidélité, trouvent en passant assez de raisons pour soutenir leur foi contre de pareils scrupules. Il est visible à ceux qui veulent se donner la peine d'observer les choses, qu'il faut que ces rochers et ces montagnes aient autrefois été couverts de terre et cultivés, pour contribuer à l'entretien des habitants, autant que si ce pays eût été uni, et même peut-être davantage, parce que les montagnes et les surfaces inégales ont une plus grande étendue de terrain à cultiver, que n'aurait ce pays-là s'il était réduit à un terrain égal. Ils avaient accoutumé, pour la culture de ces montagnes, d'amasser toutes les pierres et de les placer en lignes différentes sur les côtes des montagnes, en forme de murailles. Ces bordures empêchaient la terre de s'ébouler ou d'être emportée par la pluie; ils formaient par cette manière plusieurs couches de terre admirables, les unes au-dessus des autres, depuis le bas jusqu'au haut des montagnes. L'on voit encore des traces évidentes de cette forme de culture, partout où l'on passe dans la Palestine. Par ces moyens ils rendaient les rochers mêmes fertiles, et peut-être qu'il n'y a pas un pouce de terre dans ce pays-là dont on ne se servît autrefois pour la production de quelque chose d'utile à l'entretien de la vie humaine; car il n'y a rien au monde de plus fertile que les plaines et les vallées pour la production des blés et du bétail. Les montagnes disposées en couches, comme il a été dit, produisaient du blé, bien qu'elles ne fussent pas propres pour le bétail. Les parties les plus pierreuses qui n'étaient pas bonnes à la production des blés, servaient à planter des vignes et des oliviers, qui se plaisent dans les lieux secs et pierreux, et les grandes plaines le long de la côte de la mer, qui n'étaient propres, à cause du sel de cet élément, ni pour les blés, ni pour les oliviers, ni pour les vignes, ne laissaient pas de servir pour la nourriture des abeilles et pour la production du miel, comme le remarque Josèphe dans son livre des Guerres des Juifs, livre v, ch. 4 : j'en suis d'autant plus persuadé, que, lorsque j'ai passé dans ces lieux-là, j'y ai trouvé une odeur de miel et de cire, comme si l'on eût été proche d'une ruche ou d'un essaim d'abeilles. Pourquoi donc ce pays-là n'aurait-il pu subvenir aux nécessités du grand nombre de ses habitants, puisqu'il produisait partout du lait, des blés, des vins, de l'huile et du miel, qui sont la principale nourriture de ces nations orientales ? Car la constitution de leurs corps et la nature de leur climat les portent à une manière de vivre plus sobre qu'en Angleterre et dans d'autres pays plus froids. La plaine délicieuse de Zabulon, comme à Sépharia, nous fûmes une heure et demie à la traverser ; et une heure et demie après nous passâmes à droite par un village désolé que l'on nomme Satyra ; une demi-heure après nous entrâmes dans la plaine d'Acra, et encore une heure et demie après, à la ville même; nous ne fîmes environ que sept lieues ce jour-là, dans un pays très-fertile et très-agréable. » (P. 197.)

Thévenot, liv. II du Voyage du Levant : « Nous arrivâmes à trois heures après-midi à Hhansedoud, ayant toujours cheminé, depuis Gaza jusqu'au dit Hhansedoud, dans une fort belle plaine enrichie de blés et ornée de quantité d'arbres et d'une infinité de fleurs qui rendent une odeur merveilleuse. Cette plaine est toute tapissée de tulipes et d'anémones, qui passeraient en France pour belles quand c'est la saison ; mais quand nous y passâmes, elles étaient toutes passées. (P. 570.) En revenant de Rama, après avoir quitté les montagnes qui durent environ six ou sept milles, mais qui sont toutes couvertes de bois fort épais et de quantité de fleurs et de pâturages, nous cheminâmes dans des plaines assez bonnes. (P. 573.) D'Elbiron on va coucher à Naplouse, passant presque toujours par des montagnes et des vallées qui sont néanmoins fertiles et sont chargées en divers endroits de quantité d'oliviers. Naplouse, qui est l'ancienne Sichem, est posée au fond d'une montagne, partie sur le penchant, partie dans la plaine. La terre y est fertile, produisant des olives à foison; les jardins sont remplis d'orangers et de citronniers, qu'une rivière et divers ruisseaux arrosent. » (P. 681.)

Morison, qui a parcouru la Palestine en commençant par la Galilée, a décrit avec soin la qualité du sol des divers lieux par où il a passé. Voici quelques-unes de ses observations : « La plaine de Zabulon était un trésor pour la tribu du même nom, qui sans doute avait soin de la cultiver ; car quoiqu'elle soit à présent négligée, on juge aisément de la bonté de ce fonds qui, sans être cultivé, pousse par une fécondité qui lui est naturelle, des plantes, des fleurs champêtres et des herbes en abondance ; on fait même passer son terroir pour le meilleur de la terre sainte. (P. 178.) Toutes les terres que le Jourdain arrose en deçà sont très-fertiles. (P. 201.) La plaine d'Esdrelon est très-célèbre, non-seulement par son étendue prodigieuse, mais encore par son admirable fertilité ; elle a six lieues de longueur et quatre de largeur : son territoire est si gras et de soi seule, si elle était cultivée, pour fournir des grains à toute la Galilée, quand même cette province serait peuplée comme elle le fut autrefois ; mais elle est presque entièrement inculte, et la nature se contente, par la verdure qu'elle y entretient sans cesse, de faire voir de quoi elle serait capable si l'on secondait tant soit peu ses desseins. (P. 220.) Je n'ai rien à ajouter à ce que j'ai dit de la plaine d'Esdrelon, sinon que j'y trouvai en beaucoup d'endroits grand nombre de melons et d'artichauts sauvages, aussi beaux et aussi gros que la plupart de ceux que nous cultivons dans nos jardins avec tant de soins,

quel péril la nation entière n'est-elle pas exposée, lorsque, pendant quelques années de suite, ce qui n'est pas rare, le Nil, ou se déborde trop, ou ne croît pas assez? L'inondation de ce fleuve, si nécessaire à l'Egypte, est pour elle une source de maladies pestilentielles.

et que j'y vis des tortues fort grosses, qu'on nomme tortues de terre, pour les distinguer des tortues de mer qui sont de même espèce, mais beaucoup plus grosses. (P. 223.) La province de Samarie, située entre la Judée et la Galilée, est un pays de montagnes, mais très fertile ; les plaines et les vallées sont arrosées de plusieurs ruisseaux qui contribuent à leur fécondité; elles sont peuplées d'arbres, mais surtout d'oliviers qui y surpassent infiniment en nombre les plantes d'autres espèces. Les bêtes sauvages, comme les sangliers, les chevreuils, les loups, les renards, les lièvres et autres animaux, n'y sont pas rares. Les perdrix rouges y sont encore plus communes qu'en Galilée. (P. 227.) La Judée est un pays encore plus montueux que la Samarie à laquelle elle confine : circonstance qui n'ôte rien à la bonté de son terroir qui est d'une culture facile, et qui est souvent arrosé par les pluies qui y tombent, et qui font que les montagnes ne sont pas moins fertiles que les vallées sont abondantes dans les endroits qu'on a soin de cultiver. Les arbres les plus communs sont les oliviers, qui y sont en prodigieux nombre ; les grenadiers, les orangers, les citronniers, les figuiers et les caroubiers y sont beaucoup moins communs. Les chrétiens de tout rit qui sont établis en Judée, y plantent et cultivent des vignes dont ils n'attachent pas comme nous les ceps à des échalas pour leur servir d'appui, mais ils les laissent ramper nonchalamment sur la terre, et empêchent au plus qu'ils ne la touchent immédiatement par le moyen de quelques pierres qui les en séparent, de crainte que les ceps ne pourrissent par un excès d'humidité; le vin en est parfaitement bon, il est tout de couleur rouge, et le raisin étant toujours nourri de chaleurs, il n'est pas possible que le vin n'ait une force agréable. L'eau des fontaines est excellente et fort saine ; mais les sources n'y sont pas en fort grand nombre; la fontaine scellée de Salomon, dont je parlerai en son lieu, est la plus considérable de toutes. (P. 245.) De Jérusalem à Bethléem on n'a presque qu'une seule vallée de deux lieues de longueur à passer ; elle commence au pied du mont Sion, et finit près de Bethléem. Cette vallée, qui peut avoir une lieue de largeur, est très-fertile. (P. 453.) La ville de Thécué est sur une hauteur, et elle a ses jardins et ses campagnes fertiles, des vallées toujours riantes et des forêts fort étendues. (P. 487.) La vallée de Sorec, qui a plus de quinze lieues de longueur, est assez profonde, et sa largeur est médiocre. Les montagnes dont elle est formée du côté du couchant ne sont presque que des rochers escarpés, dans lesquels il paraît qu'on a autrefois coupé des colonnes d'une grosseur et d'une longueur extraordinaires. Les montagnes qui regardent l'Orient sont plus basses, mais riantes, toutes de verdure; elles sont très-bien cultivées, sont partie en vignes, partie en terres labourables, et plantées d'oliviers et de figuiers... Cette vallée porte le nom de Sorec ou de la Vigne, et le torrent qui est au fond s'appelle le torrent du Raisin; cette contrée est sans doute celle où les espions députés par Moïse coupèrent cette grappe de raisin si extraordinaire qu'ils rapportèrent au camp. Cet endroit n'est plus en vigne, et on n'y voit qu'un assez grand nombre d'oliviers, qui en font une espèce de verger. On s'étonne que ce raisin ait été assez pesant pour faire la charge des deux hommes qui le rapportaient avec son cep attaché à un bois appuyé aux deux bouts sur leurs épaules; mais outre que cette manière de porter ce raisin était nécessaire pour le conserver dans toute sa perfection et sa beauté, les religieux de la terre sainte, qui voient tous les ans des raisins des montagnes de Judée, que les Grecs et les Arméniens cultivent, sont fort éloignés de regarder comme une exagération ce que l'Ecriture dit de ce raisin, puisqu'ils en voient qui pèsent six, huit et souvent jusqu'à dix livres. Ceux que j'ai vus et goûtés moi-même dans les îles de Cypre, de Rhodes, de Scio, et dans plusieurs endroits de la Thrace où ils sont d'une grosseur prodigieuse, ne me permettent pas non plus d'être surpris du poids de celui dont il s'agit. Le vin de la contrée de Sorec est un des meilleurs de toute la terre sainte ; il est d'un blanc un peu chargé quant à la couleur, et il est très-délicat et très-délicieux. (P. 492.) Le désert de saint Jean-Baptiste, non plus que les montagnes et les vallées qui le composent, n'a rien d'affreux ni de sauvage, selon la fausse idée que ceux qui ne l'ont pas vu peuvent s'en former. C'est une agréable solitude dont l'air est extrêmement pur et le terroir parfaitement bon ; et quoique le pays soit très-peu peuplé, on n'y voit guère d'endroits qui ne soient cultivés, et qui ne produisent de très-bon froment et du vin exquis. » (P. 474.)

Guillaume, archevêque de Tyr, dit dans son histoire que Jéricho était, sous les rois français de Jérusalem, une ville non-seulement célèbre, mais puissante, riche et pleine de biens qu'elle tirait de cette fertile et vaste plaine dans laquelle elle est située. (P. 520.) « Toute cette vaste campagne qui s'étend depuis Rame et Lidda jusqu'à Jaffé, et de Jaffé jusqu'en Césarée de Palestine, s'appelle dans l'Ecriture, *Sarone*, du nom d'une ville située dans le milieu, sur une éminence où l'on voit encore aujourd'hui un chétif et petit village nommé *Saron*. Rien n'était plus charmant que la vue de cette campagne, lorsque nous la traversâmes : la variété des fleurs champêtres et surtout des tulipes qui y croissent d'elles-mêmes et sans être cultivées, les prairies ornées d'une verdure riante, et les champs semés de diverses sortes de légumes et chargés surtout de melons d'eau ou de pastèques, et dont on a grand débit sur les côtes de Syrie. (P. 545.) Les coteaux du Carmel, en quelques endroits et particulièrement du côté de Sartoura, sont chargés de vignes qui fournissent du vin qui passe pour excellent ; et si peu que les soins de l'art se joignent à ceux de la nature ; les campagnes font connaître par une abondante récolte, qu'elles ne sont stériles que lorsqu'elles sont incultes. » (P. 558.)

Shaw est avec raison le plus estimé des voyageurs : antiquaire, littérateur, géographe, physicien, chimiste, botaniste, maître dans toutes les parties de l'histoire naturelle, il observe tout, rien ne se dérobe à ses yeux, rien n'échappe à ses recherches : avec des relations semblables à la sienne, on peut se procurer toute l'utilité qu'on retire des voyages sans en essuyer les fatigues. Voici comment cet illustre auteur s'exprime sur la qualité de la Palestine : « Si la terre sainte était aussi peuplée et aussi bien cultivée aujourd'hui qu'elle l'était autrefois, elle serait encore plus fertile que la plus belle contrée de Syrie et de la Phénicie. Le terroir en est meilleur par lui-même, et à tout prendre, son rapport en est préférable. Le coton qu'on recueille dans les plaines de Ramah, d'Esdraëlon et de Zabulon, est plus estimé que celui de Sidon et de Tripoli, et il ne saurait y avoir de milleur grain ni de meilleurs herbages de quelque espèce que ce soit que ceux qu'on a communément à Jérusalem. La stérilité dont quelques auteurs se plaignent, soit par ignorance ou par malice, ne vient pas de mauvaise constitution et de la nature même du terroir, mais du peu d'habitants qu'il y a dans ce pays, et de leur paresse à faire valoir les terres qu'ils possèdent : outre cela, les petits princes qui partagent ce beau pays sont toujours en

lenticelles, lorsque ces eaux viennent à croupir dans les terrains bas. De là une multitude d'insectes qui tourmentent jour et nuit une espèce de guerre les uns contre les autres, se pillent réciproquement ; de sorte que, quand même le pays serait mieux peuplé qu'il ne l'est, il n'y aurait pas beaucoup d'encouragement à cultiver les terres, parce que personne n'est assuré du fruit de son travail. D'ailleurs le pays est fort bon par lui-même, et pourrait fournir à ses voisins du blé et de l'huile, tout comme il faisait du temps de Salomon. (tom. XXV, p. 56.) Le pays, est surtout celui des environs de Jérusalem, étant rempli de rocs et de montagnes, où s'est mis en tête qu'il devait être ingrat et stérile. Quand il serait aussi vrai qu'il l'est peu, il est certain que l'on ne saurait dire que tout un royaume est ingrat ou stérile parce qu'il l'est en quelques endroits seulement : ajoutons à ceci que la bénédiction promise à Juda ne fut pas du même ordre que celle qui regardait Aser ou Issachar. Ces derniers devaient avoir le pays plaisant et un pain gras; mais il fut dit de l'autre, qu'il aurait les yeux vermeils de vin, et les dents blanches de lait. Or, comme Moïse fait consister la gloire de toutes ces terres dans l'abondance du lait et du miel, qui furent en effet les mets les plus délicieux et les aliments les plus ordinaires des premiers temps, comme ils le sont encore parmi les Arabes bédouins ; tout cela se trouve encore actuellement dans les lieux assignés à la portion de Juda, ou du moins pourrait s'y trouver, si les habitants travaillaient à se le procurer. L'abondance de vin est la seule qui y manque aujourd'hui ; cependant le peu que l'on en fait à Jérusalem et à Hébron, est si excellent, qu'il paraît par là que ces rochers, quoiqu'il en soit dit si stériles, en pourraient donner beaucoup davantage, si l'abstinence des Turcs et des Arabes permettait que l'on plantât et que l'on cultivât plus de vignes. Le miel sauvage, que l'Ecriture dit avoir fait partie de la nourriture de saint Jean-Baptiste, nous indique la grande quantité qu'il y en avait dans les déserts de la Judée, et par conséquent la facilité qu'il y aurait à le multiplier considérablement, si l'on avait soin de préparer des ruches pour les abeilles, et de les mieux cultiver. Si d'un côté les montagnes de ce pays sont couvertes en certains endroits de thym, de romarin, de sauge et d'autres plantes aromatiques que cherchent singulièrement ces industrieux animaux, de l'autre il y a aussi des endroits qui sont remplis d'arbustes et de cette herbe courte et délicate que les bestiaux préfèrent à tout ce qui croît dans les pays gras et dans les prairies. La manière d'y faire paître les troupeaux n'est pas si singulière dans ce pays qu'elle ne soit connue ailleurs ; elle est encore en usage sur tout le mont Liban, sur les montagnes de Castravan et dans la Barbarie, où l'on réserve pour cet usage les terrains les plus élevés, pendant que l'on laboure les plaines et les vallées. Outre que l'on met ainsi à profit toute la terre, on en tire encore cet avantage que le lait des bestiaux nourris de la sorte est beaucoup plus gras et plus délicieux, comme la chair en est beaucoup plus douce et plus nourrissante. Mettant néanmoins à part les profits que l'on pouvait tirer du pâturage, soit le beurre, le lait, la laine ou le grand nombre de bêtes qui devaient se vendre tous les jours à Jérusalem pour la nourriture des habitants et pour les sacrifices ; outre cela, dis-je, ces cantons montagneux pouvaient être très-utiles par d'autres endroits, surtout par la grande quantité d'oliviers qu'on y avait autrefois, et dont un seul arpent bien cultivé rapporte plus que le double de cette étendue mise en labour. Il est aussi à présumer que l'on ne négligeait pas les vignes dans un terroir et dans une exposition qui leur était si favorable. Mais comme ces dernières ne durent pas en effet aussi longtemps que les oliviers, qu'elles demandent aussi plus d'attention et plus de travail, que d'ailleurs les mahométans se font scrupule de cultiver un fruit qui peut être mis à des usages que leur religion interdit, tout cela ensemble peut bien avoir fait qu'il reste peu de vestiges des anciennes vignes du pays, si ce n'est à Jérusalem et à Hébron. Les oliviers, au contraire, étant d'une utilité générale, et d'ailleurs d'une vie longue et d'un bois ferme, il y en a plusieurs milliers qui subsistent ensemble, et qui ayant passé ainsi jusqu'à nos jours, nous montrent la possibilité qu'il y ait eu autrefois et qu'il pourrait encore y en avoir une plus grande quantité de plantages. Or, si à ce produit des montagnes nous joignons plusieurs centaines d'arpents de terre labourable qui se trouvent par-ci par-là dans les vallons et dans les entre-deux de ces montagnes de Juda et de Benjamin, il se trouvera que la portion de ces tribus-là même auxquelles on prétend qu'il n'échut qu'un pays presque tout stérile, fut une bonne terre et un précieux héritage. Tant s'en fallait que les endroits montagneux de la terre sainte fussent inhabitables, infertiles, ou le rebut du pays de Chanaan, que dans le partage qu'il s'en fit, la montagne d'Hébron fut cédée à Caleb comme une faveur singulière. Nous lisons de plus que, sous le règne d'Asa, Juda et Benjamin fournirent cinq cent quatre-vingt mille combattants ; ce qui prouve d'une manière incontestable que le pays pouvait les nourrir, et par conséquent en pouvait nourrir deux fois autant, puisque l'on n'en peut pas moins compter à proportion pour les vieillards, pour les femmes et pour les enfants. Aujourd'hui même, et quoiqu'il y ait déjà tant de siècles que l'agriculture a été si négligée, les plaines et les vallées de ce pays, quoiqu'aussi fertiles que jamais, sont presque entièrement désertes, pendant qu'il n'y a point de petite montagne qui ne regorge d'habitants. S'il n'y avait donc dans cette partie de la terre sainte que des rochers tout purs et que des précipices, comment se ferait-il qu'elle soit plus remplie que les plaines d'Estraëlon, de Ramach, de Zabulon et d'Acre, desquelles on peut dire, comme l'a fait M. Maundrell, que c'est un pays très-agréable et d'une fertilité qui passe l'imagination ? On ne peut pas répondre simplement que ce vient de ce que les habitants y sont plus en sûreté que dans les plaines, car leurs villages et leurs campements n'ayant ni murailles ni fortifications, et n'y ayant presque pas un endroit qui ne soit aisément accessible, ils ne sont pas moins exposés dans un lieu que dans l'autre aux courses et aux insultes du premier ennemi. La raison de cette préférence est donc uniquement que, trouvant sur les montagnes assez de commodités pour eux-mêmes, ils y en trouvent aussi de plus grandes pour leurs bestiaux ; y ayant assez de pain pour les hommes, le bétail s'y nourrit d'un meilleur pâturage, et les uns et les autres ont l'agrément d'un grand nombre de sources dont l'eau est excellente, et qui ne se rencontrent guères en été, ni dans ces plaines ni même dans celles des autres pays du même climat.

Voyez encore les *Voyages* de Gemelli-Careri, tom. I, p. 123-178 ; du père Ladoire, p. 258; de Tollot et de La Condamine, p. 125.

Réunissons à présent sous un coup d'œil tous les traits dont les anciens et les modernes se sont servis pour former le tableau de la Palestine. C'est un pays si fécond en blé, qu'une de ses petites parties suffirait seule pour fournir des grains à des millions d'habitants ; son sol produit naturellement des herbes en quantité, qui croissent jusqu'à une excessive hauteur, les montagnes, aussi fertiles que les vallées, sont les unes couvertes d'excellents pâturages, les autres chargées de vignes dont les raisins qui pèsent six, huit et souvent jusqu'à dix livres, donnent un

aucun pays du monde il n'y a autant d'aveugles qu'en Egypte. Ce même sable infecte les aliments, quelque soin que l'on prenne de les renfermer; il trouble le repos de la nuit, parce qu'il pénètre jusque dans l'intérieur des lits, malgré toutes les précautions. L'Egypte ne produit point de vin, et les olives y sont bien inférieures à celles de la Syrie; dans la haute Egypte les chaleurs de l'été sont insupportables. La Palestine n'est point sujette à ces inconvénients; elle abonde en plusieurs productions dont l'Egypte manque absolument. On peut juger de la différence de ces deux climats par la taille avantageuse des Maronites que nous voyons en Europe, en comparaison desquels les Egyptiens ne sont que des pygmées difformes. Or, Tacite reconnaît que les Juifs étaient sains, robustes et laborieux, *corpora hominum salubria et ferentia laborum*. Il n'est point d'homme instruit qui ne préférât la position de la Palestine à celle de l'Egypte, quoi qu'en disent quelques écrivains modernes, qui ne nous ont fait des descriptions pompeuses et riantes de l'Egypte que pour contredire ceux qui avaient écrit avant eux. Volney, plus judicieux, représente l'Egypte comme un pays malsain, désagréable, incommode à tous égards, dans lequel les voyageurs ne cherchent à pénétrer que pour en visiter les ruines.

TERTULLIEN, prêtre de Carthage et célèbre docteur de l'Eglise. On croit communément qu'il est né vers l'an 160, et qu'il est mort vers l'an 245; quoique ces dates ne soient pas absolument certaines, tout le monde convient qu'il a écrit sur la fin du II° siècle et au commencement du III°. Il a laissé un grand nombre d'ouvrages, dont la meilleure édition est celle que Rigaud a fait imprimer à Paris en 1634 et 1642, in-folio. En général le style de *Tertullien* est dur et obscur, il faut y être accoutumé pour l'entendre; il s'est fait, pour ainsi dire, un langage particulier; c'est pour cela que l'on a mis à la fin de ses ouvrages un dictionnaire des mots qui ne se trouvent que chez lui, ou qu'il a pris dans un sens qui n'est pas commun. Voyez *Index glossarum Tertulliani*. Il nous apprend lui-même qu'il était né et qu'il avait été élevé dans le paganisme, et il

---

vin délicat et très-délicieux; plusieurs sont peuplées d'oliviers, de figuiers, d'orangers et de citronniers; le miel et le lait sont si communs dans cette province, que les habitants en mangent à tous leurs repas et en assaisonnent toutes leurs nourritures; on y trouve du gibier en abondance. Enfin la Palestine est si avantageusement comblée des richesses de la nature, qu'au rapport de Shaw, qui l'a examinée avec soin, si elle était aussi peuplée et aussi bien cultivée aujourd'hui qu'elle l'était autrefois, elle serait encore plus fertile que la plus belle contrée de la Syrie et de la Phénicie. Qu'on juge quelles doivent être les productions et les agréments d'une province qu'un connaisseur aussi habile que cet Anglais préfère au délicieux territoire de Damas, qu'on appelle le paradis de la Syrie. Qu'on la compare à présent, si on l'ose, avec la Suisse, qui, loin d'accorder à ses habitants les délices de la vie, leur refuse le nécessaire. *Réponses critiques*, etc., par Bullet, t. I.

avoue les défauts et les vices auxquels il avait été sujet avant sa conversion; *de Pœnit.*, c. 4 et 12. Mais il embrassa la religion chrétienne avec pleine connaissance de cause; et, pour rendre raison de son changement, il composa son *Apologétique* pour défendre le christianisme contre les reproches et les fausses accusations des païens; il l'adressa aux magistrats de Carthage et aux gouverneurs des provinces; il présenta dans la suite un mémoire à Scapula, gouverneur de Carthage, pour le même sujet. On retrouve le canevas et la première ébauche de ces deux écrits dans celui qu'il a intitulé *Ad Nationes*. Son *Apologétique* et son *Traité des Prescriptions* contre les hérétiques sont les principaux et les plus estimés de ses ouvrages; nous avons parlé de l'un et de l'autre sous leur titre particulier. — Comme *Tertullien* était d'un caractère naturellement dur et austère, il se laissa séduire sur la fin de sa vie par les maximes de morale sévère et par les apparences de vertu qu'affectaient les montanistes; il en adopta les rêveries et les erreurs: triste exemple des travers dans lesquels peut donner un grand génie, dès qu'il ne veut plus se laisser conduire par les leçons de l'Eglise, et qu'il se fie trop à ses propres lumières. Les écrits qu'il a composés après sa chute n'ont pas autant d'autorité que les précédents, et on les reconnaît surtout au ton de sévérité excessive qui y domine; cela n'empêche pas que ce Père ne tienne un rang distingué parmi les témoins de la tradition sur tous les dogmes qui n'ont point de rapport à ses erreurs.

Il n'est aucun des écrivains ecclésiastiques duquel on ait dit autant de bien et autant de mal, et l'on a pu le faire sans blesser absolument la justice ni la vérité. Saint Cyprien, qui a vécu peu de temps après lui, en faisait tant de cas qu'il l'appelait son maître; en demandant ses ouvrages, il disait: *Da magistrum*. Au V° siècle, Vincent de Lérins, *Commonit.*, c. 18, édit. Baluz., en fait le plus grand éloge. « De même, dit-il, qu'Origène a été le plus célèbre de nos écrivains chez les Grecs, *Tertullien* l'a été chez les Latins. Qui fut jamais plus savant que lui, ou plus exercé dans les sciences divines et humaines? Il a connu tous les philosophes et leur doctrine, tous les chefs de sectes et leurs opinions, toutes les histoires et leurs variétés; il les a comprises avec une sagacité singulière. Son génie est si fort et si solide, qu'il n'a rien attaqué sans le détruire par sa pénétration, ou sans le renverser par le poids de ses raisonnements. Comment louer dignement ses écrits, dans lesquels il y a une telle connexion de raisons et de preuves, qu'il force l'acquiescement de ceux même qu'il n'a pas pu persuader? Chez lui autant de mots, autant de sentences; autant de réflexions, autant de victoires. On peut interroger à ce sujet Marcion, appelé Praxéas; Hermogène, les juifs, les païens, les gnostiques et les autres, dont il a écrasé les blasphèmes par ses livres comme par autant de foudres. Cependant, après tout cela, ce même *Tertullien*, peu fidèle au dogme catholique, c'est-à-dire à la croyance ancienne et universelle, et moins heureux qu'éloquent, a changé de sentiments; il a vérifié enfin ce que saint Hilaire a dit de lui, que par ses dernières erreurs il a ôté l'autorité à ceux de ses écrits que l'on approuvait le plus. » Aussi *Tertullien* a eu des censeurs sévères parmi les Pères de l'Église et parmi les auteurs modernes, chez les catholiques aussi bien que chez les hérétiques et chez les incrédules; indépendamment des erreurs de la secte qu'il avait embrassée, on lui en a reproché de très-graves, tant sur le dogme que sur la morale. S'il nous est permis d'en dire notre avis, il nous paraît que souvent on l'a jugé avec trop de sévérité, et qu'on ne s'est pas donné assez de peine pour prendre le vrai sens du langage particulier qu'il s'était formé. On ne peut pas le disculper en tout; mais plusieurs écrivains judicieux et modérés sont venus à bout de dissiper une partie des accusations dont on le charge, et nous voudrions pouvoir être de ce nombre. Pourquoi prendre dans un mauvais sens des expressions susceptibles d'une signification très-orthodoxe, surtout lorsqu'un auteur s'est expliqué ailleurs plus clairement et plus d'une fois?

1° L'on reproche à *Tertullien* d'avoir enseigné que Dieu, les anges et les âmes humaines sont des corps. Le passage le plus fort que l'on objecte est tiré de son livre *contre Praxéas*, qui prétendait qu'il n'y a en Dieu qu'une seule personne, savoir le Père; que c'est lui qui s'est incarné, qui a souffert pour nous, et qui a été nommé *Jésus-Christ*; ainsi Praxéas fut l'auteur de l'hérésie des *patripassiens*. *Voyez* ce mot. Conséquemment il disait que le *Verbe* divin, dans l'Écriture sainte, signifie simplement *la parole* de Dieu; que ce n'est ni une substance ni une personne, non plus que la parole humaine, qui n'est qu'un son ou une répercussion de l'air. *Advers. Prax.*, c. 7. Voici comme *Tertullien* argumente contre lui, *ibid.* « Je vous soutiens qu'un néant et un vide n'ont pas pu émaner de Dieu, comme si Dieu lui-même était un vide et un néant; que ce qui est sorti d'une si grande substance et qui a fait tant d'êtres subsistants, ne peut pas être sans substance. Il a fait lui-même tout ce que Dieu a fait. Comment peut être un néant, celui sans lequel rien n'a été fait?.... Appelons-nous un vide et un néant celui qui est appelé *Fils de Dieu*, et *Dieu* lui-même? *Le Verbe était en Dieu, et le Verbe était Dieu......* Qui niera que Dieu ne soit un corps, quoiqu'il soit un esprit?. L'esprit est un corps dans son genre et dans sa forme (ou dans sa manière d'être); toutes les choses invisibles ont en Dieu leur corps et leur forme, par lesquels elles sont visibles à Dieu; à combien plus forte raison ce qui vient de la substance de Dieu ne sera-t-il pas sans substance? Quelle qu'ait été la substance du Verbe, puisque c'est une personne, et, en lui donnant le nom de *Fils*, je le soutiens second après le Père.

Il nous paraît évident que *Tertullien* a confondu le terme de *corps* avec celui de *substance*, puisqu'il les oppose l'un et l'autre au vide et au néant, et que par *forma*, *effigies*, il entend la manière d'être des esprits, rien autre chose. Le savant Huet n'est point de cet avis: *Tertullien*, dit-il, n'était ni assez ignorant en latin ni assez dépourvu de termes, pour n'avoir pu exprimer un être subsistant, autrement que par le mot de *corps*; *Origen. quæst.*, l. II, q. 1, § 8. Beausobre et d'autres se sont prévalus de cette réflexion. Sauf le respect dû au docte Huet, elle n'est pas juste. *Tertullien* parlait le latin d'Afrique et non celui de Rome; on ne peut pas nier qu'il n'ait donné à une infinité de mots latins un sens tout différent de celui des écrivains du siècle d'Auguste. Cicéron lui-même, obligé d'exprimer dans sa langue les matières philosophiques qui n'avaient été traitées jusqu'alors qu'en grec, fut forcé de se servir de termes grecs, ou de donner aux termes latins une signification très-différente de celle qu'ils avaient dans l'usage ordinaire. *Tertullien*, au second siècle, s'est trouvé dans le même cas à l'égard des matières théologiques; avant lui personne ne les avait traitées en latin, son langage n'a donc pas pu être aussi exact, ni aussi épuré qu'il l'a été dans la suite. D'ailleurs Huet n'ignorait pas que Lucrèce a dit *corpus aquæ* pour *la substance de l'eau*, parce que, dans l'usage ordinaire, *substantia* signifiait autre chose qu'un être subsistant, ce terme est une métaphore. Quand nous disons *le corps d'une pensée*, pour distinguer le principal d'avec l'accessoire, nous n'entendons pas pour cela qu'une pensée est corporelle ou matérielle.

Tertullien a soutenu contre Hermogène que Dieu a créé la matière et les corps, donc il est impossible qu'il ait cru que Dieu est un corps. Dans le livre même *contre Praxéas*, chap. 5, il dit: « Avant toutes choses Dieu était seul, il était à lui-même son monde, son lieu, son univers; » *Ipse sibi et mundus, et locus et omnia.* Une idée aussi sublime est-elle compatible avec l'opinion d'un Dieu corporel? Enfin, au IVᵉ siècle, saint Phébade, évêque d'Agen, dont la doctrine est bien connue d'ailleurs, a donné comme *Tertullien* le nom de *corps* à tout ce qui subsiste. *Voyez Hist. litt. de la France*, tome I, IIᵉ part., p. 271. Par ces mêmes réflexions l'on pourrait justifier ce qu'il a dit des anges et de l'âme humaine, mais cette discussion nous mènerait trop loin. Il nous paraît qu'il a seulement cru qu'un esprit créé est toujours revêtu d'un corps subtil pour pouvoir agir au dehors, opinion très-indifférente à la foi: il ne s'ensuit pas que *Tertullien* n'ait eu aucune notion de la parfaite spiritualité.

2° L'on prétend qu'il n'a pas été orthodoxe sur le mystère de la sainte Trinité; mais il a été justifié sur ce point par Bullus et par Bossuet. Dans le livre *contre Praxéas*, c. 2, il y a une profession de foi sur ce mystère, qui nous paraît irrépréhensible, quoique conçue dans des termes dont on ne se sert plus aujourd'hui; on sait que, pour l'expliquer avec plus d'exactitude, les scolastiques ont été obligés d'employer des termes barbares inconnus aux anciens auteurs latins.

3° C'est surtout en fait de morale que l'on a imputé les erreurs les plus grossières à Tertullien; Barbeyrac, Traité de la Morale des Pères, c. 6, l'accuse d'avoir condamné absolument l'état-militaire et la profession de soldat, la fonction de faire sentinelle devant un temple d'idoles, la coutume d'allumer des lampes et des flambeaux dans un jour de réjouissance, l'usage des couronnes, les fonctions de juge et de magistrat, la fréquentation des spectacles, surtout de la comédie, la dignité d'empereur, les secondes noces, la fuite dans les persécutions, la juste défense de soi-même, etc. Dans divers articles de ce Dictionnaire nous avons fait voir l'injustice de la plupart de ces reproches. Tertullien a regardé la profession des armes comme défendue à un chrétien, non-seulement à cause du brigandage auquel les soldats romains se livrèrent dans les séditions que l'on vit éclore sous Niger et Albin, mais à cause du serment militaire que les soldats prêtaient en présence des enseignes chargées de fausses divinités, et du culte idolâtre que l'on rendait à ces mêmes enseignes; Tertullien s'en est expliqué clairement dans son Apologétique et ailleurs. Vu l'excès de la superstition qui régnait pour lors, il n'était guère possible de faire sentinelle devant un temple d'idoles, sans participer en quelque manière au culte qu'on y pratiquait. Il en était de même des couronnes que l'on distribuait aux soldats. Les fêtes et les jours de réjouissance étaient célébrés à l'honneur des divinités du paganisme; un chrétien devait-il y prendre part? Ce Père a douté si les empereurs pouvaient être chrétiens; ou, si un chrétien pouvait être empereur, dans un temps où l'un des points principaux de la politique romaine était de persécuter le christianisme; il a pensé de même de la magistrature, lorsque les juges et les magistrats étaient obligés tous les jours à condamner des chrétiens à mort : avait-il tort? Il n'en avait pas plus de réprouver les spectacles, lorsque la scène était ensanglantée par les combats de gladiateurs, et souvent par le supplice des chrétiens, et les comédies ordinairement très-licencieuses. Il a blâmé la défense de soi-même pour cause de religion, dans des circonstances où il fallait aller au martyre; et les secondes noces, dont la plupart se faisaient en vertu d'un divorce que les chrétiens n'ont jamais dû approuver. Pour savoir si des leçons de morale sont vraies ou fausses, justes ou répréhensibles, il faut commencer par connaître le ton des mœurs qui régnaient et les abus que l'on se permettait; jamais les protestants n'ont pris cette précaution avant de blâmer les Pères de l'Eglise. Quant à la fuite dans les persécutions, Jésus-Christ l'a formellement permise, Matth., c. x, v. 23; Tertullien ne l'a condamnée qu'après s'être laissé séduire par la morale outrée des montanistes; son livre de Fuga in persecutione est un de ses derniers ouvrages.

Mais il y a une difficulté touchant l'état militaire : Tertullien semble le condamner absolument, de Idololat., c. 19; cependant il dit dans son Apologétique, cap. 37 et 42, que les armées romaines étaient remplies de soldats chrétiens. Suivant l'opinion d'un incrédule moderne, cela ne fut vrai que sous Constance-Chlore, soixante ans après Tertullien; il ne parlait ainsi qu'afin de faire paraître son parti redoutable. Ce grand critique ignorait sans doute que déjà sous les Antonins et sous Marc-Aurèle, immédiatement après la naissance de Tertullien, le fait qu'il avance était connu et incontestable. Il passait pour constant que sous Marc-Aurèle était arrivé le miracle de la légion fulminante, composée principalement de soldats chrétiens, miracle que Tertullien affirme comme certain, c. 5. Voyez LÉGION FULMINANTE. Il atteste qu'aucun d'eux n'a jamais trempé dans les séditions que l'on vit arriver sous Albin, sous Niger, sous Cassius, ibid., 35, ad Scapul., c, 11; il ne craignait donc pas d'être contredit. Il est probable que ces soldats avaient prêté le serment militaire sans être astreints aux cérémonies accoutumées; et n'avaient fait aucun acte d'idolâtrie, puisque, sous les empereurs suivants, plusieurs souffrirent le martyre plutôt que de se rendre coupables de ce crime.

4° Plusieurs protestants ont soutenu que Tertullien n'attribuait aucune autorité à l'évêque de Rome, et qu'il ne croyait pas la présence réelle de Jésus-Christ dans l'eucharistie; par reconnaissance ils ont parlé de ce Père avec plus de modération que des autres. Mais ils se sont vainement flattés de son suffrage. Dans son Traité des Prescriptions contre les hérétiques, c. 22, il demande si la doctrine de Jésus-Christ a été ignorée par saint Pierre, « qui a été nommé la pierre de l'édifice de l'Eglise, qui a reçu les clefs du royaume des cieux et le pouvoir de lier et de délier dans le ciel et sur la terre. » C. 36, il dit : « Si vous êtes à portée de l'Italie, vous avez Rome dont l'autorité est près de vous. Heureuse Eglise, à laquelle les apôtres ont livré avec leur sang toute la doctrine de Jésus-Christ ! Voyons ce qu'elle a appris, ce qu'elle enseigne : or, elle est d'accord avec les Eglises d'Afrique.... Puisque cela est ainsi, nous avons la vérité pour nous tant que nous suivons la règle qui a été donnée à l'Eglise par les apôtres, aux apôtres par Jésus-Christ, à Jésus-Christ par Dieu lui-même; et nous sommes fondés à soutenir que l'on ne doit pas admettre les hérétiques à disputer par les Ecritures, puisque nous prouvons, sans les Ecritures, qu'ils n'ont rien à y voir. » Que les protestants pensent et parlent comme Tertullien, qu'ils attribuent à la seule Eglise apostolique qui subsiste aujourd'hui, la même autorité que ce Père lui attribuait, nous serons satisfaits. Mais ils se sont élevés contre ce Traité des Prescriptions, et nous avons répondu à leurs plaintes. Voyez ce mot.

A l'article EUCHARISTIE, nous avons fait voir que *Tertullien* a enseigné très-clairement la présence réelle de Jésus-Christ dans ce sacrement, et que les protestants rendent mal le sens des passages de ce Père qui semblent prouver le contraire.

5° Quelques incrédules ont dit qu'il a fait un raisonnement absurde dans son livre *de Carne Christi*, c. 5; il argumente contre Marcion, qui ne voulait pas croire que le Fils de Dieu s'est véritablement incarné et qu'il a réellement souffert; il dit : « Le Fils de Dieu a été crucifié, je n'en rougis point, parce que c'est un sujet de honte. Le Fils de Dieu est mort, il faut le croire, parce que cela est indécent; il est sorti vivant du tombeau, cela est certain, parce que cela est impossible. » On ne peut pas, disent nos censeurs, déraisonner plus complétement. Pour en juger sensément il ne fallait pas supprimer ce qui précède; il demande à Marcion : « Direz-vous qu'il est honteux à Dieu d'avoir racheté l'homme, et jugerez-vous indignes de lui les moyens sans lesquels il ne l'aurait pas racheté? Par sa naissance il nous exempte de la mort et nous régénère pour le ciel; il guérit les maladies de la chair, la lèpre, la paralysie, la cécité, etc. Cela est-il indigne de Dieu et de son Fils, parce que vous le croyez ainsi? Que cela soit insensé, si vous le voulez; lisez saint Paul : *Dieu a choisi ce qui parait une folie pour confondre la sagesse des hommes*. Or, où est ici la folie? Est-ce d'avoir amené l'homme au culte du vrai Dieu, d'avoir dissipé les erreurs, d'avoir enseigné la justice, la chasteté, la patience, la miséricorde, l'innocence? Non, sans doute. Cherchez donc les folies dont parle l'Apôtre.... C'est évidemment la naissance, les souffrances, la mort, la sépulture du Fils de Dieu.... Vous vous croyez sage de ne pas croire tout cela, mais souvenez-vous que vous ne serez véritablement sage qu'autant que vous serez insensé selon le monde, en croyant ce qui paraît insensé aux mondains.... Saint Paul fait profession de ne savoir que Jésus crucifié.... Respectez, ô Marcion, l'unique espérance du monde entier, ne détruisez point l'ignominie inséparable de la foi. Tout ce qui paraît indigne de Dieu est utile pour moi; je suis sûr de mon salut, si je ne rougis point de mon Dieu. *Je rougirai*, dit-il, *de celui qui rougira de moi*; telle est la confusion salutaire que je veux avoir, ou plutôt, en la bravant, je veux me montrer impudent avec raison, et insensé pour mon bonheur. Le Fils de Dieu a été crucifié, je n'en rougis point, parce que c'est un sujet de honte; le Fils de Dieu est mort, il faut le croire, parce que c'est une indécence; il est sorti vivant du tombeau, cela est certain, parce que cela est impossible. » *Impossible*, selon Marcion et selon le monde, mais non selon les lumières de la foi. Il est évident que le discours de *Tertullien* n'est autre chose que le commentaire de ces paroles de saint Paul : *Quæ stulta sunt mundi elegit Deus ut confundat sapientes*, etc., *I Cor.*, c. I, v. 27; aussi les incrédules en ont fait un reproche à saint Paul de même qu'à *Tertullien*.

6° L'un de ces critiques imprudents dit que, dans son livre *de Pallio*, ce Père débite une morale qui le dispensait des devoirs de la société, et que c'était l'esprit du christianisme. Un autre est scandalisé d'avoir lu ce passage. *Apol.*, c. 32 : « Nous avons encore un plus grand intérêt à prier pour les empereurs, pour tous les états de la société, pour la chose publique, parce que nous savons que la prospérité de l'empire romain est une espèce de garant contre la révolution terrible dont le monde est menacé, et contre les horribles fléaux par lesquels l'ordre présent des choses doit finir. » De là le censeur conclut que les chrétiens n'auraient pas prié pour leurs maîtres s'ils n'avaient pas eu peur de la fin du monde.

Voilà comme raisonnent des écrivains sans réflexion. Dans le livre *de Pallio*, *Tertullien* répondait à ceux qui le tournaient en ridicule, parce qu'il affectait de porter le manteau des philosophes au lieu de l'habit commun; il n'était donc pas question des *devoirs de la société*, mais des modes, des coutumes, des usages indifférents. *Tertullien* se défend en jetant du ridicule à son tour sur la plupart de ces usages; c'est une satire très-vive, pleine d'esprit et de sel un peu caustique. Il n'est presque aucun de nos philosophes qui n'en ait fait autant à l'égard de nos mœurs et de nos usages; lorsque leur censure a paru ingénieuse, on s'en est amusé, et on ne leur en a pas su mauvais gré. Quant aux devoirs de la société civile, *Tertullien* atteste, dans son *Apologétique*, que les chrétiens les remplissaient avec la plus grande exactitude, et il défiait leurs ennemis de leur rien reprocher sur ce sujet. — Dans le chap. 31, il avait cité les paroles de saint Paul, qui ordonne de prier pour les rois, pour les princes, pour les grands, afin que la société soit tranquille et paisible. « Lorsque l'empire est ébranlé, dit-il, nous en sentons le contre-coup, comme les autres citoyens. » Chapitre 32, il ajoute le passage que nos adversaires lui reprochent. Or, il n'y est pas question de la fin du monde, mais d'une révolution terrible que l'on prévoyait, et qui arriva en effet au commencement du v° siècle par l'irruption des barbares dans l'empire. Déjà dès le III°, la continuité des guerres civiles, le fréquent massacre des empereurs, les dissensions des grands, l'indiscipline des soldats, on prévoyait que les barbares, toujours prêts à fondre sur l'empire et qui le menaçaient de toutes parts, viendraient à bout de le renverser; l'on craignait les malheurs dont cette catastrophe serait nécessairement suivie, et l'événement n'a que trop vérifié ces tristes présages. *Tertullien* et les autres Pères qui ont parlé de même n'avaient pas tort, c'est mal à propos qu'on leur reproche d'avoir annoncé la fin du monde. Comment la prospérité de l'empire romain aurait-elle pu être un garant contre la fin du monde? *Voy.* MONDE.

7° Parmi les protestants, l'un soutient que *Tertullien* et Justin le Martyr ne pouvaient se tirer avec honneur de leur controverse avec les Juifs, parce qu'ils ignoraient leur langue, leur histoire, leur littérature, et qu'ils écrivaient avec une légèreté et une inexactitude que l'on ne saurait excuser. Un autre dit que ce Père s'est trompé lourdement en attribuant toutes les hérésies à la philosophie des Grecs; qu'il n'a point eu de connaissance du système des émanations et de la philosophie des Orientaux, de laquelle les gnostiques avaient tiré toutes leurs erreurs.—Ne sont-ce pas ces critiques mêmes qui écrivent avec un peu trop de légèreté? Il n'était pas besoin de savoir l'hébreu pour disputer contre des Juifs hellénistes qui ne l'entendaient plus eux-mêmes, et qui ne lisaient l'Ecriture sainte que dans la version grecque des Septante ou dans celle d'Aquila. Les Juifs n'ont repris qu'au IX° siècle la coutume générale de ne lire la Bible dans leurs synagogues qu'en hébreu et en chaldéen; c'est un fait constant. Ils ne connaissaient leur propre histoire que par l'Ecriture sainte, par les écrits de Josèphe, de Philon et de Juste de Tibériade; et tous étaient composés en grec. Depuis que nos savants ont appris l'hébreu, ont-ils converti beaucoup plus de Juifs que les Pères des trois premiers siècles? Ceux-ci avaient deux grands avantages, savoir, la mémoire des faits toute récente, et les dons miraculeux qui subsistaient encore dans l'Eglise; nous ne croyons pas qu'une grande connaissance de la langue hébraïque puisse les compenser. *Tertullien* connaissait les émanations, puisque, dans son livre *contre Praxéas*, c. 8, il distingue la génération du Fils de Dieu d'avec les émanations des valentiniens, et qu'il en montre la différence. Dans les articles ÉMANATION et PLATONISME, nous avons fait voir que les gnostiques ont pu emprunter leur système de la philosophie de Platon, tout aussi bien que de la philosophie des Orientaux, et que la prévention des critiques protestants en faveur de cette dernière n'est fondée sur rien.

Encore une fois, nous ne prétendons pas justifier tout ce qu'a écrit Tertullien; il y a des erreurs dans ses ouvrages, mais beaucoup moins que ne le prétendent certains critiques prévenus et pointilleux qui se copient les uns les autres sans examen. Nous persistons à croire que souvent il a été jugé et condamné trop sévèrement, parce qu'on ne s'est pas donné la peine d'étudier son style coupé, sententieux, plein d'ellipses et de réticences, ni sa manière de raisonner brusque, impétueuse, qui passe rapidement d'une pensée à une autre, et qui laisse au lecteur le soin de suppléer à ce qu'il ne dit pas. Ce n'est point un modèle à suivre, mais c'est un écrivain qui donne beaucoup à penser et qui mérite d'être lu plus d'une fois.

TESTAMENT. En latin et en français ce terme signifie proprement l'acte par lequel un homme près de mourir déclare ses dernières volontés; mais il n'est pas employé dans ce sens par les écrivains hébreux. Le seul exemple que l'on trouve chez les patriarches d'un *testament* proprement dit est celui de Jacob, qui au lit de la mort fit connaître à ses enfants ses dernières volontés; mais c'était plutôt une prophétie de ce qui devait leur arriver, et de ce que Dieu avait décidé sur leur sort, qu'une disposition libre et arbitraire de la part de Jacob. Quant aux dernières paroles de Joseph, de Moïse, de Josué, de David, on ne peut leur donner le nom de *testament* que dans un sens assez impropre. L'hébreu *bérith*, et le grec διαθήκη qui y répond, signifient en général *disposition, institution, traité, ordonnance, alliance*, aussi bien qu'une déclaration de dernière volonté; de là les traducteurs latins ont rendu communément ces deux termes par celui de *testament*, quoiqu'ils désignent plutôt à la lettre une *alliance*, un traité solennel par lequel Dieu déclare aux hommes ses volontés, les conditions sous lesquelles il leur fait des promesses et veut leur accorder ses bienfaits.

Au mot ALLIANCE, nous avons observé que Dieu a daigné plus d'une fois faire ces sortes de traités avec les hommes; il a fait alliance avec Adam, avec Noé au sortir de l'arche, avec Abraham; mais on ne donne point à ces actes solennels le nom de *testament*; il est réservé aux deux alliances postérieures, à l'une que Dieu conclut avec les Hébreux par le ministère de Moïse, à l'autre qu'il a faite avec toutes les nations par la médiation de Jésus-Christ. La première est nommée *l'ancienne alliance*, le *Vieux Testament*; la seconde est la *nouvelle alliance*, le *Nouveau Testament*. Saint Paul, *Hebr.*, c. IX, v. 15 et seq., a donné à l'un et à l'autre le nom de *testament* dans le sens le plus propre, il les fait envisager comme des actes de dernière volonté. *Jésus-Christ*, dit-il, *est le médiateur d'un* TESTAMENT *nouveau, afin que par la mort qu'il a soufferte pour expier les iniquités qui se commettaient sous le premier* TESTAMENT, *ceux qui sont appelés de Dieu reçoivent l'héritage éternel qu'il leur a promis. En effet, où il y a un* TESTAMENT, *il est nécessaire que la mort du testateur intervienne, parce que le* TESTAMENT *n'a lieu que par la mort, et n'a point de force tant que le testateur est en vie. C'est pourquoi le premier même fut confirmé par le sang des victimes*, etc. Jésus-Christ, en instituant l'Eucharistie, dit aussi: *Ceci est mon sang, le sang du nouveau* TESTAMENT, *qui sera versé pour plusieurs en rémission des péchés* (*Matth.* XXVI, 28). Saint Paul avait dit dans le c. VIII, v. 6: *Jésus-Christ est revêtu d'un ministère d'autant plus auguste, qu'il est médiateur d'un* TESTAMENT *plus avantageux et fondé sur de meilleures promesses; car si le premier avait été sans défaut, il n'y aurait pas lieu d'en faire un second.*

Faut-il conclure de ces paroles que l'Ancien *Testament* était une alliance défectueuse, imparfaite, désavantageuse aux Hébreux, un fléau plutôt qu'un bienfait? C'est l'erreur qu'ont soutenue Simon le Magicien et ses disciples, les marcionites, les manichéens, et après eux les incrédules modernes. Vingt fois, pour réfuter leurs sophismes, nous avons été obligés d'observer que les mots *bon, mauvais, bien, mal, parfait, imparfait,* etc., sont des termes purement relatifs et qui ne sont vrais que par comparaison. L'ancienne alliance était sans doute à tous égards moins parfaite et moins avantageuse que la nouvelle, en ce sens elle était défectueuse; mais ce défaut était analogue au génie, au caractère, aux habitudes des Juifs, à la situation et aux circonstances dans lesquelles ils se trouvaient. Saint Paul lui-même soutient, *Rom.*, c. III, v. 2, que la révélation qui leur avait été adressée était un grand bienfait; c. IX, v. 4, que Dieu leur avait donné le titre d'enfants adoptifs, la gloire, l'alliance, les lois, des ordonnances, des promesses; c. XI, v. 28, qu'ils sont encore chers à Dieu à cause de leurs pères, etc. Dieu ne fait rien de mauvais en lui-même, ses leçons, ses lois, ses promesses, ses châtiments même sont toujours des grâces; mais il ne doit point les accorder toujours aux hommes dans la même mesure; souvent ils sont incapables de les recevoir et d'en profiter; il les dispense avec sagesse, et la réserve qu'il y met ne déroge en rien à sa bonté.

D'autre part, les Juifs ont donné dans l'excès opposé, en soutenant que Dieu ne pouvait donner aux hommes une loi plus sainte, un culte plus pur, une religion plus parfaite que celle qu'il avait prescrite à leurs pères. Dieu avait-il donc épuisé en leur faveur tous les trésors de sa puissance et de sa bonté? *Voy.* JUDAÏSME, § 4.

Beausobre, *Hist. du Manich.*, t. I, l. I, c. 3 et 4, après avoir rapporté sommairement les objections que faisaient les manichéens contre l'Ancien *Testament*, prétend que les Pères de l'Église y ont fort mal répondu, qu'ils se sont sauvés par des allégories desquelles ces hérétiques ne devaient faire aucun cas; il cite pour exemple Origène et saint Augustin, et il se flatte de répondre beaucoup mieux qu'eux à ces mêmes difficultés. Nous n'attaquerons pas ses réponses, quoiqu'il y en ait quelques-unes qui auraient besoin de correctif : mais nous défendrons les Pères. Il est absolument faux qu'ils se soient bornés à des explications allégoriques, pour satisfaire aux reproches des manichéens.

Saint Augustin, qui en avait fait beaucoup d'usage dans son livre de *Genesi contra manichæos*, et qui comprit que cela ne suffisait pas, en écrivit un autre de *Genesi ad litteram*, dans lequel il s'attacha principalement au sens littéral. En parlant du manichéisme, § 6, nous avons fait voir que ce Père a très-bien saisi les principes qui résolvent la grande question de l'origine du mal, et il nous serait facile de montrer que, dans divers endroits, il a donné aux manichéens les mêmes réponses que Beausobre; mais cette discussion nous mènerait trop loin.

Il nous paraît plus nécessaire de justifier Origène, puisque notre savant critique dit que saint Augustin n'a fait qu'imiter cet ancien docteur : voyons s'il est vrai qu'Origène a mal défendu le vieux *Testament*, et s'il n'a résolu les difficultés que par des allégories. Celse avait fait contre les livres des Juifs à peu près les mêmes objections que répétèrent les marcionites, les gnostiques et les manichéens; pour y répondre, Origène pose trois principes qu'il ne faut pas perdre de vue : Le premier est que, dans les ouvrages de la création, ce qui est un mal pour les particuliers peut être utile au bien général de l'univers : Celse lui-même en convenait; d'où il résulte que *bien* et *mal* sont des termes purement relatifs, et qu'il n'y a rien dans les ouvrages du Créateur qui soit un bien ou un mal absolu; *contra Cels.*, l. IV, n. 70. Le second est que les besoins de l'homme que l'on regarde comme des maux sont la source de son industrie, de ses connaissances, et pour ainsi dire, la mesure de son intelligence; il confirme cette réflexion par un passage du livre de l'*Ecclésiastique*, c. XXXIX, v. 21 et 26; *ibid.*, n. 76. Le troisième qui concerne les leçons, les lois, le culte prescrit aux Israélites, est que comme un laboureur sage donne à la terre une culture différente selon la variété des sols et des saisons, ainsi Dieu a donné aux hommes les leçons et les lois qui, dans les différents siècles, convenaient le mieux au bien général de l'univers, *ibid.*, n. 69. Nous soutenons que ces trois principes, adoptés par saint Augustin et qui ne sont point des allégories, suffisent déjà pour résoudre une bonne partie des objections des manichéens. Mais venons au détail.

1° Ils disaient que les livres de l'Ancien *Testament* donnent des idées fausses de la Divinité en lui attribuant des membres corporels et les passions humaines, comme la colère, la jalousie, etc. Beausobre leur répond que le langage des écrivains sacrés est un langage populaire, et qu'il devait l'être; que les idées métaphysiques de la Divinité sont au-dessus de la portée du peuple; que quand ces mêmes écrivains attribuent à Dieu des passions humaines, ils ne lui en attribuent au fond que les effets légitimes. Or, c'est précisément la même réponse qu'Origène donne à Celse, l. IV, n. 71 et 72. « Lorsque nous parlons à des enfants, dit-il, nous le faisons dans les termes qui sont à leur portée, afin de les instruire et de les corriger.... L'Écriture parle le langage des hommes, parce que leur intérêt l'exige. Il n'eut pas été à propos que Dieu, pour instruire le peuple, employât un style plus digne de sa majesté suprême........ Nous appelons *colère de Dieu*, non le trouble de l'âme, dont il n'est pas susceptible, mais la conduite sage par laquelle il punit et corrige les grands pécheurs, etc. » Origène prouve ces réflexions par des passages de l'Écriture sainte.

2° Les manichéens objectaient que les préceptes moraux existaient avant Moïse, et qu'il les avait défigurés par d'autres lois et par des promesses et des menaces qui ne convenaient pas au vrai Dieu; que la couduite de plusieurs patriarches était scandaleuse et donnait un très-mauvais exemple. Beausobre observe avec raison que, quoique la loi morale soit aussi ancienne que le monde, Dieu a dû la faire écrire dans le Décalogue, et la munir, en qualité de législateur, du sceau de son autorité ; que l'histoire sainte, en rapportant les fautes des patriarches, ne les approuve point, etc. Origène, de son côté, convient que la loi morale est écrite dans le cœur de tous les hommes, selon l'expression de saint Paul, *Rom.*, c. II, v. 15 ; que cependant Dieu en donna les préceptes par écrit à Moïse, *contra Cels.*, l. I, c. 4 ; c'est ainsi qu'il répond à Celse, qui objectait que la morale des chrétiens et des juifs n'était pas nouvelle, et qu'elle avait été connue de tous les philosophes. Touchant les lois de Moïse, il dit qu'à la vérité plusieurs ne pouvaient convenir aux autres peuples, mais qu'elles étaient nécessaires aux Juifs dans les circonstances où ils se trouvaient, et que, sans ces lois, leur république n'aurait pas pu subsister, l. VII, n. 26. Il soutient et il prouve que par ces mêmes lois Moïse a formé une république plus sagement réglée que celles qui ont été fondées par des philosophes, même que celle dont Platon avait imaginé la constitution ; que ce philosophe n'a pas eu un seul sectateur de ses lois, au lieu que Moïse a été suivi par un peuple entier, l. v, n. 42. Il ajoute que plusieurs préceptes de Moïse, entendus grossièrement à la manière des Juifs, peuvent paraître absurdes, qu'Ezéchiel le témoigne en disant de la part de Dieu : *Je leur ai donné des préceptes qui ne sont pas bons*, c. XX, v. 25 ; mais que cette législation bien entendue est *sainte, juste et bonne*, comme l'enseigne saint Paul, *Rom.*, c. II, v. 12. Quant aux actions répréhensibles des patriarches, telles que l'inceste de Lot avec ses filles, etc., il observe, aussi bien que Beausobre, qu'elles ne sont point approuvées par les écrivains sacrés ; l. IV, n. 45.

3° Les manichéens étaient scandalisés de ce que Moïse dans l'ancienne loi ne faisait aux Juifs que des promesses temporelles, conduite contraire à celle de Jésus-Christ, qui ne promet aux justes que les biens éternels. Cette objection n'avait pas échappé à Celse. Pour justifier les promesses temporelles de la loi mosaïque, Beausobre nous renvoie à Spencer, qui prouve par des raisons solides que Dieu devait en agir ainsi : 1° à cause de la grossièreté des Juifs, qui se sont souvent livrés au culte des fausses divinités dans l'espérance d'en obtenir l'abondance des biens temporels ; 2° parce qu'il ne convenait pas d'attacher une récompense éternelle à l'observation de la loi cérémonielle comme à celle de la loi morale ; 3° parce qu'il était à propos que les récompenses de l'autre vie fussent proposées aux hommes sous une espèce d'enveloppe, afin de réserver au Messie le soin de les expliquer plus clairement ; 4° parce que, les lois cérémonielles étant un fardeau très-pesant, il était juste d'y attacher les Juifs par l'appât des biens temporels ; 5° parce que Dieu faisant les fonctions de législateur temporel, il était de sa sagesse d'imiter la conduite des autres législateurs, *De Legib. Hebr. ritual.*, lib. I, c. 3.

Un incrédule ni un manichéen ne trouveraient peut-être pas ces raisons péremptoires et sans réplique, mais nous ne disputerons pas là-dessus. Aussi Beausobre y ajoute que les justes de l'ancienne loi ont certainement espéré une récompense éternelle de leurs vertus, et il le prouve par ce que dit saint Paul, *Hebr.*, c. XI.

Sans entrer dans un aussi grand détail, Origène se borne à soutenir que les biens temporels promis par l'ancienne loi n'étaient en effet qu'une ombre, une figure, une enveloppe, sous laquelle il faut nécessairement entendre les biens spirituels et éternels que Jésus-Christ nous fait espérer. Il le prouve, 1° parce que plusieurs des promesses de Moïse ne pouvaient être accomplies à la lettre, il en donne des exemples ; 2° parce que la plupart des justes de l'Ancien-Testament, loin d'avoir ressenti aucun effet de ces promesses, ont été affligés et persécutés, comme saint Paul le fait remarquer ; 3° parce que ces mêmes justes n'ont fait aucun cas des biens temporels, qu'ils leur ont préféré les récompenses futures de la vertu. Origène le fait voir par plusieurs passages de David et de Salomon, surtout par le psaume XXXVI. Sans cela, dit-il, à quelle tentation les Juifs n'auraient-ils pas été exposés d'abandonner leur loi, en voyant que ses promesses étaient vaines et sans effet ? 4° Parce que saint Paul dit formellement que la loi était *l'ombre des biens futurs*. Que les fidèles sont les vrais enfants d'Abraham et les héritiers des promesses qui lui ont été faites, *Galat.*, c. III, v. 29. Cela serait-il vrai, si ces promesses n'avaient renfermé que des biens temporels ? Il nous semble que ces raisons d'Origène, fondées sur des faits et sur l'autorité des livres saints, valent bien les savantes conjectures de Beausobre et de Spencer.

4° Le culte cérémoniel prescrit aux Juifs paraissait aux manichéens grossier, absurde, indigne de Dieu ; ils blâmaient surtout les sacrifices sanglants et la circoncision. Beausobre leur représente que ces sacrifices n'avaient pas été ordonnés de Dieu comme un culte qui lui fût agréable par lui-même, mais pour empêcher les Israélites, accoutumés à ce culte, de sacrifier aux faux dieux : saint Augustin, dit-il, l'a très-bien remarqué. Quant à la circoncision, s'il est vrai qu'elle était pratiquée chez les Egyptiens, Dieu a dû la prescrire aux Israélites, afin qu'ils fussent moins désagréables aux Egyptiens. — Que répliquerait Beausobre, si nous lui montrions ces deux réponses mot pour mot dans Origène ? Ce Père les a faites non dans ses livres *contre Celse*, qui ne blâmait pas les sacrifices sanglants, mais dans ses extraits du *Lévitique*, c. I, v. 5. « Comme les Juifs, dit-il, étaient accoutumés en Egypte à voir des sacrifices, et qu'ils les aimaient

Dieu leur permit de lui en offrir, afin de réprimer leur goût pour le culte des faux dieux, et les détourner de sacrifier aux démons. » Il ajoute, c. vi, v. 18 : « Ces sacrifices servaient encore à nourrir les prêtres et à honorer Dieu ; ils empêchaient les Juifs de penser, comme les Egyptiens, qu'un animal que l'on immole est un dieu, et qu'il faut l'adorer. » *Op.*, t. II, p. 181 et 182.

Quant à la circoncision, que Celse n'approuvait pas, Origène renvoie à ce qu'il en avait dit dans son *Commentaire sur l'Epître aux Romains*. Or, dans ce commentaire, lib. II, *Op.*, t. IV, p. 495, il répond aux marcionites, aux autres hérétiques et aux philosophes qui regardaient la circoncision comme un rite honteux et indécent, qu'en Egypte c'était une marque d'honneur, que non-seulement les prêtres, mais tous ceux qui faisaient profession de science la recevaient. Origène devait le savoir, puisqu'il avait étudié et enseigné dans l'école d'Alexandrie. Il ajoute que ce rite avait été pratiqué de même chez les Arabes, chez les Ethiopiens et chez les Phéniciens, qu'il n'avait donc rien d'indécent ni de honteux en lui-même. Il dit aux hérétiques qu'avant que le sang de Jésus-Christ eût été versé pour notre rédemption, il était juste que tout homme, qui vient au monde souillé du péché, répandît en naissant quelques gouttes de son sang pour en être purifié et pour recevoir une espèce de présage de la rédemption future. « Si quelqu'un, dit-il, imagine quelque chose de meilleur et de plus raisonnable sur ce sujet, on fera bien de le préférer à ce que nous disons. » *Ibid.*, p. 496. Déjà il avait réfuté les juifs qui voulaient que les chrétiens fussent assujettis à la circoncision, et il leur avait opposé la lettre formelle des livres saints, qui n'y obligeaient que la postérité d'Abraham. Il ajoute : « Nous avons discuté cette question sans avoir recours à aucune allégorie, afin de ne donner aux Juifs aucun sujet de plainte ni de murmure. » *Ibid.*, p. 198, col. 1.

Origène a donc été plus prudent que Beausobre, qui osa écrire qu'il n'y a rien de honteux dans le corps humain, si ce n'est, selon le système insensé des fanatiques, la production des hommes. *Hist. du Manich.*, l. I, c. 3, § 7 ; t. I, p. 279. Il devait se souvenir que les livres saints appellent *verenda*, *pudenda*, *turpitudo*, la partie du corps à laquelle on imprimait la circoncision.

5° L'histoire de la création et celle de la chute de l'homme fournissaient aux manichéens une ample matière de critique ; ils disaient que Moïse ôte à Dieu la prescience, en supposant que Dieu a fait à l'homme un commandement qui fut violé bientôt après, en supposant que Dieu a appelé Adam dans le paradis, et qu'il l'en a chassé, de peur qu'il ne mangeât du fruit de l'arbre de vie, etc. Beausobre répond que le législateur doit commander ce qui est juste, lors même qu'il prévoit que son commandement sera violé ; que tout ce que l'on peut exiger, c'est qu'il ne commande rien d'injuste ni d'impossible. Il observe que Dieu appelle Adam pour lui faire sentir qu'il se cachait inutilement, et pour lui infliger la peine qu'il méritait ; que Moïse, qui a parlé si dignement de la majesté divine, n'a pas pu lui attribuer deux passions aussi basses que la crainte et la jalousie. — Celse avait fait à peu près les mêmes reproches que les manichéens, *contra Cels.*, l. IV, n. 36. Origène n'y répond qu'en passant, il renvoie au commentaire qu'il avait fait sur les premiers chapitres de la Genèse ; malheureusement cet ouvrage ne subsiste plus. Une preuve qu'il ne s'y était pas borné à des explications allégoriques, c'est qu'il fait contre Celse la même réflexion que Beausobre sur la conduite du législateur, n. 40 ; il soutient que la chute du premier homme a été non-seulement très-réelle, mais que son péché a passé et se transmet à tous ses descendants ; il a souvent fait remarquer, aussi bien que Beausobre, la dignité, l'énergie, les expressions sublimes par lesquelles Moïse représente la grandeur de Dieu.

6° Les manichéens soutenaient qu'il n'y a dans les prophètes hébreux aucune prophétie qui regarde proprement et directement Jésus-Christ, que sa qualité de Fils de Dieu est suffisamment prouvée par ses miracles et par le témoignage formel de son Père ; ils détournaient le sens des prophéties selon la méthode des juifs. Beausobre ne s'est pas attaché à réfuter leurs explications ; il s'est borné à dire que les Pères, par leur affectation de tourner tout en allégories, favorisaient infiniment les prétentions des manichéens. Mais, puisqu'il a cité l'extrait de l'ouvrage d'Origène, intitulé *Philocalia*, il a pu y voir, p. 4 et suiv., que ce Père soutient le sens littéral de plusieurs prophéties qui regardent directement Jésus-Christ, et desquelles les juifs s'attachaient à donner de fausses explications. Avant de censurer avec tant d'aigreur le goût excessif d'Origène pour les allégories, il aurait du moins fallu examiner les raisons par lesquelles il prouve la nécessité de recourir souvent au sens figuré. C'est 1° parce que les auteurs du Nouveau *Testament* en ont donné l'exemple ; 2° parce que telle a été la méthode de tous les anciens sages et des philosophes ; 3° parce que Dieu a voulu laisser à Jésus-Christ le soin de développer ce qu'il y avait de caché et de mystérieux dans la loi ; 4° parce qu'il y a non-seulement dans l'Ancien *Testament*, mais encore dans le Nouveau, des préceptes et des expressions que l'on ne peut prendre à la lettre, sans tomber dans des absurdités grossières ; 5° parce qu'en s'attachant trop au sens grammatical, les juifs détournent les conséquences de toutes les prophéties, et que les hérétiques y trouvent de quoi autoriser toutes leurs erreurs. Il nous paraît qu'aucune de ces raisons n'est absolument fausse ni absurde.

L'on y oppose, 1° que par la licence d'allégoriser, il est encore plus aisé aux juifs et aux hérétiques de pervertir le sens des

Ecritures. Soit pour un moment ; que s'ensuivra-t-il ? Qu'il faut garder un sage milieu ; mais qui le fixera, si l'Eglise ne jouit à ce sujet d'aucune autorité, comme le soutiennent les protestants ? 2° Que les écrivains du Nouveau *Testament* étaient en droit de donner des explications allégoriques, parce qu'ils étaient inspirés de Dieu, au lieu que les Pères ne l'étaient pas. La question est de savoir si une inspiration était nécessaire aux Pères pour juger qu'il leur était permis, qu'il était même louable d'imiter la manière d'instruire des apôtres et des évangélistes; les protestants prouveront-ils cette nécessité ? 3° Que par des allégories forcées les philosophes venaient à bout de donner un sens raisonnable aux fables les plus absurdes. Origène a répondu solidement à cette objection ; il fait voir que les fables païennes tournées en allégories étaient toujours des leçons scandaleuses et pernicieuses aux mœurs, au lieu que les allégories tirées de l'Ecriture sainte sont toujours édifiantes et destinées à porter les hommes à la vertu, *contra Cels.*, l. IV, n. 48. Lui-même n'en a jamais fait que de cette espèce. Il s'en faut donc beaucoup qu'Origène ait jamais autorisé la licence excessive en fait d'allégories. En premier lieu, il ne veut pas que l'on en use lorsque la lettre n'offre rien qui soit absurde, impossible, indigne de Dieu, *Philocal.*, p. 15. En second lieu, il veut que l'on expose d'abord aux plus simples la lettre de l'Ecriture qui en est comme l'écorce, et que l'on réserve la connaissance du sens le plus profond à ceux qui ont le plus d'intelligence ; il se fonde sur l'autorité et sur l'exemple de saint Paul, p. 8. En troisième lieu, il exige que toute explication allégorique tourne à l'édification des mœurs. Avec ces trois précautions, qu'y a-t-il de répréhensible dans la méthode d'Origène ?

Mais Beausobre voulait absolument le condamner ; il lui reproche l'ignorance et la présomption, pour avoir dit que les deux animaux nommés *gryps* et *tragelaphos* n'existent pas dans la nature. Tout ce que l'on en peut conclure, c'est que ces deux animaux n'étaient pas connus du temps d'Origène, et que Bochart, qui les a connus, était plus habile naturaliste que ce Père. La découverte de l'Amérique, les voyages au Nord, aux terres australes, aux Indes et à la Chine, nous ont fait connaître une infinité d'objets dont les anciens ne pouvaient avoir aucune idée ; mais n'est-ce pas un juste sujet d'indignation de voir des écrivains modernes traiter les anciens d'ignorants, parce qu'ils ont sur eux l'avantage d'être nés quinze ou dix-huit cents ans plus tard ? — Si les marcionites et les manichéens, dit Beausobre, avaient eu affaire à nos savants modernes, leurs hérésies n'auraient pas fait tant de progrès, Moïse et les prophètes auraient été défendus avec plus de succès. C'est ici que l'on voit la présomption. Nos habiles modernes ont-ils converti plus d'hérétiques que les Pères de l'Eglise ? Un homme à système, un hérétique ignorant, un disputeur obstiné, ne cèdent à aucune raison, ils ne veulent être ni détrompés ni convaincus ; nous le voyons par l'exemple des protestants. Ceux-ci ont beau déprimer les Pères de l'Eglise ; les ouvrages de ces grands hommes inspireront toujours à un lecteur sensé, et non prévenu, de l'admiration pour leurs talents, de la reconnaissance pour les services qu'ils ont rendus à la religion, et de la vénération pour leurs vertus.

Comme dans les desseins de Dieu l'Ancien *Testament* était un préliminaire et un préparatif du Nouveau, il a été très-convenable que Dieu en fît mettre par écrit les dispositions, les conditions, les promesses, et qu'elles nous fussent transmises par Moïse lui-même et par les autres hommes qu'il avait choisis pour annoncer ses volontés. Dieu l'a fait, et leurs livres sont au nombre de quarante-cinq ; savoir, ceux que les Juifs ont nommés *la loi*, qui sont : la *Genèse*, l'*Exode*, le *Lévitique*, les *Nombres*, le *Deutéronome* ; Moïse en est l'auteur, nous l'avons prouvé au mot PENTATEUQUE. Les livres historiques sont : *Josué*, les *Juges*, *Ruth*, les quatres livres des *Rois*, les deux livres des *Paralipomènes*, les deux livres d'*Esdras*, *Tobie*, *Judith*, *Esther*, les deux livres des *Machabées*. Les livres moraux ou sapientiaux sont : *Job*, les *Psaumes*, les *Proverbes*, l'*Ecclésiaste*, le *Cantique*, la *Sagesse*, l'*Ecclésiastique*. Les quatre grands prophètes sont : *Isaïe*, *Jérémie* et *Baruch*, *Ezéchiel*, *Daniel*. Les douze petits prophètes sont : *Osée*, *Joël*, *Amos*, *Abdias*, *Jonas*, *Michée*, *Nahum*, *Habacuc*, *Sophonie*, *Aggée*, *Zacharie* et *Malachie*. Nous avons parlé de chacun de ces ouvrages sous son nom particulier. — Les Juifs n'admettent pour authentiques et ne regardent comme parole de Dieu que ceux qui ont été écrits en hébreu, préjugé qui n'est fondé sur rien : car enfin Dieu a pu sans doute inspirer des hommes pour écrire en grec ou en toute autre langue. Mais, comme les juifs sont encore aujourd'hui persuadés que Dieu n'a jamais parlé qu'à eux et pour eux, ils ne veulent recevoir pour livres sacrés que ceux qui ont été écrits dans la langue de leurs pères. Si telle avait été l'intention de Dieu, sans doute il aurait conservé cette langue toujours vivante et toujours usitée parmi eux : c'est ce qui n'est pas arrivé ; il était prédit par les prophètes que toutes les nations seraient amenées à la connaissance du vrai Dieu par les leçons du Messie ; mais il ne leur a été ordonné nulle part d'apprendre l'hébreu.

Nous sommes d'autant plus étonnés de voir les protestants confirmer le préjugé des juifs, que quand il s'agit de savoir comment, en quel temps et par qui a été formé le canon ou le catalogue des livres reçus comme divins par les juifs, on ne trouve rien d'absolument certain. *Voy.* CANON, § 4.

Comme les livres de l'Ancien *Testament* contiennent les seules véritables origines du genre humain et une infinité de détails historiques sur les premiers âges du monde, ces livres intéressent essentiellement toutes les nations. Quand on voudrait oublier qu'ils sont les seuls qui nous apprennent avec certitude la naissance, les progrès, les divers périodes de la vraie religion, l'on serait encore obligé de les lire, pour remonter à l'origine des nations anciennes, pour connaître leurs mœurs, leurs usages, la dérivation des langues, les divers états de la société civile et des sciences humaines, etc. Hors de là on ne trouve que des ténèbres, des fables, des systèmes frivoles, qu'il est aussi aisé de renverser qu'il l'a été de les construire. *Voy.* HISTOIRE SAINTE.

TESTAMENT (Nouveau). L'on appelle ainsi le nouvel ordre de choses qu'il a plu à Dieu d'établir par Jésus-Christ son Fils, ou la nouvelle alliance qu'il a voulu contracter avec les hommes par la médiation de ce divin Sauveur. Ce *Testament* n'est pas nouveau dans ce sens que Dieu en ait formé le dessein récemment, sans l'avoir annoncé dans les siècles précédents, sans en avoir prévenu le genre humain et sans l'y avoir préparé ; nous avons prouvé le contraire dans divers articles de notre ouvrage, et nous allons le confirmer par le témoignage formel des apôtres. Mais ce *Testament* était nouveau dans ce sens que Dieu nous a donné par Jésus-Christ des leçons plus claires, des lois plus parfaites, des promesses plus avantageuses, une espérance plus ferme, des motifs d'amour plus touchants, des grâces plus abondantes qu'aux Juifs, et qu'il exige de nous des vertus plus sublimes. En effet, saint Paul appelle cette nouvelle alliance l'*Evangile* ou l'heureuse nouvelle que Dieu avait promise auparavant par ses prophètes dans les saintes Ecritures, *Rom.*, c. I, v. 3 : il dit que c'est la révélation du mystère que la sagesse de Dieu avait tenu caché, mais qu'il avait prédestiné avant tous les siècles pour notre gloire, *I Cor.*, c. II, v. 7 ; que dans la plénitude des temps Dieu a fait connaître les mystères de ses volontés, et le dessein qu'il a eu de tout rétablir en Jésus-Christ, dans le ciel et sur la terre, *Ephes.*, c. I, v. 4 et 9 ; que les fidèles sont les vrais enfants d'Abraham et les héritiers des promesses qui lui ont été faites, *Galat.*, c. III, v. 29. Saint Pierre tient le même langage, *Epist.* 1, c. I, v. 10 et 20. Saint Paul ajoute que la loi ou l'Ancien *Testament* a été notre pédagogue ou notre instituteur en Jésus-Christ, afin que nous fussions justifiés par la foi ; *Galat.*, c. III, v. 24. Comment cela ? Parce que les prophéties qui désignaient Jésus-Christ nous disposaient à croire en lui, en voyant qu'il portait les caractères sous lesquels il avait été annoncé ; en second lieu, parce qu'il nous montrait dans les anciens justes un modèle de la foi qui doit animer toutes nos actions. *Hebr.*, c. XI et XII.

Par là nous comprenons le vrai sens de la doctrine de saint Paul lorsqu'il fait la comparaison des deux *Testaments* et qu'il oppose l'un à l'autre, *Galat.*, c. IV, v. 22 et seq. Il dit que nous en voyons la figure dans les deux enfants d'Abraham, que l'un était fils d'une esclave, l'autre d'une épouse libre ; que le premier était né selon la chair, le second en vertu d'une promesse. Il dit que le *Testament* donné sur le mont Sinaï engendrait, comme Agar, des esclaves ; que le nouveau, publié à Jérusalem, fait naître des enfants libres et des héritiers de la promesse divine ; que nous ne sommes plus des esclaves depuis que Jésus-Christ nous a mis en liberté, etc. Si l'on prend toutes ces expressions à la lettre et dans un sens absolu, on met l'Apôtre en contradiction avec l'Ecriture sainte et avec lui-même. En effet, Isaac, quoique enfant d'une épouse libre, était né d'Abraham, selon la chair, tout comme Ismaël, et celui-ci était venu au monde, en vertu d'une promesse aussi bien qu'Isaac. Avant la naissance du premier, Dieu avait dit à Abraham, *Gen.*, c. XII, v. 2 et 3 : *Je vous rendrai père d'un grand peuple… Toutes les nations de la terre seront bénies en vous.* Dieu lui donna en effet par Ismaël une postérité nombreuse et qui n'a jamais été esclave, mais le plus indépendant de tous les peuples. A la vérité, la seconde partie de la promesse ne regardait pas Ismaël ; ce n'est pas de lui, mais d'Isaac, que devait descendre le Messie, auteur des bénédictions que Dieu destinait à toutes les nations. Saint Paul lui-même dit, *Rom.* c. IX, v. 4, que les Juifs ont reçu l'*adoption des enfants*, ou le titre d'enfants adoptifs. Regarderons-nous comme des esclaves *Moïse, Josué, Gédéon, Barac, Samson, Jephté, David, Samuel et les prophètes, qui par la foi ont conquis des royaumes, ont pratiqué la justice, ont reçu les promesses, ont fermé la gueule des lions*, etc. ? (*Hebr.*, XI, v. 32). Saint Paul dit dans ce passage qu'ils ont reçu les promesses, et, v. 39, qu'ils ne les ont pas reçues ; est-ce une contradiction ? Non sans doute : ils les ont reçues, puisqu'ils y ont cru, qu'ils en ont espéré et désiré l'accomplissement ; mais ils n'en ont pas reçu entièrement les effets qui, ne doivent être pleinement accomplis que sous l'Evangile. Il est donc évident qu'il ne faut pas prendre dans la rigueur des termes tout ce que dit saint Paul au désavantage de l'Ancien Testament, qu'il faut le comparer avec ce qu'il dit ailleurs en faveur de cette même alliance, qu'entre les grâces de la nouvelle et celles de l'ancienne il n'y a de différence, à proprement parler, que du plus au moins, puisque les unes et les autres sont également l'effet des mérites de Jésus-Christ. Nous répétons cette réflexion, parce que, malgré l'évidence de la chose, il se trouve encore des théologiens et des commentateurs qui s'obstinent à déprimer l'Ancien *Testament*, afin de relever les avantages du Nouveau, comme si Dieu n'était pas l'auteur de l'un et de l'autre, comme si Jésus-Christ n'était pas le grand objet de tous les deux, comme si le second avait besoin de contraster avec le premier pour exciter notre foi et notre reconnaissance. Au mot JUDAÏSME, § 4, nous avons fait voir que saint Augustin ne leur a pas donné l'exemple de cette conduite.

Dès que Dieu avait fait mettre par écrit l'histoire, les promesses, les conditions, les priviléges de l'Ancien *Testament*, il était encore plus convenable qu'il en fût de même à l'égard du Nouveau, parce qu'à l'avénement de Jésus-Christ les lettres et les connaissances humaines avaient fait beaucoup plus de progrès qu'au siècle de Moïse. Cependant le divin maître n'a rien écrit lui-même, il en a laissé le soin à ses apôtres et à ses disciples ; nous ne voyons pas même qu'il leur ait ordonné de rien écrire. Aussi ces envoyés du Sauveur ne nous ont pas laissé un aussi grand nombre d'ouvrages que les écrivains de l'Ancien *Testament*. Ceux qui ont été déclarés canoniques par le concile de Trente sont au nombre de vingt-sept ; savoir : les quatre Evangiles, de saint Matthieu, de saint Marc, de saint Luc, de saint Jean ; les Actes des apôtres ; quatorze Lettres et Epîtres de saint Paul ; savoir, aux Romains, Ire et IIe aux Corinthiens, aux Galates, aux Ephésiens, aux Philippiens, aux Colossiens, Ire et IIe aux Thessaloniciens, Ire et IIe à Timothée, à Tite, à Philémon, aux Hébreux ; les Epîtres canoniques, savoir : une de saint Jacques, Ire et IIe de saint Pierre, Ire, IIe et IIIe de saint Jean, et une de saint Jude, enfin l'Apocalypse de saint Jean. Nous avons parlé de chacun de ces écrits en particulier ; aux mots APOCRYPHES et EVANGILE, nous avons fait mention des livres de l'Ancien et du Nouveau *Testament* qui ne sont pas canoniques ou que l'Eglise ne reconnaît point comme sacrés.

TESTAMENT DES DOUZE PATRIARCHES. Ouvrage apocryphe, composé en grec par un juif converti au christianisme, sur la fin du Ier ou au commencement du IIe siècle de l'Eglise. L'auteur y fait parler l'un après l'autre les douze enfants de Jacob ; il suppose qu'au lit de la mort, à l'exemple de leur père, ils ont adressé à leurs enfants les prédictions et les instructions qu'il rapporte. Cette fiction n'a rien de blâmable, il n'y a aucune raison de penser que cet auteur a eu le dessein de persuader à ses lecteurs que les douze patriarches ont véritablement tenu les discours qu'il leur prête. Platon dans ses Dialogues fait parler Socrate et divers autres personnages de son temps ; Cicéron a fait de même dans la plupart de ses livres philosophiques ; on a donné de nos jours les *Entretiens de Phocion* et d'autres ouvrages de même genre, personne n'y a été trompé et n'a été tenté d'accuser d'imposture ces divers écrivains. On ne peut pas douter de l'antiquité du *Testament des douze patriarches*. Origène, dans sa première *Homélie sur Josué*, témoigne qu'il avait vu cet ouvrage et qu'il y trouvait du bon sens ; Grabe est persuadé que Tertullien l'a aussi connu ; il conjecture même que saint Paul en a cité quelque paroles, mais ce soupçon est peu fondé. Pendant longtemps ce livre a été inconnu aux savants de l'Europe et même aux Grecs ; ce sont les Anglais qui nous l'ont procuré. Robert Grosse-Teste, évêque de Lincoln, en ayant eu connaissance par le moyen de Jean de Basingestakes, archidiacre de Légies, qui avait étudié à Athènes, en fit venir un exemplaire en Angleterre, et le traduisit en latin par le secours de Nicolas, Grec de naissance, et clerc de l'abbé de Saint-Alban, l'an 1252. Depuis il a été donné en grec avec la traduction, par Grabe, dans son *Spicilége des Pères*, en 1698, et ensuite par Fabricius dans ses *Apocryphes de l'Ancien Testament*.

L'auteur de ce livre rapporte différentes particularités de la vie et de la mort des patriarches qu'il fait parler, mais desquelles il ne pouvait avoir aucune certitude ; il fait mention de la ruine de Jérusalem, de la venue du Messie, de diverses actions de sa vie, de sa divinité, de sa mort, de l'oblation de l'eucharistie, de la punition des Juifs, des écrits des évangélistes, d'une manière qui ne peut convenir qu'à un chrétien. Trois ou quatre passages dans lesquels il ne s'exprime pas assez correctement touchant la naissance et la mort du Messie, et sur la voix du ciel qui se fit entendre à son baptême, nous paraissent susceptibles d'un sens orthodoxe. Mais on ne peut pas nier qu'il n'ait encore été imbu des opinions et des préjugés qui régnaient de son temps parmi les Juifs hellénistes. *Voy. Spicilegium Patrum sæculi* I, p. 129 et seq.

Il y a encore eu plusieurs autres *Testaments* apocryphes cités par les Orientaux : tel est celui *des trois patriarches*, ceux d'Adam, de Noé, d'Abraham, de Job, de Moïse, de Salomon ; la plupart avaient été composés par des hérétiques pour répandre leurs erreurs.

TÊTE. Ce mot en hébreu se prend dans plusieurs sens figurés et métaphoriques, aussi bien qu'en français. Il signifie, 1° le commencement ; *Gen.* c. II, v. 10, il est dit d'un fleuve qu'il se divisait en quatre *têtes* parce qu'il donnait la naissance à quatre bras. 2° Le sommet, la partie la plus élevée d'un lieu ou d'une chose. 3° Un chef, celui qui commande aux autres, et l'autorité qu'il exerce, la capitale d'un empire. 4° Le principal soutien d'un édifice, *Ps.* CXVIII, v. 22, etc. *La tête de l'angle*, ou la pierre angulaire, désigne Jésus-Christ, *Matth.*, c. XXI, v. 42, etc., parce qu'il est le seul chef, le fondement et le soutien de son Eglise. 5° Ce qu'il y a de meilleur ; *Exod.*, c. XXX, v. 23, les parfums de la *tête* sont les parfums les plus exquis. 6° Le total d'un nombre que nous appelons la *somme*, *Exod.*, c. XXX, v. 12, ou la répétition sommaire de plusieurs choses, que nous nommons *récapitulation*. 7° Les différents corps ou bataillons dont une armée est composée, *Jud.*, c. VII, v. 16, parce qu'ils se subdivisent en plusieurs parties. Dans un sens à peu près semblable nous appelons *chapitre*, *capita*, les divisions d'un livre qui contiennent plusieurs articles ou sections. 8° Dans le *Ps.* XL, v. 8, et *Hebr.*, c. X, v. 7, nous lisons : *In capite libri scriptum est de me* ; *caput* ne signifie pas là *un chapitre*, mais la totalité des Ecritures saintes. 9° *Caput* et *cauda* signifie les premiers et les derniers, *Deut.*, c. xxviii, v. 13, etc. 10° *La tête des aspics*, Job. c. xx, v. 16, est le poison des serpents. Ce mot se trouve dans plusieurs phrases proverbiales dont il est aisé d'apercevoir le sens. *Marcher la tête baissée*, c'est gémir dans la tristesse, *Jerem.*, c. ii, v. 10; *courber la tête*, c'est affecter un air mortifié; *Isaïe*, c. lviii, v. 5, dit que le jeûne ne consiste point à baisser la *tête* et à la tourner comme un cercle; c'était un geste des Juifs hypocrites. *Lever la tête*, c'est reprendre courage, *Eccli.*, c. xx, v. 11, ou s'enorgueillir. *Elever la tête* de quelqu'un, c'est le tirer de l'humiliation et le remettre en honneur. *IV Reg.*, c. xvii, v. 27; lui *parfumer la tête*, c'est le combler de biens, *Ps.* xxii, v. 5; lui raser la tête, *decalvare caput*, c'est le couvrir d'ignominie, *Isaïe*, c. iii, v. 17, etc.; *secouer la tête* est quelquefois un signe de mépris, *IV Reg.*, c. xix, d'autres fois une marque de joie et de félicitation; les parents de Job, après sa guérison et après le rétablissement de sa fortune, vinrent le féliciter, et *secouèrent la tête sur lui*, *Job*, c. xlii, v. 11; *se raser la tête* était une marque de deuil, *Levit.*, c. x, v. 6; il n'était permis aux prêtres de le faire qu'à la mort de leurs plus proches parents, c. xxi, v. 5. Quelquefois aussi on se couvrait la tête dans des moments d'affliction, *II Reg.*, c. xix, v. 4. Il était naturel de cacher l'altération qu'un chagrin violent produit dans les traits du visage. *Donner de la tête* à quelque chose, c'est s'y obstiner; les Juifs, dit Esdras, c. ix, v. 17, se mirent dans la tête, *dederunt caput*, de retourner à leur ancienne servitude. On peut voir dans le *Dictionnaire de l'Académie* que la plupart de ces manières de parler ont lieu dans notre langue, ou y sont remplacées par d'autres semblables.

TÉTRADITES. Ce nom a été donné à plusieurs sectes d'hérétiques, à cause du respect qu'ils affectaient pour le nombre de *quatre*, exprimé en grec par τέτρα. On appelait ainsi les sabbataires, parce qu'ils célébraient la pâque le quatorzième jour de la lune de mars, et qu'ils jeûnaient le mercredi, qui est le quatrième jour de la semaine. On nomma de même les manichéens et d'autres qui admettaient en Dieu quatre personnes au lieu de trois; enfin les sectateurs de Pierre le Foulon, parce qu'ils ajoutaient au trisagion quelques paroles par lesquelles ils insinuaient que ce n'était pas une seule des personnes de la sainte Trinité qui avait souffert pour nous, mais la Divinité tout entière. *Voy.* Patripassiens, Trisagion, etc.

TÉTRAGAMMATION. *Voy.* Jéhovah.

TÉTRAODION, hymne des Grecs composé de quatre parties, et qu'ils chantent le samedi.

TÉTRAPLES d'Origène. *Voy.* Hexaples.

TEXTE DE L'ÉCRITURE SAINTE. Ce terme se prend en différents sens. 1° Pour la langue dans laquelle les livres saints ont été écrits, par opposition aux traductions ou versions qui ont été faites. Ainsi le *texte* hébreu de l'Ancien Testament et le *texte* grec du Nouveau sont les originaux sur lesquels les traducteurs ont fait leurs versions, et c'est à ces sources qu'il faut recourir pour voir s'ils en ont bien rendu le sens. 2° Pour cette même Écriture originale, par opposition aux gloses ou aux explications que l'on en fait, en quelque langue qu'elles soient écrites : par exemple, lorsque le *texte* porte que Dieu se fâcha, ou qu'il se repentit, la glose avertit qu'il faut entendre que Dieu agit comme s'il eût été fâché ou comme s'il se fût repenti.

Le *texte* original de tous les livres de l'Ancien Testament compris dans le canon ou catalogue des Juifs est l'hébreu : mais l'Eglise chrétienne reçoit aussi comme canoniques plusieurs livres de l'Ancien Testament qui passent pour avoir été écrits en grec, ou dont l'original hébreu ne subsiste plus : tels sont les livres de *la Sagesse*, de *l'Ecclésiastique*, de *Tobie*, de *Judith*, des *Machabées*, une partie du chapitre iii de *Daniel*, depuis le v. 24 jusqu'au v. 91, les chapitres xiii et xiv de ce même prophète, et les additions qui se trouvent à la fin du livre d'*Esther*. Il paraît certain que *Tobie*, *Judith*, l'*Ecclésiastique* et le premier livre des *Machabées* ont été originairement écrits en hébreu tel qu'on le parlait pour lors parmi les Juifs; il n'en est pas de même du livre de la *Sagesse* et du second des *Machabées*. Nous avons parlé de ces divers ouvrages sous leur titre.

Pour les livres du Nouveau Testament, le *texte* original est le grec; quoiqu'il soit certain que saint Matthieu a écrit son Evangile en hébreu, nous ne l'avons plus dans cette langue. Quelques-uns ont cru que celui de saint Marc et l'Epître de saint Paul aux Romains avaient été d'abord écrits en latin; mais il y a des preuves du contraire. L'opinion de ceux qui ont imaginé que l'Epître aux Hébreux leur avait été adressée dans leur langue, et que l'Apocalypse de saint Jean avait été composé en syriaque, n'est pas mieux fondée. Celle du P. Hardouin, qui a soutenu que le latin est la langue originale du nouveau Testament, et que le grec n'est qu'une version, n'a entraîné personne.

On ne peut pas méconnaître un trait singulier de la Providence divine dans la conservation du *texte* hébreu de l'Ancien Testament, malgré les révolutions terribles arrivées chez les Juifs. Depuis qu'ils eurent été divisés en deux royaumes, plusieurs de leurs rois, devenus idolâtres, semblaient avoir conjuré la ruine de leur religion, aucun cependant n'est accusé d'en avoir voulu détruire les livres; les adorateurs du vrai Dieu et les prophètes, qui ont vécu sous l'une ou l'autre domination, les ont toujours gardés et en ont fait la règle de leur conduite. Nabuchodonosor brûla le temple et la ville de Jérusalem; mais les livres saints furent conservés dans la Judée par Jérémie, et furent emportés par les saints personnages que l'on conduisit en captivité; Ezéchiel et Daniel ne les perdirent jamais de vue. Après le retour, les rois de Syrie résolurent d'abolir le judaïsme, mais les livres saints furent préservés de leurs attentats ; cent ans auparavant ils avaient été traduits en grec et déposés dans la bibliothèque d'Alexandrie. Le plus grand danger qu'ils aient couru a été pendant la captivité de Babylone ; aussi quelques juifs mal instruits ont prétendu qu'ils avaient absolument péri. L'auteur IV° du livre d'Esdras, ouvrage apocryphe et fabuleux, dit, chap. xiv, v. 21 et suiv., que les livres saints avaient été brûlés, et qu'Esdras fut inspiré de Dieu pour les écrire de nouveau : au mot PENTATEUQUE, nous avons fait voir l'absurdité de cette imagination. Cependant l'on accuse les Pères de l'Eglise de s'être laissé tromper par ce juif visionnaire, d'avoir ajouté foi à ce qu'il dit, et de l'avoir répété ; Prideaux cite à ce sujet saint Irénée, Clément d'Alexandrie, Tertullien, saint Basile, saint Jean Chrysostome, saint Jérôme et saint Augustin. Ce fait mérite un moment d'examen, voyons s'il est vrai.

Nous trouvons dans saint Irénée, *adv. Hær.*, l. III, c. 21 (*al.* 25), n. 2, que les Ecritures ayant été corrompues, διαφθαρεισῶν, Dieu, sous le règne d'Artaxerxès, inspira à Esdras de rétablir, ἀνατάξασθαι, les livres des prophètes, et de rendre au peuple la loi de Moïse. Clément d'Alexandrie semble avoir copié saint Irénée ; *Strom.*, l. I, édit. de Potter, pag. 392, il dit qu'Esdras, de retour dans sa patrie, rétablit le peuple, fit la reconnaissance ou le recensement, ἀναγνώρισμος, et le renouvellement des Ecritures divinement inspirées ; p. 410, il dit que les Ecritures ayant été corrompues, διαφθαρεισῶν, pendant la captivité, Esdras, prêtre et lévite, les renouvela par inspiration. Or, des livres corrompus par des fautes de copistes ou autrement ne sont pas pour cela des livres brûlés ou détruits ; pour les rétablir, il faut les corriger et non les composer de nouveau. S'ils avaient été anéantis, il n'y aurait eu ni reconnaissance ni recensement à faire. Saint Basile écrit, *Epist.* 42, *ad Chilonem*, n. 5 : « Ici est la campagne dans laquelle Esdras tira de son sein, ἐξηρεύετο, par ordre de Dieu, tous les livres divinement inspirés ; » à la vérité, le terme dont se sert saint Basile est fort, mais ne peut-il pas signifier *tirer de la poussière* ou de *l'obscurité* ? Un seul mot ne suffit pas pour nous instruire de l'opinion d'un Père de l'Eglise. Saint Jean Chrysostome, *Hom.* 8, *in Epist. ad Hebr.*, n. 4, *Op.* t. XII, p. 96, s'exprime ainsi : « Il survint des guerres, les livres furent brûlés ; Dieu inspira un autre homme, savoir, Esdras, pour les exposer et en rassembler les restes. Toutes les copies ne furent donc pas brûlées, puisqu'il en restait. » Voilà ce qu'ont dit les Pères grecs.

Tertullien, *de Cultu femin.*, l. I, c. 3, rapporte qu'après la ruine de Jérusalem par les Babyloniens, Esdras *rétablit* tous les monuments de la littérature des Juifs. Saint Jérôme, *contra Helvid.*, *Op.* t. IV, col. 134 : « Dites, si vous voulez, que Moïse est l'auteur du Pentateuque, ou qu'Esdras en est le restaurateur ; je ne m'y oppose point. » Or, un restaurateur n'est pas un nouveau créateur.

Prideaux devait s'abstenir de citer le livre *de Mirabilib. sacræ Scripturæ*, où il est dit que les livres saints ayant été brûlés, Esdras les refit par le même esprit par lequel ils avaient été écrits ; les savants éditeurs des ouvrages de saint Augustin ont fait voir que celui-ci n'est pas de lui, mais d'un auteur anglais ou irlandais qui a écrit au VII° siècle.

Tout cela ne nous paraît pas suffisant pour prouver que les Pères se sont laissé tromper par le IV° livre d'Esdras, et qu'ils y ont ajouté foi ; aucun d'eux ne l'a cité, et peut-être qu'aucun ne l'avait lu : il nous paraît plus probable qu'ils se sont copiés les uns les autres, et qu'ils ont parlé d'après l'opinion des juifs. Mais supposons ce que veut Prideaux : il s'ensuit que, sur le fait en question, le témoignage des Pères ne prouve rien ; dans ce cas, nous lui demandons où il a puisé ce qu'il dit des travaux d'Esdras sur l'Ecriture sainte. Il prétend que ce Juif ramassa le plus grand nombre d'exemplaires qu'il put des livres sacrés, qu'il les confronta, qu'il en corrigea les fautes, qu'il rangea les livres par ordre, qu'il en fit le canon, et qu'il en donna une édition très correcte. Les juifs, dit-il, et les chrétiens s'accordent à lui en faire honneur. Mais ces chrétiens ne peuvent être autres que les Pères dont nous venons de parler, et il a commencé par ruiner leur témoignage ; reste celui des juifs seuls, et nous ne lui trouvons point d'autre fondement que le IV° livre d'Esdras, qui n'a aucune autorité. Il fallait donc mieux avouer que nous ne savons pas ce qu'Esdras a fait ou n'a pas fait, puisqu'aucun monument authentique ne peut nous en instruire ; il n'en dit rien lui-même dans son livre, et Josèphe, qui l'a copié, n'en dit pas davantage. Prideaux ajoute qu'admettre le miracle supposé par les Pères est un moyen très-propre à ébranler la foi, les pyrrhoniens ne manqueraient pas de dire qu'Esdras, prétendu inspiré, n'a été qu'un imposteur qui a donné aux Juifs comme livres divins des ouvrages qu'il a forgés. Déjà ils le disent en effet. Mais ils demandent aussi quelle certitude on peut avoir qu'Esdras a été inspiré pour discerner les livres qui ont dû être placés dans le canon, d'avec ceux qui n'ont pas dû y entrer, pour choisir entre les variantes des copies celles qui méritaient la préférence, et pour attester aux Juifs que ces livres, et non d'autres, étaient la parole de Dieu ; Prideaux ne satisfait point à cette difficulté. Il fournit encore des armes aux incrédules en supposant que, sous le règne de Josias, il ne restait que le seul exemplaire des livres de Moïse, qui était gardé dans le temple, et que le roi, non plus que le pontife Helcias, ne l'avaient jamais vu. Au mot PENTATEUQUE, nous avons réfuté cette fausse supposition.

Il nous paraît beaucoup plus simple de penser que les livres saints n'ont jamais été oubliés ni négligés parmi les Juifs, parce que ces livres renfermaient l'histoire, les lois, les titres de possession, les généalogies, aussi bien que la croyance et la religion de toute la nation ; que les sujets du royaume d'Israël, emmenés en captivité par Salmanazar, en avaient emporté avec eux des exemplaires en Assyrie, de même que firent ceux du royaume de Juda transportés à Babylone par Nabuchodonosor. Les premiers ne revinrent point dans la Judée sous Cyrus, ils conservèrent au delà de l'Euphrate les établissements qu'ils y avaient formés ; Josèphe atteste qu'ils y étaient encore de son temps, *Antiq. Jud.*, l. xi, c. 5. Ces Juifs de la Babylonie et de la Médie ont continué à suivre leur religion et leur loi, ils ont conservé des relations avec ceux de la Judée, il n'y avait entre eux aucun sujet d'inimitié. Après la prise de Jérusalem sous Vespasien et la dispersion des Juifs sous Adrien, ceux qui se retirèrent dans la Perse savaient bien qu'ils n'allaient pas dans un pays inconnu ; ils étaient sûrs d'y trouver leurs frères. S'il nous est permis de former des conjectures, ce sont ces Juifs devenus Chaldéens qui, les premiers, ont adopté les caractères chaldaïques, qui les ont communiqués aux nouveaux venus, et insensiblement à toute la nation juive. Mais les juifs modernes se sont obstinés à mettre sur le compte d'Esdras tout ce qui s'est fait chez eux depuis la captivité, et les protestants ont adopté la plupart de leurs visions.

Une autre question est de savoir si, depuis la venue de Jésus-Christ, les juifs ont corrompu malicieusement le *texte* hébreu de l'Ancien Testament, afin d'esquiver les preuves que les docteurs chrétiens en tiraient contre eux. Quelques anciens Pères, comme saint Justin, Tertullien, Origène, saint Jean Chrysostome, en ont accusé les juifs ; mais ce soupçon n'a jamais été prouvé. Ces pères, qui ne connaissaient pour authentique que la version des Septante et qui la croyaient inspirée, imaginèrent que tous les passages du *texte* hébreu qui n'étaient pas exactement conformes à cette version avaient été altérés ; ils étaient portés à le penser par les fausses explications que les juifs donnaient aux prophéties, et qu'ils prétendaient fondées sur le *texte*. Mais cette erreur se dissipa lorsque saint Jérôme, après avoir appris l'hébreu, fit voir que les Septante n'avaient pas toujours rendu le vrai sens du *texte*. Josèphe, l. I, *contre Appion*, proteste qu'aucun juif n'a jamais eu la témérité de faire la moindre altération dans la lettre des livres saints, parce que tous sont persuadés, dès l'enfance, que c'est la parole de Dieu. Saint Jérôme les a souvent accusés de détourner le sens des prophéties, mais il ne leur reproche point d'avoir touché au *texte*. Saint Augustin observe que Dieu a dispersé les Juifs, afin qu'ils rendissent témoignage partout de l'authenticité des prophéties, dont la lettre les condamne et a servi plus d'une fois à les convertir, *de Civit. Dei*, l. xviii, c. 46, il suppose par conséquent leur fidélité à la conserver. — Cette question a été renouvelée entre les savants du siècle passé. Dom Pezron, bernardin célèbre, publia en 1687 un livre intitulé *l'Antiquité des temps rétablie*, dans lequel il soutint que, depuis la destruction de Jérusalem, les Juifs ont abrégé à dessein la chronologie du *texte* hébreu de plus de 1500 ans, pour se défendre contre les chrétiens, qui leur prouvaient par l'Ecriture et par les traditions juives que le Messie devait arriver dans le sixième millénaire du monde, et qu'il était venu en effet à cette époque. « Pour se tirer de cet argument, dit dom Pezron, les juifs ont abrégé les dates du *texte* hébreu, ils ont donné au monde près de deux mille ans de durée de moins que les Septante, afin de pouvoir soutenir que le Messie n'était pas encore arrivé, puisque l'on venait seulement de finir le quatrième millénaire depuis la création. » De là cet auteur concluait qu'il faut suivre la chronologie des Septante, et non celle du *texte* hébreu qui est aussi celle de la Vulgate ; et il en donnait des preuves qui ont fait impression sur plusieurs savants. Une des principales est que, par ce moyen, la chronologie de l'Ecriture sainte s'accorde aisément avec celle des nations orientales, des Chaldéens, des Egyptiens et des Chinois. Dom Martianay, bénédictin, et le P. Le Quien, dominicain, ont attaqué le livre de dom Pezron, ils ont défendu l'intégrité du *texte* hébreu et la justesse de la chronologie qu'il renferme. Il y a eu des répliques de part et d'autre, cette dispute a été soutenue avec beaucoup d'érudition. Si l'on peut en juger par l'événement, elle est demeurée indécise. On a continué depuis à suivre la chronologie de l'hébreu et de la Vulgate comme auparavant, quoiqu'il y ait encore des savants qui préfèrent celle des Septante. Au mot CHRONOLOGIE, nous avons fait voir que cette contestation ne donne aucune atteinte à la vérité de l'histoire, qu'elle n'intéresse donc en rien la foi ni la religion.

Il reste enfin à savoir si le *texte* hébreu, tel que nous l'avons aujourd'hui, est assez pur pour que l'on puisse s'y fixer, ou s'il est considérablement altéré par les fautes des copistes. On est tenté de croire qu'il est très-fautif, quand on a vu l'aveu qu'en ont fait les rabbins, les corrections fréquentes que le P. Houbigant, de l'Oratoire, a tenté d'y faire, et les dissertations que le docteur Kennicott a publiées sur ce sujet en 1757 et 1759. C'est pour cela même qu'il a donné depuis, en 2 vol. in-fol., l'édition du *texte* hébreu la plus correcte qu'il lui a été possible, avec toutes les variantes que l'on a pu trouver dans la multitude des manuscrits que l'on a confrontés. Qu'en est-il arrivé ? la même chose qui arriva au commencement de ce siècle, lorsque le docteur Mill annonça une nouvelle édition du *texte* grec du Nouveau Testament, avec toutes les variantes qui se montaient, selon lui, au nombre de trente mille. On crut d'abord que dès ce moment le sens du *texte* allait devenir incertain, et que l'on ne saurait plus à quelle leçon il fallait s'attacher. L'événement nous a convaincus que cette énorme quantité de variantes minutieuses n'a pas jeté de doute sur un seul passage important. Déjà nous voyons qu'il en est de même des variantes du *texte* hébreu. Il y a quelques fautes sans doute dans les manuscrits, et par conséquent dans les éditions qui y sont conformes; il a été impossible que des livres si anciens, et dont on a fait tant de copies dans les différentes parties du monde, en fussent absolument exempts ; mais elles ne sont pas en très-grand nombre ni de grande importance, elles ne touchent pas au fond des choses. Ce sont quelques dates, quelques noms propres d'hommes ou de villes, altérés ou changés, quelques conjonctions ajoutées ou supprimées, quelques pronoms mis l'un pour l'autre, quelques fautes de grammaire vraies ou apparentes, quelques différences de prononciation ou d'orthographe, etc. Mais ces défauts se trouvent dans tous les livres du monde; il est aisé de les corriger par la comparaison des manuscrits ou des anciennes versions. Si l'on nous permet de dire librement notre avis, nous pensons que la plupart des fautes que l'on a cru remarquer dans le *texte* hébreu sont imaginaires. Les traducteurs, les commentateurs, les critiques, les philologues, ont supposé des fautes comme ils ont créé des hébraïsmes, parce qu'ils ne comprenaient pas les différentes significations d'un mot ou ses différentes prononciations, parce qu'ils ont fait des règles arbitraires de grammaire, parce qu'ils ont cru que la langue hébraïque a été immuable pendant plus de deux mille ans, malgré les différentes migrations des Hébreux, et malgré les relations qu'ils ont eues avec différents peuples. Avant d'ajouter foi à ce miracle, il aurait fallu commencer par le prouver. *Voy.* Hébraïsme. *Eléments primitifs des langues*, 6° dissertation. — Au mot Bibles hébraïques, nous avons parlé des plus anciennes copies et des plus célèbres éditions du *texte* hébreu; et dans l'article suivant, nous avons donné une courte notion des Bibles grecques.

Texte se dit encore, dans les écoles de théologie, des passages de l'Ecriture sainte dont on se sert pour prouver un dogme, pour établir un sentiment, ou pour résoudre une objection. Dans nos contestations avec les hétérodoxes, nous ne manquons jamais de citer les *textes* de l'Ecriture sur lesquels la croyance de l'Eglise catholique est fondée.

Dans les sermons, l'on appelle *texte* un passage de l'Ecriture sainte, que le prédicateur se propose d'expliquer, par lequel il commence son discours, et duquel il tire son sujet ; suivant la règle, un sermon ne doit être que la paraphrase ou l'explication du *texte*. Mais il arrive trop souvent qu'un orateur choisit un *texte* singulier, qui n'a nul rapport à la matière qu'il veut traiter, qu'il y adapte par force en lui donnant un sens qu'il n'a pas ; cela se fait surtout quand on veut qu'il y ait du rapport entre le sermon et l'évangile du jour; mais il n'est pas défendu de prendre un *texte* dans quelque autre livre de l'Ecriture sainte. Cela vaudrait peut-être mieux ; l'Eglise, dans son office, fait usage des livres de l'Ancien Testament aussi bien que de ceux du Nouveau, et les Pères, qui sont nos modèles, expliquaient également les uns et les autres.

TEXTUAIRES. Quelques auteurs ont aussi nommé les caraïtes, secte de juifs qui s'attachent uniquement aux textes des livres saints et qui rejettent les traditions du Talmud et des rabbins. *Voy.* Caraïtes.

THABORITES. *Voy.* Hussites.

THARTAC. *Voy.* Samaritain.

THAUMATURGE, terme composé du grec θαῦμα, *merveille*, *miracle*, et ἔργον, *ouvrage*, *action*. L'on a donné ce nom, dans l'Eglise, à plusieurs saints qui se sont rendus célèbres par le nombre et par l'éclat de leurs miracles. Tels ont été saint Grégoire de Néocésarée qui vivait au commencement du III° siècle, saint Léon de Catanée qui a paru dans le VIII°, saint François de Paule, saint François-Xavier, etc. L'on a souvent objecté aux protestants que si l'Eglise de Jésus-Christ était tombée dans des erreurs grossières contre la foi, dès le III° ou le IV° siècle, comme ils le prétendent, Dieu n'y aurait pas conservé, comme il l'a fait, le don des miracles ; que, vu l'impression que font sur tous les hommes ces merveilles surnaturelles, il aurait tendu par là aux fidèles un piège d'erreur. Comment se persuader qu'un homme qui opère des miracles enseigne une fausse doctrine, pendant que Dieu s'est servi principalement de ce moyen pour convertir les peuples à la foi chrétienne? Les protestants ont pris le parti de nier tous ces miracles, de soutenir qu'aucun n'est vrai ni suffisamment prouvé. On a beau leur représenter que les moyens par lesquels ils les attaquent servent aussi aux incrédules pour combattre la vérité des miracles de Jésus-Christ et des apôtres ; sans s'embarrasser de cette conséquence, ils persistent dans leur opiniâtreté. *Voy.* Miracles, § 4.

THÉANDRIQUE. Du grec Θεός, *Dieu* et ἄνθρωπος, *homme*, l'on a fait *théanthrope*, qui signifie *Homme-Dieu*, nom souvent donné à Jésus-Christ par les théologiens grecs, et ils ont appelé *théandriques* les opérations divines et humaines de ce divin Sauveur, terme que les Latins ont rendu par *deiviriles*. *Voy.* Incarnation. L'on ne sait pas qui est le premier des Pères de l'Eglise qui a commencé à se servir de ce mot.

Dans la suite les eutychiens ou monophysites, qui n'admettaient en Jésus-Christ qu'une seule nature composée de la divinité et de l'humanité, soutinrent aussi qu'il n'y avait en lui qu'une seule opération, et ils la nommèrent *théandrique*, en attachant à ce terme le sens conforme à leur erreur. Mais à parler exactement, selon leur opinion, la nature de Jésus-Christ n'était plus la nature divine ni la nature humaine, c'est une troisième nature composée ou mélangée de l'une et de l'autre. Par la même raison son opération n'était ni divine ni humaine ; elle ne pouvait être appelée *théandrique* que dans un sens abusif et erroné. Ce n'est pas ainsi que l'avaient entendu les Pères de l'Eglise. Saint Athanase, pour donner une notion juste des actions du Sauveur, citait pour exemple la guérison de l'aveugle-né et la résurrection de Lazare; la salive que Jésus-Christ fit sortir de sa bouche, et de laquelle il frotta les yeux de l'aveugle, était une opération humaine; le miracle de la vue rendue à cet homme était une opération divine : de même, en ressuscitant Lazare, il l'appela d'une voix forte en tant qu'homme, et il lui rendit la vie en tant que Dieu.

Le nom et le dogme des opérations *théandriques* furent examinés avec soin au concile de Latran, tenu l'an 649 à l'occasion de l'erreur des monothélites, qui n'admettaient en Jésus-Christ qu'une seule volonté. Le pape Martin I*er*, qui y présidait, expliqua nettement le sens dans lequel les Pères grecs avaient employé le mot *théandrique*, sens fort différent de celui qu'y donnaient les monophysites et les monothélites; conséquemment l'erreur de ces derniers fut condamnée. Mais l'abus qu'ils avaient fait d'un terme n'a pas dû empêcher les théologiens de s'en servir dès qu'il est susceptible d'un sens très-orthodoxe.

THÉANTHROPIE, erreur de ceux qui attribuent à Dieu des qualités humaines ; c'était l'opinion des païens. Non-seulement plusieurs étaient persuadés que les dieux n'étaient autre chose que les premiers hommes qui avaient vécu sur la terre, et dont les âmes avaient été transportées au ciel, mais ceux même qui les prenaient pour des esprits, pour des génies d'une nature supérieure à celle des hommes, ne laissaient pas de leur prêter tous les besoins, les passions et les vices de l'humanité. Les docteurs chrétiens n'ont pas eu tort de leur reprocher que la plupart de leurs dieux étaient des personnages plus vicieux et plus méprisables que les hommes, que Platon méritait mieux d'avoir des autels que Jupiter.

Pour décréditer toute espèce de religion et de notion de la Divinité, les incrédules nous reprochent d'imiter le ridicule des païens. Ils disent que supposer en Dieu l'intelligence, des connaissances, des volontés, des desseins; lui attribuer la sagesse, la bonté, la justice, etc., c'est le revêtir de qualités et de facultés humaines, c'est faire de Dieu un homme un peu plus parfait que nous. D'ailleurs nos livres saints lui prêtent les passions de l'humanité, l'amour, la haine, la colère, la vengeance, la jalousie, l'oubli, le repentir; en quoi ces notions sont-elles différentes de celles des païens ? Nous soutenons que la différence est entière et palpable. En effet, nous commençons par démontrer que Dieu est l'Etre nécessaire, existant de soi-même, qui n'a point de cause ni de principe, puisqu'il est lui-même la cause et le principe de tous les êtres, qu'il ne peut donc être borné dans aucun de ses attributs, puisque rien n'est borné sans cause. Il est donc éternel, immense, infini, souverainement heureux et parfait dans tous les sens et à tous égards, exempt de besoin et de faiblesse, à plus forte raison de vices et de passions. L'homme, au contraire, être créé, dépendant, qui n'a rien de son propre fonds, puisqu'il a tout reçu de Dieu, ne possède que des qualités et des facultés très-imparfaites, parce que Dieu a été le maître de les lui accorder en tel degré qu'il lui a plu. Il est donc évident que Dieu est non-seulement un Etre infiniment supérieur à l'homme, mais un Etre d'une nature absolument différente de celle de l'homme. D'où il s'ensuit que quand l'Ecriture sainte nous dit que Dieu a fait l'homme à *son image*, elle veut nous faire entendre que Dieu lui a donné des facultés qui ont une espèce d'analogie avec les perfections qu'il a de lui-même et de son propre fonds, et dans un degré infini. *Voy.* ANTHROPOLOGIE, ANTHROPOPATHIE. Mais comme notre esprit borné ne peut concevoir d'infini, et comme nous ne pouvons pas créer un langage exprès pour désigner les perfections divines, nous sommes forcés de nous servir des mêmes termes pour les exprimer et pour nommer les qualités de l'homme; il n'y a là aucun danger d'erreur, dès que nous avons donné de Dieu l'idée d'*Etre nécessaire;* idée sublime, qui le caractérise et le distingue éminemment de toutes les créatures.

Cela ne suffit point, répliquent les incrédules ; les païens ont pu se servir du même expédient pour excuser les turpitudes qu'ils attribuaient à leurs dieux. Si le peuple n'a pas poussé la sagacité jusque-là, du moins les sages et les philosophes ne s'y sont pas trompés; ils ont rejeté les fables forgées par les poëtes et crues par le peuple. Mais chez les juifs et chez les chrétiens le peuple n'est pas moins grossier ni moins stupide que chez les païens: il a toujours pris à la lettre le langage de ses livres; jamais il n'a été capable de se former de la Divinité une notion spirituelle, métaphysique, différente de celle qu'il a de sa propre nature; l'erreur est donc la même partout. — Il n'en est rien. 1° Nous défions les incrédules de citer un seul philosophe qui ait désigné Dieu sous la notion d'Etre nécessaire, existant de soi-même, et qui en ait tiré les conséquences qui s'ensuivent évidemment; ils ne le pouvaient pas, dès qu'ils supposaient la matière éternelle comme Dieu ; conséquemment aucun n'a reconnu en Dieu le pouvoir créateur; ils ont cru Dieu soumis aux lois du destin et gêné dans ses opérations par les défauts irréformables de la matière. Ils n'ont donc attribué à Dieu qu'une puissance très-bornée; ils ne l'ont supposé ni libre ni indépendant; cette erreur en a entraîné une infinité d'autres. *Voy.* CRÉATION. 2° Aucun philosophe n'a reconnu expressément en Dieu la prescience ou la connaissance des futurs contingents; ils n'ont pas même compris qu'elle pût s'accorder avec la liberté des créatures. Par la même raison, ils lui ont refusé la providence; loin de penser que Dieu s'occupe à gouverner le monde, ils ont jugé qu'il n'a pas seulement pris la peine de le faire tel qu'il est. Suivant leur opinion, ce double soin aurait troublé son repos et son bonheur. Il s'en est déchargé sur des esprits subalternes qui étaient sortis de lui; ainsi les défauts de l'univers sont venus, soit des imperfections de la matière, soit de l'impuissance ou de l'incapacité de ces ouvriers malhabiles. Voilà la *théanthropie*. Or, comme l'a très-bien observé Cicéron, un Dieu sans providence est nul, il n'existe pas pour nous. De là les païens n'ont reconnu pour dieux que ces génies secondaires, fabricateurs et gouverneurs du monde. Comment aurait-on pu leur attribuer d'autres qualités ou d'autres facultés que celles de l'homme? 3° Quand les philosophes auraient eu des idées plus saines de la Divinité, elles n'auraient été d'aucune utilité pour le peuple; ces prétendus sages étaient d'avis que la vérité n'est pas faite pour le peuple, qu'il est incapable de la comprendre et de s'y attacher, qu'il lui faut des fables pour le subjuguer et le retenir dans le devoir. C'est pour cela qu'ils ont décidé qu'il ne fallait pas toucher à la religion populaire, dès qu'elle était établie par les lois. Ainsi, en rejetant les fables pour eux-mêmes, ils leur ont donné pour le peuple une sanction inviolable; telle était l'opinion de l'académicien Cotta, rapportée par Cicéron, *de Nat. deor.*, lib. III, n. 4.

Ce n'est point ainsi qu'ont enseigné les dépositaires de la révélation; la première vérité que Moïse professe au commencement de ses livres, est que Dieu a créé le ciel et la terre, qu'il opère par le seul pouvoir, qu'il a tout fait par une parole, avec sagesse, avec intelligence et avec une souveraine liberté. Non-seulement il nous apprend que Dieu est le seul auteur de l'ordre physique de la nature et qu'il le conserve tel qu'il est, mais qu'il y déroge quand il lui plaît, comme il l'a fait par le déluge universel. Il nous fait remarquer la providence divine dans l'ordre moral, en rapportant la manière dont Dieu a puni la faute d'Adam, le crime de Caïn, les désordres des premiers hommes, et dont il a récompensé Enos, Noé, Abraham; toute l'histoire des patriarches est une attestation de cette grande vérité. Cette doctrine n'est ni un secret ni un mystère renfermé dans l'enceinte d'une école et réservé à des disciples affidés; Moïse parle pour le peuple aussi bien que pour les prêtres et pour les savants, il adresse ses leçons à sa nation tout entière, *Ecoute, Israël*. Dieu lui-même, du sommet de Sinaï, publie ses lois à tous les Hébreux rassemblés, avec l'appareil le plus capable de leur inspirer le respect et la soumission. De même que les patriarches ont été fidèles à transmettre à leur famille les vérités essentielles de la révélation primitive, ainsi Dieu ordonne aux Israélites d'enseigner soigneusement à leurs enfants ce qu'ils ont appris eux-mêmes. Chez les païens il n'y eut jamais d'autres catéchismes que les fables; chez les adorateurs du vrai Dieu, l'histoire sainte, soit écrite, soit transmise de vive voix, fut la leçon élémentaire de toutes les générations qui voulurent y prêter l'oreille. Il leur a donc été impossible de donner dans la *théanthropie* des païens, à moins qu'elles n'aient voulu s'aveugler de propos délibéré.

Lorsque nos adversaires disent que chez les juifs et chez les chrétiens le peuple est encore aussi grossier et aussi stupide que chez les païens, ils ne font voir que de la malignité. Le chrétien le plus ignorant a reçu pour première instruction dans l'enfance que Dieu est un pur esprit, qu'il est partout, qu'il connaît tout, et que de rien il a fait toutes choses.

THÉATINS, ordre religieux, ou congrégation de prêtres réguliers, institué à Rome l'an 1524. Leur principal fondateur fut Jean-Pierre Caraffa, archevêque de *Theato*, aujourd'hui Chieti dans le royaume de Naples, qui fut dans la suite élevé au souverain pontificat, sous le nom de Paul IV. Il fut secondé dans cette entreprise par Gaëtan de Thienne, gentilhomme, né à Vicence en Lombardie, que ses vertus ont fait mettre au rang des saints, par Paul Consigliari et Boniface Colle, nobles Milanais. Leurs premières constitutions furent dressées par le même Pierre Caraffa, premier supérieur général de cette congrégation; elles ont été augmentées dans la suite par les chapitres généraux, et approuvées par Clément VIII en 1608. Plusieurs auteurs ont écrit que les *théatins* faisaient vœu de ne posséder ni terres ni revenus, même en commun, de ne point mendier, mais de subsister uniquement des libéralités des personnes pieuses: la vérité est qu'ils ne possédèrent rien pendant le premier siècle de leur institut; mais leurs constitutions disent que ce fut volontairement et sans avoir contracté aucun engagement à ce sujet, et il est prouvé par les faits que ces religieux ont toujours montré beaucoup de désintéressement dans tous les lieux où ils se sont établis. Leur habit est une soutane et un manteau noir, avec des bas blancs; c'était l'habit ordinaire des ecclésiastiques dans le temps que leur ordre a commencé.

L'objet qu'ils se sont proposé a été d'instruire le peuple, d'assister les malades, de combattre les erreurs dans la foi, d'exciter les laïques à la piété, de faire revivre dans le clergé, par leur exemple, l'esprit de désintéressement et de ferveur, l'étude de la religion et le respect pour les choses saintes; c'est à quoi ils ont travaillé constamment et avec courage. Aussi cet ordre a donné à l'Eglise un grand nombre d'évêques, plusieurs cardinaux et plusieurs personnages recommandables par leur sainteté aussi bien que par leurs talents. Dès le II° siècle de leur institut, ils ont eu des missionnaires dans l'Arménie, la Mingrélie, la Géorgie, la Perse et l'Arabie, dans les îles de Bornéo et de Sumatra, et ailleurs. Plusieurs prêtres indiens ont été depuis peu reçus à la profession chez les *théatins* de Goa, et forment une congrégation de missionnaires.

Le cardinal Mazarin fit venir ces religieux en France en 1644, et leur acheta la maison qu'ils possèdent vis-à-vis les galeries du Louvre. Il leur légua par son testament une somme de cent mille écus pour bâtir leur église, qui a été achevée par les soins de M. Boyer, un de leurs confrères, lequel devint évêque de Mirepoix, ensuite précepteur de M. le dauphin, et administrateur de la feuille des bénéfices. Les *théatins* n'ont en France que la seule maison de Paris, mais ils se sont étendus ailleurs. Ils ont actuellement quatre provinces en Italie, une en Allemagne, une en Espagne, deux maisons en Pologne, une en Portugal et une à Goa. Hélyot, *Hist. des Ordres monast.*, t. IV, p. 7; *Vies des Pères et des Martyrs*, t. VII, p. 196, etc.

THÉATINES, ordres de religieuses qui sont sous la direction des théatins. Elles forment deux congrégations qui ont eu pour fondatrice la vénérable Ursule Bénincaza, morte en odeur de sainteté en 1618. Les religieuses de la première ne font que des vœux simples; elles furent instituées à Naples en 1583; elles sont appelées *théatines de la congrégation*. Les autres, nommées *théatines de l'ermitage*, font des vœux solennels, se consacrent à une vie austère et à une solitude continuelle, à la prière et aux autres exercices de la vie religieuse. Leur temporel est administré par celles de la première congrégation; aussi leurs maisons se touchent, et la communication est établie entre elles par une salle intermédiaire. Leurs constitutions furent dressées par la fondatrice et confirmées par Grégoire XV. Hélyot, *ibid*

THÉISME, système de ceux qui admettent l'existence de Dieu : c'est l'opposé de l'athéisme. Comme nous appelons *déistes* ceux qui font profession d'admettre un Dieu et une prétendue religion naturelle, et qui rejettent toute révélation, et qu'il est démontré que leur système conduit directement à l'athéisme, ils ont préféré de se nommer *théistes*, espérant sans doute qu'un nom dérivé du grec serait plus honorable et les rendrait moins odieux qu'un nom tiré du latin : au mot DÉISME, nous avons démasqué leur hypocrisie.

Il n'est pas fort difficile de prouver que le *théisme* est préférable à tous égards à l'athéisme; qu'il est beaucoup plus avantageux pour les sociétés, pour les princes, pour les particuliers, de croire un Dieu que de n'en admettre aucun; il faut pousser l'entêtement de l'impiété jusqu'au dernier période pour contester une vérité aussi palpable.

1° Les raisonneurs de cette espèce, qui ont répété cent fois que le *dictamen* de la raison, le désir de la gloire et d'une bonne réputation, la crainte des peines infligées par les lois civiles, sont trois motifs suffisants pour réprimer les passions des hommes, pour régler les mœurs publiques, pour maintenir l'ordre et la paix de la société, en ont imposé grossièrement. Au mot ATHÉISME, nous avons fait voir l'insuffisance ou plutôt la nullité de ces motifs, à l'égard de la plupart des hommes. Un très-grand nombre sont nés avec des passions fougueuses, qui souvent étouffent en eux les lumières de la raison; d'autres ne font aucun cas de l'estime de leurs semblables, et cette estime ne peut quelquefois s'acquérir qu'aux dépens de la vertu; les lois civiles ne peuvent punir que les crimes publics, et souvent il se trouve des scélérats assez habiles pour couvrir leurs forfaits d'un voile impénétrable. L'expérience confirme ici la théorie; on n'a jamais vu une société formée par des athées, et on n'en verra jamais. Dans tout l'univers et dans tous les siècles, l'ordre social a toujours été fondé sur la croyance d'une Divinité; aucun législateur n'a cru pouvoir réussir autrement : que prouvent les spéculations et les conjectures contre un fait aussi ancien et aussi étendu que le genre humain ? Quand on pourrait citer l'exemple de quelques athées reconnus pour bons citoyens, il ne prouverait rien; ces hommes singuliers vivaient au milieu d'une société cimentée par la religion, ils étaient forcés d'en suivre les mœurs et les lois, et de contredire continuellement leurs principes par leur conduite.

Quand il serait vrai que la crainte d'un Dieu vengeur et le frein de la religion ne sont pas absolument nécessaires pour enchaîner les hommes à la règle des mœurs, on ne peut pas nier du moins que ce lien ne soit utile et qu'il ne soit le plus puissant de tous sur le très-grand nombre des individus; il y aurait donc encore de la démence à vouloir le rompre. Au lieu de retrancher aucun des motifs capables de porter l'homme à la vertu, il faudrait en imaginer de nouveaux, s'il était possible.

2° Les princes, les chefs de la société, ont plus d'intérêt que personne à maintenir parmi leurs sujets la croyance d'une Divinité suprême qui impose des lois, qui veut l'ordre social, qui récompense la vertu et punit le crime; les athées même en sont si convaincus, qu'ils disent que cette croyance est l'ouvrage des politiques, et qu'ils ont voulu par là rendre sacrée l'obéissance due aux souverains; que les rois se sont ligués avec les prêtres, parce qu'il était de leur intérêt mutuel de mettre les peuples sous le joug de la religion, afin de les rendre plus souples et plus dociles, etc. Mais il est évident qu'il n'importe pas moins aux peuples d'avoir pour chefs et pour souverains des hommes religieux et craignant Dieu; sans ce frein salutaire, les souverains ne voudraient dominer que par la force, et pour être plus absolus, ils travailleraient sans cesse à rendre les peuples esclaves; ils les regarderaient comme un troupeau de brutes, qui ne peut être conduit que par la crainte.

3° Il n'est pas moins évident que l'homme, exposé à tant de maux et de souffrances en ce monde, a besoin de consolation, et que pour la plupart il n'en est point d'autre que la croyance d'un Dieu juste, rémunérateur de la patience et de la vertu. Sans l'espérance d'une vie future et d'un meilleur avenir, où en seraient réduits le pauvre souffrant et privé de secours, l'homme vertueux calomnié et persécuté par les méchants, le bon citoyen puni pour n'avoir pas voulu trahir son devoir, etc. ? il n'y aurait point de ressource pour eux qu'un sombre désespoir. La mort, ce moment si terrible, que la nature n'envisage qu'avec effroi, est pour l'homme juste et religieux le commencement du bonheur aussi bien que la fin de ses peines. Qu'espère alors un athée ? un anéantissement absolu ; mais il n'en est pas certain, et le simple doute pour lors est la plus cruelle de toutes les inquiétudes. S'il s'est trompé, qu'a-t-il gagné ? Rien, puisque le passé n'est plus ; et il ne lui reste pour l'avenir qu'un souverain malheur. Quand le juste serait trompé dans son espérance, il n'a rien perdu, puisqu'il n'a pas tenu à lui d'être heureux. Cela nous fait comprendre que si l'athéisme peut être le partage de quelques heureux insensés, le *théisme* ou la religion doit être celui du très-grand nombre des hommes, puisque ce très-grand nombre ne peut jouir du bonheur en cette vie. *Voy.* RELIGION, § 4. Mais y a-t-il du bon sens à vouloir s'en tenir au simple *théisme* ? Autre question. Si nous consultons les athées, cela est impossible, et ils le prouvent. 1° La Divinité, disent-ils, n'existant que dans l'imagination d'un *théiste*, cette idée prendra nécessairement la teinte de son caractère ; Dieu lui paraîtra bon ou méchant, juste ou injuste, sage ou bizarre, selon qu'il sera lui-même gai ou triste, heureux ou malheureux, raisonnable ou fanatique ; sa prétendue religion doit donc bientôt dégénérer en fanatisme et en superstition. 2° Le *théisme* ne peut manquer de se corrompre ; de là sont nées les sectes insensées dont le genre humain s'est infecté. La religion d'Abraham était le pur *théisme* ; il fut corrompu par Moïse ; Socrate fut *théiste*, Platon son disciple mêla aux idées de son maître celles des Egyptiens et des Chaldéens, et les nouveaux platoniciens furent de vrais fanatiques. Bien des gens ont regardé Jésus comme un simple *théiste*, mais les docteurs chrétiens ont ajouté à sa doctrine les superstitions judaïques et le platonisme. Mahomet, en combattant le polythéisme des Arabes, voulut les ramener au *théisme* d'Abraham et d'Ismaël, et le mahométisme s'est divisé en soixante-douze sectes. 3° Les *théistes* n'ont jamais été d'accord entre eux ; les uns n'ont admis un Dieu que pour fabriquer le monde, ils l'ont déchargé du soin de le gouverner ; les autres l'ont supposé gouverneur, législateur, rémunérateur et vengeur. Entre ceux-ci, les uns ont admis une vie future, les autres l'ont niée. Plusieurs ont voulu qu'on rendît à Dieu tel culte particulier, d'autres ont laissé ce culte à la discrétion de chaque individu. A force de raisonner sur la nature de Dieu, il a fallu peu à peu souscrire à toutes les rêveries des théologiens. Il a donc été impossible de fixer jamais la ligne de démarcation entre le *théisme* et la superstition. 4° Il est évident que le *théisme* doit être sujet à autant de schismes et d'hérésies que toute autre religion, qu'il peut inspirer les mêmes passions et la même intolérance. A l'exemple des protestants qui, en rejetant la religion romaine, n'ont trouvé aucun point fixe pour s'arrêter, n'ont formé qu'un tissu d'inconséquences, ont vu multiplier les sectes et sont devenus intolérants, les déistes, avec leur prétendue religion naturelle, ne savent ce qu'ils doivent croire ou ne pas croire. Ainsi, en fait de religion, *tout ou rien*, si l'on veut raisonner conséquemment. *Système de la Nature*, t. II, chap. 7, p. 216 et suiv.

Ce devrait être aux déistes de répondre à ces objections, mais ils savent mieux attaquer que se défendre ; aucun n'a pris la peine de réfuter les athées, parce qu'en général ils sont beaucoup moins ennemis de l'athéisme que de la religion. Pour nous, les arguments des athées ne nous embarrassent pas beaucoup. 1° Ils prouvent ce que nous soutenons ; savoir, qu'il n'y eut jamais et qu'il ne peut point y avoir sur la terre de religion véritable que la religion révélée ; que, sans la révélation, aucun homme n'aurait eu de Dieu une idée juste et vraie ; que si l'on ferme une fois les yeux à cette lumière, chaque peuple, chaque particulier se fera infailliblement de la Divinité une notion conforme à son propre caractère, à ses mœurs, à ses passions. L'expérience n'a que trop confirmé cette vérité ; à la réserve des patriarches et des Juifs leurs descendants, toutes les nations de la terre ont été polythéistes et idolâtres, et ont attribué à leurs dieux les vices de l'humanité. Pour prévenir cet égarement, Dieu s'était révélé à nos premiers parents ; il leur avait fait connaître ce qu'il est, ce qu'il a fait, ce qu'il exigeait d'eux, le culte qu'ils devaient lui rendre. Si ces notions se sont effacées chez la plupart des anciennes peuplades, ce n'est pas la faute de Dieu, mais celle des hommes, ce sont leurs passions qui les ont égarées. *V.* PAGANISME, § 2 ; RÉVÉLATION, etc. — 2° Il n'est donc pas vrai que la religion d'Abraham ait été le pur *théisme* ; les notions qu'il a eues de Dieu et de son culte ne lui sont point venues naturellement, mais par une révélation expresse ; *il a cru à Dieu*, dit saint Paul, et *sa foi l'a rendu juste*. Il ne l'est pas non plus que Moïse ait corrompu le *théisme* d'Abraham ; il n'a point fait connaître aux Hébreux d'autre Dieu que celui de leurs pères. Mais Dieu l'instruisit de vive voix, il lui dicta les lois qu'il fallait prescrire à cette nation ; la religion qu'il lui donna était pure et sage, conforme au caractère de ce peuple, au temps, au lieu, aux circonstances dans lesquelles il se trouvait ; nous l'avons fait voir au mot JUDAÏSME. Il est constant que Socrate fut polythéiste aussi bien que Platon ; ils adorèrent l'un et l'autre les dieux d'Athènes, et ils décidèrent qu'il fallait s'en tenir à la religion établie par les lois. C'est abuser des termes que de confondre le *théisme* avec le polythéisme. Un plus grand abus encore est d'appeler *théisme* la religion de Jésus-Christ ; ce divin Maître s'est dit envoyé du ciel pour enseigner le culte de Dieu en esprit et en vérité ; il nous a fait connaître dans la Divinité le Père, le Fils et le Saint-Esprit, le mystère de l'Incarnation et de la rédemption du genre humain, etc. Les athées se vanteront-ils de mieux savoir que les apôtres la vraie doctrine de Jésus-Christ ? Enfin, il s'en faut beaucoup que Mahomet ait été un vrai *théiste*; il n'a eu de Dieu que des idées très-grossières et très-fausses, encore les avait-il empruntées des Juifs et de quelques hérétiques. *Voy.* MAHOMÉTISME. — 3° Quant à la diversité de sentiments qui a toujours régné et qui règne encore parmi les déistes, aux schismes, aux hérésies, aux disputes, à l'intolérance que l'on peut leur reprocher, c'est leur affaire de se justifier, nous n'y prenons aucun intérêt. Nous avouons cependant qu'ils peuvent user de récrimination contre les athées. En effet, l'on ne voit pas parmi ces derniers un concert beaucoup plus parfait que chez les déistes : les uns croient le monde éternel, les autres disent qu'il s'est fait par hasard ; quelques-uns pensent que la matière est homogène, les autres qu'elle est hétérogène ; en fait de lois, de coutume, de mœurs, les uns blâment ce que les autres approuvent. Le fiel, la malignité, l'emportement, la haine qu'ils montrent dans leurs écrits, prouvent assez qu'ils ne sont pas fort tolérants ; lorsqu'ils poussent la démence jusqu'à dire qu'il faut, à quel prix que ce soit, bannir de l'univers la funeste notion de Dieu, ils nous font comprendre ce que nous aurions à craindre d'eux, s'ils étaient en assez grand nombre pour nous faire la loi. — 4° A notre tour nous disons aux protestants et aux autres hérétiques : En fait de religion révélée, *tout ou rien*; tout ce que Dieu a enseigné, soit par écrit, soit autrement, ou incrédulité absolue ; point de milieu, si l'on ne veut pas déraisonner. Cet axiome est prouvé non-seulement par la multitude de sectes insensées nées du protestantisme, mais par le nombre de ceux qui, en partant de ces principes, sont tombés dans le déisme et dans l'irréligion. *Voy.* ERREUR, PROTESTANTISME, etc.

THEOCATAGNOSTES. C'est le nom que saint Jean Damascène a donné à des hérétiques, ou plutôt à des blasphémateurs qui blâmaient des paroles ou des actions de Dieu, et plusieurs choses rapportées dans l'Ecriture sainte ; ce pouvaient être quelques restes de manichéens ; leur nom est formé du grec Θεός, Dieu, et καταγινώσκω, *je juge, je condamne*. Quelques auteurs ont placé ces mécréants dans le viie siècle : mais saint Jean Damascène, le seul qui en ait parlé, ne dit rien du temps auquel ils parurent. D'ailleurs, dans son *Traité des Hérésies*, il appelle souvent *hérétiques* des hommes impies et pervers, tels que l'on en a vu dans tous les temps et qui n'ont formé aucune secte. Jamais ils n'ont été en plus grand nombre que parmi les incrédules de notre siècle ; s'ils étaient moins ignorants, ils rougiraient peut-être de répéter les objections de Celse, de Julien, de Porphyre, des marcionites, des manichéens et de quelques autres hérétiques.

THÉOCRATIE, gouvernement dans lequel Dieu est censé seul souverain et seul législateur. Il y a des écrivains qui ont prétendu que, dans l'origine, toutes les nations qui ont commencé à se policer ont été sous le gouvernement *théocratique ;* que les Egyptiens, les Syriens, les Chaldéens, les Perses, les Indiens, les Japonais, les Grecs et les Romains ont commencé par ce gouvernement, parce que chez ces différents peuples les prêtres ont eu grande part à l'autorité ; mais il nous paraît que ces auteurs n'ont pas vu la vraie raison de ce phénomène politique, et qu'ils ont confondu des choses qu'il aurait fallu distinguer.

On ne peut pas douter que le gouvernement paternel ne soit le plus ancien de tous : quelle autre autorité pouvait-il y avoir lorsque les familles étaient encore isolées et nomades ? Comme le père était en même temps le ministre de la religion, le sacerdoce et le pouvoir civil se trouvèrent naturellement réunis. Lorsque plusieurs familles se rassemblèrent dans une ville ou dans un même canton, et s'associèrent pour se rendre plus fortes, il leur fallut un chef, et son pouvoir fut réglé sur le modèle de celui qu'avaient exercé auparavant les pères de famille ; ainsi la puissance civile et l'autorité religieuse continuèrent d'être entre les mains du même chef. C'est ainsi que l'Ecriture sainte nous représente Melchisédech et Jéthro, que Virgile nous peint Anius, et Diodore de Sicile les premiers rois. Lorsqu'une nation devint plus nombreuse, les fonctions de la royauté et celles du sacerdoce se multiplièrent ; on sentit la nécessité de les séparer. La principale affaire du roi fut de rendre la justice civile et de marcher à la tête des armées ; celle du prêtre fut de présider au culte divin. Mais, comme on choisit ordinairement pour le sacerdoce les anciens, les hommes les mieux instruits et les plus sages de la nation, ils devinrent les conseillers des rois, et ils eurent toujours une grande part au gouvernement. Pour concevoir les raisons de ces divers états de choses, il est absurde de les attribuer à l'ambition, à l'imposture des prêtres, à leur affectation de faire intervenir l'autorité divine partout ; de même que les rois n'exercèrent pas d'abord les fonctions du culte religieux en vertu de leur autorité civile, ainsi les prêtres ne furent point admis à partager les fonctions civiles en qualité de ministres de la religion, mais par considération de leur capacité personnelle. Dans la suite des siècles, les rois, trouvant leur attention trop partagée entre les soins de la politique et ceux de rendre par eux-mêmes la justice aux peuples, se sont déchargés de cette dernière fonction sur des compagnies de magistrats. Soupçonnerons-nous ces derniers d'être parvenus à partager ainsi l'autorité souveraine par ambition, par artifice, par imposture, en séduisant et en trompant les peuples et les rois? non sans doute. En consultant le bon sens et non la passion, l'on voit que la nécessité, l'utilité, la commodité, l'intérêt public bien ou mal conçu, ont été les motifs de presque toutes les institutions sociales. Mais de même que l'on abuserait des termes en nommant *aristocratique* un gouvernement dans lequel un corps de magistrature exerce une partie de l'autorité du souverain, on n'en abuse pas moins en supposant *théocratique* tout gouvernement dans lequel les prêtres ont beaucoup de crédit et d'influence dans les affaires. Posons donc pour principe que la vraie *théocratie* est le gouvernement dans lequel Dieu lui-même est immédiatement l'auteur des lois civiles et politiques, aussi bien que des lois religieuses, et daigne encore diriger une nation dans les cas auxquels les lois n'ont pas pourvu. Suivant cette notion, l'on ne peut pas disconvenir que le gouvernement des Israélites n'ait été *théocratique*.

Spencer, *De Legib. Hebræor. ritual.*, l. I, p. 174, a fait une dissertation pour le prouver; mais il semble avoir oublié la raison principale, qui est que la législation mosaïque venait immédiatement de Dieu; il nous parait avoir poussé trop loin la comparaison entre la conduite que Dieu a tenue à l'égard des Israélites et celle qu'un roi a coutume de tenir à l'égard de ses sujets. 1° Il observe très-bien que Dieu gouvernait les Juifs, non-seulement par ses lois, mais encore par les oracles qu'il rendait au grand prêtre, et par les juges qu'il établissait lui-même; il fallait ajouter encore, par les prophètes qu'il suscitait de temps en temps, comme il l'avait promis; *Deut.*, c. XVIII, v. 18. Dieu est appelé le *Roi d'Israël*, mais il en est aussi nommé le père, le pasteur, le rédempteur, le sauveur; et tous ces titres convenaient également à Dieu; il était donc inutile de remarquer que sa royauté à l'égard des Israélites avait été formée et cimentée par un traité solennel conclu dans toutes les formes, par lequel ils s'étaient engagés à être obéissants et fidèles à Dieu : quand il n'y aurait point eu de traité, ce peuple n'en aurait pas été moins tenu à l'obéissance et à la soumission; ce traité n'était pas encore conclu, lorsque Dieu leur intima ses lois. Nous ne pensons pas non plus qu'en cela Dieu ait eu aucun égard à la coutume des autres peuples qui regardaient leurs dieux comme rois, et qui adoraient leurs rois morts comme des dieux; aucun de ces dieux prétendus n'avait été législateur de la nation qui l'adorait, et n'avait fait pour elle ce que Dieu faisait pour les Israélites; les folles imaginations des idolâtres n'étaient pas un modèle à suivre.

2° Nous applaudissons à Spencer lorsqu'il dit que ce gouvernement paternel de Dieu était doux, pacifique, avantageux aux Israélites à tous égards, et que dans les différentes circonstances où ils se trouvèrent, surtout dans le désert, il aurait été impossible à un homme de les gouverner, puisqu'ils n'y pouvaient subsister que par miracle. Aussi ne furent-ils heureux qu'autant qu'ils furent soumis à ce gouvernement divin; toutes les fois qu'ils manquèrent de fidélité à Dieu, ils en furent punis par des fléaux, et lorsqu'ils s'avisèrent de vouloir avoir à leur tête un roi comme les autres nations, ils eurent bientôt sujet de s'en repentir, et, comme Spencer le remarque, ce changement fatal fut la cause des malheurs que les Israélites attirèrent sur eux, et enfin de leur ruine entière. Mais nous ne voyons pas pourquoi il juge qu'à l'élection d'un roi le gouvernement *théocratique* cessa chez cette nation, puisque le code de lois que Dieu avait donné continua toujours d'être suivi. Quelque vicieux, quelque impies qu'aient été plusieurs de leurs rois, aucun d'eux n'est accusé d'avoir voulu l'abroger. Souvent ils ont violé les lois religieuses, en se livrant à l'idolâtrie et en y entraînant les peuples, mais les lois civiles et politiques conservèrent toute leur force; les unes et les autres furent établies après la captivité de Babylone. — Lorsque Spencer envisage le tabernacle comme le palais du roi d'Israël, les prêtres comme ses officiers, les sacrifices comme sa table, l'arche comme son trône, etc., ces comparaisons sont ingénieuses, mais peu justes. Dieu ne cessa pas de gouverner les Israélites lorsque le temple fut détruit par Nabuchodonosor, et que les sacrifices furent interrompus. Il dit que, sous ce gouvernement *théocratique*, l'idolâtrie devait être punie de mort, parce que c'était un crime de lèse-majesté; mais, indépendamment de la loi positive, l'idolâtrie était un attentat contre la loi naturelle; on sait de combien d'autres crimes elle était la source; elle méritait donc par elle-même le plus rigoureux châtiment. La violation publique du sabbat était aussi punie de mort, sans être cependant un crime de lèse-majesté. Ainsi, quoique la dissertation de Spencer sur la *théocratie* des Juifs soit savante et ingénieuse, elle n'est certainement pas juste à tous égards.

Un de nos philosophes modernes qui a raisonné de tout au hasard et sans réflexion, a voulu faire voir que la *théocratie* est un mauvais gouvernement, puisque sous ce régime il s'est commis une infinité de crimes chez les Juifs, et qu'ils ont éprouvé une suite presque continuelle de malheurs. Mais c'est une étrange manière de prouver que des lois sont mauvaises, parce qu'elles ont été mal observées et que les infracteurs ont toujours été punis. Dieu n'avait pas laissé ignorer aux Juifs les malheurs qui ne manqueraient pas de leur arriver lorsqu'ils seraient infidèles à ses lois; Moïse les leur avait prédits dans le plus grand détail, *Deut.*, c. XXVIII, v. 15 et seq., et ses prédictions n'ont été que trop bien accomplies. Pour démontrer que le gouvernement *théocratique* était vicieux en lui-même, il aurait fallu faire voir que les Juifs furent malheureux dans le temps même auquel ils furent le plus soumis à leurs lois, c'est ce que notre dissertateur n'a eu garde d'entreprendre. Et comme il est ordinaire à un philosophe irréligieux de déraisonner, celui-ci finit sa diatribe en disant que la *théocratie* devrait être partout, puisque tout homme, ou prince, ou batelier, doit obéir aux lois naturelles et éternelles que Dieu lui a données : or, ces lois naturelles et éternelles sont les premières que Dieu avait intimées aux Juifs ; elles sont dans le code de Moïse à la tête de toutes les autres, et toutes les autres tendaient à faire observer exactement celle-là ; ce code ne pouvait donc pas être mauvais. *Voy.* JUIFS, § 3.

THÉODORE DE MOPSUESTE, écrivain célèbre qui a vécu sur la fin du IV° et au commencement du V° siècle de l'Eglise. Dans sa jeunesse il avait été le condisciple et l'ami de saint Jean Chrysostome, et il avait embrassé comme lui la vie monastique. Il s'en dégoûta quelque temps après, reprit le soin des affaires séculières et forma le dessein de se marier. Saint Jean Chrysostome, affligé de cette inconstance, lui écrivit deux lettres très-touchantes pour le ramener à son premier genre de vie. Elles sont intitulées *ad Theodorum lapsum*, et se trouvent au commencement du premier tome des ouvrages du saint docteur ; ce ne fut pas en vain : Théodore céda aux vives et tendres exhortations de son ami, et renonça de nouveau à la vie séculière ; il fut dans la suite promu au sacerdoce à Antioche, et devint évêque de la ville de *Mopsueste* en Cilicie. On ne peut pas lui refuser beaucoup d'esprit, une grande érudition, et un zèle très-actif contre les hérétiques ; il écrivit contre les ariens, contre les apollinaristes et contre les eunomiens ; l'on prétend même que souvent il poussa ce zèle trop loin, et qu'il usa plus d'une fois de violence contre les hétérodoxes. Mais il ne sut pas se préserver lui-même du vice qu'il voulait réprimer. Imbu de la doctrine de Diodore de Tarse, son maître, il la fit goûter à Nestorius, et il répandit les premières semences du pélagianisme. On l'accuse en effet d'avoir enseigné qu'il y avait deux personnes en Jésus-Christ, qu'entre la personne divine et la personne humaine il n'y avait qu'une union morale ; d'avoir soutenu que le Saint-Esprit procède du Père et non du Fils ; d'avoir nié, comme Pélage, la communication et les suites du péché originel dans tous les hommes. Le savant Ittigius, *Dissert.* 7, § 13, a fait voir que le pélagianisme de *Théodore de Mopsueste* est sensible, surtout dans l'ouvrage qu'il fit contre un certain *Aram* ou *Aramus*, et que sous ce nom, qui signifie *Syrien*, il voulait désigner saint Jérôme, parce que ce Père avait passé la plus grande partie de sa vie dans la Palestine, et qu'il avait écrit trois dialogues contre Pélage. De plus Assémani, *Biblioth. orient.*, t. IV, c. 7, § 2, reproche à *Théodore* d'avoir nié l'éternité des peines de l'enfer, et d'avoir retranché du canon plusieurs livres sacrés. Il fit un nouveau symbole et une liturgie dont les nestoriens se servent encore.

Il exerça aussi sa plume contre Origène et contre tous ceux qui expliquaient l'Ecriture sainte comme ce Père dans un sens allégorique. Ebedjésu, dans son *Catalogue des écrivains nestoriens*, lui attribue un ouvrage en cinq livres, *contra Allegoricos*. Dans ses *Commentaires sur l'Ecriture sainte*, qu'il expliqua, dit-on, tout entière, il s'attacha constamment au seul sens littéral. Il en a été beaucoup loué par Mosheim, *Hist. ecclés.*, V° siècle, II° part., c. 3, § 3 et 5, et celui-ci blâme d'autant les Pères de l'Eglise qui en ont agi autrement. *Voy.* ALLÉGORIE. Mais s'il faut juger de la bonté d'une méthode par le succès, celle de *Théodore* et de ses imitateurs n'a pas toujours été heureuse, puisqu'elle ne l'a pas préservé de tomber dans des erreurs. Il donna du *Cantique des cantiques* une explication toute profane qui scandalisa beaucoup ses contemporains ; en interprétant les prophètes, il détourna le sens de plusieurs passages que l'on avait jusqu'à lors appliqués à Jésus-Christ, et il favorisa l'incrédulité des juifs. On a fait parmi les modernes le même reproche à Grotius, et les sociniens en général ne l'ont que trop mérité. Le docteur Lardner, qui a donné une liste assez longue des ouvrages de *Théodore de Mopsueste*, *Credibility of the Gospel History*, t. XI, p. 399, en rapporte un passage tiré de son *Commentaire sur l'Evangile de saint Jean*, qui n'est pas favorable à la divinité de Jésus-Christ ; aussi les nestoriens n'admettaient-ils ce dogme que dans un sens très-impropre. *Voy.* NESTORIANISME. C'est donc avec affectation très-imprudente de la part des critiques protestants de douter si *Théodore* a véritablement enseigné l'erreur de Nestorius, s'il n'a pas été calomnié par les allégoristes contre lesquels il avait écrit. Il n'est pas besoin d'une autre preuve de son hérésie, que du respect que les nestoriens ont pour sa mémoire ; ils le regardent comme un de leurs principaux docteurs, ils l'honorent comme un saint, ils font le plus grand cas de ses écrits, ils célèbrent sa liturgie. Il est vrai que cet évêque mourut dans la communion de l'Eglise, sans avoir été flétri par aucune censure ; mais l'an 553, le II° concile de Constantinople condamna ses écrits comme infectés du nestorianisme. Le plus grand nombre est perdu, il n'en reste que des fragments dans Photius et ailleurs ; mais on est persuadé qu'une bonne partie de ses commentaires sur l'Ecriture sont encore entre les mains des nestoriens. On ajoute que son *Commentaire sur les douze petits prophètes* est conservé dans la bibliothèque de l'empereur, et M. le duc d'Orléans, mort à Sainte-Geneviève en 1752, à prouvé, dans une savante dissertation, que le commentaire sur les psaumes qui porte le nom de Théodore d'Antioche dans la *Chaîne* du Père Cordier est de Théodore de Mopsueste.

THÉODORET, évêque de Cyr, dans la province euphratésienne, né à Antioche, selon les uns en 386, selon d'autres en 393, et mort l'an 458, a été l'un des plus savants et des plus célèbres Pères de l'Eglise. A la connaissance des langues grecque hébraïque et syriaque, il joignit une grande érudition sacrée et profane, et beaucoup d'éloquence. Prévenu d'estime et d'amitié pour Nestorius, il eut pendant longtemps de la répugnance à le croire coupable d'hérésie ; il crut qu'il pensait mieux qu'il ne parlait, et il l'exhorta plus d'une fois à s'expliquer, mais il ne put rien obtenir de cet opiniâtre. Indisposé d'ailleurs contre saint Cyrille d'Alexandrie, antagoniste de Nestorius, il crut apercevoir dans ses ouvrages les erreurs d'Apollinaire, et il écrivit contre lui avec beaucoup d'aigreur ; mais, détrompé dans la suite, il se réconcilia avec saint Cyrille, et reconnut la catholicité de sa doctrine. Attaqué personnellement à son tour par les eutychiens, comme partisan de Nestorius, et appelé au concile général de Chalcédoine, il présenta dans la septième session, tenue le 26 octobre 451, une requête pour demander que l'on examinât ses écrits et sa foi ; on lui répondit qu'il suffisait qu'il dît anathème à Nestorius ; il le fit, et on le déclara catholique ; il n'y a aucun lieu de douter que cet anathème n'ait été sincère, la conduite de Nestorius l'avait détrompé sur le compte de cet hérésiarque.

Mais les écrits de *Théodoret* contre saint Cyrille subsistaient, et en les composant dans les premières chaleurs de la dispute, il ne s'était pas toujours exprimé avec assez d'exactitude. Aussi l'an 553, quoiqu'il fût mort dans la paix de l'Eglise et absous par le concile de Chalcédoine, ses mêmes écrits furent examinés avec rigueur dans le deuxième concile de Constantinople, et condamnés avec ceux d'Ibas et de Théodore de Mopsueste ; c'est ce que l'on a nommé *les trois Chapitres. Voy.* CONSTANTINOPLE.

Outre l'*Histoire ecclésiastique* de *Théodoret*, qui est la continuation de celle d'Eusèbe, on a de lui des *Commentaires sur l'Ecriture sainte*, l'*Histoire des Hérésies*, les *Vies* de trente solitaires, la *Thérapeutique* en douze discours destinés à guérir les préjugés des païens contre le christianisme, dix sermons ou discours sur la Providence, des dialogues contre les eutychiens, des lettres, etc. Ces ouvrages furent publiés par le P. Sirmond, à Paris, en 1642, en quatre volumes in-fol. Le P. Garnier y en ajouta un cinquième en 1684. Ce nouvel éditeur, dans ses dissertations, a traité *Théodoret* avec trop de rigueur ; il lui a imputé des erreurs desquelles il est facile de le disculper. Il pousse l'injustice de ses soupçons jusqu'à croire que *Théodoret* n'a fait son *Histoire des Hérésies* que pour avoir occasion de rendre suspecte la foi de saint Cyrille et des orthodoxes, en faisant l'apologie de sa propre croyance et de celle de Nestorius. Comme dans le quatrième livre, c. 11, il condamne absolument le nestorianisme, le P. Garnier soupçonne encore que ce chapitre a été ajouté par une autre main. C'est pousser trop loin la prévention. Aussi le P. Sirmond, le P. Alexandre, Tillemont, Ittigius, Graveson et d'autres critiques, ont été plus équitables ; ils ont justifié *Théodoret*. On peut voir une bonne notice de sa vie et de ses ouvrages, *Vies des Pères et des Martyrs*, t. I, p. 464, et dans Lardner, *Credibility*, etc., t. XIII, c. 131.

Il y a dans la *Bibliothèque germanique*, t. XLVIII, une dissertation de M. Baratier, savant précoce, mort avant l'âge de vingt ans, dans laquelle il a entrepris de prouver que les *Dialogues contre les eutychiens* et les *Vies des solitaires* ne sont pas de *Théodoret* ; Lardner juge qu'en effet ces *Dialogues sur l'Incarnation* sont supposés ; quant aux *Vies des solitaires*, intitulées *Philotée*, il pense qu'elles ont pu être interpolées, qu'il y a des méprises indignes d'un savant tel que *Théodoret*, et des faits qui ne s'accordent pas avec ce qu'il a rapporté dans son *Histoire ecclésiastique*. Mais ces critiques auraient dû faire attention qu'un savant très-laborieux, et qui a beaucoup écrit, a pu oublier dans ses derniers ouvrages ce qu'il avait dit dans les premiers, et corriger des fautes qu'il avait commises, sans se donner la peine de les effacer dans ses écrits précédents. Pour en juger avec certitude, il faudrait savoir exactement les dates des différents ouvrages de *Théodoret*, et peut-être avoir ceux qui nous manquent ; sans cela les conjectures peuvent toujours être fautives.

Dans ses *Discours sur la Providence*, ce Père fait paraître une connaissance de la physique et de l'histoire naturelle plus étendue que son siècle ne semblait le comporter. Après avoir montré la sagesse et les attentions de la Providence dans l'ordre de la nature et dans l'ordre de la société, il montre dans le dixième cette même sagesse dans l'ordre de la grâce, et il y donne la plus haute idée du bienfait de la rédemption. La *Thérapeutique* est une excellente apologie du christianisme, et une démonstration complète des erreurs, des absurdités et des désordres qui régnaient dans le paganisme ; on y voit que *Théodoret* était parfaitement instruit de tous les systèmes de la philosophie païenne ; il semble y avoir eu le dessein de réfuter les calomnies et les sophismes de l'empereur Julien.

En rendant compte de cet ouvrage, Lardner, après avoir donné de grands éloges aux talents et à l'éloquence de l'auteur, lui sait gré de l'apologie qu'il a faite, dans le v.[e] livre, du culte rendu aux martyrs ; il lui reproche d'avoir dit aux païens que Dieu a mis les martyrs à la place de leurs divinités. L'Ecriture, dit-il, ne nous a point enseigné ce culte, les martyrs des premiers temps de l'Eglise n'ont jamais ambitionné cet honneur ; ils détestaient toute espèce d'idolâtrie, ils ont donné leur vie plutôt que de rendre leur adoration à d'autres qu'à Dieu seul et à son Christ. — C'est au moins pour la centième fois que les protestants répètent contre nous cette accusation d'idolâtrie, et nous en avons démontré l'injustice au mot PAGANISME, § 6. 1° Il est faux que *Théodoret* dise que les martyrs ont été mis à la place des divinités du paganisme; il déclare au contraire que les martyrs ne sont ni des génies ni des démons, comme les païens le pensaient à l'égard de leurs dieux; il montre la différence qu'il y a entre le culte que les chrétiens rendent aux martyrs, et celui que les païens rendaient à leurs héros. 2° Il est à présumer que *Théodoret*, très-instruit de la doctrine de l'Ecriture sainte et de l'histoire des premiers temps de l'Eglise, était pour le moins aussi capable qu'un protestant du dix-huitième siècle de juger si un culte était ou n'était pas idolâtre, et s'il avait ou n'avait pas été pratiqué dès la naissance du christianisme. *Voy.* MARTYR, § 6.

Barbeyrac, *Traité de la morale des Pères*, c. 17, § 3, blâme *Théodoret* d'avoir approuvé le refus que fit un évêque de Perse de rebâtir un temple du feu qu'il avait brûlé, et d'avoir donné pour raison que, dans cette circonstance, rebâtir un temple au feu eût été un crime égal à celui de l'adorer comme les Perses, *Hist. ecclés.*, l. v, c. 39. Déjà au mot MARTYR, § 3, nous avons fait voir que *Théodoret* n'a pas exactement rapporté le fait dont il s'agit. Assémani, *Biblioth. orient.*, t. III, p. 371, a prouvé, par le témoignage des auteurs syriens, que le temple du feu n'avait pas été brûlé par cet évêque nommé Abdas ou Abdaa, mais par un prêtre de son clergé. *Théodoret*, après avoir blâmé ce trait de faux zèle, a donc pu approuver le refus de cet évêque, 1° parce qu'il y avait de l'injustice à le rendre responsable du fait d'autrui; 2° parce que les chrétiens auraient pu être scandalisés de ce qu'il rebâtissait un temple de la destruction duquel il n'était pas coupable, et que les ennemis du christianisme en auraient triomphé. Une circonstance de plus ou de moins suffit pour changer absolument la nature d'un fait. C'est donc mal à propos que Bayle et la foule des incrédules ont tant insisté sur celui-ci, pour faire voir les excès auxquels le zèle de religion a coutume de se porter; pour prouver que les chrétiens ont souvent été des séditieux qui méritaient d'être punis, et que les Pères de l'Eglise ont quelquefois donné de mauvaises leçons de morale. C'est presque le seul trait d'un faux zèle qu'ils aient pu citer dans toute l'antiquité ecclésiastique.

THÉODOTIENS, sectateurs de Théodote de Byzance, surnommé le *Corroyeur* à cause de sa profession, hérétique qui forma un parti sur la fin du IIe siècle. Les auteurs ecclésiastiques qui en ont parlé s'accordent à rapporter que, pendant la persécution que souffrirent les chrétiens sous Marc-Aurèle, *Théodote* arrêté avec plusieurs autres n'eut pas le courage d'être martyr, qu'il renia Jésus-Christ pour échapper au supplice. Couvert d'ignominie dès ce moment, il crut éviter la honte en se sauvant à Rome; mais il fut reconnu et autant détesté des chrétiens que dans sa patrie. Pour pallier son crime, il dit que, suivant l'Evangile, *celui qui a blasphémé contre le Fils de l'homme sera pardonné*; il osa même ajouter qu'il avait renié un homme et non un Dieu, que Jésus-Christ n'avait rien au-dessus des autres hommes qu'une naissance miraculeuse, des dons de la grâce plus abondants et des vertus plus parfaites. Il fut condamné et excommunié par le pape Victor, qui, suivant les chronologistes, tint le siège de Rome depuis l'an 185 jusqu'en 197. A peu près dans le même temps, un certain Artémas ou Artémon répandit encore à Rome une doctrine semblable, et trouva aussi des disciples qui furent nommés *Artémonites*. Il disait que Jésus-Christ n'avait commencé à recevoir la divinité qu'à sa naissance. On comprend que par la divinité il entendait seulement des qualités divines, et que, suivant son opinion, Jésus-Christ ne pouvait être appelé *Dieu* que dans un sens impropre.

Il est difficile de savoir précisément en quoi la doctrine de ces deux hérétiques s'accordait ou se contredisait, les anciens ne nous l'apprennent pas assez clairement. Il est seulement probable que les partisans de l'une et de l'autre se réunirent et ne formèrent qu'une seule secte, qui ne fut ni fort nombreuse ni de longue durée. En effet, un ancien auteur que l'on croit être Caïus, prêtre de Rome, qui avait écrit contre Artémon, et duquel Eusèbe a rapporté les paroles, *Hist. ecclés.*, l. v, c. 28, semble confondre ensemble les *théodotiens* et les *artémonites*; il leur fait les mêmes reproches. Ces sectaires, dit-il, soutiennent que leur doctrine n'est pas nouvelle, qu'elle a été enseignée par les apôtres, et suivie dans l'Eglise jusqu'au pontificat de Victor et de Zéphyrin son successeur, mais que la vérité a été altérée depuis ce temps-là: or, on les réfute non-seulement par les divines Ecritures, mais par les écrits de ceux de nos frères qui ont vécu avant Victor, par les hymnes et les cantiques des premiers fidèles qui attribuent la divinité à Jésus-Christ, enfin par la censure portée par Victor contre Théodote. Ce même auteur les accuse, non-seulement de pervertir le sens des Ecritures par des subtilités de logique, mais d'en avoir corrompu le texte, et il le prouve par la confrontation de leurs copies avec les exemplaires plus anciens qu'eux, et par la diversité de leurs prétendues corrections, de rejeter même la loi et les prophètes, sous prétexte que la grâce de l'Evangile leur suffit.

S'il était certain que les extraits de Théodote, qui se trouvent à la suite des ouvrages de Clément d'Alexandrie, sont de Théodote le Corroyeur, il faudrait lui attribuer encore d'autres erreurs; mais il y a eu un second Théodote, surnommé *le Changeur* ou *le Banquier*, disciple du premier, et qui fut le chef de la secte des melchisédéciens; on en connaît un troisième de même nom, qui était disciple de Valentin. Or, l'auteur des extraits enseigne que le Fils de Dieu, les anges, les âmes humaines et les démons sont corporels, que les anges sont de différents sexes, que Jésus-Christ avait besoin de rédemption, et qu'il l'obtint lorsqu'une colombe descendit sur lui après son baptême; que Dieu le Père avait souffert en Jésus-Christ, avait deux âmes, l'une matérielle, l'autre spirituelle et divine, qui se sépara de lui avant sa passion; que les choses de ce monde, et même les actions humaines, sont déterminées par le cours des astres, etc. Ces rêveries semblent plus analogues aux erreurs des valentiniens qu'à celle des *théodotiens*.

Quoi qu'il en soit, on peut faire sur ces anciennes hérésies des réflexions importantes. 1° Théodote, intéressé par son système à déprimer Jésus-Christ, avouait cependant sa naissance miraculeuse et son éminente sainteté; il jugeait donc que la narration des évangélistes était inattaquable. 2° Il s'ensuit qu'au II° siècle la divinité de Jésus-Christ était un dogme universellement cru dans l'Eglise, et regardé comme un article fondamental du christianisme; sans cette raison, l'apostasie n'aurait pas été considérée comme un crime si énorme. 3° L'on était convaincu que ce dogme était clairement enseigné dans l'Ecriture sainte et même dans les prophéties, l'on y donnait donc pour lors le même sens que nous y donnons, puisque, pour soutenir leurs erreurs, les *théodotiens* étaient réduits à corrompre les unes et à rejeter les autres. 4° L'on était persuadé comme aujourd'hui que saint Justin, Tatien, Miltiade, saint Irénée, Clément d'Alexandrie, Méliton, etc., avaient formellement professé la divinité de Jésus-Christ, puisque l'on opposait leur témoignage à ceux qui la niaient; de quel front les sociniens peuvent-ils aujourd'hui soutenir le contraire? 5° Pour réfuter les hérétiques, on ne se bornait pas à leur citer l'Ecriture sainte; on leur alléguait encore la tradition, la doctrine des Pères, les cantiques de l'Eglise, la prédication publique et générale, comme nous faisons encore. C'est aux hétérodoxes de voir les conséquences que nous sommes en droit de tirer contre eux de tous ces faits. *Voy.* Tillemont, tom. III, p. 68; Pluquet, *Dict. des Hérésies*, etc.

THÉODOTION, traducteur du texte hébreu. *Voy.* SEPTANTE, § 3; VERSION, etc.

THÉOLOGAL (*Droit canon* [1].) est un chanoine dont les fonctions consistent à prêcher et enseigner dans une église cathédrale ou collégiale. L'établissement des *théologaux* remonte au concile de Latran, tenu en 1179 sous Alexandre III. Il y fut ordonné qu'on établirait un *théologal* dans chaque église métropolitaine, pour enseigner la théologie aux ecclésiastiques de la province qui seraient en état de l'étudier. Ce décret demeura néanmoins sans exécution dans plusieurs églises jusqu'en 1431, qu'il fut ordonné par le concile de Bâle, qu'il y aurait un *théologal* dans toutes les églises cathédrales; que quelque collateur que ce fût serait tenu,

(1) Ancienne jurisprudence. — Article reproduit après l'édition de Liége.

sitôt que l'occasion s'en présenterait, de nommer pour chanoine un prêtre licencié ou bachelier formé en théologie, qui eût étudié dix ans dans quelque université privilégiée, pour faire des leçons deux fois, ou au moins une fois par semaine, et qu'autant de fois qu'il y manquerait, il pourrait être privé, à l'arbitrage du chapitre, des distributions de toute une semaine. Le concile de Trente approuva cet établissement des *théologaux*, et il a pareillement été autorisé par les ordonnances de nos rois. L'article 8 de celle d'Orléans porte que dans chaque église cathédrale ou collégiale, il sera réservé une prébende affectée à un docteur en théologie, à la charge qu'il prêchera et annoncera la parole de Dieu chaque jour de dimanche et de fête solennelle, et qu'il fera, trois autres jours de la semaine, une leçon publique de l'Ecriture sainte. L'ordonnance de Blois ordonne l'exécution des dispositions précédentes, excepté pour les églises où il n'y a que dix prébendes avec la principale dignité; et l'édit du mois d'avril 1695 veut que les *théologaux* puissent, ainsi que les curés, prêcher dans les églises où ils sont établis, sans qu'il leur faille aucune permission plus spéciale. Les patrons et collateurs ont la disposition des prébendes *théologales* comme des autres prébendes, pourvu toutefois qu'ils en disposent en faveur des personnes qui aient les qualités requises. Les lois qui ont établi les *théologaux* n'ont donné aucune atteinte à ce droit des patrons et collateurs, et l'on trouve dans les *Mémoires du clergé*, que l'évêque de Vabres, ayant voulu contester à son chapitre la collation de la prébende *théologale*, fut débouté de sa prétention par un arrêt du parlement de Toulouse, qui maintint le chapitre dans le droit de nommer à cette prébende. Mais comme l'emploi des *théologaux* est une principale partie du ministère des évêques, ils ne peuvent faire aucune des fonctions attachées à leur droit avant d'avoir obtenu, pour cet effet, l'approbation et mission canonique. C'est ce qui résulte particulièrement de l'édit du mois de janvier 1682.

Si l'on s'en tenait aux termes des décrets des conciles, de la Pragmatique et du Concordat, il suffirait d'être bachelier formé en théologie, pour être pourvu d'une prébende *théologale*. Telle est l'opinion de l'éditeur des *Mémoires du clergé*, mais cette opinion est une erreur. Les ordonnances d'Orléans et de Blois ont affecté les prébendes *théologales* aux théologiens, c'est-à-dire aux docteurs en théologie, sans qu'elles pussent être conférées à gens qui ne seraient pas de cette qualité. C'est d'ailleurs ce qu'ont jugé deux arrêts, l'un du 17 août 1721, rendu pour la prébende *théologale* de Beaune, et l'autre du 11 février 1626, rendu pour celle de Senlis. Le parlement de Paris a même jugé, par un arrêt du 17 avril 1651, qu'il y avait abus dans une signature de cour de Rome accordée par le pape au sieur de Gest, pour la prébende *théologale* de l'église de Toulouse, à condition qu'*il prendrait le bonnet de doc-*

teur dans l'année, et le dévolutaire fut maintenu. Il suit de cet arrêt que le degré de docteur est requis dans le temps de la provision de cour de Rome, et qu'il ne suffit pas de l'avoir au moment du *visa*. Les religieux sont incapables de posséder des prébendes *théologales*, quand même ils seraient docteurs en théologie et bons prédicateurs. Soëfve rapporte un arrêt du 17 avril 1663 qui l'a ainsi jugé contre un jacobin. Desnoyers, sur les définitions canoniques, cite un arrêt du 8 juillet 1690, par lequel il a été jugé contre le chapitre d'Angoulême, que quand l'évêque avait conféré la prébende *théologale*, le chapitre n'était pas partie capable d'opposer l'incapacité du sujet ; mais cela ne doit s'entendre que de l'incapacité relative aux mœurs ou à la doctrine, et non de celle qui concerne les degrés ou la qualité de séculier.

Quoique, par les ordonnances d'Orléans et de Blois, les théologiens aient été chargés, comme on l'a vu, de prêcher tous les dimanches et fêtes solennelles, et de faire trois fois la semaine des leçons sur l'Ecriture sainte, il y a des églises, comme celle de Paris, où les *théologaux* ne sont obligés qu'à faire trois ou quatre sermons par année, sans être tenus de faire aucune leçon, attendu que dans ces églises il y a des sermons fondés, et des universités où l'on enseigne la théologie. Dans d'autres églises, la modicité du revenu des prébendes *théologales*, la clause des actes d'établissement de ces prébendes, et d'autres circonstances particulières, ont également fait diminuer les obligations des *théologaux*.

Suivant le concile de Bâle, la Pragmatique et le Concordat, le *théologal* qui remplit ses devoirs, est tenu présent à l'office divin, et quoiqu'il n'y ait pas assisté, il peut percevoir généralement tous les fruits de sa prébende comme les chanoines qui ont été assidus. Les ordonnances d'Orléans et de Blois sont conformes à ces dispositions. Il a de plus été jugé, par arrêt du parlement de Toulouse, du 3 décembre 1676, que les *théologaux* devaient être réputés présents, même pour les obits et autres distributions manuelles; et Rebuffe, sur le Concordat, cite deux arrêts du 4 janvier 1523 et 20 janvier 1544, qui ont déclaré abusifs les statuts contraires à ce privilège des *théologaux*. Observez néanmoins que les ordonnances n'ayant établi le principe dont il s'agit en faveur des *théologaux* qu'en considération de leurs obligations de prêcher et d'enseigner, il ne doit point avoir lieu dans les églises où ils sont déchargés de ces devoirs. Dans ces églises, l'étendue du privilège du *théologal* peut être réglée par les statuts du chapitre. Un arrêt du parlement d'Aix, du 26 mars 1683, a jugé qu'un *théologal* ne devait point être député pour aller poursuivre des procès hors du lieu de sa résidence. La prébende *théologale* est sujette à la régale et aux expectatives qui ont lieu dans le royaume.

THÉOLOGALE (vertu). On appelle *vertus théologales* celles qui ont pour objet Dieu lui-même, et pour motif une de ses perfections. Ainsi la foi, par laquelle nous croyons à Dieu et à sa parole, parce qu'il est la vérité même, incapable de se tromper, ou de nous induire en erreur ; l'espérance, par laquelle nous nous confions à ses promesses, parce qu'il est fidèle à les remplir ; la charité, par laquelle nous aimons Dieu à cause de sa bonté infinie, sont les trois vertus *théologales* : nous avons parlé de chacune en particulier. On appelle *vertus morales* celles qui ont pour objet immédiat, non Dieu lui-même, mais les actions que Dieu commande, et pour motif la justice qu'il y a d'obéir à Dieu. Les païens ont été capables de quelques vertus morales, mais ils n'avaient aucune idée des vertus *théologales*, parce qu'elles supposent la révélation et une connaissance surnaturelle des attributs de Dieu. *Voy.* VERTU.

Il faut beaucoup de précision pour comprendre que la religion est une vertu morale et non une vertu *théologale*. Comme l'acte essentiel de la religion est l'adoration intérieure qui a Dieu pour objet et sa grandeur suprême pour motif, il semble d'abord qu'il n'y a aucune différence entre cette vertu et les trois dont nous avons parlé. Mais il faut faire attention que la religion peut être une vertu naturelle, quoique très-imparfaite, et toujours abusive lorsqu'elle n'est pas éclairée et dirigée par la révélation ; au lieu que la foi, l'espérance et la charité supposent nécessairement une connaissance surnaturelle de Dieu.

THÉOLOGIE. Suivant l'énergie du terme, c'est la science de Dieu et des choses divines, par conséquent la plus nécessaire de toutes les connaissances; elle ne peut paraître indifférente qu'à ceux qui ne veulent ni Dieu, ni religion (1). L'on a coutume de la distinguer en *théologie naturelle* et *théologie surnaturelle*, et l'on entend par la première la connaissance de la Divinité, telle qu'on peut l'acquérir par les seules lumières de la raison. Cette distinction paraît fondée sur ce qu'a dit saint Paul, *Rom.*, c. I, v. 20, que *ce qu'il y a d'invisible en Dieu est devenu visible depuis la création, par les ouvrages qu'il a faits, même sa puissance éternelle et sa divinité, de manière que ceux qui ont connu Dieu, et ne l'ont pas glorifié comme Dieu, sont inexcusables*. Mais le même apôtre nous avertit aussi, *I Cor.*, c. II, v. 11, que *comme ce qui est de l'homme ne peut être connu que par l'esprit de l'homme, ainsi ce qui est de Dieu ne peut être connu que par l'esprit de Dieu*. Or, par *l'esprit de Dieu*, saint Paul entend certainement la lumière surnaturelle acquise par révélation. Par là il nous fait comprendre que la connaissance de Dieu et de ses desseins, qui vient des seules lumières naturelles, est toujours très-bornée et très-fautive. Nous en sommes convaincus par les

---

(1) *Voy.* à la fin du Dictionnaire de Théologie morale, où nous donnons, siècle par siècle, l'état de la science théologique.

erreurs grossières dans lesquelles sont tombés sur ce sujet les philosophes païens, qui étaient cependant les meilleurs génies de l'antiquité. Aussi les premiers docteurs chrétiens ont soutenu contre les païens que les écrivains hébreux, surtout les prophètes, éclairés par la révélation, ont été beaucoup meilleurs *théologiens* que tous les sages et les philosophes du paganisme.

Comme c'est uniquement de la *théologie chrétienne* que nous avons à parler, nous entendons sous ce nom la science ou la connaissance de Dieu et des choses divines, qui nous a été donnée par Jésus-Christ, par ses apôtres, par les prohètes et par les autres personnages que Dieu a chargés de nous enseigner. C'est donc une science qui, fondée sur des vérités révélées, en tire des conclusions sur Dieu, sur sa nature, sur ses attributs, sur ses volontés et ses desseins, et sur tout ce qui a rapport à Dieu. D'où il s'ensuit que la *théologie* réunit, dans sa manière de procéder, l'usage de la raison à la certitude de la révélation, et qu'elle est fondée en partie sur les lumières de la foi, et en partie sur celles de la nature ou de la philosophie.

Il s'est trouvé des critiques assez peu sensés pour blâmer ce mélange. En fait de religion, disent-ils, il faudrait s'en tenir précisément aux vérités révélées, telles qu'elles sont énoncées dans la parole de Dieu; dès que l'on se permet d'en raisonner, c'est une source intarissable de faux systèmes, de disputes et de divisions. Cette fureur des *théologiens* n'a servi qu'à défigurer la doctrine de Jésus-Christ et des apôtres, à faire naitre des schismes et des hérésies, à mettre aux prises toutes les sectes chrétiennes les unes contre les autres, etc.

S'en tenir à la pure parole de Dieu est un très-beau projet en spéculation; mais est-il possible? C'est la question. 1° Les philosophes païens ont attaqué le christianisme dès sa naissance : saint Paul s'en plaignait déjà ; suffisait-il d'opposer le texte des livres saints à des adversaires qui n'en reconnaissaient point la divinité, qui soutenaient que la doctrine de ces livres était opposée au sens commun et aux plus pures lumières de la raison ? Ou il fallait les laisser dogmatiser en liberté, séduire les fidèles, détruire enfin le christianisme, où l'on était obligé de leur démontrer que la doctrine de ces livres était plus raisonnable que la leur; donc il fallait absolument se servir contre eux du raisonnement et de la philosophie. Que les apôtres, qui prouvaient la vérité de leur prédication par des miracles, n'aient pas eu besoin d'autres arguments, cela se conçoit ; mais Dieu n'avait pas promis le même secours à leurs successeurs ; ceux-ci ont donc été obligés de battre les philosophes par leurs propres armes : c'est ce qu'ont fait nos anciens apologistes. 2° Les premiers hérétiques ont suivi la même marche que les philosophes; tous ceux qui ont pris le nom de *gnostiques* attaquaient nos mystères par des arguments philosophiques; ils faisaient profession d'en savoir plus que les apôtres et que tous les auteurs sacrés. On était donc forcé de leur prouver par des raisonnements l'absurdité de leurs principes, la contradiction de leur doctrine, l'opposition de leurs sentiments à ceux des meilleurs philosophes, et de leur faire voir que ceux-ci avaient enseigné plusieurs vérités confirmées par la révélation. Les marcionites et les manichéens admettaient deux principes, l'un du bien, l'autre du mal; ils rejetaient l'Ancien Testament et l'histoire de la création; il ne servait donc à rien de la leur opposer, on ne pouvait les réfuter que par les arguments qui démontrent l'unité de Dieu et la sagesse du Créateur. 3° Dans tous les siècles, la même chose est arrivée, et nous nous trouvons encore aujourd'hui dans le même cas que les docteurs chrétiens du 1er et du 11e siècle. Non-seulement les incrédules répètent toutes les objections des anciens hérétiques, et soutiennent que la doctrine de nos livres sacrés choque de front les lumières de la raison, mais les protestants attaquent le mystère de l'eucharistie par des raisonnements philosophiques; à l'exemple des ariens, les sociniens se servent des mêmes armes pour combattre le dogme de la Trinité et tous les autres mystères. On a beau leur opposer le texte de l'Ecriture sainte, ils en éludent toutes les conséquences par des interprétations arbitraires. Les déistes ne veulent admettre aucune révélation. Réfutera-t-on tous ces mécréants sans raisonner avec eux, et sans mêler la philosophie à la *théologie*? Ceux même qui blâment cette méthode sont forcés d'y avoir recours. Ils diront peut-être qu'à la vérité elle est absolument nécessaire, mais qu'elle doit être contenue dans de justes bornes ; nous y consentons, il ne reste plus qu'à savoir qui posera ces justes bornes qu'il ne sera plus permis de passer. *Voy.* PHILOSOPHIE et MÉTAPHYSIQUE.

Une question communément agitée entre les *théologiens* est de savoir quel est le degré de certitude des *conclusions théologiques*. On appelle ainsi les conséquences évidemment déduites de deux prémisses qui sont toutes deux révélées, ou dont l'une est révélée, et l'autre évidemment connue par la lumière naturelle, et l'on demande, 1° si ces conclusions sont aussi certaines que les propositions de foi; 2° si elles sont plus ou moins certaines que les conclusions des autres sciences; 3° si elles le sont autant que les premiers principes de géométrie, de philosophie, etc.

On convient généralement que la révélation immédiate de Dieu, proposée par l'Eglise, est le motif qui nous fait acquiescer aux vérités de foi, et que la connexion évidemment aperçue entre la révélation et la conclusion théologique qui s'ensuit, est le motif qui nous fait acquiescer à celle-ci. De là il est aisé d'inférer, 1° qu'une vérité de foi est plus certaine qu'une conclusion théologique, parce que la première est fondée sur la révélation immédiate de Dieu et l'infaillibilité de l'Eglise qui nous l'atteste, au lieu que la seconde est fondée sur une liaison aperçue par la lumière naturelle, lumière qui n'est pas aussi infaillible que la véracité de Dieu et que le témoignage de l'Eglise. 2° Que les conclusions théologiques sont plus certaines que celles des autres sciences en général, parce que ces dernières sont souvent fondées sur de simples conjectures, et que leur liaison avec les principes n'est pas aussi évidente que la liaison des conclusions théologiques avec la révélation immédiate de Dieu. 3° Plusieurs anciens *théologiens* ont soutenu que ces mêmes conclusions sont plus certaines que les premiers principes de nos connaissances, parce que ceux-ci ne sont pas aussi infaillibles que la révélation de Dieu. Mais la plupart des modernes pensent le contraire; la première raison qu'ils en donnent est que nous acquiesçons aussi promptement et aussi fortement à ces axiomes (1) : *Le tout est plus grand que la partie*, *deux choses égales à une troisième sont égales entre elles*, etc., qu'à celui-ci : *Dieu est la vérité même*. La seconde est que Dieu est également l'auteur de la raison et de la révélation, et que l'une nous est aussi nécessaire pour connaître les vérités naturelles, que l'autre pour connaître les vérités surnaturelles. La troisième est que c'est la raison qui nous conduit à la foi ; nous croyons fermement les vérités révélées, parce que nous savons par la raison que Dieu ne peut ni se tromper ni nous tromper nous-mêmes lorsqu'il daigne nous parler ; nous sommes certains qu'il nous a parlé, par les motifs de crédibilité dont il a revêtu sa parole ou la révélation ; et c'est encore à la raison de peser la valeur de ces motifs. Donc, disent-ils, il est impossible que le jugement par lequel nous y adhérons soit plus infaillible que celui par lequel nous acquiesçons aux premiers principes du raisonnement. Holden. *de Resolut. fidei*, l. 1, c. 3.

Comme toutes les vérités dont la théologie se propose l'examen sont ou spéculatives ou pratiques, elle se divise à cet égard en *théologie spéculative* et en *théologie morale*. La première est celle qui a pour objet d'exposer et de prouver les dogmes qu'il faut croire, et de les défendre contre ceux qui les attaquent. Parmi ces dogmes, les anciens Pères grecs appelaient spécialement *théologie* ceux qui regardent Dieu en lui-même, sa nature, ses attributs ; c'est pour cela qu'ils appelaient l'évangéliste saint Jean, le *théologien* par excellence, parce qu'il a enseigné la divinité du Verbe plus clairement que les autres apôtres, et que c'est par là qu'il a commencé son Evangile. Par la même raison saint Grégoire de Nazianze fut aussi surnommé le *théologien*, parce qu'il avait défendu avec beaucoup de force la divinité du Verbe contre les ariens. Dans ce sens les Grecs distinguaient la *théologie* d'avec ce qu'ils appelaient l'*économie*, c'est-à-dire la partie de la doctrine chrétienne qui traite

(1) *Voy.* Certitude, Science, Métaphysique.

du mystère de l'Incarnation, de la rédemption du monde, etc.

La *théologie morale* ou pratique est celle qui s'occupe à déterminer les devoirs que Dieu nous impose, et à montrer le vrai sens des préceptes de l'Evangile, qui traite des vertus et des vices, qui fait voir ce qui est juste ou injuste, permis ou défendu, qui enseigne aux fidèles leurs obligations dans les différents états, charges ou conditions dans lesquels ils peuvent se trouver. Les *théologiens* moraux se nomment aussi casuistes. *Voy.* ce mot.

Quelques ennemis de la religion n'ont pas rougi d'affirmer que la *théologie* a dénaturé les sciences et en a retardé les progrès ; nous avons fait voir le contraire aux mots Lettres et Sciences humaines.

Quant à la manière de la traiter, on distingue la *théologie positive*, la *théologie scolastique* et la *théologie mystique* ; il est bon de parler de chacune en particulier.

Théologie positive. C'est la méthode de prouver les vérités de la religion par l'Ecriture sainte et par la tradition ; elle suppose conséquemment la connaissance de la manière dont les dogmes révélés ont été attaqués par les hérétiques et défendus par les Pères de l'Eglise ; on ne peut la posséder parfaitement sans savoir l'histoire ecclésiastique, sans avoir une notion des différentes hérésies qui se sont élevées successivement, sans être familiarisé avec les ouvrages des Pères. Puisque la doctrine chrétienne est une doctrine révélée de Dieu, la *théologie* n'est point une science d'invention, mais de tradition ; par conséquent la *théologie positive* est la seule vraie *théologie*. C'est ainsi que les Pères, qui, après les écrivains sacrés, sont nos maîtres, l'ont traitée. Ils ne se sont pas bornés à prouver par l'Ecriture sainte les dogmes contestés, mais ils ont fondé le vrai sens de l'Ecriture sur la manière dont elle avait été entendue dans l'Eglise depuis les apôtres jusqu'à eux, et dont elle avait été expliquée par les apôtres qui les avaient précédés. Comme la plupart de ces saints personnages étaient recommandables par leur éloquence aussi bien que par leur érudition, ils n'ont pas négligé d'en faire usage, ils se sont servis des lettres humaines et des sciences profanes pour la défense de nos saintes vérités.

Aujourd'hui les ennemis de l'Eglise catholique ne sont pas moins habiles à travestir la doctrine des Pères qu'à tordre le sens de l'Ecriture sainte ; les *théologiens* sont donc obligés de chercher également dans ces deux sources la véritable intelligence des dogmes révélés. Après dix-sept siècles de combats contre des adversaires de toute espèce, on doit comprendre de quelle immense étendue est la carrière que doivent parcourir ceux qui se consacrent à l'étude de la *théologie*.

Les monuments de la révélation sont écrits dans deux langues, dont l'une a cessé d'être vivante depuis deux mille cinq cents ans, l'autre ne fut jamais commune dans nos climats. Dans toutes les disputes, les hétérodoxes, souvent incommodés par les versions, en appellent aux originaux, et nous sommes obligés de les consulter; nous ne nous en plaindrions pas, s'ils se bornaient à exiger cette précaution. Mais lorsque, pour détourner le sens d'un passage et pour en esquiver les conséquences, ils ont recours à des substitités de grammaire et de critique, à des changements de ponctuation, aux variantes des manuscrits, à l'ambiguïté d'un terme grec ou hébreu, à la différence des anciennes versions, etc., ils prouvent assez qu'ils sont bien résolus de n'être jamais convaincus; mais il serait honteux pour un *théologien* de ne pas être aussi exercé à défendre la vérité qu'ils le sont à soutenir l'erreur.

Un nouveau genre de travail nous est survenu depuis environ un siècle. Pour attaquer la vérité de l'histoire sainte, les incrédules ont fouillé dans les annales de tous les peuples et dans les écrits de tous les auteurs profanes; il a donc fallu vérifier tous ces témoignages, en peser la valeur, les comparer à celui des auteurs sacrés; et ceux qui en ont pris la peine y ont souvent trouvé des avantages auxquels ils ne s'attendaient pas. Pour renverser la chronologie de l'Ecriture sainte on a eu recours aux calculs astronomiques; mais cette nouvelle tentative n'a pas mieux réussi aux incrédules que la précédente. On a entrepris de justifier toutes les fausses religions aux dépens de la nôtre; par un parallèle injurieux on nous a opposé les livres des Chinois, le Zend-Avesta de Zoroastre, les Schasters des Indiens, l'Alcoran de Mahomet : les défenseurs du christianisme ont donc été obligés d'entrer dans toutes ces discussions, et jusqu'à présent il ne paraît pas qu'ils y aient eu le dessous. A présent c'est la physique, l'histoire naturelle, la cosmographie, dont on implore le secours ; après avoir interrogé les cieux, l'on descend dans les entrailles de la terre, dans le sein des mers, dans les débris des volcans, pour y trouver des preuves de l'antiquité du monde et de la fausseté de la cosmographie des livres saints. On a forgé sur ce sujet des systèmes et des conjectures de toute espèce; heureusement des physiciens plus sensés et plus habiles que les incrédules ont renversé tous ces édifices frivoles et ont fait voir que jusqu'à présent la narration des auteurs sacrés n'a reçu aucune atteinte. Ainsi, grâce à l'opiniâtreté des incrédules, aucune science ne peut être désormais étrangère aux *théologiens*; et, sans être obligés à aucune reconnaissance, ils ont reçu de leurs adversaires même des armes pour les vaincre.

Depuis que la *théologie* a fait de si grands progrès, il peut être permis de proposer, sans prétention , un plan peut-être plus convenable et plus régulier que celui que l'on a suivi jusqu'ici , pour former une *théologie* complète. Puisque c'est Dieu , ses attributs , ses desseins, ses opérations dans l'ordre de la nature et de la grâce, qui sont l'unique objet de cette science, il serait à souhaiter que le nom de Dieu fût à la tête de tous les traités *théologiques*. Ainsi l'on parlerait , 1° de Dieu en lui-même, de ses attributs, soit absolus, soit relatifs; 2° de Dieu créateur et conservateur, par conséquent de ses divers ouvrages; 3° de Dieu législateur, rémunérateur et vengeur de ses différentes lois, soit naturelles soit positives; 4° de Dieu Rédempteur et Sauveur; titre qui comprendrait la mission de Jésus-Christ, ses divins caractères, et l'économie générale du christianisme; 5° de Dieu sanctificateur, et des moyens que sa bonté emploie pour opérer ce grand ouvrage; 6° de Dieu dernière fin de toute choses. Il nous paraît que l'on pourrait aisément placer sous ces titres divers tous les objets dont les *théologiens* ont coutume de s'occuper. Mais ce n'est point à nous de prescrire de nouvelles méthodes; nous sommes faits pour recevoir la loi de nos maîtres et non pour la leur donner.

Dans un recueil de dissertations *théologiques*, publié par Mosheim en 1733, il y en a trois *de Theologo non contentioso*, et un discours *de Jesu Christo unice theologo imitando*. On y trouve de bonnes réflexions et des leçons très-sages; mais l'auteur lui-même ne les a pas exactement suivies. Il y montre tous les préjugés de sa secte ; il y renouvelle des reproches contre les *théologiens* catholiques dont on a cent fois démontré l'injustice; il y fait paraître une prévention incurable contre les Pères de l'Eglise; il tourne en ridicule le respect que nous avons pour eux. Le résultat de ses dissertations est qu'il faudrait qu'un *théologien* fût un ange exempt de tous les défauts de l'humanité. S'il y en eut jamais de tels parmi les luthériens, chose de laquelle il nous est très-permis de douter, ils ne ressemblaient guère aux fondateurs de la réforme. Plus d'une fois Mosheim a été forcé de convenir des excès dans lesquels ils sont tombés, et parmi les défauts qu'il a relevés, il n'en est aucun que l'on ne puisse leur reprocher avec justice. Il semble n'avoir fait son discours sur l'obligation d'imiter Jésus-Christ , seul parfait *théologien* , que pour prouver qu'il ne faut pas imiter les Pères. Certainement Jésus-Christ ne lui a donné ni cette leçon ni cet exemple; ainsi la prière par laquelle il lui demande la grâce de l'imiter ne paraît pas avoir été exaucée.

N'y a-t-il pas de l'indécence et du ridicule à prêcher aux *théologiens* la douceur, la modération, la patience , le sang-froid dans les disputes, pendant que l'on s'étudie à émouvoir leur bile par des impostures, par des calomnies, par des sarcasmes sanglants? C'est ce que font tous les jours les protestants fidèlement copiés par les incrédules. Par ces exhortations pathétiques , ils semblent nous dire : *Soyez modérés , paisibles , doux et patients, afin que nous puissions vous insulter et vous tourmenter impunément.*

L'on peut dire, malgré tous les reproches contraires, que si la *théologie* n'est pas encore portée au dernier degré de perfection , elle est du moins exempte , surtout dans l'université de Paris , de la plupart des défauts que l'on a reprochés aux *théologiens* scolastiques, desquels nous allons parler.

THÉOLOGIE SCOLASTIQUE, méthode d'enseiguer la *théologie* ou de traiter les matières de religion, qui s'introduisit dans l'Eglise pendant le XI° et le XII° siècle. Elle consistait, 1° à réduire toute la *théologie* en un seul corps, à distribuer les questions par ordre, de manière que l'une pût contribuer à éclaircir l'autre, à faire ainsi du tout un système lié, suivi et complet; 2° à observer dans les raisonnements les règles de la logique, à se servir des notions de la métaphysique, à concilier ainsi, autant qu'il est possible, la foi avec la religion, et la religion avec la philosophie. Jusque-là cette manière de procéder n'a rien de répréhensible, et l'on ne peut pas dire que, dans le XI° siècle, ces deux méthodes fussent absolument nouvelles. En effet, au VII° siècle, suivant ce que dit Mosheim, Tayo de Saragosse avait tenté de réduire la *théologie* en un seul corps; saint Jean Damascène y réussit mieux au VIII°, dans ses quatre livres *de la Foi orthodoxe*, et il se servit, pour éclaircir nos dogmes, de la philosophie d'Aristote. Longtemps avant lui nos anciens apologistes s'étaient attachés à faire voir que plusieurs vérités révélées avaient été, du moins confusément, aperçues par les meilleurs philosophes. Mais comme cet exemple n'avait pas été suivi par les théologiens latins, on regarde saint Anselme, archevêque de Cantorbéry, mort l'an 1109, comme le premier qui ait donné un système complet de *théologie*. Lanfranc son maître, dans ses disputes contre Bérenger au sujet de l'eucharistie, avait montré la méthode de concilier nos mystères avec les principes de la philosophie. On prétend que l'ouvrage de saint Anselme fut surpassé par celui d'Hildebert, archevêque de Tours, mort l'an 1132, qui, sur la fin du XI° siècle, donna un corps complet et universel de *théologie*.

Mosheim convient que ces premiers auteurs ne tombèrent dans aucun des défauts que l'on a justement reprochés à ceux qui sont venus après eux. Ils prouvèrent les vérités de la foi par des passages tirés de l'Ecriture sainte et des Pères de l'Eglise, et ils répondirent aux objections que l'on pouvait faire contre ces mêmes vérités par des arguments fondés sur la raison et la philosophie. *Hist. ecclés.*, XI° siècle, II° part., c. 3, § 5 et 6. Malheureusement cet exemple ne fut pas suivi. Pierre Lombard, docteur de Paris, et ensuite évêque de cette ville, mort l'an 1164, composa aussi un corps de *théologie*, dans lequel il distribua les questions avec méthode; il rassembla sur chacune, des *Sentences* ou des passages de l'Ecriture sainte et des Pères; c'est ce qui lui fit donner le nom de *Maître des Sentences*. S'il est vrai qu'il ait copié l'ouvrage d'Hildebert, il ne fut pas aussi sage. On lui reproche d'avoir traité beaucoup de questions inutiles et d'en avoir omis d'essentielles, d'avoir appuyé ses raisonnements sur des sens figurés ou allégoriques de l'Ecriture sainte qui ne prouvent rien, et d'y avoir mêlé sans nécessité une très-mauvaise philosophie. Son recueil est divisé en quatre livres, et chaque livre en plusieurs paragraphes. Comme les écoles de *théologie* de Paris étaient des plus célèbres, les *Sentences* de Pierre Lombard devinrent un livre classique et firent oublier l'ouvrage d'Hildebert. Pendant longtemps les théologiens ne firent autre chose que des commentaires sur le *Maître des Sentences;* c'est ce qui l'a fait regarder comme le père de la *théologie scolastique*. Il n'est que trop vrai que, dans la suite, ses disciples enchérirent beaucoup sur ses défauts. Non-seulement ils traitèrent une infinité de questions inutiles, frivoles et souvent ridicules, mais ils poussèrent à l'excès les subtilités de la logique et de la métaphysique; ils préférent de prouver les dogmes de la foi par des maximes d'Aristote plutôt que par l'Ecriture sainte et par la tradition; ils forgèrent des termes barbares et inintelligibles pour exprimer leurs idées; plusieurs s'attachèrent à rendre toutes les questions problématiques, à soutenir le pour et le contre, afin de faire briller la subtilité de leur génie, etc.

Dès le XII° siècle, plusieurs théologiens très-sensés, comme saint Bernard, Pierre le Chantre, Gauthier de Saint-Victor et quelques autres, s'opposèrent de toutes leurs forces aux progrès de la nouvelle méthode, et déclarèrent la guerre aux théologiens philosophes; ils ne purent arrêter le torrent. Dans le siècle suivant, les sectateurs de Pierre Lombard avaient prévalu; ceux qui s'attachaient à l'Ecriture sainte et à la tradition furent appelés *doctores biblici*, les autres se nommèrent *doctores sententiarii;* ceux-ci avaient toute la vogue et attiraient à eux la foule, pendant que les premiers virent souvent leurs écoles désertes. Le désordre s'accrut au point que les souverains pontifes en furent alarmés; Grégoire IX en écrivit de sanglants reproches aux docteurs de l'université de Paris, et leur ordonna rigoureusement d'en revenir à la méthode des anciens. Du Boulay, *Hist. Acad. Paris.*, t. III, p. 129. Nous ne devons donc pas être étonnés des déclamations qui ont été faites contre les *théologiens scolastiques*, non-seulement par les protestants, qui ont évidemment exagéré le mal, mais par plusieurs écrivains catholiques. Plusieurs ont confondu mal à propos les vices, les défauts, les travers personnels de quelques théologiens avec la méthode même, qui était susceptible de correction, puisqu'elle a été corrigée en effet. Mais nous n'avouerons pas aux protestants que ce sont eux qui ont opéré cette révolution: elle était commencée longtemps avant la naissance de leur prétendue réformation. Au XIV° siècle, Nicolas de Lyra, le cardinal Pierre Dailly, Grégoire de Rimini, etc.; au XV°, Gerson, Tostat, le cardinal Bessarion et d'autres, ne ressemblaient plus aux scolastiques du XIII°, où s'étaient formés Wiclef et Luther, que l'on nous vante comme des hommes d'un mérite supérieur et comme des savants du premier ordre, sinon dans les écoles de théologie telles qu'elles étaient de leur temps? Le dernier, dès qu'il parut, trouva des antagonistes qui en savaient pour le moins autant que lui, et qui pouvaient le lui disputer dans tous les genres d'érudition. Aussi plusieurs écrivains très-capables d'en juger ont-ils fait l'apologie de la *théologie scolastique*. « Ce qu'il y a, dit Bossuet, à considérer dans les scolastiques et dans saint Thomas, est ou le fond ou la méthode. Le fond, qui sont les décrets, les dogmes, les maximes constantes de l'école, ne sont autre chose que le pur esprit de la tradition des Pères ; la méthode, qui consiste dans cette manière contentieuse et dialectique de traiter les questions, aura son utilité, pourvu qu'on la donne non comme le but de la science, mais comme un moyen pour y avancer ceux qui commencent, ce qui est aussi le dessein de saint Thomas, dès le commencement de sa *Somme*, et ce qui doit être celui de ceux qui suivent sa méthode. On voit aussi par expérience que ceux qui n'ont pas commencé par là, et qui ont mis tout leur fort dans la critique, sont sujets à s'égarer beaucoup lorsqu'ils se jettent sur les matières de la *théologie*. Les Pères grecs et latins, loin d'avoir méprisé la dialectique, se sont servis souvent et utilement de ses définitions, de ses divisions, de ses syllogismes, et, pour tout dire en un mot, de sa méthode, qui n'est dans le fond que la *scolastique*. » *Défense de la tradition et des saints Pères*, l. III, c. 20. Si ce fait avait besoin de preuve, on pourrait le confirmer par l'exemple de saint Jean Damascène, qui fit un traité de logique afin d'apprendre aux *théologiens* à démêler les sophismes des hérétiques, et par l'opinion de Barbeyrac, qui prétend que saint Augustin est le père de la *scolastique; Traité de la morale des Pères de l'Église*, préf., p. 38 et 39. Leibnitz, protestant plus modéré que les autres, n'a pas imité leur prévention contre les *scolastiques*; voici comme il s'en explique : « J'ose dire que les plus anciens *scolastiques* sont fort au-dessus de quelques modernes, en pénétration, en solidité, en modestie, et agitent beaucoup moins de questions inutiles. » Il cite pour exemple la secte des *nominaux*. « Les *scolastiques* ont tâché d'employer utilement pour le christianisme ce qu'il y avait de passable dans la philosophie des païens. J'ai dit souvent qu'il y a de l'or caché dans la boue de la barbarie *scolastique*, et je souhaiterais que quelque habile homme versé dans cette philosophie eût l'inclination et la capacité d'en tirer ce qu'il y a de bon ; je suis sûr qu'il trouverait sa peine payée par de belles et importantes vérités. » *Esprit de Leibnitz*, t. II, p. 44 et 48.

Quand on est capable d'en juger sans prévention, l'on ne peut pas nier que la *scolastique* ne nous ait rendu un très-grand service : nous lui sommes redevables de l'ordre et de la méthode qui règnent dans nos compositions modernes, et que nous ne trouvons pas dans les anciens. Définir et expliquer les termes, poser des principes desquels tout le monde convient, en tirer les conséquences, prouver une proposition, résoudre les objections, c'est la marche des géomètres : elle est lente, mais elle est sûre ; elle amortit le feu de l'imagination, mais elle prévient les écarts ; elle déplaît à un génie bouillant, mais elle satisfait un esprit juste ; les hérétiques et les incrédules la détestent, parce qu'ils veulent déraisonner en liberté, séduire et non persuader. — Si du moins ils étaient d'accord avec eux-mêmes, on pourrait excuser leur prévention ; mais d'un côté ils blâment les anciens auteurs ecclésiastiques, parce qu'ils manquent d'ordre, de méthode, de précision, et ils censurent les *scolastiques*, parce que ceux-ci en ont trop à leur gré, ils leur reprochent d'avoir négligé l'Écriture sainte et la tradition, et, quand nous leur opposons l'une et l'autre, ils tordent la première et rejettent la seconde. Que faudrait-il pour les contenter? Un peu de la logique de l'école ne serait pas ici de trop. Cependant, si l'on veut juger du mérite d'un discours ou d'un traité écrit avec art, dans un style brillant et séduisant, il faut nécessairement en faire l'analyse, et cette analyse n'est autre chose que la forme *scolastique*. Si, avant de le composer, l'auteur n'a pas commencé par en dresser le canevas, l'on peut déjà présumer qu'il a fait des phrases et rien de plus. Si l'ouvrage est considérable, nous voulons ou une analyse exacte des livres et des chapitres, ou une table raisonnée des matières, qui nous mette en état de voir au premier coup d'œil ce qu'il contient ; c'est encore là réduire à la forme *scolastique*. Que l'on dise si l'on veut, que ce n'est là que le squelette de l'ouvrage, qu'ainsi la *scolastique* n'était que le squelette de la *théologie;* nous pourrons en convenir, mais sans cette charpente, l'ensemble ne peut avoir ni corps ni solidité.

Fra-Paolo, protestant sous l'habit de moine, et son commentateur, autre apostat, ont trouvé mauvais qu'au lieu de condamner les hérétiques, le concile de Trente n'ait pas commencé par condamner les *scolastiques*, qui avaient fait de la philosophie d'Aristote le fondement de la religion chrétienne, qui avaient négligé l'Écriture, qui avaient tourné tout en problème, jusqu'à révoquer en doute s'il y a un Dieu, et à disputer également pour et contre : *Hist. du conc. de Trente*, l. II, § 71, note 98. Il est évident que ce trait de la satire est une pure calomnie. Il suffit d'ouvrir la *Somme de saint Thomas*, pour voir que, quand il s'agit d'un dogme, ce saint docteur ne manque jamais d'apporter en preuves des passages de l'Écriture et des Pères, avant d'y ajouter des raisonnements philosophiques. Or, on sait quel degré d'autorité ce grand théologien a toujours eu parmi les *scolastiques*; le très-grand nombre l'ont suivi comme leur maître et leur modèle. Lorsqu'ils ont mis en question s'*il y a un Dieu*, ce n'est pas qu'ils en aient douté, ni pour tourner cette question en problème : c'était au contraire pour la prouver et pour résoudre les objections des athées, et parce qu'ils ont rapporté ces objections, il ne s'ensuit pas qu'ils ont disputé pour et contre. On suit encore aujourd'hui cette méthode dans les écoles ; il y a autant de démence que de malignité à la blâmer. Si parmi la foule des *scolastiques* il y en eut quelques-uns qui poussèrent trop loin l'entêtement pour Aristote et pour sa dialectique, comme Abailard et ses disciples, ils furent condamnés. Nous avons vu qu'au XIII° siècle Grégoire IX censura cet excès; mais il ne régnait plus du temps du concile de Trente; il n'y avait donc aucune raison de le proscrire de nouveau. Ce saint concile a fondé ses décisions sur l'Ecriture et sur la tradition, et non sur l'autorité d'Aristote.

Pendant plusieurs siècles, le nom de *scolastique* a signifié un docteur, un homme chargé d'enseigner; *écolâtre* en est la traduction. Dans la plupart des chapitres, cette fonction a passé au *théologal*.

THÉOLOGIE MYSTIQUE. Ceux qui en ont traité disent que ce n'est point une habitude ou une science acquise, telle que la *théologie spéculative*, mais une connaissance expérimentale, un goût pour Dieu, qui ne s'acquiert point et qu'on ne peut obtenir par soi-même, mais que Dieu communique à une âme dans la prière et dans la contemplation. C'est, disent-ils, un état surnaturel de prière passive, dans lequel une âme qui a étouffé en elle toutes les affections terrestres, qui s'est dégagée des choses visibles, et qui s'est accoutumée à converser dans le ciel, est tellement élevée par le Seigneur, que ses puissances sont fixées sur lui sans raisonnement et sans images corporelles représentées par l'imagination. Dans cet état, par une prière tranquille, mais très-fervente, et par une vue intérieure de l'esprit, elle regarde Dieu comme une lumière immense, éternelle, et, ravie en extase, elle contemple sa bonté infinie, son amour sans bornes et ses autres perfections adorables. Par cette opération, toutes ses affections et toutes ses puissances semblent transformées en Dieu par le pur amour; ou cette âme reste tranquillement dans la prière de la foi, ou elle emploie ses affections à produire les actes enflammés de louange, d'adoration, etc. Par cette description même on nous fait entendre que cet état n'est pas aisé à concevoir, et qu'il faut l'avoir éprouvé pour s'en former une juste idée. L'on ajoute qu'il ne faut ni le rechercher, ni le désirer, ni s'y complaire, parce qu'une pareille disposition conduirait à l'orgueil et jetterait dans l'illusion.

Nous ne doutons pas que Dieu, pour récompenser les vertus et la ferveur de certaines âmes, leur fidélité à son service et leur constance à s'occuper uniquement de lui, ne puisse les élever à ce haut degré de contemplation, et qu'il n'ait accordé en effet cette grâce à plusieurs saints. Mais il faut avouer aussi que les dispositions du tempérament, la chaleur de l'imagination, un mouvement secret d'orgueil, certaines maladies même, ont pu persuader faussement à plusieurs personnes qu'elles étaient parvenues à cet état sublime, et que les directeurs les plus habiles peuvent être quelquefois sujets à s'y tromper. *Voy.* CONTEMPLATION, EXTASE, ORAISON MENTALE, etc.

Laissons donc de côté les opérations merveilleuses de la grâce, puisqu'elles sont au-dessus de nos faibles conceptions; bornons-nous à justifier la vie contemplative en elle-même, la conduite de ceux qui s'y livrent, leurs principes, leurs maximes, leur langage qui est la *théologie mystique :* on peut le faire sans donner lieu à aucune erreur ni à aucun abus.

Il est aisé de comprendre que cette *théologie* ne peut pas plaire aux protestants. Comme ils ont intérêt de persuader que la doctrine de Jésus-Christ, ou le vrai christianisme, a commencé à dégénérer dès le second siècle, et que le mal est allé toujours en empirant jusqu'à la naissance de la réformation qu'ils y ont faite, ils ont cru trouver une des causes de cette corruption dans les imaginations de la *théologie mystique*, et ils se sont donné carrière pour la couvrir de ridicule. Mosheim en particulier, dans son *Histoire chrétienne* et dans son *Histoire ecclésiastique*, n'a rien négligé pour y réussir. Il n'est presque pas un seul siècle sous lequel il n'ait lancé des invectives contre la vie des contemplatifs; il l'appelle *mélancolie, démence, fanatisme, extravagance, délire de l'imagination*, etc. On est presque tenté de douter s'il n'a pas été lui-même atteint de la maladie dont il a voulu guérir les autres.

Avant d'examiner l'histoire satirique qu'il en a faite, voyons si les principes et les motifs qui ont dirigé la conduite des contemplatifs sont aussi chimériques et aussi mal fondés qu'il le prétend. Nous croyons les trouver dans l'Ecriture sainte; et puisque les protestants ne veulent point d'autre preuve, nous avons de quoi les satisfaire. 1° Jésus-Christ dit dans l'Evangile qu'il faut toujours prier, et jamais se lasser, *Luc.*, c. XVIII, v. 1. Il a confirmé cette leçon par son exemple; nous lisons qu'il passait les nuits entières à prier, c. VI, v. 12. Lorsqu'il demeura pendant quarante jours et pendant quarante nuits dans le désert, nous présumons qu'il employa principalement ce temps à la prière et à la contemplation. Pendant la nuit qui précéda sa passion, il se retira, *suivant sa coutume*, dans le jardin et sur la montagne des Oliviers; il y recommença sa prière jusqu'à trois fois, il reprit ses apôtres de ce qu'ils ne pouvaient veiller et prier pendant une heure avec lui, *Matth.* c. XXVI, v. 44; *Luc.*, c. XXII, v. 39. Saint Paul répète aux fidèles les leçons de notre divin maître; il les exhorte à prier en tout temps, à multiplier leurs oraisons et leurs demandes, à veiller et à prier surtout *en esprit*, *Ephes.*, c. VI, v. 18; à prier sans relâche, *I Thess.*, c. V, v. 17; *Rom.*, c. XII, v. 11; à joindre les veilles et les actions de grâces à leurs prières, *Coloss.*, c. IV, v. 2; à prier jour et nuit, *I Tim.*, c. V, v. 5. Il faisait lui-même ce qu'il prescrivait aux autres, *I Thess.*, c. III, v. 10. Saint Pierre tient le même langage, *Epist.* I, c. IV, v. 7. — 2° Quant à la manière de prier, Jésus-Christ nous enseigne à rechercher la solitude : pour le faire, il se re-

tirait dans les lieux déserts, *Luc.*, c. v, v. 16; il allait sur les montagnes, c. v', v. 12; c. ix, v. 28; il priait dans le silence de la nuit. *Lorsque vous voulez prier, dit-il, entrez dans votre chambre, fermez la porte, et priez votre Père en secret (Matth.* vi, 6).
— 3° Il nous fait entendre que la prière intérieure, la prière mentale est la meilleure, puisqu'il dit : *Lorsque vous priez, ne parlez pas beaucoup (Matth.* vi, 7). Saint Paul, de son côté, nous donne la même instruction : *Priez en tout temps et* EN ESPRIT (*Ephes.* vi, 18). *Je prierai et je louerai le Seigneur intérieurement et en esprit* (*I Cor.* xiv, 15).
— 4° L'Ecriture nous apprend encore que la prière doit être accompagnée du jeûne; c'est l'avis du saint homme Tobie, c. xii, v. 8. L'Evangile fait l'éloge d'Anne la prophétesse, qui ne sortait pas du temple, qui s'exerçait à la prière et au jeûne le jour et la nuit, *Luc.*, c. ii, v. 37. Nous ne répéterons pas la foule des passages que nous avons cités à l'art. MORTIFICATION, dans lesquels Jésus-Christ et les apôtres font l'éloge de la vie retirée, austère, pénitente et mortifiée. — 5° S'il était besoin de consulter encore l'Ancien Testament, nous y verrions que les psaumes de David sont remplis d'exhortations à la prière, non-seulement à la prière vocale, mais à la prière mentale, à la prière de l'esprit et du cœur, à la méditation et à la contemplation; que ces leçons divines sont confirmées par les exemples de David lui-même, de Tobie, de Judith, de Daniel et des autres prophètes, aussi bien que par ceux de saint Jean-Baptiste, d'Anne la prophétesse, des apôtres dans le Cénacle, du centurion Corneille, etc.

Nous ne demandons pas si les protestants trouveront des explications et des subterfuges, pour tordre le sens de tous ces passages et pour en esquiver les conséquences, ils n'en manquent jamais; mais nous demandons si les chrétiens du ii° et du iii° siècle, qui n'étaient pas aussi habiles, ont eu tort de prendre l'Ecriture à la lettre, et d'en conclure, 1° qu'une vie consacrée en grande partie à la prière est agréable à Dieu; 2° que la meilleure prière est l'oraison mentale, la méditation ou la contemplation; 3° que comme il est à peu près impossible d'y être assidu dans le monde, il vaut mieux se retirer dans la solitude pour y vaquer avec plus de liberté; 4° qu'il faut joindre à la prière une vie austère et mortifiée. S'ils se sont trompés, c'est Jésus-Christ, ce sont les apôtres et les autres écrivains sacrés qui les ont induits en erreur, comme le soutiennent les incrédules. S'ils ont eu raison, il y a de l'impiété à déclamer sans aucune retenue contre les ascètes, les anachorètes, les moines, et contre tous les contemplatifs.

Leibnitz, plus sensé que le commun des protestants, ne blâme point la *théologie mystique*. « Cette *théologie*, dit-il, est à la *théologie* ordinaire, à peu près ce qu'est la poésie à l'éloquence, c'est-à-dire elle émeut davantage; mais il faut des bornes et de la modération en tout. » *Esprit de Leibnitz*, tom. II, p. 51. Pour les autres qui ont eu peur sans doute d'être trop émus par le langage de la piété et de l'amour de Dieu, ils n'ont pas poussé les réflexions si loin; ils ont trouvé plus aisé d'avoir recours au ridicule, aux railleries, aux sarcasmes, et d'objecter de prétendus inconvénients. *Si tout le monde embrassait la vie solitaire et contemplative, que deviendrait la société?* Nous avons déjà répondu plus d'une fois que la Providence y a pourvu; Dieu a tellement diversifié les talents, les goûts, les inclinations, les vocations des hommes, qu'il n'est jamais à craindre qu'un trop grand nombre embrassent un genre de vie extraordinaire. Mais la question est toujours de savoir si Dieu n'a pas pu donner à un certain nombre de personnes du goût et de l'attrait pour la vie contemplative, et s'il n'a jamais pu récompenser par des grâces particulières celles qui ont été fidèles à suivre cette vocation de Dieu, qui se sont occupées constamment à méditer ses perfections, à exciter en elles le feu de son amour, à étouffer toutes les affections qui auraient pu affaiblir ce sentiment sublime, tant exalté par saint Paul. Nous défions nos adversaires de le prouver jamais.

Après ces préliminaires, nous pouvons examiner en sûreté les imaginations de Mosheim. Il rapporte l'origine de la *théologie mystique* au ii° siècle et aux principes de la philosophie d'Ammonius, qui sont les mêmes que ceux de Pythagore et de Platon. Comme ceux-ci ont vécu longtemps avant Jésus-Christ, il en résulte déjà que cette *théologie* est plus ancienne que le christianisme. Aussi Mosheim suppose que les esséniens et les thérapeutes en étaient déjà imbus, et que Philon le juif a contribué beaucoup à la répandre. Elle était d'ailleurs, dit-il, analogue au climat de l'Egypte, où la chaleur et la sécheresse de l'air inspirent naturellement la mélancolie, le goût pour la solitude, pour l'inaction, le repos et la contemplation. Il déplore les conséquences pernicieuses que cette disposition des esprits a produites dans la religion chrétienne. *Hist. christ.*, sæc. ii, § 35; *Hist. ecclés.*, sæc. ii, part. ii, c. 1, § 12. Nous avons réfuté toutes ces visions aux mots ASCÈTES, ANACHORÈTES, MOINE, MORTIFICATION, PLATONISME, etc. Il est bien ridicule de supposer que le commun des chrétiens du ii° et du iii° siècle étaient des savants et des philosophes imbus des principes de Platon, d'Ammonius et de Philon, et qu'ils les ont suivis plutôt que l'Ecriture sainte; il ne restait plus à Mosheim qu'à dire, comme quelques incrédules, que Jésus-Christ lui-même et son précurseur étaient prévenus des mêmes erreurs, qu'ils n'ont fait qu'imiter les esséniens et les thérapeutes. — A l'époque du iii° siècle, il prétend qu'Origène adopta le sentiment de ces philosophes, qu'il le regarda comme la clef de toutes les vérités révélées, qu'il y chercha les raisons de chaque doctrine; il imagina, comme Platon, que les âmes avaient été produites et avaient péché avant d'être unies à des corps, que cette union était un châtiment pour elles; que pour les faire retourner et les unir à Dieu, il fallait les détacher de la chair et de ses inclinations, les purifier par des austérités, par le silence, par la contemplation. Sur cette fausse hypothèse, Mosheim prête à Origène un plan de *théologie* qu'il a forgé lui-même, et dont l'absurdité est révoltante, *Hist. christ.*, sæc. III, § 29; *Hist. ecclésiast.*, III sæc., II part., c. 5, § 1. Si Origène en était véritablement l'auteur, il faudrait le regarder non-seulement comme un visionnaire insensé, mais comme un apostat du christianisme. Heureusement il n'en est rien. 1° Il est faux que ce Père ait regardé le système de Platon comme la clef de toutes les vérités révélées. Après avoir proposé l'opinion de ce philosophe touchant la préexistence des âmes, *de Princip.*, l. II, c. 8, il dit, n. 4 : « Ce que nous venons de dire, *qu'un esprit est devenu une âme*, et tout ce qui peut tenir à cette opinion doit être soigneusement examiné et discuté par le lecteur : que l'on n'imagine pas que nous l'avançons comme un dogme, mais comme une question à traiter et comme une recherche à faire. » Il le répète, n. 5. 2° Origène a formellement admis le péché originel, *Homil.* 8 *in Levit.*, n. 4; *Homil.* 12, n. 4; *Contra Cels.*, l. IV, n. 40; *Homil.* 14 *in Lucam; Comment. in Epist. ad Rom.*, l. v, pag. 546 et 547. Il a pensé que ce péché avec sa peine a passé dans tous les hommes, parce que toutes les âmes étaient renfermées dans celle d'Adam, opinion incompatible avec celle de Platon. 3° Il fonde la nécessité de mortifier la chair, non sur la raison qu'en donnaient les platoniciens, mais sur celle qu'en apporte saint Paul, savoir, que les inclinations de la chair nous portent au péché, et il cite à ce sujet plusieurs passages de cet apôtre, *Comment. in Epist. ad Rom.*, l. VI, n. 1. 4° Origène a eu, pendant sa vie et après sa mort, des partisans et des ennemis, des accusateurs et des apologistes; ni les uns ni les autres ne l'ont regardé comme l'auteur ou le propagateur de la *théologie mystique*; Mosheim le sait-il mieux qu'eux ? 5° D'autres critiques ont attribué cette invention à Clément d'Alexandrie, sans lui prêter pour cela toutes les rêveries que Mosheim veut mettre sur le compte d'Origène. Son prétendu plan de la théologie de ce Père est donc faux à tous égards. *Voy.* ORIGÈNE. 6° Enfin il se réfute lui-même, en disant que les esséniens et les thérapeutes avaient puisé leurs principes dans la philosophie orientale, que les solitaires et les moines n'ont fait que les imiter, *Hist. christ.*, *Proleg.*, c. 2, § 13.

Au IV° siècle, suivant son opinion, les philosophes éclectiques ou les nouveaux platoniciens de l'école d'Alexandrie cultivèrent la *théologie mystique* sous le nom de *science secrète*. Un fanatique imposteur, qui prit le nom de saint Denis l'Aréopagite, la réduisit en système et en prescrivit les règles. Notre critique déplore de nouveau les erreurs, les superstitions, les abus que cette prétendue science introduisit dans le christianisme; *Hist. de l'Eglise*, IV° siècle, II° part., c. 3, § 12. — Nous répondons qu'il n'y avait rien de commun entre la science secrète des éclectiques, fondée sur un paganisme grossier, et la *théologie mystique* des docteurs chrétiens, si ce n'est quelques termes ou quelques expressions que les premiers empruntèrent du christianisme pour tromper les ignorants. A cette époque la religion chrétienne était établie non-seulement chez les Arabes, chez les Syriens, les Arméniens et les Perses, mais en Italie, en Espagne, sur les côtes d'Afrique, dans les Gaules et en Angleterre. Nous fera-t-on croire que les platoniciens d'Alexandrie ont envoyé des émissaires dans ces différentes régions, dont les langues leur étaient étrangères, pour y répandre leurs principes et leur science secrète, pour y introduire les superstitions et les abus dont Mosheim prétend qu'elle a été la cause ? Nous persuadera-t-on que Lactance, *Julius Firmicus Maternus*, Eusèbe et Arnobe, qui dans ce siècle ont écrit contre les philosophes païens, qui en ont combattu les principes et les conséquences, qui ont démontré les absurdités, les superstitions, les abus auxquels la doctrine de ces rêveurs avait donné lieu, et qui n'ont pas mieux traité Platon que les autres, ont cependant vu de sang-froid introduire dans le christianisme ces mêmes abus sans en témoigner aucun regret ni aucun étonnement? Voilà le phénomène absurde que les protestants ont entrepris de prouver. Aux mots ECLECTISME et PLATONISME, nous en avons déjà fait voir la fausseté, et nous avons réfuté la savante dissertation de Mosheim sur les troubles prétendus que les nouveaux platoniciens ont causés dans l'Eglise.

Il est fort incertain si les ouvrages du faux Denis l'Aréopagite ont été faits au IV° siècle, puisqu'ils n'ont été connus que deux cents ans après. Cet écrivain ne peut être traité d'imposteur, à moins qu'il n'ait pris lui-même le surnom d'Aréopagite, et qu'il ne se soit donné pour disciple immédiat de saint Paul. On prétend qu'il l'a fait dans une lettre qui se trouve à la suite de ses traités sur la *théologie mystique;* mais cette lettre peut être supposée ou interpolée. Il n'est pas de l'intérêt des protestants de regarder cet auteur comme fort ancien, puisque, dans ses livres *de la Hiérarchie ecclésiastique*, il représente la discipline et les usages de l'Eglise tels à peu près qu'ils sont aujourd'hui.

Mosheim renouvelle au v° siècle, II° part. c. 3, § 11, ses plaintes et ses invectives contre la multitude de moines contemplatifs qui fuyaient la société des hommes et qui s'exténuaient le corps par des macérations excessives; cette peste, dit-il, se répandit de toutes parts. Ce n'était donc plus la chaleur de l'atmosphère de l'Egypte qui produisait cette contagion. Elle avait déjà pénétré chez les Latins, puisque Julien Pomère, abbé et professeur de rhétorique à Arles, écrivit un traité *de Vita contemplativa*: et bientôt elle gagna les pays du Nord. *Voy.* MORTIFICA-

TION, STYLITES, etc. — Notre sévère censeur avait oublié ces faits, lorsqu'il a dit qu'au ix⁰ siècle les Latins n'avaient pas encore été séduits par les charmes illusoires de la dévotion mystique, mais qu'ils le furent, lorsqu'en 824 l'empereur grec Michel le Bègue envoya à Louis le Débonnaire une copie des ouvrages de Denis l'Aréopagite, ix⁰ siècle, ii⁰ part., c. 3, § 12. Il est cependant certain qu'au vi⁰ et au vii⁰ les moines des Gaules et de l'Angleterre étaient pour le moins aussi appliqués à la vie contemplative que ceux du ix⁰ et du x⁰. Un des abus que ce critique fait remarquer dans les théologiens du xii⁰ est leur affectation de rechercher dans l'Ecriture sainte des sens mystiques, et d'altérer ainsi la simplicité de la parole de Dieu, ii⁰ part., c. 3, § 5. Mais les lettres de saint Barnabé et de saint Clément, disciples des apôtres, sont toutes remplies d'explications mystiques et allégoriques de l'Ecriture sainte ; Mosheim lui-même le leur a reproché comme un défaut. Ils exhortent les fidèles à la méditation et à la mortification: étaient-ils platoniciens? Il reconnaît, § 12, que les *mystiques* de ce même siècle enseignaient mieux la morale que les scolastiques; que leur discours était tendre, persuasif et touchant; que leurs sentiments sont souvent beaux et sublimes, mais qu'ils écrivaient sans méthode, et qu'ils mêlaient souvent la lie du platonisme avec les vérités célestes. Fausse accusation. S'il y eut au xii⁰ siècle un excellent maître de *théologie mystique*, c'est incontestablement saint Bernard; mais il puisait ses leçons dans l'Ecriture sainte, et non dans Platon ; ce philosophe était profondément oublié pour lors, les scolastiques mêmes ne connaissaient qu'Aristote. Au xiii⁰, ii⁰ part., c. 3, § 9, notre historien s'adoucit un peu à l'égard des *mystiques*; comme il avait dit beaucoup de mal des scolastiques, il a su bon gré aux premiers de leur avoir déclaré la guerre, d'avoir travaillé à inspirer au peuple une dévotion tendre et sensible, de s'être fait goûter au point d'engager les scolastiques à se réconcilier avec eux. Mais saint Thomas d'Aquin ne fut jamais dans ce cas; pendant toute sa vie il sut allier à une étude assidue la piété la plus pure et la plus tendre, et il eut au plus haut degré le talent de l'inspirer aux autres. Mosheim parle à peu près de même des *mystiques* au xiv⁰; il semble leur accorder la victoire au xv⁰ et au commencement du xvi⁰, parce qu'alors la barbarie et le philosophisme des scolastiques avaient beaucoup diminué, comme nous l'avons remarqué en parlant d'eux; mais ce censeur malicieux n'oublie jamais de lancer contre les premiers quelque trait de haine et de mépris.

Enfin l'on vit éclore à cette époque la brillante lumière de la réformation, et l'on sait les effets qu'elle produisit; elle étouffa la piété jusque dans sa racine, en décréditant toutes les pratiques qui peuvent la nourrir, en occupant tous les esprits de controverses théologiques, en allumant dans tous les cœurs le feu de la haine et de la dispute. Tout le monde voulut lire l'Ecriture sainte, non pour y recevoir des leçons de morale et de vertu, mais pour y trouver des armes offensives contre l'Eglise catholique, et le moyen de soutenir toutes sortes d'erreurs. Vainement, après tous ces orages, quelques protestants, honteux de l'anéantissement de la piété parmi eux, ont voulu la ranimer; ils ont été forcés de faire bande à part; comme ils agissaient sans règle et qu'ils marchaient sans boussole, tous ont donné dans le fanatisme; tels ont été les quakers, les piétistes, les méthodistes, les hernhutes, etc., et tous sont regardés par les autres protestants comme des insensés.

Ils affectent de supposer, contre toute vérité, que les solitaires, les moines, les religieuses, se sont uniquement voués à la contemplation, qu'ils ont mené une vie absolument oisive et inutile. Il est constant que les anciens solitaires, à la réserve d'un très petit nombre, ont joint à la prière et à la méditation le travail des mains; ils ont cultivé des déserts, ils ne sont sortis de leur retraite toutes les fois que les besoins et le salut du prochain l'ont exigé. Ils ont converti des nations barbares, et c'est ainsi qu'ils ont humanisé et policé les peuples du Nord. Dans les siècles d'ignorance ils ont cultivé les lettres et les sciences, et ce sont eux qui les ont conservées en Europe. Tous les instituts, qui se sont formés depuis cinq cents ans, ont eu pour principal objet l'utilité du prochain; mais les fondateurs ont compris qu'il était impossible de conserver la constance, le courage, les vertus nécessaires pour remplir constamment les devoirs pénibles et souvent rebutants, à moins que l'on ne s'occupât beaucoup de Dieu, et que l'on en obtînt des grâces dans la prière, dans la méditation, dans de fréquentes réflexions sur soi-même, etc. Ils se sont donc proposé de réunir la vie contemplative à une vie très-active et très-laborieuse. Encore une fois, il y a de la frénésie à les blâmer, à les calomnier, à les tourner en ridicule. *Voy.* MOINE, etc.

* THÉOLOGIENS (DE L'AUTORITÉ DES). Les théologiens peuvent avoir autorité ou par leur science personnelle ou par leur accord pour enseigner une doctrine. On comprend que nous ne pouvons ici parler de l'autorité d'un théologien pris isolément. L'opinion d'un docteur, quelle que soit sa science, ne peut avoir grande autorité, à moins qu'il ne rallie les autres autour de lui. Lorsque les théologiens sont unanimes pour enseigner une doctrine, et que cette unanimité s'est soutenue dans tous les temps, c'est une preuve que cette doctrine est certaine et peut même appartenir à la tradition. Cet enseignement des théologiens n'est alors que la croyance de l'Eglise, conformément à ce qui a été établi au mot PÈRES.

THÉOPASCHITES. *Voy.* PATRIPASSIENS.

THÉOPHANIES, nom que l'on a donné autrefois à l'*Epiphanie* ou à la fête des rois; on l'a nommée aussi *Théopsie*, et ces deux noms signifient également *apparition* ou *manifestation de Dieu. Voy.* EPIPHANIE. Les païens étaient persuadés que leurs dieux se montraient quelquefois à eux, soit en songe, soit dans les mystères; et ils appelaient cette faveur *théopsie, vue des dieux.* Quelques savants ont aussi pensé que les Grecs et les Egyptiens ont admis des *théophanies* dans un autre sens; ils ont cru qu'un de leurs grands dieux, Jupiter, par exemple, s'était en quelque manière incarné dans un roi de Crète qui s'attribua ce nom, voulut en avoir tous les honneurs, et les obtint de la crédulité des peuples. Par cette supposition l'on parvient assez heureusement à concilier les actions de Jupiter, roi de Crète, avec celles de Jupiter, dieu. Il y a là-dessus deux savants mémoires dans le recueil de l'*Acad. des Inscript.*, tom. LXVI, in-12, pag. 62. Ce n'est point à nous de juger si ce sentiment est bien ou mal fondé; cette question ne tient à rien à la théologie. Nous craignons cependant que, contre l'intention de l'auteur, les incrédules n'en prennent occasion de dire que la croyance de l'incarnation du Fils de Dieu n'est qu'une ancienne imagination des païens. D'autre part, si les païens ont véritablement cru aux *théophanies*, ç'a été peut-être une des raisons pour lesquelles Dieu n'a point révélé formellement et clairement aux anciens Juifs le mystère de l'incarnation future.

* THÉOPHILANTHROPIE. C'était une espèce de religion inventée pendant la révolution pour réunir en un seul faisceau toutes les religions connues. Pour symbole de cette union, on vit dans une cérémonie publique briller la bannière du catholicisme, celle du judaïsme, celle du protestantisme, celle de la religion en général, enfin celle de la morale, sous laquelle devaient se grouper tous les hommes sans religion. Le Dictionnaire des Religions a traité spécialement de cette forme religieuse; nous y renvoyons.

THÉOPHILE (saint), évêque d'Antioche, fut placé sur ce siège l'an 168, et mourut vers l'an 190; c'est l'un des plus savants Pères de l'Eglise du IIe siècle. Il ne nous reste de lui que trois livres à Autolique, qui sont une apologie de la religion chrétienne et une réfutation du paganisme. L'auteur y fait grand usage des poëtes et des philosophes païens; il démontre l'absurdité de leur doctrine, la vérité, la sagesse, la sainteté de celle de l'Evangile. Cet ouvrage se trouve à la suite de ceux de saint Justin, de l'édition des Bénédictins. Saint *Théophile* en avait fait plusieurs autres, dont il ne reste que quelques fragments, et dont il y a lieu de regretter la perte; il est le premier qui se soit servi du mot de *Trinité* pour désigner les trois personnes divines. Ce Père a été accusé mal à propos d'avoir employé des expressions favorables à l'arianisme; Bullus, dom Le Nourry, dom Prudent Marand, éditeur de saint Justin, et d'autres, ont fait voir que sa doctrine est très-orthodoxe. *Voy.* Tillemont, t. III, p. 88; D. Ceillier, t. II, p. 103; *Vies des Pères et des martyrs*, t. XI, p. 695, etc. Il ne faut pas confondre ce saint évêque d'Antioche avec *Théophile*, patriarche d'Alexandrie, oncle et prédécesseur de saint Cyrille; celui-ci n'a vécu qu'au IVe siècle, et il se rendit célèbre par son aversion contre la doctrine d'Origène.

THÉRAPEUTES, nom formé du grec Θεραπεύω, qui signifie également *guérir* et *servir;* par conséquent l'on a nommé *thérapeutes* des hommes qui travaillaient à se guérir des maladies de l'âme, et dont l'exemple pouvait servir à en guérir les autres. Philon, dans son premier livre *de la Vie contemplative*, dit qu'il y avait en Egypte, surtout aux environs d'Alexandrie, un grand nombre d'hommes et de femmes qui menaient un genre de vie particulier. Ils renonçaient à leurs biens, à leur famille, à toutes les affaires temporelles; ils vivaient dans la solitude; ils avaient chacun une habitation séparée, à quelque distance les uns des autres, ils la nommaient *semnée* ou *monastère*, c'est-à-dire lieu de solitude. Là, continue Philon, ils se livraient entièrement aux exercices de la prière, de la contemplation de la présence de Dieu; ils faisaient leurs prières ensemble le soir et le matin; ils ne mangeaient qu'après le coucher du soleil; quelques-uns demeuraient plusieurs jours sans manger; ils ne vivaient que de pain et de sel, assaisonnés quelquefois d'un peu d'hysope. Ils lisaient, dans leurs *semnées*, les livres de Moïse, des prophètes, des psaumes, dans lesquels ils cherchaient des sens mystiques et allégoriques, persuadés que l'Ecriture sainte, sous l'écorce de la lettre, renfermait des sens profonds et cachés. Ils avaient aussi quelques livres de leurs anciens; ils composaient des hymnes et des cantiques pour s'exciter à louer Dieu; les hommes et les femmes gardaient la continence; ils se rassemblaient tous les jours de sabbat pour conférer ensemble et vaquer aux exercices de religion, etc.

Le récit de Philon a fourni une ample matière aux conjectures et aux disputes des savants: on demande si les *thérapeutes* étaient chrétiens ou juifs; s'ils étaient chrétiens, étaient-ils moines ou laïques? S'ils étaient juifs, était-ce une branche des esséniens ou une secte différente?

1° Eusèbe, *Histoire ecclés.*, l. II, c. 17, saint Jérôme, Suzomène, Cassien, Nicéphore, parmi les anciens; Baronius, Petau, Godeau, le P. de Montfaucon, le P. Alexandre, le P. Hélyot, etc., parmi les modernes, même quelques auteurs anglicans, ont cru que les *thérapeutes* étaient des juifs convertis au christianisme par saint Marc ou par d'autres prédicateurs de l'Evangile. Photius, au contraire, de Valois, dans ses *Notes sur Eusèbe*, le président Bouhier, le P. Orsi, dominicain, dom Calmet et la foule des critiques protestants, soutiennent que les *thérapeutes* étaient juifs et non chrétiens. Voici les principales raisons qu'ils opposent à celles qu'Eusèbe a données pour prouver son sentiment. En premier lieu, si les *thérapeutes* avaient été les premiers chrétiens de l'Eglise d'Alexandrie, il serait étonnant qu'aucun auteur ecclésiastique n'en eût parlé avant le IVe siècle, et qu'Eusèbe ne les eût connus que par la narration de Philon. Origène et Clément d'Alexandrie, qui avaient passé une partie de leur vie dans les écoles de cette ville, auraient dû les connaître, et le second les eût mis sans doute au nombre de ceux qu'il appelle *les vrais gnostiques*. Plusieurs peut-être embrassèrent le christianisme sur la fin du 1er siècle, mais il n'y en a aucune preuve positive. En second lieu, Philon fait entendre que cette secte était déjà ancienne, et qu'elle avait des livres de ses fondateurs ; qu'elle était répandue de toutes parts, quoique le plus grand nombre des *thérapeutes* fussent en Egypte : or, cela ne peut pas s'entendre d'une secte chrétienne. L'an 40 de Jésus-Christ, lorsque Philon fut envoyé en ambassade à Rome, l'Église de cette ville n'était pas encore fondée, il n'y avait encore aucun des livres du Nouveau Testament publié que l'Evangile de saint Matthieu ; le plus tôt que l'on puisse placer la fondation de l'Eglise d'Alexandrie est à l'an 50 ; et peut-être ne s'est-elle faite que beaucoup plus tard. Quand Philon aurait encore vécu quarante ans après son ambassade, il n'a pas pu dire que des *thérapeutes* chrétiens étaient une secte ancienne, ni qu'elle avait des livres de ses anciens. Il est d'ailleurs constant que le christianisme, qui avait commencé à Jérusalem, se répandit d'abord dans la Judée et dans la Syrie, à Antioche et dans les environs ; c'est là, et non en Egypte, que se trouvaient le plus grand nombre des chrétiens. Ils se multiplièrent dans l'Asie Mineure, dans la Grèce, dans la Macédoine et en Italie, par les travaux de saint Pierre et de saint Paul : dans le Nouveau Testament il n'est parlé nulle part des chrétiens de l'Egypte. L'amour de la solitude, la vie austère, le détachement de toutes choses, la contemplation, la continence même des *thérapeutes*, ne sont pas des preuves infaillibles de leur christianisme ; les esséniens de la Judée pratiquaient à peu près le même genre de vie, personne cependant ne croit plus que les esséniens aient été chrétiens. Il y a bien de l'apparence que l'établissement de notre religion contribua beaucoup à l'extinction de ces deux sectes de juifs. D'autre part, les *thérapeutes* avaient des observances judaïques desquelles les chrétiens ont dû s'abstenir ; ils gardaient le sabbat, ils ne faisaient usage ni du vin ni de la viande, ils célébraient les fêtes juives, particulièrement la Pentecôte ; ils pratiquaient de fréquentes ablutions, etc. Les chrétiens, au contraire, dès leur origine, ont observé le dimanche ; saint Paul leur prescrivait de manger de tout indifféremment : il reprit sévèrement les Galates, parce qu'ils voulaient judaïser ; les apôtres avaient condamné cette conduite dans le concile de Jérusalem ; il n'est pas probable que saint Marc eût voulu la tolérer dans l'Église d'Alexandrie. Enfin, le repas religieux des *thérapeutes* n'était point la célébration de l'eucharistie, comme Eusèbe se le persuadait ; ce repas consistait à manger du pain, du sel et de l'hysope, et il était suivi d'une danse où les hommes et les femmes étaient réunis ; rien de tout cela ne se faisait dans les assemblées des premiers chrétiens. Le parallèle qu'Eusèbe a voulu faire entre ceux-ci et les *thérapeutes* n'est donc ni juste ni exact.

2° Beaucoup moins peut-on soutenir que ces derniers étaient des moines. La vie solitaire et monastique n'a commencé en Egypte que l'an 250, sous la persécution de Dèce, lorsque saint Paul, premier ermite, se retira dans le désert de la Thébaïde ; saint Pacôme n'introduisit la vie cénobitique que plus de cinquante ans après ; depuis longtemps il n'était plus question d'esséniens ni de *thérapeutes*. Ceux-ci avaient des femmes parmi eux, les moines n'en eurent jamais ; les premiers n'observaient pas tous la continence, les moines la gardèrent toujours ; le mot de *monastère*, dont se sert Philon, ne prouve rien, puisqu'il signifie simplement *une demeure solitaire*. Rien n'est donc plus mal fondé que l'imagination des protestants, qui prétendent que ce sont principalement des moines qui ont accrédité l'opinion du christianisme et du monachisme des *thérapeutes*, et qu'ils l'ont fait par intérêt, afin de persuader de la haute antiquité de leur état ; Eusèbe, saint Jérôme, Baronius, les anglicans, n'étaient pas des moines ; en soutenant que les *thérapeutes* étaient chrétiens, ils n'ont pas dit que leur vie était monastique. Personne n'a plus fortement attaqué cette opinion que le Père Orsi, dominicain, et dom Calmet, bénédictin. Des savants, tels que dom Montfaucon et le P. Alexandre, étaient trop instruits pour mettre aucun intérêt à l'antiquité de leur état ; ils n'ont pas eu besoin de suppositions fausses ou douteuses pour en prouver la sainteté et la venger des calomnies des protestants. Ceux-ci n'ont pas mieux réussi, en disant que les cénobites ont imité la vie que menaient les esséniens dans la Palestine, et que les anachorètes ont suivi l'exemple des *thérapeutes*. Encore une fois, il y avait longtemps que ces deux sectes juives étaient oubliées, lorsque saint Paul et saint Pacôme ont paru ; il y a cent à parier contre un que ni l'un ni l'autre n'en avaient jamais entendu parler, qu'ils n'avaient jamais lu les ouvrages de Josèphe ni de Philon. Nous avons fait voir ailleurs que la seule lecture de l'Évangile leur a suffi pour concevoir une haute estime de la vie qu'ils ont embrassée. *Voy.* THÉOLOGIE MYSTIQUE.

3° Les opinions des critiques n'ont pas moins varié sur la question de savoir si les *thérapeutes* étaient une branche des esséniens, ou si c'était une secte différente, parce que l'on en est réduit sur ce point à de simples conjectures. Prideaux, qui a rapporté et comparé ce que Josèphe a dit des esséniens de la Palestine, avec ce que Philon en a écrit, et avec ce qu'il raconte des *thérapeutes* de l'Egypte, fait voir que ces deux auteurs sont d'accord touchant les opinions, les mœurs, la manière de vivre des esséniens, soit de la Judée, soit de l'Egypte, où il s'en trouvait aussi ; que les *thérapeutes* n'en étaient différents qu'en ce qu'ils renonçaient à tout pour se livrer à la contemplation. C'est pourquoi il nomme les premiers *esséniens pratiques*, et les seconds *esséniens contemplatifs*, *Hist. des Juifs*, l. XIII, an. 107 avant Jésus-Christ, t. II, p. 166. C'en est assez pour réfuter quelques auteurs en petit nombre, qui ont imaginé que les *thérapeutes* étaient des païens judaïsants ; et Jablenski, qui a soutenu que c'étaient des prêtres égyptiens appliqués à la médecine, aussi bien que leurs femmes. Conséquemment, l'opinion commune des critiques est que les *thérapeutes* sont une branche de la secte des esséniens.

4° En quel temps cette secte a-t-elle commencé ? où avait-elle puisé sa doctrine et les motifs de sa manière de vivre ? Nouvelle matière à conjectures. Brucker, *Hist. crit. de la philos.*, t. II, p. 763 et seq., pense qu'environ trois cents ans avant Jésus-Christ, plusieurs Juifs, pour se dérober aux troubles et aux désastres de leur patrie, se retirèrent les uns dans les lieux écartés de la Judée, les autres en Egypte, et embrassèrent chacun de leur côté un genre de vie particulier ; qu'ils y adoptèrent les sentiments des philosophes pythagoriciens qui y enseignaient pour lors ; qu'ils puisèrent dans cette philosophie l'amour de la solitude, du détachement de toutes choses, des austérités, de la contemplation et des explications allégoriques de l'Ecriture sainte. Il ajoute, t. VI, p. 437 et 438, que ces Juifs étaient dans les sentiments des cabalistes et des philosophes orientaux, analogues à ceux de Pythagore. Mosheim, *Hist. crit.*, proleg., c. 2, § 13 et suiv., pense de même. Néanmoins, dans son *Hist. ecclés.*, premier siècle, première part., c. 2, § 10, il dit qu'il ne voit rien dans la narration de Philon ni dans les mœurs des *thérapeutes*, qui puisse engager à les regarder comme une branche des esséniens, que ce pouvait être une secte particulière des Juifs mélancoliques et enthousiastes. Probablement il n'a pas comparé ce que dit Philon dans son premier livre *de Vita contemplativa*, avec ce qu'il a écrit dans son ouvrage intitulé *Omnis probus liber*; il y aurait vu que cet auteur distingue nettement les esséniens en deux branches, l'une d'esséniens pratiques, l'autre d'esséniens contemplatifs, nommés *thérapeutes*.

Plus d'une fois nous avons eu occasion de faire remarquer l'affectation de Mosheim et de Brucker de tout rapporter à leur système favori, touchant le mélange qui s'est fait dans l'école d'Alexandrie, de la philosophie de Pythagore et de Platon avec celle des orientaux et avec la cabale des Juifs, système par lequel ils se sont flattés de tout expliquer, et de donner la clef de toutes les erreurs. Mais nous avons fait voir que ce système est non-seulement une pure conjecture dénuée de toute preuve, mais qu'il est absolument faux, qu'il confond toutes les époques, et qu'au lieu de rien éclaircir, il ne sert qu'à tout brouiller. *Voy.* CABALE,

EMANATION, PHILOSOPHIE ORIENTALE, etc. En particulier, sur la question que nous traitons, il choque toute vraisemblance. Il est fort incertain si, à l'époque de la retraite des esséniens en Egypte, il y avait des pythagoriciens, s'ils y enseignaient, s'ils y répandaient leur doctrine. Nous persuadera-t-on que sous les indignes successeurs de Ptolémée Philadelphe, prince dont les débauches, la rapacité, la cruauté, la tyrannie, sont connues, les sciences étaient fort cultivées en Egypte, et que l'on avait la commodité de s'y livrer à la philosophie ? On n'a recommencé à s'en occuper que sous le gouvernement des Romains. L'école d'Alexandrie n'a vu renaître sa réputation qu'au temps d'Ammonius, et au plus tôt sur la fin du II° siècle, cent ans au moins après Philon ; parce que celui-ci était philosophe, il ne s'ensuit pas qu'il y avait pour lors des écoles publiques de philosophie ; Philon n'a jamais connu que la philosophie des Grecs. Nous persuadera-t-on encore que, pendant les trois cents ans qui ont précédé la naissance de Jésus-Christ, les Juifs de la Palestine, successivement pillés et tourmentés par les armées des rois d'Egypte ou de Syrie, ensuite par les Romains et par les Hérode, ont eu la liberté d'étudier la philosophie, soit des Orientaux, soit des Grecs ? On sait l'aversion qu'ils avaient conçue pour les païens pendant tout ce période, et combien ils étaient éloignés d'en recevoir des leçons. En second lieu, Brucker convient que les Juifs qui se retirèrent, soit dans les déserts de la Judée, soit en Egypte, étaient des familles du commun ; cela est prouvé par la culture de la terre, par les arts mécaniques, par les métiers qu'exerçaient les esséniens de la Judée, selon le témoignage de Philon et de Josèphe ; Philon ajoute que les esséniens en général dédaignaient la philosophie, la logique, la physique et la métaphysique ; qu'ils ne s'occupaient que de Dieu et de l'origine de toutes choses ; or, ils la trouvaient dans Moïse mieux que partout ailleurs. Il dit enfin que la seule étude des esséniens était la morale, d'où il s'ensuit que les sens mystiques et allégoriques, qu'ils recherchaient dans l'Ecriture sainte, étaient des leçons de morale. Enfin nous avons fait voir que, pour concevoir de l'estime et du goût pour la vie solitaire, pauvre, austère, contemplative, il suffit de connaître les leçons et les exemples des prophètes et des justes de l'Ancien Testament ; que leurs livres ne s'expliquent pas moins clairement sur ce sujet que ceux du Nouveau, et que saint Paul les a proposés pour modèle aux chrétiens. Il n'a donc pas été nécessaire que les *thérapeutes* consultassent des philosophes païens pour embrasser le genre de vie qu'ils ont suivi. C'est plus qu'il n'en faut pour conclure que l'opinion de Mosheim, de Brucker et des autres protestants, n'est qu'un rêve systématique, qui n'a ni preuve ni solidité. *Voy.* ESSÉNIENS.

THÉRAPHIM, mot hébreu qui, dans les versions de l'Ecriture, est traduit par *idoles*, *statues, sculptures*, mais dont il est difficile de connaître la vraie signification grammaticale. Ce qu'en a dit Spencer, *de Legib. Hebr. ritual.*, l. III, dissert. 7, c. 3, nous apprend peu de chose. Les rabbins, qui prétendent que c'étaient des statues qui parlaient et qui prédisaient l'avenir, et qui ont enseigné la manière dont on les faisait, ne méritent aucune croyance; toutes les idoles que les païens consultaient pour connaître l'avenir ne parlaient pas pour cela; en hébreu, comme en français, *parler* signifie souvent *indiquer*, *faire connaître* par un signe quelconque. Ceux qui ont assuré que les *théraphim* étaient une invention des Égyptiens, que c'étaient des figures du dieu *Sérapis*, adoré en Égypte, ne peuvent en donner aucune preuve; Laban, qui vivait dans la Chaldée, n'était certainement pas allé chercher ses *théraphim* en Égypte. D'autres, qui ont pensé que ce mot est le même que *séraphim*, des serpents ailés, que c'étaient des talismans, tels que le serpent d'airain fait par l'ordre de Moïse, ne sont pas mieux fondés. Enfin Jurieu, qui a décidé que les *théraphim* de Laban étaient ses dieux pénates et les images de ses ancêtres, a voulu deviner au hasard. Du temps de Laban, l'idolâtrie ne faisait que commencer chez les Chaldéens, elle n'était pas encore portée au point de diviniser des hommes morts. Il vaut donc mieux avouer notre ignorance que de nous livrer à des conjectures frivoles: le nom général d'*idoles* suffit pour entendre tous les passages dans lesquels le mot THÉRAPHIM est employé.

THESSALONICIENS. Suivant l'opinion commune, à laquelle on ne peut rien opposer de solide, les deux lettres de saint Paul aux *Thessaloniciens* sont les deux premières qu'il ait écrites aux fidèles qu'il avait convertis. On les rapporte aux années 52 et 53 de l'ère vulgaire, pendant lesquelles il paraît que l'apôtre demeura constamment à Corinthe. Le but de ces deux lettres est de confirmer ces nouveaux chrétiens dans la foi, dans la pratique des bonnes œuvres, dans la patience au milieu des persécutions auxquelles ils étaient exposés. La seconde contient plusieurs choses touchant le second avénement de Jésus-Christ; saint Paul, c. II, y parle d'un homme pécheur, d'un fils de perdition, d'un adversaire qui s'élève au-dessus de tout ce que l'on appelle *Dieu*, et que l'on adore, qui se place dans le temple de Dieu, comme s'il était Dieu lui-même... *Ce mystère d'iniquité*, dit-il, *s'opère déjà... et l'on connaîtra dans le temps ce coupable que Jésus-Christ tuera du souffle de sa bouche, et détruira par l'éclat de son avènement*, etc. Ce chapitre a beaucoup exercé les commentateurs; chacun l'a entendu selon ses préjugés. Plusieurs ont cru y reconnaître l'Antechrist qui doit venir à la fin du monde.

Ceux qui ne cherchent point de mystères sans nécessité, ont observé que, dans tout ce chapitre ni même dans toute la lettre, il n'est point question de la fin du monde, mais de la fin de la religion et de la république

des Juifs; que par *homme de péché*, fils *de perdition*, etc., l'Apôtre entend les Juifs incrédules, ennemis jurés du christianisme, obstinés à persécuter les fidèles, et de la part desquels les *Thessaloniciens* avaient éprouvé plusieurs avanies. Cette explication simple acquiert la plus grande probabilité, lorsque l'on compare le *mystère d'iniquité* qui s'opérait déjà pour lors, suivant saint Paul, avec ce qui se passait en ce temps-là dans la Judée, où divers imposteurs se donnaient pour messies, séduisaient le peuple par des prestiges, et finissaient par être exterminés avec leurs adhérents; où les Juifs par leur esprit séditieux et turbulent préparaient l'orage qui fondit sur eux quelques années après.

Les protestants, aveuglés par leur haine contre l'Église romaine, ont cru voir, dans cette prédiction de saint Paul, la chute de l'empire romain, la domination des papes établie sur ses ruines, l'antichristianisme ou l'idolâtrie catholique fondée sur des prestiges ou de faux miracles opérés par l'intercession et les reliques des saints, etc. Cette imagination, sortie de quelques cerveaux fanatiques, a trouvé des approbateurs, même parmi les savants; Beausobre n'a pas rougi de l'appuyer par son suffrage, mais sans se mettre trop à découvert, dans ses *Remarques sur la seconde Épître aux Thessaloniciens*, c. II, v. 8. — Pour en voir l'absurdité, il suffit de remarquer, 1° que la ruine de l'empire romain n'est arrivée dans l'Occident que quatre cents ans après l'année 53 de Jésus-Christ; 2° que, suivant saint Paul, v. 3, elle devait être précédée d'une rébellion, ἀποστασία, *discessio*; Beausobre lui-même l'entend ainsi: or, la chute de l'empire romain n'est point arrivée par une rébellion, mais par l'inondation des barbares. 3° La grande autorité des papes et leur pouvoir temporel n'ont commencé que plusieurs siècles après cette révolution. 4° Saint Paul dit aux *Thessaloniciens*, v. 6: *Vous savez ce qui retient ou ce qui retarde sa manifestation dans son temps; je vous l'ai dit lorsque j'étais avec vous*. Étrange charité de la part de l'Apôtre, d'avertir les *Thessaloniciens* d'un événement duquel ils ne pouvaient pas être témoins, et de ne donner aucun signe qui pût prémunir ceux qui devaient y être présents et de s'y laisser tromper? 5° Saint Paul ajoute que Dieu leur enverra une *opération d'erreur*, afin qu'ils croient au mensonge, parce qu'ils ont refusé de croire à la vérité, v. 10; les fidèles du v° siècle étaient-ils des opiniâtres qui avaient refusé de croire en Jésus-Christ? 6° *Le mystère d'iniquité s'opérait déjà*, v. 7; il faut donc que l'idolâtrie de l'Église romaine, le culte des saints, des images, des reliques, aient commencé du temps de saint Paul; ce n'est pas là ce que veulent les protestants. 7° Pour compléter le tableau, Beausobre devait nous apprendre en quel temps Jésus-Christ doit arriver pour *tuer le méchant par le souffle de sa bouche et par l'éclat de son avènement*, v. 8; nous aurions mis sa prophétie à côté de celle de Joseph-Mède, de Sanchius, de Jurieu et des fanatiques des Cévennes. *Voy.* ANTECHRIST. — On comprend que ces paroles de saint Paul, *Dieu leur enverra une opération d'erreur*, etc., ne signifient point que Dieu trompera les incrédules, qu'il les aveuglera, qu'il les endurcira positivement dans l'erreur; mais qu'il les laissera se tromper et s'aveugler eux-mêmes : cette prédiction ne s'est que trop bien accomplie à l'égard des Juifs, puisque la destruction de leur ville et de leur temple, les massacres et la dispersion de leur nation ne furent pas capables de leur ouvrir les yeux. On est tenté de croire qu'une partie de cet esprit a passé aux protestants, lorsqu'ils abusent aussi indignement de l'Ecriture sainte. *Voy.* AVEUGLEMENT, ENDURCISSEMENT.

Il y a, dans l'*Hist. de l'Acad. des Inscript.*, t. XVIII, in-12, p. 208, une histoire abrégée, mais curieuse, de Tessalonique; il y est parlé de la fondation de l'Eglise de cette ville par saint Paul, des révolutions qu'elle a subies, des grands hommes qui l'ont gouvernée ou qui y ont reçu la naissance. Aujourd'hui, sous la domination des Turcs, l'Eglise grecque schismatique, qui y subsiste encore, déchoit sensiblement, et semble toucher de près à sa ruine entière.

THÉURGIE, art de parvenir à des connaissances surnaturelles, et d'opérer des miracles par le secours des esprits ou génies que les païens nommaient des *dieux*, et que les Pères de l'Eglise ont appelés des *démons*. Cet art imaginaire a toujours été recherché et pratiqué par un bon nombre de philosophes; mais ceux du III° et IV° siècles de l'Eglise, qui prirent le nom d'*éclectiques*, ou de *nouveaux platoniciens*, tels que Porphyre, Julien, Jamblique, Maxime, etc., en furent principalement entêtés. Ils se persuadaient que par des formules d'invocation, par certaines pratiques, on pourrait avoir un commerce familier avec les esprits, leur commander, connaître et opérer par leurs secours des choses supérieures aux forces de la nature.

Ce n'était dans le fond rien autre chose que la magie; mais ces philosophes en distinguaient deux espèces, savoir, la magie noire et malfaisante, qu'ils nommaient *goétie*, et dont ils attribuaient les effets aux mauvais démons, et la magie bienfaisante, qu'ils appelaient *théurgie*, c'est-à-dire opération divine, par laquelle on invoquait les bons génies. Il n'est pas possible de démontrer l'illusion et l'impiété de cet art détestable, et nous l'avons déjà dit à l'article MAGIE. 1° L'existence des prétendus génies, moteurs de la nature, qui en animaient toutes les parties, était une erreur; elle n'était prouvée par aucun raisonnement solide ni par aucun fait certain : c'était une pure imagination fondée sur l'ignorance des causes physiques et du mécanisme de la nature; voilà, néanmoins tout le fondement du polythéisme et de l'idolâtrie. *Voy.* PAGANISME. Le peuple aveugle attribuait faussement à des intelligences particulières, à des esprits répandus partout, les phénomènes que Dieu, seul auteur et gouverneur de l'univers, opère ou par lui-même ou par les lois générales du mouvement qu'il a établies et qu'il conserve; et malheureusement les philosophes, au lieu de combattre ce préjugé, l'adoptèrent et le rendirent plus incurable. Mais comment savaient-ils que ce n'est point le Créateur du monde qui le gouverne, qu'il s'est déchargé de ce soin sur des esprits inférieurs? Cette opinion déroge évidemment à la puissance, à la sagesse, à la bonté de Dieu. Les plus sensés convenaient que Dieu a fait le monde par inclination à faire du bien; et ils se contredisaient en supposant qu'il en a confié le gouvernement à des esprits qu'il savait être très-capables de faire du mal, ou par impuissance, ou par mauvaise volonté. Telle a été la cause pour laquelle on a rendu à ces esprits le culte suprême, le culte d'adoration et de confiance que l'on n'aurait dû rendre qu'à Dieu seul; et les philosophes confirmèrent encore cet abus, en décidant qu'il ne fallait rendre aucun culte au Dieu suprême, mais seulement aux esprits; Porphyre, *de Abstin.*, l. II, n. 34. Celse reproche continuellement aux chrétiens leur impiété, parce qu'ils ne voulaient point adorer des génies distributeurs des bienfaits de la nature. Dans Origène, l. VIII, n. 2, etc. — 2° Comment savait-on que telles paroles ou telles pratiques avaient la vertu de subjuguer ces prétendus esprits et de les rendre obéissants? Les *théurgistes* supposaient que les mêmes esprits avaient révélé ce secret aux hommes; mais quelle preuve avait-on de cette révélation? Quelques imposteurs, qui s'avisèrent de le croire, osèrent aussi l'affirmer, pour se donner du relief et se faire respecter; ils éblouirent les ignorants par des tours de souplesse, ou par quelques secrets naturels qui parurent merveilleux; on les crut sur leur parole, et l'erreur se perpétua par tradition. L'on put savoir que certains hommes avaient opéré des miracles; mais ils les avaient faits par l'invocation et par le secours de Dieu, et non par l'entremise des génies. Lorsque Jésus-Christ eut paru dans le monde, on fut convaincu qu'il avait opéré des miracles, et que ses disciples en faisaient encore; mais les juifs aveuglés par la haine, les païens fascinés par leur croyance, se persuadèrent que ces prodiges étaient faits par l'intervention des esprits. Celse accuse les chrétiens d'en opérer par l'invocation des démons, l. I, n. 6. Par une contradiction grossière, il jugea que ces esprits bons ou mauvais obéissaient à des hommes qui refusaient de leur rendre aucun culte, et qui faisaient tous les efforts pour en détourner les païens. C'est ce qu'Origène lui reproche continuellement : nous ne devons donc pas nous étonner de ce que la *théurgie* devint si commune après l'établissement du christianisme; les philosophes païens voulaient détruire par là l'impression qu'avaient faite sur tous les esprits les miracles de Jésus-Christ, des apôtres et des premiers chrétiens. — 3° Plusieurs pratiques des *théurgistes* étaient des crimes, tels que les sacrifices de sang humain, et l'on ne peut pas douter que les visionnaires n'en aient offert; l'histoire en dépose, et les incrédules mêmes de nos jours n'ont pas osé le nier. Plusieurs eurent la témérité de consulter leurs dieux fantastiques sur la vie et la destinée des empereurs; cette curiosité fut regardée avec raison comme un crime d'état, capable d'émouvoir les peuples et d'ébranler leur fidélité : aussi quelques-uns furent punis de mort pour cet attentat. En général la *théurgie* était criminelle, puisque c'était un acte de polythéisme et d'idolâtrie; ceux qui s'y livraient étaient donc tout à la fois insensés, imposteurs et méchants.

Dans l'impuissance de les justifier, quelques incrédules modernes ont dit que la plupart des cérémonies du christianisme ne sont pas différentes, dans le fond, de la *théurgie*; que, par les sacrements, les bénédictions, les exorcismes, etc.; un prêtre prétend commander à la Divinité, comme les *théurgistes* se flattaient de commander aux esprits. Malheureusement les protestants sont les premiers auteurs de cette calomnie : Mosheim et Brucker soutiennent qu'un grand nombre des cérémonies de l'Eglise catholique sont venues des idées de platonisme suivies par les éclectiques; Beausobre nous reproche d'attribuer à des cérémonies et à certaines compositions, telles que le chrême, une espèce de vertu divine; La Croze prétend que le *myron* des Grecs et le *chrême* des Latins ne sont qu'une imitation du *kyphi* dont les Chaldéens et les Egyptiens se servaient dans les initiations.

Si la malignité n'avait pas ôté à ces critiques protestants toute réflexion, ils auraient compris qu'ils donnaient lieu à un incrédule de leur reprocher que le baptême et la cène qu'ils admettent comme deux sacrements, que le signe de la croix et les formules de prières qu'ils ont conservées, sont des cérémonies *théurgiques*; mais pourvu que les protestants satisfassent leur haine contre l'Eglise romaine, ils s'embarrassent fort peu des conséquences; c'est donc à nous de répondre aux incrédules. 1° Par les cérémonies chrétiennes un prêtre ne s'adresse ni aux esprits ni à d'autres êtres imaginaires; il invoque Dieu seul, et croit que c'est Dieu seul qui opère : or, Dieu est sans doute le maître d'attacher ses grâces et ses dons spirituels à tels rites et à telles formules qu'il lui plaît. Comme l'homme a besoin de signes extérieurs pour exciter son attention, pour exprimer les sentiments de son âme, et pour les inspirer aux autres, il était de la sagesse et de la bonté divine de prescrire les cérémonies qui pouvaient lui plaire, afin de préserver l'homme des abus, des absurdités, des profanations, dans lesquels sont tombés tous ceux qui n'ont pas été guidés par les leçons de la révélation. Aussi Dieu a daigné prescrire, dès le commencement du monde, le culte extérieur qu'il daignait agréer. *Voy.* CÉRÉMONIE. 2° C'est Dieu lui-même qui a prescrit les cérémonies chrétiennes par Jésus-Christ, par les apôtres, par l'Eglise, à laquelle Jésus-Christ a promis son esprit, son secours et son assistance; et, loin d'avoir eu aucune intention d'imiter les païens, l'Eglise a eu dessein au contraire de détourner et de préserver ses enfants des abus et des superstitions du paganisme. Un prêtre dans ses fonctions ne prétend donc point commander à Dieu, mais lui obéir; il n'y met rien du sien, il se conforme exactement à ce qui lui est prescrit de la part de Dieu, et il est convaincu que Dieu l'a ainsi ordonné, par toutes les preuves qui démontrent la divinité du christianisme. 3° Aucune cérémonie chrétienne n'est un crime, une profanation ni une indécence; toutes respirent la piété, le respect, la confiance en Dieu; lorsque l'on en prend l'esprit et que l'on en conçoit la signification, toutes sont des leçons de morale et de vertu. Il n'y a pas plus de ressemblance entre les rites et la *théurgie* qu'entre l'idolâtrie et le culte du vrai Dieu. Nous concevons qu'avec un esprit faux, avec de la malignité et de l'impiété, on peut les tourner en ridicule; mais on ne réussit pas moins à l'égard des usages, des formules et des cérémonies les plus respectables de la vie civile : des railleries et des traits de satire ne sont pas des raisons, ils amusent les sots et font pitié aux sages. *Voy.* CÉRÉMONIE.

THOMAS (saint), apôtre. Nous savons par l'Evangile que cet apôtre était tendrement attaché à son divin Maître. Lorsque les autres disciples, dans la crainte que Jésus-Christ ne fût mis à mort par les Juifs, voulurent le détourner d'aller à Béthanie, ressusciter Lazare, Thomas leur dit : *Allons aussi, nous autres, afin de mourir avec lui* (Joan. XI, 16). Pendant la dernière cène, le Sauveur ayant dit qu'il allait retourner à son Père, cet apôtre lui demanda : *Seigneur, nous ne savons où vous allez; comment pouvons-nous connaître la voie?* Jésus lui répondit : *Je suis la voie, la vérité et la vie; personne ne va à mon Père que par moi* (Joan. XIV, 5, 6). Thomas ne s'étant point trouvé avec les autres apôtres, lorsque Jésus-Christ leur apparut pour la première fois après sa résurrection, refusa de croire à leur témoignage, et ajouta qu'il ne croirait pas, à moins qu'il ne vît et ne touchât les plaies de son Maître. Le Sauveur eut la condescendance de le satisfaire; alors Thomas convaincu s'écria : *Mon Seigneur et mon Dieu* (Joan. XX, 28). Profession de foi remarquable; saint Pierre s'était borné de dire dans une autre circonstance : *Vous êtes le Christ, Fils du Dieu vivant* (Matth. XVI, 16); mais Jésus-Christ voulut que sa divinité fût exprimée clairement et sans équivoque par saint Thomas. C'est ce qui a fait dire à saint Grégoire le Grand, *Homil.* 26 *in Evang.:* « Nous sommes plus affermis dans notre foi par le doute de saint Thomas que par la foi prompte des autres apôtres. »

Quant aux travaux apostoliques de celui-ci, ce que nous avons de plus certain est le témoignage d'Origène, qui a écrit dans le III° livre de son *Commentaire sur la Genèse*, que saint Thomas alla prêcher l'Evangile chez les Parthes; témoignage conservé par Eusèbe, *Hist. ecclés.*, l. III, c. 1, et confirmé par la tradition du III° et du IV° siècle, suivant laquelle le corps de cet apôtre reposait dans la ville d'Edesse en Mésopotamie. On sait que, du temps d'Origène, les Parthes étaient en possession de la Perse et des pays voisins qui confinent aux Indes; d'où l'on a conclu que saint Thomas avait établi l'Evangile dans toutes ces contrées. Cela est d'autant plus probable, qu'il y a eu de bonne heure des chrétiens dans ces parties de l'Asie, et qu'ils ne connaissaient point d'autre origine de leur christianisme que la prédication de saint Thomas ou de ses disciples. A la vérité il s'est établi une tradition plus récente, qui porte que cet apôtre étendit sa mission jusque dans la presqu'île des Indes, en deçà du Gange, qu'il souffrit le martyre dans la ville de Calamine, nommée ensuite *Saint-Thomé*, et aujourd'hui *Méliapour*, et que l'on y avait son tombeau. Mais cette croyance ne paraît pas assez bien fondée pour lui donner la préférence sur l'opinion des premiers siècles. Les peuplades de chrétiens que les Portugais ont trouvées sur la côte de Malabar en arrivant dans les Indes, vers l'an 1500, et qui se nommaient *chrétiens de Saint-Thomas*, y avaient été établies par les nestoriens, et ils en avaient embrassé les erreurs. *Voy.* NESTORIANISME, § 4; Tillemont, *Mém.*, t. I, p. 230; *Vies des Pères et des martyrs*, t. XII, p. 230.

THOMAS D'AQUIN (saint), célèbre docteur de l'Eglise et religieux dominicain, naquit l'an 1226, et mourut l'an 1274. C'est un malheur qu'il n'ait vécu que quarante-huit ans, puisque toute sa vie fut consacrée à l'étude et au service de l'Eglise, et que ses vertus ne furent pas moins éclatantes que ses talents. Il est appelé le *docteur angélique*, ou *l'ange de l'école*, parce qu'aucun autre n'a traité la théologie scolastique avec autant de clarté, d'ordre et de solidité que lui; aussi aucun autre n'a eu autant de réputation, soit pendant sa vie, soit après sa mort; dans quelque siècle qu'il eût paru, il aurait été un grand homme. Ceux même qui ont cherché à diminuer son mérite et sa gloire, ont été forcés de convenir que, s'il avait pu réunir à l'étendue et à la pénétration de son génie les secours que nous avons à présent pour acquérir de l'érudition, il n'y aurait aucune espèce d'éloge dont il ne fût digne. Sa *Somme théologique* qui est l'abrégé de ses ouvrages de ce genre est encore regardée avec raison comme un chef-d'œuvre de méthode et de dialectique. Mais il en a fait beaucoup d'autres; tous ont été recueillis et publiés; la meilleure édition est celle de Rome, faite l'an 1570, en dix-sept volumes in-fol. Elle contient, 1° ses ouvrages philosophiques, qui sont des commentaires sur toute la philosophie d'Aristote; 2° des commentaires sur les quatre livres du Maître des sentences; 3° un volume des questions disputées en *théologie*; 4° la *Somme contre les gentils*, divisée en quatre livres; 5° la *Somme théologique*, de laquelle nous venons de parler: on prétend que saint Thomas l'a composée dans l'espace de trois ans; 6° des explications ou commentaires sur plusieurs livres de l'Ancien et du Nouveau Testament; 7° un volume d'opuscules et d'œuvres mêlées sur différents sujets, au nombre de soixante-treize, mais dont quelques-uns peuvent n'être pas de lui, au jugement des critiques. L'écrivain le mieux instruit de la vie de saint Thomas, et qui avait vécu avec lui, dit avec raison que l'on ne conçoit pas comment, dans un intervalle de vingt ans, à dater du moment auquel ce saint docteur commença d'enseigner, jusqu'à sa mort, il a pu faire un aussi grand nombre d'ouvrages et sur autant de matières différentes. L'étonnement redouble, quand on se rappelle que la prière et la méditation, la prédication de la parole de Dieu, les affaires dont ce grand homme fut chargé, les voyages qu'il a faits, ont dû occuper près de la moitié de son temps. Aussi disait-il qu'il avait plus appris au pied du crucifix que dans les livres. — Depuis que l'on a négligé l'étude de la *scolastique* pour s'attacher principalement à la *théologie* positive, les ouvrages de saint Thomas sont beaucoup moins lus qu'autrefois, mais un théologien qui veut s'instruire solidement ne regrettera jamais le temps qu'il aura mis à consulter la *Somme théologique*; il y trouvera sur chaque question les preuves et les réponses à toutes les objections que l'on peut tirer du raisonnement.

Les protestants, qui méprisent beaucoup les *scolastiques*, et qui en ont dit tout le mal possible, n'ont pas plus respecté saint Thomas que les autres: ils lui accordent à la vérité plus d'esprit et de pénétration; mais ils disent qu'au lieu de travailler à corriger la mauvaise méthode et le respect superstitieux pour Aristote, qui régnaient de son temps dans les écoles, il a rendu cet abus plus incurable par l'admiration qu'il a inspirée à son siècle; qu'il y a beaucoup à rabattre des éloges que l'on a donnés à ses talents. Quelques-uns prétendent que ses définitions sont souvent vagues et obscures; que ses plans et ses divisions, quoique pleins d'art, manquent souvent de clarté et de justesse; que sa méthode ne sert fréquemment qu'à brouiller les questions au lieu de les éclaircir. D'autres ont affecté de renouveler les accusations qui furent formées contre ce saint docteur par des ennemis jaloux, pendant les troubles de l'université de Paris. Ils n'ajoutent aucune foi à ce que ses historiens racontent de ses vertus et de ses miracles.

Jamais la prévention des protestants n'a éclaté davantage qu'à cette occasion. Peut-on blâmer saint Thomas de n'avoir pas entrepris de changer absolument la méthode qui régnait de son temps dans toutes les écoles de la chrétienté? Nos adversaires conviennent que ceux qui s'attachaient principalement à l'Ecriture sainte et à la tradition, et que l'on appelait les *docteurs bibliques*, ne jouissaient d'aucune estime ni d'aucune considération, et voyaient leurs écoles désertes;

un docteur sage était donc forcé de se conformer au goût général et dominant. Mais saint Thomas n'a pas négligé l'étude de l'Ecriture sainte, puisqu'il en a expliqué et commenté plusieurs livres, et qu'il a fait plus d'usage de la tradition que les autres. Quand on n'est pas au fait du langage *scolastique* usité pour lors, il n'est pas étonnant que l'on trouve obscures la plupart des définitions de ce grand *théologien*; mais il suffit de jeter seulement un coup d'œil sur la table des livres et des chapitres de sa *Somme* pour être convaincu qu'il y règne un ordre infini dans la distribution des matières : il s'en faut beaucoup qu'il y en ait autant chez la plupart des théologiens protestants. Ceux-ci ont très-bien compris que la précision avec laquelle ce savant *scolastique* a traité les questions qui les divisent d'avec nous a fait leur condamnation d'avance. Leur incrédulité touchant les vertus héroïques et les miracles de saint Thomas ne prévaudront jamais sur l'attestation des témoins oculaires de sa vie ni sur les informations juridiques qui en ont été faites. On n'a pas pu en imposer sur les actions et sur la conduite d'un personnage aussi célèbre, qui a été vu et connu dans toute la France et dans toute l'Italie. *Voy.* Scolastique.

Thomas Becquet (saint), archevêque de Cantorbéry, naquit l'an 1117 et fut mis à mort l'an 1170, sous le règne de Henri II, roi d'Angleterre. Quoique ce saint ne soit pas au nombre des écrivains ecclésiastiques, il nous paraît important de réfuter les calomnies que l'on élève aujourd'hui contre sa mémoire, calomnies qui retombent sur l'Eglise catholique, par le jugement de laquelle il a été mis au rang des saints.

Elevé d'abord à la dignité de chancelier d'Angleterre, il rendit au roi et à la nation les plus importants services. Placé ensuite sur le siége de Cantorbéry, l'an 1160, il encourut la disgrâce de son souverain et des grands du royaume, par sa fermeté à défendre les droits de l'Eglise contre les entreprises et les usurpations de l'un et des autres. Obligé de se retirer en France, il y fut accueilli par le roi Louis VII et par le pape Alexandre III, qui y était pour lors. Après plusieurs tentatives et de longues négociations, l'un et l'autre parvinrent à le réconcilier avec son roi et à le faire rétablir sur son siége. Mais comme il continuait de s'opposer aux abus qui régnaient, et à demander la restitution des biens enlevés à son Eglise, il excita de nouveau la colère du roi : quatre courtisans crurent se rendre agréables à ce prince en assassinant ce vertueux prélat au pied des autels. Il fut mis au rang des saints trois ans après sa mort.

Avant le schisme d'Angleterre et l'introduction du protestantisme dans ce royaume, tous les Anglais rendaient un culte religieux à saint Thomas Becquet, et le regardaient comme un des grands hommes de leur nation; mais ils ont changé d'idées en changeant de religion. Plusieurs de leurs écrivains se sont emportés en invectives contre ce personnage; jugeant de sa conduite comme si au XII° siècle leur roi s'était déjà déclaré chef souverain de l'Eglise anglicane, ils ne voient plus dans le saint archevêque qu'un fanatique ambitieux, un brouillon, un séditieux, un opiniâtre frénétique, révolté contre son roi et son bienfaiteur. C'est ainsi qu'il est traité par le traducteur anglais de l'*Histoire ecclésiastique* de Mosheim, XII° siècle, II° part., c. 2, § 12, note. Mosheim en avait parlé avec décence et avec modération; quelques incrédules français ont encore enchéri sur les termes injurieux du traducteur.

Pour juger si l'archevêque de Cantorbéry a été innocent ou coupable, digne de louange ou de blâme, il faut savoir plusieurs faits historiques rapportés par les contemporains, et que l'on ne peut pas révoquer en doute. 1° Henri II était un souverain non-seulement très-absolu, mais très-violent, sujet à des transports fréquents de colère, pendant lesquels il ne se possédait plus ; il oubliait ses engagements les plus solennels, et ne voulait plus d'autre loi que sa volonté. Accoutumé à disposer de tous les bénéfices, contre le droit commun établi partout, il s'appropriait les revenus pendant la vacance, et négligeait pendant longtemps de nommer un successeur, afin de prolonger sa jouissance. A son exemple, les seigneurs envahissaient les biens ecclésiastiques, et se réunissaient pour dépouiller le clergé. Le même désordre avait régné en France pendant plusieurs siècles. 2° Lorsque ce prince voulut placer Thomas Becquet sur le siége de Cantorbéry, celui-ci lui déclara que s'il était une fois revêtu de cette dignité, il ne pourrait plus tolérer ce brigandage, que son devoir le forcerait de s'y opposer, qu'il encourrait infailliblement la disgrâce du roi, qu'il le suppliait de le dispenser d'accepter cette charge. Henri II insista : il eut donc tort de s'étonner de la résistance de l'archevêque ; il devait s'y attendre. 3° Les abus auxquels Thomas s'opposait n'étaient pas des lois, le roi lui-même les appelait des *coutumes*. Il les fit rédiger en lois dans une assemblée tenue à Clarendon, l'an 1164 : il crut acquérir ainsi le droit de dépouiller le clergé, non-seulement de ses biens, mais encore de sa juridiction. La plupart des évêques se soumirent. L'archevêque de Cantorbéry, pour ne pas se rendre odieux, consentit à signer avec les autres; mais, après réflexion faite, il s'en repentit ; il en demanda pardon au pape, et se fit absoudre : de là le nouveau mécontentement du roi et l'origine de la rupture. 4° Ces constitutions de Clarendon furent examinées en France par le pape, dans une assemblée tenue à Sens ou ailleurs. De seize articles qu'elles contenaient, on jugea qu'il y en avait seulement sept que l'on pouvait tolérer, que tous les autres étaient contraires au droit généralement reçu dans l'Eglise et aux décrets des conciles. On blâma la faiblesse qu'avait eue d'abord l'archevêque de Cantorbéry et les autres évêques anglais de les signer. Les anglicans répondent que le pape ni l'Eglise n'avaient rien à voir aux lois civiles d'Angleterre; que c'était au roi seul de les faire à son gré. Sans examiner le fond de ce droit, nous nous bornons à observer qu'il est absurde de juger une question du xii° siècle sur les principes du xv° ou du xviii°, et non sur ceux qui étaient universellement reçus et suivis pour lors; de vouloir que Thomas Becquet se soit cru plus obligé de se soumettre aux volontés arbitraires de Henri II qu'au jugement du souverain pontife et de toute l'Eglise. Une preuve que le droit du xii° siècle n'était pas aussi absurde qu'on le prétend, c'est que, malgré la prétendue réformation, l'archevêque de Cantorbéry jouit encore de la plupart des priviléges que saint Thomas réclamait, et que l'immunité des clercs subsiste encore en Angleterre, sous le nom de *bénéfice de clergie*, Londres, tom. III, p. 74 et 75. 5° Dans toutes les ambassades et négociations qui eurent lieu à ce sujet en France et à Rome, Henri II se conduisit avec une inconstance, une duplicité, une mauvaise foi, qui ne lui firent pas honneur. Lorsqu'il était de sang-froid, il promettait et accordait tout ce qu'on voulait; dans le premier mouvement de colère, il se rétractait et ne voulait plus rien entendre. Peu s'en fallut, plus d'une fois, qu'il ne formât contre l'Eglise le même schisme qu'a exécuté Henri VIII en 1534. 6° Ses apologistes prétendent que le roi de France, Louis VII, ne favorisa Thomas Becquet que par haine contre Henri II, son ennemi, qui possédait pour lors nos provinces occidentales. La fausseté de ce soupçon est prouvée par un fait incontestable : c'est que Louis VII n'accorda une protection déclarée et constante à l'archevêque de Cantorbéry qu'après avoir eu une longue conférence avec Henri II, près de Montmirail, dans le Perche, l'an 1169, et après avoir entendu les reproches de ce prince et les réponses du prélat, que Louis VII avait conduit avec lui pour le faire rentrer en grâce. C'est après son retour que notre roi fit à un envoyé de Henri II la réponse qui est devenue célèbre : *Dites à votre maître que je ne veux point renoncer à l'ancien droit de ma couronne : la France a été de tout temps en possession de protéger les innocents opprimés, et de donner retraite à ceux qui sont exilés pour la justice.* Avant de laisser retourner Thomas Becquet en Angleterre, Henri II ne lui fit point promettre qu'il renoncerait à la défense des droits de sa dignité et de son Eglise. 7° Nous n'accusons point ce roi d'avoir consenti au meurtre de l'archevêque. Frappé de terreur et de regret à la première nouvelle qu'il reçut de ce crime, il jura et protesta qu'il n'y avait point de part; qu'en se plaignant imprudemment de ce que personne ne voulait le délivrer de cet homme, il n'avait eu aucune intention d'inspirer à des assassins le dessein d'attenter à sa vie. Il fit de sa faute une pénitence exemplaire, sans attendre que le pape la lui enjoignit, comme quelques-uns le supposent. Peu d'années après, il alla se prosterner au tombeau du saint, y répandit des larmes, implora sa protection, et il crut être redevable à son intercession d'une victoire qu'il remporta sur le roi d'Ecosse dans ce temps-là. Le traducteur de Mosheim n'a pas trouvé bon de rapporter cette circonstance. Les meurtriers, de leur côté, chargés de l'exécration publique, rentrèrent en eux-mêmes et moururent pénitents.

Les richesses accumulées au tombeau de saint Thomas Becquet, pendant quatre cents ans, furent pillées par les émissaires de Henri VIII, et ses os furent brûlés. *Hist. de l'Eglise gallic.*, t. IX, liv. xxvii, an. 1163 et suiv. ; *Vies des Pères et des martyrs*, t. XII, p. 371. On y trouve les citations des auteurs originaux.

THOMAS DE VILLENEUVE (saint). Les hospitalières de *Saint-Thomas de Villeneuve* ont été instituées en Bretagne par le P. Ange Le Proust, augustin réformé, en 1661. Cet établissement a été confirmé par des lettres patentes en 1660. Elles ne font que des vœux simples; elles sont occupées non-seulement au soin des malades, mais encore à l'instruction de la jeunesse, et suivent la règle de saint Augustin; elles ont trois maisons à Paris. Lorsqu'elles font profession, une pauvre femme les embrasse et leur met une bague au doigt, en leur disant : *Souvenez-vous, ma chère sœur, que vous devenez la servante des pauvres.* On sait que *saint Thomas de Villeneuve*, archevêque de Valence en Espagne, mort l'an 1555, se rendit principalement recommandable par sa charité envers les malheureux.

THOMISME, THOMISTES. On appelle *thomisme* la doctrine de saint Thomas d'Aquin touchant la grâce et la prédestination, et *thomistes* ceux qui font profession de la suivre, particulièrement les dominicains. Voici comme ils ont coutume de l'exposer.

Dieu, disent-ils, est la cause première ou le premier moteur à l'égard de toutes ses créatures : comme cause première, il doit influer sur toutes les actions, parce qu'il n'est pas de sa dignité d'attendre la détermination de la cause seconde ou de la créature; comme premier moteur, il doit imprimer le mouvement à toutes les facultés ou à toutes les puissances qui en sont susceptibles. Voilà la base de tout le système. De là les *thomistes* concluent : 1° Que dans quelque état que l'on suppose l'homme, soit avant, soit après sa chute originelle, et pour quelque action que ce soit, la prémotion de Dieu est nécessaire. Ils appellent cette prémotion *prédétermination physique*, à l'égard des actions naturelles, et *grâce efficace par elle-même*, quand il s'agit des œuvres surnaturelles et utiles au salut. Ainsi, continuent-ils, la grâce efficace par elle-même a été nécessaire aux anges et à nos premiers parents, pour faire des œuvres surnaturelles et pour persévérer dans l'état d'innocence. Il n'y a donc aucune différence entre la grâce efficace de l'état d'innocence et celle de la nature tombée ou corrompue. En cela, le sentiment des *thomistes* est opposé à celui des augustiniens. *Voy*. ce mot. 2° La grâce efficace fut refusée à Adam et aux anges qu' sont déchus de leur état, mais ils en furent privés par leur faute. 3° Dans l'état même d'innocence, il faut admettre en Dieu des décrets absolus, efficaces et antécédents à toute détermination libre des volontés créées, puisque la prescience de Dieu n'est fondée que sur ces décrets. Ainsi, dans cet état, la prédestination à la gloire éternelle a été antécédente à la prévision des mérites. Par conséquent, il en a été de même de la réprobation négative ou de la non-élection à la gloire; elle est uniquement venue de la volonté de Dieu. Quelques *thomistes*, cependant, pensent que le péché originel est la cause de la réprobation négative. Quant à la réprobation positive, ou à la destination aux peines éternelles, elle a été conséquente à la prévision du démérite futur des réprouvés. 4° Notre premier père ayant péché, tous ses descendants ont péché en lui: ainsi, tout le genre humain est devenu une masse de perdition. Dieu, sans injustice, aurait pu l'abandonner tout entier, comme il a délaissé les anges prévaricateurs; mais par pure miséricorde, par un décret antécédent et gratuit, il a voulu le racheter. En conséquence, Jésus-Christ est mort pour tous les hommes; et, en vertu de sa mort, Dieu a préparé des grâces suffisantes pour le salut de tous, et en donne à tous plus ou moins. 5° Par un nouveau trait de miséricorde antécédente et gratuite, Dieu a élu et prédestiné efficacement à la gloire éternelle un certain nombre d'âmes, préférablement à tout le reste. Ce choix est appelé, par les *thomistes*, *décret d'intention*, en conséquence duquel Dieu accorde aux élus des grâces efficaces, le don de la persévérance et la gloire dans le temps, au lieu qu'il ne donne à tous les autres que des grâces suffisantes pour opérer le bien et y persévérer. 6° Dans l'état de nature tombée, la grâce efficace est nécessaire à toute créature raisonnable, pour deux raisons: 1° à titre de dépendance, parce qu'elle est créature; 2° à cause de sa faiblesse. Quoique la grâce suffisante guérisse la volonté et la rende saine, cependant l'homme éprouve toujours une grande difficulté à faire le bien surnaturel; quoiqu'il ait avec cette grâce un pouvoir véritable, prochain et complet de faire le bien, néanmoins il ne le fera jamais sans une grâce efficace. 7° Il s'ensuit, de tout ce qui précède, que la prescience des bonnes œuvres de l'homme est fondée sur un décret efficace, absolu et antécédent, qui lui accorde la grâce efficace, et que la prescience du péché est également fondée sur un décret de permission, par lequel Dieu a résolu de ne point lui accorder cette même grâce nécessaire pour éviter le péché. 8° Dieu voit, dans ses décrets, qui sont ceux qui persévéreront dans le bien, qui sont ceux au contraire qui finiront dans le mal: en conséquence, il accorde aux premiers la gloire éternelle pour récompense, et il condamne les autres au supplice de l'enfer. C'est ce que les *thomistes* nomment *décret d'exécution*.

Quand on leur objecte que ce système s'accorde mal avec la liberté humaine, ils soutiennent le contraire; ils disent, 1° que, par la prémotion, Dieu ne donne atteinte à aucune des facultés de l'homme, parce qu'il veut que l'homme agisse librement; que la prémotion, loin d'être un obstacle au choix ou à l'action, est au contraire un complément nécessaire pour agir; 2° qu'aucun objet créé n'offrant à l'homme un attrait invincible, la raison lui fait toujours apercevoir divers objets entre lesquels il peut choisir, et que cela suffit pour la liberté. — On doit convenir d'abord que ce sytème ne renferme aucune erreur; il n'a jamais essuyé aucune censure: il est donc très-permis de le soutenir, et il est assez commun dans les écoles de *théologie*. Ceux qui ont voulu le confondre avec celui de Jansénius se sont grossièrement trompés, ou ils ont voulu en imposer. Les *thomistes* soutiennent que Jésus-Christ est mort pour le salut de tous les hommes; qu'en conséquence Dieu donne des grâces intérieures à tous; que l'homme résiste souvent à ces grâces, quoiqu'elles lui donnent un vrai pouvoir de faire le bien; que, quand il fait le mal, ce n'est pas parce qu'il manque de la grâce, mais parce qu'il y résiste; que la grâce efficace ne lui impose aucune nécessité d'agir, parce que cette nécessité serait incompatible avec la liberté. Autant de vérités diamétralement opposées aux erreurs condamnées dans Jansénius. Il n'y a pas moins d'injustice à leur attribuer celles-ci qu'à taxer les congruistes de semi-pélagianisme.

Lorsque l'on dit aux *thomistes* que leur grâce prétendue *suffisante* n'est suffisante que de nom, puisqu'avec elle l'homme ne fait jamais le bien, ils répondent que c'est sa faute, et non celle de la grâce, puisqu'elle lui donne tout le pouvoir nécessaire pour agir; que dans la grâce suffisante Dieu lui offre une grâce efficace, et que si Dieu ne lui accorde pas celle-ci, c'est qu'il y met obstacle par sa résistance. Ainsi l'enseigne saint Thomas, in 2, *dist.* 28, *quest.* 1, art. 4, liv. III, *contra Gent.*, c. 159. Ils ne soutiennent pas pour cela que leur système est sans aucune difficulté: ceux qui ne le goûtent point leur en opposent un grand nombre. 1° Suivant leur opinion, il serait difficile de trouver dans saint Thomas toutes les pièces dont les *thomistes* composent leur hypothèse; il en est plusieurs que l'on ne peut tirer des expressions du saint docteur que par des conséquences éloignées et peut-être forcées. 2° Que, dans le principe sur lequel ils se fondent, les mots *cause première*, *premier moteur*, *attendre la détermination des causes secondes*, *imprimer le mouvement*, sont équivoques, et que les *thomists* les prennent dans un sens tout différent des autres théologiens; que Dieu ne doit point *imprimer le mouvement* à des êtres essentiellement actifs ni à des facultés actives, comme si c'étaient des choses purement passives. 3° Il leur paraît peu convenable de dire que, dans l'état d'innocence, une partie des anges et le premier homme ont été privés de la grâce efficace *par leur faute*. Outre l'inconvénient d'admettre une *faute* dans l'état d'innocence, ou, cette faute était griève, ou elle était légère : dans le premier cas, elle a fait perdre l'innocence avant la chute; dans le second, elle ne méritait pas une peine aussi terrible que la privation de la grâce efficace nécessaire pour persévérer. 4° L'on ne conçoit pas comment un décret antécédent et absolu de réprobation négative peut s'accorder avec le décret antécédent et absolu de sauver tous les hommes et de les racheter par Jésus-Christ. Ces deux décrets paraissent contradictoires. Il en est de même de la prédestination absolue d'un petit nombre d'âmes, après la chute d'Adam, et malgré la rédemption générale, pendant que Dieu laisse de côté le plus grand nombre. 5° L'on conçoit encore moins comment la grâce suffisante *guérit la volonté et la rend saine*, pendant qu'elle lui laisse *une grande difficulté à faire le bien ;* cette difficulté paraît une grande maladie. Supposer qu'avec cette grâce l'homme a un vrai pouvoir, un pouvoir prochain et complet de faire le bien, et que cependant il ne le fera jamais sans une grâce efficace, c'est admettre un pouvoir sans preuve et par pure nécessité de système. 6° Un décret *de permission*, par lequel Dieu a résolu de ne point accorder la grâce efficace, est un mot inintelligible. *Permettre* signifie simplement ne point empêcher, ce n'est donc point un décret positif ; si on l'entend autrement, l'on suppose que Dieu veut positivement le péché.

Ce n'est point à nous de terminer cette dispute qui dure déjà depuis plusieurs siècles, et qui probablement durera encore plus long-temps ; nous n'y prenons aucun intérêt. Nous voudrions seulement que, quand il est question de systèmes arbitraires sur un mystère incompréhensible, tel que la prédestination, l'on y mît moins de chaleur, que l'on s'abstînt de termes durs et d'accusations téméraires ; il est mieux pour un théologien de réserver son temps, ses talents et ses peines pour défendre les vérités de notre foi contre ceux qui les attaquent.

THRONE ou TRONE, siége élevé au-dessus des autres. Les prophètes, dans leurs extases, ont souvent vu le Seigneur assis sur un *trône* éclatant de lumière, environné des anges prêts à recevoir ses ordres et à les exécuter ; Dieu daignait leur donner par ces visions une faible idée de sa grandeur et de sa majesté. Jésus-Christ, *Matth.*, c. v, v. 32, défend de jurer par le ciel, parce que c'est le *trône* de Dieu. Etre placé sur un siége élevé dans une assemblée est un signe de dignité et d'autorité ; de là le *trône* est devenu le symbole de la royauté, et souvent il la signifie dans l'Ecriture sainte ; *Prov.*, c. xx, v. 28 : *Affermissez par la clémence votre* TRÔNE, c'est-à-dire votre règne et votre autorité. Il y a dans le troisième livre des *Rois*, chap. x, v. 20, une description magnifique du *trône* de Salomon. Ce qui est dit dans les prophètes des anges qui environnent le *trône* de Dieu, leur a fait donner ce nom. Saint-Paul, *Coloss.*, cap. I, v. 16, dit que toutes choses visibles ou invisibles, ont été créées de Dieu, soit les *trônes* ou les dominations, les principautés ou les puissances ; les Pères de l'Eglise ont pensé que l'apôtre désignait par là quatre divers ordres des anges, et que les *trônes* sont les anges du premier ordre. *Voy.* ANGE.

TRÔNE ÉPISCOPAL. Jésus-Christ dit dans l'Evangile, *Matth.*, cap. xix, v. 28 : *Au renouvellement de toutes choses, lorsque le Fils de l'Homme sera placé sur le siége ou sur le* TRÔNE *de sa majesté, vous serez aussi assis sur douze siéges et vous jugerez les douze tribus d'Israël.* Dans *l'Apocalypse*, ch. iv et suiv., où saint Jean a représenté les assemblées chrétiennes sous l'emblème de la gloire éternelle, le président est assis sur un *trône*, et vingt-quatre vieillards ou prêtres occupent aussi des *trônes* autour de lui. De là s'est introduite la coutume générale d'élever dans les églises un siége au-dessus des autres, pour y placer l'évêque. Bingham, *Orig. ecclés.*, t. III, l. vii, c. 6, § 1, observe que le mot grec βῆμα signifiait tantôt l'autel, tantôt l'ambon ou le pupitre, quelquefois le *trône épiscopal*, souvent le chœur entier dans lequel toutes ces parties étaient rassemblées ; en effet c'est un terme générique qui signifie simplement *un lieu où l'on monte.* Eusèbe, *Hist. ecclés.*, liv. vii, c. 30, rapporte que l'un des reproches que l'on fit à Paul de Samosate, au concile d'Antioche, l'an 270, fut qu'il s'était fait construire un *trône* ou tribunal fort élevé, et qu'il l'appelait σκέρυτον comme les magistrats séculiers ; mais il n'est pas moins certain que, dès la naissance de l'Eglise, les évêques ont eu dans le chœur un siége distingué, plus élevé que celui des simples prêtres, et qui marquait leur dignité. On lit dans un ancien auteur que Pierre, successeur de Théonas sur le siége d'Alexandrie, prenant possession, refusa par modestie de s'asseoir sur le *trône* de saint Marc, que l'on gardait précieusement dans cette église. — On appela, dans les premiers siècles, *prototrône* l'évêque d'une province dont le siége était le plus ancien. *Voy.* CHAIRE.

THURIFÉRAIRE est un clerc qui porte l'encensoir et qui est chargé d'encenser dans le chœur.

THURIFIÉS, *THURIFICATI*. *V.* LAPSES.

TIARE, ornement de tête des prêtres juifs ; c'était une espèce de couronne de toile de byssus ou de fin lin, *Exod.*, c. xxviii, v. 40 ; c. xxxix, v. 26. Le grand prêtre en portait une différente, qui était d'hyacinthe, environnée d'une triple couronne d'or et garnie sur le devant d'une lame d'or sur laquelle était gravé le nom de Dieu. La *tiare* est aussi l'ornement de tête que porte le souverain pontife de l'Eglise chrétienne, pour marque de sa dignité. C'est un bonnet assez élevé, environné de trois couronnes d'or, et surmonté d'un globe avec une croix, avec deux pendants qui tombent par derrière, comme ceux de la mitre des évêques. Cette *tiare* n'avait d'abord qu'une seule couronne. Boniface VIII y en ajouta une seconde, et

Benoît XII une troisième. Le pape la porte sur sa tête lorsqu'il donne la bénédiction au peuple.

TIERCE. *Voy.* HEURES CANONIALES.

TIERCELIN, TIERCELINE. *Voy.* FRANCISCAIN, FRANCISCAINE.

TIERCIAIRE, homme ou femme qui est d'un tiers ordre de religieux. Comme la plupart des ordres monastiques ont subi des réformes, les réformés et les anciens ont été censés deux ordres différents. Ils ont nommé *tiers ordre* ceux qui formèrent dans la suite, pour quelque nouvelle raison, une troisième congrégation. Mais l'on a donné le même nom à une association de pieux laïques ou de gens mariés, qui contractent avec un ordre religieux une espèce d'affiliation, afin de participer aux prières et aux bonnes œuvres qui se font dans cet ordre, et d'en imiter les pratiques de dévotion, autant que leurs occupations et les devoirs de leur état peuvent le leur permettre. Ils ne font point de vœux; leurs directeurs leur prescrivent seulement un règlement de vie propre à les soutenir dans la piété et la pureté des mœurs. La plupart des ordres religieux ont eu des *tiers ordres*. Comme tous ont commencé par la ferveur et par une vie exemplaire, un grand nombre de laïques, édifiés de leurs vertus, ont désiré de les imiter et de s'associer à eux en quelque manière. Ceux qui ont fait le plus de bruit dans le monde sont les frères et sœurs du *tiers ordre* de Saint-François. Lorsqu'une partie des religieux de cet ordre eurent fait un schisme avec leurs frères, dans le XIIIᵉ et le XIVᵉ siècle, sous prétexte d'observer plus étroitement la règle de leur fondateur, ils se révoltèrent contre toute espèce d'autorité, refusèrent d'obéir même au saint-siège, tombèrent dans des désordres et dans des erreurs : on les nomma *fratricelles*. Les *tierciaires* laïques, qui s'étaient mis sous leur conduite, se lièrent d'intérêt avec eux et donnèrent dans les mêmes excès ; ils furent nommés *beggards* et *béguins* ; l'on fut obligé de sévir contre les uns et les autres, et de les exterminer. *Voy.* BEGGARDS, FRATRICELLES, etc.

TIMOTHÉE, disciple et compagnon des voyages de saint Paul, pour lequel cet apôtre avait une affection singulière. Il le sacra évêque, et le chargea de gouverner l'Eglise d'Ephèse, avant que saint Jean l'Évangéliste eût fixé sa demeure dans cette ville. Les deux lettres de saint Paul à *Timothée* sont un monument précieux de l'esprit apostolique ; elles renferment en peu de mots les devoirs qu'un pasteur doit remplir, les vertus qu'il doit avoir, les défauts qu'il doit éviter, les instructions qu'il doit donner aux fidèles dans les divers états de la vie ; il paraît qu'elles furent écrites dans les années 64 et 65, peu de temps avant le martyre de saint Paul, que l'on rapporte communément à l'an 66. Les Pères de l'Église recommandent à tous les ministres des autels la lecture assidue de ces deux lettres, aussi bien que de la lettre à Tite, dont nous allons parler, et ils en ont eux-mêmes donné l'exemple.

Dans l'*Apocalypse*, c. II, v. 1, saint Jean reçoit l'ordre d'écrire à l'évêque d'Ephèse, de louer ses travaux, sa patience, son zèle contre les méchants, sa vigilance à démasquer les faux apôtres, son courage à souffrir pour le nom de Jésus-Christ, mais de l'avertir qu'il s'est relâché de son ancienne charité. Si cette leçon regardait *Timothée*, ce qui est incertain, il en profita certainement, puisqu'il y a des preuves qu'il souffrit le martyre. *Tillemont*, tome II, pag. 142 ; *Vies des Pères et des martyrs*, tome I, pag. 451.

TIMOTHIENS. L'on nomma ainsi, dans le Vᵉ siècle, les partisans de Timothée Ælure, patriarche d'Alexandrie, qui, dans un écrit adressé à l'empereur Léon, avait soutenu l'erreur des eutychiens ou monophysites. *Voy.* EUTYCHIANISME.

TITE, disciple de saint Paul, le suivit dans une partie de ses courses apostoliques. Comme l'Apôtre n'avait fait que passer dans l'île de Crète et jeter les premières semences de la foi, il y laissa *Tite* qu'il ordonna évêque de cette Eglise naissante, afin qu'il achevât de la former, et lui recommanda d'établir des pasteurs dans les villes, en lui désignant les qualités que devaient avoir ceux qu'il choisirait pour cet important ministère. Telles sont les instructions qu'il lui donna dans la lettre qu'il lui écrivit l'an 64. Elle est parfaitement semblable aux deux qu'il adressa à Timothée, l'utilité en est la même. En les comparant, l'on est convaincu de l'erreur des protestants, qui affectent de supposer que du temps des apôtres les évêques ne s'attribuaient aucune autorité sur leur troupeau, que tout se réglait dans les assemblées des fidèles à la pluralité des voix, que le gouvernement était purement démocratique. *Voy.* EVÊQUE ; HIÉRARCHIE, PASTEUR, etc.

TNETOPSYCHIQUES, hérétiques qui soutenaient la mortalité de l'âme ; c'est ce que signifie leur nom. *Voy.* ARABIQUES.

TOBIE, saint homme, juif de la tribu de Nephthali, emmené en captivité avec les autres sujets du royaume d'Israël, par Salmanazar, roi d'Assyrie, sept cents et quelques années avant Jésus-Christ. Le livre qui porte son nom a été déclaré canonique par le concile de Trente, mais il est regardé comme apocryphe par les protestants, parce qu'il n'est point renfermé dans le canon des Juifs. Il fut d'abord écrit en chaldaïque ; saint Jérôme le traduisit en latin, et sa version est celle de notre Vulgate. Mais il y en a une version grecque beaucoup plus ancienne, dont les Pères grecs se sont servis dès le IIᵉ siècle. L'original chaldaïque ne subsiste plus ; quant aux versions hébraïques qui en ont été faites, elles sont modernes ; la traduction syriaque a été prise sur le grec. La version latine est différente de la grecque en plusieurs choses ; mais les savants donnent la préférence à celle-ci, parce que saint Jérôme avoue qu'il fit la sienne en très-peu de temps, par le secours d'un juif, et lorsqu'il n'entendait pas encore parfaitement le chaldaïque.

En général, les juifs et les chrétiens regardent le livre de Tobie comme une histoire véritable; mais les protestants soutiennent qu'il renferme plusieurs circonstances fabuleuses, et des choses qui n'ont pas pu être écrites par un auteur inspiré de Dieu. Un théologien d'Oxford, nommé Raynold, qui a fait deux gros volumes contre les livres apocryphes de l'Ancien Testament, pour réfuter Bellarmin, a rassemblé cinq ou six objections contre celui de Tobie. — 1° Il observe que, dans le ch. III, v. 7, il est dit que Sara, fille de Raguel, habitait à Ragès, ville de Médie; et, ch. IX, v. 3, le jeune Tobie, après l'avoir épousée, envoie l'ange, qui le conduisait à Ragès, ville de Médie, chez Gabélus, qu'il amène aux noces de Tobie, et le voyage dura plusieurs jours. Cela ne nous paraît pas impossible à concilier. Sara et son père pouvaient être à Ragès, lorsque arriva ce qui est rapporté ch. III, et ils ont pu venir habiter dans une autre ville près du Tigre, où Tobie les trouva, c. IX. — 2° L'ange qui est rencontré par les deux Tobie, leur dit : *Je suis Israélite, je suis Azarias, fils du grand Ananias,* c. V, v. 7 et 18, c'était un mensonge. Point du tout, l'ange avait pris la figure de ce jeune homme, et le représentait. D'ailleurs l'erreur des deux Tobie, que Dieu voulait leur rendre utile, ne fut pas longue, puisque l'ange leur découvrit ensuite la vérité, c. XII, v. 6. — 3° C. VI, v. 5, 8 et 9, l'ange attribue une vertu médicinale et merveilleuse aux entrailles d'un poisson; il dit que la fumée du cœur de cet animal chasse toute espèce de démons, et que le foie fait tomber les taies des yeux. Cela ne peut pas être. Mais que s'en suit-il? que Dieu voulut attacher à ces deux signes extérieurs les deux miracles qu'il voulait opérer en faveur des deux Tobie. Il en fut de même lorsque Jésus-Christ se servit de boue pour rendre la vue à un aveugle. — 4° C. XII, v. 12, ce même ange dit au vieux Tobie: *Lorsque vous faisiez des prières et de bonnes œuvres, j'ai présenté votre prière au Seigneur.* Voilà une hérésie, selon les protestants; il n'appartient, disent-ils, qu'à Jésus-Christ de présenter nos prières à Dieu. Au mot ANGE, nous leur avons fait voir le contraire: nous avons prouvé, par un passage de l'Apocalypse et par un autre du prophète Zacharie, outre celui-ci, que Dieu a chargé ses anges de lui présenter nos prières; l'erreur contraire, dans laquelle les protestants s'obstinent, n'est pas une juste raison de rejeter un livre de l'Ecriture sainte. — 5° Dans le ch. XIV, v. 7, le vieux *Tobie* prédit que le temple du Seigneur, qui a été brûlé, sera bâti de nouveau; or, dans ce temps-là, le temple de Jérusalem n'avait pas encore été incendié par les Chaldéens; il ne le fut que quelques années après la mort de *Tobie.* Cela est vrai, suivant la supputation commune; mais on sait que la chronologie de ces temps-là n'est

DICT. DE THÉOL. DOGMATIQUE. IV.

pas infaillible, que les arguments fondés sur ces sortes de calculs ne sont pas des démonstrations, et que les chronologistes ne s'accordent presque jamais. Il y a de pareilles difficultés dans plusieurs autres livres de l'Ecriture que l'on ne rejette pas du canon pour cela. Au reste la version grecque ne parle de l'incendie du temple que comme d'un événement futur.

Ce n'est pas sans raison et sans preuve que le concile de Trente a mis l'histoire de *Tobie* au nombre des livres canoniques. Ce livre a été cité comme Ecriture sainte par saint Polycarpe, l'un des Pères apostoliques, par saint Irénée, par Clément d'Alexandrie, par Origène, par saint Cyprien, par saint Basile, saint Ambroise, saint Hilaire, saint Jérôme, saint Augustin, etc. Dès le IV° siècle, il a été placé dans le catalogue des livres sacrés par un concile d'Hippone et par le III° de Carthage.

TOLÉRANCE, INTOLÉRANCE, en fait de religion. Il n'est peut-être pas de termes dont on ait abusé davantage, depuis plus d'un siècle, que de ces deux mots; il n'en est aucun qui ait donné lieu à d'aussi violentes déclamations. Il faut donc commencer par en fixer, s'il est possible, les différentes significations.

1° Dans un état où il y a une religion dominante, qui est censée faire partie des lois, on appelle *tolérance civile et politique,* la permission que le gouvernement accorde aux sectateurs d'une religion différente, d'en faire l'exercice plus ou moins public, d'avoir des assemblées particulières et des pasteurs pour les gouverner, de faire des règlements de police et de discipline, et sans encourir aucune peine. On comprend que cette *tolérance* peut être plus ou moins étendue, suivant les circonstances, suivant qu'elle paraît plus ou moins compatible avec l'ordre public, avec la tranquillité, le repos, la prospérité de l'Etat et l'intérêt général des sujets. Soutenir que, chez une nation policée, toute religion quelconque doit être également permise, qu'aucune ne doit être dominante ou plus favorisée qu'une autre, que chaque particulier doit être le maître d'en avoir une ou de n'en point avoir, c'est une absurdité que l'on a osé soutenir de nos jours, et que nous réfuterons ci-après. — 2° Parmi les différentes sociétés chrétiennes, on appelle *tolérance ecclésiastique, religieuse* ou *théologique,* la profession que fait une secte de croire que les membres d'une autre secte peuvent faire leur salut sans renoncer à leur croyance; qu'on peut sans danger fraterniser avec eux, et les admettre aux mêmes pratiques de religion. Ainsi les calvinistes ont offert plus d'une fois la *tolérance théologique* aux luthériens, mais ceux-ci ne l'ont pas acceptée; les uns et les autres l'ont toujours refusée aux sociniens, avec lesquels ils n'ont jamais voulu entrer en communion. Quelques protestants modérés sont convenus que l'on peut faire son salut dans la religion catholique: la plupart soutiennent le contraire. On leur a fait voir qu'ils n'ont aucun principe fixe ni aucune raison solide pour affir-

25

mer ou pour nier la possibilité du salut dans une société chrétienne plutôt que dans une autre, qu'ils en raisonnent suivant le degré de prévention et d'aversion qu'ils ont conçue contre telle ou telle société particulière, et selon l'intérêt du moment, puisqu'ils n'ont jamais eu sur ce point un langage ni une conduite uniformes. — 3° L'on entend souvent par *tolérance* en général, la charité fraternelle et l'humanité qui doivent régner entre tous les hommes, surtout entre tous les chrétiens, de quelle nation et de quelle société qu'ils soient. Cette *tolérance* est l'esprit même du christianisme ; aucune autre religion ne commande aussi rigoureusement la paix, le support mutuel, la charité universelle. Jésus-Christ l'a prêchée aux Juifs à l'égard des Samaritains, même à l'égard des gentils ou païens ; et il leur en a donné l'exemple. Il a ordonné à ses disciples de souffrir patiemment la persécution, et non de l'exercer contre qui que ce soit. Les apôtres ont répété ces mêmes leçons, et les premiers chrétiens les ont fidèlement suivies; leurs propres ennemis leur ont rendu cette justice, nous l'avons fait voir ailleurs : c'est par trois siècles de douceur, de patience, de charité, et non par la force, qu'ils ont vaincu enfin et subjugué les persécuteurs. Mais de ce que cette conduite est rigoureusement commandée aux particuliers, il ne s'ensuit pas que la même chose est ordonnée aux chefs des sociétés, aux pasteurs, aux magistrats, aux souverains, à tous ceux qui sont revêtus de l'autorité civile ou ecclésiastique. Les princes et leurs officiers sont tenus de droit naturel à maintenir l'ordre, la tranquillité, l'union, la paix, la subordination parmi leurs sujets ; à écarter, à réprimer et à punir tous ceux qui, sous prétexte de religion, cherchent à troubler la société. Jésus-Christ a chargé les pasteurs de veiller sur leur troupeau, d'en éloigner les loups et les faux prophètes, d'y maintenir l'union dans la foi, de ne point laisser mêler l'ivraie avec le bon grain, etc. Ses apôtres se sont conformés à ses ordres ; autant ils ont été patients à supporter les injures personnelles, la violence, les outrages et les tourments dont on usait à leur égard par autorité publique, autant ils ont été attentifs à démasquer les faux docteurs, à les exclure de la société des fidèles, à empêcher toute communication religieuse avec eux. Ils n'ont établi aucune règle, aucune maxime, aucun principe, duquel on puisse conclure que les princes, en se faisant chrétiens, se sont privés du droit de réprimer et de punir les séditieux, qui, en troublant la paix de l'Eglise, travaillent par là même à désunir la société civile. Quoi que l'on en dise, ces différents devoirs ne sont pas incompatibles, les princes véritablement chrétiens ont très-bien su les concilier. L'affectation de nos ennemis de brouiller toutes ces notions démontre qu'ils décident les questions sans y rien entendre.— 4° Dans le style des incrédules, la *tolérance* est l'indifférence à l'égard de toute religion. Sans s'embarrasser de savoir si toutes sont également vraies ou également fausses, si l'une est plus avantageuse que l'autre à la société civile, ils disent qu'on doit les regarder tout au plus comme de simples lois nationales, qui n'obligent qu'autant qu'il plaît au gouvernement de les protéger, et aux sujets de s'y soumettre ; que le meilleur parti est de n'en rendre aucune dominante, et de mettre entre elles une parfaite égalité. D'autres plus hardis ont soutenu qu'il n'en faut aucune, que toutes sont fausses et pernicieuses ; que, pour rendre la société civile heureuse et parfaite, il faut en bannir toute espèce de culte et toute notion de la Divinité ; que si l'on permet au peuple de croire et d'adorer un Dieu, il faut du moins que ceux qui gouvernent se gardent bien de favoriser un culte aux dépens de l'autre ; que tout particulier doit être le maître d'avoir une religion ou de n'en point avoir. Conséquemment, en demandant à grands cris la *tolérance* pour eux-mêmes, ils ont entendu avoir la liberté de déclamer et d'écrire contre toute religion, de professer hautement le déisme, l'athéisme, le matérialisme, le scepticisme, suivant leur goût ; d'accumuler les impostures, les calomnies, les injures grossières pour rendre odieux le christianisme, ceux qui le professent, ceux qui le défendent ou le protégent. Pour prouver que ce privilège leur appartenait de *droit naturel*, ils ont commencé par s'en mettre en possession, ils n'ont épargné ni les prêtres, ni les magistrats, ni les ministres, ni les souverains. Enfin, pour comble de sagesse, ils ont soutenu gravement que tous ceux qu'ils attaquent sont obligés, de *droit divin*, de le souffrir ; ils ont cité les leçons de l'Evangile, ils ont conclu que tous ceux qui se sont opposés à leurs attentats sont des *persécuteurs*. Si l'on nous accusait de trop charger ce tableau, nous sommes prêts à en montrer tous les traits dans leurs livres, surtout dans l'ancienne *Encyclopédie*, aux mots *Tolérance*, *Intolérance*, *Persécution*, etc.

Tel a été le progrès des principes, des conséquences, des raisonnements des prédicateurs de la *tolérance*; les protestants les avaient posés, les incrédules n'ont fait que les répéter et en suivre le fil, et il les a conduits à l'excès dont nous venons de parler. Bayle les a étalés avec beaucoup d'art dans son *Commentaire philosophique* sur ces paroles de l'Evangile : *Contrains-les d'entrer* ; Barbeyrac les a compilés assez maladroitement dans son *Traité de la morale des Pères*, ch. 12, § 5 et suiv. Nos philosophes plagiaires les ont copiés dans l'un ou dans l'autre; l'auteur du *Traité sur la Tolérance* n'a fait que les ressasser : tous se sont vantés d'avoir fermé pour toujours la bouche aux *intolérants*.

Avant d'examiner si leur victoire est réelle ou imaginaire, il y a quelques vérités à établir et certaines questions à résoudre. 1° Aux mots RELIGION, § 4, AUTORITÉ, LOI MORALE, SOCIÉTÉ, etc., nous avons démontré que la religion est absolument nécessaire pour fonder la société civile, et que cela ne peut pas se faire autrement. Cette vérité est confirmée par le fait, puisque dans l'univers entier il n'y eut jamais un peuple réuni en société sans avoir une religion vraie ou fausse. On bâtirait plutôt une ville en l'air, dit Plutarque, qu'une république sans religion. Tel a été le sentiment unanime de tous les législateurs, de tous les sages, de tous les philosophes à l'exception des épicuriens; aussi aucun de ces derniers ne s'est trouvé capable d'être législateur. Mais les peuples n'ont pas attendu les leçons de la philosophie pour avoir une religion, puisque les sauvages mêmes en ont une. Les fondateurs ou les premiers chefs de société n'ont donc pu faire autre chose que de confirmer la religion par les lois, ou plutôt de la mettre à la tête de toutes les lois; aucun n'y a manqué. On dira sans doute que, pour fonder la société, il faut à la vérité une religion en général, savoir, la croyance d'un Dieu, de sa providence, de sa justice, qui punit le crime et récompense la vertu; mais qu'il ne faut point de religion particulière assujettie à tel formulaire de doctrine et de culte; que chaque citoyen doit être le maître de l'arranger à son gré, qu'en cela même consiste la *tolérance*. Nous répondons qu'une religion ainsi conçue n'est plus qu'une irréligion véritable. La notion d'un Dieu, ainsi abandonnée au caprice des hommes, a dégénéré en polythéisme et en idolâtrie, est devenue un chaos d'erreurs, de superstitions, de désordres les plus contraires au bien de l'humanité, et à quelques égards pire que l'athéisme. Pour prévenir ce malheur, Dieu avait donné aux hommes dès le commencement du monde une révélation, une religion déterminée, assujettie à un formulaire de doctrine et de culte: ça été la religion des patriarches; tous ceux qui s'en sont écartés sont retombés dans le même état que les sauvages: les fondateurs de la société ont-ils dû l'y replonger? — 2° Un de ces sages, bien convaincu de la nécessité d'une religion particulière, maître d'en former le plan et de l'établir, aurait été un insensé ou un méchant homme, s'il n'avait pas choisi le formulaire qui lui paraissait le plus vrai, le plus raisonnable, le plus propre à procurer la paix, l'ordre, le bonheur de la société; s'il n'avait pas pris toutes les précautions pour rendre cette religion inviolable; s'il n'avait pas statué des peines contre ceux qui entreprendraient d'y donner atteinte. Il aurait été aussi absurde de ne pas choisir la meilleure religion possible, que de ne pas préférer les meilleures lois, et de ne pas la rendre aussi sacrée que les lois. Ainsi, la nécessité d'une religion particulière, dominante, soutenue par le gouvernement, commandée sous certaines peines; n'est qu'une conséquence naturelle de la nécessité d'une religion en général. Soutiendra-t-on que toute religion particulière est indifférente, que le paganisme, le judaïsme, le mahométisme, le christianisme, sont également propres à rendre la société paisible, florissante et heureuse? Quelques incrédules ont poussé la démence jusque-là; mais il suffit de comparer l'état des nations qui suivent l'une ou l'autre de ces religions, pour voir au premier coup d'œil ce qu'il en est. — 3° Lorsqu'un souverain trouve dans son empire une ancienne religion qui lui paraît fausse et pernicieuse, cause des désordres et des malheurs de l'État, et qu'il en voit naître une autre qui lui semble revêtue de tous les caractères de vérité, de sainteté, de divinité que l'on disait désirer, ne doit-il pas laisser à tous ses sujets la liberté de l'embrasser, ne peut-il pas l'adopter pour lui-même et en favoriser la propagation, pourvu qu'il observe à l'égard des sectateurs de l'ancienne tous les devoirs de justice, d'humanité et de modération, que prescrit le droit naturel? Si l'on répond que non, c'est comme si l'on disait que, quand il trouve de vieilles lois abusives et pernicieuses, il ne lui est pas permis d'user de son pouvoir législatif pour les abroger et leur en substituer de meilleures. — 4° Quand il y a plusieurs religions établies dans un royaume, le souverain, pour gouverner sagement, ne doit-il en professer aucune, vivre dans l'athéisme et dans l'irréligion, ou ne pas préférer celle qui lui paraît la plus vraie. Qu'il suive celle qu'il voudra, diront sans doute les prédicateurs de la *tolérance*, pourvu qu'il ne la favorise pas aux dépens des autres: qu'il laisse à tous ses sujets pleine liberté de conscience, qu'il ne témoigne point à ceux de sa religion plus d'affection qu'aux autres. Mais si les sectateurs de sa religion lui paraissent plus soumis, plus fidèles, plus vertueux, plus capables de remplir les charges importantes, doit-il leur préférer ceux qui lui semblent moins capables? Quand il serait athée et incrédule, il serait également dangereux qu'il n'eût plus d'affection pour ceux qui penseraient comme lui, que pour ceux qui croiraient en Dieu. — 5° Supposons que dans un État il n'y ait qu'une seule religion ancienne qui fait partie des lois, sous laquelle une monarchie subsiste depuis plusieurs siècles, de la vérité et de la sainteté de laquelle tout le monde est intimement persuadé; s'il survient des prédicants dans le dessein d'en établir une autre qui paraît fausse, pernicieuse, capable d'émouvoir tous les esprits, de les révolter contre toute autorité, d'allumer le feu de la guerre entre les divers membres de l'État, et qui ne peut s'établir que par la destruction de l'ancienne, quel parti doit prendre le souverain? Doit-il laisser à ces nouveaux docteurs la liberté de faire des prosélytes, exposer ses sujets au danger d'être séduits, risquer lui-même de recevoir bientôt la loi des sectaires, d'être réduit à choisir entre la perte de son trône et l'apostasie? Aucun des apôtres de la *tolérance* n'a encore pris la peine d'examiner et de prescrire la conduite la meilleure à suivre en pareil cas. Il leur a été fort aisé de blâmer tout ce qui s'est fait; la question était de dire ce qu'il aurait fallu faire. — 6° Enfin, lorsqu'un parti de sectaires s'est rendu assez fort pour obtenir à main armée la liberté de conscience, c'est-à-dire l'exercice public d'une nouvelle religion, et que le gouvernement s'est trouvé forcé de céder à la nécessité des circonstances, s'il survient dans la suite un nouveau souverain plus puissant que ses prédécesseurs, qui regarde ces sectaires comme des sujets dangereux, toujours prêts à se révolter et à renouveler les anciens troubles, est-il tellement lié par les concessions qui leur ont été faites, qu'il ne puisse légitimement les révoquer? Ne lui est-il pas permis de remettre les choses dans leur ancien état? Non, répondent tout d'une voix nos adversaires; si la parole des rois n'est pas sacrée, si les lois et les édits ne sont pas inviolables, aucun citoyen ne peut jamais être assuré de son état.

Voici une jurisprudence bien étrange; parviendrons-nous à en découvrir les fondements? Depuis la naissance de notre monarchie, ou à peu près, il y avait des lois qui déclaraient la religion catholique seule religion de l'état, et qui proscrivaient toutes les autres: lois portées, acceptées et jurées dans les assemblées générales de la nation, confirmées par un usage de huit à neuf siècles au moins; elles existent encore dans les capitulaires de nos rois. Henri IV a pu néanmoins y déroger légitimement, par un édit qui accordait l'exercice public d'une nouvelle religion, parce que le bien général du royaume semblait l'exiger: et cent ans après, Louis XIV n'a pas pu légitimement révoquer cet édit, et remettre les choses dans l'ancien état, quoique le bien général du royaume lui parût l'exiger, parce que la parole des rois doit être sacrée et leurs édits inviolables? Nous cherchons vainement la raison pour laquelle la loi d'Henri IV a dû être plus sacrée que celles de Charlemagne ou de Louis le Débonnaire. Peut-être la trouverons-nous dans les arguments de nos adversaires : il faut les examiner.

1° La liberté de penser, disent-ils, est de droit naturel; en fait de religion, comme en toute autre chose, aucune puissance humaine ne peut me faire croire ce que je ne crois pas, ni vouloir ce que je ne veux pas: elle n'a aucun droit sur ma conscience; puisque c'est à Dieu seul de nous prescrire une religion, c'est à lui seul que nous devons en rendre compte. — *Réponse*. Si la liberté de penser et la liberté de parler, d'enseigner, d'écrire et d'agir, étaient la même chose, nous n'aurions rien à répliquer à cette doctrine; mais peut-on confondre de bonne foi deux choses aussi différentes? Qu'un citoyen pense bien ou mal touchant les lois, qu'il les approuve ou les blâme intérieurement, cela ne peut affecter personne; mais s'il déclame, s'il écrit, s'il agit contre les lois, il est certainement punissable; il en est de même de la religion, puisque c'est une loi, et la plus nécessaire de toutes. La religion que Dieu nous prescrit ne consiste pas seulement en pensées, mais en actions: or, la puissance humaine a un droit incontestable sur nos actions; nos adversaires mêmes sont forcés d'en convenir, puisqu'ils disent que tous ceux qui troublent la tranquillité publique doivent être punis, *qu'elle qu'ait été leur conscience*; nous le verrons ci-après.

2° Tout homme est jaloux de sa liberté et de ses opinions, surtout en matière de religion; c'est une injustice atroce de punir les erreurs comme des crimes; l'intolérance est encore plus absurde en fait de religion qu'en fait de science. — *Réponse*. Nous convenons qu'un très-grand nombre d'hommes poussent la jalousie de leur liberté jusqu'à vouloir être déistes, athées, matérialistes, incrédules, impunément; que, peu contents de penser pour eux-mêmes, ils veulent professer, enseigner, propager leurs opinions et les inspirer aux autres. Dieu leur a-t-il accordé cette liberté, et les chefs de la société sont-ils obligés de la souffrir? C'est pour réprimer cette funeste liberté, ou plutôt ce libertinage d'esprit, de cœur et de conduite, que Dieu a prescrit une religion, et qu'il a mis le glaive à la main de la puissance séculière. Autre chose est de punir l'erreur, et autre chose de punir la profession et l'enseignement de l'erreur; tant qu'un homme renferme ses erreurs en lui-même, elles ne peuvent affecter personne; dès qu'il les produit au dehors, elles intéressent la société, il est coupable et digne de châtiment à proportion des mauvais effets que peut produire sa témérité. Si la profession de l'erreur en fait de science pouvait avoir des suites aussi funestes que la profession de l'erreur en matière de religion, l'on serait en droit de la punir de même. On nous répliquera sans doute qu'il y a bien de la différence à mettre entre la profession publique de l'athéisme ou de l'incrédulité, et la profession d'une religion chrétienne différente de la religion catholique. Nous soutenons qu'il n'y en aurait aucune, si les maximes générales de nos adversaires étaient vraies; savoir, que la liberté de penser est de droit naturel, qu'aucune puissance humaine n'a droit de gêner les opinions, etc. Ce n'est pas notre faute, si, pour prouver la nécessité de tolérer une secte chrétienne, ils se fondent sur les mêmes axiomes dont se servent les athées pour prouver la nécessité de tolérer l'incrédulité et l'irréligion. Aussi allons-nous voir nos dissertateurs forcés de se rétracter et de se contredire.

3° Les hommes, dit Barbeyrac, ne sont point réunis en société pour professer une certaine religion, mais pour se procurer le bien-être temporel; tel est le seul objet de la puissance civile: la religion n'est donc point de son ressort, elle n'a point le droit de la gêner, elle doit laisser à chacun la liberté de croire et de professer ce qui lui paraît vrai en matière de religion. — *Réponse*. Nous avons prouvé que les hommes ne peuvent être réunis en société, sans avoir une certaine religion, une religion fixe, déterminée, assujettie à un formulaire de doctrine et de culte; donc cette religion est absolument nécessaire au bien temporel de la société, donc la puissance civile chargée de procurer ce bien temporel est essentiellement obligée à protéger la religion, à la défendre, à réprimer les attentats de ceux qui l'attaquent. Barbeyrac l'a senti malgré lui, en exigeant que la puissance civile laisse à chacun la liberté, il ajoute, *à moins que cela ne nuise à la tranquillité publique. Traité de la morale des Pères*, c. 12, § 27. Il dit qu'il ne faut point tolérer dans une société les *erreurs fondamentales*, § 22; que ceux qui insultent les sectateurs d'une autre religion *sont punissables*, § 52. A-t-il vu les conséquences de ces restrictions ?—Bayle à son tour convient que les princes peuvent faire des lois coactives *par politique* en fait de religion, *Comment. philos.*, Ire part., c. 6, p. 383; qu'il faut réprimer les factieux, IIe part., c. 6, p. 416; qu'il faut punir tous ceux qui troublent le repos public, quelle qu'ait été leur conscience, c. 9, p. 431. Ainsi voilà tous les grands principes des partisans de la *tolérance* renversés par eux-mêmes. — Pour en venir à l'objet qu'ils se sont proposé, oseront-ils soutenir que leurs prédicants n'ont pas été des factieux, qu'ils n'ont point insulté les sectateurs de l'ancienne religion, qu'ils n'ont pas troublé la tranquillité publique ? Le contraire est prouvé par leurs propres historiens. D'autre côté, s'il est vrai que la puissance civile n'a rien à voir à la religion, la prétendue réforme s'est faite contre tout droit et toute justice, puisque partout elle s'est établie par l'autorité de la puissance civile ou par les armes ; c'est encore un fait incontestable. Mais aucun principe n'a jamais incommodé les protestants ; quand il leur a fallu s'établir, ils ont attribué aux souverains et aux magistrats un pouvoir despotique en fait de religion ; lorsqu'ils se sont sentis assez forts pour résister, ils leur ont soutenu en face que la religion n'est pas de leur ressort.

4° La persécution en matière de religion n'éclaire point les esprits, elle ne sert qu'à les révolter, les sectaires en deviennent plus opiniâtres, ils s'attachent à leur religion à proportion de ce qu'ils souffrent pour elle : la violence excite la pitié pour les persécutés et la haine contre les persécuteurs, elle n'aboutit qu'à produire de fausses conversions, à multiplier les menteurs et les hypocrites. — *Réponse.* Supposons pour un moment la vérité de tout cela. Lorsqu'une troupe de séditieux et de malfaiteurs s'opiniâtrent dans leur révolte, deviennent plus furieux par les châtiments et par les supplices, faut-il les laisser faire et cesser de les punir ? L'opiniâtreté, en quelque genre que ce soit, est un vice ; et un vice de plus ne donne pas droit à l'impunité. Si l'on a pitié de ceux que l'on voit souffrir en pareil cas, c'est un mouvement machinal qui ne prouve rien ; le plus grand scélérat souffrant peut produire cette sensation sur les spectateurs. Quand on emploie la contrainte, ce n'est pas pour persuader les esprits, mais pour réprimer leur audace, pour les empêcher de semer leur doctrine, de s'échauffer les uns les autres, et de communiquer leur fanatisme. Si le supplice ne sert de rien à celui qui le subit, il intimide ceux qui seraient tentés de suivre son exemple ; mais il est faux en général que la contrainte ne produise aucune conversion sincère, l'histoire fournit mille preuves du contraire, et sans sortir du royaume, l'on en a vu un très-grand nombre ; dès que l'on est venu à bout de forcer les sectaires à se laisser instruire, les conversions se sont ensuivies.

5° N'importe, répliquent nos adversaires, ce moyen est odieux, il peut autant contribuer à établir l'erreur qu'à faire triompher la vérité. Comme chacun se croit orthodoxe, chacun s'attribue le droit de persécuter ; un souverain sera donc autorisé à faire embrasser par force une religion fausse aussi bien qu'une religion vraie. Ainsi se trouvera justifiée la conduite des empereurs païens envers le christianisme, et le supplice des martyrs ne sera plus un crime. Ici la vraie religion n'a aucun privilège sur les religions fausses, les droits de la conscience erronée sont les mêmes que ceux de la conscience droite. — *Réponse.* Suivant cette belle doctrine, il ne faut pas employer les raisons, les instructions, les exhortations pour enseigner la vérité aux hommes, puisque l'on s'en sert également pour les conduire à l'erreur. Il faut supprimer les lois, puisqu'il y a souvent eu des lois qui, loin de procurer le bien de la société, lui ont porté beaucoup de préjudice. Il faut abolir les supplices, parce qu'ils servent à faire périr des innocents aussi bien que des coupables. Il faut enfin détruire toutes les institutions de la société desquelles on peut abuser ; de là les incrédules ont victorieusement conclu qu'il faut anéantir toute religion, parce que l'on a souvent commis des crimes par motif de religion.

Si le christianisme avait été capable par lui-même de troubler la paix de la société ou de nuire à ses intérêts temporels, si ceux qui le prêchaient avaient employé les mêmes moyens que les prédicants de la prétendue réforme, nous conviendrions que les empereurs païens ont été en droit de sévir contre eux. Mais nos apologistes ne sont pas allés dire à ces princes : Vous n'avez rien à voir à la religion de vos sujets, la liberté de conscience nous appartient de droit naturel. Ils leur ont dit : « Vous avez tort de tourmenter pour cause de religion des sujets qui puisent dans leur religion même les principes de la paix, de la soumission, de l'obéissance à vos lois, d'une fidélité inviolable ; votre intérêt seul devrait vous engager à nous protéger ; si nous péchons contre l'ordre public, punissez-nous ; mais nous sommes les plus paisibles et les plus innocents de vos sujets, pourquoi nous persécuter ? » Tel a été le langage de saint Justin, de Clément d'Alexandrie, de Tertullien, de Minutius Félix, etc. A la vérité quelques incrédules ont eu l'audace de comparer les apôtres et leurs successeurs aux prédicants du protestantisme, de les mettre sur la même ligne, de soutenir que le christianisme est plus nuisible a a société que le paganisme, etc. Mais nous présumons que Bayle et Barbeyrac, qui professaient la religion chrétienne, n'ont pas poussé la frénésie jusque-là. Quoi qu'il en soit, personne n'a été plus intéressé à cette question, ni plus en état d'en juger que Constantin; il n'était ni prévenu, ni aveugle, ni superstitieux; il comprit que le christianisme était plus avantageux au souverain et à ses sujets que le paganisme, il l'embrassa et le protégea. Les incrédules mêmes, qui lui savent mauvais gré de sa conversion, soutiennent qu'il se conduisit par politique plutôt que par religion.

Il est donc absolument faux qu'ici la religion vraie n'ait pas plus de privilége que les fausses; jamais une religion fausse ne sera aussi avantageuse au bien temporel de la société que la vraie religion. S'il fallait soutenir le parallèle entre la religion catholique et le protestantisme, nous n'y serions pas fort embarrassés. François Ier, qui n'était rien moins que superstitieux, comprit d'abord que les sectaires étaient ennemis déclarés de toute autorité temporelle aussi bien que de toute puissance spirituelle. Il s'en expliqua hautement, et la suite n'a que trop prouvé qu'il en jugeait bien. Bayle en particulier leur a fait voir qu'ils ne se sont établis nulle part que par des révoltes et des guerres civiles, qu'en moins de deux siècles ils ont détrôné plus de rois que jamais les papes n'en ont excommunié, etc. *Réponse d'un nouveau converti, et avis aux réfugiés*, OEuv., t. II, p. 552 et 589.

Vainement on nous objectera que les États protestants, par le changement de religion, sont parvenus à un plus haut degré de prospérité qu'auparavant; sans entrer dans l'examen des causes de cette révolution, il est certain que les royaumes qui ont persévéré dans le catholicisme sont aussi montés à un degré de puissance fort supérieur à celui dans lequel ils étaient au XVIe siècle.

Enfin, il est faux que les droits de la conscience erronée soient les mêmes que ceux de la conscience droite : cette maxime que Bayle s'est obstiné à soutenir, et que Barbeyrac n'a pas manqué d'adopter, § 55, ne tend pas à moins qu'à justifier tous les fanatiques qui ont commis des crimes, sous prétexte que la conscience les y obligeait; nous l'avons réfutée ailleurs. *Voy.* CONSCIENCE et LIBERTÉ DE CONSCIENCE.

6° Ce n'est point, dit Barbeyrac, la diversité des religions qui produit des troubles, c'est l'intolérance; la liberté de conscience, loin de multiplier les sectes, prévient les nouvelles divisions; dans les pays où la tolérance est établie, il n'y a pas un plus grand nombre de sectes qu'ailleurs. — *Réponse*. Le contraire est démontré par l'exemple de l'Angleterre et de la Hollande; il n'est aucun pays du monde où l'on trouve un aussi grand nombre de sectes; non-seulement la plupart des mécréants de l'Europe entière s'y sont retirés : mais le fanatisme a pris toutes sortes de formes parmi les naturels du pays.

Cela n'est pas arrivé en Écosse, où le calvinisme dominant exerce une intolérance plus despotique qu'aucune autre secte chrétienne. On sait au reste à quel prix la *tolérance* s'est établie dans les deux pays dont on nous vante le bonheur : ç'a été par des torrents de sang ; les divers partis, las de s'entr'égorger, se sont enfin reposés, ils ont consenti à se supporter, parce qu'ils n'avaient pas pu venir à bout de s'exterminer.

7° Du moins toutes les sectes chrétiennes devraient se tolérer, puisque toutes font profession de croire à l'Écriture sainte comme à la parole de Dieu. Comme elles disputent entre elles sur plusieurs points de doctrine, il y a lieu de présumer qu'ils ne sont révélés que d'une manière obscure, et que les deux partis peuvent être également dans l'erreur. Dieu, sans doute, n'a pas voulu l'uniformité de sentiments sur ces questions, puisqu'il ne s'est pas expliqué plus clairement. Saint Paul dit qu'il faut qu'il y ait des hérésies; c'est donc un mal inévitable, pourquoi ne pas le supporter? D'ailleurs les préjugés et les passions se glissent partout, on doit donc toujours craindre de persécuter la vérité et d'agir par un faux zèle. Dieu n'a point établi de tribunal ni de juge visible revêtu d'autorité absolue et d'infaillibilité pour prononcer définitivement sur toutes les contestations, et mettre les disputants d'accord. — *Réponse*. C'est un malheur que Bayle, Barbeyrac et leurs copistes ne se soient pas trouvés à propos pour faire cette leçon aux prétendus réformateurs. Ils leur auraient représenté que ce qu'ils croyaient voir dans l'Écriture n'y est pas fort clairement, puisque pendant quinze cents ans personne ne l'y avait vu avant eux; qu'en accusant d'hérésie et d'idolâtrie l'Église romaine, ils étaient peut-être eux-mêmes dans l'erreur; que Dieu ne les avait revêtus ni d'autorité ni d'infaillibilité pour prononcer despotiquement sur tant de questions, etc. Peut-être leur auraient-ils inspiré la *tolérance* : ils les auraient rendus plus timides; il ne serait pas arrivé tant de bruit, de séditions et de malheurs dans l'Europe entière. Mais nous sommes étonnés de ce que nos deux sages prédicateurs n'ont pas mieux profité de leur propre morale : ils persistent à condamner l'Église romaine avec autant de hauteur que Luther et Calvin; il faut donc que Dieu leur ait donné l'autorité et l'infaillibilité que n'avaient pas ces deux fondateurs de la réforme.

Saint Paul dit qu'il faut qu'il y ait des hérésies, mais il ajoute aussi qu'un hérétique est *condamné par son propre jugement;* nous en avons la preuve sous les yeux, puisque nos adversaires prononcent leur propre condamnation. Jésus-Christ avait dit de même qu'il faut qu'il y ait des scandales, mais il avait ajouté aussi, *malheur à celui par qui le scandale arrive*. Il faut donc qu'il y ait des hérésies, comme il faut qu'il y ait des crimes, parce qu'une infinité d'hommes sont insensés et méchants; il ne s'ensuit cependant pas qu'il faut pardonner à tous. Dieu sait tirer le bien de ces deux espèces de maux, mais il n'en punira pas moins les auteurs. De là même nous concluons que Dieu a établi un tribunal et un juge en matière de foi, qu'il l'a revêtu d'autorité et d'infaillibilité pour condamner les hérésies, comme il a établi une puissance civile avec autorité souveraine pour punir les crimes. Ce juge, ce tribunal est l'Église; Dieu s'en est expliqué clairement, nous l'avons fait voir à l'article Église, § 5. Inutilement il y aurait des lois, si chaque citoyen avait le droit de les interpréter et de les appliquer suivant ses intérêts; inutilement aussi Dieu aurait donné une révélation écrite, ou non écrite, si chaque particulier était le maître de l'entendre et de l'expliquer comme il lui plaît.

Il est faux que Dieu n'ait pas voulu l'uniformité des sentiments entre les fidèles; saint Paul dit au contraire que Dieu a donné des apôtres, des prophètes, des évangélistes, des pasteurs et des docteurs, afin que nous arrivions tous à l'unité de la foi, et que nous ne soyons pas emportés à tout vent de doctrine, *Ephes.*, cap. IV, v. 11; donc s'il y a des choses obscures dans les écrits des prophètes, des apôtres et des évangélistes, Dieu a voulu que cette obscurité fût dissipée par l'enseignement toujours subsistant des pasteurs et des docteurs. Mais, dans cette question comme dans toutes les autres, les protestants disent et se contredisent suivant l'intérêt du moment. Quand ils veulent prouver que l'enseignement de l'Église n'est pas nécessaire, ils affirment que l'Écriture est claire, sans nuage et sans difficulté sur tous les dogmes de foi: s'agit-il de soutenir que l'on a tort de les condamner, ils représentent que plusieurs choses ne sont révélées que d'une manière obscure. S'ils disputent contre nous, l'Écriture est toujours claire pour eux; s'il y a entre eux des contestations, c'est que l'Écriture n'est pas assez claire; avec cet expédient ils ne sont jamais embarrassés.

8° Voici encore un trait de la sagesse profonde de nos adversaires. Ils nous prêchent la *tolérance*, et en même temps ils nous font entendre qu'elle est impossible, qu'elle n'aura jamais lieu entre les différentes sectes chrétiennes. Ils avouent que les protestants ne sont pas plus tolérants que les catholiques, et Bayle a prouvé qu'ils le sont moins. Ils conviennent que leurs différentes sectes ne s'accordent pas mieux entre elles qu'avec nous, que l'antipathie et la haine sont à peu près égales de toutes parts. Mais ils soutiennent que les protestants sont plus excusables que nous, parce que leur intolérance est contraire à tous les principes, au lieu que chez nous c'est une conséquence nécessaire du catholicisme. Aussi, suivant eux, on ne doit nous tolérer nulle part, parce que l'on ne peut jamais espérer de nous la même condescendance. — *Réponse*. Si du moins ces graves docteurs nous disaient: Tolérez-nous, et nous vous rendrons la pareille, cela serait supportable; mais non, ils disent impérieusement: « Souffrez-nous, vous le devez en conscience, mais n'espérez pas que nous vous souffrions jamais. Notre intolérance est excusable, parce qu'en l'exerçant nous contredisons tous nos principes; la vôtre n'est pas pardonnable, parce qu'elle découle nécessairement de votre système, et qu'en cela vous raisonnez conséquemment. » Il n'est guère possible de pousser plus loin l'esprit de vertige. Comment vous accorderions-nous avec des sectaires qui ne peuvent s'accorder, ni entre eux, ni avec eux-mêmes? Aussi un déiste célèbre, né parmi eux, leur a reproché durement cette contradiction toujours subsistante entre leur conduite intolérante et la maxime fondamentale de la réforme, savoir, qu'il n'y a sur la terre aucune autorité visible à laquelle on doive se soumettre en matière de religion, que la seule règle de foi est l'Écriture sainte entendue selon le degré de lumière et de capacité de chaque particulier. Il leur demande de quel droit ils osent condamner un homme qui jure et proteste qu'il prend l'Écriture sainte dans le sens qui lui paraît le plus vrai, et ils n'ont eu rien à lui répliquer.

9° Mais Barbeyrac n'a pas voulu reculer; il soutient qu'aucune société n'est moins en droit de persécuter les autres sectes que les catholiques, puisqu'ils ne les condamnent que parce qu'elles ne veulent pas renoncer à l'Écriture sainte, pour s'en tenir à de prétendues traditions, § 19. — *Réponse*. Ici l'absurdité va de pair avec la calomnie. Nous n'avons jamais dit aux sectes hétérodoxes: Renoncez à l'Écriture sainte; mais renoncez aux explications fausses, abusives, arbitraires que vous donnez à ce livre divin. Nous prenons aussi bien qu'elles l'Écriture pour règle de notre foi, nous nous l'opposons de même qu'elles nous l'opposent; mais quand elles en tordent le sens, nous leur soutenons que ce n'est ni leur jugement ni le nôtre qui doit décider, que c'est celui de l'Église ou des pasteurs auxquels Dieu a donné mission pour enseigner. Lorsque l'Écriture garde le silence sur une question, ou ne paraît pas s'expliquer assez clairement, nous disons qu'il est absurde de nous opposer ce silence comme une règle ou comme une loi, que Dieu ne nous a défendu nulle part de croire quelque chose de plus que ce qui est écrit, qu'au contraire il nous a ordonné d'écouter l'Église à laquelle il a promis le Saint-Esprit pour lui enseigner toute vérité, etc. *Voy.* Écriture sainte, § 5; Église, § 5; Tradition, etc. Nous faisons plus: nous alléguons les passages de l'Écriture sainte, qui nous ordonnent de regarder celui qui n'écoute pas l'Église comme un païen et un publicain, *Matth.*, c. XVIII, v. 17; de secouer la poussière de nos pieds contre ceux qui n'écoutent pas les envoyés de Jésus-Christ, *Luc.*, c. X, v. 16; de dire anathème à celui qui nous annonce un autre Évangile, *Galat.*, c. I, v. 10; d'éviter les faux docteurs, *I Tim.*, c. III; de fuir un hérétique, après l'avoir repris une ou deux fois, *Tit.*, c. III, v. 10; de nous garder des faux prophètes et des séducteurs, *II. Petr.*, c. III, v. 3 et 17 ; de ne point recevoir, de ne point saluer même celui qui ne persévère point dans la doctrine de Jésus-Christ, *II Joan.*, v. 9 et 10. Mais à quoi sert de citer l'Ecriture sainte aux protestants ? A force de subtilités, de gloses, d'interprétations arbitraires, ils viennent à bout d'en tourner le sens en leur faveur ; et ils confirment ainsi la nécessité absolue de recourir à l'enseignement de l'Eglise et à la tradition pour expliquer l'Ecriture sainte.

10° Autre chose est, disent-ils, d'exclure d'une société ceux qui tiennent telle opinion, et autre chose de les persécuter pour la leur faire quitter ou pour les empêcher de la professer. Si l'on ne doit pas tolérer dans une société les erreurs fondamentales, il faut encore avoir pitié de ceux qui les soutiennent, et ne pas traiter leur erreur comme un crime. *Barbeyrac*, § 21 et 22. — *Réponse*. Il faut en avoir pitié, sans doute, lorsqu'ils sont doux et paisibles, qu'ils respectent les puissances établies de Dieu, et qu'ils ne troublent le repos de personne. Mais est-ce là le ton sur lequel se sont annoncés les prétendus réformateurs ? Ils ont peint la religion catholique comme une détestable idolâtrie, l'Eglise comme la prostituée de Babylone, ses pasteurs comme des loups dévorants ; ils ont exhorté les peuples à les poursuivre à feu et à sang, à se révolter contre les puissances qui entreprendraient de les soutenir, etc. Ces fureurs sont encore consignées dans leurs écrits, ils les ont communiquées à leurs prosélytes ; ceux-ci en ont suivi l'impulsion partout où ils ont pu. *Voy.* LUTHÉRANISME, CALVINISME, etc. Les tolérer, c'était se mettre dans la nécessité d'apostasier ; plusieurs de leurs écrivains en sont convenus. Leurs descendants mériteraient plus d'indulgence, s'ils n'étaient plus animés du même esprit ; mais ils nous déclarent sans détour qu'ils ne nous souffriront jamais ; autant vaudrait nous dire qu'ils nous extermineraient s'ils le pouvaient. Bayle leur reprochait cette frénésie en 1688 et 1690 ; elle n'est pas guérie. Plusieurs de leurs catéchismes sont remplis de calomnies contre nous, afin de faire passer dès le berceau dans l'âme de leurs enfants la haine qu'ils ont jurée à l'Eglise romaine ; tel est en particulier le catéchisme de Heidelberg, qui a été traduit dans toutes les langues de l'Europe et qui est entre les mains de la plupart des calvinistes. Les livres de leurs écrivains les plus récents ne sont pas plus modérés ; nous y retrouvons les mêmes accusations que l'on a réfutées il y a deux cents ans : comment l'esprit des protestants n'en serait-il pas rempli ? Et voilà, selon leur prétention, ce que nous devons leur permettre de professer chez nous. Poussons-nous jusqu'à ce point l'antipathie, la haine, l'intolérance contre eux.

11° Les Pères de l'Eglise ont blâmé toute persécution pour cause de religion ; ils ont dit que la foi doit être libre et volontaire, que c'est une impiété de vouloir l'inspirer par la violence, etc. Mais ces Pères ont été infidèles à leur propre doctrine, ils ont imploré le bras séculier contre les hérétiques, ils ont applaudi aux lois des empereurs qui les punissaient, ils ont trouvé bon que l'on employât la contrainte pour faire rentrer les errants dans le sein de l'Eglise. — *Réponse*. Nouvelle calomnie. Les Pères ont constamment enseigné ce que nous enseignons encore, qu'il ne faut ni persécuter, ni aigrir, ni inquiéter les hérétiques, lorsqu'ils sont paisibles et qu'ils ne troublent point la tranquillité publique ; qu'il faut les instruire avec douceur et charité, et tâcher de les ramener uniquement par la persuasion. Par cette raison même les Pères se sont plaints de la persécution que les païens exerçaient contre les chrétiens, persécution d'autant plus injuste, que ceux-ci étaient les sujets les plus soumis de tout l'empire, et les plus attentifs à respecter l'ordre public. Mais les Pères ont ajouté, et nous le disons après eux, que quand les hérétiques sont turbulents, violents, séditieux, ils doivent être réprimés par le bras séculier, qu'autrement la société serait en combustion ; conséquemment ils ont applaudi aux empereurs qui ont porté des lois pénales contre les ariens et contre les donatistes, parce que ces sectaires usaient de violence pour faire adopter leurs erreurs. Nous défions nos adversaires de citer un seul Père de l'Eglise qui ait approuvé, conseillé ou demandé la contrainte contre les hérétiques qui ne donnaient aucun sujet d'inquiétude au gouvernement, ni aucune loi des empereurs sollicitée par le clergé contre les mécréants de cette espèce. Dès le second siècle de l'Eglise, saint Irénée a prescrit cette règle contre les hérétiques : « Détournez, dit-il, et donnez de la confusion à ceux qui sont doux et humains, afin qu'ils ne blasphèment plus contre leur Créateur ; mais écartez loin de vous ceux qui sont féroces, redoutables, privés de raison, afin de ne plus entendre leurs clameurs, » *Adv. Hær.*, l. II, c. 31, n. 1.

Le Clerc, dans ses remarques sur les ouvrages de saint Augustin, a voulu prouver que l'on punissait les donatistes en Afrique *pour leurs erreurs seules*, et non pour leurs crimes ; nous l'avons réfuté au mot DONATISTES, et nous avons fait voir le contraire, tant par les lois des empereurs que par les écrits de saint Augustin et des témoins oculaires. Au mot HÉRÉTIQUE, on trouvera ce même fait vérifié par un détail de toutes les hérésies proscrites par des lois.

12° Enfin, l'on ose nous dire que les anciens peuples étaient *tolérants*, qu'ils n'employaient ni lois pénales, ni persécution, ni guerres, ni supplices, pour faire adopter ou pour maintenir leur religion ; qu'en cela ils ont été plus raisonnables et plus humains que les chrétiens. — *Réponse*. Ceux qui ont avancé ce fait ont supposé sans doute que leurs lecteurs n'auraient aucune connaissance de l'histoire ; c'est à nous de démontrer l'excès de leur témérité. Commençons par le témoignage des auteurs sacrés. *Ezech.*, c. XXX, v. 10 et 13, Dieu prédit que Nabuchodonosor subjuguera l'Egypte, qu'il y détruira les idoles et les simulacres, et cela fut exécuté. *Dan.*, c. III, v. 20, ce même roi fit jeter dans une fournaise ardente trois jeunes Israélites, parce qu'ils ne voulaient pas adorer la statue d'or qu'il avait fait élever. Cap. VI, v. 16, sous Darius le Mède, Daniel fut jeté dans la fosse aux lions, parce qu'il avait prié Dieu selon sa coutume. *Judith*, c. III, v. 13, Nabuchodonosor ordonne à son général d'exterminer tous les dieux des nations, afin de se faire adorer lui-même comme seul dieu par tous ses sujets.

Zoroastre, pour établir sa religion, parcourut la Perse et l'Inde à la tête d'une armée, et arrosa par des torrents de sang ce qu'il appelait l'*arbre de la loi*. Cambyse et Darius Ochus, qui ravagèrent l'Egypte, démolirent les temples et détruisirent tous les monuments, agissaient par zèle pour la religion de Zoroastre. Plus d'une fois les Perses parcoururent l'Asie Mineure et la Grèce, brûlèrent les temples, mirent en pièces les statues des dieux, par le même motif; les Grecs laissèrent subsister ces ruines, afin d'exciter chez leurs descendants le ressentiment contre les Perses; Alexandre ne l'avait pas oublié, quand il persécuta les mages. Les Antiochus voulurent détruire la religion juive, afin d'assujettir plus efficacement les Juifs; on sait combien il y eut de sang répandu à cette occasion.

Chez les Grecs, le zèle de religion ne fut pas moins vif. Charondas, dans ses lois, met au rang des plus grands crimes le mépris des dieux, et veut que l'on défère aux magistrats ceux qui en sont coupables. Zaleucus, dans le prologue des siennes, exige que chaque citoyen honore les dieux selon les rites de sa patrie, et regarde ces rites comme les meilleurs. Platon, dans son dixième livre des *Lois*, dit que c'est un des devoirs de la législation et de la magistrature, de punir ceux qui refusent de croire à la divinité, selon les lois; que dans une ville policée, on ne doit pas souffrir que quelqu'un blasphème contre les dieux. Avant d'être admis au rang de citoyen, les jeunes Athéniens étaient obligés de promettre par serment qu'ils suivraient la religion de leur patrie, et qu'ils la défendraient au péril de leur vie. La condamnation de Socrate accusé d'impiété, le danger que coururent Anaxagore et Stipon, pour avoir dit que le Soleil et Minerve n'étaient pas des divinités, le décret de mort porté contre Alcibiade pour avoir blasphémé dans l'ivresse contre les mystères de Cérès, le supplice de plusieurs jeunes gens qui avaient mutilé les statues de Mercure, la tête de Diagoras mise à prix pour cause d'athéisme, Théodore condamné à mort par l'aréopage pour le même fait, Protagoras obligé de fuir pour éviter le même sort, prouvent assez que les Athéniens n'étaient pas fort *tolérants* en fait de religion. Aspasie, accusée d'impiété, ne fut sauvée que par l'éloquence, les prières et les larmes de Périclès. On fit mourir une prêtresse accusée de rendre un culte à des dieux étrangers; quiconque aurait tenté d'introduire une nouvelle croyance, était menacé de la même peine. La guerre sacrée, entreprise pour venger une profanation, dura dix ans entiers, et causa tous les désordres des guerres civiles.

Trouverons-nous plus de *tolérance* chez les Romains? Une loi des douze tables défendait d'introduire des dieux et des rites étrangers sans l'aveu des magistrats. Cicéron fait la même défense dans un projet de loi; il regarde comme un crime capital le refus d'obéir aux décrets des pontifes et des augures, et il fait remonter cette discipline jusqu'à Numa. Dans sa harangue pour Sextus, il met la religion, les cérémonies, les auspices, les anciennes coutumes, au rang des choses que les chefs de la république doivent maintenir et faire observer, même sous des peines capitales. Dans Dion-Cassius, Mécène conseille à Auguste de réprimer toute innovation en fait de religion, non-seulement par respect pour les dieux, mais parce que cette témérité peut causer des troubles et des séditions dans une monarchie. La pratique était conforme à ces principes. Plusieurs consuls furent punis, d'autres mis à mort pour avoir méprisé les auspices et les augures; une victoire ne les mettait point à couvert du supplice. L'an 526 de Rome, les édiles furent chargés de veiller à ce que l'on n'adorât point d'autres dieux que les anciens, et que l'on n'introduisît aucun nouveau rite. L'an 568, le consul Posthumius fit renouveler cet ancien décret. L'an 605, on abattit les temples d'Isis et de Sérapis, dieux égyptiens, un consul leur donna le premier coup: on chassa de Rome ceux qui voulaient y introduire le culte de Jupiter Sabazius. Même sévérité l'an 701. Sous Tibère, les Juifs furent bannis de l'Italie, condamnés à quitter leur religion ou à être réduits en servitude, et les rites égyptiens furent défendus. Les édits portés contre les chrétiens sous Néron et ses successeurs étaient une suite des anciennes lois et de l'usage constamment observé à Rome; on sait combien de sang les empereurs ont fait couler pendant près de trois cents ans pour exterminer le christianisme. La même politique leur fit détruire dans les Gaules la religion des druides.

L'ancienne intolérance des Perses n'avait pas diminué depuis mille ans: sous le règne de l'Empereur Héraclius, Chosroès II, leur roi, jura qu'il poursuivrait les Romains jusqu'à ce qu'il les eût forcés de renoncer à Jésus-Christ et d'adorer le soleil; dans l'irruption qu'il fit en Palestine, il exerça sa fureur contre tous les monuments de notre religion. Sous le règne de ses prédécesseurs, il y avait eu des milliers de chrétiens martyrisés dans la Perse. Niera-t-on que, quand les mahométans ont parcouru les trois parties du monde connu, l'épée dans une main et l'Alcoran dans l'autre, il n'aient été possédés du fanatisme de religion?

On peut voir les preuves des faits que nous avançons dans plusieurs ouvrages moderne.. *Hist. de l'Acad. des Inscript.*, t. XVI, in-12, pag. 202; *Lettres de quelques Juifs portugais*, etc., t. 1, let. 3, p. 270; *Traité hist. et dog. de la vraie religion*, t. IV, p. 1; t. X, p. 490, etc.

Quel jugement pouvons-nous donc porter de l'entêtement de nos adversaires? Il n'y a dans leurs écrits ni bonne foi ni bon sens. Ils disent que l'intolérance est une passion féroce qui porte à haïr et à persécuter ceux que l'on croit être dans l'erreur; ils prétendent que cette passion est plus violente chez les chrétiens que chez les païens, chez les catholiques que chez ceux que l'on nomme *hérétiques*, chez les ministres de la religion que chez les laïques. Nous prouvons au contraire que cette passion ainsi conçue a existé chez toutes les nations païennes sans exception, qu'elles se sont persécutées les unes les autres sans autre motif que la différence de religion; que la nôtre au contraire nous ordonne de conserver la paix avec tous les hommes, *Matt.*, c. v, v. 9; *Rom.*, c. x:1, v. 18; *Hebr.*, c, xii, v. 18; de faire du bien à ceux qui nous haïssent, *Matt.*, c. v, v. 44, etc., et l'on ne prouvera jamais qu'une nation chrétienne en ait attaqué une autre uniquement pour cause de religion. En second lieu, nous sommes en état de faire voir que les catholiques n'ont usé de représailles ni envers les ariens, ni envers les donatistes, ni envers les hussites, ni à l'égard des calvinistes mêmes, lorsque ceux-ci ont consenti à demeurer en paix, que jamais nous n'avons poussé contre eux la haine et la cruauté aussi loin qu'ils l'ont poussée contre nous; qu'actuellement encore nous serions très-fâchés d'avoir à leur égard les mêmes sentiments d'animosité et d'aversion qu'ils montrent contre nous dans toutes les occasions. Bayle a prouvé sans réplique que les lois portées contre les catholiques dans la plupart des pays protestants, sont plus dures et plus rigoureuses qu'aucune de celles que les princes catholiques ont publiées contre les protestants. *Avis aux réfugiés*, etc. En troisième lieu, il est constant que les ministres de la religion catholique n'ont jamais cru qu'il leur fût permis de haïr ni de persécuter ceux qui sont dans l'erreur; c'est un trait de malignité d'appeler *haine et persécution* les mesures qu'ils ont prises pour se mettre à couvert des attentats des hérétiques. Mais puisqu'on la pousse jusqu'à empoisonner les motifs de leur charité et de leur zèle à convertir les infidèles et les barbares, on peut bien encore noircir leurs intentions lorsqu'ils font les mêmes efforts à l'égard des mécréants rebelles à l'Église. Il est arrivé plus d'une fois à des ecclésiastiques d'être insultés par des protestants, à cause de leur habit; nous ne voudrions pas faire la même avanie à leurs ministres.

Il ne convient guère à des hommes toujours dominés par la passion, de prêcher la *tolérance* : le meilleur moyen de l'inspirer aux autres serait de commencer par l'exercer ; mais jusqu'à présent il ne paraît pas que nos adversaires aient compris cette vérité ; à la manière dont ils s'y prennent, on dirait qu'ils ont plus envie de nous aigrir que de nous persuader. *Voy.* PERSÉCUTEUR.

Ils posent pour maxime que tout moyen qui excite la haine, l'indignation et le mépris, est impie ; si cela est vrai, ils sont eux-mêmes coupables d'impiété, puisqu'ils font tout ce qu'ils peuvent pour nous inspirer ces passions contre eux; mais c'est une fausseté. Souvent le zèle le plus pur, la charité la plus douce, a excité la haine et l'indignation d'un hérétique violent et furieux; la plupart s'offensent du bien qu'on voudrait leur faire. Ils disent que tout moyen qui relâche les liens d'affection naturelle, qui éloigne les pères des enfants, qui sépare les frères d'avec les frères, qui divise les familles, est impie ; cela est encore faux : Jésus-Christ a prédit que son Évangile produirait ce funeste effet, non par lui-même, mais par l'opiniâtreté des incrédules, et cela est arrivé en effet, il ne s'ensuit pas pour cela que la prédication de l'Évangile est une impiété. Ls ajoutent que punir l'erreur comme un crime est encore une impiété ; nous leur répondons pour la dixième fois que cela n'est jamais arrivé, et qu'il leur est impossible d'en citer un seul exemple parmi les catholiques. Ils disent que quiconque veut décider du salut ou de la damnation de quelqu'un, est un impie : nous répliquons qu'il n'y a point d'impiété à répéter ce que Jésus-Christ a dit : or, il a dit que quiconque ne croira pas à l'Évangile sera condamné, *Marc.*, c. xvi, v. 16. Nous ne finirions jamais s'il nous fallait réfuter en détail toutes leurs fausses maximes; nous avons fait voir qu'elles n'aboutissent qu'à autoriser la profession publique de l'athéisme et de l'irréligion, et d'autres l'ont fait voir avant nous. L'on a démontré que les prédicateurs de la *tolérance* n'ont aucun principe certain ni aucune règle pour fixer le point où elle doit s'arrêter ; que la *tolérance* est une inconséquence, si elle n'est pas générale et absolue; qu'elle est due à tous les mécréants sans exception, ou qu'elle n'est due à personne. Si on la doit à tous ceux qui prennent l'Écriture sainte pour règle de foi, c'est une injustice de ne pas tolérer les sociniens qui font profession de s'y tenir. Si on dit qu'il ne faut pas tolérer ceux qui nient des articles fondamentaux, les sociniens soutiennent qu'aucun des articles qu'ils rejettent n'est fondamental, et qu'on ne peut pas leur prouver le contraire par l'Écriture sainte. Aussi un très-grand nombre de protestants ont trouvé ces raisons si solides qu'ils sont devenus sociniens eux-mêmes.

Dès que nous aurons accordé la *tolérance* aux sociniens, de quel droit en exclurons-nous les déistes? La plupart disent qu'ils admettront volontiers l'Écriture, pourvu qu'il leur soit permis de l'entendre conformément au *dictamen* de la raison, comme font les sociniens, et qu'on ne les force pas à y voir des mystères qui révoltent la raison; ils ajoutent que, contents de croire ce qu'ils comprennent, ils laisseront de côté ce qu'ils n'entendent pas, que dans le fond c'est déjà ainsi qu'en agissent un très-grand nombre de protestants. Les athées à leur tour soutiennent que Dieu ne peut pas punir ceux qui suivent les lumières de la droite raison, puisque, suivant la maxime de leurs adversaires mêmes, l'erreur ne doit pas être punie comme un crime. Suivant une autre maxime on ne doit empêcher personne de professer ce qu'il croit vrai ; nous voilà donc réduits à tolérer la profession de l'athéisme, à n'oser même prononcer sur le salut ni sur la damnation des athées, de peur de commettre une impiété.

Ainsi les déistes et les athées ont rétorqué contre les protestants toutes les raisons sur lesquelles ceux-ci exigent la *tolérance* pour eux, sans vouloir l'accorder aux autres ; et nous n'avons vu dans les écrits des protestants aucun argument qui prouve l'injustice de cette rétorsion. Nous ne sommes donc pas surpris de ce que tous nos incrédules ont tant vanté les diatribes de Bayle et de Barbeyrac sur la *tolérance*; ils y ont trouvé leur propre apologie. Mais Bayle est convenu ailleurs qu'il n'est point de question qui fournisse autant de raisons pour et contre, il sentait que les siennes n'étaient pas sans réplique ; il avoue qu'il faut autre chose que des raisons pour retenir les peuples dans la religion, par conséquent, une autorité, des lois coactives et des peines ; *Dict. crit. Lubiéniezki*; rem. E. et G. Nos adversaires, loin de nous avoir fermé la bouche, comme ils s'en vantent, nous ont donné de nouvelles armes pour réfuter tous leurs sophismes. *Voy.* AUTORITÉ ECCLÉSIASTIQUE, EXCOMMUNICATION. RELIGION, etc.

TOMBEAU, SÉPULCRE, lieu dans lequel un mort est enterré. Ce terme est quelquefois employé par les auteurs sacrés dans un sens figuré. 1° Lorsque Job dit, c. XVII, v. 1 : *Il ne me reste plus que le* TOMBEAU, cela signifie, je n'attends plus que la mort dans le triste état où je suis. 2° Ezéchiel, c. XXXVII, v. 12, promet aux Juifs captifs à Babylone, que Dieu les tirera de leurs *tombeaux*, c'est-à-dire de la misère à laquelle ils sont réduits. 3° David, *ps.* v, v. 11; *ps.* XIII, v. 3, et saint Paul, *Rom.*, c. III, v. 13, disent que la bouche des impies est un *tombeau* ouvert, parce que leurs discours empoisonnés corrompent les âmes, comme la vapeur infecte d'un *tombeau* peut tuer les corps. 4° Le même mot hébreu signifie le *tombeau* et le séjour des morts, que les Grecs ont nommé ἄδης et les Latins, *infernus*. De là quelques incrédules ont conclu très-faussement que les Hébreux ne connaissaient point d'autre enfer que le tombeau ; c'est comme si l'on soutenait que les Latins n'admettaient pour les âmes des morts aucun autre séjour que la fosse dans laquelle ils étaient enterrés, puisque *infernus* signifie simplement un lieu bas et profond. *Voy.* ENFER.

En général, le soin de donner aux morts une sépulture honorable, l'usage de respecter les *tombeaux* et de les regarder comme un asile sacré, est une attestation certaine de la croyance de l'immortalité de l'âme. Sur quoi en effet serait fondée cette coutume générale, si l'on avait pensé que l'homme meurt tout entier, qu'il n'en reste rien lorsque son corps est détruit par la corruption ? Or, nous voyons le respect pour les *tombeaux* établi dès les premiers âges du monde, et chez toutes les nations desquelles nous avons quelque connaissance. Ceux de Sara, d'Abraham, de Jacob, de Joseph, sont célèbres dans nos livres saints ; les Egyptiens embaumaient les morts parce qu'ils espéraient la résurrection ; l'on a trouvé, même chez les sauvages, ce sentiment de l'humanité : quand on a voulu les transplanter d'une contrée dans une autre, ils ont répondu : *Nos pères ensevelis dans cette terre se lèveront-ils pour venir avec nous ?* Les patriarches voulaient dormir avec leurs pères, et pour exprimer la mort, ils disaient, *se réunir à son peuple* ou *à sa famille ;* un des motifs qui faisaient désirer aux Juifs captifs à Babylone de retourner dans la Judée, était la consolation d'aller revoir les *tombeaux* de leurs pères, *Esdr.*, l. II, c. II, v. 3. De là naquit chez les nations idolâtres la coutume d'aller dormir sur les tombeaux, afin d'avoir des rêves de la part des morts, de les évoquer, de les interroger, d'offrir des sacrifices aux mânes, etc. Cette superstition était sévèrement défendue aux Juifs, *Deut.*, c. XVIII, v. 11 : mais ils y tombèrent souvent ; Isaïe le leur reproche, c. XXXV, v. 4.

Lorsque les incrédules ont parcouru l'histoire pour trouver l'origine du dogme de l'immortalité de l'âme, pour savoir chez quel peuple il a commencé, ils ont pris une peine inutile. Il aurait fallu remonter à la création et interroger tous les peuples. Cette croyance était gravée en caractères ineffaçables sur tous les *tombeaux*, sur les cavernes dans lesquelles on enterrait les membres d'une même famille, sur les pyramides de l'Egypte, sur les monceaux de pierres accumulées dans les campagnes ; un monceau, *tumulus*, désignait un *tombeau*. Un usage universellement répandu atteste une croyance aussi ancienne que le monde. La crainte d'être privé de la sépulture était un frein pour contenir les malfaiteurs, et prévenir les crimes ; la plus grande injure que l'on pût faire à un ennemi, était de le menacer de donner son corps à dévorer aux oiseaux et aux animaux carnassiers. *I Reg.*, c. XVII, v. 44 et 46.

Les Hébreux enterraient ordinairement les morts dans des cavernes ; et lorsqu'ils n'en trouvaient pas de naturelles, ils en creusaient dans le roc : l'on en trouve encore plusieurs dans la Palestine, qui ont servi à cet usage. Lorsque leurs *tombeaux* étaient en plein champ, ils mettaient une pierre taillée par dessus, afin d'avertir que c'était la sépulture d'un mort, et que les passants n'y touchassent point de peur de se souiller. Ils les enduisaient aussi de chaux, pour qu'on les aperçût de loin, et tous les ans, le 15 du mois Adar, on les reblanchissait. Voilà pourquoi Jésus-Christ comparait les pharisiens hypocrites, qui couvraient leurs vices d'un bel extérieur, à des sépulcres blanchis, *Matth.*, c. XXIII, v. 27. Il est à présumer que la souillure légale qui se contractait par l'attouchement d'un cadavre ou d'un *tombeau*, avait pour objet non-seulement de détourner les Juifs de la superstition des païens qui interrogeaient les morts, mais encore de réprimer la cupidité des brigands qui fouillaient dans les *tombeaux* pour en enlever quelques dépouilles, crime qui fut toujours regardé par les anciens comme une impiété détestable.

Au sujet de ce respect des Juifs pour les sépulcres, il y a dans l'Evangile un passage qui fait difficulté et duquel les incrédules ont voulu se prévaloir, *Matth.*, c. XIII, v. 29, et *Luc*, c. XI, v. 47, Jésus-Christ dit : *Malheur à vous, scribes et pharisiens hypocrites, qui bâtissez des* TOMBEAUX *aux prophètes, et qui ornez les monuments des justes, et qui dites : Si nous eussions été du temps de nos pères, nous n'eussions pas été leurs compagnons à répandre le sang des prophètes. Ainsi vous vous rendez témoignage à vous-mêmes que vous êtes les enfants de ceux qui ont tué les prophètes. Achevez donc aussi de combler la mesure de vos pères*. Jésus-Christ, disent les incrédules, reproche aux Juifs une action louable, et qui ne prouvait en aucune manière qu'ils étaient les enfants ou les imitateurs des meurtriers des prophètes, ni qu'ils comblaient la mesure des crimes de leurs pères. Mais si l'on veut faire attention à tout ce qu'avaient fait les Juifs contre Jésus-Christ avant cette réprimande, et à ce qu'ils firent dans la suite, si d'ailleurs l'on considère les divers sens des conjonctions grecques que l'on a traduites par *et, ainsi, aussi*, etc., on verra que le raisonnement du Sauveur est très-juste. Déjà les Juifs avaient résolu de le faire mourir, ils l'avaient tenté plus d'une fois, et ils étaient encore à ce moment dans le même dessein ; c'était donc de leur part une hypocrisie de bâtir et d'orner les *tombeaux* des prophètes, et de se vanter qu'ils n'auraient pas imité leurs pères qui les avaient mis à mort ; ils prouvaient assez d'ailleurs qu'ils leur ressemblaient parfaitement, et qu'ils allaient bientôt combler la mesure de leurs crimes. Ce sens est évident par la prédiction qu'ajoute le Sauveur au reproche qu'il leur fait, *ibid.*, *Luc.*, v. 34 : *Je vais vous envoyer des prophètes, des sages et des docteurs, vous les mettrez à mort, vous les crucifierez, vous les flagellerez dans vos synagogues, et vous les poursuivrez de ville en ville*, etc. C'est ce qui arriva. Voyez *Rép. crit. aux questions des incréd.*, t. IV, p. 194.

Parmi le peuple des campagnes, les places des sépultures dans les cimetières sont séparées ; chaque famille a la sienne : il y a des jours où les enfants vont s'attendrir et prier sur le *tombeau* de leur père, se rappeler le souvenir de leurs parents, se consoler par l'espérance de les revoir dans une autre vie ; c'est ainsi qu'en agissaient autrefois nos ancêtres. Le même usage subsiste encore dans toute sa force chez les Grecs ; rien de plus touchant que l'exactitude laquelle ils vont de temps en temps pleurer sur les *tombeaux* de leurs parents et de leurs amis, et surtout dans l'une des fêtes de Pâques, *Voyage litt. de la Grèce*, 19ᵉ lettre, pag. 311. Ils ont ainsi conservé les anciennes mœurs et les sentiments de la nature. L'auteur, témoin de ce spectacle, déplore l'affection avec laquelle nous nous sommes écartés de cette coutume si honorable à l'humanité, surtout dans les villes ; nous redoutons, dit-il, tout ce qui peut exciter notre sensibilité naturelle.

Nous n'avons garde de blâmer la précaution que l'on a prise de transporter hors des villes les cimetières et la sépulture des morts ; mais si nous y gagnons du côté de la pureté de l'air, il est à craindre que nous n'y perdions beaucoup du côté des mœurs. Vainement on censure le luxe insensé des pompes funèbres et des *tombeaux*, le style fastueux des épitaphes, le goût dépravé des artistes qui ont chargé les mausolées des figures des divinités païennes. C'est un travers d'esprit inconcevable, de chercher à satisfaire l'orgueil dans des objets qui sont destinés à l'humilier, de graver sur le marbre des mensonges contredits par la notoriété publique, de placer des symboles d'idolâtrie et d'impiété sur des monuments érigés pour attester notre foi à l'immortalité et notre confiance aux mérites de Jésus-Christ. Mais la folie humaine bravera toujours les leçons du bon sens et de la religion. *Voy.* FUNÉRAILLES.

TONSURE. Couronne cléricale que l'on fait aux ecclésiastiques sur le derrière de la tête, en y rasant les cheveux en forme orbiculaire. Cette cérémonie se fait par l'évêque ; il coupe un peu de cheveux avec des ciseaux à celui qui se présente pour être reçu dans l'état ecclésiastique, pendant que le nouveau clerc récite ces paroles du psaume XV, v. 5 : *Le Seigneur est mon partage et mon héritage : c'est vous, Seigneur, qui me le rendrez*. Ensuite l'évêque lui met le surplis, en priant Dieu de revêtir du nouvel homme celui qui vient de recevoir la *tonsure*. Cette cérémonie n'est point un ordre, mais une préparation pour recevoir les ordres. C'est l'entrée de la cléricature, elle rend un sujet capable de posséder un bénéfice simple, et le soumet aux lois qui concernent les ecclésiastiques.

Il serait difficile d'assigner la première origine de la *tonsure* : on sait qu'avant la naissance du christianisme, les Grecs et les Romains portaient leurs cheveux très-courts ; saint Paul faisait allusion à cet usage, lorsqu'il écrivait aux Corinthiens, qu'il était ignominieux à un homme de porter de longs cheveux ; c'était l'ornement des femmes. Pendant les trois premiers siècles de l'Eglise, les clercs ne se distinguèrent des laïques ni par les habits ni par la chevelure, de peur d'attirer sur eux tout le feu des persécutions. Au IVᵉ on ne voit encore aucun changement bien marqué dans leur extérieur. Fleury, dans son *Institut. au droit ecclésias-*

tique, a observé que, même dans le v°, l'an 428, le pape saint Célestin a témoigné que les évêques dans leur habit n'avaient rien qui les distinguât du peuple, et saint Jérôme semble confirmer ce fait dans sa *lettre à Népotien*. *Voy.* HABIT ECCLÉSIASTIQUE. Le même Père *in Ezech.*, l. XIII, c. 54, *Op.* tom. III, col. 1029, ne veut pas que les clercs se rasent la tête, comme faisaient les prêtres et les adorateurs d'Isis et de Sérapis, mais qu'ils aient les cheveux courts, afin de ne pas ressembler aux laïques fastueux, aux Barbares et aux soldats, qui portaient des cheveux longs. De là Bingham a pris occasion de blâmer la manière dont les ecclésiastiques de l'Église romaine sont tonsurés, parce qu'elle est contraire à l'ancien usage, et qu'elle est vainement fondée sur des raisons mystiques ; il ajoute que les clercs étaient nommés *coronati*, non à cause de leur *tonsure*, mais par honneur ; *Orig. ecclés.*, tom. II, l. VI, c. 4, § 16. Bingham aurait dû remarquer, 1° que porter une *tonsure*, ce n'est pas avoir la tête entièrement rasée ni absolument chauve, seule manière blâmée par saint Jérôme. 2° Ce Père veut que les clercs soient distingués des Barbares, des soldats et des laïques efféminés, par leur chevelure et par leur habit ; discipline de laquelle les ministres protestants se sont dispensés. 3° Il atteste que les ministres des autels ne portaient point dans leurs fonctions les mêmes habits que dans la vie commune, mais qu'ils avaient des ornements particuliers, autre usage respectable, rejeté par les protestants. 4° Nous soutenons que le nom *coronati* fait allusion à ce qui est dit dans l'Apocalypse, c. IV, v. 4, des vingt-quatre vieillards ou prêtres qui environnaient un pontife, et qui avaient des couronnes d'or sur la tête. Nous avons remarqué ailleurs que saint Jean, dans ce chapitre et dans les suivants, peint la manière dont la liturgie chrétienne était célébrée pour lors. *Voy.* LITURGIE. Il n'est donc pas étonnant que dans les siècles suivants l'on ait trouvé bon que la *tonsure* des clercs représentât ces couronnes.

Quoi qu'il en soit, saint Jérôme nous en indique à peu près l'origine, en disant que les clercs doivent se distinguer des barbares. En effet, l'on sait que les barbares du Nord qui se répandirent dans tout l'Occident au commencement du v° siècle, avaient des cheveux longs, un habit court et militaire, au lieu que les Romains portaient un habit long et des cheveux courts. Les clercs, tous nés sous la domination romaine, conservèrent leur ancien usage, et se trouvèrent ainsi distingués des barbares. Lorsqu'un de ces derniers était admis à la cléricature, on commençait par lui couper les cheveux, et le revêtir de l'habit long ; il est probable que l'usage de la *tonsure* commença en même temps. En effet, Grégoire de Tours et d'autres auteurs du VI° siècle parlent de cet usage comme déjà établi au v°. Le 4° concile de Tolède, l'an 633, c. 41, ordonne que tous les clercs et les prêtres aient le dessus de la tête rasé, et ne laissent qu'un tour de cheveux semblable à une couronne. Notes du P. Ménard sur le *Sacram. de saint Grég.*, p. 219. Il est constant par le canon 33 du concile *in Trullo*, tenu l'an 690 ou 692, que ce même usage était déjà établi pour lors dans l'Église grecque. Mais les écrivains de ce siècle et des suivants, qui ont voulu faire remonter l'origine de la *tonsure* jusqu'à l'apôtre saint Pierre, ou à un décret du pape Anicet de l'an 108, n'avaient aucune preuve de leur sentiment. En fait de discipline ecclésiastique, on ne doit pas blâmer un nouvel usage, lorsqu'il est fondé sur de bonnes raisons relatives aux mœurs, aux circonstances, aux besoins du temps auquel on l'introduit, et il y a toujours du danger à le supprimer, lorsque cette réforme ne peut produire aucun bien.

Le concile de Trente, sess. 23, *de Reform.*, c. 4, exige que celui auquel on donne la *tonsure* ait reçu le sacrement de confirmation, soit instruit des principales vérités de la foi chrétienne, sache lire et écrire, et donne lieu de penser qu'il choisit l'état auquel il se destine dans la résolution d'y servir Dieu avec fidélité. Plusieurs conciles postérieurs ont condamné la témérité des parents qui font tonsurer leurs enfants uniquement par l'ambition de leur procurer un bénéfice, sans s'informer s'ils ont la vocation et les qualités nécessaires pour remplir les devoirs de l'état ecclésiastique, quelquefois parce qu'ils sont difformes et peu propres à réussir dans le monde. D'autres conciles ont fixé l'âge auquel on peut recevoir la *tonsure*; dans les diocèses les mieux réglés on ne la donne pas avant l'âge de quatorze ans. Si cette sage discipline est souvent violée, c'est l'ambition des grands et des riches du siècle qui en est la cause.

TONSURE (1) (*Droit canon.*), est la couronne cléricale, que l'on fait derrière la tête aux ecclésiastiques, en rasant les cheveux de cette place. Tous les ecclésiastiques séculiers et réguliers doivent porter la *tonsure*; c'est la marque de leur état. Celle des simples clercs, qu'on appelle *clercs à simple tonsure*, c'est-à-dire qui n'ont d'autre caractère de l'état ecclésiastique que la *tonsure*, est la plus petite de toutes. À mesure que l'ecclésiastique avance dans les ordres, on fait la *tonsure* plus grande ; celle des prêtres est la plus grande de toutes, si l'on en excepte les religieux, dont les uns ont la tête entièrement rasée, et d'autres une simple couronne de cheveux plus ou moins large. La simple *tonsure* que l'on donne à ceux qui entrent dans l'état ecclésiastique, n'est point un ordre, mais une préparation pour les ordres, et, pour ainsi dire, un signe de la prise d'habit ecclésiastique. Quelques-uns prétendent que l'usage de tonsurer les clercs a commencé vers l'an 80. L'auteur de l'*Institution au Droit ecclésiastique* dit au contraire que, dans les premiers siècles de l'Église, il n'y avait aucune distinction entre

(1) Cet article est reproduit d'après l'édition de Liège.

les clercs et les laïques, quant aux cheveux, à l'habit et à tout l'extérieur. Quoi qu'il en soit, dans les premiers temps où la *tonsure* fut pratiquée, on ne la conférait qu'avec les premiers ordres; ce ne fut que vers la fin du vi° siècle que l'on commença à la conférer séparément et avant les ordres. L'évêque est le seul qui puisse donner la *tonsure* à ses diocésains séculiers et réguliers. Quelques abbés ont prétendu autrefois avoir le droit de la donner à leurs religieux : on trouve quelques canons qui les y autorisent, entre autres le chap. *Abbates* qui est du pape Alexandre IV, et qui est rapporté dans les Décrétales, tit. *de Privilegiis*. Mais s'ils ont joui autrefois en France de ce droit, on peut dire qu'ils l'ont perdu par prescription, les évêques de France s'étant maintenus dans le droit de conférer seuls la *tonsure*, même aux réguliers. Pour recevoir la *tonsure*, il faut avoir été confirmé ; il faut aussi être instruit au moins des vérités les plus intéressantes au salut; il faut encore savoir lire et écrire. Le concile de Narbonne, en 1551, ne demande que l'âge de sept ans pour la *tonsure*; celui de Bordeaux, en 1624, exige douze ans; dans plusieurs diocèses bien réglés, on ne la donne pas avant quatorze ans. On exige dans le royaume que ceux qui possèdent des bénéfices soient tonsurés, qu'ils produisent même leurs lettres de *tonsure*. Cependant on lit dans les Mémoires du clergé, que M. l'avocat général Talon, portant la parole en 1639, établit pour maxime qu'on pouvait être présenté par le patron à un bénéfice sans être clerc tonsuré, et qu'il suffisait de l'être et d'avoir les qualités requises dans le temps des provisions. L'article 32 de la Déclaration du 9 avril 1736, porte qu'*il sera tenu aux archevêchés et évêchés des registres pour les tonsures et ordres mineurs et sacrés, lesquels seront cotés par premier et dernier, et paraphés sur chaque feuillet par l'archevêque ou évêque*.

TORRENT. Il n'y a dans la Palestine qu'un seul fleuve qui est le Jourdain ; mais il y a plusieurs *torrents* qui coulent dans les vallées avec abondance, après les pluies et pendant la fonte des neiges du Liban, et qui se dessèchent pendant les chaleurs de l'été. Les écrivains sacrés en parlent souvent, et mettent quelquefois le nom de *torrent* pour celui de *vallée; Gen.*, c. xxvi, v. 17, il est dit que Isaac vint au *torrent* de Gérare, c'est-à-dire dans la vallée où coulait ce *torrent*. L'Ecriture donne aussi ce nom aux fleuves du Nil et de l'Euphrate. Comme les *torrents* de la Palestine s'enflent souvent, ce mot signifie quelquefois *abondance*, comme dans le *ps.* xxxv, v. 19, *un torrent de délices*, Isaï., c. xxx, v. 33, *un torrent de soufre :* et parce qu'alors ils causent des ravages, ils sont le symbole du malheur, de l'affliction, de la persécution : *II Reg.*, c. xxii, v. 5, *les détresses de la mort m'ont environné, les* TORRENTS *de Bélial m'ont épouvanté*. Dans le *ps.* cix, v. 7, il est dit du Messie qu'il boira l'eau du *torrent en passant*, qu'ensuite il lèvera la tête ; ce passage semble faire allusion à ce qui est rapporté, *Jud.*, c. vii, v. 5, que Dieu commanda à Gédéon de ne mener au combat que ceux de ses soldats qui, près d'un ruisseau, s'étaient contentés de prendre de l'eau dans leur main, et de renvoyer tous ceux qui s'étaient couchés ou mis à genoux pour boire plus à leur aise. Le Psalmiste représente donc le Messie comme un de ces soldats courageux qui ne burent qu'en *passant;* et qui ensuite marchèrent au combat la tête levée et d'un air intrépide. *Ps.* cxxv, v. 5, les Juifs, de retour de la captivité de Babylone, disent à Dieu : *Faites revenir, Seigneur, le reste de nos captifs, comme coulent les eaux du* TORRENT *du midi*. Il est probable qu'ils entendaient par là le torrent de Cédron, qui coule au midi de Jérusalem, et retourne vers l'orient se jeter dans la mer Morte.

TOUSSAINT, fête de tous les saints. La dédicace que fit, l'an 607, le pape Boniface IV de l'église du Panthéon ou de la Rotonde, à Rome, a donné lieu à l'établissement de cette fête. Il dédia cet ancien temple d'idoles à l'invocation de la sainte Vierge et de tous les martyrs ; c'est ce qui lui a fait donner le nom de *Notre-Dame des Martyrs*, ou de la Rotonde, parce que cet édifice est en forme d'un demi-globe. Boniface suivit en cela les intentions de saint Grégoire le Grand, son prédécesseur. Vers l'an 731, le pape Grégoire III consacra une chapelle à l'honneur de tous les saints dans l'église de Saint-Pierre ; il augmenta ainsi la solennité de la fête : depuis ce temps-là elle a toujours été célébrée à Rome. Grégoire IV étant venu en France l'an 837, sous le règne de Louis le Débonnaire, cette fête s'y introduisit et y fut bientôt généralement adoptée ; mais le P. Ménard a prouvé qu'elle avait déjà lieu auparavant dans plusieurs églises, quoiqu'il n'y eût encore aucun décret porté à ce sujet; *Notes sur le Sacram. de saint Grég.*, pag. 152 ; Thomassin, *Traité des Fêtes*, etc. Les Grecs la célèbrent le dimanche après la Pentecôte.

L'objet de cette solennité est non-seulement d'honorer les saints comme les amis de Dieu, mais de lui rendre grâces des bienfaits qu'il a daigné leur accorder, et du bonheur éternel dont il les récompense, de nous exciter à imiter leurs vertus, d'obtenir leur intercession auprès de Dieu ; de rendre un culte à ceux que nous ne connaissons pas en particulier, et qui sont certainement le plus grand nombre.

A l'occasion de l'établissement de cette fête en France au ix° siècle, Mosheim a déclamé à son ordinaire contre le culte rendu aux saints dans l'Eglise romaine ; il dit que cette superstition y a étouffé toute vraie piété. S'il avait voulu expliquer, une fois pour toutes, ce qu'il entend par *vraie piété*, il nous serait plus aisé de voir si ce reproche est vrai ou faux. Pour nous, nous disons qu'elle consiste dans un profond respect pour la majesté de Dieu, dans un souvenir habituel de sa présence, dans une grande estime de tout ce qui a rapport à son culte, dans un vif sentiment de ses bienfaits, dans une parfaite confiance en sa bonté et aux mérites de Jésus-Christ, en un mot, dans l'amour de Dieu. A présent nous demandons en quoi l'honneur que nous rendons aux saints peut détruire ou diminuer aucun de ces sentiments, qui ont été ceux de tous les saints, et par lesquels ils se sont sanctifiés. Il nous paraît que leur exemple est très-capable de nous exciter à imiter les vertus et les pratiques par lesquelles ils sont parvenus à la sainteté et au bonheur éternel. Nous sommes beaucoup mieux fondés à dire que c'est la prévention des protestants contre le culte des saints qui a étouffé la piété parmi eux. Y trouve-t-on beaucoup d'âmes saintes qui, dégagées des affaires de ce monde, s'occupent à méditer les grandeurs de Dieu, à lui rendre de fréquents hommages, à s'enflammer du feu de son amour, et à faire des œuvres de charité? Presque toute leur religion consiste à s'assembler assez rarement, à réciter ensemble quelques prières, à chanter des psaumes, à entendre des instructions souvent fort sèches et très-peu capables de toucher les cœurs. *Voy.* DÉVOTION, PIÉTÉ, SAINTS, etc.

TOUTE-PUISSANCE de Dieu. *Voy.* PUISSANCE.

TRADITEURS. On donna ce nom, dans le IIIe et le IVe siècle de l'Eglise, aux chrétiens qui, pendant la persécution de Dioclétien, avaient livré aux païens les saintes Ecritures pour les brûler, afin d'éviter ainsi les tourments et la mort dont ils étaient menacés. Ce n'est pas la première fois que les païens avaient fait tous leurs efforts pour anéantir les livres sacrés. Dans la cruelle persécution excitée contre les Juifs par Antiochus, les livres de leur loi furent recherchés, déchirés et brûlés, et ceux qui refusèrent de les livrer furent mis à mort, comme nous le voyons dans le premier livre des *Machabées*, c. 1, v. 56. Dioclétien renouvela la même impiété par un édit qu'il fit publier à Nicomédie l'an 303, par lequel il ordonnait que tous les livres des chrétiens fussent brûlés, leurs églises détruites, et qui les privait de tous leurs droits civils et de tout emploi. Plusieurs chrétiens faibles, on ajoute même quelques évêques et quelques prêtres, succombant à la crainte des tourments, livrèrent les saintes Ecritures aux persécuteurs; ceux qui eurent plus de fermeté les regardèrent comme des lâches, et leur donnèrent le nom ignominieux de *traditeurs*.

Ce malheur en produisit bientôt un autre: un grand nombre d'évêques de Numidie refusèrent d'avoir aucune société avec ceux qui étaient accusés de ce crime: ils ne voulurent pas reconnaître pour évêque de Carthage, Cécilien, sous prétexte que Félix, évêque d'Aptonge, et de ceux qui avaient sacré Cécilien, était du nombre des *traditeurs*: accusation qui ne fut jamais prouvée. Donat, évêque des Cases-Noires, était à la tête de ce parti; c'est ce qui fit donner le nom de *donatistes* à tous ces schismatiques. *Voy.* DONATISTES. Le concile d'Arles tenu l'an 314, par ordre de Constantin, pour examiner cette affaire, décida que tous ceux qui se trouveraient réellement coupables d'avoir livré aux persécuteurs des livres ou des vases sacrés, seraient dégradés de leurs ordres et déposés pourvu qu'ils en fussent convaincus par des actes publics, et non accusés par de simples paroles. Il condamna ainsi les donatistes, qui ne pouvaient produire aucune preuve du crime qu'ils reprochaient à Félix d'Aptonge et à quelques autres.

TRADITION, dans le sens théologique, est un témoignage qui nous atteste la vérité d'un fait, d'un dogme ou d'un usage. On appelle *tradition orale*, ce témoignage rendu de vive voix, qui se transmet des Pères aux enfants, et de ceux-ci à leurs descendants; *tradition écrite*, ce même témoignage couché dans l'histoire ou dans d'autres livres; généralement parlant, cette dernière est la plus sûre, mais il ne s'ensuit pas que la première soit toujours incertaine et fautive, parce qu'il y a d'autres monuments que les livres, capables de transmettre à la postérité la mémoire des événements passés.

Quant à l'origine, la *tradition* peut venir de Dieu ou des hommes; dans ce dernier cas, elle vient ou des apôtres, ou des pasteurs de l'Eglise; c'est ce qui fait la différence entre les *traditions divines*, les *traditions apostoliques* et les *traditions ecclésiastiques*. Les secondes peuvent être justement appelées *traditions divines*, parce que les apôtres n'ont rien enseigné que ce qu'ils avaient appris de Jésus-Christ lui-même, ou par inspiration du Saint-Esprit; et l'on doit nommer *traditions apostoliques* celles que nous ont transmises les disciples immédiats des apôtres, parce qu'à leur tour ils ont fait profession de n'enseigner que ce qu'ils avaient reçu de leurs maîtres. Les *traditions* purement *humaines* sont celles qui ont pour auteurs des hommes sans mission et sans caractère. Quant à l'objet, une *tradition* regarde ou la doctrine, ou la discipline, ou des faits historiques, mais cette différence n'en met aucune dans le degré de certitude qu'elles peuvent avoir, comme nous le prouverons dans la suite.

La grande question entre les protestants et les catholiques est de savoir s'il y a des *traditions* divines ou apostoliques touchant le dogme, qui ne sont point contenues dans l'Ecriture sainte, et qui sont cependant règle de foi; les protestants le nient, et nous soutenons le contraire. Conséquemment nous disons que la *tradition* est la parole de Dieu non écrite, que les apôtres ont reçue de la bouche de Jésus-Christ, qu'ils ont transmise de vive voix à leurs disciples ou à leurs successeurs, et qui est venue à nous par l'enseignement des pasteurs, dont les premiers ont été instruits par les apôtres. En d'autres termes, c'est l'enseignement constant et perpétuel de l'Eglise universelle, connu par la voix uniforme de ses pasteurs, qu'elle nomme *les Pères*, par les décisions des conciles, par les pratiques du culte public, par les prières et les cérémonies de la liturgie, par le témoignage même de quelques auteurs profanes et des hérétiques.

L'autorité et la nécessité de la *tradition*, ainsi conçue, est déjà prouvée par les mêmes raisons par lesquelles nous avons fait voir que l'Ecriture sainte ne peut pas être la seule règle de notre foi. *Voy.* DÉPÔT; DOCTRINE CHRÉTIENNE, ECRITURE, EGLISE, PÈRES, etc. Mais, comme c'est ici le point capital qui distingue les catholiques d'avec les sectes hétérodoxes, et en particulier d'avec les protestants, il est essentiel de répéter les principales de ces preuves, d'en montrer l'enchaînement et les conséquences, d'y en ajouter d'autres, et de résoudre quelques objections auxquelles nous n'avons pas encore satisfait.

Première preuve. L'Ecriture sainte. Saint Paul écrit aux Thessaloniciens, *Epist.* II, c. II, v. 14, *Demeurez fermes, mes frères, et gardez les* TRADITIONS *que vous avez apprises, soit par mes discours, soit par ma lettre.* Aux Corinthiens, *Epist. I*, c. XI, v. 2 : *Je vous loue, mes frères, de ce que vous vous souvenez de moi dans toutes les occasions, et de ce que vous gardez mes préceptes comme je vous les ai donnés.* Au lieu de *mes préceptes*, le grec porte *mes traditions.* Il dit, *I Tim.*, c. VI, v. 20 : *O Timothée, gardez le dépôt, évitez les nouveautés profanes et les contradictions faussement nommées science. II Tim.* c. I, v. 13. *Ayez une formule des vérités que vous avez entendues de ma bouche....., gardez ce bon dépôt par le Saint-Esprit;* c. II, v. 2, *ce que vous avez appris de moi devant une multitude de témoins, confiez-le à des hommes fidèles qui seront capables d'enseigner les autres.* Il dit aux Hébreux, c. VI, v. 1, qu'il ne veut pas leur parler de la pénitence, des œuvres mortes, de la foi en Dieu, des différentes espèces de baptême, de l'imposition des mains, de la résurrection des morts et du jugement éternel, mais qu'il le fera, si Dieu le permet.

Nous ne voyons point que saint Paul ait traité toutes ces matières dans ses lettres; il en a donc instruit les fidèles de vive voix. Or, il met de pair les vérités qu'il a enseignées dans ses discours, et celles qu'il a écrites, les unes et les autres formaient le dépôt qu'il confiait à Timothée, et qu'il lui ordonnait de transmettre à ceux qui seraient capables d'enseigner. S'il n'avait voulu parler que de vérités écrites, il aurait dit : Faites un recueil de mes lettres, gardez-les, et donnez-en des copies à des hommes capables d'enseigner; jamais saint Paul n'a nommé l'Ecriture sainte *une formule de vérités*. Les protestants répondent que les apôtres écrivaient les mêmes choses qu'ils prêchaient. Assurément ils n'ont pas écrit des choses contraires à ce qu'ils enseignaient de vive voix; mais la question est de prouver qu'ils ont mis par écrit toutes les vérités qu'ils ont prêchées, sans exception; or, saint Paul témoigne que cela n'est point; il serait impossible que cet apôtre eût renfermé en quatorze lettres tout ce qu'il a enseigné pendant trente-trois ans.

Seconde preuve. Pendant deux mille quatre cents ans, Dieu a conservé la religion des patriarches par la *tradition* seule, et pendant quinze cents ans celle des Juifs, autant par la *tradition* que par l'Ecriture; pourquoi aurait-il changé de conduite à l'égard de la religion chrétienne? Moïse, près de mourir, dit aux Juifs, *Deut.*, c. XXXII, v. 7 : *Souvenez-vous des anciens temps, considérez toutes les générations. Interrogez votre père, et il vous enseignera; vos aïeux et ils vous instruiront.* Il ne dit pas : Lisez mes livres, consultez l'histoire des premiers âges du monde que j'ai écrite et que je vous laisse. Ils le devaient, sans doute; mais sans le secours de la *tradition* de leurs pères, ils n'auraient pas pu entendre parfaitement ces livres. Moïse ne s'était pas contenté d'écrire les prodiges que Dieu avait opérés en faveur de son peuple, il en avait établi des monuments, des rites commémoratifs, pour en rappeler le souvenir, et il avait ordonné aux Juifs d'en expliquer le sens à leurs enfants, afin de les leur graver dans la mémoire, *Deut.*, c. VI, v. 20, etc. Pourquoi ces précautions, si l'Ecriture suffisait? David dit, *Ps.* LXXVII, v. 3 : *Combien de choses n'avons-nous pas apprises de la bouche de nos pères...? Combien de vérités Dieu leur a ordonné d'enseigner à leurs enfants, afin de les faire connaître aux générations futures? Ils en useront de même à l'égard de leurs descendants, afin qu'ils mettent en Dieu leur espérance, qu'ils n'oublient point ce qu'il a fait, et qu'ils apprennent ses commandements.* A quoi bon ces leçons des pères, s'il suffisait de lire les livres saints? Nous ne voyons point de lectures publiques établies chez les Juifs avant le retour de la captivité, et il s'était pour lors écoulé mille ans depuis la mort de Moïse. Ce législateur, ni aucun des prophètes, n'a ordonné aux Juifs d'apprendre à lire.

Troisième preuve. Dieu a établi le christianisme principalement par la prédication, par les instructions de vive voix, et non par la lecture des livres saints. Saint Paul ne dit point que la foi vient de la lecture, mais de l'ouïe, et que l'ouïe vient de la prédication : *Fides ex auditu, auditus autem per verbum Christi* (*Rom.* x, 17). Il y a sept apôtres desquels nous n'avons aucun écrit ni aucune preuve qu'ils en aient laissé. Cependant ils ont fondé des Eglises qui ont subsisté après eux, et qui ont conservé leur foi très-longtemps avant qu'elles aient pu avoir l'Ecriture sainte dans leur langue. Sur la fin du IIe siècle, saint Irénée a témoigné qu'il y avait chez les barbares des Eglises qui n'avaient point encore d'Ecriture, mais qui conservaient la doctrine du salut, écrite dans leur cœur par le Saint-Esprit, et qui gardaient soigneusement l'ancienne *tradition. Contra Hær.*, l. III, c. 4, n. 2. Aucune version n'a été faite par les apôtres, ni de leur temps; ce que disent les protestants de la haute antiquité de la version syriaque est avancé sans aucune preuve. *Voy.* VERSION.

Pour la commodité de leur système, ils supposent et ils assurent que, dès le temps des apôtres, l'Ecriture sainte fut traduite dans les langues de tous les peuples qui avaient embrassé le christianisme ; nous pouvons le nier hardiment. A la réserve de la traduction grecque des Septante, nous ne connaissons la date précise d'aucune des anciennes versions. Les protestants ne cessent de répéter que celle des Septante est très-fautive, qu'elle a été la cause de la plupart des erreurs qu'ils reprochent aux Pères de l'Eglise ; c'est néanmoins sur cette version que la plupart des autres ont été faites. Ils disent que le grec était entendu partout ; cela est faux. Dans la plupart des provinces romaines, le peuple n'avait pas plus l'intelligence du grec qu'il n'a celle du latin parmi nous, et hors des limites de l'empire cette langue n'était d'aucun usage. Il y a eu des nations chrétiennes dans le langage desquelles l'Ecriture sainte n'a jamais été traduite. On sait d'ailleurs combien l'usage des lettres était rare chez la plupart des nations dans les temps dont nous parlons. A la vérité, Théodoret, *Thérapeut.*, liv. v, dit que de son temps les livres des Hébreux étaient traduits dans les langues des Romains, des Egyptiens, des Perses, des Indiens, des Arméniens, des Scythes et des Sarmates, en un mot, dans toutes les langues dont les différentes nations se servaient pour lors. Si ce passage incommodait les protestants, ils demanderaient comment Théodoret a pu le savoir ; ils diraient que c'est un fait hasardé et certainement exagéré, que l'Ecriture sainte n'a été traduite ni en langue punique usitée à Malte et sur les côtes de l'Afrique, ni en ancien espagnol, ni en celte, ni en ancien breton, quoique ces peuples fussent déjà chrétiens. Nous ne doutons pas qu'au cinquième siècle il n'y ait eu quelques livres hébreux traduits dans les différentes langues dont parle Théodoret ; mais on ne prouvera jamais qu'ils l'étaient tous, et ce Père ne parle point du Nouveau Testament. D'ailleurs il y avait pour lors près de quatre cents ans que le christianisme était prêché ; le IVᵉ siècle qui avait précédé, avait été un temps de lumières, de travaux apostoliques, d'écrits de toute espèce faits par les Pères de l'Eglise, au lieu que les trois premiers avaient été un temps de souffrance et de persécution.

Malgré ces faits, nos adversaires soutiennent gravement que Jésus-Christ et les apôtres n'auraient pas agi sagement, s'ils avaient confié les dogmes de la foi à la faible et trompeuse mémoire des hommes, à l'incertitude des événements, à la vicissitude continuelle des siècles, et s'ils n'avaient pas mis par l'Ecriture ces vérités divines sous les yeux des hommes ; Mosheim, *Hist. christ.*, IIᵉ part., sec. 3, c. 3, § 3. Ces critiques téméraires ne voient pas qu'ils accusent réellement Jésus-Christ et les apôtres d'avoir manqué de sagesse. Car enfin voici des faits positifs qui ne se détruisent point par des présomptions, savoir, que Jésus-Christ n'a rien écrit, qu'il n'a point ordonné à ses apôtres d'écrire, que sept d'entre eux n'ont rien laissé par écrit, que les autres n'ont fait traduire aucun livre de l'Ecriture, que la plupart des versions n'ont été faites que longtemps après eux, à mesure que les églises sont devenues nombreuses dans les divers pays du monde. Il est singulier que des disputeurs qui exigent que nous leur prouvions tout par écrit, forgent si aisément les faits qui peuvent étayer leur système. Ils en imposent grossièrement, lorsqu'ils prétendent que les dogmes de foi prêchés publiquement et tous les jours, enseignés au commun des fidèles dès l'enfance, exposés aux yeux de tous par les pratiques du culte, répétés et inculqués par les prières de la liturgie, sont confiés *à la mémoire trompeuse des hommes*. Nos mœurs, nos usages, nos droits, nos devoirs les plus essentiels, sont confiés au même dépôt, et il n'en est point de plus incorruptible. Dieu a-t-il donc manqué de sagesse en négligeant de faire écrire avant Moïse les dogmes qu'il avait enseignés aux premiers hommes deux mille quatre cents ans auparavant ? Faut-il absolument savoir lire pour être capable de faire des actes de foi et d'obtenir le salut.

L'on a vu des personnes ignorantes, des femmes, des esclaves, faire des conversions. C'est par des vertus, par des miracles, et non par les livres seuls, que Dieu a converti le monde. D'ailleurs les apôtres savaient que leurs disciples écriraient ; ils ont donc pu se reposer sur eux de ce soin, aussi bien que de celui d'enseigner les fidèles : or, ce que ces disciples ont écrit n'est plus confié à la seule mémoire des hommes, quoiqu'il ne soit pas dans l'Ecriture sainte.

Quatrième preuve. Si Jésus-Christ et les apôtres avaient voulu que la doctrine chrétienne fût répandue et conservée par l'Ecriture *seule*, il n'aurait pas été besoin d'établir une succession de pasteurs et de docteurs, pour en perpétuer l'enseignement ; les apôtres se seraient contentés de mettre l'Ecriture à la main des fidèles, et de leur en recommander la lecture assidue. Ils ont fait tout le contraire. Saint Paul dit que c'est Jésus-Christ qui *a donné des pasteurs et des docteurs, aussi bien que des apôtres et des prophètes, afin qu'ils travaillent à la perfection des saints, aux fonctions de leur ministère, à l'édification du corps mystique de Jésus-Christ, jusqu'à ce que nous parvenions tous à l'unité de la foi et de la connaissance du Fils de Dieu* (*Ephes.*, IV, 11). Il décide que personne ne doit prêcher sans mission, *Rom.*, c. X, v. 15. Est-ce le peuple qui la donne ? Non, c'est le Saint-Esprit qui a établi les évêques pour gouverner l'Eglise de Dieu, *Act.*, c. XX, v. 28. Cette mission se donne par l'imposition des mains, *I Tim.*, c. IV, v, 14 ; et quand un pasteur l'a reçue, il peut la donner à d'autres, c. V, v. 22. L'Apôtre recommande la lecture de l'Ecriture sainte, non aux simples fidèles, mais à un pasteur, *parce qu'elle est utile pour enseigner, pour reprendre, pour corriger, pour instruire dans la justice, pour rendre parfait un homme de Dieu,* ou un ministre de Dieu, *II Tim.,* c. IV, v. 16. Il n'ajoute point qu'elle est utile à tous les fidèles pour apprendre leur religion. Saint Pierre les avertit au contraire qu'il n'appartient pas à tous de l'intérpréter, que les ignorants et les esprits légers la pervertissent pour leur propre perte, *II Petr.,* c. I, v. 20; c. III, v. 16. Mais les protestants, plus éclairés sans doute que les apôtres, prétendent que tout fidèle doit lire l'Écriture sainte pour y apprendre ce qu'il doit croire, et que tous sont capables de l'entendre.

Loin de convenir que les pasteurs et les docteurs ont travaillé à la perfection des saints et à l'unité de la foi, ils soutiennent que ce sont eux qui l'ont corrompue, et qu'ils s'y sont appliqués depuis la mort des apôtres jusqu'au XVIᵉ siècle. Cependant Jésus-Christ avait promis d'être avec ses apôtres jusqu'à la fin des siècles, *Matth.,* c. XXVIII, v. 20; de leur envoyer l'Esprit de vérité pour toujours, *Joan.,* c. XIV, v. 16; mais, selon l'opinion des protestants, il n'a pas tenu parole. Il avait aussi promis d'accorder aux fidèles le don des miracles, *Marc.,* c. XVI, v. 17, et nos adversaires conviennent qu'il a exécuté cette promesse, du moins pendant les trois premiers siècles de l'Eglise; quant à la première, qui n'était pas moins nécessaire, elle est demeurée sans exécution; la seule grâce que Jésus-Christ ait faite à son Eglise a été d'y conserver les saintes Écritures sans altération, entre les mains de dépositaires fort suspects. Mais sans l'assistance du Saint-Esprit, à quoi cette dernière grâce a-t-elle pu servir? C'est sur le sens des Ecritures que la plupart des disputes, des schismes, des hérésies, sont arrivés dans l'Eglise. Si Jésus-Christ lui a conservé l'esprit de vérité pour déterminer et fixer ce sens, toute dispute est finie, il s'ensuit que l'Eglise a conservé pure la doctrine de son divin Maître et qu'elle a eu droit de condamner les hérétiques. Si cela n'est point, l'Ecriture est la pomme de discorde qui a divisé tous les esprits; faute de la consulter ou de la bien entendre, les pasteurs de l'Eglise ont altéré la doctrine chrétienne, les hérétiques ont bien fait de mépriser ses anathèmes, il y a autant de présomption en faveur de leur doctrine qu'en faveur de la sienne. Cependant Jésus-Christ a détruit un très-grand nombre des hérésies et a conservé l'Eglise; où est l'équité, où est la sagesse de ce divin législateur? C'est aux protestants de nous expliquer ce phénomène.

Cinquième preuve. Tout le monde convient que la certitude morale, fondée sur le témoignage des hommes, est la base de la société civile, elle ne l'est pas moins à l'égard d'une religion révélée, puisque celle-ci porte sur le fait de la révélation; et ce fait général en renferme une infinité d'autres. Tous sont prouvés par des témoignages, et l'on démontre aux déistes que la certitude qui en résulte doit exclure toute espèce de doute raisonnable, et prévaloir sur tout argument spéculatif. En effet, lorsqu'un fait sensible est attesté par une multitude de témoins qui n'ont pu agir par collusion, qui étaient de différents âges et de divers caractères, dont les intérêts, les passions, les préjugés ne pouvaient être les mêmes, qui étaient de différents pays, et qui ne se parlaient pas la même langue, il est impossible que tant de témoignages réunis sur un fait soient sujets à l'erreur. Il ne sert à rien de dire que chaque témoin en particulier a pu se tromper ou vouloir tromper, qu'aucun n'est infaillible; il n'est pas moins évident que l'uniformité de leur attestation nous donne une certitude entière du fait dont ils déposent. Ils méritent encore plus de croyance, lorsque ce sont des hommes revêtus de caractère pour rendre témoignage du fait dont il s'agit, bien persuadés qu'il ne leur est pas permis de le déguiser ni d'en imposer, qu'ils ne pourraient le faire sans s'exposer à être contredits, couverts d'opprobre, dégradés et dépossédés de leur état. Or les pasteurs de l'Eglise sont autant de témoins revêtus de toutes ces conditions pour rendre témoignage de ce qu'ont enseigné les apôtres, de ce qui a été cru, professé et prêché publiquement dans toutes les Eglises qu'ils ont fondées.

S'il y a dans le christianisme une question essentielle, c'est de savoir quels sont les livres que nous devons regarder comme Ecriture sainte et parole de Dieu; les protestants sont forcés d'avouer que nous ne pouvons en être informés que par le témoignage des anciens Pères, pasteurs des églises, dépositaires et organes de la *tradition*. Mais si ces Pères ont été ignorants, crédules, souvent trompés par des livres apocryphes, tels qu'ils sont peints par les protestants, quelle certitude peut nous donner leur témoignage? Pour notre foi, il faut être assuré que ces livres ont été conservés dans leur entier, et non altérés et falsifiés; qui nous le certifiera, si les Pères ont été capables d'user de fraudes pieuses? On dira qu'il ne leur était pas possible d'altérer les livres saints, parce que ces livres étaient lus publiquement et journellement dans les assemblées des fidèles, et parce que la confrontation des exemplaires aurait découvert la fraude. Nous en convenons. Mais les autres points de la doctrine chrétienne n'y étaient pas prêchés moins publiquement ni moins assidûment; s'il y était survenu de l'altération quelque part, la comparaison de cette doctrine avec celle des autres églises aurait fait le même effet que la confrontation des différentes copies des livres saints.

Un protestant célèbre et très-prévenu contre la *tradition* l'a compris. Beausobre, dans son *Discours sur les livres apocryphes, Hist. du Manich.*, tom. I, p. 441, dit que pour discerner si un livre était apocryphe ou authentique, les Pères en ont comparé la doctrine avec celle que les apôtres avaient prêchée dans toutes les églises, et qui était uniforme. Donc il reconnaît que la *tradition* de ces églises était un témoignage irrécusable, et que les Pères ont été capables de le rendre sans aucun danger d'erreur. « La *tradition*, dit-il, ou le témoignage de l'Eglise, lorsqu'il est bien vérifié, est une preuve solide de la certitude des faits *et de la certitude de la doctrine.* » Cet aveu est remarquable. Il ajoute, en second lieu, que les Pères ont pu savoir certainement quels étaient les livres donnés aux Eglises par les apôtres et par les hommes apostoliques, dès le commencement, parce qu'il y a eu dans l'Eglise une succession continue d'évêques, de prêtres, d'écrivains ecclésiastiques qui, depuis les apôtres, ont instruit les Eglises, et dont on ne pouvait pas récuser le témoignage. Il dit enfin que les Pères ont comparé les livres qui venaient certainement des apôtres avec les autres, pour savoir si ceux-ci ressemblaient aux premiers, que c'est la règle et la maxime de tous les critiques.

Voilà donc les anciens Pères reconnus capables de confronter la doctrine des Eglises avec celle des livres saints, capables de porter un témoignage irrécusable sur la conformité de l'une avec l'autre, capables d'user de la critique pour comparer le ton, le style, la manière des écrits incontestablement apostoliques, avec la manière de ceux desquels l'authenticité n'était pas encore universellement reconnue. Si Beausobre et les autres protestants avaient toujours rendu la même justice aux Pères de l'Eglise, nous leur en saurions gré. Or, puisque ces Pères sont dignes de foi lorsqu'ils disent : *Voilà les livres que les apôtres nous ont laissés comme divins,* ils ne le sont pas moins lorsqu'ils disent : Telle est la doctrine que les apôtres ont enseignée à nos Eglises, et tel est le sens qu'ils ont donné à tel ou tel passage. Ainsi, lorsqu'en 325, au concile de Nicée, plus de trois cents évêques, rassemblés non-seulement des différentes parties de l'empire romain, mais encore d'autres contrées, rendirent uniformément témoignage que le dogme de la divinité du Verbe avait été enseigné par les apôtres, toujours cru et professé dans les églises dont ces évêques étaient pasteurs ; que par ces paroles de l'Evang le : *Mon Père et moi sommes une même chose,* on avait toujours entendu que le Fils était consubstantiel au Père : que manquait-il à cette attestation pour donner de ces faits une certitude morale, entière et complète ? Quand ce même témoignage aurait été rendu par les évêques dispersés dans leurs sièges, et consigné dans leurs écrits, il n'aurait été ni moins fort ni moins incontestable. Jusqu'à présent nous n'avons vu dans les ouvrages de nos adversaires aucune réponse à cette preuve. Ils diront peut-être qu'en fait de dogme et de doctrine la preuve par témoins n'est pas admissible. Pure équivoque. Lorsqu'il s'agit de juger par nous-mêmes si un dogme est vrai ou faux, conforme ou contraire à la raison, utile ou pernicieux, ce n'est plus le cas de consulter des témoins ; mais quand il est seulement question de savoir si tel dogme a été enseigné aux fidèles par les apôtres, s'il a été prêché et professé constamment dans les églises, c'est un fait sensible, public, éclatant, qui ne peut être constaté que par des témoignages. Or, dès qu'il est certain que les apôtres l'ont enseigné, toute autre question est superflue.

Dans les tribunaux de magistrature on interroge également les témoins sur ce qu'ils ont vu et sur ce qu'ils ont entendu ; leur déposition fait foi sur l'un et sur l'autre de ces deux faits. Les apôtres eux-mêmes nous ont donné l'exemple de cette méthode : *Nous ne pouvons nous dispenser,* disent saint Pierre et saint Jean, *de publier ce que nous avons vu et entendu* (Act. IV, 20.) *Nous vous annonçons et nous vous attestons ce que nous avons entendu, ce que nous avons vu, ce que nous avons touché de nos mains, au sujet du Verbe vivant* (I Joan., 1). Immédiatement après la mort des apôtres, Cérinthe, Ebion, Saturnin, Basilide et d'autres nièrent la création, la divinité de Jésus-Christ, la réalité de sa chair, de sa mort, de sa résurrection, et le dogme de la résurrection future. Que leur opposèrent saint Barnabé, saint Clément, saint Polycarpe, saint Ignace ? la prédication des apôtres qui avaient été leurs maîtres. Pour préserver les fidèles de l'erreur, ils leur recommandent de se tenir attachés à la *tradition* des apôtres et à la doctrine qui leur est enseignée par leurs pasteurs ; nous citerons ci-après leurs paroles. Donc au IIe et au IIIe siècle, lorsqu'il est survenu d'autres hérétiques, les Pères ont dû leur répondre de même : Votre doctrine n'est pas celle qui nous a été enseignée par les successeurs immédiats des apôtres. Saint Irénée, dans Eusèbe, *Hist. ecclés.*, l. v, c. 20. — Si l'on prétend que cette preuve de fait a perdu sa force par la succession des temps, il faudra soutenir aussi qu'elle est devenue caduque à l'égard des autres faits sur lesquels le christianisme est fondé, et en particulier à l'égard de la question de savoir quels sont les livres qui nous ont été donnés par les apôtres comme Ecriture sainte.

Sixième preuve. Des réflexions que nous venons de faire, il s'ensuit déjà que l'Ecriture seule n'aurait pas été un moyen suffisant pour répandre et pour conserver la doctrine de Jésus-Christ, s'il n'y avait pas un ministère, une mission, un enseignement public pour attester aux fidèles l'authenticité, l'intégrité, la divinité des livres saints, pour les leur expliquer et leur en donner le véritable sens. Mais cette vérité est encore confirmée par d'autres raisons. 1° Dans les premiers siècles, peu de personnes avaient l'usage des lettres, et l'ignorance devint encore plus générale après l'inondation des peuples barbares. Avant l'invention de l'imprimerie, une Bible était un livre très-cher, et les exemplaires n'en étaient pas communs. Il est évident que pendant quatorze cents ans les trois quarts et demi des chrétiens étaient réduits aux seules instructions des pasteurs ; nous ne croyons pas pour cela que le salut leur ait été beaucoup plus difficile qu'à nous. Dieu ne l'a jamais attaché à des moyens rares, dispendieux, presque impraticables ; Moïse le fait remarquer aux Juifs, *Deut.*, c. XXX, v. 11 ; il n'y a pas lieu de penser que Dieu en agit avec moins de bonté envers les chrétiens : nous avons fait voir ailleurs que dans l'Eglise catholique la foi des simples et des ignorants, fondée sur la mission des pasteurs qui les instruisent, et sur la *tradition*, est très-sage et très-solide. Nous examinerons ci-après si celle du commun des protestants est plus certaine et mieux appuyée. 2° Le très-grand nombre des vérités de foi, comme la sainte Trinité, l'incarnation, la rédemption du monde, la résurrection future, la nature du bonheur éternel, les supplices de l'enfer, la communication du péché originel, l'effet des sacrements, celui de l'eucharistie en particulier, la prédestination, l'efficacité de la grâce, etc., sont des mystères incompréhensibles. De quelque manière qu'ils soient couchés par écrit, il nous restera toujours des doutes sur le sens des termes, parce que le langage humain ne peut nous en fournir d'assez clairs. L'oubli des langues originales, la variété des versions, l'inexactitude des copies, l'équivoque des mots, le changement des mœurs et des usages, la bizarrerie des esprits, les subtilités de grammaire, les sophismes des hérétiques, laisseront toujours des inquiétudes au commun des lecteurs. Quand il y aurait beaucoup d'hommes capables de surmonter tous ces obstacles, s'ils n'ont ni caractère, ni mission, ni autorité divine, à quel titre pourrons-nous leur ajouter foi ? 3° Les protestants ont beau répéter que l'Ecriture sainte est claire sur tous les articles essentiels du christianisme, il n'en est pas un seul que les hérétiques n'aient attaqué par l'Ecriture même. Jamais deux sectes opposées n'ont manqué d'y trouver chacune des passages favorables ; point d'absurdité que l'on n'ait étayée par là : cet abus a commencé avec le christianisme, et il dure encore. Dieu nous a-t-il donné, pour seul moyen d'apprendre notre croyance, la pierre d'achoppement contre laquelle se sont heurtés tous les mécréants.

Mais ces réflexions, quelque évidentes qu'elles soient, paraissent aux protestants autant de blasphèmes : ils nous accusent de déprimer l'Ecriture ou la parole de Dieu, de la faire envisager comme un livre inutile dont la lecture est dangereuse ; de mettre la *tradition*, qui n'est que la parole des hommes, au-dessus de celle de Dieu, comme si Dieu ne savait pas mieux parler que les hommes, etc. Pures calomnies cent fois réfutées. Ce n'est point déprimer l'Ecriture sainte, que de la représenter telle que Dieu nous l'a donnée ; en la faisant écrire par des hommes inspirés, il n'a pas changé la nature du langage humain ni l'essence des choses. Les protestants eux-mêmes conviennent que, pour l'entendre, il faut l'assistance du Saint-Esprit, et ils disent que Dieu ne la refuse point à un fidèle docile, qui cherche sincèrement la vérité. De notre côté, nous soutenons que Dieu n'a point promis cette assistance à chaque fidèle, mais à son Eglise, aux apôtres et à leurs successeurs, aux pasteurs chargés d'enseigner ; que quiconque refuse de les écouter n'est plus ni fidèle, ni docile, ni sincère, puisqu'il résiste à l'ordre de Dieu, et que, par un orgueil téméraire, il se croit mieux inspiré que l'Eglise entière ; qu'il y a du fanatisme à nommer *parole de Dieu* le sens qu'il plaît à chaque particulier de donner à l'Ecriture sainte, sous prétexte que c'est Dieu qui le lui fait connaître. Loin de rejeter l'Ecriture sainte, nous la mettons toujours à la tête de toutes nos preuves théologiques ; et lorsque les hétérodoxes en détournent le sens, lorsqu'ils disent que les passages que nous citons sont obscurs, et que nous en tirons de fausses conséquences, nous leur répliquons que ce n'est ni à eux ni à nous de juger définitivement cette contestation, que c'est à l'Eglise, au corps des pasteurs auxquels Dieu a donné mission et autorité pour enseigner, par conséquent, pour expliquer le vrai sens de l'Ecriture. Nous ajoutons que si l'Ecriture garde un silence absolu sur un point de doctrine, et s'il est enseigné néanmoins par l'Eglise ou par le corps des pasteurs, nous devons y croire, parce qu'ils ont toujours fait profession de n'enseigner que ce qu'ils avaient reçu, par *tradition*, des apôtres, et que la parole des apôtres, qui est la parole de Dieu, n'est pas moins respectable non écrite que quand elle est écrite. Nous avons donc pour cette divine parole un respect plus sincère que les protestants.

Pour nous rendre odieux, ils nous reprochent de favoriser le déisme et le pyrrhonisme. En effet, les déistes ont fait ce raisonnement : D'un côté les catholiques prouvent que l'Ecriture seule ne peut donner aux chrétiens une entière certitude de leur croyance, de l'autre les protestants soutiennent que la *tradition* peut encore moins produire cet effet ; donc les chrétiens n'ont aucune preuve de leur foi. Il nous paraît d'abord fort aisé de retourner l'argument et de dire : D'un côté les catholiques prouvent que la *tradition* leur donne une certitude entière de la vraie doctrine de Jésus-Christ, de l'autre les protestants soutiennent que l'Ecriture seule suffit pour opérer cet effet ; donc l'Ecriture et la *tradition* réunies donnent une certitude encore plus complète. Que peuvent répondre les déistes ?

Au lieu de les réfuter ainsi, les protestants ont jugé qu'il était mieux de faire retomber ce sophisme sur nous seuls. Ils disent : Nous prouvons évidemment que la *tradition* est souvent fausse et trompeuse ; donc, si vous venez à bout de démontrer que l'Ecriture est insuffisante, vous ôtez tout fondement aux vérités de la foi, vous donnez gain de cause aux incrédules. — Outre le ridicule qu'il y a de leur part à s'attribuer la victoire, lorsque le combat dure encore, nous leur demandons si la certitude de notre foi est fondée sur deux preuves, savoir, l'Ecriture et la *tradition*, lequel des deux partis lui porte le plus de préjudice, celui qui veut qu'on les réunisse et que l'on soutienne l'une par l'autre, ou celui qui rejette absolument l'une des deux? L'entêtement de nos adversaires est de supposer toujours que nous rejetons l'Ecriture comme ils rejettent la *tradition*; fausseté notoire. Encore une fois, nous disons que l'Ecriture sainte expliquée et suppléée par la *tradition* est une règle sûre, divine, infaillible, à laquelle tout chrétien doit se soumettre sans hésiter; mais que l'Ecriture sainte sans la *tradition*, et livrée à l'interprétation arbitraire de chaque particulier, est une source infaillible d'erreur; nous ne rejetons donc que la méthode protestante d'user de l'Ecriture, et non l'Ecriture elle-même.

Ils insistent cependant encore, et ils disent: Ma'gré l'efficacité que vous attribuez à votre double règle, elle n'a pas empêché parmi vous les erreurs de naître et les disputes de continuer; donc vous n'êtes pas plus avancés avec deux règles que nous ne le sommes avec une seule. Nous répondons qu'il ne peut naître parmi nous aucune erreur, tant que tout théologien demeurera également soumis à l'Ecriture sainte et à la *tradition*; s'il y en a qui s'écartent de l'une ou de l'autre, ils tomberont dans l'erreur sans doute; mais alors ce sera leur faute, et non celle de la règle. Quant aux disputes des théologiens catholiques, elles n'intéressent en rien la foi ni les mœurs; tous reçoivent la même profession de croyance, il n'y a point de schisme entre eux. Parmi les hérétiques, au contraire, malgré leur déférence apparente à l'Ecriture, il s'en est trouvé plusieurs qui ont nié des articles essentiels au christianisme, et dès qu'ils ont eu un certain nombre de partisans, ils ont fait bande à part. Jamais ils n'ont pu dresser une confession de foi qui ait réconcilié deux sectes, quoiqu'ils l'aient souvent tenté.

On nous demandera peut-être si la nécessité de la *tradition*, que nous regardons comme un article fondamental, est couchée dans le symbole. Nous soutenons qu'elle y est dans ces paroles: *Je crois la sainte Eglise catholique*; aux mots CATHOLIQUE et CATHOLICISME, nous avons fait voir que cet article signifie: Je crois que la sainte et véritable Eglise est celle qui prend pour règle de foi la catholicité, c'est-à-dire la *tradition*, la croyance, l'enseignement constant et uniforme de toutes les églises dont elle est composée. Au besoin, nous trouverions encore le même sens dans ces mots: *Je crois la communion des saints*; il n'y a plus de communion entre des sectes qui n'ont pas la même croyance.

« Ces mots, dit le savant Bossuet, *Je crois l'Eglise catholique*, ne signifient pas seulement, je crois qu'elle est, mais encore, je crois ce qu'elle croit; autrement ce n'est plus croire qu'elle est, puisque le fond et, pour ainsi dire, la substance de son être, c'est sa foi qu'elle déclare à tout l'univers.» Voy. *Esprit de Leibnitz*, t. II, p. 10.

Septième preuve. Personne n'a pu mieux savoir de quelle manière il faut acquérir et conserver la foi, que ceux qui ont été chargés par les apôtres de l'enseigner: or, ils recommandent l'attachement à la *tradition*, et non l'étude de l'Ecriture sainte. Saint Barnabé, *Epist.*, n. 5, dit aux fidèles : « Vous ne devez point vous séparer les uns des autres, en vous croyant justes: mais tous rassemblés, cherchez ce qui est utile et convenable à des amis de Dieu; car l'Ecriture dit: Malheur à ceux qui se croient seuls intelligents, et se flattent intérieurement d'être savants. » Le Clerc, dans une note sur ce passage, croit que l'auteur fait allusion à l'orgueil des pharisiens, mais il condamne encore plus évidemment l'orgueil des hérétiques, qui se croient plus intelligents et plus savants que l'Eglise universelle de laquelle ils se sont séparés. — Saint Clément, pape, dans sa première lettre aux Corinthiens, les réprimande de leurs divisions et du peu de respect qu'ils avaient pour leur clergé. Il leur représente, n. 42, que ce sont les apôtres qui, animés de l'esprit de Dieu, ont établi les évêques et les ministres inférieurs et qui ont réglé leurs fonctions: or, une de leurs fonctions est certainement d'enseigner. Il les exhorte, n. 57, à être soumis aux prêtres, à n'avoir ni orgueil ni arrogance. Ce saint pontife ne pensait pas qu'un laïque, une Bible à la main, fût en droit de faire la leçon à ses pasteurs. — Saint Ignace, suivant la remarque d'Eusèbe, *Hist. ecclés.*, l. III, c. 36, exhortait les fidèles, dans toutes les villes où il passait, à se précautionner contre les erreurs des hérétiques, et à se tenir fortement attachés aux *traditions* des apôtres; c'est en effet la morale que ce saint martyr enseigne dans toutes ses lettres. *Ad Magnes.*, n. 6, il exhorte les fidèles à la concorde, à être soumis à l'évêque qui préside à la place de Dieu, aux prêtres qui représentent le sénat apostolique, aux diacres chargés du ministère de Jésus-Christ, à tenir unanimement avec eux une doctrine inviolable. Il le répète, *ad Trall.*, n. 3, et il ajoute que sans eux il n'y a point d'Eglise. Il dit aux Philadelphiens, n. 2 et 3 : « Fuyez toute division et toute mauvaise doctrine, suivez votre pasteur comme des brebis dociles; il y a des loups qui paraissent dignes de foi, mais qui tiennent les fidèles captifs, après les avoir séduits par de belles apparences.... Tous ceux qui sont à Dieu et à Jésus-Christ demeurent attachés à leur évêque... Si quelqu'un suit un schismatique, il n'héritera pas du royaume de Dieu; si quelqu'un a des sentiments particuliers, il renonce à la passion du Sauveur. » — Saint Polycarpe, dans sa *Lettre aux Philippiens*, n. 10, les exhorte à demeurer fermes et constants dans la foi, dans l'amour fraternel, dans la paix et dans la profession des mêmes vérités. » Or, cela ne se peut pas faire lorsque chaque particulier veut former lui-même sa propre foi et entendre l'Ecriture sainte comme il lui plaît; l'exemple des sectes hétérodoxes le démontre. Ainsi ont pensé les disciples immédiats des apôtres.

Au II° siècle, Hégésippe, selon le rapport

d'Eusèbe, liv. iv, c. 22, fit un voyage à Rome; il consulta un grand nombre d'évêques, il trouva la même doctrine dans toutes les églises des villes par lesquelles il passa. Mais à quoi bon ces perquisitions, s'il suffisait de consulter l'Ecriture pour connaître la vraie foi? Dans le même siècle on lisait dans les assemblées chrétiennes les lettres des saints évêques, aussi bien que celles des apôtres, *ibid.*, c. 23 : chose fort inutile, suivant l'opinion de nos adversaires. — Saint Justin, dans sa *Lettre à Diognète*, n. 11, dit que le Fils de Dieu accorde des lumières à ceux qui les demandent, qui ne franchissent ni les bornes de la foi, ni celles qui ont été posées par les Pères...; qu'ainsi l'Evangile s'établit, la *tradition* des apôtres est gardée, et l'Eglise comblée de grâces. — Saint Théophile, évêque d'Antioche, *ad Autolic.*, lib. ii, n. 14, compare les saintes Eglises dans lesquelles se conserve la doctrine des apôtres, à des ports dans lesquels les navigateurs sont en sûreté, et les hérétiques à des pirates, leurs erreurs à des écueils contre lesquels les vaisseaux font naufrage. Selon l'avis des protestants, les fidèles ne sont en sûreté que quand ils consultent l'Ecriture sainte.

Saint Irénée ne pensait pas comme eux, *Contra Hær.*, lib. iii, c. 4, n. 1. « Il ne faut point, dit-il, chercher ce qui est vrai ailleurs que dans l'Eglise, dans laquelle les apôtres ont rassemblé toutes vérités comme dans un riche dépôt, afin que quiconque veut étancher sa soif puisse y trouver ce breuvage salutaire. C'est là que l'on reçoit la vie, tous les autres docteurs sont des larrons et des voleurs. Il faut donc les éviter, et consulter soigneusement les Eglises, pour y trouver la vraie *tradition*. Car enfin, s'il y avait une dispute sur la moindre question, ne faudrait-il pas recourir aux églises les plus anciennes dans lesquelles les apôtres ont enseigné, et savoir d'elles ce qu'il y a de vrai et de certain sur ce sujet? et quand même les apôtres ne nous auraient point laissé d'Ecritures, ne faudrait-il pas encore suivre l'ordre de la *tradition* qu'ils ont donnée à ceux auxquels ils confiaient les Eglises? » Il montre cette nécessité par l'exemple des Eglises fondées chez les barbares, qui n'avaient encore aucune Ecriture sainte, mais qui suivaient fidèlement la *tradition*. Dans le chapitre précédent il réfute les hérétiques par la *tradition* de l'Eglise romaine; et liv. i, c. 10, il atteste que, malgré la distance des lieux et la diversité des langues, la *tradition* est uniforme partout. Dans une lettre rapportée par Eusèbe, l. v, c. 20, il rend témoignage de l'attention avec laquelle il écoutait les leçons de saint Polycarpe, disciple immédiat de l'apôtre saint Jean. Cependant un protestant célèbre prétend que ce Père ne faisait aucun cas de la *tradition*. Carpocrate, dit-il, Valentin, les gnostiques, les marcionites, fondaient leurs erreurs sur de prétendues *traditions*; ils disaient que Jésus-Christ n'avait pas prêché publiquement toute sa doctrine, mais qu'il avait confié plusieurs vérités à quelques-uns de ses disciples, sous condition qu'ils ne les révéleraient qu'à ceux qui seraient capables de les entendre et de les conserver. Saint Irénée rejette ces *traditions* avec raison; il dit que si les apôtres avaient appris de Jésus-Christ des vérités cachées, ils les auraient transmises à ceux auxquels ils confiaient le soin des Eglises. Il dit aux marcionites : Lisez exactement les prophètes, lisez les évangélistes, vous trouverez dans ces écrits toute la doctrine de Jésus-Christ. Ce n'est donc qu'au défaut des Ecritures que ce Père dit qu'il faudrait recourir à la *tradition*, Basnage, *Hist. de l'Eglise*, l. ix, c. 5, et suiv. — Mais quelle ressemblance y a-t-il entre les prétendues *traditions* cachées des hérétiques, desquelles il n'y avait point de témoins, et l'enseignement public, constant, uniforme des pasteurs auxquels les apôtres avaient confié les Eglises, enseignement que saint Irénée appelle *tradition*? C'est à cette règle qu'il veut que l'on s'en rapporte *in casu de dispute sur la moindre question* : or, lorsque l'Ecriture garde le silence, n'est-ce pas la même chose que si l'on n'avait point d'Ecriture *pour savoir ce qu'il y a de vrai et de certain*? Il soutient avec raison que s'il y avait eu des vérités cachées, les apôtres les auraient enseignées aux pasteurs par préférence, puisque de tous les fidèles c'étaient les plus capables de comprendre ces vérités et de les conserver. Mais ce n'est point là l'idée que les protestants nous donnent de ces hommes apostoliques ; ils les peignent comme des hommes simples, ignorants, crédules, qui n'avaient ni discernement, ni capacité. — Quant aux marcionites, le cas était tout différent; ils soutenaient que l'Ancien Testament et le Nouveau n'étaient pas l'ouvrage du même Dieu : pour prouver le contraire, saint Irénée leur dit : « Lisez exactement l'Evangile que les apôtres nous ont donné, lisez ensuite les prophètes, vous trouverez que toutes les actions, toute la doctrine, toutes les souffrances de Notre-Seigneur y sont prédites, l. iv, c. 34, n. 1. S'ensuit-il de là que, dans toute question de doctrine, il suffit, comme dans celle-là, de confronter les évangélistes avec les prophètes? Saint Irénée veut que l'on s'en tienne à la *tradition*.

Au iiie siècle l'on n'avait pas changé de principes. Tertullien, *de Præscript.*, c. 15 et seq., ne voulait pas que l'on admît les hérétiques à disputer par l'Ecriture sainte, il soutient que c'est une complaisance inutile et déplacée, parce que l'Ecriture sainte n'a pas été donnée aux hérétiques, mais à l'Eglise, et pour elle seule, parce qu'ils en rejetaient ce qui leur déplaisait, parce qu'ils en mutilaient ou altéraient les passages, et parce qu'ils en détournaient le sens, *ibid.*, c. 19. « L'ordre exige, dit-il, que l'on s'informe de qui, par qui, quand et à qui a été donnée la doctrine qui nous rend chrétiens : où sera la vraie, là se trouvera aussi la vérité des Ecritures, des explications et de toutes les *traditions* chrétiennes. » Ainsi ce Père veut que l'on établisse par la *tradition*, non-seulement l'authenticité et l'intégrité de l'Ecriture, mais encore le sens et les explications ; chap. 32 et 36, il renvoie les hérétiques à la *tradition* des Eglises apostoliques ; il soutient que celles qui se forment tous les jours ne sont pas moins apostoliques que les p'us anciennes, parce qu'elles tiennent la même doctrine, et qu'elles sont en communion les unes avec les autres. — Cela n'a pas empêché nos adversaires de nous opposer Tertullien. *L. de Resurr. carnis*, c. 3, il veut que l'on ôte aux hérétiques les sentiments païens, qu'ils prouvent les leurs par les Ecritures seules ; alors, dit-il, ils ne pourront plus se soutenir. Mais il ajoute que l'instruction divine ne consiste point dans la superficie, mais dans la moelle, et qu'elle paraît souvent contraire à l'évidence. Il le répète, *de Præscript.*, c. 9. « Il faut combattre, dit-il, par le sens des Ecritures, sous la direction d'une interprétation sûre. Aucune parole de Dieu n'est assez étendue ni assez exempte d'embarras pour en soutenir les mots, et non ce qu'ils signifient. » *L. adv. Hermogen.*, c. 22, après avoir cité ces paroles : *Au commencement Dieu a fait le ciel et la terre*, « J'adore, dit-il, la plénitude de l'Ecriture, qui me montre l'ouvrier et ce qu'il a fait. Je n'y ai vu nulle part qu'il a tout fait d'une manière préexistante. Qu'Hermogène me fasse voir que cela est écrit ; s'il ne l'est pas, qu'il craigne cette menace : *Malheur à ceux qui ajoutent ou qui retranchent.* » Il est évident que ce Père disputait contre les hérétiques dont l'un niait la création, l'autre la résurrection de la chair, et qui opposaient à ces deux dogmes les raisonnements et l'autorité des philosophes païens. Tertullien veut d'abord qu'ils renoncent à ces principes du paganisme, et qu'ils prouvent leur sentiment par l'Ecriture ; mais pour en tirer la moelle et pour en prendre le vrai sens, il veut que l'on soit dirigé par une interprétation sûre. Où la trouver, sinon dans l'Eglise ou dans la *tradition*? Il n'y a ni obscurité ni contradiction dans les principes de ce Père.

Clément d'Alexandrie, *Strom.* l. VII, c. 16, p. 891, reproche aux hérétiques les mêmes abus de l'Ecriture sainte que Tertullien. *Ibid.*, l. I, c. 1, p. 322, il atteste que les maîtres par lesquels il avait été instruit gardaient fidèlement la doctrine reçue des apôtres par *tradition*, et il la met par écrit, afin d'en conserver le souvenir. Pour savoir si une doctrine est vraie ou fausse, orthodoxe ou hérétique, il veut que l'on en juge non-seulement par l'Ecriture, mais par la *tradition* de l'Eglise. Il fait voir, l. VII, c. 17, p. 898 et 899, que l'Eglise catholique est plus ancienne que toutes les hérésies, qu'elle est une dans sa doctrine et dans sa foi, qu'elle les tire du Testament qui appartient à elle seule ; que comme la doctrine des apôtres a été une, il en est de même de la *tradition* qu'ils ont laissée. Potter et Beausobre ont tâché de travestir le sens du mot *tradition* dans ce passage et dans celui de saint Paul, *II Thess.*, c. II, v. 14 ; ils n'y ont pas réussi. — Origène, dans la préface de ses livres *des Principes*, n. 2, prescrit la même règle. « Comme il y en a plusieurs, dit-il, qui croient suivre la doctrine de Jésus-Christ, et qui sont cependant de divers sentiments ; comme d'ailleurs l'Eglise conserve la prédication qu'elle a reçue des apôtres par succession, et que cette doctrine y subsiste encore aujourd'hui, on ne doit tenir pour vérité que ce qui ne s'écarte en rien de la *tradition* ecclésiastique et apostolique. » Cette profession de foi est si claire, qu'elle rend toute autre citation inutile. — Saint Denis d'Alexandrie, disciple d'Origène, était dans le même sentiment ; il est cité par saint Athanase et par saint Basile. — Lorsqu'au IIIe siècle il y eut contestation touchant la validité du baptême donné par les hérétiques, le pape saint Etienne n'opposa aux évêques d'Afrique que ce seul mot : *N'innovons rien ; suivons la tradition*. Saint Cyprien ne niait point la solidité de ce principe, mais il croyait que la *tradition*, que le pape lui opposait, n'était ni certaine, ni ancienne, ni universelle, et qu'elle était opposée à l'Ecriture sainte ; en quoi il se trompait, *Epist.* 74 *ad Pompeium*, etc. Aussi la *tradition* prévalut-elle à tous les arguments de ce Père.

A toutes ces autorités les protestants répondent que l'on pouvait suivre en sûreté la *tradition* des trois premiers siècles, parce qu'elle était encore toute fraîche, qu'elle n'avait pas encore eu le temps de se corrompre, et que la croyance chrétienne était réduite à peu de dogmes, mais qu'il n'en a pas été de même des siècles suivants, parce que cette *tradition* s'est altérée peu à peu, et que les dogmes se sont multipliés. Ils disent, en second lieu, que les anciens parlaient de la *tradition* en fait d'usages et de pratiques, et non en fait de dogmes et de doctrine. — Rien n'est plus faux que cette réponse. 1° Il suffit de lire les passages que nous avons cités pour voir qu'il y est question de *tradition* en matière de doctrine, et non en matière d'usage. 2° Lorsque nous prouvons par la pratique du second siècle le culte rendu aux martyrs et à leurs reliques, à la hiérarchie, la présence réelle de Jésus-Christ dans l'eucharistie, etc., nos adversaires ne font pas plus de cas de cette *tradition* que de celle des siècles suivants. Ils disent même que la doctrine de Jésus-Christ a commencé à se corrompre immédiatement après la mort des apôtres. Ils placent dans ce même temps les causes des prétendues erreurs qu'ils attribuent aux Pères de l'Eglise, savoir, leur ignorance, leur défaut de critique, la confiance excessive qu'ils ont eue à la version des Septante, trop de complaisance pour les Juifs et pour les païens, afin de les attirer à la foi, trop d'attachement à la philosophie païenne, etc. 3° Il est faux que, dans ces premiers temps, la croyance chrétienne ait été réduite à peu de dogmes ; cette croyance n'a jamais augmenté ni diminué : nous prouverons ci-après que non-seulement il ne s'y est introduit aucun nouvel article, mais qu'il a été impossible d'y en introduire. 4° Nous avions déjà fait voir qu'en supposant que la *tradition* peut perdre de son poids par le laps des siècles, l'on attaque la certitude des faits fondamentaux du christianisme. Enfin la nécessité et l'autorité de la *tradition* en matière de foi est ou une vérité ou une erreur; si c'est une vérité, le protestantisme est renversé par le fondement; si c'est une erreur, elle date du second siècle, elle vient des disciples immédiats des apôtres; c'est leur exemple qui a égaré les siècles suivants.

Quant au iv° siècle, nous avons déjà vu ce que pensait Eusèbe au sujet de saint Ignace et d'Hégésippe, et l'on est frappé, en lisant son *Histoire ecclésiastique*, de l'exactitude avec laquelle il rapporte les sentiments des Pères des trois siècles précédents, et copié leurs propres termes. Dans les disputes qui survinrent entre les ariens et les catholiques, l'on opposa toujours aux premiers la *tradition*, le sentiment des docteurs qui avaient vécu depuis les apôtres. C'est l'argument qu'opposaient à Arius et à ses partisans, Alexandre, son évêque, et ceux de son patriarcat qu'il avait assemblés pour juger ces hérétiques, ils leur reprochaient de se croire plus savants que tous les docteurs de l'Eglise, qui les avaient précédés; Théodoret, *Hist. ecclés.*, l. i, c. 4, p. 17. On fit de même au concile de Nicée. Ainsi en agirent encore les évêques du concile de Rimini, soit avant, soit après avoir été séduits par les ariens. Voyez les *Fragments de saint Hilaire de Poitiers*, col. 1341 et 1345. A la vérité les ariens mêmes voulurent se couvrir du manteau de la *tradition* pour rejeter les termes de *substance* et de *consubstantiel*, en parlant du Fils de Dieu, desquels ils prétendaient que l'on ne s'était pas servi jusqu'alors. *Ibid.*, col. 1308 et 1319. Ils appelaient ainsi *tradition* le silence des siècles précédents, pendant que les catholiques entendaient par là le témoignage formel et positif des docteurs de l'Eglise : ce sophisme est encore aujourd'hui renouvelé par les protestants. — En 383, au v° concile de Constantinople, les ariens refusèrent encore d'être jugés par le sentiment des anciens Pères. Socrate, *Hist. ecclés.*, l. v, cap. 10. Saint Athanase les renvoyait continuellement à cette *tradition*, toujours respectée et toujours suivie dans l'Eglise. *Orat.* 3, *contra Arian.*, n. 18, p. 568; *Epist.* 1, *ad Serap.*, n. 28, p. 676, n. 33, p. 682; *L. de Synodis*, n. 5, p. 719; *Epist. ad Jov.*, n. 2, p. 781, etc. Saint Basile l'oppose à ces mêmes hérétiques et aux macédoniens ou pneumatomaques, *L. de Spir. sancto*, c. 7 et 9 : il leur reproche leur affectation de recourir à l'Ecriture sainte, comme si les Pères des trois siècles précédents ne l'avaient pas consultée aussi bien qu'eux; il prouve par saint Paul la nécessité de s'en tenir à la *tradition*, et il soutient que sans cette sauvegarde on renverserait bientôt toute la doctrine, *ibid.*, c. 19. — Nous pourrions citer saint Grégoire de Nazianze, saint Ambroise,

saint Jean Chrysostome, saint Jérôme et saint Augustin, quoique les trois derniers ne soient morts qu'au commencement du v° siècle ; mais les protestants font peu de cas du sentiment de ces Pères (1). Ils se plai-

(1) Le cardinal de la Luzerne a fortifié cette preuve dans sa dissertation sur les Eglises catholique et protestante. Voici comment il s'exprime : « Saint Justin rapporte le précepte de célébrer le dimanche en s'assemblant dans l'église à une tradition donnée par Jésus-Christ à ses apôtres et à ses disciples dans une de ses apparitions (*Apol.* i, cap. 67). Dira-t-on que ce saint martyr ignorait ce dont il parlait? Dira-t-on que Jésus-Christ n'avait pas en effet donné ce précepte? Dira-t-on que ce précepte fait partie de la tradition écrite? Que nos adversaires choisissent entre ces assertions absurdes celle qui leur plaira le plus. — Saint Irénée établit l'autorité de la tradition dans plusieurs endroits. « Quand nous appelons, dit-il, les hérétiques à la tradition qui vient des apôtres, et qui se conserve dans l'Eglise par les successions des évêques, ils combattent la tradition. Ceux qui dans toute l'Eglise veulent voir la vérité, n'ont qu'à considérer la tradition des apôtres manifestée dans le monde entier. En montrant la tradition que l'Eglise a reçue des apôtres et la foi annoncée aux hommes, laquelle parvient jusqu'à nous par les successions des évêques, nous confondons tous ceux qui, de quelque manière que ce soit, moissonnent où ils ne doivent pas.... par l'ordination divine et par la succession, la tradition et la prédication de la vérité qui, dans l'Eglise, vient des apôtres, arrive jusqu'à nous ; et c'est la marque certaine que la même et unique foi vivificatrice se conserve dans l'Eglise depuis les apôtres jusqu'à présent, transmise avec vérité. » (*Contra Hæres.*, lib. iii, cap. 2). Deux choses sont ici certaines : la première, que saint Irénée combat les hérétiques par la tradition, et qu'il la donne comme une règle de foi ; la seconde, que la tradition dont il parle est la tradition non écrite, et non pas l'Ecriture sainte. C'est la tradition qui découle des apôtres, par les successions des évêques, c'est-à-dire celle qui s'est transmise de bouche en bouche, et qui s'est ainsi conservée dans les différents sièges. Si ce Père avait en vue l'Ecriture sainte, il s'exprimerait autrement, il l'indiquerait clairement. — « J'établis, dit Tertullien, cette prescription, qu'on ne doit pas prouver ce que les apôtres ont prêché, c'est-à-dire ce que Jésus-Christ leur a révélé, autrement que par les églises que les apôtres ont fondées, en leur prêchant, soit de vive voix, soit ensuite par leurs épîtres. Cela étant, il est certain que toute doctrine qui s'accorde avec ses églises-mères et originaires de la foi doit être regardée comme la vérité.... Ce qui est trouvé le même partout n'est pas une erreur, c'est une tradition. » (*De Præscript.*, cap. 21). Que Tertullien entende ici la tradition écrite, on ne peut pas le contester. D'abord il en fait une mention expresse, en parlant de la prédication faite de vive voix par les apôtres; ensuite, s'il voulait parler de l'Ecriture sainte, pourquoi ne la nommerait-il pas expressément? — Saint Clément d'Alexandrie, après avoir parlé de différents saints personnages qu'il avait vus, qui étaient dans une haute estime et considération, spécialement d'un qu'il avait recherché en Egypte, qu'il dit être une véritable abeille de Sicile, recueillant le suc des fleurs de la prairie prophétique et apostolique, ajoute : Ces hommes conservaient la vraie tradition de la bienheureuse doctrine donnée par Pierre, Jean, Paul et les saints apôtres, de même qu'un fils la recevrait de son père. Elles sont parvenues jusqu'à nous par la volonté de Dieu, les semences apostoliques données par leurs ancêtres, et dont ils ont

gnent de ce que depuis cette époque les commentateurs de l'Ecriture sainte n'ont fait autre chose que compiler les explications été les dépositaires. » (*Stromat.*, lib. I, cap. 1.) Il ne peut pas y avoir de doute que le saint docteur ne parle de la tradition non écrite, outre que tout le contexte l'annonce, outre que c'est une tradition reçue comme du père au fils; saint Clément dit qu'elle vient des apôtres, dont plusieurs n'ont pas laissé d'écrits parmi les livres canoniques. — « Nous démontrons, dit saint Athanase aux ariens, que notre doctrine a été transmise de pères en pères, comme par la main. Mais vous, nouveaux juifs, disciples de Caïphe, quels pères, quels ancêtres montrez-vous de votre enseignement? Vous ne pouvez en citer aucun auteur parmi les hommes doctes et prudents. » (*De Decret. Nic. synodic.*, n. 27.) — Ecoutons saint Basile, établissant l'autorité de la tradition positivement qu'il soit possible. « Ce qui a été dit par nos ancêtres est ce que nous disons.... Entre les dogmes et les institutions que l'on prêche dans l'Eglise, nous en avons quelques-uns qui sont de la doctrine produite par écrit; nous en recevons quelques autres de la tradition des apôtres, transmise avec plus de secret. Les uns et les autres ont une égale force pour établir la piété, et ils ne sont contredits par aucun de ceux qui savent le moins du monde quelles sont les lois de l'Eglise. Car si nous entreprenons de rejeter, comme étant de peu de poids, les coutumes qui ne sont pas écrites, nous portons un grand préjudice à l'Evangile même, ou plutôt nous réduisons à un pur nom la prédication de la foi...... Un jour ne suffirait pas pour rapporter tous les dogmes transmis autrement que par écrit. Que ceux qui veulent rejeter notre manière de glorifier le Seigneur, comme n'étant pas prescrite par écrit, nous montrent et la profession de foi, et les autres choses que nous admettons, prouvées par les Ecritures... Contre ce qu'on allègue, que la glorification par le Saint-Esprit manque de témoignage, et n'existe pas dans les Ecritures, nous répondons : S'il n'est rien reçu que ce qui est dans les Ecritures, nous consentons que cela même ne le soit pas. Si au contraire un grand nombre de choses sont reçues sans être comprises dans les Ecritures, nous recevons celle-là avec beaucoup d'autres. Mais je suis persuadé qu'il est dans la doctrine apostolique de nous attacher même aux traditions non écrites. Saint Paul dit : *Je vous loue de vous être souvenus des traditions que je vous ai apportées;* et ailleurs : *Conservez les traditions que vous avez reçues, soit par mes discours, soit par mon épître.* De ce nombre est celle que nous traitons ici, que ceux qui ont prêché dans le commencement ont transmise à leurs successeurs, et que par le laps de temps un long usage a enracinée dans les églises. » (*De Spir. sancto*, c. 7.) Il peut paraître étonnant d'entendre saint Basile dire qu'en rejetant la tradition non écrite on porte préjudice à l'Evangile même. Mais il faut faire attention que la tradition est d'abord l'interprète le plus fidèle de l'Evangile, et ensuite le seul garant de son authenticité; qu'ainsi la rejeter, c'est se priver du moyen le plus sûr d'en connaître le vrai sens, et du seul moyen d'être assuré qu'il est véritablement des auteurs sacrés dont il porte le nom. — Saint Epiphane dit : « La tradition est aussi nécessaire, car on ne peut pas tout chercher dans les Ecritures. C'est pour cela que les saints apôtres nous ont laissé des choses par écrit, et d'autres par tradition. Saint Paul l'assure en ces termes : *Comme je vous l'ai transmis,* et ailleurs : *Ainsi je l'enseigne, ainsi je l'ai transmis dans l'Eglise...* Je dis que l'Eglise doit nécessairement observer le rite qu'elle a reçu, transmis par ses ancêtres. Quelqu'un peut-il enfreindre la sanction maternelle, ou la loi paternelle, selon ce que dit Salomon : *Ecoutez, mon fils, les discours de votre père, et ne rejetez pas la loi de votre mère.* » (*Hæres.* 61, c. 6.) Ce serait obscurcir des textes aussi clairs que ceux de saint Epiphane, que d'entreprendre de les commenter. — Saint Jérôme n'est pas moins formel et moins clair, et cela dans plusieurs endroits. Répondant à des questions qui lui avaient été faites, il donne cet avis général que les traditions ecclésiastiques, et surtout celles qui ne portent aucun préjudice à la foi, doivent être observées de la manière qu'elles ont été transmises par les ancêtres, et que la coutume d'un pays n'est pas infirmée par l'usage contraire des autres pays. Dans une autre épître il dit que c'est d'après la tradition des apôtres que nous jeûnons pendant le carême et dans le cours de l'année aux jours convenables. Il répond aux lucifériens que, quand même il n'aurait pas l'autorité de la sainte Ecriture, le consentement de l'univers entier aurait la force du précepte; car beaucoup d'autres choses, qui sont observées par la tradition dans les églises, ont acquis l'autorité de la loi écrite (*Epist.* 78, *ad Lucinium*). — Saint Jean Chrysostome s'exprime sur notre objet aussi fortement que les précédents. « Ce n'est pas seulement par ses lettres, c'est aussi par ses paroles que saint Paul déclare à son disciple (Timothée) ce qu'il doit faire. Il le montre en plusieurs endroits, disant : *Soit par notre parole, soit par l'épître que nous vous avons envoyée.* Pour que nous n'imaginions pas que nous avons une doctrine moins étendue, il a transmis à ce disciple beaucoup de choses sans les écrire, et il les rappelle à son souvenir, en lui disant : *Conservez la forme des saintes paroles que vous avez entendues de moi.* » Expliquant dans une autre homélie le titre de l'Epître aux Thessaloniciens, que j'ai cité, il s'exprime ainsi : « *C'est pourquoi, mes frères, soyez fermes, et conservez les traditions que vous avez apprises, soit par mes discours, soit par mon Epître.* Il est clair par là que les apôtres n'ont pas tout enseigné dans leurs Epîtres, mais qu'ils ont transmis beaucoup de choses sans écritures; et celles-là doivent avoir aussi notre croyance. En conséquence, nous devons regarder aussi la tradition de l'Eglise comme digne de foi. C'est la tradition; ne cherchez rien de plus. » (*Homil.* 3, *in Epist. ad Tim.*) — Ce serait un très-long ouvrage de rapporter tout ce qu'on lit dans les ouvrages de saint Augustin, sur l'autorité de la tradition non écrite. Bornons-nous à quelques passages, où sa doctrine est bien nettement exprimée. Il oppose au pélagien Julien l'autorité des Pères qui l'ont précédé, et il la fonde sur le même motif que nous. « Ce qu'ils ont trouvé dans l'Eglise, ils l'ont conservé; ce qu'ils ont appris, ils l'ont enseigné; ce qu'ils ont reçu des Pères, ils l'ont transmis aux enfants. » Parlant dans le même ouvrage du péché originel : « Quoiqu'on ne puisse, dit-il, découvrir ce dogme par aucune raison, quoiqu'on ne puisse l'expliquer par aucun discours, il est cependant prêché de toute antiquité comme la foi catholique, et cru par toute l'Eglise, est une vérité. » Traitant de l'unité du baptême : « Nous faisons ainsi, dit-il, nous l'avons reçu de nos pères, nous le conservons dans l'Eglise catholique répandue par toute la terre, contre les nuages de la subtilité..... Ne nous objectez pas l'autorité de Cyprien sur la réitération du baptême, mais suivez avec nous l'exemple de Cyprien pour la conservation de l'unité. Cette question sur le baptême n'était pas encore suffisamment approfondie, mais cependant l'Eglise observait la salutaire coutume de corriger dans les hérétiques et les schismatiques ce qui est mauvais, de ne point réitérer ce qui a été donné, de guérir ce qui a besoin de l'être, de ne pas traiter ce qui est sain. Je regarde cette coutume comme venant de la tradition

IV° que se sont faites les prétendues innovations dont ils se plaignent. Voyons si cela est possible.

Huitième preuve. Les Pères ont constamment soutenu qu'il n'était permis à personne de s'écarter de la *trad.tion* ou de l'enseignement public et constant de l'Eglise, donc ils ne l'ont pas fait et n'ont pas pu le faire sans des apôtres, ainsi que beaucoup d'autres choses qu'on ne trouve ni dans leurs épîtres, ni dans les conciles postérieurs; et cependant, comme elles sont observées dans toute l'Eglise, on tient qu'elles ont été transmises et recommandées par les apôtres. » Sur le baptême des enfants, il s'exprime ainsi : « La coutume de l'Eglise, notre mère, relativement au baptême des petits enfants, ne doit être ni méprisée ni aucunement regardée comme superflue, et on ne serait pas obligé d'y croire, si n'était pas une tradition apostolique. Si nous pouvions, dit-il, dans un autre ouvrage, consulter facilement le docte Jérôme, combien il nous citerait d'écrivains de l'une et de l'autre langue, qui ont ou interprété les Ecritures, ou discuté les vérités du christianisme, qui, depuis l'origine de l'Eglise, n'ont eu d'autre doctrine que celle qu'ils avaient reçue de leurs pères, et qu'ils ont enseignée à leurs descendants ! Nous autres, établit-il ailleurs, professons la foi catholique, qui vient de l'enseignement des apôtres, plantée parmi nous, reçue par une suite de successions, et que nous devons transmettre pure à la postérité. » Il développe dans plusieurs endroits les principes sur l'origine des traditions non écrites, sur l'obligation d'observer comme venant des apôtres celles qui sont universelles, sur la convenance de pratiquer les usages qui se pratiquent dans le pays où on se trouve. Je n'en citerai qu'un seul passage relatif à notre objet : Ces choses que nous observons, qui sont, non pas écrites, mais transmises, et qui sont pratiquées dans toute la terre, nous devons comprendre qu'elles ont été instituées, ou par les apôtres eux-mêmes, ou par les conciles, dont l'autorité salutaire s'étend sur toute l'Eglise. » (*Contra Jul.*, l. II, c. 34.) — Saint Cyrille d'Alexandrie veut que, pour réformer ses erreurs et pour revenir à la vraie foi, on étudie avec soin les écrits des saints Pères, qui sont universellement loués pour l'exactitude et la certitude du dogme. Tous ceux qui ont le cœur pur s'efforcent de se conformer à leurs opinions. La raison qu'en donne ce Père, est que ces grands docteurs s'étant pénétrés de l'esprit de la tradition apostolique et évangélique, et ayant traité d'après les saintes Ecritures les paroles de la foi avec vérité et sans reproche, sont devenus les lumières du monde, renfermant dans eux, ainsi qu'il est écrit, la parole de vie (*Adv. Orient.*, sive *liber apologeticus*, anathema 8). Nous voyons ici d'abord l'autorité des saints Pères établie, ensuite la distinction faite entre la tradition évangélique et apostolique, enfin l'usage de la tradition pour l'intelligence de l'Ecriture. — Vincent de Lérins établit de la manière la plus formelle la nécessité de joindre l'autorité de la tradition à celle de l'Ecriture, pour connaître la vraie foi. « Souvent, avec un grand soin et avec une grande attention, je me suis informé auprès de beaucoup de personnages distingués par leur sainteté et leur science, comment et par quelle règle certaine et générale je puis discerner la vérité de la foi catholique de la fausseté de la criminelle hérésie. J'ai reçu constamment de presque tous cette réponse : Quiconque, soit moi, soit tout autre, veut découvrir les fraudes des hérétiques, éviter leurs pièges et demeurer pur et entier dans la foi, doit, avec l'aide de Dieu, munir sa foi de deux manières : d'abord par l'autorité de la foi divine, ensuite par la tradition de l'Eglise catholique. Quelqu'un demandera peut-être : Si le canon des Ecritures est parfait, s'il se suffit surabondamment, qu'est-il besoin d'y joindre l'autorité de l'intelligence ecclésiastique? C'est parce que, à raison même de sa hauteur, l'Ecriture n'est pas entendue par tous dans le même sens; mais ses expressions sont interprétées diversement par les uns et par les autres; en sorte qu'autant il y a d'hommes, autant on peut en inférer d'opinions différentes. Novatien, Photin, Sabellius, etc., l'entendent tous de diverses manières. Et par cette raison, à cause des détours si multipliés et si variés de l'erreur, il est nécessaire que l'interprétation de la doctrine prophétique et apostolique soit dirigée selon le sens ecclésiastique et catholique. Dans l'Eglise catholique, il faut avoir le plus grand soin tenir ce qui partout, ce qui toujours, ce qui par tous a été cru... C'est ce qui arrivera, si nous suivons l'universalité, l'antiquité, le consentement... Nous suivrons l'antiquité, si nous ne nous écartons nullement des sentiments qu'il est manifeste que les Pères ont publiés. Nous suivrons le consentement, si dans l'antiquité nous nous attachons aux sentiments et aux définitions de tous ou de presque tous les évêques et les maîtres. » (*Comm.*, c. 1, 2, 3.) — Au conciliabule appelé vulgairement le brigandage d'Ephèse, Dioscore, chef de l'hérésie eutychienne, invoqua en faveur de sa cause l'autorité des saints Pères. Tout le concile, et les évêques catholiques comme les autres, reconnurent cette autorité, dirent anathème à qui voudrait innover, et déclarèrent qu'ils conservaient la foi des saints Pères. (*Inter Acta conc. Chalced.*, act. 1, *Collect. Harduini*, t. VIII.) Ainsi c'était un principe reconnu universellement, et par les hérétiques, et par les catholiques, que la tradition est une règle de foi. — Saint Léon reconnaît et établit disertement l'autorité des saints Pères, que les hérétiques seuls contredisent. « Pour que votre piété sache que nous sommes d'accord avec les instructions des vénérables Pères, j'ai cru devoir ajouter à ce discours quelques-unes de leurs maximes. Si vous daignez y faire attention, vous verrez que nous ne professons que ce que nos Pères ont enseigné à tout l'univers, et que personne ne diffère d'eux, sinon les impies hérétiques. Votre sollicitude doit exhorter au progrès de la foi le peuple, le clergé et toute la fraternité, de manière à montrer que vous n'enseignez rien de nouveau, mais à faire pénétrer dans tous les cœurs ce que les Pères de vénérable mémoire ont enseigné par une prédication unanime, et auxquels votre épître est conforme en tout point. Vous devez, et par vos propres discours, et par la récitation et l'exposition des écrits antérieurs, faire connaître au peuple que, dans la doctrine actuelle, on lui prêche ce que les saints Pères avaient reçu de leurs prédécesseurs, et ont transmis à leurs successeurs. Après avoir lu d'abord les enseignements de ces anciens évêques, lisez-leur ensuite mes écrits, afin de leur prouver que nous n'enseignons pas autre chose que ce que nous avons reçu de nos auteurs : qu'en toutes choses donc, et dans la règle de la foi, et dans l'observation de la discipline, le langage de l'antiquité soit conservé. » (*Epist.* 103, *ad Proterium*, Alex. episc., c. 2 et 3.) — Les successeurs des divins apôtres, dit Théodoret, furent des hommes dont quelques-uns ont entendu leurs voix sacrées, et ont eu le bonheur de vivre dans leur admirable société. Beaucoup d'entre eux aussi ont été décorés de la couronne du martyre. Vous est-il donc permis d'agiter contre eux une langue blasphématoire. » (*Dial.* 1, *Immutabilis*.) Quel mal y aurait-il donc, quel blasphème, de combattre la doctrine des successeurs des apôtres, si ce n'était pas celle des apôtres qu'ils avaient reçue et transmise?

« Voilà une longue suite de saints docteurs des premiers et des plus beaux siècles du christianisme et des temps où nos adversaires reconnaissent que la foi de l'Eglise était pure, qui établissent d'une ma-

exciter contre eux l'indignation des fidèles, et surtout de leurs collègues. A entendre nos adversaires, il semble que les Pères de l'Eglise aient été des docteurs isolés et sans conséquence, qui pouvaient imaginer, écrire, enseigner impunément tout ce qui leur plaisait, ou des fourbes qui contredisaient dans leurs livres ce qu'ils prêchaient en public. C'est pousser trop loin la prévention et la malignité. 1° C'étaient presque tous des pasteurs qui instruisaient un troupeau nombreux ; les premiers parlaient à des assemblées de fidèles qui avaient été enseignés par les apôtres mêmes ; leurs successeurs étaient environnés d'un clergé et d'hommes avancés en âge qui avaient appris dès l'enfance la doctrine chrétienne, et dont plusieurs lisaient sans doute l'Ecriture sainte. Croirons-nous que si leur évêque leur avait proposé une doctrine nouvelle, contraire à celle des apôtres, aucun d'eux n'aurait réclamé? Nous verrons bientôt des preuves du contraire. 2° Plusieurs de ces Pères attaquaient des hérétiques et leur opposaient la *tradition*; ceux-ci ne l'auraient-ils pas invoquée à leur tour, si elle avait été pour eux. Ils ne l'ont pas fait ; par les écrits des Pères nous voyons comment ces entêtés se défendaient ; les uns faisaient profession de regarder les apôtres comme des ignorants, les autres prétendaient que les Pères entendaient mal la doctrine des apôtres ; la plupart alléguaient l'Ecriture sainte, la falsifiaient et produisaient des livres apocryphes ; presque tous fondaient leurs erreurs sur des raisonnements philosophiques. Au milieu de ces ennemis il n'était pas aisé d'introduire de nouveaux dogmes jusqu'alors inconnus. 3° L'on sait ce qui est arrivé lorsqu'un évêque a eu cette témérité, quels qu'aient été ses talents, son crédit, son rang dans l'Eglise, il a été censuré et dépossédé. S'il y eut jamais des hommes capables de changer la croyance commune, ce sont Paul de Samosate, Théodore de Mopsueste, évêque d'Antioche, et Nestorius, patriarche de Constantinople. On ne peut contester ni leur capacité, ni leur réputation, ni l'autorité qu'ils s'étaient acquise ; dès qu'ils voulurent dogmatiser, ils furent condamnés sans ménagement. Paul fut accusé par son troupeau, Nestorius par son clergé ; Théodore déguisa ses sentiments, sans quoi il aurait eu le même sort. Si tous les trois avaient fidèlement suivi la *tradition*, ils seraient au rang des Pères de l'Eglise. Comment ceux-ci, toujours surveillés par les fidèles, par leurs collègues et par les hérétiques, ont-ils pu altérer l'ancienne croyance?

Ils l'ont fait, disent les protestants ; donc ils l'ont pu, n'importe comment. Au IV° siècle nous trouvons des dogmes universellement crus, desquels il n'avait pas été question pendant les trois précédents, desquels

nière claire et tranchante l'autorité sacrée de la tradition. S'ils avaient prévu l'erreur des protestants sur ce sujet, qu'auraient-ils pu dire de plus énergique pour la combattre? — La Luzerne, *Dissertation sur les Eglises catholique et protestante*.

même on avait enseigné le contraire ; contre ce *fait positif* et prouvé il est absurde d'alléguer de prétendues impossibilités. Lorsque nous demandons aux protestants quels sont ces dogmes, ils en citent quelques-uns au hasard, sans s'accorder jamais sur l'époque de leur naissance. Comme en parlant de chacun de ces dogmes prétendus nouveaux, nous en avons prouvé l'antiquité, nous nous bornons ici à des réflexions générales. 1° C'est un abus des termes de nommer *fait positif, preuve positive*, le prétendu silence des trois premiers siècles ; ce n'est qu'une preuve négative qui ne conclut rien. Il nous reste très-peu de monuments de ces temps-là, nous n'avons pas la dixième partie des ouvrages faits par les auteurs chrétiens pendant toute la durée des persécutions ; l'on peut s'en convaincre par les catalogues des écrivains ecclésiastiques et de leurs ouvrages. De quel front peut-on soutenir que dans cette multitude de livres perdus il n'a jamais été fait mention des dogmes et des usages crus et pratiqués au IV° siècle ? Une *preuve positive* qu'il y en ait été parlé, c'est que les Pères de ce siècle, qui avaient ces écrits entre les mains, ont protesté qu'il ne leur était pas permis de s'écarter de ce qui avait été enseigné dans les trois siècles précédents. Contre ce témoignage universel et uniforme, quelle force peut avoir une preuve purement négative ? — 2° Au IV° siècle il y avait des églises établies non-seulement dans toutes les provinces de l'empire romain, mais hors des limites de cet empire, en Afrique loin des côtes, dans l'intérieur de l'Arabie, dans la Mésopotamie et dans la Perse, chez les Ibères et chez les Scythes de la petite Tartarie, chez les Goths et les Sarmates. Cela est prouvé par le témoignage des écrivains de ce siècle, et par les évêques de presque toutes ces contrées qui se trouvèrent au concile de Nicée l'an 325. Or, ces Eglises avaient été fondées pendant les deux siècles précédents, et quelques-unes par les apôtres mêmes. A-t-il pu y avoir de la collusion entre les évêques dont les sièges étaient si éloignés les uns des autres, dont les mœurs et le langage étaient si différents ? Quel intérêt commun a pu les engager à recevoir des dogmes opposés à ceux qui leur avaient été enseignés par leurs fondateurs ? On nous dira sans doute que cela s'est fait insensiblement et sans que l'on s'en soit aperçu. Mais outre l'absurdité de ce sommeil général qui aurait régné d'un bout de l'univers à l'autre, un changement positif arrivé dans la doctrine, prêché publiquement, a dû être sensible, étonner les esprits, réveiller l'attention. Où a-t-il commencé ? où en sont les témoins ? Le *fait positif* et certain est que toute innovation a fait du bruit, a excité des réclamations et des censures ; donc le fait contraire avancé par les protestants est un rêve et une absurdité. — 3° De tous les siècles, il n'en est aucun pendant lequel il ait pu le moins arriver un changement dans la croyance qu'au v°. Dès que la paix eut été donnée à l'Eglise en 313, la communication devint plus libre et plus fréquente entre les différentes sociétés chrétiennes dispersées; c'est alors qu'il fut plus aisé de savoir ce qui était enseigné dans ces diverses Eglises; c'est donc alors que la *tradition* universelle parut avec le plus d'éclat. Jamais aussi la foi chrétienne n'eut un plus grand nombre d'ennemis qu'à cette époque; il y avait des marcionites, des manichéens, des novatiens, des donatistes, des ariens de trois espèces, des montanistes, etc., qui ne pardonnaient rien aux catholiques en fait de dogme, de culte ni discipline : était-ce là le moment d'introduire impunément quelque chose de nouveau? Il est d'ailleurs ridicule de croire qu'un dogme n'a commencé que quand il s'est trouvé des hérétiques pour le combattre. Mais il y a un fait singulier; jamais l'on n'a travaillé avec plus de zèle que dans le IIIᵉ et le IVᵉ siècle, à traduire les livres saints, à les mettre à la portée des fidèles, à les expliquer, et jamais le nombre des erreurs n'a été plus grand; grâce aux protestants, ce phénomène s'est renouvelé au XVIᵉ siècle. — 4° Quand un siècle commence, il n'efface pas le souvenir du précédent; le IVᵉ était composé d'abord d'une grande partie de la génération née dans le cours du IIIᵉ. Il y avait parmi les évêques, comme parmi les fidèles, des vieillards qui en avaient vu écouler plus de la moitié, qui avaient assisté à plusieurs conciles, qui ne pouvaient ignorer ce qui avait été enseigné jusqu'alors. Plusieurs avaient été confesseurs de Jésus-Christ pendant la persécution de Dioclétien; ont-ils souffert que l'on changeât la doctrine pour laquelle ils s'étaient exposés au martyre? Les évêques du IVᵉ étaient leurs disciples, et l'on juge aisément combien ceux-ci devaient être attachés aux leçons de maîtres aussi vénérables. C'était donc, à proprement parler, le IIIᵉ siècle qui parlait, enseignait et écrivait au IVᵉ, et ainsi de suite. Il y a de la démence à mettre une ligne de séparation entre la *tradition* de ces deux siècles. L'enseignement de l'Eglise est un fleuve majestueux qui a coulé et qui coule sans interruption depuis les apôtres jusqu'à nous; il a passé d'un siècle à l'autre sans laisser troubler ses eaux; et si quelques insensés ont entrepris d'y mettre obstacle, ou il les a entraînés dans son cours, ou il s'est détourné pour aller couler ailleurs.

Neuvième preuve. Nos adversaires auraient voulu persuader que le respect pour la *tradition* est un préjugé propre et particulier à l'Eglise romaine; que les sectes de chrétiens orientaux, les Grecs schismatiques, les cophtes et les Syriens jacobites ou eutychiens, et les nestoriens ne reconnaissent point d'autre règle de foi que l'Ecriture sainte; c'est une fausseté. On a fait voir que toutes ces sectes admettent les décrets des trois premiers conciles œcuméniques, et font profession de suivre la doctrine des Pères grecs des quatre premiers siècles; qu'ils en ont traduit plusieurs ouvrages dans leurs langues. Les nestoriens rejettent le concile d'Ephèse, parce qu'il les a condamnés, et sous le prétexte que ce concile a établi un nouveau dogme, au lieu que Nestorius soutenait l'ancienne doctrine, ils ont le plus grand respect pour les livres de Théodore de Mopsueste, de Diodore de Tarse et de Théodoret; ils regardent ces trois personnages comme les plus saints Pères de l'Eglise. Les jacobites au contraire reçoivent le concile d'Ephèse et rejettent le concile de Chalcédoine; il prétendent que celui-ci a contredit la doctrine du précédent; ils sont très-attachés aux écrits de saint Cyrille d'Alexandrie. Le principal grief des Grecs schismatiques contre l'Eglise latine est qu'elle a ajouté au concile de Constantinople le mot *Filioque*, sans y être autorisée par un autre concile général. Toutes ces sectes orientales ont des recueils de canons des premiers conciles touchant la discipline, et les suivent; leur croyance et leur conduite ne ressemblent en rien à celles des protestants, *Perpétuité de la foi*, t. V, l. VII, c. 1 et 2.

Dixième preuve. L'exemple de ces derniers pourrait suffire pour démontrer que la doctrine ne peut se perpétuer dans une société quelconque, sans le secours de la *tradition*. 1° Les luthériens disaient dans la Confession d'Augsbourg, art. 21 : « Nous ne méprisons point le consentement de l'Eglise catholique; nous n'avons point dessein d'introduire dans cette sainte Eglise aucun dogme nouveau et inconnu, ni de soutenir les opinions impies et séditieuses que l'Eglise catholique a condamnées. » On sait qu'ils n'ont pas persévéré longtemps dans ce langage. 2° Quoique les anglicans, dans leur confession de foi, c. 20 et 21, rejettent formellement la *tradition* ou l'autorité de l'Eglise, et déclarent qu'elle ne peut rien décider que ce qui est enseigné dans l'Ecriture sainte; néanmoins dans le plan de leur religion dressé en 1719, 1ʳᵉ part., c. 1, ils font profession de recevoir comme authentiques, ou comme faisant autorité, les quatre premiers conciles et les sentiments des Pères des cinq premiers siècles. La raison de cette contradiction est aisée à découvrir. En 1562, lorsque leur confession de foi fut dressée, le socinianisme n'était pas encore prêché en Angleterre; mais en 1719, et même dans le siècle précédent, il y avait fait beaucoup de progrès. Les théologiens anglicans, dans leurs disputes avec ces sectaires, avaient éprouvé qu'il était impossible de les convaincre par l'Ecriture sainte; ils sentirent donc la nécessité de recourir à la *tradition*, pour prendre le vrai sens de l'Ecriture, aussi ont-ils fait grand usage de l'autorité des Pères pour expliquer les passages dont les sociniens abusaient. Nous leur demandons pourquoi les conciles et les Pères postérieurs au Vᵉ siècle n'ont plus la même autorité que les précédents, et pourquoi ils n'admettent pas tous les dogmes et tous les usages qui sont prouvés par la *tradition* des cinq premiers siècles? Aussi les luthériens et les calvinistes reprochent-ils aux anglicans cette inconséquence ; ils disent que la religion de ces derniers n'est qu'un demi-papisme. 3° Mais eux-mêmes n'ont pas pu éviter cet embarras ; toutes les fois qu'ils se sont trouvés aux prises avec les sociniens, ils ont vu qu'ils ne gagnaient rien en citant l'Ecriture sainte à des adversaires auxquels ils avaient appris l'art de se jouer de tous les passages. Lorsqu'ils ont voulu alléguer le sens que les Pères y ont donné en disputant contre les ariens, les sociniens leur ont demandé si, après avoir rejeté la *tradition*, ils la reprenaient pour règle de leur foi. Socin lui-même convenait que, s'il fallait la consulter, les catholiques avaient gain de cause, *Epist. ad Radecium*; il est donc prouvé que, sans cette sauve-garde, les hérétiques renverseraient bientôt les articles les plus essentiels du christianisme. « Nous reconnaissons, dit Basnage, que Dieu ne nous a point donné de moyen infaillible pour terminer les controverses qui naissent... *Il faut*, selon saint Paul, *qu'il y ait des hérésies*, et, par la même raison, il faut que ces hérésies subsistent, » *Hist. de l'Eglise*, liv. XXVII, chap. 2, § 17, p. 1577. 4° Pour terminer les disputes qui s'étaient élevées en Hollande entre les arminiens et les gomaristes, les calvinistes convoquèrent à Dordrecht, en 1618, un synode de toutes les églises réformées, afin de décider, à la pluralité des voix, quelle était la doctrine qu'il fallait suivre, et quel sens il fallait donner aux passages de l'Ecriture sainte que chacun des deux partis alléguait en sa faveur ; ils ont donc rendu hommage à la nécessité de la *tradition* pour bien entendre l'Ecriture sainte. 5° Ainsi, après avoir méprisé hautement la *tradition* de l'Eglise universelle, les protestants se sont mis sous le joug de la *tradition* particulière de leur secte ; à proprement parler, elle est leur seul guide. En effet, avant de lire l'Ecriture sainte, un protestant, soit luthérien, soit anglican, soit calviniste, a déjà sa croyance toute formée par le catéchisme qu'il a reçu dès l'enfance, par les instructions de ses parents et des ministres, par les discours dont il a eu les oreilles frappées. Lorsqu'il ouvre l'Ecriture sainte pour la première fois, il ne peut manquer de trouver dans chaque passage le sens que l'on y donne communément dans sa secte ; les opinions dont il est imbu d'avance lui tiennent lieu de l'inspiration du Saint-Esprit. S'il lui arrivait de l'entendre autrement et de soutenir son interprétation particulière, il serait excommunié, proscrit, traité comme hérétique. Telle a été la conduite de tous les sectaires depuis les premiers siècles. « Ceux qui nous conseillent les recherches, dit Tertullien, veulent nous attirer chez eux... Dès qu'ils nous tiennent, ils érigent en dogmes et prescrivent avec hauteur ce qu'ils avaient feint d'abord de soumettre à notre examen. » *de Præscript.*, cap. 8 et seq. On dirait qu'il a voulu peindre les prédicants de la réforme treize cents ans avant leur naissance. Une autre preuve de la croyance purement traditionnelle des protestants, c'est qu'ils répètent encore aujourd'hui les arguments, les impostures, les calomnies des prétendus réformateurs, quoiqu'on les ait réfutés cent fois, et ils y croient comme à la parole de Dieu.

Onzième preuve. Ils conviennent comme nous qu'un ignorant est obligé de faire des actes de foi, qu'un enfant y est tenu dès qu'il est parvenu à l'âge de raison ; les sociniens ne donnent point le baptême avant cet âge, parce qu'ils soutiennent que la foi actuelle est une disposition nécessaire à ce sacrement. Or, nous ne concevons pas comment l'un ou l'autre peut fonder sa foi sur l'Ecriture sainte. Qu'il la lise ou qu'il l'entende lire, il n'entend toujours qu'une version ; ce n'est point la langue des auteurs sacrés : comment sait-il que cette version est fidèle ? Il n'en a point d'autre preuve que le témoignage des théologiens de sa secte ; c'est toujours la *tradition*, mais qui n'est pas celle de l'Eglise universelle, et qui même y est contraire. C'est néanmoins le cas dans lequel se sont trouvés les trois quarts et demi de ceux qui ont embrassé le protestantisme dans les commencements ; c'était une troupe d'ignorants conduits à l'aveugle par les prédicants de la réforme. Bossuet, dans sa conférence avec le ministre Claude, a fait voir qu'un protestant ne s'entend pas lui-même, lorsqu'il dit en récitant le symbole : *Je crois la sainte Eglise catholique*. Si par là il entend la secte particulière dans laquelle il est né, c'est une erreur, et il y croit sans aucun motif raisonnable. S'il entend, comme la plupart, l'assemblage de tous ceux qui croient en Dieu et en Jésus-Christ, il se contredit en ajoutant : *Je crois la communion des saints*, puisque encore une fois il ne peut y avoir de communion entre ceux qui n'ont pas la même croyance. Au mot Foi, en faisant l'analyse de la foi d'un catholique ignorant ou enfant, nous avons fait voir qu'il a un motif très-solide de croire à l'Eglise catholique.

Douzième preuve. La chaîne des erreurs qu'a fait naître la méthode des protestants démontre qu'elle est fausse ; non-seulement elle a donné lieu à cette multitude de sectes qui les divisent, mais elle conduit directement au déisme et à l'incrédulité. En effet, pour décréditer la *tradition*, les protestants ont noirci, tant qu'ils ont pu, les Pères de l'Eglise ; ils ont attaqué leur capacité, leur doctrine, leur morale, leurs actions, leurs intentions, leur bonne foi. Cependant les plus anciens des Pères étaient les disciples immédiats des apôtres ; il est difficile d'avoir une haute opinion de maîtres qui ont formé de pareils élèves et qui les ont choisis pour successeurs. Aussi plusieurs protestants ont parlé des uns à peu près comme des autres. Si les apôtres eux-mêmes, disent-ils, ont été sujets à des erreurs et à des faiblesses, faut-il s'étonner que leurs disciples les plus zélés en aient été susceptibles ? Barbeyrac, *Traité de la morale des Pères*, c. 8, § 39 ; Chillingworth, *la Religion protestante, voie assurée du salut*, etc. Est-il croyable d'ailleurs que Jésus-Christ ait veillé sur son Eglise, en permettant qu'elle tombât entre les mains de pasteurs si capables de l'égarer? On conçoit tout l'avantage que ces accusations téméraires ont donné aux déistes; ils n'ont pas manqué de tourner contre les apôtres les mêmes objections que les protestants ont faites contre la personne et contre les écrits des Pères; bientôt ils ont osé les lancer contre Jésus-Christ lui-même. Quand on demandait : est-il possible que des hommes tels que Luther, Calvin et les autres, emportés par les passions les plus fougueuses, qui ont donné dans des erreurs dont leurs sectateurs rougissent aujourd'hui, aient été suscités de Dieu pour réformer l'Eglise? Ceux-ci, plutôt que de demeurer muets, ont répondu que les fondateurs mêmes et les propagateurs du christianisme ont été sujets à des erreurs et à des faiblesses.

Lorsque nous soutenons qu'un fidèle doit user de sa raison pour connaître quelle est la véritable Eglise, et pour peser les preuves de son infaillibilité, mais que dès qu'il la connaît, il doit déférer à cette autorité, ils disent que cette conduite est absurde, que nous attribuons à l'Eglise le droit d'enseigner toutes sortes d'erreurs, sans qu'il nous soit permis d'examiner si nous devons les admettre ou les rejeter; qu'il n'est pas plus difficile à la raison de juger quelle est la véritable doctrine, que de discerner quelle est la véritable Eglise. Nouveau sujet de triomphe pour les déistes : Selon vous, ont-ils dit, nous ne pouvons juger de la mission de Jésus-Christ, de celle des apôtres, de l'inspiration des livres saints, que par la raison; donc c'est encore à elle de juger si la doctrine qu'ils enseignent est vraie ou fausse : il n'est pas plus difficile de porter ce jugement que de voir si leur mission est divine ou humaine, si tels livres sont inspirés ou non. Conséquemment les déistes ont attaqué l'Ecriture sainte en général par les mêmes arguments que les protestants ont faits contre certains livres qu'ils ont rejetés du canon. Au mot ERREUR nous avons fait voir la multitude de celles qui sont nées les unes des autres sur chacune des questions controversées entre les protestants et nous; toutes sont venues de l'opiniâtreté à rejeter la *tradition* : dès qu'une fois les protestants ont eu posé pour principe que nous ne devons croire que ce qui est expressément et formellement révélé dans l'Ecriture sainte, et que c'est à la raison d'en déterminer le vrai sens, les sociniens ont conclu d'abord : Donc nous ne devons croire révélé que ce qui est conforme à la raison; et les déistes ont dit de leur côté : Donc la raison suffit pour connaître la vérité; nous n'avons pas besoin de révélation. Nos adversaires nous répondront sans doute qu'il n'est aucun principe si incontestable, que l'on ne puisse en abuser et en tirer de fausses conséquences. Soit. Il fallait donc commencer par examiner si le leur était incontestable; mais ils l'ont posé sans prévoir où il les conduirait : or, nous avons prouvé qu'il est non-seulement très-sujet à contestation, mais absolument faux et destructif du christianisme.

Dans les divers articles relatifs à la question présente, nous avons répondu aux principales objections des protestants; mais la manière dont ils s'y sont pris pour décréditer les témoins de la *tradition* mérite un examen particulier.

Le Clerc, *Hist. ecclés.*, IIe siècle, an 101, commence par observer qu'à dater de la mort des apôtres, l'on entre dans des temps où l'on ne peut pas approuver tout ce qui a été dit et tout ce qui a été fait; que cependant Dieu a veillé sur son Eglise, et qu'il a empêché que le fond du christianisme ne fût changé. Les apôtres, dit-il, avaient puisé leurs connaissances dans trois sources : dans les livres originaux de l'Ancien Testament, dans les leçons de Jésus-Christ, dans des révélations immédiates; le Saint-Esprit leur enseignait toute vérité, et ses dons miraculeux en étaient la preuve, avantages que n'ont point eus ceux qui leur ont succédé. Ceux-ci étaient des Juifs hellénistes ou des Grecs; comme ils n'entendaient pas l'hébreu, ils se sont souvent trompés. Ils ont cru que les Septante avaient été inspirés de Dieu, et ils n'ont pas vu que ces interprètes ont souvent très-mal traduit le texte sacré. Les apôtres n'ont cité cette version que pour se prêter au besoin des Juifs hellénistes qui ne savaient pas l'hébreu. D'où l'on voit que les Pères grecs ont été de mauvais interprètes de l'Ecriture, à plus forte raison les Pères latins qui n'avaient qu'une mauvaise version faite sur celle des Septante. Une autre source d'erreurs est venue des *traditions* reçues de vive voix des apôtres, comme l'opinion que Jésus-Christ a vécu plus de quarante ans, son règne futur de mille ans, le temps de la célébration de la pâque, etc. Attachés à la philosophie de Platon, ils ont cherché à en concilier les dogmes avec ceux du christianisme; ainsi ils ont adapté la Trinité chrétienne à celle de Platon, ils ont cru Dieu et les anges corporels. Ignorants dans l'art de la dialectique et dans celui de la critique, ils ont souvent raisonné faux, ils ont admis comme vrais plusieurs écrits supposés. Empressés d'amener les païens à la foi chrétienne, ils se sont fréquemment rapprochés des opinions vulgaires, ils ont pris dans le sens le plus commun des termes qui en avaient un très-différent dans les écrits des apôtres, comme celui de *mystères* en parlant des sacrements, et celui d'*oblation* pour désigner l'eucharistie. De là sont nés une multitude de dogmes qui ne sont point dans le Nouveau Testament; mais comme c'étaient des subtilités que le peuple n'entendait pas, il a eu des mœurs plus pures et une religion plus saine que ceux qui étaient chargés de l'enseigner.

Le Clerc couronne cet exposé perfide, moitié socinien et moitié calviniste, en disant que la sincérité d'un historien l'oblige à faire ces aveux, mais cette sincérité n'est qu'une hypocrisie malicieuse, il faut la démasquer.

1° Ce portrait des Pères du IIe siècle est

bien différent de celui qu'en a tracé Beausobre, lorsqu'il a relevé l'intelligence, la capacité, la sage critique, avec lesquelles ces Pères ont procédé pour distinguer les livres authentiques de l'Ecriture sainte d'avec les livres apocryphes; *voy.* ci-dessus notre *cinquième preuve.* Le Clerc n'a pas vu qu'en déprimant les qualités et le caractère personnel de ces témoins, il affaiblissait d'autant la certitude du jugement qu'ils ont porté sur le canon des livres saints. Mais un mécréant n'est presque jamais guidé dans ses écrits que par l'intérêt du moment. — 2° Puisque les miracles opérés par les apôtres prouvaient qu'ils étaient inspirés par le Saint-Esprit, nous demandons pourquoi les miracles faits, pendant le II° et le III° siècle, par les fidèles et les pasteurs, ne prouvaient pas qu'ils étaient aussi remplis du Saint-Esprit, quoiqu'ils ne l'eussent pas reçu avec la même plénitude que les apôtres? Jésus-Christ n'avait pas promis à ces derniers *l'Esprit de vérité* pour eux seuls ni pour un temps, *mais pour toujours,* Joan., c. xiv, v. 16, 17, 23. Il leur avait dit, c. xv, v. 16: « Je vous ai choisis afin que vous alliez faire du fruit; et que ce fruit soit durable, » *ut fructus vester maneat;* mais ce fruit n'a été que passager, suivant l'opinion de notre dissertateur; il a commencé à se détruire immédiatement après la mort des apôtres. — 3° Si ce qu'il dit est vrai, il ne l'est pas que Dieu ait conservé sain et sauf le fond ou le capital du christianisme. Comme Le Clerc, socinien déguisé, n'admet ni la création, ni la Trinité, ni l'incarnation, ni la rédemption dans le sens propre, ni la transmission du péché originel, ni l'éternité des peines de l'enfer, etc., le fond de son christianisme se réduit presque à rien: l'unité de Dieu, l'immortalité de l'âme, le bonheur futur des justes, la mission de Jésus-Christ, la suffisance de l'Ecriture interprétée à sa manière, voilà tout son symbole. Or Dieu, selon lui, n'en a pas conservé purs tous les articles dans le II° siècle, puisque l'on y a commencé à enseigner la trinité des personnes en Dieu, la nécessité de la *tradition,* le culte des martyrs, etc.: autant d'erreurs destructives du christianisme socinien. Nous ne contesterons pas au critique que les apôtres n'aient reçu avec le don des langues la faculté d'entendre et de parler l'ancien hébreu. Cette connaissance leur était nécessaire pour convaincre les docteurs juifs qui auraient pu leur opposer les oracles de l'Ecriture suivant le texte original. Mais alors les apôtres en paraîtront plus coupables aux yeux de Le Clerc et de ses pareils. Convaincus de la nécessité de savoir l'hébreu, les apôtres n'ont commandé à personne de l'apprendre; connaissant toute l'imperfection de la *version des Septante,* ils n'ont chargé personne d'en faire une meilleure; en se servant de celle-là, ils lui ont concilié un respect que sans cela on n'aurait pas eu pour elle. S'ils ont bien fait de se prêter ainsi au besoin des hellénistes, pourquoi leurs disciples ont-ils mal fait au II° siècle de suivre leur exemple? Nous ne le concevons pas. — 4° On nous cite avec emphase ces paroles de saint Paul à Timothée, *II Epist.* c. III, v. 15: *Comme vous connaissez dès l'enfance les saintes Ecritures, elles peuvent vous instruire pour le salut, par la foi en Jésus-Christ. Toute Ecriture divinement inspirée est utile pour enseigner, pour reprendre, pour corriger, pour instruire dans la justice, pour rendre parfait un homme de Dieu, et le rendre propre à toute bonne œuvre.* Mais on ne fait pas attention que Timothée, né en Lycaonie, d'un père gentil, élevé par une mère et par une aïeule juives, n'avait pu lire l'Ecriture sainte que dans la *version des Septante;* cependant cela suffisait, selon saint Paul, pour lui donner la science du salut, pour le mettre en état d'enseigner, pour faire de lui un pasteur parfait; comment cela ne suffisait-il plus aux Pères du II° siècle? Autre mystère. Disons hardiment que s'il avait paru pour lors une nouvelle version grecque de l'Ancien Testament, elle aurait été rejetée par les juifs hellénistes, prévenus d'estime pour celle des Septante, et accoutumés à la lire; qu'elle aurait été suspecte, même aux gentils convertis, dès qu'ils auraient su qu'il y en avait une plus ancienne. C'est ce qui arriva au IV° siècle, lorsque saint Jérôme entreprit de donner une nouvelle version latine sur l'hébreu. — 5° Du moins les Pères grecs du II° siècle et du III° entendaient le texte grec du Nouveau Testament, et il est à présumer qu'ils le lisaient encore plus souvent que l'Ancien. Comment cette lecture ne les a-t-elle pas détrompés des erreurs qu'ils puisaient dans la traduction de celle-ci, faite par les Septante? Plusieurs protestants ont dit que, quand il ne nous resterait que le seul Evangile de saint Matthieu, c'en serait assez pour fonder notre foi; il est bien étonnant que le Nouveau Testament tout entier n'ait pas pu préserver de toute erreur les disciples des apôtres et leurs successeurs. — 6° Suivant le sentiment des protestants saint Paul a encore très-grièvement péché en recommandant aux fidèles de garder la *tradition*; il devait au contraire leur défendre d'y avoir égard, puisque ç'a été une source intarissable d'erreurs. Mais laquelle des fausses *traditions* citées par Le Clerc a-t-elle passé en dogme dans l'Eglise, et a-t-elle été généralement adoptée? car c'est ici le point de la question. Jamais on ne s'est avisé d'appeler *tradition* le sentiment particulier d'un ou de deux Pères de l'Eglise, mais le sentiment du plus grand nombre, confirmé et perpétué par l'enseignement de l'Eglise. Saint Irénée est le seul qui ait cru que Jésus-Christ avait vécu plus de quarante ans, et il fondait cette opinion sur l'Evangile, Joan., c. VIII, v. 57; les millénaires appuyaient la leur sur l'Apocalypse, et les quartodécimans pouvaient se prévaloir de ce que Jésus-Christ avait dit, Luc., c. XXII, v. 16: *Je ne mangerai plus cette pâque jusqu'à ce qu'elle s'accomplisse dans le royaume de Dieu;* or, il l'avait mangée le quatorzième de la lune de mars. Lorsqu'un protestant vient nous dire : *Fiez-vous après cela aux traditions*; un déiste peut ajouter sur le même ton : *Fiez-vous après cela à l'Ecriture sainte, sur laquelle on a étayé toutes les erreurs possibles.* — 7° Si les Pères du II° siècle étaient en général ignorants, crédules, mauvais raisonneurs, incapables d'entendre et d'interpréter l'Ecriture sainte, les apôtres ont été bien mal inspirés par le Saint-Esprit, lorsqu'ils ont choisi de tels hommes pour leur succéder; n'y en avait-il donc point de plus capables? Saint Irénée nous en donne une idée fort différente, *contra Hær.*, liv. III, c. 3, n. 1; il devait les connaître, puisqu'il avait vécu avec eux. Le Clerc convient cependant, n. 22, que le christianisme fit de grands progrès dans ce siècle, *par les restes de miracles* opérés par les disciples des apôtres, par la réfutation des erreurs des païens, par la constance des martyrs, par la pureté des mœurs des chrétiens Quoi! Dieu a employé ces moyens surnaturels pour propager une doctrine qui se corrompait déjà, et dont les erreurs allaient croître pendant quinze siècles entiers? C'est une supposition non moins absurde qu'impie. Enfin, nous prions Le Clerc de nous dire où les fidèles du second siècle, instruits par les pasteurs de ce temps-là, avaient puisé des mœurs plus pures et une religion plus sainte que celles de ceux qui étaient chargés de les enseigner : est-ce encore dans le texte hébreu de l'Ecriture sainte ? On est tenté de croire que Le Clerc était en délire lorsqu'il a écrit toutes ces inepties.

Mosheim n'a été guère plus raisonnable ; il soutient que les chrétiens ont été imbus de plusieurs erreurs, dont les unes venaient des juifs, les autres des païens; donc il ne faut pas croire, dit-il, qu'une opinion tient à la doctrine chrétienne, parce qu'elle a régné dès le premier siècle et du temps des apôtres. Il met au rang des erreurs judaïques l'opinion de la fin prochaine du monde, de la venue de l'Antechrist, des guerres et des forfaits dont il serait l'auteur, du règne de mille ans, du feu qui purifierait les âmes à la fin du monde. Il attribue aux païens ce que l'on pensait des esprits ou génies bons ou mauvais, des spectres et des fantômes, de l'état des morts, de l'efficacité du jeûne pour écarter les mauvais esprits, du nombre des cieux, etc. Il n'y a rien de tout cela, dit-il, dans les écrits des apôtres ; c'est ce qui prouve la nécessité de nous en tenir à l'Ecriture sainte plutôt qu'aux leçons d'aucun docteur, quelque ancien qu'il soit, *Instit. hist. christ. majores*, c. 3, § 17. — Ce critique avait-il réfléchi avant d'écrire? 1° S'il entend seulement que, parmi les premiers chrétiens, quelques particuliers ont retenu des opinions juives ou païennes qui n'étaient contraires à aucun dogme du christianisme, nous ne disputerons pas ; nous n'avons aucun intérêt à savoir quels ont été les sentiments de chaque individu converti par les apôtres ou par leurs successeurs. S'il veut que ces opinions indifférentes aient été assez communes pour former une *tradition* parmi les docteurs chrétiens, nous nous inscrivons en faux contre cette supposition. 2° Si elle était vraie, et que les apôtres ne se fussent pas attachés à réfuter ces erreurs, ils en seraient responsables, et ce serait à eux qu'il faudrait s'en prendre. Aussi les incrédules ont-ils attribué aux apôtres mêmes toutes les erreurs dont Mosheim veut charger les premiers chrétiens, et ils ont prétendu les trouver dans les écrits du Nouveau Testament. Ils ont soutenu que la fin prochaine du monde est enseignée par Jésus-Christ, *Matth.*, c. XXIV, v. 34; par saint Paul, *I Thess.*, c. IV, v. 14 ; par saint Pierre, *Epist.* II, c. III, v. 9 et seq. La venue et le règne de l'Antechrist sont prédits, *II Thess.*, c. II, v. 3 ; *I Joan.*, c. II, v. 18. Le règne de mille ans est promis, *Apoc.*, c. XX, v. 6 et seq.; *II Petr.*, c. III, v. 13. Saint Paul a parlé du feu purifiant, *I Cor.*, c. III, v. 13, et saint Pierre, *ibid.*, v. 7 et 10. La distinction entre les bons anges et les mauvais est enseignée clairement dans les livres de l'Ancien et du Nouveau Testament ; on a jugé des inclinations des mauvais anges par ce qui en est dit dans le livre de Tobie, c. IV, v. 8, et c. VI, v. 8, etc. Il est parlé de fantômes, *Matth.*, c. XIV, v. 26, et *Luc.*, c. XXIV, v. 37. On a raisonné sur l'état des morts d'après la parabole du mauvais riche, *Luc.*, c. XVI, v. 22, d'après un passage de saint Pierre, *Epist.* I, c. III, v. 19, et d'après ce que dit saint Paul de la résurrection future. L'efficacité du jeûne est fondée sur l'exemple de Jésus-Christ, de saint Jean-Baptiste, des apôtres et des prophètes ; il est fait mention du troisième ciel, *II Cor.*, c. XII, v. 2 et 4. Quoique parmi ces opinions il y en ait de vraies, de fausses ou de douteuses, nous défions les protestants de les réfuter par l'Ecriture seule. Une preuve que les anciens Pères, qui ont suivi les unes ou les autres, les ont puisées dans l'Ecriture, et non ailleurs, c'est qu'ils citent l'Ecriture, et point d'autres livres. La fureur de nos adversaires est d'attribuer toutes les erreurs aux fausses *traditions ;* nous soutenons que quand il y en a eu, elles sont venues de fausses interprétations de l'Ecriture, et que c'est la *tradition* seule qui a décidé, entre les différentes interprétations, quelles étaient les vraies et quelles étaient les fausses. Ils cherchent à tromper, en disant qu'ils s'en tiennent à l'Ecriture: encore une fois l'Ecriture et l'interprétation de l'Ecriture ne sont pas la même chose. 3° Mosheim lui-même, en réfutant le système erroné d'un auteur moderne sur le mystère de la sainte Trinité, lui oppose le *silence de l'antiquité, Dissert. sur l'hist. ecclés.*, tom. II, p. 564. Si le témoignage des anciens ne prouve rien, leur silence prouve encore moins. Il y a plus : ce critique, réfutant l'ouvrage de Toland, intitulé *Nazarenus*, en 1722, blâme en général la mauvaise foi de ceux qui, pour se débarrasser du témoignage des Pères, commencent par leur reprocher des erreurs, des infidélités, de l'ignorance, etc. . il dit qu'en suivant cette méthode il ne reste plus rien de certain dans l'histoire ; et c'est justement celle qu'il a suivie dans tous ses ouvrages, *Vindiciæ antiquæ christianorum disciplinæ*, etc., sect. 1, c 5, § 3, p. 92. 4° Ce critique n'est pas pardonnable d'attaquer, par de simples probabilités, ce que nous lisons dans les anciens touchant l'innocence et la pureté des mœurs des premiers chrétiens ; plusieurs auteurs païens en sont convenus, et Le Clerc avoue que c'est une des causes qui ont contribué à étendre les progrès du christianisme pendant le second siècle. Mosheim dit qu'en y ajoutant foi, nous nous exposons à la dérision des incrédules : que nous importe le mépris des insensés ? C'est lui-même qui livre notre religion aux sarcasmes de ses ennemis, en voulant prouver que, dès l'origine, ç'a été un chaos d'erreurs empruntées des juifs et des païens.

Il a montré peu de sincérité en parlant de la règle de foi de l'Eglise romaine. Ses docteurs, dit-il, prétendent unanimement que c'est la parole de Dieu écrite et non écrite, ou, en d'autres termes, que c'est l'Ecriture et la *tradition* ; mais ils ne sont point d'accord pour savoir qui a droit d'interpréter ces deux oracles. Les uns prétendent que c'est le pape, les autres que c'est le concile général ; qu'en attendant, les évêques et les docteurs ont droit de consulter les sources sacrées de l'Ecriture et de la *tradition*, et d'en tirer des règles de foi et de mœurs pour eux et pour leur troupeau. Comme il n'y aura peut-être jamais de juge pour concilier ces deux sentiments, nous ne pouvons espérer de connaître jamais au vrai les doctrines de l'Eglise romaine, ni de voir acquérir une forme stable et permanente à cette religion ; *Hist. ecclés.*, XVI° siècle, sect. 3, 1" part., c. 1, § 22 ; *Thèse sur la validité des Ordin. anglicanes*, c. 3, § 3 et suiv.

On voit ici, dans tout son jour, le génie artificieux de l'hérésie. — 1° Aucun catholique n'a jamais nié que la décision d'un concile général touchant le sens de l'Ecriture et de la *tradition*, en fait de dogmes et de mœurs, ne soit une règle de foi inviolable : ainsi toutes les décisions du concile de Trente sur ces deux chefs sont incontestablement reçues par tous les catholiques sans exception, et quiconque oserait les attaquer serait condamné comme hérétique. Sur tous ces points, les protestants sont donc bien assurés de connaître au vrai la doctrine de l'Eglise romaine. *Voy.* TRENTE. En y ajoutant le symbole placé à la tête de ce concile, quel dogme y a-t-il sur lequel un protestant puisse ignorer ce que nous croyons ? Bossuet, *Réponse à un mémoire de Leibnitz touchant le concile de Trente ; Esprit de Leibnitz*, tom. II, p. 97 et suiv. 2° Tout théologien catholique reconnaît qu'une décision du souverain pontife en matière de foi et de mœurs, adressée à toute l'Eglise, reçue par tous les évêques ou par la plus grand nombre, soit par une acceptation formelle, soit par un silence absolu, a autant d'autorité que si elle était portée dans un concile général, parce que le consentement des pasteurs de l'Eglise dispersés dans leurs sièges n'a pas moins de force que s'ils étaient rassemblés, il ne fait pas moins *tradition*. Toute la différence, c'est que, dans le premier cas, ce consentement est moins solennel et moins promptement connu que dans le second. En vertu de son caractère et du serment qu'il a fait d'enseigner et de défendre la foi catholique, tout évêque est essentiellement obligé de réclamer contre une décision du pape qui lui paraîtrait fausse. Si dans ce siècle il y a eu quelques théologiens qui ont contesté ces principes, c'étaient des demi-protestants ; ils sont regardés par l'Eglise universelle comme des hérétiques. Les protestants l'ont si bien compris, que depuis les dernières décisions des papes sur les matières de la grâce, ils n'ont pas cessé de répéter que l'Eglise romaine professe hautement le pélagianisme ; cependant ces décisions n'ont pas été données dans un concile général. 3° Il n'importe en rien de savoir s'il y a des docteurs catholiques qui portent plus loin l'autorité du pape et qui soutiennent que sa décision a force de loi, indépendamment de toute acceptation ; ces docteurs n'en sont pas moins soumis à une décision acceptée, ni à celle d'un concile général ; ils n'en sont pas moins persuadés de la nécessité de consulter l'Ecriture sainte et la *tradition* des siècles passés. Y a-t-il aujourd'hui une décision des papes en matière de foi ou de mœurs, de laquelle on puisse douter si elle a été acceptée ou rejetée ? 4° C'est nous qui sommes réduits à ignorer quelle est la croyance de chacune des sectes protestantes ; tout particulier y jouit du droit d'entendre l'Ecriture sainte comme il lui plaît ; pourvu qu'il ne fasse pas de bruit, aucun n'est obligé de se conformer à la confession de foi de sa secte ; toutes en ont changé plus d'une fois, elles peuvent bien en changer encore. C'est donc à nous d'assurer que leur religion n'aura jamais une forme stable et permanente ; elles ne subsistent que par la rivalité qui règne entre elles, et par la haine qu'elles ont toutes jurées à l'Eglise romaine. La forme de la nôtre est stable et permanente depuis les apôtres ; les divers conciles tenus dans les différents siècles n'ont rien décidé que ce qui était déjà cru auparavant ; ils n'ont point établi de nouveaux dogmes, puisqu'ils ont tous fait profession de s'en tenir à la *tradition* : cette règle invariable assure la perpétuité et la stabilité de notre religion jusqu'à la fin des siècles.

Basnage, dans son *Histoire de l'Eglise*, t. IX, c. 5, 6 et 7, a fait une espèce de traité très-long et très-confus contre l'autorité de la *tradition* : il prétend que l'ancienne Eglise n'admettait des *traditions* qu'en matière de faits, d'usages et de pratiques ; nous avons prouvé le contraire, et nous avons fait voir qu'en matière même de doctrine la *tradition* se réduit à un fait sensible, éclatant et public. Il nous oppose un grand nombre de Pères de l'Eglise, en particulier saint Irénée et Tertullien ; nous avons montré qu'il n'en

DICT. DE THÉOL. DOGMATIQUE IV.   27

a pas pris le sens. Il en allègue d'autres qui disent, comme saint Cyrille de Jérusalem, *Catech.* 4, en parlant du Saint-Esprit, qu'on ne doit rien expliquer touchant nos divins mystères qu'on ne l'établisse par des témoignages de l'Ecriture. Ce Père ajoute : « Ne croyez pas même ce que je vous dis, si je ne vous le prouve par l'Ecriture sainte. » Saint Cyrille avait raison, et nous pensons encore comme lui. Il parlait à des fidèles dociles, il était assuré qu'ils ne lui contesteraient pas le sens qu'il donnait aux paroles de l'Ecriture. Mais si ce Père avait eu pour auditeurs des sectateurs de Macédonius, qui niaient la divinité du Saint-Esprit, qui auraient disputé sur le sens de tous les passages, qui lui en auraient opposé d'autres, etc., comment aurait-il prouvé le vrai sens, sinon par la *tradition*? Lui-même recommande aux fidèles de garder soigneusement la doctrine qu'ils ont reçue par *tradition*; il les avertit que s'ils nourrissent des doutes, ils seront aisément séduits par les hérétiques, *Catech.* 5, à la fin. — Lactance, *Divin. Instit.*, lib. vi, c. 21, argumente contre les païens qui ne faisaient aucun cas de nos Ecritures, parce qu'ils n'y trouvaient pas autant d'art ni d'éloquence que dans leurs poëtes et dans leurs orateurs. « Quoi donc, dit-il, Dieu, créateur de l'esprit, de la parole et de la langue, ne peut-il pas parler? Par une providence très-sage il a voulu que ses leçons divines fussent sans fard, afin que tous entendissent ce qu'il disait à tous. » Sur ce passage les protestants triomphent. Mais la simplicité du style de l'Ecriture met-elle les vérités qu'elle enseigne à la portée de l'intelligence de tout le monde? Si cela était, pourquoi tant de disputes sur les passages mêmes qui paraissent les plus clairs? Pourquoi tant de commentaires, de notes, d'explications chez les protestants mêmes? Le seul premier verset de la Genèse a donné lieu à des volumes entiers, et le sens en est encore contesté aujourd'hui par les sociniens. Ces courtes paroles de Jésus-Christ: *Ceci est mon corps, ceci est mon sang*, sont entendues par les protestants dans trois sens différents. Lactance n'avait à justifier que la simplicité du style de l'Ecriture; il n'est point entré dans la question de savoir si tout le monde pouvait entendre l'hébreu, s'assurer de la fidélité des versions, saisir le vrai sens de tous les passages essentiels, sans danger de se tromper. Vainement on nous répétera ces paroles : *Dieu ne peut-il donc pas parler?* Il le peut sans doute, puisqu'il l'a fait : mais encore une fois, il n'a changé ni la nature du langage humain ni la bizarrerie de l'esprit des hommes; il a parlé aux uns en hébreu, aux autres en grec; donc il a voulu qu'il y eût des interprètes pour les peuples qui n'entendent ni l'un ni l'autre. Le seul interprète infaillible est l'Eglise, tout autre est suspect et sujet à l'erreur.

Basnage observe que les Pères se servaient contre les hérétiques de l'argument négatif et leur opposaient le silence de l'Ecriture dans les disputes, mais que ceux-ci le rétorquaient aussi contre les Pères. Il établit neuf ou dix règles pour discerner les cas dans lesquels cet argument est ou solide ou sans force. Comme ces prétendues règles ne servent qu'à embrouiller la question, nous nous bornons à soutenir que cet argument était solide contre les hérétiques qui en appelaient toujours à l'Ecriture, comme font encore les protestants, et qui ne pouvaient citer aucune *tradition* certaine en leur faveur, mais qu'il ne prouve rien contre les Pères ni contre les catholiques, parce que chez eux la *tradition* de l'Eglise a toujours suppléé au silence de l'Ecriture ou à son obscurité. Il entreprend de réfuter la règle que donne Vincent de Lérins, savoir, que ce qui a toujours été cru partout doit être regardé comme véritable; qu'il faut consulter l'antiquité, l'universalité et le consentement de tous les docteurs : *Quod ubique, quod semper, quod ab omnibus creditum est..... sequamur universitatem, antiquitatem, consensionem;* Commonit., c. 2. Basnage y oppose, 1° que si l'on doit mettre au nombre des docteurs les apôtres et leurs disciples, il faut donc en revenir à consulter leurs écrits. Qui en doute? Mais la question est de savoir si, lorsqu'ils gardent le silence ou ne l'expliquent pas assez clairement, on ne doit pas suivre le sentiment de ceux qui leur ont succédé et qui font profession d'enseigner que ce qu'ils ont appris de ces premiers fondateurs du christianisme. Nous soutenons avec Vincent de Lérins qu'on le doit, et nous l'avons prouvé. 2° Il dit que l'on ne peut jamais connaître le sentiment de l'universalité des docteurs, puisque ceux qui ont écrit ne sont pas la millième partie de ceux qui auraient pu écrire et dont on ignore les opinions. Nous répondons en premier lieu que quand un concile général a parlé, on ne peut plus douter de l'universalité de la croyance; en second lieu, que ceux qui n'ont pas écrit pensaient comme ceux qui ont écrit, puisqu'ils n'ont pas réclamé. Toutes les fois qu'un évêque ou un docteur s'est écarté du sentiment général de ses collègues, il a été accusé et condamné, ou pendant sa vie ou après sa mort; l'histoire ecclésiastique en fournit cent exemples. 3° Il objecte que, parmi ceux qui ont écrit, il n'y en a souvent que deux ou trois qui aient traité une question, et encore n'en ont-ils parlé qu'en termes obscurs; que s'ils faisaient autorité, les hérétiques en auraient pu citer de leur côté; qu'enfin ce petit nombre a pu se tromper. Nous répliquons que, quand trois ou quatre docteurs de réputation, placés quelquefois à cent lieues l'un de l'autre, se sont exprimés de même sur un dogme, sans exciter nulle part aucune réclamation, nous sommes certains que tous les autres ont été de même sentiment. Tout évêque, tout pasteur, s'est toujours cru essentiellement obligé à veiller sur le dépôt de la foi, à élever la voix contre quiconque y donnait atteinte, à écarter de son troupeau tout danger d'erreur : les apôtres le leur avaient formellement commandé et leur en avaient donné l'exemple. Aujourd'hui, les protestants leur font un crime de ce zèle toujours attentif et prévoyant ; ils disent que les Pères étaient des hommes inquiets, soupçonneux, jaloux, querelleurs, toujours prêts à taxer d'hérésie quiconque ne pensait pas comme eux. Tant mieux, pouvons-nous leur répondre, c'est ce qui rend la *tradition* plus certaine ; aucune erreur n'a pu naître impunément. De là même il s'ensuit que les hérétiques n'ont jamais pu citer des docteurs qui aient pensé comme eux, sans avoir fait du bruit et sans avoir été notés. Que chacun des docteurs catholiques ait été capable de se tromper, cela ne fait rien à la question ; nous sommes sûrs qu'ils ne se sont pas trompés, dès qu'ils n'ont pas été blâmés et censurés. Quel docteur mérita jamais mieux d'être ménagé qu'Origène ? Non-seulement on ne lui a passé aucune erreur, mais on ne lui a pas pardonné ses doutes. Si donc quelques-uns n'avaient parlé qu'en termes obscurs, on les aurait forcés de s'expliquer.

Basnage en impose, lorsqu'il dit que saint Augustin donnait la même réponse que lui aux semi-pélagiens qui alléguaient en leur faveur le sentiment des anciens Pères. Rien n'est plus faux. Ce saint docteur a toujours fait profession de suivre la doctrine des Pères qui l'avaient précédé, et il le prouve en citant leurs ouvrages. Lorsque saint Prosper lui objecta leur autorité touchant la prédestination, il répondit d'abord que ces saints personnages n'avaient pas eu besoin de traiter cette question, ou bien qu'il y avait été forcé d'y entrer pour réfuter les pélagiens, *L. de Prædest.*, c. 14, n. 27. Mais, après y avoir mieux pensé, il fit voir que les anciens Pères ont suffisamment soutenu la prédestination gratuite, en enseignant que toute grâce de Dieu est gratuite. *Sanct. L. de Dono Pers.*, c. 19 et 20, n. 48-51. Par là même nous voyons de quelle prédestination il s'agissait. Donc saint Augustin était bien éloigné de vouloir s'écarter de leur sentiment ; et quand il serait vrai qu'il s'est exprimé autrement qu'eux, nous serions encore en droit de soutenir qu'il a pensé comme eux. « Ils ont gardé, dit-il, ce qu'ils avaient trouvé établi dans l'Eglise ; ils n'ont enseigné que ce qu'ils avaient appris, et ils ont été attentifs à enseigner à leurs enfants ce qu'ils avaient reçu de leurs pères, *Contra Jul.*, lib. II, n. 34. » *Voy.* PRÉDESTINATION, SEMI-PÉLAGIANISME.

Lorsque certains théologiens déclarent qu'ils s'en tiennent au sentiment de saint Augustin seul, sur les matières de la grâce et de la prédestination, ils méritent qu'on leur demande s'ils sont soudoyés par les protestants, pour annuler la *tradition* des quatre premiers siècles de l'Eglise, et pour supposer que ce saint docteur en a établi une nouvelle qui a subjugué toute l'Eglise : c'était ce que voulaient Luther et Calvin. Que Basnage et ses pareils taxent de semi-pélagianisme Vincent de Lérins, cela ne nous surprend pas ; ils ne lui pardonneront

jamais la netteté, la force, la sagacité avec laquelle il a établi l'autorité de la *tradition*; mais que des théologiens qui se disent catholiques appuient cette accusation et n'en voient pas les conséquences, cela est très-étonnant. — Si nous avions trouvé des objections plus fortes dans quelque auteur protestant ou ailleurs, nous ne les aurions pas passées sous silence ; mais ce que nous avons dit suffit pour démontrer que nos adversaires, en attaquant la *tradition*, n'ont pas seulement compris le véritable état de la question (1).

TRADUCIENS, c'est le nom que les pélagiens donnaient aux catholiques par dérision, parce que ceux-ci soutenaient que le péché originel passe et se communique des pères aux enfants, *traducitur*; et que plusieurs, pour concevoir cette communication, avaient imaginé que l'âme d'un enfant émane de celle de son père, et naît *ex traduce*. Pendant longtemps saint Augustin pencha vers cette opinion, parce qu'elle lui semblait la plus commode pour expliquer la transmission ou la transfusion du péché originel, mais il ne l'embrassa jamais positivement ; il semble même l'avoir abandonnée dans son dernier ouvrage contre les pélagiens. Ces hérétiques avaient évidemment tort, quand ils exigeaient qu'on expliquât comment cela se fait : dès qu'un dogme est clairement révélé par l'Ecriture sainte et par la tradition, il est absurde d'examiner si nous pouvons ou si nous ne pouvons pas le comprendre : c'est supposer que Dieu ne peut pas faire plus que nous ne concevons, et que notre intelligence très-bornée est la mesure de la puissance, de la sagesse et de la justice divine. On ne doit cependant pas blâmer les Pères de l'Eglise, parce qu'ils ont tenté d'expliquer jusqu'à un certain point nos mystères et de les accorder avec les notions de la philosophie, afin de satisfaire aux reproches et aux objections des hérétiques et des incrédules. *Voy.* PÉCHÉ ORIGINEL, PÉLAGIENS.

Quoique l'Ecriture sainte n'enseigne pas positivement que Dieu crée les âmes en détail à mesure qu'il se forme de nouveaux corps, c'est cependant le sentiment le plus probable. En effet, il n'y a aucune raison de penser qu'à la naissance du monde Dieu a exercé tout son pouvoir créateur, et qu'il a résolu de ne plus en faire aucun usage. Il n'est donc pas étonnant que le sentiment dont nous parlons soit devenu la croyance géné-

(1) Il y a quatre sources principales de traditions : 1° la croyance et la pratique générale et universelle de toute l'Eglise (*Voy.* CROYANCES GÉNÉRALES) ; 2° la liturgie entendue dans son acception la plus générale, c'est-à-dire les prières, les hymnes, le culte prescrit soit pour la célébration des saints mystères, soit pour l'administration des sacrements (*Voy.* LITURGIE) ; 3° les écrits des Pères, lorsqu'ils sont unanimes pour nous présenter une doctrine comme révélée (*Voy.* PÈRES) ; 4° les décisions dogmatiques de l'Eglise : l'Eglise étant infaillible, lorsqu'elle nous enseigne une vérité comme révélée, nous devons croire qu'elle l'est certainement. (*Voy.* CONSTITUTIONS DOGMATIQUES.)

rale de l'Eglise. Beausobre a fort mal raisonné, lorsqu'il a dit que l'hypothèse de la préexistence des âmes fait honneur à Dieu, parce qu'elle suppose que sa puissance et sa bonté n'ont jamais été sans agir et sans se communiquer aux créatures, *Hist. du Manich.*, l. vi, c. 1, § 15. C'est justement pour cela qu'il y a lieu de croire que Dieu agit encore en créant de nouvelles âmes.

TRADUCTION. *Voy.* VERSION.

TRAIT de la messe. Suite de plusieurs versets qui se chantent à la messe, et qui succèdent au graduel. Autrefois ces versets étaient chantés, tantôt sans interruption, *tractim*, par un seul chantre, et tantôt par plusieurs alternativement. Comme un psaume avait quelque chose de plus triste quand il était continué par une seule personne que quand plusieurs chantres se répondaient, l'usage s'est établi, dans les temps consacrés à la pénitence ou à la mémoire de la passion du Sauveur, et dans les messes pour les morts, de faire chanter en *trait* les versets, par un seul ou par deux chantres auxquels le chœur ne répond point. Dans les jours de fêtes consacrés à la joie, au lieu de *trait* on chante *alleluia*, et il est répété par le chœur. Lebrun, *Explic. des cérémonies de la messe*, tome I, pag. 205.

TRANSFIGURATION de Jésus-Christ. Nous lisons dans saint Matthieu, c. XVII, dans saint Marc, c. IX, et dans saint Luc, c. IX, que le Sauveur conduisit ses disciples, Pierre, Jacques et Jean, sur une montagne haute et écartée; que pendant sa prière son visage devint resplendissant comme le soleil, et ses vêtements d'une blancheur éblouissante; que Moïse et Elie apparurent et s'entretinrent avec lui de ce qu'il devait souffrir à Jérusalem; qu'ils furent environnés d'une nuée lumineuse de laquelle sortit une voix qui dit : « *Voilà mon Fils bien-aimé, en qui j'ai mis mes complaisances; écoutez-le.* Les évangélistes ajoutent qu'à la vue de ce spectacle, Pierre s'écria : *Seigneur, nous sommes bien ici, faisons-y trois tentes, une pour vous, une pour Moïse, et une pour Elie*, ne sachant ce qu'il disait; que les trois disciples effrayés tombèrent sur leur visage; que Jésus les releva, les rassura et leur défendit de publier ce miracle avant sa résurrection. On conjecture qu'il arriva environ deux ans avant sa mort. Pour le révoquer en doute, quelques incrédules ont dit que ces trois disciples dormaient, saint Luc le remarque expressément; qu'ainsi ce fut un rêve. Mais trois hommes ne rêvent pas de même; lorsque ces trois disciples tombèrent par terre, que Jésus les releva et leur parla en descendant de la montagne, ils ne rêvaient pas. Pourquoi leur défendre de publier pour lors ce qu'ils avaient vu, s'il avait voulu les retenir dans l'erreur ? Toutes les circonstances démontrent que Jésus-Christ ne recherchait ni sa propre gloire ni à tromper ses disciples; que par des prodiges de toute espèce il voulait les convaincre pleinement de sa mission, et les prémunir contre le scandale de ses souffrances et de sa mort. Une preuve que les apôtres ne pensaient pas non plus à multiplier ses miracles, c'est que saint Jean, qui avait été témoin de celui-ci, n'en parle point dans ses écrits; saint Pierre en a fait mention très-brièvement, *Epist. II*, cap. I, v. 17.

La fête de la *Transfiguration* est ancienne dans l'Eglise, puisqu'au ve siècle, saint Léon a fait un sermon sur ce sujet. Saint Ildefonse, évêque d'Espagne en 845, en parle comme de l'une des grandes solennités de l'année; Baronius en a trouvé la mémoire dans un martyrologe de l'an 850. Ainsi, lorsque l'an 1152, Pothon, prêtre de Prum, la regardait comme une nouvelle fête établie par des moines, il était mal informé. En 1457, le pape Calixte III ordonna qu'elle fût célébrée par un office propre, et avec les mêmes indulgences que la fête du saint sacrement; cela prouve qu'elle n'était pas alors solennisée partout, mais non qu'il en fût l'instituteur, comme quelques-uns l'ont cru. *Vie des Pères et des martyrs*, t. VII, p. 172; Thomassin, *Traité des fêtes*, l. II, c. 19, § 14 et 15.

TRANSLATION (1) [*Droit canonique*] est l'acte par lequel on transfère un ecclésiastique ou un bénéfice d'un lieu à un autre. Ainsi l'on distingue deux sortes de *translations*, l'une des personnes, et l'autre des choses ou bénéfices.

§ Ier. *De la translation des bénéfices.*—Cette *translation* est à temps, ou à perpétuité. La *translation* à temps est moins une *translation* qu'une desserte de bénéfice. Elle a lieu, par exemple, lorsqu'une Eglise paroissiale est transférée à une église voisine ou à une succursale de la même paroisse, soit à cause de la ruine de l'édifice, soit à cause du défaut d'habitants. Elle se fait par l'autorité de l'évêque, et n'apporte aucun changement, quant au titre, soit de l'église abandonnée, soit de celle où se fait la *translation*. La première n'est point privée de son titre d'Eglise paroissiale, et l'autre reste toujours telle qu'elle était auparavant. Il n'en est pas de même des *translations* à perpétuité ; c'est à leur occasion que s'appliquent ces paroles de saint Denis, pape : *Ecclesias singulas singulis presbyteris dedimus, et cœmeteria eis dividimus, et unicuique propriam habere statuimus.* Ces *translations* se font par la suppression du titre de l'église que l'on veut quitter, et par la nouvelle création de ce même titre dans l'église que l'on veut occuper. Leur effet est de changer l'état du bénéfice transféré, et de lui faire perdre ses privilèges. Elles ne peuvent se faire sans de grandes causes : le concile de Trente en a spécifié plusieurs, *Sess.* XXI, *de Ref.*, cap. 4; savoir, la distance des lieux, le mauvais état des chemins, et les dangers pour arriver à l'église. Les causes pour les *translations* d'évêchés, sont : 1° la petitesse du lieu; 2° le mauvais état des bâtiments, ou leur état de ruine; 3° le petit nombre du clergé séculier et régulier; 4° le défaut de population en gé

---

(1) Article reproduit d'après l'édition de Liége.

néral; 3° la méchanceté des habitants avec qui l'évêque ni son clergé ne pourraient vivre ; la commodité de la ville où le siége doit être transféré, et l'utilité qui en revient au diocèse. Les causes pour les *translations* de paroisses sont également le mauvais état du lieu, et le danger où les paroissiens seraient de manquer des sacrements, soit par rapport à l'éloignement de la paroisse, soit par rapport au mauvais état des chemins, soit enfin au trop grand nombre des paroissiens auxquels un curé ne pourrait suffire pour administrer les secours spirituels, et sur lesquels il ne pourrait également étendre la sollicitude pastorale. Quant aux *translations* des maisons religieuses, on donne pour motifs, le trouble apporté au service divin par les hérétiques voisins du monastère, les incursions fréquentes des voleurs qu'on ne saurait empêcher, et en général l'avantage des religieux. Sur quoi nous devons observer que, dans les *translations*, on n'est pas toujours déterminé par une nécessité absolue, mais presque toujours pour le plus grand bien de l'Eglise. La *translation* d'un évêché a cela de particulier, qu'elle ne se peut faire que d'un lieu à un autre ayant le titre de ville suivant l'état politique. *Non in castellis, non in villis, ubi minores sunt plebes, minoresque concursus, ne vilescat dignitas episcopalis.* Aussi est-il d'usage que le pape, dans les bulles, érige en cité, *civitatem*, le lieu, *oppidum*, où le siège épiscopal doit être situé; ce qui, suivant les derniers annotateurs de l'auteur du *Traité de l'abus*, paraît n'avoir lieu que pour la cour romaine, et pour lever toutes les difficultés qui pourraient survenir à la chambre apostolique, où les requêtes ne donnent pas le nom de villes à tous les lieux qui, dans l'état politique des différents royaumes, ont cette qualification.

Suivant le droit nouveau, le roi et le pape doivent concourir dans la *translation* des évêchés. Dans l'ancien droit, il suffisait de l'autorité du roi ou de celle du primat. Le droit du roi, dans les *translations*, vient de ce qu'il est présumé de droit patron et fondateur des églises de son royaume : il est d'ailleurs de l'intérêt de l'Etat, comme le remarque Fevret, que, par la multiplication des siéges épiscopaux, la juridiction ecclésiastique ne prenne trop d'accroissement; et c'est au roi, comme protecteur de la police extérieure de l'église, de faire en sorte que ces changements n'apportent aucun préjudice au droit des évêques suffragants et à celui des métropolitains (1).

Le grand différend de Boniface VIII avec Philippe le Bel fut occasionné par l'entreprise du pape, qui, contre le gré du roi, avait transféré une partie du siège archiépiscopal de Toulouse à Pamiers, où il avait érigé un évêché en faveur de Bernard Faisset, son

(1) Sous le rapport spirituel le pape est absolument maître de créer des évêchés. L'article que nous rapportons respire évidemment un esprit trop parlementaire.

intime ami, qui, suivant l'expression de l'auteur du *Traité de l'abus*, fut assez hardi pour soutenir publiquement qu'il ne tenait rien du roi, et qu'il était sujet du pape, tant pour le temporel que pour le spirituel. — Lorsque le pape Pascal entreprit d'ériger l'église de Tournay en évêché, de sa seule autorité, Louis le Gros ne manqua pas de s'y opposer, et il eut pour défenseur des droits de sa couronne le célèbre Ives de Chartres, qui fit sentir au pape qu'il ne pouvait risquer de semblables entreprises sans s'exposer à introduire un schisme dans le royaume. — Les bulles de la *translation* de l'évêché de Maguelone à Montpellier font mention qu'elle se fit à la réquisition et du consentement de François Ier; et enfin, lors de l'érection de l'évêché de Paris en archevêché, en conformité de la demande qu'en avait faite le roi, il y eut des lettres patentes, ensuite des bulles, lesquelles lettres patentes contenaient le consentement de distraire de l'archevêché de Sens, Chartres, Orléans et Meaux, pour les rendre suffragants de la nouvelle métropole. On remarque que Grégoire XV, qui expédia les bulles pour cette *translation*, ayant mis les mots *motu proprio*, le parlement, en les vérifiant, déclara que c'était sans approbation de cette clause, et qu'il serait dit au contraire que c'était à la réquisition du roi que ces bulles avaient été expédiées.

In erectionibus, dit Rebuffe sur cette matière, *et translationibus ecclesiarum episcopalium, rex debet consentire, cum ejus intersit tanquam fundatoris.* Aussi, dit encore Fevret à ce sujet, qui voudrait douter que le roi ne dût jouir des mêmes priviléges que les patrons laïques, sans le consentement desquels il ne peut rien être innové au bénéfice de leur patronage ?

Le consentement du roi n'est pas seul suffisant dans la *translation* des évêchés, il faut encore celui des métropolitains et des évêques suffragants, même celui des chapitres et autres ecclésiastiques qui peuvent y avoir quelque intérêt. Innocent III reconnaît ce droit des évêques, à l'occasion de la métropole qu'il s'agissait d'établir dans la Hongrie, qui jusqu'alors avait dépendu de celle de Mayence. Ce pape, après avoir montré de quelle conséquence était cette demande, ajoute qu'il fallait avoir le consentement de l'archevêque de Mayence, métropolitain, et celui de son chapitre : *Præterea convenienda et commonenda super hoc ecclesia Moguntinensis.* — Le consentement des peuples est encore à considérer. Une ville pourrait avoir de légitimes motifs pour ne pas recevoir de siége épiscopal ; le défaut de moyens pour en soutenir la dignité en serait un déterminant. D'ailleurs, dit Fevret, les évêchés pourraient être éloignés l'un de l'autre d'une si grande distance, qu'il serait nécessaire d'en établir un en quelque cité intermédiaire, ce qui obligerait de prendre l'avis et le consentement des peuples, pour savoir quelle commodité ou dommage cela pourrait causer aux uns ou aux autres. Si *multum distant episcopatus vel civitates inter se, debet in locis intermediis episcopatus constitui habita consideratione situs, qualitas regionis, populorum et difficultatis viarum,* qui sont toutes circonstances qui obligent d'ouïr les peuples en telles affaires, de peur de leur donner sujet d'appeler comme d'abus. On voit que, d'après Fevret, le refus de consentement des peuples n'est point un refus qui doive procéder de l'autorité, mais seulement de la raison et de l'équité; et dès cet instant, il ne peut arrêter, si d'ailleurs les deux puissances concourent pour la *translation* des siéges.

Les *translations* des cures et des monastères se font par l'autorité des évêques, qui, d'après le canon 37 des apôtres, ont toute intendance et toute juridiction sur les églises de leurs diocèses; ils peuvent faire dans toutes les paroisses de leurs ressorts tous les changements qu'ils jugent nécessaires et convenables; mais ils doivent toujours se faire autoriser par le roi et par les personnes intéressées: il en est de même des monastères. Sans ces précautions, il y aurait lieu à l'appel comme d'abus.

Célestin III (*Ch. de Eccles. ædif.*) renvoya à l'évêque diocésain les habitants d'une paroisse qui s'en voulaient séparer, et lui demandaient la permission de bâtir une église pour leur en tenir lieu. Aussi, lorsque les habitants du faubourg Saint-Honoré à Paris, qui originairement étaient de la collégiale de Saint-Germain l'Auxerrois, voulurent se bâtir une chapelle sous le titre et l'invocation de saint Roch, ils présentèrent leur requête à l'évêque, qui, par son ordonnance du 18 août 1578, leur permit d'ériger cette chapelle pour leur tenir lieu de paroisse, mais à la charge de reconnaître toujours l'église de Saint-Germain. Cet usage s'est pratiqué de tout temps dans l'Eglise, et s'il arrivait que des paroissiens, de leur autorité et à l'insu de leur évêque, se fussent fait bâtir une église avec les marques d'une église paroissiale, il y aurait lieu à l'appel comme d'abus, tant par l'évêque que par le curé de l'église paroissiale.

Fevret cite à cette occasion l'exemple de l'évêque de Montauban. Ce prélat ayant accordé à des religieuses de Villemur la permission de s'établir dans l'hôpital de Saint-Louis, les administrateurs de cet hôpital émirent appel comme d'abus de l'ordonnance de l'évêque diocésain contenant cette permission. Le parlement de Toulouse, sans s'y arrêter, ordonna qu'elle serait exécutée par provision à la forme des arrêts précédents, attendu qu'il apparaissait, tant de l'autorité de l'évêque diocésain que de la permission du roi, et que d'ailleurs le peuple n'y contredisait point.

§ II. *De la translation des personnes, et premièrement des évêques.* — Dans la primitive Eglise, tout ecclésiastique était attaché à son Eglise, et les évêques surtout. Aussi nous voyons que la *translation* d'un évêque, d'un siège à un autre, est réprouvée par les anciens canons et par tous les Pères, lorsqu'elle est faite sans nécessité ou utilité pour l'Eglise, parce que, disent saint Cyprien et le pape Evariste, il se contracte un mariage spirituel entre l'Evêque et son Eglise, tellement que celui qui la quitte facilement pour en prendre une autre, commet un adultère spirituel. Le concile de Nicée défend aux évêques, prêtres et diacres, de passer d'une Eglise à une autre; c'est pourquoi Constantin le Grand loue Eusèbe, évêque de Césarée, d'avoir refusé l'évêché d'Antioche. Le concile de Sardique alla même plus loin, car, voyant que les ariens méprisaient la défense du concile de Nicée, et qu'ils passaient d'une moindre Eglise à une plus riche, Osius le Grand, qui y présidait, y proposa que dans ce cas les évêques seraient privés de la communion laïque même à la mort. Il y a un grand nombre d'autres canons conformes à ces deux conciles.—L'Eglise romaine était tellement attachée à cette discipline, que Formose fut le premier qui y contrevint, ayant passé de l'Eglise de Porto à celle de Rome, vers la fin du IX° siècle, dont Etienne VII lui fit un crime après sa mort. Jean IX fit néanmoins un canon pour autoriser les *translations* en cas de nécessité, ce qui était conforme aux anciens canons qui les permettaient en cas de nécessité ou utilité pour l'Eglise.

C'était au concile provincial à déterminer la nécessité ou utilité de la *translation;* c'est ainsi qu'Eusèbe fut transféré sur le siège d'Alexandrie, et Félix sur celui d'Ephèse. Tel fut l'usage en France jusque vers le X° siècle. On voit en effet, par les capitulaires de Charlemagne, que de son temps la *translation* des évêques se faisait par la seule autorité des évêques, et celle des clercs, d'une Eglise à une autre, par la permission de l'évêque diocésain. Par la suite des temps, les patriarches et les primats, dans l'étendue de leur patriarcat ou primatie, s'arrogèrent le pouvoir de statuer sur les *translations* des évêques d'une cité à une autre. Les papes en usèrent de même dans leur patriarcat, et bientôt dans toute l'Eglise latine, en sorte que ces *translations* furent mises au nombre des causes majeures réservées au saint-siége.— Suivant le droit des Décrétales et la discipline présente de l'Eglise, les *translations* des évêques sont toujours réservées au pape, et ne peuvent même appartenir aux légats *a latere*, sans un indult spécial du pape. On observe aussi toujours que la *translation* ne peut être faite sans nécessité ou utilité pour l'Eglise. Il faut de plus en France, que ces *translations* soient faites du consentement du roi, et sur sa nomination, et qu'il en soit fait mention dans les bulles de provision, autrement il y aurait abus.

§ III. *De la translation des religieux d'un ordre dans un autre.* Dans l'origine de l'état monastique, les religieux pouvaient passer d'un monastère dans un autre, même d'un ordre différent, et se mettre successivement sous la direction des différents supérieurs. Saint Benoît joignit au vœu d'obéissance perpétuelle, celui de stabilité, c'est-à-dire, de résidence perpétuelle dans le monastère où les religieux avaient fait profession. La règle de saint Benoît étant devenue la seule qui fut observée dans l'occident, le précepte de stabilité devint un droit commun pour tous les réguliers. Cependant comme le vœu de stabilité n'avait pour objet que de prévenir la légèreté et l'inconstance, et non pas d'empêcher les religieux de tendre à une plus grande perfection, on leur permit de passer de leur monastère dans un autre plus austère; et pour cela, ils n'avaient besoin que du consentement de l'abbé qu'ils quittaient. Depuis l'établissement des ordres mendiants, plusieurs religieux de ces ordres se retirant chez les bénédictins, ou dans d'autres congrégations, pour y obtenir des bénéfices, on régla d'abord que les mendiants, ainsi transférés, ne pourraient tenir aucun bénéfice sans une permission particulière du pape. Ces sortes de permissions s'accordant trop facilement, on régla dans la suite que les *translations* des Mendiants dans un autre ordre (excepté celui de Chartreux, où l'on ne possède point de bénéfice) ne seraient valables que quand elles seraient autorisées par un bref exprès du pape. — Un religieux peut aussi être transféré dans un ordre plus mitigé, lorsque sa santé ne lui permet pas de suivre la règle qu'il a embrassée; mais l'usage de ces sortes de *translations* est beaucoup plus moderne. On a mieux aimé affranchir totalement un religieux infirme de l'austérité de sa règle, et lui permettre d'en choisir une plus douce, que d'admettre en sa faveur une exception continuelle, qui pourrait devenir pour les autres une occasion de relâchement. Pour passer dans un ordre plus austère, un religieux doit demander la permission de son supérieur; mais si le supérieur le refuse, le religieux peut néanmoins se retirer. A l'égard des Mendiants, il leur est défendu, sous peine d'excommunication, de passer dans un autre ordre, même plus austère, sans un bref du pape; et il est défendu aux supérieurs, sous la même peine, de les recevoir sans un bref de *translation* : on excepte seulement l'ordre des Chartreux. Le pape est aussi le seul qui puisse transférer un religieux dans un ordre moins austère, lorsque sa santé l'exige. Le bref de *translation* doit être fulminé par l'official, après avoir entendu les deux supérieurs; et si la *translation* est accordée à cause de quelque infirmité du religieux, il faut qu'elle soit constatée par un rapport de médecins. Les brefs de *translation*, pour être exécutés en France, doivent être expédiés en la Daterie de Rome, et non par la congrégation des cardinaux, ni par la Pénitencerie. L'usage de la Daterie, qui est suivi parmi nous, oblige le religieux transféré, de faire un noviciat et une nouvelle profession, lorsqu'il passe dans un ordre plus austère, ou qu'il passe d'un ordre où l'on ne possède pas de bénéfice dans un ordre où l'on en peut tenir. Sans cette profession, il ne peut devenir membre du nouveau monastère; c'est par elle que le nœud réciproque qui attache le religieux à l'ordre, et l'ordre au religieux, se forme et devient indissoluble. Elle est même nécessaire lorsque la *translation* se fait dans un ordre moins austère, par la raison que le sujet a droit d'examiner si la maison lui convient, et la maison celui d'examiner si elle peut s'accommoder du sujet. On observe les mêmes règles pour la *translation* des religieuses d'un monastère dans un autre, c'est-à-dire, qu'elles ne peuvent passer d'un monastère à un autre plus austère, sans avoir demandé la permission de leur supérieure, et si celle-ci le refuse, la religieuse ne peut sortir du premier monastère, sans une permission par écrit de l'évêque.

Tout ce que nous venons de dire des *translations* des religieux, doit s'entendre des *translations* d'un ordre dans un autre, c'est-à-dire des cas où le religieux change d'observance et de discipline, et non de celles où il change seulement de monastère et non pas d'observance. Cette dernière s'opère par la seule autorité des supérieurs réguliers, sans solennité ni formalité, et elle n'exige ni noviciat ni profession. Elle a même lieu par la collation d'un bénéfice dans un autre monastère que celui dans lequel le religieux avait fait ses vœux.

Les rescrits de *translation* des religieux, contenant dispense du saint-siège, pour passer d'un ordre dans un autre, ne souffrent pas d'extension, et s'interprètent comme étant de droit étroit : c'est pourquoi le religieux simplement transféré ne peut aspirer aux bénéfices de l'ordre dans lequel il est passé; il lui faut une dispense particulière et spéciale, sans laquelle la provision devient nulle. C'est ce qui a été jugé au parlement de Paris, le 30 juin 1642, contre un religieux cordelier qui s'était fait transférer dans l'ordre de Saint-Augustin, et qui y avait été pourvu d'un prieuré qui en dépendait, sans clause de dispense particulière pour tenir des bénéfices de l'ordre.

Lorsque le religieux transféré retourne à son premier monastère, on distingue si la *translation* était dans un monastère du même ordre, ou si elle était dans un monastère d'un ordre différent : dans le premier cas, il reprend sa place et son rang d'ancienneté, tel qu'il l'avait avant sa *translation*. Si au contraire il est transféré dans un monastère d'un ordre différent, et que la *translation* ait été effectuée, il perd son rang d'ancienneté : tel est l'avis de Fevret. C'est pourquoi, dit cet auteur, si par quelque considération ce religieux retournait à son premier habit, il ne reprendra pas son rang d'ancienneté, mais marcherait d'après les reçus depuis sa *translation* ; de même qu'un officier de quelque siège, lequel se serait fait pourvoir de quelque office en une autre compagnie; si, après l'avoir exercé, il retournait au siège auquel il était premièrement officier, il ne reprendrait plus le rang qu'il y tenait, par l'argument de la loi, *Sed si manente*, ff. *de precar.*, sauf la limitation de la loi 3, *De diunit. lib.* x, où il est dit que celui qui quitte une charge pour entrer dans le sénat, s'il retourne au premier corps où il était officier, reprend sa première place, *idque jure singulari*; et par la même raison, qu'un religieux transféré à une autre religion, *ut in ea esset prælatus finito officio, sedebit in primo loco post prælatum in memorium pristinæ dignitatis*: mais hors ces cas singuliers, on suit la glose de la loi 21, *de Decur.*, qui veut que celui qui est sorti de l'ordre des décurions, *si fuerit restitutus, eumdem ordinem non retincat quem prius habebat, sed quem tunc adipiscitur cum novus in ordinem redit*.

TRANSLATION des reliques d'un saint. L'usage de transporter d'un lieu à un autre les reliques d'un martyr ou d'un autre saint dont on chérissait la mémoire, est venu d'un sentiment très-naturel et très-religieux. Lorsqu'un saint évêque avait souffert la mort pour Jésus-Christ dans un lieu éloigné de son siége, il n'est pas étonnant que ses ouailles aient désiré de posséder ses reliques, aient demandé que du lieu de son martyre elles fussent portées dans son Eglise. Ainsi, l'an 107, les restes des os de saint Ignace, martyrisé à Rome, furent transportés dans sa ville épiscopale d'Antioche, et reçus par les fidèles *comme un trésor inestimable*, suivant l'expression des actes de son martyre. Or, à cette époque, il y avait certainement encore dans cette Eglise un bon nombre de chrétiens qui avaient été instruits dans la foi par les apôtres mêmes. Lorsqu'un laïque avait reçu la même couronne, le respect et l'amour inspiraient le même empressement à ses concitoyens; et quoi que l'on en puisse dire, c'est un effet naturel de la vénération qu'inspire la vertu. Ce zèle augmenta lorsque l'on vit qu'il se faisait des miracles au tombeau des martyrs; on regarda leurs reliques comme un gage assuré des faveurs du ciel, et dans chaque Eglise on fut jaloux de s'en procurer. Dans la suite des temps, lorsque les Barbares firent des incursions dans nos provinces, brûlèrent les églises et les reliques des saints, l'on s'empressa de dérober à leur fureur ces précieux dépôts, on les porta dans des lieux où l'on avait sujet de penser que les barbares ne pénétreraient pas, surtout dans les monastères écartés. Il y a plusieurs exemples de reliques ainsi portées de l'un des bouts de la France à l'autre; quelques-unes furent ensuite reportées dans les lieux où elles avaient reposé d'abord. — Quand on examine cet usage sans prévention, l'on n'y voit rien que de louable; mais ce n'est point ainsi que l'ont envisagé les protestants. Obstinés à soutenir que le culte des reliques des saints est une superstition imitée des païens, ils ont trouvé beau, lorsqu'ils avaient les armes à la main, de suivre l'exemple des barbares, de fouiller dans les tombeaux des saints, d'en enlever les ornements, de profaner et de brûler les reliques; leurs écrivains ont ensuite déployé leur éloquence pour justifier ces excès, et pour jeter du ridicule sur toutes les pratiques des catholiques à cet égard.

Basnage, *Hist. de l'Eglise*, l. XVIII, c. 14, s'est beaucoup étendu sur ce sujet; il a fait tous ses efforts pour prouver que, pendant les trois premiers siècles, on ne s'était point avisé de toucher aux tombeaux des martyrs, d'en tirer leurs os, ni de les placer dans les églises ou sur les autels; que cet abus n'a commencé que vers la fin du IVe siècle, et que ce sont les ariens qui ont le plus contribué à l'introduire. Au mot SAINT, § 3, nous avons réfuté cette imagination ridicule; aux mots MARTYRS et RELIQUES, nous avons fait voir que leur culte est aussi ancien que le christianisme, et que dès le commencement ç'a été une espèce de profession de foi de la résurrection future. S'il s'y est glissé des abus dans les siècles d'ignorance, ils n'ont jamais été aussi grands ni aussi fréquents que les protestants le prétendent, et il en est résulté beaucoup plus de bien que de mal. Une infinité de pécheurs ont été pénétrés de componction en visitant le tombeau des saints, Dieu y a souvent récompensé par des miracles la foi des fidèles, ils y ont reçu du soulagement dans leurs maux; la fureur même des barbares a respecté plus d'une fois ces sanctuaires de la piété. Quoi que l'on en dise, il est bon que les enfants de l'Eglise conservent ces objets de consolation et de confiance, desquels ses ennemis se sont volontairement privés.

TRANSMIGRATION des âmes. Plusieurs anciens philosophes, comme Empédocle, Pythagore et Platon, avaient imaginé que les âmes, après la mort, passaient du corps qu'elles venaient de quitter, dans un autre corps, afin d'y être purifiées avant de parvenir à l'état de béatitude. Les uns pensaient que ce passage se faisait seulement d'un corps humain dans un autre de même espèce, d'autres soutenaient que certaines âmes entraient dans le corps d'un animal ou dans celui d'une plante. Cette *transmigration* était nommée par les Grecs *métempsycose* ou *métensomatose*. C'est encore aujourd'hui un des principaux articles de la croyance des Indiens. Nous n'avons aucun intérêt à rechercher l'origine de cette vision, ni la manière dont elle est venue à l'esprit des philosophes; les conjectures des savants sur ce point ne s'accordent pas; mais nous nous trouvons obligés de faire voir que cette erreur n'est fondée sur aucun principe certain ni sur aucun des dogmes de la foi chrétienne, qu'il est faux que plusieurs docteurs chrétiens l'aient adoptée, ni qu'elle soit plus raisonnable que le sentiment de l'Eglise catholique touchant le purgatoire ou la purification des âmes après la mort. On voit assez par quel motif quelques protestants ont trouvé bon d'avancer tous ces paradoxes. Peu nous importe encore de savoir si parmi les Juifs les pharisiens ont cru la *transmigration* des âmes, si c'est encore aujourd'hui un des dogmes des cabalistes, si ç'a été l'opinion commune des Egyptiens, ou seulement celle de quelques-uns de leurs philosophes; nous nous bornons à examiner si elle a pu être tirée de quelque vérité contenue dans la révélation, et si elle a contribué en quelque chose à corrompre la pureté de la foi dans l'Eglise chrétienne, comme certains critiques le prétendent.

Beausobre est celui de tous les protestants qui a poussé le plus loin la témérité à ce sujet. *Hist. du Manich.*, l. VII, c. 5, § 5, t. II, p. 492. Il soutient, 1° qu'Origène a cru la *transmigration* des âmes, qu'il a seulement douté si celles des pécheurs passent du corps d'un homme dans celui d'un animal. Il cite en preuve le témoignage d'un auteur anonyme dans Photius, qui accuse Origène d'avoir pensé que l'âme de notre Sauveur était celle d'Adam, et celui de saint Jérôme, *Epist. 94 ad Avitum.* Quant au premier de ces témoins, Beausobre se rend d'abord coupable d'imposture. L'anonyme dont parle Photius, *Cod.* 117, était un apologiste et non un accusateur d'Origène; il avait entrepris de le défendre contre quinze chefs d'accusation, dont le quatrième était d'avoir soutenu que les âmes de quelques hommes passent après leur mort dans le corps des brutes, et le sixième d'avoir dit que l'âme de Jésus-Christ était celle d'Adam. Que cet auteur ait réussi ou non à justifier Origène, cela ne fait rien à la question; il en résulte seulement que les anciens ennemis de ce Père n'ont épargné aucune calomnie pour le noircir. — Saint Jérôme n'accuse point Origène d'avoir assuré que l'âme des pécheurs en général peut passer dans les corps des brutes, mais d'avoir dit qu'à la fin du monde un ange, une âme, un démon peut devenir une brute *et le désirer*, dans la violence des tourments et des ardeurs du feu qu'il endure. Il est donc ici question d'un damné, et non d'un autre pécheur, et il est à croire qu'Origène avait seulement dit qu'un damné *peut désirer* le sort d'une brute, et non qu'il peut l'obtenir. On sait assez que saint Jérôme n'a pas toujours pris la peine de vérifier les passages cités par les ennemis d'Origène. D'ailleurs, il avoue qu'Origène ajoutait : « Tout ceci ne sont point des dogmes, mais des doutes et des conjectures hasardées, pour ne rien passer sous silence. » *S. Hieron.*, t. IV, col. 762 et 763. Beausobre convient que ces passages allégués par saint Jérôme ne se trouvent plus dans Origène; sur quoi donc fondé ose-t-il avancer *qu'il est certain et qu'il n'y a nul doute* que ce Père n'ait admis la *transmigration* des âmes? C'est le contraire qui est certain, et Beausobre n'est pas pardonnable de l'avoir dissimulé. En effet, dans huit ou dix endroits de ses ouvrages, Origène a formellement réfuté non-seulement les philosophes qui prétendaient que l'âme d'un homme peut passer dans le corps d'un animal, mais encore ceux qui supposaient qu'elle peut entrer dans le corps d'un autre homme. Il dit que ce dernier sentiment est contraire à la foi de l'Eglise, qu'il n'est ni enseigné par les apôtres ni révélé dans l'Ecriture, qu'il est même opposé à plusieurs passages de l'Evangile, et il cite ces passages, t. XIII, *in Matth.*, n. 1, etc.; on en verra quelques-uns ci-après. Il est donc faux qu'Origène n'ait pas cru que

le dogme de la métempsycose *blessât en aucune sorte les fondements de la foi*, comme il plaît à Beausobre de l'assurer. Mais en copiant dans Huet tout ce qu'il a dit au désavantage de ce Père, il a laissé de côté ce qui sert à le justifier, *Origenian.*, liv. II, q. 6, n. 19 et 20.

La même accusation intentée contre Synésius est également injuste. Cet évêque dit dans ses *poésies*, hymn. 3, v. 725 : « O Père, accordez que mon âme réunie à la lumière ne soit plus plongée dans les ordures de la terre ! » Pour changer le sens, Beausobre a mis *replongée*. Enfin il cite Chalcidius : mais on sait que c'était un philosophe éclectique du IVe siècle, entêté du système de Platon, qui a donné beaucoup plus de preuves d'attachement au paganisme qu'au christianisme; il ne mérite donc pas d'être placé parmi les philosophes chrétiens *d'un grand mérite et d'une haute vertu*, qui, selon Beausobre, ont enseigné le dogme de la *transmigration* des âmes. Voilà déjà trois ou quatre infidélités qui ne font pas honneur à l'accusateur des Pères.

2° Pour en pallier la turpitude, il prétend que les principes sur lesquels était fondée l'opinion de la métempsycose, n'avaient rien de fort déraisonnable; elle tira, dit-il, son origine de l'hypothèse de la préexistence des âmes, comme M. Huet l'a prouvé. Nous avouons que M. Huet l'a dit, mais nous nions qu'il l'ait prouvé, et nous défions son copiste de nous montrer aucune liaison entre ces deux erreurs; jamais les Pères de l'Eglise ne l'ont aperçue. En effet, quand il serait vrai que l'âme a existé avant le corps, il s'ensuivrait seulement qu'elle peut exister encore sans lui après la mort, et non qu'elle doit entrer dans un autre corps.

3° L'une et l'autre de ces deux opinions, continue notre critique, parurent nécessaires pour maintenir l'immortalité de l'âme. Autre fausseté; aucun des Pères n'a connu cette nécessité. Convaincus de l'immortalité de l'âme par la révélation, ils n'ont eu besoin ni de deux erreurs ni d'une fausse logique pour soutenir ce dogme. Dès que l'Ecriture sainte nous apprend que Dieu a créé l'âme immortelle, qu'importe qu'il lui ait donné l'être avant de former le corps, ou en même temps, qu'après sa séparation du corps, elle entre dans un autre, ou qu'elle aille incontinent recevoir la récompense ou la punition qu'elle a méritée? Si un philosophe niait tout à la fois l'immortalité de l'âme, sa préexistence et sa *transmigration*, nous voudrions savoir lequel de ces trois points il faudrait prouver d'abord, afin d'en conclure les deux autres.

4° Beausobre ajoute que la nécessité de la purification des âmes avant d'être reçues dans le ciel, est un sentiment qui ne fait point de déshonneur à la raison; il a paru conforme à l'Ecriture, il a été embrassé par plusieurs Pères, mais il a fourni à la superstition le prétexte d'inventer le purgatoire. — Il est fort singulier de voir un protestant zélé reconnaître la justesse et la solidité du principe sur lequel est fondé le dogme du purgatoire, pendant que ses pareils ont fait des livres pour prouver que ce principe est faux et contraire à l'Ecriture sainte. Mais, pour ne pas paraître infidèle à sa secte, il soutient que le purgatoire des philosophes, qui consistait dans la *transmigration* des âmes, l'emporte infiniment sur celui de l'Eglise romaine, et du côté de la raison, et par l'ancienneté, et par la pluralité des suffrages ; qu'il vaut mieux à tous égards, et qu'il ne pouvait pas produire les mêmes abus.

A toutes ces absurdités nous répondons d'abord, qu'en fait de dogmes révélés la raison n'a rien à y voir ; ce n'est point à elle de juger s'ils sont vrais ou s'ils sont faux ; tout ce qui est clairement révélé est certainement vrai, tout ce qui est opposé à la révélation est nécessairement faux : vouloir en juger par une autre méthode, c'est établir le déisme. *Voy.* EXAMEN. Or, le purgatoire catholique est enseigné dans l'Ecriture sainte, nous l'avons prouvé dans son lieu, et la *transmigration* des âmes y est contredite. Nous lisons dans saint Luc, c. XVI, v. 22, que le pauvre Lazare mourut et fut porté par les anges dans le sein d'Abraham, que le mauvais riche après sa mort fut enseveli dans l'enfer, *lieu de tourments;* ces deux âmes ne passèrent point dans d'autres corps. Voilà ce qui a fondé les décrets du n° concile de Lyon et de celui de Florence, par lesquels il est décidé que la récompense des justes et la punition des méchants ne sont point retardées jusqu'au jugement dernier. L'hypothèse des *transmigrations* est opposée à ce qui est dit dans l'Ancien et le Nouveau Testament, des résurrections miraculeuses ; dans cette hypothèse, pour ressusciter un homme, il aurait fallu en tuer un autre. Il s'ensuivrait qu'aucun pécheur ne serait damné, parce que tous seraient punis par des *transmigrations* ; Jésus-Christ dit au contraire que les méchants iront au supplice éternel, et les justes à la vie éternelle. *Matth.*, c. xxv, v. 46. Origène a très-bien vu cette conséquence, t. XIII, *in Matth.*, n. 1. En second lieu, l'antiquité ne donne aucun poids aux erreurs, mais elle rend la vérité plus respectable ; or, la foi des patriarches qui désiraient et qui espéraient de dormir avec leurs pères, *Gen.*, XLVII, v. 30, est beaucoup plus ancienne que les rêveries des philosophes transplantateurs des âmes. Après bien des *transmigrations*, ceux-ci ne pouvaient rien espérer de mieux que d'être absorbés dans l'essence divine, où ils ne sentiraient plus rien. La pluralité des suffrages prouve encore moins, et elle est ici faussement supposée ; la métempsycose n'a pour elle que les suffrages des philosophes païens et des Indiens, le purgatoire a celui des écrivains sacrés, des Juifs, des Pères et de toute l'Eglise catholique. Enfin il est faux que ce dogme ait produit d'aussi mauvais effets que l'erreur précédente. La *transmigration* des âmes, admise par les Indiens, leur fait envisager les maux de cette vie, non comme une épreuve utile à la vertu, mais comme la punition des crimes commis dans un autre corps ; n'ayant aucun souvenir de ces crimes, leur croyance ne peut servir à leur en faire éviter aucun. Elle fait condamner les veuves à un célibat perpétuel, elle inspire de l'horreur pour la *caste* ou la tribu des *parias*, parce que l'on suppose que ce sont des hommes qui ont commis des crimes affreux dans une vie précédente. Elle donne aux Indiens plus de charité pour les animaux, même nuisibles, que pour les hommes, et une aversion invincible pour les Européens, parce qu'ils tuent les animaux et en mangent la viande. La multitude des *transmigrations* fait envisager les récompenses de la vertu dans un si grand éloignement, que l'on n'a plus le courage de les mériter, etc. Au mot PURGATOIRE, nous avons fait voir que ce dogme n'a jamais produit les mauvais effets que les protestants lui attribuent.

Si l'on demande à quel dessein Beausobre a rassemblé tant d'impostures et tant d'absurdités à ce sujet, il l'a fait assez connaître : il voulait, aux dépens des Pères de l'Eglise et des catholiques, justifier les manichéens et les autres hérétiques qui ont enseigné la *transmigration* des âmes.

Les Juifs ont appelé *transmigration de Babylone*, leur retour dans la Judée après la captivité : mais il est faux qu'ils aient fait du dogme que nous venons de réfuter, la base de leur religion, comme quelques demi-philosophes très-mal instruits l'ont dit au hasard dans les relations récentes, en parlant des Indiens.

TRANSSUBSTANTIATION. *Voy.* EUCHARISTIE, § 2.

TRAPPE, célèbre abbaye de l'étroite observance de Cîteaux, située dans le Perche, aux confins de la Normandie, à quatre lieues de Mortagne, vers le nord. Elle fut fondée l'an 1140, sous le pontificat d'Innocent II et sous le règne de Louis VII, par Rotrou, comte du Perche, et fut d'abord de l'ordre de Savigny. L'an 1148, cet ordre se réunit à celui de Cîteaux, à la sollicitation de saint Bernard. Cette maison fut d'abord distinguée par la sainteté de ses religieux : quoiqu'elle eût été saccagée plusieurs fois par les Anglais pendant les guerres que nous avions pour lors avec eux, les moines eurent le courage d'y demeurer encore pendant quelque temps ; enfin la continuité du danger auquel ils étaient exposés les en fit sortir. La guerre ayant cessé, ils y revinrent tous ; mais ils avaient eu le temps de se relâcher dans le monde, et de perdre leur première ferveur. En 1526 la *Trappe* eut des abbés commendataires ; en 1662 l'abbé Armand Jean Le Bouthillier de Rancé, qui la possédait, entreprit d'y mettre la réforme, et il en vint à bout ; il y rétablit l'étroite observance de la règle de saint Bernard en l'embrassant lui-même, et depuis ce temps-là elle s'y est soutenue jusqu'à nos jours. Si l'on veut voir un détail abrégé et très-édifiant de la vie de ces religieux, on le trouvera dans les *Vies des Pères et les martyrs*, t. III, page 722, *Vie de saint Robert, abbé de Molesme*. Comme leur règle est très-austère, les épicuriens de notre siècle, copistes des protestants, ont fait ce qu'ils ont pu pour en empoisonner les motifs, et pour en faire craindre les effets. Ils ont dit que la *Trappe* est la retraite de ceux qui ont commis de grands crimes dont les remords les poursuivent, ou qui sont tourmentés par des vapeurs mélancoliques et religieuses. Quand cela serait vrai, on devrait encore leur applaudir; il est mieux d'expier les crimes que d'y persévérer; ceux qui ont succombé aux dangers du monde, font bien de s'en éloigner; il n'est pas nécessaire que les mélancoliques ennuient la société. Mais c'est une pure calomnie. La plupart de ceux qui se retirent à la *Trappe* sont des hommes qui ont mené dans le monde une vie très-régulière, et qui se sentent appelés de Dieu à en embrasser une encore plus parfaite. La paix, la sérénité, la douceur, la charité, qui règnent parmi ces cénobites, ne sont pas des marques de mélancolie ni d'un caractère sauvage. Ce sont, dit-on encore, des hommes qui ont de Dieu des idées terribles, qui se figurent qu'il aime à voir souffrir ses créatures, qui oublient sa miséricorde, et qui semblent se défier des mérites de Jésus-Christ. S'ils avaient ces idées, ils se livreraient au désespoir comme les malfaiteurs. C'est au contraire parce qu'ils comptent sur la miséricorde de Dieu et sur les mérites de Jésus-Christ, qu'ils embrassent une vie pénitente, puisque sans ces mérites elle ne servirait de rien; mais ils se souviennent que pour avoir part à sa gloire, il faut souffrir avec lui; *Rom.*, c. VIII, v. 17; *II Cor.*, c. I, v. 7; *Philipp.*, c. III, v. 10; *I Petr.*, c. IV, v. 13, etc. Ils ont une très-grande idée de la miséricorde de Dieu, puisqu'ils l'implorent, non-seulement pour eux-mêmes, mais pour tous les pécheurs, et qu'ils prient pour ceux même qui leur insultent et les calomnient. Dans les pratiques d'une mortification et d'une solitude continuelles, ils trouvent la paix qu'ils n'ont pu goûter dans le tumulte et dans les plaisirs du monde; délivrés des passions qui sont la source de presque toutes nos peines, ils vivent sans trouble et meurent avec confiance. La plupart de ceux qui les ont vus de près ont été tentés de les imiter.

On dit enfin que ces religieux pratiquent des austérités qui abrègent la vie et font injure à la Divinité. Cependant il se trouve beaucoup de vieillards à la *Trappe*; et à Sept-Fonds, où l'on vit de même, il y a moins de malades qu'ailleurs; il en meurt moins à proportion par l'excès des austérités, qu'il n'en périt ailleurs par les suites de l'intempérance, de la débauche, d'un régime absurde et contraire à la nature. Ce n'est point la pénitence qui fait injure à Dieu, puisqu'elle le suppose miséricordieux; c'est plutôt l'épicuréisme spéculatif et pratique des philosophes qui se persuadent que Dieu ne fait aucune attention à la conduite de ses créatures, qu'il voit d'un œil égal le vice et la vertu. Pendant qu'ils travaillent à corrompre l'univers entier, il est bon qu'il y ait encore des asiles où la fragilité humaine puisse se réfugier, et des hommes qui prouvent par leur exemple que la nature se contente de peu, et que les vertus des anciens solitaires ne sont pas des fables.

Il faut que ce genre de vie ne soit pas si terrible, puisque les deux monastères dont nous venons de parler sont toujours fort nombreux, et que des filles ont le courage d'embrasser la même règle. On sait que les religieuses des Clairets, qui sont sous la direction de l'abbé de la *Trappe*, imitent la solitude, le silence, le travail, la pauvreté, les mortifications des religieux.

TRAVAIL. *Voy.* OISIVETÉ.

* TREMBLEURS. Le quakérisme, par sa sévérité, était de nature à exalter les têtes et à donner naissance à de nouvelles sectes. Anne Lée poussa le quakérisme jusqu'aux rêves du délire. Elle eut bientôt beaucoup de zélateurs qui la regardèrent comme la femme incarnée. Voici le symbole des trembleurs. Il y a en Dieu deux personnes, homme et femme. Le Père est du genre masculin, le Saint-Esprit est du genre féminin. Le Père se communiqua intimement au Verbe divin, et le Saint-Esprit le mit au monde; il prit le nom de Jésus. Comme il n'y avait que la moitié de l'espèce divinement formée, le Saint-Esprit se communiqua à Anne Lée. De ce moment la rédemption fut entière. On voit par ce court exposé que le symbole des trembleurs n'est que le rêve d'une imagination malade. Pour eux il n'y a pas de Trinité, de maternité de la Vierge, de résurrection, etc. Les trembleurs ont pris leur nom de leur culte qui consiste principalement dans des danses. Le mouvement est d'abord modéré, il s'anime bientôt jusqu'à la convulsion; les hommes se dépouillent de leurs habits, les femmes de leurs robes; viennent les saisissements de l'Esprit-Saint, les discours insensés, etc. Tirons le voile sur les suites de ce culte. On les comprend trop sans que nous ayons besoin de les faire connaître.

TRENTE (concile de). Le concile tenu dans cette ville d'Italie est le dix-huitième et le dernier des conciles généraux; il commença l'an 1545, sous le pontificat de Paul III; il continua sous ceux de Jules III et de Paul IV, et finit sous celui de Pie IV, l'an 1563. Jamais concile ne fut assemblé pour un sujet plus important; il ne s'agissait pas seulement de condamner une ou deux hérésies, mais de proscrire la multitude des erreurs que les protestants avaient répandues dans une grande partie de l'Europe; d'y expliquer la croyance de l'Église catholique sur les divers points de doctrine qui étaient contestés; de justifier son culte que les hérétiques traitaient de superstition et d'idolâtrie; enfin de réformer les abus qui s'étaient introduits dans la discipline pendant les siècles précédents. Aussi jamais assemblée ecclésiastique ne fut plus célèbre; plus de deux cent cinquante évêques ou prélats des différentes nations catholiques, les plus savants théologiens, les plus habiles jurisconsultes, les ambassadeurs des divers souverains, y assistèrent. Quand on en examine les décrets sans prévention, l'on reconnaît qu'ils ont été formés avec toute la clarté, la précision et la sagesse possibles, après les discussions et les examens les plus exacts faits par les théologiens et les canonistes. Ceux qui regardent le dogme sont fondés sur l'Écriture sainte et sur la tradition, sur le sentiment des Pères, sur les décisions des conciles précédents, sur la croyance constante et universelle de l'Église. Les règlements de discipline, après avoir excité d'abord des réclamations, ont été pour la plupart adoptés par les souverains catholiques ; un grand nombre sont observés parmi nous, en vertu des ordonnances de nos rois ; la prévention et l'attachement aux anciens usages ont cédé peu à peu à la sagesse qui les a dictés.

On conçoit aisément que les protestants n'ont rien omis pour décrier la conduite et les décisions d'un concile qui les a condamnés ; mais leur procédé à cet égard met au grand jour l'esprit dont ils ont toujours été animés. Lorsque Luther eut été censuré par Léon X en 1520, il appela de cette sentence au concile général. En 1530, les princes luthériens d'Allemagne présentèrent à la diète d'Augsbourg leur confession de foi, dans laquelle ils appelaient de nouveau à la décision du concile. Jusqu'en 1540 ils ne cessèrent de déclamer contre le pape, parce qu'il ne se pressait pas assez de convoquer le concile. Mais à peine la bulle de convocation eut-elle été donnée l'an 1542, que Luther publia divers écrits pour prévenir ses partisans, et pour les indisposer d'avance contre tout ce qui pourrait y être décidé. En 1547, après les sept premières sessions, Calvin composa son *Antidote contre le concile de Trente*, dans lequel il déclama avec toute la fougue et l'indécence que Luther aurait pu se permettre, s'il avait encore vécu. En 1549, dans une seconde diète d'Augsbourg, lorsque l'on demanda aux princes luthériens s'ils se soumettraient aux décrets du concile, Maurice, électeur de Saxe, ne promit d'y acquiescer que sous trois conditions, savoir, 1° que l'on discuterait de nouveau les points de doctrine qui avaient été déjà décidés ; 2° que les théologiens luthériens seraient admis à cette assemblée, qu'ils y auraient voix délibérative, et que leurs suffrages seraient comptés avec ceux des évêques ; 3° que le pape n'y présiderait plus ni par lui-même, ni par ses légats. L'on prit avec raison cette réponse pour un refus formel. En effet, l'an 1560, lorsque Pie IV eut donné la bulle qui ordonnait la reprise et la continuation des séances du concile de *Trente*, les princes luthériens d'Allemagne publièrent leurs griefs contre les décrets de ce concile et les raisons qu'ils avaient de les rejeter. Elles sont rassemblées dans un ouvrage qui parut pour lors en allemand, et qui ensuite a été traduit en latin sous ce titre : *Concilii Tridentini decretis opposita gravamina*. Depuis ce temps-là ces mêmes griefs ont été rejetés par une foule d'auteurs protestants et par leurs copistes, Heidegger, *Anatome concilii Trident.*; par Basnage, *Hist.* *de l'Eglise*, l. VII, c. 5 ; par Mosheim, *Hist. ecclés.*, XVIe siècle, section 3, 1re part., c. 1, § 23 ; par son traducteur et par d'autres Anglais ; par Fra-Paolo, dans son *Histoire du concile de Trente*, et dans les notes de Le Courayer sur cette Histoire, etc.

On sait d'abord que Fra-Paolo était un religieux vénitien de l'ordre des servites, qui était protestant dans le cœur, qui avait des ressentiments personnels contre la cour de Rome, qui, en exhalant sa bile contre le concile de *Trente*, crut faire sa cour au sénat de Venise brouillé pour lors avec Paul V. Lorsque ce différend eut été terminé par la médiation d'Henri IV, l'auteur n'osa faire imprimer son livre en Italie ; il le remit à Marc-Antoine de Dominis, autre apostat qui alla le faire imprimer en Angleterre. Pour réfuter cette Histoire, le cardinal Pallavicini en fit une autre plus sincère et justifiée par les actes originaux du concile : elle parut vers l'an 1665. Le Courayer, autrefois chanoine régulier de Sainte-Geneviève, retiré aussi en Angleterre, y fit réimprimer en français l'histoire de Fra-Paolo avec des notes aussi peu orthodoxes que le texte ; il était déjà connu par d'autres ouvrages qui avaient attiré sur lui sa condamnation par le clergé de France. Cette histoire et les notes ont été réfutées dans un ouvrage intitulé : *L'honneur de l'Eglise catholique et des souverains pontifes défendu contre l'histoire du concile de Trente, par Fra-Paolo, et les notes du P. Le Courayer*, 2 vol. in-12, imprimé à Nancy en 1742, et que l'on attribue à dom Gervais, ancien abbé de la Trappe. Ce livre aurait été plus recherché, s'il était écrit en meilleur style, avec moins d'humeur et plus de précision, mais le fond en est solide. Une partie des plaintes des protestants a été aussi réfutée dans *l'Histoire de l'Eglise gallicane*, l. LIII et LIV, an 1545 et suiv. Il y a lieu de regretter que cette histoire n'ait pas été continuée jusqu'à la fin du concile.

Quoi qu'il en soit, voici les griefs allégués par les protestants, tels que nous avons pu les recueillir dans les divers ouvrages dont nous venons de parler. Ils disent, 1° que le pape n'a aucun droit de convoquer les conciles, ni d'y présider ; qu'il s'était rendu suspect en condamnant les protestants d'avance ; que c'était à l'empereur d'assembler le concile dont on avait besoin ; qu'il fallait le tenir en Allemagne où était le principal foyer des disputes.—*Réponse.* Au mot CONCILE, nous avons fait voir que depuis que le christianisme est établi chez différentes nations, et dans divers royaumes, le pape, en qualité de chef et de pasteur de l'Eglise universelle, peut légitimement et convenablement convoquer un *concile général* ; peu importe que les protestants lui contestent ce droit, dès que l'Eglise catholique le lui accorde. Aucun souverain particulier ne peut se l'attribuer. La cause des protestants n'intéressait pas l'Allemagne seule, elle concernait toute l'Eglise. Leurs erreurs faisaient le plus grand bruit en France ; ils avaient fait des efforts pour les introduire en Espagne et en Italie; bientôt elles pénétrèrent en Angleterre et en Hollande. Quand l'empereur aurait convoqué un concile en Allemagne, comment aurait-on pu engager les évêques et les théologiens des autres contrées de l'Europe à y assister? Les souverains s'y seraient opposés avec raison. En condamnant et excommuniant Luther avant tous ses adhérents, Léon X avait fait son devoir. Luther lui-même avait appelé à ce jugement, et toute l'Eglise avait applaudi à la sentence du pape; mais les protestants, déjà fiers de leur multitude et de leurs forces, se croyaient en droit de tenir tête à l'Eglise catholique.

2° Le concile de *Trente* n'a pas été général ou œcuménique, il n'a jamais été composé que d'un petit nombre d'évêques, presque tous italiens et dévoués au pape; les protestants n'y ont pas été entendus, ils ne pouvaient même s'y rendre en sûreté, malgré les sauf-conduits qu'on leur accordait, parce qu'il est décidé dans l'Eglise romaine que l'on n'est pas obligé de garder la foi aux hérétiques.—*Réponse*. Ce concile a été véritablement œcuménique, puisque les bulles de convocation et de continuation étaient adressées à tous les évêques, à tous les souverains, en un mot, à toute l'Eglise. La plupart des évêques étaient chargés de la procuration de leurs confrères, parce qu'il ne s'agissait pas de créer une nouvelle doctrine, mais de rendre témoignage de ce qui était déjà cru et professé dans les Eglises des différentes nations. Osera-t-on soutenir que le cardinal de Lorraine, le cardinal Polus, les évêques espagnols les plus célèbres, etc., n'étaient pas en état d'attester ce qui était cru, prêché et professé en France, en Angleterre et en Espagne, avant que Luther fût venu au monde? Quand ils auraient pu l'ignorer, du moins les théologiens les plus habiles qu'ils avaient amenés avec eux ne l'ignoraient pas. Pour connaître les sentiments, les preuves, les objections des protestants, il n'était plus nécessaire de les entendre, on avait sous les yeux leurs livres, ils en avaient inondé l'Europe entière, plusieurs princes d'Allemagne avaient envoyé au concile leur profession de foi, qui avait été dressée par leurs théologiens. On n'y a jugé personnellement ni Luther, ni Zwingle, ni Calvin, ni aucun autre sectaire; on a prononcé sur les erreurs contenues dans leurs écrits, elles y sont encore; ces titres subsistent toujours et justifient la censure du concile; si depuis ce temps-là les protestants ont changé de croyance, les Pères de *Trente* n'étaient pas obligés de le prévoir. Suivant leur prétention il aurait fallu entendre non-seulement les luthériens, mais les anabaptistes, les zwingliens, les mélanchthoniens, les calvinistes, etc.; nous n'ajoutons pas les anglicans, leur religion n'était pas encore née. Qu'aurait on pu décider au milieu de cette cohue de disputeurs, qui n'ont jamais pu s'entendre ni s'accorder lorsqu'ils se sont assemblés pour comparer leur doctrine? Le concile de *Trente* n'en a pas établi une nouvelle, il a rendu témoignage de ce qui était déjà cru dans l'Eglise catholique avant cette époque; cette foi est encore la même, et elle ne changera jamais. Au mot HUSSITES, nous avons réfuté la calomnie des protestants au sujet des sauf-conduits et de la foi donnée aux hérétiques. Après avoir déclaré cent fois à la face de l'Europe entière qu'il n'y a point d'autre règle de foi que l'Ecriture sainte; qu'aucun concile n'a le droit de décider de la doctrine, et que personne n'est obligé de se soumettre à ses décrets; après avoir protesté d'avance contre tous ceux qui se feraient à *Trente*, nos adversaires n'ont-ils pas bonne grâce de se plaindre de n'avoir été ni appelés ni entendus au concile?

3° Les opinions n'y étaient pas libres; le pape y dominait despotiquement par ses légats; les Italiens, tous dévoués au pape, subjuguaient les autres; les évêques étaient ordinairement réduits à dire leur avis par un *placet*. A proprement parler ç'a été un concile du pape, et non une assemblée de l'Eglise. Les disputes y furent souvent poussées jusqu'à l'indécence et à la violence; c'était une cohue dans laquelle on ne s'entendait pas.—*Réponse*. La contradiction entre ces deux reproches est déjà sensible: s'il y eut quelquefois trop de chaleur dans les disputes, tout le monde avait donc liberté d'y dire son avis; mais les protestants et leurs copistes, qui ont voulu tout brouiller, ont confondu les examens dans lesquels on prenait l'avis des théologiens, et où on leur permettait de disputer, les congrégations dans lesquelles les légats recueillaient les suffrages des évêques, et où les décrets étaient rédigés à la pluralité des voix, et les sessions dans lesquelles ces décrets étaient lus et publiés. Qu'il y ait eu souvent trop de vivacité dans la manière dont certains théologiens soutenaient leur sentiment, cela est très-probable; c'est un défaut qui n'a que trop souvent paru dans les disputes des protestants aussi bien que dans celles des catholiques, et duquel les premiers sont convenus plus d'une fois. Il leur sied donc très-mal d'en faire un reproche à ceux du concile de *Trente*. Mais que, dans les congrégations où il s'agissait de rédiger les décisions, les évêques n'aient pas osé dire ce qu'ils pensaient, qu'ils aient été gênés par la crainte de déplaire au pape ou à ses légats, c'est une supposition non-seulement fausse, mais absurde. Qu'importait à l'autorité du pape qu'un dogme quelconque fût décidé d'une manière ou d'une autre? Le pape, les légats, les évêques, étaient tous catholiques, sans doute; ils avaient donc tous le même intérêt ou plutôt la même obligation de veiller à ce que la croyance catholique ne fût altérée en rien, et que le dogme fût conservé et exprimé tel qu'il était. Si donc l'intérêt du pape était capable d'intimider les évêques, ce ne pouvait être que dans les matières de discipline, dans lesquelles le pape voulait conserver le même degré d'autorité dont il avait joui jusqu'alors, le pouvoir de disposer des bénéfices, de restreindre la juridiction des évêques, de dispenser des canons, etc. Cependant il est prouvé, soit par les actes du concile, soit par les relations des ambassadeurs, soit par les aveux de Fra-Paolo et de son commentateur, que les évêques de France et d'Espagne opinèrent souvent sur ces matières avec une fermeté qui devait déplaire beaucoup à la cour de Rome et aux ultramontains. Quand ils auraient été plus complaisants ou plus timides sur ce point, le pape n'y aurait rien gagné, puisque les règlements de discipline, qui ont paru trop favorables à son autorité, n'ont point été reçus en France, non plus que dans quelques autres royaumes, comme nous le verrons ci-après.—Dans les sessions où les légats demandaient l'avis des Pères par le mot *placetne vobis*, il n'était question ni de dogme ni de discipline, mais de fixer le jour de la session prochaine, d'interrompre ou de continuer les sessions, etc. Nous défions les détracteurs du concile de citer un seul article de doctrine sur lequel les évêques aient opiné sur un simple *placet*, ou sur lequel les théologiens aient continué de disputer, après qu'il avait été examiné, décidé à la pluralité des voix, rédigé par écrit et publié par une session.

4° Le très-grand nombre des évêques était non-seulement des ignorants, mais des hommes vicieux, coupables de simonie, d'abus dans la possession et l'administration des bénéfices, de taxes et d'exactions à l'égard des fidèles, et d'autres désordres qui les avaient rendus odieux. Les théologiens qui les guidaient n'étaient que des plats scolastiques qui n'avaient étudié ni l'Ecriture sainte, ni la tradition, ni la morale chrétienne. — *Réponse*. La ressource ordinaire de plaideurs condamnés par un tribunal quelconque est de calomnier leurs juges. Il est constant qu'un grand nombre des Pères du concile de *Trente* étaient des hommes recommandables par leurs talents, par leurs vertus, par leur capacité dans les sciences ecclésiastiques. Le cardinal Polus, archevêque de Cantorbéry; le cardinal Hosius, évêque de Warmie en Pologne; Antoine Augustin, évêque de Lérida et ensuite archevêque de Tarragone; dom Barthélemi des Martyrs, archevêque de Brague; Barthélemi Caranza, archevêque de Tolède; Thomas Campége, évêque de Feltri; Louis Lippoman, évêque de Vérone; Jean-François Commendon, évêque de Zacynthe, et ensuite cardinal, etc., etc., ont fait honneur à leur siècle, et ont laissé des ouvrages qui attestent leur mérite. Les prélats français qui parurent à *Trente* n'étaient ni des ignorants ni des hommes vicieux; les légats témoignèrent plus d'une fois le cas qu'ils faisaient de leurs lumières et de leur capacité. Parmi les cent cinquante théologiens qui parurent successivement au concile, il en est peu qui n'aient joui pour lors d'une très-grande célébrité, et qui n'aient composé de savants ouvrages; plusieurs avaient eu des disputes avec les protestants, dans lesquelles ces derniers n'a-vaient pas eu l'avantage. Mais parce que ceux-ci faisaient beaucoup de livres dans lesquels ils répétaient les mêmes sophismes, les mêmes plaintes, les mêmes déclamations que Luther et Calvin, ils se croyaient les seuls savants de l'univers, et ils avaient inspiré le même orgueil aux particuliers les plus ignorants. Il suffit de lire, à la fin du 17° vol. de l'*Hist. de l'Eglise Gall.*, le discours sur l'état de cette Eglise, à la naissance des hérésies du xvi° siècle, pour se convaincre qu'il n'était point tel que les protestants ont affecté de le représenter.

5° Dans le concile de *Trente* les questions controversées n'ont point été décidées par l'Ecriture sainte, mais plutôt contre le texte formel de ce livre divin; les évêques et les théologiens se sont uniquement fondés sur de prétendues traditions, sur les canons, et souvent sur les fausses décrétales des papes. — *Réponse*. Le contraire est prouvé par la simple lecture des décrets de ce concile. Dans les chapitres qui précèdent les canons ou règles de doctrine, il n'y a pas un seul dogme clair et précis de l'Ecriture sainte; à la vérité on n'y a point affecté d'accumuler, comme font les protestants, des textes de l'Ecriture qui ne prouvent rien, et qui souvent sont absolument étrangers à la question; quelquefois l'on n'en a cité qu'un ou deux, lorsqu'ils sont décisifs et sans réplique. Mais parce que le concile n'a pas donné le sens faux et erroné qu'y donnent les protestants, ils disent qu'il a contredit l'Ecriture sainte. Lorsque ce livre divin garde le silence sur un dogme ou sur un usage qui a toujours été observé dans l'Eglise, ou qu'il ne s'exprime pas assez clairement, le concile a décidé qu'il faut le conserver en vertu de la tradition, c'est-à-dire de l'enseignement perpétuel et général de cette sainte société. Au mot TRADITION nous avons fait voir que cela ne se peut et ne se doit pas faire autrement, que cette méthode est fondée sur l'Ecriture même, et que les protestants la suivent en affectant de la blâmer. Quant à la discipline, elle ne pouvait être mieux réglée que sur les anciens canons; mais il est faux que le concile ait fait aucun usage des fausses décrétales.

6° L'on y a travesti en articles de foi plusieurs opinions de scolastiques sur lesquelles on avait jusqu'alors disputé avec pleine liberté; ce sont donc autant de nouveaux dogmes inconnus auparavant, à l'occasion desquels le concile a prodigué très-injustement les anathèmes. D'autre part, il a omis de décider plusieurs articles qui sont cependant crus et professés dans l'Eglise romaine. — *Réponse*. Nos adversaires se plaignent donc de ce que le concile a décidé trop d'articles de foi, et de ce qu'il en a décidé trop peu; mais l'un de ces reproches est aussi mal fondé que l'autre. Avant cette époque aucun théologien n'avait examiné l'Ecriture sainte et la tradition avec autant d'exactitude et de soin qu'on l'a fait au concile de *Trente;* aucun n'avait eu autant de facilité que là de comparer le sentiment des docteurs des différentes écoles catholiques et des différentes nations, et d'en compter les voix; aucun n'avait pu prévoir les fausses conséquences que les hérétiques tireraient d'une telle explication de l'Ecriture sainte, ou d'une telle opinion qui paraissait innocente; il avait donc pu être permis jusqu'alors de disputer là-dessus, faute de lumière suffisante. Mais dans le concile tout fut mis au grand jour : l'on examina, l'on disputa, l'on compara toutes les raisons et tous les sentiments, l'on vit de quel côté était la tradition la plus constante; on aperçut les conséquences par la multitude même des erreurs des protestants, et par la témérité avec laquelle ils adoptaient les sentiments les moins probables de quelques théologiens trop hardis. On sentit donc la nécessité de terminer ces disputes par une décision formelle. Ainsi l'on en avait agi dans tous les conciles précédents, à commencer depuis celui de Nicée jusqu'à celui de Florence, qui était le dernier. Ce sont donc les protestants qui sont la cause de la multitude de décrets et d'anathèmes qu'ils osent reprocher au concile de *Trente*. — Ce concile n'a point parlé des autres articles de foi que nous croyons, soit en vertu de passages clairs et formels de l'Ecriture sainte, soit parce qu'ils ont été décidés par les conciles précédents : à quel propos y aurait-on traité des points de doctrine dont il n'était pas question pour lors? Cette plainte est aussi ridicule que celle des sociniens et des déistes, qui savent mauvais gré au concile de Nicée de n'avoir pas décidé la divinité et la procession du Saint-Esprit, qui ne furent contestées que soixante ans après. En accusant celui de *Trente* d'avoir forgé des articles de foi nouveaux et inconnus jusqu'alors, ils prennent soin de l'absoudre et d'établir le fait contraire, puisqu'ils disent que nous croyons les dogmes décidés par ce concile, non par respect pour son autorité, mais parce qu'on les croyait déjà auparavant. *Voyez* le discours de Le Courayer sur la réception du concile de *Trente*, pag. 790, et un écrit de Leibnitz, dont nous parlerons ci-après. Nous ne concevons pas en quel sens les dogmes que l'on croyait déjà étaient des dogmes nouveaux et inconnus.

7° La plupart des décrets de ce concile sont obscurs et ambigus, susceptibles de différents sens; il paraît même que cette obscurité est souvent affectée, parce qu'il ne voulait pas condamner certaines opinions des théologiens. L'on a si bien senti cet inconvénient, que le pape a établi une congrégation de cardinaux et de docteurs, pour interpréter les décisions du concile de *Trente*. Aussi, loin de terminer les disputes, ses décrets en ont fait naître de nouvelles, et, pour suppléer à leur insuffisance, les papes ont été obligés de donner plusieurs bulles pour décider ce qui ne l'était pas, en particulier sur les matières de la grâce, etc. — *Réponse*. Si le concile avait proscrit toutes les opinions douteuses et sur lesquelles on peut disputer, on lui reprocherait cette sévérité avec encore plus d'aigreur. Quelle nécessité y avait-il de condamner des opinions qui ne touchent point au fond du dogme, et dont les défenseurs font profession de croire tout ce qui est expressément décidé? Exiger qu'un concile ait fait cesser toutes les disputes, c'est vouloir qu'il ait fait un miracle que l'Ecriture n'a pas opéré depuis dix-sept cents ans. Quelque clair que puisse être un livre ou une décision, il se trouvera toujours des esprits subtils et bizarres qui, par des interprétations forcées, parviendront à en obscurcir le sens et à en esquiver les conséquences. Voilà ce que nous répondent les protestants eux-mêmes, lorsque nous leur objectons l'insuffisance de l'Ecriture sainte pour terminer les contestations en matière de foi. Mais il y a une très-grande différence entre les disputes qui règnent entre eux touchant les divers sens de l'Ecriture, et celles qui ont lieu entre les théologiens catholiques sur les points de doctrine non décidés. Celles-ci ne les divisent point dans la foi, ne causent entre eux aucun schisme, ils ne se regardent pas mutuellement comme hérétiques dignes d'anathème; tous ceux qui sont sincèrement catholiques seraient prêts à renoncer à leur sentiment, s'il intervenait une décision de l'Eglise qui le condamnât. Chez les premiers, au contraire, il y a un schisme et une séparation absolue entre les différentes sectes, elles n'ont ni la même croyance sur les articles qu'elles jugent cependant nécessaires, ni le même culte extérieur, ni la même discipline, et l'on sait qu'elles ont les unes contre les autres autant de haine que contre l'Eglise catholique. — Il n'aurait pas été besoin de bulles des papes touchant les dernières contestations sur la grâce, si ceux qui les ont élevées avaient été sincèrement soumis aux décisions du concile de *Trente*; mais on sait qu'ils en ont quelquefois parlé avec aussi peu de respect que les protestants, que sur les passages de l'Ecriture sainte et ceux de saint Augustin qui semblent les favoriser, ils ont adopté le sens et les explications des protestants, et qu'ils nous accusent de semi-pélagianisme, comme les protestants en accusent le concile de *Trente*. C'est donc assez mal à propos que ces derniers se glorifient de ce levain de protestantisme que le concile n'a pas pu extirper; s'il avait pu le prévoir, il l'aurait condamné d'avance.

8° Plusieurs de ces décrets qui sont conçus en termes très-étudiés, et qui, pris à la lettre, sont assez raisonnables, ont un tout autre sens dans la pratique; tels sont ceux qui regardent le purgatoire, l'invocation des saints, le culte des images et des reliques; les théologiens les prennent peut-être dans le même sens que le concile; mais le peuple, en les suivant, se livre évidemment à l'idolâtrie. — *Réponse*. Une calomnie cent fois réfutée ne fera jamais honneur à ceux qui la répètent. Les catéchismes destinés à instruire le peuple sont entre les mains de tout le monde; que nos adversaires nous y montrent quelque chose de plus ou de moins que ce qu'il y a dans le concile de *Trente*. Le peuple est donc instruit chez nous de la même manière et dans les mêmes termes que les théologiens. Le concile a expressément ordonné aux évêques de veiller à ce qu'il ne se glisse dans les pratiques dont nous parlons, aucun abus, aucune superstition, aucune fausse dévotion; les évêques y veillent en effet, puisque ce sont eux qui donnent les catéchismes à leurs diocésains. Si, malgré ces précautions, le peuple, par stupidité, par opiniâtreté, par indocilité à l'égard des pasteurs, tombait dans le crime que les protestants s'obstinent à nous reprocher, à qui pourrait-on s'en prendre? Oseraient-ils nous répondre que parmi eux le peuple entend, avec la même subtilité que leurs théologiens, les dogmes de la foi justifiante, de l'inamissibilité de la justice, de la nullité de nos mérites et de nos bonnes œuvres, de la prédestination absolue, etc., et que jamais il n'en tire de fausses conséquences? S'ils avaient cette témérité, nous les confondrions par les aveux de leurs propres docteurs. — Puisque les décrets du concile touchant les pratiques dont nous parlons leur paraissent assez raisonnables, qu'ils les adoptent et les enseignent tels qu'ils sont, en condamnant les abus tant qu'il leur plaira: on ne leur en demande pas davantage.

9° A l'égard de la discipline, les légats du pape s'opposèrent à la réforme de plusieurs abus; ceux même que l'on condamna ont continué comme auparavant, et plusieurs durent encore. — *Réponse.* On doit faire attention qu'en matière de discipline il n'était pas aisé de dresser des règlements qui pussent s'accorder avec les lois des divers souverains, et avec le droit canonique suivi chez les différentes nations. De même que leurs ambassadeurs étaient très-attentifs à protester contre tout ce qui pouvait y donner atteinte, on ne doit pas être surpris de ce que les légats refusaient de restreindre les droits dont le souverain pontife jouissait depuis un temps immémorial. Au mot PAPE, nous avons fait voir que ces droits n'étaient ni aussi abusifs, ni aussi préjudiciables au bien général de l'Église, que les protestants le prétendent. Il est aisé de déclamer contre les abus; la difficulté est de voir si les remèdes que l'on veut y apporter n'en feront pas naître d'autres. Les passions humaines, seules causes de tous les désordres, savent souvent tourner à leur avantage le frein même par lequel on a voulu les réprimer. On ne peut pas nier que les règlements faits par le concile de *Trente* n'aient été très-sages et n'aient fait cesser plusieurs abus: les autres auraient été mieux suivis, s'il n'y avait pas eu des hommes puissants intéressés à en empêcher l'exécution. Il est absurde de soutenir d'un côté que l'Église n'a aucun droit de faire des lois, que c'est une usurpation de l'autorité des souverains, et de l'autre de lui reprocher qu'elle n'a pas le pouvoir de les faire exécuter. En secouant le joug de l'autorité de l'Église, les protestants ont fait semblant de se mettre sous celui de la puissance des souverains; mais ils se sont révoltés contre elle toutes les fois qu'elle leur a paru trop gênante. On dirait, à les entendre, qu'il n'y a plus d'abus parmi eux; y en a-t-il un plus grand que la liberté de dogmatiser et de former des schismes toutes les fois qu'un prédicant trouve le secret de se faire des partisans? Lorsqu'ils avaient en France le privilége de tenir des synodes, ils ont fait des lois de discipline, oseraient-ils soutenir qu'aucune n'a jamais été violée?

10° Le concile de *Trente* n'a été reçu ni en France ni en Hongrie, il ne l'a été en Espagne et dans les Pays-Bas qu'avec des restrictions; son autorité prétendue a donc été regardée comme nulle par les catholiques mêmes. — *Réponse.* Il n'a point été reçu quant à la discipline, pour les raisons que nous venons d'exposer, mais quant aux décrets de doctrine et aux décisions de foi, il n'est aucun pays catholique où l'on se permette d'enseigner le contraire, et quiconque oserait le faire serait regardé comme hérétique. Le Courayer a été forcé d'en convenir dans son *Discours sur la réception du concile de Trente, particulièrement en France,* qui est à la suite de son histoire de ce concile, § 27. Il observe, § 11, que quand le nonce de Grégoire XIII demanda au roi Henri III la publication du concile, ce prince répondit qu'il ne fallait point de publication pour ce qui était de foi, *que c'était chose gardée dans son royaume;* mais que pour quelques autres articles particuliers, il ferait exécuter par ses ordonnances ce qui était porté par le concile; il le fit en effet dans l'ordonnance de Blois, publiée l'an 1579. Lorsque l'assemblée du clergé, tenue à Melun pendant cette même année, renouvela les mêmes instances, le roi répondit, «Que quant à la réformation qu'on prétendait tirer du concile, il estimait n'y être pas tant nécessaire qu'on dirait, étant averti qu'il y avait en d'autres conciles plusieurs canons et décrets auxquels on pouvait se conformer, et d'où même les statuts du concile étaient pris,» *Ibid.*, § 12. Dans les vingt-trois articles que les jurisconsultes trouvaient contraires aux maximes et aux libertés de l'église gallicane, il n'y en a pas un seul qui regarde le dogme ou la doctrine, § 26. C'est donc très-mal à propos que Le Courayer insiste sur le préambule de l'édit de pacification que Henri III accorda aux calvinistes l'an 1577, dans lequel il déclara, « Qu'il donnait cet édit en attendant qu'il eût plu à Dieu de lui faire la grâce, par le moyen d'un bon, libre et légitime concile, de réunir tous ses sujets à l'Église catholique,» et qu'il en conclut que le concile de *Trente* n'était donc pas regardé comme tel dans le royaume. On sait que dans ce moment le gouvernement, devenu très-faible et réduit à tout craindre de la part des huguenots, était forcé de les ménager beaucoup, surtout à cause de Henri IV qui était alors à leur tête. Leur réunion à l'Église catholique pouvait-elle se faire sans l'acceptation de la doctrine du concile de *Trente?* Les instances réitérées du clergé pour faire accepter de même les règlements de discipline, ne prouvent rien, sinon qu'il désirait la réformation de tous les abus.

Il ne sert à rien de dire que quant à la doctrine, elle n'a été reçue que *tacitement* et *implicitement*, et non solennellement ou dans les formes ordinaires. Ce critique se réfute lui-même, en avouant que, dans toutes les disputes qui se sont élevées en France, l'on a toujours pris pour règle les décisions du concile de *Trente*; que la profession de foi de Pie IV y a été adoptée par tous les évêques; que les prélats de ce royaume, soit dans leurs conciles provinciaux ou diocésains, soit dans les assemblées du clergé, ont toujours fait profession de se soumettre à sa doctrine, et que, dans les oppositions même que les états ou les parlements du royaume ont formées à l'acceptation de ce concile, ils ont toujours déclaré qu'ils embrassaient la *foi* contenue dans ses décrets, *ibid.*, § 27. Est-ce là une acceptation *tacite?* Nous voudrions savoir quelle est la *forme ordinaire* dans laquelle ont été acceptés les articles de foi décidés dans les autres conciles généraux tenus depuis la fondation de la monarchie, et s'ils ont eu besoin de lettres patentes du roi, enregistrées dans les cours souveraines.

Le Courayer pousse plus loin la témérité, en ajoutant qu'à l'égard même de la doctrine, le concile avait peut-être autant besoin de modifications qu'à l'égard des décrets de discipline : il tenait le langage des protestants; aussi Mosheim et son traducteur ont-ils cité ce discours avec éloge, *Hist. Ecclés.*, XVI° siècle, sect. 3, 1° part., chap. 1, § 23, et en général les protestants voudraient persuader que le concile de *Trente* n'a été reçu en France, ni quant au dogme ni quant à la discipline.

Ainsi le prétendait Leibnitz dans un mémoire qu'il dressa sur les moyens de réunir les catholiques aux protestants ; il aurait voulu que pour préliminaire l'on commençât par regarder ce concile comme non avenu. Bossuet réfuta ce mémoire avec la force ordinaire de son raisonnement ; il pose d'abord les principes fondamentaux de la croyance catholique touchant l'infaillibilité de l'Eglise en matière de foi; il fait voir qu'elle énonce sa foi par l'organe de ses pasteurs, et que leur consentement unanime dans la doctrine n'a pas moins d'autorité lorsqu'ils sont dispersés que lorsqu'ils sont assemblés. Il prouve que ce consentement des évêques est unanime dans toute l'Eglise catholique touchant l'œcuménicité du concile de *Trente* et touchant l'autorité infaillible de ses décisions en matière de foi; qu'il n'y eut jamais de doute sur ce point en France, non plus qu'ailleurs. Il en conclut que mettre en question si l'on recevra ce concile, ou si on ne le recevra pas, c'est vouloir délibérer pour savoir si l'on sera catholique ou si l'on sera hérétique. Voyez l'*Esprit de Leibnitz*, t. II, p. 65 et suiv.

Après ces vérités incontestables, peu importe de savoir la manière dont le concile a été reçu dans les autres pays catholiques. Nos adversaires avouent qu'en Italie, en Allemagne et en Pologne, il l'a été sans réserve; que dans les états du roi d'Espagne il a été reçu *sans préjudice des droits et des prérogatives de ce monarque* : or, un des droits du roi catholique n'est certainement pas de rejeter les décisions de foi d'un concile général. On sait que le clergé de Hongrie est dans les mêmes principes et suit les mêmes maximes que le clergé de France; il n'est donc pas étonnant qu'il ait gardé la même conduite. De tout cela il résulte qu'aucun concile général n'a été reçu plus authentiquement ni plus solennellement, quant à la doctrine, dans toute l'Eglise catholique, que le concile de *Trente* ; les protestants n'y ont opposé aucune objection qui ne puisse être tournée contre tous les autres conciles. Lorsqu'en 1619 les arminiens les alléguèrent contre le synode de Dordrecht, qui les avait condamnés, les calvinistes n'en tinrent aucun compte, et traitèrent ces sectaires comme des rebelles *Voy.* ARMINIENS.

TRÉPASSÉS. *Voy.* MORTS.

* TRÉSOR DES SATISFACTIONS DE JÉSUS-CHRIST ET DES SAINTS. Il est de foi qu'il y a un trésor des mérites de Jésus-Christ. En est-il de même du trésor des mérites des saints? Véron répond ainsi à cette question : « Ce n'est point article de foi catholique qu'il y ait un tel trésor en l'Eglise ; ni partant, comme je dirai peu après, que les indulgences se donnent par la distribution de ce trésor. Je le montre par notre règle générale ; car le concile de Trente, sess. 25, qui est des indulgences, ni aucun autre universel ne nous propose cette doctrine. Il est vrai qu'elle est contenue dans la bulle Unigenitus, de Clément VI, *De pœnit. et remiss.* Mais 1° elle n'est contenue que dans son dispositif; 2° le pape ne produit rien que son opinion particulière; 3° il n'écrit là qu'à un particulier, et ne propose rien à croire à toute l'Eglise; 4° bref, la définition d'un pape ne suffit pas pour faire un article de foi catholique. Revoyez sur tout cela nos règles générales, ci-dessus, pag. 27, 29, 30, n. 7, 10 et 12. Ma seconde preuve est prise de ce que j'ai dit; car puisque ce n'est pas article de foi qu'un juste puisse satisfaire pour la peine des péchés d'autrui, soit vivant, soit trépassé, ce trésor ne peut plus être article de foi ; la troisième, Suarez, tome IV, disp. 51, qui est de ce trésor, rapporte en sa sect. 2 : Entre les théologiens, outre Mayron, Durand a nié ce trésor de l'Eglise composé des mérites ou satisfactions des saints ; et il en rapporte deux raisons : la première est la même avec la raison de Mayron, parce que les œuvres des justes sont rémunérées contignement en la propre personne des saints ; la seconde, ceux-ci n'ont point de mérite qui leur soit superflu ; car tous leur sont utiles et efficaces pour quelque récompense ; il ne reste donc plus aucun mérite des saints pour être mis en ce trésor ; et plus bas : Quelques-uns ont dit (comme nous avons vu ci-dessus, traitant des suffrages) que les œuvres, quant à la vertu de satisfaire, sont tellement propres du juste même qui opère ou endure, que nul juste, excepté Jésus-Christ, ne peut les donner sous cette raison à autrui, ou payer pour autrui, ou satisfaire. Selon laquelle opinion il faut dire conséquemment que le trésor de l'Eglise n'est pas composé des satisfactions des saints, et que rien d'elles n'est appliqué par les indulgences pour paiement des dettes temporelles. Il est vrai que Suarez, là même, enseigne que la commune sentence des théologiens reconnaît ce trésor, non-seulement des mérites, mais aussi des satisfactions des saints, dispensé par les indulgences, etc. Et il le prouve fort au long en la susdite sect. 2. Mais ce qu'il ajoute est remarquable au nom de ceux qui nient ce trésor : J'avertis qu'ils ne nient pas que les œuvres des justes demeurent en quelque façon dans le trésor de l'Eglise, quant à la force d'impétrer et mériter pour nous de congruité quelques biens. Mais qui niera ce trésor en ce sens? Nos séparés même ne nieront pas ce trésor ainsi entendu : présupposé ce que j'ai remarqué ci-dessus, § 111, page 56, n. 1, que quelques théologiens ne sont pas d'avis d'user de ces termes de mérite de congruité, ni partant de satisfaction de congruité, ni même pour soi; beaucoup plus seront ils d'avis qu'on n'use pas de semblables termes de méri e ou satisfaction de congruité pour autrui; et j'ai dit que ce n'est pas article de foi qu'on puisse mériter pour autrui, ni même par congruité, ni aussi satisfaire, ce que j'ai démontré. Au fond donc ce trésor, selon l'avis de ces théologiens, rapporté par Suarez, des mérites et satisfactions des saints, ne sera rien autre, sinon que leur bonne vie et bonnes œuvres ont la force d'impétrer de Dieu pour nous plusieurs biens, et que la bonté divine communique plusieurs faveurs aux vivants à leur considération. Nos séparés ne nient pas cela, ni la communication de tel trésor : aussi est-il clairement en l'Ecriture en mille lieux. Gen. xxvi, 24, Dieu dit-à Jacob : *Je te bénirai à cause d'Abraham mon serviteur.* Ils admettent aussi l'intercession des saints au ciel, et que Dieu par elle nous fait plusieurs grâces. C'est, en effet, admettre ce trésor des œuvres saintes des fidèles morts expliqué comme ci-dessus.

TRÊVE DE DIEU OU DU SEIGNEUR. Pendant le cours du xie siècle, lorsque les seigneurs ne cessaient de se faire la guerre entre eux, et ne connaissaient d'autre voie que les armes pour venger leurs injures réelles ou imaginaires, les évêques cherchèrent un moyen d'arrêter ce brigandage, qui rendait les peuples malheureux. Il fut ordonné dans plusieurs conciles, sous peine d'excommunication, à tous les seigneurs et chevaliers, de cesser toutes hostilités depuis le mercredi au soir de chaque semaine jusqu'au lundi suivant, et pendant l'avent et le carême. L'on obtint ainsi pour les peuples quelque temps de repos et de sûreté. L'époque la plus ancienne à laquelle on puisse rapporter cette institution, est l'an 1032 ou 1034. Peu à peu elle fut adoptée en France et en Angleterre, mais non sans résistance, surtout de la part des Normands. Elle fut confirmée par le pape Urbain II, au concile tenu à Clermont l'an 1095. Ainsi les motifs de religion produisirent sur des âmes féroces l'effet qu'auraient dû faire la raison et les principes de justice. C'est aux historiens de rapporter les époques de cet établissement dans les différentes contrées, les variétés que l'on y introduisit, les infractions qu'il essuya, etc. Autant les seigneurs cherchaient à le restreindre, autant le clergé travaillait à l'étendre et à l'augmenter. Le grand nombre des conciles assemblés à ce sujet dans l'Aquitaine, dans les Gaules, en Allemagne, en Espagne et en Angleterre, pour confirmer cette institution salutaire, montre assez la grandeur des maux qui affligeaient les peuples, et les obstacles qu'il y avait à surmonter pour établir en Europe une espèce de police. Les plus zélés prédicateurs de la *trêve de Dieu* furent saint Odilon, abbé de Cluni, et le bienheureux Richard, abbé de Vannes, auxquels se joignirent les plus saints personnages qui vivaient pour lors, soit dans le clergé, soit parmi les laïques; et l'application avec laquelle plusieurs souverains vertueux travaillèrent à cette bonne œuvre, n'a pas peu contribué à leur faire décerner un culte après leur mort. Les croisades entreprises sur la fin de ce même siècle contribuèrent encore plus efficacement à éteindre le feu des guerres particulières. *Voy.* Du Cange, au mot *Treva Dei.*

TRIBU, famille. Les Israélites formèrent entre eux douze *tribus,* selon le nombre des enfants de Jacob; mais ce patriarche ayant adopté en mourant les deux fils de Joseph, Ephraïm et Manassé, il se trouva ainsi treize chefs de *tribus,* savoir, Ruben, Siméon, Lévi, Juda, Issachar, Zabulon, Dan, Nephtali, Gad, Aser, Benjamin, Ephraïm et Manassé. Cependant la Palestine ou terre promise ne fut partagée qu'entre douze *tribus;* celle de Lévi n'eut point de part au partage, parce qu'elle était consacrée au service religieux. Mais Moïse avait pourvu à sa subsistance, en assignant aux différentes familles de lévites leur demeure dans les villes des douze autres *tribus,* avec une petite étendue de territoire, et en leur attribuant la dîme des fruits, les prémices et les oblations du peuple. Jacob au lit de la mort avait prédit à cette *tribu* qu'elle serait dispersée dans Israël, *Gen.,* c, xlix, v. 7. Son sort n'était donc pas capable d'exciter la jalousie des autres. *Voy.* Lévite.

Après la mort de Saül leur premier roi, dix *tribus* demeurèrent attachées à Isboseth son fils. David son successeur ne régna d'abord que sur les deux *tribus* de Juda et de Benjamin; mais après la mort d'Isboseth, toutes se réunirent sous l'obéissance de David. Autant que l'on en peut juger par conjecture, l'origine de cette première séparation fut la jalousie des autres *tribus* contre celle de Juda qui était la plus nombreuse, et à laquelle le sceptre de la royauté avait été promis par le testament de Jacob, *ibid.* Elles retardèrent tant qu'elles purent l'exécution de cette promesse. Ce fut aussi le germe du schisme qui se fit entre elles sous le règne de Roboam, fils de Salomon : dix *tribus* se révoltèrent, se donnèrent un roi particulier, et furent nommées le *royaume d'Israël,* dont la capitale était Samarie; les deux seules *tribus* de Juda et de Benjamin demeurèrent fidèles à Roboam et à ses successeurs; elles furent appelées le *royaume de Juda,* dont le chef-lieu était Jérusalem. Il y eut des dissensions et des guerres presque continuelles entre les souverains de ces deux royaumes; presque tous les rois d'Israël tombèrent dans l'idolâtrie et y entraînèrent leurs sujets; ceux de Juda retinrent ordinairement les leurs dans l'observation de la loi du Seigneur. Cette division continua jusqu'à la captivité de Babylone.

Il nous paraît qu'à n'envisager que l'intérêt politique, la distribution de la nation entière en différentes *tribus*, dont les possessions étaient séparées, et qui ne formaient entre elles aucune alliance, devait produire de très-bons effets. Elle attachait chaque *tribu* au sol qui lui était tombé en partage, elle mettait chaque chef de famille dans la nécessité de faire valoir sa portion, et de conserver ainsi l'héritage de ses pères. Elle prévenait l'agrandissement des familles ambitieuses, par conséquent les usurpations qu'elles auraient pu faire, et entretenait l'égalité entre tous les membres de l'État. Il ne pouvait en résulter le même inconvénient que cause parmi les Indiens la distinction des castes ou des *tribus* : la séparation de celles-ci, fondée sur des idées fausses et sur une croyance absurde, produit la haine, le mépris, l'aversion des castes supérieures à l'égard des autres ; la distinction des Juifs en différentes familles toutes égales les faisait souvenir qu'ils étaient tous nés du sang de Jacob, et obligés de se regarder comme frères. *Voy.* JUIFS.

TRINITAIRES, terme qui a reçu différentes significations arbitraires. Souvent l'on s'en est servi pour désigner toutes les sectes hérétiques qui ont enseigné des erreurs touchant le mystère de la sainte Trinité, en particulier les sociniens ; mais il est beaucoup mieux de les appeler *unitaires*, comme on le fait aujourd'hui. Ce sont eux qui ont coutume de donner le nom de *trinitaires* et *diathanaciens* aux catholiques et aux protestants, qui reconnaissent un seul Dieu en trois personnes, et qui professent le symbole de saint Athanase. *Voy.* SOCINIENS.

TRINITAIRES, ordre religieux, institué à l'honneur de la sainte Trinité, pour la rédemption des chrétiens réduits à l'esclavage chez les infidèles. On les appelle en France *mathurins*, parce que la première église qu'ils ont eue à Paris, et qui leur fut donnée par le chapitre de la cathédrale, était sous l'invocation de saint Mathurin. Ils sont habillés de blanc et portent sur la poitrine une croix mi-partie de rouge et de bleu. En faisant profession ils s'engagent à travailler au rachat des chrétiens détenus en esclavage dans les républiques d'Alger, de Tripoli, de Tunis, et dans les royaumes de Fez et de Maroc ; ils emploient à cette bonne œuvre le tiers du revenu de leurs maisons et les aumônes qu'ils peuvent recueillir dans les différentes provinces. Ils sont sous une règle particulière, quoique plusieurs auteurs aient cru qu'ils suivaient celle de saint Augustin. Cet ordre prit naissance en France, l'an 1198, sous le pontificat d'Innocent III ; ses fondateurs furent saint Jean de Matha et saint Félix de Valois. Le premier était né à Faucon en Provence ; le second était probablement originaire de la petite province de Valois dans la Brie, et non de la famille royale de Valois, qui ne commença que plus d'un siècle après. Gauthier de Châtillon leur donna dans ses terres un lieu nommé Cerfroid, dans la Brie, au diocèse de Meaux, pour y bâtir un couvent qui est devenu le chef-lieu de tout l'ordre. Ce nom paraît être une corruption des mots celtiques, *sarta freta*, terrain *défriché*. *Voy.* le *Dict.* de Ducange. Honoré III confirma leur règle qui était très-austère dans l'origine : les religieux ne devaient manger ni viande ni poisson, excepté les jours de grandes fêtes ; ils vivaient d'œufs, de laitage, de légumes assaisonnés d'huile, il leur était défendu de voyager à cheval. Mais en 1267, Clément IV comprit qu'il était moralement impossible à des religieux obligés de voyager souvent et de séjourner parmi les infidèles, d'observer constamment un régime aussi austère : il leur accorda un adoucissement en leur permettant de se servir d'un cheval, de manger du poisson et de la viande.

Les *trinitaires* possèdent environ deux cent cinquante maisons distribuées en treize provinces, dont six sont en France, trois en Espagne, trois en Italie, et une en Portugal. Ils ont en autrefois quarante-trois maisons en Angleterre, neuf en Écosse, et cinquante-deux en Irlande. La prétendue réformation, en détruisant ces établissements inspirés par la charité, a fait cesser dans ces royaumes la bonne œuvre à laquelle ils étaient consacrés.

En 1573 et en 1576, dans les deux chapitres généraux tenus pour lors, il se trouva un nombre de religieux assez fervents pour souhaiter de reprendre l'observation de la règle dans toute la rigueur primitive, comme l'avaient déjà fait plusieurs en Portugal, l'an 1454. On leur en laissa la liberté, et on leur assigna des maisons où ils pourraient exécuter leur dessein ; Grégoire XIII et Paul V approuvèrent cette réforme. Le frère Jérôme Hallies, religieux français, l'établit dans le couvent de Rome, et trois ans après dans celui d'Aix en Provence. Il ajouta aux anciennes austérités la nudité des pieds ; de là l'origine des *trinitaires déchaussés*. Ce nouvel institut fut introduit en Espagne, l'an 1594, par le P. Jean-Baptiste de la Conception, mort en odeur de sainteté l'an 1613 ; l'on désigna dans chaque province deux ou trois maisons pour ceux qui voudraient s'y astreindre, en leur laissant néanmoins la liberté de retourner dans leur ancien couvent quand bon leur semblerait. Peu à peu cette réforme fit des progrès en Italie, en Allemagne et en Pologne. En 1670, les réformés eurent assez de maisons en France pour en former une province, et dans cette même année ils tinrent leur premier chapitre général.

En 1635, Urbain VIII commit par un bref le cardinal de la Rochefoucauld pour établir plus de régularité dans les maisons de *trinitaires* dans lesquelles il y avait du relâchement. Conséquemment ce cardinal rendit un décret par lequel il fut ordonné aux religieux d'observer la règle primitive, telle qu'elle avait été mitigée par Clément IV. Cela fut exécuté dans la plupart des couvents, en particulier à Cer-froid, chef-lieu de l'ordre. Ceux qui s'y conforment ne portent point de linge, disent matines à minuit, ne font gras que le dimanche, etc.

Il ne faut pas confondre avec les *trinitaires*, les Pères de la Merci, ou de la Rédemption des Captifs, institués dans le même dessein à Barcelone l'an 1223, par saint Pierre Nolasque, gentilhomme français; nous en avons parlé au mot MERCI.

Un célèbre incrédule de notre siècle n'a pu s'empêcher de donner des éloges à cette institution. Après avoir parlé de plusieurs congrégations dévouées au service du prochain : « Il en est, dit-il, une autre plus héroïque : car ce nom convient aux *trinitaires* de la rédemption des captifs, établis vers l'an 1120, par un gentilhomme nommé Jean de Matha. Ces religieux se consacrent depuis cinq siècles à briser les chaînes des chrétiens chez les Maures. Ils emploient à payer les rançons des esclaves leurs revenus et les aumônes qu'ils recueillent et qu'ils portent eux-mêmes en Afrique. » *Essais sur l'Hist. gén.*, c. 135.

TRINITAIRES, religieuses. Saint Jean de Matha avait établi d'abord en Espagne une congrégation de filles de la sainte Trinité, qui n'étaient que des oblates, et qui ne faisaient point de vœux; en 1201, l'infante Constance, fille de Pierre II, roi d'Aragon, leur fit bâtir un monastère, les engagea par son exemple à y faire la profession religieuse, et elle y fut la première supérieure. Vers l'an 1612, Françoise de Romero, fille d'un lieutenant-général des armées d'Espagne, voulant se consacrer à Dieu, rassembla des compagnes; elles se mirent sous la direction du P. Jean-Baptiste de la Conception, qui avait établi les *trinitaires déchaussés*, elles prirent l'habit, et embrassèrent l'institut de cet ordre. Les religieux ayant refusé de se charger du gouvernement de ces filles, elles s'adressèrent à l'archevêque de Tolède, qui leur permit de vivre suivant la règle qu'elles avaient choisie. On ne nous dit point à quelle bonne œuvre particulière elles se destinèrent. — Enfin il y a encore un tiers-ordre de *trinitaires. Voy.* TIERS-ORDRE.

TRINITÉ. Le mystère de la sainte *Trinité* est Dieu lui-même subsistant en trois personnes, le Père, le Fils et le Saint-Esprit, réellement distinguées l'une de l'autre, et qui possèdent tous trois la même nature divine, numérique et individuelle (1).

---

(1) Nous avons étudié les trois personnes divines chacune en particulier, aux mots PÈRE, FILS, ESPRIT (Saint-) : mais pour avoir de la Trinité une idée aussi complète qu'il est donné à la nature humaine de la posséder, il faut encore les mettre en rapport les unes avec les autres, donner de chaque personne une notion qui puisse la faire connaître suffisamment; enfin rechercher si une personne divine possède sur une autre personne divine quelque droit : il se manifeste surtout par la mission. De là les questions que nous avons à examiner. Elles concernent les relations, les notions et les missions divines.

Relations divines. — Qu'il y ait des relations

Il n'y a qu'un seul Dieu; cette vérité est le fondement de la foi chrétienne; mais cette même foi nous enseigne que l'unité même de entre les personnes divines, c'est ce qui résulte évidemment de la génération du Verbe et de la procession du Saint-Esprit. Qui oserait nier qu'il y ait entre le Père et le Fils des rapports de paternité et de filiation? entre le Saint-Esprit et les deux autres personnes un rapport de spiration? Personne, sans doute; car contester la réalité de ces rapports ce serait nier la Trinité elle-même. Prétendre qu'ils ne sont qu'une idéalité, ce serait ôter toute réalité à la Trinité. Erreur monstrueuse, que nous avons combattue ailleurs, et que nous croyons dispensé de réfuter de nouveau. L'existence des relations divines est donc, pour tout bon catholique, un point de doctrine hors de toute espèce de doute.

Quel en est le nombre? Pour établir le nombre des relations divines, il suffit de réfléchir un instant sur le fondement qui leur sert d'appui. Les motifs que nous avons développés en établissant leur existence, ont déjà fait comprendre que les relations divines sont fondées sur l'origine des personnes. Or, toute espèce de procession emporte nécessairement deux relations; l'une, de la puissance génératrice à l'être engendré, et l'autre de l'être re engendré à la puissance génératrice. Mais en Dieu il y a deux processions, l'une du Fils et l'autre du Saint-Esprit. Il doit donc y avoir quatre relations, l'une du Père au Fils, c'est le rapport de paternité; la seconde du Fils au Père, c'est un rapport de filiation; la troisième du Père et du Fils au Saint-Esprit, c'est un rapport de spiration active; la quatrième du Saint-Esprit au Père et au Fils : c'est un rapport de spiration passive. Voilà les seules relations essentielles que nous puissions apercevoir entre les personnes divines. Nous les résumons en deux mots : la paternité, la filiation, la spiration active et la spiration passive.

Ici une question se présente naturellement. Que sont en Dieu ces relations? Méritent-elles le nom de véritables perfections? Quoi qu'en aient dit quelques théologiens, nous ne craignons pas de nous déclarer pour l'affirmative. Les Pères, nos maîtres dans la foi, nous assurent que le Père est parfait, non-seulement parce qu'il est Dieu, mais encore parce qu'il est Père (S. Cyril., *Thesaur.*, lib. i, c. 6); que le mode d'existence d'une personne divine, ou la relation, est une perfection (S. Damasc., *de Fid.*, lib. i, c. 11). Ces autorités sont trop vénérables pour que nous osions les contredire. Écoutons encore la raison sur ce sujet ; que nous dit-elle? Elle nous dit qu'un principe de fécondité et de perfection est incontestablement une perfection. Ces propriétés conviennent parfaitement aux relations divines ; elles nous rappellent la fécondité du Père et du Fils. La subsistance relative du Fils a été un principe de perfection pour l'humanité du Christ. Par ces motifs, nous concluons que les relations divines sont de véritables perfections. — Il y a cependant une difficulté qui paraît embarrassante au premier abord. Si les relations divines sont de véritables perfections, il suit de là qu'une personne divine possède une perfection que les autres ne possèdent point. Les trois personnes de la Trinité ne sont donc pas aussi parfaites l'une que l'autre, comme l'enseignent communément les catéchismes. Nous pourrions répondre que la relation que possède une personne divine égale en perfection celle dont il est privé, et que par là même l'égalité se trouve conservée. Pour résoudre la difficulté, nous aimons mieux énoncer une proposition que nous démontrerons dans quelques instants. Il n'y a aucune différence entre l'essence divine et les relations divines : or, l'essence divine est commune aux trois

Dieu est féconde, que la nature divine, sans cesser d'être une, se communique par le Père au Fils, par le Père et le Fils au Saint-Esprit, sans aucune division ou diminution de ses attributs ou de ses perfections. Ainsi le mot *Trinité* signifie l'unité des trois personnes divines, quant à la nature, et leur distinction réelle, quant à la personnalité. Ce mystère est incompréhensible sans doute, mais il est formellement révélé dans l'Ecriture sainte et dans la tradition. Nous devons donc, 1° en apporter les preuves; 2° voir ce que les hérétiques y opposent; 3° justifier le langage des Pères de l'Eglise et des théologiens. Dans l'article suivant, nous examinons si ce mystère est tiré de la philosophie de Platon.

§ 1er. *Preuves du dogme de la sainte Trinité.*
1° *Matth.*, c. XXVIII, v. 19, Jésus-Christ dit à ses apôtres : *Allez enseigner toutes les nations; baptisez-les au nom du Père, et du Fils, et du Saint-Esprit.* Le dessein de notre Sauveur ne fut certainement jamais de faire baptiser les fidèles en un autre nom que celui de Dieu, ni de les consacrer à d'autres êtres qu'à Dieu ; voilà cependant trois personnes au nom desquelles il veut que le baptême soit donné : il faut donc que chacune des trois soit véritablement Dieu, sans qu'il s'ensuive de là qu'il y a trois dieux ; par conséquent, que la nature ou l'essence divine soit commune à toutes les trois sans personnes divines, donc les perfections qui y résident le sont aussi. — La réponse que nous venons de donner suppose qu'il n'y a aucune différence entre les relations et l'essence divine. Essayons de démontrer cette proposition. Il y a un principe reconnu de tous les théologiens, et longuement développé dans le *Traité des attributs de Dieu*, c'est que : dans les choses divines il faut admettre l'unité lorsqu'il n'y a pas opposition de relation. Je cherche quelque opposition entre l'essence divine et les relations divines ; je n'en vois aucune. Il y a donc unité, et conséquemment pas de différence. — Doit-on aussi admettre qu'il n'y a pas de distinction entre les relations? Les relations d'origine peuvent être mises en regard de relations opposées ; telles la paternité avec la filiation, la spiration active avec la spiration passive ; alors il y a distinction réelle. S'il n'y avait aucune différence entre les relations, il n'y en aurait pas entre les personnes divines, puisque les relations sont fondées sur la distinction des personnes. Si, au contraire, on vient à considérer les relations qui ne sont point opposées, telle la paternité mise en regard de la spiration active, alors il n'y a pas de distinction réelle. Le concile de Latran, tenu sous Innocent III, a défini qu'il n'y a pas de quaternité en Dieu. Or, si la paternité et la filiation étaient distinctes de la spiration active, il y aurait quaternité, savoir, la paternité, la filiation, la spiration active et la spiration passive, puisque le nombre des personnes est fondé sur le nombre des relations distinctes. Donc il n'y a en Dieu aucune distinction réelle et effective entre ces espèces de relations. Des métaphysiciens d'une logique extrêmement subtile font des objections trop peu importantes pour que nous les examinions.

II. *Notions divines.* — Le but des notions divines, comme nous l'avons remarqué, est de faire connaître et distinguer les personnes divines. Pour qu'un caractère mérite réellement le nom de notion divine, il doit être revêtu de certaines conditions. Nous allons les énoncer. Il faut 1° qu'il ne soit point commun aux trois personnes divines ; autrement ce ne serait point une note distinctive. Il faut 2° qu'il concerne l'origine d'une personne divine, car l'origine est le principe distinctif des personnes de la Trinité. Il faut 3° qu'il soit un titre de dignité. Un tel titre mérite seul d'être appliqué à une personne divine. L'improductivité du Saint-Esprit ne peut donc être donnée comme une notion divine. Il faut 4° qu'il désigne une qualité permanente, puisque la personne divine est stable et fixe par elle-même. — De ces conditions requises communément par les théologiens, nous pouvons déduire le nombre des notions divines. Nous en comptons cinq : l'innascibilité, la paternité, la filiation, la spiration active et la spiration passive. Deux motifs ont engagé les théologiens à admettre des notions divines ; 1° la nécessité de distinguer les personnes ; 2° le besoin d'en déterminer le nombre contre les hérétiques. Pour atteindre ce double but, il faut cinq notions divines. Il y en a quatre qui sont nécessaires pour distinguer les personnes : la paternité pour distinguer le Père du Fils, la filiation pour distinguer le Fils du Père, la spiration active pour distinguer le Père et le Fils du Saint-Esprit, et la spiration passive, pour distinguer le Saint-Esprit du Père et du Fils. Il faut une cinquième notion pour mettre le dogme catholique en sûreté contre les attaques des hérétiques, c'est l'innascibilité du Père. Car, pour ne pas admettre plus de deux processions en Dieu, il est nécessaire de déclarer que l'une des trois personnes n'a pas été produite. C'est ce que n'explique pas suffisamment la paternité, puisqu'un père peut être produit par un autre père. De là la nécessité d'admettre une cinquième notion divine, l'innascibilité, qui nous fait comprendre que le Père ne procède de personne.

III. *Missions divines.* — En engendrant une personne divine, le principe générateur peut avoir en le dessein de l'employer à un effet temporel. C'est ce qui constitue la mission divine. Elle peut donc se définir : la destination à un effet temporel d'une personne divine par celle de qui elle procède. De notre définition nous pouvons déduire quelles sont les personnes de la Trinité qui sont soumises à la mission. Puisque la procession est nécessaire, le Père ne peut point y être soumis. Le Fils doit la recevoir du Père, et le Saint-Esprit du Père et du Fils. C'est une conséquence de leur procession. Nous en trouvons la preuve dans l'Ecriture : *Sicut misit me vivens Pater, et ego vivo propter Patrem*, dit Jésus-Christ (*Joan.* VI, 58). *Spiritus sanctus quem mittet Pater in nomine meo, ille vos docebit omnia* (*Joan.* XIV, 13). *Cum venerit ille Paracletus quem ego mittam vobis a Patre, Spiritum veritatis qui a Patre procedit* (*Joan.* XV).

L'inégalité des personnes semble être une suite de la proposition que nous venons d'énoncer. Mais pour peu qu'on réfléchisse sur la nature divine, on comprend bientôt qu'il n'y a pas d'inégalité. Habert fait à ce sujet une observation fort judicieuse. Jamais, dit-il, une personne divine n'est envoyée sans que l'autre, qui est soumise à la mission, n'arrive en même temps, et que le Père ne vienne, à cause de l'intime union qui existe entre les personnes divines par la circumincession. Et de plus, les effets temporels, objets de la mission, sont communs à toutes les personnes, puisqu'ils procèdent de la toute-puissance. Cependant, à raison de l'espèce des effets temporels, ils sont appropriés à telle ou telle personne divine. Dans les dons qui regardent l'intelligence, c'est au Fils ; dans ceux qui concernent la volonté, c'est au Saint-Esprit. On doit comprendre pourquoi une personne est dite envoyée plutôt qu'une autre.

Nous ne nous arrêterons pas plus longtemps à développer une matière fort obscure, et que de grands théologiens touchent à peine.

aucune division. Aussi les Pères de l'Eglise et les théologiens observent que Jésus-Christ a dit, *au nom*, sans se servir du pluriel, afin de marquer l'unité de la nature divine; qu'il ajoute, du Père, et du Fils, et du Saint-Esprit, en répétant la conjonction copulative, afin de faire sentir l'égalité parfaite de ces trois personnes distinctes. Ce ne sont donc pas ici trois dénominations seulement, trois manières d'envisager une seule et même personne, trois attributs relatifs à ses différentes opérations, comme le prétendent quelques sociniens : que signifierait le baptême donné au nom de trois attributs ou de trois opérations de la Divinité? Il est dit ailleurs qu'il est donné au nom de Jésus-Christ; il faut donc que ce divin Sauveur soit l'une des trois personnes qu'il désigne, et que les deux autres soient des Etres aussi réellement subsistants que lui. *Voy.* PERSONNE.

On nous objecte que le nom de *personne* n'est donné dans l'Ecriture ni au Fils ni au Saint-Esprit. Mais il n'y est pas non plus attribué au Père : aucun hérétique n'a cependant nié que Dieu le Père ne fût une *personne*, un Etre subsistant et intelligent. D'ailleurs, lorsque saint Paul, *Philipp.*, c. II, v. 6, dit de Jésus-Christ, *Qui cum in forma Dei esset*, etc., nous soutenons qu'il faut traduire, *qui étant une personne divine*, puisque cela ne peut pas signifier qu'il avait la figure, l'extérieur, les apparences de la Divinité. Et lorsque le même apôtre dit, *II Cor.*, c. II, v. 10 : *Si j'ai accordé quelque chose, je l'ai fait dans* LA PERSONNE *de Jésus-Christ*, cela signifie évidemment, je l'ai fait de sa part, par son autorité, comme le représentant et tenant sa place. Ce ne sont point là de simples dénominations.

2° Nous lisons dans saint Jean, *Epist.* I, c. v, v. 7 : *Il y en a trois qui rendent témoignage dans le ciel; le Père, le Verbe et le Saint-Esprit, et ces trois sont une unité*, UNUM; v. 8, *et il y en a trois qui rendent témoignage sur la terre, l'esprit, l'eau et le sang, et ces trois sont une même chose.* L'esprit, l'eau et le sang sont les dons miraculeux du Saint-Esprit, le baptême et le martyre. Si les trois témoins du v. 7 étaient de même espèce, ils ne rendraient point témoignage dans le ciel, mais sur la terre, comme ceux du v. 8. Or, dans le temps auquel l'apôtre parlait, le Père, le Verbe et le Saint-Esprit étaient certainement dans le ciel. Nous savons que l'authenticité du v. 7 est contestée, non-seulement par les sociniens, mais encore par de savants catholiques. Il ne se trouve point, disent-ils, dans le très-grand nombre des anciens manuscrits; il a donc été ajouté dans les autres par des copistes téméraires. Mais il y a aussi des manuscrits non moins anciens, dans lesquels il se trouve. On conçoit aisément que la ressemblance des premiers et des derniers mots du v. 7 avec ceux du v. 8 a pu donner lieu à des copistes peu attentifs de manquer le septième; mais qui aurait été l'écrivain assez hardi pour ajouter au texte de saint Jean un verset qui n'y était pas? Une preuve que la différence des manuscrits est venue d'une omission involontaire et non d'une infidélité préméditée, est que, dans plusieurs, le v. 7 est ajouté à la marge, de la propre main du copiste. En second lieu, dans le v. 6, l'Apôtre a déjà fait mention de l'eau, du sang et de l'esprit qui rendent témoignage à Jésus-Christ : est-il probable qu'il ait répété tout de suite la même chose dans le v. 8, sans aucun intermédiaire? L'ordre et la clarté du discours exigent absolument que le v. 7 soit placé entre deux. Enfin ceux qui soutiennent que le 7° verset est une fourrure, sont obligés de soutenir que ces mots du verset 8, *sur la terre*, ont encore été ajoutés au texte, parce qu'ils sont relatifs à ceux du verset précédent, *dans le ciel*. C'est pousser trop loin la témérité des conjectures.

Ce qu'il y a de certain, c'est qu'au III° siècle, près de cent ans avant le concile de Nicée, Tertullien et saint Cyprien ont cité ces mots du v. 7, *ces trois sont un*, le premier, lib. adv. Prax., c. 2; le second, lib. *de Unitate Eccl.*, p. 196. Nous n'avons point de manuscrits qui datent de si loin. Aussi les plus habiles critiques, soit catholiques, soit protestants, soutiennent l'authenticité de ce passage; dom Calmet les a cités dans une dissertation sur ce sujet, *Bible d'Avignon*, t. XVI, p. 462.

On nous demande pourquoi il n'a pas été allégué par les Pères du IV° siècle, dans leurs disputes contre les ariens, et dans leurs traités *sur la Trinité*. 1° Saint Hilaire répond pour nous que la foi des chrétiens était suffisamment fondée sur la forme du baptême, l. II *de Trinit.*, n. 1. Il ajoute qu'il ne faut pas blâmer une omission, lorsque l'on a l'abondance pour choisir, l. VI, n. 41. 2° Contre les ariens il n'était pas question de prouver la divinité des trois personnes, mais seulement celle du Fils. 3° Ces hérétiques, sophistes aussi pointilleux que ceux d'aujourd'hui, en comparant le v. 7 avec le v. 8, auraient conclu que les trois personnes divines n'avaient entre elles qu'une unité de témoignage, comme l'esprit, l'eau et le sang. 4° Plusieurs des Pères ont pu avoir des exemplaires dans lesquels le v. 7 était omis. Mais enfin sommes-nous obligés de rendre raison de tout ce que les Pères ont dit ou n'ont pas dit? Jamais question de critique n'a mieux prouvé que celle-ci la nécessité de nous en tenir à la tradition, ou à l'enseignement commun et constant de l'Eglise, touchant le nombre, l'authenticité, l'intégrité des livres de l'Ecriture sainte et de toutes leurs parties.

3° Le dogme de la *sainte Trinité* est fondé sur tous les passages que nous avons cités, pour prouver la divinité du *Fils de Dieu* et celle du *Saint-Esprit*. Voyez ces deux mots. Saint Paul, *II Cor.*, c. XIII, v. 13, salue ainsi les fidèles : *Que la grâce de Notre-Seigneur Jésus-Christ, l'amour de Dieu et la communication du Saint-Esprit soit avec vous tous.* Saint Pierre, *Epist.* I, c. II, v. 1, parle à ceux qui sont élus, *selon la prescience de Dieu le Père, pour être sanctifiés par l'esprit,* pour lui obéir et pour être lavés par le sang de Jésus-Christ. Voilà des opérations qui ne peuvent être attribuées qu'à des personnes ou à des êtres subsistants.

Les explications forcées que les sociniens donnent à tous ces passages, les subtilités par lesquelles ils en détournent le sens, démontrent qu'ils sont dans l'erreur; jamais des interprétations aussi extraordinaires n'ont pu venir à l'esprit des premiers fidèles. Si les apôtres avaient parlé le langage de ces hérétiques, ils auraient tendu à leurs prosélytes un piége inévitable d'erreur. Cependant s'il y a une question essentielle au christianisme, c'est de savoir s'il y a un Dieu ou s'il y en a trois. Comment peut-on soutenir d'un côté que l'Ecriture sainte est claire et très-intelligible sur tous les articles fondamentaux ou nécessaires au salut, et de l'autre, prêter aux écrivains sacrés un style aussi énigmatique?

4° La pratique constante de l'Eglise chrétienne, depuis les apôtres jusqu'à nous, prouve aussi évidemment que l'Ecriture sainte, la vérité de sa croyance. Il est certain que dans les trois premiers siècles, à dater depuis les apôtres, le culte de latrie, le culte suprême, l'adoration prise en rigueur, a été rendu aux trois personnes de la sainte *Trinité*, et à chacune en particulier; donc l'on a cru que chacune est véritablement Dieu. Nous pourrions le prouver par les témoignages de saint Justin, de saint Irénée, d'Athénagore, de saint Théophile d'Antioche, qui tous ont vécu au II° siècle; mais nos adversaires y préféreront peut-être celui de nos ennemis. Or, il est constant que Praxéas et Sabellius ont accusé les orthodoxes de trithéisme, à cause de cette adoration, *Tertullian. ad Prax.*, c. 2, 3 et 13. L'auteur du dialogue intitulé *Philopatris*, qui a écrit sous le règne de Trajan, au commencement du II° siècle, tourne les chrétiens en ridicule, au sujet de ce même culte. « Jure-moi, dit-il, par le Dieu du ciel, éternel, et souverain Seigneur, par le Fils du Père, par l'Esprit qui procède du Père, un en trois, et trois en un; c'est le vrai Jupiter et le vrai Dieu. » Il fallait que la croyance des chrétiens fût déjà bien connue, pour qu'un païen pût l'exprimer ainsi. Cette foi était d'ailleurs attestée par la forme du baptême; le 50° canon des apôtres ordonne de l'administrer par trois immersions, et avec les paroles de Jésus-Christ; c'était, selon les Pères, une tradition des apôtres et un rit établi pour marquer la distinction des trois personnes divines. *Voy.* les *Notes de Béveridge* sur ce canon. Dans la suite on ajouta la doxologie, le *trisagion*, le *Kyrie* répété trois fois en l'honneur de chaque personne, etc., pour inculquer toujours la même vérité.

5° Une preuve non moins frappante de la vérité du dogme catholique touchant ce mystère, est le chaos d'erreurs dans lequel les sociniens se sont plongés, dès qu'ils l'ont attaqué; erreurs qui sont les conséquences l'une de l'autre. Dès ce moment ils ont été obligés de nier l'incarnation du Verbe et la divinité de Jésus-Christ, la rédemption du monde dans le sens propre, les mérites infinis de ce divin Sauveur, la satisfaction qu'il a faite à la justice divine pour les péchés de tous les hommes; plusieurs ont enseigné qu'on ne doit pas lui rendre le culte suprême ou l'adoration proprement dite. Il a fallu nier le péché originel, ou du moins sa communication à tous les enfants d'Adam, le besoin qu'ils avaient d'une rédemption et d'une grâce sanctifiante pour être rétablis dans la justice, la validité du baptême des enfants, l'efficacité des sacrements, la nécessité d'un secours naturel pour faire des œuvres méritoires, etc. En ajoutant à toutes ces erreurs celles des protestants, les sociniens ont réduit leur christianisme à un pur déisme, et plusieurs n'en sont pas demeurés là. *Voy.* SOCINIANISME. Après ce progrès d'impiété qui avait été prévu par les théologiens, les incrédules n'ont-ils pas bonne grâce de nous demander à quoi sert le dogme inintelligible et incompréhensible de la *Trinité*? Il sert à conserver dans son entier le christianisme tel que Jésus-Christ et les apôtres l'ont prêché, et à prévenir la chaîne d'erreurs que nous venons d'exposer; à soumettre à la parole de Dieu notre raison et notre intelligence, hommage le plus profond et le plus pur qu'une créature puisse rendre à son souverain maître; à nous inspirer la reconnaissance, l'amour, la confiance pour un Dieu dont toute l'essence est, pour ainsi dire, appropriée à notre salut éternel. Il sert enfin à nous faire comprendre que notre religion n'est pas l'ouvrage des hommes, puisque l'idée qu'elle nous donne de la Divinité n'a jamais pu leur venir naturellement à l'esprit; aucun d'eux n'était capable de former un système de croyance si bien lié, que l'on ne peut en nier un seul article sans renverser tous les autres, à moins que l'on ne veuille se contredire. Il est démontré que si celui des sociniens était vrai, le christianisme, tel que nous le professons, serait une religion plus fausse et plus absurde que le mahométisme; qu'à en juger par l'événement, la venue de Jésus-Christ sur la terre y aurait produit plus de mal que de bien. *Voy.* ABADIE, *Traité de la divinité de Jésus-Christ*.

§ II. *Objections des hétérodoxes.* On nous demande s'il y a de la raison et du bon sens à croire ce que nous ne concevons pas; nous répondons qu'il n'y aurait ni raison ni bon sens à refuser de croire. Nous imitons la conduite d'un enfant qui, instruit par son père, croit à ses leçons, quoiqu'il ne les comprenne pas, parce qu'il compte sur les connaissances, sur la droiture et sur la tendresse de son père; celle d'un aveugle-né qui croit ce qu'on lui dit touchant la lumière et les couleurs, auxquelles il ne conçoit rien, parce qu'il sent que ceux qui ont des yeux n'ont aucun intérêt à le tromper, et que tous ne peuvent pas se réunir pour lui en imposer; celle d'un voyageur qui, obligé de marcher dans un pays inconnu, prend un guide et se fie à lui, persuadé de l'expérience de cet homme et de sa probité, etc. Avons-nous tort de croire à la parole de Dieu, pendant qu'à tout moment nous sommes forcés de nous en rapporter à celle des hommes? Il y a lieu d'espérer que si les incrédules parviennent à bannir de l'univers la foi divine, du moins ils ne détruiront pas la foi humaine.

Il est fâcheux que les protestants aient ouvert la porte au socinianisme, dont les principes conduisent à de si affreuses conséquences. On sait que Luther et Calvin ont parlé de la *Trinité* d'une manière très-peu respectueuse, et malheureusement leurs sectateurs tiennent souvent à peu près le même langage. Ils disent que le mot *trinité* n'est point dans l'Ecriture sainte, que Théophile d'Antioche est le premier qui s'en soit servi, que l'Eglise chrétienne lui est très-peu redevable de cette invention; que l'usage de ce terme et de plusieurs autres, inconnus aux écrivains sacrés, et auxquels les hommes n'attachent aucune idée, ou seulement de fausses, a nui à la charité et à la paix, sans les rendre plus savants, et a occasionné des hérésies très-pernicieuses. Ce dernier fait est absolument faux : saint Théophile n'a vécu que sur la fin du IIe siècle ; dès le premier et du temps des apôtres, Simon le Magicien, Cérinthe, les gnostiques, avaient dogmatisé contre le mystère de la *Trinité*, contre l'incarnation, contre la divinité de Jésus-Christ : saint Jean les a réfutés dans ses lettres et dans son Evangile; ces mystères ne s'accordaient point avec les *éons* des valentiniens, avec leurs généalogies, dont saint Paul a parlé au commencement du second ; les ébionites, les carpocratiens, les basilidiens, les ménandriens, les différentes branches de gnostiques, ne croyaient pas plus à la *Trinité* ni à l'incarnation que leurs prédécesseurs; saint Ignace, mort l'an 107, les attaque dans ses *lettres;* leur système, forgé dans l'école d'Alexandrie, était incompatible avec tous nos mystères. Les disputes et les hérésies avaient donc commencé longtemps avant l'invention du terme de *trinité;* celles de Praxéas, de Noël, de Sabellius, de Paul de Samosate, d'Arius, etc., qui sont venues à la suite, n'étaient qu'une prorogation des premières. D'ailleurs, qu'a fait saint Théophile, sinon d'exprimer par un seul mot ce qui avait été dit par saint Jean dans le célèbre passage dont nous avons prouvé l'authenticité? Ce n'est donc pas ce mot qui a occasionné les disputes et qui a troublé la paix; c'est le fond et la substance même du mystère, que les raisonneurs entêtés n'ont jamais pu se résoudre à croire; il ne sied guère à ceux qui ont allumé le feu de crier contre l'incendie.

D'autres disent que, pendant les trois premiers siècles, on n'avait rien prescrit à la foi des chrétiens sur ce mystère, du moins sur la manière dont le Père, le Fils, et le Saint-Esprit sont distingués l'un de l'autre, ni fixé les expressions dont on devait se servir; que les docteurs chrétiens avaient différents sentiments sur ce sujet, Mosheim, *Hist. ecclés.*, IVe siècle, IIe partie, c. 5, § 9 ; *Hist. christ.*, sæc. III, § 31. Nouveau trait de témérité; dès le temps des apôtres, la foi des chrétiens était prescrite par les paroles de Jésus-Christ, qui sont la forme du baptême, comme saint Hilaire l'a remarqué, en nommant *le Père, le Fils, et le Saint-Esprit;* tout fidèle savait que l'un n'est pas l'autre, que chacun des trois est Dieu, que cependant ce ne sont pas trois dieux : nous n'en savons pas plus aujourd'hui. Aussitôt que des raisonneurs voulurent l'entendre autrement, ils furent regardés comme hérétiques. Tous les docteurs chrétiens étaient donc de même sentiment, lors même que leurs expressions étaient différentes. Mosheim lui-même a remarqué que, chez les anciens Pères, les mots *substance*, *nature*, *forme*, *chose, personne*, ont la même signification, *Dissert. sur l'hist. ecclés.*, t. II, p. 533, 534. Ce n'est plus de même aujourd'hui, parce que les équivoques et les sophismes des hérétiques ont forcé les Pères à y mettre de la distinction. Il y a donc de l'injustice à juger de leur sentiment par des expressions qui ne sont plus conformes au langage actuel de la théologie.

Mosheim a commis une faute encore plus grave, en disant que les chrétiens d'Egypte pensaient comme Origène, savoir que le Fils était à l'égard de Dieu ce que la raison est dans l'homme, et que le Saint-Esprit n'était que la force active ou l'énergie divine. 1° Il aurait fallu citer le passage dans lequel Origène s'est ainsi exprimé. Les éditeurs de ces ouvrages ont fait voir qu'il a soutenu que les personnes sont trois êtres subsistants, réellement distincts, et non trois actions ou trois dénominations, *Origenian.*, c. 2, q. 1, n. 4. 2° Il est faux que les chrétiens d'Egypte aient été dans l'opinion que ce critique leur prête ; il n'en a donné aucune preuve. En réfutant le sentiment faux d'un auteur moderne, il admet en Dieu une seule *substance absolue*, et trois *substances relatives;* ce n'est point ainsi que parlent ordinairement les orthodoxes; aurait-il trouvé bon que son adversaire le taxât d'hérésie? L'on a commis une infinité d'autres injustices à l'égard d'Origène.

Beausobre, dans son *Hist. du Manich.*, l. III, c. 8, § 2, dit que les Pères, pour réfuter les ariens, qui accusaient les catholiques d'admettre trois dieux, soutinrent, 1° que la nature divine est *une* dans les trois personnes, comme la nature humaine est une dans trois hommes, ce qui n'est qu'une unité par abstraction, une unité d'espèce ou de ressemblance, et non une véritable unité; 2° que cette unité est cependant parfaite, parce que le Père seul est sans principe, au lieu que les deux autres tirent leur origine du Père, et en reçoivent la communication de tous les attributs de la nature divine. Il cite en preuve de ce fait Pétau, *de Trinit.*, l. IV, c. 9, 10 et 12, et Cudworth, *Syst. intel.*, c. IV, § 36, p. 396.

Si ces critiques protestants avaient été de

bonne foi, ils auraient avoué ce que Pétau a prouvé, *ibid.*, c. 14 et seq., savoir, 1° que les mêmes Pères, qu'il a cités nommément, se sont ensuite expliqués plus correctement; qu'ils ont admis dans la nature divine l'unité numérique, la *singularité* et la parfaite simplicité; 2° qu'ils ont donné de cette unité deux autres raisons essentielles, savoir la *singularité* d'action et la *circumincession*, ou l'existence intime des trois personnes l'une dans l'autre, suivant ces paroles de Jésus-Christ : *Je fais les œuvres de mon Père....; mon Père est en moi et moi en lui* (Joan., x, 37, 38). Comme les purs ariens soutenaient que le Fils de Dieu est une créature, ils n'avouaient point qu'il participe à tous les attributs de la Divinité, surtout à l'éternité du Père. Il fallait donc établir contre eux que le Fils et le Saint-Esprit participent aussi réellement à tous les attributs de la nature divine, que trois hommes participent à tous les attributs de la nature humaine, c'est par là que les Pères commençaient; mais ce n'est là, pour ainsi dire, que le premier degré de l'unité; le second est l'unité d'origine de la seconde et de la troisième personne; le troisième est l'unité d'action entre toutes les trois; le quatrième est l'existence intime ou la *circumincession*. Il ne faut donc pas couper la chaîne du raisonnement des Pères, pour se donner la satisfaction de les accuser d'erreur. Au mot ÉMANATION, nous avons prouvé la fausseté des autres reproches que Beausobre a faits aux Pères sur ce même sujet.

Plusieurs censeurs ont affecté de dire que les Pères, en voulant expliquer ce mystère, ont employé des comparaisons, qui, prises à la lettre, enseignent des erreurs. Mais ces saints docteurs ont eu soin d'avertir qu'aucune comparaison tirée des choses créées ne pouvait répondre à la sublimité de ce mystère, ni en donner une idée claire ; c'est donc aller contre leur intention de vouloir les prendre à la lettre. Mosheim a cité à ce sujet saint Hilaire, saint Augustin, saint Cyrille d'Alexandrie, saint Jean Damascène, Cosmas Indicopleutes, on pourrait en ajouter d'autres; *Notes sur Cudworth*, p. 920. En cela les Pères n'ont fait qu'imiter les apôtres. Saint Jean compare Dieu le Fils à la parole et à la lumière; saint Paul dit qu'il est la splendeur de la gloire et la figure de la substance du Père, etc. Ces comparaisons ne peuvent certainement nous donner une idée claire de la nature du Fils de Dieu.

D'autres enfin ont été scandalisés de ce qu'a dit saint Augustin, *de Trinit.*, lib. v, c. 9 : « Nous disons *une essence, et trois personnes*, comme plusieurs auteurs latins très-respectables se sont exprimés, ne trouvant point de manière plus propre à énoncer par des paroles ce qu'ils entendaient sans parler. En effet, puisque le Père n'est pas le Fils, que le Fils n'est pas le Père, et que le Saint-Esprit, qui est aussi appelé un don de Dieu, n'est ni le Père ni le Fils, ils sont trois sans doute. C'est pour cela qu'il est dit au pluriel : *Mon Père et moi sommes une même chose*. Mais quand on demande : Que sont ces trois ? le langage humain se trouve bien stérile. On a dit cependant *trois personnes*, non pour dire quelque chose, mais pour ne pas demeurer muet. » De là les incrédules ont conclu que, suivant saint Augustin, tout ce que l'on dit de la *Trinité* ne signifie rien. — Il ne signifie rien de clair, nous en convenons ; mais il exprime quelque chose d'obscur, comme les mots *lumière, couleur, miroir, perspective*, etc., dans la bouche d'un aveugle-né; il n'est pas pour cela blâmable de s'en servir. Si en parlant de la *sainte Trinité*, l'on veut concevoir la nature et la personne divine, comme l'on conçoit une nature et une personne humaine, on ne manquera pas de conclure comme les incrédules, qu'une seule nature numérique en trois personnes distinctes est une contradiction. Mais on raisonnera aussi mal qu'un aveugle-né, qui, en comparant la sensation de la vue avec celle du tact, soutiendrait qu'une superficie plate telle qu'un miroir et une perspective ne peut pas produire une sensation de profondeur. *Voy.* MYSTÈRE.

De tous les articles de notre foi, il n'en est aucun qui ait été attaqué aussi promptement, avec autant d'opiniâtreté, et par un aussi grand nombre de sectaires, que la *Trinité*; nous l'avons déjà observé. Les différentes manières dont ils s'y prirent, l'abus qu'ils firent de tous les termes de l'Ecriture et du langage ordinaire, les sophismes qu'ils accumulèrent, ont forcé les théologiens anciens et modernes à donner des explications, à fixer le sens de tous les mots, à déterminer les expressions desquelles on ne doit pas s'écarter. Beausobre lui-même, tout injuste qu'il est à leur égard, convient que les Pères n'ont pas pu se dispenser d'expliquer en quel sens Jésus-Christ est *Fils de Dieu*. *Hist. du Manich.*, l. III, c. 6, § 1. Cependant les unitaires et leurs partisans ne cessent de demander, pourquoi vouloir expliquer ce qui est inexplicable, forger de nouveaux mots qui ne nous donnent aucune idée claire, et qui ne servent qu'à multiplier les disputes ? pourquoi ne pas s'en tenir aux paroles simples et précises de l'Ecriture sainte ? Parce que les hérétiques n'ont pas cessé d'en abuser et qu'ils en abusent encore ; parce qu'à l'ombre des expressions de l'Ecriture, ils trouvent le moyen de croire et d'enseigner tout ce qui leur plaît. Il serait fort singulier qu'ils eussent le privilége d'expliquer l'Ecriture sainte à leur manière, et que l'Eglise catholique n'eût pas le droit de s'opposer à leurs explications, et d'en donner de plus orthodoxes. Voyons donc si celles des théologiens catholiques sont moins solides que les leurs, et si elles ne sont pas mieux fondées sur l'Ecriture sainte.

§ III. *Apologies du langage des Pères de l'Eglise et des théologiens.* Nous disons : 1° qu'il n'y a en Dieu qu'une seule nature, une seule essence, éternelle, existante de soi-même, infinie, etc., puisque l'Ecriture nous enseigne, comme une vérité capitale, qu'il n'y a qu'un Dieu. Il a fallu s'exprimer ainsi contre les païens, contre les marcionites et les manichéens, contre les trithéistes ; contre tous ceux qui ont reproché aux catholiques d'adorer trois dieux. On leur a soutenu que le Père, le Fils et le Saint-Esprit ne sont pas trois dieux, parce qu'ils ont une seule et même nature ou essence numérique, et possèdent tous trois, sans aucune division, tous les attributs essentiels de la divinité.

2° Nous appelons le Père, le Fils et le Saint-Esprit, *trois personnes*, c'est-à-dire trois êtres individuels, subsistant réellement en eux-mêmes. Cela était nécessaire pour réfuter ceux qui ont prétendu autrefois, et ceux qui prétendent encore, que le Fils et le Saint-Esprit ne sont que des noms, des opérations, des manières de considérer la Divinité : explications fausses des termes de l'Ecriture, auxquelles il a fallu en opposer de plus vraies. Chez les auteurs profanes, *personne* signifie souvent, *aspect, figure, apparence extérieure;* mais nous avons fait voir que saint Paul y a donné un sens tout différent, et que les Pères et les théologiens ont été obligés de l'adopter. *Voy.* PERSONNE.

3° Ils disent que le Fils tire son origine du Père par *génération*, terme consacré dans l'Ecriture, *Act.*, cap. VIII, v. 33, et dans tous les passages où le Fils de Dieu est appelé *Unigenitus*, seul engendré. Ils ajoutent que cette génération ou naissance n'est point une *création*, parce que si le Fils était une créature, il ne serait pas Dieu; que ce n'est pas non plus une *émanation* dans le sens que l'entendaient les philosophes : lorsqu'ils disaient que les esprits sont nés du Père de toutes choses, ils supposaient que cette production était un acte libre de la volonté du Père, au lieu que Dieu le Père a engendré son Fils par un acte nécessaire de l'entendement divin : c'est pour cela que le Fils est coéternel au Père. D'ailleurs les philosophes concevaient l'émanation des esprits comme un détachement ou un partage de la nature divine : or, il est évident que Dieu étant pur esprit, sa nature, son essence est indivisible. Si donc les Pères de l'Eglise, pour exprimer la génération du Fils de Dieu, se sont servis des termes *émanation, probole* ou *prolation, production*, etc., ils n'y ont point attaché le même sens que les philosophes. *Voy.* EMANATION.

Il faut remarquer que plusieurs des Pères antérieurs au concile de Nicée ont attribué à Jésus-Christ deux générations ou deux naissances, avant celle qu'il a reçue de la vierge Marie : l'une éternelle, en vertu de laquelle il est appelé *Unigenitus*, seul engendré, et par laquelle il est demeuré dans le sein du Père; l'autre temporelle et qui a précédé la création. Uni à une âme spirituelle beaucoup plus parfaite que tous les autres esprits, le Verbe est ainsi sorti en quelque manière du sein de son Père, et lui a servi de ministre et comme d'instrument pour créer le monde. C'est sous cette forme que saint Paul l'appelle *le premier-né* de toute créature....; *dans lequel et par lequel toutes choses visibles et indivisibles ont été créées* (Coloss. I, 15, 16). Les ariens n'admettaient que cette seconde naissance du Verbe, et niaient la première ; les sociniens font encore de même, mais les Pères soutenaient l'une et l'autre. Ils appliquaient à la seconde ce que saint Paul a dit, que Dieu *a fait les siècles par son Fils (Hebr.* I, 2), et que *les siècles ont été arrangés par le Verbe de Dieu;* au lieu que par la première le Verbe est coéternel et consubstantiel au Père : mais ils pensaient que saint Jean a parlé de l'une et de l'autre, lorsqu'il a dit que *le Verbe était au commencement, qu'il était en Dieu, et qu'il était Dieu; ensuite que toutes choses ont été faites par lui (Joan.* I, 1). C'est faute de cette observation que le P. Pétau et d'autres ont cru trouver dans les Pères antérieurs au concile de Nicée des passages qui ne sont pas orthodoxes. Voyez Bullus, *Defens. fidei Nicænæ*, sect. 3, c. 5, th. 2. Au mot VERBE, nous montrerons pourquoi, avant le concile de Nicée, les Pères ont beaucoup parlé de la seconde génération du Verbe, et pourquoi les Pères postérieurs à ce concile ont principalement insisté sur la première.

4° Les Pères et les théologiens enseignent que le Saint-Esprit tire son origine du Père et du Fils, non par génération, mais par *procession*, autre terme tiré de l'Ecriture sainte, *Joan.*, c. XV, v. 26. Dans les disputes contre les ariens il s'agissait principalement de la divinité du Fils de Dieu; il ne fut pas beaucoup question du Saint-Esprit ; mais, environ soixante ans après, Macédonius, patriarche de Constantinople, ayant eu la témérité de nier la divinité de cette troisième personne de la *sainte Trinité*, les Pères furent obligés de discuter tous les passages de l'Ecriture sainte qui concernent ce dogme, et de réfuter les objections des macédoniens. Ainsi ces personnages respectables n'ont élevé aucune question par vaine curiosité, ou par envie de disputer, mais par nécessité et selon le besoin actuel de l'Eglise.

5° Pour contenter les raisonneurs, pour éclaircir les subtilités de leur logique, pour prévenir l'abus et la confusion des termes, il a fallu établir une différence entre la génération du Verbe et la procession du Saint-Esprit; l'on a cru pouvoir le faire jusqu'à un certain point par une comparaison tirée de nous-mêmes. On a dit que le Père engendre son Fils par un acte d'entendement ou par voie de connaissance; que le Saint-Esprit procède du Père et du Fils par amour de l'un pour l'autre, ou par un acte de volonté; et l'on s'est encore fondé à cet égard sur l'Ecriture sainte. Dieu, se connaissant lui-même nécessairement et de toute éternité, produit un terme de cette connaissance, un Etre égal à lui-même, subsistant et infini comme lui, parce qu'un acte nécessaire et coéternel à la Divinité ne peut pas être un acte passager ni un acte borné. Aussi cet objet de la connaissance du Père est appelé dans l'Ecriture son *Verbe,* son *Fils,* sa *Sagesse, l'image de sa substance;* les livres saints lui attribuent les opérations de la divinité, le nomment *Dieu*, etc. Tout cela caractérise non-seulement un acte de l'entendement divin, mais un Être subsistant et intelligent.

Le Père voit son Fils, et le Fils regarde son Père comme son principe ; ils s'aiment donc nécessairement : or, l'amour est un acte de la volonté, et il doit avoir un terme aussi réel que l'acte de l'entendement ; ce terme est le Saint-Esprit, qui procède ainsi de l'amour mutuel du Père et du Fils. C'est pour cela que l'Ecriture attribue principalement au Saint-Esprit les effusions de l'amour divin ; il est dit que *l'amour de Dieu a été répandu dans nos cœurs par le Saint-Esprit qui nous a été donné* (Rom. v, 5). *Je vous conjure par la charité du Saint-Esprit* (Rom. xv, 30). *Montrons-nous ministres de Dieu dans le Saint-Esprit dans une charité non feinte* (II Cor. iv, 6), etc. De là sont nés les termes de *paternité* et de *filiation*, de *spiration active* et de *spiration passive* ; notions et relations qui caractérisent les trois personnes et qui les distinguent l'une de l'autre. De là ce principe des théologiens, qu'il n'y a point de distinction dans les personnes, lorsqu'il n'y a point d'opposition de relation ; qu'ainsi tout ce qui concerne l'essence, la nature, les perfections divines, leur est commun, et qu'elles y participent également toutes les trois. Conséquemment, quoique dans l'Ecriture sainte la puissance soit principalement attribuée au Père, la sagesse au Fils, et la bonté au Saint-Esprit, il ne s'ensuit point que ces attributs n'appartiennent point également aux trois personnes, puisque ce ne sont point des attributs relatifs. De là enfin cet autre principe, que les œuvres de la sainte Trinité *ad extra* sont communes et indivises, que les trois personnes y concourent également, qu'il n'en est pas de même des opérations *ad intra*, parce qu'elles sont relatives. Lorsque entre ces personnes nous distinguons *la première, la seconde et la troisième*, cela ne signifie point que l'une est plus ancienne ou plus parfaite que l'autre, ni que l'une est supérieure à l'autre, mais que c'est ainsi que nous concevons leur origine. Les anciens Pères n'ont rien entendu de plus, lorsqu'ils ont admis entre elles une *subordination*, et qu'ils ont dit que le Père est plus grand que le Fils, ou supérieur au Fils, comme Bullus l'a fait voir, sect. 4, cap. 1 et 2. Ils ont encore emprunté le langage de saint Paul, qui dit, *I Cor.*, c. xv, v. 28, que Dieu le Fils sera soumis à son Père : *Philipp.*, c. ii, v. 8, qu'il s'est rendu obéissant, etc. S'il s'en suit de là que les Pères ont enseigné l'erreur, il faut accuser saint Paul du même crime.

L'expérience n'a que trop prouvé le danger des équivoques, et la nécessité de mettre la plus grande précision dans les termes dont on se sert touchant ce mystère. Au IV° et au V° siècle, on disputa beaucoup pour savoir si l'on devait admettre en Dieu trois hypostases ou une seule ; la raison de cette contestation fut que par *hypostase* les uns entendaient la substance, la nature, l'essence ; les autres la personne ; on ne fut d'accord que quand on fut convenu d'entendre le terme dans ce dernier sens ; alors on n'hésita plus à reconnaître dans la sainte *Trinité* une seule nature et trois *hypostases*. *Voy.* ce mot.

6° Enfin, pour exprimer par un seul mot ce que Jésus-Christ a dit, *Joan.*, c. x, v. 38. *Mon Père est en moi, et je suis en lui*, les Pères ont appelé cette union, περιχώρησις, *circumincession*, et ἐνυπάρξις, *inexistence*, ou l'existence intime des trois personnes l'une dans l'autre, malgré leur distinction. Saint Jean a encore exprimé la même chose, lorsqu'il a dit, c. i, v. 18 : LE FILS unique, ou SEUL ENGENDRÉ, *qui est dans le sein du Père*, NOUS L'A FAIT CONNAITRE. Il ne dit point que ce Fils *a été* dans le sein du Père, mais qu'il *y est*, pour nous apprendre que la substance de l'un est inséparable de celle de l'autre ; c'est ce que le concile de Nicée a exprimé par le mot *consubstantiel* : les ariens voulaient y substituer celui de ὁμοιούσιος, qui signifiait égal ou semblable en substance ; il est évident que ce terme ne rendait pas toute l'énergie des paroles de l'Ecriture ; voilà pourquoi les Pères persistèrent à retenir celui de ὁμοούσιος, *consubstantiel*, parce qu'il exprime l'unité numérique de la substance du Père et du Fils, ou l'identité de nature. *Voy.* CONSUBSTANTIEL. Le terme substitué par les ariens exprimait évidemment deux substances ou deux natures ; de là il s'ensuivait ou qu'il y a deux dieux, ou que le Fils n'est pas Dieu : ce n'est donc pas sans raison que les Pères l'ont rejeté. Ainsi, en décidant la divinité du Fils, le concile de Nicée établissait d'avance la divinité du Saint-Esprit, parce que la raison est la même ; les macédoniens ne pouvaient opposer à celle-ci que les mêmes objections qu'avaient alléguées les ariens contre la première : aussi les Pères, pour réfuter Macédonius, recoururent constamment à la doctrine que le concile de Nicée avait professée contre Arius.

Le Clerc, socinien déguisé, objecte que tous les nouveaux termes, dont les Pères se sont servis pour établir leur croyance touchant la *Trinité*, sont équivoques, que dans le sens littéral et commun ils expriment des erreurs, que voulant proscrire des hérésies on en a créé d'autres. Selon lui, le mot *personne* signifie une substance qui a une existence propre et individuelle ; ainsi admettre trois personnes en Dieu, c'est y admettre trois existences individuelles ou trois dieux. Au lieu de corriger l'erreur, on la confirme, en disant que les trois personnes sont *égales* entre elles ; rien n'est égal à soi-même, l'identité de nature exclut toute comparaison. Le concile de Nicée n'a pas parlé plus correctement en décidant que le Fils est *Dieu de Dieu* et *consubstantiel* au Père ; ces termes ne signifient rien, sinon que ce sont deux individus de même espèce. La *circumincession* des trois personnes est une autre énigme, à moins que l'on n'entende par là leur conscience mutuelle. « Pour nous, dit-il, « nous reconnaissons une seule essence divine dans laquelle il y a trois choses distinguées, sans pouvoir dire en quoi consiste cette distinction. » *Hist. ecclés.*, *proleg.*, sect. 3, c. 1, § 11. — *Réponse.* Le Clerc devait au moins dire ce que c'est que ces *trois choses*, si ce sont trois êtres réels ou des abstractions méthaphysiques. S'il avait été de bonne foi, il aurait avoué qu'il entendait seulement par là, comme les sociniens, trois dénominations relatives aux opérations de *Dieu*. Ç'a été justement pour prévenir cette erreur de Sabellius, qu'il a été décidé que le Père, le Fils et le Saint-Esprit sont trois hypostases, trois êtres réellement subsistants, en un mot, trois personnes. Nous convenons qu'en parlant des créatures intelligentes, *personne* signifie une substance qui a une existence propre et individuelle, qu'ainsi trois personnes humaines sont trois hommes. Mais ce mot n'a pas le même sens lorsqu'il est question de la *sainte Trinité*, puisque la foi nous enseigne que les trois personnes subsistent *en unité* ou *en identité de nature;* par cette explication l'équivoque du mot générique de *personne* est absolument dissipée, et telle est encore la notion du mot *consubstantiel;* il n'y a donc plus aucun lieu à l'erreur.

En voulant corriger le langage de l'Eglise, Le Clerc a-t-il mieux parlé? Il dit que la *circumincession* des personnes divines ne peut signifier que leur *conscience mutuelle*. Mais s'il est vrai que *l'identité de nature exclut toute comparaison*, elle n'exclut pas moins tout *rapport mutuel*, puisque ce mot dit nécessairement au moins deux personnes. La *conscience* d'ailleurs est un sentiment personnel, incommunicable d'un individu à un autre, la *conscience* ne peut donc pas être *mutuelle* entre le Père, le Fils et le Saint-Esprit, si ce ne sont pas trois personnes et si elles ne subsistent pas en identité de nature. Ce critique en impose grossièrement, en disant que par *trois personnes* les anciens entendaient *trois substances divines* égales ou inégales; Bullus a démontré la fausseté de ce fait; le doute dans lequel on fut de savoir s'il fallait admettre dans la *Trinité* trois hypostases ou une seule, prouve encore le contraire; les anciens n'ont jamais été assez stupides pour ne pas voir que *trois substances divines* seraient trois dieux; c'est pour cela que l'on a condamné les trithéistes.

Nous convenons encore qu'en disputant contre les hérétiques, toujours sophistes de mauvaise foi, il est impossible de forger des termes desquels ils ne puissent pas pervertir le sens. Mais parce que le langage humain est nécessairement imparfait, faut-il s'abstenir de parler de Dieu et d'enseigner ce qu'il a daigné nous révéler? Les sabelliens, les ariens, les sociniens ont rendu équivoques les noms de *Père*, de *Fils*, et de *Saint-Esprit*, ils ne les emploient que dans un sens abusif; le mot *Dieu* n'a pas été à couvert de leurs attentats, ils soutiennent que Jésus-Christ n'est pas Dieu dans le même sens que le Père; ensuite ils nous disent gravement qu'il faudrait s'en tenir aux termes de l'Ecriture, parce qu'ils se réservent le privilége de les entendre comme il leur plaît. C'est ce qui démontre la nécessité de l'autorité de l'Eglise pour fixer et consacrer le langage dont on doit se servir pour exprimer les articles de notre foi, et pour déterminer le vrai sens des termes de l'Ecriture.

On nous dit qu'en adoptant le terme d'ὁμοούσιος, et en rejetant celui d'ὁμοιούσιος, l'Eglise a troublé l'univers pour un mot, et même pour une lettre de plus ou de moins. Ce n'est point le mot qui a causé le bruit, c'est le dogme exprimé par ce mot décisif; ou plutôt c'est l'opiniâtreté des hérétiques obstinés à pervertir le dogme par des termes équivoques, à l'ombre desquels ils étaient sûrs de pouvoir introduire leurs erreurs. Encore une fois, les Pères de l'Eglise ni les théologiens n'ont jamais cherché de gaîté de cœur à élever de nouvelles questions, à exciter de nouvelles disputes touchant les vérités révélées; mais les hérétiques ont eu cette fureur dès le temps des apôtres. A peine ceux-ci furent-ils morts, que des raisonneurs armés de subtilités philosophiques se sont appliqués à pervertir le sens des saintes Ecritures. Les docteurs de l'Eglise, chargés par les apôtres même de conserver sans altération le dépôt sacré de la doctrine de Jésus-Christ, ont donc été forcés d'opposer des explications vraies à des interprétations fausses, des expressions claires et précises à des termes équivoques et trompeurs, des raisonnements solides à des arguments captieux. Il y a de la démence à leur attribuer les disputes, les erreurs, les schismes, les fureurs des hérétiques, qu'ils n'ont pas cessé de déplorer et de combattre. Si dans les bas siècles les théologiens scolastiques se sont occupés à des questions inutiles et de pure curiosité, ils n'ont point imité en cela les Pères de l'Eglise, et ils ne se sont pas avisés de vouloir ériger leurs opinions en dogmes de foi; on ne fait plus aucun cas de leurs spéculations ni de leurs disputes. Mais comment contenter des censeurs aussi bizarres que ceux auxquels nous avons affaire? Les uns blâment les Pères d'avoir voulu expliquer un mystère essentiellement inexplicable; les autres reprochent à ceux des trois premiers siècles de s'être bornés à condamner les erreurs des hérétiques, sans décider ce qu'il fallait croire touchant Dieu et Jésus-Christ, sans prescrire les formules et les expressions par lesquelles il fallait énoncer le dogme des trois Personnes en Dieu. Par là, disent-ils, les Pères laissaient aux raisonneurs la liberté de l'entendre comme il leur plaisait, de forger et de débiter sans cesse de nouvelles opinions, Mosheim, *Hist. christ.*, sæc. III, § 31. Voilà donc tous les Pères déclarés coupables, les uns pour n'avoir pas prévu et réfuté d'avance toutes les folles imaginations des hérétiques, les autres pour les avoir proscrites ou corrigées lorsqu'elles sont venues à éclore. Nous présumons en effet que si Dieu avait donné l'esprit prophétique aux docteurs de l'Eglise, ils auraient tâché de prévenir le mal avant sa naissance

Mais il n'a pas donné non plus cet esprit aux réformateurs, puisque leurs oracles ont donné lieu à vingt sectes différentes.

Vers l'an 520, il s'éleva une contestation pour savoir si cette proposition : une des personnes de la Trinité a souffert, *unus de Trinitate passus est*, était orthodoxe ou non. Les moines de Scythie, d'autres disent d'Egypte, soutenaient cette proposition contre les nestoriens ; comme ceux-ci niaient que la personne de Jésus-Christ fût unie substantiellement à la Divinité, ils n'avaient garde d'avouer que Jésus-Christ était une des personnes de la *Trinité*. D'autres prétendaient que les théopaschites ou patripassiens pouvaient abuser de cette proposition pour enseigner que la Divinité a souffert ; conséquemment les légats du pape, auxquels les moines de Scytie s'étaient adressés, jugèrent que cette manière de parler était une nouveauté dangereuse. Ces moines vinrent à Rome pour consulter le pape Hormisdas lui-même ; mais, prévenu par un de ses légats et par d'autres qui traitaient ces moines de séditieux et de brouillons, peu soumis au concile de Chalcédoine, et fauteurs de l'eutychianisme, ce pape ne leur donna aucune décision, et résolut de renvoyer cette question au patriarche de Constantinople. Cela n'a pas empêché le traducteur de Mosheim d'affirmer que Hormisdas a condamné la proposition des moines de Scythie, et confirmé l'opinion de leurs adversaires. Comme le pape Jean II et le v° concile général approuvèrent la proposition des moines, ce traducteur ajoute que cette contradiction exposa les décisions de l'oracle papal à la risée des sages. *Hist. ecclés.*, vi° siècle, ii° part., c. 3, § 12. Mais il est absolument faux que le pape Hormisdas ait condamné la proposition des moines ; il ne voulut pas seulement examiner la question ; il leur témoigna du mécontentement, non à cause de leur doctrine, mais à cause de leur conduite, qui était effectivement turbulente et séditieuse. *Voy.* Fleury, *Hist. ecclés.*, liv. xxxi, § 48 et 49. Ces faits sont prouvés par les lettres d'Hormisdas et par celles de ses légats.

Au commencement de notre siècle, depuis l'an 1712 jusqu'en 1720, les disputes sur la *Trinité* se sont renouvelées avec beaucoup de chaleur ; *Voy.* Mosheim, *Hist. ecclés.*, xviii° siècle, § 27. Guillaume Wiston, professeur de mathématiques, soutint que le Fils de Dieu n'a commencé à exister réellement que quelque temps avant la création du monde ; que le *Logos* ou la sagesse divine a pris en lui la place de l'âme raisonnable ; que le concile de Nicée n'a point attribué d'autre éternité à Jésus-Christ ; enfin que la doctrine d'Arius était celle de ce divin Maître, celle des apôtres et des premiers chrétiens. On conçoit qu'il n'a pas été difficile de réfuter ce système, et de prouver que l'auteur était un fanatique. Samuel Clarke, plus timide, enseigna que le Père, le Fils et le Saint-Esprit sont tous les trois strictement incréés et éternels, que chacun des trois est Dieu, que ce ne sont cependant pas trois dieux, parce qu'il y a entre eux *une subordination de nature et de dérivation*. La question est de savoir si cette *subordination* n'emporte pas une inégalité de nature et de perfections ; il y a lieu de croire que le docteur Clarke ne s'est pas suffisamment expliqué là-dessus, puisque le clergé d'Angleterre, assemblé à ce sujet, n'a point jugé sa doctrine orthodoxe ; elle ne lui a paru qu'un palliatif propre à introduire plus aisément le socinianisme.

Cependant le traducteur de Mosheim blâme beaucoup cette conduite et la témérité de ceux qui ont entrepris de réfuter Clarke ; il prétend qu'il faut se borner, en parlant de la *Trinité*, à la simplicité du langage de l'Ecriture, au lieu de vouloir exprimer ce mystère dans les termes impropres et ambigus du langage humain. Mais les expressions de l'Ecriture ne sont-elles donc pas un langage humain ? Il n'en est point duquel on ait abusé davantage. Si les hérétiques de tous les siècles avaient voulu s'y tenir, on n'y aurait rien ajouté ; les sociniens ne s'y bornent pas, puisqu'ils pervertissent ce langage sacré par des commentaires absurdes. La foi au mystère de la *Trinité* est tellement affaiblie en Angleterre, qu'en 1720, une dame de ce pays-là, par son testament, a fondé huit sermons annuels pour la soutenir ; Mosheim, *ibid.* Nous espérons qu'une pareille fondation ne sera jamais nécessaire dans l'Eglise catholique.

En 1729, un ministre de l'Eglise wallonne en Hollande enseigna qu'il y a dans le Fils et le Saint-Esprit deux natures, l'une divine et infinie, l'autre finie et dépendante, à laquelle le Père a donné l'existence avant la création du monde. Le Fils et le Saint-Esprit, dit-il, considérés selon leur nature divine, sont égaux au Père ; mais, envisagés en qualité de deux intelligences finies, ils sont à cet égard inférieurs au Père et dépendants de lui. Il se flattait de satisfaire par cette hypothèse à toutes les difficultés. On prétend que le docteur Thomas Burnet l'avait déjà proposée en Angleterre en 1720. Mosheim l'a réfutée, *Diss. ad Histor. eccles. pertinentes*, pag. 498. Il y oppose, 1° que les paroles de Jésus-Christ, *Matth.*, c. xxviii, v. 19, *au nom du Père, et du Fils*, etc., ne peuvent désigner une nature infinie et deux natures finies ; qu'il en est de même des trois témoins dont parle saint Jean, *Epist.* I, c. 5, v. 7. 2° Que le système en question ne peut pas s'accorder avec le mystère de l'Incarnation. 3° Chose remarquable, il y oppose le silence de l'antiquité, pag. 564. Si ce silence prouve quelque chose, sans doute le témoignage positif de l'antiquité, que nous appelons la *tradition*, prouve encore davantage. Ainsi les protestants, qui ne cessent de déclamer contre la *tradition*, sont forcés d'y avoir recours pour soutenir les articles les plus essentiels de la foi chrétienne. Qu'ils viennent encore nous dire que l'Ecriture sainte est claire sur tous les points nécessaires au salut, que le vrai sens en est à la portée des plus ignorants, qu'il n'est pas besoin d'une autre règle pour savoir ce que nous devons croire. Rien ne démontre mieux la fausseté de ces maximes fondamentales de la réforme, que ce chaos de disputes et d'erreurs toujours renaissantes depuis dix-sept cents ans, touchant le vrai sens de la forme du baptême prescrite par Jésus-Christ, par conséquent sur le mystère de la *sainte Trinité*.

TRINITÉ PLATONIQUE. Un grand nombre de savants, soit anciens, soit modernes, se sont persuadés que les païens en général, surtout les philosophes, ont eu quelque notion du mystère de la *sainte Trinité*, et ils ont tâché de le prouver par un grand appareil d'érudition. Si nous les croyons, Zoroastre et les mages de la Perse, les Chaldéens, les Egyptiens, qui suivaient la doctrine d'Orphée; parmi les philosophes grecs, Pythagore et Parménide, ont enseigné ce dogme, du moins d'une manière obscure. Pour expliquer ce phénomène, on a imaginé que probablement ces philosophes avaient puisé cette connaissance dans les écrits de Moïse, ou qu'ils avaient été instruits par quelques docteurs juifs. Avant de se livrer à cette conjecture, il aurait été à propos de montrer dans les écrits de Moïse quelques passages assez clairs pour donner à des païens une idée quelconque du mystère de la *Trinité*, ou faire voir que c'était un article de la croyance commune des anciens Juifs. Mais, suivant ces mêmes critiques, personne n'a enseigné la *Trinité* des personnes en Dieu plus formellement et d'une manière plus distincte que Platon ; s'il avait vécu plus tard, on croirait qu'il avait lu l'Evangile. Les philosophes de l'école d'Alexandrie, qui ont été ses disciples et ses commentateurs, ont parfaitement expliqué sa doctrine ; elle est très-conforme à celle de l'Ecriture sainte et à celle des Pères des premiers siècles ; Cudworth, dans son *Système intellectuel*, c. 4, § 36, s'est appliqué à le prouver ; il a poussé la témérité jusqu'à dire que ces platoniciens se sont expliqués touchant la *Trinité* d'une manière plus orthodoxe que les Pères du concile de Nicée, *ibid.*, p. 910.

D'autre part les sociniens et plusieurs protestants accusent les Pères d'avoir été trop attachés à la doctrine de Platon et des platoniciens, de s'en être servis maladroitement pour expliquer ce que l'Evangile nous enseigne touchant les trois personnes divines, d'avoir ainsi défiguré ce mystère, en voulant pénétrer ce que Dieu n'a pas voulu nous apprendre. Leurs vains efforts, disent-ils, n'ont abouti qu'à faire naître des erreurs et des disputes interminables ; la *Trinité*, telle qu'on la croit aujourd'hui dans l'Eglise chrétienne, est une invention de Platon et de ses disciples, aveuglément adoptée par les Pères, et qui n'a aucun fondement dans l'Ecriture sainte.

Viendrons-nous à bout de débrouiller ce chaos d'opinions, et de découvrir la vérité au milieu de tant de préventions?

1° Il n'est pas prouvé que les païens en général, ni les anciens personnages dont on nous vante les lumières, aient eu aucune connaissance du mystère de la *sainte Trinité*; quelques légères ressemblances que l'on croit apercevoir entre ce qu'ils ont dit et ce que la foi nous enseigne sur ce sujet, ne suffisent pas pour établir un fait aussi important. Quand on a lu tout ce qu'ont rassemblé Steuchus Eugubinus, *de Perenni Philosophia*, le savant Huet, *Quæst. alnet.*, lib. II, cap 3, et d'autres, l'on n'est rien moins que convaincu. Mosheim, dans ses *Notes sur le système intellectuel de Cudworth*, c. 4, § 16 et suiv., fait voir en détail que ceux qui ont cru trouver une *trinité* dans Zoroastre et chez les mages, dans les poésies d'Orphée, dans la doctrine des Egyptiens et dans celle de Pythagore, se sont évidemment trompés. Ils pouvaient donc s'épargner la peine de deviner par quelle voie cette connaissance avait pu se répandre chez les païens, puisque c'est un fait imaginaire. Brucker, *Hist. crit. philos.*, t. I, p. 186, 292, 390, 702, etc., pense de même. Après avoir bien examiné le système de Platon, il conclut que c'est un verbiage inintelligible et absurde ; nous verrons ci-après qu'il n'a pas tort. 2° Pour savoir ce que Platon a voulu dire, ces deux critiques ne veulent point que l'on s'en rapporte aux commentaires des platoniciens d'Alexandrie. Il est constant que ces philosophes, qui ont vécu après la naissance du christianisme, qui en étaient ennemis déclarés, et qui tâchaient de soutenir le paganisme chancelant, ont fait leur possible pour mettre une ressemblance, du moins apparente, entre les dogmes de Platon et ceux de l'Evangile, et qu'ils ont affecté de se servir des mêmes expressions que les docteurs chrétiens. Leur dessein était de persuader que Jésus-Christ et ses apôtres, que l'on prétendait avoir été envoyés de Dieu pour instruire les hommes, n'avaient rien enseigné de plus que les anciens philosophes; que leurs leçons n'étaient pas nouvelles; qu'ainsi la vérité était connue dans le paganisme aussi bien que dans la religion chrétienne ; qu'il n'était donc pas nécessaire de renoncer à l'un pour embrasser l'autre. *Voy.* ÉCLECTIQUES. Mais ils n'étaient pas d'accord entre eux, et leur doctrine n'est plus celle de Platon ; l'un entend la *trinité* d'une manière, et l'autre d'une autre. Cudworth est convenu de ce fait, c. 4, tom. I, p. 888. Aussi, pour faire paraître orthodoxe la *trinité platonique*, il s'est principalement attaché aux commentateurs de Plotin ; mais Porphyre, Jamblique, Numénius, Amélius, Chalcidius, etc., ne suivaient pas le même sentiment, et celui de l'un de ces philosophes n'avait pas plus d'autorité que l'autre. Mosheim fait voir que la *trinité* de Plotin n'est plus celle de Platon ni de Pythagore, encore moins celle des chrétiens, *Ibid.*, p. 904, n. (*f*).

Pour savoir à quoi s'en tenir, il faut d'abord se rappeler l'extrait que nous avons donné de la doctrine de Platon, au mot PLATONISME, § 1, ensuite examiner si cette doctrine ressemble en quelque chose à ce que l'Évangile nous enseigne touchant la *sainte trinité*; par là nous pourrons juger si les Pères de l'Eglise en ont emprunté quelque chose. Nous chercherons en troisième lieu ce qu'ils ont dit de Platon et de sa prétendue *trinité*, et s'ils ont suivi l'exemple ou la doctrine des nouveaux platoniciens.

§ I. *Doctrine de Platon*. Outre l'extrait que nous en avons donné au mot PLATONISME, § 1, et que nous avons tiré du *Timée*, avec toute la fidélité possible, on allègue encore la seconde lettre de Platon à Denis : voici ce que nous y lisons, pag. 707, B : « Vous dites que je ne vous ai pas assez démontré la première nature (ou le premier Etre) ; il faut donc vous en parler par énigmes, afin que si cette lettre tombe entre les mains de quelqu'un, il n'y comprenne rien : voici le vrai. Toutes choses sont autour du roi de tout, et tout est pour lui, il est la cause de tout ce qui est beau ; les secondes sont autour du second, et les troisièmes du troisième. L'esprit humain cherche à comprendre la manière dont cela est, en considérant ce qui lui est connu ; mais rien ne peut y suffire ; il n'y a rien de semblable dans le roi et dans ceux dont j'ai parlé.

Platon n'a pas eu tort d'appeler ce verbiage une énigme ; mais parmi ses interprètes, les uns ont deviné que par le roi il a entendu Dieu ; par le second, le monde ; par le troisième, l'âme du monde ; quand cela serait, nous ne serions guère mieux instruits. D'autres prétendent que le *second* est l'idée ou le modèle archétype du monde ; c'est, disent-ils, le *Logos*, éternelle production de l'entendement divin. Le troisième est le monde, que Platon a nommé *le Fils unique de Dieu*, μονογενής ; ils sont aussi bien fondés que les premiers.

Nous ne nous arrêterons point à relever les absurdités et les inconséquences du système de Platon, nous l'avons fait ailleurs ; nous rechercherons seulement comment on peut y découvrir une *trinité* qui ait quelque ressemblance avec celle que nous croyons. Nous y voyons d'abord trois choses éternelles : Dieu esprit (νοῦς), père du monde ; l'idée ou le modèle archétype suivant lequel Dieu a fait le monde, et que Platon appelle *un Etre animé et éternel*; la manière informe, qui, selon lui, participe d'une manière inexplicable à la nature divine et intelligente. En second lieu, deux choses qui ne sont point éternelles, mais qui ont commencé d'être, savoir, l'âme du monde, que Dieu avait faite avant le monde, et qui est, dit-il, une substance mélangée d'esprit et de matière ; enfin, le monde même. Or, de quelque manière que l'on conçoive ces cinq choses, on ne pourra jamais en tirer une *trinité* qui ait de l'analogie avec le mystère que Jésus-Christ a révélé. 1° La première personne de cette *trinité platonique* est Dieu sans doute ; Platon l'appelle *le père du monde*, mais il ne l'a jamais nommé *père de Logos*, ni père des idées éternelles ou du modèle archétype du monde, le père de la matière. Suivant l'Evangile, au contraire, Dieu est le Père du Verbe éternel, et c'est par ce Verbe que toutes choses ont été faites. — 2° Prendrons-nous pour seconde personne l'idée archétype du monde? Platon dit que c'est *un Etre éternel et animé*; mais ici les avis sont partagés. Plusieurs platoniciens et plusieurs Pères de l'Eglise prétendent que ce philosophe a conçu les idées éternelles des choses, comme des êtres subsistants et distingués de l'entendement divin. Mosheim soutient que c'est une absurdité de laquelle un aussi beau génie que Platon était incapable ; que ces idées sont des êtres purement métaphysiques et intellectuels ; que les expressions de Platon sont figurées et métaphoriques, *Syst. intellec. de Cudworth*, chap. 4, § 36, p 856, n. (o). Il est vrai que par *logos* ce philosophe ne semble point avoir entendu l'idée archétype du monde, mais *la raison*, la faculté de penser, de raisonner, de saisir la différence des choses et d'exprimer ses pensées par la parole : c'est ainsi qu'il l'explique dans le *Thæétète*, p. 141, E. Dans son style, νοῦς est la substance même de l'esprit ; λόγος, ce sont les facultés et les opérations de cette substance ; l'idée en est l'objet, ou ce que l'on voit par l'esprit. Il n'a point dit non plus que les idées soient des hypostases, des substances, des êtres réels distingués de l'entendement divin ; c'est un rêve que lui ont prêté les nouveaux platoniciens. Il n'a nommé *Fils de Dieu*, ni le *Logos*, ni l'idée archétype du monde, ni le monde même ; quand il appelle celui-ci μονογενής, ce mot ne signifie point *Fils unique*, mais *unique production*. Ce n'est point le *Logos*, mais le monde qu'il appelle *Etre animé*, *image de Dieu intelligent*, *second Dieu*, *Dieu engendré*. — Saint Jean parle bien différemment du *Logos* ou du Verbe divin. *Au commencement il était en Dieu et il était Dieu ; c'est par lui que toutes choses ont été faites, il est le principe de la vie et la lumière qui éclaire tous les hommes ; c'est de lui que Jean-Baptiste a rendu témoignage. Il est venu parmi les siens, et ils n'ont pas voulu le recevoir. Ce Verbe s'est fait chair, il a demeuré parmi nous ; et nous l'avons reconnu pour le Fils unique du Père, pour l'auteur de la grâce et de la vérité*. Il faut être étrangement prévenu pour trouver dans Platon cette doctrine et ce langage. — 3° Probablement on ne nous donnera pas, pour seconde personne de la *trinité platonique*, la matière informe que Platon semble confondre avec la nécessité, quoiqu'il personnifie celle-ci, et qu'il dise que la matière participe d'une manière inexplicable à la nature divine et intelligente. Sera-ce le monde composé de corps et d'âme ? Malgré les noms pompeux que Platon lui a donnés, il reconnaît que Dieu l'a fait dans le temps, ou avec le temps, qu'ainsi l'éternité ne lui convient en aucun sens. — 4° Suivant la plupart des platoniciens, c'est l'âme du monde qui est la troisième personne. Mais Platon dit formellement que Dieu n'a point fait cette âme après le corps, mais auparavant ; que, soit par *sa naissance*, soit par sa force, elle a précédé le corps ; il n'ajoute point qu'elle a été faite de toute éternité; au contraire il décide que l'éternité n'appartient en aucune manière à un être qui a été fait. Selon lui, elle tient le milieu entre la substance qui est indivisible et immuable et celle qui se divise et change; elle participe à la nature de l'une et de l'autre. Cette âme n'est donc pas née de Dieu par émanation, à moins que l'on ne dise qu'elle est sortie tout à la fois de Dieu et de la matière.

Cudworth en a donc imposé, lorsqu'il a dit que les trois hypostases ou personnes de la *trinité platonique* sont éternelles, incréées et non faites, et que ces trois sont un seul Dieu; Mosheim a solidement réfuté ces deux assertions téméraires, c. 4, § 36, pag. 886, n. (N), pag. 889 et 90, n. (C). Si Plotin a composé ainsi sa *trinité*, ce n'est plus celle de Platon, mais une imitation fausse et malicieuse de la *Trinité* chrétienne.

Pour établir une ressemblance apparente entre l'âme du monde et le Saint-Esprit, on nous fait observer que les Pères de l'Eglise ont regardé cet esprit divin comme l'âme du monde, et lui ont attribué les mêmes fonctions que les platoniciens prêtaient à cette âme imaginaire. Mais il faut remarquer qu'aucun des Pères antérieurs au concile de Nicée n'a ainsi parlé; ceux qui sont venus après ce concile, dans lequel la foi chrétienne touchant le mystère de la *sainte Trinité* avait été fixée, ne risquaient plus d'y donner atteinte en tenant ce langage : ils voulaient corriger celui des platoniciens et non s'y conformer; ils l'ont pris dans l'Ecriture sainte et non ailleurs; nous le verrons dans un moment, § 2.

Si le chaos d'absurdités que Platon a rassemblées peut être appelé un système, il suffit de le confronter avec la doctrine chrétienne touchant la *Trinité*, pour se convaincre qu'il n'y a aucune ressemblance entre l'un et l'autre, que les Pères de l'Eglise, instruits de ce mystère par l'Ecriture sainte, n'ont jamais pu être tentés de rien emprunter de ce philosophe ténébreux, qui cherchait la vérité à tâtons, mais qui manquait du flambeau nécessaire pour la trouver. Son exemple devrait rabaisser l'orgueil des incrédules qui se vantent de connaître la nature divine et l'origine des choses sans avoir besoin de révélation.

Cependant Platon avait profité des méditations de Thalès, d'Anaxagore, de Pythagore, de Parménide, de Timée de Locres, etc. Il n'était pas content de leurs hypothèses, il essaya d'en bâtir une autre, mais avec une modestie et une timidité qui lui font honneur. Il commence le *Timée* en reconnaissant la nécessité d'une assistance divine pour expliquer l'origine des choses, et il l'implore; il avertit ses auditeurs qu'ils ne doivent point attendre de lui des choses certaines, mais seulement des conjectures aussi probables que celles des autres philosophes; ce sage début aurait dû rendre les platoniciens moins présomptueux. Que pouvait-il imaginer de mieux que ce qu'il a dit? Dès qu'il n'admettait pas la création, non plus que les anciens, il était forcé de supposer ou l'éternité du monde, ou l'éternité de la matière et une intelligence éternelle qui l'avait arrangée. Il avait trop d'esprit pour se persuader que cet arrangement s'était fait par hasard ou par nécessité; il jugea conséquemment que Dieu en était l'auteur. Mais, ne pouvant concevoir l'opération de Dieu autrement que celle d'un homme, il imagina que Dieu, avant d'agir, avait tracé dans son entendement le plan et le modèle de son ouvrage, et qu'il l'avait suivi dans l'exécution; que ce modèle avait été toujours présent à l'esprit de l'ouvrier, qu'il contenait en idée toutes les parties et tout l'arrangement de l'univers. Ce modèle éternel était donc animé et vivant, puisque le monde est tel suivant Platon; mais il l'était en idée seulement et selon notre manière de concevoir; jamais sans doute Platon n'a rêvé qu'une idée que l'homme a formée dans son esprit est un être réel ou une substance distinguée de l'esprit.

Ce philosophe, frappé du mouvement compassé, régulier, constant, qui règne entre toutes les parties de l'univers, a compris qu'il ne pourrait se conserver s'il n'était dirigé et soutenu par une ou plusieurs intelligences; conséquemment il a imaginé une grande âme répandue dans toute la masse, que Dieu a divisée ensuite dans toutes ses parties; comme un pur esprit ne se divise point, Platon a dit que cette âme était composée de la substance indivisible ou de l'esprit, et de celle qui peut être divisée ou de la matière. Où Dieu a-t-il pris cette âme? est-elle sortie de lui ou de la matière? Platon a eu la prudence de ne point le décider; il n'a pas dit non plus qu'elle est coéternelle à Dieu; il suppose que Dieu a réfléchi, délibéré et réglé son plan avant de rien faire; encore une fois il a imaginé Dieu agissant à la manière d'un homme; il ne lui attribue qu'une puissance bornée, puisqu'il dit que Dieu a rendu son ouvrage conforme au modèle *autant qu'il le pouvait*.

§ II. *Doctrine des Pères.* Il n'était pas possible à un esprit raisonnable, une fois instruit de la doctrine chrétienne, de concilier avec sa croyance aucune des hypothèses de Platon. L'Ecriture nous enseigne que Dieu est créateur, qu'il opère par le seul vouloir: *il a dit, et tout a été fait*; ce trait de lumière dissipe toutes les ténèbres. Dieu n'a eu besoin ni de méditation, ni de délibération, ni de modèle; la création de la matière et celle des esprits s'est faite par une seule parole. Selon l'Evangile, cette parole toute-puissante, ce *Verbe* est un Etre subsistant, une personne coéternelle et consubstantielle au Père, *il était en Dieu et il était Dieu*. Le Saint-Esprit est une autre personne qui non-seulement anime et vivifie toute la nature, mais à laquelle l'Ecriture attribue toutes les opérations de la grâce. *Les cieux*, dit le Psalmiste, *ont été affermis par le* VERBE *de Dieu, et la force qui les conserve est l'*ESPRIT *ou le souffle de sa bouche* (Ps. XXXII, v. 6). *L'esprit du Seigneur*, dit le Sage, *a rempli* toute la terre, et parce qu'il contient toutes choses, il sait parler aux hommes (Sap. 1, 7). Au mot TRINITÉ, nous avons cité les autres passages des livres saints qui établissent la foi de ce mystère. Tel est le langage qu'ont répété les Pères de l'Eglise, et duquel ils ne se sont jamais départis; ce n'est certainement pas celui de Platon.

L'on n'a pas osé dire que les Pères ont oublié ces leçons divines pour s'attacher uniquement à celle du philosophe grec; mais on a dit qu'imbus de platonisme avant leur conversion, ils n'y ont pas renoncé en se faisant chrétiens; qu'à l'exemple des platoniciens d'Alexandrie, ils ont rapproché tant qu'ils ont pu la doctrine chrétienne touchant la *Trinité*, de celle de Platon, afin de diminuer la répugnance qu'avaient les païens à croire ce mystère. Il y a dans cette hypothèse du vrai et du faux; il est important de les démêler. 1° Plotin, principal auteur de la *trinité platonique*, n'a pu la forger que vers le milieu du III° siècle; ce fut l'an 243 qu'il entreprit d'aller dans la Perse et dans les Indes pour achever de s'instruire. Les Pères apostoliques, ensuite saint Justin, Tatien, Athénagore, Hermias, saint Irénée, saint Théophile d'Antioche, saint Hippolyte de Porto, Clément d'Alexandrie, Origène, Tertullien et d'autres dont nous n'avons plus les ouvrages, avaient écrit avant cette époque; ils n'ont pu avoir aucune connaissance de la doctrine de Plotin. Quand on supposerait que Ammonius son maître avait déjà fabriqué une *trinité platonique*, fait que l'on ne peut pas prouver, Clément d'Alexandrie et Origène seraient encore les deux seuls qui aient pu la connaître, aucun des autres docteurs de l'Eglise n'a fréquenté cette école et n'a pu être imbu du nouveau platonisme. 2° L'on convient que le motif qui engagea les platoniciens d'Alexandrie à travestir la doctrine de Platon, et à la rapprocher de celle des docteurs chrétiens, fut la jalousie et l'attachement au paganisme. Effrayés des progrès rapides de l'Evangile, ils entreprirent de les arrêter, en faisant voir que Jésus-Christ, les apôtres et leur disciples n'avaient rien enseigné de plus que Platon. Or les principaux prédicateurs de l'Evangile, pendant tout le II° siècle, avaient été les Pères mêmes que nous venons de citer. La foi à la *Trinité* était donc bien établie avant que les raisonneurs d'Alexandrie eussent tenté d'y ajuster les opinions de Platon. Ces Pères avaient converti des juifs et des païens par des miracles et par des vertus, sans avoir besoin de philosophie; ils n'en ont fait usage que contre ceux qui en étaient entêtés. 3° Pour réussir dans leur dessein, les nouveaux platoniciens empruntèrent les expressions des écrivains sacrés et des docteurs de l'Eglise; ils sentaient donc qu'elles étaient plus claires et plus correctes que le verbiage inintelligible de Platon. Ils n'ont donc pas défiguré la *Trinité chrétienne* par une tournure platonique, mais ils ont corrigé leur prétendue *trinité* sur le modèle de la première. En effet, ils ont souvent fait dire à Platon ce qu'il n'a jamais dit; savoir, que l'idée archétype du monde est une personne, que c'est le *Logos* et le Fils de Dieu, qu'il est sorti de Dieu par émanation ou par génération, que l'âme du monde est éternelle, que c'est l'esprit de Dieu, etc. Rien de tout cela n'est dans Platon; mais il fallait tout cela pour forger une *trinité* capable d'en imposer aux ignorants. Il serait fort singulier que les Pères eussent fait le contraire, qu'ils eussent voulu expliquer la *Trinité* chrétienne par des notions platoniques, pendant que les platoniciens païens dérobaient le langage des chrétiens pour dissiper les ténèbres du système de Platon. Mais les censeurs des Pères, prévenus jusqu'à l'aveuglement, leur reprochent un attentat plus odieux que n'est celui des ennemis mêmes du christianisme, sous prétexte que les premiers l'ont commis à bonne intention. Mais à qui croirons-nous, pour savoir ce que les Pères ont pensé de Platon et de sa prétendue *trinité*? sera-ce à des critiques modernes qui font profession de mépriser ces respectables personnages, ou aux Pères eux-mêmes? Il nous paraît qu'il n'y a pas à hésiter sur ce choix.

§ III. *Sentiments des Pères touchant la doctrine de Platon.* Déjà nous avons fait voir dans l'article TRINITÉ, que les expressions dont les Pères se sont servis en parlant de ce mystère sont tirées de l'Ecriture sainte, et non d'ailleurs; il ne faut pas l'oublier. Saint Justin, dans son *Exhortation aux gentils*, n. 3, 4, 5, 6, etc., s'attache à montrer en détail que tout ce que Platon a dit de vrai touchant la nature divine ne venait pas de lui, qu'il l'avait emprunté de la doctrine de Moïse répandue en Egypte, mais qu'*il l'avait mal entendue*, ou qu'il n'avait pas osé s'expliquer clairement de peur d'éprouver le même sort que Socrate. Il ajoute que souvent Platon se contredit, et qu'il n'est constant dans aucune de ses opinions; que ce philosophe n'a pas appelé Dieu *créateur*, mais *fabricateur des Dieux*, n. 27. Il fait sentir la différence qu'il y a entre ces deux choses. Il conclut qu'il faut apprendre la vérité des prophètes et non des philosophes. Dans la première *Apologie*, n. 59 et 60, il soutient de nouveau que Platon a pris dans Moïse ce qu'il a dit dans le *Timée* touchant la formation du monde et touchant le Verbe divin, aussi bien que ce qu'il a dit dans sa seconde lettre à Denis, au sujet du *troisième ou du Saint-Esprit, ou qu'il ne l'a pas compris*, au lieu que, parmi les chrétiens, les plus ignorants sont capables d'en instruire les autres. Dans son *Dialogue avec Tryphon*, n. 8, il atteste qu'après avoir beaucoup étudié Platon, il n'a point trouvé de philosophie qui soit utile et sûre que celle de Jésus-Christ. Que saint Justin se soit trompé ou non, en supposant que ce philosophe a eu connaissance de la doctrine de Moïse, cela ne fait rien à la question; dès qu'il dit que Platon n'a pas compris ou n'a mal entendu ce qu'il empruntait, il résulte toujours que saint Justin n'a pas été tenté d'adopter aucune de ses notions. — Tatien, dans son

Discours aux Grecs, n. 5, expose la génération du Verbe qui a créé toutes choses; mais il fait profession d'avoir appris cette doctrine dans des Ecritures plus anciennes que toutes les sciences des Grecs, et trop divines pour être comparées à leurs erreurs, n. 29. — Athénagore, dans son *Apologie des chrétiens*, n. 7, dit que les philosophes n'ont rien su que par conjectures, parce que ce n'est pas Dieu qui les a instruits, au lieu que les chrétiens ont reçu leur doctrine des prophètes inspirés de Dieu; n. 10, il explique d'une manière très-orthodoxe ce que nous croyons touchant la *Trinité*. Quoiqu'il cite quelques-unes des vérités que Platon n'a fait qu'entrevoir, en particulier ce qu'il a dit dans sa seconde lettre à Denis, il montre le ridicule de ce philosophe, qui voulait que, touchant les génies ou les dieux, l'on s'en rapportât au témoignage des anciens, n. 23. — Saint Théophile d'Antioche, l. II, ad Autolyc., n. 4, blâme Platon et les platoniciens de n'avoir pas admis la création de la matière; n. 9, il dit que les prophètes inspirés de Dieu sont les seuls qui aient connu la vérité et qui aient possédé la sagesse; n. 10, que ce sont eux qui nous ont fait connaître Dieu et son Verbe qui a créé le monde; n. 15, que les trois jours qui ont précédé la création des astres représentaient la *Trinité*, Dieu, son Verbe et sa sagesse; n. 33, qu'aucun des prétendus sages, des poëtes et des historiens, n'a pu rien savoir sur l'origine des choses, parce qu'ils étaient trop modernes. — Hermias, dans la satire qu'il a faite contre les philosophes, n'épargne pas plus Platon que les autres, n. 5; il conclut, n. 10, que toute la philosophie n'est qu'un chaos de disputes, d'erreurs et de contradictions. — Saint Irénée, adv. *Hær*., l. II, c. 14, n. 2 et 3, dit que les gnostiques ont emprunté leurs erreurs de tous ceux qui ne connaissent pas Dieu, et que l'on appelle philosophes, en particulier de Platon, qui admet trois principes des choses : la matière, le modèle et Dieu. Il les réfute non-seulement par des raisonnements philosophiques, mais par l'Ecriture sainte. Bullus, dom Le Nourry, dom Maraud, dans sa troisième *Dissertation* sur les ouvrages de ce Père, ont prouvé que sa doctrine touchant la *sainte Trinité* est très-orthodoxe; elle ne ressemble en rien aux erreurs de Platon. — Si on pouvait reprocher le platonisme à quelques-uns des anciens Pères, ce serait sans doute à Clément d'Alexandrie et à Origène; ils avaient écouté les leçons d'Ammonius, chef des éclectiques, qui préférait la doctrine de Platon à celle de tous les autres philosophes. Sans vouloir contester ce fait, nous disons qu'il est assez étonnant que Clément ne nomme jamais Ammonius dans ses ouvrages et ne témoigne aucune estime pour un maître si célèbre. Il ne parait pas non plus qu'il ait adopté la haute idée que les éclectiques avaient du mérite de Platon. A la vérité dans son *Pédagogue*, l. II, c. 1, il dit que Platon, cherchant la vérité, a fait briller *une étincelle* de la philosophie hébraïque, et *Strom.*, l. I, c. 1, il l'appelle *philosophe instruit par les Hébreux*. Mais l. v, c. 13, p. 698, il dit qu'il faut que tous apprennent la vérité de Jésus-Christ pour être sauvés, quand même ils posséderaient toute la philosophie des Grecs. Chap. 14, p. 699, il se propose de montrer les vérités que les Grecs ont dérobées dans la philosophie des barbares, c'est-à-dire des Hébreux. Conséquemment il cite les divers passages de l'Ecriture sainte auxquels il croit que les philosophes et les poëtes Grecs ont fait allusion, *sans les entendre*. Page 710, il dit que Platon dans une de ses lettres a parlé clairement du Père et du Fils, et qu'il a tiré, *on ne sait comment*, ces notions des Ecritures hébraïques. Après avoir cité ce qu'a dit Platon dans sa *Lettre à Denis*, du premier principe, du second et du troisième, Clément ajoute : « Pour moi j'entends cela de la *sainte Trinité*, je crois que le *second* est le Fils qui a fait toutes choses par la volonté du Père, et que le *troisième* est le Saint-Esprit. » Il finit par dire, p. 730, que les Grecs ne connaissent ni comment Dieu est Seigneur, ni comment il est Père et créateur, ni l'*économie des vérités*, à moins qu'ils ne les aient apprises de la vérité même.

Il est à remarquer 1° que Clément d'Alexandrie n'attribue pas à Platon seul des connaissances puisées chez les Hébreux, mais à Pythagore, à Héraclite, à Zénon, etc., et même aux poëtes. 2° Il ne prétend point que tous ces Grecs ont lu les livres des Hébreux, mais qu'ils ont reçu de ceux-ci par tradition plusieurs vérités *sans les entendre*. 3° Il soutient que, pour en avoir une exacte connaissance, il faut les apprendre de Jésus-Christ ou de ceux qu'il a instruits. 4° Il ne fait aucune mention des platoniciens d'Alexandrie; il les avait vus naître, il lui convenait mieux d'être leur maître que leur disciple. On voit qu'il avait de Platon la même opinion que saint Justin, mais que ni l'un ni l'autre n'ont pu être tentés de le prendre pour guide dans l'explication des passages de l'Ecriture sainte qu'il avait ouï citer *sans les entendre*. Cela n'a pas empêché Mosheim d'affirmer que ces docteurs chrétiens « expliquaient ce que disent nos livres saints du Père, du Fils et du Saint-Esprit, de manière que *cela s'accordât* avec les trois natures en Dieu, ou avec les trois hypostases de Platon, de Parménide et d'autres,» *Hist. christ.*, sæc. II, § 34. Expression perfide, elle donne à entendre que, pour gagner les philosophes, les Pères travestissaient la doctrine des livres saints, afin de la faire cadrer avec celle des philosophes : c'est une calomnie. 1° Comment pouvaient-ils en être tentés en avouant que ces derniers avaient fait allusion à des paroles de l'Ecriture, *sans les entendre et sans connaître l'économie de ces vérités* ? 2° Il est faux que Platon ni Parménide aient admis en Dieu trois natures, trois hypostases ou trois personnes subsistantes; nous l'avons fait voir. 3° Encore une fois, il n'était pas nécessaire, pour étonner les païens, de leur montrer dans Platon la même doctrine, le même sens, le même mystère que dans l'Ecriture; il suffisait de leur mettre sous les yeux des expressions à peu près semblables. Ainsi Mosheim suppose que les Pères se sont rendus coupables d'une infidélité, sans besoin, sans justesse, et contre la réclamation de leur conscience. C'est pousser trop loin la licence de noircir ces saints personnages.

Origène témoigne encore moins de penchant pour la doctrine de Platon, *de Princip.*, lib. I, c. 3. « Tous ceux, dit-il, qui admettent en quelque manière une providence, avouent que Dieu est sans principe, qu'il a créé et arrangé toutes choses, qu'il en est l'auteur et le Père. Mais nous ne sommes pas les seuls qui lui attribuent un Fils : quoique cela paraisse étonnant et incroyable à ceux qui font profession de philosophie chez les Grecs et chez les barbares, cependant quelques-uns semblent en avoir eu une notion, lorsqu'ils disent que tout a été créé par le Verbe ou par la parole de Dieu. Pour nous qui croyons à sa doctrine, et qui la tenons pour certainement révélée, nous sommes persuadés qu'il est impossible d'expliquer et de faire connaître aux hommes la nature sublime et divine du Fils de Dieu, sans avoir la connaissance de l'Ecriture sainte, inspirée par le Saint-Esprit, c'est-à-dire de l'Evangile, de la loi et des prophètes, comme Jésus-Christ lui-même nous en assure. Quant à l'existence du Saint-Esprit, personne n'a pu en avoir seulement un soupçon, si ce n'est ceux qui ont lu la loi et les prophètes, ou qui font profession de croire en Jésus-Christ. » On est étonné de ces dernières paroles, quand on se rappelle que Clément d'Alexandrie et les platoniciens croyaient voir une *Trinité* dans la lettre de Platon à Denis; cela prouve que Origène n'était pas de même sentiment, et qu'il n'accordait pas à Platon des connaissances plus sublimes qu'aux autres philosophes païens. Il en résulte encore que ce Père n'avait pas contracté dans l'école d'Ammonius l'entêtement des nouveaux platoniciens. On ne voit pas sur quoi fondé le savant Huet a pu dire que le platonisme s'enracina tellement dans l'esprit d'Origène, qu'il y étouffa les fruits de la doctrine chrétienne, *Orig.*, t. I, c. 1, § 5. Ce Père atteste lui-même qu'avant de prendre aucune leçon de philosophie, il s'était livré tout entier à l'étude des livres saints. *Op.*, t. I, p. 4.

Tertullien, qui vivait dans ce même temps, n'avait aucune connaissance de ce qu'enseignait l'école d'Alexandrie. Il soutient que toutes les hérésies sont l'ouvrage des philosophes, et il le prouve en détail ; il ne veut point d'un christianisme stoïcien, platonicien ni dialecticien, *de Præsc. Hær.*, c. 7 ; *adv. Marcion.*, l. I, c. 12; l. v, c. 19, etc. Saint Cyprien, qui regardait Tertullien comme son maître, ne pensait sûrement pas autrement que lui.

Voilà ce qu'ont dit les Pères des trois premiers siècles, et antérieurs au concile de Nicée; loin d'y trouver des marques du platonisme décidé qu'on leur reproche, nous n'y voyons que des preuves du contraire. Dans ce concile même, et dans les temps postérieurs, Arius fut accusé d'avoir puisé son hérésie dans Platon, quelques-uns dirent que Platon avait été moins impie que lui, *Syst. intell. de Cudworth*, c. 4, § 36, pag. 875, note (*h*). Que cette accusation ait été vraie ou fausse, peu nous importe ; il s'ensuit toujours que les Pères de Nicée et ceux qui les ont suivis étaient bien éloignés de chercher dans Platon les notions de la *sainte Trinité*. Cudworth les a donc calomniés lorsqu'il a dit que leur doctrine, et en particulier celle de saint Athanase, était plus platonicienne que celle d'Arius, *ibid.*, p. 887; nous avons démontré la fausseté de ce fait par le texte même de Platon.

Plus nous lisons les anciens, plus nous sommes étonnés de la témérité des sociniens et de leurs fauteurs qui osent accuser les Pères d'avoir forgé le mystère de la *sainte Trinité* sur des notions platoniques. L'ont ils jamais prouvé autrement que par l'Ecriture sainte? Pour faire voir que les païens et surtout les philosophes, avaient tort de rejeter ce dogme comme impossible et absurde, il ont montré que Platon avait dit quelque chose d'à peu près semblable; s'ensuit-il de là qu'ils ont pris pour modèle et pour règle les notions vagues, obscures et inintelligibles de ce philosophe? L'ont-ils établi interprète des passages de l'Ecriture sainte, pendant qu'ils lui reprochent de ne les avoir pas entendus, lors même qu'il semble y faire allusion? C'est leur supposer un degré de démence dont ils n'étaient certainement pas capables.

Beausobre prétend qu'il y avait déjà des traces de la *Trinité* dans la théologie orientale, et que Platon en avait emprunté les idées que l'on en trouve dans sa philosophie. Pour toute preuve, il cite ce vers des oracles de Zoroastre . *Dans tout le monde brille la trinité dont l'unité est le principe*. Mais il n'a pas pu ignorer que les prétendus oracles de Zoroastre sont un ouvrage forgé par les nouveaux platoniciens, et qui ne mérite aucune attention. D'ailleurs il est évident que, dans ce passage, τριάς signifie le nombre de trois, et non une *trinité* telle que l'on s'obstine à la trouver dans Platon.

Il est fâcheux qu'en réfutant les sociniens, les protestants aient contribué à nourrir leur prévention en avouant très-mal à propos que les Pères ont emprunté *plusieurs choses* de Platon et des platoniciens, sans pouvoir dire quelles sont ces choses. Mosheim qui a donné dans ce travers, dans ses *Notes sur Cudworth* et ailleurs, le condamne lui-même, lorsqu'il est question des hérésies et des hérétiques. «Je ne puis approuver, dit-il, la conduite de ceux qui recherchent avec trop de subtilité l'origine des erreurs. Dès qu'ils trouvent la moindre ressemblance entre deux opinions, ils ne manquent pas de dire : Celle-ci vient de Platon, celle-là d'Aristote, cette autre de Hobbes ou de Descartes. N'y a-t-il donc pas assez de corruption et de démence dans l'esprit humain pour forger des erreurs, en raisonnant de travers, sans avoir besoin de maître ni de modèle? » *Notes sur Cudworth, Ibid.*, p. 876, n. (*h*). Si cette censure est juste, combien ne sont pas plus condamnables ceux qui, sur la plus légère ressemblance d'expression, accusent les Pères d'avoir pris telle chose dans Platon ou chez les platoniciens, pendant qu'ils l'ont évidemment puisée dans l'Ecriture sainte et dans la tradition de l'Eglise? *Voy.* EMANATION, PHILOSOPHIE, PLATONISME, § 3 et 4, etc.

TRINITÉ, fête qui se célèbre dans l'Eglise romaine le premier dimanche après la Pentecôte, en l'honneur du mystère de la *sainte Trinité*.

A proprement parler, tout le culte des chrétiens consiste dans l'adoration d'un seul Dieu en trois personnes, Père, Fils, et Saint-Esprit; non-seulement toutes les fêtes des mystères se rapportent à cet objet, puisque toutes les œuvres de la création, de la rédemption et de la sanctification des hommes sont communes aux trois Personnes divines; mais les fêtes mêmes des anges et des saints ne sont instituées que pour honorer en eux les dons et les opérations de la grâce divine, et pour rendre gloire à Dieu de leur sainteté et de leur bonheur. *Celui qui sanctifie,* dit saint Paul, *et ceux qui sont sanctifiés, viennent tous d'un même principe* (*Heb.*, II, 11). Il a été néanmoins très-convenable d'établir une fête et un office particulier dans lequel on a rassemblé tous les passages de l'Ecriture sainte et les extraits des Pères les plus propres à confirmer la foi de l'Eglise touchant ce mystère et à mettre les ministres de la religion en état d'instruire solidement les fidèles sur cet article essentiel du christianisme. A la vérité, cette institution est moderne, mais elle n'en est pas moins respectable. Vers l'an 920, Etienne, évêque de Liége, fit dresser un office de la *Trinité* qui s'établit peu à peu dans plusieurs églises; on en disait la messe dans les jours de féries pour lesquels il n'y avait point d'office propre; en quelques endroit l'on en fit une fête. Alexandre II, mort l'an 1073, ne voulut pas l'approuver; Alexandre III, sur la fin du XII° siècle, déclara encore que l'Eglise romaine ne la reconnaissait point. Pothon, moine de Prum, en combattit l'usage; d'autres le désapprouvèrent encore au XIII° siècle. Il craignait que cette fête ne fît oublier l'observation que nous venons de faire, savoir, que les solennités de l'année sont consacrées à l'honneur et au culte de la *sainte Trinité*. Cependant le concile d'Arles, tenu l'an 1260, établit celle-ci pour sa province. On croit que ce fut Jean XXII qui la fit adopter dans l'Eglise de Rome au XIV° siècle, et qui la fixa au premier dimanche après la Pentecôte; mais cet usage ne fut pas suivi partout, puisque l'an 14.5 le cardinal Pierre d'Ailly sollicita encore Benoît XIII reconnu pour lors en France, de le faire observer, et Gerson dit que de son temps cette institution était encore toute nouvelle.

Il faut remarquer que, pendant le X° siècle et les suivants, l'Europe fut infestée par plusieurs sectes d'hérétiques qui enseignaient des erreurs touchant le mystère de la *sainte Trinité*. Les manichéens déguisés sous différents noms ne le reconnaissaient pas, ou l'entendaient très-mal; Roscelin était trithéiste; Abailard et Gilbert de la Porrée ne furent pas plus orthodoxes; la plupart des sectes fanatiques qui s'élevèrent pendant le XIV° siècle n'avaient rien de fixe dans leurs opinions. Il n'est donc pas étonnant que, dans ces temps malheureux, des évêques et d'autres saints personnages aient compris la nécessité de confirmer les peuples dans la foi à la *sainte Trinité*; et comme ce besoin ne se fit pas également sentir partout, d'autres crurent qu'il y aurait du danger à en établir la fête; mais elle n'a jamais été plus nécessaire que depuis la naissance du socinianisme. Nous avons vu ailleurs que des raisons semblables ont donné lieu à l'institution de la Fête-Dieu. *Voy* Baillet, *Hist. des fêtes mobiles;* Thomassin, *Traité des fêtes*, I, II, c. 18. Les Grecs font l'office de la *sainte Trinité* le lundi, lendemain de la fête de la Pentecôte; on ignore depuis quel temps ils sont dans cet usage.

TRINITÉ, nom d'une confrérie ou société pieuse, établie à Rome par saint Philippe de Néri, l'an 1548, pour avoir soin des pèlerins qui viennent de toutes les parties du monde visiter les tombeaux de saint Pierre et de saint Paul. Il y a pour ce sujet un hospice ou maison dans laquelle on reçoit et on entretient pendant trois jours, non-seulement les pèlerins, mais encore les pauvres convalescents qui, étant sortis trop tôt de l'hôpital, pourraient être sujets à des rechutes. Cet établissement se fit d'abord dans l'église de Saint-Sauveur *in campo*; il ne consistait que dans quinze personnes, qui tous les premiers dimanches du mois se rassemblaient dans cette église pour pratiquer les exercices de piété prescrits par saint Philippe de Néri, et y entendre ses exhortations. En 1558, Paul IV donna à cette pieuse association l'église de Saint-Benoit, et les confrères lui donnèrent le nom de la *Sainte-Trinité*. Depuis ce temps-là on a bâti à côté de cette église un hôpital très-vaste pour y loger les pèlerins et les convalescents. L'utilité de cet établissement a rendu très-considérable; la plupart des nobles de Rome de l'un et de l'autre sexe se font honneur d'y être associés. Comme il fallait un nombre d'ecclésiastiques pour desservir cet hospice, pour instruire ceux qui y séjournent, et pour leur administrer les sacrements, l'on y a établi une congrégation de douze prêtres qui y logent et qui y vivent en communauté, comme dans un monastère.

TRINITÉ CRÉÉE. L'on a ainsi nommé la sainte Famille, composée de saint Joseph, de la sainte Vierge et de l'Enfant Jésus. En 1659, dans la ville de la Rochelle, un certain nombre de filles vertueuses se rassemblèrent dans une maison pour travailler à l'éducation des filles orphelines. Bientôt après, elles eurent envie d'embrasser la vie régulière et de faire des vœux. On dressa pour elles des règles et des constitutions qui furent imprimées à Paris en 1664, sous le titre de *Règles des filles de la Trinité créée*, dites religieuses de la congrégation de Saint-Joseph. On ne connaît point d'autre maison de cet ordre ; mais dans plusieurs villes du royaume il y a des congrégations de filles, établies sous un autre titre, pour vaquer à cette bonne œuvre. *Voy.* ORPHELIN.

TRISACRAMENTAIRES. Parmi les protestants il s'est trouvé quelques sectaires à qui l'on a donné ce nom, parce qu'ils admettaient trois sacrements, le baptême, la cène ou l'eucharistie, et l'absolution, au lieu que les autres ne reconnaissent que les deux premiers. Quelques auteurs ont cru que les anglicans regardaient encore l'ordination comme un sacrement ; d'autres ont pensé que c'était la confirmation ; mais ces deux faits sont contredits par la *confession de foi anglicane*, art. 25. *Voy.* ANGLICAN.

TRISAGION, mot grec, composé de τρις, *trois fois*, et de ἅγιος, *saint*; c'est une formule de louange adressée à Dieu, *Isaï.*, c. VI, v. 3 : *Saint, saint, saint est le Seigneur Dieu des armées ; toute la terre est remplie de sa gloire*. Elle est répétée dans l'*Apoc.*, c. IV, v. 8, où nous voyons la liturgie chrétienne représentée sous l'image de la gloire éternelle. Aussi l'Eglise l'a conservée dans le saint sacrifice de la messe, et l'a placée après la préface, immédiatement avant le canon ; l'on ne peut pas douter qu'elle ne vienne des apôtres. Les paroles qui suivent : *Béni soit celui qui vient au nom du Seigneur, salut et gloire lui viennent du ciel*, sont tirées de l'Evangile, *Matth.*, c. XXI, v. 9. Dans les *Constitutions apostoliques* elles sont remplacées par celles-ci : *Qu'il soit béni dans tous les siècles. Amen*. Saint Jean Chrysostome les a répétées plus d'une fois de cette manière. Saint Cyrille de Jérusalem, après avoir cité les paroles d'Isaïe, ajoute, *Catech. mystag.*, 5 : « Nous répétons cette théologie sacrée que les séraphins chantent, et qui nous est venue par tradition, afin que par cette psalmodie céleste nous communiquions avec la sublime milice du ciel. » Saint Ambroise dit qu'on chante le *trisagion* en Orient et en Occident pour honorer l'unité et la trinité de Dieu, l. III, *de Spir. sancto*, c. 12. Dans la suite on se servit d'une autre formule conçue en ces termes : *Saint Dieu, saint puissant, saint immortel, ayez pitié de nous*. L'Eglise latine ne la chante qu'une fois l'année, le vendredi saint, avant l'adoration de la croix, et on la répète trois fois en grec et en latin ; mais elle est d'un usage journalier dont l'Eglise grecque. Saint Jean Damascène, Cedrenus, Balsamon, le pape Félix III, Nicéphore et d'autres disent qu'elle fut introduite par saint Proclus, patriarche de Constantinople, l'an 446, sous le règne de Théodose le Jeune, à l'occasion d'un horrible tremblement de terre qui arriva pour lors. Ils ajoutent que le peuple chanta ce nouveau *Trisagion* avec d'autant plus d'ardeur, qu'il attribuait cette calamité aux blasphèmes que les hérétiques de cette ville vomissaient contre le Fils de Dieu, et qu'incontinent après ce fléau cessa. Le concile de Chalcédoine, tenu l'an 451, l'adopta. Saint Jean Damascène dit que les orthodoxes s'en servaient pour exprimer leur foi touchant la sainte Trinité ; que *Dieu saint* désignait le Père, *Dieu fort* le Fils, *Dieu immortel*, le Saint-Esprit.

Vers l'an 481, Pierre Gnaphée ou le Foulon, moine usurpateur du siége d'Antioche, ennemi déclaré du concile de Chalcédoine, et protégé par l'empereur Zénon, ordonna d'ajouter au *trisagion* ces paroles : *Qui avez été crucifié pour nous*, afin d'insinuer que toute la Trinité avait souffert en Jésus-Christ, et d'établir ainsi l'hérésie des *théopaschites* ou *patripassiens*. *Voy.* ce mot. C'était une conséquence de celle d'Eutychès, qui soutenait qu'il n'y avait en Jésus-Christ qu'une seule nature, et qu'en lui l'humanité était absorbée par la divinité : erreur à laquelle Pierre le Foulon était opiniâtrement attaché. Conséquemment le pape Félix III et les orthodoxes rejetèrent cette addition, et pour en corriger le sens, les uns opinèrent à dire : « Dieu saint, Dieu fort, Dieu immortel, Jésus-Christ notre Roi qui avez souffert pour nous, ayez pitié de nous ; » les autres, à retenir l'ancienne formule, en ajoutant seulement : *sainte Trinité*, ayez pitié de nous. Tous ces changements causèrent des troubles dont les protestants n'ont pas manqué de rejeter tout l'odieux sur les catholiques, comme si ces derniers avaient été obligés d'abjurer leur croyance pour empêcher des hérétiques fougueux d'exciter des séditions. *Voy.* Mosheim, *Hist. eccl.*, ve siècle, IIe part., c. 5, § 19.

Enfin, malgré tous les efforts de Pierre le Foulon et de ses adhérents, le *trisagion* de saint Proclus est demeuré sans addition, et il est encore lui dans *les liturgies latine, grecque, éthiopienne, cophte, syriaque, mozarabique*, etc. *Voy.* Bingham, *Orig. ecclés.*, t. VI, l. XIV, c. 2, § 3 ; *Notes du P. Ménard, sur le Sacram. de S. Grég.*, p. 10. De là il résulte que l'Eglise a toujours voulu que ses prières publiques fussent l'expression de sa foi.

TRITHÉISME est l'hérésie de ceux qui ont enseigné qu'il y a non-seulement trois personnes en Dieu, mais aussi trois essences, trois substances divines, par conséquent trois dieux. Dès que des raisonneurs ont voulu expliquer le mystère de la sainte Trinité, sans consulter la tradition et l'enseignement de l'Eglise, ils ont presque toujours donné dans l'un ou l'autre des deux excès : les uns, pour ne pas paraître supposer trois dieux, sont tombés dans le sabellianisme ; ils ont soutenu qu'il n'y a en Dieu qu'une personne, savoir, le Père ; que les deux autres ne sont que deux dénominations, ou deux différents aspects de la Divinité. Les autres, pour éviter cette erreur, ont parlé des trois personnes, comme si c'étaient trois essences, trois substances ou trois natures distinctes, et sont ainsi devenus *trithéistes*. Ce qu'il y a de singulier, c'est que cette hérésie a pris naissance parmi les eutychiens ou monophysites qui n'admettaient qu'une seule nature en Jésus-Christ. On prétend que son premier auteur fut Jean Acusnage, philosophe syrien ; il eut pour principaux sectateurs Conon, évêque de Tarse, et Jean Philoponus, grammairien d'Alexandrie. Comme ces deux derniers se divisèrent sur d'autres points de doctrine, on distingua les *trithéistes cononites* d'avec les *trithéistes philoponistes*. D'autre part, Damien, évêque d'Alexandrie, distingua l'essence divine des trois personnes ; il nia que chacune d'elles, considérée en particulier et abstractivement des deux autres, fût Dieu. Il avouait néanmoins qu'il y avait entre elles une nature divine ou une divinité commune, par la participation de laquelle chaque Personne était Dieu. On ne conçoit rien à ce verbiage, sinon que Damien concevait la Divinité comme un tout, dont chaque personne n'était qu'une partie. Il eut néanmoins des sectateurs que l'on nomma *damianistes*.

Les ariens qui niaient la divinité du Verbe, et les macédoniens qui ne reconnaissaient point celle du Saint-Esprit, n'ont pas manqué d'accuser de *trithéisme* les catholiques qui soutenaient l'une et l'autre. Aujourd'hui les unitaires ou sociniens nous font encore le même reproche très-mal à propos, puisque nous soutenons l'identité numérique de nature ou d'essence dans les trois personnes divines.

Dans une dispute qu'il y a eu en Angleterre sur ce sujet entre le docteur Sherlock et le docteur South, on prétend que celui-ci est tombé dans le sabellianisme en soutenant trop rigoureusement l'unité de la nature divine, et que le premier a donné dans le *trithéisme* en expliquant la trinité des personnes d'une manière trop absolue. Le seul moyen de garder un juste milieu et d'éviter toute erreur, en parlant de ce mystère incompréhensible, est de s'en tenir scrupuleusement au langage et aux expressions approuvées par l'Eglise. *Voy.* TRINITÉ.

TROIS CHAPITRES. *Voy.* NESTORIANISME.

TROMPETTES (fêtes des), solennité des Hébreux qui se célébrait le premier jour de la lune du mois *tisri* ou de septembre, jour auquel ils commençaient leur année civile, au lieu que leur année religieuse commençait à la nouvelle lune de *nisan* ou de mars. Il est à remarquer que c'était dans l'intervalle qui s'écoulait depuis l'équinoxe du printemps jusqu'à celui de l'automne, que les Hébreux célébraient presque toutes leurs fêtes : preuve assez sensible qu'elles avaient rapport aux travaux de l'agriculture, aussi bien qu'aux événements particuliers qui y avaient donné lieu. *Voy.* FÊTES JUIVES.

Celle des *trompettes* leur était ordonnée, *Levit.*, c. XXIII, v. 24, et *Num.*, c. XXIX, v. 1. *Le premier jour du septième mois,* leur dit Moïse, *sera pour vous un jour saint et vénérable ; vous vous abstiendrez de toute œuvre servile, et il sera marqué par le son des* TROMPETTES. Outre les sacrifices que l'on offrait à chaque néoménie ou nouvelle lune, il y en avait d'autres prescrits spécialement pour ce jour-là. Le dixième de ce même mois était destiné à la fête des Expiations, et le quinzième à la fête des Tabernacles, *ibid*. Alors on avait fini la récolte de tous les fruits de la terre ; c'était donc le moment auquel commençaient les six mois de repos pendant lesquels on pouvait s'occuper plus librement des affaires civiles. Faute d'avoir fait cette remarque, les critiques ont cherché vainement les raisons de cette solennité, et les événements de l'histoire juive, auxquels elle pouvait faire allusion ; ils n'en ont point trouvé dans l'Ecriture sainte, et leurs conjectures n'aboutissent à rien. Dans tous les mois de l'année, la néoménie était annoncée par le son des *trompettes* ; mais à celle de septembre ce signal était plus solennel, par la raison que nous avons dite. *Voy.* NÉOMÉNIE.

Il serait inutile de disserter sur les différentes espèces de *trompettes* dont les Hébreux se servaient dans les différentes occasions ; les critiques qui se sont livrés à cette recherche ne nous ont pas beaucoup satisfaits. Peut-être auraient-ils mieux réussi, s'ils avaient connu les différentes espèces de cors dont se servent les bergers, dans les divers pays du monde, pour appeler et rassembler leurs troupeaux. C'est dans la vie pastorale qu'il faut chercher l'origine des usages des anciens Orientaux. Nous ne nous arrêterons pas non plus à détailler les rites que les juifs modernes ont ajoutés ou substitués à ceux de leurs aïeux, ni les imaginations qu'ils ont mêlées aux récits des livres saints. Ces nouveaux usages, uniquement fondés sur les prétendues traditions du Talmud et des rabbins, ne peuvent contribuer en rien à l'intelligence de l'Ecriture sainte.

Il nous paraît plus nécessaire d'examiner le sentiment de Spencer, qui prétend que le son des *trompettes* aux néoménies, particulièrement à celle de septembre, pour annoncer le commencement de l'année civile, est un rit emprunté des païens, et qu'il était en usage chez toutes les nations idolâtres dont les Hébreux étaient environnés ; que toute la différence qu'il y a consiste en ce que les premiers célébraient ces fêtes à l'honneur des fausses divinités, au lieu que Moïse les consacra au culte du vrai Dieu. Déjà nous avons réfuté ce système à l'article LOI CÉRÉMONIELLE, § 2 ; mais il est bon d'y insister encore. 1° Rien n'est plus faux que ce raisonnement : tel rit a été en usage chez les païens plus anciens que les Israélites, donc ceux-ci l'ont emprunté d'eux et l'ont pratiqué par imitation. Nous avons fait voir que la plupart des usages, soit civils soit religieux, pervertis par les païens, ont été pratiqués par les patriarches longtemps avant la naissance du paganisme ; donc il est plus naturel que Moïse et les Hébreux les aient reçus des patriarches leurs aïeux, que des étrangers qu'ils regardaient plutôt comme des ennemis que comme des frères. D'ailleurs ces mêmes usages se sont retrouvés aux deux extrémités du monde chez des sauvages isolés et privés de tout commerce avec les autres nations ; donc ils ne leur sont pas venus par emprunt, mais par un instinct naturel. Or, rien n'était plus naturel aux Orientaux encore nomades, qui passaient les nuits à la garde de leurs troupeaux, que de voir avec satisfaction le renouvellement de la lune dont la lumière leur était si nécessaire, d'annoncer ce phénomène par des démonstrations de joie et par le son de leurs instruments rustiques. Jusque-là cette fête n'avait rien de blâmable, elle était conforme à l'intention du Créateur, *Gen.*, c. I, v. 14. Elle n'est devenue superstitieuse que quand ces mêmes peuples ont commencé à prendre les astres pour leurs dieux. Mais les patriarches n'adoraient point les astres, *Job*, c. XXXI, v. 26, et Moïse avait sévèrement défendu ce culte aux Juifs, *Deut.*, c. IV, v. 19 ; c. XVII, v. 3. Il n'aurait certainement pas conservé les néoménies, s'il les avait regardées comme des fêtes païennes dans l'origine, et comme des pratiques d'idolâtrie. 2° L'on raisonne encore plus mal en disant : Moïse a pris les plus grandes précautions pour que les néoménies des Hébreux ne fussent consacrées qu'au vrai Dieu, et pour en bannir toute pratique d'idolâtrie et de superstition ; donc il a imité au fond les fêtes des païens, il n'en a retranché que les abus. Pour que cette conséquence fût juste, il faudrait prouver solidement que les païens ont célébré les néoménies avant les adorateurs du vrai Dieu : voilà ce que Spencer n'a pas fait et ce qu'il lui était impossible de faire. Il n'a pas prouvé non plus que *du temps de Moïse* les nations idolâtres annonçaient les néoménies par le son des *trompettes* ; il n'a pu citer que des auteurs profanes postérieurs de mille ans au moins à ce législateur : étaient-ils en état de nous apprendre ce qui s'est passé, pendant cet intervalle, chez les nations dont ils parlaient ? 3° Nous avons des témoignages positifs plus anciens pour faire voir que les Israélites ont observé les néoménies et les ont annoncées par le son des *trompettes*, longtemps avant Moïse. David, qui a précédé de plus de cinq cents ans tous les historiens profanes, dit aux Juifs, *Psal.* LXXX, v. 4 : *Sonnez de la trompette à la néoménie, à ce grand jour de solennité : c'est un précepte pour Israël et une ordonnance du Dieu de Jacob. Il l'a imposée à sa postérité, lorsqu'elle entra en Egypte, où elle entendit une langue qu'elle ne connaissait pas ; où son dos fut courbé sous le poids des fardeaux, où ses bras furent fatigués par le travail.* Nous savons que la Vulgate porte : *lorsqu'elle est sortie de l'Egypte* ; mais nous traduisons conformément au texte hébreu, et la suite du passage exige évidemment ce sens. Il en résulte que Jacob et sa postérité ont observé les néoménies deux cents ans avant que la loi en fût portée ou renouvelée par Moïse. 4° Spencer soutient que les Israélites, accablés de travaux en Egypte, n'ont pas pu y conserver les mœurs et les usages de leurs aïeux, et qu'ils ont eu tout le temps de les oublier. Il se trompe. L'Ecriture atteste qu'ils ont conservé en Egypte la vie pastorale, que c'est pour cela qu'ils habitaient dans le canton de Gessen, pays de pâturages, et qu'ils en sortirent avec de nombreux troupeaux, *Exod.*, c. XII, v. 38. Ce peuple, composé de six cent mille hommes faits, ne pouvait être employé tout entier et en même temps aux travaux publics, mais par bandes qui se succédaient. Il est donc certain qu'il conserva dans la terre de Gessen les usages, les mœurs, le langage de ses aïeux. D'ailleurs il n'y a aucune preuve que chez les Egyptiens les néoménies fussent annoncées par le son des *trompettes*. 5° Ce même critique a encore tort de dire que chez les Hébreux rassemblés en corps de nation, il aurait été plus convenable d'annoncer par des affiches le commencement de l'année civile, que par le son des *trompettes* ; qu'il faut donc que cela se soit fait à l'imitation des autres peuples. Fausse remarque et fausse conséquence. Après la sortie d'Egypte, les Israélites demeurèrent dans le désert pendant quarante ans ; ils continuèrent à y mener la vie pastorale, quoiqu'ils campassent les uns près des autres. Ils y conservèrent tout leur bétail ; le Psalmiste nous apprend que la quantité n'en diminua point. *Ps.* CVI, v. 38. Au sortir du désert, les tribus de Ruben et de Gad, riches en troupeaux, demandèrent de demeurer à l'orient du Jourdain, pays de pâturages, *Num.*, c. XXXII, v. 1 ; et, selon les relations des voyageurs, il est encore tel aujourd'hui. En second lieu, les peuples qui passent à l'état de civilisation ne quittent pas pour cela leurs anciens usages, à moins qu'ils n'y soient obligés par de grandes raisons, et ils tiennent encore plus fort aux pratiques de religion qu'aux autres. Il y avait longtemps que les Romains étaient policés, lorqu'ils allaient encore en cérémonie planter un clou au capitole au commencement de l'année : ce vieil usage, qu'ils tenaient de leurs aïeux, était beaucoup plus ridicule que celui d'annoncer le commencement de l'année par le son des *trompettes*. Il ne serait pas difficile de montrer que nous conservons encore des restes des mœurs qui furent apportées dans nos climats par les Francs, il y a plus de treize cents ans. En troisième lieu, Moïse voulait que les Israélites fussent instruits de ce qu'ils devaient faire, non par des affiches, mais par les leçons des prêtres et par la lecture de ses lois : méthode beaucoup plus sûre et plus convenable que toute autre.

Pour prendre le véritable esprit des lois et des coutumes des Hébreux, il ne sert à rien de les comparer à celles des Grecs, des Romains et des autres nations qui ont figuré dans le monde mille ou douze cents ans après Moïse ; il faut remonter plus haut, et connaître les mœurs, les usages, les habitudes des peuples nomades, surtout des Orientaux ; et le meilleur guide que l'on puisse suivre dans cette recherche; ce sont les livres mêmes de ce législateur. Mais la plupart de nos critiques n'ont pas pris cette peine; ils se sont contentés d'étaler beaucoup d'érudition profane, de citer Hérodote, Diodore de Sicile, Manéthon, etc., même des rabbins, sans faire attention que tous ces écrivains étaient trop modernes pour être instruits de ce qui s'est fait dans les premiers âges du monde. C'est principalement par ce défaut que Spencer a péché dans tout son ouvrage. *Voy.* HISTOIRE SAINTE.

TRONE. *Voy.* THRONE.

TROPIQUES. Saint Athanase, dans sa *Lettre à Sérapion*, nomme ainsi les hérétiques macédoniens, parce qu'ils expliquaient par des *tropes*, ou dans un sens figuré, les passages de l'Ecriture sainte qui parlent du Saint-Esprit, afin de prouver que ce n'était pas une personne, mais une opération divine. Les sociniens font encore de même, et répètent les interprétations forcées de ces anciens sectaires. Quelques controversistes catholiques ont aussi donné le nom de *tropiques* ou de *tropistes* aux sacramentaires qui expliquent les paroles de l'institution de l'eucharistie dans un sens figuré. On sait que le mot grec τροπη signifie *tournure, changement*.

TROPITES, hérétiques dont parle saint Philastre, *Hær.* 70, qui soutenaient que par l'incarnation le Verbe divin avait été changé en chair ou en homme, et avait cessé d'être une personne divine. C'est ainsi qu'ils entendaient les paroles de saint Jean : *le Verbe a été fait chair*. Ils ne faisaient pas attention, dit saint Philastre, que le Verbe divin est immuable, puisqu'il est Dieu et Fils de Dieu; il ne peut donc pas cesser d'être ce qu'il est. Lui-même a formé par sa puissance la chair ou l'humanité dont il s'est revêtu, afin de se rendre visible aux hommes, de les instruire, et d'opérer leur salut. Tertullien avait déjà réparé cette erreur, *Lib. de Carn. Christi*, cap. 10 et seq. Elle fut renouvelée par quelques eutychiens au v° siècle.

TRULLUM. Nous avons parlé du concile *in Trullo* au mot CONSTANTINOPLE.

* TRUSTÉES. L'Etat étant étranger aux dépenses du culte aux Etats-Unis d'Amérique, il a fallu créer pour chaque église des administrateurs chargés de pourvoir à ces dépenses et aux besoins des ministres des cultes. Ces administrateurs, espèce de fabriciens ou marguilliers, se nomment *trustées*. Renfermés d'abord dans les limites de ce qui est purement temporel, ils ont ensuite voulu élever leurs prétentions beaucoup plus haut; ils ont voulu nommer les curés. Les évêques ont soutenu avec fermeté l'un des droits inaliénables de leur autorité. *Voy.* INSTITUTIONS CANONIQUES, JURIDICTION.

TUNIQUE. *Voy.* HABITS SACRÉS.

TURLUPINS. Sectes d'hérétiques ou plutôt de libertins qui se répandirent en France, en Allemagne et dans les Pay-Bas, pendant le XIII° et le XIV° siècle. Ils faisaient profession publique d'impudence; ils soutenaient que l'on ne doit avoir honte de rien de ce qui est naturel, puisque c'est l'ouvrage de Dieu; conséquemment ils allaient nus par les rues, et plusieurs commirent publiquement les mêmes impudicités que l'on a reprochées aux anciens cyniques. Sous le voile d'une fausse spiritualité, ils séduisirent une infinité de personnes de l'un et de l'autre sexe, ils bravèrent les censures et les condamnations portées contre eux par plusieurs conciles, ils osèrent dogmatiser à Paris. L'an 1373, sous le règne de Charles V, plusieurs furent brûlés dans cette ville avec leurs livres, entre autres un certain Jean d'Abantonne qui était leur chef. Déjà l'an 1310, Marguerite Poretta, qui se distinguait parmi eux, y avait subi le même supplice avec un de ses confrères. Elle avait fait un livre dans lequel elle s'efforçait de prouver que l'âme, lorsqu'elle est absorbée dans l'amour de Dieu, n'est plus soumise à aucune loi, et qu'elle peut, sans se rendre coupable d'aucun crime, satisfaire tous les appétits naturels; tous regardaient la pudeur et la modestie comme des marques de corruption intérieure, comme le caractère d'une âme assujettie à la domination de l'esprit sensuel et animal, etc.

Mosheim, dans son *Hist. ecclésiast.*, XIII° siècle, II° part., c. V, § 9 et suiv.; XIV° siècle, II° part., c. V, § 3 et suiv., a prouvé que ces sectaires fanatiques et odieux étaient les mêmes que les *beggards* dont nous avons parlé sous leur nom; la doctrine des uns et des autres était la même, il le fait voir par des extraits tirés de leurs livres; il convient, XIII° siècle, *ibid.* § 11, note (*y*), que les accusations formées contre ces hérétiques par les inquisiteurs ne sont point fabuleuses; il ajoute qu'à la vérité plusieurs ne suivaient point dans la pratique les conséquences odieuses de leurs principes, mais qu'un assez grand nombre, après avoir commencé par la séduction d'une fausse spiritualité, finissaient par le libertinage. Après tous ces aveux, nous ne concevons pas comment cet historien a pu déclamer avec tant d'aigreur contre la cruauté et la barbarie avec laquelle il prétend que ces sectaires ont été traités, contre les poursuites des papes, les sentences des inquisiteurs, etc. Fallait-il donc laisser propager une hérésie aussi pernicieuse à la religion et aux mœurs ? Il est constant, par les monuments mêmes que Mosheim a cités, qu'aucun de ces fanatiques n'a été supplicié pour sa doctrine précisément, mais que tous l'ont été pour leur conduite infâme et scandaleuse. D'autres protestants ont encore poussé plus loin la haine contre l'Eglise romaine, lorsqu'ils ont soutenu que tous les hérétiques, qui dans le moyen âge se sont révoltés contre elle, n'étaient répréhensibles ni dans leur doctrine ni dans leurs mœurs, qu'on les a calomniés pour les rendre odieux au public, qu'ils n'ont été coupables d'aucun autre crime que d'avoir secoué le joug des lois tyranniques et des superstitions de cette Eglise. Mosheim lui-même n'a pas pu approuver leur entêtement. *Ibid.*

Aucun des auteurs qui ont parlé des *turlupins* n'a pu trouver une étymologie satisfaisante de ce nom qu'on leur donnait en France; ils étaient nommés ailleurs *beggards*, *piccards*, *béguins*, *frères et sœurs de l'esprit libre*, *pauvres frères adamites*, etc. *Voy.* Du Cange, au mot TURLUPINI.

TYPASE, ville d'Afrique, devenue célèbre dans l'histoire ecclesiastique par un miracle qui y arriva l'an 484. Hunéric, roi des Vandales, arien décidé, tyran très-cruel, et qui était pour lors maître des côtes d'Afrique, exerça une persécution sanglante contre les catholiques qui refusèrent d'abjurer leur foi; il poussa la barbarie jusqu'à faire couper la langue à plusieurs, parce qu'ils persévéraient à confesser la divinité de Jésus-Christ. Six auteurs contemporains rapportent que ces confesseurs, quoique ainsi mutilés, continuèrent de parler aussi distinctement et aussi librement qu'auparavant, qu'ils se retirèrent à Constantinople, où l'empereur Zénon et toute sa cour furent témoins de ce prodige. Il est attesté par Victor, évêque de Vite, dans son *Hist. de la persécution des Vandales*, l. v; par l'empereur Justinien, troisième successeur de Zénon, dans le code de ses lois, l. I, tit. 27; par Enée de Gaze, dans son dialogue intitulé *Théophraste;* par Procope, dans l'*Hist. de la guerre des Vandales*, l. I, c. VIII; par le comte Marcellin, et par Victor, évêque de Tunone, dans leurs chroniques. De ces six auteurs, quatre se donnent pour témoins oculaires et déposent de ce qu'ils ont vu. Leurs témoignages sont rapportés dans une dissertation publiée sur ce sujet à Paris, en 1766.

Malgré la répugnance qu'ont les protestants à croire les miracles opérés dans l'Eglise catholique, Abadie, Dodwel, le traducteur de Mosheim, et deux autres Anglais qu'il cite, reconnaissent que celui-ci est incontestable. Il a cependant été attaqué par quelques incrédules d'Angleterre. Les uns ont révoqué en doute l'authenticité des témoignages de ceux qui le rapportent; ils ont dit que, suivant toute apparence, on n'arracha pas entièrement la langue aux prétendus miraculés, qu'il leur en resta une partie suffisante pour pouvoir parler. Ils ont cité deux exemples tirés des *mémoires de l'Académie des sciences de Paris*, où il est fait mention de deux personnes qui n'avaient plus de langue, et ne laissaient pas de parler. D'autres ont soutenu que le dogme nié par les ariens n'était pas assez important pour que Dieu voulût le confirmer par des miracles; que pour savoir la vérité, il ne fallait consulter que l'Ecriture sainte. Ces objections frivoles ont paru assez fortes à Mosheim, pour lui faire conclure qu'il est difficile de décider si ce fait fut naturel ou miraculeux, *Hist. ecclés.*, v° siècle, II° part., c. 5, § 4, note (*h*).

Il résulte seulement de là, qu'en fait de miracle aucun témoignage, aucune preuve ne peut convaincre ceux qui ont quelque intérêt à les contester, qu'il suffit qu'un seul incrédule ait hasardé un doute ou une objection quelconque, pour que tous les autres se croient fondés à le nier. Ce procédé est-il raisonnable? 1° Si le nombre de six témoins tous instruits et respectables par leur rang,

n'est pas suffisant pour constater un fait historique, nous demandons combien il en faudrait pour vaincre le pyrrhonisme de nos adversaires. Ceux que nous alléguons n'ont pas pu se concerter; les uns ont écrit en Afrique, les autres à Constantinople, les autres ailleurs : aucun n'a pu être assez impudent pour citer un fait fabuleux ou incertain, comme un événement public, connu de toute la ville de Constantinople et de presque tout l'empire. L'auteur de la dissertation dont nous avons parlé a discuté l'un après l'autre les témoignages qu'il rapporte; il a fait voir qu'aucune raison de critique ne peut en affaiblir l'authenticité, qu'ils sont uniformes sur la substance du fait, quoiqu'il y ait quelque variété dans les circonstances; que la manière simple et positive dont ces auteurs s'énoncent ne laisse aucun doute sur leur sincérité et sur leur attention à examiner le fait dont il s'agit. 2° Quatre de ces témoins, en particulier l'empereur Justinien, disent qu'ils l'ont vérifié de leurs propres yeux, qu'ils ont fait ouvrir la bouche aux miraculés, et qu'ils ont vu qu'on leur avait coupé ou arraché la langue jusqu'à la racine. Ce n'est donc pas le cas de soupçonner que cette opération cruelle avait été mal faite, et qu'il leur restait encore une partie de l'organe de la parole. 3° Les deux exemples, tirés des *Mémoires de l'Académie des sciences*, et quelques autres que l'on peut citer, ne détruisent point le surnaturel du fait que nous examinons. Il a été vérifié que dans la bouche de ceux qui parlaient sans langue, il restait du moins une légère partie de cet organe, ou qu'il s'y était formé une excroissance qui en tenait lieu; l'on avoue encore qu'ils ne parlaient ni aussi distinctement ni aussi librement que ceux qui ont une langue; qu'ils n'étaient parvenus à pouvoir articuler des sons que par de longs efforts. Au contraire, les miraculés de *Typase*, incontinent après avoir souffert une extirpation entière et cruelle de la langue, continuèrent de parler comme ils avaient fait auparavant; nous soutenons que le fait, revêtu de ces circonstances, est évidemment miraculeux, et qu'il n'est aucun naturaliste sensé qui ose en disconvenir. 4° Ce n'est ni à nos adversaires ni à nous de décider en quels cas ni pour quelles raisons Dieu doit ou ne doit pas faire des miracles; c'est à lui seul d'en juger, et il est absurde de prétendre qu'il n'en a dû faire que pour convertir des juifs ou des païens, et non pour confirmer la foi des fidèles ou pour confondre l'incrédulité des hérétiques. Il est faux que le dogme nié par les ariens ne fût pas assez important pour que Dieu daignât le confirmer par un trait surnaturel de sa puissance. Aux mots ARIANISME et TRINITÉ, nous avons fait voir que cette vérité est l'article fondamental du christianisme; que les sociniens, dès qu'ils ont refusé de l'admettre, ont été forcés, par une chaîne de conséquences inévitables, de réduire leur religion à un pur déisme. Une autre absurdité est de dire que, pour connaître la vérité ou la fausseté de ce dogme, il faut se borner à consulter l'Ecriture sainte, puisque c'est sur le sens même de l'Ecriture que les ariens, aussi bien que les sociniens, disputaient et disputent encore contre les catholiques ; il s'agissait donc de savoir lequel des deux partis en donnait la véritable interprétation. A la vérité les protestants qui soutiennent que l'Ecriture sainte est la seule règle de notre foi, qu'elle s'exprime clairement sur tous les articles fondamentaux du christianisme, doivent avoir de la répugnance à convenir que Dieu a fait des miracles pour confirmer les explications des catholiques et confondre celle des ariens ; mais l'obstination des protestants à soutenir un système faux ne prouve rien contre des faits solidement établis. 5° On répétera peut-être l'objection triviale des incrédules contre tous les miracles ; ou dira que si celui de *Typase* avait été incontestable, il aurait sans doute converti tous les ariens, et qu'il n'en serait pas resté un seul en Afrique. Rien de plus faux que ce préjugé. Des hérétiques aussi brutaux et aussi farouches que les vandales ne sont touchés d'aucune preuve, d'aucune raison, d'aucun miracle. Aucun excès d'incrédulité ne peut plus nous surprendre, depuis que nous avons vu les philosophes de nos jours déclarer formellement que, quand ils verraient un miracle, ils ne seraient pas convaincus, et qu'ils s'en fieraient plutôt à leur jugement qu'à leurs yeux.

TYPE, signe, symbole, figure, représentation d'une chose : c'est le sens ordinaire du grec τύπος. Dans l'Ecriture sainte il signifie quelquefois une image, une idole ; d'autres fois la figure d'un événement futur ; il exprime aussi, ou un modèle qu'il faut suivre, ou un exemple qui doit nous instruire, mais qu'il ne faut pas imiter ; saint Paul l'a pris dans ce dernier sens, *I Cor.*, c. x, v. 6 et 11. Au mot ANTITYPE, nous avons donné les différentes significations de ce dernier.

Quelques auteurs prétendent que tout l'Ancien Testament a été un *type* ou une figure du Nouveau, que les événements, les lois, les cérémonies, aussi bien que les prophéties, avaient pour but de représenter d'avance les mystères de Jésus-Christ et de son Eglise. Au mot FIGURE, nous avons fait voir le peu de solidité et les inconvénients de ce système. Ceux qui le soutiennent ont voulu se prévaloir de l'exemple des apôtres et des évangélistes qui ont souvent appliqué aux faits du Nouveau Testament des prophéties qui semblaient avoir pour objet des événements et des personnages de l'Ancien. Sur ce sujet le savant Maldonat a fait des observations très-sages. Quand les apôtres, dit-il, remarquent qu'une prophétie de l'Ancien Testament s'est trouvée accomplie par un événement qu'ils rapportent, ils ne l'entendent pas toujours de la même manière ; cette expression peut être prise dans quatre sens différents. 1° Cela signifie souvent qu'une chose s'accomplit exactement et à la lettre, selon qu'elle a été prédite ; ainsi quand saint Matthieu observe, c. I, v. 22 et 23, que cette prophétie d'Isaïe, c. VII, v. 14, *Une Vierge concevra et enfantera un Fils*, etc., a été accomplie dans la vierge Marie, cela doit s'entendre d'un accomplissement littéral, parce que cette prédiction ne peut être appliquée à aucune autre personne. *Voy.* EMMANUEL. 2° Cela signifie quelquefois qu'une prédiction, déjà accomplie dans une personne, se vérifie encore plus exactement à l'égard d'une autre dont la première était le *type* ou la figure. Ainsi ces paroles, *I Reg.*, c. VII, *Je lui tiendrai lieu de père, et je le traiterai comme mon fils*, regardaient directement Salomon ; mais saint Paul les applique à Jésus-Christ, *Hebr.*, c. I, v. 6, parce qu'elles se vérifient plus parfaitement en lui qu'à l'égard de Salomon qui était le *type* ou la figure du Messie. De même saint Jean observe, c. XIX, qu'on ne rompit point les os à Jésus-Christ sur la croix, pour accomplir ce qui était dit de l'agneau pascal, *Exod.*, c. XII : *Vous n'en briserez point les os*. Le troisième sens a lieu, lorsqu'on applique une prophétie à ce qui n'en est ni l'objet immédiat ni le *type*, mais à un objet à qui elle cadre aussi bien que si elle avait été faite pour lui. Isaïe, par exemple, c. XXIX, semble borner le reproche que Dieu fait aux Juifs, de l'honorer du bout des lèvres, à ceux de son temps ; mais Jésus-Christ l'adresse à ceux auxquels il parlait, parce qu'ils étaient aussi hypocrites que leurs pères, *Matth.*, c. XV, v. 7 et 8. La quatrième manière dont une prédiction s'accomplit, c'est lorsqu'un événement prédit, étant déjà arrivé en partie, s'achève entièrement, de manière qu'il n'y a plus rien à désirer pour son parfait accomplissement. Dans ce sens Jésus-Christ, après avoir lu dans la synagogue de Nazareth ces paroles d'Isaïe, c. LXI, v. 1 : *L'esprit de Dieu est sur moi, parce qu'il m'a donné l'onction du prophète, il m'a envoyé annoncer aux affligés une heureuse nouvelle*, etc., dit à ceux qui l'écoutaient : *Cette Ecriture s'accomplit aujourd'hui sous vos yeux* (*Luc.* IV, 17 *seq.*) ; parce que le prophète n'avait rempli qu'imparfaitement l'objet de sa mission, au lieu que Jésus-Christ était venu le remplir dans toute la perfection. *Voy.* Maldonat, *in Matth.*, c. 2, v. 15. — De ces quatre sens divers, le premier est le seul qui fasse preuve en rigueur contre les Juifs, contre les païens et contre les incrédules, parce qu'ils ne reconnaissent l'autorité, ni de Jésus-Christ ni des apôtres ; mais les trois autres servent à confirmer la foi des chrétiens, qui sont convaincus d'ailleurs que ce divin Sauveur et ses disciples étaient envoyés et inspirés de Dieu, aussi bien que les prophètes. C'était aussi un argument personnel contre les Juifs qui étaient accoutumés à ces sortes d'applications de l'Ecriture sainte ; ceux d'aujourd'hui ont encore tort de le rejeter, puisque ç'a été la méthode de leurs anciens docteurs auxquels ils ajoutent foi, quoique ces derniers en aient souvent abusé. Il n'est presque pas une seule explication des prophéties donnée dans l'Evangile, qui ne soit confirmée par le suffrage des anciens rabbins. *Voy.* Galatin, *de Arcanis cathol. veritatis.*

C'est donc contre toute vérité que quelques incrédules ont prétendu que le christianisme n'est fondé sur aucune autre preuve que sur des explications arbitraires ou sur des sens typiques, figurés, allégoriques des prophéties de l'Ancien Testament. Au mot PROPHÉTIE, nous avons fait voir qu'il y a un très-grand nombre de ces prédictions qui regardent directement, littéralement et uniquement Jésus-Christ, et qu'on ne peut les adapter à d'autres personnages, sans faire violence à tous les termes. Les protestants ne sont pas moins blâmables de reprocher sans cesse aux Pères de l'Eglise d'avoir abusé de l'exemple de Jésus-Christ, des apôtres et des évangélistes; d'avoir porté au dernier excès le goût des allégories et des explications figurées de l'Ecriture sainte : nous avons justifié ces saints docteurs au mot ALLÉGORIE. Mais les figuristes modernes, qui prétendent que c'est la meilleure manière d'expliquer ces divins livres, ne peuvent tirer aucun avantage de cet exemple, puisque la plupart des motifs qui ont déterminé les Pères, ne subsistent plus. Outre les inconvénients de leur système, il est devenu très-suspect depuis que Jansénius a eu la témérité de dire, tom. III, *de Gratia Christi salvat.*, l. III, c. 6, p. 116 : « Il est évident que l'Ancien Testament n'a été qu'une grande comédie qui se jouait moins pour elle-même que pour le Nouveau Testament. » Il semble que l'on s'attache au figurisme, afin de prouver que ce novateur avait raison.

TYPE, édit de l'empereur Constant II au sujet des monothélites. *Voy.* MONOTHÉLISME.

* TYRANNICIDE. Au milieu des désordres du moyen âge, dans le malaise général souvent fomenté par les grands, on posa cette question : *Est-il permis de mettre à mort sans forme de procès les tyrans du peuple?* L'affirmative trouva des défenseurs. Le docteur Jean Petit soutint cette doctrine dans les chaires de Paris, en 1407. Ce principe, formulé ainsi, est évidemment anarchique. Il fut condamné au concile de Constance, en 1416. Nous avons exposé dans notre Dictionnaire de Théologie morale la conduite que doivent tenir les peuples à l'égard des tyrans.

U

UBIQUISTES ou UBIQUITAIRES. On nomma ainsi ceux d'entre les luthériens qui soutenaient que le corps de Jésus-Christ est présent dans l'eucharistie en vertu de sa divinité présente partout, *ubique*. Ils avaient embrassé ce sentiment, afin de ne pas être obligés d'admettre la transsubstantiation. L'on prétend que Luther le soutint ainsi pendant deux ans. D'autres ont écrit que le premier auteur de ce sentiment fut Jean de Westphalie, nommé vulgairement *Westphale*, ministre de Hambourg en 1552, qui se rendit célèbre par ses écrits contre Luther et contre Calvin ; d'autres disent que ce fut Brentius, disciple de Luther, mais qui ne pensait pas toujours comme son maître, et qui forgea cette opinion l'an 1560. Il eut pour sectateurs Flaccius Illyricus, Osiander et d'autres. Six de ces docteurs s'assemblèrent au monastère de Berg, l'an 1577, et y décidèrent le dogme de l'*ubiquité* du corps de Jésus-Christ comme un article de foi.

D'autre côté, Mélanchthon s'éleva contre cette doctrine dès qu'elle commença de paraître ; il soutint que c'était introduire, à l'exemple des eutychiens, une espèce de confusion entre les deux natures de Jésus-Christ, en attribuant à l'une les propriétés de l'autre, et il persista jusqu'à la mort dans cette manière de penser. Les universités de Wirtemberg et de Leipsick embrassèrent vainement le parti de Mélanchthon, le nombre des *ubiquistes* augmenta, et leur système a prévalu pendant longtemps parmi les luthériens. Ceux de Suède, en le soutenant, se divisèrent encore ; les uns prétendirent que, pendant la vie mortelle du Sauveur, son corps était partout, les autres, qu'il n'a eu ce privilége que depuis son ascension. Il paraît qu'aujourd'hui cette opinion n'a plus de partisans parmi les luthériens ; ils se sont rapprochés des calvinistes, et ils pensent communément que le corps de Jésus-Christ n'est présent avec le pain que dans la communion et au moment qu'on le reçoit. Nous ne savons pas s'ils enseignent que ce corps est présent en vertu de l'action même de communier, ou en vertu des paroles de Jésus-Christ, *Ceci est mon corps*, prononcées auparavant. *Voy.* EUCHARISTIE, § 1. — Il est assez étonnant que les théologiens, qui s'efforçaient de persuader que l'Ecriture sainte est claire, intelligible, à la portée de tout le monde sur les dogmes de foi, n'aient jamais pu parvenir à s'accorder sur un article aussi essentiel qu'est celui de l'eucharistie ; qu'après bien des disputes, des systèmes, des volumes écrits de part et d'autre, la différence de croyance ait toujours subsisté et subsiste encore entre les deux principales sectes protestantes. La première chose qu'il aurait fallu prouver par l'Ecriture était le droit qu'ils s'attribuaient de faire des décisions de foi pendant qu'ils le refusaient à l'Eglise universelle.

Basnage, *Histoire de l'Eglise*, l. XXVI, c. 6, § 2, soutient que l'opinion des *ubiquitaires* est une suite naturelle du dogme de la présence réelle ; qu'ainsi l'Eglise romaine ne peut pas combattre cette opinion avec avantage. En effet, dit-il, si je conçois qu'un corps qui ne peut être naturellement que dans un lieu, se trouve cependant en cent mille endroits où l'on communie et où l'on garde l'eucharistie, je puis croire également qu'il est partout, parce qu'il n'y a plus de règle lorsque la nature des choses est détruite, et qu'il n'y a plus rien de fixe quand on a recours à des miracles qui détruisent la raison.

Si ce critique avait été moins entêté de ses préjugés, il aurait compris que la règle et la mesure de notre foi est la révélation, que ce n'est point à nous de pousser les miracles et les mystères plus loin que Dieu ne nous les a révélés. Or, l'Ecriture sainte et la tradition qui sont les organes de la révélation nous enseignent que le corps de Jésus-Christ est dans l'eucharistie, sans nous dire qu'il est aussi ailleurs; donc nous devons borner là notre foi. C'en est assez pour réfuter les *ubiquitaires*, qui ne peuvent fonder leur sentiment, ni sur l'Ecriture sainte, ni sur la tradition. Il n'est pas question de savoir où le corps de Jésus-Christ peut ou ne peut pas être, mais de savoir où il est. Au reste, rien de plus faux que le principe sur lequel Basnage s'est fondé. Suivant la narration de l'Evangile, Jésus-Christ, en ressuscitant, sortit du tombeau sans déranger la pierre qui en fermait l'entrée, ce fut un ange qui la renversa, *Matth.*, c. XXVIII, v. 2. Ses disciples ne le virent point auprès de son tombeau, et cependant il s'y montra à Marie-Magdeleine, *Joan.*, c. XX, v. 14. Il disparut aux yeux des deux disciples d'Emmaüs avec lesquels il venait de manger, *Luc.*, c. XXIV, v. 31. Le même soir il se trouva au milieu de ses disciples, quoique les portes fussent fermées; ils crurent voir un esprit; pour les rassurer, il leur fit toucher son corps, *ibid.*, v. 36; il répéta ce même prodige en faveur de saint Thomas, *Joan.*, c. XX, v. 26. Refuserons-nous d'y croire, sous prétexte qu'un corps ne peut pas *naturellement* pénétrer les autres corps, se trouver dans un lieu sans y être venu, ni disparaître subitement à tous les yeux; que dans tous ces cas la nature des choses serait détruite? Ce principe de Basnage ne tend pas à moins qu'à renverser tous les miracles; et telle est la conséquence de tous les arguments que les protestants ont faits contre le mystère de l'eucharistie. On dirait qu'ils ont eu dessein d'armer les incrédules contre tous les articles de notre foi.

UNIGENITUS, bulle ou constitution du pape Clément XI, donnée au mois de septembre 1713, qui commence par ces mots, *Unigenitus Dei Filius*, et qui condamne cent une propositions tirées du livre de Pasquier Quesnel, prêtre de l'Oratoire, intitulé : *Le Nouveau Testament traduit en français avec des réflexions morales* (1). Ces propositions se réduisent à cinq ou six chefs de doctrine, qui sont autant d'erreurs, et qui avaient été déjà condamnées dans les écrits de Baïus et

(1) Voici un extrait de cette bulle. Le pape parle d'abord de l'avertissement donné par le Fils de Dieu à son Eglise, « de nous tenir en garde contre les faux prophètes, qui viennent à nous revêtus de la peau des brebis; (par où) il désigne principalement..... ces maîtres de mensonges, séducteurs pleins d'artifices, qui ne font éclater dans leurs discours les apparences de la plus solide piété, que pour insinuer imperceptiblement leurs dogmes dangereux, et que pour introduire, sous les dehors de la sainteté, des sectes qui conduisent les hommes à leur perte; séduisant avec d'autant plus de facilité ceux qui ne se défient pas de leurs pernicieuses entreprises, que comme des loups, qui dépouillent leur peau pour se couvrir de la peau des brebis, ils s'enveloppent, pour ainsi parler, des maximes de la loi divine, des préceptes des saintes Ecritures, dont ils interprètent malicieusement les expressions, et de celles même du *Nouveau Testament*, qu'ils ont l'adresse de corrompre en diverses manières pour perdre les autres et pour se perdre eux-mêmes : vrais fils de l'ancien père du mensonge, ils ont appris, par son exemple et par ses enseignements, qu'il n'est point de voie plus sûre ni plus prompte pour tromper les âmes, et pour insinuer le venin des erreurs les plus criminelles, que de couvrir ces erreurs de l'autorité de la parole de Dieu. »

Le saint Père continue ensuite de cette manière : « Pénétré de ces divines instructions, aussitôt que nous eûmes appris, dans la profonde amertume de notre cœur, qu'un certain livre, imprimé autrefois en langue française, et divisé en plusieurs tomes, sous ce titre : *Le Nouveau Testament en français, avec des réflexions morales sur chaque verset*, etc. *A Paris*, 1699; autrement encore : *Abrégé de la morale de l'Evangile, des Actes des apôtres, des Epîtres de saint Paul, des Epîtres canoniques et de l'Apocalypse, ou Pensées chrétiennes sur le texte de ces livres sacrés*, etc. *A Paris*, 1693 et 1694, que ce livre, quoique nous l'eussions déjà condamné, parce qu'en effet les vérités catholiques y sont confondues avec plusieurs dogmes faux et dangereux, passait dans l'opinion de beaucoup de personnes pour un livre exempt de toutes sortes d'erreurs; qu'on le mettait partout entre les mains des fidèles, et qu'il se répandait de tous côtés, par les soins affectés de certains esprits remuants, qui font de continuelles tentatives en faveur des nouveautés; qu'on l'avait même traduit en latin, afin que la contagion de ses maximes pernicieuses passât, s'il était possible, de nation en nation et de royaume en royaume; nous fûmes saisis d'une très-vive douleur en voyant le troupeau du Seigneur, qui est commis à nos soins, entraîné dans la voie de perdition par des insinuations si séduisantes et si trompeuses : ainsi donc, également excités par notre sollicitude pastorale, par les plaintes réitérées des personnes qui ont un vrai zèle pour la foi orthodoxe, *surtout par les lettres et les prières d'un grand nombre de nos vénérables frères les évêques de France*, nous avons pris la résolution d'arrêter, par quelques remèdes plus efficaces, le cours d'un mal qui croissait toujours, et qui pourrait avec le temps produire les plus funestes effets. Après avoir donné toute notre application à découvrir la cause d'un mal si pressant, et après avoir fait sur ce sujet de mûres et de sérieuses réflexions, nous avons enfin reconnu très-distinctement que le progrès dangereux qu'il a fait, et qui s'augmente tous les jours, vient principalement de ce que le venin de ce livre est très-caché, semblable à un abcès dont la pourriture ne peut sortir qu'après qu'on y a fait des incisions. En effet, à la première ouverture du livre, le lecteur se sent agréablement attiré par de certaines apparences de piété. Le style de cet ouvrage est plus doux et plus coulant que l'huile; mais les expressions en sont comme des traits prêts à partir d'un arc qui n'est tendu que pour blesser imperceptiblement ceux qui ont le cœur droit. Tant de motifs nous ont donné lieu de croire que nous ne pouvions rien faire de plus à propos ni de plus salutaire, après avoir jusqu'à présent marqué en général la doctrine artificieuse de ce livre, que d'en découvrir les erreurs en détail, et que de les mettre plus clairement et plus distinctement devant les yeux de tous les fidèles, par un extrait de plusieurs propositions contenues dans l'ouvrage, où nous leur ferons voir l'ivraie dangereuse séparée du bon grain qui la couvrait. Par ce moyen nous dévoilerons et nous mettrons au grand jour, non-seulement quelques-unes de ces erreurs, mais

de Jansénius. De même que ce dernier n'avait fait son livre intitulé *Augustinus*, que pour justifier les sentiments de Baïus, Quesnel fit le sien pour répandre la doctrine de Jansénius sous le masque de la piété. En effet, l'évêque d'Ypres avait enseigné que l'on ne résiste jamais à la grâce intérieure; il avait même taxé de semi-pélagianisme et d'hérésie le sentiment contraire. Quesnel, de son côté, enseigne que la grâce de Dieu est l'opération de sa toute-puissance, à laquelle rien ne peut résister; il compare l'action de la grâce à celle par laquelle Dieu a créé le monde, a opéré le mystère de l'incarnation, et a ressuscité Jésus-Christ (*Prop.* 10 et suiv.). Il en conclut que quand Dieu veut sauver une âme, elle est infailliblement sauvée (*Prop.* 12 et suiv.). De là il s'ensuit, 1° que quand elle n'est pas sauvée, c'est que Dieu ne le veut pas; conséquence directement contraire au mot de saint Paul, Dieu *veut que tous les hommes soient sauvés*. 2° Il s'ensuit que si un homme pêche, c'est qu'il manque de grâce; autre erreur proscrite dans l'Écriture sainte et dans saint Augustin. *Voy.* GRACE, § 4. 3° Il s'ensuit que,

nous en exposerons un grand nombre des plus pernicieuses, soit qu'elles aient été déjà condamnées, soit qu'elles aient été inventées depuis peu. »

A la suite du préambule, Clément XI rapporte 101 propositions extraites du livre de Quesnel, et il les condamne « comme étant respectivement fausses, captieuses, mal sonnantes, capables de blesser les oreilles pieuses; scandaleuses, pernicieuses, téméraires, injurieuses à l'Église et à ses usages; outrageantes, non-seulement pour elle, mais pour les puissances séculières; séditieuses, impies, blasphématoires, suspectes d'hérésie, sentant l'hérésie, favorables aux hérétiques, aux hérésies et au schisme; erronées, approchantes de l'hérésie, et souvent condamnées; enfin, comme hérétiques, et comme renouvelant diverses hérésies, principalement celles qui sont contenues dans les fameuses propositions de Jansénius, prises dans le sens auquel elles ont été condamnées. » Le saint Père défend en conséquence, à tous les fidèles, de penser, d'enseigner ou de parler sur lesdites propositions, autrement qu'il n'est porté dans sa constitution, et il veut que « quiconque enseignerait, soutiendrait ou mettrait au jour ces propositions, ou quelques-unes d'entre elles, soit conjointement, soit séparément, ou qui en traiterait même par manière de dispute, en public ou en particulier, si ce n'est peut-être pour les combattre, encoure *ipso facto*, et sans qu'il soit besoin d'autre déclaration, les censures ecclésiastiques et les autres peines portées par le droit contre ceux qui font de semblables choses. »

Il déclare en sus qu'il ne prétend « nullement approuver ce qui est contenu dans le reste du même livre, d'autant plus, ajoute-t-il, que, dans le cours de l'examen que nous avons fait, nous y avons remarqué plusieurs autres propositions qui ont beaucoup de ressemblance et d'affinité avec celles que nous venons de condamner, et qui sont toutes remplies des mêmes erreurs : de plus, nous y en avons trouvé beaucoup d'autres qui sont propres à entretenir la désobéissance et la rébellion que quelques-uns veulent insinuer insensiblement sous le faux nom de patience chrétienne, par l'idée chimérique qu'elles donnent aux lecteurs, d'une persécution qui règne aujourd'hui; mais nous avons cru qu'il serait inutile de rendre cette constitution plus longue, par un détail particulier de ces propositions. »

pour pécher ou pour faire une bonne œuvre, pour mériter ou démériter, il n'est pas nécessaire que l'homme soit libre et exempt de nécessité, mais qu'il lui suffit d'être exempt de contrainte ou de violence, puisque, lorsqu'il a la grâce, il lui obéit nécessairement, et que quand il ne l'a pas, il est dans l'impossibilité d'agir. C'est la doctrine condamnée dans la troisième proposition de Jansénius.

La raison sur laquelle se fonde Quesnel, savoir, que la grâce est l'opération toute-puissante de Dieu, n'est dans le fond qu'une ineptie. Car enfin la grâce que Adam reçut de Dieu pour pouvoir persévérer dans l'innocence, n'était pas moins l'opération toute-puissante de Dieu que celle par laquelle saint Paul fut converti. Dira-t-on qu'il a fallu que Dieu fît un plus grand effort de puissance pour changer Saul de persécuteur en apôtre, qu'il ne l'aurait fallu pour faire persévérer Adam? Donc toutes les comparaisons desquelles se sert Quesnel pour exalter l'efficacité de la grâce sont absurdes.

Jansénius avait dit qu'il y a des justes auxquels certains commandements de Dieu sont impossibles, et qu'ils manquent de la grâce qui les leur rendrait possibles, il n'en soutenait pas moins que dans ce cas-là ces justes pèchent et sont punissables; c'est la première proposition de ce docteur. Quesnel va plus loin : il prétend que toute grâce est refusée aux infidèles, que la foi est la première grâce, que quiconque n'a pas la foi ne reçoit point de grâce. (*Prop.* 26 et suiv.). Il soutient que la grâce était refusée aux Juifs, et que Dieu leur imposait des préceptes en les laissant dans l'impuissance de les accomplir (*Prop.* 6 et 7). Il dit encore que la grâce est refusée aux pécheurs, que quiconque n'est pas en état de grâce est dans l'impuissance de faire aucune bonne œuvre, même de prier Dieu, et ne peut faire que du mal (*Prop.* 1, 38 et suiv.). Bien entendu qu'il sera damné pour ce mal même qu'il lui était impossible d'éviter sans le secours de la grâce.

Au mot GRACE, § 3, nous avons réfuté cette doctrine impie; nous avons prouvé par les passages les plus formels de l'Écriture sainte et de saint Augustin, que Dieu donne à tous les hommes sans exception les grâces actuelles dont ils ont besoin pour éviter le mal et faire le bien, qu'aucun homme n'en a jamais manqué absolument, quoique Dieu en donne beaucoup plus aux uns qu'aux autres. Ceux qui s'obstinent à méconnaître cette vérité consolante, se fondent sur ce que la nature humaine infectée par le péché d'Adam est une masse de perdition et de damnation; objet éternel de la colère de Dieu, indigne de toute grâce, incapable de faire autre chose que du mal. Mais des chrétiens peuvent-ils oublier que Jésus-Christ, par le bienfait de la rédemption, a racheté, délivré, sauvé, réparé la nature humaine, qu'il a réconcilié Dieu avec le monde, et changé, pour ainsi dire, la colère divine en miséricorde; que la grâce nous est donnée en considération des mérites de Jésus-Christ et non des nôtres ; qu'elle est par conséquent très-gratuite, mais cependant distribuée à tous, non par justice, mais par bonté pure? Quiconque ne croit pas toutes ces vérités, ne croit pas en Jésus-Christ rédempteur du monde.

Il est vrai que Jansénius a taxé de semi-pélagianisme ceux qui disent que Jésus-Christ est mort pour tous les hommes sans exception, et qu'il a répandu son sang pour tous : c'est ainsi qu'est couchée sa 5ᵉ proposition condamnée. Aussi Quesnel, fidèle à cette doctrine, se borne à dire que Jésus-Christ est mort pour les élus ; il ne veut pas que tout homme puisse dire comme saint Paul, *Jésus-Christ m'a aimé et s'est livré pour moi* (*Prop.* 32 et 33).

Nous avons démontré l'impiété de ces erreurs, aux articles RÉDEMPTEUR, SALUT, SAUVEUR, etc. Quesnel lui-même a été forcé au moins une fois de le reconnaître, de se contredire et de se condamner, comme tous les hérétiques. Sur ces paroles de saint Paul, *I Tim.*, c. II, v. 4 : *Dieu, notre Sauveur, veut que tous les hommes soient sauvés et parviennent à la connaissance de la vérité* ; il dit : *Gardons-nous de vouloir borner la grâce et la miséricorde de Dieu... La Vérité s'est incarnée pour tous.* Comment donc ne s'est-elle pas livrée à la mort pour tous? Mais Quesnel était bien résolu d'esquiver cette conséquence. Sur le ch. IV, v. 10 : *Nous espérons au Dieu vivant qui est le Sauveur de tous les hommes, principalement des fidèles.* Il n'a eu garde de faire sentir l'énergie de ce passage de saint Paul, qui écrase son système. *II Cor.*, c. v, 14, l'Apôtre dit : *L'amour de Jésus-Christ nous presse, considérant que si un seul est mort pour tous, donc tous sont morts.* On sait avec quelle force saint Augustin a employé ces paroles pour prouver contre les pélagiens l'universalité du péché originel dans tous les hommes, par l'universalité de la mort de Jésus-Christ pour tous les hommes. Mais notre commentateur perfide se contente de dire que Jésus-Christ *nous* a racheté la vie à *tous;* il a bien compris que *nous tous* pouvait s'entendre des chrétiens seuls ; c'est ce qu'il voulait. Saint Jean, *Epist.* I, c. II, v. 2, dit que Jésus-Christ *est la victime de propitiation pour nos péchés, et non-seulement pour les nôtres mais pour ceux de tout le monde.* Quesnel se borne à dire que Jésus-Christ a pleinement satisfait pour *nous*, qu'il plaide *notre* cause dans le ciel, qu'il a porté *nos* péchés sur la croix. Pourquoi non ceux du monde entier, comme le dit saint Jean ? — Ce docteur soutient que l'on ne peut faire aucune bonne œuvre sans la charité (*Prop.* 44 et suiv.), et par la charité il entend l'amour de Dieu. Cependant il est certain que, quand saint Paul a parlé à peu près de même, il s'agissait de l'amour du prochain ; que quand saint Augustin l'a répété, il a souvent entendu par *charité* toute affection du cœur bonne et louable. *Voy.* CHARITÉ. Mais avec des équivoques on trompe aisément les simples. Il enseigne

que celui qui ne s'abstient du péché que par crainte, a déjà commis le péché dans son cœur (*Prop.* 60 et suiv.) ; doctrine condamnée par le concile de Trente dans les écrits de Luther et de Calvin. On voit d'ailleurs que de tous les systèmes, le plus propre à étouffer la charité dans tous les cœurs, et à les glacer de crainte, est celui de Quesnel et de ses adhérents. *Voy.* CRAINTE. Il ne reconnaît pour membres de l'Eglise que les justes. (*Prop.* 72 et suiv.). Saint Augustin a formellement réfuté cette erreur soutenue par les donatistes, et nous avons répété les arguments de ce saint docteur au mot EGLISE, § 3. Il prétend que la lecture de l'Ecriture sainte est nécessaire à tous les fidèles, et qu'elle ne doit être interdite à personne ; il renouvelle à ce sujet les clameurs des protestants (*Prop.* 80 et suiv.). C'était un expédient pour faire rechercher son livre ; ainsi en ont agi tous les hérétiques ; Tertullien s'en plaignait déjà au IIIᵉ siècle. Mais de tout temps l'on a vu les fruits que peut produire cette lecture sur des esprits avides de nouvelles opinions, surtout lorsqu'elle est préparée par des traducteurs et des commentateurs aussi infidèles que Quesnel et ses pareils ; elle inspire l'indocilité et le fanatisme aux femmes et aux ignorants ; les protestants mêmes ont été forcés plus d'une fois d'en convenir. *Voy.* ECRITURE SAINTE, § 5, n. 5. Enfin, Quesnel déclame contre les censures, les excommunications, les poursuites auxquelles étaient exposés les partisans de sa doctrine, contre les abjurations, les signatures de formulaires, les serments que l'on exigeait d'eux ; il décide qu'une excommunication injuste ne doit point nous empêcher de faire notre devoir. (*Prop.* 91 et suiv.) Mais qui a droit de juger de la justice ou de l'injustice d'une censure quelconque ? Sont-ce ceux contre lesquels elle est portée, ou ceux qui ont l'autorité de la prononcer ? On voit bien que Quesnel entend que ce sont les premiers, et que, selon lui, c'est aux coupables condamnés qu'il appartient de juger leurs propres juges. Conséquemment les quesnellistes méprisèrent les excommunications et les interdits portés contre eux par le pape et par leurs évêques, ils continuèrent de dogmatiser, de prêcher, de dire la messe, d'administrer les sacrements, sous prétexte que *c'était leur devoir.* Ainsi en avaient agi les prêtres et les moines apostats qui se firent huguenots.

La condamnation de Quesnel, non plus que celle de Jansénius, n'éprouva aucune contradiction dans la plus grande partie de l'Eglise catholique. Tous les théologiens non prévenus sentirent d'abord la fausseté et l'impiété de la doctrine censurée par la bulle *Unigenitus*, et la ressemblance parfaite de cette doctrine avec celle que Innocent X avait proscrite en 1653. Mais en France, où les esprits étaient en fermentation et où l'erreur avait fait de grands progrès, cette bulle excita beaucoup de troubles. On vit des évêques, des corps ecclésiastiques, des écoles de théologie, appeler de la décision du pape au futur concile, duquel on était bien sûr que la convocation ne se ferait point. On ne négligea aucun moyen pour justifier la doctrine condamnée, on employa jusqu'à de faux miracles pour la canoniser. Ce fanatisme épidémique a duré jusqu'à nos jours ; heureusement ses accès en sont un peu calmés : mais il reste encore des esprits opiniâtres qui en ont été imbus dès l'enfance, et qui s'obstinent encore à retenir, ou en tout ou en partie, la doctrine de Quesnel, et à regarder son livre comme un chef-d'œuvre de saine théologie et de piété.

Combien de reproches n'a-t-on pas faits contre la bulle *Unigenitus*, pour la rendre méprisable et odieuse ? Il faudrait un volume entier pour les rapporter. 1° L'on a dit et répété cent fois que les propositions condamnées dans Jansénius et dans Quesnel sont la pure doctrine de saint Augustin. Au V° siècle, les prédestinatiens ; au IX°, Gotescalc et ses défenseurs ; au XVI° Luther et Calvin, ont affirmé la même chose ; les protestants d'aujourd'hui le soutiennent encore ; plusieurs incrédules modernes ont été leurs échos, sans y rien entendre. Malgré tant de clameurs, ce fait est absolument faux. D'habiles théologiens de toutes les nations de l'Europe ont démontré le contraire, en écrivant contre les uns ou contre les autres ; et nous croyons l'avoir suffisamment prouvé nous-mêmes dans divers articles de ce Dictionnaire. Nous ne disconvenons pas que l'on ne puisse trouver dans saint Augustin et dans d'autres Pères des propositions qui, au premier aspect et en les détachant du texte, semblent être les mêmes que celles de Luther, de Calvin, de Baïus, de Jansénius et de Quesnel. Mais quand on examine dans les Pères ce qui précède et ce qui suit, ce qu'ils disent ailleurs, les circonstances dans lesquelles ils parlaient, la doctrine des adversaires qu'ils attaquaient, les questions qu'il fallait décider, on voit évidemment que ces saints docteurs ne pensaient pas du tout ce que leurs prétendus interprètes leur font dire. Souvent ceux-ci tronquent les passages, abusent des termes équivoques, changent l'état des questions, etc. En suivant cette méthode, les hérétiques trouvent, même dans les livres saints, toutes les erreurs qu'il leur a plu de forger ; il n'est pas fort étonnant que l'on réussisse à les trouver aussi dans des recueils d'ouvrages de dix ou douze volumes in-folio. — 2° L'on a objecté que la bulle *Unigenitus* n'ayant condamné les cent une propositions de Quesnel qu'en bloc, *in globo*, elle n'apprend aux fidèles aucune vérité, et ne peut pas servir à régler leur foi. Mais les quesnellistes n'avaient pas eu plus de respect pour la bulle d'Innocent X, qui a cependant censuré et qualifié chacune des propositions de Jansénius en particulier. En 1565, Pie V condamna *in globo* soixante-seize propositions de Baïus : celui-ci ni ses défenseurs ne s'avisèrent pas pour lors de soutenir l'insuffisance de la censure ; ils savaient que cette forme est en usage depuis longtemps dans l'Église. Or, il est constant qu'un grand nombre des propositions de Quesnel sont mot pour mot les mêmes que celles de Baïus. La bulle *Unigenitus* apprend donc aux fidèles cette vérité générale, qu'il n'est aucune des cent une propositions, qui ne mérite quelqu'une des qualifications énoncées dans cette bulle, qui ne soit, par conséquent, ou impie, ou blasphématoire, ou hérétique, ou fausse, etc. ; qu'il n'est donc permis à personne de les regarder ni de les soutenir comme vraies, catholiques, enseignées par saint Augustin, etc. ; que quiconque le fait encourt l'excommunication prononcée par le souverain pontife. C'est aux théologiens instruits sur cette matière, d'appliquer à chaque proposition particulière la qualification qu'elle mérite. Aucun fidèle n'a besoin de le savoir en détail, puisqu'il ne lui est pas plus permis de soutenir une proposition scandaleuse ou téméraire, connue pour telle, qu'une proposition hérétique. Le crime serait moindre, si l'on veut, mais ce serait toujours un crime. — 3° L'on répète encore tous les jours que toute l'affaire de la condamnation de Baïus, de Jansénius et de Quesnel n'a été qu'une intrigue nouée par les jésuites, ennemis déclarés des augustiniens, et qui ont eu assez de crédit à Rome pour faire enfin proscrire la doctrine de leurs adversaires. Mais nous n'avons aucun intérêt à examiner si les sentiments des jésuites étaient vrais ou faux, conformes ou contraires à ceux de saint Augustin, si ces religieux ont eu peu ou beaucoup de part à une censure prononcée, renouvelée et confirmée par quatre ou cinq papes consécutifs. Du moins ce ne sont pas les jésuites qui ont poursuivi les prédestinatiens au V° siècle, ni Gotescalc au IX°. Comme leur société n'a pris naissance que l'an 1540, elle n'a pas pu influer beaucoup sur la condamnation de Luther et de Calvin, faite par le concile de Trente, l'an 1547 : elle était trop faible dans son berceau. Or, peu de temps après la censure portée contre le livre de Jansénius, le père Deschamps, jésuite, démontra une conformité parfaite entre la doctrine de cet évêque et celle de Calvin, et l'opposition formelle de cette même doctrine avec celle de saint Augustin. Nous venons de faire voir d'ailleurs que la doctrine de Quesnel n'est autre que celle de Jansénius ; il n'a donc été besoin ni de brigue, ni de manège, ni de haine de parti pour la faire condamner. La route que devait suivre Clément XI lui avait été tracée par ses prédécesseurs. Mais toutes les fois que des sectaires se sont vus frappés d'anathème, ils n'ont jamais manqué de s'en prendre à de prétendus ennemis personnels ; c'est ainsi que Luther et Calvin ont déchargé leur colère sur les théologiens scolastiques.

Si les quesnellistes condamnés s'étaient bornés à des arguments théologiques, on pourrait excuser la leur jusqu'à un certain point, mais ils eurent recours à des moyens plus aisés et plus puissants sur l'esprit du peuple. La satire, le ridicule outré, les sarcasmes amers, les noms injurieux, furent mis en usage pour décrier le pape, les évêques, les docteurs et tous les défenseurs de la bulle, les femmes surtout furent les plus ardentes à déclamer ; tout Paris semblait saisi d'un accès de frénésie, et cette maladie se répandit bientôt dans les provinces ; jamais on n'a mieux vu de quoi l'hérésie est capable. Les incrédules ont su en profiter pour rendre odieuse la théologie et le zèle de religion ; heureusement la nécessité de se défendre contre eux a tourné toute l'attention des théologiens vers cet objet ; la doctrine de Baïus, de Jansénius et de Quesnel n'a plus aujourd'hui de défenseurs déclarés que les protestants ; c'est le tombeau que Dieu lui avait destiné.

Au mot JANSÉNISME, nous avons vu de quelle manière Mosheim a fait l'histoire de cette dispute théologique ; *Hist. ecclés.*, xvııe siècle, sect. 2, 1re partie, § 40 et suiv. Il la continue de même en parlant du livre de Quesnel et de la bulle *Unigenitus* ; il suppose toujours que la doctrine de Baïus, de Jansénius et de Quesnel est certainement celle de saint Augustin, et que la bulle a été l'ouvrage des jésuites ; ensuite il peint leurs adversaires sous les traits les plus bizarres. Après avoir exalté leurs talents et leurs travaux littéraires, il dit, § 46, que quand on examine en détail leurs principes généraux, les conséquences qu'ils en tirent, et l'application qu'ils en font dans la pratique, on trouve que leur piété a une forte teinte de superstition et de fanatisme, qu'elle favorise l'enthousiasme des mystiques, et qu'on leur donne avec raison le nom de *rigoristes*. Il tourne en ridicule les pénitences des solitaires de Port-Royal ; il juge qu'autant ils paraissent grands dans leurs ouvrages, autant ils semblent méprisables dans leur conduite, et il conclut que la plupart n'avaient pas la tête fort saine. Au sujet des prétendus miracles dont ils ont pris la défense, il y a tout lieu de croire, dit-il, qu'il regardaient les fraudes pieuses comme permises, pour établir une doctrine de la vérité de laquelle ils étaient persuadés. Pour nous, nous aimons mieux croire que leur entêtement pour la doctrine leur a fait regarder comme vrais et certains des faits faux, controuvés ou exagérés, et comme miraculeuses des guérisons opérées par des moyens très-naturels. Ce faible de l'humanité est de tous les temps et de tous les lieux, il est commun aux croyants et aux incrédules ; ceux-ci ajoutent foi, sans examen, à tous les faits qui les favorisent. Les quesnellistes étaient donc dans l'erreur sur les faits aussi bien que sur la doctrine ; mais l'erreur, même opiniâtre, la prévention, le fanatisme, ne sont pas des fraudes pieuses ; autrement Mosheim serait lui-même coupable de ce crime. Si les solitaires du Port-Royal n'avaient donné dans aucun autre excès que celui de la piété et de l'austérité des mœurs, nous les excuserions volontiers, mais leur révolte obstinée contre l'Église, leurs emportements contre les pasteurs, leurs malignité à l'égard de tous ceux qui ne pensaient pas comme eux, leurs infidélités dans les citations, etc., sont des vices incompatibles avec la vraie piété. *Voy.* JANSÉNISME, APPEL AU FUTUR CONCILE, etc.

UNION CRÉTIENNE, communauté de filles établies à Paris pour travailler à l'instruction et à la conversion des personnes de leur sexe qui ont été élevées dans l'hérésie, pour recevoir des femmes pauvres et qui sont sans ressource, pour élever de jeunes filles dans la piété et dans l'amour du travail. Le projet de cette institution avait été formé par madame de Polaillon, fondatrice des filles de la Providence, il fut exécuté par M. Le Vachet, prêtre de Romans en Dauphiné, en 1661. Ce vertueux prêtre fut aidé par une sœur Rénée de Tordes, qui avait établi à Metz les filles de la Propagation de la foi ; et par une sœur Anne de Crosne, qui donna une maison qu'elle avait à Charonne pour loger cette communauté naissante. Les filles de *l'union chrétienne*, aussi appelées *filles de Saint-Chaumont*, reçurent en 1662 leurs constitutions qui furent approuvées en 1668 ; en 1685 elles ont été transférées à Paris. Elles ne pratiquent point d'autres austérités que le jeûne du vendredi ; elles tiennent de petites écoles. Après deux ans d'épreuve, elles s'engagent, seulement pour un temps, par les trois vœux ordinaires, et par un vœu particulier d'union ; elles ont un habillement qui leur est propre.

UNION (la petite), ou *le petit Saint-Chaumont*, est un autre établissement fait par le même M. Le Vachet, par Mlle de Lamoignon et par Mlle Mallet, en 1679. Il est destiné à retirer les filles qui arrivent de province pour servir à Paris, et pour les instruire de manière que les dames puissent trouver parmi elles des femmes de chambre et des servantes de bonnes mœurs. Nous avons connu un vertueux curé de Paris qui aurait souhaité qu'on pût y loger aussi celles qui se trouvent sans condition, en attendant qu'elles pussent se placer, afin de les soustraire ainsi au danger de tomber dans le libertinage. Nous entrons dans tout ce détail, afin de montrer combien la charité chrétienne est attentive et industrieuse ; la philosophie, avec toute l'humanité prétendue de laquelle elle fait profession, a-t-elle jamais rien exécuté, ou même rien tenté de semblable ? Il est évident que ces sortes d'établissements ne sont sujets à aucun des inconvénients que nos philosophes se sont plus à révéler dans la plupart des institutions chrétiennes. Mais dans notre siècle calculateur, censeur, réformateur et destructeur, loin de trouver des moyens et des ressources pour faire le bien, l'on ne rencontre que des obstacles. Il y a lieu de penser que, dans les siècles suivants, nos neveux demanderont quel avantage, quel établissement utile a procuré à l'humanité le siècle de la philosophie.

* UNION HYPOSTATIQUE. *Voy.* INCARNATION.

UNITAIRES. *Voy.* SOCINIENS.

UNITÉ DE DIEU. *Voyez* Dieu et Polythéisme.

Unité de l'Église. *Voy.* Église, § 2.

UNIVERS. *Voy.* Monde.

UNIVERSALISTES. L'on nomme ainsi parmi les protestants ceux qui soutiennent que Dieu donne des grâces à tous les hommes pour parvenir au salut; c'est, dit-on, le sentiment actuel de tous les arminiens, et ils donnent le nom de *particularistes* à leurs adversaires. Pour concevoir la différence qu'il y a entre les opinions des uns et des autres, il faut se rappeler qu'en 1618 et 1619, le synode tenu par les calvinistes à Dordrecht ou Dort en Hollande, adopta solennellement le sentiment de Calvin, qui enseigne que Dieu, par un décret éternel et irrévocable, a prédestiné certains hommes au salut, et dévoué les autres à la damnation, sans avoir aucun égard à leurs mérites ou à leurs démérites futurs; qu'en conséquence il donne aux prédestinés des grâces irrésistibles par lesquelles ils parviennent nécessairement au bonheur éternel, au lieu qu'il refuse ces grâces aux réprouvés qui, faute de ce secours, sont nécessairement damnés. Ainsi, selon Calvin, Jésus-Christ n'est mort et n'a offert à Dieu son sang que pour les prédestinés. Ce même synode condamna les arminiens qui rejetaient cette prédestination et cette réprobation absolue, qui soutenaient que Jésus-Christ a répandu son sang pour tous les hommes et pour chacun d'eux en particulier, qu'en vertu de ce rachat, Dieu donne à tous, sans exception, des grâces capables de les conduire au salut, s'ils sont fidèles à y correspondre. Au mot Arminiens, nous avons observé que les décrets de Dordrecht furent reçus avec opposition par les calvinistes de France, dans un synode national tenu à Charenton en 1633.

Comme cette doctrine était horrible et révoltante, que d'ailleurs les décisions en matière de foi sont une contradiction formelle avec le principe fondamental de la réforme, qui exclut toute autre règle de foi que l'Écriture sainte, il se trouva bientôt, même en France, des théologiens calvinistes qui secouèrent le joug de ces décrets impies. Jean Caméron, professeur de théologie dans l'académie de Saumur, et Moïse Amyraut, son successeur, embrassèrent sur la grâce et la prédestination le sentiment des arminiens. Suivant le récit de Mosheim, *Hist. ecclés.*, xvii° siècle, sect. 2, seconde part., chap. 2, § 14, Amyraut, en 1634, enseigna, « 1° que Dieu veut le salut de tous les hommes sans exception; qu'aucun mortel n'est exclu des bienfaits de Jésus-Christ par un décret divin; 2° que personne ne peut participer au salut et aux bienfaits de Jésus-Christ, à moins qu'il ne croie en lui; 3° que Dieu par sa bonté n'ôte à aucun homme le pouvoir et la faculté de croire, mais qu'il n'accorde pas à tous les secours nécessaires pour user sagement de ce pouvoir; de là vient qu'un si grand nombre périssent par leur faute, et non par celle de Dieu. »

Ou le système d'Amyraut n'est pas fidèlement exposé, ou ce calviniste s'expliquait fort mal. 1° Il devait dire si entre *les bienfaits de Jésus-Christ* il comprenait les grâces actuelles intérieures et prévenantes, nécessaires, soit pour croire en Jésus-Christ, soit pour faire une bonne œuvre quelconque. S'il admettait cette nécessité, sa première proposition n'a rien de répréhensible; s'il ne l'admettait pas, il était pélagien, et Mosheim n'a pas tort de dire que la doctrine d'Amyraut n'était qu'un pélagianisme déguisé. En parlant de cette hérésie, nous avons fait voir que Pélage n'a jamais admis la notion d'une grâce intérieure et prévenante, qui consiste dans une illumination surnaturelle de l'esprit et dans une motion ou impulsion de la volonté; qu'il soutenait que cette motion détruirait le libre arbitre. C'est ce que soutiennent encore les arminiens d'aujourd'hui. 2° La seconde proposition d'Amyraut confirme encore le reproche de Mosheim; elle affirme que personne ne peut participer au salut et aux bienfaits de Jésus-Christ, sans croire en lui. C'est encore la doctrine de Pélage; il disait que le libre arbitre est dans tous les hommes, mais que dans les chrétiens seuls il est aidé par la grâce. S. Aug., *De gratia Christi*, cap. 31, n. 33. Cela est incontestable, s'il n'y a point d'autre grâce que la loi et la connaissance de la doctrine de Jésus-Christ, comme le soutenait Pélage; mais saint Augustin a prouvé contre lui que Dieu a donné des grâces intérieures à des infidèles qui n'ont jamais cru en Jésus-Christ, et que le désir même de la grâce et de la foi est déjà l'effet d'une grâce prévenante. Et comme la concession ou le refus de cette grâce ne se fait certainement qu'en vertu d'un décret par lequel Dieu a résolu ou de la donner ou de la refuser, il est faux que personne soit exclu des bienfaits de Jésus-Christ, en vertu d'un décret divin, comme Amyraut l'affirme dans sa première proposition. 3° La dernière y est encore plus opposée. En effet, qu'entend ce théologien par *le pouvoir et la faculté de croire*? S'il entend un pouvoir naturel, c'est encore le pur pélagianisme. Suivant saint Augustin et selon la vérité, ce pouvoir est nul, s'il n'est prévenu par la prédication de la doctrine de Jésus-Christ, et par une grâce qui incline la volonté à croire. Plusieurs milliers d'infidèles n'ont jamais entendu parler de Jésus-Christ, d'autres auxquels il a été prêché n'y ont pas cru. Ils n'ont donc pas reçu de Dieu la grâce intérieure et efficace de la foi, ou le secours nécessaire *pour user sagement de leur pouvoir*. Or, encore une fois, il est impossible que Dieu accorde ou refuse une grâce, soit extérieure, soit intérieure, sans l'avoir voulu et résolu par un décret; donc il est faux que les infidèles n'aient pas été exclus d'un très-grand bienfait de Jésus-Christ en vertu d'un décret divin. Mais il ne s'ensuit pas de là qu'ils n'en aient reçu aucun bienfait. Ainsi le système d'Amyraut n'est qu'un tissu d'équivoques et de contradictions.

Le traducteur de Mosheim l'a remarqué dans une note. Il convient d'ailleurs que la doctrine de Calvin, touchant la prédestination absolue, est dure, terrible, fondée sur les notions les plus indignes de l'Être suprême. « Que fera donc, dit-il, le vrai chrétien, pour trouver la consolation qu'aucun système ne peut lui donner? Il détournera ses yeux des décrets cachés de Dieu, qui ne sont destinés ni à régler nos actions ni à nous consoler ici-bas; il les fixera sur la miséricorde de Dieu manifestée par Jésus-Christ, sur les promesses de l'Evangile, sur l'équité du gouvernement actuel de Dieu et de son jugement futur. » Ce langage n'est ni plus juste ni plus solide que celui d'Amyraut. 1° Il s'ensuit que les réformateurs n'ont été rien moins que de vrais chrétiens, puisqu'au lieu de détourner les yeux des fidèles des décrets cachés de Dieu, ils les ont exposés sous un aspect horrible, capable de glacer d'effroi les plus hardis. 2° Il est absurde de supposer que les décrets cachés de Dieu peuvent être contraires aux desseins de miséricorde qu'il nous a manifestés par Jésus-Christ; or, ceux-ci sont évidemment destinés à nous consoler et à nous encourager ici-bas. 3° Il ne dépend pas de nous de fixer nos yeux sur les promesses de l'Evangile, sans faire attention à ses menaces et à ce que saint Paul a dit touchant la prédestination et la réprobation. 4° Il y a de l'ignorance ou de la mauvaise foi à supposer qu'il n'est aucun milieu entre le système pélagien des arminiens d'Amyraut, etc., et la doctrine horrible de Calvin. Nous soutenons qu'il y en a un, c'est le sentiment des théologiens catholiques les plus modérés. Fondés sur l'Ecriture sainte et sur la tradition universelle de l'Église, ils enseignent que Dieu veut sincèrement le salut de tous les hommes sans exception, que par ce motif *il a établi Jésus-Christ victime de propitiation, par la foi en son sang, afin de démontrer sa justice, et afin de pardonner les péchés passés* (Rom. III, 25); conséquemment, que Jésus-Christ est mort pour tous les hommes et pour chacun d'eux en particulier, et que Dieu donne à tous des grâces intérieures de salut, non dans la même mesure ou avec la même abondance, mais suffisamment pour que tous ceux qui y correspondent parviennent à la foi et au salut. Dieu les distribue à tous, non en considération de leurs bonnes dispositions naturelles, des bons désirs qu'ils ont formés, ou des bonnes actions qu'ils ont faites par les forces naturelles de leur libre arbitre, mais en vertu des mérites de Jésus-Christ rédempteur de tous, et victime de propitiation pour tous, *I Tim.*, c. II, v. 4, 5, 6. C'est une erreur grossière de Pélage, d'Arminius, d'Amyraut, des protestants, des jansénistes, etc., de croire qu'aucune grâce de Jésus-Christ n'est accordée qu'à ceux qui le connaissent et qui croient en lui; au mot GRACE, § 2, et au mot INFIDÈLE, nous avons prouvé le contraire. A la vérité, nous ne sommes pas en état de vérifier en détail la manière dont Dieu met la foi et le salut à la portée des Lapons et des Nègres, des Chinois et des Sauvages, de connaître la quantité et la nature des grâces qu'il leur donne; mais nous n'avons pas plus besoin de le savoir que de découvrir les ressorts par lesquels Dieu fait mouvoir cet univers, ou de savoir les motifs de l'inégalité prodigieuse qu'il met entre les dons naturels qu'il accorde à ses créatures. Saint Paul, dans son Epître aux Romains, ne fait pas consister la prédestination en ce que Dieu donne beaucoup de grâces de salut aux uns, pendant qu'il n'en donne point du tout aux autres, mais en ce qu'il accorde aux uns la grâce actuelle de la foi, sans l'accorder de même aux autres. Nous ne voyons pas en quoi ce décret de prédestination peut troubler notre repos et notre confiance en Dieu; convaincus par notre propre expérience, et de la miséricorde et de la bonté infinie de Dieu à notre égard, nous tourmenterons-nous par la folle curiosité de savoir comment il en agit envers tous les autres hommes?

En troisième lieu, il y a une remarque importante à faire sur les progrès de la présente dispute chez les protestants. En parlant des décrets de Dordrecht, Mosheim a observé que quatre provinces de Hollande refusèrent d'y souscrire, qu'en Angleterre ils furent rejetés avec mépris, et que, dans les églises de Brandebourg, de Brême, de Genève même, l'arminianisme a prévalu; il ajoute que les cinq articles de doctrine condamnés par ce synode sont le sentiment commun des luthériens et des théologiens anglicans. *Voy.* ARMINIENS. De même, en parlant d'Amyraut, il dit que ses sentiments furent reçus non-seulement par toutes les universités huguenotes de France, mais qu'ils se répandirent à Genève et dans toutes les églises réformées de l'Europe, par le moyen des réfugiés français. Comme il a jugé que ces sentiments sont le pur pélagianisme, il demeure constant que cette hérésie est actuellement la croyance de tous les calvinistes, et que du prédestinatianisme outré de leur premier maître, ils sont tombés dans l'excès opposé. D'autre part, puisqu'il avoue que les luthériens et les anglicans suivent les opinions d'Arminius, et qu'après la condamnation de celui-ci ses partisans ont poussé son système beaucoup plus loin que lui, nous avons droit de conclure que les protestants en général sont devenus pélagiens. Mosheim confirme ce soupçon par la manière dont il a parlé de Pélage et de sa doctrine. *Histoire ecclés.*, v° siècle, II° part., c. 5, § 23 et suiv. Il ne l'a blâmée en aucune façon. Pour comble de ridicule, les protestants n'ont jamais cessé d'accuser l'Eglise romaine de pélagianisme. Ce phénomène théologique est assez curieux; le verrons-nous arriver parmi ceux de nos théologiens auxquels on peut justement reprocher le sentiment des prédestinatiens?

UNIVERSITE, école ou collége dans lequel on enseigne toutes les sciences. La première observation que nous avons à faire sur ce terme est que la fondation des *universités* dans le XII° et le XIII° siècle, est un monument authentique du zèle dont les ecclésiastiques ont toujours été animés pour l'instruction des jeunes gens, pour la conservation et le progrès des études. Dès l'origine, les *universités* ont été établies sous l'autorité des souverains pontifes, aussi bien que du gouvernement, parce que l'on a regardé cette institution comme un acte de religion, et l'étude de la religion comme l'une des plus importantes. Les chaires des différentes facultés furent d'abord remplies par des clercs ou par des moines, parce qu'ils étaient alors les seuls qui eussent conservé du goût pour les sciences. *Voy.* LETTRES, SCIENCE. De toutes les *universités* de l'Europe, celle de Paris est incontestablement la plus célèbre, elle jouit de sa réputation depuis six cents ans. Sans vouloir déroger au mérite des autres facultés, la théologie est celle qui a fourni le plus grand nombre de savants distingués. Si la gloire de cette école paraît moins brillante aujourd'hui qu'autrefois, ce n'est pas que les connaissances y soient plus bornées, les talents plus rares, les professeurs moins habiles qu'autrefois, mais c'est que la multitude des hommes instruits ayant beaucoup augmenté dans tous les états de la société, il est plus difficile à un savant de se faire remarquer dans la foule, et d'effacer ses contemporains, que dans les siècles précédents, lorsque les sciences étaient moins cultivées qu'à présent. Ce n'est point à nous de faire l'histoire de cette école fameuse, ni de parcourir les divers états par lesquels elle a passé; ce sujet tient plus à la littérature qu'à la partie dont nous sommes chargés. Mais quiconque aura lu l'*Histoire de l'Eglise gallicane*, ou l'*Histoire littéraire de la France*, verra que dans tous les siècles écoulés depuis son institution, presque tous les savants qui se sont fait un nom dans le royaume étaient membres ou élèves de l'*université* de Paris.

Les critiques, soit catholiques, soit protestants, qui ont examiné l'état des sciences parmi nous dans les bas siècles, à commencer depuis le XI°, nous paraissent avoir fait avec trop de rigueur la censure des défauts qu'ils ont cru apercevoir dans l'enseignement public. En blâmant les abus, il n'aurait pas fallu perdre de vue le fond des études et de l'utilité qui en a résulté. Il est constant que, dans les temps les plus ténébreux, l'étude de l'Ecriture sainte et de la tradition, vraies sources de la théologie, n'a jamais été interrompue, et qu'elle s'est ranimée depuis la fondation des *universités*. Peut-être le commun des étudiants et des maîtres se bornait-il à la scolastique, qui était le goût dominant; mais ce n'est pas par le degré de capacité des théologiens du commun qu'il faut juger du mérite des hommes de génie qui ont reçu en naissant la vocation à l'étude de cette science. Parmi ceux même qui étaient chargés de l'enseigner, et forcés de s'assujettir à la méthode régnante, il y en a eu plusieurs qui en ont secoué le joug dans des ouvrages détachés, qui y ont montré une capacité et des connaissances supérieures; il n'est aucun siècle dans lequel on ne puisse en citer. *Voy.* SCOLASTIQUE.

Aujourd'hui que les secours pour les divers genres d'érudition sont multipliés, les méthodes abrégées et perfectionnées, le nombre des livres augmenté à l'infini, l'on est étonné de ce qu'il y a si peu d'hommes qui se distinguent dans les *universités* par des talents éminents. Disons sans hésiter qu'il y en aurait davantage, si on le voulait. Que l'on rétablisse les motifs d'émulation qui subsistaient dans les siècles précédents, que les places et les dignités ecclésiastiques soient données au mérite, aux services et non à la naissance, nous pourrons espérer de voir renaître parmi nous des hommes tels que Petau, Sirmond, Mabillon, Arnaud et Bossuet.

URIM et THUMMIM. *Voy.* ORACLE.

URSULINES, religieuses instituées à Bresse en Lombardie, l'an 1537, par la bienheureuse Angèle, femme pieuse de cette ville. Ce ne fut d'abord qu'une congrégation de filles et de veuves qui se consacraient à l'éducation chrétienne des jeunes personnes de leur sexe. Paul III, convaincu de l'utilité de cet institut, l'approuva, l'an 1544, sous le nom de compagnie de Sainte-Ursule. En 1572, Grégoire XIII l'érigea en ordre religieux, sous la règle de saint Augustin, à la sollicitation de saint Charles Borromée, et obligea ces filles à la clôture. Aux trois vœux de religion elles en ajoutèrent un quatrième, de s'occuper à l'instruction gratuite des enfants de leur sexe. Leur premier établissement en France se fit à Aix en Provence, l'an 1594, avec la permission de Clément VIII. En 1608, l'on en fit venir deux filles pour en former une maison à Paris; elles y furent fondées en 1611, par Madeleine Lhuillier, dame de Sainte-Beuve; Paul V approuva cet établissement l'an 1612, et il fut autorisé cette année par lettres patentes du roi. La maison de Paris, rue Saint-Jacques, a été le berceau et le modèle de toutes celles qui ont été fondées depuis dans le royaume ou ailleurs. L'utilité de cet ordre l'a fait multiplier promptement; il est actuellement divisé en onze provinces, dont celle de Paris contient quatorze monastères : ou en compte près de trois cents en France. — Il paraît qu'en 1572, lorsque Grégoire XIII fit des *ursulines* un ordre religieux, quelques-unes de leurs communautés ne voulurent point changer de régime, mais demeurer dans le même état dans lequel elles avaient été instituées par la bienheureuse Angèle de Bresse, et qu'il y en eut qui s'établirent ainsi en Bourgogne. Ce qu'il y a de certain, c'est qu'en 1606 la mère Anne de Saintonge, de Dijon, en forma des maisons en Franche-Comté, où elles sont encore; elles ne gardent point la clôture, quoiqu'elles vivent très-retirées, et ne font vœu de stabilité qu'après un certain nombre d'années; elles sont vêtues comme l'étaient les veuves dans cette province il y a deux cents ans, et elles tiennent des écoles de charité comme les *ursulines* cloîtrées.

USAGES ECCLÉSIASTIQUES ou RELIGIEUX. *Voy.* OBSERVANCE.

USURE (1), intérêt de l'argent prêté. Il faut consulter le *Dictionnaire de Jurisprudence* pour avoir une notion des différentes espèces d'*usure* pratiquées chez les anciens peuples, afin de prendre le vrai sens des canons de l'Eglise qui les ont proscrites, de concert avec les lois impériales.

Nous ne prendrons pas sur nous de décider la question célèbre qui est encore agitée entre les théologiens, pour savoir si l'*usure* légale ou l'intérêt tiré du prêt de commerce est légitime, ou si c'est une injustice qui emporte toujours l'obligation de restituer. Cette question a été traitée fort au long par un jurisconsulte dans l'ancienne *Encyclopédie*. Comme elle tient au droit naturel et à la politique aussi bien qu'à la théologie morale, et qu'il n'est pas possible de séparer les arguments théologiques pour ou contre, d'avec les autres, nous devons laisser à ceux qui sont chargés de cette partie le soin d'éclaircir cette importante question. Tout ce que nous pouvons dire, c'est qu'après avoir lu plusieurs traités composés sur ce sujet par des hommes très-instruits, nous n'avons pas été satisfaits, et qu'aucun des arguments allégués par ceux qui condamnent le prêt de commerce, ne nous a paru démonstratif et sans réplique.

1° La plupart des raisons sur lesquelles ils se fondent nous semblent prouver autant contre les intérêts d'une rente perpétuelle que contre ceux que l'on tire d'un prêt passager dont le terme est fixé. On sait avec quelle rigueur les casuistes s'élevèrent d'abord contre les contrats de constitution de rente; lorsque le débiteur remboursait de son plein gré au bout de vingt ans, il paraissait fort injuste que le créancier reçût son capital entier, et gardât encore une pareille somme qu'il avait reçue pour les intérêts : cependant personne n'est plus tenté de regarder cet accroissement comme usuraire et illégitime. — 2° Nous ne voyons pas que l'on puisse tirer beaucoup d'avantage du passage de l'Evangile. *Luc.*, c. VI, v. 35 : *Faites du bien, et prêtez sans en rien espérer*. C'est un précepte de charité sans doute en faveur de ceux qui sont dans le besoin et qui empruntent pour se soulager; mais ce n'est plus le cas du négociant qui emprunte une somme pour en tirer du profit. Si on veut l'entendre autrement, l'on aura de la peine à concilier ces paroles avec les suivantes, v. 38 : *Donnez, et l'on vous donnera*; avec la parabole des talents, *Matth.*, c. XXV, v. 27, et *Luc.*, c. XIX, v. 23; enfin avec la loi du *Deut.*, c. XXIII, v. 19 : *Vous ne prêterez point à* USURE *à vos frères, mais aux étrangers*. Si toute *usure* était un crime, Dieu ne l'aurait pas plus permise aux Juifs à l'égard des étrangers qu'à l'égard de leurs frères. Lorsque David, *Ps.* XIV, v. 5, met au rang des justes celui qui ne trompe point son prochain par de faux serments, qui ne prête point son argent à *usure*, qui ne reçoit point de présents pour opprimer un innocent; par *prochain* il entend évidemment un Juif. D'autre part, l'auteur de l'*Ecclésiastique* condamne ceux qui refusent de payer des intérêts à leurs créanciers : *Plusieurs*, dit-il, c. XXIX, v. 4, *ont regardé l'*USURE *comme une mauvaise intention, et ont chagriné ceux qui les avaient aidés dans leurs besoins*. — 2° Les passages des Pères, que l'on peut citer en grand nombre, ne paraissent plus applicables au temps présent ni à l'état actuel des nations. Plusieurs de ces saints docteurs ont condamné le commerce en général aussi rigoureusement que l'*usure*, parce que de leur temps le commerce ne se faisait pas avec autant de fidélité, de police et d'ordre qu'aujourd'hui. Barbeyrac s'est emporté contre eux à ce sujet très-mal à propos. Mais depuis que le commerce maritime et la banque sont établis dans toute l'Europe, et assujettis à des règlements très-multipliés, l'argent a une valeur qu'il n'avait pas autrefois; il est devenu une marchandise et non un simple signe des valeurs. Si l'on proposait à un riche négociant de lui faire présent d'une somme de cent écus, ou de lui prêter vingt mille livres à intérêt, il préférerait certainement ce dernier parti. Il est difficile de comprendre en quoi le prêteur serait injuste, lorsqu'il recevrait les intérêts que l'emprunteur consent à lui payer. *Voy.* COMMERCE. — 4° L'on convient que l'*usure* est légitime dans trois cas : lorsque le prêt ôte un profit réel au prêteur, lorsqu'il lui porte du préjudice, lorsque le capital est en danger; c'est ce que l'on appelle *lucrum cessans, damnum, emergens, periculum sortis*. Or, vu l'instabilité des fortunes, les révolutions du commerce, l'incertitude du véritable état des affaires de l'emprunteur, il est rare de trouver des cas dans lesquels le capital ne court aucun danger : les constitutions même de rente perpétuelle n'en sont pas à l'abri, et c'est peut-être cette raison, prouvée par l'expérience, qui a réconcilié les théologiens avec ce contrat. — 5° En matière de justice, il faut avoir de fortes raisons pour condamner dans le for de la conscience un usage permis ou toléré par les lois civiles. Comme elles sont censées avoir été établies pour l'intérêt général de la société, il ne s'agit plus de décider une question sur les seuls principes du droit naturel de chaque particulier, puisqu'il est impossible que ce droit ne soit pas restreint en plusieurs cas par l'intérêt général de la société. Dès que le législateur civil a l'autorité de mettre des impôts sur les biens des particuliers, on ne voit pas pourquoi il n'a pas celle de taxer le prix des intérêts de l'argent prêté, comme celui de toute autre marchandise. Si donc aujourd'hui le législateur décidait que, pour le maintien du commerce national, tout argent prêté dans le commerce doit porter intérêt, qui oserait s'élever contre cette loi et la déclarer injuste ? Il ne sert donc à rien

---

(1) *Voy.* notre Dictionnaire de Théologie morale.

d'argumenter uniquement sur la justice commutative, ou sur le droit des particuliers considérés par abstraction hors de la société civile.

Ces considérations nous paraissent assez graves pour ne pas condamner absolument et sans réserve le prêt de commerce ; et ce seul exemple suffit pour démontrer l'ineptie des philosophes qui ont soutenu que la loi naturelle, le droit naturel, sont clairs, évidents, sensibles à tout homme qui fait usage de sa raison. Ils demanderont peut-être pourquoi l'Evangile n'a pas formellement décidé la question. Parce que le divin auteur de cette loi savait très-bien que l'état, les intérêts, les droits de la société civile, ne pouvaient pas toujours être les mêmes qu'ils étaient de son temps et chez la nation à laquelle il parlait. Mais il nous a donné des préceptes de charité qui peuvent nous guider dans tous les temps et dans tous les lieux, et qui suppléent à la lumière naturelle à l'égard des questions même de justice les plus compliquées et les plus obscures. Sur celles-ci nous ne voyons d'autre parti à prendre que celui du doute et de l'incertitude ; nous n'oserions conseiller à personne le prêt de commerce, puisqu'il est condamné par des auteurs très-instruits ; mais s'il était arrivé à un homme d'en faire usage et d'en tirer des intérêts, nous n'oserions pas non plus l'obliger à les restituer, nous craindrions de commettre une injustice à son égard.

Il ne faut pas oublier que les mêmes décrets des conciles qui ont proscrit l'*usure* des laïques, l'ont interdite avec encore plus de sévérité aux ecclésiastiques, puisqu'ils ont prononcé contre ces derniers la peine de déposition ou de dégradation, et même d'excommunication. Le trente-sixième ou quarante-troisième canon des apôtres, les conciles de Nicée, *can.* 117 ; d'Elvire, *can.* 20 ; d'Arles, *can.* 12 ; de Carthage, *can.* 13 ; de Laodicée, *can.* 4, etc., l'ont ainsi statué. Ces saintes assemblées, qui ont défendu aux clercs tout négoce ou commerce quelconque, ont dû sévir à plus forte raison contre ceux qui prêtaient à intérêt. A leur égard, cette manière de s'enrichir sera toujours odieuse ; une des vertus auxquelles ils sont particulièrement obligés, est le désintéressement et la charité. L'Eglise a pourvu à leur subsistance par les bénéfices ; en entrant dans la cléricature, ils ont fait profession de prendre le Seigneur pour leur héritage. C'est donc à eux principalement que s'adressent ces paroles de Jésus-Christ : *Ne vous amassez point de trésors sur la terre, mais dans le ciel* (*Matth.* vi, 19, 20).

* UTILITAIRES. C'est une secte protestante, née en Angleterre, qui prétend que, Dieu n'ayant besoin ni de nos hommages ni de nos prières, nous devons tout rapporter à nous-mêmes, à notre propre utilité et à celle de la société.

V

VACHE ROUSSE. Le sacrifice d'une *vache rousse* était ordonné aux Israélites, *Num.*, c. xix, v. 2, afin de faire de ses cendres une eau d'expiation destinée à purifier ceux qui seraient souillés par l'attouchement d'un mort. On prenait une génisse de couleur rousse, sans défaut, et qui n'avait point porté le joug ; on la livrait au grand prêtre qui l'immolait hors du camp, en présence du peuple. Il trempait son doigt dans le sang de cette victime et il en faisait sept fois l'aspersion contre le devant du tabernacle, ensuite on brûlait l'animal tout entier. Le grand prêtre jetait dans le feu du bois de cèdre, de l'hysope et de l'écarlate teinte deux fois. Un homme recueillait les cendres de la génisse et les portait dans un lieu pur hors du camp, où on les laissait en réserve, afin que les Israélites pussent en mettre dans l'eau dont ils devaient se servir pour se purifier des impuretés légales. Le grand prêtre seul avait droit d'offrir ce sacrifice, mais tout Israélite, pourvu qu'il fût pur, pouvait faire l'aspersion de la cendre mêlée avec de l'eau sur ceux qui avaient besoin de cette expiation. Il aurait été trop incommode de venir au temple, ou de recourir aux prêtres pour effacer une impureté que la mort des proches pouvait rendre très-fréquente.

Quelques censeurs des cérémonies juives ont avancé que celle-ci était empruntée des Egyptiens : ils étaient mal instruits ; Hérodote ; au contraire, l. ii, c. 41, et Porphyre, *de Abstin.*, l. x, c. 27, nous apprennent que les Egyptiens immolaient des bœufs roux, mais qu'ils honoraient les vaches comme consacrées à Isis ; cela est confirmé par le prophète Osée, c. x, v. 5, qui nous apprend que les veaux d'or érigés par Jéroboam, et adorés par le peuple de Samarie, étaient des génisses. Les cérémonies que les Egyptiens observaient dans leurs sacrifices, suivant Hérodote, *ibid.*, c. 38 et 39, n'ont rien de commun avec celles des Juifs, desquelles nous venons de parler. Manéthon, dans *Josèphe*, l. i *contra Appion.*, reproche aux Juifs de contredire les Egyptiens dans le choix des victimes, et Tacite, *Hist.*, l. v, c. 4, observe en général que les rites judaïques sont opposés à ceux de toutes les autres nations. Nous ne concevons pas comment le savant académicien, qui vient de nous donner la traduction d'Hérodote, a pu adopter le préjugé de quelques littérateurs modernes, malgré des témoignages anciens aussi positifs. Celui de Moïse devrait suffire pour réprimer la témérité des critiques ; avant de sortir de l'Egypte, il dit à Pharaon, *Exod.*, c. viii, v. 26 : *Les sacrifices que nous devons offrir à notre Dieu seraient une abomination aux yeux des Egyptiens, si nous immolions en leur présence les animaux qu'ils honorent, ils nous lapideraient.* Ce législateur avait donc plutôt dessein de contredire les rites égyptiens que de les imiter. — Sans avoir besoin de copier personne, Moïse a pu comprendre sans doute que les mêmes choses dont on se sert pour laver et blanchir les habits, pouvaient servir de même à la propreté des corps : or, la cendre, l'hysope, les plantes odoriférantes ont été employées de tout temps au premier de ces usages ; il a jugé avec raison que cette attention pour l'extérieur était un symbole très-convenable de la pureté de l'âme que les Juifs devaient apporter dans le culte divin ; et Dieu n'a pas dédaigné d'approuver cette analogie. *Voy.* PURIFICATION.

VAL-DES-CHOUX, prieuré situé dans le diocèse de Langres, à quatre lieues de Châtillon-sur-Seine, dans une affreuse solitude. C'est un chef-d'ordre, mais peu considérable, et qui est un détachement de celui de Saint-Benoît : les religieux portent l'habit blanc. L'opinion la plus probable est qu'il fut fondé sur la fin du douzième siècle par un nommé Gui, religieux de la chartreuse de Lugny.

VAL-DES-ÉCOLIERS, abbaye dans le diocèse de Langres, près de Chaumont en Bassigny, et autrefois chef-d'ordre d'une congrégation de chanoines réguliers sous la règle de saint Augustin. Vers l'an 1212, Guillaume, Richard et quelques autres docteurs de Paris, dégoûtés du monde, se retirèrent dans cette solitude, avec la permission de l'évêque diocésain ; ils y furent bientôt suivis d'un grand nombre d'écoliers de la même université ; de là cet établissement reçut le nom de *Val-des-Écoliers*. Il s'augmenta si promptement que, suivant la chronique d'Albéric, en moins de vingt ans ils eurent seize maisons. Saint Louis fonda celle de Sainte-Catherine à Paris, et d'autres, soit en France, soit dans les Pays-Bas. Le prieur général de cette congrégation obtint du pape Paul III la dignité d'abbé pour lui et pour ses successeurs. Depuis l'an 1653, cet institut a été uni à la congrégation des chanoines réguliers de Sainte-Geneviève. *Voy. Gallia christ.*, tom. IV. Les Pères dom Martenne et dom Durand, bénédictins, ont fait imprimer les premières constitutions de ce monastère, qui sont également instructives et édifiantes. *Voyages littéraires*, tom. I, 1ʳᵉ part.

VALENTINIENS, ancienne secte de gnostiques, née au commencement du second siècle de l'Eglise, peu de temps après la mort du dernier des apôtres. Valentin, chef de cette hérésie, était originaire d'Egypte ; on croit communément qu'il commença de dogmatiser dans sa patrie ; mais ayant voulu répandre ses erreurs à Rome, il fut chassé de cette église et se retira dans l'île de Cypre, où il jeta les fondements de sa secte ; de là elle se répandit dans une partie de l'Europe, de l'Asie et de l'Afrique. Nous sommes instruits de ses opinions par les anciens Pères qui les ont réfutées, et par quelques fragments de ses ouvrages ou de ceux de ses disciples, qu'ils nous ont conservés. Il admettait un séjour éternel de lumière, qu'il nommait *pleroma*, ou plénitude, dans lequel habitait la Divinité : il y plaçait une multitude d'*éons*, ou d'intelligences immortelles, au nombre de trente, les uns mâles, les autres femelles ; il les distribuait en trois ordres : il les supposait nés les uns des autres, leur donnait des noms et en faisait la généalogie. Le premier, selon lui, était *Bythos*, la profondeur, qu'il appelait aussi *Propator*, le premier père ; il lui donnait pour épouse *Ennoïa*, l'intelligence, autrement *Sigé*, le silence ; de leur union étaient nés l'esprit et la vérité : ceux-ci avaient de même deux enfants, etc. ; Jésus-Christ et le Saint-Esprit étaient les derniers de ces éons et n'avaient point eu de postérité. Il serait inutile de faire un plus long détail de ces personnages imaginaires, qui ne pouvaient avoir pris naissance que dans un cerveau déréglé. Mais les savants conviennent que Valentin n'a pas été le premier auteur de ce monstrueux système ; que plusieurs chefs des gnostiques l'avaient enseigné avant lui, qu'il n'avait fait que l'arranger à sa manière.

Saint Irénée, qui a vécu peu de temps après lui, et qui avait conversé avec plusieurs de ses disciples, s'est attaché à réfuter cette doctrine dans son ouvrage contre les hérésies ; il a fait voir que c'est un tissu de rêveries, d'absurdités, de contradictions et d'erreurs grossières, un vrai polythéisme. Cependant il s'est trouvé dans notre siècle des critiques assez obligeants pour vouloir réhabiliter la mémoire de Valentin et de ses pareils ; ils ont fait tous leurs efforts pour trouver de la raison et du bon sens dans un chaos de rêveries que les Pères de l'Eglise ont regardé comme les égarements de quelques esprits en délire. Beausobre en particulier, dans son *Hist. du Manich.*, l. III, c. 7, § 8, et c. 9, § 9 et suiv., a tenté cette entreprise ; il soutient que le système de Valentin n'est pas aussi ridicule qu'il le paraît d'abord ; que c'était une méthode mystique et allégorique d'expliquer les attributs et les opérations de Dieu ; que cet hérétique les a personnifiés suivant la coutume des philosophes de ce temps-là ; que ce sont les mêmes idées que celles de Pythagore et de Platon, qui pouvaient les avoir empruntées des Chaldéens. Il prétend que les Pères n'ont pas pris le vrai sens de ce que disaient les *valentiniens*, et qu'ils ont cherché mal à propos à rendre cette doctrine odieuse.

Mosheim, après l'avoir examinée, n'a pas été de cet avis : *Hist. Christ.*, sæc. II, § 53, et *Hist. eccl.*, IIᵉ siècl., IIᵉ part., c. 5, § 16 et 17, il est convenu que de quelque manière que l'on envisage cette doctrine, l'on ne pourra jamais y montrer une apparence de bon sens et d'orthodoxie, et que tous ceux qui y ont travaillé ont perdu leur peine. Nous pensons de même, et nous n'aurons pas besoin d'une longue discussion pour le prouver. 1° C'est en vain que l'on voudrait prendre les éons de Valentin pour des idées métaphysiques et abstraites des attributs et des opérations de la Divinité ; par la manière dont il en parlait, par les actions et les caractères qu'il leur attribuait, on voit évidemment qu'il les donnait pour des êtres réellement subsistants ; le nom même d'*éon*, qui signifie un être vivant, intelligent et immortel, en est la preuve : en quel sens peut-on le donner à des qualités abstraites? Si l'on excepte les bramines indiens et les mythologues grecs, personne n'a poussé à cet excès la licence de personnifier tous les êtres ; Pythagore ni Platon ne s'en sont jamais avisés. Les *valentiniens* devaient sentir que le style poétique des fables n'était pas fait pour expliquer un système théologique ; il ne pouvait servir qu'à tromper le peuple et à le rendre polythéiste, comme ont fait les bramines et les poëtes. Quand on s'obstinerait à supposer le contraire, il n'y aurait encore ni justesse ni raison dans la généalogie des éons. Rien de plus bizarre d'abord que d'appeler Dieu, ou le premier être, la *profondeur*, et de lui donner pour séjour la *plénitude* ; ce sont deux idées contraires. Qu'il soit nommé le *premier Père* et qu'il ait eu pour compagne l'*intelligence*, à la bonne heure ; mais que cette intelligence soit en même temps le *silence*, c'est une erreur grossière. Dieu, intelligence éternelle, n'a jamais été sans penser ; il n'a donc jamais été sans Verbe ou sans sa parole intérieure ; ce Verbe est éternel comme lui : c'est pour cela que les plus anciens Pères ont dit que ce Verbe n'est point émané *du silence* , saint Ignace, *Epist. ad Magnes.*, n. 8, puisque, selon saint Jean, *il était en Dieu, et il était Dieu*. Il n'y a pas plus de bon sens à faire naître du premier Père et de l'intelligence l'*esprit* et la *vérité*. Si l'esprit est la substance intelligente, c'est Dieu lui-même, ce n'est donc pas son Fils ; si c'est la faculté de penser, c'est l'intelligence même, l'une n'est donc pas fille de l'autre ; la *vérité* n'est qu'un terme abstrait, il est absurde de lui donner un père et une mère. Le reste de la généalogie des éons n'est pas moins ridicule : saint Irénée l'a démontré. — 2° L'affectation de Valentin, de rejeter le sens littéral des passages les plus clairs de l'Evangile, de vouloir tout entendre dans un sens mystique, allégorique et cabalistique, est inexcusable. Il prétendait trouver ses trente éons dans les trente années que Jésus-Christ a passées sur la terre, dans les différentes heures auxquelles le père de famille envoya des ouvriers travailler à sa vigne, *Matth.*, c. xx, etc. Ces allusions arbitraires et forcées caractérisent un fourbe qui, sans croire au christianisme, voulait persuader aux chrétiens qu'il avait puisé sa doctrine dans leurs livres. Aussi les commentaires de ses disciples sur l'Evangile de saint Jean, dont les Pères nous ont donné des fragments, sont un chaos de rêveries inintelligibles, uniquement destinées à étonner les ignorants. — 3° Il ne pouvait pas nier que sa doctrine ne fût directement contraire à l'Evangile, comme il était entendu par les chrétiens, par conséquent à la croyance universelle des fidèles. Il avait beau soutenir qu'il l'avait reçue par des instructions secrètes que Jésus-Christ avait données à quelques-uns de ses apôtres, et que ceux-ci avaient confiées à des disciples affidés : si elles devaient être secrètes, il avait tort de les publier. Par un nouveau trait d'imposture, il se vantait de les avoir puisées dans un livre écrit par saint Matthias, et d'avoir été instruit par un certain Théodat, disciple de Paul. Ce personnage n'était pas plus réel que le prétendu livre de saint Matthias. Loin d'avoir eu, comme les philosophes, une double doctrine, l'une pour le peuple, l'autre pour des disciples discrets, Jésus-Christ s'était attaché principalement à instruire le simple peuple, il avait commandé à ses apôtres de prêcher l'Evangile à toute créature, *Marc.*, c. xvi, v. 15 ; de publier au grand jour ce qu'il leur avait dit à l'oreille, *Matth.*, c. x, v. 27 ; il rendait grâces à son Père de ce que la vérité était révélée aux simples et aux ignorants, pendant qu'elle demeurait cachée aux sages et aux savants, *Luc.*, c. x, v. 21. Il avait donc condamné d'avance les orgueilleuses prétentions des gnostiques et de tous les prétendus illuminés. — 4° Valentin concevait très-mal la nature divine : il n'attribuait au *premier Père* ni la connaissance de toutes choses, ni la toute-puissance, ni la présence hors du *pleroma*, ni la providence universelle, ni le talent de maintenir la paix et le bon ordre entre les éons qui composaient sa famille. Suivant le système des valentiniens, les éons étaient sujets aux passions et aux vices de l'humanité, à la jalousie, à la vaine curiosité, à l'ambition, à l'orgueil, à la révolte contre la volonté de Dieu. Celui d'entre eux qui avait fabriqué le monde, l'avait fait à l'insu de Dieu et contre son gré ; la manière dont Valentin expliquait la naissance de l'univers était d'une absurdité pitoyable. Il pensait, comme Platon, que les astres étaient animés, que l'homme a deux âmes, l'une animale et sensitive, l'autre spirituelle et immortelle ; mais il ne disait point d'où ces âmes étaient venues, ni d'où encore autant de nouveaux éons ; il ne concevait pas mieux que les philosophes païens la nature des substances spirituelles ; Beausobre avoue lui-même que les *valentiniens* ne reconnaissaient aucune substance tout à fait incorporelle. — 5° Suivant ce fabuleux système, l'éon fabricateur du monde conçut tant d'orgueil de son ouvrage, qu'il entreprit de se faire reconnaître pour seul Dieu ; il y réussit à l'égard des Juifs, en leur envoyant des prophètes qui leur persuadèrent qu'il n'y avait point d'autre Dieu que le créateur du ciel et de la terre. Les autres esprits, placés dans les astres et dans les différentes parties de l'univers, suivirent son exemple et se firent adorer par les païens. Ainsi la connaissance du vrai Dieu se perdit entièrement parmi les hommes, et la corruption des mœurs y devint générale. Conséquemment les *valentiniens* regardaient l'Ancien Testament, non comme l'ouvrage de Dieu, mais comme la production d'un ennemi de Dieu : erreur que suivirent les marcionites et les manichéens. Mais comme il est certain que, depuis la création du monde jusqu'au temps de Valentin, il n'y a eu que deux religions sur la terre, savoir, celle des adorateurs du Créateur et celle des païens, qui rendaient leur culte aux génies ou aux esprits moteurs de la nature, il s'ensuit que pendant quatre mille ans le prétendu vrai Dieu des *valentiniens* n'a été connu de personne, et que dans aucun temps il n'a été adoré par aucune créature. Pendant cette multitude de siècles il dormait sans doute dans le *pleroma*, sans s'embarrasser de ce qui se passait sur la terre. Pourquoi en effet aurait-il pris soin d'un monde qui avait été fabriqué sans son aveu, ou de la race des hommes dont il n'était pas le père? et à quel titre ceux-ci auraient-ils été intéressés à lui rendre un culte? Telle est la ridicule notion que les *valentiniens* voulaient donner aux hommes, de leur prétendu vrai Dieu.—6° Cependant, après ce long sommeil, Dieu conçut enfin le dessein de remédier aux maux qu'avait causés l'éon formateur du monde; il fit naître deux autres éons plus parfaits que les autres, savoir, le Christ et le Saint-Esprit. Pour envoyer le Christ sur la terre, il y fit paraître Jésus sous les apparences extérieures d'un homme; mais Jésus n'avait qu'un corps subtil et aérien, qui ne fit que passer par le sein de Marie, comme l'eau passe par un canal; au reste il avait deux âmes comme les autres hommes, l'une animale, l'autre spirituelle. Lorsqu'il fut baptisé dans le Jourdain, le Christ descendit en lui sous la forme d'une colombe, et lui communiqua une vertu surnaturelle par laquelle il opéra des miracles. Il enseigna aux hommes que, pour plaire au vrai Dieu et parvenir au souverain bonheur, il ne fallait plus adorer le Dieu des Juifs ni ceux des païens, mais *le Père, en esprit et en vérité*. Par là Jésus encourut la haine de ces divers éons ou génies, qui, pour se venger, excitèrent les Juifs à le faire mourir. Mais il ne fut crucifié et ne mourut qu'en apparence; revêtu d'un corps subtil et impassible, il ne pouvait souffrir ni mourir réellement.

Conséquemment les valentiniens n'admettaient ni la génération éternelle du Verbe, ni son incarnation, ni la divinité de Jésus-Christ, ni la rédemption du genre humain, dans le sens propre. Ils faisaient seulement consister cette rédemption en ce que Jésus-Christ était venu soustraire les hommes à l'empire des éons, leur avait donné des leçons et des exemples de vertu, et leur avait enseigné le vrai moyen de parvenir au bonheur éternel. Mais s'ils croyaient véritablement que Jésus-Christ était l'envoyé de Dieu, ils auraient dû avoir plus de respect et de docilité pour sa parole. Comme ils attribuaient la formation de la chair de l'homme, non à Dieu, mais au fabricateur du monde, ils la regardaient comme une substance essentiellement mauvaise; ils n'admettaient point qu'elle dût ressusciter un jour.

Nous avons déjà remarqué que Valentin ne fut pas le premier auteur de toutes ces erreurs; soit avant, soit après lui, elles furent enseignées par d'autres enthousiastes qui les arrangèrent chacun selon son goût. On lui donne pour disciples Ptolémée, Secundus, Héracléon, Marc, Colarbase, Bardesanes, etc. Nous avons parlé de ces personnages sous les noms des sectes fqu'ils fondèrent. Les ophites, les docètes, les sévériens, les apostoliques, les adamites, les caïnites, les séthiens, etc., furent autant de branches qui sortaient du même tronc; mais on ne peut marquer avec précision ni la date de leur naissance, ni le pays dans lequel ils dogmatisaient, ni la différence qu'il y avait entre leurs opinions. Comment aurait pu régner l'uniformité entre des fanatiques qui avaient autant de droit les uns que les autres de forger des erreurs et des fables?

Saint Irénée les a tous réfutés en prouvant contre eux l'unité de Dieu, seul créateur et gouverneur de la matière et du monde, l'absurdité de la généalogie des éons, la nullité des prétendues traditions secrètes opposées à la tradition publique et constante des églises fondées par les apôtres, la génération éternelle du Verbe et son incarnation, la rédemption du monde par Jésus-Christ, etc. Il ne serait pas nécessaire de répéter les arguments dont il s'est servi, si les protestants avaient été plus équitables. Mais comme plusieurs soutiennent que, dans cette dispute, les Pères ont souvent mal raisonné, qu'ils ont mal pris le sens des expressions de leurs adversaires, ou qu'ils en ont défiguré exprès les opinions afin de les rendre plus odieuses et plus aisées à réfuter, il est important de justifier ces saints docteurs. Nos adversaires en veulent surtout à saint Irénée, parce que les principes qu'il a posés ne sont pas moins forts contre les hérétiques modernes que contre les anciens; une courte analyse de son ouvrage contre les hérésies suffira pour démontrer l'injustice de leur critique.

Dans son 1ᵉʳ livre, le saint docteur expose ce que les *valentiniens* disaient des éons et de leur généalogie, les passages de l'Ecriture dont ils abusaient, les diverses branches dans lesquelles leur secte était partagée, les différentes erreurs que chacune avait adoptées. Ce qu'il en rapporte est confirmé par Clément d'Alexandrie, par Tertullien, par Origène, par saint Epiphane, par les extraits qu'ils ont donnés de plusieurs ouvrages des *valentiniens*; son récit ne peut donc pas être suspect.

Dans le second livre, c. 1, il commence par démontrer que Dieu, étant le premier Etre ou l'Etre éternel, est nécessairement seul Dieu, que rien n'a pu borner son essence, sa puissance, sa connaissance, ni ses autres attributs; qu'il est absurde de le supposer renfermé dans le *pleroma*, et de lui ôter la connaissance de ce qu'il est au delà; qu'il n'y a pas plus de raison d'admettre deux, trois, ou trente éons, que d'en supposer mille; que leur généalogie est remplie de contradictions. Déjà l'on voit que saint Irénée a très-bien saisi les conséquences de l'idée d'Etre nécessaire, existant de soi-même; conséquences qu'aucun des anciens hérétiques ni des philosophes n'a su apercevoir, et qui sapent par le fondement tous leurs systèmes. Tertullien les a développés de même dans son livre contre Hermogène. Par esprit de contradiction, Beausobre a essayé de justifier deux ou trois articles de la généalogie des éons, mais il n'a pas tenté de réfuter les contradictions que saint Irénée y a montrées; il n'a pas attaqué le principe fondamental posé par ce saint docteur, duquel il résulte que s'il y a eu des éons, ou des êtres subsistants distingués de Dieu, ce sont des créatures, et non des êtres nécessaires et éternels, que Dieu par conséquent a été le maître de borner leur connaissance, leur puissance, leur nature, comme il lui a plu.

Chap. 2, ce Père fait voir que Dieu, dont la puissance n'a point de bornes, n'a eu besoin ni de coopérateurs, ni d'instrument, ni de matière préexistante, pour faire le monde, qu'il a tout fait par son Verbe, ou par son seul vouloir : *dixit et facta sunt*; qu'il a ainsi créé les esprits et les corps, les anges, les hommes et les animaux, *initium creationis donans*, expression remarquable. Il répète la même chose, c. 9 et 10. Telle a été, dit-il, c. 9, la croyance du genre humain fondée sur la tradition de notre premier père, et telle est encore celle de l'Église, instruite par les apôtres. Il est étonnant que nos adversaires n'aient jamais daigné remarquer combien cette métaphysique sublime des anciens Pères de l'Église est supérieure à celle de tous les philosophes ; où l'ont-ils prise, sinon dans les livres saints? et l'on veut que les philosophes aient été leurs maîtres! — Loin d'admettre le système des émanations, comme les *valentiniens*, saint Irénée le réfute, c. 13, 15, 17, sous toutes les faces sous lesquelles on peut l'envisager, parce que Dieu étant un Être simple, pur esprit, toujours le même, rien n'a pu être détaché de sa substance. Osera-t-on encore nous dire que les anciens Pères n'ont point eu l'idée de la parfaite spiritualité? ils l'ont puisée dans le dogme même de la création; l'un n'a jamais pu être conçu sans l'autre.

Chap. 14, saint Irénée soutient que les *valentiniens* ont emprunté leurs éons et leurs fables des auteurs grecs, des poëtes, des philosophes, particulièrement de Platon et des stoïciens, qu'ils n'ont fait que changer les noms des personnages, afin de persuader qu'ils en étaient les inventeurs, et il le montre en détail. C'est donc fort inutilement que Beausobre s'est attaché à prouver que ce système n'était autre chose qu'une théologie philosophique et un pur platonisme, *Hist. du Manich.*, t. II, l. v, c. 1, § 11 et 12; saint Irénée l'a vu avant lui et l'a démontré. Or, Platon n'a pas représenté les esprits, les génies ou les dieux qu'il plaçait dans les astres et ailleurs, comme des êtres abstraits et métaphysiques, mais comme des personnages réels ; donc Beausobre est forcé d'avouer que les *valentiniens* ont pensé de même. Au reste, soit que ces hérétiques aient pris leurs visions dans Platon, comme le veut Beausobre, soit qu'ils les aient reçues des philosophes orientaux, comme Brucker et Mosheim le soutiennent, les arguments que saint Irénée fait contre eux n'en sont pas moins solides. Il s'ensuit toujours que ce Père n'a été rien moins que platonicien, puisqu'il a cru attaquer directement le platonisme en réfutant les *valentiniens*.

Chap. 20 et suiv., il fait sentir l'ineptie des allusions par lesquelles ces hérétiques voulaient tirer leurs éons et leurs fables de quelques passages de l'Écriture sainte ; il montre le ridicule de leur méthode d'argumenter sur la valeur numérique des lettres de l'alphabet, comme les juifs cabalistes ont fait dans la suite. Chap. 27 et 28, il dit que l'on doit chercher la vérité dans ce que l'Écriture sainte a de plus clair, et non dans des paraboles auxquelles on peut donner telle explication que l'on veut. Il s'en faut donc beaucoup que saint Irénée ait été aussi prévenu qu'on le prétend en faveur des explications allégoriques et mystiques de l'Écriture; s'il s'en est servi quelquefois, c'était pour en tirer des leçons de morale, et non pour appuyer des dogmes, comme faisaient les hérétiques.

Dans son III° livre, le saint docteur s'attache à réfuter le subterfuge des *valentiniens*, qui prétendaient avoir reçu leur doctrine de Jésus-Christ même par des traditions secrètes, par des instructions qu'il n'avait données qu'à quelques-uns de ses disciples les plus intelligents. C'est une absurdité, dit-il, c. 1, 2 et 3, de supposer que Jésus-Christ a confié sa doctrine à d'autres qu'aux apôtres qu'il avait chargés de prêcher son Évangile et de fonder des églises : or, ceux-ci n'ont commencé à prêcher et à mettre l'Évangile par écrit qu'après avoir reçu le Saint-Esprit qui devait leur enseigner toute vérité. Il n'est pas moins ridicule d'imaginer que les apôtres ont confié la doctrine de Jésus-Christ à d'autres qu'aux pasteurs qu'ils ont établis pour enseigner et gouverner les églises après eux. C'est donc dans la tradition et dans l'enseignement constant de ces églises, qu'il faut chercher la vérité ; il faudrait encore y avoir recours et s'y attacher, quand même les apôtres ne nous auraient rien laissé par écrit. Or, cette tradition n'est conservée et annoncée nulle part avec plus de certitude et plus d'éclat que dans l'Église romaine, fondée par les apôtres saint Pierre et saint Paul, et dans laquelle la succession des évêques a été constante depuis ces apôtres jusqu'à nous.— Les protestants, qui ont pris pour principe fondamental de leur secte qu'il faut chercher la vraie doctrine de Jésus-Christ dans l'Écriture seule, sans avoir aucun égard à la tradition ou à l'enseignement de l'Église ; qui soutiennent que celle de Rome a introduit parmi les chrétiens, dans la suite des siècles, une infinité de nouveaux dogmes, ne peuvent pardonner à saint Irénée d'avoir établi une règle toute contraire ; c'est pour cela qu'ils ont tant déprimé ses talents et ses écrits.

Mais leurs clameurs ni leurs reproches ne donneront jamais atteinte à la solidité des réflexions et des raisonnements de ce Père. A quoi servait de citer l'Ecriture seule à des hérétiques qui pervertissaient le sens de tous les passages? qui, pour les entendre comme il leur plaisait, s'attribuaient des lumières supérieures à celles de tous les docteurs de l'Eglise, même à celles des apôtres? S. Iren., *ibid.*, c. 2, § 2. Comment les confondre, sinon en démontrant la sagesse et la solidité du plan que Jésus-Christ avait suivi pour perpétuer l'enseignement de sa doctrine dans son Eglise? Ce plan est toujours le même depuis dix-sept siècles, et il servira toujours également à réfuter les hérétiques, de quelque secte qu'ils soient.

Ch. 5 et suiv., saint Irénée fait voir que nos quatre Evangiles, qui sont les seuls authentiques, et les autres écrits des apôtres, renferment une doctrine tout opposée à celle des *valentiniens*. Ils nous apprennent à connaître un seul Dieu, qui a tout créé par son Verbe, un seul Jésus-Christ, Fils unique de Dieu, vrai Dieu et vrai homme, né de la Vierge Marie, un seul Saint-Esprit, Dieu et Seigneur comme le Père et le Fils. Il montre que la même foi, la même doctrine, a été enseignée par les prophètes de l'Ancien Testament; d'où il conclut qu'ils ont été envoyés et inspirés par le même Dieu qui a dans la suite envoyé son Fils unique pour nous instruire, et non par un esprit ennemi de Dieu, comme les *valentiniens* osaient le dire. Il réfute de temps en temps les objections de ses adversaires, et les fausses interprétations qu'ils donnaient aux prophéties.

Dans le IV° livre, il continue à démontrer qu'il y a une conformité parfaite entre l'Ancien Testament et le Nouveau, d'où il résulte que le même Dieu est également auteur de l'un et de l'autre; il concilie les divers endroits que les hérétiques prétendaient être opposés; il réfute les reproches qu'ils faisaient contre les saints personnages de l'ancienne loi, et que les incrédules répètent encore aujourd'hui. Il se fonde principalement sur la conduite de Jésus-Christ; ce divin Sauveur a constamment nommé *son Père* le Créateur, et il l'a fait connaître aux hommes comme le seul Dieu, comme le même que les patriarches ont adoré, et qui a inspiré les prophètes, et il a déclaré que leurs oracles ont été accomplis dans sa personne. Loin de détruire la loi ni les prophètes, il est venu pour en démontrer la vérité; il a confirmé la loi morale du décalogue dans tous ses points. Quoique cette discussion soit assez longue, saint Irénée n'y a point recours à des explications mystiques, allégoriques ni arbitraires, semblables à celles des *valentiniens*, il ne s'appuie que sur le sens littéral et naturel du texte sacré.

Le V° livre est une suite du précédent : ce Père y continue de prouver par des passages du Nouveau Testament les divers articles de notre foi contestés et contredits par les hérétiques.

Après cette courte analyse, nous ne craignons plus de demander aux critiques si les arguments de saint Irénée contre les *valentiniens* sont frivoles, sans justesse et sans solidité; si ces hérétiques étaient en état de les détruire; si ceux qui se croient aujourd'hui plus savants que les Pères sont capables d'en donner de meilleurs. Ils diront sans doute que ce petit nombre de vérités est noyé dans une infinité de choses accessoires. Soit. Etait-il possible de faire autrement, en écrivant contre cinq ou six sectes hérétiques, qui ne s'accordaient que dans le fond du système, et qui en variaient les accessoires à l'infini? Dans tout son ouvrage, le saint docteur ne perd jamais de vue ce qu'il avait à prouver, l'unité de Dieu, son pouvoir créateur, sa providence générale, toujours sage et bienfaisante dans la dispensation des lumières de la révélation, dans l'ouvrage de la rédemption et du salut des hommes. — Ils reviendront peut-être à leur subterfuge ordinaire, en disant que ce Père n'a pas bien compris les opinions des *valentiniens*. Mais il nous assure lui-même qu'il avait disputé plus d'une fois avec eux, liv. II, chap. 17, n. 9. Ces sectaires étaient donc là pour s'expliquer et pour le contredire, s'il leur avait attribué faussement quelque erreur; Tertullien, Clément d'Alexandrie, saint Epiphane, leur attribuent les mêmes opinions que saint Irénée. Celui-ci a écrit dans les Gaules, Tertullien en Afrique, Clément en Egypte, presque en même temps; se sont-ils donné le mot pour en imposer de même, ou ont-ils été trompés par la même illusion ? Clément avait lu les livres de Valentin, puisqu'il les cite, et qu'il rapporte un long fragment de Théodote, l'un des disciples de Valentin. Origène a donné plusieurs extraits du commentaire d'Héracléon sur l'Evangile de saint Jean. Grabe, *Spicil. Hæret.*, sect. 2. Il aurait été impossible à saint Irénée d'entrer dans un si grand détail des opinions différentes des gnostiques, s'il n'avait pas vu leurs écrits.

Tout cela ne persuade point nos adversaires. « Je ne saurais croire, dit Beausobre, que Valentin fût assez fou pour imaginer que des passions, qui ne sont que des modifications d'une substance, fussent des substances réelles... Je ne croirai jamais que des philosophes, et de savants philosophes, aient pensé d'une manière si absurde et si contradictoire. » *Hist. du manich.*, liv. V, ch. 1, § 11. Ce critique était le maître de croire tout ce qui lui plaisait, et de nommer *grands philosophes* une troupe d'insensés; tel était son entêtement. Selon lui, les hérétiques ont été incapables d'enseigner des absurdités ; mais il n'est aucun Père de l'Eglise qui n'ait été capable de leur en attribuer, malgré la notoriété publique, soit par défaut d'intelligence, soit par défaut de bonne foi. Ce fanatisme de Beausobre ressemble beaucoup à celui des *valentiniens*. — Mosheim, plus modéré, s'est borné à dire que les anciens docteurs, trompés par la variété des noms, ont souvent divisé mal à propos une secte en plusieurs branches ; que l'on peut douter s'ils nous ont toujours instruits au vrai de la nature et du sens des opinions dont ils parlent, *Hist. ecclés.*, IIᵉ siècle, IIᵉ part., chap. 5, § 18. Encore une fois, ce n'est pas la faute des Pères, si dans une troupe de raisonneurs, dont les uns dogmatisaient en Asie, les autres en Europe, et qui tous se prétendaient illuminés, il n'y en avait pas deux qui pensassent absolument de même, ou qui aient persévéré longtemps dans les mêmes opinions. Les Pères n'ont pu savoir que ce que disaient ces sectaires dans leurs écrits et dans les disputes que l'on avait avec eux ; c'est donc à ces derniers qu'il faut s'en prendre, s'ils ne se sont pas expliqués aussi clairement que le voudraient les critiques modernes.

On nous demandera encore comment les *valentiniens* et les autres gnostiques ont pu faire des prosélytes, en enseignant des erreurs aussi absurdes. Saint Irénée et Tertullien nous l'apprennent ; ils peignaient les pasteurs de l'Eglise comme des ignorants et des esprits faibles, incapables d'entendre la véritable doctrine ; ils vantaient les lumières supérieures des maîtres par lesquels ils prétendaient avoir été instruits ; ils affectaient d'abord un air mystérieux, afin d'exciter la curiosité ; ils promettaient de s'expliquer plus clairement dans la suite ; ils faisaient espérer à leurs prosélytes que bientôt ils en sauraient plus que les docteurs ; ils leur recommandaient un secret inviolable. Ils citaient au hasard quelques passages de l'Ecriture dont ils tordaient le sens, etc. Ce manége a été celui de la plupart des hérétiques, et il n'a pas mal réussi aux fondateurs du protestantisme. Rien n'est plus inintelligible que les commentaires des *valentiniens* sur les Evangiles ; plus ils étaient obscurs, plus ils étaient admirés par les esprits superficiels. On en sera moins étonné, si l'on considérait jusqu'à quel point la philosophie païenne avait aveuglé et perverti la plupart des esprits.

Nous ne parlerons point de la morale des *valentiniens*, elle était la même que celle des autres gnostiques ; nous l'avons exposée en son lieu, et nous en avons fait voir les pernicieuses conséquences. Saint Irénée nous assure que plusieurs en enseignaient une détestable, et l'on ne peut pas douter qu'un très-grand nombre ne l'aient suivie dans la pratique. Mais les anciens ne nous apprennent point en quoi le culte extérieur de ces hérétiques était différent de celui des orthodoxes. Quoi qu'il en soit, les opinions et la conduite de ces anciennes sectes nous donnent lieu de faire des réflexions plus importantes que les observations critiques des protestants ; on doit nous pardonner de les avoir répétées plus d'une fois. 1° Ces hérésies sont aussi anciennes que le christianisme, elles remontent au temps des apôtres ; leurs chefs n'avaient aucun respect pour les disciples de Jésus-Christ, puis-

qu'ils les regardaient comme des ignorants qui n'avaient aucune teinture de philosophie, et qui n'avaient pas su prendre le vrai sens de la doctrine de leur Maître. Mais si ces illuminés refusaient l'intelligence aux apôtres, ils ne contestaient pas leur bonne foi, ils ne rejetaient pas leur témoignage touchant les faits de la naissance, de la prédication, des miracles, de la mort, de la résurrection et de l'ascension de Jésus-Christ. Ils avouaient que tout cela s'était fait en apparence ; ils ne soutenaient donc pas que tout cela était faux, que les apôtres et les évangélistes en avaient imposé, que l'histoire qu'ils en avaient écrite était fabuleuse. S'il y avait eu quelque preuve ou quelque témoignage contraire, quelque moyen d'attaquer la narration des évangélistes, ces sectaires n'auraient pas manqué de s'en prévaloir pour l'intérêt de leur système. Puisqu'ils ne l'ont pas fait, il faut que les faits publiés par les apôtres aient été d'une notoriété incontestable. S'ils sont vrais, la divinité du christianisme est démontrée. — 2° Il s'ensuit encore que l'authenticité de nos quatre Evangiles était universellement reconnue, puisque les gnostiques ne niaient pas qu'ils eussent été écrits par les quatre auteurs dont ils portent les noms. Saint Irénée témoigne que les *valentiniens* admettaient en particulier celui de saint Jean, et cela est prouvé par les commentaires d'Héracléon sur cet Evangile. Ils lui donnaient probablement la préférence, parce qu'il avait été écrit le dernier de tous, et parce que saint Jean rapporte plus au long que les autres évangélistes les discours du Sauveur ; mais ils ne prétendaient point que les trois autres fussent des livres supposés. On disputait sur le sens de ces livres, chaque parti prétendait y trouver sa propre doctrine ; ce n'étaient donc pas des écrits apocryphes ou inconnus. Lorsque les hérétiques osèrent en forger d'autres dans la suite, les docteurs chrétiens ne furent pas dupes de cette imposture. Ils s'en rapportèrent au témoignage des églises fondées par les apôtres, qui avaient reçu d'eux nos Evangiles, et non d'autres, comme authentiques et inspirés de Dieu. Telle est la règle qui a servi à prouver la canonicité de tous les écrits de l'Ancien et du Nouveau Testament. — 3° Lorsque les incrédules ont dit que, pendant les trois premiers siècles, le christianisme s'était établi dans les ténèbres, à l'insu du gouvernement romain et des magistrats, ils ont montré une profonde ignorance de ce qui s'est passé pour lors. On disputait sur la doctrine chrétienne à Rome, en Afrique, en Egypte et dans toutes les provinces de l'Orient ; Celse l'a reproché aux chrétiens, et tous les monuments de l'histoire ecclésiastique en déposent. Il est impossible que ces contestations n'aient pas fait du bruit, et n'aient excité souvent l'attention du gouvernement. Loin d'être scandalisé de ces débats, nous bénissons la providence de les avoir permis ; ils démontrent que dès sa naissance le christianisme a été examiné avec des yeux critiques et malins, que l'on en a discuté les dogmes, la morale, le culte, les titres et les monuments, que personne n'a pu l'embrasser par ignorance et sans le bien connaître. — 4° Les erreurs grossières des différentes sectes de gnostiques nous montrent les services importants que la philosophie a rendus au genre humain, et les connaissances merveilleuses qu'elle a communiquées à ses sectateurs. Par là nous pouvons juger si saint Paul a eu tort de la mépriser, de l'appeler une folie, et d'avertir les fidèles de s'en défier. Un fait certain, c'est que le christianisme n'a point eu de plus grands ennemis que les philosophes ; ils ont combattu contre cette sainte religion pendant près de trois cents ans, sans vouloir ouvrir les yeux à la lumière ; plusieurs de ceux qui avaient fait semblant de l'embrasser entreprirent de changer la doctrine, et de lui substituer les rêves systématiques dont ils étaient infatués ; quand ils virent que leurs ruses, leurs sophismes, leurs écrits, n'aboutissaient à rien, ils finirent par souffler le feu de la persécution contre les fidèles. Heureusement quelques-uns furent plus sensés et de meilleure foi ; ils devinrent sincèrement chrétiens, ils furent les apologistes et les prédicateurs de la doctrine de Jésus-Christ ; ils montrèrent que c'était une philosophie plus sage et plus vraie que celle qu'avaient enseignée les plus grands génies du paganisme ; tels furent saint Justin, Athénagore, Tatien, Hermias, saint Irénée, saint Théophile d'Antioche, Origène, Clément d'Alexandrie, etc. La plupart des systèmes philosophiques ne sont connus que par la réfutation qu'ils en ont faite. Aujourd'hui quelques censeurs bizarres leur savent mauvais gré d'avoir battu les philosophes par leurs propres armes. — 5° L'affectation des protestants de vouloir justifier tous les hérétiques aux dépens des Pères de l'Église, démontre que le caractère de l'hérésie est toujours le même ; depuis dix-sept siècles il n'a pas changé. Quand on y regarde de près, on voit qu'il n'y a pas une très-grande différence entre la conduite des gnostiques et celle des protestants. Les premiers, en vertu des lumières supérieures qu'ils s'attribuaient, se vantèrent de mieux entendre et de mieux expliquer l'Écriture sainte que les pasteurs de l'Église catholique; les seconds prétendent au même privilège par le secours d'une grâce du Saint-Esprit, qui ne manque jamais à aucun particulier de leur secte. Les *valentiniens* citaient à l'appui de leurs commentaires une tradition cachée et conservée parmi un petit nombre d'illuminés ; les protestants ont soutenu que dans tous les siècles il y avait eu dans le sein de l'Église un certain nombre de partisans secrets de la vérité, mais qui n'osaient se déclarer ni faire profession publique de leur croyance ; ils ont appelé ensuite à leur secours les manichéens, les albigeois, les vaudois, les hussites, les viclefites, révoltés comme eux contre l'enseignement de l'Église catholique. Les gnostiques tiraient vanité de leurs con-

naissances philosophiques, ils préféraient l'autorité des philosophes à celle des apôtres et de leurs disciples ; les prétendus réformateurs étalèrent avec faste l'érudition qu'ils s'étaient acquise par l'étude des langues, de la critique, de l'histoire, de la belle littérature ; on les crut supérieurs, même en fait de théologie, non-seulement au clergé qui enseignait pour lors, mais aux docteurs catholiques de tous les siècles. Cependant l'enseignement public, constant, uniforme de l'Église, a prévalu à tous les efforts des anciens hérétiques ; vingt sectes plus récentes l'ont vainement attaqué depuis ce temps-là, il se soutient toujours et persévère comme au second siècle. Ce phénomène suffit pour nous faire comprendre où se trouve la vraie doctrine de Jésus-Christ.

VALÉSIENS, ancienne secte d'hérétiques dont l'origine et les erreurs sont peu connues ; saint Épiphane, qui en a fait mention, *Hær.* 58, dit qu'il y en avait dans la Palestine, sur le territoire de la ville de Philadelphie, au delà du Jourdain. Ils tenaient quelques-unes des opinions des gnostiques, mais ils avaient aussi d'autres sentiments différents. Ce que l'on en sait, c'est qu'ils étaient tous eunuques, et qu'ils ne voulaient point d'autres hommes dans leur société. S'ils en recevaient quelques-uns, ils leur interdisaient l'usage de la viande, jusqu'à ce qu'ils se fussent mutilés ; alors ils leur permettaient toute espèce de nourriture, parce qu'ils les croyaient dès ce moment à couvert des mouvements déréglés de la chair. On a cru aussi qu'ils mutilaient quelquefois par violence les étrangers qui passaient chez eux, mais ce fait n'est guère probable ; les peuples voisins se seraient armés contre eux, et les aurait exterminés. Comme saint Épiphane a placé cette hérésie entre celle des noétiens et celle des novatiens, l'on présume qu'elle existait vers l'an 240 ; mais elle n'a pas pu s'étendre beaucoup, ni subsister longtemps. Tillemont, *Mém. pour l'Hist. ecclés.*, t. III, p. 262.

VALLOMBREUSE. L'ordre des religieux de Vallombreuse est une réforme de celui de saint Benoît, par saint Jean Gualbert, et approuvé par le pape Alexandre II, l'an 1070. Elle a pris son nom d'une vallée fort agréable de la Toscane, dans le diocèse de Fiésoli, et éloignée de Florence d'une demi-journée de chemin. Saint Jean Gualbert, moine de l'abbaye de saint Miniat, se retira dans cette solitude avec quelques ermites, il y fonda un monastère, y fit suivre la règle de saint Benoît dans toute son austérité primitive, et il y ajouta quelques constitutions. Il prit avec ses religieux un habit couleur de cendres ; il leur recommanda beaucoup la retraite, le silence, la pauvreté ; avant sa mort, qui arriva l'an 1073, il eut la consolation de voir douze maisons qui suivaient son institut. On dit qu'il est le premier qui ait reçu des frères convers, usage qui fut bientôt suivi par les autres ordres, mais qui, dans la suite, a causé des abus.

VARIANTES. On appelle ainsi les différences de leçon qui se trouvent entre les divers exemplaires imprimés ou manuscrits, soit du texte de l'Ecriture sainte, soit des versions. Lorsqu'un livre est très-ancien et qu'il a été copié une infinité de fois, il est impossible qu'il ne se trouve des variétés entre les différentes copies ; l'attention des copistes ne peut jamais être assez exacte pour éviter jusqu'aux moindres fautes ; ainsi plus les copies sont en grand nombre, plus il doit s'y trouver de *variantes*. Cela est arrivé à l'égard des auteurs profanes, aussi bien qu'à l'égard des écrits des auteurs sacrés. Il y a même de ces espèces de fautes qui ont été faites à dessein, mais innocemment, comme lorsqu'un copiste a changé un nom de lieu ancien en un nom moderne plus connu, lorsqu'il a mis dans le texte une note ou une explication qui était à la marge, lorsqu'il a cru qu'il y avait une faute d'écriture dans l'exemplaire qu'il copiait, et qu'il a voulu la corriger, etc. Quoiqu'il se soit trouvé une grande multitude de *variantes* entre les manuscrits de plusieurs auteurs grecs ou latins, cela ne nous empêche pas de nous fier aux éditions dans lesquelles on a pris beaucoup de peine pour les corriger ; au contraire, plus l'on a confronté de manuscrits, plus l'on a corrigé de fautes, plus nous sommes certains d'avoir enfin le texte de l'auteur pur et entier. Nous ne voyons pas pourquoi certains critiques soupçonneux ont raisonné différemment à l'égard des livres de l'Ecriture sainte.

Lorsque le docteur Mill, théologien anglais, après avoir comparé un grand nombre d'exemplaires grecs du Nouveau Testament, eut recueilli toutes les *variantes*, et les eut annoncées au nombre de plus de trente mille, on crut d'abord que l'authenticité du texte en recevrait quelque atteinte, et quelques incrédules triomphèrent d'avance. Mais lorsqu'elles ont été imprimées à côté du texte, l'on a vu que le très-grand nombre sont minutieuses, indifférentes, ne changent rien au sens des passages ; que si quelques-unes varient la signification, c'est sur des objets très-peu importants, et non sur aucun des dogmes de foi. On a remarqué que dans ces cas-là même la leçon commune peut être encore la plus sûre, et que loin de jeter du doute sur l'authenticité ou sur l'intégrité du texte, ces variétés la prouvent invinciblement. Il en a été de même des *variantes* du texte hébreu, que le docteur Kennicot a pris soin de recueillir avec toute l'exactitude possible : il en avait annoncé d'abord de très-importantes ; depuis qu'elles sont imprimées, à peine en trouve-t-on quelques-unes qui changent notablement le sens, et qui méritent l'attention des théologiens. Dans le prospectus de ce travail immense, l'auteur a fait une observation qui n'est pas à négliger, c'est que plus les manuscrits hébreux sont anciens, mieux ils s'accordent avec les anciennes versions et avec le Nouveau Testament. Il y a donc tout lieu de présumer que nous possédons enfin le texte hébreu dans toute sa pureté, et que la hardiesse avec laquelle certains critiques ont supposé des fautes, n'est pas un exemple à suivre.

Il y a encore plus de raison de blâmer la témérité de quelques protestants qui ne manquent jamais de soupçonner des *variantes*, des additions ou des interpolations dans le texte des auteurs, lorsqu'il ne s'accorde pas avec leurs opinions. Si cette méthode était légitime, nous ne pourrions plus nous fier à aucun ancien monument ; si elle était admise dans les tribunaux, les titres de nos possessions ne serviraient plus à rien. Quelque usage que l'on en fasse, elle ne peut aboutir qu'à établir le pyrrhonisme historique. *Voy.* CRITIQUE.

VARIATION, changement dans la doctrine. Tout le monde connaît l'histoire qu'a faite le savant Bossuet des *variations* qui sont arrivées dans la doctrine des protestants. Cet ouvrage a été reçu avec applaudissement par tous les catholiques ; il jouit et jouira toujours parmi nous de la même estime, parce qu'il est solide, et que rien n'y est avancé sans preuve. On ne peut le lire sans être frappé de l'inconstance que les protestants ont montrée dans leur croyance ; dès leur origine, on voit que les prétendus réformateurs ont commencé par rompre avec l'Eglise catholique, sans savoir avec certitude si sa doctrine était vraie ou fausse, à quel sentiment ils devaient s'attacher, ce qu'il fallait croire ou ne pas croire. Le seul principe invariable chez eux a été qu'il fallait, à quelque prix que ce fût, contredire l'Eglise romaine.

Les protestants ont senti toute la force de cette objection, et la nécessité d'y répondre. Ils ont cru le faire en s'efforçant de prouver que la doctrine des Pères de l'Eglise n'a pas toujours été la même ; qu'ils ont changé de sentiment sur plusieurs questions, que souvent ils n'ont pas été de même avis sur certains points de croyance ou de pratique. Pour le faire voir, Basnage a composé son *Histoire de l'Eglise*, en deux volumes in-folio ; Beausobre et d'autres ont soutenu la même chose, et se sont flattés d'avoir poussé ce fait jusqu'à la démonstration. Mais cette apologie n'a pu faire illusion qu'à des esprits superficiels et qui ont commencé par perdre de vue le point de la question. Pour prouver que les protestants ont varié *dans leur foi*, Bossuet n'a point cité le sentiment de quelques docteurs de leurs différentes sectes, mais leurs *confessions de foi*, les décisions de leurs synodes. Il ne s'est point attaché à des questions qui pouvaient paraître indifférentes à *la foi*, mais à des articles que les protestants regardaient comme très-essentiels, qui étaient, à leur avis, autant de motifs suffisants de se séparer de l'Eglise romaine, et qui dans la suite ont été parmi eux une cause de schisme, de division, de rupture de toute fraternité. Pour nous borner à un seul exemple, lorsque les luthériens présentèrent leur *confession de foi* à la diète d'Augsbourg, ou ils croyaient que la doctrine qui y était contenue était la vraie doctrine de Jésus-Christ, ou ils ne le croyaient pas : s'ils ne le croyaient pas, ils commettaient une imposture, en présentant cette doctrine comme un juste sujet de se séparer d'avec l'Eglise romaine ; s'ils le croyaient, tous les changements qui ont été faits dans cette *confession de foi* ont été autant de *variations dans la foi*. On doit dire la même chose de tous les autres formulaires de doctrine dressés, soit par les luthériens, soit par les calvinistes.

Donc, pour convaincre l'Eglise romaine d'avoir varié dans sa foi, il fallait alléguer des décisions contradictoires sur le même dogme de foi, faites par des conciles généraux ou par des conciles particuliers généralement respectés par les catholiques. Il fallait montrer que les Pères, qui ont eu des sentiments différents de ceux que l'on suit aujourd'hui, les ont proposés comme des dogmes de foi, desquels il n'était pas permis de s'écarter. Il fallait faire voir que quand les Pères n'ont pas été de même avis, ils n'ont pas laissé de regarder comme hérétiques ceux qui ne pensaient pas comme eux, qu'ils ont fait schisme avec eux, de peur de mettre leur salut en danger. Il fallait prouver que des points de doctrine, crus aujourd'hui dans l'Eglise catholique comme articles de foi, sont contraires au sentiment unanime ou presque unanime des Pères. Aucun des protestants n'en est venu à bout, aucun n'a seulement osé l'entreprendre. Cent fois on leur a dit que le sentiment particulier de deux ou trois Pères de l'Eglise n'est ni une décision, ni une tradition, ni un dogme de foi, surtout lorsqu'il est contraire à celui de plusieurs autres docteurs également respectables ; que jamais l'Eglise catholique ne s'est fait une loi de le suivre ; que, comme l'a remarqué Vincent de Lérins au cinquième siècle, une tradition ou un article de foi est ce qui a été enseigné par le plus grand nombre des Pères, dans tous les lieux et dans tous les temps : *Quod ab omnibus, quod ubique, quod semper* : N'importe, comme il est de l'intérêt des protestants de supposer le contraire, pour tromper les simples, ils n'en démordront jamais. *Voy.* TRADITION.

Si des confessions de foi dressées par eux avec tout l'appareil possible, si des décisions de synodes auxquelles tous leurs docteurs sont obligés de souscrire, si des formulaires de doctrine, passés en foi et commandés sous des peines afflictives, ne suffisent pas pour nous apprendre ce qu'ils croient ou ne croient pas, comment pouvons-nous savoir s'ils ont une foi ou s'ils n'en ont point ?

VASE. Ce terme, dans l'Ecriture sainte, est très-général; il désigne des choses fort différentes. 1° En parlant du tabernacle et du temple, il signifie tout ce qui y était renfermé, soit pour l'ornement, soit pour servir au culte divin ; dans le même sens, *Matth.*, c. XII, v. 29, il désigne les meubles d'une maison. 2° *Vasa psalmi, vasa cantici*, sont des instruments de musique de toute espèce. 3° Saint Paul appelle notre corps un *vase* : *Nous portons la grâce de Dieu dans des* VASES *fragiles* (*II Cor.*, IV, 7 ; *I Thess.*, IV, 4). 4° Jacob, voulant dire que ses deux fils, Siméon et Lévi, étaient des guerriers féroces et injustes, les appelle *vasa iniquitatis bellantia* (*Gen.* XLIX, 5). 5° Dans le ps. VII, v. 14, des flèches meurtrières sont appelées des instruments de mort, *vasa mortis*. 6° Ce même terme désigne une personne de laquelle Dieu veut se servir comme d'un instrument pour exécuter ses desseins. *Act.*, c. IX, 15, Dieu dit que saint Paul est un *vase de choix*, ou plutôt un instrument qu'il a choisi pour porter son nom chez les nations, etc. Ce même apôtre appelle *vases de miséricorde, vases de gloire*, ceux que Dieu a daigné appeler à la foi, et *vases de colère, vases d'ignominie*, ceux qu'il laisse dans l'infidélité, *Rom.* c. IX, v. 21 et seq. *Si Dieu*, dit-il, *voulant montrer sa colère et faire voir sa puissance, a souffert avec beaucoup de patience les* VASES DE COLÈRE *préparés pour la perdition*, etc.,» cela ne signifie point que Dieu les a créés par colère, et qu'il les a préparés exprès pour les perdre, mais qu'ils se sont déterminés eux-mêmes à périr. Autrement il ne serait pas vrai de dire que Dieu les a soufferts avec beaucoup de patience, afin de montrer sa puissance. Ce n'est point en damnant les méchants que Dieu fait paraître sa puissance, mais en les convertissant et en les sauvant. Ainsi l'expliquent saint Jean Chrysostome, *Homil.* 16, *in Epist. ad Rom.*, n. 8, *Opp.* t. IX, p. 616; Origène, *in Epist. ad Rom.*, l. VII, n. 16, t. IV, p. 615; S. Basile, *Op.* tom. II, p. 77; S. Augustin, *ad Simplic.*, l. II, n. 18, t. VI, *col.* 99.

VASES SACRÉS. On appelle ainsi les vases qui servent à consacrer et à renfermer l'eucharistie, comme les patènes, les calices, les ciboires, les pyxides, etc. On ne les emploie à cet usage qu'après que l'évêque les a bénits et consacrés par des prières et par des onctions. Cette pratique est ancienne, puisqu'elle est prescrite par le sacramentaire de saint Grégoire, édit. de *Ménard*, p. 154 et 155. Mais ce pontife n'en est pas l'auteur, puisqu'il n'a fait que rédiger et copier le sacramentaire du pape Gélase, écrit au Vᵉ siècle ; et ce dernier ne s'est pas donné pour inventeur des prières et des cérémonies qu'il rassemblait. Saint Célestin, au commencement de ce même siècle, écrivait aux évêques des Gaules que les prières sacerdotales étaient de tradition apostolique, et qu'elles étaient uniformes dans toute l'Eglise catholique. — Des vases consacrés à servir à nos saints mystères ne doivent plus être employés à des usages profanes ; on ne permet plus aux laïques de les toucher, ni même aux simples clercs, sinon du consentement de l'évêque; mais il en accorde la permission aux sacristains, et même aux sacristines chez les religieuses. Ainsi l'Eglise témoigne son respect pour le corps et le sang de Jésus-Christ, qu'elle croit réellement présent sous les symboles eucharistiques. Les protestants, qui n'ont plus cette foi, mettent au même rang les vases qui servent à leur cène que les meubles les plus vils ; ils traitent de superstitions les bénédictions et les consécrations usitées dans l'Eglise romaine. C'est, disent-ils, une absurdité de penser que des cérémonies peuvent communiquer une espèce de sainteté à un vase, à un meuble, à un corps quelconque. Au mot CONSÉCRATION, nous avons prouvé le contraire par des passages formels de l'Ancien et du Nouveau Testament, et nous avons fait voir que les protestants, qui ne cessent de nous renvoyer à l'Ecriture sainte, ne la consultent point et n'y ont aucun égard.

VAUDOIS, secte d'hérétiques qui a fait beaucoup de bruit en France dans le XII° et le XIII° siècle. Il n'en est peut-être aucune dont l'origine ait été plus contestée, qui ait donné lieu à des récits plus opposés et à un plus grand nombre de calomnies contre l'Eglise romaine. Mais puisque l'on a tant fait d'efforts pour répandre des nuages sur cette question, nous ne devons rien négliger pour savoir à quoi nous en tenir.

Le savant Bossuet, dans son *Histoire des Variations des protestants*, l. II, § 71 et suiv., nous fait connaître les *vaudois*, non-seulement par ce qu'en ont dit les auteurs contemporains, mais par le témoignage de ceux qui les ont interrogés, qui ont travaillé à les instruire, et qui sont quelquefois venus à bout de les convertir. Il nous apprend que ces sectaires, nommés aussi *pauvres de Lyon*, *léonistes*, *ensabatés* ou *insabatés*, parce qu'ils portaient des savates ou des sandales, ont commencé l'an 1160, par un nommé *Pierre Valdo*, marchand de Lyon. Il se persuada que la pauvreté évangélique était absolument nécessaire au salut, il en donna l'exemple en distribuant tous ses biens aux pauvres, et il vint à bout de persuader son opinion à d'autres ignorants. Ils conclurent de là et publièrent que, puisque les prêtres et les ministres de l'Eglise ne pratiquaient pas la pauvreté apostolique, ce n'étaient plus de vrais ministres de Jésus-Christ; qu'ils n'avaient plus le pouvoir de remettre les péchés, de consacrer le corps de Jésus-Christ, ni d'administrer de vrais sacrements; que tout laïque qui pratiquait la pauvreté volontaire avait un pouvoir plus réel et plus légitime de faire ces fonctions et de prêcher l'Evangile que les prêtres. Ils soutenaient encore que, selon l'Evangile, il n'est pas permis de jurer en justice, ni de poursuivre la réparation d'un tort, ni de faire la guerre, ni de punir de mort les malfaiteurs. Telles sont les erreurs pour lesquelles les *vaudois* furent d'abord condamnés par le pape Lucius III, vers l'an 1185; les auteurs du temps ne leur en attribuent point d'autres. L'on convient généralement de la douceur, de l'innocence, de la pureté des mœurs de ces premiers *vaudois*; c'est ce qui leur attira d'abord un grand nombre de prosélytes parmi le peuple, et qui fit faire à leur secte de rapides progrès.

Rainérius Sacho, ou Reinier, qui avait été ministre des albigeois, abjura leurs erreurs, et entra chez les dominicains l'an 1250. Dans le traité qu'il écrivit contre les *vaudois*, outre les opinions dont nous venons de parler, il les accuse encore de rejeter le purgatoire et la prière pour les morts, les indulgences, les fêtes et l'invocation des saints, le culte de la croix, des images et des reliques, les cérémonies de l'Eglise, le baptême des enfants, la confirmation, l'extrême-onction et le mariage. Ils disaient que, dans l'eucharistie, la transsubstantiation ne se faisait pas dans les mains de celui qui consacrait indignement, mais dans la bouche de celui qui la recevait dignement. Ils admettaient donc la présence réelle et la transsubstantiation, lorsque l'eucharistie était consacrée dignement. Pierre Pyrcdorf, qui écrivit aussi contre les *vaudois* vers l'an 1250, parle comme Reinier de leur origine et de leur croyance. Il ajoute qu'ils rejetaient la messe comme une institution humaine, et les cérémonies de l'Eglise, *à la réserve des sacrements seuls*; qu'après un long temps ils se mêlèrent, quoique laïques, d'entendre les confessions et de donner l'absolution; qu'un d'entre eux crut faire le corps de Notre-Seigneur, et se communia lui-même. Ainsi le fanatisme des *vaudois*, comme celui de toutes les autres sectes, s'accrut avec le temps, et les conduisit d'erreurs en erreurs. Nous verrons ci-après les causes de ce progrès.

Basnage, qui a écrit son *Histoire de l'Eglise* pour réfuter Bossuet, soutient, l. XXIV, c. 10, § 2, que le véritable père de ces hérétiques est Claude de Turin, qui se sépara de l'Eglise romaine au IX° siècle, et dont les sectateurs se perpétuèrent dans les vallées du Piémont jusqu'au XII°; que c'est probablement ce qui les fit nommer *vaudois*. Au mot CLAUDE DE TURIN, nous avons fait voir que cet hérétique, disciple de Félix d'Urgel, était comme lui dans l'erreur des adoptiens, et que son sentiment touchant l'Incarnation tenait un milieu entre l'arianisme et le nestorianisme, erreur qui fut condamnée au VIII° siècle dans trois conciles consécutifs. S'il avait laissé des sectateurs dans les vallées du Piémont, il serait impossible que, depuis l'an 823, temps auquel écrivait Claude de Turin, jusqu'en 1185, aucun écrivain n'en eût parlé; que pendant 360 ans les évêques de Turin n'eussent rien fait pour purger leur diocèse des erreurs enseignées par ce personnage; que le pape Lucius, en condamnant les *vaudois*, ne leur eût reproché aucune de ces fausses opinions. Ainsi, la généalogie de ces sectaires forgée par Basnage et par d'autres protestants n'a aucune vraisemblance.

Une des principales questions est de savoir si les *vaudois* niaient, comme les calvinistes, la présence réelle de Jésus-Christ dans l'eucharistie, et la transsubstantiation. Bossuet soutient qu'ils ne rejetaient ni l'une ni l'autre; il le prouve par le témoignage des auteurs qui ont parlé de la croyance de ces sectaires, et nous avons vu que ni Reinier ni Pylicdorf ne les en accusent point, qu'ils supposent plutôt le contraire. Basnage néanmoins prétend que les *vaudois* attaquaient ces deux dogmes; mais il n'a détruit aucune des preuves positives sur lesquelles Bossuet s'est fondé. Il dit en premier lieu, § 5, que suivant le décret du pape Lucius, les *vaudois* avaient des sentiments opposés à ceux de l'Eglise romaine, sur le sacrement du corps et du sang de Jésus-Christ, sur la rémission des péchés, sur le mariage et sur les autres sacrements. Cela se conçoit aisément : c'était attaquer en effet la foi de l'Eglise romaine que d'enseigner qu'un prêtre riche et vicieux ne consacrait pas le corps et le sang de Jésus-Christ, ne remettait pas les péchés par l'absolution, n'administrait pas validement le mariage et les autres sacrements. Telle était la prétention des *vaudois*; mais ils ne niaient pas pour cela que Jésus-Christ ne fût présent dans l'eucharistie, lorsqu'elle était consacrée par un prêtre pauvre et vertueux, ni qu'un tel ministre ne fût capable d'opérer validement les autres sacrements. Suivant le témoignage de Reinier, ils pensaient que, dans le premier cas, la transsubstantiation se faisait dans la bouche de celui qui communiait dignement. Basnage objecte en second lieu que, suivant le récit de Pylicdorf et d'autres, ces hérétiques rejetaient la messe comme une institution humaine; donc ils n'y croyaient pas. Mais cet historien s'explique assez clairement en disant qu'ils la rejetaient avec les cérémonies de l'Eglise, *à la réserve des sacrements seuls*. Ils admettaient donc au moins la substance des sacrements, en particulier de celui de l'eucharistie, qui consiste dans la consécration. Luther, à son tour, retrancha la plupart des cérémonies de la messe, sans nier cependant le dogme de la présence réelle. — Ce critique oppose à son adversaire, en troisième lieu, § 18, le récit d'un inquisiteur, dont on ne sait pas la date, et deux autres pièces dont l'authenticité est assez douteuse; mais il n'a pu en tirer que des conséquences forcées et qui ne prouvent rien. Enfin il confond les *vaudois* avec les albigeois, qui n'admettaient en effet ni la présence réelle ni la transsubstantiation; mais Bossuet a démontré la différence énorme qu'il y avait entre les sentiments de ces deux sectes dans leur origine; on ne peut donc tirer aucune conséquence de l'une à l'autre. *Voy.* ALBIGEOIS.

Une autre question est de savoir de quelle manière les *vaudois* furent traités dès leur naissance. Bossuet prétend que l'on n'exerça aucune persécution contre eux. Basnage soutient le contraire; il assure que, suivant la teneur du décret de Lucius III, ceux qui ne voudraient pas abjurer leur erreur devaient être remis entre les mains des juges séculiers, *pour porter la peine due à leur crime* ; mais il avoue que cette sentence ne fut pas exécutée, parce que les papes avaient d'autres affaires sur les bras. Quelles qu'aient été les raisons de l'oubli dans lequel on laissa ces sectaires, le fait n'en est pas moins certain. Basnage affirme néanmoins, § 11, 15, 18, que l'an 1254 il y avait une persécution déclarée contre eux, qu'ils avaient essuyé des guerres et des massacres, qu'il en fut de même en 1395, en 1473 et en 1486. Nous avons cherché vainement des preuves positives de tous ces faits. L'an 1254, il n'y eut en France aucune poursuite contre les hérétiques que les décrets du concile d'Albi : or, c'était une répétition de ceux du concile de Toulouse, tenu en 1229; ces décrets regardaient les albigeois et non les *vaudois*. L'an 1395 on ne fut occupé dans le royaume qu'à trouver le moyen de terminer le grand schisme d'Occident concernant la papauté. En 1473, nous ne voyons aucun vestige de persécution. En 1487, sous Charles VIII, le pape envoya Albert de Catanée, archidiacre de Crémone, avec des missionnaires, pour travailler à la conversion des *vaudois;* mais comme ces tentatives les mettaient toujours en fureur, ils traitèrent brutalement les missionnaires, surtout dans les vallées de Fénestrelles et de l'Argentier. Le marquis de Salmes y fit marcher des soldats, et il est vrai qu'il y eut à cette occasion des combats sanglants entre ces troupes et les *vaudois*, qui se défendaient en désespérés. Mais enfin les *vaudois* furent obligés de se rendre, de mettre bas les armes, et d'implorer la clémence du roi. Dès ce moment on cessa de sévir contre eux, *Hist. de l'Egl. gallic.*, t. XVII, l. L, an 1487. Mais les hérétiques ont toujours appelé *persécutions* les tentatives les plus modérées que l'on a faites pour les instruire.

Comment Basnage a-t-il pu s'obstiner à confondre les *vaudois* avec les albigeois? Ceux-ci étaient de vrais manichéens; Bossuet l'a démontré. Suivant Basnage, les *vaudois* étaient des sectateurs de Claude de Turin; or, cet hérétique n'a jamais professé le manichéisme. Ce critique a cité, § 26, le témoignage de Guillaume de Puylaurens, qui distinguait trois sectes différentes auprès d'Albi : les manichéens, les ariens et les *vaudois*; il y a donc de l'entêtement à vouloir appliquer à l'une ce qui ne peut convenir qu'aux autres, et c'est mal à propos que Basnage s'est flatté d'avoir terrassé son adversaire. Aussi Mosheim, qui a examiné cette question avec de meilleurs yeux que Basnage, et qui a comparé tous les auteurs qui en ont parlé, n'est pas de son avis. Il a exposé comme Bossuet l'origine et la croyance des *vaudois*, *Hist. ecclés.*, xII° siècle, II° part., c. 5, § 11 et 12. « Leur objet, dit-il, ne fut point d'introduire de nouvelles doctrines dans l'Eglise, ni de proposer de nouveaux articles de foi aux chrétiens, mais seulement de réformer le gouvernement ecclésiastique, de ramener le clergé et le peuple à la simplicité et à la pureté primitive des siècles apostoliques. » Il expose ensuite leurs sentiments de la même manière que Reinier et Pylicdorf. Il dit, § 13, que les *vaudois* confiaient le gouvernement de leur église aux évêques, aux prêtres et aux diacres, et qu'ils regardaient ces trois ordres comme établis par Jésus-Christ; mais ils voulaient que ceux qui en étaient revêtus ressemblassent aux apôtres, qu'ils fussent comme eux *non lettrés*, pauvres, sans aucune possession temporelle, et gagnant leur vie par le travail de leurs mains. Les laïques étaient partagés en deux ordres : l'un de chrétiens parfaits, qui se dépouillaient de tout, étaient mal vêtus et vivaient durement; l'autre d'imparfaits qui vivaient comme le reste des hommes, mais qui évitaient toute espèce de luxe et de superfluité, comme ont fait depuis les anabaptistes. Au reste, Mosheim n'a pas été assez impudent pour les accuser d'avoir nié la présence réelle et la transsubstantiation. Mais il fait une remarque essentielle, c'est que les *vaudois* d'Italie ne pensaient pas de même que ceux de France et des autres contrées de l'Europe. Les premiers regardaient l'Eglise romaine comme la véritable Eglise de Jésus-Christ, quoique corrompue et défigurée ; ils admettaient les sept sacrements, ils regardaient la possession des biens temporels comme légitime, ils promettaient de ne jamais se séparer de cette Eglise, pourvu qu'on ne les gênât point dans leur croyance. Les seconds, plus fanatiques, ne voulaient rien posséder du tout ; ils soutenaient que l'Eglise romaine avait apostasié et renoncé à Jésus-Christ, que le Saint-Esprit ne la gouvernait plus, que c'était la prostituée de Babylone dont il est parlé dans l'*Apocalypse*. Cette distinction que fait Mosheim, qui est confirmée par le témoignage de plusieurs anciens auteurs, et qui a échappé à la plupart des historiens, nous paraît très-importante, et propre à concilier les contradictions qui se trouvent dans les différentes narrations que l'on a faites touchant les *vaudois*.

Un de nos historiens philosophes, ou plutôt romanciers, a fait de cette secte un tableau d'imagination qu'il a tiré de son propre fonds et des écrits des calvinistes ; et l'on a eu grand soin de le copier dans l'ancienne *Encyclopédie*, au mot vaudois. Il en attribue la naissance à l'horreur qu'inspirèrent les crimes commis dans les croisades, les dissensions des papes et des empereurs, les richesses des monastères, l'abus que faisaient les évêques de leur puissance temporelle. Cependant ces sectaires n'ont jamais allégué aucun de ces motifs pour justifier leurs déclamations contre le clergé. Il y a lieu de présumer que les tisserands, les cordonniers, les manouvriers, les ignorants, desquels était principalement composée la secte des *vaudois*, n'avaient pas une très-grande connaissance des crimes commis dans les croisades, et n'étaient pas fort touchés des dissensions des papes et des empereurs. Ce n'étaient pas eux non plus qui avaient beaucoup d'intérêt aux abus que pouvaient commettre les évêques dans l'usage de leur puissance temporelle. Ils voulaient que les pasteurs de l'Eglise fussent pauvres et non lettrés, comme étaient les apôtres, qu'ils travaillassent comme eux de leurs mains, et qu'ils portassent comme eux des sandales. Tous ces articles leur paraissaient de la dernière importance, parce qu'ils les trouvaient prescrits par l'Evangile, *Marc.*, c. IV, v. 9, etc. — Une autre méprise grossière de la part de ce philosophe a été de confondre les *vaudois* avec les albigeois ou bonshommes. Ceux-ci étaient manichéens, comme Bossuet l'a fait voir ; les vrais *vaudois* ne le furent jamais. Les albigeois étaient connus en France depuis l'an 1021, sous le règne du roi Robert ; l'an 1147, vingt ans avant que parût Pierre Valdo, saint Bernard était allé dans nos provinces méridionales pour tâcher de les instruire et de les convertir ; la simplicité de l'extérieur de ce saint abbé n'était pas propre à donner une haute idée de la richesse des monastères, et il est prouvé d'ailleurs que les autres missionnaires de son ordre furent très-exacts à l'imiter, *Hist. de l'Egl. gallic.*, tom. X, l. XXIX, édit. in-12, p. 258.

On convient en général de la simplicité, de la douceur, de l'innocence des mœurs des *vaudois*, et ce phénomène n'a rien d'étonnant ; il se rencontre ordinairement chez les peuples qui vivent dans les gorges des montagnes. Eloignés des villes et de la corruption qui y règne, occupés à paître les troupeaux et à cultiver quelques coins de terre, réduits à la seule société domestique pendant la saison des neiges, ils ne connaissent point d'autres assemblées que celles de religion ; il ne croît point de vin chez eux, ils vivent de laitage : quelle vapeur maligne pourrait infecter leurs mœurs ? Aujourd'hui encore les habitants des Alpes, soit catholiques soit calvinistes, ressemblent au portrait que l'on nous fait des *vaudois*. Mais ce n'était point là le caractère des hérétiques qui désolaient le Languedoc et les provinces voisines, au XIIe siècle, sous le nom d'*albigeois*. L'an 1147, vingt ans avant la naissance des *vaudois*, Pierre le Vénérable, abbé de Cluni, écrivait aux évêques d'Embrun, de Die et de Gap : « On a vu par un crime inouï chez les chrétiens, rebaptiser les peuples, profaner les églises, renverser les autels, brûler les croix, fouetter les prêtres, emprisonner les moines, les contraindre à prendre des femmes par les menaces et les tourments, etc. » Fleury, *Hist. ecclés.*, l. LXIX, n. 24. Comment notre philosophe a-t-il pu confondre avec ces furieux les *vaudois* dont il nous vante la douceur et l'innocence ? C'est contre les albigeois turbulents, séditieux, sanguinaires, et non contre les *vaudois*, que le pape Innocent III envoya des inquisiteurs l'an 1198, et publia une croisade l'an 1208. Elle n'eut lieu qu'en Languedoc ; les scènes les plus meurtrières se passèrent à Béziers, à Carcassonne, à Lavaur, à Albi, à Toulouse ; il n'y en eut aucune dans les vallées des Alpes, soit de la Provence, soit du Dauphiné, où l'on prétend que les *vaudois* s'étaient retirés. Quand notre historien romancier dit que, sur la fin du XIIe siècle, le Languedoc se trouva rempli de *vaudois*, et qu'on les poursuivit par le fer et le feu, il ne peut en imposer qu'aux ignorants crédules. Est-il vrai que ceux qui restèrent ignorés dans les vallées incultes qui sont entre la Provence et le Dauphiné, défrichèrent ces terres stériles ; que, par des travaux incroyables, ils les rendirent propres au grain et au pâturage, qu'ils enrichirent leurs seigneurs, etc. ? Pure fable. Les vallées des Alpes, soit du côté de la France, soit du côté du Piémont, n'ont jamais été sans habitants ; il y en avait lorsque Annibal les traversa : les Alpes Cottiennes, aujourd'hui le Mont-Cenis, entre le Dauphiné et le Piémont, étaient appelées par les Romains, *Cottii regnum*; elles n'étaient donc pas désertes, non plus qu'à présent. Le terrain de ces vallées a été de tout temps propre au pâturage lorsque les neiges sont fondues, et les langues de terre qui s'y trouvent sont très-fertiles. La population s'y accroît naturellement, parce que les habitants ne s'expatrient point, qu'ils sont à couvert des ravages de la guerre, que la pureté de l'air en écarte la contagion, et que ces peuples ont des mœurs. Nous ne pensons pas que les *vaudois* aient eu le talent de faire fondre les neiges des Alpes, ni de leur dérober le terrain qu'elles couvrent tous les ans. Les imaginations de ce philosophe sont autant de traits d'ignorance.

De toutes ces observations, il résulte que, pour avoir une juste notion des *vaudois*, il faut distinguer les différentes époques de leur hérésie, et les différentes contrées dans lesquelles il s'en est trouvé. Que Pierre Valdo, ou ses émissaires, aient aisément séduit les habitants des Alpes, pauvres, ignorants, éloignés des églises, des pasteurs et des secours de religion, cela est naturel. Que ses erreurs aient passé les monts, aient été portées jusque dans les vallées du Piémont, cela se conçoit encore. Elles ont dû demeurer les mêmes, tant que ces *vaudois* n'ont point eu de commerce avec d'autres hérétiques. Aussi, l'an 1517, Claude de Seyssel, archevêque de Turin, attribuait encore aux *vaudois* de son diocèse la même doctrine pour laquelle ils avaient été condamnés l'an 1185, et qui a été fidèlement exposée par Bossuet et par Mosheim.

Mais il est à peu près impossible que ceux de deçà les monts n'y aient pas ajouté bientôt de nouvelles erreurs; on le comprendra, si l'on veut faire attention à la multitude des sectes dont la France était infestée au xiie siècle. Il y avait : 1° des albigeois appelés aussi *cathares* et *bons-hommes*; c'était la secte principale : on l'avait vue éclore au commencement du siècle précédent; 2° des beggards, qui étaient à peu près de même date ; 3° des pétrobrusiens, disciples de Pierre et de Henri de Bruys ; 4° des sectateurs de Tanquelin ou de Tanquelme, et d'Arnaud de Bresse; 5° des *capuciati* ou encapuchonnés; nous avons parlé de ces différents sectaires sous leur nom particulier ; 6° enfin de ces *vaudois* dont nous parlons. On conçoit que ces divers fanatiques, tous ignorants et de la lie du peuple, n'étaient pas fort scrupuleux en fait de dogmes, et fraternisaient aisément les uns avec les autres pour soutenir leur intérêt commun. De même que, chez les protestants, l'on est assez chrétien dès que l'on se déclare ennemi du pape et de l'Eglise romaine ; ainsi, parmi les sectaires du xiie siècle, on paraissait suffisamment orthodoxe, dès que l'on déclamait contre le gouvernement ecclésiastique. Nous ne doutons pas qu'un bon nombre de *vaudois* ne se soient mêlés parmi tous ces déclamateurs, n'aient fait cause commune avec eux, n'aient adopté une partie de leurs sentiments. Aussi, l'an 1375, le pape Grégoire X, écrivant aux évêques du Dauphiné pour exciter leur zèle contre les hérétiques, joint ensemble les patarins, les *pauvres de Lyon*, les arnaldistes et les fratricelles, *Histoire de l'Eglise gall.*, tom. XIV, liv. xli, an. 1375. Nous ne devons donc pas être surpris de ce que Reinier et Pylicdorf, qui connaissaient mieux les *vaudois* de France que ceux d'Italie, et qui n'ont écrit qu'un siècle après leur naissance, leur ont attribué des erreurs qu'ils n'avaient pas encore dans leur origine. En second lieu, il ne faut pas s'étonner de ce que les auteurs du temps n'ont pas toujours su distinguer ce que chacune de ces sectes avait de particulier, et si plusieurs les ont confondues sous le nom général d'*albigeois*, ou sous celui de *vaudois*. 3° Il a pu se faire que des *vaudois*, devenus aussi furieux que les autres hérétiques parmi lesquels ils s'étaient mêlés, aient été compris dans la proscription prononcée contre eux tous, et qu'on les ait poursuivis tous sans distinction comme coupables des mêmes excès. Il est constant que ceux que l'on appelait *cotéreaux*, *routiers*, *triaverdins*, *courriers*, *mainades*, étaient des scélérats semblables aux circoncellions des donatistes, aux brigands nommés *ribauds* dans le xiiie siècle, et aux anabaptistes appelés *pastoricides* en Angleterre. Ils n'avaient horreur d'aucun crime, ils vendaient leurs bras à quiconque voulait les payer, et ils étaient sûrs de l'impunité, sous le prétexte de religion. C'est pour arrêter leurs ravages que Innocent III publia une croisade en 1208. Il y a donc beaucoup de mauvaise foi de la part des protestants et des incrédules, à vouloir persuader que l'on a poursuivi les *vaudois* à feu et à sang, malgré l'innocence et la douceur de leurs mœurs. Est-on allé leur faire la guerre dans les vallées du Piémont, lorsqu'ils ont été paisibles ?

Quand ils auraient été tels en général que les calvinistes ont affecté de les peindre, nous ne voyons pas quel avantage il y a pour eux à les mettre au nombre de leurs ancêtres, ni quel relief une pareille secte peut donner à la leur. Les *vaudois* étaient des ignorants, et ils auraient voulu que les prêtres ne fussent pas plus savants qu'eux. C'étaient des fanatiques, puisque leur doctrine touchant la pauvreté volontaire, les serments faits en justice et la punition des malfaiteurs, était destructive de toute société. C'étaient des opiniâtres, que trois cents ans de missions et d'instruction n'ont pu faire revenir de leurs préjugés. Leur croyance ressemblait beaucoup plus à celle des anabaptistes qu'à celle des calvinistes : puisque ceux-ci n'ont jamais reconnu les anabaptistes pour leurs frères, il est bien ridicule de nous donner les *vaudois* pour leurs pères. Mais la conduite de ces sectaires nous montre les effets qu'a coutume de produire la lecture de l'Ecriture sainte sur des ignorants indociles; elle les rend fanatiques et incorrigibles : on a vu reparaître le même phénomène à la naissance de la prétendue réforme en Allemagne, en France et en Angleterre. *Voy.* ÉCRITURE SAINTE. Basnage a voulu persuader que Pierre Valdo était un homme lettré, qu'il avait traduit les Évangiles et d'autres livres de l'Écriture sainte : c'est une fausseté; il les fit traduire par un prêtre nommé *Étienne d'Evisa*, et les fruits de ce travail ne furent pas heureux.

A la naissance de la prétendue réforme, les *vaudois* apprirent confusément qu'il y avait en Suisse et en Allemagne des hommes qui déclamaient aussi bien qu'eux contre les pasteurs catholiques. En 1530, ils y envoyèrent des députés qui eurent des conférences avec Bucer et avec OEcolampade : on voit par le récit même des historiens protestants, combien la croyance des *vaudois* était pour lors différente de celle des calvinistes; Bossuet, *ibid.*, l. xi, § 117 et suiv. Basnage n'a pas osé contester sur ce point. Mais en 1536, Favel, ministre de Genève, vint à bout de leur faire embrasser le calvinisme. La confession de foi qu'ils présentèrent au roi vers l'an 1540, était l'ouvrage des ministres huguenots qu'ils avaient reçus chez eux. Ils y rejetaient la présence réelle et la transsubstantiation, le culte de la croix et des saints, la prière pour les morts, l'absolution sacramentelle ; ils ne reconnaissaient que deux sacrements, le baptême et la cène, etc. Ce n'étaient plus là les sentiments de leurs pères. — Malheureusement, avec cette nouvelle doctrine, ils adoptèrent l'esprit séditieux et violent des calvinistes. Déjà l'an 1530, après leurs conférences avec les protestants, ils prirent les armes et se défendirent contre les poursuites des évêques et du parlement d'Aix, parce qu'on leur avait fait espérer d'être bientôt soutenus. En 1535, François Ier leur accorda une amnistie, sous condition qu'ils abjureraient leurs erreurs. En 1542 ou 1543, ils s'attroupèrent, prirent les armes, renversèrent des autels, brûlèrent des églises, et commirent d'autres excès. Voy. l'*Histoire de l'Acad. des Inscript.*, tom. IX, in-12, p. 645 et 652. C'est pour ces faits, dont leurs apologistes n'ont eu garde de convenir, que le parlement d'Aix rendit un arrêt contre eux. Cependant le cardinal Sadolet, évêque de Carpentras, intercéda pour eux auprès de François Ier, et l'exécution de l'arrêt fut suspendue. Mais le premier président d'Oppède, et l'avocat général Guérin, aigrirent l'esprit du roi, ils lui persuadèrent que seize mille *vaudois* voulaient se saisir de Marseille. *Note* d'Amelot de la Houssaye, *sur l'Histoire du concile de Trente de Fra-Paolo*, liv. II, pag. 110. Conséquemment l'ordre fut donné de les exterminer; les villages de Mérindol et de Cabrières furent réduits en cendres, et près de quatre mille personnes furent massacrées.

Tous nos écrivains modernes ont déclamé à l'envi contre la cruauté de cette exécution ; ils en ont exagéré les circonstances, ils ne cessent de la citer comme un exemple des effets que peut produire un zèle de religion mal réglé. Mais c'est en imposer aux lecteurs mal instruits, que d'attribuer cette expédition sanglante au zèle de religion, plutôt qu'au ressentiment excité par la conduite séditieuse des *vaudois*. Deux magistrats ont eu tort sans doute d'exagérer leur faute, pendant qu'un évêque demandait grâce pour les coupables; mais il s'en faut beaucoup que ces deux hommes aient agi par zèle de religion. L'avocat général Guérin fut accusé d'avarice, et d'avoir voulu s'approprier une partie des biens confisqués, et le président d'Oppède d'avoir agi par vengeance contre plusieurs particuliers. Ce qu'il y a de certain, c'est que le village d'Oppède, dont il portait le nom, fut détruit comme les autres; et que dix ou douze familles catholiques de Mérindol furent enveloppées dans le massacre général. On les aurait sauvées, sans doute, si la religion était entrée pour quelque chose dans cette boucherie.

L'historien prétendu philosophe, dont nous avons déjà révélé plusieurs infidélités, en a encore commis de nouvelles à cette occasion. Il a voulu persuader que la cause de l'arrêt rendu contre les *vaudois* par le parlement de Provence, fut leur confession de foi de l'an 1540, et le dessein de punir des hérétiques obstinés. Il ne fallait pas oublier leur révolte de l'an 1535, et l'amnistie que le roi leur avait accordée : une amnistie suppose des voies de fait et non des erreurs. Comme cette grâce portait pour condition que les *vaudois* abjureraient leur doctrine, il dit que l'on n'abjure guère une religion que l'on a sucée avec le lait, et à laquelle on sacrifie tous les biens de ce monde. Mais ces hérétiques n'avaient pas sucé avec le lait la religion calviniste qu'ils venaient d'embrasser, et nous ne voyons pas quels biens ils avaient sacrifiés jusqu'alors. Il dit que ces malheureux n'étaient point disposés à la révolte, puisqu'ils ne se défendirent pas et qu'ils s'enfuirent de tous côtés en demandant miséricorde. En effet, comment se défendirent-ils en 1545, contre une armée envoyée pour les exterminer? Mais en 1543, les habitants de Cabrières, village situé dans le Comtat, aidés par leurs frères de Provence, avaient repoussé deux fois les troupes du pape jusqu'aux portes d'Avignon et de Cavaillon; le pape avait imploré l'assistance du roi pour réduire ces rebelles, et François Ier, par les lettres du 11 décembre de cette année, avait ordonné au gouverneur de Provence de prêter main forte au légat ; il y avait donc eu déjà deux révoltes des *vaudois*, l'an 1545, lorsqu'ils furent poursuivis à feu et à sang, et la destruction de Mérindol avait été ordonnée en particulier, parce que ces sectaires s'y fortifiaient. En 1541, ils avaient imploré la protection des princes luthériens d'Allemagne, assemblés à Ratisbonne, et ils en avaient obtenu une recommandation très-pressante auprès de François Ier; ce prince ne pouvait pas voir cette démarche de bon œil, *Hist. de l'Eglise gallicane*, t. LIII, an. 1541. Enfin, notre philosophe prétend que l'exécution cruelle faite contre les *vaudois* fit faire de nouveaux progrès au calvinisme, et que le tiers de la France en embrassa les sentiments. C'est une fausseté. Les progrès rapides du calvinisme ne commencèrent en France que l'an 1558, sous le règne de Henri II, dix ans après la mort de François Ier; d'autres causes plus puissantes y contribuèrent, et il s'en fallut beaucoup qu'il ne fût embrassé d'abord par le tiers du royaume ; mais aucune imposture ne coûte à cet écrivain romancier. Dans un autre ouvrage, il a forgé des calomnies encore plus atroces, au sujet de la rigueur exercée contre les *vaudois*.

Pour peu que l'on réfléchisse sur la conduite de ces sectaires, on voit qu'il n'y eut rien de constant chez eux qu'une ignorance grossière et une haine aveugle contre le clergé catholique ; c'est tout le fruit que produisit parmi eux la lecture de l'Ecriture sainte qu'ils étaient incapables d'entendre. Très-peu scrupuleux en fait de dogmes, ils en changèrent toutes les fois que leur intérêt parut l'exiger, ils se joignirent indifféremment à toutes les sectes du XIIe et du XIIIe siècle, sans s'embarrasser de ce qu'elles croyaient ou ne croyaient pas. Souples, timides, hypocrites, lorsqu'ils se sentaient faibles, ils ne cherchaient qu'à se cacher sous un extérieur catholique ; en soutenant qu'il n'est pas permis de jurer en justice, ils n'hésitaient pas de se parjurer pour dissimuler leur croyance : en condamnant la guerre en général, ils prirent les armes contre leurs souverains : dès qu'on voulut gêner l'exercice de leur religion, ils eurent part aux tumultes qu'excitèrent les autres hérétiques, et ils trempèrent leurs mains plus d'une fois dans le sang des inquisiteurs et des missionnaires qui voulurent les instruire. Telles ont été de tout temps et telles seront toujours toutes les sectes hérétiques.

Au reste, c'est l'affectation d'une pauvreté fastueuse et cynique des hérétiques du XIIe et du XIIIe siècle, qui a donné lieu à l'institution des religieux mendiants. Le dessein des fondateurs fut de prouver aux sectaires que l'on pouvait pratiquer une pauvreté humble, laborieuse, austère et véritablement évangélique, sans déclamer contre le clergé, et sans se révolter contre l'Eglise. Cela était déjà démontré par l'exemple d'une congrégation de *vaudois* convertis qui s'associèrent l'an 1207 ; ils prirent le nom de *pauvres catholiques*, ils continuèrent de vivre comme auparavant, et ils travaillèrent inutilement à la conversion des autres *vaudois;* en 1256 ils se réunirent aux ermites de saint Augustin ; Hélyot, *Histoire des ordres monastiques*, (édit. de Migne). Saint François, de son côté, jeta les premiers fondements de son ordre, l'an 1209. Mais les protestants, toujours bizarres et inconséquents, après avoir approuvé la pauvreté orgueilleuse et fanatique des *vaudois*, n'ont cessé de déclamer contre la pauvreté humble et charitable des religieux catholiques. *Voy.* PAUVRETÉ VOLONTAIRE, MENDIANTS, etc.

VEAU. Ce terme dans l'Ecriture sainte est employé en différents sens : 1° il signifie des ennemis en fureur. *Ps.* XXI, v. 13 : *Circumdederunt me vituli multi.* 2° Au contraire, dans *Isaïe*, ch. II, v. 7, il désigne des hommes doux et paisibles ; il y est dit que l'ours et le *veau* paîtront ensemble, c'est-à-dire que les faibles et les simples ne craindront plus ceux qui leurs paraissaient redoutables. 3° Le prophète *Malachie*, ch. IV, v. 2, compare un peuple qui est dans la joie à des *veaux* qui bondissent dans une prairie. 4° *Ps.* L, v. 21, ce mot exprime les différentes espèces de victimes, *imponent super altare tuum vitulos*. Mais dans *Osée*, ch. XIV, v. 3, *vitulos labiorum*, les *victimes des lèvres* ou de la bouche signifient des louanges, des vœux, des actions de grâces ; c'est ce que saint Pierre appelle *spirituales hostias*, l. Petr., c. II, v. 5.

VEAU D'OR. Idole que les Israélites se firent faire au pied du mont Sinaï, à laquelle ils rendirent un culte à l'imitation de celui du bœuf Apis, qu'ils avaient vu pratiquer en Egypte ; l'histoire en est rapportée, *Exod.*, c. XXXII : elle démontre la grossièreté de ce peuple, et son penchant décidé à l'idolâtrie. Quarante jours auparavant, les mêmes Israélites avaient été saisis de frayeur à la vue de l'appareil terrible avec lequel Dieu leur avait intimé ses lois, c. XIX ; il leur avait sévèrement défendu d'adorer d'autres dieux que lui, c. XX, v. 3. Ils avaient solennellement promis de lui être soumis et fidèles ; ils lui avaient immolé des victimes, c. XXIV, v. 3 et 5 ; parce que Moïse tardait trop longtemps à leur gré de descendre de la montagne où Dieu lui donnait ses ordres, ils voulurent avoir un Dieu visible, une idole à laquelle ils pussent offrir leurs sacrifices. Dans la fête insensée qu'ils célébrèrent en son honneur, ils poussèrent l'impiété jusqu'à dire : *Voilà tes dieux, Israël, qui t'ont tiré du pays de l'Egypte*, c. XXXII, v. 4. Il n'est donc pas étonnant que Moïse, indigné de cette prévarication, ait brisé les tables de la loi, ait fait fondre et réduire cette idole en poudre, l'ait fait jeter dans le torrent dont ce peuple buvait les eaux, ait armé les lévites, et leur ait ordonné de mettre à mort les plus coupables. Cet exemple de sévérité était nécessaire pour intimider les autres et pour prévenir les rechutes. Environ cinq cents ans après, leurs descendants ne furent pas moins insensés qu'eux, puisqu'ils adorèrent les *veaux d'or* que Jéroboam fit faire, pour détourner ses sujets d'aller rendre leur culte au vrai Dieu dans le temple de Jérusalem, *III Reg.*, c. XII, v. 28.

Le plus célèbre des incrédules de notre siècle a voulu prouver que l'histoire de l'adoration du *veau d'or* n'est ni vraisemblable ni possible, mais à son ordinaire il en a falsifié plusieurs circonstances : aussi lui a-t-on fait voir que, dans ses réflexions, il y a presque autant de faussetés et de bévues que de mots. *Réfutation de la Bible expli-*

quée, l. vi, ch. 6, art. 7. *Lettres de quelques Juifs*, 1re partie, lettre 5, etc. Il objecte, 1° qu'il a été impossible aux Israélites de faire faire un *veau d'or* dans le désert. Il n'y a pas d'apparence, dit-il, qu'ils aient eu des fondeurs d'or, qui ne se trouvent que dans les grandes villes ; il est impossible de jeter un *veau d'or* en fonte et de le réparer en une nuit ; il aurait fallu au moins trois mois pour achever un pareil ouvrage. Si ce critique avait lu plus attentivement l'histoire qu'il attaque, il aurait vu qu'environ un an après l'adoration du *veau d'or*, il se trouva dans le désert, et parmi les Israélites, deux fondeurs capables d'exécuter en or, en argent, et en bronze, tous les ornements et les vases du tabernacle, *Exod.*, c. xxxi ; sans doute ils avaient appris cet art en Egypte où il était déjà connu et pratiqué pour lors. On peut s'assurer par le témoignage des artistes, que deux ou trois jours suffisent pour faire un moule et jeter en fonte un ouvrage quelconque, surtout lorsqu'il n'est pas d'un poids considérable, et que l'on n'y exige pas une grande perfection. L'histoire ne dit point que le *veau d'or* ait été fait en une nuit, ni qu'il ait été réparé au ciseau ou au burin ; elle témoigne au contraire qu'il demeura tel qu'il avait été tiré du moule, c. xxxii, v. 24. Les Israélites voulaient une idole qu'ils pussent transporter aisément, et l'on sait qu'encore aujourd'hui les nations idolâtres se contentent des figures les plus grossièrement travaillées.

2° Il n'est pas concevable, dit notre philosophe, que trois millions de Juifs qui venaient de voir et d'entendre Dieu lui-même, au milieu des trompettes et des tonnerres, voulussent sitôt, et en sa présence même, quitter son service pour celui d'un *veau*.— *Réponse.* Il est encore plus inconcevable de voir les anciens païens, et même les philosophes s'obstiner dans l'idolâtrie, malgré le spectacle de l'univers qui leur prêchait un seul Dieu, et malgré les leçons des docteurs chrétiens qui leur prouvaient cette vérité ; de voir encore aujourd'hui des athées pousser l'aveuglement et l'opiniâtreté plus loin ; de voir enfin des hommes qui paraissent raisonnables, qui, après les plus belles résolutions faites dans une grande maladie, se replongent bientôt dans les mêmes désordres qui ont failli de les conduire au tombeau ; cependant tous ces travers de l'esprit et du cœur humain n'en sont pas moins vrais.

3° L'on ne peut pas, continue notre critique, réduire l'or en poudre en le jetant au feu ; on ne peut le dissoudre que par des procédés de chimie dont Moïse n'avait sûrement aucune connaissance.—*Réponse.* Quand il serait nécessaire d'attribuer à Moïse des connaissances supérieures en fait de chimie, nous n'hésiterions pas, puisqu'il est dit que ce législateur avait été instruit des arts et des sciences de l'Egypte : or, il est incontestable que celui dont nous parlons n'était pas inconnu aux Egyptiens. Mais nous n'avons pas besoin de rien supposer par conjecture, comme le fait à tout moment le censeur de l'*histoire sainte*. Elle dit seulement que Moïse, après avoir jeté le *veau d'or* au feu, le fit briser et moudre jusqu'à le pulvériser, et qu'il fit jeter cette poudre dans l'eau que buvaient les Israélites, c. xxxii, v. 20.

4° Moïse, dit-il enfin, à la tête de la tribu de Lévi, tue vingt-trois mille hommes de sa nation, qui sont tous supposés bien armés, puisqu'ils venaient de combattre les Amalécites ; jamais un peuple entier ne s'est laissé égorger ainsi sans défense. Il observe d'ailleurs que si ce fait était vrai, ç'aurait été de la part de Moïse un trait de cruauté inouïe.—*Réponse.* Nous avouons que *la Vulgate* porte *vingt-trois mille hommes ;* mais il est évident que cette version est fautive, puisque le texte hébreu et le samaritain, les Septante, la paraphrase chaldaïque, les traductions d'Aquila, de Symmaque et de Théodotion, les versions syriaque et arabe, mettent seulement *environ trois mille hommes*. C'est ainsi que les Pères, tels que Tertullien, saint Ambroise, Optat, Isidore de Séville, saint Jérôme et d'autres lisaient dans l'ancienne *Vulgate latine :* preuve évidente que le mot *vingt-trois* est une faute de copiste commise dans les siècles postérieurs. Outre qu'il est ridicule de supposer *bien armés* des hommes qui se livraient à la danse et à la débauche, l'histoire dit formellement que ces idolâtres étaient dépouillés de leurs habits, *Exod.*, c. xxxii, v. 25. Nous soutenons que dans cette exécution il n'y eut ni injustice ni cruauté. Dieu, par sa loi, avait défendu l'idolâtrie sous peine de mort, et les Israélites s'y étaient soumis ; ils ne pouvaient subsister dans le désert que par une providence surnaturelle, et Dieu ne la leur avait promise que sous condition d'obéissance ; dès qu'ils se révoltaient contre la loi, Dieu en les abandonnant pouvait les faire tous périr, et il les en menaçait, *ibid.*, v. 10. Moïse était donc obligé de faire un exemple des plus coupables, afin d'intimider les autres, d'obtenir grâce pour eux, et de sauver ainsi sa nation. Qu'y a-t-il à blâmer dans cette conduite ?

D'autres critiques anciens et modernes ont dit que Aaron était le plus coupable de tous, que cependant il fut épargné, pendant que trois mille hommes portèrent la peine de son crime ; nous avons réfuté ce reproche au mot AARON. Aujourd'hui les juifs sont si persuadés de l'énormité du crime de leurs pères, qu'ils croient que Dieu s'en venge encore ; ils disent que, dans toutes les calamités qui leur arrivent, il entre au moins une once de la prévarication du *veau d'or ;* mais ils oublient que quinze cents ans après, leurs pères se sont rendus coupables d'un forfait beaucoup plus énorme et plus digne de la vengeance divine, en mettant à mort le Messie. *Voy.* JUIFS, § 6.

VEILLE. *Voy.* VIGILE.

VENDEURS DU TEMPLE. Il est rapporté dans les quatre évangélistes que Jésus étant entré dans le temple de Jérusalem, en chassa les marchands qui y vendaient les animaux que l'on devait offrir en sacrifice, et les changeurs qui fournissaient de la monnaie pour les offrandes ; qu'il leur reprocha de faire de la maison de son Père une caverne de voleurs, *Joan.*, c. II, v. 14, etc. Les incrédules, qui se sont fait un plan de censurer toutes les actions du Sauveur, demandent de quel droit il exerçait cet acte d'autorité. Les marchands, disent-ils, étaient irréprehensibles ; ils ne se plaçaient dans le temple que pour la commodité du public : Jésus, dans cette circonstance, donna un exemple de colère et d'emportement très-scandaleux. Quelques-uns ont ajouté qu'il avait mis l'argent et les marchandises au pillage.

Nous soutenons que Jésus, après avoir prouvé sa mission et sa qualité de Messie par une multitude de miracles, avait toute l'autorité de législateur et de prophète semblable à Moïse, par conséquent le droit de punir et de réprimer tous les désordres, lorsqu'il en trouvait. Or, c'en était un que la profanation du temple, dont les changeurs et les marchands se rendaient coupables. Ils pouvaient se tenir hors du temple, la commodité publique aurait été la même ; en se plaçant dans l'intérieur pour leur propre commodité, ils y causaient un bruit et une indécence capables de troubler la piété de ceux qui venaient y prier ; et puisque Jésus-Christ les traita de *voleurs*, il s'était sûrement aperçu du monopole et de l'usure qu'ils exerçaient. Les chefs du peuple ne l'auraient pas souffert, s'ils n'y avaient pas été intéressés pour quelque chose ; le même abus a régné et règne encore dans tous les pays du monde ; le Sauveur ne devait pas l'autoriser. Mais il est faux que, dans cette circonstance, il ait donné aucune marque d'emportement ni de colère : de simples exhortations n'auraient produit aucun effet sur ces hommes avides, il fallait un châtiment pour les intimider, et il n'est pas plus vrai qu'il ait mis les marchandises au pillage. Les principaux Juifs qui étaient présents, n'osèrent s'opposer à cet acte de sévérité, parce qu'ils en sentaient la justice et la nécessité, ils se bornèrent à demander à Jésus par quel signe, par quel miracle il prouvait son autorité. *Détruisez ce temple*, répondit le Sauveur, *et dans trois jours je le relèverai.* Probablement il toucha son propre corps, pour faire entendre qu'il parlait de sa résurrection, *Joan.*, c. II, v. 19. Mais il ne s'en tint pas là ; un autre évangéliste ajoute que Jésus, étant entré dans le temple, guérit des boiteux et des aveugles ; que le peuple s'écria : *Hosanna, prospérité au Fils de David.* Jésus fit donc tout ce qu'exigeaient les Juifs, et cela ne servit qu'à les irriter davantage, *Matth.*, c. XXI, v. 14. Quoique les incrédules aient défiguré toutes ces circonstances pour y jeter du ridicule, ils n'y ont pas réussi.

VENGEANCE, peine causée à un offenseur pour la satisfaction personnelle de l'offensé. Il ne faut pas confondre, comme on le fait assez souvent, la *vengeance* avec la punition : punir est le devoir et la fonction d'un homme revêtu d'autorité, et qui agit pour l'intérêt public, pour le repos et le bon ordre de la société ; la *vengeance* au contraire est exercée par celui qui n'a aucune autorité ; il en use pour satisfaire son ressentiment particulier, sans aucun égard à l'intérêt général. Si les philosophes qui ont disserté sur ce sujet avaient fait attention à ces deux différences, probablement ils auraient évité les erreurs dans lesquelles ils sont tombés. Il faut encore distinguer la *vengeance* d'avec la défense personnelle : celle-ci a pour but de nous préserver du mal qu'un ennemi veut nous faire ; la première se propose de lui rendre le mal pour le mal qu'il nous a fait. Mais si la peine qu'il souffrira ne peut ni soulager ni réparer celle que nous avons ressentie, quel motif légitime pouvons-nous avoir de la lui causer ? Rendre calomnie pour calomnie, injustice pour injustice, crime pour crime, est-ce un moyen de rien réparer ?

On a enseigné dans l'ancienne *Encyclopédie*, que « la *vengeance* est naturelle, qu'il est permis de repousser une véritable injure, de se garantir par là des insultes, de maintenir ses droits, et de venger les offenses où les lois n'ont point porté de remède ; qu'ainsi la *vengeance* est une espèce de justice. » Cette morale fausse et scandaleuse n'est fondée que sur un abus des termes. La *vengeance* est *naturelle*, si l'on entend qu'elle est inspirée par la répugnance naturelle que nous avons de souffrir ; mais si l'on veut dire que c'est un droit ou une loi naturelle, cela est faux. Qui nous a donné ce droit, ou imposé cette loi ? Il est permis de repousser une injure, de nous garantir d'une insulte, c'est-à-dire de nous en préserver, et de les prévenir quand nous le pouvons ; mais user de représailles lorsque nous les avons reçues, c'est le vrai moyen de nous en attirer de nouvelles, plutôt que de nous en mettre à couvert ; cela ne sert qu'à aigrir un ennemi et à le rendre encore plus furieux. S'aperçoit-on que les vindicatifs évitent plus aisément la haine, les injures, les insultes que les hommes doux et modérés ? Il est encore faux qu'il soit permis de venger les offenses auxquelles les lois n'ont point apporté de remède ; la *vengeance* ne peut être un remède dans aucun sens, elle ne répare rien et ne dédommage de rien : elle satisfait peut-être pour un moment la colère et la haine, mais où est la nécessité et la permission de les satisfaire ? Ce n'est point à un particulier, à un homme agité par le ressentiment, de suppléer au défaut des lois, de se rendre juge dans sa propre cause, de proportionner la peine au délit. On ne voit que trop souvent exercer des *vengeances* atroces pour une injure très-légère, ou pour un affront imaginaire.

L'auteur de cet article scandaleux n'a pas assez corrigé son erreur, en avouant qu'au jugement des sages il est beau de pardonner, que l'on doit de l'indulgence aux fautes légères, et du mépris à ceux qui nous ont réellement offensés. La voix des sages ne fait pas loi, mais Dieu en a fait une qui défend la *vengeance* et commande le pardon; non-seulement cela est beau, mais c'est un devoir rigoureux. Le mépris pour un ennemi peut consoler notre orgueil, mais ce n'est ni une compensation ni un dédommagement. L'auteur a raison de comparer les vindicatifs aux sorciers, qui, en rendant malheureux les autres, se rendent malheureux eux-mêmes; mais nous demandons en quel sens cette méchanceté peut être *naturelle* ou *permise*, comme il l'a dit d'abord.

Plusieurs païens ont donné de meilleures leçons. Il n'y a, dit Juvénal, que les esprits faibles, petits, méprisables, qui trouvent du plaisir dans la vengeance :

. . . . *Minuti*
Semper et infirmi est animi exiguique voluptas
Ultio . . . .
SAT. 13, v. 189.

Au jugement de Cicéron, il n'y a rien de plus louable et de plus digne d'une âme honnête, que d'être incapable de ressentiment, et de conserver la douceur à l'égard de tout le monde, *De Offic.*, l. I, c. 25. Il condamne un homme qui venge les crimes par des crimes, et les injures par des injures, *in Verr.*, act. 3. C'était la morale de Socrate, de Platon, de Plutarque, etc.

Mais il y a une règle plus sûre pour un chrétien, c'est la loi de Dieu : avant d'être écrite, elle était déjà gravée dans le cœur des justes. Jacob condamna sévèrement la *vengeance* cruelle que ses fils tirèrent de la violence faite à leur sœur par les Sichimites, *Gen.*, c. XXXIV, v. 30; il la leur reprocha encore au lit de la mort, c. XLIX, v. 5. Les patriarches remettaient à Dieu la *vengeance* des injures qu'ils avaient reçues. Non-seulement la loi de Moïse défendait à tout Israélite de se venger et de conserver de la haine contre son ennemi, *Levit.*, c. XIX, v. 17 et 18; mais elle ordonnait de lui faire du bien, de lui rendre service, de l'assister dans ses besoins, *Exod.*, c. XXIII, v. 4 et 5; *Prov.*, c. XXV, v. 21, etc. Le Fils de Dieu n'a donc pas imposé une loi nouvelle lorsqu'il a dit : *Aimez vos ennemis, faites du bien à ceux qui vous haïssent, priez Dieu pour ceux qui vous persécutent et vous calomnient* (*Matth.* v, 44). Mais il a réfuté les fausses interprétations que les docteurs Juifs donnaient à la loi ancienne, à la loi naturelle imposée à tous les hommes depuis la création. Ceux qui ont regardé le précepte de l'Evangile comme une loi de surérogation, ou comme un conseil de perfection, se sont étrangement trompés; ceux qui ont osé soutenir que c'est une loi contraire au droit naturel, ont péché encore plus grièvement contre la vérité et contre les notions de la justice. *Voy.* ENNEMI.

Il est permis sans doute par le droit naturel de faire punir un ennemi qui nous a offensés injustement, parce que l'ordre public y est intéressé; mais vouloir nous faire justice à nous-mêmes, c'est usurper l'autorité des lois, ou plutôt l'autorité de Dieu même.

Nous convenons que dans l'Ecriture sainte, aussi bien que dans le discours ordinaire, les termes de *vengeance* et de *punition* sont souvent confondus; saint Paul, *Rom.*, c. XIII, v. 4, dit que le prince est le ministre de Dieu pour exécuter sa *vengeance* contre celui qui fait le mal. On dit d'un magistrat qu'il est chargé de la *vengeance* publique, c'est-à-dire de punir les malfaiteurs, mais il ne leur inflige pas des peines par colère ni par ressentiment, il le fait par justice et souvent contre son inclination. Au contraire, un homme qui veut se venger de son ennemi, dit *qu'il le punira* : de quel droit et par quelle autorité? Ce n'est pas sur une équivoque ou sur un abus des termes qu'il faut établir des maximes de morale. De même Dieu, dans l'Ecriture sainte, est appelé le Dieu des vengeances. *Ps.* XCI, v. 1, il dit : *C'est à moi que la* VENGEANCE *appartient, je l'exercerai dans le temps*, *Deut.*, c. XXXII, v. 35; *Eccli.*, c. XII, v. 4; *Rom.*, c. XII, v. 19, etc. Il est évident que, dans tous ces passages, *venger* ne signifie rien autre chose que punir; c'est le droit inaliénable et la fonction essentielle de la justice divine. Dieu, qui ne peut être blessé par aucune injure ni éprouver aucune passion, dont le bonheur suprême ne peut croître ni diminuer, ne peut certainement se plaire à rendre le mal pour le mal; il punit, non pour se contenter soi-même, mais pour le bien général de l'univers. Si l'homme jouissait d'une paix et d'un bien-être inaltérable, il n'aurait jamais aucun désir de se venger : le désir est une preuve de faiblesse. *Celui qui veut se venger*, dit l'auteur de l'Ecclésiastique, *éprouvera lui-même la* VENGEANCE *du Seigneur, et ses péchés seront mis en réserve. Pardonnez à votre prochain l'injure qu'il vous a faite, alors votre prière obtiendra la rémission de vos fautes. Un homme garde sa colère contre un autre homme, et il demande grâce pour lui-même; il n'a point de pitié pour son semblable, et il ose espérer miséricorde; un faible amas de chair conserve du ressentiment, et il prie Dieu de lui être propice! Qui voudra prier avec lui? Souvenez-vous de la mort; vous n'aurez plus d'inimitié contre personne* (*Eccli.* XXVIII, 1). Cette morale vaut bien celle des philosophes; Jésus-Christ l'a réduite à deux mots : *Pardonnez-nous nos offenses, comme nous les pardonnons à ceux qui nous ont offensés.*

On a beau étaler les pompeuses maximes des stoïciens, qu'il est d'une âme généreuse, d'une grande âme de pardonner; qu'en oubliant une injure, elle se rend supérieure à celui qui l'a faite; que le plaisir de faire grâce est plus flatteur que celui de se venger, etc. Donnez donc à tous les hommes des âmes nobles, généreuses, sensibles au plaisir délicat de faire grâce, ils sentiront alors la vérité de vos leçons; mais s'il en est très-peu de cette trempe, de quoi servira votre morale aux autres? Il en faut une cependant pour tout le monde. Dieu seul a su le mettre à portée de tous, en les prenant par leur propre intérêt, et en leur imposant la loi du talion. — De droit naturel, la *vengeance* et les représailles ne sont permises qu'à une nation offensée par une autre nation, parce qu'il n'y a point de tribunal supérieur ni de juge auquel elle puisse recourir pour obtenir satisfaction ; parce que chacune en particulier est chargée de sa propre conservation, et parce que la crainte est malheureusement le seul frein qui puisse retenir en paix des voisins ambitieux. Lorsque le roi prophète demande à Dieu de venger son peuple des insultes de ses ennemis, il implore la justice divine, non pour satisfaire son propre ressentiment, mais pour la sûreté et le repos de sa nation : ce désir est très-légitime. Lorsqu'il semble demander *vengeance* contre ses ennemis personnels, nous avons observé ailleurs que ce ne sont ni des sentiments de haine ni des imprécations, mais des prédictions. *Voy.* IMPRÉCATION.

Les voyageurs ont observé que chez les peuples simples et non policés la *vengeance* est implacable, qu'elle paraît aggraver ses fureurs et sa cruauté à proportion de la bonté et de la bienfaisance de leur âme lorsqu'elle est dans son assiette naturelle, qu'il en est ainsi des sauvages de l'Amérique, des nouveaux Zélandais, des Indiens de Madagascar, etc. Ainsi les nations chez lesquelles la *vengeance* est censée non-seulement un droit, mais un devoir qui passe des pères aux enfants, et qui perpétue les haines entre les familles, sont encore à cet égard dans l'état de barbarie : on dit que tels étaient les Corses, avant que la crainte de la justice française n'eût étouffé chez eux cette frénésie. Mais s'il est encore un royaume dont les peuples se croient policés, doux, instruits, philosophes même, où l'on juge cependant qu'il est beau de laver la plus légère injure dans le sang de l'offenseur, et qu'il y a du déshonneur à ne pas vouloir commettre ce crime, comment faut-il qualifier cette nation? *Voy.* DUEL.

Il y a néanmoins un cas dans lequel la loi de Moïse permettait, ordonnait même la *vengeance* particulière. Lorsqu'un homme en avait tué un autre volontairement, par haine ou par colère, le plus proche parent du mort qui succédait à tous ses biens, avait droit de tuer le meurtrier partout où il le trouvait, *Num.*, c. xxxv, v. 19 et 21. Il était appelé pour cette raison le *rédempteur du sang*, ou *le vengeur du sang*. Cette loi, qui a subsisté et qui subsiste encore chez plusieurs peuples, a pu pour motif de prévenir les homicides toujours très-communs dans les sociétés où il n'y a pas une police exacte et sévère. Un meurtrier volontaire ne pouvait guère espérer d'échapper tout à la fois à la justice publique et à la vengeance des parents du mort. Longtemps auparavant Dieu avait déjà dit à Noé et à ses enfants : *Si quelqu'un répand le sang humain, son propre sang sera versé, parce que l'homme est fait à l'image de Dieu* (*Gen.* ix, 6). — Pour ceux auxquels il était arrivé de tuer un homme involontairement par cas fortuit et sans dessein prémédité, Dieu avait fait désigner des villes de refuge dans lesquelles ils pussent se retirer et demeurer en sûreté, pendant que l'on examinerait s'ils étaient réellement coupables ou non. Si l'un d'eux sortait de cet asile, et qu'il fût rencontré par le vengeur du sang, celui-ci avait droit de le mettre à mort. Un meurtrier même involontaire ne récupérait la liberté et la sûreté qu'à la mort du grand prêtre, *Num.*, c. xxxv, v. 28; *Josue*, c. xx, v. 2. Quoique l'homicide fortuit ne fût pas un crime, mais un malheur, Dieu voulait néanmoins que celui qui en était l'auteur fût puni par une espèce d'exil. Selon nos lois celui qui se trouve dans ce cas, et dont l'innocence est prouvée, doit cependant obtenir des lettres de grâce ; parce qu'il est essentiel à la sûreté et au repos de la société, que tout homme évite jusqu'à la moindre imprudence capable d'ôter la vie à son prochain.

Quelques auteurs ont dit que le vengeur du sang qui tuait le meurtrier involontaire sorti de son asile, n'était point innocent dans le tribunal de la conscience, devant Dieu et selon le droit naturel, quoiqu'il fût à couvert de toute condamnation civile. Cette décision ne nous paraît pas juste dans cette circonstance; le vengeur du sang était censé revêtu de l'autorité publique en vertu de la loi; ainsi ces paroles : Il sera sans crime, *absque noxa erit*, *Num.*, *ibid.*, v. 27, doivent être prises à la rigueur; ce n'était plus une *vengeance*, mais une punition. Le meurtrier involontaire n'aurait pas dû violer la loi qui lui défendait de sortir de la ville de refuge avant la mort du grand prêtre.

VÉNIEL (péché). *Voy.* PÉCHÉ.
VÊPRES. *Voy.* HEURES CANONIALES.
VÉRACITÉ DE DIEU. Attribut en vertu duquel Dieu ne peut ni se tromper lui-même, ni nous tromper lorsqu'il daigne nous parler. Cette perfection divine nous est connue par la lumière naturelle et par la révélation. Moïse dit à Dieu, *Exod.*, c. xxxiv, v. 6 : *Seigneur, souverain maître de toutes choses, vous êtes miséricordieux, patient, indulgent, compatissant et vrai, verax*. Dieu lui-même force un faux prophète à lui rendre cet hommage, *Num.*, c. xxiii, v. 19 : *Dieu n'est point, comme l'homme, capable de mentir, ni, comme un enfant, sujet à changer ; quand donc a-t-il dit une chose, ne la fera-t-il pas? lorsqu'il a parlé, n'accomplira-t-il pas sa parole? Dieu est vrai*, dit saint Paul, *mais tout homme est sujet à tromper* (*Rom.* III, 4). Celui-ci peut avoir une opinion fausse, parce que son intelligence est très-bornée, et il peut avoir intérêt d'en imposer à ses semblables : Dieu, dont la science est infinie, voit toutes choses telles qu'elles sont; il ne peut donc être sujet à l'erreur; aucun besoin, aucun intérêt, aucune passion, ne peut l'engager à tromper ses créatures : *Dieu*, dit le Psalmiste, *est fidèle dans toutes ses paroles, et saint dans toutes ses œuvres* (*Ps.* CXLIV, 13), etc.

Sur cette perfection divine sont fondées la

certitude de notre f i, la solidité de notre espérance, la soumission de notre obéissance; c'est pour cela que nous devons croire sur la parole de Dieu les choses mêmes que nous ne comprenons pas. Dès qu'il nous enseigne une doctrine, elle ne peut pas être fausse; lorsqu'il nous fait une promesse, il ne peut pas manquer de l'accomplir; quand il nous commande une action, ce ne peut pas être un crime. Aussi la foi, prise dans toute son étendue, renferme la croyance de tout ce qu'il nous a révélé, la confiance à ce qu'il nous promet, l'obéissance à ce qu'il nous ordonne : telle est la foi justifiante dont saint Paul a fait de si grands éloges. Par la même raison, Dieu ne peut pas permettre que ceux qu'il a envoyés pour nous instruire tombent dans l'erreur et nous y induisent; ce serait lui-même qui nous tromperait et nous tendrait un piége inévitable. *Celui qui vient du ciel, dit notre Sauveur, est au-dessus de tous..... Quiconque reçoit son témoignage atteste par là même que Dieu est vrai (Joan.* III, 31). *Celui qui croit à ma parole ne croit pas en moi* (seul), *mais en celui qui m'a envoyé (Joan.* XII, 44). *Puisque vous croyez en Dieu, croyez aussi en moi (Joan.* XIV, 1), etc. Dès que Dieu a revêtu un homme de tous les caractères d'une mission surnaturelle et divine, nous devons croire à sa parole comme à celle de Dieu. *Voy.* MISSION.

L'on accuse quelques théologiens scolastiques d'avoir enseigné que Dieu peut mentir et tromper, mais on a mal pris le sens de leurs expressions, ils ont dit que Dieu pourrait mentir et tromper, s'il le voulait, mais qu'il ne peut pas le vouloir, parce qu'il est la sagesse et la sainteté même. C'est une de ces fausses subtilités de logique auxquelles les scolastiques se sont trop souvent exercés, et qu'ils auraient dû éviter pour ne pas scandaliser les faibles. D'autres ont douté si Dieu ne peut pas mentir et nous tromper pour notre bien, comme le fait quelquefois un père à l'égard de ses enfants, et un médecin à l'égard de ses malades. Il faut qu'ils n'aient fait attention ni aux passages de l'Ecriture que nous avons cités, ni aux perfections de la nature divine. Dieu, dont la puissance et la sagesse sont infinies, a-t-il besoin d'un mensonge ou d'une illusion pour nous persuader et nous faire vouloir ce qu'il lui plaît ? Saint Paul ne veut pas que l'on profère un mensonge afin de faire éclater davantage la *véracité* de Dieu, ni que l'on fasse un mal afin qu'il en arrive un bien, *Rom.*, c. III, v. 7 et 8; à plus forte raison Dieu en est-il incapable. Si un père et un médecin avaient d'autres moyens de rendre dociles les enfants et les malades, sans doute ils n'auraient pas recours au mensonge pour y réussir; mais Dieu manque-t-il jamais de moyens ? L'Ecriture réprouve cette comparaison, en disant que Dieu *n'est pas comme l'homme,* capable de mentir. En le créant, Dieu lui a inspiré l'amour de la vérité aussi bien que celui de la vertu, il lui a fait un devoir de l'un et de l'autre; il ne peut donc nous donner l'exemple du mensonge, non plus que l'exemple du crime; jamais il n'y a pour nous un avantage réel à être trompés. Si nous avions lieu de former le moindre doute sur la *véracité* infaillible de Dieu, nous ne pourrions plus rien croire de foi divine; nous craindrions toujours que Dieu ne nous enseignât une erreur pour quelque dessein que nous ne connaissons pas. Nous serions même tentés de nous défier de la lumière naturelle et de la raison qu'il nous a données; le pyrrhonisme absolu serait la seule vraie philosophie. Ainsi les anciens hérétiques qui prétendaient que le Fils de Dieu ne s'était pas incarné réellement, mais seulement en apparence; qu'il n'avait pas eu une chair réelle, mais fantastique; que Dieu avait fait illusion à tous ceux qui avaient cru le voir, l'entendre, le toucher en chair et en os, choquaient les plus pures lumières du bon sens. Quant aux passages de l'Ecriture où il est dit que Dieu trompe, aveugle, séduit, égare les pécheurs, nous les avons expliqués plus d'une fois; nous avons fait voir qu'en les comparant à nos discours les plus ordinaires, il n'y reste aucune difficulté. *Voy.* CAUSE, ABANDON, AVEUGLEMENT, ENDURCISSEMENT, etc.

* VÉRACITÉ DES LIVRES SAINTS. C'est surtout la véracité qui donne de l'autorité à un livre. Aux mots EVANGILES, PENTATEUQUE, GENÈSE, etc., nous avons prouvé la véracité de nos livres saints.

VERBE DIVIN. Terme consacré dans l'Ecriture sainte et parmi les théologiens pour signifier la sagesse éternelle, le Fils de Dieu, la seconde personne de la sainte Trinité, égale et consubstantielle au Père. Il est à remarquer que, dans toutes les langues, les mots qui désignent la parole ont une signification très-étendue; ainsi en français *chose,* qui vient du latin *causa* et du grec καῦσαι, *parler;* en latin *res,* dérivé de ῥέω, *je parle;* en grec λόγος, *le discours;* dans les langues orientales *emer,* et *deber,* la parole, sont les termes les plus génériques. Ils expriment non-seulement la voix articulée, mais la parole intérieure, les opérations de l'esprit, la pensée, la raison, la volonté, la réflexion, le dessein, une affaire, une action, etc., parce que tout cela se montre au dehors par la parole, et que rien ne se fait parmi les hommes sans penser et parler. Comme nous ne pouvons concevoir ni exprimer les attributs et les opérations de Dieu que par analogie avec les nôtres, nous ne devons pas être surpris de ce que *emer* et *deber* dans le texte hébreu, λόγος dans les versions grecques et dans le Nouveau Testament, *verbum* dans la Vulgate, signifient non-seulement la sagesse divine et l'acte de l'entendement divin, mais encore l'objet et le terme subsistant de cette opération.

Les théologiens ont dû former leur langage, autant qu'il était possible, sur celui de l'Ecriture sainte, après en avoir comparé les passages. Conséquemment ils disent : Dieu, se connaissant lui-même nécessairement et de toute éternité, produit un terme ou un objet de cette connaissance, un Etre égal à lui-même, subsistant et infini comme lui, parce qu'un acte nécessaire, continuel et coéternel à la Divinité, ne peut pas être semblable à un acte passager et borné, ni stérile comme les nôtres. Aussi cet objet de la connaissance de Dieu le Père est appelé dans l'Ecriture *son Verbe, sa Sagesse, son Fils, l'image de sa substance, la splendeur de sa gloire*, etc. Les auteurs sacrés lui attribuent les opérations de la Divinité; ils en parlent comme d'une personne distincte du Père, ils le nomment *Dieu* comme le Père, etc. Les théologiens nomment *génération* cet acte de l'entendement divin par lequel Dieu produit son Verbe, parce que c'est le mot consacré dans l'Ecriture sainte à l'exprimer; *Prov.* c. VIII, v. 26 ; *Hebr.*, c. I, v. 5, etc.

Nous ne devons pas être étonnés non plus de ce qu'un mystère si supérieur à l'intelligence humaine, que l'on ne peut concevoir ni expliquer par aucune comparaison, a été combattu par un aussi grand nombre d'hérétiques. Du temps même de saint Jean, les cérinthiens et les ébionites, ensuite les gnostiques divisés en différentes sectes, Carpocrate, Basilide, Ménandre, Praxéas, Noël, Sabellius, Paul de Samosate, qui tous ont laissé des disciples; enfin les ariens et leurs descendants l'attaquèrent de diverses manières. Dans les deux derniers siècles, les sociniens et leurs adhérents ont fait tous leurs efforts pour anéantir ce dogme essentiel et fondamental du christianisme. Quoique dans les articles FILS DE DIEU et TRINITÉ, nous ayons déjà traité plusieurs questions qui ont rapport à celui-ci, nous ne pouvons nous dispenser d'examiner encore ce qui est dit du Verbe divin dans l'Ecriture sainte, dans les ouvrages des Pères, et la manière dont les hérétiques de notre temps ont travesti cette doctrine. Nous verrons donc, 1° si le Verbe divin est une personne subsistante de toute éternité; 2° s'il est Dieu dans toute l'énergie et la propriété du terme; 3° si les Pères des trois premiers siècles ont été orthodoxes sur ce dogme de foi; 4° si la notion du Verbe divin est empruntée de Platon, ou de quelque autre école de philosophie.

§ 1er. *Suivant l'Ecriture sainte, le* VERBE DIVIN *est une personne subsistante, et non une simple dénomination.* Cette vérité est clairement enseignée dans l'Evangile de saint Jean, c. I, v. 1 : *Au commencement était le Verbe; ce Verbe était en Dieu* (ou avec Dieu) *et il était Dieu : voilà ce qu'il était avec Dieu et au commencement. Toutes choses ont été faites par lui, et rien de tout ce qui est fait ne l'a été sans lui. En lui était la vie, et cette vie était la lumière des hommes; elle luit dans les ténèbres, et les ténèbres ne l'ont point comprise.... C'était la vraie lumière qui éclaire tout homme venant en ce monde. Il était dans le monde, le monde a été fait par lui, et le monde ne l'a pas connu; il est venu parmi les siens, et ils n'ont pas voulu le recevoir... Le Verbe s'est fait chair, il a demeuré parmi nous, et nous avons vu sa gloire, la gloire propre au Fils unique du Père, rempli de grâce et de vérité... Personne n'a jamais vu Dieu; le Fils unique, qui est dans le sein du Père, nous l'a révélé.* Tel est le témoignage que lui a rendu Jean-Baptiste, etc. En effet, v. 34, Jean-Baptiste rend témoignage que Jésus est le Fils de Dieu.

Rien de plus absurde et de plus impie que le commentaire par lequel Socin s'est attaché à travestir le sens de tout ce passage de saint Jean; c'est un exemple remarquable de la licence avec laquelle les hérétiques se jouent de l'Ecriture sainte. Voici sa paraphrase : *Au commencement de la prédication de Jean-Baptiste, était le Verbe* ou la parole, savoir, Jésus destiné à annoncer aux hommes la parole et les volontés de Dieu. *Ce Verbe était en Dieu*, il n'était encore connu que de Dieu, et *il était Dieu* par les qualités divines dont il était doué. *Toutes choses* qui concernent le monde spirituel et le salut des hommes, *ont été faites par lui, et rien de ce qui* concerne cette nouvelle création *n'a été fait sans lui. En lui était la vie et la lumière* surnaturelle *des hommes*, il en est le seul auteur; *mais cette lumière luit dans les ténèbres*, peu de personnes la cherchent et veulent la connaître. *Le Verbe a été chair*; quoiqu'il soit appelé *Dieu* et *Fils de Dieu*, il a été cependant sujet aux faiblesses de l'humanité, aux humiliations, aux souffrances, à la mort.

Quand un homme aurait lu cent fois l'Evangile, lui viendrait-il à l'esprit d'y donner ce sens? On sait, par les témoignages du second siècle, rendus cinquante ou soixante ans tout au plus après la mort de saint Jean, que cet apôtre écrivit son Evangile pour réfuter Cérinthe et les gnostiques, qui niaient non-seulement la divinité de Jésus-Christ, mais qui soutenaient que le monde n'est pas l'ouvrage de Dieu; que c'est la production d'un esprit très-inférieur à Dieu; que le Verbe ou le Fils de Dieu ne s'est pas réellement incarné, *Iren., adv. Hær.*, l. III, c. 11, n. 1. Si le sens de cet apôtre était tel que les sociniens le prétendent, ce qu'il dit n'aurait servi de rien pour réfuter les hérétiques; il les aurait plutôt confirmés dans leur erreur. Mais entrons dans le détail. 1° il n'est point question dans saint Jean du *commencement* de la prédication de l'Evangile, mais du *commencement* de l'univers; ni de la naissance du monde spirituel, mais de la première création. Le mot de cet évangéliste est le même que celui de Moïse : *Au commencement Dieu créa le ciel et la terre*. C'est ainsi que l'a entendu saint Paul, *Hebr.*, c. I, v. 10. Il adresse au Fils de Dieu ces paroles du *Ps.* CI, v. 26 : *Au commencement, Seigneur, vous avez fondé la terre, et les cieux sont l'ouvrage de vos mains. Coloss.*, c. I, v. 16, il dit qu'en *Jésus-Christ ont été créées toutes choses dans le ciel et sur la terre, les êtres visibles et invisibles... Que tout a été créé et subsiste en lui et par lui.* Cela est confirmé par un passage célèbre du livre des *Prov.*, c. VIII, v. 22, où la Sagesse dit, selon le texte hébreu : *Jéhovah m'avait préparée pour* COMMENCEMENT *de ses voies et pour principe de ses ouvrages; j'y ai présidé de* toute éternité, avant la naissance de la terre, des abîmes de la mer, des collines, des montagnes, du globe entier, j'étais déjà née, ou engendrée. J'étais présente lorsqu'il réglait l'étendue des cieux, qu'il donnait à la mer ses bornes, et à la terre son équilibre ; j'arrangeais tout avec lui ; je témoignais ma joie de pouvoir habiter sur la terre et parmi les enfants des hommes.* Or, selon les livres saints, le Verbe lui-même est la sagesse divine, et voilà sa naissance éternelle clairement exprimée par Salomon.—2° Saint Jean l'a conçue de même ; il dit qu'*au commencement*, ou au moment de la création, *le Verbe était en Dieu*, ou avec Dieu, et qu'*il était Dieu*. Il était donc avant le temps, puisque le temps n'a commencé qu'à la création : or, ce qui était avant le temps est éternel.—3° Le Verbe ne signifie point ici la parole extérieure, mais ce qui était dans l'entendement divin, puisqu'*il était en Dieu*, on avec Dieu ; Jésus-Christ n'est donc pas appelé le Verbe, parce qu'il était destiné à annoncer aux hommes la parole et les volontés de Dieu ; avant lui les prophètes et Jean-Baptiste, après lui les apôtres et leurs successeurs ont rempli ce ministère ; ils ne sont pas appelés pour cela les *verbes* ou les paroles de Dieu : cette expression est inouïe dans l'Ecriture sainte. Lorsque l'évangéliste ajoute qu'*il était avec Dieu*, cela ne peut pas signifier qu'il n'était connu que de Dieu ; avant la prédication de Jean-Baptiste, Jésus avait été reconnu comme Messie et comme Sauveur par les bergers de Bethléem, à qui des anges l'avaient annoncé comme tel ; par les mages, qui étaient venus l'adorer ; par Siméon et par la prophétesse Anne ; Zacharie et Elisabeth lui avaient rendu leurs hommages lorsqu'il était encore dans le sein de Marie. 4° *Le Verbe était Dieu*; c'est aux écrivains sacrés, et non à de nouveaux docteurs, que nous devons nous en rapporter pour savoir en quel sens saint Paul, *Coloss.*, c. II, v. 9, dit qu'en Jésus-Christ habite toute la plénitude de la Divinité ; *Hebr.*, c. I, v. 3, qu'il est la splendeur de la gloire et la figure de la substance de Dieu ; v. 6, que Dieu a ordonné aux anges de l'adorer ; *Rom.*, c. IX, v. 5, qu'il est par-dessus tout le Dieu béni dans tous les siècles ; *Apoc.*, c. XIX, v. 13, qu'il est le Verbe de Dieu ; *I Joan.*, c. v, v. 22, qu'il est le vrai Dieu et la vie éternelle. Quelles que soient les qualités divines dont une créature puisse être revêtue, aucun de ces titres ne peut être vrai à son égard. Nous connaissons toutes les finesses de grammaire, les transpositions, les ponctuations arbitraires par lesquelles les sociniens pervertissent le sens de tous ces passages ; mais qui les a établis arbitres souverains du texte des livres saints? les lisent-ils mieux que les disciples des apôtres ?—5° Si ces paroles : *Toutes choses ont été faites par lui, le monde a été fait par lui*, doivent s'entendre du monde spirituel composé des adorateurs du vrai Dieu, il est absurde de dire que *le Verbe était dans le monde, et que le monde ne l'a pas connu*. Il ne pouvait être dans le monde spirituel, avant qu'il ne l'eût formé lui-même ; ce monde n'est composé que de ceux qui le reconnaissent pour le Fils de Dieu, et qui l'adorent en cette qualité. D'ailleurs, nous venons de prouver par l'Ecriture qu'il s'agit ici de la première création de l'univers.—6° *Le Verbe s'est fait chair*, ou s'est fait homme. Socin a bien vu que ce sens ne s'accordait pas avec son opinion ; il a traduit, le *Verbe a été chair*, c'est-à-dire sujet aux humiliations, aux infirmités, aux souffrances de l'humanité. En premier lieu, saint Paul l'entend autrement. *Rom.*, c. I, v. 3, il dit que Jésus-Christ, Fils de Dieu, lui a été fait de la race de David *selon la chair*. En second lieu, dans quelques passages de l'Ancien Testament, *la chair* signifie à la vérité les infirmités humaines, la fragilité de la vie ; mais il n'a le même sens dans aucun lieu du Nouveau Testament ; il désigne plutôt les faiblesses humaines dans le sens moral, les inclinations vicieuses, les penchants déréglés de la nature. Or, le *Verbe* incarné n'y a pas été sujet ; il a été semblable à nous, dit saint Paul, par toutes sortes d'épreuves, mais *à l'exception du péché*, Hebr., c. IV, v. 15. En troisième lieu, l'évangéliste ajoute incontinent : *Et nous avons vu sa gloire, telle que celle du Fils unique du Père*. Cette gloire ne consistait certainement pas dans les humiliations et les souffrances.

Nous suivons exactement la règle que nous prescrivent nos adversaires, nous expliquons l'Ecriture par l'Ecriture ; s'ils faisaient de même, ils n'en pervertiraient pas si souvent le sens.

De toutes ces observations, il résulte que, dans le texte de saint Jean, le Verbe n'est point une simple dénomination, ni un titre d'honneur, ni une commission que Dieu a donnée à Jésus-Christ, mais une personne subsistante qui était avec Dieu le Père, qui agissait avec lui en créant le monde, qui existait par conséquent avant le monde et de toute éternité. Cette doctrine de saint Jean et de saint Paul n'est pas nouvelle ; l'auteur du livre de la *Sagesse* dit comme eux, que cette sagesse divine est *l'éclat de la lumière éternelle, le miroir pur de la majesté de Dieu, et l'image de sa bonté* (*Sap.* VII, 26); il dit, c. IX, v. 1 : *Seigneur miséricordieux, qui avez tout fait par votre Verbe*, λόγῳ; *et qui avez formé l'homme par votre sagesse* ; il ajoute, v. 9, avec Salomon, que cette sagesse était présente lorsque Dieu faisait le monde. David ne se borne point à dire que la parole de Dieu (hébr. *deber*, gr. λόγος) a fait les cieux et l'armée des astres, qu'elle a rassemblé les eaux dans les mers, etc. *Ps.* XXXII, v. 6 ; il représente cette parole comme un messager que Dieu envoie pour exécuter ses volontés, *Ps.* CVI, v. 20 ; *Ps.* CXLVI, v. 18. Dieu dit par Isaïe, c. LV, v. 11 : *Ma parole ne reviendra point à moi sans effet, elle opérera toutes les choses pour lesquelles je l'ai envoyée*, etc.

Les sociniens diront sans doute que ce sont là des hébraïsmes, des métaphores, des expressions hardies, familières aux Orientaux ; mais les écrivains du Nouveau Testament n'ont pas dû se servir de prétendues métaphores pour nous enseigner les articles fondamentaux de notre foi; c'était le cas de parler clairement et simplement; les simples fidèles ne sont pas obligés d'avoir autant de sagacité que les sociniens, pour découvrir le sens du langage oriental. Il est absurde de soutenir d'un côté que l'Écriture est la seule règle de leur foi, et, de l'autre, que le style en est métaphorique, lors même qu'il s'agit des dogmes les plus nécessaires à savoir.

§ II. *Le nom de Dieu est donné au Verbe divin, non dans un sens impropre et abusif, mais dans toute la rigueur et la propriété du terme*. Cette vérité est déjà solidement prouvée, soit par les passages de l'Écriture que nous venons de citer, soit par ceux que nous avons rassemblés au mot Fils de Dieu; mais l'opiniâtreté de nos adversaires nous oblige à multiplier les preuves. En premier lieu, il n'est pas aisé de concevoir en quel sens les sociniens appellent Jésus-Christ *Dieu* et *Fils de Dieu*. Il est Dieu, disent-ils, parce qu'il règne dans le ciel; mais, selon saint Jean, il était déjà Dieu avant d'avoir fait le monde, avant que le ciel et la terre fussent existants. Un être qui n'est pas Dieu par naissance, ne peut pas le devenir. Ils ne diront pas qu'il est Dieu, parce qu'il est créateur, puisqu'ils n'admettent pas la création. Suivant leur doctrine, Jésus, Verbe divin, est Fils de Dieu, parce que Dieu lui a donné une âme qui est plus parfaite que tous les esprits inférieurs à Dieu, et parce qu'il a formé son corps dans le sein de Marie sans l'intervention d'aucun homme. Mais Adam est aussi nommé fils de Dieu, *Luc.*, c. III, v. 38, parce que Dieu a formé le corps de ce premier homme de ses propres mains, et lui a donné une âme faite à son image et à sa ressemblance. Cependant Jésus-Christ s'est appelé lui-même *Fils unique de Dieu*, μονογενής, *Joan.*, c. III, v. 18, etc. Quelle est donc cette filiation singulière qu'il s'attribue et qui ne convient qu'à lui ? Il faut que l'âme de Jésus-Christ soit sortie de Dieu ou par création ou par émanation, ou qu'elle soit éternelle comme Dieu : nos adversaires croient la création impossible; les émanations sont absurdes; Dieu pur esprit, être simple et immuable, ne peut rien détacher de sa substance. D'ailleurs une émanation divine se serait faite nécessairement, donc de toute éternité : or les sociniens prétendent que l'âme de Jésus-Christ n'a commencé d'exister qu'avant la création du monde; ils ont bien senti que si elle était coéternelle à Dieu, elle lui serait consubstantielle, et un seul Dieu avec le Père. Enfin saint Jean dit que le Fils unique, *qui est dans le sein du Père*, nous a révélé Dieu, c. I, v. 18; comment peut-il y être encore, s'il en est sorti par émanation ? Les philosophes qui ont ainsi conçu la naissance des esprits n'ont jamais pensé qu'en sortant du sein de Dieu, ils y étaient cependant restés. Les sociniens ont beau faire, ils n'éviteront jamais les mystères révélés dans l'Écriture sainte, qu'en forgeant d'autres mystères cent fois plus inintelligibles. — En second lieu, l'Écriture attribue au Verbe divin, au Fils de Dieu, à Jésus-Christ, non-seulement des qualités divines, mais les attributs de la Divinité incommunicables à une créature 1° L'éternité, suivant le passage des *Proverbes*, c. V, v. 22, que nous avons cités. Le prophète Michée l'a répété, c. V, v. 2; il prédit qu'il sortira de Bethléem un dominateur d'Israël dont la naissance est du commencement et *des jours de l'éternité*. L'hébreu *holam* signifie l'éternité de Dieu, *Gen.*, c. XXI, v. 23; *Ps.* LXXXIX, v. 2; *Isa.*, c. XL, v. 28, etc. En parlant du passé, il n'exprime jamais une durée bornée. *Voy.* la *Synopse des critiques* sur ce passage. 2° Le pouvoir créateur, ou la puissance d'opérer par le seul vouloir, suivant le mot de saint Jean, *toutes choses ont été faites par lui*, et selon l'expression du Psalmiste, *il a dit, et tout a été créé*; c'est le caractère essentiel et définitif de la divinité. 3° L'immensité; nous lisons dans saint Jean, c. III, v. 13 : *Personne n'est monté au ciel que celui qui est descendu du ciel, savoir le Fils de l'homme qui est dans le ciel*. Il était donc tout à la fois dans le ciel et sur la terre. 4° Le souverain domaine sur toutes choses ; il dit lui-même, *Joan.*, c. XVI, v. 15. *Tout ce qu'a mon Père est à moi*; c. XVII, v. 2 : *Mon Père, glorifiez votre Fils auquel vous avez donné la puissance sur toute chair*; v. 10 : *Tout ce qui est à moi est à vous, et tout ce qui est à vous est à moi*. Saint Paul nous assure, *Hebr.*, c. I, v. 2 et 3, que *Dieu a établi son Fils héritier de toutes choses, et que ce Fils soutient tout par sa puissance*; c. II, v. 8, que Dieu lui a soumis toutes choses sans exception ; v. 10, que toutes choses sont non-seulement par lui, mais *pour lui*; conséquemment Jésus-Christ dit dans l'*Apocalypse*, c. XXII, v. 12 : *Je suis l'alpha et l'oméga, le premier et le dernier, le principe et la fin*. Dieu lui-même, pour donner aux hommes une idée de sa grandeur et de sa majesté suprême, a-t-il rien dit de plus fort dans toute l'Écriture sainte ? En troisième lieu, si le nom de *Dieu* n'était donné à Jésus-Christ que dans un sens impropre et abusif, saint Paul n'aurait jamais osé dire, *Coloss.*, c. II, v. 9, qu'en lui habite corporellement toute la plénitude de la Divinité; *Rom.*, c. IX, v. 5, qu'il est par-dessus tout le Dieu béni dans tous les siècles; ni saint Jean, *Epist.* I, c. V, v. 20, qu'il est le vrai Dieu et la vie éternelle. Une créature ne peut pas être le *vrai Dieu*. Le Sauveur lui-même n'aurait jamais osé prétendre au culte suprême, qui n'est dû qu'à Dieu seul. Or, il a dit, *Joan.*, c. V, v. 22 : *Le Père a donné à son Fils le droit de juger, afin que tous honorent le Fils comme ils honorent le Père*; c. X, v. 30 : *Mon Père et moi nous sommes une même chose*. Les anges disent de lui, *Apoc.*, c. V, v. 12 : *L'agneau qui a été immolé est digne de recevoir la puissance, la divinité, la sagesse, la force, l'honneur, la gloire, la bénédiction*. Cependant Dieu a dit dans sa loi : *Vous n'aurez point d'autre Dieu que moi ; je suis le Dieu jaloux*,

Exod., c. xx; et dans *Isaï.*, c. xlii, v. 8; c. xlv ii, v. 11 : *Je suis le Seigneur, c'est mon nom. Je ne donnerai point ma gloire à un autre.* Le Sage soutient que le nom de *Dieu* est incommunicable. *Sap.*, c. xiv, v. 21. Nous osons défier les sociniens de concilier ensemble tous ces passages dans leur système. — En quatrième lieu, suivant leur opinion, il faut conclure que Jésus-Christ a tendu aux Juifs un piége inévitable d'erreur; et qu'il a fait tout ce qu'il fallait pour les empêcher de croire en lui. On sait l'horreur qu'ils avaient du polythéisme depuis leur retour de la captivité de Babylone, et depuis les persécutions qu'ils avaient essuyées de la part des rois de Syrie, qui voulaient les forcer à embrasser le paganisme. S'attribuer le nom de Dieu parmi eux dans un sens abusif, sans faire voir que cette dénomination ne détruisait point l'unité de Dieu, c'était vouloir passer pour un faux prophète et pour un blasphémateur. Aussi les Juifs voulurent au moins trois fois lapider Jésus, parce qu'il s'égalait à Dieu et se faisait Dieu. Ce fut la cause pour laquelle il fut condamné à mort par le conseil des Juifs, *Matth.*, c. xxvi, v. 63-66. C'est encore le principal grief qu'ils allèguent aujourd'hui pour refuser de croire en Jésus-Christ. Voyez la *Conférence du juif Orobio avec Limborch*, le *Chizzouk Emmonac* du juif Isaac, etc. — En cinquième lieu, suivant le même système, Jésus-Christ et les apôtres se sont exposés à confirmer les païens dans leur erreur. Un des articles de la croyance païenne était que souvent certains dieux s'étaient revêtus d'une forme humaine, et étaient venus habiter parmi les hommes; ils appelaient *théophanies* ces visites ou apparitions des dieux. Nous en voyons un exemple dans les *Actes des apôtres*, c. xiv, v. 10 : les habitants de Lystre en Lycaonie, ravis d'admiration par un miracle que saint Paul venait d'opérer, s'écrièrent : *Deux dieux sous la forme de deux hommes sont descendus parmi nous; ils prirent saint Barnabé pour Jupiter, et saint Paul pour Mercure, parce qu'il portait la parole, et ils voulaient leur offrir un sacrifice.* Si Jésus-Christ n'était pas Dieu dans toute l'énergie du terme, les païens à qui on l'annonçait comme Dieu ou Fils de Dieu, ont dû le prendre pour un de ces dieux bienfaisants qui prenaient une forme humaine pour venir converser avec les hommes, pour les instruire et pour les soulager dans leurs peines. Rien n'aurait été plus absurde que de leur prêcher l'unité de Dieu, et de donner en même temps à Jésus-Christ la qualité de *Dieu* dans un sens impropre; les païens n'étaient certainement pas en état de comprendre ce sens. Quand il serait vrai que chez les Juifs le mot *Fils de Dieu* signifiait seulement Messie ou envoyé de Dieu, il ne pouvait pas être entendu ainsi parmi les païens. — 6° Enfin, toujours dans la même supposition, Jésus-Christ et les apôtres envoyés pour enseigner aux hommes la vérité, les ont plongés dans un chaos d'erreurs. Ils n'ont fait que donner une nouvelle forme au polythéisme, qu'apprendre à leurs prosélytes à adorer trois dieux, au lieu de la multitude de divinités païennes. Vainement on dira que ce n'est pas leur faute, si on a mal pris le sens de leurs paroles; celui que les sociniens y donnent n'est certainement pas celui qui vient d'abord à l'esprit. De concert avec les protestants, ils disent que les disciples immédiats des apôtres étaient des hommes simples, d'un esprit médiocre, qui n'entendaient rien aux finesses de la grammaire, aux subtilités des philosophes, aux discussions de la critique. C'est à eux néanmoins que les apôtres ont donné le soin d'enseigner aux fidèles la doctrine de Jésus-Christ; il fallait donc expliquer clairement tous les articles de croyance, éviter tous les termes obscurs ou ambigus et toutes les expressions équivoques, afin de retrancher tout danger d'erreur. Cela était d'autant plus nécessaire que, suivant la doctrine de nos adversaires, les apôtres ne laissent aux fidèles point d'autre règle de foi que leurs écrits. Cependant, si les interprétations des sociniens sont vraies, le Nouveau Testament est le plus obscur et le plus captieux de tous les livres. Qui empêchait saint Jean d'exprimer sa doctrine aussi clairement que Socin? il n'aurait donné lieu à aucun doute ni à aucune méprise.

A Dieu ne plaise que nous admettions jamais un système duquel s'ensuivent des conséquences aussi impies; nous ne concevons pas comment des hommes aussi pénétrants que les docteurs sociniens peuvent les méconnaitre.

Ont-ils donc trouvé dans l'Ecriture sainte des passages assez clairs et assez décisifs pour avoir droit de tordre le sens de tous ceux que nous leur opposons? Ils en ont deux ou trois sur lesquels ils triomphent. *Joan.*, c. xiv, v. 28, Jésus-Christ dit à ses apôtres : *Mon Père est plus grand que moi.* Comment concilier, disent-ils, ces paroles avec le dogme de la divinité du Fils et de sa coégalité avec le Père? — Fort aisément, lorsque l'on n'est pas prévenu : il suffit de lire le passage entier. Jésus dit à ses apôtres affligés de ce qu'il allait bientôt les quitter : *Si vous m'aimiez, vous vous réjouiriez de ce que je vais à mon Père, parce que mon Père est plus grand que moi.* Cela signifie évidemment, parce que mon Père est dans un état de gloire, de majesté, de splendeur bien supérieur à celui dans lequel je suis sur la terre. Ainsi l'ont entendu les Pères de l'Eglise, lorsque les ariens ne cessaient de répéter ce passage. *Voy.* saint Hilaire, lib. ix, *de Trinit.*, n. 51, etc. Ce sens est confirmé par la prière que faisait Jésus-Christ quelques jours avant sa passion. *Joan.*, c. xvii, v. 5 : *Revêtez-moi, mon Père, de la gloire que j'ai eue auprès de vous avant que le monde fût.* Le Sauveur devait désirer sans doute de retourner en prendre possession. Les sociniens ne sont pas peu embarrassés de dire en quoi consistait cette gloire dont Jésus-Christ avait joui auprès de son Père avant la création du monde. *Joan.*, c. xx, v. 17, Jésus ressuscité dit aux saintes femmes : *Je monte vers mon Père, qui est votre Père, vers mon Dieu qui est votre Dieu.* Comment, disent les sociniens, le Père peut-il être le Dieu de son Fils, s'ils sont égaux en nature ? Ils oublient toujours que Jésus-Christ était Dieu et homme, et qu'en cette dernière qualité il devait penser et parler comme tous les hommes, sans que cela pût déroger à sa divinité. Pour la même raison saint Paul a dit, I *Cor.*, c. xv, v. 28 : *Lorsque toutes choses auront été soumises au Fils, il sera lui-même soumis à celui qui lui a soumis toutes choses, afin que Dieu soit tout en tous.* Puisque le Fils de Dieu conserve son humanité dans le ciel, et ne cessera jamais d'être homme, jamais à cet égard il ne cessera d'être soumis à son Père. *Marc.*, c. xiii, v. 32, le Sauveur dit que le jour et l'heure du jugement dernier ne sont point connus du Fils, mais du Père seul. Nous avons satisfait à cette difficulté au mot Agnoètes, et à quelques autres au mot Fils de Dieu.

Dans la conférence de Limborch avec le juif Orobio, celui-ci soutient que les Juifs n'ont pas dû reconnaître Jésus pour le Messie, parce qu'il s'est fait passer pour Dieu, et qu'il s'est fait rendre les honneurs de la Divinité, attentat que Dieu avait sévèrement défendu par sa loi. Comme Limborch était socinien, il répond que Jésus-Christ ne s'est jamais donné pour le Dieu souverain, mais pour son envoyé ; que dans le Nouveau Testament il ne nous est ordonné nulle part de croire que Jésus est Dieu lui-même, mais qu'il est le *Fils de Dieu*, c'est-à-dire le Christ ou le Messie ; que l'honneur et la gloire qu'on lui rend ne se terminent pas à lui, mais retournent à son Père. Quant à ce qui regarde, dit-il, l'union de deux natures en Jésus-Christ, c'est une question étrangère à la foi que nous prescrivent les livres saints, seule règle de notre croyance ; *Amica collatio*, etc., p. 389, 549, etc. Cette réponse est évidemment fausse ; le juif n'aurait pas eu de peine à la réfuter ; il aurait dit : Personne n'a pu mieux savoir en quel sens Jésus s'est donné pour Dieu que ses disciples : or, ils disent qu'il est au-dessus de tout, le Dieu béni dans tous les siècles, qu'il est le vrai Dieu et la vie éternelle, qu'il était Dieu avant que le monde fût créé, que c'est lui qui a fait le monde, etc. N'est-ce pas là le Dieu souverain ? Or, la loi nous défend de reconnaître un autre Dieu que le Créateur ; il a dit cent fois : *Je suis le seul Dieu, il n'y en a point d'autre que moi.* Il nous est donc défendu d'admettre un Dieu souverain et un Dieu inférieur. Il est faux que dans vos livres, *Fils de Dieu*, *Fils du Très-Haut*, signifie seulement *Christ* ou *Messie*, puisqu'ils y sont joints avec tous les attributs de la Divinité et qu'ils appliquent à Jésus des passages qui dans nos Écritures désignent *Jéhovah* ou le Dieu souverain. Vous détruisez vos principes, en disant que le culte rendu à Jésus se rapporte à son Père, vous qui soutenez aux catholiques que le culte rendu aux anges et aux saints ne peut pas se rapporter à Dieu, que tout le culte religieux, rendu à un autre être qu'à Dieu, est une profanation et une idolâtrie. Nous voudrions savoir ce que Limborch aurait pu répliquer.

Le seul moyen solide de réfuter les Juifs est de leur soutenir que Jésus-Christ n'est pas un autre Dieu que le Père, que dans les *Paraphrases chaldaïques* le nom *Jéhovah* est souvent exprimé par le Verbe de Dieu, et représenté comme une personne; que Dieu s'est montré plus d'une fois aux patriarches sous la forme d'un ange, et s'est donné sous cette forme le nom de *Jéhovah*; que Dieu a pu se montrer sous la nature d'un homme aussi bien que sous celle d'un ange, et qu'il doit être adoré sous toutes les formes dont il daigne se revêtir ; enfin, que les anciens docteurs juifs ont reconnu que le Messie devait être Dieu lui-même. *Voy.* Galatin, *de Arcanis*, etc., l. iii.

§ III. *Les plus anciens Pères de l'Église ont enseigné clairement et constamment la divinité du Verbe.* Après avoir vu les passages de l'Écriture sainte dans lesquels ce dogme est si évidemment établi, il y aurait lieu d'être fort étonné si les disciples immédiats des apôtres et leurs successeurs n'avaient pas été fidèles à le conserver dans l'Église. Cependant les protestants, unis aux sociniens par leur intérêt commun de décréditer la tradition, soutiennent que le langage des Pères qui ont précédé le concile de Nicée, tenu l'an 325, n'a été ni uniforme ni toujours orthodoxe ; que, pendant les trois premiers siècles, la doctrine de l'Église touchant les trois personnes de la sainte Trinité n'était pas fixée, qu'ainsi il était libre à chacun d'entendre à sa manière les passages de l'Écriture qui regardent ce mystère. Nous devons néanmoins excepter de ce nombre les théologiens anglicans : comme ils admettent communément la tradition des premiers siècles, loin d'adopter le sentiment des autres protestants, ils ont travaillé avec autant de zèle que les catholiques à disculper les anciens Pères.

Inutilement nous représentons aux autres qu'il y a de l'impiété à supposer que Jésus-Christ, qui avait promis son assistance à son Église jusqu'à la consommation des siècles, qui avait promis à ses apôtres l'esprit de vérité pour toujours, *ut maneat vobiscum in æternum* (*Joan.* xiv, 16), a cependant manqué à sa parole ; qu'immédiatement après la mort des apôtres il a laissé son Église dans l'incertitude de savoir s'il est véritablement Dieu ou non : ils n'en sont pas touchés. Nous leur disons : Ou la divinité du Verbe est clairement et nettement révélée dans le Nouveau Testament, ou elle ne l'est pas. Si cette révélation est claire, formelle, expresse, comment les pasteurs de l'Église qui touchaient de plus près aux apôtres, ont-ils pu en méconnaître le sens ? Il s'agissait d'un dogme que tout chrétien doit croire et savoir. Si cette révélation est obscure, équivoque, ambiguë, est-il croyable que Dieu l'ait donnée pour seul guide aux fidèles, comme vous le soutenez ?

Avant d'examiner si les premiers Pères ont été orthodoxes ou non, il y a quelques observations à faire. 1° Quand il s'agit d'un dogme incompréhensible, tel que la génération du Verbe, le langage humain ne peut fournir des expressions assez claires ni assez exactes pour en donner la même notion à tous les esprits, et pour prévenir toutes les fausses interprétations ; les écrivains même inspirés n'en ont pas employé de cette espèce, parce qu'il n'y en a point. Quand il a fallu traduire leurs écrits, l'on n'a pas toujours trouvé des termes exactement équivalents et parfaitement synonymes dans les différentes langues ; le traducteur du livre de l'*Ecclésiastique* s'en est plaint dans son prologue. Si donc il était arrivé aux anciens Pères, qui n'ont pas tous vécu dans le même pays ni dans le même temps, de ne pas s'exprimer de la même manière, il ne faudrait pas en conclure qu'ils n'ont pas entendu de même le dogme révélé dans l'Ecriture sainte: autre chose est d'avoir une idée nette dans l'esprit, et autre chose de la rendre nettement dans la langue dont on est obligé de se servir. Une preuve que tous les Pères ont cru la divinité du Verbe, par conséquent son éternité, c'est que tous se sont élevés contre les hérétiques qui ont voulu l'attaquer. On dit qu'il aurait fallu s'en tenir aux termes de l'Ecriture, et n'y rien ajouter; les Pères l'auraient fait sans doute, si les hérétiques avaient été assez sages pour s'en contenter. — 2° Pour juger équitablement de la conduite et du langage des Pères, il faut suivre le fil des disputes et des questions qui se sont élevées de leur temps. Dès la fin du Ier siècle, les cérinthiens, les valentiniens et la plupart des gnostiques prétendirent que le monde n'avait pas été créé par le Dieu suprême, mais par un dieu ou un esprit inférieur à Dieu et ennemi de Dieu. Pour les réfuter, les Pères s'attachèrent à prouver par l'Ecriture que la création est l'ouvrage du Verbe de Dieu, sorti en quelque manière du sein de son Père, pour lui servir de ministre et d'instrument dans la production de toutes choses. Ils appliquèrent à cette espèce de naissance temporelle du Verbe quelques passages qui, pris dans toute leur énergie, expriment sa génération éternelle. On en conclut très-mal à propos que les Pères n'admettaient donc pas celle-ci ; il n'en était pas question pour lors, et il n'était pas nécessaire de la prouver pour réfuter les hérétiques qui dogmatisaient dans ce temps-là. — Il n'en fut plus de même à la naissance de l'arianisme, au IVe siècle. Arius soutint que le Verbe divin n'a commencé à exister qu'immédiatement avant la création du monde ; que c'est une créature plus parfaite, à la vérité, que les autres, mais qui n'est ni égale ni coéternelle à Dieu le Père ; il se prévalut de la manière dont les docteurs de l'Eglise des trois premiers siècles avaient parlé de la naissance du Verbe destiné à créer le monde. Il fallut donc alors examiner de plus près tous les passages de l'Ecriture dans lesquels il est parlé du Verbe divin, faire voir qu'ils prouvent non-seulement une génération temporelle antérieure à la création du monde, mais une génération éternelle en vertu de laquelle le Verbe est coéternel et consubstantiel au Père. Cette observation n'a pas échappé au savant Leibnitz, plus judicieux et plus modéré que les autres protestants. « Il semble, dit-il, que quelques Pères, surtout les platonisants, ont conçu deux filiations du Messie, avant qu'il soit né de la vierge Marie: celle qui le fait *Fils unique*, et tant qu'il est éternel dans la Divinité, et celle qui le rend *l'aîné des créatures*, par laquelle il a été revêtu d'une nature créée la plus noble de toutes, qui le rendait l'instrument de la Divinité dans la production et la direction des autres natures. Les ariens n'ont gardé que cette seconde filiation, ils ont oublié la première, et quelques-uns des Pères ont paru les favoriser en opposant *le Fils à l'Eternel*, en tant qu'ils considéraient le Fils par rapport à cette *primogéniture* d'entre les créatures, de laquelle saint Paul a parlé, *Coloss.*, c. I, v. 15. Mais ils ne lui refusaient pas pour cela ce qu'il avait déjà en tant que *Fils unique* et consubstantiel au Père. » De là Leibnitz conclut avec raison que le concile de Nicée n'a fait qu'établir par ses décisions une doctrine qui était déjà régnante dans l'Eglise ; *Esprit de Leibnitz*, t. II, p. 49.

Si le P. Petau, le savant Huet, Dupin et d'autres avaient fait cette réflexion, ils auraient parlé avec plus de circonspection des Pères des trois premiers siècles ; ils ne leur auraient pas attribué des erreurs auxquelles ils n'ont jamais pensé ; ils n'auraient pas fourni aux protestants des armes pour attaquer la tradition, et des motifs de se confirmer dans leurs préventions contre les Pères de l'Eglise les plus respectables. Petau, *Dogm. theol.*, t. II, l. I, *de Trinit.*, c. 3, 4, 5, a rassemblé des passages de saint Justin, d'Athénagore, de Tatien, de saint Théophile d'Antioche, de saint Clément le Romain, de Clément et de Denis d'Alexandrie, d'Origène, de saint Grégoire Thaumaturge, de Tertullien, de Lactance, dans lesquels ces Pères semblent ne point connaître la génération éternelle du Verbe, mais seulement sa naissance avant la création de toutes choses ; conséquemment ils en parlent comme d'une personne très-inférieure au Père, comme d'une créature qui lui a servi de ministre pour exécuter tous ses desseins. Cependant Petau a été forcé de convenir que ces mêmes docteurs de l'Eglise, dans d'autres endroits de leurs ouvrages, ont clairement professé la coéternité, la coégalité et la consubstantialité du Fils avec le Père ; Bullus, *Defensio fidei Nicenæ*, Bossuet, 6e *Avertissement aux protest.*; dom Le Nourry, *Apparat. ad Biblioth. Patrum*, l'ont prouvé encore plus solidement.

Ces saints docteurs se sont-ils donc contredits, ou ont-ils été dans le doute sur le dogme révélé, et sur le sens des passages de l'Ecriture qui l'expriment, comme le prétendent les protestants ? Non, mais ils ont parlé relativement aux questions qu'ils avaient à traiter, aux personnes auxquelles ils avaient affaire, aux circonstances dans lesquelles ils se trouvaient. Il est absurde de penser qu'ils ont nié un dogme, qu'ils en ont douté, ou qu'ils ne le connaissaient pas, parce qu'ils n'en ont pas parlé, lorsque cela n'était pas nécessaire. On voudrait que tous les anciens Pères eussent donné une profession de foi complète de tous les articles de la doctrine chrétienne, ou plutôt un catéchisme de doctrine et de morale, dans lequel tout fût enseigné et expliqué dans le plus grand détail; cela nous serait fort commode, sans doute, et si les apôtres eux-mêmes l'avaient fait, cela serait encore mieux ; mais puisqu'ils ne l'ont pas fait, nous en concluons qu'ils n'ont pas dû le faire.

Rien de plus simple que la doctrine des Pères apostoliques touchant le dogme dont nous parlons. Saint Barnabé, dans sa *lettre*, n. 12, dit que la gloire de Jésus consiste en ce que toutes choses sont en lui et par lui (ou pour lui). Il fait évidemment allusion aux paroles de saint Paul, *Coloss.*, c. 1, v. 16, et *Hebr.*, c. 1, v. 3, que nous avons citées ci-devant, et qui prouvent la divinité de Jésus-Christ; saint Clément de Rome, *Epist.* 1, n. 36, l'appelle comme saint Paul, *la splendeur de la majesté divine*; il lui applique, avec l'Apôtre, les paroles du Ps. ii, v. 7 : *Vous êtes mon Fils, je vous ai engendré aujourd'hui*, *Epist.* 2, n. 1 : « Nous devons, dit-il, penser de Jésus-Christ comme étant Dieu et juge des vivants et des morts, et ne pas avoir une idée basse de notre salut. » Saint Ignace, *Epist. ad Magnes.*, n. 7 et 8, dit que Jésus-Christ vient du Père seul, qu'il existe en lui seul, et retourne à lui seul, qu'il est *son Verbe éternel qui n'est pas émané du silence*. Dans les adresses de toutes ses lettres, il fait marcher de pair Jésus-Christ et Dieu le Père ; il leur rend les mêmes hommages, il leur attribue les mêmes bienfaits. Saint Polycarpe, son condisciple et son ami, a gardé le même style en écrivant aux Philippiens; et dans les actes de son martyre, l'Eglise de Smyrne s'y est conformée. Saint Ignace est donc le seul qui ait professé l'éternité du Verbe; c'est un trait lancé de sa part contre les cérinthiens, comme Bullus l'a fait voir. Soupçonnerons-nous les autres Pères de n'avoir pas pensé de même, parce qu'ils n'en ont rien dit dans les lettres de morale et d'édification adressées aux simples fidèles ?

Dès le commencement du ii° siècle, saint Justin et les Pères postérieurs eurent un objet différent. Il fallait faire l'apologie du christianisme contre les attaques des païens, et en défendre les dogmes contre les attentats des gnostiques. Nous soutenons que, dans l'un ni l'autre de ces cas, il n'était ni nécessaire ni convenable de traiter la question de la génération éternelle du Verbe. 1° Ce mystère était trop au-dessus de la conception des païens; ils l'auraient pris de travers; ils n'était pas aisé de le montrer en termes exprès et formels dans nos livres saints; aujourd'hui encore les sociniens soutiennent qu'il n'y est pas : il aurait fallu, pour prouver le contraire, une discussion dans laquelle il ne convenait pas d'entrer avec les païens. Il était donc beaucoup mieux de se borner à leur prouver par nos Ecritures que le *Verbe* était avant toutes choses, qu'il est le créateur du monde, par conséquent qu'il est Dieu ; que ce dogme n'a rien d'absurde, puisque Platon, en parlant de la naissance du monde, a supposé un *Logos*, un *Verbe*, une idée ou un modèle archétype de ce que Dieu voulait faire, et qu'il a suivi dans l'exécution ; en ajoutant néanmoins que Platon l'a mal conçu, puisqu'il n'a pas admis la création et qu'il a supposé la matière éternelle. Voilà précisément ce que les Pères ont fait, et il n'était pas nécessaire non plus, en disputant contre les Juifs, de pousser plus loin les discussions. 2° A l'égard des hérétiques, nous avons remarqué qu'ils prétendaient que le formateur du monde n'était pas Dieu lui-même, mais un esprit d'un ordre inférieur, et révolté contre lui ; la question se réduisait donc à leur prouver par l'Ecriture que le Créateur était le Verbe de Dieu, émané du sein de la Divinité avant toutes choses, qui avait été comme le ministre de Dieu et l'exécuteur de ses desseins. Conséquemment les Pères opposaient aux hérétiques les passages que nous avons cités : *Dieu m'a possédé au commencement de ses voies. Au commencement était le Verbe, tout a été fait par lui. Le Fils de Dieu est le premier-né de toute créature*, etc., etc. Si les Pères ont eu tort de ne pas établir dans cette dispute la génération éternelle du Verbe, il faudra faire tomber la même faute sur saint Jean, qui, écrivant son Evangile pour réfuter Cérinthe, s'est borné à dire : *Au commencement était le Verbe*, au lieu de dire : *de toute éternité était le Verbe*. Les Pères sont-ils blâmables de s'être arrêtés au même terme que ce saint apôtre ? Il faudra condamner encore le concile de Nicée, qui, voulant établir contre les ariens la consubstantialité du Verbe, par conséquent sa coéternité avec le Père, s'est contenté de dire qu'il est né du Père avant tous les siècles, pendant qu'il aurait pu dire qu'il est né de toute éternité. Nous concluons que si ces termes, *au commencement, avant tous les siècles, avant que le monde fût*, etc., ne signifient point expressément l'éternité, du moins ils la supposent, puisque encore une fois rien n'a précédé tous les temps ou tous les siècles que l'éternité. Ainsi l'a conçu saint Ignace, lorsqu'il a dit que le Fils de Dieu est le Verbe éternel, qui n'est point émané du silence. Ce Père était disciple immédiat de saint Jean; la doctrine de cet apôtre a-t-elle pu avoir un meilleur interprète ? Or, il n'est pas le seul qui ait ainsi parlé; Bullus, *Def. fidei Nicænæ*, sect. 3, c. 2 et 3, a fait voir que la coéternité du Verbe avec le Père a été la doctrine constante des docteurs de l'Eglise des trois premiers siècles.

Cela ne satisfait pas encore nos adversaires: ils disent que si ces Pères ont admis l'existence éternelle du Verbe dans le sein du Père, du moins ils ont cru qu'il n'y était pas une personne, une hypostase, un être subsistant, mais seulement une idée, une pensée, un acte de l'entendement divin ; qu'il n'a commencé d'avoir une existence propre que quand il est sorti du sein de son Père pour créer le monde. Rien de plus faux que cette nouvelle imagination. 1° Nous défions ces critiques téméraires de citer un seul des Pères qui ait dit formellement et en termes exprès que le Verbe dans le sein de son Père n'était pas une personne, une hypostase, un être subsistant, et qu'il n'y avait pas une existence propre. On ne peut leur attribuer cette erreur que par voie de conséquence, en ajoutant à ce qu'ils ont dit, et en prenant les termes dans un sens faux: méthode perfide, de laquelle nos adversaires ne veulent pas que l'on se serve, même à l'égard des hérétiques. 2° Ces Pères avaient lu saint Jean, ils faisaient profession de suivre sa doctrine, et nous devons leur supposer assez d'intelligence pour avoir compris la force des termes. Or, saint Jean dit qu'au commencement et avant l'existence du monde, le Verbe était en Dieu, ou plutôt avec Dieu, πρὸς Θεόν, et qu'il était Dieu : cela peut-il se dire d'une pensée ou d'une idée telle que celle que nous avons? Quand tous ces Pères auraient été entichés de platonisme, jamais Platon n'a dit d'une idée qu'elle était Dieu. Saint Jean, c. XXVII, v. 5, rapporte ces paroles de Jésus-Christ : *Glorifiez-moi, mon Père, de la gloire que j'ai eue avec vous, ou auprès de vous*, πρὰ σοί, *avant que le monde fût*. Si le Verbe n'était pas un être subsistant dans le sein du Père, ce langage est inintelligible. 3° Les Pères des trois premiers siècles l'ont répété; ils ont dit que le Verbe était non-seulement en Dieu, mais avec Dieu; que le Père n'a jamais été sans lui, qu'il était comme le conseil du Père. Ils lui ont appliqué les passages du livre de la Sagesse que nous avons cités : pour rapporter leurs paroles, il faudrait copier deux ou trois chapitres de Bullus. 4° Allons plus loin. Quand quelques-uns des Pères auraient dit que le Verbe dans le sein du Père n'était pas une personne, il ne s'ensuivrait rien ; dans toutes les langues, *personne* signifie aspect, figure, apparence extérieure, ce qui paraît aux yeux : or, il est clair qu'avant la création d'aucun être doué de connaissance, le Verbe n'était pas une personne dans ce sens ; mais y a-t-il aucun des Pères qui ait dit qu'avant ce moment le Verbe n'était pas un être subsistant ? 5° Puisque les Pères ont envisagé la création comme une espèce d'émanation, ou plutôt d'apparition du Verbe hors du sein de son Père, ces saints docteurs ont pu dire sans erreur qu'avant cet instant le Père n'était pas Père, et que le Fils n'était pas Fils *d'une manière sensible*, comme ils l'ont été depuis. On a pu dire que, dans ce nouvel état, le Verbe était inférieur, subordonné, soumis à son Père, qu'il était son ministre, etc. Mais cela ne pouvait pas être, eu égard à sa génération éternelle, puisqu'en vertu de celle-ci il est consubstantiel au Père. Il serait absurde que les Pères eussent dit tout à la fois que le Verbe n'était pas un être subsistant, que cependant il était le ministre de son Père, etc. Ces deux accusations se détruisent l'une l'autre. 6° Tertullien est le seul qui ait dit que Dieu n'était pas Père avant d'avoir produit son Fils pour créer le monde; mais il l'a dit seulement dans le sens que nous venons d'indiquer, puisqu'il ajoute de même que Dieu n'était pas le Seigneur avant qu'il eût des créatures sur lesquelles il exerçât son domaine, et qu'il n'était pas juge avant qu'il y eût des crimes. Il ne l'était pas *d'une manière sensible*, mais il était tout cela par essence et de toute éternité. Bullus a fait voir, par d'autres passages clairs et formels de Tertullien, qu'il a enseigné que le Verbe est éternel comme le Père, que de toute éternité il a été dans le sein du Père, non-seulement comme un attribut métaphysique, mais comme un être subsistant et une personne; que le Père n'a jamais été sans lui, qu'il est Dieu de Dieu, la sagesse, la raison, le conseil du Père, qu'ainsi le Père n'était pas seul, etc., et il le prouve par le livre des *Proverbes* que nous avons cité, et par ces mots de saint Jean : *Il était avec Dieu, et il était Dieu. Defens. fidei Nicœnœ*, sect. 3, c. 10, § 5 et seq. Il est constant d'ailleurs que Tertullien s'est fait un style et une méthode qui ne sont qu'à lui, qu'il prend très-souvent les termes dans un sens fort différent de leur signification commune, que par cette raison même il est très-obscur. Mais dès qu'un auteur s'est expliqué plusieurs fois d'une manière orthodoxe et fondée sur l'Ecriture sainte, il y a de l'injustice à prendre dans un mauvais sens des expressions inexactes qui lui sont échappées dans une dispute sur un sujet très-obscur. Par cette méthode on prouverait que Tertullien se contredit dans toutes les pages de ses livres, qu'il est non-seulement le plus impie de tous les hérétiques, mais le plus insensé de tous les raisonneurs. Il n'en est rien, quoi qu'en disent ses accusateurs, protestants ou autres. *Voy.* TERTULLIEN. Mais ces critiques intrépides ne veulent écouter ni Bullus, ni Bossuet, ni dom Le Nourry : ces théologiens, disent-ils, n'ont pas pris le vrai sens des Pères, parce qu'ils ne connaissent pas le système philosophique duquel les Pères étaient imbus. C'est un dernier reproche qui nous reste à examiner.

§ IV. *Les Pères n'ont pris ni dans Platon, ni dans les nouveaux platoniciens, ni dans aucune autre école de philosophie, mais dans l'Ecriture sainte, ce qu'ils ont dit du Verbe divin.* On n'a pas été fort étonné de voir les sociniens soutenir que les Pères de l'Eglise des trois premiers siècles avaient puisé dans Platon leur doctrine touchant le *Logos* ou le *Verbe divin* : la licence de ces hérétiques ne connut jamais de bornes. Mais on n'a pu voir sans scandale les protestants appuyer ce même paradoxe, reprocher constamment aux Pères de l'Eglise un attachement excessif à la philosophie de Platon; de là sont partis quelques incrédules pour affirmer que le commencement de l'Evangile de saint Jean a été écrit par un philosophe platonicien. Si cette ineptie méritait une réfutation sérieuse, nous dirions que, suivant cet Evangile même, Jésus-Christ choisit pour ses apôtres de simples pêcheurs de Galilée; que, selon les *Actes des apôtres*, c. iv, v. 13, les Juifs reconnurent que Pierre et Jean étaient sans étude et sans lettres ; que les apôtres, remplis des lumières du Saint-Esprit, n'avaient pas plus besoin des leçons de Platon que de celles des philosophes chinois.

Sandius et Le Clerc ont cru mieux rencontrer, en disant que saint Jean a pu prendre l'idée du Verbe divin dans le juif Philon, grand partisan de la philosophie platonicienne. Mais c'est principalement en Egypte que les ouvrages de Philon étaient répandus, et il n'y a aucune preuve que saint Jean ait mis les pieds en Egypte ; il a écrit son Evangile à Ephèse, à cent cinquante lieues au moins des confins de l'Egypte. Il aurait été plus simple d'imaginer que saint Jean a puisé la notion du *Logos* chez les Corinthiens, qu'il s'est proposé de réfuter. Des critiques aussi habiles auraient dû se souvenir que l'hébreu *deber Jehovah*, la parole du Seigneur, est rendu par Λόγος τοῦ Κυρίου dans plus de cent endroits de la version des Septante; que dans vingt de ces passages cette parole est représentée comme un être subsistant et agissant, comme une personne, un ange, un envoyé qui exécute les volontés de Dieu ; il n'a donc pas été besoin que Philon ni saint Jean allassent chercher cette idée dans les écrits de Platon.

Dans les articles PLATONISME et TRINITÉ PLATONIQUE, nous avons réfuté la chimère du prétendu platonisme des Pères ; mais il faut démontrer encore que l'idée qu'ils ont eue du Verbe divin ne ressemble pas plus au *Logos* de Platon que le jour à la nuit.

1° Qu'est-ce que le *Logos* de Platon? Déjà nous nous trouvons arrêtés à ce premier pas. Suivant plusieurs platoniciens, c'est la raison, l'intelligence, la faculté de penser, de raisonner, de saisir la différence des choses, et d'exprimer ses pensées par la parole ; c'est ainsi que Platon l'a expliqué lui-même dans le *Thœtète*, pag. 141, E. Selon d'autres, c'est l'idée, le plan, le dessein, le modèle archétype que Dieu avait dans l'esprit lorsqu'il a voulu créer le monde, et qu'il a suivi dans l'exécution; et telle est, dit-on, la notion que Philon le juif en a conçue. Les Pères disent au contraire que c'est la connaissance que Dieu a de soi-même et de tous ses divins attributs, par conséquent de sa puissance infinie, de tout ce qu'il peut faire et de tout ce qu'il fera pendant toute la durée des siècles, ou plutôt que c'est le terme de cette connaissance. Une idée aussi sublime n'a certainement pas pu venir à l'esprit d'aucun philosophe privé des lumières de la révélation. Si l'on veut comparer ce que Platon dit du *Logos* avec ce qui est dit de la sagesse divine dans les *Proverbes*, on verra combien les notions du philosophe grec sont faibles, basses, obscures, en comparaison de celles de l'écrivain sacré. 2° Platon a-t-il envisagé le *Logos* comme un être subsistant et distingué de l'entendement divin? Nouvelle dispute entre ses interprètes. Les uns le prétendent ainsi, parce qu'il a dit que le modèle archétipe du monde est *un Etre éternel et animé*. Les autres soutiennent que c'est une absurdité, de laquelle un aussi beau génie que Platon était incapable; qu'il a conçu les idées de Dieu semblables à celles d'un homme, que ce sont des êtres purement métaphysiques et intellectuels. Ils ajoutent que quand le *Logos* serait l'idée archétype du monde, il ne serait animé que métaphoriquement, en tant que ce serait le modèle d'un être animé. Quoi qu'il en soit, Platon n'attribue à cet être prétendu aucune action ; les Pères, au contraire, disent avec saint Jean que le Verbe divin était avec Dieu, qu'il était Dieu, qu'il a fait le monde, qu'il s'est incarné, etc. 3° Platon n'a jamais dit que le *Logos* est le Fils de Dieu ni le Fils unique ; c'est le monde qu'il appelle μονογενής, unique production, seul ouvrage de Dieu. Il n'a pas dit que Dieu est le père du *Logos*, mais qu'il est le père du monde; c'est le monde, et non le *Logos*, qu'il nomme *l'image des dieux éternels*. Il n'a point enseigné que le *Logos* est sorti du sein du Père, ni qu'il a été l'ouvrier de ce monde, ni que cet ouvrier est la sagesse divine. Voilà cependant les expressions que les Pères ont copiées dans les auteurs sacrés. Il n'y a donc rien de commun entre leur doctrine et celle de Platon que le mot *Logos*; mais un mot ne prouve rien, il s'agit du sens. 4° Dieu dit : *Que la lumière soit, et la lumière fut*. Voilà le Verbe créateur que les écrivains sacrés ont révélé, que les Pères ont adoré, et que Platon n'a pas connu, puisqu'il n'a pas admis la création et qu'il a supposé la matière éternelle. Remarque décisive qui efface toute ressemblance entre la philosophie des Pères et celle de Platon, et de laquelle nous ferons usage dans un moment.

Beausobre, Mosheim, Brucker et d'autres, plus avisés que leurs prédécesseurs, ont imaginé une nouvelle hypothèse ; ils ont avoué qu'à la vérité les Pères n'ont pas copié servilement les écrits ni les idées de Platon, mais qu'ils ont embrassé le système des nouveaux platoniciens. Pendant les trois premiers siècles, disent-ils, la plupart des Pères étudièrent la philosophie dans l'école d'Alexandrie : or, le nouveau platonisme enseigné dans cette école était un mélange de la doctrine de Platon avec celle des philosophes orientaux : les Pères, imbus de cette nouvelle philosophie, y sont demeurés constamment attachés, ils se sont servis du langage des nouveaux platoniciens pour expliquer les dogmes du christianisme ; ils ont ainsi altéré la pureté de la doctrine chrétienne, et ont causé des maux infinis dans l'Eglise. Ceux qui ont voulu justifier les Pères y ont mal réussi, parce qu'ils n'ont pas connu ce nouveau système ni les opinions des Orientaux. Pour étayer cette nouvelle hypothèse, les critiques protestants ont prodigué l'érudition, les recherches, les conjectures; ils se sont flattés d'avoir enfin trouvé la clef de toutes les anciennes disputes.

Dans les articles ÉMANATION, PLATONISME, § 2 et 3, TRINITÉ PLATONIQUE, § 2 et 3, nous avons déjà réfuté ce savant rêve; nous avons fait voir qu'il n'est fondé sur aucune preuve positive, et qu'il est contredit par des faits certains; mais il est bon de rassembler en peu de mots ce que nous avons dit. 1° De tous les Pères accusés de platonisme ancien ou nouveau, les deux seuls qui aient certainement étudié la philosophie dans l'école d'Alexandrie sont saint Clément et Origène; il est très-probable qu'aucun des autres n'y a mis les pieds, et ne s'est informé de ce que l'on y enseignait. Ces Pères citent Platon lui-même, jamais ils n'ont parlé des Alexandrins ni de leurs opinions; s'ils y avaient été attachés, ce silence serait surprenant. Les écoles de philosophie d'Athènes ont été fréquentées par les chrétiens jusqu'au v° siècle; saint Basile, saint Grégoire de Nazianze, l'empereur Julien, etc., y avaient fait leurs études. A entendre nos critiques, il semble qu'Alexandrie ait été pendant trois cents ans la seule ville où l'on ait pu apprendre la philosophie; c'est une erreur. 2° Nous sommes fondés à révoquer en doute le prétendu mélange de la philosophie orientale avec celle de Platon dans cette école, avant l'an 250; puisque c'est en 243 que Plotin, après y avoir passé dix ans, alla exprès en Orient, pour savoir quelle était la doctrine des Orientaux. Or, à cette époque, Clément ni Origène n'étaient plus en Égypte; le premier était mort avant l'an 217, et le second, qui mourut l'an 258, avait quitté Alexandrie avant Plotin. 3° De l'aveu de nos savants critiques, la base du nouveau platonisme et de la philosophie orientale était le système des émanations, et les philosophes ne l'avaient embrassé que parce qu'ils ne voulaient pas admettre la création. Or, de tous les Pères que l'on accuse, il n'en est pas un seul qui n'ait professé hautement le dogme de la création, et qui n'ait blâmé les philosophes qui refusaient de le recevoir. Au mot ÉMANATION, nous avons cité les témoignages exprès de saint Justin, d'Athénagore, de Théophile d'Antioche, de saint Irénée et d'Origène; on trouvera celui de Tatien à l'article de ce Père. Comme nous avons oublié celui de Clément d'Alexandrie, voici ce qu'il en dit, *Exhort. ad Gent.* n. 4, édit. de Potter, p. 55 : « Combien est grande la puissance de Dieu, dont la volonté seule est la création du monde! Il a tout fait seul, comme étant seul vrai Dieu. Par sa simple volonté il opère, et l'existence suit son simple vouloir. » *Strom.*, c. 14, p. 699 : « Les stoïciens veulent que Dieu pénètre toute la nature; pour nous, nous disons qu'il en est le créateur, et qu'il a tout fait par sa parole. » Page 701, il voudrait persuader que Platon a enseigné que Dieu a fait le monde *de rien*, ou de ce qui n'était pas. Pag. 707, « Pythagore, dit-il, Socrate et Platon, en méditant sur la fabrique de ce monde, que la main de Dieu a fait et conserve toujours, ont entendu sans doute cette sentence de Moïse : *Il a dit, et tout a été fait*, par laquelle il nous apprend que l'ouvrage de Dieu est sa seule parole. » *Ibid.*, l. IV, c. 13, p. 604, il attaque ceux qui disent qu'il y a un Dieu plus grand et plus puissant que le Créateur, c'étaient les gnostiques. « Que celui-ci, dit-il, soit le Père du Fils, le Créateur et le Seigneur tout-puissant, c'est une vérité que nous traiterons ailleurs. »

De quel front les critiques protestants osent-ils accuser les Pères des trois premiers siècles d'avoir été constamment attachés à la philosophie des nouveaux platoniciens, pendant que tous ont solennellement professé le dogme opposé au principe fondamental de cette nouvelle secte de philosophes? Voilà ce que nous ne concevons pas.

4° Il n'est pas fort certain que les émanations aient été le système commun des Orientaux. Brucker convient que le premier et le principal fondateur de la philosophie des Chaldéens et des Perses a été Zoroastre : or, celui-ci n'enseigne pas formellement les émanations. M. Anquetil, qui nous a donné les ouvrages de ce législateur célèbre, s'est attaché à faire voir que Zoroastre admet la création. Quand d'autres philosophes orientaux auraient soutenu les émanations, il faudrait encore prouver que les Pères de l'Église les ont suivis, plutôt que de s'attacher au dogme de la création, formellement enseigné dans l'Écriture sainte. Or, ils ont fait précisément le contraire; non-seulement ils ont professé ce dogme, mais ils ont prouvé que c'est le seul vrai, et ils ont blâmé tous les philosophes qui ne voulaient pas l'admettre.

Cela n'a pas empêché Mosheim ni Brucker de nous peindre Origène et Clément d'Alexandrie comme deux sectateurs enthousiastes du nouveau platonisme, de leur prêter le système des émanations avec toutes ses conséquences absurdes, et de bâtir sur cette base chimérique le prétendu système philosophique de ces deux Pères. Brucker a poussé l'entêtement jusqu'à dire que le paraphraste chaldéen a reçu des Orientaux l'idée du *Logos*, *Hist. crit. philos.*, t. VI, p. 535. Il ne lui restait plus qu'à dire que saint Jean a emprunté cette idée du paraphraste chaldéen; qu'ainsi, en dernière analyse, les Chaldéens en sont créateurs. La vérité est que, dans tout ce qui nous reste de la philosophie chaldéenne, il n'est pas plus question du *Logos* que du mystère de l'Incarnation; qu'il n'est pas même possible d'en avoir une idée telle que les livres saints nous la donnent, sans admettre la création. Ainsi, toute cette généalogie d'opinions philosophiques, forgée par Mosheim et par Brucker, n'a pas l'ombre de la vraisemblance.

Nous soutenons que les Pères de l'Église des trois premiers siècles n'ont jamais admis qu'une seule émanation, ou *probole*, c'est celle du Verbe divin, sorti de quelque manière du sein de son Père pour créer le monde; mais, encore une fois, cette émanation n'a rien de commun avec la génération éternelle du Verbe, de laquelle les Pères n'ont pas parlé aussi fréquemment, parce que l'on n'en disputait pas pour lors. Quelques-uns même des Pères, en particulier Tertullien, ont rejeté le terme de *probole*, parce qu'ils craignaient qu'on ne l'entendît dans le même sens que les valentiniens entendaient l'émanation de leurs *éons* : ceux-ci sortaient de Dieu et en demeuraient séparés, on ne pouvait les envisager que comme une portion détachée de la substance divine; au lieu que le Verbe, en se manifestant au dehors par la création, est demeuré intimement uni à son Père, suivant ces paroles : *Je suis dans mon Père, et mon Père est en moi. Le Fils unique qui est dans le sein du Père*, etc. Les docteurs de l'Eglise ont-ils encore pris le sens de ces paroles dans le nouveau platonisme ou dans la philosophie orientale ?

Nous ne devons donc pas être émus de quelque ressemblance qui se trouve entre les expressions de ces Pères et celles des nouveaux platoniciens : elle était affectée de la part de ces derniers. De l'aveu de nos adversaires, ceux-ci étaient des fourbes qui défiguraient la doctrine de Platon, qui lui prêtaient des opinions qu'il n'eut jamais, afin de persuader que cette doctrine était la même que celle du christianisme, et que Platon avait aussi bien connu la vérité que Jésus-Christ. Quelques-uns poussèrent l'imposture jusqu'à prétendre que Platon avait admis la création, malgré l'évidence du contraire. Ce ne sont donc pas les Pères qui ont emprunté le langage des nouveaux platoniciens; ce sont ceux-ci qui ont copié malicieusement celui des Pères. Saint Clément de Rome, saint Ignace, saint Polycarpe, saint Justin, Tatien, Athénagore, saint Irénée, saint Théophile d'Antioche, etc., étaient plus anciens qu'Ammonius que l'on nous donne pour auteur du nouveau platonisme. La supercherie de ses disciples est postérieure au temps auquel Clément d'Alexandrie et Origène enseignèrent dans cette école; si elle avait pu subsister de leur temps, tous deux l'auraient déjà démasquée et confondue. De même qu'Origène a réfuté Celse toutes les fois que ce philosophe a voulu comparer la doctrine de Platon avec celle des auteurs sacrés, il aurait aussi réfuté Ammonius s'il avait commis la même infidélité de laquelle ses disciples se rendirent coupables dans la suite. — C'en est une très-évidente, de la part des critiques protestants, de confondre les époques, de supposer sans preuve que la philosophie des Alexandrins était la même, sous Clément et sous Origène, qu'elle a été depuis entre les mains de Plotin, de Porphyre, de Jamblique, etc., tous païens entêtés et fourbes, dont le témoignage ne mérite aucune croyance. *Voy.* ÉCLECTIQUES.

VERGE. Dans l'Ecriture sainte ce mot a différentes significations : il désigne une branche d'arbre, *Gen.* c. xxx, v. 41 ; un bâton de voyageur, *Luc.*, ix ; la houlette d'un pasteur, *Ps.* xxii, v. 4 ; les instruments dont Dieu se sert pour châtier les hommes, *Ps.* lxxxviii, v. 32. Il signifie un sceptre, qui est le symbole de l'autorité, *Esth.*, c. v, v. 2; un rejeton, le dernier enfant d'une famille, *Isaï.*, c. xi, v. 2; les restes ou les derniers descendants d'une nation, *Ps.* lxxiii, v. 2. Par les circonstances dans lesquelles ce mot est employé, on en voit aisément le vrai sens.

VÉRITÉ. Lorsque l'Ecriture sainte se sert de ce terme à l'égard de Dieu, il signifie non seulement sa véracité, perfection en vertu de laquelle Dieu ne peut ni se tromper lui-même ni induire les hommes en erreur, mais la fidélité et l'exactitude infaillible avec laquelle Dieu accomplit ses promesses. C'est dans ce sens qu'elle répète si souvent que la miséricorde et la *vérité* de Dieu sont éternelles, que nous devons y compter pour ce monde et pour l'autre; ordinairement les deux attributs sont joints ensemble. *Vérité* signifie aussi la justice ; lorsque le Psalmiste dit à Dieu : Votre loi est la *vérité*; tous vos préceptes, toutes vos voies, tous vos jugements sont la *vérité*, cela veut dire que tous les commandements de Dieu sont justes et avantageux à l'homme, que nous trouvons notre bonheur à les accomplir. Quand il est dit, *Joan.*, c. i, que le Verbe divin est rempli de grâce et de *vérité*, que la grâce et la *vérité* ont été apportées par Jésus-Christ, cela ne signifie pas seulement qu'il est venu enseigner aux hommes les vérités qu'ils ignoraient, mais qu'il est venu accomplir toutes les promesses que Dieu avait faites, et répandre les grâces que les prophètes avaient annoncées. De même, quand il dit : *Je suis la voie, la vérité, et la vie*, cela signifie, c'est moi qui montre aux hommes le chemin du salut, qui leur enseigne les vérités qu'ils ont besoin de connaître, qui leur donne la vie de l'âme et les conduis à la vie éternelle. En parlant des hommes, la *vérité* désigne quelquefois la fidélité à observer la loi de Dieu, les actes d'une vertu sincère, surtout de justice, de charité, de miséricorde, de piété, etc. *Joan.*, c. iii, v. 21 : *Celui qui suit la vérité vient à la lumière*, etc.

Lorsqu'il s'agit d'un des livres saints, il faut distinguer la *vérité* des faits qu'il contient d'avec l'authenticité du livre ou de l'histoire. L'Evangile de saint Matthieu, par exemple, pourrait être vrai dans tout ce qu'il rapporte, sans être authentique, sans avoir été écrit par cet apôtre ; il suffirait qu'il eût été écrit par un autre témoin bien instruit des actions et de la doctrine de Jésus-Christ; mais il ne peut pas être authentique sans être vrai, parce qu'un témoin tel que cet apôtre n'a pas pu se tromper sur les faits qu'il rapporte ; il n'a pu avoir d'ailleurs aucun intérêt d'en imposer; et s'il avait voulu le faire, il ne pouvait manquer d'être contredit par d'autres témoins aussi bien informés que lui. *Voy.* AUTHENTICITÉ.

VÉRONIQUE, terme formé de *vera icon*, vraie image. C'est la représentation de la face de Notre-Seigneur, empreinte sur un linge ou un mouchoir que l'on garde à Saint-

Pierre de Rome. Quelques-uns croient que ce linge est le suaire qui fut mis sur le visage de Jésus-Christ dans le sépulcre, et dont il est fait mention Joan., c. xx, v. 7. D'autres se sont persuadé, mais sans aucune preuve, que c'est le mouchoir avec lequel une sainte femme de Jérusalem essuya le visage du Sauveur, lorsqu'il allait au Calvaire chargé de sa croix. Cette opinion populaire a pu venir de ce que les peintres ont souvent représenté la *véronique*, ou la vraie image, soutenue par les mains d'un ange, et d'autres par les mains d'une femme. Quoi qu'il en soit, le premier monument dans lequel il est parlé de cette image est un cérémonial dressé l'an 1143 par Benoît, chanoine de Saint-Pierre de Rome, et dédié au pape Célestin II, que le père Mabillon a publié dans son *Musœum Italicum*, t. II, p.122; mais il en est fait mention dans les lettres ou dans les bulles de plusieurs papes postérieurs. On ne sait pas en quel temps l'on a commencé à l'honorer.

Il n'est pas nécessaire d'avertir qu'en rendant un culte à cette image, nous avons intention d'honorer le Sauveur lui-même, dont elle nous rappelle le souvenir. Il en est de même de celui que l'on rend à la *sainte face* qui se garde dans la cathédrale de Lucques, aux saints suaires de Turin, de Resançon et de Cologne, et à d'autres représentations semblables. Les messes, les offices, les prières qui ont été composées à ce sujet, ont pour objet Jésus-Christ, et nous retracent la mémoire de ses souffrances; elles n'ont aucun rapport à la prétendue sainte femme de Jérusalem, nommée *Véronique*, que l'Église n'a jamais reconnue. Mais il y a eu une sainte religieuse de ce nom à Milan, dans le xv° siècle. *Voy. Vies des Pères et des Martyrs*, t. I, p. 221.

VERSCHORISTES. *Voy.* HATTÉMISTES.

VERSET DE L'ECRITURE SAINTE. *Voy.* CONCORDANCE.

VERSION DE L'ÉCRITURE SAINTE. C'est la traduction du texte dans une autre langue. De tout temps il a été très-difficile de donner du texte hébreu de l'Ancien Testament une *version* parfaite, qui ne s'écartât jamais du sens de l'original, qui rendit exactement la valeur de tous les termes. Le traducteur grec du livre de l'*Ecclésiastique* l'a remarqué dans son prologue; l'imperfection de la *version* des Septante, faite par les Juifs les plus instruits qu'il y eût pour lors, confirme cette observation, et l'on peut en donner plusieurs raisons. 1° L'hébreu, la langue la plus ancienne dans laquelle il y ait des monuments, est une langue pauvre en comparaison de celles qui ont été parlées par des peuples civilisés, instruits, exercés dans les sciences et les arts; nous l'avons remarqué en son lieu. Les métaphores y sont donc très-fréquentes; il n'est pas toujours aisé de voir si une expression est simple ou emphatique, s'il faut l'entendre dans le sens littéral ou dans un sens figuré. 2° Lorsque l'on a commencé de traduire les livres hébreux, cette langue n'était plus vivante depuis plusieurs siècles, ni parlée par les Juifs dans son ancienne pureté; il s'y était glissé des termes chaldéens et syriaques, plusieurs mots pouvaient avoir changé de signification; c'est ce qui est arrivé à toutes les langues, par le mélange des peuples et par le changement de prononciation. Il aurait fallu que le traducteur eût une connaissance parfaite, non-seulement des deux langues, dont l'une devait être l'interprète de l'autre, mais encore de la littérature orientale : un tel homme était difficile à trouver, soit chez les Juifs, soit chez les autres nations. 3° Les livres de Moïse traitent d'une infinité de matières différentes de théologie, de géographie, de physique, d'histoire naturelle et civile; il y a des détails de mœurs, d'arts, de lois, de cérémonies, des remarques sur les nations voisines de la Palestine, des allusions à leurs usages, des descriptions de lieux qui avaient changé de face, de peuples qui n'existaient plus, ou qui étaient devenus méconnaissables. Moïse avait vu ce qu'il racontait, ou il le tenait de témoins bien instruits; il aurait fallu avoir des connaissances aussi étendues que les siennes, pour rendre parfaitement ses idées dans une langue différente. 4° Dans les siècles dont nous parlons, les sciences n'étaient pas aussi cultivées qu'elles le sont, ni les sources d'érudition aussi abondantes; on n'avait pas réduit l'étude des langues en méthode; on n'avait ni dictionnaire, ni grammaire, ni concordance; on n'avait pas comparé les langues; il était rare de trouver un homme qui en eût appris plusieurs. Les peuples se connaissaient moins; on faisait moins d'attention aux idées, aux mœurs, aux opinions des différentes nations. Les Juifs avaient éprouvé des révolutions terribles, ils étaient devenus très-différents de ce qu'ils avaient été sous Moïse, sous les juges et sous les rois. Saint Jérôme avait senti la nécessité d'être sur les lieux, de connaître la Palestine et les environs pour traduire exactement les livres saints; il y donna tous ses soins, il a dû réussir mieux qu'un autre. Mais il eut besoin des Juifs pour apprendre l'hébreu; ses maîtres de langue n'avaient ni autant de génie ni autant de connaissances que lui : il ne s'est pas flatté d'avoir atteint le dernier degré de la perfection, mais il a fait tout ce qu'il était possible de faire dans son siècle. Les critiques protestants, qui ont affecté de le censurer et de déprimer ses travaux, n'en savaient pas assez pour les apprécier; ils ont voulu cacher par des traits d'ingratitude les obligations qu'ils lui avaient; sa *version* est incontestablement la meilleure de toutes celles qui ont paru. *Voy.* VULGATE. Le texte grec du Nouveau Testament n'est pas non plus sans difficultés; c'est un mélange d'hellénismes et d'hébraïsmes, mais ils n'y sont pas en aussi grand nombre que des littérateurs demi-savants l'ont prétendu. *Voy.* HELLÉNISTIQUE. Le grec et l'hébreu, ou le syriaque, tels qu'on les parlait dans la Judée du temps des apôtres, n'étaient purs ni l'un ni l'autre; dans leurs écrits, plusieurs termes grecs n'ont pas exactement la même signification que chez les auteurs profanes. Il fallait exprimer des idées qui n'étaient jamais venues dans l'esprit des hommes avant Jésus-Christ, leur apprendre une doctrine et des vérités inconnues jusqu'alors ; les apôtres ne pouvaient se servir que des mots communément usités dans le discours ordinaire. *Quoique je sois*, dit saint Paul, *ignorant dans les finesses du langage, je ne le suis point dans la science que j'enseigne, et je me suis fait entendre de vous en toutes choses* (II *Cor.* xi, 6).

Conclurons-nous de ces réflexions que le texte de l'Ecriture est donc inintelligible, qu'il est impossible d'en avoir une bonne *version*? Cela serait vrai, si nous n'avions point d'autres secours que ce texte. Mais, en fait de dogmes, les Juifs avaient conservé le sens de leurs livres par tradition; l'Eglise chrétienne est dans un cas encore plus favorable. Les apôtres ont instruit les fidèles de vive voix, aussi bien que par écrit; ils ont formé non-seulement des disciples et une école, mais des sociétés nombreuses, qui n'ont jamais cessé de lire leurs écrits, et qui, en matière de croyance et de morale, ont toujours été d'accord sur le sens qu'il fallait y donner : ce sens une fois fixé par la croyance uniforme de ces églises souvent très-éloignées l'une de l'autre, par l'enseignement public qui y régnait, par le témoignage des Pères qui en étaient les pasteurs, quelquefois par les décisions des conciles, par les pratiques du culte qui y étaient relatives, est d'une tout autre certitude que lorsqu'il est seulement fondé sur l'opinion des grammairiens et des critiques, à laquelle les protestants trouvent bon de s'en rapporter. C'est donc à l'Eglise de nous garantir la fidélité d'une *version* qu'elle nous met entre les mains, et d'interdire à ses enfants la lecture de celles qui sont capables de corrompre leur foi. C'est encore à elle de juger des circonstances dans lesquelles elle doit permettre ou défendre aux simples fidèles l'usage des *versions* en langue vulgaire. Jamais elle n'a interdit à ceux qui entendent le latin la lecture de la Vulgate ou de la *version* latine usitée dans tout l'Occident; mais elle a réprouvé les *versions* faites dans cette même langue par des écrivains sans aveu, ou justement suspects d'hétérodoxie. Elle n'a jamais trouvé mauvais que des fidèles dociles à ses leçons, prêts à recevoir d'elle l'intelligence de l'Ecriture, la lussent en langue vulgaire; mais lorsque de faux docteurs, révoltés contre l'Eglise, ont voulu infecter ses enfants par des *versions* dans lesquelles ils avaient glissé le venin de leurs erreurs, elle a employé avec raison son autorité pour empêcher cet abus et écarter tout danger de séduction.

Quelques protestants, quoique très-prévenus d'ailleurs contre elle, ont été forcés d'approuver sa conduite. Ils sont convenus que la lecture du *Cantique* de Salomon, de plusieurs chapitres du prophète Ezéchiel, de plusieurs traits d'histoire trop naïfs selon nos mœurs, des Epîtres de saint Paul où il traite de la prédestination et de la grâce, pouvait être dangereuse à un très-grand nombre de personnes, et il suffit d'ouvrir les *versions* françaises publiées d'abord par les protestants, pour s'en convaincre. Après la naissance de la prétendue réforme en Angleterre, on fut obligé pendant un temps d'ôter au peuple les traductions de l'Ecriture en langue vulgaire, à cause des disputes et du fanatisme auquel cette lecture avait donné lieu; D. Hume, *Hist. de la Maison de Tudor*, Tom. II, pag. 426. Ce n'est pas le seul pays de l'Europe où le même phénomène soit arrivé. Mosheim a fait une dissertation pour montrer les excès dans lesquels sont tombés une infinité de traducteurs et de commentateurs protestants, sous prétexte d'expliquer l'Ecriture sainte, *Syntagma Dissert. ad sanctiores disciplinas pertinentium*, pag. 166. D'autres ont tourné en ridicule les *bibliomanes* qui, avec une Bible à la main, prétendaient prouver tous les rêves qui leur étaient venus à l'esprit : quelques-uns enfin sont convenus que la licence accordée aux ignorants de lire le texte sacré dans leur langue, avait été un des principaux pièges dont les réformateurs s'étaient servis pour réduire le peuple et l'entraîner dans leur parti : *Epître de R. Steele au pape Clément XI*, pag. 20 et 21. Tertullien avait déjà remarqué le même artifice chez les hérétiques du iiie siècle, *De Præscript. hæret.*, c. 15.

Malgré ces faits, toutes les sectes protestantes s'obstinent toujours à soutenir que l'Ecriture est la seule règle de notre foi; que tout fidèle doit la lire pour être solidement instruit de la doctrine chrétienne; que l'Eglise catholique se rend coupable d'injustice et de cruauté, en ne permettant pas à tous indistinctement de lire la Bible traduite en langue vulgaire. Y a-t-il du bon sens dans cette prétention ? 1° Conformément à leur principe, c'est à eux de nous prouver, par des passages clairs et formels de l'Ecriture, cette obligation prétendue imposée à tous les fidèles, et la loi qui ordonne aux pasteurs de leur fournir les moyens d'y satisfaire. Souvent on les a défiés d'en citer aucun, ils ne sont pas venus à bout d'en trouver, parce qu'il n'y en a point. Nous verrons que ceux qu'ils allèguent ne disent point ce qu'ils prétendent, que plusieurs prouvent le contraire. — 2° Aux mots ECRITURE SAINTE et TRADITION, nous avons fait voir que la lecture des livres saints n'est point le moyen dont les apôtres et leurs successeurs se sont servis pour établir le christianisme. Il y a eu des Eglises fondées et subsistantes longtemps avant qu'elles pussent avoir aucune partie de l'Ecriture traduite dans leur langue, avant même que tous les écrits du Nouveau Testament fussent publiés, et il y a eu plusieurs nations chrétiennes desquelles on ne peut pas prouver qu'elles aient aucune *version* de ces livres en langue vulgaire. Sur la fin du iie siècle, saint Irénée attestait qu'il y avait chez les barbares plusieurs églises qui n'avaient encore point reçu d'Ecriture, mais qui conservaient fidèlement la doctrine chrétienne, et gardaient exactement la tradition qu'elles avaient reçue des apôtres; au III°, Tertullien ne voulait pas seulement que l'on admit les hérétiques à prouver leur doctrine par l'Ecriture. Avant le v° siècle, nous ne voyons aucun vestige de *versions* de la Bible, même du Nouveau Testament en langue punique ou africaine, en espagnol, en celte, en illyrien, en scythe ou en tartare, etc. Cependant nous sommes certains par des témoignages positifs qu'au IV° siècle il y avait des églises établies chez ces différentes nations. Dans ces temps-là peu de personnes avaient l'usage des lettres, les livres étaient rares et chers; les peuples n'avaient point d'autre moyen d'instruction que les leçons de leurs pasteurs; ils n'en étaient pas pour cela moins attachés à leur croyance, ni moins réglés dans leurs mœurs. Jésus-Christ avait ordonné de prêcher l'Evangile à toutes les nations, saint Paul se croyait également redevable aux Grecs et aux barbares; il leur devait donc procurer à tous des *versions* de la Bible dans leur langue, si cela était nécessaire. Avant de travailler à la conversion des Chinois, des Indiens, des nègres, des Lapons, des sauvages de l'Amérique, faut-il commencer par leur apprendre à lire, et par leur donner une *version* de la Bible? — 3° Pour qu'un chrétien puisse fonder sa croyance sur l'Ecriture seule, il faut qu'il soit assuré qu'un livre, qu'on lui donne pour sacré et inspiré, est authentique et non supposé ou interpolé; que la *version* qu'il en a est fidèle, et qu'il en prend le vrai sens : or, il est impossible qu'un protestant du commun soit certain d'aucune de ces trois choses. Il n'est pas en état de décider les contestations qui règnent entre les différentes sociétés chrétiennes touchant le nombre des livres saints; il ne sait pas si dans quelqu'un de ceux qui sont rejetés dans sa secte, il n'y a pas des passages contraires à ceux sur lesquels il se fonde. Il ne peut être assuré de la fidélité de sa *version*, pendant que plusieurs autres sectes soutiennent qu'elle est fausse en plusieurs endroits, et il ne saurait la vérifier sur le texte, qu'il n'entend pas. Il peut encore moins se convaincre qu'il en prend le vrai sens, malgré la réclamation des autres sociétés protestantes qui l'expliquent autrement. On peut voir dans les frères Wallembourg vingt ou trente exemples de passages, ou différemment écrits dans le texte, ou différemment traduits, ou évidemment altérés dans la multitude des *versions* faites en langues vulgaires par les protestants. Un chrétien du commun ne préfère l'une à l'autre que parce qu'on le veut ainsi dans la secte dont il est membre. Est-ce là un fondement de foi fort solide? — On nous répond gravement que toutes les sociétés s'accordent sur les articles fondamentaux. En premier lieu, cela est faux : les sociniens en nient plusieurs, de l'aveu des protestants; leurs principes cependant et leurs méthodes sont les mêmes. En second lieu, un simple particulier est incapable de distinguer et de savoir si un article est fondamental ou non. En troisième lieu, nous soutenons que toute vérité révélée de Dieu est fondamentale dans ce sens, qu'il n'est pas permis d'en douter ou de la nier dès que la révélation est suffisamment connue. Nous dira-t-on qu'elle ne l'est pas, puisque l'on en dispute? Dans ce cas, c'est l'opiniâtreté des hérétiques qui décide si une vérité est fondamentale ou non. — 4° Il est constant que dans le fait et dans la pratique aucun protestant ne fonde sa croyance sur la seule autorité de l'Ecriture sainte. Avant de la lire, il a été prévenu par les instructions de ses parents, par les catéchismes, par les sermons des pasteurs, par le langage uniforme de la société dont il est membre, et il ne voit que la *version* qui y est en usage. Ainsi un calviniste, un luthérien, un anglican, un anabaptiste, un socinien, sont disposés d'avance à voir dans l'Ecriture le sens dont ils ont été imbus dès l'enfance; leurs préjugés leur tiennent lieu de l'inspiration du Saint-Esprit. Chaque *version* porte l'empreinte de la secte pour laquelle elle a été faite. Si un homme s'écartait de cette tradition, il serait regardé comme hérétique. Ceux qui ont suivi leur esprit particulier, et qui ont eu assez de talent pour faire des prosélytes, ont enfanté cette multitude de sectes fanatiques qui ont déchiré le sein du protestantisme, et qui font la honte de la prétendue réforme. Cependant ils n'ont fait qu'en suivre le principe fondamental, savoir : que l'Ecriture seule est la règle de la foi d'un chrétien, et qu'il doit croire tout ce qui lui paraît y être clairement révélé. — Nous avons donné ailleurs plusieurs autres preuves de la fausseté et des pernicieuses conséquences de cette méthode.

A la fin du recueil de leurs confessions de foi, les protestants ont rassemblé au moins soixante passages de l'Ecriture pour l'étayer; mais leur choix n'a pas été heureux; il n'y en a pas un seul qui ordonne de s'en tenir à l'Ecriture *seule*, c'est cependant ce qu'il était question de prouver; et il y en a plusieurs qui enseignent le contraire. *Rom.*, c. X, v. 17, saint Paul dit : *la foi vient de l'ouïe, et l'ouïe vient par la parole de Jésus-Christ; mais je dis : Ne l'a-t-on pas entendue? assurément la voix des prédicateurs s'est portée par toute la terre, et leur parole est allée aux extrémités du monde*. S'il était question là de la parole écrite, l'Apôtre aurait dit : *la foi vient de la lecture*; mais non, il est bien certain que dans ce temps-là l'Ecriture n'avait pas été portée aux extrémités du monde; il y avait au moins la moitié du Nouveau Testament qui n'était pas encore écrite. Mais les protestants n'y ont pas regardé de si près. — *I Cor.*, c. IV, v. 6, saint Paul reprend les Corinthiens de ce qu'ils s'attachaient par préférence à l'un ou à l'autre de leurs docteurs, et il ajoute : *J'ai transporté à cause de vous toutes ces choses à ma personne et à celle d'Apollo, afin* que vous appreniez par notre exemple à ne point vous élever l'un au-dessus de l'autre pour autrui et plus qu'il n'est écrit. De ces dernières paroles, les protestants concluent qu'il ne faut pas vouloir en savoir plus que ce qui est enseigné dans l'Ecriture sainte. Mais il suffit de lire les chapitres précédents, pour se convaincre que par ces mots saint Paul veut désigner sept à huit passages de l'Ancien Testament qu'il a cités, et qui tendent tous à rabaisser l'orgueil humain. Il n'est point question là de curiosité téméraire en fait de doctrine, mais de la vanité que l'on veut tirer du mérite des maîtres par lesquels on a été instruit. Si les protestants faisaient un peu de réflexion, ils verraient qu'ils ont péché par le même vice que les Corinthiens, et que la réprimande de saint Paul tombe directement sur eux. L'un s'est attaché à Luther, l'autre à Carlostadt ou à Mélanchthon, celui-ci à Calvin, celui-là à Muncer ou à Socin. Ils se sont enorgueillis de la capacité supérieure de leurs docteurs ; ils ont prétendu que ces hommes nouveaux en savaient plus que tous les Pères et les pasteurs de l'Eglise. — Saint Pierre, *Epist.* I, c. II, v. 15, dit aux fidèles : *Soyez toujours prêts à satisfaire quiconque vous demande raison de votre espérance, mais avec modestie, avec respect et en bonne conscience.* Autre leçon très-mal suivie par les protestants. Saint Pierre ne dit point qu'il faut rendre raison de notre espérance *par l'Ecriture seule*; mais les protestants font cette addition de leur chef. De quoi auraient servi des preuves tirées de l'Ecriture, contre des gentils qui n'y croyaient pas? Les premiers chrétiens en avaient de plus convenables, savoir, les caractères surnaturels de la mission divine de Jésus-Christ et des apôtres. Mais les protestants ne veulent point de mission ; sans modestie, sans respect pour ceux qui en étaient revêtus, ils se sont crus plus habiles qu'eux, ils ont eu si peu de bonne conscience, qu'ils ont travesti et défiguré toute la doctrine catholique, pour avoir un moyen plus aisé de la réfuter.

Cependant ils triomphent sur deux ou trois passages, et ils ne cessent de les répéter. *Joan.*, c. v, v. 39. Jésus-Christ dit aux Juifs : APPROFONDISSEZ *les Ecritures, puisque vous croyez y trouver la vie éternelle ; ce sont elles qui rendent témoignage de moi. Act.* XVII. 11, il est dit que les principaux Juifs de Bérée, après avoir écouté saint Paul, *approfondissaient* tous les jours les Ecritures, pour voir si ce qu'il leur avait dit était vrai. Donc, pour savoir si une doctrine est vraie ou fausse, il faut consulter l'Ecriture, et rien de plus. Cette conséquence est-elle juste ? 1° Ces deux passages regardent les docteurs juifs, *les principaux Juifs*, et non le peuple ; le texte y est formel. Chez les Juifs, non plus que chez les protestants, le peuple n'était pas capable d'*approfondir* les Ecritures. Jésus-Christ parlait différemment au peuple, *Matth.*, c. XXIII, v. 2 : *Les scribes et les pharisiens sont assis sur la chaire de Moïse, observez donc et faites tout ce qu'ils vous diront;* mais ne suivez pas leur exemple, car ils ne font pas ce qu'ils disent. 2° Dans l'endroit cité de saint Jean, le Sauveur en appelle aussi au témoignage de ses œuvres ou de ses miracles ; il est évident qu'en les comparant avec les prédictions des prophètes, on devait se convaincre qu'il était véritablement le Messie ou le Fils de Dieu, c'est la seule chose dont il s'agissait pour lors : de la divinité de ses œuvres et de sa mission, s'ensuivait la vérité de sa doctrine. 3° L'examen des Ecritures ne produisit pas un heureux effet sur les Juifs, il n'aboutit qu'à leur faire méconnaître Jésus-Christ. A leur tour, ils disaient à Nicodème : *Approfondis les Ecritures, et vois qu'un prophète ne vient point de Galilée* (*Joan.*, c. VII, v. 52). 4° Les protestants ont fait comme les Juifs, et nous leur répétons hardiment la leçon du Sauveur : Approfondissez les Ecritures ; ne vous contentez pas d'en citer des passages au hasard ; examinez ce qui précède, ce qui suit, les circonstances et le sujet dont il est question, vous verrez que vous les entendez mal.

Jésus-Christ, disent-ils, a souvent reproché aux Juifs qu'ils négligeaient, qu'ils violaient, qu'ils annulaient la loi de Dieu par leurs traditions ; cela est vrai, il ne reste plus qu'à prouver que l'Eglise catholique a fait de même, que son enseignement constant, public et uniforme, est une tradition aussi mal fondée que celle des Juifs. De notre côté nous prouvons que, pour pervertir le sens de l'Ecriture et de la loi de Dieu, les protestants ne sont fondés que sur la tradition particulière de leur secte, et qu'ils la suivent plus aveuglément que nous ne suivons la tradition constante et universelle de l'Eglise. Dieu, continuent-ils, avait défendu de rien ajouter à sa loi, ni d'en rien retrancher ; nous en convenons encore. S'ensuit-il de là que Jésus-Christ, les apôtres, les pasteurs revêtus d'une autorité légitime, n'ont rien pu ajouter au judaïsme ? C'est ce que prétendent les Juifs, et c'est une des principales raisons qu'ils allèguent pour ne pas croire en Jésus-Christ. Nous avons fait voir ailleurs que les protestants ont fait de nouvelles lois de discipline dont ils exigent rigoureusement l'observation, qu'ils pratiquent des usages qui ne sont point commandés dans le Nouveau Testament, et qu'ils en omettent d'autres qui semblent y être ordonnés.

Ils ne raisonnent pas mieux en citant les passages dans lesquels saint Paul recommande à Tite et à Timothée l'étude des saintes Ecritures. Tout le monde convient que c'est un devoir essentiel pour les évêques, pour les prêtres, pour tous ceux qui sont chargés d'enseigner ; mais il est ridicule d'imposer la même obligation aux simples fidèles. Vu la quantité de livres d'instruction, de morale, de piété, dans lesquels le texte de l'Ecriture est expliqué et mis à la portée de tout le monde, aucun chrétien ne peut avoir absolument besoin de lire le texte même. Quand il s'y obstine, on peut lui demander, comme saint Philippe à l'eunuque de la reine Candace, *Act.*, c. VIII, v. 30 : *Croyez-vous entendre ce que vous lisez ?* S'il est sincère, il répondra comme ce bon prosélyte : *Comment le puis-je, si personne ne me l'explique ?* Les protestants font aussi bien que nous des livres de morale et de piété, des sermons, des commentaires sur l'Ecriture ; nous pouvons donc leur demander à quel titre ils prétendent mieux expliquer la parole de Dieu que les auteurs inspirés, comment osent-ils mettre leur propre parole à la place de celle de Dieu. Puisqu'ils font ce reproche aux pasteurs catholiques, c'est à eux d'y satisfaire les premiers. Enfin il ne sert à rien de répéter les passages dans lesquels Dieu ordonne aux Juifs de méditer continuellement sa loi, de l'avoir toujours présente à l'esprit et sous les yeux. Les Juifs ne pouvaient l'apprendre que dans les livres de Moïse, ils n'en avaient point d'autre pour lors. Mais leur a-t-il été ordonné quelque part de lire tous les livres de l'Ancien Testament écrits dans la suite ? Il est étonnant que les protestants, qui ont réduit les vérités de la foi presqu'à rien, exigent des chrétiens tant de lecture pour les apprendre.

Aux mots BIBLE, GRECS, PARAPHRASE, SAMARITAIN, SEPTANTE, VULGATE, nous avons parlé des traductions de l'Ecriture faites dans des langues anciennes ; il nous reste à donner une courte notice des *versions* vulgaires, ou écrites dans nos langues modernes. Luther est le premier qui ait donné une *version* de la Bible en allemand, faite sur l'hébreu ; mais plusieurs de ses amis lui reprochèrent son ignorance en fait de langue hébraïque, et jugèrent sa *version* très-fautive. Munster, Léon de Juda, Castalion, Luc et André Osiander, Junius, Trémellius, etc., prétendirent mieux entendre l'hébreu que Luther. Cependant il n'est aucune de leurs *versions*, soit en latin, soit dans une autre langue, dans laquelle on n'ait trouvé de grandes fautes qu'il a fallu corriger dans la suite ; il en est de même des *versions* latines du Nouveau Testament composées par Erasme et par Bèze. D'ailleurs, si l'on se persuadait que tous ces prétendus hébraïsants n'ont tiré aucun secours des travaux d'Origène, et de saint Jérôme, ni des notes et des commentaires des docteurs catholiques, on se tromperait beaucoup. Ils s'en sont peut-être vantés, ils ont déprimé tant qu'ils ont pu les ouvrages dont ils profitaient ; cette charlatanerie des écrivains est connue de tout temps, les hommes instruits n'en sont plus les dupes. Gaspard Ulemberg mit au jour une nouvelle *version* allemande pour les catholiques, à Cologne, en 1630. — Les Anglais avaient une *version* de l'Ecriture en anglo-saxon dès le commencement du VIIIe siècle. Il n'y a guère d'apparence qu'elle ait été faite sur le grec ni sur l'hébreu ; il est beaucoup plus probable qu'elle fut faite sur la *Vulgate*. Wiclef en fit une seconde, ensuite Tindal et Cowerdal en 1526 et 1530. Depuis ce temps-là les Anglais n'ont pas cessé de faire des corrections à la *Bible* anglaise. — La plus ancienne traduction de l'Ecriture en français est celle de Guiars-des-Moulins, chanoine en 1294 ; elle fut imprimée en 1498. Raoul de Presles et plusieurs anonymes en donnèrent d'autres. Le langage sans doute en était grossier et barbare, mais nous ne voyons pas qu'elles aient essuyé aucune censure. Celles qui ont été faites à la naissance de la réforme n'étaient guère plus élégantes ; la lecture n'en est plus supportable aujourd'hui. Tel est l'inconvénient attaché à toutes les *versions* en langue vulgaire, il faut y toucher continuellement à mesure que le langage reçoit des changements ; au lieu que la *Vulgate latine* est la même depuis plus de douze cents ans : on n'y a touché que pour corriger les fautes des copistes. — Nous ne voyons pas en quoi la *version des Psaumes* faite par Marot, et devenue barbare, peut contribuer chez les calvinistes à l'intelligence des psaumes, ni en quoi il est utile à la piété de tutoyer Dieu en français. — Abraham Usque, juif portugais, fit sur le texte hébreu une *version* espagnole, qui fut imprimée à Ferrare en 1553. Elle est à peu près inintelligible, parce qu'elle répond à l'hébreu mot pour mot, et qu'elle est écrite en vieux espagnol que l'on ne parlait que dans les synagogues ; on l'accuse d'ailleurs d'être infidèle. — La première *version* italienne est de Nicolas Malhermi, faite sur la *Vulgate*, et mise au jour en 1471. Dans les siècles précédents, le latin était la langue vulgaire de l'Italie, il ne s'y est altéré que par le mélange des étrangers. — Les Danois eurent une traduction de l'Ecriture dans leur langue en 1524 ; ce fut l'ouvrage d'un luthérien nommé Jean Michelsen, bourgmestre de Malmœ, et l'un des moyens dont se servit Christiern II, pour introduire le luthéranisme dans ses états. Celle des Suédois fut faite par Laurent Pétri, archevêque d'Upsal, et parut à Holm en 1646. Au mot BIBLE, nous avons parlé de la Bible des Russes ou Moscovites.

Ceux qui veulent connaître à fond tout ce qui concerne les *versions* de l'Ecriture peuvent consulter le R. Elias Lévita ; saint Epiphane, *de Ponderib. et Mensuris* ; les *Commentaires de saint Jérôme* ; Antoine Caraffa, dans sa *Préface de la Bible grecque de Rome* ; Korthol, *de variis Biblior. edit.* ; Lambert Bos, dans les *Proleg.* de son édition des Septante. Parmi les Français, le père Morin, *Exerc. Biblicæ* ; Dupin, *Biblioth. des auteurs ecclés.* ; Richard Simon, *Hist. crit. du Vieux et du Nouveau Testament* ; la *Bibliothèque sacrée* du P. Lelong ; Calmet, *Dict. de la Bible*, etc. Chez les Anglais, Ussérius, Pocok, Péarson, Prideaux, Grabe, Wower, *de Græc. et Latin. Biblior. interpret.* ; Mill, *in Nov. Test.* ; les *Prolégomènes* de Walton, Hodius, *de textib. Biblior.*, etc. — A la tête du XVIIIe vol. de *l'Histoire de l'Eglise gallicane*, il y a un discours sur l'usage des saintes Ecritures, dans lequel on fait voir les pernicieux effets que produisirent au XVIe siècle les *versions* en langage vulgaire, composées par des hérétiques ou par des écrivains suspects d'hétérodoxie, et la sagesse des mesures que l'on prit pour lors afin d'arrêter les progrès du fanatisme que la lecture de ces *versions* allumait dans tous les esprits. Les protestants n'affectaient de les répandre, que parce qu'ils voyaient que c'était un des moyens les plus efficaces pour séduire les ignorants.

VERTU. Ce mot, dans sa signification littérale, signifie la *force ;* c'est pour cela que l'Ecriture, en parlant de Dieu, appelle *vertus* les actes de la puissance, les miracles. Saint Paul, *Rom.*, c. 1, v. 16, dit que l'Evangile est la *vertu de Dieu* pour le salut de tout croyant, parce que Dieu n'a jamais fait éclater davantage sa puissance que dans l'établissement de l'Evangile. Dans l'homme la *vertu* est la force de l'âme ; il faut de la force pour faire le bien, à cause des passions qui nous maîtrisent et nous portent continuellement au mal ; toute action louable qui exige un effort de notre part est un acte de *vertu.*

Nous avons fait voir ailleurs que s'il n'y avait pas une loi naturelle qui nous est imposée par le Créateur, le mot *vertu* serait vide de sens. Il n'y aurait plus aucun motif constant et solide qui pût nous engager à faire le bien malgré l'impulsion de nos mauvais penchants. Il n'est pas besoin de force pour faire une action utile à nos semblables par le motif de notre intérêt présent, ou d'un avantage temporel certainement prévu ; c'est une affaire de calcul et rien de plus. Les philosophes qui ne veulent point reconnaître un Dieu législateur, rémunérateur et vengeur, et parlent sans cesse de *vertu,* sont ou de mauvais raisonneurs qui ne s'entendent pas eux-mêmes, ou des hypocrites qui veulent en imposer aux ignorants. N'assigner d'autre motif d'être homme de bien que les avantages qui sont attachés à la *vertu* dans cette vie, c'est la dégrader et la confondre avec l'amour-propre. Il n'en est pas de même, quand on lui propose les récompenses éternelles de l'autre vie, il faut de la force d'âme pour les préférer aux avantages de ce monde, passagers et incertains, mais qui tentent la cupidité ; il faut croire fermement à la parole et aux promesses de Dieu, dont l'accomplissement nous paraît toujours fort éloigné ; souvent il faut braver la censure et le mépris de nos semblables, quelquefois les tourments et la mort. L'homme n'est point dégradé, mais plutôt ennobli, en aspirant au bonheur pour lequel Dieu l'a formé : il s'élève ainsi au-dessus des motifs, des craintes, des faiblesses qui dominent les autres hommes.

Ceux qui ont décidé que la *vertu* doit être aimée et embrassée pour elle-même, sans aucun motif de crainte ni d'espérance pour une autre vie, étaient des charlatans qui voulaient nous séduire par des mots vides de sens ; ils supposaient que l'homme peut agir sans motif et sans raison. Jésus-Christ seul a fondé la *vertu* sur sa vraie base, en lui proposant pour motif le désir de plaire à un Dieu juste, rémunérateur de la *vertu* et vengeur du crime. — La seule notion de la *vertu* suffit encore pour démontrer l'erreur des philosophes qui ont prétendu qu'il n'y a point d'actions vertueuses que celles qui tendent directement au bien général de la société et à l'avantage de nos semblables. Nous avons certainement besoin de force pour rendre constamment à Dieu le culte qui lui est dû, surtout lorsque la religion est méprisée et attaquée par une génération d'hommes pervers ; nous en avons besoin pour résister à l'attrait des voluptés sensuelles, qui tourneraient enfin à notre destruction.

Dans l'ancienne *Encyclopédie*, au mot Société, l'on a démontré que les vices opposés, tels que l'ivrognerie, l'incontinence, l'amour excessif de tous les plaisirs, tendent directement ou indirectement à troubler la société. Il y a donc des *vertus* qui regardent directement Dieu, d'autres qui nous concernent immédiatement nous-mêmes, indépendamment de celles dont le motif principal est l'utilité du prochain. Parmi les premières, il en est qui ont Dieu pour objet direct et immédiat, et pour motif l'une des perfections divines ; c'est pour cela qu'on les appelle *vertus théologales :* telles sont la foi, l'espérance et la charité ; toutes les autres sont appelées *vertus morales.* En effet, par la foi nous croyons en Dieu, parce qu'il est la vérité même ; par l'espérance nous nous confions en lui, parce qu'il est fidèle à ses promesses ; par la charité, nous l'aimons, parce qu'il est infiniment bon. L'objet immédiat de ces trois *vertus* est donc Dieu lui-même, et leur motif est l'une des perfections divines.

Il semble d'abord que la religion et l'obéissance soient aussi des *vertus théologales ;* mais quand on y regarde de près, on voit que les théologiens sont bien fondés à les ranger parmi les *vertus morales.* En effet, la religion nous porte à tous les actes, soit intérieurs, soit extérieurs, qui tendent à honorer Dieu, c'est là son objet immédiat ; son motif est l'honnêteté ou la justice qu'il y a de lui rendre nos adorations, nos respects, nos hommages. Elle ne nous engage pas seulement à honorer Dieu, mais encore à honorer pour l'amour de lui tous ceux qu'il a daigné enrichir de ses grâces. De même l'obéissance a pour objet immédiat toute action intérieure ou extérieure que Dieu nous commande, et pour motif la justice qu'il y a d'être soumis au souverain maître duquel nous avons tout reçu, et duquel nous attendons tout ; par là même nous sentons qu'il est juste d'obéir non-seulement à Dieu, mais à tous ceux qu'il a revêtus de son autorité.

On dit que la charité ou l'amour de Dieu est la reine des *vertus*, parce qu'elle les commande toutes, qu'il n'est aucun acte de *vertu* qui ne puisse être fait par le motif de l'amour de Dieu, et parce que c'est ce motif qui donne à toutes nos actions leur mérite et leur perfection. Aussi l'obéissance à tous les commandements de Dieu est regardée avec raison comme l'effet et la preuve d'une charité sincère, suivant cette parole de Jésus-Christ : *Celui qui garde mes commandements est celui qui m'aime véritablement* (*Joan.* xiv, v. 15, 21, 24, etc.).

La liste des *vertus* morales serait fort longue; les anciens philosophes les rapportaient à quatre principales, que l'on a nommées pour ce sujet *vertus cardinales;* savoir : la prudence, la justice, la force et la tempérance ou la modération; ils réduisaient à ces quatre chefs tous les devoirs de l'homme. Mais les devoirs du chrétien sont beaucoup plus étendus, l'Evangile nous a enseigné des *vertus* dont les anciens moralistes n'avaient aucune idée, qu'ils regardaient même comme des défauts : l'humilité, le renoncement à nous-mêmes, l'amour des ennemis, le désir des souffrances, etc., n'ont jamais été mis par les philosophes au rang des devoirs de l'homme. Ils ne connaissaient pas les motifs surnaturels que la révélation nous propose : le désir de plaire à Dieu, seul juste estimateur de la *vertu*, de mériter une récompense éternelle, de participer aux mérites d'un Dieu Sauveur, etc. Ils ne sentaient pas la nécessité d'un secours surnaturel pour nous aider à pratiquer le bien. C'est donc avec raison que saint Augustin, dans ses livres contre les pélagiens, a démontré l'imperfection des *vertus* enseignées et pratiquées par les philosophes; il a fait voir que la plupart étaient infectées par le motif de la vaine gloire, qu'aucune ne se rapportait à Dieu, ne pouvait par conséquent mériter une récompense éternelle. Mais il n'a jamais enseigné, quoi qu'en disent certains théologiens, que *toutes les actions des infidèles sont des péchés, et que toutes les vertus des philosophes sont des vices.* Cette proposition a été justement censurée par l'Eglise. Au contraire, ce saint docteur a souvent répété, conformément à l'Ecriture sainte, que Dieu a souvent inspiré de bonnes actions aux païens, et les en a ensuite récompensés par des bienfaits temporels. *Exod.*, c. i, v. 17 et 20; *Josué*, c. ii, v. 11 et 12; *Ruth*, c. i, v. 8; *Ezech.*, c. xxix, v. 18 *et suiv.*; *Esth.*, c. xiv, v. 13; c. xv, v. 11; *Esdr.*, c. i, v. 1; c. vi, v. 22; c. vii, v. 27, etc. Certainement Dieu ne peut inspirer des péchés à aucun homme ni l'en récompenser.

Quelques moralistes modernes ont observé que les plus sublimes *vertus* sont négatives, c'est-à-dire qu'elles consistent plutôt à ne faire jamais de mal à personne, qu'à faire du bien à tous; que ce sont aussi les plus difficiles à pratiquer, parce qu'elles sont sans ostentation, et qu'elles ne nous procurent point le plaisir, si doux au cœur de l'homme, d'en renvoyer un autre content de nous. Ce sont en effet celles auxquelles on fait le moins d'attention dans la société. Cette remarque est confirmée par le portrait que David a tracé d'un juste ou d'un homme vertueux, *Ps.* xiv; c'est celui, dit-il, qui est sans reproche, qui exerce la justice, qui dit toujours la vérité, qui ne trompe ni ne calomnie son prochain, qui n'est ni usurier, ni parjure, ni oppresseur des innocents, et qui ne fait de mal à personne. Il faut reconnaître néanmoins que si ce degré de *vertu* est suffisant pour le commun des chrétiens, Dieu exige quelque chose de plus de ceux qui par état sont obligés de donner bon exemple, et auxquels il accorde des grâces plus abondantes.

Parmi les théologiens, saint Thomas est celui qui a distingué et défini le plus exactement les *vertus* morales, et qui en a le mieux détaillé les devoirs, dans la seconde partie de sa *Somme théologique;* il en a raisonné plus savamment que tous les anciens philosophes, parce qu'il connaissait la *vertu* mieux qu'eux, qu'il en parlait d'après l'Evangile, et qu'il en était lui-même un parfait modèle.

Au mot MORALE des philosophes, nous avons fait voir le ridicule et la mauvaise foi des incrédules qui nous donnent un pompeux recueil de morale tiré des écrits des anciens sages de toutes les nations, dans le dessein de nous persuader que ces derniers ont donné des leçons de *vertus* plus justes, plus solides, plus raisonnables que celles des auteurs sacrés. Cet artifice peut en imposer sans doute aux ignorants, mais non à ceux qui ont lu les ouvrages des anciens tels qu'ils sont, et qui savent jusqu'à quel point le bon y est mélangé avec le mauvais. Nous connaissons tout le mérite de ces prédicateurs de morale philosophique, depuis que quelques-uns d'entre eux ont entrepris de prouver que le vice contribue beaucoup plus que la *vertu* au bien de la société et à la prospérité des empires. Dans le même article, nous avons répondu à la plupart de leurs objections contre la morale chrétienne. — D'autres, après avoir examiné tous les systèmes de morale des différentes sectes de philosophes, ont fait voir qu'aucun n'est solide ni raisonné, conséquemment que des *vertus* fondées sur une base aussi fragile ne sont que des illusions; mais ils sont tombés dans un excès non moins absurde que les précédents, ils ont conclu qu'il n'y eut jamais de morale raisonnable que celle d'Epicure, qui seul a fondé la *vertu* sur sa vraie base, en lui donnant pour unique motif l'intérêt ou l'utilité personnelle. Mais il y a près de deux mille ans que Cicéron, Plutarque, les stoïciens et les académiciens ont démontré la perversité et les pernicieuses conséquences de cette prétendue morale, plus convenable à des animaux qu'à des hommes; ils ont fait voir qu'elle n'a jamais produit un seul homme vertueux ni un bon citoyen. — Enfin, quelques déistes ont été d'assez bonne foi pour convenir de ce que nous avons établi; savoir, que les prédicateurs de *vertu* qui n'admettent ni Dieu, ni loi naturelle, ni une autre vie après celle-ci, sont des hypocrites et des imposteurs. Nous pouvons donc nous en tenir à ce dernier aveu.

Sur le sujet que nous traitons, l'on a droit de reprocher aux protestants une imprudence qui n'est guère pardonnable. Ils ont eu grand soin de remarquer que la plupart des anciens Pères de l'Eglise croyaient que les *vertus* morales et chrétiennes nous sont inspirées par de bons anges, au lieu que les vices et les mauvaises actions sont suggérés aux hommes par des démons qui les obsèdent. Cette opinion, disent les censeurs des Pères, était une conséquence du platonisme, auquel les Pères n'avaient pas renoncé en se faisant chrétiens. Mosheim, *Notes sur Cudworth*, c. 4, § 33, n. (*r*). — Avant de décider dans quelle source ces Pères avaient puisé leur sentiment, il aurait fallu examiner s'il n'a aucun fondement dans l'Ecriture sainte. Or, il y est souvent parlé du ministère des bons anges, de l'assistance qu'ils donnent aux hommes, et fréquemment ils se sont rendus visibles pour ce sujet. Ainsi Abraham, Jacob, Moïse, Josué, le jeune Tobie, Daniel, etc., ont été instruits, dirigés, secourus par des anges revêtus d'une forme humaine, et ils ont compté sur cette assistance, lors même qu'elle n'était pas sensible. Cette croyance est confirmée par plusieurs passages du Nouveau Testament. *Matt.*, c. xviii, v. 10; *Joan.*, c. v, v. 4; *Act.*, c. xii, v. 15 et 23; *Hebr.*, c. xii, v. 22, etc. C'est plus qu'il n'en fallait pour persuader les Pères. *Voy.* Ange. — Ils n'ont pas été moins convaincus par l'Ecriture des malignes influences des démons, non-seulement sur les corps, en les possédant ou en les obsédant, mais sur les âmes. *Luc.*, c. viii, v. 12, Jésus-Christ attribue au démon la stérilité de la parole de Dieu dans un grand nombre d'auditeurs; *Joan.*, c. vii, v. 44, il rapporte à la même cause l'incrédulité des Juifs. Il est dit, *Joan.*, c. xiii, v. 2, que le diable avait mis dans le cœur de Judas le dessein de trahir son maître; *II Cor.*, c. iv, v. 4, saint Paul accuse le dieu de ce siècle d'avoir aveuglé les païens; *Ephes.*, c. iv, v. 27, il exhorte les fidèles à ne point donner entrée au démon; et c. vi, v. 13, à résister à ses embûches. *I Petr.*, c. v, v. 8, saint Pierre les avertit que cet ennemi du salut, semblable à un lion rugissant, tourne autour d'eux pour les dévorer, etc., etc. *Voy.* Démon.

L'on dira peut-être que ces passages doivent être pris dans un sens figuré; que les auteurs sacrés ont été dans l'usage de personnifier tous les êtres abstraits et métaphysiques; qu'ils ont nommé *anges* les *vertus* et les inclinations louables des hommes, et *démons* les maladies cruelles, les péchés et les vices; qu'en cela ils se sont conformés aux opinions populaires et au langage usité chez toutes les nations. Mais au mot Démons, nous avons réfuté cette explication téméraire, empruntée des saducéens et des épicuriens; nous avons fait voir, 1° que Jésus-Christ, qui s'est nommé *la vérité* par excellence, ni ses apôtres, n'ont pu autoriser aucune erreur, quelque accréditée qu'elle fût d'ailleurs; 2° que les Pères n'auraient pu donner ce sens au texte, sans faire violence à la lettre, et sans contredire des faits dont ils étaient témoins oculaires.

Ils n'ont donc pas eu besoin de consulter les philosophes pour savoir ce qu'ils devaient penser touchant le pouvoir et l'action des esprits bons ou mauvais. Quand ils en auraient été déjà persuadés par la philosophie, avant d'embrasser le christianisme, il leur aurait été impossible de renoncer à leur opinion, en la voyant aussi clairement confirmée par l'Ecriture sainte. Mais une preuve que les Pères ont eu plus de confiance à cette lumière qu'à celle de la philosophie, c'est qu'en traitant cette question ils ont cité les auteurs sacrés, et non les philosophes. Au lieu de censurer les Pères, les protestants feraient mieux de suivre leur exemple; mais, en se vantant de ne s'attacher qu'à la parole de Dieu, ils nous donnent souvent lieu de juger qu'ils négligent souvent de la consulter.

VESPERIE. *Voy.* Degré.

VÊTURE ou prise d'habit, cérémonie par laquelle un jeune homme ou une jeune fille, après avoir fait ses épreuves dans un monastère, y prend l'habit religieux pour commencer son noviciat. Les prières qui accompagnent cette cérémonie sont différentes dans les divers ordres ou congrégations religieuses, mais en général elles sont instructives et édifiantes; elles font souvenir ceux qui prennent l'habit monastique des obligations qu'il leur impose, et des vertus par lesquelles ils doivent l'honorer. Quant aux formalités nécessaires pour rendre cet acte authentique, elles appartiennent au droit canonique.

VEUVE. En parlant des vierges, nous verrons que, dès la naissance de l'Eglise, plusieurs filles chrétiennes se destinèrent par une promesse solennelle à garder leur virginité, et à mener une vie plus régulière que le commun des fidèles; elles furent regardées par les évêques comme une partie de leur troupeau, qui exigeait un soin particulier. On crut aussi que les *veuves* qui n'avaient eu qu'un seul mari devaient être admises à la même profession, lorsqu'elles le demandaient, et qu'elles renonçaient à un second mariage. Par leur âge, par leur expérience, par la gravité de leurs mœurs, ces femmes étaient les plus capables d'instruire les personnes de leur sexe, de veiller sur les vierges, de soigner les pauvres et les enfants abandonnés, de remplir les fonctions de *diaconesses*. *Voy.* ce mot. Par ces considérations, elles furent mises, comme les vierges, sous la tutelle spéciale de l'Eglise. On sait que Moïse, dans ses lois, avait ordonné avec le plus grand soin de consoler, de protéger, d'assister les *veuves*.

Mais on prit beaucoup de précautions dans le choix que l'on en fit; saint Paul l'avait recommandé, *I Tim.*, c. v, v. 3. « Honorez les *veuves* qui sont *véritablement telles* (ou qui veulent demeurer dans leur état). *Si une* veuve *a des enfants ou des neveux, qu'elle s'attache d'abord à gouverner sa famille et à soulager ses parents, c'est ce qui est le plus agréable à Dieu. Pour celle qui est véritablement* veuve *et abandonnée, qu'elle espère en Dieu, qu'elle s'occupe à prier jour et nuit; celle qui recherche les plaisirs est plus morte que vivante. Ordonnez-leur de se rendre irrépréhensibles. N'en choisissez aucune qui n'ait* au moins soixante ans, qui n'ait eu qu'un seul mari, qui ne soit connue par ses bonnes œuvres. *Sachez si elle a bien élevé ses enfants, si elle a exercé l'hospitalité, si elle a lavé les pieds aux saints, si elle a soulagé les malheureux, si elle a pratiqué toute bonne œuvre. Pour les jeunes* VEUVES, *ne les fréquentez point..... Si un fidèle a des* VEUVES, *qu'il pourvoie à leur subsistance, afin que l'Eglise ne soit point surchargée, et qu'il ne te assez pour sustenter celles qui sont véritablement* VEUVES.

On ne mit donc au rang des *veuves* adoptées par l'Eglise, que celles qui avaient déjà persévéré dans le veuvage pendant plusieurs années, et dont la conduite édifiante était bien reconnue. On n'exigea cependant pas toujours l'âge de soixante ans; souvent on les admit à la profession du veuvage à l'âge de quarante ans, mais non plus tôt, et l'on ne choisit pour diaconesses que les plus âgées. Saint Paul voulait qu'elles *n'eussent eu qu'un seul mari*; ainsi les bigames étaient exclues; vainement les protestants ont cherché à détourner le sens des paroles de l'Apôtre. Il ne paraît pas que l'on ait observé d'abord pour leur consécration les mêmes cérémonies que pour celle des vierges, mais cela se fit dans la suite; Bingham a blâmé cette innovation très-mal à propos, *Orig. e. clés.*, t. VII, c. 4, § 9, tom III, p. 111. On trouve dans le père Ménard, p. 173, les prières que faisait l'évêque dans cette circonstance; ce sont encore les mêmes dont on se sert à la vêture et à la profession des religieuses. L'habit des vierges et celui des *veuves* était le même, et on le bénissait de la même manière.

Les *veuves*, dit l'abbé Fleury, étaient occupées à visiter et à soulager les malades et les prisonniers, particulièrement les martyrs et les confesseurs, à nourrir les pauvres, à recevoir et à servir les étrangers, à enterrer les morts, et généralement à toutes les œuvres de charité. Toutes les femmes chrétiennes en général, veuves ou mariées, s'y employaient beaucoup, elles ne sortaient guère de leur maison que pour ces bonnes œuvres et pour aller à l'église. Les évêques et les prêtres avaient besoin de beaucoup de patience, de discrétion et de charité pour gouverner toutes ces femmes, pour guérir et pour supporter les défauts communs à leur sexe, l'inquiétude, les jalousies, les murmures contre les pasteurs mêmes, enfin tous les maux qui suivent ordinairement la faiblesse du sexe, surtout quand elle est jointe à la pauvreté, à la maladie ou à quelques autres incommodités. *Mœurs des chrét.*, n. 27. Au mot VIERGE, nous prouverons que les unes et les autres faisaient des vœux.

Toutes ces observations, copiées d'après les monuments ecclésiastiques, nous attestent que dès l'origine une charité sans bornes a été le caractère distinctif du christianisme, et que c'est ce qui a le plus contribué à le rendre respectable aux yeux même des païens.

VIANDE. Moïse avait ordonné aux Juifs l'abstinence de plusieurs *viandes*, il leur avait défendu de manger des animaux réputés impurs, de la chair d'un animal mort de lui-même, de celle d'un animal étouffé sans que l'on en eût fait couler le sang, de celle d'un animal qui avait été mordu par quelque bête; quiconque en avait mangé par mégarde ou autrement était souillé jusqu'au soir, et obligé de se purifier. Ils avaient aussi grand soin d'ôter le nerf de la cuisse des animaux dont ils voulaient manger, à cause du nerf de la cuisse de Jacob desséché par un ange, *Gen.*, c. XXXII, v. 32; mais cette dernière abstinence ne leur était pas commandée par la loi. Il est certain qu'il y a des pays dans lesquels certains aliments sont pernicieux, plusieurs naturalistes ont remarqué que le sang des animaux et le porc frais, dans quelques parties de l'Asie, causent des maladies de la peau à ceux qui s'en nourrissent, et que chez quelques nations asiatiques l'on s'en abstient par police aussi bien que chez les Juifs. On prétend que la *plica*, maladie cruelle, vient aux Tartares qui se nourrissent de sang et de chair de cheval crue et corrompue, et qui boivent du lait de jument aigri; que le mal vénérien a pris naissance chez les Américains qui avaient mangé de la chair des animaux tués avec des flèches empoisonnées. On sait d'ailleurs que le régime diététique des anciens Egyptiens était pour le moins aussi sévère que celui des Juifs; ceux qui l'ont attribué à des motifs superstitieux étaient fort mal instruits. *Voy.* ANIMAUX PURS OU IMPURS.

A la naissance du christianisme, les apôtres jugèrent à propos d'ordonner aux fidèles l'abstinence du sang, des chairs suffoquées et des *viandes* immolées aux idoles. *Act.*, c. XV, v. 28 et 29. Jamais les Juifs convertis n'auraient consenti à fraterniser avec des hommes qui auraient usé de ces sortes d'aliments. Comme cette défense est jointe à celle de la *fornication*, terme qui signifie quelquefois l'idolâtrie, certains critiques ont prétendu que toutes ces abstinences étaient d'une égale nécessité, et que l'on aurait dû continuer à les observer de même, puisque les apôtres disent que tout cela est *nécessaire*. Mais ces dissertateurs n'ont pas fait attention que la loi portée par les apôtres entraîna bientôt des inconvénients; pendant les persécutions, les païens mettaient les chrétiens à l'épreuve en leur présentant à manger des *viandes* suffoquées et du boudin, Tertullien, *Apolog.*, c. 9. L'empereur Julien fit offrir aux idoles toutes les *viandes* de la boucherie, et souiller les fontaines par le sang des victimes, dans le même dessein. Voilà pourquoi saint Paul, qui prévoyait sans doute cet inconvénient, ne défendit aux chrétiens des *viandes* immolées aux idoles, que dans le cas où cela pourrait scandaliser leurs frères. *I Cor.*, c. x, v. 25 et 32.

VIANDES IMMOLÉES. *Voy.* IDOLOTHYTES.

VIATIQUE, provision de vivres pour un voyage. On appelle ainsi, parmi les catholiques, le sacrement de l'eucharistie administré aux malades en danger de mort, afin de les disposer au passage de cette vie à l'autre. Jésus-Christ a dit, *Joan.*, c. VI, v. 56:

Ma chair est véritablement une nourriture, et mon sang un breuvage; v. 59, *c'est le pain qui descend du ciel... quiconque en mangera vivra éternellement.* Lorsqu'on croit fermement que le Sauveur dans cet endroit parlait de l'eucharistie, on conçoit aisément qu'il n'est jamais plus nécessaire de recevoir ce sacrement qu'à l'article de la mort, puisqu'il est pour nous le principe et le gage de la vie éternelle.

Comme les protestants soutiennent que les paroles de Jésus-Christ doivent être prises dans un sens figuré, que son corps et son sang ne sont point réellement dans l'eucharistie, que l'on ne les reçoit que par la *communion*, c'est-à-dire par une action qui soit commune à plusieurs personnes, ils en ont conclu que leur réception faite par une seule n'est pas une communion; conséquemment ils ont supprimé l'usage de porter ce sacrement aux malades. Ainsi, par une fausse interprétation de l'Ecriture, ils se sont privés de la plus puissante consolation qu'un chrétien puisse recevoir à l'article de la mort. Mais cet usage, si ancien dans l'Eglise, de recevoir l'eucharistie en *viatique*, dépose contre leur croyance. Nous apprenons de saint Justin, *Apol.* 1, n. 65, qu'au II° siècle, lorsqu'on avait consacré l'eucharistie dans les assemblées chrétiennes, et que les assistants y avaient participé, les diacres la portaient *aux absents*, par conséquent aux malades. Nous savons par le témoignage de Tertullien, l. II, *ad Uxorem*, c. 5, et de saint Cyprien, *Epist.* 54, *ad Cornel.*, l. *de Lapsis*, p. 189, *de Bono patient.*, p. 251, *de Spectac.*, p. 341, qu'au III° siècle les fidèles, toujours exposés au martyre, emportaient avec eux l'eucharistie et la conservaient, afin de la prendre en *viatique*, et de puiser dans cet aliment divin les forces dont ils avaient besoin pour confesser Jésus-Christ dans les tourments. L'on était donc alors bien persuadé que le corps et le sang de ce divin Sauveur ne sont pas présents dans ce mystère d'une manière passagère, et en vertu de l'action d'y participer en commun, mais d'une manière permanente, et qu'une réception faite en particulier dans le besoin n'est pas moins une *communion* que quand on la fait en commun. Or, dans ces deux siècles, si voisins des apôtres, on faisait profession de ne rien changer à leur doctrine ni à leurs usages.

Il y a des Pères et des conciles qui ont nommé *viatique* trois sacrements que l'on administrait aux mourants pour assurer leur salut: 1° le baptême, lorsqu'on le donnait à des catéchumènes qui ne l'avaient pas encore reçu; 2° la pénitence, ou l'absolution, à l'égard de ceux que l'on réconciliait à l'Eglise à l'article de la mort; 3° l'eucharistie, administrée aux fidèles ou aux pénitents qui avaient reçu l'absolution; mais l'usage a prévalu de ne donner le nom de *viatique* qu'à ce dernier sacrement. *Voy.* EUCHARISTIE.

VICAIRE, homme qui tient la place et remplit les fonctions d'un autre. Les évêques ont des grands *vicaires* auxquels ils donnent le pouvoir de faire toutes les fonctions de leur juridiction, mais non celles qui sont attachées à l'ordre et au caractère épiscopal, comme d'administrer les sacrements de l'ordre et de la confirmation, de sacrer les églises, etc. Les curés ont des *vicaires* pour les aider à remplir toutes leurs fonctions. Il ne faut pas confondre un *vicaire* avec un *délégué;* celui-ci n'a le pouvoir de faire légitimement que la fonction pour laquelle il est député nommément, il ne peut pas députer un autre pour la remplir à sa place. Un *vicaire* n'est pas député à une seule fonction, mais à toutes choses, *ad omnes causas*, selon l'expression des canons; il peut donc déléguer un autre prêtre pour administrer le sacrement de mariage, etc. Nous faisons cette remarque, parce que nous avons vu plus d'une fois élever sur ce point des doutes mal fondés.

VICAIRE (1) (*Droit public, civil et canon.* 1), du mot latin *vicarius*, est celui qui fait les fonctions d'un autre, *qui alterius vices gerit*, ou bien c'est celui qui est établi sous un supérieur pour tenir sa place dans certaines fonctions, et le suppléer en cas d'absence, maladie ou autre empêchement légitime. Ce titre fut d'abord usité chez les Romains; on le donnait au lieutenant du préfet du prétoire: on le donna depuis dans les Gaules aux lieutenants des comtes, et à plusieurs sortes d'officiers, qui faisaient les fonctions d'un autre. Aujourd'hui, lorsqu'on parle d'un *vicaire*, sans y ajouter d'autre dénomination, on entend un prêtre destiné à soulager un curé dans ses fonctions. Nous allons expliquer, sous autant de mots particuliers, les différentes espèces de *vicaires.*

Vicaires des abbés, sont ceux que les abbés titulaires ou commendataires commettent pour les aider et suppléer dans leurs fonctions, à l'exemple des *vicaires* généraux des évêques. L'ordonnance d'Orléans, art. 5, porte que les abbés et curés qui tiennent plusieurs bénéfices par dispense, ou résident en l'un de leurs bénéfices requérant résidence et service actuel, seront excusés de la résidence en leurs autres bénéfices, à la charge toutefois qu'ils commettront *vicaires*, personnes de suffisance, bonnes vie et mœurs, à chacun desquels ils assigneront telle portion du revenu du bénéfice qui puisse suffire pour son entretenement; autrement cette ordonnance enjoint à l'archevêque ou évêque diocésain d'y pourvoir, et aux juges royaux d'y tenir la main. Ce n'est pas seulement dans le cas d'absence et de non-résidence que les abbés ont des *vicaires*, ils en ont aussi pour les aider dans leurs fonctions. *Voy.* ABBÉ.

Vicaire amovible, est celui qui est révocable *ad nutum*, à la différence des *vicaires* perpétuels; tels sont les *vicaires* des curés et ceux des évêques; on les appelle aussi quelquefois par cette raison *vicaires temporels*, parce qu'ils ne sont que pour autant de

(1) Article reproduit d'après l'édition de Liége.

temps qu'il plaît à celui qui les a commis. *Voy.* Vicaire perpétuel et Vicaire temporel.

Vicaires apostoliques, sont des *vicaires* du saint-siège, qui font les fonctions du pape dans les Eglises ou provinces éloignées, que le saint-père a commises à leur direction. L'établissement de ces sortes de *vicaires* est fort ancien. Avant l'institution de ces *vicaires*, les papes envoyaient quelquefois des légats dans les provinces éloignées pour voir ce qui s'y passait contre la discipline ecclésiastique, et pour leur en faire leur rapport : mais le pouvoir de ces légats était fort borné; l'autorité des légations, qu'on appela vicariats apostoliques, était plus étendue. L'évêque de Thessalonique, en qualité de *vicaire* ou de légat du saint-siège, gouvernait onze provinces; il confirmait les métropolitains, assemblait les conciles, et décidait toutes les affaires difficiles. Le ressort de ce vicariat fut beaucoup restreint lorsque l'empereur Justinien eut obtenu du pape Vigile un vicariat du saint-siège en faveur de l'évêque d'Acride, ville à laquelle il fit porter son nom; ce vicariat fut entièrement supprimé lorsque Léon l'Isaurien eut soumis toute l'Illyrie au patriarche d'Antioche. Le pape Symmaque accorda de même à saint Césaire, archevêque d'Arles, la qualité de *vicaire* et l'autorité de la légation sur toutes les Gaules. Cinquante ans après, le pape Vigile donna le même pouvoir à Auxanius et à Aurélien, tous deux archevêques d'Arles. Pélage 1ᵉʳ le continua à Sabandus. Saint Grégoire le Grand le donna de même à Virgile, évêque d'Arles, sur tous les Etats du roi Childebert, et spécialement le droit de donner des lettres aux évêques qui auraient un voyage à faire hors de leur pays, de juger des causes difficiles, avec douze évêques, et de convoquer les évêques de son vicariat. Les archevêques de Reims prétendent que saint Remi a été établi *vicaire* apostolique sur tous les Etats de Clovis ; mais ils ne sont point en possession d'exercer cette fonction. Les légats du pape, quelque pouvoir qu'ils aient reçu de lui, ne sont toujours regardés en France que comme des *vicaires* du pape, qui ne peuvent rien décider sur certaines affaires importantes, sans un pouvoir spécial exprimé dans les bulles de leur légation. *Voy.* Légat. Le pape donne le titre de *vicaire apostolique* aux évêques qu'il envoie dans les missions orientales, tels que les évêques français qui sont présentement dans les royaumes de Tonkin, de la Cochinchine, Siam et autres. *Voy.* Mission.

Vicaires chanoines, sont des semi-prébendés ou des bénéficiers institués dans certaines églises cathédrales pour chanter les grandes messes et autres offices : ce qui leur a fait donner le nom de *chanoines vicaires*, parce qu'ils faisaient en cela les fonctions des chanoines. *Voy.* le *Gloss.* de Ducange au mot *Vicarius*, à l'article *Vicarii dicti beneficiarii*, etc.

Vicaires des curés, sont des prêtres destinés à soulager les curés dans leurs fonctions, et à les suppléer en cas d'absence, maladie ou autre empêchement. La première institution de ces sortes de *vicaires* est presque aussi ancienne que celle des curés. L'histoire des vie et viie siècles de l'Eglise nous apprend que quand les évêques appelaient auprès d'eux dans la ville épiscopale les curés de la campagne distingués par leur mérite, pour en composer le clergé de leur cathédrale, en ce cas les curés commettaient eux-mêmes des *vicaires* à ces paroisses dont ils étaient absents, et cet usage était autorisé par les conciles. Le second canon du concile de Mende, tenu vers le milieu du viie siècle, en a une disposition précise. Le concile de Latran, en 1215, *canon* 32, dit en parlant d'un curé ainsi appelé dans l'église cathédrale : *idoneum studeat habere vicarium canonice institutum*. Les différentes causes pour lesquelles on peut établir des *vicaires* dans les paroisses sont : 1° quand le curé est absent ; l'évêque, en ce cas, est autorisé par le droit des décrétales à commettre un *vicaire*. L'ordonnance d'Orléans confirme cette disposition. 2° Quand le curé n'est pas en état de la desservir, soit à cause de quelque infirmité ou de son insuffisance, le concile de Trente autorise l'évêque à commettre un *vicaire*. 3° Quand la paroisse est de si grande étendue et tellement peuplée qu'un seul prêtre ne suffit pas pour l'administration des sacrements et du service divin; le même concile de Trente autorise l'évêque à établir dans ces paroisses le nombre de prêtres qui sera nécessaire. C'est aux évêques qu'il appartient d'instituer de nouveaux *vicaires* dans les lieux où il n'y en a pas, ils peuvent en établir un ou plusieurs, selon l'étendue de la paroisse et le nombre des habitants. Mais pour ce qui est des places de *vicaires* déjà établies, lorsqu'il y en a une vacante, c'est au curé à se choisir un *vicaire* entre les prêtres approuvés par l'évêque. Avant le concile de Trente, les curés donnaient seuls à leurs *vicaires* la juridiction nécessaire pour administrer le sacrement de pénitence dans leurs paroisses ; mais cette discipline est changée, et c'est à l'évêque à donner aux *vicaires* les pouvoirs nécessaires pour prêcher et confesser ; il peut les limiter pour le temps et le lieu, et les leur retirer lorsqu'il le juge à propos. Cependant le pouvoir de prêcher ne doit s'entendre que des sermons proprement dits, et non des instructions familières, telles que les prônes, les instructions familières et les catéchismes. Un curé peut commettre pour ces fonctions tel ecclésiastique qu'il juge à propos. Il peut aussi renvoyer un *vicaire* qui ne lui convient pas. La portion congrue des *vicaires* est de 150 liv., lorsqu'ils ne sont pas fondés. Les *vicaires* avaient autrefois, dans certaines coutumes, et notamment dans celle de Paris, le pouvoir de recevoir les testaments, concurremment avec les curés ; mais ce pouvoir leur a été ôté par la nouvelle ordonnance des testaments, art. 25.

Vicaire de l'évêque, est celui qui exerce sa juridiction; les évêques en ont de deux sortes, les uns pour la juridiction volontaire, qu'on appelle *vicaires généraux* ou *grands vicaires*, et quelquefois aussi des *vicaires forains*; les autres pour la juridiction contentieuse, qu'on appelle *official*. *Voy.* VICAIRE FORAIN, GRAND VICAIRE, OFFICIAL.

Vicaire-fermier, était celui auquel un curé ou autre bénéficier à charge d'âmes donnait à ferme un bénéfice qu'il ne pouvait conserver, et que néanmoins il retenait sous le nom de ce fermier. Dans le concile qui fut convoqué à Londres par Otton, cardinal légat, en 1237, les 1er, 8e, 9e et 10e décrets eurent pour objet de réprimer deux sortes de fraudes que l'on avait inventées pour garder ensemble deux bénéfices à charge d'âmes. Celui qui était pourvu d'une cure comme *personne*, c'est-à-dire curé en titre, en prenait encore une comme *vicaire*, de concert avec la *personne* à qui il donnait une modique rétribution; ou bien il prenait à ferme perpétuelle à vil prix le revenu de la cure. Ces abus étaient devenus si communs, qu'on n'osa les condamner absolument; on se contenta de donner à ferme les doyennés, les archidiaconés et autres dignités semblables, les revenus de la juridiction spirituelle et de l'administration des sacrements. Quant aux vicaireries, on défendit d'y admettre personne qui ne fût prêtre ou en état de l'être aux premiers Quatre-Temps. *Voy.* le chapitre *Ne clerici vel monachi vices suas*, etc., qui est un canon du concile de Tours, le canon *Præcipimus* 21, *quæst.* 2.

Vicaire forain, est un *vicaire* d'un évêque ou autre prélat, qui n'a de pouvoir que pour gouverner au dehors du chef-lieu, et quelquefois dans une partie seulement du territoire soumis à la juridiction du prélat, comme le *Grand Vicaire* de Pontoise, qui est un *vicaire forain* de l'archevêque de Rouen. *Voy.* VICAIRE GÉNÉRAL. On entend aussi quelquefois par *vicaire forain* le doyen rural, parce qu'il est en cette partie le *vicaire* de l'Evêque pour un certain canton. *Voy.* DOYEN RURAL.

Vicaire général ou *Grand Vicaire*, est celui qui fait les fonctions d'un évêque ou autre prélat. Les *grands vicaires* ou *vicaires généraux* des évêques sont des prêtres qu'ils établissent pour exercer en leur nom leur juridiction volontaire, et pour les soulager dans cette partie des fonctions de l'épiscopat. Il est parlé dans le sexte des *vicaires généraux* de l'évêque, sous le titre *De officio vicarii*. Boniface VIII les confond avec les officiaux, comme on fait encore dans plusieurs pays: aussi suppose-t-on dans le sexte que la juridiction volontaire et la contentieuse sont réunies en la personne du *vicaire général* de l'évêque. Mais en France les évêques sont dans l'usage de confier leur juridiction contentieuse à des officiaux, et la volontaire à des *grands vicaires* (1). Quand la commission du *grand vicaire* s'é-

(1) Ce droit n'est plus le même: aujourd'hui les évêques déterminent les pouvoirs qu'ils accordent à leurs vicaires généraux. La plupart leur délèguent toute leur autorité.

tend sur tout le diocèse sans restriction, on l'appelle *vicaire général*; mais quand il n'a reçu de pouvoir que pour gouverner certaines parties du diocèse, on l'appelle *vicaire général forain*. L'évêque n'est pas obligé de nommer des *grands vicaires*, si ce n'est en cas d'absence hors de son évêché, ou en cas de maladie ou autre empêchement légitime, ou bien à cause de l'éloignement de la ville épiscopale, et enfin s'il y a diversité d'idiomes dans différentes parties de son diocèse. La commission de *grand vicaire* doit être par écrit, signée de l'Evêque et de deux témoins, et insinuée au greffe des insinuations ecclésiastiques du diocèse, à peine de nullité des actes que ferait le *grand vicaire*. Pour être *grand vicaire*, il faut être prêtre, gradué, naturel français ou naturalisé. Les réguliers peuvent être *grands vicaires*, pourvu que ce soit du consentement de leur supérieur. L'ordonnance de Blois défend à tous officiers des cours souveraines et autres tribunaux d'exercer la fonction de *grand vicaire*. Il y a néanmoins un cas où l'évêque peut et même doit nommer pour son *grand vicaire ad hoc*, un conseiller clerc du parlement; savoir lorsqu'on y fait le procès à un ecclésiastique, afin que ce *vicaire* procède à l'instruction, conjointement avec le conseiller laïque qui en est chargé. L'évêque ne peut établir de *grand vicaire* qu'après avoir obtenu ses bulles, et avoir pris possession; mais il n'est pas nécessaire qu'il soit déjà sacré. Il est libre à l'évêque d'établir un ou plusieurs *grands vicaires*. Quelques-uns en ont quatre et même plus. L'archevêque de Lyon en a jusqu'à douze. Les *grands vicaires* ont tous concurremment l'exercice de la juridiction volontaire, comme délégués de l'évêque; il y a cependant certaines affaires importantes qu'ils ne peuvent décider, sans l'autorité de l'évêque; telles que la collation des bénéfices, dont ils ne peuvent disposer, à moins que leurs lettres n'en contiennent un pouvoir spécial. L'évêque peut limiter le pouvoir de ses *grands vicaires*, et leur interdire la connaissance de certaines affaires pour lesquelles ils seraient naturellement compétents. Le *grand vicaire* ne peut pas déléguer quelqu'un pour exercer sa place. On ne peut pas appeler du *grand vicaire* à l'évêque, parce que c'est la même juridiction; mais si le *grand vicaire* excède son pouvoir ou en a abusé, l'évêque peut le désavouer; par exemple, si le *grand vicaire* a conféré un bénéfice à une personne indigne, l'évêque peut le conférer à une autre dans les six mois. Il est libre à l'évêque de révoquer son *grand vicaire* quand il le juge à propos, et sans qu'il soit obligé de rendre aucune raison; il faut seulement que la révocation soit par écrit et insinuée au greffe du diocèse, jusque-là les actes faits par le *grand vicaire* sont valables à l'égard de ceux qui les obtiennent; mais le *grand vicaire* doit s'abstenir de toute fonction, dès que la révocation lui est connue. La juridiction du *grand vicaire* finit aussi par la mort de l'évêque, ou lorsque l'évêque est transféré d'un siége à un autre, ou lorsqu'il a donné sa démission entre les mains du pape. S'il survient une excommunication, suspense ou interdit contre l'évêque, les pouvoirs du *grand vicaire* sont suspendus jusqu'à ce que la censure soit levée.

Vicaire (haut), est un titre que l'on donne vulgairement aux ecclésiastiques qui desservent, en qualité de *vicaires* perpétuels, les canonicats que certaines églises possèdent dans une cathédrale, comme à Notre-Dame de Paris, où il y a six de ces *vicaires* perpétuels, ou *hauts vicaires*.

Vicaire de Jésus-Christ, c'est le titre que prend le pape, comme successeur de saint Pierre. *Voy.* PAPE.

Vicaire local, est un *grand vicaire* de l'évêque, dont le pouvoir n'est pas général pour tout le diocèse, mais borné à une partie seulement. *Voy.* VICAIRE FORAIN. On peut aussi donner la qualité de *vicaire local* au *vicaire* d'un curé, lorsque ce *vicaire* n'est attaché par ses fonctions qu'à une portion de la paroisse. *Voy.* VICAIRE AMOVIBLE.

Vicaire né, est celui qui jouit de cette qualité, comme étant attaché à quelque dignité dont il est revêtu ; tels sont les *vicaires* de l'empire, tels sont aussi les prieurs de Saint-Denis en France et de Saint-Germain-des-Prés à Paris, lesquels sont *grands Vicaires nés* de l'archevêque de Paris, en vertu de transactions homologuées au parlement, l'un pour la ville de Saint-Denis, l'autre pour le faubourg de Saint-Germain de la ville de Paris ; l'archevêque ne peut les révoquer, tant qu'ils ont la qualité de prieur de ces deux abbayes. *Lois ecclésiastiques* de d'Héricourt.

Vicaire perpétuel, c'est celui dont la fonction n'est point limitée à un certain temps, mais doit durer toute sa vie ; tels sont les *vicaires nés* de certains prélats, les ecclésiastiques qui desservent un canonical pour quelque abbaye ou autres églises, dans une cathédrale. On donne aussi le titre de *vicaires perpétuels* aux curés qui ont au-dessus d'eux quelqu'un qui a le titre et les droits de curé primitif. L'établissement des *vicaires perpétuels* des curés primitifs est fort ancien ; les lois de l'Eglise et de l'Etat l'ont souvent confirmé. Avant le concile de Latran, qui fut tenu sous Alexandre III, les moines auxquels on avait abandonné la régie de la plupart des paroisses, cessèrent de les desservir en personne, s'efforçant d'y mettre des prêtres à gage. A leur exemple, les autres curés titulaires donnèrent leurs cures à ferme à des chapelains ou *vicaires* amovibles, comme si c'eussent été des biens profanes, à la charge de certaines prestations et coutumes annuelles, et de prendre d'eux tous les ans une nouvelle institution. Ces espèces de vicariats amovibles furent défendus par le second concile d'Aix, sous Louis le Débonnaire ; par le concile romain, sous Grégoire VIII; par celui de Tours, sous Alexandre III ; par celui de Latran, sous Innocent III, et par plusieurs autres papes et conciles, qui ordonnent que les *vicaires* choisis pour gouverner les paroisses soient perpétuels et ne puissent être institués et destitués que par l'évêque ; ce qui s'entend des *vicaires* qui sont nommés aux cures dans lesquelles il n'y a point d'autres curés qu'un curé primitif, qui ne dessert point lui-même sa cure. Le concile de Trente, *sess.* VII, ch. 7, laisse à la prudence des évêques de nommer des *vicaires perpétuels* ou des *vicaires* amovibles dans les paroisses unies aux chapitres ou monastères ; il leur laisse aussi le soin de fixer la portion congrue de ces *vicaires*. L'article 24 du règlement des réguliers veut que toutes communautés régulières exemptes, qui possèdent des cures, comme cures primitifs, soient tenus d'y souffrir des *vicaires perpétuels*, lesquels seront établis en titre par les évêques, auxquels *vicaires* il est dit qu'il sera assigné une portion congrue, telle que la qualité du bénéfice et le nombre du peuple le requerront. Les ordonnances de nos rois sont aussi formelles pour l'établissement des *vicaires perpétuels*, notamment les déclarations du mois de janvier 1686, celle de juillet 1690, et l'article 24 de l'édit du mois d'avril 1695. Les *vicaires perpétuels* peuvent prendre en tous actes la qualité de curé si ce n'est vis-à-vis du curé primitif. *Déclaration du 5 octobre 1726, art. 2.* La nomination des *vicaires* amovibles, chapelains et autres prêtres, appartient au *vicaire perpétuel*, et non au curé primitif. La portion congrue des *vicaires perpétuels* a souvent varié ; mais la valeur en a été définitivement fixée par l'édit du mois de mai 1768, dans lequel le législateur a étendu sa prévoyance sur cet objet aux temps les plus reculés. *Voy.* CURÉ, PORTION CONGRUE.

Vicaire provincial ou *local*, est le *vicaire* d'un évêque ou autre prélat, qui n'est commis par lui que pour un certain canton. Les curés peuvent aussi avoir des *vicaires* locaux. *Voy.* ci-devant, VICAIRE LOCAL.

Vicaire du saint-siége, est la même chose que *vicaire apostolique*. *Voy.* LÉGAT et VICAIRE APOSTOLIQUE.

Vicaire ou *secondaire* ; c'est un second prêtre destiné à soulager le curé dans ses fonctions. *Voy.* VICAIRE AMOVIBLE, VICAIRE DES CURÉS.

Sous-Vicaire, que l'on appelle aussi *ypovicaire*, est un prêtre établi par les curés sous le *vicaire*, pour l'aider lui et son *vicaire* dans ses fonctions curiales. Un curé peut avoir plusieurs *sous-vicaires*.

Vicaire temporel, est celui qui est nommé pour un temps seulement. *Voy.* VICAIRE AMOVIBLE.

VICE. Ce mot dans l'origine signifie *défaut, manquement* ; il se dit dans le sens physique et dans le sens moral. Dans celui-ci, il exprime une inclination naturelle ou une habitude contractée de faire ce que la loi de Dieu défend. De même qu'un certain nombre de bonnes actions qu'un homme a faites ne prouve pas qu'il est né vertueux, plusieurs fautes dans lesquelles il est tombé ne prouvent pas non plus qu'il soit né vicieux ; c'est l'habitude des unes ou des autres qui décide

DICT. DE THÉOL. DOGMATIQUE. IV.

de son caractère. Un homme peut être né avec une forte inclination au *vice*, et acquérir cependant l'habitude de la vertu par sa persévérance à combattre son penchant; selon la maxime reçue, l'habitude est une seconde nature; alors la vertu est plus méritoire que si elle coûtait moins. Quelques philosophes modernes, très-mauvais moralistes, ont soutenu qu'un *vice* de caractère ne se corrigeait jamais parfaitement; ils ont eu tort: l'exemple de plusieurs saints personnages prouve qu'avec la grâce de Dieu et la persévérance à réprimer un mauvais penchant ou une habitude très-forte, par des actions contraires, l'homme peut venir à bout de se réformer entièrement, la prétention contraire n'est propre qu'à nous ôter le courage et à endurcir les pécheurs dans le vice. *Voy.* VERTU.

Dans les diverses langues, le mot *vice* est souvent rendu par celui de *péché*, quoique le sens ne soit pas exactement le même. *Péché*, dans l'acception la plus commune, est une action volontaire, libre, réfléchie, et contraire à la loi de Dieu, par conséquent imputable à celui qui la commet; un *vice* naturel n'est ni volontaire ni imputable, surtout quand un homme s'attache à le combattre et à le corriger. Lorsqu'il a été contracté par habitude ou par des actes réitérés, il est libre et volontaire dans sa cause; mais il peut être devenu assez fort pour diminuer beaucoup la liberté de chaque action qui en provient. Si l'on avait pris la peine de distinguer exactement ces deux choses, on n'aurait pas si souvent abusé des passages dans lesquels saint Paul nomme *péché* la concupiscence, ou le penchant naturel au mal avec lequel nous naissons. Ce penchant est un *vice*, un très-grand défaut de notre nature déchue de l'innocence primitive, par la faute de notre premier père; mais ce n'est pas un *péché* proprement dit, ou une mauvaise qualité libre, imputable et punissable; saint Paul ne dit rien qui puisse la faire envisager ainsi.

Saint Augustin a très-bien démêlé cette équivoque, l. *de Perfect. justitiæ hom.*, c. 21, n. 44. « La concupiscence, dit-il, a été appelée *péché* dans un autre sens, parce que c'est pécher que d'y consentir, et qu'elle est excitée en nous malgré nous. » Lib. I, *Contra duas Epist. Pelay.*, c. 13, n. 27. « La concupiscence est appelée *péché*, non parce que c'est un péché, mais parce qu'elle est l'effet du péché, à savoir celui d'Adam. » L. I *Retract.*, c. 15, n. 2. « Lorsque l'Apôtre dit : Je fais ce que je ne veux pas, il appelle cette disposition *péché*, parce qu'elle est l'effet de la peine du péché. » Il le répète, lib. *de Continent.*, c. 3, n. 8; l. *de Nupt. et Concept.*, c. 23, n. 25 : l. II, *Op. imperf.*, n. 71, etc. Si donc, dans le cours de ses disputes avec les pélagiens, il semble quelquefois envisager la concupiscence comme un péché habituel, imputable et condamnable, il entend certainement par là un *vice*, un défaut, une qualité qui n'est ni louable ni absolument innocente, comme le prétendaient les pélagiens. Dès qu'un auteur s'est expliqué déjà plusieurs fois d'une manière nette et précise, c'est une injustice d'argumenter sur toutes ses expressions, et de les prendre à la rigueur. Il est d'ailleurs évident, par le texte même, que saint Paul l'a entendu dans le sens que nous lui donnons, et que notre version serait beaucoup plus claire, si au lieu de traduire ἁμαρτία, par *peccatum*, *Rom.*, c. VII, v. 7 et seq., on l'avait rendu par *vitium*; le terme grec et le latin ne signifient souvent, dans les divers auteurs, qu'un défaut, une imperfection quelconque, soit volontaire, soit involontaire, et il en est de même du mot *pécher*, en français.

VICTIME, créature vivante offerte en sacrifice à la Divinité. Ce terme et celui d'*hostie*, qui a le même sens, sont évidemment dérivés du latin *hostis victus*, ennemi vaincu; ils nous font connaître la coutume barbare des Romains d'immoler à leurs dieux les prisonniers de guerre; elle a duré parmi eux, au moins jusque dans les derniers temps de la république. Un général victorieux à qui l'on accordait les honneurs du triomphe traînait après son char les rois, les généraux, les chefs des nations vaincues, enchaînés comme des criminels, et la cérémonie finissait par les mettre à mort. Cet usage cruel, et qui peint l'atrocité du caractère des Romains, ne subsiste plus que chez les nations sauvages, et il n'eut jamais lieu chez les adorateurs du vrai Dieu.

La loi de Moïse ordonnait de choisir des animaux sans tache et sans défaut pour les offrir au Seigneur, parce que les hommes ont coutume de choisir ce qu'ils ont de meilleur pour en faire présent à une personne qu'ils veulent honorer. Ç'aurait donc été un défaut de respect et de reconnaissance envers Dieu, si on ne lui avait offert que ce qu'il y avait de plus imparfait et de moindre prix parmi les animaux. Dieu avait encore défendu d'immoler les animaux dont la chair était malsaine, parce que, dans plusieurs sacrifices, une partie de la *victime* devait être mangée par les prêtres et par ceux qui l'offraient. Il est encore très-probable qu'outre cette raison de santé, Moïse avait défendu d'offrir certains animaux, parce que c'étaient les *victimes* que les idolâtres immolaient par préférence à leurs divinités.

Il est dit dans le Nouveau Testament, que Jésus-Christ a été notre *victime*, parce qu'il s'est offert lui-même en sacrifice à Dieu son Père, pour la rédemption du genre humain. De même que les Juifs rachetaient les premiers-nés de leurs enfants par le sacrifice d'une *victime*, Jésus-Christ nous a rachetés en se livrant lui-même à la mort, et en donnant son sang pour le prix de notre rédemption.

Les incrédules, qui ont le talent de tout empoisonner, disent que ce dogme est uniquement fondé sur la fausse idée dans laquelle ont été tous les peuples, qu'il fallait du sang humain pour apaiser la colère du ciel. Ils n'ont pas vu que c'est au contraire la mort de Jésus-Christ pour tous les hommes, qui a détruit pour toujours la funeste erreur que le paganisme avait répandue chez tous les peuples. En faisant cesser toute espèce d'effusion de sang sur les autels du Seigneur, Jésus-Christ a banni pour jamais d'une grande partie de l'univers la coutume barbare d'immoler des hommes, et, dans ce sens, il a encore été le Sauveur d'un très-grand nombre de ces malheureuses *victimes*.

Saint Paul, dans sa *Lettre aux Hébreux*, c. ix, nous a donné de ce mystère des idées plus vraies et plus dignes de Dieu. Il observe que l'usage a été de confirmer les alliances par un sacrifice; on attestait ainsi la présence de la Divinité, puisque l'on n'a jamais offert de sacrifice qu'à un être que l'on prenait pour un Dieu; aussi l'Apôtre fait remarquer que l'alliance de Dieu avec les Israélites fut cimentée par l'effusion du sang des *victimes*, et que sous l'ancienne loi, cette effusion était le signe et le gage de la rémission des péchés. De là il conclut qu'il était convenable que la nouvelle alliance, bien supérieure à la première, fût aussi confirmée par le sang d'une *victime* plus précieuse, par la mort du Fils de Dieu même. Loin de nous donner par là aucune idée de cruauté de la part de Dieu, il nous fait concevoir l'excès de sa bonté et de sa clémence. C'est Dieu qui a fait, pour ainsi dire, tous les frais du sacrifice; il a donné aux hommes son Fils unique pour *victime* et pour prix de leur rédemption. Mais il n'a pas voulu que cette divine hostie pérît pour toujours, il a ressuscité son Fils trois jours après sa mort, et l'a mis ainsi en possession de tous les honneurs et de tous les apanages de la Divinité; il a fait cesser toute raison de répandre du sang sur les autels.

D'autre part, les sociniens, en prenant les termes d'*hostie*, de *victime*, de *sacrifice*, de *rédemption*, dans un sens métaphorique, ont renversé toute la théologie de saint Paul. Si Jésus-Christ s'est immolé pour les hommes, dans ce sens seulement qu'il est mort pour confirmer la vérité de sa doctrine, pour leur donner l'exemple d'une parfaite soumission à Dieu, pour inspirer du courage aux martyrs, etc., quelle ressemblance y a-t-il entre l'objet et les motifs de cette mort, et ceux de l'immolation des *victimes*? Des leçons, des exemples, ne sont ni un prix, ni un rachat, ni un échange, ni une expiation. Dans cette hypothèse, saint Paul a parlé un langage inintelligible; les juifs auxquels il l'adressait n'y ont pu rien comprendre.

Nous savons que les païens, dans les calamités publiques qu'ils regardaient comme un effet de la colère du ciel, vouaient aux dieux une *victime d'expiation*. L'on cherchait dans toute la ville ou dans toute la contrée l'homme le plus laid, et on le destinait à être immolé; on le donnait en spectacle à tout le peuple, et on le conduisait ainsi au lieu où il devait être mis à mort. On lui mettait à la main un fromage, un morceau de pâte et des figues; on le battait sept fois avec un faisceau de verges fait de certains arbrisseaux, on le brûlait enfin dans un feu fait de bois d'arbres sauvages, en prononçant cette formule : *Que cette victime expiatrice soit propitiation pour nous;* on lui donnait le nom de κάθαρμα, *purification*, ou *expiation*, et de περίψημα, *ordure*, *balayure*, *raclure du monde*. Nous ne nous arrêterons point à relever l'absurdité et la démence de ce sacrifice; mais nous demandons à tous les incrédules, si l'on peut faire quelque comparaison entre cette malheureuse *victime* et Jésus-Christ, qui n'a été mis à mort que par la jalousie qu'avaient donnée aux Juifs ses leçons, ses vertus, ses miracles, ses bienfaits.

Un commentateur protestant a jugé que saint Paul faisait allusion à cet usage des païens, *I Cor.*, c. iv, v. 9 et 13, lorsqu'il a dit: *Je pense que Dieu nous a fait paraître les derniers des apôtres, comme des hommes dévoués à la mort, puisque nous sommes donnés en spectacle au monde, aux anges et aux hommes....... jusqu'à présent nous sommes comme les balayures du monde,* περικαθάρματα, *comme l'ordure rejetée de tous,* περίψημα. Si cette conjecture est juste, un protestant n'avait pas intérêt de l'adopter. Saint Ignace, près de souffrir le martyre, écrit aux *Ephésiens*, n. 8 : « Je serai votre *victime d'expiation*, περίψημα, et une purification, ἅγνισμα, pour l'Église d'Éphèse. » Il nous paraît que ces deux passages rapprochés prouvent que les souffrances des saints peuvent nous servir d'expiation, du moins par voix d'intercession. *Voy.* SAINTS, § 6; SACRIFICES, etc.

VICTORINS, chanoines réguliers de Saint-Victor, dont le chef-lieu est l'abbaye de ce nom, fondée à Paris par Louis VI, ou le Gros, l'an 1113. Tout ce que nous savons de certain de son origine, dit l'auteur des *Recherches sur Paris*, c'est qu'au commencement du xiie siècle, il y avait dans le même lieu une chapelle de Saint-Victor, où l'on conservait des reliques de ce martyr. Guillaume de Champeaux, archidiacre de Paris, maître du fameux Abailard, s'y retira avec quelques-uns de ses disciples et de ses amis, y prit l'habit avec eux, embrassa la vie de chanoine régulier. Bientôt leurs vertus et les talents du chef de cette colonie rendirent leur maison célèbre; plusieurs furent appelés pour former ailleurs des congrégations sur le modèle de celle de Saint-Victor. Elle a donné à l'Église plusieurs hommes d'un grand mérite et recommandables par leurs vertus. Hugues et Richard de Saint-Victor, Pierre Lombard, le poëte Santeuil, etc., étaient de cette maison; l'an 1148, on en tira douze chanoines pour réformer ceux de Sainte-Geneviève. Il y a dans la bibliothèque, qui devrait être publique, une histoire des grands hommes de ce monastère, en sept vol. in-fol., composée par le P. Gourdan, l'un des chanoines. *Voy. Vie des Pères et des Mart.*, t. VI, p. 429.

VIE. Dans l'Écriture sainte, ce mot signifie non-seulement la vie temporelle du corps, mais encore la vie spirituelle de l'âme ; la vie passagère que nous menons sur la terre, et la vie éternelle que nous espérons dans le ciel. Quelquefois il désigne les vivres, les moyens de subsistance ; ôter au pauvre sa *vie*, c'est le priver d'un secours nécessaire pour le conserver. Plus souvent il exprime la santé, la prospérité, la joie et le bonheur, au lieu que la *mort* désigne le deuil, l'affliction, la maladie, la douleur ; cette métaphore se trouve dans la plupart des langues. Pour saluer quelqu'un, les Latins disaient *ave*, anciennement *have*, vivez ; et *salve* ou *vale*, portez-vous bien ; les Grecs χαῖρε, soyez dans la joie, les Hébreux *schalom leca*, la paix soit avec vous : les chrétiens, convaincus que Dieu est le seul auteur de la vie, de la santé et du bonheur, disent *adieu*, soyez bien avec Dieu : toutes ces formules reviennent au même. Quand on crie, *vive le roi*, on lui souhaite la santé et la prospérité. Conséquemment dans les livres saints, *vivifier* se dit fréquemment pour consoler, guérir, rendre le repos et la joie, même pour rétablir une chose inanimée dans son premier état. Le prophète Habacuc, dans sa prière à Dieu pour le rétablissement des Juifs, lui dit, v. 11 : *Seigneur, c'est votre ouvrage*, VIVIFIEZ-*le au milieu des temps*, faites revivre leur ancien bonheur. Mais dans *Ézéchiel*, c. XIII, v. 19, où il est dit que les faux prophètes tuaient les âmes qui n'étaient pas mortes, et qu'ils *vivifiaient* celles qui n'étaient pas vivantes, par les mensonges qu'ils persuadaient au peuple, cela signifie qu'ils menaçaient de la mort ceux qui l'auraient évitée, en rejetant leurs mensonges, et qu'ils promettaient la vie à ceux qui ne pouvaient manquer de périr en les écoutant. Dieu est appelé le *Dieu vivant*, pour le distinguer des faux dieux qui n'existaient pas, et de leurs idoles qui ne vivaient pas. Une formule de serment, chez les Juifs, était, le *Seigneur est vivant*, c'est-à-dire il est vivant et présent pour me punir, si je mens. La *terre des vivants* signifie quelquefois la terre où nous vivons, d'autres fois le ciel où la mort ne peut plus avoir lieu. Il n'y a point de véritable *vie*, dit saint Augustin, que celle où l'on est heureux, où l'on ne craint ni de déchoir ni de souffrir. Les *eaux vives* sont des eaux pures et courantes ; mais dans l'Évangile, Jésus-Christ appelle *fontaine d'eau vive* sa doctrine, qui donne à notre âme la *vie spirituelle*, et nous conduit à la *vie éternelle*. Dans le même sens il a dit : *Je suis la voie, la vérité et la vie* (*Joan.*, XII, 14).

En traitant la question de savoir quel est le principe de la vie dans les corps animés, les philosophes modernes ne vous ont débité que des inepties et des mots qu'ils n'entendaient pas. Tous imbus de matérialisme, ils ont fait mille tentatives pour prouver qu'il y a un principe de mouvement et de vie dans la matière. Mais, en dépit de toutes les rêveries philosophiques, tous les hommes sont convaincus par le sentiment intérieur, par la conscience, qu'il y a évidemment dans la nature deux substances ; l'une morte, inerte, passive, que nous nommons la *matière*, l'autre active, principe de *vie*, de mouvement, de sentiment, de pensée, que nous appelons l'*esprit*; le voir dans la matière, c'est concevoir que la vie peut venir de la mort ; le mouvement du repos et de l'inertie ; la pensée, de ce qui ne pense pas. Depuis deux mille ans qu'une secte d'insensés y travaille, elle n'a gagné que du mépris ; y en employât-elle encore autant, elle n'étouffera pas le sens commun.

Meilleur philosophe que tous ces visionnaires, Moïse a écrit dans un style intelligible à tous les hommes, *Gen.*, c. I, v. 24 et 26 ; c. II, v. 7, Dieu dit : *Que la terre produise des êtres vivants*, chacun dans son genre, *les quadrupèdes, les reptiles et tous les animaux terrestres selon leur espèce*. Il avait déjà dit la même chose des plantes, des poissons et des oiseaux. Dieu dit ensuite : *Faisons l'homme à notre image et à notre ressemblance, et qu'il préside à toute créature vivante... Dieu forma donc l'homme du limon de la terre, il souffla sur son visage un esprit de* VIE, *l'homme fut un être animé et vivant*. Selon ce même texte, la reproduction de toutes ces créatures est l'effet d'une bénédiction que Dieu leur a donnée, leur fécondité ne peut passer les bornes, ni transgresser les lois qu'il a prescrites, aucune ne peut se perpétuer que *selon son genre* et son espèce. Le même ordre est établi pour les végétaux ; Dieu y a mis le germe immortel qui doit en conserver l'espèce ; sans ce germe, aucune reproduction n'est possible ; jamais on ne fera sortir la *vie* d'une molécule de matière à laquelle Dieu ne l'a pas donnée. Toutes ces vérités deviennent encore plus sensibles, lorsqu'il s'agit de la *vie* de l'homme. Cette *vie* est non-seulement la chaîne des mouvements qu'il reçoit du dehors et desquels il a le sentiment ou la conscience, non-seulement la suite des mouvements spontanés qu'il produit lui-même, mais encore la suite de ses pensées et de ses vouloirs, desquels il a également la conscience et le sentiment. Les philosophes qui ont cherché dans la matière le principe de la *vie* sensitive ou animale, ont prétendu y trouver aussi celui de la pensée et du vouloir ; on conçoit qu'ils ont encore moins réussi à l'un qu'à l'autre. *Voy.* Ame.

Vie future. *Voy.* Immortalité de l'ame.
Vie éternelle. *Voy.* Bonheur.
Vie des saints. *Voy.* Saints et Légende.

VIEIL HOMME. *Voy.* Homme.

VIERGE, VIRGINITÉ. Les Hébreux désignaient une *vierge* par le mot *halma*, personne cachée ou voilée et renfermée, parce que l'usage des Orientaux fut toujours de retenir les jeunes filles dans un appartement séparé, de ne point les laisser sortir sans être voilées, ni paraître à visage découvert que devant leurs proches parents. Il est dit de Rébecca, qu'elle n'était connue d'aucun homme, *Gen.*, c. XXIV, v. 16 ; lorsqu'elle aperçut de loin Isaac, son futur époux, elle se couvrit d'un voile, v. 65. Cet usage était contraire à celui de l'Occident où les filles paraissent en public à visage découvert, pendant que les femmes se voilaient; chez les Romains, *nubere*, se voiler, signifiait se marier. Le sévère Tertullien blâmait avec raison cette coutume; il soutenait que les *vierges* devaient être voilées plutôt que les femmes. *L. de velandis Virginib*.—Nous ne voyons chez les Juifs aucun exemple de la profession d'une *virginité* perpétuelle, mais seulement de la continence des veuves après la mort de leur mari, et on leur en fait un mérite. Judith est louée de la retraite, du jeûne, des mortifications qu'elle pratiquait dans son veuvage, c. VIII, v. 5; le prêtre Ozias et les anciens du peuple la nomment *une femme sainte et craignant Dieu*, v. 29. Le grand prêtre lui dit : *Parce que vous avez aimé la chasteté, et que vous n'avez pas pris un second mari, la main du Seigneur vous a fortifiée; vous en serez bénie éternellement*, c. XV, v. 11. L'Evangile donne à peu près les mêmes éloges à la prophétesse Anne, veuve très-âgée, *Luc.*, c. II, v. 36. Dans les *Actes*, c. XXI, v. 9, il est dit que Philippe, l'un des sept diacres, avait quatre filles *vierges*, qui prophétisaient, mais il n'est pas certain qu'elles avaient voué à Dieu leur *virginité*.

Dès le II° siècle, l'Eglise chrétienne se glorifiait d'avoir plusieurs personnes de l'un et de l'autre sexe qui professaient la continence, et les apologistes du christianisme le faisaient remarquer aux païens. « Parmi nous, dit saint Justin, *Apol.* 1, n. 15, un grand nombre de personnes des deux sexes, âgées de 60 et 70 ans, qui dès leur enfance ont été instruites de la doctrine de Jésus-Christ, persévèrent dans la chasteté, et je m'oblige à en montrer de telles dans toutes les conditions de la société. » Or, des fidèles de soixante ans, au temps de saint Justin, et qui avaient été élevés dans le christianisme dès l'enfance, ne pouvaient avoir été instruits que par les apôtres ou par leurs disciples immédiats; et ce Père prétend que les fidèles ont été déterminés à garder la continence par ces paroles de Jésus-Christ : *Il y a des hommes qui se sont faits eunuques pour le royaume des cieux*, paroles que nous examinerons ci-après, n. 29 : « Ou nous nous marions seulement pour avoir des enfants, ou si nous fuyons le mariage, nous vivons dans une continence perpétuelle. »
— Athénagore, qui a écrit dans le même temps, s'exprime de même, *Legat. pro christian.*, n. 3 : « Il y a parmi nous un grand nombre d'hommes et de femmes qui vivent dans le célibat, par l'espérance d'être plus étroitement unis à Dieu, etc.... Notre usage est, ou de demeurer tels que nous sommes nés, ou de nous contenter d'un seul mariage. » — Hermas, plus ancien, dit dans le *Pasteur*, l. II, *mand.* 4, n. 4 : « Celui qui se remarie ne pèche point; mais s'il demeure seul, il acquiert beaucoup d'honneur auprès du Seigneur. Gardez la chasteté et la pudeur, et vous vivrez pour Dieu. » Saint Épiphane et saint Jérôme nous attestent que saint Clément le Romain, à la fin de sa seconde lettre, enseignait la *virginité*. Voyez *les Pères apost.*, t. I, pag. 189, col. 2.

Nous pourrions citer, au III° siècle, saint Clément d'Alexandrie, Tertullien, Origène et saint Cyprien; mais les protestants ni leurs copistes ne nient point le fait que nous prouvons, savoir que, dès la naissance de l'Eglise chrétienne, la *virginité* y a été singulièrement estimée, recommandée et pratiquée par un grand nombre de personnes. Ils soutiennent qu'en cela les premiers chrétiens se sont trompés, aussi bien que les Pères qui les instruisaient; que ce préjugé n'était fondé sur aucun texte clair et formel de l'Ecriture sainte, et qu'il a produit dans le christianisme beaucoup plus de mal que de bien. Déjà, au mot CÉLIBAT, nous avons prouvé le contraire : mais comme il s'agissait seulement alors de justifier le célibat des ecclésiastiques et des religieux, il nous reste à montrer non-seulement l'innocence, mais la sainteté de la *virginité* parmi les laïques, à faire voir que la persuasion dans laquelle ont été les premiers chrétiens, touchant le mérite de cette vertu, n'était ni un préjugé ni une superstition, mais une croyance solide, fondée sur les leçons de Jésus-Christ et des apôtres.

1° Le Fils de Dieu a voulu naître d'une *vierge*, et il a passé sa vie mortelle dans l'état de *virginité*. De ce qu'il a pris pour mère une *vierge* et qu'il est demeuré *vierge* lui-même, tous ceux qui ont cru en lui ont dû naturellement conclure que cet état lui était agréable, qu'il y aurait du mérite à tâcher de l'imiter à cet égard, autant qu'il était possible. Ils ont été confirmés dans cette pensée par les exhortations de saint Paul : *Soyez mes imitateurs comme je le suis de Jésus-Christ. Soyez les imitateurs de Dieu* (*I Cor.* IV, 16; XI, 1; *Ephes.*, V, 1). *Que la grâce soit avec tous ceux qui aiment Notre-Seigneur Jésus-Christ dans la pureté*, ou dans la chasteté, c. VI, v. 24. Saint Jean, dans son Evangile, se nomme *le disciple que Jésus aimait*; au II° siècle de l'Eglise, on était persuadé que cette prédilection du Sauveur venait de ce que saint Jean était *vierge* et a continué de l'être toute sa vie, que pour cette même raison Jésus-Christ mourant lui recommanda sa sainte Mère; les manichéens mêmes étaient dans cette croyance. Beausobre prétend qu'elle n'était fondée que sur des livres apocryphes; mais, dans un temps où plusieurs disciples de cet apôtre vivaient encore, avait-on besoin de consulter des livres apocryphes, pour savoir en quel état il avait vécu ? — 2° Notre divin Maître dit dans l'Evangile, *Matth.*, c. V, v. 8 : *Bienheureux les cœurs purs, parce qu'ils verront Dieu*. Cette pureté de cœur consiste dans l'exemption de toute pensée criminelle, de tout désir impur. Or, nous demandons qui sont ceux qui peuvent les écarter plus aisément, ceux qui pensent à se marier, ou ceux qui y renoncent pour toujours, et qui se séparent de tous les objets capables de les exciter ? Nos adversaires, par opiniâtreté, soutiendront sans doute que ce sont les premiers, mais ils auront contre eux le témoignage de tous les saints qui, après avoir vécu dans l'état du mariage, ont voulu vivre dans la continence. Le Sauveur ajoute, c. xxii, v. 30, qu'après la résurrection il n'y aura plus de mariage, que les ressuscités seront comme les anges de Dieu dans le ciel; a-t-on pu croire qu'il n'y a aucun mérite à tâcher d'être dans un corps mortel, ce que nous serons après la résurrection? — 3° *Matth.*, c. xiv, v. 10, lorsque Jésus-Christ eut déclaré que le mariage est indissoluble, ses disciples lui dirent : *Si tel est le sort de l'homme avec son épouse, il n'est pas expédient de se marier.* Jésus leur répondit: *Tous ne comprennent pas cette vérité, il n'y a que ceux qui en ont reçu le don.... Car il y a des hommes qui se sont faits eunuques à cause du royaume des cieux. Que celui qui le peut le comprenne.* Soit que l'on entende par le *royaume des cieux* le bonheur éternel, ou la profession de la doctrine de Jésus-Christ, cela est égal; il s'ensuit toujours qu'il y avait déjà de ses disciples qui avaient renoncé au mariage pour se rendre plus capables d'annoncer le royaume des cieux ou l'Évangile, et que c'était un don qu'ils avaient reçu de Dieu. En effet, v. 27, saint Pierre dit à son maître : *Nous avons tout quitté pour vous suivre, que nous en reviendra-t-il?...Quiconque,* répond le Sauveur, *aura quitté sa famille, son épouse, ses enfants, ses biens, à cause de mon nom, recevra le centuple et aura la vie éternelle.* Si c'était un mérite de quitter pour ce sujet une épouse et des enfants, n'en était-ce pas un de même de prendre la résolution de n'en point avoir, et de vivre dans l'état de *virginité* ? Cependant les ennemis de cette vertu prétendent que par elle-même elle est sans aucun mérite, et qu'elle ne contribue en rien au salut. Ils diront sans doute que c'était un cas particulier pour les apôtres : mais il était le même pour tous ceux qui devaient comme eux annoncer l'Évangile, et remplir les mêmes fonctions parmi les fidèles; et c'est précisément à leur égard que nos adversaires blâment le plus hautement la profession de la *virginité* et de la continence. Puisque, suivant la leçon de notre divin Maître, c'est la disposition la plus avantageuse pour travailler au salut des autres, il nous paraît que les simples fidèles n'ont pas eu tort de penser que c'était la plus utile pour s'occuper de leur propre sanctification. Ils n'ont pas oublié que c'est un don de Dieu ; mais ils ont présumé que Dieu avait daigné le leur accorder, lorsqu'ils se sont senti une forte inclination à vivre de cette manière. — 4° La doctrine de saint Paul est exactement conforme à celle de Jésus-Christ, *I Cor.*, c. vi, v. 19. Après avoir détourné les fidèles de tout commerce illégitime entre les deux sexes, il leur dit : *Ne savez-vous pas que vos membres sont le temple du Saint-Esprit qui est en vous et que vous avez reçu de Dieu, et que vous n'êtes pas à vous, puisque vous avez été achetés à grand prix ? Glorifiez et portez Dieu dans votre corps,* c. vii, v. 1. Quant aux choses desquelles vous m'avez écrit, il est bon, *à l'homme, de ne toucher aucune femme,* v. 7. *Je voudrais que vous fussiez tous comme moi; mais chacun a reçu de Dieu un don qui lui est propre, l'un d'une manière, l'autre d'une autre. Or, je dis à ceux qui ne sont pas mariés et aux veufs qu'il leur est bon de demeurer dans cet état, comme j'y suis. S'ils ne sont pas continents, qu'ils se marient; il vaut mieux se marier que de brûler d'un feu impur....* v. 24. *Que chacun demeure dans l'état dans lequel il a été appelé à la foi, mais toujours avec Dieu, ou selon Dieu. Quant aux* vierges, *je n'ai reçu aucun commandement du Seigneur, mais je leur donne un conseil, comme ayant reçu miséricorde du Seigneur pour lui être fidèle. Je pense donc qu'à cause de la nécessité prochaine, il est bon à l'homme d'être dans cet état....* v. 28 : *si une vierge se marie, elle ne péchera point, mais les conjoints éprouveront des peines, et je voudrais vous les épargner. Je dis donc, mes frères, le temps est court, il ne reste qu'à ceux qui ont des épouses d'être comme s'ils n'en avaient point....* v. 32. *Or, je veux que vous soyez sans inquiétude....* v. 34. *Une femme qui n'est pas mariée, ou une vierge, pense aux choses de Dieu, afin d'être sainte de corps et d'esprit. Celle qui est mariée s'occupe des choses de ce monde et de la manière de plaire à son mari. Je vous le dis pour votre bien... et pour vous procurer la facilité de prier Dieu sans embarras....* v. 37. *Celui qui a résolu de garder sa fille vierge, fait bien ; celui qui la marie fait bien, et celui qui ne la marie pas fait mieux.....* v. 40. *Elle sera plus heureuse, selon mon avis, si elle demeure ainsi; or, je pense que j'ai aussi l'esprit de Dieu.*

Ce passage est long, mais il faut absolument le lire tout entier, pour prévenir et pour réfuter les fausses interprétations des protestants. 1° *Chacun a reçu de Dieu un don qui lui est propre;* donc Dieu appelle les uns à l'état de *virginité,* les autres à l'état du mariage; les premiers sont-ils moins obligés ou moins louables que les seconds, d'obéir à la vocation de Dieu ? L'Apôtre, *Gal.*, cap. v, v. 23, met au nombre des dons du Saint-Esprit non-seulement la chasteté qui convient à tous les états, mais *la continence,* v. 25. *Ceux qui sont à Jésus-Christ ont crucifié leur chair avec ses vices et ses convoitises.* Or, sont-ce les personnes mariées ou les vierges, qui sont le plus occupées à crucifier les convoitises de la chair ? 2° Lorsque saint Paul dit qu'il *est bon à l'homme de ne toucher aucune femme,* aux célibataires et aux vœux de demeurer dans leur état, aux vierges d'y persévérer, cela ne signifie pas seulement que cela est plus commode et plus avantageux pour cette vie, comme le prétendent les protestants ; saint Paul en donne trois autres raisons : la première, parce que nos corps sont le temple du Saint-Esprit ; la seconde, parce que, dans l'état de *virginité* et de continence, on ne pense qu'à plaire à Dieu, à être saint de corps et d'esprit; la troisième, parce que l'on a plus de liberté de prier Dieu. 3° Plusieurs commentateurs modernes, surtout les protestants, traduisent *propter instantem necessitatem*, par *à cause des afflictions présentes*, c'est-à-dire à causes des persécutions auxquelles les chrétiens allaient être exposés. Fausse interprétation. Saint Paul s'exprime lui-même en disant, *le temps est court*; il est donc ici question de la brièveté de la vie et de la *nécessité prochaine* de mourir. C'est pour cela que l'Apôtre, *Ephes.*, c. v, v. 26, exhorte les fidèles à *racheter le temps*. D'autres ont imaginé que saint Paul parlait de la fin prochaine du monde; nous avons réfuté ce rêve ailleurs. *Voy.* MONDE. 4° Ils disent qu'il était *mieux* à une *vierge* de demeurer dans cet état, et à un père de garder sa fille *vierge*, que de la marier, parce qu'il était difficile pour lors de lui trouver un époux chrétien, vu le petit nombre des chrétiens, du temps de saint Paul. Mais l'Apôtre ne parle point de cet inconvénient; il est ridicule de vouloir deviner ce qu'il n'a pas dit, lorsque ce qu'il a dit est clair et formel. Il aurait très-mal pourvu à l'instruction des fidèles, si les avis qu'il leur donnait n'avaient été justes et utiles que pour quelque temps, et n'avaient pas dû servir pour tous les siècles. Les Pères des trois premiers ont entendu comme nous ces paroles, et les ont apportées en preuve avant nous. — La cinquième preuve que nous donnons du mérite de la continence et de *la virginité*, sont ces paroles de l'*Apocalypse*, ch. xiv, v. 4 : *Voici ceux qui ne se sont point souillés avec les femmes, car ils sont* vierges. *Ils suivent l'agneau partout où il va; ils ont été achetés d'entre les hommes, comme prémices consacrées à Dieu et à l'agneau.* Il nous paraît que c'était une ambition très-louable de la part des premiers fidèles, de vouloir être du nombre de ces prémices consacrées à Dieu et à Jésus-Christ, et de ces bienheureux si élevés dans la gloire du ciel au-dessus des autres. — Une sixième preuve de l'excellence de cette vertu, est le grand nombre de *vierges* chrétiennes qui ont souffert le martyre. Il est constant que la manière dont vivaient ces saintes filles, la retraite, l'éloignement du monde, la fuite de tous les plaisirs du paganisme, le jeûne, les mortifications, le travail, la prière, étaient les meilleures dispositions pour obtenir de Dieu le courage de mourir pour Jésus-Christ; c'était, selon l'expression de Tertullien, un apprentissage continuel du martyre. On sait que les païens ne connaissaient point de moyen plus efficace pour engager ces *vierges* courageuses à l'apostasie, que de leur ôter leur pudicité, et qu'ils ne croyaient pouvoir leur faire une menace plus terrible que celle de leur arracher cette fleur précieuse. Mais les protestants n'ont jamais témoigné beaucoup plus d'estime pour le martyre que pour la *virginité*. — Nous n'insisterons point sur la manière dont les païens eux-mêmes en ont pensé. On voulait chez les Grecs que la prêtresse d'Apollon fût *vierge*, et l'on croyait que les sibylles l'avaient été; les Romains avaient autant de respect pour les vestales, que les Péruviens pour les *vierges* du soleil. Mais les premiers chrétiens n'avaient pas puisé leur croyance dans une source aussi impure; ils la fondaient sur l'Ecriture sainte et sur la tradition laissée à l'Eglise par les apôtres.

Malgré les preuves que nous en avons tirées, et qui ont été alléguées par les Pères du ii° et du iii° siècle, nos adversaires n'ont pas rougi d'appeler le zèle et l'estime que l'on a toujours eus pour la continence et la *virginité*, une fausse prévention, le plus pernicieux de tous les fanatismes, une erreur causée par d'autres erreurs. Elle est venue, disent-ils, d'une admiration stupide pour tout ce qui exige de nous un effort, de l'ambition de se distinguer et de recevoir des honneurs, de la rivalité des sectes qui divisaient alors le christianisme, surtout de celles qui admettaient deux principes, l'un bon, l'autre mauvais; de la mélancolie, du climat; de l'envie de réfuter les fausses accusations des païens; du système de la préexistence des âmes; mais principalement de l'opinion des nouveaux platoniciens qui, d'après les philosophes orientaux, soutenaient la nécessité de la continence et des mortifications pour s'unir à Dieu.

Mais il est fort singulier que les premiers chrétiens aient préféré d'écouter les leçons de tous les rêveurs de l'univers, plutôt que celles de l'Evangile qui sont si claires et si persuasives; il ne reste plus à nos adversaires qu'à dire que Jésus-Christ et saint Paul ont tiré leur doctrine de toutes les erreurs dont on vient de nous parler; cependant il faut avoir la patience de les examiner en particulier. 1° Il y a bien de l'indécence à nommer *admiration stupide* le sentiment que toute vertu nous inspire. Puisqu'enfin la vertu en général est *la force de l'âme*, il faut un effort pour la pratiquer et pour réprimer toute passion qui s'y oppose. Il ne fallait pas peu de courage pour être chrétien pendant les trois premiers siècles, et pour être vertueux, lorsque le monde entier était un cloaque de vices. *Dieu*, dit saint Paul, *II Tim.*, c. i, v. 7, *ne nous a pas donné un esprit de timidité, mais de force, de charité et d'empire sur nous-mêmes.* Saint Pierre, *Epist.* 1, c. v, v. 8, exhorte les fidèles à résister aux tentations du démon, par la force de leur foi; v. 10, il leur promet que Dieu les fortifiera et les affermira, etc. A-t-on pu écrire sans rougir, qu'une religion aussi douce et aussi compatissante que le christianisme n'a pas pu nous défendre de suivre un des plus forts penchants de la nature? Autant valait-il dire qu'elle n'a pas pu nous défendre la luxure, parce que c'est un penchant violent dans la plupart des hommes. Telle est la morale scandaleuse de nos adversaires. Ils nous accusent de stupidité, parce que nous admirons le courage des saints : mais il faut être bien plus stupide pour n'en pas être touché. — 2° Nous ne voyons pas où pouvait être l'ambition de se distinguer ou d'être honoré, dans un temps auquel tous les chrétiens étaient obligés de se cacher, se voyaient exposés au mépris et à la haine publique. La vie ascétique et retirée des *vierges* fut celle de presque tous les premiers chrétiens ; il ne put y avoir de distinction parmi eux que quand les églises eurent pris de la consistance, et que les assemblées des fidèles eurent acquis de l'éclat. Une des leçons que les pasteurs répétèrent le plus souvent aux *vierges*, fut de leur recommander une humilité profonde, et de les avertir que, sans ce contre-poison de l'orgueil, leur vertu ne se soutiendrait pas. Mais les incrédules ont fait au courage des martyrs le même reproche qu'à celui des *vierges;* ils ont dit que les premiers furent principalement animés par l'ambition d'obtenir les mêmes honneurs qu'ils voyaient rendre à la mémoire de ceux qui étaient morts pour Jésus-Christ. *Voy.* Martyr. — 3° Lorsqu'ils parlent de la rivalité des sectes qui divisaient le christianisme au second siècle, ils ne montrent que de l'ignorance. Il est certain que ces premières sectes furent celles des gnostiques, et qu'elles furent bientôt suivies de celles des marcionites et des manichéens. Or, leur principe commun était que la chair était impure par elle-même, que ce n'était point l'ouvrage du Dieu bon et souverain, mais la production d'un mauvais génie; qu'il fallait par conséquent en réprimer et en combattre tous les penchants : est-il croyable que les premiers chrétiens aient voulu favoriser cette erreur par la profession de la *virginité*, de la continence, des exercices de la vie ascétique? Loin de donner dans cet abus, le 4° canon des apôtres [*al.* 52], excommunie tout ecclésiastique et tout laïque qui s'abstiendrait du mariage, du vin et de la viande par horreur, en haine de la création, et non par mortification. Ainsi l'Eglise garda le sage milieu entre les deux excès; elle censura également ceux qui condamnaient le mariage, et ceux qui blâmaient la profession de la *virginité*, de la continence et des mortifications. — 4° Sans cesse on nous parle de la mélancolie qu'inspire le climat de l'Egypte, de la Palestine et d'autres contrées de l'Asie; selon nos adversaires, c'est cette maladie qui a fait naître tous les usages qui leur déplaisent. Mais le climat des montagnes de Syrie, où l'hiver dure six mois, ne doit guère ressembler à celui de l'Egypte, où les chaleurs sont insupportables. On sait d'ailleurs que le goût pour la continence et pour la vie ascétique s'est répandu dans la Perse, dans l'Asie Mineure, dans l'Italie, dans les Gaules, en Angleterre et dans tout le Nord, à mesure que le christianisme s'y est établi; ce goût a donc été plus fort que tous les climats. N'importe, dès qu'une fois nos adversaires ont imaginé une conjecture, quelque fausse qu'elle soit, ils y persistent et l'opposent comme un bouclier à tous les faits et à tous les monuments. — 5° Nous convenons que les chrétiens ont été très-empressés de réfuter les calomnies des païens qui les accusaient de commettre des impudicités dans leurs assemblées; mais ces reproches injurieux n'ont été hasardés que dans le cours du II° et du III° siècle ; il n'en est pas encore question dans les écrits de Celse, qui n'a cependant omis aucune des plaintes qu'il a cru pouvoir former contre les chrétiens, et alors il s'était écoulé un siècle entier depuis que Jésus-Christ et les apôtres avaient loué la continence et la *virginité*. Supposons, si l'on veut, que le motif dont nous parlons ait influé sur la conduite des fidèles du II° et du III° siècle; par la même raison il faut y attribuer encore la douceur, la charité, la patience, la soumission aux puissances, la fidélité, la tempérance, la justice, le respect pour l'ordre public, et toutes les autres vertus dont les chrétiens ont fait profession ; en quoi peut-on blâmer ce motif qui leur a été proposé et prescrit par les apôtres mêmes ? *I Petr.*, c. II, v. 12 et 15, etc. Plût au ciel que le même esprit eût régné dans toutes les sectes hérétiques ! il y aurait eu moins de crimes commis et plus de vertus pratiquées. Que diraient nos adversaires, si nous affirmions que ce qu'il y a eu d'hommes vertueux parmi les protestants ne l'ont été que pour faire honneur à leur secte, et pour réfuter les reproches des catholiques ? — 6° Si ces dissertateurs, qui devinent les motifs et les intentions les plus cachées des hommes, avaient un peu raisonné, ils auraient dit que les chrétiens ont compris l'utilité de la *virginité*, de la continence, des mortifications, parce qu'ils croyaient, comme nous croyons encore, que la nature humaine a été corrompue par le péché de notre premier père, et que nous portons en nous un foyer continuel de péché; cela serait conforme à la doctrine de saint Paul. Mais il leur a paru plus beau de recourir au système absurde de la préexistence des âmes, de supposer que les chrétiens pensaient, comme quelques hérétiques, que les âmes avaient péché dans une vie précédente, avant d'être unies à des corps. Ainsi, au jugement de nos adversaires, les chrétiens ont tiré des conséquences d'une erreur, qui, dans la suite, a été condamnée par l'Eglise, et qui contredit l'Ecriture sainte; et ils n'ont pas su en tirer une très-naturelle d'un dogme qui leur était enseigné par leur religion. — 7° Ont-ils mieux réussi en disant que le goût, le préjugé, le fanatisme des premiers chrétiens, sont venus du système des nouveaux platoniciens, qui mêlaient la doctrine de Platon à celle des philosophes orientaux ? Brucker, après Mosheim, s'est entêté de cette opinion, et n'a rien négligé pour la faire valoir ; il soutient que c'est la clef de toutes les anciennes erreurs qui ont régné, soit chez les hérétiques, soit dans l'Eglise, *Hist. crit. de la philos.*, t. III, p. 363, etc.

Déjà, aux mots Emanation, Platonisme, Verbe Divin, etc., nous avons prouvé la témérité et la fausseté de cette savante conjecture ; nous avons défié ses défenseurs de produire aucune preuve positive de la naissance de cette philosophie mélangée en Egypte avant l'an 250, et il y avait plus d'un siècle que saint Justin, Athénagore et d'autres s'étaient vantés de la multitude de *vierges*, de célibataires religieux et d'ascètes que le christianisme avait produite dans tous les états de la société. Quand on supposerait que tous les Pères grecs avaient étudié la philosophie dans l'école d'Alexandrie, ce qui n'est pas probable, prouverait-on encore que Hermas, que l'on croit avoir été frère du pape Sixte Iᵉʳ, et qui a écrit à Rome ; que Tertullien et saint Cyprien, qui ont vécu en Afrique, avaient sucé les principes du nouveau platonisme ? Tous les trois cependant ont fait le plus grand cas de la continence et de la *virginité* ; saint Jérôme et saint Epiphane attestent que saint Clément le Romain pensait de même ; il est un peu difficile de se persuader que tous ces Pères étaient autant d'élèves de l'école d'Alexandrie ; ils n'ont fondé leur doctrine que sur l'Ecriture sainte. Nous concluons hardiment que l'hypothèse dont Mosheim et Brucker se sont infatués n'est qu'une pure vision.

Encore une fois, il est absurde d'imaginer que les premiers chrétiens ont puisé dans des sources infectées d'erreurs un sentiment évidemment fondé sur l'Ecriture sainte ; et, quand on soutiendrait qu'ils en ont mal pris le sens, ce qui n'est point, il ne s'ensuivrait pas encore qu'ils sont allés le chercher ailleurs. Il serait inutile de répéter ce que nous avons déjà représenté plus d'une fois aux protestants, qu'il y a de l'impiété à prétendre que dès la naissance de l'Eglise, Dieu a permis qu'il s'y répandît une erreur qui a produit les plus grands maux dans tous les siècles. Vainement Jésus-Christ avait voulu se former une Eglise glorieuse, sans tache, sans ride, sans défaut, *Ephes.*, c. v, v. 27 ; il avait si mal pris ses mesures, que son dessein a échoué très-peu de temps après. Il avait promis à ses disciples que le Saint-Esprit demeurerait avec eux pour toujours ; mais à peine le dernier des apôtres fut-il mort, que ce divin Esprit a quitté la terre ; il n'est redescendu du ciel que quinze cents ans après, pour éclairer Luther et Calvin. Voilà le blasphème sur lequel a été fondé tout l'édifice de la réforme ; il a été défendu par tous les apostats qui, de l'état ecclésiastique ou religieux, ont passé au protestantisme, et il est encore soutenu par les plus habiles écrivains de cette religion.

Pour savoir si la profession de la *virginité*, de la continence, de la vie ascétique, était un bien ou un mal dans l'Eglise, il faut être instruit de la manière dont vivaient ceux qui s'y étaient voués ; Fleury, *Mœurs des chrét.*, n. 26, en a fait le tableau d'après les monuments de l'histoire ecclésiastique. « On comptait pour rien, dit-il, la *virginité*, si elle n'était soutenue par la mortification, le silence, la retraite, la pauvreté, le travail, les jeûnes, les veilles, les oraisons continuelles. On ne tenait pas pour de véritables *vierges* celles qui voulaient encore prendre part aux divertissements du siècle, même les plus innocents, faire de longues conversations, parler agréablement, affecter le bel esprit ; encore moins celles qui voulaient paraître belles, se parer, se parfumer, traîner de longs habits, marcher d'un air affecté. Saint Cyprien recommande continuellement aux *vierges* chrétiennes de renoncer aux vains ornements, et à tout ce qui entretient la beauté. Il connaissait combien les filles sont attachées à ces bagatelles, et il en savait les pernicieuses conséquences. Dans les premiers temps, les *vierges* consacrées à Dieu demeuraient la plupart chez leurs parents, ou vivaient en leur particulier, deux ou trois ensemble, ne sortant que pour aller à l'Eglise, où elles avaient leur place séparée du reste des femmes. Si quelqu'une violait sa sainte résolution pour se marier, on la mettait en pénitence. Les veuves, qui renonçaient à de secondes noces, vivaient à peu près comme les *vierges*. » *Voy.* VEUVE.

Mosheim, *Hist. ecclés. du* IIᵉ *siècle*, IIᵉ partie, chap. 3, § 11 et suiv., n'est pas disconvenu de ces faits ; il a seulement un peu chargé le tableau, afin de faire paraître excessive la ferveur des premiers chrétiens ; mais nous demandons toujours quel mal, quel désordre, cet excès prétendu a pu produire dans le christianisme. « Telle a été, dit-il, l'origine des vœux, des mortifications monastiques, du célibat des prêtres, des pénitences infructueuses et des autres superstitions qui ont terni la beauté et la simplicité du christianisme. » Mais si les *vierges* et les ascètes n'ont fait que suivre à la lettre les leçons, les conseils, les exemples de Jésus-Christ et des apôtres, comme nous l'avons fait voir ci-devant au mot ASCÈTE, il s'ensuit déjà que le christianisme si beau et si simple, forgé par les protestants, n'est plus que le cadavre ou le squelette que Jésus-Christ et les apôtres ont établi ; et alors ce ne sont pas les premiers chrétiens qui ont eu tort, ce sont les protestants. Le préjugé du moins est en faveur des premiers, ils étaient plus près de la source que les dissertateurs du XVIᵉ et du XVIIIᵉ siècle. Comme nous traitons en particulier des vœux, des mortifications, du célibat, des pénitences, etc., nous renvoyons le lecteur à ces divers articles. — D'autres ont dit que ceux qui se livrent à la vie ascétique font consister toute la piété dans les exercices extérieurs, au lieu qu'elle consiste dans les sentiments du cœur : reproche faux et calomnieux. Il est impossible qu'une personne persévère longtemps dans les exercices de la piété, sans en avoir bientôt les sentiments dans le cœur ; ceux qui ne les auraient pas seraient promptement dégoûtés des pratiques extérieures ; l'hypocrisie se démasque toujours par quelque endroit. D'autre part il est impossible de conserver longtemps une vraie piété dans le cœur, sans en faire aucun exercice extérieur ; cette vertu se prouve par les actions, aussi bien que la charité ou l'amour du prochain ; ceux qui prétendent en avoir les sentiments, sans les développer jamais au dehors, sont des fourbes. *Voy.* CULTE. DÉVOTION.

Bingham et d'autres protestants ont soutenu que, dans les premiers temps, les *vierges* chrétiennes ne faisaient aucun vœu, qu'elles demeuraient libres de se marier; ils citent en preuves ces paroles de saint Cyprien, *Epist.* 62, *alias* 4, *ad Pomponium :* « Si par un engagement de fidélité, *ex fide*, ces personnes se sont consacrées à Jésus-Christ, qu'elles persévèrent en vivant dans la pureté et la chasteté, sans faire parler d'elles, et qu'avec cette force et cette constance elles attendent la récompense de la *virginité*. Si elles ne peuvent ou ne veulent pas persévérer, il est mieux pour elles de se marier que de tomber dans le feu par leurs péchés. » La question est de prendre le vrai sens de ce passage. 1° Nous soutenons que par *fides*, saint Cyprien entend un engagement, une promesse, un vœu, comme saint Paul dont nous citerons dans un moment les paroles, puisqu'il ajoute : *Christo se dedicaverunt*, et qu'il regarde l'infidélité d'une *vierge* comme un adultère commis contre Jésus-Christ, *ibid.* Cela est confirmé par plusieurs expressions de Tertullien, qui appelle les *vierges, les épouses du Seigneur, consacrées* au siècle futur, et qui ont mis *un sceau* à leur chair, etc. 2° Lorsque saint Cyprien dit : Il est mieux pour elles de se marier, il entend, *avant de faire profession de virginité*, et non après, comme le prétendent les protestants ; c'est encore la doctrine de saint Paul, que nous avons vue ci-devant. Nous prouvons ce sens par la discipline établie peu de temps après saint Cyprien. Le concile d'Ancyre, tenu l'an 313, *can.* 19, décide que toutes celles qui violeront leur profession de *virginité*, seront soumises, comme les bigames, à un an ou deux d'excommunication. Celui de Valence en Dauphiné, de l'année 374, veut qu'à celles qui s'étaient vouées à Dieu, et qui se sont ensuite mariées, l'on diffère la pénitence jusqu'à ce qu'elles aient pleinement satisfait à Dieu. Si elles n'avaient point fait de vœu, il aurait été injuste de leur infliger une peine. Ces mêmes critiques allèguent mal à propos une loi des empereurs Léon et Majorien, qui était moins sévère ; elle porte : « On ne doit point juger *sacrilége* celle qui fera voir, par le désir d'un mariage honnête, qu'*auparavant* elle n'a pas voulu ou n'a pas pu accomplir sa promesse, puisque, selon les règles et la doctrine chrétienne, il est mieux de se marier que de violer par un feu impur la profession de chasteté. » Bingham observe lui-même qu'il était question là des *vierges* qui avaient été forcées par leurs parents à prendre le voile, desquelles par conséquent le vœu était nul de plein droit. Mais aurait-on pu en regarder aucune comme *sacrilége*, si elle n'avait pas fait de vœu ? *Orig. ecclés.*, l. VII, c. 4, § 1 et suiv. Il n'est donc pas vrai que la discipline actuelle de l'Eglise romaine, à l'égard des *vierges*, soit fort différente de ce qu'elle était autrefois. De tout temps le vœu de *virginité* et de continence a été censé nul, lorsqu'il n'a pas été volontaire et libre ; la seule différence qu'il y ait, c'est qu'aujourd'hui, le violement de ce vœu est un empêchement dirimant du mariage, et que l'on permet aux jeunes personnes de le faire avant l'âge prescrit par les anciens canons. Il est encore plus certain que les veuves qui embrassaient l'état de continence, s'y engageaient par un vœu. Saint Paul le témoigne évidemment, *I Tim.*, c. V, v. 11, où il dit : *Evitez les jeunes veuves. Comme elles ont vécu dans une espèce de luxe par les libéralités des fidèles, elles veulent se marier, et sont déjà condamnables, parce qu'elles ont violé leur premier engagement*, PRIMAM FIDEM. Ce terme ne peut être entendu que d'une promesse solennelle de continence qu'elles avaient faite, pour être mises au rang des veuves nourries par l'Eglise. Nous nous servirons de ce passage pour répondre aux déclamations des protestants contre les vœux en général. *Voy.* VŒU.

Il y avait une cérémonie établie pour la consécration des *vierges*. Dans l'Occident, elles mettaient leur tête sur l'autel pour l'offrir à Dieu, et portaient toute leur vie des cheveux longs, avec un habit très-modeste et sans aucune parure. En Egypte et en Syrie, elles se faisaient couper les cheveux en présence d'un prêtre, et cet usage a été aussi adopté par les Occidentaux dans la suite, soit parce que saint Paul, *I Cor.*, c. XI, v. 6, a représenté la chevelure comme le principal ornement des femmes, et que les *vierges* voulaient renoncer à tout ornement, soit parce que sous le règne des barbares une longue chevelure était le signe de la liberté, et que les *vierges* faisaient le sacrifice de la leur pour se donner à Dieu.

VIERGE (La sainte). *Voy.* MARIE.

VIGILANCE, hérétique du IV° siècle de l'Eglise. Il était Gaulois, né dans la capitale du pays de Comminges, appelée autrefois *Lugdunum Convenarum*, aujourd'hui Saint-Bertrand-de-Comminges. Il fit pendant sa jeunesse quelques progrès dans les lettres humaines, mais il ne paraît pas qu'il eût beaucoup étudié l'Ecriture sainte ni la tradition de l'Eglise ; il s'acquit néanmoins l'estime de saint Sulpice-Sévère et de saint Paulin de Nole. Ayant fait un voyage dans la Palestine pour visiter les saints lieux, il fut recommandé à saint Jérôme par saint Paulin. Il eut malheureusement l'imprudence de se mêler dans la dispute qu'avait pour lors saint Jérôme avec Jean de Jérusalem et Ruffin qui l'accusaient d'origénisme, et de prendre le parti de ces derniers. Comme il reconnut sa faute quelque temps après, le saint vieillard la lui pardonna, et écrivit en sa faveur à saint Paulin, à son retour dans les Gaules. A peine y fut-il arrivé, qu'il renouvela ses accusations contre saint Jérôme, et il répandit contre lui des libelles pour le diffamer. Le saint docteur, averti de ce trait d'ingratitude et de malignité, en réprimanda l'auteur par une lettre sévère et sur un ton de mépris. Bientôt *Vigilance*, qui était prêtre pour lors, commença de dogmatiser par l'ambition de faire du bruit ; nous ne connaissons ses erreurs que par la réfutation que saint Jérôme en a faite. Il blâmait le culte religieux rendu aux martyrs et à leurs reliques, comme un acte d'idolâtrie ; il traitait de fourberie, ou de prestiges du démon, les miracles qui se faisaient à leur tombeau ; il condamnait les veilles que l'on y célébrait, l'usage d'y allumer des cierges et des lampes pendant le jour ; il niait que les saints pussent intercéder pour nous et que Dieu écoutât leurs prières. Il déclamait contre les jeûnes, contre le célibat des clercs, contre la vie monastique, contre la pauvreté volontaire, contre les aumônes que l'on envoyait à Jérusalem ; il ne voulait pas que l'on chantât *alleluia*, hors le temps de Pâques.

Quelques évêques furent accusés de s'être laissé séduire par ce novateur, quoiqu'il ne soutînt ses sentiments que par des déclamations et des sarcasmes ; mais il ne paraît avoir eu pour sectateurs que quelques ecclésiastiques déréglés qui se lassaient du célibat. L'inondation des barbares, qui arriva dans ce temps-là dans les Gaules, produisit d'autres malheurs plus capables d'occuper tous les esprits que les égarements d'un sectaire. On sait d'ailleurs que *Vigilance* se retira dans le diocèse de Barcelone, et y fut chargé du soin d'une Eglise ; de là on présume que la réfutation de ses écrits, faite par saint Jérôme, le fit rentrer en lui-même, et arrêta les progrès de sa doctrine.

Comme les protestants l'ont embrassée dans nos derniers siècles, ils ont fait de *Vigilance* un de leurs héros ; c'était, disent-ils, un homme distingué par son savoir et par son éloquence, un ecclésiastique animé du louable esprit de la réformation, un homme de bien qui aurait voulu déraciner les abus, les erreurs, la fausse piété, par lesquels la multitude ignorante et crédule se laissait séduire ; mais les partisans de la superstition se trouvèrent plus forts que lui, ils arrêtèrent les effets de son zèle, ils le forcèrent au silence et le mirent au rang des hérétiques. D'autre part ils ont peint saint Jérôme comme un docteur fougueux et fanatique, animé par le seul motif d'un ressentiment personnel, qui traita son adversaire avec un emportement scandaleux, qui ne lui opposa que des invectives, qui travestit ses opinions pour les rendre odieuses, qui ne put le combattre par l'Ecriture sainte ni par aucun argument solide. Barbeyrac surtout a vomi contre ce saint docteur un torrent de bile. *Traité de la morale des Pères*, c. 15, § 16 *et* 38. — Il serait à souhaiter sans doute que saint Jérôme eût écrit contre *Vigilance* avec moins de chaleur, et que son ouvrage eût été plus médité, mais il nous apprend qu'il fut obligé de le faire dans une seule nuit ; et, comme son adversaire n'avait attaqué les usages de l'Eglise que par des traits de satire et par un ton de mépris, le saint docteur ne crut pas qu'il méritât une réponse plus sérieuse ; il se contenta de lui opposer la pratique constante et universelle de l'Eglise, contre laquelle aucun particulier n'eut jamais droit de s'élever. Mais puisque Barbeyrac voulait attaquer directement saint Jérôme, il ne fallait pas tomber dans le même défaut qu'il lui reproche ; ce Père avait de très-justes sujets de mécontentement contre *Vigilance*, son censeur n'en a point eu d'autre que le préjugé fanatique de sa secte contre les Pères de l'Eglise.

Dans plusieurs endroits de ce *Dictionnaire*, nous avons fait voir que les divers articles de croyance et de pratique, blâmés et condamnés par *Vigilance* et par les protestants, loin d'être contraires à l'Ecriture sainte, sont fondés au contraire sur des passages clairs et formels de ce livre divin ; que ce ne sont point des superstitions inventées au IVe siècle, comme ils osent l'affirmer, mais des sentiments et des usages aussi anciens que le christianisme, et autorisés par les apôtres mêmes. — On trouvera une très-bonne notice de la conduite et des erreurs de *Vigilance*, dans l'*Hist. littér. de la France*, tome II, p. 57. Voyez encore l'*Hist. de l'Eg. gallic.*, tome I, l. III, an 406; Tillemont, Fleury, Pluquet, etc.

VIGILE ou VEILLE (terme de calendrier ecclésiastique, qui signifie le jour qui précède une fête). L'origine de cette dénomination n'est pas difficile à découvrir. Dès que le christianisme eut fait des progrès, il excita la haine des juifs et des païens ; ils se firent un point de religion de le détruire, ils persécutèrent ceux qui en faisaient profession. Les chrétiens furent donc obligés de cacher leur culte, de ne s'assembler que la nuit, ou dans des lieux inconnus à leurs ennemis. Cette conduite même donna lieu à des calomnies, on leur reprocha les assemblées nocturnes, on les accusa d'y commettre des crimes, on les appela par dérision *nation ténébreuse*, et qui fuyait le grand jour, etc. *Minut. Felix*, c. 8 ; *Plin.*, *Epist. ad Trajan.*, Tertull., *Apolog.*, c. 2, etc. A cette raison de nécessité se joignirent des motifs de religion ; dès l'origine, la fête de Pâques fut la principale des solennités chrétiennes ; les fidèles passaient la nuit du samedi au dimanche à célébrer les saints mystères et à y participer, à chanter des psaumes, à écouter des lectures et des instructions pieuses, et demeuraient assemblés jusqu'au lever du soleil, qui était l'heure de la résurrection de Jésus-Christ. Peu à peu cette manière de célébrer les *veilles* s'étendit aux autres fêtes des mystères et même aux anniversaires des martyrs. On y joignit le jeûne, comme à la fête de Pâques, et tout le monde convient que telle a été aussi l'origine des offices de la nuit. De là enfin est né l'usage de commencer le jour ecclésiastique depuis les vêpres ou le soir, jusqu'au lendemain à pareille heure, au lieu que le jour civil ne commence qu'à minuit ; et on a nommé *vigile* ou *veille* tout le jour qui précède une solennité, pendant lequel on observe l'abstinence et le jeûne.

On ne peut pas disconvenir que cette pratique ne fût très-pieuse et très-édifiante, puisqu'elle était destinée à rappeler aux fidèles le souvenir des mystères de notre rédemption, à leur inspirer une tendre reconnaissance envers Jésus-Christ qui a daigné les opérer, et à renouveler la mémoire des persécutions et des combats par lesquels notre sainte religion s'est établie. Il s'y mêla sans doute quelque abus dans la suite, lorsque les mœurs des chrétiens se furent relâchées ; quelques personnes pieuses, surtout des femmes, s'avisèrent de pratiquer par dévotion des *veilles* particulières, de passer la nuit à prier dans les cimetières ; le concile d'Elvire en Espagne, tenu vers l'an 300, défendit cet abus, can. 35 : « Nous défendons « aux femmes de passer la nuit dans les ci- « metières, parce que souvent elles commet- « tent des crimes sous prétexte de prier. » Aussi un concile d'Auxerre, de l'an 578, can. 3, défend de célébrer les *veilles* ailleurs que dans les églises. *Act. concil. Harduini*, t. III, pag. 443. — Sur la fin du IVᵉ siècle, l'hérétique Vigilance blâma hautement les *veilles* qui se faisaient au tombeau des martyrs, parce qu'il n'approuvait ni le culte rendu aux martyrs, ni le respect que l'on avait pour leurs reliques ; il soutint que ces *veilles* étaient une occasion de débauche et qu'il s'y commettait des désordres. Saint Jérôme prit la défense de tous ces usages et écrivit contre Vigilance. Il prouva la sainteté des *veilles* par l'exemple de David qui se levait au milieu de la nuit pour louer Dieu, *ps.* CXVIII, v. 62 ; par l'exemple de Jésus-Christ même qui passait souvent la nuit à prier, *Luc.*, c. VI, v. 12 ; par le reproche qu'il fit à ses apôtres de ce qu'ils ne pouvaient pas veiller pendant une heure avec lui, *Matth.*, c. XXVI, v. 40 ; par la conduite des apôtres et des premiers fidèles, *Act.*, c. XII, v. 12 ; c. XVI, v. 25 ; par les leçons et les exemples de saint Paul, *II Cor.*, c. VI, v. 5 ; c. XI, v. 27, etc. Au sujet des désordres qui pouvaient en arriver, il dit que l'on abuse de tout, et que l'usage de ce qui est bon ne doit pas être aboli pour cela.

Comme les protestants ont retranché du christianisme tout ce qui les incommodait, l'abstinence, le jeûne, les *veilles*, etc., et qu'ils ont adopté la doctrine de Vigilance, ils ont entrepris de réfuter saint Jérôme. Barbeyrac surtout, *Traité de la Morale des Pères*, c. 15, § 21, a écrit sur ce sujet avec toute la hauteur et le mépris que ses pareils ont coutume d'affecter à l'égard des docteurs de l'Eglise. Il ne répond rien aux paroles de David, il dit que Jésus-Christ recommande la vigilance, non du corps, mais de l'âme, c'est une fausseté : les passages que nous avons cités, et l'exemple du Sauveur, démontrent qu'il recommandait l'une et l'autre ; il en est de même des leçons et de la conduite des apôtres. Saint Paul, dit-il, prêche seulement l'assiduité à la prière, cela est encore faux ; il y joint le jeûne et les *veilles*, il exhorte les fidèles à prier la nuit aussi bien que pendant le jour. — Les prophètes et les apôtres, continue Beausobre, ont veillé, ou pour des exercices particuliers de dévotion, ou par nécessité. Nous soutenons que les *veilles* étaient par elles-mêmes un exercice particulier de dévotion ; elles n'avaient pas lieu tous les jours, mais seulement au jour anniversaire de la mort des martyrs et aux fêtes principales des mystères. *Voy.* Martyre, Reliques, Vigilance, etc. Ce n'est donc point saint Jérôme qui abuse *horriblement* de l'Ecriture sainte, c'est plutôt son censeur qui en pervertit le sens ; il a peine à retenir son indignation, nous retiendrons la nôtre, quoiqu'elle serait beaucoup mieux fondée.

Il ne s'ensuit pas de là, dit-il, qu'il est bon que les hommes et les femmes aillent en troupe veiller au tombeau d'un martyr, au hasard de mille infamies, dont on a une expérience certaine. Nous nions cette expérience prétendue, et nous allons voir qu'elle est très-mal prouvée. On nous cite d'abord le trente-cinquième canon du concile d'Elvire, que nous venons de rapporter : qu'a-t-il défendu ? Les *veilles* particulières et arbitraires de quelques femmes qui allaient passer la nuit dans les cimetières sous prétexte de dévotion. Mais il y a de la mauvaise foi à confondre ces *veilles* de caprice avec les *veilles* solennelles qui se faisaient au tombeau des martyrs par les fidèles assemblés pour y célébrer les saints mystères, y prier et y louer Dieu. Ce n'est certainement pas de ces dernières que le concile a voulu parler. Beausobre n'a pas été plus sincère lorsqu'il a voulu prouver, par le même canon, que les femmes avaient été bannies de ces assemblées nocturnes ; *Hist. du Manich.*, t. II, l. IX, c. 4, p. 667. C'est ainsi que les protestants travestissent les monuments de l'histoire ecclésiastique. — Ils allèguent, en second lieu, ce passage de Tertullien, *ad Uxorem*, l. II, cap. 4 : « Quel mari souffrirait patiemment dans les assemblées nocturnes, où l'on est obligé quelquefois de se trouver, qu'on lui ôtât sa femme de son côté ? Lequel enfin ne craindrait pas de voir, à la fête de Pâques, sa femme passer la nuit hors de son logis ? » Mais ils savent bien que Tertullien parlait d'un mari païen qui aurait épousé une femme chrétienne ; or, ce mari n'aurait pas pu savoir où allait son épouse, lorsqu'elle le quittait pendant la nuit pour assister à une *veille*, soit à Pâques, soit dans un autre temps ; il était donc naturel qu'il en eût de l'inquiétude. Il est constant que Tertullien a écrit ses deux livres à sa femme pour la détourner, s'il venait à mourir, d'épouser un païen ; mais nos censeurs malicieux font semblant de croire qu'il parlait d'un mari chrétien qui ne voulait pas accompagner son épouse à une *veille*, ou qui, s'y trouvant avec elle, ne voulait pas qu'elle quittât son côté. Si Tertullien avait soupçonné le moindre danger dans ces assemblées nocturnes, lui qui était si sévère, il n'aurait pas dit que *l'on pouvait être obligé de s'y trouver* ; il aurait tonné contre cet usage. — Ils prétendent, en troisième lieu, que saint Jérôme lui-même est convenu que dans ces *veilles* il se commettait souvent des crimes; il dit : « La faute et l'égarement des jeunes gens et des femmes débauchées, que l'on rencontre souvent pendant la nuit, ne doivent pas être imputés aux hommes religieux ; et parce que, la *veille* de Pâques, le même désordre arrive ordinairement, la religion ne doit recevoir aucun préjudice du libertinage d'un petit nombre de débauchés qui sans ces *veilles* peuvent également pécher, ou chez eux, ou dans d'autres maisons. » *Adversus Vigilant.*, *Op.* t. IV, col. 285. S'ensuit-il de là que ces *veilles* fournissaient aux libertins des deux sexes *une occasion de plus* pour pécher, comme le soutient Barbeyrac ? Le même saint Jérôme défend à une jeune vierge d'aller à l'église sans sa mère et de s'écarter d'elle dans les *veilles* et les assemblées nocturnes, *Epist. ad Lætam*, *ibid.*, col. 594. Cela se fait encore aujourd'hui, lorsque les mères sont véritablement chrétiennes ; mais il est ridicule d'alléguer, pour preuve d'un désordre, les précautions mêmes que l'on prend pour qu'il n'arrive point. — On cite, en quatrième lieu, une lettre écrite par saint Augustin vers l'an 392, dans laquelle il se plaint de ce qu'en Afrique on se permet les festins et l'ivrognerie, non-seulement dans les fêtes des martyrs, mais tous les jours, et à leur honneur. *Epist.* 22, n. 3 et 4. Dans cette lettre même saint Augustin témoigne que ce désordre n'a pas lieu dans l'Italie ni dans les autres Eglises au delà de la mer, qu'il n'y a jamais régné, ou qu'il a été réformé par les soins et la vigilance des évêques. Croit-on que quand il n'y aurait jamais eu de fêtes des martyrs, les Africains en auraient été moins adonnés aux débauches de la table? Une preuve que ce même vice n'avait pas régné pendant les quatre premiers siècles, du moins hors de l'Afrique, c'est qu'aucun des Pères qui ont parlé des *veilles* ne l'a reproché aux chrétiens.

Par un nouveau trait de prévention, Barbeyrac prétend que ce fut pour arrêter ce désordre que l'on ordonna le jeûne pour les *veilles* des fêtes; c'est une fausse imagination : le jeûne a fait partie essentielle des *veilles* depuis l'origine. Les protestants ne peuvent en disconvenir, puisqu'ils ont observé que les *veilles* des martyrs et des autres fêtes furent instituées sur le modèle de celle de Pâques; or, on jeûnait certainement ce jour-là. Dans *Minutius Felix*, c. 8, l'accusateur des chrétiens leur reproche en même temps les assemblées nocturnes et les jeûnes solennels ; l'auteur du dialogue intitulé *Philopatris* l'a imité. Est-il croyable d'ailleurs que les premiers chrétiens qui jeûnaient régulièrement deux fois par semaine, et que Tertullien appelle *des hommes desséchés par le jeûne*, n'aient pas pratiqué pour se préparer à la célébration d'une fête? Saint Paul, *II Cor.*, c. VI, v. 5, joint le jeûne avec les *veilles*. C'est de cette circonstance même que naquit l'abus dont se plaignent les protestants, et qu'ils exagèrent très-mal à propos. Il était naturel que les fidèles qui avaient jeûné la *veille* et qui avaient passé la nuit en prières, fissent un repas en rentrant chez eux ; et comme c'était un jour de fête, on y mettait un peu peu plus d'appareil que les autres jours. Ceux qui étaient naturellement intempérants s'y livrèrent à des excès ; voilà ce que déplorait saint Augustin ; mais il ne s'ensuit pas de ses plaintes que le très-grand nombre des chrétiens étaient coupables de ce désordre ; il faut en revenir à la maxime de saint Jérôme, que le vice d'un petit nombre ne doit point porter préjudice à la religion.

Qu'aurait pu répliquer Barbeyrac, si on lui avait soutenu que le jeûne solennel observé par les protestants deux fois l'année est une momerie et un abus ? Il est constant que, dans ces jours, les jeunes personnes vont au prêche plus parées qu'à l'ordinaire; qu'avant d'y aller, plusieurs se munissent d'un déjeuner gras et se remettent à table au retour : nous avons été témoin oculaire de ce fait, et lorsque nous en avons témoigné notre étonnement, on nous a dit que, selon l'Evangile, ce n'est point ce qui entre dans la bouche de l'homme qui souille son âme. C'est ainsi qu'en abusant de l'Ecriture sainte les protestants justifient tous les autres abus. Lorsque saint Jérôme répond à Vigilance que l'usage de ce qui est bon ne doit pas être aboli à cause des abus : « Fort bien, réplique notre censeur ; mais il faut que la chose dont il s'agit soit véritablement bonne et d'une nécessité indispensable. » Qu'il nous prouve donc que les prétendus jeûnes de sa secte sont meilleurs en eux-mêmes et d'une nécessité plus indispensable que les *veilles* des chrétiens du V⁵ siècle. Enfin il s'obstine, aussi bien que Beausobre, à soutenir que ces *veilles* étaient une imitation de celles des païens, une pratique venue du paganisme, et qui naturellement devait y conduire. Il a cité en preuve Arnobe, *contra Gentes*, l. V, et cet auteur n'en dit pas un mot. Nous voilà donc réduits à croire que Jésus-Christ et ses apôtres copiaient les païens lorsqu'ils passaient les nuits à veiller et à prier, ou que les premiers chrétiens se sont proposé de suivre plutôt l'exemple des païens que celui de Jésus-Christ et des apôtres. Il est du moins bien certain que, dans les *veilles* de Bacchus, de Cérès et de Vénus, leurs adorateurs ne passaient pas la nuit à jeûner, à prier et à lire des livres saints, et que les occupations des chrétiens pendant les *veilles* ne ressemblaient guère à celles de leurs ennemis et de leurs persécuteurs. Nous serions mieux fondés à dire que ce sont nos censeurs qui imitent la conduite des païens, qui répètent leurs calomnies contre les premiers fidèles, qui poussent même la malignité plus loin que Cécilius dans Minutius Félix, que Celse, Porphyre et Julien dans leurs écrits contre notre religion, et qui fournissent sans cesse aux incrédules des armes contre elle ; mais cela ne les touche point : Barbeyrac, après toutes les inepties de sa diatribe, s'est flatté d'avoir confondu saint Jérôme. *Voy.* Thomassin, *Traité du*

Jeûne, 1re partie, chap. 18; IIe partie, c. 14.

VIGILES DES MORTS. L'on nomme ainsi les matines et les laudes de l'office des morts, que l'on chante, ou aux obsèques d'un défunt, ou au service que l'on fait pour lui. Par un statut dressé l'an 1215 pour l'université de Paris, on voit que ces *vigiles* se chantaient pour lors pendant la nuit. Thomassin, *ibid.*

VINCENT de Lérins, Gaulois de naissance et moine du célèbre monastère de Lérins près de Marseille, mourut l'an 450, on ignore à quel âge. Il composa, l'an 434, trois ans après le concile général d'Éphèse, un très-bon ouvrage intitulé : *Tractatus Peregrini, pro catholicæ fidei antiquitate*, etc. Il est plus connu sous le nom de *Commonitorium*, ou avertissement contre les hérétiques ; il prouve que la règle de la vraie foi est d'abord l'Écriture sainte, et que le sens de ce livre divin doit être déterminé et fixé par la tradition de l'Eglise; ainsi la vraie doctrine de Jésus-Christ est ce qui a été cru, enseigné et professé dans tous les temps, dans tous les lieux et par tous les fidèles, *quod ubique, quod semper, quod ab omnibus;* pour la connaître, il faut s'attacher à l'antiquité, à l'universalité, à l'uniformité de l'enseignement et de la croyance : *in omnibus sequamur antiquitatem, universitatem, consensionem.* La meilleure édition de ce traité est celle qu'a donnée Baluze.

De tout temps on a reconnu le mérite de cet ouvrage, plusieurs protestants en sont convenus, quoique intéressés par système à le contredire. Mosheim, *Hist. ecclés.*, Ve siècle, IIe part., c. 2, § 11, avoue que *Vincent* de Lérins s'est acquis une réputation immortelle par son petit, mais excellent traité contre les sectes. Cave, Réeves et d'autres Anglais en ont parlé de même, mais d'autres critiques n'ont pas été aussi équitables. Le traducteur de Mosheim soutient que ce livre ne mérite pas les éloges que l'on en a faits : je n'y vois, dit-il, qu'une vénération aveugle pour les anciennes opinions, préjugé funeste aux progrès de la vérité, et le dessein de prouver qu'il faut s'en rapporter à la tradition pour fixer le sens de l'Écriture. Tel a été en effet le dessein de l'auteur, et il a prouvé cette vérité par des raisons auxquelles les protestants n'ont encore pu rien opposer de solide. *Voy.* TRADITION. La méthode contraire à laquelle ils se tiennent, loin de favoriser les progrès de la vérité, n'a produit parmi eux que des erreurs ; témoin la multitude de celles qui sont nées chez eux, et qui les a divisés en une infinité de sectes.

Basnage, *Hist. de l'Eglise*, l. xx, c. 6, § 7, a poussé beaucoup plus loin la prévention contre ce même ouvrage; il prétend que *Vincent* n'a fait son *Commonitoire* que pour établir le semi-pélagianisme duquel il était imbu ; les preuves qu'il en donne sont, 1° que c'était pour lors l'erreur dominante dans le monastère de Lérins, où *Vincent* était moine ; 2° qu'il est l'auteur des objections contre la doctrine de saint Augustin, auxquelles saint Prosper a répondu dans son livre intitulé : *Responsio ad objectiones Vicentianas.* 3° Le sentiment des semi-pélagiens était que l'homme peut désirer, chercher, demander la grâce, *par ses propres forces ;* or, cela se trouve en mêmes termes dans le *Commonitoire*, c. 37, où *Vincent* tourne en ridicule ceux qui soutiennent qu'il y a une grâce personnelle que l'on peut avoir sans frapper, sans la chercher et sans la demander. 4° Il en appelait à l'antiquité comme tous les semi-pélagiens, et il traitait comme eux de nouveauté la doctrine de saint Augustin. 5° En faisant semblant de louer la lettre du pape Célestin aux évêques des Gaules, il en travestit le sens pour le tourner en sa faveur. 6° Plusieurs auteurs catholiques et savants sont convenus du semi-pélagianisme de *Vincent* et l'ont prouvé.

Il n'est pas difficile de faire voir que toutes ces accusations sont ou des faussetés ou des soupçons sans fondement. En premier lieu, Cassien, que l'on regarde comme le premier auteur du semi-pélagianisme, était abbé de Saint-Victor de Marseille, et non moine de Lérins; Fauste de Riez, autre défenseur de la même erreur, n'a écrit sur la grâce que plus de vingt ans après la mort de *Vincent*. *Hist. litt. de la France*, t. II, pag. 591. Cassien ni Fauste n'ont pas caché leurs sentiments; pourquoi *Vincent* aurait-il dissimulé les siens ? Il parle tout autrement que ces deux personnages, nous le verrons ci-après; donc il ne pensait pas de même. Cent fois les protestants ont répété que, pour accuser un auteur d'hérésie, il faut avoir des preuves formelles et positives ; où sont celles que l'on produit contre *Vincent?* Des conjectures malicieuses, des interprétations forcées, des suppositions hasardées, ne sont pas des preuves. — En second lieu, ceux qui attribuent les *objections de Vincent* à celui de Lérins, ne sont fondés que sur la ressemblance du nom, préjugé frivole, et ils pèchent en cela contre toute vraisemblance. Si saint Prosper avait eu les mêmes soupçons qu'eux, il aurait certainement ménagé davantage ses expressions. Il dit, dans sa préface, que les auteurs de ces objections n'agissent que par envie de nuire, qu'ils forgent des mensonges et des blasphèmes, qu'ils les débitent en public et en particulier, qu'ils en dressent une liste diabolique, qu'ils les font valoir afin d'exciter la haine contre lui, que les inventeurs de ces calomnies doivent être punis. Il n'aurait pas convenu à un laïque, tel que saint Prosper, de traiter ainsi *Vincent* de Lérins, prêtre et moine respectable par ses talents et par ses vertus. D'autre part, si *Vincent* s'était senti attaqué personnellement par ces invectives, il n'aurait pas parlé avec tant de modération des accusateurs des semi-pélagiens, en faisant mention de la lettre que le pape Célestin écrivit aux évêques des Gaules, à la prière de Prosper et d'Hilaire. Enfin, il était trop équitable pour travestir la doctrine de saint Augustin d'une manière aussi indigne que l'a fait l'auteur des objections. — En troisième lieu, il est faux que l'erreur des semi-pélagiens se trouve en propres termes dans le *Commonitoire de Vincent.* Voici ses paroles (c. 37, *al.* 26) : « Les hérétiques osent promettre et enseigner que dans leur Eglise, c'est-à-dire dans le conventicule de leur société, il y a une grâce de Dieu abondante, spéciale et personnelle, à laquelle, sans travail, sans étude, sans application, sans la demander, sans la chercher, sans frapper, tous leurs adhérents participent de telle manière que, portés par les anges, ils ne peuvent ni broncher ni être scandalisés. » Il faut avoir perdu toute pudeur pour supposer, 1° que *Vincent* a osé, dans ce passage, traiter d'hérétiques saint Augustin et ses disciples, nommer *conventicule* l'Eglise catholique, les appeler *disciples du diable, faux apôtres, faux prophètes, faux maîtres,* etc., cap. seq. ; 2° qu'il a été assez insensé pour les accuser d'admettre une grâce spéciale donnée à tous, sans la chercher et sans la demander, pendant que la plupart d'entre eux ont soutenu expressément que la grâce n'est pas donnée à tous. 3° Il est évident que *Vincent* ne parle point ici de la grâce actuelle, nécessaire à tous pour faire une bonne œuvre, même pour former de bons désirs ; mais d'une grâce spéciale accordée à tous les hérétiques pour ne pas tomber dans l'erreur. Ils promettaient, comme les protestants, à leurs prosélytes, une inspiration particulière du Saint-Esprit, pour ne se tromper jamais dans l'intelligence de l'Ecriture sainte. *Vincent* la tourne en ridicule avec raison ; nos prétendus illuminés ne peuvent le lui pardonner. 4° *Common.,* cap. 24, il demande : « Avant le profane Pélage, qui présuma jamais assez des forces du libre arbitre pour penser que, *dans toutes les bonnes choses* et dans tous ses actes, la grâce de Dieu n'était pas nécessaire? » Soutiendra-t-on que les désirs de la foi, de la conversion, de la justification, etc., ne sont pas de bonnes choses? — En quatrième lieu, les semi-pélagiens avaient tort de citer pour eux l'antiquité ; il est prouvé qu'avant saint Augustin les anciens Pères avaient enseigné comme lui que toute grâce est gratuite ; il en a cité plusieurs, *De dono persev.,* cap. 19 et 20, n. 48-51. *Vincent* de Lérins ne pouvait pas l'ignorer ; aussi n'a-t-il jamais eu la témérité de taxer de nouveauté cette doctrine ancienne. Mais de ce que les semi-pélagiens alléguaient faussement l'antiquité en leur faveur, il ne s'ensuit pas que *Vincent* ait mal prouvé la nécessité d'y recourir en matière de foi. — En cinquième lieu, c'est une nouvelle imposture d'affirmer qu'il a tourné en ridicule la lettre de Célestin aux évêques des Gaules, et qu'il en a travesti le sens ; il en a parlé au contraire avec le respect convenable, *Commonit.,* c. 32 et 33. Après avoir cité les exemples récents de saint Cyrille d'Alexandrie et du pape Sixte, il dit : « Le saint pape Célestin a pensé et a parlé de même. Dans la lettre qu'il a écrite aux évêques des Gaules, pour les reprendre de ce qu'ils laissaient éclore des nouveautés profanes, il conclut *que la nouveauté cesse donc d'attaquer l'antiquité.* » Or, par ces nouveautés profanes, saint Célestin entendait évidemment les erreurs des semi-pélagiens. « Quiconque, ajoute *Vincent,* résiste à ces décrets catholiques et apostoliques, insulte à la mémoire de saint Célestin et de saint Cyrille. » De quel front peut-on supposer que ce langage était une dérision, que, suivant l'opinion de *Vincent,* la *nouveauté* était la doctrine de saint Augustin, qu'il a espéré de la persuader à ses lecteurs, et qu'il méprisait intérieurement ces décrets, en feignant de les respecter? — Enfin nous n'ignorons pas que les partisans outrés de cette doctrine, et qui souvent la défigurent, ont taxé de semi-pélagianisme tous ceux qui ne l'ont pas entendue comme eux. Mais le cardinal Noris, Vossius, Frassen, Lupus, Thomassin, Alexandre, R. Simon, etc., ne sont pas des noms assez imposants pour nous subjuguer, lorsque nous avons sous les yeux des preuves positives de la témérité de leurs soupçons. Ils ont suivi l'exemple de Calvin et de ses disciples, de Jansénius et de ses adhérents ; ce n'étaient pas là des modèles à imiter. Pierre Pithou, Baluze, Strumélius, Papebrock, le savant Maffei et d'autres, ont vengé la mémoire de *Vincent* de Lérins.

Basnage répond que le sentiment de ces derniers ne prouve rien ; qu'ils étaient intéressés à justifier *Vincent* parce qu'il est honoré comme saint, parce qu'il a soutenu le principe de l'Eglise romaine touchant la nécessité de la tradition, parce qu'ils ont voulu étayer leur propre semi-pélagianisme par le suffrage de cet auteur, au lieu que ses accusateurs ont eu le courage de résister à ces trois motifs d'intérêt.

Conclusion digne de tout ce qui a précédé. Basnage a donc ignoré que Cassien, premier défenseur du semi-pélagianisme, est cependant honoré d'un culte religieux à Saint-Victor de Marseille, en vertu d'un décret du pape Urbain V. L'erreur d'un personnage très-vertueux d'ailleurs ne peut porter aucun préjudice à sa sainteté, à moins que cette erreur n'ait été condamnée par l'Eglise et qu'il n'y ait adhéré malgré la condamnation ; or, celle des semi-pélagiens n'a été proscrite que l'an 529 par le II° concile d'Orange, près de cent ans après la mort de Cassien et de *Vincent.* Nous convenons néanmoins que si le dessein de ce dernier avait été tel que ses accusateurs le représentent, ce serait un fourbe digne d'anathème ; à Dieu ne plaise que nous ayons jamais ce soupçon. 2° Quand *Vincent* se serait trompé sur le fait de l'antiquité ou de la nouveauté du semi-pélagianisme, les principes qu'il a posés sur la nécessité de la tradition n'en seraient ni moins vrais ni moins solides. Quoique Tertullien soit tombé dans de grandes erreurs, nous ne faisons pas moins de cas pour cela de son *Traité des Prescriptions contre les hérétiques;* ses principes sont les mêmes pour le fond que ceux de *Vincent* de Lérins. Les protestants eux-mêmes n'ont pas cessé de regarder Luther et Calvin comme de très-grands hommes, quoiqu'ils conviennent que ni l'un ni l'autre n'ont été exempts d'erreurs. 3° Nous ne sommes pas étonnés de ce que Basnage accuse de semi-pélagianisme tous les apologistes de *Vincent de Lérins*, puisque les protestants en accusent tous les catholiques sans exception, malgré la condamnation que le concile de Trente a faite de cette hérésie ; *Sess*. 6, *de Justif*., c. 5 et 6, et *can*. 3. Nous sommes seulement fâchés de ce que ce même critique semble accuser aussi les détracteurs de la foi de *Vincent*, d'avoir trahi les véritables intérêts de l'Église catholique ; mais ce n'est point à nous de les disculper. Dans un autre endroit, Basnage a directement attaqué les principes établis par *Vincent* dans son *commonitoire* ; nous avons réfuté ses arguments au mot TRADITION, à la fin.

VIOLENCE. *Voy*. PERSÉCUTION.
VIRGINITÉ. *Voy*. VIERGE.
VISIBILITÉ DE L'ÉGLISE. *Voy*. EGLISE, § 5.

VISION BÉATIFIQUE. Les théologiens distinguent trois manières de voir ou de connaître Dieu ; la première, qu'ils appellent *vision abstractive*, est de connaître la nature et les perfections de Dieu par la considération de ses ouvrages ; *les attributs invisibles de Dieu*, dit saint Paul, *sont vus et conçus depuis la création du monde, par ce qu'il a fait* (*Rom*., I, 20). C'est la seule manière dont nous puissions voir et connaître Dieu dans cette vie. Mais nous le connaissons encore mieux par ce qu'il a fait dans l'ordre de la grâce, et qu'il nous a révélé, que par ce qu'il a fait dans l'ordre de la nature. La seconde manière est de voir Dieu immédiatement et en lui-même ; on la nomme *vision intuitive* ou *béatifique* ; c'est celle dont les bienheureux jouissent dans le ciel. Saint Paul nous en a encore donné l'idée lorsqu'il a dit , *I Cor.*, c. XIII, v. 12 : *Nous voyons à présent comme dans un miroir et d'une manière obscure; mais alors* (après cette vie) *nous verrons face à face. A présent je ne connais qu'en partie, mais alors je connaîtrai comme je suis connu*. Jésus-Christ lui-même dit, *Matth*., c. XVIII, v. 10 : *Les anges voient continuellement la face de mon Père qui est dans le ciel*. La troisième, que l'on appelle *vision compréhensive*, ne convient qu'à Dieu infini dans sa nature et dans tous ses attributs ; lui seul peut se voir et se connaître tel qu'il est. Il n'y a même aucune preuve que Dieu ait jamais accordé à aucun homme dans cette vie la *vision intuitive* de lui-même ; Moïse, Élie, saint Paul, plusieurs prophètes, ont eu des ravissements et des extases, dans lesquels il est dit qu'ils ont vu Dieu ; mais cela signifie seulement qu'ils ont vu de la majesté divine des figures et des symboles plus augustes, plus éclatants, plus admirables que ceux sous lesquels il s'est montré aux autres hommes. *Voy*. SCIENCE DE JÉSUS-CHRIST.

C'est une erreur assez commune, et déjà fort ancienne parmi les Arméniens et les Grecs schismatiques, de croire que les justes et les saints sortis de ce monde ne jouiront de la *vision intuitive* de Dieu qu'après la résurrection générale et le jugement dernier, qu'en attendant ils jouissent du repos dans l'attente de leur parfait bonheur. Cette opinion fut condamnée dans le concile de Florence tenu l'an 1439. Il y fut décidé que les âmes des justes, à qui il ne reste aucun péché à expier, jouissent de la *vision béatifique* immédiatement après leur mort. *Voy*. BONHEUR ÉTERNEL. Cette décision a été confirmée par le concile de Trente. — La même question avait été agitée avec beaucoup d'éclat en France au XIV° siècle. Le pape Jean XXII, Français de nation, et qui siégeait à Avignon, pencha pour la croyance des Grecs, parce qu'elle lui parut fondée sur plusieurs passages des anciens Pères ; il l'avança même dans quelques sermons, et il témoigna désirer que cela fût regardé du moins comme une opinion problématique ; mais il ne décida jamais rien sur cette matière en qualité de souverain pontife, il ne rendit aucun décret à ce sujet, il rétracta même aux approches de la mort ce qu'il avait pu dire ou penser de peu exact sur cette question. Tous ces faits sont solidement prouvés dans l'*Histoire de l'Église gallicane*, tom. XIII, l. XXXVIII, ann. 1333 et 1334, par les mémoires du temps et par les pièces originales de la dispute.

Mais les protestants, toujours obstinés à calomnier les papes, soutiennent encore que Jean XXII, par sa doctrine, encourut la censure de presque toute l'Église catholique, que son opinion fut condamnée unanimement par tous les théologiens de Paris, l'an 1333 ; que si, près de mourir, il se rétracta, ce fut sans renoncer entièrement à son opinion ; que s'il se soumit au jugement de l'Église, il n'y fut porté que par la crainte de passer pour hérétique après sa mort, Mosheim, *Hist. ecclés*., XIV° siècle, II° part., c. 2, § 9. Calvin a même osé l'accuser d'avoir nié l'immortalité de l'âme.

Pour détruire toutes ces imputations, il suffit d'alléguer deux ou trois faits incontestables. 1° Il est constant que, depuis le 28 décembre 1333, jusqu'au 2 janvier 1334, ce pape tint à Avignon un consistoire, dans lequel il protesta solennellement que « sur la question du délai de la *vision béatifique*, il n'avait jamais parlé que par forme de conversation, non avec volonté de rien définir, et qu'on lui ferait plaisir de lui faire part des autorités favorables au sentiment contraire ; que, du reste, s'il lui était échappé quelque chose mal à propos, il était prêt à le révoquer. » Le lendemain, 3 janvier, il dicta la même déclaration par-devant des notaires. Il n'avait pas encore reçu pour lors le décret des docteurs de Paris. 2° Dans l'assemblée de ces docteurs, tenue à Vincennes, devant le roi et plusieurs prélats, sur la fin de décembre 1333, ils décidèrent unanimement la croyance catholique telle que nous la suivons encore aujourd'hui. Cette décision fut confirmée dans une seconde assemblée tenue aux Mathurins à Paris, le 26 décembre, et couchée par écrit, signée ensuite et scellée le 2 janvier 1334. Les docteurs, après avoir protesté de leur respect et de leur attachement au pape, disent : « qu'ils ont appris par des témoignages dignes de foi que tout ce que le saint Père a dit sur la question présente, n'a été ni par forme d'assertion ni d'opinion, mais seulement en forme de narration. » Ils en écrivirent au pape lui-même dans les mêmes termes, en le priant de confirmer par son autorité leur sentiment, comme étant celui de tout le peuple chrétien. 3° La déclaration que donna Jean XXII, le 3 décembre suivant, lorsqu'il se sentit près de mourir, ou plutôt sa profession de foi qu'il fit en présence des cardinaux, est entièrement conforme à celle des docteurs de Paris, et conçue dans les termes les plus clairs ; il y a non-seulement de la témérité, mais de la malignité à supposer qu'elle ne fut pas sincère, que ce pape ne renonça point entièrement à son opinion, qu'il n'agit que par crainte de passer pour hérétique après sa mort. Benoît XII, son successeur, et témoin oculaire de ses dernières volontés, lui rendit plus de justice, en les publiant dans une bulle datée du 17 mars 1335. Les calomnies répandues contre lui, soit en France, soit en Allemagne, par les partisans de Louis de Bavière, son ennemi, ou par les fratricelles, sectaires révoltés contre lui, ne prouvent rien et ne méritent aucune attention. Enfin, quand il serait vrai que ce pape tenait à une opinion fausse, et qu'il ne l'a rétractée que par la crainte de scandaliser l'Eglise, il serait à souhaiter que tous les hérésiarques et tous les sectaires eussent fait comme lui, il n'y aurait jamais eu de schismes, et les maux qu'ils ont causés n'auraient pas eu lieu.

VISION PROPHÉTIQUE, dans les livres saints et chez tous les écrivains ecclésiastiques, signifie une révélation qui vient de Dieu, à laquelle l'imagination ni aucune cause naturelle n'a pu avoir de part, soit qu'un homme l'ait reçue en songe, soit autrement. Ainsi la connaissance que Dieu donnait à ses prophètes des événements futurs est appelée *vision*, parce que Dieu leur avait fait voir l'avenir, et c'est ce titre que plusieurs ont mis à leurs prophéties. Mais toute *vision* n'est pas prophétique ; Dieu a souvent révélé à ses saints des choses passées ou présentes, desquelles ils n'étaient pas instruits, ou des vérités qu'ils ne pouvaient pas naturellement connaître, et il leur a commandé des actions auxquelles ils ne se seraient pas portés d'eux-mêmes. Ainsi Dieu fit révéler par un ange à saint Joseph, pendant son sommeil, la pureté de Marie, la conception de Jésus en elle par l'opération du Saint-Esprit, la rédemption prochaine du monde par ce divin enfant ; il lui fit commander de même de le transporter en Egypte avec sa mère, pour le soustraire à la cruauté d'Hérode, et ensuite de revenir dans la Judée. Nous ne savons pas si, lorsque saint Paul fut ravi au troisième ciel, il y apprit des événements futurs. Dans l'*Apocalypse*, Dieu fit connaître à saint Jean des vérités cachées et des révolutions qui devaient arriver dans la suite.

Certains critiques ont pensé que l'histoire de la tentation de Jésus-Christ au désert, rapportée par saint *Matthieu*, c. IV, v. 1, s'est plutôt passée en *vision* pendant le sommeil, qu'en fait et en réalité, et que l'Evangéliste l'a ainsi entendu, lorsqu'il a dit que Jésus fut conduit au désert par l'*esprit*, pour être tenté par le démon. Mais cette opinion ne s'accorde pas avec le texte de l'Evangile ; ce n'est ni en songe ni en *vision* que Jésus-Christ jeûna pendant quarante jours, qu'il eut faim, que les anges vinrent le servir, etc. Ces critiques ont cru que le démon avait transporté Jésus-Christ dans les airs, pour le placer sur une montagne et sur le sommet du temple, mais ils n'ont pas pris le sens du texte sacré. *Voy.* TENTATION.

« Nous connaissons, dit Origène, l. I, contra Cels., n. 46, plusieurs hommes qui ont embrassé le christianisme comme malgré eux ; l'esprit de Dieu les frappait par des *visions* ou par des songes, et changeait tellement leur cœur, qu'au lieu de détester comme auparavant la religion chrétienne, ils formaient le dessein de mourir pour elle. Nous en avons plusieurs exemples dont nous avons été témoin oculaire, mais que les incrédules regarderaient comme des impostures, et tourneraient en ridicule si nous les rapportions. Au reste, nous attestons Dieu, qui voit le fond des consciences, que nous n'avons aucune envie de forger des fables pour confirmer la vérité de la doctrine de Jésus-Christ. »

Mais nous avons à parler principalement des *visions prophétiques*. Or, on ne peut pas douter que les dons miraculeux du Saint-Esprit, et surtout celui de prophétie, n'aient été communs parmi les chrétiens du temps des apôtres ; saint Paul le témoigne, *I Cor.*, c. XII, v. 8 et seq. Il règle l'usage que les fidèles doivent faire de ces dons divers, il prescrit les précautions nécessaires pour que ces grâces ne leur inspirent point d'orgueil et ne causent aucune division parmi eux, c. XIII et XIV. La question est de savoir si Dieu a continué la même assistance à son Eglise dans les siècles suivants, et pendant combien de temps elle a duré.

Dodwel, dans sa quatrième *Dissertation sur saint Cyprien*, s'est attaché à prouver que les révélations prophétiques n'ont pas cessé dans le christianisme à la mort des apôtres, mais qu'elles y ont duré jusqu'au temps de Constantin et à la paix qu'il donna à son Eglise ; mais que depuis cette époque il n'y a plus de vestiges, parce que ce secours devient moins nécessaire qu'auparavant à la propagation de l'Evangile. Il le prouve par l'exemple d'Hermas, dont le livre intitulé *le Pasteur* est rempli de *visions prophétiques* ; mais la plupart des auteurs protestants les regardent comme les rêveries d'un fanatique. *Voy.* HERMAS. Saint Clément de Rome, dans sa première lettre aux *Corinthiens*, n. 48, dit : « Qu'un homme ait la foi, qu'il soit doué de connaissance, qu'il juge des discours avec sagesse, qu'il soit pur en toutes choses; plus il paraît grand, plus il doit être humble. » Dodwel soutient que par la *foi* il faut entendre celle qui opère des miracles, que la *connaissance* est l'intelligence des mystères, que le *jugement des discours* est le discernement des esprits, comme l'a expliqué saint Paul, *I Cor.*, c. XIII, v. 2, autant de dons surnaturels desquels il ne voulait pas que les fidèles conçussent de l'orgueil.

Saint Ignace, dans sa *lettre aux Philadelphiens*, n. 7, s'exprime ainsi : « J'atteste celui pour lequel je suis enchaîné, que je n'ai point connu ces choses de moi-même, mais que c'est l'Esprit qui me les a révélées et qui m'a dit : *Ne faites rien sans l'évêque*. » Dans la lettre circulaire que l'Eglise de Smyrne écrivit au sujet du martyre de saint Polycarpe, il est dit, n. 5 et 9, que ce saint martyr eut une *vision* pendant son sommeil, qui lui fit comprendre qu'il serait brûlé vif, et qu'en entrant dans le stade on entendit une voix du ciel qui lui dit : *Courage, Polycarpe, sois constant.* Eusèbe., *Hist. ecclés.*, l. III, c. 37, rapporte que, dans ce même temps, Quadratus et les filles de Philippe étaient doués du don de prophétie, et que les prédicateurs de l'Evangile avaient celui d'opérer des miracles. — Saint Justin, *Dial. cum Triph.*, n. 52 et 82, fait observer que depuis la venue de Jésus-Christ il n'y a plus de prophète chez les Juifs, et que l'esprit prophétique a été communiqué aux chrétiens. Saint Irénée, *contra Hær.*, lib. II, c. 32 (*al.* 47), n. 4, atteste que de son temps, Dieu répandait sur les fidèles, avec abondance, les dons du Saint-Esprit; que les uns chassaient les démons, où étaient doués de l'esprit prophétique; que les autres guérissaient les malades ou ressuscitaient les morts. « On ne peut pas compter, dit-il, le nombre des grâces que l'Eglise répand tous les jours au nom de Jésus-Christ, pour l'avantage de toutes les nations. » Il ajoute que ces divers prodiges contribuaient beaucoup à convertir les gentils.

Tous ces monuments regardent la fin du 1ᵉʳ et le commencement du II° siècle. Les écrivains téméraires qui ont avancé que depuis les apôtres il n'y avait point eu parmi les chrétiens d'autres *visions prophétiques* que celles de Montan et de ses disciples, n'ont pas consulté les dates. Cet hérésiarque n'a paru que vers le milieu du II° siècle, et plusieurs des témoignages que nous venons de citer concernent des personnages qui ont vécu longtemps avant lui. Ces sectaires ne firent que s'attribuer une partie des dons miraculeux qu'ils voyaient répandus parmi les fidèles. Mais à peine eurent-ils publié leurs prétentions et leurs erreurs, qu'ils furent réfutés par des écrivains ecclésiastiques. De ce nombre furent Méliton, Miltiade, Sérapion, évêque d'Antioche, Apollonius, Astérius Urbanus, Apollinaire d'Hiéraples, Caïus, prêtre de Rome, etc.; Eusèbe et Photius nous ont conservé les titres de leurs ouvrages, et en ont donné des extraits. Ils démontrèrent la différence essentielle qu'il y avait entre les vraies révélations communiquées aux fidèles, et les fausses *visions* dont se vantaient les hérétiques.

Au III° siècle, Dodwel ne veut pas citer Tertullien, *parce qu*'il se laissa séduire par les montanistes ; mais il avait écrit son *Apologétique* avant d'avoir embrassé leurs erreurs ; or, il dit, c. 23 et ailleurs, que les chrétiens par leurs exorcismes forçaient les démons à confesser, par la bouche des possédés, qu'ils n'étaient pas des dieux, mais de mauvais esprits, et à rendre ainsi témoignage à la croyance des chrétiens. Il ajoute que cette espèce de révélation ne pouvait pas être suspecte aux païens. Au reste, Dodwel allègue avec confiance l'auteur des *Actes du martyre des saintes Perpétue et Félicité*, qui a écrit l'an 202, qui rapporte leurs *visions prophétiques*, et qui, loin de favoriser les montanistes, semble argumenter contre eux. Peu de temps après, Origène, *contre Celse*, l. I, n. 46, témoignait que, de son temps, il restait encore chez les chrétiens des signes évidents des dons du Saint-Esprit, qu'ils chassaient les démons, qu'ils guérissaient les maladies, qu'ils prédisaient les événements futurs, par la volonté du Verbe divin. Il dit en avoir vu plusieurs exemples, et il prend Dieu à témoin de la vérité de son récit. Il en parle encore, l.VII, n. 8. Saint Denis d'Alexandrie, son condisciple, dans une de ses lettres rapportée par Eusèbe, *Hist. ecclés.*, l. VI, cap. 40, proteste devant Dieu qu'il n'a fui pendant la persécution de Dèce, que par une inspiration et un ordre exprès de Dieu. On peut trouver au moins dix exemples semblables dans saint Cyprien. Il suffit de citer sa lettre neuvième (*al.* 10) *ad Clerum.* « Dieu, dit-il, ne cesse de nous réprimander le jour et la nuit. Indépendamment des *visions* nocturnes, des enfants même, dans l'innocence de l'âge, ont des extases en plein jour, dans lesquelles ils voient, entendent et déclarent les choses dont Dieu veut nous avertir et nous instruire. Vous saurez tout lorsque je serai de retour, par la grâce de Dieu qui m'a commandé de m'éloigner. » Ce saint martyr fut averti de même, avant la persécution qui recommença sous Gallus et Volusien, et il fut convaincu de sa propre mort prochaine. Dieu en agissait ainsi, afin de préparer les fidèles aux épreuves auxquelles ils allaient bientôt être exposés ; et la publicité que l'on donnait d'abord à toutes ces révélations, leur uniformité et l'événement qui s'ensuivait, concouraient à démontrer que l'illusion ni l'imposture n'y avaient aucune part. On apportait d'ailleurs les plus grandes précautions pour n'y pas être trompé ; saint Paul les avait prescrites, *I Cor.*, c. XII et seq. 1° L'on ne faisait attention aux *visions* prophétiques que quand elles venaient de la part des personnes dont les mœurs, la piété et les autres vertus étaient connues d'ailleurs, et qui avaient tous les caractères sous lesquels saint Paul avait désigné la charité, *ibid.*,

c. xxii, v. 4. 2° Comme les fidèles doués du même esprit étaient en assez grand nombre, si l'un d'entre eux avait avancé une révélation fausse ou douteuse, il aurait été convaincu d'erreur par ceux qui avaient reçu de Dieu le discernement des esprits, c. xii, v. 10. 3° L'on ne recevait comme vraies prophéties que celles qui annonçaient des événements contingents et dépendants du libre arbitre des hommes ; lorsqu'il y avait de l'obscurité, elles pouvaient être expliquées par ceux qui avaient le don de les interpréter, c. xiv, v. 29, ou l'on attendait que l'événement en eût confirmé la vérité. 4° Celles qui ne pouvaient servir à l'édification de l'Eglise, mais seulement à satisfaire une vaine curiosité, ne furent jamais censées être des révélations divines, c. xiv, v. 3. 5° L'on rejeta toujours celles qui avaient pour auteurs des hérétiques, parce qu'elles manquaient des caractères exigés par saint Paul, et parce que Jésus-Christ, qui a promis le Saint-Esprit à son Eglise, ne peut pas l'accorder aux sociétés révoltées contre elle. *Dieu*, dit ce même apôtre, *n'est pas le Dieu de la dissension, mais de la paix*, c. xiv, v. 33. 6° L'on voulait que toute prédiction eût été prononcée de sang-froid, et non dans les accès d'une espèce de fureur, comme les prétendus oracles des païens ; saint Paul a dit que l'esprit des prophètes leur est soumis, v. 32 ; il voulait que tout se fît avec ordre et décence, v. 49.

Dodwel a donc raison de conclure que des *visions prophétiques*, revêtues de tous les signes dont nous venons de parler, ne peuvent donner prise au mépris ni aux railleries des incrédules. Mais il n'a consulté que les préjugés du protestantisme, lorsqu'il a décidé que ce don du Saint-Esprit n'a subsisté dans l'Eglise chrétienne que jusqu'au temps de Constantin ; et qu'il n'y en a plus de vestiges depuis cette époque. Il suppose faussement qu'Eusèbe l'insinue ainsi, *Hist. ecclés.*, l. vii, c. 32. Si, en exposant les talents et les vertus des saints évêques de son temps, il n'a rien dit de leurs révélations ni de leurs miracles, ce silence ne prouve rien, il n'a rien dit non plus de la plupart des faits que nous avons cités dans les deux siècles précédents. Il est encore faux que les docteurs du iv° siècle aient été étonnés de cette prétendue cessation de l'esprit prophétique, et qu'ils en aient recherché les raisons ; Dodwel, qui l'affirme ainsi dans sa *Dissert.*, § 22, n'en donne aucune preuve ; c'est à nous d'en apporter du contraire. 1° Au mot MIRACLE, § 4, nous avons fait voir qu'il s'en est opéré dans l'Eglise au iv° siècle, au v° et dans les suivants ; pourquoi n'y aurait-il eu plus de révélations ? L'un de ces dons ne vient pas moins du Saint-Esprit que l'autre. De même que Jésus-Christ n'a mis aucune restriction en promettant le premier à ceux qui croiraient en lui, *Marc.*, c. xvi, v. 17 ; *Joan.*, c. xiv, v. 12 ; il n'en a point mis non plus à la promesse de l'esprit de vérité, *Joan.*, c. xvi, v. 13 ; il l'a promis au contraire pour toujours, *in æternum*, c. xiv, v. 16. Si l'un de ces dons était capable de contribuer beaucoup à la conversion des païens, comment prouvera-t-on que l'autre n'y servait de rien ? 2° Puisqu'il faut des faits et des témoignages, Théodoret, *Hist. ecclés.*, l. iii, c. 23 et 24, rapporte que la mort de l'empereur Julien fut annoncée positivement par des chrétiens, plusieurs jours avant que l'on pût en recevoir la nouvelle. La révélation faite à saint Ambroise des reliques des saints martyrs Gervais et Protais, et les miracles qui se firent à cette occasion, sont attestés par saint Augustin, témoin oculaire, et par d'autres. Les prédictions et les miracles de saint Martin ont été écrits par Sulpice-Sévère, qui avait été son disciple, et qui en avait vu de ses yeux la plupart. L'élection des saints évêques de ce même siècle a été souvent faite en vertu d'une révélation divine, et plusieurs ont prédit distinctement le jour et l'heure de leur mort. Nous savons que les protestants les plus hardis ont traité de fables, de fraudes pieuses, d'impostures et de fourberies tout ce qui s'est fait dans ce genre au iv° et au v° siècle, mais ils n'ont pas respecté davantage ce qui est arrivé au ii° et au iii°. Dodwel et les anglicans ne peuvent faire aucun reproche contre les témoins postérieurs, qui n'ait été allégué par les luthériens, par les calvinistes, par les sociniens, contre les Pères de l'Eglise les plus anciens. C'est donc aux anglicans de nous apprendre pourquoi les mêmes règles de critique ne doivent pas avoir lieu à l'égard des uns et des autres. Aussi c'est ici un des points sur lesquels ils sont accusés par les autres protestants de ne pas raisonner conséquemment. 3° Il est constant qu'au iv° siècle et même au v°, il restait encore beaucoup de païens à convertir dans les Gaules, que les vertus et les miracles de saint Martin et d'autres saints évêques y ont infiniment contribué. Les Anglo-Saxons ne reçurent la foi chrétienne qu'au vi°, et les autres peuples du Nord encore plus tard. De quel droit peut-on supposer que Dieu a opéré ces conversions par des moyens tout différents de ceux dont il s'est servi au commencement du christianisme ? Il n'est pas moins certain que, parmi ceux qui y ont travaillé, il y a eu des hommes qui ont imité le désintéressement, la pauvreté, le courage et la constance des apôtres ; sur quoi fondé soutiendra-t-on que Dieu n'a pas coopéré à leur zèle, comme il a fait à celui des premiers prédicateurs de l'Evangile, par des moyens surnaturels ? Ce zèle a produit les mêmes effets, donc il a eu les mêmes causes. Ces saints hommes ont obéi au commandement de Jésus-Christ, ils ont compté sur ses promesses, ils se sont sacrifiés pour lui et pour le salut de leurs frères ; ceux qui les accusent des vices les plus odieux, manquent tout à la fois aux règles de la saine critique, et à la reconnaissance qu'ils doivent à Dieu pour la conversion de leurs aïeux. *Voy.* MISSIONS.

Dans tous les siècles, il a pu y avoir trop de crédulité d'une part et un faux zèle de l'autre ; mais il en a été de même du temps des apôtres, puisque saint Jean ordonnait aux fidèles de ne pas croire à tout esprit, mais de mettre les esprits à l'épreuve, pour savoir s'ils sont de Dieu, *I Joan.*, c. IV, v. 1, et que saint Paul prescrivait des précautions pour n'y pas être trompé. Plusieurs incrédules tournaient en ridicule les révélations dont parlait saint Cyprien. S'ensuit-il de là que Dieu n'est l'auteur d'aucune révélation ni d'aucun miracle? Ce n'est donc pas selon les intérêts de système qu'il faut en juger, mais selon les règles de sagesse et de circonspection prescrites par les apôtres. Pour nous qui n'avons ni deux poids ni deux mesures, nous croyons que le bras du Seigneur n'est pas raccourci, qu'il a toujours voulu la conversion des peuples, et qu'il n'a pas cessé d'y coopérer; qu'il ne veille pas moins sur son Église dans un siècle que dans un autre; qu'un auteur digne de foi qui atteste un fait surnaturel doit être cru, dans quelque pays et dans quelque siècle qu'il ait vécu.

Il est impossible que, pendant un espace de dix-sept cents ans, il n'y ait pas eu une infinité de personnes qui ont cru faussement avoir eu des *visions prophétiques*, ou avoir reçu des révélations. Souvent on ne s'est pas donné la peine de les examiner, parce que ces faits n'avaient aucune relation avec le dogme, ni aucune influence sur la doctrine de l'Eglise; ainsi le laps des temps leur a donné un certain crédit. Les protestants ont eu grand soin de les recueillir, d'en contester l'authenticité, et surtout d'y jeter du ridicule. Ils en ont conclu que les dogmes et les usages de l'Eglise catholique qui leur déplaisent n'ont été fondés que sur des fables et des impostures. C'est comme si l'on disait : de tout temps il y a eu de faux monnayeurs et de la fausse monnaie; donc il faut bannir du commerce toute espèce de monnaie.

VISION DE CONSTANTIN. *Voy.* CONSTANTIN.

VISITATION, fête célébrée dans l'Eglise romaine en mémoire de la visite que la sainte Vierge rendit à sa cousine Elisabeth. Il est dit dans l'Evangile, *Luc.*, c. I, v. 36, que l'ange Gabriel, en annonçant à Marie le mystère de l'incarnation, lui apprit que sainte Elisabeth, sa cousine, qui jusqu'alors avait été stérile, était grosse de six mois; que Marie s'empressa d'aller voir cette parente qui demeurait avec Zacharie son mari, dans une des villes de la tribu de Juda. Il paraît que c'était à Hébron, ville située à vingt-cinq ou trente lieues de Nazareth. On présume que la sainte Vierge partit le 26 mars, et arriva le 30 à Hébron. Elisabeth n'eut pas plutôt entendu sa voix, qu'elle sentit son enfant tressaillir dans son sein : elle lui dit : *Vous êtes bénie entre toutes les femmes, et le fruit de vos entrailles est béni.* Ce fut alors que Marie prononça le cantique sublime qui commence par *Magnificat*, et que l'Eglise répète tous les jours dans l'office divin. Après avoir demeuré environ trois mois chez sa cousine, elle retourna à Nazareth; peu importe de savoir si elle partit avant ou après les couches d'Elisabeth. Il est bon de remarquer que ces deux saintes personnes ont montré dans cette circonstance des connaissances et des lumières qu'elles ne pouvaient naturellement avoir. Il est dit qu'Elisabeth fut remplie du Saint-Esprit, elle s'écria : *D'où me vient cette faveur, que la mère de mon Seigneur vienne à moi? L'enfant que je porte vient de tressaillir de joie. Vous êtes heureuse d'avoir cru, parce que tout ce qui vous a été dit par le Seigneur s'accomplira.* Ainsi Elisabeth sut par révélation tout ce que l'ange du Seigneur avait dit à Marie, et comprit le mystère de l'incarnation. Elle ajoute que le mouvement de son enfant a été un tressaillement *de joie;* ce ne fut donc pas un mouvement naturel. On en conclut que Jean-Baptiste, dans le sein de sa mère, fut éclairé d'une lumière divine, et fut sanctifié par la présence du Verbe incarné dans le sein de Marie. La sainte Vierge de son côté loue le Seigneur dans le style le plus sublime des prophètes, et montre l'humilité la plus profonde; elle rappelle le souvenir des grandes choses que Dieu a faites en faveur de son peuple, et reconnaît en elle l'accomplissement des promesses qu'il avait faites à Abraham et à sa postérité.

Les commentateurs protestants paraissent peu touchés de toutes ces circonstances; ils semblent n'y rien voir de surnaturel; on est scandalisé en lisant les remarques toutes profanes de Beausobre sur ce chapitre de saint Luc; il y affecte de comparer plusieurs expressions de la sainte Vierge avec celles des auteurs païens.

Quant à l'institution de la fête, le premier qui ait pensé à l'établir est saint Bonaventure, général de l'ordre de Saint-François; il en fit un décret dans un chapitre général tenu à Pise, l'an 1263, pour toutes les églises de son ordre. Dans le siècle suivant, le pape Urbain étendit cette fête à toute l'Eglise; sa bulle, qui est de l'an 1379, ne fut publiée que l'année suivante par Boniface IX son successeur. En 1431, le concile de Bâle l'ordonna de même pour toute l'Eglise et en fixa le jour au 2 juillet. Quoique cette institution ne soit pas ancienne, elle est très-conforme à l'esprit du christianisme, qui est de nous rappeler souvent en mémoire les principales circonstances des mystères de notre rédemption. La sainte Vierge elle-même nous en a donné l'exemple, puisqu'elle célèbre dans son cantique les bienfaits que Dieu avait accordés à son peuple, mais qui ne sont pas d'un aussi grand prix que ceux dont il nous a comblés par l'incarnation de son Fils.

VISITATION (religieuse de la), ordre fondé l'an 1610, à Annecy en Savoie, par saint François de Sales, et par sainte Jeanne-Françoise Frémiot, baronne de Chantal. Ce ne fut dans son origine qu'une congrégation de filles et de veuves destinées à visiter, à consoler et à soulager les malades et les pauvres, et qui prenaient pour modèle la sainte Vierge dans la visite qu'elle fit à sa cousine; elles ne firent d'abord que des vœux simples. Mais par le conseil du cardinal de Marquemont, archevêque de Lyon, saint François de Sales consentit, contre son premier dessein, à ériger cette congrégation en ordre religieux, afin de lui donner plus de solidité. Il est principalement destiné aux personnes d'un tempérament faible, et qui ne pourraient pas soutenir un régime austère. Il y en a trois maisons à Paris. Ordinairement ces religieuses prennent de jeunes personnes en pension, pour les élever dans la crainte de Dieu et les former à la piété. Cet institut a été confirmé par Paul V.

VOCATION ; ce terme, dans le nouveau Testament, signifie ordinairement le bienfait que Dieu a daigné accorder aux Juifs et aux Gentils en les appelant à croire en Jésus-Christ, par la prédication de l'Evangile. Saint Paul nomme constamment les fidèles, les bien-aimés de Dieu, appelés à la sainteté : *dilectis Dei, vocatis sanctis*, Rom., c. I, v. 7, etc. Saint Pierre, *Epist. I*, c. I, v. 10, les exhorte à rendre certaine, par de bonnes œuvres, leur *vocation* et le choix que Dieu a fait d'eux. En second lieu ; *vocation* désigne aussi la destination d'un homme à un ministère particulier ; ainsi saint Paul se dit appelé à l'apostolat, *vocatus apostolus*, Rom., c. I, v. 1. Il décide que personne ne doit s'attribuer l'honneur du pontificat, s'il n'y est appelé de Dieu, comme Aaron, *Hebr.*, c. v, v. 4. En troisième lieu, il exprime l'état dans lequel était un homme lorsqu'il a été appelé à la foi. Voyez votre VOCATION, dit l'Apôtre, *I Cor.*, c. I, v. 26, il n'y a parmi vous ni beaucoup de sages ou de savants, ni beaucoup d'hommes puissants, ni un grand nombre de nobles ; et c. VII, v. 20 : Que chacun demeure dans la VOCATION, ou dans l'état de vie dans lequel il a été appelé à la foi, circoncis ou incirconcis, libre ou esclave, marié ou célibataire. Mais il y a quelques passages de saint Paul dans lesquels le mot de *vocation* mérite une attention particulière. *Rom.*, c. VIII, v. 28. il dit : Nous savons que tout contribue au bien de ceux qui aiment Dieu, *secundum propositum*. *Car ceux qu'il a prévus, il les a aussi prédestinés à devenir conformes à l'image de son Fils... Ceux qu'il a prédestinés, il les a aussi appelés ; ceux qu'il a appelés, il les a rendus justes, il les a aussi glorifiés.* Il est question de savoir ce que saint Paul entend par *vocation selon le dessein de Dieu*, ou ce que signifie *propositum* dans le style de cet apôtre. *Rom.*, c. IV, v. 5, il dit : *Au fidèle qui croit en celui qui justifie l'impie, sa foi est réputée à justice, selon le dessein de la grâce de Dieu*; c. IX, v. 11, après avoir parlé de Jacob et d'Esaü, il observe qu'avant leur naissance, et avant qu'ils eussent fait ni bien ni mal, *il fut dit, non en vertu de leurs œuvres, mais d'une vocation divine,* l'aîné sera le serviteur du cadet, *afin que le dessein de Dieu fût accompli selon son choix*. *Ephes.*, c. I, v. 5 : *Dieu nous a prédestinés à être adoptés pour ses enfants, par Jésus-Christ et pour lui, selon le dessein de sa volonté ;* saint Paul le répète, ibid., v. 11. Enfin, *II Tim.*, c. I, v. 9 : *Dieu*

nous a délivrés et nous a appelés par sa vocation sainte, non selon nos œuvres, mais selon son dessein et sa grâce qu'il nous a donnée en Jésus-Christ avant la révolution des temps. Dans tous ces passages le dessein de Dieu est exprimé par *propositum*. Après les avoir comparés, il nous paraît évident que par ce terme saint Paul a entendu le dessein que Dieu a eu en appelant à la foi ceux qu'il lui a plu, non à cause de leurs mérites présents ou futurs, mais par un choix très-libre et très-gratuit, dessein et choix qui sont une vraie prédestination, puisque Dieu n'exécute rien dans le temps, sans l'avoir résolu de toute éternité. Aussi saint Augustin, liv. II, *contra duas epist. Pelag.*, cap. 9, n. 22, a cité ces mêmes passages, et les a ainsi expliqués contre les pélagiens, qui entendaient par *propositum*, non le dessein gratuit et miséricordieux de Dieu, mais le bon dessein ou les bonnes dispositions de l'homme. Le saint docteur dit à ce sujet : « Ces gens-là ignorent que quand il est parlé de ceux qui ont été appelés *selon le dessein*, il est question, non du dessein de l'homme, mais de celui de Dieu, par lequel il a élu avant la création du monde ceux qu'il a prévus et prédestinés à être conformes à l'image de son Fils. Car tous ceux qui ont été appelés ne l'ont pas été *selon le dessein*, puisqu'il y a beaucoup d'appelés et peu d'élus ; ceux-là ont donc été appelés *selon le dessein*, qui ont été élus avant la création du monde. » Les partisans de la prédestination absolue ont trouvé bon de supposer que, par *les élus*, saint Augustin a entendu les bienheureux, et par *le dessein de Dieu*, la prédestination à la gloire éternelle. Il n'en est rien. 1° Il s'agissait seulement dans cet endroit de prouver contre les pélagiens que la prédestination à la grâce et à la foi est purement gratuite, indépendante de tout mérite et de toute bonne disposition de la part de l'homme, jamais il n'y a eu aucune dispute entre saint Augustin et les pélagiens touchant la prédestination à la gloire éternelle ; si donc le saint docteur semble confondre quelquefois ces deux prédestinations, cela ne peut pas obscurcir le vrai sens des paroles de saint Paul. 2° Il est évident que, dans tous les passages cités, l'apôtre s'est uniquement proposé de prouver que la grâce de la foi accordée, soit aux Juifs, soit aux gentils, n'a pas été la récompense de leurs œuvres ni de leurs vertus, mais une grâce, un don gratuit de la miséricorde de Dieu. A quel propos saint Augustin aurait-il détourné ce sens ? 3° Lorsque saint Paul et saint Augustin disent que les fidèles sont prédestinés de Dieu à être conformes à l'image de son Fils, il ne s'agit pas d'une conformité dans la gloire éternelle, mais dans la sainteté et la vertu. *I Cor.*, c. XV, v. 49, l'Apôtre dit : *De même que nous avons porté l'image de l'homme terrestre, portons aussi l'image de l'homme céleste.* *II Cor.*, c. III, v. 18, après avoir parlé de l'aveuglement des Juifs, il ajoute : *Pour nous qui voyons la gloire du Seigneur à découvert, nous sommes transformés en son image, et nous allons de clarté en clarté, comme éclairés par l'esprit de Dieu.* Coloss., c. III, v. 10 : *Revêtez-vous de l'homme nouveau qui devient tel par la connaissance, selon l'image de celui qui l'a créé.* Ce n'est point là une conformité dans la gloire. 4° Enfin, lorsque saint Augustin dit que tous n'ont pas été appelés *selon le dessein de Dieu*, il entend évidemment que tous n'ont pas correspondu à ce dessein ; et qu'en citant le mot *beaucoup d'appelés, mais peu d'élus*, il a entendu comme l'Evangile et comme saint Paul, que peu de personnes ont correspondu à leur *vocation* à la foi, puisque saint Paul nomme constamment les fidèles, *les élus de Dieu.* Voyez PRÉDESTINATION.

L'on convient généralement que, pour embrasser l'état ecclésiastique ou l'état religieux, il faut y être appelé par une *vocation* spéciale de Dieu. Comme ces deux états imposent des devoirs particuliers et souvent pénibles à ceux qui y sont engagés, on ne peut espérer de les remplir à moins que l'on ne reçoive de Dieu les grâces nécessaires, et il y aurait de la témérité à les attendre, si l'on avait disposé de soi-même contre la volonté de Dieu. Sans doute il ne révèle point à chaque particulier le sort qu'il lui destine, mais il y a des signes par lesquels on peut juger prudemment que l'on est appelé à tel état plutôt qu'à tel autre. Une inclination constante et longtemps éprouvée à s'y consacrer, un goût décidé pour les pratiques et les devoirs qu'il impose, un long exercice des vertus qu'il exige, un détachement absolu de tout intérêt et de tout motif temporel, voilà des marques non équivoques d'une *vocation* solide. C'est pour s'en assurer qu'ont été établis les divers ordres de la cléricature et les séminaires pour l'état ecclésiastique, les épreuves et le noviciat pour l'état religieux. Ceux qui ont de la peine à s'y soumettre doivent se défier beaucoup de leur *vocation*, et craindre que les engagements qu'ils formeront ne soient pour eux une source de malheurs pour ce monde et pour l'autre. Ces considérations nous font comprendre la grièveté du crime des parents qui veulent forcer la *vocation* de leurs enfants, et de ceux que séduisent ces derniers et leur persuadent faussement que tel état leur convient, qui leur en représentent les avantages, sans leur en exposer les devoirs et les inconvénients, etc. Mais, par la vigilance et les précautions qu'apportent les pasteurs dans l'examen des sujets, le malheur des fausses *vocations* est beaucoup plus rare qu'on ne le croit communément dans le monde.

VŒU, promesse que l'on fait à Dieu d'une chose que l'on croit lui être agréable, et à laquelle on n'est pas obligé d'ailleurs. C'est ce qu'entendent les théologiens, lorsqu'ils disent que le *vœu est promissio de meliori bono.* Promettre à Dieu d'accomplir tel commandement qu'il nous fait, ou d'éviter telle chose qu'il nous défend, ce n'est pas un *vœu*, parce que nous y sommes obligés d'ailleurs par sa loi.

Est-il permis et louable de faire des *vœux*, et lorsqu'on en a fait est-on obligé de les accomplir ? Cela ne peut être mis en question, que par ceux qui ne veulent pas avouer qu'il y a de bonnes œuvres de surérogation, que Jésus-Christ nous a donné des conseils de perfection, et qu'il y a du mérite à les pratiquer. C'est une erreur des protestants, que nous avons réfutée ailleurs. *Voy.* ŒUVRES, CONSEILS ÉVANGÉLIQUES. Quand le bon sens ne suffirait pas pour nous persuader le contraire, l'histoire sainte nous en convaincrait. En effet, Dieu n'a pas dédaigné les *vœux* que lui ont faits les patriarches ; Jacob promet à Dieu de lui offrir la dîme de tous les biens que sa providence daignera lui accorder, et ce *vœu* est agréé de Dieu, Gen., c. XXVIII, v. 22 ; c. XXXI, v. 13. Ainsi en avait agi Abraham, en donnant à Melchisédech la dîme des dépouilles qu'il avait reprises sur les rois qu'il avait vaincus, c. XIV, v. 20. David fait *vœu* de bâtir un temple au Seigneur, et Dieu lui promet que cela sera exécuté par son fils. *II Reg.*, c. VII, v. 13 ; *Ps.* CXXXI, v. 2. Les principaux Israélites s'obligent à contribuer aux frais de cet édifice, et ils accomplissent leur *vœu*, *I Paral.*, c. XXIX, v. 9.

Les livres de Moïse contiennent plusieurs lois touchant les différents *vœux* que l'on pouvait faire, touchant l'obligation et la manière de les accomplir. Nous voyons, *Levit.*, c. XXVII, v. 1, qu'un homme ou une femme libre pouvait se vouer au service du Seigneur dans son tabernacle, qu'un père pouvait y consacrer un de ses enfants ou un esclave. Dans la suite on nomma ces derniers *nathinéens*, donnés à Dieu. *Voy.* ce mot. S'ils n'accomplissaient pas ce *vœu*, ils devaient être rachetés par un prix que la loi avait fixé. Nous lisons encore, *Num.*, c. VI, v. 1, qu'un homme ou une femme pouvait faire le *vœu* du nazaréat pour un temps ou pour toujours, et que ce *vœu* les obligeait à certaines abstinences : il est dit, v. 8, qu'un nazaréen est consacré à Dieu, *Sanctus Domino* ; Samson, Samuel, Jean-Baptiste, en sont des exemples. *Voy.* NAZARÉAT, RÉCHABITES. Nous avons parlé de la fille de Jephté en son lieu. *Voy.* JEPHTÉ. L'obligation d'accomplir les *vœux* est clairement établie, *Deut.*, c. XXIII, v. 21 ; *Job*, c. XXII, v. 27 ; *Ps.* LXV, v. 13 ; *Eccl.*, c. V, v. 3, etc.

Quoique les protestants aient beaucoup déclamé contre les *vœux* en général, les commentateurs anglais de la Bible de Chais, dans leurs notes sur le *Lévitique* et sur les *Nombres*, ont très-bien expliqué la nature des *vœux* dont il y est parlé ; ils en ont reconnu la sainteté et l'obligation de les accomplir. Cependant quelques incrédules ont prétendu qu'un *vœu* conditionnel, tel que celui de Jacob, est indécent ; c'est, disent-ils, une espèce de marché fait avec la Divinité, par lequel l'homme semble lui imposer des lois et lui prescrire des conditions : conduite intéressée et mercenaire que Dieu ne peut pas approuver. Fausse décision. Lorsque J. cob dit : *Si le Seigneur daigne me protéger, me ramener sain et sauf, et m'accorder ses bienfaits, je lui donnerai la dîme de tout ce que je possèderai.* Ce n'est ni un marché ni une marque d'ambition, mais une promesse de reconnaissance; Jacob se prescrit à lui-même, et non à Dieu, une loi à laquelle il n'était pas tenu d'ailleurs. S'il n'avait reçu de Dieu aucun bien temporel, il n'aurait pas pu lui en payer la dîme ; si Anne, mère de Samuel, n'avait pas obtenu de Dieu un fils en conséquence de son *vœu,* elle n'aurait pas été dans le cas de le consacrer au Seigneur ; si les compagnons de Jonas n'avaient pas été sauvés du naufrage, ils n'auraient pas été dans l'obligation d'accomplir les *vœux* qu'ils avaient faits au fort de la tempête, *Joan.*, c. i, v. 16. Puisqu'il est louable de témoigner à Dieu de la reconnaissance, il est louable aussi de le lui promettre.

Puisqu'il a plu au Seigneur d'agréer les *vœux* des hommes sous la loi de nature et sous celle de Moïse, y a-t-il des raisons de croire qu'il n'en veut plus sous celle de l'Evangile ? Ce serait à ceux qui les blâment de le prouver. On ne peut pas les envisager comme des pratiques de la loi cérémonielle, puisqu'ils sont plus anciens que cette loi, et que les apôtres mêmes en ont fait. Postérieurement au concile de Jérusalem, dans lequel il avait été décidé que les cérémonies mosaïques ne servaient plus de rien au salut, *Act.*, c. xv, saint Paul fit encore le vœu du nazaréat, et l'accomplit à Jérusalem, c. XVIII, v. 18 ; c. XXI, v. 16. Au mot CÉLIBAT, nous avons cité ce qu'a dit Jésus-Christ de ceux qui l'ont embrassé *pour le royaume des cieux* ; qu'ils l'aient fait par un *vœu* ou par une résolution ferme et irrévocable, cela est égal. Puisque Jésus-Christ a donné des conseils de perfection, et qu'il y a du mérite à les pratiquer, il y en a aussi à les promettre par un *vœu,* et c'est à quoi engagent les *vœux* solennels de religion.

Ceux qui soutiennent le contraire ont prétendu que ces *vœux* ont été inconnus dans l'Eglise jusqu'au IVe siècle, que c'est saint Basile qui les y a introduits, ou du moins qui en a parlé le premier. Ils sont dans l'erreur : 1° saint Paul, *I Tim.*, c. v, v. 11 et 12, parlant des jeunes veuves qui veulent se remarier, dit qu'*elles ont violé leur premier engagement : primam fidem irritam fecerunt.* Nous soutenons que cela doit s'entendre d'un *vœu* ou d'une promesse solennelle que ces femmes avaient fait de vivre dans la continence ; ainsi l'entendent les interprètes catholiques et les protestants les plus sensés. On ne peut pas prouver que les filles d'un certain âge ne fussent pas admises dès lors à faire de même ; saint Ignace les met de pair, *Epist. ad Smyrn.*, n. 13. 2° Au IIIe siècle, Tertullien appelle les vierges, *les épouses du Seigneur, des personnes consacrées au siècle futur, et qui ont mis un sceau à leur chair ;* il fait mention expresse du vœu de continence, *de Virgin. velandis,* c. 11. Saint Cyprien, *Epist.* 61 *(al.* 4) *ad Pompon.*, parlant des vierges, dit : « Si par un engagement de fidélité, *ex fide*, elles se sont consacrées à Jésus-Christ, qu'elles persévèrent en vivant dans la pureté et la chasteté. » Il regarde l'infidélité d'une vierge comme un adultère commis contre Jésus-Christ. Cela suppose une promesse ou un *vœu* qu'elles ont fait. 3° Le concile d'Ancyre, tenu l'an 313, avant l'épiscopat de saint Basile, décide, *can.* 19, que toutes celles qui violeront leur profession de virginité, seront soumises comme les bigames à un ou deux ans d'excommunication ; celui de Valence en Dauphiné, l'an 374, veut qu'on leur diffère la pénitence jusqu'à ce qu'elles aient pleinement satisfait à Dieu. Il n'aurait pas été juste de leur infliger une peine, si elles n'avaient pas fait un *vœu.* Cette discipline fut confirmée par le concile général de Chalcédoine, et par plusieurs autres tenus en Occident ; elle était donc la même chez les Grecs et chez les Latins. Aussi la pratique des *vœux* monastiques a persévéré constamment et dure encore chez les nestoriens, chez les eutychiens ou jacobites, chez les maronites syriens et chez les Grecs schismatiques.

Si les prétendus réformateurs avaient été mieux instruits, ils n'auraient pas déclamé avec tant d'indécence contre les *vœux* en général, surtout contre les *vœux* solennels de religion, ils auraient respecté les monastères, et ils n'auraient pas fourni aux incrédules les invectives que ces derniers ne cessent de répéter. Ils disent que c'est attenter aux droits de Dieu, de nous priver de la liberté naturelle qu'il nous a donnée; qu'il y a de la témérité à nous imposer nous-mêmes une obligation perpétuelle, sans savoir si nous aurons la force et la constance de la remplir. Ordinairement les *vœux* sont un effet de la légèreté de la jeunesse, d'un accès de mélancolie passagère, de la séduction ou du despotisme des parents, et sont presque toujours suivis d'un repentir amer ; loin d'être utiles à la société, ils la privent des services que pourraient lui rendre des personnes de l'un et de l'autre sexe qui vouent à la clôture et à l'inutilité. Folle censure s'il en fut jamais ; déjà nous en avons démontré l'absurdité aux mots CÉLIBAT, MOINE, RELIGIEUSE ; mais nous ne devons pas nous lasser de répondre à des reproches toujours renaissants et variés en cent manières. Ceux qui les font devraient commencer par prouver que l'homme est né avec une liberté naturelle illimitée, que c'est un bien pour lui, par conséquent que toute loi quelconque est un attentat contre ce don de la nature. Nous soutenons au contraire qu'une telle liberté serait pour lui à tous égards le plus grand de tous les maux. Comme la plupart de nos semblables sont nés avec plus de penchant au vice qu'à la vertu, le plus grand avantage pour eux et pour la société serait qu'ils fussent enchaînés d'abord ; Dieu l'a ainsi décidé, en disant qu'il est bon à l'homme de porter le joug dès l'enfance, *Thren.*, c. III, v. 27. Tel est devenu méchant et dépravé, qui aurait été très-vertueux s'il avait vécu sous l'empire d'une loi qui eût écarté de lui les tentations du vice. Enfin, si la liberté est un don si précieux, il faut laisser à chacun la liberté de choisir tel état, et d'embrasser tel genre de vie qu'il lui plait.

Puisque la religion a le pouvoir de nous faire aimer les lois qui nous sont imposées par les hommes, pourquoi ne réussirait-elle pas à nous faire chérir celles que nous nous sommes prescrites par un choix libre et réfléchi? Jésus-Christ dit : *Chargez-vous de mon joug, il est doux, et mon fardeau est léger ; vous y trouverez le repos de vos âmes* (*Matth.* xi, 29). Ceux qui se sentent appelés par une inclination constante à se charger du joug des conseils évangéliques, peuvent-ils se défier de cette parole du Sauveur? Quand il serait vrai qu'un grand nombre s'en repentent dans la suite, il s'ensuivrait seulement qu'ils sont naturellement inconstants et qu'ils n'auraient pas été plus heureux dans un autre état. La plupart de ceux qui se sont engagés dans le mariage s'en repentent de même ; de là nos philosophes ont conclu que le divorce devrait être permis ; ils ont aussi mal raisonné sur un de ces sujets que sur l'autre. Il n'est certainement pas de l'intérêt de la société de favoriser l'inconstance humaine, il n'y aurait plus rien de solide ni de stable dans la vie civile. On voit tous les jours des hommes aussi ennuyés de leur liberté que les autres le sont de leur engagement, mais ce ne sont pas ceux qui rendent le plus de services au public. Au reste nous avons déjà observé plus d'une fois que cette prétendue multitude de personnes dégoûtées de leur état, repentantes et malheureuses dans les cloîtres, sont une fausse imagination des incrédules.

On ne doit pas être surpris de voir des écrivains sans religion condamner tout ce qui se fait par religion; mais il y a lieu de s'étonner, lorsque l'on en trouve qui se donnent pour chrétiens, et qui déclament contre les *vœux* d'une manière plus scandaleuse que les incrédules mêmes. C'est ce qu'a fait l'auteur de l'ouvrage intitulé : *Les Inconvénients du célibat des prêtres*, c. 16. Il a compilé toutes les objections des protestants, il n'y a rien ajouté que des absurdités et des contradictions. Il dit d'abord qu'il est juste et louable de vouer à Dieu une partie de ce qui nous appartient, mais que cela est superflu, parce que Dieu n'en a pas besoin, et que cela ne tourne qu'au profit de ses ministres. Il ne nous est pas donné de concevoir en quel sens des offrandes superflues peuvent être justes et louables. Quoique Dieu n'ait besoin de rien, il avait cependant ordonné des offrandes dans l'Ancien Testament, et Jésus-Christ les a louées dans l'Evangile, *Matth.*, c. v, v. 24 ; *Luc.*, c. xxi, v. 3 et 4, etc. *J'ai dit au Seigneur : Vous êtes mon Dieu, vous n'avez pas besoin de mes biens.* C'était le langage de David, *psaume* xv, v. 2. Personne néanmoins ne fit jamais au Seigneur de plus riches offrandes que ce roi ; Salomon son fils s'exprimait de même, et n'en suivit pas moins son exemple. Du moins les holocaustes ne tournaient point au profit des prêtres, puisque toute la victime était consumée par le feu ; nous ne voyons pas non plus en quoi ils ont profité des dons de David et de Salomon. *Voy.* OFFRANDE.

— Notre critique prétend que le nazaréat n'obligeait à rien de gênant ; il se trompe. Dans les climats chauds une longue chevelure est incommode ; les Orientaux se sont toujours rasé la tête, ils le font encore aujourd'hui. L'abstinence des liqueurs fortes leur est plus difficile qu'à nous ; les mahométans, à qui leur loi en interdit l'usage, y suppléent par le moyen de l'opium. Il est probable d'ailleurs que les nazaréens étaient encore assujettis à d'autres observances dont l'Ecriture n'a point parlé. *Voy.* NAZARÉAT.

— Il y a, continue le même censeur, des *vœux* illégitimes, il y en a de téméraires ; notre volonté est trop inconstante pour supporter des chaînes éternelles. Nous répondons qu'il y a aussi des mariages illégitimes, et un très-grand nombre sont téméraires : ils sont cependant indissolubles, dès qu'ils ne sont pas nuls. Encore une fois, l'on ne peut pas faire une seule objection contre les *vœux* perpétuels, qui ne puisse se tourner contre l'indissolubilité du mariage. Un vœu téméraire peut être commué, quelquefois on peut en être dispensé ; on permet souvent à un religieux mécontent de son ordre, de passer dans un autre, etc. Les personnes mariées n'ont pas les mêmes ressources, parce que l'intérêt de la société s'y oppose. — Pour fixer, dit-il, notre inconstance, c'est un mauvais moyen d'asservir le corps, en laissant les désirs libres, et de mettre nos penchants en contradiction avec nos devoirs : s'il avait réfléchi avant d'écrire, il aurait compris que le vœu de chasteté, par exemple, ne laisse pas plus libres les désirs de l'incontinence, que le mariage ne laisse libres les désirs de l'adultère, et que tout désir réfléchi d'une chose illégitime est criminel par lui-même ; il aurait senti que toute la loi qui nous gêne met en contradiction nos devoirs avec nos penchants, et que pour laisser un libre cours à notre inconstance, il faudrait supprimer tous les engagements et toutes les lois. Nous convenons que tout homme né avec un penchant violent à l'impudicité agirait témérairement en faisant le vœu de chasteté, mais il ne s'ensuit rien : tous les hommes ne sont pas dans ce cas ; il en est un plus grand nombre pour qui la continence n'a rien de pénible. — Selon lui, tous les *vœux* possibles ne peuvent pas faire éclore une nouvelle vertu : les règles monastiques ne commandent que des puérilités, ne tendent qu'à exercer le despotisme des chefs, et à fatiguer inutilement la patience de ceux qui obéissent. On croit entendre parler un déiste qui soutient que toutes les lois positives ne peuvent pas nous prescrire une seule vertu qui ne soit déjà commandée par la loi naturelle, que tout le reste ne contribue en rien à la perfection de l'homme ni du citoyen. Il n'est pas besoin de créer des vertus nouvelles, mais de pratiquer les anciennes; or, la chasteté, la pauvreté volontaire, l'obéissance, la piété, la charité fraternelle, la mortification, etc., sont des vertus, nous l'avons prouvé en son lieu. C'est une absurdité d'imaginer qu'un supérieur de religieux ne commande à ses inférieurs que pour le plaisir d'exercer son despotisme et de fatiguer leur patience ; on le ferait bientôt repentir de cet abus de son autorité. Par décence ou par honte, l'auteur aurait dû s'abstenir de répéter les invectives des incrédules, d'écrire que le *vœu* d'obéissance est une renonciation à l'usage de la raison, qui fait d'un être raisonnable une brute et un automate. Ceux qui ont fait ce vœu pourront répondre qu'ils ont plus de raison et de bon sens que ceux qui leur insultent, puisque ceux-ci ne font que déraisonner. Que signifie en effet cette phrase : « Le vœu de pauvreté est illusoire, puisqu'il conduit à ne manquer de rien : l'indigence et la mendicité sont une tentation plus dangereuse que les richesses ? » Nous ne concevons pas comment ceux qui ne manquent de rien sont néanmoins dans l'indigence. L'auteur n'a pas vu qu'il lançait un sarcasme contre Jésus-Christ même. Ce divin Maître envoyant ses disciples prêcher l'Évangile, leur défend de porter avec eux de l'argent ni des provisions, *Matth.*, c. x, v. 9 ; il leur demande ensuite : *Lorsque je vous ai envoyés, avez-vous manqué de rien ? Ils lui répondent : Non, Seigneur. Luc.*, c. xxii, v. 35. S'ensuit-il de là que le commandement de Jésus-Christ était illusoire! Aux mots PAUVRETÉ et MENDIANT, nous avons justifié ceux qui imitent la conduite des apôtres.

Oserons-nous relever ce qu'a dit ce critique licencieux contre le *vœu* de chasteté ? « Il n'est pas permis, dit-il, de vouer ce qui n'est pas en notre puissance ; or, l'Écriture nous assure que la continence est un don de Dieu : il y a de la témérité à juger qu'il nous l'a donnée ou qu'il nous la donnera, et à vouloir l'y forcer. » Morale scandaleuse. Toute autre vertu est aussi un don de Dieu, conclurons-nous qu'aucune n'est en notre puissance ? Les disciples du Sauveur lui firent cette objection touchant la pauvreté ; il leur répondit : *Cela est impossible selon les hommes, mais cela est possible à Dieu* (*Matth.* xix, v. 26). Il nous assure que nous obtiendrons de son Père tout ce que nous lui demanderons avec confiance, c. xviii, v.19 ; c. xxi, v. 20 : il n'est pas excepté la chasteté. Ce n'est donc pas une témérité que de compter sur cette promesse, et il est absurde de supposer que prier avec confiance et persévérance, c'est vouloir *forcer Dieu.* Jésus-Christ nous exhorte à cette espèce d'importunité qui semble vouloir faire violence à Dieu, *Luc.*, c. xi, v. 8, etc. Lorsque saint Paul commandait la chasteté à tous les fidèles, il supposait sans doute qu'elle était en leur pouvoir, qu'ils pouvaient du moins l'obtenir de Dieu par leurs prières. — « Peut-on, continue notre dissertateur, promettre de n'avoir jamais de désirs ? Si on les a, il vaut mieux, dit saint Paul, se marier, que de brûler. » Nous soutenons que l'on peut et que l'on doit promettre de n'avoir jamais de désirs volontaires, réfléchis et délibérés, parce qu'ils sont criminels ; que les désirs indélibérés, involontaires, et auxquels on ne résiste, ne sont pas des péchés, mais des épreuves pour la vertu. Saint Paul ne commande ni ne conseille le mariage à ceux qui ont des désirs, mais à ceux qui ne sont pas continents, *quod si non se continent, nubant* (*I Cor.* vii, 9). Ainsi par *brûler* saint Paul n'entend pas avoir des désirs involontaires, mais y consentir et y succomber. Cette falsification du texte de l'Apôtre est un vol que l'auteur a fait aux protestants. Il ne sert à rien de rappeler les crimes de quelques vierges infidèles à leur *vœu*, dont saint Jérôme a fait mention dans sa dix-huitième lettre à Eustochium ; il n'a pas rapporté de même toutes les turpitudes des filles non mariées et des femmes adultères, la liste en aurait été trop longue. Les vierges peu chastes ne sont pas tombées dans l'incontinence parce qu'elles avaient fait des *vœux*, elles y seraient tombées encore plus aisément, si elles n'en avaient point fait. Il est absurde d'attribuer un crime aux précautions mêmes que l'on avait prises pour s'en préserver. Si l'on veut y réfléchir, on verra qu'une personne qui a fait vœu de chasteté n'est obligée à rien de plus que celle qui est réduite à vivre dans le monde sans pouvoir se marier.

L'âge auquel les lois ecclésiastiques et civiles permettent les *vœux*, est assez mûr pour que les jeunes gens puissent savoir à quoi ils s'engagent et de quoi ils sont capables ; le temps des épreuves et du noviciat est assez long pour connaître par expérience les obligations, les peines, les inconvénients de l'état religieux. En considérant les communautés dans lesquelles on ne fait que des *vœux* simples, nous ne voyons pas qu'il en sorte un plus grand nombre de sujets qu'il n'en sort du noviciat des monastères où l'on fait des *vœux* perpétuels. Il n'est donc pas vrai que ces derniers soient des cachots dans lesquels gémissent le repentir, le regret, le désespoir. En général, plus les communautés observent une clôture sévère et inviolable, plus elles sont régulières, paisibles et heureuses ; quand il y arrive du désordre, il a toujours pour première cause la fréquentation des séculiers.

On ne cesse de répéter que les *vœux* monastiques enlèvent à la société une infinité de sujets qui pourraient lui être utiles. Nous soutenons au contraire que loin de les lui enlever, ces *vœux* lui assurent des services qui ne pourraient pas lui être rendus autrement d'une manière aussi efficace. Trouverait-on beaucoup de personnes qui voulussent se consacrer au service des hôpitaux, au soulagement des malades pauvres ou incurables, au soin des orphelins et des enfants abandonnés, à l'instruction des ignorants, et à d'autres œuvres de charité auxquelles le clergé séculier ne peut pas suffire, s'il n'y en avait pas un grand nombre des deux sexes qui le font par vœu et par motif de religion? Sans les *vœux*, aucun des établissements destinés à secourir l'humanité souffrante, ne serait ni stable ni solide. Nous ajoutons encore que les ordres mêmes qui gardent la clôture n'ont jamais été plus nécessaires qu'aujourd'hui. Dans un siècle corrompu par le luxe, par la licence des mœurs et par l'irréligion, dans lequel les revers de fortune sont fréquents, les mariages difficiles et souvent malheureux, il faut des asiles où puissent se retirer ceux qui n'ont rien à espérer dans le monde, où la vertu pauvre et méprisée puisse se cacher et trouver le repos, où la simplicité des mœurs fasse prescription contre la perversité publique, et serve d'apologie à l'Evangile. En dépit des clameurs de nos politiques incrédules, ces saintes retraites, presque aussi anciennes que le christianisme, subsisteront autant que lui. Ce qui regarde la validité ou la nullité des dispenses, l'interprétation ou la commutation des *vœux*, est plus du ressort des canonistes que des théologiens.

VOEUX DU BAPTÊME. On appelle ainsi les promesses que fait un catéchumène, lorsqu'avant d'être baptisé il renonce à Satan, à ses pompes et à ses œuvres. Ce préliminaire a été prescrit dans la rigueur pour les adultes qui renonçaient à l'idolâtrie ou au culte des démons pour embrasser le christianisme. Lorsqu'on baptise un enfant, c'est le parrain et la marraine qui font ces promesses au nom du baptisé, alors elles ne regardent point le passé, mais l'avenir.

Parmi les hérétiques des derniers siècles, les uns avaient enseigné que les *vœux du baptême* annulaient tous les autres vœux; les autres, que les *vœux* du baptisé ne l'obligeaient pas à observer toute la loi chrétienne, mais seulement à croire en Jésus-Christ; le concile de Trente a condamné les uns et les autres, *sess.* 7, *de Bapt.* can. 7 et 9.

Les théologiens appellent aussi *vœu du baptême*, la volonté ou le désir de recevoir ce sacrement, lorsqu'on ne peut pas le recevoir en effet; dans ce sens, ils disent que le baptême est absolument nécessaire, *vel in re vel in voto*, pour être sauvé. *Voy.* BAPTÊME. Dans le discours ordinaire, *vœu* signifie souvent *désir* ou *prière*.

VOIE ou CHEMIN, se prend souvent dans l'Ecriture sainte dans un sens figuré. Entrer dans la voie de toute la terre, c'est mourir; la *voie* des nations, sont les usages et la religion : mais, lorsque Jésus-Christ dit à ses disciples, *Matth.*, c. x, v. 5: *N'allez point dans la* VOIE *des nations*, cela signifie, n'allez point prêcher l'Evangile aux païens; le moment n'en était pas encore arrivé. *Voie* se prend encore pour la conduite : il est dit, *Prov.*, c. VI, v. 6 : *Que le paresseux aille à la fourmi, et qu'il considère les* VOIES *de cet animal.* Les voies de Dieu sont ses lois, ses volontés, ses desseins, la conduite de sa Providence. *Ps.* CII, v. 7, etc. Les *voies* de la paix, de la justice, de la vérité, sont les moyens qui y conduisent. Ce mot désigne aussi une profession, une secte, une religion ; *Act.*, c. IX, v. 2, Saul demanda des lettres pour le grand prêtre, afin que s'il trouvait des gens de la secte chrétienne, *hujus viæ*, il les menât liés à Jérusalem. *La voie large* est une conduite relâchée qui conduit à la perdition; la *voie étroite*, une vie vertueuse et régulière qui mène au salut.

VOILE, pièce de crêpe ou d'étoffe légère qui couvre la tête et une partie du visage. L'usage d'avoir la tête couverte dans les temples n'a point été le même chez les différents peuples, même parmi les adorateurs du vrai Dieu : mais la coutume la plus générale chez les anciens a été que les sacrificateurs exerçassent leurs fonctions avec la tête couverte d'un pan de leur robe, afin qu'ils fussent moins distraits, et qu'ils ne pussent porter leurs regards ni à droite ni à gauche. *Cornelius a Lapide* et d'autres ont observé que, chez les Juifs, les prêtres ne priaient et ne sacrifiaient point à tête découverte dans le tabernacle ni dans le temple, mais qu'ils la couvraient d'une tiare qui était un ornement. Quant aux usages modernes, le savant Assémani rapporte que le patriarche des nestoriens officie la tête couverte, que celui d'Alexandrie fait de même, ainsi que les moines de saint Antoine, les cophtes, les Abyssins et les Syriens maronites. Cela n'est point étonnant chez les Orientaux qui ne se découvrent jamais la tête. En Occident, où c'est une marque de respect de se découvrir en présence d'une personne que l'on veut honorer, il a paru plus décent que les prêtres fissent leurs fonctions la tête découverte.

A l'égard du commun des fidèles, saint Paul a décidé que les hommes doivent prier à visage découvert, et il veut que les femmes soient voilées dans les temples, *I Cor.*, c. XI, v. 10. En Afrique, du temps de Tertullien, les femmes allaient à l'église voilées ; on permit aux filles d'y paraître sans *voile*: ce privilége leur flatta, mais Tertullien soutint que c'était un abus, et fit à ce sujet son livre *de Virginibus velandis.* Ceux qui en prenaient la défense prétendaient que cet honneur était dû à la virginité; qu'il caractérisait la sainteté des vierges; qu'étant remarquables dans le temple du Seigneur, elles invitaient les autres à imiter leur exemple. Tertullien ne goûtait point ces raisons : où il y a de la gloire, dit-il, il y a de la vanité, de l'intérêt, de la contrainte, de la faiblesse; or la virginité contrainte est la source de tous les crimes. Clément d'Alexandrie était d'avis que les filles doivent porter un *voile* dans l'église aussi bien que les femmes, afin de ne pas scandaliser les justes. Il y a encore des provinces en France où les filles ne vont à l'église qu'avec un *voile* blanc, et les femmes avec un *voile* noir.

Parmi nous, *prendre le voile* c'est se faire religieuse, parce que c'est une marque distinctive de cet état, et cet usage est ancien, il date au moins de la fin du IV° siècle. Dans l'*Histoire de l'Académie des Inscriptions*, tom. V, in-12, p. 173, il y a un mémoire dans lequel il est prouvé que la réception du *voile* n'était jamais séparée de la profession religieuse; qu'aucune fille n'en était revêtue qu'au moment où elle prononçait ses vœux, et que c'était l'évêque qui faisait cette cérémonie. — L'âge auquel les filles étaient admises à prendre le *voile* a varié dans les différents siècles. Vers l'an 1109, saint Hugues, abbé de Cluni, recommandant à ses successeurs l'abbaye de Martigny qu'il avait fondée pour des religieuses, les exhorte à n'y recevoir aucun sujet avant l'âge de vingt ans. Deux cents ans après, sous Philippe le Long, l'on cite une charte de l'an 1317, par laquelle il paraît que l'on donnait quelquefois le *voile* à de jeunes personnes de l'âge de huit ans, mais elles ne recevaient pas la bénédiction solennelle qui était censée les attacher pour toujours à la vie religieuse; le *voile* n'était donc pas pour elles un engagement irrévocable. De même aujourd'hui la cérémonie de la vêture et le *voile* blanc, que l'on donne aux novices, n'est pas un lien pour elles; c'est par la profession ou par l'émission solennelle des vœux qu'elles s'engagent pour toujours. *Voy.* OBLATS.

VOILE DU TEMPLE. Il y avait dans le temple de Jérusalem un *voile* d'étoffe précieuse, suspendu à deux colonnes, qui séparait le sanctuaire ou *le saint des saints*, dans lequel était l'arche d'alliance, d'avec le reste de l'enceinte nommée le *saint*; il était ainsi entre l'arche et l'autel sur lequel on brûlait les parfums. C'est ce *voile* qui se fendit du haut en bas, au moment de la mort de Jésus-Christ, *Matth.* c. 27, v. 51. Cette circonstance a paru remarquable aux Pères de l'Eglise; Dieu, disent-ils, témoignait ainsi que le temple de Jérusalem n'était plus le sanctuaire dans lequel il voulait habiter désormais, et que cet édifice serait bientôt détruit; que le culte qu'il y avait reçu jusqu'alors allait faire place à un culte plus pur et plus agréable à ses yeux; saint Jean Chrysost., *Homil. de Cœmet. et Cruce*, n. 2, op., t. II, p. 404 ; saint Léon, *serm*. 2 et 8, *de Pass. Domini*, etc. Jésus-Christ lui-même l'avait ainsi annoncé à la Samaritaine, *Joan.*, c. IV, v. 21.

Dans les églises chrétiennes on a fait usage de différentes espèces de *voiles*. On appelait ainsi le tapis dont on couvrait l'autel hors du temps de la célébration des saints mystères, et celui que l'on mettait sur les reliques des saints. Entre le chœur et la nef, il y avait un *voile* étendu pendant l'office divin, et les diacres l'ouvraient après la préface, lorsque le prêtre commençait le canon de la messe. On conserve encore aujourd'hui dans plusieurs églises ces anciens usages. *Voy.* les *Remarques du Père Ménard sur le Sacramentaire de saint Grégoire*, p. 203.

VOIX HAUTE ou BASSE dans l'office divin. *Voy.* SECRÈTES.

VOL; c'est l'action d'enlever le bien d'autrui, soit par violence, soit en secret ou par surprise. Le premier exemple de ce crime dont il soit parlé dans l'Ecriture est le *vol* que fit Rachel des idoles de son père, et nous voyons que dès ce temps-là il était jugé digne de mort; *Gen.*, c. XXXI, v. 19 et 32. Celui-ci était d'autant plus condamnable, qu'il paraît avoir été fait par un principe d'idolâtrie, et que Rachel se mit à couvert du châtiment par un mensonge. L'Ecriture sainte ne dissimule aucune faute des personnages dont elle parle, afin de nous convaincre que Dieu, dans tous les temps, a usé de miséricorde et d'indulgence envers les hommes.

Mais a-t-il commandé un *vol* aux Israélites, en leur ordonnant de demander aux Egyptiens des vases d'or et d'argent, et de les emporter avec eux en sortant de l'Egypte? *Exod.*, c. XI, v. 2; c. XII, v. 35. Les incrédules l'assurent ainsi, et ils en concluent que les Israélites étaient comme les Arabes, une nation de voleurs et de brigands. Nous soutenons que ce ne fut pas un *vol*, mais une juste compensation; qu'il n'y eut de la part des Hébreux ni surprise ni violence; que quand il y en aurait eu, l'on ne pourrait pas encore les accuser d'injustice. C'était injustement, et contre le droit des gens, que les Egyptiens avaient réduit les Israélites en esclavage, qu'ils les avaient condamnés aux travaux publics, sans leur accorder aucun salaire, et qu'ils avaient voulu mettre à mort tous leurs enfants mâles : ceux-ci étaient donc en droit de les traiter comme des ennemis s'ils avaient été les plus forts. Cependant ils se bornèrent à profiter de la consternation dans laquelle étaient les Egyptiens par la mort de leurs premiers-nés, et à leur demander un dédommagement qu'ils n'osaient pas refuser, dans la crainte de périr de même. C'est la réponse de Philon, *de Vita Mosis*, p. 624 ; de saint Irénée, *adv. Hær.*, l. IV, c. 30; de Tertullien, *adv. Marcion.*, l. II, c. 20, et l. IV; de saint Augustin, l. LXXXIII, *quæst.*, q. 35; *contra Faust.*, l. XXII, c. 72, etc. Ainsi en jugeait l'auteur du livre de la *Sagesse*, lorsqu'il a dit que Dieu rendit aux justes la récompense de leurs travaux, c. X, v. 17.

On se trompe encore quand on cite Jephté comme l'exemple d'un chef de voleurs, qui parvint à se mettre à la tête de sa nation. Chez les anciens peuples, la profession des aventuriers braves, qui faisaient des excursions chez les ennemis et s'enrichissaient de leur butin, n'avait rien de déshonorant; les anciens philosophes grecs l'envisageaient comme une espèce de chasse, parce qu'ils regardaient les étrangers comme des ennemis avec lesquels on était toujours en guerre. David en agit ainsi lorsqu'il fut obligé de fuir la persécution de Saül; *I Reg.*, c. XXVII, v. 8. Les Israélites furent souvent exposés à ces irruptions subites de leurs voisins; *IV Reg.*, c. XIII, v. 20, etc. C'était un fléau, sans doute, mais il ne faut pas raisonner des mœurs des peuples anciens, sur celles qui règnent aujourd'hui chez les peuples policés, surtout chez les nations chrétiennes.

VOLCANS. Les incrédules du dernier siècle avaient fait, contre l'antiquité attribuée au monde par Moïse, une objection tirée des volcans. Ils disaient que l'énorme quantité de lave déposée au pied du Vésuve, de l'Etna, etc., prouvait que ces volcans avaient vomi des matières enflammées il y a plus de six mille ans. Les fouilles qui ont été faites, la découverte de Pompéia, ont été une réponse sans réplique. Il n'y a pas deux mille ans que cette ville était florissante. Donc auparavant le sol qui l'environnait et qui était cultivé n'était pas couvert de laves.

VOLONTÉ, VOLONTAIRE. Le mot VOLONTÉ signifie tout à la fois la faculté et l'action de vouloir; ce double sens a toujours été et sera toujours la source d'une infinité de sophismes et d'erreurs; si on veut les éviter, il faut nécessairement distinguer en nous différentes espèces d'actions. 1° Les actes forcés par une violence extérieure : tel serait l'homicide commis par un homme auquel un plus fort que lui aurait conduit le bras, et lui aurait fait plonger son épée dans le sein du mort; il est clair que cette action ne peut être attribuée à celui qui a souffert la violence, mais à celui qui l'a faite. 2° Les actions purement spontanées qui viennent de nous, mais sans connaissance, comme sont les mouvements d'un homme plongé dans le sommeil ou dans le délire; on les attribue plutôt au mécanisme animal qu'à la *volonté*. 3° Les actes *volontaires* sont ceux qui partent d'un principe intérieur ou de nous-mêmes, avec connaissance de ce que nous faisons; tel est le *vouloir* ou le désir de manger dans la faim, de dormir dans la lassitude, de fuir dans la peur; nous agissons ainsi, parce que nous savons que ce sont des moyens de nous délivrer du mal que nous éprouvons. Acquiescer à une vérité évidente, aimer notre bien en général, sont des actes *volontaires* et non libres, ils ne sont ni louables ni dignes de récompense. 4° Enfin les actes libres sont ceux que nous faisons avec attention et réflexion, par choix et par un motif, avec un vrai pouvoir de résister à ce motif et de faire le contraire. Si un homme éprouvait une faim ou un désir de manger tellement violent qu'il ne fût plus le maître d'y résister, il ne serait pas libre de manger ou de s'en abstenir; il agirait moins par un motif réfléchi que par une impulsion machinale; on n'hésiterait pas de dire qu'il l'a fait involontairement, quoique cette action vînt de sa *volonté*. C'est donc un étrange abus des termes de confondre une action simplement *volontaire* avec une action libre.

La *volonté*, considérée comme faculté, est certainement active et agissante par elle-même; nous en sommes convaincus par le sentiment intérieur qui est la plus invincible de toutes les preuves. Ce n'est donc pas le pouvoir de recevoir d'ailleurs des inclinations, des déterminations, des vouloirs, comme le prétendent les matérialistes, mais la puissance de les produire; le sentiment intérieur nous fait distinguer très-clairement les cas dans lesquels nous agissons, d'avec ceux dans lesquels nous sommes purement passifs. Non-seulement nous sentons que cette faculté est active, cause efficiente et proprement dite de nos vouloirs, mais nous sommes témoins à nous-mêmes qu'elle est libre, maîtresse de son choix et de ses déterminations dans tous ses actes réfléchis et délibérés : nous l'avons prouvé au mot LIBERTÉ. Cette vérité de conscience ne peut être attaquée que par des sophismes de métaphysique, qui, dans un esprit sensé, ne prévaudront jamais au sentiment intérieur. A la vérité la *volonté* n'agit point sans motif ou sans raison d'agir, mais aucun motif n'entraîne cette faculté, de manière qu'elle ne puisse y résister par un autre motif. Ce serait une absurdité d'envisager un motif, qui n'est qu'une idée ou une réflexion, comme la cause physique de nos vouloirs, et de lui attribuer l'activité plutôt qu'à la faculté qui agit sans cesse en nous, et dont la conscience nous rend témoignage à chaque instant. Il est encore évident que notre *volonté* ne peut pas être contrainte, forcée ou violentée par aucune cause extérieure. On peut nous forcer de dire ou de faire ce que nous ne voulons pas, mais aucune puissance humaine ne peut nous contraindre à vouloir. Les menaces, la crainte, les tourments, les supplices, ne peuvent mettre dans notre âme une pensée, une croyance, un vouloir que nous n'avons pas, tous ces mobiles n'ont de prise que sur nos actions extérieures; au milieu des plus cruelles tortures, la faculté de vouloir ou de ne pas vouloir demeure invincible : on l'a vu dans les martyrs. Ceux qui prétendent que nos vouloirs sont libres, dès qu'ils ne sont pas contraints ou forcés, disent une absurdité, puisqu'ils ne peuvent jamais l'être. Dieu seul peut donc agir immédiatement sur notre *volonté*, non en lui faisant violence, puisque cela est absurde, mais en nous donnant des idées que nous n'avions pas, des motifs auxquels nous ne pensions pas, une force qui nous manquait, un attrait que nous ne sentions pas auparavant; telle est l'influence de la grâce. C'est dans ce sens que Dieu opère en nous nos *volontés* ou nos vouloirs, et les bonnes actions qui s'ensuivent : ces actions sont donc tout à la fois l'ouvrage de Dieu et le nôtre. Imaginer que sous l'impulsion de la grâce notre *volonté* est purement passive, c'est supposer que Dieu défait ce que il a fait en nous créant, et que la grâce détruit la nature.

Lorsqu'il est dit dans l'Ecriture sainte que Dieu tient le cœur de l'homme dans sa main, qu'il le tourne comme il lui plaît; qu'il change le cœur; qu'il y met un dessein ou une *volonté*; qu'il crée en nous un nouvel esprit et un nouveau cœur; qu'il opère en nous le vouloir et l'action, etc., ce sont des expressions qu'il ne faut pas prendre dans la dernière rigueur; cela signifie seulement que Dieu qui connaît l'esprit et le cœur de l'homme mieux que l'homme lui-même, peut lui suggérer des motifs assez puissants pour déterminer son esprit, et l'aider par des grâces auxquelles sa *volonté* ne résistera pas, quoique cependant son esprit et son cœur se déterminent très-librement. Ne dit-on pas d'un homme qui a pris beaucoup d'ascendant et d'empire sur un autre, qu'il lui fait faire tout ce qu'il veut? cependant il ne peut agir sur lui que par persuasion, par des conseils, des sollicitations, des exemples, etc. Le langage humain ne peut fournir des expressions propres à expliquer parfaitement les opérations de Dieu, non plus que celles de notre âme. On dit d'un homme qui agit contre son inclination, qu'il *se fait violence;* peut-on prendre ce terme à la rigueur?

Ce qu'a dit saint Augustin n'en est pas moins vrai, savoir, que Dieu est plus maître de nos *volontés* que nous-mêmes. En effet, nous ne sommes pas les maîtres de nous donner des idées, des sentiments, des inclinations, des motifs que nous n'avons pas; Dieu peut nous en donner quand il lui plaît, mais il le fait sans déroger à l'activité de notre âme ni à sa liberté.

Il est étonnant que le concile de Trente ait été obligé de décider cette vérité contre les protestants, sess. 6, *de Justif.*, can. 4 : « Si quelqu'un dit que le libre arbitre de l'homme, mû et excité de Dieu, n'opère rien en obéissant à cette motion et à cette vocation de Dieu.... qu'il ne peut y résister s'il le veut; qu'il n'agit pas plus qu'un être inanimé, et qu'il demeure purement passif; qu'il soit anathème. » Saint Augustin avait déjà parlé comme ce concile, *serm.* 13, *in Psal.*, c. 3, n. 3 : « Dieu opère tellement en nous, que nous opérons aussi. » *Serm.* 154, c. 11, n. 11 : « Vous agissez, et vous êtes menés ou poussés (*ageris*).... L'esprit de Dieu qui vous pousse aide à votre action. » *Lib.* I *Retract.*, cap. 23, n. 3 : « Croire et vouloir est de Dieu qui prépare la *volonté*, c'est aussi de nous, puisque cela ne se fait pas sans que nous voulions, etc. » On doit donc entendre de même ce que saint Paul a dit de la concupiscence, *Rom.*, c. VII, v. 8 : *Je suis le maître de vouloir, mais je ne sais comment accomplir le bien, car je ne fais pas le bien que je veux, mais le mal que je ne veux pas. Or si je fais ce que je ne veux pas, ce n'est plus moi qui le fais, mais le péché (ou le vice) qui est en moi. Quand je veux faire le bien, je trouve une loi qui me porte au mal. Je me plais à la loi de Dieu selon l'homme intérieur, mais je vois une autre loi dans mes membres qui combat contre la loi de mon esprit, et qui me tient captif sous la loi du péché (ou du vice) qui est dans mes membres...... J'obéis donc à la loi du péché selon la chair.* Il est évident 1° que la concupiscence, c'est-à-dire l'inclination au mal et la difficulté de faire le bien, est appelée *péché* et *mal*, c'est-à-dire vice ou défaut, parce qu'elle porte au péché et qu'elle vient du péché d'origine, comme l'explique saint Augustin; 2° que ce vice est en nous malgré nous, qu'ainsi il ne nous est pas imputable à péché, mais que quand nous y consentons et que nous nous y laissons entraîner, nous le voulons, nous agissons, et nous péchons. C'est encore l'explication de saint Augustin, *L. de Perfect. justitiæ, Hom.*, c. 11, n. 28. Il

l'a prouvé par les paroles mêmes de saint Paul : *Si je fais ce que je ne veux pas, ce n'est plus moi qui le fais,* etc. 3° Que quand nous éprouvons les mouvements indélibérés de la concupiscence, nous sommes purement passifs, que notre *volonté* n'y a de part que quand nous y consentons, qu'ainsi ces mouvements sont plutôt *involontaires* que *volontaires*. Dire qu'ils sont *volontaires* parce qu'ils sont venus de la *volonté* d'Adam, c'est jouer sur une équivoque et sur une fausseté; lorsqu'Adam pécha, il ne savait pas seulement ce que c'était que la concupiscence, il ne l'avait jamais ressentie; cette peine qu'il encourut ne lui était donc pas *volontaire*.

Aussi avons-nous déjà observé que les Pères de l'Église, et même saint Augustin, n'ont appelé *volontaire* que ce qui est libre, et qu'ils ont entendu par *volonté*, la liberté : tel a été l'usage des écrivains sacrés, et nous le suivons encore dans nos discours ordinaires. En effet, peut-on nommer proprement *volontaire* ce qui se passe en nous malgré nous, et lorsque nous sommes actifs que passifs? Dans ses livres du *Libre Arbitre*, saint Augustin a traité cette matière en grand philosophe et en profond théologien. Liv. I, c. 12, n. 26, il dit : « Qu'y a-t-il de plus *volontaire* que la volonté même? » L. II, c. 4, n. 4 : « Il n'y aurait ni bonne ni mauvaise action, si elle ne se faisait par *volonté* ; les peines et les récompenses seraient injustes, si l'homme n'avait pas une *volonté libre.* » C. 20, n. 54 : « Le péché est un défaut, il est en notre pouvoir, puisqu'il est *volontaire;* il ne sera pas, si nous ne le voulons. » Conséquemment il oppose à l'idée de *volonté* la nature et la nécessité. L. III, c. 1, n. 1 : « Il n'y a plus de faute, dit-il, où dominent la nature et la nécessité. » N. 3 : « Si le mouvement par lequel la *volonté* se porte d'un côté ou d'un autre n'était pas *volontaire* et en notre pouvoir, l'homme ne serait plus digne de louange ni de blâme. » C. 3, n. 7 : « Ce n'est point par *volonté* que nous vieillissons et que nous mourons. » N. 8 : « Rien n'est en notre pouvoir que ce qui est quand nous le voulons. Ainsi notre volonté ne serait plus une *volonté*, si elle n'était en notre pouvoir, mais puisqu'elle y est, elle nous est libre. » C. 16, n. 46 : « Personne n'est forcé au péché par sa nature ou par celle d'un autre, et personne ne pèche en souffrant ou en éprouvant ce qu'il ne veut pas. » Ch. 17, n. 49 : « On ne peut justement imputer le péché qu'à celui qui pèche, par conséquent qu'à celui qui le veut. » Ch. 18, n. 50 : « Quelle que soit la cause d'une *volonté*, on lui cède sans péché, si l'on ne veut pas y résister ; car qui pèche en ce qu'il ne peut pas éviter ? Or on pèche, donc on peut l'éviter. » L. *De duabus Animab.*, c. 10, n. 14 : « Il n'y a de péché que dans la *volonté.* » C. 11, n. 13 : « Il n'y a point de *volonté* où il n'y a point de liberté; personne n'est digne de blâme ni de punition pour n'avoir pas fui ce qui n'est pas en son pouvoir..... C'est la voix générale du genre humain. » C. 12, n. 17 : « Dire que les âmes pèchent sans *volonté*, c'est une grande folie ; regarder comme coupable de péché celui qui n'a pas fait ce qu'il ne pouvait pas faire, est un trait d'injustice et de démence. Ainsi, quoi que fassent les âmes, si elles le font par nature et non par *volonté*, c'est-à-dire si elles n'ont pas le mouvement libre de faire et de ne pas faire, si enfin elles n'ont aucun pouvoir de s'abstenir de leur action, nous ne pouvons reconnaître en elles aucun péché. » L. *de Vera Relig.*, cap. 14, n. 17 : « Le péché est un mal tellement *volontaire*, qu'il ne serait plus péché, s'il n'était pas *volontaire* ; cela est si évident qu'il n'est contesté ni par le petit nombre des savants, ni par la multitude des ignorants. Donc ou il faut nier qu'il se commette aucun péché, ou il faut avouer qu'il se commet par *volonté*...... Sans cela il ne faudrait plus réprimander ni avertir personne ; et alors la loi chrétienne et toute morale religieuse serait nécessairement détruite. On pèche donc par volonté ; et puisqu'il est certain que l'on pèche, on ne peut pas douter que les âmes n'aient un libre arbitre. Dieu a jugé qu'il était mieux qu'il fût servi librement, et cela ne pourrait absolument se faire, si on ne le servait pas par *volonté*, mais par nécessité. »

Telle est la doctrine que saint Augustin a soutenue constamment, pendant près de vingt ans qu'il n'a cessé d'écrire contre les manichéens. Mais d'un côté les sociniens, pour décrier ce Père ; de l'autre les protestants rigides, pour détruire la croyance du libre arbitre ; quelques théologiens prétendus catholiques, pour exalter la puissance de la grâce, posent en fait que saint Augustin a changé de sentiment dans la suite ; qu'en disputant contre les pélagiens, il a contredit et renversé les principes qu'il avait établis contre les manichéens ; que l'on ne peut puiser ses vrais sentiments que dans ses derniers ouvrages.

Si ces divers raisonneurs se bornaient à dire que, dans ses écrits contre les pélagiens, le saint docteur ne s'est pas toujours expliqué aussi nettement que dans ceux qu'il a faits contre les manichéens ; qu'il lui est échappé, dans la chaleur de la dispute, des expressions qui semblent contraires à ses anciens principes, nous en conviendrions aisément. Mais supposer qu'il a totalement changé de système, qu'il est tombé d'un excès dans un autre, ou sans s'en apercevoir, ou de propos délibéré et sans en avertir ses lecteurs, c'est une accusation trop injurieuse à un Père de l'Eglise aussi respectable. Déjà nous l'avons réfutée au mot SAINT AUGUSTIN, mais nous ne pouvons apporter trop de soin à la détruire.

1° L'on ne nous persuadera jamais que ce Père a embrassé sur la fin de sa vie une doctrine que vingt ans auparavant il avait condamnée comme fausse, injuste, absurde, destructive de la loi chrétienne et de toute morale religieuse, et à laquelle il avait opposé des principes dictés par le sens commun ; que, pour disputer avec plus d'avantage contre les pélagiens, il a donné gain de cause aux manichéens, et qu'il a renversé la plupart des arguments qu'il avait faits contre eux. Jamais le pélagianisme n'aurait pu faire à l'Eglise autant de mal que lui en a fait le manichéisme ; à peine la première de ces hérésies survécut-elle à saint Augustin : la seconde a séduit une infinité de personnes et a duré jusqu'au XIV° siècle, malgré les impiétés qu'elle enseignait.

2° Il y avait au moins dix ans que ce Père écrivait contre les pélagiens, lorsqu'il réfuta un manichéen par son ouvrage *contra Adversar. legis et prophetarum* : loin d'y désavouer ou d'y rétracter aucun des principes qu'il avait établis contre ces hérétiques, il y renvoie ses lecteurs à la fin du 11° livre, sans les avertir que ses premiers écrits renfermaient des paradoxes ou des erreurs, ou qu'il n'était plus dans les mêmes sentiments. C'aurait été cependant le cas de les en prévenir, s'il avait craint d'être accusé d'inconstance et de contradiction.

3° Il y a plus : deux ans avant sa mort, le saint docteur écrivit ses deux livres des *Rétractations* dans lesquels il passa en revue ses ouvrages contre les manichéens, en particulier les trois desquels nous avons tiré les passages que nous avons cités ; il y rapporte ces mêmes passages. Voyons s'il les a rétractés. Dans le troisième livre du *Libre Arbitre*, c. 18, n. 50, il avait dit : *Qui pèche en ce qu'il ne peut pas éviter ?* etc. *Voy.* ci-devant. Dans les *Rétract.*, l. 1, c. 9, n. 5, il fait observer qu'il avait ajouté, num. 51 : « Cependant il y a des choses faites par ignorance que l'on *désapprouve* et qu'il faut *corriger* ; il y en a de faites par nécessité, que l'on doit *désapprouver*, comme lorsque l'on voudrait faire le bien, sans le pouvoir. Mais ce sont des suites de la condamnation du genre humain ; » et il cite saint Paul. Voilà donc dans l'homme deux vices, deux défauts que l'on doit désapprouver et qu'il faut corriger, l'ignorance en s'instruisant, la concupiscence en y résistant, *improbanda*, *corrigenda*. Saint Augustin ne dit point que ces défauts sont *volontaires*, que ce sont des *péchés*, des *fautes* condamnables et punissables. Il dit le contraire ; il ajoute, *ibid.*, n. 6, que quand l'ignorance et la difficulté de faire le bien seraient la nature primitive de l'homme, il n'y aurait pas lieu de blâmer, mais plutôt de louer Dieu. Serait-ce un sujet de louange, s'il nous avait créés avec des défauts répréhensibles et dignes de châtiment ? L. *de duab. Animab.*, c. 10, n. 14, il avait dit qu'il n'y a de péché que dans la *volonté*, etc. Dans *les Rétract.*, l. 1, c. 15, n. 2, les pélagiens, dit-il, peuvent s'autoriser de ces paroles pour nier le péché originel dans les enfants : mais ce péché a été certainement dans la volonté d'Adam. Saint Paul appelle la concupiscence un *péché*, parce qu'elle vient du péché et qu'elle en est la peine, et elle est dans la *volonté*, quand on y consent. Il répète la même chose, n. 3. L. *De vera Relig.*, c. 14, n. 17, nous avons lu que le péché est tellement un mal *volontaire*, qu'il ne serait plus péché s'il n'était pas *volontaire*, etc. Or, l. 1, *Retract.*, c. 13, n. 5, Saint Augustin soutient que cette définition est juste, 1° parce qu'il ne s'agit pas là du péché qui est aussi la peine d'un péché; 2° parce que celui qui est vaincu par la concupiscence, y consent par sa *volonté*, et que celui qui agit par ignorance, agit cependant par sa *volonté*; 3° parce que ce n'est point une absurdité d'appeler le péché originel *volontaire*, puisqu'il est venu de la *volonté* d'Adam. Soit : mais si ce n'est pas une absurdité, c'est du moins un abus du mot *volontaire*. Or ce n'est point sur un pareil abus, employé seulement pour fermer la bouche aux pélagiens, qu'il faut juger des sentiments de saint Augustin; ce n'est pas assez pour lui prêter un système qu'il a jugé absurde, injuste, destructif du christianisme et de toute religion. Les principes qu'il avait posés sur la nature du péché et de la liberté dans l'homme, principes dictés par le sens commun, et confirmés par notre propre conscience, n'en demeurent pas moins dans leur entier.

Si les pélagiens, qui ne voulaient pas reconnaître dans les enfants d'Adam un *péché* originel, y avaient admis un *vice* originel, un défaut physique moral, non *volontaire*, mais héréditaire, une dégradation et une dépravation de la nature telle que Dieu l'avait créée dans Adam, saint Augustin ne leur aurait certainement pas fait une difficulté sur le terme de *péché*, toute la dispute aurait été finie. Il est constant que dans l'Écriture sainte ce terme ne signifie pas seulement un péché proprement dit, mais un vice, un défaut naturel ou accidentel, soit physique, soit moral. *Eccli.*, c. III, v. 16, *peccata matris*, désigne les infirmités d'une mère vieille et caduque. *Daniel.*, c. VIII, v. 13, appelle *peccatum desolationis*, le triste état de Jérusalem et du temple. *Joan.*, c. IX, v. 34, les Juifs disent à l'aveugle-né, guéri par Jésus-Christ : *In peccatis natus es totus*, tu es né rempli de vices et de défauts ; *Rom.*, c. VIII, v. 6, saint Paul demande si la loi est un *péché?* c'est-à-dire si elle est défectueuse, vicieuse ou pernicieuse et cause du péché, etc. *Voy.* Péché.

4° L'on a grand soin de nous faire observer que l'Église a solennellement approuvé la doctrine que saint Augustin a soutenue contre les pélagiens. Mais si cette doctrine est une palinodie, si elle est contraire à celle que ce Père a établie contre les manichéens, l'Église a dû condamner aussi solennellement cette dernière; autrement elle a laissé entre les mains de ses enfants le pour et le contre, par conséquent un piége inévitable d'erreur. Or que l'on nous montre la censure qu'elle a portée contre les livres de ce saint docteur qui attaquent les erreurs des manichéens. Ceux qui, dans tous les siècles, ont loué ses ouvrages, n'en ont excepté aucun.

5° Ce serait bien gratuitement et sans aucune utilité que ce Père aurait abandonné ses anciens principes pour réfuter les pélagiens; cela n'était pas nécessaire. De quoi servait à Pélage d'argumenter sur la notion du péché en général donnée par saint Augustin, pour nier le péché originel? Le saint docteur avait défini le péché actuel et personnel, au lieu qu'il s'agissait d'un péché ou d'un vice habituel et héréditaire; la définition de l'un ne peut pas convenir à l'autre. Toute la difficulté portait donc sur le double sens du mot *péché*. Pélage n'avançait pas davantage en insistant sur la notion du libre arbitre, tel que le concevait saint Augustin. Ce Père entendait par là le pouvoir de choisir entre le bien et le mal? Pélage voulait que ce fût un penchant égal, une espèce d'équilibre de la volonté entre l'un et l'autre, une égale facilité de se porter à l'un ou à l'autre indifféremment. D'où il concluait que si la grâce imprimait à la volonté un mouvement vers le bien, elle détruirait le libre arbitre. Saint Augustin soutint avec raison que cet équilibre prétendu n'avait existé que dans Adam, que le libre arbitre ainsi entendu n'avait plus lieu dans ses descendants, puisque la concupiscence les porte au mal et non au bien, qu'ainsi une grâce intérieure et prévenante est nécessaire pour contre-balancer ce mauvais penchant, et rétablir ainsi le libre arbitre tel que Pélage le concevait. Celui-ci ne raisonnait donc que sur une idée fausse, contraire à ce que l'Écriture sainte nous enseigne touchant la corruption de l'homme.

Le saint docteur n'en soutint pas moins que le libre arbitre, ou le pouvoir de choisir le bien ou le mal, demeurait toujours dans l'homme, puisqu'il n'est entraîné nécessairement ni par la grâce ni par la concupiscence, et qu'il a le pouvoir de résister à l'une ou à l'autre; il demeura donc constamment attaché au principe qu'il avait posé contre les manichéens ; savoir, qu'il n'y a plus de *volonté* ni de liberté où la nature et la nécessité dominent, etc. Aujourd'hui de prétendus disciples de ce Père enseignent que, suivant son système, la *volonté*, placée comme une balance entre le bien et le mal, est entraînée tantôt vers l'un par une grâce irrésistible, tantôt vers l'autre par une concupiscence insurmontable; et ils osent appeler cette alternative de nécessité, *le libre arbitre*. On a beau dire qu'ils ne nient pas pour cela l'activité de la *volonté*, qu'ils ne prétendent pas faire de nous de purs automates, qu'ils n'en soutiennent pas moins que nous sommes responsables de nos actions, etc., un esprit sensé ne se paie point de contradictions; détruire d'une main ce que l'on établit de l'autre, heurter de front toutes les notions du bon sens, accumuler des sophismes pour attribuer des absurdités à saint Augustin, ce n'est plus le procédé d'un théologien catholique, mais d'un hérétique opiniâtre.

VOLONTÉ DE DIEU. Comme nous ne pouvons concevoir la nature et les opérations de Dieu que par analogie avec celles des créatures intelligentes, nous sommes obligés de distinguer, dans cet être infiniment simple, l'entendement d'avec la *volonté*, et de lui attribuer des vouloirs semblables aux nôtres. Quoique cette *volonté* soit en Dieu, comme son entendement, un acte très-simple, cependant, pour aider à notre manière de concevoir, nous sommes encore forcés de distinguer en Dieu différentes espèces de *volontés* ou de vouloirs, relativement aux différents objets, et cette distinction est nécessaire pour concilier un grand nombre de passages, soit de l'Ecriture sainte, soit des Pères de l'Eglise. 1° Les théologiens distinguent en Dieu la *volonté de signe* et la *volonté de bon plaisir* : ils entendent par la première tout signe extérieur qui semble nous annoncer que Dieu veut tel événement, quoiqu'il ne le veuille pas toujours ; ces signes sont le commandement, la défense, la permission, le conseil et l'opération ; ils sont renfermés dans ce vers technique :

Præcipit et prohibet, permittit, consulit, impet.

Il y en a des exemples dans l'Ecriture sainte. Ainsi Dieu commanda au patriarche Abraham d'immoler son fils Isaac; cependant Dieu ne voulait pas qu'Isaac fût immolé en effet, puisqu'il empêcha Abraham de consommer ce sacrifice, *Gen.*, c. XXII; il voulait seulement qu'Abraham donnât cette preuve d'obéissance. Lorsque le démon propose d'aller tromper le roi Achab par la bouche des faux prophètes, Dieu lui répond : *Va et fais* (*III Reg.* XXII, 22); cela n'exprime qu'une simple permission. Il en était de même, lorsque Jésus-Christ dit à Judas : *Faites ce que vous voulez faire* (*Joan.*, XIII, 27) : le Sauveur n'avait certainement pas le dessein ni la volonté de confirmer ce traître dans son crime. Il conseille à un jeune homme de vendre ses biens et de le suivre, *Matth.*, c. XIX, v. 31; il ne prétendait pas l'y obliger absolument. Moïse dit à Dieu, *Exod.*, c. V, v. 22 : *Pourquoi avez-vous affligé ce peuple?* L'intention de Dieu n'était pas de rendre le sort de son peuple plus malheureux, en demandant sa délivrance à Pharaon, mais c'est ce qui était arrivé, etc. — 2° La *volonté de bon plaisir* est celle que Dieu a véritablement, et en vertu de laquelle il agit; ainsi Dieu veut que nous fassions le bien puisqu'il nous le commande, qu'il nous excite à le faire par sa grâce, qu'il nous récompense quand nous le faisons, et qu'il nous punit lorsque nous ne le faisons pas : aucun de ces signes n'est équivoque. Cependant Bayle et d'autres soutiennent que c'est une absurdité d'admettre en Dieu des *volontés* opposées, ou des événements contraires à sa *volonté*. La *volonté de signe*, disent-ils, supposerait un Dieu fourbe et menteur, une simple permission de sa part serait ridicule; à l'égard de Dieu, permettre et vouloir positivement, c'est la même chose, etc. *Rép. au Prov.*, II° part., c. 95; *OEuv.*, tom. III, pag. 820 et suiv.; *Entret. de Maxime*, II° part., c. 26, tom. IV, p. 82. Nous démontrerons ci-après la fausseté de tous ces principes. — La *volonté* de bon plaisir se divise en *volonté antécédente* et *volonté conséquente*; par la première on entend celle qui considère un objet en lui-même et en général, abstraction faite des circonstances particulières et personnelles; on l'appelle aussi *volonté de bonté et de miséricorde*. Ainsi Dieu veut en général le salut de tous les hommes, puisqu'il donne à tous des moyens d'y parvenir, mais abstraction faite du bon et du mauvais usage que chaque particulier fera de ces moyens. La *volonté conséquente* est celle qui concerne son objet revêtu de toutes ses circonstances tant générales que particulières; on la nomme aussi *volonté de justice*: ainsi quoique Dieu veuille en général que tous les hommes soient sauvés, lorsqu'il voit que tels ou tels individus abuseront des moyens de salut et y résisteront, il veut par justice les réprouver et les damner. — 3° L'on distingue encore en Dieu une *volonté absolue* et *une volonté conditionnelle*; la première ne dépend d'aucune condition et n'en renferme aucune, elle a lieu dans toutes les choses que Dieu fait seul, sans le secours d'aucune *volonté* humaine : telle a été la *volonté de Dieu* de créer le monde, de donner à l'homme un libre arbitre et telles autres facultés, etc. La seconde renferme une condition; ainsi Dieu veut sauver tous les hommes, sous condition qu'ils le voudront eux-mêmes, c'est-à-dire qu'ils coopéreront librement à la grâce qui leur sera donnée, et qu'ils observeront ainsi les commandements de Dieu. Cette *volonté* est dans le fond la même que la *volonté* antécédente. — 4° L'on appelle *volonté efficace* en Dieu celle qui a toujours son effet, c'est le cas de la *volonté* absolue; et *volonté inefficace* celle qui est privée de son effet par la résistance de l'homme; c'est ce qui arrive souvent à la *volonté* conditionnelle.

Encore une fois les théologiens ont été forcés de faire toutes ces distinctions pour accorder ensemble plusieurs passages de l'Ecriture, et pour entendre le langage des Pères de l'Eglise. Dans un endroit de ses lettres, saint Paul dit que Dieu peut sauver tous les hommes, et il dit ailleurs que Dieu fait miséricorde à qui il veut, et qu'il endurcit qui il lui plaît; dans l'un il demande : *Qui résiste à la volonté de Dieu?* dans l'autre il accuse les juifs d'y résister; comment concilier tout cela ?

Pour expliquer saint Paul, saint Augustin, l. *de Spir. et Litt.*, c. 33, n. 58, dit : « Dieu veut que tous les hommes soient sauvés et parviennent à la connaissance de la vérité, mais sans leur ôter le libre arbitre, selon le bon ou le mauvais usage duquel ils seront jugés avec justice. Aussi les infidèles, en refusant de croire à l'Evangile, résistent à la *volonté de Dieu*; mais ils ne la surmontent point, puisqu'ils se privent du souverain bien, et qu'ils éprouveront dans les supplices la puissance de celui dont ils ont méprisé les dons et la miséricorde. » *Enchir. ad Laurent.*, c. 100. « Quant à ce qui regarde les pécheurs, ils ont fait ce que Dieu ne voulait pas; quant à la toute-puissance de Dieu, ils n'en sont pas venus à bout : par cela même qu'ils ont agi contre sa *volonté*, elle a été accomplie à leur égard.... ainsi ce qui se fait contre sa *volonté* ne se fait pas sans elle. » *Lib. de Corrept. de Grat.*, c. 14, n. 41 : « Lorsque Dieu veut sauver, aucune *volonté* humaine ne lui résiste; car le vouloir et le non vouloir sont de telle manière au pouvoir de l'homme, qu'il n'empêche pas la *volonté de Dieu*, et ne surmonte point sa puissance : ainsi Dieu fait ce qu'il veut de ceux même qui font ce qu'il ne veut pas. » Ce Père conclut, *Enchir.*, cap. 95 et 96, que rien ne se fait à moins que Dieu ne le veuille, ou en le permettant, ou en le faisant lui-même, et que l'un ou l'autre lui est également aisé. Si, dans ces divers endroits, la *volonté de Dieu* était prise dans le même sens, ce serait un tissu de contradictions ; mais relativement au salut de l'homme, il faut distinguer en Dieu au moins quatre *volontés*. 1° La *volonté* créatrice, législative et absolue, par laquelle Dieu a voulu et veut que l'homme soit libre d'obéir ou de résister à la loi, de faire le bien ou le mal ; qu'il soit récompensé quand il fait le bien, et puni quand il fait le mal ; aucun pouvoir humain ne peut résister à cette volonté. 2° La *volonté* d'affection générale et paternelle par laquelle Dieu, en considération de la rédemption et des mérites de Jésus-Christ, veut sauver tous les hommes, leur donner et donne en effet à tous des moyens de salut, non des moyens égaux et en même quantité, mais plus ou moins, selon qu'il lui plaît, de manière qu'ils puissent parvenir au salut, s'ils usent de ces moyens. Que l'on nomme cette *volonté* antécédente, conditionnelle, providence morale, etc., cela est égal, pourvu que l'on convienne qu'elle est réelle, sincère et prouvée par les effets. 3° La *volonté* de choix, de prédilection, de préférence, de prédestination, par laquelle Dieu veut plus efficacement sauver certaines personnes que d'autres, et conséquemment leur donne des grâces efficaces qui les conduisent infailliblement au salut. A cette *volonté* l'homme ne résiste jamais, quoiqu'il ait le pouvoir d'y résister. 4° La simple permission, par laquelle Dieu laisse l'homme user de son libre arbitre et résister à la grâce, quoiqu'il pourrait l'en empêcher ; il serait absurde que Dieu, ayant voulu créer l'homme libre, ne voulût pas qu'il fît usage de sa liberté. L'une de ces *volontés* dont nous parlons n'est jamais opposée à l'autre ; aucune ne déroge à la toute-puissance de Dieu ni à la liberté de l'homme.

Lorsque le pécheur résiste à la grâce, se rend coupable, encourt la damnation, il ne résiste ni à la première de ces *volontés*, ni à la troisième, ni à la quatrième, mais il résiste certainement à la seconde. Il y aurait de l'absurdité à supposer que, quand Dieu donne à l'homme la grâce, il ne veut pas que l'homme y corresponde, et que quand celui-ci y résiste, c'est que Dieu n'a pas voulu qu'il y consentît ; il l'a permis et non voulu positivement. Saint Paul ni saint Augustin ne l'ont jamais entendu autrement.

Ce qu'ils ont dit l'un et l'autre devient clair et se concilie très-bien par les distinctions que nous avons faites ; et si l'on avait toujours commencé par là, on aurait prévenu un grand nombre de disputes. Saint Paul dit que Dieu veut que tous les hommes soient sauvés et parviennent à la connais-

sance de la vérité, parce que Jésus-Christ s'est livré pour la rédemption de tous, *1 Tim.*, c. II, v. 4. Puisque c'est Dieu lui-même qui nous a donné cette précieuse victime, parce qu'il a aimé le monde, *Joan.*, c. III, v. 16, la sincérité de cette *volonté* ne peut pas être mieux prouvée. Mais cette *volonté* générale ne déroge en rien à la *volonté* particulière par laquelle Dieu veut accorder la grâce efficace de la foi à un certain nombre d'hommes, pendant qu'il en laisse d'autres dans l'endurcissement et dans l'infidélité ; c'est dans ce sens qu'il fait miséricorde à qui il veut, *Rom.*, c. IX, v. 15 et 18. Mais cette miséricorde particulière ne porte aucune atteinte à la miséricorde générale par laquelle il accorde à tous des moyens de salut par lesquels ils pourraient parvenir à la grâce de la foi, s'ils n'y résistaient pas. Ce que Dieu donne de plus à l'un ne diminue en rien la mesure de ce qu'il réserve à l'autre. Personne sans doute ne résiste à cette *volonté* de choix et de prédilection que saint Paul appelle *miséricorde* ; car qui peut empêcher Dieu de faire plus de bien à tel homme ou à tel peuple, qu'à tel autre, *ou qui a droit de contester avec Dieu ?* ibid., v. 20. C'est comme si l'on disputait à un potier la liberté de faire un vase plus beau ou plus précieux qu'un autre, v. 21. Celui qui reçoit plus de grâces n'a donc aucun sujet de s'enorgueillir, et celui qui en reçoit moins n'a aucun sujet de se plaindre, parce que Dieu lui en accorde toujours assez pour qu'il soit inexcusable quand il pèche. Saint Paul donne pour exemple de cette conduite de Dieu le choix qu'il a fait de la postérité de Jacob, par préférence à celle d'Ésaü, pour en faire son peuple, *ib.*, v. 11. C'est la prédestination à la grâce. Aucun homme ne résiste non plus aux grâces de choix, aux grâces efficaces que Dieu donne à qui il lui plaît, quoique tout homme ait un vrai pouvoir d'y résister, parce qu'en les donnant Dieu prévoit avec une certitude infaillible que l'homme n'y résistera pas. Mais, selon saint Paul, les incrédules résistaient à la *volonté* que Dieu a de les sauver et aux grâces qu'il leur donne, suivant ces paroles d'Isaïe, c. LXV, v. 2 : *J'ai étendu tout le jour les bras vers un peuple incrédule et qui me résiste* (*Rom.* x, 21). Saint Augustin n'a rien dit de plus que saint Paul, on doit donc l'entendre de même.

Mais certains théologiens s'y opposent ; ce Père, disent-ils, n'a point admis cette *volonté* d'affection générale, cette prétendue *volonté* antécédente, conditionnelle, etc., de sauver tous les hommes, que l'on suppose en Dieu, et en vertu de laquelle Dieu donne la grâce à tous les hommes. Lorsque les pélagiens lui ont objecté le passage de saint Paul, *Dieu veut que tous les hommes soient sauvés*, etc., il l'a expliqué. Cela signifie, dit-il, que Dieu veut en sauver quelques-uns de toutes les nations, de toutes les conditions, de tous les siècles, ou qu'aucun homme n'est sauvé qu'autant que Dieu le veut, *Epist.* 217 *ad Vital.*, c. 6, n. 19 ; *L. de Corrept. et Grat*, c. 14, n. 44 ; *Enchir. ad Laurent.*, c. 103, etc. Il a regardé la *volonté* générale et conditionnelle comme une fiction des pélagiens, et il l'a réfutée de toutes ses forces. Nous répondons que l'on ne prendra jamais le vrai sens de saint Augustin, si l'on ne commence par savoir ce qu'enseignaient les pélagiens. Par les paroles de saint Paul, ils entendaient que Dieu veut sauver tous les hommes également et indifféremment, sans aucune prédilection pour les uns plutôt que pour les autres ; ils rejetaient toute *volonté* de choix et de prédestination ; les semi-pélagiens faisaient de même ; *Epist. S. Prosp. ad August.*, n. 4 ; *Carm. de Ingratis*, cap. 8 ; S. Fulgent., l. de *Incarn. et Grat.*, c. 29 ; Fauste de Riez, l. 1, *de lib. Arb.*, cap. 17. Ils en concluaient que Dieu offre donc la grâce également à tous, et qu'il la donne en effet à tous ceux qui s'y disposent par leur libre arbitre, et qui n'y mettent point d'obstacle. Saint Augustin, *Epist.* 117 ad *Vital.*, c. 6, n. 19 ; l. *de Grat. Christi*, c. 31, n. 33 et 34 ; l. IV, *Contra Julian.*, c. 8 ; *Epist. Pelagii ad Innocent. I*, etc. On sait d'ailleurs quelles grâces admettaient les pélagiens, la loi de Jésus-Christ, sa doctrine, ses exemples, ses promesses, et la rémission des péchés ou la justification ; jamais ils n'ont admis de grâce actuelle intérieure, saint Augustin le leur a encore reproché dans son dernier ouvrage. Voici donc comme ils raisonnaient : Selon saint Paul, *Dieu veut sauver tous les hommes* ; donc il a donné à tous des forces naturelles, suffisantes pour se disposer au salut ; donc il accorde les grâces ou les moyens de salut, tels que la connaissance de Jésus-Christ, de sa loi, de sa doctrine, la rémission des péchés et la justification, à tous ceux qui s'y disposent par le bon usage de leur libre arbitre, ou du moins qui n'y mettent point d'obstacle. Saint Augustin rejette avec raison la *volonté générale* de Dieu ainsi entendue, parce qu'elle exclut la prédestination des élus enseignée par saint Paul. Il soutient, 1° que la *volonté* efficace d'accorder la foi et la justification n'a lieu qu'à l'égard de ceux que Dieu y a prédestinés, par conséquent d'un certain nombre d'hommes de toutes les nations, de toutes les conditions et de tous les siècles ; et cela est exactement vrai. 2° Il le prouve dans son livre de la *Prédestination des saints*, et ailleurs, par l'exemple d'un grand nombre d'enfants auxquels Dieu n'accorde ni le baptême ni la justification, quoiqu'ils soient incapables d'y mettre obstacle ni de s'y disposer. Il en conclut que la *volonté de Dieu*, telle que la concevaient les pélagiens, n'est ni générale, ni indifférente, ni égale en faveur de tous : cela est encore évident. 3° Comme les pélagiens entendaient par *volonté conditionnelle* la *volonté* de donner à tous la foi et la justification, s'ils s'y disposent par leurs forces naturelles et s'ils n'y mettent pas obstacle, saint Augustin rejette encore cette prétendue condition ; il soutient que la vocation à la foi et à la justification est un choix gratuit de Dieu indépendant de toute disposition et de tout mérite naturel de l'homme ; c'est un dogme catholique, et que nous professons encore.

Il y a donc deux manières de concevoir la *volonté conditionnelle*, l'une fausse et erronée, l'autre vraie et orthodoxe ; la première consiste à dire, comme les pélagiens et les semi-pélagiens, que Dieu veut sauver tous les hommes *s'ils le veulent*, c'est-à-dire s'ils préviennent la grâce, s'ils la désirent, s'ils s'y disposent par leurs forces naturelles ; voilà ce que saint Augustin a réfuté. L'autre, par *s'ils le veulent*, entend, s'ils correspondent à la grâce qui les prévient toujours, et qui leur est accordée gratuitement en considération de la rédemption et des mérites de Jésus-Christ. C'est ce que saint Augustin a constamment soutenu et enseigné. *Voy.* GRACE, § 3. Ceux qui confondent malicieusement ces deux sens ou ces deux espèces de *volontés conditionnelles*, et qui soutiennent que l'une et l'autre sont contraires à la doctrine de saint Augustin, sont des imposteurs.

Le saint docteur pose pour principe, 1° que la grâce pélagienne, c'est-à-dire la connaissance de la loi et de la doctrine de Jésus-Christ, la rémission des péchés, ou la justification, n'est pas accordée à tous, et il le prouve par l'exemple des enfants dont les uns reçoivent la grâce du baptême, pendant que les autres en sont privés ; qu'ainsi la *volonté de Dieu* de donner cette grâce n'est pas générale et indifférente à l'égard de tous ; 2° que Dieu la donne par un décret de prédestination très-libre et très-gratuit, et non en considération des mérites ou des bonnes dispositions de ceux qui la reçoivent, puisque les enfants sont également incapables de s'y disposer et d'y mettre obstacle. Nous le soutenons de même. S'ensuit-il de là que Dieu ne donne pas à tous les adultes des grâces actuelles intérieures purement gratuites, qui préviennent toutes les bonnes dispositions de la volonté et qui les produisent, qui sont plus ou moins prochaines, puissantes et abondantes, selon qu'il plaît à Dieu, mais qui de près ou de loin peuvent les conduire au salut ? Si Dieu le fait, comme nous l'avons prouvé au mot GRACE, § 3, il est exactement vrai qu'en Dieu la *volonté* de sauver tous les hommes est *générale*, puisqu'elle n'excepte personne ; qu'elle est *sincère*, puisqu'elle donne des moyens ; qu'elle est *antécédente*, ou antérieure à la prévision du bon ou du mauvais usage que l'homme fera de la grâce ; qu'elle est *conditionnelle*, puisque si l'homme résiste à la grâce, il ne sera pas sauvé. Nier cette *volonté* et ces grâces, c'est soutenir que Dieu ne veut pas que le salut soit possible à tous, qu'il n'est pas le père et le bienfaiteur de tous ; que Jésus-Christ n'a pas mérité et obtenu des grâces pour tous, qu'il n'est pas le Sauveur et le Rédempteur de tous. Attribuer cette doctrine à saint Augustin, c'est supposer qu'au lieu de réfuter complétement les pélagiens, il a favorisé une de leurs erreurs ; jamais ces hérétiques n'ont voulu reconnaître la nécessité ni l'existence de la grâce intérieure ; ils étaient donc bien éloignés de prétendre que Dieu la donne à tous.

Faute d'avoir fait toutes ces observations, les théologiens catholiques d'un côté, les hérétiques de l'autre, se sont partagés sur la manière d'entendre et d'expliquer la *volonté générale* de Dieu de sauver tous les hommes. Parmi les premiers, quelques-uns, comme Hugues de Saint-Victor, Robert Pullus, etc., disent que la *volonté de Dieu* de sauver tous les hommes n'est qu'une *volonté de signe*, parce qu'ils n'admettent en Dieu de *volonté* vraie et réelle que celle qui est efficace ou qui s'accomplit; or, disent-ils, la *volonté* de laquelle nous parlons ne s'accomplit pas, puisqu'un très-grand nombre d'hommes ne sont pas sauvés : cependant ils reconnaissent qu'en vertu de cette *volonté*, Dieu donne à tous les hommes des moyens suffisants pour se sauver. Mais c'est abuser des termes, d'appeler *volonté de signes*, ou seulement apparente, celle qui produit deux très-grands effets : le premier, de donner à tous les moyens suffisants pour se sauver; le second, de sauver en effet un très-grand nombre d'hommes. Cela ne s'accorde pas d'ailleurs avec la raison que donne saint Paul de cette *volonté de Dieu*, qui est que Jésus-Christ s'est livré *pour la rédemption de tous*. Il est bien plus simple de nommer cette *volonté conditionnelle*, puisqu'elle renferme une condition ; mais elle n'en est pas pour cela moins réelle ni moins sincère.— D'autres, comme saint Bonaventure et Scot, disent que cette *volonté* est en effet vraie, réelle et de bon plaisir, mais qu'elle n'a pour objet que les moyens ou les grâces qui précèdent le salut, et non le salut lui-même, c'est pour cela qu'ils l'appellent *volonté antécédente*. Il ne reste plus qu'à nous faire comprendre comment Dieu, qui veut les moyens ne veut pas la fin : suivant notre manière ordinaire de concevoir, un être intelligent veut les moyens pour la fin, et la fin avant les moyens..— Sylvius, Estius, Bannès et d'autres prétendent que la *volonté* dont nous parlons n'est pas proprement et formellement en Dieu, mais seulement virtuellement et éminemment, parce que Dieu, source infinie de bonté et de miséricorde, offre à tous les hommes des moyens généraux et suffisants de salut. Nous soutenons que non-seulement Dieu *offre* ces moyens, mais qu'il les donne ; et comme Dieu veut réellement, proprement et formellement tout ce qu'il fait, sans doute il veut les donner : et il ne le voudrait pas, s'il ne voulait pas réellement et formellement la fin pour laquelle il les donne. Le verbiage de Sylvius, etc., ne peut servir qu'à obscurcir le langage clair, net et très-intelligible de l'Ecriture sainte.— Vasquez et quelques autres distinguent entre les adultes et les enfants; il prétend que Dieu veut réellement et sincèrement, mais conditionnellement, le salut des adultes, et qu'en conséquence il donne à tous les moyens d'y parvenir; mais qu'on ne peut pas dire la même chose des enfants morts dans le sein de leur mère, et auxquels on n'a pas pu conférer le baptême. Bossuet semble avoir adopté ce sentiment. *Défense de la Tradit. et des SS. Pères*, l. IX, c. 22, t. II, in-12, p. 213. Quand on considère que les enfants morts sans baptême dans les divers pays du monde, sont au moins le quart du genre humain, il est bien dur d'exclure de la miséricorde de Dieu et de la rédemption générale une partie si considérable de notre espèce, malgré la généralité des termes dont se servent sur ce sujet les écrivains sacrés. A la vérité nous ne voyons pas comment se vérifie à leur égard la *volonté de Dieu* de sauver tous les hommes, ni l'universalité de la grâce de la rédemption ; mais nous ne la voyons guère mieux à l'égard des peuples barbares et sauvages, qui n'ont jamais ouï parler de Jésus-Christ. Faut-il pour cela contredire l'Ecriture sainte ou y donner des explications forcées, et s'égarer dans des systèmes inintelligibles? Ce n'est pas là le seul mystère de la conduite surnaturelle de la Providence. Aussi le très-grand nombre des théologiens modernes n'hésitent pas de soutenir que Dieu veut d'une *volonté* accidentelle, réelle, sincère et formelle, mais conditionnelle, le salut de tous les hommes, sans excepter les réprouvés ni les enfants morts sans baptême ; que Jésus-Christ est mort pour tous, et que tous ont part plus ou moins au bienfait de la rédemption, quoique nous ne puissions dire en détail en quelle manière et jusqu'à quel point tous y participent. Ils conviennent cependant que Dieu veut d'une *volonté* conséquente le salut des seuls élus; qu'à leur égard Dieu a eu une *volonté* de prédilection en conséquence de laquelle il leur a donné des moyens plus puissants et des grâces plus efficaces qu'aux autres. C'est la doctrine du concile de Trente qui a dit, *Sess.* 5, cap. 3 : « Quoique Jésus-Christ soit mort pour tous, tous néanmoins ne reçoivent pas le bienfait de sa mort, » qui est le salut. C'est aussi celle de saint Paul qui enseigne, *I Tim.*, c. IV, v. 10, que *Dieu est le Sauveur de tous, principalement des fidèles*.

Parmi les hétérodoxes, nous avons vu que les pélagiens et les semi-pélagiens admettaient en Dieu une *volonté* égale et indifférente de sauver tous les hommes, sans distinction et sans aucune prédilection pour les uns plutôt que pour les autres ; ils rejetaient par conséquent toute prédestination : les sociniens sont dans le même sentiment. Les prédestinatiens donnèrent dans l'excès opposé ; ils prétendirent que Dieu ne voulait réellement sauver que les prédestinés ; que Jésus-Christ n'était mort que pour eux ; que Dieu, par un décret antécédent et absolu, avait destiné tous les autres à la damnation : Calvin a enseigné cette même erreur avec toute l'opiniâtreté possible, Jansénius n'a fait que de la pallier. Tous ont prétendu que c'était le sentiment de saint Augustin ; mais nous avons fait voir que c'est une calomnie, que tous ont donné un sens faux et erroné aux passages qu'ils ont tirés de ce célèbre Père de l'Eglise.

Après avoir lu ses divers ouvrages avec toute l'attention et la droiture possibles, il nous a paru que si les théologiens avaient examiné de plus près les différentes branches de l'hérésie des pélagiens, ils auraient mieux pris le sens des expressions du saint docteur, et qu'ils auraient moins embarrassé la question que nous traitons. Il ne nous reste qu'à répondre aux sophismes par lesquels Bayle et les incrédules ses disciples ont attaqué la manière dont nous concevons les différentes *volontés de Dieu*. Ils disent que nous supposons en Dieu des *volontés* opposées; c'est une fausseté. Nous avons fait voir qu'il n'y a aucune opposition entre ces deux choses; savoir, que Dieu veuille sincèrement le salut de l'homme, et lui donne en conséquence les moyens d'y parvenir; que cependant il lui laisse le pouvoir de résister à ces moyens et d'en abuser, parce qu'il veut que l'homme demeure libre, et que son obéissance soit méritoire. La réplique de Bayle est que Dieu, sans nuire à la liberté de l'homme, peut le conduire infailliblement au salut par une suite de grâces efficaces. Dieu le peut sans doute, mais s'il le faisait, il n'y aurait plus de différence entre ce que nous ferions par l'impulsion de la grâce, et ce que nous faisons par instinct; or les effets de l'instinct ne sont pas libres. Le seul signe que nous ayons pour distinguer la nécessité d'avec la contingence ou la liberté, est que la première est toujours uniforme, et que la seconde est variable. Nous défions Bayle et tous les autres philosophes de nous indiquer une autre différence entre l'une et l'autre.

Il prétend que la *volonté de Dieu* de sauver n'est pas sincère. Un roi, dit-il, un magistrat, un législateur, ne sont pas censés vouloir l'observation des lois, à moins qu'ils ne fassent *tout ce qu'ils peuvent* pour en prévenir et en empêcher l'infraction; donc nous devons juger de même à l'égard de Dieu; nous avons démontré dix fois l'absurdité de cette comparaison. Un roi, un législateur, etc., sont des agents bornés, il n'y a donc aucun inconvénient à exiger d'eux qu'ils fassent *tout ce qu'ils peuvent* pour venir à bout d'un dessein, et pour prouver la sincérité de leur volonté; à l'égard de Dieu cela est absurde, puisque Dieu est l'infini et que son pouvoir est sans bornes. C'est le même sophisme que Bayle n'a cessé de répéter pour prouver que Dieu n'est pas bon à l'égard de ses créatures, puisqu'il ne leur fait pas *tout le bien qu'il peut*. *Voy*. BONTÉ DE DIEU, MAL, etc.

Lorsqu'il dit qu'il est absurde d'admettre des événements contraires à la *volonté de Dieu*, il joue sur le même équivoque et retombe dans le même inconvénient. Rien ne peut se faire contre la *volonté absolue de Dieu*, puisque par sa puissance infinie il peut disposer des événements comme il lui plaît; mais relativement au salut de l'homme, la véritable absurdité est de vouloir que Dieu l'opère par une *volonté absolue*, pendant qu'il veut que l'homme y coopère librement : c'est alors qu'il y aurait en Dieu deux *volontés* opposées et contradictoires.

Il n'est pas vrai non plus qu'à l'égard de Dieu, *vouloir* et *permettre* soient la même chose. Dieu veut sincèrement et positivement que l'homme fasse le bien, puisqu'il le lui commande, qu'il lui en donne les forces par la grâce, qu'il le récompense pour l'avoir fait, qu'il le menace et le punit lorsqu'il fait le mal : une *volonté* sincère ne peut être prouvée par des effets plus positifs. Dieu cependant *permet* que l'homme fasse le mal, c'est-à-dire qu'il ne l'empêche pas, et qu'il n'use pas de son pouvoir absolu pour l'en préserver. Cela ne signifie point qu'il lui en donne la permission positive, la licence ou le congé; alors il ne pourrait le punir avec justice; c'est encore une équivoque du mot *permettre*, par laquelle il ne faut pas se laisser tromper. *Voy*. PERMISSION, SALUT, etc. Enfin, il est faux que ce qui s'appelle *volonté de signe* suppose un Dieu trompeur et menteur : ce ne fut jamais un mensonge de mettre la vertu et la soumission de l'homme à l'épreuve. Lorsque Dieu commanda à Abraham d'immoler son fils, il savait déjà sans doute que ce patriarche se mettrait en devoir d'obéir, et c'est ce que Dieu voulait en effet; mais Abraham, loin de craindre que Dieu ne le trompât, crut fermement que Dieu lui ayant donné ce fils par un miracle, en ferait plutôt un second pour le ressusciter, que de manquer à ses promesses; c'est le témoignage que lui rend saint Paul, *Hebr*., c. II, v. 19. Il en est de même des autres exemples d'une *volonté de signe*, que nous avons cités dans l'Ecriture sainte. *Voy*. ÉPREUVE, TENTATION.

L'on nous saura peut-être mauvais gré d'avoir répété dans le présent article une bonne partie de ce que nous avons déjà dit aux mots GRACE, RÉDEMPTION, SALUT, etc.; mais le dogme catholique dont il est ici question est si important, si nécessaire pour exciter en nous la confiance en Dieu, la reconnaissance envers Jésus-Christ, le courage dans la pratique de la vertu, l'espérance même nécessaire pour sortir de l'état du péché, que l'on ne saurait le prouver et l'inculquer avec trop de soin; et puisque certains théologiens ne cessent de l'attaquer de toutes manières, nous ne devons pas nous lasser de le défendre.

* VOLONTÉS DE JÉSUS-CHRIST. *Voy*. MONOTHÉLITES.

VOLUPTÉ. Épicure faisait consister le souverain bonheur de l'homme dans la *volupté*. Nous n'entrerons pas dans la question de savoir s'il entendait sous ce nom les plaisirs sensuels, plutôt que l'heureuse tranquillité d'une âme vertueuse; la plus grande grâce que l'on puisse lui faire est de supposer qu'il n'excluait de l'idée du bonheur aucune espèce de contentement et de bien-être. Comme il n'admettait point d'autre vie que celle-ci, il ne pouvait guère embrasser un autre système; aussi les philosophes qui ont suivi l'une de ces opinions, n'ont jamais manqué d'adopter l'autre; elles se tiennent nécessairement.

Jésus-Christ, venu pour révéler aux hommes la vie à venir et l'immortalité, *II Tim.*, c. I, v. 10, leur apprend que le souverain bonheur de l'homme consiste dans la vertu, parce qu'elle seule peut le rendre digne du bonheur éternel. Ainsi la vie présente n'étant qu'une préparation et une épreuve de vertu pour la vie à venir, ce n'est pas ici-bas qu'il faut chercher le bonheur. Conséquemment Jésus-Christ nomme heureux ceux qui ont l'esprit et le cœur détachés des richesses : ceux qui pratiquent la douceur, la miséricorde, la pureté du cœur ; qui procurent la paix ; qui souffrent patiemment la persécution des méchants et les afflictions que Dieu nous envoie, *Matth.*, c. v, v. 3. Il condamne donc la *volupté*, parce qu'elle énerve l'homme et le rend incapable de vertu ; il prédit le malheur à ceux qui se flattent d'être heureux par la possession des richesses, par les plaisirs des sens, par les éloges et les applaudissements des hommes, qui font semblant d'être vertueux afin d'être admirés, *Luc.*, c. VI, v. 24 ; c. XI, v. 42. Tout cela se suit ; l'une de ces leçons est la conséquence de l'autre

Les épicuriens, dont le nombre sera toujours très-grand dans le monde, ne peuvent goûter cette morale, ils cherchent même à la rendre odieuse. Il est impossible, disent-ils, qu'un Dieu bon ait mis au monde des créatures pour les rendre malheureuses, qu'il leur ait donné le besoin du plaisir et leur en ait interdit l'usage, qu'il leur fasse acheter le bonheur éternel par des privations et des souffrances continuelles. Ainsi, suivant leur opinion, un Dieu bon devait attacher le bonheur à l'animalité plutôt qu'à la vertu ; aux plaisirs des sens, que l'homme partage avec les animaux, plutôt qu'à la force de l'âme, qui l'élève au-dessus des brutes. Dans ce cas, Dieu a eu tort de donner une âme aux hommes, il ne devait créer que des êtres purement sensitifs ; la raison, l'intelligence, le sens moral qu'il leur a donnés, sont les plus pernicieux de tous les dons. Ces philosophes sublimes nous permettront de penser autrement ; de juger qu'un Dieu, tel qu'ils le voudraient, ne serait pas un être bon, mais un ouvrier insensé et méchant. Au défaut de la raison qu'ils n'écoutent point, ils devraient du moins consulter l'expérience : elle date d'environ six mille ans. Peut-on citer dans l'univers un homme qui ait trouvé dans la *volupté* le bonheur qu'il cherchait ? Salomon, qui ne s'en était refusé aucune, atteste qu'il n'y a trouvé que vanité et affliction d'esprit, *Eccles.*, c. 2, v. 11 : nous doutons qu'aucun épicurien ait pu s'en procurer autant que lui. D'autre part, y a-t-il jamais eu un homme qui se soit repenti d'avoir été vertueux, ou qui, après avoir passé d'une vie voluptueuse à une vie chrétienne, ait regretté son premier état et ses anciennes habitudes ? Enfin, il n'est pas vrai que Dieu nous ait interdit l'usage des plaisirs raisonnables et innocents : il n'en défend que l'excès et l'abus : il ne veut pas que nous y cherchions notre bonheur, parce qu'il n'y en a pas, et parce que nous serions toujours en danger d'y perdre la vertu.

L'homme n'est pas le maître d'avoir du plaisir quand il le veut, mais il ne tient qu'à lui d'être vertueux quand il lui plaît : de l'aveu de tous ceux qui en ont fait l'expérience, la satisfaction constante que nous procure la vertu vaut mieux à tous égards que l'ivresse passagère dans laquelle nous plonge la *volupté*. La vertu ne paraît triste et contraire au plaisir que quand on ne l'a jamais pratiquée : *Venez*, disait un roi sage, *venez éprouver combien le Seigneur est doux, combien est heureux l'homme qui espère en lui* (*Ps.* LIII, 9). Jésus-Christ répète aux hommes cette invitation : *Venez à moi, vous tous qui êtes chargés et fatigués, je vous soulagerai. Prenez mon joug, apprenez de moi à être doux et humbles de cœur, vous trouverez le repos de vos âmes ; mon joug est doux et mon fardeau est léger* (*Matth.*, XI, 28). Vouloir être heureux dans ce monde par la *volupté*, et heureux dans l'autre par la vertu, sont deux désirs contradictoires. *Voy.* PLAISIRS.

VOYAGEUR. Ce terme se dit des fidèles qui vivent sur la terre, par opposition aux saints qui jouissent du bonheur éternel. La vie de ce monde est comparée à un voyage ou à un pèlerinage dont la félicité éternelle est le terme : c'est l'idée qu'en donnait déjà le patriarche Jacob, *Gen.*, c. XLVII, v. 9. Les saints regardent le ciel comme leur véritable patrie, et toutes leurs actions comme autant de pas qui les y conduisent.

Quelques philosophes incrédules, attentifs à saisir toujours le sens le plus odieux d'un terme, ont dit que cette manière d'envisager la vie présente est pernicieuse, et qu'elle nous détache des devoirs de la vie sociale et civile, et nous rend indifférents à l'égard de nos semblables ; c'est une erreur réfutée par l'expérience. Il est très-permis à un voyageur de s'arranger dans une auberge ; quelque court que doive être le séjour qu'il se propose d'y faire, il ne se croira pas dispensé des devoirs de l'humanité envers ceux qui y logent avec lui ; il ne s'avisera pas de les inquiéter ni de leur refuser ses services, sous prétexte qu'il doit les quitter le lendemain. Les épicuriens, qui n'envisageaient que la vie présente, n'ont certainement pas été aussi bons citoyens que les stoïciens qui appelaient aussi cette vie *un voyage* ; sans avoir consulté nos livres saints, ils ont souvent reproché aux sectateurs d'Epicure leur inutilité et leur indifférence pour les devoirs de la vie civile. Un chrétien est persuadé au contraire qu'il ne peut mépriser les devoirs de la vie présente, et aucune loi ne les a jamais prescrits avec autant d'exactitude que l'Evangile.

VOYELLES. *Voy.* HÉBREU, LANGUE HÉBRAÏQUE.

VULGATE, version latine des livres saints, de laquelle on se sert dans l'Eglise catholique. On ne doute point dans cette Eglise que, dès la fin du 1ᵉʳ siècle ou au commencement du ii°, avant même la mort du dernier des apôtres ou immédiatement après, il n'y ait eu en latin une version de l'Ancien et du Nouveau Testament, à l'usage des fidèles qui n'entendaient pas le grec. Puisque, selon le témoignage de saint Justin, *Apol.* 1, n. 67, on lisait dans les assemblées chrétiennes les écrits des prophètes et les mémoires des apôtres, on ne peut pas douter que, dès l'origine, le même usage n'ait été observé à Rome et dans les autres Eglises d'Italie, où le grec n'était pas la langue vulgaire; il fallut donc une traduction latine pour mettre cette lecture à portée du peuple. Mais on ne sait pas qui en a été l'auteur, ni en quel temps précisément elle a été faite; on sait seulement que, pour l'Ancien Testament, elle a été prise sur le grec des Septante, et non sur l'original hébreu. On l'a nommée *italique*, *itala vetus*, parce qu'elle avait cours principalement en Italie, et *Vulgata*, version commune. — Comme cette croyance des théologiens catholiques ne s'accorde pas avec le système des protestants, ceux-ci l'ont attaquée de toutes leurs forces ; ils soutiennent que, dans le grand nombre de versions latines de l'Ecriture qui se firent dans les premiers siècles de l'Eglise, il n'y en eut aucune qui fût plus respectée et plus suivie que les autres; que comme tout particulier avait la liberté de traduire le texte sacré, selon qu'il l'entendait, chaque église était aussi maîtresse de choisir et de suivre telle version qu'il lui plaisait, et qu'il n'y eut jamais d'uniformité sur ce point. C'est ainsi qu'ils ont cherché à justifier la multitude et la variété de leurs versions, et la liberté avec laquelle ils en usent.

Pour savoir ce qu'il en faut penser, nous apporterons, 1° les preuves de l'antiquité et de l'autorité de la *Vulgate*; 2° nous répondrons aux objections des protestants; 3° nous exposerons ce qu'a fait saint Jérôme pour mettre cette version dans l'état où elle est aujourd'hui; 4° nous examinerons le décret du concile de Trente qui l'a déclarée authentique; 5° nous dirons deux mots des corrections et des éditions que l'on en a faites.

§ I. *Preuves de l'antiquité et de l'autorité de la Vulgate.* Les critiques protestants ne se sont pas donné la peine de les rapporter ni de les réfuter; nous agirons de meilleure foi avec eux. 1° Malgré la multitude des versions grecques de l'Ancien Testament, savoir, celles d'Aquila, de Théodotion, de Symmaque, et deux autres qu'Origène avait rassemblées dans ses *Octaples*, celle des Septante a été constamment suivie dans les Eglises grecques, ces versions nouvelles ne lui ont rien fait perdre de son crédit ni de son autorité; les protestants ont reproché plus d'une fois cette prévention aux Pères de l'Eglise. *Voy.* SEPTANTE. C'est pour cela que la version des Septante a été nommée κοινή, commune, par saint Jérôme, *Epist. ad Suniam et Fretelam*, *Oper.* tom. II, 1re part., col. 627, et sur le LXVe chap. d'Isaïe, il l'appelle *editionem toto orbe vulgatam*, tom. III, col. 492. Donc, quand il y aurait eu dès l'origine plusieurs versions latines de l'Ecriture, cela n'empêche point qu'il n'y en ait eu une plus commune, plus respectée, plus généralement suivie que les autres dans les Eglises latines ; et c'est pour cela que saint Jérôme l'appelle *Vulgatam editionem, latinam editionem, latinus interpres, latinus translator*, ib., col. 634, 662, 663 ; *Comment. in Epist. ad Galat.*, cap. v, *op.* tom. IV, 1re part., col. 306; *in Epist. ad Ephes.*, cap. III, col. 253, etc. Et saint Augustin, *itala interpretatio*, l. II, *de Doctrina christ.*, c. 15, n. 22 ; *latinus interpres*, l. 1 *Retract.*, c. 7, n. 3. Ces expressions désignent évidemment une version plus connue, plus populaire, plus communément suivie que toute autre. S'il y en avait eu plusieurs également usitées, on n'aurait pas pu deviner de laquelle saint Jérôme et saint Augustin parlaient; ces deux Pères eux-mêmes ne se seraient pas entendus dans les lettres qu'ils se sont écrites à ce sujet. — 2° Saint Jérôme, exhorté par le pape Damase à donner une nouvelle édition latine du Nouveau Testament, conformément au texte grec, lui objecte le danger que l'on court à réformer une version à laquelle tout le monde est habitué, les réclamations et les censures auxquelles un nouveau traducteur est exposé. Mais si les différentes Eglises avaient été accoutumées à différentes versions, s'il n'y avait eu entre elles aucune uniformité, rien de plus mal fondé que les craintes de saint Jérôme. De quel droit lui aurait-on refusé au iv° siècle le privilége dont vingt auteurs avaient joui pendant trois cents ans, de traduire l'Ecriture sainte comme ils l'entendaient ? Cependant l'événement prouva que ce Père n'avait pas tort ; il nous apprend avec quelle aigreur on déclama contre lui, parce qu'il avait osé donner sur le texte hébreu une version latine de l'Ancien Testament, qui s'écartait en plusieurs choses de celle des Septante. Il nous a conservé les invectives de Rufin, qui l'accusait à ce sujet de blasphème et de sacrilège. *Apolog. contra Rufin.*, l. III, *op.* t. IV, col. 444, 446. Il est bien étonnant que pour se défendre il n'ait jamais allégué la variété des versions suivies par les différentes Eglises latines. Saint Augustin lui écrivit que, dans une église d'Afrique, où l'on avait lu sa nouvelle version, le peuple s'était mutiné, parce que dans la prophétie de Jonas, c. iv, v. 6, on lisait *hedera*, au lieu de *cucurbita*, *Epist.* 71 *ad Hieron.*, c. 3, n. 5; *Epist.* 82, c. 5, n. 35. Et l'on veut nous persuader que ces Eglises africaines, qui se cabraient pour le changement d'un seul mot très-indifférent, se permettaient les unes aux autres l'usage habituel de telle version qui leur plaisait davantage. — 3° Dans toute la lettre de saint Jérôme à *Sunia et à Frétéla*, on voit jusqu'où il porte le respect pour la *Vulgate* latine des psaumes; malgré la multitude des fautes qu'il y montre, il veut que l'on continue à la chanter dans les églises, parce que ces fautes ne sont pas assez importantes pour exiger la réforme d'un usage si ancien. En effet, aucune ne donne atteinte au dogme et ne peut induire le peuple en erreur. Le saint docteur ajoute que ses corrections sont faites pour les savants, et non pour le peuple. N'est-ce donc qu'à la fin du IV° siècle qu'a commencé dans l'Eglise latine cet attachement opiniâtre du peuple à la *Vulgate*? Il semble au contraire que les Eglises jalouses de leur liberté devaient courir au-devant d'une nouvelle version, comme ont fait les protestants au XIII° siècle; mais dans les premiers siècles cette prétendue liberté aurait passé pour une impiété. — 4° En effet, dès la fin du II°, Tertullien témoigne dans ses ouvrages qu'il y avait une version latine des Ecritures, universellement reçue dans toutes les Eglises catholiques. *De Præscript.*, cap. 17, il reproche aux hérétiques leur audace à l'égard des Ecritures. « Telle hérésie, dit-il, ne reçoit point certaines Ecritures; si elle en admet, elle ne les laisse point entières; par des additions et des retranchements elle les change selon qu'il convient à son système; si elle les conserve telles qu'elles sont, elle en pervertit le sens par des interprétations arbitraires; or il est également contraire à la vérité de corrompre le sens ou le texte. » C. 19 et 20, il soutient que l'on ne peut trouver ailleurs que dans l'Eglise catholique la vérité des Ecritures, leur véritable interprétation et les vraies traditions chrétiennes. De quel front aurait-il ainsi parlé s'il y avait eu dans cette Eglise variété de versions, d'interprétations et de traditions? Il aurait été aisément confondu par les hérétiques. — 5° Parmi un grand nombre de traducteurs latins, tel que les protestants le supposent, comment ne s'en est-il pas trouvé quelques-uns qui aient mieux réussi que les autres, qui aient réuni le plus grand nombre des suffrages, et qui se soient fait un nom par l'excellence de leurs versions? Avant saint Jérôme il n'y en a pas eu un seul duquel les écrivains ecclésiastiques aient fait mention; saint Augustin, qui n'en parle qu'en général, paraît faire très-peu de cas de leurs productions; nous le verrons en citant ses paroles. Parmi tant de sectaires qui ont troublé l'Eglise latine, comme les montanistes, les manichéens, les novatiens, les donatistes, les ariens, etc., et qui ont tant déclamé contre elle, comment ne s'en est-il rencontré aucun qui lui ait reproché l'incertitude que devait produire dans sa foi et dans sa doctrine la variété des versions de la Bible dont elle se servait? Voilà deux phénomènes bien singuliers. — 6° Cela est d'autant plus incroyable, que nous avons vu arriver précisément le contraire chez les protestants. La variété des versions de l'Ecriture sainte, la liberté de l'entendre et de l'expliquer comme chacun le juge à propos, a produit parmi eux cette multitude de sectes qui se détestent, et qui souvent se sont tourmentées les unes les autres, sans qu'aucune conférence, aucune discussion amiable des passages de l'Ecriture sainte ait jamais pu les réconcilier. Nous n'hésitons pas d'affirmer que, si la même cause avait existé dans l'Eglise latine pendant trois siècles, elle y aurait produit le même effet. Or, rien de semblable n'y est arrivé. Quoique les Eglises de l'Italie, de l'Afrique, de l'Espagne, des Gaules, etc., aient été souvent troublées par des novateurs, elles sont restées réunies dans la profession de la même foi, dans la fidélité à suivre la même règle, dans l'attachement à un même centre d'unité, et elles l'ont ainsi attesté par le nom de *catholiques*, auquel elles n'ont jamais renoncé. Aussi ont-elles persévéré dans leur attachement à l'ancienne *Vulgate*, comme nous le verrons ci-après.

Le Clerc, qui a senti cette vérité, a cherché à l'esquiver. Il dit que les dissensions qui subsistent aujourd'hui entre les sectes protestantes, ne viennent point de la différence des versions dont elles se servent, mais des divers sens qu'elles donnent aux mêmes paroles. *Animadv., in Epist.* 71 *sancti Aug.,* § 4. Défaite frivole. La différence des versions ne consiste-t-elle donc pas dans la différence du sens que l'on donne aux mêmes paroles? Ce critique avoue la vérité en affectant de la nier. On peut voir dans les frères de Wallembourg, *de Instrum. probandæ fidei*, III° part., sect. 2 et seq., jusqu'à quel point les protestants ont corrompu le dogme par l'infidélité de leurs versions.

Il est à présent question de voir si les écrivains catholiques ont rêvé lorsqu'ils ont cru que cette première version a été faite principalement à Rome, que de là elle s'est communiquée aux autres Eglises latines, dont celle de Rome a été la mère et la maîtresse. Pour savoir à quoi nous en tenir, nous ne ferons pas beaucoup de cas du témoignage de Rufin, qui, dans sa seconde invective contre saint Jérôme, t. IV, II° part., col. 446, soutient que c'est saint Pierre qui a donné à l'Eglise romaine les livres dont elle se sert. Quoique instruit, ce critique était téméraire et parlait par humeur; les protestants ne l'ont loué que parce qu'il était ennemi déclaré de saint Jérôme; il nous faut d'autres preuves.

Suivant l'opinion commune, adoptée même par plusieurs habiles protestants, saint Pierre était à Rome l'an 45, il y écrivit sa première épître aux fidèles de l'Asie Mineure, et saint Marc y composa son Evangile conformément à la prédication de cet apôtre. L'an 58, saint Paul envoya de Corinthe sa *Lettre aux Romains;* il vint lui-même à Rome l'an 61, et y demeura deux ans; là il écrivit ses *Lettres à Philémon, aux Philippiens, aux Colossiens, aux Hébreux,* et l'an 63 saint Luc fit dans cette même ville les *Actes des apôtres.* Enfin l'an 66, saint Paul, emprisonné à Rome avec saint Pierre, adressa sa *Lettre aux Ephésiens*, et sa seconde à *Timothée*. Plus ou moins d'exactitude dans ces dates ne fait rien à la vérité des événements, dès qu'ils sont prouvés d'ailleurs. Eusèbe, *Hist. ecclés.*, l. II, c. 15, et les notes. Voilà donc une bonne partie des écrits du Nouveau Testament qui ont pu et qui ont dû être connus à Rome avant l'an 67, époque du martyre de saint Pierre et de saint Paul, pourquoi n'y auraient-ils pas été traduits en latin dès ce temps-là même? Si les protestants supposent que ces deux apôtres, que saint Marc, saint Luc et les autres compagnons de saint Paul, ne se sont donné aucun soin pour mettre la lecture de leurs écrits à la portée des simples fidèles, Basnage, Le Clerc, Mosheim, etc., ont tort d'affirmer en général que les apôtres et les premiers pasteurs de l'Eglise ont eu grand soin de mettre d'abord les Ecritures à la main de leurs prosélytes, de les faire traduire dans toutes les langues, d'en recommander la lecture, etc.; que c'est un des moyens qui ont le plus contribué à l'établissement du christianisme; il ne faut pas détruire d'une main ce que l'on bâtit de l'autre. Mais nous n'avons pas besoin de leur avis pour former le nôtre. Saint Paul, *II Cor.*, c. XII, v. 28, et c. XIV, v. 26, suppose que le don des langues et celui de les interpréter étaient communs dans l'Eglise; il veut, v. 27, que quand un fidèle parle dans une langue étrangère, un autre lui serve d'interprète : cet ordre sans doute n'était pas moins nécessaire à Rome qu'ailleurs, pour les écrits que pour les discours de vive voix. Nous présumons encore que tout chrétien a été empressé de lire les écrits des apôtres, et que cette lecture leur a inspiré le désir de connaître les livres de l'Ancien Testament qui y sont souvent cités. Nous en concluons que la version latine des uns et des autres a été entreprise de bonne heure, et continuée successivement par divers auteurs. Nous soutenons encore que cette version une fois transmise aux Eglises latines, à mesure qu'elles se sont formées, y a joui de la même autorité que celle des Septante parmi les Grecs, et qu'aucune société chrétienne n'a été tentée d'en changer; cela sera prouvé par ce que nous dirons ci-après. Il est constant d'ailleurs que l'Eglise de Rome a toujours eu plus de relation qu'aucune autre avec toutes les Eglises du monde; saint Irénée lui a rendu ce témoignage avant la fin du II° siècle, *adv. Hæres.*, l. III, c. 3, n. 2 ; elle a donc pu avoir plus promptement qu'aucune autre un recueil complet et une traduction des livres saints. Si les protestants n'en conviennent pas, c'est par pure opiniâtreté; écoutons néanmoins leurs objections.

§. II. *Réponses aux objections des protestants.* Mosheim, *Hist. christ.*, sæc. II, § 6, note, p. 224 et suiv., cite saint Jérôme qui, dans sa *préf. sur les Evangiles*, dit qu'il y avait une différence infinie entre *les diverses interprétations* de l'Ecriture sainte, et que l'on trouvait presque autant de *versions* que de copies. Mais le saint docteur s'explique : « Pourquoi ne pas corriger, dit-il, sur l'original grec, ce qui a été mal rendu par de mauvais interprètes, plus mal corrigé par des ignorants présomptueux , ajouté ou changé par des copistes négligents ? » Voilà trois causes qui pouvaient suffire pour faire envisager les divers exemplaires d'une même version comme autant d'interprétations différentes. Il en était de même des fautes énormes des manuscrits de la *Vulgate* moderne, avant l'invention de l'imprimerie, et de la version des Septante, avant que Origène, Lucien, Hésychius , Eusèbe et saint Jérôme n'eussent apporté le plus grand soin à en corriger les différentes copies. Walton, *Proleg.* 9, n. 21. Aussi saint Jérôme ajoute, en parlant de sa nouvelle version des Evangiles : « Pour qu'elle ne s'écartât pas trop de la manière ordinaire de lire en latin, *a lectionis latinæ consuetudine*, nous avons tellement retenu notre plume, que nous n'avons corrigé que les choses qui semblaient changer le sens, et que nous avons laissé le reste comme il était. » *Lectionis latinæ consuetudo* ne signifie certainement pas plusieurs versions faites en différents temps et par divers auteurs. Saint Augustin, dans sa *Lettre 71 à saint Jérôme*, c. 4, n. 5, s'exprime de même sur l'énorme variété des exemplaires de l'Ecriture, *in diversis codicibus*, et il ne s'ensuit rien de plus.

Deuxième objection. Plusieurs Eglises d'Italie, comme celles de Milan et de Ravenne, ont usé de plusieurs versions différentes, avant et après celle de saint Jérôme; aucun savant ne peut en disconvenir.—*Réponse.* Si par *versions différentes* on entend différents exemplaires plus ou moins corrects de l'ancienne *Vulgate*, nous en convenons avec saint Jérôme et saint Augustin, et cela ne pouvait pas être autrement, si l'on veut parler de différentes traductions faites par différents auteurs, et conclure de là que c'était une liberté dont ces Eglises étaient en possession; nous le nions absolument , parce que le contraire est prouvé. Nous avouons encore que quand la nouvelle version de saint Jérôme parut, plusieurs Eglises ne voulurent pas l'adopter, et conservèrent dans l'office divin l'ancienne *Vulgate*, par respect pour son antiquité ; c'est ce qui démontre la vérité de notre sentiment et la fausseté de celui des protestants. Mais ils ne prouveront jamais que, depuis cette époque, il y eut encore en Occident d'autres versions que ces deux-là, suivies dans aucune église quelconque.

Troisième objection. Entre les quatre exemplaires de la version italique des Evangiles, publiés à Rome en 1749 par le Père Blanchini, il y a, quoi qu'en dise l'éditeur, des différences qui ne peuvent pas être de simples variantes de copistes : ce sont donc des interprétations diverses du texte, données par différents traducteurs. — *Réponse.* Jusqu'à ce que l'on nous ait montré ces différences essentielles, nous nous en rapporterons plutôt au sentiment de l'éditeur qu'à l'opinion des critiques protestants, toujours portés par l'intérêt de système à juger de travers. En général c'est une fausse règle de critique de décider que les diverses leçons des manuscrits ne peuvent pas venir uniquement de l'ignorance, de l'inattention ou de la témérité des copistes, qui osaient corriger ce qu'ils n'entendaient pas, comme l'a remarqué saint Jérôme. Dans combien d'occasions le changement, l'addition ou l'omission d'une syllabe ou d'une seule lettre ne peuvent-ils pas altérer absolument le sens d'un passage et présenter l'erreur au lieu de la vérité ? Pour en être convaincu, il suffit d'avoir corrigé quelquefois les épreuves d'un imprimeur. Quelles fautes énormes n'a-t-on pas trouvées dans plusieurs manuscrits des auteurs profanes ! Encore une fois, Origène, *Hom.* 15 *in Jerem.*, num. 5; *Hom.* 16, n. 10 ; et saint Jérôme, *Præfat. in lib. Paralip.*, ont remarqué, entre les divers exemplaires du grec des Septante, des différences pour le moins aussi considérables que celles qui se trouvaient dans les copies de la *Vulgate* latine ; il ne s'ensuit pas de là que les premiers venaient de différents traducteurs, et que les Eglises grecques avaient adopté différentes versions. Lorsque les Pères ont attribué à la malice des Juifs les différences essentielles qu'il y a entre le texte hébreu et la version des Septante, les critiques protestants se sont élevés contre cette accusation; ils ont soutenu que tout cela pouvait venir uniquement du peu de soin et d'habileté des copistes ; à présent nous les voyons raisonner différemment, parce que leur intérêt a changé.

Quatrième objection. Les diverses parties du Nouveau Testament n'ont pu être rassemblées avant le commencement du IIe siècle ; il a donc été impossible d'en faire, avant cette époque, une traduction latine. — *Réponse.* Une traduction complète et entière, cela est clair ; mais pourquoi n'aurait-on pas traduit ces différentes parties à mesure qu'elles paraissaient et que l'on en acquérait la connaissance ? Personne n'a osé affirmer que cette traduction a été faite par un même auteur, ni en fixer précisément la date ; c'est assez pour nous d'avoir montré qu'il n'a été nulle part plus aisé qu'à Rome de rassembler tous ces écrits et de les traduire ; il a suffi de lire seulement l'Evangile de saint Matthieu, pour avoir envie de mettre en latin l'Ancien Testament des Septante. Ici nous répétons encore que les protestants oublient ce qu'ils ont écrit touchant l'empressement des premiers prédicateurs de l'Evangile, de faire lire l'Ecriture sainte aux fidèles, et touchant la nécessité des Bibles en langue vulgaire ; mais ils n'ont jamais été constants dans aucune assertion.

Cinquième objection. Saint Augustin, lib. II, *de Doct. christ.*, cap. 11, n. 16, dit : « On peut compter le nombre de ceux qui ont traduit les Ecritures d'hébreu en grec, mais les interprètes latins sont innombrables. Dans les premiers temps de la foi, tout écrivain à qui le texte grec tombait entre les mains et qui croyait entendre les deux langues, en entreprit la traduction. » *Ibid.*, cap. 15, n. 22 : « Parmi ces différentes interprétations, l'on doit préférer l'*italique*; elle est la plus littérale et la plus claire pour le sens. » Vainement, dit Mosheim, veut-on tirer avantage de ces dernières paroles ; 1⁰ elles signifient seulement que parmi les différentes versions latines dont on se servait en Afrique, il y en avait une que l'on nommait *italique*, soit parce qu'on l'avait reçue d'Italie, soit parce que l'auteur était italien, soit parce que plusieurs églises d'Italie s'en servaient ; tout cela est incertain ; 2⁰ ce nom même témoigne que ce n'était pas celle de Rome, autrement saint Augustin l'aurait appelée *la version romaine ;* 3⁰ puisque ce Père souhaite qu'on la préfère, on ne la préférait donc pas encore aux autres ; si elle avait été d'un usage commun, il aurait dit, *notre version, la version vulgaire, la version publique ;* 4⁰ de ce qu'il la regardait comme la meilleure, il ne s'ensuit pas qu'elle le fût, puisqu'il n'était pas en état de la comparer avec le grec, n'ayant point appris cette langue. — *Réponse.* Il n'est pas question de savoir si en Afrique ou ailleurs il y avait plusieurs versions latines faites par différents auteurs, mais si elles étaient d'usage dans les Eglises ; Mosheim le suppose sans preuve, saint Augustin ne le dit point, et nous avons prouvé le contraire. Ce critique reconnaît lui-même que le passage en question est une exagération, et qu'il ne faut pas le prendre à la lettre. Croirons-nous que, dès le commencement du IIe siècle, il y a eu dans l'Eglise un grand nombre d'hommes assez courageux pour entreprendre une version complète de l'Ecriture sainte de grec en latin ? Chez les Grecs il y avait au moins six versions de l'Ancien Testament bien connues, puisque Origène les avait rassemblées dans ses *Octaples ;* cela ne diminua point l'attachement des Eglises grecques pour celle des Septante. Donc il en a été de même dans les Eglises latines à l'égard de l'ancienne *Vulgate.* Il y a de l'entêtement à soutenir que *itala interpretatio* n'est pas la même chose que *latinus interpres*, comme saint Augustin l'appelle ailleurs. Peu importe qu'il l'ait nommée ainsi, plutôt que *romaine, africaine, vulgaire*, etc., dès qu'il est certain que les églises n'en suivaient point d'autre dans l'usage ; lorsqu'il dit qu'elle est *préférable*, c'est un signe d'approbation donné à l'usage établi, et non un désir de ce qui n'était pas encore. Puisque saint Augustin, *Epist.* 71 *ad Hieron.*, cap. 4, n. 6, témoigne à saint Jérôme qu'il a confronté sa nouvelle traduction latine du Nouveau Testament avec le texte grec, nous ne voyons pas pourquoi il n'a pas pu faire la même chose à l'égard des Septante ; il a pu du moins consulter ceux qui entendaient le grec mieux que lui, et s'en fier à leur témoignage. Dans ses disputes contre les manichéens, les ariens, les donatistes, les pélagiens, il n'a jamais été question de la différence des versions de la Bible, il n'en est pas de même de nos disputes contre les protestants.

Où était donc le bon sens ordinaire de Mosheim, lorsqu'il a tourné en ridicule les soins que se sont donnés de savants catholiques, tels que Nobilius, le P. Morin, dom Martianay, dom Sabatier, le P. Blanchini et d'autres, pour rechercher et rassembler les restes de l'ancienne *Vulgate*, telle qu'elle était avant saint Jérôme, et pour en donner une édition complète ? Il devait savoir que tous les monuments anciens sont précieux à l'Eglise catholique, parce qu'elle y découvre toujours de nouvelles preuves de la vérité de sa foi et de la fausseté de celle des protestants.

Sixième objection. En considérant les différentes manières dont saint Cyprien cite l'Ecriture sainte, on voit qu'il avait sous les yeux différentes versions, et qu'il suivait tantôt l'une et tantôt l'autre. C'est l'observation de Basnage, *Hist. de l'Eglise,* l. ix, c. 1 et 2. — *Réponse.* On voit plutôt qu'il n'en copiait aucune, qu'il citait l'Ecriture de mémoire, et qu'il faisait moins d'attention à la lettre qu'au sens. Les autres Pères latins ont souvent fait de même, et les Pères grecs n'en ont pas agi autrement à l'égard de la version des Septante; c'est un fait reconnu par tous les savants.

Septième objection. Saint Grégoire le Grand qui vivait à la fin du vi siècle, dans sa *Lettre sur le livre de Job,* déclare qu'il se sert tantôt de l'ancienne version, et tantôt de la nouvelle, et que tel est encore l'usage de l'Eglise de Rome; il en a été de même de plusieurs autres Eglises jusqu'au ix ou au x siècle, preuve évidente que toutes les Eglises ont joui jusqu'alors de la plus grande liberté sur le choix des versions de l'Ecriture sainte. — *Réponse.* Il aurait été de la bonne foi d'avouer aussi que saint Grégoire, dans ses *Morales sur Job,* l. xx, c. 23, reconnaît que la nouvelle version de saint Jérôme était généralement plus fidèle et plus claire que l'ancienne *Vulgate;* ainsi en jugèrent tous les savants : aussi plusieurs églises l'adoptèrent sans hésiter; nous le verrons ci-après. D'autres conservèrent l'usage de l'ancienne, et on ne leur en fit pas un crime ; les papes ne s'y opposèrent point, saint Jérôme ne s'en plaignit point, nous avons vu au contraire qu'il le trouva bon, surtout à l'égard des psaumes; aucun concile ne statua rien sur ce sujet. Mais cet attachement constant de plusieurs églises à l'ancienne *Vulgate* prouve-t-il qu'avant cette époque ces églises n'avaient aucune prédilection pour cette version, qu'ici l'on en suivait une et là une autre? Encore une fois, il est absurde d'imaginer que les églises d'Occident, libres jusqu'alors de choisir telle traduction qu'elles voulaient, se sont attachées tout à coup à l'ancienne *Vulgate,* préférablement à une version nouvelle que l'on assurait cependant être meilleure que l'ancienne. Cela ne s'est jamais vu; mais de même que l'amour de la nouveauté est le caractère distinctif de l'hérésie, la constance et l'attachement à l'antiquité, même dans les choses indifférentes, fut toujours le signe indubitable de la véritable Eglise.

§ III. *Travaux de saint Jérôme sur l'Ecriture sainte.* Il est beaucoup plus nécessaire de les bien distinguer que d'en fixer précisément la date. 1° Ce Père, convaincu de l'imperfection de la version grecque des Septante, par conséquent de la *Vulgate* latine prise sur celle-là, en entreprit une nouvelle sur le texte hébreu, après avoir beaucoup étudié cette langue, et rassemblé des exemplaires à grands frais, ainsi qu'il le raconte lui-même. 2° Comme le grec des Septante était beaucoup plus correct dans les *Hexaples d'Origène* que partout ailleurs, il fit une nouvelle version latine des Septante sur ce grec ainsi corrigé, *Præfat. in lib. Paralip.* Saint Augustin l'y avait exhorté, *Epist.* 71, c. 4, n. 6. 3° Sur le Nouveau Testament, après avoir confronté plusieurs exemplaires, afin d'y choisir la meilleure leçon, il en composa une nouvelle traduction latine, à la sollicitation du pape Damase. Mais il atteste qu'il ne s'écarta de l'ancienne *Vulgate* que dans les choses qui semblaient changer le sens, *Præfat. in Evang.* Que l'on appelle ce travail une nouvelle version, ou une simple correction, cela ne fait rien à la chose.

Comme l'opinion générale était que les Septante avaient été inspirés de Dieu, comme d'ailleurs les différentes Eglises latines étaient accoutumées et très-attachées à l'ancienne *Vulgate,* la nouvelle version de saint Jérôme, prise sur le texte hébreu, essuya d'abord des censures amères; on accusa l'auteur d'avoir préféré les visions des Juifs aux lumières surnaturelles des Septante ; mais il trouva bientôt un plus grand nombre d'approbateurs, en particulier les souverains pontifes; saint Augustin, qui avait commencé par désapprouver son dessein, finit par applaudir à son ouvrage. Plusieurs Eglises adoptèrent la nouvelle version, particulièrement celle des Gaules ; plusieurs savants, même chez les Grecs, en firent l'éloge. Cependant, pour tâcher de contenter tout le monde, le saint docteur fit encore une troisième traduction de l'Ecriture, dans laquelle il se rapprocha tant qu'il put des Septante, par conséquent de l'ancienne *Vulgate.* C'est cette dernière version ainsi retouchée qui a été adoptée peu à peu par toutes les Eglises de l'occident, et nommée pour ce sujet la *Vulgate moderne.* Voyez les *Prolég. de la Biblioth. sacrée de saint Jérôme, Op.* t. I. L'on y a conservé la prophétie de Baruch, la Sagesse, l'Ecclésiastique, les deux livres des Machabées, et surtout les Psaumes, tels qu'ils étaient dans l'ancienne *Vulgate.* Nous avons vu que saint Jérôme fut lui-même de cet avis, afin d'épargner au peuple le désagrément d'entendre chanter les psaumes d'une autre manière que celle à laquelle il était accoutumé dès l'enfance; on y a seulement fait quelques corrections absolument nécessaires. Cette conduite fait certainement honneur à la sagesse des pasteurs et au désintéressement de saint Jérôme; elle démontre que ce saint vieillard, qui a mérité aussi justement qu'Origène le nom d'*Adamantius* ou d'infatigable, ne travaillait ni pour sa réputation ni par ambition de faire la loi à personne, qu'il n'avait point d'autre but que la pureté de la foi, la perfection de la piété, l'édification des fidèles et la gloire de l'Eglise. La manière d'agir bien différente de tous les novateurs prouve évidemment qu'ils étaient animés par des motifs de toute autre espèce.

Cela n'a pas empêché plusieurs critiques modernes de s'attacher à déprimer tant qu'ils ont pu le mérite des travaux de ce saint docteur; si on les en croit, il n'avait pas une connaissance assez parfaite de l'hébreu pour être en état d'en donner une bonne traduction. Ils ont apporté en preuve un grand nombre d'étymologies de mots hébreux qu'il a données, et qui leur paraissent fausses. Mais le savant éditeur des ouvrages de ce Père a fait voir que ces censeurs, en l'accusant d'ignorance, n'ont réussi qu'à démontrer la leur. *Proleg.* 3 in 11 tom., n. 3, et col. 290. Ce qu'il y a de certain, c'est que saint Jérôme semble avoir saisi la vraie clef des étymologies hébraïques, en cherchant le sens des mots composés dans les racines monosyllabes. Si tous les hébraïsants avaient fait de même, ils ne se seraient peut-être pas trompés si souvent. Ajoutons que, pour donner une bonne version, il n'a manqué d'aucun des secours que nous avons, et qu'il en a eu plusieurs que nous n'avons plus. Il avait sous les yeux les six versions grecques rassemblées et comparées dans les *Octaples* d'Origène, et une septième publiée par le martyr Lucien; il est difficile de croire qu'entre sept traducteurs aucun n'avait trouvé le vrai sens du texte. Outre l'hébreu, saint Jérôme avait appris le chaldéen, le syriaque et l'égyptien; il ne peut pas avoir vécu si longtemps dans la Palestine, sans avoir eu quelques notions de la langue arabe, et il savait parfaitement le grec; il était donc, pour ainsi dire, une polyglotte vivante. Il a été à portée de comparer la prononciation des juifs de son temps à celle que Origène avait imprimée dans ses *Octaples* par des lettres grecques. Il avait vu l'Egypte, et il parcourut la Palestine pour voir la situation et la distance des lieux dont il est parlé dans le texte sacré. Y a-t-il aujourd'hui un hébraïsant qui puisse se flatter d'être aussi bien instruit? A la vérité il n'y avait pour lors ni grammaires ni dictionnaires hébraïques; mais ceux-ci ne sont que le résultat des observations de ceux qui avaient appris l'hébreu sans ce secours; c'est saint Jérôme qui a donné le premier modèle d'un dictionnaire de mots hébreux. Il y a donc autant d'ingratitude que de témérité de la part des critiques, qui ne lui savent aucun gré de ce qu'il a fait pour leur ouvrir la carrière; le mépris que se sont attiré ceux qui l'ont attaqué pendant sa vie, devrait rendre plus circonspects ses détracteurs modernes.

§ IV. *Décret du concile de Trente touchant la Vulgate.* Il est conçu en ces termes, sess. 4: « Le saint concile, considérant qu'il peut être très-utile à l'Eglise de Dieu de savoir quelle est, parmi toutes les éditions des livres sacrés qui ont cours, celle que l'on doit regarder comme authentique, ordonne et déclare, que, dans les leçons publiques, les disputes, les sermons et les interprétations, l'on doit tenir pour authentique l'édition ancienne et *vulgate,* approuvée dans l'Eglise par l'usage de tant de siècles, de manière que personne n'ait l'audace ou la présomption de la rejeter, sous quelque prétexte que ce soit. »

Rien de plus faux ni de plus malicieux que la manière dont les protestants ont travesti le sens de ce décret: voici ce qu'en a dit Mosheim, *Hist. ecclés.*, XVIe siècle, sect. 3, 1re part., c. 1, § 25: « Le pontife romain mit autant d'obstacles qu'il put à la connaissance et à l'exacte interprétation des livres saints, qui lui portaient tant de préjudice. Il fut permis aux disputeurs de faire les réflexions les plus injurieuses à la dignité du texte sacré, d'en mettre l'autorité au-dessous de celle du pape et de la tradition. Ensuite, par un décret du concile de Trente, l'ancienne version latine ou *Vulgate,* quoique remplie de fautes grossières, écrite dans un style barbare, et d'une obscurité impénétrable en plusieurs endroits, fut déclarée *authentique,* c'est-à-dire fidèle, parfaite, exacte, irrépréhensible et à l'abri de toute censure. On voit assez combien cette déclaration était propre à dérober au peuple le vrai sens du texte sacré. »

Disons plutôt que l'on voit assez combien ces reproches sont faux et absurdes. 1° Si c'est une réflexion injurieuse à la dignité du texte sacré, de soutenir que souvent il n'est pas assez clair pour être entendu par le commun des fidèles, qu'il leur faut des explications, les protestants partagent ce crime avec nous; depuis deux cents ans ils n'ont pas cessé d'en donner des versions, des commentaires, des interprétations, contraires en plusieurs choses les unes aux autres. Ce sont eux plutôt qui insultent à la parole de Dieu en appelant *texte sacré* leurs versions erronées, captieuses et contradictoires. Ils soutiennent qu'après soixante ans d'étude saint Jérôme n'a pas bien entendu le texte sacré, mais que chez eux les ignorants et les femmes prétendent à la simple lecture de leur Bible. 2° Jamais un théologien catholique n'a mis l'autorité du texte sacré au-dessous de celle du pape et de la tradition; tous ont toujours fondé ces deux dernières sur l'autorité même du texte sacré; nos adversaires ne peuvent pas l'ignorer. Mais nous les avons souvent défiés et nous les défions encore de prouver solidement l'autorité divine du texte sacré autrement que par la tradition, c'est-à-dire par la croyance constante de l'Eglise juive et de l'Eglise chrétienne: nous leur avons démontré que hors de là ils donnent dans le fanatisme de l'inspiration particulière. *Voy.* ECRITURE SAINTE, TRADITION. 3° Il est faux qu'une version *authentique* soit une version parfaite, exacte et sans faute à tous égards; *authentique,* selon l'énergie du terme, en grec, en latin et en français, signifie *faisant autorité*. Le concile même l'explique ainsi, en défendant de la rejeter sous aucun prétexte. On sait que, dans les disputes entre les catholiques et les protestants, ceux-ci rejetaient avec dédain l'autorité de la *Vulgate;* ils y opposaient leurs propres raisons, et tordaient à leur gré le sens des passages ; c'est cette audace que le concile de Trente a voulu réprimer. Mais ces docteurs si hautains avaient-ils plus de droit de réprouver notre version que nous n'en avions de mépriser les leurs? La *Vulgate* était consacrée par le respect constant de dix siècles entiers, comme l'observe le concile ; les leurs ne faisaient que d'éclore, et il en paraissait tous les jours de nouvelles ; à qui était-ce de décider quelles étaient les meilleures? Le sens que Mosheim a donné au mot *authentique* est si évidemment faux, que son traducteur anglais l'a réfuté dans une note, t. IV, p. 216. 4° Il aurait fallu montrer en quoi l'authenticité déclarée d'une version est capable de cacher au peuple le vrai sens du texte sacré. Si cela est, la version de Luther a dû opérer cet effet tout comme la *Vulgate* ; car enfin ce réformateur soutenait que sa version allemande était la plus fidèle et la meilleure de toutes : il voulait qu'elle fît autorité dans sa secte ; il n'y en aurait pas souffert une autre s'il en avait été le maître. Il la déclarait donc *authentique*, tout comme le concile de Trente autorisait la *Vulgate* ; et Calvin fit de même à son tour : aujourd'hui leurs sectateurs trouvent mauvais que le concile de Trente se soit attribué autant d'autorité qu'eux. 5° Ce concile, disent-ils, a donné par son décret plus d'autorité à la *Vulgate* qu'aux originaux sur lesquels elle a été faite, afin de détourner tout le monde de lire les originaux. Nouvelle imposture, contredite par les termes mêmes de ce décret. Il décide *qu'elle est, parmi toutes les éditions des livres sacrés qui ont cours, celle que l'on doit regarder comme authentique*. Ces *éditions, qui avaient cours*, étaient-elles les originaux? Aux mots HÉBREU et HÉBRAÏSANT, nous avons fait voir qu'avant la naissance de la prétendue réforme l'étude des anciennes langues était très-cultivée en Europe, que les conciles, les papes, les souverains, n'avaient rien négligé pour ranimer ce genre d'érudition ; que les protestants se sont vantés très-mal à propos de l'avoir fait renaître ; que ce ne sont point eux qui nous ont donné ni les premières polyglottes, ni les premières concordances, ni les livres les plus nécessaires en ce genre. La polyglotte de Ximénès, imprimée trente ans avant l'ouverture du concile de Trente, y a-t-elle été condamnée, ou les catholiques y ont-ils été exhortés à ne la jamais lire? Depuis cette époque, l'étude des originaux de l'Ecriture, loin de se ralentir parmi nous, a repris une nouvelle vigueur, par le moyen de nouveaux encouragements de la part des souverains pontifes ; il suffit de savoir ce que Clément XI a fait en ce genre, pour être indigné de la calomnie des protestants. Le cardinal Bellarmin a prouvé dans une dissertation, que, par le décret du concile de Trente, il est absolument décidé que la *Vulgate* ne renferme aucune erreur touchant la foi ni les mœurs, qu'elle doit être conservée dans l'usage public des églises et des écoles, comme dans les siècles précédents ; il ne s'ensuit pas de là, dit-il, qu'elle ait plus d'autorité que les originaux, ni qu'elle soit exempte de fautes. Bellarmin cite à ce sujet le témoignage des théologiens les plus célèbres, dont plusieurs avaient assisté au concile, et donne encore d'autres raisons. Il a même rassemblé plusieurs passages qui sont plus clairs dans les textes originaux que dans la *Vulgate*, et qui ont été corrigés depuis dans cette version ; aucun pape ni aucun théologien ne l'en a blâmé. Immédiatement après la clôture du concile, Payva d'Andrada, docteur portugais qui y avait assisté, soutint la même chose contre Chemnitius : à quoi sert de répéter aujourd'hui des plaintes auxquelles on a satisfait il y a deux cents ans ? *Voy. Bible d'Avignon*, t. I, p. 131. 6°. Il est faux que la *Vulgate* soit aussi défectueuse que Mosheim le prétend ; d'autres protestants plus judicieux l'ont estimée comme elle le mérite. Bèze en a parlé avec modération ; Louis de Dieu, Grotius, Drusius, Paul Fagius, Mill, Welton, Louis Cappel, etc., ont fait profession de la respecter ; plusieurs ont avoué que c'est la meilleure de toutes les versions. C'est le témoignage qu'en rendit l'université d'Oxford, lorsqu'en 1675 elle donna une nouvelle édition du texte grec du Nouveau Testament. Mais Mosheim avait plus étudié l'histoire ecclésiastique que la critique sacrée ; il aurait dû se souvenir du mépris avec lequel la plupart des réformateurs reçurent la version allemande de l'Ecriture, faite par Luther ; plusieurs lui reprochèrent son ignorance en fait d'hébreu. 7° Mais, disent nos adversaires, puisque la *Vulgate* avait besoin d'être corrigée, le concile de Trente aurait dû attendre qu'elle le fût, avant de la déclarer authentique. C'est comme si l'on disait qu'avant d'approuver un livre, il faut attendre qu'on en ait fait l'*errata*. Parmi les fautes que l'on a corrigées dans la *Vulgate*, sous Sixte V et sous Clément VIII, il n'en est aucune qui ait pu intéresser la foi ni les mœurs ; donc elles n'ont pas dû empêcher le concile de décider que cette version était exempte d'erreur, tant sur la foi que sur les mœurs ; conséquemment qu'elle était authentique ou faisant autorité. Avant de mettre à la main des fidèles de nouvelles versions, avant de leur donner comme parole de Dieu, les novateurs n'ont pas attendu qu'elles fussent exemptes de fautes, puisque l'on n'a pas cessé d'y en corriger depuis qu'elles ont paru. Mais tout était permis à ces nouveaux inspirés, rien n'était innocent de la part des pasteurs catholiques. 8° Le concile défendit encore à tout interprète de l'Ecriture de lui donner, en matière de foi et de mœurs, un sens contraire à celui que tient l'Eglise, ni un sens opposé au sentiment unanime des saints Pères. *Loi dure*, dit Mosheim, *procédé inique et tyrannique*, ajoute son traducteur. Nous disons au contraire, loi juste, sage, raisonnée, indispensable dans l'Eglise catholique ; nous allons le prouver. En premier lieu, le concile commence par déclarer qu'il reçoit avec le même respect et la même piété tous les livres de l'Ancien et du Nouveau Testament, et *les traditions* concernant la foi et les mœurs, qui sont venues de la bouche de Jésus-Christ ou des apôtres, et qui ont été conservées jusqu'à nous dans l'Eglise catholique. Or par quel canal nous sont venues ces traditions, sinon par l'organe des Pères qui ont été de tout temps les pasteurs et les docteurs de l'Eglise? Donc la règle de la tradition une fois admise, le concile ne pouvait se dispenser de défendre d'interpréter l'Ecriture sainte dans un sens contraire à la tradition ou au sentiment unanime des Pères. Il ne faut pas oublier que cette même règle est ce qui distingue essentiellement le catholicisme d'avec le protestantisme; ainsi la loi établie par le concile n'est autre chose que la loi du catholicisme. *Voy.* CATHOLIQUE, etc. En second lieu, cette même loi avait été déjà portée plus de mille ans auparavant par le vi° concile général; ce n'a donc pas été un nouveau joug imposé aux catholiques. Mais considérons la bizarrerie des protestants : cent fois ils nous ont reproché de secouer le joug de l'Ecriture sainte, pour nous en tenir uniquement à la tradition; ils sont convaincus d'imposture par le décret du concile de Trente, qui non-seulement professe son respect pour les livres sacrés, mais qui nous ordonne de les interpréter selon la tradition, et non selon notre opinion particulière. Si cette loi paraît dure aux protestants, ça donc été pour se mettre plus à leur aise qu'ils ont pris pour *seule règle* de foi l'Ecriture sainte, bien convaincus qu'elle ne les incommoderait jamais, tant qu'ils seraient les maîtres de l'entendre comme il leur plaît. En troisième lieu, par représailles, nous avons reproché plus d'une fois à nos adversaires de suivre dans la pratique la même règle que nous, en affectant de la blâmer. Un luthérien, un anglican, un calviniste, un socinien, n'est réputé orthodoxe dans sa secte qu'autant qu'il entend l'Ecriture dans le sens communément reçu dans cette société; s'il fait profession publique de l'interpréter autrement, c'est un faux frère, un faux docteur, un indigne pasteur, etc., on lui dit anathème : témoin le synode de Dordrecht, les conférences entre les luthériens et les calvinistes, entre ceux-ci et les sociniens, etc.

Ce n'est pas tout : le concile de Trente ajoute que c'est à l'Eglise de juger du vrai sens et de l'interprétation des Ecritures; autre conséquence nécessaire du principe qu'il avait établi. Mosheim travestit encore cette décision; il dit que le concile assura à l'Eglise seule, *ou à son chef, le pontife romain,* le droit de juger du vrai sens de l'Ecriture. Ce trait ne peut pas venir d'ignorance; tout le monde sait que, par *l'Eglise,* la société entière des catholiques a toujours entendu, non le chef ni les membres seuls, mais les membres unis à leurs chefs, et le pasteur uni au troupeau. N'importe, Mosheim était sûr d'avance que plus une calomnie contre nous est noire et absurde, mieux elle est accueillie chez les protestants.

Enfin, pour comble de malignité, il affirme que l'Eglise romaine continua de soutenir plus ou moins ouvertement que les livres sacrés n'ont pas été faits pour le peuple, mais pour les docteurs, et qu'elle ordonna d'empêcher, partout où l'on pourrait, le peuple de la lire. Vainement nous exigerions que l'on nous produise une bulle de quelque pape, un décret de concile particulier, un mandement d'évêque, un statut synodal, au moins la décision d'un théologien de marque, où il soit question de cette ordonnance; on ne nous répondra rien, et les protestants continueront d'ajouter foi à l'imposteur Mosheim. Il avoue néanmoins, dans une note, qu'en France et dans quelques autres pays les laïques lisent l'Ecriture sainte sans aucune réclamation; mais c'est, dit-il, malgré les partisans du pape. Y a-t-il donc en France ou ailleurs un catholique qui ne soit pas partisan du pape? On ne concevrait rien à ce trait de satire, si l'on ne savait d'ailleurs que Mosheim en voulait à la constitution *Unigenitus.* Quesnel, animé du même esprit que les protestants, pour répandre parmi le peuple les erreurs délayées de ses réflexions morales sur le Nouveau Testament, y enseigna que la lecture de l'Ecriture sainte est non-seulement utile, mais nécessaire en tout temps, en tout lieu, à toute personne; que l'obscurité de ce saint livre n'est point, pour les laïques, une raison de se dispenser de le lire, que c'est une obligation de le faire, surtout les jours de dimanches; que les pasteurs n'ont aucun pouvoir de leur interdire la lecture du Nouveau Testament, parce que ce serait une espèce d'excommunication, etc. *Prop.* 79-85. Clément XI condamne ces propositions parce qu'elles sont fausses. Il est faux, en effet, que la lecture des versions de l'Ecriture sainte soit nécessaire en tout temps, puisqu'il y a eu des temps de vertige dans lesquels cette lecture était dangereuse et pernicieuse à des esprits avides d'erreur et ivres de fanatisme; aussi a-t-elle été défendue en Angleterre à la naissance de la réforme, comme elle l'a été en France à certaines personnes à la naissance du jansénisme. Mosheim lui-même a cité plusieurs exemples des mauvais effets que cette lecture a produits dans certains temps. Rien n'est donc plus injuste que la censure qu'il fait ici de la sage conduite des pasteurs catholiques.

§ V. *Des différentes éditions et corrections de la Vulgate.* Nous en avons parlé au mot BIBLES LATINES; mais nous nous sommes trompé en disant qu'il ne reste point de livres entiers de l'ancienne *Vulgate* ou version latine italique, que les Psaumes, le livre de la Sagesse et l'Ecclésiastique, puisqu'il reste encore les deux livres des Machabées : nous ignorions d'ailleurs les faits suivants. En 1710, dom Martianay publia de cette même version les livres de Job, de Judith, et l'Evangile de saint Matthieu; en 1748, le Père Blanchini, de l'Oratoire de saint Philippe de Néry, mit au jour à Rome quatre exemplaires des quatre Évangiles; Luc de Bruges, mort en 1619, a témoigné qu'il avait vu dans l'abbaye de Malmédy, au diocèse de Liége, un manuscrit contenant toutes les épîtres de saint Paul; enfin le P. Buriel, jésuite, il y a quelques années, annonça qu'il avait découvert à Tolède deux manuscrits gothiques de l'ancienne *Vulgate*. Il y a donc lieu d'espérer qu'en rassemblant et en comparant tous ces monuments, l'on pourra donner dans la suite une Bible latine complète telle qu'elle était en usage pendant les quatre premiers siècles de l'Eglise. Cet ouvrage est très à souhaiter; la conformité de tant de manuscrits découverts dans les diverses contrées de l'Europe achèvera de démontrer la fausseté du sentiment des protestants, qui soutiennent que dans ces temps anciens il n'y avait aucune version généralement adoptée, et que les différentes églises avaient la liberté de choisir celle qui leur plaisait davantage.

* WALKÉRISTES. Le rêve de certains esprits est de ramener le christianisme primitif. Les walkéristes, secte protestante, se proposent ce but. Ils n'admettent pas de sacerdoce, ils confient l'administration de leur église aux anciens. Ils ne baptisent point, parce que saint Paul dit dans son Epître aux Éphésiens qu'il suffit de bien élever ses enfants, et qu'il assure qu'il n'a point baptisé. Ils se réunissent le premier jour de la semaine en mémoire de la résurrection, font un repas de charité et offrent le pain et le vin. Les sexes sont séparés dans les assemblées religieuses qui se terminent par le baiser de paix. Dès 1806 les walkéristes formaient déjà plusieurs associations à Dublin, à Londres, etc. Walker, l'un des fondateurs de la secte, lui donna son nom.

WICLEFITES, sectes d'hérétiques, qui prit naissance en Angleterre dans le xiv siècle; elle eut pour auteur Jean Wiclef, professeur dans l'université d'Oxford, et curé de Lutterworth, dans le diocèse de Lincoln.

Durant les divisions qui arrivèrent l'an 1360 dans cette université, entre les moines mendiants et les prêtres séculiers, Wiclef prit la défense des privilèges de ses confrères; mais ayant été obligé de céder à l'autorité du pape et des évêques qui protégeaient les moines, il résolut de s'en venger. Dans ce dessein, il avança plusieurs propositions contraires au droit qu'ont les ecclésiastiques de posséder des biens temporels, d'exercer une juridiction sur les laïques, et de porter les censures; par là il gagna l'affection des chefs du gouvernement, dont l'autorité se trouvait souvent gênée par celle du clergé, et la faveur des grands qui, ayant usurpé les biens de l'Eglise, méprisaient les censures portées contre eux. Pour punir Wiclef de cette conduite, Simon Langham, archevêque de Cantorbéry, lui ôta, en 1367, la place qu'il avait dans l'université, et la donna à un moine; le pape Urbain V approuva ce procédé de l'archevêque. Wiclef irrité ne garda plus de mesures, il attaqua plus vivement qu'il n'avait encore fait le souverain pontife, les évêques, le clergé en général et les moines. La vieillesse et la caducité d'Edouard III, jointes à la minorité de Richard II, furent des circonstances favorables pour dogmatiser impunément; Wiclef en profita. Il enseigna ouvertement que l'Eglise romaine n'est point le chef des autres Églises; que les évêques n'ont aucune supériorité sur les prêtres; que, selon la loi de Dieu, le clergé ni les moines ne peuvent posséder aucun bien temporel; que, lorsqu'ils vivent mal, ils perdent tous leurs pouvoirs spirituels; que les princes et les seigneurs sont obligés de les dépouiller de ce qu'ils possèdent, qu'on ne doit point souffrir qu'ils agissent par voie de justice et d'autorité contre des chrétiens, parce que ce droit n'appartient qu'aux princes et aux magistrats. Ce novateur, en soutenant de pareilles maximes, était bien sûr de ne pas manquer de protecteurs. En effet, l'an 1377, Grégoire XI, informé de ces faits, écrivit à Simon de Sudbury, archevêque de Cantorbéry, et à ses collègues, de procéder juridiquement contre Wiclef. Ils assemblèrent un concile à Londres, auquel il fut cité; il y comparut accompagné du duc de Lancastre, régent du royaume, et de plusieurs autres seigneurs. Par des subtilités scolastiques, des distinctions, des explications, des restrictions et d'autres palliatifs, il réussit à faire paraître sa doctrine tolérable. Les évêques, intimidés par la présence et par les menaces des seigneurs, n'osèrent pousser plus loin la procédure ni prononcer une sentence : Wiclef en sortit sans essuyer une censure. Cette impunité l'enhardit; il sema bientôt de nouvelles erreurs. Il attaqua les cérémonies du culte reçu dans les églises, les ordres religieux, les vœux monastiques, le culte des saints, la liberté de l'homme, les décisions des conciles, l'autorité des Pères de l'Eglise, etc. Grégoire XI, ayant condamné dix-neuf propositions de ce novateur, qui lui avaient été déférées, les adressa avec la censure aux évêques d'Angleterre. Ils tinrent à ce sujet un concile à Lambeth, auquel Wiclef se présenta escorté et armé comme la première fois, et en sortit de même; il osa même envoyer à Urbain VI, successeur de Grégoire XI, les propositions condamnées, et offrit d'en soutenir l'orthodoxie. Le schisme qui survint entre deux prétendants à la papauté suspendit pendant plusieurs années la poursuite de cette affaire, et donna le temps à Wiclef d'augmenter le nombre de ses partisans, qui était déjà très-considérable. Mais, en 1382, Guillaume de Courtenay, archevêque de Cantorbéry, assembla un troisième concile à Londres contre Wiclef : on y condamna vingt-trois, d'autres disent vingt-quatre de ses propositions ; savoir, dix comme hérétiques, et quatorze comme erronées, contraires aux décisions et à la pratique de l'Eglise. Les premières attaquaient l'eucharistie, la présence réelle de Jésus-Christ dans ce sacrement, le sacrifice de la messe, la nécessité de la confession; les secondes, l'excommunication, le droit de prêcher la parole de Dieu, les dîmes, les prières pour les morts, la vie religieuse, et d'autres pratiques de l'Eglise. Le roi Richard soutint par son autorité les décisions de ce concile; il commanda à l'université d'Oxford de retrancher de son corps Jean Wiclef et tous ses disciples; elle obéit. Quelques auteurs ont écrit que ce roi bannit Wiclef et le fit sortir du royaume : cela n'est pas probable, puisqu'en 1387, cinq ans seulement après sa condamnation, cet hérésiarque mourut dans sa cure de Lutterworth, après être tombé en paralysie deux ans auparavant. D'autres ont douté s'il se rétracta dans le concile de Londres; s'il ne l'avait pas fait, Richard II, déterminé à extirper ses erreurs, n'aurait pas souffert qu'il demeurât en Angleterre, encore moins qu'il retournât dans sa cure après sa condamnation. Nous avouerons, si l'on veut, que sa rétractation ne fut pas fort sincère, puisqu'en mourant il laissa divers écrits infectés de ses erreurs. On cite de lui une version de toute l'Ecriture sainte en anglais; de gros volumes intitulés *de la Vérité*; un troisième, sous le nom de *Trialogue*; un quatrième, des dialogues en quatre livres, qui ont été imprimés à Leipsick et à Francfort en 1753; il en est encore d'autres qui n'ont point été publiés; mais aucun de ces ouvrages n'a pu mériter à l'auteur la réputation d'un savant théologien ni d'un bon écrivain ; le docteur Videfort, qui fut chargé de le réfuter l'an 1396, en savait plus que lui et écrivait beaucoup mieux. Dans cette même année, ou, selon d'autres, en 1410, Thomas d'Arundel, primat d'Angleterre, fit de nouveau condamner les erreurs de Wiclef dans un concile de Londres, et comme la plupart avaient été adoptées et soutenues de nouveau par Jean Hus, en 1415, le concile de Constance, *sess.* 8, proscrivit toute la doctrine de ces deux sectaires, rassemblée en quarante-cinq articles, et il ordonna que le corps de Wiclef fût exhumé et brûlé.

Comme il a plu aux protestants de mettre ces deux personnages au nombre des patriarches de la réforme, ils ont fait tout ce qu'ils ont pu pour pallier les torts de Wiclef, pour contredire ce qui en est rapporté par les écrivains catholiques, et pour révoquer en doute les plus grossières des erreurs qu'on lui attribue; mais ils ne renverseront jamais le précis qu'en a donné le célèbre Bossuet, *Hist. des Variat.*, l. xi, n. 153; il l'a tiré des ouvrages de Wiclef, surtout de son *Trialogue*. En voici les principaux chefs. « Tout arrive par nécessité ; tous les péchés qui se commettent dans le monde sont nécessaires et inévitables. Dieu ne pouvait pas empêcher le péché du premier homme, ni le pardonner sans la satisfaction de Jésus-Christ ; Dieu, à la vérité, pouvait faire autrement, s'il eût voulu, mais il ne pouvait vouloir autrement. Rien n'est possible à Dieu que ce qui arrive actuellement; Dieu ne peut rien produire en lui ni hors de lui, qu'il ne le produise nécessairement ; sa puissance n'est infinie qu'à cause qu'il n'y a pas une plus grande puissance que la sienne. De même qu'il ne peut refuser l'être à tout ce qui peut l'avoir, aussi ne peut-il rien anéantir. Il ne laisse pas néanmoins d'être libre, sans cesser d'agir nécessairement. La liberté que l'on nomme *de contradiction* est un terme erroné, inventé par les docteurs ; et la pensée que nous avons que nous sommes libres est une perpétuelle illusion. Dieu a tout déterminé; c'est de là qu'il arrive qu'il y a des prédestinés et des réprouvés ; mais Dieu nécessite les uns et les autres à tout ce qu'ils font, et il ne peut sauver que ceux qui sont actuellement sauvés. » Wiclef avouait que les méchants peuvent prendre occasion de cette doctrine pour commettre de grands crimes, et que s'ils le peuvent, ils le font. « Mais, ajoutait-il, si l'on n'a pas de meilleures raisons à me dire que celles dont on se sert, je demeurerai confirmé dans mon sentiment sans en dire mot. » L'on voit ici toute l'impiété d'un blasphémateur et toute la scélératesse d'un athée. Wiclef y ajoutait l'hypocrisie des vaudois : il disait comme eux, que l'effet des sacrements dépendait de la vertu et des mérites de ceux qui les administraient, que ceux qui n'imitaient pas Jésus-Christ ne pouvaient pas être revêtus de sa puissance; que les laïques de bonnes mœurs étaient plus dignes d'administrer les sacrements que les prêtres, etc. Mais en quoi peuvent consister la vertu, la sainteté, le mérite, si tout est la conséquence d'une fatalité immuable par laquelle Dieu même est entraîné ? C'est ainsi que de tout temps les partisans de la fatalité se sont plongés dans un chaos de contradictions, et ont cru les pallier en abusant de tous les termes.

En condamnant Wiclef, le concile de Constance lui attribue d'autres impiétés desquelles les protestants ne veulent pas convenir ; mais il ne s'ensuit rien contre la justice de cette censure. Ou ces erreurs se trouvaient dans d'autres livres de cet hérésiarque, ou c'étaient de nouvelles absurdités que les lollards et les *wicléfites* ajoutaient à celles de leur maître.

Voilà néanmoins le personnage duquel Basnage a entrepris de faire l'apologie contre Bossuet, liv. xxiv, c. 11. Sa grande ambition est de prouver que la doctrine de Wiclef et de ses disciples était parfaitement conforme à celle que les protestants ont embrassée au xvi° siècle ; qu'ainsi ce théologien est un des principaux témoins de la vérité, qui a contribué à nouer la chaîne de tradition qui lie le protestantisme aux principales sectes qui ont fait du bruit dans l'Eglise : il se fâche de ce que Bossuet a osé révoquer en doute cette importante vérité.

Le dogme de la fatalité absolue, dogme destructif de toute religion, de toute morale et de toute vertu, était un article fâcheux ; Basnage s'en est tiré lestement, en avouant que la manière dont Wiclef a voulu accorder la liberté de l'homme avec la présence et le concours de Dieu, l'a jeté dans de grands embarras, mais que bien d'autres que lui ont été arrêtés par la profondeur et l'obscurité de cette question : trait de mauvaise foi palpable. Wiclef a si peu pensé à concilier la liberté de l'homme avec le concours de Dieu, qu'il n'a pas plus reconnu de liberté en Dieu que dans l'homme. S'il a senti l'obscurité de cette question, de quoi s'est-il avisé de la décider par une absurdité, en disant que ce qui se fait librement se fait nécessairement ; qu'ainsi la nécessité et la liberté c'est la même chose ? Basnage prétend que les disciples de Wiclef ont sagement évité cet écueil ; ils ont donc été plus sages que Calvin, qui s'y est brisé de nouveau avec ses décrets absolus de prédestination, dont la plupart de ses sectateurs rougissent aujourd'hui. Ce même critique soutient que ce n'est pas une impiété dans la doctrine de Wiclef d'avoir enseigné que « Dieu n'a pu empêcher le péché du premier homme, ni le pardonner sans la satisfaction de Jésus-Christ, et qu'il a été impossible que le Fils de Dieu ne s'incarnât pas. » La plus saine théologie, dit-il, enseigne qu'il était nécessaire que Jésus-Christ mourût, afin que nos crimes fussent expiés : nouveau trait de mauvaise foi. La saine théologie a toujours enseigné qu'à *supposer* que Dieu voulût exiger une satisfaction du péché égale à l'offense, il fallait le sang d'un Dieu pour l'expier ; mais elle n'a jamais nié que Dieu n'ait pu pardonner le péché par pure miséricorde. Cela est prouvé par l'Ecriture, qui dit que Dieu a tellement aimé le monde, qu'il lui a donné son Fils unique ; s'il l'a donné par amour, ce n'a pas été par nécessité : le prophète Isaïe, parlant du Messie, dit qu'il s'est offert parce qu'il l'a voulu, etc. Une troisième infidélité de Basnage est de soutenir que Viclef, loin d'avancer que Dieu ne pouvait empêcher le péché du premier homme, a dit, en termes exprès, que Dieu pouvait conserver Adam dans l'état d'innocence, *s'il l'avait voulu ;* il ne fallait pas supprimer ce qu'ajoute Wiclef, que *Dieu n'a pas pu le vouloir*. C'est ainsi qu'en accumulant les supercheries Basnage a réfuté Bossuet.

Peu nous importe que Wiclef ait rejeté, comme les protestants, l'autorité de la tradition, la présence réelle, le culte des saints et des images, la confession, etc.; nous pouvons leur abandonner sans regret la succession des vaudois, des lollards, des *wicléfites,* des hussites, etc., qu'ils sont si empressés de recueillir. Une succession d'erreurs, de haine contre l'Eglise, de séditions et de fureurs sanguinaires, n'excitera jamais l'ambition d'une société véritablement chrétienne.

Pour leur assurer encore davantage ces titres d'antiquité et de noblesse, nous consentons à comparer la conduite de Wiclef à celle de Luther : la ressemblance est frappante. 1° Ce dernier fut engagé à dogmatiser par une dispute de jalousie entre les augustins ses frères et les dominicains, au sujet des indulgences ; Wiclef y fut entraîné par ressentiment contre les moines mendiants qui lui avaient fait perdre sa place, contre le pape et contre les évêques qui les soutenaient. Ces motifs étaient aussi apostoliques l'un que l'autre. Mais aujourd'hui l'on peint ces deux prédicants comme des hommes enflammés du plus pur zèle de la gloire de Dieu, et qui, après avoir senti la nécessité absolue d'une réforme dans l'Eglise, ont conçu le généreux dessein d'y employer toutes leurs forces. — 2° Luther n'attaqua d'abord que les abus qui se commettaient dans la concession et la distribution des indulgences ; mais de ces abus vrais ou prétendus, il passa bientôt à la substance même de la chose, à la nature de la pénitence, de la justification, etc. ; de même, Wiclef, au commencement, parut n'en vouloir qu'à l'excès des richesses et de l'autorité temporelle du clergé, et à l'abus qu'il en faisait ; mais il ne tarda pas d'aller plus loin, de nier le fond même du droit, de l'autorité spirituelle et de la hiérarchie. Les extraits qui furent dressés de sa doctrine en 1377, 1381, 1387, 1396, en 1415, enchérissent les uns sur les autres, et contiennent enfin des impiétés révoltantes ; en fait d'erreurs, la témérité et l'opiniâtreté vont toujours en augmentant, et les disciples ne manquent jamais de surpasser leur maître. De là nous concluons que ces deux prétendus réformateurs, lorsqu'ils ont commencé à dogmatiser, ne voyaient ni l'un ni l'autre le terme auquel ils prétendaient aboutir, ni les conséquences auxquelles leurs principes allaient bientôt les conduire. Il s'en fallait donc beaucoup que ce fussent des esprits justes ni de profonds théologiens. — 3° A peine Luther eut-il commencé de prêcher sa doctrine, que le peuple d'Allemagne, soulevé par ses maximes séditieuses, prit les armes, et mit des provinces entières à feu et à sang. La même chose était arrivée en Angleterre, l'an 1381 ; les habitants des villages, excités par Jean Ball ou Vallée, disciple de Wiclef, s'attroupèrent au nombre de deux cent mille, entrèrent à Londres, massacrèrent Simon de Sudbury, archevêque de Cantorbéry, le grand prieur de Rhodes, et un seigneur nommé Robert Hales ; ils forcèrent enfin le roi à capituler avec eux. Ils recommencèrent à se révolter sous le règne de Henri V, l'an 1414. Basnage a beau dire que la cause de ces tumultes ne fut point la religion ni la croyance, mais le mécontentement du peuple opprimé par les seigneurs ; on en a dit autant de la guerre des luthériens et de celle des anabaptistes. Mais le peuple n'était pas mécontent, il ne se croyait pas opprimé avant que les maximes erronées de Wiclef et de Luther n'eussent échauffé les esprits, et ne leur eussent fait envisager toute autorité spirituelle et temporelle comme une tyrannie. Jésus-Christ avait envoyé ses apôtres comme des brebis au milieu des loups, les hommes dont nous parlons ont été des loups au milieu des brebis; par leurs hurlements ils n'ont cessé de les exciter à la révolte contre leurs pasteurs spirituels et temporels. — 4° De même que Luther fut endoctriné par les livres de Jean Hus, celui-ci l'avait été par les écrits de Wiclef, et ce dernier ne fit d'abord que renouveler les anciennes clameurs d'un reste de vaudois qui subsistaient encore en Angleterre sous le nom de *lollards*. Si nous voulions en croire les protestants, Wiclef, Jean Hus, Luther, étaient trois grands génies qui, à force d'étudier et d'approfondir l'Ecriture sainte, y ont découvert que l'Eglise catholique était corrompue dans sa foi, dans son culte, dans sa discipline, et qu'il fallait créer un autre Eglise. La vérité est que ces trois illuminés n'ont eu d'autre inspiration que des passions mal réglées, d'autre mission que la fougue de leur caractère, d'autre règle de foi que de contredire l'Eglise romaine.

Le comble de la malignité, de la part des protestants, est de vouloir faire retomber sur cette Eglise tout l'odieux des scènes sanglantes auxquelles l'hérésie a donné lieu. Ils déplorent la multitude des wicléfites ou des lollards qui furent suppliciés en Angleterre pour cette cause; comme si l'erreur, disent-ils, était un crime qui méritât la sévérité des lois. Nous avons déjà répondu plus d'une fois que des erreurs sur des dogmes purement spéculatifs peuvent quelquefois n'intéresser en rien la société civile; mais que des erreurs en fait de morale et de droit public, qui tendent à dépouiller de leurs biens des possesseurs légitimes, à renverser une jurisprudence établie depuis plusieurs siècles, à exciter au pillage et au meurtre une multitude toujours avide de butin, ne sont plus des erreurs sans conséquence, mais de vrais attentats contre l'ordre public. Or telle était la doctrine de Wiclef. Une preuve qu'elle fut principalement envisagée sous ce rapport, c'est qu'il n'y avait encore eu aucun lollard, ni aucun wicléfite puni de peines afflictives avant l'expédition sanguinaire à laquelle ils se livrèrent l'an 1381. Quoiqu'il y eût près de vingt ans que Jean Vallée prêchât le *wicléfisme* dans les campagnes, il n'avait essuyé que quelques mois de prison: mais lorsque l'on vit l'effet terrible que ses discours séditieux avaient produit, il fut condamné, comme coupable de haute trahison, à être pendu, et il le fut en effet avec quelques-uns de ses complices. Ce ne fut point en vertu d'une sentence ecclésiastique, mais d'une procédure criminelle faite par ordre du roi. Wiclef qui vivait encore, quoique premier auteur du mal, ne fut point inquiété depuis sa condamnation prononcée l'an 1382.

De quel front Basnage a-t-il donc osé écrire que l'Eglise romaine altérée de sang ne se borna point à des définitions de conciles contre les wicléfites, qu'ils imitèrent la piété de leur maître, qu'ils confirmèrent la vérité de leur doctrine par la pureté de leur vie, qu'ils souffrirent avec constance des supplices redoublés, qu'ils sacrifièrent leur vie à l'amour de la vérité, etc.? Est-ce donc assez pour être martyr de se révolter contre l'Eglise? Oui, selon les protestants; ils pensent que ce crime efface tous les autres: ils ont placé au nombre des témoins de la vérité tous les malfaiteurs de leur secte mis à mort pour des pillages, des meurtres, des incendies, des cruautés de toute espèce exercées contre les catholiques. Nous avons prouvé en son lieu que les albigeois, les vaudois, les hussites, les protestants, n'ont jamais été suppliciés pour des erreurs ou des arguments théologiques, mais pour des attentats commis contre l'ordre de la société; il en a été de même des wicléfites.

Mosheim, plus judicieux sur ce sujet que Basnage, convient que la doctrine de Wiclef n'était point exempte d'erreur, ni sa vie de reproche. Il pense à la vérité que les changements que ce novateur voulait introduire dans la religion, étaient, à plusieurs égards, sages, utiles et salutaires; *Histoire ecclés.*, XIV° siècle, II° partie, c. 2, § 19. Il se trompe; vouloir dépouiller le clergé de ses biens, n'était rien moins qu'un projet sage, il ne pouvait être exécuté sans bruit, et peut-être sans effusion de sang. Tous les laïques soudoyés par le clergé, qui tiraient de lui leur subsistance, s'y seraient certainement opposés; toutes les fois que ce corps a été dépouillé, le peuple n'y a pas gagné une obole, et il comprend très-bien qu'il y a plus à gagner pour lui avec les ecclésiastiques qu'avec les seigneurs laïques. Les autres changements ne pouvaient être ni utiles ni salutaires; nous en sommes convaincus par l'effet qu'ils ont produit chez les protestants. D'ailleurs quand ils le seraient, était-ce à de simples particuliers sans caractère et sans autorité légitime de réformer l'Eglise? Les presbytériens, les puritains, les indépendants et d'autres sectes sont dans les mêmes sentiments que Wiclef sur la hiérarchie ecclésiastique et sur le pouvoir des souverains; mais les anglicans, non plus que les luthériens, ne jugent point que leur régime soit sage, utile ni charitable. C'est donc uniquement l'intérêt du système et la ressemblance des principes qui ont engagé Basnage à prendre si chaudement la défense des *wicléfites*.

X

XÉNODOQUE. *Voy.* HÔPITAL.

XEROPHAGIE, régime de ceux qui vivent d'aliments secs; c'est la manière de jeûner la plus rigoureuse, mais qui s'observait assez souvent pendant les premiers siècles de l'Eglise. Ce nom vient du grec ξηρός, *sec*, et φάγω, *je mange*. Ceux qui pratiquaient la *xérophagie* ne mangeaient que du pain avec

DICT. DE THÉOL. DOGMATIQUE. IV.

du sel, et ne buvaient que de l'eau. C'était la manière de vivre la plus ordinaire des anachorètes ou des solitaires de la Thébaïde. Plusieurs chrétiens fervents observaient ce jeûne sévère pendant les six jours de la semaine sainte, mais par dévotion, et non par obligation. Saint Epiphane, *Exposit. fid.*, n. 22, nous apprend que c'était un usage assez ordinaire parmi le peuple, et que plusieurs s'abstenaient de toute nourriture pendant deux jours. Tertullien, dans son livre *de l'Abstinence*, observe que l'Eglise recommandait la xérophagie comme une pratique utile dans les temps de persécution; elle disposait les corps à souffrir les tourments avec constance. Mais aussi l'Eglise condamna les montanistes qui voulaient faire de la *xérophagie* une loi pour tout le monde, qui prétendaient qu'il fallait l'observer pendant plusieurs intervalles du carême, et qui avaient établi parmi eux plusieurs carêmes par an. On leur représenta qu'il y avait plus de jactance et de vanité dans leur conduite que de vraie piété; qu'il ne leur appartenait pas de faire des lois de discipline à leur gré, que chaque fidèle était le maître d'observer la *xérophagie* pendant toute l'année s'il le jugeait à propos, mais que personne ne devait être obligé à faire quelque chose de plus que ce qui avait été ordonné et observé par les apôtres.

Philon dit que les esséniens et les thérapeutes pratiquaient aussi des *xérophagies* en certains jours, n'ajoutant au pain et à l'eau que du sel et de l'hysope. On prétend que chez les païens mêmes les athlètes suivaient le même régime de temps en temps, et qu'ils le regardaient comme le plus propre à leur conserver la santé et les forces. — Les jeûnes et les abstinences des Orientaux, soit anciens, soit modernes, nous paraîtraient incroyables, si nous n'étions pas instruits par des témoins dignes de foi du régime habituel qu'ils sont forcés de garder à cause de la chaleur du climat. En général la viande et tous les aliments succulents y sont dangereux; le peuple y est accoutumé à vivre de pain et de fruits, ou de légumes; avec une poignée de riz, un Indien peut vivre vingt-quatre heures. Mais il faut avouer aussi que, dans nos climats septentrionaux, à force de sensualité et sous prétexte de besoin, nous avons poussé à l'excès la mollesse et l'impuissance de pratiquer aucune espèce de mortification. Cette impuissance au reste est purement imaginaire; on peut s'en convaincre par les abstinences forcées auxquelles sont souvent réduits les pauvres, par le défaut absolu de ressources. Non-seulement ils demeurent plusieurs jours sans manger, mais à la fin de cette cruelle abstinence ils n'ont pour toute nourriture qu'un pain grossier et insipide, plus propre à exciter le dégoût que l'appétit. *Voy.* JEUNE.

XYLOPHORIE. *Voy.* NATHINÉENS

Y

YEUX. *Voy.* OEIL.
YON (SAINT). *Voy.* ECOLES CHRÉTIENNES.
YVES DE CHARTRES. *Voy.* IVES.
YVRESSE, ou IVRESSE. Ce mot dans l'Ecriture sainte ne signifie pas toujours l'état d'un homme qui a bu avec excès, mais d'un homme qui a bu jusqu'à la satiété et la gaieté dans un repas d'amis; *Gen.*, c. XLIII, v. 34, il est dit que les frères de Joseph *s'enivrèrent* avec lui la seconde fois qu'ils le virent en Egypte; et cela signifie seulement qu'ils furent régalés splendidement à sa table. Une sentence du livre des *Prov.*, c. II, v. 25, est que celui qui enivre sera enivré, c'est-à-dire que l'homme libéral sera libéralement récompensé. Il y en a un autre, *Deut.*, c. XXIX, v. 19, qui dit que l'homme enivré détruira celui qui a soif; cela signifie que le riche accablera le pauvre. Lorsque saint Paul dit aux Corinthiens, *Epist. I*, c. II, v. 21, dans vos repas l'un a faim et l'autre est ivre, il entend que l'un a manqué d'aliments, pendant que l'autre a été pleinement rassasié. Dans le style des Hébreux, enivrer quelqu'un, c'est le combler de biens. *Ps.* XXXV, v. 9, David dit à Dieu, en parlant des justes: *Ils seront enivrés de l'abondance de votre maison, et vous les abreuverez d'un torrent de délices*. Mais quand saint Paul dit aux Ephésiens, c. V, v. 18 : *Ne vous enivrez point par l'excès du vin*, l'on comprend qu'il est question là de *l'ivresse* proprement dite.

ZABIENS. *Voy.* SABAÏSME.

ZACHARIE. Parmi plusieurs personnages de ce nom, desquels il est parlé dans l'Ecriture sainte, il en est quatre qu'il faut distinguer. Le premier est un prêtre, fils du pontife Joïada, que le roi Joas fit lapider par le peuple dans le parvis du temple; crime d'autant plus odieux, que ce roi était redevable de la vie et du trône à Joïada, *II Paral.*, c. XXIV, v. 20 et seq. Le second est l'avant-dernier des douze petits prophètes; il dit lui-même qu'il était fils de Barachie, et petit-fils d'Addo, *Zach.*, c. I, v. 1; l'histoire ne nous apprend rien de sa mort. Le troisième est le prêtre *Zacharie*, père de saint Jean-Baptiste, dont il est parlé dans l'Evangile, *Luc.*, c. I, v. 5. Enfin Josèphe, dans son *Histoire de la guerre des Juifs*, l. IV, c. 19, fait mention d'un quatrième *Zacharie*, fils de Baruch, qui pendant le siége de Jérusalem fut tué par la faction des zélés. Il est question de savoir quel est celui de ces quatre que Jésus-Christ voulait désigner, lorsqu'il dit aux scribes et aux pharisiens, *Matth.*, c. XXIII, v. 34 : *Je vais vous envoyer des prophètes, des sages et des docteurs; vous mettrez les uns à mort et vous les crucifierez, vous flagellerez les autres dans vos synagogues, et vous les poursuivrez de ville en ville, de façon que vous ferez retomber sur vous tout le sang innocent qui a été répandu sur la terre, depuis le sang du juste Abel, jusqu'à celui de Zacharie, fils de Barachie, que vous avez tué entre le temple et l'autel.*

Les censeurs de l'Évangile, juifs ou incrédules, ont argumenté contre ce passage; ils ont dit : Jésus-Christ ne peut pas avoir désigné par là le prêtre *Zacharie*, mis à mort par l'ordre de Joas, puisqu'il n'était pas fils de Barachie, mais de Joïada. D'ailleurs il est certain par l'histoire que, depuis la mort de ce prêtre, les Juifs ont encore ôté la vie à plusieurs autres prophètes ; ce n'était donc pas le dernier duquel le sang devait retomber sur eux. Il ne peut pas être question non plus du prophète *Zacharie*, fils de Barachie, dont nous avons les prédictions, puisqu'il n'est dit nulle part qu'il ait péri par une mort violente. Encore moins s'agit-il du père de saint Jean-Baptiste ; on ne peut assurer en aucune manière qu'il était fils de Barachie, ni qu'il fut mis à mort par les Juifs. Il faut donc que saint Matthieu ait voulu désigner le quatrième *Zacharie*, fils de Baruch, mis à mort par les zélés pendant le siége de Jérusalem. D'où il s'ensuit que son Évangile n'a été écrit qu'après cette époque, et que saint Matthieu commet un anachronisme, en supposant que Jésus-Christ a désigné comme événement qui n'est arrivé que trente ans après. Saint Luc a commis la même faute, c. II, v. 51. En second lieu, c'aurait été une injustice de faire retomber sur les Juifs contemporains de Jésus-Christ le châtiment de tout le sang innocent répandu par leurs pères depuis le commencement du monde. Cette vengeance aurait été contraire à la loi du *Deuter.*, c. XXIV, v. 16, qui porte : *Les pères ne seront point mis à mort pour les enfants, ni les enfants pour les pères; chacun mourra pour son propre péché.* Aussi, lorsque les Juifs captifs à Babylone prétendirent que Dieu les punissait des fautes de leurs pères, Jérémie, c. XXXI, v. 29, et Ézéchiel, c. XVIII, v. 2, leur soutinrent qu'ils étaient punis pour leurs propres crimes, et non pour ceux de leurs aïeux. En troisième lieu, dans ce même chap. XXIII de saint Matthieu, v. 29, et dans le chap. XI de saint Luc, v. 47, le Sauveur semble raisonner fort mal ; il dit : *Malheur à vous, scribes et pharisiens hypocrites, qui bâtissez des tombeaux aux prophètes, qui ornez les monuments des justes, et qui dites : Si nous avions vécu du temps de nos pères, nous n'aurions pas conspiré avec eux pour répandre le sang des prophètes. Vous rendez témoignage contre vous-mêmes que vous êtes les enfants de ceux qui ont mis à mort les prophètes : ainsi remplissez la mesure de vos pères.* Était-ce donc un trait d'hypocrisie ou de méchanceté, de bâtir ou d'orner les tombeaux des prophètes ?

Réponse. Pour satisfaire à toutes ces difficultés, il faut entrer dans quelques discussions. 1° Nous soutenons que le *Zacharie* dont Jésus-Christ a fait mention est le prophète même de ce nom, fils de Barachie, et dont nous avons les écrits : les caractères par lesquels il est désigné ne peuvent convenir à aucun des trois autres. 1° Le nom de leurs pères n'est pas le même. 2° Le fils de Joïada, ni le père de Jean-Baptiste, ni le fils de Baruch, n'étaient pas prophètes, puisque le Sauveur dit, v. 37 : « Jérusalem, « qui mets à mort les prophètes, etc. » Saint Étienne, *Act.*, c. VII, v. 52, demande aux Juifs : *Quel est le prophète que vos pères n'aient pas persécuté? Ils ont tué ceux qui leur prédisaient l'avénement du Juste.* Or, *Zacharie* est un de ceux qui ont annoncé le plus clairement l'avénement du Messie. 3° Le fils de Joïada fut tué dans le temple; il n'est pas dit en quel lieu les Juifs mirent à mort le fils de Baruch; pour *Zacharie*, fils de Barachie, il fut tué *entre le temple et l'autel*. Pour s'en convaincre, il faut savoir que le temple fut rebâti et achevé la sixième année du règne de Darius, et que *Zacharie* prophétisait pendant la quatrième. Or Josèphe, *Antiq.*, liv. XI, c. 4, nous apprend qu'avant de commencer l'édifice du temple, les Juifs dressèrent un autel pour y offrir des sacrifices : il y avait donc entre cet autel et le temple un espace dans lequel *Zacharie* fut mis à mort, selon le récit de notre Sauveur ; cette circonstance n'a pu avoir lieu que pour lui. 4° Il est très-probable que ce qui irrita les Juifs contre lui fut la terrible prophétie qu'il leur fit, cap. XI. Le silence que les historiens ont gardé sur ce sujet ne prouve rien; Jésus-Christ n'aurait pas avancé ce fait, s'il n'avait pas été bien avéré. 2° La prédiction du Sauveur ne renferme aucune injustice. Au lieu de lire dans saint Matthieu, c. XXIII, v. 35, *de façon que tout le sang juste retombera sur vous*, etc., le texte grec peut très-bien signifier, *de façon que tout le sang juste viendra, ou ne cessera de couler jusqu'à vous.* De même, dans saint Luc, cap. XI, vers. 50, où notre version porte, *de manière que le sang des prophètes sera demandé et redemandé à cette génération*, le grec semble plutôt signifier *de manière que le sang des prophètes sera recherché et répandu par cette génération*. Il est donc ici question du crime, et non de la vengeance. Cette explication est très-bien prouvée dans les *Réponses critiques aux objections des incrédules*, t. IV, p. 213, etc. Mais prenons, si l'on veut, ces deux passages dans le sens que l'on y donne ordinairement ; les paroles de Jésus-Christ signifieront seulement que la génération présente se rendra coupable du même crime que ses aïeux; qu'elle méritera le même châtiment, et qu'elle le subira ; l'un et l'autre a été vérifié par l'événement. Il ne s'ensuit pas de là que les Juifs aient porté la peine du sang répandu par leurs pères. 3° Ce n'est point

Jésus-Christ qui raisonne mal, mais ce sont les incrédules qui l'entendent mal. Le crime des scribes et des pharisiens ne consistait point à bâtir des tombeaux aux prophètes, mais à imiter l'incrédulité, l'opiniâtreté, la méchanceté de ceux qui les avaient mis à mort, et à prétendre néanmoins qu'ils n'auraient point eu de part à ce meurtre, s'ils avaient vécu dans ce temps-là. En effet, les Juifs, loin de croire en Jésus-Christ, poursuivaient avec acharnement sa mort ; déjà plusieurs fois ils avaient voulu le lapider : ils ne cessaient de lui tendre des piéges, de lui faire des demandes captieuses, etc. Jésus-Christ le leur reproche dans les deux chapitres mêmes que nous examinons. Ils prouvaient donc par leur conduite qu'ils étaient les enfants et les imitateurs de ceux qui avaient tué les prophètes, qu'ils combleraient bientôt la mesure de leurs pères, en mettant à mort le Messie et ses apôtres. Par conséquent c'était de leur part une hypocrisie de bâtir des tombeaux aux prophètes, afin de persuader qu'ils avaient horreur du meurtre de ces saints hommes, et qu'ils étaient incapables d'en faire autant. Si ce sens paraît embarrassé dans la version latine, il est beaucoup plus clair dans le texte grec, surtout en vérifiant la ponctuation. *Rep. crit.*, *ibid.*, p. 195 et 234.

La prophétie de *Zacharie* est renfermée en quatorze chapitres ; son principal objet est d'encourager les Juifs à la reconstruction du temple, et de leur promettre par la suite les bienfaits de Dieu les plus abondants. Comme le prophète les annonce en termes pompeux et sous des emblèmes magnifiques, les juifs en abusent, ils prennent tout à la lettre, et soutiennent que tout cela s'accomplira sous le règne du Messie qu'ils attendent, puisque les événements n'y ont pas exactement répondu après le retour de la captivité de Babylone. Mais Dieu ne fera pas de miracles absurdes, pour contenter la folle ambition des Juifs. Saint Jérôme, dans la préface de son *Commentaire sur Zacharie*, convient que c'est le plus obscur des douze petits prophètes. — Quant à *Zacharie*, père de saint Jean-Baptiste, nous nous bornons à dire que le cantique dont il est l'auteur, *Luc.*, c. I, v. 68, est vraiment sublime, plein d'énergie et de sentiment.

ZÉLATEURS ou ZÉLÉS. C'est ainsi que l'on nomma certains juifs qui causèrent beaucoup de tumulte dans la Judée, vers l'an 66 de notre ère, quatre ou cinq ans avant la prise de Jérusalem par les Romains. Ils se donnèrent eux-mêmes ce nom, à cause du zèle excessif et mal entendu qu'ils témoignaient pour la liberté de leur patrie. On leur donna aussi celui de *sicaires* ou d'assassins à cause des meurtres fréquents dont ils se rendirent coupables ; ils se croyaient en droit d'exterminer quiconque ne voulait pas imiter leur fanatisme. Quelques auteurs ont pensé que c'étaient les mêmes sectaires qui sont nommés *hérodiens* dans l'Evangile, *Matth.*, c. XXII, v. 16, et *Marc*, c. XII, v. 13, mais cette conjecture n'a aucune probabilité. Aux approches du siége de Jérusalem, les *zélateurs* se retirèrent dans cette ville, et ils y exercèrent des cruautés inouïes : Josèphe l'historien en a fait le détail.

ZÈLE. Ce mot se prend en plusieurs sens dans l'Ecriture sainte ; il signifie souvent l'indignation et la colère ; ps. LXXVIII, v. 5, David dit à Dieu : *Votre colère* (zelus) *s'allumera comme un feu. Num.*, c. XXV, v. 13, Phinées se sentit animé de *zèle* contre les impies qui violaient la loi du Seigneur. Il désigne aussi la jalousie ; *Act.*, c. XIII, v. 45, il est dit que les Juifs furent remplis de *zèle* ou de jalousie, *Ps.* XXXVI, v. 1, nous lisons : *Ne soyez point rival des méchants, ni jaloux de la prospérité des pécheurs. Prov.*, c. VI, v. 33, la jalousie du mari n'épargne point l'adultère dans sa vengeance. *Sap.* c. I, v. 10, l'oreille jalouse entend tout. Dieu s'est nommé le Dieu jaloux (*zelotes*). *Voy.* JALOUSIE. Dans le prophète Ezéchiel, c. VIII, v. 3 et 5, *l'idole du zèle* peut signifier ou la statue de Baal, ou celle d'Adonis, ou toute autre idole quelconque, dont le culte excite l'indignation de Dieu. Dans quelques endroits cependant il exprime une forte affection, un attachement violent à quelqu'un ou à quelque chose. *Ps.* LXVIII, v. 10, David dit à Dieu : *Le zèle de votre maison m'a dévoré.* Le prophète Elie. *III Reg.*, c. XIX, v. 10 et 14 : *J'ai été transporté de zèle pour le Seigneur des armées.* Zachar., c. I, v. 15 : *J'ai été transporté de zèle pour Sion et pour Jérusalem.* C'est dans ce dernier sens que nous appelons *zèle de religion* l'attachement que nous avons pour le culte de Dieu qui nous paraît le plus vrai, le désir que nous témoignons de l'étendre et d'y amener nos semblables, le chagrin que nous ressentons lorsqu'il est méconnu, méprisé et attaqué par les incrédules. Il est évident qu'un homme ne peut être véritablement religieux sans être zélé, puisque le *zèle* n'est dans le fond qu'une ardente charité. Est-il possible d'aimer sincèrement Dieu, d'être reconnaissant de la grâce qu'il nous a faite en se révélant à nous, sans désirer que tous nos semblables jouissent du même bonheur ? C'est le sentiment que Jésus-Christ a voulu nous inspirer lorsqu'il nous a enseigné à dire tous les jours à Dieu dans notre prière : *Que votre nom soit sanctifié, que votre royaume arrive, que votre volonté se fasse sur la terre comme dans le ciel.* Ce désir ne serait pas sincère, si nous n'étions pas résolus d'y contribuer de toutes nos forces. Il dit, *Luc.*, c. XII, v. 49 : *Je suis venu apporter un feu sur la terre, et que veux-je, sinon qu'il s'allume ?* Ce feu était certainement le *zèle* pour la gloire de son Père et pour le salut des hommes, et il l'a poussé jusqu'à répandre son sang, afin de procurer l'un et l'autre. *Personne*, dit-il, *ne peut aimer davantage ses amis, que de donner sa propre vie pour eux* (*Joan.* xv, 13).

Quels effets ce sentiment sublime n'a-t-il pas opérés dans le monde ? Douze apôtres faibles, ignorants, timides, mais enflammés de *zèle* pour la gloire de leur maître, se sont partagé l'univers, ont porté son nom et sa doctrine d'un bout à l'autre. Il leur avait dit : *Enseignez toutes les nations;* ils l'ont entrepris et ils en sont venus à bout. Dans l'espace d'un demi-siècle les fondements de l'Eglise ont été posés, et dès ce moment rien n'a pu les ébranler. Après avoir continué leurs travaux jusqu'à la mort, les apôtres ont laissé par succession à d'autres leur *zèle*, leur courage, leur mission ; Jésus-Christ, qui leur avait promis d'être avec eux jusqu'à la fin des siècles, n'a point manqué à sa parole; le feu qu'il avait allumé n'est pas éteint, le foyer en subsiste toujours dans son Eglise, et sert à la distinguer de toutes les sociétés formées sans l'aveu de ce divin Sauveur. De siècle en siècle le *zèle* n'a rien perdu de son activité, les missionnaires intrépides n'ont été rebutés ni par la barbarie des peuples, ni par la distance des lieux, ni par la différence des climats ni par les dangers de la mer, ni par les bizarreries du langage; ils ont également bravé les glaces du nord et des chaleurs du midi, l'orgueil des nations civilisées et la stupidité des sauvages. Ces derniers, aussi malheureux que corrompus, et plus semblables à des brutes qu'à des hommes, une fois instruits, ont presque changé de nature : la société, la police, les lois, la culture, l'industrie, les arts, l'abondance, ont succédé parmi eux à la vie purement animale; en leur procurant un état plus heureux sur la terre, l'Evangile leur a encore donné l'espérance d'un bonheur éternel après leur mort. Ce ne sont ni des philosophes, ni des conquérants, mais des missionnaires zélés, qui ont apprivoisé successivement les Maures, les Libyens, les Ethiopiens, les Arabes, les Perses et les Parthes, les Scythes et les Sarmates, les Danois et les Normands, les Pictes et les Bretons, les Germains et les Gaulois. Ce n'est point la philosophie, mais l'Evangile qui a dompté la férocité des Huns et des Vandales, des Goths et des Bourguignons, des Lombards et des Francs. Le *zèle* a été plus hardi que l'ambition des conquérants, que l'avidité des négociants, que la curiosité et l'inquiétude naturelle des peuples; et si les missionnaires n'avaient pas commencé par diriger la route des navigateurs, la moitié du globe serait peut-être encore inconnue aux philosophes.

Mais quel déluge de crimes, de désordres, de malheurs le christianisme n'a-t-il pas fait disparaître partout où il a pénétré? Le meurtre des enfants nés ou près de naître, l'usage de les exposer ou de les vendre, de destiner les garçons à l'esclavage et les filles à la prostitution, l'habitude de se jouer de la vie des esclaves, de les laisser mourir de faim, lorsqu'ils étaient vieux ou malades; les provinces dépeuplées pour multiplier les victimes du luxe public, l'impudicité la plus effrénée, les combats de gladiateurs, etc. On frémit en lisant le tableau des mœurs païennes; notre religion les a changées, et il n'en resterait plus de vestiges, si elle était mieux connue et pratiquée. Mais nous ne nous souvenons plus de ce qu'étaient nos pères avant d'être chrétiens. Le laps des siècles, l'habitude du bien-être, une ignorance affectée, une philosophie perfide, nous ont rendus ingrats et injustes.

Non-seulement les incrédules n'avouent point que le *zèle* de religion soit une vertu ; ils soutiennent que c'est un vice odieux, et l'un des plus grands fléaux du genre humain. « Tant de passions disent-ils, se cachent sous ce masque, il est la source de tant de maux, qu'il serait à souhaiter qu'on ne l'eût pas mis au rang des vertus chrétiennes. Pour une fois qu'il peut être louable, on le trouvera cent fois criminel, puisqu'il opère avec une égale violence dans les religions vraies et dans les religions fausses. » Quelques-uns néanmoins ont daigné convenir qu'un *zèle* doux, charitable, patient, compatissant, tel que celui de Jésus-Christ et des apôtres, serait une vertu, mais, suivant leur avis, il n'en est plus de tel dans le monde : les *prétendus zélés*, conduits par l'orgueil, par l'ambition de dominer sur les esprits et d'exercer l'empire de l'opinion, s'irritent de la moindre contradiction; ils regardent comme un impie quiconque ne pense pas comme eux; à leurs yeux toute erreur est un crime, toute résistance à leurs volontés est un attentat. Il ne tiendrait pas à eux d'exterminer dans un seul jour tous les mécréants. Le mensonge, l'imposture, la calomnie, l'injustice, la cruauté, leur semblent permis dès qu'il est question de la cause de Dieu; il n'est aucun crime que le *zèle* de religion ne sanctifie.

Cette invective est trop violente pour être juste; en voulant peindre leurs adversaires, les incrédules se sont représentés eux-mêmes; ils prouvent que le *zèle* anti-religieux est plus redoutable que le *zèle* de religion : pour peu que nous comparions les causes, les symptômes, les effets de ces deux maladies, nous en serons convaincus. 1° Un chrétien zélé n'a pas tort de croire qu'il est du bien général de la société que la pureté de la foi et des mœurs y soit maintenue, que toute erreur et toute impiété en soient bannies. Lorsqu'il tâche d'y contribuer, et qu'il désire que tout mécréant soit mis hors d'état de nuire, son intention est certainement louable, puisqu'elle n'a pour but que la conservation du bien que le christianisme a produit dans le monde. S'il entre dans ses sentiments de l'humeur, de la haine, de la colère, de la malignité, s'il emploie des moyens illégitimes pour nuire à quelqu'un, il est coupable, sans doute ; s'il croit que la pureté du motif peut les sanctifier, il est dans l'erreur. Une des maximes du christianisme est qu'*il ne faut pas faire du mal, afin qu'il en arrive du bien*, Rom., c. III, v. 8. Mais lorsqu'une armée de prétendus philosophes à conjuré la ruine du christianisme, a forgé des milliers de volumes remplis d'invectives, de calomnies, d'impostures contre cette religion sainte et contre ses sectateurs, a prêché le déisme, l'athéisme, le matérialisme et le pyrrhonisme, quel motif louable a-t-elle pu avoir? quel effet salutaire a-t-elle pu espérer? Ce *zèle* infernal ne pouvait aboutir qu'à replonger les nations dans l'ignorance, dans la corruption, dans l'abrutissement, d'où le christianisme les a tirées. Cela est démontré par l'exemple de celles qui, pour avoir renoncé à cette religion, sont retombées dans la barbarie. Il est bien absurde de louer en apparence le *zèle* de Jésus-Christ et des apôtres, et de travailler à détruire tout le bien qu'il a produit. — 2° Les moyens dont les incrédules se sont servis pour établir, s'ils l'avaient pu, l'irréligion dans l'Europe entière, sont-ils plus honnêtes et plus légitimes que ceux qu'ils reprochent aux croyants animés d'un faux *zèle?* Cent fois nous les avons convaincus de mensonge, d'imposture, de fausses citations, de fausses traductions, de calomnies forgées contre les personnages les plus respectables de tous les siècles; ils ont employé les invectives les plus fougueuses pour allumer le fanatisme antichrétien dans l'esprit du peuple, ils se sont érigés en prophètes, en annonçant la chute prochaine de l'empire de Jésus-Christ; quelques-uns ont poussé la démence jusqu'à exhorter les sujets à se révolter contre les souverains, et les esclaves à égorger leurs maîtres. Avant eux, les prédicants du xvi° siècle s'étaient servis des mêmes armes pour faire embrasser l'hérésie; si ceux de nos jours n'ont pas poussé comme les sectaires le *zèle* jusqu'à égorger leurs ennemis, c'a été plutôt par impuissance que par modération. L'on sait que le plus célèbre de leurs chefs avait fait pendre en effigie ceux qui avaient écrit contre lui; nous ne sommes que trop bien fondés à juger que, s'il en avait eu le pouvoir, il aurait substitué la réalité à la représentation. — 3° Nous ne savons pas si leur *zèle* est allé jusqu'à sanctifier tous ces excès à leurs yeux; toujours ont-ils osé soutenir que leurs motifs étaient louables, leurs procédés irréprochensibles, leurs fureurs légitimes; que loin d'être dignes de châtiments ils méritaient des statues. Est-ce à de pareils hommes qu'il convient de prêcher la douceur, la charité, la tolérance, et de reprocher des crimes au *zèle* de religion? Il faut, disent-ils, honorer la Divinité, et ne jamais songer à la venger. Si cela signifie qu'il faut permettre à tout incrédule de blasphémer impunément contre Dieu, et d'insulter ainsi à tous ceux qui l'adorent, nous demandons d'abord quel avantage il en peut revenir au genre humain; mais expliquons les termes. A proprement parler, la Divinité ne peut être ni outragée ni vengée; essentiellement heureuse et indépendante, souveraine maîtresse de toutes les créatures, inaccessible à tout besoin et à toute passion humaine, elle ne peut rien perdre de son état ni rien acquérir; elle commande aux hommes de la respecter, de l'adorer, de lui être soumis, non pour son propre bien, mais pour le leur. Il est démontré qu'aucune société ne peut subsister sans religion; quiconque attaque celle-ci, sape donc, autant qu'il est en lui, le fondement de la société. Lorsqu'on le punit de ses blasphèmes, on venge la société et non la Divinité; elle saura, quand elle le voudra, se venger comme il lui convient.

On a beau multiplier les sophismes pour pallier les effets de l'impiété : tout homme qui croit en Dieu et qui aime sa religion se sentira toujours blessé par les invectives, les sarcasmes, les insultes lancées contre les objets qu'il révère. Un honnête citoyen ne souffrira jamais patiemment que l'on noircisse ou que l'on méprise sa nation, sa patrie, ses lois, ses mœurs, ses usages; comment serait-il indifférent à l'égard de sa religion qui est la première de toutes les lois, et la base sûr laquelle elles reposent? On commence par nous outrager, et l'on prêche la tolérance; c'est comme si un voleur prêchait le désintéressement à l'homme qu'il a dépouillé : la dérision est trop forte. Que les incrédules gardent le silence, nous n'irons pas nous informer de ce qu'ils croient on ne croient pas; mais ils veulent inquiéter et provoquer tout le monde, et n'être inquiétés par personne.

Tant de passions, disent-ils encore, se cachent sous le masque du *zèle;* soit. Elles ne se cachent pas moins sous le masque du bien public, de l'intérêt social, du patriotisme, du salut de l'État, du droit et de l'équité, etc. Sous ce déguisement perfide se sont cachés tous les ambitieux, les séditieux et les brouillons de l'univers, les incrédules s'en servent eux-mêmes pour pallier l'orgueil, la jalousie, l'envie de dominer, qui les agitent, et il ne s'ensuit rien. — Ce *zèle*, disent-ils enfin, agit de même dans toutes les religions, soit vraies, soit fausses. Qu'importe? Tous les sentiments naturels de l'humanité se retrouvent aussi les mêmes chez toutes les nations policées ou barbares, éclairées ou stupides, heureusement ou malheureusement situées sur le globe. Mais puisque le *zèle* pour une religion fausse est réellement un faux *zèle*, c'est à ses sectateurs qu'il faudrait aller prêcher la tolérance, et non à ceux qui suivent une religion vraie.

L'on nous objecte les *guerres de religion;* mais à cet article nous avons fait voir que nos adversaires raisonnent aussi mal sur ce point que sur tous les autres. Non contents de ces déclamations vagues, ils ont cité des faits; voyons s'ils sont assez graves pour mériter tant de clameurs. Théodoret, *Hist. ecclés.* l. v, c. 39, rapporte qu'un évêque de Suze, dans la Perse, nommé *Abdas*, ou plutôt *Abdaa*, fit détruire un temple du feu, l'an 414; que le roi, informé de ce fait par les mages, exhorta d'abord cet évêque à rebâtir le temple; que, sur le refus obstiné de celui-ci, le roi le fit mourir, qu'il fit raser toutes les églises des chrétiens, qu'il suscita contre eux une persécution qui dura trente ans, et dans laquelle il périt un nombre infini de chrétiens. Théodoret convient que Abdas eut tort de détruire ce temple ou pyrée, mais il soutient que cet évêque eut raison d'aimer mieux mourir que de le rétablir; autant vaudrait-il adorer le feu que de lui bâtir un temple. Bayle, Barbeyrac, de Jaucourt et d'autres ont insisté à l'envi sur ce trait d'histoire, soit pour montrer les excès auxquels le *zèle* de religion est capable de se porter, soit pour relever la fausse morale d'un Père de l'Église, qui a cru que le *zèle* suffisait pour légitimer une action injuste, telle que le refus de réparer le dommage que l'on a causé. La brièveté du récit de Théodoret nous fait assez voir qu'il était mal informé de la nature et des circonstances du fait; s'il avait été mieux instruit, il aurait motivé tout autrement son avis. Assémani, *Biblioth. orient.*, tom. I, p. 183, et tom. III, p. 371, nous apprend, sur le témoignage des historiens orientaux, que ce ne fut point Abdas qui fit détruire ce pyrée des Perses, que ce fut un prêtre de son clergé, sous prétexte que cet édifice, contigu à l'église des chrétiens, les incommodait dans le service divin. La question est donc de savoir si l'évêque devait être responsable de l'action d'un de ses prêtres, et en réparer le dommage. Nous présumons qu'il ne le devait pas; que s'il l'avait fait, dans les circonstances où il se trouvait, les mages auraient malicieusement représenté sa conduite comme une apostasie, et que c'est ce que Théodoret a voulu faire entendre. Assémani soutient encore qu'il est faux que cette persécution, qui arriva sur la fin du règne d'Isdegerde, ait duré longtemps; elle fut promptement assoupie. Elle recommença sous le règne de Varane son successeur, non pour punir aucun délit des chrétiens, mais parce que la guerre se ralluma entre les Romains et les Perses. Dans cette circonstance les mages ne manquaient jamais de peindre au roi les chrétiens comme des sujets suspects, livrés aux Romains par inclination, et dont il fallait se défier: telle fut toujours la vraie cause des persécutions qu'ils essuyèrent de la part des rois de Perse. Cela est si vrai que, quand les nestoriens et les eutychiens eurent été bannis par les empereurs, ils furent accueillis par les Perses, parce qu'on les regarda comme des ennemis de l'empire. Aussi Mosheim, mieux instruit de ces faits que les autres protestants, n'a pas déclamé avec autant d'indécence qu'eux contre la conduite d'Abdas.

Barbeyrac a cité en second lieu l'exemple de Marc d'Aréthuse, qui, sous le règne de Julien, refusa de rebâtir un temple de païens qu'il avait fait démolir sous le règne de Constance. Comme cet évêque y avait été autorisé par l'empereur, avant de le condamner, il faut faire voir que Julien avait plus de droit de faire rebâtir ce temple que Constance n'en avait eu de le faire démolir. Julien fut d'autant plus criminel d'abandonner Marc à la fureur des païens d'Aréthuse, que cet évêque lui avait sauvé la vie dans son enfance. Quand ces sortes de faits seraient cent fois plus graves et en plus grand nombre, serait-ce assez pour prouver que le zèle de religion est une des passions les plus fatales au genre humain? Comparez, déclamateurs impudents, comparez ces délits de quelques particuliers, avec les heureux effets que le zèle des chrétiens a opérés dans le monde entier, qui subsistent encore depuis dix-sept cents ans, et dont vous jouissez vous-mêmes: comparez l'état actuel des nations chrétiennes avec celui des peuples infidèles qui n'ont pas voulu recevoir l'Évangile ou qui y ont renoncé; comparez enfin trois cents ans de persécutions cruelles, pendant lesquelles les chrétiens se sont laissé égorger paisiblement, avec ces instants d'un faux *zèle* dont un très-petit nombre ont été saisis, et osez encore exagérer les maux qu'ils ont produits. Mais les incrédules ne sont pas assez raisonnables pour faire aucune comparaison: ils ne cesseront jamais de répéter les mêmes invectives; heureusement elles se réfutent par elles-mêmes; ils n'oseraient pas se le permettre, si le *zèle* de religion était en général aussi fougueux qu'ils le prétendent.

ZODIAQUES. — Pendant l'expédition de Bonaparte en Egypte, les savants qui l'avaient accompagné dans sa grande expédition trouvèrent plusieurs zodiaques qui excitèrent vivement l'attention. On en trouva deux à Esneh, l'un du plus grand, et l'autre du plus petit de ses temples. Ces deux zodiaques, avec le zodiaque rectangulaire de Denderah, sont les seuls qui méritent une attention particulière; le planisphère circulaire devra partager le sort du Zodiaque peint dans le même temple. On n'est pas plutôt publié des gravures de ces monuments, que l'Europe, et particulièrement la France, furent inondées de mémoires et de dissertations qui en discutaient l'antiquité. Il fut généralement posé en principe qu'ils représentaient l'état du ciel à l'époque où ils avaient été formés, et où les édifices qu'ils ornaient avaient été élevés. Quelques savants y apercevaient le point où les colures des solstices coupaient l'écliptique à cette époque, et, avec Burckhardt, attribuaient au grand zodiaque d'Esneh l'effrayante antiquité de sept mille, et à celui de Denderah, celle de quatre mille ans; mais Dupuis, en partant des mêmes prémisses, restreignait à trois mille cinq cent soixante-deux celle de ce dernier (a). D'autres prétendirent qu'ils représentaient l'état du ciel au commencement de la période sothique, et, comme sir W. Drummond, assignaient à celui de Denderah treize cent vingt-deux (b), et à celui du grand temple d'Esneh, deux mille huit cents ans avant notre ère (c). Une troisième classe enfin y vit le lever héliaque de Sirius à une époque donnée, et conclut, avec Fourier, que les zodiaques d'Esneh dataient de deux mille cinq cents, et celui de Denderah de deux mille ans avant Jésus-Christ (d); ou bien, avec Nouet, que le dernier était de deux mille cinq cents, et le plus grand des deux premiers, de quatre mille six cents ans antérieur à cette ère (e). Je n'ai pas besoin de vous fatiguer plus longtemps par l'énumération de pareils systèmes. La même base conduisit les divers philosophes qui s'en occupèrent à des conclusions opposées; et c'est ainsi que l'erreur se trahit elle-même par la variété caractéristique de ses couleurs.

Dès le début de la discussion, il y eut une classe d'investigateurs qui osèrent proposer d'examiner, non plus d'après les principes astronomiques, mais

(a) Voyez Cuvier.
(b) *Mémoire sur l'antiquité des Zodiaques de Denderah et d'Esneh.* Lond., 1821, p. 141.
(c) *Ibid.*, p. 59.
(d) Voyez Guigniaut, p. 919.
(e) *Recherches nouvelles de Volney*, III° partie. Paris, 1814, p. 556.

d'après des principes archéologiques, l'a'arnante antiquité accordée à ces curieux monuments; de ce nombre furent le vénérable et savant monsignor Testa, et le fameux antiquaire Visconti (a). Le dernier remarqua, en particulier, que le temple de Denderah, quoique d'architecture égyptienne, portait des marques caractéristiques qui ne pouvaient remonter au delà des Ptolémées, et que des inscriptions grecques, qui s'y trouvaient, avaient trait à un des Césars, qui, à son avis, devait être Auguste ou Tibère. Ce raisonnement cependant resta sans crédit pendant vingt ans, et les explications astronomiques furent seules admises. M. Bankes, durant son voyage en Egypte, fit de cette intéressante recherche l'objet d'une profonde attention; et, dans une lettre à M. David Baillie, il lui fit part des raisons qui le fondaient à croire que ces temples ne remontaient pas à une plus haute antiquité que les règnes d'Adrien et d'Antonin le Pieux (b). Il remarqua que, tandis que les chapiteaux des plus anciennes colonnes de Thèbes ne se composaient que d'une simple campanille, supportée par un fût polygone ou cannelé, ceux d'Esneh et de Denderah sont laborieusement enrichis de feuillages et de fruits. Bien plus, les hiéroglyphes qu'on voit sur les colonnes ne sont certainement pas égyptiens, puisque M. Bankes y a trouvé une inscription indiquant qu'ils y avaient été tracés sous le règne d'Antonin (c). Cependant les arguments archéologiques en faveur de la construction moderne de ces monuments ont reçu, de la plume de M. Letronne, leur entier développement. Ce savant érudit a puisé, dans les publications et les rapports des voyageurs, tous les renseignements nécessaires sur l'architecture de ces temples, et a expliqué les inscriptions qu'ils portaient encore. MM. Huyot et Gau lui fournirent des particularités intéressantes sur le premier sujet, l'architecture. Entre autres faits, ils démontrèrent, d'après le style et les couleurs employés, que le portique du petit temple d'Esneh, où le zodiaque est peint, est de même date que le temple lui-même. Or une inscription, la même probablement dont parle M. Bankes, fut copiée par ces artistes sur une colonne du temple. Cette inscription porte que deux Egyptiens firent exécuter ces peintures la dixième année du règne d'Antonin, la cent quarante-septième après Jésus-Christ (d). Telle est donc la date du petit zodiaque d'Esneh, auquel on avait assigné une antiquité de deux à trois mille ans avant l'ère chrétienne! Le temple de Denderah a partagé le même sort : une inscription grecque qui se trouve sur son portique, et à laquelle on n'avait pas fait attention, déclare qu'il était dédié au salut de Tibère (e). Tandis que M. Letronne était ainsi occupé à examiner les inscriptions grecques dont étaient chargés ces prétendus restes de la plus haute antiquité, M. Champollion mettait la dernière main à son alphabet hiéroglyphique, et il confirma bientôt par ses recherches les conclusions de son ami. Il lut aussi sur le parvis du temple de Denderah la légende hiéroglyphique de Tibère (f). Sur le planisphère circulaire de ce même temple, il déchiffra les lettres ΑΤΚΡΤΡ, ou bien, en suppléant les voyelles, ΑΥΤΟΚΡΑΤΩΡ, titre que prenait Néron sur ses médailles égyptiennes (g).

Il ne reste plus que le Zodiaque du grand temple d'Esneh, et M. Champollion a fait aussi bon marché de son antiquité et de celle du temple sur lequel il était peint. Lors de son séjour à Naples, en août 1826, sir William Gell lui communiqua des dessins exacts du Zodiaque d'Esneh, tracés par MM. Wilkinson et Cooper, et il découvrit que ce monument avait été érigé, non comme l'auraient conjecturé les astronomes, sous le règne de quelque Pharaon égyptien, portant un nom barbare, mais sous l'empereur romain Commode (a). Déjà il avait prouvé que les sculptures de ce temple avaient été exécutées sous le règne de Claude (b).

Ce fut donc avec justice que le ministre de l'intérieur, le vicomte de la Rochefoucauld, dans une lettre adressée au roi de France et datée du 15 mai 1826, attribua à M. Champollion le mérite d'avoir, dans l'opinion de tout esprit impartial, décidé le point en litige. « Le suffrage public, dit-il, des hommes les plus distingués de l'Europe a sanctionné des résultats dont l'application a déjà été très-utile pour découvrir la vérité en histoire, et pour affermir les saines doctrines littéraires. Car Votre Majesté n'a pas oublié que les découvertes de M. Champollion ont démontré péremptoirement que le Zodiaque de Denderah, qui semblait alarmer la croyance publique, est une œuvre qui remonte seulement au temps où les Romains possédèrent l'Egypte. »

On ne devait pas cependant se flatter que la résistance des ennemis du christianisme céderait entièrement devant ces vigoureuses attaques. Trop de science avait été dépensée à soutenir des théories soigneusement élaborées; on avait exposé avec trop de confiance des systèmes favoris, pour que ceux qui en avaient été les auteurs y renonçassent sans peine, et en certains cas sans résistance!

Difficile est longum subito deponere amorem.
(CATULLE, *Carm.* LXXVI, 13.)

Il était bien démontré, de l'aveu même de nos adversaires, que les temples, et par conséquent les Zodiaques qui y étaient contenus, étaient modernes; mais ces derniers devaient avoir été copiés sur d'autres d'ancienne date. *Ainsi le plan original du Zodiaque circulaire de Denderah devait avoir été formé sept siècles au moins avant notre ère.* Tels furent les moyens de défense mis en avant par feu sir William Drummond, dans son dernier ouvrage (c); mais quand il l'écrivit, il ne pouvait encore avoir eu connaissance de la savante dissertation publiée quelques mois auparavant, dans laquelle M. Letronne a porté le dernier coup à son système, ainsi qu'à tout autre système qui aurait pour but de défendre l'absurde antiquité des Zodiaques (d).

L'intrépide voyageur Cailliaud, à son retour d'Egypte, apporta, entre autres raretés, une momie découverte à Thèbes, et remarquable par plusieurs particularités. Les deux plus importantes étaient une légende grecque bien détériorée, et un zodiaque qui avait une exacte ressemblance avec celui de Denderah (e). Dans la dissertation dont je viens de parler, M. Letronne entreprend d'expliquer ces deux points, et de les faire concorder avec les représentations zodiacales des temples égyptiens. Il établit l'inscription avec un bonheur qui doit satisfaire le critique le plus pointilleux, et reconnaît que la momie est celle de Pétéménon, fils de Soter et de Cléopâtre, qui mourut à l'âge de vingt et un ans,

(a) Testa, *Sopra due Zodiaci novellamente scoperti nell' Egitto.* Rome, 1802. — Viscouti, dans l'Hérodote de Larcher, vol. II, p. 567 et seqq.
(b) *Mémoire de sir W. Drummond*, p. 56.
(c) *Ibid.*, p. 57. — Il s'agit ici, je pense, du temple situé au nord d'Esneh, connu sous le nom de Petit Temple.
(d) *Recherches pour servir à l'histoire de l'Egypte pendant la domination des Grecs et des Romains.* Paris, 1823, p. 436.
(e) *Ibid.*, p. 180.
(f) *Lettre à M. Letronne, à la fin de ses Observations*, etc.
(g) *Lettre à M. Dacier*, p. 25; Letronne, p. 38.

(a) *Bulletin univers.* ut supra.
(b) Letronne.
(c) *Origines ou Remarques sur l'origine de plusieurs empires*, vol. II, p 227. Lond., 1825.
(d) *Observations critiques et archéologiques sur l'objet des représentations zodiacales.* Paris, mars 1824. L'épitre dédicatoire de sir W. Drummond est datée du 17 septembre 1812.
(e) *Voyage à Méroé au fleuve Blanc*, etc. Paris, 1825, in-fol., vol. II, pl. 71.

quatre mois, vingt-deux jours, la dix-neuvième année de Trajan, le huitième jour de payni, ou le 2 juin de l'an 116 de l'ère actuelle (a). Le zodiaque qui se trouve à l'intérieur de la niche de cette momie, ressemble, comme je l'ai déjà dit, à celui de Denderah; il est, comme lui, supporté par une figure monstrueuse de femme qui a les bras étendus, et il présente les signes du zodiaque sur deux bandes parallèles montant et descendant précisément dans le même ordre, et dans un style de dessin tout pareil. On y découvre même la vache reposant dans un bateau, qui est l'emblème d'Isis ou Sirius. On peut donc affirmer que l'identité des deux représentations zodiacales est pleinement établie. Mais le petit zodiaque offre une particularité: le signe du Capricorne ne se trouve pas dans l'ordre des autres signes; il est placé sur la tête de la figure, dans un lieu à part, d'où il semble dominer (b). L'existence même d'un zodiaque sur la niche d'une momie doit faire naître l'idée qu'il a rapport à la personne embaumée; en d'autres termes, que c'est un zodiaque *astrologique*, et non un zodiaque *astronomique*. Dans ce cas, on peut supposer que le signe, détaché et mis à part, représente le signe sous lequel cette personne était née, et dont, par conséquent, devait dépendre sa destinée pour tout le cours de sa vie. Il est facile de vérifier cette hypothèse. Nous avons l'âge exact de Pétéménon, ainsi que la date de sa mort; en calculant d'après cela, nous trouvons qu'il était né le 12 de janvier de l'an 95 de l'ère chrétienne. Ce jour-là, le soleil se trouvait à peu près aux deux tiers du Capricorne.

Si au lieu du signe nous préférons la constellation, la conclusion sera la même: car en calculant d'après la table de Delambre, selon la précession annuelle, nous trouvons qu'à l'époque en question, toute la constellation était comprise dans le signe, et que, le 12 de janvier, le soleil se trouvait au seizième degré environ de cette constellation (c).

Il ne peut donc nous rester aucun doute que le zodiaque ne fût l'expression d'un thème natal; et l'analogie nous conduirait au même résultat par rapport à celui de Denderah, quand même la présence des *décans*, reconnus par Visconti et expliqués par Champollion, qui a lu aussi bien qu'eux les noms qui leur sont donnés dans Julius Firmicus, ne nous autoriserait pas déjà à le considérer comme *astrologique*.

M. Letronne, cependant, ne se contente pas de cette conclusion générale, mais il entre dans un examen approfondi de l'astrologie des anciens. Cette science, qui est née en Égypte, a passé en Grèce et à Rome, puis elle est revenue dans sa mère patrie, ennoblie et consacrée par le patronage des Césars (d). Au moment précis où les fameux Zodiaques furent tracés, cette science, s'il est permis de l'appeler ainsi, avait atteint son zénith, et planait au-dessus de son sol natal. Manilius et Vettius Valens composèrent des traités sur cette prétendue science: l'un sous le règne d'Auguste, et l'autre sous celui de Marc-Aurèle; mais les nombreuses médailles astrologiques d'Égypte sous Trajan, Adrien et Antonin, sont des preuves irrécusables de la vogue dont elle jouissait alors dans ce pays (e). C'était aussi le temps des sectes astrologiques, des gnostiques, des ophites et des basilidiens, dont les *Abraxas*, qui représentaient diverses combinaisons astrologiques, ont été pris sérieusement par quelques-uns de ceux qui ont entrepris d'expliquer les Zodiaques, pour des monuments antérieurs de trois mille huit cent soixante-trois ans à l'ère chrétienne (f). Ce concours de preuves, les dates modernes et presque contemporaines de *tous*

(a) Pag. 30.
(b) Ibid., p. 49.
(c) Pag. 53, 54.
(d) Pag. 58, 86.
(e) Pag. 86, 92.
(f) Ibid., p. 70.

les Zodiaques, le caractère incontestablement astrologique de l'un d'eux, les *décans* tracés sur un autre, et, par-dessus tout, l'influence des idées astrologiques à l'époque même à laquelle ont été faits *tous* les Zodiaques existant en Égypte, ne nous laissent plus aucun lieu de douter que *toutes* ces représentations zodiacales ne soient simplement des restes de la science occulte, et n'expriment que des sujets généthliaques (a). Quelle perte de talents, de temps et d'érudition la vérité n'a-t-elle pas à déplorer, en retraçant l'histoire de cette mémorable controverse! Sur quel éclatant amas de systèmes ruinés l'erreur n'a-t-elle pas à gémir! Systèmes où tout était brillant, tout imposant, tout animé de confiance; mais où tout en même temps était creux, fragile et sans consistance! Il s'est, il est vrai, trouvé des cas où l'on a vu le génie et le savoir d'un antiquaire devenir le jouet d'une fraude plaisante ou maligne; on en a vu, comme Scriblerus, rendre à de la rouille moderne le respect et l'hommage réservés à celle de l'antiquité (b); mais jamais auparavant le monde n'avait vu dans aucun cas *un esprit de vertige* s'emparer si complètement d'un aussi grand nombre d'hommes de science et de talent, qu'ils aient attribué des siècles sans nombre d'existence à des monuments comparativement modernes, et que, sans se laisser effrayer par la chute de tant de systèmes,

« Ils luttent encore dans la même arène où ils ont vu leurs
compagnons tomber devant eux, comme les feuilles
d'un même arbre. »

(CHILD-HAROLD, chant IV, 94.)

Jamais, en effet, l'erreur ne s'est montrée plus parfaitement semblable à l'hydre de la fable. Chaque tête était coupée dès qu'elle apparaissait, mais il s'en élevait aussitôt une nouvelle à sa place, également hardie, et *disant de grandes choses*. Cette guerre violente a continué pendant plus de vingt ans; mais comme les préjugés se sont peu à peu dissipés, et que la véritable science a pris de nouvelles forces, les facultés vitales du monstre ont perdu de leur vigueur, et les blessures qu'il a reçues lui ont été plus fatales. Depuis longtemps il a rendu le dernier soupir, les derniers efforts de ses mortelles attaques ont cessé; et, n'existant plus que dans les annales de l'histoire, il ne peut pas plus aujourd'hui inspirer de terreur aux plus simples et aux plus timides, que le squelette décharné, ou que les dépouilles bien conservées de quelque monstre du désert, dans le cabinet des curieux. Toutefois il y a du plaisir à voir le catalogue des noms illustres qui n'ont pas courbé le genou devant cette idole favorite, et je me ferais un devoir de leur rendre justice en les citant. Un écrivain, dans un journal anglais, longtemps après les dernières recherches dont j'ai rendu compte, a eu la hardiesse d'avancer, que « sur le continent (et il parle de la France en particulier), l'antiquité des zodiaques de Denderah a été considérée comme suffisamment établie pour prouver que les Égyptiens étaient un peuple savant et initié aux sciences longtemps avant l'époque à laquelle notre croyance fait dater la création de l'homme; » tandis qu'en Angleterre cette opinion non-seulement était rejetée, mais le contraire même avait été démontré pour *la première fois* par M. Bentley (c). Par un procédé logique, malheureusement trop commun dans les pages de ce journal, l'écrivain attribue la cause de ce phénomène à la religion des deux pays. « La funeste influence du papisme, dit-il, pousse le philosophe qui cherche la vérité à rejeter toute révélation comme une fourberie inventée par les prêtres; tan-

(a) Ibid., p. 105, 108.
(b) Voyez les *Curiosités de Littérature* de d'Israëli, 2ᵉ sér. 2ᵉ édit. Lond., 1824, vol. III, p. 49 et suiv. Mais aux exemples cités par d'Israëli on pourrait en ajouter beaucoup d'autres également curieux.
(c) *British critic*, avril 1826, p. 157.

dis que, dans notre pays libre, l'encouragement donné à un plein et libre examen des preuves du christianisme en a fait sentir toute la force aux raisonneurs doués de sagacité (*a*). » Tout ceci a été écrit deux ans après que le dernier ouvrage de Letronne eut mis fin au débat soulevé à l'occasion des zodiaques. Si donc ce critique avait été moins emporté par le désir de lancer des traits contre le catholicisme, dans le temps même qu'il combattait l'impiété, l'ennemi commun, il n'aurait pas manqué assurément de se rappeler les noms, non-seulement de Letronne et de Champollion, mais encore de Lalande, de Viconti, de Paravey, de Delambre, de Testa, de Biot, de Saint-Martin, de Halma et de Cuvier, qui tous ont assigné à ces monuments une date moderne. Or toutes les fois qu'il est question, non de nombres, mais de science astronomique, des noms tels que ceux de Lalande, de Delambre et de Biot peuvent assurément en contre-balancer plusieurs autres, et venger les *savants* français de l'odieuse inculpation si injustement lancée contre eux.

* ZOROASTRE. *Voy.* PERSES.

ZWINGLIENS, secte de protestants, ainsi nommés de Ulric ou Huldriz-Zwingle, leur chef, suisse de nation, né à Zurich. Après avoir pris le bonnet de docteur à Bâle en 1505, et s'être ensuite distingué par ses talents pour la prédication, il fut pourvu d'une cure dans le canton de Glaris, et ensuite de la principale cure de la ville de Zurich. Dans le même temps, ou à peu près, que Luther commença de répandre ses erreurs en Allemagne, Zwingle enseigna les mêmes opinions contre les indulgences, contre le purgatoire, l'intercession et l'invocation des saints, le sacrifice de la messe, le jeûne, le célibat des prêtres, etc., sans toucher néanmoins au culte extérieur.

C'est une question entre les luthériens et les calvinistes, de savoir si c'est Luther ou Zwingle qui conçut le premier le projet de la réformation. Comme cette dispute nous intéresse fort peu, il nous suffit d'observer que, comme Luther avait pris ses opinions dans les livres de Wiclef et des hussites, il n'est pas étonnant que Zwingle ait puisé les siennes dans la même source et se soit fondé sur les mêmes arguments. Que l'un ait commencé à les publier l'an 1516 et l'autre l'an 1517, cela n'importe en rien à la vérité ou à la fausseté de leur doctrine. Une affectation puérile des protestants est de vouloir persuader que cette troupe de prétendus réformateurs, qui parurent tout à coup dans les différentes contrées de l'Europe au XVIe siècle, étaient ou autant d'inspirés que Dieu avait illuminés, ou autant de génies supérieurs, qui, par une étude profonde et constante de l'Ecriture sainte, aperçurent à peu près dans le même temps les erreurs, les abus, les désordres dans lesquels l'Eglise romaine était tombée. Mais pour peu que l'on possède l'histoire des XIIe, XIIIe, XIVe et XVe siècles, on sait que, pendant cet intervalle, l'Europe n'avait pas cessé d'être infestée par des sectaires qui, tantôt sur un article, tantôt sur l'autre, avaient employé contre l'Eglise catholique les mêmes objections, les mêmes abus que

(*a*) *British critic.*, avril 1826, p. 136 et seq.

l'Ecriture sainte, et les mêmes calomnies. Les prétendus réformateurs ne firent que les rassembler, et formèrent leurs systèmes de ces pièces rapportées. Le témoignage seul des protestants suffit pour nous en convaincre. Afin de prouver que leur doctrine n'est pas nouvelle, ils se donnent pour ancêtres les albigeois, les vaudois, les lollards, les wicléfites, les hussites, etc. De quel front veulent-ils, d'autre part, nous peindre leurs fondateurs comme des esprits sublimes qui, par leurs propres lumières, ont découvert toute vérité dans l'Ecriture sainte, et n'ont point eu d'autres maîtres que la parole de Dieu? Dans la réalité, c'étaient de simples copistes et de purs plagiaires. On ne peut voir sans indignation les écrivains protestants prodiguer le nom de *grands hommes* à une foule d'aventuriers dont la plupart n'étaient que des prêtres ou des moines apostats, qui avaient secoué le joug de toute règle pour être impunément libertins.

Si du moins ils s'étaient accordés, on pourrait être dupe de leurs prétentions; mais à peine eurent-ils rassemblé quelques prosélytes, que chacun d'eux voulut faire bande à part. Quoique Zwingle convînt en plusieurs points avec Luther, ils étaient cependant opposés sur deux ou trois articles principaux de doctrine. Luther était prédestinateur rigide, il donnait tout à la grâce dans l'affaire du salut, il niait le libre arbitre de l'homme. Zwingle, au contraire, semblait adopter l'erreur des pélagiens, tout accorder au libre arbitre et aux forces de la nature; il prétendait que Caton, Socrate, Scipion, Sénèque, Hercule même et Thésée, et les autres héros ou sages du paganisme, avaient gagné le ciel par leurs vertus morales. Basnage néanmoins a voulu le justifier; il prétend que, selon la doctrine formelle de Zwingle, personne ne peut aller à Dieu que par Jésus-Christ, et que la grâce justifiante est absolument nécessaire. Il pensait donc que les philosophes pouvaient avoir eu quelque connaissance de Jésus-Christ, comme Melchisédech, les mages et d'autres justes qui étaient hors de l'ancienne alliance; qu'ils pouvaient donc avoir eu une grâce intérieure pour produire les excellents préceptes de morale qu'ils ont enseignés. En cela, continue Basnage, Zwingle pensait comme saint Justin, saint Clément d'Alexandrie et saint Jean Chrysostome. *Histoire de l'Eglise*, l. XXV, c. 4, § 9.

Il y a dans cette apologie deux infidélités grossières. 1° Pour éviter le pélagianisme, ce n'est pas assez d'admettre la nécessité d'une lumière intérieure pour obtenir le salut, il faut encore confesser la nécessité d'une motion surnaturelle dans la volonté, qui l'excite à faire le bien et à correspondre aux lumières de l'entendement. C'est ce que saint Augustin a soutenu contre les pélagiens, et ce que l'Eglise a décidé. Zwingle a-t-il pu sans impiété soutenir que des païens, morts dans la profession de l'idolâtrie, ont reçu le mouvement du Saint-Esprit et ont eu la grâce justifiante? 2° Plusieurs

Pères ont pensé, à la vérité, que Socrate et quelques autres païens ont eu quelque connaissance du Verbe divin, qui est la raison souveraine, et qu'ils ont été en quelque manière chrétiens à cet égard ; mais ils n'ont jamais rêvé, comme Zwingle, que cette connaissance a suffi pour les conduire au salut, qu'ils ont eu la grâce justifiante et qu'ils sont placés dans le ciel. S'il en était besoin, nous citerions aisément leurs paroles, et l'on y verrait que Basnage a voulu en imposer aux lecteurs peu instruits.

Le second article sur lequel Zwingle n'était pas d'accord avec Luther, était l'Eucharistie. Le premier prétendait que, dans ce sacrement, le pain et le vin n'étaient qu'une figure ou une simple représentation du corps et du sang de Jésus-Christ ; au lieu que Luther admettait la présence réelle, quoiqu'il rejetât la transsubstantiation. Zwingle disait que le sens figuré de ces paroles, *ceci est mon corps*, lui avait été révélé par un génie blanc ou noir ; il confirmait cette explication par ces autres paroles, *l'agneau est la pâque*, dans lesquelles le verbe *est* équivaut à *signifie*. Il paraît que le génie blanc ou noir de Zwingle n'était pas un grand docteur ; le vrai sens n'est point que l'agneau est *le signe* ou la représentation de la pâque, ou du passage, mais qu'il est *la victime* de la pâque, ou du passage du Seigneur ; le texte même l'explique ainsi, *Exod.*, c. xii, v. 27. D'ailleurs la circonstance dans laquelle Jésus-Christ prononça ces paroles, *ceci est mon corps*, exclut évidemment le sens figuré. *Voy.* EUCHARISTIE.

Vainement, l'an 1529, Luther et Mélanchthon d'un côté, OEcolampade et Zwingle de l'autre, s'assemblèrent à Marpourg afin de conférer sur leurs opinions et de tâcher de se rapprocher ; ils ne purent convenir de rien, ils se séparèrent sans avoir rien conclu, et fort mécontents l'un de l'autre. La rupture entière entre les deux partis se fit en 1544 et dure encore ; toutes les tentatives que l'on a faites depuis pour les réconcilier n'ont abouti à rien. Cet esprit de discorde ne ressemble guère à celui des apôtres. Aucun de ces envoyés de Jésus-Christ n'a dressé un symbole particulier de croyance, n'a établi un culte extérieur différent de celui des autres, ni un plan particulier de gouvernement, n'a fait schisme avec ses collègues ; ce que saint Paul avait prescrit a été observé dans toutes les Eglises apostoliques. Il reprit vivement les Corinthiens d'une légère dispute survenue entre eux ; il voulait que tous ne fussent qu'un cœur et qu'une âme, *I Cor.*, c. i, v. 10. Dieu, dit-il, *n'est pas le Dieu de la dissension, mais de la paix, comme je l'enseigne dans toutes les Eglises des saints*, cap. xiv, v. 33. *Le royaume de Dieu consiste dans la paix et la joie du Saint-Esprit ; recherchons donc tout ce qui contribue à la paix* (Rom. xiv, 17). *Dieu a donné à son Eglise des pasteurs et des docteurs... afin que nous parvenions tous à l'unité de la foi... et que nous ne soyons pas flottants et emportés à tout vent de doctrine comme des enfants* (Ephes. iv, 11). L'Apôtre met au rang des œuvres de la chair les haines, les disputes, les jalousies, les emportements, les dissensions, les sectes, *Galat.*, c. v, v. 19 et 20, etc. D'où l'on doit conclure que les fondateurs de la réforme n'ont été rien moins que des docteurs et des pasteurs *donnés de Dieu*, et qu'en eux la chair agissait beaucoup plus que l'esprit. En effet, parmi eux, c'était à qui l'emporterait sur ses collègues, ferait prévaloir ses opinions, se formerait le parti le plus nombreux, prescrirait le plus impérieusement ce qu'il fallait croire, pratiquer ou rejeter. Lorsqu'il ne pouvait pas dominer par la persuasion, il faisait tout régler par l'autorité des magistrats. Telle fut en particulier la conduite de Zwingle ; Calvin fit de même, pendant que Luther s'appuyait de la protection des princes de l'empire. Les prétendues Eglises qu'ils formèrent ressemblaient moins à des sociétés de saints qu'à des synagogues de Satan.

Il en arriva précisément ce que saint Paul voulait éviter ; tous se laissèrent emporter à tout vent de doctrine, le hasard seul décida de celle qui serait enfin suivie. En Allemagne, Luther avait enseigné d'abord des décrets absolus de prédestination et l'anéantissement du libre arbitre de l'homme ; Zwingle professait en Suisse la doctrine toute contraire ; le premier tenait pour le sens littéral de ces paroles, *ceci est mon corps*, le second pour le sens figuré ; Luther et Mélanchthon auraient voulu conserver quelques cérémonies, Zwingle et Calvin n'en souffrirent aucune, ils décidèrent que toutes étaient superstitieuses. Après la mort de Luther, Mélanchthon et d'autres adoucirent sa doctrine touchant le libre arbitre et la prédestination, ils admirent la coopération de la volonté de l'homme avec la grâce ; bientôt les décrets absolus cessèrent d'être enseignés parmi les luthériens. Au contraire, après la mort de Zwingle, Calvin professa ces décrets d'une manière encore plus révoltante que Luther. Les *zwingliens*, après avoir d'abord témoigné de l'horreur pour cette doctrine, l'embrassèrent à la fin ; elle a dominé dans les églises réformées de la Suisse presque jusqu'à nos jours, puisqu'elles adoptèrent généralement des décrets du synode de Dordrecht. Enfin, le socinianisme qui s'y est glissé y a remis en honneur le pélagianisme de Zwingle. — Il ne sert à rien de dire que ces variations, ces incertitudes, ces disputes sur la doctrine, ne roulaient point sur des articles fondamentaux. En premier lieu, saint Paul n'a point distingué entre les articles de foi, lorsqu'il a exigé entre les fidèles *l'unité de la foi*, et qu'il a condamné sans exception les disputes, les dissensions et les sectes. En second lieu, nous soutenons que les décrets absolus de prédestination enseignés par Calvin, sont une erreur fondamentale ; il s'ensuit de ces décrets que Dieu est directement et formellement la cause du péché, qu'il y pousse positivement les hommes, dans le dessein de les damner ensuite : blasphème horrible s'il en fut jamais. On a beau nier cette conséquence, elle saute aux yeux ; une erreur ne s'efface point par des contradictions. En troisième lieu, les calvinistes n'ont pas cessé de répéter que la croyance des catholiques touchant l'Eucharistie est une erreur fondamentale, qu'elle les entraîne dans l'idolâtrie, que cet article seul a été un juste sujet de schisme et de séparation d'avec l'Eglise romaine. D'autre part ils ont soutenu constamment avec les luthériens, que si l'on admet la présence réelle, on est forcé d'admettre aussi la transsubstantiation et toutes les conséquences qu'en tirent les catholiques. Cependant les calvinistes auraient consenti à tolérer cette erreur prétendue chez les luthériens, si ceux-ci avaient voulu fraterniser avec eux, tant il y a d'inconséquence dans leur système et dans leur conduite.

Quelques auteurs ont écrit que, de tous les protestants, les *zwingliens* ont été les plus tolérants, puisqu'ils se sont unis avec les calvinistes à Genève, et avec les luthériens en Pologne, l'an 1577. Rien n'est moins juste que cette observation. Il est d'abord certain que ces sectaires n'ont pas reçu de leur fondateur l'esprit de tolérance. Lorsque Zwingle commença de dogmatiser, il ne toucha pas au culte extérieur ; mais quelques années après, lorsqu'il se sentit assez fort, il eut avec les catholiques, en présence du sénat de Zurich, une conférence qui fut suivie d'un édit par lequel on retrancha une partie des cérémonies de l'Eglise ; on détruisit ensuite les images, enfin l'on abolit la messe, et l'exercice de la religion catholique fut absolument proscrit. Ainsi, avant de savoir quelle doctrine on suivrait parmi les *zwingliens*, l'on commençait par détruire l'ancienne religion.

Mosheim, quoique admirateur de Zwingle, avoue dans son *Hist. de la Réformation*, sect. 2, c. 2, § 12, que ce novateur employa plus d'une fois des moyens violents contre ceux qui résistaient à sa doctrine ; que dans les matières ecclésiastiques il attribua aux magistrats une autorité tout à fait incompatible avec l'essence et le génie de la religion. Cela n'empêche pas Mosheim de l'appeler *un grand homme*, de dire que ses intentions étaient droites et ses desseins louables. Où est donc la droiture d'intention d'un sectaire qui s'attribue dans son parti plus d'autorité que n'en eut jamais chez les catholiques le souverain pontife ni aucun pasteur ; qui décide despotiquement de la croyance, du culte religieux et de la discipline ; qui donne toute la puissance ecclésiastique au magistrat civil, parce qu'il est sûr de la diriger à son gré ; qui emploie la violence pour faire adopter ses opinions, et qui meurt les armes à la main en bataille rangée contre les catholiques ? Si c'est là un apôtre envoyé du ciel, que l'on nous dise comment sont faits les émissaires de l'enfer. Malheureusement Calvin se conduisit de même à Genève, et Luther à Wirtemberg. Les traités d'union entre les *zwingliens* et les luthériens n'ont été ni solides ni de longue durée ; ils n'ont subsisté qu'autant que l'a exigé l'intérêt politique des deux partis. Nous avons parlé plus d'une fois des moyens violents que plusieurs princes luthériens ont employés pour bannir de leurs états les sacramentaires et leur doctrine. Pierre Martyr, *zwinglien* déclaré, appelé en Angleterre par le duc de Sommerset, sous le règne d'Édouard VI, ne sut pas établir la paix entre les divers partisans de la réformation : ses disciples, nommés aujourd'hui *presbitériens*, *puritains*, *non conformistes*, ne sont pas moins ennemis des anglicans que des catholiques. Que l'on dise tout ce que l'on voudra pour excuser cet esprit de division inséparable du protestantisme, il ne fera jamais honneur à aucune des sectes qui en font profession.

FIN DU TOME QUATRIÈME ET DERNIER.

TABLE DES MATIÈRES.

Nota. Les articles précédés d'un astérisque * sont nouveaux; ceux où il y a des intercalations ou des notes sont précédés de chiffres qui indiquent le nombre des intercalations ou des notes. Ceux qui sont précédés de (a) sont reproduits d'après l'édition de Liége.

Q

(1) Quaker, 9
Qualifications de propositions, 16
Quarante-Heures, 19
Quarto-décimans. Voy. Pâques.
Quasimodo, 19
Quatre-Temps, 19
Quesnellisme. Voy. Unigenitus.
Quiétisme, 20
Quinisexte (Concile de), 21

R

Raban-Maur, 25
Rabbin, 25
Raca, 26
* Races humaines, 26
Rachat des premiers-nés. Voy. Aîné.
Rachat du genre humain. Voy. Rédemption.
(a) Rachat de l'autel, 40
Raillerie, 40
(2) Raison, 42
Raison (Culte de la). Voy. Fête de la Raison.
Rameaux, 55
Rational ou Pectoral. Voy. Oracle.
* Rationalisme, 54
* Raymond Lulle, 60
* Réalistes, 61
Rebaptisants, 61
Réchabites, 65
Récognitions. Voy. Clément (saint), pape
Récollets, 65
Réconciliation. Voy. Rédemption.
Reconnaissance, 66
(1) Rédempteur, 67
Rédemption des captifs. Voy. Merci.
Réformateur, Réforme, 76
Réforme de religieux, 88
Refuge (Villes de), 89
* Régale, 90
Régénération, 90
Régionnaire, 91
Règle de foi. Voy. Foi.
Règle monastique, 92
Reine de Saba. Voy. Saba.
Relaps, 94
Relation, 94
Religieux. Voy. Moines.
Religieuses, 94
(1) Religion, 98
Religion judaïque. Voy. Judaïsme.
Religion chrétienne. Voy. Christianisme.
Religion (Fausse), 115
* Religiosité. Voy. Romantisme.
(1) Reliques, 116
* Rémission, 126
Remmon, 126
Remontrants. V. Arminiens.
Remphan, 126
Renégat. Voy. Apostat.
Renoncement, 127
Réordination, 128
* Réparateur, 129
Réparation. Voy. Restitution.
Repas, 138

Repas d'arité. Voy. Agapes.
Repas du mort, 139
Répons. Voy. Heures canoniales.
Réprobation, 140
Réprouvés. V. Damnation.
Répudiation. Voy. Divorce.
Résidence, 142
Résignation, 143
Restrictions mentales. Voy. Mensonge
Résumpte, 145
Résurrection, 145
(1) Résurrection de J.-C. 149
(1) Résurrection générale, 163
Rétractation, 169
Rêve. Voy. Songe.
(1) Révélation, 176
* Révélation primitive, 188
* Révélation mosaïque. Voy. Loi mosaïque.
* Révélation chrétienne. Voy. Christianisme.
* Révolutions (les) et l'Eglise, 180
Rhétoriens, 192
Richard de S.-Victor, 192
Riche, Richesse, 192
Rigorisme, 194
Rite. Voy. Cérémonie.
Rituel, 195
* Roboam, 195
Rogations, 196
Rogatistes. Voy. Donatistes.
(1) Roi, 197
Rois (Livres des), 210
Romains (Epître aux), 211
* Romantisme religieux, 214
Rome (Eglise de), 217
Rosaire, 220
* Roskolniks, 222
Royaume des cieux, 222
Rubrique, 223
Runcaires, 224
(1) Russie (Eglise de), 224
Ruth (Livre de), 230

S

Sabaïsme, 235
Sabbat, 239
Sabbataires, 241
Sabbatique, 241
Sabelliens, 243
Sac, 247
Saccophores, 247
Sachets, 247
Sacerdoce. Voy. Prêtres.
Saciens, 247
Sacramentaire, 247
Sacramentaires, 248
Sacre, Sacré, 249
(1) Sacrement, 250
Saint-Sacrement. Voy. Eucharistie.
Saint-Sacrement (Fête du). Voy. Fête-Dieu.
Sacrificateur. Voy. Prêtrise.
Sacrifice, 264
Sacrifiés. Voy. Lapses.
Sacrilège, 291
Sadducéens, 292
Sagarelliens, 294
Sagesse, 294
(1) Saints, Sainteté, 298
Saints des saints. Voy. Sanctuaire.
* Sainteté de l'Eglise, 315

* Saint-Simonisme, 317
Salomon, 318
Salvien, 321
(1) Salut, Sauveur, 322
Salut, 335
Salutation Angélique, 335
Samaritain, 335
Samaritain (Texte), 339
Samosatiens, 342
Sampséens, 344
(1) Samson, 345
Samuel, 347
Sanctification. Voy. Saint.
Sanctification des fêtes. Voy. Fêtes.
Sanction des lois, 351
Sanctuaire, 352
Sanctus. Voy. Trisagion.
Sang, 353
Sanguinaires. Voy. Anabaptistes.
Sapientiaux (Livres), 356
Sara. Voy. Abraham.
Sarabaïtes, 356
Satan, 356
Satisfaction, 358
Satisfaction sacramentelle, 362
Saturniens, 371
Saül, 375
Sauvage, 378
Sauveur. Voy. Salut.
Sauveur (Congrégation de Notre), 381
Sauveur (Saint-), 381
Sauveur (ordre de S.-), 381
Scandale, 382
Scapulaire, 383
Scénopégie. V. Tabernacle.
(1) Scepticisme, 385
* Schelling, 389
(1) Schismatique, Schisme, 392
Schisme d'Angleterre. Voy. Angleterre.
Schisme des Grecs. V. Grec.
Schisme d'Occident, 406
Scholténiens, 407
Science de Dieu, 408
Sciences humaines, 411
Science de J.-C., 416
Science secrète, 416
Scolastique. V. Théologie.
Scotistes, 418
Scribe, 419
Secret de la confession. Voy. Confession.
Secret des mystères, 422
Secte. V. Schisme, Hérésie.
Secundiens. V. Valentiniens.
Ségareliens. V. Apostoliques.
Seigneur, 428
Sein, 429
Séleuciens. Voy. Hermogéniens.
Semaine, 429
Semaines de Daniel. Voy. Daniel.
Semaine sainte, 430
Semi-ariens. Voy. Ariens.
Semiduîtes. Voy. Barsaniens.
Semi-pélagianisme, 431
* Sens commun, 432
Sept, 445
Septante, 446
Sépulcraux, 455
Sépulcre. Voy. Tombeau.
Sépulcre (Saint), 455

Septuagésime, 455
Sépulture. Voy. Funérailles.
* Sépulture ecclésiastique, 458
Séraphin. Voy. Anges.
Serment. Voy. Jurement.
Sermon. Voy. Prédicateur.
Sermon de Jésus-Christ sur la montagne. Voy. Morale chrétienne.
(1) Serpent, 458
Serpent d'airain, 459
Servélistes, 461
Service divin, 465
Servites, 465
Serviteurs des malades. Voy. Clercs réguliers.
Servitude, 466
Séthiens, 467
Sévériens, 468
Sexagésime. Voy. Septuagésime.
Sexte. Voy. Heures canoniales.
Sibylles, 469
Siége, Evêché. V. Evêque.
Siége (Saint-). Voy. Eglise romaine.
Signe de la croix. V. Croix.
Significatifs, 476
Silvestreri ou Silvestrins, 476
Sidoine Apollinaire, 476
Simon (Saint), 476
Simonie, 476
Simoniens, 479
Simplicité, 482
Simulacre. Voy. Paganisme.
Sinaï, 483
Sindon. Voy. Suaire.
Sinistres. Voy. Sabbatiens.
* Socialisme, 484
Société, 485
Sociétés secrètes, 489
Sociniens, 489
Soccolants, 499
Sodome, Sodomie, 500
Solennel, 501
Solitaire. Voy. Anachorète.
Solitaires, 502
Somasques, 502
Songe, 502
Sophonie, 506
Sorbonne, 507
Sorbonique. Voy. Degré, Docteur.
Sorcellerie, Sorcier, 508
Sort, 511
Sorts (Fêtes des) chez les Juifs. Voy. Esther.
Sortilège. Voy. Sorcellerie.
Souffrance, 516
Souffrances de Jésus-Christ. Voy. Passion.
Souillures. Voy. Impuretés légales.
Sous-diaconat, 518
Sous-introduits. V. Agapète.
Spectacle, 520
Spinosisme, 524
Spiration. Voy. Trinité.
Spiritualité. Voy. Esprit.
Spirituel, 529
Stancariens. V. Luthériens.
Station, 530
Staurolâtres. Voy. Chazinzariens.
Stercoranistes, 530
Stévénistes, 531

TABLE DES MATIÈRES.

Stigmates, 556
Stonites, 536
*Strauss, 537
Stylite, 548
Suaire, 552
Sublapsaires, 553
Substance, 553
Substantiaires, 556
Succession des pasteurs, 556
Succession indéfinie des êtres, 560
Suffisante (Grâce). V. Grâce.
(2) Suicide, 565
Sulpice Sévère, 570
*Supernatural sme, 570
Superstition, 570
Supplices des martyrs. Voy. Martyrs.
Supralapsaires. Voy. Infralapsaires.
Surérogation. V. OEuvres.
(1) Surnaturel, 578
Surplis. Voy. Habits sacrés.
Suspense, 580
(a) Suspense, 587
Suzanne. Voy. Daniel.
Symbole, 592
Symmaque. Voy. Septante et Version.
Synagogue, 598
Synaxarion, 601
Synaxe, 601
Syncelle, 601
Syncrétistes, 602
Syndérèse, 608
Synergistes, 508
(a) Synode, 613
Synousiastes. Voy. Apollinaristes.
Syriaques, Syriens, 614

T

Tabernacle, 615
Tabernacles (Fêtes des), 618
Tabernacle, 619
Table de la loi. Voy. Loi.
Table des pains de proposition. Voy. Pain.
Tableau. Voy. Images.
Taborites. Voy. Hussites
Tacodrugites. Voy. Montanistes.
Talmud, 619
Tanchelin, Tankelin, Tanquelme, 620
Targum. Voy. Paraphrases chaldaïques.
Tartares, 621
Tatien, 626
Témoignage, 651
Témoin, 633
Tempérance, 653
*Tempérance (Société de), 636
Temple, 636
Temple de Salomon, 648
Temple des chrétiens. Voy. Églises.
Temple des païens, 654
Templiers, 655
Temporel. Voy. Bénéfices.
Temporel des rois. V. Roi.
Temps, 661
Ténèbres, 664
Ténèbres de a semaine sainte, 665
Tentation, 665
Tentative. Voy. Degré.
Terministes, 689
Terre, 669
(1) Terre sainte, 669
Tertullien, 683
Testament, 691
Testament des douze patriarches, 703

Tête, 704
Tétradites, 705
Tétragammation. V. Jehovah.
Tétraod on, 705
Tétraples. Voy. Hexaples.
Texte de l'Écriture sainte.
, 715
Texte, 711
Textuaires, 712
Thaumaturge, 712
Théandrique, 712
Thaborites. Voy. Hussites.
Thartac. Voy. Samaritains.
Théanthropie, 715
Théatins, 716
Théatines, 717
Théisme, 717
Théocatagnostes, 721
Théocratie, 722
Théodore de Mopsueste, 725
Théodoret, 726
Théodotiens, 729
Théodotion, 751
(a) Théologal, 751
(1) Théologale (Vertu), 735
(1) Théologie, 734
Théologie mystique, 745
*Théologiens (De l'autorité des), 752
Théopaschites. Voy. Patripassiens.
Théophanies, 782
*Théophilantropie, 783
Théophile (Saint), 755
Thérapeutes, 784
Théraphim, 758
Thessaloniciens, 789
Thomas (Saint), 764
Thomas d'Aquin (S.), 765
Thomas Becquet (S.), 767
Thomas de Villeneuve (Saint), 770
Thomisme, Thomistes, 770
Throne ou Trône, 775
Trône épiscopal, 774
Thuriféraire, 774
Thurities (Thurificati). Voy. Lapses.
Tiare, 774
Tierce. Voy Heures canoniales.
Tiercelin, Tierceline. Voy. Franciscain, Franciscaine.
Tierciaire, 775
Timothée, 775
Timothiens, 776
Tite, 776
Tnetopsychiques, 776
Tobie, 777
Tolérance, Intolérance, 778
Tombeau, Sépulcre, 797
Tonsure, 800
(a) Tonsure, 802
Torrent, 803
Toussaint, 804
Toute-puissance. Voy. Puissance.
Traditeurs, 805
(2) Tradition, 806
Traduciens, 816
Traduction. Voy. Version.
Trait (de la messe), 817
Transfiguration (de J.-C.), 847
(a) (1) Translation, 848
Translation des reliques d'un saint, 855
Transmigration, 800
Transsubstantiation. Voy. Eucharistie, § 2.
Trappe, 860
Travail. Voy. Oisiveté.
*Trembleurs, 862
Trente (Concile de), 862

Trépassés. Voy. Morts.
*Trésor des satisfactions de Jésus-Christ, 874
Trève de Dieu ou du Seigneur, 875
Tribu, 876
Trinitaires, 877
Trinitaires (Ordre des), 877
(1) Trinité, 879
Trinité (Fête de la Ste), 911
Trinité (Confrérie de la), 912
Trinité créée (Filles de la), 912
Tropiques, 919
Tropites, 919
Trullum. Voy. Constantinople.
*Trustées, 919
Tunique. Voy. Habits sacrés.
Turlupins, 919
Typase, 921
Type, 923
Type (Édit), 926
*Tyrannicide, 926

U

Ubiquistes ou Ubiquitaires, 925
(1) Unigenitus, 927
Union chrétienne, 956
*Union hypostatique. Voy. Incarnation.
Union (La petite), 956
Unitaires. Voy. Sociniens.
Unité de Dieu. Voy. Dieu et Polythéisme.
Unité de l'Église. Voy. Église, § 2.
Univers. Voy. Monde.
Universalistes, 937
Université, 910
Urim et Thummim. Voy. Oracle.
Ursulines, 942
Usages ecclésiastiques ou religieux. Vou. Observance.
Usure, 915
*Utilitaires, 916

V

Vache rousse, 945
Val-des Choux, 947
Val-des-Ecoliers, 947
Valentiniens, 947
Valésiens, 960
Vallombreuse, 960
Variantes, 960
Variation, 962
Vase, 963
Vases sacrés, 964
Vaudois, 965
Veau, 976
Veau d'or, 976
Veille. Voy. Vigile.
Vendeurs du temple, 978
Vengeance, 979
Véniel (Péché). Voy. Péché.
Vêpres. Voy. Heures canoniales.
Véracité de Dieu, 984
*Véracité des livres saints, 986
Verbe divin, 986
Verge, 1007
Vérité, 1008
Véronique, 1008

Verschoristes. Voy. Hatte mistes.
Verset de l'Écriture sainte. Voy. Concordance.
Version de l'Écriture sainte, 1009
Vertu, 1019
Vespérie. Voy. Degré.
Vêture, 1024
Veuve, 1024
Viande, 1025
Viandes immolées. Voy. Idolothytes.
Viatique, 1026
Vicaire, 1027
(a) Vicaire, 1028
Vice, 1034
Victime, 1036
Victorins, 1058
Vie, 1058
Vie future. Voy. immortalité de l'âme.
Vie béatifique, 1059
Vie éternelle. V. Bonheur.
Vie des saints. Voy. Saints et Légende.
Vieil homme. Voy. Homme.
Vierge, Virginité, 1040
Vierge (la Ste). V. Marie.
Vigilance, 1052
Vigile ou Veille, 1054
Vigiles des Morts, 1059
Vincent de Lérins, 1059
Violence. V. Persécutions
Virginité. Voy. Vierge.
Visibilité de l'Église. Voy. Église, § 5.
Vision béatifique, 1063
Vision prophétique, 1065
Vision de Constantin. Voy. Constantin.
Visitation (Fête de la), 1071
Visitation (Ordre de la), 1072
Vocation, 1073
Vœu, 1075
Vœux du baptême, 1083
Voie ou Chemin, 1083
Voile, 1084
Voix haute ou basse. Voy. Secrètes.
Vol, 1085
*Volcans, 1087
Volonté, Volontaire, 1087
Volonté de Dieu, 1094
*Volontés de Jésus-Christ. Voy. Monothélites.
Voluptés, 1104
Voyageur, 1106
Voyelles. Voy. Hébreu, Langue hébraïque.
Vulgate, 1106

W

*Walkéristes, 1123
Wiclefites, 1125

X

Xénodoque. Voy. Hôpital.
Xérophagie, 1129

Y

Yeux. Voy. OEil.
Yon (Saint). Voy. Écoles chrétiennes.
Yves de Chartres. Voy. Ives
Yvresse. Voy. Ivresse.

Z

Zabiens. Voy. Sabaïsme.
Zacharie, 1131
Zélateurs ou Zélés, 1135
Zèle, 1136
*Zodiaques, 1112
*Zoroastre. Voy. Perses.
Zwingliens, 1147

FIN DE LA TABLE DES MATIÈRES.

TABLE ANALYTIQUE ET MÉTHODIQUE
POUR DIRIGER LES LECTEURS
DANS L'ÉTUDE DE LA THÉOLOGIE.

ÉTUDE PRÉLIMINAIRE, OU INTRODUCTION A LA THÉOLOGIE.

THÉOLOGIE GÉNÉRALE.

THÉOLOGIE, professeur de théologie, IV.
Théologie positive, id.
Théologie scholastique, Pierre Lombard, I.
Théologie morale, id.
Théologie spéculative, id.
Théologie mystique, langage typique, id.
Type, id.
Théologie polémique, controverse, étymologie, I.
Doutes religieux, II.
Disputes religieuses, id.
Préjugés religieux, III.
Variation de doctrine, IV.
Expérience, II.
Examen de la religion, II.
(a) Théologal, IV.
Facultés de théologie, IV.
Théologiens (de l'autorité des), IV.
Conclusion théologique, I.
Notes de propositions, III.
Hérétique (proposition), II.
Impie (proposition), id.
Condamnation des écrits, I.
DOCTRINE, II.
Doctrine chrétienne, id.

Progrès (doctrine du), III.
Certitude morale.
Crédibilité morale, id.
Démonstration, II.
Evidence, id.
Objections, III.
Incroyable, II.
Droit divin positif, id.
ARTICLES FONDAMENTAUX, II.
Dogmes, id.
Dogmatiser, id.
Dogmatiques, faits dogmatiques, id.
Institution divine, id.
Métaphysique, III.
Opinion, id.
Différence de religion, IV.
Abus en fait de religion, I.
RELIGION, preuves, IV.
Religion naturelle, id.
Religion judaïque, judaïsme, II.
Sens commun, IV.
Descartes, II.
Croyances (progrès des), I.
RÉVÉLATION, lectures de Boyle, IV.
Religion chrétienne, christianisme, I.
LIEUX THÉOLOGIQUES, III.

Naturel, surnaturel, III.
Antécédent, conséquent, I.
Futurs conditionnels, II.
Fin, id.
Fraudes pieuses, id.
Probabilisme, III.
Rigorisme, IV.
Esprit particulier, II.
Droits généraux.
DROIT, II.
Droit naturel, id.
Droit des gens, id.
Droit divin politique, id.
Tyrannicide, IV.
Égalité naturelle, II.
Démocratie, id.
Propriété (droit de), III.
Femmes (communauté des), II.
Société civile, pacte social, contrat social, III.
Inégalité des hommes, II.
Législateur, III.
Sanction des lois, IV.
Gouvernement, économie politique, II.
Roi, prince, IV.
Temporel des rois, id.
LIBERTÉ POLITIQUE, III.
Liberté de penser, id.

Liberté de conscience, III.
Juridiction, magistrat, id.
Patrie, III.
Autorité, puissance paternelle, politique, ecclésiastique, I.
Pensées, III.
Livres, id.
Livres défendus, liberté de la presse, id.
Conscience, I.
COMMERCE, id.
ARTS, id.
Sciences humaines, IV.
Belles-Lettres, III.
Galilée, II.
PHILOSOPHE, III.
Anthropophages, I.
Sauvages, II.
Barbares, I.
Nègres, traite des nègres, III.
Esclaves, esclavage, II.
Servitude, IV.
Affranchis, I.
ANNÉE, année astronomique, année civile, calendrier républicain, décadi, II.

PREMIÈRE PARTIE DE LA THÉOLOGIE.

Ire DIVISION.

Religion chrétienne, son objet.

DIEU, II.
Divinité, id.
Essence de Dieu, id.
ATTRIBUTS DE DIEU, I.
Dieu Père, III.
Paternité de Dieu, id.
Dieu parfait, perfection, id.
Cause première, I.
Cause finale, id.
Préexistant, III.
Aséité, I.
Créateur, id.
Conservateur, id.
Absolu, id.
Sa providence, III.
Sa bonté, bon, I.
Sa miséricorde, sa clémence, sa compassion, III.
Sa longanimité, id.
Ses promesses, id.
Ses bienfaits, I.
Sa patience, III.
Ses menaces, id.
Sa justice, punition, châtiments de Dieu, id.
Son pardon, id.
Liberté de Dieu, II.
Ses décrets, volonté de Dieu, prédestination, id.
Sa condignité, I.
Son éternité, II.
Prédestinés, III.
Sa gloire, II.
Dieu immatériel, II.
Immense, id.
Eternel, id.
Immuable, id.

Impassible, II.
Impeccable, id.
Incompréhensible, id.
Infaillible, id.
Intelligent, id.
Infini, id.
Sa sagesse, IV.
Sa science, id.
Sa prescience, sa prévision future, III.
Sa simplicité, IV.
Sa toute-puissance, puissance, II.
Sa véracité, IV.
Sa vérité, id.
Sa volonté, id.
Sa compréhension, I.
Partialité en Dieu, acception de personnes, III.
Choix de Dieu, I.
Gouvernement de Dieu, théocratie, IV.
Permission de Dieu, III.
Notions en Dieu, II.
Enfants de Dieu, id.
VERTUS THÉOLOGALES, IV.
Foi, accord de la raison et de la foi, analyse de la foi, II.
Profession de foi, III.
Foi explicite, II.
Croyance, I.
Espérance, II.
Confiance en Dieu, I.
Charité théologale, id.
ADORATION, id.
THÉOPSIE, IV.
Ennemis de Dieu.
RELIGIONS FAUSSES, IV.
Liberté d'indifférence, III

Esprits forts, incrédules, II.
Scepticisme, Pyrrhoniens, IV.
Livres contre la religion, III.
Matérialisme, id.
Absolu des nouveaux philosophes, I.
ATHÉE, ATHÉISME, I.
Fatalisme, II.
Destinée, destin, id.
Fortuit, fortune, hasard, id.
Esprit particulier, id.
THÉISME, IV.
Déisme, II.
POLYTHÉISME, paganisme, païen, III.
Théanthropie, IV
Anthropologie, I.
Anthropopathie, id.
Mystères du paganisme, III.
Fables du paganisme, II.
Simulacres des païens, IV.
Temples des païens, id.
Apothéose.
Idolâtrie, II.
Astres, armée du ciel, I.
Sabaïsme, IV.
Religion des Parsis Guèbres, III.
Baskirs, I.
Bataks, id.
Bouddha, bouddhisme, id.
Brahma, brahmanisme, id.
Confutzéens, id.
Côte d'Or, id.
Malgaches, III.
Odin, id.
Osiris, id.
Perses (relig. des), id.
Zoroastre, IV.

Edda, II.
Falashas, id.
Roskolnikes, IV.
Kalmouks, id.
Dunkers ou Tunkers, II.
Panthéisme, spinosisme, III et IV.
Aïnos, I.
Optimisme, III.
FANATISME, II.
Désespoir, id.
Endurcissement, id.
Apathie, I.
Philosophie orientale, III.
Christianisme rationnel, I.
Physiologie, psychologie, III.
Mythe, id.
Phrénologie ou cranologie, cranioscopie, id
Philalèthes, id.
Phalanstériens, id.

IIe DIVISION.

Religion, ses mystères et ses dogmes.

ARTICLES DE FOI, I.
MYSTÈRES, III.
TRINITÉ, Dieu le Père, relation, circumincession, IV.
Trinité créée, id.
Trinité platonique, id.
Trois témoins, id.
Personnes en Dieu, III.
Illation, id.
Mission, id.
Spiration, IV.
Coéternité, I.
Égalité, coégalité, II.
Fils de Dieu, id.

Le Saint-Esprit, procession de l'Esprit-Saint, II.
Paraclet, avocat, avocate, III.
Opération du Saint-Esprit, id.
Dons du Saint-Esprit, II.
Péchés contre le Saint-Esprit, irrémissibles, III.
INCARNATION, Dei virilis, II.
Jésus-Christ, divinité de Jésus-Christ, III.
Verbe divin, id.
Sauveur, salut, id.
Génération du Verbe, II.
Consubstantialité du Verbe, consubstantiel, I.
* Libertés de Jésus-Christ, III.
Humanité du Verbe, II.
Union hypostatique, hypostase, II et IV.
Emanation, II.
Idées théandriques, IV.
Communication d'idiomes, I et II.
* Entendement de Jésus-Christ, II.
* Volontés de Jésus-Christ, IV.
* Trésor des satisfactions de Jésus-Christ, id.
* Justice originelle, III.
* Supernaturalisme, IV.
RÉDEMPTION, réconciliation, rachat du genre humain, nature réparée, II.
Verbe passible, id.
Propitiation, III.
* Réparateur, IV.
SUBSTANCES SPIRITUELLES, id.
Esprit, immatérialisme, immatériel, II.
Anges ; principautés, archanges, séraphins, trônes, chérubins, dominations, hiérarchie des anges, chœurs des anges, I.
Anges gardiens, III.
* Ange gardien, I.
Mauvais anges, I.
Démons, II.
Diables, id.
Art angélique, I.
* Liberté, III.
* Liberté des anges, id.
AME, immortalité, I.
Transmigration des âmes, métempsycose, IV.
HOMME, HUMANITÉ, II.
Femme, id.
Liberté de l'homme, III.
Vie, vivifier, IV.
Fin dernière de l'homme, II.
La mort, III.
Fin du monde, jugement, id.
Purgatoire, peines purifiantes, id.
Réprobation, IV.
Enfer, feu de l'enfer, damnation, peines éternelles, II.
* Liberté des damnés, III.
* Bonheur, I.
Paradis, bonheur éternel, III.
* Liberté des bienheureux, III.
Vision béatifique, IV.
Vision intuitive, II.
Vie éternelle, IV.
Fidèles, II.
Bienheureux, I.
Béatification des saints, id.
Canonisation des saints, id.
Invocation, intercession des saints, II.
Communion de foi, communion des saints, I.

IIIe DIVISION.
Sacrements et secours de la Religion chrétienne.
SACREMENTS EN GÉNÉRAL, efficacité des sacrements, formes sacramentelles, opus operatum en matière de sacrements, IV.
Application des mérites de Jésus-Christ, III.
Régénération spirituelle, IV.
Caractère indélébile de trois sacrements, I.
Matière des sacrements, III.
Ministre des sacrements, I.
Sacrements déprécatifs, II.
Cérémonie des sacrements, I.
Sacramentaire, IV.
BAPTÊME, I.
Annotine, id.
Péché originel, état de nature tombée, III.
Imputation du péché d'Adam, II.
Enfants punis des péchés des pères, IV.
Parathèse, III.
Catéchèse, I.
Catéchisme, id.
Catéchumènes, id.
Scrutin des catéchumènes, IV.
Huile des cathécumènes, II.
Vœux du baptême, IV.
Fonts baptismaux, II.
Baptistères, I.
Pædobaptisme, ou baptême des enfants, id.
Immersion baptismale, II.
Ondoiement, III.
Chrême, myron, I.
Chrémeau, id.
Nom de baptême, III.
Parrains et marraines, id.
Filleuls et filleules, II.
Adoption, I.
Enfants de Dieu par adoption, II.
Cliniques ou baptisés pendant la maladie, grabatres, I.
Néophytes, III.
Lamprophores, id.
Illuminés, II.
CONFIRMATION, I.
PÉNITENCE, III.
Componction, I.
Syndérèse, IV.
Conversion, I.
Contrition, id.
Contrition parfaite, amour de Dieu, id.
Attrition, I.
Attritionnaires, id.
Crainte de Dieu, crainte filiale, id.
Bon propos, IV.
Fuite des occasions, II.
Confession auriculaire, I.
Exomologèse, II.
Secret de la confession, IV.
Directeur de conscience, I.
Confesseurs, id.
Cas de conscience, id.
Casuistes, id.
Censure, id.
Irrégularité, II.
Suspense, IV.
Excommunication, II.
Satisfaction, IV.
Satisfaction par les mérites de Jésus-Christ, id.
Pénitence satisfactoire, id.
Pénitence publique, pleurants et prosternés, III.

Canons pénitentiaux, I.
Bonnes œuvres, IV.
OEuvres satisfactoires, IV.
Afflictions, adversité, I.
Austérité, mortification, III.
Jeûne, III.
Abstinence, I.
Abstème, id.
Cilice, sac, IV.
Flagellation, II.
Aumône, I.
Absoute, id.
Absolution, id.
Justification sacramentelle, III.
Indulgence, II.
Jubilé, station du jubilé, id.
Aveuglement spirituel, I.
Endurcissement du cœur, III.
Impénitence finale, id.
EUCHARISTIE, PRÉSENCE RÉELLE, espèces ou accidents eucharistiques, II.
Holocaustes, id.
Victime, IV.
Hostie, oblation, ob'a'œ, II.
Partie de l'hostie, I.
Sacrifice de la messe, III.
Consécration, I.
Transsubstantiation, III.
Communion sacramentelle, I.
Communion sous les deux espèces, II.
Communion pascale, id.
Communion fréquente, id.
Communion laïque, id.
Communion pérégrine, id.
Viatique, IV.
Communion spirituelle, I.
EXTRÊME-ONCTION, II.
Huile des malades, id.
ORDRE, III.
Ordinand, id.
Ordination, réordination, id.
Consécration, I.
MARIAGE, empêchement au mariage, affinité, consanguinité, III.
Dispenses, II.
Fiançailles, id.
* Indissolubilité du mariage, id.
(a) Empêchements, id.
GRACE, LUMIÈRE, id.
Assistance de Dieu, I.
Concours de Dieu, id.
Libre arbitre, III.
Liberté chrétienne, id.
Volonté, volontaire, IV.
Coactif, coaction, II.
Prédétermination, III.
Prémotion, id.
Mérite, démérite de l'homme, id.
Délectation victorieuse, II.
Grâce actuelle, I.
Grâce prévenante, II.
Grâce efficace, efficacité, II.
Grâce amissible, id.
Justice inhérente, III.
Grâce intérieure, II.
Grâce opérante, III.
Grâce nécessitante, II.
Grâce suffisante, IV.
Molinisme, III.
Congruisme, congruité, I.

IVe DIVISION.
Morale de la religion chrétienne; vertus qu'elle enseigne.
VERTUS, IV.
Vertus morales, id.
Lois, loi orale, III.

Lois civiles, III.
Lois divines, id.
Décalogue, commandements de Dieu, commandements de l'Église, II.
* Promulgation, III.
(a) Décrétales, II.
* Peines canoniques, III.
RAISON, IV.
Bonté morale, I.
Approbation de la conscience, I.
Scrupules, IV.
ACTE, ACTION, I
Devoirs, II.
* Perfectibilité chrétienne, III.
VERTUS CARDINALES, I.
Dévotion, dévot, II.
Méditation, III.
Sagesse de l'homme, IV.
Reconnaissance des bienfaits de Dieu, id.
Résignation à la volonté de Dieu, id.
Piété, III.
Contemplation, I.
Abnégation, renoncement à soi-même, I.
Zèle de la religion (Abdas), IV.
* Abdas, I.
Prudence, III.
Sainteté, IV.
Simplicité chrétienne, id.
Résignation dans les souffrances, souffrances, id.
Vœux, id.
Virginité, id.
Obéissance, III
Humilité, II.
Persévérance, III.
* Tempérance, IV.
AMOUR DU PROCHAIN, charité, prochain, I.
Justice, III.
Humanité, II.
Amitié, I.
Restitution, réparation, IV.
Hospitalité, hôpital, II.
Aumône, collecte, I.
Enfants, II.
Fils et filles, id.
Enfants trouvés, id.
Éducation, id.
Tempérance, IV.
Force, II.
Abjuration, I.
CONSEILS ÉVANGÉLIQUES, id.
OEuvres de surérogation III.
Célibat, continence, I.
Chasteté, id.
* Mysticisme, III.
* Extase, II.

Vices et péchés qu'elle condamne.

AFFECTIONS MORALES, III.
Affections mondaines, id.
PASSIONS HUMAINES, III.
Concupiscence, II.
Tentations, IV.
Vices, id.
Crimes, II.
Péchés, coulpe, III.
Défauts, imperfections, II.
Désirs, id.
Dessein, intention, id.
Bien et mal moral, I.
Ignorance, péchés d'ignorance, II.
Offense, III.
Occasion, cause d'offense, id.
PÉCHÉS MORTELS, id.
Péchés véniels, IV.
Péchés d'omission, III.

Péchés involontaires, IV.
Péchés capitaux, I.
Orgueil, III.
Gloire humaine, II.
Ambition, I.
Amour-propre, id.
Flatterie, II.
Envie, id.
Jalousie, III.
Avarice, I.
Richesses, biens de ce monde, IV.
Jeu, passion du jeu, III
Gourmandise, II.
Luxure, III.
Joie mondaine, IV.
Plaisirs du monde, III.
Colère, I.
Oisiveté, oisifs, III.
APOSTASIE, APOSTAT, I.
Renégat, IV.
Impiété, irréligion, II.
Incrédulité, incrédules, id.
Infidélité, infidèles, id.
Erreur, II.
Folie, id.
Simonie, IV.
Sacrilège, id.
Mélancolie religieuse, III.
Superstition, IV.
Pacte avec le démon, III.
Théurgie, IV.
Energumènes, II.
Nécromancie, évocation des morts, III.
Sorcellerie, sorciers, sortilèges, IV.
Magie, magiciens, caractères magiques, III.
Magnétisme, III.
Art notoire, I.
Art de saint Paul, id.
Phylactères, III.
Ligatures, id.
Onéirocritie, rêves, songes, id.
Ordalie, épreuves superstitieuses, pain conjuré, id.
Charmes, I.
Maléfices, III.
Enchantements, II.
Abjuration, I.
Conjuration, id.
Devin, divination, auspices, augures, II.
Présages, III.
Amulettes, I.
Apparitions, id.
Sorts des saints, sorts virgiliens, IV.
Astrologie judiciaire, I.
IMPRÉCATION, II.
Jurement, III.
Serment, IV.
Parjure, III.
Malédiction, id.
Blasphème, I.
Blasphémer, id.
Blasphémateur, id.
Blasphématoire, id.
IRRÉVÉRENCE DANS LES LIEUX SAINTS, II.
Bigoterie, I.
Hypocrisie, II.
SUICIDE, IV.
Parricide, III.
Infanticide, II.
Homicide, id.
HAINE, II.
Vengeance, IV.
Défense de soi-même, II.
Armes, I.
Guerre, II.
Guerres de religion, III.
Esprit de domination, id.
Despotisme, id.
Intolérance, II.
Ennemi, étranger, id.

Gladiateurs, II.
Duel, id.
IMPUDICITÉ, id.
Impureté, id.
Volupté, IV.
Obscénité, III.
Equivoques, II.
Romans, IV.
Luxe, III.
Mascarades, III.
Danses, II.
Spectacles, IV.
Fornication, II.
Concubinage, I.
Polygamie, III.
Bigamie, I.
Adultère, id.
Répudiation, divorce, II.
Inceste, id.
Sodomie, IV.
VOL. IV.
Usure, id.
Procès, III.
TÉMOINS, FAUX TÉMOIGNAGE, IV.
Méchanceté, III.
Mensonge, restriction mentale, id.
Calomnie, I.
Médisance, III.
Raillerie, IV.
Scandale, id.
LIBELLES DIFFAMATOIRES, II.
ÉTAT, PROFESSION, id.

Ve DIVISION.
Preuves de la religion chrétienne.

ÉCRITURE SAINTE.
PROLÉGOMÈNES, IV.
Ecriture sainte, règle de foi, analogie, citation de l'Ecriture sainte, II.
Livres saints, III.
Dépôt de la foi, II.
Parole de Dieu, III.
Inspiration des livres saints, II.
Leçons, texte de l'Ecriture sainte, III.
Canon des livres sacrés, I.
Livres canoniques, III.
Livres authentiques, id.
Livres deutéro-canoniques, II.
Auteurs ecclésiastiques, I.
Ecrivains sacrés, II.
Interprétation des livres saints, II.
* Herméneutique sacrée, id.
Chronologie sacrée, I.
Géographie sacrée, II
Histoire sainte, id.
Sens des Ecritures, IV.
Sens littéral, id.
Sens figuré, II.
Sens mystique, III.
* Intégrité des livres sacrés, II.
* Véracité des livres saints, III.
* Lecture de l'Ecriture sainte, II.
BIBLE, I.
Biblique, id.
Biblistes, id.
Variantes, IV.
Concordance, versets, ponctuation, chapitres de la Bible, I.
Interprètes, II.
Traduction générale, IV.
Version de l'Ecriture sainte, I et IV.
Bibles polyglottes, III.
Bible octaple, id.
Hexaples d'Origène, II.
Bible hébraïque, I.

Hébreux, caractère hébraïque, II.
Hébraïsme, idiotisme, id.
Langue hébraïque, voyelles en langue hébraïque, id.
Hétraïsants, id.
* Antilogie, I.
Poésie des Hébreux, III.
Textuaires juifs, IV.
Texte samaritain, id.
Paraphrases chaldaïques, id.
Version des Septante, Symmaque, Théodotion, l'ython, IV.
Bible grecque, I.
Versio is grecques, II.
Hellénisme, hellénistique, hellénistes, id.
Bibles orientales, I.
Chaldéennes, id.
Syriaques, id
Cophtes, id.
Ethiopiennes, id.
Arméniennes, id.
Persanes, id.
Moscovites, id.
Bible latine, id.
Vulgate, IV.
Bible en langue vulgaire, I.
Commentateurs, chaîne, commentateurs, I.
* Archéologie, id.

Ancien Testament.

ALLIANCE, I.
Octateuque, III.
Heptateuque, II.
Pentateuque, III.
GENÈSE, II.
* Cosmogonie, I.
* Géologie, II.
* Firmament, II.
* Chaos, I.
* Astronomie, I.
* Zodiaques, IV.
* Denderah, II.
* Esné, id.
* OEuvre des six jours, III.
* Chaleur du globe, I.
* Longévité, III.
* Générations spontanées, II.
* Ethnographie, II.
* Linguistique, III.
* Révélation primitive, IV.
* Volcans, id.
* Races humaines, IV.
* Humaine (unité de l'espèce), II.
* Islande, id.
* Minéralogie, III.
Création du monde; palingénésie, II.
Antiquité du monde, III.
Monde, physique du monde, cosmogonie, cosmologie, id.
Hexaméron, ouvrages des six jours, semaines de la création, II.
Ciel, firmament, empyrée, id.
Terre, IV.
Ténèbres, id.
Lumière, III.
Soleil, IV.
Animaux, brutes, I.
Adam, protoplaste, Eve, état d'innocence, chute d'Adam, I.
Paradis terrestre, Eden, jardin d'Eden, III.
Nature, état de pure nature, id.
Arbre de la science, I.
Arbre de vie, id.
Serpent tentateur, IV
Abel, I.
Caïn, id.
Hénoch, II.

Patriarches, III.
Loi naturelle, III.
Loi traditionnelle, id.
Géants, II.
Antédiluviens, I.
Déluge universel, cataractes du déluge, II.
Noé, III.
Arche de Noé, I
Arc-en-ciel, I.
Cham, I.
Noachides, III.
Tour de Babel, langues, confusion des langues, I.
Dispersion des peuples, II.
Peuple de Dieu, III.
Abraham, Sara, Mambré, I.
Pain d'Abraham, III.
Palestine, terre promise, famine, IV.
Egyptiens, II
Hiéroglyphes, III.
Loth, id.
Frères, II.
Sodome, IV.
Mer Morte, Asphalte, III.
Ammonites, I.
Moabites, III.
Chaldéens, I.
Chananéens, IV.
Enfants d'Abraham, Gentils, I.
Tentation d'Abraham, IV.
Circoncision, prépuce, I.
Abra, suivante de Rébecca, I.
Jacob, Esaü, III.
Juda, fils de Jacob, id.
Joseph, II.
Songe de Joseph, II.
Voyageur, IV.
EXODE, II.
* Révélation mosaïque, IV.
Moïse, III.
Aaron, Coré, Dathan et Abiron, I.
Jéhovah, Adonaï, Tetragrammaton, III.
Plaie d'Egypte, III.
Prodige, id.
Pâque juive, Phase, IV.
Agneau pascal, I.
Aîné, droit d'aînesse, rachat des aînés, id.
Mer Rouge, III.
Israélites dans le désert, II.
Nuit hébraïque, III.
Nuée, colonne de nuée, id.
Tribus d'Israël, IV.
Manne du désert, III.
Tabernacle d'alliance, IV.
Mont Sinaï, III.
Tables de la loi, II.
Loi cérémonielle, Observance légale, id.
Arche d'alliance, I.
Pontifes, princes des prêtres, III.
Parvis des prêtres, id.
Ephod, rational, pectoral oracle, tiare, II et III.
Pains de proposition, III.
Chandeliers du temple, I.
Sanctuaire, IV.
Saint des saints, III.
Mer d'airain, III.
Huile d'onction, II.
Sabbat juif, IV.
Année sabbatique, id.
Hostie pacifique, II.
Veau, II.
Veau d'or, id.
* Lieux saints, III.
LEVITIQUE, CÉRÉMONIES JUDAÏQUES, id.
Feu, id.
Stigmates, IV.
Sang, id.
Miel, III.

DICT. DE THÉOL. DOGMATIQUE IV.   37

TABLE ANALYTIQUE ET MÉTHODIQUE.

Viandes immolées, Idolothytes, II.
Victimes, IV.
Expiation judaïque, II.
Bouc émissaire, Azazel, I.
Souillures, impureté légale, II.
Mort, funérailles des Hébreux, III.
Cadavres, I.
Animaux purs et impurs, I.
Fête des prémices des fruits, III.
Moissons, id.
Gerbes, II.
Fête des trompettes, IV.
Fêtes des tabernacles, id.
Fêtes des pardons, III.
Jubilé des Juifs, id.
Nombres, III.
Lévites, id.
Eau de jalousie, jalousie, II.
Loi judiciaire, III.
Lapidation, id.
Vache rousse, IV.
Serpent d'airain, id.
Balaam, I.
Béelphégor, id.
Villes de refuge, IV.
Néoménie, III.
Deutéronome, II.
Jugement de zèle, III.
Mézuzoth, id.
Bélial, I.
Orphelins, III.
Prostitution, id.
Eunuque, II.
Josué, Gabaonites, II.
Guerres juives, id.
Jourdain, III.
Jéricho, id.
Dénombrement, énumération, II.
Nathinéens, III.
Xylophorie, IV.
Remmon, fausse divinité, id.
Pierres de Josué, III.
Juges, Gabaa, II.
Baal, I.
Baalites, id.
Astaroth, Astarté, id.
Aod, id.
Gédéon, II.
Jephté, III.
Chamos, I.
Samson, IV.
Lévite, II.
Ruth, IV.
Les quatre livres des Rois, id.
Samuel, id.
Idole de Dagon, II.
Économie religieuse, id.
Saül, IV.
Oint, onction des rois par les prophètes, III.
Agag, Amalécites, I.
David, II.
Ob, Python, Pythonisse, IV.
Nathan, III.
Ahias, Achias, I.
Abiathar, Achimélech, id.
Salomon, IV.
Temple de Jérusalem, id.
Voile du temple de Jérusalem, id.
Roboam, IV.
Élie, II.
Mont-Carmel, I.
Hauts lieux, II.
Élisée, enfants dévorés par les ours, id.
Naaman, III.
Josaphat, id.
Musach, id.
Nergal, id.
Nohestan, id.
Captivité de Babylone, I.

Antiochus, I.
Paralipomènes, Chroniques, III.
Astarothites, I.
Néoménie, III.
Zacharie, IV.
Esdras, II.
Néhémie, III.
Tobie, IV.
Sépulture, tombeau, id.
Asmodée, I.
Judith, Sac, III.
Esther, Purim, Phurim, Fête des sorts, II.
Job, III.
Béhémoth, I.
Léviathan, III.
Résurrection, résurrection générale, II.
Psaumes de David, id.
Néchiloth, III.
Aigle, I.
Livre des Proverbes, IV.
Ecclésiaste, II.
Cantique des Cantiques, I.
Livre de la Sagesse, Paranète, IV.
Choléra-Morbus, I.
Ecclésiastique, II.
Prophètes, III.
Mission de Prophètes, id.
Visions prophétiques, IV.
Prophétie, accomplissement des prophéties, III.
Isaïe, II.
Horloge d'Achaz, id.
Jérémie, III.
Lamentations de Jérémie, id.
Les Réchabites, IV.
Baruch, I.
Repas du mort, IV.
Ézéchiel, II.
Gog et Magog, id.
Pygmées, III.
Daniel, Susanne, II.
Enfants dans la fournaise, Sidrach, Misach et Abdenago, id.
Nabuchodonosor, III.
Maozim, id.
Monarchies de Daniel, id.
Semaines de Daniel, IV.
Petits Prophètes, id.
Osée, III.
Joël, II.
Amos, I.
Abdias, id.
Jonas, III.
Michée, id.
Nahum, II.
Habacuc, II.
Sophonie, IV.
Aggée, I.
Zacharie, IV.
Malachie, III.
Faux prophètes, id.
Machabées, II.
Bahin, id.
Scénopégie, I.
Alexandre le Grand, I.

Sectes juives.

SECTES JUIVES, IV.
Juifs, III.
Massorètes, id.
Assidéens, I.
Caraïtes, id.
Dosithéens, II.
Samaritains, Adramélech, Azima, Thariac, IV.
Héliognostiques, II.
Sébuséens, IV.
Masbothéens, III.
Hémérobaptistes II
Galiléens, id.
Saducéens, IV.
Scribes, id.

Pharisiens, III.
Hérodiens, II.
Zélateurs, IV.
Esséniens, II.
Thérapeutes, IV.
Rabbins, id.
Gilgul, II.
Cabale, Gématrie, I.
Talmud, Gémare, Misna, IV.
Synagogue, id.
Oratoire des Hébreux, III.
Cozri, livre juif, I.
Deutérose, II.
Nombre de sept chez les Juifs, IV.
Urim et Thummim, id.
Gaon, Guéouim, II.
Kéry, Kétib, III.
Kijoun, id.
Késitah, id.
Machasor, id.
Médraschim, id.
Mégilloth, id.
Ibum, II.
L'historien Josèphe, id.

Critique sacrée.

CRITIQUE, I.
Philologie sacrée, III.
Allégorie, I.
Proverbes, II.
Abaissement, I.
Abandon, id.
Abîme, id.
Ablution, id.
Doctrine évangélique, II.
Abomination, I.
Anathème, id.
Anciens, id.
Bénédiction, id.
Coupe de bénédiction, id.
Chair, id.
Clef, id.
Climat, id.
Cœur, id.
Commencement, id.
Cordeau, id.
Feu, II.
Génuflexion, id.
Huile, id.
Jour, III.
Jugement, id.
Juste, id.
Nouveau, id.
Observer, id.
Odeur, id.
Ombre, id.
Oreille, id.
Os, id.
Paix, id.
Patience, id.
Parents, id.
Pêcheurs, id.
Pieds, id.
Premier, id.
Profanation, id.
Pur, Pureté, id.
Temps, IV.
Tête, id.
Téraphim, id.
Torrent, id.
Vase, id.
Verge, id.
Œil, Yeux, III.
Ivresse, IV.
Zèle, id.

Nouveau Testament.

ÉVANGILE, HISTOIRE ÉVANGÉLIQUE, II.
Révélation chrétienne, IV.
Évangélistes, id.
S. Matthieu, III.
S. Marc, id.
S. Luc, id.
S. Jean, id.
Harmonie, concordes des Évangiles, I.

Contexte des Évangiles, I.
Paraboles, III.
Morale philosophique, id.
Morale évangélique, id.
Ténèbres évangéliques, IV.
Évangiles apocryphes, II.
— des Égyptiens, id.
Protévangile de saint Jacques, II.
Actes de Pilate, Pilate, III.
Oracles Sybillins, IV.
Ichtys, II.
Jésus-Christ, Sauveur, Salut, id.
Sa nature divine et humaine, id.
Sa mission, III.
Ses avénements, I.
Loi de grâce, III.
Divinité du Verbe, II.
Messie, III.
Marie, Mère de Dieu, la Ste Vierge, Notre-Dame, id.
Nativité de la Ste Vierge, id.
Assomption de la Sainte Vierge, I.
Zacharie, père de saint Jean-Baptiste, IV.
Annonciation de la Sainte Vierge, I.
Visitation de la Sainte Vierge, IV.
Magnificat, III.
Généalogie de J.-C., II.
Génération de J.-C., id.
Saint Joseph, II.
Naissance du Sauveur, III.
Bethléem, I.
Crèche du Sauveur, I.
Circoncision, II.
Nom de Jésus, III.
Emmanuel, II.
Étoile miraculeuse, id.
Mages, III.
Vocation des Gentils, IV.
Massacre des Innocents, II.
Penthèse, Purification, Présentation au temple, III.
Nazaréens, II.
Jean-Baptiste, II.
Le royaume des cieux, IV.
Tentation dans le désert, id.
Satan, IV.
Voie du Seigneur, id.
Décollation de saint Jean-Baptiste, II.
Noces de Cana, eau changée en vin, I.
Paranymphe, ami de l'époux, III.
Métrète, mesure, id.
Disciples de J.-C., II.
Temple, IV.
Vendeurs chassés du temple, id.
Nicodème, III.
Obsession, possession du démon, démoniaques, Gadaréniens, id.
Béelzébub, I.
Capharnaüm, id.
Miracles, III.
Thaumaturge, IV.
Guérison des malades, II.
Sermon sur la montagne, IV.
Raca, id.
Géhenne, I.
Mammona, III.
Oraison Dominic., Pater, id.
Publicains, id.
Piscine probatique, id.
Multiplication des pains, id.
Chananéenne, I.
Renoncement à soi-même, IV.
Transfiguration, id.

TABLE ANALYTIQUE ET MÉTHODIQUE.

Femme adultère, I.
Sein d'Abraham, IV.
Jugement dernier, III.
Elus, II.
Résurrection de Lazare, III.
Marie-Madeleine, id.
Hosanna, II.
Zacharie, fils de Baruch, IV.
Figuier maudit, II.
Chaire de Moïse, I.
Parascève, III.
Cène, I.
Cénacle, id.
Lavement des pieds, III.
Judas Iscariote, id.
Passion, souffrances de Jésus-Christ, id.
Agonie de Jésus-Christ, I.
Sang de Jésus-Christ, IV.
Calice de Jésus-Christ, I.
Corban, id.
Golgotha, Calvaire, id.
Croix, id.
Véronique, IV.
Crucifiement, I.
Heure à laquelle J.-C. fut mis en croix, II.
* Mort de Jésus-Christ, III.

Eclipse, ténèbres à la mort de Jésus-Christ, II.
Voile du Temple, IV.
Limbes, III.
Sindon, suaire, IV.
Saint Sépulcre, id.
Résurrection de Jésus-Christ, id.
Les trois Maries, III.
Apparition de Jésus-Christ après sa résurrection, I.
Ascension de J.-C.; id.
ACTES DES APÔTRES, I.
Apôtres, id.
Doctrine apostolique, id.
S. Pierre, Céphas, id.
S. Jacques le Majeur, III.
S. Philippe, id.
S. Barthélemy, I.
S. Thomas. IV.
S. Jacques le Mineur, III.
S. Thadée, S. Jude, id.
S. Simon, IV.
Mission des apôtres, III.
Canons des apôtres, I.
Symbole des apôtres, IV.
Dispersion des apôtres, II.
S. Matthias, II.

PENTECÔTE CHRÉTIENNE, III.
Prosélytes, id.
EGLISE DE JÉRUSALEM, II.
Remphan, IV.
Ananie et Saphire, I.
Communauté de biens, id.
Veuves, IV
Vierges, id
Diacre, id.
Proto-martyr, S. Etienne, IV.
Conversion de S. Paul, III.
Nations, id.
* Jérusalem (destr. de), id.
CHRÉTIENS, CHRISTIANISME, I.
Habits des chrétiens, II.
Repas des chrétiens, IV.
Repas de charité, Agapes, I.
Mœurs des chrétiens, III.
Chrétiens judaïsants, I.
Eglise d'Antioche, id.
S. PAUL, III.
Epîtres de S. Paul; II.
Aux Romains, IV.
Aux Corinthiens, I.
Aux Galates, II.
Aux Ephésiens, id.
Aux Philippiens, III.
Aux Colossiens, I.

Aux Thessaloniciens, IV.
A Timothée, id.
A Tite, id.
A Philémon, III.
Aux Hébreux, II.
Vieil homme, id.
Illapse, Extase, id.
Maran-Atha, III.
Voile, III.
Baiser de paix, III.
Pédagogue, id.
Murmure, id.
Victimes, IV.
Médiateur entre Dieu et l'homme, III.
EPÎTRE DE S. PIERRE, id
Dyscole, II.
EPÎTRES DE S. JEAN, III.
Antechrist, I.
EPÎTRE DE S. JACQUES, III.
EPÎTRE DE S. JUDE, id
APOCALYPSE, I.
Abaddon, id.
Michel, III.
Alpha et Oméga, I.
TRADITIONS, TRADITION ORALE, IV.
* Inscriptions, II.

SECONDE PARTIE DE LA THÉOLOGIE.
L'ÉGLISE CATHOLIQUE.

1re DIVISION.
Propagation de l'Eglise catholique.
EGLISE, II.
* Eglise triomphante, id.
* Eglise souffrante, id.
* Eglise militante, id.
* Révolutions (les) et l'Eglise, IV.
CHRISTIANISME, I.
Chrétienté, id.
HISTOIRE, II.
Histoire ecclésiastique, id.
Empereur, édits des empereurs, I.
PERSÉCUTEURS, III.
Persécution, violence, contrainte, id.
Martyre, supplices, id.
Martyrs, id.
Confesseurs, I.
Traditeurs, IV.
EGLISE D'ASIE, I.
EGLISE D'ARABIE, id.
EGLISE DE SYRIE, IV.
Chrétiens Orientaux, III.
Chrétiens Maronites, id.
EGLISE DE ROME, IV.
Eglise Latine, II.
Schisme, IV.
Schisme d'Occident, id.
Papesse Jeanne, III.
EGLISE GRECQUE, II.
Schisme des Grecs, IV.
Paraclétique, III.
Papas grecs, id.
Xérophagie, IV.
Synaxarion, id
Tetraodion, id
Lapsynacte, II.
Lectinaires, III.
Macarisme, id.
Ménée, Ménologe, etc., id.
Horologion, II.
Florilège, Anthologe, I.
Alphabet, id.
Metanoéa, III.
Hagiosidère, II.
Hodégos, id.
Hydromite, id
Idiomèle, id.
Synaxe, IV.
Diptyques, II.

Euchologe, III.
Ferm ntaires, id.
Euthanasie, id.
Colybes, I.
Copiate, id.
Chérubique, id.
Antitype, id.
Autocéphales, id.
EGLISE DE PERSE, III.
— D'ETHIOPIE, ABISSINS, II.
— D'ALEXANDRIE, I.
Lettres pascales, III.
EGLISE GALLICANE, II.
Pèlerinage, id.
Croisade, saint sépulcre, IV.
Massacre de la Saint-Barthélemy, I.
EGLISE D'AFRIQUE, id.
Typase, IV.
Conversion des Africains, I.
Intervention dans l'Eglise d'Afrique, II.
Iconodule, iconolâtre, id.
Légion fulminante, III.
Légion thébéenne, id.
Constantin, II.
Vision de Constantin, IV.
Labarum, III.
L'empereur Julien, id.
Eustathieus catholiques, II.
EGLISE D'EGYPTE, id.
Chrétiens cophtes, I.
EGLISE D'ESPAGNE, II.
Rites mozarabes, III.
EGLISE D'ANGLETERRE, I.
Saint Thomas Becquet, IV.
Schisme d'Angleterre, id.
EGLISE D'ALLEMAGNE, I.
Trêve de Dieu, IV.
Intérim de Charles V, II.
Confession d'Augsbourg, I.
Centuriateurs de Magdebourg, id.
EGLISE DU NORD, III.
EGLISE DE MOSCOVIE, RUSSIE, IV.
EGLISE DE SUÈDE, Goths, II.
EGLISE DE POLOGNE, III.
EGLISE DE TARTARIE, IV.
EGLISE DE MINGRÉLIE, III.
EGLISE DES INDES, II.
Brames indiens, Bramines, I.
* Missions étrangères, Paraguay, III.

Eglise du Japon, III.
Eglise de la Chine, I.
Chrétiens malabares, III.
Rites malabares, id.
EGLISE D'AMÉRIQUE, I.
Démarcation, II.

IIe DIVISION.
Gouvernement et ministres de l'Eglise catholique.
EGLISE MILITANTE, indéfectibilité de l'Eglise, II.
* Sainteté de l'Eglise, IV.
* Apostolicité, I.
* Perpétuité de l'Eglise, III.
* Gouvernement de l'Eglise, II.
* Controverses (Juge des), I.
* Infaillibilité (dépositaires), II.
Notes de l'Eglise, III.
Catholicité de l'Eglise catholique, I.
Eglise infaillible, II.
Infaillibilistes, III.
Le pape Libère, III.
Orthodoxie de l'Eglise, id.
Immunités de l'Eglise, II.
Juridiction spirituelle, III.
ECCLÉSIASTIQUES, id.
Discipline ecclésiastique, II.
CONCILES, ACTES DES CONCILES; décrets, canons des conciles, I.
Conciles œcuméniques, III.
Concile de Nicée, id.
Ier de Constantinople, I.
D'Ephèse, IV.
De Chalcédoine, I.
IIe de Constantinople, id.
Affaire des 3 Chapitres, id.
IIIe de Constantinople, id.
* Assemblées religieuses, I.
De Nicée, III.
IVe de Constantinople, I.
Les quatre conciles généraux de Latran, III.
Les deux conciles généraux de Lyon, II.
De Constance, I.
De Bâle, id.
De Florence, II.
De Trente, IV.
Concile in Trullo, id

Concile Quinisexte, IV.
Droit Canonique, II.
Lettres canoniques, III.
Clémentines, I.
(a) Conciles nationaux, I.
(a) Synode, IV.
Pape, papauté, chef de l'Eglise, II.
Saint-siège, Eglise de Rome, chaire de S. Pierre, IV.
Primauté du pape, III.
Tiare, IV.
* Anneau du pêcheur, I.
* Centre d'unité, id.
* Indéfectibilité, II.
* Déclaration du clergé de France, id.
* Infaillibilité du pape, id.
* Cathedra (ex), I.
* Causes majeures, id.
* Boniface VIII, I.
* Grégoire VII, II.
* Honorius, II.
* Dogmatiques (faits), II.
(a) Collège de cardinaux, I.
Antipapes, id.
Succession des pasteurs, IV.
Patriarches, II.
Collège de cardinaux, I.
Constitut. apostoliques, id.
Décrétales, I.
Bulle, bref, I.
Bulle in Cœna Domini, id.
Appel au futur concile, id.
Appelant, id.
CLERC, CLERGÉ, id.
Pontifical romain, III.
Pasteurs des Eglises, id
* Ministère, III.
* Institution des ministres de la religion, II.
* Circonscription diocésaine et paroissiale, I.
(a) Translation, IV.
Evêques, épiscopat, II.
Chévêque, I.
Chorévêque, id.
Mécronomie, III.
(a) Primat, id.
Métropole, id.
Evêques régionnaires, IV.
Chaire épiscopale, I.
Crosse, id

Mitre, III.
Croix pectorale, I.
Election des évêques, II.
Siège, évêché, diocèse, id.
Résidence des évêques, IV.
Intronisation des évêques, II.
(a) Archevêque, I.
(a) Archevêché, id.
Appel comme d'abus, id.
Pallium épiscopal, III.
Prototrône grec, trône épiscopal, IV.
Cathédrale, I.
Collégiale, id.
Chanoines, id.
Chapitre en corps, id.
Abbé, abbaye, id.
Officiant, célébrant, id.
Prédicateur, lieux, oratoires, III.
Sermons, dominicale, paranèse, II.
Pénitencier, III.
Capiscol, I.
Apocrisiaire, id.
Econome, II.
Ecclésiarque, id.
Panoisse, III.
Presbytère, id.
Casuel des curés, honoraires des ministres de l'Eglise, I.
(a) Archidiacre, id.
(a) Archiprêtre, id.
(a) Cure, curé, id.
Aumôniers, id.
(a) Vicaire, IV.
(a) Ecolâtre, II.
(a) Chefcier, I
(a) Définiteur, II.
Vicaires, IV.
Prêtre, prêtrise, sacerdoce, sacrificateurs, III.
Imposition des mains, keirotonie, II.
Couronne des prêtres, IV.
Bénéfices, biens ecclésiastiques, I.
Diaconat, II.
Diaconique, id.
Diacre, id.
Diaconesse, id.
Sous-diacre, IV.
Epistolier, II.
Ordres mineurs, III.
Portier, II.
Mansionnaires, id.
Acolyte, I.
Exorciste, II.
Exorcisme, id.
Lecteur, III.
Thuriféraire, IV.
Porte-croix, III.
Lampadaire, id.
Illuminés, II.
Syncelle, prolosyncelle, IV.
(a) Tonsure, IV.
Liberté des Eglises, III.
Liberté de l'Eglise gallicane, id.
Articles organiques, I.
(a) Pragmatique sanction, III.
Université, chancelier d'université, IV.
Ecole, II.
Ecoles de théologie, faculté de théologie, bachelier, id.
Sorbonne, IV.
Acte sorbonique, id.
Chaire théologique, I.
Professeur de théol., III.
Paranymphe, id.
Gradué, II.
Licencié, licence, III.
Degré théologique, II.
Tentative théologique, IV.

Acte en théologie, IV.
Aulique, I.
Résumpte, IV.
Vespérie théologique, id.
Majeure et mineure théologique, III.
Censure des livres, I.
Inquisiteur, inquisition, S.-office, auto-da-fé, II.
(a) Excommunication, id.
(a) Suspense, IV.
Sépulture ecclésiast., id.
(a) Rachat de l'autel, id.
Régale, id.
Congrégation des Rites, I.
Laïque, III.

IIIe DIVISION.

Culte et Liturgie de l'Eglise catholique.
CULTE DE DULIE, I.
Culte de Jésus-Christ, id.
Culte des saints, id.
Culte d'hyperdulie, II.
Culte de latrie, I.
Culte public, pompe du culte, I.
Férie, jour de férie, II.
Fêtes, id.
Fêtes mobiles, id.
Canon pascal, III.
Fêtes solennelles, II.
Sanctification des fêtes, id.
Vigiles, veille, IV.
Octaves, III.
Dimanche, II.
Quatre-Temps, IV.
Avent, I.
Noël, III.
Circoncision, I.
Epiphanie, Théophanie, II.
Purification de la Vierge, Présentation, Penthèse, la Chandeleur, I.
Septuagésime, Azote, IV.
Apocréas, Septuagésime chez les Grecs, I.
Sexagésime, IV.
Quinquagésime, id.
Mercredi des Cendres, I.
Carême, id.
Dimanche des Rameaux, Palmos, IV.
Semaine sainte, ténèbres, id.
Pâque, phase, id.
Agneau pascal, azyme, I.
Temps pascal, III.
Quasimodo, IV.
Rogations, id.
Ascension, I.
Pentecôte, III.
Trinité, IV.
Fête du Saint-Sacrement, id.
Transfiguration, id.
Corps de Jésus-Christ, I.
Cœur (dévotion au sacré), id.
Culte de la Ste Vierge, id.
Fête de la croix, Invention, Exaltation de la croix, I.
Fête du nom de Marie, III.
Conception immaculée, Panacérante, I.
Visitation, IV.
Compassion de la Vierge, I.
La fête de tous les saints, IV.
Commémoration des morts, fête, mânes des morts, I.
Vigiles des morts, IV.
Funérailles, obsèques, pompe funèbre, convoi, cimetière, embaumement, II.
Catacombes, I.
Dédicace, encénies, consécration des églises, II.
Encolpe, brandeum, reliques, chasses, IV.

Translation des reliques, IV.
Prières des 40 heures, id.
Fête de l'ane, II.
Fête des fous, id.
Eglises matérielles, temple, ornem. d'église, id.
Basiliques, I.
Absis, id.
Chœur d'église, id.
Sanctuaire, IV.
Chapelle, chapelain, I.
Nef d'église, III.
Niche, id.
Autel, table de l'autel, tombeau, I.
Crucifix, id.
Tabernacle, IV.
Prothèse grec, III.
Bénédiction des cloches de l'église, I.
— des drapeaux, II.
Eau, libation, eau bénite, id.
Parfums, encens, id.
Cierge, luminaire, cierge pascal, I.
Vases sacrés, IV.
Ciboire, I.
Calice, id.
Disque, patène, III.
Habit clérical, II.
Habits sacrés, ornements pontificaux, sacerdotaux, aube, férule, chape, dalmatique, chasuble, manipule, étole, surplis, II.
Aumusse, IV.
Linges sacrés, pale, lavabo, antimense, III.
Offrande, pain bénit, pain azyme, id.
Bannière, I.
Gonfanon, gonfalon, II.
Cérémonies religieuses, I.
Rite, cérémonie, id.
Rite ambrosien, id.
Liturgie, grecque, III.
Rituel, IV.
Rubriques, id.
Prières publiques, heures canoniales, matines, laudes, prime, tierce, sexte, none, etc., II.
Service divin, IV.
Office divin, bréviaire, diurnal, occurrence dans le bréviaire, I.
Chant d'église, I.
Musique d'église, III.
Chant grégorien, II.
Psalmodie, psalmiste, psaumes, III.
Doxologie, II.
Hymne, id.
Martyrologe, III.
Nécrologe, id.
Messe, id.
Missel, id.
Signe de la croix, I.
Introït, II.
Kyrie eleison, Gloria in excelsis, etc., id.
Sanctus, Trisagion, IV.
Canon de la messe, I.
Invocation dans la messe, II.
Elévation de l'hostie, id.
Agnus Dei, baiser de paix, osculum pacis, I.
Voix haute et voix basse pendant la messe, IV.
Messe des présanctifiés, III.
Saluts, neuvaines, III et IV.
Salutation angélique, IV.
Rosaire, chapelet, patenôtre, id.
Ampoule (sainte).
Oraison, III.
Oraison mentale, id.
Oraison secrète, IV

Oraison jaculatoire, II.

IVe DIVISION.

Ennemis de l'Eglise catholique.
IMPOSTEURS, II.
Séducteurs, IV.
Novateurs, III.
Hérésiarque, II.
Hérésie, id.
Secte, IV.
Hérétique, II.
Hérétricité, id.
Erroné, id.
Hérétique négatifs, ia.
— latitudinaires, id.
— relaps, IV.
Renégat, apostat, I.
Confession, symbole des hérétiques, I.
Conciliabules, synodes des hérétiques, id.
Contradiction des hérétiques, id.
Hétérodoxie, II.
Rétractation des hérétiques, IV.
Hyménée, II.
Antitrinitaires, I.
Farcinites, id.
Catabaptistes, I.
Simoniens, IV.
Ebionites, II.
Cérinthiens, I.
Nicolaïtes, III.
Ménandriens, id.
Apollonius de Tyane, I.
Angélites, II.
Borborites, id.
Cléobiens, I.
Barules, II.
Docètes, II.
Entichites, id.
Eternals, id.
Païens lapses, mittentes, sacrifiés, thurifiés, III.
Messaliens, id.
Nyctages, id.
Sabbataires, IV.
Tétradites, id.
Le philosophe Celse, I.
Basilidiens, II.
Saturniens, IV.
Gnostiques, II.
Orientaux lévitiques, III.
Aristotéliens, I.
Chiliastes, millénaires, II.
Carpocratiens, harpocratiens, I.
Adamites, I.
Marcionites, III.
Cerdoniens, I.
Valentiniens, éons, secundiens, IV.
Théodotiens, id.
Colarbasiens, I.
Quarto-décimans, protopaschites, IV.
Bardesanistes, I.
Abstinents, id.
Tatien, IV.
Lucianistes, III.
Apelléiens, I.
Ophites, III.
Montanistes, pépusiens, phrygiens, cataphrygiens, artotyrites, quintiliens, pattalorinchites, taborites, priscillianisme, priscillians, III.
Caïnites, I.
Séthiens, IV.
Praxéens, III.
Ptolémaïtes, id.
Alogiens, I.
Théopaschites, patripassiens, III.
Apotactiques, I.

TABLE ANALYTIQUE ET MÉTHODIQUE

Gnosimaques, II.
Floriniens, id.
Barhéliots, I.
Elcésaïtes, II.
Encratites, hydroparastes, id.
Héracléonites, II.
Libellatiques, III.
Hermiatites, hermiens, II.
Marcosiens, III.
Sampséens, IV.
Tropites, id.
Sévériens, id.
Nazaréens, III.
Rebaptisants, IV.
Hermogéniens, II.
Séleuciens, IV.
Noétiens, III.
Valésiens, eunuques; IV.
Sabelliens, id.
Novatiens, III.
Samosatiens, paulinianistes, abrahamistes, IV.
MANICHÉISME, dualisme, dithéisme, pauliciens, sacrophores, poplicains, consolation manichéenne, III.
Hiéracites, II.
Abéliens, I.
Antitactes, id.
Brachites, id.
Caïnistes monophysites, id.
Enthousiastes, II.
Ethycoproscoptes, id.
Euchites, id.
Melchisédéciens, III.
Sépulcraux, IV.
Méléciens, III.
Artémonites, I.
DONATISTES, pétiliens, claudianistes, rogatistes, II.
ARIANISME, ariens, semi, demi - ariens, ariens consubstantiateurs, hétérousiens, homoousiens, I.
Collu hiens, id.
Eunomiens, II.
Eusébiens, Macrostiche, id.
Audiens, I.
Photiniens, III.
Aériens, éricus, I.
Macédoniens, pneumatomaques, tropiques, III.
Apollinaristes, I.
Dimœrites, II.
Helvidiens, antidicomarianites, I.
Collyridiens, II.
Jovinianistes, III.
Ibas, IV.
VIGILANCE, IV.
EUSÈBE DE CÉSARÉE, II.
Eudoxiens, id.
Porphyrieus, III.
Circoncellions, I.
PRISCILLIANISME, III.
Psatyriens, IV.
Rhétoriens, III.
Paterniens, III.
Anthropomorphites, saccéens, I.
Anoméens, aétiens, id.
Agnoëtes, II.
Euloxiens, II.
Honosiaques, I.
Eunomio - Eupsychiens, II.

Hominicoles, II.
Ithaciens, id.
Sabbataires, sinistres, IV.
Eustathiens, I.
Hypsistariens, id.
Luciferiens, III.
Maximianistes, id.
Marcelliens, id.
Métangismonites, id.
PÉLAGIENS, id.
Cœlicoles, I.
SEMI - PÉLAGIANISME, MASSILIENS, IV.
NESTORIENS, THÉODORE de Mopsueste, chrétiens de Saint-Thomas, III.
EUTYCHIENS, timothéens, caïanites, monophysites, hénotiques, II.
Mandaïtes, chrétiens de Saint-Jean, III.
Melchites catholiques, id.
Pacifiques, id.
Agnonistiques, I.
Damianistes, I.
Hésitants, id.
Infra, sub, supra lapsaires, id.
Traduciens - catholiques, IV.
Barsaniens, gadanaïtes, sem.-dulites, I.
MONOTHÉLITES, type de Zénon, Ecthèse, III.
Trithéisme, IV.
Protoctistes, id.
Arméniens, I.
Caucobardites, id.
Jacobites, II.
Christolytes, I.
Canonites, id.
Isochristes, II.
Hélicites, id.
Corrupticoles, I.
MAHOMÉTISME, ALCORAN, III.
Agynniens, I.
Elcétes, III.
Chazinzariens, staurolâtres, I.
Parhermeneutes, III.
Ethnophrones, II.
Lampétiens, III.
Théocatagnostes, IV.
Agnonyclites, I.
ICONOCLASTES, II.
Adoptiens, Elipand, Félix d'Urgel, I.
Albanais, id.
Iconomaques, id.
Bagnoliens, id.
Claude de Turin, id.
Gotescalc, II.
Stercoranistes, IV.
Baanites, I.
Patarins, II.
BÉRENGARIENS, II.
Métamorphites, III.
Omphalophysiques, id.
Cathares, catharistes, I.
Bongomiles, id.
Pétrobrusiens, III.
Tanchelin, IV.
Gilbert de la Porrée, porrétains, III.
Eoniens, II.
Henriciens, id.
ALBIGEOIS, I.
VAUDOIS, RUNCAIRES, IV.
Arnaldistes, I.

Joachimites, II.
Ortilbariens, III.
Apostoliques, dulcinistes, I.
Passagers, III.
Amauri, I.
Condormants d'Allemagne, id.
Flagellants d'Italie, II.
Capuciati, encapuchonnés, I.
Sagarelliens, ségarelliens, apostoliques, IV.
Turlupins, id.
Beggards, I.
Pastoureaux, III.
Cotereaux, I.
Ensabatés, II.
WICLEFITES, IV.
Lolards, III.
Hésychastes, palamites, id.
Réalistes, IV.
Nominaux, III.
Raymond Lulle, III.
Jean de Poilli, III.
Frères picards, II.
Adessenaires, I.
Danseurs, II.
Frères blancs, prussiens, III.
Anciens hernhutes, moraves, II.
JEAN HUS, JÉRÔME DE PRAGUE, hussites, frères bohémiens, orébites thaborites, II.
Frères blancs d'Italie, II.
Calixtins de Bohême, I.
Opinionistes, III.
Barallots, I.
Hommes d'intelligence, II.
Abrahamites, Cocceïens, I.
LUTHER, luthéranisme, stancariens, substantiaires, carlostadiens, impanateurs, impanation, II et III.
Réformateurs, IV.
Universalistes, id.
Protestants, id.
Huguenots, II.
Particularistes, III.
Ubiquistes, IV.
Sacramentaires, significatifs, IV.
Islébiens, II.
Luthériens invisibles, III.
Confessionistes, IV.
Mélanchthoniens, philippistes, III.
Zwingliens, IV.
Articles fondamentaux, I.
ANABAPTISTES, hernhutes, frères moraves, gabriélites, anabaptistes libres, sanguinaires, monastériens, nu-pieds spirituels, I.
Anti-luthériens, II.
Osiandriens, III.
CALVIN, BISSACRAMENTAUX, terministes, I.
Servétistes, IV.
Coléglens, I.
Communicants, id.
Culte anglican, ordination des Anglais, épiscopaux, presbytériens, puritains, dissenters, etc., id.

Laïcophanes anglais, III.
Trisacramentaires, IV.
Pastoricides, III.
Oingts, id.
Pajonistes, id.
Majoristes, II.
Syncrétistes, IV.
Synergistes, id.
Abécédaires, I.
Pâtchers, III.
Adiaphoristes, antidiaphoristes, I.
ARMINIANISME, arminiens, remontrants, contre-remontrants, synode de Dordrecht, I.
Gomaristes, II.
Chercheurs hollandais, I.
Cornaristes, id.
Dissidents polonais, II.
Illuminés d'Espagne, id.
Davidiques, davidistes, géorgiens, II.
Energiques, énergistes, II.
Fanatistes, id.
Hoffmanistes, id.
Adrianistes, I.
Ambrosiens, id.
Baianisme, id.
Hèshusiens, II.
Amsdorfiens, I.
Antinomiens, id.
Borrélistes, id.
Arrhabonaires, id.
Archontique, id.
Sociniens, trinitaires, unitaires, IV.
Brownistes, II.
Hommes de la 5e monarchie, id.
Mennonistes, II.
Apôtres (Faux), JANSÉNISME, FORMULAIRE, II.
Préadamites, III.
Molinosisme, id.
Quiétisme, inaction, IV.
Momiers, III.
Trembleurs, IV.
Bourignonistes, I.
Piétistes, III.
Quakers, IV.
Calixtins luthériens, I.
Hattémistes, verschoristes, II.
Manifestaires prussiens, II.
Cocceïens, I.
Erastiens, II.
Caméroniens, I.
Labadistes, III.
Anticoncordataires, I.
Eglise (Petite), II.
Incommunicants, id.
Achamoth (Sophie), I.
Blanchard, id.
Stévénistes, IV.
Nouv. sectaires, id.
Constitution civile du clergé, I.
Constitutionnelle (Eglise), id.
Libres penseurs, III.
Criticisme, II.
Rationalisme, IV.
Kantisme, III.
Exégèse (nouvelle), exégètes allemands, II.
Schelling, IV.

Hermésianisme, II.
Hégélianisme, id.
Puseysme, III.
Christo sacrum, I.
Illuminisme, II.
Illuminés a ignoranis, id.
Eglise évangélique, id.
Théophilanthropie, IV.
Strauss, id.
Elisabeth, reine d'Angleterre, II.
Bibliques (Sociétés), I.
Romantisme religieux, IV.
Religiosité, II.
Missions protestantes, II.
Utilitaires, IV.
Juifs chrétiens, III.
Sociétés secrètes, IV.
Socialisme, IV.
Saint-Simonisme; id.
Francs-Maçons, II.
Fouriérisme, id.
Béate de Cuenza, I.
Carbonari, id.
Congrégationalistes orthodoxes, id.
Martinistes, III.
Mutilés de Russie, III.
(a) Catholiques (Nouvelles), I.
Eglise catholique française, II.
Miséricorde (Œuvre de la), III.
Darbysme, II.
Judaïsme réformé, III.
Fialinistes, II.
Hopkinsians, id.
Bohémiens, II.
Walkéristes, IV.
Trustées, id.
Nécessité (Doctrine de la), II.
Nécessariens, id.
QUESNELLISME, BULLE Unigenitus, IV.
Convulsionnaires, I.
Nouveaux hernhutes, III.
Méthodistes anglais, id.
MÉTHODISTES, CONVERTISSEURS FRANÇAIS, III.
Défenseurs de l'Eglise catholique par leurs écrits.
HERMAS, Pasteur d'Hermas, II.
Abgare d'Edesse, I.
Abdias de Babylone, id.
AUTEURS, É-RIVAINS ECCLÉSIASTIQUES, id. et II.
Bibliothèque des auteurs ecclésiastiques, id.
Docteurs, Pères de l'Eglise, II.
Homélie, id.
Science secrète des Pères, IV.
Défenseurs de l'Eglise, II.
PLATONISME DES PREMIERS CHRÉTIENS philosophie orientale, éclectisme, III.

TABLE ANALYTIQUE ET MÉTHODIQUE.

S. Clément, pape, ne- cognitions de S. Clément, I.
S. Ignace d'Antioche, II.
Denis l'Aréopagite, aréopagites, id.
Justin, id.
Apologie de S. Justin, I.
Hégésippe, II.
Athénagore, I.
Hermias, II.
Théophile, IV.
Irénée, II.
Tertullien, IV.
Apologétique de Tertullien, Prescription, Onomichies, I.
Clément d'Alexandrie, id.
Minutius Félix, III.
Hippolyte, II.
Origène, III.
Tétraples d'Origène, IV.
Grégoire de Néocésarée, II.
Cyprien, I.
Arnobe, id.
Lactance, III.
Jacques de Nisibe, id.
Athanase, I.
Hilaire de Poitiers, II.
Pacien, III.
Cyrille de Jérusalem, I.
Ephrem, II.
Basile, I.
Grégoire de Nazianze, II.
Antipodes, I.
Epiphane, II.
Ambroise, I.
Philastre, III.
Grégoire de Nysse, II.
Jérôme, I.
Théophile d'Alexandrie, IV.
Jean Chrysostome, I.
Joannites, disciples de Jean Chrysostome, III.
Astérius, id.
Augustin, id.
Augustinianisme, id.
Maxime, III.
Paulin, id.
Sulpice-Sévère, IV.
Cyrille d'Alexandrie, I.
Théodoret, IV.
Eucher, II.
Sidoine Apollinaire, IV.
Cassien, I.
Vincent de Lérins, IV.
Isidore de Péluse, II.
Pierre Chrysologue, III.
Léon, pape, id.
Hilaire d'Arles, II.
Prosper, III.
Salvien, IV.
Césaire d'Arles, I.
Fulgence de Ruspe, II.
Boèce, I.
Grégoire de Tours, II.
Grégoire, pape, id.
Isidore de Séville, IV.
Le Vénérable Bède, I.
Jean Damascène, II.

Alcuin, I
Agobard, id.
Raban-Maur, IV.
Paschase Radbert, III.
Hincmar, II.
Odon de Cluny, III.
Fulbert de Chartres, II.
Odilon, III.
Pierre Damien, id.
Lanfranc, id.
Anselme, I.
Art de saint Anselme, id.
Ives de Chartres, II.
Panoplie, III.
Bernard, I.
Abailard, id.
Hugues de Saint-Victor, II.
Richard de Saint-Victor, IV.
Thomas d'Aquin, id.
Thomistes, id.
Scotistes, id.
Bonaventure, I.
Jean Gerson, II.
Saint Antonin, I.
Les Bollandistes, id.
Hagiographes, II.
Vies des saints, IV.
Légende, III.
Légendaires, id.
EGLISE, ses défenseurs par leurs vertus.
AGAPETES, SOUS-INTRODUITES, I.
Religieux, moines, état monastique, gyrovagues, sarabaïtes, III.
Religieuses, nones, clôture des religieuses, IV.
Ordres religieux, religieux mendiants, III.
Fondateur d'ordre, foundations, II.
Institut, règle monastique, id.
Novice, noviciat, III.
Vocation religieuse, IV.
Vêture, prise d'habit, voile, id.
Vœux monastiques, obéissance, profession religieuse, id.
Pauvreté religieuse, III.
Observance, usages, coutumes religieuses, id.
(a) Archimandrite, I.
Couvent, monastère, cloître, cellule, I.
Laure, II.
Proseuche, oratoire, id.
Coulpe monastique, I.
Discipline des moines, II.
Mortification des moines, III.
Habits monastiques, coule, I.
Maforte, III.
Mélote, id.
Scapulaires, IV.
Réformes religieuses, id.

Anachorètes, I.
Solitaires, IV.
Cénobites, I.
Ermites saint Paul Ermite, II.
Accœmètes, I.
Stylites, IV.
Ascètes, I.
Hégumène, II.
Frères convers, frères lais, id.
Oblat, III.
Ordres militaires, id.
Communautés ecclésiastiques, I.
Congrégations de prêtres, de religieux, de piété, III.
Ecole de Charité, Saint-Yon, II.
Hôtel-Dieu, xénodoque, id.
Hospitaliers, hospitalières, id.
Dames de charité, id.
Confrérie, confrère, id.
Phrontistes, III.
Parabolani, id.
Ordre de Saint-Basile, I.
Caloyers grecs, id.
Panagie grecque, III.
Chanoines de Saint-Jean-de-Latran, id.
Bénédictins, I.
Gentil-donnés d'Italie, II.
Ordre de Cluny, I.
Chanoines du Mont-Corbulo, id.
Camaldules, ermites de Camaldoli, id.
Vallombreuse, IV.
Chartreux, I.
Val-des-Choux, IV.
Filles-Dieu, Font-Evraud, II.
Victorins, IV.
Templiers, id.
Prémontrés, III.
La Trappe, réforme de la Trappe, IV.
Chanoines réguliers, Génovéfains, II.
Gilbertins, id.
Croisiers d'Italie, Croisiers de Bohême, I.
Pontifes, III.
Grandmontains, II.
Mathurins, Trinitaires, IV.
Religieuses trinitaires, id.
Pauvres catholiques, III.
Val-des-Ecoliers, IV.
Dominicains, Frères Prêcheurs, Jacobins, II.
Dominicaines, id.
Les Clairettes, I.
Pères de la Merci, Rédemption des captifs, III.
Franciscains, Conventuels, Colléants, II.
Cordon de Saint-François, I.
Stigmates de Saint-François, IV
Cordeliers, I.
Portioncule, III.

Franciscaines, II.
Tiercelains, Tiercelines, Tierciaires, IV.
Béguins, Béguines, I.
Annonciade, Annonciade de Rome, Annonciade de Bourges, id.
Silvestrins, IV.
Chartreuses, I.
Servites, IV.
Mantellates, III.
Fratricelles, II.
Cordelières, Urbanistes, I.
Augustins, Petits-Pères, Ermites de Saint-Augustin, I.
Frères Sachets, Sœurs Sachettes, IV.
Ermites de S.-Paul, II.
Haudriettes, id.
Guillelmites, id.
Bons-Hommes, I.
Religieux du Corps de Jésus, I.
Olivétains, III.
Pénitentes de la Magdelaine, id.
Ordre de Saint Sauveur, IV.
Jésuates, III.
Jéronymites, ermites de St-Jérôme, id.
Chanoines de Saint-Georges d'Alga, II.
Apotoliens, I.
Frères et Clercs de la vie commune, II.
Congrégation de St-Sauveur, IV.
Collatines, Oblates, III.
Chanoines de Saint-Marc, id.
Cellites, I.
Pauvres volontaires, III.
Minimes, id.
Récollets, IV.
Frères Consorts, I.
Sœurs de la Faille, II.
Congrégat. de N.-D. I.
Frères, Sœurs de la Charité, II.
Clercs réguliers, serviteurs des malades, I.
Théatins, IV.
Colorites, I.
Ursulines, IV.
Jésuites, compagnie de Jésus, III.
Somasques, IV.
Observantins, III.
Pauvres de la Mère de Dieu, id.
Agréda (Marie), I.
Propagation de la foi (Œuvre de la), III.
(a) Congrégations, I.
(a) Confrérie, id.
Constitutions monastiques, id.
(a) Cloître, id.
Chapitre, assemblée de chanoines ou de religieux, id.
(a) Augustins (chanoines), id.
(a) Augustins (reli-

gieux), I.
(a) Augustins (réformés), id.
(a) Barnabites, id.
(a) Bernardins, id.
(a) Bernardines, id.
(a) Capucins, id.
(a) Carmes, id.
(a) Carmes-Déchaussés, id.
* Carmélites, id.
(a) Calvaire (congrégation du), id.
(a) Célestins, id.
(a) Claire (religieuses de Sainte-), id.
(a) Clairettes, id.
* Clémentines, id.
* Cœur (institut du Sacré-), id.
* Cœur (congrégation du Sacré-), id.
(a) Croix (Filles de la), id.
* Maristes, III
* Méchitaristes, id.
* Passionistes, id.
* Oblats de Marie immaculée, id
Feuillans, II.
Confrérie de la Trinité, IV.
Clercs mineurs, III.
Feuillantines, II.
Ermites de Saint-Jean-Baptiste de la Pénitence, III.
Chanoines de Saint-Colomban, I.
Picpus, Pères de Nazareth, IV.
Religieuses de la Visitation, id.
Congrégation de l'Oratoire, III.
Doctrinaires, II.
Jésuitesses, III.
Clercs réguliers des Ecoles pies, II.
Lazaristes, III.
Bénédictines, I.
Ordre de la Présentation, III.
Calvaire, I.
Pénitents, III.
Religieuses du Refuge, IV.
Congrégation de N.-S., id.
Barthélemites, I.
Eudites, II.
Frères des Ecoles Chrétiennes, Ignorantins, id.
Filles de l'Enfance, II.
Joséphites, Crétenistes, sœurs de Saint-Joseph, III.
Religieuses de la Trinité créée, IV.
Hospitalières de St-Thomas-de-Villeneuve, id.
Pénitentes d'Orviete, id.
Filles de l'Union Chrétienne, IV.
Miramiones, III.
Bethléemites, I.
Chanceladins, I.
* Archiconfrérie du Saint-Cœur de Marie, I.

FIN DE LA TABLE ANALYTIQUE.

Imprimerie MIGNE, au Petit-Montrouge.

www.ingramcontent.com/pod-product-compliance
Lightning Source LLC
Chambersburg PA
CBHW070411230426
43665CB00012B/1326